Deutsche Rechtschreibung

Sonderausgabe

Umschlaggestaltung: Axel Ganguin

ISBN 978-3-8174-6074-8
5160741

Inhalt

Vorwort 5

Hinweise für den Benutzer 6

Die wichtigsten Neuerungen der Rechtschreibung im Überblick 7

Regelkästen 9

Abkürzungsverzeichnis 10

Wörterverzeichnis von A–Z 11

Vorwort

Das umfassende und aktuelle Nachschlagewerk auf dem neuesten Stand der deutschen Rechtschreibung enthält über 200.000 Angaben zum schnellen Erlernen und richtigen Gebrauch aller Schreibweisen und Regeln.

Der Leser findet umfangreiche Informationen zu Bedeutung, Verwendung, Silbentrennung und Zeichensetzung. Zusätzlich enthält der Band detaillierte Regelkästen, die Problemfälle der deutschen Rechtschreibung behandeln und das Auffinden der häufigsten Fehlerquellen erleichtern.

Dieses benutzerfreundliche Handbuch zeichnet sich durch seine übersichtliche Darstellung und leicht verständlichen Erklärungen aus. Es ist eine verlässliche Orientierungshilfe für die korrekte Handhabung der deutschen Rechtschreibung. Einprägsame und treffende Beispielsätze aus dem alltäglichen Sprachgebrauch helfen beim sicheren Umgang mit der deutschen Sprache.

Unentbehrlich für Schule, Studium und Beruf.

Hinweise für den Benutzer

Die Sonderausgabe dieses Wörterbuchs folgt vollständig der neuesten amtlichen Rechtschreibung, wobei alle gültigen Schreibweisen mitberücksichtigt worden sind. Auf den folgenden Seiten sind die wichtigsten Neuerungen in der Orthografie zusammengefasst; genauere Informationen zu den einzelnen Bereichen der Rechtschreibung finden sich in den jeweiligen Regelkästen unter dem dazugehörigen Stichwort im Wörterbuchteil.

Innerhalb dieser Regelkästen finden sich Querverweise auf verwandte Regelkomplexe. Hinter jedem Stichwort finden sich grammatische Angaben in runden Klammern, wobei folgende besonders relevant sind:

1. Es gibt vier Kategorien des Verbs:

a) (V.) für ein schwaches Verb mit hat-Partizip (Normalfall bei schwachen Verben).
Beispiele: schauen (schaute, hat geschaut); versuchen (versuchte, hat versucht).

b) (V., ist) für ein schwaches Verb mit ist-Partizip.
Beispiel: spazieren (spazierte, ist spaziert).

c) (V., Form des Präteritums, ist- bzw. hat-Partizip) für ein starkes Verb.
Beispiele: schlafen (schlief, hat geschlafen); gehen (ging, ist gegangen).

d) (V., refl.) für ein reflexives (rückbezügliches) Verb.
Beispiel: benehmen (benimmt sich, hat sich benommen).

2. Jedes Substantiv erhält drei Informationen:

a) Artikel (Geschlechtswort): der, die, das.

b) Genitivform (Wesfall).

c) Pluralform (Mehrzahl).

Bei der Genitiv- und Pluralform wird eine vom Grundwort abweichende Trennung bzw. Umlautung (z. B. Haus/Häuser) berücksichtigt.

Beispiele: Wort (das, -s/-es, -e/Wör|ter): das Wort, des Wort(e)s, die Wor|te/Wör|ter;
Haus (das, -es, Häu|ser): das Haus, des Hau|ses, die Häu|ser;
Mut|ter (die, -, Müt|ter): die Mut|ter, der Mut|ter, die Müt|ter;
Fli|bus|ti|er (der, -s, -): des Fli|bus|ti|er, des Fli|bus|ti|ers, die Fli|bus|ti|er.

Die wichtigsten Neuerungen der Rechtschreibung im Überblick

1. Vereinfachung bzw. Angleichung von Schreibweisen

Zahlreiche Schwierigkeiten mit der Rechtschreibung entstanden dadurch, dass sich Schreibweisen von Ableitungen und von ihren Herkunftswörtern unterscheiden. Hier wurden einige Schreibweisen denen der Herkunftswörter angeglichen, z. B. nummerieren *statt* numerieren *wegen* Nummer; platzieren *statt* plazieren *wegen* Platz; Stängel *statt* Stengel *wegen* Stange. Ferner fällt in Zusammensetzungen beim Zusammentreffen dreier Konsonanten vor einem Vokal der dritte Konsonant nicht mehr weg. Brennnessel *statt* Brennessel; Stalllaterne *statt* Stallaterne. Das ß wird nach einem kurzen Vokal zu ss, nach einem langen Vokal oder einem Diphthong bleibt es dagegen erhalten. dass *statt* daß; Fass *statt* Faß, *aber:* Fuß; außen (→ Neue Schreibweisen). Auch die Schreibungen von geläufigen Fremdwörtern wurden vereinfacht, z. B. potenziell *statt* potentiell *wegen* Potenz; Känguru *statt* Känguruh *wegen* Gnu, (→ Fremdwörter).

2. Groß- und Kleinschreibung

Die Frage der Groß- oder Kleinschreibung von Wörtern anderer Wortarten, die als Substantive verwendet werden, hat immer Probleme verursacht. Sie werden jetzt in den meisten Fällen groß geschrieben, z. B. im Folgenden *statt* im folgenden; etw. auf Französisch sagen *statt* etw. auf französisch sagen; als Erster gehen *statt* als erster gehen usw. (→ Groß- und Kleinschreibung).

3. Zusammen- und Getrenntschreibung

Schwierigkeiten mit der Zusammen- und Getrenntschreibung treten insbesondere bei Zusammensetzungen aus Adjektiv und Verb auf. Viele von ihnen dürfen jetzt wieder zusammengeschrieben werden. glatt hobeln *oder* glatthobeln, klein schneiden *oder* kleinschneiden. (→ Zusammen- und Getrenntschreibung).

4. Silbentrennung

Auch hier wurde einiges vereinfacht. Wörter werden jetzt eher nach Sprech- als nach Sprachsilben getrennt, auch st darf nun getrennt werden, ck wird nicht mehr in k-k aufgelöst. Kis-te *statt* Ki-ste; Glu-cke *statt* Gluk-ke; Prob-lem *neben* Pro-blem; ei-nan-der *neben* ein-an-der. Einzelvokale am Wortanfang/-ende werden jedoch nicht abgetrennt. über, ober-halb, Bio-ton-ne. (→ Silbentrennung).

5. Bindestrich

Bindestriche dürfen jetzt freier gesetzt werden. Man darf sie z. B. setzen, um einen Wortteil besonders hervorzuheben oder um Zusammensetzungen aus mehreren Wortteilen übersichtlicher zu gestalten. Ist-Zustand; der Kaninchenzüchter-Vereinsvorstand. Zusammensetzungen mit Ziffern werden jetzt in der Regel mit Bindestrich geschrieben. 10-mal; 32-jährig; die 90er-Jahre (*auch:* 90er Jahre). Wieder erlaubt ist: 8fach (*neben* 8-fach), das 8fache (*neben* das 8-Fache). (→ Bindestrich).

6. Zeichensetzung

Schwierigkeiten mit der Zeichensetzung treten am häufigsten im Zusammenhang mit der Kommasetzung auf. Durch die Rechtschreibreform sind viele Muss-Regeln zu Kann-Regeln geworden. Es wird jetzt in vielen Fällen dem Schreibenden überlassen, ob er ein Komma setzen will oder nicht. Wird eine Infinitivgruppe mit *um, ohne, statt, anstatt, außer* oder *als* eingeleitet, muss sie mit Komma abgegrenzt werden. Die Kinder gehen in den Garten, um zu spielen.

Hängt die Infinitivgruppe von einem Substantiv, einem Korrelat oder einem Verweiswort ab, steht ebenfalls ein Komma. Bei dem Versuch, den Baum hinaufzuklettern, verletzte sich Hans. Rita liebt es, im See zu schwimmen. Jetzt kommt es darauf an, die Zähne zusammenzubeißen. (→ Komma).

Regelkästen

Folgende besonders häufig auftretende Problemfälle der Rechtschreibung und Zeichensetzung werden anhand zahlreicher Beispiele erläutert (jeweils an passender Stelle im Alphabet):

1. Abkürzungen
2. Anführungszeichen
3. Anrede
4. Apostroph
5. Ausrufezeichen
6. Berufsbezeichnungen
7. Bindestrich
8. Datum
9. Direkte Rede
10. Doppelpunkt
11. Farben
12. Fragezeichen
13. Fremdwörter
14. Gedankenstrich
15. Groß- und Kleinschreibung
16. Klammer
17. Komma
18. Konjunktiv
19. Neue Schreibweisen (Laut-Buchstaben-Zuordnung)
20. Schrägstrich
21. Semikolon (Strichpunkt)
22. Silbentrennung
23. Sonderzeichen
24. Unterführungszeichen
25. Zahlen und Ziffern
26. Zusammen- und Getrenntschreibung

Abkürzungsverzeichnis

Abk.	Abkürzung
Adj.	Adjektiv (Eigenschaftswort)
Adv.	Adverb (Umstandswort)
advers.	adversativ (gegensätzlich)
afrikan.	afrikanisch
ägypt.	ägyptisch
Akk.	Akkusativ (Wenfall)
altgriech.	altgriechisch
altnord.	altnordisch
amerik.	amerikanisch
aram.	aramäisch
angelsächs.	angelsächsisch
arab.	arabisch
Art.	Artikel (Geschlechtswort)
austral.	australisch
aztek.	aztekisch
bes.	besonders
Bez.	Bezeichnung
bildl.	bildlich
Bio.	Biologie
Bot.	Botanik
breton.	bretonisch
Bruchz.	Bruchzahl
Bw.	Bewohner
bzw.	beziehungsweise
chines.	chinesisch
dän.	dänisch
Dat.	Dativ (Wemfall)
demonstr.	demonstrativ (hinweisend)
d. h.	das heißt
dt.	deutsch
engl.	englisch
eskim.	eskimoisch
etc.	et cetera
Ew.	Einwohner
f.	für
fachspr.	fachsprachlich
finn.	finnisch
franz.	französisch
Gastr.	Gastronomie
Gen.	Genitiv (Wesfall)
Geol.	Geologie
german.	germanisch
Ggs.	Gegensatz
gramm.	grammatikalisch
griech.	griechisch
hebr.	hebräisch
hist.	historisch
i. Ggs.	im Gegensatz
ind.	indisch
indef.	indefinit (unbestimmt)
indian.	indianisch
interj.	Interjektion (Ausruf)
interrog.	interrogativ (fragend)
ir.	irisch
iran.	iranisch
isländ.	isländisch
ital.	italienisch
jap.	japanisch
Jh.	Jahrhundert
jidd.	jiddisch
jmd.	jemand
jmdm.	jemandem
karib.	karibisch
kath.	katholisch
kaus.	kausal (ursächlich zusammenhängend, begründend)
kelt.	keltisch
kirgis.	kirgisisch
Konj.	Konjunktion (Bindewort)
kreol.	kreolisch
Kunstw.	Kunstwort
Kurzw.	Kurzwort
lat.	lateinisch
lok.	lokal (örtlich)
MA	Mittelalter
malai.	malaiisch
Math.	Mathematik
Med.	Medizin
mhd.	mittelhochdeutsch
mod.	modal (Art und Weise bezeichnend)
mong.	mongolisch
neugriech.	neugriechisch
niederdt.	niederdeutsch
niederl.	niederländisch
nlat.	neulateinisch
nordd.	norddeutsch
norw.	norwegisch
österr.	österreichisch
Part. Perf.	Partizip Perfekt (2. Vergangenheit)
pers.	persisch
person.	personal (persönlich)
Philos.	Philosophie
Phys.	Physik
Plur.	Plural (Mehrzahl)
Pluralw.	Pluralwort
poln.	polnisch
polyn.	polynesisch
portugies.	portugiesisch
possess.	possessiv (besitzanzeigend)
Präp.	Präposition (Verhältniswort)
Pron.	Pronomen (Fürwort)
Psychol.	Psychologie
Rechtsw.	Rechtswissenschaft
refl.	reflexiv (rückbezüglich)
relat.	relativ (bezüglich)
roman.	romanisch
rumän.	rumänisch
russ.	russisch
s.	siehe
sanskr.	sanskritisch
schwed.	schwedisch
schweiz.	schweizerisch
semit.	semitisch
serbokroat.	serbokroatisch
Sing.	Singular (Einzahl)
singhales.	singhalesisch
skand.	skandinavisch
slaw.	slawisch
span.	spanisch
südd.	süddeutsch
tibet.	tibetisch
T.	Trennung
temp.	temporal (zeitlich)
tschech.	tschechisch
türk.	türkisch
u. a.	und andere; unter anderem
ugs.	umgangssprachlich
ungar.	ungarisch
V.	Verb (Zeitwort)
Vors.	Vorsilbe
Wz.	Warenzeichen
Zahlw.	Zahlwort
zw.	zwischen

A

A 1. (das, -, -) (bildl.) Anfang. Wer A sagt, muss auch B sagen. (Wer etwas anfängt, muss die Konsequenzen tragen.). Das A und O (der Anfang und das Ende sein, die Hauptsache, das Wesentliche, das Bedeutungsvollste darstellen). (Nach der Bibel, Offenbarung des Johannes, 1,8; im griechischen Alphabet ist Alpha der erste und Omega der letzte Buchstabe.) von A bis Z, von A bis Z erlogen (völlig unwahr; lügen, dass sich die Balken biegen.) *Aber:* das a in Hand (der Buchstabe a). 2. (Abk.) Ampere (franz.) Einheit der elektrischen Stromstärke, nach dem französischen Physiker Ampère.

à (Präp., mod.) zu je; per; pro; pro Nase; pro Stück; zehn Zeilen à 30 Anschläge.

a. (Abk.) **a**m. Weil a. Rhein.

A. (Abk.) **A**nno (lat.: im Jahre).

AA (Abk.) **A**uswärtiges **A**mt.

Aal (der, -s, -e) (nicht trennbar!) schlangenförmiger Speisefisch.

aa|len (V., refl.) sich wohlig rekeln.

aal|glatt (Adj.) 1. glatt; glitschig; schlüpfrig; schmierig; 2. (bildl.) falsch; gerissen; listig; raffiniert; tückisch; heuchlerisch; glatt wie ein Aal sein.

a.a.O. (Abk.) **a**m **a**ngegebenen **O**rt (Verweis auf ein bereits zitiertes Werk).

Aar (dichter.) König der Lüfte; Adler.

Aar|gau (der, -s, kein Plural) Kanton in der Schweiz.

Aas (das, -es, -e/Äser) toter, verfaulender Tierkörper; Kadaver; Tierleiche. Auch als Schimpfwort; (ugs.) kein Aas (niemand); altes Aas (nichtswürdiger Mensch).

Aas|blu|me (die -, -n) Pflanze, deren Blüte Aasgeruch ausströmt, lockt Fliegen an.

aa|sen (V.) (nordd.) verschwenden.

Aas|gei|er (der, -s, -) 1. Raubvogel; 2. (ugs.) raffgieriger Mensch.

aa|sig (Adj.) ekelhaft; faulig.

ab 1. (Adv.) ab und zu; ab und an (gelegentlich); (ugs.) von Montag ab (besser von Montag an); ab und zu nehmen wir ein Taxi; *aber:* ab- und zunehmender Mond, also Getrenntschreibung, wenn »ab« Adverb; Zusammenschreibung, wenn »ab« Verbvorsilbe; *wichtig:* keine attributive Verwendung möglich (*falsch:* Er wollte die abe Armlehne wieder anleimen.). 2. (Präp., lok., Dat.) ab Bremen; ab unserem Auslieferungslager. 3. (Präp., temp., Dat./Akk.) ab erstem/ersten April; ab 18 Jahren/Jahre. 4. (Präp., mod., Dat./Akk.) ab 50 Litern/Liter; ab nach Kassel (schnell fort!) (Die Wendung bezieht sich auf die Zwangsrekrutierungen in Kassel für die englische Krone während des Unabhängigkeitskrieges von 1775–1783 der englischen Kolonien in Nordamerika.); ab durch die Mitte (Aufforderung, schnell zu verschwinden, aus dem Theater zum Beispiel, damit man den Zug noch erreicht.).

Aba (die, -, -s) (arab.) 1. grober Wollstoff; 2. sackartiger Mantelumhang der Araber.

Aba|de (der, -s, -s) nach einer iranischen Stadt benannter Teppich mit der Grundfarbe Elfenbein; Orientteppich.

Aba|kus (der, -, -) (griech.-lat.) 1. antikes Rechenbrett für die vier Grundrechenarten; 2. Deckplatte des Säulenkapitells.

ab|än|der|bar (Adj.) veränderbar.

ab|än|der|lich (Adj.) veränderbar.

ab|än|dern (V.) ändern; verändern. Abänderung; Abänderungsantrag; Abänderungsklage; Abänderungsvorschlag.

aban|don|nie|ren (V.) ein Recht abtreten, aufgeben; das Abandonnement erklären.

ab|ar|bei|ten (V.; V. refl.) eine Schuld abarbeiten; sich abmühen; sich abfretten (österr.); sich anstrengen; sich auf den Hosenboden setzen (ugs.); sich bemühen; sich etwas abverlangen; sich ins Zeug legen.

Ab|art (die, -, -en) Abweichung, Variante.

ab|ar|tig (Adj.) anormal; ungewöhnlich; abnorm; abnormal; abweichend; krankhaft; pathologisch; pervers.

Ab|ar|tig|keit (die, -, -en) Abnormalität; Abweichung; Abirrung; Anomalie; Perversität.

Aba|te (der, -/-n, -n/-ti) (ital.) italienischer Pfarrer.

Aba|ton (das, -s, -ta) (griech.) das Allerheiligste; Altarraum (in orthodoxen Kirchen).

a bat|tu|ta (lat.) (Musik) nach vorheriger freier Partie im Takt spielen.

Abb. (Abk.) **Abb**ildung.

Ab|ba|si|de (der, -n, -n) Angehöriger eines in Bagdad ansässigen Kalifengeschlechts.

Ab|bau (der, -e/-es, zwei Pluralformen Ab|baue, Ab|bau|ten) 1. Abbruch; Beseitigung; Demontage; Zerlegung; Zersetzung; 2. Einsparung; Kürzung; Reduzierung; Verringerung; 3. Förderung; Gewinnung; Nutzung von Mineralien.

ab|bau|en (V.) 1. ausbeuten; fördern; gewinnen; nutzen; schürfen; 2. abbrechen; abmontieren; abschlagen; abtragen; demontieren; 3. beseitigen; kürzen; reduzieren; verringern; zerlegen; Personal entlassen.

Ab|bé (der, -s, -s) (franz.) französischer Pfarrer.

ab|be|hal|ten (V., behielt ab, hat abbehalten) (einen Hut) nicht aufsetzen.

ab|bei|ßen (V., biss ab, hat abgebissen) herunterbeißen; abkauen; abknabbern; abnagen; abtrennen.

ab|bei|zen (V.) Farbe, Beize entfernen.

ab|be|kom|men (V., bekam ab, hat abbekommen) 1. abkriegen; kriegen; 2. getroffen werden.

ab|be|ru|fen (V., berief ab, hat abberufen) 1. absetzen; versetzen (beruflich); zurückbeordern; zurückberufen; zurückpfeifen (ugs.); 2. sterben.

Ab|be|ru|fung (die, -, -en) 1. Abruf; Amtsenthebung; Kündigung; Versetzung; Suspendierung; 2. Tod. Seine Abberufung kam viel zu früh.

ab|be|stel|len (V.) annullieren; kündigen; rückgängig machen, stornieren; widerrufen.

Ab|be|stel|lung (die, -, -en) Kündigung; Stornierung; Widerruf.

ab|bet|teln (V., bettelte ab, hat abgebettelt).

ab|be|zah|len (V.) abstottern (ugs.); begleichen (meist in Raten).

ab|bie|gen (V.) 1. abknicken; 2. abschwenken; einbiegen; einschwenken; um die Ecke biegen; Richtung ändern.

Ab|bie|gung (die, -, -en) Richtungsänderung; Gabelung; Kurve.

Ab|bild (das, -s, -er) Kopie. Abbildung.

ab|bil|den (V.) abformen; abgießen; nachbilden; nachformen; nachgießen; reproduzieren.
Ab|bil|dung (die, -, -en) bildliche Wiedergabe.
ab|bin|den (V., band ab, hat abgebunden) 1. Befestigung entfernen; losbinden; 2. Blutung stillen.
Ab|bit|te (die, -, -n) Entschuldigung; Abbitte leisten/tun. Verb: abbitten.
ab|bla|sen (V., blies ab, hat abgeblasen) absagen; ausfallen.
ab|blät|tern (V. blätterte ab, ist abgeblättert) Farbe und Verputz, die sich lösen und abfallen.
ab|blend|bar (Adj.) abdunkelbar.
Ab|blen|de (die, -, -n) Verdunkelung.
ab|blen|den (V.) abdunkeln. Abblendlicht.
ab|blit|zen (V., blitzte ab, ist abgeblitzt) jemanden abblitzen lassen (ugs.) (erfolglos sein).
ab|blo|cken (V.) abwehren; verhindern.
ab|brau|sen (V.) 1. duschen; 2. (ugs.) schnell verschwinden.
ab|bre|chen 1. (V., brach ab, hat abgebrochen) zerbrechen; 2. (ohne Abschluss, Ausbildung, Schule, Studium) beenden; 3. (V., refl.) (ugs.) »sich einen abbrechen« (sich abmühen, sich künstlich benehmen). Brich dir keinen ab.
ab|brem|sen (V.) Geschwindigkeit verringern, verlangsamen.
ab|bren|nen (V., brannte ab, ist abgebrannt) verbrennen.
Ab|bre|vi|a|tur (die, -, -en) (lat.) 1. Abkürzung bei Namen, zum Beispiel GmbH; 2. in der Musik Abkürzung bestimmter Teile der Notenschrift bei vielfachen Wiederholungen eines Einzeltons oder schnellem Wechsel zweier Töne.
ab|bre|vi|ie|ren (V.) (lat.) abkürzen (von Wörtern).
ab|brin|gen (V., brachte ab, hat abgebracht) wegmachen; ablenken. Er hat mich davon abgebracht.
ab|brö|ckeln (V., ist) abfallen.
Ab|bruch (der, -s, -brü|che) 1. Abtragung; Abriss eines Gebäudes; 2. Beendigung eines Vorganges.
ab|brü|hen (V.) 1. verbrühen; blanchieren; Gemüse mit kochendem Wasser übergießen; 2. (bildl.) ein abgebrühter Kerl.
ab|brum|men (V.) abbüßen (Strafe); ableisten.
ab|bu|chen (V.) Geld vom Konto abbuchen.
Ab|bu|chung (die, -, -en) vom Konto abbuchen; Geldüberweisung.
ab|bum|meln (V.) (ugs.) Überstunden durch Freistunden ausgleichen.
ab|bürs|ten (V.) abputzen; abstauben; Schmutz entfernen.
ab|bus|seln (V.) (ugs.) abküssen.
Abc (das, -, -) Alphabet. Abc-Schütze.
ABC- (Abk.) 1. **ABC**-Staaten (**A**rgentinien, Brasilien, **C**hile); 2. **ABC**-Waffen (**a**tomare, **b**iologische und **c**hemische Waffen).
ABC (Abk.) **A**merican **B**roadcasting **C**ompany (amerikanische Radiogesellschaft).
ab|che|cken (V.) durchschleusen; überprüfen.
ab|däm|men (V.) abdichten; abschwächen; dämmen.
ab|damp|fen (V., ist) (ugs.) abfahren; abhauen; das Weite suchen; weggehen.
ab|dämp|fen (V.) abschwächen; mildern.
ab|dan|ken (V.) 1. abtreten; den Dienst quittieren; ein Amt niederlegen; 2. (ugs.) sterben. *Beachte:* Der abgedankte (= entlassene) Bürgermeister, *aber:* Der Bürgermeister dankte ab. (Der Bürgermeister legte sein Amt nieder.).
Ab|dan|kung (die, -, -en) Rücktritt; Abgang; Abschied; Amtsabtretung; Amtsniederlegung; Ausscheiden; Austritt; Demission.
ab|de|cken (V.) 1. abnehmen; wegnehmen; 2. abhäuten; Fell abziehen; 3. begleichen; bereinigen (geschuldeten Betrag); bezahlen.
Ab|de|cker (der, -s, -) Tierverwerter; Schinder. Abdeckerei.
Ab|de|rit (der, -en, -en) einfältiger Mensch (nach den Bewohnern der altgriechischen Stadt Abdera).
ab|dich|ten (V.) dichten; isolieren; verfugen; verschließen; verstopfen.
Ab|dich|tung (die, -, -en) Dichtung; Isolation; Isolierung.
ab|ding|bar (Adj.) verzichtbar.
Ab|ding|bar|keit (die, -, kein Plural) Eigenschaft von Gesetzesbestimmungen von nicht zwingendem Charakter, welche durch Rechtsgeschäfte (Tarifverträge oder Kartelle) ganz oder zum Teil außer Kraft gesetzt werden können.
ab|din|gen (V.) jmdm. ein Zugeständnis abringen; jmdm. etwas abhandeln.
ab|di|zie|ren (V.) (lat.) abdanken; auf den Thron verzichten. Abdikation.
Ab|do|men (das, -s, -/-mi|na) (lat.) 1. Unterleib; Bauch (eines Menschen); 2. Hinterleib (eines Insekts, eines Krebstiers).
ab|do|mi|nal (Adj.) (lat.) zum Abdomen gehörend.
ab|drän|gen (V.) verdrängen; wegschieben.
ab|dre|hen (V.) 1. abbrechen; 2. Kurs wechseln; 3. zudrehen.
Ab|drift (die, -, kein Plural) Abweichung; seitliches Abdrängen vom Kurs; Strömung.
ab|drif|ten (V.) abtreiben; vom Kurs abkommen.
ab|dros|seln (V.) verringern; zurückdrehen; abschwächen; hemmen; herabsetzen.
Ab|dros|se|lung (die, -, -en) das Abdrehen (eines Motors). Abdrosslung.
Ab|druck (der, -s/-es, -e) 1. Abguss; Fingerabdruck; Fossilienabdrücke; Kopie; Nachbildung; Spur (Plural Ab|drü|cke); 2. das Abgedruckte; die Reproduktion von Text oder Bild im Druck. (Plural Ab|dru|cke).
ab|drü|cken (V.) Schuss auslösen.
Ab|duk|tor (der, -s, -en) (lat.) Muskel.
ab|dun|keln (V.) Lichtquelle abdecken; verdunkeln.
ab|du|schen (V.) abbrausen.
ab|du|zie|ren (V.) 1. (Med.) abspreizen; von der Körperachse wegbewegen; 2. (Logik) von einem Ergebnis auf die Ursache schließen. Abduktion; Abduktor.
ab|eb|ben (V., ebbte ab, ist abgeebbt) schwächer werden. Die Flut ebbte ab.
Abel|mo|schus (der, -, -schus|se) Bisameibisch; eine aromatische Tropenpflanze, die zu den Malvengewächsen gehört.
Abend (der, -s, -e) *Großschreibung* am Abend; gegen Abend; Guten (*auch:* guten) Abend sagen; zu Abend essen; gestern Abend; *Zusammenschreibung:* Mittwochabend; eines Mittwoch-

abends; mittwochabends; *Kleinschreibung:* mittwochs abends; von morgens bis abends.

Abend|blatt (das, -es, -blät|ter) abends erscheinende Zeitung.

aben|de|lang (Adv.) Wir saßen abendelang vor dem Computer. *aber:* Wir saßen viele Abende lang zusammen.

Abend|es|sen (das, -s, -) Abendmahlzeit. Verb: abendessen.

abend|fül|lend (Adj.) den ganzen Abend dauernd.

Abend|ge|sell|schaft (die, -, -en) abendliche Veranstaltung in festlichem Rahmen.

Abend|gar|de|ro|be (die, -, kein Plural) festliche Kleidung.

Abend|kas|se (die, -, -n) Kartenverkauf kurz vor (Konzert- oder Theater-) Beginn.

Abend|kleid (das, -s, -er) festliches Kleid.

Abend|kurs (der, -es, -e) Abendschule.

Abend|land (das, -es, kein Plural) Europa; das christliche Abendland. abendländisch; Abendländer; Abenländerin.

abend|lich (Adj.) abends stattfindend. die abendliche Stille.

Abend|mahl (das, -s, kein Plural) christliches Sakrament. Das Abendmahl empfangen, das Abendmahl spenden. Abendmahlsgottesdienst. Abendmahlswein.

Abend|mahl|zeit (die, -, -en) Abendessen.

Abend|pro|gramm (das, -s, -e) Gestaltung des Abends; Veranstaltung am Abend.

Abend|rot (das, -es/-s, kein Plural) Sonnenuntergang.

Abend|rö|te (die, -, kein Plural) Abendrot; Sonnenuntergang.

Abend|schu|le (die, -, -n) Schule, die Abendkurse anbietet. Abendschüler.

Abend|stern (der, -s, kein Plural) der Planet Venus.

Abend|stil|le (die, -, kein Plural) friedlicher Abend.

Abend|stun|de (die, -, -n) Zeitpunkt am Ende des Tages. zu dieser späten Abendstunde; die schönen Abendstunden.

Abend|vor|stel|lung (die, -, -en) Abendaufführung (im Theater).

Aben|teu|er (das, -s, -) 1. aufregendes Ereignis; Erlebnis; 2. Coup; Wagnis; Handstreich; Heldentat; Husarenstück; 3. Liebesabenteuer; Affäre; Eskapade; Seitensprung. *Beachte:* Aben|teu|e|rin *oder* Aben|teu|re|rin.

aben|teu|er|lich (Adj.) gefährlich; riskant; halsbrecherisch; leichtsinnig.

Aben|teu|er|lich|keit (die, -, -en) Unwahrscheinlichkeit; unverantwortliches Wagnis.

Aben|teu|er|lust (die, -, kein Plural) Abenteuerfreude; Erlebnishunger.

aben|teu|er|lus|tig (Adj.) erlebnishungrig; unternehmungslustig; draufgängerisch.

Aben|teu|er|ro|man (der, -s, -e) Unterhaltungsroman.

Aben|teu|er|spiel|platz (der, -es, -plät|ze) Spielplatz mit spannenden Spielmöglichkeiten.

aber 1. (Konj., advers.) jedoch; allein; allerdings; andererseits; dagegen; dennoch; doch; freilich; hingegen; indessen; jedenfalls; jedoch; nichtsdestoweniger; wogegen; wohingegen; zwar. Das Konzert war gut, aber viel zu laut. Ich grüßte ihn, aber er erkannte mich nicht/er aber erkannte mich nicht. *Beachte:* Vor »aber« steht immer ein Komma, *auch:* wenn es nicht am Anfang des Satzes steht, den es mit dem vorangehenden verbindet. 2. (Adv.) wieder; viele. Aber und abermals (immer wieder) versuchte er es. abertausend/Abertausend (viele tausend) waren gekommen (*auch:* abertausende / Abertausende waren gekommen).

Aber|glau|be (der, -ns, kein Plural) Irrglaube; Geisterglaube; Hexenglaube; Volksglaube; Wunderglaube.

aber|gläu|bisch (Adj.) dem Aberglauben anhängend.

ab|er|ken|nen (V., erkannte ab, hat aberkannt) absprechen. *Beachte:* die Verbvorsilbe »ab-« wird nachgestellt. Man erkannte ihm den Adelstitel ab.

aber|ma|lig (Adj.), **aber|mals** (Adv.) wiederholt; noch einmal. Das Adjektiv darf nur attributiv verwendet werden und nicht als Adverb! eine abermalige Entgleisung; er entgleiste abermals (*falsch:* abermalig).

Ab|er|ra|ti|on (die, -, -en) (lat.) 1. scheinbare Ortsveränderung eines Gestirns infolge der Erdbewegung, abhängig vom Verhältnis der Geschwindigkeit der Erdbewegung zur Lichtgeschwindigkeit; 2. Abbildungsfehler, wenn in eine Linse einfallende Strahlen sich nicht in einem Punkt vereinigen; 3. atypische Form bei Tieren und Pflanzen; Abweichung.

aber|tau|send (Adj.) sehr viele. Abertausend (*auch:* abertausend) Sterne.

Abes|si|ni|en (das, -s, kein Plural) ostafrikanischer Staat; ehemaliger Name von Äthiopien.

Abf. (Abk.) **Abf**ahrt.

ab|fah|ren (V., fuhr ab, ist abgefahren) abreisen; losfahren.

Ab|fahrt (die, -, -en) 1. Start; 2. Talfahrt beim Skifahren.

Ab|fall (der, -s, -fäl|le) 1. Abnahme; 2. Müll (ohne Plural); 3. Verrat. Verb: abfallen; Adjektiv: abfällig.

Ab|fall|be|sei|ti|gung (die, -, -) zum Schutz der Umwelt durch Gesetz geregelter Verbleib von Haus-, Industrie-, Gewerbemüll sowie landwirtschaftlichen Abfällen und Sondermüll; Abfallbehandlung.

Ab|fall|hau|fen (der, -s, -) (ugs.) Müllabladeplatz.

Ab|fall|tren|nung (die, -, -en) Trennen von Müll in Altglas, Altpapier, Kunststoffe, Kompost usw., um das Recycling zu ermöglichen.

ab|fan|gen (V., fing ab, hat abgefangen) aufhalten.

Ab|fang|jä|ger (der, -s, -) Jagdflugzeug.

ab|fär|ben (V.) 1. Farbe verlieren bzw. übertragen; 2. (bildl.) beeinflussen.

ab|fas|sen (V.) verfassen.

ab|fer|ti|gen (V.) 1. der Reihe nach fertig machen; 2. jemanden mit einem geringen Geldbetrag abspeisen.

Ab|fer|ti|gung (die, -, kein Plural) der Reihe nach fertig machen. Abfertigungsschalter.

ab|feu|ern (V.) schießen.

ab|fin|den 1. (V., fand ab, hat abgefunden) entschädigen; Rechtsansprüche befriedigen; 2. (V. refl.) sich mit etwas abfinden (es als unabänderlich hinnehmen).

Ab|fin|dung (die, -, -en) meist eine einmalige Entschädigung zur Abgeltung von Ansprüchen. Abfindungserklärung; Abfindungssumme.

ab|flau|en (V.) etwas wird allmählich schwächer; nachlassen.
ab|flie|gen (V., flog ab, ist abgeflogen) davonfliegen; wegfliegen; abreisen.
Ab|flug (der, -s, -flü|ge) Start des Flugzeugs. *Beachte:* kein Fugen-s bei Zusammensetzungen! Abfluggeschwindigkeit; Abflughalle; Abflugtag; Abflugterminal.
Ab|fluss (der, -flus|ses, -flüs|se) Ablauf; Rohr.
Ab|fluss|rin|ne (die, -, -n) Gosse; Rinnstein.
Ab|fol|ge (die, -, -en) Chronologie; Reihenfolge.
ab|fra|gen (V.) in der Schule die Kenntnisse überprüfen; jemanden oder etwas abhören.
ab|fres|sen (V., fraß ab, hat abgefressen) etwas anknabbern; annagen; kahl fressen; leer fressen (ugs.).
ab|fret|ten (V., frettete sich ab, hat sich abgefrettet) (refl.) (ugs.) (österr.) abmühen; anstrengen.
ab|frie|ren (V., fror ab, ist abgefroren) erfrieren.
ab|frot|tie|ren (V.) abtrocknen; abreiben; abrubbeln.
Ab|fuhr (die, -, -en) 1. Abtransport einer Wagenladung; 2. eine entschiedene Zurückweisung. Sie hat ihm eine Abfuhr erteilt.
ab|füh|ren (V.) wegführen; festnehmen.
ab|fül|len (V.) umfüllen.
ab|füt|tern (V.) 1. ein Kleidungsstück mit Futter ausstatten; 2. (ugs.) Kinder füttern, bis sie satt sind.
Ab|füt|te|rung (die, -, -en) Fressenszuteilung (bei Tieren).
Abg. (Abk.) **Abg**eordnete(r).
Ab|ga|be (die, -, -n) 1. Ausgabe; 2. öffentliche Abgaben (Sammelbegriff für Steuern, Gebühren und Zölle); 3. Lieferung. abgabenfrei; abgabenpflichtig.
Ab|ga|ben|ord|nung (die, -, -) (Abk.: AO) Grundgesetz des Steuerrechts mit den steuerlichen Begriffsbestimmungen, Zuständigkeiten der Finanzbehörden, Verfahrensvorschriften und Rechtsbehelfsbelehrungen.
Ab|gang (der, -s, -gän|ge) 1. Weggang von einem Ort; im Theater ein rauschender Abgang; 2. Versenden von Waren; 3. Verlassen des Wirkungskreises Schule; 4. kaufmännischer Fehlbetrag, Verlust; 5. abtreten. einen Abgang machen (ugs.) (fortgehen, verschwinden); sich einen guten Abgang verschaffen (sich gut in Szene setzen); 6. in der Med. Fehlgeburt.
Ab|gas (das, -es, -e) entweichendes Gas bei Verbrennungsvorgängen durch den Betrieb von Feuerungsanlagen, Verbrennungsmotoren; Auspuffgas; Emission; Gift; Giftgas; Schadstoff. Abgasentgiftung; Abgasuntersuchung (AU).
Ab|gas|ka|ta|ly|sa|tor (der, -s, -en) Vorrichtung zur Reduzierung der Kraftfahrzeugabgase bei Verbrennungsmotoren.
Ab|gas|norm (die, -, -en) gesetzliche Vorschrift über die höchstens zulässige Emission von Schadstoffen bei Kraftfahrzeugen.
Ab|gas|un|ter|su|chung (die, -, -en) (Abk. AU) gesetzlich vorgeschriebene Kraftfahrzeuguntersuchung, nach der bei Leerlauf des Motors der Kohlenmonoxidgehalt im Abgas gemessen werden muss, bei Fahrzeugen ohne Katalysator alle zwölf Monate, bei Fahrzeugen mit Katalysator alle 24 Monate.
ABGB (Abk.) **A**llgemeines **B**ürgerliches **G**esetz**b**uch, in mehrfach ergänzter Form seit dem Jahr 1812 gültig.
ab|ge|ben (V., gab ab, hat abgegeben) weggeben; abliefern.
ab|ge|brannt (Adj.) 1. (ugs.) pleite; 2. verbrannt.
ab|ge|brüht (Adj.) (ugs.) 1. gerissen; 2. unempfindlich.
ab|ge|dro|schen (Adj.) abgenutzt; banal.
ab|ge|hackt (Adj.) 1. abgetrennt; 2. stockend.
ab|ge|hen (V., ging ab, ist abgegangen) fehlen; sich entfernen. Er ging von der Schule ab. Sie geht mir ab.
ab|ge|kar|tet (Adj.) heimlich vereinbart. Das ist ein abgekartetes Spiel.
ab|ge|klärt (Adj.) überlegt; besonnen; geklärt.
ab|ge|le|gen (Adj.) entlegen; abgeschieden; abseitig; einsam; verlassen.
ab|ge|lei|ert (Adj.) (ugs.) meist abwertend gebraucht für banal, nichtssagend.
Ab|gel|tungs|steu|er (die, -, -n) besondere Form der Besteuerung von Zinseinkünften.
ab|ge|neigt (Adj.) dagegen sein. Ich bin nicht abgeneigt, es zu tun.
Ab|ge|ord|ne|te (der, -n, -n) Abgesandter; gewähltes Mitglied eines Parlaments, einer Volksvertretung.
Ab|ge|sand|ter (der Ab|ge|sand|te, -n, -n) Beauftragter; Bevollmächtigter; Diplomat; Unterhändler.
ab|ge|schie|den (Adj.) einsam; entfernt; in aller Abgeschiedenheit.
ab|ge|schmackt (Adj.) 1. fade; 2. geschmacklos; taktlos.
ab|ge|se|hen von/da|von (Fügung) außer; ausgenommen. Abgesehen vom Lärm war das Zimmer in Ordnung. Abgesehen davon(,) dass es furchtbar laut war, war das Zimmer in Ordnung. *Beachte:* vor »dass« kann hier ein Komma stehen!
ab|ge|spannt (Adj.) ausgelaugt; erschöpft; müde.
ab|ge|sperrt (Adj.) verschlossen; zugeschlossen.
ab|ge|stan|den (Adj) fade; flau; geschmacklos; schal; ungewürzt.
ab|ge|stor|ben (Adj.) 1. welk; 2. tot.
ab|ge|tan (Adj.) erledigt; quitt.
ab|ge|tra|gen (Adj.) abgenutzt; schäbig; unmodern.
ab|ge|wirt|schaf|tet (Adj.) heruntergekommen; pleite; auf den Hund gekommen (ugs.).
ab|ge|wo|gen (Adj.) ausgeglichen; harmonisch. Abgewogenheit.
ab|ge|wöh|nen (V.) ablegen; entwöhnen.
ab|ge|wrackt (Adj.) heruntergekommen; (ugs.) schlampig.
ab|gie|ßen (V., goss ab, hat abgegossen) 1. nachformen; 2. ausschütten; weggießen (Abguss).
Ab|glanz (der, -es, kein Plural) Spiegelung; Widerschein; Reflex; Nachruhm.
ab|glei|chen (V., glich ab, hat abgeglichen) 1. ausgleichen; ebnen; 2. vergleichen.
ab|glei|ten (V., glitt ab, ist abgeglitten) ausrutschen.
Ab|gott (der, -s/-es, -göt|ter) Götze; Idol. Adjektiv: abgöttisch. Sie liebte ihn abgöttisch.
Ab|gott|schlan|ge (die, -, -n) Boa Constrictor, in Mexiko lebende Riesenschlange, wird bis zu vier Meter lang.
ab|gra|ben (V., grub ab, hat abgegraben) 1. Erdreich abtragen; 2. wegleiten.

einem das Wasser abgraben (ugs.) (die Lebensgrundlage entziehen).
ab|gren|zen (V.) begrenzen. ein Grundstück abgrenzen zum Nachbarn; Befugnisse oder Aufgabengebiete sachlich abgrenzen.
Ab|gren|zung (die, -, -en) Begrenzung; Einfassung; Grenze; Grenzlinie; Umgrenzung.
Ab|grund (der, -s, -grün|de) Tiefe; Schlucht.
ab|grün|dig (Adj.) abgrundtief; hintergründig.
ab|grund|tief (Adj.) bodenlos; grundlos; klaftertief; tief; unergründlich.
ab|gu|cken (*auch:* ab|ku|cken) (V.) abschauen; abschreiben.
Ab|guss (der, -gus|ses, -güs|se) Abdruck.
Abh. (Abk.) **Abh**andlung.
ab|ha|cken (V.) abtrennen.
ab|ha|ken (V.) 1. abschreiben; als erledigt ansehen; beiseitelegen; verloren geben; 2. anstreichen im Text; mit Haken zum Markieren versehen.
ab|hal|ten (V., hielt ab, hat abgehalten) 1. hindern; abbringen; abschirmen; abwehren; fernhalten; 2. veranstalten.
ab|han|deln (V., handelte ab, hat abgehandelt) 1. ein Thema behandeln; erörtern; 2. jmdm. nach längerem Handeln etwas zu einem günstigen Preis abkaufen; abfeilschen; abschachern.
ab|han|den (Adv.) weg; verloren. abhandenkommen (verloren gehen, weg sein).
Ab|hand|lung (die, -, -en) Artikel; Erörterung; wissenschaftliche Behandlung eines Themas.
Ab|hang (der, -s, -hän|ge) Hügel; Abgrund; Berg; Böschung; Halde; Hang.
ab|hän|gen (V., hing ab, hat abgehängt/hat abgehangen) abkoppeln; abkuppeln; hinter sich lassen; wegnehmen; zusammenhängen mit. Adjektiv: abhängig.
Ab|hän|gig|keit (die, -, -en) 1. in der Psychol. Hörigkeit; Fron; Knechtschaft; Rechtlosigkeit; Unfreiheit; Unmündigkeit; Unselbstständigkeit; 2. Abhängigkeit von Drogen; Sucht.
ab|här|men (V., refl. härmte sich ab, hat sich abgehärmt) in Kummer verzehren.
ab|här|ten (V., refl. härtete sich ab, hat sich abgehärtet) widerstandsfähig machen; ertüchtigen; an Entbehrungen gewöhnen; stählen; stärken. Abhärtung.
ab|hau|en (V., hieb ab/haute ab, hat abgehauen/ist abgehauen) 1. abtrennen; 2. weglaufen. Mensch, hau ab (ugs.) (schau, mach, dass du wegkommst).
ab|he|ben (V., hob ab, hat abgehoben) 1. den Hörer abheben (wegnehmen); 2. Geld vom Konto abheben; 3. darauf abheben (hindeuten auf, hinweisen); 4. sich abheben (von jmd. anderem unterscheiden).
ab|hef|ten (V., heftete ab, hat abgeheftet) ablegen. *Beachte:* nach »abheften in« steht der Dativ. Heften Sie diese Unterlagen im grünen Ordner ab.
ab|hel|fen (V., half ab, hat abgeholfen) beseitigen; ändern. Diesem Problem kann abgeholfen werden.
ab|het|zen (V., hetzte ab, hat abgehetzt) (Wild) jagen.
ab|het|zen (V., refl. hetzte sich ab, hat sich abgehetzt) sich sehr beeilen.
ab|heu|ern (V., heuerte ab, hat abgeheuert) einen Heuervertrag auflösen, kündigen.
Ab|hil|fe (die, -, -n) Erleichterung; Lösung. *Beachte:* nach »Abhilfe« kein Genitiv! (*Falsch:* die Abhilfe eines Problems). *Aber:* schnelle Abhilfe versprechen. Er hat für Abhilfe gesorgt.
ab|hol|zen (V., holzte ab, hat abgeholzt) Bäume fällen. das Abholzen; die Abholzung.
ab|hor|chen (V.) Med.: durch Horchen an Brust und Rücken Körpergeräusche prüfen.
ab|hö|ren (V., hörte ab, hat abgehört) 1. heimlich belauschen; 2. Kenntnisse abfragen. Abhörgerät.
ab|hus|ten (V.) husten.
Abio|ge|ne|se (die, -, kein Plural) Urzeugung.
Abi|o|se (die, -, kein Plural) (griech.) Leblosigkeit. abiotisch.
ab|iso|lie|ren (V., isolierte ab, hat abisoliert) 1. abdichten; 2. (fachspr.) die Isolierhülle eines Kabels entfernen.
Ab|i|tur (das, -s, -e) Abschlussprüfung am Gymnasium; Reifeprüfung; Matura (österr.). Abi (Kurzw.); Abiturient/-in.
ab|ja|gen (V., jagte ab, hat abgejagt) 1. jmdm. etwas wegnehmen; ein Geschäft abjagen; 2. sich abhetzen; um einen Zug zu erreichen.
Abk. (Abk.) **Abk**ürzung.
ab|käm|men (V., kämmte ab, hat abgekämmt) ein Gelände durchsuchen.
ab|kan|zeln (V., kanzelte ab, hat abgekanzelt) einen Untergebenen unhöflich und scharf tadeln.
ab|kap|seln (V., refl. kapselte sich ab, hat sich abgekapselt) sich absondern; sich isolieren. Abkapselung.
ab|kas|sie|ren (V., kassierte ab, hat abkassiert) Geld einsammeln; einnehmen.
ab|kau|fen (V., kaufte ab, hat abgekauft) 1. etw. von jmdm. kaufen; 2. jmdm. etwas glauben (ugs.).
Ab|kehr (die, -, kein Plural) Abwendung; Abfall; Entfremdung. Verb: abkehren.
ab|klap|pern (V., klapperte ab, hat abgeklappert) (ugs.) 1. absuchen; 2. (ugs.) verschiedene Leute der Reihe nach aufsuchen.
ab|klä|ren (V., klärte ab, hat abgeklärt) klar, durchschaubar werden.
Ab|klatsch (der, -es/-s, -e) Klischee; Nachahmung; meist gebraucht im Sinne von minderwertige Nachbildung oder schlechte Nachahmung; Abguss; Kopie; Nachbildung; Plagiat; Spiegelbild. Verb: abklatschen.
ab|klin|gen (V., klang ab, ist abgeklungen) 1. schwächer werden eines Tones oder von Lärm; 2. eine Erkrankung oder eine Erregung kann abklingen; 3. Begeisterung kann abklingen.
ab|knab|bern (V., knabberte ab, hat abgeknabbert) kleine Stücke abbeißen.
ab|knal|len (V., knallte ab, hat abgeknallt) (ugs.) jemanden oder ein Tier erschießen.
ab|knap|sen (V., knapste ab, hat abgeknapst) mühsam erübrigen.
ab|kni|cken (V., knickte ab, ist abgeknickt) abbiegen; abbrechen; umbiegen.
ab|knöp|fen (V., knöpfte ab, hat abgeknöpft) (ugs.) 1. jmdm. (betrügerisch) Geld abnehmen; 2. aufknöpfen.
ab|kom|man|die|ren (V., kommandierte ab, hat abkommandiert) abordnen.
Ab|kom|me (der, -n, -n) Nachfahre; Nachkomme. Abkommenschaft.

ab|kom|men (V., kam ab, ist abgekommen) 1. von einer eingeschlagenen Richtung abweichen; 2. sich für ein paar Tage von Verpflichtungen befreien; 3. (ugs.) von Grundsätzen oder einem gefassten Plan abkommen; 4. Dinge können abkommen (aus der Mode kommen).

Ab|kom|men (das, -s, -) Übereinkunft; Abmachung; Absprache; Agreement.

ab|kömm|lich (Adj.) entbehrlich.

Ab|kömm|ling (der, -s, -e) Nachkomme; Nachfahre.

ab|kon|ter|fei|en (V., konterfeite ab, hat abkonterfeit) jemanden abmalen, abzeichnen, porträtieren.

ab|kön|nen (V., konnte ab, hat abgekonnt) (nordd.) ertragen; mögen.

ab|kop|peln (V., koppelte ab, hat abgekoppelt) losmachen.

ab|krie|gen (V., kriegte ab, hat abgekriegt) abbekommen; zu spüren bekommen.

ab|küh|len (V., kühlte ab, hat/ist abgekühlt) kälter werden. Abkühlung.

Ab|kunft (die, -, kein Plural) Abstammung; Herkunft.

ab|kup|fern (V., kupferte ab, hat abgekupfert) (ugs.) unerlaubt abschreiben.

ab|kür|zen (V., kürzte ab, hat abgekürzt) verkürzen. Ein Wort oder einen Weg abkürzen.

Ab|kür|zung → Regelkasten.

Ab|kür|zungs|ver|zeich|nis (das, -nis|ses, -nis|se) Liste der verwendeten Abkürzungen.

ab|la|den (V., lud ab, hat abgeladen) 1. entladen; 2. entleeren. Ablader; Abladung.

Ab|la|ge (die, -, -n) im kaufmännischen Bereich das Archiv.

ab|la|gern (V., lagerte ab, hat abgelagert) deponieren; lagern. das Abgelagerte.

Ab|la|ge|rung (die, -, -en) (Geol.) Sediment; durch Eis, Wasser oder Wind transportierte Massen von Sand, Geröll, Schlamm, Lava werden deponiert.

ab|lan|dig (Adj.) Winde wehen vom Land her.

Ab|lass (der, -es, -e) 1. in der katholischen Religionslehre Erlass zeitlicher Sündenstrafe; im Mittelalter war der Ablass durch eine Almosenspende zu erlangen; 2. Preisnachlass.

Abkürzungen

1. Mit Punkt: Das abgekürzte Wort wird ganz ausgesprochen: v. a. (vor allem); d. h. (das heißt); s. o. (siehe oben). *Ausnahmen:* a. D.; K.o.
2. Ohne Punkt: Nur die Abkürzung wird gesprochen: Pkw; AG; TÜV. *Ausnahmen*: Maße und Gewichte (cm, kg); Himmelsrichtungen (SW, N); Münzbezeichnungen (ct, Euro).
3. Am Satzanfang: Großschreibung: I. A. (im Auftrag) der Geschäftsleitung. *Ausnahmen:* Adelsprädikat »von«. v. Weizsäcker war auch da.
4. Am Satzende: Eine Abkürzung mit Punkt ersetzt den Schlusspunkt.
5. Mit Bindestrich in Wort- oder Abkürzungsverbindungen: EDV-gestützt; Dipl.-Ing.
6. Wiedergabe der Beugungsendung: sowohl im Singular als auch im Plural mit oder ohne -s möglich: des Pkw/Pkws; die AKW/AKWs. *Ausnahmen:* weibliche Pluralformen immer mit -s: die GmbHs.
   Auch bei Abkürzungen, die im vollen Wortlaut gesprochen werden, kann die Beugung angezeigt sein: die Bde. (Bände). *Wichtig:* Endet eine Abkürzung nicht mit dem letzten Buchstaben des abgekürzten Wortes, so wird die Beugungsendung nach dem Abkürzungspunkt angehängt: die Jh.e (Jahrhunderte). *Ausnahmen:* Pluralkennzeichnung durch Buchstabenverdoppelung: Jgg. (Jahrgänge); ff. (folgende Seiten).

Ab|lass|streit (*auch:* Ab|lass-Streit) (der, -es, kein Plural) das Überhandnehmen des käuflichen Ablasses; der Ablassstreit war der äußere Anlass der Reformation im Jahre 1517.

Ab|la|ti|on (die, -, -ti|o|nen) (lat.) 1. Abschmelzen (von Gletschern, Schneemassen); 2. Abtragung (von Feststoffen).

Ab|la|tiv (der, -s, -e) (lat.) Beugungsfall des Substantivs.

Ab|lauf (der, -es, -läu|fe) 1. Entwicklung einer meist sportlichen Veranstaltung; 2. Abfluss z. B. der Badewanne. Verb: ablaufen.

Ab|laut (der, -es, -e) (gramm.) systematischer Wechsel bestimmter Vokale etymologisch verwandter Wörter (fahren, fuhr, Gefährt).

Ab|le|ben (das, -s, kein Plural) Tod. Verb: ableben (sterben).

ab|le|cken (V., leckte ab, hat abgeleckt) abschlecken.

ab|le|gen (V., legte ab, hat abgelegt) 1. etwas beiseitelegen; 2. kaufmännisches Schriftgut ins Archiv legen; 3. eine Prüfung ablegen; 4. eine Gewohnheit ablegen (sich etwas abgewöhnen).

Ab|le|ger (der, -s, -) 1. neuer Trieb aus einer Pflanze (Pflanzensprössling); 2. (ugs.) Zweigstelle einer Firma.

ab|leh|nen (V., lehnte ab, hat abgelehnt) von sich weisen; abblitzen lassen (ugs.).

Ab|leh|nung (die, -, -en) Absage; Weigerung; Zurückweisung eines Gesuchs, einer Bitte, einer Person.

ab|leis|ten (V., leistete ab, hat abgeleistet) erfüllen. den Militärdienst ableisten.

ab|lei|ten (V., leitete ab, hat abgeleitet) 1. den Verlauf eines Flusses ableiten (wegführen); 2. ein Vorrecht aus einer gesellschaftlichen Stellung ableiten; entwickeln aus; herleiten; nachweisen.

Ab|lei|tung (die, -, -en) Schlussfolgerung; Beweis; Deduktion; Folgerung; Schluss; in der Math. Differenzialrechnung.

ab|len|ken (V., lenkte ab, hat abgelenkt) abbringen; zerstreuen.

Ab|len|kung (die, -, -en) 1. Abwechslung; Kurzweil; Unterhaltung; Zerstreuung; 2. Abfälschung; Beugung; 3. Störung.

ab|lich|ten (V., lichtete ab, hat abgelichtet) fotografieren; fotokopieren.
ab|lie|fern (V., lieferte ab, hat abgeliefert) abgeben. Ablieferung.
Ab|lö|se (die, -, -n) Entschädigung. Ablösesumme.
ab|lö|sen (V., löste ab, hat abgelöst) 1. abtrennen; loslösen; 2. ersetzen; entlassen. 3. auszahlen; tilgen. 4. (refl.) sich abwechseln bei einer Tätigkeit.
Ab|lö|sung (die, -, -en) 1. Aufhebung von rechtlichen Verpflichtungen; 2. Abtrennung; Abspaltung; Loslösung; 3. Schichtwechsel.
ab|luch|sen (V., luchste ab, hat abgeluchst) jmdm. etwas abschwatzen, etwas abspenstig machen, ein Geheimnis entlocken.
ABM (Abk.) **A**rbeits**b**eschaffungs**m**aßnahme.
ab|ma|chen (V., machte ab, hat abgemacht) 1. ablösen; entfernen; loslösen; abklemmen; abmontieren; abtrennen; losbinden. 2. übereinkommen; vereinbaren.
Ab|ma|chung (die, -, -en) Absprache; Übereinkunft; Abkommen; Einigung.
ab|ma|gern (V., magerte ab, ist abgemagert) an Körpergewicht verlieren; schlank werden.
Ab|ma|ge|rung (die, -, kein Plural) Gewichtsabnahme; Gewichtsverlust; Auszehrung.
Ab|ma|ge|rungs|kur (die, -, -en) reduzierte Ernährung, um Gewicht zu verlieren; Diät; Schlankheitskur.
ab|mah|nen (V., mahnte ab, hat abgemahnt) beanstanden; ermahnen; mahnen.
Ab|marsch (der, -es, -mär|sche) Aufbruch; Start; Abmarsch der Soldaten. Verb: abmarschieren.
Ab|mei|e|rung (die, -, -en) bis 1961 gab es in der BR Dtl. die gesetzliche Möglichkeit, durch Rechtsverfahren den Besitzer eines landwirtschaftlichen Betriebs zu enteignen oder ihn von der Verwaltung auszuschließen.
ab|mel|den (V., meldete ab, hat abgemeldet) 1. ein Auto abmelden (es stilllegen); 2. jemand ist abgemeldet (ugs.) (er ist aus der Gunst verdrängt). 3. sich von der Hochschule abmelden (exmatrikulieren); 4. jmdm. Bescheid sagen, bevor man einen Ort verlässt.
ab|mes|sen (V., maß ab, hat abgemessen) bemessen; messen; eichen; dosieren; taxieren.
Ab|mes|sung (die, -, -en) Ausmaß.
ab|mon|tie|ren (V., montierte ab, hat abmontiert) abbauen; abschrauben; zerlegen.
ab|mü|hen (V., refl., mühte sich ab, hat sich abgemüht) sich anstrengen; sich plagen.
ab|murk|sen (V., murkste ab, hat abgemurkst) jemanden umbringen (ugs.); jemanden oder ein Tier töten.
ab|mus|tern (V., musterte ab, hat abgemustert) in der Seemannssprache jemanden aus dem Schiffsdienst entlassen.
ab|na|beln (V., nabelte ab, hat sich abgenabelt) 1. entbinden; 2. selbstständig werden; sich lösen; sich trennen. Abnabelung.
ab|nä|hen (V., nähte ab, hat abgenäht) enger machen.
Ab|nä|her (der, -s, -) Naht am Kleidungsstück, das dieses enger macht.
Ab|nah|me (die, -, kein Plural) 1. (Med.) die Abnahme eines Verbandes; 2. Gewichtsabnahme; 3. Kontrolle nach der Herstellung; 4. Verringerung. Verb: abnehmen.
ab|neh|men (V., nahm ab, hat abgenommen) 1. abflauen; abklingen; nachlassen; schwinden; abebben; absinken; dahinschmelzen; fallen; sinken; sich legen; sich beruhigen; sich verbrauchen; schmelzen; schwächer werden; weniger werden; verebben; zurückgehen; 2. abkaufen; ankaufen; aufkaufen; beziehen; erwerben; kaufen; übernehmen; 3. abmagern; abzehren; mager werden; Der Mond nimmt ab. 4. durchgehen lassen; kontrollieren; prüfen.
Ab|neh|mer (der, -s, -) Bezieher; Empfänger; Käufer; Kunde.
Ab|nei|gung (die, -, -en) Antipathie; Abscheu; Aversion; Ekel; Feindseligkeit; Widerwille. *Beachte:* eine Abneigung gegen etwas haben (nicht vor etwas)!
ab|norm (Adj.) abartig; abweichend; anormal.
Ab|nor|mi|tät (die, -, -en) Abartigkeit; Abirrung; Abweichung; Anomalität; Ausnahme; Unstimmigkeit.
ab|nut|zen (*auch:* ab|nüt|zen) (V., nutzte/nützte ab, hat abgenutzt/abgenützt) verschleißen; abscheuern; abtragen; abwetzen; strapazieren; zerschleißen.
A-Bom|be (die, -, -n) (Abk.) **A**tombombe.
Abon|ne|ment (das, -s, -s) Dauerbestellung, Art des Vertriebs, in der sich der Kunde zur Abnahme eines Produktes über einen gewissen Zeitraum verpflichtet; Bestellung; Bezug; Subskription; Vorbestellung.
abon|nie|ren (V., abonnierte, hat abonniert) regelmäßig beziehen; abnehmen; bestellen; beziehen; ordern; sich zur Abnahme verpflichten; subskribieren.
Ab|ord|nung (die, -, -en) Entsendung. eine Abordnung entsenden; die Abordnung eines Bevollmächtigten.
Ab|o|ri|gi|nes (die, -, -) dunkelhäutige Ureinwohner Australiens.
Ab|ort (der, -s, -e) 1. Toilette; 2. Fehlgeburt; Schwangerschaftsabbruch.
ab|pa|cken (V., packte ab, hat abgepackt) verpacken.
ab|pas|sen (V., passte ab, hat abgepasst) auflauern; den richtigen Zeitpunkt abwarten; jemanden abpassen; etwas passend machen.
ab|pau|sen (V., pauste ab, hat abgepaust) durchpausen; kopieren.
ab|per|len (V., perlte ab, ist abgeperlt) abtropfen.
ab|pfei|fen (V., pfiff ab, hat abgepfiffen) beenden (z. B. ein Fußballspiel).
Ab|pfiff (der, -es, -e) Schlusspfiff bei Sportbegegnungen.
ab|pflü|cken (V., pflückte ab, hat abgepflückt) pflücken.
Ab|plat|tung (die, -, -en) Wirkung der Zentrifugalkräfte bei einer rotierenden Kugel; bei der Erde ist infolge der Abplattung der Polardurchmesser um 42,96 km kürzer als der Äquatordurchmesser.
ab|pral|len (V., prallte ab, ist abgeprallt) zurückgestoßen werden. Abprall.
ab|put|zen (V., putzte ab, hat abgeputzt) abwischen; reinigen; säubern.
ab|qua|li|fi|zie|ren (V., qualifizierte ab, hat abqualifiziert) abwerten; herabsetzen; schlechtmachen.
ab|ra|cken (V., refl. rackerte sich ab, hat sich abgerackert) sich aufarbeiten (ugs.).

Ab|ra|ham (ohne Art., -s, kein Plural) im Alten Testament der von Gott erwählte Stammvater des Volkes Israel. wie in Abrahams Schoß (sorglos, geborgen sein).

Ab|ra|ka|da|b|ra (ohne Art, -, kein Plural) gnostische Beschwörungsformel, Zauberwort, das im Mittelalter auf Amulette geschrieben wurde und so als Abwehrzauber diente.

ab|ra|ten (V., riet ab, hat abgeraten) nicht empfehlen. *Beachte:* Nach »abraten« darf ein Nebensatz oder eine Infinitivgruppe nicht verneint sein. Ich rate dir davon ab, es zu tun (*Falsch:* ... es nicht zu tun).

Ab|raum (der, -s, Pluralwort) im Bergbau das nicht nutzbare, wegzuräumende Gestein.

Ab|raum|salz (das, -es, -e) Kali- und Magnesiumsalze, wichtige Ausgangsstoffe für die Herstellung von Dünger.

Ab|ra|xas (*auch:* Ab|ra|sax) (ohne Art, -, kein Plural) gnostisches Geheimwort.

ab|re|a|gie|ren (V., refl. reagierte sich ab, hat sich abreagiert) sich austoben; an anderen seine schlechte Laune auslassen; Dampf ablassen (ugs.) (sich beruhigen).

Ab|re|ak|ti|on (die, -, -en) seelische Spannungsentladung.

ab|rech|nen (V., rechnete ab, hat abgerechnet) 1. Bilanz ziehen; Kassensturz machen; Rechnung legen; Rechenschaft ablegen; 2. sich an jemandem rächen; ahnden; bestrafen; heimzahlen; revanchieren.

Ab|rech|nung (die, -, -en) 1. Bilanz; Kasse; Kassensturz; Rechenschaftsbericht; 2. Ahndung; Bestrafung; Quittung; Rache; Revanche.

Ab|re|de (die, -, -n) 1. Abkommen; 2. einen Tatbestand ableugnen, bestreiten. Er hat es wiederholt in Abrede gestellt (geleugnet).

ab|re|gen (V., refl. regte sich ab, hat sich abgeregt) (ugs.) sich wieder beruhigen.

ab|rei|ben (V., rieb ab, hat abgerieben) 1. abrubbeln; 2. säubern; 3. verprügeln.

Ab|rei|bung (die, -, -en) eine Tracht Prügel. Jmdm. eine Abreibung verpassen.

Ab|rei|se (die, -, kein Plural) Abfahrt. Verb: ab|rei|sen.

Ab|reiß|block (der, -s, -s) (*selten* -blö|cke) Notizblock.

ab|rei|ßen (V.) (riss ab, hat abgerissen) abbrechen.

Abri (der oder das) (Abk.) (frz.) **abri** sous roche (unter einem Felsüberhang); 2. geschützter Siedlungsplatz des Steinzeitmenschen; Obdach.

ab|rich|ten (V., richtete ab, hat abgerichtet) anlernen; dressieren.

Ab|rieb (der, -s, -e) Materialverschleiß. Reifenabrieb.

ab|rie|geln (V., riegelte ab, hat abgeriegelt) durch einen Riegel absperren; Riegel vorschieben; verschließen.

Ab|rie|ge|lung (die, -, -en) Absperrung eines Areals, einer Straße.

ab|rin|gen (V.; V., refl. rang/rang sich ab, hat/hat sich abgerungen) 1. gewinnen; 2. sich abquälen.

Ab|riss (der, -ris|ses, -ris|se) 1. kurze, übersichtliche Darstellung eines Fachgebietes; Auszug; Kompendium; Kurzfassung; Lehrbuch; Leitfaden; Skizze; Übersicht; Zusammenfassung; 2. Abbruch; Abtragung; Demontage.

ab|rü|cken (V., rückte ab, ist abgerückt) sich entfernen; Abstand nehmen.

Ab|ruf (der, -s, kein Plural) Rückberufung. Ich bin hier auf Abruf. Verb: abrufen. abrufbereit.

ab|run|den (V., rundete ab, hat abgerundet) Gegenteil von aufrunden. Ursprünglich bedeutete »abrunden« eine Zahl nach oben oder unten runden. Es haben sich heute die beiden Formen durchgesetzt, »abrunden« für nach unten runden, »aufrunden« für nach oben runden.

ab|rupt (Adj.) plötzlich; ruckartig.

ab|rüs|ten (V., rüstete ab, hat abgerüstet) den Waffenbestand mindern.

Ab|rüs|tung (die, -, kein Plural) Reduzierung von Kriegswaffen; die Abschaffung oder Reduzierung von Streitkräften. Abrüstungsgespräche.

Ab|ruz|zen (die, -, Pluralwort) (ital.) Appennino Abruzzese, höchste Berggruppierung des Apennin, im Gran Sasso D'Italia.

ABS (Abk.) **A**nti**b**lockier**s**ystem.

Abs. (Abk.) **Abs**ender; **Abs**atz.

ab|sa|cken (V., sackte ab, ist abgesackt) abrutschen; absenken; senken; sinken.

Ab|sa|ge (die, -, -n) 1. Ablehnung; Absagebrief; Aufhebung; Weigerung; Widerruf; Zurücknahme. Leider müssen wir Ihnen eine Absage erteilen. 2. Nachspann; beim Rundfunk abschließende Worte am Ende einer Sendung.

ab|sa|gen (V., sagte ab, hat abgesagt) 1. abbestellen; abblasen (ugs.); abrücken von; rückgängig machen; 2. abschlägig bescheiden; abschreiben; abtelefonieren.

ab|sah|nen (V., sahnte ab, hat abgesahnt) 1. entrahmen; 2. (ugs.) Gewinn machen.

Ab|satz (der, -es, -sät|ze) 1. Abschnitt; Kapitel; Klausel; Passus; Punkt; 2. Erlös; Umsatz; Verkauf; 3. Schuhabsatz; Hacke; Stöckel.

ab|sau|fen (V., soff ab, ist abgesoffen) (ugs.) untergehen; ertrinken.

ab|sau|gen (V., saugte ab, hat abgesaugt) abpumpen; herauspumpen; wegsaugen.

ab|schaf|fen (V., schaffte ab, hat/ist abgeschafft) beseitigen; annullieren; aufheben; auflösen; ausrotten; einstellen; löschen.

Ab|schaf|fung (die, -, kein Plural) Aufhebung. Abschaffung der Todesstrafe.

ab|schal|ten (V., schaltete ab, hat abgeschaltet) 1. abstellen; ausmachen; Zufuhr unterbrechen; 2. sich erholen; 3. unaufmerksam sein.

ab|schät|zen (V., schätzte ab, hat abgeschätzt) beurteilen; mustern; taxieren.

ab|schät|zig (Adj.) verächtlich. jemanden abschätzig betrachten.

Ab|schaum (der, -s, kein Plural) abwertende Bezeichnung für unliebsame Leute; Gesindel; Lumpenpack; Plebs; Pöbel; Proleten.

ab|schei|den (V., schied ab, hat abgeschieden) absondern.

Ab|scheu (der/die, -, kein Plural) besonders starke Abneigung; Ekel; Widerwille.

ab|scheu|lich (Adj.) abstoßend; unangenehm; widerlich.

ab|schi|cken (V., schickte ab, hat abgeschickt) absenden; Waren versenden.

ab|schie|ben (V., schob ab, hat abgeschoben) 1. ausweisen; 2. wegschieben; wegschicken. Abschiebehaft.

Ab|schied (der, -s, -e) Weggang. den Abschied nehmen; ein schöner Abschied.

ab|schir|men (V., schirmte ab, hat abgeschirmt) gegen die Sonne verdunkeln, beschützen. Abschirmung.

ab|schlach|ten (V., schlachtete ab, hat abgeschlachtet) massakrieren; schlachten; töten. Abschlachtung.

ab|schlaf|fen (V., schlaffte ab, ist abgeschlafft) (ugs.) müde werden.

Ab|schlag (der, -s, -schlä|ge) 1. Auktion; 2. Disagio bei Wertpapieren; Kursminderung; 3. Preisnachlass; Prozente; Rabatt; Skonto; Diskont; Ermäßigung; Mengenrabatt.

Ab|schlags|di|vi|den|de (die, -, -en) Teil der voraussichtlichen Dividende, der vor Erstellung der Jahresrechnung ausgeschüttet wird (ist nach deutschem Aktiengesetz allerdings unzulässig).

Ab|schlags|zah|lung (die, -, -en) Anzahlung; Abzahlung.

ab|schla|gen (V., schlug ab, hat abgeschlagen) 1. abhacken; abhauen; herunterhauen; trennen; 2. ablehnen; ausschlagen. Adjektiv: abschlägig (abweisend).

ab|schlep|pen (V., schleppte ab, hat abgeschleppt) abtransportieren. Abschleppdienst.

ab|schlie|ßen (V., schloss ab, hat abgeschlossen) 1. abriegeln; absperren; verriegeln; versperren; zusperren; 2. etwas beenden; zu Ende führen.

Ab|schluss (der, -schlus|ses, -schlüs|se) Ausgang; Ausklang; Beendigung; Ende; Finale; Kehraus. das Abschlussgespräch.

Ab|schluss|norm (die, -, -en) in Betriebsvereinbarung oder Tarifvertrag verankerte Bestimmung über das Zustandekommen neuer Arbeitsverhältnisse.

Ab|schluss|prü|fung (die, -, -en) 1. das Ende einer Ausbildung; 2. neue Bezeichnung der Bilanzprüfung für Aktiengesellschaften, Banken und kommunale Betriebe.

ab|schme|cken (V.) probieren; würzen.

ab|schmel|zen (V., schmolz ab, ist abgeschmolzen) auftauen; schmelzen.

ab|schnal|len (V., refl. schnallte/schnallte sich ab, hat/hat sich abgeschnallt) 1. Gurt lösen; 2. (ugs.) etwas kaum glauben können; sehr staunen.

Ab|schnitt (der, -s, -e) Teilstück. in Abschnitten. abschnittsweise.

ab|schöp|fen (V., schöpfte ab, hat abgeschöpft) 1. wegnehmen; 2. gewinnen. Abschöpfung.

ab|schre|cken (V., schreckte ab, hat abgeschreckt) 1. erschrecken; 2. abkühlen; mit kaltem Wasser übergießen. Abschreckung; Abschreckungsstrategie.

ab|schrei|ben (V., schrieb ab, hat abgeschrieben) 1. abgucken; ablinsen; abluchsen; abschauen; abspicken; entlehnen; spicken; 2. abtippen; ins Reine schreiben; kopieren; übertragen; 3. abtun; aufgeben; fallen lassen; sich trennen von; aus dem Kopf schlagen; nicht mehr rechnen mit; verloren geben; 4. abzahlen; amortisieren; Schuld abtragen; tilgen.

Ab|schrei|bung (die, -, -en) im kaufmännischen Bereich die Herabsetzung des Buchwertes von Gegenständen des Anlagevermögens durch in der Regel periodisch eingesetzte Absatzquoten. Abschreibungsmethode.

Ab|schrift (die, -, -en) Duplikat mit genau dem gleichen Inhalt wie das Original; Durchschlag; Durchschrift; Kopie; Zweitschrift.

ab|schür|fen (V., schürfte ab, hat abgeschürft) abscheuern; die Haut verletzen.

Ab|schuss (der, -schus|ses, -schüs|se) Schuss; Erlegen. Abschussrampe.

ab|schüs|sig (Adj.) steil; mit starkem Gefälle.

ab|schüt|teln (V.) 1. etwas abschütteln; Müdigkeit abschütteln; Schnee abschütteln; 2. (ugs.) jemanden abschütteln; Verfolger abschütteln.

ab|schwä|chen (V.) dämpfen; mildern; vermindern; Wirkung herabsetzen. Eine Wetterlage schwächt sich ab. Abschwächung.

ab|schwel|len (V., schwoll ab, ist abgeschwollen) abnehmen; eine Schwellung geht zurück. Lärm kann abschwellen.

Ab|schwung (der, -s, Abschwünge) Depression in der Wirtschaft.

ab|seh|bar (Adj.) voraussehbar. in absehbarer (nicht zu langer) Zeit; berechenbar; erkennbar; vorhersagbar; vorhersehbar.

ab|seits (Adv./Präp., Gen.) abgelegen. abseits von jeder Zivilisation, abseits der Straße.

Ab|seits (das, -, kein Plural) Regelwidrigkeit beim Fußball.

Ab|seits|fal|le (die, -, -n) das Abseits wird provoziert, der Spieler zum Abseits verführt.

Ab|sence (die, -, -n) (franz.) 1. plötzliche, vorübergehende Aufhebung des Bewusstseins (bei Epilepsie); 2. Geistesabwesenheit.

ab|sen|den (V., sandte/sendete ab, hat abgesandt/abgesendet) einen Brief, ein Päckchen abschicken. Absender; Absendung.

ab|sent (Adj.) (lat.) nicht anwesend.

ab|sen|tie|ren (V.) (franz.) sich entfernen.

Ab|senz (die, -, -en) (lat.) Abwesenheit.

ab|set|zen (V., setzte ab, hat abgesetzt; V., refl, setzte sich ab, hat sich abgesetzt) 1. den Hut, die Brille absetzen; 2. etwas von der Steuerschuld abziehen; 3. sich abheben von anderen; sich unterscheiden; 4. (ugs.) sich heimlich davonschleichen; verschwinden. absetzbar.

Ab|sicht (die, -, -en) 1. Arglist; böse Absicht; Böswilligkeit; 2. Absichtserklärung; Bestreben; Vorhaben; Plan; Vorsatz.

ab|sicht|lich (Adj.) beabsichtigt; absichtsvoll; bewusst; mit Absicht; zum Trotz; vorsätzlich.

Ab|sinth (der, -s, -e) (griech.) 1. in der Botanik die Artemisia absinthium; ein Korbblütler; diese Heilpflanze liefert Absinth für Wermutgetränke; 2. grünlicher Branntwein aus der Wermutpflanze.

ab|sit|zen 1. (V.) eine Strafe verbüßen; 2. vom Pferd absteigen

ab|so|lut (Adj.) 1. völlig; 2. unabhängig; unbedingt. Dieses Adjektiv drückt schon einen Superlativ aus, es kann nicht mehr gesteigert werden.

Ab|so|lu|ti|on (die, -, -ti|o|nen) (lat.) Dispens; Freisprechung; Nachlassung der Sündenschuld im Bußsakrament der katholischen Kirche. jmdm. die Absolution erteilen.

Ab|so|lu|tis|mus (der, -, -men) (lat.) Alleinherrschaft; im 17./18. Jahrhundert in Europa vorherrschende Staatsform, die dem Monarchen die uneingeschränkte Staatsgewalt einräumte. Adjektiv: absolutistisch.

Ab|sol|vent (der, -en, -en) (lat.) Schüler, Student mit erfolgreichem Studienabschluss.
ab|sol|vie|ren (V.) (lat.) ablegen, abschließen.
ab|son|der|lich (Adj.) merkwürdig, seltsam.
ab|son|dern (V.; V., refl.) 1. abkapseln; isolieren; abschließen; absperren; abteilen; abtrennen; ausschließen; separieren; trennen. 2. ausscheiden; 3. (refl.) abkapseln; zurückziehen; (bildl.) im Elfenbeinturm leben; sich mit einer Mauer umgeben; sich verschließen.
Ab|son|de|rung (die, -) 1. (Plural -en) (Med.) Ausscheidung; Ausfluss; Sekret; Schleim; 2. (kein Plural) Isolierung; Zurückgezogenheit.
Ab|sor|ber (der, -s, kein Plural) Gerät zum Aufsaugen von Gasen.
ab|sor|bie|ren (V.) 1. aufsaugen; in sich aufnehmen; 2. (stark oder völlig) beanspruchen.
Ab|sorp|ti|on (die, -, -en) 1. Aufnahme zugestrahlter Energie durch feste, flüssige und gasförmige Stoffe; 2. Aufnahme von Gasen durch Flüssigkeiten oder feste Stoffe.
ab|spal|ten (V., spaltete ab, hat abgespalten) abschlagen; absplittern; abtrennen; loslösen.
Ab|spal|tung (die, -, kein Plural) Ablösung; Ketzerei; Häresie; Irrglaube; Irrlehre.
ab|spa|nen (V., spante ab, hat abgespant) Holz oder Metall spanabhebend bearbeiten.
Ab|spann (der, -s, -e) Nachspann.
ab|span|nen (V, spannte ab, hat abgespannt) 1. Pferde ausspannen; 2. entspannen.
ab|spa|ren (V., refl., sparte ab, hat abgespart) mühsam etwas sparen. sich etwas vom Mund absparen (unter großen Entbehrungen sparen). Die Weltreise hatte sich der Student vom Mund abgespart; den Gürtel enger schnallen, sich finanziell deutlich einschränken.
ab|spei|chern (V., speicherte ab, hat abgespeichert) in der elektronischen Datenverarbeitung sichern (EDV); bearbeitete Daten auf einem Medium (Platte, Band, Diskette) ablegen, archivieren.
ab|spei|sen (V., speiste ab, hat abgespeist) 1. (selten verwendet) jemanden, Gäste verköstigen; 2. jemanden mit leeren Versprechungen abspeisen. Ich lasse mich nicht abspeisen, nicht mit weniger als angemessen zufriedenstellen.
ab|spens|tig (Adj.) (nur in der Verbindung:) abspenstig machen (jemanden dazu bringen, sich von jmdm. oder einer Sache abzuwenden).
ab|sper|ren (V., sperrte ab, hat abgesperrt) abschließen; zusperren.
Ab|sper|rung (die, -, -en) Barriere; Sperre; Abriegelung; Blockade; Blockierung; Schranke.
ab|spie|geln (V., spiegelte ab, hat abgespiegelt) widerspiegeln. Abspiegelung.
ab|spie|len (V., spielte ab, hat abgespielt) 1. einen Film, eine Kassette ablaufen lassen; 2. (ugs.) da spielt sich nichts ab (das kommt nicht in Frage, daraus wird nichts).
Ab|spra|che (die, -, -n) Vereinbarung, eine Absprache treffen.
ab|spre|chen (V., sprach ab, hat abgesprochen) 1. besprechen; festlegen; etwas vereinbaren; 2. jmdm. etwas absprechen (seine Rechte aberkennen).
ab|sprin|gen (V., sprang ab, ist abgesprungen) 1. herunterspringen mit dem Fallschirm, vom Pferd, vom Fahrrad; 2. sich von etwas distanzieren; zurücktreten. Absprung.
ab|spu|len (V., spulte ab, hat abgespult) 1. abrollen; 2. ein (Ton-)Band abspulen, herunterleiern.
ab|spü|len (V., spülte ab, hat abgespült) abwaschen, Geschirr waschen.
ab|stam|men (V., stammte ab, hat abgestammt) stammen von; entstammen; sich ableiten von; sich herleiten von.
Ab|stam|mung (die, -, -en) Herkunft.
Ab|stam|mungs|leh|re (die, -, -en) von Darwin und Lamarck im 19. Jh. begründete Lehre, der zufolge sich das Leben im Laufe erdgeschichtlicher Zeiträume aus einfachen zu immer höher organisierten Formen entwickelt hat; Evolutionstheorie.
Ab|stand (der, -s, -stän|de) Entfernung; Zwischenraum; räumlich Abstand zwischen Fahrzeugen; zeitlich bei sportlichen Wettbewerben. Abstand gewinnen (sich innerlich lösen); mit Abstand (bei Weitem die beste Alternative).
Ab|stands|zah|lung (die, -, -en) Ablösung, ist bei Übernahme einer Wohnung an den ausziehenden Vormieter zu zahlen.
ab|ste|chen (V., stach ab, hat abgestochen) 1. abtrennen; 2. schlachten; töten; 3. hervorstechen; sich auszeichnen.
Ab|ste|cher (der, -s, -) kurzes Abweichen vom vorgesehenen Weg; kurzer Ausflug; (ugs.) Spritztour.
ab|stel|len (V., stellte ab, hat abgestellt.) 1. hinstellen; 2. beenden. *Beachte:* nach »abstellen auf/in/unter« folgt der Dativ! Er stellte den Koffer im Schließfach ab. Ihr Fahrrad stellte sie unter der Laterne ab.
Ab|stell|gleis (das, -es, -e) (ugs.) jemanden auf das Abstellgleis schieben (jemanden seines Wirkungskreises berauben, ihn ausschalten).
Ab|stim|mung (die, -, -en) 1. Einstellen eines Senders oder Empfängers auf eine bestimmte Frequenz; 2. geordnetes Verfahren zur Feststellung des Gesamtwillens einer Mehrheit von Personen oder Staaten.
ab|s|ti|nent (Adj.) enthaltsam.
Ab|s|ti|nenz (die, -, kein Plural) Enthaltung, besonders von Genussmitteln. Abstinenzler.
Ab|stoß (der, -es, -stö|ße) Anstoß. Verb: abstoßen; abstoßend.
ab|s|tra|hie|ren (V.) (lat.) das Allgemeine vom Einzelnen absondern; zum Begriff erheben; verallgemeinern.
ab|s|trakt (Adj.) (lat.) rein begrifflich, vom Gegenständlichen gelöst; unwirklich; Gegenteil von konkret.
Ab|s|trak|ti|on (die, -, -en) Absehen vom Besonderen, Einzelnem, Sinnlichen, um das begrifflich Allgemeine zu erhalten. Abstraktum.
ab|strei|fen (V., streifte ab, hat abgestreift) 1. Füße abtreten; abwischen; 2. ablegen; auskleiden; entblößen; sich ausziehen; sich freimachen; 3. sich etwas abgewöhnen.
ab|strei|ten (V., stritt ab, hat abgestritten) leugnen; die Täterschaft bestreiten.

Ab|strich (der, -, -e) (Med.) Entnahme von Körpersekreten zum Nachweis von Krankheitserregern.

ab|s|trus (Adj.) (lat.) verworren; wenig verständlich; absonderlich; absurd; dunkel; finster; geheimnisvoll; rätselhaft; sonderbar; unergründlich; undeutlich; undurchdringlich; unklar; verschleiert; widersinnig.

ab|stu|fen (V., stufte ab, hat abgestuft) abtönen; nuancieren; schattieren; staffeln.

Ab|stu|fung (die, -, -en) Abtönung; Nuance; Nuancierung; Schattierung; Staffelung; Zwischenton.

ab|stump|fen (V., stumpfte ab, ist abgestumpft) 1. gefühllos werden; gleichgültig werden; verhärten; 2. sich abnützen; stumpf werden.

ab|stür|zen (V., stürzte ab, ist abgestürzt) in die Tiefe fallen. Absturz.

ab|surd (Adj.) widersinnig. eine absurde Idee, das ist absurd. Absurdität.

Ab|s|zess (der, -zes|ses, -zes|se) eitrige Geschwulst.

Ab|s|zis|se (die, -, -n) (lat.) Waagrechte in einem zweidimensionalen Koordinatensystem, x-Achse.

Abt (der, -s, Äb|te) Klostervorsteher. Abtei; Äbtissin.

Abt. (Abk.) **Abt**eilung.

ab|tas|ten (V., tastete ab, hat abgetastet) befühlen; die Wunde abtasten. Abtastung.

Ab|tei (die, -, -en) Kloster.

ab|tei|len (V., teilte ab, hat abgeteilt) abtrennen; einteilen.

Ab|teil (das, -s, -e) abgeteilter Raum in Eisenbahnwagen. Ein Abteil reservieren.

Ab|tei|lung (die, -, -en) 1. Bereich; Fach; Fakultät; Gattung; Kategorie; Klasse; Rubrik; Sektion; Sparte; Zweig; 2. Departement; Reservat; 3. Gruppe; Kommando; Kolonne; Nachhut; Verband; Vorhut.

ab|träg|lich (Adj.) schädlich.

ab|trei|ben (V., trieb ab, ist/hat abgetrieben) 1. (refl.) sich entfernen; 2. heruntertreiben; 3. Fötus abtöten.

Ab|trei|bung (die, -, -en) Schwangerschaftsunterbrechung.

Ab|trei|bungs|pil|le (die, -, -n) Medikament, das einen Abort auslöst.

ab|tren|nen (V.) 1. ablösen; 2. absondern. Abtrennung; abtrennbar.

Ab|tre|tung (die, -, -en) vertraglich geregelte Übertragung einer Forderung oder eines Rechts von einem Gläubiger auf einen anderen.

Ab|tritt (der, -, -e) veralteter Ausdruck für Toilette.

ab|trock|nen (V.; V., ist) trocken werden/machen. Die Straße hat/ist schnell abgetrocknet.

ab|trün|nig (Adj.) verräterisch; treulos; wortbrüchig; untreu. Abtrünnigkeit.

ab|tun (V., tat ab, hat abgetan) herunterspielen; etwas als einen Scherz abtun.

Abu Dha|bi (ohne Art., -s, kein Plural) das größte der Vereinigten Arabischen Emirate mit der Hauptstadt Abu Dhabi.

ab|usiv (Adj.) (lat.) missbräuchlich.

Ab|usus (der, -, -) (lat.) Missbrauch (besonders von Arzneimitteln).

ab|wä|gen (V., wog/wägte ab, hat abgewogen/abgewägt) überlegen. Abwägung.

Ab|wär|me (die, -, kein Plural) Abhitze; Abfallprodukt bei Fertigungsprozessen, wird oft weiterverwertet.

ab|war|ten (V., wartete ab, hat abgewartet) auf ein Ereignis warten.

ab|wärts (Adv.) hinab. abwärtsgehen; abwärtsfahren; abwärtsfließen. Abwärtstrend.

Ab|was|ser (das, -s, -wäs|ser) Kloake; Abfluss von verunreinigtem Wasser aus privaten Haushaltungen, gewerblichen und industriellen Anlagen, die in Kläranlagen biologisch, chemisch und mechanisch gereinigt werden.

Ab|wechs|lung (*auch:* Ab|wech|se|lung) (die, -, -en) Ablösung; Veränderung; Vielfalt; Zeitvertreib. Verb: abwechseln. abwechselnd; abwechslungsreich.

Ab|wehr (die, -, kein Plural) 1. Auflehnung, Zurückweisung; 2. Geheimdienst; 3. Verteidigung; Widerstand. Abwehrreaktion; Abwehrverhalten. Verb: abwehren.

ab|wei|chen (V., wich ab, ist abgewichen) abkommen; sich unterscheiden; ablösen. Abweichler; Abweichung.

ab|wen|den (V., wandte/wendete ab, hat abgewandt/abgewendet) wegwenden. Das Verb »abwenden« kann in der Vergangenheit und im 2. Partizip die Formen mit -e oder -a bilden. Er wendete *oder* er wandte sich angewidert ab. Er hat seinen Kopf schnell abgewendet oder abgewandt; wegdrehen; abwehren. Abwendung; abwendbar.

Ab|wer|bung (die, -, -en) Überreden von Arbeitskräften, in einen anderen Betrieb zu wechseln.

Ab|wer|tung (die, -, -en) Devaluation. Senkung des intervalutarischen Kurses einer Währung zur Angleichung an den freien Wechselkurs.

ab|we|send (Adj.) 1. nicht da; 2. zerstreut. alle Abwesenden.

Ab|we|sen|heit (die, -, kein Plural) Fehlen. **ab|wi|ckeln** (V.) 1. abrollen; 2. erledigen.

Ab|wick|lung (*auch:* Ab|wi|cke|lung) (die, -, T. -wick|lung/-wi|cke|lung, -en) einen Vertrag zu Ende bringen; Liquidation von Unternehmen.

ab|wie|geln (V., wiegelte ab, hat abgewiegelt) herunterspielen; verharmlosen. Abwiegler.

ab|wie|gen (V., wog ab, hat abgewogen) wiegen.

ab|wim|meln (V., wimmelte ab, hat abgewimmelt) (ugs.) abschütteln.

ab|wra|cken (V., wrackte ab, hat abgewrackt) verschrotten. abgewrackt (heruntergekommen).

Abys|sal (das, -s, kein Plural) (griech.) Tiefsee (über 3000 Meter Tiefe).

abys|sisch (Adj.) zum Abyssal gehörig; in großer Tiefe; abgrundtief.

Ab|zah|lungs|ge|schäft (das, -es, -e) Verkauf gegen Teilzahlung; Verkauf auf Raten.

ab|zap|peln (V., refl., zappelte sich ab, hat sich abgezappelt) sich abmühen.

Ab|zei|chen (das, -s, -) 1. Kennzeichen, bei Haustieren oder Pferden (meist weiße) Flecken oder Streifen im Fell; 2. Emblem; Hoheitszeichen; Medaille; Anstecknadel; Aufkleber; Button; Plakette.

ab|zeich|nen (V., zeichnete ab, hat abgezeichnet) 1. abmalen; abbilden; 2. unterschreiben; 3. (V., refl., zeichnete sich ab, hat sich abgezeichnet) abheben; zeigen; erweisen; in Sicht kommen.

ab|zie|hen (V., zog ab, hat abgezogen) 1. subtrahieren; 2. wegziehen; 3. verschwinden.

Ab|zieh|bild (das, -es, -er) Aufklebebild.

ab|zo|cken (V., zockte ab, hat abgezockt) (ugs.) jemanden rücksichtslos ausnehmen; jmdm. Geld abnehmen.

Ab|zug (der, -s, -zü|ge) 1. Abmarsch; 2. Entlüftung; Lüftung; 3. Ermäßigung; 4. Fotografie; 5. Kopie; 6. Rückzug. abziehen.

ab|züg|lich (Präp., Gen.) abgerechnet. abzüglich der Spesen; abzüglich der Mehrwertsteuer; abzüglich fünf Prozent.

ab|zwa|cken (V., zwackte ab, hat abgezwackt) (ugs.) abziehen; wegnehmen.

a c. (Abk.) 1. **a c**onto; 2. (Abk.) **a**nni **c**urrentis (lat.) (des laufenden Jahres).

Aca|dé|mie fran|çai|se (die, -, kein Plural) im Jahre 1635 von Kardinal Richelieu gegründete Akademie für französische Sprache und Literatur. 40 auf Lebenszeit gewählte Mitglieder; seit 1803 sprachlich-literarische Abteilung des Institut de France.

a cap|pel|la (ital.) ohne Begleitung von Musikinstrumenten (ein- oder) mehrstimmig im Chor gesungen.

ac|ce|le|ran|do (Adv.) (ital.) langsam schneller werdend (bei Musikstücken).

Ac|cent ai|gu (der, - -, -s -s) französisches Aussprachezeichen für geschlossenes e; z. B. bébé.

Ac|cent cir|con|flexe (der, - -, -s -s) französisches Aussprachezeichen für gedehnten Vokal; z. B. crêpe.

Ac|cent grave (der, - -, -s -s) französisches Aussprachezeichen für offenes e; z. B. crème.

Ac|ces|soire (das, -s, -s) (franz.) modisches Zubehör.

Ac|com|pa|g|na|to (das, -s, -s/-ti) (ital.) vom Orchester begleiteter rhythmisierter Sprechgesang.

Ac|count (das, -s, -s) (engl.) 1. Buchhaltungskonto; 2. in der Computersprache Benutzerkonto; die Zugangsberechtigung eines Benutzers zu einem anderen Rechner, einem Onlinedienst, dem Internet oder einer Mailbox.

Ace|ro|la (die, -, -s) (arab.-span.) südamerikanische Frucht mit hohem Vitamin-C-Gehalt.

Ace|tat (das, -s, -e) (lat.) 1. Salz oder Ester der Essigsäure; 2. dehnbare Chemiefaser.

Ace|to Bal|sa|mi|co (der, - -, kein Plural) (ital.) toskanischer Essig, der wie ein Sherry in Eichenfässern gelagert wird und in hohen Jahrgängen als Aperitif getrunken werden kann.

Ace|ton (das, -s, kein Plural) (lat.) organische Verbindung; Lösungsmittel.

Ace|ty|len (das, -s, kein Plural) (lat.) ein Kohlenwasserstoff; farbloses Gas.

ach! (Interj.) ach so! ach, wie schön! Fungiert das Wort als Interjektion, schreibt man es klein. ach je!

Ach (Subst.) Ach und Weh (*auch:* ach und weh) klagen. mit Ach und Krach; mit Ach und Weh. *Großschreibung:* Bei der Premiere waren viele Achs und Ohs zu hören. Er hat seinen Titel mit Ach und Krach geschafft.

Achä|ne (die, -, -n) (griech.) Schließfrucht, bei der Frucht- und Samenschale fest miteinander verwachsen sind (bei Korbblütlern).

Achat (der, -s, -e) (griech.) Schmuckstein; Mineral mit verschiedenfarbiger Bänderung.

Achil|les (der, -, kein Plural) in Homers Ilias der Held der Griechen im Trojanischen Krieg; Sohn des Peleus und der Thetis.

Achil|les|fer|se (die, -, kein Plural) jemanden an der Achillesferse treffen (die schwache Stelle eines Menschen treffen).

Achro|ma|t|op|sie (griech.) (die, -, -ien) völlige Farbenblindheit.

Ach|se (die, -, -n) 1. Drehpunkt; 2. Mittellinie. Achsbruch/Achsenbruch. auf Achse sein (unterwegs sein). In seiner Funktion als Vertreter ist er ständig auf Achse.

Ach|sel (die, -, -n) Schulter; Achselhöhle. Achselzucken; achselzuckend.

acht (Zahlw.) acht Uhr; achtmal (8-mal; bei bes. Betonung: acht Mal); achtfach (8fach, 8-fach); um Viertel nach acht; wir waren zu acht; die Uhr schlägt acht; Schlag acht. *Großschreibung:* die Ziffer Acht; eine Acht (ein Achter) im Rad; der Achte; am Achten des Monats. Achtstundentag; Achttausender.

Acht (die, -, kein Plural) gib Acht (*auch:* acht)!; achtgeben (*auch:* Acht geben); achthaben (*auch:* Acht haben); außer Acht lassen; sich in Acht nehmen. aus der Acht lassen; große Acht geben. *Wichtig:* Nach »sich vor etwas in Acht nehmen« darf ein abhängiger Satz nicht verneint werden! Nimm dich in Acht davor, zu spät zu kommen (*falsch:* ... nicht zu spät zu kommen). *Dagegen:* Nimm dich in Acht, dass du nicht zu spät kommst! achtsam; achtlos; Achtsamkeit; Achtlosigkeit.

ach|tel (Bruchz.) ein achtel Liter; *aber:* ein Achtelliter; ein Achtel Wein.

ach|ten (V.) schätzen; beachten; achten auf. achtbar; Achtbarkeit.

ach|tern (Adj.) in der Seemannssprache hinten. Achterdeck; Achterschiff; Achtersteven.

acht|kan|tig (Adj.) jemanden achtkantig hinauswerfen (jemanden nachdrücklich hinauswerfen. Weil er in seinem Betrieb gestohlen hatte, wurde er achtkantig hinausgeworfen). jemanden hochkant hinauswerfen.

Ach|tung (die, -, kein Plural) Anerkennung; Aufmerksamkeit. Nach dem Substantiv Achtung wird mit der Präposition »vor« ein Dativ angeschlossen. *Beachte:* der Gebrauch der Präposition »für« ist veraltet. Achtung vor Steinschlag! Sie hatte Achtung vor ihm. eine Achtung gebietende (*auch:* achtunggebietende) Persönlichkeit; achtungsvoll; Achtungsapplaus; Achtungsbezeigung; Achtungserfolg.

acht|zig (Zahlw.) sie wird achtzig/achtzig Jahre alt; die Achtzigerjahre (*auch:* achtziger Jahre), 80er-Jahre (*auch:* 80er Jahre); in den Achtzigerjahren (*auch:* achtziger Jahren) war er noch gesund; in den Achtzigern sein; Mitte der Achtziger; Tempo achtzig; die achtzig erreichen; in die achtzig kommen; mit achtzig ist er noch gesund; er ist Mitte achtzig. eine Achtziger (Motorrad). jemanden auf achtzig bringen (jemanden wütend machen). Sein blödes Gequatsche bringt mich auf achtzig. (Die Wendungen gehen auf die Zeit zurück, in der 80 Stundenkilometer beim Auto die Höchstgeschwindigkeit waren.).

Acht|zy|lin|der (der, -s, -) (*auch:* mit Ziffern: 8-Zylinder) Motor mit acht Zylindern. achtzylindrig.

äch|zen (V.) stöhnen.

Aci|di|me|t|rie (die, -, -n) (lat.-griech.) chemische Bestimmung des Säuregehalts.

Aci|di|tät (die, -, kein Plural) (lat.) Säuregehalt; Säurestärke.

Aci|do|se (die, -, -n) (lat.) Säurevergiftung; zu starke Säurebildung im Blut.

Acker (der, -s, Äcker) Feld. Ackerbau; Verb: ackern.

Ack|ja (der, -/s, -s) (finn.) 1. Rentierschlitten; 2. Rettungsschlitten der Bergwacht.

Acon|ca|gua (der, -s, kein Plural) höchster Berg Südamerikas, in den argentinischen Anden, 6959 m hoch.

à con|di|ti|on (franz.) bedingte Warenannahme, unter Vorbehalt der Rückgabe (im Buchhandel).

a con|to (ital.) auf Rechnung von. *Aber:* Akontozahlung (Teilzahlung).

Ac|ryl... (lat.) mit Acrylsäure (als Ausgangsstoff); z. B. Acrylfarben.

Ac|tion (die, -, -) (engl.) ereignisreiche Handlung; lebhaftes Tun (Szenensprache).

Ac|tion|pain|ting (*auch:* Ac|tion-Pain|ting) (das, -s, kein Plural) (engl.) moderne Richtung in der abstrakten Malerei der Vereinigten Staaten.

a d. (Abk.) **a d**ato.

a. d. (Abk.) **a**n **d**er. Neustadt a. d. Donau.

a. D. (Abk.) **a**ußer **D**ienst.

A. D. (Abk.) (lat.) **A**nno **D**omini (im Jahre des Herrn).

ad ab|sur|dum (lat.) etwas ad absurdum führen (eine Widersinnigkeit aufdecken, die Unsinnigkeit von etwas aufzeigen). Seine Theorie war weitverbreitet, aber die Praxis führte sie ad absurdum.

ADAC (der, -, kein Plural) (Abk.) **A**llgemeiner **D**eutscher **A**utomobil-**C**lub.

ad ac|ta (lat.) zu den Akten. (in der Wendung: a.a. legen) als erledigt betrachten)

ada|gio (Adv.) (ital.) langsam; ruhig (bei Musikstücken).

Adam (hebr. Mensch) im Alten Testament der erste von Gott erschaffene Mensch.

Ad|ap|ti|on (die, -, -ti|o|nen) (lat.) Anpassung; Umarbeitung. Verb: adaptieren.

Ad|ap|ter (der, -s, -) (engl.-nlat.) Vorrichtung, um elektrische Geräte miteinander zu verbinden und aneinander anzupassen.

ad|ä|quat (Adj.) (lat.) angemessen; entsprechend. Adäquatheit.

a da|to (lat.) vom Tag der Ausstellung an.

ad|die|ren (V.) zusammenzählen. Addition.

Ad|di|tiv (das, -s, -e) Zusatz. Adj.: additiv.

Ade (das, -s, -s) Adieu. Grußwort beim Verabschieden. jmdm. Ade (*auch:* ade) sagen; einer Sache Ade (*auch:* ade) sagen (etwas aufgeben).

Ade|bar (der, -s, -e) Fabelname des Storches.

Adel (der, -s, kein Plural) von adeliger Herkunft; Würde; Aristokratie. Adel verpflichtet (wer zur gehobenen Gesellschaftsschicht gehört, ist einer bestimmten Lebensweise verpflichtet). Adeliger; Adelsstand; Adelstitel; Adelung; adelig.

adeln (V.) in den Adelsstand erheben.

Adels|na|men (der, -n, -n) meist wird der Familienname gebeugt; ist dieser jedoch deutlich als Ortsname kenntlich, wird der Vorname gebeugt; die Lieder Walthers von der Vogelweide. Steht der Ortsname vor dem dazugehörenden Substantiv, wird dieser gebeugt. Walther von der Vogelweides Lieder. Der neben dem regierenden Wort stehende Name wird gebeugt. Von bzw. van wird am Satzanfang groß geschrieben. Abgekürzt schreibt man es klein, um Verwechslungen mit Vornamen zu vermeiden. Van Beethoven war taub. v. Beethoven war taub.

Ade|nom (das, -s, -e) (griech.) Drüsengeschwulst.

Ad|ept (der, -en, -en) (lat.) 1. Eingeweihter (z.B. in die Alchemie); 2. sein Schüler.

Ader (die, -, -n) Blutbahn. Aderlass; ad(e)rig; äd(e)rig.

à deux mains (franz.) mit zwei Händen (bei Klavierstücken).

Ad|hä|si|on (die, -, kein Plural) (lat.) 1. Aneinanderhaften verschiedener Stoffe aufgrund der Molekularkräfte; 2. (Med.) krankhafte Verklebung, Verwachsung von Organen.

Ad|hä|si|ons|kraft (die, -, -kräf|te) Anziehungskraft.

Ad|hä|si|ons|ver|schluss (der, -schlus|ses, -schlüs|se) Klebeverschluss für Drucksachen.

ad hoc (lat.) hierfür; direkt aus der Situation heraus. Ad-hoc-Entscheidung.

Adi|eu (das, -s, -s) (franz.) Abschiedsgruß. Lebewohl, jmdm. Adieu (*auch:* adieu) sagen.

Ädil (der, -s/-en, -en) (lat.) hoher altrömischer Beamter, der für die Polizeiaufsicht, die Lebensmittelversorgung und die Ausrichtung der öffentlichen Spiele verantwortlich war.

adi|pös (Adj.) (lat.) fettleibig.

Ad|jek|tiv (das, -s, -e) Eigenschaftswort. Das Adjektiv oder Eigenschaftswort benennt Eigenschaften von Lebewesen, Gegenständen, Sachverhalten und Tätigkeiten. Man gibt damit Größe, Gewicht, Lage, Farbe, Charakter usw. an. Adjektive können dekliniert und in der Regel auch gesteigert werden. Wird das Adjektiv mit den Verben »sein, werden, bleiben« verbunden, also prädikativ verwendet, bleibt es unverändert. Das Buch ist neu. Er wird alt. Diese Tätigkeit bleibt langweilig. Bestimmt das Adjektiv ein anderes Verb, wird es also als Adverbiale gebraucht, bleibt es ebenfalls unverändert. Das Auto fährt gut. Der Wein schmeckt vorzüglich. Wir arbeiten täglich. Adjektive können auch substantiviert werden. Die Schöne hat viele Verehrer. adjektivisch.

Ad|junkt (der, -s, -e) (lat.) Gehilfe; Amtsgehilfe.

ad|jus|tie|ren (V.) (lat.) genau einstellen; normen; eichen.

Ad|ju|tant (der, -en, -en) (lat.) Assistent; Gehilfe; Hilfsoffizier eines Kommandanten.

Ad|ju|tan|tur (die, -, -en) Amt; Dienststelle des Adjutanten.

Ad|ju|tor (der, -s, -en) Helfer; Gehilfe.

Ad|la|tus (der, -, -ten/-ti) (lat.) Helfer (heute meist scherzhaft).

Ad|ler (der, -s, -) Raubvogel. Adlerblick; Adlernase.

ad lib. (Abk.) **ad lib**itum (nach Belieben).

Ad|mi|nis|t|ra|ti|on (die, -, -ti|o|nen) (lat.) Verwaltung. administrativ; administrieren.

Adˡmiˡnisˡtˡraˡtor (der, -s, -en) 1. Verwalter; 2. in der Datenverarbeitung andere Bezeichnung für Sysop, Systemoperator.

Adˡmiˡral (der, -s, -e/-räˡle) (arab.–frz.) 1. Marineoffizier, Seeoffizier im Generalsrang; 2. (Biol.) schwarzer Tagfalter mit roten Binden auf den Vorderflügeln. Admiralität; Admiralsstab.

Adˡmiˡraˡliˡtätsˡinˡseln (die, -, Pluralwort) Inselgruppe in der Südsee.

Adˡmiˡralsˡstab (der, -s, kein Plural) Führungsstab der Marine entsprechend dem Generalstab des Heeres und der Luftwaffe.

ADN (Abk.) **A**llgemeiner **D**eutscher **N**achrichtendienst (ehem. DDR).

ad noˡtam (lat.) (in der Wendung:) a. n. nehmen (zur Kenntnis nehmen).

Adoˡbe (der, -, -s) (span.) luftgetrockneter Lehmziegel.

ad ocuˡlos (lat.) (in der Wendung:) a. o. demonstrieren (vor Augen führen).

adoˡlesˡzent (Adj.) in der Adoleszenz befindlich.

Adoˡlesˡzenz (die, -, kein Plural,) (lat.) Reifungsphase des Jugendalters.

Adoˡnai (kein Artikel, kein Plural, nur Anrede) (hebr.) Name Gottes (im Alten Testament).

Adoˡnis (der, -, -nisˡse) (griech.) 1. schöner Mann (scherzhaft); in der griechischen Mythologie schöner Geliebter der Aphrodite; 2. ein Hahnenfußgewächs; Adonidis herba: das Adonisröschen (als Heilpflanze); 3. in der Astronomie einer der Planetoiden, der unserer Erde sehr nahe kommen kann.

adˡopˡtieˡren (V.) (lat.) annehmen. Adoption; Adoptivkind.

Adˡoˡraˡtiˡon (die, -, -tiˡoˡnen) (lat.) Anbetung; Verehrung; Huldigung.

Adr. (Abk.) **Adr**esse.

ad rem (lat.) zur Sache.

Adˡreˡnaˡlin (das -s, kein Plural) Hormon des Nebennierenmarks. Adrenalinausstoß.

Adˡresˡse (die, -, -n) 1. Anschrift; 2. Gruß- oder Dankesschreiben; 3. schriftliche Willenskundgebung. an die falsche Adresse geraten (ugs.) (sich an den Falschen wenden, abgewiesen werden). Adressenverzeichnis; adressieren.

Adˡresˡsant (der, -en, -en) Absender.

Adˡresˡsat (der, -en, -en) Empfänger.

adˡrett (Adj.) (franz.) 1. hübsch; 2. nett, ordentlich.

Adˡria (die, -, kein Plural!) Teil des Mittelmeers. das Adriatische Meer.

adult (Adj.) (lat.) erwachsen; geschlechtsreif (bei Tieren).

A-Dur (das, -, kein Plural) Tonart. A-Dur-Tonleiter. *Aber:* a-Moll.

ad usum (lat.) 1. zum Gebrauch von; 2. unter Ausmerzung aller anstößigen Stellen hergestellte Ausgabe der antiken Klassiker. ad usum Delphini (urspünglich zum Gebrauch des Dauphins, des franz. Thronfolgers); ad usum proprium (zum persönlichen Gebrauch).

Adˡvanˡtage (der, -s, -s) (engl.) Vorteil; erster gewonnener Punkt nach dem Einstand (beim Tennis).

Adˡvent (der, -s, kein Plural) Vorweihnachtszeit. Adventskalender; Adventskranz; Adventsonntag.

Adˡverb (das, -s, -biˡen) Umstandswort. Adverbien oder Umstandswörter fungieren als Orts- und Zeitangaben, bezeichnen die Art und Weise, wie etwas geschieht oder nennen den Grund für ein Geschehen. Adverbien werden nicht dekliniert. Man unterscheidet Adverbien des Ortes (aufwärts, dort, hier, hinten, nirgends), Adverbien der Zeit (einst, endlich, gestern, heute, morgen, später), Adverbien der Art und Weise (besonders, genug, gern, sicherlich, vielleicht), Adverbien des Grundes (dadurch, daher, deshalb, folglich, jedenfalls, trotzdem). Adverbien können Substantive, Verben, Adjektive und andere Adverbien näher bestimmen.

Adˡverˡbiˡalˡsatz (der, -es, -sätˡze) Adverbialsätze oder auch Umstandssätze sind Nebensätze, die anstelle adverbialer Ausdrücke stehen und mit einer Konjunktion eingeleitet werden. Der Junge machte sich Mut, indem er laut vor sich hin pfiff.

adˡverˡsaˡtiv (Adj.) gegensätzlich.

Adˡverˡtiseˡment (das, -s, -s) Inserat; Anzeige (engl.).

Adˡverˡtiˡsing (das, -s, -s) (engl.) Werbung (durch Annoncen).

Adˡvoˡcaˡtus Dei (der, - -, -ti -) (lat.) Anwalt Gottes; Fürsprecher (im Heiligsprechungsprozess der katholischen Kirche).

Adˡvoˡcaˡtus Diˡaˡboˡli (der, - -, -ti -) (lat.) die Einwände Vorbringender (im kath. Heiligsprechungsprozess).

Adˡvoˡkat (der, -en, -en) (lat.) Fürsprecher; Rechtsanwalt (früher).

aeˡrob (Adj.) (griech.) Luftsauerstoff benötigend. ~e Bakterien.

Aeˡroˡbic (das, -s, kein Plural) (engl.) Tanzgymnastik; in den USA entwickeltes Fitnesstraining, das aus der Kombination von Gymnastik, Konditionstraining und Tanz besteht.

Aeˡroˡdyˡnaˡmik (die, -, kein Plural) Luftwiderstand. Adjektiv: aerodynamisch.

Aeˡroˡloˡgie (die, -, kein Plural) (griech.) Höhenwetterkunde.

Aeˡroˡnauˡtik (gr.) Luftfahrttechnik.

Aeˡroˡsol (das, -s, -e) (griech.-lat.) 1. feinst verteilte Schwebstoffe in Gasen; 2. so beschaffenes Heilmittel (zum Einatmen).

Aeˡroˡsonˡde (die, -, -n) meteorologisches Messgerät, das Luftdruck, Lufttemperatur und Luftfeuchtigkeit ermittelt, die Messwerte werden zur Bodenstation gesendet.

Aeˡroˡstaˡtik (die, -, kein Plural) (griech.) Wissenschaft von den Gleichgewichtszuständen der Gase.

Afˡfäˡre (die, -, -n) (franz.) 1. Abenteuer; Liebelei; Liebesabenteuer; Verhältnis; 2. Angelegenheit; Ereignis; Fall; Skandal; Vorfall. sich aus der Affäre ziehen (mit Geschick aus einer unangenehmen Situation herausfinden).

Afˡfe (der, -n, -n) menschenähnliches Säugetier. Mich laust der Affe. (Das überrascht mich.). Jmd. hat einen Affen sitzen. (Jmd. ist betrunken.). einen Affen an jmdm. gefressen haben (jemanden übermäßig gern haben); einen Narren an jmdm. gefressen haben. jemanden zum Affen halten (jemanden täuschen); seinem Affen Zucker geben (seiner Eitelkeit frönen); (ugs.) vom wilden Affen gebissen sein (sich sehr aufregen); wie ein Affe auf dem Schleifstein sitzen (eine unglückliche Figur abgeben). Affenliebe; Affentheater; Verb: äffen; Adjektive (ugs.): affengeil; affig; äffisch.

Af|fekt (der, -s, -e) starke Erregung. Affekthandlung; Affektstau; Adjektiv: affektiv (gefühlsbetont).
af|fek|tiert (Adj.) gekünstelt; geziert. Affektiertheit.
Af|fi|che (die, -, -n) (franz.) Anschlag; kleines Plakat.
Af|fi|da|vit (das, -s, -s) (lat.-engl.) 1. beeidigte Erklärung im englischen Recht; 2. Bürgschaftserklärung für Einwanderer.
Af|fi|li|a|ti|on (die, -, -en) (lat.) 1. Aufnahme in eine Freimaurerloge; 2. Bildung einer Tochtergesellschaft.
af|fin (Adj.) (lat.) ähnlich.
Af|fi|ni|tät (die, -, -en) Anziehung; Verwandtschaft.
Af|fir|ma|ti|on (die, -, -ti|o|nen) Zustimmung; Bekräftigung. Adjektiv: affirmativ; Verb: affirmieren.
Af|fix (das, -es, -e) (lat.) dem Wortstamm voran; Vorsilbe (Präfix) oder Nachsilbe (Suffix).
Af|fo|dill (der, -s, -e) (griech.) ein Liliengewächs.
Af|fri|ka|ta (die, -, -ten) Verschlusslaut in Verbindung mit einem Reibelaut, z. B. »pf«, »ts«.
Af|fri|ka|te (die, -, -n) = Affrikata.
Af|front (der, -s, -s) (franz.) Beleidigung; Kränkung; Schmähung.
Af|gha|ni (der, -s, -s) afghanische Währungseinheit; 100 Pul.
Af|gha|nis|tan (ohne Art., -s, kein Plural) asiatischer Staat im Mittleren Osten. Afghane.
Af|la|to|xin (das, -s, -e) (Kunstw.) Schimmelpilzgift (besonders in Nüssen, Getreide).
AFN (der, -, kein Plural) (engl.) Abk. für »**A**merican **F**orces **N**etwork«, Rundfunksender der US-Streitkräfte.
à fonds per|du (franz.) auf Verlustkonto.
AFP (Abk.) (frz.) **A**gence **F**rance **P**resse; offizielle Presseagentur Frankreichs.
a fres|co (Adv.) (ital.) auf den noch feuchten Putz. (Maltechnik).
Af|ri|ka (ohne Art., -s, kein Plural) Kontinent. Afrikaner; Adjektiv: afrikanisch.
Af|ri|kaans (das, -, kein Plural) Sprache der Buren in Südafrika.
Af|ri|ka|nis|tik (die, -, kein Plural) Wissenschaft von den Sprachen und Kulturen Afrikas. Afrikanistin.
Af|ter|shave (das, -s, -s) Rasierwasser.
Ag (Abk.) Silber (chemisches Zeichen).
AG (Abk.) **A**ktien**g**esellschaft; **A**mts**g**ericht.
Ä|gä|is (die, -, kein Plural) Teil des Mittelmeers. das Ä|gä|ische Meer.
Aga|me (die, -, -n) (karib.) tropische Echse.
Aga|mem|non (ohne Art., -, kein Plural) (griech) in der griechischen Mythologie führte er die Griechen im Trojanischen Krieg; König von Mykene.
Aga|mie (die, -, kein Plural) (griech.) Ehelosigkeit.
Aga|pe (die, -, -n) (griech.) 1. schenkende Liebe Gottes; 2. Liebesmahl gemeinsam mit Armen (in frühchristl. Gemeinden).
Agar-Agar (das, -, kein Plural) (malai.) Verdickungsmittel aus Algen für Konfitüren, Pudding, für Klebstoffe.
Aga|ve (die, -, -n) (griech.) subtropische Pflanze; Amaryllisgewächse mit fleischigen, wasserspeichernden Blättern, manche Arten liefern Sisal.
AGB (Abk.) **A**llgemeine **G**eschäfts**b**edingungen.
Agen|da (die, -, -den) (lat.) 1. Zusammenstellung von Verhandlungspunkten; 2. Vormerkkalender; 3. Liste zu erledigender Dinge.
Agen|de (die, -, -n) (lat.) Zusammenstellung der Texte für die Gottesdienstordnung.
Agent (der, -en, -en) 1. allgemein Person, die im Auftrag und Interesse anderer tätig ist; 2. Vermittler von Geschäften; Makler; 3. Spion. Agentenaustausch.
Agent pro|vo|ca|teur (*auch:* Agent Provocateur) (der, - -, -s -s) (franz.) Lockspitzel.
Agen|tur (die, -, -en) (lat.) 1. Geschäftsstelle; 2. Informationsbüro; Informationsdienst; Vermittlungsstelle; Vertretung.
Ag|glo|me|rat (das, -s, -e) (lat.) 1. Zusammenschmelzung; 2. Ablagerung.
Ag|glo|me|ra|ti|on (lat.) (die, -, -ti|o|nen) Anhäufung. Bevölkerungsagglomeration. Verb: agglomerieren.
Ag|glu|ti|na|ti|on (die, -, -ti|o|nen) (lat.) 1. Verklumpung; Verklebung; 2. Anhängung von Affixen an den Wortstamm.
ag|glu|ti|nie|ren (V.) (lat.) Affixe an den Wortstamm anhängen; das Finnische ist eine agglutinierende Sprache.
Ag|gre|gat (lat.) (das, -s, -e) 1. Anhäufung; 2. in der Geologie Verwachsung von Kristallen; 3. in der Mathematik mehrgliedriger Ausdruck; 4. in der Technik Zusammenschluss von Maschinen (Stromaggregat). Aggregation; Aggregatzustand.
Ag|gres|si|on (die, -, -si|o|nen) (lat.) 1. Angriff; gewaltsames Vorgehen eines Staates gegen einen anderen unter Verletzung der Gebietshoheit; 2. in der Verhaltensforschung die feindselige Haltung von Tieren und Menschen. Aggressor; Aggressivität.
ag|gres|siv (Adj.) angriffslustig.
agie|ren (V.) (lat.) 1. darstellen; handeln; 2. wirken als.
agil (Adj.) (lat.) beweglich; energisch; flink; lebhaft; wendig. Agilität.
Agio (das, -s, kein Plural) (ital.) Aufgeld, Differenzbetrag zwischen Kurs- und Nennwert eines Wertpapiers, bei Sorten und Devisen der Mehrpreis über dem Nennwert.
Agio|ta|ge (die, -, -n) (ital.-franz.) Spekulationsgeschäft, das Kursschwankungen an verschiedenen Börsen ausnutzt.
Agi|ta|ti|on (die, -, -ti|o|nen) (lat.) Propaganda; Werbung; aggressive politische Beeinflussung der öffentlichen Meinung. Agitator; agitatorisch; Verb: agitieren.
Agit|prop (die, -, kein Plural) (Kunstw.) Agitation und Propaganda; im Sprachgebrauch kommunistischer Staaten Theaterstücke und Filme zur politischen Aufklärung und Propaganda.
Ag|na|ten (die, -, Pluralwort) (lat.) im römischen Recht die Nachkommen eines gemeinsamen Ahnen in männlicher Linie, unter dessen väterlicher Gewalt sie stehen.
Ag|no|men (der, -, kein Plural) (lat.) Beiname.
Ag|nos|ti|ker (der, -s, -) jmd., der den Agnostizismus vertritt.
Ag|nos|ti|zis|mus (der, -, kein Plural) (griech.) philosophische Lehre von der Unerkennbarkeit Gottes oder der Wahrheit.

ag|nos|zie|ren (V.) (lat.) 1. anerkennen; 2. identifizieren.
Ag|nus Dei (das, - -, kein Plural) (lat.) 1. Lamm Gottes; Bezeichnung und symbolische Darstellung für Jesus; 2. Gebet; 3. Geweihtes Wachstäfelchen.
Ago|nie (die, -, -n) (griech.) Todeskampf.
Agon (der, -s, -e) (griech.) in der Antike musischer und athletischer Wettkampf zur Durchbildung von Geist und Körper. Agonisten.
Ago|ra (die, -, -ren) (griech.) 1. Volks- oder Heeresversammlung der griechischen Stadtstaaten; 2. Bezeichnung für den Marktplatz.
Ago|ra|pho|bie (die, -, -n) (griech.-lat.) medizinischer Begriff für Platzangst. Zwanghafte, von Schwindel- oder Schwächegefühl begleitete Angst, allein über freie Plätze oder Straßen zu gehen.
Ag|raf|fe (die, -, -n) (franz.) 1. Gewandschließe; Schmuckspange; 2. Wundklammer; 3. Zierklammer vom Scheitel eines Rundbogens zum darüber laufenden Gesims.
Ag|ra|ri|er (der, -s, -) (lat.) Landwirt. Adjektiv: agrarisch. Agrarpolitik; Agrarprodukt; Agrarreform.
Ag|ree|ment (das, -s, -s) (engl.) Übereinkommen. Gentlemen's Agreement.
Ag|ré|ment (das, -s, -s) (franz.) Billigung eines ausländischen Diplomaten durch die Regierung.
Ag|ri|kul|tur (die, -, -en) (lat.) Landwirtschaft, Ackerbau.
Ag|ro|no|mie (die, -, -n) (griech.) Landwirtschaftswissenschaft. Agronom; agronomisch.
Ägyp|ten (ohne Artikel, -s, kein Plural) arabischer Staat. Ägypter; Ägyptisch (Sprache); ägyptisch.
Ägyp|to|lo|gie (die, -, kein Plural) (nlat.) Wissenschaft vom ägyptischen Altertum.
Ah (Abk.) **A**mpere**s**tunde.
ah! (Interj.) ah so! ah was! äh! *aber:* ein Durcheinander von Ahs und Ohs.
aha! (Interj.) *aber:* ein Aha-Erlebnis (*auch:* Ahaerlebnis) haben.
Ahas|ver (der, -, -s/-e) (hebr.) ruhelos Umherirrender; der ewige Jude; während der Kreuzzüge entstandene Sage als Sinnbild für den ruhe- und heimatlosen Wanderer.
ahd. (Abk.) **a**lt**h**och**d**eutsch.
ahis|to|risch (Adj.) ungeschichtlich.
Ah|le (die, -, -n) gebogene Stahlnadel zum Durchstechen von Leder.
Ahn (nicht trennbar!) (der, -s/-en, -en) Vorfahr. Ahnenforschung; Ahnengalerie.
ahn|den (V.) 1. bestrafen; strafen; verfolgen; 2. ein Unrecht streng ahnden. Ahndung.
äh|neln (V.) ähnlich sein.
ähn|lich (Adj.) zum Teil gleich. *Großschreibung:* und Ähnliches (u. Ä.); hast du einen Kugelschreiber oder Ähnliches (o. Ä.)?. etwas/ nichts Ähnliches. Ähnlichkeit. *Aber:* ähnlich gutes Wetter.
Ah|nung (die, -, -en) Vermutung; Vorstellung. Ahnungslosigkeit; ahnungslos; ahnungsvoll. Verb: ahnen.
Ahorn (der, -s, -e) Laubbaum. Ahornblatt.
Äh|re (die, -, -n) Blütenstand bei Gräsern und Getreide. Ährenfeld; Ährenlese. Adjektive: langährig; kurzährig.
Ai (das, -/-s, -s) Dreizehenfaultier.
Aids (nicht trennbar) (meist ohne Artikel, kein Plural) (engl.) **A**cquired **I**mmune **D**eficiency **S**yndrome (erworbenes Immunschwäche-Syndrom); Infektionskrankheit, die den Zusammenbruch des körpereigenen Immunsystems bewirkt, Erreger ist der HI-Virus, der die Leukozyten zerstört. Aidshilfe; Aidskranke.
Ai|g|ret|te (die, -, -n) (frz.) büschelförmiger Kopfschmuck aus Reiherfedern mit Edelsteinen.
Ai|ki|do (das, -s, kein Plural) (jap.) Kampfsport.
Air|bag (der, -s, -s) (engl.) Sicherheitsluftkissen (im Auto).
Air|bus (der, -, -se) (engl.) Großraum-Passagierflugzeug für Kurz- und Mittelstrecken; europäisches Gemeinschaftsprojekt von deutschen, englischen, französischen, niederländischen und spanischen Firmen (eingetragenes Warenzeichen).
Air|con|di|ti|o|ner (*auch:* Air-Conditioner) (der, -s, -) (engl.) Klimaanlage.
Air|dale|ter|rier (der, -s, -) (engl.) Hunderasse.
Air France (die, -, kein Plural) (frz.) staatliche französische Luftverkehrsgesellschaft (Abk.: AF).
Air|mail (die, -, kein Plural) (engl.) Luftpost.
Air|port (der, -s, -s) (engl.) Flughafen.
Aja|tol|lah → Ayatollah.
à jour (frz.) 1. bis zum heutigen Tag; auf dem neuesten Stand; 2. nur am Rande gefasst (Edelsteine).
Ajour|ge|we|be (das, -s, kein Plural) durchsichtiges, durchbrochenes Gewebe.
Aka|de|mie (die, -, -n) (griech.) 1. ursprünglich von Platon gegründete Philosophenschule, deren Name vom Lieblingsaufenthaltsort Platons und seiner Schüler stammt, dem Hain des Heros Akademos bei Athen; 2. seit dem 15./16. Jh. Bezeichnung für Gelehrtengesellschaften und Forschungsinstitute; Forschungsanstalt; 3. Fachhochschule. Akademiker; Akademikerin; akademisch.
Aka|de|mie der Wis|sen|schaf|ten (die, -, kein Plural) private oder staatliche Gesellschaft bzw. Körperschaft zur Pflege und Förderung der Wissenschaft.
aka|de|mi|sche Frei|heit (die, -n, kein Plural) Freiheit des Forschens, Lehrens und Lernens.
aka|de|mi|sches Vier|tel (das, des akademischen Viertels, akademische Viertel) Brauch, akademische Veranstaltungen 15 Minuten später als angegeben zu beginnen.
Akan|thus (der, -, -) (griech.) 1. großblättrige Pflanzengattung im Mittelmeergebiet; 2. Ornament in Blattform am Kapitell korinthischer Säulen.
Aka|zie (die, -, -n) (griech.) tropischer Strauch bzw. Baum.
Ake|lei (die, -, -en) ein Hahnenfußgewächs.
Akk. (Abk.) **Akk**usativ.
Ak|kla|ma|ti|on (die, -, -ti|o|nen) (lat.) 1. Abstimmung durch Zuruf; Wahl; 2. Beifall. Verb: akklamieren.
Ak|kli|ma|ti|sa|ti|on (die, -, -ti|o|nen) (lat.) 1. Gewöhnung; 2. Anpassung. Akklimatisierung; akklimatisieren.
Ak|ko|la|de (die, -, -n) (franz.) 1. feierliche Umarmung (bei Ordensverleihungen); 2. in der Notenschrift und im Buchdruck: geschweifte Klammer.

akkomodieren (V.) sich anpassen. Substantiv: Akkomodation.

Akkord (der, -s, -e) (lat.) 1. Zusammenklang (von drei oder mehr Tönen); 2. Stücklohn. Akkordarbeit; Verb: akkordieren (zusammenstimmen, vereinbaren).

Akkordeon (das, -s, -s) Ziehharmonika.

akkreditieren (V.) (franz.) 1. Kredit geben; 2. den diplomatischen Vertreter eines Landes beglaubigen; 3. bevollmächtigen.

Akkreditiv (das, -s, -e) (lat.) 1. Beglaubigungsschreiben eines diplomatischen Vertreters; 2. Anweisung an die Bank, einem Dritten innerhalb einer festgelegten Frist einen benannten Betrag auszuzahlen.

Akku (der, -s, -s) (Kurzw.) Akkumulator.

Akkumulator (der, -s, -en) (lat.) 1. Stromspeicher; 2. in der EDV spezielles Register im zentralen Rechenwerk, in welchem die Ergebnisse arithmetischer Operationen zwischengespeichert werden.

Akkumulation (die, -, -tiǀoǀnen) Anhäufung. Verb: akkumulieren.

Akkuratesse (die, -, -n) (franz.) Genauigkeit. Adjektiv: akkurat.

Akkusativ (der, -s, -e) (lat.) Wenfall (vierter Fall).

Akkusativobjekt (das, -s, -e) eine Satzergänzung im vierten Fall, die auf die Frage wen oder was? antwortet. Er traf seinen ehemaligen Lehrer (wen traf er?).

Akne (die, -, -n) (griech.) (Med.) Hautausschlag.

Akontozahlung (die, -, -en) Abschlagszahlung. *Dagegen:* a conto.

akquirieren (V.) (lat.) Kunden werben.

Akquisiteur (der, -s, -e) (frz.) Werbevertreter.

Akquisition (die, -, -en) (frz.) 1. Erwerbung; 2. Kundenwerbung durch Vertreter.

Akribie (die, -, kein Plural) (griech.) höchste Genauigkeit. Adjektiv: akribisch.

Akrobat (der, -en, -en) (griech.) Turner im Zirkus mit hoher Körperbeherrschung, der gymnastische oder tänzerische Darbietungen bringt. Akrobatik; akrobatisch.

Akronym (das, -s, -e) Kurzwort aus den Anfangsbuchstaben mehrerer Wörter; z. B. Laser.

Akropolis (die, -, kein Plural) 1. Stadtburg von Athen; 2. hochgelegener, sicherer Zufluchtsplatz vieler griechischer Städte in der Antike.

Akrostichon (das, -s, -chen/-cha) (griech.) Gedicht, dessen hintereinander zu lesende Zeilenanfangsbuchstaben einen Sinn ergeben.

Akt (der, -s/-es, -e) (lat.) 1. Aufzug im Theater; 2. Feierlichkeit; 3. Handlung; 4. künstlerische Darstellung des nackten menschlichen Körpers. Akteur; Aktmalerei.

Akte (die, -, -n) 1. amtliches Schriftstück; 2. Sammlung zusammengehörender Schriftstücke. Aktei; Aktenordner; Aktenzeichen; aktenkundig.

Akteur (der, -, -e) (franz.) Handelnder; Schauspieler.

Aktie (die, -, -n) Anteilrecht, Wertpapier, das an der Börse gehandelt wird und dem Aktionär sein Anteilsrecht am Grundkapital einer Aktiengesellschaft (AG) bescheinigt. (bildl.) die Aktien von jmdm. steigen (Man hat wieder bessere Chancen. Sprichwörtliche Redewendung aus der Börsensprache). Aktienkurs; Aktionär.

Aktiengesellschaft (die, -, -en) (Abk.: AG) Handelsgesellschaft, deren Grundkapital, in Teilsummen (Aktien) zerlegt, von zahlreichen Kapitalanlegern (Aktionären) aufgebracht wird. Diese haften für die Verbindlichkeiten der AG nur mit ihrer Einlage.

Aktienindex (der, -, -inǀdiǀzes) Berechnung der Durchschnittskurswerte bestimmter Aktien.

Aktion (die, -, -tiǀoǀnen) (lat.) 1. Handlung; 2. Sonderangebot.

Aktionszentrum (das, -s, -zenǀtǀren) 1. Ort, von dem Aktionen ausgehen; 2. Gebiet typischen Luftdrucks; z. B. das Azorenhoch.

aktiv (Adj.) (lat.) unternehmungslustig; tätig. aktives Wahlrecht. *Aber:* Aktiv (Tätigkeitsform der Verben!). Aktivität; Verb: aktivieren.

Aktiva (die, -, Pluralwort) Vermögenswerte eines Unternehmens auf der linken Seite der Bilanz.

Aktrice (die, -, -n) (franz.) Schauspielerin.

aktualisieren (V.) (lat.) auf den neuesten Stand bringen. Aktualisierung; Aktualität.

Akupressur (die, -, -en) (lat.) Druckheilbehandlung.

akupunktieren (V.) (lat.) mit Akupunkturnadeln behandeln.

Akupunktur (die, -, kein Plural) altes chinesisches Heilverfahren; Nadelstichbehandlung spezieller Punkte der Haut, die jeweils bestimmten Organen zugeordnet sind.

Akustik (die, -, kein Plural) Klangeffekt. Adjektiv: akustisch.

Akustikkoppler (der, -s, kein Plural) Gerät, mit dem Computer an das Fernsprechnetz angeschlossen werden, es wandelt elektrische Datensignale in akustische Impulse um, die von anderen Computern gesendet werden.

akut (Adj.) (lat.) brennend; dringend; unvermittelt heftig auftretend.

AKW (Abk.) Atomkraftwerk.

Akzeleration (die, -, -tiǀoǀnen) Beschleunigung.

Akzelerator (der, -s, -en) (lat.) Beschleuniger.

akzelerieren (V.) beschleunigen.

Akzent (der, -s/-es, -e) (lat.) 1. Betonung; 2. Aussprache. Akzentuierung; akzentuieren; akzentfrei.

Akzept (das, -s, -e) 1. schriftliche Annahmeerklärung auf einem Wechsel; 2. angenommener Wechsel.

Akzeptanz (die, -, -en) Annahme; Brauchbarkeit. Akzeptierung; akzeptabel; akzeptieren.

Akzess (der, -zesǀses, -zesǀse) (österr.) (lat.) 1. Zutritt; 2. Zulassung zum Vorbereitungsdienst zu einem Amt an Gerichten und Verwaltungsbehörden.

Akzession (die, -, -siǀoǀnen) (lat.) 1. Zugang; Erwerb; 2. Beitritt (zu einem Staatsvertrag).

akzessorisch (Adj.) (lat.) 1. hinzutretend; 2. nebensächlich.

akzidentell (*auch:* akǀziǀdenǀtiǀell) (Adj.) nebensächlich; zufällig.

Al (Abk.) **Al**uminium (chemisches Zeichen).

AL (Abk.) **A**lternative **L**iste.

à la (franz.) nach Art von. à la mode (neueste Mode).

Ala|bas|ter (der, -s, -) (griech.) marmorähnliche Gipsart. alabasterfarbig.

à la bon|ne heu|re (frz.) recht so! ausgezeichnet! das lasse ich mir gefallen!

à la car|te (frz.) Zusammenstellung des Menüs nach der Speisekarte.

Alarm (der, -s/-es, -e) (frz.: zu den Waffen); Warnung. Alarmanlage; Alarmstufe; alarmbereit; alarmieren.

Alb (der, -s/-es, -en) mythische Figur aus der german. Sagenwelt.

Alb (die, -, kein Plural) Gebirgszug. Schwäbische Alb.

Al|ba (die, -, -ben) (lat.) langes, weißes Gewand (von Geistlichen).

Al|ba|t|ros (der, -, -tros|se) Sturmvogel; großer, möwenähnlicher Vogel der südlichen Hemisphäre; ausdauernder Segelflieger.

Al|ba|ni|en (ohne Art., -s, kein Plural) Balkanstaat. Albaner; albanisch.

Al|be|rei (die, -, -en) Unfug. Albernheit. Adjektiv: albern. Verb: albern.

Al|be|rich (kein Art. -, kein Plural) Zwergenkönig im Nibelungenlied; Hüter des Nibelungenhortes, wurde von Siegfried, der ihm die Tarnkappe entriss, besiegt.

Al|bi|nis|mus (lat.) (der, -, kein Plural) fehlende Farbstoffbildung. Albino; albinotisch.

Alb|traum (*auch:* Alp|traum) (der, -s, -träu|me) Angsttraum.

Al|bum (das, -s, -ben) (lat.) Sammelbuch; Gästebuch; Ehrenbuch; Erinnerungsalbum; Fotoalbum; Poesiealbum; Plattenalbum; Stammbuch.

Al|bu|men (das, -s, kein Plural) (lat.) Eiweiß (von Vogeleiern).

Al|bu|min (das, -s, -e) (lat.) Eiweißstoff (in der Körperflüssigkeit von Menschen und Tieren, sowie in Eiern und in Milch).

al|bu|mi|no|id (Adj.) (lat.-griech.) eiweißähnlich.

al|bu|mi|nös (Adj.) (nlat.) eiweißhaltig.

Al|che|mie (*auch:* Al|chi|mie) (die, -, kein Plural) (arab.) mythische Goldmacherkunst. Alchemist/Alchimist; alchemistisch/alchimistisch.

Al|de|hyd (der, -s, -e) organischer Alkohol ohne Wasserstoff. Aldehydgruppe (-CHO).

al den|te (ital.) bissfest; nicht zu weich (bei Nudeln).

Al|der|man (der, -s, -men) (engl.) ältester Ratsherr (in angelsächs. Ländern).

Ale (das, -s, kein Plural) (engl.) helles englisches Bier.

Alea iac|ta est (lat.: der Würfel ist gefallen) es ist entschieden.

Ale|man|nen (die, -, -) (germanisch, alle Männer) westgermanischer Stamm, während der Völkerwanderung am Main und Oberrhein, später in Südwestdeutschland und der Schweiz ansässig.

Alep|po (kein Art., -s, kein Plural) Stadt in Syrien; Knotenpunkt alter Karawanenstraßen zwischen Mesopotamien und dem Mittelmeer.

alert (Adj.) (ital.-franz.) aufgeweckt; flink; munter.

Ale|u|te (der, -n, -n) Bewohner der Inselgruppe Aleuten.

Ale|u|ten (die, -, -) zu den USA gehörende vulkanische Inselkette zwischen Alaska und Kamtschatka; rund 150 Inseln.

Ale|x|an|d|ri|ner (der, -s, -) (griech.-franz.) zwölfsilbiger jambischer Reimvers. Einwohner Alexandrias.

Ale|x|an|d|rit (der, -s, -e) (nlat.) grüner, bei Kunstlicht roter Schmuckstein.

Al Fa|tah (die, -, kein Plural) seit 1965 bestehende palästinensische Befreiungsorganisation.

al fres|co (*auch:* a fres|co) (ital.) auf die feuchte Kalkwand, Verputzfläche (gemalt).

Al|ge (die, -, -n) (lat.) Seegras.

Al|ge|b|ra (die, -, kein Plural) (arab.) mathematische Gleichungslehre. algebraisch.

Al|ge|ri|en (ohne Art., -s, kein Plural) nordafrikanischer Staat. Algerier; algerisch.

ALGOL (Kunstw.: **Algo**rithmic **L**anguage) Programmiersprache in der ED; speziell für die Lösung wissenschaftlich-mathematischer Probleme entwickelt; zuerst von Peter Naur als ALGOL 60 an der Universität Kopenhagen geschaffen; erste rekursive Programmiersprache (Unterprogramme, die sich selbst aufrufen) weiterentwickelt zu ALGOL 68.

Al|go|lo|gie (die, -, kein Plural) (lat.-griech.) Wissenschaft von den Algen.

Al|go|rith|mus (der, -, -men) (arab.) mathematische Rechenart, durch die man nach Durchführung endlich vieler gleichartiger Schritte zum Ergebnis gelangt, benannt nach dem arabischen Schriftsteller Ibu Musa Alkhowarizmi.

ali|as (Adv.) auch … genannt. Michael Groß alias Albatros.

Ali|bi (das, -s, -s) Nachweis der Abwesenheit und Unschuld (Verbrechen). Alibifunktion.

Ali|men|te (die, nur Plural) gesetzlich geregelte Unterhaltszahlung; Pflichtbeitrag; Unterhalt; Unterhaltsgeld; Ziehgeld.

ali|men|tie|ren (V.) jemanden finanziell unterstützen; Lebensunterhalt bezahlen.

ali|quant (Adj.) (lat.) nur mit Rest teilend.

ali|quot (Adj.) (lat.) ohne Rest teilend.

Ali|za|rin (das, -s, kein Plural) (arab.-franz.) Krapprot (Farbstoff).

Alk (der, -s/-es/-en, -e/-en) (skandin.) nordischer Tauchvogel.

Al|ka|li (das, -s, -li|en) (arab.) chemische Verbindung (laugenartig). Alkalimetall.

al|ka|lisch (Adj.) basisch; laugenhaft.

Al|ka|zar (der, -s, -e) (arab.-span.) spanische Burganlage.

Al|ko|hol (der, -s, -e) (arab.). *Beachte:* »Alkohole« für organische Verbindungen; »Alkoholika« für alkoholische Getränke! Alkoholspiegel; Alkoholvergiftung; alkoholisch; alkoholfrei; alkoholabhängig; alkoholisiert. Verb: alkoholisieren.

Al|ko|ho|li|ker (der, -s, -) Trinker; Alkoholabhängiger.

Al|ko|ho|lis|mus (der, -, kein Plural) Trunksucht.

Al|ko|hol|spie|gel (der, -s, kein Plural) Menge des im Blut enthaltenen Alkohols.

Al|ko|ven (der, -s, -) (arab.-franz.) 1. fensterlose Bettnische; 2. kleiner Nebenraum.

all, al|le, al|les (Pron.) *Beachte:* wird immer kleingeschrieben! all und jeder; all das Gute; vor allem; allen Ernstes; aller guten Dinge sind drei; diese alle; alle zwei; alle können kommen; sie grüßte uns alle; all die Anstrengung; alle vier Minuten; alles und jedes; alles in allem; alles oder nichts; alles, was; alles

Übrige. *Zusammenschreibung:* allabendlich/allabends; alljährlich; allüberall; allumfassend; allseits; allseitig; allwissend; allbekannt; all(e)dem (*aber:* von all dem, was ...); allemal (*aber:* ein für alle Male); allenfalls; allenthalben; allerallerletzte; allerlei Interessantes; allerart Sprachen (*aber:* Sprachen aller Art); allerbeste; am allerbesten (*aber:* das Allerbeste, was ...); allerdings; allerenden (überall); allerfrühestens; allerhand Krimskrams; allerliebst (*aber:* mein Allerliebstes); allerortes/allerorts; allerseits; allerspätestens; allesamt; allezeit.

All (das, -s, kein Plural) Weltraum.

al|la bre|ve (ital.) in beschleunigter Taktart (bei Musikstücken).

Al|lah (kein Artikel, -s, kein Plural) (arab.) Gott.

Al|lasch (lett.) (der, -s, -e) ein Kümmellikör.

al|la zin|ga|re|se (ital.) in der Art von Zigeunermusik.

Al|lee (die, -, -n) (franz.) von Bäumen gesäumte Straße.

Al|le|go|rie (die, -, -n) (griech.) Sinnbild; bildhafte Darstellung eines abstrakten Begriffs, meist durch Personifikation, zum Beispiel der Tod als Sensenmann. Adjektiv: allegorisch. Verb: allegorisieren.

al|le|g|ro (Adv.) (ital.) schnell (Musik). Allegro.

al|lein 1. (Adj.) für sich. *Getrenntschreibung:* allein sein; allein stehen; allein leben; allein lassen. *Aber:* (Substantivierung) der allein Erziehende (*auch:* der Alleinerziehende). *Beachte:* von allein (von selbst). Alleinunterhalter; Alleinerzieher; Alleinverdiener; Alleingang; 2. (Adv.) ausschließlich; schon. Er allein ist verantwortlich; allein bei diesem Gedanken wurde sie schon nervös. 3. (Konj., advers.) aber. Ich wollte mit ihm sprechen, allein er hörte nicht zu. *Beachte:* vor »allein« als Konjunktion steht immer ein Komma!

Al|ler|gen (das, -s, -e) (griech.) zu Allergie führender Stoff (z. B. Pollen).

Al|ler|gie (die, -, -n) (griech.) Überempfindlichkeit gegen körperfremde Stoffe (Allergene), zum Beispiel Blütenpollen, Erdbeeren, Fisch oder Staub, auf die der Organismus mit der Bildung von Antikörpern reagiert. Allergiker; allergisch. Allergie erregend, eine Allergie auslösend.

Al|ler|hei|li|gen (ohne Artikel, undeklinierbar) katholischer Feiertag (1. November).

Al|ler|hei|ligs|tes (das Allerheiligste, -n, kein Plural) 1. in der katholischen Kirche geweihte Hostie; Eucharistie. 2. Teil der Stiftshütte, später hinterster Raum des Tempels in Jerusalem.

Al|ler|wer|tes|te (der, -n, -n) (ugs.) Gesäß.

Al|les|fres|ser (der, -s, -) Tiere, die von tierischer und pflanzlicher Nahrung leben, zum Beispiel das Schwein.

Al|les|kle|ber (der, -s, -) Klebstoff für sämtliche Materialien.

all|ge|mein (Adj.) generell; gewöhnlich. allgemeine Rechte; allgemeingültig (*auch:* allgemein gültig); allgemein verständlich (*auch:* allgemeinverständlich). *Aber:* im Allgemeinen; vom Allgemeinen auf das Besondere schließen. *Beachte:* Großschreibung, wenn »allgemein« Bestandteil eines Namens ist. Allgemeine Ortskrankenkasse (Abk.: AOK); Frankfurter Allgemeine Zeitung (Abk.: FAZ). Allgemeinarzt; Allgemeinbildung; Allgemeingut; Allgemeinwohl.

All|ge|walt (die, -, -en) Allmacht. Adjektiv: allgewaltig.

All|heil|mit|tel (das, -s, -) Universalarznei, Allerweltsmittel.

Al|li|anz (franz.) (die, -, -en) Bündnis. Heilige Allianz.

Al|li|ga|tor (lat.) (der, -s, -en) Krokodil.

al|li|ie|ren (V., refl.) sich verbünden.

Al|li|ier|te (der, -n, -n) verbündete Staaten, vor allem die im Ersten und Zweiten Weltkrieg gegen Deutschland verbündeten Mächte.

Al|li|te|ra|ti|on (die, -, -ti|o|nen) (nlat.) Stabreim. z. B. Haus und Hof; Mann und Maus.

Al|li|um (das, -s, kein Plural) (lat.) ein Lauchgewächs; Knoblauch.

All|macht (die, -, kein Plural) Universalmacht; Allgewalt; Machtvollkommenheit. der Allmächtige (Gott); allmächtig.

all|mäh|lich (Adj.) nach und nach.

All|men|de (die, -, kein Plural) Wälder und Weiden einer Gemeinde, die von den Einwohnern gemeinsam genutzt werden.

Al|lon|ge (die) (frz.) Verlängerungsstreifen bei Wechseln für Indossamente.

Al|lon|ge|pe|rü|cke (die, -, -n) (franz.) langlockige Männerperücke.

Al|lo|pa|thie (die, -, -n) Schulmedizin. Adjektiv: allopathisch.

Al|lo|t|ria (die, nur Plural/heute meist als Sing.: das, -/-s) (griech.) Unsinn.

All|rad|an|trieb (der, -s/-es, -e) Vierradantrieb.

all right! (engl.) in Ordnung.

All|roun|der (der, -s, -) (engl.) Alleskönner. Allroundman; Allroundsportler.

all|sei|tig/all|seits (Adj.) überall.

All|tag (der, -s, -e) gewöhnlicher Tagesablauf. Alltäglichkeit; Alltagsmief. *Kleinschreibung:* alltäglich; alltags; alltags wie feiertags.

all' un|ghe|re|se (ital.) nach ungarischer Art (bei Musikstücken).

Al|lü|re (die, -, -n) (franz.) auffallende Gewohnheit; Gehabe; Laune.

all|zu (Adv.) zu sehr. *Beachte:* immer getrennt vom nachfolgenden Wort! allzu viel; allzu bald; allzu früh; allzu oft; allzu selten; allzu langes Warten; die Aufgabe ist allzu schwer. *Aber:* allzumal.

All|zweck|tuch (das, -s, -tü|cher) Papierserviette.

Alm (die, -, -en) Bergweide; Berghütte.

Al|ma Ma|ter (die, - -, kein Plural) (lat.) Universität (als durch Wissen nährende Mutter).

Al|ma|nach (der, -s, -e) Jahrbuch; Kalender in Buchform mit unterhaltsamem Inhalt.

Al|man|din (der, -s, -e) (nlat.) dunkelrotes Mineral; Schmuckstein.

Al|men|rausch (der, -s, kein Plural) Alpenrose.

Al|mo|sen (das, -s, -) (griech.) Spende; wohltätige Gabe.

Aloe (die, -, -n) (hebr.-griech.) südafrikan. Liliengewächs.

alo|gisch (Adj.) (griech.) nicht logisch.

Alp (*auch:* Alb) (der, -s, -e) Kobold; geisterhaftes Wesen. Alpdruck (*auch:* Albdruck).

Alp (die, -, -en) Alm.

Al|pa|ka (das, -s, kein Plural) (indian.-span.) 1. Lama; Wolle; 2. eine versilberte Legierung (für Bestecke).
al pa|ri (ital.) zum Nennwert (bei Aktien).
Al|pen (die, nur Plural) Gebirge. Alpenvorland.
Al|pha (das, -/-s, -s) (semit.-griech.) erster Buchstabe des griechischen Alphabets (A, α).
Al|pha|bet (das, -s, -e) das Abc. Adjektiv: alphabetisch. Verb: alphabetisieren.
al|pha|nu|me|risch (Adj.) in der elektronischen Datenverarbeitung die Darstellung der Daten in Form von Buchstaben, Dezimalziffern und Sonderzeichen.
Al|pha|strah|len (die, -) (α-Strahlen) radioaktive Strahlen.
Al|pi|nis|mus (der, -, kein Plural) (lat.) Bergsteigen im Hochgebirge. Alpinist; alpin.
Alp|traum (*auch:* Alb|traum) (der, -s, -träu|me) Angsttraum.
al|-Qua|i|da (*auch:* Al Kai|da/El Kai|da) (die, -, kein Plural) (arab. = die Basis) weltweit operierendes Terrornetz radikaler islamischer Glaubenskämpfer.
als 1. (Konj., temp.) zu der Zeit; da. Als er eintrat, sahen ihn alle an. Wir sprachen miteinander, als wir uns gestern trafen. 2. (Konj., mod.) Im Vergleich steht bei Ungleichheit immer »als« (nicht »wie«!). größer als; kleiner als. *Dagegen:* so groß wie; so klein wie; er ist so klug wie sein Vater (bei Gleichheit!). Weitere Fügungen: niemand anderes als du; er tat so, als ob er es wüsste; so viel als möglich (*auch:* so viel wie möglich); insofern als das stimmt; insoweit als ich das absehen kann; du als mein Freund; sie gilt als vertrauenswürdig; die Regierungsbezirke Bayerns, als da sind Schwaben, Franken ... *Beachte:* Vergleichssätze mit »als« werden durch Komma abgetrennt! Sie ist zurückhaltender, als ich erwartet hatte (*aber:* Sie ist zurückhaltender als erwartet). *Zusammensetzungen* (Adverbien): alsbald; alsdann.
als dass (Konj.) Das Wetter ist viel zu schön, als dass ich noch im Bett bleibe.
al se|g|no (ital.) bis zum Zeichen (bei Wiederholung von Musikstücken).
al|so (Adv.) folglich; alsdann. Er lachte, also schien es ihm nichts auszumachen. Also, gehen wir jetzt! Also, bis später! *Beachte:* »also« wird mit Komma abgetrennt!
alt (Adj., älter, älteste) nicht mehr jung/neu. Der alte Mann (aber: der Alte); hier trifft sich Alt und Jung (jedermann); zwischen Alt und Jung (den Generationen) war keine Harmonie; aus Alt mach Neu; alles beim Alten lassen; er ist der älteste von uns Brüdern (aber: mein Ältester); von alters her; Altes und Neues; etwas Altes. *Beachte:* Großschreibung, wenn »alt« Bestandteil eines Namens! der Alte Fritz; mein Alter Herr; das Alte Testament; die Alte Welt (Europa). nicht alt werden. Auf dieser Party werde ich nicht alt. (früh gehen); alt und grau werden (sehr lange auf etwas warten müssen); alt aussehen (nicht mithalten können); alt wie Methusalem (uralt); ein biblisches Alter. Alter schützt vor Torheit nicht (*auch:* alte Menschen machen manchmal Dummheiten).
Alt (der, -s, -e) (lat.) tiefe Frauenstimme.
Al|tar (der, -s, -ä|re) (lat.) Gebets- und Opfertisch. Altarbild.
alt|ba|cken nicht mehr frisch; bieder; alt; hart; vertrocknet.
Alt|bau (der, -s, -bau|ten) altes Haus. Altbauwohnung; Altbausanierung.
alt|be|kannt (Adj.) längst bekannt.
alt|be|währt (Adj.) zuverlässig.
Alt|bun|des|kanz|ler (der, -s, -) ehemaliger Bundeskanzler. Altbundespräsident.
alt|ehr|wür|dig (Adj.) verehrungswürdig.
alt|ein|ge|ses|sen (Adj.) seit Langem einheimisch.
Alt|ei|sen (das, -s, kein Plural) Eisenabfall.
Alt|ei|sen|ver|wer|tung (die, -, kein Plural) Schrottplatz.
Al|ten|heim (das, -s, -e) Wohnheim für alte Menschen.
Al|ten|hil|fe (die, -, kein Plural) Sozialhilfe für alte Menschen.
Al|ten|pfle|ger (der, -s, -) Betreuer alter Menschen.
Al|ter (das, -s, -) Zeitraum; Lebensalter.
Al|ter Ego (das, -, kein Plural) (lat.) das andere Ich, das zweite Selbst; enger Freund.
al|tern (V., ist) alt werden. *Aber:* das Altern.
Al|ter|na|ti|ve (die, -, -n) Entscheidung; Wahlmöglichkeit. Ich stellte ihn vor die Alternative, entweder mitzukommen oder hier zu bleiben. Zur Atomenergie gibt es verschiedene Alternativen. Alternativbewegung; alternativ.
Al|ter|na|ti|v|ener|gie (die, -n, Al|ter|na|tiv|ener|gien) regenerative Energie.
al|ter|nie|ren (V.) abwechseln. alternierend.
al|ters (Adv.) schon immer. seit alters; von alters her. *Falsch:* die Kombination »seit alters her«.
al|ters|be|dingt (Adj.) wegen hohen Alters.
Al|ters|gren|ze (die, -, -n) Zeitpunkt, zu dem der gesetzliche Anspruch auf Altersversorgung in Kraft tritt; Pensionsalter.
Al|ters|heim (das, -s, -e) Altenheim; Altenwohnheim; Pflegeheim; Seniorenheim.
Al|ters|prä|si|dent (der, -en, -en) ältestes Parlamentsmitglied, das bis zur Neuwahl des Präsidenten dessen Geschäfte übernimmt.
Al|ters|schwä|che (die, -, kein Plural) altersbedingte Körperschwächung. Adjektiv: altersschwach.
Al|ters|ver|sor|gung (die, -, -en) Rente.
Al|ter|tum (das, -s, kein Plural) 1. ältester Zeitraum einer Kultur; klassisches Altertum (Griechen und Römer); 2. der Zeitraum von den ersten schriftlichen Quellen bis zum Beginn der Völkerwanderung; 3. Erdaltertum.
Äl|tes|ten|rat (der, -s, kein Plural) Parlamentsausschuss.
alt|ge|dient (Adj.) bewährt.
alt|ge|wohnt (Adj.) vertraut; bekannt.
Alt|glas (das, -es, kein Plural) Glasabfall.
Al|thee (die, -, -n) (griech.) ein Malvengewächs; schleimhaltige Arzneipflanze.
alt|her|ge|bracht, alt|her|kömm|lich (Adj.) gewohnt.
alt|hoch|deutsch (Adj.) älteste Sprachstufe des Deutschen (bis etwa

1100). *Beachte:* in Althochdeutsch sprechen; *aber:* althochdeutsch übersetzen.

Alt-Ka|tho|li|ken (*auch:* Alt|ka|tho|li|ken) (die, -, Pluralw.) christliche Religionsgemeinschaft, die sich nach der Unfehlbarkeitserklärung des Papstes Pius IX. von der röm.-kath. Kirche lossagte.

alt|klug (Adj.) vorlaut. Altklugheit.

Alt|last (die, -, -en) immer noch Unerledigtes; Begriff aus dem technischen Umweltschutz für die unkontrolliert abgelagerten Sonderabfälle und kontaminierten Produkte; Industriestandorte, von denen akute Gefahren für Mensch und Umwelt ausgehen.

Alt|mark (die, -, kein Plural) Gebiet der historischen Nordmark zwischen Lüneburger Heide und mittlerer Elbe; Stammland der ehemaligen Mark Brandenburg.

Alt|me|tall (das, -s, -e) Schrott.

alt|mo|disch (Adj.) unmodern; rückständig.

Al|to|stra|tus (der, -, -ti) (lat.) Schichtwolke mittlerer Höhe.

Alt|pa|pier (das, -s, kein Plural) Papierabfall. Altpapiersammlung.

Alt|phi|lo|lo|gie (die, -, -n) Sprach- und Literaturwissenschaft des klassischen Altertums. Altphilologe; altphilologisch.

Alt-Rom (kein Artikel, -s, kein Plural) Altstadt von Rom. *Aber:* altrömische Vasen.

alt|ro|sa (Adj.) dunkelrosé.

Al|t|ru|is|mus (der, -, kein Plural) Uneigennützigkeit. Altruist; altruistisch.

Alt|stadt (die, -, -städ|te) historischer Stadtteil. Altstadtfest; Altstadtsanierung.

alt|tes|ta|men|ta|risch (Adj.) das Alte Testament (Abk.: AT) betreffend.

alt|über|lie|fert (Adj.) seit Langem tradiert.

alt|vä|te|risch (Adj.) altmodisch; altertümlich. eine altväterische Wohnungseinrichtung.

alt|vä|ter|lich (Adj.) ehrwürdig; patriarchalisch; altmodisch; altertümlich. Das altväterliche Auftreten des Gastes flößte Respekt ein.

alt|ver|traut (Adj.) gut bekannt.

Alt|wa|ren (die, -, nur Plural) gebrauchte Gegenstände. Altwarenhändler.

Alt|was|ser (das, -s, -) ehemaliger Flussarm mit stehendem Gewässer.

Alt|wei|ber|fast|nacht (die, -, kein Plural) Faschingsdonnerstag.

Alt|wei|ber|som|mer (der, -s, -) sommerlich warmer Herbst; (engl.) Indian Summer.

Alu (das, -s, kein Plural) (Kurzw.) Aluminium. Alufolie.

Alu|mi|ni|um (das, -s, kein Plural) chemisches Element; Leichtmetall.

Al|ve|o|lar (der, -s, -e) mit der Zungenspitze am Zahndamm der oberen Schneidezähne gebildeter Konsonant; z. B. »d« und »t«.

Alz|hei|mer|krank|heit (die, -, kein Plural) fortschreitender Gedächtnisschwund.

am (Präp., lok.) an dem; beim. Frankfurt am (Abk.: a.) Main; am Abend; am Montag, dem/den 30. Mai; am besten; ich bin am Schreiben/am Arbeiten; ich bin am Überlegen.

a. m. (Abk.) (lat.) 1. **a**nte **m**eridiem; vormittags. 2. **a**nte **m**ortem; kurz vor dem Tod.

Ama|de|us (kein Art., -, kein Plural) europäisches, computergesteuertes Reisevertriebssystem; von Air France, Iberia, Lufthansa und SAS 1988 gegründet.

Amal|gam (das, -s, -e) Quecksilberlegierung. zum Beispiel mit Zinn und Silber für Zahnfüllungen. Verb: amalgamieren.

Ama|rant (der, -s, -e) (griech.) 1. eine rote Zierpflanze; 2. Violettholz; 3. ein Prachtfink.

Ama|rel|le (die, -, -n) eine Sauerkirschsorte.

Ama|ryl (der, -s, -e) (griech.) künstlicher grüner Korund.

Ama|ryl|lis (die, -, -len) (griech.) eine Zierpflanze.

Ama|teur (der, -s, -e) (franz.) jmd., der eine Tätigkeit aus Liebhaberei (nicht beruflich) betreibt. Amateursportler; Amateurstatus.

Ama|zo|nas (der, -, kein Plural) südamerikanischer Fluss.

Ama|zo|ne (die, -, -n) 1. (griech. = Brustlose) kriegerisches Frauenvolk in der griechischen Sage (die rechte Brust wurde weggebrannt, um beim Bogenschießen nicht hinderlich zu sein.); 2. Springreiterin; Turnierreiterin; 3. südamerikanische Papageienart. Amazonenspringen.

Am|bas|sa|deur (der, -s, -e) (frz.) Botschafter; Gesandter.

Am|ber (*auch:* Am|b|ra) (der, -, kein Plural) 1. wohlriechendes Ausscheidungsprodukt des Pottwals; Grundstoff für Parfums; 2. alter Name für Bernstein.

Am|bi|en|te (das, -, kein Plural) (ital.) Atmosphäre; Milieu; Umgebung mit persönlicher Note.

Am|bi|gu|i|tät (lat.) (die, -, -en) Zweideutigkeit. Adjektiv: ambig.

Am|bi|ti|on (lat.) (die, -, -ti|o|nen) Ehrgeiz; Bestreben. Adjektiv: ambitioniert.

Am|bi|va|lenz (lat.) (die, -, -en) Doppeldeutigkeit; Doppelwertigkeit; Zwiespältigkeit. Adjektiv: ambivalent.

Am|bo (der, -s, -s) (griech.) Lesepodest (Kirche).

Am|boss (der, -bos|ses, -bos|se) 1. Gehörknöchelchen; 2. Schmiedeblock.

Am|b|ra (die, -, -s) Duftstoff.

Am|b|ro|sia (die, -, kein Plural) Unsterblichkeit verleihende Speise griechischer Götter.

am|b|ro|sisch (Adj.) (griech.) göttlich; köstlich.

am|bu|lant (Adj.) (lat.) wandernd. Ambulantes Gewerbe (nicht ortsfest betriebener Handel; vom Arzt ambulant behandelt werden); Hausierergewerbe.

Am|bu|lanz (die, -, -en) (lat.) 1. Behandlungsraum für erste Hilfe; 2. bewegliches Feldlazarett; 3. Rettungswagen.

Amei|se (die, -, -n) Insekt; weltweit verbreitete Insektenart.

A|mei|sen|bär (der, -en, -en) zahnloses südamerikanisches Säugetier mit klebriger Zunge.

A|mei|sen|hau|fen (der, -, -) hügelartiger Nestbau der Ameisen.

A|mei|sen|säu|re (die, -, -n) organische Säure im Gift einzelner Ameisenarten und Brennnesseln; Konservierungsmittel.

Ame|li|o|ra|ti|on (die, -, -ti|o|nen) (franz.) Bodenverbesserung.

amen (Adv.) (hebr.) wahrlich; gewiss. Schlusswort im Gebet. *Aber:* Zu allem Ja und Amen (*auch:* ja und amen) sagen (mit allem einverstanden sein); (Redewendung aus der Bibel nach 5. Mose 27,

15–26); er sagte sein Amen dazu; so sicher wie das Amen in der Kirche.
Ame|ri|ka (ohne Artikel, -s, -s) Kontinent. Amerikaner; amerikanisch; Amerikanisierung; amerikanisieren; Amerikanismus (Plural: -men); Amerikanistik.
ame|tho|disch (Adj.) planlos; unsystematisch.
Ame|thyst (der, -s, -e) (griech.) violetter Halbedelstein.
Ame|t|rie (die, -, -n) (griech.) Missverhältnis. Adjektiv: ametrisch.
Ami (der, -s, -s) (Kurzw.) US-Amerikaner.
Amin (das, -s, -e) Derivat des Ammoniaks (Stickstoffverbindung).
Ami|no|säu|re (die, -, -n) Eiweißbaustein.
A|mi|to|se (die, -, -n) (griech.) Zellkernteilung.
Am|me (die, -, -n) Ziehmutter.
Am|men|mär|chen (das, -s, -) Lügengeschichte.
Am|men|tier (das, -s, -e) ein weibliches Tier, das im Labor gezüchtete Tierembryonen austrägt.
Am|mer (die, -, -n und der, -s, -n) Finkenart.
Am|mo|ni|ak (das, -s, kein Plural) (ägypt.) Stickstoff-Wasserstoff-Gas. Ammoniaksalz (Ammoniumsalz). Adjektiv: ammoniakalisch.
Am|mo|nit (der, -en, -en) (ägypt.) Versteinerung; ausgestorbener Kopffüßler.
Am|ne|sie (die, -, -n) (griech.) Gedächtnisstörung, -verlust.
Am|nes|tie (die, -, -n) (griech.) Begnadigung. Verb: amnestieren.
Am|nes|ty In|ter|na|ti|o|nal (Abk.: ai) 1961 in London gegründete internationale Menschenrechtsorganisation, engagiert sich für die Freilassung von Häftlingen, die aus politischen, religiösen oder rassistischen Günden inhaftiert wurden, 1977 Friedensnobelpreis.
Amö|be (die, -, -n) (griech.) Einzeller.
Amok (der, -s, kein Plural) blindes Handeln. Amok laufen; Amok fahren; Amokfahrt; Amokschütze.
a-Moll (das, -, kein Plural) Tonart. a-Moll-Tonleiter; ein Klavierstück in a-Moll spielen.
amo|ra|lisch (Adj.) (lat.) unmoralisch.
Amo|ret|te (die, -, -n) nackte, geflügelte Knabendarstellung.
amo|ro|so (Adv.) (ital.) schmachtend (bei Musikstücken).
amorph (Adj.) (griech.) ohne feste Gestalt. Amorphie.
Amor|ti|sa|ti|on (die, -, -ti|o|nen) (lat.) Schuldtilgung; Unkostendeckung. Adjektiv: amortisabel. Verb: amortisieren.
amou|rös (Adj.) (franz.) verliebt.
Amou|ren (die, -, Pluralwort) (frz. amour Liebe) Liebschaften.
Am|pel (die, -, -n) Verkehrssignal.
Am|pere (das, -/-s, -) (franz.) Maßeinheit der elektrischen Stromstärke (Abk.: A). Amperemeter; Amperesekunde; Amperestunde (Ah).
Amp|fer (der, -s, -) Pflanze. Sauerampfer.
Am|phe|t|a|min (das, -s, -e) Aufputschmittel.
Am|phi|bie (die, -, -n) gleichzeitig Wasser- und Landtier. Adjektiv: amphibisch. Amphibienfahrzeug; Amphibienflugzeug.
Am|phi|the|a|ter (das, -s, -) (griech.) halbrundes Theater im Freien mit aufsteigenden Sitzreihen; Freilufttheater.
Am|pho|re (die, -, -n) (griech.) antike Vase mit zwei Henkeln.
am|pho|ter (Adj.) (griech.) basisch oder sauer reagierend.
Am|p|li|fi|ka|ti|on (die, -, -ti|o|nen) (lat.) Erweiterung; Ausschmückung. Verb: amplifizieren.
Am|p|li|tu|de (die, -, -n) Schwingungsweite; größter Ausschlag einer Schwingung (zum Beispiel eines Pendels). (Physik).
Am|pul|le (die, -, -n) (griech.) zugeschmolzenes Glasröhrchen mit steriler Arzneilösung.
Am|pu|ta|ti|on (die, -, -ti|o|nen) operative Abtrennung eines Körpergliedes. Beinamputation. Verb: amputieren.
Am|rum (ohne Art., -s, kein Plural) nordfriesische Insel an der Westküste von Schleswig-Holstein.
Am|sel (die, -, -n) Singvogel.
Am|sel|feld (das, -es, kein Plural) (serbisch Kosovo) fruchtbare Beckenlandschaft im Süden von Serbien.
Ams|ter|dam (kein Artikel, -s, kein Plural) Hauptstadt der Niederlande. Amsterdamer (*nicht:* Amsterdammer!).
Amt (das, -s/-es, Äm|ter) Verwaltungsstelle; Beruf; Stellung; Postamt; Amtsdeutsch; Amtsgerichtsrat; Amtsstube; in Amt und Würden; von Amts wegen; kraft meines Amtes. Adjektive: amtlich; amtshalber; amtsärztlich. Verb: amtieren.
Amt|mann (der, -s, 2 Pluralformen) Beamter im gehobenen Verwaltungsdienst.
Amu|lett (das, -s, -e) (lat.) Schmuckanhänger, dem besondere beschützende oder Glück bringende Kräfte zugeschrieben werden; Talisman.
amü|sant (Adj.) (franz.) erheiternd; unterhaltsam. Verb: sich amüsieren.
Amü|se|ment (das, -s, -s) (frz.) unterhaltsamer, belustigender Zeitvertreib.
amu|sisch (Adj.) (griech.) ohne Kunstverständnis.
an 1. (Präp., Dat./Akk.) am Baum lehnen, *aber:* an den Baum lehnen (Dativ auf die Frage »Wo?«, Akkusativ auf die Frage »Wohin?«); an und für sich; er hat etwas an sich; es ist an der Zeit; es ist an ihm sich zu melden; an Ostern; am Montag. 2. (Adv.) der Herd ist an; sie hat nichts an; an die 500 Stück; ab und an.
Ana|bo|li|kum (das, -s, -ka) (griech.) muskelstärkendes Medikament; anabole Hormone fördern den Eiweißaufbau des Körpers, synthetische Anabolika werden als Dopingmittel von Leistungssportlern missbraucht.
Ana|chro|nis|mus (der, -, -men) (griech.) falsche historische Zuordnung. Adjektiv: anachronistisch.
an|ae|rob (Adj.) (griech.) ohne Sauerstoff lebend.
Ana|gramm (das, -s, -e) (griech.) Umstellung von Buchstaben zu neuem Wortsinn; z. B. Horst – Stroh.
An|a|ko|luth (das/der, -s, -e) (griech.) Durchbrechung der üblichen Satzkonstruktion; Satzbruch (als Stilmittel).
Ana|kon|da (die, -, -s) (indian.). südamerikanische Riesenschlange.
Ana|k|re|on|tik (die, -, kein Plural) (griech.) Wein, Liebe und Lebensgenuss als Literaturthematik.
anal (Adj.) (lat.) den After betreffend. Analphase.
Ana|lek|ten (nur Plural) (griech.) gesammelte Auszüge aus Dichterwerken.
Ana|lep|ti|kum (das, -s, -ka) Belebungsmittel.

ana|lep|tisch (Adj.) (griech.) belebend.
An|al|ge|ti|kum (das, -s, -ka) Schmerzmittel.
ana|log (Adj.) 1. annähernd; 2. entsprechend. analog (zu) den Vorschriften; 3. die Darstellung eines Signals oder einer Zahl in nicht quantisierter Form, also zum Beispiel nicht als Ziffer, sondern in Form einer elektrischen Größe.
Ana|lo|gie (die, -, -n) (gr.-lat.) Entsprechung; Gleichheit.
Ana|log|rech|ner (der, -s, -) in der EDV Rechner, bei dem die Zahlen als physikalische Größe (Strom) eingegeben werden.
An|al|pha|bet (der, -en, -en) (griech.) Schreib- und Leseunkundiger. Analphabetentum.
Ana|ly|se (die, -, -n) (griech.) Untersuchung; Zergliederung. die Analyse des Satzes; die Analyse von Sätzen (*falsch:* die Analyse über ...). Steht das folgende Substantiv ohne Artikel oder Adjektivattribut im Plural, kann es mit »von« angeschlossen werden. Die systematische Analyse von Käufergruppen ist für Werbestrategien unerlässlich. Analyseergebnis. Verb: analysieren.
Ana|ly|sand (der, -en, -en) (gr.-nlat.) jmd., der sich einer psychotherapeutischen Behandlung unterzieht.
Ana|ly|sa|tor (der, -s, -en) (gr.-nlat.) 1. jmd. der eine psychotherapeutische Behandlung durchführt; 2. physikalische Messeinrichtung.
Ana|ly|sis (die, -, kein Plural) (griech.) Teil der Mathematik; Differenzialrechnung, Funktionentheorie.
Ana|lyst (der, -en, -en) Spezialist für Entwicklungen an der Börse.
Ana|ly|tik (die, -, kein Plural) Analyseverfahren. Analytiker. Adjektiv: analytisch; analytische Chemie.
An|ä|mie (die, -, -n) (griech.) Blutarmut.
an|ä|misch (Adj.) (griech.) blutarm.
An|am|ne|se (die, -, -n) (griech.) Krankheitsvorgeschichte.
ana|m|nes|tisch/ana|m|ne|tisch (Adj.) die Vorgeschichte einer Krankheit betreffend.
Ana|nas (die, -, -/-nas|se!) tropische Frucht.
Anan|kas|mus (der, -, -men) (griech.) eine Zwangsneurose.
Ana|päst (der, -s, -e) (griech.) Versfuß aus zwei unbetonten Silben und einer betonten Silbe.
Ana|pher (die, -, -n) (griech.) Wiederholung des Anfangswortes (als Stilmittel); z. B. Das Wasser rinnt, das Wasser spinnt.
Ana|pho|ra (die, -, -pho|rä) = Anapher.
ana|pho|risch (Adj.) wie eine Anapher.
An|ar|chie (die, -, -n) (griech.) Zustand der Gesetzlosigkeit; Herrschaftslosigkeit; Chaos. Anarchismus. anarchisch; Anarcho; anarchistisch.
An|ar|chist (der, -en, -en) (gr.) jmd. der jede staatliche Ordnung ablehnt; Revolutionär, Umstürzler.
An|äs|the|sie (die, -, -n) (griech.) Ausschaltung der Schmerzempfindung; Betäubung, Narkose. anästhesieren/anästhetisieren.
An|äs|the|sist (der, -en, -en) Narkosefacharzt.
An|äs|the|ti|kum (das, -s, -ka) schmerzausschaltendes Mittel.
Ana|them (das, -s, -e) (gr.-lat.) Verfluchung; früher häufig vorkommende Bücherinschrift, mit der ein möglicher Dieb von vornherein verflucht wird und damit abgeschreckt werden soll.
Ana|the|ma (das, -s, -ma|ta) (griech.) Kirchenbann.
Ana|to|mie (die, -, -n) (griech.) 1. Körperbaulehre von Lebewesen; 2. Forschungs- und Lehrinstitut für Anatomie.
ana|to|misch (Adj.) körperlich.
an|ba|cken (V., ist) 1. kurz backen; 2. ankleben.
an|bah|nen (V., refl.) beginnen; einleiten. Anbahnung.
an|bän|deln (V.) (ugs.) anknüpfen; beginnen (Liebeskontakt, Streit).
An|bau (der, -s, kein Plural) (Plural nur für Gebäudeteile: Anbauten) 1. Anpflanzung; 2. Nebengebäude; Anbaufläche; Anbauschrank; anbaufähig.
an|bau|en (V.) 1. nach der Wendung »anbauen an« folgt in der Regel ein Akkusativ, selten ein Dativ. Er wollte die Hundehütte an das Haus anbauen; *selten:* Er wollte die Hundehütte an dem Haus anbauen. 2. Im Sinne von anpflanzen kann man beide Verben – anbauen, bauen – einsetzen, anbauen ist jedoch üblicher. Sie wollten auf ihren Feldern alle Sorten von Korn, Kartoffeln und Mais anbauen/bauen.
An|be|ginn (der, -s, kein Plural) Anfang. seit Anbeginn; von Anbeginn (an).
an|be|hal|ten (V., behielt an, hat anbehalten) angezogen lassen.
an|bei (Adv.) beiliegend. *Beachte:* Es folgt Nominativ oder Akkusativ! anbei gewünschter Prospekt; anbei gewünschten Prospekt.
an|bei|ßen (V., biss an, hat angebissen) 1. (ugs.) abbeißen; 2. sich locken lassen; sich auf etwas einlassen.
an|be|lan|gen (V., belangte an, hat anbelangt) (*auch:* anlangen) betreffen. Beide Verben können Synonym verwendet werden. Was das Problem anbelangt/anlangt, darüber ist noch zu sprechen.
an|be|rau|men (V., beraumte an, hat anberaumt) festsetzen. Bei den Personalformen wird in der Regel der Verbzusatz vom Verb getrennt. Die Unterhändler beraumten ein Gipfelgespräch an. *Selten:* Die Unterhändler anberaumten ein Gipfelgespräch; planen. Anberaumung.
an|be|ten (V., betete an, hat angebetet) vergöttern. Anbeter; Sonnenanbeter; Anbetung.
An|be|tracht nur noch gebräuchlich als: in Anbetracht der Tatsache, dass ... (hinsichtlich).
an|be|tref|fen (V., betraf an, hat anbetroffen) betreffen. Was den Komplex anbetrifft/betrifft, ist alles geklärt.
an|bie|dern (V., refl.) sich aufdrängen; sich einschmeicheln. Anbiederung.
an|bie|ten (V., bot an, hat angeboten) anpreisen; darreichen; geben.
an|bin|den (V., band an, hat angebunden) befestigen.
An|bin|dung (die, -, kein Plural) Bindung an etwas. Verkehrsanbindung.
an|bli|cken (V.) anschauen. Anblick.
an|bra|ten (V., briet an, hat angebraten) kurz anbräunen.
an|bre|chen (V., brach an, ist angebrochen) abbrechen; anfangen. bei Anbruch des Tages.
an|bren|nen (V., brannte an, ist angebrannt) nichts anbrennen lassen; nichts versäumen; ein flottes Leben führen;

jede günstige Gelegenheit beim Schopfe packen.

an|brin|gen (V., brachte an, hat angebracht) festmachen, befestigen; loswerden. Mit Präposition »an«: ein Bild an der Wand anbringen. Nach »anbringen« steht der Dativ, wenn die Angabe einer Lage (wo?) betont werden soll. Soll die Angabe der Richtung (wohin?) hervorgehoben werden, kann auch der Akkusativ folgen. Sie will das Foto an der Wand anbringen, nicht an der Tür. Er bringt das Gemälde an die(se) Wand an, nicht an jene.

ANC (der, -, kein Plural) Abk. für »**A**frican **N**ational **C**ongress«, polit. Partei der Schwarzen in Südafrika.

An|cho|vis (*auch:* An|scho|vis) (die, -, -) Sardelle.

An|ci|en Ré|gi|me (das, - -, kein Plural) absolutistische Regierung im 17./18. Jahrhundert (in Frankreich).

An|dacht (die, -, -en) 1. Gebet; Erbauung; Ergriffenheit; Inbrunst; Meditation; Versunkenheit; 2. Gottesdienst; Andachtsstunde; andächtig; andachtsvoll.

an|dan|te (Adv.) (ital.) mäßig langsam (bei Musikstücken).

an|dan|ti|no (Adv.) (ital.) etwas schneller als andante.

an|dau|ern (V.) anhalten; währen. Adjektiv: andauernd (immer).

An|den|ken (das, -s, -) Erinnerung; Erinnerungsstück.

an|de|r(e) (Indefinitpron.) ein anderer; der eine und der andere; etwas anderes/etwas Anderes (= Andersartiges); kein anderer als du; das und nichts anderes; das und anderes mehr (Abk.: u. a. m.); ich möchte gern von etwas anderem reden; ein und das andere Mal.

an|de|rer|seits (*auch:* an|drer|seits/an|der|seits) (Adv.) hingegen. Alle drei Formen des Adverbs sind gebräuchlich und korrekt.

an|der|mal (Adv.) ein anderes Mal. Wir sehen uns ein andermal!

än|dern (V.) abändern; umgestalten; wechseln.

an|dern|falls (*auch:* an|de|ren|falls) (Adv.) sonst.

an|dern|orts (*auch:* an|de|ren|orts) (Adv.) anderswo.

an|dern|tags (*auch:* an|de|ren|tags) (Adv.) am Tag darauf.

an|dern|teils (*auch:* an|de|ren|teils) (Adv.) andererseits.

an|ders (Adv.) abweichend; andersartig; sonst. er ist anders als die andern; irgendwo anders; so und nicht anders; wo anders? (*aber:* woanders); heute ist alles ganz anders. *Zusammensetzungen:* Andersartigkeit; anderssprachig; andersherum; das Anderssein; anderswohin. *Aber:* andersdenkend (*auch:* anders denkend).

an|dert|halb (Zahlw.) eineinhalb. in anderthalb Stunden; anderthalb so viel; anderthalbfach (*aber:* das Anderthalbfache).

Än|de|rung (die, -, -en) Wechsel; Abänderung; Modifizierung; Neuerung; Reform; Umgestaltung. Änderungsantrag; Änderungsschneider.

an|der|wär|tig (Adj.) an einem anderen Platz gelegen. Adverb: anderwärts.

an|der|wei|tig (Adj./Adv.) sonstig; auf andere Weise.

an|deu|ten (V.) durchblicken lassen; anzeigen.

An|deu|tung (die, -, -en) Anhaltspunkt; Anspielung; Bemerkung; Hinweis. andeutungsweise.

an|dich|ten (V.) nachsagen. Sie haben ihm manch Schlechtes angedichtet.

an|din (Adj.) (nlat.) zu den Anden gehörig.

An|dor|ra (ohne Art., -s, kein Plural) Pyrenäenstaat. Andorraner; andorranisch.

An|drang (der, -s, kein Plural) Ansturm; Gedränge.

an|dre|hen (V.) festdrehen; aufschwatzen. Er drehte ihr einen alten Staubsauger an.

an|d|ro|gyn (Adj.) zweigeschlechtig.

an|dro|hen (V.) drohen; ankündigen. Androhung.

An|d|ro|id (der, -en, -en) (griech.) künstlicher Mensch.

An|druck (der, -s, -dru|cke) Probedruck. Verb: andrucken.

an|ecken (V., ist) anstoßen; Missbilligung erregen.

an|ei|n|an|der (Adv.) gegenseitig. aneinander denken; aneinander vorbeigehen. *Aber:* aneinandergeraten; aneinanderreihen.

An|ek|do|te (die, -, -n) kurze Erzählung einer charakteristischen Begebenheit. Adjektive: anekdotenhaft; anekdotisch.

an|ekeln (V.) anwidern; abstoßen; zuwider sein.

Ane|mo|me|ter (das, -s, -) (griech.) Windmesser.

Ane|mo|ne (die, -, -n) Windröschen.

an|emp|feh|len (V., empfahl an, hat anempfohlen) raten. Um eine Aussage besonders zu betonen, wird häufig »anempfehlen« für »empfehlen« verwendet. Sie empfahl ihm, das Rauchen aufzuhören. Sie empfahl ihm dringend an, eine Entziehungskur zu machen. Sie anempfahl ihm diese Kur auf das Dringendste.

an|er|bie|ten (V., refl., anerbot, hat anerboten) sich anbieten; empfehlen. das Anerbieten; Anerbietung.

an|er|ken|nen (V., erkannte an, hat anerkannt) gutheißen; billigen. Anerkenntnis. Adjektiv: anerkennenswert.

An|er|ken|nung (die, -, kein Plural) Anklang; Beifall; Beliebtheit; Bestätigung; Würdigung. Anerkennungsurkunde.

An|eu|rys|ma (das, -s, -men/-ma|ta) (griech.) örtliche Arterienerweiterung.

an|fa|chen (V.) entzünden; anregen. Er facht das Feuer an.

an|fah|ren (V., fuhr an, hat/ist angefahren) 1. losfahren; 2. anstoßen; 3. anschreien.

An|fahrt (die, -, -en) Weg zum Zielort. *Beachte:* Zusammensetzungen mit Fugen-s! Anfahrtsskizze; Anfahrtsweg.

An|fall (der, -s, -fäl|le) Angriff; Anwandlung. Verb: anfallen.

an|fäl|lig (Adj.) nicht widerstandsfähig. Anfälligkeit.

An|fang (der, -s, -fän|ge) Beginn. Anfang nächsten Jahres; Anfang Mai; am Anfang; im Anfang; von Anfang an; zu Anfang; einen Anfang machen; *aber:* anfangs (Adv.); es war anfangs ganz schön. von Anfang bis Ende (vollständig). Anfangsbuchstabe; Anfangserfolg; Anfangsgehalt; Anfangsphase; Anfangsstadium; Anfangsverdacht; Anfangszeit; Anfänger; Anfängerin; anfänglich.

an|fan|gen (V., fing an, hat angefangen) beginnen. Werden Verbzusatz und Personalform des Verbs getrennt, kann ein davon abhängiger Infinitiv aus der Umklammerung herausgenommen werden. Sie fingen an, auf ein Auto zu sparen. Sie fingen auf ein Auto zu sparen an. Jetzt fing er hektisch zu gestikulieren an. Jetzt fing er an, hektisch zu gestikulieren. Standardsprachlich korrekt darf das Perfekt von »anfangen« nur mit »haben« gebildet werden. Sie hat bei ihm eine Lehre angefangen.

an|fech|ten (V., focht an, hat angefochten) 1. bestreiten; 2. infrage stellen; Widerspruch einlegen; 3. betreffen. Das ficht mich nicht an. Anfechtbarkeit; Anfechtung.

an|fecht|bar (Adj.) fragwürdig; strittig; unbegründet; unerwiesen; unhaltbar; widerspurchsvoll; zweifelhaft.

an|fein|den (V., feindete an, hat angefeindet) bekämpfen.

an|fer|ti|gen (V., fertigte an, hat angefertigt) herstellen; bauen. Anfertigung.

an|feuch|ten (V. feuchtete an, hat angefeuchtet) nass machen. Anfeuchter.

an|feu|ern (V., feuerte an, hat angefeuert) 1. anheizen; 2. anspornen; anfeuern; begeistern. Anfeuerung.

an|fle|hen (V., flehte an, hat angefleht) beschwören; bitten.

an|flie|gen (V., flog an, hat angeflogen) auf etwas zufliegen. Anflug.

an|for|dern (V., forderte an, hat angefordert) bestellen. Anforderung.

An|for|de|rungs|pro|fil (das, -s, -e) Fähigkeiten und Eigenschaften, die ein Stellenbewerber haben sollte.

An|fra|ge (die, -, -n) Frage. Anfrage wegen; Anfrage bezüglich. die Kleine (*auch:* kleine) Anfrage; die Große (*auch:* große) Anfrage (im Parlament).

an|fra|gen (V., fragte an, hat angefragt) das intransitive Verb »anfragen« steht, wenn es auf eine Person bezogen wird, mit der Präposition »bei«. Sie fragte bei dem Lehrer wegen ihres Sohnes an.

an|freun|den (V., refl., freundete sich an, hat sich angefreundet) Freundschaft schließen; sich vertraut machen.

an|fü|gen (V., fügte an, hat angefügt) hinzufügen. Anfügung.

an|füh|ren (V., führte an, hat angeführt) leiten; erwähnen; necken.

An|füh|rer (der, -s, -) Boss; Führer; Häuptling.

An|füh|rung (die, -, -en) 1. Erwähnung; 2. Führung; Leitung.

An|füh|rungs|zei|chen → Regelkasten.

Anführungszeichen

1. Anführungszeichen (Gänsefüßchen) stehen immer vor und hinter folgenden Sätzen bzw. Satzteilen:
   a) Direkte Rede: Ein ganzer Satz wird wörtlich wiedergegeben. Der Polizist sagte: »Sie können hier nicht parken.«
   Die direkte Rede kann auch unterbrochen sein. »Sprechen Sie doch lauter«, bat er den Redner. »Man kann Sie kaum verstehen.«
   b) Wörtlich zitierte Textteile: In meinem Buch ist der Satz »Weh dem, der lügt« rot unterstrichen. »Saurer Regen«, so war im Bericht der Kommission zu lesen, »ist nur eine der Ursachen für das Waldsterben.«
   c) Hervorhebung von einzelnen Satzteilen (Begriffe, Titel etc.): In der »Süddeutschen« konnte man es nachlesen. Das Buch »Die Kunst der Lebensführung« war ein echter Renner.
   Ein zu einem Titel gehörender Artikel muss dann aus den Anführungszeichen herausgenommen werden, wenn der Kasus vom Nominativ verschieden ist. Ich habe das Interview in der »Zeit« gelesen. *Aber:* Ich kaufe »Die Zeit« immer am Kiosk.
2. Wenn innerhalb eines Satzes, der in Anführungszeichen steht, noch einmal Anführungszeichen vorkommen sollen, so werden diese zur besseren Unterscheidung nur einfach gesetzt: »Ich gehe heute in den Film ›Der Name der Rose‹«, erzählte er mir am Telefon.
3. Bei der Verwendung von Satzzeichen muss beachtet wer-den:
   a) Nach dem Satz in Anführungszeichen steht immer ein Komma, wenn der Satz nicht mit einem Punkt endet. »Das ist ja hervorragend«, meinte er. *Beachte:* Ein zitierter Satz verliert seinen Punkt, wenn er Teil eines Aussagesatzes ist, der nach dem Zitat weitergeführt wird. Ebenso beim Satzgefüge: Er verkündete: »Ich fahre nach Hause.« *Aber:* Er verkündete, »ich fahre nach Hause«, ging zum Wagen und fuhr los.
   Das Komma wird auch nach Frage- und Ausrufezeichen in wörtlicher Rede gesetzt. »Komm sofort her!«, kreischte sie. »Was genau meinst du denn damit?«, fragte er.
   b) Nach einem Satz in Anführungszeichen, der mit Punkt, Frage- oder Ausrufezeichen endet, steht weder Punkt noch Komma, wenn der einleitende Satz ein Aussagesatz ist. Sie stellte fest: »Hier gefällt es mir.« Er sagte kurz und bündig: »Hinaus!« *Aber:* Wenn der einleitende Satz eine Frage, ein Befehl oder eine Aufforderung ist, so steht ein Schlusszeichen. Hat er dir versichert: »Du kriegst das Geld bestimmt!«? Sag nicht dauernd: »Warum?«!
   c) Nach einem Satzteil oder Titel in Anführungszeichen, der selbst kein Satzzeichen hat, steht ein Schlusszeichen außerhalb der Anführungszeichen. Das ist doch aus dem »Faust«!

an|ge|ben (V., gab an, hat angegeben) anführen; prahlen. Angabe; Angeberei; Angeber; angeberisch.
an|geb|lich (Adj.) vermeintlich; anscheinend; scheinbar.
an|ge|bo|ren (Adj.) von Geburt her; erblich.
An|ge|bot (das, -s, -e) Vorschlag; Warenangebot. Angebotslücke. Angebot und Nachfrage. Sind die Erdbeeren noch im Angebot (verbilligt)? das Angebot von/an/in. Im Sinne von angebotener Warenmenge mit »von« oder »an«: das Angebot an Fleisch; im Sinne der Bekanntgabe von Bedingungen, unter denen man bereit ist, etwas zu tun, wird mit »über« oder »für« angeschlossen. Bitte manchen Sie uns ein Angebot über einen Transport dieser Größe. Im Sinne von Preisangebot mit »auf« oder »für«. Ihr Angebot auf das Haus entspricht nicht unserer Erwartung.
an|ge|bracht (Adj.) passend; schicklich.
an|ge|bun|den (Adj.). Sie war wieder so kurz angebunden (brüsk, abweisend); angebunden sein (unfrei sein); ans Haus gebunden.
An|ge|den|ken (das, -s, kein Plural) Andenken; Souvenir; Erinnerung; Gedenken.
an|ge|grif|fen (Adj.) angeschlagen; erschöpft. Angegriffenheit.
an|ge|hei|tert (Adj.) angesäuselt; angetrunken sein.
an|ge|hen (V., ging an, ist angegangen) beginnen; betreffen; anfragen. Heute gehen die Ferien an. Das geht dich nichts an! Dauernd geht er mich um Zigaretten an. Adjektiv: angehend (künftig).
an|ge|hö|ren (V.) dazugehören. Angehörigkeit. Adjektiv: angehörig. einem Volk angehören.
An|ge|hö|ri|ge (der/die, -n, -n) Verwandter. Diese Bezeichnung wird wie ein attributives Adjektiv gebeugt. Der Angehörige überreichte die Briefe. Drei Angehörige der Botschaft baten um politisches Asyl. Der Betrüger gab sich als Angehöriger der Kriminalpolizei aus. Ein Angehöriger des Ermordeten wurde zur Identifizierung vorgeladen. Nach einem starken Adjektiv wird im Genitiv Plural stark gebeugt. Die Beteiligung ehemaliger Angehöriger an dem Treffen war spärlich.
An|ge|klag|te (der, -n, -n) ein vor Gericht Beschuldigter. *Aber:* ein Angeklagter; die Angeklagten; *aber:* Zwei Angeklagte; ihm als Angeklagtem/Angeklagten; ihr als Angeklagten/Angeklagter; einige Angeklagte; *aber:* alle Angeklagten. »Angeklagter« wird wie ein attributives Adjektiv gebeugt. Der Angeklagte verlas seine Erklärung. Fünf Angeklagte erschienen nicht zur Verhandlung. Er verstand sich als Angeklagter eines unrechtmäßigen Tribunals.
An|gel (die, -, -n) Fischfanggerät; Tür- oder Fensterzapfen. die Welt aus den Angeln heben (etwas total verändern) (sprichwörtliche Redensart nach Archimedes); zwischen Tür und Angel (nur flüchtig, im Vorbeigehen); aus den Angeln gehen (zugrunde gehen). Angelrute. Verb: angeln.
An|ge|le|gen|heit (die, -, -en) Problem; Belang; Affäre; Fall; Geschichte; Ereignis; Sache. Verb: angelegen, nur in der Wendung: sich etwas angelegen sein lassen (etwas wichtig nehmen). Adverb: angelegentlich (eingehend).
An|ge|li|ka (die, -, -s/-ken) (lat.) Engelwurz.
An|gel|punkt (der, -es, -e) Achse; Hauptsache.
An|ge|lus (lat.) 1. Bote; Engel; 2. dreimal am Tag zum Gebet läuten in der katholischen Kirche.
an|ge|mes|sen (Adj.) gebührend; entsprechend; passend; richtig bemessen. Angemessenheit.
an|ge|nehm (Adj.) liebenswürdig; willkommen. Das Angenehme mit dem Nützlichen verbinden. Adverb: angenehmerweise.
an|ge|nom|men (Adj.) akzeptiert. unter der Annahme, dass. Sollten wir, angenommen(,) dass er kommt, ein Essen vorbereiten? Nach „angenommen" kann ein Komma gesetzt werden. Angenommen, dass morgen schlechtes Wetter ist, was wollen wir machen? Oder: Angenommen dass morgen schlechtes Wetter ist, was wollen wir machen?
An|ger (der, -s, -) Wiese.
an|ge|regt (Adj.) beschwingt; mit Elan. Angeregtheit.
an|ge|schla|gen (Adj.) beschädigt; erschöpft; krank.
An|ge|schul|dig|te (der, -n, -n) Beschuldigter.
an|ge|se|hen (Adj.) geachtet; populär; Ansehen genießend. ein angesehener Verlag.
An|ge|sicht (das, -s, -e/-er) Gesicht. Im Schweiß meines Angesichts.
an|ge|sichts (Präp., Gen.) in Anbetracht; im Hinblick auf. angesichts dieses Schuldenbergs; angesichts des Todes (*aber:* im Angesicht des Todes).
an|ge|stammt (Adj.) eingesessen; bodenständig; ererbt.
an|ge|staubt (Adj.) antiquiert; verstaubt.
An|ge|stell|te (der, -n, -n) Arbeitnehmer. Angestellter sein; ein Angestellter; *aber:* der Angestellte; alle Angestellten; *aber:* einige Angestellte; das Gehalt leitender Angestellter. Die Bezeichnung »Angestellte« wird wie ein attributives Adjektiv gebeugt. Der Angestellte verließ den Laden. Fünf Angestellte erscheinen nicht zur Arbeit. Er verstand sich als Angestellter eines Weltkonzerns. Ein Angestellter trat in Streik. Nach einem starken Adjektiv wird im Genitiv Plural stark gebeugt. Die Gewinnbeteiligung hochrangiger Angestellter. Bei einem Dativ in der Einzahl wird nach einem starken Adjektiv schwach dekliniert. Zitiertem Angestellten. Als Apposition verwendet, kann die starke oder schwache Deklination erfolgen. Ihm als Angestelltem/Ihm als Angestellten/Ihr als Angestellter/Ihr als Angestellten wurde dieser Fehler nicht verziehen.
An|ge|stell|ten|ver|si|che|rung (die, -, kein Plural) Sozialversicherung für Angestellte.
An|ge|stell|ten|ver|si|che|rungs|ge|setz (das, -es, kein Plural) (Abk.: AVG) Sozialversicherungsgesetz.
an|ge|tan (Adj.) von etwas begeistert sein. Diese Sache hat es mir angetan; ich bin davon ganz angetan.
an|ge|trun|ken (Adj.) beschwipst.
an|ge|wie|sen (Adj.) abhängig. Er ist auf mich vollkommen angewiesen.

an|ge|wöh|nen (V., refl.) zur Gewohnheit machen. Angewöhnung.
An|ge|wohn|heit (die, -, -en) Gewohnheit; Marotte (ugs.).
an|ge|wur|zelt (Adj.) starr; steif. Wie angewurzelt saß er auf dem Stuhl.
an|gie|ßen (V., goss an, hat angegossen) zum ersten Mal gießen (Pflanze); durch Guss verbinden. Er blieb wie angegossen (starr) stehen.
An|gi|na (die, -, -gi|nen) (lat.) Mandelentzündung. Angina Pectoris.
An|gio|sper|men (die, Pluralwort) (griech.) eine Pflanzengruppe; Bedecktsamer.
An|g|lai|se (die, -, -n) (franz.) Gesellschaftstanz des 18./19. Jahrhunderts.
an|glei|chen (V., glich an, hat angeglichen) anpassen. *Beachte:* Nach »sich angleichen« steht entweder der Dativ oder die Präposition »an«! Er glich sich dem Tempo an; er glich sich an das Tempo an. Angleichung.
an|glie|dern (V., gliederte an, hat angegliedert) hinzufügen. Angliederung.
an|g|li|ka|nisch (Adj.) (nlat.) zur englischen Staatskirche gehörig; anglikanische Kirche. Anglikanismus.
An|g|list (der, -en, -en) jmd., der sich mit Anglistik beschäftigt.
An|g|lis|tik (die, -, kein Plural) Wissenschaft von der englischen Sprache und Literatur. anglistisch.
An|g|li|zis|mus (der, -, -men) Übertragung englischer Spracheigenheiten auf eine andere Sprache.
an|glot|zen (V., glotzte an, hat angeglotzt) (ugs.) anschauen.
An|go|la (ohne Art., -s, kein Plur.) afrikanischer Staat. Angolaner.
An|go|ra (kein Art., -s, kein Plural) früherer Name der türkischen Hauptstadt Ankara.
An|go|ra|kat|ze (die, -, -n) langhaarige Katzenart.
An|go|ra|wol|le (die, -, kein Plural) weiche, langfaserige Wolle.
An|gos|tu|ra (der, -s, -s) (span.) 1. früherer Name der Stadt Ciudad Bolivar in Venezuela; 2. Bitterlikör mit Zusatz von Angosturarinde, der getrockneten Zweigrinde eines südamerikanischen Baumes.
an|grei|fen (V., griff an, hat angegriffen) attackieren; anpacken. Angriff; angegriffen (müde); angreifbar.
An|grei|fer (der, -s, -) Aggressor; Eroberer; Feind.
an|gren|zen (V., grenzte an, hat angegrenzt) benachbart sein; anstoßen. Heute wird das Verb »angrenzen« nur noch in Verbindung mit der Präposition »an« gebraucht: Das Feld grenzte an den Wald an. (*veraltet:* Das Feld grenzte dem Wald an.) Angrenzung.
An|griff (der, -s/-es, -e) Angreifen; Kritik. Morgen nehme ich die Arbeit in Angriff. Nach dem Substantiv Angriff wird mit den Präpositionen »auf« oder »gegen« angeschlossen, wobei nicht immer der Gebrauch beider Präpositionen möglich ist. Die Alliierten flogen Angriffe auf oder gegen das Hauptquartier. Der General führte einen Angriff gegen das Hauptquartier. Die Angriffe auf die Flugplätze waren von Erfolg gekrönt. Die Präposition »gegen« hat sich im Sprachgebrauch durchgesetzt, wenn »Angriff« im Sinne von Kritik, Beschimpfung, Anfeindung verwendet wird: Die Regierung richtete heftige Angriffe gegen die Journalisten. Angriffsfläche; Angriffskrieg; Angriffspunkt; Angriffsspieler.
an|griffs|lus|tig (Adj.) aggressiv; herausfordernd; offensiv; streitbar.
an|grin|sen (V.) grinsend ansehen.
Angst (die, -, Ängs|te) Furcht; Schrecken. Ich habe Angst, *aber:* Mir ist angst; in Angst und Schrecken versetzen; in tiefen Ängsten leben; ich habe es mit der Angst zu tun bekommen/gekriegt; aus Angst; vor Angst; er macht mir Angst und Bange, *aber:* mir ist/wird angst und bange. Angstgefühl; Ängstlichkeit; Angsthase; Angstschweiß; ängstlich; angsterfüllt; angstvoll.
ängs|ti|gen (V., refl.) Angst haben; sich fürchten.
an|gu|lar (Adj.) (lat.) winklig; eckig; zu einem Winkel gehörend.
an|gur|ten (V.) anschnallen.
Anh. (Abk. für **Anh**ang) (der, -s, An|hän|ge) 1. Anhang; 2. Anlagen zu einem Schriftstück; 3. Beigabe zu einem Buch, meist mit Texterläuterungen, Quellennachweisen und Glossar.
an|ha|ben (V., hatte an, hat angehabt) 1. Kleider tragen. Dieses umgangssprachlich gebrauchte Verb für »bekleidet sein mit« wird in den finiten Formen in Verbzusatz und Verb aufgetrennt. Nur im Infinitiv, im 2. Partizip und in den finiten Formen im Nebensatz bleibt es zusammengeschrieben. Sie hat ein schönes Kleid an. Sie wird ein schönes Kleid anhaben. Sie hat ein schönes Kleid angehabt. Sie erregt Aufmerksamkeit, weil sie ein schönes Kleid anhat. 2. antun. Die Eiseskälte konnte uns nichts anhaben; nichts ausmachen; unempfindlich sein gegen.
an|hal|ten (V., hielt an, hat angehalten) stehen bleiben; dauern; erziehen. Anhalt; Anhalter; Anhaltspunkt; anhaltend; um die Hand anhalten; zum Lernen anhalten.
An|halt (kein Art., -, kein Plural) ehemaliges Herzogtum im Deutschen Reich entlang von Elbe und Saale im Unterharz, mit der Hauptstadt Dessau; heute Teil des Bundeslandes Sachsen-Anhalt.
an|hand (Präp., Gen.) mithilfe. anhand der Teilnehmerliste (*auch:* anhand von Teilnehmerlisten).
An|hang (der, -s, kein Plural) 1. Anhängerschaft einer Bewegung; 2. Angehörige; Verwandte.
an|hän|gen (V., hing/hängte an, hat angehangen/angehängt) befestigen; hinzufügen; verleumden. Anhängerschaft; Anhänglichkeit; Anhängsel; anhangsweise.
An|hän|ger (der, -s, -/-schaft) 1. Anfügung; Annex; Beilage; Ergänzung; Zusatz; 2. Familie (ugs.); 3. Gefolgschaft; 4. Autoanhänger; Lkw-Anhänger.
an|hän|gig (Adj.) in der Rechtssprache ist ein Verfahren anhängig; schwebend.
an|häng|lich (Adj.) an jmdm. sehr hängen. Der Hund ist anhänglich.
an|hau|chen (V.) anblasen; behauchen. Anhauch.
an|hau|en (V., haute an, hat angehauen) 1. anstoßen; 2. (ugs.) anreden; um einen Gefallen oder Geld bitten.
an|häu|fen (V., häufte an, hat angehäuft) ansammeln. Anhäufung.
an|he|ben (V., hob/hub an, hat angehoben) hochheben; beginnen; steigern. Anhebung.

an|hef|ten (V., heftete an, hat angeheftet) befestigen. *Beachte:* Mit Dativ auf die Frage »Wo?«: Sie heftet den Sticker am Pullover an. Mit Akkusativ auf die Frage »Wohin?«: Sie heftet den Sticker an den Pullover.

an|heim (Adv.) (nur in) anheimfallen, zuteil werden; anheimgeben, abgeben; anheimstellen, überlassen.

an|hei|meln (V.) vertraut vorkommen. Adjektiv: anheimelnd.

an|hei|schig ma|chen, sich (V. refl., machte sich anheischig, hat sich anheischig gemacht) sich erbieten. Diese Wendung in der Bedeutung sich anbieten, zur Verfügung stellen, kann sich nur auf zukünftiges Geschehen beziehen. Er machte sich anheischig, sie sorgfältig zu beschützen.

an|hei|zen (V.) schüren; anfachen.

an|herr|schen (V., herrschte an; hat angeherrscht) zurechtweisen.

An|hieb (nur in dem Ausdruck) auf Anhieb (sofort; beim ersten Anlauf; gleich zu Beginn).

an|him|meln (V., himmelte an, hat angehimmelt) (ugs.) schwärmen für; schwärmerisch verehren.

An|hö|he (die, -, -n) kleine Erhebung.

an|hö|ren (V., hörte an, hat angehört) 1. aufmerksam bis zum Ende zuhören; prüfen; 2. es erklingt in einer bestimmten Art und Weise. Man kann der Stimme die Erregung anhören.

An|hö|rung (die, -, kein Plural) Hearing; Verhör.

An|hy|d|rid (das, -s, -e) (griech.) durch Wasserentzug entstehendes Oxid.

An|hy|d|rit (der, -s, -e) (griech.) ein Mineral.

Ani|lin (das, -s, kein Plural) chemischer Grundstoff für Farbstoffe und Arzneimittel. Anilinfarbe; Anilinleder.

Ani|ma (die, -, -s) (lat.) 1. Lufthauch; Atem; 2. die Seele.

ani|ma|lisch (Adj.) (lat.) tierisch. Animalismus.

ani|ma|to (Adv.) (ital.) beseelt (Musikstücke).

ani|mie|ren (V.) (franz.) anregen.

Ani|ma|teur (der, -s -e) (franz.) Betreuer; Reisebegleiter; Unterhalter.

Ani|mier|mäd|chen (das, -s, -) in Bars angestellte Damen, die die Gäste unterhalten und zum Trinken anregen.

Ani|mis|mus (der, -, kein Plural) (lat.) religiöse Vorstellung von einer beseelten Natur.

Ani|mo (das, -/-s, kein Plural) (österr.) Schwung.

Ani|mo|si|tät (die, -, -en) (lat.) Feindseligkeit.

An|ion (das, -s, -en) (griech.) negativ geladenes elektrisches Teilchen.

Anis (der, -es, -e) im östlichen Mittelmeerraum wachsendes Gewürz; Heilpflanze.

Ani|set|te (der, -s, -s) dickflüssiger, süßer Anislikör.

Ank. (Abk.) **Ank**unft.

An|kauf (der, -s, -käu|fe) Erwerb. Ankaufsrecht; Ankäufer.

an|kau|fen (V., kaufte an, hat angekauft) kaufen. Im Gegensatz zu »kaufen« in der Bedeutung für Geld erwerben gebraucht man das Verb »ankaufen« nur bei Anschaffungen größeren Ausmaßes oder bei Wertgegenständen. Sie haben beschlossen, mehrere Aktienpakete anzukaufen.

An|ker (der, -s, -) schwerer Eisenhaken zur Befestigung von Schiffen. Ankerboje; Ankerkette; Ankerplatz; Ankerspill; Ankertau; Ankerwinde.

an|kern (V.) Anker werfen; anlegen; festmachen; vor Anker gehen.

an|ket|ten (V., kettete an, hat angekettet) an die Kette legen.

An|kla|ge (die, -, -n) 1. Anschuldigung; Bezichtigung; Strafanzeige; 2. Anklagerede; Schimpfrede; Tirade. auf der Anklagebank sitzen. Anklageschrift.

an|kla|gen (V., klagte an, hat angeklagt) beschuldigen. Er war des Mordes angeklagt. *Oder:* Er war wegen Mordes angeklagt.

An|klä|ger (der, -s, -) Klageführer; Staatsanwalt.

an|klam|mern (V.; V., refl., klammerte (sich) an, hat (sich) angeklammert) 1. befestigen; Die Kombination von anklammern mit »an«, kann mit einem Dativ oder einem Akkusativ verbunden werden. Ist die Vorstellung des Ortes dominant (wo?), steht der Dativ; ist die Richtungsangabe vorherrschend (wohin?), steht der Akkusativ. Er klammerte den Zettel am Tor an. *Aber:* Er klammerte den Zettel an das Tor an. 2. sich festhalten.

An|klang (der, -s, -klän|ge) Ähnlichkeit; Anerkennung. Anklang finden.

an|kle|ben (V., klebte an, hat angeklebt) festkleben. Dem Verb ankleben mit der Präposition »an« folgt entweder ein Dativ oder ein Akkusativ. Ist die Vorstellung des Ortes dominant (wo?), so steht der Dativ; ist die Richtungsangabe vorherrschend (wohin?), steht der Akkusativ. Kleben Sie die Nachricht am Tor an. *Aber:* Kleben Sie die Nachricht an das Tor an.

an|klei|den (V.) anziehen. Ankleidekabine; Ankleideraum.

an|klin|gen (V., klang an, ist angeklungen) ähneln; sich andeuten.

an|klop|fen (V., klopfte an, hat angeklopft) an die Tür klopfen; bitten.

an|knip|sen (V., knipste an, hat angeknipst) einschalten.

an|knüp|fen (V., knüpfte an, hat angeknüpft) zusammenbinden; sich auf etwas beziehen. Anknüpfung; Anknüpfungspunkt.

an|kom|men (V., kam an, ist angekommen) 1. eintreffen; 2. Wert auf etwas legen; Erfolg haben; abhängen von. Er will es unbedingt darauf ankommen lassen; sie kommt allgemein gut an; auf dich kommt es an. 3. in der Bedeutung überkommen, befallen wird das Verb »ankommen« in der Regel mit dem Akkusativ der Person verbunden. Ankömmling.

an|kop|peln (V., koppelte an, hat angekoppelt) verbinden. Ankoppelung.

an|krei|den (V., kreidete an, hat angekreidet) 1. etwas notieren; die Zeche ankreiden lassen; 2. übel nehmen.

an|kreu|zen (V., kreuzte an, hat angekreuzt) markieren; durch ein Kreuz kennzeichnen.

an|kün|di|gen (V., kündigte an, hat angekündigt) 1. etwas anzeigen; kundtun; 2. jmd. anmelden.

An|kün|di|gung (die, -, -en) Bekanntgabe; Anmeldung; Ansage; Anzeige; Avis; Ausruf.

An|kunft (die, -, -künf|te) Eintreffen; Anreise; Einlaufen; Eintreffen; Kommen; Landung. Ankunftszeit.

an|kur|beln (V., kurbelte an, hat angekurbelt) in Schwung bringen. Ankurbelung.

An|ky|lo|se (die, -, -n) Gelenkversteifung.
an|la|chen (V., lachte an, hat angelacht) 1. jemandem zulachen; 2. Appetit anregen.
An|la|ge (die, -, -n) 1. Anlegen; 2. Park; 3. Apparat; technische Ausrüstung; 4. Erbgut; Talent; 5. Beilage zu Geschäftsbriefen.
An|la|ge|ver|mö|gen (das, -s, kein Plural) stehende Vermögensteile eines Unternehmens (Gebäude, Grundstücke, Produktionsanlagen). Anlageberater.
An|la|ge|rung (die, -, -en) chemische Verbindung. Verb: anlagern.
an|lan|gen (V., langte an, hat angelangt) 1. anfassen; 2. ankommen; 3. betreffen. Was mich anlangt (*auch:* anbelangt).
Anlass (der, -las|ses, -läs|se) Motiv; Grund.
an|las|sen (V., ließ an, hat angelassen) starten; anbehalten; nicht ausschalten; beginnen.
An|las|ser (der, -s, -) 1. mit Widerständen kombinierter elektrischer Schalter, der zum Inbetriebsetzen von Elektromotoren verwendet wird; 2. Starter, meist batteriegespeiste Vorrichtung zum Anwerfen von Verbrennungsmotoren.
an|läss|lich (Präp., Gen.) aus Anlass. Auf die Präposition »anlässlich« folgt ein Genitiv. anlässlich der Einweihung.
an|las|ten (V.) verübeln; zuschreiben.
An|lauf (der, -s, -läu|fe) Schwung; Versuch. Ich nehme jetzt einen neuen Anlauf. Anlaufgeschwindigkeit. Verb: anlaufen.
An|laut (der, -s, -e) Anfangssilbe. Verb: anlauten.
an|le|gen (V., legte an, hat angelegt) 1. festmachen; 2. investieren; 3. zielen. Anleger; Anlegestelle.
an|leh|nen (V., lehnte an, hat angelehnt) 1. abstützen; 2. lehnen. Anlehnung; anlehnungsbedürftig.
an|lei|ern (V., leierte an, hat angeleiert) (ugs.) ankurbeln.
An|lei|he (die, -, -n) langfristige, festverzinsliche Geldaufnahme des Staates bzw. öffentlich-rechtlicher Körperschaften oder größerer Privatunternehmen. Anleihepapier.
an|lei|men (V., leimte an, hat angeleimt) befestigen. Dem Verb »anleimen« mit der Präposition »an« folgt entweder ein Dativ oder ein Akkusativ. Ist die Vorstellung des Ortes dominant (wo?), steht der Dativ, ist die Richtungsangabe vorherrschend (wohin?), steht der Akkusativ. Er leimte das Schildchen an der Tür an. Er leimte das Schildchen an die Tür; anheften; ankleben.
an|lei|ten (V., leitete an, hat angeleitet) 1. lehren; 2. führen.
An|lei|tung (die, -, -en) 1. Anweisung; Einführung; Unterricht; 2. Bedienungsvorschrift; Benutzungsvorschrift; Gebrauchsanleitung.
an|ler|nen (V., lernte an, hat angelernt) ausbilden. Anlernzeit.
an|lie|fern (V., lieferte an, hat angeliefert) zustellen. Anlieferung.
an|lie|gen (V., lag an, hat angelegen) eng am Körper haften; angrenzen.
An|lie|gen (das, -s, -) Wunsch.
An|lie|ger (der, -s, -) Eigentümer eines Hauses oder Grundstücks, das an einer öffentlichen Straße oder an einem Wasserlauf liegt. Anliegerverkehr; anliegend.
An|lie|ger|bei|trä|ge (die, -, Pluralwort) von den Anliegern zu bezahlende kommunale Abgaben zur Finanzierung von Straßen, Bürgersteigen usw.
an|lo|cken (V., lockte an, hat angelockt) ködern.
an|lö|ten (V., lötete an, hat angelötet) nach »anlöten« kann sowohl der Dativ als auch der Akkusativ folgen. Ist die Vorstellung des Ortes dominant (wo?), steht der Dativ, ist die Richtungsangabe vorherrschend (wohin?), steht der Akkusativ. Den Draht an der Platte/an die Platte anlöten.
an|lü|gen (V., log an, hat angelogen) belügen.
Anm. (Abk.) **Anm**erkung.
an|ma|len (V., malte an, hat angemalt) anstreichen.
an|ma|chen (V., machte an, hat angemacht) ein Gespräch anknüpfen; ein Gespräch anbahnen; anbändeln; mit jmdm. schäkern; tändeln; flirten; sich jemanden anlachen; sich jemanden angeln. Im jugendlichen Szenejargon wird das Verb »anmachen« negativ im Sinn von belästigen und positiv in der Bedeutung von antörnen, gefallen, mögen gebraucht.
An|marsch (der, -es, -mär|sche) Herweg. auf dem Anmarsch sein; im Anmarsch sein. Verb: anmarschieren.
an|ma|ßen (V., refl., maßte sich an, hat sich angemaßt) sich etwas herausnehmen.
An|ma|ßung (die, -, -en) Dreistigkeit; Frechheit; Vermessenheit; Überheblichkeit; Unbescheidenheit.
an|ma|ßend (Adj.) dreist; frech; überheblich.
an|mel|den (V., meldete an, hat angemeldet) 1. ankündigen; 2. vormerken lassen. Anmeldung; Anmeldegebühr; Anmeldepflicht.
an|mer|ken (V., merkte an, hat angemerkt) ergänzen; ansehen; äußern.
An|mer|kung (die, -, -en) 1. Äußerung; 2. Bemerkung; 3. Fußnote; Notiz; Randbemerkung.
an|mie|ten (V., mietete an, hat angemietet) mieten. Anmietung.
an|mon|tie|ren (V., montierte an, hat anmontiert) befestigen.
an|mus|tern (V., musterte an, hat angemustert) anheuern.
An|mut (die, -, kein Plural) Liebenswürdigkeit; Charme. Adjektive: anmutig; anmutsvoll.
an|mu|ten (V., mutete an, hat angemutet) erscheinen. *Beachte:* In der Bedeutung vorkommen, erscheinen, wird das Verb »anmuten« mit dem Akkusativ der Person und nicht mit dem Dativ verbunden: Ihn (*nicht:* ihm) mutet der Vorfall grotesk an. Dein Geschenk wird sie (nicht ihr) etwas komisch anmuten. Das mutet mich (*nicht*: mir) vertraut an.
an|nä|hern (V., refl., näherte sich an, hat sich angenähert) näher kommen (räumlich); näherkommen (Bez.). annähernd; annäherungsweise.
An|nä|he|rung (die, -, -en) 1. Anpassung; 2. Kontakt. Annäherungsversuch.
An|nah|me (die, -, -n) Entgegennahme; Vermutung; Billigung. Annahmeschluss; Annahmeverweigerung.
An|na|len (die, nur Plural) (lat.) Jahrbücher; Chronik.
an|neh|men (V., nahm an, hat angenommen) voraussetzen; entgegennehmen; akzeptieren. Adjektiv: annehmbar.
An|nehm|lich|keit (die, -, -en) Bequemlichkeit; Genuss.

an|nek|tie|ren (V.) (lat.) sich ein Gebiet gewaltsam aneignen. Annektierung; Annexion.
An|nex (der, -es, -e) (lat.) Anhang; Zubehör.
An|ni|ver|sar (das, -s, -e) (lat.) jährliche Gedächtnisfeier (der kath. Kirche).
an|no (lat.) im Jahre. Der aus dem Lateinischen stammende Begriff für »im Jahre« wird kleingeschrieben. Anno zwölf; anno 1944; anno dazumal; aber: Anno Domini (im Jahre des Herrn); Anno Domini 1648.
An|non|ce (die, -, -n) (franz. = öffentliche Ankündigung) Anzeige in der Zeitung; Inserat. Verb: annoncieren.
an|nul|lie|ren (V.) ungültig machen; abschaffen; aufheben; für null und nichtig erklären; rückgängig machen; streichen; tilgen. Annullierung.
Ano|de (die, -, -n) (griech.) Pluspol. Anodenspannung.
an|öden (V.) langweilen.
an|o|mal (Adj.) (griech.) abnorm; unregelmäßig. Anomalie.
an|o|nym (Adj.) (griech.) unbekannt; ohne Namensnennung.
An|o|ny|mi|tät (die, -, kein Plural) (griech. anonymos = namenlos) Namenlosigkeit; das Nichtbekanntsein oder Nichtgenanntsein von Person oder Namen.
An|o|ny|mus (der, -, -mi/-men) anonymer Künstler.
Ano|rak (der, -s, -s) (eskim.) Kapuzenjacke.
an|ord|nen (V., ordnete an, hat angeordnet) 1. bestimmen; anweisen; erlassen; verfügen; vorschreiben; 2. einteilen; arrangieren; ordnen; zusammenstellen.
An|ord|nung (die, -, -en) 1. Anweisung; Vorschrift; Bestimmung; Erlass; Dekret; Order; Vorschrift; Weisung; 2. Zusammenstellung; Arrangement; Aufstellung; Bauplan; Komposition; Ordnung.
an|or|ga|nisch (Adj.) (griech.) unbelebt. anorganische Chemie.
anor|mal (Adj.) abnorm. Anormalität.
an|pa|cken (V., packte an, hat angepackt) 1. fassen; anfassen; angreifen; 2. anfangen; in Angriff nehmen.
an|pas|sen (V., passte an, hat angepasst) angleichen; abstimmen; in Einklang bringen; uniformieren.
an|pei|len (V., peilte an, hat angepeilt) ansteuern; anstreben; zielen. Anpeilung.
an|pfei|fen (V., pfiff an, hat angepfiffen) den Anfang (eines Spiels) signalisieren; zurechtweisen. Anpfiff.
An|pflan|zung (die, -, -en) Anbau; Plantage. Verb: anpflanzen.
an|pir|schen (V. refl., pirschte sich an, hat sich angepirscht) anschleichen.
an|pö|beln (V., pöbelte an, hat angepöbelt) beleidigen; belästigen. Anpöbelei; Anpöbelung.
An|prall (der, -s, kein Plural) heftiger Stoß. Verb: anprallen.
an|pran|gern (V.., prangerte an, hat angeprangert) kritisieren. Anprangerung.
an|prei|sen (V., pries an, hat angepriesen) anbieten; rühmen. Anpreisung.
An|pro|be (die, -, -n) Probieren eines Kleidungsstücks. Verb: anprobieren, anproben.
an|pum|pen (V., pumpte an, hat angepumpt) (ugs.) sich Geld leihen.
an|quat|schen (V., quatschte, hat angequatscht) (ugs.) ansprechen.
an|ra|ten (V., riet an, hat angeraten) empfehlen. auf Anraten der Polizei.
an|rau|en (V., raute an, hat angeraut) rau machen. Adjektiv: angeraut.
an|rech|nen (V., rechnete an, hat angerechnet) gutschreiben. Das ist Ihnen hoch anzurechnen. Anrechnung; in Anrechnung bringen/stellen.
An|recht (das, -s, -e) Anspruch. Anrechtsschein.
an|re|den (V., redete an, hat angeredet) ansprechen, titulieren. Mit der Präposition »auf«! Ich habe ihn auf Englisch angeredet; mit Du/Sie anreden.
An|re|de → Regelkasten.
an|re|gen (V., regte an, hat angeregt) animieren; aufmuntern; anreizen; inspirieren; aufputschen.
an|re|gend (Adj.) 1. belebend; erfrischend; stimulierend; 2. charmant; geistreich; unterhaltsam.
An|re|gung; (die, -, -en) Anstoß; Anreiz; Vorschlag.
An|re|gungs|mit|tel (das, -s, -) Aufputschmittel; Stimulans; Amphetamin; Dopingmittel; Rauschgift.
an|rei|chern (V., reicherte an, hat angereichert) 1. anhäufen; 2. vermehren; 3. gehaltvoller machen; sättigen. Anreicherung.
an|rei|hen (V., reihte an, hat angereiht) 1. beifügen; 2. in Verbindung bringen. anreihend; Anreihung.
An|rei|se (die, -, -n) Hinfahrt; Ankunft. Anreisetermin. Verb: anreisen.
an|rei|ßen (V., riss an, hat angerissen) einreißen; vorskizzieren.
An|reiz (der, -es, -e) Zauber; Verlockung; Anregung. Verb: anreizen.
an|rem|peln (V., rempelte an, hat angerempelt) anstoßen. Anremp(e)lung.

Anrede

1. Die Anrede wird durch Komma vom Restsatz abgetrennt. Können Sie mir helfen, Herr Müller? *Wichtig:* Auch am Briefanfang Abtrennung durch Komma (Ausrufezeichen nicht mehr üblich). Sehr geehrte Damen und Herren, ich möchte mich um die von Ihnen angebotene Arbeitsstelle bewerben.
2. Die Anredepronomen »Sie« und »Ihnen« und die dazugehörigen Possessivpronomen schreibt man immer groß. Ich möchte mich bei Ihnen herzlich für Ihre Mühe bedanken. Nehmen Sie Zucker in den Kaffee?
3. Die Pronomen »du«, »ihr«, »dein«, »euer« schreibt man klein, in Briefen und Widmungen auch groß. Liebe Karin, wie geht es dir/Dir? Vielen Dank für deinen/Deinen Brief.
4. Die Pronomen »alle« und »beide« schreibt man immer klein. Kommt mal alle her! Ich danke euch allen, euch beiden jedoch besonders!

An|rich|te (die, -, -n) Buffet; Kredenz. Verb: anrichten.
an|rü|chig (Adj.) anstößig; verrufen; von zweifelhaftem Ruf. Anrüchigkeit.
an|rü|cken (V.) in geschlossener Formation näher kommen.
An|ruf (der, -s/-es, -e) 1. Telefonat; 2. Appell. Anrufbeantworter; Anrufung; anrufen.
ans (Präp., Akk.) **an** das. bis ans Ende der Welt. *Beachte:* Die Verbindung aus »an« und »das« steht ohne Apostroph!
An|sa|ge (die, -, -n) Mitteilung; Weisung. Ansagedienst; Ansager/-in; ansagen.
an|sam|meln (V., sammelte an, hat angesammelt) anhäufen.
An|samm|lung (die, -, -en) Anhäufung; Auflauf; Aufmarsch; Zusammenballung.
an|säs|sig (Adj.) heimisch; hiesig. Ansässigkeit; Ansässiger.
An|satz (der, -es, -sät|ze) 1. Anfang; 2. Gleichung. Ansatzstück.
An|satz|punkt (der, -es, -e) Einstieg; Grundlage.
an|sau|gen (V., saugte an, hat angesaugt) saugen; einsaugen.
an|schaf|fen (V., schaffte an, hat angeschafft) (ugs.) erwerben; beauftragen; sich prostituieren.
An|schaf|fung (die, -, -en) Kauf; Erwerb. Anschaffungskosten. Verb: anschaffen.
an|schal|ten (V., schaltete an, hat angeschaltet) einschalten.
an|schau|en (V., schaute an, hat angeschaut) ansehen; betrachten. Anschauung; Anschauungsmaterial; Anschaulichkeit; anschaulich.
An|schein (der, -s, kein Plural) Aussehen; Vorspiegelung. allem Anschein nach.
an|schei|nend (Adv.) offenbar. *Beachte:* Nicht mit dem Adjektiv »scheinbar« verwechseln! Mit »anscheinend« wird eine Vermutung ausgedrückt, mit »scheinbar« ein nichtrealer Sachverhalt. Du hast mich anscheinend missverstanden. Das Herz stand scheinbar still.
an|schi|cken (V., refl., schickte sich an, hat sich angeschickt) beginnen. *Beachte:* mit Infinitiv! Er schickte sich an ins Bett zu gehen.
an|schie|ßen (V., schoss an, hat angeschossen) verwunden.
An|schiss (der, -schis|ses, -schis|se) (ugs.) Tadel.
An|schlag (der, -s, -schlä|ge) 1. Aushang; Plakat; Affiche; Bekanntmachung; 2. Attentat; Mordanschlag; Staatsstreich; Sprengstoffanschlag; Umsturz; 3. bis zum Anschlag (zum Beispiel ein Zeiger); das Anschlagen; Fingeranschlag; anschlagen.
An|schlag|säu|le (die, -, -n) Litfaßsäule; Plakatsäule.
An|schlag|ta|fel (die, -, -n) Anschlagbrett; Pinnwand; Schwarzes Brett.
an|schlei|chen (V., refl., schlich sich an, hat sich angeschlichen) anpirschen.
an|schlie|ßen (V., schloss an, hat angeschlossen) verbinden; sichern. *Beachte:* In der Bedeutung »sichern« steht immer der Dativ! Schließ dein Mofa am Straßenschild an. Anschluss; Anschlusskabel; Anschlusstreffer; anschließend.
an|schmie|gen (V., V., refl.) anpassen; hindrücken.
an|schmieg|sam (Adj.) anlehnungsbedürftig; hingebungsvoll; weich; zärtlich. Anschmiegsamkeit.
an|schmie|ren (V., schmierte an, hat angeschmiert) beschmutzen; betrügen.
an|schnal|len (V.) angurten. Anschnallpflicht.
an|schnei|den (V., schnitt an, hat angeschnitten) abschneiden; ansprechen.
An|schnitt (der, -s, -e) Brotanschnitt.
An|scho|vis (die, -, -) = Anchovis.
an|schrei|ben (V., schrieb an, hat angeschrieben) 1. informieren. Hauptsächlich in der Behördensprache verwendet man das Verb »anschreiben« in der Bedeutung sich schriftlich an jemanden wenden. Bezüglich des privaten Schriftverkehrs vermeide man diesen Gebrauch. Alle von der Maßnahme Betroffenen wurden vom Bürgermeister persönlich angeschrieben. 2. Kredit nehmen; anschreiben lassen. Hierbei folgt ein Dativ der Person und/oder ein Akkusativ der Sache. Kann ich den Betrag bis zum Monatsende anschreiben lassen?
An|schrift (die, -, -en) Adresse; Wohnsitz.
an|schul|di|gen (V., schuldigte an, hat angeschuldigt) anklagen. Anschuldigung.
an|schwär|zen (V., schwärzte an, hat angeschwärzt) schwärzen; verleumden.
an|schwel|len (V., schwoll an, ist angeschwollen) anwachsen; sich vergrößern. Anschwellung.
an|schwem|men (V., schwemmte an, hat angeschwemmt) anspülen.
an|schwin|deln (V., schwindelte an, hat angeschwindelt) belügen.
an|se|hen (V., sah an, hat angesehen) 1. anschauen; 2. beurteilen. Du siehst ihn wohl als guten Freund an! Nach der Wendung »sich ansehen als« steht das folgende Substantiv in der Regel im Nominativ, da es sich auf das Subjekt bezieht. Der Gebrauch des Akkusativ ist selten. Er sieht sich als friedlicher Mensch an. *Selten:* Er sieht sich als friedlichen Menschen an. Ansehen.
an|sehn|lich (Adj.) bemerkenswert; stattlich. Ansehnlichkeit.
an sein (V., war an, ist an gewesen) eingeschaltet sein; angezündet sein. Muss der Fernseher immer an sein!
an|set|zen (V., setzte an, hat angesetzt) 1. anstückeln; 2. beginnen; Knospen ansetzen (Pflanze).
An|sicht (die, -, -en) 1. Anblick; 2. Meinung. Ansichtskarte; Ansichtssache.
an|sie|deln (V., siedelte an, hat angesiedelt) sich niederlassen. Ansiedler; Ansied(e)lung.
An|sin|nen (das, -s, -) Forderung.
An|sitz (der, -es, -e) Anstand; Hochstand für Jäger.
an|spit|zen (V., spitzte an, hat angespitzt) jemanden anspitzen (jemanden anspornen, jemanden auf Trab bringen). Er soll endlich sein Studium beenden. Ich werde ihn schon noch anspitzen. (Der Redewendung liegt das Bild vom Bleistift zugrunde, den man erst wieder spitzen muss, um ihn gebrauchen zu können. Vgl. bayerische Redewendung jemanden ungespitzt in den Boden hauen, jemanden fertig machen).
an|sons|ten (Adv.) andernfalls; sonst; gegebenenfalls; im Übrigen; widrigenfalls.
an|span|nen (V., spannte an, hat angespannt) 1. die Muskeln straffen; 2. ein Zugtier anspannen; sich anstrengen. Anspannung.
an|spie|len (V., spielte an, hat angespielt) 1. beim Ballsport zuspielen; 2.

beim Kartenspiel ausspielen; 3. auf etwas versteckt hinweisen; in Verbindung bringen. Anspielung.

an|spor|nen (V., spornte an, hat angespornt) 1. jemanden motivieren; 2. die Sporen geben. Der Reiter spornt das Pferd an.

An|sporn (der, -s, kein Plural) 1. Ermunterung; 2. Auftrieb; Anreiz; Antrieb.

an|spre|chen (V., sprach an, hat angesprochen) anreden; gefallen. Ansprache; ansprechbar; Ansprechpartner; ansprechend.

an|sprit|zen (V., spritzte an, hat angespritzt) nass machen.

An|spruch (der, -s, -sprü|che) 1. im BGB das Recht, von einem anderen ein Tun oder Unterlassen zu verlangen; 2. Anrecht; 3. Forderung. Anspruch auf/an. Sie haben Anspruch auf Mietbeihilfe. Die Mitarbeiter erheben Anspruch auf eine vertragliche Fixierung ihrer Tätigkeit. Eine Person, eine Gruppe oder eine Sache, von der etwas gefordert oder erwartet wird, wird mit »an« angeschlossen. Er stellt hohe Ansprüche an seine Gefolgschaft. Nicht alle Menschen haben solche Ansprüche an das Leben. Anspruchslosigkeit; anspruchslos; anspruchsvoll.

an|spu|cken (V., spuckte an, hat angespuckt) bespucken.

an|sta|cheln (V., stachelte an, hat angestachelt.) 1. aufhetzen; 2. anspornen.

An|stalt (die, -, -en) Heim; Einrichtung. Anstaltsleiter.

An|stand (der, -s, kein Plural) Höflichkeit; Benehmen. Anständigkeit; Anstandsregel; anständig; anstandshalber.

an|star|ren (V., starrte an, hat angestarrt) 1. hinschauen; 2. stieren.

an|statt 1. (Konj.) anstelle von. dunkel anstatt hell. Er schlief, anstatt zu arbeiten. 2. (Präp., Gen.) an Stelle. Er nahm anstatt seines Vaters an der Konferenz teil (*falsch:* anstatt seinem Vater). »anstatt« kann als Präposition oder als Konjunktion gebraucht sein. Als Präposition zieht es den Genitiv nach sich. Anstatt eines Autos kaufte er sich einen Computer. Sie fingen die kleinen Gauner anstatt des Hintermannes. Ist der Genitiv nicht zu erkennen, oder folgt ein weiteres starkes Substantiv im Genitiv, kann nach »anstatt« ein Dativ folgen. Anstatt Schuhen kauft er eine Hose. Als Konjunktion verwendet, bedeutet »anstatt« und nicht. Der folgende Kasus hängt dabei vom Verb, nicht von »anstatt« ab. Er rief meine Frau anstatt mich an. Manchmal kann »anstatt« die Funktion sowohl einer Präposition als auch einer Konjunktion übernehmen. Der Gebrauch der Präposition mit Genitiv drückt dabei das Verhältnis der Satzteile aus. Nimm einen Hut anstatt einer Mütze. *Beachte:* Wird eine Infinitivgruppe mit der Konjunktion »anstatt« eingeleitet, muss sie mit einem Komma abgegrenzt werden. Du siehst lieber fern, anstatt mir zu helfen. Die Kinder sollten sich besser still beschäftigen, anstatt dermaßen zu toben.

an|ste|chen (V., stach an, hat angestochen) öffnen; zapfen.

an|ste|cken (V., steckte an, hat angesteckt) 1. anheften; 2. infizieren; 3. anzünden. Anstecknadel; Ansteckungsgefahr; ansteckend.

an|stel|le (*auch:* an Stelle) (Präp., Gen.) anstatt. Beide Schreibweisen sind korrekt. Danach folgt entweder ein Genitiv oder die Präposition »von«. Anstelle/an Stelle des Lehrers kam heute der Direktor. Anstelle/an Stelle von Freude kam große Niedergeschlagenheit auf. Ich nehme die Platte anstelle/an Stelle des Buchs.

an|stel|len (V.) 1. beschäftigen; 2. in der Schlange stehen; 3. sich benehmen. Anstellung; Anstellungsvertrag.

an|steu|ern (V.) auf etwas zugehen.

An|stieg (der, -s, -e) Steigung; Aufschwung.

an|stif|ten (V., stiftete an, hat angestiftet) 1. anregen; 2. nstacheln. Anstiftung; Anstifter.

an|sto|ßen (V., stieß an, hat/ist angestoßen) anschlagen; ärgern. Wird das Verb »anstoßen« in den Bedeutungen Anstoß erregen/zufällig an etwas anstoßen gebraucht, muss das Perfekt korrekt mit »sein« gebildet werden. Mit dieser Bemerkung ist er bei seinem Professor angestoßen. Der Spaziergänger ist im finsteren Park an einen Baum angestoßen. Er ist bei seinem Vermieter angestoßen. Anstoß nehmen an. In allen anderen Bedeutungen wird mit »haben« umschrieben. Sie hat beim Sprechen allerliebst mit der Zunge angestoßen und »Prosit« gerufen. Zuerst hatten sie ihn angestoßen, dann war er von allein gelaufen. Wir haben auf das neue Jahr angestoßen. Anstößigkeiten; anstößig.

an|strah|len (V.) beleuchten; anlächeln. Anstrahlung.

an|stre|ben (V., strebte an, hat angestrebt) zu erreichen suchen. Adjektiv: anstrebenswert.

an|strei|chen (V., strich an, hat angestrichen) anmalen. Anstreicher; Anstrich.

an|stren|gen (V., refl., strengte sich an, hat sich angestrengt) sich bemühen. Anstrengung; anstrengend.

An|sturm (der, -s, -stür|me) 1. Angriff; 2. Andrang. Verb: anstürmen.

An|t|a|go|nist (der, -en, -en) (griech.) Gegner. antagonistisch.

An|t|a|go|nis|mus (der, -, -men) (griech.) Gegensatz; Gegnerschaft; Widerstreit.

Ant|ark|tis (die, -, kein Plural) (griech.) Gebiet um den Südpol. Adjektiv: antarktisch.

an|tas|ten (V., tastete an, hat angetastet) 1. berühren; 2. verletzen.

an|te (Präp.) (lat.) vor.

An|teil (der, -s, -e) Teil. Anteilnahme; anteilig; anteilsmäßig.

an|te|le|fo|nie|ren (V.) anrufen. Diese Vermischung aus den Verben »anrufen« und »telefonieren« ist stilistisch unschön und sollte vermieden werden.

An|ten|ne (die, -, -n) (lat.) Sende- oder Empfangsvorrichtung für elektromagnetische Wellen. Antennenkabel.

An|te|pen|di|um (das, -s, -di|en) (lat.) Verkleidung des Altarunterbaus.

An|tho|lo|gie (die, -, -n) (griech.) Gedichtsammlung; Sammlung von ausgewählten Prosastücken.

An|th|rax (die, -, kein Plural) (griech.) Milzbrand, bakterieller Infekt.

an|th|ra|zit (Adj.) schwarzgrau. Anthrazit; anthrazitfarben.

An|th|ro|po|lo|gie (die, -, -n) (griech.) Menschenkunde. Anthropologe; anthropologisch.

An|th|ro|po|so|phie (die, -, kein Plural) Weltanschauung (Rudolf Steiner). Anthroposoph; anthroposophisch.

An|ti|al|ko|ho|li|ker (der, -s, -) Alkoholgegner.

an|ti|au|to|ri|tär (Adj.) Autorität ablehnend.
An|ti|ba|by|pil|le (die, -, -n) Empfängnisverhütungsmittel.
an|ti|bak|te|ri|ell (Adj.) (griech.) gegen Bakterien wirkend.
An|ti|bi|o|ti|kum (das, -s, -ka) (griech.) antibakterielles Arzneimittel.
An|ti|blo|ckier|sys|tem (das, -s, -e) (griech.-franz.) Vorrichtung, die das Blockieren von Kfz-Rädern verhindert (Abk. ABS).
an|ti|cham|b|rie|ren (V.) (franz.) im Vorzimmer warten; um Gunst bemüht sein (veraltet).
An|ti|christ (der, -en, kein Plural) endzeitliches, satanisches, gegen Christus und die Christenheit agierendes Wesen.
an|ti|de|mo|kra|tisch (Adj.) (griech.) die Demokratie ablehnend.
An|ti|de|pres|si|vum (das, -s, -va) pharmazeutische Mittel zur Behandlung von Depressionen.
An|ti|dot (das, -s, -e) (griech.) Gegengift.
An|ti|fa|schis|mus (der, -, kein Plural) Gegnerschaft gegen den Nationalsozialismus und Faschismus. Antifaschist; antifaschistisch.
An|ti|fon (*auch:* An|ti|phon) (die, -, -en) (griech.) liturgischer Wechselgesang.
An|ti|gen (das, -s, -e) (griech.) Stoff, der die Bildung von Antikörpern bewirkt.
An|ti|go|ne (ohne Art., -s, kein Plural) (griech.) in der griechischen Mythologie Tochter des Ödipus und der Iokaste, die trotz Verbots des Königs Kreon den Leichnam ihres Bruders Polyneikes bestattet, zur Strafe wird sie lebendig eingemauert, Tragödie von Sophokles und Jean Anouilh.
An|ti|gua (ohne Art., -s, kein Plural) Karibikinsel.
an|tik (Adj.) (lat.) auf das klassische Altertum zurückgehend; altertümlich.
An|ti|ke (die, -, kein Plural) (lat.) klassisches Altertum, die griechisch-römische Kulturwelt, die seit der Renaissance als die vorbildliche Welt des Schönen, Vernünftigen und Gesunden betrachtet wurde. Antikensammlung.
An|ti|ken (nur Plural) (franz.) antike Kunstwerke.
an|ti|ki|sie|ren (V.) antik gestalten.
an|ti|kle|ri|kal (Adj.) (griech.) kirchenfeindlich. Antiklerikalismus.
An|ti|kli|max (die, -, -e) (griech.) vom stärkeren zum schwächeren Ausdruck (Stilmittel).
an|ti|kli|nal (Adj.) (griech.) sattelförmig.
an|ti|kom|mu|nis|tisch (Adj.) den Kommunismus ablehnend.
an|ti|kon|zep|ti|o|nell (Adj.) (griech.-lat.) empfängnisverhütend.
An|ti|kör|per (die, nur Plural) körpereigene Abwehrstoffe.
An|ti|lo|pe (die, -, -n) (franz.) gehörntes Huftier in Afrika, Asien und Amerika (Gabelbock).
An|ti|ma|te|rie (die, -, kein Plural) aus Antiteilchen bestehende Materie, die rein hypothetisch auf anderen Sternsystemen existieren könnte, auf der Erde jedoch nicht.
An|ti|mon (das, -s, kein Plural) (griech.) ein Metall.
An|ti|neu|r|al|gi|kum (das, -s, -ka) (griech.) Schmerzmittel.
An|ti|no|mie (die, -, -n) (griech.) Widerspruch zwischen zwei begründeten Behauptungen. Adjektiv: antinomisch.
An|ti|pas|to (der, -/-s, -ti) (ital.) Vorspeise.
An|ti|pa|thie (die, -, -n) (griech.) Widerwille; Abneigung.
An|ti|po|de (der, -n, -n) (griech.-lat.) 1. Gegenfüßler; 2. der auf der gegenüberliegenden Seite der Erde wohnende Mensch; 3. Gegner auf geistiger Ebene.
an|tip|pen (V.) berühren.
An|ti|py|re|ti|kum (das, -s, -ka) (griech.-lat.) fiebersenkendes Mittel.
An|ti|qua (die, -, kein Plural) (lat.) 1. die aus der lat. Humanistenschrift abgeleitete lateinische Druckschrift; 2. Oberbegriff für Schriftfamilien mit Serifen, die besonders gut lesbar sind.
An|ti|quar (der, -s, -e) einer, der mit Antiquitäten oder alten Büchern handelt.
An|ti|qua|ri|at (das, -s, -e) (lat.) Buchhandel mit gebrauchten, meist älteren Büchern, für die der Ladenpreis aufgehoben wurde. antiquarisch; Antiquiertheit; Antiquität; Antiquitätensammler.
An|ti|se|mit (der, -en, -en) Judenfeind. Antisemitismus; antisemitisch.
An|ti|sep|ti|kum (das, -s, -ka) keimtötendes Wundmittel. Adjektiv: antiseptisch.
An|ti|se|rum (das, -s, -ren/-ra) Gegengift.
An|ti|the|se (die, -, -n) (griech.) Gegenbehauptung. Antithetik; antithetisch.
An|ti|zi|pa|ti|on (die, -, -en) gedankliche Vorwegnahme einer Erfindung oder Entwicklung.
an|ti|zy|k|lisch (Adj.) (griech.-lat.) unregelmäßig (wiederkehrend), gegen den Strom.
An|ti|zy|k|lo|ne (die, -, -n) (griech.) Hochdruckgebiet.
Ant|litz (das, -es, -e) Gesicht.
An|t|o|nym (das, -s, -e) (griech.) Wort entgegengesetzter Bedeutung, z. B. kalt zu warm. antonym; antonymisch.
An|trag (der, -s, -trä|ge) Gesuch; Bitte. *Beachte:* Mit der Präposition »auf« (nicht »um« oder »nach«!) Antrag auf Erstellung eines Antragsformulars. Antragsteller.
an|trau|en (V.) verheiraten. meine Angetraute (Ehefrau).
an|trei|ben (V., trieb an, hat angetrieben) drängen; bewegen; anschwemmen. Antreiber.
An|trieb (der, -s, -e) 1. Impuls, der einer Maschine oder einem Körper zugeführt wird; 2. kraftliefernde Maschine bzw. Motor; 3. Tatkraft; Initiative; Bewegung; Motivation; Wille. Antriebskraft; Antreiber; Antriebsschwäche.
An|tritt (der, -s, -e) Anfang. Antrittsgeschwindigkeit; Antrittsbesuch.
Antw. (Abk.) **Antw**ort.
Ant|wort (die, -, -en) Erwiderung. Antwortschein.
ant|wor|ten (V.) erwidern; entgegnen; Auskunft geben; bestätigen; Rede und Antwort stehen; reagieren.
ant|wort|lich (Präp.) diese aus der Amtssprache stammende Präposition verlangt einen Genitiv. Sie wirkt schwerfällig und stilistisch unschön und sollte vermieden werden.
An|u|rie (die, -, kein Plural) (griech.) (Med.) fehlende Urinabsonderung.
Anus (der, -, Ani) (lat.) After.
an|ver|trau|en (V.) 1. abgeben; 2. im Vertrauen mitteilen. Bei den Personalformen wird in der Regel der Verbzusatz vom Verb getrennt und nachgestellt: Man vertraute ihr das Baby an. Um eine Aussage besonders hervorzuheben, konjugiert man auch das unge-

trennte Verb. Man anvertraute ihr das Staatsgeheimnis.

an|vi|sie|ren (V.) zielen auf; etwas ins Auge fassen.

Anw. (Abk.) **Anw**eisung.

An|walt (der, -s, -wäl|te) Rechtsanwalt; Fürsprecher. Anwaltschaft; Anwältin.

an|wan|deln (V.) erfassen; ergreifen; etwas ergreift jemanden. Das Verb wird heute nur noch mit einem Akkusativ gebraucht. Die Kombination mit einem Dativ gilt als veraltet. Eine leise Empfindung von Erleichterung wandelte ihn an.

An|wan|de|lung/An|wand|lung (die, -, -en) Laune; Gefühlsäußerung; Jähzorn.

An|wär|ter (der, -s, -) Bewerber; Aspirant; Kandidat.

An|wart|schaft (die, -, -en) Anspruch, Aussicht auf ein künftig zu erwerbendes Amt oder Recht.

an|wei|sen (V., wies an, hat angewiesen) 1. anordnen; 2. überweisen.

An|wei|sung (die, -, -en) schriftliche Aufforderung des Bankkunden an seine Bank, einem Dritten eine Zahlung zu leisten.

an|wen|den (V., wendete/wandte an, hat angewendet/angewandt) gebrauchen. Das Verb »anwenden« bildet im Präteritum und im 2. Partizip die korrekten Formen mit -e und mit -a. Er wendete seinen verführerischen Charme an. Er wandte seinen verführerischen Charme an. Sie hatte ihre ganze Kraft angewendet/angewandt. Anwendbarkeit; anwendbar.

An|wen|dung (die, -, kein Plural) 1. Benutzung; Gebrauch; Verwendung; 2. Bedienung; Handhabung; Verfahren; 3. (Plural Anwendung) Kurmaßnahme.

an|wen|der|freund|lich (Adj.) bedienerfreundlich; leicht anwendbar.

An|we|sen (das, -s, -) Haus; Grundstück; Bauernhof; Besitzung; Domäne; Gutshof; Hof; Landsitz; Stammgut.

An|we|sen|heit (die, -, kein Plural) Dasein; Dabeisein. Anwesenheitsliste; alle Anwesenden; geehrte Anwesende! (*nicht:* Anwesenden!); anwesend.

an|wi|dern (V.) ekeln.

an|wur|zeln (V., wurzelte an, ist angewurzelt) erstarren. wie angewurzelt dastehen (ugs.) (regungslos dastehen).

An|zahl (die, -, kein Plural) Menge; Zahl. Eine Anzahl Stühle stand/standen im Zimmer. Eine Anzahl runde/runder Tische. Steht nach Anzahl ein Substantiv im Plural, kann das folgende Verb sowohl im Singular als auch im Plural stehen. Bezieht sich das Verb auf den Satzgegenstand Anzahl, steht es im Singular; setzt man es in den Plural, bezieht es sich sinngemäß auf das der »Anzahl« folgende Substantiv: Eine Anzahl Leser reagierte empört. Eine Anzahl Leser reagierten empört. Steht das Gezählte als Apposition im gleichen Kasus wie »Anzahl« folgt das Verb im Plural. Wir bearbeiten heute eine Anzahl Gesuche.

An|zei|chen (das, -s, -) Ankündigung; Hinweis.

An|zei|ge (die, -, -n) 1. Annonce; Inserat; in Zeitschriften, Zeitungen gegen Geld gedruckte Mitteilung mit aufklärendem oder werbendem Charakter; 2. Meldung; Strafanzeige.

An|zei|ger (der, -s, kein Plural) Anzeigenblatt, kleinere Zeitung, die sich durch Anzeigen finanziert und an einen definierten Empfängerkreis gratis als Hauswurfsendung verteilt wird.

An|zei|ge|pflicht (die, -, kein Plural) 1. jur. Pflicht zur Anzeige geplanter Schwerverbrechen; 2. (Med.) Pflicht zur Anzeige von Geburts- und Sterbefällen, Infektionskrankheiten und Seuchen. anzeigepflichtig; anzeigen.

an|zet|teln (V., zettelte an, hat angezettelt) verursachen; anstiften. Anzettelung; Anzettler.

an|zie|hen (V., zog an, hat angezogen) ankleiden; heranziehen. Anziehung; Anziehungskraft; anziehend.

An|zug (der, -s, -zü|ge) 1. Kleidungsstück; Arbeitsanzug; Dress; Kombination; Monteuranzug; Overall; Schutzanzug. Komposita mit dem determinierenden Substantiv »Anzug« in der Bedeutung von Kleidungsstück werden ohne Fugen-s gebildet. Anzugschneiderei; Anzugschnitt; Anzugstoff; aus dem Anzug springen (wütend werden); jemanden aus dem Anzug boxen, stoßen (verprügeln); aus dem Anzug kippen (überrascht sein). 2. Heranziehen. Ein Gewitter ist im Anzug (nähert sich). Ist das Bestimmungswort im Sinne von Anziehung gemeint, schreibt man die Komposita mit Fugen-s. Anzugskraft; Anzugsmoment; Anzugspunkt; Anzugsstoff.

An|züg|lich|keit (die, -, -en) Anspielung. Adjektiv: anzüglich.

an|zün|den (V., zündete an, hat angezündet) anbrennen. Anzünder.

an|zwei|feln (V., zweifelte an, hat angezweifelt) in Frage stellen. Anzweiflung.

a. o. (Abk.) **a**ußer**o**rdentlich. außerordentliche Professur.

AOK (Abk.) **A**llgemeine **O**rts**k**rankenkasse.

AOL (Abk.) **A**merica **O**n**l**ine (engl.); größter Online-Dienst der Welt. Benutzer von AOL können seit Mitte 1995 auf alle Dienste des Internet zugreifen.

Äo|li|sche Inseln (die, -, Pluralwort) Liparische Inseln.

Äo|lus (griech.-lat.) in der griechischen Mythologie Gott des Windes.

Äon (der, -s, -en) (griech.) unendlicher Zeitraum; Weltalter.

Aor|ta (die, -, -ten) (griech.) Hauptschlagader.

AP (Abk.) **A**ssociated **P**ress (amerikanische Nachrichtenagentur).

APA (Abk.) **A**ustria **P**resse-**A**gentur; österreichische Nachrichtenagentur.

Apa|na|ge (die, -, -n) (franz.) Unterhaltszahlung an einen nicht regierenden Fürsten.

apart (Adj.) (franz.) anmutig; reizvoll. Sie hat etwas Apartes an sich.

Apart|heid (die, -, kein Plural) (afrikaans) früher in der Republik Südafrika von der weißen Minderheitsregierung betriebene Politik der Rassentrennung, d.h. die räumliche (Homelands), politische, wirtschaftliche und soziale Diskriminierung der andersfarbigen Bevölkerung. Apartheidsregime.

Apart|ment (*auch:* Ap|par|te|ment) (das, -s, -s) (engl.) kleine Wohnung. Die beiden Substantive unterscheiden sich in Schreibweise, Aussprache und Bedeutung. »Apartment, das« (engl.-amerik. apartment = Zimmer, Wohnung), Kleinwohnung in einem komfortablen Mietshaus. »Appartement, das« (frz. appartement und ital. appartamento = abgeteilte Wohnung), Zimmerflucht, mehrere zusammenhängende Räume in einem Luxushotel, heute auch komfortable Kleinwohnung.

Apa|thie (die, -, -n) (griech.) Gleichgültigkeit. Adjektiv: apathisch.

Apa|tit (der, -s, -e) (griech.) ein Mineral.

Ape|ri|tif (der, -s, -s) (franz.) alkoholischer Appetitanreger.

Ap|fel (der, -s, Äp|fel) Frucht; Kernobst mit über 600 Kultursorten. in den sauren Apfel beißen (etwas unbequemes notgedrungen tun, sich mit Selbstüberwindung zu etwas Unangenehmem entschließen).

Ap|fel|si|ne (die, -n, -n) Orange.

Aph|ä|re|se (die, -, -n) (griech.) Anlautschwund; z. B. »'s« für »das«.

Apha|sie (die, -, -n) (griech.) 1. Sprachverlust. 2. Urteilsenthaltung.

Apho|ris|mus (der, -, -men) (griech.) Sinnspruch; Lebensweisheit. Adjektiv: aphoristisch.

Aph|ro|di|si|a|kum (das, -s, -ka) (griech.) den Geschlechtstrieb steigerndes Mittel.

aph|ro|di|sisch (Adj.) 1. zur Liebe, zu Aphrodite (griechische Göttin der Liebe) gehörig. 2. den Geschlechtstrieb steigernd.

Aph|ro|di|te (griech.) in der griechischen Mythologie Göttin der Schönheit und der Liebe; aus dem Schaum des Meeres geboren; Mutter des Eros; die römische Venus.

Api|kul|tur (die, -, -en) (lat.) Imkerei.

APO (*auch:* Apo) (Abk.) **a**ußer**p**arlamentarische **O**pposition; locker organisierte Aktionsgemeinschaft, von Studenten und Jugendlichen Ende der 1960er-Jahre gegen die bestehende politische und soziale Ordnung gerichtet.

Apo|ka|lyp|se (die, -, -n) (griech.) 1. Weltuntergang; 2. Schrift, die sich mit dem kommenden Weltende befasst (die Offenbarung des Johannes im Neuen Testament). Adjektiv: apokalyptisch.

Apo|ko|pe (die, -, -n) (griech.) Auslautschwund; z. B. »ich würd« statt »ich würde«.

apo|ko|pie|ren (V.) (griech.) durch Apokope verkürzen.

Apo|kry|phe (die, -, -n) (griech.) nicht anerkannte, den biblischen Büchern hinzugefügte Schrift.

apo|li|tisch (Adj.) (griech.) unpolitisch.

Apoll (der, -s, kein Plural) (lat.) = Apollo.

apol|li|nisch (Adj.) (griech.) 1. wie Apollo, der griech.-röm. Gott der Künste; 2. ausgeglichen; maßvoll.

Apol|lo (der, -s, -s) (griech.) 1. griech.-röm. Gott; 2. schöner, junger Mann; 3. ein Tagfalter; 4. Name einer Raumkapsel.

Apo|lo|get (der, -en, -en) (griech.) 1. jmd., der seine Auffassung verteidigt; 2. Verteidiger der christlichen Lehre.

Apo|lo|ge|tik (die, -, -en) (griech.) Rechtfertigungskunst (der Kirche).

Apo|lo|gie (die, -, -n) (griech.) Verteidigungsrede, -schrift.

Apo|ph|theg|ma (das, -s, -ma|ta/-men) Denkspruch.

Apo|s|tel (der, -s, -) (griech.) Anhänger. Gesundheitsapostel.

a pos|te|ri|o|ri (lat.) nachträglich.

Apo|s|to|li|kum (das, -s, kein Plural) das Apostolische Glaubensbekenntnis. apostolisch.

Apo|s|t|roph (der, -s, -e) (griech.) → Regelkasten.

Apo|s|t|ro|phe (die, -, -n) (griech.) Anrede; Hinwendung des Redners zum Publikum oder zu Abwesenden.

apo|s|t|ro|phie|ren (V.) (griech.) jmd. anreden; bezeichnen als; nennen. Apostrophierung.

Apo|the|ke (die, -, -n) (griech.) Arzneimittelgeschäft. Apotheker; Apothekenhelferin; apothekenpflichtig.

Ap|pa|rat (der, -s/-es, -e) (lat.) Gerät; Vorrichtung. Apparatur.

Ap|pa|rat|schik (der, -s, -s) (lat.-russ.) sturer Funktionär.

Ap|par|te|ment (*auch:* Apart|ment) (das, -s, -s) (franz.) vgl. Apartment.

ap|pas|si|o|na|to (Adv.) (ital.) leidenschaftlich (bei Musikstücken).

Ap|peal (der, -s, kein Plural) Anziehungskraft. Sexappeal.

Ap|pease|ment (das, -, kein Plural) (engl.) nachgiebige Haltung; Beschwichtigungspolitik.

Ap|pell (der, -s, -e) (franz.) Aufruf; Antreten. Verb: appellieren.

Ap|pen|dix (der, -/-es, -e/-di|zes) (lat.) 1. Anhang; Anhängsel; 2. Blinddarmwurmfortsatz.

Ap|pen|di|zi|tis (die, -, -ti|den) (lat.-griech.) Entzündung des Appendix.

Ap|pe|tenz (die, -, -en) (lat.) Suchverhalten.

Ap|pe|tit (der, -s, -e) Esslust. Der Appetit kommt beim Essen. (Erst einmal etwas anfangen, bevor man es ablehnt, dann kommt auch die Lust dazu.). Der Appetit kommt erst beim Essen. Appetithappen; Appetitlosigkeit; appetitlos; appetitlich; appetitanregend (*aber:* den Appetit anregend).

Ap|pe|tit|züg|ler (der, -s, kein Plural) appetithemmende Mittel, meist mit schädlichen Nebenwirkungen.

Ap|pe|ti|zer (der, -s, -) (engl.) Aperitif.

ap|plau|die|ren (V.) Beifall spenden. Das Verb »applaudieren« wird in der Regel nur noch mit einem Dativ verbunden. Der Gebrauch des Akkusativs oder eines persönlichen Passivs ist nicht mehr zeitgemäß. Die Anhänger applaudierten dem Star. (*Veraltet:* Die Anhänger applaudierten den Star./Der Star wurde applaudiert.).

Ap|plaus (der, -es, -e) (lat.) Beifall; Anerkennung.

App|let (das, -, -s) kleines, in der Programmiersprache Java geschriebenes Programm, das ähnlich wie eine Grafik in eine Webseite eingebunden wird.

Ap|pli|ka|ti|on (die, -, -ti|o|nen) (lat.) 1. medizinische Anwendung; 2. aufgenähter Stoff; 3. Anwenderprogramm auf Computern, z. B. Textverarbeitung. Verb: applizieren.

ap|por|tie|ren (V.) (franz.) herbeibringen. Apport; Apportierhund.

Ap|po|si|ti|on (die, -, -ti|o|nen) (lat.) Beifügung. Die Apposition oder der Beisatz ist eine besondere Art der Beifügung und enthält in der Regel ein Substantiv, das im gleichen Fall steht wie das Bezugswort. Das Bezugswort kann ein Substantiv oder ein Pronomen sein. Die Apposition erläutert das Bezugswort näher. Sie kann vor oder nach dem Bezugswort stehen, sie kann auch mit »als« und »wie« eingeleitet werden. Wird die Apposition nachgestellt, muss sie mit Kommas eingeschlossen werden. Zu den häufigsten Appositionen gehören Vornamen, Beinamen und Verwandtschaftsbezeichnungen. Pippin der Kleine, Onkel

Egon, meine Schwester Hildegard etc., Titel und Berufsbezeichnungen: König Ludwig, Professor Unrat, Detektiv Marlowe etc., Maß- und Mengenangaben, ein Sack Kartoffeln, eine Schachtel Pralinen, ein Strauß Blumen etc., Zusätze zu Namen und Begriffen, Robin Hood, der Retter der Witwen und Waisen; Hemingway, der Kriegsberichterstatter; Suche Sekretärin, fleißig und zuverlässig; »Die Blechtrommel«, mein Lieblingsroman etc. Adjektiv: appositionell.

Apˈpreˈtur (die, -, -en) (frz.) Spezialbehandlung von Geweben und Garnen zum Beispiel mit Stärke, Leim, Kunstharzen sowie durch Scheren, Walken u.a., um ihnen Glanz, Glätte, Steifheit, Wasser-, Knitter- und Schrumpffestigkeit zu verleihen.

Apˈproˈbaˈtiˈon (die, -, -tiˈoˈnen) (lat.) 1. Druckerlaubnis; 2. Zulassung zum Arzt oder Apotheker; Imprimatur. Verb: approbieren.

Apˈproˈxiˈmaˈtiˈon (die, -, -tiˈoˈnen) (lat.) Annäherung; Näherung (in der Mathematik).

apˈproˈxiˈmaˈtiv (Adj.) (lat.) angenähert.

Apˈrès-Ski (das, -, kein Plural) (franz.) Kleidung bzw. Geselligkeit nach dem Skilaufen. Après-Ski-Mode.

Apˈriˈkoˈse (die, -, -n) (lat.) Frucht.

Apˈril (der, -/-s, -e) (lat.) vierter Monat. jemanden in den April schicken (jemanden zum Narren halten). Mit der Nachricht, dass sie heute Nachmittag zum Kaffeeklatsch kommen würde, wollte sie ihn eigentlich nur in den April schicken; jemanden an der Nase herumführen. (Der Brauch des In-den-April-Schickens geht wahrscheinlich auf ein keltisches Frühlingsfest zum Jahresbeginn am 1. April zurück. Erst Papst Innozenz XII. (1691–1700) befahl die Verlegung des Jahresanfangs vom 1. April auf den 1. Januar. Durch Terminverschiebung und Entwertung des 1. Aprils bot sich das Datum zum Verulken an.); launisch wie der April sein (jemandes Stimmung ändert sich ständig). Bei ihr weiß man nie, wie sie gerade aufgelegt ist. Sie ist launisch wie der April. (Wetterwendisch sein.) ein Gesicht machen wie Aprilwetter (einen Gesichtsausdruck haben, der zwischen Lachen und Weinen liegt). Sie wusste nicht, ob sie lachen oder weinen sollte, sie machte ein Gesicht wie Aprilwetter. Aprilscherz; Aprilwetter.

a priˈma visˈta (ital. = auf den ersten Blick) vom Blatt singen oder spielen, ohne vorherige Probe.

a priˈoˈri von vornherein; nicht aus Erfahrung.

apriˈorisch aus Vernunftsgründen erschlossen; allein durch Denken gewonnen.

apˈroˈpos (Adj.) übrigens.

Apˈsiˈde (die, -, -n) (griech.) Punkt größter oder geringster Entfernung (der Umlaufbahn von Gestirnen).

Apˈsis (die, -, -siˈden) (griech.) halbrunde Überwölbung (eines Kirchenraumes), Chorabschluss.

Aquäˈdukt (das, -s, -e) (lat.) antike Wasserleitung, Brücke.

Apostroph

1. Der Apostroph (Auslassungszeichen) markiert weggelassene Buchstaben, wenn Wörter ohne eine Kennzeichnung schwer lesbar oder missverständlich sind: 's (das); 'n (ein); 'ne (eine) etc. Gibst du mir 'ne Scheibe Brot rüber? So 'n Sauwetter. *Wichtig:* Am Satzanfang wird ein verkürztes Wort kleingeschrieben. 's geht schon auf'n Herbst zu. *Beachte:* Ein verkürztes Wort beansprucht den normalen Wortzwischenraum. Noch 'n Bier. *Ausnahmen:* geht's; sich's etc. Geht's gut? Mach's besser! Er lässt sich's liefern. *Besonderheit:* 'nauf, 'nüber, 'naus etc. werden immer mit Apostroph geschrieben, während Kürzungen, die auf r anlauten, im Allgemeinen ohne geschrieben werden: rein, runter, rüber, raus etc. Gehst du rein oder raus? Nein, ich geh 'naus. Ebenfalls ohne Apostroph: mal (einmal); was (etwas). Komm mal her, ich zeige dir was!
2. Kein Apostroph wird in der Regel bei einer Verbindung aus Präposition und Artikel gesetzt. Geh ans Telefon! Unterm Tisch liegt es. Ich gehe übern Steg zurück.
3. Kein Apostroph steht am Wortende bei Auslassung des -e bei Substantiven und den Verbformen der 1. Pers. Sing. Hos; Nas; Straß; Näh etc. Ich geh nach Haus. Ich fass es nicht!
   Ebenfalls steht kein Apostroph beim Imperativ (Befehlsform). Pass doch auf! Bring den Müll raus!
4. Im Wortinnern steht der Apostroph a) wenn Teile eines Namens weggelassen werden. Ku'damm (Kurfürstendamm).
   b) bei Ableitungen von Personennamen. Brecht'sche Dramen (*auch:* brechtsche Dramen, (→ Groß- und Kleinschreibung); die Grimm'schen Märchen (*auch:* die grimmschen Märchen).
5. Der Genitiv von Namen mit den Endungen -s, -ss, -ß, -tz, -z, -x wird durch Apostroph markiert. Novalis' Gedichte; Strauß' Symphonien. *Aber:* Goethes Werk! *Wichtig:* Auch bei der Abkürzung dieser Namen im Genitiv erscheint der Apostroph! N.' Gedichte; *aber:* G.s Werk; des Lkws!
   Allerdings kann in einigen Fällen ein Apostroph zwischen die Grundform des Namens und das Genitiv-s gesetzt werden, wenn der Name hervorgehoben werden soll. Kurt's Imbiss. Renate's Reiterstübchen.

Aqua|kul|tur (die, -, -en) Gewässernutzung.
Aqua|ma|rin (der, -s, -e) Edelstein. aquamarinblau.
Aqua|pla|ning (das, -s, -s) starke Wasserglätte, Aufschwimmen von Fahrzeugreifen bzw. Verlust der Bodenhaftung auf nasser Fahrbahn.
Aqua|rell (das, -s, -e) mit Wasserfarben gemaltes Bild auf Papier oder Pergament. Aquarellfarbe; aquarellieren.
Aqua|ris|tik (die, -, kein Plural) Aquarienkunde.
Aqua|ri|um (das, -s, -ri|en) Glasbehälter für Zierfische und Wassertiere.
Aqua|tin|ta (die, -, -tin|ten) (ital.) grafische Ätztechnik auf Metalldruckplatten.
aqua|tisch (Adj.) (lat.) zum Wasser gehörig.
Äqua|tor (der, -s, kein Plural) (lat.) größter Breitenkreis der Erde. Äquatortaufe; äquatorial.
Aqua|vit (der, -s, -e) (lat.) skandinavischer Kornschnaps.
Äqui|nok|ti|um (das, -s, -ien) (lat.) Tagundnachtgleiche.
äqui|va|lent (Adj.) (lat.) gleich; gleichwertig. Äquivalent; Äquivalenz.
äqui|vok (Adj.) (lat.) mehrdeutig.
Ar (der/das, -s, -e) (lat.) Flächenmaß; chemisches Zeichen für Argon.
Ara (der, -s, -s) Papagei.
Ära (die, -, Ären) Zeitabschnitt; Zeitalter. die Wilhelminische Ära.
Ara|ber (der, -s, -) Bewohner Arabiens. Arabien; Arabisch (Sprache).
ara|besk (Adj.) (franz.) heiter; bunt. Arabeske.
ara|bisch (Adj.) zu Arabien gehörend. Das Adjektiv schreibt man klein. Als Bestandteil von Eigennamen schreibt man das Adjektiv groß. Die Vereinigten Arabischen Emirate; die Arabische Liga; die Arabische Wüste; das Arabische Meer etc.
Arach|no|lo|gie (die, -, kein Plural) (griech.) Spinnenkunde.
Ara|lie (die, -, -n) (viell. indian.) ein Efeugewächs; Zimmerpflanze.
Aran|ci|ni (die, nur Plural) (pers.-österr.-ital.) kandierte Orangenschalen.
Ara|rat (der, -, kein Plural) erloschener Vulkan im Hochland von Armenien; höchster Berg der Türkei; nach biblischer Überlieferung Landeplatz der Arche Noah.
Arau|ka|rie (die, -, -n) (nlat.) Nadelbaum der südlichen Südhalbkugel; Zimmertanne.
Ar|beit (die, -, -en) 1. Tätigkeit; 2. Beruf; 3. Mühe. Arbeitsfähigkeit; Arbeitslohn; Arbeitsuchende (*auch:* Arbeit Suchende); Arbeitsvermittlung; arbeitsam; arbeitsintensiv; arbeitslos; Arbeit suchend (*auch:* arbeitsuchend); arbeiten.
Ar|bei|ter (der, -s, -) Lohnempfänger; Werktätiger.
Ar|bei|ter|klas|se (die, -, kein Plural) Proletariat.
Ar|beit|ge|ber (der, -s, -) die öffentliche Hand und Privatunternehmer, die die Arbeitnehmer durch Lohn- bzw. Gehaltszahlung zu Dienstleistungen verpflichten.
Ar|beits|amt (das, -es/s, -äm|ter) der Bundesagentur für Arbeit unterstellte Behörde zur Arbeitsvermittlung, Berufsberatung, Umschulung, Zahlung von Arbeitslosengeld u.a.
Ar|beits|be|schaf|fungs|maß|nah|me (die, -, -n) (Abk.: ABM) die Bundesagentur für Arbeit gewährt – vor allem in wirtschaftlichen Krisenzeiten – öffentlichen und privaten Arbeitgebern Zuschüsse oder Darlehen zur Beschäftigung arbeitsloser Erwerbstätiger.
Ar|beits|kampf (der, -es, -kämp|fe) Maßnahmen beider Tarifvertragspartner, die den jeweils anderen zwingen sollen, gestellte Forderungen oder Bedingungen zu akzeptieren, Mittel des Arbeitskampfs sind Streik, Aussperrung und Boykott.
Ar|beits|lo|se (der, -n, -n) Erwerbslose. Arbeitslosengeld.
Ar|beits|lo|sen|ra|te (die, -, -n) Anzahl der Arbeitslosen in einem Land im Verhältnis zu den Erwerbstätigen.
Ar|beits|lo|sen|ver|si|che|rung (die, -, -en) Versicherung für den Fall der Arbeitslosigkeit. für alle Arbeitnehmer geltende Pflichtversicherung gegen die materiellen Folgen der Arbeitslosigkeit, sie wird zum Teil vom Arbeitgeber, zum Teil vom Arbeitnehmer finanziert.
Ar|beits|markt (der, -es, -märk|te) Angebot von Arbeitssuchenden und freien Stellen.
Ar|beits|schutz (der, -es, kein Plural) Maßnahmen zur Sicherheit am Arbeitsplatz, gesetzlicher Schutz der Arbeitnehmer, der sie vor gesundheitlicher Schädigung und wirtschaftlicher Ausbeutung durch ihre Arbeitgeber bewahren soll. Zum Arbeitsschutz gehören Unfall-, Arbeitszeit-, Kündigungs-, Lohnschutz und weitere Sonderbestimmungen für Jugendliche, Frauen, Mütter, Heimarbeiter und Schwerbeschädigte.
Ar|beits|spei|cher (der, -s, -) Teil eines Computers, der dem Prozessor aktuelle Daten zuführt.
Ar|beits|zeit (die, -, -en) Zeit der eigentlichen Arbeitsleistung, in der Regel bezogen auf den Arbeitstag oder die Arbeitswoche. Arbeitszeitverkürzung.
ar|bi|t|rär (Adj.) willkürlich; nach Ermessen.
ARCD (Abk.) Auto- u. Reiseclub Deutschland
ar|cha|isch (Adj.) frühzeitlich; altertümlich. Verb: archaisieren.
Ar|chäo|lo|gie (die, -, kein Plural) Altertumswissenschaft; Erforschung alter Kulturen.
Ar|chä|o|p|te|ryx (der, -/-es, -e/-ry|ges) (griech.) Urvogel.
Ar|che (die, -, -n) (lat.) kastenförmiges Schiff. Arche Noah.
Ar|che|typ (der, -s, -en) (griech.) Urform; Muster; Grunderfahrung. Archetypus; archetypisch; archetypisches Verhalten.
Ar|chi|di|a|kon (der, -s, -e) (griech.) erster Diakon.
Ar|chi|man|d|rit (der, -en, -en) (griech.) Abt (in der Ostkirche).
ar|chi|me|disch (Adj.) (griech.) von Archimedes ausgehend.
Ar|chi|pel (der, -s, -e) Inselgruppe.
Ar|chi|tekt (der, -en, -en) (griech.) Bauplaner; Baumeister. Das Substantiv »Architekt« wird schwach dekliniert. Es heißt also der Architekt, des Architekten, dem Architekten, den Architekten. Architektur; Architektonik; architektonisch.
Ar|chi|t|rav (der, -s, -e) (ital.-lat.) Steinbalken über antiken Säulen.
Ar|chiv (das, -s, -e) 1. geordnete Sammlung; 2. in der Datenverarbeitung mehrere Dateien, die mit einem

Packer komprimiert und zu einer einzelnen Datei zusammengefügt worden sind. Bildarchiv; Tonarchiv; Archivbild; archivalisch; archivieren.

Ar|chi|var (der, -s, -e) wissenschaftlich ausgebildeter Fachmann, der in einem Archiv beschäftigt ist.

Ar|chon (der, -s, -chon|ten) (griech.) oberster Beamter (im antiken Athen).

ARD (Abk.) **A**rbeitsgemeinschaft der öffentlich-rechtlichen **R**undfunkanstalten der Bundesrepublik **D**eutschland.

Areal (das, -s, -e) Gelände; Gebiet

Are|ka|nuss (die, -, -nüs|se) Betelnuss.

Are|na (die, -, -nen) (lat.) 1. sandbestreuter Kampfplatz im römischen Amphitheater; 2. Sportplatz; Rennbahn; Manege.

Are|o|pag (der, -s, kein Plural) (griech.) höchster Gerichtshof (im antiken Athen).

arg (Adj.) schlimm; sehr. ein arger Fehler; die Sache liegt im Argen; das Ärgste war, dass er nicht mehr rauchen durfte; er war aufs ärgste/aufs Ärgste (sehr) gespannt. Jetzt kommt es zum Ärgsten; vor dem Ärgsten bewahren; nichts Arges vermuten; ohne Arg.

Ar|gen|ti|ni|en (ohne Art., -s, kein Plural) südamerikanischer Staat. Argentinier.

Ar|gen|tit (der, -s, kein Plural) (lat.) ein Silbererz.

Ar|gen|tum (das, -/-s, kein Plural) (lat.) Silber.

Är|ger (der, -s, kein Plural) Verstimmung; Verdruss. Ärgernis; ärgerlich.

är|gern (V.) sich ärgern. Nach dem reflexiven Verb wird das Objekt des Ärgers mit der Präposition »über« angeschlossen. Der Gebrauch der Präposition »an« veraltet allmählich. Er ärgerte sich über das Gutachten. (*veraltet:* Er ärgerte sich am Gutachten.).

Arg|list (die, -, kein Plural) Hinterlist; Tücke. Adjektiv: arglistig.

arg|los (Adj.) vertrauensselig; ehrlich; guten Muts. Arglosigkeit.

Ar|gon (das, -s, kein Plural) (griech.) ein Edelgas.

Ar|got (der oder das, -s, kein Plural) (frz. Rotwelsch) 1. Gauner- und Bettlersprache; Gruppensprache; Jargon; Slang; 2. Umgangssprache in Frankreich.

Ar|gu|ment (das, -s, -e) (lat.) Begründung. Argumentation; argumentativ; argumentieren.

Ar|gus|au|gen (nur Plural) (die, -) Wachsamkeit. Er hat wahre Argusaugen. mit Argusaugen hüten (etwas sorgfältig bewachen, ein scharfäugiger und misstrauischer Wächter sein).

arg|wöh|nen (V.) ahnen; anzweifeln. Argwohn; argwöhnisch.

Ari|a|ne (die, -, -n) Name eines europäischen Trägerraketentyps.

arid (Adj.) (lat.) trocken; wüstenhaft. Aridität; arides Klima.

Arie (die, -, -n) (ital.) Sologesang in Oper und Oratorium.

Ari|er (der, -s, -) (sanskr.) Angehöriger eines indogermanischen Volks (Frühgeschichte); (im Nationalsozialismus: Nichtjude). Adjektiv: arisch.

Ari|o|so (das, -s, -si/-s) (ital.) arienhaftes Lied, Instrumentalstück.

Aris|to|krat (der, -en, -en) (griech.) Adeliger. aristokratisch.

Aris|to|kra|tie (griech.= Herrschaft der Besten) 1. Adel; 2. Herrschaft einer privilegierten Minderheit; Zugehörigkeit durch Geburt.

Arith|me|tik (die, -, kein Plural) (griech.) Zahlenlehre. Arithmetiker; arithmetisch.

Ar|ka|de (die, -, -n) (franz.) Bogen; Bogengang.

Ar|ka|di|en (ohne Artikel, -s, kein Plural) Idylle; Land des Glücks. Arkadier; arkadisch.

Ar|ko|se (die, -, kein Plural) (franz.) feldspatreicher Sandstein.

Ark|tis (die, -, kein Plural) (griech.) Gebiet um den Nordpol. arktisch.

Ar|kus (der, -, -) (lat.) Winkelkreisbogen.

arm (Adj.; ärmer, ärmste) mittellos; bedauernswert. arme Menschen; *Großschreibung:* hier trifft sich Arm und Reich (jedermann). Die Konflikte zwischen Arm und Reich (zwischen Armen und Reichen); die Armen haben immer das Nachsehen; du Armer! (*aber:* Du armer Mensch!); arm wie eine Kirchenmaus sein (ugs.) (überhaupt nichts besitzen).

Arm (der, -s, -e) Körperteil; Ärmel. Arm in Arm; Armbanduhr; Armbrust; Armleuchter; armamputiert; armdick, *aber:* einen Arm dick; armlang, *aber:* einen Arm lang. zwei Arm voll (*auch:* Armvoll) Brennholz (Mengenangabe). *Aber:* Er hat den Arm voll Brennholz. jemanden auf den Arm nehmen (ugs.): sich über jemanden belustigen.

Ar|ma|da (die, -, -den/-s) (span.) Flotte; Schwarm.

Ar|ma|ged|don (das, -, kein Plural) = Harmageddon.

Ar|mag|nac (der, -/-s, -s) ein französischer Weinbrand.

Ar|ma|tur (die, -, -en) (lat.) Ausrüstung; Bedienungstafel. Armaturenbrett.

Arm|brust (die, -, -brüs|te) Schusswaffe.

Ar|mee (die, -, -n) (franz.) Heer; große Menge.

Är|mel (der, -s, -) Armteil eines Kleidungsstücks. etwas aus dem Ärmel schütteln (etwas spielend machen) (Die Redensart erklärt sich aus den spätmittelalterlichen weiten, taschenförmigen Ärmeln, aus denen Überraschendes zutage gefördert wurde. Auch die Gaukler zaubern Dinge aus den Ärmeln hervor.); etwas im Ärmel haben (ugs.) (etwas in Reserve haben); die Ärmel hochkrempeln (tüchtig zupacken). Ärmellänge; ärmelig; hemdsärm(e)lig; ärmellos.

Är|mel|ka|nal (der, -s, kein Plural) Meerenge zwischen England und Frankreich.

Ar|me|ni|en (ohne Art., -s, kein Plural) im Grenzgebiet der Türkei, des Iran, Georgiens und Aserbaidschans gelegenes Hochland. Armenier.

Ar|men|recht (das, -s, kein Plural) Befreiung von den Gerichtskosten.

Ar|men|vier|tel (das, -s, -) Slum.

ärm|lich (Adj.) kümmerlich; elend. Ärmlichkeit.

arm|se|lig (Adj.) dürftig; ärmlich; erbärmlich; kärglich; kümmerlich. Armseligkeit.

Ar|mut (die, -, kein Plural) Not; Mittellosigkeit; Besitzlosigkeit; Bedürftigkeit; Mangel. Armutszeugnis.

Ar|ni|ka (die, -, -s) (griech.) Heilpflanze. Arnikatinktur.

Aro|ma (das, -s, -men/-ma|ta) (griech.) Geschmack. aromatisch. aromatisieren.

ar|peg|gio (Adv.) schnell nacheinander Akkorde anschlagen, spielen.

Ar|peg|gio (das, -s, -s/peg|gi|en) arpeggio gespieltes Musikstück.
Ar|rak (der, -s, -e/-s) (arab.) Branntwein aus Reismaische, Palmsaft oder Melasse.
Ar|ran|ge|ment (das, -s, -s) (franz. arranger: in Ordnung bringen, zurechtmachen) 1. Zusammenstellung; Anordnung; dekorative oder künstlerische Gestaltung; 2. Orchesterfassung eines Themas; Bearbeitung eines Musikstücks; Abmachung; Vereinbarung; Übereinkunft. Arrangeur; arrangieren.
Ar|rest (der, -s, -e) (lat.) Haft; Nachsitzen. Arrestant; Arrestzelle.
ar|re|tie|ren (V.) anhalten; sperren; einsperren. Arretierung.
Ar|rhyth|mie (der, -, -n) (griech.) Störung des Rhythmus (besonders des Herzschlags); Unregelmäßigkeit. Adjektiv: arrhythmisch.
ar|ri|viert (Adj.) (franz.) erfolgreich; angesehen; gesellschaftlich emporbzw. vorwärtsgekommen. Arrivierte; Arriviertheit; arrivieren.
ar|ro|gant (Adj.) eingebildet; überheblich. Arroganz.
ar|ron|die|ren (V.) (franz.) abrunden; zusammenlegen (Grundbesitz).
Ar|ron|dis|se|ment (das, -s, -s) (franz.) französischer Verwaltungsbezirk; Untergliederung eines Départements oder einer Großstadt.
Ar|row|root (das, -s, kein Plural) (engl.) Stärkemehl aus der tropischen Pfeilwurz.
Arsch (der, -es, Är|sche) (ugs.) Gesäß.
Ar|sen (das, -s, kein Plural) (griech.) chemischer Stoff (Abk.: As); Gift. Arsenik.
Art (die, -, -en) Weise; Gattung. Art und Weise; nach Art des Hauses; sie trug eine Art arabische Pluderhose (Akkusativ), eine Art arabischer Pluderhose (Genitiv), eine Art von arabischer Pluderhose (»von« + Dativ). *Aber:* Er war derart blau (so blau), dass …; aus der Art schlagen (ausarten, nicht den Vorfahren nacharten); allerart Pflanzen.
Art. (Abk.) **Art**ikel.
Art dé|co (der/die, - -, kein Plural) (franz.) kunsthandwerklicher Stil der 1920er-Jahre
Art|di|rec|tor (der, -s, -s) (engl.) künstlerischer Leiter einer Werbeagentur.
Ar|te|fakt (das, -s, -e) (lat.) vorgeschichtlicher Gegenstand; Kunsterzeugnis.
Ar|te|mis (griech.) in der griechischen Mythologie Göttin der Jagd, Herrin des Tierreichs, Beschützerin der Jungfräulichkeit, Tochter des Zeus und der Leto, entspricht der römischen Diana.
ar|ten (V., ist) aussehen wie. Mit Präposition »nach«. Wem artet er denn nach? Artenreichtum; arterhaltend.
Ar|ten|schutz (der, -es, kein Plural) Maßnahmen zur Erhaltung vom Aussterben bedrohter Tierarten.
Ar|te|rie (die, -, -n) Schlagader. Arterienverkalkung (Arteriosklerose); arteriell.
Ar|te|ri|o|skle|ro|se (die, -, -n) (griech.) Arterienverkalkung; Einlagerung von Fetten (Cholesterin) oder Kalk in die Gefäßwand, führt zu Verhärtung der Arterie und zu Bluthochdruck. arteriosklerotisch.
art|fremd (Adj.) der Art nicht entsprechend; wesensfremd.
Ar|th|ri|tis (die, -, -ti|den) durch Bakterien verursachte Gelenkentzündung. Adjektiv: arthritisch.
Ar|th|ro|se (die, -, -n) (griech.) nichtentzündliches, degeneratives Gelenkabnutzungsleiden.
ar|ti|fi|zi|ell (Adj.) (franz.) künstlich, gekünstelt.
Ar|tig|keit (die, -, -en) Anstand. Adjektiv: artig.
Ar|ti|kel (der, -s, -) (lat.) Geschlechtswort (der, die, das); schriftlicher Beitrag; Absatz; Produkt. Artikelserie.
ar|ti|ku|lie|ren (V.) aussprechen; formulieren. Artikulation; artikulatorisch.
Ar|til|le|rie (die, -, -n) (franz.) schweres Geschütz; mit Geschützen ausgerüstete Truppeneinheit des Heeres. Artillerist.
Ar|ti|scho|cke (die, -, -n) (ital.) Gemüse- und Zierpflanze, distelähnliches Gemüse mit wohlschmeckenden Blütenknospen.
Ar|tist (der, -en, -en) 1. Varieté- oder Zirkuskünstler; 2. großer Künstler (allg.). Artistin; Artistik; artistisch.
Art nou|veau (der/das, - -, kein Plural) (franz.) Jugendstil.
Ar|to|thek (die, -, -en) (lat.-griech.) Einrichtung, die Kunstwerke verleiht.
Ar|tung (die, -, -en) Aussehen; Charakter.
art|ver|wandt (Adj.) ähnlich.
Arz|nei (die, -, -en) Medikament. Arzneimittel; Arzneimittelkunde.
Arzt (der, -es, Ärz|te) Mediziner. Arzthelferin; Ärzteschaft; Ärztin; ärztlich.
Asant (der, -s, kein Plural) (lat.) eingetrockneter Milchsaft (der tiermedizinisch bei Koliken u.a. verwendet wird).
As|best (der, -s, -e) (griech.) Faserstoff. Asbestplatte; asbesthaltig.
asch|blond (Adj.) graublond.
Asche (die, -, -n) Verbrennungsrückstand. Aschenbahn; Aschenbecher; Aschenputtel; aschenhaltig.
Ascher (der, -s, -) (ugs.) Aschenbecher.
Ascher|mitt|woch (der, -s, kein Plural) Tag nach Faschingsdienstag.
asch|fahl (Adj.) grau wie Asche.
Asch|ke|na|sim (nur Plural) (hebr.) mittel- und osteuropäische Juden.
Asch|ram (der, -s, -s) (sanskr.) Meditationslager in Indien.
ASEAN (die, -, kein Plural) (engl.) Abk. für »**A**ssociation of **S**outh **E**ast **A**sian **N**ations«; Verband südostasiatischer Nationen; 1967 in Bangkok gegründete Vereinigung von Indonesien, Malaysia, Philippinen, Singapur, Thailand, Brunei zur wirtschaftlichen Zusammenarbeit sowie zur Förderung des Friedens und des sozialen Fortschritts.
Asen (die, -, Pluralwort) germanisches Göttergeschlecht, das in dem von Riesen erbauten Sitz Asgard wohnt.
äsen (V.) fressen (Wild).
Asep|sis (die, -, kein Plural) (griech.) Keimfreiheit.
asep|tisch (Adj.) (griech.) keimfrei.
Aser|bai|d|schan (ohne Art., -s, kein Plural) GUS-Staat. Aserbaidschaner; aserbaidschanisch.
ase|xu|ell (*auch:* ase|xu|al) geschlechtslos; gefühllos. Asexualität.
Asi|at (der, -en, -en) Bewohner Asiens. Asien; asiatisch.
As|ka|ri (der, -s, -s) (arab.) Eingeborenensoldat (in Deutsch-Ostafrika).
As|ke|se (die, -, kein Plural) (griech.) entsagende Lebensart. Asket; Asketik; asketisch.

As|kor|bin|säu|re (die, -, kein Plural) Vitamin C.

Äs|ku|lap (griech.-lat.) in der römischen und griechischen Mythologie Gott der Heilkunde.

Äs|ku|lap|stab (der, -s, kein Plural) Sinnbild der Medizin, Berufssymbol der Ärzte; nach dem Schlangenstab des griechisch-römischen Gottes der Heilkunde.

aso|zi|al (Adj.) gesellschaftsunfähig; gesellschaftsschädigend; gemeinschaftsunfähig. Asozialer; Asozialität.

As|pa|ra|gus (der, -, kein Plural) (griech.) Spargel; Spargelkraut.

As|pekt (der, -s, -e) (lat.) Gesichtspunkt; grammat. Kategorie.

As|per|gill (das, -s, -e) (lat.) Weihwasserwedel.

As|phalt (der, -s, -e) (griech.) Straßenbelag. Asphaltstraße; asphaltieren.

As|pik (der/das, -s, -e) Gelatine; Gallertmasse.

As|pi|rant (der, -en, -en) Bewerber; Anwärter.

As|pi|ra|ta (die, -, -ten) (lat.) behauchter Verschlusslaut; z. B. das Rho im Altgriechischen.

As|pi|ra|ti|on (die, -, -ti|o|nen) 1. das Aspirieren; 2. das Einsaugen (von Flüssigkeit, Luft u. a.).

as|pi|rie|ren (V.) 1. behaucht aussprechen; 2. sich bewerben (österr.); auf einen Posten aspirieren.

Ass (das, As|ses, As|se) (franz.) Spielkarte; der Beste; unerreichbarer Aufschlag (Tennis).

Ass. (Abk.) **Ass**essor.

As|se|ku|ranz (die, -, -en) (ital.) Versicherung; Versicherungsgesellschaft.

As|sel (die, -, -n) Krebstierchen. Kellerassel.

As|sem|b|ler (der, -s, kein Plural) (engl.) maschinengebundene Programmiersprache; Übersetzungsprogramm; maschinenorientierte Programmiersprache, deren Befehle an die Architektur des jeweiligen Prozessors angepasst sind.

As|ser|ti|on (die, -, -en) (lat.) bestimmte Behauptung.

As|sess|ment-Cen|ter (*auch:* As|sess|mentcen|ter) (das, -s, -) Methode der Personalbeschaffung, mit welcher die fachlichen und charakterlichen Eigenschaften von Bewerbern getestet werden.

As|ses|sor (der, -s, -en) (lat.) Beamtenanwärter (höherer Staatsdienst). Assessorin; assessoral; assessorisch.

as|si|bi|lie|ren (V.) einen Explosivlaut mit nachfolgendem Zischlaut aussprechen; z. B. das »t« zu »ts« assibilieren.

As|si|mi|la|ti|on (die, -, -ti|o|nen) (lat.) 1. Anpassung; Angleichung; 2. in der Biologie Umwandlung körperfremder Stoffe in körpereigene Substanz; 3. in der Grammatik Angleichung benachbarter Konsonanten; 4. in der Soziologie individuelle oder gruppenweise Übernahme kultureller Normen und Wertvorstellungen anderer Individuen oder Gruppen bzw. Angleichung des Verhaltens an ein neues soziales Umfeld. Assimilierung; assimilieren.

As|sis|tent (der, -en, -en) (lat.) Mitarbeiter. Assistentin; Assistenz; Assistenzarzt; assistieren.

As|so|nanz (die, -, -en) (lat.) unvollständiger Reim; Vokalreim; z. B. fegen – geben.

as|sor|tie|ren (V.) (franz.) mit Waren versehen.

as|so|zi|ie|ren (V.) (franz.) 1. verknüpfen; 2. sich anschließen. Mit den Präpositionen »bei« und »mit«! Bei/mit der Farbe Grün assoziiert man Hoffnung. Bei »sich assoziieren« folgen die Präpositionen »mit« und »an«. Unsere Gruppe assoziierte sich mit/an der Partei. in der Bedeutung: verbinden, verknüpfen, hervorrufen, kann »assoziieren« transitiv mit einem Akkusativ stehen. Diese Landschaft assoziiert (in mir) intensive Gefühle. Auch die Kombination mit den Präpositionen »mit« oder »bei«, selten auch »zu« ist möglich.

ASSR (Abk.) **A**utonome **S**ozialistische **S**owjet**r**epublik.

As|sum|ti|on (die, -, -ti|o|nen) (lat.) Himmelfahrt der Jungfrau Maria.

As|sy|rio|lo|gie (die, -, kein Plural) (nlat.) Wissenschaft von der Sprache und Kultur Assyriens und Babylons.

Ast (der, -s, Äste) Zweig. Astgabel. den Ast absägen, auf dem man sitzt (sich selbst einen wichtigen Lebens- oder Berufsvorteil zerstören, sich selbst schaden); sich einen Ast lachen (übermäßig lachen).

AStA (Abk.) (der, -/-s, -/-s) **A**llgemeiner **St**udenten**a**usschuss, studentisches Selbstverwaltungsorgan an einer Hochschule.

as|ta|tisch (Adj.) (griech.) 1. unruhig; 2. gegen elektromagnetische Feldeinwirkung geschützt.

As|ter (die, -, -n) (griech.) Blume.

As|te|ro|id (der, -en, -en) Planetoid.

As|the|nie (die, -, -n) (griech.) Körperschwäche; Entkräftung.

As|the|ni|ker (der, -s, -) (griech.) jmd., der schmächtig und zartgliedrig ist.

as|the|nisch (Adj.) wie ein Astheniker.

Äs|thet (der, -en, -en) Schöngeist. Ästhetik; Ästhetiker; Ästhetizismus; ästhetisch; ästhetisieren.

Asth|ma (das, -s, kein Plural) (griech.) anfallsweise auftretende Atemnot. Asthmatiker; Asthmaanfall; asthmatisch.

As|tig|ma|tis|mus (der, -, kein Plural) 1. Sehschwäche wegen Hornhautverkrümmung; 2. optischer Abbildungsfehler; Linsenfehler optischer Instrumente, der unscharfe, verzerrte Abbildungen bewirkt. Adjektiv: astigmatisch.

äs|ti|mie|ren (frz.) schätzen.

As|t|ra|chan (der, -s, -s) Fell südrussischer Lämmer (nach der gleichnamigen Stadt).

as|t|ral (Adj.) die Sterne betreffend. Astralleib.

ast|rein (Adj.) (ugs.) toll; tadellos. Die Sache ist nicht ganz astrein (ist anrüchig).

As|t|ro|graf (*auch:* As|t|ro|graph) (der, -en, -en) Gerät zum Fotografieren von Sternen, zum Zeichnen von Sternkarten. Astrografie (*auch:* Astrographie).

As|t|ro|la|bi|um (das, -s, -bi|en) (griech.) altes astronomisches Winkelmessgerät.

As|t|ro|lo|gie (die, -, kein Plural) Sterndeutung. Astrologe; astrologisch.

As|t|ro|naut (der, -en, -en) Raumfahrer. Astronautik; astronautisch.

As|t|ro|no|mie (die, -, kein Plural) Sternkunde. Astronom; astronomisch (ugs.) (sehr groß; eine astronomische Summe).

As|t|ro|phy|sik (die, -, kein Plural) Teilgebiet der Astronomie, das sich mit den physikalischen Gegebenheiten der Gestirne befasst. astrophysikalisch.

Äs|tu|ar (das, -s, -ri|en) (lat.) trichterförmige Flussmündung.
ASU (Abk.) **A**bgas**s**onder**u**ntersuchung.
Asyl (das, -s, -e) (griech.) Zuflucht; Unterkunft. Asylant.
Asyl|be|wer|ber (der, -s, -) jmd., der einen Asylantrag stellt.
Asyl|recht (das, -s, -e) staatlich garantiertes Recht, das ausländischen, politisch Verfolgten Zuflucht und Schutz innerhalb der Staatsgrenzen gewährt.
Asym|me|t|rie (die, -, -n) (griech.) Ungleichmäßigkeit zweier Hälften. Adjektiv: asymmetrisch.
Asym|p|to|te (die, -, -n) (griech.) Gerade, die eine Kurve erst im Unendlichen berührt. asymptotisch.
asyn|chron (Adj.) (griech.) nicht gleichzeitig.
asyn|de|tisch (Adj.) (griech.) nicht durch ein Bindewort verbunden.
Asyn|de|ton (das, -s, -ta) (griech.) Aneinanderreihung ohne Bindewort (als Stilmittel), z. B.: Er kam, sah, siegte.
As|zen|dent (der, -en, -en) (lat.) Vorfahr; Aufgangspunkt eines Gestirns. Aszendenz; aszendieren.
As|ze|tik (die, -, kein Plural) in der kath. Kirche Lehre vom Streben nach Vollkommenheit.
A. T. (Abk.) **A**ltes **T**estament.
Ata|man (der, -s, -e) (russ.) Kosakenführer.
Ata|vis|mus (der, -, -men) (lat.) 1. Wiederauftreten alter entwicklungsgeschichtlicher Merkmale, z. B. Körperfellbildung beim Menschen; 2. Rückfall in einen überwunden geglaubten Zustand.
ata|vis|tisch (Adj.) zum Atavismus gehörig.
Ate|li|er (das, -s, -s) (franz.) Künstlerwerkstatt; Raum für Fotoaufnahmen u. a.
Atem (der, -s, kein Plural) Atmung; Hauch. Atemholen; außer Atem sein; einen langen Atem haben (etwas lange aushalten); den Atem anhalten (gebannt auf etwas warten); jmdm. den Atem verschlagen (jemanden sprachlos machen). Atemnot; Atemzug; atemberaubend; atemlos, atemraubend.
a tem|po (ital.) 1. wieder im vorausgegangenen Tempo (bei Musikstücken); 2. (ugs.) sofort.
Äthan (das, -s, kein Plural) (griech.) Heizgas.
Atha|na|sie (die, -, kein Plural) (griech.) Unsterblichkeit.
Athe|is|mus (der, -, kein Plural) Gottlosigkeit. Atheist; atheistisch.
Athen (kein Art., -s, kein Plural) Hauptstadt von Griechenland. Eulen nach Athen tragen (etwas Überflüssiges tun).
Äther (der, -s, kein Plural) (griech.) Himmel; Luft; Narkosemittel. Adjektiv: ätherisch.
Äthi|o|pi|en (ohne Art., -s, kein Plural) afrikanischer Staat. Äthiopier.
Ath|let (der, -en, -en) (griech.) Wettkämpfer. Athletik; Athletiker; athletisch.
Äthyl|al|ko|hol (der, -s, kein Plural) Alkohol; Weingeist.
At|lant (der, -en, -en) (griech.) Männerfigur, die Gebäudeteile stützt.
At|lan|tik (der, -s, kein Plural) Weltmeer. Atlantischer Ozean; atlantisch.
At|lan|tis (kein Art., -, kein Plural) sagenhafte antike Insel; gemäß Platon im Atlantischen Ozean gelegen und durch eine Naturkatastrophe versunken.
At|las (der, -/-las|ses, -las|se/-lan|ten) 1. geographische Kartensammlung; 2. in der griechischen Mythologie Riese, der das Himmelsgewölbe auf seinen Schultern trägt; 3. oberster Halswirbel; Träger des Kopfes; 4. Gewebe, Stoff (franz. Satin) mit glatter, gleichmäßig glänzender Oberfläche; 5. Faltengebirge im Nordwesten Afrikas.
at|men (V.) ein- und ausatmen. Atmung; atmungsaktiv.
At|mo|sphä|re (die, -, -n) (griech.) Lufthülle; Stimmung; Umwelt. Adjektiv: atmosphärisch.
Ät|na (der, -, kein Plural) (ital. Etna) größter tätiger Schichtvulkan Europas, an der Ostküste Siziliens.
Atoll (das, -s, -e) ringförmige Koralleninsel, die eine seichte Lagune umschließt, kommen vor allem in der Südsee und im Indischen Ozean vor.
Atom (das, -s, -e) kleinstes Teilchen eines chemischen Elements. Atombombe; Atomenergie; Atomgegner; Atomkraftwerk (Abk.: AKW); Atommeiler; Atomreaktor; Atomstrom; Atomtest; Atomzeitalter; atomar; atomwaffenfrei.
Ato|mi|seur (der, -s, -e) (franz.) Zerstäuber.
Atom|müll (der, -s, kein Plural) bei der Gewinnung von Kernenergie entstehende radioaktive Abfallprodukte.
ato|nal (Adj.) ohne Ordnung nach Tonarten.
Ato|na|list (der, -en, -en) jmd., der sich mit atonaler Musik beschäftigt.
Ato|na|li|tät (die, -, kein Plural) atonale Kompositionsweise.
Ato|nie (die, -, -n) Muskelerschlaffung.
ato|nisch (Adj.) (griech.) erschlafft.
Atout (franz.) (der/das, -s, -s) Trumpf.
ato|xisch (Adj.) (griech.) ungiftig.
At|ri|um (das, -s, -ri|en) (lat.) nach oben geöffneter Innenhof.
At|ro|pin (das, -s, kein Plural) Gift der Tollkirsche; verwendet in der Augenheilkunde und als krampflösendes Mittel.
ätsch! (Interj.) Ausruf der Schadenfreude.
at|tac|ca (Adv.) (ital.) sofort anzuschließen (bei Musikstücken).
At|ta|ché (der, -s, -s) (franz.) Diplomat; Anwärter des diplomatischen Dienstes, mit Sonderaufgaben betrauter Beamter einer diplomatischen Vertretung, zum Beispiel Handels-, Kultur-, Militärattaché.
At|tach|ment (das, -s, -s) (franz.-engl.) in der Computerspache Anhängsel. Viele E-Mail-Programme bieten die Möglichkeit, Binärdateien an eine E-Mail anzuhängen. Diese »Attachments« erscheinen beim Empfänger nicht im eigentlichen Text der Mail, sondern müssen separat aufgerufen werden.
At|ta|cke (die, -, -n) 1. militärische Aggression; Angriff; 2. (Med.) Anfall. Verb: attackieren.
At|ten|tat (das, -s, -e) (franz.) meist politisch motivierter Anschlag. Attentäter.
At|test (das, -s, -e) (lat.) Zeugnis; ärztliche Bescheinigung; Gutachten. Verb: attestieren.
At|ti|tü|de (die, -, -n) (franz.) Einstellung; Haltung.
At|trak|ti|on (die, -, -ti|o|nen) (lat.) Anziehungskraft. Hauptattraktion; Attraktivität; attraktiv.
At|tri|but (das, -s, -e) (lat.) Beifügung. Adjektiv: attributiv. Verb: attribuieren.
aty|pisch (Adj.) untypisch.

ät|zen (V.) etwas mit Säure behandeln. Ätzmittel; ätzend; (ugs.) echt ätzend (sehr schlecht/sehr gut).

au! (*auch:* aua!) (Interj.) Ausruf bei Schmerz. autsch! auweh! auwei! au Backe!

Au 1. (Abk.) Gold (chemisches Zeichen). 2. (die, -, -en) Wiesengrund. Auwald; Auenlandschaft.

Au|ber|gi|ne (die, -, -n) (franz.) Frucht. die Farbe Aubergine; *aber:* auberginefarben = rötlich violett; dieses Farbadjektiv ist nicht beugungsfähig und nicht attributiv verwendbar. Man behilft sich mit »auberginefarben«. ein auberginefarbener Hut.

auch (Adv.) außerdem; ebenfalls. *Beachte:* »auch wenn« wird mit Komma wie einfaches »wenn«, je nach Betonung, abgetrennt: Sie freut sich auch, wenn du morgen kommst. *Aber:* Sie freut sich, auch wenn du (erst) morgen kommst.

Au|di|enz (die, -, -en) 1. offizieller Empfang bei hochgestellten weltlichen oder geistlichen Persönlichkeiten; 2. Unterredung. Audienzzimmer.

Au|di|max (das, -, kein Plural) (Kurzw.) **Audi**torium **max**imum (größter Hörsaal) einer Universität.

Au|dio|vi|si|on (die, -, kein Plural) Ton- und Bildtechnik. Adjektiv: audiovisuell.

au|di|tiv (Adj.) (lat.) auf das Hören bezogen.

Au|di|to|ri|um (das, -s, -ri|en) (lat.) 1. Publikum; Zuhörerschaft; 2. Hörsaal.

Au|er|hahn (der, -s, -häh|ne) großer Waldvogel.

Au|er|och|se (der, -n, -n) ausgestorbenes Urrind.

auf 1. (Präp., lok., Dat./Akk.) *Beachte:* Auf die Frage »Wo«? folgt Dativ, auf die Frage »Wohin?« folgt Akkusativ; auf dem Mond landen; auf den Mond schauen. 2. (Präp., temp., Akk.) auf fünf Jahre; auf längere Zeit; auf immer und ewig; auf einmal; von heute auf morgen. 3. (Präp., mod., Akk.) auf Biegen und Brechen; auf Teufel komm raus; sich auf Englisch unterhalten. 4. (Präp., final, Akk.) auf dein Wohl; auf Tauben schießen; die Mannschaft spielte nur noch auf Zeit. 5. (Präp., kaus., Akk.) auf Bitte; auf ihre Einladung; auf Initiative. 6. (Adv.) auf und davon; auf, los geht's! *Getrenntschreibung:* wenn »auf« selbstständiges Adverb! Sie wirkte nervös, während sie auf und ab ging. *Aber:* Zusammenschreibung, wenn »auf« Verbzusatz! Er ist gleich auf- und weggesprungen. *Großschreibung*: das Auf und Ab im Leben; ein ewiges Auf und Nieder.

auf|ad|die|ren (V., addierte auf, hat aufaddiert) zusammenzählen.

auf|ar|bei|ten (V., arbeitete auf, hat aufgearbeitet) 1. nachholen; 2. sich kaputtarbeiten. Aufarbeitung.

auf|at|men (V., atmete auf, hat aufgeatmet) 1. tief Luft holen; 2. erleichtert sein. ein Aufatmen der Erleichterung.

auf|bah|ren (V.) den Sarg mit dem Toten öffentlich ausstellen. Aufbahrung.

Auf|bau (der, -s, kein Plural) (*Beachte:* Der Plural »Aufbauten« bezeichnet die Bauten und Anlagen auf dem Oberdeck eines Schiffs!) Organisation; Errichtung; Struktur. Aufbauleiter; Aufbauschule.

auf|bau|en (V.) errichten. Da bei diesem Verb meist die Angabe der Lage (und nicht der Richtung) vorherrscht, folgt in der Regel darauf ein Dativ. Er baut seine gesamte Weltanschauung auf einer Grundvoraussetzung auf. Die Eltern haben die Geschenke unter dem Weihnachtsbaum aufgebaut.

auf|bäu|men (V., refl., bäumte sich auf, hat sich aufgebäumt) 1. sich auflehnen; 2. emporbäumen, sich aufrichten.

auf|bau|schen (V., bauschte auf, hat aufgebauscht) hochspielen, übertreiben; in den Vordergrund spielen, aus einer Fliege einen Elefanten machen.

auf|be|geh|ren (V., begehrte auf, hat aufbegehrt) protestieren; sich auflehnen.

auf|be|hal|ten (V., behielt auf, hat aufbehalten) nicht abnehmen.

auf|be|kom|men (V., bekam auf, hat aufbekommen) aufkriegen; zur Erledigung bekommen (Hausaufgaben).

auf|be|rei|ten (V.) vorbereiten; auffrischen. Aufbereitung; Wiederaufbereitungsanlage (Abk.: WAA).

auf|bes|sern (V.) verbessern; Anhebung der Bezüge; Gehaltsaufbesserung; Gehaltserhöhung; Zuschlag. Aufbesserung.

auf|be|wah|ren (V., bewahrte auf, hat aufbewahrt) 1. zurücklegen; sammeln; beiseitelegen; in der Hinterhand haben; in Reserve halten; 2. aufheben; bewahren; behalten; in Gewahrsam nehmen; sichern; speichern.

Auf|be|wah|rung (die, -, kein Plural) Lagerung; Verwahrung.

auf|bie|ten (V., bot auf, hat aufgeboten) aufwenden. Aufbietung; unter Aufbietung.

auf|bin|den (V. band auf, hat aufgebunden) 1. aufschnüren; aufknoten; aufknüpfen; aufnesteln; aufflechten; auflösen; aufmachen; entknoten; lösen. 2. aufbürden; 3. einreden.

auf|bla|sen (V., blies auf, hat aufgeblasen) 1. Luft hineinblasen; aufpusten; aufpumpen; 2. sich aufspielen; sich brüsten. aufblasbar; aufgeblasen.

auf|blät|tern (V., blätterte auf, hat aufgeblättert) (Buch, Zeitung) aufschlagen.

auf|blei|ben (V., blieb auf, ist aufgeblieben) 1. nicht zu Bett gehen; 2. (Buch) geöffnet bleiben.

auf|blen|den (V.) anstrahlen; Blende öffnen (fotografieren).

auf|bli|cken (V., blickte auf, hat aufgeblickt) 1. aufschauen zu; aufsehen zu; verehren; 2. aufsehen; emporsehen; den Blick erheben; die Augen aufschlagen; hochschauen; hochgucken.

auf|blo|cken (V.) hochstellen.

auf|blü|hen (V., blühte auf, ist aufgeblüht) 1. sprießen; erblühen; sich entfalten; knospen; 2. sich entwickeln; gedeihen.

auf|brau|chen (V.) verbrauchen.

auf|brau|sen (V., brauste auf, ist aufgebraust) hochsteigen; sich entrüsten; sich ereifern; aus der Haut fahren; an die Decke gehen; die Beherrschung verlieren; heftig werden; zornig werden.

auf|brau|send (Adj.) cholerisch; hitzköpfig; erregbar; hochfahrend; jähzornig; unbeherrscht.

auf|bre|chen (V. brach auf, ist aufgebrochen) 1. abreisen; sich aufmachen; sich auf den Weg machen; eine Reise antreten; nach Hause gehen; sich auf die Socken machen (ugs.); 2. einbrechen; gewaltsam öffnen; 3. durchbrechen.

auf|brin|gen (V., brachte auf, hat aufgebracht) 1. öffnen können; 2. aufhetzen; erzürnen; 3. auftreiben; beschaffen; 4. auftragen (eine Farbschicht). Aufbringung; aufgebracht.

Auf|bruch (der, -s, -brü|che) Abfahrt. Aufbruch(s)stimmung; aufbrechen.

auf|brum|men (V.) (ugs.) 1. erteilen; 2. aufzwingen. Er brummte uns eine Strafe auf.

auf|bür|den (V., bürdete auf, hat aufgebürdet) 1. aufhalsen; beladen; auf die Schultern laden; zumuten; 2. abschieben auf; andrehen; unterjubeln. Aufbürdung.

auf|de|cken (V., deckte auf, hat aufgedeckt) 1. abdecken; bloßlegen; freilegen; 2. enthüllen; Licht in eine Sache bringen; an den Tag bringen; den Schleier lüften. Aufdeckung.

auf|don|nern (V., refl., donnerte sich auf, hat sich aufgedonnert) (ugs.) auftakeln; herausputzen. aufgedonnert sein (besonders aufdringlich und geschmacklos gekleidet sein); (ugs.) aufgetakelt sein. (Redewendung auf Frauen bezogen, italienisch donna = Frau).

auf|drän|gen (V.; V., refl.) aufnötigen; zudringlich sein.

auf|dring|lich (Adj.) lästig; unverschämt. Aufdringlichkeit.

Auf|druck (der, -s, -e) Aufschrift; Etikett; Abzeichen. Verb: aufdrucken.

auf|drü|cken (V.) öffnen.

auf|ei|n|an|der (Adv.) übereinander; gegenseitig. aufeinanderfolgen (*auch:* aufeinander folgen); aufeinander böse sein; aufeinander aufpassen. *Aber:* aufeinanderprallen; aufeinanderstapeln. Aufeinanderfolge.

Auf|ent|halt (der, -s, -e) Pause; Station. Aufenthaltsgenehmigung.

auf|er|le|gen (V., erlegte auf, hat auferlegt) aufzwingen. Bei den Personalformen wird in der Regel der Verbzusatz vom Verb getrennt und nachgestellt. Man erlegte dem Mädchen umfangreiche Pflichten auf. Um eine Aussage besonders hervorzuheben, konjugiert man auch das ungetrennte Verb. Man auferlegte dem Mädchen kaum erfüllbare Pflichten.

auf|er|ste|hen (V., erstand auf, ist auferstanden) aufstehen; auffrischen. Auferstehung.

auf|es|sen (V., aß auf, hat aufgegessen) aufbrauchen; konsumieren; verzehren; verschlingen; verschmausen; verspeisen; vertilgen.

auf|fah|ren (V., fuhr auf, ist aufgefahren) 1. (Richtung) hinauffahren; 2. aufbrausen; sich ereifern; 3. aufschrecken; hochfahren; hochschrecken; 4. auftischen; 5. (mit dem Auto) zusammenstoßen.

Auf|fahrt (die, -, -en) 1. Einfahrt; Zufahrt; Rampe; Zufahrtsstraße; Zubringer; 2. Parade.

Auf|fahrts|stra|ße (die, -en, -en) Zufahrtsstraße zu Grundstück.

Auf|fahr|un|fall (der, -s, -fäl|le) ein Auto fährt auf ein Hindernis auf.

auf|fal|len (V., fiel auf, ist aufgefallen) aufprallen; Aufsehen erregen. Auffälligkeit; auffallend; auffällig.

auf|fan|gen (V., fing auf, hat aufgefangen) fangen; aufnehmen; aufschnappen; sammeln.

Auf|fang|la|ger (das, -s, kein Plural) Sammelunterkunft an der Grenze für Einreisewillige.

auf|fas|sen (V., fasste auf, hat aufgefasst) 1. verstehen; 2. begreifen; 3. auslegen.

Auf|fas|sung (die, -, -en) Meinung; Auslegung. Auffassungssache.

Auf|fas|sungs|ga|be (die, -, kein Plural) Auffassungsvermögen; Denkvermögen; Auffassungskraft; Beobachtungsgabe.

auf|fin|den (V. fand auf, hat aufgefunden) aufspüren; finden.

auf|fla|ckern (V., flackerte auf, ist aufgeflackert) ausbrechen (von Feuer); brennen.

auf|flam|men (V., flammte auf, ist aufgeflammt) brennen; ausbrechen (von Feuer).

auf|flat|tern (V., flatterte auf, ist aufgeflattert) aufsteigen (Vogel).

auf|flie|gen (V. flog auf, ist aufgeflogen) 1. entdeckt werden; herauskommen; 2. hochfliegen; emporfliegen; aufsteigen.

auf|for|dern (V.) 1. mahnen; 2. erinnern; ermahnen; ermuntern; ersuchen; nahelegen; zureden; 3. um einen Tanz bitten. Aufforderung.

auf|fors|ten (V.) neuen Wald anpflanzen.

Auf|fors|tung (die, -, -en) künstliche Bewaldung.

auf|fri|schen (V.) 1. anschwellen; aufleben; stärker werden; Wind erhebt sich; 2. aufbügeln; 3. erneuern; aufarbeiten; 4. restaurieren. Auffrischung.

auf|füh|ren (V.; V., refl.) 1. spielen; Theater spielen; vorführen; 2. sich gebärden. Aufführung; aufführbar.

Auf|füh|rungs|recht (das, -s, -e) Urheberrecht.

auf|fül|len (V.) vollmachen; nachfüllen; tanken. Auffüllung.

Auf|ga|be (die, -, -n) 1. Amt; Funktion; Mission; Angelegenheit; Bestimmung; Pflicht; Verpflichtung; Auftrag; 2. Hausaufgabe; Schulaufgabe; 3. Problem; Frage; Schwierigkeit; 4. Verzicht (ohne Plural); Niederlage; Herausgabe (ohne Plural).

Auf|ga|ben|be|reich (der, -s, -e) Aufgabengebiet; Aufgabenkreis; Aufgabenkomplex; Ressort.

Auf|ga|ben|stel|lung (die, -, -en) Thema.

Auf|gang (der, -s, -gän|ge) Aufstieg. Aufgangspunkt (Astron.).

auf|ge|ben (V., gab auf, hat aufgegeben) 1. kapitulieren; aufhören; resignieren; die Waffen strecken; 2. die Post einwerfen; 3. eine Aufgabe stellen. Aufgabe.

Auf|ge|bot (das, -s, -e) 1. Auflage; 2. öffentliche Bekanntgabe der Eheschließung; Verlobung; Brautstand; 3. Streitkräfte; Armee; Menge; 4. Polizei.

auf|ge|dun|sen (Adj.) aufgeschwemmt; dick.

auf|ge|kratzt (Adj.) (ugs.) fröhlich.

Auf|geld (das, -es, kein Plural) Agio.

auf|ge|legt (Adj.) gelaunt sein zu.

auf|ge|räumt (Adj.) 1. ausgelassen, gut gelaunt; 2. ordentlich.

Auf|ge|räumt|heit (die, -, kein Plural) Heiterkeit.

auf|ge|schlos|sen (Adj.) zugänglich; empfänglich; ansprechbar; aufnahmefähig; begeisterungsfähig; interessiert; weltoffen. Aufgeschlossenheit.

auf|ge|schmis|sen (Adj.) (ugs.) verloren; erledigt; ratlos.

auf|ge|schos|sen (Adj.) groß.

auf|ge|schürft (Adj.) wund.

auf|ge|weckt (Adj.) agil; intelligent. Aufgewecktheit.

auf|gie|ßen (V., goss auf, hat aufgegossen) nachfüllen; aufbrühen. Aufguss.

auf|glie|dern (V.) aufteilen; zerlegen; einteilen. Aufgliederung.

auf|glim|men (V., glimmte/glomm auf, hat aufgeglimmt/aufgeglommen) aufglühen.
auf|grei|fen (V., griff auf, hat aufgegriffen) fangen; auflesen.
auf|grund (*auch:* auf Grund) (Präp., Gen.) wegen. Aufgrund (*auch:* Auf Grund) der Tatsache, dass sie kam, wusste ich Bescheid.
auf|ha|ben (V.) auf dem Kopf haben; offen haben; aufgetragen bekommen. *Beachte:* Zusammenschreibung im Infinitiv und zweiten Partizip! Er hat den Mund immer aufgehabt.
auf|ha|cken (V.) den Boden aufhacken.
auf|ha|ken (V.) einen Hakenverschluss lösen.
auf|hal|sen (V.) aufbürden.
auf|hal|ten (V., hielt auf, hat aufgehalten) 1. behindern; hindern; zurückhalten; festhalten; in den Weg stellen; 2. offen (hin)halten; auf die lange Bank schieben; 3. sich aufhalten; verweilen; verbringen; zubringen; weilen; wohnen. Aufhaltung.
auf|häu|fen (V.) ansammeln; aufschichten; aufschütten; anhäufen. Aufhäufung.
auf|he|ben (V., hob auf, hat aufgehoben) hochheben; aufbewahren; eliminieren. Aufhebung; Aufheben; viel Aufhebens machen (wichtig nehmen); wichtig nehmen, um eine Sache viele Worte machen.
auf|hei|tern (V.) 1. jemanden aufmuntern, aufrichten, ermuntern, erheitern; 2. schöner werden (Wetter). Aufheiterung.
auf|hel|len (V.) heller machen; aufklären (Wetter). Aufheller; Aufhellung.
auf|het|zen (V.) anstacheln; anstiften. Aufhetzung.
auf|ho|len (V.) 1. einholen; ausgleichen; gleichziehen; aufarbeiten; Boden gutmachen; 2. nachholen. Aufholjagd.
auf|hö|ren (V.) beenden; einstellen; Schluss machen; ein Ende haben; ein Ende nehmen; enden.
auf|hüb|schen (V.) (ugs.) verschönern.
auf|hu|cken (V.) (ugs.) auf den Rücken nehmen.
auf|klaf|fen (V.) einen Spalt bilden.
auf|klap|pen (V.) öffnen, aufschlagen. Adjektiv: aufklappbar.
auf|kla|ren (V.) klar werden, sich aufklären. Der Himmel klart auf.
auf|klä|ren (V.) klarlegen; unterrichten in Sexualkunde; aufheitern (Wetter). Der Himmel klärt sich auf. ein Verbrechen aufklären.
Auf|klä|rer (der, -s, -) 1. Freidenker; Freigeist; Liberaler; Rationalist; Atheist; 2. Aufklärungsflugzeug; Beobachtungsflugzeug; 3. Kundschafter.
Auf|klä|rung (die, -, kein Plural) 1. Abklärung; Aufdeckung; Einblick; Erklärung; Klärung; Lösung; 2. Rationalismus; Freidenkerei; Liberalismus; philos. Strömung im 17. und 18. Jh.. aufklärerisch.
auf|klau|ben (V., klaubte auf, hat aufgeklaubt) aufheben; aufsammeln.
auf|kle|ben (V., klebte auf, hat aufgeklebt) aufleimen; aufziehen; mit Klebstoff befestigen.
Auf|kle|ber (der, -s, -) Etikett; Abzeichen.
auf|klin|ken (V.) öffnen.
auf|kna|cken (V.) aufbrechen.
auf|knöp|fen (V., knöpfte auf, hat aufgeknöpft) öffnen, Knöpfe aufmachen.
auf|knüp|fen (V.) Knoten lösen; (ugs.) hängen. Aufknüpfung.
auf|kom|men (V.) 1. in Mode kommen; Mode werden; sich heranbilden; Verbreitung finden; auftauchen; entstehen; 2. aufziehen; heraufziehen; herankommen; sich zusammenziehen; sich zusammenballen; sich zusammenbrauen; im Anzug sein; nahen; sich nähern; 3. aushalten; aufkommen für; freihalten; bezahlen; haften; sorgen für; 4. herauskommen.
Auf|kom|men (das, -s, -) Leistung; Ertrag.
auf|krat|zen (V.) verletzen.
auf|krem|peln (V.) aufrollen; umkrempeln.
auf|kreu|zen (V., kreuzte auf, ist aufgekreuzt) (ugs.) auftauchen bei jmdm., jemanden besuchen.
auf|krie|gen (V.) (ugs.) aufbekommen.
auf|kün|di|gen (V.) kündigen; beenden; abbestellen. Aufkündigung.
Aufl. (Abk.) **Aufl**age.
auf|la|den (V., lud auf, hat aufgeladen) beladen; belasten.
Auf|la|ge (die, -, -n) 1. im Verlagswesen Gesamtzahl der Exemplare eines Werkes, die im Rahmen des Verlagsrechts auf einmal hergestellt werden können; Druckreihe; 2. Unterlage; 3. Bedingung (mit der Auflage). Im Privatrecht Leistungspflicht, die dem Empfänger einer unentgeltlichen Zuwendung (Schenkung oder Testament) vom Geber auferlegt wird; 4. Im Verwaltungsrecht öffentliche Pflicht zu einem Tun, Unterlassen oder Dulden, die dem Adressaten eines Verwaltungsaktes auferlegt wird.
Auf|las|sung (die, -, -en) 1. das zur Eigentumsübertragung an einem Grundstück dem Grundbuchamt oder einem Notar erklärte Einverständnis von Veräußerer und Erwerber; 2. Stilllegung eines Betriebs.
auf|las|ten (V.) aufhalsen.
auf|lau|ern (V.) abpassen. Mit Dativ!
auf|lau|fen (V.) lief auf, ist aufgelaufen) 1. stranden; 2. scheitern.
Auf|lauf (der, -s, -läu|fe) 1. Getümmel; Menschenansammlung; 2. Mehlspeise. Auflaufform; Menschenauflauf.
auf|le|ben (V.) erstarken; sich erholen.
auf|le|gen (V.) 1. darauf legen; den Teller auffüllen; 2. veröffentlichen; herausbringen; herausgeben; verlegen; 3. abhängen; einhängen; den Hörer auf die Gabel legen. Aufleger.
auf|leh|nen (V., refl.) 1. sich entgegenstellen; aufbegehren; widersetzen; weigern; 2. anlehnen; aufstützen.
Auf|leh|nung (die, -, kein Plural) Aufruhr; Abwehr.
auf|le|sen (V., las auf, hat aufgelesen) sammeln; aufheben; finden.
auf|leuch|ten (V., leuchtete auf, hat aufgeleuchtet) blinken.
auf|lich|ten (V.) auflockern; erhellen.
auf|lie|gen (V., lag auf, hat aufgelegen) auf etwas liegen; zur Ansicht ausliegen; sich wund liegen.
auf|lis|ten (V.) aufzählen. Auflistung.
auf|lo|ckern (V.) lockern; freundlicher gestalten. Auflockerung.
auf|lö|sen (V.) lösen; klären. Wird das reflexive Verb »sich auflösen in« in der Bedeutung von zergehen, sich verteilen gebraucht, schließt man einen Dativ an. Wird das Verb »sich auflösen in« in der Bedeutung in etwas übergehen, sich verwandeln gebraucht, schließt man einen Akkusativ an. Auflösung; Auflösungserscheinung; Auflösbarkeit; auflösbar.

auf|ma|chen (V.) 1. eröffnen; öffnen; 2. ausschmücken; ausstatten; 3. sich auf den Weg machen. Aufmachung; Aufmacher.
Auf|marsch (der, -es, -mär|sche) Festzug; Aufstellung; Demonstration. Aufmarschplatz; aufmarschieren.
auf|mei|ßeln (V.) aufschlagen.
auf|mer|ken (V.) Acht geben.
auf|merk|sam (Adj.) achtsam; mit Bedacht; beflissen; gespannt; hellhörig; intensiv; interessiert; konzentriert; wachsam.
Auf|merk|sam|keit (die, -, -en) 1. Achtsamkeit; Anspannung; Bedacht; Beflissenheit; Hellhörigkeit; Hingabe; Konzentration; Umsicht; 2. Höflichkeit; 3. Rücksicht; 4. kleines Geschenk.
auf|mö|beln (V.) (ugs.) erneuern; aufmuntern. jemanden aufmöbeln (jemanden begeistern, aufmuntern).
auf|mot|zen (V.) (ugs.) zurechtmachen.
auf|mu|cken (V.) aufbegehren; sich auflehnen.
auf|mun|tern (V.) aufheitern; ermuntern. ich muntere auf. aktivieren; Mut machen. Aufmunterung.
auf|müp|fig (Adj.) trotzig. Aufmüpfigkeit.
Auf|nah|me (die, -, -n) 1. Lichtbild; Schnappschuss; Momentaufnahme; Bild; Fotografie; 2. Aufzeichnung; Bandaufnahme; Mitschnitt; Tonaufnahme; 3. Beginn; 4. Rezeption; 5. Eintragung; Immatrikulation; Eingliederung; Einbürgerung; Zulassung; 6. Empfang; Unterkunft. In der Standardsprache werden Komposita mit dem determinierenden Substantiv »Aufnahme« ohne Fugen-s gebildet; in Österreich ist die Bildung mit Fugen-s gebräuchlich. Aufnahmeleiter, Aufnahmeprüfung, aufnahmefähig, aufnahmebereit etc. Aufnahmsleiter, Aufnahmsprüfung, aufnahmsfähig, aufnahmsbereit etc. (österr.).
Auf|nah|me|fä|hig|keit (die, -, kein Plural) Fassungsvermögen.
Auf|nah|me|lei|ter (der, -s, -) Regisseur.
Auf|nah|me|tech|nik (die, -, -en) Verfahren zur Bild- und/oder Tonaufzeichnung.
auf|neh|men (V. nahm auf, hat aufgenommen) 1. annehmen; zulassen; einreihen; einschreiben; einbürgern; immatrikulieren; integrieren; 2. Aufnahme gewähren; beherbergen; einquartieren; 3. aufgreifen; aufwerfen; zur Sprache bringen; fortsetzen; 4. aufzeichnen; niederschreiben; notieren; mitschneiden; 5. hineingehen in; hineinpassen; Platz haben; 6. aufsaugen; 7. hören; 8. erfassen; 9. heben. es mit jmdm. aufnehmen (sich dem Gegner gewachsen fühlen). Nach »jemanden/etwas aufnehmen in, unter, auf« kann sowohl der Dativ als auch der Akkusativ folgen. Ist die Vorstellung der Verbindung des Aufgenommenen mit dem Aufnehmenden nicht sehr eng, steht der Dativ (wo?); wird die Verbindung als eine sehr innige vorgestellt, steht der Akkusativ (wohin?). Der Akkusativ steht bei: Durch die Adoption nahmen sie das Waisenkind in ihre Familie auf. Stephan I. wurde 1083 unter die Heiligen aufgenommen. Der Dativ steht bei: Sie nahmen das Kind der Nachbarn für zwei Wochen in ihrer Familie auf.
Auf|neh|mer (der, -s, kein Plural) Lappen.
auf|nö|ti|gen (V.) aufdrängen, aufzwingen.
auf|ok|t|ro|y|ie|ren (V., oktroyierte auf, hat aufoktroyiert) (frz.) aufzwingen. Obwohl das Verb »oktroyieren« aufdrängen bedeutet, wird es, zur Verdeutlichung, mit dem deutschen Verbzusatz »auf« gebraucht. Diese Verdoppelung ist eigentlich überflüssig.
auf|op|fern (V., refl.) sich hingeben. Aufopferung; aufopfernd; aufopferungsvoll.
auf|pa|cken (V.) beladen.
auf|päp|peln (V.) pflegen; aufziehen.
auf|pas|sen (V.) aufmerken; achtgeben; beaufsichtigen; sich hüten. aufpassen wie ein Schießhund (genau aufpassen). Aufpasser.
auf|peit|schen (V.) erregen; aufwühlen.
auf|pep|pen (V.) auffrischen.
auf|plus|tern (V., refl.) (bildl.) angeben; sich aufplustern (sich erregen und seinem Ärger durch Schimpfen Luft machen); vor Wut platzen. (Das Bild des Aufplusterns stammt aus der Tierwelt, ein erregter Vogel plustert sich auf.).
auf|po|lie|ren erneuern; verschönern.
auf|pral|len (V., prallte auf, ist aufgeprallt) aufschlagen. Dem Verb aufprallen mit der Präposition »auf« folgt entweder ein Dativ oder ein Akkusativ. Ist die Vorstellung des Ortes dominant (wo?), steht der Dativ; ist die Richtungsangabe vorherrschend (wohin?), steht der Akkusativ.
Auf|prall (der, -s, -e) Aufschlag. Aufprallgeschwindigkeit. Auf das Substantiv Aufprall mit der Präposition »auf« folgt entweder ein Dativ oder ein Akkusativ. Die Maschine explodierte beim Aufprall auf dem/den Boden.
Auf|preis (der, -es, -e) Mehrpreis; Aufschlag.
auf|pum|pen (V.) Luft hineinblasen.
auf|put|schen (V.; V., refl.) 1. aufhetzen; 2. anregen; sich stärken. Aufputschmittel.
auf|put|zen (V.; V., refl.) 1. säubern; etwas schmücken; 2. sich auftakeln; herausputzen; schmücken.
auf|quel|len (V.) anschwellen.
auf|raf|fen (V.; V., refl.) 1. aufheben; 2. sich zusammenreißen; sich aufrappeln; sich aufschwingen; zu einem Entschluss kommen; sich entschließen.
auf|ra|gen (V.) emporragen.
auf|ra|gend (Adj.) hoch; steil.
auf|rap|peln (V., refl.) sich aufraffen; (ugs.) sich zusammenreißen.
auf|rau|en (V.) rau machen.
auf|räu|men (V.) wegräumen; ordnen; beenden. Aufräumung; Aufräumungsarbeiten.
auf|rech|nen (V.) verrechnen; addieren; anrechnen. Aufrechnung.
auf|recht (Adj.) gerade; aufrichtig. *Getrenntschreibung:* aufrecht halten, sitzen, stehen, stellen (aufgerichtet, gerade, nicht krumm); sie kann sich nicht aufrecht halten; aufrecht gehalten; aufrecht zu halten. *Aber:* Zusammenschreibung, wenn »aufrecht« Verbzusatz (in der Bedeutung: bestehen lassen) ist! die Meinung/Freundschaft aufrechterhalten. Aufrechterhaltung.
auf|re|gen (V.) erregen; ärgern; aufbringen; aufwühlen; aufreizen; aufrühren; hochbringen; das Blut in Wallung bringen; aus dem Häuschen bringen; auf die Nerven gehen. Aufregung.
auf|re|gend (Adj.) erregend; spannend.
auf|rei|ben (V., rieb auf, hat aufgerieben) wund reiben; abmühen; sich anstrengen. Adjektiv: aufreibend.

auf|rei|hen (V.) aneinanderreihen; auffädeln; in einer Reihe aufstellen; hintereinander stellen.

auf|rei|ßen (V., riss auf, hat aufgerissen) 1. öffnen; 2. zeichnen einer Skizze; 3. (ugs.) anmachen; eine Eroberung machen. Aufriss.

auf|rei|zend (Adj.) erregend; aufdringlich; berauschend; herausfordernd. Verb: aufreizen.

auf|rich|ten (V.) 1. errichten; hochziehen; 2. ermuntern; sich aufrappeln; sich erheben; aufbauen; 3. sich aufrichten; sich aufrecht hinsetzen; sich emporrichten.

Auf|rich|tung (die, -, kein Plural) Errichtung; Trost.

auf|rich|tig (Adj.) ehrlich; offen.

Auf|rich|tig|keit (die, -, -en) Ehrlichkeit; Offenheit.

auf|rol|len (V.) 1. aufwickeln; aufdrehen; aufhaspeln; aufspulen; einrollen; wickeln; zusammenrollen; 2. aufdecken; 3. auseinanderrollen; 4. umkrempeln. Aufrollung.

auf|rü|cken (V., ist) nachrücken; aufschließen; zusammenrücken.

Auf|ruf (der, -s, -e) Appell; Ruf.

auf|ru|fen (V.) 1. appellieren; 2. drannehmen; das Wort erteilen.

Auf|ruhr (der, -s, -e) Aufstand; Auflehnung; Demonstration; Meuterei; Krawall; Rebellion; Revolte; Unruhe; Wirren.

Auf|rüh|rer (der, -, -) Anarchist; Aufständischer; Meuterer; Revolutionär; Revoluzzer; Umstürzler.

auf|rüh|re|risch (Adj.) aufsässig; aufständisch; rebellisch; renitent; trotzig; umstürzlerisch. aufrühren.

auf|rüs|ten (V.) die Rüstung verstärken. Aufrüstung; Aufrüstungsmaßnahmen.

auf|rüt|teln (V.) 1. ermuntern; 2. wach rütteln; aus dem Schlaf rütteln; mahnen; wachrufen; zur Besinnung rufen; zur Vernunft bringen; zur Einsicht bringen. Aufrütt(e)lung.

aufs (Präp. mit Artikel) auf das. *Beachte*: Nie mit Apostroph! aufs Neue; aufs Beste warten, *aber:* aufs Beste (*auch:* beste) bewirtet werden. aufs Eindringlichste; aufs Äußerste. Aufs Geratewohl.

auf|sa|gen (V.) kündigen; hersagen.

auf|säs|sig (Adj.) trotzig; aufmüpfig. Aufsässigkeit.

Auf|satz (der, -es, -sät|ze) Erhöhung; Artikel; Beitrag. Aufsatzthema.

auf|sau|gen (V., saugte/sog auf; hat aufgesaugt/aufgesogen) absorbieren; erschöpfen.

auf|schau|en (V., schaute auf, hat aufgeschaut) aufblicken; verehren.

auf|schäu|men (V., schäumte auf, hat aufgeschäumt) sprudeln.

auf|scheu|chen (V.) verjagen; stören.

auf|scheu|ern (V., V., refl.) aufreiben.

auf|schich|ten (V.) stapeln. Aufschichtung.

auf|schie|ben (V., schob auf, hat aufgeschoben) hinausschieben; vertagen. Aufschiebung.

Auf|schlag (der, -s, -schlä|ge) 1. Aufpreis; Zuschlag; Aufgeld; Agio; Gebühr; Kostensteigerung; 2. Aufprall; Zusammenstoß; 3. Ärmelaufschlag; Krempe; Umschlag; 4. im Tennis das Aufschlagen. Aufschläger; Aufschlagfehler.

auf|schla|gen (V., schlug auf, hat/ist aufgeschlagen) 1. aufprallen. Dem Verb aufschlagen mit der Präposition »auf« folgt entweder ein Dativ oder ein Akkusativ. Ist die Vorstellung des Ortes dominant (wo?), steht der Dativ, ist die Richtungsangabe vorherrschend (wohin?), steht der Akkusativ. Das Schwert schlägt auf dem Schild auf. Das Schwert schlägt auf den Schild auf; 2. Preis erhöhen, teurer werden.

auf|schlie|ßen (V., schloss auf, hat aufgeschlossen) 1. öffnen; aufmachen; aufsperren; 2. aufrücken; aufholen; dicht auffahren; nachrücken; 3. erschließen. Aufschließung.

Auf|schluss (der, -schlus|ses, -schlüs|se) Auskunft; Erklärung. Adjektiv: aufschlussreich.

auf|schlüs|seln (V.) aufteilen. Aufschlüsselung; Aufschlüsslung.

auf|schnei|den (V., schnitt auf, hat aufgeschnitten) 1. öffnen; 2. zerschneiden; 3. prahlen. jmd. schneidet auf (jmd. prahlt mit seinen Taten). Aufschneiderei; aufschneiderisch.

Auf|schnei|der (der, -s, -) Angeber; Prahlhans.

Auf|schnitt (der, -s, kein Plural) verschiedene Käse- oder Wurstsorten gemischt.

auf|schre|cken (V., schrak/schreckte auf, ist/hat aufgeschreckt) erschrecken. Beim transitiven Gebrauch bildet das Verb die Konjugationsformen schreckte auf, hat aufgeschreckt. Der Lärm schreckte den Gegner auf.

Auf|schrei (der, -s, -e) Schrei. Verb: aufschreien.

auf|schrei|ben (V., schrieb auf, hat aufgeschrieben) schreiben; verzeichnen; Buch führen; festhalten; niederschreiben; notieren; zu Papier bringen.

Auf|schrift (die, -, -en) Beschriftung; Etikett, Adresse.

Auf|schub (der, -s, -schü|be) Frist; Bedenkzeit; Bewährungsfrist; Fristverlängerung; Galgenfrist; Gnadenfrist; Schonzeit; Verzögerung. Verb: aufschieben.

auf|schüt|ten (V.) auffüllen; anhäufen; aufschichten. Aufschüttung.

auf|schwat|zen (V.) (ugs.) andrehen; aufdrängen.

auf|schwel|len (V., schwoll/schwellte auf, ist aufgeschwollen/hat aufgeschwellt) dicker werden; aufblähen. Aufschwellung.

auf|schwin|gen (V., refl.) sich hochziehen; sich aufraffen.

Auf|schwung (der, -s, -schwün|ge) Hochkonjunktur; Auftrieb; Aufwärtsentwicklung; Aufwärtsbewegung; Boom; Wirtschaftsaufschwung.

auf|se|hen (V. sah auf, hat aufgesehen) aufblicken.

Auf|se|hen (das, -s, kein Plural) 1. Aufblicken; 2. Aufmerksamkeit; Eklat; Furore; Skandal; Stadtgespräch. Aufsehen erregen; aufsehenerregend (*auch:* Aufsehen erregend).

Auf|se|her (der, -s, -) 1. Verwalter; 2. Wärter.

auf sein (V., war auf, ist auf gewesen) offen sein; wach sein; aufgestanden sein. Die Kleine wollte noch auf sein, aber sie ist gestern schon zu lange auf gewesen.

auf|sei|ten (*auch:* auf Seiten) (Präp., Gen.) auf der Seite. Aufseiten der Opposition herrschte Uneinigkeit.

auf|set|zen (V.) 1. anbringen; auf den Kopf setzen; 2. entwerfen; 3. landen; 4. auf den Herd stellen; 5. sich aufsetzen; sich aufrichten.

Auf|sicht (die, -, -en) Beaufsichtigung; Überwachung; Beobachtung; Bewachung; Kontrolle. Mit der Präposition »über«: Er führte die Aufsicht über die

Schicht. Aufsichtspflicht; Aufsicht führend (*auch:* aufsichtführend); der Aufsichtführende (*auch:* Aufsicht Führende); aufsichtslos.

Auf|sichts|be|am|ter (der Aufsichtsbeamte, -n, -n) Kontrolleur.

Auf|sichts|rat (der, -s, -rä|te) gesetzlich vorgeschriebenes, von der Hauptversammlung gewähltes Kontrollorgan der Aktiengesellschaft und der Genossenschaft, bestellt den Vorstand, überwacht die Geschäftsführung, prüft Jahresabschluss und Geschäftsbericht, hat mindestens drei Mitglieder.

auf|sit|zen (V., saß auf, hat aufgesessen) besteigen. Du hast mich ganz schön aufsitzen lassen (im Stich gelassen). Ich bin ihm aufgesessen (auf ihn hereingefallen). Aufsitzer.

auf|spal|ten (V.) zerteilen. Aufspaltung.

auf|spa|ren (V.) reservieren; aufheben. Aufsparung.

auf|spei|chern (V.) aufstauen; lagern.

auf|sper|ren (V.) aufschließen.

auf|spie|len (V., refl.) angeben; aufschneiden; sich produzieren; sich in den Vordergrund spielen; sich wichtigmachen. Nach den Wendungen »sich aufspielen als« oder »sich aufspielen wie« steht das folgende Substantiv in der Regel im Nominativ, da es sich auf das Subjekt bezieht. Der Gebrauch des Akkusativs ist veraltet. Er spielte sich als oder wie ein weiser Guru auf. (*Veraltet:* Er spielte sich als oder wie einen weisen Guru auf.).

auf|spie|ßen (V.) durchbohren.

auf|split|tern (V.; V., ist) sich in Teile auflösen. Aufsplitterung.

auf|spray|en (V.) aufsprühen.

auf|spren|gen (V.) aufbrechen.

auf|sprin|gen (V., sprang auf, ist aufgesprungen) 1. hochspringen; 2. aufkommen; 3. sich öffnen; 4. platzen. Aufsprung.

auf|spü|ren (V.) ausfindig machen; auftun; ausforschen; ausmachen; aufstöbern; auftreiben; entdecken; finden; stoßen auf. Aufspürung.

auf|sta|cheln (V.) aufhetzen; anstiften. Aufstach(e)lung.

Auf|stand (der, -s, -stän|de) Auflehnung; Erhebung; Revolte; Rebellion; Meuterei; Verschwörung.

auf|stän|disch (Adj.) aufrührerisch; rebellisch.

Auf|stän|di|sche (die Aufständischen, der Aufstandischen) Aufrührer.

auf|sta|peln (V.) aufeinanderlegen; aufschichten.

auf|stau|en (V.) ansammeln; anstauen; aufspeichern; speichern; stauen; zurückhalten. Aufstau.

auf|ste|cken (V.) befestigen; (ugs.) aufgeben.

auf|ste|hen (V., stand auf, ist aufgestanden) sich erheben. Da musst du früher aufstehen. (Damit kommst du zu spät.).

auf|stei|gen (V., stieg auf, ist aufgestiegen) 1. ansteigen; hochsteigen; besteigen; emporsteigen; Erfolg haben; erklettern; erklimmen; hinansteigen; 2. emporkommen; befördert werden; Karriere machen; sich verbessern; 3. auffliegen; aufflattern; hochfliegen.

Auf|stei|ger (der, -s, -) Emporkömmling.

auf|stel|len (V.) 1. aufbauen; aufpflanzen; aufrichten; in Stellung bringen; 2. Aufstellung machen; Bilanz ziehen; Schlussabrechnung machen; zusammenstellen; aufzählen; 3. auf die Wahlliste setzen; nominieren; als Kandidaten vorstellen; 4. montieren; 5. sich aufstellen; antreten.

Auf|stel|lung (die, -, -en) 1. Platzierung; Anordnung; Aufbau; Positionierung; Postierung; Stationierung; 2. Berufung; Einberufung; Nominierung; 3. Aufmarsch; Marschordnung; Schlachtordnung; 4. Tabelle; Zusammenstellung; Bilanz; Rechnung; Schlussabrechnung; Statistik; Verzeichnis; 5. Bau.

Auf|stieg (der, -s, -e) 1. Anstieg; Aufgang; Besteigung; Bezwingung; Ersteigung; 2. Aufschwung; 3. Karriere. Aufstiegsmöglichkeit; aufsteigen.

auf|stö|bern (V.) ausfindig machen; aufscheuchen; aufspüren.

auf|sto|cken (V.) erhöhen. Aufstockung.

auf|stö|ren (V.) aufschrecken.

auf|sto|ßen (V., stieß auf, ist/hat aufgestoßen) aufmachen; rülpsen. Die Sache stößt mir auf (gefällt mir nicht).

auf|stre|ben (V., ist) aufsteigen. Adjektiv: aufstrebend.

Auf|strich (der, -s, -e) Belag. Brotaufstrich. Verb: aufstreichen.

auf|stu|fen (V.) höherstufen. Aufstufung.

auf|stüt|zen (V., stützte auf, hat aufgestützt.) abstützen. Nach der Wendung »sich aufstützen auf« folgt heute in der Regel ein Akkusativ. Der Gebrauch des Dativs ist selten. Er stützte die Arme auf dem Tresen auf) (*selten:* Er stützte die Arme auf den Tresen auf).

auf|su|chen (V.) besuchen.

auf|sum|mie|ren (V.) addieren oder subtrahieren (EDV).

auf|ta|keln (V., refl.) (ugs.) sich aufputzen, sich übermäßig herausputzen. (Takel heißt im Niederdeutschen das Tau zum Hissen am Schiffsmast. Auftakeln heißt, ein Schiff mit Takelwerk versehen.).

Auf|takt (der, -s, -e) 1. Beginn; 2. unbetonte Silbe am Versanfang; 3. leichter Taktteil am Anfang eines Musikstücks oder Motivs.

auf|tau|chen (V., ist) erscheinen.

auf|tau|en (V.) schmelzen (Eis); wärmer werden.

auf|tei|len (V.) verteilen. Aufteilung.

auf|ti|schen (V.) bewirten.

Auf|trag (der, -s, -trä|ge) Befehl; Bestellung; vertragliche Verpflichtung des Beauftragten zur Besorgung eines Geschäfts. in Auftrag geben; auftragsgemäß.

auf|tra|gen (V.) 1. anordnen; Auftrag erteilen; beauftragen; 2. aufbringen; aufschmieren; aufstreichen; 3. auftischen. Auftragsformular; Auftragsrückgang.

Auf|trag|ge|ber (der, -s, -) Käufer; Kommittent; Besteller; Klient; Kunde; Mandant.

Auf|trags|la|ge (die, -, kein Plural) Auftragsbestand.

auf|tref|fen (V., traf auf, ist aufgetroffen) aufschlagen. *Beachte:* Nach »auftreffen« steht immer der Akkusativ (nie der Dativ)! Hagelkörner trafen auf das Dach auf.

auf|trei|ben (V., trieb auf, hat aufgetrieben) 1. finden; beschaffen; 2. sich blähen.

auf|tren|nen (V., trennte auf, hat aufgetrennt) aufdröseln; trennen.

auf|tre|ten (V., trat auf, ist aufgetreten) 1. Theater spielen; auf der Bühne erscheinen; 2. sich geben; sich benehmen; 3. den Fuß aufsetzen; 4. vorkommen. Auftritt; Auftreten.

Aufˈtrieb (der, -s, -e) 1. Ermunterung; Anreiz; Aufschwung; 2. Hinauftreiben; Almauftrieb; 3. statischer Auftrieb (nach dem Archimedischen Prinzip erfährt ein Körper in einer Flüssigkeit oder Gas eine Auftriebskraft gleich dem Gewicht der von ihm verdrängten Flüssigkeit oder Gas.). Auftriebskraft.

aufˈtrumpˈfen (V.) überlegen sein.

aufˈtun (V., refl., tat auf, hat aufgetan) sich eröffnen.

aufˈtürˈmen (V.) stapeln; aufhäufen; aufschichten.

auf und ab auf und ab rennen (ohne bestimmtes Ziel). *Aber:* auf- und abspringen (aufspringen und abspringen). *Beachte:* ein ewiges Auf und Ab; das Auf-und-ab-Gehen; das Auf- und Absteigen.

aufˈwaˈchen (V.) erwachen; wach werden; aufstehen; aus dem Schlaf auffahren; die Augen aufschlagen; das Bewusstsein wiedererlangen.

aufˈwachˈsen (V., wuchs auf, ist aufgewachsen) heranwachsen.

aufˈwalˈlen (V.) brodeln; kochen.

Aufˈwalˈlung (die, -, -en) Ausbruch.

Aufˈwand (der, -s, kein Plural) Einsatz; Ausgaben; Aufwendungen; Güter und Leistungen, die in der betriebswirtschaftlichen Gewinn- und Verlustrechnung nicht einzeln erfasst werden können: Löhne, soziale Abgaben, Zinsen, Steuern, Abschreibungen, Spesen. aufwenden. aufwendig (*auch:* aufwändig).

Aufˈwandsˈentˈschäˈdiˈgung (die, -, -en) Vergütung für die im Dienst angefallenen Ausgaben (Spesen, Reisekosten).

aufˈwärˈmen (V.) 1. aufbacken; aufbraten; etwas wärmen; warm machen; erhitzen; heiß machen; 2. sich aufwärmen; sich durchwärmen; sich wärmen.

Aufˈwarˈteˈfrau (die, -, -en) Putzfrau; Haushaltshilfe.

aufˈwarˈten (V.) anbieten; bedienen.

aufˈwärts (Adv.) nach oben. auf- und abwärts. *Beachte:* Wir sind drei Stunden nur aufwärtsgegangen. *Aber:* Wir wollten aufwärts gehen, nicht fahren

Aufˈwärtsˈtrend (der, -s, kein Plural) Aufwärtsentwicklung.

Aufˈwarˈtung (die, -, -en) 1. Ehrbezeugung; Höflichkeitsbesuch; Reverenz; Besuch; 2. Putzfrau; 3. Bedienung; 4. Aufwartung machen; besuchen.

aufˈwärˈmen (V.) alten Kohl aufwärmen (eine alte Geschichte aufwärmen, ins Gedächtnis rufen).

Aufˈwasch (der, -s, kein Plural) Abwasch.

aufˈwaˈschen (V. wusch auf, hat aufgewaschen) das ist ein Aufwaschen (das kann in einem Arbeitsgang gemacht werden); zwei Fliegen mit einer Klappe schlagen.

aufˈweˈcken (V.) wecken.

aufˈweiˈsen (V., wies auf, hat aufgewiesen) zeigen; erkennen lassen; bekunden. Aufweis.

aufˈwenˈden (V., wendete/wandte auf, hat aufgewendet/aufgewandt) aufbringen; aufbrauchen. Dieses Verb hat in der Vergangenheit die Formen wendete auf, wandte auf; das 2. Partizip lautet aufgewendet oder aufgewandt. Aufwendung.

aufˈwenˈdig (*auch:* aufˈwänˈdig) (Adj.) prunkvoll; teuer.

Aufˈwenˈdung (die, -, -en) Aufwand; Ausgaben; Kosten; Unkosten.

aufˈwerˈfen (V., warf auf, hat aufgeworfen) vorlegen; sich erheben. Diesem reflexiven Verb folgt die Präposition »zu«. Er warf sich zum Diktator des Landes auf.

aufˈwerˈten (V.) erhöhen. Aufwertung.

aufˈwiˈckeln (V.) aufrollen. Aufwick(e)lung.

Aufˈwiegˈler (der, -s, kein Plural) Anstifter; Aufrührer.

Aufˈwind (der, -s, -e) aufsteigende Luft; Auftrieb.

aufwühˈlen (V.) aufregen; erregen; erschüttern.

aufˈzähˈlen (V.) anführen; angeben; abzählen; durchzählen.

Aufˈzahˈlung (die, -, -en) Preisaufschlag.

Aufˈzähˈlung (die, -, -en) Aneinanderreihung. *Beachte:* Aufzählungen werden durch Komma getrennt, wenn sie nicht durch »und«, »oder«, »sowie« verbunden sind!

aufˈzehˈren (V.) schwächen; verbrauchen.

aufˈzeichˈnen (V.) aufnehmen; notieren; aufschreiben; erfassen.

Aufˈzeichˈnung (die, -, -en) 1. Notiz; Mitschrift; Skript; Abfassung; Entwurf; Exzerpt; Konzept; 2. Aufnahme.

aufˈzeiˈgen (V.) 1. zeigen; 2. sich melden.

aufˈzieˈhen (V., zog auf, hat aufgezogen) 1. erziehen; 2. hegen; 3. necken; seinen Spott mit jmdm. treiben.

Aufˈzucht (die, -, kein Plural) Zucht; Erziehung.

Aufˈzug (der, -s, -züˈge) 1. Fahrstuhl; Lift; Personenaufzug; Paternoster; Hebewerk; Flaschenzug; 2. Festzug; 3. Akt im Drama; 4. Aufmachung. Aufzug(s)schacht.

aufˈzwinˈgen (V. zwang auf, hat aufgezwungen) mit Gewalt aufdrängen; aufnötigen; bestimmen; diktieren; durchdrücken.

Augˈapˈfel (der, -s, -äpˈfel) Auge. jemanden wie seinen Augapfel hüten (jemanden mit großer Vorsicht behandeln, jmdm. einen besonderen Schutz angedeihen lassen).

Auˈge (das, -s, -n) Sehorgan. Augenlid.

äuˈgen (V.) schauen. Adjektiv: blau äugig.

Auˈgenˈbank (die, -, -en) Zentralstelle einer Universitätsklinik, die lebendes Augengewebe (bes. Hornhaut) für Transplantationen konserviert.

Auˈgenˈblick (der, -s, -e) 1. Moment; Länge eines Gedankens; Minute; Nu; Sekunde; Weilchen; Weile; 2. Zeitpunkt; 3. Gegenwart.

auˈgenˈblickˈlich (Adj.) jetzt; aktuell; jeweilig.

Auˈgenˈdeˈckel (der, -s, -) Augenlid.

Auˈgenˈdiˈaˈgnoˈse (die, -, -en) Erkennen von Organerkrankungen aus der Beschaffenheit der Regenbogenhaut (Iris), wissenschaftlich umstritten.

auˈgenˈfälˈlig (Adj.) anschaulich; offensichtlich.

Auˈgen-Make-up (das, -, kein Plural) Eyeliner, Lidschatten, Wimperntusche zum Schminken.

Auˈgenˈmaß (das, -ßes, kein Plural) die Fähigkeit, etwas richtig einschätzen zu können und überlegt zu handeln.

auˈgenˈscheinˈlich (Adj.) anscheinend; offensichtlich.

Au|gen|wei|de (die, -, kein Plural) schön zum Anschauen; Genuss.
Au|gen|wi|sche|rei (die, -, -en) Illusion; Heuchelei; Täuschung.
Au|gen|zeu|ge (der, -n, -n) Zeuge; Zuschauer.
au|gen|zwin|kernd (Adj.) schelmisch.
Au|gi|as|stall (der, -s, -stäl|le) (gr.-lat.) in der griechischen Mythologie die verwahrlosten Viehställe des Königs Augias von Elis. Herakles lenkte den Fluss Alphios durch die Ställe und säuberte sie an einem Tag. Misswirtschaft; Unordnung. einen Augiasstall reinigen (bildl.) (großen Dreck wegräumen, eine unangenehme Arbeit verrichten, Missstände beseitigen).
Au|gur (der, -en/-s, -en) (lat.) altrömischer Priester und Wahrsager; erkannte den Willen der Götter aus dem Vogelflug.
Au|gu|ren|lä|cheln (das, -s, kein Plural) Lächeln der Auguren.
Au|gust (der, -s, -e) (lat.) 1. achter Monat; 2. männl. Vorname. der dumme August.
Auk|ti|on (die, -, -ti|o|nen) (lat.) Versteigerung. Auktionator; auktionieren.
Au|la (die, -, -len/-s) (lat.) 1. Innenhof der antiken griechischen Hausanlage; 2. Festsaal, Versammlungssaal in Schulen und Universitäten.
au pair (Adj.) (franz.) ohne Bezahlung (nur gegen Unterkunft und Verpflegung); Leistung auf Gegenseitigkeit. Au-pair-Mädchen.
Au|ra (die, -, -ren) (lat.) Ausstrahlung; nach der Vorstellung der Okkultisten u. a. ein den menschlichen Körper umgebender Lichtschein.
Au|re|o|le (die, -, -n) (lat.) 1. Heiligenschein; Nimbus; 2. kleiner Hof um Sonne oder Mond; durch Beugung der Lichtstrahlen verursacht; 3. Leuchten eines Lichtbogens oder Glimmstromes.
Au|re|us (der, -, -rei) (lat.) römische Goldmünze seit Caesar.
Au|ri|kel (die, -, -n) (lat.) gelbe Alpenprimel.
au|ri|ku|lar (Adj.) (lat.) zum Ohr gehörig.
Au|ri|pig|ment (das, -s, kein Plural) (lat.) ein Mineral; Rauschgelb.
Au|rum (das, -/-s, kein Plural) (lat.) Gold.
aus 1. (Präp., Dat.) hinaus; heraus; von. aus sich heraus; wir sind aus Bayern; aus dem Glas; aus aller Herren Länder; 2. (Adv.) vorbei; zu Ende. Es ist aus; aus und ein gehen; *aber:* aus- und eingehende Post. *Beachte:* den Ball ins Aus spielen (über die Auslinie).
aus|ar|bei|ten (V.) 1. bearbeiten; ergänzen; verfassen; aufsetzen; ausführen; ausfertigen; behandeln; darstellen; entwerfen; verbessern; schreiben; 2. sich anstrengen.
Aus|ar|bei|tung (die, -, -en) 1. Abhandlung; Artikel; Elaborat; Skript; 2. Ausführung; Bearbeitung; Herstellung.
aus|ar|ten (V.) verschlimmern; entarten; überhandnehmen. Ausartung.
aus|ba|den (V.) (ugs.) büßen; etwas ausbaden; verantworten; für ein Vergehen büßen; die Suppe auslöffeln, die man sich eingebrockt hat.
aus|ba|lan|cie|ren (V.) ausgleichen; balancieren.
Aus|bau (der, -s, -e) 1. Ausdehnung; Vergrößerung; Erweiterung; Entfaltung; Entwicklung; Festigung; Vertiefung; 2. Umbau.
aus|bau|en (V.) erweitern; ausdehnen. ausbaufähig.
aus|be|din|gen (V.) sich ausbedingen; fordern. Die unregelmäßige Konjugation dieses Verbs lautet: ausbedingen, ausbedang, ausbedungen. Sie bedang sich eine bessere Versorgung aus.
aus|bes|sern (V.) 1. instand setzen; erneuern; flicken; kitten; leimen; renovieren; restaurieren; Schäden beheben; wiederherrichten. 2. korrigieren.
Aus|bes|se|rung (die, -, -en) Reparatur. ausbesserungsbedürftig; Ausbesserungsarbeit; Ausbesserungswerk.
aus|beu|len (V.) ausdehnen; reparieren (Auto).
Aus|beu|te (die, -, -n) Gewinn; Beute; Ertrag.
aus|beu|ten (V.) 1. ausnehmen; ausnützen; ausplündern; auspressen; das Fell über die Ohren ziehen; Raubbau treiben; schröpfen; überfordern; 2. abbauen.
Aus|beu|ter (der, -s, kein Plural) (ugs.) Blutsauger; Profitmacher; Profiteur; Wucherer. Ausbeuterei.
Aus|beu|tung (die, -, -en) Ausnutzung; Ausplünderung; Raubbau; Überbeanspruchung. ausbeuterisch.
aus|be|zah|len (V.) auszahlen; bezahlen; Geld aushändigen, mit Geld abfinden. In der Bedeutung von entlohnen ist standardsprachlich nur »auszahlen« korrekt. Dies trifft auch für den – übertragenen – reflexiven Gebrauch zu. Es heißt, krumme Touren zahlen sich nicht aus.
aus|bil|den (V.) schulen.
Aus|bil|den|der (der Ausbildende, des Ausbildenden, Ausbildende) Lehrmeister; Trainer. Ausbilder.
Aus|bil|dung (die, -, kein Plural) 1. Berufsausbildung, Schulbildung; Erziehung; Lehre; Praktikum; Schulung; Unterricht; Unterweisung; 2. Entwicklung.
aus|bit|ten (V., refl., bat aus, hat ausgebeten) 1. verlangen; 2. sich ausbitten; sich etwas vorbehalten; sich etwas ausbedingen; etwas zur Bedingung machen; fordern.
aus|blei|ben (V., blieb aus, ist ausgeblieben) nicht kommen; weggehen; fehlen. *Beachte:* Wenn »ausbleiben« verneint ist, darf ein abhängiger dass-Satz nicht verneint sein!
aus|blei|chen (V., bleichte/blich aus, ist ausgebleicht/ausgeblichen) bleich machen; bleich werden; verblassen.
Aus|blick (der, -s, -bli|cke) Aussicht; Blick; Anblick; Fernsicht; Panorama; Sicht. Verb: ausblicken.
aus|boo|ten (V.) 1. (ugs.) kaltstellen; verdrängen; 2. vom Schiff ans Land bringen. Ausbootung.
aus|bor|gen (V., refl.) ausleihen.
aus|bre|chen (V., brach aus, ist ausgebrochen) 1. beginnen; zum Ausbruch kommen; aufflackern; aufflammen; auflodern; losbrechen; sich ausbreiten; 2. ausscheren; aussteigen; aus der Reihe tanzen; nicht mehr mitmachen; sich lossagen; 3. ausreißen; ausrücken; abhauen; auskneifen; ausbüxen; davonlaufen; desertieren; durchbrennen; entfliehen; entlaufen; entwischen; fliehen; sich aus dem Staube machen; sich davonmachen; türmen; weglaufen; 4. wütend werden. Ausbrecher.
aus|brei|ten (V., refl.) vergrößern; um sich greifen. Dem Verb »sich ausbreiten« mit der Präposition »über« folgt entweder ein Dativ oder ein Akkusativ. Ist die Vorstellung des Ortes dominant

(wo?), steht der Dativ; ist die Richtungsangabe vorherrschend (wohin?), steht der Akkusativ. Dichte Rauchschwaden breiteten sich über der Stadt/über die Stadt aus.

Aus|brei|tung (die, -, kein Plural) Verbreitung; Ausmaß.

Aus|bruch (der, -s, -brü|che) 1. Anfall; Aufwallung; Entladung; Erguss; Wutanfall; Wutausbruch; Zornausbruch; 2. Vulkanausbruch; Eruption; 3. Anfang (des Krieges); 4. Flucht (aus dem Gefängnis). ausbruchssicher.

aus|buch|ten (V.) sich wölben. Ausbuchtung.

aus|bud|deln (V.) (ugs.) ausgraben.

aus|bü|geln (V.) glätten; bereinigen.

Aus|bund (der, -s, kein Plural) Inbegriff. Ein Ausbund an Lächerlichkeit; ein Ausbund von etwas sein; der Inbegriff von etwas sein

aus|bür|gern (V.) die Staatsangehörigkeit aberkennen. Ausbürgerung.

Aus|dau|er (die, -, kein Plural) Durchhaltevermögen; Beharrlichkeit.

aus|dau|ernd (Adj.) beharrlich, ehrgeizig.

aus|deh|nen (V.) 1. erweitern; sich ausbreiten; aufblähen; dehnen; verbreitern; strecken; 2. in die Länge ziehen; kein Ende finden.

Aus|deh|nung (die, -, -en) 1. Ausweitung; Erweiterung; Ausbreitung; Expansion; Verbreiterung; Vergrößerung; Verlängerung; Zunahme; 2. Erstreckung.

aus|den|ken (V. refl. dachte sich aus, hat sich ausgedacht) sich ausdenken; erdenken; ausbrüten; aushecken; ausklügeln; ausknobeln; aussinnen; austüfteln.

aus|deu|ten (V.) interpretieren; auslegen. Ausdeutung.

aus|dis|ku|tie|ren (V.) völlig klären.

aus|do|cken (V.) (Schifffahrt) Schiff aus dem Dock transportieren.

aus|dör|ren (V.) austrocknen.

aus|dre|hen (V.) ausmachen.

Aus|druck (der, -s, -drü|cke) 1. Wort; Ausdrucksweise; 2. Kennzeichen; 3. Miene; 4. gedrucktes Werk; Computerausdruck (Plural: Ausdrucke). Ausdrücke gebrauchen; Schimpfwörter gebrauchen. das ist gar kein Ausdruck! (ugs.) (das ist viel zu schwach ausgedrückt); sich im Ausdruck vergreifen (unhöflich sein). Ausdruckslosigkeit; Ausdrucksweise; ausdruckslos; ausdrucksvoll.

aus|dru|cken (V.) drucken.

aus|drü|cken (V.) 1. auspressen; ausquetschen; auswinden; 2. sich äußern; Ausdruck verleihen; sagen; zum Ausdruck bringen; 3. an den Tag legen; offenbaren; zeigen; 4. drücken.

aus|drück|lich (Adj.) betont; mit Nachdruck.

Aus|drucks|kraft (die, -, kein Plural) Ausstrahlung; Wirkungsvermögen; Wirkungskraft; Wirkung.

aus|drucks|los (Adj.) ausdrucksleer; nichtssagend; ohne Ausdruck; bedeutungslos; blass; farblos.

aus|drucks|stark (Adj.) ausdrucksvoll.

Aus|drucks|wei|se (die, -, -n) Ausdrucksart; Ausdrucksform; Darstellungsweise; Diktion; Redeweise; Schreibweise; Sprachstil; Stil.

aus|dün|nen (V.) beschneiden; lichten.

aus|düns|ten (V.) Geruch abgeben.

Aus|düns|tung (die, -, -en) Schweißgeruch.

aus|ei|n|an|der (Adv.) getrennt. das Auseinandergehen. *Zusammenschreibung* mit dem Verb, wenn auseinander den Hauptakzent trägt. auseinanderfallen; sich auseinandersetzen. *Aber:* auseinander sein.

aus|ei|n|an|der|neh|men (V.) zerlegen. (ugs.) jemanden völlig auseinandernehmen; abkanzeln; tadeln; zur Rede stellen; zusammenschlagen.

Aus|ei|n|an|der|set|zung (die, -, -en) 1. Meinungsverschiedenheit; Debatte; Diskussion; Disput; Rede und Gegenrede; 2. Streit; Kampf.

aus|er|ko|ren (Adj.) auserwählt.

aus|er|le|sen (Adj.) kostbar; ausgesucht.

aus|er|se|hen (Adj.) erwählen; bestimmen.

aus|er|wäh|len (V.) aussuchen. Auserwählte; Auserwählung.

aus|er|wählt (Adj.) 1. auserlesen; erlesen; küren; exquisit; geschmackvoll; kostbar; 2. bestimmt.

Aus|fahrt (die, -, -en) Ausgang; Ausfahren. Ausfahrtstraße; Ausfahrtserlaubnis. Verb: ausfahren. Ausfahrt-, Ausfahrts-. Bei folgendem Komposita mit dem determinierenden Substantiv »Ausfahrt« ist das Fugen-s fest: Ausfahrtsschild. Bei anderen Komposita schwankt der Gebrauch des Fugen-s: Ausfahrtgleis oder Ausfahrtsgleis, Ausfahrtsignal oder Ausfahrtssignal, Ausfahrterlaubnis oder Ausfahrtserlaubnis.

aus|fal|len (V. fiel aus, ist ausgefallen) 1. abgesagt werden; nicht stattfinden; unterbleiben; 2. ausgehen; nicht zur Verfügung stehen; 3. einen Ausfall machen; ausbrechen; die Flucht nach vorn antreten.

aus|fäl|len (V.) Verfahren zur Abscheidung bestimmter Anteile einer Lösung durch chemische Umsetzung.

Aus|fall (der, -s, -fäl|le)1. Ausbleiben; Fehlen; Lücke; Mangel; 2. Beleidigung; 3. Defekt; Panne. Ausfallserscheinung.

aus|fäl|lig (Adj.) beleidigend.

Aus|fall|zeit (die, -, -en) (meist im Plural gebraucht) Zeiten, in denen eine rentenversicherungspflichtige Beschäftigung durch Arbeitsunfähigkeit oder Arbeitslosigkeit, Bezug von Schlechtwettergeld, Schwangerschaft oder Studium mindestens einen Kalendermonat unterbrochen war.

aus|fer|ti|gen (V.) ausstellen; ausarbeiten.

Aus|fer|ti|gung (die, -, -en) Ausführung; Exemplar.

aus|fin|dig (Adv.) ausfindig machen (aufstöbern). Das Ausfindigmachen seiner Adresse war schwierig.

aus|flag|gen (V.) ein Schiff in einem ausländischen Register eintragen, um Vorteile aus der Gesetzgebung dieses Staates zu ziehen.

aus|flie|gen (V.) ausschwärmen; schwärmen; sich verteilen.

aus|flie|ßen (V., floss aus, ist ausgeflossen) herausfließen; ausströmen; abfließen; auslaufen.

aus|flip|pen (V., ist) (ugs.) Nerven verlieren; begeistert sein.

Aus|flucht (die, -, -flüch|te) Vorwand.

Aus|flug (der, -s, -flü|ge) Wanderung; Vergnügungsfahrt; Ausfahrt; Exkursion; Reise; Spritztour. Ausflügler; Ausflugsverkehr.

aus|for|mu|lie|ren (V.) deutlich und genau ausarbeiten. Ausformulierung.

aus|fra|gen (V.) fragen; aushorchen.

aus|fran|sen (V., ist) sich auflösen.

aus|fres|sen (V.) (ugs.) etwas ausgefressen haben; etwas Verbotenes getan haben; etwas verbockt haben.
Aus|fuhr (die, -, -en) Export. Ausfuhrbeschränkung; Ausfuhrverbot.
aus|füh|ren (V.) 1. erledigen; 2. spazieren führen; 3. exportieren; 4. vollenden. Die beiden Verben »ausführen« und »durchführen« können oft füreinander stehen. In der Bedeutung von etwas erledigen, realisieren betont das Verb »ausführen« eher das Erreichen des angestrebten Zustandes oder Ergebnisses. Dagegen dominiert im Verb »durchführen« eher das Ordnende, Koordinierende einer notwendigen Tätigkeit, die etwas realisieren soll. Diese komplizierte Operation konnte nur in einer Spezialklinik ausgeführt/durchgeführt werden. Nur »ausführen« (nicht »durchführen«) kann man einen Beschluss, einen Befehl, einen Auftrag etc. Ausführlichkeit; ausführbar.
aus|führ|lich (Adj.) ausholend; eingehend; weitschweifig; breit; lang und breit; des Langen und des Breiten; in extenso; extensiv; langatmig; wortreich.
Aus|fuhr|prä|mie (die, -, -n) staatlicher Zuschuss bzw. Vergütung zur Förderung der Ausfuhr; Zoll- und Steuererleichterungen.
Aus|füh|rungs|be|stim|mung (die, -, -en) gesetzliche Richtlinie zur Durchführung von Gesetzen; Erläuterung; Kommentar; Maßnahme; Merkblatt; Richtschnur; Vorkehrung; Wegweiser.
Ausg. (Abk.) **Ausg**abe.
Aus|ga|be (die, -, -n) 1. Edition; Druck; Herausgabe; 2. Aufwendung; Kosten; Unkosten; 3. Aushändigung; Vergabe. Ausgabenpolitik; Ausgabetermin.
aus|ge|ben (V., gab aus, hat ausgegeben) 1. austeilen; übergeben; vergeben; 2. vergeuden; (ugs.) unter die Leute bringen.
Aus|gang (der, -s, -gän|ge) 1. Pforte; Portal; Tür; 2. Ende; 3. Ergebnis. Ausgangspunkt. *Beachte:* »ausgangs« (Präposition) mit Genitiv! Wir standen ausgangs der Kurve.
Aus|gangs|ba|sis (die, -, kein Plural) Grundlage.
Aus|gangs|la|ge (die, -, -n) Situation.
Aus|gangs|sper|re (die, -, -n) Maßnahme im staatlichen Ausnahmezustand.
aus|ge|ben (V., gab aus, hat ausgegeben) 1. aufwenden; bezahlen; in Umlauf bringen; verbrauchen; 2. spendieren; 3. sich anstrengen.
aus|ge|bucht (Adj.) voll besetzt.
aus|ge|bufft (Adj.) (ugs.) raffiniert.
Aus|ge|burt (die, -, -en) 1. Ausbund; 2. Einbildung.
aus|ge|dehnt (Adj.) geräumig; weit; weitläufig.
aus|ge|dient alt; unbrauchbar; abgenutzt.
aus|ge|fal|len (Adj.) ungewöhnlich.
aus|ge|flippt (Adj.) nicht bürgerlich; auffallend.
aus|ge|franst (Adj.) fransig; schäbig.
aus|ge|gli|chen (Adj.) harmonisch; gleichmäßig; quitt (ugs.); ruhig.
Aus|ge|gli|chen|heit (die, -, kein Plural) Gelassenheit.
aus|ge|hen (V.) 1. weggehen; essen gehen; jemanden ausführen; sich vergnügen; tanzen gehen; 2. zur Neige gehen; schwinden; abnehmen; mangeln; sich erschöpfen; 3. abbrechen; ausfallen; 4. abfärben; Farbe verlieren; verblassen; 5. erlöschen; 6. ausgehen auf (abzielen); 7. ausgehen von (annehmen; entstehen); 8. ausgehen wie das Hornberger Schießen (ugs.) (ohne Ergebnis enden).
aus|ge|hun|gert (Adj.) sehr hungrig.
aus|ge|klü|gelt (Adj.) spitzfindig; durchdacht.
aus|ge|kocht (Adj.) (ugs.) raffiniert.
aus|ge|las|sen (Adj.) fröhlich; übermütig.
Aus|ge|las|sen|heit (die, -, kein Plural) Übermut.
aus|ge|laugt (Adj.) erschöpft; (ugs.) restlos fertig.
aus|ge|lernt Part. Perf. von auslernen. Dieses Partizip kann auch beifügend verwendet werden. ein ausgelernter Koch.
aus|ge|macht (Adj.) verabredet; abgemacht; abgekartet; beschlossen; riesig. ein ausgemachter Schwachsinn.
aus|ge|mer|gelt (Adj.) mager; klapperdürr.
aus|ge|nom|men (Konj.) außer; abzüglich. Ihr bleibt alle noch eine Stunde da, ausgenommen du (auch ..., du ausgenommen). *Beachte:* ausgenommen(,) dass; ausgenommen(,) wenn.
aus|ge|po|wert (Adj.) erschöpft.
aus|ge|prägt (Adj.) markant. Ausgeprägtheit.
aus|ge|pumpt (Adj.) (ugs.) völlig erschöpft.
aus|ge|rech|net (Adv.) gerade. Ausgerechnet Bananen!
aus|ge|reift (Adj.) durchdacht; reif.
aus|ge|schlos|sen (Adj.) 1. abgeschnitten; ausgestoßen; isoliert; 2. unmöglich. Das ist völlig ausgeschlossen!
aus|ge|spro|chen (Adj.) sehr; besonders; buchstäblich; direkt; geradezu; förmlich; nachgerade; regelrecht. Adverb: ausgesprochenermaßen.
aus|ge|stal|ten (V.) ausarbeiten; arrangieren.; ausschmücken; gestalten.
Aus|ge|stal|tung (die, -, -en) Gestaltung; Ausschmückung.
aus|ge|stor|ben (Adj.) allein; einsam.
Aus|ge|sto|ße|ner (der Ausgestoßene, des Ausgestoßenen, die Ausgestoßenen) Außenseiter; Outsider; Outcast; Paria.
aus|ge|sucht (Adj.) auserwählt; sorgfältig ausgelesen.
aus|ge|trock|net (Adj.) trocken.
aus|ge|wach|sen (Adj.) erwachsen; die maximal mögliche Größe ist erreicht.
aus|ge|wählt (Adj.) auserwählt; eine Wahl getroffen.
aus|ge|wie|sen (Adj.) heimatlos. Ausgewiesener.
aus|ge|wo|gen (Adj.) 1. ausgeglichen; ausgereift; ausgearbeitet; ausgefeilt; ausgeknobelt; ausgetüftelt; durchdacht; harmonisch; rund; stimmig; überlegt; wohlüberlegt; wohldurchdacht. 2. gerecht.
Aus|ge|wo|gen|heit (die, -, kein Plural) Ausgereiftheit; Überlegtheit; Ausgeglichenheit; Ebenmäßigkeit; Gleichgewicht; Harmonie; Stimmigkeit.
aus|ge|zehrt (Adj.) mager.
aus|ge|zeich|net (Adj.) sehr gut; hervorragend.
aus|gie|big (Adj.) reichlich; ergiebig. Das Adjektiv »ausgiebig« wird heute in der Regel in der Bedeutung von reichlich, viel gebraucht, während »ergiebig« etwas bezeichnet, was guten Gewinn, Ertrag abwirft. Sie haben das bestandene Examen ausgiebig gefeiert. Ausgiebigkeit.
aus|gie|ßen (V., goss aus, hat ausgegossen) ausschütten. Ausgießer.

Aus|gleich (der, -s, -e) 1. Angleichung; Begradigung; Einebnung; Nivellierung; 2. Entschädigung; 3. Kompromiss. ausgleichen.

Aus|gleichs|fonds (der, -, kein Plural) (lat.-franz.) Vermögensreserve zum Ausgleich bestimmter Verluste.

Aus|gleichs|ge|trie|be (das, -s, kein Plural) Differenzialgetriebe.

Aus|gleichs|tref|fer (der, -s, kein Plural) (Sport) Anschlusstreffer.

aus|glei|ten (V., glitt aus, ist ausgeglitten) ausrutschen.

aus|glie|dern (V.) ausschließen; aussondern.

aus|glit|schen (V.) ausrutschen; ausgleiten.

aus|gra|ben (V., grub aus, hat ausgegraben) freilegen; finden.

Aus|gra|bung (die, -, -en) Fund, in der Archäologie; die Freilegung geschichtlicher Überreste wie Ruinen von Siedlungen, Werkzeugen u. Ä.

Aus|guck (der, -s, -gu|cke) Aussichtspunkt. Verb: ausgucken.

Aus|guss (der, -gus|ses, -gus|se) 1. Spülbecken; 2. Öffnung; Schnabel; Schnauze; Spundloch; Tülle. Verb: ausgießen.

aus|ha|ken (V.) bei jmdm. hakt es aus (ugs.) (jmd. verliert den Verstand).

aus|hal|ten (V., hielt aus, hat ausgehalten) ertragen. Die Musik war nicht zum Aushalten.

aus|han|deln (V.) vereinbaren.

aus|hän|di|gen (V.) herausgeben; geben; ausgeben. Aushändigung.

Aus|hang (der, -s, -hän|ge) Anschlag. aushängen.

Aus|hän|ge|schild (das, -s, -er) 1. Hinweisschild; Tafel; 2. Glanzpunkt.

aus|har|ren (V.) durchhalten; sich gedulden.

aus|hau|chen (V.) ausatmen; sterben (sein Leben aushauchen).

aus|he|ben (V., hob aus, hat ausgehoben) herausheben; ausschaufeln. Ausheber; Aushebung; Aushub.

aus|he|cken (ugs.) ausbrüten; sich ausdenken.

aus|hei|len (V.) vollständig gesund werden lassen. Ausheilung.

Aus|hil|fe (die, -, -n) Aushilfskraft; Ersatz; Hilfskraft; (ugs.) Lückenbüßer; Vertretung. Adjektiv: aushilfsweise.

aus|höh|len (V.) 1. auswaschen; hohl machen; untergraben; 2. sabotieren. Aushöhlung.

aus|ho|len (V.) 1. ausgreifen; Anlauf nehmen; Schwung holen; 2. ausschweifen; weit zurückgreifen; umständlich erzählen.

aus|hor|chen (V.) ausfragen.

aus|hun|gern (V.) belagern; Nahrungsmittelzufuhr verhindern.

aus|keh|ren (V.) sauber machen.

aus|ken|nen (V., refl., kannte sich aus, hat sich ausgekannt) Bescheid wissen; beschlagen sein; zu Hause sein in einer Sache; vertraut sein mit; beherrschen; kennen.

aus|kip|pen (V.) ausschütten.

aus|klam|mern (V.) ausschließen; weglassen; beiseitelassen; übergehen; übersehen. Ausklammerung.

aus|kla|mü|sern (V.) (ugs.) tüfteln.

Aus|klang (der, -s, -klän|ge) Abschluss; Ende. Verb: ausklingen.

aus|klap|pen (V.) auseinanderklappen. Adjektiv: ausklappbar.

aus|klei|den (V.) 1. ausschlagen; auspolstern; auslegen; 2. ausziehen; entkleiden.

aus|klin|gen (V., klang aus, hat ausgeklungen) 1. enden; 2. verhallen. Wird das Verb in seiner konkreten Bedeutung verwendet, bildet es die Vergangenheitsformen mit »sein« oder »haben«. Der angeschlagene Ton war/hatte ausgeklungen.

aus|klop|fen (V.) ausschütteln.

aus|klü|geln (V.) austüfteln; sich ausdenken. Adjektiv: ausgeklügelt.

aus|knip|sen (V.) ausschalten; abstellen.

aus|kno|beln (V.) sich ausdenken.

aus|ko|chen (V.) 1. geheimen Plan aushecken; 2. desinfizieren.

aus|kom|men (V., kam aus, ist ausgekommen) 1. auslangen; reichen; sein Auskommen haben; mit etwas hinkommen; sich nach der Decke strecken; zurechtkommen mit; 2. auskommen mit jmdm. (sich vertragen, sich verstehen).

Aus|kom|men (das, -s, kein Plural) Lebensunterhalt.

aus|kömm|lich (Adj.) annehmbar.

aus|kos|ten (V.) genießen.

aus|ku|geln (V.) ausrenken.

aus|küh|len (V.) kalt werden; abkühlen; kühlen. Auskühlung.

Aus|kul|ta|ti|on (die, -, -ti|o|nen) Abhorchen der Körpergeräusche mit dem Stethoskop.

aus|kul|tie|ren (V.) durch Auskultation prüfen.

aus|kund|schaf|ten (V.) ausspionieren; erkunden. Auskundschafter.

Aus|kunft (die, -, -künf|te) Angabe; Antwort; Nachricht; Aufklärung; Beratung; Bescheid; Auskunftsstelle; Auskunft geben.

Aus|kunf|tei (die, -, -en) gewerbsmäßig betriebene Auskunftserteilung über natürliche und juristische Personen.

aus|ku|rie|ren (V.) ausheilen.

aus|la|chen (V.) verspotten; verlachen; belächeln; hohnlachen; jmdm. eine Nase drehen; lachen; schadenfroh sein; sich lustig machen über; sich mokieren über.

aus|la|den (V., lud aus, hat ausgeladen) 1. entladen; leeren; 2. eine Einladung rückgängig machen. Ausladung.

aus|la|dend (Adj.) breit; weitschweifig.

Aus|la|ge (die, -, -n) 1. Kosten; 2. Schaufenster; Fenster; Schaukasten; Vitrine.

aus|la|gern (V.) evakuieren.

Aus|land (das, -s, kein Plural) fremdes Land, fremde Länder. Komposita mit dem determinierenden Substantiv »Ausland« haben in der Regel ein Fugen-s. Auslandskorrespondent; Auslandsschutzbrief; Auslandsvertretung.

Aus|län|der (der, -s, kein Plural) Fremder.

aus|län|der|feind|lich (Adj.) fremdenfeindlich.

Aus|lands|be|zie|hung (die, -, -en) diplomatische Beziehung zum Ausland.

Aus|lands|ge|schäft (das, -s, -e) Export; Import.

Aus|lands|hil|fe (die, -, -n) während des Zweiten Weltkrieges von den USA für besetzte Gebiete gewährtes Hilfsprogramm (Nothilfe, Waren- und Waffenlieferungen auf Kredit u.a.) zur Stärkung der wichtigen Partner, Fortsetzung im Marshallplan.

Aus|lands|kor|res|pon|dent (der, -en, -en) im Ausland tätiger Berichterstatter aus dem Ausland.

Aus|lands|markt (der, -es, -märk|te) Export.
Aus|lands|schutz|brief (der, -es, -e) Versicherung gegen Schäden, die im Ausland entstehen.
Aus|lands|ver|schul|dung (die, -, kein Plural) Staatsschulden im Ausland.
aus|las|sen (V., ließ aus, hat ausgelassen) 1. freilassen; 2. weglassen; fortlassen; aussparen; beiseitelassen; unter den Tisch fallen lassen; überspringen; überschlagen; unterschlagen; übergehen; verpassen; 3. zerlassen; zerfließen lassen (Butter); zum Schmelzen bringen; 4. sich auslassen; sich äußern.
Aus|las|sung (die, -, -en) 1. Fortfall; Weglassung; Einsparung; Ersparung; Lücke; 2. Darlegung.
Aus|las|sungs|zei|chen (das, -s, kein Plural) Apostroph.
Aus|las|sungs|punk|te (die, nur Plural) *Beachte:* Eine abgebrochene Rede wird durch drei Auslassungspunkte markiert. *Wichtig:* Hinter Auslassungszeichen folgt am Satzende kein Schlusspunkt mehr! Sie können mich mal …
aus|las|ten (V.) ausnutzen; ausnützen; ausschöpfen; nutzen. Auslastung.
Aus|lauf (der, -s, kein Plural) Raum.
aus|lau|fen (V., lief aus, ist ausgelaufen) 1. rinnen; sich ergießen; 2. zu Ende gehen; 3. verfallen; 4. ablegen (Schiff). Auf die Wendung »auslaufen in« folgt in der Regel ein Akkusativ, da die Richtungsangabe dominiert. Die Blüte läuft in einen gekräuselten Rand aus. Die Gruppenmeditation läuft in Besinnlichkeit aus.
Aus|läu|fer (der, -s, kein Plural) im Boden wurzelnde Seitentriebe, die sich durch Sprossung vermehren.
aus|lee|ren (V.) entleeren; entladen. Ausleerung
aus|le|gen (V.) 1. deuten; interpretieren; auffassen; ausdeuten; deuteln; erklären; Exegese betreiben; herauslesen; hineingeheimnissen; hineininterpretieren; kommentieren; einen Sinn hineinlegen; hineindeuten; verstehen als; 2. ausbreiten; 3. auskleiden; 4. leihen.
Aus|le|ger (der, -s, kein Plural) einseitig freitragender Bauteil, z.B. beim Kran.
Aus|le|ger|boot (das, -es, -e) von polynesischen Völkern benutztes Boot, dessen Seiten ausladende Holzschwimmer als Kenterschutz haben.
Aus|le|ge|wa|re (die, -, kein Plural) Teppichboden.
Aus|le|gung (die, -, -en) 1. Interpretation, von Bibeltexten = Exegese; 2. Interpretation von literarischen Texten = Hermeneutik; 3. Interpretation von Gesetzestexten.
Aus|lei|he (die, -, -n) Bücherausgabe in Bibliotheken. Ausleihung.
aus|lei|hen (V.) leihen; sich leihen; borgen.
Aus|len|kung (die, -, kein Plural) Ablenkung; Abfälschung; Ausschlag.
Aus|le|se (die, -, -n) Auswahl; Elite; das Beste; die Besten; Kader; Nonplusultra; Spitze; Spitzenklasse. in der Psychol. soziale Auslese (Gesamtheit der Faktoren, wie Begabung, wirtschaftliche Lage usw., die die gesellschaftliche Rangordnung eines Individuums bestimmen). In der Naturwissenschaft natürliche Auslese (Selektion). künstliche Auslese (Züchtung).
aus|le|sen (V.) 1. aussondern; auswählen; 2. in der EDV von einem Datenträger lesen.
aus|lich|ten (V.) beschneiden; lichten.
aus|lie|fern (V.) 1. liefern; aushändigen; austeilen; überbringen; zustellen; 2. (ugs.) ans Messer liefern; opfern; preisgeben; übergeben.
Aus|lie|fe|rung (die, -, -en) Übergabe eines Ausländers zur Strafvollstreckung an dessen Heimatstaat, sofern zwischen Letzterem und dem Zufluchtsstaat Auslieferungsverträge bestehen und das Delikt in beiden Ländern strafbar ist.
Aus|lo|bung (die, -, -en) Aussetzung einer Belohnung durch öffentliche Bekanntmachung, zum Beispiel für Hinweise, die zur Ergreifung eines Straftäters führen.
aus|löf|feln (V.) etwas auslöffeln, das man sich eingebrockt hat (die unangenehmen Folgen von etwas tragen).
aus|lö|schen (V.) 1. (Licht) ausmachen; 2. beseitigen; ausrotten. Auslöschung; auslöschbar.
aus|lö|sen (V.) 1. verursachen; 2. freikaufen; loskaufen; zurückkaufen; befreien; erlösen; 3. herauslösen; herausschälen; heraustrennen; herausschneiden. Auslösung; auslösbar.
Aus|lö|ser (der, -s, kein Plural) in der Verhaltensforschung ein Schlüsselreiz, der beim Artgenossen eine Instinkthandlung auslöst.
Aus|lo|sung (die, -, -en) bei Anleihen mit zeitlich gestaffelter Rückzahlung die Feststellung der zurückzuzahlenden Obligationen durch Verlosung der Nummern.
aus|lo|ten (V.) ermessen; abwägen.
aus|ma|len (V.) 1. anstreichen; anmalen; ausfüllen; kolorieren; 2. veranschaulichen; schildern. Ausmalung.
Aus|maß (das, -es, -e) Umfang; Größe; Ausdehnung; Ausbreitung; Verbreitung; Abmessung; Breite; Dimension; Größenordnung; Höhe; Länge; Menge; Spannweite; Stärke; Volumen; Tiefe; Weite.
aus|mer|zen (V.) beseitigen; ausrotten.
aus|mes|sen (V.) abmessen; Größe feststellen.
aus|mis|ten (V.) ausräumen.
aus|mün|den (V.) Auf die Wendung »ausmünden in« kann sowohl ein Dativ als auch ein Akkusativ folgen. Die Diskussion ist in einer/in eine Schlägerei ausgemündet. Das verwinkelte Gässchen mündet in einem/in einen großen weiten Platz aus.
aus|mus|tern (V.) aussortieren; aussondern.
Aus|mus|te|rung (die, -, -en) 1. (Militärdienst) vom Wehrdienst befreien; 2. aus der Kollektion nehmen.
Aus|nah|me (die, -, -n) Abweichung. Ausnahmefall; ausnahmslos; ausnahmsweise; ausnehmend (sehr).
Aus|nah|me|recht (das, -s, -e) Außerkraftsetzen der verfassungsmäßig garantierten Rechte oder Teile derselben für bestimmte Personen oder Personengruppen innerhalb des Staates.
Aus|nah|me|zu|stand (der, -s, -stän|de) staatlicher Notstand (Krieg, Aufruhr, Epidemien), der die verantwortlichen Organe zu außerordentlichen Maßnahmen zwingt.
aus|neh|men (V.) die Innereien eines toten Tieres entfernen; jemanden ausnehmen wie eine Weihnachtsgans (ugs.) (jemanden um viel Geld bringen).
aus|nut|zen (*auch:* ausnützen) (V.) ganz nutzen; rücksichtslos benutzen.

Standardsprachlich ist »ausnutzen« korrekt. Im süddeutschen Sprachgebiet ist dagegen auch die umgelautete Form »ausnützen« gebräuchlich. Ausnutzung/Ausnützung.

aus|pa|cken (V.) 1. ausladen; aufwickeln; aufpacken; auswickeln; enthüllen; 2. Geheimnisse verraten; ausplaudern; gestehen.

aus|pfei|fen (V., pfiff aus, hat ausgepfiffen) ablehnen; ausbuhen; auszischen; buhen; niederschreien.

Au|s|pi|zi|um (das, -s, -zi|en) (lat.) 1. Wahrsagung (durch die Auguren); 2. Vorbedeutung; 3. Obhut.

aus|plau|dern (V.) plaudern; preisgeben; auspacken; ausplappern; beichten; nicht dichthalten; quatschen; sich verplappern; schwatzen; schwätzen; singen; verraten; weitererzählen; weitersagen.

aus|plün|dern (V.) plündern; jemanden berauben.

aus|pols|tern (V.) weich auskleiden.

aus|po|sau|nen (V.) unüberlegt ausplaudern.

Aus|prä|gung (die, -, -en) Ausdruck. Adjektiv: ausgeprägt. Verb: ausprägen.

aus|prei|sen (V.) auszeichnen; Preis festsetzen; beschildern; mit Preis versehen.

aus|pres|sen (V.) 1. ausdrücken zur Saftgewinnung; 2. ausbeuten.

aus|pro|bie|ren (V.) versuchen; testen; auf Tauglichkeit überprüfen.

Aus|puff (der, -s, -e) Abgasableitung (Auto). Auspufftopf.

aus|pum|pen (V.) 1. leeren; entleeren; 2. ausbeuten.

aus|quar|tie|ren (V.) auslagern. Ausquartierung.

aus|quet|schen (V.) 1. ausdrücken; 2. ausfragen; ausnützen.

aus|ran|gie|ren (V.) aussondern.

aus|räu|men (V.) leer machen; beseitigen.

Aus|re|de (die, -, -n) Ausflucht; Irreführung; faule Ausrede; Entschuldigung; Finte; List; Lüge; Notlüge; Scheingrund; Vorwand.

aus|re|den (V.) 1. zu Ende sprechen; 2. abbringen von; abraten.

aus|rei|chen (V.) auskommen; genügen. Die Gesamtnote war »ausreichend«.

aus|rei|chend (Adj.) einigermaßen; genug.

Aus|rei|se (die, -, -n) Grenzübertritt. Ausreisegenehmigung.

aus|rei|sen (V.) auswandern.

aus|rei|ßen (V., riss aus, hat/ist ausgerissen) 1. herausreißen; ausraufen; ausrupfen; herausrupfen; auszupfen; herauszupfen; jäten; 2. ausfransen; einreißen; reißen; 3. abhauen; fliehen; ausbrechen. Ausreißer.

aus|rich|ten (V.) 1. (ugs.) etwas erreichen; 2. übermitteln; bestellen; überbringen; entbieten; wissen lassen; bescheiden; benachrichtigen; mitteilen. 3. ordnen; justieren; richten; formieren; einordnen; gerade richten; fluchten.

Aus|rich|tung (die, -, -en) Tendenz.

aus|rol|len (V.) 1. auswalken; auswallen; auswalzen; auswellen; austreiben; 2. ausdehnen; 3. aufrollen.

aus|rot|ten (V.) vernichten; abschaffen; aufheben; ausmerzen; auslöschen; aus der Welt schaffen; beseitigen. Ausrottung.

Aus|ruf (der, -s, -e) Schrei. Ausrufesatz; Ausrufezeichen; Ausrufung.

aus|ru|fen (V.) bekanntgeben.

Aus|ru|fe|zei|chen → Regelkasten.

aus|ru|hen (V.) ruhen; sich erholen.

aus|rüs|ten (V.) ausstatten.

Aus|rüs|tung (die, -, -en) Ausstattung.

aus|rut|schen (V., ist) ausgleiten; abrutschen; ausglitschen; fallen.

Aus|rut|scher (der, -s, -) Fehler; Missgeschick.

Aus|sa|ge (die, -, -n) Bericht; Bekundung; Erklärung; Gehalt; Eid; Geständnis; Zeugenaussage. Aussagekraft; Aussagesatz.

aus|sa|gen (V.) 1. bekunden; erklären; zur Aussage bringen; berichten; bezeugen; gestehen; mitteilen; Zeugnis ablegen; 2. aussagekräftig sein; ein Bild ergeben (einen Eindruck vermitteln); 3. bedeuten; 4. ausdrücken; 5. Aussagen machen (belasten).

aus|sa|ge|kräf|tig (Adj.) überzeugend.

Aus|satz (der, -es, kein Plural) Lepra; chronische, durch den Leprabazillus verursachte Infektionskrankheit der Haut, Knochen und Nerven mit jahre-

Ausrufezeichen

Das Ausrufezeichen markiert einen Satz oder Satzteil, der besonders betont werden soll.

1. Nach Aufforderung, Wunsch, Befehl oder Verbot. Kommen Sie mal her! Wäre ich doch nicht so voreilig gewesen! Verlassen Sie sofort den Gefahrenbereich! Das Baden ist hier verboten! Auch verkürzte Sätze stehen mit Ausrufezeichen: Halt! Herzlichen Glückwunsch! Parken verboten! *Beachte:* Kein Ausrufezeichen steht, wenn die Aufforderung, der Befehl, der Wunsch oder das Verbot in Abhängigkeit von einem anderen Satz steht. Ich sage Ihnen, hier ist das Baden verboten. Dass dies nur nicht das Ende sei, wünschte sie sich.
2. Nach Ausrufesätzen, Ausrufewörtern und Ausrufelauten. Das kommt doch überhaupt nicht in Frage! »Wie gemein!«, entrüstete sie sich. Ausgezeichnet! Ui! Au! *Beachte:* Auch ein Ausruf kann als abhängiger Satz stehen – allerdings ohne Ausrufezeichen! Sie entrüstete sich, wie gemein dies sei.
3. Nach Fragesätzen, die Ausrufcharakter haben. Geht denn das nicht schneller! Müssen Sie so laut werden! *Beachte:* Wenn ein Satz sowohl als Frage als auch als Ausruf fungiert, stehen beide Satzzeichen. Muss das jetzt sein?!
4. Ein eingeklammertes Ausrufezeichen nach einem Wort drückt eine Skepsis gegenüber der Angabe oder eine besondere Betonung des Wortes aus. Der Finanzminister erklärte, dass die Steuern um 10 % (!) gesenkt würden.
5. *Wichtig:* Nach der Briefanrede wird heute das Ausrufezeichen durch das Komma ersetzt!

langer Inkubationszeit; Hautflecken, Knotenbildung an Haut und inneren Organen, Geschwüre, Verstümmelungen der Gliedmaßen.

aus|schach|ten (V.) Erdloch ausheben.

aus|schal|ten (V.) 1. Gerät abstellen; 2. jemanden von etwas ausschließen.

Aus|schank (der, -s, kein Plural) Theke.

aus|schau|feln (V.) ausheben.

aus|schei|den (V. schied aus, hat ausgeschieden) 1. absondern; abscheiden; abgeben; sekretieren; 2. abdanken; austreten; kündigen; 3. ausschließen.

Aus|schei|dung (die, -, -en) 1. Absonderung; Sekretion; Abgabe; Ausdünstung; Ausfluss; Auswurf; Eiter; Exkremente; Exkretion; Exkret; Rotz; Schleim; Sekret; Sputum; 2. Wettkampf.

Aus|schei|dungs|kampf (der, -es, -kämp|fe) Wettkampf.

aus|sche|ren (V.) aus der Reihe tanzen; nicht mehr mitmachen; ausbrechen.

aus|schil|dern (V.) beschildern.

Aus|schlag (der, -s, -schlä|ge) 1. Hautveränderung; Allergie; Bläschen; Eiterbläschen; Ekzem; Enathem; Exathem; Flechte; Hautausschlag; Herpesbläschen; Pickel; 2. Schwingung; Ablenkung; Auslenkung; Zeigerstellung. den Ausschlag geben (etwas entscheiden).

aus|schla|gen (V. schlug aus, hat ausgeschlagen) ablehnen; auskleiden.

aus|schlag|ge|bend (Adj.) maßgebend; maßgeblich; autoritativ; bestimmend; entscheidend; federführend; normativ; richtunggebend; richtungweisend; tonangebend.

aus|schlie|ßen (V., schloss aus, hat ausgeschlossen) 1. ausklammern; fern halten; ächten; ausbooten; ausgliedern; ausschalten; ausnehmen; aussperren; ausstoßen; disqualifizieren; eliminieren; exkommunizieren; kaltstellen; nicht einbeziehen; relegieren; separieren; verstoßen; 2. absehen von; leugnen; vernachlässigen. Ausschließlichkeit.

aus|schließ|lich 1. (Präp., Gen.) ohne; außer. Der Betrag ausschließlich der Mehrwertsteuer. 2. (Adj.) alleinig; uneingeschränkt. Er hatte die ausschließliche Erlaubnis. 3. (Adv.) nichts als; nur. Sie war ausschließlich Hausfrau.

Aus|schluss (der, -es, -schlüs|se) Ausschließung; Acht; Ausstoßung; Disqualifizierung; Eliminierung; Elimination; Entfernung; Exkommunikation; Exkommunizierung; Isolierung; Kirchenbann; Relegation; Relegierung; Schulverweis; Verbannung.

aus|schöp|fen (V.) leer schöpfen; voll ausnutzen. Ausschöpfung.

aus|schrei|ben (V., schrieb aus, hat ausgeschrieben) ausfertigen; bekannt geben. öffentliche Ausschreibung.

Aus|schrei|bung (die, -, -en) Submission; Öffentliche Bekanntgabe von Bedingungen, zu denen ein Vertragsangebot erwartet wird, z. B. bei öffentlichen Bauvorhaben.

Aus|schrei|tung (die, -, -en) gewalttätige Auseinandersetzungen. Verb: ausschreiten.

Aus|schuss (der, -schus|ses, -schüs|se) 1. aus den Mitgliedern einer Gesellschaft oder des Parlaments gewählte Kommission, die mit der Untersuchung eines bestimmten Sachverhalts betraut ist; 2. fehlerhafte Ware. Ausschusssitzung; Ausschussware.

Aus|schüt|tung (die, -, -en) Auszahlung von Gewinnanteilen. Verb: ausschütten.

aus|schwei|fen (V.) über die Stränge schlagen. Ausschweifung; ausschweifend.

aus|se|hen (V., sah aus, hat ausgesehen) 1. wirken; 2. sich zeigen. aussehen wie das blühende Leben; aussehen wie Milch und Blut (wie das blühende Leben); wie das Leiden Christi aussehen (ugs.) (schlecht aussehen); wie geleckt aussehen (ugs.) (sorgfältig gekleidet, ausgestattet); wie drei Tage Regenwetter aussehen (ugs.) (griesgrämig aussehen); wie eine lebende Leiche aussehen (ugs.) (elend aussehen).

aus sein (V., war aus, ist aus gewesen) zu Ende sein; abzielen. Der Film muss gleich aus sein. Er ist auf eine Heirat aus gewesen.

au|ßen (Adv.) außerhalb; auf der Außenseite. von innen nach außen; von außen gesehen. *Aber:* Innen und Außen (das Außen!) sind bei diesem Gebäude ganz verschieden gestaltet. Außendienst; Außenminister; Außenstehende (*auch:* außen Stehende); außendienstlich; außen liegend (*auch:* außenliegend); außenpolitisch.

Au|ßen|fi|nan|zie|rung (die, -, -en) Erhalt von Finanzmitteln durch außerhalb der Unternehmung stehende Geldgeber, z. B. Banken, Aktionäre.

Au|ßen|sei|ter (der, -s, -) Einzelgänger; Alternativer; Asozialer; Ausgeflippter; Ausgestoßener; Eigenbrötler; Entrechteter; Freak; Geächteter; Individualist; Kauz; Nonkonformist; Original; Outcast; Outsider; Paria; Rechtloser.

Au|ßen|wirt|schaft (die, -, kein Plural) wirtschaftliche Beziehungen eines Landes mit dem Ausland.

au|ßer 1. (Präp., Dat./Akk.) abgesehen von; außerhalb. keiner außer ihm; außer Acht lassen; außerstande/außer Stande sein; außer Haus; außer Rand und Band; außer Zweifel; außer Dienst (Abk.: a. D.). Niemand kann das lesen außer ihm selbst. etwas außer jeden Zusammenhang stellen. 2. (Konj.) ausgenommen. *Mit Komma:* Ich gehe nicht mehr in den Garten, außer wenn/dass die Sonne scheint. Er ging nicht mehr aus dem Haus, außer um das Notwendigste zu besorgen. *Ohne Komma:* Niemand kann das lesen außer sie selbst. Äußerlichkeit; Äußere; Außerkraftsetzung; außerdienstlich; außergewöhnlich; außerordentlich; außerplanmäßig. äußerlich. Adverb: außerdem (überdies).

au|ßer|halb 1. (Präp., Gen.) nicht innerhalb (eines Raums/Zeitraums). Ich will außerhalb der Stadt wohnen. 2. (Adv.) draußen. Ich will außerhalb wohnen.

äu|ßern (V.) aussprechen. Äußerung.

äu|ßerst 1. (Adv.) sehr. Ich war äußerst gespannt. 2. (Adj.) am weitesten/stärksten/schlimmsten. Aufs Äußerste gespannt; bis zum Äußersten erregt. *Beachte:* Kleinschreibung möglich, wenn man die Wortbedeutung mit »Wie?« erfragen kann! *Aber:* Großschreibung: aufs Äußerste gefasst sein; bis zum Äußersten gehen; das Äußerste befürchten; bis zum Äußersten fähig sein.

au|ßer|stan|de (*auch:* au|ßer Stan|de) sein (V., war außerstande/außer Stande, bin außerstande/außer Stande gewesen), unfähig sein.

aus|set|zen (V.) pausieren; beanstanden; allein lassen. Aussetzer.
Aus|set|zung (die, -, -en) 1. Unterbrechung eines laufenden Gerichtsverfahrens; 2. vorsätzliches Verlassen anvertrauter oder abhängiger Personen oder Tiere in hilfloser Lage.
Aus|sicht (die, -, -en) Rundblick; Möglichkeit. Aussichtspunkt; Aussichtslosigkeit; aussichtslos; aussichtsreich; aussichtsvoll.
aus|sie|deln (V; V., ist) umsiedeln.
Aus|sied|ler (der, -s, -) deutscher Volkszugehöriger, der seinen Wohnsitz östlich der Oder-Neiße-Grenze verlässt, um sich in der Bundesrepublik Deutschland anzusiedeln.
aus|söh|nen (V., refl.) sich versöhnen. Aussöhnung.
Aus|son|de|rung (die, -, -en) Freigabe eines nicht zur Konkursmasse gehörenden Vermögensgegenstandes (fremdes Eigentum) durch die Konkursverwaltung.
aus|span|nen (V.) ausbreiten; sich erholen; (ugs.) abspenstig machen; abwerben.
aus|spa|ren (V.) frei lassen; auslassen. Aussparung.
aus|sper|ren (V.) ausschließen.
Aus|sper|rung (die, -, -en) im Arbeitskampf die Ausschließung bzw. Entlassung aller oder eines Teils der Arbeitnehmer durch die Arbeitgeber als Gegenmaßnahme zu einem Streik.
aus|spi|o|nie|ren (V.) erkunden.
Aus|spra|che (die, -, -n) 1. Artikulation; 2. Auseinandersetzung; Akzent; Artikulierung; Artikulation; Beichte; Besprechung; Betonung; Debatte; Diskussion; Gedankenaustausch; Gespräch; Klärung; Meinungsaustausch; Rücksprache; Redeweise; Sprechweise; Ton; Tonfall; Unterhaltung; Unterredung. Ausspracheregel; aussprechbar.
Aus|spruch (der, -s, -sprü|che) Bonmot; Sentenz; Wort; Äußerung; Bemerkung; Dichterwort; Diktum; Zitat.
aus|staf|fie|ren (V.) 1. einrichten; 2. ausrüsten.
Aus|stat|tung (die, -, -en) 1. Bestückung; 2. Dekoration; 3. Aussteuer; Mitgift.
aus|ste|hen (V.) etwas nicht ausstehen können.
aus|stei|gen (V., stieg aus, ist ausgestiegen) verlassen. Aussteiger; Ausstieg.
aus|stel|len (V.) 1. anbieten; 2. anfertigen; 3. kündigen. Ausstellung; Ausstellungsstück; ausstellbar.
aus|ster|ben (V., starb aus, ist ausgestorben) verschwinden.
Aus|stieg (der, -s, -e) 1. Öffnung; 2. Aussteigen; 3. Austritt. Verb: aussteigen.
aus|tau|schen (V.) wechseln; ersetzen. Austausch; Austauschmotor; austauschbar.
aus|tei|len (V.) 1. ausgeben; 2. verteilen.
Aus|ter (die, -, -n) genießbare Meeresmuschel. Austernbank; Austernfischer; Austernzucht.
aus|tra|gen (V., trug aus, hat ausgetragen) 1. liefern; 2. abwickeln. Austräger; Austragung; Austragungsmodus.
Aus|t|ra|li|en (ohne Art., -s, kein Plural) Kontinent. Australier. australisch.
Aus|tritt (der, -s, -e) Verlassen. Austrittserklärung; austreten.
aus|tüf|teln (V.) ersinnen. Austüft(e)lung.
aus|üben (V.) betreiben; machen. Ausübung.
Aus|ver|kauf (der, -s, -käu|fe) Billigpreise; Räumung. Ausverkaufsgedränge; ausverkauft; ausverkaufen.
aus|wan|dern (V.) emigrieren. Auswanderer; Auswanderung.
aus|wär|tig (Adj.) am/vom anderen Ort; ausländisch. Auswärtiges Amt (Abk.: AA); *aber:* auswärtiger Dienst.
aus|wärts (Adv.) außerhalb; nach außen. Wir essen heute auswärts; auswärts laufend.
Aus|weg (der, -s, -e) Lösung; Rettung. Ausweglosigkeit; ausweglos.
aus|wei|sen (V., wies aus, hat ausgewiesen) 1. hinauswerfen; 2. legitimieren. Nach der Wendung »sich ausweisen als« steht das folgende Substantiv in der Regel im Nominativ, da es sich auf das Subjekt bezieht. Sie wies sich als Drogenfahnderin aus. Ausweisung.
Aus|weis (der, -es, -e) Identifikationsmittel; Pass; Personalausweis; Zugangskontrollausweis. Ausweiskontrolle.
aus|wen|dig (Adv.) aus dem Gedächtnis. das Auswendiglernen; *aber:* auswendig lernen; auswendig wissen.
aus|wer|ten (V.) ausnutzen. Auswertung.
aus|wir|ken (V., refl.) Folgen haben. Auswirkung.
Aus|wuchs (der, -es, -wüch|se) Übertreibung; Unsitte. Verb: auswachsen.
aus|zah|len (V.) entlohnen; lohnen. Auszahlung.
Aus|zeich|nung (die, -, -en) 1. Ehrung; Anerkennung; 2. Preisangabe. Adjektiv: ausgezeichnet.
aus|zeich|nen (V.) sich auszeichnen, sich hervorheben. Nach der Wendung »sich auszeichnen als« steht das folgende Substantiv in der Regel im Nominativ, da es sich auf das Subjekt bezieht. Hemingway zeichnete sich als genauer Beobachter aus.
aus|zie|hen (V., zog aus, hat/ist ausgezogen) 1. vergrößern; 2. entkleiden; 3. umziehen. Auszug; ausziehbar
Aus|zu|bil|den|de (der, -n, -n) (Abk.: Azubi) Lehrling.
Aus|zug (der, -s, -zü|ge) 1. Verlassen; Abschied; Umzug; Wegzug; 2. Extrakt; 3. Abriss. Auszugsmehl; auszugsweise; ausziehen.
au|t|ark (Adj.) (griech.) unabhängig.
Au|t|ar|kie (die, -, -n) (griech.) Selbstgenügsamkeit; wirtschaftliche Selbstversorgung eines Landes.
Au|then|ti|zi|tät (die, -, kein Plural) (griech.) Echtheit. Adjektiv: authentisch.
Au|tis|mus (der, -, kein Plural) (griech.) extreme Selbstversunkenheit (Krankheit).
Au|tist (der, -en, -en) jmd., der an Autismus leidet.
au|tis|tisch (Adj.) zum Autismus gehörig, daran leidend.
Au|to (das, -s, -s) (griech.) (Kurzw.) Automobil; Automobilclub, Autobahn, Auto fahren.
Au|to|bahn (die, -, -en) Schnellstraße.
Au|to|bahn|ge|bühr (die, -, -en) Maut für die Benutzung einer Autobahn.
Au|to|bi|o|gra|fie (*auch:* Au|to|bi|o|gra|phie) (die, -, -n) (griech.) Selbstbeschreibung. Adjektiv: autobiografisch (*auch:* autobiographisch).
Au|to|bus (der, -ses, -se) Omnibus.
Au|to|car (der, -s, -s) (griech.-engl.) Omnibus für Gesellschaftsreisen (schweiz.).

au|to|ch|thon (Adj.) (griech.) alteingesessen; bodenständig.
Au|to|da|fé (das, -s, -s) (portugies.) 1. Ketzerverbrennung; 2. Bücherverbrennung.
au|to|di|dak|tisch (Adj.) (griech.) sich selbst unterrichtend. Autodidakt.
au|to|freie Stadt (die, -n -, -n Städ|te) Einschränkung des Autoverkehrs durch Sperrung des Stadtzentrums.
Au|to|fried|hof (der, -s, -hö|fe) Schrottplatz.
au|to|gen (Adj.) (griech.) selbsttätig. autogenes Training.
Au|to|gramm (das, -s, -e) (griech.) Unterschrift.
au|to|ke|phal (Adj.) (griech.) mit eigenem Oberhaupt (bei orthodoxen Nationalkirchen).
Au|to|klav (der, -s, -en) (griech.) Gefäß für Arbeiten bei hohem Druck und hoher Temperatur.
Au|to|krat (der, -en, -en) (griech.) unumschränkter Alleinherrscher.
Au|to|kra|tie (die, -, -n) (griech.) unumschränkte Alleinherrschaft; unumschränkte politische Machtausübung durch einen Einzelnen; Alleinherrschaft eines Autokraten.
au|to|kra|tisch (Adj.) (griech.) unumschränkt herrschend.
Au|to|ly|se (die, -, -n) (griech.) Selbstauflösung (abgestorbenen Körpergewebes).
Au|to|mat (der, -en, -en) (griech.) selbsttätige Maschine. Automatik; Automatisierung; automatisch; automatisieren.
Au|to|ma|ti|on (*auch:* Au|to|ma|ti|sie|rung) (die, -, kein Plural). Das Substantiv »die Automation« bezeichnet einen erreichten Zustand in der Entwicklung der Automatisierung, eine Stufe der Mechanisierung. Das Substantiv »die Automatisierung« meint den Vorgang der Einführung einer Mechanisierung.
au|to|nom (Adj.) (griech.) unabhängig; selbstständig.
au|to|no|me Grup|pe (die, -n -, -n -n) das Gesellschaftssystem ablehnende, gewaltbereite Gruppierung.
Au|to|no|mie (die, -, -n) (griech.) 1. Recht eines Staates, Staatsteiles oder Gemeinwesens zur Eigengesetzlichkeit und Selbstverwaltung; häufig Forderung ethnischer Minderheiten nach Autonomie. 2. der nach Kant als inneres menschliches Gesetz wirkende sittliche Wille (kategorischer Imperativ).
Au|to|pi|lot (der, -en, -en) automatisches Flugsteuerungssystem, das nach Eingabe der erforderlichen Daten (z. B. Flughöhe, Kurs) auch den Landeanflug steuert.
Au|to|plas|tik (die, -, -en) (griech.) Verpflanzung körpereigenen Gewebes.
Au|t|op|sie (die, -, -n) (griech.) Leichenöffnung; Prüfung durch Augenschein.
Au|tor (der, -s, -en) (lat.) Verfasser. Das Substantiv »der Autor« wird in der Einzahl stark dekliniert. der Autor, des Autors, dem Autor, den Autor. Der Plural heißt die Autoren. Komposita mit dem determinierenden Substantiv »Autor« werden meist mit dem Fugenzeichen -en gebildet. Autorenlesung, Autorenhonorar, Autorenverband etc..
Au|to|re|verse (das, -, kein Plural) (engl.) Umschaltautomatik.
au|to|ri|siert (Adj.) allein berechtigt.
Au|to|ri|tät (die, -, -en) Ansehen (ohne Plural); Persönlichkeit. Adjektive: autoritär; autoritätsgläubig.
Au|to|sug|ges|ti|on (die, -, -ti|o|nen) (griech.-lat.) Selbstbeeinflussung.
Au|to|to|mie (die, -, -n) (griech.) Abwerfen eines Körperteils (bei Gefahr); z. B. das Schwanzabwerfen bei Eidechsen.
Au|to|to|xin (das, -s, -e) (griech.) im eigenen Körper entstandenes Gift.
Au|to|ty|pie (die, -, -n) (griech.) Buchdruckverfahren, bei dem gerasterte Negative auf Platten kopiert werden.
Aval (der, -s, -e) Wechselbürgschaft.
Avant|gar|de (die, -, -n) (franz.) Vorreiter; Vorkämpfer einer Idee oder Richtung. Adjektiv: avantgardistisch.
avan|ti (ital.) vorwärts!
AvD (Abk.) **A**utomobilclub **v**on **D**eutschland.
Aven|tu|rin (der, -s, -e) (ital.) schillernder Quarz; Schmuckstein.
Ave|nue (die, -, -n) (franz. avenue Ankunft von lat. advenire = ankommen) von Bäumen gesäumte städtische Prachtstraße; breite Allee.
Avers (der, -es, -e) (franz.) Münzvorderseite.
Aver|si|on (die, -, -si|o|nen) Widerwillen; Abneigung.
Avis (der/das, -, -) (franz.) Ankündigung; Benachrichtigung.
avi|sie|ren (V.) (franz.) ankündigen.
Avi|t|a|mi|no|se (die, -, -n) (griech.-lat.) Vitaminmangelkrankheit.
Avo|ca|do (die, -, -s) birnenförmige, essbare Frucht.
AWACS (Abk.) **A**irborne early **W**arning **a**nd **C**ontrol **S**ystem (Frühwarnsystem, Nato).
Axi|om (das, -s, -e) (griech.) Grundlehrsatz. Adjektiv: axiomatisch.
Axo|lotl (der, -s, -) mexikanischer Molch, der bereits als Larve fortpflanzungsfähig ist.
Axon (das, -s, -e/-en) Erregungsleiter der Nervenzelle.
Axt (die, -, Äx|te) Beil. Die Axt im Haus erspart den Zimmermann. (Wer etwas selbst tun kann, soll nicht jemanden zu Hilfe nehmen; nach Friedrich Schillers »Wilhelm Tell«.).
Aya|tol|lah (*auch:* Aja|tol|lah) (der, -s, -s) (pers.) schiitischer Würdenträger.
Ayur|ve|da (*auch:* Ayur|we|da) (der, -s, -) (sanskr. = Wissen vom langen Leben) Indische Gesundheitslehre.
AZ (*auch:* Az.) (Abk.) 1. **A**kten**z**eichen; 2. **A**bend**z**eitung.
a. Z. (Abk.) **a**uf **Z**eit.
Aza|lee (die, -, -n) (griech.) ein Heidekrautgewächs; Zierstrauch.
Aze|tat (das, -s, -e) = Acetat.
Azi|mut (der/das, -s, -e) (arab.) Winkel eines Höhenkreises mit dem Meridian.
Azo|ren (die, -, Pluralwort) portugiesische Inselgruppe vulkanischen Ursprungs im Atlantischen Ozean.
Az|te|ke (der, -n, -n) Angehöriger eines mexikanischen Indianervolkes.
az|te|kisch (Adj.) zu den Azteken gehörig.
Azu|bi (der, -s, -s) (Kurzw.) **Auszu**-**bi**ldender.
Azur (das, -s, kein Plural) Himmelsblau. Aber: azurblaues Meer.
azy|k|lisch (Adj.) (griech.) unregelmäßig.
Az|zur|ri (die, -, kein Plural) (ital. = die Blauen) Bezeichnung für Sportmannschaften in Italien.

B

B (Abk.) **B**undesstraße. Stau auf der B 12!

b. (Abk.) **b**ei; beim. Pfungstadt b. Darmstadt.

Ba (Abk.) **Ba**rium (chemisches Zeichen).

Baal (kein Art., -s, kein Plural) (hebr. Gott) von den Semiten verehrter Gott.

Baal|bek (kein Art., -s, kein Plural) (griech. Heliopolis) Stadt im Libanon; Heiligtum des Sonnengottes Baal.

Baas (der, -es, -e) (niederl.) Herr; Meister; Aufseher.

bab|beln (V.) (ugs.) reden; schwatzen.

Ba|bel (das, -s, -) (griech.-lat.-hebr.) 1. Ort des Sittenverfalls. 2. Ort, in dem viele Sprachen gesprochen werden.

Ba|bi|rus|sa (der, -s, -s) (malai.) Hirscheber auf Celebes.

Ba|bu (der, -s, -s) 1. indischer Titel; 2. Inhaber des Titels.

Ba|busch|ka (die, -, -s) (russ.) alte Frau; Kosename für Großmutter in Russland.

Ba|by (das, -s, -s) (engl.) Säugling; Kleinkind. Babyjahr; babysitten (*beachte:* nur im Infinitiv!).

Ba|by|doll (das, -s, -s) (engl.) leichtes, kurzes Nachthemd mit kurzem Höschen.

ba|by|lo|nisch (Adj.) zu Babylonien gehörig.

Ba|by|lon (kein Art., -s, kein Plural) (hebr. Babel) politischer und kultureller Mittelpunkt des alten Orients (ab 2000 vor Christus).

ba|by|lo|ni|sches Spra|chen|ge|wirr (das, -n -s, kein Plural) Vielfalt der Sprachen, die an einem Ort gesprochen werden. (Der Ausdruck stammt aus dem Alten Testament, 1 Mose 11,9, wo die biblische Geschichte vom Turmbau zu Babel und der Verwirrung der Sprachen erzählt wird. Die Babylonier wollten einen Turm bauen, der bis in den Himmel reicht. Wegen ihres Wahnwitzes strafte sie Gott, verwirrte die Sprachen der Erbauer und zerstreute sie in alle Länder, sodass der Turm nicht vollendet werden konnte.).

Ba|by|sit|ter (der, -s, -) (engl.) Kinderbetreuer; Kindermädchen.

Bac|cha|nal (das, -s, -e/-na|li|en) (lat.) Trinkgelage (mit Wein); im antiken Rom wilde, nächtliche Feste der Bacchanten und Bacchantinnen zu Ehren des Bacchus.

Bac|chant (der, -en, -en) (lat.) Weinzecher.

bac|chan|tisch (Adj.) (lat.) 1. ausgelassen; 2. weintrunken.

Bac|chus (kein Art., -, kein Plural) (lat.) Gott des Weines; Dionysos (griech.). dem Bacchus huldigen (viel Wein trinken).

Bach (der, -s, Bä|che) Flüsschen. den Bach herunter sein (ugs.) (am Ende sein).

Ba|che (die, -, -n) weibliches Wildschwein.

Ba|che|lor (der, -s, -s) (engl.) angelsächsischer Magister.

Bach|fo|rel|le (die, -, -n) Forelle; Fischart.

Bach|stel|ze (die, -, -n) Vogelart; in Wassernähe lebender Singvogel.

Bach|ti|a|ri (der, -s, -s) (pers.) geknüpfter Teppich.

Back|bord (das, -s, -e) links (Schiff). Adjektiv: backbord(s).

Ba|cke (die, -, -n) Wange. Standardsprachlich korrekte Bezeichnung für Wange ist das weibliche Substantiv »die Backe«. Im süddeutschen Sprachraum wird auch häufig die männliche Form »der Backen« gebraucht. Das Gleiche gilt, wenn die Bezeichnung für einen Teil des menschlichen Gesäßes, die Pobacke, steht. über alle vier Backen strahlen (ugs.) (ein besonders glückliches Gesicht machen); sich etwas von der Backe putzen können (ugs.) (die Hoffnung auf etwas aufgeben, sich etwas abschminken können); etwas auf der linken Backe absitzen (etwas ohne große Probleme hinter sich bringen, etwas mit links machen). Backenbart; Backenzahn; pausbäckig.

ba|cken (V., buk/backte, hat gebacken) 1. im Ofen garen; 2. braten. Das ursprünglich unregelmäßige Verb »backen (buk, gebacken)« entwickelte sich im Sprachgebrauch zu einem regelmäßigen Verb. Deshalb sind die Formen möglich »du bäckst, du backst, er bäckt, er backt, sie buk, sie backte«. Da muss sich jmd. einen/eine/eins backen (ugs.) (so etwas gibt es gar nicht, so etwas muss erst angefertigt werden). Backobst; Bäcker; Bäckerei.

Back|blech (das, -s, -e) Backform; Ofenblech.

Back|bo|ne (das, -s, -s) (engl. Rückgrat) in der Computersprache eine oder mehrere Hochleistungsdatenleitungen, welche die Hauptlast innerhalb eines Netzwerks tragen. Je nach der Größe des Netzwerks variiert die tatsächliche Leistung eines Backbones erheblich. Das Backbone des Internet ist das NSFNet (Abk. f. National Science Foundation Network), das fünf der größten Universitäten der USA verbindet.

Back|erb|se (die, -, -n) leicht salziges, knuspriges Gebäck. Backerbsensuppe.

Bä|cker|ge|sel|le (der, -n, -n) gelernter Bäcker.

Bä|cker|lehr|ling (der, -s, -e) Auszubildender in einer Bäckerei.

Bä|cker|la|den (der, -s, -lä|den) Bäckerei.

Bä|cker|meis|ter (der, -s, -) Bäcker mit Meisterbrief.

Bä|ckers|frau (die, -, -en) Frau eines Bäckers.

back|fer|tig (Adj.) bereit zum Backen.

Back|fett (das, -s, -e) Fett zum Backen.

Back|fisch (der, -es, -e) 1. gebackener Fisch; 2. Teenager. jmd. benimmt sich wie ein Backfisch, (unreif, unüberlegt handelnd). (Backfisch aus dem englischen »backfish«, Fisch, der beim Einholen der Netze zurück ins Meer geworfen wird, weil er zu jung ist und noch nicht auf dem Markt verkauft werden kann).

Back|form (die, -, -en) geformtes Backblech; Kuchenform.

Back|gam|mon (das, -s, kein Plural) (engl.) Brettspiel.

Back|ground (der, -s, -s) (engl.). 1. Hintergrund einer Filmhandlung; durch Ensemble gebildeter Klanghintergrund, vor dem sich ein Solist abhebt; 2. geistige Herkunft; Erfahrung; Kenntnisse; Milieu.

Back|ofen (der, -s, -öfen) Backherd.

Back|pfei|fe (die, -, -n) Ohrfeige.

back|pfei|fen (V.) ohrfeigen. Das Verb »backpfeifen« bildet die Formen »backpfeifte«, »hat gebackpfeift«, »um zu backpfeifen«.
Back|pflau|me (die, -, -n) gedörrte Pflaume.
Back|pul|ver (das, -s, kein Plural) Treibmittel zur Teiglockerung beim Backen durch Freisetzung von Kohlendioxid aus Natriumbikarbonat und sauren Salzen.
Back|rohr (das, -es, -e) Backofen.
Back|spin (der, -/-s, -s) (engl.) mit Rückwärtsdrall geschlagener Ball (Golf, Tennis, Tischtennis).
Back|stein (der, -s, -e) Ziegel; gebrannter Baustein aus Ton oder Lehm.
Back|stu|be (die, -, -n) Raum, in dem gebacken wird.
Back|trog (der, -s, -trö|ge) Behälter für Backteig.
Back-up (*auch:* Back|up) (das/der, -s, -s) Sicherungskopie von Daten oder Programmen.
Back|vor|schrift (die, -, -en) Backanweisung.
Back|wa|ren (Pluralwort) (die) gebackene Teigwaren.
Back|werk (das, -s, kein Plural) Gebäck.
Back|zeit (die, -, -en) Dauer des Backens.
Ba|con (der, -s, kein Plural) englischer Frühstücksspeck.
Bad (das, -s, Bä|der) 1. Badezimmer; 2. Baden; 3. Heilbad. Im Altertum war neben Fluss- und Meerbädern das Schwitzbad u.a. bei den Römern verbreitet (Therme). Im Mittelalter gab es in allen Städten Badestuben. Ab dem 16. Jahrhundert Rückgang des Badewesens wegen aufkommender Geschlechtskrankheiten. Im 18. Jahrhundert Wiederaufkommen besonders auch der Heilbäder. *Beachte:* Heilbäder immer ohne Bindestrich! Bad Wörishofen. Komposita mit dem determinierenden Substantiv »Bad« (Verbalstamm von »baden«) werden standardsprachlich korrrekt mit einem Fugen-e gebildet: »Bademeister«, »Badeanstalt«, »Badezimmer«, »Badehaube«. das Bad in der Menge nehmen (sich vom Volk umjubeln und Beifall spenden lassen). Das Kind mit dem Bade ausschütten (übertrieben reagieren, das Gute mit dem Schlechten wegwerfen). Du bist wohl als Kind zu heiß gebadet worden. (ugs.) (Du bist nicht ganz recht bei Verstand.). Bademeister; Badesaison; baden.
Ba|de|an|stalt (die, -, -en) öffentliches Bad.
Ba|de|an|zug (der, -es, -zü|ge) Badebekleidung; Einteiler; Badekostüm; Schwimmanzug.
Ba|de|gast (der, -es, -gäs|te) Kunde in einem öffentlichen Bad.
Ba|de|ge|le|gen|heit (die, -, -en) Waschgelegenheit.
Ba|de|hand|tuch (das, -s, -tü|cher) Handtuch zum Baden.
Ba|de|hau|be (die, -, -n) Badekappe.
Ba|de|ho|se (die, -, -n) Hose zum Baden.
Ba|de|kap|pe (die, -, -n) Bademütze.
Ba|de|man|tel (der, -s, -män|tel) leichter Mantel aus Handtuchstoff.
Ba|de|mat|te (die, -, -n) Unterlage für das Ruhen nach dem Bad; Fußunterlage vor der Badewanne.
Ba|de|müt|ze (die, -, -n) Badehaube.
Ba|de|ni|xe (die, -, -n) Meerweib.
Ba|den-Würt|tem|berg (ohne Art., -s, kein Plural) deutsches Bundesland.
Ba|de|sa|chen (die, nur Plural) Dinge, die zum Baden mitgenommen werden.
Ba|de|salz (das, -es, kein Plural) Mittel zur Anreicherung des Badewassers.
Ba|de|schaum (der, -s, kein Plural) Pulver oder Seifenlauge, das Badewasser zum Schäumen bringt.
Ba|de|was|ser (das, -s, kein Plural) Wasser zum Baden. das Badewasser einlassen.
Ba|de|zeug (das, -s, kein Plural) Badesachen.
Ba|de|zu|satz (der, -es, -sät|ze) Badesalz; Badeschaum.
Bad|min|ton (das, -, kein Plural) (engl.) sportlicher Federball.
baff (Adv.) verblüfft. Da war er aber baff!
BA|föG (*auch:* Ba|fög) (Abk.) **B**undes**a**usbildungs**fö**rderungs**g**esetz.
Ba|ga|ge (die, -, -n) (franz.) 1. Reisegepäck (veraltet); 2. Gesindel; Pack.
Ba|ga|tel|le (die, -, -n) (franz.) Kleinigkeit. Bagatellsache; Bagatellschaden. bagatellisieren.
Bag|ger (der, -s, -) Baumaschine; unteres Zuspiel (Volleyball). Baggerführer. baggern.
Ba|guette (die/das, -s, -s) (franz.) Stangenweißbrot.
Ba|ha|is|mus (der, -, Pluralwort) (pers.) von Baha Ullah (1817–92) begründete Universalreligion mit islamischen, christlichen und pantheistischen Elementen.
Ba|ha|mas (die, nur Plural) Bahamainseln. Bahamaer. bahamisch.
Ba|ha|sa In|do|ne|sia (die, - -, kein Plural) (malai.) die Staatssprache Indonesiens.
Bahn (die, -, -en) 1. Weg; Piste; Sandbahn; 2. Schienenfahrzeug; Eisenbahn; 3. Bahnlinie. freie Bahn haben (alle Schwierigkeiten beseitigt haben); auf die schiefe Bahn geraten (verwahrlosen, verlottern); aus der Bahn werfen (jemanden von seiner bisherigen Lebensweise abbringen); etwas in die richtige Bahn lenken (dazu beitragen, dass sich etwas in einer bestimmten Weise entwickelt). Streifen. Bahnbrecher; Bahnübergang; Stoffbahn; bahnenweise.
Bahn|an|schluss (der, -schlus|ses, -schlüs|se) Verkehrsverbindung zu einer Bahnstrecke.
Bahn|ar|bei|ter (der, -s, -) Arbeiter auf einer Gleisstrecke.
Bahn|be|triebs|werk (das, -s, -e) Depot.
bahn|bre|chend (Adj.) neue Wege eröffnend. eine bahnbrechende Erfindung. Bahnbrechendes leisten.
Bahn|damm (der, -s, -däm|me) aufgeschüttetes Gleisbett.
bah|nen (V.) einen Weg schaffen, sich einen Weg bahnen. eine Schneise bahnen.
Bahn|fahrt (die, -, -en) Reise mit der Bahn.
Bahn|fracht (die, -, en) mit der Bahn transportierte Güter.
Bahn frei! (Interj.) Macht den Weg frei!
Bahn|ge|län|de (das, -s, kein Plural) Betriebsgelände der Bahngesellschaft.
Bahn|gleis (das, -es, -e) Schienenstrang. Vom Bahngleis zurückbleiben!
Bahn|hof (der, -s, -hö|fe) Eisenbahnverkehrs- und Betriebsanlage für Perso-

nen- und Gütertransport. immer nur Bahnhof verstehen (nichts verstehen); großer Bahnhof (großer, offizieller Empfang am Bahnhof, auch am Flughafen).

Bahn|hofs|gast|stät|te (die, -, -n) Restaurant am oder im Bahnhof.

Bahn|hofs|hal|le (die, -, -n) überdachter Schalterbereich.

Bahn|hofs|mis|si|on (die, -, -si|o|nen) kirchliche Anlaufstelle für Hilfe suchende Reisende.

Bahn|hofs|platz (der, -es, -plät|ze) Verkehrsknotenpunkt vor einem Bahnhof.

Bahn|hofs|po|li|zei (die, -, kein Plural) Behörde zum Schutz des Bahnhofsgeländes. Bahnhofspolizist.

Bahn|hofs|vor|stand (der, -es, -stän|de) Stationsvorsteher.

Bahn|kör|per (der, -s, -) Eigentum einer Bahngesellschaft. Das Beschädigen des Bahnkörpers ist verboten!

Bahn|li|nie (die, -, -n) Zug mit festgelegter Strecke.

Bahn|schran|ke (die, -, -n) Absperrung eines Bahnübergangs.

Bahn|steig (der, -s, -e) Haltestelle. Bahnsteigkarte.

Bahn|stre|cke (die, -, -n) Gleisstrecke.

Bahn|trans|port (der, -s, -e) Beförderung mit der Bahn.

Bahn|wär|ter (der, -s, -) Streckenwärter. Bahnwärterhäuschen.

Bah|rain (ohne Art., -s, kein Plural) Golfstaat. Bahrainer; bahrainisch.

Bah|re (die, -, -n) Trage.

Baht (der, -, -) thailändische Währungseinheit; 100 Stangs.

Ba|hu|w|ri|hi (das, -, -) (sanskr.) Wortzusammensetzung, die nach einer kennzeichnenden Eigenschaft benennt; z. B. Dickwanst.

Bai (die, -, -en) (niederl.) Meeresbucht.

Bai|ao (der, -, kein Plural) moderner Tanz in Lateinamerika.

Bai|ram (der, -s, -s) türkische Bezeichnung zweier wichtiger islamischer Feste.

bai|risch (Adj.) die Sprache Bayerns betreffend. *Aber:* eine bayerische Stadt.

Bai|ser (das, -s, -s) (franz.) überbackener Eischaum.

Bais|se (die, -, -n) (franz.) Kurspreisverfall (Börse); Depression.

Ba|ja|de|re (die, -, -n) (portugies.-franz.) indische Tempeltänzerin.

Ba|jaz|zo (der, -s, -s) (ital.) Narr.

Ba|jo|nett (das, -[e]s, -e) Seitengewehr. (frz. vom Namen der Stadt Bayonne in Südfrankreich) an Gewehren befestigte Stoß-, Stichwaffe, bekannt seit Mitte des 15. Jahrhunderts.

Ba|jo|nett|ver|schluss (der, -schlus|ses, -schlüs|se) Schnellverschluss.

Ba|ju|wa|re (der, -n, -n) 1. Angehöriger einer ursprünglich in Böhmen beheimateten westgermanischen Völkergruppe, die im 6. Jh. n. Chr. ins heutige Bayern eindrang. 2. alte Bezeichnung für Bayer.

Ba|ke|lit (das, -s, kein Plural) (niederl.-nlat.) ein Kunststoff; härtbares Kunstharz; Herstellung durch Synthese von Phenol und Formaldehyd.

Bak|ka|lau|re|at (das, -s, -e) französisches Abitur. Bakkalaureus.

Bak|ka|rat (das, -s, kein Plural) (franz.) ein Kartenglücksspiel.

Bak|ken (der, -/-s, -) (norw.) Skisprungschanze.

Ba|k|la|va (die, -, -s) (türk.) öliges türkisches Strudelgebäck.

Bak|schisch (das, -/-s/-es, -e) (pers.) Almosen; Trinkgeld.

Bak|te|rie (die, -, -n) (*veraltet auch:* Bak|te|ri|um) (das, -s, -ri|en) Krankheitserreger. Bakterienträger. Bakteriologie; bakteriologisch; bakteriell; bakterienbeständig.

Bak|te|rio|pha|ge (der, -n, -n) (griech.) Bakterien fressendes Virus.

bak|te|ri|zid (Adv.) keimtötend. Bakterizid.

Ba|la|lai|ka (die, -, -ken/-s) (russ.) Saiteninstrument.

Ba|lan|ce (die, -, -n) (franz.) Gleichgewicht. Balanceakt; balancieren.

Ba|la|tum (das, -s, kein Plural) filzartiger Bodenbelag.

Bal|boa (der, -/-s, -/-s) Währungseinheit von Panama; 100 Centesimos.

bald (Adv.) 1. in Kürze; 2. fast. Auf bald! Bis bald! Ich hätte es bald vergessen. Die veralteten Vergleichsformen »balder/bälder«, am »baldesten/am bäldesten« gelten nicht mehr als korrekt.

bald – bald (Konj.) einmal – einmal. Bald war er hier, bald war er dort. Die mehrteilige Konjunktion »bald – bald« bezeichnet die abwechselnde und schnelle Aufeinanderfolge, wobei vor dem zweiten und jedem weiteren »bald« ein Komma gesetzt wird. Er ist bald hier, bald dort, bald an einem dritten Ort. Bald lachten sie, bald weinten sie.

Bal|da|chin (der, -s, -e) Stoffhimmel.

Bäl|de (nur in der Verbindung) in Bälde (bald).

Adjektive: baldig; baldigst; baldmöglichst (*besser:* möglichst bald/so bald wie möglich).

bal|dig; bal|digst (Adj.) wird nur attributiv, ohne Komparativ gebraucht. Adverbial dagegen wird es nur im Superlativ verwendet: Auf baldiges Wiedersehen! Gute Wünsche zur baldigen Genesung! Das muss baldigst erledigt sein.

bald|mög|lichst (Adj.) (*besser:* möglichst bald/so bald wie möglich) wird vorwiegend in der Amts- und Geschäftssprache benutzt.

Bal|d|ri|an (der, -s, -e) Beruhigungsmittel; Katzenkraut. Bis zwei Meter hohe Staude mit gefiederten Blättern auf Feuchtwiesen. Aus dem Wurzelstock wird das beruhigende Heilmittel gewonnen. Baldriantropfen.

Balg 1. (der, -s, Bäl|ge) Tierhaut. In dieser Bedeutung hat der Begriff männliches Geschlecht. 2. (das/der, -s, Bäl|ger) (ugs.) freches Kind. In dieser Bedeutung ist das Geschlecht sächlich (selten männlich): das (der) Balg.

bal|gen (V., refl.) raufen. Balgerei.

Bal|gen (der, -s, -) ausziehbares Verbindungsteil (Fotoapparat). Balgengerät.

Bal|kan (der, -s, kein Plural) Südosteuropa. Balkanhalbinsel (*auch:* Balkan-Halbinsel); Balkanländer. Adjektiv: balkanisch. Verb: balkanisieren (chaotische Zustände hervorrufen).

Bal|ken (der, -s, -) 1. vierkantiger Holzpfosten; Querbalken; 2. Strich; Uniformstreifen; 3. Joch einer Balkenwaage. lügen, dass sich die Balken biegen (stark lügen); die Hucke voll lügen (ugs.) (nach Strich und Faden lügen) (ugs.), das Blaue vom Himmel lügen (ugs.) (wie gedruckt lügen). (Lügen wird als schwere Last empfunden. Daher können sich die Balken schon mal kräftig durchbiegen.).

Bal|ken|kon|s|truk|ti|on (die, -, -ti|o|nen) Hausbau mit Balken als Stütze.
Bal|ken|über|schrift (die, -, -en) große Überschrift in Fettdruck.
Bal|ken|waa|ge (die, -, -n) Waage mit feinem Joch, an dem zwei Auflagen für Gewicht und Gegengewicht hängen.
Bal|kon (der, -s, -e/-s) offener Vorbau. Das Substantiv »Balkon« bildet als eingedeutschtes Wort den Plural »die Balkone«, sonst die Pluralform »die Balkons«. Balkonpflanze.
Ball (der, -s, Bäl|le) 1. Spiel- und Sportgerät; 2. Tanzveranstaltung. Ball spielen, *aber:* Das Ballspielen war ihm zu langweilig. am Ball bleiben (ugs.) (sich von etwas nicht abbringen lassen); sich die Bälle zuwerfen (ugs.) (jemanden begünstigen). Ballgefühl; Balljunge; Ballkleid; Balllokal (*auch:* Ball-Lokal).
Bal|la|de (die, -, -n) (griech.) dramatisches Erzählgedicht. Ursprünglich gesungenes Tanzlied; erzählt meist geheimnisvolle, tragische Schicksale. Balladenstoff; balladenhaft; balladesk.
Bal|last (der, -s, -e) 1. Beschwerung; Zusatzgewicht; 2. Belastung; Bürde; 3. überflüssiges Gepäck; unnütze Ladung. Ballaststoffe.
Bal|la|watsch (der, -s/-es, kein Plural) (österr.) Durcheinander.
bal|len (V.) zusammendrücken; sich zusammendrängen. Ballen; Ballung.
Bal|le|ri|na (die, -, -nen) (ital.) Ballett-tänzerin. Primaballerina.
bal|lern (V.) (ugs.) schießen; knallen. Ballerei; Ballermann.
Bal|lett (das, -s, -e) (ital.) 1. Bühnentanz; Kunsttanz, der sich im 16. Jahrhundert in enger Verbindung mit der Oper entwickelte. Seit dem 18. Jh. selbständige Kunstgattung. Neue Ausdrucksmöglichkeiten eröffneten sich mit dem Aufkommen der Neuen Musik. 2. Tanzgruppe; Fernsehballett. Balletttänzerin (*auch:* Ballett-Tänzerin); Balletttheater (*auch:* Ballett-Theater); Balletttruppe (*auch:* Ballett-Truppe).
Ball|haus|platz (der, -es, kein Plural) Platz in der Wiener Innenstadt mit dem österreichischen Bundeskanzleramt.
Bal|lis|tik (die, -, kein Plural) Lehre von den Wurfgeschossen und ihren Flugbahnen (Kriminalistik). Ballistiker; ballistisch.
Ball|jun|ge (der, -n, -n) Junge, der beim Tennis den Spielern die Bälle aufhebt und zuwirft.
Bal|lon (der, -s, -e/-s) (franz.) mit Gas gefüllte ballonartige Hülle. Das Substantiv »der Ballon« bildet als eingedeutschtes Wort den Plural »die Ballone«, sonst die Pluralform »die Ballons«. Luftballon; Fesselballon. einen vor den Ballon bekommen (ugs.) (einen Schlag ins Gesicht bekommen).
Bal|lung (die, -, -en) Verdichtung. ballen.
Bal|lungs|ge|biet (das, -s, -e) dichtbesiedeltes Gebiet um Großstädte.
Bal|me (die, -, -n) (kelt.) Felsnische.
Bal|mo|ral Castle (kein Art., -s, kein Plural) (engl.) Sommerresidenz des britischen Königshauses in Nord-Schottland.
Bal|neo|lo|gie (die, -, kein Plural) (griech.) Heilquellenkunde.
Bal|sa (das, -s, kein Plural) (span.) ein besonders leichtes Holz des mittel- und südamerikanischen Balsabaumes, das vor allem im Floßbau und Modellbau verwendet wird.
Bal|sam (der, -s, -e) (hebr.) 1. Erleichterung; Linderung; Erquickung; 2. Heilmittel; Gemisch aus Harzen und ätherischen Ölen zu Heilzwecken und in der Parfümerie. Balsamierung, balsamieren.
Bal|to|lo|gie (die, -, kein Plural) (nlat.) Wissenschaft von baltischer (altpreußischer, lettischer, litauischer) Sprache und Kultur.
Ba|lus|tra|de (die, -, -n) (franz.) durchbrochenes Geländer aus kurzen, stark profilierten Säulchen; Brüstung; Geländer.
Ba|lus|ter (der, -s, -) (griech.-ital.) kleine Säule (als Geländerstütze).
Balz (die, -, -en) Paarungsspiele der Vögel; spezifische Bewegungen zeigen die Paarungsbereitschaft an, zum Beispiel Radschlagen des Pfaus; Liebeswerben. Balzruf; balzen.
Bal|zan-Stif|tung (die, -, kein Plural) nach dem italienischen Journalisten und Zeitungsverleger Eugenio Balzan (1874–1953) benannte Stiftung zur Förderung besonderer Leistungen für Frieden, Humanität, Wissenschaften und Künste; jährlich Preisverleihung (zum Beispiel 1963 an die UNO).
Bam|bi (das/der, -s, -s) 1. kleines Reh; 2. Filmpreis.
Bam|bi|no (der, -s, -s/-ni) (ital.) kleiner Junge; Kind. Die Mehrzahl dieses aus dem Italienischen übernommenen Substantivs heißt korrekt »die Bambini«. In der Umgangssprache ist auch »die Bambinos« üblich.
Bam|bus (der, -/-ses, -se) tropisches Gras; tropisch-subtropische Nutzgräser mit verholzten, knotigen Stängeln, bis 40 Meter hoch, Wachstum bis einen Meter täglich. Bambusrohr.
Bam|bus|bär (der, -en, -en) großer Panda, kein eigentlicher Bär. Er gehört wie der Waschbär zu den Katzenbären, lebt in China und ernährt sich von Bambussprossen, er ist sehr selten.
Ba|mi|go|reng (das, -/-s, -s) (malai.) indonesisches Nudelgericht.
Bam|mel (der, -s, kein Plural) (ugs.) Angst; Befürchtung; Sorge. Bammel haben (ugs.) (Angst haben).
bam|meln (V.) (ugs.) baumeln.
ba|nal (Adj.) (franz.) gewöhnlich; abgedroschen; platt; abgeschmackt; abgenutzt; nichtssagend; trivial. Banalität.
Ba|na|ne (die, -, -n) 1. tropische Pflanze und Frucht mit dicker Schale; 2. baumartige Staude; wichtige Nutzpflanze als Faser-, Obst-, Stärkelieferant und Zierbaum.
Ba|na|nen|re|pu|b|lik (die, -, -en) abwertende Bezeichnung für unterentwickelte Länder.
Ba|na|nen|split (der. -s, -s) süße Nachspeise mit Bananen und Nüssen.
Ba|na|nen|ste|cker (der, -s, kein Plural) in der Elektrotechnik einpoliger Stecker.
Ba|nau|se (der, -n, -n) (griech.) kleinlich denkender Mensch ohne Sinn für Höheres; Stümper; Nichtskönner. Banausentum; banausenhaft.
Band 1. (der, -es/-s, Bän|de) Buch. Adjektive: mehrbändig; dreibändig; 2. (das, -es/-s, Bän|der) Streifen. am laufenden Band; auf Band sprechen; Bandbreite; Fließband; Bandscheiben; Bandwurm; 3. (das, -es, -e) Bindung. außer Rand und Band; 4. (die, -, -s) (engl.) Musikgruppe für moderne Unterhaltungsmusik; Tanzorchester.
Band|lea|der (der, -s, -) (engl.) Leiter einer Band.

Ban|da|ge (die, -, -n) (franz.) 1. Verband. (Med.) Stützverband an geschwächten Körperteilen; auch lange Fesselbinde bei Pferden; 2. im Box- und Fechtsport an besonders gefährdeten Körperstellen getragene Schutzbinde. mit harten Bandagen kämpfen (ugs.) (unerbittlich kämpfen). bandagieren.
Band|brei|te (die, -, -n) 1. bei Radiogeräten der Durchlassbereich für Rundfunkwellen (Nachrichtentechnik); 2. (engl. bandwidth) die theoretisch mögliche maximale Kapazität einer Leitung zur Übertragung von digitalen Signalen. Diese wird im Internet nur selten erreicht aufgrund von Störungen in den analogen Leitungen oder der Überlastung des Internets.
Ban|de (die, -, -n) 1. Einfassung; Umrandung der Spielfläche bei Hallenspielen, beim Billard, einer Reit- oder Kegelbahn; 2. Gruppe; Gang; Horde; Kamarilla; Räuberbande; Rotte; Trupp.
Bän|del (das, -s, kein Plural) (ugs. süddeutsch) jemanden am Bändel haben (jemandem tun können, was man will); jemanden am Gängelband haben.
Ban|den|wer|bung (die, -, kein Plural) Werbesprüche der Veranstaltungssponsoren auf den Banden (Umrandungen).
Ban|de|ro|le (die, -, -n) (franz.) 1. Spruchband; 2. Steuerband; Verschlussband; Zollverschluss.
bän|di|gen (V.) zähmen. Bändiger.
Ban|dit (der, -en, -en) (ital.) Räuber; Verbrecher.
Ban|do|ne|on (*auch:* Ban|do|ni|on) (das, -s, -s) Musikinstrument.
Band|schei|be (die, -, -n) elastische Bindegewebsscheibe zwischen je zwei Wirbelkörpern. Die Bandscheiben ermöglichen die Beweglichkeit der Wirbelsäule.
Band|schei|ben|vor|fall (der, -s, -fäl|le) die Bandscheiben werden gegen den Wirbelkanal gedrückt und verursachen einen schmerzhaften Druck auf die Nervenwurzeln.
Ban|du|ra (die, -, -s) (griech.-slaw.) ukrainisches Zupfinstrument.
Band|wurm (der, -s, -wür|mer) parasitäre Plattwürmer; leben im Darm von Wirbeltieren.
bang (*auch:* bange) (Adj.) (banger/bänger, bangste/bängste) angstvoll. Mir ist nicht bange. *Aber:* nur keine Bange. Es macht mir Angst und Bange. Bangemachen (*auch:* Bange machen) gilt nicht. Da kann einem angst und bange werden. Es wird jmdm. bang und bänger (jmd. bekommt immmer mehr Angst). (Vgl. Wilhelm Busch, »Max und Moritz« Ihr Gesang wird bang und bänger). Die Kombination »bangen« mit der Präposition »um« bedeutet »in großer Sorge sein um« und wird persönlich gebraucht: »alle bangen um die Geiseln«. Mit der Präposition »vor« wird die unpersönliche Verwendung gebildet, die »Angst haben vor« bedeutet und einen Dativ verlangt »Ihm bangt es vor dieser Prüfung«. Bangigkeit; bangen.
Ban|g|la|desch (ohne Art., -s, kein Plural) asiatischer Staat. Bangladescher, bangladeschisch.
Ban|jo (das, -s, -s) (engl.) amerikanisches Saiteninstrument.
Bank 1. (die, -, Bän|ke) Sitzgelegenheit; Parkbank; Fensterbank; Ofenbank; Sitzbänke; 2. (die, -, -en) Geldinstitut, Wirtschaftsinstitut für Kredit- und Zahlungsverkehr. Bankbeamte; Bankräuber; Banküberfall; 3. Sandbank (Plural Bän|ke); 4. (Med.) Blutbank (Plural Blut|banken). 5. (Datenverarbeitung) Datenbank (Plural Daten|ban|ken).
Ban|kert (der, -s, -e) uneheliches Kind.
Ban|kett (das, -s, -e) 1. (ital.) Festmahl; 2. (frz.) Randstreifen (Straße).
Bank|ge|heim|nis (das, -ses, -se) Verpflichtung der Banken, über die finanziellen Verhältnisse ihrer Kunden Stillschweigen zu bewahren (keine Auskunft an Dritte).
Ban|ki|er (der, -s, -s) (franz.) Bankbesitzer oder Vorstandsmitglied.
Bank|kon|to (das, -s, -en) Konto eines Kunden bei einer Bank mit Soll- und Haben-Aufstellung.
Bank|no|te (die, -, -n) von den Notenbanken ausgegebene Papiergeldscheine mit gesetzlicher Zahlungskraft.
Bank|platz (der, -es, -plät|ze) Ort, an dem eine Landeszentralbank oder eine Zweiganstalt die Deutsche Bundesbank vertritt.
bank|rott (Adj.) (ital.) zahlungsunfähig; illiquide; konkurs; pleite. Bankrott; Bankrotterklärung; Bankrott machen. *Aber:* bankrott sein; bankrottieren.
Ban|k|rott (der, -s, kein Plural) Zahlungsunfähigkeit; Konkurs. Bankrott machen (pleite sein, zahlungsunfähig sein). (Aus dem italienischen banca rotta: zerschlagene Bank. Geldsorten wurden früher auf einer Bank ausgelegt. Wurde eine Geldwechselzahlung fällig, so zerschlugen die Gläubiger die Bank.) Bankrotterklärung. bankrottgehen.
Bank|schal|ter (der, -s, kein Plural) Kasse.
Bann (der, -s, -e) 1. Ächtung; ursprünglich Befehl; Verbot; im Mittelalter die Befugnis zum Erlass administrativer Anordnungen, insbes. des Königs und seiner Beamten; 2. die für Bannbruch angedrohte Strafe; 3. das Gebiet oder der Gegenstand, die der Banngewalt unterliegen (Blutbann, Exkommunikation). jemanden in seinen Bann ziehen (jemanden fesseln, überzeugen). bannen.
Bann|bruch (der, -s, kein Plural) Der Bann ist gebrochen. (Urspüngliche Abneigung ist in Zustimmung umgeschlagen.).
Ban|ner (das, -s, -er) Fahne, die an Querstange und Fahnenschaft befestigt ist; Werbung im Internet.
Ban|ner|trä|ger (der, -s, -) Fahnenträger; Vorreiter.
Bann|mei|le (die, -, -n) im Mittelalter Schutzbezirk, heute die Umgebung von Parlaments- und Regierungsgebäuden, in der Versammlungsverbot besteht.
Bann|wald (der, -es, -wäl|der) in Alpenländern Wald zum Schutz gegen Naturgewalten (Lawinen).
Ban|tam|ge|wicht (das, -s, -e) niedrige Körpergewichtsklasse (Schwerathletik).
Banz (kein Art., des Klosters Banz, kein Plural) Benediktinerkloster in Oberfranken.
Ban|zai (ohne Artikel) japanischer Hochruf.
Ba|o|bab (der, -s, -s) (afrikan.) Affenbrotbaum.
Bap|tis|mus (der, -, kein Plural) (griech.-lat.) protestant. Freikirchenbewegung mit Erwachsenentaufe; Baptist.
Bap|tis|te|ri|um (das, -s, -ri|en) (griech.-lat.) Taufkirche; Taufbecken.

bar (Adj.) mit Bargeld bezahlen; pur; unbedeckt; ohne. Ich zahle bar/in bar; *aber:* per Barzahlung; Bargeld. Das ist barer Unsinn; barfüßig; barfuß; bar jeglichen Respekts.

Bar 1. (das, -s, -s) (griech.) Maßeinheit für den Luftdruck. *Beachte:* wird als Maßangabe kleingeschrieben: bar; millibar. 2. (die, -, -s) (engl.) Kneipe; Nachtlokal. Bardame; Barhocker; Barmixer.

Bär (der, -en, -en) 1. Pelztier. Er ist ein geleckter Bär. (Er ist ein grober, ungehobelter Mann.). (Volksglaube, nach dem junge Bären bis zum Erwachsenwerden von den Eltern geleckt werden. Vgl. franz.: un ours mal léché.). jmdm. einen Bären aufbinden (jmdm. etwas vorlügen); Hunger wie ein Bär haben (großen Hunger haben); da ist der Bär los (ugs.) (da herrscht Stimmung). Das Substantiv »der Bär« wird schwach gebeugt, d.h. außer im Nominativ Singular muss die Endung -en angehängt werden: »der Bär«, »des Bären«, »dem Bären«, »den Bären«. 2. der Kleine und der Große Bär (Sternbild). Bärennatur; Bärenhunger; bärenstark; bärenruhig.

Ba|ra|cke (die, -, -n) (franz.) Behelfsbau; Baubude; Bude; Hütte; Notunterkunft. Barackenlager.

Bar|ba|dos (ohne Art., -, kein Plural) Karibikinsel; Barbadier; barbadisch.

Bar|bar (der, -en, -en) (griech.) Grobian; ungebildeter Mensch. Das Substantiv »der Barbar« wird schwach gebeugt, d.h. außer im Nominativ Singular muss die Endung -en angehängt werden. »der Barbar«, »des Barbaren«, »dem Barbaren«, »den Barbaren«. Barbarismus; barbarisch.

Bar|ba|rei (die, -, kein Plural) Rohheit; Unmenschlichkeit; Vandalismus. Barbarismus; barbarisch.

Bar|be|cue (das, -s, -s) (engl.) 1. Gartengrillfest; 2. Bratrost, der beim Grillen benützt wird. Barbecuesoße.

bär|bei|ßig (Adj.) grimmig; brummig. Bärbeißigkeit.

Bar|bier (der, -s, -e) (lat.-roman.) (veraltet) Friseur.

Bar|bi|tu|rat (das, -s, -e) Schlaf- und Beruhigungsmittel.

Bar|bi|zon (kein Art., -s, kein Plural) (franz.) die Schule von Barbizon. Landschaftsmaler des 19. Jahrhunderts bildeten in dem Dorf Barbizon bei Fontainebleau eine Künstlerkolonie.

Bar|bu|da (ohne Art., -s, kein Plural) Karibikinsel.

bar|bu|sig (Adv.) oben ohne.

Bar|de (der, -en, -en) (kelt.) 1. keltischer Dichter und Sänger; 2. die Speckscheibe, die gebratenes Geflügel ummantelt.

Bä|ren|dienst (der, -s/-es, -e) (ugs.) schlechter Dienst. jmdm. einen Bärendienst erweisen (ugs.) (jmdm. eine schlechte Hilfe erweisen, jmdm. mehr schaden als nützen).

Bä|ren|füh|rer (der, -s, kein Plural) (ugs.) den Bärenführer spielen (den Fremdenführer spielen) (abgeleitet vom Tanzbär, der von seinem Führer an der Kette von Jahrmarkt zu Jahrmarkt geschleppt wurde).

Bä|ren|haut (die, -, -häu|te) (ugs.) auf der Bärenhaut liegen (müßig sein, faulenzen); (sprichwörtliche Redensart nach Tacitus, nach der die trägen Germanen auf der Bärenhaut faulenzten).

Ba|rett (das, -s, -e) (ital.-franz.) flache, randlose Mütze; ursprünglich Kopfbedeckung des 15./16. Jahrhunderts, heute vor allem bei der Bundeswehr und von Richtern, Geistlichen etc. als Teil der Amtstracht getragen.

bar|fuß (Adv.) mit nackten Füßen. Barfüßler; barfuß gehen; barfüßig.

Bar|fü|ßer (die, -, -) verschiedene religiöse Orden, deren Mitglieder barfuß gehen oder Sandalen tragen.

Bar|geld (das, -s/-es, kein Plural) Münzen und Geldscheine. bargeldlos.

bar|geld|los (Adj.) durch Überweisung, bargeldloser Zahlungsverkehr. Zahlung von Geldbeträgen von Konto zu Konto ohne Verwendung von Bargeld; Giroverkehr.

bar|haupt, bar|häup|tig (Adj.) ohne Kopfbedeckung.

Ba|ri|ton (der, -s, -e) (ital.) tiefe männliche Singstimme; Stimmlage zwischen Tenor und Bass; Sänger.

Ba|ri|um (das, -s, kein Plural) (griech.-nlat.) ein Erdalkalimetall.

Bark (die, -, -en) (griech.-engl.) Segelschiff (mit drei bis fünf Masten).

Bar|ka|ro|le (die, -, -n) (ital.) Ruderboot.

Bar|kas|se (die, -, -n) (niederl.) kleines Motorboot.

Bar|ke (die, -, -n) Kahn.

Bar|kee|per (der, -s, -) (engl.) Barmann; jmd., der Cocktails mixt.

barm|her|zig (Adj.) mildtätig; gütig. *Aber:* Barmherzige Schwestern/Brüder. Barmherzigkeit.

Bär|lapp|ge|wächs (das, -es, -e) den Farnen verwandte Sporenpflanzen mit kriechenden Sprossen, z.B. Schlangenmoos. In der frühen Erdgeschichte (Karbon, Perm) waren Bärlappgewächse vegetationsbildend und zum Teil baumförmig. Ihre Überreste liefern einen Großteil der heute abgebauten Steinkohle. In Deutschland sind alle Bärlapparten geschützt.

Bar-Miz|wa (der, -, kein Plural) (aramäisch-hebr.) im Judentum das Fest für den Jungen, der das 13. Lebensjahr vollendet und damit die religiöse Mündigkeit erlangt hat.

Ba|rock (der/das, s/-, kein Plural) Kunststil. Das Substantiv hat zwei Geschlechter, sowohl »der Barock«, als auch »das Barock« sind korrekt. Der Genitiv lautet »des Barocks« (in der Kunstwissenschaft meist des Barock). Barockzeit; barock.

Ba|ro|me|ter (das, -s, -) Luftdruckmesser. In der Standardsprache steht dieses Substantiv mit sächlichem Artikel, regional auch mit männlichem. »das Barometer«, »der Barometer«. Barometerstand.

Ba|ron (der, -s, -e) (franz.) Freiherr. Adelstitel, seit dem 13. Jh. in Frankreich, seit dem 14. Jh. in England eingeführt. Im Deutschen ersetzte »Baron« seit dem 17. Jahrhundert den Titel »Reichsfreiherr«. Baronesse/Baroness.

Bar|ra|ku|da (der, -s, -s) (span.) Raubfisch.

Bar|ras (der, -, kein Plural) Militär; Militärdienst.

Bar|ré (das, -s, -s) (franz.) Querlegen des (Zeige-)Fingers über alle oder mehrere Saiten (beim Gitarrenspiel).

Bar|rel (das, -s, -s) (engl.) Fass; Maßeinheit für Rohöl.

Bar|ren (der, -s, -) 1. gegossenes Edelmetall; 2. Turngerät.

Bar|ri|e|re (die, -, -n) (franz.) Absperrung; Hindernis.

Bar|ri|ka|de (die, -, -n) (franz.) Absperrung; Hindernis. auf die Barrikaden gehen (protestieren).

barsch (Adj.) schroff. Barschheit.

Barsch (der, -es, -e) Fisch; artenreicher Speisefisch, kommt in allen Meeren vor. Flussbarsch in Binnengewässern und Flüssen der Nordhalbkugel, Raubfisch.

Bar|soi (der, -s, -s) russischer Windhund. langhaarig, hochbeinig, früher bei Hetzjagden eingesetzt.

Bar|sor|ti|ment (das, -s, -e) Buchhandelsbetrieb zwischen Buchhandlung und Verlag.

Bart (der, -s/-es, Bär|te) Kinnhaare. um des Kaisers Bart streiten (um eine unwichtige Sache, um etwas Belangloses streiten). (Die Redensart geht wahrscheinlich auf einen Streit zurück, ob bestimmte deutsche Kaiser einen Bart getragen haben oder nicht. Ursprünglich geht es bei diesem Ausdruck nicht um des Kaisers Bart, sondern um das Wort Geißhaar. Aus Geißenhar wurde Kaiserbart.). einen Bart haben (ugs.) (längst bekannt sein); Der Bart ist ab (die Sache ist nun endgültig vorbei, nun ist Schluss damit). (Hier kann auch der abgebrochene Bart eines Schlüssels gemeint sein.). Beim Barte des Propheten (Mohammedanischer Schwur); jmdm. um den Bart gehen (jemanden umschmeicheln). (Nach altgermanischer Vorstellung war der Bart der wichtigste Teil des Männergesichts. Beim Barte wurde geschworen. Wer jemandem um den Bart ging, wollte ihn ehren.). Barthaare; Bartstoppeln; bartlos; bärtig; Bärtigkeit.

Bar|thel (der, -, kein Plural) männlicher Vorname; Abk. für Bartholomäus. Wissen, wo der Barthel den Most holt (ugs.) (gerissen sein, alle Schliche kennen). (Die Redensart ist wahrscheinlich aus der Gaunersprache abgeleitet. Aus dem Hebräischen stammt Barsel = Brecheisen und maos = Geld. Der Dieb weiß also, wie er mit dem Brecheisen das Geld holt).

Ba|rut|sche (die, -, -n) zweiräderige Kutsche.

Ba|ry|on (das, -s, -en) (griech.) jedes der schweren Elementarteilchen.

Ba|ry|sphä|re (die, -, kein Plural) (griech.) Erdkern.

Ba|ry|ton (das, -s, -e) gambenähnliches Streichinstrument.

Ba|salt (der, -s/-es, -e) (griech.) dunkles, feinkörniges, jungvulkanisches, basisches Gestein. Adjektive: basaltig; basaltisch.

Ba|sal|tem|pe|ra|tur (die, -, -en) regelmäßig am Morgen gemessene Körpertemperatur der Frau.

Ba|sar (*auch:* Ba|zar) (der, -s, -e) 1. im Orient das Händlerviertel einer Stadt; 2. Verkauf von Waren zu Wohltätigkeitszwecken.

Ba|se (die, -, -n) 1. chemische Verbindung (basisch); alkalische Lösung; Lauge; 2. Cousine.

Base|ball (das, -s, kein Plural) (engl.) Ballspiel; amerikanisches Ballspiel zwischen zwei Mannschaften mit je neun Spielern. Es gilt, den von der gegnerischen Mannschaft zugeworfenen Lederball mit einem Schläger so weit wie möglich wegzuschlagen und eine abgesteckte Strecke zurückzulegen, bevor der Gegner den Ball wieder ins Spiel gebracht hat.

Ba|se|dow|krank|heit (*auch:* Ba|se|dow-Krank|heit) (die, -, kein Plural) Schilddrüsenüberfunktion, die u. a. zur Kropfbildung führt. nach dem deutschen Arzt K. von Basedow (1799–1854) benannt.

BASIC (das, -s, kein Plural) (engl.) (Kurzw.: Beginner's All Purpose Symbolic Instruction Code) Programmiersprache; weit verbreitet und relativ einfach zu erlernen; vorwiegend in der mittleren Datentechnik und im Personalcomputer-Bereich.

Ba|sic En|g|lish (das, -, kein Plural) vereinfachtes Grundenglisch.

ba|sie|ren (V.) beruhen (nur mit Dativ!); gründen (mit Dativ oder Akkusativ).

Ba|si|li|ka (die, -, -ken) (griech.) 1. in der Antike Markt-, Gerichts-, Versammlungsraum; Die Raumform und Bezeichnung gingen auf die frühchristlichen Kirchengebäude über; 2. Kirchenbau; drei- oder fünfschiffige Gebäude; erhöhtes Mittelschiff mit eigener Fensterreihe (Obergaden), runde oder eckige Apsis, unter der meist eine Krypta angelegt ist.

Ba|si|li|kum (das, -s, -s/-ken) Gewürz; balsamisch duftender, rötlich blühender Lippenblütler aus Vorderindien; Seit dem Altertum kultiviert als Gewürz-, Heil- und Zierpflanze.

Ba|si|lisk (der, -en, -en) (griech.-lat.) 1. Drachenungeheuer mit tödlichem Blick und Hauch; 2. ein südamerikanischer Leguan.

Ba|sis (die, -, Ba|sen) 1. allgemein Grundlage; Ausgangspunkt; 2. (Geometrie) Grundlinie einer Fläche; Grundfläche eines Körpers; 3. (Arithmetik) Grundzahl a einer Potenz a^n; Grundzahl eines Zahlensystems oder Logarithmus; 4. (Algebra) Menge linear unabhängiger Vektoren, die ein Koordinatensystem aufspannen; Fundament; Volk. an der Basis arbeiten.

Ba|sis|de|mo|kra|tie (die, -, -n) Beteiligung möglichst breiter Bevölkerungsteile an der politischen Willensbildung.

Bas|ken|müt|ze (die, -, -n) flache, randlose, dunkelblaue (bei Frauen schwarze) Wollmütze der Basken.

Bas|ket|ball 1. (der, -s, -bäl|le) Ball; 2. (das, -s, kein Plural) (meist ohne Artikel) Ballspiel; amerikanisches Korbballspiel zwischen zwei Mannschaften mit je fünf Feld- und Ersatzspielern. Der Ball wird in den Korb geworfen, der jeweils an der Schmalseite des Spielfeldes in 3,05 m Höhe an einem Brett befestigt ist. Ein geglückter Wurf im Spiel zählt zwei Punkte, ein Freiwurf einen Punkt.

Bass (der, Bas|ses, Bäs|se) (ital.) 1. tiefe Männergesangsstimme; Sänger; 2. Bassgeige; Kontrabass; Der Himmel hängt voller Bassgeigen (jmd. ist selig, er blickt hoffnungsvoll in die Zukunft). Bassist.

Bas|set (der, -s, -s) (franz.-engl.) kurzbeiniger Jagdhund mit Schlappohren.

Bas|sett|kla|ri|net|te (die, -, -n) (ital.) Klarinette mit einigen zusätzlichen tiefen Tönen.

Bas|sin (das, -s, -s) (franz.) Wasserbecken.

Bast (der, -s/-es, -e) 1. Faserstoff; sekundär gebildetes Gewebe von Stängeln oder Stämmen. Bastzellen sind dickwandig und langgestreckt. Bei Faserpflanzen können sie sehr lang werden (Flachs 50, Ramie 260 Millimeter); 2. Geweih. Adjektiv: bastfarben.

bas|ta! (Interj.) (ital.) Schluss! Und damit basta! (Der Fall ist erledigt, jetzt reichts!). (Vom italienischen Verb »bastare« genügend sein, aufhören. Seit dem 17. Jahrhundert in Deutschland bekannte Redensart.).
Bas|tard (der, -s, -e) (franz.) Mischling. Bastardierung; bastardieren.
Bas|tei (die, -, -en) (lat.) vorspringender Festungsteil; Bastion.
bas|teln (V.) sich hobbymäßig mit kleinen handwerklichen Tätigkeiten beschäftigen. Bastelarbeit; Bastelei; Bastler.
Bas|til|le (die, -, kein Plural) (franz.) 1. ursprüngliche Bezeichnung für befestigte Türme und Schlösser in Frankreich; 2. 1789 erstürmtes Staatsgefängnis in Paris; Name der 1369–83 erbauten Burg beim Tor St.-Antoine in Paris. War Staatsgefängnis für politische Häftlinge zu Beginn der Französischen Revolution.
Bas|ti|on (die, -, -ti|o|nen) (ital.) Bollwerk; Bastei.
Bas|to|na|de (die, -, -n) (ital.-franz.) Schläge auf die Fußsohlen (orientalische Prügelstrafe).
BAT (Abk.) Bundesangestelltentarif.
Ba|tail|lon (das, -s, -e) Truppenabteilung (Abk.: Bat.). Bataillonskommandeur.
Ba|tik (der/die, -s/-, -en) Färben von Stoff. Batikdruck; batiken.
Ba|tist (der, -s/-es, -e) (franz.) feiner Stoff. Adjektiv: batisten.
Bat|te|rie (die, -, -n) 1. Truppenteil; 2. Stromspeicher; 3. Vielzahl.
Bau (der, -s, -ten) 1. Gebäude; 2. (der, -s, -e) Erdhöhle; Fuchsbau. Im Sinn von »Bauwerk« bildet »Bau« den Plural: die Bauten. Neubauten; Hochbauten. In der Bedeutung von »Erdbehausung« von Säugetieren und bei Fachausdrücken des Bergbaus lautet der Plural: die Baue. die Abbaue. Dachsbaue; Fuchsbaue; Grubenbaue; Untertagebaue. Keinen Plural bildet das Wort in der Bedeutung »das Bauen, Errichten«: der Bau der Siedlungen; der Bau der Straße; Hausbau, Wohnungsbau, Acker- und Bergbau, Garten-, Obstbau, Raubbau. Auch in der Bedeutung »Struktur, Bauart« existiert kein Plural. der Bau des menschlichen Körpers; der Satzbau; der Bau des klassischen Dramas; Gliederbau; Versbau; Knochenbau. Bauaufsichtsbehörde; Baudenkmal; Bauerwartungsland; Baufälligkeit; baufällig; baureif; baulich; Bausparer (*aber:* bausparen); Bauunternehmer; Bauzaun; bauen; in/im Bau.
Bau|ab|nah|me (die, -, -n) Prüfung eines Bauprojekts.
Bau|ab|schnitt (der, -s, -e) Teil eines Bauprojekts.
Bau|amt (das, -s, -äm|ter) Bauaufsichtsamt.
Bau|ar|beit (die, -, -en) Arbeit an einem Bauprojekt. Bauarbeiter.
Bau|aus|füh|rung (die, -, -en) Umsetzung eines Bauplans.
Bau|boom (der, -s, kein Plural) (dt.-engl.) Anstieg der Bauvorhaben.
Bauch (der, -s/-es, Bäu|che) 1. Leibesfülle; 2. Magen. eine Wut im Bauch haben (sehr zornig, ärgerlich sein); sich den Bauch vollschlagen (übermäßig essen, den Heißhunger stillen) (diese Wendung stammt aus der Boxersprache.); 3. sich den Bauch vor Lachen halten (ugs.) (lauthals lachen); sich einen Ast lachen, sich ein Loch in den Bauch lachen. mit etwas auf den Bauch fallen (ugs.) (versagen, scheitern); aus dem hohlen Bauch (ugs.) (spontan, unvorbereitet). Bauchladen; Bauchlandung; Bauchredner (*aber:* bauchreden); Bauchtanz (*aber:* bauchtanzen); Bauchweh.
Bauch|an|satz (der, -es, -sät|ze) Veranlagung zum Dickwerden.
Bauch|bin|de (die, -, -n) Kummerbund.
Bauch|de|cke (die, -, -n) Außenwand der Bauchhöhle.
Bauch|fell (das, -s, -e) Hautschicht an der Bauchinnenwand. Bauchfellentzündung.
Bauch|ge|gend (die, -, -en) Bauchraum. Schmerzen in der Bauchgegend.
Bauch|grim|men (das, -s, kein Plural) Bauchschmerzen.
Bauch|höh|le (die, -, -n) Bauchinneres.
Bauch|höh|len|schwan|ger|schaft (die, -, -en) Schwangerschaft in der Bauchhöhle.
bau|chig (Adj.) ausladend. ein bauchiges Gefäß.
Bauch|klat|scher (der, -s, -) (ugs.) Bauchlandung ins Wasser.
bäuch|lings (Adv.) mit dem Bauch voraus. bäuchlings ins Wasser fallen.
Bauch|mus|kel (der, -s, -n) Muskeln in der Bauchgegend. Bauchmuskeltraining; Bauchmuskelzerrung.
Bauch|na|bel (der, -s, -) Nabel.
bauch|pin|seln (V.) (ugs.) jmd. umschmeicheln.
Bauch|schuss (der, -schus|ses, -schüs|se) Treffer in den Bauch.
Bauch|speck (der, -s, -spe|cke) Fettgewebe über dem Bauch.
Bauch|spei|chel|drü|se (die, -, -n) Pankreas.
Bauch|wand (die, -, -wän|de) Wand der Bauchhöhle.
Baud (das, -s, -) (franz.) Einheit für die Schrittgeschwindigkeit (Datenübertragung), ein Bit pro Sekunde. Nach dem französischen Erfinder des Schnelltelegrafen Baudot, ursprünglich Einheit für die Telegrafiergeschwindigkeit; die Anzahl der Signale, die von einem Modem in der Sekunde übertragen werden können. Wird oft irrtümlich mit der Einheit bps gleichgesetzt. Durch den Einsatz von Datenkompression kann jedoch die tatsächlich übertragene Menge von Bits höher sein als die physikalisch über eine Telefonleitung übertragene.
Bau|denk|mal (das, -s, -e/-mä|ler) Monument. Als Plural sind korrekt »die Baudenkmale« und »die Baudenkmäler«.
Bau|er 1. (der, -s, -) Erbauer; 2. (der, -n, -n) Landwirt; Schachfigur. Im Sinne von »Landwirt« wird »der Bauer« schwach gebeugt »des, dem, den Bauern«. Plural »die Bauern«. Im Sinne von »Erbauer«, z.B. »Städtebauer«, wird das Substantiv stark gebeugt »des Städtebauers«, »dem/den Städtebauer«. Plural »die Städtebauer«. Auch in der Bedeutung von »Käfig« wird stark dekliniert, meist sächlichen Geschlechts: »das (*seltener:* der) Vogelbauer«. Die dümmsten Bauern haben die größten Kartoffeln (oft sind diejenigen erfolgreich, die es gar nicht verdient haben). So fragt man einen Bauern aus (ugs.) (so lasse ich mich nicht ausfragen). Was der Bauer nicht kennt, das

frisst er nicht (ugs.). (Diese Wendungen kommen von der überheblichen Einstellung des Städters gegenüber dem Bauern, der für einfältig und rückständig gehalten wurde.). 3. (der/das, -s, -) Vogelkäfig. Bäuerin; bäuerlich; Bauernfängerei; Bauernhaus; Bauernschläue.

Bauˈernˈaufˈstand (der, -s, -stänˈde) (hist.) Aufstand abhängiger Bauern gegen die Obrigkeit.

Bauˈernˈbrot (das, -s, -broˈte) Brotsorte.

Bauˈernˈburˈsche (der, -n, -n) Bauernjunge.

Bauˈernˈdorf (das, -s, -dörˈfer) kleines Dorf.

Bauˈernˈfänˈger (der, -s, kein Plural) Betrüger. ein richtiger Bauernfänger sein (jmd., der die Leichtgläubigkeit anderer ausnützt).

Bauˈernˈfrühˈstück (das, -s, -stüˈcke) Frühstück mit Speck, Eiern und Kartoffeln.

Bauˈernˈkaˈlenˈder (der, -s, -) Almanach.

Bauˈernˈkrieˈge (die, nur Plural) (hist.) Bauernaufstände im Spätmittelalter.

Bauˈernˈmädˈchen (das, -s, -) Mädchen aus einem Bauernhaushalt.

Bauˈernˈreˈgel (die, -, -n) aus langjährigen Beobachtungen abgeleitete, meist in gereimten Sprüchen abgefasste Wetterregeln zur lang- oder kurzfristigen Wettervorhersage für ein kleinräumiges Gebiet.

Bauˈfirˈma (die, -, -men) Bauunternehmen.

Bauˈgeˈnehˈmiˈgung (die, -, -en) Erteilung der Bauerlaubnis durch die Baubehörde.

Bauˈhaus (das, -es, kein Plural) Architekturstil Anfang des 20. Jahrhunderts. Die Kunstschule des Neuen Bauens wurde 1919 in Weimar von W. Gropius gegründet. Sie lehrte die Prinzipien der einfachen Form in Architektur und bildender Kunst, nämlich Sachlichkeit und Zweckmäßigkeit.

Bauˈherr (der, -en, -en) Auftraggeber eines Bauprojekts.

Bauˈjahr (das, -es, -e) Jahr der Fertigstellung eines Bauwerks.

Bauˈkasˈten (der, -s, -käsˈten) Bausatz für Kinder. Baukastensystem.

Bauˈklotz (der, -es, -klötˈze) Bauteil aus Holz oder anderem Material in Baukästen. Bauklötze staunen. (ugs.) (sehr staunen, perplex sein); baff sein.

Bauˈkosˈten (die, -, -) Kosten für ein Bauvorhaben. Baukostenzuschuss.

Bauˈland (das, -es, kein Plural) zum Bebauen freigegebenes Grundstück. als Bauland ausgewiesen.

Bauˈleiˈtung (die, -, -en) Leitung eines Bauvorhabens. Bauleiter.

Baum (der, -s, Bäuˈme) 1. Holzgewächs mit meist mehr als fünf Metern Höhe, einem oder mehreren Stämmen und belaubter Krone; 2. Rundholz in der Seemannssprache. Baumkrone; Baumstamm; Baumsterben; baumlang; baumreich; baumstark.

Bauˈmarkt (der, -s, -märkˈte) Geschäft für Baubedarf.

Bauˈmaˈschiˈne (die, -, -n) Gerät, das bei einem Bauvorhaben benötigt wird.

Bauˈmaˈteˈriˈal (das, -s, -riˈaˈliˈen) Material das zum Bauen benötigt wird.

Baumˈbeˈstand (der, -es, -stänˈde) Bestand an Bäumen.

Bäumˈchen (das, -s, -) kleiner Baum.

Bauˈmeisˈter (der, -s, -) Architekt; Erbauer; Baumeisterin.

bauˈmeln (V.) (ugs.) hängen.

bäuˈmen (V., refl.) sich auflehnen.

Baumˈgrenˈze (die, -, -n) bestimmte Höhe über dem Meer, ab der keine Bäume wachsen können; klimabedingte Grenze des aufrechten Baumwuchses. Die montane Baumgrenze schwankt mit der geografischen Breite (sie beträgt in den Alpen 1700–2500 Meter, im tropischen Afrika 4500 Meter über dem Meeresspiegel).

Baumˈgrupˈpe (die, -, -n) eng zusammenstehende Bäume.

Baumˈkroˈne (die, -, -n) Baumwipfel.

baumˈlang (Adj.) hoch gewachsen. ein baumlanger Kerl.

Baumˈrieˈse (der, -n, -n) sehr hoher Baum. die Baumriesen des Urwalds.

Baumˈrinˈde (die, -, -n) äußerste Holzschicht des Baums.

Baumˈschuˈle (die, -, -n) Baumzüchtungsbetrieb; gärtnerische Betriebsform zur Aufzucht von Freilandgehölzen einschließlich Stauden.

Baumˈstumpf (der, -es, -stümpˈfe) abgestorbene Wurzel eines Baumes.

Baumˈwachs (das, -es, -e) Präparat zum Wundverschluss an Holzgewächsen, besonders an Pfropfstellen nach dem Veredeln.

Baumˈwipˈfel (der, -s, -) Baumspitze.

Baumˈwolˈle (die, -, kein Plural) 1. die Samenhaare verschiedener Arten der Malvengattung Gossypium, die zu Baumwollgarn versponnen werden. Aus den zu kurzen Samenhaaren wird Cellulose, aus den Samen Öl gewonnen. Die Pressrückstände werden als Futtermittel genutzt. Die Baumwollfaser ist die wichtigste Textilfaser. Der Marktwert hängt von Länge, Reinheit und Farbe der Samenhaare ab; 2. Webstoff. Adjektiv: baumwollen.

Bauˈordˈnung (die, -, -en) behördliche Vorgabe für das Bauen.

Bauˈplan (der, -s, -pläˈne) Plan für ein Bauvorhaben; Bauskizze; Bauzeichnung; Entwurf; Grundriss; Plan; Skizze. Bauplanung.

Bauˈplatz (der, -es, -plätˈze) Baustelle.

Bauˈpreis (der, -es, -e) Baukosten.

Bauˈrecht (das, -es, -e) Bauvorschriften. Alle Vorschriften über das Bauwesen, die im Bundes-, Landes- oder Ortsrecht enthalten sind. Es umfasst insbesondere das Bauplanungs- und Raumordnungsrecht sowie sicherheitsrechtliche Vorschriften. Es regelt die Beschränkungen der Baufreiheit hinsichtlich privater (Nachbarrecht) und öffentlich-rechtlicher Belange.

bäuˈrisch (Adj.) derb; ungebildet.

Bauˈsatz (der, -es, -sätˈze) fertige Teile eines Ganzen zum Zusammenbauen.

Bausch (der, -es, -e/Bäuˈsche) Wulst; Knäuel. Er hat meinen Vorschlag in Bausch und Bogen (rundweg) abgelehnt. (Die Redensart kommt von den Flurbezeichnungen. Die nach außen verlaufende Linie der Grenze wird als Bausch, die nach innen verlaufende als Bogen bezeichnet. Aus dem Wort »Bausch« hat sich das neulateinische Adjektiv »pauschalis« entwickelt). bauschig; bauschen.

Bauˈschlosˈser (der, -s, -) spez. Bauarbeiter.

Bauˈschuˈle (die, -, -n) Ingenieurschulen für Bauwesen. Die staatlich geprüften Absolventen führen den Titel Bau-, Tiefbau- oder Vermessungsingenieur.

Bau|schutt (der, -s, kein Plural) Müll, der beim Bauen anfällt.
Bau|spar|kas|se (die, -, -n) Zwecksparkassen für den Erwerb von Eigenheimen u. Ä. oder zur Ablösung der hierzu gewährten langfristigen Kredite (Baudarlehen).
Bau|stel|le (die, -, -n) Bauplatz.
Bau|stil (der, -es, -e) Art, etwas zu bauen.
Bau|stoff (der, -es, -e) Baumaterial.
Bau|stopp (der, -s, -s) verhängtes Bauverbot. einen Baustopp verordnen. Ein Baustopp besteht.
Bau|sum|me (die, -, -n) Gesamtkosten eines Bauvorhabens.
Bau|tä|tig|keit (die, -, -en) Bauvorgang. die Bautätigkeit einstellen. Es herrscht eine rege Bautätigkeit.
Bau|teil (das, -s, -e) 1. Teil eines Gebäudes; Bauelement; Baustein; Komponente; 2. Bauteil der Mikroelektronik; Chip.
Bau|trä|ger (der, -s, -) Baufirma; Bauherr.
Bau|vo|lu|men (das, -s, -mi|na) Größe eines Bauvorhabens.
Bau|vor|ha|ben (das, -s, -) Bauprojekt.
Bau|wei|se (die, -, -n) Bauart. Fertigbauweise.
Bau|werk (das, -s, -e) Gebäude.
Bau|xit (der, -s, -e) Mineral zur Aluminiumherstellung; Gemenge von Eisen- und Aluminiumhydroxiden.
Ba|va|ria (die, -, kein Plural) (lat.) 1. lateinischer Name für Bayern; 2. Frauenstatue in München, von L. Schwanthaler entworfen, weibliche Symbolfigur Bayerns.
Ba|va|roise (die, -, kein Plural) (franz.) geschlagene Creme aus Milch, Zucker, Eiern und Gelatine, die mit Sahne und auf Eis gestürzt serviert wird.
Bay|er (der, -n, -n) Der Volksname wird schwach dekliniert. Es heißt: der Bayer, des Bayern, dem Bayern, den Bayern (nicht des Bayers, dem, den Bayer).
Bay|ern (ohne Art., -s, kein Plural) (dt.) Bundesland; Freistaat innerhalb Deutschlands, Hauptstadt München. Bayer; bayerisch; bairisch; bayrisch.
Ba|yeux (frz.) 1. französische Stadt in der Normandie; 2. Museum mit dem berühmten Wandteppich, der die Unterwerfung Englands durch Wilhelm den Eroberer im Jahre 1066 darstellt.
Ba|zil|lus (der, -, -zil|len) (lat.) Krankheitserreger.
Ba|zoo|ka (die, -, -s) (amerik.) tragbare US-Panzerabwehrwaffe.
BBC (Abk.) (engl.) British Broadcasting Corporation; Britische Rundfunkgesellschaft.
BBG (Abk.) **B**undes**b**eamten**g**esetz von 1977. Öffentlich-rechtliche Norm, die die rechtliche Stellung der Beamten gegenüber dem Staat regelt.
BBU (Abk.) **B**undesverband **B**ürgerinitiativen **U**mweltschutz e.V.
Bd. (Abk.) 1. **Band**. Plural: Bde. 2. **Baud** (in der Fernmeldetechnik die Übertragungsrate).
BDA (Abk.) 1. **B**undesvereinigung der **D**eutschen **A**rbeitgeberverbände. 2. **B**und **D**eutscher **A**rchitekten.
BDI (Abk.) **B**undesverband der **D**eutschen **I**ndustrie e.V.
BDLI (Abk.) **B**undesverband der **D**eutschen **L**uft- und Raumfahrt**i**ndustrie.
B-Dur (das, -, kein Plural) Tonart. B-Dur-Tonleiter.
BdV (Abk.) **B**und **d**er **V**ertriebenen; Vereinigte Landsmannschaften und Landesverbände.
Be (Abk.) **Be**ryllium (chemisches Zeichen).
BE (Abk.) **B**rot**e**inheit.
be|ab|sich|ti|gen (V.) abzielen auf; vorhaben.
be|ach|ten (V.) ernst nehmen; berücksichtigen. Beachtung; beachtenswert; beachtlich.
Be|am|te (der, -n, -n) Staatsdiener. Mit der Besorgung eines rechtlich bestimmten Bereiches von Verwaltungsaufgaben Betraute, in einem öffentlich-rechtlichen Verhältnis zum Staat stehende Personen. Beamte unterstehen einem besonderen Disziplinarrecht, sind für ihre Amtsführung auch zivil- und strafrechtlich verantwortlich und haben meist kein oder nur ein beschränktes Streikrecht. Von der grammatikalischen Bestimmung ist das Wort ein substantiviertes Adjektiv und wird wie ein attributives Adjektiv gebeugt: Der Beamte verließ das Büro. Fünf Beamte erschienen nicht zur Arbeit. Er verstand sich als Beamter eines Staatenbundes. Ein Beamter trat in Ruhestand. Wenige Beamte waren überfordert. Nach einem starken Adjektiv wird im Genitiv Plural stark gebeugt: Auf Bestechung hochrangiger Beamter lautete die Anklage. Bei einem Dativ in der Einzahl wird nach einem starken Adjektiv schwach dekliniert: Vorgeladenem Beamten war ein Vergehen vorgeworfen worden. Als Apposition verwendet, kann die starke oder schwache Deklination erfolgen: »Ihm als Beamtem« oder »ihm als Beamten« bzw. »ihr als Beamter« oder »ihr als Beamten wurde dieser Fehler nicht zum Verhängnis«. Die weibliche Form heißt »die Beamtin«. einige Beamte; alle Beamten; Beamtenbeleidigung; Beamtin; Beamtete (*aber:* beamtet).
be|ängs|ti|gend (Adj.) beklemmend; bedrohlich; furchterregend; gefährlich; schrecklich.
be|an|spru|chen (V.) 1. fordern; Anspruch erheben auf; Ansprüche anmelden; einfordern; einklagen; 2. benutzen; in Anspruch nehmen; mit Beschlag belegen; belasten. Beanspruchung.
be|an|stan|den (V.) bemängeln; ablehnen; etwas einwenden; rügen; tadeln.
Be|an|stan|dung (die, -, -en) Beschwerde, Einwand; Einspruch; Kritik; Reklamation.
be|an|tra|gen (V.) Antrag stellen; vorschlagen. Beantragung.
be|ant|wor|ten (V.) erwidern; Auskunft geben.
Be|ant|wor|tung (die, -, kein Plural) Antwort; Auskunft. Die amtliche Floskel »in Beantwortung Ihrer Anfrage« gilt als umständlich und unschön.
be|ar|bei|ten (V.) sich befassen mit; beeinflussen. Bearbeitung; Sachbearbeiter.
be|arg|wöh|nen (V.) misstrauen.
Bé|ar|naise (die, -, kein Plural) (franz.) kalte Soße (Weißwein, Butter, Eigelb, Estragon).
Beat (der, -/-s, kein Plural) (engl.) Musikrichtung; Popmusik der 1960er-Jahre.
Beat|ge|ne|ra|ti|on (*auch:* Beat-Ge|ne|ra|ti|on) (die, -, kein Plural) (engl.) Gruppe von Jugendlichen mit antibürgerlicher Protesthaltung in den USA um 1955; Beatnik.

Beˈaˈtiˈfiˈkaˈtiˈon (die, -, -tiˈoˈnen) Seligsprechung.
beˈaˈtiˈfiˈzieˈren (V.) selig sprechen.
beˈatˈmen (V.) Sauerstoff zuführen. Beatmung; Beatmungsgerät.
Beau (der, -, -s) (franz.) Schönling.
Beauˈfortˈskaˈla (*auch:* Beauˈfort-Skaˈla) (die, -, kein Plural) (engl.-ital.) 17-teilige Skala der Windstärken.
beˈaufˈsichˈtiˈgen (V.) überwachen. Beaufsichtigung.
beˈaufˈtraˈgen (V.) ermächtigen; befehlen. Beauftragte.
beˈäuˈgen (V.) anschauen.
Beauˈjoˈlais (der, -, -) (franz.) Rotwein aus dem Gebiet der Monts du Beaujolais in Mittelfrankreich, an der Loire.
Beauˈty (*auch:* Beauˈté) (die, -, -s) (engl.) schöne Frau. Beautyfarm (*auch:* Beauty-Farm).
beˈbauˈen (V.) 1. anbauen (auf dem Feld); 2. bauen (ein Grundstück mit Gebäude bebauen). Bebauung; Bebauungsplan.
beˈben (V.) zittern; bangen; pulsieren. Beben; Erdbeben.
beˈbilˈdern (V.) illustrieren. Bebilderung.
Beˈbop (der, -/-s, -s) Jazzstil der 1940er-Jahre (Saxofon, Klavier, Trompete, Schlagzeug und Bass in Quintettbesetzung).
beˈbrillt (Adj.) mit Brille.
Béˈchaˈmelˈsoˈße (*auch:* Béˈchaˈmelˈsauˈce) (die, -, -n) weiße Soße. Béchamelkartoffeln.
Beˈcher (der, -s, -) Trinkgefäß. V.: bechern.
beˈcirˈcen (*auch:* bezirzen) (V.) betören; verführen.
Beˈcken (das, -s, -) 1. Wasserbehälter; Bassin; Schwimmbecken; Spülbecken; Waschbecken. 2. Mulde; Talsenke; 3. Knochenring; Hüfte.
Beckˈmesˈseˈrei (die, -, kein Plural); Kritik; Nörgelei; Pedanterie. (Nach der Gestalt des neidischen Beckmesser in Wagners Meistersingern genannt.)
Becˈqueˈrel (das, -s, -) (Zeichen: Bq) Maßeinheit für Radioaktivität. 1 Bq entspricht einem Zerfallsakt pro Sekunde.
beˈdacht (Adj.) besonnen. Er ist auf gute Kleidung bedacht (achtet auf). mit Bedacht; Bedachtsamkeit; bedachtsam.
Beˈdacht (der, -s, kein Plural) Besonnenheit. *Großschreibung:* mit Bedacht; auf etwas Bedacht nehmen; mit Bedacht auswählen; seine Worte voll Bedacht wählen; Ohne Bedacht gab er Antwort. Bedachtsamkeit; bedachtsam.
beˈdächˈtig (Adj.) langsam; sacht. Bedächtigkeit.
beˈdanˈken (V., refl.) danken.
Beˈdarf (der, -s, -e) Erfordernis; Nachfrage; Anspruch. Die einzig korrekte Präposition nach Bedarf ist »an«. Im Osten ist der Bedarf an Gebrauchtfahrzeugen gestiegen. Sie haben keinen Bedarf mehr an Trabanten. In der Kaufmannssprache ist dagegen auch noch die Anbindung mit »in« möglich: Bedarf in Heizöl, in exotischen Früchten haben. Bedarfsartikel; im Bedarfsfall; bedarfsgerecht; bedürfen.
Beˈdarfsˈhalˈteˈstelˈle (die, -, -n) hier hält ein Linienbus nur, wenn Fahrgäste ein- oder aussteigen wollen. Kein Aufenthalt.
beˈdauˈern (V.) bemitleiden. Bedauern; bedauerlich; bedauerlicherweise; bedauernswert.
beˈdeˈcken (V.) zudecken. Der Himmel ist bedeckt. sich bedeckt halten (seine Meinung zu etwas nicht äußern). Bedeckung.
beˈdenˈken (V., bedachte, hat bedacht) durchdenken. etwas zu bedenken geben (etwas in Erwägung ziehen) (aus: Friedrich Schiller, »Wilhelm Tell«: Wer gar zu viel bedenkt, wird wenig leisten).
Beˈdenˈken (das, -s, kein Plural) Vorbehalt. Nach »Bedenken« sind die Präpositionen »gegen« und »über« möglich. Bedenken gegen etwas haben: äußern, erheben, vortragen; Bedenken über etwas vorbringen. Schwierigkeiten bereitet oft die Verneinung der abhängigen Infinitivgruppe. In ihr steht das Gegenteil dessen, was der Bedenkenhabende für richtig hält. Der Satz: »Ich habe Bedenken, diese Nachricht weiterzuleiten« bedeutet, dass ich die Nachricht lieber nicht weiterleiten möchte. Der Satz: »Ich habe Bedenken, diese Nachricht nicht weiterzuleiten« meint hingegen, dass es besser wäre, die Nachricht weiterzuleiten. Die Verneinung bedeutet also keine Verstärkung der Bedenken. Bedenklichkeit; Bedenkzeit; bedenklich; bedenkenlos.
beˈdeuˈten (V.) 1. meinen; 2. besagen. In dieser Verwendung folgt in der Regel ein Akkusativ. Steht in solchen Sätzen ein bestimmter oder unbestimmter Artikel, darf nach »bedeuten« kein Nominativ folgen: Diese Aufnahme bedeutete für die Band den ersten Hit. 3. so viel sein wie. In dieser Verwendung kann in Sätzen mit Artikel ein Nominativ folgen: »Dieser Hit bedeutete für die Band das erste große Geld«. Wird das Verb im Sinne von »zu verstehen geben, signalisieren« gebraucht, folgt ein Dativ: »sie bedeutete ihm, zu gehen«. Bedeutung; Bedeutungslosigkeit; Bedeutsamkeit; bedeutsam; bedeutungsvoll; bedeutungslos.
beˈdeuˈtend 1. (Adj.) beträchtlich; groß; 2. (Adv.) sehr. Die Preise sind um ein Bedeutendes (sehr) gestiegen. etwas/nichts/viel/wenig Bedeutendes; nichts von Bedeutung; an Bedeutung gewinnen.
Beˈdeuˈtung (die, -, kein Plural) Inhalt; Sinn. Hat das Substantiv einen beifügenden Genitiv bei sich, folgt eine mit »als« angeschlossene Apposition normalerweise im Nominativ. Die Bedeutung Hemingways als großer Schriftsteller ist unbestritten. Er leugnet die Bedeutung des Urnengangs als demokratischer Akt der Partizipation. Bedeutsamkeit; Bedeutungsangabe; Bedeutungslehre; Bedeutungslosigkeit; Bedeutungsunterschied; Bedeutungsverlust; Bedeutungswandel; Bedeutungswörterbuch. bedeutsam; bedeutungslos; bedeutungsschwanger; bedeutungsschwer.
beˈdieˈnen (V.) behilflich sein; sich zunutze machen.
Beˈdiensˈteˈter (der, -n, Beˈdiensˈteˈte) Beamte; Bediente; Diener. Diese Bezeichnung wird wie ein attributives Adjektiv gebeugt: Der Bedienstete verließ das Amt. Fünf Bedienstete erschienen nicht zur Arbeit. Er verstand sich als Bediensteter eines Weltkonzerns. Ein Bediensteter trat in Streik.
Beˈdienˈter (der Bediente, des Bedienten, die Bedienten) Diener.
Beˈdieˈnung (die, -, kein Plural) 1. Benutzung eines Gerätes; Betätigung; Gebrauch; Handhabung; Steuerung; 2. (kein Plural) Aufwartung; Bewirtung; Dienstleistung; 3. (ugs.) Kellner; Serviererin.

Beˈdieˈnungsˈanˈleiˈtung (die, -, -en) Gebrauchsanweisung für einen Gegenstand.
beˈdingt (Adj.) eingeschränkt; mit Vorbehalt; vorbehaltlich; nicht in jedem Fall; nicht unbedingt.
Beˈdinˈgung (die, -, -en) 1. Voraussetzung; Vorbedingung; 2. Kondition; 3. Vereinbarung. Adjektive: bedingungslos; bedingungsweise.
beˈdränˈgen (V.) belagern; belästigen. Bedrängnis; Bedrängte; Bedrängung.
beˈdroˈhen (V.) 1. drohen; 2. gefährden. Bedrohung; Bedrohlichkeit; bedrohlich.
beˈdrüˈcken (V.) 1. bedrängen; 2. betrüben. Bedrückung; bedrückend.
Beˈduˈiˈne (der, -n, -n) (arab.) arabischer Wüstenbewohner; arabische Hirtennomaden in den Steppen und Wüsten Vorderasiens und Nordafrikas, vorwiegend Kamelzüchter.
beˈdürˈfen (V., bedurfte, hat bedurft) brauchen. *Beachte:* mit Genitiv! Er bedarf meiner Unterstützung. In Kombination mit »es« und wenn das Objekt keinen Artikel bei sich hat, kann auch ein Akkusativ folgen: Dazu bedarf es hauptsächlich umfangreiches Wissen (statt dazu bedarf es hauptsächlich eines umfangreichen Wissens).
Beˈdürfˈnis (das, -ses, -se) 1. Bedarf; Kaufinteresse; Nachfrage; 2. Notwendigkeit; 3. Verlangen.
Beˈdürfˈnisˈanˈstalt (die, -, -en) öffentliche Toilette.
beˈdürfˈnisˈlos (Adj.) bescheiden.
Beˈdürfˈtigˈkeit (die, -, kein Plural) Armut.
beˈdürfˈtig (Adj.) arm.
beˈduˈseln (V., refl.) (ugs.) sich betrinken.
Beefˈsteak (das, -s, -s) Stück Rindfleisch. 1. gebratenes Rinderlendenstück; 2. deutsches Beefsteak (gehacktes, gebratenes Rindfleisch).
beˈeiˈden (*auch:* beˈeiˈdiˈgen) (V.) beschwören. Ohne einen Bedeutungsunterschied werden die Verben »beeiden« und »beeidigen« im Sinne von »beschwören« gebraucht.
beˈeiˈlen (V., refl.) rasch machen; keine Zeit verlieren; sich eilen; sich sputen.
Beˈeiˈlung (die, -, kein Plural) Eile.
beˈeinˈdruˈcken (V.) imponieren; Eindruck machen; Aufsehen erregen; Bewunderung hervorrufen. Adjektiv: beeindruckend.
beˈeinˈflusˈsen (V.) 1. bestimmen; 2. einwirken. Beeinflussung; Beeinflussbarkeit; beeinflussbar.
beˈeinˈträchˈtiˈgen (V.) 1. behindern; 2. verschlechtern. jemanden beeinträchtigen (ihn benachteiligen, ihm schaden). (Der Ausdruck hat mit der Eintracht nichts zu tun. Er geht vielmehr zurück auf die Einträge beim Weben, das sind Querfäden in einem Gewebe, die die Weber behinderten.) Beeinträchtigung.
Beelˈzeˈbub (der, -, kein Plural) (hebr.) Teufel. (hebr. Herr der Fliegen) Gott der Philisterstadt Ekron. Im Judentum und Neuen Testament der oberste Teufel.
beˈenˈden (*auch:* beˈenˈdiˈgen) (V.) abschließen; abbrechen; ein Ende bereiten; einen Schlusspunkt setzen. Beendigung.
beˈenˈgen (V.) einengen; einschränken. Beengtheit; Beengung.
beˈerˈben (V.) ein Erbe antreten. Ich allein habe meine Tante beerbt. In der Regel wird das Verb »beerben« in der Bedeutung von »ein Erbe antreten« gebraucht: Die Söhne haben ihren Vater beerbt. Die ältere Bedeutung »jemanden als Erbe einsetzen« ist gelegentlich noch in der Rechtssprache üblich.
beˈerˈdiˈgen (V.) bestatten; begraben.
Beˈerˈdiˈgung (die, -, -en) Begräbnis; Beisetzung; Bestattung; Grablegung; Totenfeier; Trauerfeier.
Beeˈre (die, -, -n) Frucht. Beerenwein; Beeren tragend; beerenförmig.
Beet (das, -s/-es, -e) Blumen- oder Gemüseanpflanzung. Gartenbeete. *Aber:* Rote (*auch:* rote) Beete (*auch:* Bete).
Beeˈte (*auch:* Beˈte) (die, -e, -n) Rübe.
beˈfäˈhiˈgen (V.) ermöglichen; erlauben. Befähigung.
beˈfahˈren (V., befuhr, hat befahren) fahren auf. Befahrbarkeit; befahrbar.
beˈfalˈlen (V., befiel, hat befallen) erfassen. Befall.
beˈfanˈgen (Adj.) 1. scheu; schüchtern; 2. parteiisch; voreingenommen.
Beˈfanˈgenˈheit (die, -, kein Plural) die fehlende Unvoreingenommenheit bei der Entscheidungsfindung von Richtern. Wegen Befangenheit vom Verfahren ausgeschlossen.
beˈfasˈsen (V., refl.) sich beschäftigen mit. In der Amtssprache kommt »befassen« (analog zu »beschäftigen«) auch transitiv verwendet vor: Er befasste die Gerichte. Standardsprachlich ist der reflexive Gebrauch des Verbs: sich mit jemandem, mit etwas befassen.
beˈfehˈlen (V.) anordnen; gebieten; veranlassen.
Beˈfehl (der, -s, -e) Anordnung. Befehlston; Befehlsform (Imp.); befehlsgemäß; befehlswidrig.
beˈfehˈliˈgen (V.) Befehlsgewalt haben; befehlen über; kommandieren.
Beˈfehlsˈgeˈwalt (die, -, -en) 1. Kommando; Oberbefehl; 2. Amtsgewalt; Regierungsgewalt.
beˈfeinˈden (V.) bekämpfen.
beˈfesˈtiˈgen (V.) 1. fest machen; fixieren; 2. Bollwerk errichten; stärken. Befestigung; Befestigungsanlage.
Beˈfesˈtiˈgungsˈanˈlaˈge (die, -, -n) Festung; Verteidigungsanlage.
beˈfeuchˈten (V.) anfeuchten. Befeuchtung.
beˈfeuˈern (V.) heizen; beschießen.
Beˈfeuˈeˈrung (die, -, -en) 1. (Luftfahrt) Sichthilfen für Start, Anflug, Landung; 2. (Schifffahrt) Leuchtfeuer vor Hafeneinfahrten, bei Untiefen und Hindernissen.
Beffˈchen (das, -s, kein Plural) weißer Halskragen der Amtstrachten von protestantischen Geistlichen und Richtern.
beˈfinˈden (V., befand, hat befunden) 1. einschätzen; 2. bestimmen; nach genauer Prüfung zu einer Ansicht kommen. wird mit »als« oder »für« verwendet: für bzw. als schuldig befunden; 3. sich aufhalten; 4. sich fühlen. Befinden.
beˈfindˈlich (Adj.) vorhanden. *Beachte:* das im Tresor befindliche Geld, *aber:* das sich im Tresor befindende (*nicht:* befindliche) Geld.
beˈfinˈgern (V.) (ugs.) betasten.
beˈflagˈgen (V.) mit Fahnen schmücken. Beflaggung.
beˈfleˈcken (V.) 1. beschmutzen; verunreinigen; 2. entehren. Befleckung; unbefleckt.
beˈfleiˈßiˈgen (V., refl.) sich anstrengen; bemühen um etwas. *Beachte:* mit Genitiv! Er befleißigte sich einer deutlichen Aussprache.

beˈflisˈsen (Adj.) 1. strebsam; 2. eifrig. Beflissenheit; beflissentlich; kunstbeflissen.

beˈflüˈgeln (V.) beleben; beschleunigen.

beˈfolˈgen (V.) 1. beachten; 2. gehorchen; sich halten an; sich richten nach; sich unterwerfen. Befolgung.

beˈförˈdern (V.) 1. transportieren; 2. höher stufen; aufsteigen. beförderbar.

Beˈförˈdeˈrung (die, -, -en) 1. Transport; Personenbeförderung. 2. Aufstieg; Rangerhöhung; Ernennung.

Beˈförˈdeˈrungsˈmitˈtel (das, -s, kein Plural) Verkehrsmittel.

Beˈförˈdeˈrungsˈsteuˈer (die, -, -n) Steuer für gewerbsmäßige Beförderung von Personen und Gütern auf Schiene und Straße.

beˈfrachˈten (V.) beladen. Befrachtung.

beˈfrackt (Adj.) mit Frack.

beˈfraˈgen (V.) erfragen; untersuchen; interviewen; verhören. Befragung.

Beˈfraˈgung (die, -, -en) 1. Meinungsumfrage; demoskopische Untersuchung; Interview; 2. Ermittlung; Verhör.

beˈfreiˈen (V.) 1. freilassen; 2. losmachen; sich entledigen; 3. sich befreien; emanzipieren. Befreiungskampf.

Beˈfreiˈer (der, -s, kein Plural) Retter.

Beˈfreiˈung (die, -, -en) 1. Beurlaubung; Dispens; Freistellung; 2. Errettung; Rettung; 3. Emanzipation.

beˈfremˈden (V.) verwundern. Befremdung; befremdlich; befremdend.

Beˈfremˈden (das, -s, kein Plural) Erstaunen; Überraschung; Staunen; Verwunderung.

beˈfremdˈlich (Adj.) merkwürdig; seltsam; eigenartig.

Beˈfrieˈdiˈgung (die, -, -en) 1. Genugtuung; 2. Zufriedenheit. Adjektiv: befriedigend. Verb: befriedigen.

Beˈfrieˈdung (die, -, kein Plural) einem Land den Frieden geben. befrieden.

beˈfrisˈten (V.) beschränken; begrenzen; terminieren. Befristung.

beˈfruchˈten (V.) 1. besamen; zeugen; bestäuben; inseminieren; schwängern; 2. anregen. Befruchtung.

Beˈfruchˈtung (die, -, -en) Besamung; Bestäubung.

Beˈfugˈnis (die, -, -se) Berechtigung; Erlaubnis. Adjektiv: befugt. Verb: befugen.

Beˈfund (der, -s/-es, -e) Endergebnis; Diagnose.

beˈfürchˈten (V.) fürchten; ahnen; besorgt sein. Befürchtung.

beˈfürˈworˈten (V.) unterstützen; sich einsetzen für; sich verwenden für. Befürworter.

Beˈfürˈworˈtung (die, -, kein Plural) Empfehlung; Zustimmung.

beˈgabt (Adj.) talentiert; fähig; intelligent. Begabte; Begabtenförderung; Begabung.

Beˈgaˈbung (die, -, -en) Talent; Anlage; Befähigung; Gabe.

beˈgatˈten (V.) befruchten. Begattung.

beˈgeˈben (V., refl., begab, hat begeben) 1. geschehen; gehen; sich ereignen; 2. gehen nach. Begebenheit.

Beˈgeˈbenˈheit (die, -, -en) Ereignis.

beˈgegˈnen (V., ist) 1. sich treffen; 2. widerfahren; zustoßen. Begegnung.

Beˈgegˈnung (die, -, -en) 1. Treffen; Zusammenkunft; Zusammentreffen; 2. Wettkampf; 3. Erlebnis.

beˈgeˈhen (V., beging, hat begangen) 1. betreten; 2. feiern; tun. Begehung; Begehbarkeit; begehbar.

Beˈgehr (das, der, -s, kein Plural) starker Wunsch (veraltet).

beˈgehˈren (V.) 1. benötigen; 2. verlangen; sich sehnen nach; (ugs.) Lust haben auf; versessen sein auf. Begehren; begehrenswert.

Beˈgehrˈlichˈkeit (die, -, -en) Lüsternheit. begehrlich.

begehrt (Adj.) gefragt; gesucht; beliebt; gängig; oft verlangt.

beˈgeisˈtern (V.) 1. hinreißen; mitreißen; entflammen; hinreißen; in Begeisterung versetzen. 2. sich begeistern; mitgerissen werden; begeistert sein; Feuer fangen (ugs.).

Beˈgeisˈteˈrung (die, -, kein Plural) Enthusiasmus; Entzücken; Euphorie; Überschwang. Begeisterung empfinden. begeisterungsfähig.

Beˈgierˈde (die, -, -n) Leidenschaft; Verlangen. Adjektiv: begierig.

Beˈgiˈne (die, -, -en) Angehörige einer religiösen Frauengemeinschaft, um 1200 in den Niederlanden entstanden.

beˈginˈnen (V., begann, hat begonnen) anfangen.

Beˈginn (der, -s, kein Plural) 1. Anfang; 2. Entstehung.

Beˈginˈnen (das, -s, kein Plural) 1. Absicht; Vorhaben; 2. Handlung.

beˈglauˈbiˈgen (V.) 1. bestätigen; bezeugen; 2. bescheinigen; garantieren; als echt anerkennen; für gültig erklären; 3. legalisieren; legitimieren. eine beglaubigte Kopie.

Beˈglauˈbiˈgung (die, -, -en) 1. Bescheinigung; Bestätigung; Stempel; 2. Akkreditierung; Legalisierung; Legitimierung. Beglaubigungsschreiben.

beˈgleiˈchen (V., beglich, hat beglichen) bezahlen. Das Verb »begleichen« im Sinne von »bezahlen« kann nur verwendet werden, wenn durch die Handlung eine bis dato offene Schuld egalisiert wird: Er hat seine Rechnung beglichen. Um auszudrücken, dass man eine Ware oder eine Leistung bezahlt, kann dieses Verb nicht verwendet werden. Falsch ist also: Ich muss die Miete, die Lebensmittel etc. begleichen. Begleichung.

beˈgleiˈten (V.) 1. geleiten; Geleit geben; 2. musikalisch unterstützen. *Beachte:* mit Akkusativ! Sie begleitete mich in die Stadt. Mit Präposition »auf« auch Dativ möglich: Begleitest du ihn auf seiner Fernostreise? Begleiterscheinung; Begleitumstand (*aber:* die begleitenden Umstände).

Beˈgleiˈter (der, -s, kein Plural) Gefährte; Weggefährte; (ugs.) Aufpasser; Ratgeber. Begleiterin; Begleitung.

beˈglückˈwünˈschen (V.) gratulieren. Beglückwünschung.

beˈgnaˈdet (Adj.) begabt.

Beˈgnaˈdiˈgung (die, -, -en) Straferlass; der vom Bundespräsidenten oder Ministerpräsidenten eines Bundeslandes ausgesprochene Erlass einer Strafe nach rechtskräftig gewordenem Urteil; Amnestie; Strafaussetzung. Verb: begnadigen.

beˈgnüˈgen (V., refl.) sich bescheiden; sich zufriedengeben.

Beˈgoˈnie (die, -, -n) Zierpflanze aus der Gattung der Schiefblattgewächse; tropischer Kräuter und Sträucher mit asymmetrischen Blättern. Topf- und Gartenpflanze.

beˈgraˈben (V., begrub, hat begraben) beerdigen. etwas begraben können (ugs.); (keine Aussicht auf Erfolg haben); sich etwas abschminken können. Dort möchte ich nicht begraben sein (das ist eine trostlose Gegend).

Be|gräb|nis (das, -ses, -se) Beerdigung; Beisetzung; Bestattung. Verb: begraben.

be|gra|di|gen (V.) gerade machen; ausgleichen. Begradigung.

be|grap|schen (*auch:* be|grab|schen) (V.) (ugs.) gierig betasten.

be|grei|fen (V., begriff, hat begriffen) 1. verstehen; 2. berühren. Adjektiv: begreiflich; begreiflicherweise.

be|gren|zen (V.) 1. beschränken; 2. einfassen. Begrenzung; Begrenztheit; begrenzt.

Be|griff (der, -s, -e) Bedeutungsinhalt; Vorstellung. Begriffsbestimmung; begriffsmäßig; begriffsstutzig; begrifflich; begreifen. Der Rhein ist im Begriff völlig umzukippen; der Rhein ist im völligen Umkippen begriffen.

be|grei|fen (V., begriff, hat begriffen) erkennen; verstehen.

be|griff|lich (Adj.) abstrakt.

be|griffs|stut|zig (Adj.) schwer von Begriff; langsam; nicht besonders klug; schwerfällig.

be|grün|den (V.) 1. Grundlage haben; 2. belegen. Begründung; begründend.

Be|grün|der (der, -s, kein Plural) Gründer; Stifter.

be|grü|nen (V.) bepflanzen. Begrünung.

be|grü|ßen (V.) 1. willkommen heißen; 2. befürworten. Begrüßung; begrüßenswert. Ich möchte Sie herzlich als neuen Kollegen (*nicht:* als neuer Kollege!) begrüßen!

be|grü|ßens|wert (Adj.) erfreulich.

Be|gum (die, -, kein Plural) angloindischer Titel indischer Fürstinnen.

be|güns|ti|gen (V.) unterstützen; bevorzugen. Begünstigung.

be|gut|ach|ten (V.) prüfen. Begutachtung; Begutachter.

be|gü|tert (Adj.) reich.

be|gü|ti|gen (V.) beruhigen; besänftigen.

be|hä|big (Adj.) träge; schwerfällig. Behäbigkeit.

be|ha|gen (V.) gefallen. Behagen; Behaglichkeit; behaglich.

Be|ha|gen (das, -s, kein Plural) Zufriedenheit.

be|hag|lich (Adj.) geborgen; gemütlich. Behaglichkeit.

be|hal|ten (V., behielt, hat behalten) 1. festhalten; nicht aus der Hand geben; zurückbehalten; 2. sich einprägen; sich etwas merken; 3. etwas aufbewahren.

Be|häl|ter (*auch:* Be|hält|nis) (der, -s, -) Gefäß; Behältnis; Hülle; Kiste; Schachtel. Verb: behalten.

be|häm|mert (Adj.) (ugs.) verrückt.

be|han|deln (V.) 1. bearbeiten; umgehen mit; 2. ärztlich versorgen; kurieren; 3. ein Thema behandeln; handeln von. Behandlung.

be|hän|de (Adj.) flink, geschickt; gewandt. Behändigkeit.

Be|hand|lung (die, -, -en) 1. Anwendung; Handhabung; Umfang; 2. ärztliche Versorgung; Heilbehandlung; Therapie; 3. Bearbeitung eines Materials; 4. Behandlung eines Themas.

be|hän|gen (V., behing, behangen) verhängen; schmücken. Das transitive Verb »behängen« bildet das 2. Partizip »behängt«: Sie hatten den Weihnachtsbaum behängt (nicht »behangen«). In der Bedeutung »mit etwas Herabhängendem versehen«, das aber nicht dort aufgehängt worden war, wird ein selbstständiges 2. Partizip »behangen« in adjektivischer Funktion gebraucht: »der Baum war mit schönen roten Äpfeln behangen«. In einigen Fällen ist beides möglich, es kommt auf den Sinn der Aussage an: die Wände waren behängt (die Betonung liegt auf dem Behängen durch jemanden). Die Wände waren behangen (die Betonung liegt auf der Einrichtung und Ausschmückung der Wände). Behang.

be|har|ren (V.) 1. bestehen; 2. festhalten. *Beachte:* mit der Präposition »auf« immer mit Dativ! Ich beharre auf meinem Recht. Beharrlichkeit; beharrlich.

be|haup|ten (V.) erklären; bestehen; 1. Behauptung aufstellen; sagen; 2. beschuldigen; unterstellen; 3. (refl.) sich behaupten; sich durchsetzen; standhaft bleiben. Behauptung.

Be|haup|tung (die, -, -en) 1. Annahme; Hypothese; These; 2. Lehre; 3. Meinung.

Be|hau|sung (die, -, -en) Wohnung; Unterkunft. Verb: behausen.

Be|ha|vi|o|ris|mus (der, -, kein Plural) (engl.-nlat.) Lehre, die alles Verhalten auf Reiz und Reaktion zurückführt.

be|he|ben (V., behob, hat behoben) beseitigen; reparieren. Behebung.

be|hei|ma|tet (Adj.) ansässig. Beheimatung; beheimaten.

be|hei|zen (V.) heizen. Wenn kein Objekt genannt wird, kann nur das Verb »heizen« verwendet werden. Im Sommer wird nicht geheizt. Man heizt hier. Mit dem Objekt ist zu unterscheiden, ob man nur die Tatsache des Heizens ausdrücken will, oder ob angegeben wird, auf welche Art geheizt wird, bzw. dass etwas mit Wärmeenergie versehen wird: Im Sommer wird das Haus nicht geheizt. Morgens heizt die Mutter den Ofen. Der Ofen wird mit Holz beheizt. Das Anwesen wird mit Fernwärme beheizt. Die Stadtwerke beheizen über 10 000 Wohnungen.

Be|helf (der, -s, -e) Notlösung. Behelfsheim; Behelfsunterkunft; behelfsweise; behelfsmäßig; sich behelfen.

be|hel|fen (V., refl.) sich behelfen; sich zu helfen wissen; sich forthelfen; sich weiterhelfen. Ich behelfe mich (*auch:* mir) mit einem Provisorium.

be|hel|li|gen (V.) belästigen. jemanden behelligen (jemanden ärgern, verdrießen, jmdm. lästig werden). Behelligung.

Be|hen|nuss (*auch:* Ben|nuss) ölhaltige Frucht eines afrikanischen Baumes.

be|her|ber|gen (V.) unterbringen. Beherbergung.

be|herr|schen (V.) 1. Gewalt ausüben; herrschen; unterdrücken; 2. im Griff haben; können; 3. (refl.) sich beherrschen; sich in der Gewalt haben; sich mäßigen; sich zusammenreißen; Fassung bewahren. Beherrscher; Beherrschbarkeit; Beherrschtheit.

Be|herr|schung (die, -, kein Plural) 1. Besonnenheit; Fassung; Disziplin; Selbstbeherrschung; 2. geschickter Umgang; Können. die Beherrschung verlieren (aufbrausen).

Be|herr|schungs|ver|trag (der, -es, -trä|ge) Vertrag, durch den ein Unternehmen seine Leitung einem anderen Unternehmen unterstellt.

be|her|zi|gen (V.) beachten; befolgen. Beherzigung.

be|herzt (Adj.) entschlossen. mutig. Beherztheit.

be|hilf|lich (Adj.) dienlich.

be|hin|dern (V.) erschweren; hemmen; hinderlich sein. Behinderte; Behinderung. behindert; behindertengerecht. die geistig Behinderten, *aber:* er ist geistig behindert.

Be|hör|de (die, -, -n) Amt. rechtlich organisierte Einheit von Ämtern mit sachlich und örtlich umgrenzter staatlicher Verwaltungsaufgabe. behördlich.

Be|hör|den|deutsch (das, -s, kein Plural) Amtsdeutsch; Kanzleistil.

Be|hör|den|weg (der, -s, -e) Dienstweg.

be|hufs (Präp.) zum Zweck. Die Präposition »behufs« verlangt den Genitiv und gehört in dieser Kombination der Amtssprache an. Die stilistisch unschöne Wendung kann durch »zum Zweck«, die Präposition »zu« oder eine Infinitivgruppe ersetzt werden. Behufs Bearbeitung Ihrer Anfrage: zum Zweck der Bearbeitung; zur Bearbeitung.

be|hü|ten (V.) bewahren; schützen. Behütung; Behüt euch Gott!

be|hut|sam (Adj.) vorsichtig; sacht. Behutsamkeit.

bei 1. (Präp., lok., Dat.) nahe; neben. bei München; beim Bäcker; 2. (Präp., temp., Dat.) Angabe des Zeitpunkts. bei Sonnenaufgang; beim Mittagessen; 3. (Präp., mod., Dat.) Angabe des Umstands. bei Aquaplaning; bei dieser Kälte; bei Weitem (*auch:* bei weitem); bei all(e)dem; 4. wobei.

Bei (*auch:* Bey) (der, -s, -s) türkischer Titel. für höhere Beamte und Offiziere.

bei|be|hal|ten (V., behielt bei, hat beibehalten) festhalten; bewahren. Beibehaltung.

Bei|boot (das, -s/-es, -e) Rettungsboot.

bei|brin|gen (V., brachte bei, hat beigebracht) lehren; erklären; jmdm. etwas beibringen. Beibringung.

Beich|te (die, -, -n) Geständnis; Bekenntnis; Sündenbekenntnis zur Befreiung von Schuld, üblich bei nicht christlichen und v. a. christlichen Religionen. In der katholischen Kirche die persönliche, geheime Beichte, in der evangelischen Kirche ohne den Rang eines Sakraments. Beichtgeheimnis; Beichtstuhl; Beichtvater; beichten.

bei|de (Indefinitpron./Zahlw.) alle zwei. Wird immer klein geschrieben! wir beide; die beiden; mit euer beider Hilfe; beidarmig; beidbeinig; beide Mal(e); beiderlei; beiderseitig; beiderseits (mit Genitiv!); beidfüßig; beidhändig (*aber*: Beidhänder); beidseitig.

bei|ei|n|an|der (Adv.) nahe zusammen. beieinanderstehen; beieinanderbleiben. *Aber:* beieinander sein.

Bei|fah|rer (der, -s, -) Mitfahrer; Kopilot, Fahrgast. Beifahrersitz.

Bei|fall (der, -s, kein Plural) 1. Applaus; Zustimmung; Jubel; Klatschen; Ovation; 2. Anerkennung. Beifallsbekundung; Beifallssturm; Beifall heischend (*auch:* beifallheischend); beifallsfreudig.

bei|fäl|lig (Adj.) bejahend.

bei|fü|gen (V.) hinzufügen; anfügen; anheften; beigeben; beilegen; beiordnen.

Bei|fü|gung (die, -, -en) Beilage; Zusatz.

Bei|fuß (der, -es, kein Plural) Gewürzpflanze.

Bei|ga|be (die, -, -n) Beilage; Zugabe.

beige (Adj.) (franz.) sandfarben; chamois; cremefarben; elfenbeinfarben; falb; gelblich; sandfarben. ein beige Pullover, ein beiger Pullover, ein beigefarbener Pullover. *Aber:* ein Pullover in Beige. beigefarben; beigefarbig. Beige.

Bei|ge (das, -, -/ugs. -s) beige Farbe.

bei|ge|ben (V., gab bei, hat beigegeben) hinzufügen. klein beigeben (sich fügen, nachgeben). (Der Ausdruck kommt aus dem Kartenspiel, bei dem man, wenn man nicht stechen will, eine geringere Karte beigibt.).

Bei|ge|ord|ne|ter (der Beigeordnete, des Beigeordneten, die Beigeordneten) Stadtrat; Abgeordneter; Beauftragter.

Bei|ge|schmack (der, -s, kein Plural) Nebengeschmack.

Bei|g|net (der, -s, -s) (franz.) ölgebackenes Fruchtstück in Teig.

Bei|hil|fe (die, -, -n) 1. finanzielle Unterstützung; 2. in der Rechtswissenschaft tätige Unterstützung; bewusstes und gewolltes Zusammenwirken mit dem Täter bei der Ausführung der Tat. wegen Beihilfe zum Diebstahl verurteilt.

Bei|jing (kein Art., -s, kein Plural) Name für Peking, Hauptstadt der VR China.

bei|kom|men (V., kam bei, ist beigekommen) gewachsen sein.

beil. (Abk.) beiliegend.

Bei|la|ge (die, -, -n) 1. Anlage zu Schriftstück; Beiblatt; 2. Zutat zu Hauptgericht.

bei|läu|fig (Adj.) nebenbei. Beiläufigkeit.

bei|le|gen (V.) 1. beifügen; dazulegen; 2. beenden; aussöhnen; bereinigen; schlichten.

Bei|le|gung (die, -, kein Plural) Ende. Kommt von »beilegen« und meint: eine Differenz schlichten, aus der Welt schaffen.

bei|lei|be (Adv.) (nur verneint!) wahrhaftig. Ich bin beileibe nicht (wirklich nicht) geizig.

Bei|leid (das, -s, kein Plural) Anteilnahme; bei einem Todesfall; Kondolenz; Mitgefühl; Teilnahme. Beileid aussprechen (kondolieren). Beileidsbezeigung/-bezeugung.

bei|lie|gend (Adj.) beigefügt. *Aber:* das Beiliegende.

beim (Präp. + Art.) bei dem. alles beim Alten lassen.

bei|men|gen (V.) beifügen. Beimengung.

bei|mes|sen (V., maß bei, hat beigemessen) zuschreiben; ableiten; herleiten; verantwortlich machen; zuerkennen.

bei|mi|schen (V.) beifügen; untermischen. Beimischung.

Bein (das, -s, -e) 1. Gliedmaße; Extremität(en); Haxen (ugs.); Schenkel; Schienbein; Schlegel; Wade; 2. Ständer; Stützbein; Stütze. Beinprothese; X-Beine; O-Beine; Stuhlbein; beinamputiert (*aber:* der Beinamputierte); beinhart; jmdm. ein Bein stellen; die Beine in die Hand nehmen; sich kein Bein ausreißen; alles, was Beine hat.

bei|na|he (Adv.) fast.

Bei|na|me (der, -n, -n) Deckname; Künstlername; Pseudonym; Spitzname.

Bein|bruch (der, -s, -brü|che) gebrochenes Bein. Das ist kein Beinbruch! (ugs.) (etwas ist nicht so schlimm).

be|in|hal|ten (V.) einschließen; enthalten. Dieses Verb wird regelmäßig konjugiert. beinhalten, er beinhaltet, hat beinhaltet. Die Resolution beinhaltete auch die Androhung von Sanktionen.

Bein|haus (das, -es, -häu|ser) Friedhofsgebäude, in dem bei der Anlage neuer Gräber die gefundenen Gebeine und Schädel aufbewahrt werden.

bei|ord|nen (V.) zuordnen; koordinieren. Beiordnung; beiordnend.
Bei|pack|zet|tel (der, -s, kein Plural) Anleitung zur Verwendung von Medikamenten.
bei|pflich|ten (V.) billigen; zustimmen.
Bei|rat (der, -s, -rä|te) Ausschuss; Gremium; Vertretung. Elternbeirat.
be|ir|ren (V.) verwirren; aus der Ruhe bringen; irritieren; unsicher machen.
bei|sam|men (Adv.) beieinander; zusammen; gemeinsam; nebeneinander; mitsammen; vereint; vereinigt. *Beachte:* außer in Verbindung mit »sein« stets Zusammenschreibung. Sie wollten immer beisammen sein. *Aber:* Sie wollten immer beisammenbleiben! Wenn wir alles beisammenhaben, gehen wir. Er soll nicht mehr richtig beisammen sein (bei Verstand sein). Unser Beisammensein währte nicht lange.
Bei|sam|men|sein (das, -s, kein Plural) Geselligkeit; Zusammenkunft; Einladung; Gesellschaft; Verkehr; Umgang.
Bei|satz (der, -es, -sät|ze) Apposition.
Bei|schlaf (der, -s, kein Plural) Geschlechtsverkehr. Verb: beischlafen.
Bei|sein (das, -s, kein Plural) Anwesenheit (nur in den Wendungen) im Beisein von jemandem (Dativ!); in jemandes (Genitiv!) Beisein.
bei|sei|te (Adv.) seitlich; weg. beiseitegehen; beiseitestellen; beiseitebringen, beiseitelassen; beiseiteschaffen. *Aber:* etwas beiseite abstellen.
bei|set|zen (V.) beerdigen. Beisetzung.
Bei|spiel (das, -s, -e) 1. Fall; 2. Vorbild; 3. Muster; Probe; Exempel; Illustration; Musterbeispiel; Paradigma; Paradebeispiel; Schulbeispiel; Veranschaulichung. abschreckendes Beispiel; sich ein Beispiel an jmdm. nehmen (sich jemanden zum Vorbild nehmen); ohne Beispiel sein (noch nie da gewesen sein, außergewöhnlich sein); ein Beispiel geben (ein Vorbild sein); mit gutem Beispiel vorangehen (andere durch vorbildliches Handlen zur Nachahmung anspornen); schlechte Beispiele verderben gute Sitten (Sprichwort). Beispielsfall; Beispielsatz; beispielgebend; beispielshalber; beispielsweise; zum Beispiel (Abk.: z. B.).
bei|spiel|haft (Adj.) vorbildlich.
bei|spiel|los (Adj.) ohne Beispiel; ohnegleichen; außergewöhnlich; einmalig; einzig; einzigartig; sondergleichen.
bei|ßen (V., biss, hat gebissen) 1. mit den Zähnen zupacken; kauen; 2. (ugs.) jucken. Ist nur das gebissene Objekt angegeben, steht dies im Akkusativ: die Katze beißt ihn. Ist der Körperteil angegeben folgt nach »beißen« die betroffene Person meist im Dativ; es kann aber auch der Akkusativ stehen, wenn ausgedrückt werden soll, dass die Person selbst Handlungsträger ist. Die Katze beißt dem/den Besucher in die Hand. Ich habe mir/mich in die Zunge gebissen. Auch bei bildlichem oder übertragenem Gebrauch wird in der Regel der Dativ gesetzt. Der Rauch biss mir (*selten* mich) in die Augen. Beißerchen; Beißkorb; Biss; bissig.
Beiß|zan|ge (die, -, -n) 1. Zange (Werkzeug); 2. (ugs.) bösartiges Frauenzimmer.
Bei|stand (der, -es, -stän|de) 1. Helfer; Anwalt; Begleiter; Berater; Freund; Fürsprecher; Priester; Rechtsbeistand; Rechtsberater; Stütze; Tröster; 2. Hilfe. Beistandsverpflichtung. Verb: beistehen.
bei|ste|hen (V., stand bei, hat beigestanden) helfen. Das Perfekt des Verbs »beistehen« wird mit »haben« gebildet.
bei|steu|ern (V.) beitragen zu etwas; hinzugeben.
bei|stim|men (V.) beipflichten.
Bei|trag (der, -s, -trä|ge) 1. Gebühr; Abgabe; Maut; Opfer; Scherflein; Spende; Steuer; 2. Förderung; Beistand; Hilfe; Unterstützung; 3. Abhandlung; Artikel; Aufsatz; Veröffentlichung; Zeitungsartikel; 4. Anteil.
bei|tra|gen (V., trug bei, hat beigetragen) hinzutun; beisteuern; Beitrag leisten; dazutun; hinzutun; mitarbeiten; mitwirken; sich beteiligen; zugeben. Groß- oder Kleinschreibung der Pronomen in den Wendungen das Seine/seine oder das Ihre/ihre dazu beitragen.
Bei|trags|be|mes|sungs|gren|ze (die, -, -en) Gehaltsstufe, von der ausgehend die monatlichen Beiträge für die Renten- und Krankenversicherungen bemessen werden.
Bei|trei|bung (die, -, -en) Zwangsvollstreckung.
bei|tre|ten (V., trat bei, ist beigetreten) eintreten. Beitritt; Beitrittserklärung.
bei|woh|nen (V.) dabei sein. *Beachte:* mit Dativ! einem Vortrag beiwohnen.
Bei|ze (die, -, -n) Färbe- und Gerbemittel. Verben: beizen; abbeizen.
bei|zei|ten (Adv.) frühzeitig; rechtzeitig.
be|ja|hen (V.) zustimmen. Bejahung.
be|ja|hend (Adj.) optimistisch; positiv; affirmativ; anerkennend; beifällig; bekräftigend; bestätigend; zustimmend.
be|jahrt (Adj.) alt.
be|jam|mern (V.) jammern; klagen. Adjektiv: bejammernswert.
be|ju|beln (V.) 1. applaudieren; 2. feiern; beklatschen; hochleben lassen; mit Beifall bedenken; verherrlichen.
be|kämp|fen (V.) 1. anfeinden; angreifen; kämpfen gegen; befehden; befeinden; bekriegen; zu Felde ziehen; 2. eindämmen; ankämpfen gegen; einschreiten; entgegenwirken; verhindern.
Be|kämp|fung (die, -, kein Plural) Abwehr; Gegenwehr; Behandlung; Widerstand.
be|kannt (Adj.) 1. öffentlich; berühmt; 2. nicht neu. bekannt geben (*auch:* bekanntgeben); bekannt machen (*auch:* bekanntmachen) (veröffentlichen), jemanden bekannt machen (*auch:* bekanntmachen) (vorstellen); bekannt werden (*auch:* bekanntwerden) (an die Öffentlichkeit dringen). Häufig verwendete Präpositionen: bekannt wegen (mit Genitiv!); bekannt für/durch (mit Akkusativ!). die Bekannten meiner Eltern; zwei mir Bekannte; alle Bekannten; einige Bekannte; bekanntermaßen; bekanntlich.
Be|kann|te (der/die, -n, -n) Freunde. Diese Bezeichnung wird wie ein attributives Adjektiv gebeugt: Der Bekannte verließ das Haus. Fünf Bekannte erschienen nicht zum Umzug. Er verstand sich als Bekannter eines Königs. Ein Bekannter wurde überfahren. Wenige Bekannte helfen, wenn man sie braucht. Nach einem starken Adjektiv wird im Genitiv Plural stark gebeugt: Die Gewinnbeteiligung guter Bekannter (*nicht:* Bekannten) des Politikers war ein Skandal. Bei einem Dativ in der Einzahl wird nach einem starken Adjektiv schwach dekliniert: Zitiertem Bekannten (*nicht:* Bekanntem) war ein Verge-

hen zu Unrecht vorgeworfen worden. Als Apposition verwendet, kann die starke oder schwache Deklination erfolgen: Ihm als Bekanntem oder ihm als Bekannten bzw. ihr als Bekannter oder ihr als Bekannten wurde dieses Verhalten nicht verziehen.

be|kannt ge|ben (*auch:* be|kannt|ge|-ben) (V., gab bekannt, hat bekannt gegeben) öffentlich mitteilen; ankündigen; ansagen; ausrufen; darauf aufmerksam machen; in Umlauf setzen; publik machen; melden; mitteilen; proklamieren; publizieren; verbreiten; verkünden; verlautbaren; veröffentlichen.

Be|kannt|ga|be (die, -, -n) Bekanntmachung; Publikation; Veröffentlichung.

Be|kannt|heit (die, -, kein Plural) 1. Bekanntsein; Öffentlichkeit; Publizität; 2. Berühmtheit.

be|kannt ma|chen (*auch:* be|kannt|-ma|chen) (V.) veröffentlichen; vorstellen.

Be|kannt|ma|chung (die, -, -en) Bekanntgabe; Kundgabe; Verlautbarung; Anzeige; Meldung; Mitteilung; öffentliche Erklärung; Proklamation; Publikation; Publizierung; Verkündung; Verkündigung; Veröffentlichung.

be|kannt sein (V.) gekannt werden. Wie ein bunter Hund bekannt sein (ugs.) (weithin bekannt sein).

be|kannt wer|den (*auch:* be|kannt|-wer|den) (V., wurde bekannt, ist bekannt geworden) an die Öffentlichkeit dringen; berühmt werden.

Be|kas|si|ne (die, -, -n) (franz.) Schnepfenart.

be|keh|ren (V.) 1. überzeugen; bewegen; gewinnen für; einsichtig machen; herumkriegen; missionieren; Mission treiben, überreden; 2. umkehren.

Be|keh|rung (die, -, -en) Konversion; Läuterung. Bekehrte.

be|ken|nen (V., bekannte, hat bekannt) 1. gestehen; offenbaren; 2. bekunden; Farbe bekennen; 3. sich bekennen. Nach der Wendung »sich bekennen als« steht das folgende Substantiv in der Regel im Nominativ, da es sich auf das Subjekt bezieht. Der Gebrauch des Akkusativs ist selten: Er bekennt sich als friedlicher Mensch.

Be|kennt|nis (das, -ses, -se) 1. Glaube; Glaubensbekenntnis; Glaubensrichtung; Kirche; Konfession; Religion; 2. Beichte; Geständnis.

be|kla|gen (V.) 1. bedauern; bejammern; bemitleiden; betrauern; beweinen; jammern um; klagen um; nachtrauern; nachweinen; nicht vergessen können; 2. sich beschweren; 3. bereuen. Beklagte.

be|kla|gens|wert (Adj.) bedauernswert.

Be|klag|te (der/die, -n, -) Angeklagter. Diese Bezeichnung wird wie ein attributives Adjektiv gebeugt: Der Beklagte verlas seine Erklärung. Fünf Beklagte erschienen nicht. Er verstand sich als Beklagter. ein Beklagter. Nach einem starken Adjektiv wird im Genitiv Plural stark gebeugt: die Verurteilung politischer Beklagter (*nicht:* Beklagten). Bei einem Dativ in der Einzahl wird nach einem starken Adjektiv schwach dekliniert: zitiertem Beklagten. Als Apposition verwendet, kann die starke oder schwache Deklination erfolgen: ihm als Beklagtem oder ihm als Beklagten bzw. ihr als Beklagter oder ihr als Beklagten. In der Verbindung von »Beklagter« und Namen können Kommas gesetzt werden, wenn man den Namen als Apposition auffasst und die Betonung auf »Beklagter« liegt. Der Beklagte Peter Müller hatte kein reines Gewissen. Der Beklagte, Peter Müller, hatte kein reines Gewissen.

be|klei|den (V.) 1. anziehen; 2. innehaben.

Be|klei|dung (die, -, kein Plural) Kleidung.

be|klem|men (V.) 1. beengen; 2. bedrücken.

Be|klem|mung (die, -, -en) 1. Beklommenheit; Angst; bange Ahnung; dumpfes Gefühl; Platzangst; Unbehagen; 2. Beengtheit; Enge; Atembeschwerden; Klaustrophobie. Beklemmnis.

Be|klom|men|heit (die, -, kein Plural) Ängstlichkeit. Adjektiv: beklommen.

be|kloppt (Adj.) (ugs.) blöd.

be|knackt (Adj.) (ugs.) blöd.

be|knien (V.) anflehen.

be|kom|men (V., bekam, hat bekommen) erhalten; kriegen; günstig sein; abbekommen; abkriegen; davontragen; empfangen; ergattern; erlangen; erwerben; geschenkt bekommen; sich einfangen (ugs.); sich einhandeln; sich holen; sich zuziehen; teilhaftig werden; zufließen; zuteil werden. Hunger bekommen; das ist mir schlecht bekommen. In Kombination mit dem 2. Partizip bestimmter Verben kann »bekommen« statt eines Passivs verwendet werden: Sie bekam die Konzertkarten geschenkt. Er bekam von seiner Mutter alles nachgetragen.

be|kömm|lich (Adj.) wohltuend; gesund; leicht verdaulich; unschädlich; verträglich. ein leicht bekömmliches (*auch:* leichtbekömmliches) Essen; *aber nur:* ein besonders leicht bekömmliches Essen. Bekömmlichkeit.

Be|kös|ti|gung (die, -, -en) Bewirtung; Ernährung.

be|kräf|ti|gen (V.) bestätigen; bestärken; beglaubigen; beteuern; mit Nachdruck sagen; versichern.

Be|kräf|ti|gung (die, -, -en) Beteuerung; Bestätigung; Nachdruck.

be|krän|zen (V.) mit einem Kranz schmücken. (*Nicht verwechseln mit:* begrenzen!)

be|kreu|zi|gen (V.) das Kreuzzeichen machen. Bekreuzigung.

be|krie|gen (V.) bekämpfen.

be|krit|teln (V.) beanstanden; bemängeln; kritisieren. Bekritt(e)lung.

be|küm|mern (V.) betrüben; angehen; bedrücken; beunruhigen; Kopfzerbrechen machen; Kummer machen; Sorgen machen; zu schaffen machen. bekümmert.

Be|küm|mer|nis (die, -, -se) Sorge.

be|kun|den (V.) ausdrücken; bezeigen; bezeugen; erkennen lassen; erweisen; dartun; dokumentieren; zum Ausdruck bringen.

Be|kun|dung (die, -, -en) Ausdruck; Beteuerung; Bezeigung; Demonstration; Erweis; Kundgabe; Zeichen.

be|lä|cheln (V.) auslachen; sich lustig machen über etwas.

Be|lag (der, -s, -lä|ge) Überzug.

be|la|gern (V.) umringen; bestürmen.

Be|la|ge|rung (die, -, -en) Blockade; Absperrung; Einschließung; Einkesselung; Einkreisung; Umklammerung; Umzingelung.

Be|la|ge|rungs|zu|stand (der, -s, kein Plural) Ausnahmezustand; Notstand; Bezeichnung für das zur Abwehr außerordentlicher Gefahren verhängte Sonderrecht eines Staates.

be|läm|mert (Adj.) (ugs.) betreten; unangenehm; eingeschüchtert; übel. Ersetzt die alte Schreibweise belemmert.

Be|l|a|mi (der, -/-s, -s) (franz.) Frauenliebling.

Be|lang (der, -s, -e) Bedeutung; Interesse. Das ist nicht von Belang (nicht wichtig). belangvoll.

be|lan|gen (V.) 1. betreffen; 2. verklagen; haftbar machen; verantwortlich machen; zur Rede stellen; vor Gericht ziehen; zur Verantwortung ziehen. Was ihn belangt, so möchte ich mich nicht äußern. Belangung.

Be|lang|lo|sig|keit (die, -, -en) Nebensächlichkeit. belanglos.

be|las|sen (V., beließ, hat belassen) lassen. Alles beim Alten belassen.

be|last|bar (Adj.) leistungsfähig; zäh; (ugs.) hart im Nehmen.

Be|last|bar|keit (die, -, kein Plural) Leistungsfähigkeit; Widerstandskraft; Tragfähigkeit; Zähigkeit.

be|las|ten (V.) 1. beschweren; 2. bedrücken; 3. beschuldigen; 4. (Bankwesen) Verbuchung auf der Sollseite eines Kontos.

be|las|tend (Adj.) beklemmend.

be|läs|ti|gen (V.) 1. stören; 2. bedrängen; auf die Nerven gehen; auf den Geist gehen (ugs.); auf den Wecker fallen/gehen (ugs.); behelligen; lästig fallen; den Nerv rauben; plagen; schikanieren.

Be|läs|ti|gung (die, -, -en) Behelligung; Störung; Aufdringlichkeit; Landplage (ugs.); Last; Plage.

Be|las|tung (die, -, -en) 1. Beanspruchung; Inanspruchnahme; Anforderung; Anstrengung; Mühe; Stress; Überlastung; 2. Bedrückung; Sorge; 3. Ballast; Druck; Gewicht; Last; 4. in der Rechtswissenschaft Hypothek; Schuld; Verbindlichkeit; 5. Beschuldigung.

Be|las|tungs-EKG (das, -s, kein Plural) (Abk. für **E**lektro**k**ardio**g**ramm) (Med.) Maßnahme zur Diagnose bei Herz-Kreislauf-Erkrankungen.

Be|las|tungs|ma|te|ri|al (das, -s, -i|en) Beweismaterial.

Be|las|tungs|zeu|ge (der, -n, -n) in der Rechtswissenschaft Zeuge der Anklage. Belastungszeugin.

be|lau|ern (V.) beobachten; spionieren. Belauerung.

be|lau|fen (V., refl., belief, hat belaufen) betragen. Mit Präposition »auf«!

be|le|ben (V.) 1. auffrischen; erfrischen; aktivieren; ankurbeln; anregen; in Schwung bringen; stärken; 2. bevölkern; füllen; anfüllen; erfüllen. Belebung; Belebtheit; belebt.

Be|leg (der, -s, -e) Beweis; Nachweis; Quittung.

be|le|gen (V.) 1. besetzen; 2. dokumentieren; nachweisen; beglaubigen; bestätigen; untermauern. Belegung; belegt; belegbar.

Be|leg|ex|em|p|lar (das, -s, -e) Gratisexemplar des Verlags für Autoren und Inserenten.

Be|leg|schaft (die, -, -en) Gesamtheit der Betriebsangehörigen.

Be|leg|schafts|ak|tie (die, -, -n) zur Unternehmensbeteiligung an die Arbeitnehmer einer Aktiengesellschaft besonders günstig ausgegebene Aktien.

be|leh|ren (V.) 1. informieren; 2. bevormunden. Ich belehrte ihn eines anderen, *aber:* Ich belehrte ihn eines Besseren.

Be|leh|rung (die, -, -en) Berichtigung; Verweis; Zurechtweisung.

be|leh|rend (Adj.) 1. lehrreich; 2. dozierend; schulmeisterlich; mit erhobenem Zeigefinger.

be|leibt (Adj.) dick. Beleibtheit.

be|lei|di|gen (V.) kränken; anpöbeln; ausfallend werden; bloßstellen; beschimpfen; insultieren; schmähen; verletzen.

be|lei|digt (Adj.) eingeschnappt (ugs.); gekränkt; pikiert; sauer; schmollend; vergrämt; vergrätzt.

Be|lei|di|gung (die, -, -en) Affront; Kränkung; Anfeindung; Angriff; Beschimpfung; Ehrverletzung; Verletzung.

be|lei|hen (V.) Anleihe aufnehmen; Geld aufnehmen; Hypothek aufnehmen; Pfand geben.

Be|lem|nit (der, -en, -en) (griech.) versteinerter Kalkteil eines Tintenfisches; Donnerkeil.

be|le|sen (Adj.) gebildet. Belesenheit.

Bel|e|tage (die, -, kein Plural) (franz.) erstes Stockwerk.

be|leuch|ten (V.) 1. erhellen; darstellen. Licht in eine Sache bringen; 2. anleuchten; anstrahlen; illuminieren. Das Verb »beleuchten« verwendet man, wenn man ausdrücken will, dass etwas von außen her erhellt wird, während das Verb »erleuchten« ausdrückt, dass etwas von innen erhellt wird. Zu merken ist, dass beim Gebrauch von »erleuchten« nie ein Mensch, sondern immer eine Lichtquelle im Subjekt steht. Das Haus wurde beleuchtet. Viele Kerzen erleuchteten den Spiegelsaal (*nicht:* Die Diener erleuchteten den Saal.).

Be|leuch|tung (die, -, -en) Licht.

Bel|gi|en (ohne Art., -s, kein Plural) europäischer Staat. Belgier; belgisch.

be|lich|ten (V.) dem Licht aussetzen. Belichtung; Belichtungszeit.

be|lie|ben (V.) gefallen; sich herbeilassen zu etwas. Der persönliche Gebrauch des Verbs »belieben« bedeutet: es gefällt mir. Ich beliebe zu scherzen. Der unpersönliche Gebrauch des Verbs bedeutet: ich wünsche, ich pflege.

Be|lie|ben (das, -s, kein Plural) 1. Wunsch; 2. Ermessen; Gutdünken. Erledige dies nach Belieben! Verb: belieben.

be|lie|big 1. (Adj.) irgendein. jeder Beliebige; alles Beliebige; jeder x-Beliebige. etwas Beliebiges (*auch:* nach Ihrem Belieben). 2. (Adv.) nach Wunsch; Wahl. beliebig lang; beliebig viel; beliebig oft.

be|liebt (Adj.) 1. angesehen; 2. populär; begehrt; bekannt; bejubelt; en vogue; gern gesehen; geschätzt; gut angeschrieben; in aller Munde; in Mode; umschwärmt; wohlgelitten.

Be|liebt|heit (die, -, kein Plural) Anklang; Popularität; Volkstümlichkeit.

Bel|kan|to (*auch:* Bel|can|to) (der, -s, kein Plural) italienischer Kunstgesang; »schöner Gesang«.

Bel|la|don|na (die, -, kein Plural) (ital.) = Atropin.

bel|len (V.) 1. anschlagen; kläffen; Laut geben; 2. laut husten (ugs.); 3. schimpfen.

Bel|le|t|rist (der, -en, -en) jmd., der Belletristik verfasst.

Bel|le|t|ris|tik (die, -, kein Plural) (franz.) Unterhaltungsliteratur. Seit dem 18. Jahrhundert Bezeichnung für schöngeistige Literatur bzw. Unterhaltungsliteratur, im Gegensatz zur wissenschaftlichen Literatur.

Belle|vue (die, -, -n) (franz.) schöne Aussicht. verbreiteter Name für schön gelegene Aussichtspunkte und Schlösser.

be|lo|bi|gen (V.) 1. loben; 2. würdigen. Belobigung.

Be|lo|bi|gung (die, -, -en) Lob; Prämierung.

be|loh|nen (V.) anerkennen; honorieren; auszeichnen; bezahlen; danken. Belohnung.

Be|loh|nung (die, -, -en) Anerkennung; Auszeichnung; Dank; Lohn.

Bel Pa|e|se (*auch:* Bel|pa|e|se) (der, -, -) (ital.) ein italienischer Weichkäse.

Belt (der, -s/-es, -e) Meerenge. der Große Belt, der Kleine Belt.

Be|lu|ga (die/der, -/-s, -s/-) (russ.) 1. kleine Walart; Weißwal. wegen seiner melodischen Gesänge auch Sirene des Meeres genannt, lebt in der Arktis von Fischen und Krebsen; 2. (kein Plural) Hausenkaviar, echter Kaviar.

be|lü|gen (V., belog, hat belogen) täuschen; anlügen.

be|lus|ti|gen (V.) erheitern; Heiterkeit erregen; amüsieren; anregen; ergötzen; unterhalten; vergnügen.

Be|lus|ti|gung (die, -, -en) Amüsement; Erheiterung.

Bel|ve|de|re (das, -s, -s) (ital.) Aussichtspunkt; schöner Ausblick. hochgelegener Gebäudekomplex in Parks, architektonisch gestalteter Aussichtspunkt. oft Name für schön gelegene Aussichtspunkte und Schlösser.

be|mäch|ti|gen (V., refl.) erlangen; ergreifen; sich aneignen; in die Gewalt bekommen. Bemächtigung.

be|mä|keln (V.) (ugs.) beanstanden; bemängeln. kritisieren. Bemäkelung.

be|ma|len (V.) anstreichen; anmalen; anstreichen; färben. malen. Bemalung.

be|män|geln (V.) beanstanden. Bemängelung.

be|mer|ken (V.) 1. entdecken; gewahr werden; merken; aufmerksam werden; den Braten riechen; erkennen; etwas spannen (ugs.); Lunte riechen (ugs.); registrieren; spitzbekommen (ugs.); wahrnehmen; Wind bekommen (ugs.); 2. anmerken; einwerfen; hinweisen; Bemerkung fallenlassen; zwischenrufen. bemerkbar; sich bemerkbar machen (auf sich aufmerksam machen);

be|mer|kens|wert (Adj.) beachtenswert; beachtlich; anerkennenswert; ansehnlich; bedeutend; denkwürdig; merkwürdig; respektabel; sehr.

Be|mer|kung (die, -, -en) Anmerkung; Ausspruch; Randbemerkung; Andeutung; Äußerung; Einwurf; Feststellung; Kommentar; Notiz; Meinungsäußerung; Zwischenruf.

be|mes|sen (V., bemaß, hat bemessen) abschätzen; abmessen. Bemessung; die Zeit ist viel zu kurz bemessen.

be|mit|lei|den (V.) bedauern; mitfühlen; Anteil nehmen; beklagen; leidtun; mitempfinden; Mitgefühl zeigen; Mitleid empfinden. Bemitleidung; bemitleidenswert.

be|mo|geln (V.) (ugs.) betrügen.

be|mü|hen (V.) 1. sich anstrengen; 2. ersuchen; 3. sich interessiert zeigen. bemüht.

Be|mü|hung (die, -, -en) Anstrengung; Bestrebung.

be|mut|tern (V.) sorgen für jemanden; umsorgen. Bemutterung.

Ben (arab.-hebr.) Sohn.

be|nach|bart (Adj.) angrenzend; in nächster Umgebung; nebenan; Tür an Tür; nahe.

be|nach|rich|ti|gen (V.) verständigen; Bescheid geben; in Kenntnis setzen; informieren; mitteilen; Nachricht geben; unterrichten.

Be|nach|rich|ti|gung (die, -, -en) Bescheid; Botschaft; Mitteilung; Nachricht.

be|nach|tei|li|gen (V.) zurücksetzen; beeinträchtigen; diskriminieren; missachten; schaden; übergehen; ungerecht behandeln; vernachlässigen.

Be|nach|tei|li|gung (die, -, -en) Diskriminierung; Zurücksetzung.

Be|na|res (kein Art., -, kein Plural) (amtlich: Varanasi) indische Stadt im Unionsstaat Uttar Pradesh, am Ganges.

Bench|mar|king (das, -s, -) (engl.) 1. Vergleich von Produkten, Herstellungskosten und -prozessen der Konkurrenz zur Analyse der Produktionsmethode eines Unternehmens; 2. Verfahren zur Beurteilung der Leistungsfähigkeit von Computersystemen.

be|ne|beln (V.) verwirren; trüben. Benebelung.

be|ne|belt (Adj.) betrunken (ugs.).

be|ne|dei|en (V.) segnen. Dieses Verb bildet das 2. Partizip »benedeit« oder »gebenedeit«. Als Bezeichnung für die Jungfrau Maria ist nur »die Gebenedeite« üblich.

Be|ne|dik|ti|ner (die, -, kein Plural) nach der Regel des Benedikt von Nursia lebender Mönchsorden, das Stammkloster Monte Cassino wurde um 529 gegründet, große Missionstätigkeit in ganz Mitteleuropa, bedeutsam für die Entwicklung von Landwirtschaft, Schulwesen, Kunst und Kultur.

Be|ne|dik|ti|on (die, -, -ti|o|nen) (lat.) Segnung; kirchliche Weihe. Verb: benedizieren.

Be|ne|fiz (das, -es, -e) (lat.) 1. Vergünstigung; Wohltat; 2. im deutschen Recht des Mittelalters die Urform der Landleihe; in fränk. Zeit das Lehen; 3. kirchliches Amt; Pfründe.

Be|ne|fiz|ver|an|stal|tung (das, -es, -e) (lat.) Wohltätigkeitsveranstaltung. Benefizkonzert.

be|neh|men (V., refl., benahm, hat benommen) sich betragen; auftreten; gut erzogen sein; höflich sein; den guten Ton wahren.

Be|neh|men (das, -s, kein Plural) Gebaren; Verhalten; Art; Anstand; Auftreten; Habitus; Haltung; Manieren; Ton.

be|nei|den (V.) neidisch sein.

be|nei|dens|wert (Adj.) glücklich.

Be|ne|lux (Kurzw.) Belgien, Niederlande, Luxemburg (Zollunion). Beneluxstaaten (*auch:* Benelux-Staaten).

be|nen|nen (V., benannte, hat benannt) bezeichnen. Benennung; benannt (nach).

be|net|zen (V.) anfeuchten. Benetzung.

Ben|gel (der, -s, -) (ugs.: Plural »Bengels«) frecher Junge. Die standardsprachlich korrekte Pluralform heißt »die Bengel«.

be|ni|gne (Adj.) gutartig (bei Geschwülsten).

Be|ni|gni|tät (die, -, kein Plural) (lat.) Gutartigkeit (einer Geschwulst).

Be|nimm (der, -s, kein Plural) (ugs.) Manieren. Verb: benehmen.

Ben|ja|min (der, -s, -e) (hebr.) Jüngster einer Gruppe.

be|nom|men (Adj.) betäubt; durcheinander; müde; schlaftrunken; schwindelig; taumelig; umnebelt (ugs.).

Be|nom|men|heit (die, -, kein Plural) Betäubung; Schwindel.

be|no|ten (V.) bewerten. Benotung.
be|nö|ti|gen (V.) brauchen.
Ben|thal (das, -s, kein Plural) (griech.) Meeresboden (als Lebensraum).
be|nut|zen (*auch:* be|nüt|zen) (V.) verwenden; gebrauchen. Benutzer/Benützer; Benutzung/ Benützung; benutzbar/benützbar. Beide Formen sind bedeutungsgleich, beide Formen sind korrekt. »benutzen/gebrauchen/verwenden«: Diese drei, von ihrer Bedeutung her nahe verwandten Verben sollten aus stilistischen Gründen differenziert gebraucht werden. Das Verb »benutzen« sollte man einsetzen, wenn man eine Sache ihrem Zweck entsprechend verwendet: man benutzt das Auto. Das Verb »verwenden« sollte man einsetzen, wenn man eine Person oder eine Sache für einen bestimmten Zweck entsprechend verwendet: z. B. den Hotelpagen als Boten oder Taxen als Werbeträger. Das Verb »gebrauchen« sollte man einsetzen, wenn man eine Sache, die man selbst besitzt, bzw. zur Verfügung hat, ihrem Zweck oder den Umständen gemäß verwendet: Er gebraucht seine Verführungskünste. Er gebraucht seinen Füllhalter.
Be|nut|zer|freund|lich|keit (die, -, kein Plural) in der elektronischen Datenverarbeitung die möglichst einfache Bedienbarkeit von Programmen und Computersystemen durch einheitliche Befehle und Sicherungen gegen versehentliches Löschen von Dateien.
Be|nut|zer|kon|to (das, -s, -kon|ten) in der Datenverarbeitung Account, Zugangsberechtigung zum Rechner.
Be|nut|zungs|vor|schrift (die, -, -en) Bedienungsanleitung.
Be|nut|zungs|zwang (der, -s, kein Plural) behördliche Auflage zur Benutzung öffentlicher Einrichtungen (Kanalisation, Wasserversorgung).
Ben|zin (das, -s, -e) (arab.) Treibstoff. Benzinkanister; Benzinpreis; Benzinverbrauch.
Ben|zoe (die, -, kein Plural) (arab.-franz.) ein tropisches Harz.
Ben|zoe|säu|re (die, -, -n) Konservierungsmittel.
Ben|zol (das, -s, -e) Lösungsmittel.
Beo (der, -s, -s) (malai.) asiat. Star; Käfigvogel.
be|ob|ach|ten (V.) 1. betrachten; 2. überwachen; 3. beachten; belauern; im Auge behalten; spionieren; observieren.
Be|ob|ach|ter (der, -s, kein Plural) 1. Beobachtungsposten; Schnüffler; Vorposten; Späher; Spitzel; 2. Zuschauer.
Be|ob|ach|tung (die, -, -en) 1. Eindruck; Empfindung; Endeckung; Wahrnehmung; 2. Beachtung; Beschattung; Bespitzelung; Observation; Überwachung; 3. Untersuchung.
Be|ob|ach|tungs|ga|be (die, -, kein Plural) Auffassungsgabe.
be|or|dern (V.) befehlen; vorladen.
be|pa|cken (V.) beladen.
be|pflan|zen (V.) anpflanzen. Bepflanzung.
be|pflas|tern (V.) 1. pflastern; 2. bekleben. Bepflasterung.
be|quas|seln (V.) (ugs.) bereden.
be|quat|schen (V.) (ugs.) besprechen.
be|quem (Adj.) 1. angenehm; komfortabel; behaglich; gemütlich; kuschelig; tauglich; 2. faul; langsam; 3. leicht; 4. handlich; 5. zwanglos; 6. sich bequemen. sich herbeilassen.
Be|quem|lich|keit (die, -, -en) 1. Annehmlichkeit; Komfort; Behaglichkeit; Gemütlichkeit; 2. Faulheit.
be|rap|pen (V.) (ugs.) bezahlen. (Der Ausdruck kommt von der Münzeinheit Rappen, die um 1350 in Basel und oberrheinischen Städten im Umlauf war.).
be|ra|ten (V., beriet, hat beraten) 1. behilflich sein; Ratschläge erteilen; mit Rat und Tat beistehen; unterstützen; empfehlen; Entscheidungshilfe geben; raten; 2. sich beraten; 3. erörtern; beratschlagen. Beratungsstelle.
Be|ra|tung (die, -, -en) 1. Auskunft; Beratungsgespräch; Empfehlung; Kundenberatung; Rat; 2. Auskunftsstelle; Beratungsstelle; 3. Beratschlagung; Unterredung; Tagung.
Be|ra|tungs|pflicht (die, -, -en) Verpflichtung; den Klienten zu beraten.
be|rau|ben (V.) rauben; ausnehmen (ugs.); ausplündern; ausrauben; ausräubern; bestehlen; entziehen; stehlen. Beraubung.
be|rau|schen (V.) 1. begeistern; 2. sich betrinken. Berauschung; Berauschtheit.
be|rau|schend (Adj.) 1. atemberaubend; aufregend; aufreizend; betörend; bezaubernd; erregend; sinnverwirrend; 2. alkoholisch; benebelnd; betäubend.
be|rauscht (Adj.) 1. entrückt; trunken; bezaubert; begeistert; schwärmerisch; wonnetrunken; 2. betrunken.
Ber|be|rit|ze (die, -, -n) (lat.) Sauerdorngewächs; Zierstrauch.
be|re|chen|bar (Adj.) 1. messbar; teilbar; zählbar; 2. vorhersehbar. Berechenbarkeit.
be|rech|nen (V.) 1. errechnen; 2. kalkulieren; ausrechnen; Berechnungen anstellen; rechnen; ermitteln; fakturieren; überschlagen; 3. anrechnen; in Rechnung stellen; verrechnen.
be|rech|nend (Adj.) bewusst; kaltschnäuzig; auf seinen Vorteil bedacht; eigennützig; gewinnsüchtig; wohlbedacht.
Be|rech|nung (die, -, -en) 1. Kalkulation; Rechnung; Kostenvoranschlag; Veranschlagung; 2. Taktik; Abwägung; Eigennutz; Kalkül; Kaltschnäuzigkeit; Spekulation; 3. Vorhersicht.
be|rech|ti|gen (V.) autorisieren; bevollmächtigen; Befugnis erteilen; erlauben.
be|rech|tigt (Adj.) 1. autorisiert; bevollmächtigt; befugt; ermächtigt; 2. mit Fug und Recht; mit gutem Recht; zulässig. berechtigterweise.
Be|rech|ti|gung (die, -, -en) 1. Erlaubnis; 2. Anrecht; Befugnis; Bevollmächtigung; Genehmigung; Ermächtigung; Vollmacht. Berechtigte.
be|re|den (V.) erörtern; diskutieren.
be|red|sam (Adj.) gesprächig; redegewandt. Beredtheit; Beredung; beredt.
Be|red|sam|keit (die, -, kein Plural) Wortgewandtheit. Beredtheit.
Be|reich (der, -s, -e) 1. Gebiet; Raum; Umkreis; 2. Einflussbereich; Machtbereich; Wirkungskreis; Arbeitsbereich; Fachgebiet; Ressort; Tätigkeitsfeld.
be|rei|chern (V.) 1. erweitern; 2. reich machen. steigern; sich bereichern; sich schadlos halten; Vorteil ziehen aus. Bereicherung.
be|reift (Adj.) 1. mit Reif bedeckt; 2. mit Reifen versehen. Wiese mit Reif; 8-fach/8fach/achtfach bereift.
be|rei|ni|gen (V.) klären; abhelfen; beilegen; in Ordnung bringen; reinen Tisch machen; schlichten; wiedergutmachen.

Be|rei|ni|gung (die, -, kein Plural) 1. Ausgleich; Beilegung; Beseitigung; Schlichtung; 2. Tilgung.
be|reit (Adj .) fertig; vorbereitet; willig. *Getrenntschreibung:* bereit sein. Er wird zu allem bereit sein. Wir sind zu allem bereit gewesen. *Zusammenschreibung:* bereithaben; bereithalten; sich bereitfinden; bereitlegen; bereitliegen; bereitstehen; bereitstellen. Ich muss mich immer bereithalten. Er wird alles bereithalten. Das Buch sollte immer bereitliegen. Die Kleider sich bereitgelegt. *Getrennt- und Zusammenschreibung:* sich zu etwas bereit erklären (*auch:* bereiterklären); sich zu etwas bereit machen (*auch:* bereitmachen).
be|rei|ten 1. (V.) zubereiten. Zubereitung. 2. (V., beritt, hat beritten) zureiten.
be|reit|hal|ten (V., hielt bereit, hat bereitgehalten) zur Verfügung halten. Soll ich dir die Sache bereithalten? Ich werde mich bereithalten.
be|reits (Adv.) schon.
Be|reit|schaft (die, -, -en) 1. Bereitsein (ohne Plural); 2. Tendenz; 3. Bereitwilligkeit; Entgegenkommen. Einsatztruppe.
Be|reit|schafts|arzt (der, -es, -ärz|te) Notarzt; Unfallarzt.
Be|reit|schafts|dienst (der, -s, -e) Sofort-Einsatztruppe. Bereitschaftspolizei.
be|reit|wil|lig (Adj.) 1. anstandslos; 2. freundlich; gern. Bereitwilligkeit.
be|reu|en (V.) bedauern. beklagen; Abbitte leisten; Einkehr halten; Gewissensbisse haben; in sich gehen; leidtun; Reue empfinden; schmerzen; sich schuldig bekennen; untröstlich sein.
Berg (der, -s/-es, -e) 1. Erhöhung; Gebirge; Bergkegel; Bergkuppe; Bergrücken; Buckel; Erhebung; Kuppe; 2. Haufen. Bei Komposita mit dem determinierenden Substantiv »Berg« schwankt der Gebrauch eines Fugenzeichens. Kein Fugenzeichen erhalten folgende Verbindungen: »Bergwacht«, »Bergmann«, »Bergführer«, »bergwandern«, »Bergbau«, »Bergkristall«, »Bergbahn« etc. Manche Substantive können ohne Fugenzeichen stehen, wenn sie sachlich gemeint sind. Werden sie in dichterischer Sprache verwendet, enthalten sie ein -es als Bindungsglied. »Berggipfel« oder »Bergesgipfel«, »Bergzinne« oder »Bergeszinne«, »Berghöhe« oder »Bergeshöhe« etc. über alle Berge sein (das Weite suchen, auf und davon sein); jmdm. goldene Berge versprechen (prahlerische Versprechungen machen); jmdm. den Mund wässerig machen. über den Berg sein (die Gefahr, das Schlimmste überwunden haben, außer Lebensgefahr sein); etwas hinter dem Berg halten (ugs.) (etwas verheimlichen, ein Geheimnis um etwas machen; etwas hinter dem Busch halten). Bergschuh; bergehoch; bergeweise.
berg|ab (Adv.) hinunter. bergab steigen.
Ber|ga|mot|te (die, -, -n) (türk.-franz.) 1. eine kleinasiatische Zitrusfrucht, deren Schalen ausgepresst werden, um Bergamottöl zu gewinnen. 2. eine Birnensorte.
Ber|ga|mott|öl (das, -s, -e) Parfümrohstoff aus Bergamotte (1.); ist in Earl Grey und Kölnischwasser enthalten.
berg|an (Adv.) bergaufwärts; bergan steigen.
berg|auf (Adv.) bergaufwärts; bergauf steigen.
Berg|bahn (die, -, -en) Transportmittel zur Personen- und Lastenbeförderung über große Steigungen; Drahtseilbahn; Gebirgsbahn; Gondelbahn; Kabinenbahn; Schwebebahn; Seilbahn; Skilift; Zahnradbahn.
Berg|bau (der, -(e)s, kein Plural) Aufsuchen; Erschließen; Gewinnen und Fördern nutzbarer Mineralien; Gase und Erdöle.
ber|gen (V., barg, hat geborgen) 1. retten; 2. verstecken; 3. enthalten. Die indikativen Formen dieses Verbs im Präsens lauten »ich berge«, »du birgst«, »er/sie/es birgt«. Der Imperativ heißt »birg«! (nicht »berge«) Die Formen des Konjunktiv II sind »bärge«, »börge« und »bürge«, wobei die Formen börge und bürge heute veraltet sind.
Ber|gen (kein Art., -, kein Plural) norwegische Hafenstadt.
Berg|fried (der, -s, -e) Zufluchtsturm in mittelalterlichen Burganlagen.
Berg|föh|re (die, -, -n) Bergkiefer; Latschenkiefer.
Berg|füh|rer (der, -s, kein Plural) ortskundige, meist einheimische Bergsteiger, die gegen Entgelt Touristen auf die Berge führen.
Berg|ka|ra|bach (kein Art., -, kein Plural) autonomes Gebiet in Aserbaidschan, im Kleinen Kaukasus. Hauptstadt Stepanakert.
Berg|krank|heit (die, -, kein Plural) Höhenkrankheit; in großen Höhen durch Sauerstoffmangel auftretende Atmungs- und Kreislaufstörungen mit Kopfschmerzen und Schwindelgefühl.
Berg|kris|tall (der, -s, -e) Halbedelstein; Quarz.
Berg|mann (der, -s, -leu|te) Hauer; Kumpel; Knappe; Grubenfahrer; Steiger. bergmännisch.
Berg|mas|siv (das, -s, -e) Berge; Gebirge.
Berg|pre|digt (die, -, kein Plural) Zusammenfassung von Antworten Jesu zur christlichen Lebensweise in einer großen Rede.
Berg|rutsch (der, -es, -e) Abgang von Gesteins- und Erdmassen, meist aufgrund von Erosion und starken Niederschlägen.
Berg|ski (*auch:* Berg|schi) (der, -s, -er) der obere Ski bei der Fahrt am Hang.
Berg|spit|ze (die, -, -n) Horn; Grat; Zinne; Kofel; Kogel; Mont; Monte; Mount; Peak; Pic; Pico; Piz; Spitze; Zacken.
berg|stei|gen (V.) klettern. In der Regel wird dieses Verb nur als Infinitiv oder 2. Partizip gebraucht: Lass uns bergsteigen! Früher bin ich oft berggestiegen. Am Wochenende gehen wir bergsteigen. Manchmal werden auch finite Formen gebraucht: Immer wenn ich bergsteige.
Berg|stei|ger (der, -s, kein Plural) Alpinist; Kletterer; Alpenfex; Bergfex; Gipfelstürmer; Hochtourist; Kraxler. Klettermaxe; Kraxler. *Aber:* bergsteigen (das Bergsteigen). bergsteigerisch;
Berg|stock (der, -s, -stö|cke) 1. Gebirge; 2. Gehstock.
Berg-und-Tal-Bahn (die, -, Berg-und-Tal-Bahnen) Achterbahn.
Ber|gung (die, -, -en) Rettung.
Berg|wacht (die, -, kein Plural) Organisation zur Unfallrettung im Gebirge. Die deutsche Bergwacht wurde 1919 gegründet zur Hilfeleistung im Gebirge, zum Schutz von Natur, Pflanzen und Tieren und zur Verhütung negativer Einflüsse auf das Hochgebirge.

Berg|werk (das, -s, -e) Grube; Zeche.
Berg|wie|se (die, -, -n) Alm.
Be|ri|be|ri (die, -, kein Plural) (singhales.) Vitamin-B_1-Mangelkrankheit.
Be|richt (der, -s, -e) 1. Berichterstattung; Reportage; Beschreibung; Bulletin; Darlegung; Dokumentation; Rapport; Referat; Report; Mitteilung; Schilderung; 2. Zeitungsartikel. Bezieht sich ein Bericht auf eine Person oder eine Sache, wird diese mit den Präpositionen »über« oder »von« angeschlossen: Er gab seinen Bericht über die Invasion durch. Der Bericht über die Taten hatte keine Konsequenzen. Der Gebrauch der Präposition »für« und die Verwendung eines Genitivanschlusses können missverständlich sein und müssen deshalb vermieden werden: Der Bericht des Lehrers für den Schüler (= der Bericht, den der Lehrer macht, ist für den Schüler bestimmt). Der Lehrer gab einen Bericht für den Schüler (= der Bericht, den der Lehrer macht, ist für den Schüler bestimmt). Der Bericht des Schülers (= der Schüler erstattet Bericht). Soll vom Lehrer nicht »für«, sondern »über« den Schüler berichtet werden, muss es korrekt heißen: Der Bericht des Lehrers über den Schüler. Der Lehrer gab einen Bericht über den Schüler. Der Bericht über den Schüler.
be|rich|ten (V.) 1. mitteilen; 2. schildern. Mit den Präpositionen »über« (mit Akkusativ!) und »von« (mit Dativ!); aussagen; Bericht erstatten; beschreiben; erzählen; informieren; melden; rapportieren. Auf das Verb »berichten« folgt entweder ein Dativ der Person oder eine Kombination von »sein« mit dem 2. Partizip von »berichten«. Der früher übliche Gebrauch eines Akkusativs gilt als veraltet: Sie berichtet ihm (*nicht:* ihn) von ihrer Prüfung. Er hat seinem Direktor nicht alles berichtet.
Be|richt|er|stat|ter (der, -s, kein Plural) 1. Korrespondent; Reporter; Auslandskorrespondent; Journalist; 2. Augenzeuge; Chronist; Erzähler; Informant; Kommentator. (*Aber:* Bericht erstatten).
be|rich|ti|gen (V.) 1. dementieren; klarstellen; korrigieren; richtigstellen; 2. verbessern.
Be|rich|ti|gung.(die, -, -en) 1. Dementi; Klarstellung; Klärung; Korrektur; Richtigstellung; 2. Verbesserung.
Be|richts|heft (das, -es, -e) Aufzeichnung der betrieblichen Tätigkeiten des Auszubildenden für die Berufsschule.
be|rie|seln (V.) 1. sprengen; besprühen; 2. unmerklich beeinflussen. Berieselung.
Ber|ke|li|um (das, -s, kein Plural) (engl.-nlat.) ein künstliches radioaktives Element.
Ber|lin (ohne Art., -s, kein Plural) (dt.) Stadt und Bundesland.
Ber|li|na|le (die, -, -n) jährliche Filmfestspiele in Berlin.
Ber|li|ner (der, -s, -) 1. Einwohner der Stadt Berlin; 2. Schmalzgebäck mit Marmeladefüllung; Krapfen.
Ber|litz|schu|le (*auch:* Ber|litz-Schu|le) (die, -, -en) international verbreitete neusprachliche Schulen, in denen Sprachen durch praktische Anwendung ausschließlich durch muttersprachliche Lehrkräfte gelehrt werden. Gegr. von M.D. Berlitz 1878.
Ber|mu|das (die, -, nur Plural) 1. Inseln im Atlantik. 2. Bermudashorts (*auch:* Ber|mu|da-Shorts).
Bern|har|di|ner (der, -s, -) 1. nach Bernhard von Clairvaux benannter Mönchsorden; 2. große, schweizerische Hunderasse, von Mönchen auf dem St. Bernhard als Such- und Wachhunde gezüchtet, weiß mit gelbbraunen Flecken.
Ber|ni|na|grup|pe (*auch:* Ber|ni|na-Grup|pe) (die, -, kein Plural) höchstes, vergletschertes Gebirge der Schweizer Alpen, zwischen Oberengadin und Veltlin.
Bern|stein (der, -s, -e) fossiles Harz; von Nadelbäumen des Tertiärs, oft mit Einschlüssen von Pflanzen und Insekten; Schmuck. Bernsteinkette; bernsteine(r)n.
Be|ro|li|na (die, -, kein Plural) (lat.) 1. Name für Berlin; 2. Frauengestalt als Sinnbild Berlins.
Be|ro|müns|ter 1. Chorherrenstift in gleichnamiger Gemeinde im schweizerischen Kanton Luzern; 2. Rundfunksender.
Ber|ser|ker (der, -s, -) Barbar; tobender Mensch; Rasender. kämpfen wie ein Berserker (wütend, ungestüm, heftig). (Entlehnung aus der nordischen Sage. Berserker und seine Söhne metzelten auf ihren Zügen alles nieder. Altnordisch berserkr aus ber (Bär) und serkr (Hemd, Kleid). Der Berserker ist also ein in Bärenfell gekleideter Krieger. Nach germanischem Volksglauben sollte das Fell Bärenkräfte und die Wut der gereizten Bären verleihen.). Adjektiv: berserkerhaft.
bers|ten (V., barst, hat/ist geborsten) brechen; platzen; zerbersten; aus dem Leim gehen (ugs.); aus den Fugen geraten; auseinanderbrechen; entzweigehen; springen; zerplatzen; zerspringen. Die indikativen Formen dieses Verbs im Präsens lauten »ich berste«, »du birst«, »er/sie/es birst«. Der Imperativ heißt birst! (*nicht:* »berste«). Die Formen des Konjunktivs II sind »bärste« und »börste«, wobei die Form »börste« heute veraltet ist.
be|rüch|tigt (Adj.) 1. verrufen; 2. bekannt; berühmt; anrüchig; bescholten; notorisch; stadtbekannt; übel beleumundet; verschrien; von zweifelhaftem Ruf. Mit den Präpositionen »wegen« (mit Genitiv!) und »durch/für« (mit Akkusativ!). Die Präposition wegen steht bei der Angabe des Grundes: Er ist wegen seines Zornes berüchtigt. Die Präposition »durch« bezeichnet das Mittel, durch das jemand berüchtigt ist: Er ist durch seinen Zorn berüchtigt. Auch die Präposition »für« kann in diesen Fällen, in denen jemand schon berüchtigt ist, stehen: Er ist berüchtigt für seinen Zorn. Er ist berüchtigt dafür, dass er zornig ist.
be|rü|cken (V.) bezaubern.
be|rück|sich|ti|gen (V.) beachten; anrechnen; bedenken; einbeziehen; einkalkulieren; einplanen; mitberücksichtigen; Rechnung tragen; Rücksicht nehmen auf.
Be|rück|sich|ti|gung (die, -, kein Plural) 1. Anrechnung; Beachtung; Einbeziehung; Erwähnung; Würdigung; 2. Rücksicht.
Be|ruf (der, -s/-es, -e) 1. Arbeit; 2. Tätigkeit; Beschäftigung; Anstellung; Branche; Erwerbstätigkeit; Gewerbe; Handwerk; Job; Laufbahn; Metier; Profession; Sparte; Stand; Stellung; Zunft; 3. Bestimmung. Berufsaussichten; Be-

rufserfahrung; Berufswechsel; berufsbedingt; berufsbegleitend; berufserfahren; berufslos; berufsmäßig;

be|ru|fen (V., berief, hat berufen) 1. abordnen; auserwählen; 2. sich beziehen auf.

be|ru|fen (Adj.) 1. auserwählt; 2. bestimmt.

be|ruf|lich (Adj.) berufsmäßig; gewerbsmäßig; professionell; geschäftsmäßig.

Be|rufs|aus|bil|dung (die, -, -en) Ausbildung; Vermittlung von beruflichen Fähigkeiten.

Be|rufs|be|ra|tung (die, -, -en) von den Arbeitsämtern angebotene Beratung über Berufe, insbes. bei Berufswahl oder -wechsel.

Be|rufs|be|zeich|nun|gen Titel; gesellschaftliche Funktion des Titelträgers; Amtstitel; Ehrentitel. → Regelkasten.

Be|rufs|fach|schu|le (die, -, -n) (Abk.: BFS); berufsqualifizierende Vollzeitschule. Ihr Abschluss berechtigt zum Besuch der Fachoberschule (Abk.: FOS).

Berufsbezeichnungen

1. Ohne Artikel wird nicht die Berufsbezeichnung dekliniert, sondern der Name. Rechtsanwalt Müllers Beratung war hilfreich.
2. Mit Artikel wird die Berufsbezeichnung dekliniert, nicht der Name. Die Beratung des Rechtsanwalts Müller war hilfreich.
3. Adjektive bei Berufsbezeichnungen werden kleingeschrieben: freier Mitarbeiter; höherer Beamter; technischer Redakteur. *Aber:* Im Briefkopf oder auf der Visitenkarte kann ein Adjektiv bei der Berufsbezeichnung auch großgeschrieben werden (→ Titel).

Be|rufs|ge|heim|nis (das, -ses, -se) Schweigepflicht über Sachverhalte, die jemandem im Rahmen seiner beruflichen Tätigkeit anvertraut wurden.

Be|rufs|ge|nos|sen|schaft (die, -, -en) öffentlich-rechtliche Unternehmerverbände; Träger der gesetzlichen Unfallversicherung.

Be|rufs|krank|heit (die, -, -en) durch den Beruf bedingte Gesundheitsschädigungen, z.B. Bleivergiftung, Staublunge, Taubheit oder Verseuchung mit radioaktiven Strahlen.

Be|rufs|ober|schu|le (die, -, -n) (Abk.: BOS) Fachschule; Fachoberschule.

Be|rufs|schu|le (die, -, -n) berufsbegleitende Schule für Auszubildende, dauert meist drei Jahre.

Be|rufs|sport|ler (der, -s, kein Plural) betreibt Sport zum Gelderwerb. (engl. Professional, Profi).

Be|rufs|tä|ti|ger (der, -n, -e) Arbeitnehmer; Erwerbstätiger. berufstätig.

Be|ru|fung (die, -, -en) 1. Einspruch; Revision. in die Berufung gehen; 2. Bestimmung; 3. Einsetzung; Ernennung; Beauftragung; Bestallung; Bestellung; Designation; Einstellung; Lehrauftrag; Ruf. Berufungsinstanz.

be|ru|hen (V.) 1. basieren auf; gründen; sich stützen auf; bewenden lassen; begründet sein in; beruhen lassen; fußen auf; sich gründen auf; herrühren von; herstammen von; wurzeln; 2. aufgeben. Wir lassen es auf sich beruhen (wir hören auf damit). Nach dem Verb »beruhen« wird standardsprachlich mit der Präposition »auf« ein Dativ angeschlossen: Ihr Wissen beruht auf einer gründlichen Arbeitsweise.

be|ru|hi|gen (V.) 1. besänftigen; 2. ruhig werden; zur Ruhe bringen; beschwichtigen; abschwächen; begütigen; dämpfen; die Wogen glätten; gut zureden; mäßigen; mildern; vermitteln; zur Besinnung bringen.

be|ru|hi|gend (Adj.) tröstlich.

Be|ru|hi|gung (die, -, kein Plural) Begütigung; Besänftigung; Beschwichtigung; Trost.

Be|ru|hi|gungs|mit|tel (das, -s, kein Plural) Barbiturat; Psychopharmakon; Sedativum; Tranquilizer.

be|rühmt (Adj.) bekannt; angesehen; anerkannt; bedeutend; populär; prominent. Mit den Präpositionen »wegen« (Genitiv!) und »durch/für« (Akkusativ!). berühmt-berüchtigt.

Be|rühmt|heit (die, -) 1. (ohne Plural) Bedeutung; Bekanntheit; Ruf; Ruhm; 2. (mit Plural -en) Prominenz; 3. (mit Plural -en) Fachgröße; Kapazität; Könner; Koryphäe; Meister.

be|rüh|ren (V.) anfassen; anstoßen; anlangen; anrühren; antasten; befingern; in die Hand nehmen; 2. betreffen; 3. erschüttern; nahegehen; nicht gleichgültig lassen; zu Herzen gehen; 4. ansprechen; erwähnen; streifen; tangieren; 5. angrenzen; anstoßen.

be|rührt (Adj.) bewegt.

Be|rüh|rung (die, -, -en) Kontakt.

Be|rüh|rungs|punkt (der, -es, -e) Gemeinsamkeit.

Be|ryll (der, -s, -e) (ind.-griech.) ein Mineral; Schmuckstein.

Be|ryl|li|um (das, -s, kein Plural) (ind.-griech.-nlat.) ein Leichtmetall von hellgrauer Farbe.

bes. (Abk.) besonders.

be|sa|gen (V.) aussagen. Das besagt überhaupt nichts.

be|sagt (Adj.) bewusst.

Be|sa|mung (die, -, -en) künstliche Befruchtung. Besamungsstation; besamen.

Be|san (der, -s, -e) (arab.-niederl.) Gaffelsegel am hinteren Mast.

be|sänf|ti|gen (V.) beruhigen.

Be|satz (der, -es, -sät|ze) Band; Borte; Paspel; Blende; Bordüre; Einfassung; Franse; Litze; Rand; Rüsche; Saum; Stoßkante; Tresse; Volant.

Be|sat|zung (die, -, -en) 1. Crew; Mannschaft; Personal; Schiffsmannschaft; Schiffsbesatzung; 2. militärische Kontrolle; 3. Fremdherrschaft. Besatzer; Besatzungsmacht.

be|sau|fen (V., refl., besoff, hat besoffen) (ugs.) sich betrinken.

Be|säuf|nis (das, -ses, se; *oder:* die, -, -se) Gelage. Dieses Substantiv der Umgangssprache kann mit weiblichem oder sächlichem Artikel stehen: die Besäufnis, das Besäufnis. Beide Geschlechter sind möglich, wenn das Substantiv im Sinne von »Zecherei«, »Saufgelage« verwendet wird. Im Sinne von »Volltrunkenheit« ist die feminine Form üblich: Die Geburtstagsfeier

artete in eine schöne Besäufnis aus (*auch:* artete in ein schönes Besäufnis aus). In seiner Besäufnis hat er den Wagen zu Schrott gefahren.
be|schä|di|gen (V.) ramponieren; demolieren; in Mitleidenschaft ziehen; lädieren; ruinieren; verderben.
be|schä|digt (Adj.) angeschlagen; defekt; ramponiert; schadhaft.
Be|schä|di|gung (die, -, -en) 1. Lädierung; Sachbeschädigung; 2. Schaden.
be|schaf|fen (V.) akquirieren; besorgen; heranholen; heranschaffen; herbeischaffen; organisieren. Beschaffung.
be|schaf|fen (Adj.) geartet.
Be|schaf|fen|heit (die, -, kein Plural) Aussehen; Eigenschaft; Form; Qualität; Zustand.
be|schäf|ti|gen (V., refl.; V.) sich befassen; anstellen; sich auseinandersetzen mit; abgeben mit; arbeiten an; einlassen auf; hineinknien; umgehen mit; verlegen auf; widmen; zuwenden.
be|schäf|ti|gen (V.) 1. Arbeit geben; einstellen; zu tun geben; 2. beanspruchen; bewegen; nachgehen; zu denken geben.
be|schäf|tigt (Adj.) erwerbstätig.
Be|schäf|tig|ter (der Beschäftigte, des Beschäftigten, die Beschäftigten) Arbeitnehmer.
Be|schäf|ti|gung (die, -, -en) 1. Betätigung; Tätigkeit; Tätigsein; 2. Arbeit; Beruf.
Be|schäf|ti|gungs|la|ge (die, -, -en) Arbeitsmarktlage; Konjunktur; Wirtschaftslage.
be|schäf|ti|gungs|los (Adj.) arbeitslos.
Be|schäf|ti|gungs|the|ra|pie (die, -, -n) ärztlich überwachte Arbeit als Heilmethode bei psychischen Störungen.
Be|schäf|ti|gungs|ge|sell|schaft (die, -, -en) Unternehmensform, die bei Kurzarbeit mit Fortbildung kombiniert wird, um Arbeitslosigkeit vorzubeugen.
be|schä|men (V.) 1. blamieren; bloßstellen; 2. demütigen. Beschämung.
be|schä|mend (Adj.) blamabel; demütigend; erniedrigend; kläglich; schandbar; schändlich; schimpflich; schmachvoll; schmählich. beschämenderweise.
be|schämt (Adj.) reuig; verlegen.
be|schat|ten (V.) 1. einen Schatten werfen; 2. bespitzeln.
Be|schat|tung.(die, -, -en) Beobachtung; Überwachung.
Be|schau (die, -, kein Plural) Untersuchung. Fleischbeschau; beschauen.
be|schau|lich (Adj.) ruhig; friedlich; besinnlich; erbauend; kontemplativ; ruhig.
Be|schau|lich|keit (die, -, kein Plural) Besinnlichkeit; Versonnenheit; Besinnung; Muße; Ruhe; Seelenfriede; Seelenruhe.
Be|scheid (der, -s, -e) Nachricht; Antwort; Benachrichtigung; Mitteilung. *Beachte:* wird grundsätzlich immer groß- und getrennt geschrieben! Bescheid geben; jmdm. Bescheid sagen (jmdm. die Meinung sagen, jemanden belehren; jemanden benachrichtigen); jmdm. Bescheid tun (einen Zutrunk dankend erwidern); jmdm. Bescheid stoßen (ugs.) (jmdm. gehörig die Meinung sagen). Bescheid wissen (sich auskennen).
be|schei|den (V.) 1. befehlen; 2. ausrichten.
be|schei|den (V., refl.) begnügen; bescheiden; zufriedengeben; abfinden mit; einschränken; fürliebnehmen; vorliebnehmen; keine Ansprüche stellen; zurückhalten.
be|schei|den (Adj.) 1. anspruchslos; zurückhaltend; bedürfnislos; genügsam; sparsam; 2. ärmlich; einfach; karg; schlicht; 3. mittelmäßig.
Be|schei|den|heit (die, -, kein Plural) Anspruchslosigkeit; Genügsamkeit; Bedürfnislosigkeit; Zufriedenheit; Zurückhaltung.
be|schei|ni|gen (V.) 1. bestätigen; 2. quittieren; attestieren; beglaubigen; beurkunden.
Be|schei|ni|gung (die, -, -en) Beleg; Beglaubigung; Bestätigung; Attest; Nachweis; Police; Quittung; Schein.
be|schen|ken (V.) ein Geschenk machen. Beschenken.
be|sche|ren (V.) 1. schenken (Weihnachten); 2. bringen. Gewöhnlich folgt auf das Verb »bescheren« – auch in übertragener Bedeutung – ein Dativ der Person und ein Akkusativ in der Sache: Sie beschert ihm ein teures Hemd. Der Zufall hat ihm diese Bekanntschaft beschert. Wird das Geschenk nicht genannt, kann auch ein Akkusativ der Person folgen: Die Freundin beschert ihn mehrmals. Bei passivischer Konstruktion stehen die Bescherten im Nominativ, die Geschenke im Dativ der Sache: Er wurde mit einem teuren Schreibutensil beschert.
Be|sche|rung (die, -, -en) Weihnachtsabend mit Geschenken. Da haben wir die Bescherung/ das ist eine schöne Bescherung. (Das ist eine unangenehme Überraschung. Solch ein Pech).
be|scheu|ert (Adj.) (ugs.) dumm.
be|schie|ßen (V., beschoss, hat beschossen) feuern; schießen auf; unter Beschuss nehmen; angreifen; unter Feuer nehmen; ins Kreuzfeuer nehmen. Beschießung; Beschuss.
be|schil|dern (V.) ausschildern; auszeichnen; beschriften; etikettieren; kennzeichnen. Beschilderung.
be|schimp|fen (V.) beleidigen; anfeinden; angreifen; insultieren; lästern; schmähen; verunglimpfen.
Be|schimp|fung (die, -, -en) Beleidigung; Schmährede; Schmähung.
be|schir|men (V.) beschützen. Beschirmer.
Be|schiss (der, -schis|ses, kein Plural) (ugs.) Betrug. Adjektiv: beschissen. Verb: bescheißen.
Be|schlag (der, -s, -schlä|ge) Metallverbindungsstück; Verzierung. Sie nahm ihn vollkommen in Beschlag (beanspruchte ihn ganz für sich); mit Beschlag belegen. Adjektiv: beschlagen. Verb: beschlagen.
be|schla|gen (Adj.) bewandert; erfahren. in einer Sache gut beschlagen sein (in etwas bewandert, erfahren, kenntnisreich sein). (Der Ausdruck kommt vom gut beschlagenen Pferd, das sicher im Gang ist. Vgl. frz. être ferré sur quelque chose – in etwas beschlagen sein.). Beschlagenheit.
Be|schlag|nah|me (die, -, -n) Pfändung; Konfiskation; Konfiszierung; Sicherstellung; Sperrung.
be|schlag|nah|men (V.) einziehen; konfiszieren; pfänden; wegnehmen. Beschlagnahmung.
be|schlei|chen (V., beschlich, hat beschlichen) 1. heranschleichen; 2. überkommen.
be|schleu|ni|gen (V.) 1. schneller machen; 2. schneller werden.

Be|schleu|ni|gung (die, -, -en) Akzeleration; Geschwindigkeitssteigerung; Spurt.
Be|schleu|ni|gungs|ge|setz (das, -es, kein Plural) Gesetz, das die Planungszeit für den Straßenbau verkürzt.
be|schlie|ßen (V., beschloss, hat beschlossen) 1. einen Beschluss fassen; entscheiden; abstimmen; abmachen; besiegeln; eine Entschließung treffen; entschließen; festlegen; festsetzen; vereinbaren; zu einem Beschluss kommen; 2. beenden.
be|schlos|sen (Adj.) abgemacht; ausgemacht; entschieden; festgelegt. beschlossenermaßen.
Be|schluss (der; -es, Be|schlüs|se) Dekret; Entscheidung; Entschließung; Ratschluss; Resolution; Vereinbarung. Beschlussfähigkeit; beschlussfähig.
be|schmie|ren (V.) beschmutzen; bemalen.
be|schmut|zen (V.) 1. verunreinigen; 2. entehren.
be|schmutzt (Adj.) 1. schmutzig; 2. entehrt.
Be|schmut|zung (die, -, -en) 1. Verunreinigung; 2. Entehrung.
be|schnei|den (V., beschnitt, hat beschnitten) 1. stutzen; beschränken; abschneiden; ausschneiden; kürzen; lichten; schneiden; zurückschneiden; 2. einschränken; 3. Vorhaut entfernen. Beschneidung.
be|schnüf|feln (V.) 1. beschnuppern; riechen; Witterung aufnehmen; 2. (ugs.) beobachten; untersuchen.
be|schnup|pern (V.) beriechen.
be|schö|ni|gen (V.) bemänteln; schönfärben; ausschmücken; frisieren; verbrämen; verfälschen; verharmlosen.
Be|schö|ni|gung (die, -, -en) Umschreibung; Verfälschung.
be|schrän|ken (V.) einschränken.
be|schränkt (Adj.) engstirnig; dumm.
Be|schränkt|heit (die, -, -en) Borniertheit.
Be|schrän|kung (die, -, -en) Einschränkung.
be|schreib|bar (Adj.) 1. in der elektronischen Datenverarbeitung ist ein Medium (Band, Diskette, Platte) bereit zum beschreiben; 2. eine Schrift kann angebracht werden.
be|schrei|ben (V., beschrieb, hat beschrieben) 1. darstellen; schildern; ausmalen; berichten; ein Bild entwerfen; eine Beschreibung geben; charakterisieren; 2. beschriften.
Be|schrei|bung (die, -, -en) Darstellung; Schilderung; Bedienungsanleitung; Charakterisierung; Deskription; Personenbeschreibung; Steckbrief. Das spottet jeder Beschreibung (das ist unerhört).
be|schrei|en (V., beschrie, hat beschrien) 1. berufen; 2. unken; den Teufel an die Wand malen; herbeireden.
be|schrif|ten (V.) kennzeichnen; adressieren; bekritzeln; beschildern; beschreiben; datieren; etikettieren; signieren. Beschriftung.
be|schul|di|gen (V.) anklagen; anschuldigen; belasten; bezichtigen; zur Last legen.
Be|schul|dig|ter (der Beschuldigte, des Beschuldigten, die Beschuldigten) Angeklagter. Diese Bezeichnung wird wie ein attributives Adjektiv gebeugt: Der Beschuldigte verlas seine Erklärung. Fünf Beschuldigte erschienen nicht zur Verhandlung. Er verstand sich als Beschuldigter eines unrechtmäßigen Tribunals. Ein Beschuldigter trat in Hungerstreik. Nach einem starken Adjektiv wird im Genitiv Plural stark gebeugt: Die Folterung politischer Beschuldigter (*nicht:* Beschuldigten) war ein Skandal. Bei einem Dativ in der Einzahl wird nach einem starken Adjektiv schwach dekliniert: Zitiertem Beschuldigten (*nicht:* Beschuldigtem) war ein Vergehen zu Unrecht vorgeworfen worden. Als Apposition verwendet, kann die starke oder schwache Deklination erfolgen: Ihm als Beschuldigtem oder Ihm als Beschuldigten bzw. Ihr als Beschuldigter oder Ihr als Beschuldigten wurde für diese unterstützende Aussage Strafminderung versprochen. In der Verbindung von »Beschuldigter« und Namen können Kommas gesetzt werden, wenn man den Namen als Apposition auffasst und die Betonung auf Beschuldigter liegt: Der Beschuldigte(,) Peter Müller(,) hatte kein reines Gewissen.
Be|schul|di|gung (die, -, -en) Anschuldigung; Bezichtigung; Anklage; Belastung; Inkriminierung; Verdächtigung.
be|schum|meln (V.) (ugs.) betrügen.
Be|schuss (der, -es, kein Plural) 1. Bombardierung; 2. unter Beschuss geraten/stehen; Kritik ausgesetzt sein.
be|schüt|zen (V.) behüten; bewahren. Nur mit der Präposition »vor«! Sie beschützte ihn vor seiner eigenen Dummheit. Beschützer.
be|schwat|zen (V.) (ugs.) überreden; umstimmen.
Be|schwer|de (die, -, -n) Leiden; Anstrengung; Klage; Beanstandung; Einspruch. Beschwerdeführer.
Be|schwer|den (die, nur Plural) Leiden. beschwerdefrei.
be|schwe|ren (V., refl.) sich beschweren; beanstanden; Beschwerde vorbringen; Klage führen; maulen; sich beklagen; unzufrieden sein.
be|schwer|lich (Adj.) schwierig; mühsam.
Be|schwer|lich|keit (die, -, -en) Mühe.
Be|schwe|rung (die, -, -en) Ballast.
be|schwich|ti|gen (V.) beruhigen; besänftigen. Beschwichtigung; Beschwichtigungspolitik.
be|schwin|deln (V.) 1. belügen; 2. betrügen.
be|schwingt (Adj.) 1. beflügelt; 2. heiter; aufgeräumt; freudig; in gehobener Stimmung; schwungvoll; voller Schwung. Beschwingtheit.
be|schwipst (Adj.) (ugs.) leicht betrunken. einen Schwips haben.
be|schwö|ren (V., beschwor, hat beschworen) 1. beeiden; durch einen Eid bekräftigen; unter Eid aussagen; 2. bedrängen; anflehen; eindringlich bitten; 3. bannen; behexen; besprechen. Beschwörer.
Be|schwö|rung (die, -, -en) Geisterbeschwörung; Seance; Hexerei; Magie; Spiritismus; Tischrücken; Zauber; Zauberei.
be|see|len (V.) 1. beleben; 2. anregen. Beseeltheit; Beseelung; beseelt.
be|sei|ti|gen (V.) 1. abschaffen; aufheben; beheben; abhelfen; aufräumen mit; ausmerzen; ausräumen; ausrotten; bannen; beiseiteschaffen; eliminieren; entfernen; 2. töten. Beseitigung.
Be|sen (der, -s, -) Putzgerät; Feger; Handfeger; Kehrbesen; Kehrwisch. Reisigbesen; Straßenbesen. Ich fresse einen Besen, wenn das wahr ist (man will

etwas beteuern oder in Zweifel ziehen). jemanden auf den Besen laden (jemanden verulken, verspotten, jemanden zum Narren halten). Neue Besen kehren gut, aber die alten wissen die Winkel (wenn jemand eine neue Aufgabe übernimmt, macht er seine Sache oft besonders gut). Einen Besenstiel verschluckt haben (ugs.) (steif, unbeholfen, ungelenk sein). Besenbinder; Besenstiel.

Be|sen|kam|mer (die, -, -n) Abstellraum.

be|ses|sen (Adj.) 1. eingenommen; beherrscht von; 2. wahnsinnig; erfüllt von; fanatisch; leidenschaftlich. Besessenheit.

be|set|zen (V.) 1. belegen; freihalten; reservieren; 2. einnehmen; annektieren; erobern; okkupieren.

be|setzt (Adj.) ausverkauft; belegt; nicht frei; reserviert; vollbesetzt.

Be|set|zung (die, -, -en) 1. Rollenverteilung; Starring; 2. Okkupation.

Be|setzt|zei|chen (das, -s, kein Plural) Piepton bei belegter Telefonleitung.

be|sich|ti|gen (V.) 1. anschauen; 2. überprüfen.

Be|sich|ti|gung (die, -, -en) 1. Betrachtung; 2. Begutachtung; Inspektion; Musterung; Überprüfung.

be|sie|geln (V.) 1. bekräftigen; 2. entscheiden. jemandes Schicksal besiegeln (mit jmdm. geht es bergab, sich auf dem absteigenden Ast befinden) (Der Ausdruck leitet sich vom Siegel, dem Stempelabdruck ab.). Besieg(e)lung.

be|sie|gelt (Adj.) endgültig.

be|sie|gen (V.) 1. bezwingen; 2. erobern; außer Gefecht setzen; bewältigen; in die Knie zwingen; Herr werden; überwinden; unterjochen; unterwerfen. Besiegte.

be|siegt (Adj.) k.o.; knock-out; ausgezählt; erledigt; schachmatt.

be|sin|nen (V., refl., besann, hat besonnen) erinnern; bedenken. meist mit Präposition »auf«! Ich kann mich nicht mehr auf sein Aussehen besinnen; sich anders besinnen: seinen Entschluss ändern; *aber:* sich eines Besseren/ Besseren besinnen.

be|sinn|lich (Adj.) 1. nachdenklich; 2. beschaulich. Besinnlichkeit.

Be|sin|nung (die, -, kein Plural) Bewusstsein; Einkehr.

be|sin|nungs|los (Adj.) bewusstlos. Besinnungslosigkeit.

Be|sitz (der, -es, -e) 1. Vermögen; 2. Eigentum. In der Alltagssprache Bezeichnung für Eigentum. Dagegen unterscheidet die Rechtsordnung zwischen Besitz und Eigentum. Der Eigentümer hat ein Recht an einer Sache, der Besitzer hat tatsächlich Gewalt über sie. Besitzanspruch; Besitzbürgertum; Besitzergreifung; Besitzlose; Besitzverhältnisse; besitzanzeigend.

be|sit|zen (V., besass, hat besessen) haben; innehaben; eignen; gehören; sein eigen nennen; sich in jemandes Besitz befinden; verfügen über. Zwar ist die Grundbedeutung von »besitzen« »auf etwas sitzen«. Die Entwicklung der Bedeutung zu »als Besitz, als Eigentum haben«, macht aber eine Differenzierung des Gebrauchs der Verben »besitzen« und »haben« notwendig. Das Verb »besitzen« kann man für alles verwenden, was man als geistigen oder materiellen Besitz erwerben kann oder schon erworben hat. Darunter fallen auch positive und negative Eigenschaften. Das Verb »haben« drückt nur das Vorhandensein von etwas aus, es sagt über den Besitz nichts: Er hat Geld dabei (= bei sich). Sie hat keinen Fahrschein bei sich. Manchmal ist beides möglich: Er besitzt viel Geld (= er ist reich) oder er hat viel Geld (= er ist reich). Auch wo die Vorstellung eines Besitzes nicht möglich ist, muss »haben« gebraucht werden. Sie hat einen guten Job (*nicht:* sie besitzt). Er hat eine Familie (*nicht:* besitzt): In den meisten Fällen kann also »haben« für »besitzen« stehen. Soll jedoch »besitzen« für »haben« stehen, ist genau zu prüfen, ob der Ausdruck nicht sinnwidrig ist. Auch in bestimmten festen Wendungen kann das Verb »haben« nicht durch »besitzen« ersetzt werden: Er hat keine Ahnung (*nicht:* er besitzt). Sie hat keine Geduld mit ihm (*nicht:* sie besitzt). Das 2. Partizip heißt »besessen«.

be|sitz|los (Adj.) arm.

be|sof|fen (Adj.) (ugs.) betrunken. Besoffenheit.

be|soh|len (V.) sohlen; doppeln; Absätze erneuern.

be|sol|den (V.) entlohnen. Besoldung

be|son|de|re(-r/-s) (Adj.) eigenartig; außergewöhnlich. Ein besonderes Ereignis; im Besonderen; insbesondere; das Besondere; etwas/nichts Besonderes.

Be|son|der|heit (die, -, -en) Eigenart; Merkmal.

be|son|ders (Adv.) getrennt; vor allem; sehr. *Beachte:* Vor »besonders« steht ein Komma, wenn es eine Ergänzung einleitet! Er mochte Blumen, besonders Rosen. *Beachte* bei »besonders wenn«: Soll das Wort »besonders« betont werden, so steht das Komma dazwischen; er lachte besonders, wenn der Clown auf die Bühne kam; wird »besonders wenn«, »besonders weil«, »besonders da« usw. jedoch als feste Fügung verstanden, so steht das Komma vor »besonders«: Er geht gern ins Kino, besonders wenn Abenteuerfilme laufen.

be|son|nen (Adj.) 1. überlegt; 2. vernünftig; bedächtig; bedachtsam; beherrscht; ruhig; umsichtig.

Be|son|nen|heit (die, -, kein Plural) Bedacht; Bedächtigkeit; Beherrschung; Ruhe; Umsicht.

be|sor|gen (V.) 1. aquirieren; heranschaffen; holen; 2. ausführen; machen; erledigen; tun; 3. haushalten; verwalten; wirtschaften. es jmdm. besorgen (ugs.) (es jmdm. heimzahlen). befürchten. Besorgtheit; besorgniserregend (*auch:* Besorgnis erregend).

Be|sorg|nis (die, -, -se) Befürchtung; Sorge. Besorgnis erregen; besorgniserregend (*auch:* Besorgnis erregend). eine besorgniserregende (*auch:* Besorgnis erregende) Situation, *aber nur:* eine große Besorgnis erregende Situation, eine äußerst besorgniserregende Situation; eine noch besorgniserregendere Situation.

be|sorgt (Adj.) 1. ängstlich; bedrückt; beklommen; bekümmert; sorgenvoll; unruhig; 2. fürsorglich. Als Präpositionen sind möglich: »um«, »wegen«, »über«. Wird das Objekt, auf das sich die Sorge bezieht, genannt, steht die Präposition »um«: Die Eltern sind um das Wohlergehen der Kinder besorgt. »Wegen«, seltener »über«, steht, wenn der Grund der Sorge angegeben wird: Die Bevölkerung war wegen der Unruhen besorgt. Die Bevölkerung war über die Unruhen besorgt.

Be|sor|gung (die, -, -en) Einkauf; Erledigung.
be|spie|len (V.) 1. aufnehmen; 2. spielen auf. Bespielbarkeit; bespielbar.
be|spit|zeln (V.) überwachen. Bespitzelung.
be|spre|chen (V., besprach, hat besprochen) 1. sich beraten; 2. erörtern; 3. bannen; 4. beurteilen; Kritik schreiben über; rezensieren; würdigen.
Be|spre|chung (die, -, -en) 1. Beurteilung; Kritik; Würdigung; 2. Tagung; 3. Erörterung.
be|spren|gen (V.) besprühen; befeuchten.
be|sprü|hen (V.) befeuchten. Besprühung.
be|spu|cken (V.) anspucken.
bes|ser (Adj.) mehr als gut. besser gehen (*auch:* bessergehen) (gesundheitlich); Sie kann jetzt wieder besser gehen. Du solltest das Glas besser (lieber) abstellen. *Aber:* Der Staat will die Familien besserstellen (finanz.). *Großschreibung:* etwas/nichts Besseres; jemanden eines Besseren belehren; sich eines Besseren besinnen; Besseres wäre zu tun. Besserverdienende (*auch:* besser Verdienende). Die bessere Hälfte (die Ehefrau) (meist ironisch gemeint; nach der Bibel, nach der Mann und Frau ein Leib sind). Besser als sein Ruf (einen besseren Charakter haben, als allgemein angenommen wird); schon bessere Tage gesehen haben (früher ging es jmdm. besser); Besseres zu tun haben (sich mit etwas nicht abgeben wollen).
Bes|ser|wis|ser (der, -s, -) Rechthaber. besserwisserisch.
bes|sern (V.) verbessern.
bes|sern (V. refl.) 1. sich verbessern; besser werden; wieder gut werden; 2. sich läutern. Besserung.
Bes|se|rung (*auch:* Bess|rung) (die, -, kein Plural) Fortschritt; Genesung; Läuterung.
Bes|se|rungs|an|stalt (die, -, -en) Erziehungsanstalt.
be|stal|len (V.) einsetzen; berufen.
Be|stal|lung (die, -, -en) Auftrag; Berufung in ein Amt.
Be|stand (der, -s, -stän|de) 1. Dauer (ohne Plural); 2. Vorrat; Bestandsmasse; Fundus; Inventar; Lagerbestand; Vorrat. eiserner Bestand (Notvorrat); von Bestand sein (dauerhaft sein).
be|stan|den (V.) 1. alt; 2. bewachsen. Dieses 2. Partizip des Verbs »bestehen« im Sinne von »etwas erfolgreich absolvieren« darf nur passivisch gebraucht werden: Nach der bestandenen Prüfung genießt die Kandidatin ihre Freizeit. Auch wenn das Verb im Sinne von »existieren, vorhanden sein« verwendet wird, muss man einen Nebensatz bilden: Die Gesetze, die bis 1945 bestanden, waren unmenschlich. (*Nicht:* Die bis 1945 bestandenen Gesetze waren unmenschlich.) Ein nicht mehr gebräuchliches Verb »bestehen« im Sinne von »stehen an etwas«, »stehen in« oder »auf etwas« bildet ebenfalls das 2. Partizip »bestanden«. So verwendet ist möglich: Die mit Obstbäumen bestandene Wiese blüht. Der Feldweg ist zu beiden Seiten mit hohen Bäumen bestanden.
Be|stands|auf|nah|me (die, -, -en) Inventur.
Be|stands|ju|bi|lä|um (das, -s, -äen) Jubiläum des Bestehens.
Be|stands|ver|trag (*auch:* Be|stand|-ver|trag) (der, -s, -äge) Pachtvertrag.
Be|stand|teil (der, -s, -e) Bruchstück; Bruchteil; Element; Komponente; Zubehör; Teil.
be|stän|dig (Adj.) 1. dauernd; 2. beharrlich.
Be|stän|dig|keit (die, -, kein Plural) Beharrlichkeit; Stetigkeit.
be|stär|ken (V.) 1. unterstützen; 2. ermutigen. Bestärkung.
be|stä|ti|gen (V.) 1. attestieren; beglaubigen; bescheinigen; quittieren; 2. bekräftigen; erhärten; zustimmen; anerkennen; festigen; sanktionieren; 3. abzeichnen; gegenzeichnen; paraphieren; ratifizieren; unterzeichnen; 4. sich bestätigen; sich bewahrheiten.
Be|stä|ti|gung (die, -, -en) Anerkennung; Beglaubigung; Bescheinigung; Quittung; Ratifizierung. Nach dem Substantiv »Bestätigung« wird das, was bestätigt werden soll, mit der Präposition »als« angeschlossen: Nach der Versammlung wurde die Bestätigung des Schatzmeisters als neues Vorstandsmitglied bekannt gegeben.
be|stat|ten (V.) beerdigen. Bestattung; Bestattungsinstitut.
be|stäu|ben (V.) die Blüten befruchten (Botanik). Bestäubung.
be|stau|nen (V.) bewundern.
bes|te(-r/-s) (Adj.) sehr gut. am besten; jemanden zum Besten halten; eine Anekdote zum Besten geben; aufs beste/Beste (sehr gut); er war auf das Beste scharf; dieses Lied war das beste; das Beste wäre, wenn …; gut, besser, am besten; der erste/nächste Beste; der Erstbeste; ich halte es für das Beste, wenn … Er nimmt sich nur vom Besten; das Beste, was ich je gesehen habe; hoffen wir das Beste; das Beste vom Besten; sein Bestes geben; das Beste aus einer Sache machen; das Beste ist gerade gut genug; der Beste im Turnen. Adjektive: bestinformiert; bestausgebildet; bestmöglich (*nicht:* bestmöglichst!); bestrenommiert; bestvorbereitet. Bestform; Bestleistung; Bestmarke; Bestseller. Dieses mit »best-« zusammengesetzte Adjektiv kann nicht mehr gesteigert werden, da es bereits die höchste Steigerungsstufe, den Superlativ, ausdrückt: Dieses Hausmittel ist immer noch das bestbewährte (*nicht:* das bestbewährteste) Mittel gegen Husten.
best|be|zahlt (Adj.) am besten bezahlt. Dieses mit »best-« zusammengesetzte Adjektiv kann nicht mehr gesteigert werden, da es bereits die höchste Steigerungsstufe, den Superlativ ausdrückt: Auch der bestbezahlte Autor (*nicht:* der bestbezahlteste) ist noch zu schlecht bezahlt.
be|ste|chen (V., bestach, hat bestochen) 1. gefügig machen; kaufen; korrumpieren; schmieren; verführen; 2. beeindrucken; wirken; 3. gefallen.
be|ste|chend (Adj.) beeindruckend; überzeugend.
be|stech|lich (Adj.) käuflich; korrupt; verführbar.
Be|ste|chung (die, -, -en) Korruption; Korrumpierung; Vergünstigung. Bestechlichkeit; Bestechungsskandal.
Be|steck (das, -s, -e) 1. Esswerkzeuge; Essbesteck; Messer und Gabel; Tafelbesteck; 2. Sezierbesteck; Instrument. Die standardsprachlich korrekte Pluralform des Substantivs »das Besteck« lautet »die Bestecke«. Die Form »die Bestecks« entstammt der Umgangssprache. Besteckkasten.

be|ste|hen (V., bestand, hat bestanden) 1. standhalten; 2. existieren; 3. beharren (mit Präposition »auf«); sich zusammensetzen (mit Präposition »aus«). Bestehen; bestehen bleiben; bestehen lassen. Der Konjunktiv II dieses Verbs kann »bestünde« oder »bestände« lauten. Beide Formen sind korrekt und gebräuchlich. In der Regel wird heute nach der Wendung »bestehen auf« mit einem Dativ angeschlossen, im Sinne von »auf einem Standpunkt (Frage wo?) beharren«: Beide Seiten bestanden auf der Einhaltung der Abmachung. Handelt sich um etwas Erstrebtes, Gewolltes, ist auch der Akkusativ gebräuchlich: Er bestand auf die Einstellung der Handlungen.
be|stei|gen (V., bestieg, hat bestiegen) 1. erklettern; 2. hineinsteigen.
Be|stei|gung (die, -, -en) Aufstieg; Bezwingung; Ersteigung.
be|stel|len (V.) 1. anfordern; in Auftrag geben; ordern; einen Auftrag erteilen; eine Bestellung aufgeben; 2. abonnieren; subskribieren; vorbestellen; 3. ackern; bewirtschaften; kultivieren; 4. vorladen; 5. ausrichten; 6. berufen. Jmd. sitzt da wie bestellt und nicht abgeholt (niedergeschlagen, verzagt, verzweifelt, verlassen wirken). nicht viel zu bestellen haben (ugs.) (eine untergeordnete Rolle spielen); nur die zweite Geige spielen.
Be|stel|lung (die, -, -en) 1. Anforderung; Auftrag; Order; 2. Abonnement; Subskription; Vorbestellung; 3. Ackerbau; Feldbestellung; 4. Berufung. Bestellliste (*auch*: Bestell-Liste).
bes|ten|falls (Adv.) im besten Fall; allenfalls; im günstigsten Falle; höchstens; längstens; wenn es hoch kommt; spätestens.
bes|tens (Adv.) sehr gut; hervorragend; optimal.
be|sternt (Adj.) mit Sternen bedeckt.
be|steu|ern (V.) mit Steuer belegen. Besteuerung; besteuerbar.
bes|ti|a|lisch (Adj.) (lat.) kaltblütig; roh. Bestialität.
Bes|tie (die, -, -n) (lat.) 1. Biest; Raubtier; wildes Tier; 2. Ungeheuer; 3. Barbar.
be|stim|men (V.) 1. festlegen; anordnen; beeinflussen; den Ton angeben; das Sagen haben; befehlen; das Regiment führen; die Zügel in der Hand halten; dominieren; die Hosen anhaben; 2. ausersehen; auserwählen; auswählen; designieren; vorsehen, zu denken; 3. definieren; diagnostizieren; einordnen; kategorisieren. bestimmbar; bestimmungsgemäß.
be|stimmt (Adj.) 1. betont; energisch; entschieden; apodiktisch; dezidiert; kategorisch; nachdrücklich; ultimativ; 2. auserkoren; ausersehen; auserwählt; berufen; erkoren; erwählt; 3. gewiss; 4. wahrhaftig.
Be|stimmt|heit (die, -, kein Plural) Entschlossenheit; Gewissheit.
Be|stim|mung (die, -, -en) 1. Definition; Determination; Diagnose; Einordnung; Zuordnung; 2. Aufgabe; Beruf; Berufung; Destination; Eingebung; Erwähltsein; Mission; Schicksal; Sendung; 3. Zweck; 4. Verordnung; Vorschrift.
Be|stim|mungs|ort (der, -es, -e) Ziel.
be|stirnt (Adj.) mit Sternen bedeckt.
be|stra|fen (V.) ahnden; verurteilen; strafen; eine Strafe auferlegen; eine Strafe verhängen; maßregeln, züchtigen; zur Rechenschaft ziehen; zur Verantwortung ziehen.
Be|stra|fung (die, -, -en) Ahndung; Maßregelung; Strafe.
be|strah|len (V.) 1. erhellen; 2. mit Strahlen behandeln. Bestrahlung; Bestrahlungsdosis.
be|stre|ben (V.; V., refl.) 1. wünschen; 2. sich bemühen. Bestreben; Bestrebung; bestrebt.
be|strei|ten (V., bestritt, hat bestritten) 1. leugnen; 2. finanzieren. Bestreitung.
be|streu|en (V.) 1. bedecken; 2. verteilen. Bestreuung.
Best|sel|ler (der, -s, -) (engl.) Verkaufsschlager (Buch, Schallplatten).
be|stü|cken (V.) ausstatten. Bestückung.
be|stür|men (V.) 1. belagern; 2. bedrängen; 3. bitten. Bestürmung.
be|stür|zen (V.) erschüttern. bestürzend; bestürzt.
Be|stür|zung (die, -, kein Plural) Betroffenheit; Entsetzen. Bestürztheit.
Be|such (der, -s/-es, -e) 1. Aufenthalt; 2. Teilnahme; 3. Gast. Besuchserlaubnis; besuchen.
Be|su|cher (der, -s, -) 1. Gast; 2. Publikum.
be|su|deln (V.) 1. verunreinigen; 2. schmähen.
Be|su|de|lung (die, -, -en) Verschmutzung; Entweihung.
Be|ta (das, -s, -s) zweiter Buchstabe des griechischen Alphabets (Β, β).
be|tagt (Adj.) alt. Betagtheit.
be|tas|ten (V.) 1. greifen; 2. berühren. Betasten; Betastung.
Be|ta|strah|len (*auch:* β-Strah|len) (die, -) radioaktive Strahlen. Betastrahler; Betastrahlung.
be|tä|ti|gen (V.) 1. sich beschäftigen; 2. bedienen. Betätigung; Betätigungsfeld.
be|tat|schen (V.) (ugs.) gierig berühren.
be|täu|ben (V.) 1. narkotisieren; anästhetisieren; chloroformieren; einschläfern; schmerzunempfindlich machen; 2. benebeln; benommen machen; berauschen; 3. hemmen; lähmen. ohrenbetäubender Lärm.
Be|täu|bung (die, -, -en) 1. Anästhesie; Narkose; örtliche Betäubung; 2. Apathie; Benommenheit; Lähmung; 3. Rausch. betäubt.
Be|ta|ver|si|on (die, -, -en) (griech.-lat.-franz.) in der elektronischen Datenverarbeitung die letzte Version eines Programms vor dem fertigen Produkt. Die Betaversion wird einer größeren Gruppe von Anwendern zugänglich gemacht, um möglichst viele Fehler zu finden und beheben zu können.
Be|te (*auch:* Bee|te) (die, -, -n) Rübe.
Be|tei|geu|ze (der, -, kein Plural) (arab.) Hauptstern im Orion.
be|tei|li|gen (V.) 1. teilnehmen; teilhaben lassen; zusammenarbeiten; 2. Anteil geben. Nach dem Verb »beteiligen« wird mit der Präposition »an« angeschlossen. Dieses Präpositionalobjekt kann mit der Frage »woran?« abgefragt werden: Sie haben sich an der Mahnwache beteiligt. Wer war an der Demo beteiligt? Er hat sich an der Bürgersprechstunde beteiligt. Auch der Anschluss einer Umstandsbestimmung »wo?« ist möglich: Er hat sich in der Bürgersprechstunde lebhaft beteiligt. Beteiligtsein.
Be|tei|lig|ter (der Beteiligte, -n, -n) Teilnehmer. Diese Bezeichnung wird wie

ein attributives Adjektiv gebeugt: Der Beteiligte gab eine Erklärung ab. Fünf Beteiligte erschienen nicht zur Verhandlung. Er verstand sich als Beteiligter einer völkerverbindenden Bewegung. Ein Beteiligter der in den Skandal verwickelten Personen trat zurück. Wenige Beteiligte meldeten sich. Nach einem starken Adjektiv wird im Genitiv Plural stark gebeugt: Die Anhörung genannter Beteiligter (*nicht*: Beteiligten) war ein Teil des Verfahrens. Bei einem Dativ in der Einzahl wird nach einem starken Adjektiv schwach dekliniert: Anwesendem Beteiligten (*nicht*: Beteiligtem) war ein Vergehen zu Unrecht vorgeworfen worden. Als Apposition verwendet, kann die starke oder schwache Deklination erfolgen: Ihm als Beteiligtem oder Ihm als Beteiligten bzw. Ihr als Beteiligter oder Ihr als Beteiligten wurde für diese unterstützende Aussage Strafminderung versprochen. In der Verbindung von »Beteiligter« und Namen können Kommas gesetzt werden, wenn man den Namen als Apposition auffasst und die Betonung auf Beteiligter liegt: Der Beteiligte Peter Müller hatte kein reines Gewissen. Der Beteiligte, Peter Müller, hatte kein reines Gewissen. Nach »Beteiligte« wird mit der Präposition »an« angeschlossen. Die Kombination mit einem Genitiv ist falsch: Die an der Demo Beteiligten wurden observiert (*nicht:* Die Beteiligten der Demo wurden observiert).

Beˈteiˈliˈgung (die, -, -en) 1. Anteil; Gewinnbeteiligung; Teilhabe; 2. Beitrag; Mitwirkung; Mitarbeit; Teilnahme.

beˈten (V.) ein Gebet sprechen. Beter.

beˈteuˈern (V.) versichern. Beteuerung.

beˈtiˈteln (V.) benennen; bezeichnen. Betit(e)lung.

Beˈton (der, -s, -s/-e) (franz.) Baustoff. Betonblock; Betonierung; Betonmischmaschine; betonieren.

beˈtoˈnen (V.) 1. unterstreichen; hervorheben; deutlich machen; herausstellen; 2. akzentuieren; den Ton legen auf. betontermaßen.

beˈtont (Adj.) akzentuiert; pointiert; prononciert.

Beˈtoˈnung (die, -, -en) 1. Akzent; Ton; Tonfall; 2. Akzentuierung; Hervorhebung; Unterstreichung.

beˈtöˈren (V.) 1. bezaubern; 2. blenden. Betörer; betörend.

Beˈtöˈrung (die, -, -en) Verführung.

betr. (Abk.) **betr**effend; betreffs.

Betr. (Abk.) **Betr**eff. In modernen Geschäftsbriefen wird die Ankündigung »Betreff« nicht mehr angeführt!

Beˈtracht (der) Erwägung (nur in den Wendungen) in Betracht kommen; in Betracht ziehen; außer Betracht bleiben.

beˈtrachˈten (V.) ansehen; halten für (mit Präposition »als«!); ansehen (mit Präposition »für«!). Betrachter; Betrachtung.

beˈträchtˈlich (Adj.) erheblich; beachtlich. Um ein Beträchtliches war er besser als die anderen.

Beˈtrachˈtungsˈweiˈse (die, -, -n) Anschauungsweise; Denkweise; Ideologie; Sichtweise; Weltanschauung.

Beˈtrag (der, -s, -träˈge) 1. Summe; 2. Preis. Beim Hinweis auf die Geldsumme muss es heißen: ein Betrag von 5,– Euro. *Aber:* ein Scheck über 5,– Euro.

beˈtraˈgen (V., betrug, hat betragen) 1. ausmachen; machen; ergeben; kosten; sich belaufen auf. Die auf das Verb »betragen« folgende Maßangabe steht im Akkusativ. Das Budget für den Umweltschutz beträgt nur einen Bruchteil des Gesamthaushalts. 2. betragen (V., refl.) sich benehmen.

beˈtrauˈen (V.) beauftragen.

beˈtrauˈern (V.) trauern um.

Beˈtreff (der, -s, -e) Inhalt; Hinsicht. in Betreff des Bebauungsplanes. Betreffende.

beˈtrefˈfen (V.) 1. anbelangen; angehen; anlangen; berühren; mitbetroffen sein; sich beziehen auf; zu tun haben mit; 2. anrühren; betroffen machen; ergreifen.

beˈtrefˈfend (Adj.) hinsichtlich; in Bezug auf. *Beachte:* »betreffend« steht oft mit Komma, besonders in längeren Einschüben: Wir haben uns, Ihre Einwände betreffend, nochmals Gedanken gemacht. Das Komma muss aber nicht stehen!

beˈtreffs (Präp.) bezugnehmend auf. auf die Präposition »betreffs« folgt ein Genitiv: betreffs des Bebauungsplanes.

beˈtreiˈben (V., betrieb, hat betrieben) ausüben; führen. Betreiben; Betreibung; auf sein Betreiben hin habe ich die Stelle angenommen.

beˈtreˈten 1. (V., betrat, hat betreten) treten; eintreten; beschreiten; begehen. Betreten; 2. (Adj.) verlegen; betroffen; peinlich berührt; verschämt. Betretenheit.

Beˈtreˈtenˈheit (die, -, kein Plural) Verlegenheit.

beˈtreuˈen (V.) 1. hegen; beaufsichtigen; pflegen; 2. verwalten.

Beˈtreuˈer (der, -s, -) Begleiter; Pfleger; Coach; Trainer; Reiseleiter; Animateur; Impresario; Bewährungshelfer; Gemeindehelfer; Manager; Sozialarbeiter.

Beˈtreuˈung (die, -, kein Plural) Beaufsichtigung; Pflege.

Beˈtrieb (der, -s/-es, -e) 1. Firma; 2. Arbeiten; 3. Trubel; 4. eine Anlage in Betrieb nehmen. Komposita mit dem determinierenden Substantiv »Betrieb« werden meist mit Fugen-s geschrieben. Betriebsausschuss; Betriebsferien; Betriebsunfall; betrieblich; betriebsintern; betriebssicher.

beˈtriebˈsam (Adj.) eifrig; hektisch.

Beˈtriebsˈanˈgeˈhöˈriˈger (der, -n, -e) Belegschaftsmitglied; Mitarbeiter.

Beˈtriebsˈanˈleiˈtung (die, -, -en) Bedienungsanweisung.

beˈtriebsˈbeˈreit (Adj.) einsatzbereit.

Beˈtriebsˈgeˈfahr (die, -, -en) grundsätzliche Gefahr, die z. B. ein Auto bedeutet.

Beˈtriebsˈgeˈheimˈnis (das, -es, -se) Geschäftsgeheimnis.

Beˈtriebsˈkaˈpiˈtal (das, -s, kein Plural) Teile des Umlaufvermögens, die laufend umgesetzt werden (z.B. Waren, Rohstoffe, Forderungen, Wertpapiere, Bankguthaben, Kassenbestand).

Beˈtriebsˈkliˈma (das, -s, kein Plural) Arbeitsatmosphäre; soziales Klima.

Beˈtriebsˈleiˈter (der, -s, -) Arbeitgeber; Geschäftsleiter; Leiter.

Beˈtriebsˈnuˈdel (die, -, -n) unterhaltsamer Kollege; jemand der es versteht, Betrieb zu machen.

Beˈtriebsˈordˈnung (die, -, -en) regelt sozialrechtliche Beziehungen der Arbeitnehmer untereinander, den Arbeitsschutz, die Maßnahmen zur Unfallverhütung und die Beziehungen zu den Vorgesetzten; ist Bestandteil des Tarifvertrags.

Be|triebs|prü|fung (die, -, -en) steuerliche Überprüfung der Buchführung eines Betriebes durch das Finanzamt.
Be|triebs|rat (der, -s, -rä|te) von der Belegschaft des Betriebes gewählter Vertreter der Arbeitnehmer; Interessenvertretung gegenüber dem Arbeitgeber. Betriebsratsmitglied.
Be|triebs|schutz (der, -es, kein Plural) Werksschutz.
Be|triebs|sys|tem (das, -s, -e) (EDV) Gesamtheit der Programme, die den Betrieb eines Computers ermöglichen. Das Betriebssystem steuert u. a. den Prozessor und verwaltet den Hauptspeicher sowie die angeschlossenen Peripheriegeräte.
Be|triebs|wirt|schafts|leh|re (die, -, kein Plural) (Abk.: BWL) Zweig der Wirtschaftswissenschaften.
be|trin|ken (V. refl., betrank, hat betrunken) sich einen Rausch antrinken; sich berauschen; einen hinter die Binde gießen; einen über den Durst trinken; zu tief ins Glas schauen; sich besaufen (ugs.); sich einen ansaufen; sich volllaufen lassen.
be|trof|fen (Adj.) 1. bestürzt; befremdet; betreten; fassungslos; 2. berührt; angesprochen; geschlagen; heimgesucht; leidtragend. betroffen sein. Betroffenheit; einige Betroffene; alle Betroffenen; die von der Krankheit Betroffenen.
Be|trof|fe|ner (der Betroffene, -nen, -nen) 1. Fassungsloser; 2. Berühmter; Heimgesuchter. Diese Bezeichnung wird wie ein attributives Adjektiv gebeugt: Der Betroffene gab sich zerknirscht. Fünf Betroffene erschienen nicht zur Verhandlung. Er verstand sich als Betroffener einer Verschwörung. Ein Betroffener war zu einer Aussage bereit. Wenige Betroffene meldeten sich. Nach einem starken Adjektiv wird im Genitiv Plural stark gebeugt: Die Anhörung genannter Betroffener (*nicht*: Betroffenen) war ein Teil des Verfahrens. Bei einem Dativ in der Einzahl wird nach einem starken Adjektiv schwach dekliniert: Anwesendem Betroffenen (*nicht*: Betroffenem) war ein Vergehen zu Unrecht vorgeworfen worden. Als Apposition verwendet, kann die starke oder schwache Deklination erfolgen: Ihm als Betroffenem oder Ihm als Betroffenen bzw. Ihr als Betroffener oder Ihr als Betroffenen begegnete man mit Nachsicht. In der Verbindung von Betroffener und Namen können Kommas gesetzt werden, wenn man den Namen als Apposition auffasst und die Betonung auf »Betroffener« liegt. Die Betroffene Maria Maier hatte sich wieder erholt. Die Betroffene, Maria Maier, hatte sich wieder erholt. Nach »Betroffene« wird mit der Präposition »von« angeschlossen. Die Kombination mit einem Genitiv ist falsch: Die vom Unglück Betroffenen erhalten eine Entschädigung.
Be|trof|fen|heit (die, -, kein Plural) Befremden; Bestürzung; Betretenheit; Fassungslosigkeit.
be|trü|ben (V.) traurig machen. Betrübtheit; Betrübnis; betrüblich; betrübt.
Be|trug (der, -s, Be|trü|ge|rei|en) Schwindel; Täuschung; Gaunerei; krumme Tour; Machenschaft; Mogelei; Schiebung; Unterschlagung.
be|trü|gen (V.) 1. hereinlegen; hintergehen; lügen; mogeln; prellen; übervorteilen; übers Ohr hauen; täuschen; 2. ehebrechen.
Be|trü|ger (der, -s, -) Gauner; Schwindler; Heiratsschwindler; Hochstapler; Preller; Scharlatan; Fälscher. betrügerisch.
be|trun|ken (Adj.) berauscht. Betrunkene; Betrunkenheit; sich betrinken.
Bett (das, -s/-es, -en) 1. Schlafmöbel; Bettgestell; 2. Liegestatt; Schlafstelle. Bettbezug; Bettdecke; Bettfedern; Bettnässer; Bettruhe; Betttuch (*auch:* Bett-Tuch), das Bettenmachen (*aber:* die Betten machen).
Bet|tel (der, -s, kein Plural) minderwertiger Kram. den ganzen Bettel hinwerfen (ugs.) (aufhören für jemanden zu arbeiten).
Bet|tel|or|den (der, -s, -) im 13. Jh. aufkommende klösterliche Gemeinschaften, die auf persönlichen Besitz völlig verzichten, z.B. Franziskaner, Dominikaner, Kapuziner.
Bet|tel|stab (der, -es, kein Plural) am Bettelstab sein (arm sein).
bet|ten (V. refl.) sich legen. Wie man sich bettet, so liegt man. (Das Schicksal hängt von einem selbst ab.).
bet|ten|füh|rend (*auch*: Bet|ten füh|rend) (Adj.) mit Betten ausgestattet.
Bett|hup|ferl (das, -s, -) Schlaftrunk; Süßigkeit.
bett|lä|ge|rig (Adj.) krank.
Bett|la|ken (das, -s, -) Betttuch; Laken; Leintuch; Linnen.
Bett|ler (der, -s, -) Almosenempfänger; Bettelbruder; Schnorrer. Bettelei; Bettelstab; betteln.
Bett|ni|sche (die, -, -n) Alkoven.
Bett|pfan|ne (die, -, -n) Nachttopf.
bett|reif (Adj.) müde.
Bett|schwe|re (die, -, kein Plural) Müdigkeit. die nötige Bettschwere haben (ugs.) (müde sein, nachdem man genug Alkohol getrunken hat).
Bett|vor|le|ger (der, -s, -) Teppich.
Bett|zip|fel (der, -s, -) (ugs.) sich nach dem Bettzipfel sehnen (müde, schläfrig sein).
be|tucht (Adj.) (ugs.) reich. Betuchte.
Be|tu|la (die, -, kein Plural) (lat.) Birke; Betula folium: Birkenblätter (als Heilmittel).
be|tu|lich (Adj.) 1. entgegenkommend; eifrig; 2. gemächlich; fürsorglich.
Be|tu|lich|keit (die, -, kein Plural) Eifer.
beu|gen (V.) 1. biegen; abwinkeln; krümmen; 2. sich fügen; unterwerfen; 3. flektieren; 4. ablenken. Beuge; Beugung; Beugungsendung; Beugehaft; beugsam.
Beu|le (die, -, -n) Delle; Schwellung. Verb: sich beulen.
be|un|ru|hi|gen (V.) aufregen. Beunruhigung.
be|un|ru|hi|gend (Adj.) alarmierend; bedenklich; beängstigend; besorgniserregend.
be|ur|kun|den (V.) beglaubigen. Beurkundung.
be|ur|lau|ben (V.) 1. freigeben; 2. in Urlaub schicken.
Be|ur|lau|bung (die, -, -en) 1. Absetzung; Amtsenthebung; Suspendierung; 2. Urlaub.
be|ur|tei|len (V.) abschätzen; bewerten. Beurteilung; Beurteiler.
Beu|te (die, -, kein Plural) 1. Diebesgut; Fang; Raub; Schmuggelware; 2. Jagdbeute; Trophäe. Beutegut; beutegierig; beutelüstern.
Beu|tel (der, -s, -) Sack; Tasche. Das geht an den Beutel (das kostet viel, das

ist teuer); sich in seinen Beutel lügen (wahrheitswidrig etwas behaupten); tief in den Beutel greifen müssen (ugs.) (viel zahlen müssen); arm am Beutel, krank am Herzen (ohne Geld und sehr unglücklich). Geldbeutel.

Beu|tel|schnei|der (der, -s, -) (ugs.) Betrüger; Taschendieb.

beu|teln (V.) 1. schlagen; 2. schütteln.

Beu|tel|tier (das, -es, -e) urtümliche Säugetierart mit einem die Zitzen umgebenden Brutbeutel am Bauch, in dem die Jungen heranwachsen.

be|völ|kern (V.) bewohnen; belegen; anfüllen.

Be|völ|ke|rung (die, -, -en) Gesamtheit der Bewohner eines bestimmten Gebietes; Einwohner; Bewohner; Population; Volk.

Be|völ|ke|rungs|dich|te (die, -, kein Plural) Anzahl der Einwohner eines Gebietes auf der Fläche des Gebietes.

Be|völ|ke|rungs|schicht (die, -, -en) Gesellschaftsschicht.

Be|völ|ke|rungs|sta|tis|tik (die, -, -en) Volkszählung als Grundlage für die Besteuerung.

be|voll|mäch|ti|gen (V.) 1. ermächtigen; 2. berechtigen. bevollmächtigt.

Be|voll|mäch|ti|gung (die, -, -en) Vollmacht.

be|vor (Konj.) ehe; früher als.

be|vor|mun|den (V.) 1. gängeln; 2. belehren. Bevormundung.

be|vor|rech|tigt (Adj.) privilegiert.

be|vor|schus|sen (V.) Geld vorstrecken.

be|vor|ste|hen (V., stand bevor, hat bevorgestanden) sich nähern; drohen; herannahen; in der Luft liegen.

be|vor|zu|gen (V.) begünstigen; favorisieren. Bevorzugung.

be|wa|chen (V.) beschützen; beaufsichtigen; beobachten. Bewachung.

Be|wa|cher (der, -s, -) Beschützer; Bodyguard; Leibwächter.

be|wach|sen (Adj.) 1. übersät; 2. bedeckt.

be|waff|nen (V.) mit Waffen ausstatten. bewaffnet bis an die Zähne (ugs.) (schwer bewaffnet sein). Bewaffnung; Bewaffnete.

be|wah|ren (V.) behüten; verwahren. *Beachte:* keine Verneinung eines Nebensatzes oder einer Infinitivgruppe, wenn diese von »bewahren« abhängen! Sie bewahrte ihn davor, dass er etwas Falsches tat (*falsch:* dass er nichts Falsches tat). Bewahrer.

be|wäh|ren (V., refl.) eine Probe bestehen; sich auszeichnen. Nach »bewähren« muss heute der Nominativ folgen. Der Akkusativ ist veraltet: Er hat sich als hartnäckiger Verhandlungspartner bewährt.

be|wahr|hei|ten (V., refl.) sich bestätigen; durchsetzen; eintreffen; als richtig herausstellen. Bewahrheitung.

be|währt (Adj.) erprobt; geeignet; altgedient; altbewährt; probat; treu; zuverlässig.

Be|wah|rung (die, -, kein Plural) Instandhaltung.

Be|wäh|rung (die, -, kein Plural) Erprobung. Bewährtheit.

Be|wäh|rungs|frist (die, -, -en) Zeitraum, in dem ein Straftäter durch gute Führung erreichen kann, dass die (zur Bewährung) ausgesetzte Strafe erlassen wird.

Be|wäh|rungs|hel|fer (der, -s, -) muss dem jugendlichen und kann dem erwachsenen Straftäter während der Bewährungsfrist beigeordnet werden, um dessen Lebensführung zu überwachen.

Be|wäh|rungs|pro|be (die, -, -n) Prüfung; Feuerprobe; Nagelprobe; Prüfstein.

be|wal|det (Adj.) mit Wald bedeckt. Bewaldung; bewalden.

be|wäl|ti|gen (V.) 1. meistern; erreichen; schaffen; 2. erledigen; 3. besiegen. Bewältigung.

be|wan|dert (Adj.) 1. kenntnisreich; 2. erfahren.

Be|wandt|nis (die, -, -se) 1. Beschaffenheit; 2. Umstand. Verb: bewenden.

be|wäs|sern (V.) befeuchten.

Be|wäs|se|rung (die, -, -en) künstliche Zuleitung von Wasser auf Kulturflächen als Ersatz für fehlende Niederschläge. Bewässerungsanlage.

be|we|gen 1. (V.) Lage verändern; rühren. Im Sinne von »eine Veränderung von Ort oder Lage veranlassen oder durchführen« wird das regelmäßige Verb »bewegen« gebraucht. 2. (V., bewog, hat bewogen) jemanden zu etwas veranlassen.

Be|weg|grund (der, -es, -grün|de) Anlass; Ursache.

be|weg|lich (Adj.) 1. mobil; transportabel; 2. flexibel; 3. gelenkig.

Be|weg|lich|keit (die, -, kein Plural) Mobilität; Wendigkeit.

be|wegt (Adj.) 1. aufgewühlt; berührt; ergriffen; überwältigt; 2. ereignisreich. Bewegtheit.

Be|we|gung (die, -, -en) 1. Fortbewegung zur Ortsveränderung; 2. Ergriffenheit; 3. Trend.

Be|we|gungs|the|ra|pie (die, -, -en) Krankengymnastik.

be|we|gungs|un|fähig (Adj.) gelähmt.

be|weih|räu|chern (V.) übermäßig hervorheben.

Be|weih|räu|che|rung (die, -, -en) Anstimmen von Lobeshymnen.

Be|weis (der, -es, -e) 1. Beleg; Nachweis; 2. Argument. unter Beweis stellen; Beweisaufnahme; bewiesen.

be|wei|sen (V., bewies, hat bewiesen) belegen; nachweisen; Beweismaterial vorlegen.

be|weis|bar (Adj.) nachweislich. Beweisbarkeit.

be|weis|kräf|tig (Adj.) dokumentarisch; stichhaltig.

Be|weis|mit|tel (das, -, -) Beweismaterial; Corpus Delicti; Indiz.

be|wen|den (V.) (in der Verbindung) bewenden lassen. Wir wollen es dabei bewenden lassen. *Aber:* Es hat dabei sein Bewenden. (Man rührt keinen Finger daran.)

Be|werb (der, -s, -e) Ausscheidung; Wettbewerb.

be|wer|ben (V. refl., bewarb sich, hat sich beworben) um eine Stelle bemüht. Bewerber.

Be|wer|bung (die, -, -en) Bewerbungsschreiben; Stellengesuch. Bewerbungsunterlagen.

be|werk|stel|li|gen (V.) bewältigen; erreichen. Bewerkstelligung.

be|wer|ten (V.) beurteilen.

Be|wer|tung (die, -, -en) Beurteilung; Note. Die nach gesetzlichen Vorschriften in Geldeinheiten ausgedrückten Vermögenswerte (Gegenstände, Rechte).

Be|wet|te|rung (die, -, kein Plural) Frischluftzufuhr im Bergwerk.

be|wie|se|ner|ma|ßen (Adj.) nachweislich.

be|wil|li|gen (V.) genehmigen. Bewilligung.
be|wir|ken (V.) erreichen.
be|wir|ten (V.) bedienen; verköstigen.
Be|wir|tung (die, -, -en) Bedienung; Verköstigung.
be|wirt|schaf|ten (V.) 1. einen Gastronomiebetrieb leiten; 2. Felder bearbeiten. Bewirtschaftung.
be|woh|nen (V.) wohnen in/auf. Bewohner; Bewohnbarkeit; bewohnbar.
be|wohnt (Adj.) besiedelt. Dieses 2. Partizip kann attributiv nur gebraucht werden, wenn die im Satz ausgeführte Handlung gleichzeitig mit dem Bewohnen vor sich geht: Die von mir bewohnte Wohnung ist zu teuer. Das von den Urgroßeltern bewohnte Haus wurde damals zum Denkmal erklärt. Falsch wäre eine Aussage wie: Das von den inzwischen verstorbenen Urgroßeltern bewohnte Haus wird heute zum Denkmal erklärt. Grenzt man »bewohnt« zeitlich ein, kann man es in einer als abgeschlossen geltenden Handlung verwenden: Das von den verstorbenen Urgroßeltern 50 Jahre bewohnte Haus wird heute zum Denkmal erklärt.
be|wöl|ken (V. refl.) finster werden; bedecken. Bewölkung; Bewölkungsauflockerung.
be|wölkt (Adj.) bedeckt; bezogen; trübe, verhangen; wolkig.
Be|wuchs (der, -es, kein Plural) Pflanzendecke.
Be|wun|de|rer (der, -s, -) Fan; Verehrer.
be|wun|dern (V.) 1. verehren; anbeten; aufschauen zu; 2. staunen. bewundernswert; bewunderungswert.
Be|wun|de|rung (die, -, kein Plural) Anerkennung; Verehrung.
be|wusst (Adj.) absichtlich; klar. mit Genitiv! Ich bin mir der Fehler bewusst. Bewusstmachung; Bewusstseinsbildung; Bewusstwerdung; bewusst machen (*auch:* bewusstmachen) (klarmachen), *aber:* etwas bewusst (absichtlich) machen.
Be|wusst|heit (die, -, kein Plural) Absichtlichkeit.
Be|wusst|lo|sig|keit (die, -, kein Plural) Besinnungslosigkeit; Koma; Ohnmacht; Tiefschlaf. bis zur Bewusstlosigkeit (ugs.) (maßlos, unaufhörlich). bewusstlos.
Be|wusst|sein (das, -s, kein Plural) 1. Besinnung; Wachzustand; 2. Einsicht; Geist.
bez. 1. (*auch:* bez oder bz) (Abk.) **bez**ahlt. 2. (Abk.) **bez**üglich.
Bez. 1. (Abk.) **Bez**eichnung. 2. (*auch:* Bz.) (Abk.) **Bez**irk.
be|zah|len (V.) 1. (ugs.) zahlen; 2. büßen. Korrekt verwendet man das Verb »bezahlen« im Sinne von einen Geldbetrag für eine Arbeitsleistung, eine Dienstleistung, eine Ware geben: Ich muss das Taxi bezahlen. Dagegen wird das Verb »zahlen« gebraucht, wenn es sich auf Wörter bezieht, die einen Betrag, einen Preis bezeichnen: Für dieses Vergnügen hat er einen hohen Preis zu zahlen. Beide Verben können verwendet werden in Fällen wie »Herr Ober, zahlen« oder »Herr Ober, bezahlen«. Bezahlung; bezahlt; gut bezahlt (*auch:* gutbezahlt); schlecht bezahlt (*auch*: schlechtbezahlt); das macht sich bezahlt.
be|zäh|men (V.) bändigen. Bezähmung; bezähmbar.
be|zau|bern (V.) reizen; entzücken. Bezauberung.
be|zau|bernd (Adj.) betörend; charmant; entzückend; hinreißend; verführerisch.
be|zecht (Adj.) betrunken.
be|zeich|nen (V.) 1. markieren; 2. (refl.) nennen. Nach dem reflexiven Verb »sich bezeichnen« kann nur mit »als« angeschlossen werden. Der Gebrauch von »für« ist falsch: Er bezeichnet sich als friedlich (*nicht:* er bezeichnet sich für friedlich). Nach der Wendung »sich bezeichnen als« steht das folgende Substantiv in der Regel im Nominativ, da es sich auf das Subjekt bezieht. Der Gebrauch des Akkusativs ist selten: Er bezeichnet sich als friedlicher Mensch (*selten:* Er bezeichnet sich als friedlichen Menschen.). Bezeichnung (Abk.: Bez.); bezeichnend; bezeichnenderweise.
be|zeu|gen (V.) 1. bestätigen; 2. zeigen. jemandes Schuld bezeugen (die Wahrheit unter Eid aussagen); jmdm. Hochachtung bezeigen (Respekt ausdrücken). Bezeugung.
be|zich|ti|gen (V.) beschuldigen. Bezichtigung.
be|zieh|bar (Adj.) bezugsfertig.
be|zie|hen (V., bezog, hat bezogen; V. refl.) 1. bespannen; 2. erhalten; 3. in Verbindung bringen; 4. sich bedecken; 5. etw. beziehen auf (in Verbindung setzen mit). sich auf eine Sache beziehen.
Be|zie|hung (die, -, -en) 1. Bekanntschaft; Umgang; 2. Kontakt; Verbindung; Zusammenhang.
Be|zie|hungs|kis|te (die, -, -en) (ugs.) Lebensgemeinschaft; Zweierbeziehung.
Be|zie|hungs|knatsch (der, -es, kein Plural) (ugs.) Liebeskummer; Beziehungs-, Ehestreit.
be|zie|hungs|reich (Adj.) komplex.
be|zie|hungs|wei|se (Konj.) (Abk.: bzw.) oder; vielmehr; besser gesagt; genauer gesagt. *Beachte:* Zwischen zwei Hauptsätzen kann vor bzw. ein Komma stehen: Er konnte nicht schreiben, bzw. er wollte nicht. Sonst ohne Komma! Sie hatten sich zerstritten bzw. getrennt.
be|zif|fern (V.) 1. nummerieren; 2. (refl.) betragen; belaufen auf. Die Wendung »sich beziffern« ist standardsprachlich korrekt nur bei bestimmten Angaben zu verwenden. Der Gebrauch bei unbestimmten Angaben ist zu vermeiden. Die Ausgaben beziffern sich auf 5000 Euro. Der ganze Schaden beziffert sich auf eine Million (*nicht*: Die Ausgaben beziffern sich auf einen immensen Betrag). Bezifferung.
Be|zirk (der, -s/-es, -e) Kreis; Gebiet. (Abk. Bez.) Bezirksliga; bezirksweise.
be|zir|zen (V.) → be|cir|cen.
Be|zo|ge|ner (der Bezogene, des Bezogenen, die Bezogenen) Trassat. Im Wechsel- und Scheckrecht derjenige, der den Wechsel bzw. Scheck bezahlen soll.
Be|zug (der, -s, -zü|ge) 1. Überzug; 2. Bezugnahme. mit Bezug auf; auf etwas Bezug nehmen; in Bezug auf (bezüglich). Bezugnahme; Bezüglichkeit; bezüglich (*beachte:* mit Genitiv!).
be|züg|lich (Präp.) betreffend; hinsichtlich. Die in Behörden- und Geschäftssprache noch häufig verwendete Präposition »bezüglich« wirkt schwerfällig und wird besser ersetzt durch »in«, »von«, »wegen«, »über«. Über diesen Fall lässt sich noch nichts Konkretes sagen (statt bezüglich dieses Falles…).

Be|zugs|per|son (die, -, -en) (Psychol.) Eltern.
Be|zugs|recht (das, -es, -e) Recht der alten Aktionäre auf den Bezug neu auszugebender Aktien im Verhältnis zu ihrem bisherigen Aktienbesitz.
be|zu|schus|sen (V.) unterstützen. Bezuschussung.
be|zwe|cken (V.) beabsichtigen.
be|zwei|feln (V.) infrage stellen. *Beachte:* Nach »bezweifeln« muss ein Nebensatz mit »dass« (nicht mit »ob«) beginnen! Ich bezweifle, dass das richtig ist. Bezweif(e)lung.
be|zwin|gen (V., bezwang, hat bezwungen) besiegen; bewältigen. Bezwingung; Bezwinger; bezwingbar.
Bf. (Abk.) **B**ahnhof; **B**rief.
BfA (Abk.) **B**undesversicherungsanstalt **f**ür **A**ngestellte.
bfn. (Abk.) **b**rutto **f**ür **n**etto.
Bg. (Abk.) **B**ogen (Papier).
BGB (Abk.) **B**ürgerliches **G**esetz**b**uch.
BGB-Gesellschaft (die, -, -en) privatrechtliche Personengesellschaft zur Erreichung gemeinsamer Ziele.
BGH (Abk.) **B**undes**g**erichts**h**of.
BGS (Abk.) **B**undes**g**renz**s**chutz.
BH (Abk.) **B**üsten**h**alter.
Bhag|wan (*auch*: Bhag|van) (der, -s, -s) (sanskr.) Ehrentitel eines Gurus (nur Sing.); Träger dieses Ehrentitels.
BHE (Abk.) **B**und der **H**eimatvertriebenen und **E**ntrechteten.
Bhf. (Abk.) **B**ahn**h**of.
bi (Kurzw.) (ugs.) bisexuell.
Bi|ath|lon (das, -s, -s) (aus lat. bi zwei und griech. athlon Kampf) Sportart: Skilanglauf und Schießen. Biathlet.
bib|bern (V.) zittern; frieren; schlottern.
Bi|bel (die, -, -n) (griech.) Heilige Schrift. Bibelkonkordanz; Bibelspruch; bibelfest; biblisch.
Bi|bel|for|scher, Erns|te (die, -, -) Zeugen Jehovas.
Bi|bel|re|gal (das, -s, -e) kleine Orgel des 16. bis 18. Jahrhunderts.
Bi|ber (der, -s, -) Nagetier. Biberpelz; Biberschwanz.
Bi|be|ret|te (die, -, -n) (dt.-franz.) biberfellähnlicher Mohairplüsch; Kaninchenfell auf Biber zugerichtet.
Bi|ber|nel|le (die, -, -n) ein Doldengewächs.
Bi|bi (der, -s, -s) (ugs.) steifer Hut; Kopfbedeckung.
Bi|b|lia Pau|pe|rum (die, -, kein Plural) (lat. Armenbibel) gemalte Darstellung des Lebens Christi in Bildern.
Bi|b|lio|graf (*auch:* Bi|b|lio|graph) (der, -en, -en) (griech.) Bearbeiter von Bibliografien. bibliografisch (*auch:* bibliographisch), *aber:* das Bibliographische Institut; bibliografieren (*auch:* bibliographieren).
Bi|b|lio|gra|fie (*auch:* Bi|b|lio|gra|phie) (die, -, -n) (griech.) 1. Bücherverzeichnis sachlich zusammengehörender Werke; 2. allg. Wissenschaft von den Büchern.
Bi|b|lio|ma|ne (der, -n, -n) (griech.) Büchernarr. Bibliomanie.
Bi|b|lio|phi|le (der, -en, -) (griech.) Bücherliebhaber. Das substantivierte Adjektiv »Bibliophile« (der oder die Bücherliebhaber(in)) wird wie ein attributives Adjektiv dekliniert: Ein Bibliophiler, eine Bibliophile, fünf Bibliophile, die Bibliophilen, wenige Bibliophile etc. In der Fachsprache der Antiquare ist auch die schwache Deklination üblich: ein Bibliophile, fünf Bibliophilen.
Bi|b|lio|phi|lie (die, -, kein Plural) (griech.) Bücherliebhaberei. bibliophil.
bi|b|lio|phob (Adj.) (griech.) bücherfeindlich.
Bi|b|lio|thek (die, -, -en) (griech.) Bücherei; Büchersammlung; Handbibliothek; Leihbücherei; Leihbibliothek; Präsenzbibliothek; Stadtbibliothek; Stadtbücherei; Universitätsbibliothek.
Bi|b|lio|the|kar/-in (der/ die, -s/-in, -e/ -nen) Verwalter einer Bibliothek. Dieses Substantiv wird stark dekliniert: Der Bibliothekar, des Bibliothekars, dem Bibliothekar, den Bibliothekar (nicht des Bibliothekaren, dem, den Bibliothekaren). Der Plural lautet: die Bibliothekare. bibliothekarisch.
Bi|det (das, -s, -s) (franz.) Sitzbecken für Unterleibswaschungen.
bie|der (Adj.) 1. rechtschaffen; 2. brav.
Bie|der|keit (die, -, kein Plural) Einfachheit; Rechtschaffenheit.
Bie|der|mann (der, -es, -män|ner) 1. Ehrenmann; 2. Spießbürger.
Bie|der|mei|er (das, -/-, kein Plural) Kunst- und literaturwissenschaftliche Epochen- und Stilbezeichnung für die Restaurationszeit zwischen 1815 und 1848. Übergangszeit zwischen Klassizismus und Realismus. Biedermeierstil; biedermeierlich.
bie|gen (V., bog, hat gebogen) 1. krümmen; verbiegen; 2. (refl.) beugen; durchbiegen, krümmen. Auf Biegen und Brechen (entschlossen seinen Willen durchsetzen); keinen Fingerbreit weichen. biegbar.
Bieg|sam|keit (die, -, kein Plural) Elastizität. biegsam.
Bie|gung (die, -, -en) Bogen; Krümmuung; Abbiegung; Kurve.
Bie|ne (die, -, -n) Insekt. Bienenkönigin; Bienenwachs; bienenfleißig.
Bie|nen|ho|nig (der, -s, kein Plural) bearbeiteter Blütensaft.
Bie|nen|stich (der, -s, -e) 1. süßes Gebäckstück; 2. Stich einer Biene.
Bi|en|na|le (die, -, -n) (ital.) Kunst- und Filmfestival.
Bier (das, -s/ -es, -e) durch Hefe vergorenes, alkohol- und kohlensäurehaltiges Getränk, bereits bei den Babyloniern und Ägyptern bekannt. anbieten wie saures Bier (eine Ware, die nicht geht, anpreisen, etwas Wertloses aufdrängen). Das ist nicht mein Bier (das geht mich nichts an). Bierbauch; Biereifer; Bierfass; Bierruhe; Bierzelt; dunkles Bier (*aber:* Dunkles); bierselig.
Bier|de|ckel (der, -s, -) Untersatz unter einem Bierglas; Bierfilz.
bier|ernst (Adj.) humorlos.
Bier|lei|che (die, -, -n) (ugs.) Betrunkener.
Bier|ru|he (die, -, kein Plural) Gelassenheit.
Bier|sei|del (das, -s, kein Plural) Bierkrug; Trinkgefäß.
Bie|se (die, -, -n) Ziernaht an Uniformen und anderen Kleidungsstücken.
Biest (das, -s, -er) Tier; Schimpfwort. Adjektiv: biestig.
bie|ten (V., bot, hat geboten) anbieten; zeigen; zumuten.
Bi|fur|ka|ti|on (die, -, -ti|o|nen) (lat.) Gabelung in zwei Teile. Bifurkationstheorie (in der Sprachwissenschaft).
Bi|ga|mie (die, -, -n) (lat. griech.) Doppelehe; Polygamie. Bigamist; bigamistisch.
Big Band (*auch:* Big|band) (die, -, -s) (engl.) Tanzorchester.

Big Ben (der, -, kein Plural) (engl.) Glockenturm und Glocke des Londoner Parlamentsgebäudes, benannt nach dem Politiker Sir Benjamin Hall.
Big'busi'ness (das, -, kein Plural) (engl.) Geschäftswelt; großes Geschäft.
bi'gott (Adj.) (franz.) scheinheilig; frömmelnd.
Bi'got'te'rie (die, -, kein Plural) (franz.) Frömmelei; Scheinheiligkeit; Heuchelei; Pharisäertum.
Big Point (*auch:* Big'point) (der, - -s, - -s) (engl.) (spiel)entscheidender Punkt, zum Beispiel beim Tennis.
Bi'ker (der, -s, -) (engl.) Mountainbike- oder Motorradfahrer.
Bi'ki'ni (der, -s, -s) 1. zweiteiliger Badeanzug; 2. Atoll im Norden der Marshallinseln (Pazifik), in dem die USA Atombombenversuche unternahmen.
bi'kon'kav (Adj.) (lat.) (Optik) doppelt hohl geschliffen.
bi'kon'vex (Adj.) (lat.) (Optik) doppelt gewölbt geschliffen.
bi'la'bi'al (Adj.) (lat.) beidlippig; ~e Laute.
Bi'la'bi'al (der, -s, -e) bilabial gebildeter Laut; z. B. »b, p«.
Bi'lanz (die, -, -en) (ital.) 1. Gegenüberstellung von Vermögen und Schulden zu einem bestimmten Zeitpunkt; Handelsbilanz; Jahresabschluss; 2. Gegenüberstellung von Ergebnissen.
Bi'lanz'ana'ly'se (die, -, -en) Klärung der Zahlungsfähigkeit eines Unternehmens durch Bilanz und Gewinn- und Verlustrechnung.
Bild (das, -s/-es, -er) 1. Gemälde; 2. Fotografie; 3. Abbild; 4. Anblick. vollkommen im Bilde sein (den Zusammenhang einer Sache erfassen, sich eine Vorstellung von etwas machen können). (Der Ausdruck taucht seit Beginn der Fotografie auf, seit dem 19. Jahrhundert im Militärwesen.) von der Bildfläche verschwinden (ugs.) (untertauchen); ein Bild für Götter (ugs.) (das sieht komisch aus); sich ein Bild von etwas/jmdm. machen (sich eine Meinung von etwas/jmdm. bilden); ein Bild von einem Mann (ein besonders schöner Mann); ein Bild des Jammers (ein trauriger Anblick). Bildarchiv; Bilderrahmen; Bildstörung; bilderreich; bildhübsch; bildlich; bildnerisch.
Bild'agen'tur (die, -, -en) Verkaufsbüro für Fotomaterial; Bildarchiv.
Bild'be'richt'er'stat'ter (der, -, -) Fotojournalist.
bil'den (V.) erziehen; formen.
bil'den'de Küns'te (*auch*: Bil'den'de Küns'te) (die bildenden Künste, der bildenden Künste, Pluralwort) Sammelbegriff für Architektur, Plastik, Malerei, Grafik und Kunstgewerbe.
Bil'der'an'be'tung (die, -, kein Plural) Götzenverehrung.
Bil'der'buch (das, -(e)s, -bü'cher) Album; illustriertes Kinderbuch.
Bil'der'buch'lan'dung (die, -, -en) (ugs.) Ziellandung; besonders gelungene Landung.
Bil'der'ga'le'rie (die, -, -n) Museum.
Bil'der'rät'sel (das, -s, -) Rätsel in Bildern und Zeichen, die Sprüche oder Namen ergeben (Rebus).
Bil'der'schrift (die, -, -en) (griech.-lat.) drückt Bedeutungen durch Bilder aus (Piktografie).
Bil'der'streit (der, -(e)s, kein Plural) Streit um die Verehrung religiöser Bilder im Byzantinischen Reich aus der Angst heraus, die Abbildung könnte als das Heilige selbst angebetet werden.
Bil'der'sturm (der, -(e)s, kein Plural) Zerstörung von Heiligenbildern während der Reformation.
Bild'fern'spre'cher (der, -s, -) Bildtelefon.
Bild'flä'che (die, -, -n) auf/von der Bildfläche erscheinen/verschwinden (ugs.) (plötzlich auftauchen/verschwinden).
Bild'haf'tig'keit (die, -, kein Plural) Anschaulichkeit. bildhaft.
Bild'hau'er (der, -s, -) bildender Künstler, der mit festen Materialien arbeitet (Gips, Holz, Stein).
Bild'nis (das, -ses, -se) Bild; Porträt; Akt.
Bild'röh're (die, -, -n) in Fernsehgeräte eingebaute Braunsche Röhre. In ihr wandelt ein Elektronenstrahl elektrische Signale in ein optisches Bild um.
Bild'schirm (der, -(e)s, -e) 1. Fernsehgerät; 2. Computermonitor; Mattscheibe (ugs.).
Bild'schirm'text (der, -es, kein Plural) (Abk.: BTX) Telekommunikationssystem. Von der damaligen deutschen Bundespost eingeführter Onlinedienst. Ermöglicht über Modemanschluss und Decoder Zugang zu diversen Informationssystemen und Onlinebanking.
Bild'schirm'zei'tung (die, -, kein Plural) Textübertragung via Fernsehschirm; Videotext.
Bild'stock (der, -(e)s, -stö'cke) Votivbild.
Bild'te'le'fon (das, -s, -e) Telefon mit Ton- und Bildübertragung.
Bild'tep'pich (der, -s, -e) mit bildlichen Darstellungen geschmückte Wandbekleidungen, geknüpft, gestickt, gewebt.
Bil'dung (die, -, -en) 1. Entstehung; 2. Form; 3. Allgemeinwissen. Bildungslücke; bildungsfeindlich; sich bilden.
Bil'dungs'an'stalt (die, -, -en) Institut; Schule.
bil'dungs'be'flis'sen (Adj.) bildungshungrig; lernbegierig.
Bil'dungs'bür'ger'tum (das, -s, kein Plural) Intelligenz; Oberschicht.
Bil'dungs'chan'ce (die, -, -n) die Möglichkeit zur Entfaltung der persönlichen Anlagen und Fähigkeiten unabhängig von der Gesellschaftsschicht, in der sich der Bildungswillige befindet.
Bil'dungs'drang (der, -s, kein Plural) Bildungshunger; Lerneifer; Wissensdurst.
Bil'dungs'fern'se'hen (das, -s, kein Plural) Fernsehsender, die Fortbildungskurse abhalten, zum Beispiel das Telekolleg.
Bil'dungs'grad (der, -(e)s, kein Plural) Schulabschluss.
Bil'dungs'mi'nis'ter (der, -s, -) Kultusminister; Wissenschaftsminister.
Bil'dungs'po'li'tik (die, -, kein Plural) Planung der staatlichen Bildungsausgaben.
Bil'dungs're'fe'rent (der, -en, -en) Schulungsreferent.
Bil'dungs'rei'se (die, -, n) Expedition; Studienreise.
Bil'dungs'ro'man (der, -s, -) Romanform, die die seelische und geistige Entwicklung eines Menschen im Konflikt mit Umwelt und Erziehung schildert.
Bil'dungs'so'zio'lo'gie (die, -, kein Plural) Zweig der Soziologie, der sich mit den Zusammenhängen zwischen Bildung und Gesellschaft beschäftigt.
Bil'ge (die, -, -n) (engl.) Schiffsbodenraum für Leck- und Schwitzwasser.

Bilharzie (die, -, -n) (nlat.) tropischer Saugwurm, der durch die Haut eindringt.
Bilharziose (die, -, -n) durch Bilharzien verursachte Krankheit.
bilingual (Adj.) (lat.) zweisprachig.
Bill (die, -, kein Plural) (engl.) im angelsächsischen Recht v. a. der dem Parlament vorgelegte Gesetzentwurf, der durch königliche Zustimmung zum Act (Gesetz) wird.
Bill of Rights (die, -, kein Plural) 1689 in England ergangenes Staatsgrundgesetz, das die konstitutionelle Monarchie begründete.
Billard (das, -s, -e) Kugelspiel auf einer rechteckigen, mit grünem Filz bezogenen Platte mit elastischem Gummirand (der Bande). Billardkugel; Billardtisch.
Billardqueue (der, -s, -s) (franz.) Billardstock.
Billeteur (der, -s, -e) 1. Platzanweiser im Theater (österr.); 2. Schaffner (schweiz.).
Billett (das, -s, -e/-s) (franz.) 1. Eintrittskarte; Fahrkarte; 2. Mitteilungszettelchen.
Billiarde (die, -, -n) (franz.) tausend Billionen (10^{15}). ein billiardstel Teil; das Billiardstel.
billig (Adj.) preiswert; gerecht; dürftig. Deine Ansprüche sind nur recht und billig! der billige Jakob (ugs.) (ein Händler, bei dem die Waren besonders billig angeboten werden). Billigkeit; Billigung; Billigpreis; etwas/nichts Billiges; das Billigste; billige Ausrede; billigenswert; billigen.
Billiglohnland (das, -es, -länder) i. d. R. Entwicklungsländer, in welchen niedrige Löhne gezahlt werden.
Billigpreis (der, -es, -e) Sonderangebot.
Billigung (die, -, kein Plural) 1. Anerkennung; 2. Erlaubnis; 3. Zustimmung.
Billigware (die, -, -n) Ramsch (ugs.); Schund.
Billion (die, -, -en) (franz.) tausend Milliarden (10^{12}). ein billionstel Gramm; das Billionstel.
Bimetall (das, -s, -e) Doppelmetall. Adjektiv: bimetallisch.
Bimetallismus (der, -, kein Plural) (nlat.) auf Gold und Silber gestütztes Währungssystem.
Bimmel (die, -, -n) Glocke. Bimmelbahn. Verb: bimmeln.
binär (*auch:* binar; binarisch) (Adj.) zweiteilig. Binärschritt.
Binärziffer (die, -, -n) in der elektronischen Datenverarbeitung die Zahlen Null und Eins.
Binde (die, -, -n) Verband. sich einen hinter die Binde gießen (ugs.) (eine große Menge Alkohol trinken). (Nach den Halsbinden der Männer benannt, wie sie im vorigen Jahrhundert getragen wurden.).
Bindegewebe (das, -es, -) (Med.) Stützgewebe aus Fasern und Zellen, das die Organe umhüllt und verbindet.
Bindehaut (die, -, kein Plural) (Med.) Schleimhaut der Lidinnenseite und der Vorderfläche des Augapfels.
binden (V., band, hat gebunden) 1. festmachen; 2. verbinden; 3. (refl.) binden; festlegen; heiraten.
Bindestrich → Regelkasten.
Bindfaden (der, -s, -fäden) 1. Nähfaden; 2. Schnur. Es regnet Bindfäden (ugs.) (Es regnet sehr stark.).
Bindung (die, -, -en) 1. Verbindung; 2. Freundschaft; 3. Verpflichtung; 4. Sicherheitsbindung; Skibindung.
binnen (Präp., Gen./Dat.) innerhalb. binnen zwei Jahren/zweier Jahre; binnen Kurzem (*auch*: kurzem). Binnensee.
Binnenmarkt (der, -es, -märkte) freier Verkehr innerhalb eines gemeinsamen Wirtschaftsraums. europäischer Binnenmarkt.
Binnenmeer (das, -es, -e) vom Festland umgebene große Wasserfläche entweder ohne Abfluss oder durch Meerengen mit dem Ozean verbunden (Ostsee).
Binokel (das, -s, -) (schweiz.-franz.) 1. mit beiden Augen zu benutzendes optisches Gerät; 2. ein Kartenspiel.
binomisch (Adj.) zweigliedrig. Binom; Binomialkoeffizient; binomischer Lehrsatz.
Binse (die, -, -n) Gras. Binsenwahrheit; in die Binsen gehen (ugs.) (verloren gehen, verschwinden).
Binsenweisheit (die, -, -en) Binsenwahrheit; Gemeinplatz; eine Erkenntnis, die sich von selbst versteht.
Bio (griech.) Vorsilbe in Wortzusammensetzungen mit der Bedeutung »Leben«.
bioaktiv (Adj.) biologisch aktiv.
Biochemie (die, -, kein Plural) Lehre von den chemischen Vorgängen im Organismus. Biochemiker; biochemisch.
Biochip (der, -/-s, -s) Computerbaustein aus gentechnisch hergestellten Eiweißmolekülen. Mikrochip aus organischen Molekülen, der wesentlich mehr Informationen aufnehmen kann als herkömmliche Computerchips.
biodynamisch (*auch:* biologisch-dynamisch) (Adj.) nur mit organischer Düngung.
Bioethik (die, -, kein Plural) Ethik, die auf biologisch-medizinische Forschung angewendet wird.
Biofeedback (das, -s, -s) (griech.-engl.) Selbststeuerung biologischer Prozesse im Körper.
Biogas (das, -es, -e) (griech.) Faulgas.
biogen (Adj.) von Lebewesen stammend.
Biogenese (die, -, -n) Entwicklungsgeschichte der Lebewesen.
Biograf (*auch:* Biograph) (der, -s, -n) Autor einer Lebensbeschreibung
Biografie (*auch:* Biographie) (die, -, -n) Lebensbeschreibung; Autobiografie; Lebensbild; Lebensgeschichte; Lebenslauf. Adjektiv: biografisch (*auch:* biographisch).
Bioindikator (der, -s, -en) (griech.-lat.) Lebewesen, das den Zustand eines Ökosystems anzeigt; z. B. sind Algen im Hochmoor ein ~ für dessen Überdüngung.
Bioladen (der, -s, -läden) Naturkostladen.
Biolith (der, -s/-en, -e/-en) (griech.) Sedimentgestein, das aus Lebewesen entstanden ist, z. B. Muschelkalk.
Biologie (die, -, kein Plural) Lehre vom Leben und von den Lebewesen.
biologisch (Adj.) 1. die Lebewesen betreffend. biologische Untersuchung; 2. mit geringem chemischem Einsatz; umweltfreundlich. biologischer Anbau; 3. mit Einsatz von Krankheitserregern. biologische Waffe; biologische Kampfstoffe.
biologisch-dynamisch (Adj.) (griech.) ohne künstliche Düngung und Biozide.

Bi|om (das, -s, -e) (griech.) großer Lebensraum, seine Tiere und Pflanzen; z. B. die Tundra, die Steppe.
Bio|mas|se (die, -, -n) (griech.-lat.) Gesamtgewicht von Lebewesen eines Lebensraums; z. B. die Biomasse in der Nadelstreu eines Fichtenwalds.
Bio|nik (die, -, kein Plural) Lösung technischer Probleme nach biologischen Vorbildern.
Bio|phy|sik (die, -, kein Plural) Physik der biologischen Vorgänge.
Bio|plas|tik (das, -, kein Plural) biologisch abbaubarer Kunststoff.
Bi|op|sie (die, -, -n) (griech.) Gewebeentnahme aus dem lebenden Organismus.
BIOS (Abk. für engl. **b**asis **i**nput **o**utput **s**ystem) (das) normierte Schnittstelle zwischen der Software und der Hardware.
Bio|sen|sor (der, -s, -en) Messfühler aus organischen Materialien zur Feststellung von chemischen u. biologischen Substanzen.
Bio|sphä|re (die, -, kein Plural) Gesamtheit des irdischen Lebensraums.
Bio|sta|bi|li|sa|tor (der, -s, -en) (griech.-lat.) Stoff, der Weichmacher und Zusätze in Kunststoffen vor Bakterien schützt.
Bio|syn|the|se (die, -, -n) (griech.) Aufbau eines Naturstoffes durch die lebende Zelle; z. B. die Biosynthese von Eiweißen.
Bio|tech|no|lo|gie (die, -, -n) (griech.) technologische Anwendung biologischer Vorgänge; z.B. von künstlichem Algenwachstum zur Eiweißproduktion.
bio|tisch (Adj.) (griech.) belebt.
Bio|top (der/das, -s, -e) abgegrenzter Lebensraum einer Tier- und Pflanzengemeinschaft.

Bindestrich

1. Der Bindestrich markiert eine Auslassung; er ersetzt ein zu ergänzendes Wortteil. Sommer- und Wintermode; Eisen- und Stahlindustrie; Hausplanung und -finanzierung; groß- oder kleingeschrieben; ein- oder zweibändig; fünf- bis zehnmal (5- bis 10-mal); rauf- und runterspringen.
Zwei dreiteilige Wörter können dann mit Bindestrichen verkürzt werden, wenn ihre Anfangs- und Schlussteile identisch sind. Der frühere Bundeswirtschafts- und -finanzminister Schiller; Warenex- und -importgesellschaft. *Beachte:* kein Ergänzungsbindestrich bei getrennt geschriebenen Fügungen! innere und Allgemeinmedizin (*aber:* Allgemein- und innere Medizin).
Schlechter Stil: Fröhlich- und Traurigkeit. Wortteile, die keine selbstständige Bedeutung vermitteln, können nicht durch den Bindestrich ergänzt werden (-heit, -schaft etc.)!
2. Man *kann* einen Bindestrich setzen, wenn:
a) die Zusammenschreibung des Wortes zu einer Doppeldeutigkeit oder Unklarheit führt. Druckerzeugnis: Druck-Erzeugnis, *aber:* Drucker-Zeugnis; Musiker-Leben, *aber:* Musik-Erleben.
b) drei gleiche Buchstaben in einem zusammengesetzten Wort aufeinander treffen. Kaffee-Extrakt; Klee-Ernte; Papp-Plakat; Bett-Tuch; Schiff-Fahrt. hochseeerprobt (*besser nicht:* Hochsee-erprobt); tiefschneeerfahren (*besser nicht*: Tiefschnee-erfahren).
c) man einzelne Worteile hervorheben will. Ich-Erzähler; dass-Satz; der Ist-Stand.
d) die Zusammensetzung aus mehr als drei Wortteilen besteht und daher zu unübersichtlich werden kann. Brieftaubenzucht-Vereinsvorstand; Mehrzweckhallen-Nutzungsplan, das römisch-katholische Glaubensbekenntnis (*Aber:* kein Bindestrich, wenn das zweite Adjektiv durch das erste näher bestimmt wird! schmerzverzerrtes Gesicht; neunmalklug).
e) Zusammensetzungen mit -fach vorliegen. 4-fach (*auch:* 4fach).
3. Man *muss* einen Bindestrich setzen bei Zusammensetzungen:
a) einzelner Buchstaben mit einem Wort. i-Tüpfelchen; Doppel-p; G-Dur.
b) mit Abkürzungen und Initialwörtern. Kfz-Meister; Fußball-EM; UV-bestrahlt; Dipl.-Ing.
c) mit Ziffern. 28-jährig; 4-Zylinder.
d) von Suffixen mit einem Einzelbuchstaben. das x-te Mal, die n-te Potenz. *Aber:* 99%ig; ein 20stel; ein ÖVPler.
e) von Ziffern und Suffixen mit einem weiteren Wort. eine 10er-Karte (*aber:* die Zehnerkarte).
f) die substantivisch verwendet werden; dies gilt insbesondere für substantivisch gebrauchte Infinitive, die aus mehr als zwei Infinitiven zusammengesetzt sind. das Als-ob; das Entweder-oder. Das ist doch zum In-die-Luft-Gehen!
g) die schon eine Wortgruppe oder eine Zusammensetzung mit Bindestrich enthalten. Hals-Nasen-Ohren-Arzt; Rhein-Main-Donau-Kanal; 30-kg-Sack; 100-Liter-Bottich; 200-m-Lauf; Mund-zu-Mund-Beatmung; Katz-und-Maus-Spiel; Trimm-dich-Pfad.
h) die einen Eigennamen oder einen geografischen Eigennamen als Bestandteil enthalten. Herr Müller-Lüdenscheidt; Auto-Huber; Sachsen-Anhalt; rheinland-pfälzisch; die kant-laplacesche oder Kant-Laplace'sche Theorie (die Theorie von Kant und Laplace); Albert-Einstein-Gymnasium. *Aber:* Wird die Zusammensetzung mit einem Eigennamen als Gattungsbegriff verwendet, dann setzt man keinen Bindestrich. Heulsuse; Meckerfritze.

Bioˈtreibˈstoff (der, -s, -e) Kraftstoff, der ganz oder teilweise aus Pflanzen gewonnen wird (Raps, Nüsse).
Bioˈzid (das, -s, -e) (griech.-lat.) Tiere und Pflanzen tötender Giftstoff (besonders Pestizid).
Biˈpeˈdie (die, -, kein Plural) (lat.) Zweifüßigkeit; das menschliche Laufen.
biˈpoˈlar (Adj.) zweipolig. Bipolarität.
Birˈdie (der, -s, -s) (engl.) Spielen eines Loches mit einem Schlag weniger als festgelegt (beim Golf).
Birˈke (die, -, -n) Laubbaum.
Birˈkenˈpilz (der, -es, -e) Birkenröhrling; Speisepilz.
Birˈkenˈwasˈser (das, -s, kein Plural) in Alkohol gelöster Birkensaft als Haarpflegemittel.
Birˈne (die, -, -n) Frucht. Birnbaum; birnenförmig.
Birr (der, -, -) äthiopische Währungseinheit; 100 Cents.
bis 1. (Präp., Akk.) bis nach Moskau; bis heute; bis zu zehn Stück; bis auf Weiteres (*auch*: weiteres); bis ins Kleinste; bis ins Letzte; 2. (Adv.) bis über die Ohren; bis zum Morgen; 3. (Konj.) drei bis vier Stunden; warte, bis ich komme; er soll nicht hereinkommen, bis ich ihn rufe (*falsch:* bis ich ihn nicht rufe).
Biˈsam (der, -s, -e) (hebr.) 1. Fell der Bisamratte; 2. (kein Plural) = Moschus (veraltet).
Biˈschof (der, -s, -schöˈfe) Geistlicher. Bischofsstab; bischöflich; bischofslila.
Biˈschofsˈkonˈfeˈrenz (die, -, -en) Rat der evangelischen Bischöfe eines Landes.
biˈseˈxuˈell (Adj.) (lat.) zweigeschlechtig. Bisexualität.
bisˈher (Adv.) bis jetzt. alles bisher Erwähnte/Gesagte; im Bisherigen; alles, das Bisherige. Adjektiv: bisherig.
Bisˈkotˈte (die, -, -n) (österr.) Löffelbiskuit.
Bisˈkuit (der/das, -s, -s/-e) (franz.) leichtes Gebäck. Biskuitteig.
bisˈlang (Adv.) bisher.
Bisˈmuˈtum (das, -, kein Plural) (nlat.) Wismut.
Biˈson (der, -s, -s) Büffel.
Biss (der, Bisˈses, Bisˈse) Verletzung durch Beißen. Bisswunde; Bissgurke; beißen.
bissˈchen (Indefinitpron.) wenig. *Beachte:* wird immer kleingeschrieben und nie gebeugt! ein/kein bisschen; ein kleines bisschen; nicht ein bisschen; ach du liebes bisschen! mit ein/einem bisschen Gefühl. *Aber:* das Bisschen (kleiner Bissen)!
Bisˈsen (der, -s, -) Happen. Adjektiv: bissenweise.
bisˈsig (Adj.) gehässig; verletzend. Bissigkeit.
Bisˈtro (das, -s, -s) (franz.) Kneipe.
Bisˈtum (das, -s, -tüˈmer) bischöflicher Amtsbezirk.
bisˈweiˈlen (Adv.) manchmal.
biˈsylˈlaˈbisch (Adj.) zweisilbig.
Bit (das, -/-s, -/-s) (engl.) (Kurzw.: **Bi**nary digi**t**) Informationseinheit (EDV).
bitˈte (Adv.) sei/seien Sie so freundlich; gern. *Beachte:* »bitte« steht nur dann mit Komma, wenn es besonders betont werden soll (sonst ohne Komma)! Lassen Sie, bitte, auch mich einen Blick darauf werfen! Lassen Sie mich bitte durch. Da musst du aber schön Bitte (*auch*: bitte) sagen; bitte schön! Bitte deutlich schreiben! Bitte, warten Sie! Bitte warten! Kann ich das haben? Bitte sehr! Na bitte! *Aber:* Er antwortete mit einem freundlichen Bitteschön.
bitˈten (V., bat, hat gebeten) ersuchen. *Beachte:* Wir bitten Sie(,) die Fenster zu öffnen. Bitte; Bitten; Bittbrief; Bittsteller.
bitˈter (Adj.) 1. herb; 2. schmerzlich; 3. sehr. Heute ist es bitterkalt; bitterernst; bitterböse; bittersüß. Bitterkeit; Bitternis; bitterlich.
Bitˈterˈquelˈle (die, -, -n) Mineralquelle mit Bittersalz- und Glaubersalzgehalt.
Bitˈterˈsalz (das -es, -e) wasserhaltiges Magnesiumsilikat, häufig in Mineralquellen. Verwendung als Abführmittel.
Bittˈschrift (die, -, -en) Anfrage; Antrag.
Bittˈstelˈler (der, -s, -) Antragsteller.
Biˈtuˈmen (das, -s, -) (lat.) klebrig zäher Erdölbestandteil; bituminös.
biˈvaˈlent (Adj.) zweiwertig. Bivalenz.
Biˈwa (die, -, -s) japanische Laute.
biˈwaˈkieˈren (V.) im Freien übernachten.
Biˈwak (das, -s, -e/-s) (franz.) Lager im Freien, in Zelten oder in Iglus.
biˈzarr (Adj.) (franz.) grotesk; wild.
Biˈzeps (der, -/-es, -e) (lat.) Oberarmmuskel.
BKA (Abk.) **B**undes**k**riminal**a**mt.
Bl. (Abk.) **Bl**att.
B. L. (Abk.) **B**achelor of **L**aws (engl.) akademischer Grad der Rechtswissenschaft.
Blackˈout (*auch:* Black-out) (der/das, -/-s, -s) (engl.) Aussetzer; Gedächtnislücke.
bläˈhen (V.) anschwellen; aufblasen. Blähung; Blähbauch.
blaˈmaˈbel (Adj.) (franz.) beschämend. sich blamieren.
Blaˈmaˈge (die, -, -n) (franz.) Bloßstellung; Schande; Misserfolg.
blanˈchieˈren (V.) (franz.) abbrühen.
blank (Adj.) glänzend; rein; bloß. blank reiben (*auch:* blankreiben); blank putzen (*auch:* blankputzen); blank geputztes (*auch:* blankgeputztes) Messing.
blanˈko (Adv.) (ital.) 1. unbeschrieben; 2. leer.
Blanˈkoˈscheck (der, -s, -s) unterschriebener Scheck, bei dem der Betrag offengelassen wurde.
Blankˈvers (der, -es, -e) reimloser fünffüßiger Jambus.
Blaˈse (die, -, -n) Hohlorgan, das Luft oder Flüssigkeiten aufnehmen kann.
Blaˈseˈbalg (der, -es, -bälˈge) zwei Platten mit einem Lederbalg verbunden, die zum Erzeugen eines verstärkten Gebläsewindes, zum Beispiel für das Orgelspiel, dienen.
blaˈsen (V., blies, hat geblasen) 1. wehen; 2. blähen; 3. musizieren. Bläser.
Blaˈsenˈkaˈtarrh (*auch:* Blaˈsenˈkaˈtarr) (der, -, -e) (Med.) Schleimhautentzündung der Harnblase.
blaˈsiert (Adj.) (franz.) 1. eingebildet; 2. hochnäsig. Blasiertheit.
Blasˈinˈsˈtruˈment (das, -es/-s, -e) Musikinstrument, dessen Töne durch Einblasen von Luft erzeugt werden (z. B. Horn, Trompete, Flöte).
Blasˈpheˈmie (die, -, -n) (griech.) Gotteslästerung. Adjektive: blasphemisch; blasphemistisch. Verb: blasphemieren.
Blasˈrohr (das, -es, -e) Jagd- und Kriegswaffe von Naturvölkern, mit der vergiftete Pfeile abgeschossen werden.
blass (Adj., blasser/blässer, blasseste/blässeste) 1. bleich; 2. farblos. keine blasse Ahnung haben (von etwas über-

haupt nichts wissen). Blässe; blassblau; blassrosa; blässlich.

Bläss|huhn (*auch:* Bless|huhn) (das, -es/-s, -hüh|ner) entengroßes, schwarzes Wasserhuhn.

Blatt (das, -es, Blät|ter) 1. Laub; 2. Papier; 3. Zeitung; 4. (Jägersprache) Schulterstück beim Wild. blattgrün; blattlos; blattweise.

blät|tern (V.) Seiten umschlagen; umblättern; durchblättern; flüchtig durchsehen; Seiten wenden.

Blät|ter|teig (der, -es/-s, -e) dünner, blätteriger Butterteig für Gebäck.

Blatt|gold (das, -es, -) dünn gewalztes, reines Gold.

Blatt|schuss (des, -es, -schüs|se) Treffer in die Schulter des Wildes.

Blatt|werk (das, -es/-s, -) 1. Baumkrone eines Laubbaumes; 2. Laub.

blau (Adj.) Farbe. Da wird er sein blaues Wunder erleben; der Blaue Planet; blauer (*auch:* Blauer) Brief; die blaue Blume; blauer Montag. *Aber:* die Farbe Blau; auf/in/mit Blau; ein helles/dunkles/zartes Blau; die Fahrt ins Blaue; der Blaue Reiter. *Beachte:* (etwas) blau machen (anmalen), *aber*: blaumachen (krankfeiern); blaugrün; ein blau gestreifter (*auch*: blaugestreifter) Pulli. Blaubart; Bläue; Himmelsbläue; blaugrau; bläulich; bläulich grau.

blau|sti|chig (Adj.) Farbabweichung einer Fotografie ins Bläuliche.

blau|äu|gig (Adj.) arglos; gutgläubig; naiv.

blau|blü|tig (Adj.) (ironisch) adelig.

bläu|en (V.) färben.

Blau|helm (der, -s, -e) UNO-Soldat. Blauhelm-Mission; Blauhelm-Aktion.

Blau|kraut (das, -es/-s, -) Rotkohl.

Blau|licht (das, -es/-s, -er) Warnlicht von Feuerwehr, Notarzt und Polizei im Einsatz.

Blau|pau|se (die, -, -n) Durchschlag mittels Blaupapier erzeugt.

Blau|säu|re (die, -, -n) sehr giftige Flüssigkeit, riecht nach Bittermandeln.

Blau|strumpf (der, -es, -strümp|fe) abwertende Bezeichnung für intellektuelle Frauen; Feministin.

Bla|zer (der, -s, -) (engl.) Jackett.

Blech (das, -s/-es, -e) dünn gewalzte Metallplatte.

Blech|büch|se (die, -, -n) Dose; Konservendose.

Blech|mu|sik (die, -, kein Plural) Musik der Blechblasinstrumente.

Blech|scha|den (der, -s, -schä|den) kaputtes Blech. Bei einem Verkehrsunfall kam nur das Blech des Autos zu Schaden.

ble|chen (V.) (ugs.) zahlen.

Blech|ner (der, -s, -) Klempner (ugs.).

ble|cken (V.) fletschen.

Blei (das, -s, -e) Metall. bleifrei; bleihaltig; bleischwer; bleiern; bleien.

Blei|fuß (der, -es, -fü|ße) (ugs.) einen Bleifuß haben (ständig mit Vollgas fahren).

Blei|gie|ßen (das, -s, kein Plural) Brauchtum an Silvester; flüssiges Blei wird in kaltes Wasser gegossen und die zufällig entstandenen Gebilde werden gedeutet.

Blei|stift (der, -es, -e) Schreibstift.

blei|ben (V., blieb, ist geblieben) verharren. etwas bleiben lassen (*auch*: bleibenlassen) (etwas unterlassen); stehen bleiben (nicht weitergehen). Bleibe.

bleich (Adj.) blass. Bleichgesicht.

blei|chen (V.) ausbleichen; entfärben; aufhellen. Bleichmittel.

Blen|de (die, -, -n) 1. Klappe; Verblendung; 2. Abschirmung; Verdunkelung.

blen|den (V.) 1. die Sicht nehmen; jemandem in die Augen leuchten; 2. blind machen; 3. täuschen. Blendung; Blendenautomatik; blendend weiße Zähne, blendfrei.

Blend|werk (das, -s, kein Plural) Schein; Täuschung.

Bles|se (die, -, -n) weißer Stirnfleck bei Säugetieren.

bles|sie|ren (V.) (franz.) verwunden; verletzen. Blessur.

bleu (Adj.) (franz.) grünstichiges Blau. Dieses Farbadjektiv ist der französischen Sprache entlehnt. Es kann weder gebeugt noch gesteigert werden. Um es als Beifügung verwenden zu können behilft man sich durch Zusammensetzung mit »-farben« oder »-farbig«: bleufarben. In Kombination mit einem Artikel oder einer Präposition schreibt man bleu groß: in/mit Bleu.

Blick (der, -s/-es, Bli|cke) Ausblick; Augenausdruck. blicken.

Blick|fang (der, -es, -fän|ge) Anziehungspunkt; Köder.

Blick|feld (das, -es, -er) Gesichtsfeld.

Blick|punkt (der, -es, -e) Gesichtspunkt; Standpunkt. Blickrichtung; Blickwinkel.

blind (Adj.) ohne Augenlicht; unüberlegt. Wie ein Blinder von der Farbe reden (trotz Unwissenheit den Sachkundigen spielen); Das sieht ein Blinder mit dem Krückstock (ugs.) (das ist doch völlig klar.). blinder Passagier (Reisender, der widerrechtlich, ohne Bezahlung im Flugzeug oder Schiff mitreist); blinder Alarm (grundlose Aufregung); in blinder Wut (dreinschlagen ohne hinzusehen); Unter Blinden ist der einäugige König (Ein Auge sieht bekanntlich immer noch mehr als gar keines.). Blinder Eifer schadet (mit übermäßigem Eifer kommt man am allerwenigsten zum Erfolg). (Sprichwort aus der Fabel des Aesop »Die Katze und der Hausherr«); blind geboren (*auch*: blindgeboren); blind sein; blindfliegen (Flugzeug); blindschreiben (Schreibmaschine); blindspielen (Schach). Blinde; Blindwütigkeit; blinder Passagier; blindlings; blindwütig.

Blind|darm (der, -s, -där|me) in der Medizin Wurmfortsatz des Dickdarmes; Appendix.

Blind|gän|ger (der, -s, -) 1. Geschoss, das nicht explodiert; 2. (ugs.) Versager.

Blind|heit (die, -, kein Plural) ohne Sehvermögen. mit Blindheit geschlagen sein (ugs.) (etwas Wichtiges nicht erkennen können). (Aus der Bibel, 1. Mose 19,11, Geschichte der Vertilgung Sodoms).

Blin|de|kuh (kein Art.) Gesellschaftsspiel mit verbundenen Augen.

Bli|ni (die, Pluralwort) (russ.) kleine Buchweizenpfannkuchen.

blin|ken (V.) leuchten. Blinker; Blinklicht; blink; blink und blank.

blin|zeln (V.) zwinkern.

Blitz (der, -es, -e) elektrische Entladung (Gewitter). wie ein Blitz aus heiterem Himmel (ugs.) (überraschend und vernichtend, völlig unerwartet); wie der Blitz (ugs.) (mit großer Geschwindigkeit); wie ein geölter Blitz (ugs.) (sehr schnell). Blitzesschnelle, *aber:* blitzschnell; blitzartig.

Blitz|ab|lei|ter (der, -s, -) 1752 von B. Franklin erfundene Vorrichtung zum

Schutz von Gebäuden vor Blitzschlag; Erdleitung.

Blitz|krieg (der, -es, -e) kurzer kriegerischer Angriff.

Blitz|licht (das, -es, -er) in der Fototechnik Blitzlampe zum Ausleuchten des Objektes. Blitzlichtaufnahme

blitz|sau|ber (Adj.) (ugs.) strahlend sauber. blitz(e)blank.

Blitz|schach (das, -(e)s, kein Plural) Turnierschach von zeitlich begrenzter Dauer.

Bliz|zard (der, -s, -s) (engl.) Schneesturm.

Block (der, -s/-es, Blö|cke) Klotz; Verband. Felsblock; Häuserblock; Notizblock; Militärblock; Blockbildung; Blockhaus; Blockschokolade; blockfrei; blockieren; blocken.

Blo|cka|de (die, -, -n) Absperrung; Belagerung.

Block|dia|gramm (das, -s, -e) in der Datenverarbeitung Schaubild für Ablauf- oder Programmentwurf.

Block|flö|te (die, -, -n) Holzblasinstrument, das in Längsrichtung gehalten und über einen Schnabel geblasen wird; besonders beliebt in Barock und Renaissance.

Blocks|berg (der, -(e)s, kein Plural) volkstümlicher Name des Brocken im Harz als Tanzplatz der Hexen in der Walpurgisnacht.

Blo|ckie|rung (die, -, -en) Absperrung; Hindernis.

Block|schrift (die, -, kein Plural) lateinische Schrift in Großbuchstaben in gleicher Höhe und Strichstärke.

blöd (Adj.) 1. dumm; 2. schwachsinnig (meist: blöde). Beide Schreibweisen dieses Adjektivs sind korrekt. Im Sinne von »schwachsinnig« gebraucht man in der Regel die Form mit der Endung auf e. Blödian; Blödmann; Blödsinn; Blödsinnigkeit; blödsinnig.

Blö|de|lei (die, -, -en) Albernheit. blödeln.

Blöd|heit (die, -, kein Plural) Dummheit; Schwachsinn.

blö|ken (V.) schreien.

blond (Adj.) hellhaarig. Blonde, *aber:* ein kühles Blondes (Weißbier); Blondine; Blondkopf; blond gefärbtes (*auch:* blondgefärbtes) Haar.

bloß 1. (Adj.) nackt; alleinig. Blöße; Bloßstellung; bloßfüßig; bloßlegen (enthüllen); bloß liegen (*auch:* bloßliegen). 2. (Adv.) nur. Mach mir bloß keine Sorgen!

Blö|ße (die, -, -n) 1. Nacktheit; 2. Armutszeugnis; Schwachpunkt; Schwachstelle.

bloß|fü|ßig (Adj.) barfüßig; mit nackten Füßen.

Bloß|stel|lung (die, -, -en) Blamage; Kompromittierung; Peinlichkeit. bloßstellen.

Blou|son (der/das, -/-s, -s) (franz.) Windjacke.

Blow-up (*auch:* Blow|up) (das, -s, -s) (engl.) Vergrößerung.

blub|bern (V.) sprudeln; glucksen.

Blue Ba|by (das, - -s, - -s) (engl.) »blaues Baby«, Neugeborenes mit Herzfehler.

Blue|back (der, -s, -s) (engl.) Pelz der Klappmütze (Robbenart).

Blue|jeans (die, nur Plural) Hose aus blauem Baumwollstoff. Ursprünglich Arbeitshose in den USA, heute Kultkleidung.

Blues (der, -, -) Musikart.

Bluff (der, -s, -s) (engl.) Täuschung. Verb: bluffen.

blü|hen (V.) 1. in Blüte stehen; 2. florieren. Adjektiv: blühend.

Blu|me (die, -, -n) 1. Pflanze; 2. Schaum auf einem Glas Bier; 3. Schwanz beim Hasen. durch die Blume sprechen (etwas diplomatisch ausdrücken). Blumenbeet; Blumenstrauß; blumig.

Blu|men|kohl (der, -s, kein Plural) Gemüse.

Blu|men|topf (der, -es, -töp|fe) Blumenkübel; Blumenschale. Damit ist kein Blumentopf zu gewinnen. (ugs.) (Damit ist nichts zu erreichen, damit ist kein Erfolg zu erziehen.). (Berliner Redewendung, bei der der Blumentopf für einen Blumenstrauß steht, den Künstler bekommen).

blü|me|rant (Adj.) (franz.) flau.

Blu|se (die, -, -n) Hemd. etwas in der Bluse haben (einen großen Busen haben). Adjektiv: blusig.

Blut (das, -s/-es, kein Plural) 1. rote Körperflüssigkeit; 2. Abstammung. blaues Blut haben (adlig sein); Blut geleckt haben (ugs.) (Gefallen an etwas gefunden haben, auf einen Genuss nicht mehr verzichten wollen); böses Blut erregen (das macht großen Ärger); das liegt jmdm. im Blut (das ist jmdm. angeboren); Blut und Wasser schwitzen (ugs.) (man hat Angst oder man strengt sich an) (Redewendung aus der Bibel, nach Lukas 22,44).; ruhig Blut (Redewendung, um jemanden zu beruhigen); Blut ist ein ganz besonderer Saft (aus Goethes »Faust«); Blut ist dicker als Wasser (verwandtschaftliche Beziehungen sind stärker als alles andere); jmdm. kocht das Blut in den Adern (jmd. ist zornig); jmdm. gefriert das Blut in den Adern (jmd. ist starr vor Schreck); Blut sehen wollen (eine gewaltsame Auseinandersetzung anstreben); feuriges Blut haben (ugs.) (Temperament haben); jemanden bis aufs Blut quälen (jemanden peinigen); ins Blut gehen (ugs.) (etwas regt an, etwas steckt an). Blutader; Blutarmut; Blutbad; Blutbild; Bluter; Bluterguss; Blutgerinnsel; Blutkörperchen; Blutsbruder; Blutspender; Blutsverwandtschaft; Bluttat; Blutung; Blutvergiftung; Blutwurst; blutarm; blutbildend (*auch*: Blut bildend); blutdürstig; blutig; warmblütig; blutjung; blutleer; blutüberströmt; blutunterlaufen; blutverschmiert; bluten.

Blut|ar|mut (die, -, kein Plural) in der Medizin Mangel an roten Blutkörperchen; Anämie, Bleichsucht.

Blut|bad (das, -es, -bä|der) Massaker; Metzelei.

Blut|bank (die, -, -en) zentrale Sammelstelle für Blutkonserven.

Blut|druck (der, -s, kein Plural) durch die Tätigkeit des Herzens erzeugter Druck in den Blutgefäßen.

Blut|egel (der, -s, -) im Wasser lebende Ringelwürmer, die sich mit ihren Saugköpfen an Warmblütern festsaugen; früher zu Heilzwecken angesetzt.

Blut|grup|pe (die, -, -n) Bluttyp. jemandes Blutgruppe sein (ugs.) (jmdm. gefallen, jmdm. zusagen).

blut|jung (Adj.) sehr jung.

Blut|oran|ge (die, -, -n) Apfelsine mit rotem Fruchtfleisch.

b-Moll (das, -, kein Plural) Tonart. b-Moll-Tonleiter.

BMX-Rad (das, -s/-es, -rä|der) (engl.) (Kurzw.: bicycle motocross) geländegängiges Fahrrad.

BND (Abk.) **B**undes**n**achrichten**d**ienst.

Bö(e) (die, -, -en) Windstoß. Adjektiv: böig.
Boa (die, -, -s) 1. Riesenschlange; 2. Federumhang.
Bob (der, -s, -s) (engl.) (Kurzw.: Bobsleigh) Rennschlitten. Bobbahn; Bobfahrer.
Bob|by (der, -s, -s) (engl.) Polizist.
Bob|tail (der, -s, -s) (engl.) zottiger, grauweißer englischer Schäferhund.
Boc|cia (das/die, -/-s, -s) ein italienisches Kugelwurfspiel.
Bock (der, -s, Bö|cke) 1. männliches Huftier; Hammel; Rehbock; Schafbock; Ziegenbock; 2. Stützgestell; Kutschbock; Schemel; 3. Turngerät; 4. Bockbier. jemanden ins Bockshorn jagen.
bock|bei|nig (Adj.) bockig; eigensinnig.
bo|cken (V.) störrisch sein; trotzen; widerspenstig sein.
bo|ckig (Adj.) eigensinnig; störrisch.
Bock|kä|fer (der, -s, -) Holzschädling.
Bock|mist (der, -(e)s, kein Plural) (ugs.) Fehler; Quatsch; Unsinn.
Bocks|bart (der, -(e)s, kein Plural) gelbblühende Wiesenblume.
Bocks|beu|tel (der, -s, -) bauchige Weinflaschenform für einige Frankenweine.
Bock|sprin|gen (das, -s, kein Plural) Turnübung.
Bock|wurst (die, -, -würs|te) Brühwurst.
Bo|de|ga (die, -, -s) spanische Weinstube.
Bo|den (der, -s, Bö|den) 1. Erde; 2. Grund; Talboden; 3. Speicher, Dachboden. jmdm. brennt der Boden unter den Füßen (ugs.) (jemandes Lage ist unhaltbar geworden, es wird Zeit, dass er verschwindet). Jmdm. wird der Boden zu heiß (ugs.) (die Lage ist brenzlig); am Boden zerstört sein (ugs.) (deprimiert sein); festen Boden unter den Füßen haben (ugs.) (eine solide Grundlage haben); den Boden unter den Füßen verlieren (die Existenzgrundlage verlieren, haltlos werden); Boden wieder gutmachen (ugs.) (aufholen); einer Sache den Boden entziehen (etwas entkräften); an Boden gewinnen (an Einfluss oder Vertrauen gewinnen); wie Pilze aus dem Boden schießen (eine Hochkonjunktur erleben, rasch wachsen). Bodenerosion; Bodenfreiheit; Bodenfrost; Bodennebel; Bodenschätze; Bodenturnen. bodenlos; bodenständig.
Bo|den|haf|tung (die, -, kein Plural) Kontakt mit Boden (z. B. bei Autoreifen).
Bo|den|kam|mer (die, -, -n) Dachkammer; Bodenraum.
bo|den|los (Adj.) 1. empörend; frech; maßlos; unerhört; 2. sehr tief.
bo|den|stän|dig (Adj.) 1. erdgebunden; erdverbunden; ortsfest; 2. natürlich; ursprünglich.
Bo|do|ni (die, -, kein Plural) (ital.) eine Antiqua-Druckschrift.
Bo|dy|buil|der (der, -s, -) (engl.) jmd., der gezielt Muskeltrainig betreibt.
Bo|dy|buil|ding (das, -s, -s) (engl.) Muskeltraining.
Bo|dy|check (der, -s, -s) (engl.) Stoß (Eishockey)
Bo|dy|guard (der, -s, -s) (engl.) Leibwächter.
Body|pain|ting (das, -s, -s) (engl.) körperliche Bemalung, die den gesamten Körper umfasst.
Bo|dy|sto|cking (*auch:* Bo|dy|suit) (der, -s, -s) einteilige Frauenunterwäsche.
Bo|gen (der, -s, -) 1. Krümmung; 2. Papierblatt; 3. Waffe. den Bogen überspannen (etwas übertreiben); allzu straff zerspringt der Bogen (sprichwörtliche Redensart nach Friedrich Schillers »Wilhelm Tell«); einen Bogen um etwas machen (etwas meiden); den Bogen heraushaben (ugs.) (wissen, wie man etwas machen muss) (die Redewendung ist aus dem Militärbereich entnommen, wo der Bogen die Flugbahn eines Geschosses bezeichnet.). jemanden in hohem Bogen hinauswerfen (jemanden hinauswerfen, ohne zu zögern, jemanden fristlos entlassen). Bogenlampe; Bogenschütze; biegen.
Bo|gey (der, -s, -s) (engl.) Spielen eines Loches mit einem Schlag mehr als festgelegt (beim Golfspiel).
Bo|heme (die, -, kein Plural) (franz. bohémien, Zigeuner) Künstlerkreise außerhalb der bürgerlichen Gesellschaft; unkonventionelles Künstlermilieu; Künstlertum.
Bo|he|mi|en (der, -, -s) Mitglied der Boheme; leichtlebige, unbekümmerte Künstlernatur.
Boh|le (die, -, -n) starkes Brett (*aber:* Bowle!)
böh|misch (Adj.) aus Böhmen stammend, Böhmen betreffend. Das sind für mich böhmische Dörfer/das ist für mich ein böhmisches Dorf (das ist für mich völlig unverständlich); das kommt mir böhmisch vor (das kommt mir seltsam vor, das verstehe ich nicht). (Die Redensart ist im Dreißigjährigen Krieg volkstümlich geworden. Sie wurde von den Soldaten aus Böhmen mitgebracht, die damit ausdrücken wollten, dass es ihnen persönlich geht wie mit den Namen tschechischer Dörfer, die sie nicht aussprechen und verstehen konnten.).
Boh|ne (die, -, -n) 1. Pflanze; 2. Frucht. nicht die Bohne/keine Bohne (ugs.) (überhaupt nicht(s), allgemeine Vorstellung, dass die Bohne etwas Wertloses ist); Bohnen in den Ohren haben (ugs.) (nicht hören); blaue Bohne (Gewehrkugel) (wegen ihrer Form und Farbe). Bohnenkaffee; Bohneneintopf; Bohnenstange; er ist dumm wie Bohnenstroh.
Boh|nen|stroh (das, -s, kein Plural) Kraut der Bohnenpflanzen.
boh|nern (V.) putzen; blank reiben.
Boh|ner (der, -s, -) Bürste mit Stiel zum Bohnern.
Boh|ner|wachs (das, -(e)s, kein Plural) Wachs zur Pflege von Holzböden.
boh|ren (V.) 1. aushöhlen; 2. drängen. Bohrer; Bohrmaschine; Bohrung.
Bohr|in|sel (die, -, -n) künstliche Inseln im Meer für Tiefenbohrungen.
Boi|ler (der, -s, -) (engl.) Durchlauferhitzer.
Bo|jar (der, -en, -en) (russ.) 1. altrussischer Adliger; 2. altrumänischer adliger Großgrundbesitzer.
Bo|je (die, -, -n) Schwimmkörper.
Bok|mål (das, -/-s, kein Plural) vom Dänischen beeinflusste Variante der beiden Schriftsprachen Norwegens.
Bo|la (die, -, -s) (span.) Schleuderkugelwaffe der Pampasindianer und Gauchos.
Bo|le|ro (der, -s, -s) 1. spanischer Volkstanz; 2. Jäckchen.
Bo|li|vi|en (ohne Art., -s, kein Plural) südamerikanischer Staat. Bolivianer; bolivianisch.

Bölˈler (der, -s, -) Knallkörper. Verb: böllern.
Bollˈwerk (das, -s, -e) Bastion; Befestigung.
Boˈloˈgneˈse (Adj.) nach Art der Küche Bolognas (mit Hackfleisch); Spaghetti Bolognese. bolonesisch.
Boˈloˈgneˈser (der, -s, -) (ital.) 1. Einwohner Bolognas; 2. eine Zwerghundrasse mit langen weißen Haaren.
Boˈloˈmeˈter (das, -s, -) (griech.) Gerät zum Messen geringer Wärmestrahlung.
Bolˈscheˈwik (der, -en, -en/-i) (russ.) Mitglied der Kommunistischen Partei der ehemaligen Sowjetunion (bis 1952);. bolschewisieren; Bolschewismus; Bolschewist; bolschewistisch.
bolˈzen (V.) (ugs.) Fußball spielen. Bolzplatz.
Bolˈzen (der, -s, -) Holz- oder Metallstift. Adjektiv: bolzengerade.
Bomˈbaˈge (die, -, -n) Aufwölbung (einer Konserve mit verdorbenem Inhalt).
bomˈbarˈdieˈren (V.) (franz.) beschießen; überhäufen. Bombardement; Bombardierung.
Bomˈbarˈdon (das, -s, -s) (franz.) eine frühe Form der Basstuba.
bomˈbasˈtisch (Adj.) riesig. Bombast.
Bomˈbe (die, -, -n) (franz.) Sprengkörper. Die Bombe ist geplatzt. (ugs.) (Das beängstigende Ereignis ist eingetreten.). Bombenangriff; Bombenschuss; bombenfest; bombensicher; bomben.
Bomˈber (der, -s, -) Flugzeug mit Bomben an Bord.
Bomˈbenˈerˈfolg (der, -(e)s, -e) großer Erfolg.
Bomˈbenˈform (die, -, kein Plural) (ugs.) topfit; Superform bei Sportlern.
Bomˈbenˈgeˈschäft (das, -(e)s, -e) außerordentlich erfolgreiche Geschäfte.
Bomˈbenˈstimˈmung (die, -, kein Plural) sehr gute Stimmung; ausgelassene Stimmung.
Bomˈbenˈtepˈpich (der, -s, -e) auf ein begrenztes Gebiet wurden viele Bomben abgeworfen.
bomˈbig (Adj.) ausgezeichnet.
Bomˈmel (der/die, -s/-, -/-n) (ugs.) Quaste, Troddel.
Bon (der, -s, -s) (franz.) 1. Gutschein; 2. Kassenzettel. Kassenbon; bongen.
Bonˈbon (der/das, -s, -s) (franz.) Süßigkeit. Bonbonniere (*auch:* Bonboniere); bonbonfarben.
bonˈgen (V.) (ugs.) Kassenzettel ausstellen. Die Sache ist gebongt (erledigt).
Bonˈgo (die/das, -s, -s) Trommel. Bongospieler.
Bonˈhomme (der, -s, -s) (franz.) argloser, gutmütiger Mensch.
Boˈniˈfiˈkaˈtiˈon (die, -, -tiˈoˈnen) Vergütung.
boˈniˈfiˈzieˈren (V.) vergüten.
Boˈniˈtät (die, -, -en) 1. Güte; 2. Sicherheit. Bonitierung; bonitieren.
Boˈniˈto (der, -s, -s) (span.) ein Thunfisch.
Bonˈmot (das, -s, -s) (franz.) geistreich-witziger Ausspruch.
Bonˈsai (der/das, -s, -s) (jap.) Zwergbaum; Kunst der Zwergbaumzucht.
Boˈnus (der, -/-es, -se/Boˈni) (lat.) Rabatt; Pluspunkt.
Bonˈviˈvant (der, -s, -s) (franz.) Lebemann; »Salontiger«.
Bonˈze (der, -n, -n) (ugs.) Reicher. Bonzentum.
Booˈgie-Wooˈgie (der, -/-s, -s) (engl.) Tanz; Musikrichtung.
Bookˈmark (der, -s, -s) oder (die, -, -s) oder (das, -s, -s) (engl.) Eintrag einer Internetadresse in einem elektronischen Verzeichnis (EDV).
Boom (der, -s, -s) (engl.) Aufschwung; Hausse.
Boosˈter (der, -s, -) (engl.) Zusatzverstärker.
Boot 1. (das, -s/-es, -e) kleines Schiff; Barke; Beiboot; Dingi; Gondel; Kahn; Nachen; Motorboot; Rettungsboot; Segelboot. Wir sitzen alle in einem Boot. (Wir sind alle aufeinander angewiesen.). Bootsbau; Bootssteg; Bootsverleih; ausbooten; 2. (der, -s, -s) (engl.) Stiefel. Moonboots.
booˈten (V.) Neustart eines abgestürzten Computers.
Bootsˈmann (der, -(e)s, -leuˈte) Matrose.
Bor (das, -s, kein Plural) chemischer Stoff (Abk.: B). Borsalbe; Borsäure.
Boˈra (die, -, -s) (ital.) kalter Adriawind.
Boˈrax (das, -/-es, kein Plural) (pers.-lat.) ein farbloses Pulver, Natriumtetraborat.
Bord (der/das, -s, -e) 1. Schiffsdeck; 2. Wandbrett. Das männliche Substantiv »der Bord« bedeutet »Schiffsrand«, »Schiffsdeck«; das sächliche Substantiv »das Bord« bedeutet »Bücherbrett«, »Wandbrett«. *Beachte:* Komposita mit dem determinierenden männlichen Substantiv »der Bord« sind sächlich »das Steuerbord«, »das Backbord«. etwas über Bord werfen (etwas aufgeben); über Bord gehen (versehentlich ins Wasser fallen). Bordfunker; Bücherbord.
Bordˈbuch (das, -(e)s, -büˈcher) Fahrtenbuch; Tagebuch für chronologische Aufzeichnungen der Vorfälle an Bord eines Flugzeuges oder Schiffes.
Bordˈcase (das/der, -,- -s,-s) kleiner Koffer, der als Handgepäck mit an Bord eines Flugzeuges genommen werden darf.
Bordˈcomˈpuˈter (der, -s, -) Einrichtung im Auto, mit der sich technische Daten abrufen lassen.
borˈdeaux (Adj.) weinrot. die Farbe Bordeaux; der Bordeaux (Weinsorte); bordeauxrot.
Borˈdell (das, -s, -e) Puff, Freudenhaus.
Bordˈkanˈte (die, -, -n) Straßenrand.
Bordˈkarˈte (die, -, -n) Platzkarte; Ticket.
Bordˈstein (der, -(e)s, -e) Randstein.
Borˈdun (der, -s, -e) (franz.) 1. mitklingender Basston; 2. tiefes Orgelregister.
Borˈdüˈre (die, -, -n) (franz.) Besatz.
Boˈreˈas (der, -, kein Plural) (griech.) kalter Nordwind (in der Ägäis).
borˈgen (V., V. refl.) leihen, jmdm. etwas geben mit der Bedingung der Rückgabe; von jmdm. etwas nehmen mit dem Versprechen der Rückgabe. Borgerei; borgweise; etwas auf Borg kaufen.
Borˈke (die, -, -n) Rinde. borkig.
Borˈkenˈkäˈfer (der, -s, -) Baumschädling.
borˈniert (Adj.) (franz.) 1. begriffsstutzig; 2. dumm; beschränkt. Borniertheit.
Borˈretsch (der, -s/-es, kein Plural) (arab.-franz.) Gurkenkraut.
Borschtsch (der, -, kein Plural) (russ.) Eintopf aus roten Rüben, Weißkraut, saurer Sahne u. a. (als polnische oder russische Spezialität).

Bör|se (die, -, -n) 1. Beutel; Portemonnaie; 2. Wertpapiermarkt; Warenmarkt. Börsenagent; Börsengeschäft; Börsenspekulation; Börsenschluss.
Bör|sen|kurs (der, -es, -e) Geldwert eines gehandelten Papiers; Aktienkurs.
Bör|sen|mak|ler (der, -s, -) Aktienhändler; Broker; Börsianer.
Bör|sen|ver|ein des Deut|schen Buchhan|dels (der, -s, kein Plural) 1825 gegründete Standesorganisation der Verleger und Buchhändler; Veranstalter der Frankfurter Buchmesse; Verleiher des Friedenspreises des Deutschen Buchhandels.
Bör|si|a|ner (der, -s, -) Börsenspekulant.
Bors|te (die, -, -n) 1. starkes Haar; 2. Stachel. Borstenpinsel.
Bors|ten|vieh (das, -es, kein Plural) Schweine.
Bors|tig|keit (die, -, kein Plural) nicht sehr umgänglich; unverträglich.
bors|tig (Adj.) 1. stachelig; 2. schwierig.
Bor|te (die, -, -n) Verzierung; Besatz.
Bo|rus|sia (die, -, kein Plural) weibliche Figur; Sinnbild Preußens. Borusse.
Bö|schung (die, -, -en) Abhang.
bö|se (*auch:* bös) (Adj.) schlecht; wütend; schlimm. *Großschreibung:* im Bösen wie im Guten; im Bösen auseinandergehen; Gut und Böse (die Guten und die Bösen); Gutes mit Bösem vergelten; etwas/nichts Böses ahnen; sich zum Bösen wenden; jenseits von Gut und Böse; das war das Böseste, was mir jemals passiert ist; *aber:* Der heutige Tag war der böseste in meinem Leben. Bösartigkeit; Boshaftigkeit; Bosheit; Böswilligkeit; bösartig; boshaft; böswillig.
bö|ser Blick (der böse Blick, des bösen Blickes, die bösen Blicke) Aberglaube; die angebliche Fähigkeit, durch den bloßen Blick Schaden zu bewirken.
Bö|se|wicht (der, -(e)s, -e/-er) Gauner; Schurke.
Bos|kop (*auch*: Bos|koop) (der, -s, -) Apfelsorte.
Bos|po|rus (der, -, kein Plural) Meerenge zwischen Europa und Kleinasien, verbindet Schwarzes Meer und Marmarameer.
Boss (der, -es, -e) (engl.) Chef; Anführer; Vorgesetzter.
Bos|sa no|va (der, - -, - -s) Tanz.
Bo|ta|nik (die, -, kein Plural) Pflanzenkunde. Botaniker; botanisch; *aber:* der Botanische Garten in München; botanisieren.
Bo|te (der, -n, -n) Kurier; Anzeichen. Frühlingsbote; Botengang.
bot|mä|ßig (Adj.) ergeben; gehorsam. Botmäßigkeit.
Bot|schaft (die, -, -en) 1. Nachricht; 2. diplomatische Vertretung. Die Deutsche Botschaft.
Bot|schaf|ter (der, -s, -) höchster diplomatischer Vertreter eines Staates im Ausland.
Bot|schafts|rat (der, -(e)s, -rä|te) ranghöchster Mitarbeiter des Botschafters. Botschaftsrätin.
Bo|t|su|a|na (ohne Art., -s, kein Plural) afrikanischer Staat. Botsuaner; botsuanisch.
Bot|tich (der, -s, -e) Fass; Behälter.
Bot|tle|neck (das, -s, -s) (engl.) 1. Gitarrenspielweise mit über einen Finger gestülptem Flaschenhals. 2. Engpass.
Bot|tle|par|ty (*auch:* Bot|tle Par|ty) (die, -s, -s) (engl.) Party, bei der jeder Gast ein Getränk mitbringt.
Bou|c|lé (*auch:* Bu|k|lee) (das, -s, -s) (franz.) Schlingengarn; Gewebe. Teppich aus Bouclé.
Bou|doir (das, -s, -s) (franz.) elegantes Damenzimmer
Bou|gain|vil|lea (die, -, -le|en) (franz.-lat.) aus Südamerika stammender Kletterstrauch mit lilafarbenen Hochblättern; Zierpflanze.
Bouil|la|bais|se (die, -, -s) (franz. siede und senk dich) Fischsuppe.
Bouil|lon (die, -, -s) (franz. bouillier sieden, kochen) Kraft-, Fleischbrühe. Bouillonwürfel.
Boule (das, -s, kein Plural) (franz.) Kugelspiel.
Bou|le|vard (der, -s, -s) (franz.) Prachtstraße. Boulevardzeitung.
Bou|le|vard|pres|se (die, -, kein Plural) Sensationspresse, die überwiegend im Straßenverkauf vertrieben wird.
Bou|le|vard|the|a|ter (das, -s, -) kleines Theater, ursprünglich an den Pariser Boulevards gelegen, das Gesellschaftsstücke aufführt.
Bou|quet (*auch:* Bu|kett) (das, -s, -s) (franz.) Blumengebinde.
Bou|qui|nist (der, -en, -en) (franz.) Straßenbuchhändler.
Bour|geois (der, -, -) (franz. Bürger) Großbürger; wohlhabender, selbstzufriedener Bürger (wird in diesem Sinn ugs. oft negativ verwendet); politischer Stand; Bürgertum; herrschende Klasse der kapitalistischen Gesellschaft im Besitz der Produktionsmittel (Karl Marx). Bourgeoisie; bourgeois.
Bou|tique (die, -, -n) (franz. kleiner Laden, Vorratsraum) kleines Modegeschäft; kleines Bekleidungsgeschäft für modische Neuheiten.
Bou|ton (der, -s, -s) (frz.) Anstecker.
Bow|den|zug (der, -s, -zü|ge) Zugseil.
Bo|wie|mes|ser (das, -s, -) Jagdmesser.
Bow|le (die, -, -n) (engl.) Mischgetränk (Wein, Sekt, Früchte).
Bow|ler (der, -s, -s) (engl.) 1. ein Herrenhut; »Melone«. 2. Kricketspieler.
Bow|ling (das, -s, -s) (engl.) Kegeln. Bowlingbahn.
Box (die, -, -en) (engl.) Schachtel; Pferdestall; Garage. Boxenstopp.
bo|xen (V.) mit den Fäusten kämpfen. Boxer; Boxhandschuh; Boxernase; Boxermotor; Boxsport; boxerisch.
Bo|xer|auf|stand (der, -es, kein Plural) Aufstand eines chinesischen Geheimbundes gegen die Mandschu-Dynastie und die Vorherrschaft fremder Großmächte, 1900 niedergeschlagen durch internationale Korps.
Bo|xer|mo|tor (der, -s, -en) Typ des Kolbenmotors mit gegenüberliegenden Zylindern.
Box|calf (*auch:* Box|kalf) (das, -, kein Plural) feines Kalbleder.
Boy (der, -s, -s) (engl.) Laufjunge (Hotel).
Boy|group (die, -s) Popband, die sich ausschließlich aus jungen männlichen Musikern zusammensetzt.
Boy|kott (der, -s, -s/-e) (engl.) 1. Ausschluss; 2. Weigerung.Boykotterklärung; boykottieren.
Boy|scout (*auch:* Boy-Scout) (der, -/-s, -s) (engl.) Pfadfinder.
bpi (Abk.) **b**its **p**er **i**nch (Maß für die Speicherfähigkeit; EDV).
bps (Abk.) **b**its **p**er **s**econd (Maß für die Übertragungsleistung einer Nachrichtenstrecke; EDV).
Bq (Abk.) → **Becq**uerel.

Br (Abk.) **Br**om (chemisches Zeichen).
BR (Abk.) **B**ayerischer **R**undfunk.
brab|beln (V.) (ugs.) undeutlich sprechen.
brach (Adv.) unbestellt. Brachfeld; brachliegen.
bra|chi|al (Adj.) (griech.) mit Gewalt. Brachialgewalt.
bra|chy|ke|phal (Adj.) (griech.) rundköpfig.
Brack (das, -s, -s/Bra|cken) Altwasser. Brackwasser; brackig.
Brah|ma (das, -s, -s) (ind.-engl.) eine großwüchsige Hühnerrasse.
Brah|ma (das, -s, kein Plural) (Sanskrit) indischer Gott.
Brain|stor|ming (das, -s, kein Plural) Geistesblitz; Ideensuche.
Brain|trust (*auch*: Brain-Trust) (der, -s, -s) (engl.) hochqualifizierter Beraterausschuss.
brai|sie|ren (V.) (franz.) in einer gut schließenden Stielkasserolle schmoren; dünsten.
Bra|mar|bas (der, -, -se) (span.) Prahler.
bra|mar|ba|sie|ren (V.) prahlen; aufschneiden (wie ein Bramarbas).
Bran|che (die, -, -n) Fachgebiet. Branchenerfahrung; branchenfremd; branchenkundig; branchenüblich; branchenspezifisch.
Bran|chen|ver|zeich|nis (das, -ses, -se) Adressen- und Telefonnummern nach Branchen; Gelbe Seiten.
Brand (der, -s/-es, Brän|de) 1. Feuer; 2. Brennen; 3. Durst (ugs.). Brandherd; Brandsohle; Brandursache; Brandwunde; brandaktuell; brandeilig; brandheiß; brandig; brandneu; brandschatzen.
Brand|bom|be (die, -, -n) mit Brennstoff gefüllte Bombe.
Bran|den|burg (ohne Art., -s, kein Plural) deutsches Bundesland.
Brand|mal (das, -(e)s, -e) in die Haut eingebranntes Zeichen. Der gebräuchliche Plural lautet »Brandmale«, selten heißt er auch »Brandmäler«.
brand|mar|ken (V., brandmarkte, hat gebrandmarkt) jemanden brandmarken (jemanden mit glühendem Eisen brennen, jemanden öffentlich bloßstellen).
Brand|stif|tung (die, -, -en) fahrlässiges oder vorsätzliches Inbrandsetzen von Gegenständen.
Bran|dung (die, -, -en) Brechen der Wellen am Strand. Verb: branden.
Brannt|wein (der, -s, -e) alkoholisches Getränk. Branntweinsteuer.
Bra|sil (die, -, -/-s) (portugies.) Zigarre aus brasilianischem Tabak.
Bra|si|lia (*auch*: Bra|sí|lia) (kein Art., -s, kein Plural) neugeschaffene, 1960 eingeweihte Hauptstadt von Brasilien.
Bra|si|li|en (ohne Art., -s, kein Plural) südamerikanischer Staat. Brasilianer; brasilianisch.
Bra|sil|nuss (die, -, -nüs|se) Paranuss.
Brass Band (die, -, -s) (engl.) Marschkapelle aus Blechblasinstrumenten.
Bras|se (die, -, -n) (franz.) schweres Tau (zum Festhalten der Segel).
Bras|se|lett (das, -s, -e) (franz.) Armband.
Bra|ten (der, -s, -) Fleischgericht. den Braten riechen (etwas Überraschendes rechtzeitig spüren); (aus einer Fabel, in der ein Bauer ein Tier zu sich einlädt, das aber an der Tür umdreht, weil ein anderes Tier bereits gebraten wird und es Angst hat, auch gebraten zu werden); dem Braten nicht trauen (ugs.) (misstrauisch sein).
bra|ten (V., briet, hat gebraten) schmoren. Im Indikativ Präsens wird der Vokal des Verbs »braten« umgelautet. Es heißt korrekt »ich brate, du brätst, er/sie/es brät«. Da brat mir einer einen Storch (Ausdruck der Verwunderung). Bratenduft; Bratensoße (*auch:* Bratensauce); Bratapfel; Brathähnchen; Bratkartoffeln; Bratspieß; Bratwurst; Bratpfanne.
Brä|ter (der, -s, -) Brattopf.
Brät|ling (der, -s, -e) Pilz.
Brat|sche (die, -, -n) Streichinstrument. Bratschist.
Brauch (der, -s, Bräu|che) Gewohnheit; Sitte; Mode; Tradition.
brau|chen (V.) 1. benötigen; 2. benutzen. Dem Verb in der Verwendung von »benötigen«, »bedürfen«, »verwenden«, »benutzen« folgt der Akkusativ. Die Kinder brauchen neue Winterstiefel. Bei unpersönlichen Konstruktionen folgt in der gehobenen Sprache ein Genitivobjekt, umgangssprachlich kann auch ein Akkusativ stehen: Dazu brauchte es keines Zeugen mehr. Dazu braucht es keinen Wünschelrutengänger. Bei der Konstruktion »brauchen« plus Infinitiv mit »zu« sollte in der Schriftsprache das »zu« immer dabeistehen, umgangssprachlich wird es oft weggelassen. Diese Konstruktion in verneinter bzw. mittels »nur« oder »erst« eingeschränkter Form bedeutet, dass etwas nicht oder nur unter bestimmten Bedingungen notwendig ist. Auch hier sollte in der Schriftsprache das »zu« nicht fehlen. Ihr braucht mich nicht zu besuchen (*statt:* Ihr braucht mich nicht besuchen.). Ihr braucht erst im Sommer zu kommen (*statt:* Ihr braucht erst im Sommer kommen.). Das Verb »gebrauchen« sollte man einsetzen, wenn man eine Sache, die man selbst besitzt bzw. zur Verfügung hat, ihrem Zweck oder den Umständen gemäß verwendet. Er gebrauchte seine Verführungskünste. Für diese Aufgabe braucht man keinerlei Vorkenntnisse. Du brauchst gar nicht erst anzufangen/anfangen. Das hättest du nicht zu sagen brauchen (*falsch:* zu sagen gebraucht!). Brauchbarkeit; brauchbar.
Brauch|tum (das, -s, kein Plural) Tradition; Volksbräuche. Brauchtumspflege.
Braue (nicht trennbar!) (die, -, -n) Augenbraue.
brau|en (V.) Bier herstellen. Brauer; Brauerei; Brauhaus; Braumeister.
braun (Adj.) Farbe. dunkelbraun; kaffeebraun; schokoladenbraun; schwarzbraun. Braun; in/mit/auf Braun; braun gebrannt (*auch:* braungebrannt); bräunlich rot; braunäugig; Braunkohle; Bräunung; Bräune.
Braun|bär (der, -s, -en) größtes Landraubtier; Allesfresser.
Bräu|nungs|stu|dio (das, -s, -s) Sonnenstudio. bräunen.
Braus (der) (nur in der Wendung) in Saus und Braus (verschwenderisch) leben.
Brau|se (die, -, -n) Dusche; Limonade. Brausebad; Brauselimonade; Brausepulver; Brausetablette; Brausen.
Brau|se|bad (das, -es, -bä|der) Duschbad.
brau|sen (V.) 1. brodeln; 2. rauschen; 3. duschen. Brausen.
Braut (die, -, Bräu|te) Frau an ihrem Hochzeitstag; Verlobte; Geliebte. Brautführer; Brautgeschenk; Braut-

eltern; Brautkleid; Brautpaar; Brautmutter.

Braut|schau (die, -, -en) die Suche nach einer passenden Braut.

Bräu|ti|gam (der, -s, -e) Mann an seinem Hochzeitstag. Gebräuchlich ist der Plural »Bräutigame«; in der Umgangssprache wird auch »Bräutigams« verwendet.

brav (Adj.) artig; tüchtig; bieder. *Beachte:* Die Vergleichsformen lauten: braver, bravste (*nicht:* bräver, brävste)! Bravheit.

bra|vo! (Interj.) (ital.) sehr gut! Steigerung: bravissimo! *Aber:* Mit Bravorufen wurde er verabschiedet.

Bra|vour (*auch:* Bra|vur) (die, -, -en) (franz.) 1. Geschicklichkeit; 2. Meisterschaft; 3. Kühnheit. Bravourstück; er löste die Aufgabe mit Bravour.

bra|vou|rös (*auch*: bra|vu|rös) (Adj.) glänzend; virtuos.

Break (der, -s, -s) (engl.) 1. das Durchbrechen des gegnerischen Aufschlags (Tennis); 2. Durchbruch eines Spielers durch die gegnerische Verteidigungslinie; 3. Zwischensolo (im Jazz).

Break|dance (der, -/-s, kein Plural) akrobatischer Tanz. Breakdancer.

Break-even-Point (*auch:* Break-even) (der, -/-s, -s) wirtschaftlicher Durchbruch.

bre|chen (V., brach, hat/ist gebrochen) zerbrechen; abprallen; sich übergeben. Brecheisen; Brechmittel; Brechstange; Brechung; Brechungsvermögen; Wellenbrecher; brechbar.

Bre|chungs|feh|ler (der, -s, -) Sehstörung durch Missverhältnis zwischen Brechkraft der Linse und Augenachsenlänge, zum Beispiel Kurz- oder Weitsichtigkeit.

Bre|douil|le (die, -, -n) (franz. Matsch) (ugs.) Schlamassel; Bedrängnis, Not; Verlegenheit.

Bree|ches (die, nur Plural) (engl.) oben weite, kniewärts eng geschnittene Reithose.

Brei (der, -s/-es, -e) Mus; Püree; Schleim; Teig. um den heißen Brei reden (ugs.) (um etwas herumreden); alles ein Brei sein (ugs.) (alles dasselbe sein); jmdm. Brei ums Maul schmieren (ugs.) (jmdm. schmeicheln). Adjektiv: breiig.

breit (Adj.) seitlich ausgedehnt; groß. lang und breit; groß und breit; weit und breit; des Langen und Breiten (ausführlich, umständlich). das Breiteste, was; in die Breite gehen; ins Breite fließen; sich breitmachen (ausbreiten), sich breitschlagen lassen; breittreten (über etwas lang und breit erzählen), *aber*: die Schuhe breit treten (*auch:* breittreten) (austreten). Breitenwirkung. Adjektive: breitbeinig; breit gefächert (*auch:* breitgefächert); breitschultrig; breitspurig.

Breit|band|ka|bel (das, -s, -) Koaxialkabel; Glasfaserkabel, das Daten unterschiedlichster Frequenzbreite gleichzeitig übertragen kann.

Brei|te (die, -, -n) seitliche Ausdehnung. Das Haus misst fünfundzwanzig Meter in der Breite (*nicht:* Das Haus misst fünfundzwanzig Meter in die Breite). in die Breite gehen (ugs.) (dick werden).

Brei|ten|grad (der, -es, -e) gedachte Streifen um die Erdkugel, die jeweils ein Grad voneinander entfernt sind.

Brei|ten|sport (der, -es, kein Plural) Volkssport.

Breit|schwanz (der, -es, -schwän|ze) Persianerpelzart vom jungen Karakulschaf.

Breit|sei|te (die, -, -n) Längsseite eines Schiffes.

Breit|wand|film (der, -(e)s, -e) Kinofilm in Cinemascope.

Brek|zie (*auch*: Brec|cie) (die, -, -n) (ital.) Sedimentgestein aus kantigen, verkitteten Trümmern.

Bre|men (ohne Art., -s, kein Plural) (dt.) Stadt und Bundesland.

Brem|se (die, -, -n) 1. Fahrzeugteil zur Verlangsamung der Geschwindigkeit; Hemmung; 2. Stechfliege. Bremsbacke; Bremsflüssigkeit; Bremsklotz; Bremsspur; Bremsung; Bremsenstich.

brem|sen (V., V. refl.) 1. abbremsen; verlangsamen; 2. mäßigen; 3. sich beherrschen.

Brems|weg (der, -es, -e) Strecke, die ein Fahrzeug vom Moment der Bremsbetätigung bis zum Stillstand zurücklegt, erkennbar an der Bremsspur.

bren|nen (V., brannte, hat gebrannt) 1. in Flammen stehen; 2. heiß sein; 3. schmerzen. Nach »brennen« im Sinne von »schmerzen« stehen die Person oder die angegebenen Körperteile im Dativ; dies trifft ebenfalls zu, wenn eine übertragene Bedeutung vorliegt: Nach diesem Marsch brennen mir die Füße. Das exotische Gericht brannte mir wie Feuer im Mund. Brennbarkeit; Brenndauer; Brennholz; Brennweite; brennbar.

Brenn|ele|ment (das, -es, -e) kleinstes selbstständiges Bauteil, das spaltbares Material zur Verwendung in Kernreaktoren enthält.

bren|nend (Adj.) sehr wichtig; sehr.

Brenn|glas (das, -es, -glä|ser) Lupe.

Brenn|nes|sel (*auch*: Brenn-Nessel) (die, -, -n) Stauden mit Brennhaaren.

Brenn|punkt (der, -es, -e) Fokus; Sammelpunkt aller gebrochenen oder reflektierten Lichtstrahlen.

Brenn|stoff (der, -es, -e) Brennholz; Brennmaterial; Heizmaterial.

Brenn|stoff|zel|le (die, -, -n) Batterie, die unter ständiger Zufuhr von Brennstoff chemische Energie in elektrische umwandelt.

Brenn|wert (der, -es, -e) Heizwert; Wärmemenge, die freigesetzt wird, wenn man ein Kilogramm eines Stoffes vollständig verbrennt.

brenz|lig (Adj.) gefährlich.

Bre|sche (die, -, -n) (franz.) Einschnitt; Lücke. für jemanden in die Bresche springen (einspringen). (Ausdruck aus dem Militärwesen. Die Bresche ist die durch den Feind geschossene Öffnung in einer Festungsmauer). für jemanden eine Bresche schlagen (sich für jemanden einsetzen).

Brett (das, -s/-es, -er) flaches Holzstück. ein Brett vor dem Kopf haben (ugs.) (beschränkt, verbohrt, einfältig, begriffsstutzig sein, das Brett ist das Joch des Zugochsen, der als besonders dumm galt); das Brett bohren, wo es am dünnsten ist (ugs.) (sich eine Sache leicht machen). Bretterbude; Bretterzaun.

Bret|ter (die, -n, -) 1. Bühne. Bretter, die die Welt bedeuten (das Theater) (Redensart nach Friedrich Schillers „Ode an die Freude"); 2. Ski.

bret|tern (V.) (ugs.) sehr schnell fahren; rasen.

Bret|ton Woods (kein Art, kein Plural) Ort in New Hampshire, USA, in dem 1944 auf einer Konferenz von 44 Staaten die Gründung des Internationalen Währungsfonds und der Internationalen Bank für Wiederaufbau und Entwicklung beschlossen wurde.

Brett|spiel (das, -(e)s, -e) Gesellschaftsspiel, bei dem Figuren auf einem Brett bewegt werden (z. B. Halma, Mühle, Schach).

Bre|vier (das, -s, -e) Gebetbuch; Zitatensammlung; Leitfaden.

Bre|ze (*auch:* Bre|zel/Bre|zen) (die, -, -n/-) Laugengebäck.

Bridge (das, -, kein Plural) (engl.) Kartenspiel. Bridgepartie.

Brie (der, -/-s, -s) ein französischer Weichkäse.

Brief (der, -s/-es, -e) Schriftstück (Abk.: Bf.). *Wichtig:* Im Brief steht nach der Anrede ein Komma und es wird klein weitergeschrieben! Sehr geehrter Herr Hurtig, (Absatz) vielen Dank für die schnelle Erledigung. *Außerdem:* Die moderne Briefanschrift beginnt ohne »An«, »An den/die/das« etc.; auch der Zusatz »Firma« ist altmodisch! Richtig schreibt man zum Beispiel:
Compact Verlag GmbH
Züricher Straße 29
81476 München
Und: Das Briefdatum steht mit Komma nach der Ortsangabe: München, (den) 30. 11. 2006.
jmdm. Brief und Siegel geben (jmdm. Gewissheit geben, Gewähr bieten für etwas, etwas garantieren) (Ausdruck aus der Gerichtssprache. Brief von lat. breve= Urkunde, Erlass. verbrieftes Recht, urkundlich verankertes Recht.); blauer (*auch*: Blauer) Brief (ursprünglich Aufforderung zur Einreichung des Abschiedsgesuches, die im blauen Umschlag verschickt wurde; in der Schule Mitteilung an die Eltern, dass Versetzung nicht möglich.). Briefkasten; Brieffreund; Briefumschlag; brieflich.

Brief|be|schwe|rer (der, -s, -) meist künstlerisch gestalteter Gegenstand, den man auf lose Papiere legt, damit kein Luftzug sie wegbläst.

Brief|ge|heim|nis (das, -ses, -se) die in Art. 10 des Grundgesetzes geschützte Geheimhaltungspflicht über den Inhalt vor allem verschlossener Informationsträger, wie zum Beispiel von Briefen. Die Verletzung des Briefgeheimnisses ist strafbar.

Brief|mar|ke (die, -, -n) Postwertzeichen; amtliches Zahlungsmittel für Postgebühren.

Brief|ta|sche (die, -, -n) Geldbeutel. Eine dicke Brieftasche haben (viel Geld haben).

Brief|tau|be (die, -, -n) Haustaubenrasse im Nachrichtendienst.

Brief|wahl (die, -, -en) bei Wahlen die Möglichkeit der Stimmabgabe auf postalischem Weg.

Brie|kä|se (der, -s, -) französischer Rahmkäse.

Bri|ga|de (die, -, -n) (franz.) Truppeneinheit.

Bri|ga|di|er (der, -s, -e/-s) Leiter einer Brigade. Dieses Substantiv bildet zwei Pluralformen »die Brigadiers«, »die Brigadiere«. In der Bedeutung »Leiter einer Arbeitsbrigade« sind beide Pluralformen üblich. Im ursprünglichen Sinne von »Befehlshaber einer Brigade« ist nur der Plural »die Brigadiers« korrekt. Brigadegeneral.

Bri|gant (der, -en, -en) (ital.) Straßenräuber; Bandit.

Bri|gan|ti|ne (die, -, -n) 1. leichtes zweimastiges Segelschiff; 2. Schuppenpanzerhemd.

Brigg (die, -, -s) (engl.) mittelgroßes Segelschiff mit Fock und Großmast, die beide Rahsegel tragen.

Bri|kett (das, -s, -s/-e) (franz.) Kohle. Verb: brikettieren.

Bril|lant (der, -en, -en) (franz.) geschliffener Diamant.

bril|lant (Adj.) (franz.) hervorragend; glänzend. Brillanz.

Bril|lan|ti|ne (die, -, kein Plural) (franz.) öliges Haarpflegemittel, das Glanz und Festigkeit gibt.

Bril|le (die, -s, -n) Augengläser; Klosettbrille. Brillenetui; Brillenfutteral; Brillenträger.

Bril|len|schlan|ge (die, -, -n) 1. Giftschlange in Afrika und Asien mit deutlicher Brillenzeichnung; 2. (ugs.) Brillenträgerin (abwertend).

bril|lie|ren (Adj.) glänzen.

Brim|bo|ri|um (das, -s, kein Plural) (lat.) (ugs.) 1. Umschweife; 2. Aufheben. großes Brimborium um etwas machen (etwas mit langem Gerede/vielen Umschreibungen erklären, um den heißen Brei reden) (aus dem lat. breviarium zu franz. brimborion verballhornt).

Brim|sen (der, -, -) (österr.-rumän.) ein Schafskäse.

brin|gen (V., brachte, hat gebracht) 1. befördern; 2. übergeben; 3. begleiten; 4. einbringen; 5. veröffentlichen. Das bringt's überhaupt nicht (es kommt nichts dabei heraus)! Wer vieles bringt, wird manches bringen. (Ein großes Angebot wird auch eine breite Nachfrage finden) (aus Goethes „Faust").

Bri|oche (die, -, -s) (franz.) feines Gebäck.

bri|sant (Adj.) gefährlich; hochaktuell. Brisanz.

Bri|se (die, -, -n) (franz.) Wind. *Aber:* eine Prise Salz!

Bri|so|let|te (die, -, -n) (franz.) gebratenes Kalbfleischklößchen.

Bri|te (der, -n, -n) Einwohner Großbritanniens. Britin; Britannien; britannisch; britisch; das britische Königshaus, *aber:* die Britischen Inseln.

Broad|way (der, -s, kein Plural) (engl.) Theaterstraße in New York.

Broc|co|li → Brokkoli.

Bro|ché (der, -s, -s) (franz.) Gewebe mit stickereiartigen Mustern.

Broi|ler (der, -s, -) (engl.) Brathähnchen.

bröc|ckeln (V.) zerfallen; zerbrechen. Bröck(e)ligkeit; bröck(e)lig.

Bro|cken (der, -s, -) 1. Bissen; Bruchstück. die Brocken hinschmeißen (ugs.) (etwas aus Verärgerung aufgeben); den Bettel hinschmeißen; 2. höchster Berg im Harz. Bröckchen; bröckchenweise; brockenweise; brocken.

bro|deln (V.) aufwallen; kochen.

Bro|kat (der, -s/-es, -e) (ital.) schwerer gemusterter Seidenstoff. Adjektiv: brokaten.

Bro|ker (der, -s, -) (engl.) Börsenmakler.

Brok|ko|li (*auch:* Broc|co|li) (Plural) (der, -s, -s) (ital.) Spargelkohl.

Brom (das, -s, kein Plural) chemisches Element (Abk.: Br). Bromsäure; Bromsilber; bromhaltig.

Brom|bee|re (die, -, -n) Frucht. Brombeerstrauch.

Bron|chie (die, -, -n) (griech.) Ast der Luftröhre. Bronchitis; Bronchialasthma; Bronchialkatarrh (*auch:* Bronchialkatarr): bronchial.

Bron|to|sau|rus (der, -, -ri|er) (griech.) ein Dinosaurier der Kreidezeit.

Bron|ze (die, -, -n) Metall; Plastik aus Bronze; Farbe.Bronze gewinnen; bronzefarben; bronzefarbig; bronzen (aus Bronze); bronzieren.

Bron|ze|me|dail|le (die, -, -n) der dritte Sieger im Wettkampf erhält sie. Er gewann die Bronzene.

Bron|ze|zeit (die, -, kein Plural) Zeitabschnitt der Vorgeschichte.

Bro|sche (die, -, -n) (franz.) Ansteckschmuck.

Bro|schü|re (die, -, -n) dünne Druckschrift. Verb: broschieren (heften).

Brö|sel (der, -s, -) Brotkrumen. In der Einzahl ist dieses Substantiv männlich, es heißt »der Brösel«. Die Pluralform ist »die Brösel« (nicht »die Bröseln«). Landschaftlich umgangssprachlich ist im Singular auch »das Brösel« üblich. Adjektiv: brös(e)lig. Verb: bröseln.

Brot (das, -s/-es, -e) 1. Gebäck. Brotlaib (aber: der Leib!); 2. Unterhalt. etwas nötig haben wie das liebe Brot (ugs.) (etwas unbedingt brauchen); mehr können als Brot essen (ein tüchtiger Mensch sein); jmdm. ist sein Brot gebacken (ugs.) (jmd. kann sich seiner Strafe nicht entziehen); wer nie sein Brot mit Tränen aß (wer niemals Leid erfahren hat) (der Harfenspieler aus »Wilhelm Meisters Lehrjahre« von Goethe); der Mensch lebt nicht vom Brot allein (aus der Bibel, 5 Mose 8,3). Brotaufstrich; Broteinheit (Abk.: BE); Broterwerb; Brotgeber; Brotscheibe; Brotzeit; Brötchen; brotlos.

Brot|korb (der, -es, -kör|be) jmdm. den Brotkorb höher hängen (jemanden in seinem Genuss einschränken, jemanden knapphalten).

Brow|ser (der, -s, -) Darstellungsprogramm, welches Internetseiten auf dem Computerbildschirm sichtbar macht, indem es HTML umwandelt.

BRT (Abk.) **B**rutto**r**egister**t**onne.

Bruch (der, -s, Brü|che) 1. Zerbrechen; 2. Trennung; 3. Teilung; 4. Moor; Sumpfland. in die Brüche gehen (verloren gehen, entzweigehen, untergehen); in die Binsen gehen. zu Bruch gehen (kaputtgehen); sich einen Bruch lachen (ugs.) (sehr lachen); sich einen Ast lachen. Das Substantiv »Bruch« in der Bedeutung »sumpfige Niederung« steht sowohl mit männlichem als auch mit sächlichem Geschlecht: der Bruch, das Bruch; der Plural heißt: die Brüche. Bruchfestigkeit; Bruchrechnen; Bruchstelle; Bruchzahl; brüchig; bruchfest; bruchsicher; bruchstückhaft.

Bruch|bu|de (die, -, -n) schäbige Unterkunft.

brü|chig (Adj.) morsch; spröde. Brüchigkeit.

bruch|lan|den (V.) Landung, bei der das Flugzeug zu Bruch geht. Von diesem Verb wird in der Regel nur das 2. Partizip gebraucht: Sie sind schon mehrmals bruchgelandet. Die bruchgelandete Boeing ging in Flammen auf.

bruch|rech|nen (V.) Rechnen mit Bruchzahlen. Von diesem Verb ist in der Regel nur der Infinitiv gebräuchlich: Sie konnte noch nie bruchrechnen. Vereinzelt kommen aber auch andere Formen vor: Verspotte sie nicht, wenn sie falsch bruchrechnet.

Bruch|teil (der, -s, -e) Bestandteil; Teil. Es heißt standardsprachlich korrekt »der Bruchteil«. Sie war nicht den Bruchteil einer Sekunde unsicher (*nicht:* sie war nicht das Bruchteil einer Sekunde unsicher).

Bruch|zahl (die, -, -en) gebrochene Zahl. *Beachte:* Bruchzahlen werden bei üblichen Maß- und Mengenangaben zusammengeschrieben: ein Viertelpfund; eine Viertelstunde; ein Achtelliter. *Aber:* ein halber Zentner; ein viertel Kilo; eine tausendstel Sekunde. Als Substantiv wird die Bruchzahl großgeschrieben: ein Drittel; ein Viertel; fünf Hundertstel; drei Tausendstel.

Brü|cke (die, -, -n) 1. Überführung; 2. Steg; 3. Zahnverbindung. jmdm. goldene Brücken bauen (jmdm. entgegenkommen, jmdm. Gelegenheit zu einem Eingeständnis geben); alle Brücken hinter sich abbrechen (alle Verbindungen lösen); Über die Brücke möchte ich nicht gehen. (Das scheint mir wenig glaubhaft.) (Das Sprichwort geht auf Christian Fürchtegott Gellert zurück. In seiner Fabel »Der Bauer und sein Sohn« droht der Vater dem Sohn, dass die nächste auf dem Weg liegende Brücke zusammenbricht, sobald ein Lügner den Weg kreuzt. Er will seinem Sohn so das Lügen abgewöhnen.). Brückenkopf; Brückenpfeiler; Brückenschlag.

Bru|der (der, -s, Brü|der) 1. männliches Geschwister; 2. Mönch. Wird die Bezeichnung »Bruder« mit der Anrede »Herr« kombiniert, muss »Bruder« im Genitiv gebeugt werden: Der literarische Erfolg Ihres Herrn Bruders erfreut uns. »Brüder« ist die Mehrzahl des Substantivs »Bruder«, während »Gebrüder« die Gesamtheit der Brüder einer Familie meint. Bruderherz; Brudermord; Brüderlein.

Bru|der|krieg (der, -es, -e) Krieg innerhalb eines Volkes.

Brü|der|lich|keit (die, -, kein Plural) Einigkeit; Freundschaft. brüderlich.

Bru|der|schaft/Brü|der|schaft (die, -, -en) Orden; Vereinigung. mit jmdm. Brüderschaft trinken (eine Freundschaft besiegeln). Das Substantiv »Bruderschaft« bezeichnet eine kirchliche Körperschaft, der Laien und Geistliche angehören können; die »Brüderschaft« meint dagegen eine enge Freundschaftsbeziehung.

brü|hen (V.) kochen; aufbrühen. Brühe; Brühwürfel; brühwarm.

brül|len (V.) laut schreien. zum Brüllen sein (ugs.) (sehr witzig sein), brüllen wie am Spieß (ugs.) (lauthals schreien). Brüllaffe.

Brumm|bär (der, -en, -en) mürrischer Mensch.

brum|men (V.) tief tönen; murren; schmerzen. Brummer.

Brum|mi (der, -s, -s) Lkw; Brummigkeit; brummig.

Brumm|schä|del (der, -s, -) einen Brummschädel haben (ugs.) (starkes Kopfweh nach Alkoholkonsum).

Brunch (der, -s/-es, -es/-e) (engl.) großes Frühstück. Verb: brunchen.

brü|nett (Adj.) braunhaarig.

Brü|net|te (die, -n, -n) braunhaarige Frau. Versteht man »Brünette« als substantiviertes Adjektiv, wird es wie ein attributives Adjektiv gebeugt: eine Brünette, fünf Brünette etc. Versteht man die »Brünette« als echtes, weibliches Substantiv, wird es wie folgt dekliniert: Die Brünette war nett.

Brunft (*auch:* Brunst) (die, -, Brünf|te) Paarungszeit. Sowohl die »Brunft« als auch die »Brunst« bedeuten: Zeit der Paarung bei Säugetieren. Im Sinne von geschlechtlicher Erregung wird meist »die Brunst« gebraucht. Brunftzeit (Brunstzeit); brunftig (brünstig); brunften (brunsten). Brunfthirsch; Brunftschrei; brunftig (brünstig); brunften (brunsten).

Brun|nen (der, -s, -) 1. Zisterne; 2. Quelle. den Brunnen zudecken, wenn das Kind hineingefallen ist (erst Abhilfe schaffen, wenn es schon zu spät ist). Brunnenfigur; Brunnenwasser; Brünnlein.

Brun|nen|kres|se (die, -, kein Plural) Salatpflanze.

Brun|nen|ver|gif|ter (der, -s, -) (ugs.) Verleumder.

Brunst (die, -, Bruns|te) = Brunft.

brüsk (Adj.) kurz angebunden; unfreundlich. Brüskierung. brüskieren.

Brust (die, -, Brüs|te) vorderer Oberkörper; Busen. Brustfell; Brustkorb; Brustkrebs; Brusttee; das Brustschwimmen; Verb: brustschwimmen (*auch:* Brust schwimmen).

brüs|ten (V., refl.) angeben; prahlen.

Brust|ton (der, -(e)s, kein Plural) im Brustton der tiefsten Überzeugung (mit voller Überzeugungskraft sprechen).

Brüs|tung (die, -, -en) Geländer.

Brut (die, -, -en) Ausbrüten; Jungtiere. Brutapparat; Bruthitze; Brutkasten; Brutpflege; Brüter (Atomreaktor); brütend heiß; brüten.

bru|tal (Adj.) (lat.) grob; grausam. Brutalität; Brutalisierung; brutalisieren.

brut|to (Adj.) (ital.) mit Verpackung; ohne Abzug (Abk.: btto.) Bruttoeinkommen; Bruttogewicht; brutto für netto (Abk.: bfn.).

Brut|to|so|zi|al|pro|dukt (das, -es, kein Plural) (Abk.: BSP) Geldwert aller Sachgüter und Dienstleistungen, die im Inland erzeugt und nicht wieder im Produktionsprozess verbraucht werden.

Bru|yère (das, -s, kein Plural) (franz.) schön gemasertes, rotbraunes Holz der Baumheide (für Tabakpfeifen).

Bryo|lo|gie (die, -, kein Plural) (griech.) Moospflanzenkunde.

BSE (Abk., ohne Artikel, kein Plural) **B**ovine **S**pongioforme **E**ncephalopathie. Bei Rindern auftretende tödliche Krankheit.

btto. (Abk.) **b**ru**tto**.

Btx (Abk.) **B**ildschirm**t**e**x**t.

Bub (der, -en, -en) Junge. Bube (Spielkarte); Bubenstreich; Bubikopf (Frisur); Büblein; bubenhaft; bübisch.

Buch (das, -s/-es, Bü|cher) Schriftstück; Druckwerk; Band. jmd. redet wie ein Buch (jmd. redet ununterbrochen, als ob er aus einem Buch rezitiere); wie es im Buche steht (ideal, meisterhaft, mustergültig, typisch); ein Buch mit sieben Siegeln (jmd./etwas ist geheimnisvoll, unverständlich) (aus der Bibel, Offenbarung des Johannes 5,1ff.); Buch der Bücher (Bibel); ein offenes Buch für jemanden sein (jmdm. vertraut sein, jederzeit durchschaubar sein); Das schlägt zu Buche; über etwas Buch führen; Buch führende (*auch:* buchführende) Sekretärin. Buchbinder; Buchdruckerei; Buchführung; Buchhaltung; Buchhändler; Bücherbord; Bücherei; Bücherschrank. Verb: buchen.

Bu|cha|ra (der, -/-s, -s) Teppich aus der usbekischen Oasenstadt Buchara.

Bu|che (die, -, -n) Baumart. Buchecker; Buchfink; Buchweizen; Buchenholz.

bu|chen (V.) eintragen; vorbestellen. Das Verb »buchen« sowie das Verb »verbuchen« können in der Bedeutung von »registrieren«, »eintragen«, verwendet werden. Dabei hebt »verbuchen« eher die Rechtsverbindlichkeit des Vorgangs hervor: Er hat die Beträge auf das Firmenkonto gebucht. Die Summe wurde auf ihrem Konto verbucht. Wenn das Verb »abbuchen« ebenfalls in diesem Sinne verwendet werden kann, so ist doch seine Hauptbedeutung »von einem Konto wegnehmen«: Die Fixkosten werden vom Konto monatlich abgebucht. In der Bedeutung »vorbestellen«, »reservieren« wird nur das Verb »buchen« verwendet: Ich habe diese Nord-Ost-Passage gebucht. Buchung; Buchungstermin.

Buchs|baum (der, -s, -bäu|me) Strauch mit ledrigen Blättern.

Büch|se (die, -, -n) Dose; Gewehr. Büchsenfleisch; Büchsenmilch; Büchsenöffner; Büchsenmacher.

Buch|sta|be (der, -n/-ns, -n) Schriftzeichen. Das Substantiv »der Buchstabe« wird im Genitiv Singular in der Regel stark, seltener auch schwach gebeugt: des Buchstabens (*selten:* des Buchstaben). Buchstabenkombination; buchstabengetreu; buchstäblich; das Wort ist dreibuchstabig (3-buchstabig); buchstabieren.

Bucht (die, -, -en) Meerbusen.

Buch|ti|tel (der, -s, -) Titel eines Buches. Zitierte Buchtitel werden in Anführungszeichen gesetzt, wobei der Artikel miteinbezogen wird. Sehr bekannte Werke können ohne Anführungszeichen stehen. Sind Akkusativ und Nominativ identisch, kann der Artikel außerhalb bleiben. Außerhalb und kleingeschrieben muss er stehen, wenn sich durch Beugung des Buchtitels der Artikel ändert: Für ihn war »Die letzte Welt« ein schönes Leseerlebnis. Goethes Faust liebt er sehr. Der Dichter der »Letzten Welt« ist Christoph Ransmayr. Das erste Wort des Titels innerhalb der Anführungszeichen wird groß geschrieben. Fällt der Artikel aus, wird das folgende Wort, ganz gleich, welcher Wortart es angehört, ob mit oder ohne Anführungszeichen, groß geschrieben: Er las gerade »Die schlaflose Welt« von Stefan Zweig. Er las gerade die »Schlaflose Welt« von Stefan Zweig. Was meinst du zu Schnitzlers »Weitem Land«. In gutem Deutsch werden die Buchtitel immer gebeugt, auch wenn sie in Anführungszeichen stehen: Er zitierte laufend aus Zweigs »Silbernen Saiten«. Ernest Hemingways »Gefährlicher Sommer« ist ein spannender Stierkampfroman. Steht der Buchtitel im Plural, folgt auch das Verb; ist das Subjekt eines Titels mehrteilig, wird der Titel als Einheit verstanden, das Verb steht dann im Singular: »Die Räuber« werden (*nicht:* wird) schon wieder neu inszeniert. »Leonce und Lena« wird (*nicht:* werden) vom Spielplan abgesetzt.

Bu|ckel (der, -s, -) 1. Berg; 2. Rücken; 3. Höcker. einen breiten Buckel haben (ugs.) (viel aushalten können, ob es nun Ärger, Kummer oder Kritik ist); etwas auf dem Buckel haben (etwas erlebt haben, etwas hinter sich haben) (Alte

Leute gehen oft gebückt, der Rücken ist bereits zum Buckel gekrümmt. Es scheint, als ob sie die Last des Lebens tragen würden.). Rutsch mir den Buckel runter (lass mich in Frieden); etwas auf den Buckel nehmen (die Verantwortung für etwas übernehmen; etwas auf seine Kappe nehmen). Genug auf dem Buckel haben (viele Aufgaben zu bewältigen haben); sich den Buckel freihalten (ugs.) (sich absichern; einen krummen Buckel machen (sich unterwürfig/kriecherisch verhalten.). Bucklige; Buckelrind; Buckelhand; buck(e)lig; buckeln.

bü|cken (V., refl.) sich niederbeugen.

Bück|ling (der, -s, -e) 1. Räucherhering; 2. Verbeugung.

Buck|ram (der/das, -s, kein Plural) (engl.) glattes Leinwandgewebe (für Bucheinbände).

Buck|skin (der, -s, -s) (engl.) ein Gewebe (für Herrenanzüge).

Bud|del (die, -, -n) (ugs.) Flasche. Buddelschiff.

bud|deln (V.) (ugs.) wühlen; graben. Buddler; Buddelei.

Bud|dha (der, -, kein Plural) (Sanskrit) der Erleuchtete; Beiname des indischen Prinzen Siddharta. Name für frühere oder spätere Verkörperungen des historischen Buddha, die göttlich verehrt werden.

Bud|dhis|mus (der, -, kein Plural) Religion. Buddhist; buddhistisch.

Bu|de (die, -, -n) Verkaufsstand; Zimmer; Wohnung. Budenzauber.

Bud|get (das, -s, -s) Haushaltsplan; Finanzrahmen. Budgetberatung; Budgetvorlage; budgetieren.

Bu|do (das, -s, kein Plural) die japanischen Kampfsportarten.

Bu|do|gi (das, -s, kein Plural) die beim Budo getragene vorschriftsmäßige Wettkampfkleidung.

Bü|fett (*auch:* Buf|fet) (das, -s, -s/-e) (franz.) Anrichte. Büfettier; Büfettmamsell.

Büf|fel (der, -s, -) Rinderart. Büffelherde; Büffelfell; Büffelgras; Büffelkuh.

büf|feln (V.) (ugs.) lernen. Büffelei.

Buf|fo (der, -s, -s/-fi) (ital.) Sänger komischer Opernpartien.

buf|fo|nesk (Adj.) wie ein Buffo.

Bug (der, -s, -e) Schiffsvorderteil. Bugwelle; Bugspriet.

Bü|gel (der, -s, -) Aufhänger; Griff. Bügelbrett; Bügeleisen; Kleiderbügel; bügelfrei; bügelfest; bügeln.

Bug|gy (der, -s, -s) (engl.) 1. offenes Auto; 2. zusammenklappbarer Kinderwagen.

bug|sie|ren (V.) (niederl.) schleppen; lotsen.

bu|hen (V.) lautstark ablehnen. Er erntete nur Buhs. buh! Buhrufe; Buhmann.

buh|len (V.) werben. Nebenbuhler.

Büh|ne (die, -, -n) 1. Spielfläche; 2. Theater. Etwas glatt über die Bühne bringen (etwas erfolgreich verwirklichen); über die Bühne sein (ugs.) (durchgeführt sein) (Der Ausdruck stammt aus der Bühnensprache). Bühnenbild; bühnenreif.

Bu|hurt (der, -s, -e) mittelalterliches Kampfspiel (zwischen zwei Ritterscharen).

Bu|ka|ni|er (der, -s, -) französischer Seeräuber (in der Karibik).

Bu|kett (*auch:* Bou|quet) (das, -s, -s/-e) (franz.) Blumengebinde; Duft (Wein).

Bu|ki|nist (der, -en, -en) Bouquinist.

Bu|k|lee (*auch:* Bou|c|lé) (das, -s, -s) (franz.) Schlingengarn; Gewebe, Teppich aus Bouklee.

bu|ko|lisch (Adj.) idyllisch.

Bül|bül (der, -s, -s) (arab.) drosselähnlicher Singvogel, »persische Nachtigall«.

Bu|let|te (die, -, -n) (franz.) gebratenes Fleischklößchen. Frikadelle. Ran an die Buletten (Aufforderung zum Handeln).

Bul|ga|ri|en (ohne Art., -s, kein Plural) Balkanstaat. Bulgarier; bulgarisch.

Bull|au|ge (das, -s, -n) Schiffsfenster.

Bull|dog (der, -s, -s) (engl.) Traktor.

Bull|dog|ge (die, -, -n) Hunderasse.

Bull|do|zer (der, -s, -) (engl.) Raupenfahrzeug.

Bul|le (der, -n, -n) Stier; (ugs.) Polizist. Bullenhitze; bullenstark; bullig.

Bul|le|tin (das, -s, -s) (franz.) Verlautbarung; Krankenbericht; amtliche Bekanntmachung; Sitzungsbericht; Tagesbericht.

Bull|ter|ri|er (der, -s, -) Hunderasse.

Bul|ly (das, -s, -s) (engl.) Anstoß (Eishockey).

Bu|me|rang (der, -s, -e/-s) (engl.) Wurfholz. Bumerangeffekt.

bum|meln (V.) 1. trödeln; 2. schlendern. Das Perfekt des Verbs »bummeln« im Sinne von »langsam und ohne besonderes Ziel spazieren gehen« kann sowohl mit »sein« als auch mit »haben« gebildet werden. Liegt die Betonung auf der durch das Bummeln entstehenden Veränderung des Ortes, also auf der Bewegung, umschreibt man mit »sein«. Wir sind die Maximilianstraße entlang gebummelt. Anschließend bin ich noch über den Christkindlmarkt gebummelt. Dominiert die Vorstellung einer Dauer der Bewegung, wird mit haben umschrieben. Im Urlaub hatten wir nach dem Essen immer gebummelt. Wird das Verb »bummeln« im Sinne von »langsam arbeiten«, »trödeln« gebraucht, kann nur mit haben umschrieben werden. Diese Helfer haben beim Umzug nur gebummelt. Bummel; Bummelant; Bummelei; Bummelstreik; Bummelzug; bummelig.

bum|sen (V.) (ugs.) 1. anstoßen; 2. dröhnen; 3. Geschlechtsverkehr haben. Bumslokal; bums! Da tat es einen Bums; bumsvoll.

Bund 1. (der, -es, Bün|de) Vereinigung; Hosenbund. der Dritte im Bunde. 2. das, -es, -e) Gebinde. Bundesbürger; Bundesdeutsche, *aber:* bundesdeutsch; Bundesgebiet; Bundeskanzler; Bundeskriminalamt (Abk.: BKA); Bundespresseamt; Bundesrepublik Deutschland; Bundesstaat; Bundeswehr; bundesweit.

bün|deln (V.) zusammenbinden. Bündel.

Bun|des|an|ge|stell|ten|ta|rif (der, -(e)s, -e) (Abk.: BAT).

Bun|des|aus|bil|dungs|för|de|rungs|ge|setz (das, -es, -e) (Abk.: BAföG).

Bun|des|li|ga (die, -, kein Plural) oberste Spielklasse.

bün|dig (Adj.) kurz gefasst; anschaulich; eben. Bündigkeit; kurz und bündig.

Bünd|nis (das, -ses, -se) Vereinbarung; Zusammenschluss. Bündnistreue; Bündnispartner.

Bünd|nis 90/Die Grü|nen (ohne Art.) Parteizusammenschluss aus Bündnis 90 und Die Grünen.

Bun|ga|low (der, -s, -s) (engl.) Wohnhaus mit Flachdach. Bungalowstil.

Bun|ker (der, -s, -) Schutzraum; Sammelbehälter. Verb: bunkern.

Bun|sen|bren|ner (der, -s, -) in Laboratorien gebräuchlicher Gasbrenner.

bunt (Adj.) in verschiedenen Farben; ungeordnet. das bunt gestreifte (*auch:* buntgestreifte) Kleid; bunt gefärbt (*auch:* buntgefärbt); bunt gefiedert (*auch:* buntgefiedert); bunt gemischt (*auch:* buntgemischt); kunterbunt. *Beachte:* etwas/nichts/viel/wenig Buntes; heute ganz in Bunt! Buntpapier; Buntsandstein; Buntspecht; Buntstift; Buntwäsche.
Bunt|druck (der, -(e)s, -e) Mehrfarbendruck.
Bür|de (die, -, -n) Last.
Bu|re (der, -n, -n) (niederl.) Einwohner Südafrikas von niederländischer Abstammung. burisch.
Burg (die, -, -en) Festung. Burgverlies; Burggraf.
Bür|ge (der, -n, -n) Garant; Zeuge. Bürgschaft; bürgen.
Bur|gen|land (ohne Art., -s, kein Plural) österreichisches Bundesland.
Bür|ger (der, -s, -) Bewohner einer Stadt oder eines Staats. Bürgerin; Bürgerhaus; Bürgerinitiative; Bürgerkrieg; das Bürgerliche Gesetzbuch (Abk.: BGB); Bürgermeister; Bürgerpflicht; Bürgerrechtler; Bürgertum; bürgerlich; bürgernah.
Bür|ger|steig (der, -(e)s, -e) Fußweg; Gehweg.
Bür|ger|te|le|fon (das, -s, -e) von Behörden eingerichtete Hotline, um Anregungen u. Beschwerden der Bürger entgegenzunehmen.
Bur|ki|na Fa|so (ohne Art., - -s, kein Plural) (ehem. Obervolta) Burkiner; burkinisch.
Bur|lak (der, -en -en) (russ.) Wolgakahntreidler.
bur|lesk (Adj.) (franz.) komisch; bizarr. Burleske.
Bur|nus (der, -/-ses, -se) (arab.) Kapuzenmantel.
Bü|ro (das, -s, -s) (franz.) Arbeitsraum; Geschäftsstelle. Bürokraft; Büroklammer; Büromöbel; Büroschluss.
bü|ro|kra|tisch (Adj.) (griech.) kleinlich; pedantisch; Bürokrat; Bürokratie; Bürokratismus; bürokratisch; bürokratisieren.
Bur|sche (*auch:* Bursch) (der, -n, -n) Knabe; junger Mann. Bürschchen; Burschenschaft.
bur|schi|kos (Adj.) ungezwungen. Burschikosität.
Bur|si|tis (die, -, -ti|den) (griech.-lat.) Schleimbeutelentzündung.
Bürs|te (die, -, -n) Reinigungsgerät. bürsten.
Bürs|ten|bin|der (der, -s, -) stellt Bürsten her. saufen wie ein Bürstenbinder (maßlos große Mengen trinken). (Das Sprichwort hat übrigens nichts mit den Bürstenbindern zu tun, sondern vielmehr mit den Burschen, aus mhd. burse = Börse, die Studentenbörse. Die Burschen sind die Bewohner der Burse. Den Studenten wurde nachgesagt, dass das Trinken eine ihrer Hauptbeschäftigungen sei.).
Bürs|ten|haar|schnitt (der, -es, -e) kurze Stoppelhaare; Stiftenkopf (ugs.).
Bu|run|di (ohne Art., -s, kein Plural) afrikanischer Staat. Burundier; burundisch.
Bus (der, -ses, -se) Fahrzeug. Omnibus; Schulbus; Busfahrer; Bushaltestelle.
Busch (der, -es, Bü|sche) 1. Strauch; 2. Dickicht. jmdm. auf den Busch klopfen (durch geschicktes Ausfragen etwas herauskriegen/etwas zu ergründen suchen) (Aus der Jägersprache entnommen. Man klopft auf den Busch, um zu prüfen, ob sich ein Tier darin versteckt hat.); etwas hinter dem Busch halten (etwas verbergen, seine Meinung nicht offen kundtun, etwas hinter dem Berg halten). Es ist etwas im Busch (ugs.) (es bahnt sich etwas an, es liegt was in der Luft). Buschhemd; Buschmann; Buschwerk; Buschwindröschen; buschig.
Bü|schel (das, -s, -) Bündel. Haarbüschel; büsch(e)lig; büschelweise; büscheln.
Bu|sen (der, -s, -) weibliche Brust. am Busen der Natur (im Freien); eine Schlange am Busen nähren (jemanden großherzig und gütig behandeln, den man für seinen Freund hält, der es aber nur mit Undank lohnt) (Aus einer Fabel von Äsop, wo ein Wanderer eine vor Kälte erstarrte Schlange am Weg aufgelesen hat. Er legt sie an seinen warmen Busen. Als die Schlange wieder zu sich kommt, beißt sie ihren Wohltäter und er stirbt.) Busenfreund; Meerbusen; busig; busenfrei.
Busi|ness (das, -, kein Plural) (engl.) Geschäft. Businessman.
Bus|sard (der, -s, -e) (franz.) Raubvogel.
Bu|ße (die, -, -n) Reue; Strafe. Büßer; Bußfertigkeit; Bußgeld; Bußzettel; Buß- und Bettag; bußfertig; büßen.
Büs|te (die, -, -n) Brust; Brustbild. Büstenhalter (Abk.: BH).
Bu|su|ki (die, -, -s) (griech.) Saiteninstrument; Tanz.
Bu|tan (das, -s, kein Plural) (griech.) gasförmiger Kohlenwasserstoff. Butangas.
But|ler (der, -s, -) (engl.) Diener.
Butt (der, -s/-es, -e) Fisch.
Bütt (die, -, -en) Fass; Rednerpult. Büttenredner; Büttenpapier.
But|ter (die, -, kein Plural) Speisefett. alles in Butter (Es ist alles in Ordnung.). Butterbrotpapier; Butterberg; Buttermilch; Butterpilz; buttergelb; butt(e)rig; butterweich; buttern.
But|ter|blu|me (die, -, -n) gelb blühende Wiesenblume, Hahnenfußgewächs.
But|ter|cre|me (*auch:* Butter|krem, But|ter|kre|me) (die, -, kein Plural) Tortenfüllung.
But|ter|fly (der, -/-s, kein Plural) (engl.) Schwimmstil.
But|ton (der, -s, -s) (engl.) Anstecker; Sticker.
But|ze|mann (der, -s, -män|ner) Kobold.
But|zen (der, -s, -) Kerngehäuse; Verdickung (Glas). Apfelbutzen; Butzenscheibe.
Büx (*auch:* Bu|xe) (die, -, -en) (nordd.) Hose.
BVG (Abk.) **B**undes**v**ersorgungs**g**esetz.
b. w. (Abk.) **b**itte **w**enden!
BWV (Abk.) **B**ach-**W**erke-**V**erzeichnis.
bye-bye! (Abk.) (engl.) tschüss! auf Wiedersehen!
By|pass (der, -es, -päs|se) (engl.) Gefäßtransplantation. Bypassoperation.
Byte (das, -/-s, -/-s) (engl.) kleinste Recheneinheit einer EDV-Anlage (gleich 8 Bits).
by|zan|ti|nisch (Adj.) 1. zum Byzantinischen Reich gehörig; 2. unterwürfig. Byzanz.
By|zan|ti|nis|tik (die, -, kein Plural) Wissenschaft von der Geschichte und Kultur des Byzantinischen Reichs.
bzw. (Abk.) **be**ziehungs**w**eise.

C

C (Abk.) 1. Kohlenstoff; 2. **C**elsius (°C); 3. **C**oulomb; 4. römisches Zahlenzeichen für 100; 5. Programmiersprache.
Ca (Abk.) **Ca**lcium.
ca. (Abk.) circa (*auch:* zirka); ungefähr.
Cab (das, -s, -s) (engl.-amerik.) 1. einspännige Droschke; 2. amerikanisches Kurzwort für Taxi.
Ca|bal|le|ro (der, -s, -s) 1. spanischer Edelmann; 2. spanische Anrede, Herr.
Ca|ba|let|ta (die, -, -s) (ital.) kleine Arie.
Ca|ba|nos|si (die, -, -) grobe, gewürzte Wurst.
Ca|ba|ret (*auch:* Ka|ba|rett) (das, -s, -s) (franz.) Kleinkunstbühne.
Ca|b|le|trans|fer (*auch:* Ca|b|le-Trans|-fer) (der, -s, -s) (engl.) telegrafische Geldüberweisung.
Ca|bo|chon (der, -s, -s) (franz.) rund geschliffener Edelstein.
Ca|bo|c|lo (der, -s, -s) (indian.-portugies.) Abkömmling eines Weißen und einer Indianerin (in Brasilien).
Ca|b|rio (*auch:* Ka|b|rio) (das, -/-s, -s) (franz.) (Kurzw.) Cabriolet/Kabriolett; PKW mit Verdeck. Cabriolimousine.
Ca|b|ri|o|let (*auch:* Ka|b|ri|olett) (das, -s, -s) (franz.) offener Wagen mit aufklappbarem Verdeck.
Cac|cia (die, -, -s) (lat.-ital.) zweistimmiger Kanon.
Cache (der, -, -s) (engl. Versteck) in der elektronischen Datenverarbeitung der Zwischenspeicher bei Lese-/Schreibvorgängen, der die Geschwindigkeit erhöht.
Ca|che|nez (das, -, -) (franz.) Halstuch.
Ca|che|sexe (*auch:* Ca|che-Sexe) (das, -, -) (franz.) Slip, der nur die Geschlechtsteile bedeckt.
Ca|che|te|ro (der, -s, -s) (lat.-span.) Stierkämpfer, der den Gnadenstoß gibt.
CAD (das, -, kein Plural) (engl.) Abk. für »**C**omputer **A**ided **D**esign«, computerunterstützte Konstruktion.
Cad|die (der, -s, -s) (engl.) Junge, der einem Golfspieler die Tasche trägt; Einkaufswagen, Transportkarre für Golfschläger.
Cad|mi|um (*auch:* Kad|mi|um) (das, -s, kein Plural) chemisches Element; (Abk.: Cd).
CAE (Abk.) (engl.) **C**omputer **A**ided **E**ngineering (computergestütztes Ingenieurwesen).
Ca|fé (das, -s, -s) (franz.) Kaffeehaus. Cafeteria.
Ca|fé com|p|let (der, -s, -s) (franz. schweiz.) Kaffee vollständig fürs Frühstück mit Brötchen, Butter und Marmelade.
Ca|fe|te|ria (die, -, -ri|en) 1. kleines Café mit Selbstbedienung; 2. Firmenkantine.
Ca|fu|so (der, -s, -s) Abkömmling einer Verbindung Indianer(in)–Schwarze(r) (in Brasilien).
CAI (Abk.) (engl.) **C**omputer **A**ided **I**nstruction (computergestützter Unterricht).
Cais|son (der, -s, -s) (franz.) Senkkasten für Unterwasserarbeiten.
CAL (Abk.) (engl.) **C**omputer **A**ided **L**earning (computergestütztes Lernen).
Cake|walk (der, -s, -s) (engl.) Gesellschaftstanz um 1900.
cal. (Abk.) Kalorie.
Ca|la|mus (der, -, -mi) Rotangpalme. antikes Schreibrohr.
ca|lan|do (Adv.) (ital.) ruhiger, schwächer werdend, nachlassend (bei Musikstücken).
Cal|cit (der, -s, -e) (lat.) Kalkspat.
Cal|de|ra (die, -, -ren) (span.) Kraterkessel eines Vulkans.
Ca|lem|bourg (der, -s, -s) (franz.) fauler Wortwitz; Kalauer.
Ca|len|du|la (die, -, -lae) (nlat.) Ringelblume (z. B. als Bestandteil von Kosmetika).
Ca|li|for|ni|um (das, -s, kein Plural) ein künstliches radioaktives Element.
call (V.) (engl. rufen) 1. ein Anruf; 2. Programmierbefehl in der elektronischen Datenverarbeitung.
Call|boy (der, -s, -s) (engl.) das männliche Gegenstück zum Callgirl.
Call-by-Call-Ver|fah|ren (das, -s, -) Entscheidungsmöglichkeit zwischen verschiedenen Telefongesellschaften anhand eines Erkennungsnummer-Systems.
Call|cen|ter (*auch:* Call-Center) (das, -s, -) (engl.) Unternehmenseigene telefonische oder online-Kundenbetreuung.
Call|girl (das, -s, -s) (engl.) Prostituierte.
Call|girl-Ring (der, - -es, - -e) (engl.) Interessenvertretung/Organisation von Callgirls.
Cal|va|dos (der, -, -) Apfelbranntwein.
Cal|vi|nis|mus (*auch:* Kal|vi|nis|mus) (der, -, kein Plural) Glaubenslehre. Calvinist (*auch:* Kalvinist); calvinisch (*auch:* kalvinisch); calvinistisch (*auch:* kalvinistisch).
Ca|lyp|so (der, -s, -s) Gesang; Tanz.
CAM (das, -, kein Plural) (engl.) Abk. für »**C**omputer **A**ided **M**anufacturing«, computerunterstützte Herstellung und Simulation von Arbeitsvorgängen.
Cam|cor|der (der, -s, -) (engl.) Videokamera, die aufnehmen und abspielen kann.
Ca|mem|bert (der, -s, -s) (franz.) Weichkäse.
Ca|me|ra ob|s|cu|ra (die, - -, Camerae obscurae) (lat.) Kamera, die anstelle der Linse ein kleines Loch hat; wurde erfunden von Leonardo da Vinci.
Ca|mer|len|go (der, -, -s) Kurienkardinal, der Chef der päpstlichen Finanzverwaltung ist.
Ca|mor|ra (*auch:* Ka|mor|ra) (die, -, kein Plural) (ital. Betrug), süditalienische Mafia.
Ca|mou|fla|ge (die, -, -n) (franz.) Tarnung; Täuschung.
Camp (das, -s, -s) (engl.) Lager.
Cam|pa|ni|le (der, -, kein Plural) (ital.) freistehender Glockenturm.
Cam|pa|ri (des, -, -s) (ital.) Aperitif; Bitterlikör.
cam|pen (V.) (engl.) zelten.
Cam|per (der, -s, -) jmd., der campen geht.
Cam|pe|si|no (der, -s, -s) (span.) Landarbeiter; Kleinbauer.
Cam|ping (das, -s, kein Plural) im Urlaub das Wohnen in Zelt oder Wohnwagen gegen Gebühr auf eigens dafür eingerichteten Plätzen.
Cam|ping|aus|rüs|tung (die, -, -en) alles, was man fürs Camping braucht.
Cam|ping|bus (der, -ses, -se) Kleinbus, ausgebaut zum Wohnwagen.

Cam|ping|platz (der, -es, -plät|ze) Gelände, auf dem man Zelt und Wohnwagen für längere Zeit gegen Gebühr aufstellen darf; Camp; Lager; Rheumawiese (ugs.); Zeltplatz.
Camp|mee|ting (das, -s, -s) (engl.) Gottesdienst im Freien.
Cam|pi|lit (das, -s, kein Plural) (griech.) starkes Nervengift.
Cam|po|san|to (der, -s, -s/-ti) (ital.) Friedhof.
Cam|pus (der, -, -) (engl.) Universitätsgelände, besonders in Großbritannien und den USA.
Ca|nail|le (*auch:* Ka|nail|le) (die, -, -n) Schurke.
Ca|nal Gran|de (der, -, kein Plural) (ital.) berühmte Wasserstraße in Venedig.
Ca|nas|ta (das, -s, kein Plural) (span.) Kartenspiel.
Can|can (der, -s, -s) (franz.) Schautanz, der heute vor allem in Varietés zu sehen ist.
can|cel (V.) (engl. rückgängig machen) in der elektronischen Datenverarbeitung die Funktion abbrechen.
Can|cer (der, -s, -s) (lat.-engl.) Krebsgeschwulst.
Can|de|la (die, -, -) (lat.) Maßeinheit der Lichtstärke.
Can|dle-Light-Din|ner (das, -s, -s) (engl.) gepflegtes romantisches Abendessen bei Kerzenschein.
Can|di|da (die, -, -dae) 1. krankheitserregender Hautpilz; 2. Antiquadruckschrift.
Can|na|bis (der, -, kein Plural) Hanf; Haschisch.
Can|nel|lo|ni (die, nur Plural) (ital.) mit Hackfleisch gefüllte Nudelrollen.
Ca|ñon (der, -s, -s) (span.) Schlucht.
Ca|nos|sa (*auch:* Ka|nos|sa) (kein Art., -s, kein Plural) italienisches Dorf, Stammsitz der Markgrafen von Tuscien. Den Gang nach Canossa antreten (einen schweren Gang tun müssen) (Redensart nach dem Bittgang des Kaisers Heinrich IV. zu Papst Gregor VII. im Jahre 1077, der ihn nach Canossa zur Buße führte.).
Ca|nos|sa|gang (*auch:* Ka|nos|sa|gang) (der, -s, -gän|ge) Demütigung; Bußgang.
Ca|no|tier (der, -s, -s) (franz.) flacher Strohhut.
can|ta|bi|le (Adv.) (ital.) ausdrucksvoll (bei Musikstücken).
can|tan|do (Adv.) (ital.) singend (bei Musikstücken).
Can|ta|te (*auch:* Kan|ta|te) (ohne Art.) kirchlich der vierte Sonntag nach Ostern.
Can|to (der, -s, -s/-ti) (ital.) Gesang.
Can|tus fir|mus (der, - -, - -mi) (lat.) Hauptmelodie.
Can|yon (der, -s, -s) (engl.) Schlucht.
Can|yo|ning (das, -s, -) Extremsportart, bei der in Gebirgsflüssen und Wasserfällen geklettert wird.
CAP (Abk.) (engl.) 1. **C**omputer **A**ided **P**lanning (computerunterstützte Planung); 2. **C**omputer **A**ided **P**ublishing (computerunterstützte Herstellung von Publikationen).
Ca|pa (die, -, -s) (span.) das im Stierkampf verwendete rote Tuch.
Cape (das, -s, -s) (engl.) Umhang.
Ca|pe|a|dor (der, -s, -es) (span.) Torero, der mit der Capa am Stier arbeitet.
CAPI (Abk.) (engl.) **C**ommon **A**pplication **P**rogramming **I**nterface (in der Datenverarbeitung der internationale Standard für den Zugriff von ISDN-Software auf die Hardware).
Cap|puc|ci|no (der, -s, -s) (ital.) Kaffee mit aufgeschäumter Milch.
Ca|p|ric|cio (das, -s, -s) (ital.) launiges Prosa-, Musikstück.
ca|p|ric|cio|so (Adv.) (ital.) launig (bei Musikstücken).
Ca|p|ri|ce (*auch:* Ka|p|ri|ce) (die, -, -n) (franz.) Laune. Adjektiv: kapriziös. Verb: kaprizieren.
Cap|si|cum (das, -, kein Plural) (griech.-lat.) spanischer Pfeffer (als Heilpflanze).
Cap|ta|tio Be|ne|vo|len|ti|ae (die, - -, kein Plural) (lat.) Trachten nach Wohlwollen (des Lesers).
Ca|pu|chon (der, -s, -s) (franz.) Damen-Kapuzenmantel.
Ca|ra|bi|ni|e|re (*auch:* Ka|ra|bi|ni|e|re) (der, -s, -nie|ri) (ital.) Polizist.
Ca|ram|ba! (Interj.) (span.) Fluch. Donnerwetter! Teufel!
Ca|ram|bo|la (die, -, -s) (span.) gelbe, fünfeckige Frucht, die, quer aufgeschnitten, sternförmige Scheibchen ergibt (als Verzierung für Cocktails).
Ca|ra|van (der, -s, -s) (span.) Wohnwagen.
Car|bid (das, -s, -e) (nlat.) eine Kohlenstoff-Metall-Verbindung.
Car|bo|nat (*auch:* Kar|bo|nat) (das, -s, -e) Kohlensäuresalz.
Car|di|gan (der, -s, -s) (engl.) lange Strickweste.
CARE (engl.) Kurzw. für **C**ooperative for ***A***merican **R**emittances to **E**urope; Hilfsorganisation der USA für Europa nach dem Zweiten Weltkrieg.
care of (engl.) wohnhaft bei (in Adressen, Abk. c/o).
Car|go (*auch:* Kar|go) (der, -s, -s) (span.) Schiffsladung.
Ca|ril|lon (das, -s, -s) (franz.) Glockenspiel.
Ca|ri|o|ca (die, -, -s) lateinamerikanischer Modetanz in den 1930er-Jahren, dem Rumba ähnlich.
Ca|ri|tas (die, -, kein Plural) (lat.) ein Wohlfahrtsverband der katholischen Kirche Deutschlands.
Car|ma|g|no|le (die, -, -n) 1. (kein Plural) ein französisches Revolutionslied; 2. kurzes Jakobinerjäckchen.
Car|net (das, -, -s) Zollpassierscheinheft für Kraftfahrzeuge.
Ca|ro|tin (*auch:* Ka|ro|tin) (das, -s, kein Plural) Farbstoff; Vitamin.
Car|pac|cio (der, -, kein Plural) (ital.) hauchdünn geschnittenes kaltes Rinderfilet, das roh gegessen wird.
car|pe di|em (lat.) »pflücke den Tag«, mach das Beste aus dem Tag.
Car|ra|ra (kein Art., -s, kein Plural) Ort in Italien, bekannt für Marmor.
Car|rier (der, -s, -) (engl.) Spedition; Transportunternehmen.
Car|sha|ring (*auch:* Car-Sha|ring) (das, -s, kein Plural) (engl.) Initiative, bei der sich mehrere Benutzer einen Pkw teilen.
Car|te blan|che (die, - -, -s -s) (franz. weiße Karte) unbeschränkte Vollmacht.
Car|toon (der/das, -s, -s) (engl.) Karikatur; kurzer Comic.
Car|too|nist (der, -en, -en) Er zeichnet Cartoons.
Ca|sa|no|va (der, -s, -s) (ital.) Frauenheld. Er ist ein alter Casanova. (Er ist ein Weiberheld.) (Redensart nach dem Abenteurer, Spieler und Frauenhelden Giovanni Giacomo Casanova.).
cä|sa|risch (Adj.) 1. diktatorisch; kaiserlich. 2. selbstherrlich (wie Cäsar).

Cä|sa|ris|mus (der, -, kein Plural) (nlat.) Alleinherrschaft.
CASE (Abk.) (engl.) **C**omputer **A**ided **S**oftware **E**ngineering (computerunterstützte Programmierung).
Ca|se|in (das, -s, kein Plural) ein Milcheiweißstoff; Käsestoff.
Cash (das, -, kein Plural) (engl.) Bargeld; Barzahlung.
Cash-and-carry-Klau|sel (engl.) Verkaufssystem; günstige Preise bar bezahlen und selbst transportieren. cash and carry.
Ca|shew|nuss (die, -, -nüs|se) Nusssorte.
Cash|flow (der, -s, kein Plural) (engl.) Überschuss (eines Unternehmens); Reingewinn und Abschreibungen.
Ca|si|no (*auch:* Ka|si|no) (das, -s, -s) (ital.) 1. kommunales Gesellschaftshaus; 2. Aufenthaltsraum für Offiziere; Spielkasino.
Cä|si|um (das, -s, kein Plural) (lat.) ein Alkalimetall (mit radioaktiven Isotopen).
Cas|sa|ta (die, -, -s) italienisches Eis mit Nüssen und kandierten Früchten.
Cas|sia (die, -, kein Plural) (griech.) die Sennespflanze; ihre Blätter (als Heilmittel).
Cas|sis (der, -, -) französischer Likör aus schwarzen Johannisbeeren.
Cas|sou|let (das, -s, -s) französischer Eintopf aus weißen Bohnen und Hammel oder Gans, der im Ofen überbacken wird.
Cast (das, -s, -s) (engl.) Mitwirkende; Filmtruppe. Casting.
Cas|tel|la|no (das, -, kein Plural) die kastilische (= spanische) Sprache.
Cas|ting (das, -(s), -s) (engl.) Auswahl für die Rollenbesetzung (Film, Fernsehen); Wettkampf in der Sportfischerei. Castingshow (*auch:* Casting-Show).
Cas|ti|ze (der, -n, -n) (span.) ein Mischling, Mestize/Weißer.
Ca|sus Bel|li (der, - -, - -) (lat.) Kriegsfall, -grund.
Catch-as-catch-can (das, -, kein Plural) (engl.) Freistilringen. Catcher; catchen.
Ca|te|ring (das, -s, -s) (lat.-ital.-franz.-engl.) Verpflegungsbeschaffung.
Ca|ter|pil|lar (der, -s, -s) (engl.) Raupenfahrzeug.
Cau|se|rie (die, -, -n) (franz.) Plauderei. Causeur; Causeuse.
ca|ve ca|nem! (lat. hüte dich vor dem Hund) Inschrift auf der Tür altrömischer Häuser.
Ca|yenne|pfef|fer (der, -s, -) scharfer Pfeffer.
CB (Abk.) **C**itizen-**B**and (Privatfunk). CB-Funk. (Privater Sprechfunk auf einem von der Post freigegebenen Frequenzbereich).
cbkm (Abk.) Kubikkilometer.
cbm (Abk.) Kubikmeter.
CC (Abk.) **C**orps **c**onsulaire (Konsularisches Korps).
ccm (Abk.) Kubikzentimeter.
Cd (Abk.) **C**a**d**mium (chemisches Zeichen).
CD 1. (Abk.) **C**orps **d**iplomatique (Diplomatisches Korps); 2. (Abk.) **C**ompact **D**isc. CD-Player; CD-Platte.
CD-ROM (Abk.) (engl.) **C**ompact **D**isc **R**ead **O**nly **M**emory (optisches Speichermedium, das nur gelesen werden kann).
CDU (Abk.) **C**hristlich-**D**emokratische **U**nion.
C-Dur (das, -, kein Plural) Tonart. C-Dur-Tonleiter.
Ce|di (der, -, -) ghanesische Währung, 100 Pesewas.
Ce|dil|le (die, -, -n) (span.-franz.) Häkchen unter dem »c«, wenn das »c« wie »ss« ausgesprochen wird; z. B. in Façon.
Ce|les|ta (die, -, -s/-s|ten) (ital.) ein Stahlplattenklavier.
Cel|list (der, -en, -en) jmd., der Cello spielt.
Cel|lo (das, -s, -s/-li) Musikinstrument, Kurzform von Violoncello.
Cel|lo|phan (das, -s, -e) durchsichtige Folie. Zellglas.
Cel|lu|li|tis (*auch:* Zel|lu|li|tis) (die, -, -ti|den) Orangenhaut.
Cel|lu|loid (*auch:* Zel|lu|loid) (das, -/-s, kein Plural) Kunststoff.
Cel|lu|lo|se (*auch:* Zel|lu|lo|se) (die, -, -n) (lat.) Zellstoff.
Cel|si|us (ohne Artikel) Temperatureinheit (Abk.: °C). Gradeinteilung der linearen Temperaturskala mit dem Gefrierpunkt bei null Grad und dem Siedepunkt bei einhundert Grad.
Cem|ba|list (der, -en, -en) jmd., der Cembalo spielt.
Cem|ba|lo (das, -s, -s/-li) (ital.) ein altes, klavierähnliches Tasteninstrument.
Cent (der, -/-s, -s) (lat.) Untereinheit von Dollar und Euro.
Cen|tau|ri|um (das, -/-s, kein Plural) (griech.-lat.) Tausendgüldenkraut (als Heilpflanze); Centaurii herba: Blätter des Tausendgüldenkrauts (als Heilmittel).
Cen|ta|vo (der, -s, -s) (portugies.-span.) kleinste Währungseinheit (u. a. in Brasilien, Portugal).
Cen|ter (das, -/-s, -) (engl.) Geschäftszentrum; Mittelpunkt.
Cen|te|si|mo (der, -/-s, -s/-mi) kleinste italienische Währungseinheit.
Cen|té|si|mo (der, -/-s, -s) (span.) kleinste Währungseinheit (u. a. in Uruguay).
Cen|time (der, -/-s, -s) (franz.) kleinste Währungseinheit (Frankreich, Belgien).
Cén|ti|mo (der, -/-s, -s) (span.) kleinste Währungseinheit (in Spanien, Paraguay).
Cen|tral In|tel|li|gence A|gen|cy (Abk.: CIA.) US-amerikanischer Geheimdienst.
Cen|tre|court (*auch:* Cen|tre-Court) (der, -s, -s) (engl.) Hauptplatz beim Tennis.
CEPT (franz.) (die, -, kein Plural) Abk. für »**C**onférence **E**uropéenne des Administrations pour la **P**oste et la **T**élécommunication«, europäische Organisation zur Verbesserung der technischen und Verwaltungsdienstleistungen der Mitgliedstaaten.
Ce|ran (das, -s, -e) eingetragenes Warenzeichen; Glaskeramik für Kochflächen.
ce|ri|se (Adj.) (griech.-lat.-franz.) kirschrot.
Cer|to|sa (die, -, -sen) (ital.) italienisches Kartäuserkloster.
Cer|to|sa|mo|sa|ik (das, -s, -en) Mosaik aus Elfenbein in der italienischen Renaissance.
Cer|ve|lat (der, -s, -s) (franz.) Brühwurst.
Cer|vix (die, -, -ices) (lat.) 1. Nacken; Hals; 2. halsähnlicher Bereich eines Organs.

c'est la guerre (franz.) nichts zu ändern; »so ist halt der Krieg«.
c'est la vie (franz.) »so ist nun mal das Leben«.
ce|te|ris pa|ri|bus (lat. unter sonst gleichen Umständen) gebraucht in der Wirtschaftstheorie.
ce|te|rum cen|seo (lat. übrigens meine ich) gebraucht für eine wiederholt geäußerte Ansicht (nach dem Ausspruch Catos: Im Übrigen beantrage ich, dass Karthago zerstört werden soll.).
Će|vap|ći|ci (*auch:* Će|vap|či|ći) (die, -, nur Plural) (serbokroat.) Hackfleischröllchen.
CH (Abk.) **C**onfoederatio **H**elvetica, Schweiz.
Cha|b|lis (der, -, -) (franz.) trockener Weißwein.
Cha-Cha-Cha (der, -, -s) Tanz aus Lateinamerika.
Cha|g|rin (das, -s, kein Plural) (pers.-franz.) 1. ein Leder mit künstlich erhöhtem Narbenmuster; 2. Kummer. Verb: cha|g|ri|nie|ren.
Chair|man (der, -, -men) (engl.) Vorsitzender.
Chai|se (die, -, -n) (franz. Stuhl, Sessel) 1. Wagen mit halbem Verdeck; 2. (ugs.) altes Auto.
Chai|se|lon|gue (die, -, -s) (franz.) Liegesofa.
Cha|let (das, -s, -s) (franz.) schweizerische Sennhütte; Ferien-, Landhaus.
Chal|len|ger (die, -, kein Plural) (engl. challenge, Herausforderung) amerikanische Raumfähre.
Cha|ly (der, -s, kein Plural) (franz.) seidiger oder wollener Stoff, der dem Musselin ähnlich ist.
Chal|ze|don (das, -s, kein Plural) (griech.) ein Mineral, Schmuckstein.
Cha|mä|le|on (das, -s, -s) (griech.) Echse; Mensch, der oft seine Ansichten ändert.
Cha|mä|phyt (der, -en, -en) (griech.-lat.) kleinwüchsige Strauchart.
Cham|ber|tin (der, -s, kein Plural) (franz.) Wein aus Burgund.
Cham|b|re sé|pa|rée (das, -, -s/-s) (franz. abgetrenntes Zimmer) Nebenzimmer in Restaurants für ungestörte Zusammenkünfte.
cha|mois (Adj.) (franz. Gämse) beige. *Beachte:* Dieses Farbadjektiv gelbbräunlich, gämsfarben, ist nicht beugungsfähig und nicht attributiv verwendbar. Man behilft sich, indem man ein -farben oder -farbig anhängt. ein chamoisfarbener Teppich, ein chamoisfarbiger Wandbehang. Als Substantiv oder in Kombination mit einem Artikel oder einer Präposition schreibt man groß. Beige und Chamois sind als Modefarben im Kommen. Der Teppich in Chamois sieht hier gut aus.
Cham|pa|g|ner (der, -s, -) (franz.) Schaumwein. Adjektiv: champagnerfarben.
Cham|pi|g|non (der, -s, -s) (franz.) Pilz.
Cham|pion (der, -s, -s) (engl.) Sieger; Meister einer Sportart; Kämpfer. Wird ugs. für alles Mögliche verwendet, was mit einem Konkurrenzverhältnis zu tun hat.
Champs-Ely|sées (die, -, kein Plural) (franz.) Prachtstraße in Paris.
Cham|pi|o|nat (das, -s, -e) (franz.) Meisterschaft.
Cham|sin (der, -s, -e) heißer Wüstenwind (in Ägypten).
Chan|ce (die, -, -n) (franz.) 1. günstige Gelegenheit; 2. Möglichkeit. Im Plural: Aussicht auf Erfolg.; Aussicht; Glücksfall. jmd. erkennt seine Chancen; sich eine Chance nicht entgehen lassen; jmdm. eine letzte Chance einräumen; die Chancen stehen schlecht; keine Chancen haben bei einer Frau (ugs.). Chancengleichheit.
Change (der, -, kein Plural) (engl.) Geldwechsel.
Chan|geant (der, -s, -s) (franz.) farbig schillernder Stoff.
Chan|son (das, -s, -s) (franz.) Lied. Liebes- oder Trinklied des 15. bis 17. Jahrhunderts, geistreiches Lied mit oft sozial- oder zeitkritischem Inhalt. Chansonnier (*auch:* Chansonier).
Chan|so|net|te (*auch:* Chan|son|net|te) (die, -, -n) (franz.) Sängerin.
Chan|ta|ge (die, -, -n) (franz.) erpresserische Drohung, etwas zu veröffentlichen.
Cha|nuk|ka (die, -, kein Plural) (hebr.) im Dezember stattfindendes Fest der Juden zur Tempelweihe.
Cha|os (das, -, kein Plural) Durcheinander. ein heilloses Chaos (ein völliges Durcheinander); Ein Chaos brach aus. (Es herrschte ein Durcheinander.).
Cha|os|the|o|rie (die, -, -n) Theorie, welche die Gesetzmäßigkeiten chaotischer Systeme untersucht.
Cha|ot (der, -en, -en) jmd., der alles durcheinanderbringt.
cha|o|tisch (Adj.) anarchisch; drunter und drüber; durcheinander; völlig ungeordnet.
Cha|pa|da (die, -, -s) (port.) brasilianische Hochebene.
Cha|peau claque (*auch:* Cha|peau Claque) (der, - -, Cha|peaux claques) (franz.) Klappzylinder.
Cha|pe|ron (der, -s, -s) (lat.-franz.) eng anliegende Kapuze im Mittelalter.
cha|pe|ro|nie|ren (V.) (lat.-franz.) eine Dame beschützend begleiten.
Cha|pe|to|nes (die, nur Plural) (span.) Neueinwanderer nach Südamerika.
Cha|pi|teau (das, -, -x) (lat.-franz.) Zirkuszelt; Kuppel des Zirkuszeltes.
Chap|li|na|de (die, -, -n) burleskes Ereignis, grotesk-komisches Geschehen nach der Art Charlie Chaplins.
Cha|par|ral (der, -s, kein Plural) (span.) Gestrüpplandschaft (im südwestlichen Nordamerika).
Cha|ra|de (*ältere Schreibung für* Scharade) (die, -, -n) (franz.) Worträtsel.
Cha|rak|ter (der, -s, -e) (griech.) 1. Wesensart; Eigenschaft; Gesamtheit der geistig-seelischen Anlagen eines Menschen; der Mensch als Träger bestimmter Wesenszüge; 2. (engl.) Zeichen; ist in der Datenverarbeitung Sammelbegriff für alle Buchstaben, Sonderzeichen und Zahlen. Charakteranlage; charakterlich; charaktervoll.
Cha|rak|ter|feh|ler (der, -s, -) schlechte Charaktereigenschaft.
cha|rak|ter|fest (Adj.) unbeirrbar; unbestechlich; willensstark.
Cha|rak|te|ri|sie|rung (die, -, -en) treffende Schilderung. charakterisieren.
Cha|rak|te|ris|tik (die, -, -en) treffende Beschreibung.
Cha|rak|te|ris|ti|kum (das, -s, -ka) eindeutiges Merkmal.
cha|rak|te|ris|tisch (Adj.) bezeichnend; typisch; unverkennbar; kennzeichnend; repräsentativ; spezifisch.

Cha|rak|ter|kopf (der, -es, -köp|fe) ausgeprägte Kopfform; Kopf mit ausgeprägten Zügen.
Cha|rak|ter|lo|sig|keit (die, -, kein Plural) Gesinnungslosigkeit; Skrupellosigkeit. charakterlos.
Cha|rak|ter|schwä|che (die, -, -en) Willensschwäche.
Cha|rak|ter|stück (das, -(e)s, -e) kurzes, instrumentales Musikstück illustrierender Art, meist für Klavier.
Cha|rak|ter|zug (der, -es, -zü|ge) Eigenschaft.
Char|cu|te|rie (die, -, -en) (franz.) (schweiz.) Metzgerei.
Char|don|net|sei|de (die, -, -n) Kunstseide.
Char|ge (die, -, -n) (franz.) militärische Bezeichnung für Dienstgrad; Rang; im Theater eine Nebenrolle. chargieren.
Char|gé d'Af|faires (der, - -, -s -) (franz.) diplomatischer Vertreter, Geschäftsträger.
Char|gier|te (der, -n, -n) ein Vorsitzender einer Studentenverbindung.
Cha|ris|ma (das, -s, -men/-ma|ta) Ausstrahlung. Adjektiv: charismatisch.
Cha|ri|té (die, -, -s) (lat.-franz.) Krankenhaus.
Cha|ri|ten (die, nur Plural) (griech.) Göttinnen der Anmut.
Cha|ri|va|ri (das, -s, -s) (franz.) Trachtenschmuck.
Char|le|mag|ne (kein Art.) franz. Name von Karl dem Großen.
Charles|ton (der, -, -s) (engl.) Tanz.
char|mant (*auch:* schar|mant) (Adj.) (franz.) bezaubernd; entzückend.
Charme (*auch:* Scharm) (der, -s, kein Plural) liebenswürdiges, einnehmendes Wesen.
Char|meur (der, -s, -e) (franz.) Schmeichler.
Char|meuse (die, -, kein Plural) (franz.) feiner Trikotstoff aus Kunstseidenfasern.
Char|ta (die, -, -s) (lat.) Verfassungsurkunde. Magna Charta.
Char|ta 77 (die, -, kein Plural) 1977 gegründete tschechoslowakische Bürgerrechtsbewegung.
Char|ta der Ver|ein|ten Na|ti|o|nen (die, -, kein Plural) 1945 in San Francisco von 51 Staaten unterzeichnete Grundurkunde der Vereinten Nationen.
Char|ter (der, -s, -s) (engl.) Frachtvertrag; Freibrief; Urkunde.
Char|ter|flug (der, -es, -flü|ge) für einen bestimmten Zweck gemietetes Flugzeug; kein Linienflug.
Char|ter|ge|sell|schaft (die, -, -en) Gesellschaft, die Passagiere mit gecharterten Flugzeugen oder Schiffen befördert.
Char|ter|ma|schi|ne (die, -, -en) gemietete Flugzeuge.
char|tern (V.) ein Flugzeug oder Schiff mieten.
Char|treuse (kein Art.) (franz.) 1. Kloster in Frankreich; 2. Kräuterlikör.
Charts (die, nur Plural) (franz.-engl.) Hitlisten.
Cha|ryb|dis (die, -, kein Plural) ein Meeresungeheuer (der griechischen Sage).
Chas|sis (das, -, -) (franz.) Fahrgestell.
Cha|san (der, -s, -e) (hebr.); Synagogenvorbeter.
Chas|si|dim (die, -, nur Plural) Anhänger des Chassidismus.
Chas|si|dis|mus (der, -, kein Plural) (hebr.-nlat.) eine ostjüdische Glaubensbewegung.
Chat (der, -s, -s) (engl.) 1. Plauderei; Schwatz; 2. in der Computersprache eine in Echtzeit online geführte Unterhaltung über Tastatureingaben zwischen zwei oder mehreren Usern (Anwendern). Chatroom (*auch:* Chat-Room), chatten.
Chat|fo|rum (*auch:* Chat-Forum) (das, - -s, -fo|ren) (engl.) in der Computersprache von Onlinediensten eingerichtete Plattformen zur Kommunikation.
Cha|teau (*auch:* Châ|teau) (das, -s, -s) (lat.-franz.) Herrenhaus.
Cha|teau|bri|and (das, -/-s, -s) (franz.) gebratenes Rindsfilet.
Chau|deau (das, -/-s, -s) (franz.) süße Weinschaumsoße.
Chauf|feur (der, -s, -e) (franz.) Fahrer. Verb: chauffieren.
Chaus|see (die, -, -n) (franz.) Landstraße. Chausseebaum.
Chau|vi (der, -s, -s) (franz.) (ugs.) Chauvinist; Angeber; Macho.
Chau|vi|nis|mus (der, -, kein Plural) (franz.) übersteigerter Nationalismus; übersteigertes Männlichkeitsgefühl. Chauvinist.
chau|vi|nis|tisch (Adj.) 1. dominant; 2. patriotisch.
Cha|wer (der, -s, -n) (hebr.) 1. Ehrentitel für Rabbiner; 2. Kamerad; Freund.
Check (der, -s, -s) Rempeln; Kontrolle.
che|cken (V.) (engl.) 1. beim Eishockey abdrängen, anrempeln. Der Spieler lag nach dem Bodycheck des Gegners auf dem Boden. 2. (ugs.) überprüfen; vergleichen; verstehen. Sie hat es endlich gecheckt (endlich verstanden). 3. kontrollieren; überprüfen. Vor einem Start ist ein Check des Flugzeuges obligatorisch.
Check|lis|te (die, -, -n) Kontrollliste als Hilfestellung für eine systematische Überpfügung.
Check|point (der, -s, -s) (engl.) Kontrollpunkt (an Grenzen).
Check-up (das, - -(s), - -s) gründliche medizinische Vorsorgeuntersuchung.
Ched|dar (der, -s, -s) ein englischer Hartkäse.
Che|der|schu|le (die, -, -n) (hebr.- dt.) traditionelle Grundschule der Juden.
chee|rio! (Interj.) (engl.) Trinkspruch.
Cheer|lea|der (der, -s, -) Mädchen in Kostümen, die bei Sportveranstaltungen, v. a. in den USA, die Stimmung anheizen.
Cheese|bur|ger (der, -s, -) (engl.) Hamburger mit Käse.
Chef (der, -s, -s) (franz.) Leiter; Vorgesetzter. Cheftrainer.
Chef|arzt (der, -es, -ärz|te) leitender Arzt eines Kankenhauses.
Chef|eta|ge (die, -, -n) Chefbüro.
Chef|ide|o|lo|ge (der, -n, -n) ranghöchster Theoretiker einer (politischen) Richtung.
Chef|re|dak|teur (der, -s, -e) Hauptschriftleiter.
Che|li|do|ni|kum (das, -, kein Plural) (griech.-lat.) Schöllkraut (als Heilpflanze).
Chel|sea|por|zel|lan (das, -s, kein Plural) (engl.) englisches, bemaltes Porzellan aus dem 18. Jahrhundert.
Che|mie (die, -, kein Plural) (arab.) Wissenschaft von den chemischen Stoffen. Die Chemie stimmt. (ugs.) (Es herrscht Harmonie.).
Che|mie|ar|bei|ter (der, -s, -) Chemiewerker.

Che|mie|fa|ser (die, -, -n) aus Kettenmolekülen bestehende halb- oder vollsynthetische Faser; Dralon; Nylon; Perlon; Trevira.
Che|mi|gra|fie (*auch:* Che|mi|gra|phie) (die, -, -n) (griech.) Metallätzung; so hergestellte Druckplatte.
Che|mi|ker/in (der/die, -s -in, - -in|nen) Wissenschaftler im Fach Chemie.
che|misch (Adj.) die Chemie betreffend. chemisch-technisch.
Che|mi|ka|lie (die, -, -n) Erzeugnis der chemischen Industrie.
Che|mise (die, -, -n) (franz.) Hemdkleid.
Che|mi|sett (das, -s, -s/-e) (franz.) Hemdbrust; latzähnlicher Einsatz (an Kleidern).
che|mi|sche Kampf|stof|fe (die, -n -, - -) Chemiewaffen; Hautgifte; Lungengifte; Nasen- und Rachenreizstoffe; Tränengas.
che|mi|sche Keu|le (die, -n -, - -n) Polizeiwaffe, die den chemischen Reizstoff Chloracetophenol (CN) versprüht.
che|mi|sche Re|ak|ti|on (die, -n -, - -en) jeder Vorgang, bei dem stoffliche Veränderungen an chemischen Verbindungen oder Elementen eintreten. Alle chemischen Reaktionen spielen sich in der äußeren Elektronenhülle der Atome ab.
che|mi|sche Rei|ni|gung (die, -n -, - -en) Reinigung nicht waschbarer Kleidung mit chemischen Lösungsstoffen.
che|mi|sche Ver|bin|dung (die, -n -, - -en) Stoff, der durch das Zusammentreten chemischer Elemente entsteht und andere Eigenschaften als diese aufweist.
che|mi|sche Zei|chen (das, -n -s, -n -) abgekürzte Schreibweise für chemische Elemente und Verbindungen.
Che|mise (die, -, -n) (franz.) Hemdkleid.
Che|mi|sett (das, -s, -s/-e) (franz.) Hemdbrust; latzähnlicher Einsatz (an Kleidern).
Che|mo|the|ra|pie (die, -, -n) (griech.) Behandlung von Krankheiten mit chemischen Arzneimitteln, zum Beispiel Sulfonamiden. chemotherapeutisch.
Che|nil|le (die, -, -n) (franz.) raupenähnliches Garn.
Che|ops (kein Art., -, kein Plural) ägyptischer König der vierten Dynastie, lebte um 2600 v. Chr.; Erbauer der größten Pyramide von Gizeh.
Cher|chez la femme! (franz.) »sucht die Frau (die dahinter steckt).«
Che|ro|kee (die, -, kein Plural) nordamerikanischer Indianerstamm; gehört zur irokesischen Sprach- und Völkerfamilie; siedelte ursprünglich im Süden der Appalachen.
Cher|ry-Bran|dy (*auch:* Cher|ry|bran|dy) (der, - -, kein Plural) (engl.) Kirschlikör.
Che|rub (*auch:* Ke|rub) (der, -s, -im/-inen) Engel, der das Paradies bewacht. cherubinisch.
Ches|ter|field (der, -s, -s) (engl.) eleganter Herrenmantel.
Ches|ter|kä|se (der, -s, -) (engl.) Käsesorte.
Che|va|lier (der, -, -s) (franz.) ursprünglich Ritter; franz. Adelstitel.
Che|vau|le|ger (der, -, -s) (franz. leichte Reiter) Angehöriger der leichten Kavallerie.
Che|vi|ot (der, -s, -s) (engl.) ein englischer Wollstoff.
Che|vreau (das, -s, -s) (franz.) Ziegenleder.
Che|vron (der, -s, -s) (franz.) Wollstoff mit Fischgrätmusterung; franz. Dienstgradzeichen.
Chew|ing-Gum (*auch:* Chew|ing|gum) (der, -s, -s) (engl.) Kaugummi.
Che|yen|ne (die, -, kein Plural) nordamerikanische Prärieindianer.
Chi (das, -s, -s) (griech.) griech. Buchstabe (X, χ).
Chi|an|ti (der, -, kein Plural) (ital.) Rotwein; herber italienischer Landwein.
Chi|as|mus (der, -, -men) (griech.-nlat.) Kreuzstellung von Sinneinheiten (in einem Satz); z. B. Sie liebt Gesang, Musik liebt sie.
chic (*auch:* schick) (Adj.) (franz.) modern; hübsch. *Beachte:* Beugung nur in der deutschen Schreibung möglich! ein schickes Kleid (*falsch:* ein chices Kleid!). Schick.
Chi|chi (das, -/-s, kein Plural) (franz.) 1. unnützer Kram; 2. Getue.
Chi|co (der, -s, -s) (span.) kleiner Junge.
Chi|co|rée (*auch:* Schi|ko|ree) (der/die, -/-s, kein Plural) Gemüse; Salat.
Chief (der, -s, -s) (engl.) (ugs.) Anführer; Boss; Chef.
Chif|fon (der, -s, -s) (franz.) Seidenstoff.
Chif|fo|na|de (die, -, -n) (franz.) streifenförmige Gemüseeinlage in Suppen.
Chif|fo|nie|re (franz.) (die, -, -n) 1. Nähtisch; 2. Kleiderschrank.
Chif|fre (die, -, -n) (franz.) Ziffer; Kennwort. Chiffreschrift.
Chif|fre|an|zei|ge (die, -, -n) der Inserent einer Anzeige ist nicht mit Namen genannt, sondern nur unter einer Chiffrenummer zu erreichen.
chif|frie|ren (V.) eine Nachricht in einer Geheimschrift abfassen. Chiffrierkunst.
Chif|freur (der, -s, -e) (arab.-lat.-franz.) jmd., der Chiffren entschlüsselt.
Chi|g|non (der, -s, -s) (lat.-franz.) Haarknoten in Nackenhöhe.
Chi|hu|a|hua (der, -s, -s) (span.) Hunderasse.
Chi|la|na (die, -, kein Plural) Wolle aus China.
Chi|le|sal|pe|ter (der, -s, kein Plural) in Chile natürlich vorkommender Natronsalpeter; Düngemittel.
Chi|li (der, -s, kein Plural) (span.) scharfes Gewürz.
Chi|li|a|de (die, -, -n) Folge von tausend.
Chi|le (ohne Art., -s, kein Plural) Staat in Südamerika. Chilene; chilenisch.
Chi|mä|re (*auch:* Schi|mä|re) (die, -, -n) (griech.) Ungeheuer; in der griechischen Mythologie Ungeheuer, vorne Löwe, in der Mitte Ziege, hinten Drache; Ausgeburt der Fantasie; Einbildung; Einbildungskraft; Halluzination; Irrealität; Schreckbild.
Chim|bo|ras|so (der, -, kein Plural) Kordillerengipfel in Ecuador mit 6270 Metern Höhe.
Chi|na (ohne Art., -s, kein Plural) Staat in Zentral- und Ostasien. Es ist, als ob in China ein Sack Reis umfällt. (Als ob etwas Unwichtiges geschieht.).
Chi|ne|se (der, -n, -n) Einwohner von China. chinesisch.
Chi|na|kohl (der, -s, -e) Salat.
Chi|na|rin|de (die, -, -n) Fieberrinde; getrocknete Rinde der Cinchonabäume, enthält das Arzneimittel Chinin.
Chin|chil|la (die, -, -s) (indian.-span.) 1. ein südamerikanisches Nagetier mit hellgrauem Fell; 2. (das, -, -s) die säch-

liche Variante. »Das Chinchilla« bezeichnet das Fell dieses Pelztieres. Sächlich ist auch der Name der Kaninchenrasse.

chin-chin! (Interj.) (chines.-engl.) prost!

Chi|né (das, -s, -s) (franz.) Gewebe mit verschwommenen Farbmusterkonturen.

Chi|ne|si|sche Mau|er (die, -, kein Plural) 2450 km lange Befestigungsmauer.

Chi|nin (das, -s, kein Plural) Fiebermittel.

Chi|nois (die, nur Plural) (franz.) kandierte Zwergorangen.

Chi|noi|se|rie (die, -, -n) (franz.) kunstgewerblicher Gegenstand im chinesischen Stil (zur Zeit des Rokoko).

Chi|nook (der, -/-s, kein Plural) (indian.) föhnähnlicher Fallwind an der Ostseite der Rocky Mountains.

Chintz (der, -, -e) glänzender Baumwollstoff.

Chip (der, -s, -s) (engl.) 1. Spielmarke; 2. in Öl gebackene Kartoffelscheibe; 3. Halbleiterplättchen (EDV).

Chip|kar|te (die, -, -n) Plastikkarte mit eingebautem elektronischen Speicher (z. B. als Telefonkarte).

Chip|pen|dale|stil (der, -s, -e) (engl.) Möbelstil.

Chi|ro|prak|tik (die, -, kein Plural) (griech.) Heilmethode in der Orthopädie.

Chi|r|urg (der, -en, -en) Facharzt für Operationen.

Chi|r|ur|gie (die, -, kein Plural) (griech.) Heilen von Verletzungen und Krankheiten durch operative Eingriffe. chirurgisch.

Chi|tin (das, -s, kein Plural) (griech.) harter Stoff im Außenskelettpanzer (der Insekten, Krebstiere).

Chi|ton (der, -s, -s) (griech.) altgriechisches, ärmelloses, hemdartiges Gewand.

Chla|mys (die, -, -) altgriechischer Umhang.

Chlor (das, -s, kein Plural) chemischer Stoff (Abk.: Cl). Chlorid; Chlorung; chlorhaltig; chlorig; chloren; chlorieren; chloroformieren.

Chlo|ro|form (das, -s, kein Plural) (griech. lat.) nicht brennbare, farblose, süßlich riechende Flüssigkeit, ehemals als Narkosemittel verwendet, heute nur noch als Lösungsmittel.

Chlo|ro|phyll (das, -s, kein Plural) (griech.) Blattgrün; der in allen grünen Pflanzenteilen vorkommende grüne Blattfarbstoff, dient der Fotosynthese.

Chlo|ro|se (die, -, -n) (griech.) Bleichsucht.

Cho|cal|ho (das, -/-s, -s) (portugies.) zylinderförmiges Schüttelrohr, gefüllt mit Samenkörnern oder Perlen.

Choke (der, -s, -s) (engl.) Kaltstarthilfe.

Cho|le|ra (die, -, kein Plural) (griech.) Infektionskrankheit.

cho|le|risch (Adj.) leicht reizbar; aufbrausend. Choleriker.

Cho|les|te|rin (das, -s, kein Plural) Fett. Cholesterinspiegel.

Chol|iam|bus (der, -, -ben) (griech.) unvollständiger Jambus.

Chop|su|ey (das, -/-s, -s) ein chinesisches Reisgericht mit Fleischstückchen, Gemüsen und Sojasoße.

Chor (der, -s, Chö|re) (griech.) 1. Singgruppe; Gesangverein; Liedertafel; Singgemeinschaft; 2. mehrstimmiger Gesang; 3. Kirchenschiff. Chorleiter; Chorus.

Cho|ral (der, -s, -rä|le) in der römisch-katholischen Kirche einstimmiger, unbegleiteter Kirchengesang.

Chor|di|tis (die, -, -ti|den) (griech.) Stimmbänderentzündung.

Cho|reo|gra|fie (*auch:* Cho|reo|gra|phie) (die, -, -n) Gestaltung. Choreograf/in (*auch:* Choreograph/in); choreografieren (*auch:* choreographieren).

Chor|hemd (das, -es, -en) liturgisches Übergewand katholischer Geistlicher.

Chor|herr (der, -(e)n, -(e)n) Mitglied eines Domkapitels oder eines Stifts.

Chor|kna|be (der, -n, -n) Mitglied eines Kirchenchores.

Cho|se (*auch:* Scho|se) (die, -, -n) (ugs.) (franz.) Sache; Angelegenheit.

Chow-Chow (der, -s, -s) Hunderasse.

Christ (der, -en, -en) (griech.) Anhänger des Christentums. Christus; christlich.

Christ|baum (der, -(e)s, -bäu|me) Weihnachtsbaum. Jmd. hat nicht alle auf dem Christbaum. (Jmd. ist nicht bei Verstand, jmd. ist schwachsinnig).

Christ|de|mo|krat (der, -en, -en) Mitglied einer Christlich-Demokratischen Partei.

Chris|ten|heit (die, -, kein Plural) die Gesamtheit aller Christen.

Christ|kind (das, -(e)s, kein Plural) Jesus Christus.

Chris|ten|tum (das, -s, kein Plural) der christliche Glaube.

Chris|ti|a|ni|sie|rung (die, -, kein Plural) Bekehrung zum christlichen Glauben. christianisieren.

Christ|li|cher Ver|ein jun|ger Män|ner (der, -n -s - -, kein Plural) (Abk.: CVJM) 1844 gegründete Organisation der evangelischen Jugend in Deutschland.

christ|lich-so|zi|ale Be|we|gung (die, - -n -, kein Plural) Zusammenschluss mit dem Ziel, Politik und Wirtschaft nach Grundsätzen der christlichen Sozialethik zu führen.

Christ|lich-So|zi|ale Uni|on (die, - -n -, kein Plural) (Abk.: CSU) 1945 in Bayern gegründete politische Partei, entspricht der CDU in den übrigen Bundesländern.

Christ|mas Is|land (ohne Art., -, kein Plural) (engl.) Weihnachtsinsel.

Christ|met|te (die, -, -n) Gottesdienst am Heiligen Abend.

Christ|stol|le (*auch:* Christ|stol|len) (der, -, -) langgezogener Hefekuchen mit Rosinen und kandierten Früchten, der an Weihnachten gebacken wird.

Chrom (das, -s, kein Plural) (griech.) chemisches Element; Metall. Adjektiv: chromblitzend.

Chro|ma|tik (die, -, kein Plural) Farbenlehre; Grundtonveränderung (Musik). Adjektiv: chromatisch.

Chro|mo|som (das, -s, -en) (griech.) Erbgut. Chromosomenzahl; chromosomal.

Chro|nik (die, -, -en) (griech.) historische Darstellung.

Chro|nique scan|da|leuse (die, - -, -s -s) (franz.) Skandalgeschichte.

chro|nisch (Adj.) (griech.) dauernd; langwierig.

Chro|nist (der, -en, -en) (griech.) Geschichtsschreiber; Verfasser einer Chronik.

Chro|no|graf (*auch:* Chro|no|graph) (der, -en, -en) (griech.) Zeitmesser; Zeitschreiber.

Chro|no|lo|gie (die, -, -n) (griech.) zeitlicher Ablauf; Zeitrechnung. chronologisch.

Chroˈnoˈmeˈter (das, -s, -) (griech.) Uhr; Zeitmesser. Chronometrie; chronometrisch.
Chryˈsˈanˈtheˈme (die, -, -n) (griech.) großblütige Zierpflanze.
Chryˈsoˈpˈras (der, -es, -e) (griech.) ein lauchgrüner Schmuckstein.
chthoˈnisch (Adj.) (griech.) 1. Erd…; 2. unterirdisch.
Churˈrasˈco (der, -s, -s) nach brasilianischer Art am Spieß gebratenes Fleisch.
Chutˈney (das, -/-s, -s) (Hindi-engl.) indische Würzpaste.
Chuzˈpe (die, -, kein Plural) (hebr.) Unverschämtheit.
CIA (der/die) (Abk.) **C**entral **I**ntelligence **A**gency; Geheimdienst der USA.
ciao! (*auch:* tschau!) (Interj.) (ital.) Gruß.
Ciˈdˈre (der, -s, kein Plural) (franz.) Apfelwein.
cif (Abk.) **c**ost **i**nsurance **f**reight (einschließlich Fracht/Versicherung/Verladekosten).
CIM Abk. für **C**omputer **I**ntegrated **M**anufacturing. computerintegrierte Herstellung. computergesteuerte Verknüpfung von Arbeitsschritten einer Fabrik.
Ciˈneˈast (der, -en, -en) (griech.) Kinoliebhaber; Filmkenner; Filmschaffender.
Ciˈneˈmaˈscope (das, -, kein Plural) (engl.) Breitwandfilm.
CIP (Abk.) **C**ataloguing **I**n **P**ublishing (Neuerscheinungssofortdienst der Deutschen Bibliothek).
cirˈca (*auch:* zirˈka) (Adv.) (lat.) ungefähr (Abk.: ca.).
Cirˈce (die, -, -n) (griech.) Verführerin. Verb: becircen.
Cirˈcuitˈtraiˈning (das, -s, kein Plural) (engl.) Rundumtraining an im Kreis aufgestellten Geräten.
Cirˈcuˈlus viˈtiˈoˈsus (der, - -, -li -si) (lat.) Teufelskreis.
Cirˈcus (*auch:* Zirˈkus) (der, -, -se) Artisten- und Dressurvorführung.
Ciˈtˈrin (der, -s, -e) (franz.) ein gelbes Mineral; Schmuckstein.
Ciˈty (die, -, -s) (engl.) Innenstadt; Hauptstadt; Kapitale; Metropole; Weltstadt.
Ciˈvet (das, -s, -s) (franz.) Hasenragout.
cl (Abk.) Zentiliter.
Cl (Abk.) **Chl**or (chemisches Zeichen).
c.l. (Abk.) (lat.) **c**itato **l**oco (am angeführten Ort).
Claim (das, -/-s, -s) (engl.) Besitzanspruch (auf eine Goldmine). Klagebegehren; Patentanspruch; Rechtsanspruch.
Claiˈron (das, -s, -s) (franz.) 1. Signalhorn. 2. Bachtrompete.
Clan (der, -s, -s) Sippe. Gruppe Verwandter, die ihre Abstammung auf einen gemeinsamen Ahnherrn bzw. eine Ahnfrau zurückführen. Familienclan.
Claˈqueur (der, -s, -e) (franz.) bezahlter Beifallsklatscher.
Claˈriˈno (das, -s, -s/-ni) (ital.) 1. Clairon; 2. ein Orgelregister.
Claˈves (die, nur Plural) (span.) zwei Hartholzstäbchen, die mit zwei Händen gegeneinandergeschlagen werden; Rumbastäbchen.
clean (Adj.) (engl.) nicht mehr rauschgiftsüchtig, »sauber« (Jargon).
Clean Proˈducˈtion (die, -, -) (engl.) umweltverträgliche Produktionsweise.
Cleaˈring (das, -s, -s) (engl.) Verrechnungsverfahren; im Zahlungsverkehr Ausgleich und Berechnung gegenseitiger Forderungen und Guthaben.
Cleˈmaˈtis (*auch:* Kleˈmaˈtis) (die, -, -) (griech.) Kletterpflanze aus der Gattung der Hahnenfußgewächse; Waldrebe.
Clenˈbuˈteˈrol (das, -s, kein Plural) krampflösendes Asthma- und Hustenmittel.
Clerc (der, -s, -s) (franz.) einst Geistlicher niederen Grades, heute Schreiber, Angestellter.
Clerk (der, -s, -s) (engl.) Buchhalter; Gerichtsschreiber.
cleˈver (Adj.) (engl.) klug; geschickt. Cleverness.
Cliˈché (*alte Schreibung für* Klische) (das, -s, -s) Abklatsch.
Cliˈent (der, -s, -s) in der Computersprache ein Computer, der Informationen von einem Server oder Host anfordert.
Cliffˈhanˈger (der, -s, -) (engl.) Spannung hervorrufender, effektvoller Schluss einer Folge einer Fernseh- oder Rundfunkserie, soll Neugier auf die Fortsetzung wecken.
Clinch (der, -es, kein Plural) (engl.) 1. Festhalten; Umklammerung; 2. Streit. mit jmdm. im Clinch liegen (mit jmdm. Streit haben, eine Meinungsverschiedenheit haben).
Clip (der, -s, -s) 1. (*auch:* Clips; Klipp; Klips) Schmuck am Ohr. 2. kurzer Videofilm.
Clipˈboard (das, -s, -s) (engl.) in der Computeranwendung nicht sichtbare Ablagefläche im Computerspeicher, auf der Grafiken und Texte so lange abgelegt werden, bis sie weiterverarbeitet werden können.
Cliˈque (die, -, -n) Gruppe; Freundeskreis.
Cliˈquenˈwirtˈschaft (die, -, kein Plural) abwertend gebraucht für einen Kreis von Personen, die nur ihren eigenen Interessen folgen.
Cloˈchard (der, -s, -s) (franz.) Stadtstreicher; Penner.
Cloiˈsonˈné (das, -s, kein Plural) (franz.) Zellenschmelz; Technik der Emailmalerei. Die farbige Glasmasse wird in aufgelötete Drahtstege auf die Grundplatte gegossen. Wird in der Schmuckherstellung gern verwendet.
Clone (der, -s, -s) (engl.) Nachbau.
Cloque (der, -s, -s) (engl.) Holzpantoffel.
Closed (Union) Shop (engl.) ausschließliche Einstellung gewerkschaftlich organisierter Arbeitnehmer in einem Bertrieb oder einer Branche.
Clou (der, -s, -s) (franz.) Gipfel; Höhepunkt; Glanzpunkt.
Clown (der, -s, -s) (engl.) Spaßmacher mit akrobatischen Einlagen; Bajazzo; Hanswurst; Harlekin.
Clowˈneˈrie (die, -, -en) die Faxen eines Clowns. clownesk.
Club (*auch:* Klub) (der, -s, -s) Verein.
Club of Rome (der) (engl.) 1968 gegründete internationale Vereinigung von Wissenschaftlern, Unternehmern und Politikern, die sich mit den ökologischen, sozialen und politischen Perspektiven der Menschheit befasst.
Clusˈter (der, -s, -) (engl.) 1. dissonante Zusammenballung von Tönen; 2. in der elektronischen Datenverarbeitung eine Datei.
cm (Abk.) Zentimeter.
cm^2 (Abk.) Quadratzentimeter.
cm^3 (Abk.) Kubikzentimeter.
cmm (Abk.) Kubikmillimeter.

c-Moll (das, -, kein Plural) Tonart.
CMOS (engl.) (Abk.) **C**omplementary **M**etal **O**xid **S**emiconductor (Halbleiterbausteine für Computer, mit sehr geringem Energieverbrauch).
cm/s (Abk.) Zentimeter pro Sekunde.
CNC (engl.) (Abk.) **C**omputerized **N**umerical **C**ontrol (computergesteuerte Werkzeugmaschinen).
c/o (Abk.) **c**are **o**f (wohnhaft bei; in Briefanschriften).
Co (Abk.) **Co**baltum (chemisches Zeichen).
Co. (Abk.) Kompagnie. Die Schreibweise mit C kommt vom alten Begriff Compagnie.
Coach (der, -(s), -s) (engl.) Trainer; Betreuer.
coa|chen (V.) (engl.) betreuen als Coach, trainieren.
Co-Au|tor (der, - -s, - -en) Mitverfasser von Büchern oder Romanheften.
Cobb|ler (der, -s, -) (engl.) Mixgetränk aus Likör, Sherry, Fruchtsäften und Eis.
COBOL (das, -s, kein Plural) (engl.) (Kunstwort: **Com**mon **B**usiness **O**riented **L**anguage) in den 1960er-Jahren von verschiedenen Computerherstellern und dem amerikanischen Verteidigungsministerium entwickelte Programmiersprache für die Verwaltung (EDV).
Co|ca (das/die, -, -) (engl.) koffeinhaltiges Getränk. Coca-Cola ist eingetragenes Warenzeichen für ein Erfrischungsgetränk; Cola; Coke.
Co|ca|in (*auch:* Ko|ka|in) (das, -s, kein Plural) Rauschgift.
Co|cker|spa|ni|el (der, -s, -s) (engl.) Hunderasse.
Cock|ney (das, -(s), kein Plural) (engl.) Londoner Mundart (der Unterschicht).
Cock|pit (das, -s, -s) (engl.) Pilotenkabine; Fahrersitz.
Cock|tail (der, -s, -s) (engl.) Mixgetränk; Drink; Flip; Longdrink; Mischgetränk; Mixgetränk.
Cock|tail|kleid (das, -es, -er) kurzes, elegantes Kleid, das zu kleinen gesellschaftlichen Anlässen getragen wird; das kleine Schwarze.
Cock|tail|par|ty (die, -, -ies) (engl.) zwanglose Geselligkeit, meist am späten Nachmittag, wo der Gast Cocktails serviert bekommen kann.
CoCom (das, -s, kein Plural) (engl.) Abk. für »**Co**ordinating **Com**mittee for East-West Trade Policy«, Koordinationsausschuss für mehrseitige strategische Ausfuhrkontrollen.
Co|da (*auch:* Ko|da) (die, -, -s) (ital.) Schlussteil (Musik).
Code (*auch:* Kode) (der, -s, -s) Zuordnung von Zeicheninventaren; Sprachverwendung.
Code ci|vil (der, - -, kein Plural) französisches Zivilrecht.
Co|de|in (*auch:* Ko|de|in) (das, -s, kein Plural) (griech.) Hustenmittel; aus Opium gewonnenes Mittel gegen Husten.
Code|swit|ching (das, -(s), -s) (engl.) in der Sprachwissenschaft der Übergang von einer Sprachvarietät in eine andere innerhalb eines Gesprächs (z.B. von der Standardsprache zur Mundart).
Co|dex (*auch:* Ko|dex) (der, -, -e/-di|zes) Normierung; Verhaltensregeln; Verzeichnis.
Co|die|rung (*auch:* Ko|die|rung) (die, -, -en) 1. eine Nachricht durch Zuordnung geheimer Zeichenketten verschlüsseln; 2. ein Autoradio durch Programmieren eines Codes diebstahlsicher verschlüsseln; 3. ein Programm in einer Programmiersprache niederschreiben.
Co|de|wort (*auch:* Ko|de|wort) (das, -(e)s, -e, -wör|ter) geheimes Passwort.
co|die|ren (*auch:* ko|die|ren) (V.) verschlüsseln.
Cœur (das, -s, -s) (lat.-franz.) Herz, Spielkarte.
Cof|fe|in (*auch:* Kof|fe|in) (das, -s, -e) anregender Stoff.
co|gi|to er|go sum (lat.) ich denke, also bin ich, Wahlspruch des franz. Philosophen Descartes.
Co|g|nac (*auch:* Ko|g|nak) (der, -s, -s) (franz.) französischer Weinbrand. Adjektiv: cognacfarben.
Coif|feur (der, -s, -e) (franz.) Frisör. Coiffeursalon.
Coif|feu|se (die, -, -n) (franz.) Friseuse.
Coif|fure (die, -, -ren) kunstvoll gestylte Frisur.
Co|i|tus (*auch:* Ko|i|tus) (der, -, -se) (lat.) Geschlechtsakt.
Coke (die, -, -s) (amerik.) eingetragenes Warenzeichen für Coca-Cola.
Co|la (die/das, -/-s, -s) koffeinhaltiges Getränk.
Cold|cream (*auch:* Cold Cream) (die, -, - -s) (engl.) kühlende Hautpflegecreme.
Cold|rub|ber (*auch:* Cold Rub|ber) (der, - -s, - -s) (engl.) künstlicher Kautschuk.
col|la des|t|ra (ital.) mit der rechten Hand zu spielen (bei Musikstücken).
Col|la|ge (die, -, -n) (franz.) Klebearbeit (Bild).
col|la|gie|ren (V.) aus verschiedenen Materialien zusammensetzen.
col|la si|nis|t|ra (ital.) mit der linken Hand zu spielen (bei Musikstücken).
Col|lege (das, -, -s) (engl.) höhere Schule; Universitätsinstitut.
Col|lege|map|pe (die, -, -n) schmale Aktentasche mit Reißverschluss.
Col|le|gi|um mu|si|cum (das, - -, -ia -ca) (lat.) Zusammenschluss von Musikfreunden an der Universität.
Col|le|gi|um pu|bli|cum (das, - -, -ea -ca) (lat.) an der Universität eine öffentliche Vorlesung.
Col|lie (der, -s, -s) (engl.) Hunderasse.
Col|lier (*auch:* Kol|lier) (das, -s, -s) (franz.) Halsschmuck.
Col|lo|qui|um (*auch:* Kol|lo|qui|um) (das, -s, -i|en) wissenschaftliches Gespräch unter Fachleuten; Beratung.
Co|lo|nel (der, -s, -s) (engl.) Oberst.
Co|lor... (lat.) Farb...
Co|lor|film (der, -s, -e) (engl.) Farbfilm.
Co|lor|mo|ni|tor (der, -s, -e/-en) (engl.) Farbbildschirme am Computer.
Co|lor|ver|gla|sung (die, -, -en) Farbverglasungen, zum Beispiel Sonnenschutzscheiben beim Auto.
Colt (der, -s, -s) (engl.) Revolver.
Com|bo (die, -, -s) kleine Tanzband.
Come|back (*auch:* Come-back) (das, -, -s) (engl.) erfolgreiches Wiederauftreten eines Künstlers etc.
COMECON (*auch:* Co|me|com) (der/das) (Abk.) **CO**uncil for Mutual **ECON**omic Assistance/Aid (Rat für gegenseitige Wirtschaftshilfe der ehem. Ostblockstaaten).
Co|mé|die Fran|cai|se (die, -, kein Plural) (franz.) das franz. Nationaltheater.

coˡme stà (ital.) ohne musikalische Verzierungen (so, wie es dasteht) zu spielen.

Coˡmesˡtiˡbˡles (die, nur Plural) (schweiz.) Delikatessen; Feinkost.

Coˡmic (der, -s, -s) (engl.) (Kurzw.: Comicstrip) Bildergeschichte. Comicfigur.

Coˡming-out (*auch:* Coˡmingˡout) (das, -(s), -s) (engl.) 1. spektakuläres öffentliches Bekanntmachen von Privatem; outen; 2. medienwirksames erstes Auftreten eines Autors oder Stars.

comme ci, comme ça (franz.) leidlich; nicht besonders.

Comˡmeˡdia dell'Arˡte (die, -, kein Plural) (ital.) Stegreifkommödie mit typischen Masken und feststehender Handlung.

comme il faut (franz.) wie es sich gehört; wie es sein muss; mustergültig.

comˡmerˡcial (das/der, -s, -s) (engl.) Kino- oder Fernsehwerbespot.

Comˡmerˡcial Paˡper (das, - -s, - -s) (engl.) Schuldverschreibung eines Unternehmens an eine Bank als Mittel der Geldbeschaffung.

Comˡmon Law (das, -, kein Plural) (engl.) die anhand von Präzedenzfällen gebildete richterliche Rechtsprechung in England.

Comˡmons (die, -, kein Plural) (engl.) Mitglieder des britischen Unterhauses, des House of Commons.

Comˡmonˡsense (*auch:* Comˡmon Sense) (der, - -, kein Plural) (engl.) gesunder Menschenverstand.

Comˡmonˡwealth (das, -, kein Plural) (engl.) Verband des Britisches Königreichs und seiner ehemaligen Kolonien.

coˡmoˡdo (Adv.) (ital.) behaglich, gemächlich (bei Musikstücken).

Comˡpact Disc (*auch:* Comˡpact Disk) (die, -, -s) Schallplatte im Digitalverfahren (Abk.: CD).

Comˡpiˡler (der, -s, -) (engl.) Zusatzgerät (EDV); in der Datenverarbeitung Dienstprogramm, das den Quellcode einer meist höheren Programmiersprache in Maschinensprache übersetzt.

Comˡpoˡser (der, -s, -) (engl.) elektrische Schreibmaschine.

Comˡpuˡter (der, -s, -) (engl.) Rechner; elektronische Datenverarbeitungsmaschine.

Comˡpuˡterˡfachˡmann (der, des, -leuˡte) EDV-Kaufleute, Systemprogrammierer, EDV-Berater.

comˡpuˡterˡgeˡstützt (Adj.) mithilfe des Computers eine Arbeit erledigen oder lernen.

comˡpuˡteˡriˡsieˡren (V.) Daten im Computer erfassen und speichern.

Comˡpuˡterˡgeˡneˡraˡtiˡon (die, -, kein Plural) Kinder, die bereits in ihrer frühen Kindheit mit dem Computer vertraut sind.

comˡpuˡterˡgeˡsteuˡert (Adj.) elektronisch gelenkt; von Computern ausgeführt.

Comˡpuˡterˡkid (das, - -s, - -s) (engl.) Kinder, die von jungen Jahren an bereits mit dem Computer aufwachsen, mit ihm vertraut sind.

Comˡpuˡterˡkriˡmiˡnaˡliˡtät (die, -, kein Plural) Verbrechen, begangen unter Zuhilfenahme des Computers, zum Beispiel durch Fälschen gespeicherter Daten oder Anbieten verbotener Dienstleistungen im Internet.

Comˡpuˡterˡkunst (die, -s, kein Plural) Kunst, hergestellt mit dem Computer.

comˡpuˡterˡlesˡbar (Adj.) Daten können vom Computer optisch durch Lesegeräte erkannt und eingelesen werden – die Eingabe über Tastatur oder ein anderes Medium entfällt.

Comˡpuˡterˡspiel (das, -s, -e) interaktives Spiel am Bildschirm, bei dem der Computer der Spielpartner ist.

Comˡpuˡterˡtoˡmoˡgraˡfie (*auch:* Comˡpuˡtertoˡmoˡgraˡphie) (die, -, kein Plural) in der Med. computergestütztes röntgenologisches Schichtaufnahmeverfahren.

Comˡpuˡterˡviˡrus (das/der, -, -en) Programmcode, der sich im Betriebssystem, Anwenderprogrammen oder auf den Speichermedien einnistet und seine neue Umgebung beeinträchtigt oder zerstört.

Conˡcerˡtiˡno (das, -s, -s/-ni) (ital.) kleines Konzert.

Conˡcerˡto (das, -s, -ti) (ital.) Konzert.

Conˡcerˡto grosˡso (das, - -, -ti -si) (ital.) barockes Konzert für Orchester und Soloinstrumente.

Conˡciˡerge (die, -, -s) französische Hausmeisterin.

conf. (Abk.) **conf**er (vergleiche!).

Conˡféˡrenˡcier (der, -s, -s) (franz.) führt durch Unterhaltungsprogramme; Showmaster; Ansager.

Conˡfiˡseˡrie (*auch:* Konˡfiˡseˡrie) (die, -, -n) (franz.) Süßwarengeschäft. Confiseur.

Conˡfiˡteˡor (das, -, kein Plural) (lat.) Sündenbekenntnis (im kath. Gottesdienst).

Conˡfoeˡdeˡraˡtio Helˡveˡtiˡca (die, - -, kein Plural) (lat.) Schweizerische Eidgenossenschaft.

con forˡza (lat.-ital.) mächtig, mit Kraft (Vortragsanweisung in der Musik).

con fuˡoˡco (lat.-ital.) heftig, schnell (Vortragsanweisung in der Musik).

Conˡga (die, -, -s) (span.) 1. ein aus Kuba stammender Gesellschaftstanz; 2. große Handtrommel, die beim Spielen zwischen den Knien gehalten wird.

con moˡto (lat.-ital.) mit Bewegung, etwas beschleunigt (Vortragsanweisung in der Musik).

Conˡnecˡtion (die, -, -s) (ugs.) (engl.) Beziehung; günstige Verbindung.

Conˡseˡcuˡtio Temˡpoˡrum (die, - -, - -) (lat.) Zeitenfolge in Haupt- und Nebensätzen (Sprachwissenschaft).

Conˡseil (der, -s, -s) (lat.-franz.) Rat; Ratsversammlung als Bezeichnung für verschiedene Institutionen in Frankreich.

Conˡsenˡsus (der, -, -) (lat.) Übereinstimmung, Konsens.

Conˡsoˡlaˡtio (die, -, -iˡoˡnes) (lat.) Trostschrift, Trostgedicht in der altrömischen Literatur.

Conˡsomˡmé (*auch:* Konˡsomˡmee) (die/das, -/-s, -s) (franz.) Fleischbrühe.

Conˡsulˡting (das, -s, kein Plural) Beratung in unternehmerischen Fragen. Consulting Firma.

Conˡtaiˡner (der, -s, -) (engl.) großer Behälter zur Güterbeförderung. Kann von verschiedenen Verkehrsmitteln benutzt werden, ohne dass die Güter umgeladen werden müssen.

Conˡtaiˡnerˡschiff (das, -(e)s, -e) Spezialschiff, das Container transportiert.

Conˡtaiˡnerˡbahnˡhof (der, -s, -höˡfe) Umschlagbahnhof für Container.

Contemporary (ohne Artikel) (engl.) Abk. für Contemporary Music. amerikanische Unterhaltungsmusik. Contemporary Christian Music (christliche Popmusik in den Vereinigten Staaten).

Contenance (die, -, kein Plural) (franz.) Fassung, das An-sich-halten-Können.

Contergan (das, -s, kein Plural) Schlaf- und Beruhigungsmittel; wegen schädlicher Nebenwirkungen aus dem Handel gezogen. Contergankind

Contessa (die, -, -sen/-se) italienische Gräfin.

contra (*auch:* kontra) (Präp.) gegen; entgegengesetzt.

Controlling (das, -s, kein Plural) (engl.) Überwachung; Überprüfung.

Convallaria (die, -, kein Plural) (lat.) Maiglöckchen (als Heilpflanze).

Cookie (der, -s, -s) (engl.) 1. Keks; 2. Initialisierungsdateien von Browsern, durch die ein zentraler Computer (Server) Internetsurfer identifizieren kann. Die Markierungen sammeln Informationen über das Benutzerverhalten u. dienen der Marktforschung.

cool (Adj.) (engl.) gelassen; ruhig. Das aus dem Englischen stammende Adjektiv hat sich besonders im jugendlichen Szenejargon durchgesetzt und wird auch in der Bedeutung von traumhaft, toll gebraucht.

Cool Jazz (der, -, kein Plural) (engl.) dem Bebop nahestehender gelassener, ruhiger Jazzstil der 1950er-Jahre.

Coordinates (die, -, -) (engl.) in der Mode farblich gut zusammenpassende, deshalb leicht zu kombinierende Kleidungsstücke.

Cop (der, -s, -s) (amerik.) Polizist.

Copacabana (ohne Art., -s, kein Plural) Stadtteil von Rio de Janeiro mit Badestrand.

Copilot (*auch:* Kopilot) (der, -en, -en) zweiter Pilot.

Copyright (das, -s, -s) (engl.) Urheberrecht (Zeichen: ©).

Cord (*auch:* Kord) (der, -s, -e) (engl.) gerippter Stoff. Cordhose (*auch:* Kordhose); Cordsamt (*auch:* Kordsamt).

Cordoba (der, -/-s, -/-s) (span.) Währungseinheit in Nicaragua.

Cordon bleu (das, - -, - -s) (franz.) Schnitzel, mit Käse und Schinken gefüllt.

Cornedbeef (*auch:* Corned Beef) (das, -s, kein Plural) eingesalzenes Rindfleisch.

Corner (*auch:* Korner) (der, -s, -) (engl.) Vereinigung von Großkaufleuten, die Waren aufkaufen und zurückhalten, um die Preise zu steigern.

Cornflakes (die, nur Plural) (engl.) Maisflocken.

Cornichon (das, -s, -s) (franz.) kleine Pfeffergurke.

Coroner (der -s, -s) (engl.) Beamter in Großbritannien und USA, der Mordfälle untersucht.

Corporate Design (das, -s, -s) (engl.) das äußere Erscheinungsbild eines Unternehmens wird durch einheitliche Produkt- und Gebäudegestaltung präsentiert.

Corporate Identity (die, - -, - -s) (engl.) einheitliches, unverwechselbares Erscheinungsbild eines Betriebes.

Corps (das, -, -) (franz.) (*auch:* Korps) 1. größerer militärischer Truppenverband; 2. studentische Verbindung; 3. diplomatisches/konsularisches Korps; 4. Ballettgruppe.

Corps de Ballet (das, - - -, - - -) (franz.) Balletttruppe.

Corps consulaire (das, - -, - -s) konsularisches Korps (Abk.: CC).

Corps diplomatique (das, - -, - -s) diplomatisches Korps (Abk.: CD).

Corpus (*auch:* Korpus) (das, -, -pora) (lat.) Körper.

Corpus Delicti (das, - -, -pora -) (lat.) Beweisstück.

Cortison (*auch:* Kortison) (das, -s, kein Plural) (lat.) Hormonpräparat.

cos (Abk.) Kosinus.

Cosa Nostra (die, - -, kein Plural) (ital.) »unsere Sache«; mafiaähnliche Organisation (in den USA).

cosec Abk. für → Kosekans.

Costa Rica (ohne Art., - -s, kein Plural) mittelamerikanischer Staat. Costa Ricaner (*auch:* Costa-Ricaner); costaricanisch.

cot/cotg/ctg (Abk.) Kotangens.

CO-Test (der, -s, -s) Abgastest.

Cottage (das, -, -s) kleines englisches Landhaus.

Cottagecheese (der, -, kein Plural) (engl.) körniger Frischkäse.

Cotton (der/das, -s, kein Plural) (engl.) Baumwolle.

Couch (die, -, -es/-en) (engl.) (ugs.) Sofa. Couchgarnitur; Couch-Potato (*auch:* Couchpotato); Couchtisch.

Couleur (die, -, -s/-en) Farbe einer Studentenverbindung; Eigenart.

Coulomb (das, -s, -) (franz.) elektrische Maßeinheit (Abk.: C).

Countdown (*auch:* Count-down) (der/das, -, -s) (engl.) Startvorbereitung; bis zum Startzeitpunkt Null zurückgehende Zählweise der Zeiteinheiten, zum Beispiel beim Abschuss einer Weltraumrakete.

Counter (der, -s, -) (engl.) Fahrkartenschalter (im Flug-, Schiffsverkehr).

Countess (die, -, -es) englische Gräfin.

Countrymusic (die, -, kein Plural) (engl.) amerikan. Volksmusik.

County (die, -, -s) englische Grafschaft; amerikanischer Verwaltungsbezirk.

Coup (der, -s, -s) (franz.) überraschender Schlag; geglückte Unternehmung; Husarenstück; Meisterstreich; Streich. Einen Coup landen (ugs.) (ein kühnes Unternehmen erfolgreich durchführen).

Coup d'État (der, - -s, kein Plural) (franz.) Staatsstreich.

Coupé (*auch:* Kupee) (das, -s, -s) (franz.) sportliches Auto.

Couplet (das, -s, -s) (franz.) witziges Kabarettlied mit Kehrreim.

Coupon (*auch:* Kupon) (der, -s, -s) (franz.) Gutschein; Abschnitt.

Courage (die, -, kein Plural) (franz.) Mut. jmdm. die Courage abkaufen (jemanden einschüchtern, entmutigen); Angst vor der eigenen Courage haben (im letzten Augenblick eines Entschlusses zurückschrecken).

couragiert (Adj.) mutig, tapfer.

Court (der, -s, -s) (engl.) Tennisplatz.

Courtage (*auch:* Kurtage) (die, -, -n) (franz.) Maklergebühr.

Courtoisie (die, -, -n) (franz.) Höflichkeit.

Cousin (der, -s, -s) (franz.) Vetter. Cousine (*auch:* Kusine).

Couture (die, -, kein Plural) (franz.) Mode. Haute Couture.

Cou|tu|ri|er (der, -s, -s) (franz.) Modeschöpfer.
Cou|vert (*alte Schreibung für* Kuvert) (das, -s, -s) (franz.) Briefumschlag.
Co|ver (das, -s, -s) (engl.) Schallplattenhülle; Titelbild. Covergirl.
Cover|girl (das, -s, -s) auf der Titelseite einer Zeitschrift abgebildete junge Frau.
co|vern (V.) (engl.) einen Song neu interpretieren. Coverversion.
Cow|boy (der, -s, -s) (engl.) Rinderhirte. Cowboyhut; Cowboystiefel.
Cox Oran|ge (der, -, -) (engl.) Winterapfelsorte.
CPU (Abk.) (engl.) **C**entral **P**rocessing **U**nit (zentrales Rechenwerk eines Computers).
Cr (Abk.) **Chr**om (chemisches Zeichen).
Crack (der, -s, -s) (engl.) 1. Spitzensportler; 2. kokainhaltiges Rauschmittel.
Cra|cker (*auch:* Krä|cker) (der, -s, -) Knabbergebäck.
Crash (der, -, -s) (engl.) Zusammenstoß. Crashtest.
Crash|kurs (der, -es, -e) besonders intensiver Englischunterricht.
Cra|tae|gus (die, -, kein Plural) (griech.-lat.) Weißdorn (als Heilpflanze).
Cre|do (*auch:* Kre|do) (das, -s, -s) (lat.) Glaubensbekenntnis.
Creek (der, -s, -s) (engl.) außerhalb der Regenzeit ausgetrockneter kleiner Flusslauf (in Nordamerika).
Creme (nicht trennbar!) (*auch:* Krem *und:* Kre|me) (die, -, -s) (franz.) 1. Salbe; zur Hautpflege; 2. Süßspeise; Tortenfüllung; 3. (nur Sing.) gesellschaftliche Oberschicht. cremefarben; cremefarbig; cremen (*auch:* kremen); die Haut cremen (*auch:* kremen); cremig (*auch:* kremig).
Crème de la Crème (die, -, kein Plural) die gesellschaftliche Oberschicht.
Crème fraîche (die, -, kein Plural) saure Sahne.
Cre|me|tor|te (*auch:* Krem|tor|te *und:* Kreme|tor|te) (die, -, -n) fettreicher Kuchen.
Crêpe (*auch:* Krepp) 1. (die, -, -s) (franz.) Pfannkuchen; 2. (der, -, -s) (franz.) Stoff. Crêpe de Chine; Crêpe Satin.
Crêpes Su|zette (die, nur Plural) (franz.) Crêpes mit karamellisiertem Zucker und in Grand Marnier flambiert.
cre|scen|do (Adv.) (ital.) allmählich lauter werdend (bei Musikstücken, beim Nachtigallengesang).
Cre|tonne (die/der, -, -s) (franz.) ein Baumwollstoff.
Crew (die, -, -s) (engl.) Mannschaft; Besatzung.
Crois|sant (das, -s, -s) (franz.) Hörnchen aus Blätterteig.
Cro|ma|g|non|mensch (der, -en, -en) (franz.) eiszeitliche Menschenrasse.
Cro|m|ar|gan (das, -s, kein Plural) Chrom-Nickel-Stahl-Legierung.
cross (Adj.) (engl.) diagonal. Crosscountry (*auch:* Cross-Country) (Querfeldeinrennen).
Crou|pier (der, -s, -s) (franz.) Angestellter in einer Spielbank.
Croû|ton (der, -s, -s) gerösteter Weißbrotwürfel.
Cruise|mis|sile (*auch:* Cruise-Mis|sile) (das, -s, -s) (engl.) militärischer Flugkörper.
Crux (*auch:* Krux) (die, -, kein Plural) (lat.) Last; Schwierigkeit.
Cs (Abk.) **C**ä**s**ium (chemisches Zeichen).
Csar|das (*auch:* Csár|dás) (der, -, -) (ungar.) Tanz.
CSU (Abk.) **C**hristlich-**S**oziale **U**nion.
CT (Abk.) **C**omputer**t**omographie.
c.t. (Abk.) **c**um **t**empore (akademische Viertelstunde).
Cu (Abk.) Kupfer (chemisches Zeichen).
Cum|ber|land|so|ße (die, -, -n) Würzsoße.
cum lau|de (lat.) mit Auszeichnung (Doktorprüfung).
cum tem|po|re (lat.) eine Viertelstunde nach der angegebenen Zeit; Abk.: c. t.
Cu|mu|lus (der, -, -li) (lat.) Haufenwolke.
Cup (der, -s, -s) (engl.) Pokal; Schalengröße (BH). Cupfinale; Europacup.
Cu|ra|re (*auch:* Ku|ra|re) (das, -/-s, kein Plural) ein indianisches Pfeilgift.
Cu|rie (das, -, -) Maßeinheit (Radioaktivität; Abk.: Ci).
Cur|ling (das, -s, kein Plural) (engl.) Eissport.
Cur|ri|cu|lum (das, -s, -cu|la) (lat.) Lehrplan. Adjektiv: curricular.
Cur|ry (der/das, -s, -s) (engl.) scharfes Gewürz. Da es als Farbbezeichnung dunkelgelb nicht beugungsfähig und nicht attributiv verwendbar ist, behilft man sich, indem man -farben oder -farbig anhängt. Er trug einen curryfarbenen Anzug und curryfarbige Schuhe. Als Substantiv oder in Kombination mit einem Artikel oder einer Präposition schreibt man groß. Curry, Cognac und Champagner sind als Modefarben im Kommen. Currywurst.
Cur|sor (der, -s, -s) (engl.) in der Datenverarbeitung Lichtmarke, die am Bildschirm die augenblickliche Eingabeposition markiert, kann mit der Maus gesetzt werden.
Cut (der, -s, -s) (engl.) 1. Schnitt (Film); 2. Herrenbekleidung.
cut and paste (engl.) in der Computersprache Ausschneiden und Wiedereinfügen, eine Funktion vieler Anwendungsprogramme.
Cut|ter/in (der/die, - -in, - -in|nen) Mitarbeiter bei Film, Funk oder Fernsehen, der Filme oder Tonbandaufnahmen zusammenschneidet und montiert. cutten.
Cu|t|away (der, -s, -s) (engl.) dunkler Gehrock, mit abgerundeten Schößen (Abk.: Cut).
CVJM (Abk.) **C**hristlicher **V**erein **J**unger **M**enschen.
Cu|vée (die, -, -s) (franz.) Weinverschnitt (zur Sektherstellung).
C-Waf|fen (die, nur Plural) (Kurzw.) chemische Waffen.
cwt (Abk.) (engl.) **c**ent**w**eigh**t**.
Cy|a|nid (das, -s, -e) (griech.) Salz der Blausäure.
Cy|an|was|ser|stoff (*auch:* Zyanwasserstoff) (der, -s, kein Plural) Blausäure.
Cy|ber|space (das, -, kein Plural) (engl.) vom Computer simulierter künstlicher Raum.
Cy|c|la|men (*auch:* Zy|k|la|men) (das, -s, -) Alpenveilchen.
cy|c|lisch (*auch:* zy|k|lisch) (Adj.) regelmäßig; ringförmig.

D

d (Abk.) Durchmesser.
D (Abk.) römisches Zahlzeichen für 500.
D-2-Mis|si|on (die, -, kein Plural) bemannter Weltraumflug unter deutscher Leitung (1993).
da 1. (Adv.) dort; in diesem Augenblick; in dieser Hinsicht. da und dort; hier und da; von da an war es aus; da kann ich nichts dafür. *Getrenntschreibung:* wenn man »da« durch »dort« ersetzen kann (»da« als Ortsbestimmung). Wirst du da sein? Du könntest auch da bleiben. Mit »sein« immer getrennt! da sein; *aber:* das Dasein; da gewesen; noch nie da gewesene (*auch:* dagewesene) Vorgänge. *Beachte:* Wenn sich durch die Verbindung mit »da« aber ein neuer Wortsinn ergibt, schreibt man zusammen: dableiben (nicht weggehen); dumm dastehen; dabehalten; dahaben; kannst du mir das dalassen? dahängen; daliegen; dasitzen etc.; 2. (Konj.) weil; als. *Wichtig:* Nebensätze mit »da« werden immer durch Komma abgetrennt! Ich schreibe, da ich nicht kommen kann. In der Stunde, da er starb.
D.A. (der, - -s, - -s) (engl. drug ad|dict) **D**rogen**a**bhängiger, Rauschgiftsüchtiger.
DAAD (Abk.) **D**eutscher **A**kademischer **A**ustausch**d**ienst.
DAB (ohne Art.) Abk. für **D**igital **B**roadcasting. digitale Radioübertragung.
da|be|hal|ten (V., behielt da, hat dabehalten) nicht fortlassen; bei sich behalten. Kann ich ihn noch dabehalten! *Aber:* Sie sollen ihn da (im Sinne von »dort«!) behalten, wo er aufgewachsen ist.
da|bei (Adv.) nahe bei; gleichzeitig; doch. dabeibleiben (weitermachen), *aber:* Ich möchte dabei (bei meiner Meinung) bleiben; dabeihaben; Mit »sein« immer getrennt! dabei sein; dabei gewesen; dabeisitzen; dabei sitzen (bei einer Tätigkeit); dabeistehen.
da|blei|ben (V., blieb da, ist dageblieben) nicht weggehen. Ich will dableiben, *aber:* Ich will da bleiben, wo du bist.
da ca|po (ital.) noch einmal von Anfang an (Musik; Abk.: d. c.).
d'ac|cord (franz. einverstanden) mit jmdm. einer Meinung sein.
Dach (das, -s/-es, Dä|cher) 1. Abdeckung; 2. Zentrale; 3. (ugs.) Kopf. jmdm. aufs Dach steigen (jemanden schelten, tadeln, zurechtweisen); jmdm. eins auf den Deckel geben, eins auf den Hut kriegen. kein Dach über dem Kopf haben (keine Wohnung haben); eins aufs Dach bekommen (ugs.) (getadelt werden); mit jmdm. unter einem Dach leben (mit jmdm. im gleichen Haus wohnen); unter Dach und Fach bringen (etwas abschließen, vollenden, fertig machen); (der Ausdruck kommt vom Hausbau. Wenn Fachwerk und Dach fertig waren, galt der Hausbau als beendet); das Dach der Welt (das Hochland von Tibet).
Dach|bo|den (der, -s, -bö|den) Speicher.
Dach|de|cker (der, -s, -) Handwerker, der Dächer mit Dachziegeln bedeckt.
Dach|gar|ten (der, -s, -gär|ten) flaches, bepflanztes Dach, Dachterrasse.
Dach|gau|be (*auch:* Dach|gau|pe) (die, -, -n) stehendes Dachfenster.
Dach|ge|schoss (das, -es, -e) die Wohnfläche unter dem Dach.
Dach|ge|sell|schaft (die, -, -en) in der Wirtschaft Holdinggesellschaft; Dachorganisation.
Dach|lu|ke (die, -, -n) kleines Kippfenster im Dach.
Dach|rei|ter (der, -s, -) kleiner schlanker Turm auf dem Dachfirst.
Dachs (der, -es, -e) Marderart. Dachsbau; Dachsfell; Dachshaar.
Dach|scha|den (der, -s, -schä|den) Jmd. hat einen kleinen Dachschaden (jmd. ist verrückt).
Dach|schin|del (die, -, -n) Dachpfanne; Dachziegel.
Dach|stein (der, -s, kein Plural) Gebirgsstock in den Salzburger Kalkalpen; Eishöhlen.
Dach|stuhl (der, -(e)s, -stüh|le) Dach; Dachbalken.
Dach|trau|fe (die, - , -n) Dachrinne.
Dach|ver|band (der, -es, -bän|de) oberste Instanz einer Interessenvertretung; Dachorganisation.
Da|ckel (der, -s, -) Hunderasse; Dachshund; Teckel.
Da|da|is|mus (der, -, kein Plural) Kunstrichtung; Protestbewegung in der Kunst, Bruch mit überkommener künstlerischer Tradition ab 1916.
Da|da|ist (der, -en, -en) Anhänger des Dadaismus.
da|da|is|tisch (Adj.) den Dadaismus betreffend.
Dä|da|lus (kein Art., -, kein Plural) (griech.) in der Mythologie Erbauer des kretischen Labyrinths und Erfinder.
Dad|dy (der, -s, -s/-ies) (engl.) (ugs.) Vater.
da|durch (Adv.) durch diesen Umstand. Dadurch, dass es schneite, saßen wir fest.
Daffke berlinerischer ugs. Ausdruck für nun gerade, aus Trotz. (stammt vom jidd. davko, sicher).
da|für (Adv.) für das; stattdessen. Verben: dafürhalten; etwas/nichts dafürkönnen; dafür sein (zustimmen); das Dafürhalten; nach meinem Dafürhalten. *Beachte:* »dafür« (aber, jedoch) als Verbindung von Sätzen steht mit Komma! Sie spricht gut Französisch, dafür ist sie in Mathe schlecht.
dag (Abk.) **D**ek**ag**ramm.
DAG (Abk.) **D**eutsche **A**ngestellten-**G**ewerkschaft.
da|ge|gen 1. (Adv.) gegen. Verben: dagegenhalten; dagegensetzen; sich dagegenstellen; *aber:* Da werde ich dagegen sein. 2. (Konj.) jedoch. *Beachte:* Sätze mit »dagegen« werden (im größeren Satzgefüge) immer durch Komma abgetrennt! Er bekommt den Job, dagegen gibt es nichts einzuwenden. Sie war zuversichtlich, er dagegen nicht.
Da|go|ba (die, -, -ben) 1. im Buddhismus ein Reliquienschrein; 2. Raum, in dem die Dagoba steht.
da|ha|ben (V., hatte da, hat dagehabt) vorrätig haben. Ich glaube nicht, dass wir noch genug Wein dahaben.
da|heim (Adv.) zu Hause. daheimbleiben; daheimsitzen; sich daheimfühlen;

unser Daheim; *aber:* bei uns daheim; ich komme gerade von daheim; daheim sein; Daheimgebliebene.

da|her (Adv.) von dort; von da; deshalb; darum. *Beachte:* Er könnte auch daher (aus dieser Gegend) sein; ich komme von daher (aus der Richtung); es kommt wahrscheinlich daher, dass er ein Einzelkind ist. *Aber: Zusammenschreibung:* Musst du immer dumm daherreden? dahergelaufen, *aber:* der Dahergelaufene; daherkommen; daherbringen.

da|hin (Adv.) dorthin; bis zu diesem Zeitpunkt. Ich bin gestern bis dahin gewesen; seine dahin gehende (*auch:* dahingehende) Äußerung, dass ...; er hat es bis dahin kommen lassen, dass sie ging. dahinfliegen; dahingehen (vergehen); dahindämmern; dahinleben; dahinsiechen; das bleibt dahingestellt; dahinab; dahinauf; dahinaus; dahinein; dahingegen.

da|hin|däm|mern (V. dämmerte dahin, hat dahingedämmert) dahinvegetieren; ohne Bewusstsein sein.

da|hin|flie|gen (V. flog dahin, ist dahingeflogen) ohne Ziel herumfliegen.

da|hin|le|ben (V., lebte dahin, hat dahingelebt) herumgammeln.

da|hin|sie|chen (V. siechte dahin, ist dahingesiecht) schwer krank, todkrank sein.

da|hin|ge|stellt etwas auf sich beruhen lassen; etwas dahingestellt sein lassen (etwas nicht weiter diskutieren); dahingestellt sein/bleiben (fraglich sein/bleiben).

da|hin|ter (Adv.) hinter diesem. Siehst du den Berg, dahinter liegt die Grenze; da ist nicht viel dahinter. *Aber:* sich dahintersetzen; sich dahinterklemmen; dahinterkommen; dahinterstehen (*auch für:* hinter seiner Meinung); dahinterstecken.

Dah|lie (die, -, -n) Blume; mittelamerikanische Knollenpflanze.

Dail Ei|ream (der, -, kein Plural) das irische Abgeordnetenhaus.

Dai|qui|ri (der, -/-s, -/-s) (kreol.) ein Cocktail; Rum mit Zitronensaft und zerstampftem Eis.

Da|ko|ta (der, -, -) zur Sprachfamilie der Sioux gehörendes nordamerikanisches Indianervolk.

dak|ty|lo|gra|fie|ren (*auch:* dak|ty|lo|gra|phie|ren) (V.) (griech.) auf der Schreibmaschine schreiben.

Dak|ty|lo|gra|fin (*auch:* Dak|ty|lo|gra|phin) (die, -, -phin|nen) (schweiz.) (griech.) Maschinenschreiberin.

Dak|ty|lo|lo|gie (die, -, kein Plural) (griech.) Fingersprache (der Taubstummen).

Dak|ty|lo|s|ko|pie (griech.) (die, -, -n) Fingerabdruckverfahren.

Dak|ty|lus (der, -, -ty|len) (griech.) Versmaß. Adjektiv: daktylisch.

dal (Abk.) **De**k**a**l**iter.

Da|lai-La|ma (der, -, -s) (tibet.) Oberhaupt des Lamaismus.

da|las|sen (V., ließ da, hat dagelassen) zurücklassen. Ich habe meine Adresse dagelassen. *Aber:* Ich habe meine Brille da gelassen, wo ich sie morgen wiederfinde.

Dal|les (der, -, kein Plural) Geldmangel, Armut, Not. Im Dalles sitzen (kein Geld haben, in Armut leben, in Druck sein); in der Klemme sitzen (aus dem Jidd. dalluth, Geldmangel, Armut).

da|lie|gen (V., lag da, hat dagelegen) ausgestreckt liegen; bereitliegen. Es hat doch eben noch dagelegen! *Aber:* Es hat doch eben noch da gelegen, wo ich es gestern hingelegt habe!

dal|li! (Interj.) (poln.) schnell!

Dalk (der, -s, kein Plural) (bayerisch-österr.) 1. dummes Gerede; 2. (pers.) Kutte von Derwischen oder Mönchen.

Dal|ma|ti|ka (die, -, -ken) (lat.) liturgisches Gewand (der Diakone).

Dal|ma|ti|ner (der, -s, -) 1. Hunderasse; 2. Weinsorte. Adjektive: dalmatinisch; dalmatisch.

dal se|g|no (ital.) vom Zeichen an zu wiederholen (bei Musikstücken).

Dal|to|nis|mus (der, -, kein Plural) in der Med. angeborene Farbenblindheit, benannt nach dem engl. Physiker John Dalton.

dam (Abk.) **De**k**am**eter.

da|ma|lig (Adj.) vergangen.

da|mals (Adv.) zu jener Zeit; einst; ehedem; einstens; früher; seinerzeit; vormals; zu jener Zeit.

Da|mas|kus (kein Art.) Hauptstadt von Syrien. Seinen Tag von Damaskus erleben (ein ganz anderer Mensch werden); vom Saulus zum Paulus werden. (Der palästinensische Jude Saulus, zuerst ein Christenverfolger, wurde auf seiner Reise nach Damaskus bekehrt, nahm den Namen Paulus an, und war von da an einer der unbeirrbarsten Anhänger des Christentums.).

Da|mast (der, -s/-es, -e) Stoff.

da|mast|ar|tig (*auch:* da|ma|sten) (Adj.) ähnlich wie Damast; aus Damast.

Da|mas|ze|ner|ro|se (die, -, -) von ihr stammen unsere Gartenrosen; Zuchtform der Rose.

da|mas|zie|ren (V.) Stahl mit feinen Mustern verzieren.

Da|me (die, -, -n) 1. Frau. Eine Dame von Welt sein (eine selbstsichere, gewählte Frau sein; die Dame des Hauses die Hausfrau, Hausherrin). 2. Schachfigur; 3. Spiel. Damenhut.

Da|me|brett (das, -(e)s, -bret|ter) Brett mit schwarzen und weißen Feldern und Steinen für das Damespiel.

Da|men|dop|pel (das, -s, -) jeweils zwei weibliche Tennisspieler treten gegeneinander an.

da|men|haft (Adj.) elegant; vornehm; seriös.

Da|men|sa|lon (der, -s, -s) Friseursalon für Damen.

Da|men|sitz (der, -es, kein Plural) beim Reiten seitlicher Sitz im Damensattel.

Da|men|wahl (die, -, kein Plural) die Damen fordern die Herren zum Tanz auf.

Dam|hirsch (der, -s/-es, -e) Hirschart.

da|mit 1. (Adv.) mit dieser Sache. Schluss damit! Damit kann ich nichts anfangen; damit basta! 2. (Konj.) dass. Pass auf, damit du etwas lernst! Damit du es nur weißt, ich gehe jetzt!

däm|lich (Adj.) albern; dumm; einfältig.

Däm|lich|keit (die, -, kein Plural) Dummheit; Beschränktheit.

Damm (der, -s/-es, Däm|me) 1. Schutzwall; befestigte Straße; 2. Weichteilbrücke zwischen After und Geschlechtsteil. auf dem Damm sein (gesund und munter sein, sich körperlich und geistig fit fühlen); jmdm. wieder auf den Damm helfen (jemanden gesund machen, jmdm. weiterhelfen). (Der Damm ist im Norddeutschen begrifflich mit Deich gleichzusetzen.

Ein Damm ist auch eine befestigte Straße, auf dem man besser vorankommt.).

Dam|mar (das, -s, kein Plural) farbloses bis leicht gelbliches Harz.

Dam|ma|ra|fich|te (die, -, -n) australische, harzreiche Araukarie.

Damm|bruch (der, -(e)s, -brü|che) ein Damm kann den Wassermassen, die er dämmen, zurückhalten soll, nicht mehr standhalten.

däm|men (V.) etwas aufhalten, zurückhalten.

däm|mern (V.) 1. dunkel/hell werden; 2. träumen; 3. ahnen. Dämmerung; dämm(e)rig.

Däm|mer|licht (das, -(e)s, kein Plural) Zwielicht.

Däm|mer|schlaf (der, -(e)s, kein Plural) Halbschlaf.

Däm|mer|schop|pen (der, -s, -) am späten Nachmittag ein Glas (meist in Gesellschaft) trinken.

Däm|mer|stun|de (die, -, -n) Stunde zwischen Tag und Nacht.

Damm|riss (der, -es, -e) Einreißen des Dammes bei der Geburt infolge zu großer Dehnung.

Damm|schnitt (der, -es, -e) chirurgischer Eingriff, der vorgenommen wird, um einen Dammriss zu vermeiden.

Däm|mung (die, -, -en) Isolieren der Wände gegen Lärm und Kälte.

dam|na|tur (lat. es wird verworfen) historische Form der Zensur für Bücher.

Dam|num (das, -s, -na) (ital. Schaden, Verlust) bei Verbindlichkeiten die Differenz zwischen Ausgabe- und Rückzahlungsbetrag.

Da|mo|kles|schwert (das, -es, -er) Sinnbild für drohende Gefahr. (Damokles war Höfling des Dionysios und musste unter einem Schwert, das an einem Pferdehaar hing, an der Tafel des Tyrannen speisen.).

Dä|mon (der, -, -en) (griech.) böser Geist. dämonenhaft.

Dä|mo|nie (die, -, -n) nicht erklärbare, drohende Macht, die von jmdm. oder etwas ausgeht.

dä|mo|nisch (Adj.) unheimlich, von einem Dämon beherrscht.

dä|mo|ni|sie|ren (V.) verteufeln.

Dä|mo|no|lo|gie (die, -, -n), die Lehre von den Dämonen.

Dä|mo|no|pa|thie (die, -, -n) Wahnvorstellung; von Dämonen besessen zu sein.

Dampf (der, -s/-es, Dämp|fe) 1. feuchte Luft; 2. Dunst. Dampf vor etwas haben (ugs.) (Angst, Beklemmungen, Sorgen vor etwas haben). (Hierbei handelt es sich um die ursprüngliche Bedeutung von Dampf, Schweiß, Atem. Wer außer Atem, in Schweiß geraten ist, hat meist ein Gefühl der Beklemmung.); Dampf hinter etwas machen (ugs.) (etwas beschleunigen, vorantreiben, anspornen, drängen); Dampf ablassen (ugs.) (seinem Ärger Luft machen, seine Wut abreagieren) (Ausdruck aus der Technik. Dampf entweicht und der Druck verringert sich.); der Dampf ist raus (ugs.) (etwas hat seinen Schwung verloren, etwas ist langweilig geworden); mit Dampf (mit Ehrgeiz, mit Eifer).

Dampf|bad (das, -es, -bä|der) Schwitzbad in wasserdampfhaltiger Luft.

Dampf|bü|gel|ei|sen (das, -s, -) Bügeleisen mit eingebautem Wasserbehälter.

damp|fen (V.) einnebeln; verdampfen; verdunsten.

dämp|fen (V.) 1. schwächen; beruhigen; mildern; 2. dünsten; abdämpfen; garen; schmoren; 3. bügeln; heißmangeln.

Damp|fer (der, -s, -) Dampfschiff. Auf dem falschen Dampfer sein (ugs.) (etwas Falsches annehmen, unterstellen).

Dämp|fer (der, -s, -) Vorrichtung zum Abschwächen. jmdm. einen Dämpfer aufsetzen (den Übermut, die Ausgelassenheit eines anderen eindämmen); einen Dämpfer bekommen (ugs.) (zurechtgewiesen werden, eine Enttäuschung erfahren).

dämp|fig (*auch:* damp|fig) (Adj.) dunstig; schwül; neblig.

Dämp|fig|keit (die, -, kein Plural) Dampfentwicklung; feuchte Hitze.

Dampf|hei|zung (die, -, -en) mit Wasserdampf betriebene Zentralheizung.

Dampf|kes|sel (der, -s, -) darin wird Dampf erzeugt.

Dampf|nu|del (die, -, -n) Hefeteigkloß, der in Wasserdampf zubereitet wird.

Dämp|fung (die, -, kein Plural) Dämmung von Lärm und Kälte.

Dampf|wal|ze (die, -, -n) mit Dampf betriebene Walze im Straßenbau.

Dan (der, -, -) (japan.) 1. Leistungsgrad der japanischen Kampfsportarten; 2. im A.T. ein Sohn Jakobs; 3. der nach ihm benannte israelitische Stamm.

da|nach (Adv.) hinterher; dahinter; entsprechend.

Da|na|er (die, -, -) bei Homer Name für die Griechen.

Da|na|er|ge|schenk (das, -s, -e) ein Geschenk, das Unglück bringt. ein Danaergeschenk machen (ein Geschenk in der Absicht machen, Unheil und Schaden zu bringen); eine Gabe mit Pferdefuß (ugs.) (Sprichwort nach Vergils »Aeneis«, nach dem das von den Griechen den Trojanern geschenkte Trojanische Pferd durch die in seinem Bauch verborgenen griechischen Krieger der Stadt Troja den unerwarteten Untergang brachte).

Da|na|i|den|ar|beit (die, -, kein Plural) sinnlose, vergebliche Arbeit (nach der griechischen Sage mussten die Töchter des Danaus in der Unterwelt ein Fass ohne Boden mit Wasser füllen).

Dance|floor (der, -s, -s) (engl.) tanzbare Discomusik der 1980er-Jahre.

Dan|cing (das, -s, -s) (engl.) Tanz; Tanzlokal; Tanzveranstaltung.

Dan|dy (der, -s, -s) Modenarr; modisch auffällig gekleideter Mann.

dan|dy|haft (Adj.) eitel; stutzerhaft.

Dan|dy|is|mus (der, -, kein Plural) exklusiv-arroganter Lebensstil. Dandytum.

da|ne|ben (Adv.) bei; im Vergleich dazu; außerdem. *Beachte:* danebengehen (misslingen), *aber:* er soll daneben (nicht dahinter) gehen; sich danebenbenehmen; danebengeraten; danebenliegen (sich täuschen), *aber:* daneben (neben etwas/jemandem) liegen.

Da|ne|b|rog (der, -s, kein Plural) die dänische Flagge.

Dä|ne|mark (ohne Art., -s, kein Plural) skandinavischer Staat. Etwas ist faul im Staate Dänemark (da kann etwas nicht stimmen) (nach William Shakespeares Hamlet: »something ist rotten in the state of Denmark«). Däne; dänisch.

da|nie|der|lie|gen (V., lag danieder, hat daniedergelegen) krank sein; ruiniert sein.

dank (Präp., Dat./Gen.) durch; infolge von. dank seiner Unterstützung; dank der Hilfe; dank deinem Ausharren.

Dank (der, -s/-es, kein Plural) Dankbarkeit; Erkenntlichkeit. Gott sei Dank! Vielen Dank! Ich möchte Ihnen meinen aufrichtigen Dank sagen; *aber:* Ich will Ihnen danksagen. mit Dank zurück; Dankbarkeit; Dankesbezeichnung; ein herzliches Dankeschön, *aber:* danke! danke schön! Du könntest auch einmal danke od. Danke sagen. Dankesworte; Danksagung; Dankschreiben; dankbar; dankerfüllt.

Dank|ad|res|se (die, -, -n) offizielles Dankschreiben.

Dank|bar|keit (die, -, kein Plural) Dankempfindung; Gefühl der Verpflichtung.

dan|ken (V.) Dank sagen. Ich danke für Obst und Südfrüchte. (ugs.) (Das möchte ich nicht wissen, davon möchte ich nichts wissen.); Danke der Nachfrage (Antwort auf die Frage »wie gehts?«) Sonst geht's dir danke (ugs.) (du bist wohl nicht richtig bei Verstand); Bei dir tickt's wohl nicht richtig.

dan|kens|wert (Adj.) verdienstvoll, zu Dank verpflichtend.

dann (Adv.) nachher; in diesem Fall; außerdem. dann und wann; von dann bis dann; bis dann! was dann?

Danse ma|ca|b|re (der, - -, -s -s) (franz.) Totentanz.

dan|tesk (Adj.) (ital.) wie Dante, von seiner Wortgewalt.

Daph|ne (kein Art., -, kein Plural) (griech.) in der griech. Sage eine Nymphe, die von ihrer Mutter Erde in einen Lorbeerbaum verwandelt wird.

Daph|nie (die, -, -n) (griech.) Wasserfloh.

DARA (Abk.) **D**eutsche **A**gentur für **Ra**umfahrt.

Da|ra|buk|ka (die, -, -ken) (arab.) arabische Trommel.

da|r|an (ugs.: dran) (Adv.) an diesem. Er war nahe daran gewesen, zu siegen. Du wirst gut daran tun, die Sache auf sich beruhen zu lassen. *Aber:* darangeben (opfern); darangehen (beginnen); daranhalten (sich beeilen); daranmachen (beginnen); alles daransetzen (aufbieten).

da|r|auf (ugs: drauf) (Adv.) auf dieses. darauf hindeuten; darauf hinweisen; darauf folgen; am darauf folgenden (od. darauffolgenden) Abend; *aber:* darauflegen, daraufstellen (Betonung auf »darauf«); daraufhin (dann, darauf; *auch:* etwas daraufhin überprüfen). *Wichtig:* Das umgangssprachlich verkürzte »drauf« schreibt man in Verbverbindungen immer zusammen! Da muss ich noch Geld drauflegen/draufgeben; draufgehen (zugrunde gehen); draufhalten; drauflosgehen; du sollst nicht immer gleich drauflosschimpfen; *aber:* gut drauf sein.

da|r|aus (ugs.: draus) (Adv.) aus diesem. *Beachte:* wird immer vom Verb getrennt geschrieben. Daraus folgt, dass er nicht will; was wird daraus? Ich will mir nichts daraus machen.

dar|ben (V.) entbehren; hungern; Not leiden.

dar|bie|ten (V., bot dar, hat dargeboten) anbieten; sich zeigen.

Dar|bie|tung (die, -, -en) Auftritt; Aufführung, Gastspiel; Vorführung; Vorstellung; Darbietungsform.

dar|brin|gen (V., brachte dar, hat dargebracht) geben; widmen.

Dar|brin|gung (die, -, -en) Opfer.

Dar|da|nel|len (die, -, kein Plural) im Altertum Hellespont; Meerenge zwischen Europa und Kleinasien, verbindet das Marmarameer und die Ägäis; wichtige Schifffahrtsstraße.

da|r|ein (ugs.: drein) (Adv.) in dieses. *Beachte:* sich darein ergeben; sich darein fügen, *aber:* sich in eine Sache d(a)reinfinden; jemandem d(a)reinreden; sich in die Sachen anderer d(a)reinmischen.

da|r|in (ugs.: drin) (Adv.) hierin; in diesem. Darin täuschst du dich. Ich möchte nicht spazieren gehen, sondern darin (im Haus) bleiben; *aber:* Du musst heute drinbleiben; drinsitzen; drinstecken. *Wichtig:* Das umgangssprachlich verkürzte »drin« schreibt man in Verbverbindungen immer zusammen!

Dar|jee|ling (der, -, -s) (ind.-engl.) eine indische Teesorte.

dar|le|gen (V., legte dar, hat dargelegt) erklären; darstellen; dartun; demonstrieren; erläutern; skizzieren.

Dar|le|gung (die, -, -en) Abhandlung; Ausführung; Erläuterung; Überlegung.

Dar|le|hen (das, -s, -) Kredit.

Dar|le|hens|ge|ber (der, -s, -) sind meist Geldinstitute, die gegen Zinsen das Geld verleihen.

Dar|le|hens|kas|se (die, -, -n) Geldinstitut.

Dar|le|hens|sum|me (die, -, -n) die Höhe des Darlehens.

Dar|le|hens|zins (der, -es, -en) Gebühr für das geliehene Geld.

Dar|ling (der, -s, -s) (engl.) Liebling.

Darm (der, -s, Där|me) Verdauungsorgan. Darminfektion; Darmverschluss.

Darm|aus|gang (der, -s, -gän|ge) After.

Darm|ent|lee|rung (die, -, -en) Stuhlgang.

Darm|flo|ra (die, -, kein Plural) im Darm lebende Bakterien.

Darm|spü|lung (die, -, -en) Einlauf.

Darm|träg|heit (die, -, kein Plural) Verstopfung.

Darm|wind (der, -(e)s, -e) Blähungen; Pups.

dar|nie|der|lie|gen (V., lag darnieder, hat darniedergelegen) 1. jmd. ist krank, bettlägerig; 2. der Handel zwischen Staaten kann darniederliegen.

Dar|re (die, -, -n) Trocken- oder Röstvorrichtung; Darrsucht.

dar|rei|chen (V., reichte dar, hat dargereicht) anbieten; geben. Darreichung.

dar|stel|len (V., stellte dar, hat dargestellt) 1. abbilden; 2. darlegen; 3. spielen.

dar|stel|len|de Kunst (die, -n -, kein Plural) Pantomimik; Schauspiel- und Tanzkunst.

Dar|stel|ler/in (der/die, -s/-in, -/in|nen) Schauspieler; Opernsänger.

dar|stel|le|risch (Adj.) jmd. ist darstellerisch begabt.

Dar|stel|lung (die, -, -en) Beschreibung; Schilderung.

Dar|stel|lungs|kunst (die, -, -küns|te) die Fähigkeit, Begabung, etwas oder jemanden auf einer Theaterbühne darstellen zu können.

Dar|stel|lungs|mit|tel (die, -, -) Ausdrucksmittel auf künstlerischer Ebene.

Dar|stel|lungs|wei|se (die, -, -n) Ausdrucksweise.

Dart|moor (das, -s, kein Plural) Moor- und Heidelandschaft im Südwesten Englands, Nationalpark.

Darts (das, -, kein Plural) (engl.) Spiel mit Wurfpfeilen.
da'r'ü'ber (ugs.: drü'ber) (Adv.) über dieses. darüber hinaus, darüber hinausgehende (*auch:* darüberhinausgehende) Kenntnisse; darüber reden; *aber:* mit der Hand darüberfahren; darüberfallen; darüberstehen (über etwas erhaben sein). Du darfst dir keine Sorgen darüber machen.
da'r'um (ugs.: drum) (Adv.) um dieses; deshalb. Du wirst nicht darum herumkommen; darum herumreden; darum, dass; darum, weil. Ich will es genau darum machen. *Beachte:* »darum« in der Bedeutung »deshalb« wird immer vom Verb getrennt geschrieben! *Außerdem:* »darum« in der Bedeutung »herum« wird in Verbverbindungen zusammengeschrieben! darumkommen; darumlegen; darumsitzen; darumstehen.
da'r'un'ter (ugs.: drun'ter) (Adv.) unter diesem; inmitten. darunterfallen; daruntersetzen; daruntersitzen; darunterliegen. drunterfallen, druntersitzen. *Beachte:* Leitet »darunter« eine Aufzählung ein, so steht es mit Komma! Viele Menschen, darunter auch ältere, nahmen an der Demonstration teil.
Dar'wi'nis'mus (der, -, kein Plural) Evolutionslehre.
dar'win'sche/dar'wi'ni'sche/Dar'win'sche Leh're (die, -, kein Plural) die Lehre von der stammesgeschichtlichen Entwicklung durch Auslese, begründet vom Naturforscher Charles Darwin.
Dar'wi'nist (der, -en, -en) Anhänger der Lehre Darwins.
dar'wi'nis'tisch (Adj.) die Lehre Darwins betreffend.
das 1. (Art.) das Mädchen; 2. (Pron., demonstr.) dieses. das heißt (Abk.: d. h.); das wollte ich nicht! 3. (Pron., rel.) welches. das Haus, das ich kaufen will. *Wichtig:* »das« wird mit einfachem »s« geschrieben, wenn man es durch »dieses, jenes, welches« ersetzen kann! (→ dass).
da sein (V., war da, ist da gewesen) anwesend sein; sich ereignen. Wichtig ist es, da zu sein. So etwas soll noch nie da gewesen sein. Ruf an, ob sie da ist! Kannst du da (dort) sein, wo wir uns gestern trafen? Daseinsweise; daseinshungrig; daseinsmäßig.
Da'sein (das, -s, kein Plural) philosophischer Begriff für die reale Existenz einer Sache.
Da'seins'ana'ly'tik (die, -, kein Plural) versucht den Sinn des Seins zu ergründen.
Da'seins'be'rech'ti'gung (die, -, kein Plural) die Begründung der Existenz.
Da'seins'kampf (der, -es, kein Plural) Kampf ums Dasein; Überlebenskampf.
das heißt (Abk.: d. h.) das bedeutet. *Wichtig:* steht mit Komma, wenn es eine nähere Bestimmung einleitet. Im August, d. h. in drei Wochen, fahren wir in Urlaub. *Außerdem:* steht zwischen zwei Kommas, wenn noch ein Satz folgt. Er konnte nicht kommen, das heißt, er wollte nicht kommen.
da'sit'zen (V., saß da, hat dagesessen) herumsitzen. Wie sie alle brav dasitzen! *Aber:* Ich will da sitzen, nicht dort.
das'je'ni'ge (Pron., demonstr.) das. Es war dasjenige Buch, was/welches ich in der Auslage gesehen habe.
dass (Konj.) *Beachte:* »dass« steht mit Komma zwischen Haupt- und Nebensatz! Ich freue mich, dass du kommst. *Wichtig:* Bei Wendungen wie »aber dass, denn dass, auch dass, als dass, anstatt dass, außer dass, nämlich dass, ohne dass, sodass« etc. steht das Komma jeweils vor der ganzen Wendung. Er kam, ohne dass er sich angekündigt hatte. *Aber:* angenommen(,) dass; vorausgesetzt(,) dass; dadurch(,) dass; in der Ahnung, dass. sodass (*auch:* so dass); dass-Satz (*auch:* Dasssatz).
das'sel'be (Pron., demonstr.) genau das Gleiche. Das ist ein und dasselbe. Beide wollten dasselbe.
Das'sel'flie'ge (die, -, -n) Schmarotzerfliege; Biesfliege.
da'ste'hen (V., stand da, hat dagestanden) herumstehen; sich in einer Lage befinden. Wir mussten regungslos dastehen. *Aber:* Die Lampe soll da stehen, nicht dort.
Dat. (Abk.) **Dat**iv.
DAT (Abk.) **D**igital **A**udio **T**ape. DAT-Recorder.
Da'ta'base (die, -, -s) (engl.) Datenbank.
Date (das, -s, -s) (engl.) Verabredung.
Da'tei (die, -, -en) Dokumentensammlung. Bez. für eine nach bestimmten Kriterien zusammengestellte Menge an Daten.
Da'tei'for'mat (das, -(e)s, -e) die Dateinamen, unter denen Daten auf dem Speichermedium eines Computers hinterlegt sind, werden mit speziellen Namenskürzeln (engl. extension) versehen, um einen Datenaustausch zwischen verschiedenen Systemen zu erleichtern. Die gebräuchlichsten sind: .arj, .asc; .bin; .doc; .exe; .gif; .hmtl; .pdf; .ps; .tif; .txt; .zip.
Da'ten (die, nur Plural) 1. Angaben; 2. Zahlenwerte; 3. Gesamtheit aller speicherbaren Informationen. Daten verarbeitend (*auch:* datenverarbeitend).
Da'ten'au'to'bahn (die, -, -en) Information, Schlagwort für Datenverarbeitung in Netzwerken.
Da'ten'bank (die, -, -en) Zusammenfassung von Datenbeständen auf elektronischen Speichermedien mit großer Kapazität. Die Daten können nach bestimmten Merkmalen abgefragt werden.
Da'ten'fern'über'tra'gung (die, -, -en) (Abk. DFÜ) Übertragung von Daten zwischen räumlich getrennten Teilnehmern mithilfe eines Datennetzes über öffentliche Fernsprechleitungen oder private Systeme.
Da'ten'kon'ver'tie'rung (die, -, -en) Datenumwandlung von einem Dateiformat in ein anderes.
Da'ten'schutz (der, -es, kein Plural) Maßnahmen, die die unberechtigte Einsichtnahme oder Weiterverarbeitung von personenbezogenen Daten verbieten.
Da'ten'ty'pis'tin (die, -, -nen) Schreibkraft für Datenerfassung.
Da'ten'ver'ar'bei'tung (die, -, kein Plural) (Abk.: DV) elektronische Informationsverarbeitung wie erfassen, ordnen, speichern, übertragen, verändern von Daten mit Computern. elektronische Datenverarbeitung (Abk.: EDV).
da'tie'ren (V.) mit Datum versehen; stammen aus. Datierung.
Da'tiv (der, -s, -e) (lat.) Wemfall (3. Fall).

da|to (Adv.) (ital.) bis heute; von heute an.
Da|to|wech|sel (der, -s, -) Wechsel, bei dem von vornherein das Einlösedatum festgelegt wird.
Dat|scha (die, -, -s) russisches Landhaus.
Dat|sche (die, -, -n) (russ.) = Datscha.
Dat|tel (die, -, -n) Frucht. Dattelpalme.
Da|tum (das, -s, -ten) Zeitangabe (Kalender). Datumsangabe → Regelkasten.
Da|tums|gren|ze (die, -, kein Plural) verläuft entlang dem 180. Längengrad im Stillen Ozean. Überschreitet man sie von West nach Ost, erlebt man den selben Tag noch mal, in umgekehrter Richtung fehlt ein Tag.
Da|tums|stem|pel (der, -s, -) Stempel für den Posteingang mit dem aktuellen Tagesdatum.
Da|tu|ra (die, -, kein Plural) (arab.) Stechapfel (als Heilpflanze).
Dau (*auch:* Dhau) (die, -, -en) arabisches Zweimastschiff.
Da|tu|ra (die, -, kein Plural) (arab.) Stechapfel (als Heilpflanze).
Dau (die, -, -en) arabisches Zweimastschiff.
Dau|be (die, -, -n) 1. gebogenes Brett für die Herstellung von Fässern; 2. Zielklotz (Eisstockschießen).

Datum

Es gibt vier Möglichkeiten eine Wochentagsangabe mit Datum auszudrücken:

1. ohne die Präposition »am« folgt immer der Nominativ oder der Akkusativ:
   a) Bewerbungsschluss ist Montag, der 7. November 1994.
   b) Der Kurs beginnt Montag, den 14. November.
2. mit der Präposition »am« folgt entweder der Dativ oder der Akkusativ:
   a) Wir treffen uns am Donnerstag, dem 20. 10. 1994.
   b) Einsendeschluss ist am Freitag, den 26. November.

Dau|er (die, -, -n) Zeitraum; Beständigkeit. auf die Dauer.
Dau|er|ar|beits|lo|sig|keit (die, -, kein Plural) Langzeitarbeitslosigkeit.
Dau|er|auf|trag (der, -(e)s, -trä|ge) Auftrag eines Kontoinhabers an seine Bank, von seinem Konto regelmäßig wiederkehrende Überweisungen vorzunehmen.
Dau|er|be|schäf|ti|gung (die, -, -en) Beschäftigung auf Dauer; ständige Beschäftigung.
Dau|er|bren|ner (der, -s, -) 1. Ofen, der über lange Zeit ohne Unterbrechung brennt; 2. (ugs.) Musik- oder Theaterstück, das über lange Zeit erfolgreich und im Gespräch ist.
Dau|er|ein|rich|tung (die, -, -en) eine Maßnahme von Dauer.
Dau|er|haf|tig|keit (die, -, kein Plural) Beständigkeit; von Dauer sein.
Dau|er|kar|te (die, -, -n) Eintritts- oder Fahrkarte, die über einen längeren Zeitraum gültig ist.
Dau|er|mie|ter (der, -s, -) bewohnt eine Wohnung über längere Zeit.
dau|ern (V.) 1. anhalten; währen. Es dauert einige Minuten. 2. bedauern. Es dauert mich. (Ich bedaure es.).
dau|ernd (Adj.) ständig; unaufhörlich. dauernde Störungen.
Dau|er|par|ker (der, -s, -) jmd., der länger als zwei Stunden parkt.
Dau|er|re|gen (der, -s, kein Plural) lange Zeit anhaltender Regen.
Dau|er|schlaf (der, -es, kein Plural) Heilschlaf.
Dau|er|ton (der, -es, -tö|ne) Ton, der mit gleichbleibender Frequenz über längere Zeit erzeugt wird.
Dau|er|wel|le (die, -, -n) mittels chemischer Präparate erzeugte Locken oder Wellen, modische Frisur.
Dau|er|wurst (die, -, -würs|te) lange haltbare Wurst, Salami.
Dau|er|zu|stand (der, -es, kein Plural) eine über einen langen Zeitraum unveränderte Lage.
Däum|chen (das, -s, -) kleiner Daumen. Däumchen drehen (sich langweilen).
Dau|men (der, -s, -) Finger. jmdm. die Daumen halten (jmdm. in seinem Vorhaben mit guten Wünschen beistehen, jemanden zu etwas beglückwünschen); jmdm. den Daumen aufs Auge setzen/halten/drücken (jmd. mit Gewalt zu etwas zwingen). (von den Ringkämpfern entlehnte Redewendung; wenn der Unterlegene nicht aufgeben wollte, wurde ihm angedroht, sein Auge mit dem Daumen auszudrücken); jmdm. die Pistole auf die Brust setzen, jmdm. das Messer an die Kehle setzen. etwas über den Daumen peilen (etwas grob abschätzen) (ein Ausdruck, der aus der Seemannssprache stammt; peilen heißt, den Standort/die Richtung bestimmen); den Daumen auf etwas halten (auf etwas bestehen); per Daumen (ugs.) (als Anhalter). Daumennagel; daumenbreit; daumendick.
Dau|men|lut|scher (der, -s, -) Kleinkind, das zur Beruhigung am Daumen lutscht.
Dau|men|re|gis|ter (das, -s, -) Zahlen oder Buchstaben außen an den rechten Buchseiten zum leichteren und schnelleren Auffinden von Suchbegriffen; Handmarke.
Dau|men|schrau|be (die, -, -n) Folterwerkzeug, bei dem mit Schrauben die Daumen gequetscht werden. jmdm. die Daumenschraube aufsetzen/anlegen (jmdm. energisch zusetzen).
Däum|ling (der, -s, -e) Märchenfigur, die nicht größer als ein Daumen ist.
Dau|ne (die, -, -n) Flaumfeder. Daunenbett.
Dau|nen|ano|rak (der, -s, -s) mit Daunen gefüllte Jacke.
dau|nen|weich (Adj.) luftig weich.
Da|vid(s)|stern (der, -s, -e) Hexagramm; Stern mit sechs Zacken aus zwei übereinandergeschobenen Dreiecken (Symbol der Juden).
Da|vis|cup (*auch:* Da|vis-Cup) (der, -s, -s) Tenniswettbewerb; Wanderpokal. Davispokal (*auch:* Davis-Pokal).
Da|vit (der, -s, -s) (engl.) Bootskran (auf dem Schiffsdeck).
da|von (Adv.) von diesem; von dort. davongehen (weggehen); davonlaufen (weglaufen); sich davonmachen (aus dem Staub machen); sich davonschleichen. *Aber:* Das ist alles, was davon geblieben ist; auf und davon; das kommt davon, dass du so wenig schläfst; es ist zum Davonlaufen!

da|von|ge|hen (V. ging davon, ist davongegangen) einen Ort verlassen; weggehen.
da|von|lau|fen (V. lief davon, ist davongelaufen) weglaufen.
da|von|schlei|chen (V., refl., schlich sich davon, hat sich davongeschlichen) leise einen Ort verlassen.
da|vor (Adv.) vor diesem; vorher. davorhängen; davorliegen; davorstellen; davorstehen; davorschieben.
da|wai! (Interj.) (russ.) los!
DAX (der, -, kein Plural) (Abk.) **D**eutscher **A**ktieninde**x**.
da|zu (Adv.) hinzu; zu diesem. *Beachte:* in der Bedeutung von »hinzu« meist Zusammenschreibung! dazutun (hinzufügen), *aber:* etwas dazu (dafür) tun. dazulernen; dazugehören; dazukommen; dazukönnen; dazulegen; dazugehörig; ohne mein Dazutun.
da|zwi|schen (Adv.) zwischen; darunter. dazwischenreden (jemanden unterbrechen); dazwischenkommen; dazwischenrufen; dazwischengehen; dazwischentreten, *aber:* dazwischen (im wörtlichen Sinn als Orts- bzw. Zeitbestimmung) treten.
da|zwi|schen|ge|hen (V. ging dazwischen, ist dazwischengegangen) einen Streit schlichten; zwischen den streitenden Parteien vermitteln.
da|zwi|schen|kom|men (V. kam dazwischen, ist dazwischengekommen) etwas unterbrechen. wenn nichts dazwischenkommt.
da|zwi|schen|ru|fen (V., rief dazwischen, hat dazwischengerufen) etwas durch einen Einwurf unterbrechen.
dB (Abk.) **D**ezi**b**el.
DB (Abk.) **D**eutsche **B**ahn AG.
DBB (Abk.) **D**eutscher **B**eamten**b**und.
DBGM (Abk.) **D**eutsches **B**undes-**G**ebrauchs**m**uster.
DBP (Abk.) **D**eutsche **B**undes**p**ost.
DBV (Abk.) **D**eutscher **B**auern**v**erband e.V.
d. c. (Abk.) **d**a **c**apo.
DCC (kein Art.) Abk. für **D**igital **C**ompact **C**assette; Tonband für digitale Tonaufzeichnung.
d. d. (Abk.) **d**e **d**ato.
Dd. (Abk.) **D**oktoran**d**.
ddp (Abk.) **D**eutscher **D**e**p**eschendienst.
DDR (Abk.) **D**eutsche **D**emokratische **R**epublik (1949–1990).
DDT (Abk.) Insektenbekämpfungsmittel (Warenzeichen).
D-Dur (das, -, kein Plural) Tonart. D-Dur-Tonleiter.
Dead|heat (*auch:* Dead Heat) (das, -s, -s) (engl.) unentschiedenes Rennen.
Dead|line (die, -, -s) (engl.) letztmöglicher Fertigstellungs- oder Ablieferungstermin einer Arbeit.
Dead|weight (das, -s, kein Plural) (engl.) Maß für Tragfähigkeit/Aufnahmevermögen eines Schiffes, meist in Deadweighttons (tdw) angegeben.
Deal (der, -s, -s) (engl.) das Geschäft, der Handel.
dea|len (V.) (engl.) mit Rauschgift handeln.
Dea|ler (der, -s, -) Drogenhändler, Rauschgifthändler.
Dean (der, -s, -s) (lat., franz., engl.) englische Bezeichnung für Dekan.
Death Me|tal (der, -s, kein Plural) (engl.) sehr düstere Variante des Heavy Metals.
Death Val|ley (das, - -s, kein Plural) (engl. Todestal) bis 86 Meter unter den Meeresspiegel reichende abflusslose Senke in Kalifornien, USA; Wüstenklima mit Temperaturen bis 56 Grad Celsius; fast unbewohnt.
De|ba|kel (das, -s, -) (franz.) Zusammenbruch; Untergang.
De|bar|deur (franz.) 1. (der, -s, -e) jmd., der die Fracht löscht; 2. (das, -s, -s) Hemdchen mit Trägern.
de|bar|kie|ren (V.) (franz.) ausladen; eine Fracht löschen.
De|bat|te (die, -, -n) (franz.) Diskussion; Wortgefecht.
de|bat|tie|ren (V.) diskutieren; erörtern; verhandeln.
De|bat|tier|klub (*auch:* De|bat|tier|club) (der, -s, -s) Gesprächsrunde.
De|bauche (die, -, -n) (franz.) Ausschweifung; debauchieren.
De|bet (das, -s, -s) (lat.) Sollseite des Kontos; Schulden. Verb: debitieren.
de|bil (Adj.) (lat.) schwachsinnig. Debilität.
De|bi|li|tät (die, -, kein Plural) in der Med. leichtester Grad des Schwachsinns.
de|bi|tie|ren (V.) ein Konto belasten.
De|bi|tor (die, -n, -n) im Kaufmännischen Käufer bzw. Schuldner.
De|bi|to|ren|kon|to (das, -s, -en) in der Buchhaltung das Forderungskonto.
De|brecz|i|ner (*auch:* De|b|re|zi|ner) (die, nur Plural) scharf gewürzte Würstchen.
De|bug|ging (das, -s, kein Plural) (engl.) Entwanzer; Dienstprogramm zur Fehlersuche in Computerprogrammen.
De|büt (das, -s, -s) (franz.) erste Vorstellung; erstes Auftreten. Debütant; debütieren.
de|chif|frie|ren (V.) (franz.) entziffern; (Geheimschrift, Nachricht) entschlüsseln. Dechiffrierung.
Deck (das, -s, -s) Stockwerk im Schiff. nicht ganz auf Deck sein (sich nicht wohl fühlen, krank sein, das Bett hüten müssen) (aus der Seemannssprache, auf dem Schiff halten sich die Kranken unter Deck auf). Oberdeck.
Deck|ad|res|se (die, -, -n) Tarnadresse. Deckanschrift
Deck|bett (das, -es, -en) Bettdecke; Decke; Federbett; Oberbett; Plumeau; Steppdecke; Zudecke.
Deck|blatt (das, -es, -blät|ter) oberstes Blatt.
De|cke (die, -, -n) 1. Bettdecke; Wolldecke; Plaid; Reisedecke; Zudecke; 2. Tischdecke; 3. Plafond; Zimmerdecke; 4. Einband. mit jmdm. unter einer Decke stecken (im Einverständnis mit jmdm. sein) (Nach dem mittelalterlichen Eherecht sprangen die Eheleute unter Zeugen ins Bett und schlugen die Decke über sich. Die Ehe war somit rechtskräftig.); sich nach der Decke strecken (sich nach den Verhältnissen richten, seinen Verhältnissen entsprechend leben) (Wer eine große Bettdecke, also viel Geld hat, kann sich hinlegen wie er will, er wird nicht frieren, wer nur eine kleine Decke hat, muss sich nach der Decke strecken.); vor Freude an die Decke springen (sich unbändig freuen); an die Decke gehen (sehr wütend werden, erbost sein); hochgehen. Jmdm. fällt die Decke auf den Kopf (jmd. hält es in seiner Wohnung nicht mehr aus).

De|ckel (der, -s, -) Verschluss. (ugs.) Topfdeckel. eins auf den Deckel bekommen /kriegen (ugs.) (gemaßregelt oder zurechtgewiesen werden) (aus der Studentensprache, Deckel meint hier Hut oder Mütze). Deckelkrug; Deckelkorb.
de|cken (V.) 1. bedecken; 2. beschützen; 3. verbergen; 4. (refl.) übereinstimmen.
De|cken|kon|s|t|ruk|ti|on (die, -, -en) Bauart einer Decke; Entwurf.
De|cken|the|o|rie (die, -, kein Plural) in der Geol. die Ansicht, dass die Alpen und andere große Gebirge als mächtige Stapel von Überschiebungsdecken entstanden.
Deck|far|be (die, -, -n) undurchsichtige Farbe, die Untergrund abdeckt.
Deck|man|tel (der, -s, kein Plural) Tarnung; Vorwand.
Deck|na|me (der, -ns, -n) Pseudonym.
Deck|of|fi|zier (der, -s, -e) Marineoffizier mit Erfahrung an Deck und besonderer Ausbildung.
De|ckung (die, -, kein Plural) 1. Geldmittel zum Ausgleich einer Forderung; 2. Manndeckung beim Mannschaftssport; 3. Begattung bei Tieren. in Deckung gehen (Schutz suchen).
De|ckungs|auf|la|ge (die, -, -en) die Anzahl von Druckwerken, die verkauft werden muss, damit die verauslagten Kosten gedeckt sind.
De|ckungs|be|trags|rech|nung (die, -, kein Plural) im kaufmännischen Bereich eine Methode der Kalkulation; sie ermittelt den übrig bleibenden Erlös, wenn vom Verkaufserlös die Herstellungskosten abgezogen werden.
De|ckungs|feh|ler (der, -s, -) im Sport Abwehrfehler.
de|ckungs|gleich (Adj.) gleich, in der Form übereinstimmend.
De|ckungs|sum|me (die, -, -n) Höhe der Haftung einer Versicherung.
Deck|weiß (das, -, kein Plural) weiße, deckende Farbe.
De|cla|ra|tion of In|de|pen|dence (die, -, kein Plural) (engl.) die amerikanische Unabhängigkeitserklärung.
De|cla|ra|tion of Rights (die, -, kein Plural) (engl.) Staatsgrundgesetz des britischen Parlaments.
De|co|der (der, -s, -) (engl.) Schaltung, die binär verschlüsselte Eingangssignale decodiert.
de|co|die|ren (*auch:* de|ko|die|ren) (V.) entschlüsseln.
De|co|ding (das, -s, -) (engl.) das Entschlüsseln von Codierung.
Dé|col|le|té (*auch:* De|kol|le|té/De|kol|le|tee) (das, -s, -s) (franz.) Kleidausschnitt.
de|cou|ra|giert (Adj.) (franz.) mutlos.
Dé|cou|vert (das, -s, -s) Aktienmangel an der Börse.
de|cre|scen|do (Adv.) (ital.) abschwellend, allmählich leiser werdend (Musik).
DED (Abk.) **D**eutscher **E**ntwicklungs**d**ienst.
de da|to (lat.) vom Tag der Ausstellung an.
De|di|ka|ti|on (die, -, -ti|o|nen) (lat.); Widmung. Verb: dedizieren.
De|duk|ti|on (die, -, -ti|o|nen) (lat.) Ableitung; Folgerung.
de|duk|tiv (Adj.) aus dem Allgemeinen das Besondere erschließend; ableitend.
de|du|zie|ren (V.) ableiten; folgern. deduzierbar.
Deep|free|zer (der, -s, -) (engl.) Tiefkühltruhe.
Deern (die, -, -s) (nordd.) Mädchen.
De|es|ka|la|ti|on (die, -, -ti|o|nen) (engl.) Zurücknahme militärischer Maßnahmen. deeskalieren.
DEFA (Abk.) **De**utsche **F**ilm **AG** der DDR, heute Deutsche Filmgesellschaft mbH.
de fac|to (lat.) tatsächlich. De-facto-Anerkennung.
De|fä|ka|ti|on (die, -, -ti|o|nen) Kotentleerung.
De|fä|tis|mus (der, -, kein Plural) (franz.) Resignation; Miesmacherei.
De|fä|tist (der, -en, -is|ten) Pessimist; Schwarzseher; jmd. der alles für aussichtslos und hoffnungslos hält.
de|fä|tis|tisch (Adj.) pessimistisch; sich der Mutlosigkeit hingebend.
De|fault (das/der, -s, -s) Grundwerte, Ersatzwerte. In der Datenverarbeitung zum Beispiel Variable oder Schriftart und -größe.
de|fekt (Adj.) (lat.) beschädigt; fehlerhaft.
De|fekt (der, -s, -e) Beschädigung; Fehler; Gebrechen; Fehlerhaftigkeit; Schadhaftigkeit; Schaden.
de|fen|siv (Adj.) (lat.) verteidigend.
De|fen|siv|bünd|nis (das, -ses, -se) Absprache zur gegenseitigen Hilfe im Falle eines Angriffs von Dritten.
De|fen|si|ve (die, -, -en) (franz.) Abwehr; Verteidigung.
De|fen|siv|waf|fe (die, -, -n) Waffen, nur zur Verteidigung, keine Angriffswaffen.
De|fen|sor Fi|dei (der, - -, kein Plural) (lat.) Verteidiger des Glaubens; Ehrentitel des englischen Monarchen.
De|fe|ren|ti|tis (die, -, -ti|den) (lat.) Samenleiterentzündung.
De|fi|cit|spen|ding (*auch:* De|fi|cit-Spen|ding) (das, -/-s, kein Plural) (engl.) Finanzpolitik mit Deckungsdefiziten im Budget.
De|fi|gu|ra|ti|on (die, -, -ti|o|nen) (lat.) Entstellung.
De|fi|lee (das, -s, -s) (franz.) Vorbeimarsch; Parade.
de|fi|lie|ren (V.) im Rahmen einer Parade an jmdm. vorüberziehen.
de|fi|nie|ren (V.) (lat.) erklären; erläutern.
de|fi|nier|bar (Adj.) erklärbar.
de|fi|nit (Adj.) (lat.) bestimmt. definite Größen (Math.); in der Math. Größen, deren Vorzeichen gleich bleiben.
De|fi|ni|ti|on (die, -, -en) 1. Abgrenzung; Bestimmung; Begriffsbildung; Begriffsbestimmung; Determination; Erklärung; 2. in der Computerprogrammierung das Festlegen von Konstanten; Variablen und Bereichen; Deklaration.
de|fi|ni|tiv (Adj.) (lat.) endgültig.
De|fi|ni|ti|vum (das, -s, -va) der endgültige Zustand.
de|fi|ni|to|risch (Adj.) die Definition betreffend.
de|fi|zi|ent (Adj.) (lat.) unvollständig.
De|fi|zi|ent (der, -en, -en) Dienstunfähiger.
De|fi|zit (das, -s, -e) (lat.) Mangel; Fehlbetrag.
de|fi|zi|tär (Adj.) etwas ist mit einem Defizit belastet.
De|fla|ti|on (die, -, -ti|o|nen) (lat.) Entwertung; Preisverfall.

de|fla|ti|o|när (Adj.) eine Deflation bewirkend, auslösend. deflationistisch; deflatorisch.
De|flek|tor (der, -s, -en) (lat.) Rauchkappe als Aufsatz eines Kamins.
De|flek|tor|schild (der, -es, -e) Schutzschild.
De|flo|ra|ti|on (die, -, -ti|onen) (lat.) Entjungferung. Deflorierung; deflorieren.
De|for|ma|ti|on (*auch:* De|for|mie|rung) (die, -, -ti|o|nen) (lat.) 1. Entstellung; 2. Verformung. Deformität (Missbildung); deformieren.
De|frau|da|ti|on (die, -, -ti|o|nen) (österr.) (lat.) (Steuer-)Hinterziehung; Defraudant, defraudieren.
De|frau|dant (der, -en, -en) Betrüger.
de|frau|die|ren (V.) betrügen; hinterziehen; unterschlagen.
De|fros|ter (der, -s, -) (engl.) Abtauvorrichtung (Auto, Kühlschrank). Defrosteranlage.
def|tig (Adj.) kräftig; derb. Deftigkeit.
De|gen (der, -s, -) Stichwaffe. Degenfechten; Degenstoß.
De|ge|ne|ra|ti|on (die, -, -ti|o|nen) Rückbildung; Verfall. Degenerationserscheinung; degeneriert.
de|ge|ne|ra|tiv (Adj.) mit der Degeneration zusammenhängend.
de|ge|ne|rie|ren (V.) (lat. degenerare) entarten.
De|gout (der, -s, kein Plural) (franz.) Abneigung; Ekel; Widerwille.
de|gou|tant (Adj.) (franz.) widerlich; abstoßend. degoutieren.
de|gra|die|ren (V.) herabsetzen; herabwürdigen.
De|gra|die|rung (die, -, -en) (lat.) Rangentzug als Strafe im kirchlichen und militärischen Recht.
De|gres|si|on (die, -, -si|o|nen) Herabsetzung; Abnahme (von Kosten).
de|gres|siv (Adj.) (lat.) herabgesetzt; abnehmend (von Kosten).
de|gus|tie|ren (V.) (lat.) kosten; probieren z. B Wein.
De|gus|ta|ti|on (die, -, -en) (franz. Kostprobe) Genussmittel probieren.
de gus|ti|bus non est dis|pu|tan|dum (lat.) über den Geschmack lässt sich nicht streiten.
dehn|bar (Adj.) 1. elastisch, dehnbares Material; 2. beliebig auslegbare Begriffe.
Dehn|bar|keit (die, -, kein Plural) Elastizität; Dehnfähigkeit.
deh|nen (V.) strecken; verbreitern.
Deh|nung (die, -, -en) Ausbreitung; Ausweitung; Verbreiterung; Verformung.
De|hors (die, nur Plural) (franz. draußen, vor der Türe) Anstand, äußerer Schein.
De|hu|ma|ni|sa|ti|on (die, -, kein Plural) (lat.) Entmenschlichung.
De|hy|d|ra|ta|ti|on (die, -, -ti|o|nen) Wasserentzug zur Trocknung von Lebensmitteln.
Deich (der, -s, -e) Damm. Deichbau.
Deich|sel (die, -, -n) Zugstange.
deich|seln (V.) (ugs.) zustande bringen. etwas deichseln (etwas in die Wege leiten) (Aus der Bauernsprache: soll der unbespannte Erntewagen glatt in die Scheune gebracht werden, so muss die Deichsel gekonnt gelenkt werden).
De|i|fi|ka|ti|on (die, -, -ti|o|nen) (lat.) jmd. oder etwas zum Gott erklären. deifizieren.
Dei Gra|tia (lat.) von Gottes Gnaden.
deik|tisch (Adj.) hinweisend. Deiktika.
dein (Pron., possess.) In Briefen darf »dein« groß- oder kleingeschrieben werden. Mein und Dein verwechseln; deinethalben; deinetwegen; deinesgleichen; um deinetwillen; *aber:* die Deinen/Deinigen (*auch:* deinen/deinigen) (deine Familie); du musst schon das Deinige (*auch:* deinige) dazu beitragen.
Dein|king (das, -/-s, kein Plural) (engl.) der Vorgang des Entfärbens beim Recycling von Altpapier.
De|is|mus (der, -, kein Plural) (lat.) Gottesglaube (aus Vernunftgründen). Deist.
Dé|jà-vu-Er|leb|nis (das, -ses, -se) Erinnerungstäuschung.
De|jeu|ner (das, -s, -s) (franz.) Frühstück; Vormittags-Zwischenmahlzeit.
de ju|re (lat.) von Rechts wegen. die De-jure-Anerkennung.
De|ka (das, -s, -s) (österr.) Kurzform für Dekagramm, zehn Gramm.
De|ka|b|ris|ten (die, -, -) (russ. dekabr, Dezember) Verschworene des Aufstandes von 1825 unter Zar Nikolaus I., erstrebten eine Verfassung und die Aufhebung der Leibeigenschaft.
De|ka|de (die, -, -n) (griech.) Zehn Stück; Zeitspanne von zehn Tage/Wochen/Monate.
de|ka|dent (Adj.) entartet; verfallen.
De|ka|denz (die, -, kein Plural) (lat.-franz.) Entartung; kultureller Niedergang; Verfall.
de|ka|disch (Adj.) auf zehn beruhend; zehnteilig.
De|ka|e|der (der, -s, -) (griech.) Zehnflächner.
De|ka|gon (das, -s, -e) Zehneck.
De|ka|gramm (das, -/-s, -) (österr.) (griech.) zehn Gramm.
De|ka|log (der, -s, -e) (griech.) die Zehn Gebote Gottes.
De|kan (der, -s, -e) (lat.) Amtsträger (Hochschule, Kirche).
De|ka|nat (das, -s, -e) (lat.) Amt oder Bezirk eines Dekans.
De|ka|nei (die, -, -en) Amtsräume und Wohnung des Dekans.
de|kan|tie|ren (V.) 1. abgießen; 2. ältere Rotweine vorsichtig abgießen, dass der Bodensatz zurückbleibt.
De|ka|po|de (der, -n, -n) (griech.) Zehnfußkrebs.
de|kar|tel|li|sie|ren (V.) bestehende Kartelle, Wirtschaftszusammenschlüsse auflösen.
de|ka|tie|ren (V.) (franz.) Stoffe mit Wasserdampf behandeln.
De|kla|ma|ti|on (die, -, -ti|o|nen) kunstvoller Vortrag.
De|kla|ma|tor (der, -s, -o|ren) Vortragender, jmd., der mit viel Pathos seinen Vortrag unterstreicht.
De|kla|ma|to|rik (die, -, kein Plural) Vortragskunst.
de|kla|ma|to|risch (Adj.) sehr ausdrucksstark.
de|kla|mie|ren (V.) etwas ausdrucksstark vortragen.
De|kla|ra|ti|on (die, -, -ti|o|nen) Erklärung. Deklarierung; deklaratorisch; deklarativ.
de|kla|rie|ren (V.) 1. erklären; 2. verzollen.

de|klas|sie|ren (V.) (lat.) herabsetzen. jemanden deklassieren (einem Gegner eindeutig überlegen sein). Deklassierung.

de|kli|nie|ren (V.) (griech.) beugen (Sprachwissenschaft). Deklination; Deklinationsendung; deklinierbar.

de|ko|die|ren (*auch:* de|co|die|ren) (V.) entschlüsseln. Dekodierung.

De|kol|le|tee (*auch:* De|kolle|té) (das, -s, -s) Kleidausschnitt. Dekolletierung.

de|kol|le|tie|ren (V.) bloßstellen.

de|kol|le|tiert (Adj.) tief ausgeschnitten.

De|ko|lo|ni|sa|ti|on (die, -, -ti|o|nen) (lat.) eine Kolonie in die Unabhängigkeit entlassen; dekolonisieren; Dekolonisierung.

de|ko|lo|rie|ren (V.) (lat.-franz.) ausbleichen.

De|kom|pen|sa|ti|on (die, -, -en) in der Med. auffälliger Rückgang der Leistungsfähigkeit eines Organs.

de|kom|po|nie|ren (V.) (lat.) auflösen.

De|kom|pres|si|on (die, -, -si|o|nen) (lat.) Druckabfall.

De|kon|di|ti|o|na|ti|on (die, -, -ti|o|nen) (lat.) durch Schwerelosigkeit hervorgerufene Schwächung der Leistungsfähigkeit.

De|kon|ta|mi|na|ti|on (die, -, -ti|o|nen) Entseuchung nach radioaktiver Strahlung. Dekontaminierung.

de|kon|ta|mi|nie|ren (V.) entgiften; entseuchen.

De|kon|zen|t|ra|ti|on (die, -, -ti|o|nen) Auflösung; Zerstreuung.

de|kon|zen|t|rie|ren (V.) auflösen; zerlegen, zerstreuen.

De|kor (der/das, -s, -s/-e) (franz.) Verzierung; Schmuck.

De|ko|ra|teur/De|ko|ra|teu|rin (der, -s/-, -e/-nen) (franz.) handwerklich begabte und speziell ausgebildete Fachkraft, die Wohnungen, Bühnen und Schaufenster gestaltet.

De|ko|ra|ti|on (die, -, -en) 1. Ausschmückung; Verschönerung; Kulisse; 2. Ordensverleihung. Dekorierung.

De|ko|ra|ti|ons|stoff (der, -es, -e) Stoff für Möbel, Vorhänge und Wandverkleidungen, zur Verschönerung

De|ko|ra|ti|ons|stück (das, -(e)s, -e) Ausstellungsstück.

de|ko|ra|tiv (Adj.) schmückend; wirkungsvoll.

de|ko|rie|ren (V.) 1. ausschmücken; ausstatten; schmücken; verschönern; 2. auszeichnen.

De|kort (der/das, -s, -e) (lat.-ital.) Abzug vom Rechnungsbetrag (bei Warenmängeln).

de|kor|tie|ren (V.) wegen Mängeln einen bestimmten Betrag von der Rechnung abziehen.

De|ko|rum (das, -s, kein Plural) gute Manieren; Anstand.

De|kre|pi|ta|ti|on (die, -, -ti|o|nen) (lat.) knisterndes Zerplatzen (von erhitzten Kristallen). dekrepitieren

De|kret (das, -s, -e) (lat.) Beschluss; Entscheid. Verb: dekretieren.

De|kre|ta|le (das/die, -, -li|en/-n) (lat.) päpstliche Entscheidung.

de|kre|tie|ren (V.) anordnen; verordnen.

De|ku|bi|tus (der, -, kein Plural) (lat.) Wundliegen (bei langer Bettlägrigkeit).

de|ku|pie|ren (V.) (lat.) ausschneiden (mit der Laubsäge).

de|ku|v|rie|ren (V.) (franz.) entlarven; sich offenbaren.

De|lay (die, -, kein Plural) (engl.) Verzögerung; Echo (Audio-, Videotechnik).

de|le|a|tur (lat.) bitte streichen, »es möge getilgt werden« (als Anweisung des Korrektors an den Setzer).

De|le|ga|ti|on (die, -, -ti|o|nen) (lat.) Abordnung. Delegationsleiter; Delegierung.

De|le|ga|tur (die, -, -en) (lat.) der Amtsbereich eines Apostolischen Delegaten.

de|le|gie|ren (V.) Im Sinne von »eine Person zu etwas senden« wird das Verb »delegieren« mit den Präpositionen »zu« oder »in« verbunden. Zwei Betriebsratsmitglieder hat man zu dem Meeting delegiert. Je drei Vertreter der Regierung und der Opposition wurden in die Verhandlungsrunde delegiert. In der Bedeutung »eine Sache an eine Person übertragen« wird das Verb »delegieren« mit den Präpositionen »an« oder (*seltener*) »auf« verbunden Die Verantwortung in dieser Frage wurde vom Bund an die Länder delegiert; (*selten*) wurde vom Bund auf die Länder delegiert.

De|le|gier|te (der, -n, -n) Abgeordneter. *Beachte:* Diese Bezeichnung wird wie ein attributives Adjektiv gebeugt. Der Delegierte sprach über die gefährliche Belastung der Ozonschicht. Drei Delegierte unterstützen den Reformvorschlag. Der Betrüger gab sich als Delegierter aus. Nur wenige Delegierte kannten die Tagesordnung. Nach einem starken Adjektiv wird im Genitiv der Plural stark gebeugt. Die Beteiligung einflussreicher Delegierter an der Demonstration war eine Sensation. Bei einem Dativ in der Einzahl wird nach einem starken Adjektiv schwach dekliniert. Zitiertem Delegierten war ein Fehler unterlaufen. Als Apposition verwendet, kann die starke oder schwache Deklination erfolgen. Ihm als Delegiertem oder ihm als Delegierten bzw. ihr als Delegierter oder ihr als Delegierten wurde dieser Fehler nicht verziehen. Nach Herr ist die schwache Beugung üblich, nach Frau die starke oder schwache. Er hat mit Herrn Delegierten Fliege heute verhandelt. Er hat mit Frau Delegierten oder Delegierter Müller heute gestritten. Fehlt Herr bzw. Frau, wird stark gebeugt. Mit Delegiertem bzw. Delegierter Meier betrat ein guter Redner das Podium.

de|lek|tie|ren (V., refl.) (lat.) ergötzen; gütlich tun.

de|le|tär (Adj.) (lat.) verderblich; todbringend.

Del|fin (*auch:* Del|phin) (der, -s, -e) (griech.) Zahnwal; Schwimmstil. Delfinarium (*auch:* Delphinarium). das Delfinschwimmen (*auch:* Delphinschwimmen); Delfinschwimmer (*auch:* Delphinschwimmer); Verb: delfinschwimmen (*auch:* delphinschwimmen) *oder* Delfin schwimmen (*auch:* Delphin schwimmen); *aber nur:* ich schwimme Delfin (*auch:* Delphin).

Del|fi|na|ri|um (*auch:* Del|phi|na|ri|um) (das, -s, -rien) großes Wasserbecken, in dem Delfine leben und ihre Kunststücke vorführen.

Del|fi|no|lo|ge (auch: Del|phi|no|lo|ge) (der, -n, -n) jmd., der das Verhalten der Delfine wissenschaftlich untersucht.

Delft (kein Art.) Stadt in Holland.

Delf|ter Fa|yence (die, - -, - -n) Steingut, Tonwaren, hergestellt in Delft, weiß glasiert und blau bemalt.

de|li|kat (Adj.) (franz.) köstlich; wohlschmeckend.

De|li|ka|tes|se (die, -, -n) 1. Leckerbissen; 2. Köstlichkeit. Delikatess(en)-geschäft.

De|likt (das, -s/-es, -e) (lat.) Vergehen; strafbare Handlung, die im Strafrecht Bestrafung, im Zivilrecht Schadenersatzpflicht nach sich zieht.

De|likt|fä|hig|keit (die, -, kein Plural) Begriff des Strafrechts, wonach nur der schuldfähige Täter für kriminelle Handlungen bestraft werden darf.

de|li|ne|a|vit (Abk. del., delin.) (lat.) wurde auf Kupferstichen hinter den Künstlernamen geschrieben ... hat gezeichnet.

De|lin|quent (der, -en, -en) (lat.) Verbrecher; Verurteilter. Adjektiv: delinquent.

De|li|ri|um (das, -s, -ri|en) (lat.) Rauschzustand mit Wahnvorstellungen.

De|li|ri|um tre|mens (das, - -, kein Plural) Halluzinationen; ausgelöst durch Alkoholentzug bei Süchtigen; Säuferwahn.

de|li|zi|ös (Adj.) (franz.) delikat; köstlich.

De|li|zi|us (der, -, -) Apfelsorte. Golden Delicious.

Del|kre|de|re (das, -, -) (ital.) Haftung für eine Forderung.

Del|le (die, -, -n) Beule; Mulde.

Del|phin → Del|fin.

Del|ta (das, -s, -s) (griech.) griechischer Buchstabe (Δ, δ); Flussmündung. Deltastrahlen (*auch:* δ-Strahlen); deltaförmig.

Del|ta|flü|gel (der, -s, -) dreieckförmige, nach vorn gepfeilte Tragflächen bes. bei Überschallflugzeugen.

Del|ta|mus|kel (der, -s, -) dreieckiger Muskel des Schultergelenks, durch ihn wird der Arm gehoben.

de luxe (franz.) mit allem Luxus. Die De-Luxe-Ausstattung.

De|m|a|go|ge (der, -n, -n) (griech.) Aufwiegler; Volksverführer.

De|m|a|go|gie (die, -, -) die Begabung, durch leidenschaftliche Reden das Volk zu verführen; Volksaufwiegelung.

dem|a|go|gisch (Adj.) aufwieglerisch; die Demagogie betreffend.

De|man|to|id (der, -s, -e) (nlat.-griech.) grünes Granatmineral.

De|mar|che (die, -, -n) (franz.) diplomatischer Einspruch (bei einer fremden Regierung).

De|mar|ka|ti|on (die, -, -ti|o|nen) (franz.) Abgrenzung.

De|mar|ka|ti|ons|li|nie (die, -, -n) vorläufige Grenzlinie zwischen zwei Staaten.

de|mar|kie|ren (V.) durch eine Grenze abtrennen.

De|mar|kie|rung (die, -, -en) Abgrenzung.

de|mas|kie|ren (V.) (franz.) entlarven. Demaskierung.

De|ma|te|ri|a|li|sa|ti|on (die, -, -ti|o|nen) (lat.) Auflösung von Materie, Unsichtbarwerden.

dem|ent|ge|gen (Adv.) dagegen; hingegen.

De|men|ti (das, -s, -s) (lat.) Widerruf; Richtigstellung.

De|men|tia (die, -, -zen) (lat.) erworbene Geistesschwäche; Demenz. Dementia praecox (Form der Schizophrenie); Dementia senilis (Altersschwachsinn).

de|men|tie|ren (V.) eine Meldung oder Aussage offiziell richtigstellen oder widerrufen.

dem|ent|spre|chend (Adj.) demgemäß.

De|me|ter (die, -, kein Plural) (griech.) in der Mythologie Göttin der Erde und der Fruchtbarkeit; entspricht der römischen Ceres.

De|menz (die, -, -en) (lat.) erworbener Schwachsinn.

De|me|rit (der, -en, -en) in der katholischen Kirche straffällig gewordener Geistlicher, der vom Dienst suspendiert ist.

dem|ge|gen|über (Adv.) andererseits. *Aber:* dem (Café) gegenüber.

dem|ge|mäß (Adv.) dementsprechend; infolgedessen.

de|mi|li|ta|ri|sie|ren (V.) entmilitarisieren. Demilitarisierung.

De|mi|mon|de (die, -, kein Plural) (franz.) Halbwelt.

de|mi|nu|tiv (*auch:* di|mi|nu|tiv) (Adj.) verkleinernd. Deminutiv.

de|mi-sec (Adj.) (franz.) halbtrocken (Wein, Schaumwein).

De|mis|si|on (die, -, -si|o|nen) (franz.) Rücktritt; Entlassung.

De|mis|si|o|när (der, -s, -e) (franz.) ein Minister, der seine Demission nimmt, der abdankt, zurücktritt.

de|mis|si|o|nie|ren (V.) abdanken; zurücktreten.

De|mi|urg (der, -en, -en) (griech.) Weltschöpfer.

De|mi|vi|erge (die, -, kein Plural) (franz. Halbjungfrau) Mädchen, das zwar sexuell aktiv ist, aber keinen Geschlechtsverkehr hatte (nach Marcel Proust, dem franz. Romancier).

dem|nach (Adv.) folglich; also.

dem|nächst (Adv.) bald.

De|mo (die, -, -s) (Kurzw.) Demonstration.

de|mo|bi|li|sie|ren (V.) abrüsten. Demobilmachung.

De|mo|bi|li|sie|rung (die, -, -en) (lat. franz.) Abrüstung, das Zurückkehren zum Frieden. Demobilisation.

dé|mo|dé (Adj.) (franz.) aus der Mode, unmodern.

de|mo|du|lie|ren (V.) (lat.) gleichrichten (einer Schwingung).

De|mo|gra|fie (*auch:* De|mo|gra|phie) (die, -, -n) (griech.) Bevölkerungsstatistik. Adjektiv: demografisch (*auch:* demographisch).

De|mo|krat (der, -en, -en) Anhänger/Vertreter demokratischer Ideen.

De|mo|kra|tie (die, -, -n) (griech.) Volksherrschaft. Demokratisierung.

de|mo|kra|tisch (Adj.) den Prinzipien der Demokratie folgend.

de|mo|kra|ti|sie|ren (V.) demokratische Prinzipien einführen.

De|mo|krit (kein Art., -, kein Plural) (griech.) griech. Philosoph, der die Lehre von den Atomen entwickelte.

de|mo|lie|ren (V.) (franz.) beschädigen; zerstören. Demolierung.

de|mo|ne|ti|sie|ren (V.) Zahlungsmittel für ungültig erklären; aus dem Verkehr ziehen (Münzen beispielsweise).

De|mons|t|ra|ti|on (die, -, -ti|o|nen) (lat.) Vorführung; Protestkundgebung; Meinungsäußerung. Demonstrationsrecht; Demonstrationsverbot; Demonstrant; Demonstrationszug, Demonstrationsobjekt.

de|mons|t|ra|tiv anschaulich; absichtlich. Demonstrativ; Demonstrativpronomen (hinweisendes Fürwort).

de|mons|t|rie|ren (V.) 1. an einer Demonstration teilnehmen; 2. etwas anschaulich zeigen; beweisen.

De|mon|ta|ge (die, -, -n) (franz.) Abbau; Abbruch. Demontierung; demontieren.

de|mo|ra|li|sie|ren (V.) (franz.) moralisch entmutigen; verderben. jmdm. den moralischen Halt nehmen.

De|mo|ra|li|sa|ti|on (die, -, kein Plural) (lat.) Auflösung von sittlichen Werten und Moralbegriffen. Demoralisierung.

De|mos (der, -, -men) (griech. Gemeinde, Volk) im heutigen Griechenland Bez. für die kleinste staatliche Verwaltungseinheit.

De|mo|s|kop (der, -en, -en) (griech.) Meinungsforscher.

De|mo|s|ko|pie (die, -, -n) (griech.) Meinungsumfrage; Meinungsforschung. demoskopisch.

de|mo|ti|vie|ren (V.) (lat.) darauf zielen, dass jemandes Interesse nachlässt.

De|mut (die, -, kein Plural) Ergebenheit; Unterwerfung. demutsvoll.

de|mü|tig (Adj.) ergeben; gehorsam; opferbereit; unterwürfig.

de|mü|ti|gen (V.) beschämen; erniedrigen; bloßstellen; entwürdigen.

De|mü|ti|gung (die, -, -en) Erniedrigung; Beschämung; Entehrung.

dem|zu|fol|ge (Adv.) demnach. demzufolge ergibt sich, dass ... *Aber:* der Artikel, dem zufolge sich das und das zugetragen hat.

De|nar (der, -s, -e) (lat.) Silbermünze.

De|na|tu|ra|li|sa|ti|on (die, -, -ti|o|nen) (lat.) Ausbürgerung; denaturalisieren.

de|na|tu|rie|ren (V.) (lat.) ungenießbar machen; haltbar machen. Denaturierung.

Den|d|rit (der, -en, -en) (griech.) 1. pflanzenähnliche Zeichnung auf Gestein (die metallischen Ursprungs ist); 2. verästelter Fortsatz der Nervenzelle.

den|d|ri|tisch (Adj.) (griech.) verästelt; verzweigt.

Den|d|ro|chro|no|lo|gie (die, -, kein Plural) (griech.) Altersbestimmung durch Zählen der Jahresringe von Bäumen.

Den|d|ro|lo|gie (die, -, kein Plural) (griech.) Baum-, Gehölzkunde; Dendrologe.

Den|gel (der, -s, -) Schneide. Dengelhammer; dengeln.

Den|gue|fie|ber (das, -s, kein Plural) (span.-dt.) eine infektiöse Tropenkrankheit, Siebentagefieber.

De|ni|er (das, -/-s, kein Plural) (franz.) Maßeinheit für die Stärke von Kunstfasern.

de|ni|t|rie|ren (V.) Nitrogruppen abspalten.

Denk|an|stoß (der, -es, -stö|ße) Anregung, Idee.

denk|bar (Adj.) Fungiert »denkbar« im Sinne von sehr als Bekräftigung, kann es nicht gesteigert werden. Sie fühlt sich denkbar (=sehr) wohl. Wird aber denkbar mit einem Superlativ kombiniert, bedeutet es aller. Sie fühlt sich am denkbar wohlsten (am allerwohlsten). Die Frage, wer der denkbar interessanteste (=der allerinteressanteste) Schriftsteller war, ist nicht zu entscheiden.

den|ken (V., dachte, hat gedacht) überlegen; meinen; in Betracht ziehen. Ich denke zu gehen; *aber:* Ich denke daran, bald zu gehen; denken; Denksport; Denkvermögen; denkerisch; denkste! (da irrst du dich!). gedacht, getan (kaum überlegt, schon ausgeführt); Ich denk, ich seh nicht recht (etwas ist kaum zu glauben); nicht daran denken (ugs.) (etwas ablehnen, etwas nicht tun wollen); Wo denkst du hin?! (Da irrst du dich); jmdm. zu denken geben (jemanden nachdenklich stimmen); Das Denken soll man den Pferden überlassen, die haben größere Köpfe (ugs.) (zu viel denken bringt auch nichts); denken ist Glückssache (jmd. scheint ein bisschen begriffsstutzig zu sein).

Den|ker (der, -s, -) Grübler; kluger Kopf; Philosoph; Weiser.

Den|ker|stirn (die, -, -en) hohe Stirn.

denk|faul (Adj.) gedankenträge.

Denk|fä|hig|keit (die, -, -en) Denkvermögen; Verstand; Begriffsvermögen; Geisteskraft.

Denk|feh|ler (der, -s, -) jmd. hat eine falsche Überlegung angestellt, ist zu einem falschen Schluss gekommen.

Denk|mal (das, -s, -mä|ler/-ma|le) Wahrzeichen; Monument. Das Substantiv »Denkmal« bildet die Pluralformen »die Denkmale« und »die Denkmäler«. Komposita mit dem determinierenden Substantiv Denkmal können mit und ohne Fugen-s gebildet werden. sich ein Denkmal setzen (ein großes Werk vollbringen und dadurch in Erinnerung bleiben) (nach Horaz: »ein Denkmal habe ich mir gesetzt, dauerhafter als Erz«). Denkmal(s)schutz; denkmal(s)kundig; denkmal(s)geschützt.

Denk|mal(s)|pfle|ge (die, -, kein Plural) Schutz und Erhaltung von Kunstdenkmälern der Architektur, Malerei und Bildhauerei.

Denk|mo|dell (das, -s, -e) Gedankenexperiment; Gedankengebäude.

Denk|pau|se (die, -, -n) Pause zum Nachdenken; schöpferische Pause.

Denk|pro|zess (der, -es, -e) Denkvorgang; Nachdenken.

Denk|schrift (die, -, -en) Bulletin; Memorandum; Adresse; Kommuniqué; Note.

Denk|sport|auf|ga|be (die, -, -n) Rätsel.

Denk|spruch (der, -(e)s, -sprü|che) Sinnspruch.

Denk|vor|gang (der, -(e)s, -gän|ge) Nachdenken; Überlegung; Denkprozess.

Denk|wei|se (die, -, -n) Denkart.

Denk|wür|dig|keit (die, -, -en) eine bemerkenswerte Begebenheit. denkwürdig.

Denk|zet|tel (der, -s, -) 1. Andenken; Erinnerung; 2. Strafe. jmdm. einen Denkzettel verpassen (jmdm. eine kräftige Abfuhr erteilen, dass er es nicht so bald vergisst). (Die Redewendung stammt aus dem Alten Testament. Bibelsprüche, die man sich einprägen sollte, wurden auf Pergamentstreifen geschrieben, die aufgerollt in einem Kästchen mitgenommen wurden.).

denn 1. (Konj., kaus.) weil. *Beachte:* »denn« steht mit Komma, wenn es Sätze verbindet! Er wollte gehen, denn hier gefiel es ihm nicht. Er wollte gehen,

denn dass es ihm hier nicht gefiel, war offensichtlich. Es sei denn, dass... 2. (Adv.) überhaupt; eigentlich; also. was denn? nun denn! geschweige denn.
den'noch (Konj.) trotzdem. *Beachte:* steht mit Komma, wenn es Sätze verbindet. Er war schon öfter in Amerika, dennoch spricht er schlecht Englisch.
de'no'bi'li'tie'ren (V.) (nlat.) den Adelstitel entziehen.
De'no'mi'na'ti'on (die, -, -ti'o'nen) (lat.) Benennung; denominieren.
De'no'mi'na'tiv (das, -s, -e) (lat.) von einem Nomen abgeleitetes Wort.
Den'si'me'ter (das, -s, -) (lat.-griech.) Gerät zur Dichtemessung von Flüssigkeiten.
Den'si'tät (die, -, -en) Dichte (Physik).
Den'si'to'me'ter (das, -s, -) (lat.-griech.) Gerät zur optischen Dichtemessung.
den'tal (Adj.) die Zähne betreffend.
Den'tal'laut (der, -es, -e) an den Zähnen gebildeter Laut wie t,s,n.
Den'tist (der, -en, -en) (lat.) frühere Bezeichnung für Zahnarzt ohne Universitätsstudium. Dentallabor.
De'nun'zi'ant (der, -en, -en) Verräter; jmd., der eine andere Person aus niederen Beweggründen anzeigt. Denunziantentum.
De'nun'zi'a'ti'on (die, -, -en) Anzeige.
de'nun'zie'ren (V.) (lat.) anzeigen; verraten. denunziatorisch.
Deo (das, -s, -s) (Kurzw.) Deodorant.
De'o'do'rant (*auch:* De's'o'do'rant) (das, -s, -s/-e) (engl.) Körperspray. Deodorantspray (*auch:* Deospray); deodorieren.
Deo gra'ti'as (lat.) Gott sei Dank!
De'par'te'ment (das, -s, -s) 1. französischer Verwaltungsbezirk; 2. schweizerisches Ministerium.
De'pen'dance (die, -, -n) (franz.) Zweigstelle; Nebengebäude.
De'pen'denz (die, -, -en) (lat.) Abhängigkeit. Dependenzgrammatik.
De'per'so'na'li'sa'ti'on (die, -, kein Plural) (lat.) Entpersönlichung; Selbstentfremdung; Verlust des Persönlichkeitsgefühls.
De'pe'sche (die, -, -n) (franz.) Eilbotschaft.
de'pe'schie'ren (V.) telegrafieren; ein Telegramm schicken.
de'pig'men'tie'ren (V.) (lat.) Farbstoff aus der Haut entfernen. Depigmentierung.
De'pi'la'ti'on (die, -, -ti'o'nen) (lat.) kosmetische Enthaarung (mitsamt der Wurzel); depilieren.
De'place'ment (das, -s, -s) (franz.) Wasserverdrängung (von Schiffen).
de'pla'ciert (*auch:* de'plat'ziert) (Adj.) (franz.) unpassend; unangebracht. deplacieren/deplatzieren.
De'pla'ciert'heit (*veraltet für* De'plat'ziert'heit) (die, -, kein Plural) Taktlosigkeit.
de'plan'tie'ren (V.) (lat.) verpflanzen.
de'plat'ziert = deplaciert.
De'po'la'ri'sa'ti'on (die, -, -ti'o'nen) (lat.) Aufhebung der Polarisation; depolarisieren.
De'po'nie (die, -, -n) Abladeplatz. Deponierung; Mülldeponie.
de'po'nie'ren (V.) ablegen; abstellen; hinterlegen.
De'po'pu'la'ti'on (die, -, -ti'o'nen) (lat.) Entvölkerung.
De'port (der, -s, -e) (franz.) Vergütung (bei Termingeschäften).
De'por'ta'ti'on (die, -, -ti'o'nen) (lat.) Verbannung; Zwangsversetzung; Verschleppung.
De'por'ta'ti'ons'la'ger (das, -s, -) Abschiebelager.
de'por'tie'ren (V.) verbannen; verschleppen.
De'por'tie'rung (die, -, -en) Deportation; Zwangsverschickung.
De'po'si'ten (die, nur Plural) verzinslich angelegte Guthaben.
De'po'si'tum (das, -s, -ten/-ta) (lat.) etwas Hinterlegtes.
De'pot (das, -s, -s) (franz.) Sammelstelle; Lager.
de'po'ten'zie'ren (V.) (lat.) der Potenz, der Kraft berauben.
De'pot'ge'bühr (die, -, -en) Gebühr für die Depotbenutzung.
De'pot'ge'schäft (das, -(e)s, -e) Verwahrung und Verwaltung von Wertpapieren durch Banken.
De'pot'prä'pa'ra'te (die, -, -) Medikamente mit langer Wirkungsdauer.
De'pot'stimm'recht (das, -s, -e) der Bank übertragenes Recht, für die in ihrem Depot befindlichen Aktien in der Hauptversammlung das Stimmrecht auszuüben.
Depp (der, -en, -en) (ugs.) Dummkopf; Idiot.
dep'pert (Adj.) (ugs. südd.) dumm sein; einfältig.
De'pre'ka'ti'on (die, -, -ti'o'nen) (lat.) Abbitte.
De'pres'si'on (die, -, -si'o'nen) (lat.) Niedergeschlagenheit; Flaute. Depressivität.
de'pres'siv (Adj.) schwermütig; trübsinnig; melancholisch; pessimistisch; wehmütig; depressiv sein (mit der Welt zerfallen sein), Trübsal blasen (ugs.) (etwas durch eine schwarze Brille sehen, schwarzsehen).
de'pri'mie'ren (V.) (franz.) entmutigen; niederdrücken.
de'pri'miert (Adj.) (franz.) mutlos; niedergedrückt. deprimiert sein (Weltschmerz haben, in Weltuntergangsstimmung sein).
De'pri'va'ti'on (die, -, -ti'o'nen) (lat.) Entbehrung; Liebesentzug.
De Pro'fun'dis (lat. aus der Tiefe) Anfangsworte des Bußpsalms 129.
De'pu'tat (das, -s, -e) (lat.) Entlohnung der Landarbeiter mit Naturalien, landwirtschaftlichen Erzeugnissen, Holz, Wohnraum.
De'pu'ta'ti'on (die, -, -ti'o'nen) (lat.) Abordnung. Deputiertenkammer; deputieren.
De'pu'tier'ter (der, -n, -n) Parlamentsabgeordneter.
der 1. (Art.) der Mann; 2. (Pron., demonstr.) Der war es(,) und kein anderer! 3. (Pron., relat.) Ein Mann, der fremd ist.
de'ran'gie'ren (V.) stören; in Unordnung bringen.
der'art (Adv.) so.
der'ar'tig (Adj.) so beschaffen. Derartiges; etwas Derartiges.
derb (Adj.) ungehobelt; plump. Derbheit.
derb'ko'misch (Adj.) deftig; saftig (ugs.).
Der'by (das, -s, -s) (engl.) Pferderennen; Wettkampf. Lokalderby.
De're'gu'lie'rung (die, -, -en) (lat.) der Abbau oder Aufhebung von Vorschriften, Regeln etc.

der|einst (Adv.) später; einst.
de|rent|hal|ben, de|rent|we|gen, de|rentwil|len (Adv.) der zuliebe.
der|ge|stalt (Adv.) derart; so.
der|glei|chen (Pron., demonstr.) (Abk.: dgl.) solches; Ähnliches ... und dergleichen mehr.
De|ri|vat (das, -s, -e) (lat.) Ableitung. Derivation; Derivativ; derivativ; derivieren.
De|ri|va|ti|on (die, -, -en) 1. Abweichung eines Geschosses; 2. Wortneubildung.
der|je|ni|ge (Pron., relat.) der. Er war derjenige, der/welcher die Sache überblickte.
der|lei (Pron., demonstr.) dergleichen; solch; so etwas.
der|mal (Adj.) zur Haut gehörend.
der|ma|ßen (Adv.) derart; so; dergestalt.
der|ma|tisch (Adj.) die Haut betreffend.
Der|ma|ti|tis (die, -, -den) (griech.) Hautentzündung.
Der|ma|to|lo|ge (der, -n, -n) (griech.) Hautarzt.
Der|ma|to|lo|gie (die, -, kein Plural) die Lehre von den Haut- und Geschlechtskrankheiten.
Der|ma|to|my|ko|se (die, -, -n) (griech.) Hautpilzerkrankung.
Der|ma|to|plas|tik (die, -, -en) (griech.) Hautverpflanzung.
Der|ma|to|se (die, -, -n) (griech.) Hautkrankheit.
Der|ma|to|zo|on (das, -s, -zo|en) (griech.) Hautschmarotzer (z.B. Milbe).
Der|ni|er Cri (der, - -, -s -s) (franz.) neueste Mode (letzter Schrei).
De|ro|ga|ti|on (die, -, -ti|o|nen) (lat.) Aufhebung, Abänderung (von Gesetzesbestimmungen); derogativ.
De|rou|te (die, -, -n) (franz.) 1. überstürzte Flucht; 2. Kurs-, Preissturz.
der|sel|be (Pron., demonstr.) genau der; der Gleiche. *Wichtig:* wird immer zusammengeschrieben. Es war derselbe Mann. Er war ein und derselbe geblieben; *aber:* Er ist immer noch der Gleiche.
Der|wisch (der, -es, -e) (pers.) islamischer Mönch. Derwischtanz.
der|zeit (Adv.) gegenwärtig. Adjektiv: derzeitig.
des|ar|mie|ren (V.) (franz.) entwaffnen (beim Fechten).
De|sas|ter (das, -s, -) (franz.) Unglück; Zusammenbruch.
de|sas|trös verhängnisvoll; kathastrophal.
de|s|a|vou|ie|ren (V.) (franz.) bloßstellen; verleugnen; nicht anerkennen. Desavouierung.
de|sen|si|bi|li|sie|ren (V.) (lat.) weniger empfindlich machen.
De|sen|si|bi|li|sie|rung (die, -, -en) (lat.) in der Medizin die Herabsetzung der Überempfindlichkeit, zum Beispiel bei Allergien, durch stetige Steigerung der Dosis der Allergengaben.
De|ser|teur (der, -s, -e) (franz.) Überläufer.
de|ser|tie|ren (V.) zur Gegenseite überlaufen; abtrünnig werden; entlaufen; entweichen; fahnenflüchtig werden.
De|ser|ti|fi|ka|ti|on (die, -, kein Plural) Wüstenbildung durch menschlichen Einfluss.
De|ser|ti|on (die, -, kein Plural) Entfernung von der Truppe, Fahnenflucht, Untreue.
des|glei|chen (Adv.) (Abk.: desgl.) ebenso; ebenfalls.
des|halb (Adj.) darum; daher; ebendeshalb; ergo; folglich; infolgedessen; zu diesem Zweck.
Dés|ha|bil|lé (das, -s, -s) (franz.) eleganter Morgenrock, dekolletiert und hauchzart, fast wie nicht angezogen.
de|si|de|ra|bel (Adj.) (lat.) wünschenswert. Desiderat.
De|sign (das, -s, -s) (engl.) Entwurf; Muster.
De|si|g|na|ti|on (die, -, -en) (lat.) vorläufige Ernennung.
De|sig|ner/in (der/die, -s/-in, -/-in|nen) Künstler, die Produkte entwerfen.
De|sig|ner|dro|ge (die, -, -n) thetisch hergestellte Rauschgifte, deren Ausgangsstoffe Arzneien bilden, die unter das Betäubungsmittelgesetz fallen.
De|sig|ner|food (das, -s, -) Lebensmittel, die z. B. aus gentechnisch veränderten Nahrungsmitteln hergestellt werden.
de|si|g|nie|ren (V.) (lat.) bestimmen. Designation.
des|il|lu|si|o|nie|ren (V.) (franz.) ernüchtern; enttäuschen. Desillusion.
Des|il|lu|si|o|nie|rung (die, -, kein Plural) Enttäuschung; Ernüchterung.
Des|in|fek|ti|on (die, -, -ti|o|nen) (lat.) Entkeimung. Desinfektionsmittel; Desinfizierung.
des|in|fi|zie|ren (V.) keimfrei machen; Krankheitserreger abtöten.
Des|in|for|ma|ti|on (die, -, -ti|o|nen) (lat.) fehlende oder falsche Information.
Des|in|te|g|ra|ti|on (die, -, -ti|o|nen) (lat.) Auflösung; Zerstreuung.
Des|in|te|r|es|se (das, -s, kein Plural) Gleichgültigkeit. Adjektiv: desinteressiert.
Des|in|ves|ti|ti|on (die, -, -en) (lat.) Verringerung des Güterbestandteils für spätere Verwendung.
Desk|re|search (das, -, -/-es) (engl. Schreibtischarbeit) Meinungsforschung am Schreibtisch, nicht vor Ort.
de|skrip|tiv (Adj.) (lat.) beschreibend. Deskription.
Desk|top-PC (der, - -s, - -s) (engl.) Computer, der auf einem Schreibtisch Platz findet.
Desk|top|pu|b|li|shing (*auch:* Desk|-top-Pu|b|li|shing) (das, -s, kein Plural) Verfahren zur Planung und Herstellung druckfertiger Vorlagen für Publikationen mit dem Computer. Abk.: DTP.
De|s|o|do|rant (*auch:* De|o|do|rant) (das, -s, -s) Körperspray
De|s|o|do|rie|rung (die, -, -en) Einsatz von Stoffen, um unangenehmen Körpergeruch zu beseitigen/vermeiden/überdecken. desodorieren.
de|so|lat (Adj.) (lat.) trostlos; miserabel.
Des|or|ga|ni|sa|ti|on (die, -, -ti|o|nen) (franz.) Auflösung; Unordnung. Verb: desorganisieren.
des|ori|en|tiert (Adj.) 1. unwissend; falsch unterrichtet; 2. verwirrt.
Des|o|ri|en|tie|rung (die, -, kein Plural) Störung des Zeit- und Raumempfindens. desorientieren.
Des|oxy|ri|bo|nuk|le|in|säu|re (die, -, -n) Zellkernbestandteil. Abk.: DNS, *auch:* DNA.
de|s|pek|tier|lich (Adj.) (lat.) geringschätzig; verächtlich.
De|s|pe|ra|do (der, -s, -s) (span.) Bandit; politischer Aktivist. jmd., der zu jeder Verzweiflungstat bereit ist; politischer Abenteurer.

de|s|pe|rat (Adj.) (lat.) verzweifelt; aussichtslos.
Des|pot (der, -en, -en) (griech.) Tyrann.
Des|po|tie (die, -, -en) (griech.) Gewaltherrschaft.
des|po|tisch (Adj.) rücksichtslos; tyrannisch.
Des|po|tis|mus (der, -s, kein Plural) System der Tyrannei.
des|sen (Gen. Sing. der Pronomen der, das); für dessen neues Haus; Toms Auto, dessen Farbe rot ist.
des|sent|wil|len (Adv.) dem zuliebe; wegen dem. *Beachte:* nur in der Verbindung mit »um«! Das Haus, um dessentwillen sie sich so verschuldet haben, brannte ab.
des|sen un|ge|ach|tet (*auch:* des un|ge|achtet) (Adv.) trotzdem.
Des|sert (das, -s, -s) (franz.) Nachtisch; Nachspeise.
Des|sert|löf|fel (der, -s, -) kleiner Löffel; Teelöffel.
Des|sert|tel|ler (der, -s, -) kleine, flache Teller.
Des|sert|wein (der, -(e)s, -e) süße Weine mit hohem Alkoholgehalt, zum Beispiel Malaga. Süßwein; Südwein.
Des|sin (das, -s, -s) (franz.) Muster; Zeichnung; Entwurf.
Des|sous (das, -, -) (franz.) Damenunterwäsche; Leibwäsche; Reizwäsche; Trikotagen; Unterwäsche.
de|sta|bi|li|sie|ren (V.) (lat.) unbeständiger machen; aus dem Gleichgewicht bringen. Destabilisierung.
De|s|til|lat (das, -s, -e) (lat.) die nach der Destillation wieder kondensierte Flüssigkeit.
De|s|til|le (die, -, -n) (lat.) 1. Branntweinbrennerei; 2. Kneipe, in der Branntwein ausgeschenkt wird.
de|s|til|lie|ren (V.) (lat.) 1. klären; 2. scheiden; 3. brennen; Branntwein herstellen. Destillation; Destillierapparat.
de|s|til|lier|tes Was|ser (das, -n -s, -e -) durch Destillation gereinigtes Wasser; ungenießbar; verwendet zum Beispiel in Autobatterien.
De|s|ti|na|ti|on (die, -, -ti|o|nen) (lat.) 1. Bestimmung; 2. Zielflughafen.
des|to (Konj.) umso. je länger, desto besser. *Aber:* nichtsdestoweniger; (ugs.) nichtsdestotrotz.
Des|to|se (die, -, kein Plural) Süßstoff aus Stärkesirup.
de|s|t|ru|ie|ren (V.) etwas kaputt machen; zerstören.
de|s|t|ruk|tiv (Adj.) (lat.) zerstörend. Destruktion; Destruktivität.
De|s|t|ruk|ti|on (die, -, -en) (lat.) Zerstörung.
de|sul|to|risch (Adj.) (lat.) unbeständig, sprunghaft.
des|we|gen (Adv.; Konj.) deshalb. Deswegen kommst du zu mir? *Beachte:* steht mit Komma, wenn es zwei Sätze verbindet! Er ist traurig, deswegen ist er so still.
DESY (Abk.) **D**eutsches **E**lektronen-**Sy**nchotron.
De|s|zen|dent (der, -en, -en) (lat.) 1. Nachkomme; 2. Untergangspunkt eines Gestirns. Deszendenz; deszendent; deszendieren.
De|s|zen|denz|the|o|rie (die, -, -n) (lat.) Abstammungslehre.
De|tail (das, -s, -s) (franz.) Ausschnitt; Einzelheit. Detailfrage; detailliert.
De|tail|han|del (der, -s, kein Plural) Handel en detail; Einzelhandel.
de|tail|lie|ren (V.) bis in die kleinste Einzelheit darstellen.
De|tail|preis (der, -es, -e) Einzelpreis; Stückpreis.
De|tek|tei (die, -, -en) Detektivbüro.
De|tek|tiv (der, -s, -e) (engl.) privater Ermittler. Detektivbüro; Detektei; detektivisch.
De|tek|tiv|ge|schich|te (die, -, -n) Kriminalroman.
De|tek|tor (der, -s, -en) (engl.) Suchgerät. Lügendetektor.
De|ter|gens (das, -, -gen|tia/-gen|ti|en) (lat.-engl.) 1. seifenfreies Wasch- und Reinigungsmittel; 2. wundreinigendes, desinfizierendes Mittel.
De|ter|mi|nan|te (die, -, -n) 1. in der Biol. ungeklärte Einflüsse auf die Entwicklung; 2. in der Math. abkürzendes Rechenschema zur Auflösung linearer Gleichungen.
De|ter|mi|na|ti|on (die, -, -en) Bedingtheit; Bestimmung.
de|ter|mi|nie|ren (V.) (lat.) bestimmen; festlegen. Determiniertheit; Determinismus; determinativ; deterministisch.
de|te|s|ta|bel (Adj.) (lat.-franz.) verabscheuungswürdig.
De|to|na|ti|on (die, -, -ti|o|nen) (lat.) Erschütterung; Explosion. Verb: detonieren.
De|us ex Ma|chi|na (der, -, kein Plural) (lat.: Gott aus der Maschine) überraschende Lösung; unerwarteter Helfer.
Deuce (der, -, kein Plural) (engl.) Einstand beim Tennis bei je drei Punkten; Gewinn des Spiels erst nach weiteren zwei Punkten Abstand.
Deut (der, -s, -s) keinen Deut wert sein (nichts wert sein); keinen Pfifferling wert sein. (Der Deut war früher die kleinste holländische Münze, mit sehr geringem Wert, die man auch in Deutschland kannte.).
deu|ten (V.) zeigen; auslegen. Deutung; Deutelei; Deuterei; mehrdeutig; deutbar; deuteln.
deut|lich (Adj.) klar; ausdrücklich. *Beachte:* in Verbindung mit Verben immer getrennt! etwas deutlich machen; aufs deutlichste (*auch:* aufs Deutlichste); deutlich werden (etwas kristallisiert sich heraus, jemanden zurechtweisen). deutlichkeitshalber.
Deut|lich|keit (die, -, kein Plural) Einprägsamkeit; Anschaulichkeit; Eindeutigkeit; Klarheit; Prägnanz; Verständlichkeit.
deutsch (Adj.) (Abk.: dt.) Deutschland betreffend. Wie heißt das auf Deutsch? auf gut Deutsch; auf Deutsch gesagt; deutsch reden; Tag der Deutschen Einheit; die deutsche Frage; die deutsche Sprache. Er spricht Deutsch, Englisch und Französisch; sie hat in Deutsch gute Noten; das Buch ist in Deutsch und Französisch erschienen; Deutsch ist ihre Muttersprache; sein Deutsch ist hervorragend; etwas ins Deutsche übersetzen; das moderne Deutsch; die Deutschen; Deutsche Bahn AG (Abk.: DB); Deutscher Fußball-Bund (Abk.: DFB); der Deutsche Bundestag; Deutsche Mark; Deutschamerikaner; Deutschland; Deutschlehrer; Deutschunterricht; deutschamerikanisch (*auch:* deutsch-amerikanisch); deutsch-deutsch; deutsch (*auch:* Deutsch) sprechend (*auch:* deutschsprechend); deutschkundlich; deutschsprachig; deutschstämmig.

Deut|sche An|ge|stell|ten-Ge|werk|schaft (Abk.: DAG).
Deut|sche Le|bens-Ret|tungs-Ge|sellschaft (Abk.: DLRG).
Deut|sche Mark (Abk.: DM).
Deut|sche No|ten|bank (die, -n -, kein Plural) 1948 gegründete Zentralnotenbank der DDR.
Deut|sche Pres|se-Agen|tur (Abk.: DPA) Nachrichtenbüro der Bundesrepublik Deutschland, 1949 gegründet, mit Sitz in Hamburg.
Deut|scher Al|pen|ver|ein (Abk.: DAV).
Deut|scher Be|am|ten|bund (Abk.: DBB).
Deut|scher Fuß|ball-Bund (Abk.: DFB).
Deut|scher Ge|werk|schafts|bund (Abk.: DGB) Gesamtorganisation der Gewerkschaften der Arbeiter, Angestellten und Beamten in der Bundesrepublik Deutschland.
Deut|scher In|dus|trie- und Han|dels|tag (Abk.: DIHT).
Deut|sches In|sti|tut für Nor|mung (Abk.: DIN).
Deut|sches Eck (das, -n -s, kein Plural) in Koblenz Landzunge zwischen Rhein und Mosel.
Deut|sches Zen|t|rum für Luft- und Raum|fahrt e.V. (Abk.: DLR).
Deutsch|land|lied (das, -es, kein Plural) deutsche Nationalhymne von Hoffmann von Fallersleben.
Deux|pi|èces (*auch:* Deux-pièces) (das, -, -) (franz. zwei Teile) zweiteiliges Damenkleid.
De|val|va|ti|on (die, -, -ti|o|nen) (nlat.) Abwertung (von Geld).
de|val|va|ti|o|nis|tisch (Adj.) abwertend (in Bezug auf die Währung gebraucht).
de|val|vie|ren (V.) eine Währung abwerten.
De|vas|ta|tion (die, -, -en) (lat.) Verwüstung; Zerstörung.
De|ve|lo|per (der -s, -) (engl.) 1. in der Fotografie Entwicklerflüssigkeit; 2. kosmetische Hilfen zur Entwicklung/Vergrößerung der weiblichen Brust.
de|ves|tie|ren (V.) der Würde entkleiden.
De|vi|se (die, -, -n) (franz.) Motto; Prinzip; (nur im Plural): ausländisches Zahlungsmittel. Devisenausgleich; Devisenverkehr.
De|vi|sen|be|wirt|schaf|tung (die, -, kein Plural) staatliche Lenkung des Zahlungsverkehrs mit dem Ausland.
De|vi|sen|kurs (der, -es, -e) Börsenkurs für Devisen.
De|vi|sen|markt (der, -(e)s, -märk|te) Angebot und Nachfrage an Devisen.
De|vi|sen|po|li|tik (die, -, kein Plural) versucht mit dirigistischen Maßnahmen der Notenbanken oder des Staates, die Entwicklung der Devisenkurse zu beeinflussen.
De|vi|sen|schie|bung (die, -, -en) unerlaubtes Transferieren von Devisen über Landesgrenzen hinweg.
de|vi|tal (Adj.) (lat.) abgestorben; leblos.
De|vo|lu|ti|on (die, -, -en) (lat.) Übergang eines Rechtes oder Besitzes auf einen anderen kraft Gesetzes.
de|vol|vie|ren (V.) (lat.) auf einen anderen übergehen lassen (einen Besitz, ein Recht).
de|vo|rie|ren (V.) (lat.) verschlucken.
de|vot (Adj.) (lat.) unterwürfig; ergeben.
De|vo|ti|on (die, -, -en) 1. Andacht; 2. Unterwürfigkeit.
De|vo|ti|o|na|li|en (die, -, Pluralwort) der Andacht dienende Gegenstände wie Gebetbücher, Heiligenbilder, Rosenkränze.
Dex|t|rin (das, -s, -e) Stärkepulver, das für Klebestoffe Verwendung findet.
Dex|t|ro|se (die, -, kein Plural) (lat.) Traubenzucker.
De|zem|ber (der, -, -) (lat.) (Abk.: Dez.) zwölfter Monat.
De|zem|vi|rat (das, -s, -e) (lat.) das aus zehn Männern bestehende Kollegium im alten Rom.
De|zen|ni|um (das, -s, -ni|en) (lat.) Jahrzehnt.
de|zent (Adj.) (lat.) unaufdringlich; gedämpft.
de|zen|t|ral (Adj.) verteilt; außerhalb der Mitte. Dezentralisierung; Dezentralisation.
de|zen|t|ra|li|sie|ren (V.) auseinanderlegen; trennen. Die Verwaltung wird dezentralisiert (nicht mehr zentral vorgenommen).
De|zer|nat (das, -s, -e) (lat.) Sachgebiet; Geschäftsbereich.
De|zer|nent (der, -en, -en) Referent.
De|zi|bel (das, -s, -) (Abk.: dB) $^1/_{10}$ Bel.
de|zi|die|ren (V.) (lat.) entscheiden.
de|zi|diert (Adj.) (lat.) entschieden; bestimmt.
De|zi|gramm (das, -s, -) (Abk.: dg) $^1/_{10}$ Gramm.
De|zi|li|ter (der, -s, -) (Abk.: dl) $^1/_{10}$ Liter.
De|zi|ma|le (*auch:* De|zi|mal|stel|le, De|zi|mal|zahl) (die, -, -n) rechts vom Komma eines Dezimalbruchs stehende Zahl. z. B. 0,1 = $^1/_{10}$. dezimal.
De|zi|ma|li|sie|rung (die, -, -en) Umstellung auf das Dezimalsystem. dezimalisieren.
De|zi|mal|rech|nung (die, -s, -en) die Rechnung mit Dezimalbrüchen.
De|zi|mal|sys|tem (das, -s, kein Plural) Zehnersystem.
De|zi|me (die, -, -n) Tonabstand von zehn diatonischen Stufen.
De|zi|me|ter (der, -s, -) (Abk.: dm) $^1/_{10}$ Meter.
de|zi|mie|ren (V.) (lat.) vermindern. Dezimierung; dezimiert.
de|zi|siv (Adj.) (lat.) entscheidend; bestimmt.
De|zi|ton|ne (die, -, -n) (Abk.: dt) 100 Kilogramm.
DFB (Abk.) **D**eutscher **F**ußball-**B**und.
DGB (Abk.) **D**eutscher **G**ewerkschafts**b**und.
dgl. (Abk.) **d**er**gl**eichen.
d. Gr. (Abk.) **d**er **Gr**oße.
d. h. (Abk.) **d**as **h**eißt.
Dhau (*auch:* Dau) (die, -e, -en) (arab.) arabisches Schiff.
d'hondtsch das d'hondtsche oder d'Hondt'sche Sys|tem (das, -n -s, kein Plural); Auszählungsverfahren bei Wahlen.
Dho|ti (der, -s, -s) (Hindi-engl.) ind. Lendentuch.
d. i. (Abk.) **d**as **i**st.
Dia (das, -s, -s) (Kurzw.) Diapositiv.
Di|a|be|tes (der, -, kein Plural) (griech.) Zuckerkrankheit.
Di|a|be|ti|ker (der, -s, -) jmd., der an Diabetes leidet.
di|a|be|tisch (Adj.) zuckerkrank.
Di|a|be|to|lo|ge (der, -n, -n) Facharzt für Diabetes.

Dia|be|trach|ter (der, -s, -) Projektor zum Betrachten von Diapositiven.
di|a|bo|lisch (Adj.) (griech.) teuflisch. Diabolus.
Di|a|bo|lik (die , -, kein Plural) (griech.) teuflisches Verhalten.
Di|a|bo|lo (das, -s, -s) Geschicklichkeitsspiel.
dia|chron (Adj.) (griech.) geschichtlich. Diachronie; diachronisch.
Dia|chro|nie (die, -, kein Plural) Darstellung der geschichtl. Entwicklung einer Sprache.
Di|a|dem (das, -s, -e) (griech.) Kopfschmuck.
Di|a|do|che (der, -n, -n) (griech.) Nachfolger Alexanders des Großen; eines anderen bedeutenden Herrschers.
Dia|ge|ne|se (die, -, kein Plural) (griech.) chemische und physikalische Vorgänge, die zur Verfestigung lockerer Gesteinsschichten führen.
Di|a|g|no|se (die, -, -n) (griech.) Krankheitsbestimmung; Beurteilung. Diagnostiker.
Di|a|g|no|se|zen|t|rum (das, -s, -ren) auf Früherkennung von Krankheiten und Organstörungen spezialisierte Klinik.
Di|a|g|nos|tik (die, -, kein Plural) (griech.) Lehre von der Erkennung der Krankheiten.
di|a|g|nos|tisch (Adj.) die Diagnose betreffend, durch Diagnose festgestellt.
di|a|g|nos|ti|zie|ren (V.) eine Krankheit durch Untersuchung feststellen.
dia|go|nal (Adj.) (griech.) quer; schräg.
Dia|go|na|le (die, -, -n) (griech.) in der geometrischen Figur eine Verbindungsstrecke zweier nicht benachbarter Ecken. Diagonalreifen
Dia|gramm (das, -s, -e) (griech.) Schaubild.
Di|a|ko|nie (die, -, kein Plural) Sozialdienst (evangelische Kirche). Diakonissenhaus; diakonisch.
Di|a|kon/Di|a|ko|nin (der/die, -s/-, -e/ -in|nen) (griech.) 1. Gemeindehelfer in der evangelischen Kirche; 2. niederer Geistlicher in der katholischen Kirche; 3. in der Frühkirche Gehilfe des Bischofs.
Di|a|ko|ni|sches Werk (das Diakonische Werk, des Diakonischen Werkes, kein Plural) Hilfswerk der Evangelischen Kirche Deutschlands.
Di|a|ko|nis|se (*auch:* Di|a|ko|nis|sin) (die, -, -n -in|nen) (griech.) Mitglieder evangelischer Frauenverbände für Krankenpflege und Sozialarbeit.
Dia|kri|se (*auch:* Dia|kri|sis) (die, -, -n) (griech.) entscheidende Krise (im Krankheitsverlauf).
dia|kri|tisch (Adj.) unterscheidend.
Di|a|lekt (der, -s, -e) (griech.) Mundart.
Di|a|lekt|dich|tung (die, -, -en) Mundartdichtung.
di|a|lekt|frei (Adj.) ohne Dialekt; hochdeutsch sprechen.
di|a|lek|tal (Adj.) den Dialekt betreffend; mundartlich.
Di|a|lek|tik (die, -, kein Plural) (griech.) Redekunst; Gegensätzlichkeit; philosophische Beweisführung.
Di|a|lek|ti|ker (der, -s, -) (griech.) jemand, der die Kunst der Rede und der Argumentation beherrscht. dialektisch.
Di|a|lek|to|lo|gie (die, -, kein Plural) (griech.) Mundartforschung.
di|a|lek|to|lo|gisch (Adj.) die Mundartforschung betreffend.
Di|a|log (der, -s, -e) (griech.) Unterhaltung. Dialogform.
Di|a|log|box (die, -, -en) Bestandteil der meisten DTP-Programme; dient zur Eingabe von Programminformationen.
Di|a|log|ge|rät (das, -(e)s, -e) Peripheriegerät am Computer, das zur Datenein- und -ausgabe dient, zum Beispiel Terminal oder Platte.
di|a|lo|gisch (Adj.) in Dialogform abgefasstes Stück.
di|a|lo|gi|sie|ren (V.) in Dialogform bringen.
Di|a|log|sei|te (die, -, -n) eine BTX-Seite, die es dem Anwender erlaubt, Eingaben vorzunehmen, die anschließend an den Anbieter übertragen werden, zum Beispiel ein elektronisches Telefonbuch.
Di|a|log|ver|ar|bei|tung (die, -, -en) Online-Datenverarbeitung.
Dia|ly|se (die, -, -n) (griech.) Trennung von chemischen Stoffen; Blutwäsche. Dialyseapparat; Dialysezentrum.
Dia|ly|se|sta|ti|on (die, -, -en) Krankenhausabteilung, wo die Dialyse durchgeführt wird.
dia|ly|sie|ren (V.) die Dialyse durchführen.
dia|ly|tisch (Adj.) auf Dialyse beruhend.
Di|a|mant (der, -en, -en) Edelstein. Diamantring.
di|a|man|ten (Adj.) 1. aus Diamant; 2. hart wie Diamant; 3. diamantene Hochzeit; 4. Schriftgrad.
Di|a|mant|boh|rer (der, -s, -) Bohrer mit Spitze aus Diamant.
Dia|me|ter (der, -s, -) (griech.) Durchmesser.
dia|me|t|risch (Adj.) entspricht dem Durchmesser.
dia|me|t|ral (Adj.) gegensätzlich, entgegengesetzt
Di|a|ne|tik (die, -, kein Plural) fragwürdige Wissenschaft vom Denken, die seelische Heilkraft besitzen soll (Scientology).
di|a|no|e|ti|sche Tu|gen|den (die, -, -) (griech.) bei Aristoteles die rationalen Tugenden (Klugheit, Kunst, Weisheit, Wissenschaft, Verständigkeit).
Di|a|pa|son (der, -s, -s/-e) (griech.) 1. Kammerton; 2. Stimmgabel.
Di|a|pau|se (die, -, -n) (griech.) Ruhestadium während der Entwicklung (z.B. die Puppenruhe bei Schmetterlingen).
di|a|phan (Adj.) (griech.) durchscheinend. Diaphanbild.
Dia|pho|nie (*auch:* Dia|fo|nie) (die, -, -n) (griech.-lat.) Missklang.
Di|a|pho|ra (die, -) (griech.) Rhetorische Betonung des Unterschieds zweier Dinge.
Di|a|pho|re|se (die, -, kein Plural) (griech.) das Schwitzen.
Di|a|pho|re|ti|kum (das, -s, -ka) (griech.-nlat.) schweißtreibendes Mittel.
Dia|phrag|ma (das, -s, -men) (griech.) 1. Zwerchfell; 2. Scheidewand; 3. Empfängnisverhütungsmittel.
Dia|po|si|tiv (*auch:* Dia) (das, -s, -e) Lichtbild.
Dia|pro|jek|tor (der, -s, -en) Gerät zur Projektion transparenter Bilder, der Dias.
Dia|vor|trag (der, -s, -trä|ge) jmd. spricht begleitende Worte zur Diavorführung.
Di|ä|re|se (die, -, -n) (griech.) 1. zweisilbige Aussprache nebeneinander stehender Vokale (z. B. in Citroën); 2. Einschnitt im Vers; 3. Begriffsteilung.

Di|a|ri|um (das, -s, -ri|en) (lat.) Tagebuch.

Di|ar|rhö (die, -, -en) (griech.) Durchfall. Adjektiv: diarrhöisch.

Di|a|s|po|ra (die, -, kein Plural) (griech.) konfessionelle oder nationale Minderheit bzw. das Gebiet, in dem sie lebt.

Di|ät (die, -, Di|ä|ten) (griech.) 1. Schonkost; 2. Fastenkur; Diät leben.

Di|ä|ten (die, nur Plural) (lat.) Abgeordnetengehälter; Spesen.

Di|ä|ten|er|hö|hung (die, -, -en) Erhöhung der Abgeordnetenbezüge.

Di|ä|te|tik (die, -, -) (griech.) die Lehre von gesunder Kost und Lebensweise.

di|ä|te|tisch (Adj.) die Ernährung betreffend; diätisch.

Di|ä|tis|tin (die, -, -nen) Bezeichnung der Diätassistentin.

Dia|thek (die, -, -en) (griech.) Sammlung von Dias.

Dia|ther|mie (die, -, kein Plural) (griech.) Wärmebehandlung, Durchwärmung.

Dia|the|se (die, -, -n) (griech.) Krankheitsempfänglichkeit.

Di|ät|kost (die, -, kein Plural) kalorienarme Kost; Schonkost.

Di|ät|kur (die, -, -en) Fastenkur; Schlankheitskur.

Di|ät|plan (der, -(e)s, -plä|ne) Diätvorschriften für den Verlauf der Kur.

Di|a|to|mee (die, -, -n) (griech.) Kieselalge.

Dia|to|nik (die, -, kein Plural) (griech.) Tonleitersystem mit Dur- und Molltönen; siebenstufige Tonleiter.

dia|to|nisch (Adj.) (griech.) sich in der Tonfolge der Dur- oder Moll-Tonleiter bewegend.

dia|to|pisch (Adj.) (griech.) Sprachformen betreffend, die auf landschaftlichen Unterschieden beruhen.

Dia|tri|be (die, -, -n) (griech.) weitschweifige Abhandlung; Schmähschrift.

Di|cho|to|mie (die, -, -n) (griech.) Zweiteilung. Adjektive: dichotom; dichotomisch.

Di|chro|is|mus (der, -, kein Plural) (griech.) Eigenschaft von Kristallen, bei Durchstrahlung mit polarisiertem Licht in Abhängigkeit von der Schwingungsrichtung verschiedene Farben zu zeigen.

di|chro|ma|tisch (Adj.) (griech.) in der Optik: zweifarbig; dichromatische Gläser.

dicht (Adj.) zusammengedrängt; undurchlässig.ein dicht bebautes (*auch:* dichtbebautes) Grundstück; dicht gedrängte (*auch:* dichtgedrängte) Menschenmenge; dicht besiedeltes (*auch:* dichtbesiedeltes) Land; dicht behaart (*auch:* dichtbehaart). Er hat die Fenster dicht gemacht (*auch:* dichtgemacht) (abdichten). *Aber:* Du musst auch wirklich dichthalten (nichts verraten)! Das Geschäft hat dichtgemacht (geschlossen). dichtauf.

Dich|te (die, -, kein Plural) Undurchlässigkeit; Festigkeit; Fülle; Masse; Dichtheit.

dich|ten (V.) abdichten; Literatur verfassen. Dichtungsgattung; dichterisch.

Dich|ter/in (der/die, -s/-in, -/-in|nen) Poet; Schriftsteller.

Dich|ter|le|sung (die, -, -en) der Dichter liest vor Publikum aus seinen Werken.

Dich|ter|ling (der, -s, -e) (ugs.) schlecht bezahlter, wenig erfolgreicher Dichter.

Dich|ter|wort (das, -es, -e) Zitat.

dicht ge|drängt (*auch:* dicht|ge|drängt) voll.

Dicht|kunst (die, -, kein Plural) Poesie.

dicht|ma|schig (Adj.) mit engen Maschen. Ein Zaun ist dichtmaschig, ein Pullover kann dichtmaschig (fest) gestrickt sein. Das Adj. dichtmaschig wird als Ganzes gesteigert. dichtmaschiger, am dichtmaschigsten.

Dich|tung (die, -, -en) 1. Dichtkunst; Poesie; Sprachkunstwerk; 2. Abdichtung; undurchlässig machen.

Dich|tungs|mas|se (die, -, -n) elastisches Material zum Abdichten.

Dich|tungs|ring (der, -s, -e) ringförmige Gummidichtung.

dick (Adj.) massig; korpulent; groß. durch dick und dünn; dicklich; dickleibig; Dickdarm; Dicke; Dicksein; Dickwanst. mit jmdm. durch dick und dünn gehen (jmdm. ein treuer Kamerad sein); sich dick(e) tun (ugs.) (angeben, prahlen, sich aufspielen); etwas dick(e) haben (ugs.) (etwas satt haben) jmdm. wird etwas zu bunt. Es dicke haben (ugs.) (viel Geld haben).

Dick|blatt|ge|wächs (das, -es, -e) weltweit verbreitete Pflanzenfamilie mit fleischigen, Wasser speichernden Blättern.

dick|bau|chig (Adj.) mit einem dicken Bauch. dickbauchige Flaschen.

Dick|darm (der, -es, -där|me) Teil des menschlichen Darms zwischen Dünndarm und Mastdarm.

di|cken (V.) zähflüssig werden, machen. Brombeersaft zum Beispiel dickt leicht.

dick|fel|lig (Adj.) unempfindlich; träge.

dick|flüs|sig (Adj.) breiig; sämig; schleimig; zäh; zähflüssig; dicklich.

Dick|häu|ter (der, -s, -) veralteter Sammelname für Elefanten, Nashörner, Flusspferde und Tapire.

Di|ckicht (das, -s, -) dichtes Unterholz; Gestrüpp.

Dick|kopf (der, -s, -köp|fe) eigensinniger, starrköpfiger Mensch. Einen Dickkopf aufsetzen (ugs.) (trotzig sein). dickköpfig.

Dick|ma|cher (der, -s, -) Lebensmittel, die im Verdacht stehen, dick zu machen.

Dick|milch (die, -, kein Plural) saure Milch.

Dick|te (die, -, -n) Größenangabe für die Breite einer Letter im Schriftbild.

Dick|ten|ta|bel|le (die, -, kein Plural) Datei mit allen Maßen einer Schrift für den Satz.

Di|dak|tik (die, -, -en) (griech.) Erziehungswissenschaft; Unterrichtslehre. Didaktiker; Didaktikerin.

di|dak|tisch (Adj.) lehrhaft; zum Unterricht geeignet.

Di|dot|sys|tem (*auch:* Di|dot-Sys|tem) (das, -s, kein Plural) typographisches Maßsystem, dessen kleinste Einheit der Didotpunkt ist (benannt nach dem Drucker Didot, der im 18. Jahrhundert lebte).

die 1. (Art.) die Frau; 2. (Pron., demonstr.) diese. die hat es ihm angetan; 3. (Pron., relat.) welche. die Frau, die er verehrte.

Dieb (der, -s/-es, -e) Straßenräuber; Einbrecher. diebisch.

Die|be|rei (die, -, -en) Diebstahl, Plünderung.

Dieˈbesˈgut (das, -es, kein Plural) Beute.
Dieˈbesˈjarˈgon (der, -s, -s) Gaunersprache.
dieˈbesˈsiˈcher (Adj.) vor Diebstahl gesichert.
dieˈbisch (Adj.) beutegierig; kleptomanisch.
Diebˈstahl (der, -s, -stähˈle) Eigentumsdelikt; Raub; Beraubung; Einbruch; Entwendung; Plünderung; Unterschlagung.
Diˈeˈgeˈse (die, -, -n) (griech.) weit ausholende Erörterung; Erzählung.
Dieˈle (die, -, -n) Holzfußboden; Flur. Dielenboden; dielen.
dieˈnen (V.) 1. für jemanden arbeiten; helfen; jmdm. zur Verfügung stehen; 2. nützlich sein; etwas dient dazu; 3. als Soldat dienen; Wehrdienst leisten.
Dieˈner/in (der/die, -s/-, -/-inˈnen) Bedienter; Bediensteter; Butler; Dienstmädchen; Domestik; Hausangestellter; Hausdiener; Kammerdiener; Leibdiener; Page. einen tiefen Diener machen (eine ehrerbietige Verbeugung machen).
dieˈnern (V.) kriechen, sich verbeugen.
Dieˈnerˈschaft (die, -, kein Plural) Personal.
dienˈlich (Adj.) brauchbar; nützlich.
Dienst (der, -s/-es, -e) 1. Arbeit; 2. Beruf; Gefälligkeit; Freundschaftsdienst; Gefallen; Liebesdienst. Chef vom Dienst; zu Diensten stehen; in Dienst stellen; außer Dienst (Abk.: a.iD.); Dienstälteste; Dienstbereitschaft; Dienstgrad; Dienstgruppe; der Diensthabende *aber:* der Dienst habende (*auch:* diensthabende) Beamte; diensteifrig; dienstfertig; dienstlich; dienstpflichtig; diensttauglich.
Dienstˈabˈteil (das, -s, -e) Eisenbahnabteil nur für Angestellte der Bahn.
Diensˈtag (der, -s, -e) Wochentag. Am Dienstag; am Dienstagabend haben wir den Stammtisch; dienstagabends/dienstags abends haben wir den Stammtisch. in der (nächsten) Dienstagnacht; jeden Dienstagmorgen; dienstags; dienstägig; dienstäglich.
Dienstˈälˈtesˈte/r (der/die, -n, -) jmd., der den Job schon am längsten macht.
Dienstˈanˈweiˈsung (die, -, -en) Dienstvorschrift.
Dienstˈaufˈfasˈsung (die, -, -en) die individuelle Einstellung zum Dienst.
Dienstˈaufˈsichtsˈbeˈschwerˈde (die, -, -n) formfreie Beschwerde bei einer höheren Dienststelle über das als unkorrekt empfundene Verhalten eines Amtsinhabers.
Dienstˈbarˈkeit (die, -, -en) in der Rechtsw. beschränktes dingliches Recht an einer Sache.
Dienstˈbeˈfehl (der, -(e)s, -e) dienstliche Anweisung, der Folge geleistet werden muss.
dienstˈbeˈflisˈsen (Adj.) hilfsbereit.
dienstˈbeˈreit (Adj.) 1. behilflich; 2. geöffnet.
Dienstˈbeˈreitˈschaft (die, -, kein Plural) eine Apotheke hat Dienstbereitschaft, sie ist geöffnet, wenn die anderen geschlossen sind.
Dienstˈbeˈzüˈge (die, -) Beamtengehalt.
Dienstˈboˈte (der, -en, -en) Diener; Hausangestellter.
Dienstˈeid (der, -es, -e) Amtseid (Eid der Beamten oder Soldaten auf Verfassungs- und Gesetzestreue).
Dienstˈentˈheˈbung (die, -, -en) Suspension vom Amt.
Dienstˈfäˈhigˈkeit (die, -, kein Plural) Tauglichkeit.
Dienstˈgeˈheimˈnis (das, -ses, se) Amtsgeheimnis (Verpflichtung des Beamten über die ihm bei seiner Tätigkeit bekannt gewordenen Angelegenheiten Stillschweigen zu bewahren).
Dienstˈgrad (der, -es, -e) Rangstufe, Charge beim Heer und der Luftwaffe.
Dienstˈherr (der, -(e)n, -(e)n) Arbeitgeber.
Dienstˈkleiˈdung (die, -, kein Plural) Uniform.
Dienstˈleisˈtung (die, -, -en) wirtschaftlicher Vorgang, der nicht unmittelbar der Gütererzeugung dient, zum Beispiel Transport- und Versicherungsleistungen, Zahlungsverkehr.
Dienstˈleisˈtungsˈgeˈwerˈbe (das, -s, -) Gewerbebetrieb, der Dienstleistungen ausführt, zum Beispiel Gaststätte, Reinigung, Friseur, Tankstelle.
dienstˈlich (Adj.) amtlich, förmlich; beruflich; nicht privat.
Dienstˈmädˈchen (das, -s, -) Hausangestellte.
Dienstˈmann (der, -es, -mänˈner/leuˈte) Gepäckträger.
Dienstˈordˈnung (die, -, -en) Dienstanweisung; Dienstvorschriften.
Dienstˈperˈsoˈnal (das, -s, kein Plural) Personal.
Dienstˈplan (der, -(e)s, -pläˈne) Einsatzplan.
Dienstˈproˈgramm (das, -(e)s, -e) Softwarehilfen zum Kopieren, Löschen, Suchen von Programmen etc.
Dienstˈreiˈse (die, -, -n) Reise in dienstlichem Auftrag.
Dienstˈschluss (der, -es, kein Plural) Feierabend.
Dienstˈsieˈgel (das, -s, -) amtliches, behördliches Siegel.
Dienstˈstelˈle (die, -, -n) Amt; Behörde.
Dienstˈstrafˈrecht (das, -s, kein Plural) Disziplinarrecht.
dienstˈunˈfäˈhig (Adj.) arbeitsunfähig; dienstuntauglich; unbrauchbar; invalide; krank.
dienstˈunˈtaugˈlich (Adj.) dienstunfähig; invalide.
Dienstˈverˈtrag (der, -es, -träˈge) gegenseitiger Vertrag über die Leistung bestimmter Dienste gegen Vergütung.
Dienstˈvorˈschrift (die, -, -en) Dienstordnung.
Dienstˈweg (der, -es, -e) Amtsweg; Behördenweg; Instanzenweg; Amtsschimmel (ugs.); Geschäftsgang; Rechtsweg.
Dienstˈwohˈnung (die, -, -en) Amtswohnung; Zurverfügungstellung einer Wohnung als Teil der Bezüge.
dies (Pron., demonstr.) dieses Mal, *aber:* diesmal; diesmalig; dieses und jenes; diesjährig; diesseits; dieserart; diesbezüglich.
Diˈes acaˈdeˈmiˈcus (der, - -, kein Plural) (lat.) vorlesungsfreier Tag (Universität).
Diˈes ater (der, - -, kein Plural) Unglückstag.
Dieˈsel (der, -, -) (Kurzw.) Dieselmotor; Dieselkraftstoff; Diesellokomotive; Dieselöl.
dieˈseln (V.) der Motor läuft ohne Zündung weiter.
dieˈser (Pron., demonstr.) diese, dieses. diese selbe Situation, *aber:* dieselbe

Situation; dieserart, *aber:* Augenblicke dieser Art.

die|sig (Adj.) trüb; neblig. Diesigkeit.

dies|seits (Adv.) auf dieser Seite. *Beachte:* mit Genitiv! diesseits der Mauer. Diesseitigkeit; Diesseits; Diesseitsglaube; diesseitig.

Dif|fa|mie (die, -, -n) verleumderische Äußerung.

dif|fa|mie|ren (V.) (lat.) verunglimpfen; verleumden. Diffamierung.

Dif|fa|ma|ti|on (die, -e, -en) üble Nachrede; Diffamierung.

dif|fa|ma|to|risch (Adj.) diffamierend; ehrenrührig; verleumderisch.

dif|fe|rent (Adj.) unterschiedlich; verschieden.

Dif|fe|renz (die, -, -en) (lat.) Unterschied; Streit. Differenziertheit.

Dif|fe|renz|be|trag (der, -(e)s, -trä|ge) Summe; unterschiedlicher Betrag.

dif|fe|ren|ziert (Adj.) untergliedert.

Dif|fe|ren|zie|rung (die, -, -en) Gliederung; Unterscheidung.

dif|fe|rie|ren (V.) abweichen; sich unterscheiden.

Dif|fe|ren|zi|al (*auch:* Dif|fe|ren|ti|al) (das, -s, -e) (Kurzw.) Differenzialgetriebe (*auch:* Differentialgetriebe) (Fahrzeug). differenziell (*auch:* differentiell)

dif|fi|zil (Adj.) (franz.) schwierig; problematisch.

dif|fus (Adj.) (lat.) 1. wirr; zerstreut; 2. dämmerig; zwielichtig; 3. ungenau; verschwommen.

Dif|fu|si|on (die, -, -en) (lat. Ergießung) selbsttätig eintretende Vermischung von Gasen oder Flüssigkeiten, die miteinander in Berührung stehen. diffundieren.

Di|gest (der/das, -s, -s) (engl.) Auswahl aus Zeitschriften, Büchern. Reader's Digest.

Di|ges|tif (der, -s, -s) (franz.) alkoholisches Getränk, das die Verdauung fördert.

Di|ges|ti|on (die, -, kein Plural) (lat.) Verdauung. digestiv; Digestivum.

Dig|ger (der, -s, -) (engl.) Goldgräber.

Di|git (das, -s, -s) (lat.-engl.) elektronische Anzeigeneinheit (z. B. eine Ziffer).

di|gi|tal (Adj.) (lat.) 1. mit dem Finger; 2. mittels Ziffern (EDV).

Di|gi|tal|auf|nah|me (die, -, -n) Aufnahmeverfahren, bei dem die Informationen als digitale Impulse aufgezeichnet werden.

Di|gi|ta|lis (die, -, kein Plural) Fingerhut; Heilpflanze.

di|gi|ta|li|sie|ren (V.) Daten und Informationen als Ziffern darstellen und speichern.

Di|gi|tal|rech|ner (der, -s, -) Rechenanlage zur Verarbeitung digitaler Werte, die durch zwei gut unterscheidbare Signale dargestellt werden; Computer.

Di|gi|tal|tech|nik (die, -, kein Plural) alle Verfahren, die Informationen digitalisieren.

Di|gi|tal|uhr (die, -, -en) Uhren ohne Zeiger, die die Zeit mit Ziffern anzeigen.

Di|g|ni|tät (die, -, -en) (lat.) Würde; hohes Amt.

DIHT (Abk.) **D**eutscher **I**ndustrie- und **H**andels**t**ag.

Di|jam|bus (der, -, -ben) (griech.-lat.) doppelter Jambus.

di|ju|di|zie|ren (V.) (lat.) urteilen; etwas entscheiden.

Dik|tat (das, -s, -e) 1. Nachschrift; Rechtschreibübung; 2. Ansage; Diktieren; 3. Befehl.

Dik|ta|tor (der, -s, -en) Gewaltherrscher; unumschränkter Machthaber.

dik|ta|to|risch (Adj.) totalitär; tyrannisch.

Dik|ta|tur (die, -, -en) Gewaltherrschaft.

dik|tie|ren (V.) 1. vorsprechen; 2. aufzwingen; 3. befehlen. Diktafon (*auch:* Diktaphon).

Dik|tier|ge|rät (das, -(e)s, -e) Tonbandgerät zur Aufzeichnung von Gesprochenem.

Dik|ti|on (die, -, kein Plural) (lat.) Ausdrucksweise; Stil.

Dik|tum (das, -s, -ta) (lat.) Ausspruch.

Di|la|ta|ti|on (die, -, -ti|o|nen) (lat.) Ausdehnung; Erweiterung. dilatabel.

Di|la|ti|on (die, -, -ti|o|nen) (lat.) Aufschub; Verzögerung.

Di|lem|ma (das, -s, -s/-ta) (griech.) 1. Bedrängnis; 2. Zwiespalt.

Di|let|tant (der, -en, -en) (ital.) 1. Laie; 2. Stümper; Anfänger; Halbgebildeter. dilettantenhaft; dilettieren.

di|let|tan|tisch (Adj.) stümperhaft; halbgebildet; laienhaft; oberflächlich; ungenau.

Di|let|tan|tis|mus (der, -s, kein Plural) eine Tätigkeit ohne fachliche Ausbildung ausüben; Laienarbeit; Liebhaberei; Spielerei; Stümperei.

Dill (der, -s, -e) Gewürzpflanze. Dillkraut.

Dime (der, -/-s, -/-s) (franz.-engl.) 10 Cent (in den USA).

Di|men|si|on (die, -, -si|o|nen) (lat.) Umfang; Größe. Adjektiv: dimensional. Verb: dimensionieren.

Di|me|ter (der, -s, -) (griech.) Vers aus zwei gleichen Metren.

di|mi|nu|en|do (Adv.) (ital.) langsam leiser werdend (bei Musikstücken).

di|mi|nu|tiv (*auch:* de|mi|nu|tiv) (Adj.) (lat.) verkleinernd. Diminutivform; Diminution; diminuieren.

Di|mi|nu|tiv (das, -s, -e) Verkleinerungswort, zum Beispiel Mäuschen.

Dim|mer (der, -s, -) (engl.) Lichtstärkeregler.

di|morph (Adj.) (griech.) zweigestaltig.

Di|mor|phie (die, -, -n) (griech.) Zweigestaltigkeit (chemischer Verbindungen).

Di|mor|phis|mus (der, -, -men) (griech.-nlat.) Zweigestaltigkeit (bei Lebewesen).

DIN (Abk.) **D**eutsche **I**ndustrie-**N**orm(en). DIN-Format; DIN-A4; DIN-A4-Seite.

Di|nar (der, -s, -/-e) (lat.) eine Währungseinheit (u. a. in Rest-Jugoslawien, Algerien).

di|na|risch (Adj.) einem bestimmten, europäischen Menschentyp angehörend (nach den Dinarischen Alpen benannt).

Di|ner (das, -s, -s) (franz.) Essen; Festmahl.

Ding (das, -s, -e/ (ugs.) -er) Sache; Angelegenheit. Ich bin guter Dinge (guter Laune); aller guten Dinge sind drei (beim dritten Anlauf klappt etwas); unverrichteter Dinge musste ich abreisen (ohne etwas erreicht zu haben). diese jungen Dinger (Mädchen); ein Ding drehen (ugs.) (ein Verbrechen begehen); jmdm. ein Ding verpassen (ugs.) (jmdm. eins auswischen); nicht mit rechten Dingen zugehen (auf unerklärliche, unverständliche Weise zugehen); Gut Ding will Weile haben. (Wenn man etwas ordentlich ausführen will, braucht man Zeit.); Jedes Ding hat zwei Seiten. (Jede Sache hat Vor- und Nachteile.); ein Ding der Unmöglichkeit (etwas ist nicht möglich). neuerdings; schlechterdings.

din|gen (V.) einstellen; verdingen.

ding|fest (Adj.) jemanden dingfest machen; (jemanden verhaften); jemanden hinter Gitter bringen.

Ding|lich|keit (die, -, kein Plural) eine Sache betreffend. dinglich.

Din|go (der, -s, -s) australischer Windhund.

Dings|bums (der/die/das, -, kein Plural) ungenannte Sache.

Ding|wort (das, -es, -e) Substantiv.

Din|gi (das, -s, -s) (Hindi) kleines Boot; Beiboot.

Din|go (der, -s, -s) wilder Hund.

di|nie|ren (V.) feierlich; vornehm speisen.

Di|ning|room (der, - -s, - -s) (engl.) Speisezimmer.

Din|kel (der, -, kein Plural) Getreideart.

Din|ner (das, -s, -/-s) (engl.) Abendessen.

Din|ner|ja|cket (*auch:* Din|ner-Ja|cket) (das, -s, -s) (engl.) Herrensakko.

Di|no|sau|ri|er (der, -s, -) (griech.) ausgestorbene Riesenechse.

Di|o|de (die, -, -n) (griech.) Halbleiterbauelement.

Di|o|len (das, -s, kein Plural) Kunstfaser.

Di|o|ny|si|en (die, nur Plural) Weinfest zu Ehren des altgriechischen Gottes Dionysos; rauschhaftes Fest; dionysisch.

Di|op|sid (der, -s, -e) (griech.-lat.) ein Mineral.

Di|op|tas (der, -, -e) (griech.-lat.) ein Mineral.

Di|op|t|rie (die, -, -n) (griech.) (Abk.: dpt/dptr./ Dptr.) Maßeinheit für den Brechwert optischer Linsen. Adjektiv: dioptrisch.

Di|o|ra|ma (das, -s, -men) (griech.) plastischer (originalgroßer) Schaubildkasten.

Di|o|rid (das, -s, kein Plural) eine Kunstfaser.

Di|o|rit (der, -s, -e) (griech.) ein Gestein.

Di|os|ku|ren (die, -, nur Plural) (griech.) Söhne des Zeus (Kastor und Pollux); unzertrennliches Paar.

Di|oxin (das, -s, -e) (griech.) hochgiftige chemische Verbindung. Dioxinvergiftung.

di|ö|ze|san (Adj.) zu einer Diözese gehörend.

Di|ö|ze|san (der, -s, -en) Angehöriger einer Diözese.

Di|ö|ze|se (die, -, -n) (griech.) Bistum.

Dip (der, -s, -s) (engl.) Tunke. Verb: dippen.

Di|pep|tid (das, -s, -e) (griech.-lat.) Eiweißkörper.

Diph|the|rie (die, -, -n) (griech.) Infektionskrankheit. Adjektiv: diphtherisch.

Di|ph|thong (der, -s, -e) (griech.) Doppellaut. Diphthongierung; diphthongisch; diphthongieren. z. B. »ou«, »ei«.

dipl. (Abk.) **dipl**omiert.

Dipl. (Abk.) **Dipl**om.

Di|ple|gie (die, -, -n) (griech.-lat.) doppelseitige Lähmung.

Di|p|lo|do|kus (der, -, -ken) (griech.-lat.) ausgestorbene Riesenechse.

di|p|lo|id (Adj.) (griech.) mit doppeltem Chromosomensatz.

Di|p|lom (das, -s, -e) (griech.-lat. zweifach Gefaltetes) Auszeichnung; Zeugnis. Diplomchemiker (*auch:* Diplom-Chemiker) (Abk.: Dipl.-Chem.); Diplomdolmetscher (*auch:* Diplom-Dolmetscher) (Abk.: Dipl.-Dolm.); Diplomingenieur (*auch:* Diplom-Ingenieur) (Abk.: Dipl.-Ing.); Diplomkaufmann (*auch:* Diplom-Kaufmann) (Abk.: Dipl.-Kfm.).

Di|p|lo|mand (der, -en, -en) Student, der gerade im Begriff ist, sein Diplom zu machen/der sich auf die Diplomprüfung vorbereitet

Di|p|lom|ar|beit (die, -, -en) Prüfungsarbeit als Voraussetzung für die Erlangung des Diploms.

Di|p|lo|mat (der, -en, -en) (franz. diplomatique urkundlich, die Noten des zwischenstaatlichen Umfangs betreffend) 1. Vertreter des auswärtigen Dienstes, der in anderen Staaten als Vertreter seines Landes anerkannt ist. Attaché; Botschafter; Abgesandter; Ambassadeur; Delegationschef; 2. (ugs.) Menschenkenner; Taktiker; Stratege. Jmd., der seine Ziele so geschickt verfolgt und erreicht, ohne andere zu verärgern.

Di|p|lo|ma|tie (die, -, -n) (griech.) Außenpolitik; Geschick. Diplomatenkoffer; Diplomatenpass; diplomatisches Korps.

Di|p|lo|ma|tik (die, -, kein Plural) Urkundenlehre. Diplomatiker.

di|p|lo|ma|tisch (Adj.) geschickt; gewandt.

di|p|lo|mie|ren (V.) jmdm. ein Diplom verleihen/erteilen.

Di|p|lont (der, -en, -en) (griech.-lat.) tierischer oder pflanzlicher Organismus.

Di|p|noi (die, nur Plural) (griech.-lat.) Knochenfische, die mit Kiemen und Lunge atmen.

Di|po|die (die, -, -n) (griech.) Metrum mit zwei gleichen Versfüßen; dipodisch.

Di|pol (der, -s, -e) (griech.) Gegenpol. Dipolantenne; Dipolmoment.

Di|p|te|ros (der, -, -roi) (griech.) Tempel mit doppelter Säulenreihe.

Di|p|ty|chon (das, -s, -chen) (griech.) 1. zusammenklappbares Schreibtäfelchen; 2. zweiteiliges Altarbild.

Di|py|lon (das, -s, kein Plural) (griech. Doppeltor) Eingangstor des alten Athen. Dipylonkultur; Dipylonstil.

Dir. (Abk.) **Dir**ektor.

Di|rect Cos|ting (das, -/-s, -s) (engl.) Sammelbegriff für verschiedene Teilkostenrechnungen.

Di|rect Mai|ling (das, -/-s, -s) (engl.) Direktwerbung durch Zusenden von Werbematerial mit Rückantwortkarte.

Di|rec|toire (das, -s, kein Plural) (franz.) Stil der franz. klassizistischen Kunst und Mode zur Zeit des Direktoriums.

di|rekt 1. (Adj.) (lat.) gerade; unmittelbar. Direktheit; 2. (Adj.) geradezu.

di|rek|te Re|de → Regelkasten.

di|rek|te Steu|ern (die -n -, -n -, - -) Steuern, die direkt von der Person erhoben werden, die sie letztlich auch trägt (zum Beispiel Einkommens- und Vermögenssteuer).

Di|rekt|flug (der, -(e)s, -flü|ge) Nonstop-Flug, ohne Zwischenstopp zum Zielort.

Di|rek|ti|on (die, -, -ti|o|nen) (lat.) Richtung; Leitung. Adjektiv: direktionslos.

Di|rek|ti|ve (die, -, -n) (lat.) Weisung; Richtlinie. Adjektiv: direktiv.

Di|rekt|man|dat (das, -s, -e) persönlich im Wahlkreis errungenes Mandat.
Di|rek|tor (der, -s, -en) (lat.) (Abk.: Dir.) Leiter; Vorstand. Direktorin; Direktorzimmer; direktoral.
Di|rek|to|rat (das, -(e)s, -e) Büro des Direktors.
Di|rek|to|ri|um (das, -s, -ri|en) (franz. Directoire) 1. nach der Franz. Revolution oberste Staatsführung (fünf Direktoren, zwei Kammern); 2. aus mehreren Personen bestehende Leitung einer Behörde oder eines Unternehmens.
Di|rek|t|ri|ce (die, -, -n) leitende Angestellte in der Modebranche, die die Fertigung überwacht.
Di|rekt|ü|ber|tra|gung (die, -, -en) Rundfunk- oder Fernsehsendung, die unmittelbar übertragen wird; Direktsendung.
Di|rekt|wer|bung (die, -, kein Plural) Werbebriefe, Mustersendungen, die direkt dem potenziellen Kunden zugestellt werden.
Di|ret|tis|si|ma (die, -, -s) (ital.) direkte Route zum Berggipfel.
Di|rex (der, -, -en) (lat.) (ugs.) Kürzel für Direktor einer Schule.
Dir|ham (der, -/-s, -/-s) (griech.-arab.) Währungseinheit (u.a. in Marokko, Kuwait).
Di|ri|gat (das, -s, -e) die Orchesterleitung.
Di|ri|gent (der, -en, -en) (lat.) Leiter eines Orchesters. Dirigentenpult; Dirigentenstab.
di|ri|gie|ren (V.) 1. ein Orchester leiten; 2. beeinflussen; taktieren.
Di|ri|gis|mus (der, -, kein Plural) staatliche Lenkung der Wirtschaft. Adjektiv: dirigistisch.
di|ri|mie|ren (V.) sich lösen; trennen.
Di|ri|mie|rungs|recht (das, -(e)s, kein Plural) (österr.) tritt bei einer Entscheidung Stimmengleichheit ein, dann hat der Vorsitzende das Recht, eine Entscheidung zu treffen.
Dirndl (das, -s, -) (südd.) 1. Mädchen; 2. Trachtenkleid. Dirndlkleid.
Dir|ne (die, -, -n) Prostituierte. Adjektiv: dirnenhaft.
dir|ty (Adj.) (engl. schmutzig) in der Drogenszene bedeutet dirty, jmd. ist bei der Behörde registriert.
Dis|agio (das, -s, kein Plural) (ital.) Unterschiedbetrag zwischen Nenn- und Kurswert (bei Aktien).
dis|am|bi|gu|ie|ren (V.) (lat.) sprachlich eindeutig machen (z. B. »Tor … Tor« durch Hinzufügen des Artikels »der Tor – das Tor«).
Disc|jo|ckey (*auch:* Disk|jo|ckey) (engl.) (der, -s, -s) Moderator; Plattenaufleger.
Dis|co (*auch:* Dis|ko) (die, -, -s) (engl.) (Kurzw.) Diskothek; Tanzlokal. Discomusik (*auch:* Discomusik).
Dis|count|la|den (der, -s, -lä|den) Selbstbedienungsgeschäft mit Billigwaren. Discountpreis; Discounthandel.
dis|cul|pie|ren (V.) (lat.) veraltet für entschuldigen.
Dis-Dur (das, -, kein Plural) Tonart. Dis-Dur-Tonleiter.
Dis|en|gage|ment (das, -s, -s) (engl.) militärisches Auseinanderrücken der Großmächte.
Di|seur (der, -s, -re) (franz.) Vortragskünstler im Kabarett.
Di|seu|se (die, -, -n) (franz.) Vortragskünstlerin im Kabarett.
Dis|har|mo|nie (die, -, -n) Missklang; Meinungsverschiedenheit.
dis|har|mo|nie|ren (V.) nicht zusammenpassen.
dis|har|mo|nisch (Adj.) in der Art einer Disharmonie; eine Unstimmigkeit aufweisend; nicht zusammenpassend.
Dis|jek|ti|on (die, -, -en) (lat.) jmd. sieht sich im Traum als zwei Personen; persönlichkeitsgespalten.
Dis|junk|ti|on (die, -, -ti|o|nen) (lat.) Trennung; Absonderung. Adjektiv: disjunktiv.
Dis|kant (der, -s, -e) (lat.) höchste Stimmlage.
Dis|ket|te (die, -, -n) Magnetplatte (EDV). Diskettenlaufwerk.
Disk|ka|me|ra (die, -, -s) Fotoapparat mit scheibenförmigem Film.
Dis|ko → Disco.
Dis|ko|gra|fie (*auch* Dis|ko|gra|phie) (die, -, -n) Schallplattenverzeichnis.
Dis|kont (der, -s, -e) (ital.) Zinsabzug. Diskontgeschäft; Diskonterhöhung; Diskontbank; Diskontsatz; diskontieren.
dis|kon|ti|nu|ier|lich (Adj.) (lat.) unterbrochen. Diskontinuität.
Dis|ko|pa|thie (die, -, -n) (griech.-lat.) Bandscheibenleiden.
dis|kor|dant (Adj.) (lat.) nicht übereinstimmend.
Dis|kor|danz (die, -, -en) (lat.) Missklang; Unstimmigkeit.
Dis|kos von Phais|tos (der, -, kein Plural) frühminoische Tonscheibe mit

Direkte Rede

Die direkte Rede (wörtliche Rede) ist die originalgetreue Wiedergabe einer Äußerung. Sie steht immer in Anführungszeichen (Gegensatz: indirekte Rede).

1. Zur Ankündigung einer direkten Rede wird der Doppelpunkt gesetzt. Sie sagte zu mir: »Hab keine Angst.«
2. Wenn der einleitende Satz weitergeführt werden soll, darf die direkte Rede nicht mit einem Punkt enden. Endet die direkte Rede ohne Satzzeichen, so wird ein Komma gesetzt. Er rief: »Ich gehe jetzt«, und nahm seine Sachen.
3. Wenn die direkte Rede mit einem Ausrufe- oder Fragezeichen endet, so wird nach dem zweiten Anführungszeichen ebenfalls ein Komma gesetzt. »Helft mir doch!«, rief er und gestikulierte wild. »Fährst du schon morgen?«, fragte sie.
   Beachte: Eine kurze direkte Rede steht ohne Doppelpunkt und Komma, wenn sie den Satzfluss nicht unterbricht und das Prädikat des Satzes nachfolgt. Während er uns »Ich habe noch Hoffnung« zurief, wussten wir bereits, dass die Angelegenheit gegen ihn entschieden war.

241 in Spiralform eingestempelten Schriftzeichen aus dem Palast von Phaistos auf Kreta.
disˈkreˈdiˈtieˈren (V.) (lat.) verleumden. Diskredit.
Disˈkreˈpanz (die, -, -en) (lat.) Unstimmigkeit; Widerspruch; Missverhältnis.
disˈkreˈpant (Adj.) widersprüchlich.
disˈkret (Adj.) (lat.) zurückhaltend; rücksichtsvoll.
Disˈkreˈtiˈon (die, -, -en) Taktgefühl; Verschwiegenheit; Vertrauenswürdigkeit.
Disˈkriˈmiˈnanˈte (die, -, -n) in der Math. Trennungsgröße.
disˈkriˈmiˈnieˈren (V.) herabsetzen; benachteiligen.
disˈkriˈmiˈnieˈrend (Adj.) herabsetzend; ungerecht; rassistisch; sexistisch; verletzend.
Disˈkriˈmiˈnieˈrung (die, -, -en) Apartheid; Ungerechtigkeit; Unterdrückung; Benachteiligung; Herabsetzung; Rassentrennung; Sexismus.
disˈkulˈpieˈren (V.) (lat.-franz.) entschuldigen; rechtfertigen.
Disˈkurs (der, -es, -e) (lat.) Unterhaltung; Verhandlung. Adjektiv: diskursiv.
Disˈkus (der, -/-ses, -ken/-se) (griech.) Wurfscheibe. Diskuswerfer.
Disˈkusˈwerˈfen (das, -s, kein Plural) Disziplin in der Leichtathletik. Diskuswurf.
Disˈkusˈherˈnie (die, -, -n) (griech.-lat.) Bandscheibenvorfall.
Disˈkusˈsiˈon (die, -, -siˈoˈnen) (lat.) 1. Debatte; 2. Besprechung. diskutierbar; diskutieren.
Disˈkusˈsiˈonsˈbeiˈtrag (der, -s, -träˈge) Wortmeldung.
Disˈkusˈsiˈonsˈgrundˈlaˈge (die, -, -n) Agenda.
Disˈkusˈsiˈonsˈrunˈde (die, -, -n) die Gesprächsteilnehmer.
Disˈkusˈsiˈonsˈtheˈma (das, -s, -men) Agenda; Tagesordnung.
disˈkuˈtaˈbel (Adj.) überlegenswert; annehmbar; denkbar; erwägenswert; gangbar; möglich; vertretbar.
Disˈkuˈtant (der, -en, -en) Teilnehmer an einer Gesprächsrunde.
Disˈloˈkaˈtiˈonsˈbeˈben (das, -s, -) (lat.) durch tektonische Verschiebungen verursachtes Erdbeben.
Disˈmemˈbˈraˈtiˈon (die, -, -tiˈoˈnen) (lat.) 1. Landzerstückelung bei Erbschaften; 2. Zerfall eines Staates.
Disˈmemˈbˈraˈtor (der, -s, -en) (lat.) Zerkleinerer.
dis-Moll (das, -, kein Plural) Tonart. dis-Moll-Tonleiter.
Disˈpaˈche (die, -, -n) (ital.-franz.) Schadensverteilung (bei Havarie).
Disˈpaˈcheur (der, -s, -e) Sachverständiger für Dispachen.
disˈpaˈchieˈren (V.) eine Dispache machen.
Disˈpaˈriˈtät (die, -, -en) (lat.) Verschiedenheit; Abweichung. Adjektiv: disparat.
Disˈpatˈcher (der, -s, -) (engl.) Produktionsplaner, -überwacher.
Disˈpens (der, -es, -e) (lat.) 1. Befreiung; Aufhebung; Unterrichtsbefreiung; 2. Entbindung von einer rechtlichen Verpflichtung in einem besonderen Fall; Befreiung vom Kirchenrecht; 3. Arzneizubereitung und -abgabe durch den Apotheker nach Vorschrift des Arztes. Dispensierrecht.
Disˈpenˈsaˈtoˈriˈum (das, -s, -ien) (lat.) mittelalterliches Arzneibuch.
Disˈpenˈsaˈtiˈon (die, -, -en) Ausnahmegenehmigung. Dispensierung; dispensieren.
diˈsˈpers (Adj.) (lat.) fein verteilt.
Diˈsˈperˈsants (die, nur Plural) (lat.-engl.) Beimengungen zum Schmieröl, die Ablagerungen verhindern.
Diˈsˈperˈsiˈon (die, -, -siˈoˈnen) (lat.) Zerstreuung; Verteilung. Dispersionsfarbe.
Disˈplaced Perˈson (die, - -, - -s) (engl.) zum Arbeitsdienst aus einem anderen Land verschleppte oder aus politischen Gründen vertriebene Person.
Disˈplay (das, -s, -s) (engl.) Datensichtgerät (EDV); werbewirksame Warenplatzierung.
Disˈpoˈnenˈde (die, -, -n) Bücher, die der Buchhändler nicht verkaufen konnte und weiter bei sich lagert.
Disˈpoˈnent (der, -en, -en) kaufmännischer Abteilungsleiter.
disˈpoˈniˈbel (Adj.) etwas ist disponibel, wenn man darüber verfügen kann.
disˈpoˈnieˈren (V.) (lat.) planen; einteilen. Disponent/in; Disponibilität; zur Disposition stehen (zur Verfügung); dispositiv; dispositionsfähig.
disˈpoˈniert (Adj.) aufgeschlossen.
disˈpoˈsiˈtiˈonsˈfäˈhig (Adj.) einsatzfähig; geschäftsfähig. disponibel.
Disˈpoˈsiˈtiˈonsˈkreˈdit (der, -(e)s, -e) Überziehungskredit, über den ein Kontoinhaber jederzeit verfügen kann.
Disˈproˈporˈtiˈon (die, -, -en) (lat.) schlechte Proportion; Missverhältnis; falsches Größenverhältnis. Disproportionalität.
disˈproˈporˈtiˈoˈniert (Adj.) (lat.) unverhältnismäßig; schlecht proportioniert.
Disˈput (der, -s, -e) (lat.) Wortstreit; Meinungsverschiedenheit. Disputation; disputieren.
disˈpuˈtaˈbel (Adj.) man kann über etwas reden.
Disˈpuˈtant (der, -en, -en) Teilnehmer an einer Diskussion, einem Streitgespräch.
Disˈpuˈtaˈtiˈon (die, -, -en) (lat.) Auseinandersetzung; wissenschaftliches Streitgespräch.
disˈquaˈliˈfiˈzieˈren (V.) (lat.) ausschließen; unfähig sein für. Disqualifizierung.
Disˈquaˈliˈfiˈkaˈtiˈon (die, -, -en) (lat.) Ausschluss eines Sportlers oder einer Mannschaft wegen schwerwiegenden Regelverstoßes.
Disˈsens (der, -es, -e) (lat.) Meinungsverschiedenheit. in der Rechtsw. das Fehlen übereinstimmender Willensäußerungen beim Vertragsabschluss, sodass dieser nicht zustande kommt.
Disˈsenˈter (der, -s, -) (engl.) historische Bezeichnung für nicht der anglikanischen Staatskirche angehörende Protestanten; Sekten.
disˈsenˈtieˈren (V.) anderer Meinung sein; aus einer Kirche austreten.
Disˈserˈtaˈtiˈon (die, -, -tiˈoˈnen (lat.) wissenschaftliche Arbeit (Doktorarbeit).
Disˈserˈtant (der, -en, -en) jmd., der eine Dissertation schreibt.
disˈserˈtieˈren (V.) eine Dissertation schreiben.
Disˈsiˈdent (der, -en, -en) (lat.) 1. Abweichler; Person, die aus ihrer ursprünglichen Glaubensgemeinschaft austritt; 2. Bezeichnung für Oppositionelle in den Ostblockstaaten.
disˈsiˈdieˈren (V.) anders denken.

Dis|si|di|en (die, nur Plural) (lat.) Streitpunkte.
Dis|si|mu|la|ti|on (die, -, -ti|o|nen) (lat.) bewusstes Verheimlichen einer Krankheit. dissimulieren.
dis|so|nant (Adj.) misstönend.
Dis|so|nanz (die, -, -en) (lat.) 1. Missklang, in der Musik spannungserfüllter uneinheitlicher Klang; 2. Uneinigkeit. Adjektiv: dissonant. Verb: dissonieren.
dis|so|zi|al (Adj.) (lat.-franz.-engl.) unfähig, sich in die Gesellschaft einzuordnen.
Dis|so|zi|a|ti|on (die, -, -en) in der Med. Krankheitsbild der Bewusstseinsspaltung.
dis|so|zi|ie|ren (V.) (lat.) auflösen; trennen.
Dis|stress (der, -stres|ses, -stres|se) (griech.-engl.) Überstress.
Di|s|tanz (die, -, -en) (lat.) Entfernung; Abstand.
di|s|tan|zie|ren (V. refl.) abrücken von, (im Wettkampf) hinter sich lassen.
di|s|tan|ziert (Adj.) kühl; verschlossen, auf Abstand bedacht; unterkühlt; unzugänglich; zurückhaltend.
Di|s|tan|ziert|heit (die, -, kein Plural) Verschlossenheit.
Di|s|tan|zie|rung (die, -, kein Plural) Entfremdung.
Di|s|tanz|ritt (der, -(e)s, -e) im Pferdesport ein Ritt über eine sehr lange Strecke.
Dis|tel (die, -, -n) Pflanze.
Dis|tel|fink (der, -s, -en) Singvogel.
Di|s|ti|chon (das, -s, -chen) (griech.) ein Verspaar (aus Hexameter und Pentameter).
di|s|tin|gu|iert (Adj.) (lat.) hervorgehoben; vornehm.
Di|s|tin|gu|iert|heit (die, -, kein Plural) Art und Benehmen, das sich von der Allgemeinheit deutlich abhebt; Eleganz; Vornehmheit.
di|s|tinkt (Adj.) deutlich unterschieden.
Di|s|tink|ti|on (die, -, -en) Ansehen; Auszeichnung; hoher Rang; Würde.
di|s|tink|tiv (Adj.) unterscheidend.
Dis|tor|si|on (die, -, -si|o|nen) (lat.) Verstauchung.
Dis|trak|tion (die, -, -en) Zerstreuung; Streckverband bei Knochenbrüchen.
dis|tri|bu|ie|ren (V.) austeilen; verteilen; zuteilen.
Dis|tri|bu|ti|on (die, -, -ti|o|nen) (lat.) Verteilung; Auflösung. Distributivzahl.
dis|tri|bu|tiv (Adj.) verteilend.
Di|s|t|rikt (der, -s, -e) (lat.) Bezirk; Gebiet. Distriktvorsteher.
Dis|zi|p|lin (die, -, -en) (lat.) 1. Zucht; 2. Ordnung; 3. Fachgebiet; 4. Sportart.
dis|zi|p|li|när (Adj.) (österr.) die Disziplinargewalt betreffend.
Dis|zi|p|li|nar|ge|walt (die, -, kein Plural) das Recht des Staates, Disziplinarstrafen gegen seine Beamten zu verhängen.
dis|zi|p|li|na|risch (Adj.) die Disziplinargewalt betreffend.
Dis|zi|p|li|nar|kam|mer (die, -, -n) Disziplinargericht.
Dis|zi|p|li|nar|recht (das, -es, -e) Gesamtheit der Rechtssätze, die der Aufrechterhaltung der Disziplin der Beamten, Soldaten und anderen dienen.
Dis|zi|p|li|nar|stra|fe (die, -, -n) kann gegen Staatsdiener verhängt werden, die gegen ihre Vorschriften verstoßen haben.
dis|zi|p|li|nie|ren (V.) zurechtweisen.
dis|zi|p|li|niert (Adj.) mit Disziplin.
Dis|zi|p|li|niert|heit (die, -, kein Plural) an die Einhaltung der Disziplin gewöhnt.
dis|zi|p|lin|los (Adj.) undiszipliniert; maßlos; ohne Zucht und Ordnung; schlecht erzogen; unbeherrscht; unkontrolliert; zuchtlos.
Dis|zi|p|lin|lo|sig|keit (die, -, -en) ohne Disziplin; die Vorschriften missachtend.
di|to (Adv.) gleichfalls; ebenso (Abk.: do./dto.).
Di|u|re|se (die, -, -n) (griech.) Harnausscheidung.
Di|u|re|ti|kum (das, -s, -ka) harntreibendes Mittel.
Di|ur|nal (das, -s, -e) (lat.) katholisches Gebetbuch, das die täglichen Gebete enthält.
Di|va (die, -, -s/Di|ven) (ital.) gefeierte Künstlerin.
Di|ver|bia (die, -, Pluralwort) (lat.) der Dialog in der altrömischen Komödie.
di|ver|gent (Adj.) (lat.) entgegengesetzt; abweichend.
Di|ver|genz (die, -en, -en) Abweichung; Verschiedenheit; Meinungsverschiedenheit.
di|ver|gie|ren (V.) abweichen voneinander; anderer Meinung sein.
di|ver|se (Adj.) (lat.) verschiedene; mehrere.
Di|ver|ses (das Diverse, -n, Pluralwort) verschiedene Gegenstände.
Di|ver|si|fi|ka|ti|on (die, -, -en) (lat.) Umstellung von Einseitigkeit auf Vielfältigkeit, zum Beispiel der Wirtschaft eines Landes oder der produzierten Güter eines Unternehmens.
di|ver|si|fi|zie|ren (V.) das Geschäft ausweiten; das Sortiment erweitern.
Di|ver|ti|men|to (das, -s, -s/-men|ti) (ital.) Potpourri.
di|vi|de et im|pe|ra! (lat.) teile und herrsche! Grundsatz des antiken Rom gegenüber den unterworfenen Völkern.
Di|vi|dend (der, -en, -en) zu teilende Zahl.
Di|vi|den|de (die, -, -n) Gewinnanteil (Aktie).
Di|vi|den|den|aus|schüt|tung (die, -, -en) Auszahlung der Dividende an die Aktionäre.
di|vi|die|ren (V.) (lat.) teilen. Division.
Di|vi|di|vi (die, nur Plural) (indian.-span.) gerbstoffreiche Schlehdornschoten.
Di|vi|na Com|me|dia (die, - -, kein Plural) (ital.) »Göttliche Komödie«, Hauptwerk Dante Alighieris.
Di|vi|na|ti|on (die, -, -en) (lat.) Ahnung künftiger Ereignisse; Vorausschau.
Di|vi|ni|tät (die, -, kein Plural) göttliches Wesen.
Di|vis (das, -es, -e) (lat.) Bindestrich; Trennungszeichen.
di|vi|si (Adj.) (lat.) Vortragsanweisung in der Musik für die Streichergruppe.
Di|vi|si|on (die, -, -si|o|nen) (lat.) Teilung; Abteilung. Divisor; Divisionskommandeur.
Di|vi|si|o|när (der, -s, -e) Befehlshaber einer Division.
Di|vi|si|o|nis|mus (der, -, kein Plural) (lat.) Kunstrichtung in der modernen französischen Malerei. Divisionist.
Di|vus (lat.) römischer Kaisertitel (der Göttliche).
Di|wan (der, -s, -e) (pers.) 1. repräsentatives orientalisches Sofa; 2. Empfangssalon orientalischer Herrscher; 3. Gedichtsammlung aus dem arabisch-persisch-türkischen Raum.

Di|xie (der, -s, kein Plural) (engl.) (Kurzw.) Dixieland. Dixielandjazz/ Dixieland-Jazz.
d. J. (Abk.) **d**ieses **J**ahres; **d**er **J**üngere.
DJ (Abk.) **D**iscjockey.
DJH (Abk.) **D**eutsche **J**ugend**h**erberge.
DKP (Abk.) **D**eutsche **K**ommunistische **P**artei.
dl (Abk.) **D**ezi**l**iter.
DLF (Abk.) **D**eutsch**l**and**f**unk.
DLG (Abk.) **D**eutsche **L**andwirtschaftsgesellschaft.
DLRG (Abk.) **D**eutsche **L**ebens-**R**ettungs-**G**esellschaft.
dm (Abk.) **D**ezi**m**eter.
dm² (Abk.) Quadratdezimeter.
dm³ (Abk.) Kubikdezimeter.
DM (Abk.) **D**eutsche **M**ark. Bis 2002 gültige deutsche Währung. z. B. 1 DM; DM 1; D-Mark.
d. M. (Abk.) dieses Monats.
d-Moll (das, -, kein Plural) Tonart. d-Moll-Tonleiter.
DNS (Abk.) **D**esoxyribo(se)**n**ukleinsäure (Träger der Erbinformation).
do. (Abk.) **d**it**o**.
d. O. (Abk.) **d**er **O**bige.
Do (das, -, -) (ital.) der Ton C.
Do|ber|mann (der, -s, -män|ner) schwarz-braune Hunderasse; Wachhund.
do|cen|do dis|ci|mus (lat.) durch Lehren lernen wir.
doch (Adv.; Konj.) ja/nein; dennoch; wirklich. Nicht doch! Also doch; Doch, ich war da! *Beachte:* Vor »doch« steht ein Komma oder Strichpunkt, wenn es Sätze verbindet. Der Urlaub war schön, doch teuer. Er rief laut nach ihr, doch sie antwortete nicht.
Docht (der, -s/-es, -e) Brennfaden einer Kerze.
Dock (das, -s, -s/-e) (engl.) Reparaturanlage (Schiffe). Trockendock; Dockhafen; Docker.
Do|cke (die, -, -n) 1. (ugs.) Puppe; 2. walzenförmiges Stück; 3. gedrehte Säule; Geländersäule.
do|cken (V.) 1. ein Schiff zur Reparatur ins Dock bringen; 2. sich im Dock befinden; 3. ein Raumfahrzeug an ein anderes andocken, die beiden zusammenschließen.
Do|cking (das, -s, -s) (engl.) Ankoppelung an ein Raumschiff. Dockingmanöver.
Doc|tor iu|ris ut|ri|us|que (der, - - -, -es - -) Doktor des weltlichen und des kanonischen Rechts (Abk.: Dr. jur.).
Do|cu|men|ta (die, -, kein Plural) Ausstellungen internationaler Kunst in Kassel.
Do|de|ka|dik (die, -, kein Plural) das Duodezimalsystem.
Do|de|ka|e|der (das, -s, -) (griech.) Zwölfflächner.
Do|de|ka|fo|nie (*auch:* Do|de|ka|pho|nie) (die, -, kein Plural) (griech.) Zwölftonmusik.
do|de|ka|fo|nisch (*auch:* do|de|ka|pho|nisch) (Adj.) die Zwölftonmusik betreffend.
Do|de|ka|fo|nist (*auch:* Do|de|ka|pho|nist) (der, -en, -en) Komponist der Zwölftonmusik.
Do|do|na (kein Art., kein Plural) neben Delphi im Altertum die berühmteste griechische Orakelstätte.
Doe|len|stück (das, -es, -e) (niederl.) Gemälde niederländischer Maler des 16. und 17. Jahrhunderts, die eine festliche Schützengesellschaft darstellen.
Doe|skin (der, -/-s, kein Plural) (engl.) ein kräftiger Wollstoff (für glatte Mäntel).
DOG (Abk.) **D**eutsche **O**lympische **G**esellschaft.
Do|ga|res|sa (die, -, -s|sen) (ital.) die Gemahlin des Dogen in Venedig.
Dog|cart (der, -s, -s) (engl.) zweirädriger, leichter Einspänner.
Do|ge (der, -n, -n) (ital.) Herzog; das gewählte Stadtoberhaupt in den Republiken Venedig und Genua. Dogenpalast.
Dog|ge (die, -, -n) (engl.) große Hunderasse.
Dog|ger 1. (der, -s, kein Plural) (engl.) eine Formation der Erdgeschichte, Braunjura; 2. (der, -s, -) zweimastiges Fischerboot (an der niederländischen Nordseeküste).
Dog|ma (das, -s, -men) (griech.) Glaubenssatz; Prinzip; Lehrsatz.
Dog|ma|tik (die, -, kein Plural) kirchliche Glaubenslehre.
Dog|ma|ti|ker (der, -s, -) Lehrer/Verfechter bestimmter Dogmen.
dog|ma|tisch (Adj.) fanatisch.
dog|ma|ti|sie|ren (V.) zum Dogma erheben.
Dog|ma|tis|mus (der, -, kein Plural) starres Festhalten an einem Dogma ohne es je infrage zu stellen; Fanatismus.
Dog|men|ge|schich|te (die, -, kein Plural) Teilgebiet der Theologie.
Dog|skin (das, -, kein Plural) (engl.) aus festem Schaffell produziertes Leder.
Doh|le (die, -, -n) Rabenvogel.
do it your|self! (engl.) Mach es selbst! (handwerkliche Selbsthilfe). Do-it-yourself-Anleitung.
dok|tern (V.) (ugs.) den Arzt spielen, ohne Fachkenntnisse.
Dok|tor (der, -s, -en) (lat.) akademischer Titel; Arzt (Abk.: Dr.).
Dok|to|rand/in (der/die, -en/-, -en/-nen) jmd., der gerade dabei ist, die Doktorprüfung abzulegen.
Dok|tor|ar|beit (die, -, -en) Dissertation, mit der die Doktorwürde erlangt wird; Inauguraldissertation; Promotion.
Dok|to|rat (das, -(e)s, -e) Doktorwürde.
Dok|tor|grad (der, -es, -e) akademischer Grad, vier Stufen: summa cum laude (mit höchstem Lob), magna cum laude (mit großem Lob), cum laude (mit Lob), rite (ordnungsgemäß). Doktortitel.
Dok|tor|hut (der, -es, -hü|te) wird an gerade promovierte Doktoren verliehen.
dok|to|rie|ren (V.) promovieren.
Dok|tor|ti|tel werden abgekürzt geschrieben. Die gebräuchlichsten sind: Dr. agr. (lat. agriculturae) Dr. der Landwirtschaft; Dr. e.h. ehrenhalber, Dr. h.c. honoris causa (lat. ehrenhalber) Ehrendoktorwürde; Dr. habil. (lat. habilitatus) Doktor mit Lehrberechtigung an Hochschulen; Dr. Ing. Dr. der Ingenieurwissenschaften; Dr. jur. (lat. iuris) Dr. der Rechtswissenschaft; Dr. med. (lat. medicinae) Dr. der Medizin; Dr. med. dent. (lat. medicinae dentariae) Dr. der Zahnmedizin; Dr. med. vet. (lat. medicinae veterinariae) Dr. der Tierheilkunde; Dr. med. univ. (lat. medicinae universae) (österr.) Dr. der gesamten Heilkunde; Dr. oec. publ. (lat. oeconomiae publicae) Dr. der Volkswirtschaft; Dr. phil. (lat. philosophiae) Dr. der Philosophie; Dr. phil. nat (lat. philosophiae naturalis) Dr. der Naturwissenschaften; Dr. rer. nat. (lat. rerum naturalium) Dr. der Naturwissenschaften; Dr. rer. pol. (lat. rerum politicarum) Dr. der Staats-

wissenschaften; Dr. theol. (lat. theologiae) Dr. der Theologie.

Dok'tor'va'ter (der, -s, -vä'ter) Hochschullehrer, von dem der Doktorand das Thema seiner Arbeit bekommt und der ihn bei der Abfassung betreut.

Dok't'rin (die, -, -en) (lat.) Lehre; Grundsatz.

Dok't'ri'när (der, -s, -e) fanatischer Verfechter einer Lehre. doktrinär.

Do'ku (die, -, -s) (ugs.) kurz für Dokumentation, Dokumentarfilm.

Do'ku'ment (das, -s/-es, -e) (lat.) Schriftstück; Urkunde; Beleg.

Do'ku'men'tar (der, -s, -e) wissenschaftlicher Mitarbeiter in einer Dokumentationsstelle.

Do'ku'men'tar'film (der, -s, -e) auf Tatsachen beruhender Film.

do'ku'men'ta'risch (Adj.) 1. beweiskräftig; schriftlich belegt; 2. amtlich; urkundlich.

Do'ku'men'ta'rist (der, -en, -en) jemand, der Dokumentarfilme macht.

Do'ku'men'tar'spiel (das, -s, -e) besonders realitätsnah gestaltete Produktion des Fernsehens zu historischen Ereignissen.

Do'ku'men'ta'ti'on (die, -, -en) Beweisführung durch Dokumente; Nachrichten.

Do'ku'men'ten'map'pe (die, -, -n) Mappe zum Aufbewahren und Transportieren von Dokumenten.

do'ku'men'tie'ren (V.) durch Dokumente belegen.

Do'ku'soap (*auch:* Do'ku-Soap) (die, -, -s) (engl.) Dokumentarserie im Fernsehen mit teilweise inszeniertem Ablauf.

Do'lan (Kunstwort) für eine thetische Faser.

Dol'by-Sys'tem (das, -s, -e) Rauschunterdrückung (Tonträger).

dol'ce (Adv.) süß (bei Musikstücken).

Dol'ce'far'ni'en'te (das, -, kein Plural) (ital.) süßes Nichtstun.

Dol'ce Stil nu'o'vo (der, - - -, kein Plural) (ital.) frühe Dichtkunst in Italien.

Dol'ce Vi'ta (die/das, -, kein Plural) (ital.) süßes Leben.

Dolch (der, -s/-es, -e) Stichwaffe. Dolchspitze.

Dolch'stoß'le'gen'de (die, -, -n) falsche Behauptung, dass Deutschland im Ersten Weltkrieg nicht militärisch geschlagen worden sei, sondern durch Sabotage in der Heimat.

Dol'de (die, -, -n) Blütenstand. Blütendolde; Doldengewächs; doldenförmig; doldig.

doll (Adj.) (nordd.) toll.

Dol'd'rums (die, -, Pluralwort) (engl.) windstille Zonen.

Do'le'rit (der, -s, -e) Basaltart.

Do'li'ne (die, -, -n) Erdvertiefung.

Dol'lar (der, -s, -s) (engl.) Währung; Zeichen: $ (USA, Kanada, Australien). Dollarkurs.

Dol'ly (der, -s, -s) (engl.) fahrbares Stativ oder fahrbarer Wagen für Filmkamera.

Dol'ma (das, -s, -s) (türk.) türkisches Nationalgericht aus Kohl, Weinblättern, Hammel und Reis.

Dol'man (der, -s, -e) (türk.) kurze ungarische Husarenjacke.

Dol'men (der, -s, -) (breton.-franz.) vorgeschichtliche Grabkammer; »Steintisch«.

Dol'met'scher (der, -s, -) Übersetzer. Dolmetscherin; Dolmetscherschule; dolmetschen.

Do'lo'mit (der, -s, -e) Mineral. *Beachte:* Dolomiten (Teil der Südalpen).

Do'lo'mi'ten (die, -, nur Plural) Teil der Südalpen.

do'lo'ro'so (Adv.) (ital.) klagend (bei Musikstücken).

do'los (Adj.) arglistig; heimtückisch; in der Rechtsw. mit bösem Vorsatz.

Do'lus (der, -, kein Plural) (lat.) in der Rechtsw. Vorsatz zu betrügerischen Handlungen.

Dom (der, -s, -e) (lat.) Kirche. Domchor.

D.O.M. (Abk.) (lat.) **D**eo **o**ptimo **m**aximo.

Do'main (das, -s, -s) Teilnetz des Internets, das auf der eigenen Festplatte eingerichtet wird.

Do'mä'ne (die, -, -n) (lat.) Besitz; Spezialgebiet. Adjektiv: domanial.

Do'mes'tik (der, -n, -n) (franz.) Hausangestellter.

Do'mes'ti'ka'ti'on (die, -, -en) (lat.) Zähmung, Züchtung ehemals wild lebender Pflanzen und Tiere, sie dem Menschen unterordnen.

do'mes'ti'zie'ren (V.) (lat.) zähmen.

Dom'herr (der, -(e)n, -(e)n) Domkapitular.

Do'mi'na (die, -, -nae) (lat.) 1. Herrin; 2. Stiftsvorsteherin; 3. Prostituierte für Masochisten.

do'mi'nant (Adj.) (lat.) vorherrschend; überwiegend.

Do'mi'nanz (die, -, kein Plural) das Dominieren, Vorherrschaft.

do'mi'nie'ren (V.) herrschen; vorherrschen; im Sinne von »beherrschen« wird das Verb mit einem Akkusativ verbunden. Der Meister dominierte den Sklaven.

Do'mi'ni'ka'ner (der, -s, -) Ordensbruder. Dominikanermönch; Dominikanerkloster, Dominikanerorden.

Do'mi'no 1. (der, -s, -s) Maskenkostüm; 2. (das, -s, -s) Spiel.

Do'mi'no'stein (der, -(e)s, -e) 1. Stein des Dominospieles; 2. würfelförmiges Gebäck aus je einer Schicht Lebkuchen, Gelatine, Marzipan, überzogen mit Schokolade.

Do'mi'nus (der, -, -i) Herr; Gebieter.

Do'mi'nus vo'bis'cum (lat.) der Herr sei mit euch! (aus der Liturgie der Kirche).

Do'mi'zel'lar (der, -s, -e) (lat.) Domschüler; junger Kleriker.

Do'mi'zil (das, -s, -e) (lat.) Wohnsitz.

do'mi'zi'lie'ren (V.) (lat.) 1. der Zahlungsort von Wechseln; 2. ansässig werden; seinen Wohnsitz nehmen.

Do'mi'zil'wech'sel (der, -s -) Wechsel, der nicht am Ausstellungsort eingelöst wird.

Dom'ka'pi'tel (das, -s, -) alle Geistlichen einer Bischofskirche (als Gremium).

Dom'ka'pi'tu'lar (der, -s, -e) Mitglied des Domkapitels; Domherr.

Dom'pfaff (er, -s, -en) Vogel; Gimpel.

Domp'teur (der, -s, -re) (franz.) Tierbändiger. Dompteuse/Dompteurin.

Dom'ra (die, -, s/-ren) (russ.) altes, einer Laute ähnliches Saiteninstrument.

Dom'schu'le (die, -, -n) im MA Bildungsstätte unter geistlicher Leitung; Vorläufer der Klosterschulen.

Dom'spatz (der, -en, -en) Chormitglied der Regensburger Domspatzen; Regensburger Sängerknaben.

Don (span.-ital.) Herr, in der Anrede mit Vornamen gebraucht. Don Alfonso.

Do|na|rit (der, -s, kein Plural) (lat.) Ammoniumnitrat enthaltender Sprengstoff.

Do|na|tar (der, -s, -e) (lat.) in der Rechtssprache der Beschenkte; jmd., der eine Zuwendung erhält.

Do|na|ti|on (die, -, -en) (lt.) in der Rechtssprache die Schenkung.

Do|na|tor (der, -s, -ren) (lat.) 1. der Schenkende; jmd., der gibt; 2. in der Physik ein Atom oder Molekül, das Elektronen oder Ionen abgibt.

Do|nau (die, -, kein Plural) europäischer Strom. Donauschifffahrt.

Do|nau|mo|nar|chie (*auch:* Do|nau-Mo|nar|chie) (die, -, kein Plural) Österreich/Ungarn (bis 1918).

Do|ne|gal (der, -s, -s) (engl.) Mantelstoff (benannt nach einer irischen Grafschaft).

Dö|ner (*auch:* Dö|ner|ke|bab/Dö|ner|ke|bap) (das, -s, kein Plural) (türk. döner sich drehend) Stücke von Hammel- oder Kalbfleisch, das senkrecht stehend gegrillt wird, mit Soße, Gewürzen und Salat in Weißbrot.

Dong (der, -/-s, -/-s) vietnamesische Währungseinheit.

Don|jon (der, -s, -s) (franz.) im MA der Hauptturm einer franz. Burg, Bergfried.

Don Ju|an (der, -s, -s) (span.) großer Frauenverführer.

Don|ko|sak (der, -en, -en) 1. früher berittener, freier Bauernkrieger, der im Gebiet des Don ansässig war; 2. Chor aus ehemaligen Offizieren der russischen Weißen Armee; wurde 1922 gegründet.

Don|na (die, -, -s/-nen) Frau, Fräulein (bei italienischen Adelsfamilien).

Don|ner (der, -s, -) Dröhnen (Gewitter). Donner und Doria (ugs.) (Ausdruck des Unmutes); dastehen wie vom Donner gerührt (sprachlos, bestürzt dastehen). Donnerlittchen; Donnerkeil! Donnerschlag.

don|nern (V.) grollen; grummeln; gewittern; krachen; rumpeln; wettern.

Don|ners|tag (der, -s, -e) Wochentag (Abk.: Do). am Donnerstag; am Donnerstagabend; der Donnerstagmorgen; Donnerstagnacht; *aber:* donnerstags in der Nacht; donnerstags; donnerstags abends; donnerstagabends.

Don|ner|wet|ter (das, -s, -) 1. Gewitter; 2. Streit; 3. Moralpredigt. Da soll doch gleich ein Donnerwetter dreinschlagen (ugs.) (Ausruf der Verärgerung); zum Donnerwetter auch (ugs.) (Ausruf der Überraschung/Verärgerung).

Don|qui|chot|te|rie (die, -, -n) (span.-franz.) weltfremdes Unterfangen.

doo|deln (V.) (engl.) bei einer Tätigkeit oder in Gedanken nebenbei kritzeln; Strichmännchen malen etc.

doof (Adj.) dumm; albern.

Dope (nicht trennbar!) (das, -s, kein Plural) (engl.) Rauschgift. Doping; Dopingkontrolle; dopen.

Dop|pel (das, -s, -) Duplikat; Mannschaft aus zwei Spielern. Doppelagent; Doppelbock; Doppelbett; doppelt; doppelt gemoppelt (*auch:* doppeltgemoppelt); doppelt so groß; doppelt so viel; ums Doppelte größer; das Doppelte an Fehlern.

Dop|pel|bre|chung (die, -, -en) nicht regelmäßige Kristalle zerlegen einen Lichtstrahl in zwei Teile, was zur Folge hat, dass man durch solche Kristalle hindurch einen Gegenstand zweimal sieht.

Dop|pel|büch|se (die, -, -n) Gewehr mit zwei Läufen.

Dop|pel|ci|ce|ro (die, -, kein Plural) alte Bezeichnung für eine Schrift in 24-Punkt-Größe.

Dop|pel|de|cker (der, -s, -) 1. Flugzeug mit zwei Tragflächenpaaren übereinander; 2. zweistöckiger Bus.

dop|pel|deu|tig (Adj.) zweideutig, doppelsinnig.

Dop|pel|ehe (die, -, -n) Bigamie.

Dop|pel|fens|ter (das, -s, -) zur Schall- und Wärmedämmung zwei Fenster hintereinander.

Dop|pel|gän|ger (der, -s, -) Double; Abbild; Gegenbild; Stuntman; Zwilling.

dop|pel|ge|schlech|tig (Adj.) zwitterig.

Dop|pel|griff (der, -s, -e) bei Saiteninstrumenten zwei oder mehr Saiten gleichzeitig spielen.

Dop|pel|hoch|zeit (die, -, -en) zwei Paare heiraten in gleicher Zeremonie.

Dop|pel|kinn (das, -s, -e) Fettpolster unter dem Kinn.

Dop|pel|klick (der, -s, kein Plural) in der Computersprache zweimaliges schnelles Drücken einer Maustaste zum Ansteuern von Funktionen.

Dop|pel|kopf (der, -s, kein Plural) Kartenspiel für vier Spieler in zwei Partien.

Dop|pel|korn (der, -s, kein Plural) Kornschnaps mit mindestens 38 Prozent Alkohol.

Dop|pel|laut (der, -es, -e) in einem Wort zwei gleiche Laute nebeneinander.

Dop|pel|le|ben (das, -s, -) in zwei verschiedenen Lebensstilen parallel leben.

Dop|pel|mo|ral (die, -, kein Plural) verlogene Moral, die eine propagieren, nach der anderen leben.

Dop|pel|mord (der, -es, -e) Mord an zwei Personen gleichzeitig.

Dop|pel|na|me (der, -s, -n) Führen von zwei Familiennamen.

Dop|pel|nel|son (der, -s, -s) doppelter Nackenhebel beim Ringen oder als Rettungsgriff beim Schwimmen.

Dop|pel|pass (der, -es, -päs|se) Spielzug beim Fußball.

Dop|pel|punkt → Regelkasten.

Dop|pel|rol|le (die, -, -n) ein Filmschauspieler spielt zwei Rollen in einem Film.

Dop|pel|sal|chow (der, -s, -s) Figur im Eiskunstlauf.

Dop|pel|sei|te (die, -, -n) linke und rechte Seite einer Publikation, die sich gegenüberstehen, wobei die linken Seiten gerade und die rechten ungerade Seitenzahlen tragen.

dop|pel|sei|tig (Adj.) auf beiden Seiten zu tragendes Kleidungsstück; eine doppelseitige Anzeige, über zwei Seiten.

Dop|pel|sinn (der, -(e)s, kein Plural) Zweideutigkeit.

Dop|pel|ste|cker (der, -s, -) elektrischer Stecker mit zwei Plätzen.

Dop|pel|stern (der, -(e)s, -e) zwei eng benachbarte Fixsterne, die wie ein Stern erscheinen.

Dop|pel|strich (der, -es, -e) in der Musik doppelter Taktstrich.

Dop|pel|stu|di|um (das, -s, kein Plural) das gleichzeitige Studieren von zwei Fächern.

Dop|pel|stun|de (die, -, -n) zwei Unterrichtsstunden im gleichen Fach ohne Pause hintereinander.

Dop|pe|lung (die, -, -en) Verdoppelung.

Dop|pel|ver|die|ner (die, -, Pluralwort) von zwei Ehepartnern gehen beide einer bezahlten Beschäftigung nach.

Dop|pel|zent|ner (der, -s, -) Gewichtseinheit zwei Zentner; hundert Kilogramm.
Dop|pel|zim|mer (das, -s, -) Hotelzimmer für zwei Personen.
dop|pel|zün|gig (Adj.) falsch; heuchlerisch; unaufrichtig.
dop|pio mo|vi|men|to (ital.) doppelt so schnell (Vortragsanweisung in der Musik).
Dopp|ler|ef|fekt (*auch:* Dopp|ler-Ef|fekt) (der, -es/-s, kein Plural) vom österr. Physiker Doppler benannte Erscheinung; der Ton einer Schallquelle, der auf jemanden zukommt, wird als höher empfunden als der sich entfernende Ton.

Doppelpunkt

1. Kündigt die direkte Rede an. Cäsar sagte: »Ich kam, sah und siegte!« Doppelpunkt auch dann, wenn der ankündigende Satz nach der direkten Rede weitergeführt wird. Er sagte: »Ich muss fort!«, und ging.
2. Kündigt Aufzählungen an. Folgende Artikel sind bestellt: Kugelschreiber, Zirkel und Heftumschläge. *Ausnahmen:* Kein Doppelpunkt, wenn die Aufzählung durch »nämlich«, »d. h.«, »z. B.« etc. eingeleitet wird. *Wichtig:* Vor der einleitenden Abkürzung steht ein Komma. Für den Obstsalat verwende ich verschiedene Früchte, z. B. Orangen und Erdbeeren.
3. Kündigt eine Zusammenfassung oder Folgerung an. Das Haus, das Land und das Geld: Alles hat sie verloren.
4. Großschreibung nach dem Doppelpunkt: bei direkter Rede oder selbstständigem Satz. Kleinschreibung: bei Aufzählung oder unvollständigem Satz. Der Mantel hat einen Webfehler: Ich will ihn umtauschen. Auf dem Beipackzettel steht: nicht mehr als drei Tabletten täglich.

Do|ra|de (die, -, -n) (lat.-franz.) Goldmakrele.
Do|ra|do (das, -s, -s) (span.) kurz für Eldorado, das Goldland der Sage.
Do|rant (der, -(e)s, -e) Zauber abwehrende oder brechende Pflanze.
Do|rer (die, -, Pluralwort) Dorier.
Dorf (das, -s/-es, Dör|fer) ländliche Siedlung. Dorfcharakter; Dörfler, Dorfschönheit; Dorfstraße; Dorfteich; Dorftrottel; olympisches Dorf; dörfisch.
Dorf|äl|tes|te (der, -n -n) Dorfvorsteher; ältester Bewohner eines Dorfes.
Dorf|be|woh|ner (der, -s, -) jmd. mit Wohnsitz auf dem Dorf; Dörfler.
Dorf|klub (*auch:* Dorf|club) (der, -s, -s) kulturelles Zentrum auf dem Land.
Dorf|krug (der, -es, kein Plural) Dorfwirtshaus.
dörf|lich (Adj.) ländlich.
Dorf|sa|me (die, -, kein Plural) (schweiz.) Dorfgenossenschaft.
Dorf|schen|ke (*auch:* Dorf|schän|ke) (die, -, -n) Dorfgasthaus.
Dorf|schö|ne (die, -n, -n) (ugs.) schönes Mädchen vom Land.
Dorf|schu|le (die, -, -n) Volksschule auf dem Dorf.
Dorf|schul|ze (der, -n, -n) (nordd.) Gemeindevorsteher.
Do|ri|er (*auch:* Do|rer) (die, -, Pluralwort) altgriechischer Volksstamm.
do|ri|scher Stil (der, -n -s, kein Plural) Baustil mit gedrungenen Säulen ohne Basis mit schlichtem Kapitell.
Dor|meu|se (die, -, -n) (franz. dormir schlafen) 1. Schlafhaube; 2. Schlafwagenabteil im Zug; 3. bequemer Sessel.
Dor|mi|to|ri|um (das, -s, -ri|en) (lat.) Klosterschlafsaal.
Dorn (der, -s, -en) Stachel; Spitze. jmdm. ein Dorn im Auge sein (jemanden nicht ausstehen können, jemanden nicht mehr sehen wollen). dornenreich; dornig; dornenvoll.
Dorn|busch (der, -(e)s, -bü|sche) Dornenstrauch.
Dor|nen|he|cke (die, -, -n) aus Dornensträuchern gewachsene Hecke.
Dor|nen|kro|ne (die, -, -n) Kranz aus stachligen Zweigen.
dor|nig (Adj.) mit Dornen gespickt; stachelig.
Dorn|rös|chen (das, -s, kein Plural) Märchenfigur.
Dorn|rös|chen|schlaf (der, -s, kein Plural) (ugs.) über längere Zeit untätig sein.
Dorn|schwanz (der, -, -schwän|ze) in der Zool. Agamen, pflanzenfressende Echsen mit stacheligem Schwanz.
dör|ren (V.) austrocknen; dürren. Dörre.
Dörr|fleisch (das, -(e)s, kein Plural) gedörrtes, getrocknetes und damit haltbar gemachtes Fleisch.
Dörr|obst (das, -(e)s, kein Plural) getrocknetes Obst; Backobst.
Dörr|pflau|me (die, -, -n) gedörrte Pflaumen; Backpflaumen.
dor|sal (Adj.) (lat.) den Rücken betreffend; dem Rücken zugewandt.
Dorsch (der, -es, -e) Fisch.
dort (Adv.) da. dorthinab; dorther; dorthin; dorthinaus; ich war enttäuscht bis dorthinaus; wir fuhren da- und dorthin; dortig; dortzulande (*auch:* dort zu Lande). dortbleiben; dortbehalten. *Aber:* Er wird dort wohnen.
DOS (Abk.) **D**isc **O**perating **S**ystem. Betriebssystem für Computer.
dos à dos (franz. Rücken an Rücken) Ballettübung.
Do|se (die, -, -n) Büchse; Blechbüchse. Dosenöffner; Dosenbier; Dosenmilch; dosenfertig.
dö|sen (V.) schlummern. Adjektiv: dösig.
Dös|kopp (der, -s, -köp|pe) (ugs.) Dummkopf.
do|sie|ren (V.) (franz.) bemessen.
Do|sie|rung (die, -, -en) Zuteilung.
Do|si|me|ter (das, -s, -) (griech.) Strahlenmessgerät.
Do|sis (die, -, -sen) (griech.) Arzneigabe, -menge; abgemessene, messbare Menge (einer Arznei, Strahlung).
Dos|si|er (das, -s, -s) (franz.) Akte; Schriftstück.
Do|ta|ti|on (die, -, -en) Geldschenkung; finanzielle Unterstützung; außerordentliche Zuwendung besonders des Staates an untergeordnete Behörden oder öffentliche Anstalten.
do|tie|ren (V.) (lat.) geben; ausstatten.
Do|tie|rung (die, -, -en) Finanzausstattung.

Dot|ter (der/das, -s, -) Eigelb. dottergelb; dott(e)rig.
Dot|ter|blu|me (die, -, -n) Butterblume; Hahnenfußgewächs.
Dou|ane (die, -, -s) (franz.) Zollamt; Zollbehörde.
dou|beln (V.) 1. eine Rolle als Ersatzschauspieler spielen; 2. eine Rolle mit einem Double besetzen.
Dou|b|le (das, -s, -s) (franz.) Ersatzschauspieler; Stuntman. Verb: doubeln.
Dou|b|lé (*auch:* Du|b|lee) (das, -s, -s) Metall mit Edelmetallüberzug; Doppelschlag (Fechten). Verb: doublieren (*auch:* dublieren).
Dou|b|le|face (der/das, -, kein Plural) (engl.) zweiseitig verschieden gefärbter Stoff.
Dove-Award (der, -s, -s) (engl.) amerikanischer Musikpreis für Gospel- und christliche Rockmusik.
Dow-Jones-In|dex (der, -, kein Plural) gemittelter Index aus einem Aktienbündel ausgewählter Firmen (New Yorker Börse).
Dow|las (das, -, kein Plural) (franz.-engl.) ein kräftiger Baumwollstoff.
down (Adj.) (ugs.) (engl.) erschöpft; niedergeschlagen.
down|loa|den (V.) (engl.) herunterladen von Dateien. Downloads (empfangene Dateien).
Down|syn|drom (*auch:* Down-Syn|drom) (das, -s, kein Plural) in der Med. Mongolismus.
Do|xo|lo|gie (die, -, -n) (griech.) christliche Lobpreisung.
Doy|en (der, -s, -s) (franz.) Rangältester; Dienstältester; Wortführer (im diplomatischen Korps).
Do|zent (der, -en, -en) (lat.) Hochschullehrer.
Do|zen|tin (die, -, -in|nen) weibliche Hochschullehrerin.
Do|zen|tur (die, -, -en) Lehrauftrag an einer Hochschule als Dozent.
do|zie|ren (V.) (lat. docere lehren) lehren; vortragen; Vorlesungen abhalten.
DP (Abk.) **D**isplaced **P**ersons (unerwünschte Personen).
dpa (Abk.) **D**eutsche **P**resse-**A**gentur. dpa-Meldung.
dpt (*auch:* dptr.; Dptr.) (Abk.) **D**io**p**trie.
Dr. (Abk.) **D**okto**r**.
d. R. (Abk.) **d**er **R**eserve; **d**es **R**uhestandes.
Dra|che (der, -n, -n) Lindwurm; Ungeheuer.
Dra|chen (der, -, -) 1. Papiervogel; 2. Fluggerät; 3. streitbare Frau.
Dra|chen|blut (das, -es, kein Plural) Palmharz; wird zur Lackherstellung verwendet.
Dra|chen|baum (der, -es, -bäu|me) palmenähnliche Pflanze aus der Familie der Lilien; wächst auf den Kanarischen Inseln.
Dra|chen|flie|gen (das, -s, kein Plural) motorloser Flugsport mit Hängegleiter oder Gleitschirm.
Dra|chen|kopf (der, -es, -köp|fe) stacheliger Fisch.
Drach|me (die, -, -n) 1. griechische Währungseinheit, 1 Drachme = 100 Lepta; 2. altes Apothekergewicht, 3,75 Gramm.
Dra|gee (*auch:* Dra|gée) (das, -s, -s) (franz.) Tablette; Süßigkeit.
Dra|go|ner (der, -s, -) leichter Reiter; Kavallerist.
Draht (der, -s, Dräh|te) Metallfaden; Kabel.
Draht|bürs|te (die, -, -n) Bürste mit Drahtborsten.
Draht|esel (der, -s, -) (ugs.) Fahrrad.
Draht|ge|flecht (das, -(e)s, -e) Drahtgewebe.
Draht|haar|da|ckel (der, -s, -) Rauhhaardackel. drahthaarig.
drah|tig (Adj.) stark wie Draht; kräftig; sehnig.
Draht|kom|mo|de (die, -, -n) (ugs.) Klavier.
Draht|korb (der, -(e)s, -kör|be) Korb aus Drahtgeflecht.
draht|los (Adj.) per Funk.
Draht|seil|bahn (die, -, -en) auf einem Drahtseil geführtes und angetriebenes Gondelfahrzeug besonders zur Überbrückung von Höhenunterschieden.
Draht|seil|künst|ler (der, -s, -) Akrobat; turnt auf gespanntem Drahtseil.
Draht|stift (der, -es, -e) kleiner Nagel.
Draht|ver|hau (der, -(e)s, -e) Barrikade.
Draht|zan|ge (die, -, -n) Zange zum Schneiden von Draht.
Draht|zie|her (der, -s, -) Anstifter; Hintermann; Intrigant; graue Eminenz; Initiator; Rädelsführer.
Drai|na|ge (*auch:* Drä|na|ge) (die, -, -n) (franz.) Kanalisation; Entwässerung. Verb: drainieren (*auch:* dränieren).
Drai|si|ne (die, -, -n) (franz.) 1. kleines Schienenfahrzeug; 2. Vorläufer des Fahrrads.
Dra|kon (kein Art. -, kein Plural) antiker Gesetzgeber in Athen. drakonische Maßnahmen ergreifen (mit Härte durchgreifen).
dra|ko|nisch (Adj.) (griech.) überaus streng.
Dra|kon|ti|a|sis (die, -, kein Plural) (griech.-lat.) durch Fadenwurm verursachte Wurmkrankheit des Menschen.
drall (Adj.) dick; rund. Drallheit.
Drall (der, -s, -e) Drehbewegung. Linksdrall; Rechtsdrall.
Dra|lon (das, -s, kein Plural) künstliche Faser auf Polyacrylbasis.
Dra|ma (das, -s, -men) 1. dramatische Dichtung; Bühnendichtung; episches Theater; Theaterstück; 2. Unglück.
Dra|ma|tik (die, -, kein Plural) 1. Dichtung; 2. Spannung.
Dra|ma|ti|ker (der, -s, -) Dramendichter; Bühnenautor; Bühnendichter; Dramenautor; Stückeschreiber; Theaterautor; Theaterdichter.
dra|ma|tisch (Adj.) 1. dichterisch; 2. spannend.
dra|ma|ti|sie|ren (V.) auf die Bühne bringen; für die Bühne einrichten; in Dramenform darstellen; etwas übertrieben darstellen; ein Drehbuch daraus machen; in Szene setzen; verfilmen; zu einem Stück verarbeiten. Dramatisierung.
Dra|ma|turg (der, -en, -en) Theatermitarbeiter, der Stücke aussucht und bei der Inszenierung mitwirkt. Dramaturgie; dramaturgisch.
dran (Adv.) (ugs.) daran. drauf und dran; *aber:* das Drum und Dran; dran sein (an der Reihe sein); dran glauben müssen (sterben, zur Verantwortung gezogen werden/an der Reihe sein); nicht wissen, wie man bei jmdm. dran ist (nicht wissen, was man von jmdm. zu halten hat). drangeben; drangehen (beginnen); dranhalten; drankommen; drankriegen (überlisten); dransetzen.

Drang (der, -s, Drän|ge) Bedürfnis; Druck; Ansturm. Drangperiode; Drängelei; Sturm und Drang.
drän|geln (V.) sich dazwischendrängen; nachdrängen; sich vordrängen; die Ellbogen gebrauchen; drücken; schieben; stoßen; zwängen.
drän|gen (V.) 1. antreiben; auf Trab bringen; scheuchen; 2. in den Ohren liegen.
drän|gend (Adj.) dringend; wichtig.
Drang|sal (das, -s, -e) Elend; Leiden; Not.
drang|voll (Adj.) in unangenehmer Enge; räumlich sehr eingeengt.
drang|sa|lie|ren (V.) quälen; schikanieren. Drangsal.
Drä|nung (die, -, -en) Entwässerung. Dränierung; Dränage (*auch:* Drainage).
Dra|pee (*auch:* Dra|pé) (der, -s, -s) (franz.) Stoff. Drapierung.
Dra|pe|rie (die, -, -en) (franz. drap Tuch) künstlerische Anordnung von Stoffen.
dra|pie|ren (V.) anordnen; wirkungsvoll in Falten legen.
Dras|ti|kum (das, -s, -ka) starkes Abführmittel.
dras|tisch (Adj.) (griech.) deutlich; stark; einschneidend. Drastik.
drauf (Adv.) (ugs.) darauf. drauf und dran sein; drauf sein (gut/schlecht gelaunt sein); etwas/nichts draufhaben (ugs.) (etwas gut/überhaupt nicht können).
Drauf|ga|be (die, -, -n) Handgeld.
drauf|ge|ben (V., gab drauf, hat draufgegeben) zusätzlich bezahlen; zugeben.
drauf|ge|hen (V., ging drauf, ist draufgegangen) (ugs.) sterben.
Drauf|geld (das, -es, -er) Hand-, Trinkgeld.
Drauf|gän|ger (der, -s, -) Haudegen; Malefizkerl; Kämpfer; Tausendsassa; Teufelskerl; toller Hecht.
drauf|gän|ge|risch (Adj.) nach Art eines Draufgängers; wagemutig.
drauf|kom|men (V., kam drauf, ist draufgekommen) etwas ausfindig machen; etwas herausbekommen.
drauf|krie|gen (V., kriegte drauf, hat draufgekriegt) (ugs.) eins draufkriegen; etwas verpasst kriegen; verprügelt werden.
drauf|ma|chen (V., machte drauf, hat draufgemacht) (ugs.) Er hat einen draufgemacht (hemmungslos gefeiert).
drauf|le|gen (V., legte drauf, hat draufgelegt) Er musste noch ein paar Mark drauflegen (es war teurer als er dachte).
drauf|los (Adv.) frisch von der Leber weg. drauflosmarschieren, drauflosreden.
drauf|los|ge|hen (V., ging drauflos, ist drauflosgegangen) unbekümmert losmarschieren.
drauf|schla|gen (V., schlug drauf, hat draufgeschlagen) auf den Preis aufschlagen; trommeln.
Drauf|sicht (die, -, -en) Überblick.
drauf|ste|hen (V., stand drauf, ist draufgestanden) der Preis stand auf dem Schild; das Glas stand auf dem Tisch.
drauf|zah|len (V., zahlte drauf, hat draufgezahlt) zu viel bezahlen.
draus (Adv.) (ugs.) daraus. drausbringen (verwirren); drauskommen (abgelenkt werden).
drau|ßen (Adv.) im Freien; außen; außerhalb; weit weg.
Dra|zä|ne (die, -, -n) (griech.-lat.) Drachenbaum.
Dread|locks (die, nur Pl.) (engl.) viele gedrehte Zöpfe, die verfilzt sind.
drech|seln (V.) formen; drehen (Holz). Drechsler; Drechslerei; Drechselei; Drechselbank.
Dreck (der, -s, kein Plural) Schmutz; (ugs.) Zeug. Dreck am Stecken haben (kein reines Gewissen haben, schuldig sein, etwas auf dem Kerbholz haben); Dreck in den Ohren haben (schwerhörig sein); einen Dreck (ugs.) (gar nichts); der letzte Dreck sein (ugs.) (verachtenswert sein); durch Dreck und Speck gehen (ugs.) (jmdm. blindlings folgen, mit jemandem durch dick und dünn gehen); jemanden aus dem Dreck ziehen (ugs.) (jmdm. in schwerer Notlage helfen); jemanden durch den Dreck ziehen (ugs.) (jemanden schlechtmachen); stehen vor Dreck (ugs.) (übermäßig schmutzig sein). Drecknetz.
Dreck|fink (der, -en, -en) schmutziger Kerl; einer, der schmutzige Reden führt.
Dreck|fleck (der, -s, -en) Schmutzfleck.
dreck|frech (Adj.) (ugs.) saufrech.
Dreck|hau|fen (der, -, -) eine Anhäufung von Unrat, Schmutz.
dre|ckig (Adj.) 1. schmutzig; 2. unanständig; 3. niederträchtig; 4. dreckig machen (verunreinigen).
Dreck(s)|ar|beit (die, -, -en) (ugs.) Anstrengung; ungeliebte, schmutzige Arbeit.
Dreck|sau (die, -, -säue) (ugs.) Schmutzfink.
Dreck|schleu|der (die, -, -n) 1. freches Mundwerk; 2. Maschine oder Auto, das durch seine Abgase die Luft verunreinigt; Auto, das beim Vorbeifahren spritzt.
Drecks|kerl (der, -s, -e) unangenehmer, schmutziger Typ.
Dreck(s)|nest (das, -es, -er) ungepflegter Ort.
Dreck|spatz (der, -en, -en) Schmutzfink.
Dred|sche (die, -, -n) (engl.) Schleppnetz für Austernfang.
Dreh (der, -s, -e/-s) Drehung; Trick. Um den Dreh herum (ugs.) (so ungefähr den Dreh heraushaben, wissen, wie es läuft). Drehbewegung; drehbar.
Dreh|bank (die, -, -bän|ke) Werkzeugmaschine, auf der sich das Werkstück zum Schleifen dreht.
Dreh|blei|stift (der, -s, -e) Bleistift mit herausdrehbarer Mine.
Dreh|buch (das, -(e)s, -bü|cher) Manuskript, das die genaue Dreh- und Textfolge von Filmen fixiert und dokumentiert. Drehbuchautor.
Dreh|büh|ne (die, -, -n) runde, drehbare Scheibe mit verschiedenen Szenarien auf keilförmigen Segmenten, die zur Bühnenöffnung gedreht werden.
dre|hen (V.) 1. kurbeln; leiern; spulen; winden; 2. wenden; 3. bewerkstelligen; 4. filmen. Bei jmdm. dreht sich alles (jmdm. ist schwindlig).
Dre|her (der, -s, -) Arbeiter an einer Drehbank.
Dreh|feu|er (das, -s, -) Leuchtfeuer.
Dreh|flüg|ler (der, -s, -) Hubschrauber.
Dreh|kol|ben|mo|tor (der, -s, -en) Wankelmotor.
Dreh|kreuz (das, -es, -e) drehbare Sperrvorrichtung, die immer nur eine Person durchlässt.
Dreh|lei|er (die, -, -n) Musikinstrument des MA; Saiten werden durch ein Kurbelrad angestrichen.

Dreh|mo|ment (das, -s, -e) Produkt aus Kraft und Länge des Hebelarms.

Dreh|or|gel (die, -, -n) mechanisches Musikinstrument; hat die Melodie auf einer Stiftwalze oder Lochscheibe gespeichert.

Dreh|punkt (der, -es, -e) Achse; Mittelpunkt.

Dreh|schei|be (die, -, -n) drehbare Scheibe zum Umdrehen von Schienenfahrzeugen.

Dreh|strom (der, -s, kein Plural) elektrische Energie; Mehrphasenstrom.

Dreh|tür (die, -, -en) Tür mit fächerartigen Segmenten, die sich um ihre Mittelachse dreht und jeweils nur eine Person durchlässt.

Dre|hung (die, -, -en) **1.** Drall; **2.** Rotation; Umlauf; **3.** Drehschwung; Pirouette; Standwirbel.

Dreh|wurm (der, -s, -wür|mer) Erreger der Drehkrankheit. den Drehwurm kriegen (ugs.) (schwindlig werden).

Dreh|zahl (die, -en, -en) Tourenzahl; Zahl der Umdrehungen eines rotierenden Körpers pro Zeiteinheit. Drehzahlmesser.

drei (Zahlw.) wir drei; sie sind zu dritt/dreien; wer von euch dreien; die Kinder der drei Mütter, *aber:* die Kinder dreier Mütter (Beugung, wenn vor »drei« kein Artikel oder Pronomen!); aller guten Dinge sind drei; er kann nicht bis drei zählen; die drei Weisen, *aber:* die Heiligen Drei Könige; drei und drei ist (*falsch:* sind!) sechs; um drei Uhr; dreimal (3-mal); dreimal so groß; dreimal so viel; er ist gerade drei Jahre alt; halb drei; drei(und)einhalb. *Großschreibung:* die Zahl/Note Drei; er hatte im Zeugnis nur Dreien; mit (einer) Drei-Komma-fünf bestanden; *aber:* Die Durchschnittsnote war drei Komma fünf; Dreiachteltakt ($^3/_8$-Takt); Dreidimensionalität; Dreieck; Dreiecksgeschichte; Dreieinigkeit; Dreierkombination; in Dreierreihen; das kostet das Dreifache; Dreifaltigkeit; Dreifuß; Dreikäsehoch; Dreikönige; Dreiländereck; Dreimeilenzone; Dreimeterbrett; Dreiphasenstrom; Dreirad; Dreisatz; Dreispänner; Dreisprung; Dreistufenplan; Dreizack; Dreizimmerwohnung. dreiarmig; dreibändig; dreiblätt(e)rig; dreidimensional; dreieckig; dreieinhalb; dreierlei; dreifach; dreifarbig; dreihundert; dreijährig; dreimalig; dreimillionenmal, *aber:* drei Millionen Male; dreisilbig, dreispaltig; dreißigjährig, *aber:* der Dreißigjährige Krieg; dreitausend, *aber:* einen Dreitausender besteigen; dreiteilig; dreiunddreißig; dreizehn, *aber:* die schwarze Dreizehn.

Drei|bund (der, -es, kein Plural) 1882 geschlossenes Bündnis zwischen dem Deutschen Reich, Österreich-Ungarn und Italien.

Drei|di|men|si|o|na|li|tät (die, -, kein Plural) (Abk.: 3D) Sicht in drei Dimensionen; räumlich. ein dreidimensionaler Film, mit 3D-Brille angeschaut.

Drei|eck (das, -s, -e) eine Fläche, die entsteht, wenn man drei Punkte auf kürzeste Weise miteinander verbindet.

Drei|ecks|ge|schich|te (die, -, -n) (Liebes-) Beziehung zwischen einem Paar und einer dritten Person.

Drei|ei|nig|keit (die, -, kein Plural) christliches Zentraldogma; Trinität; Vater, Sohn und Heiliger Geist. Dreifaltigkeit.

Drei|far|ben|druck (der, -s, -e) Druckverfahren; nacheinander werden die Grundfarben Blau, Gelb, Rot übereinander gedruckt.

Drei|fel|der|wirt|schaft (die, -, kein Plural) Bewirtschaftung von Feldern mit regelmäßiger Fruchtfolge von Winter-, Sommergetreide und Hackfrüchten oder Futterpflanzen.

Drei|fuß (der, -(e)s, -fü|ße) dreibeiniger Schemel; Hocker.

Drei|gro|schen|ro|man (der, -s, -e) Trivialroman in Heftform.

Drei|kai|ser|schlacht (die, -, kein Plural) die Schlacht bei Austerlitz 1805 zwischen Napoleon I., Franz II. von Österreich und dem russischen Zaren Alexander I.

Drei|kampf (der, -es, -kämp|fe) sportlicher Wettkampf aus Leichtathletik (Lauf, Sprung und Wurf), Gewichtheben und Triathlon.

Drei|kä|se|hoch (der, -s, -s) Knirps.

Drei|klang (der, -s, -klän|ge) in der Musik Zusammenklang von drei Tönen (Grundton, Terz und Quint).

Drei|kö|ni|ge (die, -, nur Plural) die drei Weisen aus dem Morgenland (Kaspar, Melchior und Balthasar).

Drei|kör|per|pro|b|lem (das, -s, kein Plural) Bestimmung der Bahnen dreier Körper, die sich durch ihre gegenseitige Massenanziehung bewegen.

Drei|län|der|eck (das, -s, kein Plural) Deutschland/Österreich/Schweiz.

Drei|mäch|te|pakt (der, -es, kein Plural) geschlossen zwischen Deutschland, Italien und Japan im Jahre 1940.

Drei|mas|ter (der, -s, -) Segelschiff mit drei Masten.

Drei|mei|len|zo|ne (die, -, -en) das 5556 km breite Küstenmeer, das seit dem 18. Jahrhundert von den meisten Staaten als natürliches Hoheitsgebiet beansprucht wurde.

Drei|me|ter|brett (das, -(e)s, -er) Sprungbrett im Schwimmbad.

drein|bli|cken (V., blickte drein, hat dreingeblickt) jmd. blickt finster drein, schaut mürrisch.

drein|fah|ren (V.,. fuhr drein, ist dreingefahren) (ugs.) dazwischenfunken; intervenieren.

drein|fin|den (V. refl.) fand sich drein, hat sich dreingefunden) arrangieren; sich mit etwas abfinden.

Drein|ga|be (die, -, -n) Zugabe.

drein|re|den (V., redete drein, hat dreingeredet) dazwischenreden.

drein|schau|en (V., schaute drein, hat dreingeschaut) blicken.

drein|schla|gen (V., schlug drein, hat dreingeschlagen) dazwischenschlagen.

Drei|pha|sen|strom (der, -(e)s, kein Plural) Drehstrom.

Drei|punkt|gurt (der, -es, -e) Sicherheitsgurt im Auto.

Drei|rad (das, -(e)s, -rä|der) Fahrrad mit drei Rädern.

Drei|satz (der, -es, kein Plural) Regel de tri, Rechenverfahren, bei dem man aus drei bekannten Größen eine unbekannte Größe berechnen kann.

drei|spal|tig (Adj.) mit drei Spalten bedruckt. Die Seite des Journals ist dreispaltig gedruckt.

Drei|spän|ner (der, -s, -) von drei Pferden gezogener Wagen.

Drei|spitz (der, -(e)s, -e) zivile und militärische Kopfbedeckung ab Ende des 17. Jahrhunderts, ein Filzhut mit dreiseitig hochgeschlagener Krempe.

Drei|sprung (der, -s, -sprün|ge) in der Leichtathletik Weitsprung aus drei

Sprüngen, von denen die beiden ersten mit dem gleichen Absprungbein ausgeführt werden.

dreist (Adj.) anmaßend; frech.

Drei|ßig|jäh|ri|ger Krieg (der, -n -es, kein Plural) religiöser und machtpolitischer Kampf der europäischen Mächte von 1618 bis 1648.

Drei|ßigs|ter (der, -n, kein Plural) gesetzliche Verpflichtung der Erben, den Angehörigen des Erblassers während der ersten dreißig Tage nach dem Erbfall noch Unterkunft und Benutzung der Haushaltsgegenstände zu gewähren.

Drei|stu|fen|plan (der, -es, -plä|ne) Planung in drei Phasen.

drei vier|tel (Zahlw.) drei von vier (in Ziffern: $^{3}/_{4}$). Es ist drei viertel drei; in einer Dreiviertelstunde, *aber:* in drei viertel Stunden (*auch:* drei Viertelstunden); drei Viertel der Einwohner Münchens; zu drei Vierteln; dreiviertellang; Dreiviertelliterflasche ($^{3}/_{4}$-Liter-Flasche); Dreiviertelmehrheit; Dreiviertelstunde; Dreivierteltakt.

Drei|zack (der, -s, -e) Speer mit drei Zacken; Sinnbild des Meeresgottes Poseidon.

Drei|zim|mer|woh|nung (die, -, -en) Wohneinheit mit drei Zimmern, Küche und Bad.

Drei Zin|nen (die, - -, Pluralwort) Berggruppe der Dolomiten, Südtirol; drei Felstürme.

Drell (der, -s, -e) (nordd.) Drillich; besonders festes köper- oder atlasbindiges Gewebe aus Baumwolle oder Leinen zum Beispiel für Arbeitskleidung.

Dres. (Abk. für doctores) Doktoren. Den Artikel verfassten Dres. Müller und Kunert.

Dre|sche (die, -, kein Plural) (ugs.) Prügel. Jmd. bekommt Dresche (er wird verprügelt).

dre|schen (V., drosch, hat gedroschen) schlagen.

Dresch|fle|gel (der, -s, -) Arbeitsgerät, mit dem die Körner aus dem Getreide geschlagen werden.

Dress (der, -/Dres|ses, Dres|se) (engl.) Sportbekleidung.

dres|sie|ren (V.) abrichten; schulen. Dressur; Dresseur.

Dres|sing (das, -s, -s) (engl.) Salatsoße.

Dres|sur|num|mer (die, -, -n) im Zirkus eine Tiernummer, bei der die Tiere Kunststücke vorführen; Dressurakt.

Dres|sur|prü|fung (die, -, -en) Abschlussprüfung nach beendeter Ausbildung von Hunden.

Dres|sur|rei|ten (das, -s, kein Plural) Disziplin im Reitsport.

Dress|man (der, -s, Dress|men) (engl.) männliches Mannequin.

Dr. habil. (Abk.) **habil**itierter **D**okto**r**.

Dr. h. c. (Abk.) **D**okto**r** **h**onoris **c**ausa (lat.) Ehrendoktor.

drib|beln (V.) (engl.) den Ball durch kurze Stöße vor sich hertreiben (Fußball). Dribbeln; Dribbling.

Drift (die, -, -en) Strömung. Verb: driften → Trift.

Drill (der, -s, -e) (engl.) Disziplin. Verb: drillen.

Dril|lich (der, -s, -e) dicker Leinenstoff; Arbeitsanzug.

Dril|ling (der, -s, -e) 1. eines von drei Drillingsgeschwistern; 2. Jagdgewehr.

drin (Adv.) (ugs.) darin. drin sein; drinsitzen; drinstecken; drinstehen.

Dr.-Ing. (Abk.) **D**okto**r**-**Ing**enieur; Doktor der Ingenieurwissenschaften.

drin|gen (V., drang, hat gedrungen) eindringen; drängen; einwirken. dringend; dringlich; auf das, aufs Dringendste (*auch:* dringendste).

Dring|lich|keit (die, -, kein Plural) Bedeutung; Wichtigkeit. Dringlichkeitsstufe.

Drink (der, -s, -s) (engl.) alkoholisches Getränk.

drin|nen (Adv.) innerhalb; darin.

dritt (Zahlw.) der dritte Tag; jeder Dritte; wir waren zu dritt/dreien; der Drittbeste; drittens; dritthöchste; die/der/das Drittletzte; der Dritte im Bunde; ein Dritter sollte seine Meinung dazu sagen; einem Dritten gegenüber; das Dritte wäre noch anzuführen; das Dritte Reich, die Dritte Welt, ein Drittel; zu/mit zwei Drittel(n); Drittinteresse. Verb: dritteln.

Drit|tes Reich (das, -n -es, kein Plural) von den Nationalsozialisten geprägte Bezeichnung des Zeitraums 1933–1945.

Drit|te Welt (die, -n -, kein Plural) Bez. für wirtschaftlich unterentwickelte Staaten Asiens, Afrikas und Lateinamerikas.

Drit|te-Welt-La|den (der, - - -s, - - Lä|den) Geschäft, in dem Waren aus den Ländern der Dritten Welt verkauft werden.

Dritt|schuld|ner (der, -s, -) Schuldner des Schuldners eines Gläubigers.

Drive (der, -s, -s) (engl.) Dynamik; Schlag (Golf, Tennis).

Drive-in-Ki|no (das, -s, -s) Autokino.

Drive-in-Re|s|tau|rant (das, -s, -s) Schnellimbiss mit Bedienung am Auto.

Dr. jur. (Abk.) Doktor der Rechte.

DRK (Abk.) **D**eutsches **R**otes **K**reuz.

Dr. med. (Abk.) **D**oktor der **Med**izin.

Dr. med. dent. (Abk.) Doktor der Zahnmedizin.

Dr. med. vet. (Abk.) Doktor der Tiermedizin.

dro|ben (Adv.) oben; dort oben.

Dr. oec. (Abk.) Doktor der Betriebswirtschaft.

Dr. oec. publ. (Abk.) Doktor der Volkswirtschaft.

Dro|ge (die, -, -n) (franz.) Rauschgift. Drogenabhängige; Drogenkonsum; drogenabhängig; drogensüchtig.

Dro|gen|sze|ne (die, -, -n) Gesamtheit von Drogenverkauf und Drogenkonsum.

Dro|ge|rie (die, -, -n) (franz.) Parfümerie- und Arzneimittelgeschäft. Drogist/in.

dro|hen (V.) bedrohen; einschüchtern; bevorstehen. Das Haus drohte einzustürzen. Er drohte(,) ihr die Freundschaft zu kündigen. Drohung; Drohgebärde; Drohwort; Bedrohung; Drohbrief.

Droh|ne (die, -, -n) männliche Biene. Drohnendasein.

dröh|nen (V.) lärmen; erschüttern.

drol|lig (Adj.) witzig; komisch. Drolligkeit.

Dro|me|dar (das, -s, -e) (griech.) Kamel (einhöckerig).

Drop|kick (der, -s, -s) (engl.) Schuss (Fußball).

Drop-out (*auch:* Drop|out) (der, -s, -s) (engl.) Aussteiger; Signalausfall (EDV).

Drops (der/das, -, -) (engl.) Bonbon.

Drosch|ke (die, -, -n) (russ.) Pferdekutsche.

Dro|so|phi|la (die, -, -lae) (griech.) Essigfliege (als Versuchstier der Genforschung).
Dros|sel (die, -, -n) Singvogel.
Dros|sel|bart (der, -(e)s, kein Plural) König Drosselbart (deutsche Märchengestalt).
Dros|sel|klap|pe (die, -, -n) Verschluss einer Rohrleitung durch eine Klappe.
dros|seln (V.) abschwächen; blockieren. Drosselung (*auch:* Drosslung).
Dros|sel|spu|le (die, -, -n) elektromagnetische Spule, die Wechselstrom drosselt.
Dr. paed. (Abk.) **D**okto**r** der **Päd**agogik.
Dr. pharm. (Abk.) **D**okto**r** der **Pharm**azie.
Dr. phil. (Abk.) **D**okto*r* der **Phil**osophie.
Dr. rer. nat. (Abk.) Doktor der Naturwissenschaften.
Dr. rer. oec. (Abk.) Doktor der Wirtschaftswissenschaften.
Dr. rer. pol. (Abk.) Doktor der Staatswissenschaften.
Dr. theol. (Abk.) **D**okto**r** der **Theol**ogie.
drü|ben (Adv.) auf der anderen Seite.
drü|ber (Adv.) (ugs.) darüber. drüberlegen; drüberschreiben.
Druck (der, -es, Dru|cke/Drü|cke) 1. Kraft; Schub; 2. Abdruck; Erstdruck; Nachdruck; Raubdruck; 3. Veröffentlichung; 4. Grafik; 5. Belastung; 6. Zwang. Druckfehler; Druckmuster.
Druck|ab|fall (der, -s, kein Plural) plötzliches Nachlassen des Druckes.
Druck|an|zei|ger (der, -s, -) Druckmesser; Manometer; Luftdruckmesser.
Druck|an|zug (der, -es, -zü|ge) Raumanzug, der gegen extremen Druck schützt.
Druck|auf|la|ge (die, -, -n) Auflage; Anzahl der gedruckten Exemplare.
Druck|auf|trag (der, -(e)s, -trä|ge) Herstellungsauftrag an eine Druckerei.
Druck|bo|gen (der, -s, -bö|gen) Papierbogen eines Drucks; enthält mehrere Einzelblätter.
Drü|cke|ber|ger (der, -s, -) jmd., der sich vor einer Arbeit drückt.
dru|cken (V.) publizieren. Druckfehler; Druckmuster.
drü|cken (V.) belasten; pressen; sich entziehen. Druckausgleich; Druckkessel; Druckpunkt; Druckstelle; druckempfindlich.
drü|ckend (Adj.) schwül; drückend heiß.
Dru|cker (der, -s, -) 1. im Buchdruck ausgebildeter Handwerker; 2. in der Datenverarbeitung Gerät zum Ausdrucken von Listen. Laserdrucker; Matrixdrucker.
Drü|cker (der, -s, -) 1. Türgriff; 2. (ugs.) Hausierer. die Hand am Drücker haben (ugs.) (Einfluss haben); auf den letzten Drücker (ugs.) (in letzter Minute).
Dru|cke|rei (die, -, -en) Unternehmen zur Herstellung von Druckerzeugnissen.
Dru|cker|schwär|ze (die, -, kein Plural) schwarze Farbe zum Drucken.
Druck-Er|zeug|nis (*auch:* Druck|er|zeug|nis) (das, -ses, -se) Gedrucktes.
Druck|fah|ne (die, -, -n) Korrekturabzug.
Druck|feh|ler|teu|fel (der, -s, -) nicht real existierende Person, die für Druckfehler verantwortlich gemacht wird.
druck|fer|tig (Adj.) redigiert; zum Druck bereit.
druck|fest (Adj.) unempfindlich.
druck|frisch (Adj.) eben gedruckt.
Druck|kos|ten|zu|schuss (der, -es, -schüs|se) der Autor beteiligt sich finanziell an den Kosten für die Herausgabe seines Buches.
Druck|lack (der, -es, -la|cke) Lackschicht, mit der der Schutzumschlag eines Buches überzogen wird.
Druck|le|gung (die, -, -en) mit dem Drucken eines Buches wird begonnen.
Druck|luft|brem|se (die, -, -n) Bremse, die durch Druckluft funktioniert.
druck|reif (Adj.) etwas ist so formuliert, dass es sofort gedruckt werden könnte.
Druck|sa|che (die, -, -n) Briefversendeform.
Druck|schrift (die, -, -en) 1. ungebundene Broschüre; 2. Druckbuchstaben.
Druck|ver|band (der, -es, -bän|de) fest angespannter, zusammendrückender Verband zum Blutstillen.
Druck|ver|fah|ren (das, -s, -) Methode zur maschinellen Herstellung beliebig vieler Abdrucke von einer Vorlage; Buchdruck; Lichtdruck; Offsetdruck; Steindruck; Tiefdruck.
Druck|wel|le (die, -, -n) Fortpflanzung einer Dichte- und Druckänderung in Gasen; ausgelöst zum Beispiel durch Explosion.
druck|sen (V.) (ugs.) zögern; stottern.
Dru|de (die, -, -n) Zauberin.
Dru|den|fuß (der, -es, -fü|ße) Pentagramm.
Drug|store (der, -s, -s) (engl.) Gemischtwarenhandlung. in den USA Verkaufsgeschäft mit Schnellrestaurant, Schreibwaren-, Tabak- und Kosmetikabteilung.
Dru|i|de (der, -n, -n) keltischer Priester.
drum (Adv.) (ugs.) darum. drum herum; *aber:* das ganze Drumherum; das ganze Drum und Dran.
Drum (die, -, -s) (engl.) Trommel. Drums (Schlagzeug); Drummer.
drun|ten (Adv.) (ugs.) dort unten; da unten.
drun|ter (Adv.) (ugs.) darunter. Bei uns geht es drunter und drüber; *aber:* das Drunter und Drüber.
Dru|se (die, -, -n) 1. Hohlraum im Gestein, der Kristalle enthält; 2. Bier- oder Weinhefe; Bodensatz; 3. Pferdekrankheit.
Drü|se (die, -, -n) Körperorgan zur Sekretausscheidung. Drüsenfunktion; Drüsenschwellung; Drüsenfieber; drüsig.
dry (Adj.) (engl.) trocken; herb.
DSB (Abk.) **D**eutscher **S**port**b**und.
Dschi|bu|ti (ohne Art., -s, kein Plural) afrikanischer Staat.
Dschi|had (der, -, kein Plural) (arab.) der heilige Krieg im Islam.
Dschinn (der, -s, -/-en) (arab.) Dämon (im islamischen Volksglauben).
Dschun|gel (der, -s, -) Urwald. Dschungelbuch; Dschungelpfad.
Dschun|ke (die, -, -n) Segelschiff.
DSD (Abk.) **D**uales **S**ystem **D**eutschland; Gesellschaft zur Abfallverwertung.
DSR (ohne Art.) Abk. für **D**igital **S**atellite **R**adio; digitaler Hörfunk über Satellit.
dt. (Abk.) **d**eu**t**sch.
DTB (Abk.) **D**eutscher **T**urner**b**und.
dto. (Abk.) **dito**.

DTP Abk. für **D**esk**t**op-**P**ublishing. Erstellen reproduktionsreifer Druckvorlagen mit dem Computer und spezieller Software. DTP-Setzer.

Dtzd. (Abk.) **D**u**tz**en**d**.

du (Pron., pers.) *Beachte:* in Briefen klein- oder großgeschrieben! Jemandem das Du anbieten; Du (*auch:* du) zueinander sagen; ich stehe mit ihm auf Du und Du; du und ich; sich duzen; er ist mein Duzfreund.

Du|a|lis|mus (der, -, kein Plural) (lat.) Zweiheit; Polarität. Dualist; dualistisch.

Du|a|li|tät (die, -, kein Plural) (lat.) Zweiheit; Vertauschbarkeit; Wechselseitigkeit.

Du|al|sys|tem (das, -s, kein Plural) Binärsystem; Zahlensystem, das auf der Zahl zwei beruht; verwendet nur die Ziffern 0 und 1; Anwendung in der elektronischen Datenverarbeitung.

Du|bas|se (die, -, -n) (russ.) flaches Ruderboot.

Dü|bel (der, -s, -) Zapfen zur Verankerung von Schrauben. Verb: dübeln.

du|bi|os (*auch:* du|bi|ös) (Adj.) (lat.) zweifelhaft. dubitativ.

Du|bi|o|sen (die, -, Pluralwort, singular das Du|bi|o|sum, selten gebraucht) in der Betriebswirtschaft unsichere, zweifelhafte Forderungen.

Du|b|lee (*auch:* Dou|b|lé) (das, -s, -s) (franz.) 1. Billardstoß; 2. Metall mit Edelmetallüberzug. Dubleegold (*auch:* Doublé-Gold).

Du|b|let|te (die, -, -n) (franz.) Doppelstück; Imitation. Verb: dublieren.

Du|cen|to (das, -/-s, kein Plural) das 13. Jahrhundert in Italien als Epoche der Kunstgeschichte.

Du|chesse (die, -, -n) (franz.) 1. französische Herzogin; 2. glänzender, schwerer, aber feinfädiger Seidenstoff (für Kleider und Futterstoffe).

du|cken (V., refl.) sich beugen; gehorchen.

Duck|mäu|ser (der, -s, -) Leisetreter; Kriecher; Feigling; Heuchler; Radfahrer; (ugs.) Schleicher.

duck|mäu|se|risch (Adj.) feig; kriecherisch; unterwürfig.

du|deln (V.) auf einem Blasinstrument vor sich hin spielen. Dudelei; Dudler.

Du|del|sack (der, -(e)s, -sä|cke) Blasinstrument aus Balgsack, Mundrohr, Melodie- und Bordunpfeife.

Du|den (der, -s, -) deutsches Wörterbuch der Rechtschreibung; benannt nach dem Germanisten Konrad Duden.

Du|ell (das, -s, -e) (franz.) Herausforderung; Zweikampf. Duellant; duellieren.

Du|en|ja (die, -, -s) Anstandsdame; Erzieherin.

Du|ett (das, -s, -e) (ital.) zweistimmiger Gesang.

Düf|fel (der, -s, -) (niederl.) schwerer, stark angerauter Stoff (für das Innenfutter).

Duf|f|le|coat (der, -s, -s) (engl.) halblanger Kapuzenmantel aus dickem Stoff.

Duft (der, -s, Düf|te) Geruch. Duftnote; Duftstoff; Düftchen.

duf|ten (V.) riechen; wohlriechen; Duft ausströmen; Duftwogen verbreiten.

duf|te (Adj.) (ugs.) prima; fein.

duf|tig (Adj.) aromatisch; frisch; zart.

Duft|mar|ke (die, -, -n) Geruchsstoffe, von Tieren ausgeschieden und zur Markierung des Reviers eingesetzt.

Duft|was|ser (das, -s, -wäs|ser) Parfum.

Duft|wol|ke (die, -, -n) Geruch.

Du|gong (der, -s, -s) (malai.) Gabelschwanzseekuh.

Du|ka|ten (der, -en, -en) (ital.) Goldmünze.

Duke (der, -s, -s) (eng.) Herzog.

dul|den (V.) zulassen; ertragen. Dulder; Duldung; Duldsamkeit; duldsam.

Dult (die, -, -en) (südd.) Jahrmarkt; Kirchweihdult.

Du|ma (die, -, kein Plural) (russ. Gedanke) beratende Versammlung; Parlament in Russland.

Dum|dum|ge|schoss (das, -schos|ses, -schos|se) Geschoss mit abgesägter Spitze.

dumm (Adj., düm|mer, dümms|ten) unintelligent; unerfahren; töricht. verdummen. dumm als dümmer (übermäßig dumm); jemanden für dumm verkaufen (jemanden für blöd halten); jmdm. dumm kommen (*auch:* dummkommen) (ugs.) (zu jmdm. frech werden); jmdm. ist etwas zu dumm (jemandes Geduld ist am Ende); dümmer als die Polizei erlaubt (ugs.) (sehr dumm sein); dumm geboren und nichts dazu gelernt (sehr dumm sein); der Dumme sein (ugs.) (der Benachteiligte, der Betrogene sein); einen Dummen finden (jemanden finden, der naiv und gutmütig ist, das zu tun, was man selbst nicht tun will). Dummerchen; Dummian; Dummejungenstreich (*auch:* Dumme-Jungen-Streich); dümmlich; dummerweise; verdummen.

dumm|dreist (Adj.) dumm und dreist zugleich. **dumm|frech**.

Dumm|heit (die, -, -en) Dämlichkeit; Unverstand; Blödheit; Schwachsinn; Einfal.

Dumm|kopf (der, -s, -köp|fe) Blödian; Schwachkopf; Tor; Holzkopf; Spatzenhirn (ugs.).

Dum|my (der, -s, -s) (engl.) Attrappe; Menschenpuppe (für Verkehrstests).

dumpf (Adj., dumpfer, am dumpfsten oder am dumpfesten) gedämpft; abgestumpft; undeutlich. dumpfig.

Dumpf|heit (die, -, kein Plural) Stumpfsinn.

Dum|ping (das, -s, -s) (engl.) Marktpreisunterbietung durch Export zu niedrigsten Preisen mit dem Ziel, Mitbewerber zu verdrängen.

Dum|ping|preis (der, -es, -e) Sonderangebot.

Dü|ne (die, -, -n) Sandhügel. Dünensand.

Dung (der, -es, kein Plural) Mist; Dünger.

Dung|gru|be (die, -, -n) Jauchegrube.

Dung|hau|fen (der, -s, -) Misthaufen.

dün|gen (V.) mit Dünger versetzen. Dünger; Düngung; Düngemittel.

dun|kel (Adj.) dunkel; finster; tief; zwielichtig. *Großschreibung:* im Dunkeln (in der Finsternis); im Dunkeln ist gut munkeln (etwas heimlich tun); er leuchtet mit der Taschenlampe ins Dunkle; im Dunkeln tappen (keine Anhaltspunkte haben); ein dunkler Punkt (ein ungeklärtes, unliebsames Ereignis in jemandes Leben); der Sprung ins Dunkle (der Sprung ins Ungewisse); sie ließen uns im Dunkeln; ihre Spur verlor sich im Dunkeln. dunkelhäutig; dunkelhaarig; dunkelblond; dunkelgrau; dunkeläugig; dunkeln; dunkel färben (*auch:* dunkelfärben).

Dün|kel (der, -s, -) Eitelkeit; Arroganz.

dün|kel|haft (Adj.) anmaßend; überheblich.
Dun|kel|haft (die, -, kein Plural) in einer lichtlosen Gefängniszelle inhaftiert sein.
Dun|kel|heit (die, -, kein Plural) Finsternis; Dämmerung; Düsternis; Nacht; Rabennacht; Schwärze.
Dun|kel|kam|mer (die, -, -n) abgedunkelter Raum für Arbeiten mit lichtempfindlichen Stoffen (z. B. Entwicklung von Fotos).
Dun|kel|mann (der, -es, -män|ner) dunkle Existenz; Drahtzieher.
Dun|kel|män|ner|brie|fe (die, -) Schmähschrift auf die mittelalterliche Wissenschaft, besonders auf die Kölner theologischen Gegner des Humanisten Reuchlin; verfasst von Ulrich von Hutten.
Dun|kel|zif|fer (die, -, -) alles was nicht in offiziellen Statistiken auftaucht; unbekannte Tatsachen.
dün|ken (V.) scheinen; wähnen; sich einbilden.
dünn (Adj.) schmal; schlank; spärlich. Mit dem gehe ich durch dick und dünn! Wir mussten uns ganz dünn machen, um durchzukommen. *Aber:* Er hat sich dünngemacht (ugs.) (Er ist weggelaufen). Du solltest die Scheiben sehr dünn schneiden. Dein Freund hat sich wie immer dünn(e)gemacht (ist weggelaufen). dünn gesät (*auch:* dünngesät) sein (selten sein). Dünnung; dünnbeinig; dünnflüssig; dünnhäutig; dünnwandig; dünn bevölkert (*auch:* dünnbevölkert).
Dünn|darm (der, -s, -där|me) Teil des Darmes.
Dünn|druck (der, -s, -e) Buchdruck auf besonders dünnes, aber undurchsichtiges Papier von Werken mit vielen Seiten.
Dünn|pfiff (der, -s, -e) (ugs.) Durchfall.
Dünn|schliff (der, -(e)s, -e) für mikroskopische Untersuchungen hergestellte dünne Gesteinsplättchen.
Dunst (der, -es, Düns|te) Dampf; Nebel. Keinen blassen Dunst von etwas haben (keine Ahnung von etwas haben); keinen blassen Schimmer von etwas haben; jmdm. blauen Dunst vormachen (jmdm. etwas vormachen); Dunst kriegen (gescholten werden). Dunstwolke; dunsten.
düns|ten (V.) backen; dämpfen.
Dunst|glo|cke (die, -, -n) Smog; Luftverunreinigung.
duns|tig (Adj.) diesig; trübe; verhangen; bewölkt neblig; verhüllt.
Dunst|schicht (die, -, -en) Dunst; Dunstschleier; Dunstglocke.
Duo (das, -s, -s) (ital.) Musikstück für zwei Instrumente.
Duo|de|nal|ul|kus (lat.) Geschwür am Zwölffingerdarm (Med.).
Duo|de|num (das, -s, -na) (lat.) Zwölffingerdarm.
Duo|dez (das, -/-es, kein Plural) (lat.) ein kleines Buchformat; Zwölftelbogen.
Duo|dez|fürst (der, -en, -en) (lat.) Herrscher eines sehr kleinen unbedeutenden Fürstentums in der Epoche der Territorialstaaten. Duodezstaat.
duo|de|zi|mal (Adj.) (lat.-griech.) Duodezimalsystem; Zwölfersystem.
Duo|de|zi|me (die, -, -n) (lat.) zwölfter Ton in der diatonischen Tonleiter.
Duo|dra|ma (das, -s, -men) Drama, in dem nur zwei Personen auftreten.
Duo|kul|tur (die, -, -en) Doppelanbau von Kulturpflanzen auf demselben Feld.
Du|o|le (die, -, -n) Aufteilung eines Dreierrhythmus in zwei aufeinander folgende gleichwertige Noten.
Du|o|lit (das, -s, kein Plural) Ungeziefervernichtungsmittel.
dü|pie|ren (V.) (franz.) täuschen; narren. Düpierung.
Du|plex- in Zusammensetzungen Doppel-.Duplexbetrieb.
Du|plex|be|trieb (der, -, kein Plural) Doppelbetrieb, in der Datenverarbeitung und der Fernmeldetechnik Datenübertragung gleichzeitig über eine Leitung in beiden Richtungen.
Du|pli|kat (das, -(e)s, -e) Durchschlag; Kopie.
du|pli|zie|ren (*auch:* du|plie|ren) (V.) (lat.) verdoppeln. Duplikation; Duplikatur.
Du|pli|zi|tät (die, -, kein Plural) doppeltes Auftreten, Vorkommen. die Duplizität der Ereignisse.
Dur (das, -, kein Plural) (lat.) Tongeschlecht. *Beachte:* Dur-Tonarten werden mit einem großen Buchstaben bezeichnet (die Moll-Tonarten dagegen mit einem kleinen Buchstaben)! B-Dur, *aber:* b-Moll.
du|ra|bel (Adj.) (lat.) dauerhaft. Durabilität.
du|ra|tiv (Adj.) (lat.) dauernd.
durch 1. (Präp., lok./mod., Akk.) hindurch; mitten durch; mittels; infolge von. durchs Land reisen; durch deine Hilfe; 2. (Adv.) hindurch; während. Es war uns durch und durch (völlig) kalt; das ganze Jahr durch (während des ganzen Jahres).
durch|ackern (V., ackerte durch, hat durchgeackert) 1. durchpflügen des Ackers; 2. durcharbeiten des Stoffes.
durch|ar|bei|ten (V., arbeitete durch, hat durchgearbeitet) bearbeiten; bis zum Morgen arbeiten; ohne Unterbrechung arbeiten.
durch|at|men (V., atmete durch, hat durchgeatmet) tief atmen.
durch|aus (Adv.) völlig; zweifellos.
durch|ba|cken (V., backte durch, hat durchgebacken) fertig backen.
durch|be|ben (V., durchbebte, hat durchbebt) durchzittern; erregen.
durch|bei|ßen (V., biss durch, hat durchgebissen) trennen; zerbeißen; (refl.) sich durchkämpfen.
durch|be|kom|men (V., bekam durch, hat durchbekommen) (ugs.) durchbringen.
durch|bet|teln (V. refl., bettelte sich durch, hat sich durchgebettelt) sich durchs Leben betteln; vom Betteln leben.
durch|beu|teln (V., beutelte durch, hat durchgebeutelt) schütteln.
durch|bie|gen (V., bog durch, hat durchgebogen) durchhängen; drücken.
durch|bil|den (V., bildete durch, hat durchgebildet) formen; vollständig ausbilden.
durch|blät|tern (V., blätterte durch, hat durchgeblättert) durchschauen; überfliegen.
durch|bläu|en (V., bläute durch, hat durchgebläut) (ugs.) verprügeln.
durch|bli|cken (V., blickte durch, hat durchgeblickt) durchschauen; Bescheid wissen. etwas durchblicken lassen (etwas andeuten).
Durch|blick (der, -(e)s, -e) 1. Ausblick; 2. Übersicht.
durch|blu|ten (V., durchblutete, hat durchblutet) mit Blut versorgen; mit Blut durchtränken. Durchblutung.

Durch|blu|tungs|stö|rung (die, -, -en) ungenügende Versorgung eines Organs mit Blut.

durch|boh|ren (V., bohrte durch, hat durchgebohrt) ein Loch bohren; durchdringen. Durchbohrung.

durch|bo|xen (V., refl., boxte sich durch, hat sich durchgeboxt) sich durchsetzen; sich behaupten.

durch|bra|ten (V., briet durch, hat durchgebraten) gar machen.

durch|brau|sen (V., brauste durch, ist durchgebraust/durchbrauste, hat durchbraust) 1. schnell fahren; ohne anzuhalten; 2. heftig wehen.

durch|bre|chen (V., brach durch, hat/ist durchgebrochen) 1. zerbrechen. Er brach einen Stab durch. 2. durchdringen; 3. sich durchsetzen.

durch|bren|nen (V., brannte durch, ist durchgebrannt) 1. verglühen; 2. ausreißen.

durch|brin|gen (V., brachte durch, hat durchgebracht) 1. hindurchschaffen; 2. versorgen; 3. sich durchsetzen; 4. verschleudern.

durch|bro|chen (Adj.) durchlöchert.

Durch|bruch (der, -s, -brü|che) 1. Zerteilung; 2. Erfolg.

Durch|bruchs|ar|beit (die, -, -en) Leinenstickerei, bei der Fäden aus dem Gewebe gezogen, die übrigen verschränkt oder verknotet werden; Hohlsaum.

durch|bürs|ten (V., bürstete durch, hat durchgebürstet) das Fell, die Haare bürsten.

durch|che|cken (V., checkte durch, hat durchgecheckt) prüfen.

durch|dacht (Adj.) klug; ausgearbeitet; ausgereift; berechnet; gut geplant; systematisch; überlegt.

durch|den|ken (V., dachte durch, hat durchdacht) überdenken; durchkonstruieren.

durch|dis|ku|tie|ren (V., diskutierte durch, hat durchdiskutiert) gründlich besprechen.

durch|dre|hen (V., drehte durch, hat durchgedreht) zerkleinern; die Nerven verlieren.

durch|drin|gen (V., drang durch, hat durchdrungen/ist durchgedrungen) durchbrechen; Beachtung finden; erfüllen. Durchdringung.

durch|drin|gend (Adj.) intensiv; laut. ein durchdringender Ton.

durch|drü|cken (V., drückte durch, hat durchgedrückt) durchsetzen.

durch|drun|gen (Adj.) erfüllt.

durch|ei|n|an|der (Adv.) wirr; ungeordnet. durcheinanderbringen; durcheinanderschwatzen; durcheinanderwühlen; durcheinanderschütteln; durcheinanderlaufen; *aber:* alles durcheinander sagen; durcheinander sein (verwirrt sein). das Durcheinander.

durch|ex|er|zie|ren (V., exerzierte durch, hat durchexerziert) ausprobieren; wiederholen; durchführen.

durch|fah|ren (V., fuhr durch, hat durchfahren/ist durchgefahren) befahren; bis zum Morgen fahren.

Durch|fahrt (die, -, -en) 1. Meerenge; Straße; Durchlass; Furt; Kanal; 2. Durchreise; Durchzug; Durchquerung. Durchfahrt verboten; freie Durchfahrt.

Durch|fahrts|stra|ße (die, -, -n) Straße im Ort; zugelassen für schnellen Durchgangsverkehr.

Durch|fahrts|recht (das, -es, -e) Durchfahrtsgenehmigung.

Durch|fall (der, -s, -fäl|le) 1. Darmgrippe; Diarrhö; 2. Misserfolg.

durch|fal|len (V. fiel durch, ist durchgefallen) 1. durch einen Rost fallen; 2. beim Publikum nicht gut ankommen.

durch|fech|ten (V., focht durch, hat durchgefochten) sich energisch einsetzen.

durch|fe|gen (V., fegte durch, hat durchgefegt) 1. mit dem Besen sauber machen; 2. heftig wehen.

durch|fei|ern (V., feierte durch, hat durchgefeiert) bis zum Morgen feiern; durchmachen (ugs.).

durch|fei|len (V., feilte durch, hat durchgefeilt) zertrennen.

durch|feuch|ten (V., durchfeuchtete, hat durchfeuchtet) durchnässen.

durch|fil|zen (V., durchfilzte, hat durchfilzt) durchsuchen.

durch|fin|den (V. refl., fand durch, hat durchgefunden) sich zurechtfinden.

durch|flie|gen (V., flog durch, hat durchflogen/ist durchgeflogen) 1. hindurchfliegen; 2. durcheilen; 3. (ugs.) durchfallen. Durchflug.

durch|flie|ßen (V., floss durch, hat durchflossen/ist durchgeflossen) durchqueren; durchlaufen. Durchfluss.

durch|flu|ten (V., durchflutete, hat durchflutet) erfüllen; durchdringen.

durch|for|men (V., durchformte, hat durchformt) vollständig; gründlich formen.

durch|for|schen (V., durchforschte, hat durchforscht) 1. untersuchen; erkunden; 2. durchsuchen. Durchforschung.

durch|fors|ten (V., durchforstete, hat durchforstet) ausholzen; durchsuchen.

Durch|fors|tung (die, -, kein Plural) periodischer Aushieb von Bäumen zur Erweiterung des Standraumes des verbleibenden Bestandes.

durch|fra|gen (V., refl., fragte sich durch, hat sich durchgefragt) durch gezieltes Fragen sein Ziel erreichen.

durch|fres|sen (V., fraß durch, hat durchgefressen) 1. zerfressen; 2. zerstören; 3. (ugs., refl.) sich durchessen.

durch|frie|ren (V., fror durch, ist durchgefroren) kalt werden; zu Eis werden.

Durch|fuhr (die, -, kein Plural) Transithandel.

durch|führ|bar (Adj.) möglich.

durch|füh|ren (V., führte durch, hat durchgeführt) 1. hindurchbringen; 2. ausführen; erledigen; verwirklichen.

Durch|füh|rung (die, -, kein Plural) 1. Ausführung; 2. Veranstaltung.

Durch|füh|rungs|ver|ord|nung (die, -, -en) gesetzliche Bestimmung, wie etwas durchgeführt werden soll.

durch|furcht (Adj.) gepflügt; voller Falten.

durch|füt|tern (V., fütterte durch, hat durchgefüttert) verköstigen.

Durch|ga|be (die, -, -n) Übermittlung. Verb: durchgeben.

Durch|gang (der, -s, -gän|ge) 1. Öffnung; 2. Passage; 3. Abschnitt. Durchgangsbahnhof; Durchgangszug (Abk.: D-Zug).

durch|gän|gig (Adj.) durchweg; allgemeingültig.

durch|ge|ben (V., gab durch, hat durchgegeben) Nachrichten per Funk oder Telefon übermitteln.

durch|ge|hen (V., ging durch, ist durchgegangen) hindurchbewegen; Erfolg haben; ausreißen. jmdm. etwas durchgehen lassen (über etwas hinwegsehen, eine Sache dulden).

durch|ge|hend (Adv.) (österr. durchgehends) ohne Unterbrechung. Das Geschäft/Restaurant ist durchgehend, von morgens bis abends, geöffnet.

durch|geis|tigt (Adj.) geistvoll; abwesend.

durch|glie|dern (V., durchgliederte, hat durchgliedert) unterteilen. Durchgliederung.

durch|glü|hen (V,. glühte durch, ist durchgeglüht/durchglühte, hat durchglüht) 1. verglühen. Kohlen sind durchgeglüht; Eisen ist durchgeglüht; 2. erfüllen. durchglüht von Verlangen (poetisch).

durch|grei|fen (V., griff durch, hat durchgegriffen) Ordnung schaffen; aufräumen; energisch werden; Nägel mit Köpfen machen; zupacken.

durch|grei|fend (Adj.) einschneidend; wirksam.

durch|hal|ten (V., hielt durch, hat durchgehalten) 1. ausharren; ertragen; 2. aushalten.

Durch|hal|te|ver|mö|gen (das, -s, kein Plural) Beharrlichkeit.

durch|hän|gen (V., hing durch, hat durchgehangen) 1. sich durchbiegen; 2. erschöpft sein. Durchhänger.

durch|hau|en (V., haute durch, hat durchgehaut) 1. zerteilen; 2. verprügeln.

durch|he|cheln (V., hechelte durch, hat durchgehechelt) klatschen; bekritteln.

durch|hei|zen (V., heizte durch, hat durchgeheizt) ohne Unterbrechung heizen.

durch|hel|fen (V., half durch, hat durchgeholfen) jmdm. durch Schwierigkeiten hindurchhelfen.

durch|ixen (V., ixte durch, hat durchgeixt) mit der Schreibmaschine durch Übertippen mit x etwas ausstreichen.

durch|ja|gen (V., jagte durch, hat durchgejagt) hetzen.

durch|käm|men (V., kämmte durch, hat durchgekämmt/durchkämmte, hat durchkämmt) 1. kämmen; 2. durchsuchen. Durchkämmung.

durch|kämp|fen (V., kämpfte durch, hat durchgekämpft) 1. durchsetzen; 2. (refl.) überwinden.

durch|kau|en (V., kaute durch, hat durchgekaut) 1. gründlich kauen; 2. ausführlich besprechen.

durch|klin|gen (V., klang durch, hat/ist durchgeklungen) 1. übertönen; 2. anklingen; 3. erfüllen.

durch|klop|fen (V., klopfte durch, hat durchgeklopft) (ugs.) verhauen; verprügeln.

durch|kom|men (V., kam durch, ist durchgekommen) 1. überstehen; 2. durchdringen.

durch|kos|ten (V., durchkostete, hat durchkostet) probieren; genießen; erleiden.

durch|kreu|zen (V., durchkreuzte, hat durchkreuzt) durchstreichen; vereiteln. Durchkreuzung.

durch|la|den (V., lud durch, hat durchgeladen) eine Waffe schussbereit machen.

durch|las|sen (V., ließ durch, hat durchgelassen) 1. vorbeilassen; 2. zulassen. Durchlass.

durch|läs|sig (Adj.) undicht; porös. Durchlässigkeit.

Durch|laucht (die, -, kein Plural) Anrede für Fürsten. *Beachte:* Großschreibung des Pronomens! Eure Durchlaucht.

durch|lau|fen (V., lief durch, hat durchlaufen/ist durchgelaufen) 1. durchqueren; 2. durchfließen. Durchlauf.

Durch|lauf|er|hit|zer (der, -s, -) Boiler; Heißwasserbereiter.

durch|la|vie|ren (V., refl., lavierte sich durch, hat sich durchlaviert) sich geschickt weiterbringen.

durch|le|sen (V., las durch, hat durchgelesen) auslesen; fertig lesen; durcharbeiten; überfliegen; zu Ende lesen.

durch|leuch|ten (V., durchleuchtete, hat durchleuchtet) 1. scheinen; 2. röntgen.

Durch|leuch|tung (die, -, -en) Röntgenuntersuchung.

durch|lö|chern (V., durchlöcherte, hat durchlöchert) 1. durchbohren; 2. schwächen.

durch|lö|chert (Adj.) durchbohrt; durchbrochen; perforiert.

durch|lot|sen (V., lotste durch, hat durchgelotst) hindurchführen.

durch|lüf|ten (V., durchgelüftet/durchlüftet) auslüften; belüften. Durchlüftung; Durchlüfter.

durch|lü|gen (V., refl., log sich durch, hat sich durchgelogen) sich durchs Leben schwindeln.

durch|ma|chen (V., machte durch, hat durchgemacht) 1. ertragen; erleiden; 2. durchfeiern.

durch|ma|növ|rie|ren (V. refl. manövrierte sich durch, hat sich durchmanövriert) sich durchschlängeln; (ugs.) sich durchschwindeln.

Durch|marsch (der, -es, -mär|sche) 1. Durchzug; 2. (ugs.) Durchfall.

durch|mar|schie|ren. (V., marschierte durch, ist durchmarschiert) ohne anzuhalten weitergehen.

durch|mes|sen (V., maß durch/durchmaß, hat durchgemessen/durchmessen) 1. abmessen, ausmessen; 2. durchschreiten.

Durch|mes|ser (Abk.: *d*) (der, -s, -) Strecke, die durch den Mittelpunkt eines Kreises läuft.

durch|mi|schen (V., mischte durch, hat durchgemischt) mischen; verteilen. Der Salat war gut durchgemischt.

durch|mo|geln (V., refl., mogelte sich durch, hat sich durchgemogelt) (ugs.) durchschwindeln.

durch|mus|tern (V., durchgemustert/durchmustert) 1. prüfen; 2. durchsuchen.

durch|näs|sen (V., durchnässte, hat durchnässt) nass machen.

durch|neh|men (V., nahm durch, hat durchgenommen) durcharbeiten. Durchnahme.

durch|or|ga|ni|sie|ren (V., organisierte durch, hat durchorganisiert) gründlich vorbereiten. Es war alles gut durchorganisiert.

durch|pau|ken (V., paukte durch, hat durchgepaukt) etwas sehr intensiv durchnehmen; lernen.

durch|pau|sen (V., pauste durch, hat durchgepaust) abbilden; abzeichnen.

durch|peit|schen (V., peitschte durch, hat durchgepeitscht) (ugs.) durchdrücken; gegen Widerstand durchsetzen. Gesetzentwürfe werden zuweilen durchgepeitscht.

durch|pflü|gen (V., durchpflügte, hat durchpflügt/pflügte durch, hat durchgepflügt) ackern; prüfen; durchsuchen.

durch|plump|sen (V., plumpste durch, ist durchgeplumpst) durchfallen.

durch|pres|sen (V., presste durch, hat durchgepresst) Saft auspressen.

durch|pul|sen (V., durchpulste, hat durchpulst) durchströmen; durchfluten.

durch|que|ren (V., durchquerte, hat durchquert) durchdringen; durchkreuzen. Durchquerung.

durch|ra|sen (V., raste durch, ist durchgerast) schnell durch eine Straße fahren.

durch|ras|seln (V., rasselte durch, ist durchgerasselt) (ugs.) durchfallen (Prüfung).

durch|rau|schen (V., rauschte durch, ist durchgerauscht) (ugs.) durch eine Prüfung fallen.

durch|rech|nen (V., rechnete durch, hat durchgerechnet) gründlich bis zu Ende rechnen. ein Vorhaben durchrechnen, die Rentabilität durchrechnen.

durch|reg|nen (V., regnete durch, hat durchgeregnet) hereinregnen; ununterbrochen regnen.

durch|rei|ben (V., rieb durch, hat durchgerieben) (ugs.) durchwetzen.

Durch|rei|che (die, -, -n) Öffnung zur Speisenübergabe zwischen Küche und Essraum.

durch|rei|chen (V., reichte durch, hat durchgereicht) durch eine Öffnung schieben.

durch|rei|sen (V., ist durchgereist/hat durchreist) weiterfahren; bereisen. auf der Durchreise.

Durch|rei|sen|der (der Durchreisende, -n, die Durchreisenden) jmd., der sich nur kurz aufhält und gleich weiterreist.

durch|rei|ten (V., ritt durch, ist durchgeritten) ein Gelände reitend mit dem Pferd durchqueren.

durch|ren|nen (V., rannte durch, ist durchgerannt) im Laufen durchqueren.

durch|rie|seln (V., rieselte durch, ist durchgerieselt/durchrieselte, hat durchrieselt) 1. Sand ist durch das Sieb durchgerieselt. 2. Ein wohliger Schauer durchrieselte mich.

durch|rin|gen (V., refl., rang durch, hat durchgerungen) sich endlich entschließen.

durch|ros|ten (V., rostete durch, ist durchgerostet) durch Rost löchrig werden.

durch|ru|fen (V. rief durch, hat durchgerufen) durch die Flüstertüte/das Mikrofon rufen.

durch|rut|schen (V., rutschte durch, ist durchgerutscht) (ugs.) durchkommen (Prüfung).

durch|rüt|teln (V., rüttelte durch, hat durchgerüttelt) auf einer schlechten Straße durchgeschüttelt werden.

durchs (ugs.) durch das.

durch|sa|cken (V., sackte durch, ist durchgesackt) der Lift sackte ins untere Stockwerk durch.

Durch|sa|ge (die, -, -n) Mitteilung.

durch|sa|gen (V., sagte durch, hat durchgesagt) bekannt geben.

durch|sä|gen (V., sägte durch, hat durchgesägt) mit einer Säge durchtrennen.

durch|schal|len (V., schallte durch, hat durchgeschallt) der Klang hat sich ausgebreitet.

durch|schal|ten (V., schaltete durch, hat durchgeschaltet) die Fernsehprogramme durchzappen.

durch|schau|bar (Adj.) leicht zu durchblicken; vordergründig.

durch|schau|en (V., schaute durch, hat durchgeschaut/durchschaute, hat durchschaut) hindurchsehen; verstehen; erkennen.

durch|schau|ern (V., durchschauerte, hat durchschauert) ein Schauer durchläuft jemanden.

durch|schei|nen (V., schien durch, hat durchgeschienen) durchschimmern; durchleuchten.

durch|schei|nend (Adj.) lichtdurchlässig; zart.

durch|scheu|ern (V., scheuerte durch, hat durchgescheuert) auflösen; wund reiben; kaputtscheuern.

durch|schie|ben (V., schob durch, hat durchgeschoben) etwas durch eine Öffnung reichen.

durch|schie|ßen (V., durchschoss, hat durchgeschossen/durchschossen) durchlöchern. Durchschuss.

durch|schif|fen (V., schiffte durch, hat durchschifft) mit dem Schiff durchqueren.

durch|schim|mern (V., durchgeschimmert/ durchschimmert) durchbrechen; durchscheinen.

durch|schla|fen (V., schlief durch, hat durchgeschlafen) ohne Unterbrechung schlafen. die ganze Nacht durchschlafen.

Durch|schlag (der, -s, -schlä|ge) Durchschrift; Kopie.

durch|schla|gen (V., schlug durch/durchschlug, hat durchgeschlagen/hat durchschlagen) hindurchdringen; urteilen; wirksam werden. durchschlägig; durchschlagend.

durch|schla|gen (V., refl., schlug sich durch, hat sich durchgeschlagen) durchbeißen; sich durchkämpfen; sich durchs Leben schlagen.

Durch|schlag|pa|pier (das, -s, kein Plural) Kohlepapier.

Durch|schlags|kraft (die, -, kein Plural) Wirksamkeit.

durch|schlän|geln (V., refl., schlängelte sich durch, hat sich durchgeschlängelt) sich geschickt durchmanövrieren.

durch|schlei|chen (V., refl., schlich sich durch, hat sich durchgeschlichen) (bildl.) auf Zehenspitzen durchqueren.

durch|schlep|pen (V., refl., schleppte/schleppte sich durch, hat durchgeschleppt/sich durchgeschleppt) einen Gegenstand durch den Raum schleppen; sich mühsam durchschlagen.

durch|schleu|sen (V., schleuste durch, hat durchgeschleust) geleiten.

durch|schlin|gen (V., schlang durch, hat durchgeschlungen) eine Schleife binden; ein Band winden.

durch|schlüp|fen (V., schlüpfte durch, ist durchgeschlüpft) hindurchschlüpfen; entkommen. Durchschlupf.

durch|schnei|den (V., schnitt durch/durchschnitt, hat durchgeschnitten/durchschnitten) zertrennen; durchkreuzen. Durchschneidung.

Durch|schnitt (der, -(e)s, -e) 1. Durchschnittswert; Querschnitt; Mittelwert; Mittel; 2. Mittelmaß. Durchschnittsalter; Durchschnittsgeschwindigkeit.

Durch|schnitts|leis|tung (die, -, -en) 1. mittelmäßige Leistung; 2. durchschnittliche Leistung.

Durch|schnitts|bür|ger (der, -s, -) Bürger, ohne besondere statistische Merkmale. Durchschnittsmensch.

durch|schnitt|lich (Adj.) 1. im Durchschnitt; im Schnitt; im Mittel; 2. mittelmäßig.

durch|schnüf|feln (V., durchgeschnüffelt/ durchschnüffelt) durchsuchen; kontrollieren.
Durch|schrift (die, -, -en) Zweitschrift. Durchschreibeblock (Plural: -blocks!).
durch|schrei|ben (V., schrieb durch, hat durchgeschrieben) mit Kohlepapier auf darunterliegendes Blatt kopieren.
durch|schrei|ten (V., schritt durch/ durchschritt, hat durchgeschritten/durchschritten). durchgehen; durchqueren.
durch|schüt|teln (V., schüttelte durch, hat durchgeschüttelt) 1. etwas vermengen; 2. jemanden durchschütteln.
durch|schwär|men (V.) sich amüsieren; durchsuchen.
durch|schwim|men (V., schwamm durch, hat durchschwommen) hindurchschwimmen; ohne Unterbrechung schwimmen.
durch|schwit|zen (V.) nass schwitzen.
durch|se|geln (V., segelte durch, ist durchgesegelt) hindurchsegeln; (ugs.) durchfallen (Prüfung).
durch|se|hen (V., sah durch, hat durchgesehen) hindurchschauen; prüfen. Durchsicht; Durchsichtigkeit; durchsichtig.
durch sein (V., war durch, ist durch gewesen) gar sein; vorbei sein; entzwei sein; durchgekommen sein. bei jmdm. unten durch sein (jemandes Achtung verloren haben).
durch|set|zen (V., setzte durch, hat durchgesetzt) erreichen; sich behaupten; vermischen. Durchsetzung; Durchsetzungskraft.
Durch|set|zungs|ver|mö|gen (das, -s, kein Plural) Durchsetzungskraft; Energie; Macht.
durch|si|ckern (V., sickerte durch, ist durchgesickert) ausfließen; bekannt werden.
durch|sie|ben (V. siebte durch, hat durchgesiebt) etwas durch ein Sieb geben.
durch|sin|gen (V., sang durch, hat durchgesungen) eine Passage vom Anfang bis zum Ende singen; ohne Unterbrechung.
durch|sin|ken (V., sank durch, ist durchgesunken) durchsacken.
durch|sit|zen (V., saß durch, hat durchgesessen) die Hose, die hinten schon ganz durchsichtig wird.
durch|spre|chen (V., sprach durch, hat durchgesprochen) durchgehen; diskutieren.
durch|spie|len (V., spielte durch, hat durchgespielt) ein Musikstück vom Anfang bis zum Ende ohne Unterbrechung vortragen.
durch|spre|chen (V., sprach durch, hat durchgesprochen) erörtern; diskutieren.
durch|spü|len (V., spülte durch, hat durchgespült) Wäsche nach dem Waschen klar spülen.
durch|star|ten (V., startete durch, ist durchgestartet) beschleunigen.
durch|ste|chen (V., stach durch/ durchstach; hat durchgestochen/durchstochen) durchgraben; durchbohren. Durchstich.
durch|ste|hen (V., stand durch, hat durchgestanden) aushalten.
durch|stei|gen (V., durchstieg/stieg durch, hat durchstiegen, ist durchgestiegen) durchqueren; hindurchkommen; verstehen (ugs.).
Durch|stieg (der, -s, -e) Maueröffnung; Durchlass.
durch|stel|len (V., stellte durch, hat durchgestellt) ein Telefongespräch auf einen anderen Apparat legen.
durch|stö|bern (V., durchstöberte, hat durchstöbert) herumschnüffeln; herumsuchen.
durch|sto|ßen (V., stieß durch/durchstieß, hat durchgestoßen/durchstoßen) durchdringen; durchlöchern. Durchstoß.
durch|strei|chen (V., strich durch/ durchstrich, hat durchgestrichen/durchstrichen) ausstreichen; durchwandern.
durch|strei|fen (V., durchstreifte, hat durchstreift) durchwandern; absuchen.
durch|strö|men (V., durchströmte, hat durchströmt) durchfließen.
durch|su|chen (V., suchte durch/ durchsuchte, hat durchgesucht/durchsucht) absuchen; durchstöbern.
durch|struk|tu|rie|ren (V., strukturierte durch, hat durchstrukturiert) systematisch aufbauen.
durch|stür|men (V., stürmte durch/ durchstürmte, ist durchgestürmt/ hat durchstürmt) durchrennen; heftig wehen.
durch|sty|len (V., stylte durch, hat durchgestylt) Ausstattung aufeinander abstimmen.
durch|su|chen (V., durchsuchte, hat durchsucht) durchforsten; untersuchen. der Zollbeamte hat das Auto nach Schmuggelware durchsucht.
durch|tan|zen (V., tanzte durch, hat durchgetanzt) ohne Unterbrechung tanzen.
durch|tes|ten (V., testete durch, hat durchgetestet) gründlich testen.
durch|trai|niert (Adj.) (körperlich) fit. Verb: durchtrainieren.
durch|tren|nen (V., trennte durch/ durchtrennte; hat durchgetrennt/durchtrennt) zerteilen.
durch|tre|ten (V., trat durch/durchtrat, hat durchgetreten/durchtreten) hindurchtreten; durchdrücken. Durchtrittsstelle.
durch|trie|ben (Adj.) verschlagen; hinterlistig. durchtreiben.
Durch|trie|ben|heit (die, -, kein Plural) Verschlagenheit; Hinterlist.
durch|wach|sen (Adj.) durchzogen von; durchsetzt mit. Verb: durchwachsen.
durch|wäh|len (V., wählte durch, hat durchgewählt) ohne Vermittlung telefonieren. Durchwahl.
Durch|wahl (die, -, kein Plural) in der Fernmeldetechnik die Möglichkeit, bei größeren Nebenstellenanlagen unmittelbar die gewünschte Nebenstelle zu wählen, ohne über die Zentrale verbunden werden zu müssen. Durchwahlnummer.
durch|wal|ken (V., walkte durch/ durchwalkte, hat durchgewalkt/durchwalkt) kneten; (ugs.) verprügeln.
durch|wan|dern (V., durchwanderte, hat durchwandert) durchstreifen; durchqueren.
durch|wär|men (V., wärmte durch, hat durchgewärmt) warm werden; wärmen.
durch|wa|schen (V., wusch durch, hat durchgewaschen) mit der Hand waschen.
durch|wa|ten (V., watete durch/durchwatete, hat durchwatet) durch flaches Wasser gehen.
durch|we|ben (V., durchwebte, hat durchwebt) andersfarbige Fäden in einen Stoff einweben.

durch|weg (*auch:* durch|wegs) (Adv.) gänzlich; überall.
durch|wei|chen (V., durchweichte, hat/ist durchweicht) weich werden; naß werden.
durch|weicht (Adj.) nass.
durch|win|den (V., wand durch, hat durchgewunden) durchziehen; durchzwängen.
durch|wir|ken (V., durchwirkte, hat durchwirkt) kneten; einweben.
durch|wit|schen (V.) (ugs.) entwischen.
durch|wüh|len (V., wühlte durch/durchwühlte, hat durchgewühlt/durchwühlt) durchgraben; durchsuchen.
durch|wurs|teln (*auch:* durch|wursch|teln) (V., refl., wurstelte sich durch, hat sich durchgewurstelt) (ugs.) mühsam zurechtkommen.
durch|zie|hen (V., zog durch/durchzog, ist durchgezogen/hat durchzogen) durchmarschieren; durchdringen; hindurchstecken. durchzogen.
durch|zu|cken (V., durchzuckte, hat durchzuckt) durchbeben; durchziehen.
Durch|zug (der, -s, -zü|ge) 1. Luftzug; Zugluft; Zug; 2. Durchreise; Durchfahrt; Durchmarsch.
durch|zwän|gen (V., refl., zwängte sich durch, hat sich durchgezwängt) sich hindurchdrücken.
dür|fen (V., durfte, hat gedurft) Erlaubnis; Befugnis haben.
dürf|tig (Adj.) ärmlich; knapp. Dürftigkeit.
dürr (Adj.) trocken; mager. Dürre; Dürrfutter; Dürrekatastrophe; Dürrsein.
Dur|ra (die, -, kein Plural) (arab.) eine tropische Getreideart; Mohrenhirse.
Durst (der, -es, kein Plural) trockene Kehle; Brand; Riesendurst.
durs|ten (*auch:* dürs|ten) (V.) Durst haben; heftig verlangen. durstig; durststillend.
Durst|stre|cke (die, -, -n) Zeit der Entbehrungen; Karenzzeit. eine Durststrecke durchmachen (eine Zeit der Entbehrung durchmachen, bis man etwas erreicht).
Du|sche (die, -, -n) 1. Duschbad; 2. Nasszelle.
du|schen (V.) brausen. Duschbad.
Dü|se (die, -, -n) Spitzrohr; Antriebssystem.
dü|sen (V.) (ugs.) flitzen; rennen.
Dü|sen|an|trieb (der, -(e)s, -e) Strahltriebwerk. Düsentriebwerk.
Dü|sen|jä|ger (der, -s, -) Jagdflugzeug mit Luftstrahltriebwerk.
Du|sel (der, -s, kein Plural) (ugs.) Glück; Benommenheit. Duselei; dus(e)lig; duseln.
Dus|sel (der, -s, -) (ugs.) Dummkopf. Dusseligkeit (*auch:* Dussligkeit); Dusselei; dusselig.
Dust (der, -s, kein Plural) (engl.) Teestaub.
düs|ter Adj.) finster; mürrisch. düstern.
Düs|ter|nis (die, -, kein Plural) Dunkelheit. Düsterheit (*auch:* Düsterkeit).
Dutt (der, -s, -s/-e) Haarknoten.
Du|ty-free-Shop (der, -s, -s) (engl.) Laden mit zollfreien Waren.
Dut|zend (das, -s, -e) (Abk.: Dtzd.) zwölf Stück. zwei Dutzend Äpfel; Dutzende (*auch:* dutzende) von Büchern; zu Dutzenden; viele dutzend/Dutzend Mal(e); dutzendmal; einige dutzende/Dutzende Mal(e); dutzendfach; dutzendweise.
Du|um|vir (der, -n, -n) (lat.) einer von zwei Beamten einer doppelt besetzten altrömischen Behörde.
Du|um|vi|rat (das, -s, -e) Amt, Würde der Duumvirn.
Du|vet (das, -s, -s) (schweiz.) (franz.) Feder-bett.
Du|ve|ti|ne (der, -s, -s) (franz.) samtähnlicher Stoff.
Dux 1. (der, Ducis, Duces) (lat.) der Herr; Feldherr; 2. (der, -, Duces) (lat.) einstimmiges Fugenthema in der Haupttonart.
du|zen (V.) du sagen. Duzfreund.
DV (Abk.) **D**aten**v**erarbeitung.
DVD (die, -, -s) (engl.) (Abk.) **d**igital **v**ersatile **d**isc. Datenträger.
Dy|a|de (die, -, -n) (griech.) Paar; Verknüpfung aus zwei Einheiten.
dy|na|misch (Adj.) schwungvoll; lebendig; kraftvoll.
Dy|na|mik (die, -, kein Plural) (griech. Kraft) 1. Teil der Mechanik; Lehre von der Bewegung fester, flüssiger und gasförmiger Körper; 2. Lehre von der Schallstärke; 3. Bewegung; Entwicklung; Schwung.
Dy|na|mit (das, -s, kein Plural) (griech.) von Nobel 1867 erfundener Sprengstoff. Dynamitpatrone.
Dy|na|mo (der, -s, -s) Generator. Dynamomaschine; Dynamometer.
Dy|nas|tie (die, -, -n) (griech.) Herrschergeschlecht. Dynast; dynastisch.
Dys|a|ku|sis (die, -, kein Plural) (griech.-lat.) 1. krankhafte Überempfindlichkeit gegen bestimmte Töne; 2. Schwerhörigkeit (Med.).
Dys|ar|th|rie (die, -, -n) (griech.-lat.) mühsames Sprechen; Stammeln (Med.).
Dys|ba|sie (die, -, -n) (griech.-lat.) durch Durchblutungsstörungen verursachte Gehstörung (Med.).
Dys|bu|lie (die, -, kein Plural) (griech.-lat.) Willensschwäche.
Dy|s|en|te|rie (die, -, -n) (griech.) eine Darmkrankheit; Ruhr.
Dys|funk|ti|on (die, -, -ti|o|nen) (griech.-lat.) gestörte Tätigkeit von Organen.
Dys|kra|sie (die, -, -n) fehlerhafte Säftezusammensetzung.
Dys|me|lie (die, -, -n) (griech.) angeborene Gliedmaßenfehlbildung.
Dys|me|nor|rhö (die, -, -en) (griech.) Menstruationsbeschwerden.
Dys|on|to|ge|nie (die, -, -n) (griech.-lat.) Fehlbildung; fehlerhafte Entwicklung.
Dys|pep|sie (die, -, -n) Verdauungsstörung. dyspeptisch.
Dys|pho|rie (die, -, -n) (griech.) krankhafte Verstimmtheit.
Dys|pla|sie (die, -, -n) (griech.) Fehlbildung (des Körpers).
Dys|pnoe (die, -, -n) (griech.) Atemnot.
Dys|pro|si|um (das, -s, kein Plural) (griech.) ein Seltenerdmetall.
Dys|tro|phie (die, -, -n) Ernährungsstörung. dys|troph.
Dys|u|rie (die, -, kein Plural) (griech.) Harnzwang.
dz (Abk.) **D**oppel**z**entner.
dz. (Abk.) **d**er**z**eit.
D-Zug (der, -s, -Zü|ge) (Kurzw.) Schnellzug; Durchgangszug. D-Zug-Wagen; D-Zug-artig.

E

E (Abk.) 1. Eilzug; 2. Europastraße.

Eaˈgˈle (der, -s, -s) (engl.) US-amerikanische Goldmünze.

EAN-Code (der, -s, -s) (Kurzw.) Europäischer Artikelnummer-Code (computerlesbarer Strichcode auf Waren).

Earl (der, -s, -s) (engl.) englischer Graf; seit dem 11. Jh. gebräuchlicher englischer Adelstitel, entspricht dem Grafen.

eaˈsy (Adj.) (engl.) leicht.

Eaˈsy Riˈder (der, -s, -) (engl.) Fahrer eines Motorrades mit hohem, geteiltem Lenker und hoher Rückenlehne.

Eau de Coˈloˈgˈne (das, - - -, Eaux - -) (franz.) Kölnischwasser. Eau de Parfum.

Eau de Toiˈlette (franz.) (das, - - -, Eaux - -) (franz.) ein Duftwasser in der Stärke zwischen Eau de Cologne und Parfum.

Ebˈbe (die, -, -n) 1. eine der Gezeiten; Niedrigwasser; Tiefstand; Tiefwasser; Flaute; 2. (ugs.) Mangel; Schwund. in etwas ist/herrscht Ebbe.

ebˈben (V.) 1. Verringern des Wasserstands; 2. weniger werden.

Ebˈbeˈstrom (der, -s, -ströˈme) Gezeitenströmung.

ebd. (Abk.) ebenda.

eben 1. (Adj.) flach; gleich; 2. (Adv.) soeben; deswegen; deshalb; nun einmal. Ich gehe eben in den Keller. Das ist es ja eben! Eben, das ist es, was ich meine!

Ebenˈbild (das, -es, -er) Abbild; Spiegelbild.

Ebenˈbürˈtigˈkeit (die, -, -en) 1. Entsprechung; Gleichwertigkeit; 2. von gleicher Geburt und Herkunft; 3. auf gleicher Stufe. ebenˈbürˈtig.

ebenˈda (Adv.) dort; an genau diesem Ort.

ebenˈdaˈher (Adv.) deshalb; aus genau diesem Grund.

ebenˈdann (Adv.) dann; zu genau diesem Zeitpunkt.

ebenˈdaˈrum (Adv.) deshalb; aus genau diesem Grund.

ebenˈderˈselˈbe (Adv.) derjenige; genau diese Person.

ebenˈdesˈhalb (Adv.) darum; aus genau diesem Grunde.

ebenˈdieˈser (Adv.) dasjenige oder derjenige; genau dieser Gegenstand oder diese Person.

ebenˈdort (Adv.) da; an genau dieser Stelle.

Ebeˈne (die, -, -n) 1. Fläche; 2. Landschaftsform mit geringen Reliefunterschieden; Flachland; Plateau; Platte; 3. Anspruch; Leistungsstufe; Niveau; Qualität. auf die schiefe Ebene geraten (verlottern, verwahrlosen).

ebenˈfalls (Adv.) gleichfalls; ebenso.

ebenˈerˈdig (Adj.) zu ebener Erde; im Erdgeschoss; parterre.

Ebenˈheit (die, -, -en) Flächigkeit; Flachheit; Fehlen von Erhebungen.

Ebenˈholz (das, -es, -hölˈzer) Edelholz; dunkles bis tiefschwarzes, hartes und polierbares Holz tropischer Bäume.

Ebenˈmaß (das, -es, kein Plural) Gleichmaß; Proportioniertheit.

Ebenˈmäˈßigˈkeit (die, -, kein Plural) Ausgewogenheit; Gleichförmigkeit; Wohlproportioniertheit. ebenmäßig.

ebenˈso (Adv.) genauso. *Getrenntschreibung:* ebenso oft; ebenso viel; ebenso wenig; ebenso gut; ebenso lange; ebenso sehr; ebenso gern.

Eber (der, -s, -) männliches Schwein.

ebˈnen (V.) glatt machen; gleichmachen; glatt streichen; ausgleichen; glätten; planieren. Ebnung.

Ecˈce-Hoˈmo (das, -/-s, -/-s) (lat.) Andachtsbild, das den dornengekrönten Jesus darstellt. »Seht, welch ein Mensch!«

echaufˈfieˈren (V., refl.) (franz.) sich aufregen; in Rage geraten; sich entrüsten; sich ereifern. Adjektiv: echauffiert.

Echeˈveˈria (die, -, -riˈen) (lat.) südamerikanisches Blattgewächs.

Echiˈnit (der, -s/-en, -en) (griech.-lat.) versteinerter Seeigel.

Echiˈnoˈkokˈkus (der, -, -ken) Bandwurm der Hunde.

Echiˈnus (der, -, -) (griech.-lat.) 1. Seeigel; 2. Kapitellwulst an dorischen Säulen.

Echo (das, -s, -s) (griech.) 1. Widerhall; Resonanz; 2. Bergnymphe aus der griech. Mythologie. echoen.

Echoˈlot (das, -s, -e) Gerät zur Messung der Höhe eines Fahrzeuges über festem Grund mithilfe von reflektierten Schallwellen.

Echˈse (die, -, -n) Kriechtier.

echt (Adj.) authentisch; charakteristisch; wahr. *Beachte:* eine echtgoldene, *auch:* echt goldene Kette; ein echtsilberner (*auch*: echt silberner) Ring. aus Echtgold; aus Echtsilber; etwas/nichts Echtes; Echtes und Falsches trennen; Echtheitsprüfung; Echtzeit; Echthaar; Echthaarperücke

Echtˈhaarˈpeˈrüˈcke (die, -, -n) Haarersatz aus Menschenhaar.

Echtˈheit (die, -, -en) Reinheit; Ungekünsteltheit; Ursprünglichkeit; Unverbrauchtheit.

Eckˈball (der, -es/-s, -bälˈle) Stoßen, Werfen oder Schlagen des Balles von der Ecke des gegnerischen Spielfeldes aus beim Fußball, Handball oder Hockey. Eckschlag; Eckstoß; Eckwurf.

Eckˈbank (die, -, -bänˈke) Sitzbank, die in eine Raumecke eingebaut werden kann.

Ecke (die, -, -n) 1. Spitze, Vorsprung, Winkel; Kante; 2. Bruchstück; 3. Falte; 4. Nische. jemanden um die Ecke bringen (ugs.) (jemanden umbringen); an allen Ecken und Enden (ugs.) (überall); mit jemandem um/über fünf/sieben Ecken verwandt sein (ugs.) (mit jemandem weitläufig verwandt sein).

Eckenˈsteˈher (der, -s, -) kleiner Sünder; Nichtsnutz.

Ecker (die, -, -n) Buchecker.

Eckˈfahˈne (die, -, -n) Einwurfmarkierung in der Spielfeldecke für Eckball (Fußball, Hockey).

Eckˈfensˈter (das, -s, -) in Hausecke eingelassenes Fenster.

Eckˈhaus (die, -es, -häuˈser) Gebäude, das senkrecht aufeinandertreffende Häuserreihen verbindet.

eckig (Adj.) 1. gezackt; kantig; winklig; zackig; 2. hölzern; ungelenk. Seine Bewegungen sind ausgesprochen eckig. Eckigkeit; ecken.

Ecˈlair (das, -s, -s) (franz.) Gebäck mit Cremefüllung.

Eckˈlohn (der, -es/-s, -löhˈne) Normalstundenlohn für eine bestimmte Lohngruppe; festgesetzt durch Tarifvertrag, nach dem sich die Grundlöhne für andere Lohngruppen errechnen lassen.

Eckˈpfeiˈler (der, -s, -) 1. tragende Säule an Anfang und Ende einer Brücke; Ecksäule; 2. entscheidender Beistand; Unterstützung; Stütze. Dieses Konzept stellt den Eckpfeiler des Projektes dar.

Eckˈschrank (der, -es/-s, -schränˈke) Schrank, der in die Ecke eines Zimmers eingepasst ist.

Eckˈstein (der, -s, -e) Straßenbegrenzung; Grenzstein.

Eckˈwert (der, -s, -e) charakteristischer Grundwert; Berechnungsgrundlage.

Eckˈzahn (der, -es/-s, -zäˈhne) Zahn zwischen Schneidezähnen und Backenzähnen.

E-Comˈmerce (der, -s, -) (engl.) elektronischer Handel im Internet.

Ecoˈnoˈmiˈser (der, -s, -) (engl.) Speisewasservorwärmer (Dampfkessel).

Ecoˈnoˈmyˈklasˈse (*auch:* Ecoˈnoˈmyˈ-class/Ecoˈnoˈmy-Class) (die, -, -n) Billigklasse (Flugzeug).

Ecosˈsaiˈse (*auch:* Ekosˈsaiˈse) (die, -, -n) (franz.) schottischer Tanz (in der Kunstmusik).

Ecˈsˈtaˈsy (das, -, -s) (engl.) Designerdroge.

Ecu (*auch:* ECU) (der, -/-s, -/-s) Europäische Währungseinheit.

Ecuˈaˈdor (ohne Art., -s, kein Plural) Staat in Südamerika. Ecuadorianer; ecuadorisch.

ed. (Abk.) edidit (lat.): herausgegeben hat es ...

Ed. (Abk.) Edition.

Edaˈmer (der, -s, -) Käsesorte.

edd. (Abk.) ediderunt (lat.): herausgegeben haben es ...

edel (Adj.) 1. erlesen; kostbar; 2. großherzig; anständig; nobel; ritterlich. Edle (Adelstitel).

Edelˈdaˈme (die, -, -n) Dame des Adels. Edelfräulein.

Edelˈfäuˈle (die, -, kein Plural) von Pilzen verursachte Zersetzung überreifer Weintrauben.

Edelˈgas (das, -es, -e) gasförmiges Element, das keine chemischen Verbindungen eingeht.

edelˈherˈzig (Adj.) feinsinnig; großmütig.

Edelˈhirsch (der, -s, -e) Rothirsch.

Edelˈkitsch (der, -s, kein Plural) einen besonderen antiquarischen oder künstlerischen Wert vortäuschendes und übertrieben gestaltetes Kunstwerk.

Edelˈmann (der, -s, -leuˈte) Adliger.

Edelˈmeˈtall (das, -s, -e) nicht rostendes Metall.

Edelˈmut (der, -s, kein Plural) Großherzigkeit; Selbstlosigkeit. edelmütig.

Edelˈstahl (der, -s, kein Plural) rostfreier Stahl.

Edelˈstein (der, -s, -e) Mineral von besonderer Härte, Schönheit und Seltenheit.

Edelˈtanˈne (die, -, -n) nordamerikanische Tannenart; Silbertanne.

Edelˈweiß (das, -es, -e) seltene hochalpine Pflanze.

Eden (das, -s, kein Plural) (hebr.) Paradies. Garten Eden.

edieˈren (V.) (lat.) herausgeben; erscheinen lassen; herausbringen; verlegen; veröffentlichen; publizieren.

Edikt (das, -s/-es, -e) (lat.) Verordnung; Erlass; öffentliche Bekanntmachung; Anordnung; Bulle; Dekret. ein Edikt erlassen; Edikt von Nantes.

Ediˈtiˈon (die, -, -en) (lat.) Auflage; Buchausgabe; Herausgabe. editorisch.

Ediˈtor (der, -s, -en) (lat.) 1. Buchherausgeber; 2. Schreiboberfläche für Texte in Computerprogrammen.

Ediˈtoˈriˈal (das, -s, -s) (lat.-engl.) Einführung; Einleitung; Vorbemerkung; Vorwort; Exposition; Introduktion.

Edukt (das, -s, -e) (lat.) Auszug.

E-Dur (das, -, kein Plural) Tonart. E-Dur-Tonleiter.

Eduˈtainˈment (das, -s, kein Plural) spielerische Form der Vermittlung von Lernstoff mittels Computerlernprogrammen.

EDV (Abk.) Elektronische Datenverarbeitung.

EEG (das, -s, -s) = Elektroenzephalogramm.

Efenˈdi (*auch:* Efˈfenˈdi) (der, -s, -s) (griech.-türk.) Herr (als frühere türkische Anrede).

Efeu (der, -s, kein Plural) Kletterpflanze. Adjektiv: efeuberankt.

Efˈfeff (das) (nur in der Verbindung) etwas aus dem Effeff (gründlich) können/verstehen/beherrschen (ugs.) (etwas ausgezeichnet können, eine Sache gründlich beherrschen).

Efˈfekt (der, -s, -e) (lat.) Wirkung; Erfolg; Auswirkung; Ergebnis; Folge.

Efˈfekˈten (die, nur Plural) Wertpapiere. Er legte seinen Lottogewinn in Effekten an. Effektenbank.

Efˈfekˈtenˈbörˈse (die, -, -n) Handelsplatz für Effekten.

Efˈfekˈtenˈhanˈdel (der, -s, kein Plural) Ankauf und Verkauf von Effekten.

Efˈfektˈhaˈscheˈrei (die, -, -en) übertriebenes Streben danach, Eindruck zu machen; Eitelkeit.

efˈfekˈtiv (Adj.) (lat.) wirkungsvoll; tatsächlich, erfolgreich; wirksam. Effektivität. effektivieren.

Efˈfekˈtivˈbeˈstand (der, -s, -e) tatsächlicher Bestand.

Efˈfekˈtivˈgeˈschäft (das, -s, -e) Vertragsabschluss an einer Warenbörse, bei der eine Ware tatsächlich ausgeliefert wird.

Efˈfekˈtivˈlohn (der, -s, -löhˈne) tatsächlich ausgezahlter Lohn.

efˈfekˈtuˈieˈren (V.) unter Kaufleuten ausführen; erledigen; abwickeln (Fachspr.).

efˈfektˈvoll (Adj.) wirkungsvoll; auf den Effekt bedacht.

efˈfeˈmiˈniert (Adj.) (lat.) verweiblicht. Effemination; Verb: effeminieren.

Efˈfet (der, -s, -s) (franz.) 1. Drall; Drehung des Balles durch seitliches Anschneiden (Billard, Tennis); 2. Wirkung.

Efˈfiˈcienˈcy (die, -, kein Plural) (engl.) Wirtschaftlichkeit.

efˈfiˈlieˈren (V.) (franz.) Haare gleichmäßig ausdünnen. Effilierschere.

efˈfiˈziˈent (Adj.) (lat.) wirkungsvoll; wirtschaftlich. Effizienz.

Efˈfloˈresˈzenz (die, -, -en) (lat.) 1. Hautausschlag; 2. Salzausblühung (z. B. auf Böden).

EFTA (Abk.) European Free Trade Association (Europäische Freihandelszone).

eG (*auch:* e. G.) (Abk.) Eingetragene Genossenschaft.

EG (Abk.) Europäische Gemeinschaft.

egal (Adj.) 1. gleichgültig; alles eins; einerlei; gleich; schnuppe; schnurz; wurst. Es ist mir egal, ob du früher oder später kommst. 2. gleichartig.

ega|li|sie|ren (V.) gleichmachen; ausgleichen; einebnen; glätten; ins Gleichgewicht bringen; ins Lot bringen. Egalisierung; Egalität.
Egel (der, -s, -) Wurm. Blutegel.
Eger|ling (der, -s, -e) Champignon.
Eg|ge (die, -, -n) Ackergerät.
eg|gen (V.) ackern. Der Acker muss noch geeggt (!) werden.
E-Gi|tar|re (die, -, -n) elektrische Gitarre.
EGmuH (*auch:* eGmuH) (Abk.) Eingetragene Genossenschaft mit unbeschränkter Haftpflicht.
Ego|is|mus (der, -, -men) (lat.) Ichbezogenheit; Eigenliebe. Ego; Egoist; egoistisch.
Ego|tis|mus (der, -, kein Plural) (lat.-engl.) Neigung, sich selbst in den Vordergrund zu stellen.
Ego|trip (der, -s, -s) (engl.) egozentrische, ganz auf sich selbst bezogene Lebenshaltung.
ego|zen|t|risch (Adj.) (lat.) das Ich in den Mittelpunkt des Denkens und Handelns stellend; eigennützig; narzistisch; selbstbesessen; selbstsüchtig; selbstverliebt, Egozentrik; Egozentriker.
eh. (*auch:* e. h.) (Abk.) ehrenhalber.
E. h. (Abk.) Ehren halber. Dr. phil. e. h.
eh (Adv.) sowieso. Er ist eh schon weg.
ehe (Konj.) bevor; noch vor; seit eh und je (schon immer). Er kam hereinspaziert, ehe ich auf sein Klopfen reagieren konnte. Ehe du nicht deine alten Schulden bezahlt hast, kann ich dir das Geld nicht geben. *Beachte:* kein Komma steht vor »ehe« bei folgenden Wendungen! Fünf Minuten ehe ihr ankamt, sind die anderen weggefahren.
Ehe (die, -, -n) Lebensgemeinschaft. Ehefrau.
Ehe|be|ra|tung (die, -, -en) Beratungsstelle bei Eheschwierigkeiten und zur Vorbereitung auf die Ehe.
Ehe|be|trug (der, -es/-s, kein Plural) auf der Basis rechtswidriger Umstände wider besseres Wissen eingegangener Ehekontrakt zum Nachteil des Partners.
Ehe|bett (das, -s, -en) Doppelbett.
ehe|bre|chen (V.) dem Ehepartner untreu werden. Vom Verb »ehebrechen« ist nur der Infinitiv üblich. Du sollst nicht ehebrechen! Werden bestimmte Verbformen gebraucht, muss es heißen: Er hat die Ehe gebrochen. Ehebrecher.
ehe|dem (Adv.) damals; einst; ehemalig; vorher.
Ehe|gat|te (der, -n, -n) Ehemann; Angetrauter; Ehegespons (ugs.); Gemahl. Ehegattin; Ehegattensplitting.
Ehe|glück (das, -s, kein Plural) glückliche Beziehung zwischen den Eheleuten.
Ehe|hälf|te (die, -, -n) Ehepartner.
Ehe|hin|der|nis (das, -ses, -se) ein Verbotsgrund für eine Ehe zwischen an sich ehefähigen Personen.
Ehe|hy|gi|e|ne (die, -, kein Plural) sexuelle Hygiene unter Ehepartnern.
Ehe|joch (das, -es/-s, -e) Ausdruck für den Zustand der Ehe, der als belastend empfunden wird; Ehekreuz.
Ehe|kont|rakt (der, -es/-s, -e) Ehevertrag.
ehe|li|chen (V.) eine lebenslange Verbindung mit einem Partner durch Unterzeichnung eines gemeinsamen Vertrages eingehen; heiraten. ehelich.
ehe|los (Adj.) ledig.
Ehe|lo|sig|keit (die, -, -en) Ledigenstand; Junggesellenstand; Singledasein.
ehe|ma|lig (Adj.) einstig; früher; bisherig; ehedem; ehemals; einstmals; gewesen; verflossen; vergangen; vormalig.
Ehe|paar (das, -es, -e) Ehepartner; Eheleute.
eher (Adv.) früher; lieber; leichter. nicht eher als; nicht eher bis; je eher, desto besser; umso eher; eher geht die Welt unter, als dass sich etwas ändert.
Ehe|recht (das, -es/-s, -e) juristische Grundlage der Ehe. eherechtlich.
Ehe|ring (der, -es/-s, -e) äußeres, symbolisches Zeichen für die lebenslange Verbindung zwischen Ehepartnern.
ehern (Adj.) eisern; unbeugsam.
Ehe|schei|dung (die, -, -en) richterliche Auflösung einer gültigen Ehe.
Ehe|schlie|ßung (die, -, -en) Hochzeit; Heirat; Trauung; Vermählung.
Ehe|stand (der, -s, -stän|de) = Ehe.
Ehe|streit (der, -s, -e) Streit unter Eheleuten.
ehes|te/-r/-s (Adj.) frühest; schnellstens. Bei ehester Gelegenheit treffen wir uns; am ehesten geht es morgen. ehestens; ehestmöglich.
Ehe|ver|spre|chen (das, -s, -) Ehegelöbnis; Verlobung.
ehe|wid|rig (Adj.) einer Ehe im Wege stehend.
Ehr|bar|keit (die, -, -en) Achtbarkeit; Redlichkeit; Ehrsamkeit. ehrbar.
Ehr|be|griff (der, -s, -e) Auffassung, Definition von Ehre. der überzogene Ehrbegriff des Adels.
Eh|re (die, -, -n) 1. Ruhm; Anerkennung; Auszeichnung; 2. Selbstgefühl; Stolzgefühl; Wertgefühl; Würde; 3. Jungfräulichkeit. zu Ehren (mit Genitiv!); etwas in Ehren halten (etwas achten und bewahren); sich alle Ehre machen (sein Ansehen fördern); jemandem die letzte Ehre erweisen (zu jemandes Beerdigung gehen); Ehrendoktor; Ehrsamkeit; ehrenhalber.
eh|ren (V.) 1. auszeichnen; erhöhen; würdigen; 2. Ehre machen; zur Ehre gereichen.
Eh|ren|amt (das, -es, -äm|ter) öffentliches Amt ohne Bezahlung.
eh|ren|amt|lich (Adj.) unbezahlt; unentgeltlich; ehrenhalber.
Eh|ren|be|zei|gung (die, -, -en) Anerkennung; Huldigung; Ehrung; Ovation.
Eh|ren|bür|ger|brief (der, -s, -e) Dokument, das die Ehrenbürgerschaft bestätigt.
Eh|ren|bür|ger|schaft (die, -, -en) von Städten verliehene Auszeichnung. Dem ehemaligen Türmer der Stadt ist die Ehrenbürgerschaft verliehen worden. Ehrenbürger.
Eh|ren|dok|tor|wür|de (die, -, -n) Auszeichnung zum Ehrendoktor. Abk.: Dr. h. c.
Eh|ren|er|klä|rung (die, -, -en) öffentliche Entschuldigung vor Gericht über den guten Leumund eines anderen.
Eh|ren|gar|de (die, -, -n) Ehrenwache.
Eh|ren|gast (der, -s, -gäs|te) Person, die mit der Einladung geehrt wird oder deren Anwesenheit die Einladenden ehrt.
Eh|ren|ge|leit (das, -s, -e) ehrenvolle Begleitung.
eh|ren|haft (Adj.) angesehen; mit Ehrgefühl; tadellos; untadelig; achtbar; anständig; honett; honorig. ein ehrenhafter Mensch; Ehrenhaftigkeit; ehrbar; ehrenwert; ehrsam.

Eh|ren|ko|dex (der, -es/-, -e/-di|zes) Katalog bestimmter gesellschaftlicher Verhaltensregeln.

Eh|ren|mal (das, -es, -e/-mä|ler) Denkmal; Gedenkstein; Mahnmal; Memorial; Monument.

Eh|ren|mann (der, -es, -män|ner) ein Mann von Ehre.

Eh|ren|mit|glied (das, -s, -er) von einer Gruppe besonders ausgezeichnetes Mitglied. Ehrenmitgliedschaft.

Eh|ren|na|me (der, -ns, -n) Name, der für den Träger eine Ehre bedeutet.

Eh|ren|pflicht (die, -, -en) Aufgabe, deren Erfüllung eine Ehre bedeutet.

Eh|ren|platz (der, -es, -plät|ze) Stelle, die etwas besonders zur Geltung bringt.

Eh|ren|preis 1. (der, -es, -e) besonderer Gewinn; 2. (das/der, -es, -) Rachenblütler.

Eh|ren|recht (das, -s, -e) Bürgerrecht.

Eh|ren|ret|tung (die, -, -en) Handeln, das den der eigenen Ehre schadenden Äußerungen oder Handlungen entgegenwirkt. Ehrenretter.

eh|ren|rüh|rig (Adj.) beleidigend; diffamierend; ehrverletzend.

Eh|ren|run|de (die, -, -n) zur Auszeichnung einer Sache oder von jmdm./sich selbst zurückgelegte Strecke. eine Ehrenrunde drehen (ugs.) (eine Schulklasse wiederholen müssen).

Eh|ren|sa|che (die, -, -n) sich selbst freiwillig auferlegte Pflicht, Schuldigkeit. Es ist doch Ehrensache, dass ich dich nach Hause bringe.

Eh|ren|schuld (die, -, -en) Schuld, deren Begleichung eine Ehrensache ist.

Eh|ren|stra|fe (die, -, -n) empfindliche, entwürdigende Bestrafung, wodurch die eigenen Ehrenrechte Schaden leiden.

Eh|ren|tag (der, -s, -e) Tag besonderer Auszeichnung. Ihr 75. Geburtstag sollte ein Ehrentag werden.

Eh|ren|tanz (der, -es, -tän|ze) Tanz eines gefeierten Paares auf einer Festveranstaltung.

Eh|ren|ti|tel (der, -s, -) wegen besonderer Verdienste verliehener Titel.

Eh|ren|tri|bü|ne (die, -, -n) für Ehrengäste reservierter Abschnitt einer Tribüne.

Eh|ren|ur|kun|de (die, -, -n) Urkunde mit besonderer Auszeichnung. Bei den Bundesjugendspielen gewann sie eine Ehrenurkunde.

eh|ren|voll (Adj.) anerkennenswert; rühmlich; schmeichelhaft; verdienstvoll; ehrenreich.

Eh|ren|vor|sit|zen|der (der, -zen|den, -zen|den) wegen besonderer Verdienste in den Vorstand gewähltes Mitglied.

Eh|ren|wort (das, -es, -e) Bekräftigung eines Versprechens mit dem Einsatz der persönlichen Ehre. Ich gebe dir mein Ehrenwort, dass ich die Wahrheit gesagt habe. ehrenwörtlich.

Ehr|er|bie|tung (die, -, -en) Achtung; Hochachtung; Hochschätzung; Respekt; Verehrung; Wertschätzung. Ehrerbietigkeit; ehrerbietig.

Ehr|furcht (die, -, kein Plural) Hochachtung; Respekt. ehrfürchtig; ehrfurchtsvoll. Ehrfurcht gebietend (*auch:* ehrfurchtgebietend).

Ehr|ge|fühl (das, -es/-s, -e) Selbstgefühl; Stolz; Wertgefühl; Würde.

Ehr|geiz (der, -es, kein Plural) Leistungswillen; Siegeswille; Strebsamkeit; Ruhmsucht; Ambition; Ehrsucht. Ehrgeiz entwickeln. Ehrgeizling; ehrgeizig.

ehr|lich (Adj.) aufrichtig; redlich; wahrheitsliebend. Ehrlichkeit; ehrlicherweise.

Ehr|sucht (die, -, kein Plural) Ehrgeiz. ehrsüchtig.

Eh|rung (die, -, -en) Auszeichnung für Verdienste. Aus Anlass seines 70. Geburtstags wurden ihm zahlreiche Ehrungen zuteil.

ehr|ver|ges|sen (Adj.) ehrlos.

Ehr|ver|lust (der, -es/-s, kein Plural) Verlust des Ansehens.

Ehr|wür|dig|keit (die, -, -en) Größe; Hoheit; Überlegenheit; Grandezza; Gravität; Majestät. Ehrwürden; ehrwürdig.

Ei (das, -s, -er) 1. Hühnerei; befruchtete Keimzelle; 2. (ugs.) Hoden. das Ei des Kolumbus finden (für das Problem eine einfache Lösung finden); sich um ungelegte Eier kümmern (ugs.) (sich um Dinge kümmern, die noch gar nicht spruchreif/aktuell sind). Ach du dickes Ei! (Ausdruck der Überraschung); wie aus dem Ei gepellt (sehr adrett, sauber, elegant gekleidet); sich gleichen wie ein Ei dem anderen (sich sehr ähnlich sein).

Ei|be (die, -, -n) Nadelbaum. Adjektiv: eiben (aus Eibenholz).

Ei|bisch (der, -es, -e) Heilkraut.

Eich|amt (das, -s, -äm|ter) Behörde zur Kontrolle von Messgeräten.

Ei|che (die, -, -n) 1. Laubbaum; 2. Eichung. Adjektiv: eichen (aus Eichenholz).

Ei|chel (die, -, -n) 1. Frucht der Eiche; 2. Spielkarte; 3. vorderer Teil des männlichen Gliedes.

ei|chen (V.) auf Maß oder Gewicht prüfen; Messgeräte normgerecht einstellen. Eichmeter.

Ei|chen|holz (das, -es, kein Plural) Holz der Eiche.

Ei|chen|laub (das, -s, kein Plural) 1. Blätter der Eiche; 2. Bestandteil diverser Orden.

Ei|cher (der, -s, -) Eichmeister; Beamter zur Kontrolle von Messgeräten.

Eich|hörn|chen (*auch:* Eich|kätz|chen) (das, -s, -) Nagetier.

Eich|stem|pel (der, -s, -) amtliches Siegel nach erfolgter Eichung.

Eich|strich (der, -es, -e) Markierung an Trinkgläsern für die richtige Füllhöhe.

Ei|chung (die, -, -en) behördliche Prüfung von Messgeräten.

Eid (der, -s, -e) Schwur. an Eides statt, *aber:* eidesstattlich;

Eid|bruch (der, -s, -brü|che) Verletzung eines Eids. eidbrüchig.

Ei|dech|se (die, -, -n) Kriechtier.

Ei|des|leis|tung (die, -, -en) Ablegung eines Eids.

ei|des|statt|lich (Adj.) an Stelle eines Eids.

Ei|de|tik (die, -, kein Plural) (griech.) Fähigkeit zu bildhaftrealer Vorstellung. Adjektiv: eidetisch.

Eid|ge|nos|se (der, -n, -n) 1. durch Eid an einen anderen gebundenen Partner; 2. Mitglied einer Eidgenossenschaft; 3. Schweizer. eidgenössisch (Abk.: eidg.).

eid|lich (Adj.) mit Schwur. Er erklärte eidlich seine Unschuld.

Ei|dot|ter (der, -s, -) das Gelbe eines Eis; Eigelb.

Ei|er|hand|gra|na|te (die, -, -n) eiförmiger Sprengkörper.

Ei|er|kopf (der, -s, -köp|fe) (ugs.) Intellektueller; Gelehrter.

Ei|er|lau|fen (das, -s, kein Plural) Kinderspiel mit Hühnereiern.

Ei|er|li|kör (der, -s, -e) alkoholisches Getränk mit Eigelb.
ei|ern (V.) unregelmäßig rollen, drehen. Dieses Rad eiert.
Ei|er|pfann|ku|chen (der, -s, -) Süßspeise aus Eiern und Mehl; Eierkuchen; Pfannkuchen.
Ei|er|spei|se (die, -, -n) Speise, die überwiegend aus Hühnerei besteht (Omelett, Rührei).
Ei|er|stich (der, -s, kein Plural) Einlage für klare Suppen.
Ei|er|stock (der, -s, -stö|cke) weibliche Keimdrüse.
Ei|er|tanz (der, -es, -tän|ze) 1. Geschicklichkeitsspiel mit rohen Hühnereiern; 2. Lösungsversuch für eine besonders heikle Angelegenheit.
Ei|er|uhr (die, -, -en) Weckuhr zur Einhaltung der Kochzeit von Eiern.
Ei|fel (die, -, kein Plural) deutsches Mittelgebirge. *Aber:* der Eiffelturm!
Ei|fer (der, -s, kein Plural) Bestreben; Beflissenheit; Schaffenslust. Eiferer; eifrig.
Ei|fe|rer (der, -s, -) übertrieben für eine Sache engagierte Person; Fanatiker. eifern.
Ei|fer|sucht (die, -, kein Plural) Misstrauen; Neid. eifersüchtig.
Ei|fer|süch|te|lei (die, -, -en) anhaltende leichte Symptome der Eifersucht.
Eif|fel|turm (der, -s, kein Plural) Wahrzeichen von Paris.
ei|för|mig (Adj.) wie ein Ei geformt; oval.
Ei|gelb (das, -es/-s, -e) das Gelbe vom Ei; Dotter. In der Kombination mit Kardinalzahlen wird »Eigelb« nicht dekliniert. Für den Kuchen brauchst du drei Eigelb.
ei|gen (Adj.) persönlich; eigentümlich. Wird »eigen« dekliniert, bleibt in der Regel das »e« in der Endsilbe erhalten.
Ei|gen (das, -s, kein Plural) Besitz. Dieses Haus kann ich als mein Eigen bezeichnen.
Ei|gen|art (die, -, -en) persönliches Merkmal; Charakter; Eigenheit; Individualität; Wesen.
ei|gen|ar|tig (Adj.) sonderbar. Das Eigenartigste ist, dass ich ihn mag. Sein Aufzug war das Eigenartigste, was ich je gesehen habe. Eigenartigkeit.
Ei|gen|bau (der, -s, kein Plural) eigene Herstellung. ein Haus Marke Eigenbau.
Ei|gen|be|darf (der, -es/-s, kein Plural) eigener Anspruch auf Nutzung.
Ei|gen|be|richt (der, -es, -e) Bericht von einem Berichterstatter aus dem Haus der berichtenden Zeitung.
Ei|gen|be|we|gung (die, -, -en) Bewegung, die etwas von sich aus durchführt.
Ei|gen|bröt|ler (der, -s, -) Einzelgänger. Jmd. ist ein richtiger Eigenbrötler (jmd. ist nur auf sich bezogen, jmd. lässt sich nichts sagen und geht seine eigenen Wege, jmd. will nichts mit anderen zu tun haben). Eigenbrötelei; Eigenbrötlerei; eigenbrötlerisch.
Ei|gen|dün|kel (der, -s, -) Selbstherrlichkeit; Selbstüberhebung; Selbstüberschätzung; Arroganz; Hoffart.
Ei|gen|dy|na|mik (die, -, -en) eigene Kraftentwicklung. Die Vorgänge entwickelten eine Eigendynamik, die beängstigend war.
Ei|gen|fi|nan|zie|rung (die, -, -en) Teil einer Finanzierung durch eigenes Vermögen.
Ei|gen|ge|wicht (das, -s, -e) das einem Wesen oder Gegenstand eigene Gewicht.
ei|gen|hän|dig (Adj.) höchstpersönlich; selbst.
Ei|gen|hil|fe (die, -, -n) Selbsthilfe.
Ei|gen|in|i|ti|a|ti|ve (die, -, -n) selbstständiges Handeln. Eigeninitiative entwickeln.
Ei|gen|ka|pi|tal (das, -s, -e/-i|en) Teil des Kapitals eines Unternehmens, der vom Inhaber und den Gesellschaftern eingebracht wurde.
Ei|gen|le|ben (das, -s, kein Plural) 1. Unabhängigkeit; Privatleben; 2. Unkontrollierbarkeit. Der Computer führt anscheinend ein Eigenleben.
Ei|gen|lie|be (die, -, kein Plural) Ichbezogenheit; Selbstsucht; Egoismus; Egozentrik; Selbstliebe.
Ei|gen|lob (das, -es/-s, -e) Selbstbeweihräucherung; Selbstherrlichkeit; Selbstlob.
ei|gen|mäch|tig (Adj.) nach eigenem Ermessen; Gutdünken; selbstständig. Eigenmächtigkeit.
ei|gen|nüt|zig (Adj.) auf den eigenen Vorteil bedacht; selbstsüchtig. Eigennutz; Eigennützigkeit.
ei|gens (Adv.) ausdrücklich; besonders; extra. Sie ist eigens wegen dir hierher gekommen.
Ei|gen|schaft (die, -, -en) 1. Beschaffenheit; Erscheinungsform; 2. Charakterzug; Wesenszug. Ich schrieb ihm in meiner Eigenschaft als zuständiger Sachbearbeiter. Ich sprach mit ihm in seiner Eigenschaft als Betreuer.
Ei|gen|schafts|wort (das, -es, -wör|ter) Beiwort; Adjektiv. eigenschaftswörtlich.
Ei|gen|sinn (der, -es/-s, kein Plural) Unbelehrbarkeit; Unnachgiebigkeit; Bockbeinigkeit; Halsstarrigkeit; Starrköpfigkeit; Starrsinn; Sturheit; Verbohrtheit. Eigensinnigkeit; eigensinnig.
ei|gen|staat|lich (Adj.) den eigenen Staat betreffend.
ei|gen|stän|dig (Adj.) unabhängig; ungebunden; eigenverantwortlich; selbstständig. Eigenständigkeit.
ei|gen|süch|tig (Adj.) auf den eigenen Vorteil bedacht; eigennützig; selbstsüchtig. Eigensucht.
ei|gent|lich (Abk.: eigtl.) (Adv.) an und für sich; genau genommen; grundsätzlich; streng genommen. Eigentlich sind bei uns keine Praktikantenplätze eingerichtet, aber bei Ihnen machen wir eine Ausnahme.
Ei|gen|tor (das, -s, -e) Treffer ins Netz der eigenen Mannschaft (bei Ballsportarten).
Ei|gen|tum (das, -s, -tü|mer) Besitz.
ei|gen|tüm|lich (Adj.) 1. merkwürdig; seltsam; sonderbar; ominös; eigenartig; 2. typisch; charakteristisch; kennzeichnend; spezifisch. Eigentümlichkeit.
Ei|gen|tums|ver|ge|hen (das, -s, -) vorsätzlicher Verstoß gegen die bestehenden Besitzverhältnisse; Eigentumsdelikt. Diebstahl gehört zu den Eigentumsvergehen.
Ei|gen|tums|woh|nung (die, -, -en) Wohnung, die zum persönlichen Eigentum gehört.
Ei|gen|wert (der, -s, -e) innerer Wert; Charakter.
ei|gen|wil|lig (Adj.) 1. launisch; kapriziös; 2. exzentrisch. Eigenwille; Eigenwilligkeit.

eig|nen (V.) 1. besitzen; 2. (V., refl.) tauglich, fähig sein für.
Eig|ner (der, -s, -) Besitzer.
Eig|nung (die, -, -en) 1. Brauchbarkeit; Verwendbarkeit; 2. Befähigung; Tauglichkeit; Qualifikation; Qualifizierung; 3. Talentierung; Veranlagung.
Eig|nungs|prü|fung (die, -, -en) Überprüfung der Fähigkeiten eines Bewerbers.
Eig|nungs|test (der, -s, -s) Eignungsprüfung.
eigtl. (Abk.) eigentlich.
Ei|klar (das, -s, -e) Eiweiß.
Ei|land (das, -s, -e) Insel.
Eil|brief (der, -s, -e) Brief mit gesonderter Zustellung.
Eil|bo|te (der, -n, -n) Bote für Eilsendungen.
Ei|lei|ter (der, -s, -) Verbindung zwischen Eierstock und Gebärmutter.
ei|len (V.) 1. hetzen; 2. sich beeilen; 3. dringend sein. Eile; in Eile sein; in aller Eile; *aber:* eile mit Weile! *Beachte:* Das Perfekt wird mit »sein« gebildet, wenn das Verb »eilen« im Sinne von »laufen, sich schnell bewegen« gebraucht ist. Wir sind in die Vorlesung geeilt. Sie war sehr geeilt. In der Bedeutung von »drängen, schnell erledigt werden müssen« wird das Perfekt mit »haben« gebildet. Die Bestellung hat sehr geeilt. Auf Personen bezogen drückt das Verb »eilen« unmittelbar eine schnelle Fortbewegungsart aus. Ich eile. Eile. eilig; *aber:* nichts Eiliges auf dem Schreibtisch haben; er hatte nichts Eiligeres zu tun, als ...; eilends.
eil|fer|tig (Adj.) gefällig; hilfsbereit; zuvorkommend; dienstfertig. Eilfertigkeit.
ei|lig (Adj.) 1. hastig; gehetzt; gejagt; gedrängt; 2. dringend; unaufschiebbar; in Eile. eiligst.
Eil|päck|chen (das, -s, -) Päckchen mit gesonderter Zustellung.
Eil|schritt (der, -es, -e) schnelles Schritttempo.
Eil|tem|po (das, -s, -s/-pi) höchstmögliche Geschwindigkeit in der Ausführung einer Tätigkeit.
Eil|zug (der, -s, -zü|ge) Eisenbahnzug zur schnellen Verbindung auf mittleren Entfernungen.
Eil|zu|stel|lung (die, -, kein Plural) gesonderte, besonders schnelle Postzustellung.
Ei|mer (der, -s, -) Kübel; Bottich; Bütte; Schaff; Scheffel; Kufe; Pütz. (ugs.) im Eimer sein, entzwei sein. Adjektiv: eimerweise.
ein 1. (Art.) ein Hund; eine Katze; ein anderer; ein jeder; Verneinung: kein (-e/-). 2. (Zahlw.) Wenn einer von euch zu spät kommt! eine soll kommen, nicht zwei; in einem fort; in einer Woche; ein und derselbe Mann; das läuft auf eins hinaus; der Hund war sein Ein und Alles; eineinhalb; ein für alle Male/alle Mal; 3. (Pron., indef.) derselbe; jemand. Wenn einer dagegen ist, soll er sich melden! einer, der klug ist; einer von euch; unsereiner. 4. (Adv.) hinein. Er geht bei mir ein und aus. Wir wussten nicht ein noch aus. *Aber:* ein- und aussteigen. Einfamilienhaus, Eineurostück (*auch*: Ein-Euro-Stück); Einzimmerwohnung; einsprachig; einstimmig; einzeilig.
Ein|ach|ser (der, -s, -) Anhänger mit einer Achse. Adjektiv: einachsig.
Ein|ak|ter (der, -s, -) Theaterstück mit nur einem Akt. Adjektiv: einaktig.
ei|n|an|der (Adv.) (sich) gegenseitig; einer den andern; einer für den andern.
ein|ar|bei|ten (V., arbeitete ein, hat eingearbeitet) 1. anleiten; anlernen; einführen; sich vertraut machen; unterweisen; 2. einfügen. Diese wahre Episode ist in den Roman geschickt eingearbeitet. Sie muss sich in diesen Bereich erst einarbeiten.
ein|ar|mig (Adj.) nur noch einen Arm besitzend.
ein|äschern (V., äscherte ein, hat eingeäschert) verbrennen; kremieren. Einäscherung; Einäscherungshalle.
ein|at|men (V., atmete ein, hat eingeatmet) inhalieren; Atem holen; Luft holen.
ein|äu|gig (Adj.) nur noch ein Auge besitzend.
Ein|back (der, -(e)s, -e/-bä|cke) ein Gebäck.
Ein|bahn|stra|ße (die, -, -n) Straße mit Verkehrsführung in nur einer Richtung. Adjektiv: einbahnig.
ein|bal|sa|mie|ren (V., balsamierte ein, hat/ist einbalsamiert) Leichname chemisch konservieren. sich einbalsamieren können (ugs.) (sich völlig vom aktiven Leben zurückziehen, in Apathie versinken). Einbalsamierung.
Ein|band (der, -s, -bän|de) Schutzumschlag.
ein|bän|dig (Adj.) aus einem einzigen Buch bestehend.
ein|bau|en (V.., baute ein, hat/ist eingebaut) einrichten; einfügen. *Beachte:* mit Akkusativ! Wir bauten eine Schrankwand in den Flur ein. Einbau; Einbaumöbel; Einbauschrank; Eimbauküche.
Ein|baum (der, -s, -bäu|me) Boot.
ein|be|grif|fen (*auch:* in|be|grif|fen) (Adj.) eingeschlossen; eingerechnet. Alle waren dabei, sie einbegriffen.
ein|be|hal|ten (V., behielt ein, hat einbehalten) zurückbehalten; nicht herausgeben; zurückhalten.
ein|bei|nig (Adj.) nur noch ein Bein besitzend.
ein|be|rech|nen (V., berechnete ein, hat/ist einberechnet) einkalkulieren.
ein|be|ru|fen (V., berief ein, hat einberufen) 1. zusammenrufen; ankündigen; 2. zum Militärdienst verpflichten; einziehen; rekrutieren.
Ein|be|ru|fung (die, -, -en) 1. Einziehung in den Militärdienst; Aushebung; Mobilisierung; Rekrutierung; 2. schriftliche Mitteilung zur Einziehung in den Militärdienst.
Ein|be|ru|fungs|be|fehl (der, -s, -e) Befehl zum Antritt des Militärdiensts; Gestellungsbefehl; Stellungsbefehl.
Ein|be|ru|fungs|be|scheid (der, -s, -e) Mitteilung über den Einberufungsbefehl.
ein|be|stel|len (V., bestellte ein, hat/ist einbestellt) kommen lassen; vorladen.
ein|be|to|nie|ren (V., betonierte ein, hat/ist einbetoniert) mit Beton umgeben; befestigen.
ein|bet|ten (V.) einlagern; einfügen. Einbettung.
ein|be|zie|hen (V., bezog ein, hat einbezogen) 1. hinzuzählen; mitrechnen; dazunehmen; hinzunehmen; 2. berücksichtigen; einbegreifen, einplanen; einrechnen; einschließen; Einbeziehung.
ein|bie|gen (V., bog ein, hat/ist eingebogen) krümmen; abbiegen. Einbiegung.
ein|bil|den (V., refl.) 1. den Eindruck haben; irrtümlich meinen; sich etwas

vorstellen; 2. sich anmaßen; sich brüsten; überheblich sein.
Ein|bil|dung (die, -, -en) 1. Sinnestäuschung; Vorstellung; Wahnvorstellung; Fiktion; Halluzination; Hirngespinst; Illusion; Imagination; Vision; 2. Selbstüberschätzung; Überheblichkeit.
Ein|bil|dungs|kraft (die, -, -kräf|te) Einbildungsvermögen. Die Erscheinung der Oase am Horizont entsprang seiner überspannten Einbildungskraft.
ein|bin|den (V., band ein, hat eingebunden) 1. umwickeln; einschnüren; verwickeln. Er bindet die Schulhefte für seine Tochter ein. 2. einbeziehen. Einbindung.
ein|bläu|en (V., bläute ein, hat/ist eingebläut) 1. blau machen, mit Wäscheblau färben; 2. einhämmern; einprägen; jmdm. etwas mit Nachdruck einschärfen.
ein|blen|den (V.) einschalten; einschieben. Einblendung.
Ein|blick (der, -s, -bli|cke) Kenntnis; Einsicht; Ahnung. Einblick haben in … (eine Vorstellung haben von …).
ein|bre|chen (V., brach ein, hat/ist eingebrochen) 1. einsteigen; gewaltsam eindringen. 2. einstürzen; einsacken; 3. scheitern; einstürzen auf; hereinbrechen über. Einbruch; Einbruchstelle; einbruch(s)sicher.
Ein|bre|cher (der, -s, -) Dieb; Eindringling; Kaufhausdieb; Ladendieb.
Ein|bren|ne (die, -, -n) angebräunte Mischung aus Mehl und Fett zum Soßenbinden. Einbrennsuppe.
ein|bren|nen (V., brannte ein, hat eingebrannt) 1. brennen, einprägen; 2. bräunen. Einbrennsuppe.
Ein|brenn|la|ckie|rung (die, -, -en) durch Wärmeeinwirkung besonders widerstandsfähig gemachte Lackierung.
ein|brin|gen (V., brachte ein, hat eingebracht) 1. Gewinn bringen; lohnen; abwerfen; erzielen; fruchten; 2. ernten; einfahren; heimbringen; 3. beantragen; beitragen; vorschlagen.
ein|bring|lich (Adj.) ertragreich.
ein|bro|cken (V., brockte ein, hat/ist eingebrockt) (ugs.) 1. eintauchen; eintunken; 2. Schwierigkeiten machen.
Ein|bruch (der, -es/-s, -brü|che) 1. widerrechtliches Eindringen in einen verschlossenen Raum meist in Verbindung mit Diebstahl; 2. Einsturz. Einbruchsdiebstahl.
ein|bruch(s)|si|cher (Adj.) durch spezielle Vorkehrungen gegen Einbruch gesichert.
ein|buch|ten (V., buchtete ein, hat/ist eingebuchtet) 1. (ugs.) einsperren; 2. eindellen.
Ein|buch|tung (die, -, -en) 1. Bucht; Bai; Fjord; Förde; Meerbusen; 2. Höhlung; Nische; Delle.
ein|bud|deln (V., buddelte ein, hat/ist eingebuddelt) (ugs.) eingraben.
ein|bun|kern (V., bunkerte ein, hat/ist eingebunkert) (ugs.) einsperren.
ein|bür|gern (V., bürgerte ein, hat/ist eingebürgert) Staatsangehörigkeit verleihen; heimisch werden. Einbürgerungsantrag.
Ein|bür|ge|rung Verleihung der Staatsangehörigkeit; Eingemeindung; Eingliederung.
Ein|bu|ße (die, -, -n) Verlust; Schaden. Verb: einbüßen.
ein|che|cken (V., checkte ein, hat eingecheckt) an Bord gehen; die Kontrolle passieren; sich einschiffen.
ein|däm|men (V.) abschwächen; dämpfen; bändigen; zügeln. Eindämmung.
ein|dampf|en (V., dampfte ein, hat/ist eingedampft) 1. einem Stoff mithilfe von Hitze Wasser entziehen; konzentrieren; 2. mit Wasserdampf umgeben.
ein|de|cken (V., deckte ein, hat/ist eingedeckt) versorgen.
ein|dei|chen (V., deichte ein, hat/ist eingedeicht) mit einem Deich umgeben.
ein|del|len (V., dellte ein, hat/ist eingedellt) (ugs.) einbeulen.
ein|deu|tig (Adj.) klar; unmissverständlich; unzweideutig. Der Hergang war eindeutig, was jeder einsah. Eindeutigkeit.
ein|deut|schen (V., deutschte ein, hat/ist eingedeutscht) deutsch aussprechen; in die deutsche Sprache übernehmen.
ein|di|cken (V., dickte ein, hat/ist eingedickt) binden; andicken; einkochen; gelieren; verdicken.
ein|di|men|si|o|nal (Adj.) einseitig; geradlinig.
ein|do|sen (V., doste ein, hat/ist eingedost) in Dosen abfüllen.
ein|dö|sen (V., döste ein, ist eingedöst) (ugs.) einschlummern.
ein|dre|hen (V., drehte ein, hat/ist eingedreht) 1. schrauben; 2. einwickeln.
ein|dre|schen (V., drosch ein, hat eingedroschen) (ugs.) einschlagen.
ein|dril|len (V., drillte ein, hat eingedrillt) besonders intensiv einüben.
ein|drin|gen (V., drang ein, ist eingedrungen) 1. hineingelangen; 2. einbrechen; bedrohen. *Beachte:* immer mit Akkusativ! Die Expedition drang in den Urwald ein. Der Gegner war in die besetzten Gebiete eingedrungen. eindringlich. Eindringling.
Ein|dring|lich|keit (die, -, -en) Bestimmtheit; Entschiedenheit; Nachdruck.
Ein|druck (der, -s, -drü|cke) 1. Wirkung; 2. Empfindung; Gefühl; Vorstellung; Wahrnehmung; 3. Abdruck; Einprägung.
ein|drü|cken (V., drückte ein, ist eingedrückt) 1. prägen; Spuren hinterlassen (bildl. u. gegenständlich); 2. verbeulen. Eindrücklichkeit.
ein|drucks|voll (Adj.) durchgreifend; nachhaltig; schlagkräftig; wirkungsvoll; imponierend; imposant. eindrücklich.
ein|du|seln (V., duselte ein, ist eingeduselt) (ugs.) schlummern.
ein|eb|nen (V., ebnete ein, hat/ist eingeebnet) flach machen; ausgleichen; egalisieren; nivellieren; planieren. Einebnung.
ein|ei|ig (Adj.) aus einer einzigen Eizelle entstanden (Zwillinge).
ein|ein|deu|tig (Adj.) umkehrbar eindeutig. Eineindeutigkeit.
ein|ein|halb (Zahlw.) in Ziffern: $1^1/_2$. eineinhalbmal so viel; ein(und)einhalb Wochen; *aber:* eine und eine halbe Woche.
ei|nen (V.) verbinden; zusammenführen; zusammenschließen; vereinigen; vereinen.
ein|en|gen (V., engte ein, hat/ist eingeengt) beschränken; beschneiden.
Ein|en|gung (die, -, -en) Beeinträchtigung; Beengung; Einschränkung.
Ei|ner (der, -s, -) Sportboot.
ei|ner|lei (Adv.) egal; gleichgültig; alles eins; ein und dasselbe. *Aber:* das ewige Einerlei.

ei|ner|seits (Adv.) auf der einen Seite. *Beachte:* einerseits …, andererseits …
ein|fach (Adj.) 1. einmal; 2. leicht, unkompliziert; 3. elementar, primitiv, schlicht; 4. naiv. Warum einfach, wenn's auch kompliziert geht? (ugs.) (Etwas ist kompliziert gemacht worden). am einfachsten; das Einfachste wäre zu bleiben; etwas/nichts Einfaches; das Einfachste der Welt; *aber:* die einfachste der Rechenaufgaben; der Einfachheit halber.
ein|fä|deln (V., refl., fädelte ein, hat/ist eingefädelt) 1. anbahnen; vorbereiten; 2. sich einordnen; 3. durchstecken; durchziehen. Einfäd(e)lung.
ein|fah|ren (V., fuhr ein, hat/ist eingefahren) 1. hineinfahren; 2. einbringen; ernten; 3. sich einspielen.
Ein|fahrt (die, -, -en) Zufahrt. Einfahrtsignal; Einfahrtserlaubnis.
Ein|fall (der, -s, -fäl|le) 1. Idee; Geistesblitz; 2. Angriff; Einmarsch; Invasion.
ein|fal|len (V., fiel ein, ist eingefallen) 1. sich erinnern; auf die Idee kommen; in den Sinn kommen. sich etwas einfallen lassen (sich etwas ausdenken). 2. einstürzen; 3. einmarschieren.
ein|falls|los (Adj.) unkreativ; unproduktiv; unschöpferisch; geistlos; fantasielos. Einfallslosigkeit.
ein|falls|reich (Adj.) findig; kreativ; produktiv; originell; schöpferisch; erfindungsreich; geistreich; ideenreich; ingeniös; fantasiereich. Einfallsreichtum.
Ein|falls|win|kel (der, -s, -) Winkel, unter dem ein Lichtstrahl zum Beispiel auf eine Glasscheibe oder Wasserfläche trifft.
Ein|falt (die, -, kein Plural) 1. Naivität; Einfachheit; 2. Dummheit.
ein|fäl|tig (Adj.) 1. einfach; naiv; 2. dumm.
Ein|fäl|tig|keit (die, -, -en) 1. Naivität; 2. Dummheit.
Ein|falts|pin|sel (der, -s, -) 1. Narr; 2. Dummkopf.
Ein|fa|mi|li|en|haus (das, -es, -häu|ser) meist ein- oder zweistöckiges Haus, in dem nur eine Familie wohnt.
ein|fan|gen (V., fing ein, hat eingefangen) ergreifen; erhaschen; schnappen.
ein|fär|ben (V., färbte ein, hat/ist eingefärbt) mit Farbe durchdringen.
ein|far|big (Adj.) mit nur einer Farbe versehen; monochrom; uni; eintönig (pejorativ).
ein|fas|sen (V., fasste ein, hat/ist eingefasst) umschließen; umsäumen; begrenzen. Einfassung.
ein|fen|zen (V., fenzte ein, hat/ist eingefenzt) (engl.) einzäunen.
ein|fet|ten (V., fettete ein, hat/ist eingefettet) mit Fett einreiben; schmieren; fetten.
ein|fin|den (V., refl., fand ein, hat eingefunden) ankommen; eintreffen; erscheinen; sich einfinden.
ein|flech|ten (V., flocht ein, hat eingeflochten) einbinden; erwähnen; bemerken; einfließen. Er flocht verschiedene Ergänzungen geschickt in den Text ein.
ein|fli|cken (V., flickte ein, hat/ist eingeflickt) ausbessern, stopfen mit einem Flicken.
ein|flie|gen (V., flog ein, hat eingeflogen) hineinfliegen; transportieren. Einflieger.
ein|flie|ßen (V., floss ein, ist eingeflossen) 1. hereinfließen; 2. anmerken; bemerken; einflechten. Er ließ seine speziellen Ansichten und Probleme in das Gespräch einfließen.
ein|flö|ßen (V., flößte ein, hat/ist eingeflößt) 1. zu trinken geben; einfiltrieren; einfüllen; eingeben; 2. beeinflussen; Einfluss ausüben; Einfluss nehmen auf; hervorrufen; einreden; infiltrieren. Er flößte ihm durch seine Warnungen gehörig Angst ein.
Ein|flug (der, -es/-s, -flü|ge) Transport mit dem Flugzeug. Einflugschneise.
Ein|fluss (der, -flus|ses, -flüs|se) Einwirkung; Macht; Geltung.
Ein|fluss|be|reich (der, -es/-s, -e) Machtsphäre; Einflusssphäre; Machtbereich; Wirkungsbereich.
ein|fluss|los (Adj.) ohne Einfluss; machtlos; ohnmächtig. Einflusslosigkeit.
Ein|fluss|nah|me (die, -, -n) Beeinflussung; Einwirkung; Manipulation; Suggestion.
ein|fluss|reich (Adj.) 1. mächtig; machtvoll; 2. bedeutend; hoch angesehen; von hohem Rang.
ein|flüs|tern (V.) 1. tuscheln; vorsagen; 2. einreden; zureden; aufbinden; weismachen. Einflüsterung.
ein|for|dern (V., forderte ein, hat/ist eingefordert) sich ausbedingen; sich ausbitten; abverlangen; beanspruchen; begehren; wollen; verlangen. Einforderung.
ein|för|mig (Adj.) eintönig; gleichförmig. Einförmigkeit.
ein|fres|sen (V., fraß ein, hat/ist eingefressen) ätzen. Manche chemischen Substanzen fressen sich sofort in Textilien ein.
ein|frie|den (*auch:* ein|frie|di|gen) (V., friedete ein, hat/ist eingefriedet) einhegen; einzäunen; umgeben; umzäunen. Einfriedung.
ein|frie|ren (V., fror ein, hat eingefroren) gefrieren; einfrosten; frosten; tiefkühlen. Einfrierung.
ein|fü|gen 1. (V., refl., fügte sich ein, hat sich eingefügt) sich einordnen; sich anpassen; sich unterordnen; sich assimilieren; sich eingliedern; 2. (V., fügte ein, hat/ist eingefügt) einpassen; einarbeiten; einbauen; einreihen; einschieben; einsetzen. Diese Stichwörter müssen noch in den zweiten Teil eingefügt werden. Wie viel Worte sind in dem zweiten Teil eingefügt? 3. anmerken; bemerken; Bemerkung fallen lassen; anfügen; einflechten; einwerfen. Dem Verb »einfügen« folgt in der Regel ein Akkusativ. Es ist aber auch ein Dativ möglich.
Ein|fü|gung (die, -, -en) Einschub; Parenthese.
ein|füh|len (V., refl.) nachempfinden, Anteil nehmen; sich hineindenken; sich hineinversetzen; teilnehmen; nachfühlen. Einfühlung; Einfühlungsgabe.
ein|fühl|sam (Adj.) rücksichtsvoll; taktvoll; feinfühlend; schonend; sensibel; zartfühlend. Einfühlsamkeit.
Ein|füh|lungs|ver|mö|gen (das, -s, kein Plural) Verständnis; Einfühlungsgabe; Feingefühl; Takt; Taktgefühl; Zartgefühl.
Ein|fuhr (die, -, -en) Import. Bezug von Waren und Dienstleistungen aus dem Ausland.
Ein|fuhr|be|schrän|kung (die, -, -en) staatliche Maßnahme zur Beschränkung der Einfuhr.
ein|füh|ren (V., führte ein, hat/ist eingeführt) 1. auf den Markt bringen; neu herausbringen; vorstellen; 2. importie-

ren; 3. hineinstecken; einfädeln; 4. anleiten; anlernen; unterweisen; einarbeiten; einweisen; 5. aufklären; ins Bild setzen; unterrichten; einweihen; 6. einleitende Worte sprechen. Die Tochter wurde in die Gesellschaft eingeführt. *Auch:* Die Tochter wurde in der Gesellschaft eingeführt. Das wird nach Frankreich eingeführt. *Aber:* Das wird in die Schweiz eingeführt. Nach der Wendung »einführen in« folgt ein Akkusativ, wenn die Frage »Wohin?« vorherrschend ist. Die Industrienationen haben Waffen in die Krisengebiete eingeführt. Dagegen folgt ein Dativ, wenn die Frage »Wo?« dominiert. Bei Orts- und Ländernamen, die allein stehen, wird »in« durch »nach« ersetzt. einführend.

Ein|fuhr|land (das, -es/-s, -län|der) Land, in das Waren importiert werden.

Ein|füh|rung (die, -, -en) 1. Bekanntmachung; Vorstellung; Präsentation; 2. Anleitung; Unterweisung; Einweisung; 3. Vorbemerkung; Vorspann; Vorwort; Editorial; Einleitung; Exposition; Introduktion; Prolog; 4. Grundbegriffe; Grundlagen; Allgemeinbegriffe,; Elementarbegriffe.

ein|fül|len (V., füllte ein, ist eingefüllt) hineinschütten; befüllen; eingießen; einschenken; einschütten; füllen.

Ein|ga|be (die, -, -n) Antrag; Gesuch; Petition.

Ein|gang (der, -s, -gän|ge) Öffnung; Zugang. Einlass; Eintritt; Öffnung; Zutritt; Entree.

ein|gän|gig (Adj.) anschaulich; begreiflich; leicht verstehbar; verständlich; einleuchtend.

ein|gangs (Adv.; Präp.) zu Beginn; am Anfang; vorher.

Ein|gangs|da|tum (das, -s, -da|ten) Zustellungstag eines Schriftstücks.

Ein|gangs|hal|le (die, -, -n) Foyer.

Ein|gangs|stem|pel (der, -s, -) Stempelung zur Bestätigung eines Eingangsdatums.

ein|ge|ben (V., gab ein, hat eingegeben) 1. einflößen; geben; verabreichen; 2. einreichen; 3. speichern; 4. aufbinden; einreden. Eingabe.

ein|ge|bet|tet (Adj.) schützend umhüllt; eingelegt. Der kleine See, der in den Park eingebettet ist, lockt die Spaziergänger. *Aber:* Eingebettet im Gebirge liegt diese Schlucht.

ein|ge|bil|det (Adj.) 1. überheblich; von sich eingenommen; aufgeblasen; blasiert; dünkelhaft; eitel; hochnäsig; snobistisch; 2. scheinbar; trügerisch; vorgetäuscht.

ein|ge|bo|ren (Adj.) 1. ansässig; einheimisch; 2. angestammt; durch Erbanlage; ererbt; von Geburt her; angeboren; 3. einzig.

Ein|ge|bo|re|nen|spra|che (die, -, -n) Sprache, die die Ureinwohner eines Landes sprechen.

Ein|ge|bo|re|ner (der Ein|ge|bo|re|ne, Ein|ge|bo|re|nen, Ein|ge|bo|re|nen) Urbewohner; Ureinwohner; Einheimischer; Aborigines.

Ein|ge|bung (die, -, -en) Einfall; Erleuchtung; Gedanke; Gedankenblitz; Geistesblitz; Idee.

ein|ge|denk (Adv.) (nur in der Wendung:) einer Sache (Genitiv!) eingedenk sein/bleiben (stets daran denken).

ein|ge|fleischt (Adj.) 1. überzeugt, unbekehrbar; 2. gewohnheitsmäßig. Seine eingefleischten Gewohnheiten waren ihm nicht mehr auszutreiben. Sie ist eine eingefleischte Partygängerin.

ein|ge|fuchst (Adj.) gut eingearbeitet.

ein|ge|hen (V., ging ein, ist eingegangen) 1. schrumpfen; einlaufen; 2. sterben; zugrunde gehen. eingehen wie eine Primel (ugs.) (innerhalb kurzer Zeit eingehen/sterben); 3. ankommen; einlaufen; eintreffen; eintrudeln; 4. schließen. Das Geschäft ist eingegangen. 5. sich auf etwas einlassen. Wir sind Verbindlichkeiten eingegangen. 6. sich mit jemandem beschäftigen. eingehen auf (sich auseinandersetzen mit, sich befassen mit, sich einlassen auf).

ein|ge|hend (Adj.) genau; gewissenhaft; gründlich; sorgfältig. auf das/aufs Eingehendste (*auch:* eingehendste).

Ein|ge|mach|te (das, -n, kein Plural) eingekochtes Obst etc; Dauerware; Konserve. ans Eingemachte gehen (an die Substanz gehen).

ein|ge|mein|den (V.) angliedern; aufnehmen.

Ein|ge|mein|dung (die, -, -en) 1. Aufnahme; Eingliederung; 2. Verleihung der Staatsangehörigkeit; Einbürgerung.

ein|ge|nom|men (Adj.) 1. angetan; begeistert; geneigt; gewogen; hold; wohlgesinnt; wohlwollend; zugeneigt; zugetan; 2. vereinnahmt.

Ein|ge|nom|men|heit (die, -, -en) Befangenheit; Voreingenommenheit.

ein|ge|rech|net (Adj.) inbegriffen; mitsamt; einbegriffen; eingeschlossen; einschließlich; impliziert; implizit; inklusive.

ein|ge|schlech|tig (Adj.) Blüten mit nur männlichen oder nur weiblichen Geschlechtsorganen.

ein|ge|schlos|sen (Adj.) 1. einschließlich, inbegriffen; inklusive; 2. eingesperrt; gefangen. Auf die Wendung »eingeschlossen in« kann sowohl ein Dativ als auch ein Akkusativ folgen. Die Nebenkosten sind in diesem/diesen Preis eingeschlossen.

ein|ge|schnappt (Adj.) (ugs.) beleidigt; gekränkt; pikiert; sauer.

ein|ge|schos|sig (Adj.) aus nur einem Stockwerk bestehend.

ein|ge|schränkt (Adj.) 1. bedingt; begrenzt; mit Einschränkungen; beschränkt; 2. beengt; beschränkt; eingeengt.

ein|ge|schwo|ren (Adj.) begeistert; entflammt; enthusiastisch; passioniert.

ein|ge|ses|sen (Adj.) angestammt; ansässig; beheimatet; alteingesessen; einheimisch.

ein|ge|stan|de|ner|ma|ßen (*auch:* ein|ge|stand|ner|ma|ßen) (Adv.) zugegebenermaßen. Eingestandenermaßen habe ich hierbei einen Fehler begangen!

Ein|ge|ständ|nis (das, -ses, -se) Bekenntnis; Geständnis.

ein|ge|ste|hen (V., gestand ein, hat eingestanden) zugeben; bekennen. Schließlich hat er seine Schuld doch noch eingestanden.

ein|ge|stri|chen in der Musik Bez. für eine Oktavlage.

ein|ge|tra|gen (Adj.) registriert. eingetragener Verein (Abk.: e. V.)

Ein|ge|wei|de (die, nur Plural) innere Organe; Gedärm; Gekröse; Geschlinge; Innereien; Kaldaunen.

Ein|ge|wei|de|bruch (der, -es/-s, -brü|che) Durchbruch des Organgewebes.

ein|ge|weiht (Adj.) aufgeklärt; unterrichtet; vertraut mit.

Ein|ge|weih|ter (der, -ten, -ten) eine ins Vertrauen gezogene, aufgeklärte Person.
Ein|ge|wöh|nung (die, -, kein Plural) Anpassung; Einfügung; Gewöhnung.
ein|ge|zo|gen (Adj.) abgeschieden; einsam; einsiedlerisch; zurückgezogen.
ein|gie|ßen (V., goss ein, hat eingegossen) einschenken; hineinschütten; einfüllen; einschütten. Einguss.
ein|gip|sen (V.) mit Gips umgeben; befestigen.
ein|git|tern (V.) mit einem Gitter umgeben.
ein|glei|sig (Adj.) 1. nur auf einem Gleis fahrend; 2. nur eine Dimension, einen Aspekt bei einer Handlung berücksichtigend.
ein|glie|dern (V.) 1. einordnen; 2. anpassen. Der Fremde wird der Dorfgemeinschaft eingegliedert. *Auch:* Der Fremde wird in die Dorfgemeinschaft eingegliedert. Eingliederung.
ein|gra|ben (V.) 1. in die Erde senken; verbuddeln; verscharren; einbuddeln; vergraben; 2. eingravieren; einprägen; ziselieren.
ein|gra|vie|ren (V.) einritzen; eingraben; einprägen; ziselieren.
ein|grei|fen (V., griff ein, hat eingegriffen) einschreiten; dazwischentreten; dazwischenfahren; sich einmischen; sich einschalten.
ein|gren|zen (V.) begrenzen; beschränken; beengen; einschränken; restringieren.
Ein|griff (der, -es/-s, -e) 1. Einmischung; Intervention; 2. Operation; chirurgischer Eingriff; operativer Eingriff; 3. Abtreibung; Schwangerschaftsabbruch.
ein|grup|pie|ren (V.) zuordnen; einordnen; einrangieren; einreihen; einstufen; klassifizieren.
ein|ha|cken (V.) heftig auf etwas einschlagen.
ein|ha|ken 1. (V.) verbinden; ankoppeln; einklinken; 2. sich einmischen. An dieser Stelle der Diskussion muss ich einhaken, damit sie nicht entgleist. 3. (V., refl.) sich einhängen; sich unterhaken.
ein|halb|mal (Adv.) mit der Hälfte multipliziert.
Ein|halt (der, -es/-s, kein Plural) 1. Erschwerung; Hemmnis; Hindernis; 2. Pause; Unterbrechung. Einhalt gebieten (jemanden an etwas hindern).
ein|hal|ten (V., hielt ein, hat eingehalten) 1. befolgen; erfüllen; nachkommen; sich richten nach; 2. (V., refl.) sich anhalten; sich anhängen; sich anklammern; sich festhalten; sich festheben; sich festklammern; sich festkrallen; sich halten; 3. abbrechen; aufhören; beenden.
Ein|hal|tung (die, -, -en) Beachtung; Befolgung; Beherzigung; Erfüllung.
ein|han|deln 1. (V., refl.) bekommen; erhalten. Für diese Äußerung handelte er sich eine saftige Ohrfeige ein. 2. erwerben; 3. tauschen.
ein|hän|dig (Adj.) mit nur einer Hand ausgeführt.
ein|hän|di|gen (V.) darreichen; geben; überreichen.
ein|hän|gen (V.) 1. befestigen; einhaken; ankoppeln; einklinken; 2. auflegen; den Hörer auf die Gabel legen.
ein|hau|chen (V.) Atem spenden. (nur in der Wendung) jmdm./etwas Leben einhauchen (jemanden/etwas (wieder) zum Leben erwecken, zum Atmen bringen).
ein|hau|en (V., haute/hieb ein, hat eingehaut/eingehauen) einschlagen; verprügeln.
ein|häu|sig (Adj.) in der Botanik beide Geschlechter auf einer Pflanze tragend; monözisch. Ggs.: zweihäusig, diözisch.
ein|hef|ten (V.) einfügen, einlegen.
ein|he|gen (V.) begrenzen; umgeben; umzäunen; einfassen; einfrieden; einzäunen.
Ein|he|gung (die, -, -en) Begrenzung; Umzäunung; Einfriedung.
ein|hei|misch (Adj.) ansässig.
Ein|hei|mi|scher (der Ein|hei|mi|sche, Ein|hei|mi|schen, Ein|hei|mi|schen) Ansässiger; Einwohner.
ein|heim|sen (V.) ernten; erlangen; einnehmen; gewinnen.
Ein|heit (die, -, -en) 1. Zusammengehörigkeit; Eintracht; Ganzheit; Geschlossenheit; Unteilbarkeit; Unität; 2. zur Festlegung physikalischer Größen benutzte Bezeichnungen; Maß; 3. Verband. Tag der Deutschen Einheit (3. Oktober).
Ein|hei|ten|sys|tem (das, -s, -e) international gültige Sammlung von Einheiten.
ein|heit|lich (Adj.) 1. unteilbar; zusammenhängend; geschlossen; gleich; 2. einmütig.
Ein|heit|lich|keit (die, -, -en) Unteilbarkeit; Einheit; Ganzheit; Geschlossenheit; Unität.
Ein|heits|par|tei (die, -, -en) durch Zusammenlegung von politischen Parteien entstandene Regierungspartei.
Ein|heits|preis (der, -es, -e) überall gültiger Preis.
Ein|heits|wert (der, -es/-s, -e) ein zur Steuerermittlung nach dem Bewertungsgesetz festgelegter Wert einer Sache, zum Beispiel Grundvermögen.
ein|hei|zen (V.) 1. warm machen; beheizen; heizen; 2. (ugs.) antreiben; drängen; vorwärtstreiben; Beine machen. jmdm. tüchtig einheizen (jmdm. scharf zusetzen, Angst machen).
ein|hel|lig (Adj.) einmütig; einträchtig. Einhelligkeit.
ein|hen|ke|lig (Adj.) mit nur einem Henkel ausgestattet.
ein|hen|keln (V.) einhaken; einhängen. ich henk(e)le ein.
ein|her (Adv.) daher; heran. *Beachte:* Zusammenschreibung! einherbrausen; einherfahren; einhergehen; einherjagen; einherreiten; einherschlendern; einherschreiten.
Ein|he|ri|er (der, -s, -) (isländ.) gefallener Held, der in Walhall eingegangen ist.
ein|hö|cke|rig (*auch:* ein|höck|rig) mit nur einem Höcker ausgestattet, zum Beispiel Dromedar.
ein|ho|len (V.) 1. aufholen, erreichen; 2. einkaufen; einziehen. Einholung.
Ein|horn (das, -s, kein Plural) 1. in der Mythologie Fabelwesen mit einem Horn in der Stirnmitte; in der christlichen Mystik Symbol der Keuschheit; 2. in der Astronomie Sternbild nahe des Himmelsäquators.
Ein|hu|fer (der, -s, -) Huftiere mit stark entwickelter Mittelzehe, die anderen Zehen sind verkümmert, zum Beispiel Pferd, Esel, Zebra. einhufig.
ein|hül|len (V.) 1. einwickeln; verpacken; 2. bedecken; verhüllen. *Beachte:* mit Akkusativ! Eingehüllt in den Mantel ging er spazieren. Einhüllung.
ein|hun|dert (Zahlw.) einhundert Meter (100 m); 100-m-Lauf.

ein|hü|ten (V.) aufpassen; beaufsichtigen.
ei|nig (Adj.) 1. übereinstimmend; einhellig; einmütig; einträchtig; verbunden; 2. einverstanden; einer Meinung; übereinstimmend. Wir waren uns einig. einiggehen (übereinstimmen).
ei|ni|ge (Pron., indef.) etliche; manche; mehrere. einige Mal/einige Male; einige wenige; einige Tage; einige Tausend (*auch:* tausend) Demonstranten.
ein|igeln (V., refl.) sich zurückziehen; sich absondern; sich abkapseln; sich entziehen; sich verkriechen; sich verschließen. Einigelung.
ei|ni|gen 1. (V.) einig machen; übereinstimmen; vereinigen; 2. (V., refl.) sich verständigen; sich einig werden. Einigung; einig.
ei|ni|ger|ma|ßen (Adv.) ziemlich; leidlich.
Ei|nig|keit (die, -, -en) Übereinstimmung; Einhelligkeit; Einmütigkeit; Einstimmigkeit; Einvernehmen; 2. Gemeinschaftsgeist; Zusammenhalt; Kollegialität; Solidarität.
Ei|ni|gungs|ver|trag (der, -es/-s, -ver|trä|ge) Vertrag, der die Schlichtung eines Streites manifestiert.
ein|imp|fen (V.) 1. einflößen; 2. einprägen. Einimpfung.
ein|ja|gen (V.) versetzen. (nur in der Verbindung) jmdm. einen Schreck einjagen (jemanden erschrecken).
ein|jäh|rig (Adj.) in der Botanik nur ein Jahr blühend oder lebend.
ein|kal|ku|lie|ren (V.) bedenken; berücksichtigen; einplanen. Dem Verb »einkalkulieren« folgt in der Regel ein Akkusativ.
ein|kap|seln (V.) 1. einschließen; 2. absondern. Einkaps(e)lung.
ein|kas|sie|ren (V.) einziehen; einnehmen; einstecken; einstreichen; einheimsen; kassieren. Einkassierung.
Ein|kauf (der, -es/-s, -käu|fe) Besorgung; Einholen; Kauf. Einkäufer.
ein|kau|fen (V.) besorgen.
Ein|kaufs|bum|mel (der, -s, -) vergnüglicher Einkaufsspaziergang.
Ein|kaufs|preis (der, -es, -e) Preis, zu dem das Produkt vom Händler eingekauft wurde.
Ein|kaufs|ta|sche (die, -, -n) Behälter für den Transport der eingekauften Waren.
Ein|kaufs|zen|t|rum (das, -s, -zen|t|ren) Zusammenballung von Geschäften an einer Stelle eines Ortes, einer Stadt; Einkaufspassage; Geschäftsviertel; Geschäftszentrum.
Ein|kehr (die, -, kein Plural) 1. Rast; 2. Insichgehen. Einkehr halten.
ein|keh|ren (V.) 1. absteigen; Quartier nehmen; übernachten; 2. besuchen; hereinschauen; vorbeischauen. Mit der Präposition »in« kombiniert, folgt in der Regel ein Dativ.
ein|kei|len (V.) einklemmen; einsperren; einzwängen.
ein|keim|blätt|rig (Adj.) mit nur einem Keimblatt ausgestattet.
ein|kel|lern (V.) Lebensmittel im Keller lagern. Einkellerung.
ein|ker|ben (V.) einschneiden; eingravieren; einritzen; einschnitzen.
Ein|ker|bung (die, -, -en) Einschnitt; Riefe; Scharte; Kerbe.
ein|ker|kern (V.) einsperren. Einkerkerung.
ein|kes|seln (V.) einschließen; umzingeln. Einkesselung.
ein|kla|gen (V.) 1. beanspruchen; fordern; 2. prozessieren. einklagbar.
ein|klam|mern (V.) in Klammern setzen. Einklammerung.
Ein|klang (der, -s, -klän|ge) 1. Übereinstimmung; Einigkeit; 2. Harmonie. in/im Einklang stehen.
ein|klei|den (V.) ausstaffieren; ausstatten; aussteuern.
ein|klem|men (V.) 1. festklemmen; 2. einkeilen.
ein|kni|cken (V.) 1. umbiegen; 2. zusammensinken.
ein|ko|chen (V.) 1. eindicken; 2. haltbar machen. Einkochtopf.
Ein|kom|men (das, -s, -) Gehalt; Verdienst; Geldleistungen, die einer Person, Gesellschaft oder Körperschaft regelmäßig oder in einer bestimmten Zeit zufließen; Lohn.
ein|kom|mens|schwach (Adj.) über ein niedriges Einkommen verfügend.
ein|kom|mens|stark (Adj.) über ein hohes Einkommen verfügend.
Ein|kom|men(s)|steu|er (die, -, -n) Hauptsteuer des dt. Finanzsystems. Einkommen(s)steuererklärung.
ein|krei|sen (V.) umzingeln; umstellen. Einkreisung; Einkreisungspolitik.
Ein|künf|te (die, nur Plural) Einnahmen.
ein|la|den (V., lud ein, hat eingeladen) 1. beladen; verstauen; 2. auffordern; 3. herbitten; laden; zu Gast bitten; 4. ausgeben; spendieren; etwas springen lassen; eine Runde schmeißen. Einladung; einladend.
Ein|la|dungs|schrei|ben (das, -s, -) schriftliche Einladung.
Ein|la|ge (die, -, -n) 1. Stütze; 2. Beifügung; 3. Einsatz (Geld); 4. Damenbinde.
Ein|lass (der, -las|ses, -läs|se) Eintritt; Öffnung.
ein|las|sen (V., ließ ein, hat eingelassen) 1. öffnen; den Zutritt ermöglichen; 2. einlaufen lassen; füllen; 3. (refl.) sich in eine Situation bringen.
Ein|lass|kar|te (die, -, -n) Zutrittsberechtigung; Eintrittskarte.
Ein|lauf (der, -s, -läu|fe) 1. Ankunft eines Rennfeldes am Ziel; 2. Reinigung des Darms mit einer durch den After eingeführten Flüssigkeit; 3. Posteingang; 4. Ankunft eines Schiffes in einem Hafen.
ein|lau|fen (V., lief ein, ist eingelaufen) 1. zum Finale eines Wettrennens am Ziel ankommen; 2. eingehen; mit der Post ankommen; 3. mit dem Schiff im Hafen ankommen; 4. schrumpfen; eingehen; 5. einrennen; überlaufen; 6. sich an einen Schuh gewöhnen.
Ein|lauf|wet|te (die, -, -n) Wette auf die Reihenfolge des Zieleinlaufs bei Pferderennen.
ein|le|gen (V.) 1. einfügen; 2. hineinlegen; 3. einmachen.
Ein|le|ge|ar|beit (die, -, -en) Verzierung von Holz-, Stein-, Metallarbeiten durch Aufkleben oder Einhämmern von Figuren oder Ornamenten in ausgehobene Vertiefungen; Intarsienarbeit.
Ein|le|ge|soh|le (die, -, -n) zusätzliches Fußbett im Schuh.
ein|lei|ten (V.) 1. einführen; einleitende Worte sprechen; eröffnen; vorstellen; 2. vorbereiten; 3. ableiten; abfließen lassen; ausleiten; 4. anbahnen. einleitend.
Ein|lei|tung (die, -, -en) Einführung; Vorbemerkung; Vorrede; Vorwort; Editorial; Exposition.
ein|len|ken (V.) 1. einbiegen; 2. nachgeben.

ein|leuch|ten (V.) überzeugen; verständlich sein. Adjektiv: einleuchtend.
ein|lie|fern (V.) 1. abgeben; abliefern; aufgeben; abschicken; 2. einweisen; hinbringen; unterbringen. *Beachte:* immer mit Akkusativ! Einlieferung.
Ein|lie|fe|rungs|schein (der, -s, -e) Dokument über die Abgabe einer Sendung.
Ein|lie|fe|rungs|ter|min (der, -s, -e) festgesetztes Datum für die Abgabe einer Sendung.
Ein|lie|ger|woh|nung (die, -, -en) zusätzlich abgeschlossene Wohnung.
ein|lo|chen (V.) 1. den Ball ins Loch spielen (Golf); 2. (ugs.) einsperren.
ein|log|gen (V.) Anmeldung in ein Netzwerk, um z. B. im Internet surfen zu können.
ein|lo|gie|ren (V., refl.) sich einmieten.
ein|lö|sen (V.) 1. entrichten; vergüten; zurückgeben; 2. ausgleichen; 3. erfüllen; genügen. Einlösung; einlösbar.
Ein|lö|se|sum|me (die, -, -n) Betrag zur Wiedererlangung eines Pfands.
ein|lul|len (V.) (ugs.) einschläfern; beruhigen; besänftigen.
ein|ma|chen (V.) einkochen; einwecken; konservieren.
ein|mal (Adv.) ein einziges Mal. einmal und nie wieder; ein- bis zweimal (1- bis 2-mal); nicht noch einmal; noch einmal so viel; auf einmal; ein für alle Mal/alle Male; nur das eine Mal.
Ein|ma|lig|keit (die, -, kein Plural) Einzigartigkeit; Unverwechselbarkeit; Beispiellosigkeit. einmalig.
Ein|mal|eins (das, -, kein Plural) alle Multiplikationen.
Ein|mann|be|trieb (der, -s, -e) aus einer Person bestehendes Unternehmen.
Ein|mann|ka|pel|le (die, -, -n) einzelner Musiker, der gleichzeitig verschiedene Instrumente spielt.
Ein|mark|stück (das, -s, -e) früher: Münze im Wert von einer Mark.
ein|men|gen (V.) sich einmischen.
ein|mie|ten (V.) sich einlogieren; sich einquartieren.
ein|mi|schen (V.) 1. einmengen; 2. sich beteiligen. Einmischung.
ein|mot|ten (V.) (mottensicher) lagern; sich einsargen lassen. sich mit etwas einmotten lassen (ugs.) (aufhören, weil man nichts erreicht/weil etwas nichts taugt).
ein|mün|den (V.) einfließen. Einmündung.
ein|mü|tig (Adj.) 1. einstimmig; 2. einträchtig. Einmütigkeit.
Ein|nah|me (die, -, -n) Ertrag; Gewinn.
Ein|nah|me|quel|le (die, -, -n) Möglichkeit, sich Einkommen zu verschaffen.
ein|neh|men (V., nahm ein, hat eingenommen) 1. nehmen; schlucken; zu sich nehmen; trinken; 2. abkassieren; verdienen; vereinnahmen; einheimsen; einstecken; einstreichen; einkassieren; 3. erobern; 4. gefallen. eingenommen sein gegen etwas/jemanden (etwas/jemanden ablehnen).
ein|neh|mend (Adj.) sympathisch.
ein|ne|beln (V.) einhüllen. Einneb(e)lung; eingenebelt.
ein|ni|cken (V.) einschlafen.
ein|nis|ten (V., refl.) 1. sich breitmachen; sich einquartieren; sich festsetzen; 2. sich niederlassen; sesshaft werden. Einnistung.
Ein|öde (die, -, -n) Einsamkeit; Abgeschiedenheit.
Ein|öd|hof (der, -s, -hö|fe) einzeln liegender Bauernhof. Einödbauer.
ein|ölen (V.) einfetten.
ein|ord|nen (V.) 1. einfügen; eingliedern; einreihen; 2. (refl.) sich anpassen; sich unterordnen; 3. an seinen Platz legen; einräumen; einsortieren. Einordnung.
ein|pa|cken (V.) 1. einwickeln; verpacken; 2. (refl.) sich verhüllen. Da kannst du einpacken (wirst du keinen Erfolg haben). Einpackung.
ein|pas|sen (V.) maßgenau einfügen.
ein|pau|ken (V.) (ugs.) jmdm. mit allen Mitteln etwas beibringen.
ein|pen|deln (V.) ins Gleichgewicht kommen; stabil werden.
Ein|per|so|nen|haus|halt (der, -s, -e) Haushalt mit nur einem Mitglied; Singlehaushalt.
ein|pfer|chen (V.) einschließen; zusammendrängen. Einpferchung.
ein|pla|nen (V.) berücksichtigen. Einplanung.
ein|prä|gen (V.) 1. einpressen; 2. sich gut merken.
Ein|prä|gung (die, -, -en) reliefartige Gestaltung einer Oberfläche durch Druck.
Ein|präg|sam|keit (die, -, kein Plural) leichte Erlernbarkeit. einprägsam.
ein|pro|gram|mie|ren (V.) 1. in den Computer eingeben; 2. einplanen.
ein|quar|tie|ren (V.) unterbringen; sich einmieten. Einquartierung.
ein|rah|men (V.) umrahmen; umgeben. sich einrahmen lassen können (ugs.) (zurückgewiesen werden). Einrahmung.
ein|ram|men (V.) einschlagen.
ein|räu|men (V.) 1. einrichten; einordnen; 2. zugestehen. Einräumung.
ein|rech|nen (V.) berücksichtigen, einbeziehen, einplanen.
ein|re|den (V.) 1. aufbinden; eingeben; glauben machen; 2. zureden; 3. bearbeiten; einsprechen auf; 4. (refl.) sich einbilden.
ein|rei|chen (V.) 1. abgeben; 2. einbringen. Einreichung.
ein|rei|hen (V.) einordnen. Einreihung.
ein|rei|hig (Adj.) mit nur einer Reihe versehen.
ein|rei|sen (V., ist) in ein fremdes Land reisen. Einreise.
Ein|rei|se|ge|neh|mi|gung (die, -, -en) Erlaubnis zum Grenzübertritt.
ein|rei|ßen (V., riss ein, hat eingerissen) 1. abreißen; 2. um sich greifen. Einriss.
ein|ren|ken (V.) 1. einrichten; 2. bereinigen.
ein|rich|ten (V.) 1. ausstatten; 2. einrenken. Einrichtung.
Ein|rich|tungs|haus (das, -es, -häu|ser) Möbelgeschäft.
ein|rit|zen (V.) eingravieren; einkerben.
ein|rol|len (V.) verpacken; aufrollen.
ein|ros|ten (V., ist) 1. starr werden; 2. alt werden.
ein|rü|cken (V.) 1. Abstand lassen; absetzen; einen Absatz machen; einziehen; 2. einmarschieren. Einrückung.
ein|rüh|ren (V.) untermischen.
eins 1. (Zahlw.) die Uhr zeigt eins; fünf Minuten vor eins; wir trafen uns gegen eins; das Essen war eins a (ausgezeichnet). *Aber:* Die Note »Eins« wird großgeschrieben! eine Eins schreiben; fünf Einsen im Zeugnis; 2. (Adv.) gleichgültig; einig; dasselbe. Wir sind uns eins geworden; das kommt auf eins heraus; das war mir völlig eins; 3. (Pron., indef.) etwas. Wir wollen eins singen. Eins will ich dir sagen.

ein|sa|cken (V.) 1. einbrechen; 2. verpacken; 3. (ugs.) sich etwas nehmen.

ein|sä|en (V.) 1. ausbringen; aussäen; 2. ausschleudern; ausstreuen.

ein|sa|gen (V.) vorsagen; einflüstern. Einsager.

ein|sal|ben (V.) mit Salbe einreiben; eincremen.

ein|sal|zen (V.) mit Salz konservieren; einmachen; einpökeln.

ein|sam (Adj.) 1. allein; 2. abgelegen. Einsamkeit.

ein|sam|meln (V.) auflesen; sammeln. Einsammlung.

Ein|satz (der, -es, -sät|ze) 1. Pfand; 2. Dienst; 3. eingesetztes Stück.

Ein|satz|be|fehl (der, -s, -e) Befehl, mit dem geplanten Einsatz zu beginnen.

ein|satz|be|reit (Adj.) betriebsfertig; benützbar; gebrauchsfertig; startklar.

Ein|satz|be|reit|schaft (die, -, -en) 1. Hilfsbereitschaft; 2. Abrufbarkeit; Dienstfertigkeit.

ein|satz|fä|hig (Adj.) gesund; verwendbar; funktionstüchtig.

ein|satz|freu|dig (Adj.) eifrig; fleißig; aufmerksam.

Ein|satz|lei|ter (der, -s, -) Verantwortlicher für einen Einsatz.

Ein|satz|wa|gen (der, -s, -) Fahrzeug von Polizei, Feuerwehr oder Rettungsdienst.

ein|sau|gen (V.) 1. aufsaugen; 2. inhalieren.

ein|säu|men (V.) einfassen.

ein|schal|ten (V.) 1. (refl.) eingreifen; 2. anmachen; anschalten; 3. einfügen.

Ein|schalt|quo|te (die, -, -n) demoskopisch ermittelte Zuschauerzahl einer Fernsehsendung.

Ein|schal|tung (die, -, -en) 1. Eingriff; Dazwischengehen; 2. Einfügung.

ein|schär|fen (V.) einprägen.

ein|schar|ren (V.) 1. vergraben; 2. beerdigen.

ein|schät|zen (V.) bewerten; beurteilen. Einschätzung; Einschätzungsvermögen.

ein|schen|ken (V.) eingießen; einfüllen; hineinschütten. *Beachte:* die Schänke (*auch:* Schenke).

ein|sche|ren (V.) einbiegen.

ein|schie|ben (V., schob ein, hat eingeschoben) 1. dazwischenschieben; einfügen; hineinschieben; zwischenschieben; 2. einstecken. Einschiebung; Einschiebsel.

ein|schif|fen (V.) 1. an Bord bringen; verladen; verschiffen; 2. (refl.) an Bord gehen; einchecken.

ein|schla|fen (V.) 1. in Schlaf fallen; einpennen; einschlummern; 2. nachlassen; zurückgehen; 3. sterben.

ein|schlä|fern (V.) 1. müde machen; 2. betäuben; 3. durch Medikamente töten (beim Tier). Einschläferung.

ein|schlä|fernd (Adj.) langweilig.

ein|schla|gen (V., schlug ein, hat eingeschlagen) 1. zerschlagen; 2. einwickeln; 3. wählen; 4. Erfolg haben. einschlagen wie eine Bombe/wie ein Blitz (ugs.) (eine Sensation auslösen). Einschlag.

ein|schlä|gig (Adj.) entsprechend; sachgemäß; dazugehörig. Er ist schon einschlägig vorbestraft.

ein|schlei|chen (V., schlich ein, hat eingeschlichen) 1. eindringen; 2. auftauchen.

ein|schlie|ßen (V., schloss ein, ist eingeschlossen) 1. unter Verschluss bringen; versperren; einsperren; 2. beinhalten; einbeziehen; enthalten; 3. umzingeln; 4. einfassen. Einschließung; Einschluss. einschließlich.

ein|schließ|lich (Präp., Gen.) eingeschlossen; einbegriffen.

ein|schlum|mern (V., ist) einschlafen.

ein|schmei|cheln (V., refl.) sich beliebt machen; um die Gunst buhlen; herumscharwenzeln; hofieren; katzbuckeln; sich lieb Kind machen; liebedienern; schöntun. Einschmeichler; Einschmeich(e)lung.

ein|schmel|zen (V., schmolz ein, hat/ist eingeschmolzen) flüssig machen; flüssig werden. Einschmelzung.

ein|schmie|ren (V.) (ugs.) einreiben.

ein|schnap|pen (V.; V., ist) 1. schließen; 2. beleidigt sein.

ein|schnei|den (V., schnitt ein, hat eingeschnitten) einkerben; eindrücken.

ein|schnei|dend (Adj.) merklich; nachhaltig; spürbar.

Ein|schnitt (der, -s, -e) 1. Kerbe; 2. Zäsur; 3. Schlucht.

ein|schnü|ren (V.) 1. zusammenbinden; 2. einengen. Einschnürung.

ein|schrän|ken (V.) 1. einengen; 2. sparsam sein. Einschränkung.

Ein|schrei|be|brief (der, -s, -e) Brief, der gegen eine schriftliche Bestätigung verschickt wird.

ein|schrei|ben (V., schrieb ein, hat eingeschrieben) eintragen.

Ein|schrei|ben (das, -s, -) postalische Zustellungsart, bei der durch Bestätigung des Empfängers dem Absender Gewähr für die richtige Ankunft seiner Sendung geboten wird.

Ein|schrei|bung (die, -, -en) Anmeldung.

ein|schrei|ten (V., schritt ein, ist eingeschritten) eingreifen.

ein|schrump|fen (V., ist) 1. kleiner werden; 2. austrocknen.

Ein|schub (der, -s, -schü|be) Ergänzung; Einfügung.

ein|schüch|tern (V.) bedrohen; Angst machen. Einschüchterung.

ein|schu|len (V.) zur Schule anmelden. Einschulung.

Ein|schuss (der, -schus|ses, -schüs|se) Einschlag.

ein|schwen|ken (V.) einbiegen; die Richtung ändern.

ein|schwö|ren (V., schwor ein, hat eingeschworen) verpflichten.

ein|seg|nen (V.) weihen.

Ein|seg|nung (die, -, -en) 1. Firmung; Konfirmation; 2. Beerdigung; Weihe.

ein|se|hen (V., sah ein, hat eingesehen) 1. hineinschauen; in Augenschein nehmen; Einblick nehmen; hineinblicken; 2. verstehen. ein Einsehen (Verständnis) haben.

Ein|se|hen (das, -s, kein Plural) Einsicht. ein Einsehen haben (Verständnis haben).

ein|sei|tig (Adj.)1. auf einer Seite; 2. befangen; eingleisig; parteiisch; subjektiv; voreingenommen. Einseitigkeit.

ein|sen|den (V.) einschicken. Einsender; Einsendung.

Ein|sen|de|schluss (der, -es, -schlüs|se) letzter Termin für eine Einsendung.

ein|set|zen (V.) 1. einfügen; 2. beschäftigen; 3. (refl.) sich anstrengen; 4. anfangen; beginnen; 5. ernennen; mit einem Amt betrauen; auf einen Posten setzen; 6. pflanzen; 7. (refl.) sich engagieren für; sich stark machen für; sich verwenden für; eintreten für. Einsatz.

Einsetzung (die, -, -en) Ernennung; Amtsübertragung.
Einsicht (die, -, -en) 1. Einblick; Vernunft; Eindruck; Vorstellung; 2. Einsehen; Verständnis.
einsichtig (Adj.) vernünftig; verständnisvoll. Nach einer Belehrung zeigten sich die Randalierer einsichtig. Einsichtigkeit.
Einsichtnahme (die, -, -n) Einblick in Dokumente.
einsichtslos (Adj.) unbelehrbar; unvernünftig; uneinsichtig.
einsichtsvoll (Adj.) verständnisvoll; klug.
Einsiedelei (die, -, -en) 1. abgelegenes Haus; 2. Eremitage; Klause.
Einsiedler (der, -s, -) auf jede menschliche Gesellschaft verzichtende Person; Eremit. einsiedlerisch.
einsickern (V.) eindringen.
einsilbig (Adj.) 1. aus einer Silbe bestehend; 2. schweigsam. Einsilbigkeit.
einsinken (V., sank ein, ist eingesunken) versinken.
einsitzen (V., saß ein, hat eingesessen) in Haft sein.
Einsitzer (der, -s, -) Fahrzeug oder Flugzeug mit nur einem Sitzplatz. einsitzig.
einspannen (V.) 1. befestigen; 2. arbeiten lassen. Einspänner; einspännig.
Einspänner (der, -s, -) 1. Kutsche, die von nur einem Pferd gezogen wird; 2. (österr.) Kaffee mit Schlagsahne; 3. Eigenbrötler.
einsparen (V.) sparen. Einsparung.
einsperren (V.) einschließen; inhaftieren.
einspielen (V., refl.) 1. einüben; 2. in Ordnung kommen.
einspringen (V., sprang ein, hat/ist eingesprungen) aushelfen.
Einspritzer (der, -s, -) (Kurzw.) Einspritzmotor. Verb: einspritzen.
Einspruch (der, -s, -sprüche) Widerspruch; Einwand. Einspruchsfrist.
einst (Adv.) 1. früher; 2. künftig. *Aber:* das Einst (Vergangenheit) und Jetzt.
einstampfen (V.) zerdrücken. Einstampfung.
Einstand (der, -s, -stände) 1. Dienstantritt; 2. gleicher Punktstand (Tennis). Einstandsfeier.
einstechen (V., stach ein, hat eingestochen) durchstechen; einstoßen. Einstich.
einstecken (V.) 1. mitnehmen; 2. ertragen.
einstehen (V., stand ein, hat eingestanden) bürgen.
einsteigen (V., stieg ein, ist eingestiegen) 1. zusteigen; 2. mitmachen.
Einsteiger (der, -s, -) Person, die in einem bestimmten Sachgebiet einen Neuanfang macht; Anfänger.
Einstieg (der, -s, -e) 1. Tür; Öffnung; Einlass; 2. Anfang; Aufnahme einer Tätigkeit.
Einstiegsmöglichkeit (die, -, -en) Chance eines neuen Anfangs.
einstellen (V.) 1. unterstellen; 2. beschäftigen; 3. beenden; 4. justieren. Er stellt sein Auto in der Garage ein. Die Firma stellt neue Arbeitskräfte ein. Er stellt seine Tätigkeit ein.
Einstellplatz (der, -es, -plätze) Abstellplatz; überdachter Parkplatz.
Einstellung (die, -, -en) 1. Anstellung; Beschäftigung; 2. Beendigung; Aufgabe; 3. Justierung; Abstimmung; 4. Denkungsart; innere Haltung.
einstimmen (V.) 1. vorbereiten; 2. mitmachen. Einstimmung.
einstmals (Adv.) früher.
einstreichen (V., strich ein, hat eingestrichen) 1. streichen; 2. einkassieren.
einstudieren (V.) einüben. Einstudierung.
einstürzen (V., ist) zusammenbrechen. Einsturz.
Einsturzgefahr (die, -, kein Plural) Baufälligkeit; Gefahr des Zusammenbrechens.
einstweilen (Adv.) 1. inzwischen; 2. vorläufig. Adjektiv: einstweilig.
Eintagsfliege (die, -, -n) 1. Fliegenart, deren ausgewachsene Tiere nur einen Tag leben; 2. kurzlebige Erscheinung.
eintätowieren (V.) einritzen.
einteilen (V.) aufgliedern. Einteilung.
eintönig (Adj.) langweilig. Eintönigkeit.
Eintopf (der, -es, kein Plural) dicke Gemüsesuppe.
Eintracht (die, -, kein Plural) Einheit; Einklang. Adjektiv: einträchtig.
eintragen (V., trug ein, hat eingetragen) 1. einschreiben; 2. einbringen. Eintrag; Eintragung.
einträglich (Adj.) gewinnbringend; lukrativ. Einträglichkeit.
einträufeln (V.) 1. einflößen; 2. eintröpfeln. Einträuf(e)lung.
eintreiben (V., trieb ein, hat eingetrieben) 1. einziehen. Steuern eintreiben; 2. hineinschlagen. einen Nagel eintreiben. Eintreibung.
eintreten (V., trat ein, hat/ist eingetreten) hineingehen; passieren; kaputttreten; unterstützen. Eintritt; Eintrittskarte.
eintrichtern (V.) 1. einprägen; 2. einüben.
eintrudeln (V., ist) (ugs.) langsam ankommen.
eintunken (V.) eintauchen.
einüben (V.) einstudieren. Einübung.
einverleiben (V.) essen; aufnehmen. Einverleibung.
Einvernahme (die, -, -n) Verhör; amtliche Befragung. einvernehmen.
Einvernehmen (das, -s, kein Plural) Einigung; Übereinstimmung. Sie beendeten ihre Beziehung im gegenseitigen Einvernehmen. Adjektiv: einvernehmlich. Verb: einvernehmen.
Einverständnis (das, -ses, -se) Zustimmung; Billigung. Adverb: einverstanden.
Einverständniserklärung (die, -, -en) ausdrückliche Zustimmung.
Einwaage (die, -, kein Plural) Gewichtsverlust bei Erhitzen.
Einwand (der, -s, -wände) Einspruch; Protest; Widerspruch. Ich mache einen Einwand geltend.
Einwanderer (der, -s, -) jmd., der sich in einem anderen Land niederlässt; Übersiedler; Immigrant.
einwandern (V., ist) einreisen; übersiedeln.
Einwanderung (die, -, kein Plural) Zuzug von einem Staatsgebiet in ein anderes; Immigration. einwandern.
Einwanderungsbehörde (die, -, -n) Behörde, die den Zuzug aus anderen Staaten überwacht und verwaltet.
Einwanderungsland (das, -s, -länder) Staat mit einer großen Zahl an Einwanderern.
einwandfrei (Adj.) bestens; makellos; ohne Fehler.

einˈwärts (Adv.) nach innen. einwärts gebogen; einwärts gehen; einwärts stehen; einwärts stellen; einwärts laufen.

Einˈwärtsˈdreˈhung (die, -, -en) Drehung nach innen.

einˈwechˈseln (V.) eintauschen. Einwechs(e)lung.

einˈweˈcken (V.) Obst und Gemüse durch Einkochen haltbar machen; einmachen.

Einˈweckˈglas (das, -es, -gläˈser) Glasbehälter zum Einwecken. *Aber:* Einwegglas!

Einˈwegˈflaˈsche (die, -, -n) Wegwerfflasche.

Einˈwegˈscheiˈbe (die, -, -n) einseitig durchsichtige Glasscheibe.

einˈweiˈchen (V.) 1. etwas in eine Flüssigkeit einlegen. Ich weiche die Wäsche ein. 2. (ugs.) durchnässen. Ich bin vom Regen völlig eingeweicht.

einˈweiˈhen (V.) 1. festlich eröffnen; seiner Bestimmung übergeben. Er weiht die Brücke ein. 2. anvertrauen; jmdm. vertrauliche Informationen geben. Er weiht ihn in sein Geheimnis ein. Einweihung.

einˈweiˈsen (V., wies ein, hat eingewiesen) 1. einliefern; 2. anleiten; einführen. Einweisung.

einˈwenˈden (V., wendete/wandte ein; hat eingewendet/eingewandt) erwidern; kritisieren; widersprechen. Einwand.

Einˈwenˈdung (die, -, -en) 1. Widerspruch; Bedenken; Veto; 2. Verteidigungsmittel des Beklagten im Zivilprozess.

einˈwerˈfen (V., warf ein, hat eingeworfen) 1. zerschlagen; zerstören durch einen Wurf; 2. hineinwerfen; 3. einwenden; 4. im Sport einen Ball ins Spiel bringen. Einwurf.

einˈwiˈckeln (V.) 1. umhüllen; verpacken; 2. beschwatzen; (ugs.) jemanden überreden; betrügen; übervorteilen. Einwicklung.

Einˈwiˈckelˈpaˈpier (das, -s, -e) Papier zum Umhüllen von Gegenständen; Packpapier.

einˈwieˈgen (V., wog ein, hat eingewogen) 1. in den Schlaf wiegen; 2. etwas wiegen und verpacken.

einˈwilˈliˈgen (V.) zustimmen. Einwilligung.

einˈwirˈken (V.) beeinflussen. Einwirkung.

Einˈwohˈner (der, -s, -) Bewohner einer Gemeinde. einwohnen.

Einˈwohˈnerˈmelˈdeˈamt (das, -s, -ämˈter) Behörde zur Erfassung der Einwohner.

Einˈwohˈnerˈschaft (die, -, -en) Gesamtheit der Einwohner.

Einˈwohˈnerˈzahl (die, -, -en) Summe aller Einwohner.

Einˈzahl (die, -, kein Plural) Singular.

einˈzahˈlen (V.) überweisen; Geldbetrag zur Weiterbeförderung abgeben. Einzahler; Einzahlung.

Einˈzahˈlungsˈschein (der, -s, -e) Formular zur Einzahlung.

Einˈzäuˈnung (die, -, -en) Absperrung; Zaun. einzäunen.

einˈzeichˈnen (V.) etwas eintragen. Einzeichnung.

Einˈzel (das, -s, -) Wettkampf mit zwei Einzelspielern (z. B. Tennis).

Einˈzelˈabˈteil (das, -s, -e) abgetrenntes Abteil.

Einˈzelˈerˈscheiˈnung (die, -, -en) Sonderfall; Ausnahme.

Einˈzelˈfall (der, -s, -fälˈle) gesondert für sich zu behandelnde Angelegenheit.

Einˈzelˈgänˈger (der, -s, -) Eigenbrötler; für sich lebende Person.

Einˈzelˈhaft (die, -, kein Plural) gesonderte Unterbringung eines Gefangenen.

Einˈzelˈhanˈdel (der, -s, kein Plural) Warenverkauf an den Endverbraucher. Einzelhändler.

Einˈzelˈhaus (das, -es, -häuˈser) frei stehendes Haus.

Einˈzelˈheit (die, -, -en) Detail; Teil eines Gesamten.

Einˈzelˈkämpˈfer (der, -s, -) allein gegen Widerstände vorgehende Person.

Einˈzelˈkind (das, -s, -er) Kind ohne Geschwister.

Einˈzelˈler (der, -s, -) aus nur einer Zelle bestehendes Lebewesen.

einˈzeln (Adj.) gesondert; allein; vereinzelt. der Einzelne; jeder Einzelne von uns; ein Einzelner kann hier nichts ausrichten; alle Einzelnen waren sich einig; Einzelnes war nicht schlecht; bis ins Einzelne erläutern; im Einzelnen recht gut; vom Einzelnen aufs Ganze schließen.

Einˈzelˈperˈson (die, -, -en) nur eine Person.

Einˈzelˈsteˈhenˈde (der, -n, -n) alleinstehende Person.

Einˈzelˈstück (das, -s, -e) einzigartiger Gegenstand; Original.

Einˈzelˈzimˈmer (das, -s, -) Hotelzimmer, Krankenzimmer für eine Person.

einˈzieˈhen (V., zog ein, hat/ist eingezogen) 1. beziehen; sich in einer neuen Wohnung einrichten; 2. konfiszieren; einfordern; beschlagnahmen; 3. zum Militärdienst einberufen; 4. über das Konto kassieren; 5. einmarschieren; in großer Gruppe ankommen; 6. einfügen; einfädeln; durchziehen; 7. einwirken; eindringen; 8. zurückziehen. Ich ziehe in meine neue Wohnung ein. Der Gerichtsvollzieher zieht die Schulden ein.

Einˈzieˈhung (die, -, -en) 1. Beschlagnahme; Konfiskation; 2. Einberufung zum Militär.

einˈzig 1. Adj.) alleinig; unvergleichlich. *Beachte:* keine Steigerung möglich (*falsch:* das Einzigste); der/die Einzige; als Einziges bleibt nur warten; kein Einziger war zu sehen; als Einziger verstand er das Problem. unser Sohn ist unser Einziger; 2. (Adv.) allein; ausschließlich; einzigartig. einzig und allein.

einˈzigˈarˈtig (Adj.) unvergleichlich. etwas/nichts Einzigartiges; das Einzigartige daran ist, dass es wahr ist. Einzigartigkeit.

Einˈzimˈmerˈwohˈnung (die, -, -en) Wohnung mit einem Wohnraum.

Einˈzug (der, -s, -züˈge) 1. Bezug einer neuen Wohnung; 2. Abrufen eines Geldbetrags von einem Konto; 3. Einmarsch; Ankunft; 4. Einrückung des Texts am Beginn eines Absatzes.

Einˈzugsˈerˈmächˈtiˈgung (die, -, -en) Vollmacht, über einen fixen, regelmäßig zu zahlenden Betrag auf einem fremden Konto zu verfügen.

Einˈzugsˈgeˈbiet (das, -s, -e) 1. das von einem Zentrum (z. B. Großstadt) versorgte und beeinflusste Gebiet; 2. das von einem Fluss bewässerte Gebiet.

Eis (das, -es, -) 1. gefrorenes Wasser; 2. Speiseeis.

Eisˈbahn (die, -, -en) gefrorene Fläche zum Schlittschuhlaufen.

Eis|bär (der, -en, -en) arktische Bärenart.
Eis|be|cher (der, -s, -) 1. Gefäß für Speiseeis; 2. Süßspeise mit Speiseeis.
Eis|bein (das, -s, -e) Speise aus Schweinsfüßen.
Eis|berg (der, -s, -e) im Meer schwimmende Eismasse.
eis|blau (Adj.) grünliches Blau.
Eis|blu|me (die, -, -n) blätterförmige Eisbildung am Fenster.
Eis|bre|cher (der, -s, -) Schiff zur Schiffbarmachung vereister Gewässer.
Eis|ca|fé (das, -s, -s) auf den Verkauf von Speiseeis spezialisierte Gaststätte; Eisdiele.
Ei|schnee (der, -s, kein Plural) geschlagenes Eiweiß; Eischaum.
Ei|sen (das, -s, -) Metall (Abk.: Fe).
Ei|sen|bahn (die, -, -en) auf Schienen fahrendes Verkehrsmittel.
Ei|sen|bah|ner (der, -s, -) Angestellter einer Eisenbahngesellschaft.
Ei|sen|guss (der, -es, -güs|se) Formung von geschmolzenem Eisen.
ei|sen|hal|tig (Adj.) Eisen enthaltend.
ei|sen|hart (Adj.) 1. sehr hart; 2. unerbittlich.
Ei|sen|in|dus|trie (die, -, -n) Gesamtheit aller Eisen verarbeitenden/eisenverarbeitenden Unternehmen. Eisenverarbeitung. Eisen verarbeitend (*auch:* eisenverarbeitend).
ei|sern (Adj.) aus Eisen; hart; unerbittlich. *Beachte:* Großschreibung: der Eiserne Vorhang; Eisernes Kreuz; Eisernes Tor.
Ei|ses|käl|te (die, -, kein Plural) frostige Temperaturen.
eis|frei (Adj.) nicht vereist.
eis|ge|kühlt (Adj.) im Gefrierschrank oder auf Eis gelagert.
Eis|glät|te (die, -, kein Plural) Rutschgefahr auf überfrorener Straße.
Eis|hei|li|ge (der, -n, -n) 1. die Tage zwischen dem 11. und 14. Mai; 2. die Tagesheiligen zwischen dem 11. und 14. Mai.
Eis|ho|ckey (das, -s, kein Plural) Mannschaftssportart auf einer Eisfläche.
ei|sig (Adj.) 1. frostig; sehr kalt; 2. distanziert.
Eis|kaf|fee (der, -s, -s) kalter Kaffee mit Vanilleeis.
eis|kalt (Adj.) 1. sehr kalt; 2. gefühllos; skrupellos.
Eis|kunst|lauf (der, -s, kein Plural) artistische Wintersportart auf einer Eisfläche.
Eis|meer (das, -s, -e) Polarmeer.
Ei|sprung (der, -s, -sprün|ge) Follikelsprung.
Eis|re|vue (die, -, -n) Eislaufdarbietung mit Showelementen.
Eis|schie|ßen (das, -s, kein Plural) Sportart.
Eis|schnell|lauf (*auch:* Eisschnell-Lauf) (der, -(e)s, kein Plural) Sportart. Eisschnellläufer/in (*auch:* Eisschnell-Läufer/in).
Eis|schrank (der, -s, -schrän|ke) Kühlschrank.
Eis|sta|di|on (das, -s, -s) Sportarena mit Spielflächen aus Eis.
Eis|stock (der, -s, -stö|cke) Spielgerät für das Eisschießen.
Eis|vo|gel (der, -s, -vö|gel) farbenprächtige einheimische Vogelart.
Eis|wür|fel (der, -s, -) in Würfelform eingefrorenes Wasser.
Eis|zap|fen (der, -s, -) im Herablaufen gefrorenes Wasser.
Eis|zeit (die, -, -en) erdgeschichtliche Phase mit weitverbreiteter Gletscherbildung. eiszeitlich.
Ei|weiß (das, -es, -e) 1. das Weiße im Ei; 2. Protein. eiweißarm; eiweißhaltig.
Ei|zel|le (die, -, -n) Keimzelle.
ei|tel (Adj.) eingebildet. Eitelkeit.
Ei|ter (der, -s, kein Plural) Flüssigkeitsabsonderung bei Entzündungen. Eiterung; eit(e)rig; eitern.
Ei|ter|beu|le (die, -, -n) Furunkel.
Ei|ter|herd (der, -s, -e) entzündliche Stelle.
Ei|ter|pi|ckel (der, -s, -) eitrig entzündete Hautveränderung.
Eja|ku|la|ti|on (die, -, -ti|o|nen) Samenerguss. Ejakulat; ejakulieren.
Ejek|tor (der, -s, -en) (lat.) mechanischer Auswerfer (von Patronenhülsen).
EKD (Abk.) **E**vangelische **K**irche in **D**eutschland.
Ekel 1. (der, -s, -) Abscheu; heftige Abneigung; Widerwille. Adjektiv: ekelhaft; ekelig. *Aber:* das Ekel (unangenehmer Mensch). ein Ekel erregender (*auch:* ekelerregender) Geruch; 2. (das, -s, -) unangehmer Mensch; Scheusal.
ekel|haft (Adj.) 1. abscheuerregend; 2. niederträchtig. ekelerregend. Verb: ekeln; mir/mich ekelt.
EKG (Abk.) Elektrokardiogramm.
Ek|lat (der, -s, -s) (franz.) Aufsehen; Skandal. Adjektiv: eklatant.
ek|la|tant aufsehenerregend; offenkundig; skandalös; auffällig.
ek|lek|tisch (Adj.) (griech.) unschöpferisch; imitierend; nachahmend; epigonal. Eklektiker.
Ek|lek|ti|zis|mus (der, -ses, kein Plural) (griech.) nachahmende, scheinbare Neuschöpfung. eklektizistisch.
Ek|lip|se (die, -, -n) (griech.) Sonnen-, Mondfinsternis. Adjektiv: ekliptisch.
Ek|pho|rie (die, -, -n) (griech.) Erinnerungsvorgang.
Ek|ra|sit (das, -s, kein Plural) (griech.-nlat.) ein Sprengstoff.
Ek|s|ta|se (die, -, -n) (griech.) höchste Verzückung; Rausch; Enthusiasmus. Ekstatiker.
ek|s|ta|tisch (Adj.) (griech.) in rauschhafter Verzückung befindlich.
Ek|to|mie (die, -, -n) (griech.) operative Ausschneidung.
Ek|zem (das, -s, -e) (griech.) Hautausschlag.
Ela|bo|rat (das, -s, -e) (lat.) 1. Ausarbeitung; schriftliche Abhandlung; 2. Machwerk.
ela|bo|rie|ren (V.) sorgfältig ausarbeiten.
ela|bo|riert (Adj.) differenziert ausgebildet.
Elan (der, -s, kein Plural) (franz.) Schwung; Begeisterung. Adjektiv: elanvoll.
Elas|tik (das, -s, -s/die, -en) (griech.) dehnbares Material.
elas|tisch (Adj.) (griech.) dehnbar; flexibel. Elastizität.
Elas|ti|zi|täts|mo|dul (der, -s, -n) (griech.-lat.) Kennwert für elastische Materialeigenschaft.
Ela|tiv (der, -s, -e) (lat.) absoluter Superlativ, der nicht durch einen Vergleich entsteht (z. B. schnellste, das heißt »sehr schnelle« Verbindung).
Elch (der, -s, -e) Hirschart.
El|do|ra|do (*auch:* Do|ra|do) (das, -s, -s) (span.) Paradies; sagenhaftes Goldland in Südamerika.

Ele|fant (der, -en, -en) (griech.) großes Rüsseltier in Afrika und Asien. Elefantenzahl.

Ele|fan|ten|haut (die, -, kein Plural) wasserdichter Anstrich.

Ele|fan|ten|hoch|zeit (die, -, -en) (ugs.) Zusammenschluss großer Unternehmen oder Verbände. Die beiden Bankhäuser feiern eine Elefantenhochzeit.

Ele|fan|ti|a|sis (die, -, -ti|a|sen) (griech.) riesige Gliedmaßenverdickung durch Lymphstau.

ele|gant (Adj.) (franz.) modisch; geschmackvoll.

Ele|ganz (die, -, kein Plural) (franz.) 1. stilsicherer, modischer Geschmack; 2. gewandtes Auftreten.

Ele|gie (die, -, -n) (griech.) Klagegedicht. Adjektiv: elegisch.

Ele|gi|ker (der, -s, kein Plural) Verfasser von Elegien.

ele|gisch (Adj.) in wehmütiger Stimmung.

Elei|son (das, -s, -s) (griech.) gottesdienstlicher Gesang, »erbarme dich«.

elek|tiv (Adj.) (lat.) auswählend, *auch:* selektiv. Elektion.

Elek|to|rat (das, -s, -e) (lat.) Kurfürstenwürde.

Elek|t|ri|fi|zie|rung (die, -, kein Plural) für den Betrieb mit elektrischem Strom einrichten. elektrifizieren.

Elek|t|ri|ker (der, -s, -) Handwerker für Stromanlagen.

elek|t|risch (Adj.) mit Strom betrieben.

Elek|t|ri|sche (die, -n, -n) (ugs.) elektrische Straßenbahn.

elek|t|ri|sie|ren (V.) 1. einen Stromschlag erteilen; 2. erregen. Er elektrisierte sich am Türgriff. Der Rhythmus der Musik elektrisierte ihn.

Elek|t|ri|zi|tät (die, -, kein Plural) Wirkung elektrischer Ladungen.

Elek|t|ri|zi|täts|leh|re (die, -, kein Plural) Wissenschaft von der Elektrizität.

Elek|t|ri|zi|täts|werk (das, -s, -e) Anlage zur Erzeugung von elektrischem Strom.

Elek|t|ro|akus|tik (die, -, kein Plural) Lehre von der Umwandlung von Schallwellen in elektrische Energie. elektroakustisch.

Elek|t|ro|au|to (das, -s, -s) mit elektrischem Strom betriebenes Auto.

Elek|t|ro|che|mie (die, -, kein Plural) Lehre von den Wechselwirkungen zwischen chemischen und elektrischen Vorgängen. elektrochemisch.

Elek|t|ro|de (die, -, -n) Stromleiter.

Elek|t|ro|dy|na|mik (die, -, kein Plural) Wissenschaft von den elektromagnetischen Feldern; Adjektiv: elektrodynamisch.

Elek|t|ro|en|ze|pha|lo|graf (auch: Elek|t|ro|en|ze|phalo|graph) (der, -s, -en) Gerät zur Aufzeichnung von Hirnstromkurven (Med.).

Elek|t|ro|en|ze|pha|lo|gramm (das, -s, -e) (griech.) Aufzeichnung der Hirnstromkurve. (Abk. EEG).

Elek|t|ro|gra|fie (*auch:* Elek|t|ro|gra|phie) (die, -, -n) galvanisches Ätzverfahren.

Elek|t|ro|herd (der, -s, -e) mit elektrischem Strom betriebener Kochherd.

Elek|t|ro|in|dus|t|rie (die, -, kein Plural) Gesamtheit der an der Herstellung von elektrischen Geräten beteiligten Unternehmen.

Elek|t|ro|in|ge|nieur (der, -s, -e) Elektrotechniker mit Hochschulausbildung.

Elek|t|ro|kar|dio|gramm (das, -s, -e) (griech.) Aufzeichnung der Herzstromkurve. (Abk. EKG, Ekg).

Elek|t|ro|kaus|tik (die, -, kein Plural) Entfernung kranken Gewebes durch Hochfrequenzstrom.

Elek|t|ro|ly|se (die, -, -n) Zersetzung chemischer Verbindungen durch elektrischen Strom. Elektrolyt; elektrolytisch; elektrolysieren.

Elek|t|ro|ma|g|ne|tis|mus (der, -en, -en) Zusammenwirken von Elektrizität und Magnetismus. Elektromagnet; elektromagnetisch.

Elek|t|ro|me|cha|nik (die, -, kein Plural) Umwandlung von elektrischer Energie in mechanische Wirkung. elektromechanisch.

Elek|t|ro|mo|tor (der, -s, -en) Antrieb durch elektrische Energie.

Elek|t|ron (das, -s, -en) (griech.) negativ geladenes Elementarteilchen. Elektrone.

Elek|t|ro|nen|blitz|ge|rät (das, -s, -e) elektronisch gesteuertes Blitzgerät.

Elek|t|ro|nen|ge|hirn (das, -s, -e) Rechner; Computer.

Elek|t|ro|nen|mik|ro|s|kop (das, -s, -e) Vergrößerungsgerät mit einer Optik aus elektronischen Strahlen und Feldern.

Elek|t|ro|nen|stoß (der, -es, -stö|ße) Stoß eines Elektrons auf Atome.

Elek|t|ro|nen|volt (*auch:* Elek|t|ron|volt) (das, -/-s, -) (griech.-nlat.) eine Maßeinheit der Kernphysik; Zeichen e. V.

Elek|t|ro|nik (die, -, kein Plural) (griech.) 1. technische Anwendung der Elektronen. 2. elektronische Ausstattung. Elektroniker.

elek|t|ro|nisch (Adj.) zur Elektronik gehörig, mit ihrer Hilfe, durch Elektronen betätigt.

Elek|t|ro|pho|re|se (die, -, kein Plural) (griech.) Bewegung geladener, gelöster Teilchen im elektrischen Feld zweier Elektroden. elektrophoretisch.

Elek|t|ro|schock (der, -s, -s) Schockbehandlung durch elektrischen Strom (in der Psychiatrie).

Elek|t|ros|kop (das, -s, -e) (griech.) Gerät zum Nachweis elektrischer Ladungen.

Elek|t|ro|smog (der, -s, kein Plural) von Elektroinstallationen ausgehende elektromagnetische Strahlenbelastung.

Elek|t|ro|sta|tik (die, -, kein Plural) Wissenschaft von ruhenden (statischen) elektrischen Ladungen.

Elek|t|ro|tech|nik (die, -, kein Plural) praktische Nutzung der elektrischen Energie. elektrotechnisch.

Elek|t|ro|to|mie (die, -, -n) (griech.) Chirurgie mithilfe elektrisch aufgeheizter Schneidgeräte, z. B. zur Entfernung von Gewebewucherungen.

Ele|ment (das, -s, -e) (lat.) Grundstoff; Körper; Wesen.

ele|men|tar (Adj.) grundlegend.

Ele|men|tar|ge|walt (die, -, -en) Naturgewalt; Urkraft.

Ele|men|tar|kennt|nis|se (die, nur Plural) Grundwissen.

Ele|men|tar|teil|chen (das, -s, -) Teil eines Atoms.

Ele|mi (das, -s, kein Plural) (arab.-span.) ein tropisches Harz.

Elen (das, -s, -) (litau.) Elch.

elend (Adj.) ärmlich; bedauerlich; kränklich. elendiglich.

Elend (das, -s, kein Plural) Armut; Not; Leid.

Elends|quar|tier (das, -s, -e) heruntergekommene Wohnung.
Elends|vier|tel (das, -s, -) von den Ärmsten bewohnter Stadtteil; Armengetto; Slum.
Ele|va|ti|on (die, -, -ti|o|nen) (lat.) das Aufheben; Erhöhung.
Ele|va|tor (der, -s, -en) (lat.) Güteraufzug; Förderwerk.
Ele|ve (der, -n, -n) (franz.) Zögling; Schüler. (z. B. ein Ballettanfänger, ein künftiger Forstwirt).
elf (Zahlw.) Wir sind zu elft (zu elfen); elffach, *aber:* das Elffache; elfmal; elfmalig; elfmeterreif; der elfte Tag, *aber:* Heute ist der Elfte; der Elfer (Elfmeter).
El|fe (die, -, -n) Fee.
El|fen|bein (das, -s, -e) Elefantenzahn.
el|fen|bei|nern (Adj.) aus Elfenbein.
el|fen|bein|far|ben (Adj.) gelbliches Weiß.
El|fen|bein|küs|te (die, -, kein Plural) westafrikanischer Staat.
El|fen|bein|schnit|ze|rei (die, -, kein Plural) Kunsthandwerk aus Elfenbein.
El|fen|bein|turm (der, -s, -e) (nur in Verbindung:) im Elfenbeinturm sitzen (weltfremd sein).
el|fen|haft (Adj.) zart; leicht.
el|fisch (Adj.) feenhaft.
eli|mi|nie|ren (V.) (lat.) entfernen; beseitigen.
Eli|mi|nie|rung (die, -, -en) Auslöschung; Beseitigung. Elimination.
eli|tär (Adj.) (franz.) anspruchsvoll; erlesen; überheblich.
Eli|te (die, -, -n) (franz.) Auslese; die Besten.
Eli|te|mann|schaft (die, -, -en) Auswahlmannschaft.
Eli|te|trup|pe (die, -, -n) militärische Einheit für besondere Aufgaben.
Eli|te|schu|le (die, -, -n) Ausbildungsstätte der gesellschaftlichen Oberschicht.
Eli|xier (das, -s, -e) (griech.-arab.) Heiltrank.
El|le (die, -, -n) 1. Unterarmknochen; 2. altes Längenmaß.
El|len|bo|gen (*auch:* Ell|bo|gen) (der, -s, -) Scharniergelenk zwischen Ober- und Unterarmknochen.
El|len|bo|gen|frei|heit (*auch:* Ell|bo|genfrei|heit) (die, -, kein Plural) Spielraum; Bewegungsfreiheit.
El|len|bo|gen|ge|sell|schaft (die, -, -en) Gemeinschaft ohne Rücksichtnahme.
el|len|lang (Adj.) (ugs.) sehr lang.
El|lip|se (die, -, -n) (griech.) Kegelschnitt; Auslassung; zentralsymmetrische geschlossene Kurve (Math.).
El|lip|so|id (das, -s, -e) (griech.) Körper, der entsteht, wenn eine Ellipse um eine ihrer Achsen gedreht wird.
el|lip|tisch (Adj.) in der Form einer Ellipse; oval; ellipsenförmig.
Elms|feu|er (das, -s, -) elektrische Lichterscheinung bei Gewittern.
El Ni|ño (der, - -(s), kein Plural) (span.) Klimaunregelmäßigkeit im tropischen Pazifik, hat weltweite Auswirkungen.
E-Lok (die, -, -s) (Kurzw.) elektrische Lokomotive.
Elo|ge (die, -, -n) (franz.) Lobrede; Schmeichelei.
elo|quent (Adj .) (lat .) beredsam; sprachgewandt. Eloquenz.
El Sal|va|dor (ohne Art., -s, kein Plural) mittelamerikanischer Staat. Salvadorianer; salvadorianisch.
Els|ter (die, -, -n) diebische Vogelart.
el|ter|lich (Adj.) den Eltern zugehörig.
El|tern (die, nur Plural) Vater und Mutter. Elter (das/der).
El|tern|abend (der, -s, -e) Gespräch zwischen Lehrern und Eltern in der Schule.
El|tern|bei|rat (der, -s, -rä|te) Ausschuss von Eltern in der Schule.
El|tern|haus (das, -es, -häu|ser) Familienwohnsitz; Herkunft.
el|tern|los (Adj.) verwaist.
El|tern|paar (das, -es, -e) beide Elternteile.
El|tern|recht (das, -s, kein Plural) freie Schulwahl.
El|tern|teil (das, -s, -e) Vater oder Mutter.
ely|sisch (Adj.) (griech.) dem Elysium zugehörig; paradiesisch; wonnevoll.
Ely|si|um (das, -s, kein Plural) (lat.) Paradies. Adjektiv: elysisch.
em. (Abk.) **em**eritiert.
Email (*auch:* Email|le) (das, -s, -s) (franz.) Schmelzüberzug.
E-Mail (die/das, -, -s) (engl.) elektronische Post; Electronic Mail; Nachricht in einem Computernetz. E-Mail-Adresse; E-Mail-Wurm; emailen (*auch:* e-mailen).
Email|far|be (die, -, -n) Schmelzfarbe.
Email|lack (der, -s, -e) hochglänzender Lack.
email|lie|ren (V.) mit Schmelzfarbe überziehen.
Email|lier|ofen (der, -s, -öfen) Schmelzofen zum Farbauftrag.
Ema|na|ti|on (die, -, -ti|o|nen) (lat.) 1. das Ausströmen; Ausstrahlung; 2. (nur Sing.) radioaktives Edelgas (Physik); 3. göttlicher Ursprung (Philos.). Verb: emanieren.
Eman|ze (die, -, -n) (ugs.) Feministin.
Eman|zi|pa|ti|on (die, -, -ti|o|nen) (lat.) Gleichberechtigung der Frau; Streben nach der Befreiung aus einem Abhängigkeitsverhältnis, nach der Gleichberechtigung der Frau. emanzipiert.
Eman|zi|pa|ti|ons|be|we|gung (die, -, -en) Feminismus.
eman|zi|pa|to|risch (*auch:* eman|zi|pa|tiv) (Adj.) um Gleichstellung und Unabhängigkeit bemüht.
Eman|zi|pie|rung (die, -, -en) Loslösung aus Fremdbestimmung. emanzipieren.
Em|bal|la|ge (die, -, -n) (franz.) Verpackungsmaterial.
em|bal|lie|ren (V.) Verpacken einer Ware.
Em|bar|go (das, -s, -s) (span.) Ausfuhrverbot; Einfuhrverbot.
Em|b|lem (das, -s, -e) (franz.) Markenzeichen; Sinnbild.
Em|b|le|ma|tik (die, -, -en) 1. sinnbildliche Darstellung; 2. (ohne Plural) Wissen über Embleme.
em|b|le|ma|tisch (Adj.) sinnbildlich.
Em|bo|lie (die, -, -n) (griech.) Verstopfung einer Blutader.
Em|bo|lus (der, -, -bo|li) (griech.) Pfropf; Fremdkörper.
Em|b|ryo (der, -s, -s/-y|o|nen) (griech.) Ungeborenes; Fötus.
Em|b|ryo|ge|ne|se (*auch:* Em|b|ryo|ge|nie) (die, -, -n) (griech.) Entwicklung des Fötus.
Em|b|ryo|lo|gie (die, -, kein Plural) (griech.) Lehre von der Fötenentwicklung.
em|b|ry|o|nal (*auch:* em|b|ry|o|nisch) (Adj.) (griech.) am Beginn einer Entwicklung.

Em|b|ryo|trans|fer (der, -s, -s) Übertragung und Einpflanzug von Eizellen, die außerhalb des Körpers befruchtet wurden.

Emen|da|ti|on (die, -, -ti|o|nen) (lat.) Berichtigung (eines falsch überlieferten Textes). Verb: emendieren.

Eme|rit (der, -en, -en) (lat.) Geistlicher oder Hochschullehrer im Ruhestand.

eme|ri|tie|ren (V.) in den Ruhestand versetzen. emeritiert.

Eme|ri|tie|rung (die, -, -en) (lat.) Pensionierung eines Hochschullehrers. emeritiert (Abk.: em.); emeritieren.

Eme|ri|tus (der, -, -ri|ti) (lat.) Hochschullehrer im Ruhestand.

Emer|si|on (die, -, -si|o|nen) (lat.) das Auftauchen (von Neuland durch Absinken des Meeresspiegels).

Eme|ti|kum (das, -s, -ti|ka) (griech.-nlat.) Brechmittel. Adjektiv: emetisch.

Emi|g|rant (der, -en, -en) (lat.) Auswanderer; Flüchtling.

Emi|g|ran|ten|li|te|ra|tur (die, -, -en) (lat.) Werke emigrierter Schriftsteller.

Emi|g|ra|ti|on (die, -, kein Plural) (lat.) Auswanderung wegen politischer oder religiöser Verfolgung.

emi|g|rie|ren (V.) (lat.) auswandern; vor Verfolgung in ein anderes Land fliehen.

Emin|cé (das, -s, -s) (franz.) Geschnetzeltes; z. B. Emincé à la zurichoise: Züricher Kalbsgeschnetzeltes.

emi|nent (Adj.) (lat.) außerordentlich; hervorragend.

Emi|nenz (die, -, -en) (lat.) 1. Anrede für kirchliche Würdenträger; 2. Außerordentlichkeit.

Emir (der, -s, -e) (arab.) orientalischer Fürstentitel.

Emi|rat (das, -s, -e) (arab.) Fürstentum.

Emis|sär (der, -s, -e) (franz.) Abgesandter mit Geheimauftrag.

Emis|si|on (die, -, -si|o|nen) (lat.) Aussendung; Ausstrahlung; Schadstoffabgabe.

Emis|si|ons|stopp (der, -s, kein Plural) Verbot von Schadstoffausstoß.

Emit|tent (der, -en, -en) Wertpapierausgeber.

emit|tie|ren (V.) (lat.) ausgeben, in Umlauf bringen.

Em|men|ta|ler (der, -s, -) Käsesorte.

e-Moll (das, -, kein Plural) Tonart. e-Moll-Tonleiter.

Emo|ti|on (die, -, -ti|o|nen) (lat.) Erregung; Gefühl.

emo|ti|o|nal (*auch:* emo|ti|o|nell) (Adj.) gefühlsmäßig.

emo|ti|o|na|li|sie|ren (V.) mit Gefühlen aufladen.

Emo|ti|o|na|li|tät (die, -, kein Plural) gefühlsbetontes Empfinden.

emo|ti|ons|ge|la|den (Adj.) von Gefühlen beherrscht.

emo|ti|ons|los (Adj.) erregungslos; reglos.

Em|pa|thie (die, -, kein Plural) (griech.) Einfühlungsvermögen.

Emp|fang (der, -s, -fän|ge) 1. Aufnahme; Begrüßung; Willkommen; 2. Audienz; festliche Veranstaltung; 3. Rezeption; 4. Annahme; Entgegennahme; 5. Auffangen von Rundfunk- und Fernsehwellen.

emp|fan|gen (V., empfing, hat empfangen) 1. entgegennehmen; erhalten; 2. begrüßen; Willkommen heißen; 3. Rundfunkwellen auffangen.

Emp|fän|ger (der, -s, -) 1. Adressat; 2. Radio- oder Fernsehgerät.

Emp|fäng|lich|keit (die, -, -en) Beeinflussbarkeit; Offenheit; Sensibilität; Zugänglichkeit. empfänglich.

Emp|fäng|nis (die, -, -se) Befruchtung.

Emp|fäng|nis|ver|hü|tung (die, -, -en) Verhinderung einer Schwangerschaft. empfängnisverhütend.

emp|fangs|be|rech|tigt (Adj.) zur Annahme befugt.

Emp|fangs|be|schei|ni|gung (die, -, -en) schriftliche Bestätigung der Entgegennahme.

Emp|fangs|chef (der, -s, -s) Leiter einer Rezeption; Portier.

Emp|fangs|da|me (die, -, -n) weiblicher Empfangschef.

Emp|fangs|stö|rung (die, -, -en) unzulänglicher Rundfunkempfang.

emp|feh|len (V., empfahl, hat empfohlen) 1. anpreisen; anraten; befürworten; 2. (refl.) sich verabschieden. Wir empfehlen heute Apfelsinen. Ich empfehle mich und verlasse die Veranstaltung.

emp|feh|lens|wert (Adj.) ratsam; vorteilhaft.

Emp|feh|lung (die, -, -en) Befürwortung; Rat.

Emp|feh|lungs|schrei|ben (das, -s, -) schriftliche Befürwortung; Referenz; Schutzbrief; Zeugnis.

emp|find|bar (Adj.) fühlbar; spürbar.

emp|fin|den (V., empfand, hat empfunden) wahrnehmen; fühlen; verspüren.

Emp|fin|den (das, -s, kein Plural) Wahrnehmung.

Emp|find|lich|keit (die, -, -en) leichte Erregbarkeit. empfindlich.

Emp|find|sam|keit (die, -, -en) Einfühlungsvermögen; Sensibilität. empfindsam.

Emp|fin|dung (die, -, -en) Berührtheit; Gefühl.

emp|fin|dungs|los (Adj.) gefühlskalt; taub.

Em|pha|se (die, -, -n) (griech.) Nachdruck. Adjektiv: emphatisch.

em|pha|tisch (Adj.) mit Emphase; nachdrücklich; passioniert.

Em|phy|sem (das, -s, -e) (griech.) Gas-, Luftaufblähung (besonders in der Lunge).

Em|pi|re 1. (das, -/-s, kein Plural) (franz.) ein klassizistischer Kunststil (von 1800 bis 1830); 2. (das, -/-s, kein Plural) (franz.-engl.) das britische Weltreich.

Em|pi|rie (die, -, kein Plural) (griech.) Erkenntnis aus Erfahrung.

Em|pi|ri|ker (der, -s, -) Anhänger des Empirismus. Empirist; empiristisch.

Em|pi|ris|mus (der, -, kein Plural) philosophische Denkrichtung.

em|por (Adv.) nach oben; aufwärts. *Beachte:* in Verbindung mit Verben immer zusammengeschrieben! emporkommen; emporarbeiten; emporfliegen; emporragen; emporschwingen; emporsteigen; emporwachsen.

em|pö|ren (V.) 1. Zorn erregen; Entrüstung provozieren; 2. (refl.) entrüsten; auflehnen.

em|pö|rend (Adj.) skandalös; ungeheuerlich.

Em|pö|rer (der, -s, -) Aufrührer; Revolutionär.

em|pö|re|risch (Adj.) aufrührerisch; rebellisch.

Em|por|kömm|ling (der, -s, -e) gesellschaftlicher Aufsteiger; Karrierist; Neureicher.

Em|pö|rung (die, -, -en) Aufruhr; Entrüstung; Unmut.

Em|py|em (das, -s, -e) (griech.) Eiteransammlung (z. B. in der Brusthöhle).
em|py|re|isch (Adj.) zum Empyreum gehörig; lichtüberstrahlt.
Em|py|re|um (das, -s, kein Plural) (griech.-lat.) oberster Feuerhimmel; Lichtreich (nach alter philosophischer Auffassung).
em|sig (Adj.) fleißig; flink; geschäftig.
Em|sig|keit (die, -, kein Plural) Fleiß; Geschäftigkeit.
Emu (der, -s, -s) Straußenvogel.
Emu|la|ti|on (die, -, -ti|o|nen) (lat.) Anpassung von Betriebssystemen (EDV). Emulationsprogramm.
Emul|ga|tor (der, -s, -en) (lat.) Substanz zur Herstellung einer Emulsion.
emul|gie|ren (V.) (lat.) aufschwemmen; verteilen.
Emul|si|on (die, -, -en) (lat.) Gemisch von nicht ineinander löslichen Flüssigkeiten.
E-Mu|sik (die, -, kein Plural) (Kurzw.) ernste Musik.
En|an|them (das, -s, -e) (griech.) Schleimhautausschlag.
en bloc (franz.) im Ganzen. die En-bloc-Annahme.
en|co|die|ren (V.) = enkodieren.
En|co|ding (das, -s, -s) (engl.) Nachrichtenverschlüsselung.
En|coun|ter (das/der, -s, -) (engl.) psychologisches Gruppentraining.
End|ab|rech|nung (die, -, -en) abschließende Rechnung.
En|de (das, -s, -n) 1. Schluss; Ausgang; 2. Schlussteil; Hinterteil. Am Ende; bis zum bitteren Ende; Ende des Jahres; Ende nächster Woche; Endvierziger. endgültig; *aber:* nichts Endgültiges.
End|bahn|hof (der, -s, -hö|fe) Zielbahnhof.
End|be|scheid (der, -s, -e) abschließende Mitteilung.
End|ef|fekt (der, -s, -e) 1. abschließendes, endgültiges Ergebnis; 2. schließlich; letzthin. (in Verbindung:) im Endeffekt.
En|de|mie (die, -, -n) (griech.) auf eine bestimmte Gegend beschränkte Krankheit. Ortsseuche. Adjektiv: endemisch.
En|de|mit (der, -en, -en) endemisches Lebewesen.
en|den (V.) aufhören; schließen.
en dé|tail (franz.) im Einzelnen.
End|gül|tig|keit (die, -, -n) Unabwendbarkeit; Unwiderruflichkeit. endgültig.
End|hal|te|stel|le (die, -, -n) letzte Station.
End|hirn (das, -s, -e) vorderster Teil eines Gehirns.
En|di|vie (die, -, -n) Salatpflanze.
En|di|vi|en|sa|lat (der, -s, kein Plural) Zubereitung von Salat aus Endivie.
End|kampf (der, -s, -käm|pfe) im Sport das Finale.
End|la|ge|rung (die, -, -en) Langzeitdeponierung von radioaktivem Müll (*aber:* die Entsorgung!).
End|lauf (der, -s, -läu|fe) im Sport das entscheidende Rennen.
end|lich 1. (Adv.) schließlich; zuletzt. na endlich! 2. (Adj.) vergänglich; begrenzt.
End|lich|keit (die, -, -en) Begrenztheit; Sterblichkeit; Vergänglichkeit.
End|los|band (das, -s, -bän|der) Tonbandschleife.
End|lo|sig|keit (die, -, kein Plural) 1. Ewigkeit; Unendlichkeit; 2. (ugs.) sehr lange Zeit. endlos.
End|los|pa|pier (das, -s, -e) zusammenhängende Schreibpapierseiten zum Durchlauf durch einen Drucker.
End|mo|rä|ne (die, -, -n) Aufschüttung vor einem Gletscher.
En|do|ga|mie (die, -, -n) (griech.) Heirat innerhalb einer bestimmten Gruppe (z. B. einer Kaste).
en|do|gen (Adj.) (griech.) von innen heraus (entstanden, kommend).
En|do|kar|di|tis (die, -, kein Plural) (griech.) Herzklappenentzündung.
en|do|krin (Adj.) (griech.) die Drüsentätigkeit betreffend.
En|do|kri|no|lo|gie (die, -, kein Plural) (griech.) Lehre von der inneren Sekretion.
En|do|s|kop (das, -s, -e) (griech.) optisches Gerät zur Untersuchung von Körperhöhlen und zur Gewebsentnahme (z. B. Magenspiegel).
En|do|s|ko|pie (die, -, -n) Untersuchung mit dem Endoskop.
en|do|therm (Adj.) (griech.) Wärme benötigend, bindend (von chemischen Reaktionen).
End|pha|se (die, -, -n) kurz vor Schluss.
End|punkt (der, -s, -e) Schlusspunkt; Äußerstes.
End|reim (der, -s, -e) Reim zu den Zeilenenden.
End|run|de (die, -, -n) im Sport die entscheidenden Wettkämpfe.
End|spiel (das, -s, -e) entscheidendes Spiel; Abschluss eines Turniers.
End|spurt (der, -s, -e) Beschleunigung vor dem Zieleinlauf.
En|dung (die, -, -en) letzte Silbe eines Worts. endungslos.
En|du|ro (die, -, -s) (span.) Geländemotorrad.
End|ver|brau|cher (der, -s, -) Konsument.
End|vier|zi|ger (der, -s, -) Person im Alter kurz vor dem fünfzigsten Lebensjahr.
End|zeit (die, -, kein Plural) Zeit des Untergangs. endzeitlich.
Ener|ge|tik (die, -, kein Plural) (griech.) 1. physikalische Energielehre; 2. Denklehre, die die Energie als Grundlage allen Geschehens ansetzt. Adjektiv: energetisch.
Ener|gie (die, -, -n) (griech.) Kraft; Ausdauer; Arbeitsleistung.
ener|gie|arm (Adj.) antriebsschwach; motivationsarm.
Ener|gie|be|darf (der, -s, kein Plural) voraussichtlich erforderliche Arbeitsleistung aus elektrischem Strom oder Kraftstoffen.
Ener|gie|bün|del (das, -s, -) (ugs.) energische, kraftvolle Person.
ener|gie|ge|la|den (Adj.) energisch; kraftvoll.
Ener|gie|haus|halt (der, -s, -e) Bewirtschaftung von Energieträgern in einem bestimmten Bereich.
Ener|gie|kri|se (die, -, -n) durch Verknappung von Energieträgern ausgelöste Wirtschaftskrise.
Ener|gie|lo|sig|keit (die, -, kein Plural) Kraftlosigkeit; Phlegma; Willensschwäche. energielos.
ener|gie|reich (Adj.) stark energiehaltig.
ener|gie|spa|rend (*auch:* Ener|gie spa|rend) (Adj.) Energie effizient nutzend.
Ener|gie|trä|ger (der, -s, -) Stoff, der in Energie umgewandelt wird (z. B. Erdöl, Kohle).

Ener|gie|ver|brauch (der, -s, -bräu|che) Ausnutzung von Energie (z. B. in Form von elektrischem Strom oder Benzin).

Ener|gie|wirt|schaft (die, -, -en) Gesamtheit aller mit der Erzeugung und Verwaltung von Energie befassten Unternehmen und Institutionen.

ener|gisch (Adj.) 1. kraftvoll; vital; zupackend; 2. ausdrücklich; bestimmt; streng.

ener|vie|ren (V.) entnerven; entkräften.

En|fant ter|ri|b|le (das, - -, -s -s) (franz.) jmd., der oft von einer Norm stark abweicht.

eng (Adj.) 1. knapp; 2. vertraut. aufs engste/Engste; etwas/nichts Enges; in die Enge treiben; zwei eng befreundete (*auch:* engbefreundete) Familien; eng anliegend (*auch:* enganliegend); eng beschrieben (*auch:* engbeschrieben); engherzig; engmaschig; engstirnig; eng verwandt (*auch:* engverwandt).

En|ga|ge|ment (das, -s, -s) (franz.) 1. Verpflichtung (als Künstler); 2. Interesse; Beteiligung.

en|ga|gie|ren (Adj.) 1. beauftragen; verpflichten; 2. (refl.) eifrig sein; einsetzen für etw.

En|ga|giert|heit (die, -, -en) Eifer; Interessiertheit. engagiert.

En|ge (die, -, -n) Bedrängtheit; Eingeschränktheit; Knappheit.

En|gel (der, -s, -) 1. Helfer; Retter; 2. Schönheit; überirdisches Wesen. Engel(s)kopf.

en|gel|haft (Adj.) wie ein Engel.

En|gel|ma|che|rin (die, -, -nen) Pflegemutter oder Hebamme, die ungewollte Kinder tötet oder abtreibt.

en|gel|rein (Adj.) vollständig rein.

en|gel|schön (Adj.) schön wie ein Engel.

En|gels|ge|duld (die, -, kein Plural) Langmut; sehr große Geduld.

en|gel(s)|gleich (Adj.) ätherisch; schön zart.

En|gels|haar (das, -es, -e) besonders zartes, blondes Kinderhaar.

En|gels|zun|gen (die, nur Plural) (nur in der Verbindung:) mit Engelszungen reden (jemanden mit großer Geduld überzeugen).

En|ger|ling (der, -s, -e) Käferlarve.

Eng|her|zig|keit (die, -, -en) Geiz; Kleinlichkeit.

En|gig|keit (die, -, -en) Enge.

Eng|land (kein Art., -, kein Plural) Teil Großbritanniens. Engländer.

eng|lisch (Adj.) sich englisch unterhalten; *aber:* sich auf Englisch unterhalten; das Buch ist in Englisch geschrieben; mein Englisch ist schlecht; er kann kein Wort Englisch; er spricht Englisch; die Übersetzung ist in Englisch.

En|g|lish|waltz (*auch:* En|g|lish Waltz) (der, -, -) langsamer Walzer.

En|go|be (die, -, -n) (franz.) aufgebrannter farbiger Überzug (Keramik); Angussfarbe.

en|go|bie|ren (V.) mit Engobe überziehen.

Eng|pass (der, -es, -päs|se) 1. schmaler Durchgang; 2. Versorgungsschwierigkeit.

en gros (franz.) im Großen.

En|gros|händ|ler (der, -s, -) Großhändler.

En|gros|preis (der, -es, -e) Preis im Großhandel.

En|gros|ver|kauf (der, -s, kein Plural) Großhandel.

Eng|stir|nig|keit (die, -, -en) geistige Begrenztheit; Intoleranz.

En|jam|be|ment (das, -s, -s) (franz.) Übergreifen eines Satzes in die nächste Verszeile; Zeilensprung.

En|kaus|tik (die, -, kein Plural) (griech.) eine antike Maltechnik, bei der heiße Wachsfarben verschmolzen werden.

En|kel (der, -s, -) Kindeskind. Enkelin; Enkelkinder.

En|kla|ve (die, -, -n) (franz.) vom eigenen Gebiet umschlossenes fremdes Staatsgebiet.

En|kli|se (die, -, -n) (griech.) Anlehnung eines unbetonten Wortes an ein vorausgehendes, betontes (z. B. »zu« + »der« → »zur«).

en|ko|die|ren (*auch:* en|co|die|ren) (V.) (engl.) Nachricht verschlüsseln. Enkodierung.

en masse (franz.) gehäuft; massenhaft.

en mi|ni|a|ture (franz.) im Kleinen.

en|nu|y|ant (Adj.) (franz.) anödend; lästig.

enorm (Adj.) (franz.) riesig; ansehnlich; sehr viel.

Enor|mi|tät (die, -, -en) ungewöhnliche Größe.

en pas|sant (franz.) beiläufig.

En|quete (die, -, -n) (franz.) Umfrage; Untersuchung.

En|quete|kom|mis|sion (die, -, -en) Untersuchungsausschuss.

en route (franz.) unterwegs.

En|sem|b|le (das, -s, -s) (franz.) 1. Ganzes; Zusammenstellung; 2. Künstlergruppe.

En|sem|b|le|spiel (das, -s, kein Plural) Zusammenwirken von Schauspielern oder Musikern.

en suite (franz.) im Folgenden; ununterbrochen.

ent|ar|ten (V.) abweichen; degenerieren. Entartung.

Ent|ar|tung (die, -, -en) Auswuchs; Degeneration. entartet.

ent|äu|ßern (V.) weggeben; aushändigen.

Ent|äu|ße|rung (die, -, -en) Hingabe; Verzicht.

ent|beh|ren (V.) verzichten; vermissen (mit Akkusativ!); nicht haben (mit Genitiv!). Diese Aussage entbehrt jeglicher Wahrheit.

Ent|behr|lich|keit (die, -, -en) Verzichtbarkeit; Überflüssigkeit. entbehrlich.

Ent|beh|rung (die, -, -en) Mangel; Verzicht.

ent|beh|rungs|reich (Adj.) Not leidend.

ent|bin|den (V., entband, hat entbunden) 1. befreien; 2. gebären.

Ent|bin|dung (die, -, -en) 1. Entlassung; Befreiung (z. B. von einer Aufgabe); 2. Geburt; Niederkunft.

Ent|bin|dungs|sta|ti|on (die, -, -ti|o|nen) Geburtsabteilung im Krankenhaus.

ent|blö|den (V., refl.) (ugs.) (nur in der Verbindung:) sich nicht entblöden (erdreisten). Er entblödete sich nicht, mich taktlos auszufragen.

ent|blö|ßen (V.) enthüllen; berauben. Entblößung.

ent|bren|nen (V., entbrannte, ist entbrannt) entflammen; begeistern.

ent|bü|ro|kra|ti|sie|ren (V.) von bürokratischen Umständlichkeiten befreien.

ent|de|cken (V.) finden; aufdecken.

Ent|de|cker (der, -s, -) Forscher; Finder des Neuen und Unbekannten. Entdeckerfreude. entdeckerisch.

Ent|de|ckung (die, -, -en) 1. zufälliger Fund; 2. Ergebnis einer Forschung.
Ent|de|ckungs|rei|se (die, -, -n) Forschungsreise; Fahrt ins Unbekannte.
Ent|de|ckungs|zeit|al|ter (das, -s, kein Plural) Epoche der großen geografischen Entdeckungen im 15. und 16. Jh.
En|te (die, -, -n) 1. Gänsevogel; 2. Falschmeldung. Zeitungsente.
ent|eh|ren (V.) entwürdigen; demütigen.
ent|eh|rend (Adj.) beleidigend; demütigend.
Ent|eh|rung (die, -, -en) Entwürdigung; Schändung.
ent|eig|nen (V.) beschlagnahmen; verstaatlichen. Enteignung.
ent|ei|len (V.) davonlaufen.
ent|ei|sen (V.) auftauen; von Eis befreien. Enteisung; enteist.
ent|ei|se|nen (V.) eine Substanz von Eisengehalt befreien. Enteisenung; enteisent.
En|tente (die, -, -n) (franz.) Einverständnis; Bündnis; freundschaftliche Beziehung zwischen Staaten.
En|ten|teich (der, -s, -e) kleines Gewässer.
En|te|r|al|gie (die, -, -n) (griech.) Bauchschmerz; Darmkolik.
En|ter|beil (das, -s, -e) Werkzeug zum Kappen von Tauen.
ent|er|ben (V.) Familienangehörige vom Erbe ausschließen.
En|ter|ha|ken (der, -s, -) Werkzeug zum Festhalten und Heranziehen feindlicher Schiffe.
En|te|rich (der, -s, -e) männliche Ente; Erpel.
En|te|ri|tis (die, -, -ti|den) (griech.) Dünndarmentzündung.
en|tern (V.) 1. erobern; 2. die Takelage eines Segelschiffs erklettern; 3. ein feindliches Schiff gewaltsam betreten. Enterung; Enterhaken.
En|te|ro|s|kop (das, -s, -e) (griech.) Endoskop für den Dickdarm.
En|te|ro|s|to|mie (die, -, -n) (griech.) Anlegen eines künstlichen Darmausganges.
En|ter|tai|ner (der, -s, -) (engl.) Alleinunterhalter; Unterhaltungskünstler.
En|ter|tain|ment (das, -s, kein Plural) (engl.) leichte Unterhaltung.
ent|fa|chen (V.) entflammen; erregen. Entfachung.
ent|fah|ren (V., entfuhr, ist entfahren) unbeabsichtigt aussprechen.
ent|fal|len (V., entfiel, ist entfallen) 1. vergessen; 2. wegfallen.
ent|fal|ten (V.) öffnen; ausbreiten; sich entwickeln. entfaltbar. Entfaltung.
Ent|fal|tungs|mög|lich|keit (die, -, -en) Freiraum.
ent|fär|ben (V.) bleichen.
Ent|fär|ber (der, -s, -) Bleichmittel.
ent|fer|nen (V.) 1. wegschaffen; abweichen; beseitigen; 2. (refl.) weggehen. nicht im Entferntesten. entfernt.
Ent|fer|nung (die, -, -en) 1. Beseitigung; 2. Abstand; Distanz.
Ent|fer|nungs|mes|ser (der, -s, -) Vorrichtung zum Ermitteln von Abständen.
ent|fes|seln (V.) befreien; auslösen. Entfesselung.
ent|fes|selt (Adj.) hemmungslos.
ent|fet|ten (V.) von Fett befreien. Entfettung.
Ent|fet|tungs|kur (die, -, -en) Schlankheitskur.
ent|flamm|bar (Adj.) feuergefährlich.
ent|flam|men (V.) anfachen; erregen. Entflammung.
ent|flech|ten (V., entflocht, ist entflochten) entwirren; lösen. Entflechtung.
ent|fle|cken (V.) reinigen.
ent|frem|den (V.) 1. fremd machen; fremd werden; entzweien; 2. (refl.) sich auseinanderleben.
Ent|frem|dung (die, -, -en) Abkehr; Beziehungslosigkeit.
ent|fros|ten (V.) auftauen. Entfrostung.
Ent|fros|ter (der, -s, -) Substanz oder Vorrichtung zum Befreien von Eis.
ent|füh|ren (V.) rauben.
Ent|füh|rer (der, -s, -) Kidnapper.
Ent|füh|rung (die, -, -en) Menschenraub; Kidnapping.
ent|ge|gen 1. (Präp., Dat.) im Gegensatz zu. entgegen meinem Vorsatz. entgegen unserer Vorstellung; 2. (Adv.) in Richtung auf; entgegengesetzt; zuwider. *Beachte:* in Verbindung mit Verben immer Zusammenschreibung! entgegenstemmen; Entgegengesetzte, *aber:* in die entgegengesetzte Richtung; entgegengesetzt; entgegenkommend.
ent|ge|gen|brin|gen (V., brachte entgegen, hat entgegengebracht) darbringen.
ent|ge|gen|fie|bern (V.) ungeduldig erwarten.
ent|ge|gen|ge|hen (V.) sich einer Angelegenheit nähern.
ent|ge|gen|ge|setzt (Adj.) 1. gegenüberliegend; 2. umgekehrt; im Widerspruch befindlich.
ent|ge|gen|hal|ten (V., hielt entgegen, hat entgegengehalten) einwenden; erwidern.
Ent|ge|gen|kom|men (das, -s, -) Gefälligkeit; Kompromissbereitschaft; Unterstützung; Verhandlungsbereitschaft. entgegenkommen.
ent|ge|gen|kom|men|der|wei|se (Adj.) freundlicherweise; kulanterweise; kompromissbereit.
Ent|ge|gen|nah|me (die, -, -n) Annahme; Empfang; Übernahme. entgegennehmen.
ent|ge|gen|schla|gen (V., schlug entgegen, ist entgegengeschlagen) unerwartet heftig von vorne kommen. Als er das Haus verließ, schlug ihm der Wind entgegen.
ent|ge|gen|se|hen (V., sah entgegen, hat entgegengesehen) erwarten. Sie sehen freudig der Hochzeit entgegen.
ent|ge|gen|stre|cken (V.) den Arm ausstrecken und jmdm. etw. hinhalten. Er streckte die Hand zum Gruß entgegen.
ent|ge|gen|stür|zen (V.) auf jmdn. zueilen.
ent|ge|gen|trei|ben (V., trieb entgegen, ist entgegengetrieben) sich entwickeln. Die Geschichte treibt ihrem Höhepunkt entgegen.
ent|ge|gen|tre|ten (V., trat entgegen, ist entgegengetreten) 1. sich jmdm. gegenüberstellen; 2. bekämpfen; widersetzen.
Ent|geg|nung (die, -, -en) Antwort; Erwiderung. entgegnen.
ent|ge|hen (V., entging, ist entgangen) 1. entkommen; fliehen; 2. nicht bemerken; versäumen. Er entging knapp einem Unfall.
ent|geis|tert (Adj.) überrascht; sprachlos; fassungslos.
Ent|gelt (das, -s, -e) Bezahlung; Lohn; Gebühr.

ent|gel|ten (V., entgolt, ist entgolten) entlohnen; vergelten.
ent|gelt|lich (Adj.) gebührenpflichtig.
Ent|gif|tung (die, -, -en) Entfernung gesundheitsgefährdender Substanzen. entgiften.
ent|glei|sen (V., ist) 1. aus dem Gleis kommen; verunglücken; 2. taktlos sein. Entgleisung.
ent|glei|ten (V., entglitt, ist entglitten) herausrutschen.
Ent|göt|te|rung (die, -, -en) Entfernung der Götter aus der Welt. entgöttern.
ent|gra|ten (V.) einen Grat von einem Werkstück entfernen.
ent|grä|ten (V.) Gräten aus Fischfleisch entfernen.
Ent|gren|zung (die, -, -en) Befreiung aus Begrenztheiten. entgrenzen.
Ent|haa|rung (die, -, kein Plural) Entfernung von Körperbehaarung. enthaaren.
ent|hal|ten (V., enthielt, hat enthalten) 1. beinhalten; in sich haben; 2. sich ausschließen; zurückhalten. Der Abgeordnete enthält sich der Stimme. Enthaltung.
Ent|halt|sam|keit (die, -, -en) Askese; Entsagung; Zurückhaltung. enthaltsam.
ent|här|ten (V.) Magnesium und Kalzium aus Wasser entfernen. Enthärter; Enthärtung.
ent|haup|ten (V.) köpfen.
Ent|haup|tung (die, -, -en) Hinrichtung.
Ent|häu|tung (die, -, -en) Abziehung der Haut. enthäuten.
ent|he|ben (V., enthob, hat enthoben) befreien; absetzen. *Beachte:* mit Akkusativ (für die Person) und mit Genitiv (für die Sache)! Sie haben ihn sämtlicher Rechte enthoben.
ent|hei|li|gen (Adj.) die Heiligkeit missachten. Entheiligung.
ent|hol|zen (Adj) das Unterholz aus dem Wald entfernen. Entholzung.
ent|hem|men (V.) frei machen; von Hemmungen befreien. Enthemmung; Enthemmtheit.
ent|hül|len (V.) aufdecken; entblößen.
Ent|hül|lung (die, -, -en) 1. Einweihung eines Denkmals; 2. Aufdeckung eines Sachverhalts.
ent|hül|sen (Adj.) von der Hülse befreien. Enthülsung.
Ent|hu|ma|ni|sie|rung (die, -, kein Plural) der Menschlichkeit berauben. enthumanisieren.
en|thu|si|as|mie|ren (V.) begeistern; verzücken.
En|thu|si|as|mus (der, -, kein Plural) (griech.) Begeisterung; Eifer; Entzücktheit.
En|thu|si|ast (der, -en, -en) Schwärmer; Liebhaber.
ent|ideo|lo|gi|sie|ren (V.) von einer Ideologie befreien. Entideologisierung.
En|ti|tät (die, -, -en) (lat.) das Dasein (eines Dinges gegenüber seiner Wesenheit).
ent|jung|fern (V.) deflorieren. Entjungferung.
ent|kal|ken (V.) von Kalk befreien. Entkalkung.
Ent|kal|ker (der, -s, -) Substanz zum Entkalken.
ent|kei|men (V.) desinfizieren; sterilisieren. Entkeimung.
ent|ker|nen (V.) 1. Kerne aus Obst entfernen; 2. Raumaufteilungen in Gebäuden oder Stadtviertel auflockern.
Ent|ker|ner (der, -s, -) Gerät zum Entfernen von Obstkernen.
ent|klei|den (V.) ausziehen. Entkleidung.
ent|kno|chen (V.) Knochen aus Fleisch herauslösen; entbeinen.
ent|kof|fe|i|nie|ren (V.) Kaffee das Koffein entziehen. Entkoffeinierung; entkoffeiniert.
ent|koh|len (V.) Kohlenstoff entziehen. Entkohlung.
ent|kom|men (V., entkam, ist entkommen) entfliehen; flüchten.
ent|kor|ken (V.) einen Flaschenkorken herausziehen.
ent|kör|nen (V.) von Körnern befreien. Entkörnung.
ent|kräf|ten (V.) schwächen; erschöpfen. Entkräftung.
ent|kramp|fen (V.) lockern; lösen. Entkrampfung.
ent|la|den (V., entlud, hat entladen) entleeren; losbrechen. Entladung.
ent|lang (Präp.; Adv.) längs. Die Mauer entlang (Akkusativ!); dem Meerufer entlang (Dativ!); entlang der Mauer (Genitiv!) *Beachte:* Zusammenschreibung auf die Frage »Wo?«! die Straße entlanglaufen (Wo?); *aber:* die Straße entlang laufen (statt gehen – Wie?); entlangfahren; entlanggehen; entlangschlendern.
ent|lar|ven (V.) aufdecken. Entlarvung.
ent|las|sen (V., entließ, hat entlassen) kündigen; verabschieden.
Ent|las|sung (die, -, -en) Kündigung; Beendigung eines Anstellungsverhältnisses oder eines Aufenthalts.
Ent|las|sungs|ge|such (das, -s, -e) Bitte um Beendigung des Arbeitsverhältnisses.
Ent|las|sungs|fei|er (die, -, -n) Fest zum Ausscheiden aus dem Unternehmen.
Ent|las|sungs|schein (der, -s, -e) Dokument über die Beendigung eines Aufenthalts (z. B. Krankenhaus, Militär).
ent|las|ten (V.) beistehen; entbürden.
Ent|las|tung (die, -, -en) 1. Unterstützung bei der Arbeit; 2. Befreiung von einem Verdacht.
Ent|las|tungs|ma|te|ri|al (das, -s, kein Plural) Indizien zugunsten des Angeklagten.
Ent|las|tungs|zeu|ge (der, -n, -n) Zeuge zugunsten der Verteidigung.
Ent|las|tungs|zug (der, -s/-es, -zü|ge) außerplanmäßiger Eisenbahnzug.
ent|lau|ben (V.) Waldflächen ihres Laubes berauben. Entlaubung.
ent|lau|fen (V., entlief, ist entlaufen) weglaufen; fliehen; ausbrechen.
ent|lau|sen (V.) von Läusen befreien. Entlausung.
ent|le|di|gen (V., refl.) befreien; etw. ablegen. Entledigung.
ent|le|gen (Adj.) abseits; fern. Entlegenheit.
ent|lee|ren (V.) ausleeren; ausschütten; ausscheiden. Entleerung.
ent|lei|ben (V.) töten.
ent|lei|hen (V.) ausborgen. Entleihung.
Ent|lei|her (der, -s, -) Person, die sich etwas geliehen hat.
ent|leh|nen (V.) ausleihen; übernehmen. Entlehnung.
ent|lo|ben (V.) eine Verlobung auflösen. Entlobung.
ent|lo|cken (V.) ausfragen; herauslocken.

ent|loh|nen (V.) bezahlen. Entlohnung.
ent|lüf|ten (V.) Frischluft zuführen. Entlüftung.
Ent|lüf|ter (der, -s, -) Vorrichtung zum Absaugen von Gasen und Dämpfen.
Ent|lüf|tungs|schacht (der, -s, -schäch|te) Frischluftzufuhr oder Abluftabfuhr.
ent|mach|ten (V.) stürzen. Entmachtung.
ent|ma|g|ne|ti|sie|ren (V.) von Magnetismus befreien.
ent|man|nen (V.) kastrieren. Entmannung.
ent|men|schen (V.) des menschlichen Empfindens berauben. Entmenschung.
ent|mensch|li|chen (V.) der menschlichen Würde berauben. Entmenschlichung.
ent|mie|ten (V.) Wohnungsmieter mit illegalen Mitteln zum Auszug zwingen. Entmietung.
ent|mi|li|ta|ri|sie|ren (V.) entwaffnen; Truppen abziehen. Entmilitarisierung.
ent|mi|schen (V.) Gemisch in seine einzelnen Bestandteile zerlegen.
ent|mis|ten (V.) säubern; Schmutz beseitigen.
ent|mün|di|gen (V.) rechtlos machen. Entmündigung.
ent|mu|ti|gen (V.) mutlos machen; demoralisieren. Entmutigung.
ent|my|tho|lo|gi|sie|ren (V.) mythologisches Gedankengut ausräumen. Entmythologisierung.
ent|neh|men (V., entnahm, hat entnommen) herausnehmen; folgern. Ich entnahm es (aus) der Zeitung. Entnahme.
ent|ner|ven (V.) nervös machen; zermürben.
ent|nervt (Adj.) nervlich erschöpft. Entnervung.
ent|ölen (V.) Öl entfernen. Entölung.
En|to|mo|lo|gie (die, -, kein Plural) (griech.) Insektenkunde.
en|to|mo|lo|gisch (Adj.) (griech.) insektenkundlich.
ent|per|sön|li|chen (V.) der Persönlichkeit berauben.
ent|pflich|ten (V.) entbinden; entlassen. Entpflichtung.
ent|pup|pen (V., refl.) sich entwickeln; zeigen; herausstellen. Der Geldschein entpuppte sich als Fälschung.
Ent|pup|pung (die, -, -en) Verwandlung einer verpuppten Raupe in einen Schmetterling.
ent|rah|men (V.) Rahm entfernen.
ent|ra|ten (V.) entbehren; verzichten.
ent|rät|seln (V.) ergründen; entziffern.
En|t|re|akt (der, -s/-es, -e) (franz.) Zwischenakt; Zwischenspiel(-musik).
ent|rech|ten (V.) seiner Rechte berauben. Entrechtung.
Ent|rech|te|te (der, -n, -n) Rechtloser.
En|t|re|cote (das, -s, -s) (franz.) Rippenstück vom Rind.
En|t|ree (das, -s, -s) (franz.) 1. Eintritt(sgeld); 2. Eintritt(sraum); 3. Vorspeise; 4. Vorspiel (im Ballett).
ent|rei|ßen (V., entriss, hat entrissen) wegnehmen; befreien.
En|t|re|mets (das, -, -) (franz.) leichtes Gericht zwischen den Gängen.
en|t|re nous (franz.) unter uns; ungezwungen.
En|t|re|pot (das, -, -s) (frz.) Speicher; Lagerraum für Waren beim Zoll.
ent|rich|ten (V.) bezahlen. Entrichtung.
ent|rie|geln (V.) aufschließen.
ent|rin|gen (V.) entwinden; mühsam entreißen.
ent|rin|nen (V., entrann, ist entronnen) entfliehen; entgehen. Entrinnen.
ent|rol|len (V.) 1. auseinanderrollen; 2. davonrollen.
En|tro|pie (die, -, -n) (griech.) 1. Zustandsgröße der Thermodynamik, Grad der »Unordnung« eines abgeschlossenen Systems; 2. mittlerer Informationsgehalt einer Zeichenmenge; 3. Ungewissheitsgrad.
ent|ros|ten (V.) von Rost befreien. Entroster; Entrostung.
Ent|ros|ter (der, -s, -) Substanz zum Entfernen von Rost.
ent|rü|cken (V.) entziehen; versetzen.
ent|rückt (Adj.) gedankenverloren.
Ent|rü|ckung (die, -, kein Plural) verzückte Geistesabwesenheit.
ent|rüm|peln (V.) ausräumen; Gerümpel beseitigen. Entrümp(e)lung.
ent|rüs|ten (V., refl.) empören. Entrüstung.
ent|saf|ten (V.) Saft aus Früchten gewinnen.
Ent|saf|ter (der, -s, -) Vorrichtung zur Gewinnung von Fruchtsäften.
ent|sa|gen (V.) verzichten. Entsagung.
ent|sa|gungs|voll (Adj.) entbehrungsreich.
ent|sal|zen (V.) Salz entfernen. Entsalzung.
Ent|sal|zungs|an|la|ge (die, -, -n) Anlage zur Aufbereitung von Trinkwasser aus Meerwasser.
ent|säu|ern (V.) den Säuregehalt mindern. Entsäuerung.
ent|schä|di|gen (V.) abfinden; Schaden ausgleichen. Entschädigung.
Ent|schä|di|gungs|sum|me (die, -, -n) Geldbetrag als Ausgleich für Beschädigung oder Verlust.
ent|schär|fen (V.) ungefährlich machen; entspannen. Entschärfung.
Ent|scheid (der, -s, -e) Entscheidung.
ent|schei|den (V., entschied, hat entschieden) entschließen; bestimmen. *Beachte:* »sich entscheiden« mit der Präposition »für«! Sie hat sich für (nicht »zu«!) diese Stelle entschieden.
ent|schei|dend (Adj.) ausschlaggebend; maßgeblich.
Ent|schei|dung (die, -, -en) Beschluss; Entschluss; Verordnung.
Ent|schei|dungs|fä|hig|keit (die, -, -en) Fähigkeit zu entscheiden.
Ent|schei|dungs|frei|heit (die, -, -en) Ermessensspielraum; Unabhängigkeit.
Ent|schei|dungs|spiel (das, -s, -e) Finale eines Turniers.
Ent|schei|dungs|fin|dung (die, -, -en) Entscheidungsprozess. Der Weg der Entscheidungsfindung muss kürzer werden.
Ent|schei|dungs|freu|dig|keit (die, -, -en) Fähigkeit, schnell zu entscheiden. Entschlussfreudigkeit.
Ent|schei|dungs|kraft (die, -, -kräf|te) Urteilskraft.
ent|schie|den (Adj.) energisch; entschlossen. auf das Entschiedenste (*auch:* entschiedenste); Entschlussfreudigkeit.
Ent|schie|den|heit (die, -, kein Plural) Bestimmtheit; Entschlossenheit; Zielgerichtetheit.
ent|schla|cken (V.) reinigen; Schlacken entfernen. Entschlackung.
ent|schla|fen (V., entschlief, ist entschlafen) sterben.
Ent|schla|fe|ne (der, -n, -n) Verstorbene.

ent|schlei|ern (V.) lüften; aufdecken. Entschleierung.
ent|schlie|ßen (V., entschloss, hat entschlossen) entscheiden. *Beachte:* mit der Präposition »zu«! Hast du dich zum (*falsch:* »für«!) Kauf entschlossen? Entschluss.
Ent|schlie|ßung (die, -, -en) Kommuniqué; Resolution; Verhandlungsergebnis.
Ent|schlos|sen|heit (die, -, kein Plural) Bestimmtheit; Unbeirrbarkeit; Zielstrebigkeit. entschlossen.
ent|schlüs|seln (V.) entziffern; decodieren. Entschlüsselung (*auch:* Entschlüsslung).
Ent|schluss|fä|hig|keit (die, -, kein Plural) Entschlossenheit. entschlussfähig.
Ent|schluss|freu|dig|keit (die, -, kein Plural) Entscheidungsfreudigkeit. entschlussfreudig.
Ent|schluss|lo|sig|keit (die, -, kein Plural) Entscheidungsschwäche. entschlusslos.
ent|schuld|bar (Adj.) verzeihlich. Entschuldbarkeit.
ent|schul|den (V.) von Schulden befreien. Entschuldung.
ent|schul|di|gen (V.) verzeihen; rechtfertigen. *Beachte:* »sich entschuldigen« mit den Präpositionen »wegen/für«! Er entschuldigte sich für seine/wegen seiner Unhöflichkeit. Entschuldigung.
Ent|schul|di|gungs|grund (der, -s, -grün|de) Rechtfertigung.
Ent|schul|di|gungs|schrei|ben (das, -s, -) schriftliche Entschuldigung.
ent|schwe|ben (V.) sanft davonfliegen.
ent|schwe|feln (V.) von Schwefel befreien. Entschwef(e)lung.
ent|schwin|den (V., entschwand, ist entschwunden) verschwinden; entfallen.
ent|seelt (Adj.) tot.
ent|sen|den (V., entsendete/entsandte, hat entsendet/entsandt) abordnen; beauftragen. Entsendung.
Ent|set|zen (das, -s, kein Plural) Grauen; Furcht; Schock; Schreck.
ent|set|zen (V., refl.) erschrecken. Entsetzensausruf. entsetzt. entsetzenerregend (*auch:* Entsetzen erregend).
ent|setz|lich (Adj.) in Angst und Schrecken versetzend; grauenvoll.
ent|seu|chen (V.) desinfizieren; dekontaminieren. Entseuchung.
ent|si|chern (V.) eine Sicherung entfernen (z. B. Schusswaffe).
ent|sie|geln (V.) ein Siegel lösen; brechen.
ent|sin|nen (V., refl., entsann, hat entsonnen) erinnern. Ich kann mich meiner Kindheit/an meine Kindheit kaum noch entsinnen.
ent|sor|gen (V.) Müll beseitigen und lagern. Entsorgung.
ent|span|nen (V.) lösen; sich beruhigen.
Ent|span|nung (die, -, kein Plural) Ausruhen; Lockerung; Spannungslösung.
Ent|span|nungs|po|li|tik (die, -, kein Plural) Bestreben nach Konfliktlösung zwischen feindlich gesinnten Staaten.
Ent|span|nungs|übung (die, -, -en) Lockerungsübung.
ent|spie|geln (V.) optische Gläser von Reflexen befreien. Entspiegelung.
ent|spre|chen (V., entsprach, hat entsprochen) übereinstimmen; erfüllen. Entsprechung; etwas/nichts Entsprechendes; Entsprechendes veranlassen; entsprechend; dementsprechend. *Beachte:* »entsprechend« mit Dativ (nicht mit Genitiv)! entsprechend unseren (*nicht:* unserer!) Vorstellungen.
Ent|spre|chung (die, -, -en) Ähnliches; Folgendes; Übereinstimmung.
ent|sprie|ßen (V., entspross, ist entsprossen) hervorwachsen; stammen.
ent|sprin|gen (V., entsprang, ist entsprungen) 1. hervorquellen; sich entwickeln; beginnen; 2. entlaufen.
ent|stam|men (V., ist) herkommen; sich ableiten. Er entstammt einer guten Familie.
ent|stau|ben (V.) 1. Staub entfernen; 2. (ugs.) modernisieren.
ent|ste|hen (V., entstand, ist entstanden) erscheinen; folgen; hervorgehen; werden; sich entwickeln.
Ent|ste|hung (die, -, kein Plural) Entwicklung; Werden.
Ent|ste|hungs|ge|schich|te (die, -, -n) Entwicklungsprozess.
ent|stei|gen (V., entstieg, ist entstiegen) herausklettern; heraustreten. Er entsteigt seinem Wagen.
ent|stel|len (V.) verfälschen; verunstalten; verstümmeln. Entstellung; entstellt.
ent|stö|ren (V.) Empfangsstörungen beseitigen. Entstörung.
ent|strö|men (V.) herausfließen. Der Rose entströmt ein angenehmer Duft.
ent|ta|bu|i|sie|ren (*auch:* ent|ta|bu|ie|ren) (V.) von Tabus befreien. Enttabuisierung (*auch:* Enttabuierung).
ent|tar|nen (V.) eine Tarnung aufdecken.
ent|täu|schen (V.) Erwartungen nicht erfüllen. Enttäuschung; enttäuscht.
ent|thro|nen (V.) stürzen. Entthronung.
ent|völ|kern (V.) die Zahl der Bevölkerung verringern (im Krieg, durch Seuchen). Der Dreißigjährige Krieg entvölkerte ganze Landstriche. Entvölkerung.
ent|wach|sen (V., entwuchs, ist entwachsen) sich entwickeln; erwachsen werden. Der Junge ist den Kinderschuhen entwachsen.
ent|waff|nen (V.) 1. Waffen beseitigen; 2. verblüffen. Er entwaffnete seinen Gegner. Seine Argumente sind entwaffnend. Entwaffnung.
ent|war|nen (V.) einen Alarm aufheben. Entwarnung.
ent|wäs|sern (V.) trockenlegen; Feuchtigkeit entziehen. Entwässerung.
ent|we|der (Konj.; Adv.) (nur in der Wendung:) entweder ... oder (wenn nicht ... dann). *Beachte:* Vor »oder« muss kein Komma stehen. Er ist entweder hier oder dort.
ent|wei|chen (V., entwich, ist entwichen) ausströmen; entfliehen. Aus der defekten Leitung entweicht Gas. Der Gefangene entweicht aus der Haft. Entweichung.
ent|wei|hen (V.) der Weihe berauben; schänden. Entweihung.
ent|wen|den (V.) stehlen. Die Brieftasche wurde entwendet. Entwendung.
ent|wer|fen (V., entwarf, hat entworfen) skizzieren; planen. Entwurf.
ent|wer|ten (V.) den Wert mindern; abstempeln. Das Geld wird wieder entwertet. Um die Fahrkarte gültig zu machen, muss sie entwertet werden.
Ent|wer|tung (die, -, -en) 1. Geldwertverfall; Inflation; 2. Abstempelung (z. B. Fahrkarte).
ent|we|sen (V.) von Schädlingen befreien. Entwesung.
ent|wi|ckeln (V.) sich entfalten; ausdenken; wachsen; herausbilden. Das Kind entwickelt sich prächtig.

Ent|wick|ler (der, -s, -) Substanz zur Sichtbarmachung eines fotografischen Bildes.
Ent|wick|lung (die, -, -en) 1. Werden; Wachstum; Fortgang; Herausbildung; 2. Evolution.
Ent|wick|lungs|ar|beit (die, -, -en) Arbeit an der Entwicklung eines neuen Produkts.
Ent|wick|lungs|fä|hig|keit (die, -, kein Plural) Vermögen, entwickelt zu werden oder sich zu entwickeln. entwicklungsfähig.
Ent|wick|lungs|ge|schich|te (die, -, kein Plural) Hergang einer Entwicklung. entwicklungsgeschichtlich.
Ent|wick|lungs|hel|fer (der, -s, -) an Entwicklungshilfe beteiligte Person.
Ent|wick|lungs|hil|fe (die, -, kein Plural) ökonomische und technische Unterstützung eines unterentwickelten Staates durch einen Industriestaat.
Ent|wick|lungs|jah|re (die, nur Plural) Pubertät.
Ent|wick|lungs|land (das, -s/-es, -län|der) ökonomisch und technisch kaum entwickelter Staat.
Ent|wick|lungs|ro|man (der, -s, -e) literarische Erzählung, die eine Persönlichkeitsentwicklung schildert.
Ent|wick|lungs|stö|rung (die, -, -en) Wachstumsstörung.
Ent|wick|lungs|stu|fe (die, -, -n) Stadium; Stand der Dinge.
ent|win|den (V., entwand, hat entwunden) mühevoll wegnehmen.
ent|wir|ren (V.) lösen; überschaubar machen. Entwirrung; entwirrbar.
ent|wi|schen (V., ist) (ugs.) entkommen.
ent|wöh|nen (V.) abgewöhnen. Entwöhnung.
ent|wür|di|gen (V.) entehren; erniedrigen. Entwürdigung.
ent|wur|zeln (V.) haltlos, heimatlos machen. Entwurz(e)lung.
ent|zau|bern (V.) einen Zauber zerstören. Entzauberung.
ent|zer|ren (V.) von Verzerrung befreien; übersichtlicher gestalten. Entzerrung.
Ent|zer|rer (der, -s, -) optisches Gerät zur Breitwandprojektion.
ent|zie|hen (V., entzog, hat entzogen) 1. wegnehmen; nehmen; sperren; aberkennen; 2. (refl.) sich fernhalten; sich absondern; ausweichen.
Ent|zie|hung (die, -, -en) Entwöhnung (z. B. Alkohol, Rauschgift)
Ent|zie|hungs|kur (die, -, -en) medizinisch betreuter Entzug.
ent|zif|fern (V.) entschlüsseln; mühevoll lesen. Entzifferung; entzifferbar.
ent|zü|cken (V.) gefallen; erfreuen. Entzücken; Entzückung; entzückend.
Ent|zug (der, -s, kein Plural) Absetzen der Einnahme von Drogen bei Abhängigen.
Ent|zugs|er|schei|nung (die, -, -en) körperliche Reaktion auf Drogenentzug.
ent|zünd|bar (Adj.) feuergefährlich.
ent|zün|den (V.) 1. anzünden; Feuer legen; 2. reizen; auslösen; begeistern; 3. von einer Entzündung befallen werden.
ent|zünd|lich (Adj.) von einer Entzündung befallen. Entzündlichkeit.
Ent|zün|dung (die, -, -en) 1. Anzünden eines Feuers; 2. Abwehrreaktion des Körpers.
ent|zwei (Adj.) zerbrochen; beschädigt; funktionsgestört.
ent|zwei|en (V.) streiten; trennen
ent|zwei|bre|chen (V., brach entzwei, ist entzweigebrochen) zerbrechen.
ent|zwei|ge|hen (V., ging entzwei, ist entzweigegangen) beschädigt werden.
ent|zwei|schla|gen (V., schlug entzwei, hat entzweigeschlagen) zerschlagen; zerstören.
Ent|zwei|ung (die, -, -en) Auseinandersetzung; Streit; Trennung.
Enu|me|ra|ti|on (die, -, -ti|o|nen) (lat.) Aufzählung.
En|vi|ron|ment (das, -s, -s) (engl.) gestalteter Raum als Kunstobjekt.
en vogue (franz.) aktuell.
En|ze|pha|li|tis (die, -, -ti|den) (griech.) Gehirnentzündung.
En|ze|pha|lo|gra|fie (*auch:* En|ze|pha|lo|gra|phie) (die, -, -n) (griech.) Darstellung des Gehirns (durch Aufzeichnung der Gehirnströme oder Röntgenbild).
En|ze|pha|lo|gramm (das, -s, -e) (griech.-lat.) Röntgenbild der Gehirnkammern (Med.).
En|zi|an (der, -s, -e) 1. Gebirgsblume; 2. Schnaps.
en|zi|an|blau (Adj.) strahlend blau.
En|zy|k|li|ka (die, -, -ken) (griech.) päpstlicher Erlass.
en|zy|k|lisch (Adj.) (griech.-lat.) einen Kreis durchlaufend.
En|zy|k|lo|pä|die (die, -, -n) (griech.) Nachschlagewerk; Lexikon. Enzyklopädist. Adjektiv: enzyklopädisch.
En|zym (das, -s, -e) (griech.) organische Verbindung. Adjektiv: enzymatisch.
eo ip|so (lat.) von sich aus.
Eo|li|thi|kum (das, -s, kein Plural) (griech.-lat.) vermeintlich früheste Kulturstufe.
Eo|sin (das, -s, kein Plural) (griech.-nlat.) ein roter Farbstoff; Färbemittel. Verb: eosinieren.
Eo|zän (das, -s, kein Plural) (griech.) zweitältester Abschnitt des Tertiärs. Adjektiv: eozän.
ep|a|go|gisch (Adj.) (griech.) zum Allgemeinen führend.
Epau|lett (das, -s, -s) = Epaulette.
Epau|let|te (die, -, -n) (franz.) Achselklappe, Schulterstück (an Uniformen).
Ep|en|the|se (die, -, -the|sen) (griech.-lat.) Lauteinschub zur Erleichterung der Aussprache.
Ephe|d|rin (das, -s, kein Plural) Wirkstoff gegen Kreislaufschwäche.
Eph|e|li|de (die, -, -n) Sommersprosse.
eph|e|mer (Adj.) (griech.) kurzlebig; nur einen Tag dauernd; vorübergehend.
Eph|e|me|ri|de (die, -, -n) (griech.) 1. Eintagsfliege; 2. Vorgang von kurzer Dauer; 3. Tagebuch; 4. astronomisches Verzeichnis.
Epi|de|mie (die, -, -n) (griech.) Seuche. Adjektiv: epidemisch.
Epi|der|mis (die, -, -men) (griech.) Oberhaut; äußere Zellschicht.
Epi|go|ne (der, -n, -n) (griech.) Nachahmer. Epigonentum; epigonenhaft.
Epi|graf (*auch:* Epi|graph) (das, -en, -en) (griech.) Inschrift (auf Stein, Ton u.a.).
Epi|gra|fik (*auch:* Epi|gra|phik) (die, -, kein Plural) (griech.) Inschriftenkunde.
Epi|gra|fi|ker (*auch:* Epi|gra|phi|ker) (der, -s, -) (griech.-lat.) Inschriftenforscher.
Epi|gramm (das, -s, -e) (griech.) Inschrift; Sinn-, Spottgedicht. Epigrammatiker; Adj.: epigrammatisch.
Epik (die, -, kein Plural) (griech.) erzählende Dichtung. Epiker; episch.

Epiˈkˈleˈse (die, -, -n) (griech.) Anrufung des Heiligen Geistes (beim Abendmahl) in der orthodoxen Kirche.
Epiˈkˈriˈse (die, -, -n) (griech.) Endbeurteilung (eines Krankheitsfalles).
Epiˈkuˈreˈer (der, -s, -) (griech.) Genussmensch. Adjektiv: epikureisch.
Epiˈlaˈtiˈon (die, -, -tiˈoˈnen) (lat.) kosmetische Enthaarung. epilieren.
Epiˈlepˈsie (die, -, -n) (griech.) Krankheit; Fallsucht. Epileptiker; epileptisch.
Epiˈlog (der, -s, -e) (griech.) Nachwort.
Epinˈgˈlé (der, -s, -s) (franz.) ein gerippter Stoff (für Kleider, Möbelbezüge).
Epiˈpaˈläoˈliˈthiˈkum (das, -s, kein Plural) (griech.) Mittelsteinzeit.
Epiˈphaˈniˈas (das, -, -niˈen) (griech.) Fest der Erscheinung Christi; Dreikönigstag.
Epiˈphaˈnie (die, -, -n) (griech.) Erscheinung; Erscheinen einer Gottheit; Dreikönigsfest.
Epiˈpher (die, -, -n) (griech.-lat.) rhetorische Figur der Wiederholung eines oder mehrerer Wörter am Ende aufeinanderfolgender Sätze oder Satzteile.
Epiˈsˈkop (das, -s, -e) (griech.) Projektor für undurchsichtige Bilder (z. B. Druckvorlagen).
Epiˈsˈkoˈpat (der/das, -s, -e) (griech.-lat.) 1. Bischofsamt, -würde; 2. alle Bischöfe (eines Landes).
Epiˈsˈkoˈpus (der, -, -skopi) (griech.-lat.) Bischof. episkopal.
Epiˈsoˈde (die, -, -n) (griech.) Begebenheit; Geschichte. Adjektiv: episodenhaft; episodisch.
Episˈtel (die, -, -n) (griech.) 1. langer Brief; Sendschreiben; 2. Strafpredigt.
Epiˈsˈteˈmoˈloˈgie (die, -, kein Plural) (griech.-lat.) Erkenntnislehre. epistemologisch.
Epiˈtaph (das, -s, -e) (griech.) Grabinschrift; Erinnerungsmal mit Inschrift.
Epiˈzenˈtˈrum (das, -s, -tˈren) (griech.) Mittelpunkt, Ausgangspunkt eines Erdbebens.
epoˈchal (Adj.) aufsehenerregend; einzigartig; gültig für die Epoche.
Epoˈche (die, -, -n) (griech.) Zeitabschnitt.
epoˈcheˈmaˈchend (*auch:* Epoˈche maˈchend) (Adj.) eine neue Epoche einleitend; spektakulär.
Epˈoˈnym (das, -s, -e) (griech.) auf einen Personennamen zurückgehende Gattungsbezeichnung.
Epos (das, -, Epen) (griech.) erzählerische Großform; Versdichtung.
Epoˈxidˈharz (das, -es, kein Plural) Kunststoff.
Epˈsiˈlon (das, -s, -s) griechischer Buchstabe.
Equaˈliˈzer (der, -s, -) (engl.) Klangbildregler.
Equiˈpaˈge (die, -, -n) (franz.) 1. elegante Kutsche; 2. Offiziersausrüstung (veraltet).
Equiˈpe (die, -, -n) (franz.) Mannschaft; (Arbeits-)gruppe.
er (Pron.) derjenige.
erˈachˈten (V.) halten für. Erachten; meines Erachtens (m. E.).
erˈahˈnen (V.) vorausfühlen; vermuten.
erˈarˈbeiˈten (V.) erwerben; aneignen. Erarbeitung.
Erbˈadel (der, -s, kein Plural) erblicher Adelsstand. erbadelig.
Erbˈanˈlaˈge (die, -, -n) Gen.
Erbˈanˈspruch (der, -s, -sprüˈche) Anspruch auf eine Hinterlassenschaft.
erˈbarˈmen (V., refl.) Mitleid haben, erregen. *Beachte:* mit Genitiv! Erbarme dich meiner!
Erˈbarˈmen (das, -s, kein Plural) tätiges Mitleid; Hilfe. Erbarmung.
Erˈbärmˈlichˈkeit (die, -, -en) 1. Armut; Elend; Hilfsbedürftigkeit; 2. Schändlichkeit; schäbiges Verhalten. erbarmenswert; erbärmlich; erbarmungswürdig.
Erˈbarˈmungsˈloˈsigˈkeit (die, -, kein Plural) Hartherzigkeit; Mitleidlosigkeit. erbarmungslos.
erˈbauˈen (V.) 1. errichten; aufbauen; 2. sich erfreuen; erheitern.
Erˈbauˈer (der, -s, -) Bauherr; Baumeister.
erˈbauˈlich (Adj.) erfreulich; seelenstärkend.
Erˈbauˈlichˈkeit (die, -, -en) Erfreulichkeit; heitere Innigkeit.
Erˈbauˈung (die, -, kein Plural) Läuterung; Seelenstärkung.
Erbˈbauˈer (der, -s, -n) Bauer mit vererblichem Landbesitz oder vererblichem Nutzungsrecht.
Erbˈbauˈrecht (das, -s, kein Plural) vererbliches Recht zur Bebauung eines fremden Grundstücks.
Erbˈbeˈrechˈtiˈgung (die, -, kein Plural) Recht auf Antritt einer Hinterlassenschaft. erbberechtigt.
Erbˈbioˈloˈgie (die, -, kein Plural) Vererbungslehre; Genetik. erbbiologisch.
Erˈbe 1. (der, -n, -n) Erbschaftsnehmer; 2. (das, -s, kein Plural) Erbschaft. Erbin.
erˈbeˈben (V.) erzittern.
erˈben (V.) eine Hinterlassenschaft antreten.
Erˈbenˈgeˈmeinˈschaft (die, -, -en) Gesamtheit aller Erben in einem Todesfall.
erbˈeiˈgen (Adj.) ererbt.
erˈbeuˈten (V.) als Beute erringen; Beute machen. Erbeutung.
Erbˈfakˈtor (der, -s, -en) vererbbares Merkmal.
Erbˈfall (der, -s, -fälˈle) Todesfall mit Hinterlassenschaft.
Erbˈfeind (der, -s/-es, -e) Feind über Generationen hinweg.
Erbˈfolˈge (die, -, kein Plural) Reihenfolge der Erbberechtigung.
Erbˈfolˈgeˈkrieg (der, -s, -e) Konflikt um die Nachfolge in der Landesherrschaft; Sukzessionskrieg.
Erbˈgut (das, -s, kein Plural) 1. Hinterlassenschaft; 2. Erbanlagen.
erˈbieˈten (V., erbot, hat erboten) sich anbieten. Erbieten.
erˈbitˈten (V. erbat, hat erbeten) sich wünschen.
erˈbitˈtern (V.) verärgern. Erbitterung; erbittert (hartnäckig).
Erbˈkrankˈheit (die, -, -en) vererbbare Erkrankung.
Erbˈlasˈser (der, -s, -) Person, die ein Erbe hinterlässt.
erˈbleiˈchen (V., ist) erblassen.
Erbˈlichˈkeit (die, -, kein Plural) Vererbbarkeit. erblich.
erˈbliˈcken (V.) wahrnehmen.
erˈblinˈden (V.) blind werden. Erblindung.
Erbˈmasˈse (die, -, kein Plural) Gesamtheit des Erbguts.
Erbˈonˈkel (der, -s, -) wohlhabender Onkel.
erˈboˈsen (V.) aufregen; erzürnen.
Erbˈpacht (die, -, -en) vererbbares Nutzungsrecht. Erbpächter.
erˈbreˈchen (V., erbrach, hat erbrochen) 1. aufbrechen; 2. sich übergeben.

Erb|recht (das, -s, kein Plural) Gesamtheit aller das Erben betreffenden gesetzlichen Bestimmungen.
Erb|schaft(s)|steu|er (die, -, -n) Abgabe aus einer Erbschaft.
Erb|schlei|cher (der, -s, -) Person, die sich ein Erbe widerrechtlich anzueignen versucht.
Erb|schuld (die, -, kein Plural) ererbte Schuld.
Erb|se (die, -, -n) Hülsenfrucht. Erbsenbrei.
Erb|sen|sup|pe (die, -, -n) Eintopf.
Erbs|wurst (die, -, -würs|te) gefestigter Erbsenbrei in Wurstform.
Erb|stück (das, -s, -e) ererbter Gegenstand.
Erb|sün|de (die, -, kein Plural) Sündhaftigkeit aller Menschen.
Erb|ver|trag (der, -s, -trä|ge) letztwillige Verfügung.
Erd|ach|se (die, -, kein Plural) Linie zwischen den Polen.
Erd|an|zie|hung (die, -, kein Plural) Schwerkraft.
Erd|ap|fel (der, -s, -äp|fel) Kartoffel.
Erd|ar|bei|ten (die, -, nur Plural) Tiefbauarbeiten.
Erd|ball (der, -s, kein Plural) Globus.
Erd|be|ben (das, -s, -) Erschütterung der Erdoberfläche.
Erd|bee|re (die, -, -n) Frucht. Erdbeereis.
erd|beer|far|ben (*auch:* erd|beer|far|big) (Adj.) kräftig rot.
Erd|be|schleu|ni|gung (die, -, kein Plural) Fallgeschwindigkeit.
Erd|be|völ|ke|rung (die, -, kein Plural) Menschheit.
Erd|bo|den (der, -s, kein Plural) (in der Verbindung:) dem Erdboden gleichmachen (alles zerstören).
erd|braun (Adj.) dunkelbraun. erdfarben (*auch:* -farbig).
Er|de (die, -, -n) 1. Welt; Planet; Erdkugel; 2. Boden; Grund. Erdhöhle; Erdreich.
Er|den|bür|ger (der, -s, -) Mensch.
er|den|ken (V., erdachte, hat erdacht) ersinnen; erfinden. Adjektiv: erdenkbar; erdenklich.
Er|den|rund (das, -s, kein Plural) weite Welt.
Erd|gas (das, -es, kein Plural) fossiler gasförmiger Energieträger.
Erd|ge|schich|te (die, -, kein Plural) Geologie. erdgeschichtlich.
er|dig (Adj.) bodenständig; kraftvoll.
Erd|krus|te (die, -, kein Plural) äußerste Schicht der Erde.
Erd|kun|de (die, -, kein Plural) Geografie. erdkundlich.
Erd|männ|chen (das, -s, -) Nagetier.
Erd|nuss (die, -, -nüs|se) tropische Kulturpflanze.
Erd|öl (das, -s, -e) Rohstoff; fossiler flüssiger Energieträger. Erdöl exportierend (*auch:* erdölexportierend).
Erd|öl|vor|kom|men (das, -s, -) Ölfeld.
er|dreis|ten (V., refl.) sich unterstehen.
er|dros|seln (V.) erwürgen. Erdrosselung.
er|drü|cken (V.) belasten; zerquetschen. Erdrückung; erdrückend.
Erd|rutsch (der, -es, -e) Abrutschen größerer Erdmassen von Steilhängen.
Erd|stoß (der, -sto|ßes, -stö|ße) Erdbeben.
Erd|teil (der, -s, -e) Kontinent.
erd|um|span|nend (Adj.) überall auf der Erde.
Er|dung (die, -, -en) Ableitung störender elektrischer Spannung in den Boden. erden.
Erd|wär|me (die, -, -n) geothermische Energie.
Erd|zeit|al|ter (das, -s, -) Einteilung der Erdgeschichte.
er|ei|fern (V., refl.) sich aufregen. Ereiferung.
er|eig|nen (V., refl.) geschehen.
Er|eig|nis (das, -ses, -se) Begebenheit; Geschehen; Vorkommnis; Zwischenfall. ereignislos; ereignisreich.
er|ei|len (V.) einholen; erreichen.
Erek|ti|on (die, -, -ti|o|nen) (lat.) Aufrichtung; Anschwellung. erektil; erigieren.
Ere|mit (der, -en, -en) (griech.) Einsiedler.
Ere|mi|ta|ge (die, -, -n) (franz.) 1. Einsiedelei; 2. Gartenpavillon in Parkanlagen; 3. (kein Plural) Gemäldegalerie in St. Petersburg.
er|fah|ren (V., erfuhr, hat erfahren) erleben; unterrichtet werden. erfahrbar; erfahrungsgemäß.
Er|fah|ren|heit (die, -, kein Plural) Vielfalt von Erfahrungen.
Er|fah|rung (die, -, -en) 1. Gesamtheit aller persönlichen Kenntnisse und Erkenntnisse; 2. lehrreiches Erlebnis.
Er|fah|rungs|aus|tausch (der, -s, -täu|sche) Gespräch.
Er|fah|rungs|tat|sa|che (die, -, -n) auf persönlichem Erleben beruhender Fakt.
Er|fah|rungs|wert (der, -s, -e) durch Erfahrung ermittelter Wert.
er|fas|sen (V.) 1. ergreifen; anfassen; 2. begreifen; verstehen; 3. berücksichtigen; aufnehmen; verzeichnen. erfassbar. Erfassung.
er|fin|den (V., erfand, hat erfunden) ausdenken; ersinnen; neu schöpfen; lügen. erfindungsreich.
Er|fin|der (der, -s, -) Entdecker; Forscher; Schöpfer; Tüftler.
er|fin|de|risch (Adj.) einfallsreich; schöpferisch.
Er|fin|dung (die, -, -en) 1. Erfundenes; neu erdachter Gegenstand; 2. Ausgedachtes; 3. Lüge.
Er|fin|dungs|ga|be (die, -, kein Plural) Talent, Befähigung zum Erfinden.
Er|folg (der, -s, -e) Gelingen; positives Ergebnis. Erfolg versprechend (*auch:* erfolgversprechend); Erfolglosigkeit; erfolglos.
er|fol|gen (V.) geschehen; resultieren.
er|folg|reich (Adj.) mit Erfolg; gelungen.
Er|folgs|er|leb|nis (das, -ses, -se) Gefühl des Gelingens; Triumph.
Er|folgs|ro|man (der, -s, -e) Bestseller.
Er|folgs|se|rie (die, -, -n) Reihe aufeinanderfolgender Erfolge.
er|folgs|si|cher (Adj.) siegesgewiss.
er|folgs|ver|wöhnt (Adj.) an den Erfolg gewöhnt sein.
Er|folgs|zwang (der, -s, -zwän|ge) Notwendigkeit, erfolgreich zu sein.
er|folg|ver|spre|chend (*auch:* Erfolg versprechend) (Adj.) aussichtsreich; verheißungsvoll.
er|for|der|lich (Adj.) notwendig; unerlässlich.
er|for|dern (V.) benötigen; verlangen.
Er|for|der|nis (das, -nis|ses, -nis|se) Notwendigkeit; Voraussetzung.
er|for|schen (V.) untersuchen; ergründen. Erforschung; Erfoscher; erforschbar.
er|fra|gen (V.) zu erfahren suchen. Erfragung.

er|freu|en (V.) genießen; Freude machen. Adjektiv: erfreulich; *aber:* viel Erfreuliches war nicht dabei. Adverb: erfreulicherweise.

er|freu|lich (Adj.) angenehm; günstig.

er|frie|ren (V., erfror, ist erfroren) gefrieren; vor Kälte sterben.

Er|frie|rung (die, -, -en) Verletzung durch Kälte.

er|fri|schen (V.) beleben; sich frisch machen. Erfrischungstrunk.

Er|fri|schung (die, -, -en) Belebung; Kräftigung.

Er|fri|schungs|ge|tränk (das, -s, -e) belebendes, kräftigendes Getränk.

Er|fri|schungs|tuch (das, -s, -tü|cher) parfümgetränktes Papiertuch.

er|fül|len (V.) 1. ausfüllen; erledigen; wahr werden; Genüge tun; verwirklichen; 2. beseelen; durchdringen. Erfülltheit; erfüllbar.

Er|fül|lung (die, -, -en) 1. Erledigung; Verwirklichung; 2. Befriedigung; Seelenheil.

Er|fül|lungs|ort (der, -s, -e) Ort, an dem eine Leistung zu erbringen ist.

Er|fül|lungs|tag (der, -s, -e) Tag, an dem eine Leistung zu erbringen ist.

erg. (Abk.) ergänze!

er|gän|zen (V.) hinzufügen; vervollständigen. Ergänzung.

Er|gän|zungs|ab|gabe (die, -, -n) Zusatzsteuer.

er|gat|tern (V.) (ugs.) sich verschaffen.

er|gau|nern (V.) durch Betrügerei erhalten.

Erg.-Bd. (Abk.) Ergänzungsband.

er|ge|ben 1. (V., ergab, hat ergeben) erfolgen; zeigen; (refl.) sich fügen; unterwerfen; kapitulieren; erweisen; 2. (Adj.) demütig; treu. ergebnisreich; ergebungsvoll.

Er|ge|ben|heit (die, -, kein Plural) Demut; Treue.

Er|geb|nis (das, -ses, -se) Endstand; Summe; Produkt.

Er|ge|bung (die, -, kein Plural) Fügsamkeit; Demut; Unterwerfung.

Er|ge|hen (das, -s, kein Plural) allgemeines Befinden; Gesundheitszustand.

er|ge|hen (V., erging, hat/ist ergangen) 1. (refl.) spazieren gehen; 2. (refl.) leidenschaftlich, überschwenglich reden; 3. widerfahren.

er|gie|big (Adj.) ausgiebig; ertragreich. Ergiebigkeit.

er|gie|ßen (V., refl., ergoss, hat ergossen) auslaufen; überströmen.

er|glän|zen (V.) aufstrahlen; im Glanz erstrahlen.

er|glü|hen (V.) aufglühen; in Glut geraten; Leidenschaft aufwallen lassen.

er|go (Konj.) (lat.) folglich.

Er|go|lo|gie (die, -, kein Plural) (griech.) Wissenschaft von Arbeitsgebräuchen und -gerät.

Er|go|me|ter (das, -s, -) (griech.) fest montiertes Fahrradgerät zum Messen der Leistungskraft.

Er|go|no|mie (die, -, kein Plural) Arbeitswissenschaft.

er|go|no|misch (Adj.) (griech.) für den Gebrauch handgerecht; handlich; praktisch gestaltet.

Er|go|the|ra|pie (die, -, -n) (griech.) Beschäftigungstherapie.

er|göt|zen (V.) erfreuen; belustigen; erheitern.

Er|göt|zen (das, -s, kein Plural) Freude; Heiterkeit. Ergötzung.

er|götz|lich (Adj.) belustigend; erheiternd.

er|grau|en (V.) grau werden; alt werden.

er|grei|fen (V., ergriff, hat ergriffen) 1. erfassen; nehmen; 2. beeindrucken; erschüttern; 3. festnehmen; verhaften.

er|grei|fend (Adj.) anrührend; bewegend; erschütternd.

Er|grei|fung (die, -, -en) Verhaftung.

Er|grif|fen|heit (die, -, kein Plural) Rührung; Erschütterung; Andacht. Ergriffensein; ergriffen.

er|grim|men (V.) zornig werden.

er|grün|den (V.) erforschen. Ergründung; ergründbar.

er|ha|ben (Adj.) 1. erhöht; hervortretend; reliefartig; 2. überlegen; würdevoll; feierlich; weihevoll. erheben.

Er|ha|ben|heit (die, -, kein Plural) 1. Erhebung; Plastizität; 2. Überlegenheit; Würde; Weihe.

er|hal|ten (V., erhielt, hat erhalten) 1. bekommen; entgegennehmen; 2. bewahren; instand halten. Erhaltung; Erhalt.

er|hält|lich (Adj.) lieferbar; vorrätig.

Er|hal|tung (die, -, kein Plural) Bewahrung; Instandhaltung.

er|hän|gen (V.) durch den Strang töten.

er|här|ten (V.) bekräftigen; festigen.

er|he|ben (V., erhob, hat erhoben) 1. (refl.) aufrichten; aufstehen; 2. emporragen; 3. (refl.) auflehnen; revoltieren; 4. fordern; verlangen; 5. anstimmen; beginnen; 6. in feierliche Stimmung versetzen.

er|he|bend (Adj.) feierlich; weihevoll.

er|heb|lich (Adj.) bedeutsam; groß; viel.

Er|he|bung (die, -, -en) 1. Umfrage; Zensus; 2. Anhöhe; Hügel.

er|hei|schen (V.) begehren.

er|hei|tern (V.) amüsieren.

Er|hei|te|rung (die, -, kein Plural) Amüsement; Belustigung.

er|hel|len (V.) beleuchten; hell werden; aufklären.

er|hit|zen (V.) 1. heiß machen, werden; 2. ereifern; erregen.

Er|hit|zung (die, -, kein Plural) 1. Erwärmung auf hohe Temperatur; 2. Erregung.

er|hof|fen (Adj.) erwarten; hoffen.

er|hö|hen (V.) steigern; höher machen. Erhöhung.

er|ho|len (V., refl.) ausspannen; regenerieren; ruhen.

er|hol|sam (Adj.) entspannend; beruhigend; kräftigend. Erholsamkeit.

Er|ho|lung (die, -, kein Plural) Entspannung; Kräftigung. Erholung suchend (*auch:* erholungsuchend).

er|ho|lungs|be|dürf|tig (Adj.) abgespannt; erschöpft.

Er|ho|lungs|ge|biet (das, -s/-es, -e) touristische Region in der Nähe von Großstädten.

Er|ho|lungs|heim (das, -s, -e) Sanatorium.

Er|ho|lungs|kur (die, -, -en) medizinische Regeneration; Rehabilitation.

Er|ho|lungs|su|chen|de (der, -n, -n) erholungsbedürftige Person.

Er|ho|lungs|ur|laub (der, -s, -e) gesundheitsfördernde Ferien.

Er|ho|lungs|zeit (die, -, -en) Freizeit; Rekonvaleszenz.

eri|gi|bel (Adj.) aufrichtbar; schwellbar.

eri|gie|ren (V., ist) (lat.) sich aufrichten. Erektion.

Eri|ka (die, -, -ken) (griech.) Heidekraut.

erˈinˈnerˈlich (Adj.) im Gedächtnis geblieben.
erˈinˈnern (V.) 1. sich entsinnen; 2. mahnen; anmahnen.
Erˈinˈneˈrung (die, -, -en) im Gedächtnis haftende Erlebnisse und Erfahrungen.
Erˈinˈneˈrungsˈfoˈto (das, -s, -s) Fotografie, die eine Erinnerung hervorruft.
erˈinˈneˈrungsˈlos (Adj.) ohne Erinnerung.
Erˈinˈneˈrungsˈstück (das, -s, -e) Gegenstand, der eine Erinnerung hervorruft.
Erˈinˈneˈrungsˈverˈmöˈgen (das, -s, kein Plural) Gedächtnisleistung.
Erˈinˈneˈrungsˈwert (der, -s, -e) durch Erinnerung entstandener Wert.
Erinˈnye (die, -, -n) griechische Rachegöttin.
Eris (die, -, kein Plural) griechische Göttin der Zwietracht (die durch einen geworfenen Apfel Streit entfacht).
Erisˈapˈfel (der, -s) (griech.) Zankapfel; Gegenstand eines Streites.
Eriˈtˈrea (ohne Art., -s, kein Plural) afrikanischer Staat (ehemalige Provinz Äthiopiens). Eritreer; eritreisch.
erˈjaˈgen (V.) nach Jagd erbeuten; durch Beharrlichkeit gewinnen.
erˈkalˈten (V.) abkühlen; erstarren.
erˈkälˈten (V., refl.) eine Erkältung bekommen.
Erˈkälˈtung (die, -, -en) Erkrankung der oberen Atemwege durch Einwirkung von Kälte und Nässe. Erkältungskrankheit.
erˈkämpˈfen (V.) erringen; durch große Anstrengung erlangen.
erˈkauˈfen (V,) mühsam erwerben; durch Opfer erlangen.
erˈkennˈbar (Adj.) kenntlich; wahrnehmbar.
erˈkenˈnen (V., erkannte, hat erkannt) 1. wahrnehmen; verstehen; sich erinnern; 2. entscheiden. Der Richter erkannte auf eine hohe Geldstrafe.
erˈkenntˈlich (Adj.) dankbar.
Erˈkenntˈlichˈkeit (die, -, -en) Belohnung; Dank.
Erˈkenntˈnis (die, -, -se) Einsicht; Erfahrung; Überzeugung; Verständnis.
Erˈkenntˈnisˈfäˈhigˈkeit (die, -, -en) Lernfähigkeit.
Erˈkenntˈnisˈtheˈoˈrie (die, -, kein Plural) Lehre von Wesen, Möglichkeiten und Grenzen des Erkennens. erkenntnistheoretisch.
Erˈkenˈnung (die, -, kein Plural) Erkennen.
Erˈkenˈnungsˈdienst (der, -s, kein Plural) kriminalpolizeiliche Abteilung zur Identifikation von Verdächtigen. erkennungsdienstlich.
Erˈkenˈnungsˈmarˈke (die, -, -n) Dienstabzeichen zur Identifikation (z. B. bei Polizei, Militär).
Erˈkenˈnungsˈzeiˈchen (das, -s, -) verabredetes Merkmal zum gegenseitigen Erkennen.
Erˈker (der, -s, -) Vorbau.
erˈklärˈbar (Adj.) begründbar; verständlich. Erklärbarkeit; erklärlich; erklärlicherweise.
erˈkläˈren (V.) 1. erläutern; verständlich machen; 2. offenbaren. erklärt.
erˈklärˈterˈmaˈßen (Adj.) ausdrücklich.
Erˈkläˈrung (die, -, -en) 1. Erläuterung; Darlegung; Begründung; 2. Deklaration; Manifest; Verkündung.
erˈkleckˈlich (Adj.) ansehnlich; beträchtlich; viel. um ein Erkleckliches kleiner.
erˈklimˈmen (V., erklomm, hat erklommen) besteigen; erklettern.
erˈklinˈgen (V.) ertönen.
erˈkranˈken (V.) krank werden. Erkrankungsbild.
Erˈkranˈkung (die, -, -en) Krankheit. Erkrankte.
erˈkunˈden (V.) auskundschaften. Erkundung; Erkundungsfahrt.
erˈkunˈdiˈgen (V., refl.) fragen. Erkundigung.
erˈlahˈmen (V.) müde werden. Erlahmung.
erˈlanˈgen (V.) erhalten; bekommen. Erlangung.
Erˈlass (der, -es, -e) behördliche Verordnung.
erˈlasˈsen (V., erließ, hat erlassen) 1. verordnen; verfügen; 2. begnadigen; befreien; nachlassen.
erˈlauˈben (V.) 1. gestatten; zulassen; dulden; 2. (refl.) sich herausnehmen; Freiheit nehmen.
Erˈlaubˈnis (die, -, -se) Einwilligung; Erteilung einer Befugnis; Zustimmung.
erˈläuˈtern (V.) erklären. Erläuterung.
Erˈle (die, -, -n) Laubbaum.
erˈleˈben (V.) erfahren; durchmachen; verspüren. Erleben.
Erˈlebˈnis (das, -ses, -se) besonderes Ereignis.
Erˈlebˈnisˈfäˈhigˈkeit (die, -, kein Plural) Empfindsamkeit; Sensibilität. erlebnisfähig.
erˈlebˈnisˈhungˈrig (Adj.) abenteuerlustig; lebensfroh.
erˈlebˈnisˈreich (Adj.) abenteuerlich; ereignisreich.
erˈleˈdiˈgen (V.) 1. besorgen; bearbeiten; ausführen; zu Ende bringen; 2. (ugs.) töten; aus dem Weg schaffen.
erˈleˈdigt (Adj.) 1. ausgeführt; bearbeitet; 2. (ugs.) abgearbeitet; erschöpft.
Erˈleˈdiˈgung (die, -, -en) Auftrag; Besorgung.
erˈleˈgen (V.) 1. töten (nur bei Wildtieren); 2. hinterlegen.
erˈleichˈtern (V.) lindern; entlasten. Erleichterung; erleichtert.
erˈleiˈden (V., erlitt, hat erlitten) erdulden; erfahren.
erˈlernˈbar (Adj.) durch Lernen anzueignen.
erˈlerˈnen (V.) sich aneignen; einstudieren.
erˈleˈsen (Adj.) ausgewählt; ausgesucht; exquisit. Erlesenheit.
erˈleuchˈten (V.) erhellen.
Erˈleuchˈtung (die, -, -en) 1. Erhellung; Beleuchtung; 2. Einfall; Geistesblitz.
erˈlieˈgen (V., erlag, ist erlegen) 1. unterliegen. Unsere Arbeit kam völlig zum Erliegen (zum Stillstand). 2. sterben.
Erˈlös (der, -es, -e) Gewinn.
erˈlöˈschen (V., erlosch, ist erloschen) ausgehen; zu Ende gehen. Erlöschen.
erˈlöˈsen (V.) 1. befreien; retten. 2. profitieren; einen Erlös erhalten. Erlösungstat; erlöserhaft.
Erˈlöˈser (der, -s, -) Retter; Heiland.
Erˈlöˈsung (die, -, kein Plural) Befreiung von Schmerz oder Schuld.
erˈmächˈtiˈgen (V.) bevollmächtigen. Ermächtigung.
erˈmahˈnen (V.) zurechtweisen; mahnen. Ermahnung.
erˈmanˈgeln (V.) fehlen. *Beachte:* die Person im Dativ, die Sache im Genitiv! Ihm ermangelte es jeglicher Bereitschaft.

Er|man|ge|lung (*auch:* Er|mang|lung) (die, -, kein Plural) (nur in der Verbindung:) in Ermangelung von … (da wir nichts Besseres hatten).
er|man|nen (V., refl.) sich zusammenreißen; Mut fassen.
er|mä|ßi|gen (V.) herabsetzen; reduzieren; verbilligen. Ermäßigung.
er|mat|ten (V.) ermüden. Ermattung.
er|mes|sen (V., ermaß, hat ermessen) einschätzen. ermessbar.
Er|mes|sen (das, -s, kein Plural) Entscheidungsspielraum; Gutdünken; Urteil. nach meinem Ermessen (*falsch:* meines Ermessens nach!); es liegt in seinem Ermessen.
Er|mes|sens|fra|ge (die, -, -n) Problemlösung nach persönlicher Einschätzung.
er|mit|teln (V.) nachforschen; feststellen.
Er|mitt|lung (die, -, -en) Nachforschung; Recherche.
Er|mitt|lungs|be|am|te (der, -n, -n) Polizist.
Er|mitt|lungs|rich|ter (der, -s, -) Richter in einem Ermittlungsverfahren.
Er|mitt|lungs|ver|fah|ren (das, -s, -) vorbereitendes Gerichtsverfahren.
er|mög|li|chen (V.) erlauben; möglich machen; unterstützen.
er|mor|den (V.) töten. Ermordung.
er|mü|den (V.) müde machen; müde werden. Ermüdung; ermüdbar.
Er|mü|dungs|er|schei|nung (die, -, -en) Anzeichen von Erschöpfung.
er|mun|tern (V.) 1. beleben; 2. ermutigen. Ermunterung.
er|näh|ren (V.) versorgen. Ernährung; Ernährer; Ernährungsforscher.
Er|näh|rungs|ba|sis (die, -, -ba|sen) Grundnahrungsmittel.
Er|näh|rungs|for|schung (die, -, kein Plural) Erforschung der Nahrungsmittel.
Er|näh|rungs|wis|sen|schaft (die, -, kein Plural) Wissenschaft von der menschlichen Ernährung.
er|nen|nen (V.) bestimmen; berufen; nominieren. Ernennung.
Er|neu|e|rer (*auch:* Er|neu|rer/Er|neu|er) (der, -s, -) Reformer; Reformator.
er|neu|ern (*auch:* er|neu|en) (V.) ersetzen; renovieren; bekräftigen.
Er|neu|e|rung (die, -, -n) Ersatz; Renovierung; Reform. Erneuung.
er|neu|e|rungs|be|dürf|tig (Adj.) beschädigt; veraltet.
er|neut (Adj.) abermalig; wiederholt.
er|nied|ri|gen (V.) niedriger machen; herabsetzen; demütigen. Erniedrigung.
er|nied|ri|gend (Adj.) beschämend; demütigend.
ernst (Adj.) 1. finster; streng; gewichtig; aufrichtig; sachlich; seriös; würdevoll; 2. bedrohlich. allen Ernstes; Ernst machen; mir ist Ernst damit; etwas/nichts Ernstes; eine Sache ernst nehmen, *aber:* einen Scherz für Ernst nehmen; ernst gemeinte (*auch:* ernstgemeinte) Ratschläge; eine ernst zu nehmende (*auch:* ernstzunehmende) Sache.
Ernst (der, -s/-es, kein Plural) 1. Sachlichkeit; Seriosität; Strenge; Würde; 2. Bedrohlichkeit.
Ernst|fall (der, -s, -fäl|le) Gefahr; Notfall.
Ernst|haf|tig|keit (die, -, kein Plural) ernste Gesinnung. ernsthaft.
ernst|lich (Adj.) nachdrücklich; wirklich.
Ern|te (die, -, -n) 1. Einbringen von Feldfrüchten; 2. Feldfrüchte; 3. Ertrag aus Ackerbau; 4. Ertrag aus allgemeinen Bemühungen.
Ern|te|aus|fall (der, -s, -fäl|le) Vernichtung des Saatguts durch Naturkatastrophen vor der Ernte.
Ern|te|dank|fest (das, -s, -e) christlicher Feiertag.
ern|ten (V.) 1. Ernte einbringen; 2. erhalten; bekommen.
er|nüch|tern (V.) nüchtern machen; Illusionen nehmen. Ernüchterung.
er|obern (V.) durch Kampf gewinnen; bezwingen. Eroberung; Eroberer.
Er|obe|rungs|krieg (der, -s, -e) Angriffskrieg.
ero|die|ren (V.) (lat.) geologischer Begriff für den Vorgang des Auswaschens und der Zerstörung.
er|öff|nen (V.) 1. öffnen; beginnen; 2. mitteilen.
Er|öff|nung (die, -, -en) 1. Beginn; Zugänglichmachen; 2. Mitteilung; Offenbarung; 3. in der Medizin Durchstich; Erweiterung.
Er|öff|nungs|be|schluss (der, -schlus|ses, -schlüs|se) gerichtlicher Beschluss zum Beginn des Hauptverfahrens.
Er|öff|nungs|fei|er (die, -, -n) Fest zur Eröffnung (eines Geschäfts, eines Sportereignisses).
ero|gen (Adj.) (griech.) sexuell erregbar. Erogenität.
er|ör|tern (V.) besprechen; erläutern. Erörterung.
Eros (der, -, kein Plural) (griech.) Liebe; Sinnlichkeit.
Eros|cen|ter (das, -s, -) (ugs.) Bordell.
Ero|si|on (die, -, -si|o|nen) (griech.) Abtragung; Auswaschung. Bodenerosion (Geo.).
Ero|tik (die, -, kein Plural) (griech.) Sinnlichkeit; Sexualität.
Ero|ti|ka (die, nur Plural) (griech.) Gesamtheit aller mit Erotik befassten Produkte.
Ero|ti|ker (der, -s, -) 1. Liebeskünstler; 2. Verfasser erotischer Literatur.
ero|tisch (Adj.) sinnlich; sexuell erregend.
ero|ti|sie|ren (V.) erotische Gefühle hervorrufen.
Ero|to|ma|nie (die, -, kein Plural) (griech.) krankhafte Steigerung des Geschlechtstriebs.
Er|pel (der, -s, -) männliche Ente; Enterich.
er|picht (Adj.) begierig.
Er|press|bar|keit (die, -, kein Plural) zu Erpressung nutzbare Schwäche. erpressbar.
er|pres|sen (V.) nötigen; drohen; zwingen; unter Gewaltandrohung fordern.
Er|pres|ser (der, -s, -) Erpressung ausübender Verbrecher.
Er|pres|sung (die, -, -en) Nötigung durch Androhung von Gewalt oder Kompromittierung.
er|pro|ben (V.) prüfen. Erprobung.
er|probt (Adj.) anerkannt; eingehend geprüft. erprobterweise.
er|qui|cken (V.) beleben; erfrischen. Erquickung.
er|quick|lich (Adj.) erfreulich.
Er|ra|ta (die, -, Plural) (lat.) Druckfehler; Irrtümer.
er|ra|ten (V., erriet, hat erraten) enträtseln; herausfinden.
er|ra|tisch (Adj.) verirrt; verstreut.
Er|ra|tum (das, -s, -ta) (lat.) Druckfehler.
Er|reg|bar|keit (die, -, -en) Nervosität; Unbeherrschtheit. erregbar.

er|re|gen (V.) reizen; aufregen; verursachen. schwindelerregend (*auch:* Schwindel erregend); abscheuerregend (*auch:* Abscheu erregend).
Er|re|ger (der, -s, -) Krankheitskeim.
Er|regt|heit (die, -, kein Plural) Aufgeregtheit; Unruhe.
Er|re|gung (die, -, -en) Erzeugung heftiger Gefühle; Reizung.
Er|reich|bar|keit (die, -, kein Plural) Nähe; Präsenz. erreichbar.
er|rei|chen (V.) erlangen; bewirken. Erreichung.
er|ret|ten (V.) retten; bewahren. *Beachte:* mit den Präpositionen »von/vor«! Errettung; Erretter.
er|rich|ten (V.) 1. aufbauen; aufrichten; 2. gründen. Errichtung.
er|rin|gen (V., errang, hat errungen) erlangen; erkämpfen. Erringung.
er|rö|ten (V.) eine rötliche Gesichtsfarbe annehmen; sich schämen.
Er|run|gen|schaft (die, -, -en) besondere Leistung; Neuerung.
Er|satz (der, -es, kein Plural) 1. Aushilfe; Reserve; Austausch; Ersetzung; Erneuerung; 2. Entschädigung; Erstattung.
Er|satz|bank (die, -, -bän|ke) Warteplatz für Austauschspieler während eines Mannschaftsspiels.
Er|satz|be|frie|di|gung (die, -, -en) Verdrängungshandlung.
Er|satz|dienst (der, -s, kein Plural) Zivildienst. Ersatzdienstleistender. ersatzdienstpflichtig.
er|satz|ge|schwächt (Adj.) im Sport durch viele Austauschspieler geschwächt.
Er|satz|kas|se (die, -, -n) Krankenkasse.
er|satz|los (Adj.) ohne Ersatz.
er|satz|pflich|tig (Adj.) zur Entschädigung verpflichtet.
Er|satz|rei|fen (der, -s, -) Reserverad.
Er|satz|spie|ler (der, -s, -) Austauschspieler.
Er|satz|teil (das, -s, -e) Gegenstand, der ein unbrauchbar gewordenes Teil ersetzt. Ersatzteillager.
er|satz|wei|se (Adj.) stellvertretend.
er|sau|fen (V., ersoff, ist ersoffen) (ugs.) ertrinken.
er|schal|len (V., ist) ertönen.
er|schei|nen (V., erschien, ist erschienen) sich zeigen; veröffentlicht werden; wirken.
Er|schei|nung (die, -, -en) 1. Aussehen; äußere Form; 2. Einbildung; Vision; 3. Veröffentlichung.
Er|schei|nungs|bild (das, -s, -er) äußere Gestaltung.
Er|schei|nungs|form (die, -, -en) Merkmal; Wesensart.
Er|schei|nungs|jahr (das, -es, -e) Jahr der Veröffentlichung.
Er|schei|nungs|ort (der, -es, -e) Ort der Veröffentlichung.
er|schie|ßen (V., erschoss, hat erschossen) töten. Erschießung.
er|schlaf|fen (V.) schwächen; müde werden. Erschlaffung.
er|schla|gen (V., erschlug, hat erschlagen) töten.
er|schlei|chen (V., erschlich, hat erschlichen) sich erschmeicheln.
er|schlie|ßen (V., erschloss, hat erschlossen) öffnen; nutzbar machen; folgern.
Er|schlie|ßung (die, -, -en) Nutzbarmachung; Bebauung. Erschließungskosten.
er|schöp|fen (V.) ermüden; entkräften. Erschöpfung; Erschöpfungszustand; erschöpfbar.
er|schre|cken (V., erschreckte/ erschrak, hat erschreckt/ist erschrocken) Angst einjagen; Angst bekommen. Erschrockenheit; erschreckend.
er|schüt|tern (V.) 1. erbeben; erzittern; 2. ergreifen; bewegen; schockieren. Erschütterung; erschütternd.
er|schwe|ren (V.) behindern; schwieriger machen. Erschwernis; Erschwerung.
Er|schwer|nis|zu|la|ge (die, -, -n) zusätzlicher Lohn bei Arbeit unter schwierigen Bedingungen.
er|schwin|deln (V.) durch Täuschung erlangen.
er|schwing|lich (Adj.) bezahlbar. Erschwinglichkeit; erschwingen.
Er|setz|bar|keit (die, -, kein Plural) Austauschbarkeit. ersetzbar.
er|set|zen (V.) 1. auswechseln; 2. entschädigen; 3. vertreten. Ersetzung.
er|sicht|lich (Adj.) erkennbar. ersehen.
er|sin|nen (V., ersann, hat ersonnen) ausdenken. Adjektiv: ersinnlich.
er|spa|ren (V.) 1. sparen; 2. verschonen. Ersparung; Erspartes.
Er|spar|nis (die, -, -se) 1. Rücklage; 2. Vergünstigung.
Er|spar|te (das, -n, kein Plural) Rücklage; Guthaben.
er|sprieß|lich (Adj.) nutzbringend. Ersprießlichkeit; ersprießen.
erst (Adv.) zuerst; zunächst; gerade.
er|star|ken (V.) zu Kräften kommen.
er|star|ren (V., ist) starr werden; leblos werden. Erstarrung.
er|stat|ten (V.) ersetzen. Erstattung.
Erst|auf|füh|rung (die, -, -en) erstmalige Aufführung eines Bühnenwerks; Premiere.
er|stau|nen (V., ist) überraschen; verwundern. Erstaunen; erstaunlich; erstaunenswert.
Erst|aus|ga|be (die, -, -n) erstmalige Veröffentlichung eines Buches.
Erst|be|stei|gung (die, -, -en) erstmalige Besteigung eines Berggipfels.
Erst|be|zug (der, -s, -zü|ge) erstmaliger Bezug neu gebauter Räumlichkeiten.
ers|te (Zahlw.) er war der Erste, der es wusste; das Erste, was ich mache; der erstbeste Bewerber, *aber:* der Erstbeste; der erste Beste; die drei Ersten wurden geehrt; mein Erstes war, mich hinzulegen; fürs Erste ist es genug; zum ersten und zum letzten Mal; zum Ersten möchte ich sagen, dass ...; Ersteres ist falsch; erster Klasse; Erste (*auch:* erste) Hilfe.
er|ste|hen (V., erstand, hat/ist erstanden) kaufen; entstehen. Entstehung.
er|stei|gern (V.) erhandeln. Ersteigerung.
er|stel|len (V.) anfertigen; errichten. Erstellung.
Erst|ge|bo|re|ne (der, -n, -n) ältestes Kind einer Familie. erstgeboren.
erst|ge|nannt (Adj.) als Erstes aufgeführt.
er|sti|cken (V.) 1. die Luft nehmen; 2. unterdrücken. Erstickung; Erstickungstod.
Erst|klas|sig|keit (die, -, kein Plural) Exklusivität; erste Güte. erstklassig.
Erst|kläss|ler (der, -s, -) Schulanfänger.
Erst|kom|mu|ni|on (die, -, kein Plural) erstmaliger Empfang der Heiligen Kommunion.

erst|ma|lig (*auch:* erst|mals) (Adj.) zuvor nicht dagewesen.
erst|ran|gig (Adj.) vordringlich.
er|stre|ben (V.) zu erlangen suchen.
er|stre|cken (V., refl.) dauern; reichen. Erstreckung.
Erst|schlag (der, -s, -schlä|ge) Angriff.
er|stür|men (V.) einnehmen; erobern. Erstürmung.
Erst|ver|öf|fent|li|chung (die, -, -en) erstmaliges Erscheinen. erstveröffentlichen.
Erst|zu|las|sung (die, -, -en) Anmeldung eines Neuwagens.
er|tap|pen (V.) überraschen; erwischen.
er|tas|ten (V.) fühlen.
er|tei|len (V.) gewähren; geben. Erteilung.
Er|trag (der, -s, -trä|ge) Gewinn; Ergebnis. Ertragfähigkeit; Ertragsaussichten; Ertragssteigerung; ertragfähig; ertraglos; ertragreich; ertragssicher.
er|tra|gen (V., ertrug, hat ertragen) aushalten.
Er|träg|lich|keit (die, -, kein Plural) Annehmbarkeit. erträglich.
er|träu|men (V.) sich wünschen.
er|trin|ken (V., ertrank, ist ertrunken) im Wasser sterben. Ertrinken; Ertrinkende; Ertrunkene; ertrunken.
er|üb|ri|gen (V.) überflüssig sein; übrig lassen. Erübrigung.
eru|ie|ren (V.) (lat.) ermitteln. Eruierung.
Erup|ti|on (die, -, -ti|o|nen) (lat.) Ausbruch. Adjektiv: eruptiv.
er|wach|sen 1. (V., erwuchs, ist erwachsen) entstehen; 2. (Adj.) volljährig. Erwachsene; Erwachsenenbildung; Erwachsensein.
er|wä|gen (V., erwog, hat erwogen) überlegen; in Betracht ziehen. Erwägung; erwägenswert.
er|wäh|nen (V.) anführen; bemerken. Erwähnung; erwähnenswert.
er|wär|men (V.) warm machen; warm werden; sich begeistern. Erwärmung.
er|war|ten (V.) warten auf; erhoffen. Erwartung; erwartungsgemäß; erwartungsvoll.
er|we|cken (V.) aufwecken; hervorrufen. Erweckung.
er|wei|chen (V.) überreden; weich machen. Erweichung.
er|wei|sen (V., erwies, hat erwiesen) beweisen; zeigen; leisten. Erweisung; erweislich; erwiesen; erwiesenermaßen.
er|wei|tern (V.) ausdehnen. Erweiterung.
er|wer|ben (V., erwarb, hat erworben) kaufen; aneignen. Erwerb; Erwerbung.
Er|werbs|fä|hig|keit (die, -, kein Plural) Arbeitsfähigkeit. erwerbsfähig; erwerbsunfähig.
Er|werbs|lo|sig|keit (die, -, kein Plural) Arbeitslosigkeit. erwerbslos.
Er|werbs|quel|le (die, -, -n) Einnahmequelle.
Er|werbs|tä|ti|ge (der, -n, -n) Arbeitnehmer. erwerbstätig.
er|wi|dern (V.) antworten; entgegnen. Erwiderung.
er|wi|schen (V.) (ugs.) ertappen; erlangen.
er|wür|gen (V.) erdrosseln. Erwürgung.
Ery|thea (die, -, -the|en) (lat.) mittelamerikanische Gattung von Palmen.
Ery|si|pel (das, -s, kein Plural) (griech.) Wundrose.
Ery|th|rin (das, -s, -e) (griech.-nlat.) Mineral, Kobaltblüte.
Ery|th|ro|zyt (der, -en, -en) (griech.) rotes Blutkörperchen.
Erz (das, -es, -e) Mineral. Erzgebirge. erzen; erzhaltig.
Erz... (griech.) Verstärkung/Steigerung in Titeln und Rängen. Erzbischof; Erzdiözese; Erzengel; Erzfeind; Erzherzog; Erzlump; Erzspitzbube; erzböse; erzdumm; erzfaul; erzkonservativ.
er|zäh|len (V.) berichten. Erzähler; Erzählung; erzählerisch; erzählenswert.
Erz|bau (der, -s, kein Plural) Abbau von Erz.
er|zeu|gen (V.) hervorbringen; bewirken. Erzeuger; Erzeugnis; Erzeugungsland.
Erz|gie|ße|rei (die, -, -en) Fabrik zur Verarbeitung von Erz.
er|zie|hen (V., erzog, hat erzogen) ausbilden; aufziehen; formen. erziehbar; erzieherisch.
Er|zie|her (der, -s, -) Verantwortlicher für die Erziehung.
Er|zie|hung (die, -, kein Plural) Gesamtheit der Maßnahmen zur Ausbildung und Formung junger Menschen. Erziehungsberatung; Erziehungsberechtigte; Erziehungsheim.
Er|zie|hungs|ur|laub (der, -es, -e) gesetzlich geregelte Freistellung vom Arbeitsplatz nach der Geburt eines Kindes.
er|zie|len (V.) erreichen. Erzielung.
er|zür|nen (V.) zornig machen, werden. Erzürnung.
er|zwin|gen (V., erzwang, hat erzwungen) gewaltsam durchsetzen. Erzwingung; erzwungenermaßen.
es (Pron.) *Beachte:* er ists (*auch:* ist's); sie sprachs (*auch:* sprach's); 's geht gut.
ESA (Abk.) **E**uropean **S**pace **A**gency (Europäische Weltraumorganisation).
Es|cha|to|lo|gie (die, -, kein Plural) Lehre vom Endschicksal der Welt.
es|cha|to|lo|gisch (Adj.) zur Eschatologie gehörig; endzeitlich.
Esche (die, -, -n) Laubbaum. Eschenholz; eschen.
Es|cu|do (der, -s, -s) (portugies.) ehem. Währungseinheit.
Es-Dur (das, -, kein Plural) Tonart. Es-Dur-Tonleiter.
Esel (der, -s, -) Huftier.
Ese|lei (die, -, -en) Unsinn; Schabernack.
Esels|brü|cke (die, -, -n) Lernhilfe.
Esels|ohr (das, -s, -en) 1. Ohr des Esels; 2. Knick auf einer Buchseite.
Es|ka|la|ti|on (die, -, -ti|o|nen) (engl.) Zuspitzung. Eskalierung; eskalieren.
Es|ka|pa|de (die, -, -n) (franz.) Abenteuer.
Es|ka|pis|mus (der, -, kein Plural) (engl.-nlat.) Wirklichkeitsflucht.
es|ka|pis|tisch (Adj.) (engl.-nlat.) 1. vor der Wirklichkeit in eine Traumwelt flüchtend; 2. vergnügungssüchtig.
Es|ki|mo (der, -s, -s) (indian.-engl.) Bewohner der Arktis. Adjektiv: eskimoisch.
Es|kor|te (die, -, -n) (franz.) Geleit. Eskortierung; eskortieren.
Es|me|ral|da (die, -, -s) (span.) spanischer Tanz.
es-Moll (das, -, kein Plural) Tonart. es-Moll-Tonleiter.
Eso|te|rik (die, -, -en) (griech.) Geheimlehre. Esoteriker; esoterisch.
Es|pa|d|ril|le (die, -, -s) (span.-franz.) Leinenschuh mit einer Sohle aus Espartogras.
Es|pa|g|no|le (die, -, -n) (franz.) spanischer Tanz.

Es|pa|g|no|let|te (die, -, -n) (franz.) Drehstangenverschluss (für Fenster).
Es|par|set|te (die, -, -n) (franz.) ein Schmetterlingsblütler. Futterpflanze.
Es|par|to (der, -s, -s) (span.) ein Süßgras; Flecht-, Papierrohstoff.
Es|par|to|gras (das, -es, -grä|ser) (span.-dt.) 1. Steppengras in Spanien und Algerien; 2. zur Papierfabrikation verwendetes Blatt des Espartograses.
Es|pe (die, -, -n) Zitterpappel. Espenlaub; espen (aus Espenholz).
Es|pe|ran|to (das, -s, kein Plural) künstliche Weltsprache.
Es|p|la|na|de (die, -, -n) (ital.-franz.) freier Platz (anstelle einer geschleiften Festungsanlage).
es|pres|si|vo (Adj.) (ital.) ausdrucksvoll (bei Musikstücken).
Es|pres|so (der, -/-s, -s/-pres|si) (ital.) starker Kaffee. Espressotasse.
Es|pres|so|bar (die, -, -s) kleines Café.
Es|p|rit (der, -s, kein Plural) (franz.) Witz; Geist. Adjektiv: espritvoll.
Es|say (der/das, -s, -s) (engl.) kurze Abhandlung. essayistisch.
Es|say|ist (der, -en, -en) Verfasser von Essays.
Ess|ba|re (das, -n, kein Plural) Nahrung. essbar.
Es|se (die, -, -n) Kamin; offener Herd einer Schmiede.
Ess|ecke (die, -, -n) Teil der Wohnung. Esszimmer.
es|sen (V., aß, hat gegessen) Nahrung aufnehmen. beim/zum Essen; etwas/nichts zu essen haben; zu Mittag/Abend essen; ich esse, du isst; Essbares; Essecke; Esser; Essensausgabe; Essensmarke; Essenszeit; Esszimmer; essbar; esslöffelweise.
Es|sens|aus|ga|be (die, -, -n) Schalter in einer Kantine.
Es|sens|mar|ke (die, -, -n) Wertmarke für Kantinen und Restaurants.
Es|sen|tials (die, nur Plural) (engl.) Grundbedürfnisse.
Es|senz (die, -, -en) (lat.) Wesentliches; Kern; Konzentrat.
es|sen|zi|ell (*auch:* es|sen|ti|ell) (Adj.) grundlegend; wesentlich.
Es|sig (der, -s, -e) Würzmittel und Konservierungsmittel.
Es|sig|gur|ke (die, -, -n) sauer eingelegte Gurke.
Es|sig|säu|re (die, -, kein Plural) tierische oder pflanzliche Säure. essigsauer.
Ess|löf|fel (der, -s, -) Suppenlöffel.
Es|ta|b|lish|ment (das, -s, -s) (engl.) herrschende, konservative Gesellschaftsschicht.
Es|tan|zia (die, -, -s) (span.) südamerikanisches Landgut (mit Rinderzucht).
Es|ter (der, -s, -) Verbindung aus Alkohol und organischer Säure (z. B. einer Frucht).
Est|land (ohne Art., -s, kein Plural) baltischer Staat. Estländer; estländisch. *Aber:* die estnische Sprache.
Es|t|ra|de (die, -, -n) (franz.) erhöhter Fußboden; Podium.
Es|t|ra|gon (der, -s, kein Plural) (arab.) Gewürz.
Est|rich (der, -s, -e) zementierter Fußboden.
Eta (das, -/-s, -s) griechischer Buchstabe (Η, η).
eta|b|lie|ren (V.) (franz.) sich niederlassen; Ansehen verschaffen; gründen. Etablierung; etabliert.
Eta|b|lis|se|ment (das, -s, -s) (franz.) Geschäft; Lokal; Bordell.
Eta|ge (die, -, -n) (franz.) Stockwerk.
Eta|gen|bett (das, -s, -en) mehrstöckiges Bettgestell.
Eta|gen|hei|zung (die, -, -en) Heizanlage für ein Stockwerk.
et alii (lat.) und andere; Abk.: et al.
Etap|pe (die, -, -n) (franz.) Teilstrecke. Etappensieg; etappenweise.
Etat (der, -s, -s) (franz.) Haushalt. Etataufstellung; etatisieren.
etat|mä|ßig (Adj.) planmäßig.
Etat|pos|ten (der, -s, -) Einzelausgabe im Etat.
etc. (Abk.) et cetera (und so weiter). et cetera pp. (und so weiter und so weiter; Abk.: etc. pp.).
ete|pe|te|te (Adj.) (ugs.) zimperlich; überempfindlich.
Eter|nit (das, -s, kein Plural) (lat., Kunstwort) Asbestzement in Plattenform (Warenzeichen).
Ethik (die, -, -en) (griech.) Sittenlehre. Adjektiv: ethisch.
Eth|no|lo|gie (die, -, -n) (griech.) Völkerkunde. Adjektiv: ethnologisch.
Ethos (das, -, kein Plural) (griech.) sittliches Bewusstsein.
Eti|kett (das, -s, -s/-e/-en) (franz.) Aufkleber; Preisschild. Etikettierung; etikettieren.
Eti|ket|te (die, -, -n) (franz.) vorgeschriebene Umgangsformen.
et|li|che (Pron., indef.; Zahlw.) einige; mehrere. etliche Minuten; er berichtete etliches; etliche Male; etliche Mal.
Etü|de (die, -, -n) (franz.) Übungsstück.
Etui (das, -s, -s) (franz.) Futteral.
et|wa (Adv.) ungefähr; beispielsweise; vielleicht. Er will in etwa fünf Stunden hier sein. Nehmen wir etwa Amerika. Hast du etwa keine Lust? Adjektiv: etwaig.
et|was (Pron., indef.) etwas/nichts etc. *Beachte:* Adjektive in Verbindung mit »etwas« werden immer großgeschrieben! etwas Schönes; das gewisse Etwas, *aber:* etwas anderes (*auch:* Anderes); irgendetwas. *Wichtig:* Komma zwischen »etwas« und »das/was«! etwas, das mich erstaunt.
Ety|mo|lo|ge (der, -n, -n) Sprachforscher.
Ety|mo|lo|gie (die, -, -n) (griech.) Wortherkunftslehre. etymologisch.
ety|mo|lo|gi|sie|ren (V.) ein Wort von seiner Herkunft her erklären.
EU (Abk.) Europäische Union.
Eu|bi|o|tik (die, -, kein Plural) (griech.) Lehre von einer gesunden Lebensweise.
euch (Pron.) *Beachte:* Klein- und Großschreibung in Briefen!
Eu|cha|ris|tie (die, -, -n) (griech.) Abendmahl. Eucharistiefeier; eucharistisch.
eu|er (Pron., possess.) Klein- und Großschreibung in Briefen und Widmungen, Großschreibung bei Titeln; Euer Hochwürden; Euer Ehren; Ihr könnt das Eurige/eurige dazutun; wo bleiben die Eurigen/Euren (*auch:* eurigen/euren)? *Aber:* immer Kleinschreibung, wenn auf ein vorangehendes oder nachstehendes Substantiv Bezug genommen wird! Wem gehören die Taschen? Sind es die euren? Zusammensetzungen: eurerseits; euresgleichen; euretwegen; euretwillen.
Eu|ge|nik (die, -, kein Plural) (griech.) Erbgesundheitsforschung; Erbhygiene.

Eu|ka|lyp|tus (der, -, -/-ten) (griech.) australische Baumart. Eukalyptusöl.
Eu|le (die, -, -n) Nachtvogel. Eulenruf; eulenäugig; eulenhaft.
Eu|len|spie|gel (der, -s, kein Plural) Schelm.
Eu|nuch(e) (der, -en, -en) (griech.) Kastrat. Adjektiv: eunuchenhaft.
Eu|phe|mis|mus (der, -, -men) (griech.) beschönigende Umschreibung. Adjektiv: euphemistisch.
Eu|pho|rie (die, -, -n) (griech.) Begeisterung; Hochstimmung. Adjektiv: euphorisch. Verb: euphorisieren.
Eu|ra|si|er (der, -s, -) 1. Bewohner Eurasiens; 2. Mischling aus einem europäischen (»weißen«) und einem indischen (asiatischen) Elternteil.
eu|ra|sisch (Adj.) zu Europa und Asien (Eurasien) gehörig.
Euro (der, -(s), -s) europ. Währungseinheit; Zeichen €.
Eu|ro|cheque (der, -s, -s) (franz.) (int. Schreibweise auf Formularen) Scheck. Eurochequekarte (*auch:* Eurocheque-Karte).
Eu|ro|pa (ohne Artikel, -s, kein Plural) Erdteil; Abendland. Europäer; europäisch; europäische Staaten; *aber:* die Europäische Union (Abk.: EU).
eu|ro|pä|i|sie|ren (V.) der europäischen Lebensart angleichen.
Eu|ro|pa|meis|ter|schaft (die, -, -en) Turnier von Sportlern aus europäischen Staaten.
Eu|ro|pa|par|la|ment (das, -s, kein Plural) Volksvertretung der EU-Staaten.
Eu|ro|pa|rat (der, -es, kein Plural) Rat der Regierungschefs der EU.
Eu|ro|pa|stra|ße (die, -, -n) (Abk.: E) Fernstraße.
eu|ro|pa|weit (Adj.) in ganz Europa.
Eu|ro|pi|de (der, -n, -n) (griech.) Angehöriger der »weißen« Großrasse (z. B. Araber, Inder, Skandinavier).
Eu|ro|vi|si|on (die, -, kein Plural) Zusammenschluss europäischer Fernsehanstalten. Eurovisionssendung.
Eu|stress (der, -es|ses, -es|se) (griech.) positiv anregender Stress; lebensnotwendiger Stress.
Eu|ter (das, -s, -) Milchdrüse bei Tieren.
Eu|tha|na|sie (die, -, kein Plural) (griech.) Sterbehilfe.
eu|troph (Adj.) (griech.) überdüngt (Gewässer).
Eu|tro|phie (die, -, kein Plural) (griech.) Wohlgenährtheit (bei Säuglingen).
Eu|tro|phie|rung (die, -, kein Plural) (griech.) Überdüngung (eines Gewässers).
eV (Abk.) Elektronvolt.
ev. (Abk.) evangelisch.
Ev. (Abk.) Evangelium.
E. V. (*auch:* e. V.) (Abk.) eingetragener Verein.
eva|ku|ie|ren (V.) (lat.) räumen; umsiedeln. Evakuierung.
Eva|lu|a|ti|on (die, -, -ti|o|nen) (franz.) Bewertung. Adjektiv: evaluativ. Verb: evaluieren.
eva|lu|ie|ren (V.) bewerten; beurteilen.
Evan|ge|li|ar (das, -s, -e/-ri|en) (griech.-lat.) Buch, das alle vier Evangelien enthält.
evan|ge|li|kal (Adj.) gemäß dem Evangelium, seine Autorität vertretend.
Evan|ge|li|sa|ti|on (die, -, -ti|o|nen) Verkündigung der christlichen Botschaft. evangelisieren.
evan|ge|lisch (Adj.) 1. zum Evangelium gehörig; 2. protestantisch (evangelisch-lutherisch, evangelisch-reformiert).
Evan|ge|li|um (das, -s, -li|en) (griech.) die ersten vier Bücher des Neuen Testaments; Botschaft Christi; Heilsbotschaft. Evangelist; Evangeliarium; evangelisch; evangelisch-lutherisch (Abk.: ev.-luth.); evangelisieren.
Eva|po|ra|ti|on (die, -, -ti|o|nen) Verdunstung.
Eva|po|ra|tor (der, -s, -en) (lat.) Verdampfer, der Süßwasser aus Meerwasser erzeugt.
eva|po|rie|ren (V.) (lat.) verdunsten; durch Eindampfen dickflüssig machen.
Eva|si|on (die, -, -si|o|nen) (lat.) das Entweichen.
Event (das, -s, -s) kulturelle oder sportliche Großveranstaltung.
Even|tu|a|li|tät (die, -, -en) (franz.) Möglichkeit.
even|tu|ell 1. (Adj.) möglicherweise eintretend; 2. (Adv.) womöglich; vielleicht.
Ever|green (der, -s, -s) (engl.) Erfolgsschlager; Dauerbrenner.
evi|dent (Adj.) (lat.) einleuchtend; erwiesen; offensichtlich. Evidenz.
ev.-luth. (Abk.) evangelisch-lutherisch.
Evo|lu|ti|on (die, -, -ti|o|nen) (lat.) Entwicklung; Fort-, Höherentwicklung. evolutionär.
Evo|lu|ti|o|nis|mus (der, -ses, kein Plural) anthropologische Forschungsrichtung. Evolutionstheorie.
evo|zie|ren (V.) (lat.) hervorrufen; bewirken. Evokation; evokativ.
ev.-ref. (Abk.) evangelisch-reformiert.
evtl. (Abk.) eventuell.
E-Werk (das, -s, -e) (Kurzw.) Elektrizitätswerk.
ewig (Adj.) unendlich; endlos. Das wird für immer und ewig so bleiben. Die Stelle behalte ich auf ewig; ein ewiges Einerlei; ich finde das ewig (sehr) schade; ewiges Leben; ewiger Friede; ewiges Eis; *Aber:* das ewige (*auch:* Ewige) Licht; die Ewige Stadt (Rom); der Ewige Jude (Ahasver); das Ewigweibliche; der/die Ewiggestrige. Ewigkeit.
EWS (Abk.) **E**uropäisches **W**ährungs**s**ystem.
ex (Adv.) (lat.) heraus; vorbei. ex und hopp; auf ex trinken.
Ex (die/das, -, -/-en) (Kurzw., ugs.) 1. Extemporale; 2. Ehemalige.
Ex... (lat.) ehemalig. Exminister; Exbundeskanzler; Exkönig; Exweltmeister.
ex|akt (Adj.) (lat.) genau; präzise; pünktlich. Exaktheit.
ex|al|tiert (Adj.) (lat.) überzogen; hysterisch; überspannt. Exaltiertheit; Exaltation; exaltieren.
Ex|a|men (das, -s, -/-mi|na) (lat.) Prüfung. examinieren.
Ex|a|mens|angst (die, -, -ängs|te) Furcht vor Prüfungen.
Ex|a|mens|ar|beit (die, -, -en) Prüfungsaufgabe.
Ex|an|them (das, -s, -e) (griech.) Hautausschlag.
Ex|arch (der, -en, -en) (griech.) geistlicher Würdenträger. Exarchat.
Ex|change (die, -, -n) (engl.) Geldwechsel; Kurs.
Ex|e|ge|se (die, -, -n) (griech.) (Bibel-)Erklärung; Auslegung. Exeget; Exegetik; exegetisch.
ex|e|ku|tie|ren (V.) (lat.) 1. ausführen; 2. hinrichten.
Ex|e|ku|ti|on (die, -, -en) (lat.) 1. Vollstreckung; 2. Hinrichtung.

Ex|e|ku|ti|ve (die, -, kein Plural) (lat.) vollziehende Staatsgewalt. Exekutivgewalt.
ex|e|ku|to|risch (Adj.) (lat.) durch Zwang erfolgend.
Ex|em|pel (das, -s, -) (lat.) Beispiel. ein Exempel statuieren; die Probe aufs Exempel machen.
Ex|em|p|lar (das, -s, -e) (lat.) (Abk.: Expl.) Einzelstück; Muster; Individuum.
ex|em|p|la|risch (Adj.) beispielhaft; abschreckend; warnend.
Ex|em|p|li|fi|ka|ti|on (die, -, -en) (lat.) Erläuterung durch Beispiele. exemplifikatorisch; exemplifizieren.
Ex|em|ti|on (die, -, -ti|o|nen) (lat.) Pflichtbefreiung; (gesetzliche) Freistellung.
Exe|qua|tur (das, -s, -en) (lat.) 1. Erlaubnis zur Amtsausübung (eines Konsuls); 2. Vollstreckbarkeitserklärung eines ausländischen Zivilurteils.
Exe|qui|en (die, nur Plural) (lat.) katholische Begräbnisriten.
ex|er|zie|ren (V.) (lat.) üben; drillen. Exerzierplatz; Exerzitien.
Ex|ha|la|ti|on (die, -, -ti|o|nen) (lat.) Aushauchung; Ausströmung (vulkanische Dämpfe, Gase). Verb: exhalieren.
Ex|haus|tor (der, -s, -en) Absaugventilator.
Ex|hi|bi|ti|o|nist (der, -en, -en) (lat.) jemand, der seine Geschlechtsteile öffentlich zur Schau stellt, um sich geschlechtlich zu erregen. Exhibition; Exhibitionismus; exhibitionistisch; exhibieren.
ex|hu|mie|ren (V.) (lat.) eine schon bestattete Leiche wieder ausgraben. Exhumierung.
Exil (das, -s, -e) (lat.) Verbannungsort; Zufluchtsort. Exilant; exiliert.
Exil|li|te|ra|tur die, -, -en) Werke exilierter Schriftsteller.
Exil|re|gie|rung (die, -, -en) Schattenregierung von Exilanten.
ex|i|mie|ren (V.) (lat.) entpflichten; einer Pflicht entheben.
exis|tent (Adj.) (lat.) bestehend.
Exis|tenz (die, -, -en) (lat.) Dasein.
Exis|tenz|angst (die, -, -ängs|te) Lebensangst; Zukunftsangst.
exis|tenz|fä|hig (Adj.) überlebensfähig.
Exis|tenz|grund|la|ge (die, -, -n) Lebensgrundlage.
Exis|ten|zi|a|lis|mus (*auch:* Exis|ten|ti|a|lis|mus) (der, -, kein Plural) (franz.) philosophische Richtung. Existenzialist/Existentialist; existenzialistisch/existentialistisch.
exis|ten|zi|ell (*auch:* exis|ten|ti|ell) (Adj.) unabdingbar; unverzichtbar.
Exis|tenz|kampf (der, -s/-es, -kämp|fe) Kampf ums Überleben.
Exis|tenz|mi|ni|mum (das, -s, kein Plural) amtlich festgelegtes Mindesteinkommen.
exis|tie|ren (V.) (lat.) bestehen; vorhanden sein; leben. existenziell/existentiell (*auch:* existenzial/existential).
Ex|i|tus (der, -, kein Plural) (lat.) Tod.
exkl. (Abk.) exklusive (ausgeschlossen).
Ex|kla|ve (die, -, -n) (franz.) vom fremden (Staats-)Gebiet umschlossenes eigenes Gebiet. Vgl. Enklave.
ex|klu|siv (Adj.) 1. anspruchsvoll; vornehm; vorzüglich; 2. unnahbar. Exklusivität.
ex|klu|si|ve (Präp., Gen.) ausschließlich; ausgenommen. Die Miete beträgt 500 € exklusive aller Nebenkosten. *Beachte:* keine Beugung eines nach »exklusive« allein stehenden stark deklinierten Substantivs! exklusive Porto.
Ex|klu|siv|ver|trag (der, -s, -trä|ge) Vereinbarung, die jeden anderen Vertragspartner ausschließt.
ex|kom|mu|ni|zie|ren (V.) (lat.) aus der Kirchengemeinschaft ausschließen. Exkommunikation.
Ex|kre|ment (das, -s/-es, -e) (lat.) Ausscheidungsprodukt.
Ex|kul|pa|ti|on (die, -, -ti|o|nen) (lat.) Rechtfertigung; Schuldentlastung. Verb: exkulpieren.
Ex|kurs (der, -es, -e) (lat.) 1. Zusatzinformation; 2. Ausschweifung.
Ex|kur|si|on (die, -, -si|o|nen) (lat.) Lehrausflug.
Ex|li|b|ris (das, -, -) (lat.) Namenszettel in Büchern.
ex|ma|tri|ku|lie|ren (V.) (lat.) eine Hochschule verlassen. Exmatrikulation; Exmatrikel.
Ex|o|dus (der, -, kein Plural) (griech.) Auszug; Verlassen.
Exo|ga|mie (die, -, -n) (griech.) Heirat außerhalb der eigenen Gruppe (z. B. einer Kaste).
exo|gen (Adj.) (griech.) von außen (verursacht, kommend).
Exo|karp (das, -s, -e) (griech.) Außenwandschicht (bei Früchten).
ex|or|bi|tant (Adj.) (lat.) außerordentlich; übertrieben. Exorbitanz.
Ex|or|zis|mus (der, -, -men) (griech.) Teufelsaustreibung; Geisterbeschwörung. Exorzist; exorzieren.
exo|te|risch (Adj.) (griech.) allgemein verständlich, nicht esoterisch.
exo|therm (Adj.) (griech.) Wärme abgebend (von chemischen Reaktionen).
exo|tisch (Adj.) (griech.) fremdländisch; ausgefallen. Exot/in; Exotik.
Ex|pan|der (der, -s, -) (engl.) Trainingsgerät.
ex|pan|die|ren (V.) (lat.) ausdehnen; ausbreiten. Expansion; Expansivkraft; expansiv; expansibel; expansionistisch.
Ex|pan|si|ons|po|li|tik (die, -, kein Plural) Bestrebung, den politischen Machtbereich auszudehnen.
Ex|pa|tri|a|ti|on (die, -, -ti|o|nen) Ausbürgerung. Verb: expatriieren.
Ex|pe|di|ent (der, -en, -en) (lat.) kaufmännischer Angestellter im Versand. expedieren.
Ex|pe|di|ti|on (die, -, -ti|o|nen) (lat.) 1. Forschungsreise; 2. Versandabteilung. Expeditionsteilnehmer.
Ex|pek|to|rans (das, -, -ran|tia/-ran|zi|en) (lat.) schleimlösende, das Aushusten fördernde Arznei.
ex|pen|siv (Adj.) (lat.) kostspielig; teuer.
Ex|pe|ri|ment (das, -s/-es, -e) (lat.) Versuch. experimentell.
Ex|pe|ri|men|tier|büh|ne (die, -, -n) Avantgardetheater.
Ex|pe|ri|men|tier|freu|de (die, -, kein Plural) Neugier; Wagemut. experimentierfreudig.
Ex|per|te (der, -n, -n) (lat.) Sachverständiger. Expertin.
Ex|per|ti|se (die, -, -n) (franz.) Gutachten.
Expl. (Abk.) Exemplar.
ex|pli|zie|ren (V.) erklären; erläutern.
ex|pli|zit (Adj.) (lat.) ausdrücklich; ausführlich. Explizitheit; explizite (Adv.).

ex|plo|die|ren (V., ist) (lat.) 1. zerplatzen; 2. aufbrausen. Explosion; Explosionsgefahr.

Ex|ploi|ta|ti|on (die, -, -ti|o|nen) (franz.) Ausbeutung. Verb: exploitieren.

Ex|plo|ra|ti|on (die, -, -ti|o|nen) (lat.) 1. Erforschung; 2. gezielte Befragung.

ex|plo|si|ons|ar|tig (Adj.) extrem schnell.

Ex|plo|siv (der, -s, -e) (lat.) Sprenglaut (z.B. »b«, »p«).

Ex|plo|si|vi|tät (die, -, kein Plural) Brisanz; Gefährlichkeit. explosiv.

Ex|plo|siv|stoff (der, -s, -e) Sprengstoff.

Ex|po|nat (das, -s/-es, -e) (lat.) Ausstellungsstück. Adjektiv: exponiert. Verb: exponieren.

Ex|po|nent (der, -en, -en) 1. hochrangiger Vertreter; 2. Hochzahl. exponentiell.

Ex|po|nen|ti|al|funk|ti|on (die, -, -en) mathematische Gleichung.

Ex|port (der, -s/-es, -e) (engl.) Ausfuhr. exportieren.

Ex|port|ar|ti|kel (der, -s, -) Ausfuhrgut.

Ex|por|teur (der, -s, -e) Unternehmer, der Waren ins Ausland liefert.

Ex|port|kauf|mann (der, -s, -leu|te) Außenhandelskaufmann.

Ex|po|sé (*auch:* Ex|po|see) (das, -s, -s) (franz.) Plan; Darlegung; Bericht; Denkschrift.

Ex|po|si|ti|on (die, -, -ti|o|nen) (lat.) 1. Einführung; vorbereitender Teil (eines Dramas, einer Sonate oder Fuge); 2. Gesamtheit der äußeren Einwirkungen, denen ein Organismus (oder Stoff) ausgesetzt ist.

Ex|press (der, -pres|ses, -zü|ge) (Kurzw.) schneller Transport. Expresszug. Expressgut; per Express.

Ex|press|gut (das, -s, -gü|ter) schnell zu transportierende Ware.

Ex|pres|si|on (die, -, -si|o|nen) (lat.) gesteigerter Ausdruck.

Ex|pres|si|o|nis|mus (der, -, kein Plural) Kunstrichtung. Expressionist; expressionistisch.

ex|pres|sis ver|bis (lat.) ausdrücklich; mit ausdrücklichen Worten.

ex|pres|siv (Adj.) ausdrucksfähig; ausdrucksstark. Expressivität.

Ex|pro|p|ri|a|ti|on (die, -, -ti|o|nen) (franz.) Enteignung.

ex|pro|p|ri|ie|ren (V.) (franz.) enteignen.

Ex|pul|si|on (die, -, -si|o|nen) (lat.) Austreibung; Entfernung.

ex|pul|siv (Adj.) (lat.) abführend.

ex|qui|sit (Adj.) (lat.) ausgesucht; erlesen.

ex|spek|ta|tiv (Adj.) (lat.) abwartend.

Ex|spi|ra|ti|on (die, -, kein Plural) (lat.) Ausatmung.

ex|spi|ra|to|risch (Adj.) 1. zur Exspiration gehörig; 2. nachdrücklich; stark betont.

Ex|stir|pa|ti|on (die, -, -ti|o|nen) (lat.) Totalentfernung (eines Organs).

ex|stir|pie|ren (V.) eine Exstirpation vornehmen.

Ex|tem|po|ra|le (das, -s, -li|en) (lat.) Stegreifaufgabe; unvorbereitet anzufertigende Klassenarbeit (veraltet).

ex tem|po|re (lat.) aus dem Stegreif. Verb: extemporieren.

ex|tem|po|rie|ren (V.) aus dem Stegreif reden, schreiben, spielen usw.

ex|ten|siv (Adj.) (lat.) 1. ausgedehnt; z. B. eine ~e Wahlkampfbeeinflussung; 2. weiträumig, aber nicht intensiv; z. B. die frühere ~e Landwirtschaft.

Ex|te|ri|eur (das, -s, -s/-e) (franz.) das Äußere; Außenansicht.

ex|tern (Adj.) (lat.) außen liegend; auswärtig. Externe.

ex|ter|ri|to|ri|al (Adj.) (lat.) außerhalb der Gerichtsbarkeit eines Landes. Exterritorialität.

Ex|tink|ti|on (die, -, -ti|o|nen) (lat.) 1. Verminderung der Strahlungshelligkeit (eines Sterns); 2. Erlöschen (von Gelerntem).

ex|t|ra (Adv.) (lat.) zusätzlich; nebenbei; gesondert; außerdem; eigens; besonders. Das können Sie extra bezahlen. Peter ist extra wegen Alexandra aufgeblieben. etwas extra Gutes. extrafein; extragalaktisch; extragroß; extrahart; extra dry (sehr herb). Extraausgabe; Extrablatt; Extrachor; Extraklasse; Extratour; Extrawunsch; Extrawurst.

Ex|t|ra (das, -s, -s) (lat.) (mitgeliefertes) Zubehör(teil).

ex|t|ra|ga|lak|tisch (Adj.) (lat.-griech.) außerhalb unserer Galaxis; nicht in unserem Milchstraßensystem gelegen.

Ex|trakt (der, -s/-es, -e) (lat.) Auszug. Extraktion; extraktiv; extrahieren.

ex|t|ra|or|di|när (Adj.) (franz.) außergewöhnlich; außerordentlich.

Ex|t|ra|or|di|na|ri|us (der, -, -ri|en) (lat.) außerordentlicher Professor.

ex|t|ra|po|lie|ren (V.) etwas nicht direkt Nachweisbares näherungsweise erschließen. Extrapolation.

ex|t|ra|ter|rest|risch (Adj.) (lat.) außerhalb der Erde gelegen.

Ex|t|ra|tour (die, -, -en) (ugs.) eigenwilliges Verhalten, Vorgehen.

ex|t|ra|va|gant (Adj.) (franz.) aus dem Rahmen fallend; überspannt. Extravaganz.

ex|t|ra|ver|tiert (*auch:* ex|t|ro|ver|tiert) (Adj.) (lat.) für außen offen; zugänglich. Extravertiertheit.

ex|t|rem (Adj.) (lat.) äußerst; radikal. Extrem; das geht ins Extreme.

Ex|t|rem|fall (der, -s, -fäl|le) außergewöhnlicher Fall.

Ex|t|re|mis|mus (der, -, kein Plural) Radikalismus. Extremist; extremistisch.

Ex|t|re|mi|tä|ten (die, nur Plural) (lat.) Gliedmaßen.

ex usu (lat.) aus der Erfahrung; durch Übung.

Ex|vo|to (das, -s, -s/-ten) Votivbild; Votivtafel; Weihegabe.

Exz. (Abk.) Exzellenz.

ex|zel|lent (Adj.) (lat.) hervorragend; ausgezeichnet.

Ex|zel|lenz (die, -, -en) (lat.) Anrede für hohe Beamte. Eure Exzellenz.

Ex|zen|t|ri|ker (der, -s, -) eigenwillige, überspannte Person.

ex|zen|t|risch (Adj.) (lat.) ausgefallen; überspannt; außerhalb des Mittelpunktes. Exzentrik; Exzentrizität.

ex|zep|ti|o|nell (Adj.) (franz.) ausnahmsweise eintretend; außergewöhnlich. Exzeption; exzeptiv.

Ex|zerpt (das, -s/-es, -e) (lat.) Auszug. Verb: exzerpieren.

Ex|zess (der, -zes|ses, -zes|se) (lat.) Ausschreitung; Ausschweifung. Adjektiv: exzessiv.

Eye|li|ner (der, -s, -) (engl.) kosmetischer Farbstift.

Ey|rir (der/das, -/-s, Au|rar) (isländ.) kleinste isländische Währungseinheit.

F

F (Abk.) 1. **F**ahrenheit (°F); 2. **F**arad; 3. **F**luor.

f (Abk.) *f*orte (Musik).

f. (Abk.) **f**olgende (Seite); **f**ür.

Fa. (Abk.) **F**irm**a**. *Beachte:* In Briefanschriften wird Fa. oder Firma nicht mehr geschrieben, wenn aus dem Namen hervorgeht, dass es sich um eine Firma handelt!

Fa|bel (die, -, -n) 1. moralisierende Tiergeschichte; 2. Erfundenes. Die Zeugin versuchte den Angeklagten mit einer Aussage, die ins Reich der Fabel gehörte, herauszuboxen. 3. knappe Inhaltsangabe einer epischen oder dramatischen Dichtung.

Fa|bel|dich|ter (der, -s, -) Erfinder von Fabeln.

Fa|be|lei (die, -, -en) Fantasterei; Träumerei. fabeln.

fa|bel|haft (Adj.) großartig; märchenhaft; sagenhaft; wunderbar. Bei unserem Ausflug hatten wir fabelhaftes Wetter.

Fa|bel|tier (das, -s, e) in Märchen oder Mythen auftretendes Fantasiegeschöpf. Fabelwesen.

Fa|bel|welt (die, -, -en) Schauplatz von Märchen und Mythen.

Fa|b|rik (die, -, -en) 1. Betrieb zur industriellen Herstellung von Waren und Gütern; 2. Gebäude, in dem eine Fabrikanlage untergebracht ist. *Beachte:* Zusammensetzungen mit Fabrik ohne Fugen-s! Fabrikgelände.

Fa|b|rik|an|la|ge (die, -, -n) Gesamtheit der Gebäude und Maschinen einer Fabrik.

Fa|b|rik|ar|bei|ter (der, -s, -) in der industriellen Herstellung beschäftigte Person.

Fa|b|ri|kat (das, -s, -e) in der Fabrik hergestelltes Produkt; Marke, Typ, Artikel.

Fa|b|ri|ka|ti|on (die, -, kein Plural) Herstellung in der Fabrik.

Fa|b|ri|ka|ti|ons|feh|ler (der, -s, -) in der Herstellung begründeter Defekt eines Industrieprodukts.

Fa|b|ri|kati|ons|pro|zess (der, -es, -e) industrielle Herstellungsweise.

Fa|b|ri|kant (der -en/-, -en) Besitzer einer Fabrik; Hersteller; Unternehmer; Produzent. Fabrikantensohn; Fabrikantenvilla.

fa|b|rik|mä|ßig (Adj.) industriell; maschinell.

fa|b|rik|neu (Adj.) direkt aus der Produktion; ungebraucht.

Fa|b|rik|wa|re 1. (die, -, -n) Produkt aus industrieller Fertigung; 2. (die, -, nur Plural) Gesamtheit aller Produkte aus industrieller Fertigung.

fa|b|ri|zie|ren (V.) 1. in der Fabrik herstellen; 2. (ugs.) etwas zusammenbasteln; 3. etwas Schlimmes anstellen, anrichten.

Fa|bu|lant (der, -en, -en) Dichter, Erzähler/-in kunstvoller Geschichten; Lügner; Schwätzer.

fa|bu|lie|ren (V.) fantasievolle Geschichten erzählen.

Fa|bu|lier|kunst (die, -, -küns|te) besondere Fähigkeit des Geschichtenerzählens.

fa|bu|lös (Adj.) (ugs.) sagenhaft; unwirklich.

Face|lif|ting (das, -s, -s) (amerik.) Gesichtsoperation, bei der Hautstreifen herausgeschnitten werden, um die Haut glatt erscheinen zu lassen.

Fa|cet|te (*auch:* Fas|set|te) (die, -, -n) (franz.) 1. geschliffene Ecke (Edelstein, Glas); kleine eckige Fläche, die durch das Schleifen eines Edelsteins oder eines Glas- oder Metallkörpers entsteht; 2. Einzelheit. facettenartig (*auch:* fassettenartig).

Fa|cet|ten|au|ge (*auch:* Fas|set|ten|au|ge) (das, -s, -n) Netzauge der Insekten.

Fa|cet|ten|glas (*auch:* Fas|set|ten|glas) (das, -es, -glä|ser) geschliffenes Glas.

fa|cet|ten|reich (*auch:* fas|set|ten|reich) (Adj.) vielfältig; bunt. Der Künstler hat ein facettenreiches/fassettenreiches Werk geschaffen.

Fa|cet|ten|schliff (*auch:* Fas|set|ten|schliff) (der, -s, kein Plural) Verfahren zur Bearbeitung von Glas, Metall oder Edelsteinen.

fa|cet|tie|ren (*auch:* fas|set|tie|ren) etw. mit Facetten/Fassetten versehen.

Fach (das, -s, Fä|cher) 1. Unterteiltes; Abteil; Ablage; 2. Gebiet; Sachgebiet; Wissensgebiet. Fachgebiet; Fachsprache; fachlich; fachsprachlich.

...fach dreifach (3fach/3-fach); mit Einzelbuchstabe: n-fach; ein dreifaches Hoch, *aber:* um ein Dreifaches hoch.

Fach|a|bi|tur (das; -s, kein Plural) Schulabschluss mit Fachhochschulreife.

Fach|ar|bei|ter (der, -s, -/die -in, -, -nen) Arbeiter, der nach einer Ausbildung die Fachprüfung bestanden hat.

Fach|arzt (der, -s, -) spezialisierter Mediziner. fachärztlich.

Fach|aus|druck (der, -s, -drücke) nur in einem bestimmten Zusammenhang gebräuchlicher Begriff.

Fach|be|reich (der, -s, -e) Fakultät.

Fach|brett (das, -s, -er) Brett als Fachboden.

Fach|do|zent (der, -en, -en) Hochschullehrer für ein wissenschaftliches Gebiet. Dr. Wöllstein, Fachdozent für germanistische Linguistik.

fä|cheln (V.) 1. sanft wehen; blasen; 2. kühlen; wedeln; zuwehen. Es fächelt vom See hinüber. Ich fächele mir kühle Luft zu.

Fä|cher (der, -s, -) ein meist etwa dreieckiger, faltbarer Gegenstand zum Fächeln. fächerförmig.

Fä|che|rung (die, -, -en) Aufteilung in Fächer. fächerig.

Fä|cher|ge|wöl|be (das, -, -) Gewölbekonstruktion aus von einem Punkt ausstrahlenden Rippen.

Fä|cher|pal|me (die, -, -n) tropische Pflanze.

fach|fremd (Adj.) ohne Fachkenntnis.

Fach|ge|schäft (das, -s, -e) spezialisierter Einzelhandelsladen.

fach|ge|mäß (Adj.) fachgerecht; fachmännisch.

Fach|han|del (der, -, -s) Handel mit spezialisiertem Sortiment.

Fach|hoch|schu|le (die, -, -n) höhere berufsbildende Ausbildungs- und Forschungsanstalt.

Fach|idi|ot (der, -en, -en) einseitig gebildeter Mensch.

Fach|kun|de (die, -, kein Plural) Wissen über ein Fach. Fachkundeunterricht; fachkundlich.

fach|kun|dig (Adj.) sachverständig; qualifiziert.

Fach|mann (der, -s, -män|ner/-leu|te!) ein Sachverständiger. Fachkraft; fachmännisch.

Fach|re|fe|rent (der, -en, -en) Experte für ein spezielles Aufgabengebiet.

Fach|schaft (die, -, -en) studentische Vertretung.

Fach|schu|le (die, -, -n) berufsbildende Schule. Fachoberschule.

fach|ü|ber|grei|fend (Adj.) interdisziplinär; mehrere Fächer verbindend.

fach|sim|peln (V.) (es wurde gefachsimpelt) (ugs.) unter Fachleuten zu einem bestimmten Thema sprechen. Fachsimpelei.

Fach|werk (das, -s, kein Plural) Bauweise mit Trägersystem aus Holz. Fachwerkhaus.

Fach|zeit|schrift (die, -, -en) regelmäßig erscheinende Veröffentlichung zu einem bestimmten Sachgebiet. Fachjournalist; Fachpresse.

Fa|ckel (die, -, -n) Leuchte mit offener Flamme.

Fa|ckel|lauf (der, -s, -läufe) (Sport) Langlauf zur Übergabe einer Fackel (z. B. olympisches Feuer).

fa|ckeln (V.) (ugs.) zögern. Als er das günstige Angebot sah, fackelte er nicht lange.

Fa|ckel|schein (der, -s, kein Plural) von der Fackel geworfenes Licht.

Fac|to|ring (das, -s, kein Plural) (engl.) Absatzfinanzierung.

Facts (die, nur Plural) (engl.) Tatsachen.

fa|de (*auch:* fad) (Adj.) (franz.) 1. langweilig; öde; 2. geschmacklos; abgestanden.

Fa|den (der, -s, Fä|den) 1. dünne gedrehte Faser aus Stoff oder Metall; 2. altes dt. Längenmaß; altes seemännisches Tiefenmaß (*Beachte:* Pluralform ist hier Faden). Fadenende.

fa|den|dünn (Adj.) fein; sehr dünn.

Fa|den|kreuz (das, -es, -e) optisches Hilfsmittel bei Zielfernrohren.

Fa|den|nu|del (die, -, -n) sehr dünne Nudel.

fa|den|schei|nig (Adj.) 1. abgewetzt; durchscheinend (bei Textilien); 2. durchschaubar. Die Fakten sprechen gegen dich, dein Argument ist fadenscheinig.

Fa|den|wurm (der, -s, -wür|mer) parasitär lebender Hohlwurm.

Fa|den|zäh|ler (der, -s, -) kleine von Webern verwendete Lupe.

Fad|heit (die, -, -en) Gleichförmigkeit; Langeweile.

fä|dig (Adj.) aus vielen Fäden bestehend. kurzfädig.

Fa|ding (das, -s, -s) (engl.) Schwund; Aus- und Einblenden.

Fa|do (der, -s, kein Plural) (portugies.) portugiesischer Volksgesang.

Fa|ga|ra|sei|de (die, -, -n) (arab.-lat.; dt.) eine Wildseide.

Fa|gott (das, -s, -e) Holzblasinstrument. Fagottist.

Fä|he (die, -, -n) Weibchen von Fuchs, Dachs, Marder und anderen Tieren.

fä|hig (Adj.) begabt; tüchtig; imstande; qualifiziert. *Beachte:* mit Genitiv! eines Mordes fähig; fähig sein, etwas zu tun; Zusammensetzungen: arbeitsfähig; lebensfähig; leistungsfähig; ausbaufähig; strapazierfähig.

Fä|hig|keit (die, -, -en) Können; Qualifikation; Tauglichkeit.

fahl (Adj.) bleich; farblos. Im fahlen Licht des Morgengrauens. fahlgrau.

Fahl|heit (die, -, kein Plural) Blässe; Bleichheit.

fahn|den (V.) suchen; verfolgen.

Fahn|der (der, -s, -) besonderer Ermittler bei der Polizei.

Fahn|dung (die, -, en) polizeiliche Such- und Ermittlungsaktion. Fahndungserfolg.

Fahn|dungs|lis|te (die, -, -n) Zusammenstellung polizeilich gesuchter Verdächtiger.

Fah|ne (die, -, -n) 1. Flagge; Banner; Standarte; 2. (ugs.) nach Alkohol riechender Atem; 3. Kopie einer Drucksache. Fahnenstange.

Fah|nen|eid (der, -s, -e) soldatisches Treuegelöbnis.

Fah|nen|flucht (die, -, kein Plural) Desertion; Entfernung von der Truppe (Militär). Fahnenflüchtiger; fahnenflüchtig.

Fah|nen|wei|he (die, -, -n) militärisches Zeremoniell.

Fähn|rich (der, -s, -e) 1. Fahnenträger; 2. Feldwebel.

Fahr|bahn (die, -, -en) für Fahrzeuge vorgesehener Teil der Straße. Fahrbahnmarkierung; Fahrbahnteiler.

Fahr|dienst|lei|ter (der, -s, -) Verantwortlicher eines Fuhrparks.

Fäh|re (die, -, -n) Boot. Wasserfahrzeug zum Überqueren von Flüssen, Seen oder Meeresarmen.

fah|ren (V., fuhr, hat/ist gefahren) fortbewegen; steuern. Ski fahren; ich fahre Ski; Auto fahren; ich fahre Auto; Fahrrad fahren; ich fahre Rad; Rad fahren; spazieren fahren; fahren lassen (*auch:* fahrenlassen); die Fahrenden. Was ist in dich gefahren? (Ausdruck der Missbilligung). Fahrer; Fahrt; Fahrtdauer; Fahrtrichtung; Fahrtüchtigkeit; Fahrwind; fahrerisch; fahrtüchtig.

Fah|ren|heit (ohne Art., kein Gen., -) Maßeinheit (Thermometer; Abk.: F; °F).

fah|ren las|sen, fah|ren|las|sen (V., ließ fahren, hat fahren lassen/fahrenlassen, *selten:* fahren gelassen) verzichten; loslassen; erlauben zu fahren.

Fah|rer|flucht (die, -, kein Plural) unerlaubtes Entfernen nach einem Verkehrsunfall.

Fahr|er|laub|nis (die, -, -se) Führerschein.

Fahr|gast (der, -s/es, -gäs|te) Reisender in öffentlichen Verkehrsmitteln.

Fahr|ge|stell (das, -s, -e) Chassis; Unterbau eines Fahrzeugs.

fah|rig (Adj.) zerstreut; schusselig; nervös. Fahrigkeit.

Fahr|kar|te (die, -, -n) Quittung für den Fahrpreis, Ticket. Fahrschein; Fahrscheinkontrolle.

Fahr|läs|sig|keit (die, -, kein Plural) Unachtsamkeit; Pflichtvergessenheit; Leichtsinn, Missachtung der gebotenen Vorsicht. Er ist wegen fahrlässiger Tötung angeklagt. Adjektiv: fahrlässig.

Fähr|mann (der, -s, -män|ner/-leu|te) Führer einer Fähre.

Fahr|plan (der, -s, -plä|ne) Übersicht über Abfahrtszeiten öffentlicher Verkehrsmittel. fahrplanmäßig.

Fahr|prü|fung (die, -, -en) Examen zur Erlangung des Führerscheins.

Fahr|rad (das, -s, -rä|der) zweirädriges, mit Muskelkraft betriebenes Fahrzeug. Fahrradfahrer; Fahrradweg.

Fahr|schu|le (die, -, -n) Unternehmen, das Unterricht über Fahrpraxis und Straßenverkehr erteilt. Fahrlehrer; Fahrunterricht.

Fahr|stuhl (der, -s, -stüh|le) Transportmittel zur Überwindung von Höhenunterschieden; Aufzug; Lift.
Fähr|te (die, -, -n) Spur von Wildtieren. Fährtensucher.
Fahr|ten|schrei|ber (der, -s, -) Aufzeichnungsgerät für Fahrdaten.
Fahr|was|ser (das, -s, -) schiffbare Route auf einem Fluss, See oder Meeresarm. in jemands Fahrwasser geraten (ugs.) (unter schlechten Einfluss geraten). Fahrrinne.
Fähr|ver|bin|dung (die, -, -en) von einer Fähre gefahrene Strecke zwischen zwei Häfen.
Fahr|zeug (das, -s, -e) Fortbewegungs- und Transportmittel. Kraftfahrzeug. Gefährt.
Fai|b|le (das, -s, -s) (franz.) Vorliebe; Neigung, Schwäche für etwas.
fair (Adj.) (engl.) ehrlich; gerecht; anständig.
Fair|ness (die, -, kein Plural) (engl.) Anständigkeit; Ehrlichkeit; Sportlichkeit.
Fair Play (*auch:* Fair|play) (das, -s, kein Plural) (engl.) (Sport) regelgemäßes, den Gegner respektierendes Spiel.
Fä|ka|li|en (die, nur Plural) menschliche und tierische Ausscheidungen; Exkremente; Kot. fäkal.
Fä|ka|li|en|spra|che (die, -, kein Plural) Verwendung von Begriffen aus dem fäkalen Bereich.
Fake (der/das, -s, -s) (engl.) Betrug; Fälschung. faken.
Fa|kir (der, -s, -e) (arab.) hinduistischer Asket; Gaukler.
Fak|si|mi|le (das, -s, -s) (lat.) getreue Nachbildung einer Vorlage. Faksimiledruck; Faksimileausgabe; faksimilieren.
Fakt (*auch:* Fak|tum) (der/das, -s, -en/-s) Tatsache.
Fak|ten|wis|sen (das, -s, kein Plural) Kenntnis von Tatsachen.
Fak|ten|ma|te|ri|al (das, -s, -ien) Gesamtheit von Tatsachen.
fak|tisch (Adj.) tatsächlich; auf Tatsachen beruhend.
Fak|ti|zi|tät (die, -, -en) Tatsächlichkeit; Gegebenheit.
Fak|tor (der, -s, -en) (lat.) 1. Ursache; Gesichtspunkt; Umstand; 2. Multiplikator (Math.); 3. technischer Leiter eines Druckereibetriebs (Buchdruck); 4. veraltet für Leiter einer überseeischen Handelsniederlassung.
Fak|to|tum (das, -s, -ten) (lat.) Helfer; Mädchen für alles.
Fak|tur (die, -, -en) (lat.) Lieferschein; Rechnung.
Fak|tu|rist/-in (der/die, -en/-, -en/-nen) Person, die Lieferscheine und Rechnungen erstellt und prüft. fakturieren.
Fak|tu|rier|ma|schi|ne (die, -, -n) Gerät zur Erstellung von Lieferscheinen und Rechnungen.
Fa|kul|tät (die, -, -en) (lat.) 1. Hochschulabteilung; 2. mathematischer Ausdruck; Produkt aus aufeinanderfolgenden Zahlen (Math.).
fa|kul|ta|tiv (Adj.) beliebig; nach Wahl. Die Landgänge während der Kreuzfahrt sind fakultativ.
Fa|lan|ge (die, -, kein Plural) (griech.-span.) faschistische Staatspartei Spaniens unter dem Diktator Franco.
Fa|lan|gist (der, -en, -en) Mitglied der Falange.
falb (Adj.) blassgelb; grau; graugelb.
Fal|be (der, -n, -n) gelbfarbenes Pferd.
Fal|ke (der, -n, -n) Raubvogel. Falkenauge.
Fal|ken|jagd (die, -, kein Plural) Jagd mit abgerichteten Falken.
Falk|ner (der, -s, -) Abrichter von Falken.
Falk|ne|rei (die, -, kein Plural) Einrichtung zur Aufzucht und Abrichtung von Raubvögeln.
Fall (der, -s, Fäl|le) 1. Fallen; Sturz; Untergang; 2. Angelegenheit (Rechtsw.); Kasus; 3. Abwärtsbewegung eines Körpers (Phys.); 4. Deklination des Substanivs (gramm.). *Beachte:* wird immer großgeschrieben! gesetzt den Fall, dass …; im Falle(,) dass …; von Fall zu Fall; in keinem Falle; jemanden zu Fall bringen; die vier Fälle; im Fall (Angelegenheit) Müller; Knall auf Fall (plötzlich); für alle Fälle. Fallgeschwindigkeit; Falllinie; *Kleinschreibung:* bestenfalls; gegebenenfalls; nötigenfalls; keinesfalls; jedenfalls; allenfalls.
Fall|beil (das, -s, -e) Schafott; Guillotine.
Fal|le (die, -, -n) 1. Hinterhalt; 2. Fanggerät; Vorrichtung zum Tierfang; 3. (ugs.) Bett. Die Maus ging in die Falle. Er stellt den Räubern eine Falle.
fal|len (V., fiel, ist gefallen) stürzen; sinken.
fäl|len (V.) 1. umhauen; absägen; 2. treffen; beschließen. Wir fällen einen Baum. Er fällt ein Urteil.
fal|len las|sen (*auch:* fal|len|las|sen) (V., ließ fallen, hat fallen gelassen/fallen lassen od. fallenlassen) aufgeben; verzichten; äußern; *aber nur:* den Hut fallen lassen.
Fal|len|stel|ler (der, -s, -) Tierfänger.
Fall|gru|be (die, -, -n) Falle.
Fal|li|bi|li|tät (die, -, -en) (lat.) Fehlbarkeit.
fäl|lig (Adj.) anstehend; erforderlich; befristet.
Fäl|lig|keit (die, -, -en) Zahlungstermin. Fälligkeitsdatum.
fal|lit (Adj.) (ital.) zahlungsunfähig.
Fall|obst (das, -s, kein Plural) überreifes Obst, das bereits vom Baum gefallen ist.
Fall-out (*auch:* Fall|out) (der, -s, -s) (engl.) radioaktiver Niederschlag.
Fall|rück|zie|her (der, -s, -) Schuss nach hinten im Sturz (beim Fußball).
falls (Konj.) wenn; im Falle, dass. falls möglich; falls nötig. *Beachte:* kann mit oder ohne Komma stehen! Falls nötig(,) rufe ich dich.
Fall|schirm (der, -s, -e) Schirm zum Abbremsen von Menschen oder Gegenständen im freien Fall.
Fall|schirm|jä|ger (der, -s, -) über dem Einsatzgebiet abspringender Soldat.
Fall|schirm|sprin|ger (der, -s, -) aus einem Flugzeug springender Sportler.
Fall|sucht (die, -, kein Plural) Epilepsie.
Fall|tür (die, -, -en) Falle.
Fall|wind (der, -s, -e) starke Thermik.
Fa|lott (der, -en, -en) (österr.) (ital.) Gauner; Spitzbube.
falsch (Adj.) 1. verkehrt; fehlerhaft; 2. gefälscht; 3. hinterlistig; heuchlerisch. falschspielen (beim Kartenspiel betrügen), auf der Geige falsch spielen. *Großschreibung:* nichts/etwas Falsches; ohne Falsch und Tadel; da bist du an den Falschen/Richtigen geraten; das Falscheste, was du tun kannst, ist, die Sache aufzugeben; das Falscheste wäre, wenn du die Sache aufgibst. Falsches

und Echtes; Falsch und Richtig unterscheiden; falscher Hase; falscher Fuffziger; unter falscher Flagge; *aber:* Falscher Safran (Großschreibung bei Namen!).

Falsch|aus|sa|ge (die, -, -n) Lüge.

fäl|schen (V.) betrügen; etwas verbotenerweise nachahmen; kopieren.

Falsch|geld (das, -s, -) gefälschte Zahlungsmittel; (ugs.) Blüten. Falschmünzer.

Falsch|heit (die, -, -en) Hinterlist; Tücke.

Falsch|mel|dung (die, -, -en) Irrtum.

fälsch|lich (Adj.) fehlerhafterweise; versehentlich; verkehrterweise. fälschlicherweise.

Falsch|spie|ler (der, -s, -) Betrüger.

Fäl|schung (die, -, -en) Echtheit vortäuschender Gegenstand; Betrug. Kunstfälschung; Produktfälschung.

fäl|schungs|si|cher (Adj.) vor verbotener Nachahmung geschützt.

Fal|sett (das, -s, kein Plural) (ital.) hoher Tonbereich der Männerstimme; Kopfstimme mit Brustresonanz.

fal|set|tie|ren (V.) im Falsett singen; mit Falsettstimme singen.

Fal|set|tist (der, -en, -en) Falsettsänger.

Fal|si|fi|kat (das, -s, -e) gefälschter Gegenstand.

Fal|si|fi|ka|ti|on (die, -, -en) (lat.) veraltet für Fälschung.

fal|si|fi|zie|ren (V.) (lat.) als falsch nachweisen.

Fals|taff (der, -s, -s) Schlemmer; Prahlhans (nach einer komischen Figur Shakespeares).

Fal|te (die, -, -n) Ecke; Falz; Knick; Runzel. Faltung; faltenlos; faltenreich; faltig.

Falt|blatt (das, -s, blät|ter) zusammengelegter Handzettel.

Falt|boot (das, -s, -e) zusammenlegbares Boot.

fal|ten (V.) zusammenlegen; umknicken; runzeln. gefaltet.

Fal|ten|ge|bir|ge (das, -s, -) Bergland in besonderer geologischer Formation; aufgefaltetes Gebirge.

Fal|ten|rock (der, -, rö|cke) Damenrock mit regelmäßiger Faltung.

Fal|ter (der, -s, -) Schmetterling.

...fäl|tig ...fach. vielfältig; mehrfältig; tausendfältig.

Falz (der, -es, -e) 1. Faltlinie in Papier oder Kunststoff; 2. Fuge am Buchrücken; 3. Verbindung von Blechrändern; 4. Aussparung, z. B. bei Ziegeln. Falzung; Falzhobel; falzig

fal|zen (V.) falten.

Falz|bein (das, -s, -e) Gegenstand zum Falzen von Papier.

Falz|ma|schi|ne (die, -, -n) Gerät zum Falzen von Papier und Metall.

Fa|ma (die, -, kein Plural) (lat.) Gerücht; z. B. es geht die Fama.

Fa|mi|lie (die, -, -n) (lat.) 1. Eltern und Kinder; Verwandtschaft; 2. (Bio.) Zuordnung zu Gruppen.

Fa|mi|li|a|ri|tät (die, -, -en) Vertrautheit. familiär.

Fa|mi|li|en|an|ge|hö|ri|ge (der/die, -n, -n) Mitglied einer Familie.

Fa|mi|li|en|an|ge|le|gen|heit (die, -, -en) Sache, die innerhalb des Familienverbands zu behandeln ist.

Fa|mi|li|en|an|schluss (der, -schlus|ses, -schlüs|se) Eingliederung in eine Familie.

Fa|mi|li|en|an|zei|ge (die, -, -n) Bekanntmachung von Familiennachrichten (Geburt, Hochzeit etc.).

Fa|mi|li|en|bad (das, -es, -bä|der) Bad für die ganze Familie; familienfreundliches Bad.

Fa|mi|li|en|be|sitz (der, -es, -e) gesamter Besitz der Familie.

Fa|mi|li|en|be|trieb (der, -s, -e) kleines Unternehmen, in dem überwiegend Familienmitglieder mitarbeiten.

Fa|mi|li|en|buch (das, -es, -bü|cher) öffentliches Register für Familieneintragungen. Familienstammbuch.

Fa|mi|li|en|fei|er (die, -, -n) Fest mit den Angehörigen wegen eines familiären Anlasses.

Fa|mi|li|en|for|schung (die, -, -en) Genealogie.

Fa|mi|li|en|grab (das, -es, -grä|ber) Grab, in dem mehrere Mitglieder einer Familie beerdigt sind.

Fa|mi|li|en|gruft (die, -, -grüf|te) Grabgewölbe einer Familie.

Fa|mi|li|en|kreis (der, -es, -e) die ganze Familie. im engsten Familienkreis.

Fa|mi|li|en|le|ben (das, -s, kein Plural) das Zusammensein der Familie.

Fa|mi|li|en|mi|nis|ter (der, -s, -) für die Familienpolitik verantwortliches Regierungsmitglied.

Fa|mi|li|en|mit|glied (das, -s, -er) Teil der Familie.

Fa|mi|li|en|nach|richt (die, -, -en) persönliche Bekanntmachung aus der Familie.

Fa|mi|li|en|na|me (der, -s, -en) Nachname.

Fa|mi|li|en|o|ber|haupt (das, -es, -häup|ter) Leiter und Vertreter der Familie nach außen; Hausherr; Vater.

Fa|mi|li|en|pa|ckung (die, -, -en) Großpackung eines Produkts.

Fa|mi|li|en|pass (der, -pas|ses, -päs|se) ermäßigter (Fahr-)Ausweis für eine Familie.

Fa|mi|li|en|pla|nung (die, -, -en) gesteuertes Wachstum der Familie; Empfängnisverhütung.

Fa|mi|li|en|po|li|tik (die, -, kein Plural) staatliche Maßnahmen zum Schutz der Familie.

Fa|mi|li|en|rat (der, -es, -rä|te) Versammlung der ganzen Familie, um wichtige Entscheidungen zu besprechen.

Fa|mi|li|en|recht (das, -es, kein Plural) gesetzliche Vorschriften über Verlöbnis, Ehe, Verwandtschaft etc. im BGB.

Fa|mi|li|en|se|rie (die, -, -n) Fortsetzungsserien in Rundfunk und Fernsehen über den Alltag einer Familie.

Fa|mi|li|en|sinn (der, -es, kein Plural) Begeisterung für das Familienleben. Er zeigte viel Familiensinn.

Fa|mi|li|en|stand (der, -es, kein Plural) Personenstand (ledig, verheiratet, verwitwet, geschieden). *Achtung:* »verlobt« gilt nicht als Familienstand.

Fa|mi|li|en|the|ra|pie (die, -, -n) Gruppentherapie für eine Familie.

Fa|mi|li|en|un|ter|halt (der, -es, kein Plural) Lebenskosten einer Familie. den Familienunterhalt verdienen.

Fa|mi|li|en|va|ter (der, -s, -vä|ter) männliches Elternteil; Vater.

Fa|mi|li|en|ver|band (der, -es, -bän|de) Organisation zur Familienförderung.

Fa|mi|li|en|ver|hält|nis (das, -ses, -se) Verwandtschaftsbeziehung. Stehen Sie mit ihm in einem Familienverhältnis?

Fa|mi|li|en|ver|hält|nis|se (die, nur Plural) Geburts- und Lebensumstände. Aus welchen Familienverhältnissen kommen Sie?

Fa|mi|li|en|ver|si|che|rung (die, -, -en) Form der Lebensversicherung zugunsten der Familie.
Fa|mi|li|en|vor|stand (der, -es, -stän|de) Familienoberhaupt.
Fa|mi|li|en|zu|la|ge (die, -, -n) Ergänzung des Gehalts für Angestellte mit Familie.
Fa|mi|li|en|zu|sam|men|füh|rung (die, -, -en) Wiedervereinigung getrennter Familienmitglieder.
Fa|mi|li|en|zu|wachs (der, -wach|ses, -wächse) Nachwuchs.
fa|mos (Adj.) (lat.) ausgezeichnet; großartig.
Fa|mos|schrift (die, -, -en) Schmähschrift in der Zeit des Humanismus und der Reformation.
Fa|mu|lant/-in (der/die, -en/-, -en/-nen) Medizinstudent im Praktikum. famulieren.
Fa|mu|la|tur (die, -, -en) (lat.) Krankenhauspraktikum eines Medizinstudenten.
Fan (der, -s, -s) (engl.) begeisterter Anhänger. Er ist ein Fan seines Fußballklubs.
Fa|nal (das, -s, -e) (griech.-franz.) weithin sichtbares (»Feuer«-)Zeichen (als Ankündigung einer Wende).
Fa|na|ti|ker (der, -s, -) jmd., der leidenschaftlich und kompromisslos einen Wert vertritt.
fa|na|tisch (Adj.) (lat.) blindwütig; versessen; doktrinär; intolerant; kompromisslos.
fa|na|ti|sie|ren (V.) jmdn. zum Fanatismus anstiften.
Fa|na|tis|mus (der, -ses, kein Plural) kompromissloses Vertreten eines Werts; Dogmatismus; Intoleranz.
Fan|dan|go (der, -s, -s) (span.) spanischer Tanz.
Fan|fa|re (die, -, -n) (franz.) Trompetensignal; Trompete. Fanfarenbläser.
Fan|fa|ren|zug (der, -s, -zü|ge) Formation von Fanfarenbläsern.
Fang (der, -s, Fän|ge) 1. Beute; Erjagtes; 2. Maul von Raubtieren; 3. Krallen von Raubvögeln. Fanggerät; Fangleine; Fangzahn; fangfrisch; fangsicher.
Fang|arm (der, -s, -e) Tentakel.
Fang|ei|sen (das, -s, -) mechanische Falle.
Fan|ge|mein|de (die, -, -n) Gefolgschaft; Gesamtheit der Fans.
fan|gen (V., fing, hat gefangen) 1. ergreifen; erbeuten; 2. das seelische Gleichgewicht wiederfinden; 3. (ugs.) eine Ohrfeige bekommen. Der Frosch fängt die Fliege. Nach dem Tod seiner Frau hat er sich wieder gefangen.
Fan|gen (das, kein Genitiv, kein Plural) Kinderspiel im Freien. Fangen spielen.
Fän|ger (der, -s, -) 1. Jäger; 2. Vorrichtung zum Einfangen; 3. Position auf dem Spielfeld (Baseball).
Fang|fra|ge (die, -, -n) hinterhältige Fragestellung.
Fan|go (der, -s, -) (ital.) heilkräftiger Mineralschlamm.
Fang|schnur (die, -, -schnü|re) Teil einer militärischen Uniform.
Fang|schuss (der, -ses, -schüs|se) Todesschuss nach einer Verfolgung.
Fan|ta|sia (die, -s, nur Plural) (span.) Reiterkampfspiele.
Fan|ta|sie (*auch:* Phan|ta|sie) (die, -, -n) (griech.) 1. Vorstellungskraft; Einbildung; Imagination, Trugbild; 2. instrumentales Musikstück. Fantasieblume (*auch:* Phantasieblume); Fantasielosigkeit (*auch:* Phantasielosigkeit); fantasiearm (*auch:* phantasiearm); fantasielos (*auch:* phantasielos); fantasiereich (*auch:* phantasiereich).
fan|ta|sie|be|gabt (*auch:* phan|ta|sie|be|gabt) (Adj.) mit großer Vorstellungskraft ausgestattet.
Fan|ta|sie|bild (*auch:* Phan|ta|sie|bild) (das, -s) Vorstellung, Traumbild. Fantasievorstellung (*auch:* Phantasievorstellung).
Fanta|sie|ge|bil|de (*auch:* Phan|ta|sie|ge|bil|de) (das, -s, -) nur in der Vorstellung existierender Gegenstand.
Fan|ta|sie|kos|tüm (*auch:* Phan|ta|sie|kos|tüm) (das, -s, -e) verrückte Kleidung; unwirkliche Bühnenausstattung.
fan|ta|sie|ren (*auch:* phan|ta|sie|ren) (V.) 1. sich seiner Vorstellungskraft hingeben; 2. (ugs.) unverständlich reden.
Fan|tast (*auch:* Phan|tast) (der, -en, -en) Schwärmer; Träumer.
Fan|tas|te|rei (*auch:* Phan|tas|te|rei) (die, -, -en) wirklichkeitsfremde Schwärmerei.
Fan|tas|tik (*auch:* Phan|tas|tik) (die, -, kein Plural) Gesamtheit fantastischer Phänomene.
fan|tas|tisch (*auch:* phan|tas|tisch) (Adj.) 1. unwirklich; der Einbildungskraft entsprungen; 2. (ugs.) einzigartig; sensationell.
Fan|ta|sy (die, -, kein Plural) (engl.) Gattung von Romanen, Filmen, Spielen u. Ä., die märchenhafte und mythische Welten entwickeln und darstellen.
Fan|zine (das, -s, -s) (engl.) Zeitschrift für Fans bestimmter Sachen oder Personen.
FAO (die, -, kein Plural) (engl.) Abk. für »**F**ood and **A**griculture **O**rganization«, Ernährungs- und Landwirtschaftsorganisation der UNO.
Fa|rad (das, -(s), -) elektrische Maßeinheit.
Fa|ra|day|kä|fig (*auch:* Fa|ra|day-Kä|fig) (der, -s, -e) Gitter oder Umhüllung aus Metall zur Abschirmung von elektrischen Feldern.
Fa|ra|di|sa|ti|on (die, -, -en) Heilbehandlung mit Elektrizität. faradisch; faradisieren.
Farb|ab|stim|mung (die, -, -en) Nuancierung.
Farb|band (das, -s, -bän|der) Teil einer Schreibmaschine.
Farb|druck (der, -s, kein Plural) Aufeinanderdruck in verschiedenen Farben.
Far|be (die, -, -n) → Regelkasten. 1. das auf das Auge treffende Licht; Färbung (Phys.); 2. Farbstoff; Färbemittel; 3. Gattung im Kartenspiel. Farbe bekennen (Stellung beziehen). Farbigkeit; Farbkomponente; Farblosigkeit; Farbton; Färbung; farbenfroh; farbig; farblich; farblos.
farb|echt (Adj.) unablöslich gefärbt; lichtecht; waschecht.
...far|ben farbig, in der Art von. zitronenfarben; braunfarben.
Fär|ben (das, -s, kein Plural) Verfahren zum Ein- oder Umfärben von Textilien. färben.
Far|ben|blind|heit (die, -, kein Plural) Fehlsichtigkeit. farbenblind.
Far|ben|leh|re (die, -, kein Plural) Wissenschaft von den Farben.
Far|ben|pracht (die, -, kein Plural) schillernde, bunte Vielfalt. farbenprächtig.
Fär|be|rei (die, -, -en) Handwerksbetrieb zum Färben von Textilien. Färber.

Farb|fern|se|hen (das, -s, kein Plural) 1. Verfahren zur Herstellung und Ausstrahlung elektronischer Bilder in Farbe. Farbfernseher; Farbfernsehgerät.
Farb|film (der, -s, -e) 1. lichtempfindliches Material zur Herstellung bewegter Bilder in Farbe; 2. Lichtspiel in Farbe.
Farb|fo|to|gra|fie (*auch:* Farb|pho|to|gra|phie) (die, -, kein Plural) Verfahren zur Herstellung farbiger Abbildungen.
...far|big zitronenfarbig; braunfarbig. der Farbige.
Farb|kas|ten (der, -s, -käs|ten) Malkasten.
Farb|stift (der, -s, -e) Zeichen- oder Schreibgerät.
Farb|wal|ze (die, -, -en) Gerät zum Auftragen von frischer Farbe.
Far|ce (die, -, -n) (franz.) 1. Posse; schrille Komödie; 2. Belanglosigkeit; Schnickschnack; 3. Fleischfüllung. Die Diskussion war eine Farce.
far|cie|ren (V.) eine Speise füllen.
Fa|rin (der, -s, kein Plural) (lat.) nicht raffinierter Zucker; Puderzucker. Farinzucker; Farinade.
Farm (die, -, -en) (engl.) landwirtschaftlicher Betrieb.
Far|mer (der, -s, -) Bauer; Landwirt.
Farn (der, -s, -e) Pflanze. Farnkraut.
Farn|we|del (der, -s, -) Teil einer Farnpflanze.
Fa|san (der, -s, -e) Hühnervogel.
Fa|sa|ne|rie (die, -, -n) Tiergarten.
Fa|schier|te (das, -n, kein Plural) (österr.) Gehacktes; Hackfleisch.
Fa|sching (der, -s, -s/-e) Karneval; Zeit vom 11. November bis Aschermittwoch. Faschingszeit.
Fa|schings|ball (der, -s, -bäl|le) Kostümfest zur Faschingszeit.
Fa|schings|diens|tag (der, -s, e-) letzter Tag und Höhepunkt der Faschingssaison.
Fa|schings|krap|fen (der, -s, -) Teigball mit Marmelade o. Ä. in der Mitte; Schmalzgebackenes.
Fa|schings|prin|zes|sin (die, -, -nen) Repräsentantin eines Faschingsvereins.
Fa|schings|um|zug (der, -s, -zü|ge) Straßenfasching.
fa|schi|sie|ren (V.) faschistisch machen; durchsetzen.
Fa|schi|sie|rung (die, -, -en) (lat.-ital.) Zunahme faschistischer Tendenzen und Anschauungen in einer Gruppe, einem Staat oder Ähnlichem.
Fa|schis|mus (der, -, kein Plural) (ital.) rechtsradikale, antidemokratische, rassistische und extrem nationalistische politische Bewegung.
Fa|schist (der, -en, -en) Anhänger faschistischen Gedankenguts.
fa|schis|tisch (Adj.) antidemokratisch; nationalistisch; rassistisch; rechtsradikal; totalitär.
fa|schis|to|id (Adj.) dem Faschismus ähnlich.
fa|seln (V.) Unsinn reden. Faselei; Fasler; faselig.
Fa|ser (die, -, -n) Faden; Textilrohstoff. fas(e)rig; fasern.
Fa|ser|ge|we|be (das, -s, -) aus Fasern hergestellter Stoff.
fa|ser|nackt (Adj.) völlig nackt.
Fa|ser|pflan|ze (die, -, -n) Gewächs, aus dem Fasern gewonnen werden.
Fa|ser|schrei|ber (der, -s, -) Schreib- und Zeichengerät.
Fa|shion (die, -, kein Plural) (engl.) Mode; guter Lebensstil. Adj.: fashionable.
Fas|nacht (*auch:* Fast|nacht) (die, -, kein Plural) Fasching.
Fass (das, Fas|ses, Fäs|ser) bauchiger Behälter für Flüssigkeiten. fünf Fässer/Fass Wein. fassweise, fässerweise.
Fas|sa|de (die, -, -n) (franz.) Vorderseite; Äußeres eines Gebäudes.
Fas|sa|den|klet|te|rer (der, -s, -) 1. Artist; 2. Einbrecher.
Fas|sa|den|rei|ni|gung (die, -, -en) Säuberung der Hausfront.
Fass|bier (das, -s/-es, -e) frisch gezapftes ausgeschenktes Bier.
Fass|bin|der (der, -s, -) Handwerker, der Fässer herstellt.
Fass|dau|be (die, -, -n) gebogenes Brett, aus dem Fässer zusammengesetzt werden.
fas|sen (V., ich fasse, du fasst) 1. ergreifen; umfassen; 2. sich beruhigen. Ich fasse dich an. Ich fasse mich.
Fass|lich|keit (die, -, -en) Begreifbarkeit; Verstehbarkeit. Fassbarkeit; fassbar; fasslich.

Farben

1. Farbadjektive, die Substantiven entlehnt (z. B. olive, orange) oder fremdsprachigen Ursprungs (z. B. lila, rosé, bleu) sind, können weder gesteigert noch gebeugt werden. Ein orange Pulli (*falsch:* ein orangener Pulli!), eine rosa Bluse (*falsch:* eine rosane Bluse!). Die stilistisch eleganteste Lösung: ein orangefarbener Pulli, eine rosafarbene Bluse.
2. Zusammensetzungen von Farbadjektiven werden in der Regel ohne Bindestrich geschrieben. Ein blaugrünes Hemd, eine schwarzweiße Kuh.
   Wird die Zusammensetzung als unübersichtlich empfunden, dann kann ein Bindestrich gesetzt werden. Die blau-weiß-rote Trikolore. Dabei ist es unerheblich, ob eine Farbabstufung oder eine Farbkombination gemeint ist. *Achtung:* Eine Farbbezeichnung, deren erster Bestandteil auf -lich endet, wird getrennt geschrieben. bläulich rot; gelblich grün (→ Zusammen- und Getrenntschreibung).
3. Großschreibung der Farbadjektive
   a) Eigennamen: das Rote Kreuz; der Blaue Planet (die Erde); die Goldenen Zwanziger. Bei Verbindungen mit einer neuen idiomatisierten Gesamtbedeutung ist nun die Großschreibung zulässig. Blauer (*auch:* blauer) Brief; Weißer (*auch:* weißer) Tod.
   b) Substantivierungen: Heute fahren wir ins Grüne; ins Blaue hineinreden; die Ampel schaltet gleich auf Gelb; haben Sie das Kleid auch in Rot?

Fas|son 1. (die, -, -s) (franz.) Art; Form. Fassonschnitt; fassonieren. 2. (das, -s, -s) (franz.) Revers.

Fass|rei|fen (der, -s, -) Metallring für den Zusammenhalt der Fassdauben.

Fas|sung (die, -, -en) 1. Befestigung an Schmuckstücken; 2. Halterung von Glühlampen; 3. sprachliche Form; 4. Haltung; Selbstbeherrschung.

fas|sungs|los (Adj.) sprachlos; bestürzt; betroffen; überrascht. Fassungslosigkeit.

Fas|sungs|ver|mö|gen (das, -s, kein Plural) Aufnahmekapazität; Inhalt; Volumen.

Fass|wein (der, -s, -e) frisch gezapfter ausgeschenkter Wein.

fast (Adv.) beinahe; nahezu; annähernd.

fas|ten (V.) Diät halten.

Fas|ten (das, -s, kein Plural) Enthaltsamkeit; Verzicht auf Essen und Trinken.

Fast|tag (der, -s, -e) Fastenzeit.

Fas|ten|kur (die, -, -en) Heilverfahren zur Gewichtsverminderung.

Fas|ten|zeit (die, -, -en) religiöser Brauch des Verzichts auf bestimmte Speisen.

Fast Food (*auch:* Fast|food) (das, -, kein Plural) (engl.) Fertiggericht; Gericht aus einem Schnellrestaurant.

Fast-Food-Ket|te (*auch:* Fast|food|ket|te) (die, -, -n) Unternehmen mit mehreren gleichartigen Schnellrestaurants.

Fast|nacht → Fasnacht.

Fast|nachts|spiel (das, -s, -e) mittelalterliche Dichtung.

Fas|zi|na|ti|on (die, -, -ti|o|nen) (lat.) Anziehungskraft; Bezauberung; fesselnde Wirkung.

fas|zi|nie|ren (V.) begeistern; bezaubern; bannen. faszinierend.

fa|tal (Adj.) (lat.) 1. verhängnisvoll; schicksalhaft; 2. unangenehm; peinlich. fatalerweise.

Fa|ta|lis|mus (der, -ses, -men) (lat.) Ergebenheit in das Schicksal.

Fa|ta|list (der, -en, -en) (lat.) Schicksalsergebener; Schicksalsgläubiger; Pessimist. fatalistisch.

Fa|ta|li|tät (die, -, -en) (lat.) Verhängnis; schicksalhaftes Ereignis.

Fa|ta Mor|ga|na (die, - -, - -s/-nen) (ital.) Sinnestäuschung; Einbildung; Luftspiegelung (in der Wüste).

Fa|tum (das, -s, -ta) (lat.) unabänderliches Schicksal; Spruch der Götter.

Fatz|ke (der, -s/-n, -s/-n) (ugs.) arroganter Mensch.

fau|chen (V.) schnauben; zischen; keifen.

faul (Adj.) 1. träge; bequem; müßig; 2. verdorben; morsch; verrottet; 3. verdächtig. Er ist zu faul, um zu arbeiten. Der Kühlschrank ist defekt und das Gemüse ist faul. Es ist etwas faul im Staate Dänemark (Hamlet).

fau|len|zen (V.) ausruhen; bummeln; nichts tun.

Fau|len|zer (der, -s, -) arbeitsscheue Person; träger Mensch. Faulpelz.

Faul|heit (die, -, kein Plural) Bequemlichkeit; Drückebergerei; Trägheit.

Fäul|nis (die, -, -se) Verrottung; Verwesung; bakterielle Zersetzung. Fäule; faulig; faulen.

Faul|tier (das, -s, -e) in Südamerika lebendes Säugetier.

Faun (der, -s, -e) Waldgeist; Lüstling. Adjektiv: faunisch.

Fau|na (die, -, -nen) (lat.) Tierwelt.

Fau|nen|kun|de (die, -, kein Plural) Wissen über die Tierwelt, Zoologie.

Faust (die, -, Fäus|te) geballte Hand. *Aber:* der Faust (Goethes!).

Faust|ball (der, -s, kein Plural) Mannschaftssportart; Volleyball.

faust|dick (Adj.) so groß wie eine geballte Hand. Er hat es faustdick hinter den Ohren (er ist verschlagen, erfindungsreich). faustgroß.

Faust|hand|schuh (der, -s, -e) winterliches Kleidungsstück. Fäustling.

Faust|kampf (der, -s, -kämp|fe) Boxen.

Faust|keil (der, -s, -e) prähistorisches Steinwerkzeug.

Faust|pfand (das, -s, -pfän|der) Pfand im Besitz des Gläubigers.

Faust|recht (das, -s, kein Plural) illegales Selbsthilferecht.

Faust|re|gel (die, -, -n) einfache, grundsätzliche Regelung.

Faust|schlag (der, -s, -schlä|ge) Hieb mit der geballten Hand.

Fau|teuil (der, -s, -s) (franz.) Lehnsessel.

Faux|pas (der, -, -) (franz.) Taktlosigkeit; Fehlgriff.

Fa|ve|la (die, -, -s) (portugies.) brasilianischer Slum.

fa|vo|ri|sie|ren (V.) (franz.) begünstigen; bevorzugen.

Fa|vo|rit (der, -en, -en) 1. Titelaspirant; aussichtsreichster Wettbewerber; 2. Günstling.

Fa|vo|ri|ten|rol|le (die, -, -n) Position des aussichtsreichsten Kandidaten.

fa|xen (V.) Kurzform für das Verb telefaxen.

Fa|xen (die, nur Plural) Streiche; Späße. Mach keine Faxen (Umstände)!

Fa|yence (die, -, -n) (franz.) feine Tonware.

Fa|yence|tel|ler (der, -s, -) glasiertes Essgeschirr.

Fa|yence|ofen (der, -s, -öfen) Ofen zum Brennen der Töpferware.

Fa|zen|da (die, -, -s) (portugies.) brasilianisches Landgut.

Fa|zit (das, -s, -s/-e) (lat.) Quintessenz; Folgerung.

FBI (Abk.) (das) **F**ederal **B**ureau of **I**nvestigation (Kriminalpolizei der USA); der FBI-Agent.

FCKW Abk. für **F**luor**c**hlor**k**ohlen**w**asserstoff(e). »Treibhausgas«.

FDP (Abk.) **F**reie **D**emokratische **P**artei Deutschlands. FDPler.

F-Dur (das, -, kein Plural) Tonart. F-Dur-Tonleiter.

Fe (Abk.) **Fe**rrum (chemisches Zeichen für Eisen).

Fea|ture (das, -s, -s) (engl.) Dokumentarbericht.

Febr. (Abk.) **Febr**uar.

fe|b|ril (Adj.) (lat.) fieberhaft; mit Fieber einhergehend.

Fe|b|ris (die, -, kein Plural) (lat.) Fieber (Med.).

Fe|b|ru|ar (der, -s, -e) (lat.) zweiter Monat; Hornung.

Fech|ser (der, -s, -) Setzling.

Fecht|bru|der (der, -s, -brü|der) Bettler.

fech|ten (V., focht, hat gefochten; ich fechte, du fichtst) 1. mit einem Degen, Schwert, Florett o. Ä. kämpfen. 2. Die beiden fechten ihren Streit aus. (veraltet) betteln.

Fech|ter (der, -s, -) Kämpfer; Sportler.

Fecht|hieb (der, -s, -e) Stoß oder Schlag mit einer Fechtwaffe.
Fecht|kunst (die, -, kein Plural) Fechtsport in gehobener Meisterschaft.
Fecht|sport (der, -s, kein Plural) Kampfsportart für Einzel und Mannschaft.
Fe|da|jin (der, -s, -) (arab.) Freischärler; Untergrundkämpfer.
Fe|der (die, -, -n) 1. Flaum; Gefieder; Oberhautgebilde bei Vögeln; 2. Schreibgerät; Schreibfeder; 3. Springfeder; stark verformbares Metallteil. Federn lassen müssen (ugs.) (einen Nachteil haben). fed(e)rig.
Fe|der|an|trieb (der, -es, -e) Antrieb durch Aufziehen einer Metallfeder.
Fe|der|ball (der, -s, kein Plural) Ballspiel über ein Netz; Badminton.
Fe|der|bett (das, -s, -en) mit Vogelfedern gefüllte Kissen.
Fe|der|de|cke (die, -, -n) Federbett.
Fe|der|fuch|ser (der, -s, -) pedantischer, kleinlicher Mensch.
Fe|der|füh|rung (die, -, kein Plural) Leitung. Wir arbeiteten unter der Federführung von Herrn Kriechbaum. federführend.
Fe|der|ge|wicht (das, -s, kein Plural) Gewichtsklasse in Kampfsportarten.
Fe|der|hal|ter (der, -s, -) Schreibgerät.
Fe|der|kas|ten (der, -s, -käs|ten) kleiner Kasten für Schreibsachen.
Fe|der|kern|ma|trat|ze (die, -, -n) komfortables Bettpolster.
Fe|der|kiel (der, -es, -e) Schreibgerät aus einer großen Gänsefeder.
Fe|der|kis|sen (das, -s, -) mit Daunen gefülltes Kissen.
Fe|der|kleid (das, -s, -er) Gefieder.
Fe|der|krieg (der, -es, -e) Schreibkrieg; schriftlich ausgetragene Meinungsverschiedenheit.
fe|der|leicht (Adj.) sehr leicht; ohne Gewicht.
Fe|der|le|sen (das, -s, kein Plural) Umstände. (Nur in den Wendungen:) nicht viel Federlesen(s) machen; ohne viel Federlesen(s).
Fe|der|mäpp|chen (das, -s, -) Tasche für Schreibzeug.
Fe|der|mes|ser (das, -s, -) kleines Taschenmesser.
Fe|der|mil|be (die, -, -n) Juckreiz und Federausfall verursachende Milbenart.
Fe|der|mü|cke (die, -, -n) Zuckmücke.
fe|dern (V.) elastisch sein.
Fe|der|strich (der, -s, -e) leichte Tat mit schweren Folgen. Er kann mit einem Federstrich ganze Existenzen auslöschen.
Fe|de|rung (die, -, -en) Stoßdämpfung.
Fe|der|vieh (das, -s, kein Plural) Geflügel.
Fe|der|wei|ße(r) (der, -n, -n) gärender Weinmost.
Fe|der|zeich|nung (die, -, -en) Grafik.
Fee (die, -, -n) (franz.) weibliche Märchengestalt.
feen|haft (Adj.) wunderbar; märchenhaft; traumhaft; zart.
Feen|mär|chen (das, -s, -) wunderbare Erzählung.
Feen|reich (das, -s, -e) Wunderland der Feen und Elfen.
Feen|rei|gen (der, -s, -) Tanz der Feen und Elfen.
Feed|back (*auch:* Feed-back) (das, -s, -s) (engl.) Rückkopplung, -beeinflussung; erwartete Reaktion (um zu sehen, ob etwas Anklang gefunden hat); Widerhall.
Fee|ling (das, -s, kein Plural) (engl.) Einfühlungsvermögen, Gespür, Verständnis.
Fée|rie (die, -, -n) (frz.) märchenhaftes Musiktheaterstück.
Fe|ge|feu|er (*auch:* Feg|feu|er) (das, -s, -) Reinigungsort der Seelen; Purgatorium.
fe|gen (V.) kehren; heftig blasen; sausen. Die Putzfrau fegt den Staub weg. Der Wind fegt um die Ecken.
Fe|ger (der, -s, -) Reinigungsgerät.
Feh (das, -s, n/en) (russ.) Pelz.
Feh|de (die, -, -n) Streit; langjährige Feindschaft.
Feh|de|hand|schuh (der, -s, -e) (nur in der Verbindung: Fehdehandschuh hinwerfen) symbolische Eröffnung eines Konflikts. Sein Arbeitskollege schwärzte ihn bei seinem Vorgesetzten an. Damit war der Fehdehandschuh hingeworfen.
Fehl|be|set|zung (die, -, -en) Einsetzen eines Bewerbers, der sich als ungenügend erweist. Tobias Schneider war als Tenor eine Fehlbesetzung. Der Posten war fehlbesetzt.
Fehl|di|a|gno|se (die, -, -n) falsche Diagnose; falsche Krankheitsbestimmung.
Fehl|deu|tung (die, -, -en) falsche Auslegung.
Fehl|druck (der, -s, -dru|cke) Druckfehler (in Schrift, Farbe oder Form); die Briefmarke mit dem Druckfehler.
Fehl (der, kein Genitiv, kein Plural) Mangel; Makel (nur noch in Verbindung). ohne Fehl und Tadel.
Fehl|an|zei|ge (die, -, -n) (ugs.) Irrtum.
Fehl|be|trag (der, -s, -trä|ge) Geldeinbuße; verlorene Summe; Differenz.
feh|len (V.) weg sein; mangeln; sich irren. 1. nicht vorhanden sein; ausstehen; abgehen; 2. ausbleiben; abwesend sein; fernbleiben; 3. nicht treffen; verfehlen; 4. schuldig sein; sündigen; 5. irren; fehlgehen; fehltreten. fehl am Platz/Ort; fehlbar. *Beachte:* Zusammenschreibung in Verbindung mit Verben! fehlbesetzen; fehlgehen; fehlinterpretieren; fehlleiten; fehlschlagen; fehltreten.
Feh|len (das, -s, kein Plural) Ausfall; Abwesenheit.
Fehl|ent|schei|dung (die, -, -en) voreiliger Beschluss.
Feh|ler (der, -s, -) 1. Versehen; Unkorrektheit; Missgriff; 2. Defekt; Mangel. fehlerhaft.
feh|ler|frei (Adj.) durchgehend korrekt; ohne Mängel. fehlerlos.
Feh|ler|gren|ze (die, -, -n) bestimmte Anzahl von Fehlern. Bei vier Fehlern war die Fehlergrenze für die Note 2.
Feh|ler|quel|le (die, -, -n) Ursache für Fehler.
Fehl|far|be (die, -, -n) 1. Farbe im Kartenspiel, die nicht Trumpf ist oder einem Spieler fehlt. 2. Schönheitsfehler einer Zigarre.
Fehl|ge|burt (die, -, -en) Abgang; Abort; Totgeburt.
Fehl|griff (der, -es, -e) 1. falscher Griff. Er tat einen Fehlgriff und fiel hin. 2. Fehlentscheidung. Der Kauf des Hauses war ein Fehlgriff, denn es regnet durch das Dach.
Fehl|in|for|ma|ti|on (die, -, -ti|o|nen) falsche Angabe.
Fehl|in|ter|pre|ta|ti|on (die, -, -ti|o|nen) Fehldeutung.
Fehl|in|ves|ti|ti|on (die, -, -ti|o|nen) Ausgabe, die sich im Nachhinein als unsinnig erweist. Das Auto war eine Fehlinvestition, denn es war nicht groß genug.

Fehl|kon|s|t|ruk|ti|on (die, -, -ti|o|nen) unbrauchbares Produkt. Das Auto war eine Fehlkonstruktion. Man hatte den Anlasser vergessen.

Fehl|leis|tung (die, -, -en) Versagen.

Fehl|lei|tung (die, -, -en) falsche Weitergabe.

Fehl|pass (der, -pas|ses, -päs|se) Schuss, der sein Ziel nicht erreicht (im Ballsport).

Fehl|pla|nung (die, -, -en) unzureichende Voraussicht.

Fehl|re|ak|ti|on (die, -, -ti|o|nen) falsche Reaktion.

Fehl|schlag (der, -s, -schlä|ge) Misslingen; Misserfolg. fehlschlagen.

Fehl|schuss (der, -es, -schüs|se) (ugs.) Irrtum.

Fehl|start (der, -s, -s) Frühstart (Sport).

Fehl|sich|tig|keit (die, -, -en) Sehstörung.

Fehl|spe|ku|la|ti|on (die, -, -ti|o|nen) verlustreiche Spekulation.

Fehl|tritt (der, -s, -e) Verfehlung; Untat. fehltreten.

Fehl|ur|teil (das, -s, -e) falsches Urteil.

Fehl|ver|hal|ten (das, -s, kein Plural) falsches oder unerwartetes Verhalten.

Fehl|ver|such (der, -es, -e) Versuch, der gescheitert ist.

Fehl|wurf (der, -es, -wür|fe) misslungener Wurf.

Fehl|zün|dung (die, -, -en) Motoraussetzer.

Fehn (*auch:* Fenn) (das, -s, -e) (niederl.) Moor; Sumpf.

Fehn|ko|lo|nie (die, -, -n) Dorf im Moor.

Fehn|kul|tur (die, -, -en) Urbarmachung von Mooren.

fei|en (V.) unverwundbar machen; schützen. Er ist gegen alles gefeit.

Fei|er (die, -, -n) Fest; Jubiläum.

Fei|er|abend (der, -s, -e) Zeit nach Ende des Arbeitstages.

Fei|er|lich|keit (die, -, -en) 1. Erhabenheit; Weihe; Würde; 2. Fest. feierlich.

fei|ern (V.) 1. an einem Fest teilnehmen; ein Fest geben; 2. begehen; bejubeln; 3. besingen; lobpreisen.

Fei|er|stun|de (die, -, -n) würdevolle Festlichkeit; Ehrung.

Fei|er|tag (der, -s, -e) kirchlicher oder weltlicher Gedenktag. an Sonn- und Feiertagen, *aber:* sonn- und feiertags; feiertäglich; feiertags.

fei|ge (Adj.) 1. ängstlich; kleinmütig; 2. hinterhältig; niederträchtig. Er war zu feige, ihr einen Heiratsantrag zu machen. Die Terroristen begingen einen feigen Mordanschlag.

Fei|ge (die, -, -n) Frucht.

Fei|gen|baum (der, -s, -bäu|me) Ficus; Kulturpflanze.

Fei|gen|blatt (das, -s, -blät|ter) 1. Blatt des Feigenbaums; 2. (ugs.) schamhafte Bedeckung.

Fei|gen|kak|tus (der, -, kak|te|en) Opuntie; artenreiche Pflanzengattung aus dem Mittelmeerraum.

Feig|heit (die, -, kein Plural) Ängstlichkeit; Kleinmut; Verzagtheit. Feigherzigkeit; feigherzig.

Feig|ling (der, -s, -e) Angsthase; Drückeberger; Schwächling.

feil|bie|ten (V., bot feil, feilgeboten) anbieten.

Fei|le (die, -, -n) Raspel; Werkzeug zur Bearbeitung von Holz oder Metall.

fei|len 1. Holz oder Metall glätten; 2. überarbeiten. Er feilt noch an den Details seiner Rede.

feil|schen (V.) handeln.

Feil|span (der, -s-, spä|ne) Abfall, der beim Feilen entsteht.

Feil|staub (der, s-, -kein Plural) feine Rückstände, die beim Feilen entstehen.

fein (Adj.) vornehm; dünn; vorzüglich; nett. fein gemahlen (*auch:* feingemahlen); fein geschnitten (*auch:* feingeschnitten); fein hacken (*auch:* feinhacken); sich fein machen (*auch:* feinmachen); fein mahlen (*auch:* feinmahlen).

Fein|ab|stim|mung (die, -, -en) detaillierte Anpassung.

Fein|ar|beit (di, -, -en) letzter Schliff.

Feind (der, -s/-es, -e) Gegner; Widersacher. Feindlichkeit; feindlich. jemandem feind sein, der Feind von jemandem/etwas sein.

Feind|be|rüh|rung (die, -, -en) kurzes militärisches Gefecht.

Fein|des|land (das, s-, -län|der) gegnerisches Territorium.

Feind|schaft (die, -, -en) Auseinandersetzung; Fehde; Konflikt.

Feind|se|lig|keit (die, -, en) Aggressivität; Unfreundlichkeit. feindselig.

Fein|füh|lig|keit (die, -, -en) Sensibilität. Feingefühl; feinfühlig.

fein|glied|rig (Adj.) zart; zierlich.

Fein|gold (das, -s, kein Plural) reines Gold.

Fein|heit (die, -, -en) 1. Anmut; Zartheit; 2. kleine Einzelheit; Nuance.

fein|kör|nig (Adj.) pulverig; sandig.

Fein|me|cha|nik (die, -, kein Plural) Herstellung von kleinen mechanischen, elektronischen oder optischen Geräten. Feinmechaniker.

fein|po|rig (Adj.) porös.

Fein|schme|cker (der, -s, -) Genießer; Gourmet. feinschmeckerisch.

fein|sin|nig (Adj.) geistvoll; geschmackvoll; künstlerisch.

Fein|wasch|mit|tel (das, -s, -) Reinigungsmittel für empfindliche Textilien.

feist (Adj.) dick; prall. Feistheit; Feistigkeit.

fei|xen (V.) (ugs.) hämisch grinsen; kichern; lachen.

Feld (das, -s/-es, -er) 1. landwirtschaftliche Nutzfläche; Acker; Fläche; 2. Sach- oder Wissensgebiet; 3. Raum, in dem Kräfte (z. B. Magnetismus) wirksam sind; 4. Krieg. ins Feld ziehen. elektrisches Feld; feldein; feldaus; querfeldein.

Feld|ahorn (der, -s, kein Plural) Ahornart.

Feld|ar|beit (die, -, -en) Ackerbau.

Feld|ar|bei|ter (der, -s, -) Erntearbeiter.

Feld|arzt (der, -es, -ärz|te) Militärarzt an der Front.

Feld|be|steck (das, -s, -be|ste|cke) zusammenschiebbares Besteck für unterwegs.

Feld|bett (das, -s, -en) Klappbett; Pritsche.

Feld|blu|me (die, -, -n) wilde Blume.

Feld|ener|gie (die, -, -n) Energieladung, die ein Feld erzeugt.

Feld|fla|sche (die, -, -n) umhängbarer Trinkbehälter.

Feld|for|schung (die, -, -en) Umfrage.

Feld|frucht (die, -, -früch|te) durch Ackerbau erwirtschaftete Nutzpflanze, z. B. Kartoffeln.

Feld|geist|li|che (der, -n, -n) Militärpfarrer.

Feld|gen|dar|me|rie (die, -, kein Plural) Feldjäger. Feldgendarm.

Feld¦ge¦päck (das, -s, kein Plural) Marschgepäck.
Feld¦ge¦schrei (das, -s, kein Plural) Kampfruf.
Feld¦got¦tes¦dienst (der, -es, -e) Gottesdienst auf Militärgelände oder an der Front.
Feld¦herr (der, -s, en) Befehlshaber; Heerführer.
Feld¦jä¦ger (die, -s, -) Militärpolizei (heute).
Feld¦krä¦he (die, -, -n) Krähe.
Feld¦kü¦che (die, -, -n) fahrbare Küche.
Feld¦ler¦che (die, -, -n) Lerche.
Feld¦li¦nie (die, -, -n) Richtung und Stärke eines Energiefelds.
Feld¦mar¦schall (der, -s, -schäl¦le) hoher Offizier.
Feld¦maus (die, -, -mäu¦se) Nagetier.
Feld¦post (die, -, kein Plural) Militärpost. Feldpostbrief; Feldpostnummer.
Feld¦sa¦lat (der, -s, kein Plural) gärtnerische Nutzpflanze; Rapunzel.
Feld¦spie¦ler (der, -s, -) Sportler einer Mannschaftssportart.
Feld¦ste¦cher (der, -s, -) Fernglas.
Feld¦ver¦weis (der, -es, -e) Ausschluss von einem Mannschaftsspiel.
Feld¦we¦bel (der, -s, -) höherer Unteroffizier.
Feld¦weg (der, s/es, -e) unbefestigter Fahrweg.
Feld¦zug (der, -s, -zü¦ge) 1. Kriegszug; Heereszug; Kreuzzug; 2. groß angelegte Aktion; Kampagne.
Fel¦ge (die, -, -n) 1. Radteil; 2. Turnübung.
Felg¦auf¦schwung (der, -s, -schwün¦ge) Teil einer Geräteturnübung.
Fel¦gen¦brem¦se (die, -, -n) direkt auf den Radkranz wirkende Bremse.
Fell (das, -s, -e) Pelz. Fellmütze.
Fel¦la¦che (der, -n, -n) (arab.) orientalischer Bauer (bes. in Ägypten).
Fel¦la¦tio (die, -, -nes) (lat.) Sexualpraktik.
Fels (der, -ens, -en) Gestein.
Fel¦sen (der, -s, -) großer Gesteinsbrocken. Felsblock; Felsbrocken.
fel¦sen¦fest (Adj.) standhaft; unumstößlich. felsenhart.
fel¦sig (Adj.) steinig; zerklüftet.
Fels¦schlucht (*auch:* Fel¦sen¦schlucht) (die, -, -en) enges, von Felsen gesäumtes Tal; Canyon.
Fels¦vor¦sprung (der, -s, -sprün¦ge) hervortretende Gesteinsformation.
Fels¦zeich¦nung (die, -, -en) prähistorisches Kunstwerk.
Fe¦lu¦ke (die, -, -n) (arab.-franz.) zweimastiges Mittelmeer-Küstenschiff.
Fe¦me (die, -, -n) Selbstjustiz; Vergeltung.
Fe¦me¦ge¦richt (das, -s, -e) geheimes Gerichtsverfahren.
Fe¦me¦mord (der, -s, -e) Attentat; politischer Mord.
fe¦mi¦nie¦ren (V.) (lat.) verweiblichen.
fe¦mi¦nin (Adj.) weiblich; weibisch.
Fe¦mi¦ni¦num (das, -s, Fe¦mi¦ni¦na) (lat.) (gramm.) weibliche Form.
Fe¦mi¦nis¦mus (der, -ses, Fe¦mi¦nis¦men) (lat.) 1. Ausbildung weiblicher Sexualmerkmale; 2. gesellschaftliche Bestrebung zur Gleichberechtigung der Geschlechter.
Fe¦mi¦nis¦tin (die, -, -nen) Frauenrechtlerin. feministisch.
Femme fa¦ta¦le (die, - -, -s -s) (franz.) Verführerin; Verderberin.
Fem¦to... (dän.-nlat.) das 10^{-15}fache, ein Billiardstel (bei Maßeinheiten); z. B. ein Femtofarad.
Fen¦chel (der, -s, kein Plural) Kräuterpflanze. Fenchelöl; Fencheltee.
Fen¦der (der, -s, -) (lat.-engl.) Puffer, Schutzpolster (an Schiffsaußenwänden).
Fe¦nek = Fennek.
Feng-Shui (*auch:* Feng¦shui) (das, -, kein Plural) chinesische Außen- u. Innenraumgestaltungsphilosophie.
Fenn (das, -s, -e) Moor; Sumpf.
Fen¦nek (der, -s, -s) (arab.) großohriges, nordafrikanisches Wüstenfüchschen.
Fens¦ter (das, -s, -) Raumöffnung. großfenstrig.
Fens¦ter¦bank (die, -, -bän¦ke) kleiner Sims; Fensterbrett.
Fens¦ter¦kreuz (das, -es, -e) Fensterrahmen.
Fens¦ter¦la¦den (der, -s, -la¦den/-lä¦den) Rollladen; Jalousie.
fens¦ter¦los (Adj.) ohne Öffnung.
Fens¦ter¦put¦zer (der, -s, -) Glasreiniger.
Fens¦ter¦schei¦be (die, -, -n) Verglasung.
Fens¦ter¦sturz (der, -es, -stür¦ze) Fall aus einem Fenster ins Freie.
Fenz (die, -, -en) (lat.-franz.-engl.) Zaun; Begrenzung; Einfriedung.
fen¦zen (V.) einfrieden; umzäunen.
Fe¦ri¦en (Pluralwort) (die) Urlaub; schulfreie Zeit. Ferienzeit.
Fe¦ri¦en¦auf¦ent¦halt (der, -s, -e) Urlaub.
Fe¦ri¦en¦gast (der, -s, gäs¦te) Urlauber; Tourist.
Fe¦ri¦en¦haus (das, -es, -häu¦ser) Haus für den Urlaub; Wochenendhaus. Ferienwohnung.
Fe¦ri¦en¦heim (das, -s, -e) Einrichtung zur gemeinsamen Erholung.
Fe¦ri¦en¦la¦ger (das, -s, -) Zeltlager für Gruppen; Sommerfreizeit.
Fe¦ri¦en¦pa¦ra¦dies (das, -es, -e) touristisch intensiv genutzte Orte.
Fe¦ri¦en¦rei¦se (die, -, -n) Urlaubsfahrt.
Fer¦kel (das, -s, -) 1. junges, noch gesäugtes Schwein; 2. (ugs.) unsauberer Mensch. Ferkelzucht.
Fer¦ke¦lei (die, -, -en) (ugs.) Verbreitung von Schmutz; Zoten.
fer¦keln (V.) Schweine zur Welt bringen; werfen.
Fer¦man (der, -s, -e) (türk.-pers.) Herrschererlass (in islamischen Ländern).
Fer¦ma¦te (die, -, -n) (ital.) Ruhepunkt (Musik).
Fer¦ment (das, -s, -e) (lat.) Enzym. Fermentbildung; Fermentmangel.
Fer¦men¦ta¦ti¦on (die, -, -ti¦onen) unter Einwirkung von Enzymen ablaufende chemische Reaktion, z. B. Gärung. fermentativ; fermentieren.
fern 1. (Adj.) weit entfernt; 2. (Präp., Dat.) entfernt. fern jeglicher Zivilisation. Kleinschreibung: von nah und fern; von fern her; unter ferner liefen; fernher; fernab. *Aber:* des Ferneren; aus der Ferne; in die Ferne schweifen; das Ferne suchen; der Ferne Osten; der Ferne Orient. Fernost; fernöstlich; fernhalten; fernliegen; fernstehen.
Fern¦amt (das, -s, äm¦ter) (früher) Fernvermittlungsstelle.
fern¦blei¦ben (V. blieb fern, ist ferngeblieben) abwesend sein; fehlen; meiden.
Fern¦blick (der, -s, -e) weite Aussicht.
Fer¦ne (die, -, kein Plural) das weit Entfernte.
fer¦ner (Adv.) außerdem; auch; weiter; weiterhin. fernerhin.

Fern|fah|rer (der, -s, -) Lastkraftwagenfahrer.
Fern|glas (das, -es, -glä|ser) optisches Gerät; Feldstecher.
Fern|ge|spräch (das, -s, -e) Telefongespräch. Fernsprecher; fernmündlich.
Fern|lei|he (die, -, kein Plural) Buchentleihung aus einer Bibliothek an einem anderen Ort.
Fern|mel|de|amt (das, -s, äm|ter) Poststelle, die für das Fernmeldewesen eines größeren Areals zuständig ist.
Fern|schrei|ber (der, s-, -) Gerät zur Textübertragung.
Fern|seh|an|sa|ger (der, -s, -) Moderator. Fernsehsprecher.
Fern|seh|an|stalt (die, -, -en) Anbieter von Fernsehprogrammen.
Fern|seh|an|ten|ne (die, -, -n) Vorrichtung zum Empfang der Fernsehsignale.
Fern|seh|ap|pa|rat (der, -s- -e) Gerät zur Wiedergabe elektronischer Bilder; Fernsehgerät.
Fern|seh|bild (das, -s, -er) elektronisch übertragenes Bild.
Fern|se|hen (das, -s, kein Plural) elektronische Übertragung von Bild und Ton. fernsehen; fernsehschauen.
Fern|se|her (der, -s, -) 1. Fernsehgerät; 2. Fernsehzuschauer.
Fern|seh|film (der, -s, -e) elektronisch aufgezeichnete Spielhandlung oder Dokumentation.
Fern|seh|ge|rät (das, -s, -e) Fernsehapparat; Fernsehempfänger.
fern|seh|ge|recht (Adj.) zur Darstellung im Fernsehen geeignet.
Fern|seh|ka|me|ra (die, -, -s) Aufnahmegerät für elektronische Bilder.
Fern|seh|pro|gramm (das, -s, -e) Angebot der Fernsehanstalten.
Fern|seh|re|por|ter (der, -s, -) journalistischer Berichterstatter für das Fernsehen. Fernsehreportage.
Fern|seh|röh|re (die, -, -n) Kathodenstrahlröhre zur elektronischen Wiedergabe von Bild und Ton.
Fern|seh|schirm (der, -s, -e) Teil der Bildröhre.
Fern|seh|sen|der (der, -s, -) 1. Vorrichtung zum elektronischen Übertragen von Bild und Ton; 2. Fernsehanstalt; Programmanbieter.
Fern|seh|show (die, -s, -s) unterhaltende Programmform.
Fern|seh|spiel (das, -s, -e) erzählende Programmform.
Fern|seh|spot (der, -s -s) kurze Werbesendung.
Fern|seh|stu|dio (das, -s, -s) Raum zur Herstellung von Fernsehsendungen.
Fern|seh|turm (der, -s, tür|me) Funkturm.
Fern|seh|über|tra|gung (die, -, -en) Sendung.
Fern|seh|zu|schau|er (der, -s, -) Betrachter, Benutzer von Fernsehprogrammen.
Fern|sich|tig|keit (die, -, kein Plural) Sehfehler.
Fern|sprech|amt (das, -s/-es, -äm|ter) Telegrafenamt.
Fern|sprech|an|schluss (der, -ses, -schlüsse) Telefonanschluss.
Fern|sprech|ap|pa|rat (der, -s, -e) Telefon.
Fern|sprech|teil|neh|mer (der, -s, -) Inhaber eines Telefonanschlusses.
Fern|sprech|ver|zeich|nis (das, -ses, -se) Telefonbuch.
Fern|sprech|zel|le (die, -, -n) Telefonzelle.
Fern|steu|e|rung (die, -, -en) Handhabung eines technischen Geräts durch elektrische oder elektronisch übermittelte Signale. Fernlenkung; ferngesteuert; fernsteuern.
Fern|stra|ße (die, -, -n) Autobahn. Fernverkehr.
Fern|weh (das, -s, kein Plural) Sehnsucht; Reisefieber.
Fern|uni|ver|si|tät (die, -, -en) Hochschule, die mit Studienbriefen unterrichtet.
Fern|un|ter|richt (der, -s, -e) Ausbildung durch Studienbriefe und Sendungen in Rundfunk und Fernsehen.
Fern|wär|me (die, -, kein Plural) in einem Kraftwerk erzeugte Wärme, die in Form von warmem Wasser an die Verbraucher transportiert wird.
Fer|ra|gos|to (der, -, kein Plural) Mariä Himmelfahrt; Betriebsferien (in Italien um den 15. August).
Fer|rit (das, -s, -e) (nlat.) 1. feinste Eisenkristalle; 2. eisenoxidhaltiger Werkstoff.
fer|ro|ma|g|ne|tisch (Adj.) zum Ferromagnetismus gehörig.
Fer|ro|ma|g|ne|tis|mus (der, -, kein Plural) (nlat.) starker Magnetismus (u. a. bei Eisen, Nickel, Kobalt).
Fer|se (die, -, -n) hinterer Teil des Fußes. (*Aber:* Verse!)
Fer|sen|bein (das, -s, -e) Fußwurzelknochen.
Fer|sen|geld (das, -s, kein Plural) (nur in der Verbindung:) Fersengeld geben (sich davonmachen).
fer|tig (Adj.) vollendet; beendet; abgeschlossen; erschöpft. Ich hoffe, dass Sie mit der Arbeit fertig werden (*auch:* fertigwerden). Ich hoffe, dass Sie die Arbeit fertig bringen (*auch:* fertigbringen). fertig machen (*auch:* fertigmachen), *aber nur:* jemanden fertigmachen; fix und fertig; fertigen.
Fer|tig|bau (der, -s, -e) Konstruktionsverfahren mit vorgefertigten Bauteilen. Fertigbauweise.
fer|ti|gen (V.) herstellen. anfertigen; verfertigen.
Fer|tig|ge|richt (das, -s, -e) vollständig zubereitete Mahlzeit zum Aufwärmen.
Fer|tig|haus (das, -es, -häu|ser) aus vorbereiteten Teilen zusammengesetztes Gebäude.
Fer|tig|keit (die, -, -en) Fähigkeit; Geschicklichkeit. Verb: fertigen.
Fer|tig|stel|lung (die, -, -en) Abschluss der Herstellung; Vollendung.
Fer|ti|gung (die, -, -en) Herstellung; Produktion.
Fer|ti|gungs|ver|fah|ren (das, -s, -) Herstellungsprozess; Methode.
fer|til (Adj.) (lat.) fruchtbar.
Fer|ti|li|sa|ti|on (die, -, -ti|o|nen (lat.) Befruchtung.
Fer|ti|li|tät (die, -, kein Plural) (lat.) Fruchtbarkeit.
fer|vent (Adj.) (lat.) eifrig; hitzig.
Fes (*auch:* Fez) (der, -/-es, -/-e) (türk.) Kopfbedeckung.
fesch (Adj.) (südd.) charmant; hübsch.
Fes|sel (die, -, -n) 1. Schnur; Kette; Band; Handschelle; Fußfessel; 2. Teil des Fußes.
Fes|sel|bal|lon (der, -s, -s/e) Luftfahrzeug.
Fes|sel|ge|lenk (das, -s, -e) Fersengelenk; Fußgelenk.

Fes|sel|lo|sig|keit (die, -, -en) Freiheit; Ungebundenheit. entfesselt. fessellos.
fes|seln (V.) 1. jemanden anbinden; festhalten; 2. faszinieren. Die Polizisten fesseln den gestellten Dieb mit Handschellen. Sie ist vom Charme ihres Tischnachbarn gefesselt. Fesselung (*auch:* Fesslung); fesselnd.
fest (Adj.) hart; dicht; stabil. eine fest geschnürte (*auch:* festgeschnürte) Schlinge; die fest umrissene (*auch:* festumrissene) Aufgabe, festmachen; festzurren; festbinden (anbinden); fest binden (die Schleife fest binden); festverzinsliche Wertpapiere. *Beachte:* immer Zusammenschreibung, wenn ein neuer Begriff entsteht! festfahren; festlegen (bestimmen); feststehen (sicher, gewiss sein). fest gefügt (*auch:* festgefügt); festkochend; fest angestellt (*auch:* festangestellt).
Fest (das, -s/-es, -e) Feier.
Fest|akt (der, -s, -e) repräsentative Festveranstaltung.
Fest|auf|füh|rung (die, -, -en) Theatervorstellung aus besonderem Anlass; Gala.
fest|ba|cken (V.) festkleben. *Aber:* Der Tortenboden ist fest (trocken, ganz durch) gebacken.
Fest|ban|kett (das, -s, -e) feierliche Mahlzeit in großer Gesellschaft.
fest|bei|ßen (V., refl., biss fest, hat festgebissen) verbeißen; sich vertiefen. Er hat sich an dem Problem festgebissen. *Aber:* Der Hund hat mich (sehr) fest gebissen.
fest|bin|den (V., band fest, hat festgebunden) anbinden. *Aber:* eine Schleife fest (streng) binden.
Fes|te (die, -, -n) Festung; Trutzburg.
Fest|es|sen (das, -s, -) feierliche Mahlzeit.
fest|fah|ren (V., fuhr fest, ist festgefahren) stecken bleiben; nicht weiterkommen. *Aber:* Da musst du fest (schnell) fahren.
fest|fres|sen (V., refl., fraß fest, hat festgefressen) sich verklemmen; festsetzen.
fest|hal|ten (V., hielt fest, hat festgehalten) aufzeichnen; beharren. *Aber:* Du musst das Brett fest (stark) halten.
fest|hef|ten (V.) befestigen.
Fest|geld (das, -s, -er) Darlehen mit festgesetztem Rückzahlungsdatum.
fes|ti|gen (V.) sichern; stärken; ausbauen; konsolidieren. Das Unternehmen handelt erfolgreich und festigt seine Position auf dem Markt.
Fes|ti|ger (der, -s, -) Haarpflegemittel.
Fes|tig|keit (die, -, -en) 1. Widerstandskraft eines Werkstoffes; 2. Charakterstärke.
Fes|tig|keits|leh|re (die, -, kein Plural) Wissen um die Widerstandskraft von Werkstoffen.
Fes|ti|gung (die, -, -en) Sicherung; Stärkung; Konsolidierung.
Fes|ti|val (das, -s, -s) (engl.) regelmäßig wiederkehrendes Festspiel.
Fes|ti|vi|tät (die, -, -en) (ugs.) Fest; Feier.
fes|ti|vo (Adj.) (lat.-ital.) festlich, feierlich (Vortragsanweisung in der Musik).
fest|kle|ben (V.) haften; befestigen.
Fest|kör|per (der, -s, -) Körper im festen Aggregatszustand.
Fest|land (das, -s, -län|der) Kontinent.
Fest|land(s)|so|ckel (der, -s, -) Schelf.
fest|le|gen (V.) anordnen; sich binden.
Fest|le|gung (die, -, -en) Bestimmung; Eingrenzung; Vereinbarung. festlegen.
fest|lich (Adj.) feierlich; glänzend; hochgestimmt.
Fest|lich|keit (die, -, -en) feierliche Veranstaltung.
fest|lie|gen (V., lag fest, hat festgelegen) nicht weiterkommen; feststehen.
fest|ma|chen (V.) befestigen; vereinbaren. *Aber:* Das musst du fest (intensiv) machen.
Fest|mahl (das, -s, -e) feierliche Mahlzeit.
Fest|me|ter (der, -s, -) Maßeinheit für Holz (Abk.: fm).
fest|na|geln (V.) 1. annageln; 2. (ugs.) jemanden festlegen. jemanden auf etwas festnageln (jemanden auf eine Äußerung festlegen). Wenn du mir die Ehe versprichst, werde ich dich darauf festnageln.
Fest|nah|me (die, -, n) Verhaftung. festnehmen.
fest|neh|men (V., nahm fest, hat festgenommen) verhaften. Festnahme.
Fest|plat|te (die, -, -n) Datenträger in Computersystemen.
Fest|preis (der, -es, -e) nicht verhandelbarer Preis; Preispauschale.
Fest|red|ner (der, -s, -) Vortragender bei einem feierlichen Anlass.
fest|ren|nen (V., refl., rannte fest, hat festgerannt) nicht mehr loskommen; sich verrennen. Du rennst dich in dieser aussichtslosen Angelegenheit fest.
Fest|saal (der, -s, -sä|le) Räumlichkeit zur Bewirtung größerer Gesellschaften.
Fest|schrift (die, -, -en) Veröffentlichung zu einem besonderen Anlass, z. B. Jubiläum.
fest|set|zen (V.) 1. festlegen; 2. sich ansammeln (mit Dativ!); 3. einsperren. Der Gerichtstermin ist für nächste Woche festgesetzt. In allen (*falsch:* alle!) Ecken setzte sich Staub fest.
Fest|set|zung (die, -, -en) 1. Abmachung; Anordnung; Datierung; 2. Arrestierung; Verhaftung.
fest|sit|zen (V., saß fest, hat/ist festgesessen) 1. haften; 2. stecken bleiben.
Fest|spiel (das, -s, -e) Reihe von Theater- oder Konzertveranstaltungen in besonderem Rahmen; Festival.
fest|ste|cken (V., hat/ist festgesteckt) 1. befestigen; 2. stecken bleiben.
fest|ste|hen (V., stand fest, hat festgestanden) geregelt sein; gewiss sein.
fest|stel|len (V.) 1. ermitteln; 2. aussprechen. *Aber:* fest stellen (unbeweglich machen).
Fest|stell|brem|se (die, -, -en) Handbremse; Radblockierung.
Fest|stel|lung (die, -, -en) Aussage; Behauptung; Konstatierung.
Fest|stim|mung (die, -, -en) feierliches Gefühl; Hochstimmung.
Fes|tung (die, -, -en) Burg; Feste.
Fes|tungs|haft (die, -, -e) früher gebräuchlicher Freiheitsentzug vor allem für politische Gefangene.
Fes|tungs|wall (der, -s, -wäl|le) aufgeschüttete oder gemauerte Befestigung.
fest|wach|sen (V., wuchs fest, ist festgewachsen) fest anwachsen. *Aber:* Der Bub muss noch fest (sehr) wachsen.
Fest|zelt (das, -s, -e) Zelt bei Festen im Freien.
Fest|zug (der, -s, -zü|ge) öffentlicher Umzug; Straßenfest.
Fe|te (die, -, -n) (ugs.) Fest.
Fe|tisch (der, -s, -e) (portug.) 1. Abgott; 2. Gegenstand der Verehrung.

feˈtiˈschieˈren (V.) einen Gegenstand mit magischer Energie aufladen.
Feˈtiˈschisˈmus (der, -, kein Plural) 1. kultische Verehrung von Gegenständen; 2. sexuelle Perversion.
Feˈtiˈschist (der, -s, -isˈten) 1. Verehrer von Fetischen; 2. sexuell abnorm veranlagte Person. fetischistisch.
Fett (das, -s, -e) organischer Stoff tierischer oder pflanzlicher Herkunft.
fett (Adj.) fettreich; sehr dick. fettarm; fettfrei; fettglänzend; fetthaltig; fettig; fettleibig; fetttriefend; *aber:* die fett gedruckte (*auch:* fettgedruckte) Überschrift.
Fettˈauˈge (das, -n, -s) schwimmende Ablagerung auf fetthaltigen Flüssigkeiten.
Fettˈbauch (der, -s, -bäuˈche) Körperfettanlagerung am Bauch.
fetˈten (V.) schmieren; ölen.
Fettˈfleck (der, -s, -en) Verschmutzung durch fetthaltige Substanz.
Fettˈgeˈschwulst (das, -s, -geˈschwulsˈte) Lipom; Geschwulst aus Fettgewebe.
Fettˈgeˈweˈbe (das, -s, kein Plural) fetthaltiges Bindegewebe.
Fettˈhärˈtung (die, -, kein Plural) Umwandlung von Ölen in feste Fette.
Fettˈheit (die, -, -en) Dickleibigkeit; Korpulenz; Übergewichtigkeit. Fettleibigkeit.
Fettˈhenˈne (die, -, -n) dickblättrige Pflanze.
Fettˈherz (das, -en, -en) Fettanlagerungen am Herzmuskel.
Fetˈtigˈkeit (die, -, kein Plural) Fettgehalt.
Fettˈnäpfˈchen (das, -s) (nur in Verbindung:) in ein Fettnäpfchen treten (durch peinliches Verhalten jemandes Unmut erregen).
Fettˈsäuˈre (die, -, -n) organische Säure.
Fettˈstift (der, -s, -e) Zeichengerät.
Fettˈsucht (die, -, kein Plural) krankhaftes Übergewicht.
Fettˈtopf (*auch:* Fett-Topf) (der, -s/-es, -töpˈfe) Schmalztopf; Butterfass.
Fettˈwanst (der, -s, wänsˈte) (ugs.) übergewichtige Person.
Fettˈzelˈle (die, -, -n) Zelle im Fettgewebe.
Feˈtus (*auch:* Föˈtus) (der, -/-ses, -ten/-se) (lat.) Leibesfrucht (vom dritten Monat an). Adjektiv: fetal (*auch:* fötal).
Fetˈzelˈchen (das, -s, -) kleinstes Stückchen. Fetzlein.
fetˈzen (V.) 1. etw. in Fetzen reißen. zerfetzen; 2. (ugs.) begeistern. fetzig.
Fetˈzen (der, -s, -) Lumpen; Stück; Lappen.
fetˈzig (Adj.) (ugs.) toll; mitreißend.
feucht (Adj.) nass, klamm.
feuchˈten (V.) nässen; benetzen; einweichen.
feuchtˈfröhˈlich (Adj.) (ugs.) durch alkoholische Getränke in guter Stimmung sein. eine feuchtfröhliche Feier.
feuchtˈheiß (Adj.) tropisch.
Feuchˈtigˈkeit (die, -, kein Plural) Wasserdampfgehalt in der Luft; Nässe, Niederschlag. Feuchte.
Feuchˈtigˈkeitsˈmesˈser (der, -s, -) Hygrometer; wetterkundliches Messgerät.
feuchtˈkalt (Adj.) kühl, regnerisch.
Feuchtˈraum (der, -s, -räuˈme) Badezimmer; Duschkabine.
feuchtˈwarm (Adj.) schwül.
feuˈdal (Adj.) 1. vornehm; reich; aristokratisch; 2. das Lehnswesen betreffend.
Feuˈdalˈgeˈsellˈschaft (die, -, -en) Ständegesellschaft; feudalistisch geordnetes Gemeinwesen.
Feuˈdalˈherrˈschaft (die, -, -en) Adelsherrschaft; Lehnswesen.
Feuˈdaˈlisˈmus (der, -, kein Plural) (lat.) mittelalterliches Lehnssystem. feudalistisch.
Feuˈdalˈstaat (der, -s, -en) auf der Lehnsbeziehung zwischen Adel und Bauern beruhendes Staatsgefüge.
Feuˈdel (de, -s, -) Lappen.
Feuˈer (das, -s, -) 1. Brand; Verbrennung; 2. Flamme; 3. Beschuss; 4. Begeisterung. Feuerfresser; feurio!; Feuer speiend (*auch:* feuerspeiend); feuern.
Feuˈerˈalarm (der, -s, -e) Brandmeldung; Notruf.
Feuˈerˈameiˈse (die, -, -n) südamerikanische Ameisenart.
feuˈerˈbeˈständˈdig (Adj.) schwer entflammbar.
Feuˈerˈbeˈstatˈtung (die, -, -en) Einäscherung.
Feuˈerˈdorn (der, -s, kein Plural) südeuropäischer Zierstrauch.
Feuˈerˈeiˈfer (der, -s, kein Plural) begeisterter Tatendrang.
Feuˈerˈfalˈter (der, -s, -) Schmetterlingsart.
feuˈerˈfest (Adj.) nicht entflammbar.
feuˈerˈgeˈfährˈlich (Adj.) brennbar; leicht entflammbar.
Feuˈerˈgeˈfecht (das, -s, -e) bewaffnete Konfrontation.
Feuˈerˈholz (das, -es, kein Plural) zu Heizungszwecken bevorratete Holzstücke.
Feuˈerˈkuˈgel (die, -, -n) sehr heller Meteor.
Feuˈerˈliˈlie (die, -, -n) westeuropäische Pflanzenart.
Feuˈerˈlöˈscher (der, -s, -) Handgerät zur Brandbekämpfung.
Feuˈerˈmal (das, -s, -e) Blutschwamm; blaurote Hautfärbung.
Feuˈerˈmelˈder (der, -s, -) automatische Vorrichtung zum Auslösen von Feueralarm.
feuˈern (V.) 1. ein Feuer entfachen; einen Ofen anheizen; 2. schießen.
Feuˈerˈpoˈliˈzei (die, -, kein Plural) Brandschutzbehörde. feuerpolizeilich.
Feuˈerˈproˈbe (die, -, -n) Bewährungsprobe.
feuˈerˈrot (Adj.) kräftig rot.
Feuˈerˈsaˈlaˈmanˈder (der, -s, -) mittel- und südeuropäischer Schwanzlurch.
Feuˈersˈbrunst (die, -, -brünsˈte) Großbrand.
Feuˈerˈschein (der, -s, kein Plural) Lichtschein der Flammen.
Feuˈerˈschiff (das, -es, -e) verankertes Schiff als Wegweiser an Küsten und in Flussmündungen.
Feuˈerˈschluˈcker (der, -s, -) Artist.
Feuˈerˈspuˈcker (der, -s, -) Artist.
Feuˈerˈstelˈle (die, -, -n) Kochstelle; Herd.
Feuˈerˈstein (der, -s, -e) 1. Mineral; 2. Teil eines Feueranzünders.
Feuˈerˈstuhl (der, -s, stühˈle) (ugs.) schweres Motorrad.
Feuˈerˈtür (die, -, -en) Notausgang; Feuerleiter; Feuertreppe.
Feuˈeˈrung (die, -, -en) 1. Herbeiführen und Erhalten eines Feuers; 2. Einrichtung zum Verbrennen von Brennstoffen.
Feuˈerˈverˈsiˈcheˈrung (die, -, -en) finanzieller Schutz gegen Brand- und Löschschäden.

Feu|er|ver|zin|kung (die, -, -en) Schutzbeschichtung gegen Korrosion. feuerverzinkt.
Feu|er|waf|fe (die, -, -n) Schusswaffe.
Feu|er|was|ser (das, -s, kein Plural) (ugs.) Branntwein; Whisky.
Feu|er|wehr (die, -, kein Plural) Organisation zur Bekämpfung von Bränden.
Feu|er|wehr|mann (der, -s, -män|ner/-leu|te) Brandbekämpfer; Retter.
Feu|er|werk (das, -s, kein Plural) Pyrotechnik; bengalisches Feuer.
Feu|er|wer|ker (der, -s, -) 1. Pyrotechniker; Hersteller von Feuerwerk; 2. Sprengmeister; Bombenentschärfer. feuerwerken.
Feu|er|werks|kör|per (der, -s, -) farbig leuchtend oder knallend abbrennende Rakete.
Feu|er|zan|gen|bow|le (die, -, -n) Punsch; alkoholhaltiges Heißgetränk.
Feu|er|zeug (das, -s, -e) kleiner Feueranzünder.
Feuil|le|ton (das, -s, -s) (franz.) 1. Kulturteil der Zeitung; 2. kultureller Bericht in einer Zeitung. Feuilletonstil.
Feuil|le|to|nist (der, -en, -en) 1. Schriftsteller; 2. Kulturredakteur einer Zeitung.
feuil|le|to|nis|tisch (Adj.) 1. unterhaltsam; oberflächlich; 2. manieristisch; stilistisch aufgeplustert.
Fex (der, -es/-en, -e/-en) (südd.) Geck; Narr. Bergfex.
Fez 1. (der, -es, kein Plural) (ugs.) Spaß; Unsinn; 2. = Fes.
ff (Abk.) sehr fein; fortissimo.
ff. (Abk.) folgende (Seiten).
FH (Abk.) **F**ach**h**ochschule.
Fi|a|ker (der, -s, -) (franz.-österr.) Pferdekutsche; Pferdekutscher.
Fi|a|le (die, -, -n) (ital.) schlankes Spitztürmchen (auf gotischen Streben, Fenstern u. a.).
Fi|an|chet|to (das, -/-s, -chet|ti) (ital.) Eröffnung einer Schachpartie mit den Springerbauern.
Fi|as|ko (das -s, -s) (ital.) Misserfolg; Zusammenbruch.
Fi|bel (die, -, -n) 1. Lehrbuch; Schulbuch; 2. frühgeschichtliche Gewandspange oder -nadel.
Fi|ber (die, -, -n) (lat.) dünne Faser.
Fi|b|ril|le (die, -, -n) Muskel- oder Nervenfaser.
Fi|b|rin (das, -s, kein Plural) (nlat.) die Blutgerinnung bewirkender Eiweißstoff.
Fi|b|rom (das, -s, e) gutartige Geschwulst. fibrös.
Fi|che 1. (die, -, -s) (franz.) Spielmarke; 2. (der/das, -s, -s) Datenträger. Mikrofiche.
Fich|te (die, -, -n) Nadelbaum. Fichtelgebirge; Fichtenholz; Fichtenwald.
fich|ten (Adj.) aus Fichtenholz.
Fich|ten|na|del|bad (das, -s, -bä|der) Badezusatz.
Fi|chu (das, s, -s) (frz.) Schultertuch.
fi|cken (V.) (ugs.) Geschlechtsakt ausführen.
fi|cke|rig (Adj.) nervös; unruhig; aufgeregt.
fi|del (Adj.) (lat.) vergnügt; lustig.
Fi|del (die, -, -n) mittelalterliches Streichinstrument.
Fi|de|li|tät (*auch:* Fi|du|li|tät) (die, -, -en) Kommers einer studentischen Verbindung.
Fi|di|bus (der, -/-ses, -se) gefalteter Papierstreifen zum Pfeifenanzünden.
Fi|d|schi (ohne Art., -s, kein Plural) Inselstaat im Pazifik. Fidschianer; fidschianisch; Fidschi-Inseln (*auch:* Fidschiinseln).
Fi|duz (ugs.) Vertrauen.
Fie|ber (das, -s, -) 1. erhöhte Körpertemperatur; 2. Erregung, Leidenschaft. Fieberfrost; Fieberhitze.
Fie|ber|an|fall (der, -s, -an|fäl|le) kurzfristiger, heftiger Anstieg der Körpertemperatur.
Fie|ber|er|re|ger (der, -s, -) Krankheitserreger; Bakterium; Virus.
Fie|ber|fan|ta|si|en (*auch:* -phan|ta|si|en) (die, -, meist nur Plural) Albträume während einer fiebrigen Erkrankung.
fie|ber|frei (Adj.) mit normaler Körpertemperatur; gesund.
fie|ber|haft (Adj.) 1. an Fieber leidend; 2. eilig; hektisch.
Fie|ber|kur|ve (die, -, -n) grafische Darstellung des Krankheitsverlaufs.
Fie|ber|mes|ser (der, -s,-) Thermometer; Gerät zur Bestimmung der Körpertemperatur. Fieberthermometer.
Fie|ber|mit|tel (das, -s, -) fiebersenkende Arznei; Medikament.
Fie|ber|mü|cke (die, -, -n) Anophelesmücke; tropisches Insekt.
fie|bern (V.) 1. an Fieberfantasien leiden; 2. etwas mit großer Spannung entgegensehen.
Fie|ber|wahn (der, -s, kein Plural) übersteigerte Traumvorstellungen während einer fiebrigen Erkrankung.
fie|brig (*auch:* fie|be|rig) (Adj.) mit erhöhter Körpertemperatur; krank.
Fie|del (die, -, -n) (ugs.) Geige.
fie|deln (V.) (ugs.) schlicht auf der Geige musizieren.
Fie|der|pal|me (die, -, -n) tropische Pflanzenart.
fie|de|rig (*auch:* fied|rig) (Adj.) gefiedert.
Fie|de|rung (die, -, kein Plural) Federkleid bei Vögeln.
Fied|ler (der, -s, -) (ugs.) volkstümlicher, kunstloser Geigenspieler.
Field|re|search (engl.) (das, -s, kein Plural) Feldforschung.
Field|work (das, -s, kein Plural) (engl.) persönliche Befragung (Meinungsforschung).
fie|pen (V.) piepsen.
Fi|e|rant (der, -en, -en) (österr.) Markthändler.
fi|e|ro (Adj.) (lat.-ital.) wild, heftig (Vortragsanweisung in der Musik).
fies (Adj.) (ugs.) gemein; ekelhaft.
Fies|ling (der, -s, -e) gemeine, unangenehme Person.
Fi|es|ta (die, -, -s) (span.) Volksfest.
FIFA (*auch:* Fi|fa) (die, -, kein Plural) (franz.) (Kurzw.: **F**édération **I**nternationale de **F**ootball **A**ssociation) Internationaler Fußballverband.
fif|ty-fif|ty (engl.) (ugs.) halb und halb.
Fi|ga|ro (der, -s, -s) (ital.) Friseur (scherzhaft).
figh|ten (V.) (engl.) kämpfen (Boxsport).
Fi|gur (die, -, -en) (lat.) 1. Körperform; 2. Abbildung; Erscheinungsbild. wie Figura zeigt (wie klar vor Augen liegt); 3. abgeschlossenes Motiv in der Musik oder im Tanz; 4. Gebilde aus Linien oder Flächen (Math.); 5. Spielstein (z. B. Schach); 6. Person in einem literarischen oder dramatischen Werk.
fi|gu|ral (Adj.) mit Figuren ausgestattet.
Fi|gu|ral|mu|sik (die, -, kein Plural) mehrstimmiger geistlicher Gesang.
Fi|gu|rant (der, -en, -en) Gruppentänzer einer Ballettchoreografie.

Fiˈguˈraˈtiˈon (die, -, -en) rhythmische Auflösung eines musikalischen Motivs.
fiˈguˈraˈtiv (Adj.) eine Figur darstellend. figürlich.
fiˈgurˈbeˈtont (Adj.) den Körperformen folgend.
fiˈguˈrieˈren (V.) eine Rolle übernehmen; eine Funktion wahrnehmen.
Fikˈtiˈon (die, -, -tiˈoˈnen) (lat.) Vorstellung; Erdachtes; Dichtung.
fikˈtiv (Adj.) der Fantasie entsprungen; ausgedacht. Die Handlung dieses Romans ist fiktiv.
Fiˈlaˈment (das, -s, -e) (lat.) Staubfaden einer Blüte.
File (das, -s, -s) (engl.) Datei.
Fiˈlet (das, -s, -s) (franz.) 1. Lendenstück; ausgelöstes Fleischstück aus Schlachtvieh, Geflügel oder Fisch; 2. Netzstoff.
Fiˈletˈarˈbeit (die, -, -en) Handarbeit an Textilien. Filetspitze.
fiˈleˈtieˈren (V.) Fleisch herauslösen; Fisch entgräten.
Fiˈletˈsteak (das, -s, -s) (franz.-engl.) bestes Stück von Schwein oder Rind.
Fiˈletˈstück (das, -s, -e) (ugs.) wertvollster Teil. Die Elektronikabteilung ist das Filetstück des Unternehmens.
Fiˈliˈaˈle (die, -, -n) Zweigstelle.
Fiˈliˈaˈlist (der, -en, -en) (lat.) in Zweigstellen tätiges Unternehmen.
Fiˈliˈalˈleiˈter (der, -s, -) Vorstand einer Zweigstelle.
Fiˈliˈbusˈter (der, -s, -) (franz.-engl.) Marathonredner (im US-Parlament).
fiˈlieˈren (V.) Stoff mit Netzstruktur herstellen. filiert.
fiˈliˈgˈran (Adj.) sehr feingeflochten, zartgliedrig.
Fiˈliˈgˈran (das, -s, -e) (ital.) feine Flechtarbeit (Goldschmiedekunst).
Fiˈliˈgˈranˈarˈbeit (die, -, -en) 1. feine Goldschmiedearbeit; 2. (ugs.) sehr mühselige Kleinarbeit.
Fiˈliˈgˈranˈschmuck (der, -s, kein Plural) fein gearbeiter Gold- oder Silberschmuck.
Fiˈliˈus (der, -, -lii/-se) (lat.) Sohn.
Film (der, -s, -e) (engl.) 1. dünne Schicht; 2. Fotomaterial; 3. Spielfilm; Lichtspiel. Fettfilm; Ölfilm; Schmierfilm.
Filmˈarˈchiv (das, -s, -e) Sammelstelle für Filme.
Filmˈball (der, -s, -bälˈle) Fest der Filmbranche.
Filmˈbranˈche (die, -, kein Plural) Gesamtheit aller in der Filmherstellung tätigen Berufe.
Filmˈdiˈva (die, -, -diˈven) angebeteter weiblicher Star.
Filˈmeˈmaˈcher (der, -s, -) Drehbuchautor, Regisseur und Produzent in einer Person.
filˈmen (V.) einen Film herstellen.
Filmˈfestˈspieˈle (die, -, nur Plural) Festival; mehrtägiges Filmprogramm in verschiedenen Kinos.
Filmˈinˈdusˈtrie (die, -, kein Plural) Gesamtheit aller in der Filmherstellung und Filmwiedergabe tätigen Unternehmen und Institutionen.
filˈmisch (Adj.) filmgerecht.
Filmˈkaˈmeˈra (die, -, -s) Aufnahmegerät zur Herstellung von Filmen.
Filˈmoˈthek (die, -, -en) (engl.-griech.) 1. Sammlung von Filmen, die einen wissenschaftlichen oder künstlerischen Wert haben; 2. Gebäude, in dem diese Filmsammlung aufbewahrt und betreut wird.
Filmˈproˈduˈzent (der, -en, -en) geschäftlicher Leiter einer Filmproduktion.
Filmˈschauˈspieˈler (der, -s, -) Darsteller.
Filmˈstar (der, -s, -s) (engl.) berühmter und verehrter Schauspieler.
Filmˈstuˈdio (das, -s, -s) Herstellungsort von Filmaufnahmen. Filmatelier.
Filmˈverˈleih (der, -s, -e) Handel mit Spiel- und Dokumentarfilmen.
Fiˈlou (der, -s, -s) (franz.) Spitzbube; Gauner, Betrüger.
Filˈter (der/das, -s, -) Trennvorrichtung; Trennmaterial.
filˈtern (*auch:* filˈtˈrieˈren) (V.) 1. verschiedene Materialien voneinander trennen; Stoffe aussieben; 2. heraussuchen. Aus der Flut von Informationen filterte er das Richtige heraus.
Filˈterˈpaˈpier (*auch:* Filˈtˈrierˈpaˈpier) (das, -s, -e) Flüssigkeiten und Feststoffe trennendes Papier.
Filˈterˈtüˈte (die, -, -n) zum Kaffeebrühen benutztes Filterpapier. Kaffeefilter.
Filˈteˈrung (die, -, -en) Verfahren zur Trennung verschiedener Stoffe.
Filˈterˈziˈgaˈretˈte (die, -, -n) schadstoffgeminderte Zigarette.
Filˈtˈrat (das, -s, -e) Substanz nach einer Filterung. Filtration.
Filz (der, -es, -e) 1. Stoff; textiles Material; 2. Verflochtenheit; Vetternwirtschaft.
filˈzen (V.) (ugs.) durchsuchen.
Filzˈhut (der, -s, -hüˈte) Kopfbedeckung aus weichem Material.
Filzˈlaus (die, -, -läuˈse) 1. Menschenlaus; 2. (ugs.) lästige, aufdringliche Person.
Filˈzoˈkraˈtie (die, -, -n) (ugs.) undurchdringlich verflochtene politische Verhältnisse.
Filzˈpanˈtofˈfel (der, -s, -n) bequemer Hausschuh.
Filzˈstift (der, -s, -e) Faserschreiber; Schreib- und Zeichengerät.
Fimˈmel (der, -s, -) (ugs.) Leidenschaft; Tick. Putzfimmel.
fiˈnal (Adj.) (lat.) abschließend; zweckbestimmt.
Fiˈnaˈle (das, -s, -) 1. Abschluss; Ende; 2. Endspiel; Endrunde (Sport); 3. Schlussteil (Musik).
Fiˈnaˈlist (der, -en-, -en) Wettkämpfer in der Endrunde.
Fiˈnaˈliˈtät (die, -, -en) Endlichkeit.
Fiˈnalˈsatz (der, -es, -sätˈze) (gramm.) Gliedsatz, der die Absicht oder den Zweck eines Sachverhalts wiedergibt.
Fiˈnanzˈamt (das, -s, -ämˈter) kommunale Steuerverwaltung.
Fiˈnanzˈbuchˈhalˈtung (die, -, kein Plural) Verwaltung des unternehmerischen Geschäftsverkehrs.
Fiˈnanˈzen (die, -, nur Plural) (franz.) Geldmittel.
Fiˈnanzˈhoˈheit (die, -, kein Plural) Recht des Staates zur Regelung öffentlicher Finanzen.
fiˈnanˈziˈell (Adj.) geldlich; geldmäßig.
Fiˈnanˈzier (*auch:* Fiˈnaˈnciˈer) (franz.) Geldgeber.
fiˈnanˈzieˈren (V.) (franz.) mit Geld versorgen.
Fiˈnanˈzieˈrung (die, -, -en) Geldbeschaffung.
fiˈnanzˈkräfˈtig (Adj.) reich.
Fiˈnanzˈkriˈse (die, -, -n) Geldknappheit.
Fiˈnanzˈmiˈnisˈter (der, -s, -) politischer Verwalter des Staatshaushalts.

Fi|nanz|plan (der, -s, -plä|ne) Etat; Haushalt.
Fi|nanz|po|li|tik (die, -, kein Plural) staatliche Haushaltsführung.
fi|nanz|schwach (Adj.) arm.
Fi|nanz|ver|wal|tung (die, -, -en) behördliche Organisation der Finanzwirtschaft.
Fi|nanz|we|sen (das, -s, kein Plural) Gesamtheit aller finanzwirtschaftlichen Angelegenheiten.
Fi|nanz|wirt|schaft (die, -, kein Plural) Gesamtheit staatlicher Maßnahmen zur Verwaltung von Geldmitteln.
Fin|del|kind (das, -s, -er) ausgesetztes Kleinkind.
fin|den (V., fand, hat gefunden) 1. entdecken; 2. empfinden. Ich habe meine Brille wiedergefunden. Ich finde, meine neue Brille steht mir gut. Finder.
Fin|der|lohn (der, -s, -löh|ne) Belohnung bei Rückgabe einer Fundsache.
Fin de Siè|c|le (das, - - -, kein Plural) (franz.) Ende des 19. Jahrhunderts; Dekadenz; gesellschaftlich-kultureller Verfall.
Fin|dig|keit (die, -, -en) Einfallsreichtum; Schlauheit. findig.
Find|ling (der, -s, -e) Findelkind; Feldstein.
Fi|nes Her|bes (die, nur Plural) (franz.) fein gehackte, gedünstete Kräuter (mit Pilzen).
Fi|nes|se (die, -, -n) (franz.) Kniff; Feinheit.
Fin|ger (der, -s, -) Teil der Hand. ein fingerbreiter Abstand; *aber:* Der Abstand ist einen Finger breit; *aber:* einen Fingerbreit (Maßangabe); schmalfing(e)rig; fingerlang; alle fingerlang (alle Augenblicke); lange Finger machen (ugs.) (stehlen).
Fin|ger|ab|druck (der, -s, -drü|cke) Darstellung des Rillenprofils der Fingerkuppe zur polizeilichen Identifizierung von Personen.
Fin|ger|fer|tig|keit (die, -, -en) Geschicklichkeit. fingerfertig.
Fin|ger|glied (das, -s, -er) Teil des Fingers.
Fin|ger|ha|keln (das, -s, kein Plural) folkloristische Kraftsportart (in Bayern).
Fin|ger|hand|schuh (der, -s, -e) Handschuh mit fünf Fingern.
Fin|ger|hut (der, -s, -hü|te) 1. Schutzkappe bei der Handarbeit; 2. giftiges Staudengewächs.
Fin|ger|kup|pe (die, -, -n) vorderstes Glied des Fingers.
fin|ger|lang (Adj.) von der Länge eines menschlichen Fingers.
fin|gern (V.) (ugs.) fummeln; herumtasten.
Fin|ger|na|gel (der, -s, -nä|gel) Hornplatte auf der Fingerkuppe.
Fin|ger|satz (der, -es, sät|ze) Griffvorschrift bei Musikinstrumenten.
Fin|ger|spit|zen|ge|fühl (das, -s, -e) Einfühlungsvermögen; Taktgefühl.
Fin|ger|übung (die, -, -en) Übungsaufgabe für Musiker; Etüde.
Fin|ger|zeig (der, -s, -e) Hinweis; Ratschlag; Tipp.
fin|gie|ren (V.) (lat.) vortäuschen; erfinden.
Fi|nis (das, -, kein Plural) (lat.) Ende.
Fi|nish (das, -s, -s) (engl.) 1. Endspurt (Sport); 2. Vollendung.
fi|nit (Adj.) (lat.) bestimmt. finite Verbform (Gegensatz: unbestimmte Verbform wie Infinitiv und Partizip).
Fink (der, -en, -en) Singvogel.
Finn-Din|gi (das, -s, -s) (engl.) Einmannjolle.
Fin|ne (die, -, -n) 1. Bandwurmlarve; 2. Rückenflosse (Hai, Wal); 3. Hautkrankheit. (*Aber:* der Finne!).
Finn|land (ohne Art., -s, kein Plural) skandinavischer Staat. Finne; finnisch.
Fin|no|u|g|ris|tik (die, -, kein Plural) (nlat.) Wissenschaft von den finnougrischen Sprachen (z. B. vom Finnischen und Ungarischen).
fins|ter (Adj.) 1. dunkel; zwielichtig; 2. unfreundlich. im Finstern tappen (*auch für:* im Ungewissen bleiben); auf der Suche nach seiner Herkunft tappten die Behörden lange im Finstern.
Fins|ter|keit (die, -, kein Plural) 1. Dunkelheit; Dämmerung; 2. schlechte Stimmung; Betrübnis.
Fins|ter|nis (die, -, -se) 1. Dunkelheit; 2. Verdunkelung eines Himmelskörpers.
Fin|te (die, -, -n) (ital.) Scheinangriff; List.
fin|ten|reich (Adj.) einfallsreich; listig.
Fips (der,-s, -e) (ugs.) kleine, lächerliche, unbedeutende Person. fipsig.
fip|sig (Adj.) (ugs.) klein; unbedeutend.
Fire|wall (die, -, -s) Sicherheitseinrichtung, die beim Internetsurfen den Datenschutz gewährleisten soll, indem unerlaubte Eingriffe von außen auf interne Daten abgewehrt werden.
Fir|le|fanz (der, -es, kein Plural) (ugs.) Kinderei; Kitsch.
firm (Adj.) (lat.) fest; sicher; beschlagen; bewandert.
Fir|ma (die, -, -men) (ital.) Betrieb (Abk.: Fa.); Unternehmen.
Fir|ma|ment (das, -s, kein Plural) (lat.) Himmel.
fir|men (V.) das Sakrament der Firmung verleihen.
Fir|men|buch (das, -s, -bü|cher) Buchhaltung.
Fir|men|in|ha|ber (der, -s, -) Unternehmer; Chef.
Fir|men|schild (das, -s, -er) Namenstafel.
Fir|men|zei|chen (das, -s, -) Markenzeichen.
fir|mie|ren (V.) einen Geschäftsnamen führen.
Firm|ling (der, -s, -e) Person, der die Firmung verliehen wird.
Firm|pa|te (der, -n, -n) Zeuge der Firmung.
Fir|mung (die, -, -en) (lat.) kathol. Sakrament.
Firn (der, -s, -e) Altschnee; Gletscher. Firnbrücke.
Fir|ne (die, -, -n) Reife des Weins.
Firn|eis (das, -es, kein Plural) vereister Schnee.
fir|nig (Adj.) vereist; vergletschert.
Fir|nis (der, -ses, -se) (franz.) Schutzanstrich (Malerei).
fir|nis|sen (V.) ein Bild mit einem Schutzanstrich versehen.
Firn|schnee (der, -s, kein Plural) mehrjährige, dichte Schneedecke.
First (der, -s/-es, -e) Dachgiebel. Dachfirst.
First|bal|ken (der, -s, -) Holzträger des Dachgiebels.
first class (Adj.) (engl.) erstklassig. First-Class-Hotel.
First La|dy (die, - -, - -s) (engl.) Frau eines Staatsoberhauptes.
FIS (*auch:* Fis) (die, -, kein Plural) (Kurzw.: **F**édération **I**nternationale de

Ski) Internationaler Skiverband. FIS-Rennen.

Fisch (der, -es, -e) Wassertier. (ugs.) faule Fische (Ausreden); (ugs.) kleine Fische (Kleinigkeiten).

Fischˈadˈler (der, -s, -) Raubvogel.

fischˈarm (Ajd.) wenig Fische führend.

Fischˈauˈge (das, -s, -n) spezielle Kameraoptik. fischäugig.

Fischˈbeˈsteck (das, -s, -e) Essbesteck für Fischgerichte.

Fischˈbraˈteˈrei (die, -, -en) auf Fischgerichte spezialisiertes Schnellrestaurant.

fiˈschen (V.) 1. Fische fangen; angeln; Netze auswerfen; 2. haschen; zu erwischen versuchen. im Trüben fischen (die Unkenntnis anderer ausnutzen).

Fiˈscher (der, -s, -) Fischfänger.

Fiˈscherˈboot (das, -s, -e) Wasserfahrzeug für die Fischerei.

Fiˈscheˈrei (die, -, kein Plural) gewerbsmäßiger Fang von Fischen und anderen Seetieren.

Fiˈscheˈreiˈhaˈfen (der, -s, -häˈfen) Anlegeplatz für Fischerboote.

Fischˈfiˈlet (das, -s, -s) entgrätetes Stück Fischfleisch.

Fischˈgeˈricht (das, -s, -e) Mahlzeit mit zubereitetem Fisch.

Fischˈgräˈte (die, -, -n) Teil des Fischskeletts.

fiˈschig (Adj.) nach Fisch riechend oder schmeckend. fischeln.

Fischˈkutˈter (der, -s, -) Fischerboot.

Fischˈlaich (der, -s, kein Plural) Fischeier; Brut.

Fischˈmehl (das, -s, kein Plural) Futtermittel aus Fischresten.

Fischˈstäbˈchen (das, -s, -) industriell vorgefertigte Fischmahlzeit.

Fischˈverˈgifˈtung (die, -, -en) Erkrankung nach Genuss von verdorbenem Fisch.

Fischˈzug (der, -s, züˈge) große Fangfahrt.

Fis-Dur (das, - -, kein Plural) Tonart. Fis-Dur-Tonleiter.

Fiˈsettˈholz (das, -es, kein Plural) Holzart.

Fiˈsiˈmaˈtenˈten (die, nur Plural) (ugs.) Ausflüchte; Faxen.

Fisˈkus (der, -, -se/-ken) (lat.) Staatskasse.

fisˈkaˈlisch (Adj.) steuerlich.

fis-Moll (das, - -, kein Plural) Tonart. fis-Moll-Tonleiter.

Fiˈsoˈle (die, -, -n) (österr.) (ital.) grüne Bohne.

fisˈsil (Adj.) (lat.) spaltbar.

Fisˈsiˈliˈtät (die, -, kein Plural) Spaltbarkeit.

Fisˈsiˈon (die, -, -siˈoˈnen) (lat.) Spaltung; Teilung (eines Atomkerns, Zellkerns).

Fisˈsur (die, -, -en) (lat.) Einriss (in einem Knochen, in der Schleimhaut).

Fisˈtel (die, -, -n) 1. Geschwür; Verbindungskanal zwischen Körperhohlraum und Haut; 2. Fistelstimme; hohe, unnatürliche Stimme.

Fisˈtelˈstimˈme (die, -, -n) Falsett.

fit (Adj.) (engl.) durchtrainiert; leistungsfähig.

Fitˈness (die, -, kein Plural) (engl.) gute körperliche Verfassung; Leistungsfähigkeit.

Fitˈnessˈcenˈter (das, -s, -) (engl.) Einrichtung mit Trainingsgeräten.

Fitˈtich (der, -s, -e) Flügel. jemanden unter seine Fittiche nehmen. (beschützen, fördern).

Fitzˈchen (*auch:* Fitˈzelˈchen) (das, -s, -) Kleinigkeit.

fix (Adj.) 1. fest; unveränderlich; 2. schnell. ixe Idee (Zwangsvorstellung); fix und fertig (rasch erledigt).

Fiˈxaˈtiv (das, -s, -e) (lat.) Substanz, die Zeichnungen wischfest oder Fotografien lichtunempfindlich macht.

fiˈxen (V.) (engl.) 1. Drogen spritzen; 2. auf eine Baisse hin spekulieren.

Fiˈxierˈbad (das, -s/-es, bäˈder) Flüssigkeit, in der fotografische Papierabzüge lichtunempfindlich gemacht werden.

fiˈxieˈren (V.) 1. unverwandt anschauen; 2. anheften; befestigen; 3. dokumentieren; schriftlich festhalten; 4. die fotografische Schicht eines Papierabzugs lichtunempfindlich machen.

Fiˈxierˈmitˈtel (das, -s, -) Fixativ.

Fiˈxieˈrung (die, -, -en) Festlegung; präzise Bestimmung.

Fiˈxigˈkeit (die, -, -en) Geschwindigkeit; Gewandtheit.

Fixˈpunkt (der, -s, -e) feststehender Messpunkt.

Fixˈstern (der, -s, -e) scheinbar feststehender Stern.

Fiˈxum (das, -s, Fiˈxa) (lat.) feststehendes Honorar.

Fjell (der, -s, -s) (norweg.) waldfreie Hochfläche (in Skandinavien).

Fjord (der, -s/-es, -e) (skand.) Meeresbucht.

FKK (Abk.) **F**rei**k**örper**k**ultur. FKKler; FKK-Strand.

flach (Adj.) 1. eben, niedrig; 2. oberflächlich; flachbrüstig; flachen; abflachen; verflachen.

Flachˈbau (der, -s, -e) niedriges Gebäude mit flachem Dach.

Flachˈbildˈschirm (der, -s, -e) Computerbildschirm mit geringer Tiefe, niedrigem Gewicht und Energieverbrauch.

Flachˈdach (das, -s/-es, -däˈcher) ebenes Dach ohne Giebel.

Flachˈdruck (der, -s, kein Plural) Druckverfahren.

Fläˈche (die, -, -n) 1. Ebene; Oberfläche; Ausdehnung; Gebiet. großflächig; 2. mathematisches Gebilde. flächenhaft; flächig.

Fläˈchenˈausˈdehˈnung (die, -, -en) aus Länge und Breite zu berechnende Größe.

Fläˈchenˈbrand (der, -s, -bränˈde) Großfeuer im Gelände.

fläˈchenˈdeˈckend (Adj.) gleichmäßig und überall verteilt.

Fläˈchenˈerˈtrag (der, -s, -träˈge) Produktivität im Ackerbau.

Fläˈchenˈinˈhalt (der, -s, -e) Produkt aus Länge und Breite (Math.).

flachˈfalˈlen (V., fiel flach, ist flachgefallen) (ugs.) ausfallen.

Flachˈheit (die, -, -en) Geistlosigkeit; Oberflächlichkeit.

Flachˈland (das, -s, -länˈder) tiefliegendes, ebenes Gebiet.

Flachs (der, -es, kein Plural) 1. Pflanze; Faserpflanze; 2. Neckerei; Scherz.

flachsˈblond (Adj.) hellblond.

flachˈsen (V.) necken; scherzen.

flächˈsern (Adj.) aus Flachs gemacht.

Flachsˈhaar (das, -s, -e) hellblondes Haar.

Flachsˈkopf (der, -s/-es, köpˈfe) Person mit hellblondem Haupthaar.

Flachˈzanˈge (die, -e, -n) Zange mit abgeflachten Backen.

Flaˈckerˈfeuˈer (das, -s, -) unruhig lodernde Flammen.

flaˈckern (V.) unruhig brennen; lodern.

flack|rig (*auch:* fla|cke|rig) (Adj.) flackernd.

Fla|den (der, -s, -) 1. Pfannkuchen; flaches Brot; 2. Kot. Kuhfladen.

Fla|den|brot (das, -s, -e) rundes, sehr flaches Brot.

Fla|der (die, -, -n) Holzmaserung.

Fla|der|holz (das, -es, höl|zer) gemasertes Holz.

fla|de|rig (*auch:* flad|rig) (Adj.) gemasert; ädrig.

Fläd|le (das, -s, -) schwäbische Suppeneinlage.

Fla|gel|lant (der, -en, -en) (lat.) mittelalterlicher Asket, der durch Selbstgeißelung öffentlich Buße tat; Geißelbruder.

Fla|gel|lat (der, -en, -en) (lat.) Geißeltierchen.

Fla|geo|lett (das, -s, -e/-s) (franz.) 1. kleine Schnabelflöte; 2. (hohes) Flötenregister der Orgel; 3. flötenähnlicher Oberton (Streichinstrumente).

Flag|ge (die, -, -n) Fahne. Flaggengruß; Flaggenparade; Flaggenstange; Flaggoffizier; Flaggschiff; flaggen.

fla|grant (Adj.) (lat.) offenkundig; deutlich. Man erwischte sie in flagranti.

Flair (das, -s, kein Plural) (franz.) Atmosphäre; Spürsinn.

Flak (die, -, -s) (Kurzw.:) Flugzeugabwehrkanone. Flakhelfer; Flakgeschütz.

Fla|kon (der/das, -s, -s) (franz.) Parfümfläschchen.

flam|bie|ren (V.) (franz.) Speisen mit Alkohol übergießen und anzünden.

Fla|men|co (der, -s, -s) (span.) Tanz.

Fla|min|go (der, -s, -s) (span.) Wasservogel.

Flam|me (die, -, -n) Feuer; (ugs.) Geliebte. Flammenmeer; Flammenschwert; Flammenwerfer; Flammofen.

Flam|me|ri (der, -s, -s) (engl.) kalter Grießbrei.

Fla|nell (der, -s, -e) (franz.) Stoffart. Flanellanzug; Flanellhose; Adjektiv: flanellen.

fla|nie|ren (V.) (franz.) herumspazieren. Flaneur.

Flan|ke (die, -, -n) (franz.) 1. Seite; 2. Zuspiel (Fußball). Flankenangriff; Flankenhieb; Flankendeckung; flanken; flankieren.

Flansch (der, -es, -e) Rohrverbindung. Flanschendichtung; flanschen.

flap|sig (Adj.) (ugs.) unreif; albern.

Fla|sche (die, -, -n) 1. Glasbehälter; 2. Nichtskönner. Flaschenbier, *aber:* zehn Flaschen Bier; Flaschengärung; Flaschenkind; Flaschenöffnung; Flaschenpost; Flaschenzug; flaschengrün.

Flasch|ner (der, -s, -) (südd.) Klempner.

Flat|ter|geist (der, -s, -er) unruhiger, nervöser Mensch.

Flat|ter|haf|tig|keit (die, -, -en) Ruhelosigkeit; Unzuverlässigkeit. flatterhaft; flatt(e)rig.

Flat|te|rie (die, -, -n) (franz.) Schmeichelei.

Flat|ter|mann (der, -s, -män|ner) (ugs.) Brathähnchen.

flat|tern (V., ist) fliegen; wehen; mit Flügeln schlagen. Über Nacht machten sie die Flatter (ugs.: verschwanden sie); flatt(e)rig.

Flat|ter|satz (der, -s, -sät|ze) besondere Form der Textgestaltung.

Fla|tu|lenz (die, -, -en) (lat.) (Med.) Abgang von Blähungen.

Fla|tus (der, -, -) (lat.) (Med.) Blähung.

flau (Adj.) schlecht; übel; schwach.

Flau|heit (die, -, -en) Schwäche; Übelkeit; Abgestandenheit.

Flaum (der, -s, kein Plural) feine Federn; feines Haar.

Flaum|fe|der (die, -, -n) sehr weiche, leichte Feder.

flau|mig (Adj.) sehr weich. flaumweich.

Flausch (der, -(e)s, e) sehr weiches, dickes Gewebe. Flauschmantel; Flauschrock.

flau|schig (Adj.) weich.

Flau|sen (die, nur Plural) (ugs.) Unsinn; Ausreden.

Flau|te (die, -, -n) 1. Windstille; Ruhe; 2. schlechter Geschäftsgang.

Fläz (der, -es, e) Lümmel; plumper Kerl.

flä|zen (V., refl.) (ugs.) sich hinlümmeln.

flä|zig (Adj.) flegelhaft; plump.

Flech|se (die, -, -n) Sehne. Adjektiv: flechsig.

Flech|te (die, -, -n) 1. Zopf; 2. Pflanze; 3. Hautausschlag. Schuppenflechte.

flech|ten (V., flocht, hat geflochten; er flicht!) verknüpfen; verknoten; verweben. Flechtarbeit.

Flecht|werk (das, -s, -) geflochtenes Material; Geflecht.

Fleck (*auch:* Fle|cken) (der, -s, -e/-en) 1. Verschmutzung; 2. Stelle; Ort.

fle|cken (V.) verschmutzen. verflecken.

fle|cken|los (Adj.) sauber.

Fle|cken|was|ser (das, -s, -) Reinigungsmittel.

Fle|ckerl|tep|pich (*auch:* Fli|cken|tep|pich) (der, -s, -e) aus Stoffresten zusammengenähter Teppich.

Fleck|fie|ber (das, -s, -) seuchenhafte Infektionskrankheit. Flecktyphus.

Fle|ckig|keit (die, -, -en) Verschmutztheit; Unsauberkeit. fleckig.

Fleck|vieh (das, -s, kein Plural) verschiedene Hausrindrassen.

Fled|de|rer (der, -s, -) Plünderer. Leichenfledderer.

fled|dern (V.) (ugs.) ausplündern.

Fle|der|maus (die, -, -mäu|se) Flugtier.

Fleet (das, -(e)s, -e) Entwässerungsgraben; kleiner Kanal in der Stadt.

Fle|gel (der, -s, -) 1. Erntewerkzeug; 2. Lümmel. Dreschflegel.

Fle|ge|lei (die, -, -en) Frechheit; Missetat; Untat.

Fle|gel|haf|tig|keit (die, -, -en) Rüpelhaftigkeit; Ungezogenheit. flegelhaft; flegelig.

Fle|gel|jah|re (die, -, nur Plural) Pubertät.

fle|geln (V., refl.) sich räkeln; faulenzen.

fle|hen (V.) dringend bitten.

Fleisch (das, -es, kein Plural) 1. Muskelgewebe; 2. unverholzte Pflanzenteile; 3. (in der Bibel) Körperlichkeit des Menschen. *Beachte:* Zusammensetzungen ohne Fugen-s; *Ausnahme:* Fleischeslust! Fleisch fressend (*auch:* fleischfressend).

Fleisch|be|schau (die, -, kein Plural) tierärztliche Lebensmittelkontrolle.

Fleisch|be|schau|er (der, -s, -) für die Lebensmittelkontrolle zuständiger Tierarzt.

Fleisch|brü|he (die, -, -n) Suppenfond.

Flei|scher (der, -s, -) Metzger; Schlachter; Fleischhauer.

flei|schern (Adj.) aus Fleisch gemacht.

Flei|sches|lust (die, -, -kein Plural) Lüsternheit.

Fleisch|ex|trakt (der, -s, -e) fettfreies Konzentrat aus Rindfleisch.

fleisch|far|ben (Adj.) hellrot.

flei|schig (Adj.) wie Fleisch; fleischartig.

Fleisch|klöß|chen (das, -s, -) Bulette; Frikadelle; Fleischküchle; Klops.
Fleisch|lich|keit (die, -, kein Plural) Diesseits; irdisches Dasein. fleischlich.
fleisch|los (Adj.) ohne tierische Fette; vegetarisch.
Fleisch|sa|lat (der, -s, -e) kaltes Fleischgericht.
Fleisch|ver|gif|tung (die, -, -en) Erkrankung nach Genuss von verdorbenem Fleisch.
Fleisch|wer|dung (die, -, -en) Inkarnation; Verkörperung.
Fleisch|wolf (der, -s, wöl|fe) Gerät zum Zerkleinern von Fleisch; Faschiermaschine.
Fleisch|wun|de (die, -, -n) oberflächliche Verletzung.
Fleisch|wurst (die, -, -würs|te) Wurst.
Fleiß (der, -es, kein Plural) Arbeitseifer; Strebsamkeit; Unermüdlichkeit.
Fleiß|ar|beit (die, -, -en) mühsame Tätigkeit.
flei|ßig (Adj.) eifrig; emsig; strebsam; unermüdlich.
flek|tier|bar (Adj.) (lat.) (gramm.) beugbar.
flek|tie|ren (V.) (lat.) (gramm.) beugen (deklinieren, konjugieren). Flexion.
flen|nen (V.) (ugs.) weinen; heulen.
Flen|ne|rei (die, -, -en) (ugs.) Herumweinerei; Heulerei.
Fletz (das/der, -es, -e) (südd.) Flur.
Fleu|ron (das, -s, -s) Verzierung in der Buchkunst.
fle|xi|bel (Adj.) (lat.) elastisch; geschmeidig.
Fle|xi|bi|li|tät (die, -, kein Plural) (lat.) 1. Elastizität; Geschmeidigkeit; 2. Anpassungsfähigkeit; geistige Beweglichkeit.
Fle|xi|on (die, -, -en) (lat.) (gramm.) Beugung; Deklination; Konjugation.
fle|xi|ons|fä|hig (Adj.) (lat.) (gramm.) beugbar; deklinierbar; konjugierbar.
fle|xi|ons|los (Adj.) (lat.) (gramm.) ohne Beugungsform.
fle|xi|visch (Adj.) (lat. (gramm.) die Flexion betreffend.
Fli|bus|ti|er (der, -s, -) (niederl.-franz.) westindischer Seeräuber (des 17./18. Jahrhunderts); Freibeuter.
Flic (der, -s, -s) (franz.) (ugs.) Polizist.
Flick|ar|beit (die, -, -en) Ausbesserung; Reparatur.
fli|cken (V.) ausbessern; nähen; stopfen.
Fli|cken (der, -s, -) Materialstück zum Ausbessern; Fleck; Fetzen.
Fli|cken|tep|pich (*auch:* Fle|ckerl|-tep|pich) (der, -s, -e) 1. Teppich aus Stoffresten; 2. (ugs.) buntes Durcheinander.
Fli|cke|rei (die, -, -en) Flickarbeit.
Flick|flack (der, -s, -s) (franz.) Turnübung.
Flick|korb (der, -s, -kör|be) geflochtener Behälter für Flickwerkzeug.
Flick|schus|ter (der, -s, -) Schuhmacher.
Flick|werk (das, -s, -e) 1. Geflicktes; 2. (ugs.) Stümperei.
Flie|der (der, -s, -) Zierstrauch; schwarzer Holunder.
Flie|der|bee|re (die, -, -n) Frucht des Flieders; Holunderbeere.
Flie|der|blü|te (die, -, -n) Blüte des Flieders.
Flie|der|busch (der, -s, -bü|sche) Gruppe von Fliedersträuchern.
flie|der|far|ben (Adj.) violett. fliederfarbig.
Flie|ge (die, -, -n) 1. flugfähiges Insekt; 2. Krawatte; Binder.
flie|gen (V., flog, hat/ist geflogen) schweben; reisen; lenken; flattern; geworfen werden. *Beachte:* der Fliegende Holländer (Sagengestalt).
flie|gend (Adj.) 1. in der Luft bewegend; 2. sehr schnell bewegend.
Flie|gen|fän|ger (der, -s, -) Falle für Fluginsekten.
Flie|gen|ge|wicht (das, -s, kein Plural) Gewichtsklasse (Sport). Fliegengewichtler.
Flie|gen|kopf (der, -s/-es, -köp|fe) (fachspr.) umgedrehter Buchstabe.
Flie|gen|pilz (der, -es, e) giftiger Pilz.
Flie|ger (der, s-, -) 1. (ugs.) Flugzeug; 2. Flugzeugführer; Pilot.
Flie|ger|alarm (der, -s, -e) Warnung vor einem Bombenangriff.
Flie|ge|rei (die, -, kein Plural) Luftverkehr.
Flie|ger|horst (der, -s, -e) militärischer Flugplatz.
flie|ge|risch (Adj.) die Fliegerei betreffend.
flie|hen (V., floh, hat/ist geflohen) meiden; davonlaufen..
flie|hend (Adj.) auf der Flucht; zurückweichend. ein fliehendes Pferd; ein fliehendes Kinn.
Flieh|kraft (die, -, kein Plural) Zentrifugalkraft.
Flie|se (die, -, -n) meist aus Stein oder Keramik bestehende Wand- oder Bodenplatte.
flie|sen (V.) einen Raum mit Fliesen ausstatten.
Flie|sen|le|ger (der, -s, -) Handwerker, der Fliesen verlegt.
Fließ|band (das, -s, -bän|der) Montageband.
flie|ßen (V., floss, ist geflossen) rinnen; strömen; laufen. Fließheck.
flie|ßend (Adj.) flüssig; reibungslos; störungsfrei.
Fließ|pa|pier (das, -s, -e) saugfähiges Papier.
Flim|mer|kis|te (die, -, -n) (ugs.) Fernsehgerät.
flim|mern (V.) leuchten; flirren. Flimmer.
flink (Adj.) schnell; geschickt. Flinkheit.
Flint (der, -s/-es, -e) Feuerstein. Flintstein.
Flin|te (die, -, -n) Gewehr.
Flin|ten|ku|gel (die, -, -n) Geschoss.
Flint|glas (das, -es, kein Plural) bleihaltiges Glas.
Flinz (der, -es, -e) Mineral.
Flip (der, -s, -s) (engl.) Cocktail.
Flip|flop (der, -s, -s) (engl.) Kippschaltung. Flipflopschaltung.
Flip|per (der, -s, -) Spielautomat. Verb: flippern.
flip|pig (Adj.) (ugs.) ausgeflippt; verrückt; andersartig.
flir|ren (V.) flimmern.
Flirt (der, -s, -s) (engl.) Liebesbezeigung; Liebelei.
flir|ten (V.) (engl.) jemanden als Liebespartner umwerben; kokette Konversation treiben.
Flitt|chen (das, -s, -) (ugs.) Prostituierte; leichtlebiges Mädchen.
Flit|ter (der, -s, -) unechter Schmuck, Glanz; Tand.
Flit|ter|glanz (der, -es, kein Plural) falscher Glanz.
Flit|ter|gold (das, -es, kein Plural) Rauschgold.
flit|tern (V.) frisch vermählt sein.
Flit|ter|wo|chen (die, -, nur Plural) erste Ehewochen.

Flitˡterˡwöchˡner (die, -, nur Plural) frisch vermähltes Ehepaar.
Flitzˡboˡgen (der, -s, -) (ugs.) Sportgerät zum Bogenschießen.
flitˡzen (V., ist) (ugs.) rennen; sausen.
Flitˡzer (der, -s, -) (ugs.) schnelles Fahrzeug.
floaˡten (V.) Wechselkurse nach Angebot und Nachfrage schwanken lassen.
Floaˡting (das, -s, -s) (engl.) das Floaten; Freigabe der Wechselkurse.
Floˡcke (die, -, -n) Flaum; Stückchen. Haferflocken; Schneeflocken.
floˡckenˡweiˡse (Adj.) in kleinen, weichen Stücken.
floˡckig (Adj.) locker gefügt.
Flockˡseiˡde (die, -, kein Plural) textiles Gewebe.
Floˡckung (die, -, kein Plural) teilweise Verfestigung von organischen Flüssigkeiten (z. B. Milch).
Floh (der, -s, Flöˡhe) blutsaugendes Insekt.
Flohˡmarkt (der, -s, -märkˡte) Trödelmarkt; Antiquitätenmarkt.
Flohˡzirˡkus (*auch:* Flohˡcirˡcus) (der, -, -se) traditionelle Jahrmarktsattraktion.
Floˡkaˡti (der, -s, -s) (neugriech.) langhaariger Teppich.
Floˡmen (*auch:* Flom) (das, -s, kein Plural) Bauchfett vom Schwein.
Flop (der, -s, -) (engl.) Fehlschlag; Reinfall.
Flopˡpy Disk (*auch:* Flopˡpy Disc) (die, -, -s) (engl.) Datenspeicher (EDV).
Flor (der, -s, -e) 1. Blüte; 2. Schmuck; Schleier. Trauerflor; florieren.
Floˡra (die, -, -ren) (lat.) Pflanzenwelt. Florengeschichte.
Florˡband (das, -s, -bänˡder) Dekoration aus leichtem, fast transparentem Gewebe.
Floˡrenˡtiˡner (der, -s, -s) 1. Einwohner von Florenz; 2. flachrundes Mandel-Honig-Gebäck mit Schokoladenüberzug auf einer Seite; 3. breitkrempiger Damenstrohhut.
Floˡresˡzenz (die, -, -en) (lat.) 1. Blütenstand; 2. Blütezeit.
Floˡrett (das, -s, -e) (franz.) Degen. Florettband.
Floˡrettˡfechˡten (das, -s, kein Plural) Kampfsportart.
Floˡrettˡseiˡde (die, kein Plural) Abfall der Naturseide.
floˡrieˡren (V.) (lat.) sich gut entwickeln (bes. von Geschäften); »blühen«.
Floˡriˡleˡgiˡum (das, -s, -giˡen) (lat.) Sammlung schmückender Redewendungen.
Floˡrist (der, -en, -en) Gärtner; Blumenzüchter.
Flosˡkel (die, -, -n) (lat.) leere Redewendung.
flosˡkelˡhaft (Adj.) mit Worthülsen formuliert.
Floß (das, -es, Flöˡße) Wasserfahrzeug ohne eigenen Antrieb.
flößˡbar (Adj.) für eine Floßfahrt geeignet.
Flosˡse (die, -, -n) Steuer- und Fortbewegungsorgan bei Wassertieren. Bauchflosser; Schwimmflosse; großflossig.
flöˡßen (V.) eine Floßfahrt unternehmen.
Flosˡsenˡfüˡßer (der, -s, -) Robbe.
Flöˡßer (der, -s, -) Erbauer und Fahrer eines Floßes.
Floßˡfahrt (die, -, -en) Reise auf einem Floß.
Flöˡte (die, -, -n) Blasinstrument. Flöte spielen, *aber:* beim Flötespielen.
flöˡten (V.) 1. auf der Flöte spielen; 2. säuseln; pfeifen.
flöˡten geˡhen (V., ging flöten, ist flöten gegangen) (ugs.) verloren gehen.
Flöˡtenˡspiel (das, -s, kein Plural) mit der Flöte erzeugte Musik.
Flöˡtist (der, -en, -en) Flötenspieler; Musiker.
flott (Adj.) rasch; flink; chic; leichtlebig. eine Arbeit flott (schnell) machen, *aber:* ein Schiff flottmachen (fahrbereit machen); flottkriegen.
Flotˡte (die, -, -n) Schiffsverband.
Flotˡtenˡabˡkomˡmen (das, -s, -) politische Vereinbarungen über die Stationierung von Einheiten der Kriegsmarine.
flotˡtieˡren (V.) schwimmen; schweben.
Flotˡtilˡle (die, -, -n) (franz.) Verband aus kleineren Schiffen.
Flöz (das, -es, -e) Gesteinsschicht aus abbaufähigen Mineralien.
Fluˡat (das, -s, -e) (Kurzw. für Fluorosilikat) Kieselflusssäureverbindung (z. B. zum Oberflächenschutz im Baugewerbe).
Fluch (der, -s/-es, Flüˡche) Verwünschung; Unheil.
fluchˡbeˡlaˡden (Adj.) verflucht; verwünscht; vom Unheil verfolgt.
fluˡchen (V.) schimpfen; lästern; Verwünschungen ausstoßen.
Flucht 1. (die, -, kein Plural) (Plural: Ausflüchte; Zufluchtsorte) Entfliehen; Ausbruch; Rückzug; 2. (die, -, -en) Reihe; Linie; Perspektive. Zuflucht.
fluchtˡarˡtig (Adj.) schnell; überstürzt.
fluchˡten (V.) an einer Linie ausrichten.
flüchˡten (V.) vor Verfolgung zurückweichen; entkommen.
Fluchtˡgeˡfahr (die, -, kein Plural) (Rechtsw.) Haftgrund.
Fluchtˡgeˡschwinˡdigˡkeit (die, -, -en) 1. die zum Verlassen eines Gravitationsfelds notwendige Mindestgeschwindigkeit; 2. Geschwindigkeit, mit der Galaxien auseinanderdriften.
Fluchtˡhelˡfer (der, -s, -) Helfer bei illegalen Grenzübertritten oder Gefängnisausbrüchen.
flüchˡtig (Adj.) 1. auf der Flucht sein; 2. dampfförmig; 3. nachlässig; 4. kurz.
Flüchˡtigˡkeit (die, -, -en) Nachlässigkeit; Ungenauigkeit.
Flüchˡtigˡkeitsˡfehˡler (der, -s, -) Fehlleistung aus Unachtsamkeit.
Flüchtˡling (der, -s, -e) Vertriebener; Verfolgter.
Flüchtˡlingsˡlaˡger (das, -s, -) Notaufnahmestation für Vertriebene.
Fluchtˡliˡnie (die, -, -n) Parallele in perspektivischer Darstellung.
Fluchtˡpunkt (der, -s, -e) Schnittpunkt von Fluchtlinien.
Fluchtˡverˡsuch (der, -s, -e) gescheitertes Entkommen.
Fluchtˡweg (der, -s, -e) Notausgang.
Flug (der, -s/-es, Flüˡge) Fliegen; Luftfahrt.
Flugˡabˡwehr (die, -, kein Plural) Maßnahmen zum Schutz gegen Luftangriffe.
Flugˡbahn (die, -, -en) ballistische Kurve.
Flugˡball (der, -s, kein Plural) Mannschaftssportart.
flugˡbeˡreit (Adj.) startklar.
Flugˡblatt (das, -s, -blätˡter) Handzettel.
Flugˡboot (das, -s, -e) schwimmfähiges Flugzeug.
Flüˡgel (der, -s, -) 1. Schwingen; Tragwerk. Geflügel; zweiflügelig; 2. Anbau; seitlicher Teil; 3. Klavier. Flügelschlag; einflügelig; flügelschlagend.

Flü|gel|al|tar (der, -s, -al|tä|re) aufklappbare Altartafeln.
flü|gel|lahm (Adj.) kraftlos; in der Bewegung behindert.
Flü|gel|mann (der, -s, män|ner/-leu|te) auf einer Außenseite des Spielfelds positionierter Mannschaftssportler.
Flü|gel|stür|mer (der, -s, -) von den Seiten angreifender Fußballspieler.
Flü|gel|tür (die, -, -en) mehrteilige Tür.
Flug|gast (der, -s, -gäs|te) Flugreisender; Passagier.
flüg|ge (Adj.) 1. flugfähig; 2. selbstständig; erwachsen.
Flug|ha|fen (der, -s, -hä|fen) größerer Start- und Landeplatz.
Flug|ka|pi|tän (der, -s, -e) Flugzeugführer; Pilot.
Flug|lot|se (der, -n, -n) Flugsicherungsbeamter.
flugs (Adv.) schnell; geschwind.
Flug|sand (der, -s, kein Plural) vom Wind transportierter Sand.
Flug|si|che|rung (die, -, kein Plural) Gesamtheit aller Maßnahmen für die Sicherheit im Luftverkehr.
Flug|ver|kehr (der, -s, kein Plural) zivile und militärische Nutzung des Luftraums.
Flug|zeug (das, -s, -e) Luftfahrzeug. Flugzeugabsturz.
Flug|zeug|bau (der, -s, kein Plural) Herstellung von Luftfahrzeugen.
Flug|zeug|trä|ger (der, -s, -) Kriegsschiff mit Start- und Landemöglichkeit.
Flu|id (das, -s, -a) (lat.) (fachspr.) Flüssigkeit; flüssige Substanz.
flu|id (Adj.) (lat.) flüssig; fließend.
Flu|i|dum (das, -s, -da) (lat.) 1. Flüssigkeit; 2. Wirkung; persönliche Ausstrahlung; besonderer Charme.
Fluk|tu|a|ti|on (die, -, -ti|o|nen) (lat.) Schwankung. Verb: fluktuieren.
Flun|der (die, -, -n) Fisch.
flun|kern (V.) lügen. Flunkerei.
Flu|or (das, -s, kein Plural) (lat.) chemischer Stoff (Abk.: F).
flu|o|res|zie|ren (V.) leuchten. Fluoreszenz.
Flu|o|rid (das, -s, -e) (nlat.) Flusssäuresalz.
Flu|o|rit (der, -s, -e) (nlat.) Flussspat.
Flur 1. (der, -s, -e) Hausgang; 2. (die, -, -en) Feld; Wiese.
Flur|be|rei|ni|gung (die, -, -en) Neuordnung landwirtschaftlicher Nutzflächen.
Flur|scha|den (der, -s, -schä|den) Beschädigung von land- oder forstwirtschaftlicher Nutzfläche.
Flu|se (die, -, -n) Fussel.
Fluss (der, Flus|ses, Flüs|se) Strom; Fließen; fließendes Gewässer. Abfluss. flussabwärts; flussaufwärts;
Fluss|arm (der, -s, -e) Verzweigung im Flusslauf.
Fluss|bett (das, -s, -e) Flusslauf.
flüs|sig (Adj.) wässrig; geschmolzen; fließend. Flüssigkeit; Mittel/Geld flüssig machen (bereitstellen); Wachs flüssig machen (schmelzen).
Flüs|sig|gas (das, -es, -e) unter Druck verflüssigtes Gas.
Flüs|sig|kris|tall (das, -s, -e) Flüssigkeit mit chemischen Eigenschaften von Kristallen.
Fluss|mün|dung (die, -, -en) Übergang eines Flusses in ein anderes Gewässer.
Fluss|pferd (das, -s, -e) amphibisch lebendes Säugetier; Nilpferd.
Fluss|schiff|fahrt (*auch:* Fluss-Schiff|fahrt).
Fluss|ufer (das, -s, -) seitliche Begrenzung des Flusslaufs.
flüs|tern (V.) leise sprechen. Das kann ich dir flüstern! (ugs.) (Darauf kannst du dich verlassen.). Flüsterer.
Flüs|ter|pro|pa|gan|da (die, -, kein Plural) von Mund zu Mund weitergereichte Information; Gerücht.
Flüs|ter|tü|te (die, -, -n) (ugs.) Megafon.
Flut (die, -, -en) Ansteigen des Wassers; große Menge.
flu|ten (V.) unter Wasser setzen.
Flut|ka|ta|s|t|ro|phe (die, -, -n) schwere Überschwemmung.
Flut|licht (das, -s, kein Plural) Beleuchtung für Sportanlagen.
Flut|wel|le (die, -, -n) große Meereswelle.
Fly|er (der, -s, -) (engl.) 1. Prospektblatt unter fünf Gramm, das Postsendungen beigelegt wird; 2. Flügelspinnmaschine; 3. Arbeiter an einer solchen Spinnmaschine.
Fly|ing Dutch|man (der, - -, - -men) (engl.) Sportsegelboot.
fm (Abk.) **F**est**m**eter.
f-Moll (das, -, kein Plural) Tonart. f-Moll-Tonleiter.
fob (Abk.) **f**ree **o**n **b**oard (**f**rei **a**n **B**ord); fob Bremen.
Fock (die, -, Fo|cken) Vorsegel. Fockmast; Focksegel.
fö|de|ral (*auch:* fö|de|ra|tiv) (Adj.) (lat.) bundesmäßig.
Fö|de|ra|lis|mus (der, -, kein Plural) (lat.) Bestrebung, einen Bundesstaat aus Einzelstaaten zu bilden und zu erhalten.
Fö|de|ra|list (der, -en, -en) (lat.) Anhänger des Föderalismus.
fö|de|ra|lis|tisch (Adj.) (lat.) den Föderalismus betreffend.
Fö|de|ra|ti|on (die, -, -ti|o|nen) (lat.) 1. Bündnis von autonomen Staaten; 2. Staatenbund.
fö|de|ra|tiv (auch: fö|de|ral) (Adj.) bundesmäßig.
Fö|de|ra|tiv|staat (der, -s, -en) Bundesstaat. z. B. die USA, Deutschland.
Fö|de|rier|te (der, -n, -n) Verbündete.
foh|len (V.) ein Pferd zur Welt bringen.
Foh|len (*auch:* Fül|len) (das, -s, -) junges Pferd.
Föhn (der, -s, -e) 1. warmer Alpenwind. 2. Haartrockner. Föhnwind; föhnig. das Haar föhnen.
Föhn|krank|heit (die, -, -en) durch warme Fallwinde bedingtes Unwohlsein.
Föh|re (die, -, -n) Kiefer; Nadelbaum. Föhrenwald.
föh|ren (Adj.) aus Föhrenholz.
fo|kal (Adj.) (lat.) 1. den Brennpunkt betreffend; 2. einen Infektionsherd betreffend.
Fo|kal|in|fek|ti|on (die, -, -en) (lat.) bakteriell verursachte Krankheit.
Fo|kus (der, -, -se) (lat.) 1. Brennpunkt; 2. Bakterienherd.
fo|kus|sie|ren (V.) 1. ein optisches Gerät ausrichten; 2. in den Mittelpunkt des Interesses rücken.
Fol|der (der, -s, -) (engl.) Faltprospekt; Broschüre.
Fol|ge (die, -, -n) Wirkung; Serie; Reihe. Folgeerscheinung; Folgekosten; Folgenschwere; folgenreich; folgenschwer; folglich; infolge; zufolge; demzufolge; *aber:* Folge leisten; zur Folge haben; in der Folge von; nicht ohne Folgen bleiben.

fol|gen (V.) 1. nachkommen; sich anschließen; 2. ablösen; übernehmen; 3. hervorgehen; 4. gehorchen; 5. nacheifern; 6. zustimmen.

fol|gend (Adj.) nachkommend. das/alles Folgende (dieses); im Folgenden (weiter unten im Text); Folgendes (dieses); das Folgende (dieses; das, was anschließend geschah); der Folgende (der, der jemandem hinterhergeht). Adverbien: folgendermaßen; folgendergestalt.

Fol|ge|rich|tig|keit (die, -, -en) Stimmigkeit; Konsequenz. folgerichtig.

fol|gern (V.) ableiten; resümieren; schließen.

Fol|ge|rung (die, -, -en) Ableitung; Resümee.

Fol|ge|wid|rig|keit (die, -, -en) Inkonsequenz; Unstimmigkeit. folgewidrig.

Folg|sam|keit (die, -, -en) Fügsamkeit; Gehorsam. folgsam.

Fo|li|ant (der, -en, -en) (lat.) großformatiges (altes) Buch.

Fo|lie (die, -, -n) dünne Metall- oder Plastikhaut. Verb: foliieren.

Fo|lio (das, -s, -li|en) Buchformat (Abk.: Fol.) Folioblatt; Folioformat; in Folio.

Folk (der, -s, kein Plural) (engl.) volkstümliche Musik.

Fol|k|lo|re (die, -, kein Plural) Volkskunde; Brauchtum; Volksmusik.

Fol|k|lo|rist (der, -en, -en) Kenner des Brauchtums.

Fol|k|lo|ris|tik (die, -, kein Plural) Gesamtheit volkstümlichen Brauchtums. folkloristisch.

Folk|song (der, -s, -s) (engl.) volkstümliches Lied.

Fol|li|kel (der, -s, -) (lat.) Eizellenhülle; Lymphbläschen.

Fol|li|kel|sprung (der, -s, sprün|ge) Eisprung; Ovulation.

fol|li|ku|lar (*auch:* fol|li|ku|lär) (Adj.) (lat.) den Follikel betreffend.

Fol|säu|re (die, -, kein Plural) Bestandteil des Vitamins B.

Fol|ter (die, -, -n) Misshandlung; Marter; Qual.

Fol|ter|bank (die, -, -bän|ke) Streckbank.

Fol|ter|kam|mer (die, -, -n) Raum für Verhöre durch Folterung.

Fol|te|rung (die, -, -en) Zufügung von körperlichen u. seelischen Schmerzen zur Erpressung einer Aussage. foltern.

Fon → Phon.

Fond (der, -s, -s) (franz.) 1. Hintergrund (Malerei); 2. Autorücksitz; 3. Fleischsaft. Bildfond; Soßenfond; Wagenfond.

Fon|dant (der, -s, -s) (franz.) weiche Zuckermasse.

Fonds (der, -, -) (franz.) 1. Geldmittel; 2. Anleihe; 3. Geldfonds; Spendenfonds.

Fon|due (das, -s, -s) (franz.) Käse- oder Fleischgericht. Fondueteller; Fondubesteck.

Fo|nem → Phonem.

Fo|netik → Phonetik.

fo|nisch → phonisch.

Fo|no|dik|tat → Phonodiktat.

fo|no|gra|fisch → phonografisch.

Fo|no|gramm → Phonogramm.

Fo|no|kof|fer → Phonokoffer.

Fo|no|lo|gie → Phonologie.

Fo|no|me|ter → Phonometer.

Fo|no|thek → Phonothek.

Fo|no|ty|pis|tin → Phonotypistin.

Fon|tä|ne (die, -, -n) (franz.) Springbrunnen.

Fon|ta|nel|le (die, -, -n) (ital.) Stelle am Oberkopf eines Säuglings, an der die Schädelknochen noch nicht zusammengewachsen sind.

Foot (der, -, Feet) (engl.) Längenmaß.

Foot|ball (der, -, kein Plural) (engl.) amerikanisches Ballspiel.

fop|pen (V.) necken. Fopperei.

Force de Frappe (die, - - -, kein Plural) französische Atomstreitmacht.

for|cie|ren (V.) (franz.) vorantreiben; beschleunigen; erzwingen. Forcierung; forciert.

För|de (die, -, -n) Meeresbucht.

För|der|an|la|ge (die, -, -n) technische Vorrichtung zur Gewinnung von Bodenschätzen.

För|der|band (das, -s, -bän|der) Transportband.

För|de|rer (der, -s, -) Gönner; Helfer; Mäzen; Förderkreis.

För|der|kreis (der, -es, -e) Gruppe oder Verein von Gönnern.

För|der|kurs (der, -es, -e) Nachhilfeunterricht.

för|der|lich (Adj.) hilfreich; nützlich; unterstützend.

for|dern (V.) 1. verlangen; brauchen; beanspruchen; 2. herausfordern.

för|dern (V.) 1. unterstützen; begünstigen; hervorbringen; 2. abbauen (Bergbau). Der Lehrer fördert die Talente seiner Schüler. Die Bergarbeiter fördern Kohle.

För|der|preis (der, -es, -e) Auszeichnung für junge Talente.

För|der|stu|fe (die, -, -n) Schulform zum Übertritt ins Gymnasium.

För|der|turm (der, -s, -tür|me) Teil einer Förderanlage.

For|de|rung (die, -, -en) 1. Anspruch; Verlangen; Begehrlichkeit; 2. Rechnung.

För|de|rung (die, -, -en) 1. Hilfestellung; Unterstützung; Protektion; 2. Abbau von Bodenschätzen. Förderungsmaßnahme.

Fore|che|cking (das, -s, -s) (engl.) aggressive Verteidigung (Eishockey).

Fo|rel|le (die, -, -n) Fisch. Forelle blau.

Fo|rel|len|zucht (die, -, -en) Teichanlage zur Aufzucht und Pflege von Forellen.

fo|ren|sisch (Adj.) gerichtlich.

Fo|rint (der, -/-s, -s) (ital.-ungar.) ungarische Währungseinheit.

For|ke (die, -, -n) (nordd.) Heugabel.

Form (die, -, -en) Gestalt; Zustand; Möglichkeit. Er war gut in Form; in Form von Tabletten; pro forma (vorgeblich). Formen annehmen (über das gewöhnliche Maß hinausgehen).

for|mal (Adj.) der Form nach, auf die Form bezüglich.

Form|al|de|hyd (der, -s, kein Plural) gesundheitsschädliches Gas; Bindemittel.

For|ma|lie (*auch:* For|ma|li|tät) (die, -, -n) Förmlichkeit; Verhaltensnorm. Adverb: formaliter.

For|ma|lin (das, -s, kein Plural) wässrige Lösung des Formaldehyds.

for|ma|li|sie|ren (V.) (franz.) in Form bringen; darstellen.

For|ma|lis|mus (der, -ses, -men) (lat.) übertriebene Rücksicht auf das Formale. formalistisch.

For|ma|list (der, -en, -en) Person, die das Formale überbetont.

for|mal|recht|lich (Adj.) streng juristisch.

Form|an|stieg (der, -s, -e) Verbesserung der körperlichen Leistungsfähigkeit.

For|mat (das, -s/-es, -e) (lat.) 1. Norm; Größe; Maß; 2. Persönlichkeit. Sie war eine Frau von Format.

For|ma|tie|rung (die, -, -en) (EDV) Aufteilung eines Datenträgers.
For|ma|ti|on (die, -, -ti|o|nen) (lat.) Aufstellung; Gliederung; Abfolge; 1. einheitlich gegliederte Gruppe; 2. organisatorische Einheit einer militärischen Truppe; 3. einheitlicher Gesteinskomplex (Geol.); 4. charakteristischer Vegetationsteil (Bot.). Formationstanz; Formationsflug.
Form|bar|keit (die, -, kein Plural) Flexibilität; Weichheit. formbar.
Form|be|stän|dig|keit (die, -, kein Plural) Stabilität; Widerstandskraft. formbeständig.
Form|blatt (das, -s, -blät|ter) Formular.
For|mel (die, -, -n) (lat.) 1. Redensart; 2. mathematischer Satz. Formel-1-Wagen.
For|mel|haf|tig|keit (die, -, -en) Rückgriff auf immer gleiche Wendungen. formelhaft.
for|mell (Adj.) offiziell; förmlich.
for|men (V.) gestalten; bilden; in Form bringen.
For|men|leh|re (die, -, kein Plural) Lehre von den Erscheinungs- und Gestaltungsformen in Sprache, Musik und Biologie.
For|men|reich|tum (der, -s, kein Plural) Vielfalt; Vielgestaltigkeit. formenreich.
For|me|rei (die, -, -en) Werkstatt zur Herstellung von Gussformen.
Form|feh|ler (der, -s, -) Inkorrektheit; Versäumnis.
Form|ge|bung (die, -, kein Plural) Gestaltung; Design.
form|ge|wandt (Adj.) höflich; taktvoll; stilsicher.
for|mi|da|bel (Adj.) (franz.) großartig; ausgezeichnet.
for|mie|ren (V.) formen; gestalten.
For|mie|rung (V.) Ausrichtung; Bildung; Zusammenstellung. formieren.
förm|lich (Adj.) formell; steif; geradezu.
Förm|lich|keit (die, -, -en) Etikette; Zeremoniell. förmlich.
Form|lo|sig|keit (die, -, -en) 1. Gestaltlosigkeit; Unstrukturiertheit; 2. Zwanglosigkeit. formlos.
Form|sa|che (die, -, -n) Formalie.
Form|schön|heit (die, -, kein Plural) angenehmes Äußeres; schöne Gestaltung.
For|mu|lar (das, -s, -e) (lat.) Formblatt; Vordruck. Formularblock.
for|mu|lie|ren (V.) ausarbeiten; sprachlich ausdrücken. Formulierung.
For|mung (die, -, -en) Bildung; Gestaltung.
Form|voll|en|dung (die, -, kein Plural) Perfektion in der äußeren Gestaltung.
forsch (Adj.) (lat.) energisch; resolut. nassforsch.
for|schen (V.) erkunden; untersuchen; erforschen. forscherisch.
For|scher (der, -s, -) Wissenschaftler; Entdecker.
For|scher|geist (der, -s, kein Plural) wissenschaftliche Neugier.
For|schung (die, -, -en) wissenschaftliche Erarbeitung neuer Erkenntnisse. Forschungsauftrag; Forschungsmethode; Forschungsreise; Forschungsschiff.
Forst (der, -s/-es, -e/-en) Wald.
Forst|amt (das, -s/-es, -äm|ter) staatliche Verwaltung der Waldbestände.
Förs|ter (der, -s, -) für die Hege und Pflege des Waldes zuständiger Beamter.
Förs|te|rei (die, -, -en) Amtssitz des Försters.
Forst|haus (das, -es, -häu|ser) Försterei.
forst|lich (Adj.) den Wald betreffend.
Forst|rat (der, -s/-es, -rä|te) Forstamtsleiter.
Forst|re|vier (das, -, -s, -e) Forstamtsbezirk.
Forst|ver|wal|tung (die, -, -en) Naturschutzbehörde.
Forst|wirt|schaft (die, -, kein Plural) Erhaltung und Nutzbarmachung des Waldes. Forstwirt; forstwirtschaftlich.
Forst|wis|sen|schaft (die, -, kein Plural) Lehre von Ökologie und Ökonomie des Waldes.
For|sy|thie (die, -, -n) Zierstrauch.
fort (Adv.) weg; weiter. und so fort (Abk.: usf.); in einem fort. *Aber:* immerfort; fortab; fortan; forthin; fortwährend; fortdauernd. *Beachte:* immer Zusammenschreibung in Verbverbindungen! fortfahren; fortfliegen; fortjagen; forttragen.
Fort (das, -s, -s) (franz.) befestigte Anlage; Festungswerk.
fort|be|ste|hen (V., bestand fort, hat fortbestanden) andauern. Fortbestand.
fort|be|we|gen (V., bewegte fort, hat fortbewegt) wegbringen; vorankommen. Fortbewegung.
fort|bil|den (V.) weiterbilden. Fortbildung; Fortbildungsseminar.
fort|blei|ben (V., blieb fort, ist fortgeblieben) wegbleiben.
fort|brin|gen (brachte fort, hat fortgebracht) wegbringen; sich durchschlagen.
fort|dau|ern (V.) andauern. Fortdauer; fortdauernd.
for|te (ital.) stark; laut (Musik; Abk.: f).
fort|ent|wi|ckeln (V.) weiterentwickeln. Fortentwicklung.
For|te|pi|a|no (das, -s, -s) (franz.) 1. (nur Plural) starkes Einsetzen und sofort darauf folgende leise Tonstücke; 2. Klavier (veraltet).
fort|fah|ren (V., fuhr fort, ist fortgefahren) 1. wegfahren; 2. weitermachen. Er fährt fort, um einen Vortrag zu halten. Nach der Pause fährt er mit dem Vortrag fort.
fort|flie|gen (V., flog fort, ist fortgeflogen) wegfliegen.
fort|füh|ren (V.) 1. wegführen; 2. fortsetzen. Fortführung.
Fort|gang (der, -s, kein Plural) Andauer; Fortsetzung.
fort|ge|hen (V., ging fort, ist fortgegangen) 1. weggehen; 2. andauern.
fort|ge|schrit|ten (Adj.) höher entwickelt; in die Zukunft weisend.
Fort|ge|schrit|te|ner (der, -schrit|te|nen, |-schrit|te|nen) jmd., der auf einer Grundausbildung aufbaut.
for|tis|si|mo (Adv.) (ital.) sehr laut, stark (bei Musikstücken).
fort|ja|gen (V.) wegtreiben; wegrennen.
fort|kom|men (V., kam fort, ist fortgekommen) vorwärtskommen; wegkommen. Fortkommen.
fort|kön|nen (V., konnte fort, hat fortgekonnt) weggehen können.
fort|lau|fen (V., lief fort, ist fortgelaufen) weglaufen.
fort|lau|fend (Adj.) aufeinanderfolgend. fortlaufend nummeriert.
fort|le|ben (V.) weiterleben.
fort|ma|chen (V.) (ugs.) weitermachen; verschwinden.
fort|müs|sen (V., musste fort, hat fortgemusst) weggehen müssen.
fort|pflan|zen (V.) sich vermehren.

Fortˈpflanˈzung (die, -, kein Plural) biologische Vermehrung.
Fortˈpflanˈzungsˈorˈgan (das, -s, -e) Geschlechtsteil.
FORTRAN (das, -s, kein Plural) (engl.) (Kurzw.: **For**mula **Tran**slator) Programmiersprache (EDV).
fortˈreiˈßen (V., riss fort, hat fortgerissen) wegreißen; mitreißen.
fortˈrenˈnen (V., rannte fort, ist fortgerannt) weglaufen.
Fortˈsatz (der, -es, -sätˈze) Verlängerung. Knochenfortsatz; Wurmfortsatz.
fortˈschafˈfen (V.) entfernen.
fortˈscheˈren (V., refl.) verschwinden.
fortˈschiˈcken (V.) wegschicken.
fortˈschreiˈben (V.) fortlaufend ergänzen; den Grundstückeinheitswert neu feststellen.
fortˈschreiˈten (V., schritt fort, ist fortgeschritten) weitergehen; weiterentwickeln. Fortschritte machen. fortschreitend.
Fortˈschritt (der, -s, -e) Weiterentwicklung; Höherentwicklung. Fortschrittlichkeit; fortschrittlich.
Fortˈschrittˈler (der, -s, -) Reformer; Fortschrittsgläubiger.
Fortˈschrittsˈfeindˈlichˈkeit (die, -, kein Plural) Skepsis gegenüber den künftigen Entwicklungen. fortschrittsfeindlich.
Fortˈschrittsˈglauˈbe (der, -s, kein Plural) festes Vertrauen in künftige Entwicklungen. fortschrittsgläubig.
fortˈsetˈzen (V.) fortfahren; weitergehen.
Fortˈsetˈzung (die, -, -en) Anknüpfung; Weiterführung.
Fortˈsetˈzungsˈroˈman (der, -s, -e) Veröffentlichung eines Romans in aufeinanderfolgenden Teilen.
fortˈstehˈlen (V., refl., stahl fort, hat fortgestohlen) sich wegschleichen.
fortˈtraˈgen (V., trug fort, hat fortgetragen) wegbringen.
Forˈtuˈna (die, -, kein Plural) (lat.) Glücksgöttin; Schicksal.
Forˈtüˈne (*auch:* Forˈtune) (die, -, kein Plural) (franz.) Glück; Erfolg.
fortˈwähˈren (V.) andauern. Adjektiv: fortwährend.
fortˈwerˈfen (V., warf fort, hat fortgeworfen) wegwerfen.
fortˈzieˈhen (V., zog fort, hat/ist fortgezogen) wegziehen; umziehen.
Foˈrum (das, -s, -ren/-ra) (lat.) 1. altrömischer Marktplatz; Gerichtsort; 2. Öffentlichkeit; öffentliche Diskussion. Forumsdiskussion.
Fosˈbuˈryˈflop (*auch:* Fosˈbuˈry-Flop) (der, -s, -s) (engl.) Hochsprungtechnik.
Fosˈsil (das, -s, -iˈen) (lat.) Versteinerung urzeitlicher Pflanzen und Tiere. Adjektiv: fossil.
föˈtal (*auch:* feˈtal) (Adj.) → Fetus.
foˈto.../Foˈto... (*auch:* phoˈto.../ Phoˈto...) (griech.) licht.../Licht...
Foˈto (das, -s, -s) (griech.) (Kurzw.:) Fotografie (*auch:* Photographie).
Foˈtoˈalˈbum (das, -s, -alˈben) Bildersammlung, Album mit Fotos.
Foˈtoˈapˈpaˈrat (der, -s, -e) Kamera.
Foˈtoˈaˈteˈlier (das, -s, -s) Fotostudio.
Foˈtoˈcheˈmie (*auch:* Phoˈtoˈcheˈmie) (die, -, -n) (griech.) Lehre der Lichtwirkung. Adjektiv: fotochemisch (*auch:* photochemisch).
Foˈtoˈelekˈtriˈziˈtät (*auch:* Phoˈtoˈelekˈtriˈziˈtät) (die, -, -en) (griech.) durch Licht erzeugte Elektrizität. Fotoelektron (*auch:* Photoelektron); fotoelektronisch (*auch:* photoelektronisch).
Foˈtoˈfiˈnish (engl.) Zieleinlauf, bei dem der Sieger durch Zielfoto ermittelt wird.
foˈtoˈgen (*auch:* phoˈtoˈgen) zum Fotografieren oder Filmen geeignet; bildwirksam.
Foˈtoˈgraf (*auch:* Phoˈtoˈgraph) (der, -en, -en) Hersteller von Fotografien; Lichtbildner.
Foˈtoˈgraˈfie (*auch:* Phoˈtoˈgraˈphie) Lichtbild; Foto.
foˈtoˈgraˈfisch (*auch:* phoˈtoˈgraˈphisch) (Adj.) 1. die Fotografie betreffend; 2. naturalistisch; präzise; genau. Er hat ein fotografisches Gedächtnis.
Foˈtoˈgramm (*auch:* Phoˈtoˈgramm) (das, -s, -e) (griech.) Messbild.
Foˈtoˈkoˈpie (die, -, -n) Ablichtung; Lichtbildabzug von Dokumenten, Schriften usw. Verb: fotokopieren.
Foˈtoˈliˈthoˈgraˈfie (auch: Phoˈtoˈliˈthoˈgraˈphie) (die, -, kein Plural) Verfahren zur Herstellung von Druckformen für den Flachdruck.
Foˈtoˈmeˈter (*auch:* Phoˈtoˈmeˈter) (das, -s, -) Lichtmessgerät.
foˈtoˈmeˈtrisch (*auch:* phoˈtoˈmeˈtrisch) (Adj.) die Lichtmessung betreffend.
Foˈtoˈmoˈdell (das, -s, -e) jmd., der für Fotoaufnahmen Modell steht. Mannequin.
Foˈtoˈmonˈtaˈge (die, -, -n) (griech.-franz.) Zusammensetzung von Teilen verschiedener Fotografien zu einem neuen Bild.
Foˈton (*auch:* Phoˈton) (das, -s, -en) (griech.) Lichtquant.
Foˈtoˈreˈporˈter (der, -s, -) Bildjournalist.
Foˈtoˈsatz (*auch:* Phoˈtoˈsatz) (der, -es, kein Plural) Lichtsatz.
Foˈtoˈsynˈtheˈse (*auch:* Phoˈtoˈsynˈtheˈse) (die, -, -n) (griech.) Energieumwandlung durch Lichteinwirkung (Pflanze).
Foˈtoˈvolˈtaˈik (*auch:* Phoˈtoˈvolˈtaˈik) (die, -, kein Plural) direkte Energiegewinnung aus Licht durch Solarzellen.
foul (Adj.) (engl.) unfair; regelwidrig (Sport).
Foul (das, -s, -s) (engl.) Regelwidrigkeit; Tätlichkeit. Foulspiel; foulen.
Fouˈlard (der, -s, -s) (franz.) leichtes (Kunst-) Seidengewebe, farbig gemusterter Seidenstoff (für Krawatten).
Fouˈlé (der, -(s), -s) (franz.) ein weicher Anzugstoff.
Fourˈgon (der, -s, -s) (schweiz.-franz.) Militärlastwagen.
Fox (der, -es, -e) (Kurzw.) 1. Foxterrier; 2. Foxtrott.
Foxˈterˈriˈer (der, -s, -) (engl.) Hunderasse.
Foxˈtrott (der, -s, -s/-e) (engl.-amerik.) ein Gesellschaftstanz.
Foˈyer (das, -s, -s) (franz.) Wandelhalle; Vorraum.
fr. (Abk.) **fr**ei.
Fr. (Abk.) 1. **Fr**au; 2. chemisches Element **Fr**ancium.
Fra (ohne Art.) (ital.) Mönch; Bruder (Anrede in Verbindung mit einem Vornamen).
Fracht (die, -, -en) Ladung; Ware. Frachtstück; frachtfrei; frachten.
Frachtˈbrief (der, -s, -e) Transportdokument.
Frachˈter (der, s-, -) Schiff zum Gütertransport. Frachtschiff.
Frachtˈraum (der, -s, -räuˈme) Laderaum.
Frachtˈverˈkehr (der, -s, kein Plural) Gütertransport; Warentransfer.

Frack (der, -s, -s/Fräᴵcke) (engl.) knielange Anzugjacke.
Frackᴵhemd (das, -s, -en) zum Frack passendes Hemd.
Fraᴵge (die, -, -n) 1. Erkundigung; Anfrage; 2. Problem; Themenstellung. das kommt überhaupt nicht infrage/in Frage, dass du dies infrage/in Frage stellst. Das steht außer Frage.
Fraᴵgeᴵboᴵgen (der, -s, -böᴵgen) Auskunftsformular.
Fraᴵgeᴵfürᴵwort (das, -(e)s, -wörᴵter) Interrogativpronomen.
fraᴵgen (V.) 1. sich erkundigen; eine Frage stellen; 2. konsultieren; um Rat bitten; 3. bitten; 4. (refl.) nachdenken; überlegen.
Fraᴵgenᴵkaᴵtaᴵlog (der, -s, -e) umfangreiche Befragung.

> ## Fragezeichen
>
> 1. Nach einem direkten (unabhängigen) Fragesatz. Wann kommst du? Wie groß ist ihre neue Wohnung?
>   Nach einem zitierten Fragesatz steht ein Komma! »Wieso bist du so wütend?«, wollte er wissen.
>   *Aber:* kein Fragezeichen nach indirekten (abhängigen) Fragesätzen. Er erkundigte sich, wann das Konzert stattfinden solle.
>   *Außerdem:* kein Fragezeichen bei Sätzen, die der Verbstellung nach Fragecharakter haben, aber als Ausruf gebraucht werden. Kommst du endlich! Reicht es dir jetzt!
> 2. Nach Einwortfragen (auch im Satzzusammenhang). Woher? Womit? Zufrieden? Tatsächlich? Auf die Frage »Warum?« gab ich ihm keine Antwort.
> 3. Ein eingeklammertes Fragezeichen nach einem Wort kennzeichnet einen Zweifel an der Angabe. Die sehenswertesten (?) Filme werden alljährlich in Cannes vorgestellt. (→ Ausrufezeichen)

Fraᴵger (der, -s, -) Fragender; Fragesteller.
Fraᴵgeᴵrei (die, -, -en) (ugs.) unnötige Fragen.
Fraᴵgeᴵsatz (der, -es, sätᴵze) (gramm.) Interrogativsatz.
Fraᴵgeᴵstelᴵlung (die, -, -en) Thema.
Fraᴵgeᴵstunᴵde (die, -, -n) parlamentarische Debatte.
Fraᴵge-und-Antᴵwort-Spiel (das, -s, -e) Quiz; Verhör.
Fraᴵgeᴵzeiᴵchen → Regelkasten.
fraᴵgil (Adj.) (lat.) zerbrechlich. Fragilität.
fragᴵlich (Adj.) 1. betreffend; in Frage kommend; 2. ungewiss.
Fragᴵloᴵsigᴵkeit (die, -, -en) Gewissheit; Unzweifelhaftigkeit. fraglos.
Fragᴵment (das, -s, -e) (lat.) Bruchstück; unvollendetes Werk.
fragᴵmenᴵtaᴵrisch (Adj.) teilweise; bruchstückhaft.
Fragᴵwürᴵdigᴵkeit (die, -, -en) Zweifelhaftigkeit; Anfechtbarkeit. fragwürdig.
frais (*auch:* fraiᴵse) (Adj.) (franz.) erdbeerfarben. *Wichtig:* nicht beugbar! Sie trug ein frais(e) Kleid.
Frakᴵtiᴵon (die, -, -tiᴵoᴵnen) (lat.) 1. parlamentarischer Zusammenschluss; Gruppe von Vertretern einer Partei im Parlament; 2. Teil; Trennung gemischter Flüssigkeiten; Destilat (Chemie).
frakᴵtiᴵoᴵnieᴵren (V.) flüssige Gemische durch Verdampfung trennen.
Frakᴵtiᴵonsᴵausᴵschuss (der, -es, -schüsᴵse) Fachkommission.
Frakᴵtiᴵonsᴵführᴵrer (der, -s, -) parlamentarischer Sprecher.
Frakᴵtiᴵonsᴵzwang (der, -s, kein Plural) Verpflichtung zu gemeinsamem Abstimmungsverhalten.
Frakᴵtur (die, -, -en) (lat.) 1. Knochenbruch (Med.); 2. Schrifttyp; gebrochene Druckschrift. Fraktursatz.
Frame (des, -n, -n) (engl.) Rahmen, Träger der Eisenbahnfahrzeuge.
Franc (der, -/-s, -s) eine Währungseinheit (früher u. a. in Frankreich, Belgien).
Franᴵchiᴵse (die, -, kein Plural) (franz.) 1. Tragen von Bagatellschäden durch den Versicherten, ohne die Versicherung zu beanspruchen; 2. Vertrieb aufgrund von Lizenzverträgen (Wirtsch.).
Franᴵchiᴵsing (das, -s, kein Plural) (engl.) Lizensierung von selbstständigen Einzelbetrieben.
frank (Adj.) frei; offen. frank und frei.
Franᴵkaᴵtur (die, -, -en) (ital.) Vorauszahlung von Transportkosten; das Freimachen von Postsendungen, Porto.
Frankᴵfurᴵter (der, -s, -) 1. Bewohner Frankfurts; 2. (nur Plural) Würstchen.
franᴵkieᴵren (V.) (ital.) mit Briefmarken versehen; freimachen; bezahlen.
Franᴵkierᴵmaᴵschiᴵne (die, -, -n) Gerät zum Stempeln von Briefmarken.
franᴵko (Adj.) (ital.) portofrei; gebührenfrei; Transportkosten werden vom Absender bezahlt. *Beachte:* nicht beugbar!
franᴵkoᴵfon (*auch:* franᴵkoᴵphon) (Adj.) französischsprachig. Frankofonie (*auch:* Frankophonie).
franᴵkoᴵphil (Adj.) franzosenfreundlich.
Frankᴵreich (das, -s, kein Plural) Staat in Westeuropa.
Franᴵse (die, -, -n) Faden; Besatz.
franᴵsen (V.) fransig werden. Der Stoff hat gefranst.
franᴵsig (Adj.) faserig; zottelig.
Franzᴵbranntᴵwein (der, -s, kein Plural) geringwertiger Weinbrand mit Zusätzen als Einreibemittel insb. gegen Rheumatismus.
franᴵzöᴵsisch (Adj.) auf/in Französisch; sie hielt die Rede in Französisch. Sie spricht Französisch, Englisch und Deutsch. Er spricht ein schlechtes Französisch. aus dem Französischen übersetzt; die französische Regierung; *aber:* die Französische Revolution. Franzose; Französin; Frankreich; Französisch (Sprache); französieren; französisieren.
frapᴵpant (*auch:* frapᴵpieᴵrend) (Adj.) (franz.) auffallend; überraschend. Verb: frappieren.
Frapᴵpé (*auch:* Frapᴵpee) (der/das, -s, -s) 1. Stoff mit eingepresstem Muster; 2. Drink; Getränk.
Frasᴵcaᴵti (der, -s, -s) ein kräftiger italienischer Weißwein.
Fräᴵse (die, -, -n) Maschine zur Holzbearbeitung. Fräser; Fräsmaschine; fräsen.
Fraß (der, -es, kein Plural) (ugs.) Futter; schlechtes Essen. Verb: fressen.
Fraᴵter (der, -s, Fraᴵtᴵres) (lat.) Ordens-, Klosterbruder vor der Priesterweihe.

Fra|ter|ni|tät (die, -, -en) (lat.) 1. Bruderschaft; 2. Brüderlichkeit; Verbrüderung.
fra|ter|ni|sie|ren (V.) verbrüdern; sich mit ehemaligen Feinden verbünden.
Fra|ter|ni|té (die, -, kein Plural) (franz.) Brüderlichkeit (als Schlagwort der Französischen Revolution).
Fratz (der, -es, -e) nettes, auch ungezogenes kleines Kind.
Frat|ze (die, -, -n) Grimasse. Fratzengesicht; fratzenhaft.
Frau (die, -, -en) weiblicher erwachsener Mensch; Ehefrau (Abk.: Fr.). Frau Ministerin; Frau Rechtsanwältin; Frauensperson.
Frau|en|arzt (der, -s/-es, -ärz|te) Gynäkologe.
Frau|en|be|auf|trag|te (die, -n, -n) Ansprechpartnerin für Frauen, welche die Gleichstellung der Frau sicherstellen soll. Die Frauenbeauftragte der Fakultät.
Frau|en|be|we|gung (die, -, kein Plural) organisierte Bestrebung zur gesellschaftlichen Gleichstellung von Frauen und Männern.
frau|en|feind|lich (Adj.) sexistisch.
Frau|en|fra|ge (die, -, -n) Gleichstellung der Geschlechter.
Frau|en|haus (das, -es, -häu|ser) Fürsorgestelle für in Not geratene Frauen.
Frau|en|held (der, -s, -en) Verführer; Playboy; Herzensbrecher.
Frau|en|po|w|er (die, -, -) (ugs.) Macht, Einfluss der Frauen.
Frau|en|quo|te (die, -, -n) Vorgabe, dass in Betrieben, Verwaltungen ein bestimmter Anteil an Frauen sichergestellt wird.
Frau|en|recht|le|rin (die, -, -in|nen) Feministin.
Frau|en|schuh (der, -s, kein Plural) geschützte heimische Blume.
Frau|en|zim|mer (das, -s, -) (ugs.) Frau.
Fräu|lein (das, -s, -) unverheiratete Frau; Anrede (Abk.: Frl.). *Beachte:* In Briefanschriften schreibt man immer »Frau«! Fräuleinwunder.
Frau|lich|keit (die, -, kein Plural) Weiblichkeit. fraulich.
frdl. (Abk.) **f**reun**dl**ich.
Freak (der, -s, -s) (engl.) 1. schrulliger Außenseiter; Aussteiger; 2. jmd., der sich für etwas stark begeistert.
frech (Adj.) unverschämt; vorlaut.
Frech|dachs (der, -es, -e) unverschämte Person; Schlingel.
Frech|heit (die, -, -en) Unverschämtheit; Dreistigkeit.
Free|clim|ber (*auch:* Free Clim|ber) (der, -s, -) (engl.) Extremsportler, der ohne Hilfsmittel an Steilwänden emporklettert.
Free|lan|cer (der, -s, -) (engl.) 1. freier Mitarbeiter; 2. Gelegenheitsarbeiter, der zeitlich begrenzt in den unterschiedlichsten Branchen arbeitet.
Free|sie (die, -, -n) Blume; Zierpflanze; Schwertliliengewächs.
Free-TV (*auch:* Free TV) (das, - -(s), kein Plural) (engl.) frei empfangbares Fernsehprogramm.
Fre|gat|te (die, -, -n) (franz.) 1. Kriegsschiff; 2. (ugs.) aufgeputzte Frau. Fregattenkommandeur.
Fre|gatt|vo|gel (der, -s, -vö|gel) tropischer Meeresvogel.
frei (Adj.) ungebunden; offen; unbelegt; ohne Hilfsmittel. freie Wahlen; freie Plätze; *aber:* Freie Hansestadt Bremen; Freie Universität; Sender Freies Berlin (Abk.: SFB); aus dem Freien; im Freien; ins Freie; Freie und Gefangene; nichts/etwas Freies. *Beachte:* Zusammenschreibung, wenn »frei« Verbvorsilbe und ein neues Wort entsteht! jmdn. freihalten; einen Brief freimachen; jmdn. freisprechen. *Aber:* eine Rede frei (aus dem Stegreif) halten; frei (ohne abzulesen) sprechen; der Platz muss frei bleiben.
Frei|bad (das, -s, -bä|der) Badeanstalt unter freiem Himmel.
frei|be|kom|men (V., bekam frei, hat freibekommen) befreien; Freizeit bekommen.
Frei|be|trag (der, -s, -be|trä|ge) steuerfreies Einkommen.
Frei|beu|ter (der, -s, -) Seeräuber; Pirat.
Frei|bier (das, -s, -e) kostenlos ausgeschenktes Bier.
frei|blei|bend (Adj.) gebührenfrei.
Frei|den|ker (der, -s, -) Aufklärer; Intellektueller; jmd. der keiner Kirche angehört; Atheist.
frei|en (V.) werben; heiraten.
Frei|er (der, -s, -) 1. Bräutigam; 2. Kunde einer Prostituierten.
Frei|ga|be (die, -, -n) Aufhebung eines Verbots.
Frei|ge|big|keit (*auch:* Frei|gie|big|keit) (die, -, -en) Großzügigkeit. freigebig (*auch:* freigiebig)
frei|ha|ben (*auch:* frei haben) (V., hatte frei, hat freigehabt) Urlaub haben.
Frei|ha|fen (der, -s, -hä|fen) zollfreie und einfuhrumsatzsteuerfreie Zone.
frei|hal|ten (V., hielt frei, hat freigehalten) 1. besetzen; 2. einladen. Er hält uns in der Gaststätte den Platz frei. Er hält uns heute in der Gaststätte frei.
Frei|han|del (der, -s, kein Plural) zollfreier Warenverkehr.
frei|hän|dig (Adj.) ohne Zuhilfenahme der Hände.
Frei|heit (die, -, -en) Unabhängigkeit; Selbstbestimmung.
frei|heit|lich (Adj.) liberal.
Frei|heits|be|griff (der, -s, -e) Vorstellung von Freiheit.
Frei|heits|be|rau|bung (die, -, -en) Entführung; Gefangennahme.
Frei|heits|kampf (der, -s, -kämp|fe) Partisanenkrieg; Unabhängigkeitskrieg.
Frei|heits|stra|fe (die, -, -n) Haft.
Frei|herr (der, -n, -en) (Abk.: Frhr.) Adelstitel. Baron.
Frei|kar|te (die, -, -n) Gratiseintritt.
frei|kau|fen (V.) durch ein Lösegeld befreien.
frei|kom|men (V., kam frei, ist freigekommen) entlassen werden; loskommen.
Frei|kör|per|kul|tur (die, -, kein Plural) (Abk.: FKK) Nudismus.
frei|las|sen (*auch:* frei lassen) (V., ließ frei, hat freigelassen) entlassen. Freilassung.
frei|le|gen (*auch:* frei legen) (V.) entblößen; entfernen. Freilegung.
Frei|licht|büh|ne (die, -, -n) Theater unter freiem Himmel.
frei|ma|chen (V.) 1. frankieren; 2. Urlaub machen. den Brief freimachen; *aber:* den Oberkörper frei machen (*auch:* freimachen); ein paar Tage freimachen (*auch:* frei machen).
Frei|mau|rer (der, -s, -) Mitglied eines internationalen Geheimbundes. Freimaurerei; freimaurerisch.
Frei|mau|rer|lo|ge (die, -, -n) einzelne Gruppierung der Freimaurer.

Frei|mü|tig|keit (die, -, -en) Ehrlichkeit; Offenheit. freimütig.
Frei|raum (der, -s, -räu|me) Platz; Spielraum.
frei|schaf|fend (Adj.) nicht angestellt. ein freischaffender Künstler.
Frei|schär|ler (der, -s, -) Partisan.
frei|schwim|men (V., schwamm frei, hat freigeschwommen) sich freischwimmen (sich selbstständig machen).
Frei|sinn (der, -s, kein Plural) Aufgeklärtheit; Toleranz. freisinnig.
frei|spre|chen (V., sprach frei, hat/ist freigesprochen) 1. für nicht schuldig befinden; von einer Anklage befreien; 2. absolvieren; Absolution erteilen; nach der Prüfung ins Berufsleben entlassen; lossprechen.
Frei|spre|chung (die, -, -en) Abschluss der handwerklichen Lehre; zum Gesellen erklären. Freisprechungsfeier.
Frei|spruch (der, -s, -sprü|che) vom Gericht festgestellte Unschuld.
frei|ste|hen (V., stand frei, hat freigestanden) erlaubt sein; Es steht Ihnen frei, ein Haus auszusuchen. *Aber:* ein frei stehendes (*auch:* freistehendes) Haus.
frei|stel|len (V.) erlauben; entlassen; zur Wahl stellen. Freistellung.
Frei|stem|pel (der, -s, -) Poststempel.
Frei|stil (der, -s, kein Plural) Kampfdisziplinen der Schwimmer und der Ringer.
Frei|stoß (der, -es, -stö|ße) vom Schiedsrichter verordnete Maßnahme bei Regelverstößen während eines Fußballspiels.
Frei|tag (der, -s, -e) Wochentag. am Freitag; am Freitagabend; freitags; freitags abends.
Frei|tod (der, -(e)s, -e) Selbstmord.
frei|weg (Adj.) offen und ehrlich.
Frei|wild (das, -s, kein Plural) zur Jagd freigegebener Wildtierbestand.
Frei|wil|li|ge (der, -n, -n) ehrenamtlicher Helfer. freiwillig.
Frei|zei|chen (das, -s, -) Telefonsignal.
Frei|zeit (die, -, kein Plural) Ruhepause; Erholungsphase; Urlaub; Ferien.
Frei|zeit|be|schäf|ti|gung (die, -, -en) Hobby.
Frei|zü|gig|keit (die, -, -en) 1. Recht zur Wahl des Aufenthaltsortes; 2. Toleranz; Bewegungsfreiheit. freizügig.
fremd (Adj.) ausländisch; unbekannt. Fremde (der/die); etwas/nichts Fremdes.
Fremd|ar|tig|keit (die, -, -en) Fremdes; Ungewohntes. fremdartig.
Fremd|ein|wir|kung (die, -, -en) Wirkung von außen.
frem|deln (V.) in Anwesenheit Fremder schüchtern sein; vor Fremden scheu, ängstlich sein.
Frem|den|füh|rer (der, -s, -) Reiseführer.
Frem|den|le|gi|on (die, -, kein Plural) internationale Söldnertruppe in französischen Diensten.
Frem|den|ver|kehr (der, -s, kein Plural) Tourismus.
Frem|den|zim|mer (das, -s, -) Unterkunft für Reisende.
fremd|ge|hen (V., er ging fremd, er ist fremd gegangen) untreu sein.
Fremd|heit (die, -, -en) Unvertrautheit.
fremd|län|disch (Adj.) ausländisch.
Fremd|ling (der, -s, -) Fremder.
Fremd|spra|che (die, -, -n) Sprache, die nicht Muttersprache ist. fremdsprachig; fremdsprachlich.
Fremd|wort (das, -s, -wör|ter) aus einer Fremdsprache übernommenes Wort.
Fremd|wör|ter|buch (das, -s/-es, -bü|cher) Nachschlagewerk; Lexikon.
fre|ne|tisch (Adj.) (franz.) rasend; begeistert. Das Publikum spendete den Schauspielern frenetischen Beifall.
fre|quent (Adj.) (lat.) 1. zahlreich; häufig; oft; 2. (Med.) beschleunigt (Puls).
Fre|quen|ta|ti|on (die, -, -ti|o|nen) (lat.) häufiges Aufsuchen.
fre|quen|tie|ren (V.) (lat.) häufig besuchen; verkehren.
Fre|quenz (die, -, -en) (lat.) 1. Anzahl von Schwingungen innerhalb einer Zeiteinheit (Phys.); 2. Häufigkeit (z. B. Besucherzahl, vorbeifahrende Autos).
Fre|quenz|mes|ser (der, -s, -) physikalisches Messgerät.
Fres|ko (*auch:* die Fres|ke) (das, -s, -ken) (ital.) Wandmalerei auf feuchtem Kalkputz. Freskogemälde.
Fres|sa|li|en (die, nur Plural) (ugs.) Lebensmittel.
Fres|se (die, -, -n) (ugs.) Mund.
fres|sen (V., fraß, hat gefressen; ich fresse, du frisst!) (ugs.) 1. essen; 2. zerstören; 3. verstehen; kapieren.
Fres|sen (das, -s, -) (ugs.) enthemmte Mahlzeit.
Fres|se|rei (die, -, -en) (ugs.) hemmungslose Nahrungsaufnahme.
Fress|korb (der, -s, -kör|be) (ugs.) Geschenkkorb mit Lebensmitteln; Proviantkorb.
Fress|sack (*auch:* Fress-Sack) (der, -s, -sä|cke) Nimmersatt.
Fress|zel|le (die, -, -n) (Med.) der Infektionsabwehr dienendes weißes Blutkörperchen.
Frett|chen (das, -s, -) (niederl.) Wiesel; Iltisart zur Kaninchenjagd.
fret|tie|ren (V.) mit dem Frettchen jagen.
Freu|de (die, -, -n) Fröhlichkeit; Spaß.
Freu|den|bot|schaft (die, -, -en) gute Nachricht.
Freu|den|haus (das, -es, -häu|ser) Bordell.
Freu|den|mäd|chen (das, -s, -n) (veralt.) Prostituierte.
freu|den|reich (Adj.) beglückend; lustvoll.
Freu|den|sprung (der, -s, -sprün|ge) übermütiger Sprung; Luftsprung.
Freu|den|tau|mel (der, -s, kein Plural) Jubel; Begeisterung.
Freu|den|trä|ne (die, -, -n) Träne aus überschwenglicher Empfindung.
freu|de|strah|lend (Adj.) lachend; jubilierend.
Freu|dig|keit (die, -, -en) Erfreutheit; Heiterkeit. freudig.
Freud|lo|sig|keit (die, -, -en) Trostlosigkeit; Trübnis. freudlos.
freu|en (V.) (refl.) Freude empfinden; Wohlgefallen haben.
Freund (der, -s/-es, -e) Kamerad; Lebensgefährte. Wir werden immer gut freund sein. jemandem freund (freundlich gesinnt) sein. Freundin.
Freun|des|kreis (der, -es, -e) Bezugsgruppe; Bekanntenkreis; Clique.
Freund-Feind-Den|ken (das, -s, kein Plural) undifferenziertes Denken.
Freund|lich|keit (die, -, -en) Entgegenkommen; Wohlwollen; Liebenswürdigkeit. freundlich (Abk.: frdl.); freundlicherweise.

Freund|schaft (die, -, -en) Kameradschaft; Beziehung; vertrautes Verhältnis.
freund|schaft|lich (Adj.) in enger Vertrautheit zugetan.
Freund|schafts|ban|de (die, nur Plural) Verbundenheit; Vertrautheit unter Freunden.
Freund|schafts|dienst (der, -s, -e) Gefälligkeit; Hilfestellung.
Freund|schafts|spiel (das, -s, -e) sportlicher Wettbewerb ohne Punktewertung.
Freund|schafts|ver|trag (der, -s, -trä|ge) Vereinbarung zwischen zwei Staaten über freundschaftlichen Austausch.
Fre|vel (der, -s, -) Verstoß; Verbrechen. Jagdfrevel.
Fre|vel|haf|tig|keit (die, -, -en) Skrupellosigkeit; Sündigkeit. revelhaft; frevlerisch.
Fre|vel|mut (der, -s, kein Plural) kriminelle Energie; Rücksichtslosigkeit.
fre|veln (V.) verbrechen, sich versündigen.
Frev|ler (der, -s, -) Verbrecher; Sünder.
Frhr. (Abk.) **Frei**he**r**r.
Frie|de (*auch:* Frie|den) (der, -ns, -n) Waffenstillstand; Ruhe; Harmonie.
Frie|dens|be|we|gung (die, -, kein Plural) organisierte Bestrebung gegen Aufrüstung.
Frie|dens|for|schung (die, -, kein Plural) politikwissenschaftliche Untersuchung von Kriegsursachen.
Frie|dens|kon|fe|renz (die, -, -en) Verhandlung, um einen Krieg zu beenden.
Frie|dens|no|bel|preis (der, -es, -e) hohe internationale Auszeichnung.
Frie|dens|pfei|fe (die, -, -n) Kalumet (*auch:* Calumet); Symbol der Streitschlichtung. Die Friedenspfeife mit jmdm. rauchen.
Frie|dens|schluss (der, -es, -schlüs|se) Beilegung eines Konflikts.
Frie|dens|stif|ter (der, -s, -) Schlichter.
Frie|dens|ver|trag (der, -s, -trä|ge) Dokument über den Friedensschluss.
Fried|fer|tig|keit (die, -, -en) Versöhnlichkeit; Aggressionslosigkeit. friedfertig.
Fried|hof (der, -s, -hö|fe) Begräbnisplatz; Grabstätte.
Fried|hofs|ka|pel|le (die, -, -n) Andachtsraum auf dem Friedhof.
Fried|hofs|ru|he (die, -, kein Plural) andächtige Stille.
Fried|lich|keit (die, -, -en) Friedfertigkeit. friedlich.
fried|lie|bend (Adj.) aggressionslos; harmoniestrebend.
Fried|lo|sig|keit (die, -, -en) Konfliktbeladenheit; Ruhelosigkeit. friedlos.
fried|voll (Adj.) ruhig; harmonisch.
Friend|ly Fire (das, - -(s), - -s) (engl.) 1. (Milit.) versehentlicher Beschuss von verbündeten bzw. den eigenen Truppen; 2. (ugs.) Kritik aus dem eigenen politischen Lager.
frie|ren (V., fror, hat gefroren) kalt sein; Kälte fühlen. Ich friere an den Händen; es friert mich an den Händen.
Fries (der, -es, -e) (franz.) 1. Wollgewebe; 2. Wandsims.
Frie|se (der, -n, -n) Einwohner Frieslands. Friesland; friesisch; friesländisch.
Frie|sen|nerz (der, -es, -e) (ugs.) meist gelbe Regenjacke.
fri|gi|de (*auch:* fri|gid) (Adj.) (lat.) gefühlskalt; sexuell schwer oder nicht erregbar (von Frauen).
Fri|gi|di|tät (die, -, kein Plural) (lat.) Fehlen sexueller Erregbarkeit.
Fri|ka|del|le (die, -, -n) Bulette; gebratener Fleischkloß.
Fri|kan|deau (das, -s, -s) (franz.) Teil aus der Kalbskeule.
Fri|kas|see (das, -s, -s) (franz.) Fleischgericht (Huhn, Kalb). Verb: frikassieren.
fri|ka|tiv (Adj.) (lat.) durch Reibung erzeugt (von Lauten).
Fri|ka|tiv (der, -s, -e) (lat.) Reibelaut; auf Reibung beruhender Laut (z. B. »f«).
Frik|ti|on (die, -, -ti|o|nen) (lat.) 1. Reibung; 2. Einreibung (Med.).
Fris|bee (das, -, -s) (engl.) Wurfscheibe.
frisch (Adj.) neu; sauber; lebhaft; kühl. etwas/nichts Frisches; etwas frisch halten; sich frisch machen (*auch:* frischmachen); die frisch gewaschenen (*auch:* frischgewaschenen) Hemden; die frisch gestrichene (*auch:* frischgestrichene) Bank; die frisch gebackenen (*auch:* frischgebackenen) Semmeln; sie sind ein frischgebackenes Ehepaar.
frisch|auf! (Interj.) Gruß.
frisch|ba|cken (Adj.) kürzlich gebacken; knusprig.
Frisch|blut (das, -s/-es, kein Plural) vor kurzer Zeit entnommenes Blut.
frisch-fröh|lich (Adj.) lustig; übermütig.
Frisch|ge|mü|se (das, -s, -) vor kurzer Zeit geerntetes Gemüse.
Frisch|hal|te|fo|lie (die, -, -n) Verpackungsmaterial für Lebensmittel.
Frisch|kä|se (der, -s, kein Plural) Milchprodukt.
Frisch|ling (der, -s, -e) 1. Wildschweinjunges; 2. Neuling.
Frisch|milch (die, -, kein Plural) vor kurzer Zeit gemolkene Milch.
frisch|weg (Adv.) munter; unbekümmert.
Frisch|zel|len|the|ra|pie (die, -, -n) Verjüngungskur.
Fri|seur (*auch:* Fri|sör) (der, -s, -e) (franz.) Haarschneider. Friseurin (*auch:* Frisörin).
Fri|seur|sa|lon (*auch:* Fri|sör|sa|lon) (der, -s, -s) (franz.) Ladengeschäft eines Friseurs.
fri|sie|ren (V.) 1. das Haar in Form bringen; 2. (ugs.) verändern; schönen; fälschen; 3. (ugs.) einen Motor umrüsten, (unerlaubt) verändern. Sie frisiert sich die Haare neu. Der Geschäftsführer frisiert die Bilanz. Der Sohn frisiert sein Mofa.
Fri|sier|kom|mo|de (die, -, -n) Möbelstück.
Frist (die, -, -en) Aufschub; Zeitspanne.
fris|ten (V.) zubringen. Er fristet ein bescheidenes Dasein.
Fris|ten|re|ge|lung (die, -, kein Plural) Gesetz zum Schwangerschaftsabbruch in den ersten (drei) Monaten.
frist|ge|mäß (Adj.) termingerecht.
frist|los (Adj.) ohne weiteren Aufschub. fristlose Entlassung.
Frist|über|schrei|tung (die, -, -en) Rückstand.
Fri|sur (die, -, -en) Haarschnitt.
Frit|ta|te (die, -, -n) 1. (ital.) Eierkuchen; Pfannkuchen; Omelette; 2. (österr.) Pfannkuchenstreifen als Suppeneinlage.
Frit|teu|se (die, -, -n) (franz.) Frittiergerät.
frit|tie|ren (V.) in Fett sieden.
Frit|tü|re (die, -, -n) (franz.) frittierte Lebensmittel.

fri|vol (Adj.) (franz.) leichtsinnig; schamlos; schlüpfrig.
Fri|vo|li|tät (die, -, -en) Anzüglichkeit; Schamlosigkeit.
Frl. (Abk.) **Fräu**lein.
froh (Adj.) fröhlich; zufrieden. Ich war frohen Mutes. *Aber:* die Frohe Botschaft (Evangelium). froh gelaunt (*auch:* frohgelaunt).
froh|ge|mut (Adj.) heiter; vergnügt.
Fröh|lich|keit (die, -, kein Plural) gute Laune; Vergnügtheit; Lebenslust. fröhlich.
Froh|lo|cken (das, -s, kein Plural) Jubilieren; Lobpreisung. frohlocken.
Froh|na|tur (die, -, -en) fröhliche Person.
Froh|sinn (der, -s, kein Plural) Heiterkeit.
fromm (Adj.; frommer/frömmer; frommste/frömmste) religiös; brav.
Fröm|me|lei (die, -, kein Plural) religiöse Heuchelei.
from|men (V.) nutzen.
Fromm|heit (*auch:* Fröm|mig|keit) (die, -, kein Plural) Gläubigkeit; Religiosität.
Frömm|ler (der, -s, -) religiöser Heuchler. frömmeln; frömmlerisch.
Fron (die, -, -en) Herrendienst; Zwangsarbeit. Fronarbeit; Frondienst; fronen.
Fron|de (die, -, kein Plural) (franz.) feindliche politische Opposition.
Fron|deur (der, -s, -e) erbitterter politischer Gegner. frondieren.
frö|nen (V.) sich einer Leidenschaft oder sich einem Laster hingeben. Er frönt seiner Sammelleidenschaft.
Fron|leich|nam (der, -(e)s, kein Plural) »Leib des Herrn«; katholisches Fest am zweiten Donnerstag nach Pfingsten.
Fron|leich|nams|pro|zes|si|on (die, -, -en) jährlicher Umzug einer Kirchengemeinde zu Fronleichnam.
Front (die, -, -en) (franz.) 1. Vorderseite; 2. vorderstes militärisches Kampfgebiet; 3. Front machen; sich widersetzen.
Front|ab|schnitt (der, -s, -e) Teil eines Kampfgebiets.
fron|tal (Adj.) von vorn; unmittelbar gegenüberstehend.
Fron|tal|an|griff (der, -s, -e) direkter Angriff.
Fron|tal|zu|sam|men|stoß (der, -es, -stös|se) Aufprall zweier Vorderseiten.
Front|an|trieb (der, -s, kein Plural) Vorderradantrieb.
Fron|ti|s|piz (das, -es, -e) (franz.) 1. Titelblatt; 2. Vordergiebel.
Front|kämp|fer (der, -s, -) Soldat im Kampfgebiet.
Front|li|nie (die, -, -n) Verlauf der Front.
Front|mann (der, -s, -) Sänger einer Band, der bei Konzerten im Vordergrund steht.
Front|sol|dat (der, -en, -en) Soldat im Kampfgebiet.
Front|wech|sel (der, -s, -) Übertritt zum Gegner.
Frosch (der, -es, Frö|sche) Froschlurch; amphibisches Tier. Froschnatur; Froschschenkel.
Frosch|kö|nig (der, -s, kein Plural) Märchengestalt.
Frosch|laich (der, -s, kein Plural) Eigelege; Brut.
Frosch|mann (der, -s, -män|ner) Taucher.
Frosch|per|s|pek|ti|ve (die, -, kein Plural) bodennaher Blickwinkel.
Frost (der, -s, Frös|te) Eiseskälte.
Frost|beu|le (die, -, -n) Erfrierung.
frös|teln (V.) frieren.
Fros|ter (der, -s, -) Gefriergerät; Tiefkühlfach. frosten.
Frost|ge|fahr (die, -, -en) Möglichkeit des Gefrierens.
fros|tig (Adj.) 1. eiskalt; 2. feindselig. Sonnenschein bei frostigen Temperaturen. Die Begrüßung zwischen beiden Kontrahenten verlief frostig.
Fros|tig|keit (die, -, -en) Gefühlskälte; eisige Stimmung.
frost|klar (Adj.) eiskalt und wolkenlos.
fröst|lig (*auch:* frös|te|lig) (Adj.) zu Frost neigend.
Frost|schutz|mit|tel (das, -s, -) Gefrierschutz.
Frot|tee (*auch:* Frot|té) (der/das, -s, -s) (franz.) Stoff. Frotteehandtuch (*auch:* Frottéhandtuch); Frottiertuch; frottieren.
frot|zeln (V.) (ugs.) necken; aufziehen. Frotzelei.
Frucht (die, -, Früch|te) 1. Embryo; 2. Keim; Umhüllung von Pflanzensamen; 3. Ergebnis; Ertrag. fruchten (Verneinung mit »nichts« oder »nicht«! Die Nachhilfe hat nicht/nichts gefruchtet).
Frucht|bar|keit (die, -, kein Plural) Zeugungsfähigkeit. fruchtbar.
Frucht|bla|se (die, -, -n) Nährstoffhülle im Mutterleib.
Früch|te|brot (das, -s/-es, -e) süßes Gebäck.
fruch|ten (V.) hervorbringen.
Frucht|fleisch (das, -s, kein Plural) weiche Umhüllung des Samens.
fruch|tig (Adj.) süß und saftig.
Frucht|lo|sig|keit (die, -, -en) Ergebnislosigkeit; Sinnlosigkeit. fruchtlos.
Frucht|pres|se (die, -, -n) Entsafter.
frucht|reich (Adj.) ertragreich.
Frucht|saft (der, -s, -säf|te) Erfrischungsgetränk aus Früchten.
Frucht|zu|cker (der, -s, kein Plural) Fructose.
Fruc|to|se (die, -, kein Plural) (lat.) = Fruktose.
fru|gal (Adj.) (lat.) kärglich; einfach. Frugalität.
früh 1. (Adj.) zeitig; am Anfang liegend; vorzeitig. 2. (Adv.) morgens. *Beachte:* in Verbindung mit Wochentagen immer getrennt geschrieben! am Montag früh; von früh bis spät; frühestmöglich; zum frühestmöglichen Termin; morgen früh (*auch:* Früh); frühmorgens, *aber:* morgens früh. *Großschreibung:* in der/aller Frühe; bis in die Frühe zusammensitzen. von früh auf (von Kindheit an); allzu früh; frühjahrs wie winters.
Früh|auf|ste|her (der, -s, -) Morgenmensch.
Frü|he (die, -, kein Plural) Morgen.
frü|her (Adj.) damals.
Früh|er|ken|nung (die, -, -en) rechtzeitige Diagnose.
frü|hes|tens (Adj.) nicht bevor.
Früh|ge|burt (die, -, -en) vorzeitige Geburt.
Früh|jahr (das, -s, -e) erste Jahreszeit.
Früh|jahrs|mü|dig|keit (die, -, kein Plural) Trägheit durch Klimawechsel.
Früh|ling (der, -s, -e) Jahreszeit. frühlings.
Früh|lings|an|fang (der, -s, kein Plural) kalendarischer Beginn des Frühlings am 20. oder am 21. März.
Früh|lings|fest (das, -s, -e) Kirmes im Frühjahr.
früh|lings|haft (Adj.) wie im Frühling.

Frühlingsrolle (die, -, -n) chinesische Teigrolle.
Frühreife (die, -, kein Plural) schnell beendete Pubertät. frühreif.
Frührentner (der, -s, -) vorzeitig ausgeschiedener Ruheständler.
Frühschicht (die, -, -en) morgendliche Arbeitszeit im Betrieb.
Frühschoppen (der, -s, -) Umtrunk am Vormittag.
Frühsport (der, -s, kein Plural) Morgengymnastik.
Frühstadium (das, -s, -dien) frühe Phase einer Entwicklung. Krebs, der im Frühstadium erkannt wird, ist meistens heilbar.
Frühstart (der, -s, -s) vorzeitiger Start bei Rennveranstaltungen.
Frühstück (das, -s, -e) Morgenessen. frühstücken.
Frühwarnsystem (das, -s, -e) militärische Abschirmung.
frühzeitig (Adj.) rechtzeitig; vorzeitig.
Fruktose (*auch:* Fructose) (die, -, kein Plural) (lat.) Fruchtzucker.
Frust (der, -s, kein Plural) (Kurzw.) Frustration; Enttäuschung. Frustrierung; frustriert; frustrieren.
Frutti di Mare (die) (nur Plural) (ital.) Meeresfrüchte (z. B. Muscheln), die roh oder auch gekocht gegessen werden.
Fuchs (der, -es, Füchse) Raubtier. Füchsin.
Fuchsbau (der, -s, -e) unterirdische Wohnhöhle des Fuchses.
fuchsen (V., refl.) (ugs.) sich ärgern.
Fuchsie (die, -, -n) Pflanze.
fuchsig (Adj.) aufgeregt; verärgert.
Fuchsin (das, -s, kein Plural) (nlat.) ein roter Teerfarbstoff.
Fuchsjagd (die, -, -en) Jagd auf den Fuchs.
Fuchspelz (der, -es, -e) zum Kleidungsstück verarbeitetes Fell des Fuchses.
fuchsrot (Adj.) bräunlich rot.
Fuchsschwanz (der, -es, -schwänze) Blattsäge.
fuchsteufelswild (Adj.) wutentbrannt; rasend vor Wut.
Fuchtel (die, -, -n) Degen. unter jemandes Fuchtel stehen. Er steht unter der Fuchtel seiner Frau (seine Frau beherrscht ihn).
fuchteln (V.) herumwedeln.
fuchtig (Adj.) zornig.
Fuder (das, -s, -) Wagenladung; Fuhre. Adjektiv: fuderweise.
fudit (lat.) hat gegossen (als Vermerk hinter einem Metallgießernamen).
Fuffziger (der, -s, -) (ugs.) (in der Wendung:) falscher Fuffziger (falscher Mensch).
Fug (der) (nur in der Wendung) mit Fug und Recht (berechtigt).
fugato (Adv.) (ital.) fugenartig (Musik).
Fuge (die, -, -n) 1. Ritze; Zwischenraum; 2. streng gegliedertes Musikstück. Fugung; Fugenstil; Fugenzeichen; Fugen-s; fugenlos; fugen; fugieren.
fügen (V.) 1. verbinden; 2. (refl.) gehorchen; 3. (refl.) schicksalhaft ereignen. Er fügt die Balken zusammen. Er fügt sich der Anordnung seines Chefs. Es fügte sich, dass wir uns am Flughafen zufällig trafen.
Fugette (die, -, -n) kleine Fuge.
Fügsamkeit (die, -, -en) Gehorsam; Unterordnung. füglich; fügsam.
Fügung (die, -, kein Plural) Schicksal.
fühlen (V.) wahrnehmen; empfinden. auf Tuchfühlung gehen. fühlbar; Fühlbarkeit.
Fühlbarkeit (die, -, -en) Wahrnehmbarkeit. fühlbar.
Fühler (der, -s, -) antennenförmiges Tast- und Geruchsorgan (z. B. bei Insekten).
Fühllosigkeit (die, -, -en) Gefühlskälte; Rücksichtslosigkeit. fühllos.
Fühlung (die, -, -en) Kontakt.
Fuhre (die, -, -n) Ladung.
führen (V.) leiten; befehlen; durchführen. Führungstor; führig (*auch:* geführig).
Führer (der, -s, -) 1. Anführer; Herrscher; 2. Informationsbroschüre.
Führerhaus (das, -es, -häuser) Fahrerkabine.
führerlos (Adj.) orientierungslos.
Führerschaft (die, -, -en) Leitung.
Führerschein (der, -s, -e) amtliche Fahrerlaubnis. Führerscheinprüfung.
Fuhrmann (der, -s, -männer/-leute) Transporteur.
Fuhrpark (der, -s, -e) Fahrzeugbestand.
Führung (die, -, -en) 1. Leitung; Steuerung; 2. Benehmen; Verhalten; 3. Vorrichtung zum Einhalten einer vorbestimmten Richtung; 4. Besichtigung; Präsentation.
Führungsanspruch (der, -s, -sprüche) Anspruch auf die Leitung.
Führungskraft (die, -, -kräfte) leitender Mitarbeiter.
Führungsposition (die, -, -tionen) Führungsrolle.
Führungszeugnis (das, -s/-es, -se) polizeiliche Bescheinigung.
Fuhrunternehmer (der, -s, -) Spediteur.
Fuhrwerk (das, -s, -e) gezogenes Fahrzeug.
fuhrwerken (V.) (ugs.) uneffektiv hantieren.
Fulgurit (der, -s, -e) (nlat.) durch Blitzeinschlag röhrenartig verschmolzene Gesteine oder Mineralien, Blitzröhre.
Fülle (die, -, kein Plural) Menge; Reichhaltigkeit.
füllen (V.) voll machen; voll werden. Füllung;
Füllen (das, -s, -) Fohlen.
Füller (der, -s, -) (Kurzw.) Füllfederhalter; Schreibgerät.
Füllhorn (das, -, -hörner) Begriff aus der antiken Mythologie.
füllig (Adj.) korpulent. Fülligkeit.
Füllsel (das, -s, -) zum Füllen gedachter Gegenstand oder Stoff, Einschub.
Fulltime-Job (*auch:* Fulltimejob) (der, -s, -s) (engl.) Ganztagsbeschäftigung.
fulminant (Adj.) (lat.) großartig.
Fumarole (die, -, -n) (ital.) vulkanische Dampfquelle.
Fumé (der, -s, -s) (franz.) Rußfarbabzug (eines Holzschnitts); Probeabzug.
Fummel (der, -s, -) (ugs.) billiges Kleidungsstück.
Fummelei (die, -, -en) Umständlichkeit.
fummeln (V.) (ugs.) betasten; unsachgemäß hantieren. Fummler.
Fund (der, -s/-es, -e) Auffindung; Entdeckung. finden.
Fundament (das, -s/-es, -e) (lat.) Grundmauer; Basis. Fundamentierung; fundamentieren.
fundamental (Adj.) grundlegend; schwerwiegend.

Fun|da|men|ta|lis|mus (der, -ses, kein Plural) kompromisslose politische oder religiöse Haltung. Fundamentalist.

Fund|amt (das, -s, -äm|ter) Behörde zur Aufbewahrung von Fundsachen.

Fun|da|ti|on (die, -, -en) (kirchliche) Stiftung.

Fund|gru|be (die, -, -n) Schacht mit reichem und noch zu entdeckendem Inhalt.

Fun|di (der, -s, -s) (ugs.) (Kurzw.) Fundamentalist.

fun|die|ren (V.) (lat.) 1. begründen; untermauern; 2. finanziell absichern. fundiert.

fün|dig (Adj.) erfolgreich beim Suchen.

Fund|ort (der, -s, -e) Ort des Auffindens.

Fund|sa|che (die, -, -n) gefundener Gegenstand.

Fun|dus (der, -, -) Grundlage; Grundbestand. Grundstock; (im Theater:) Bestand an Kostümen und Requisiten.

Fu|ne|ra|li|en (Pluralwort) (die) (lat.) Begräbnisfeierlichkeiten.

fünf (Zahlw.) fünf Uhr; fünfmal (5-mal); fünf Jahre alt; um halb fünf; zu fünft/fünfen; fünfeinhalb; alle fünf(e) gerade sein lassen. *Aber:* die Zahl Fünf; am Fünften (des Monats), aber: am fünften März; der Fünfte (auch zur Bezeichnung der Reihenfolge) die Fünftagewoche; Fünfeck; das Fünffache; Fünfkampf; Fünflinge; Fünfeuroschein (5-Euro-Schein); Fünfprozentklausel (5%-Klausel); Fünftel; Fünftonner (5-Tonner); Fünfuhrtee; Fünfzimmerwohnung (5-Zimmer-Wohnung); fünfeckig; fünferlei; fünffach, *aber:* um das Fünffache so viel; fünfhundert; fünfmal; fünfmalig; fünfstellig; fünftens.

Fünf|eck (das, -s, -e) geometrische Figur; Pentaeder.

Fünf|kampf (der, -s, kein Plural) Leichtathletikdisziplin.

Fünf|ling (der, -s, -e) eines von fünf sich gleichzeitig im Mutterleib entwickelnden Kindern.

Fünf|pro|zent|klau|sel (*auch:* 5-Pro|zent-Klau|sel; 5%-Klau|sel) (die, -, kein Plural) gesetzliche Vorschrift, nach der zum Einzug einer politischen Partei in ein Parlament mindestens fünf Prozent der Stimmen notwendig sind.

Fünf|ta|ge|wo|che (die, -, -n) Woche mit fünf Arbeitstagen.

fun|gie|ren (V.) (lat.) ausüben; wirksam sein. Adjektiv: fungibel.

Fun|gi|zid (das, -s, -e) (lat.) Pflanzenschutzmittel gegen Pilzbefall.

Funk 1. (der, -s, kein Plural) drahtlose Übertragung. Rundfunk; Hörfunk; 2. (der, -/-s, kein Plural) (engl.) Popmusik als rhythmisch stimmungsvolle Mischung aus Soul- und Rockmusik; bluesbetonte Spielweise im Jazz.

Funk|an|la|ge (die, -, -n) Vorrichtung zur drahtlosen Übertragung.

Funk|aus|stel|lung (die, -, -en) Messe für Rundfunk-, Elektro- und Unterhaltungsindustrie.

Funk|bild (das, -s, -er) drahtlos übermittelte Fotografie.

fun|keln (V.) blinkern. Funkelfeuer.

fun|kel|na|gel|neu (Adj.) (ugs.) ganz neu; ungebraucht.

fun|ken (V.) drahtlos übertragen; durch Funk übermitteln (Nachricht).

Fun|ken (*auch:* Fun|ke) (der, -, -) 1. glimmendes Teilchen; 2. Geistesblitz; 3. Winzigkeit. kein Funken Verstand; Funken sprühend (*auch:* funkensprühend).

Fun|ken|flug (der, -s, kein Plural) fliegende Glut eines Feuers im Freien.

Fun|ken|ma|rie|chen (das, -s, -) Vortänzerin einer Karnevalstruppe.

funk|ent|stö|ren (V.) Störungen des Funkverkehrs beseitigen.

Fun|ker (der, -s, -) Person, die drahtlos Nachrichten übermittelt.

Funk|ge|rät (das, -s, -e) Vorrichtung zum Empfangen und Senden von Funksignalen.

Fun|kie (die, -, -n) Liliengewächs.

Funk|kol|leg (der, -s, -) vom Rundfunk ausgestrahltes Fernstudium.

Funk|schat|ten (der, -s, -) Bereich, in dem kein Funkkontakt besteht.

Funk|spruch (der, -s, -sprü|che) über Funk ausgestrahlte Durchsage.

Funk|stil|le (die, -, kein Plural) Unterbrechung im Funkverkehr.

Funk|strei|fe (die, -, -n) Polizeiwagen.

Funk|ti|on (die, -, -ti|o|nen) (lat.) 1. Aufgabe; Wirksamkeit; Zweck; 2. Amt, bestimmte Aufgabe innerhalb eines Zusammenhangs; 3. mathematische Zuordnung; abhängige Größe. funktionalisieren.

funk|ti|o|nal (*auch:* funk|ti|o|nell) (Adj.) zweckmäßig.

funk|ti|o|na|li|sie|ren (V.) für eine bestimmte Funktion ausrichten.

Funk|ti|o|na|lis|mus (der, -ses, kein Plural) (lat.) Bestrebung, dem Zweck entsprechend zu gestalten. (z. B. in der Architektur). Funktionalist; funktionalistisch.

Funk|ti|o|när (der, -s, -e) Verantwortlicher bei einer Institution.

funk|ti|o|nie|ren (V.) seiner Funktion entsprechend in Betrieb sein; ordnungsgemäß arbeiten.

Funk|ti|ons|fä|hig|keit (die, -, kein Plural) der Funktion entsprechender Zustand. funktionsfähig; funktionstüchtig.

Funk|ti|ons|stö|rung (die, -, -en) Defekt.

Funk|turm (der, -s, -) Sendeturm.

Fun|zel (*auch:* Fun|sel) (die, -, -n) Öllampe; trübes Licht.

für (Präp., Akk.) das Für und Wider, *aber:* Wir waren einmal für und einmal wider die Sache; ein für alle Mal; für nichts und wieder nichts; an und für sich; für sich allein. *Beachte:* »fürs« immer ohne Apostroph! Fürs Erste reicht es.

Fu|ra|ge (die, -, kein Plural) (german.-franz.) 1. Lebensmittel; Verpflegung; Mundvorrat. 2. Futter für Militärpferde (Militär).

fu|ra|gie|ren (V.) (german.-franz.) Furage beschaffen; Verpflegung organisieren (Militär).

Für|bit|te (die, -, -n) Gebet; Bitte. Fürbitter; Fürbitten; fürbitten (kommt nur im Infinitiv vor!).

Fur|che (die, -, -n) Rinne; Falte.

Furcht (die, -, kein Plural) Angst; Besorgnis. Furcht einflößend (*auch:* furchteinflößend); furchterregend (*auch:* Furcht erregend).

Furcht|bar|keit (die, -, -en) Entsetzlichkeit; Grauen; Schrecklichkeit. furchtbar.

fürch|ten (V.) Furcht haben; besorgt sein.

fürch|ter|lich (Adj.) erschreckend; Furcht erregend. Fürchterlichkeit.

Furcht|lo|sig|keit (die, -, kein Plural) Mut; Unerschrockenheit. furchtlos.

Furcht|sam|keit (die, -, kein Plural) Ängstlichkeit; Mutlosigkeit. furchtsam.
Fur|chung (die, -, -en) faltenreiche, zerkratzte Oberflächenbeschaffenheit. furchig; furchen.
für|ei|n|an|der (Adv.) für den anderen. *Beachte:* in Verbindung mit Verben immer Getrenntschreibung! füreinander da sein; füreinander geradestehen.
Fu|rie (die, -, -n) (lat.) 1. römische Rachegöttin, Erinnye; 2. wütende Frau.
fu|ri|os (Adj.) (lat.) leidenschaftlich; wild; zornig.
Fur|nier (das, -s, -e) (franz.) dünnes Deckblatt aus wertvollem Holz. Furnierholz; Furnierung; furnieren.
Fu|ro|re (die/das, -/s, kein Plural) (ital.) (in der Wendung:) Furore machen (Aufsehen erregen; erfolgreich sein).
Für|sor|ge (die, -, kein Plural) Unterstützung; Sozialhilfe. fürsorgerisch.
Für|sorg|lich|keit (die, -, kein Plural) Bestrebungen für das Wohl der anderen. fürsorgend; fürsorglich.
Für|spra|che (die, -, -n) Bitte; Empfehlung. Fürsprecher.
Fürst (der, -en, -en) Adeliger.
Fürst|bi|schof (der, -s, -schö|fe) weltlicher und kirchlicher Herrscher über ein Fürstentum in Kirchenbesitz.
Fürs|ten|haus (das, -es, -häu|ser) aristokratische Familie.
Fürs|ten|tum (das, -s, -tü|mer) Territorium eines Fürsten.
Furt (die, -, -en) Übergang; flache Stelle in einem Fluss.
Fu|run|kel (der/das, -s, -) (lat.) Geschwür. Eiterbeule.
Für|wort (das, -s, -wör|ter) Pronomen. Adjektiv: fürwörtlich.
Furz (der, -es, Für|ze) abgehende Blähung. Verb: furzen.
Fu|sel (der, -s, -) (ugs.) billiger Alkohol; schlechter Branntwein.
Fü|si|lier (der, -s, -e) (schweiz.-franz.) Flintenträger (früher Infanterieschütze).
fü|si|lie|ren (V.) standrechtlich erschießen.
Fü|sil|la|de (die, -, -n) (franz.) (veraltet) Massenerschießung standrechtlich Verurteilter. füsilieren.
Fu|si|on (die, -, -si|o|nen) (lat.) Zusammenschluss; Verschmelzung. Kernfusion.
Fu|si|o|nie|rung (die, -, -en) Vereinigung zweier Unternehmen (Kapitalgesellschaften). fusionieren.
Fuß (der, -es, Fü|ße) unterster Teil des Beines; Sockel; Stütze. zu Fuß gehen; gut zu Fuß sein; zwei Fuß (Längenmaß) lang, *aber:* ein fußlanger Schleier; ich gehe keinen Fußbreit (*auch:* Fuß breit) mehr weiter, *aber:* Der Spalt war gerade fußbreit.
Fuß|ab|strei|fer (der, -s, -) Matte zur Reinigung der Schuhe.
Fuß|an|gel (die, -, -n) Falle.
Fuß|bad (das, -s, -bä|der) Bad nur für die Füße.
Fuß|ball (der, -s, kein Plural) Mannschaftssportart. Fußball spielen, *aber:* Das Fußballspielen kann er gut. fußballerisch.
Fuß|ball|bun|des|trai|ner (der, -s, -) Leiter der Fußballnationalmannschaft.
Fuß|bal|ler (der, -s, -) Fußballspieler.
Fuß|ball|fan (der, -s, -s) Anhänger des Fußballsports oder einer Mannschaft.
Fuß|ball-Län|der|spiel (*auch:* Fuß|ball|län|der|spiel) (das, -s, -e) Begegnung zweier Fußballnationalmannschaften.
Fuß|ball|mann|schaft (die, -, -en) Team; Elf.
Fuß|ball|meis|ter|schaft (die, -, -en) Turnier.
Fuß|ball|spiel (das, -s, -e) Begegnung zweier Fußballmannschaften.
Fuß|ball|sta|di|on (das, -s, sta|di|en) Arena.
Fuß|bank (die, -, -bän|ke) Schemel.
Fuß|bo|den (der, -s, -bö|den) Bodenfläche eines Raums.
Fuß|bo|den|hei|zung (die -, -en) Raumheizungssystem unter dem Fußboden.
Fus|sel (die/der, -s/-, -/-n) Wollfädchen; Faserstückchen. Adjektiv: fusslig (*auch:* fusselig). Verb: fusseln.
fu|ßen (V.) sich gründen auf.
Fuß|en|de (das, -s, -n) unterer Teil.
Fuß|fall (der, -s, -fäl|le) Kniefall. Adjektiv: fußfällig (veraltet).
Fuß|gän|ger (der, -s, -) jmd., der zu Fuß geht.
Fuß|gän|ger|über|weg (der, -s, -e) gekennzeichnete Überquerung der Fahrbahn.
Fuß|gän|ger|zo|ne (die, -, -n) für Fahrzeuge gesperrter Bereich.
Fuß|marsch (der, -s, -mär|sche) schnelle Wanderung.
Fuß|mat|te (die, -, -n) Abtreter.
Fuß|no|te (die, -, -n) Anmerkung am unteren Rand der Druckseite.
Fuß|pilz (der, -, kein Plural) Hautkrankheit an den Füßen, bes. zwischen den Zehen.
Fuß|stap|fen (der, -, -) Trittprofil im weichen Untergrund.
Fuß|tritt (der, -s, -e) heftiger Stoß mit dem Fuß.
Fuß|volk (das, -s, kein Plural) 1. Infanterie; 2. (ugs.) unbedeutende Leute.
Fuß|weg (der, -s, -e) Gehweg; Pfad.
Fus|ta|nel|la (die, -s, -len) (griech.-ital.) der kurze Männerrock in der griechischen Nationaltracht.
Fus|ti (die, nur Plural) (ital.) 1. unbrauchbare Warenbeimischung; 2. Preisnachlass für Unreinheiten einer Ware.
Fu|ton (der, -s, -s) (jap.) hart gepolsterte Matte als Matratze.
Fut|ter (das, -s, kein Plural) 1. Tiernahrung; 2. Innenstoff.
Fut|te|ral (das, -s, -e) Hülle; Etui.
Fut|ter|krip|pe (die, -, -n) Trog für die Fütterung.
Fut|ter|mit|tel (das, -s, -) Tiernahrung.
fut|tern (V.) (ugs.) essen.
füt|tern (V.) 1. einem Tier zu fressen geben; 2. ein Kleidungsstück von innen mit Stoff ausschlagen.
Fut|ter|neid (der, -s, -) Neid auf bessere Ernährung anderer, Missgunst über größeren Erfolg und Wohlstand anderer.
Fut|ter|sei|de (die, -, -) Seide als Futterstoff.
Fut|ter|stoff (der, -s, -e) Material für Innenfutter.
Fu|tur (das, -s, -e) (lat.) (gramm.) Zukunft. futurisch.
Fu|tu|ris|mus (der, -, kein Plural) künstlerische Strömung. Futurist; futuristisch.
Fu|tu|ro|lo|gie (die, -, kein Plural) Zukunftsforschung. Futurologe; futurologisch.
Fuz|zy|lo|gik (*auch:* Fuz|zy|lo|gic/Fuz|zy Lo|gic) (die, -, kein Plural) (engl.) mathematische Theorie, die nicht nur zwischen wahren und falschen Aussagen unterscheidet, sondern auch Annäherungswerte zulässt.

G

g (Abk.) **G**ramm. *Beachte:* immer kleingeschrieben und ohne Punkt!

G 1. Tonbezeichnung; 2. (Abk.) **G**auß; 3. (Abk.) **G**eld (auf Kurszetteln); 4. Formelzeichen für Erdbeschleunigung.

Ga (Abk.) **Ga**llium (chemisches Zeichen).

Ga|bar|di|ne (der/die, -/-s, kein Plural) (span.-franz.) ein stark gerippter Stoff.

Gab|b|ro (der, -s, kein Plural) (ital.) ein dunkles Tiefengestein.

Ga|be (die, -, -n) 1. Spende; Geschenk; 2. Begabung; Talent.

Ga|bel (die, -, -n) 1. Essgerät; 2. Forke; 3. Verzweigung. gabelförmig

Ga|bel|an|ti|lo|pe (die, -, -n) seltene amerikanische Antilopenart.

Ga|bel|früh|stück (das, -s, -e) kleiner Imbiss.

Ga|bel|griff (der, -s, -e) Fingerstellung beim Turnen und beim Spielen von Blasinstrumenten.

Ga|bel|hirsch (der, -s, -e) junger Hirsch.

ga|be|lig (*auch:* gab|lig) (Adj.) gabelförmig; verzweigt.

ga|beln (V.) 1. mit der Gabel aufspießen; 2. (refl.) sich verzweigen.

Ga|bel|stap|ler (der, -s, -) Fahrzeug zum Stapeln schwerer Gegenstände.

ga|bel|stän|dig (Adj.) wie eine zweizinkige Gabel verzweigt.

Ga|bel|stüt|ze (die, -, -n) Stütze für einen Maschinengewehrlauf.

Ga|be|lung (*auch:* Gab|lung) (die, -, -en) Abzweigung; Aufteilung in zwei Arme; Verzweigung. Weggabelung.

Ga|ben|tisch (der, -s, -e) Sammelplatz für Geschenke.

Ga|bun (ohne Art., -s, kein Plural) afrikanischer Staat; Gabuner; gabunisch.

ga|ckern (V.) schreien; schnattern.

Ga|do|li|nit (der, -s, kein Plural) (nlat.) ein Berylliummineral.

Ga|do|li|ni|um (das, -s, kein Plural) (nlat.) ein Seltenerdmetall.

Gaf|fel (die, -, -n) Segelmast. Gaffelsegel.

gaf|fen (V.) anschauen; starren. Gafferei.

Gaf|fer (der, -s, -) sensationslüsterner Zuschauer.

Gag (der, -s, -s) (engl.) komischer Einfall; Überraschungseffekt; Besonderheit.

Ga|ga|ku (das, -, kein Plural) (jap.) Orchester- oder Chormusik am japanischen Kaiserhof des Mittelalters.

Ga|gat (der, -s, -e) (griech.) harte, glänzende Kohlensubstanz (z. B. für Trauerschmuck).

Ga|ge (die, -, -n) (franz.) Bezahlung; Honorar.

Gag|man (der, -s, Gag|men) jmd., der die Gags (für einen Film, ein Bühnenstück) erfindet.

gäh|nen (V.) 1. vor Müdigkeit tief Luft holen; 2. offen stehen, leer sein. Er wurde müde und gähnte. Vor ihm gähnte der Abgrund. Im Saal herrscht gähnende Leere. Gähnerei.

Gah|nit (der, -s, kein Plural) dunkles Mineral; Zinkspinell.

Gail|lard (der, -s, -s) (franz.) französische Bezeichnung für »Bruder Lustig«.

Gail|lar|de (die, -, -n) (franz.) Tanz.

Gai|ta (die, -, -s) (span.) Sammelbezeichnung für verschiedene spanische Blasinstrumente.

Gal (das, -s, -) (ital.) (Kurzw.) Maßeinheit der Erdbeschleunigung (früher).

Ga|la (die, -, kein Plural) (span.) Festkleidung; Pomp. sich in Gala werfen (sich für einen besonderen Anlass gut kleiden). galamäßig.

Ga|la|abend (der, -s, -e) festliche Veranstaltung. Galaessen; Galakonzert; Galavorstellung;.

Ga|la|bi|ya (die, -, -s) (arab.) weites Wollgewand der ärmeren Bevölkerung arabischer Länder.

Ga|la|go (der, -s, -s) kleiner afrikanischer Halbaffe.

Ga|lak|t|a|go|gum (das, -s, -ga) (griech.) milchförderndes Mittel für Wöchnerinnen.

Ga|lak|to|me|ter (das, -s, -) (griech.) Dichtemessgerät zur Bestimmung des Milchfettgehalts.

Ga|lak|tor|rhö (die, -, -en) (griech.) Milchfluss nach der Stillzeit.

Ga|lak|to|se (die, -, -n) (griech.) Milchzucker.

Ga|lan (der, -s, -e) Liebhaber.

ga|lant (Adj.) (franz.) höflich; liebenswürdig.

Ga|lan|te|rie (die, -, -n) Höflichkeit; Liebenswürdigkeit.

Ga|la|num|mer (die, -, -n) Einzelauftritt in einer Festvorstellung.

Ga|la|uni|form (die, -, -en) Uniform für festliche Anlässe.

Ga|la|xie (die, -, -n) (griech.) Sternsystem. Galaxis (Milchstraße); galaktisch.

Gä|le (der, -n, -n) keltischer Einwohner Irlands und Schottlands.

Ga|le|as|se (die, -, -n) (ital.-franz.) kleiner Küstenfrachtsegler.

Ga|lee|re (die, -, -n) (ital.) Ruderschiff; rudergetriebenes antikes Kriegsschiff.

Ga|lee|ren|skla|ve (der, -n, -n) auf einer Galeere rudernder Leibeigener.

Ga|lee|ren|stra|fe (die, -, -n) Verurteilung zum Dienst auf einer Galeere.

Ga|le|nik (die, -, kein Plural) Lehre von natürlichen pflanzlichen Heilmitteln.

Ga|le|ni|kum (das, -s, -ni|ka) vom Apotheker nach ärztlichem Rezept zubereitetes Medikament.

Ga|le|nit (der, -s, -e) ein Mineral; Bleiglanz.

Ga|le|o|ne (die, -, -n) (niederl.) Segelschiff.

Ga|le|ot (der, -en, -en) (griech.-lat.-roman.) Galeerensklave.

Ga|le|o|te (die, -, -n) (griech.-lat.-roman.) kleines Küstenfahrzeug, der Galeasse ähnlich.

Ga|le|rie (die, -, -n) (ital.) 1. oberster Rang (Theater); 2. Gemäldesammlung; Gemäldeausstellung; 3. offener Gang.

Ga|le|rie|wald (der, -s, -wäl|der) Waldsaum an Flussläufen.

Ga|le|rie|woh|nung (die, -, -en) mehrstöckige Wohnung mit nur teilweise geschlossenen Zwischendecken und balkonähnlichen Wohnebenen.

Ga|le|rist (der, -en, -en) Kunsthändler.

Ga|let|te (die, -, -n) (franz.) flacher Blätterteigkuchen.

Gal|gant (der, -s, -e) (arab.-lat.) ein asiatisches Ingwergewächs; Gewürz; Magenmittel.

Gal|gen (der, -s, -) 1. Hinrichtungsvorrichtung; 2. Hebebaum.

Gal|gen|frist (die, -, -en) 1. Zeit zwischen Todesurteil und Hinrichtung; 2. Aufschub eines unangenehmen Termins.

Gal|gen|hu|mor (der, -s, kein Plural) bittere Heiterkeit.
Gal|gen|vo|gel (der, -s, -vö|gel) Gauner; Taugenichts.
Ga|li|on (das, -s, -s) (niederl.) Vorbau am Bug eines Schiffes.
Ga|li|ons|fi|gur (die, -, -en) Holzplastik am Bug eines Schiffes.
Ga|li|pot (der, -s, kein Plural) (franz.) Kiefernharz (als Rohstoff).
gä|lisch (Adj.) inselkeltisch.
Ga|li|va|ten (die, nur Plural) (engl.) Transportschiffe in Indien.
Gall|ap|fel (der, -s, -äp|fel) Geschwulst auf Blättern.
Gal|le (die, -, -n) 1. Verdauungssekret; 2. Geschwulst (Tiere). Gift und Galle speien (wütend sein); die Galle läuft jmdm. über (jmd. geht in die Luft, jmd. fährt aus der Haut).
gal|len|bit|ter (Adj.) unangenehm bitter.
Gal|len|bla|se (die, -, -n) Speicher für die Gallenflüssigkeit.
Gal|len|gang (der, -s, -gän|ge) Verbindung zwischen Leber und Gallenblase.
Gal|len|säu|re (die, -, -n) Bestandteil der Gallenflüssigkeit.
Gal|len|stein (der, -s, -e) Steinbildung aus Gallebestandteilen.
Gal|lert (das, -s/-es, -e) Gelatine. Gallertmasse; gallertartig; gallertig.
Gal|li|er (der, -s, -) Einwohner Galliens; Kelte im Gebiet des späteren Frankreichs.
gal|lig (Adj.) 1. bitter; 2. erbittert; zornig.
gal|lisch (Adj.) zu Gallien gehörig; Frankreich verkörpernd.
gal|li|sie|ren (V.) (lat.) bei der Weinproduktion dem Traubensaft eine Zuckerlösung beimengen, um den Alkoholgehalt zu erhöhen oder den Säuregehalt zu senken.
Gal|li|um (das, -s, kein Plural) (nlat.) ein Element; Weichmetall.
Gal|li|zis|mus (der, -, -men) (nlat.) französische Spracheigentümlichkeit (in einer Kontaktsprache).
Gal|lo|ma|ne (der, -n, -n) (lat.-griech.) Bezeichnung für jmd., der alles Französische wie besessen bewundert und imitiert.
Gal|lo|ma|nie (die, -, kein Plural) (griech.-lat.) besessene Imitation alles Französischen.
Gal|lo|ne (die, -, -n) (engl.) altes Hohlmaß.
gal|lo|phil (Adj .) (lat.-griech.) = frankophil.
Gal|mei (der, -s, -e) Zinkerz (in der Technik).
Ga|lon (der, -s, -s) (franz.) glänzendes, schmales Zierband (an den Hosenseitennähten).
ga|lo|nie|ren (V.) mit Galons versehen.
ga|lop|pie|ren (V., ist) schnell reiten. Galopp.
Ga|lop|per (der, -s, -) auf Galoppsport spezialisiertes Rennpferd.
Ga|lopp|ren|nen (das, -s, -n) Pferderennen. Galopprennbahn.
Ga|lo|sche (die, -, -n) (franz.) (ugs.) ausgetretener Pantoffel.
galt (Adj.) (südd.) unfruchtbar; keine Milch gebend (Vieh). Galtvieh.
Gall|wes|pe (die, -, -n) kleiner Hautflügler.
gal|va|ni|sie|ren (V.) durch Elektrolyse mit Metall überziehen. Galvanisation; Galvaniseur; Galvanisierung; Galvanotechnik.
Gal|va|nis|mus (der, -, kein Plural) Lehre von der Umwandlung chemischer in elektrische Energie. galvanisch.
Gal|va|no (der, -s, -s) Druckstock für hohe Auflagen.
Gal|va|no|kaus|tik (die, -, -en) chirurgische Methode mit elektrischen Instrumenten. galvanokaustisch.
Gal|va|no|kau|ter (der, -s, -) chirurgisches Instrument.
Gal|va|no|me|ter (das, -s, -) Gerät zum Messen elektrischer Ströme und Spannungen. galvanometrisch.
Gal|va|no|s|kop (das, -s, -e) Galvanometer. galvanoskopisch.
Ga|man|der (der, -s, -) (griech.) Heilpflanze.
Ga|ma|sche (die, -, -n) (arab.) Fuß-, Beinbekleidung.
Gam|ba|de (die, -, -n) (lat.-ital.-franz.) 1. Luftsprung; 2. Kapriole; 3. schneller Entschluss.
Gam|be (die, -, -n) (ital.) Streichinstrument. Gambist.
Gam|bia (ohne Art., -s, kein Plural) afrikanischer Staat. Gambier; gambisch.
Gam|bit (das, -s, -s) (span.) Eröffnungsvariante (Schach).
Ga|me|lan (das, -s, -s) (malai.) indonesisches Orchester mit xylophonähnlichen Instrumenten und Gongs.
Ga|met (der, -en, -en) (griech.) Geschlechtszelle (z. B. Ei- oder Samenzelle beim Menschen).
Gam|ma (das, -s, -s) (griech.) griechischer Buchstabe (Γ, γ).
Gam|ma|as|tro|no|mie (die, -, kein Plural) Beobachtung der Röntgenstrahlung im Weltall.
Gam|ma|glo|bu|lin (das, -s, -e) (griech.-nlat.) ein Blutserum-Eiweißkörper, der (immunisierende) Schutzstoffe bildet.
Gam|ma|rus (der, -, kein Plural) (griech.-lat.) Flohkrebs.
Gam|ma|strah|len (*auch:* γ-Strah|len) (die, nur Plural) radioaktive Strahlen; Röntgenstrahlen.
Gam|me (die, -, -n) (griech.-lat.-franz.) Tonleiter; Skala.
gam|meln (V.) (ugs.) herumlungern; faulenzen. Gammelei.
gam|me|lig (*auch:* gamm|lig) (Adj.) verdorben; verwahrlost.
Gamm|ler (der, -s, -) Herumtreiber; Faulenzer; Landstreicher.
ga|mo|phob (Adj.) (griech.) ehescheu.
ga|mo|t|rop (Adj.) (griech.) die Geschlechtsorgane schützend (Bot.).
Gams (*auch:* Gäm|se) (der/die/das, -, -en) Bergwild. Gamsbock/Gämsbock; Gämsleder; Gamswild.
Gams|bart (*auch:* Gäms|bart) (der, -s, -bär|te) Hutschmuck aus Gamshaar.
Ga|na|che (die, -, kein Plural) (franz.) süße Nachspeise aus Sahne und Schokolade.
gang (nur in Verbindung:) gang und gäbe sein (üblich sein).
Gang 1. (der, -s, Gän|ge) Gehen; Weg; Ablauf. im Gange sein; in Gang bringen/halten/setzen, *aber:* das Ingangsetzen der Maschine. 2. (die, -, -s) (engl.) Verbrecherbande.
Gang|art (die, -, -en) Art und Weise zu gehen.
Gang|bar|keit (die, -, kein Plural) Begehbarkeit. gangbar.
gän|geln (V.) bevormunden.
Gän|gel|band (das, -s, -bän|der) Vorrichtung zum Festhalten von Kindern, die Laufen lernen. jemanden am Gängelband halten (jemanden unselbstständig halten).

Gän|ge|lei (die, -, -en) lästige Bevormundung. Gängelung.
Gang|ge|stein (das, -s, -e) Klüfte oder Fugen ausfüllendes Eruptivgestein.
gän|gig (Adj.) 1. gebräuchlich; üblich; 2. gangbar; funktionstüchtig; brauchbar.
Gän|gig|keit (die, -, kein Plural) 1. allgemeine Gebräuchlichkeit; 2. gute Verkaufbarkeit; 3. Funktionstüchtigkeit.
Gan|g|li|en|blo|cker (der, -s, -) (griech.-engl.) Arzneimittel, das die Impulsübertragung in den Ganglien unterbricht (zur Blutdrucksenkung).
Gan|g|li|en|sys|tem (das, -s, -e) zentrales Nervensystem. Ganglienzelle.
Gan|g|li|om (das, -s, -e) (griech.-lat.) bösartige Geschwulst (Med.).
Gan|g|li|on (das, -s, -li|en) (griech.) Nervenknoten. Ganglienzelle.
Gan|g|rä|ne (die, -, -n) (griech.-lat.) Gewebebrand; Knochenbrand; Absterben des Gewebes (Med.).
gan|g|rä|nes|zie|ren (V.) (griech.-lat.) brandig werden; absterben.
gan|g|rä|nös (Adj.) (griech.-franz.) zu einer Gangräne gehörig; brandig.
Gang|schal|tung (die, -, -en) Schaltung zum Wechsel der Getriebeübersetzung.
Gang|spill (das, -es, -e) (niederl.) Ankerwinde.
Gangs|ter (der, -s, -) (engl.) Verbrecher.
Gangs|ter|boss (der, -es, -e) (engl.) Anführer einer Gangsterbande.
Gang|way (die, -, -s) (engl.) Lauftreppe (Flugzeug, Schiff).
Ga|no|ve (der, -n, -n) (jidd.) Gauner.
Gans (die, -, Gän|se) 1. Schwimmvogel; 2. Schimpfwort. dumme Gans. Gänsebrust; Gänsefett; Gänsekeule; Gänsekiel; Gänsewein.
Gän|se|blüm|chen (das, -s, -) Wiesenblume.
Gän|se|bra|ten (der, -s, -) gebratene Gans.
Gän|se|fe|der (die, -, -n) Feder der Gans.
Gän|se|füß|chen (die, nur Plural) (ugs.) Anführungszeichen.
Gän|se|gei|er (der, -s, -) südeuropäische Geierart.
Gän|se|haut (die, -, kein Plural) durch Kälte oder Gemütserregung verursachte Aufrichtung der obersten Hautschicht.
Gän|se|klein (das, -s, kein Plural) Zubereitung aus Innereien und Flügeln von Gänsen.
Gän|se|le|ber|pas|te|te (die, -, -n) Zubereitung aus Stopflebern von Gänsen.
Gän|se|marsch (der, -s, kein Plural) Gangart. im Gänsemarsch gehen (in einer Reihe wie die Gänse einhermarschieren).
Gän|se|rich (der, -s, -e) männliche Gans.
Gän|se|schmalz (das, -es, kein Plural) ausgelassenes Gänsefett.
Gan|ser (der, -s, -) (südd.) Gänserich.
Gant (die, -, -en) (südd.) Versteigerung; Konkurs. auf die Gant kommen.
Gan|ter (der, -s, -) (nordd.) Gänserich.
ganz (Adj.) alle; gesamt; vollständig; ziemlich. ganz und gar. *Großschreibung:* im Großen und Ganzen; im Ganzen gefällt mir die Sache recht gut; im Ganzen genommen/gesehen; das Ganze war schlecht; als Ganzes; nichts Halbes und nichts Ganzes; in Gänze; er ging aufs Ganze; wenn es ums Ganze geht, kann man sich auf ihn verlassen. *Beachte:* Zusammenschreibung, wenn beide Adjektive das dazugehörige Substantiv näher bestimmen! Wir haben ganzjährig geöffnet; ein ganztägiges Seminar; ganzheitlich; ganzledern; ganzleinen; ganzseitig; ganztags.
Gan|ze/-s (das, -n, kein Plural) Gesamtheit. Jetzt geht es ums Ganze (jetzt geht es um alles).
Gän|ze (die, -, kein Plural) (nur in Verbindung:) zur Gänze, vollständig.
Ganz|heit (die, -, kein Plural) umfassende Einheit; Geschlossenheit; Unversehrtheit. ganzheitlich.
Ganz|heits|me|di|zin (die, -, kein Plural) medizinische, den ganzen Körper umfassende Richtung.
Ganz|heits|me|tho|de (die, -, -n) Methode des Lesenlernens.
Ganz|jah|res|rei|fen (der, -s, -) Autobereifung, die sommers wie winters eingesetzt werden kann.
Ganz|le|der (das, -s, -) in Leder gebundenes Buch.
Ganz|lei|nen|band (der, -s, -bän|de) in Leinen gebundenes Buch.
gänz|lich (Adj.) vollständig.
Ganz|tags|schu|le (die, -, -n) Schule mit ganztägigem Unterricht.
gar 1. (Adj.) fertig gekocht; (südd.) aufgebraucht. Wir aßen gegartes Gemüse, *aber:* das Gemüse muss erst gar kochen (*auch:* garkochen). Das Fleisch war gar gekocht (*auch:* gargekocht). 2. (Adv.) ganz; sehr; sogar. gar nicht; gar kein; ganz und gar; gar sehr; gar wohl.
Ga|ra|ge (die, -, -n) (franz.) Unterstellplatz (Fahrzeuge). Garagentor; Garagenwagen.
Ga|ra|mond (die, -, kein Plural) (engl.) eine Antiquadruckschrift.
Ga|rant (der, -en, -en) Gewährsmann; Bürge.
ga|ran|tie|ren (V.) (franz.) versichern; haften; bürgen; gewährleisten.
Ga|ran|tie (die, -, -n) (franz.) 1. Gewährleistung; Haftung; 2. Gewissheit.
Ga|ran|tie|frist (die, -, -en) Geltungsdauer einer Garantie.
ga|ran|tiert (Adj.) gewiss; unbedingt.
Ga|ran|tie|schein (der, -s, -e) Dokument über Gewährleistung im Schadensfall.
Ga|raus (der) (nur in der Wendung:) jemandem den Garaus machen (töten; handlungsunfähig machen).
Gar|be (die, -, -n) 1. Getreidebündel; 2. Lichtbündel; 3. Schüsse. Garbenbinder; Maschinengewehrgarbe.
Gar|çon (der, -s, -s) (franz.) Kellner (meist scherzhaft).
Gar|çon|ni|ère (die, -, -n) (österr.) Einzimmerwohnung.
Gar|de (die, -, -n) (franz.) Leibwache; Elitetruppe. Gardekorps; Gardeoffizier; Garderegiment; Gardist.
Gar|de|nie (die, -, -n) (engl.-nlat.) ein Rötegewächs; Zierpflanze.
Gar|de|ro|be (die, -, -n) (franz.) 1. Kleiderablage; Umkleideraum; 2. Kleidung; 3. Kleiderabgabe.
Gar|de|ro|ben|frau (die, -, -en) Person, die Überkleidung von Gästen oder Veranstaltungsbesuchern entgegennimmt.
Gar|de|ro|ben|stän|der (der, -s, -) Vorrichtung zum Aufhängen von Kleidung.
Gar|de|ro|bi|er (der, -s, -s) 1. Garderobenaufsicht; 2. Ankleider.
Gar|di|ne (die, -, -n) (niederl.) Vorhang.
Gar|di|nen|stan|ge (die, -, -n) Vorrichtung zum Aufhängen eines Vorhangs.

Gar|di|nen|pre|digt (die, -, -en) (ugs.) Vorwürfe; Moralpredigt.
ga|ren (V.) 1. gar kochen; gar machen; 2. gar werden.
gä|ren (V., gärte/gor, hat/ist gegärt/gegoren) 1. schäumen; unruhig werden; rumoren; 2. in Gärung befindlich sein; fermentieren. Gärungsprozess.
Gar|ga|ris|ma (das, -s, -ma|ta) (griech.-lat.) Mittel zum Gurgeln (Med.).
Ga|ri|gue (die, -, kein Plural) (franz.) Felsheide (im Mittelmeerraum).
Gar|kü|che (die, -, -n) Speiselokal.
Garn (das, -s, -e) Faden; Netz. Garnknäuel; Garnspule.
Gar|ne|le (die, -, -n) Krebstier.
gar|nie|ren (V.) (franz.) verzieren; schmücken. Garnierung.
Gar|ni|son (die, -, -en) (franz.) 1. militärische Truppe; 2. Truppenquartier. Garnisonsstadt; garnisonieren.
Gar|ni|tur (die, -, -en) (franz.) 1. Ausschmückung; 2. Ausrüstung; Set.
Gar|rot|te (die, -, -n) Halswürgeeisen (als Hinrichtungsgerät in Spanien).
gar|rot|tie|ren (V.) mit der Garrotte hinrichten.
gars|tig (Adj.) hässlich; ungezogen. Garstigkeit.
Gär|stoff (der, -s, -e) Triebmittel.
Gar|ten (der, -s, Gär|ten) Erholungsgelände; Anpflanzung; Anbaufläche für Nutz- und Zierpflanzen. Gartenparty; Forelle nach Gärtnerinart; gärtnerisch. *Beachte:* englischer Garten, aber: der Englische Garten (in München); Garten Eden.
Gar|ten|ar|beit (die, -, -en) Tätigkeit am Garten.
Gar|ten|ar|chi|tekt (der, -en, -en) Gartengestalter.
Gar|ten|bau (der, -s, kein Plural) Gesamtheit aller für die Erhaltung und Nutzung des Gartens notwendigen Verrichtungen. Gartenbauausstellung.
Gar|ten|fest (das, -s, -e) Fest im Garten. Gartenparty.
Gar|ten|haus (das, -es, -häu|ser) Geräteschuppen; Pavillon.
Gar|ten|ko|lo|nie (die, -, -n) Ansammlung von Kleingärten.
Gar|ten|kunst (die, -, kein Plural) künstlerische Gestaltung des Gartens.
Gar|ten|lau|be (die, -, -n) kleines Gartenhaus.
Gar|ten|mö|bel (das, -s, -) Einrichtungsgegenstände für den Aufenthalt im Freien.
Gar|ten|res|tau|rant (das, -s, -s) Speiselokal im Freien.
Gar|ten|schlauch (der, -s, -schläu|che) Bewässerungsschlauch.
Gar|ten|wirt|schaft (die, -, -en) Straußwirtschaft; Biergarten.
Gar|ten|zaun (der, -s, -zäu|ne) Zaun um den Garten.
Gar|ten|zwerg (der, -s, -e) Zierfigur für den Garten.
Gärt|ner (der, -s, -) Person, die beruflich oder als Hobby im Garten arbeitet.
Gärt|ne|rei (die, -, -en) 1. Gartenbau; 2. gewerbsmäßiger Gartenbetrieb.
gärt|nern (V.) (ugs.) im Garten arbeiten.
Gä|rung (die, -, kein Plural) biologischer Umwandlungsprozess; Fermentation.
Gar|zeit (die, -, -en) Kochdauer.
Gas (das, -es, -e) luftförmiger Stoff. Gas-Luft-Gemisch; gasförmig; gasen.
Gas|an|stalt (die, -, -en) Gaswerk.
Gas|au|to (das, -s, -s) mit Gas betriebenes Fahrzeug.
Gas|brand (der, -s, -) Wundinfektion.
Gas|ex|plo|si|on (die, -, -en) durch Gas ausgelöste Explosion.
Gas|feu|er|zeug (das, -s, -e) mit Gas betriebenes Feuerzeug.
Gas|fla|sche (die, -, -n) Druckbehälter für Gas.
Gas|hahn (der, -s, -häh|ne) Regler für den Gasaustritt.
Gas|herd (der, -s, -e) mit Gas betriebene Kochstelle.
Gas|ko|cher (der, -s, -) transportables, mit Gas betriebenes Kochgerät.
Gas|ko|na|de (die, -, -n) (franz.) Aufschneiderei, Angeberei, Prahlerei.
Gas|lei|tung (die, -, -en) Versorgungsleitung.
Gas|mas|ke (die, -, -n) vor giftigen Gasen schützendes Atemgerät.
Gas|ödem (das, -s, -e) (griech.) schwere Infektion, die durch Gasbrandbazillen hervorgerufen wird.
Ga|so|lin (das, -s, kein Plural) Leichtbenzin.
Ga|so|me|ter (der, -s, -) Vorratsbehälter für Gas.
Gas|pe|dal (das, -s, -e) Kraftstoffmengenregler in Fahrzeugen.
Gas|pis|to|le (die, -, -n) kleine Handfeuerwaffe.
Gäss|chen (das, -s, -) kleine Gasse.
Gas|se (die, -, -n) enge Straße.
Gas|sen|hau|er (der, -s, -) populäres Lied; Schlager.
Gas|sen|jun|ge (der, -n, -n) Herumtreiber; Straßenkind.
Gas|si (nur in Verbindung:) Gassi gehen (den Hund ausführen).
Gast (der, -s/-es, Gäs|te) Besucher; Eingeladener; Kunde.
Gast|ar|bei|ter (der, -s, -) ausländischer Arbeitnehmer.
Gast|do|zent (der, -en, -en) Lehrkraft, die an einem Institut als Gast unterrichtet.
Gäs|te|buch (das, -s, -bü|cher) Buch, in dem sich Gäste eintragen.
Gäs|te|hand|tuch (das, -s, -tü|cher) dem Gast vorbehaltenes Handtuch.
Gäs|te|zim|mer (das, -s, -) für Besucher reserviertes Zimmer; Fremdenzimmer.
Gast|freund|lich|keit (die, -, kein Plural) Freundlichkeit gegenüber Fremden. Gastlichkeit; gastfreundlich; gastlich.
Gast|freund|schaft (die, -, kein Plural) Verpflichtung, Fremden Schutz und Unterkunft zu gewähren.
Gast|ge|ber (der, -s, -) Bewirtender; Einladender.
Gast|ge|schenk (das, -s, -e) Mitbringsel des Gastes für seinen Gastgeber.
Gas|ther|me (die, -, -n) Boiler.
gas|tie|ren (V.) ein Gastspiel geben.
gas|tral (Adj.) (griech.) zum Magen gehörig.
Gas|tral|gie (die, -, -n) (griech.) Magenkrampf.
Gast|red|ner (der, -s, -) zum Vortrag eingeladener Redner.
Gas|trek|to|mie (die, -, -n) (griech.) operative Magenentfernung.
gas|trisch (Adj.) = gastral. Vom Magen ausgehend. Gastrisches Fieber.
Gas|tri|tis (die, -, -ti|den) (griech.) Magenschleimhautentzündung.
Gas|tro|en|te|ri|tis (die, -, -ti|den) (griech.) Magen- und Darmentzündung.
gas|tro|gen (Adj.) vom Magen ausgehend.
Gas|tro|nom (der, -en, -en) (griech.) Gastwirt mit gastronomischen Kenntnissen.

Gas|t|ro|no|mie (die, -, kein Plural) Gaststättengewerbe, feine Kochkunst. gastronomisch.
Gas|t|ro|s|ko|pie (die, -, -n) (griech.) Magenspiegelung.
Gas|t|ro|so|phie (die, -, kein Plural) Philosophie des Essgenusses. Gastrosoph/-in; gastrosophisch.
Gast|spiel (das, -s, -e) Auftritt auf einer fremden Bühne.
Gast|spiel|rei|se (die, -, -n) Tournee.
Gast|stät|te (der, -s, -hö|fe) Lokal; Wirtshaus. Gasthaus; Gasthof.
Gast|stät|ten|ge|wer|be (das, -s, kein Plural) Gesamtheit aller gastronomischen Betriebe.
Gast|wirt (der, -s, -e) Betreiber einer Gaststätte.
Gas|werk (das, -s, -e) Anlage zur Herstellung von Versorgung mit Gas.
Gas|zäh|ler (der, -s, -) Messgerät für den Gasverbrauch.
GATT (das, -, kein Plural) (engl.) Abk. für »**G**eneral **A**greement on **T**ariffs and **T**rade«, (Allgemeines Zoll- und Handelsabkommen; Organisation der UNO zum Abbau von Handelsschranken).
Gat|te (der, -n, -n) Ehemann. sich gatten.
Gat|ten|mord (der, -s, -e) Mord am Ehepartner.
Gat|ter (das, -s, -) Zaun; Gitter.
Gat|ter|sä|ge (die, -, -n) Holzbearbeitungsmaschine zur Brettherstellung.
gat|tie|ren Materialien für das Gießen von Gusseisen zusammenstellen.
Gat|tin (die, -, -en) Ehefrau.
Gat|tung (die, -, -en) Art; Familie.
Gat|tungs|be|griff (der, -s, -e) zusammenfassender Begriff. Gattungsname. gattungsmäßig.
GAU (der, -s, -s) (Kurzw.) **g**rößter **a**nzunehmender **U**nfall (in einem Atomkraftwerk). Super-GAU.
Gau (*auch:* das Gäu) (der/das, -s/-es, -e) Bezirk. Gaufest; Allgäu.
Gau|be (*auch:* Gau|pe) (die, -, -n) Dachfenster.
Gau|cho (der, -s, -s) (span.) argentinischer Viehhirte.
Gau|di (die/das, -, kein Plural) (Kurzw.) Gaudium. Gaudiwurm.
Gau|di|um (das, -s, kein Plural) (lat.) Spaß; Ausgelassenheit; Freude.
Gau|fra|ge (die, -, -n) (franz.) Musterung von Papier und Geweben.
Gau|fré (das, -s, -s) (franz.) Gewebe mit eingepresstem Muster.
gau|frie|ren (V.) (franz.) mit einer Prägevorrichtung Muster aufbringen (bei Leder, Stoffen, Papier).
gau|keln (V.) blenden, Possen reißen; täuschen; zaubern.
Gauk|ler (der, -s, -) Zauberer; Akrobat; Jahrmarktskünstler. Gauklerfamilie.
Gauk|le|rei (die, -, -en) Possenspiel; Zauberei; Vortäuschung. Gaukelei; Gaukelspiel.
gauk|ler|haft (V.) unseriös; vorgetäuscht. gaukelhaft; gauklerisch.
Gaul (der, -s, Gäu|le) (abwertend) Pferd.
Gaul|lis|mus (der, -, kein Plural) (franz.-nlat.) vom französischen Staatspräsidenten de Gaulle hervorgebrachtes neues Großmachtstreben Frankreichs.
Gaul|list (der, -en, -en) Anhänger des Gaullismus.
gaul|lis|tisch (Adj.) (franz.) den Gaullismus betreffend, darauf basierend.
Gau|men (der, -s, -) 1. Trennwand zwischen Mund- und Nasenhöhle; 2. Geschmack; Geschmackssinn.
Gau|men|laut (der, -s, -e) Gutturallaut.
Gau|men|kit|zel (der, -s, kein Plural) Delikatesse.
Gau|men|schmaus (der, -es, -e) (ugs.) wohlschmeckendes Essen.
Gau|men|se|gel (das, -s, -) hinterer Teil des Gaumens.
Gau|men|spal|te (die, -, -n) Missbildung des Gaumens; Wolfsrachen; Hasenscharte.
Gau|men|zäpf|chen (das, -s, -) Fortsatz des Gaumensegels.
Gau|ner (der, -s, -) Betrüger. gaunerisch; gaunern.
Gau|ne|rei (die, -, -en) Betrügerei.
Gau|ner|spra|che (die, -, kein Plural) Sondersprache unter Gaunern.
Gau|pe (*auch:* Gau|be) (die, -, -n) Dachfenster.
Gaur (der, -s, -e) (Hindi) hochrückiges, großes Wildrind des südostasiat. Dschungels.
Gaut|sche (die, -, -n) 1. Papierpresse; 2. (südd.) Schaukel.
gaut|schen (V.) 1. Papier nässen und pressen; 2. Auszubildenden in Wasser tauchen (Zunftbrauch der Drucker und Schriftsetzer).
Gaut|scher (der, -s, -) Arbeiter an der Gautsche.
Ga|vi|al (der, -s, -e) indisches Krokodil mit lang ausgezogener flachgedrückter Schnabelschnauze.
Ga|vot|te (die, -, -n) (franz.) ein heiterer Tanz des 17./18. Jahrhunderts; Satz der Suite.
gay (Adj.) (engl.) 1. fröhlich; 2. homosexuell.
Gay (der, -s, -s) (engl.) Homosexueller (im Jargon).
Ga|yal (der, -s, -e) (Hindi) Haustierform des Gaurs.
Ga|ze (die, -, -n) (pers.) durchsichtiger Stoff; Verbandsstoff.
Ga|zel|le (die, -, -n) Antilopenart.
Ga|zet|te (die, -, -n) Zeitschrift.
Gaz|pa|cho (der, -s, -s) (span.) kalte andalusische Gemüsesuppe.
GBl. (Abk.) **G**esetz**bl**att.
G-Dur (das, -, kein Plural) Tonart. G-Dur-Tonleiter.
Ge (Abk.) **Ge**rmanium (chemisches Zeichen).
ge|äch|tet (Adj.) ausgestoßen; rechtlos; verfemt. Geächteter.
Ge|äch|ze (das, -s, kein Plural) Stöhnen; Ächzen.
Ge|äder (das, -s, kein Plural) Adernetz; Maserung. Adjektiv: geädert.
ge|ar|tet (Adj.) beschaffen; veranlagt. Geartetheit.
Ge|äse (das, -s, -) Äsung; Äser.
Ge|äst (das, -s/-es, kein Plural) Astwerk.
geb. (Abk.) 1. **geb**oren(e) (Zeichen: *). Maria Müller(,) geb. Maier. 2. **geb**unden (Bücher).
Ge|bab|bel (das, -s, kein Plural) (ugs.) Geplapper.
Ge|bäck (das, -s, -bä|cke) Backwerk; Plätzchen. Gebäckdose.
Ge|bal|ge (das, -s, kein Plural) Prügelei; Streiten; Streiterei.
Ge|bäl|ke (*auch:* Ge|bälk) (das, -s, kein Plural) Balkenwerk.
Ge|bär|de (die, -, -n) Bewegung; Geste.
ge|bär|den (V., refl.) sich verhalten.
Ge|bär|den|spra|che (die, -, -n) Zeichensprache der Taubstummen.
ge|ba|ren (V., refl.) sich benehmen; verhalten. Gebaren.
ge|bä|ren (V., gebar, hat geboren) zur Welt bringen; hervorbringen.

Geˈbäˈreˈrin (die, -, -nen) Mutter.
geˈbärˈfäˈhig (Adj.) geschlechtsreif.
geˈbärˈfreuˈdig (Adj.) besonders fruchtbar.
Geˈbärˈmutˈter (die, -, -mütˈter) Uterus.
Geˈbärˈstuhl (der, -s, -stühˈle) Vorrichtung für eine Entbindung.
geˈbauchˈkitˈzelt (*auch:* geˈbauchˈpinˈselt) (Part. Perf.) (kommt nur in dieser Verbform vor!) geehrt; geschmeichelt. Er fühlte sich gebauchkitzelt.
Geˈbäuˈde (das, -s, -) Haus; Bauwerk.
Geˈbäuˈdeˈkomˈplex (der, -es, -e) zusammenhängende Gruppe von Gebäuden.
Geˈbäuˈlichˈkeit (die, -, -en; meist Plural) (südd.) Gebäude; Baulichkeiten.
geˈbeˈfreuˈdig (Adj.) großzügig; spendabel.
Geˈbein (das, -s, -e) Knochengerüst eines Toten.
Geˈbell (das, -s, kein Plural) ausdauerndes Bellen.
geˈben (V., gab, hat gegeben; ich gebe, du gibst) 1. aushändigen; reichen; 2. schenken; überlassen; 3. erteilen; bewilligen; 4. vorhanden sein; sich verhalten. Geben (*auch:* geben) ist seliger denn Nehmen (*auch:* nehmen).
Geˈber (der, -s, -) 1. Gebender; Unterstützer; 2. Sender; Taster; Verteiler (Technik).
Geˈberˈland (das, -s, -länˈder) Staat, der anderen Kredite gibt.
Geˈberˈlauˈne (die, -, kein Plural) Großzügigkeit; Spendenfreudigkeit.
Geˈbet (das, -s/-es, -e) Anrufung Gottes. beten.
Geˈbetˈbuch (das, -es, -büˈcher) Sammlung von Gebeten.
Geˈbetsˈmanˈtel (der, -s, -) Schal für den jüdischen Gottesdienst.
Geˈbetsˈmühˈle (die, -, -n) drehbares Gefäß der Lamaisten mit Gebetstexten.
geˈbetsˈmühˈlenˈarˈtig (Adj.) sich ständig wiederholend.
Geˈbetsˈtepˈpich (der, -s, -e) Teppich der Moslems zur Verrichtung des Gebets.
Geˈbiet (das, -s, -e) 1. Bereich; Fach; 2. Fläche; Territorium. gebietlich.
geˈbieˈten (V., gebot, hat geboten) befehlen.
Geˈbieˈter (der, -s, -) Herrscher. gebietend.
geˈbieˈteˈrisch (Adj.) herrisch.
Geˈbietsˈanˈspruch (der, -s, -sprüˈche) territoriale Forderung.
Geˈbietsˈkörˈperˈschaft (die, -, -en) Gemeinde; Landkreis.
geˈbietsˈweiˈse (Adj.) lokal; regional.
Geˈbilˈde (das, -s, -) Form; Erzeugnis; Gegenstand.
Geˈbimˈmel (das, -s, kein Plural) helles Läuten.
Geˈbinˈde (das, -s, -) Bündel; Strauß; Verpackung. Blumengebinde.
Geˈbirˈge (das, -s, -) Berge; Berggruppe.
geˈbirˈgig (Adj.) stark uneben. Gebirgigkeit.
Geˈbirgˈler (der, -s, -) Bewohner eines Gebirges.
Geˈbirgsˈbach (der, -s, -bäˈche) im Gebirge entspringender Bach.
Geˈbirgsˈbilˈdung (die, -, kein Plural) Faltung der Erdkruste; Epirogenese.
Geˈbirgsˈjäˈger (der, -s, -) für Gebirgseinsätze geschulte militärische Truppe.
geˈbirgsˈkunˈdig (Adj.) sich im Gebirge gut auskennen.
Geˈbirgsˈmasˈsiv (das, -s, -e) zusammenhängender Teil eines Hochgebirges.
Geˈbirgsˈpass (der, -es, -päsˈse) als Übergang geeignetes Tal.
Geˈbirgsˈstock (der, -s, -e) Gebirgsmassiv.
Geˈbirgsˈzug (der, -s, -züˈge) Gebirgskette.
Geˈbiss (das, -es, -e) Zähne.
Geˈbläˈse (das, -s, -) Winderzeuger.
Geˈblöˈdel (das, -s, kein Plural) (ugs.) Unsinn.
Geˈblöˈke (*auch:* Geˈblök) (das, -s, kein Plural) Blöken; Geschrei.
geˈblümt (Adj.) mit Blumenmustern.
Geˈblüt (das, -s/-es, kein Plural) Herkunft; Geschlecht.
geˈboˈren (Adj.) Angabe des elterlichen Namens (Abk.: geb., *). Sie ist eine geborene von Kühl. Frau Müller(,) geb. von Kühl.
Geˈborˈgenˈheit (die, -, kein Plural) Schutz; Behütetsein. Adjektiv: geborgen. Verb: bergen.
Geˈbot (das, -s/-es, -e) 1. Vorschrift; Grundsatz; 2. Angebot. Das fünfte Gebot, *aber:* die Zehn Gebote.
Geˈbotsˈschild (das, -s, -er) Verkehrszeichen.
Gebr. (Abk.) **Gebr**üder.
geˈbrandˈmarkt (Adj.) bloßgestellt; kritisiert. (*Aber:* Es hat gebrannt!).
Geˈbräu (das, -s, -e) (ugs.) Mischung; Getränk.
Geˈbrauch (der, -s, -bräuˈche) Sitte; Gewohnheit; Anwendung.
geˈbrauˈchen (V.) benutzen; anwenden.
geˈbräuchˈlich (Adj.) allgemein; üblich. Gebräuchlichkeit
Geˈbrauchsˈanˈweiˈsung (die, -, -en) Bedienungsanleitung.
geˈbrauchsˈferˈtig (Adj.) bereit; benutzbar.
Geˈbrauchsˈgeˈgenˈstand (der, -s, -stänˈde) Gegenstand für den täglichen Gebrauch.
Geˈbrauchsˈgraˈfik (*auch:* Geˈbrauchsˈgraˈphik) (die, -, kein Plural) künstlerische Gestaltung für den täglichen Bedarf (z. B. Werbung).
Geˈbrauchsˈliˈteˈraˈtur (die, -, kein Plural) auf einen praktischen Zweck ausgerichtete Literatur (z. B. Sachbücher).
Geˈbrauchsˈmuˈsik (die, -, kein Plural) für einen bestimmten Zweck hergestellte Musik (z. B. Filmmusik).
Geˈbrauchsˈmusˈter (das, -s, -) geschützte Erfindung.
geˈbraucht (Adj.) alt; aus zweiter oder dritter Hand.
Geˈbrauchtˈwaˈgen (der, -s, -) älteres Fahrzeug.
Geˈbraus (*auch:* Geˈbrauˈse) (das, -es, kein Plural) starkes, anhaltendes, brausendes Geräusch.
geˈbreˈchen (V., gebrach, hat gebrochen) fehlen; mangeln. Es gebricht ihm an den erforderlichen Fähigkeiten.
Geˈbreˈchen (das, -s, -) körperlicher Schaden, Fehler.
Geˈbrechˈlichˈkeit (die, -, kein Plural) Altersschwäche; Hinfälligkeit. gebrechlich.
Geˈbrüˈder (die, -, nur Plural) Brüder (Abk.: Gebr.).
Geˈbrüll (das, -s, kein Plural) Brüllen; Geschrei.
Geˈbrumˈme (*auch:* Geˈbrumm; Geˈbrumˈmel) (das, -s, kein Plural) Brummen; Gemurmel.
Geˈbühr (die, -, -en) 1. Abgabe; Betrag; Entgelt; 2. Angemessenheit; Schicklichkeit.

ge|büh|ren (V.) verdienen; zustehen. Es gebührt ihm großes Lob für die gute Leistung.
ge|büh|rend (Adj.) angemessen; schicklich. Für seine gute Leistung wurde er gebührend gelobt. gebührendermaßen.
ge|büh|ren|frei (Adj.) kostenlos.
Ge|büh|ren|er|hö|hung (die, -, -en) Steigerung eines Entgelts.
Ge|büh|ren|ord|nung (die, -, -en) Festlegung von Entgelten; Tarif.
ge|büh|ren|pflich|tig (Adj.) mit der Zahlung eines Entgelts verbunden.
Ge|büh|ren|zäh|ler (der, -s, -) Messgerät für anfallende Gebühren (z. B. Telefongebühren).
Ge|burt (die, -, -en) 1. Entbindung; 2. Abstammung.
Ge|bur|ten|kon|t|rol|le (die, -, kein Plural) Empfängnisverhütung.
Ge|bur|ten|rück|gang (der, -s, kein Plural) abnehmende Zahl von Geburten. geburtenschwach.
Ge|bur|ten|über|schuss (der, -es, kein Plural) Bevölkerungszuwachs.
Ge|bur|ten|zu|wachs (der, -es, kein Plural) zunehmende Zahl von Geburten. geburtenstark.
ge|bür|tig (Adj.) abstammend.
Ge|burts|an|zei|ge (die, -, -n) öffentliche Bekanntmachung einer Geburt.
Ge|burts|feh|ler (der, -s, -) Missbildung.
Ge|burts|haus (das, -es, -häu|ser) das Haus, in dem jemand geboren wurde.
Ge|burts|hil|fe (die, -, kein Plural) 1. fachmännische Unterstützung des Geburtsvorgangs; 2. Lehre von Schwangerschaft und Geburt. Geburtshelferin.
Ge|burts|tag (der, -s, -e) Tag der Geburt. Geburtsjahr.
Ge|burts|tags|kind (das, -s, -kin|der) Person, die Geburtstag feiert.
Ge|burts|ur|kun|de (die, -, -n) behördliches Dokument zur Bestätigung von Geburt und Elternschaft.
Ge|büsch (das, -s/-es, -e) Gestrüpp; Dickicht.
Geck (der, -en, Ge|cken) Modenarr; Angeber.
Ge|cken|haf|tig|keit (die, -, kein Plural) übertriebene Eitelkeit. geckenhaft.
Ge|cko (der, -s, -s/-nen) tropische Eidechse.
Ge|dächt|nis (das, -nis|ses, -nis|se) Erinnerungsvermögen; Andenken.
Ge|dächt|nis|fei|er (die, -, -n) Gedenkfeier.
Ge|dächt|nis|hil|fe (die, -, -n) Merkhilfe; Lernhilfe. Gedächtnisstütze.
Ge|dächt|nis|lü|cke (die, -, -n) teilweiser Erinnerungsverlust. Gedächtnisschwund; Gedächtnisstörung.
ge|dächt|nis|schwach (Adj.) vergesslich.
Ge|dan|ke (der, -ns, -n) Überlegung; Vorstellung; Idee. Gedankenlosigkeit; Gedankensprung. gedankenschnell.
Ge|dan|ken|aus|tausch (der, -es, -täu|sche) Gespräch; Meinungsaustausch.
Ge|dan|ken|blitz (der, -es, -e) plötzlicher Einfall.
Ge|dan|ken|frei|heit (die, -, kein Plural) Freiheit des Denkens.
Ge|dan|ken|gang (der, -s, -gän|ge) Nachdenken; Überlegung.
Ge|dan|ken|gut (das, -s, kein Plural) Gesamtheit eines allgemeinen Denkens.
Ge|dan|ken|strich → Regelkasten.

Gedankenstrich

Der Gedankenstrich wird als Gliederungsmittel, Pausenzeichen, Stilmittel und als Ersatz für ausgelassene Wörter oder Satzteile eingesetzt:

1. Zwischen vollständigen Sätzen:
   a) um einen gedanklichen Einschub abzutrennen. Die Weihnachtsfeier soll in diesem Jahr besonders festlich gestaltet werden. – Für mich bedeutet Weihnachten allerdings nur Stress und Rummel.
   b) um einen Sprecherwechsel anzuzeigen. »Hast du es gefunden?« – »Warum hilfst du mir nicht?« – »Ich frage ja nur.«
2. Im Satz zur Markierung längerer Sprech- bzw. Gedankenpausen:
   a) wenn mehrere Themen oder Überschriften aneinandergereiht sind. Das Thesenpapier war eingeteilt in: Einleitung – Themenerörterung – Lösungsvorschläge – Schlusswort.
   b) bei Kommandos: auf die Plätze – fertig – los!
   c) wenn eine Spannung erzeugt werden soll (z. B. es folgt ein unerwartetes Ereignis). Ich sah ihn nur von hinten, lief ihm hinterher und rief nach ihm, er drehte sich um, und es war – ein Fremder.
   d) wenn ein Gedanke nicht zu Ende geführt wird. »Es ist doch alles –!«, schimpfte er.
   e) bei einem Gedankeneinschub. Der Mann behauptet – entgegen den Äußerungen eines Zeugen, der ihn mit Sicherheit gesehen haben will – zum fraglichen Zeitpunkt nicht am Bahnhof gewesen zu sein.
3. Der Gedankenstrich lässt sich mit Kommas, Ausrufezeichen, Fragezeichen und Doppelpunkt kombinieren. *Wichtig:* Auch wenn der zwischen den zwei Gedankenstrichen stehende Einschub ein vollständiger Satz ist, steht kein Punkt!
   a) mit Komma: Die reguläre Kommasetzung wird trotz Einschub beibehalten. Er ging – ein Eigenbrötler wie er ist –, weil ihm die Gesellschaft anderer unerträglich war.
   Aber: ohne Komma: Er ging – ein Eigenbrötler wie er ist – als Erster nach Hause.
   b) mit Ausrufezeichen (vor dem zweiten Gedankenstrich): Mir kam – o Wunder! – ein rettender Gedanke.
   c) mit Fragezeichen (vor dem zweiten Gedankenstrich): Ich fragte sie – warum auch nicht? –, ob sie mit mir einen Kaffee trinken wolle.
   d) mit Doppelpunkt, aber: nach dem zweiten Gedankenstrich! Er säuselte – und dabei sah er ihr tief in die Augen –: »Du allein!«

Ge|dan|ken|über|tra|gung (die, -, -en) Telepathie. Gedankenlesen.
ge|dan|ken|ver|sun|ken (Adj.) konzentriert. gedankenverloren.
ge|dan|ken|voll (Adj.) nachdenklich.
ge|dank|lich (Adj.) 1. begrifflich; 2. geistig; 3. imaginär.
Ge|där|me (*auch:* Ge|därm) (das, -s, -) Eingeweide.
Ge|deck (das, -s, -de|cke) 1. Geschirr und Besteck; 2. Menü.
Ge|deih (der, -s, kein Plural) (nur in der Verbindung:) auf Gedeih und Verderb (ganz und gar, um jeden Preis).
ge|dei|hen (V., gedieh, ist gediehen) wachsen; vorankommen.
Ge|dei|hen (das, -s, kein Plural) Wachstum; Fortgang; Entfaltung.
Ge|deih|lich|keit (die, -, -en) Nützlichkeit; Zuträglichkeit. gedeihlich.
ge|den|ken (V., gedachte, hat gedacht) 1. beabsichtigen; 2. sich erinnern. *Beachte:* Er gedachte(,) nach Hause zu gehen; Er gedachte nach langem Hin und Her(,) doch nach Hause zu fahren.
Ge|den|ken (das, -s, kein Plural) ehrende Erinnerung an eine Person oder ein Ereignis.
Ge|denk|aus|ga|be (die, -, -n) Sonderauflage einer Briefmarke oder eines Buches anlässlich eines Jahrestages.
Ge|denk|fei|er (die, -, -n) Feier zum Gedächtnis einer Person oder eines Ereignisses.
Ge|denk|mi|nu|te (die, -, -n) Schweigeminute.
Ge|denk|mün|ze (die, -, -n) Medaille.
Ge|denk|stät|te (die, -, -n) Denkmal.
Ge|denk|stun|de (die, -, -n) kleine Gedenkfeier.
Ge|dicht (das, -s, -e) 1. Lyrik; Reim; Verse; 2. (ugs.) etwas besonders Schönes.
Ge|dicht|band (der, -s, -bän|de) Gedichtsammlung in Buchform.
Ge|dicht|form (die, -, -en) Gestaltungsprinzip eines Gedichts.
ge|die|gen (Adj.) 1. echt; rein; 2. dauerhaft; solide; 3. zuverlässig; rechtschaffen; 4. (ugs.) wunderlich; seltsam.
Ge|die|gen|heit (die, -, kein Plural) Solidität; Zuverlässigkeit.
Ge|don|ner (das, -s, kein Plural) Donnern; Gedröhne.
Ge|drän|ge (das, -s, kein Plural) Drängen; Fülle.
Ge|drän|gel (das, -s, kein Plural) Drängelei; Geschiebe; dichte Ansammlung.
Ge|drängt|heit (die, -, kein Plural) Enge; Knappheit. gedrängt.
Ge|dröh|ne (*auch:* Ge|dröhn) (das, -s, kein Plural) Dröhnen; Lärmen.
Ge|drückt|heit (die, -, kein Plural) Niedergeschlagenheit. Adjektiv: gedrückt.
ge|drun|gen (Adj.) untersetzt; klein. Gedrungenheit.
Ge|du|del (das, -s, kein Plural) (ugs.) lästige Musik.
Ge|duld (die, -, kein Plural) Ausdauer; Gelassenheit; Gutmütigkeit.
ge|dul|den (V., refl.) ruhig abwarten; durchhalten.
ge|dul|dig (Adj.) beharlich; langmütig; ruhig abwartend.
Ge|dulds|fa|den (der, -s, kein Plural) sinnbildlich für Geduld. Mir reißt gleich der Geduldsfaden. Ich habe einen langen Geduldsfaden.
Ge|dulds|pro|be (die, -, -n) langes Warten.
Ge|dulds|spiel (das, -s, -e) Ausdauer und Geschicklichkeit verlangendes Spiel.
ge|dun|sen (Adj.) aufgeschwemmt; schwammig. Gedunsenheit.
ge|eig|net (Adj.) passend.
Geest (die, -, -en) hoch gelegenes Küstenland. Geestland.
gef. (Abk.) **gef**allen (Zeichen: X).
Ge|fahr (die, -, -en) drohendes Unheil; Bedrohung. Gefahrenherd; Gefahrenmoment; Gefahr laufen; Gefahr bringend (*auch:* gefahrbringend); gefahrvoll; gefährlich.
ge|fähr|den (V.) in Gefahr bringen. Gefährdung.
Ge|fah|ren|be|reich (der, -s, -e) gefährliches Gebiet. Gefahrenzone.
Ge|fah|ren|quel|le (die, -, -n) Ursache einer Gefahr.
Ge|fahr|lo|sig|keit (die, -, kein Plural) Ungefährlichkeit; Harmlosigkeit; Risikolosigkeit. gefahrlos.
Ge|fährt (das, -s, -e) Wagen.
Ge|fähr|te (der, -n, -n) Begleiter; Freund. Gefährtin; Spielgefährte; Lebensgefährte.
Ge|fäl|le (das, -s, -) Höhenunterschied; Abschüssigkeit. Gefällemesser.
ge|fal|len (V., gefiel, hat gefallen) zusagen; erfreuen. Lass dir das nicht gefallen (dulde das nicht)! Gefallsucht; gefällig; gefallsüchtig.
Ge|fal|len (der, -s, -) 1. Anklang; Freude; Zuspruch; 2. Gefälligkeit.
Ge|fal|le|ne (der, -n, -n) im Krieg getöteter Soldat.
Ge|fäl|lig|keit (die, -, -en) Entgegenkommen; Freundschaftsdienst; Hilfsbereitschaft.
ge|fäl|ligst (Adv.) 1. dringend; 2. freundlicherweise.
ge|fan|gen (Adj.) festgenommen; verhaftet. gefangen nehmen; gefangen genommen (*auch:* gefangengenommen); gefangen halten; gefangen gesetzt (*auch:* gefangengesetzt).
Ge|fan|ge|ne (der, -n, -n) Eingesperrter; Häftling.
Ge|fan|ge|nen|be|frei|ung (die, -, -en) Befreiung von Gefangenen.
Ge|fan|ge|nen|la|ger (das, -s, -) Straflager; Internierungslager.
Ge|fan|gen|schaft (die, -, -en) Freiheitsentzug; Haft. Gefangennahme.
Ge|fäng|nis (das, -ses, -se) Strafvollzugsanstalt. Gefängnisstrafe.
Ge|fäng|nis|zel|le (die, -, -n) Schlafraum des Häftlings.
Ge|fa|sel (das, -s, kein Plural) (ugs.) zusammenhangloses Gerede.
Ge|fäß (das, -es, -e) 1. Flüssigkeitsbehälter; 2. Ader.
Ge|fäß|chi|rur|gie (die, -, kein Plural) operatives Behandeln von Blutgefäßen.
Ge|fäß|er|wei|te|rung (die, -, -en) Erweiterung der Blutgefäße.
ge|fäß|reich (Adj.) aderreich; gut durchblutet.
ge|fasst (Adj.) vorbereitet; beherrscht. Gefasstheit.
Ge|fäß|ver|en|gung (die, -, -en) Verengung der Blutgefäße.
Ge|fecht (das, -s/-es, -e) Kampf. jemanden außer Gefecht setzen; kampfunfähig machen; unwirksam machen. im Eifer des Gefechts (im Übereifer, in der Verwirrung).
Ge|fechts|be|reit|schaft (die, -, kein Plural) Einsatzbereitschaft für einen Kampf. gefechtsklar; gefechtsbereit.
Ge|fechts|kopf (der, -s, -köp|fe) explosiver Teil einer Rakete.
Ge|fechts|pau|se (die, -, -n) Unterbrechung der Kampfhandlung.

Ge|fechts|stand (der, -s, -stän|de) Beobachtungsposten der Offiziere während des Gefechts.

Ge|feil|sche (das, -s, kein Plural) Handeln.

ge|feit (Adj.) geschützt; sicher; bewahrt. Verb: feien.

Ge|fie|del (das, -, -s) (ugs.) schlichtes Geigenspiel.

Ge|fie|der (das, -s, -) Federkleid. gefiedert.

Ge|fil|de (das, -s, -) Gegend; Gebiet.

Ge|fla|cker (das, -s, kein Plural) Flackern.

Ge|flat|ter (das, -s, kein Plural) Flattern.

Ge|flecht (das, -s/-es, -e) Flechtwerk.

ge|fleckt (Adj.) gemustert. gelb gefleckt (*auch:* gelbgefleckt).

Ge|flen|ne (das, -s, kein Plural) (ugs.) Weinen.

Ge|flim|mer (das, -s, kein Plural) Flimmern.

Ge|flis|sen|heit (die, -, kein Plural) Fleiß. Adjektiv: geflissentlich.

Ge|flü|gel (das, -s, kein Plural) Federvieh.

Ge|flü|gel|farm (die, -, -en) Zuchtbetrieb für Geflügel.

Ge|flü|gel|sa|lat (der, -s, -e) kaltes Gericht aus Geflügelfleisch und Mayonnaise.

ge|flü|gelt (Adj.) mit Flügeln ausgestattet. geflügeltes Wort (oft gebrauchtes Dichterwort).

Ge|flü|gel|zucht (die, -, kein Plural) Züchtung von Geflügel.

Ge|flun|ker (das, -s, kein Plural) Lügen.

Ge|fol|ge (das, -s, kein Plural) Begleitung (einer hochgestellten Persönlichkeit).

Ge|folg|schaft (die, -, kein Plural) Anhängerschaft.

Ge|folgs|mann (der, -s, -män|ner/leu|te) treuer Anhänger.

ge|fragt (Adj.) begehrt.

ge|frä|ßig (Adj.) unersättlich im Essen. Gefräßigkeit.

Ge|frei|te (der, -n, -n) Soldat. einige Gefreite; manche Gefreiten.

ge|frie|ren (V., gefror, hat/ist gefroren) zu Eis werden.

Ge|frier|fach (das, -es, -fä|cher) zur Tiefkühlung geeignetes Abteil im Kühlschrank.

Ge|frier|punkt (der, -s, kein Plural) Temperatur, bei der eine Flüssigkeit in den festen Aggregatszustand wechselt.

Ge|frier|schrank (der, -s, -schrän|ke) Kühlschrank für Tiefkühlung.

Ge|frier|schutz (der, -es, kein Plural) Frostschutz.

Ge|frier|trock|nung (die, -, kein Plural) Konservierungsverfahren durch Gefrieren und Vakuumtrocknung. Gefrierverfahren; gefriergetrocknet.

Ge|frier|tru|he (die, -, -n) truhenförmiger Kühlschrank für Tiefkühlung.

Ge|fro|re|ne (*auch:* Ge|fror|ne) (das, -n, kein Plural) (südd.) Speiseeis.

Ge|fü|ge (das, -s, -) Aufbau; Ordnung.

ge|fü|gig (Adj.) gehorsam. Gefügigkeit.

Ge|fühl (das, -s, -e) 1. Empfindung; Gespür; Tastsinn; 2. Emotion; Empfindsamkeit.

Ge|fühl|lo|sig|keit (die, -, kein Plural) 1. taub; ohne Sinneseindruck; 2. Empfindungslosigkeit; Grausamkeit; Kälte. gefühllos; gefühlsarm; gefühlskalt.

ge|fühls|be|tont (Adj.) emotional; empfindsam; irrational. Gefühlsduselei.

Ge|fühls|mensch (der, -en, -en) emotionale Person.

Ge|fühls|sa|che (die, -, -n) Entscheidung durch den Instinkt.

ge|fühl|voll (Adj.) empfindsam.

ge|füh|rig (Adj.) günstig zum Skilaufen (Schnee). Geführigkeit.

Ge|fum|mel (das, -s, kein Plural) (ugs.) Fummeln; Begrapschen.

ge|ge|ben (Adj.) sinnvoll; vorhanden. das Gegebene wird sein, …; Wir konnten all das Gegebene (Geschenke) nicht annehmen.

ge|ge|be|nen|falls (Adv.) (Abk.: ggf.) unter Umständen; möglicherweise.

Ge|ge|ben|heit (die, -, -en) Tatsache; Umstand.

ge|gen 1. (Präp., Akk.) dagegen; wider. Er fuhr gegen den Baum. 2. (Adv.) ungefähr. Ich komme gegen zwei Uhr.

Ge|gen|an|griff (der, -s, -e) Erwiderung eines Angriffs.

Ge|gen|an|trag (der, -s, -trä|ge) gegen einen bereits gestellten Antrag gerichteter Antrag.

Ge|gen|aus|sa|ge (die, -, -n) Widerspruch gegen die bereits abgegebene Aussage eines anderen.

Ge|gen|be|haup|tung (die, -, -en) Widerspruch.

Ge|gen|be|we|gung (die, -, -en) 1. Bildung einer Interessengruppe als Reaktion auf eine bestehende; 2. Umkehrung des Motivs (Musik).

Ge|gen|be|weis (der, -es, -e) Widerlegung.

Ge|gend (die, -, -en) Gebiet; Region; Landstrich; Umgebung.

Ge|gen|dar|stel|lung (die, -, -en) Veröffentlichung einer gegensätzlichen Aussage.

Ge|gen|druck (der, -s, kein Plural) Widerstand.

ge|gen|ei|n|an|der (Adv.) einer gegen den anderen. gegeneinandersetzen; gegeneinanderstehen; gegeneinanderlehnen; gegeneinanderstellen. wir sollten das nicht gegeneinander (gegenseitig) aufrechnen.

Ge|gen|fahr|bahn (die, -, -en) Fahrbahn in entgegengesetzter Fahrtrichtung.

Ge|gen|fi|nan|zie|rung (die, -, -en) Steuererleichterungen in einem Bereich, die durch Steuererhöhungen in einem anderen Bereich ausgeglichen werden.

Ge|gen|fra|ge (die, -, -n) Frage anstelle einer Antwort.

Ge|gen|ge|ra|de (die, -, -n) der Zielgerade gegenüberliegende Gerade einer Rennbahn.

Ge|gen|ge|wicht (das, -, -e) Ausgleichsgewicht.

Ge|gen|gift (das, -es, -e) Gegenmittel.

Ge|gen|kan|di|dat (der, -en, -en) Konkurrent.

Ge|gen|kon|di|ti|o|nie|rung (die, -, -en) (lat.) Lernvorgang, durch den ein konditioniertes Verhalten in sein Gegenteil verkehrt werden soll.

Ge|gen|kul|tur (die, -, -en) (dt.-lat.) von einzelnen Gruppierungen entwickelte eigene Kulturformen, die im Gegensatz zu denen der bürgerlichen Gesellschaft stehen und diese ablehnen.

ge|gen|läu|fig (Adj.) entgegengesetzt.

Ge|gen|leis|tung (die, -, -en) Leistung als Ausgleich oder Dank.

ge|gen|len|ken (*auch:* ge|gen|steu|ern) (V.) 1. auf glatter Fahrbahn das Fahrzeug durch Lenkmanöver in der Richtung halten; 2. einer Entwicklung entgegenwirken.

ge|gen|le|sen (V., las gegen, hat gegengelesen) Text durch einen zweiten Korrekturleser prüfen.

Ge|gen|licht|auf|nah|me (die, -, -n) fotografische Aufnahme bei von vorne auf die Kamera fallendem Licht.

Ge|gen|maß|nah|me (die, -, -n) Maßnahme, die eine bereits ergriffene Maßnahme wirkungslos machen soll.

Ge|gen|mit|tel (das, -s, -) Substanz, die die Wirkung eines vorherigen Mittels aufhebt.

Ge|gen|of|fen|si|ve (die, -, -n) Gegenangriff.

Ge|gen|par|tei (die, -, -en) gegnerische Partei; Gegenspieler; Gegner.

Ge|gen|pol (der, -s, -e) entgegengesetzter Pol; Antipol.

Ge|gen|pro|be (die, -, -n) 1. Überprüfung einer Rechnung; 2. Auszählen der Gegenstimmen.

Ge|gen|re|for|ma|ti|on (die, -, kein Plural) (dt.-lat.) innere Erneuerung und Ausbreitung des Katholizismus im 16. und 17. Jahrhundert als Gegenbewegung zur Reformation.

Ge|gen|re|gie|rung (die, -, -en) mit der rechtmäßigen Regierung rivalisierendes Schattenkabinett.

Ge|gen|satz (der, -es, -sät|ze) 1. Entgegengesetztes; Entgegenstellung; Gegenteil; 2. Widerspruch; Opposition; 3. Feindseligkeit; Verschiedenheit.

Ge|gen|sätz|lich|keit (die, -, -en) Gegenläufigkeit; Unvereinbarkeit; Antinomie; Polarität. gegensätzlich.

Ge|gen|schlag (der, -s, -schlä|ge) Erwiderung eines Schlages.

Ge|gen|sei|te (die, -, -n) 1. Gegner; konkurrierende Partei; 2. gegenüberliegende Seite.

ge|gen|sei|tig (Adj.) 1. abwechselnd einer nach dem anderen; 2. einvernehmlich.

Ge|gen|spie|ler (der, -s, -) Gegner.

Ge|gen|stand (der, -s, -stän|de) 1. Ding; Sache; 2. Angelegenheit; Thema.

Ge|gen|ständ|lich|keit (die, -, kein Plural) dem Gegenstand verhaftete Darstellung (Kunst). gegenständlich.

ge|gen|stands|los (Adj.) bedeutungslos; erledigt; hinfällig.

Ge|gen|stim|me (die, -, -n) 1. ablehnendes Votum; 2. gegenläufige Stimme (Musik).

Ge|gen|stoß (der, -es, -stö|ße) schnelle Abwehrmaßnahme.

Ge|gen|stück (das, -s, -e) ergänzendes Stück; Pendant.

Ge|gen|teil (das, -s, -e) Entgegengesetztes; Gegensatz; Umgekehrtes. gegenteilig.

Ge|gen|tor (das, -s, -e) Treffer nach einem Führungstor.

ge|gen|über (Präp., Dat.) entgegengesetzt; gegen; im Vergleich zu. *Beachte:* »gegenüber« als Verbzusatz: sich gegenüberstehen; gegenüberliegen; gegenübersitzen; gegenüberstellen. *Aber:* (als Präposition): gegenüber (auf der anderen Seite) liegen zwei Bauernhöfe.

Ge|gen|über (das, -s, -) Gesprächspartner; Mitmensch.

Ge|gen|über|stel|lung (die, -, -en) 1. polizeiliche Ermittlungsmethode; 2. Vergleich.

Ge|gen|vor|schlag (der, -s, -schlä|ge) Vorschlag einer Alternativlösung.

Ge|gen|ver|kehr (der, -s, kein Plural) Verkehr in entgegengesetzter Fahrtrichtung.

Ge|gen|wart (die, -, kein Plural) 1. Heute; Jetztzeit; 2. Anwesenheit; Präsenz; 3. Präsens (gramm.). gegenwärtig; gegenwartsbezogen; gegenwartsfremd; gegenwartsnah(e).

Ge|gen|warts|spra|che (die, -, kein Plural) heutige Sprache.

Ge|gen|wehr (die, -, kein Plural) Abwehr; Widerstand.

Ge|gen|wert (der, -s, -e) Ausgleich; Ersatz.

Ge|gen|wind (der, -s, kein Plural) Wind von vorne.

ge|gen|zeich|nen (V., zeichnete gegen, hat gegengezeichnet) unterschreiben. Gegenzeichnung.

Ge|gen|zug (der, -s, -zü|ge) 1. Luftzug aus zwei Richtungen; 2. Erwiderung auf einen Spielzug des Gegners (beim Brettspiel).

Geg|ner (der, -s, -) Feind; Gegenspieler. Gegnerschaft; gegnerisch.

gegr. (Abk.) **gegr**ündet.

Ge|grö|le (das, -s, kein Plural) (ugs.) Geschrei.

Ge|ha|be(n) (das, -s, kein Plural) Verhalten; eigenwilliges Benehmen. Verb: gehaben.

Ge|hack|te (das, -n, kein Plural) Hackfleisch.

Ge|halt 1. (der, -s, -e) Inhalt. Gehaltlosigkeit; gehaltarm; gehaltlos; gehaltreich; gehaltvoll; 2. (das, -s, -häl|ter) Bezahlung; Verdienst.

Ge|halts|er|hö|hung (die, -, -en) Aufbesserung des Verdiensts; Gehaltszulage.

Ge|halts|kon|to (das, -s, -kon|ten) Girokonto.

Ge|halts|stu|fe (die, -, -n) einheitliche Einteilung der Besoldung nach Leistung und Arbeitsmerkmalen.

ge|han|di|capt (*auch:* ge|han|di|kapt) (Adj.) (engl.) behindert.

Ge|hän|ge (das, -s, -) Behang; Schmuck.

ge|häs|sig (Adj.) bösartig; feindselig. Gehässigkeit.

Ge|häu|se (das, -s, -) Hülle.

Geh|be|hin|de|rung (die, -, kein Plural) eingeschränkte Beweglichkeit durch Krankheit oder Verletzung. gehbehindert.

Ge|he|ge (das, -s, -) Jagdrevier; eingezäuntes Gebiet. jmdm. ins Gehege kommen (sich unbefugt in jemands Sphäre zu schaffen machen).

ge|heim (Adj.) verborgen; heimlich. *Großschreibung:* etwas/nichts/viel/wenig Geheimes; das Geheime; in der Schachtel hatte sie ihr Geheimstes versteckt; sie freute sich im Geheimen (heimlich); geheim halten (verbergen); geheimtun (mit etwas); das muss geheim bleiben.

Ge|heim|ab|kom|men (das, -s, -) unveröffentlichte Vereinbarung zwischen Staaten.

Ge|heim|agent (der, -en, -en) Ermittler des Geheimdiensts; Spion.

Ge|heim|bund (der, -s, -bün|de) sektiererische Gruppierung.

Ge|heim|dienst (der, -(e)s, -e) staatlicher Nachrichtendienst.

Ge|heim|di|plo|ma|tie (die, -, -n) politisches Handeln unter Ausschluss der Öffentlichkeit.

Ge|heim|fach (das, -es, -fä|cher) verborgenes Fach.

Ge|heim|hal|tung (die, -, -en) Verschweigen; Verbergen.

Ge|heim|nis (das, -ses, -se) 1. Wissen für einen beschränkten Personenkreis; 2. Mysterium; Unerklärliches.

Ge|heim|nis|trä|ger (der, -s, -) Person, die dienstliche Geheimnisse erfährt und sich zu Stillschweigen verpflichtet.

Ge|heim|nis|tu|er (der, -s, -) Person, die sich mit vorgeblichen Geheimnissen sehr wichtig macht. geheimnistuerisch.

ge|heim|nis|voll (Adj.) mysteriös; unerklärlich.

Ge|heim|num|mer (die, -, -n) persönlicher Zugangscode.

Ge|heim|rats|ecke (die, -, -n) (ugs.) an den Schläfen zurückweichender Haaransatz.

Ge|heim|schrift (die, -, -en) chiffrierte Schrift.

Ge|heim|tipp (der, -s, -s) Empfehlung unter Eingeweihten.

Ge|heim|waf|fe (die, -, -n) für einen Überraschungsschlag zurückgehaltene Waffe.

Ge|heiß (das, -es, kein Plural) Befehl; Anordnung. auf Geheiß der Regierung.

ge|hen (V., ging, ist gegangen) 1. zu Fuß laufen; 2. weggehen; 3. reichen; 4. befreundet sein. sich gehen lassen (*auch:* gehenlassen) (unbeherrscht sein); wir haben ihn gehen lassen (nicht zurückgehalten); er lässt es sich gut gehen; er kann mit seinen Skistiefeln nicht gut gehen; baden gehen; schlafen gehen; essen gehen; es ist ein Kommen und Gehen; wir sind zum Gehen bereit.

Ge|hen (das, -s, -) leichtathletischer Wettkampf. 10-km-Gehen. Geher.

ge|hen las|sen (*auch:* ge|hen|las|sen) (V., ließ gehen, hat gehen (ge)lassen) in Ruhe lassen; sich vernachlässigen. Man muss den Vorteig 20 Minuten gehen lassen (*auch:* gehenlassen).

Ge|het|ze (das, -s, kein Plural) 1. große Eile; 2. Aufwiegeln.

ge|heu|er (Adj.) (nur verneint gebraucht!) Die Sache ist mir nicht geheuer (ist unheimlich).

Ge|heul (das, -s, kein Plural) Heulen; Weinen; Wehklagen.

Geh|gips (der, -es, -e) fester, zum Gehen geeigneter Gipsverband.

Ge|hil|fe (der, -n, -n) Geselle; Komplize; Helfer. Gehilfin; Gehilfenbrief.

Ge|hirn (das, -s, -e) 1. Organ mit den wichtigsten Schalt- und Steuerungszentren des Körpers; 2. Verstand.

Ge|hirn|chi|r|ur|gie (die, -, kein Plural) operative Eingriffe in das Gehirn.

Ge|hirn|er|schüt|te|rung (die, -, -en) durch Schlagwirkung entstandene Funktionsstörung des Gehirns.

Ge|hirn|haut|ent|zün|dung (die, -, -en) infektiöse Erkrankung der Gehirnhaut; Meningitis.

Ge|hirn|wä|sche (die, -, -n) Brechung der menschlichen Psyche.

Ge|höft (das, -s, -e) Bauernhof; Anwesen; Gutshof.

Ge|höh|ne (das, -s, kein Plural) Spott.

Ge|hölz (das, -es, -e) Wald; Gebüsch.

Ge|hör (das, -s, kein Plural) 1. das Hören; 2. Beachtung. Er schenkt mir kein Gehör.

ge|hö|ren (V.) 1. jmds. Besitz sein; dabei sein; passen zu; nötig sein; 2. (refl.) sich schicken.

Ge|hör|feh|ler (der, -s, -) Schwerhörigkeit.

Ge|hör|gang (der, -s, -gän|ge) Verbindung zum Trommelfell und das Ohrlabyrinth.

ge|hör|ge|schä|digt (Adj.) schwerhörig.

ge|hö|rig (Adj.) 1. gehörend; 2. gründlich; 3. schicklich.

Ge|hör|lo|sen|spra|che (die, -, -n) Gebärdensprache.

Ge|hör|lo|sig|keit (die, -, kein Plural) Taubheit. Gehörlose; gehörlos.

Ge|hörn (das, -s, kein Plural) Geweih des Rehwilds.

ge|hor|sam (Adj.) fügsam; folgsam.

Ge|hor|sam (der, -s, kein Plural) Folgsamkeit; Unterordnung; williges Gehorchen. Gehorsamkeit.

Ge|hor|sams|ver|wei|ge|rung (die, -, -en) Auflehnung; Ungehorsam; Widerstand.

Ge|hör|sinn (der, -s, kein Plural) Gehör; Hören.

Geh|rock (der, -s, -rö|cke) knielanger Herrenmantel.

Geh|rung (die, -, -en) schräger Zuschnitt von Brettern oder Leisten. Gehrungswinkel.

Geh|steig (der, -s, -e) Bürgersteig; Trottoir; Gehweg.

Geh|ver|band (der, -s, -bän|de) Stützverband bei Verletzungen des Fußes oder Beines.

Gei|er (der, -s, -) Raubvogel; Aasfresser. Geiernase; Geierschnabel.

Gei|fer (der, -s, kein Plural) 1. Speichel; 2. Zorn; Bissigkeit.

Gei|fe|rer (der, -s, -) Eiferer; Meckerer.

gei|fern (V.) 1. spucken; 2. keifen; schimpfen.

Gei|ge (die, -, -n) Streichinstrument; Violine.

gei|gen (V.) 1. Geige spielen; 2. (ugs.) jmdm. die Meinung sagen.

Gei|gen|bau|er (der, -s, -) Hersteller von Streichinstrumenten.

Gei|gen|bo|gen (der, -s, -bö|gen) Stab zum Streichen der Saiten.

Gei|gen|kas|ten (der, -s, -käs|ten) Transportbehälter für eine Geige.

Gei|ger (der, -s, -) Geigenspieler; Violinist.

Gei|ger|zäh|ler (*auch:* Gei|ger-Zäh|ler) (der, -s, -) Messgerät für radioaktive Strahlen.

geil (Adj.) 1. lüstern; wollüstig; 2. (ugs.) prima; hervorragend; toll (Jugendsprache).

Geil|heit (die, -, kein Plural) Lüsternheit; sexuelle Erregung.

Gei|sel (die, -, -n) Gefangener; Menschenpfand. (*aber:* die Geißel!).

Gei|sel|dra|ma (das, -s, -dra|men) dramatischer Verlauf einer Entführung.

Gei|sel|nah|me (die, -, -n) Entführung zur Durchsetzung von Forderungen.

Gei|sel|neh|mer (der, -s, -) Entführer; Kidnapper.

Gei|sha (die, -, -s) (jap.) Unterhalterin (japanisches Teehaus).

Gei|son (das, -s, -s/-sa) (griech.) Abschluss eines antiken Giebels; Kranzgesims.

Geiß (die, -, -en) (südd.) Ziege. die sieben Geißlein.

Geiß|bart (der, -s, kein Plural) Rosengewächs.

Geiß|blatt (das, -s, kein Plural) Heckenkirsche.

Geiß|bock (der, -s, -bö|cke) männliche Ziege.

Gei|ßel (die, -, -n) 1. Peitsche; 2. Heimsuchung; Plage.

Gei|ße|lung (*auch:* Geiß|lung) (die, -, -en) Auspeitschung. geißeln.

Gei|ßel|tier|chen (das, -s, -) Einzeller.

Geiß|fuß (der, -es, -fü|ße) 1. Brecheisen; 2. Gerät zur Zahnbehandlung.
Geiß|hirt (der, -en, -en) Ziegenhirt.
Geist (der, -s/-es, -er) 1. Verstand; Witz; Bewusstsein; Esprit; 2. Gesinnung; Genie; Bedeutung; Sinn; 3. Gespenst; übernatürliche Erscheinung.
Geis|ter|bahn (die, -, -en) Jahrmarktsattraktion.
Geis|ter|be|schwö|rung (die, -, -en) Magie; Zauberei. Geisterbeschwörer.
Geis|ter|bild (das, -s, -er) Bildstörung; Fernsehbild mit mehreren Konturen.
Geis|ter|er|schei|nung (die, -, -en) Erscheinen eines Gespensts; Spuk.
Geis|ter|fah|rer (der, -s, -) Falschfahrer.
geis|ter|haft (Adj.) gespenstisch.
Geis|ter|hand (die, -, -hän|de) (nur in der Verbindung:) wie von Geisterhand (wie von selbst).
geis|tern (V.) 1. als Geist umgehen; 2. (ugs.) herumlaufen.
Geis|ter|stadt (die, -, -städ|te) verlassene Stadt.
Geis|ter|stun|de (die, -, -n) Stunde nach Mitternacht.
Geis|tes|ab|we|sen|heit (die, -, kein Plural) Unaufmerksamkeit; Zerstreutheit. geistesabwesend.
Geis|tes|ar|beit (die, -, kein Plural) Denkleistung; Kopfarbeit. Geistesarbeiter.
Geis|tes|blitz (der, -es, -e) plötzlicher Einfall.
Geis|tes|ga|be (die, -, -n) geistige Fähigkeit.
Geis|tes|ge|gen|wart (die, -, kein Plural) Aufmerksamkeit; Reaktionsschnelligkeit. geistesgegenwärtig.
Geis|tes|ge|schich|te (die, -, kein Plural) Ideengeschichte; Kulturgeschichte. geistesgeschichtlich.
Geis|tes|ge|stört|heit (die, -, kein Plural) geistige Umnachtung; Störung des Seelenlebens. geistesgestört.
Geis|tes|grö|ße (die, -, kein Plural) 1. besondere geistige Begabung; 2. (die, -, -n) geistig besonders begabte Person.
Geis|tes|hal|tung (die, -, -en) geistige Einstellung; Gesinnung.
Geis|tes|kraft (die, -, -kräf|te) Verstand; Denkvermögen; Urteilskraft.
Geis|tes|krank|heit (die, -, -en) Gemütserkrankung; Psychose. Geisteskranke; geisteskrank.
Geis|tes|ver|wandt|schaft (die, -, kein Plural) zwischenmenschliche Übereinstimmungen in der Gesinnung. geistesverwandt.
Geis|tes|ver|wir|rung (die, -, kein Plural) seelische Störung. geistesverwirrt.
Geis|tes|wis|sen|schaft (die, -, -en) Wissenschaft, die sich mit kulturellen Erscheinungen befasst. geisteswissenschaftlich.
Geis|tes|zu|stand (der, -s, kein Plural) gesundheitliche Verfassung von Geist und Seele.
geis|tig (Adj.) 1. gedanklich; innerlich; intellektuell; kulturell; 2. alkoholisch.
Geis|tig|keit (die, -, kein Plural) Gedankentiefe; Intellektualität; Spiritualität.
geist|lich (Adj.) kirchlich.
Geist|li|che (der, -n, -n) Pfarrer. viele Geistliche; alle Geistlichen.
Geist|lich|keit (die, -, kein Plural) Klerus.
Geist|lo|sig|keit (die, -, kein Plural) 1. Banalität; Oberflächlichkeit; 2. (die, -, -en) banale Äußerung; dumme Bemerkung. geistlos.
geist|reich (Adj.) anregend; einfallsreich; witzig.
geist|tö|tend (Adj.) eintönig; langweilig.
Geiz (der, -es, kein Plural) Sparsamkeit; Habgier.
gei|zen (V.) übertrieben sparen; knausern. geizig.
Geiz|kra|gen (der, -s, -) geizige Person. Geizhals.
Ge|jauch|ze (das, -s, kein Plural) Jubeln.
Ge|jau|le (das, -s, kein Plural) Heulen.
Ge|joh|le (das, -s, kein Plural) Johlen.
Ge|kei|fe (das, -s, kein Plural) Schimpfen; Nörgeln.
Ge|kläff (das, -s, kein Plural) Bellen.
Ge|klap|per (das, -s, kein Plural) Klappern.
Ge|klim|per (das, -s, kein Plural) Missklang.
Ge|klin|gel (das, -s, kein Plural) Klingeln.
Ge|klirr (das, -s, kein Plural) Klirren.
Ge|klop|fe (das, -s, kein Plural) anhaltendes Klopfen.
Ge|klüft (das, -s/-es, -e) Schlucht.
Ge|knat|ter (das, -s, kein Plural) Knattern.
ge|knickt (Adj.) 1. abgeknickt; umgeknickt; 2. missgelaunt; niedergeschlagen.
ge|körnt (Adj.) körnig.
Ge|kra|kel (das, -s, kein Plural) schlechte Handschrift.
ge|kränkt (Adj.) beleidigt; verletzt; verstimmt.
ge|kräu|selt (Adj.) lockig; faltig.
Ge|kreisch (das, -es, kein Plural) Geschrei.
Ge|krit|zel (das, -s, kein Plural) kleine unleserliche Schrift.
Ge|krö|se (das, -s, -) Gedärme; Innereien.
ge|küns|telt (Adj.) geziert; manieriert; unecht.
Gel (das, -s, -e) (Kurzw.) Gelatine. Haargel.
Ge|la|ber (das, -s, kein Plural) langweiliges Geschwätz.
Ge|läch|ter (das, -s, kein Plural) Lachen; Heiterkeit.
ge|lack|mei|ert (Adj.) (ugs.) betrogen. Gelackmeierte.
ge|la|den (Adj.) 1. gefüllt; 2. eingeladen; 3. (ugs.) wütend.
Ge|la|ge (das, -s, -) üppiges Gastmahl; Festessen.
ge|lähmt (Adj.) bewegungsunfähig. Gelähmte; Gelähmtheit.
Ge|län|de (das, -s, -) Gebiet; Grundstück.
Ge|län|de|fahr|zeug (das, -s, -e) geländegängiges Fahrzeug.
ge|län|de|gän|gig (Adj.) auf unbefestigtem Weg benutzbar.
Ge|län|de|lauf (der, -s, -läu|fe) Wettlauf im freien Gelände; Querfeldeinlauf.
Ge|län|de|marsch (der, -s, -mär|sche) Fußmarsch durch freies Gelände.
Ge|län|der (das, -s, -) Stütze.
Ge|län|de|ritt (der, -s, -e) Ritt über freies Gelände; Querfeldeinritt.
Ge|län|de|spiel (das, -s, -e) Spiel im freien Gelände.
Ge|län|de|übung (die, -, -en) militärische Übung im Freien; Manöver.
ge|lan|gen (V., ist) erreichen.
Ge|lass (das, -es, -e) kleines Zimmer; Kammer.
ge|las|sen (Adj.) gefasst; ruhig. Gelassenheit.
Ge|la|ti|ne (die, -, -n) (franz.) Gallert.

ge|la|ti|nie|ren (V.) zu Gelatine werden.
Ge|läuf (das, -s, -e) 1. Boden einer Pferderennbahn; 2. Spur von Wildgeflügel.
Ge|lau|fe (das, -s, kein Plural) (ugs.) Herumlaufen; Lauferei.
ge|läu|fig (Adj.) bekannt; oft verwendet. Geläufigkeit.
ge|launt (Adj.) gestimmt. gut gelaunt; schlecht gelaunt.
gelb (Adj.) Farbe. gelbe Rüben; Gelbes Trikot (*auch:* gelbes Trikot); gelbgrün; sie trug ein gelbgrün/gelb-grün gestreiftes Kleid; etwas gelb machen (färben). *Aber:* auf/in/mit Gelb; bei Gelb über die Ampel fahren.
Gelb|fie|ber (das, -s, kein Plural) schwere Infektionskrankheit; Buschfieber; Dschungelfieber.
gelb|lich (Adj.) fast gelb. gelblich rot.
Gelb|sucht (die, -, kein Plural) Symptom u.a. bei Leberentzündung. gelbsüchtig.
Gelb|wurst (die, -, -würs|te) Kalbfleischwurst in gelber Hülle.
Geld (das, -s/-es, -er) Zahlungsmittel.
Geld|adel (der, -s, kein Plural) reiche Oberschicht.
Geld|au|to|mat (der, -en, -en) Gerät zur Abbuchung vom Konto und Erhalt von Bargeld; Bankomat.
Geld|beu|tel (der, -s, -) Portemonnaie; Brieftasche. Geldbörse; Geldtasche.
Geld|bom|be (die, -, -n) Metallgefäß zum Geldtransport.
Geld|brief|trä|ger (der, -s, -) Briefträger für Geldsendungen.
Geld|ent|wer|tung (die, -, -en) Inflation.
Geld|ge|ber (der, -s, -) Finanzier.
Geld|gier (die, -, kein Plural) Habsucht. geldgierig.
Geld|hahn (der, -s, kein Plural) (nur in Verbindung:) den Geldhahn zudrehen (keine weiteren Mittel mehr gewähren).
Geld|hei|rat (die, -, -en) Heirat zur Vermögensvermehrung.
Geld|in|s|ti|tut (das, -s, -e) Bank; Sparkasse.
geld|lich (Adj.) finanziell. *aber:* unentgeltlich!
Geld|markt (der, -s, -märk|te) Gesamtheit der Handelstätigkeit an Geldinstituten und Börsen.
Geld|quel|le (die, -, -n) Gelegenheit zur Geldbeschaffung.
Geld|sack (der, -s, -sä|cke) 1. Sack zur Geldaufbewahrung; 2. (ugs.) reiche und geizige Person.
Geld|schein (der, -s, -e) Papiergeld; Banknote.
Geld|schnei|de|rei (die, -, -en) Wucher; Preistreiberei. Geldschneider.
Geld|schrank (der, -s, -schrän|ke) Panzerschrank; Tresor.
Geld|sor|gen (die, nur Plural) Finanznot.
Geld|stra|fe (die, -, -n) Zahlung eines Betrages als Bestrafung.
Geld|stück (das, -s, -e) Münze.
Geld|sum|me (die, -, -n) Betrag.
Geld|wech|sel (der, -s, kein Plural) Umtausch in andere Stückelung oder andere Währung.
Geld|wert (der, -s, -e) 1. Kurs; 2. Wert eines als Zahlungsmittel benutzten Gegenstands.
Geld|wirt|schaft (die, -, kein Plural) Finanzwirtschaft.
ge|leckt (Adj.) (ugs.) sauber.
Ge|lee (der/das, -s, -s) (franz.) eingedickter Fruchtsaft. Geleezucker; gelieren.
Ge|le|ge (das, -s, -) Eiablage; Laich.
ge|le|gen (Adj.) 1. liegend; befindlich; 2. passend; angenehm.
Ge|le|gen|heit (die, -, -en) 1. Anlass; Möglichkeit; 2. Angebot; Okkasion.
Ge|le|gen|heits|ar|bei|ter (der, -s, -) Arbeiter ohne feste Anstellung, der gelegentlich anfallende Arbeiten ausführt.
Ge|le|gen|heits|ge|dicht (das, -s, -e) Gedicht für einen bestimmten Anlass. Gelegenheitsdichtung.
Ge|le|gen|heits|kauf (der, -s, -käu|fe) preisgünstiger Einkauf, Schnäppchen.
ge|le|gent|lich (Adj.) bei Gelegenheit; manchmal.
ge|leh|rig (Adj.) lernwillig; wissbegierig. Gelehrigkeit.
ge|lehr|sam (Adj.) mit großem Wissen ausgestattet. Gelehrsamkeit; Gelehrtheit.
ge|lehrt (Adj.) gebildet; klug.
Ge|lehr|te (der, -n, -n) Denker; Forscher; Wissenschaftler.
Ge|lei|er (das, -s, kein Plural) monotoner Klang.
Ge|lei|se (*auch:* Gleis) (das, -s, -) Schienen. Die Strecke war vierg(e)leisig ausgebaut.
Ge|leit (das, -s/-es, -e) 1. Schutz; 2. Begleitung; Einführung. geleiten.
Ge|leit|schutz (der, -es, kein Plural) Schutz durch Begleitung.
Ge|leit|wort (das, -s, -e) Vorwort; einführender Text.
Ge|leit|zug (der, -s, -zü|ge) bewaffneter Verband zum Schutz von Schiffstransporten.
Ge|lenk (das, -s, -e) 1. bewegliche Knochenverbindung; 2. Bauteil zwischen beweglichen Teilen einer Vorrichtung.
Ge|lenk|ent|zün|dung (die, -, -en) Entzündung eines Knochengelenks; Arthritis.
Ge|len|kig|keit (die, -, kein Plural) Beweglichkeit. gelenkig.
Ge|lenk|kap|sel (die, -, -n) Gehäuse für ein Knochengelenk.
Ge|lenk|pfan|ne (die, -, -n) Gelenkhöhle zur Aufnahme des Gelenkkopfs.
Ge|lenk|rheu|ma|tis|mus (der, -ses, kein Plural) infektiöse Erkrankung der Gelenke.
Ge|lenk|wel|le (die, -, -n) Kardanwelle.
Ge|lieb|te (der/die, -n, -n) Freund/in.
ge|lie|fert (Adj.) (ugs.) verloren.
ge|lie|ren (V.) (franz.) zu Gelee werden.
Ge|lier|zu|cker (der, -s, kein Plural) Zuckerraffinade zur Herstellung von Gelee.
ge|lin|de (*auch:* ge|lind) (Adj.) mild; lieblich. Das war(,) gelinde (zurückhaltend) gesagt(,) eine mäßige Vorstellung.
ge|lin|gen (V., gelang, ist gelungen) glücken. Gelingen.
gell? (*auch:* gelle?/gelt?) (Interj.) (südd.) nicht wahr?
gel|len (V.) schallen.
ge|lo|ben (V.) versprechen. Gelöbnis.
ge|löst (Adj.) entspannt. Gelöstheit.
gel|ten (V., galt, hat gegolten; ich gelte, du giltst!) 1. wert sein; 2. gehalten werden für. Sein Vater galt als jähzornig. *Beachte:* geltend machen; gelten lassen.
Gel|tung (die, -, -en) 1. Ansehen; Bedeutung; Wertigkeit; 2. Gültigkeitsdauer; Laufzeit.
Gel|tungs|be|dürf|nis (das, -ses, kein Plural) Drang nach Anerkennung, großer Ehrgeiz. Geltungsdrang; Geltungssucht.
Gel|tungs|be|reich (der, -s, -e) Gebiet der Wirksamkeit oder Gültigkeit (z. B. eines Gesetzes, einer Fahrkarte).

Ge|lüb|de (das, -s, -) Versprechen.
Ge|lüs|te (*auch:* Ge|lüst; Ge|lüs|ten) (das, -s, -) Wunsch; Verlangen. Verb: gelüsten.
gem. (Abk.) **gem**äß.
GEMA (die, -, kein Plural) (Kurzw.) **Ge**sellschaft für **m**usikalische **A**ufführungs- und mechanische Vervielfältigungsrechte.
Ge|mach (das, -s, -mä|cher) Zimmer.
ge|mäch|lich (Adj.) gemütlich; langsam. Gemächlichkeit.
Ge|mahl (der, -s, -e) Ehemann.
Ge|mah|lin (die, -, -nen) Ehefrau.
ge|mah|nen (V.) mahnend erinnern.
Ge|mäl|de (das, -s, -) gemaltes Bild.
Ge|mäl|de|aus|stel|lung (die, -, -en) öffentliche Präsentation von Gemälden.
Ge|mäl|de|samm|lung (die, -, -en) private oder öffentliche Sammlung von Gemälden.
Ge|mar|kung (die, -, -en) 1. Flurgrenze; 2. Gemeindebezirk.
ge|ma|sert (Adj.) gemustert (Holz).
ge|mäß (Präp., Dat.) entsprechend. gemäß seinem Schulabschluss; ordnungsgemäß; standesgemäß; zeitgemäß.
ge|mä|ßigt (Adj.) maßvoll; zurückhaltend.
Ge|mäu|er (das, -s, -) Mauerwerk.
Ge|mau|schel (das, -s, kein Plural) (ugs.) Tuschelei.
Ge|me|cker (das, -s, kein Plural) Nörgeln; Meckern. Gemeck(e)re.
ge|mein (Adj.) 1. schlecht; ordinär; ärgerlich; 2. gemeinsam. Das Gemeinste wäre, wenn er nicht käme. auf das (aufs) gemeinste (*auch:* Gemeinste); etwas/nichts/viel/wenig Gemeines.
Ge|mein|de (die, -, -n) 1. Kommune; Gebietskörperschaft; 2. Pfarrei; Kirchengemeinde.
Ge|mein|de|amt (das, -s, -äm|ter) Ortsverwaltung.
ge|mein|de|ei|gen (Adj.) in kommunalem oder kirchlichem Besitz.
Ge|mein|de|hel|fer (der, -s, -) Angestellter einer Kirchengemeinde.
Ge|mein|de|ord|nung (die, -, -en) behördliches Regelwerk für die Kommune.
Ge|mein|de|rat (der, -s, -rä|te) 1. Gemeindevertretung; 2. Mitglied der Gemeindevertretung. Gemeinderätin.
Ge|mein|de|schwes|ter (die, -, -n) kommunale oder kirchliche Fürsorgerin.
Ge|mein|de|steu|er (die, -, -n) Abgabe zugunsten der Gemeinde.
Ge|mein|de|vor|ste|her (der, -s, -) Bürgermeister.
Ge|mein|de|wahl (die, -, -en) Kommunalwahl.
Ge|mein|de|zen|t|rum (das, -s, -zent|ren) kommunale oder kirchliche Versammlungsstätte.
ge|meind|lich (Adj.) kommunal.
Ge|mein|ei|gen|tum (das, -s, kein Plural) zur allgemeinen Nutzung verfügtes Eigentum einer Gemeinschaft.
Ge|mein|ge|fähr|lich|keit (die, -, kein Plural) Gefährdung der Allgemeinheit. gemeingefährlich.
Ge|mein|ge|fühl (das, -s, -e) körperliche Grundempfindung (z. B. Hunger, Durst).
Ge|mein|geist (der, -s, kein Plural) Solidarität.
Ge|mein|gut (das, -s, -gü|ter) gemeinsamer Besitz.
Ge|mein|heit (die, -, kein Plural) 1. Hinterhältigkeit; Niedertracht; 2. (die, -, -en) niederträchtige Tat.
ge|mein|hin (Adv.) gewöhnlich; meistens.
Ge|mein|nutz (der, -es, kein Plural) Nutzen für die Allgemeinheit.
Ge|mein|nüt|zig|keit (die, -, kein Plural) Förderung des Wohls der Gemeinschaft. gemeinnützig.
Ge|mein|platz (der, -es, -plät|ze) Binsenweisheit; Redensart; Worthülse.
ge|mein|sam (Adj.) gemeinschaftlich; miteinander; zusammen.
Ge|mein|sam|keit (die, -, -en) 1. Ähnlichkeit; Berührungspunkt; Verwandtschaft; 2. (die, -, kein Plural) Verbundenheit; Zusammengehörigkeit.
Ge|mein|schaft (die, -, -en) durch Gemeinsamkeit verbundene Gruppe. Gemeinschaftlichkeit; gemeinschaftlich.
Ge|mein|schafts|an|ten|ne (die, -, -n) Empfangsanlage zur Versorgung mehrerer Rundfunk- und Fernsehgeräte.
Ge|mein|schafts|ar|beit (die, -, -en) Kollektivarbeit.
Ge|mein|schafts|ge|fühl (das, -s, -e) Solidarität; Gemeinsinn.
Ge|mein|schafts|geist (der, -s, kein Plural) Freude am Leben in der Gemeinschaft.
Ge|mein|schafts|ver|pfle|gung (die, -, kein Plural) Verpflegung für eine Gruppe.
ge|meint (Adj.) gedacht. Das war doch nur ein gut gemeinter (*auch:* gutgemeinter) Ratschlag.
ge|mein|ver|ständ|lich (Adj.) für jeden verständlich. Gemeinverständlichkeit.
Ge|mein|we|sen (das, -s, -) Gemeinde; Gemeindeverband.
Ge|mein|wirt|schaft (die, -, -en) Wirtschaftsform zur Bedarfsdeckung einer Gemeinschaft.
Ge|mein|wohl (das, -s, kein Plural) Nutzen der Allgemeinheit.
Ge|men|ge (das, -s, -) 1. Mischung; 2. Durcheinander. Handgemenge.
Ge|men|ge|la|ge (die, -, -n) zerstreuter Grundstücksbesitz.
ge|mes|sen (Adj.) würdig; ruhig. Gemessenheit.
Ge|met|zel (das, -s, -) Blutbad.
Ge|mi|na|ti|on (die, -, -ti|o|nen) Bildung der Geminate.
ge|mi|nie|ren (V.) die Geminate bilden.
Ge|misch (das, -s/-es, -e) Gemenge; Mischung. gemischt.
ge|mischt|spra|chig (Adj.) verschiedensprachig.
Ge|mischt|wa|ren|hand|lung (die, -, -en) Ladengeschäft mit Lebensmitteln und Waren des täglichen Bedarfs.
Gem|me (die, -, -n) (ital.) Schmuckstein mit eingeschnittenem Bild.
gem|mo|lo|gisch (Adj.) (griech.-lat.) die Edelsteinkunde betreffend.
Ge|mun|kel (das, -s, kein Plural) Klatsch.
Ge|mur|mel (das, -s, kein Plural) leises Reden.
Ge|mü|se (das, -s, -) Pflanzenkost. Gemüsesuppe.
Ge|mü|se|an|bau (der, -s, kein Plural) Aufzucht von Gemüse in Garten- oder Ackerbau.
Ge|mü|se|beet (das, -s, -e) kleine Anbaufläche für Gemüse.
Ge|mü|se|gar|ten (der, -s, -gär|ten) für den Anbau von Gemüse bestimmter Teil des Gartens.
Ge|mü|se|händ|ler (der, -s, -) auf Gemüse spezialisierter Kaufmann.
ge|mus|tert (Adj.) mit Muster.
Ge|müt (das, -s/-es, -er) Empfindung; Seelenleben; Charakter.

Ge|müt|lich|keit (die, -, kein Plural) 1. Behaglichkeit; Heimeligkeit; Traulichkeit; 2. Bequemlichkeit; 3. Gutmütigkeit; Leutseligkeit. gemütlich.

Ge|müts|art (die, -, -en) Charakter; Wesen.

Ge|müts|be|we|gung (die, -, -en) Gefühlsäußerung; innere Regung. Gemütsregung.

Ge|müts|krank|heit (die, -, -en) Seelenerkrankung; Depressivität. Gemütskranke; gemütskrank.

Ge|müts|mensch (der, -en, -en) 1. ruhige, unerschütterliche Person; 2. (ugs.) aus Unachtsamkeit das Empfinden anderer verletzende Person.

Ge|müts|ru|he (die, -, kein Plural) Gelassenheit; Phlegma.

Ge|müts|tie|fe (die, -, kein Plural) Empfindsamkeit; Gefühlsreichtum.

Ge|müts|ver|fas|sung (die, -, kein Plural) Stimmung. Gemütszustand.

ge|müt|voll (Adj.) heiter, gelassen.

gen (Präp., Akk.) gegen.

Gen (das, -s, -e) (griech.) Erbträger.

gen. (Abk.) **gen**annt.

Gen. (Abk.) 1. **Gen**itiv; 2. **Gen**ossenschaft.

ge|nant (Adj.) (franz.) sich leicht genierend; peinlich.

ge|nau 1. (Adj.) exakt; übereinstimmend; gründlich. auf das (aufs) genaueste (*auch:* Genaueste) (sehr genau) prüfen; des Genaueren; etwas genau nehmen; etwas Genaues erfahren. 2. (Adv.; Interj.) gerade; stimmt!

ge|nau ge|nom|men (Adv.) streng genommen; eigentlich. Genau genommen müsste es so heißen. Du hast es aber genau (exakt) genommen.

Ge|nau|ig|keit (die, -, kein Plural) Exaktheit; Präzision; Sorgfalt.

ge|nau|so (Adv.) ebenso. genauso oft; genauso gut. Ich kann genauso gut erst morgen kommen. Ich kann es genauso gut wie du. genauso viele/wenige gute Dinge; genausovielmal (*auch:* genauso viel Mal).

Gen|bank (die, -, -en) Sammel- und Konservierungsstelle für Erbmaterial von Lebewesen.

Gen|darm (der, -en, -en) (franz.) Polizist.

Gen|dar|me|rie (die, -, -n) (franz.) Polizeistation.

Ge|nea|lo|gie (die, -, -n) (griech.) Stammbaumforschung; Familienkunde. Genealoge; genealogisch.

ge|nehm (Adj.) angenehm.

ge|neh|mi|gen (V.) bewilligen. Genehmigung; genehmigungspflichtig.

Ge|neh|mi|gung (die, -, -en) Bewilligung; Erlaubnis. genehmigen.

ge|neh|mi|gungs|pflich|tig (Adj.) bedarf der behördlichen Prüfung.

ge|neigt (Adj.) gesinnt; wohlwollend. Geneigtheit.

Ge|ne|ral (der, -s, -e/-rä|le) (lat.) ranghöchster Offizier.

Ge|ne|ral... Allgemein...; Haupt...

Ge|ne|ral|ab|so|lu|ti|on (die, -, -ti|o|nen) (lat.) sakramentale Lossprechung von allen Sünden ohne vorherige Beichte in Notfällen, vollkommener Sündenablass sowie Erlass der Strafe, verbunden mit den Sakramenten der Buße und Eucharistie für Sterbende oder Ordensmitglieder (katholische Religion).

Ge|ne|ral|am|nes|tie (die, -, -n) Amnestie für alle Gefangenen.

Ge|ne|ral|arzt (der, -es, -ärz|te) Militärarzt im Generalsrang. Generalstabsarzt.

Ge|ne|ra|lat (das, -s, -e) Amt, Würde eines Generals.

Ge|ne|ral|bass (der, -es, kein Plural) Kompositionsprinzip im 17. und 18. Jh.

Ge|ne|ral|be|voll|mäch|tig|te (der, -n, -n) mit allen Vollmachten und Befugnissen ausgestattete Person.

Ge|ne|ral|di|rek|tor (der, -s, -en) ranghöchster Direktor eines Unternehmens.

Ge|ne|ral|feld|mar|schall (der, -s, -schäl|le) Offizier des höchsten Rangs (historisch).

Ge|ne|ral|gou|ver|neur (der, -s, -e) oberster Verwaltungsbeamter einer Provinz oder Kolonie.

Ge|ne|ral|in|s|pek|teur (der, -s, -e) ranghöchster Offizier der Bundeswehr.

Ge|ne|ral|in|s|pek|ti|on (die, -, -en) allumfassende Durchsicht.

Ge|ne|ral|in|ten|dant (der, -en, -en) ranghöchster Staatstheaterintendant.

ge|ne|ra|li|sie|ren (V.) (lat.) verallgemeinern. Generalisation; Generalisierung.

Ge|ne|ra|list (der, -en, -en) auf vielen Gebieten über Kenntnisse verfügende Person.

Ge|ne|ra|li|tät (die, -, -en) alle Generale (eines Landes).

ge|ne|ra|li|ter (Adv.) im Allgemeinen.

Ge|ne|ral|kon|sul (das, -s, -e) ranghöchster Konsul.

Ge|ne|ral|leut|nant (der, -s, -s) Offizier auf der letzten Stufe vor dem Generalsrang.

Ge|ne|ral|ma|jor (der, -s, -e) Offizier auf der vorletzten Stufe vor dem Generalsrang.

Ge|ne|ral|mu|sik|di|rek|tor (der, -s, -en) (Abk: GMD) Leiter des kommunalen Opern- und Konzertbetriebs.

Ge|ne|ral|oberst (der, -s, -en) Offizier der Rangstufe über dem General (historisch).

Ge|ne|ral|pau|se (die, -, -n) Pause aller Instrumente in einem Orchester.

Ge|ne|ral|pro|be (die, -, -n) letzte Hauptprobe im Theater oder Konzert.

Ge|ne|ral|se|kre|tär (der, -s, -e) (franz.) Geschäftsführer (z. B. einer Partei oder eines Wirtschaftsverbandes).

Ge|ne|ral|staats|an|walt (der, -s, -an|wäl|te) oberster Staatsanwalt.

Ge|ne|ral|stab (der, -s, -stä|be) militärische Führung.

Ge|ne|ral|stabs|kar|te (die, -, -n) amtliche Landkarte.

Ge|ne|ral|streik (der, -s, -s) Arbeitsausstand aller Arbeitnehmer.

Ge|ne|ral|über|ho|lung (die, -, -en) jedes Bauteil erfassende Wartung und Reparatur einer technischen Vorrichtung. generalüberholen.

Ge|ne|ral|ver|samm|lung (die, -, -en) oberstes Organ von Vereinen oder Gesellschaften.

Ge|ne|ral|ver|tre|ter (der, -s, -) leitender Handelsvertreter in einem Bezirk.

Ge|ne|ral|ver|trieb (der, -s, -e) Alleinhandel in einem Bezirk oder mit einem Produkt.

Ge|ne|ra|ti|a|nis|mus (der, -, kein Plural) (lat.) altchristliche Lehre von der Entstehung der Seele durch die elterliche Zeugung.

Ge|ne|ra|ti|on (die, -, -ti|o|nen) (lat.) Menschenalter; Geschlechterfolge.

Ge|ne|ra|ti|ons|kon|flikt (der, -s, -e) Konflikt zwischen Personen verschiedener Altersstufen.

Ge|ne|ra|ti|ons|wech|sel (der, -s, -) 1. von einer Generation zur anderen erfolgender Wechsel von geschlechtlicher und ungeschlechtlicher Fortpflanzung;

2. Übernahme einer dominierenden Position durch Mitglieder der nachfolgenden Generation.

ge|ne|ra|tiv (Adj.) (lat.) 1. zur geschlechtlichen Fortpflanzung gehörig. 2. grammatikalisch richtige Sätze erzeugend (z. B. in der generativen Semantik).

Ge|ne|ra|tor (der, -s, -en) Stromerzeuger.

ge|ne|rell (Adj.) allgemein.

ge|ne|rie|ren (V.) (lat.) hervorbringen; erzeugen.

Ge|ne|rie|rung (die, -, -en) das Generieren von sprachlichen Äußerungen (Sprachwissenschaft).

Ge|ne|ri|kum (das, -s, -ka) (lat.-franz.-engl.) Arzneipräparat, das einem bereits als Markenzeichen eingetragenen Mittel gleicht, billiger angeboten und mit der chemischen Kurzbezeichnung benannt wird.

ge|ne|risch (Adj.) das Genus betreffend.

ge|ne|rös (Adj.) (franz.) großzügig; großmütig. Generosität.

Ge|ne|se (die, -, -n) (griech.) Entstehung; Entwicklung.

ge|ne|sen (V., genas, ist genesen) gesund werden. Genesung; Genesungswünsche.

Ge|ne|sis (die, -, kein Plural) (griech.) Ursprung; (1. Buch Mosis mit der) Schöpfungsgeschichte (Bibel).

Ge|ne|tik (die, -, kein Plural) (griech.) Vererbungslehre. Adjektiv: genetisch.

Ge|net|te (die, -, -n) (arab.-franz.) eine Schleichkatze; Ginsterkatze.

Ge|ne|ver (der, -s, -) (niederl.) Wacholderschnaps.

Gen|for|schung (die, -, kein Plural) Erforschung der Erbanlagen.

ge|ni|al (Adj.) (lat.) hochbegabt; schöpferisch. Genialität.

ge|ni|a|lisch (Adj.) in der Art eines Genies.

Ge|nick (das, -s, -ni|cke) Nacken.

Ge|nick|schuss (der, -es, -schüs|se) Schuss in den Nacken.

Ge|nick|star|re (die, -, kein Plural) 1. Steifheit des Nackens; 2. Symptom der Hirnhautentzündung.

Ge|nie (das, -s, kein Plural) 1. höchste schöpferische Begabung; 2. (das, -s, -s) geniale Person.

Ge|nie|korps (das, -, -) (schweiz.-franz.) Pioniertruppe.

ge|nie|ren (V.) (franz.) sich schämen.

ge|nieß|bar (Adj.) essbar; zum Verzehr geeignet. Genießbarkeit.

ge|nie|ßen (V., genoss, hat genossen) sich einem Genuss hingeben; schlemmen; schwelgen. Genießer; genießerisch.

Ge|nie|streich (der, -s, -e) herausragende, überraschende Tat.

Ge|ni|ta|li|en (die, nur Plural) (lat.) Geschlechtsorgane. Adjektiv: genital.

Ge|ni|tiv (der, -s, -e) (lat.) Wesfall (zweiter Fall: »Wessen?«) (Abk.: Gen.). Genitivobjekt.

Ge|ni|tiv|ob|jekt (das, -es, -e) (lat.) Ergänzung eines Verbs im zweiten Fall.

Ge|ni|us (der, -, -ni|en) (lat.) Schutzgeist; Genie.

Gen|ma|ni|pu|la|ti|on (die, -, -ti|o|nen) (griech.-lat.) gezielte Veränderung von Erbfaktoren im Rahmen der Gentechnologie.

Gen|mu|ta|ti|on (die, -, -ti|o|nen) natürliche Veränderung der Erbsubstanz.

Ge|nom (das, -s, -e) (griech.) Erbgut.

Ge|nom|ana|ly|se (die, -, -n) (griech.-lat.) Untersuchung der Erbanlagen von Lebewesen.

Ge|nos|se (der, -n, -n) Freund; Gesinnungsgefährte. Genossin.

Ge|nos|sen|schaft (die, -, -en) Organisation zur Vertretung gemeinsamer Wirtschaftsinteressen. genossenschaftlich.

Ge|nos|sen|schaft|ler (*auch:* Ge|nos|sen|schaf|ter) (der, -s, -) Mitglied einer Genossenschaft.

Ge|nos|sen|schafts|bank (die, -, -en) genossenschaftlich organisiertes Kreditinstitut.

Ge|nos|sen|schafts|bau|er (der, -n, -n) innerhalb einer landwirtschaftlichen Genossenschaft tätiger Bauer.

ge|nö|tigt (Adj.) verpflichtet; gezwungen.

Ge|no|typ (der, -s, -en) (griech.) alle Erbanlagen in den Chromosomen.

ge|no|ty|pisch (Adj.) (griech.) zum Genotyp gehörig.

Ge|no|ty|pus (der, -, -ty|pen) = Genotyp.

Ge|no|zid (der, -s, -e) (griech.) Völkermord.

Gen|pool (der, -s, -s) alle Gene der Lebewesen eines Lebensraumes.

Gen|re|bild (das, -s, -er) Sittenbild.

gen|re|haft (Adj.) einer bestimmten künstlerischen Gattung zugehörig (z. B. Krimi, Liebesroman, Western).

Gen|re|ma|le|rei (die, -, -en) Darstellungsweise des Alltagslebens ab dem 15. Jh.

Gen|ro (der, -, kein Plural) vom Kaiser in Japan installierter Staatsrat.

Gen|tech|no|lo|gie (die, -, -n) technologisches Verfahren, Gene gezielt zu verändern (in der Pflanzen-, Tierzucht).

Gen|ti|len (die, nur Plural) (lat.) die Angehörigen der altrömischen Gentes.

Gen|til|homme (der, -s, -s) (franz.) = Gentleman.

Gen|t|le|man (der, -s, -men) (engl.) vornehmer Mann.

gen|t|le|man|like (Adj.) (engl.) nach Art eines Gentleman.

Gen|t|le|man's Ag|ree|ment (*auch:* -men's) (das, - -, - -s) (engl.) Vereinbarung auf Treu und Glauben ohne formalen Vertrag.

Gen|t|ry (die, -, kein Plural) (franz.-engl.) niederer englischer Adel.

Ge|nua (die, -, kein Plural) 1. großes Vorsegel; 2. Küstenstadt an der ital. Riviera.

ge|nug (Adv.) genügend. *Beachte:* »genug« steht immer hinter dem Adjektiv! Beim Substantiv kann es davor oder dahinter stehen! Er ist schon reich genug. Es gibt genug Armut/Armut genug. *Zusammenschreibung:* Die Kinder konnten sich nicht genugtun (nicht aufhören) zuzuschauen. *Aber:* Du hast jetzt genug getan. zur Genüge.

ge|nü|gen (V.) 1. ausreichen; 2. erfüllen. Sein Einkommen genügt ihm. Er genügt seinen Aufgaben nicht.

ge|nü|gend (Adj.) ausreichend; genug.

ge|nüg|sam (Adj.) anspruchslos; bescheiden. Genügsamkeit.

Ge|nug|tu|ung (die, -, -en) 1. Befriedigung; 2. Wiedergutmachung.

ge|nu|in (Adj.) (lat.) angeboren; natürlich.

Ge|nus (das, -, Ge|ne|ra) (lat.) Gattung; Geschlecht. Genus Verbi; generisch.

Ge|nuss (der, -nus|ses, -nüs|se) Genießen; Schwelgen.

ge|nuss|freu|dig (Adj.) sinnenfroh; schwelgerisch.

ge|nüss|lich (Adj.) genießerisch.

Ge|nüss|ling (der, -s, -e) auf Genuss übertrieben Wert legende Person.
Ge|nuss|mit|tel (das, -s, kein Plural) nicht zu den Grundnahrungsmitteln gehörendes Lebensmittel.
Ge|nuss|schein (*auch:* Genuss-Schein) (der, -s, -e) Wertpapier über Gewinnbeteiligung.
Ge|nuss|sucht (*auch:* Genuss-Sucht) (die, -, kein Plural) Sucht nach Genuss. genusssüchtig.
ge|nuss|voll (Adj.) genüsslich.
Ge|nus Ver|bi (das, - -, Ge|ne|ra -) (lat.) Aktionsform des Verbs, Aktiv oder Passiv.
Geo|bo|ta|nik (die, -, kein Plural) Wissenschaft von der Pflanzenverbreitung.
Geo|dä|sie (die, -, kein Plural) (griech.) Vermessungskunde.
Geo|dät (der, -en, -en) (griech.) Landvermesser.
Geo|drei|eck (das, -s, -ecke) Zeichengerät; transparentes Dreieck zum Ausmessen und Zeichnen von Winkeln o. Ä.
Geo|ge|nie = Geogenese.
Geo|go|nie = Geogenese.
Geo|gra|fie (*auch:* Geo|gra|phie) (die, -, kein Plural) (griech.) Erdkunde. Geograf (*auch:* Geograph); geografisch (*auch:* geographisch).
Geo|id (das, -s, -e) (griech.) wirkliche (nicht genau kugelförmige) Erdfigur.
Geo|lo|gie (die, -, kein Plural) (griech.) Lehre von der Erdgeschichte. Geologe; geologisch.
Geo|man|tie (die, -, kein Plural) (griech.) eine Orakelform. Erdweissagung.
Geo|man|tik (die, -, kein Plural) = Geomantie.
Geo|me|ter (der, -s, -) Landvermesser.
Geo|me|t|rie (die, -, kein Plural) (griech.) Gebiet der Mathematik. Adjektiv: geometrisch; geometrisches Mittel.
Geo|mor|pho|lo|gie (die, -, kein Plural) (griech.) Wissenschaft von den Formen der Erdrinde und ihrer Entstehung.
Geo|phy|sik (die, -, kein Plural) (griech.) Wissenschaft von den natürlichen physikalischen Erscheinungen auf der Erde.
Geo|plas|tik (die, -, -en) (griech.-lat.) räumliche Darstellung der Erdoberfläche.
Geo|po|li|tik (die, -, kein Plural) (griech.-lat.) die Wissenschaft, die die Einwirkungen geografischer Faktoren auf politische Vorgänge und Kräfte untersucht. geopolitisch.
ge|ord|net (Adj.) gegliedert; sortiert.
Ge|or|gi|en (ohne Art., -s, kein Plural) GUS-Staat. Georgier; georgisch.
Geo|tek|to|nik (die, -, kein Plural) (griech.) Lehre vom Aufbau der Erdkruste.
geo|ther|misch (Adj.) (griech.) zur Erdwärme gehörig; z. B. die geothermische Energie ausnutzen.
geo|trop (Adj.) zum Geotropismus gehörig; durch ihn bewirkt.
Geo|tro|pis|mus (der, -, kein Plural) (griech.) Fähigkeit (mancher Pflanzen), eine durch die Schwerkraft bestimmte Wachstumsrichtung einzunehmen.
Geo|wis|sen|schaf|ten (die, nur Plural) (griech.-dt.) alle Wissenschaftszweige, die sich mit der Erforschung der Erde beschäftigen.
geo|zen|t|risch (Adj.) auf den Erdmittelpunkt/die Erde als Mittelpunkt bezogen.
Geo|zoo|lo|gie (die, -, kein Plural) (griech.) Wissenschaft, die sich mit der geografischen Verbreitung der Tiere beschäftigt, Zoogeografie.
geo|zy|k|lisch (Adj.) den Umlauf der Erde betreffend.
Ge|päck (das, -s, kein Plural) Reiseausrüstung.
Ge|päck|ab|fer|ti|gung (die, -, -en) Stelle für Annahme und Versand von Reisegepäck.
Ge|päck|ab|la|ge (die, -, -n) Vorrichtung in Fahrzeugen zum Ablegen von Gegenständen.
Ge|päck|an|nah|me (die, -, kein Plural) Schalter zur Abfertigung oder Aufbewahrung von Gepäck.
Ge|päck|auf|be|wah|rung (die, -, kein Plural) Stelle zur Aufbewahrung von Handgepäck.
Ge|päck|netz (das, -es, -e) netzartige Vorrichtung als Gepäckablage.
Ge|päck|stück (das, -s, -e) einzelnes Teil eines Gepäcks.
Ge|päck|trä|ger (der, -s, -) 1. Dienstmann an Bahnhöfen; 2. Vorrichtung an einem Fahrrad zur Beförderung kleiner Lasten.
Ge|päck|wa|gen (der, -s, -) Wagen zur Gepäckbeförderung; Packwagen.
Ge|pard (der, -s, -e) (franz.) Raubkatze.
ge|pfef|fert (Adj.) (ugs.) 1. derb; 2. sehr hoch. gepfefferte Preise.
ge|pflegt (Adj.) gut erhalten; qualitätvoll. Gepflegtheit.
Ge|pflo|gen|heit (die, -, -en) Gewohnheit.
Ge|plän|kel (das, -s, -) Wortgefecht.
Ge|plärr (*auch:* Ge|plär|re) (das, -s, kein Plural) Geschrei.
Ge|plät|scher (das, -, kein Plural) 1. Plätschern; Wasserrauschen; 2. (ugs.) oberflächliches Gespräch.
Ge|plau|der (das, -, kein Plural) gemütliche Unterhaltung; Plauderei.
Ge|pol|ter (das, -s, kein Plural) Lärm; Schelten.
Ge|prä|ge (das, -s, kein Plural) 1. Prägung; 2. Stil.
Ge|prän|ge (das, -s, kein Plural) Pracht; Pomp; Prunk.
ge|punk|tet (Adj.) mit Punkten versehen. Er schenkte mir einen weiß gepunkteten (*auch:* weißgepunkteten) Schal.
Ge|qua|ke (das, -s, kein Plural) (ugs.) anhaltendes Quaken.
Ge|quas|sel (das, -s, kein Plural) Geschwätz.
Ge|quat|sche (das, -s, kein Plural) (ugs.) Geschwätz.
Ge|quen|gel (das, -s, kein Plural) (ugs.) Nörgelei.
Ger (der, -s, -e) Wurfspieß.
ge|ra|de 1. (Adj.) nicht krumm; nicht schief. *Getrenntschreibung:* den Teller/sich gerade halten; gerade stehen (nicht krumm). *Getrennt- und Zusammenschreibung,* wenn „gerade" das Ergebnis der mit dem folgenden einfachen Verb bezeichneten Tätigkeit ist: die Latten gerade biegen/geradebiegen. *Zusammenschreibung* bei übertragener Bedeutung: etw. geradebiegen (wieder einrenken); für etw. geradestehen (einstehen). *Aber:* Ich bin gerade (soeben) gekommen. 2. (Adv.) soeben; direkt; knapp; genau; besonders. geradeaus; geradeheraus (freimütig); geradewegs; geradeso (ebenso); geradeso gut; geradezu.
Ge|ra|de (die, -, -n) 1. Linie (Math.); 2. gerader Streckenteil einer Rennbahn

(Sport); 3. direkter Faustschlag (Boxsport).
geˈräˈdert (Adj.) (ugs.) erschöpft.
geˈraˈdeˈwegs (Adj.) direkt; ohne Umweg.
geˈraˈdeˈzu (Adj.) 1. aufrichtig; ohne Umschweife; 2. (Adv.) fast; beinahe.
Geˈradˈheit (die, -, kein Plural) Aufrichtigkeit.
Geˈradˈliˈnigˈkeit (die, -, kein Plural) Zielstrebigkeit. geradlinig.
geˈramˈmelt (Adv.) (ugs.; nur in der Wendung:) gerammelt voll (überfüllt).
Geˈranˈgel (das, -s, kein Plural) Kampf; Streit. Balgerei; Rauferei.
Geˈraˈnie (die, -, -n) (griech.) Zierpflanze.
Geˈrant (der, -en, -en) (schweiz.-franz.) Geschäftsführer.
Geˈrät (das, -s, -e) Werkzeug; Instrument; Maschine.
geˈraˈten 1. (V., geriet, ist geraten) gelingen; 2. gelangen; 3. entstehen; 4. (Adj.) ratsam. Die Geburtstagstorte ist gut geraten. Er ist an falsche Freunde geraten.
Geˈräˈteˈschupˈpen (der, -s, -) Hütte zur Aufbewahrung von Gerätschaften.
Geˈräˈteˈturˈnen (das, -s, kein Plural) Art des Turnens mit speziellen Geräten (z. B. Barren, Reck, Turnpferd, Ringe).
Geˈraˈteˈwohl (das) (nur in Verbindung:) aufs Geratewohl (auf gut Glück).
Geˈrätˈschafˈten (die, -, nur Plural) Ansammlung von Geräten.
Geˈräuˈcherˈte (das, -n, kein Plural) geräucherter Schinken, Speck.
geˈraum (Adj.) (nur in den Wendungen:) geraume (längere) Weile/Zeit.
geˈräuˈmig (Adj.) groß; weitläufig; mit viel Raum. Geräumigkeit.
Geˈräusch (das, -es, -e) Ton; Laut.
geˈräuschˈarm (Adj.) wenig Geräusch erzeugend.
Geˈräuschˈdämpˈfung (die, -, -en) Maßnahmen zur Verminderung des Geräuschpegels.
geˈräuschˈempˈfindˈlich (Adj.) sensibel gegenüber Lärm.
Geˈräuschˈkuˈlisˈse (die, -, -n) ständige Geräusche im Hintergrund.
Geˈräuschˈloˈsigˈkeit (die, -, kein Plural) Stille. geräuschlos.
Geˈräuschˈpeˈgel (der, -s, -) Lautstärke.
geˈräuschˈvoll (Adj.) laut.
gerˈben (V.) zu Leder verarbeiten. Gerbung.
Gerˈber (der, -s, -) Leder herstellender Handwerker.
Gerˈbeˈra (die, -, -/-s) Blume.
Gerˈbeˈrei (die, -, -en) Werkstatt des Gerbers.
Gerˈberˈloˈhe (die, -, -n) pflanzliches Gerbmittel.
Gerbˈmitˈtel (das, -s, -) Gerbstoff.
Gerbˈsäuˈre (die, -, kein Plural) pflanzlicher Stoff.
geˈrecht (Adj.) richtig; objektiv; verdient; verdientermaßen.
Geˈrechˈtigˈkeit (die, -, kein Plural) Gesetzestreue; Unparteilichkeit.
Geˈrechˈtigˈkeitsˈsinn (der, -s, kein Plural) Streben nach Gerechtigkeit.
Geˈreˈde (das, -s, kein Plural) Rederei; Geschwätz.
geˈreˈgelt (Adj.) geordnet; festgelegt.
Geˈreiztˈheit (die, -, -en) Nervosität. Adjektiv: gereizt.
Geˈrenˈne (das, -, kein Plural) planloses Umherlaufen.
Geˈreˈnuk (der, -s, -s) (Somali) Gazellenart.
Geˈriˈaˈter (der, -s, -) (griech.-lat.) Facharzt auf dem Gebiet der Altersheilkunde. geriatrisch.
Geˈriˈatˈriˈkum (das, -s, -ka) (griech.-lat.) Mittel zur Behandlung von Alterserscheinungen.
Geˈricht (das, -s, -e) 1. Gerichtsbarkeit; Rechtsprechung; 2. Speise. gerichtlich.
Geˈrichtsˈasˈsesˈsor (der, -s, -en) Jurist im Justizdienst nach dem zweiten Staatsexamen.
Geˈrichtsˈbeˈschluss (der, -es, -schlüsˈse) Urteil.
Geˈrichtsˈdieˈner (der, -s, -) Angestellter des Gerichts.
Geˈrichtsˈfeˈriˈen (die, nur Plural) verhandlungsfreie Zeit.
Geˈrichtsˈhof (der, -s, -höˈfe) aus mehreren Mitgliedern bestehendes Gericht.
Geˈrichtsˈkosˈten (die, nur Plural) Gebühr für die Anrufung des Gerichts.
Geˈrichtsˈmeˈdiˈzin (die, -, kein Plural) Anwendung medizinischer Erkenntnisse in der Rechtspflege. Gerichtsmediziner.
geˈrichtsˈnoˈtoˈrisch (Adj.) vom Gericht zur Kenntnis genommen.
Geˈrichtsˈordˈnung (die, -, -en) Gesetz zur Regelung gerichtlicher Abläufe.
Geˈrichtsˈperˈson (die, -, -en) dem Gericht angehörende Person.
Geˈrichtsˈreˈfeˈrenˈdar (der, -s, -e) Jurist nach dem ersten Staatsexamen.
Geˈrichtsˈsaal (der, -s, -säˈle) Tagungsraum des Gerichts.
Geˈrichtsˈstand (der, -s, -stänˈde) Ort, dessen Gericht für einen bestimmten Sachverhalt zuständig ist.
Geˈrichtsˈterˈmin (der, -s, -e) anberaumte Verhandlung.
Geˈrichtsˈverˈhandˈlung (der, -, -en) Prozess.
Geˈrichtsˈvollˈzieˈher (der, -s, -) Vollstreckungsbeamter des Gerichts.
Geˈrichtsˈweˈsen (das, -s, kein Plural) Gesamtheit aller die Gerichtsbarkeit betreffenden Vorgänge und Einrichtungen.
geˈrieˈren (V.) (lat.) sich aufführen; sich benehmen; gebärden als; z. B. er geriert sich als Wissenschaftler.
geˈring (Adj.) klein; wenig; unbedeutend. Das geht Sie nicht das Geringste (gar nichts) an. ein Geringes (wenig); es war um ein Geringes zu niedrig; nicht im Geringsten (gar nicht); es war kein Geringerer als der Minister selbst; nichts Geringeres als; das Geringste, was ich von dir verlange; wir beschränken uns auf ein Geringes. gering achten (*auch:* geringachten); gering schätzen (*auch:* geringschätzen).
Geˈringˈfüˈgigˈkeit (die, -, kein Plural) Bedeutungslosigkeit; Kleinigkeit. geringfügig.
Geˈringˈschätˈzung (die, -, kein Plural) Missachtung; Verachtung. geringschätzig.
geˈringsˈtenˈfalls (Adj.) wenigstens.
geˈrinˈnen (V., gerann, ist geronnen) ausflocken; stocken.
Geˈrinnˈsel (das, -s, -) geronnene Flüssigkeit.
Geˈripˈpe (das, -s, -) Skelett.
geˈrippt (Adj.) mit rippenartiger Struktur.
geˈrisˈsen (Adj.) schlau. Gerissenheit.
geˈritzt (Adj.) (ugs.) in Ordnung.
Germ (der/die, -s/-, kein Plural) (südd.) Hefe.
Germˈknöˈdel (der, -s, -) Hefekloß.
Gerˈmaˈne (der, -n, -n) Angehöriger einer ehemaligen indogermanischen Völkergruppe. Germanin; germanisch.

Ger|ma|nia (die, -, kein Plural) weibliches Sinnbild Deutschlands.
ger|ma|ni|sie|ren (V.) (nlat.) eindeutschen.
Ger|ma|nis|mus (der, -, -men) (nlat.) deutsche Spracheigentümlichkeit in einer fremden Sprache (z. B. die Vorsilbe »ge-« im Schwedischen).
Ger|ma|nist (der, -en, -en) Wissenschaftler oder Student der Germanistik.
Ger|ma|nis|tik (die, -, kein Plural) deutsche Sprach- und Literaturwissenschaft. germanistisch.
Ger|ma|ni|um (das, -s, kein Plural) chemischer Stoff (Abk.: Ge).
ger|ma|no|phil (Adj.) (nlat.-griech.) alles Deutsche liebend.
ger|ma|no|phob (Adj.) (nlat.-griech.) deutschfeindlich.
ger|mi|nal (Adj.) (lat.) zum Pflanzenkeim gehörig.
Ger|mi|nal (der, -s, -s) (lat.-franz.) der siebte Monat im Revolutionskalender der Französischen Revolution (21. März bis 19. April).
Ger|mi|na|lie (die, -, -n) Keimdrüse.
Ger|mi|na|ti|on (die, -, -ti|o|nen) (lat.) Keimbildungsperiode (der Pflanzen).
Ger|misch (das, -, kein Plural) (engl.) (ugs.) übermäßig mit Anglizismen, Amerikanismen durchsetztes Deutsch.
gern (*auch:* ger|ne) (Adv.; lieber, am liebsten) freudig; mit Vorliebe. Man muss die Kleine einfach gernhaben (lieb haben). Das würde ich gar zu gern tun. Sie waren gern gesehene (*auch:* gerngesehene) Kunden. Gernegroß; Gerneklug.
Ge|rö|chel (das, -s, kein Plural) andauerndes Röcheln.
Ge|ro|der|ma (das, -s, -ma|ta) (griech.-lat.) schlaffe, welke Haut.
Ge|röll (das, -s, -e) lockeres Gestein. Geröllhalde; Geröllschutt.
Ge|ront (der, -en, -en) Ältester (im altgriechischen Staatsleben).
Ge|ron|to|lo|gie (die, -, kein Plural) (griech.) Altersforschung.
Ge|ron|to|kra|tie (die, -, -n) (griech.) Herrschaft der Alten.
Gers|te (die, -, -n) Getreidesorte.
Gers|ten|brand (der, -s, kein Plural) Pilzkrankheit der Gerste.
Gers|ten|gras (das, -es, kein Plural) wilde Gerste.
Gers|ten|grau|pe (die, -, -n) Gerstenkorn ohne Hülse.
Gers|ten|korn (das, -s, -kör|ner) 1. Frucht der Gerste; 2. Pickel am Augenlid.
Gers|ten|malz (das, -es, kein Plural) aus Gerste gewonnenes Malz.
Gers|ten|saft (der, -s, kein Plural) (ugs.) Bier.
Gers|ten|sup|pe (die, -, -n) Speise aus Gerste.
Ge|ruch (der, -s, -rü|che) 1. Geruchssinn; 2. Duft.
Ge|ruch|lo|sig|keit (die, -, kein Plural) Fehlen jeglichen Geruchs. geruchlos.
Ge|ruchs|be|läs|ti|gung (die, -, -en) Belästigung durch einen oder mehrere Gerüche.
Ge|ruchs|emp|fin|dung (die, -, -en) Wahrnehmung von Geruch.
Ge|ruchs|fil|ter (der, -s, -) Vorrichtung zum Herausfiltern von Gerüchen.
Ge|ruchs|or|gan (das, -s, -e) Nase.
Ge|ruchs|sinn (der, -s, kein Plural) Fähigkeit, Gerüche zu unterscheiden.
Ge|ruchs|stö|rung (die, -, -en) Störung des Geruchssinns.
Ge|ruchs|ver|mö|gen (das, -s, -) Fähigkeit, Gerüche wahrzunehmen.
Ge|rücht (das, -s, -e) Klatsch; Gerede.
Ge|rüch|te|kü|che (die, -, -n) Klatschbörse.
ge|rücht|wei|se (Adj.) dem Vernehmen nach.
Ge|ruch|ver|schluss (der, -es, -schlüs|se) mit Wasser gefüllte Krümmung der Abwasserleitung; Siphon.
ge|ru|hen (V., refl.) bequemen; herablassen.
ge|rührt (Adj.) bewegt; erschüttert.
ge|ruh|sam (Adj.) behaglich; ruhig. Geruhsamkeit.
Ge|rüm|pel (das, -s, kein Plural) Kram; Müll; Ramsch.
Ge|rund (das, -s, -di|en) = Gerundium.
Ge|run|di|um (das, -s, -di|en) Beugungsform des Infinitivs (im Lateinischen, z. B. »legendi« in »ars libros legendi« = die Kunst, Bücher zu lesen).
Ge|run|div (das, -s, -e) (lat.) grammatische Form, welche die Notwendigkeit ausdrückt; Partizip des Passivs des Futurs (= Gerundivum).
ge|run|di|visch (Adj.) (lat.) in der Art des Gerundivs; das Gerundiv betreffend.
Ge|run|di|vum (das, -s, -di|va) Partizip des passivischen Futurs (im Lateinischen, z. B. Proband »ein zu Erprobender«).
Ge|ru|sia (die, -, kein Plural) (griech.) Rat der Geronten.
Ge|rüst (das, -s, -e) Stütz-, Arbeitsgestell.
Ge|rüt|tel (das, -, kein Plural) anhaltendes Rütteln.
ge|sal|zen (Adj.) 1. gewürzt; 2. (ugs.) sehr hoch.
ge|sam|melt (Adj.) aufmerksam; konzentriert.
ge|samt (Adj.) zusammengenommen; ganz. *Beachte:* im Gesamten sehr gut. insgesamt.
Ge|samt|an|sicht (die, -, -en) vollständige Ansicht; Totale.
Ge|samt|aus|ga|be (die, -, -n) vollständige Buchausgabe eines literarischen Werks.
Ge|samt|bild (das, -s, kein Plural) umfassender Überblick.
ge|samt|deutsch (Adj.) alle Teile Deutschlands betreffend.
Ge|samt|ein|druck (der, -s, kein Plural) Zusammenfassung aller Einzeleindrücke.
Ge|samt|er|geb|nis (das, -ses, -se) Zusammenfassung mehrerer Ergebnisse.
Ge|samt|heit (die, -, kein Plural) das Allumfassende; Ganzheit; Totalität.
Ge|samt|hoch|schu|le (die, -, -n) Zusammenführung von wissenschaftlicher Hochschule und Fachhochschule.
Ge|samt|kunst|werk (das, -s, -e) Einheit von Handlung, Musik und Bühnenbild im Musiktheater.
Ge|samt|no|te (die, -, -n) Durchschnitt von Einzelnoten.
Ge|samt|schu|le (die, -, -n) Verbindung von Mittelschule und höherer Schule.
Ge|samt|stra|fe (die, -, -n) Summe verschiedener Einzelstrafen.
Ge|samt|sum|me (die, -, -n) Summe aller Einzelposten.
Ge|samt|ver|band (der, -s, -bän|de) Zusammenschluss von Verbänden mit gemeinsamer Zielsetzung.
Ge|samt|werk (das, -s, -e) alle Werke eines Künstlers.
Ge|samt|wert (der, -s, -e) Summe aus einzelnen Werten.

Ge|samt|zahl (die, -, -en) Summe aus Zwischenergebnissen.
Ge|sand|te (der, -n, -n) Vertreter; Abgeordneter.
Ge|sandt|schaft (die, -, -en) 1. diplomatische Vertretung eines Staates im Ausland; 2. Gesamtheit der in einer Gesandtschaft tätigen Beamten; 3. Gebäude, in dem eine Gesandtschaft eingerichtet ist.
ge|sandt|schaft|lich (Adj.) den diplomatischen Dienst betreffend.
Ge|sandt|schafts|rat (der, -s, -rä|te) im Ausland tätiger Diplomat im Rang eines Regierungsrats.
Ge|sang (der, -s, -sän|ge) Singen; Lied.
Ge|sang|buch (das, -s, -bü|cher) Sammlung von Kirchenliedern.
ge|sang|lich (Adj.) das Singen betreffend.
Ge|sangs|kunst (die, -, kein Plural) Kunst des Singens.
Ge|sang(s)|stun|de (die, -, -n) Unterrichtsstunde in Gesang.
Ge|sang|ver|ein (der, -s, -e) Verein für Chorgesang.
Ge|säß (das, -es, -e) Hintern; Popo.
Ge|säß|mus|kel (der, -s, -n) einer der Gesäß bildenden Muskeln.
Ge|säß|ta|sche (die, -, -n) hintere Hosentasche.
gesch. (Abk.) **gesch**ieden.
Ge|säu|ge (das, -s, kein Plural) Euter; Zitzen.
Ge|säu|sel (das, -, kein Plural) anhaltendes Säuseln.
Ge|schäft (das, -es, -e) Gewerbe; Laden; Arbeitsstelle.
Ge|schäf|te|ma|cher (der, -s, -) Person, die aus allem ein Geschäft zu machen versucht.
Ge|schäf|tig|keit (die, -, kein Plural) Emsigkeit; Umtriebigkeit. geschäftig.
ge|schäft|lich (Adj.) das Geschäft betreffend.
Ge|schäfts|ab|schluss (der, -, -es) verbindliche Vereinbarung über einen Handel.
Ge|schäfts|auf|ga|be (die, -, -n) Auflösung eines Unternehmens.
Ge|schäfts|be|reich (der, -s, -e) Dienstbereich; Kompetenz; Portefeuille.
Ge|schäfts|be|richt (der, -s, -e) Jahresbericht des Vorstands einer Aktiengesellschaft an die Aktionärsversammlung.
Ge|schäfts|bü|cher (die, nur Plural) Buchführung; Kassenbücher.
ge|schäfts|fä|hig (Adj.) durch Alter und Geisteszustand fähig zum Abschluss rechtsverbindlicher Geschäfte. Geschäftsfähigkeit.
Ge|schäfts|frau (die, -, -en) Gewerbetreibende; Unternehmerin.
Ge|schäfts|freund (der, -s, -e) langjähriger, guter Geschäftspartner.
Ge|schäfts|füh|rer (der, -s, -) Leiter eines Unternehmens, das nicht sein Eigentum ist. geschäftsführend.
Ge|schäfts|gang (der, -s, kein Plural) Verlauf von Geschäften.
Ge|schäfts|ge|ba|ren (das, -s, kein Plural) Art und Weise der Abwicklung von Geschäften.
Ge|schäfts|ge|heim|nis (das, -ses, -se) Betriebsgeheimnis; Berufsgeheimnis.
Ge|schäfts|grund|la|ge (die, -, -n) allgemeine gemeinsame Bestrebung der beteiligten Geschäftspartner.
Ge|schäfts|lei|tung (die, -, -en) Direktion.
ge|schäfts|mä|ßig (Adj.) den geschäftlichen Gepflogenheiten entsprechend.
Ge|schäfts|ord|nung (die, -, -en) Regelwerk für die Geschäftsführung von Institutionen (z. B. Vereine, Behörden).
Ge|schäfts|part|ner (der, -s, -) an den Geschäften beteiligte Person.
ge|schäfts|schä|di|gend (Adj.) dem geschäftlichen Erfolg schadend. Geschäftsschädigung.
Ge|schäfts|schluss (der, -ses, -schlüs|se) Ende der Geschäftszeit.
Ge|schäfts|stel|le (die, -, -n) Außenbüro; Filiale; Zweigstelle.
ge|schäfts|tüch|tig (Adj.) geschäftlich geschickt; unternehmerisch erfolgreich. Geschäftstüchtigkeit.
ge|schäfts|un|fä|hig (Adj.) durch Alter oder Geisteszustand zum Abschluss von Rechtsgeschäften nicht berechtigt. Geschäftsunfähigkeit.
Ge|schäfts|ver|bin|dung (die, -, -en) geschäftliche Beziehung.
Ge|schäfts|ver|kehr (der, -s, kein Plural) Handel.
Ge|schäfts|zeit (die, -, -en) Arbeitszeit; Ladenöffnungszeit.
ge|scheckt (Adj.) gefleckt. ein bunt geschecktes Füllen.
ge|sche|hen (V., geschah, ist geschehen) passieren.
Ge|sche|hen (das, -s, kein Plural) Ablauf von Ereignissen.
Ge|scheh|nis (das, -ses, -se) Ereignis; Vorfall.
ge|scheit (Adj.) 1. klug; 2. (südd.) tüchtig. Gescheitheit.
Ge|schenk (das, -s, -e) Gabe.
Ge|schenk|ar|ti|kel (der, -s, -) als Geschenk geeignete Ware.
Ge|schenk|pa|ckung (die, -, -en) schön gestaltete Verpackung.
Ge|schenk|pa|pier (das, -s, kein Plural) farbig gestaltetes Einschlagpapier.
ge|schenk|wei|se (Adj.) als Geschenk.
Ge|schich|te (die, -, -n) 1. Geschehen; Historie; Entwicklung; Vergangenheit; 2. Erzählung; 3. (ugs.) Angelegenheit. Der Unfall war eine böse Geschichte.
Ge|schich|ten|buch (das, -s, -bü|cher) Sammlung von Erzählungen.
Ge|schich|ten|er|zäh|ler (der, -s, -) Erzähler von Geschichten.
ge|schicht|lich (Adj.) 1. historisch; 2. überliefert.
Ge|schichts|be|wusst|sein (das, -s, kein Plural) Bewusstsein über die Einbettung des Einzelnen in geschichtliche Abläufe.
Ge|schichts|buch (das, -s, -bü|cher) Sachbuch über Geschichte.
Ge|schichts|for|schung (die, -, -en) wissenschaftliche Aufarbeitung von Geschichte.
Ge|schichts|klit|te|rung (die, -, -en) Geschichtsfälschung.
Ge|schichts|phi|lo|so|phie (die, -, kein Plural) Lehre vom Sinn der Geschichte.
Ge|schichts|schrei|bung Aufzeichnung historischer Gegebenheiten aufgrund von Urkunden und eigener Anschauung; Chronik; Historiografie. Geschichtsschreiber.
Ge|schichts|wis|sen|schaft (die, -, kein Plural) Lehre von der Geschichte.
Ge|schick (das, -s, -schi|cke) 1. Fähigkeit; Geschicklichkeit; 2. Schicksal; Fügung.
Ge|schick|lich|keits|spiel (das, -s, -e) Spiel, das Geschicktheit erfordert.
ge|schie|den (Adj.) getrennt (Abk.: gesch.). Geschiedene.

Ge|schimp|fe (das, -s, kein Plural) anhaltendes Schimpfen; Zetern.
Ge|schirr (das, -s, -e) 1. Porzellanwaren; 2. Zugseil (Pferd).
Ge|schirr|spü|ler (der, -s, -) Gerät zum Reinigen von Geschirr.
Ge|schirr|tuch (das, -s, -tü|cher) Trockentuch.
Ge|schlecht (das, -s, -er) 1. weibliche oder männliche Merkmale; Art; 2. Familie; 3. Genus (gramm.); 4. Geschlechtsteil. geschlechtsspezifisch; verschiedengeschlechtlich.
Ge|schlech|ter|fol|ge (die, -, -n) Generationenfolge.
Ge|schlech|ter|kun|de (die, -, kein Plural) Stammbaumforschung; Genealogie.
Ge|schlech|ter|rol|le (die, -, -n) geschlechtsspezifisches Rollenverhalten.
Ge|schlecht|lich|keit (die, -, kein Plural) Sexualität. geschlechtlich.
Ge|schlechts|akt (der, -s, -e) sexuelle Vereinigung.
Ge|schlechts|ap|pa|rat (der, -s, -e) Gesamtheit der Geschlechtsorgane.
Ge|schlechts|krank|heit (die, -, -en) durch Geschlechtsverkehr übertragene Infektionskrankheit. geschlechtskrank.
Ge|schlechts|le|ben (das, -s, kein Plural) Sexualität.
Ge|schlechts|merk|mal (das, -s, -e) geschlechtsspezifisches körperliches Merkmal.
Ge|schlechts|rei|fe (die, -, kein Plural) Fortpflanzungsfähigkeit. geschlechtsreif.
Ge|schlechts|teil (das, -s, -e) äußeres Geschlechtsorgan.
Ge|schlechts|trieb (der, -s, kein Plural) Sexualtrieb; Lüsternheit; Libido.
Ge|schlechts|um|wand|lung (die, -, -en) Umwandlung des Geschlechts in das jeweils andere.
Ge|schlechts|ver|kehr (der, -s, kein Plural) Beischlaf; Koitus.
Ge|schlechts|wort (das, -s, -e) Wort zur Angabe des grammatischen Geschlechts; Artikel.
Ge|schlif|fen|heit (die, -, kein Plural) Formvollendung; Perfektion. Er verfügt über eine geschliffene Ausdrucksweise. geschliffen.
ge|schlos|sen (Adj.) 1. abgeschlossen; verriegelt; 2. zu; nicht geöffnet; außer Betrieb; 3. einheitlich; lückenlos; 4. gemeinsam; solidarisch.
Ge|schlos|sen|heit (die, -, kein Plural) Einheitlichkeit; Lückenlosigkeit.
Ge|schluch|ze (das, -s, kein Plural) anhaltendes Schluchzen; Weinen.
Ge|schmack (der, -s, -schmä|cke/ -schmä|cker) 1. Geschmackssinn; Schmecken; 2. ästhetisches Empfinden.
ge|schmäck|le|risch (Adj.) gekünstelt; übertrieben anspruchsvoll in Geschmacksdingen.
ge|schmack|lich (Adj.) hinsichtlich des Geschmacks.
Ge|schmack|lo|sig|keit (die, -, -en) Stillosigkeit; Taktlosigkeit. geschmacklos.
Ge|schmacks|sa|che (die, -, -n) Angelegenheit, über die nur subjektives Empfinden entscheidet.
Ge|schmacks|sinn (der, -s, kein Plural) Fähigkeit zu Schmecken.
Ge|schmacks|ver|ir|rung (die, -, -en) Geschmacklosigkeit; stilistischer Fehlgriff.
Ge|schmacks|ver|stär|ker (der, -s, -) Substanz zur Verstärkung des Geschmacks anderer Substanzen.
ge|schmack|voll (Adj.) mit Geschmack; stilvoll; schön.
Ge|schmei|de (das, -s, -) kostbarer Halsschmuck.
ge|schmei|dig (Adj.) gelenkig; elastisch. Geschmeidigkeit.
Ge|schmeiß (das, -es, kein Plural) (ugs.) Ungeziefer; Gesindel.
Ge|schnet|zel|te (das, -n, kein Plural) Fleischgericht.
ge|schnie|gelt (Adj.) fein gemacht. Er war geschniegelt und gebügelt.
Ge|schöpf (das, -s/-es, -e) Lebewesen; Kreatur.
Ge|schoss (das, -schos|ses, -schos|se) 1. Kugel (Pistole, Gewehr); 2. Stockwerk. Geschosshagel; ein fünfgeschossiges Haus.
ge|schraubt (Adj.) (ugs.) gekünstelt. Geschraubtheit.
Ge|schrei (das, -, kein Plural) anhaltendes Schreien.
Ge|schreib|sel (das, -, kein Plural) schlecht Geschriebenes.
Ge|schütz (das, -es, -e) Abschussvorrichtung.
Ge|schütz|rohr (das, -s, -e) Kanonenrohr.
Ge|schwa|der (das, -s, -) Flugzeug-, Schiffsverband.
Ge|schwa|fel (das, -s, kein Plural) dummes Geschwätz.
Ge|schwätz (das, -es, kein Plural) Schwatzen; Gerede.
Ge|schwät|zig|keit (die, -, kein Plural) Redseligkeit; Schwatzhaftigkeit. geschwätzig.
ge|schwei|ge (Konj.) (meist in der Wendung:) geschweige denn (noch viel weniger). *Beachte:* folgt nur auf verneinte oder eingeschränkte Aussagen! Er kann nicht einmal lesen, geschweige denn schreiben.
ge|schwind (Adj.) schnell.
Ge|schwin|dig|keit (die, -, -en) Schnelligkeit; Tempo.
Ge|schwin|dig|keits|be|gren|zung (die, -, -en) vorgeschriebene Höchstgeschwindigkeit, Tempolimit.
Ge|schwin|dig|keits|mes|ser (der, -s, -) Gerät zur Bestimmung der Geschwindigkeit; Tachometer.
Ge|schwin|dig|keits|über|schrei|tung (die, -, -en) Missachtung der vorgeschriebenen Höchstgeschwindigkeit.
Ge|schwis|ter (das, -s, -) (meist Plural) Geschwisterteil.
Ge|schwis|ter|kind (das, -s, -er) Neffe oder Nichte.
ge|schwis|ter|lich (Adj.) nach Art von Geschwistern.
Ge|schwis|ter|paar (das, -s, -e) Bruder und Schwester.
ge|schwol|len (Adj.) (ugs.) prahlerisch; eingebildet. Geschwollenheit.
Ge|schwo|re|ne (der, -n, -n) Schöffe; Laienrichter. Geschworenengericht.
Ge|schwulst (die/das, -(e)s, -schwüls|te/*selten auch:* -schwuls|te) Tumor.
Ge|schwür (das, -s, -e) Entzündung. Geschwürbildung; Eitergeschwür; geschwürig.
Ge|sei|re (das, -s, kein Plural) (jidd.) Gejammer.
Ge|selch|te (das, -n, kein Plural) (südd.) geräuchertes Fleisch.
Ge|sel|le (der, -n, -n) 1. Handwerker nach der Lehrzeit; 2. Kerl; Kamerad.
ge|sel|len (V., refl.) sich anschließen; zu jmdm. dazustoßen.
Ge|sel|len|brief (der, -s, -e) Dokument über die erfolgreiche Ablegung der Gesellenprüfung.

Geˈselˈlenˈprüˈfung (die, -, -en) Prüfung zum Abschluss einer Handwerkslehre.
GeˈselˈlenˈstückΝ (das, -s, -e) für die Gesellenprüfung anzufertigendes Werkstück.
geˈselˈlig (Adj.) leutselig. Geselligkeit.
Geˈsellˈschaft (die, -, -en) 1. Öffentlichkeit; Allgemeinheit; 2. Vereinigung; Institution; Unternehmen; 3. Beisammensein; Empfang; gesellige Runde. Gesellschaft mit beschränkter Haftung (Abk.: GmbH).
Geˈsellˈschafˈter (der, -s, -) 1. unterhaltender Begleiter; 2. Teilhaber an einem Unternehmen.
geˈsellˈschaftˈlich (Adj.) sozial.
Geˈsellˈschaftsˈanˈzug (der, -s, -züˈge) Abendanzug; festliche Kleidung.
geˈsellˈschaftsˈfäˈhig (Adj.) den allgemeinen Normen entsprechend.
Geˈsellˈschaftsˈform (die, -, -en) Art und Weise der Gestaltung einer menschlichen Gesellschaft.
Geˈsellˈschaftsˈkriˈtik (die, -, kein Plural) Kritik an Zuständen innerhalb der Gesellschaft; Sozialkritik.
Geˈsellˈschaftsˈlehˈre (die, -, kein Plural) aus Geografie, Geschichte und Sozialkunde gebildetes Fach im Schulunterricht.
Geˈsellˈschaftsˈordˈnung (die, -, -en) staatliche Grundordnung; Verfassung.
Geˈsellˈschaftsˈpoˈliˈtik (die, -, kein Plural) Gestaltung einer staatlichen Gemeinschaft durch die Politik. gesellschaftspolitisch.
Geˈsellˈschaftsˈschicht (die, -, -en) durch den sozialen Status definierter Teil einer Gesellschaft; Klasse.
Geˈsellˈschaftsˈspiel (das, -s, -e) Unterhaltungsspiel für mehrere Personen.
Geˈsellˈschaftsˈsysˈtem (das, -s, -e) ideelles oder ideologisches Gestaltungsprinzip einer menschlichen Gesellschaft.
Geˈsellˈschaftsˈwisˈsenˈschaft (die, -, kein Plural) Sozialwissenschaft.
Geˈsetz (das, -es, -e) Recht; Grundsatz; Regel. Gesetzblatt (Abk.: GBl.).
Geˈsetzˈbuch (das, -s, -büˈcher) Gesetzessammlung.
Geˈsetzˈentˈwurf (der, -s, -würˈfe) Entwurf für ein Gesetz.
Geˈsetˈzesˈhüˈter (der, -s, -) (ugs.) Polizeibeamter.
Geˈsetˈzesˈkraft (die, -, kein Plural) Gültigkeit eines Gesetzes.
Geˈsetˈzesˈsammˈlung (die, -, -en) Sammlung von Gesetzen.
Geˈsetˈzesˈtext (der, -s, -e) Wortlaut eines Gesetzes.
Geˈsetˈzesˈvorˈlaˈge (die, -, -n) dem Parlament zur Abstimmung vorgelegter Gesetzentwurf.
Geˈsetzˈgeˈbung (die, -, kein Plural) Erarbeitung und Erlass von Gesetzen. Gesetzgeber; gesetzgebend.
Geˈsetzˈlichˈkeit (die, -, kein Plural) Rechtmäßigkeit. gesetzlich.
Geˈsetzˈloˈsigˈkeit (die, -, kein Plural) Fehlen von Gesetzen; Anarchie. gesetzlos.
Geˈsetzˈmäˈßigˈkeit (die, -, -en) dem Gesetz entsprechend; der Regel entsprechend; Regelmäßigkeit. gesetzmäßig.
geˈsetzt (Adj.) ernst, würdevoll; angenommen. gesetzt (den Fall)(,) dass …
Geˈsetztˈheit (die, -, kein Plural) Besonnenheit; Beherrschtheit. gesetzt.
Geˈsetzˈwidˈrigˈkeit (die, -, -en) Verletzung des Gesetzes. gesetzwidrig.
ges. gesch. (Abk.) **ges**etzlich **gesch**ützt.
Geˈsicht (das, -s, -er) 1. Antlitz; Miene; 2. Sehsinn. den Tatsachen ins Gesicht sehen (die Situation realistisch einschätzen).
Geˈsichtsˈausˈdruck (der, -s, -drüˈcke) Mienenspiel; Mimik.
Geˈsichtsˈcreˈme (*auch:* -krem/-kreˈme) (die, -, -s) kosmetische Substanz für die Gesichtshaut.
Geˈsichtsˈfeld (das, -s, -er) mit unbewegtem Blick überschaubarer Raum; Blickfeld.
Geˈsichtsˈpunkt (der, -s, -e) Aspekt; Betrachtungsweise.
Geˈsichtsˈverˈlust (der, -s, -e) Autoritätsverlust; Verlust an Ansehen.
GeˈsichtsˈzugΝ (der, -s, -züˈge) Ausprägung des Gesichts.
Geˈsims (das, -es, -e) Mauervorsprung.
Geˈsinˈde (das, -s, kein Plural) Dienerschaft.
Geˈsinˈdel (das, -s, kein Plural) betrügerisches Pack.
Geˈsinˈdeˈstuˈbe (die, -, -n) Wohnraum der Dienerschaft.
geˈsinnt (Adj.) eingestellt, von einer bestimmten Gesinnung. Ein übel gesinnter (*auch:* übelgesinnter) Mensch.
Geˈsinˈnung (die, -, -en) Einstellung; moralische Haltung.
Geˈsinˈnungsˈgeˈnosˈse (der, -n, -n) Gleichgesinnter.
Geˈsinˈnungsˈloˈsigˈkeit (die, -, kein Plural) Charakterlosigkeit; Prinzipienlosigkeit. gesinnungslos.
Geˈsinˈnungsˈschnüfˈfeˈlei (die, -, -en) Auskundschaften der Gesinnung.
Geˈsinˈnungsˈtäˈter (der, -s, -) Überzeugungstäter.
Geˈsinˈnungsˈtreue (die, -, kein Plural) Unwandelbarkeit der Gesinnung; Standfestigkeit. gesinnungstreu.
Geˈsinˈnungsˈwanˈdel (der, -s, kein Plural) Wechsel der Gesinnung; Meinungsänderung.
geˈsitˈtet (Adj.) sittsam; kultiviert. Gesittung.
Geˈsocks (das, -, kein Plural) (nordd.) Gesindel.
Geˈsöff (das, -s, -e) schlechtes Getränk.
Geˈspan (der, -es, -e) (ung.) Beamter in der ungarischen Verwaltung.
Geˈspann (das, -s, -e) 1. zusammengespannte Zugtiere; 2. Zugtiere und Wagen; 3. (ugs.) zwei gemeinsam auftretende Personen.
geˈspannt (Adj.) neugierig; erwartungsvoll. Gespanntheit.
Geˈspanˈschaft (die, -, -en) Amtsbereich eines Gespans. Grafschaft.
Geˈspenst (das, -s/-es, -er) 1. Geist; Spukgestalt; 2. Bedrohung. Um Mitternacht saß das Gespenst auf dem Schlossturm. Das Gespenst eines Krieges ging um. gespenstisch.
Geˈspensˈterˈgeˈschichˈte (die, -, -n) Spukgeschichte.
geˈspensˈtern (V.) umhergeistern; umherirren.
geˈspensˈtig (*auch:* geˈspensˈtisch) (Adj.) furchterregend; spukhaft; unheimlich.
Geˈspinst (das, -es, -e) 1. Gesponnenes; 2. Hirngespinst.
Geˈspött (das, -es, kein Plural) 1. Hohn; Spott; 2. Gegenstand des Spottes.
Geˈspräch (das, -es, -e) Unterhaltung; Diskussion.
Geˈspräˈchigˈkeit (die, -, kein Plural) Mitteilsamkeit; Redseligkeit. gesprächig.
geˈsprächsˈbeˈreit (Adj.) in der Lage oder willens, ein Gespräch zu führen.
Geˈsprächsˈpartˈner (der, -s, -) Person, mit der man ein Gespräch führt.

Geˈsprächsˈrunˈde (die, -, -n) zum Meinungsaustausch zusammengekommene Gruppe.
Geˈsprächsˈstoff (der, -s, kein Plural) Gesamtheit der zum Gespräch geeigneten Themen.
geˈsprächsˈweiˈse (Adj.) während eines Gesprächs; mündlich; persönlich.
geˈspreizt (Adj.) geziert; künstlich. Gespreiztheit.
geˈsprenˈkelt (Adj.) gefleckt.
Geˈspritzˈte (der, -n, -n) (südd.) Wein-Sprudel-Mischung.
Geˈspür (das, -s, kein Plural) Gefühl.
Gest (der/die, -es/-s/-, kein Plural) (nordd.) Hefe.
gest. (Abk.) **gest**orben.
Geˈstaˈde (das, -s, -) Ufer; Strand.
Gesˈtaˈgen (das, -s, -e) (lat.-griech.) weibliches Hormon; Gelbkörperhormon.
Geˈstalt (die, -, -en) Figur; Erscheinung; Aussehen. *Beachte:* dergestalt (so); gestalten.
geˈstaltˈbar (Adj.) formbar; mit der Möglichkeit der Ausarbeitung.
geˈstalˈtenˈreich (Adj.) figurenreich; personenreich (Roman, Drama).
Geˈstalˈter (der, -s, -) Formgeber; Schöpfer.
geˈstalˈteˈrisch (Adj.) die Gestaltung betreffend.
Geˈstaltˈloˈsigˈkeit (die, -, kein Plural) Formlosigkeit. gestaltlos.
Geˈstalˈtung (die, -, kein Plural) Erschaffung; Formgebung.
Geˈstalˈtungsˈkraft (die, -, -kräfˈte) schöpferische Kraft; Kreativität.
Geˈstamˈmel (das, -s, kein Plural) Stottern.
geˈständˈdig (Adj.) Schuld anerkennend; einsichtig. Geständnis.
Geˈstänˈge (das, -s, -) Stangengefüge.
Geˈstank (der, -s, kein Plural) übler Geruch.
Geˈstaˈpo (die, -, kein Plural) (Kurzw.) Geheime Staatspolizei (Nationalsozialismus).
geˈstatˈten (V.) erlauben.
Gesˈte (die, -, -n) (lat.) Gebärde.
Geˈsteck (das, -s, -steˈcke) Gebinde.
geˈsteˈhen (V., gestand, hat gestanden) zugeben.
Geˈsteˈhungsˈkosˈten (die, nur Plural) Herstellungskosten.
Geˈstein (das, -s, -e) Mineralienverbindung; Fels. Gesteinsformation.
Geˈsteinsˈblock (der, -s, -blöˈcke) Felsbrocken.
Geˈsteinsˈkunˈde (die, -, kein Plural) Petrologie.
Geˈsteinsˈproˈbe (die, -, -n) kleine Gesteinsmenge zur Untersuchung.
Geˈsteinsˈschicht (die, -, -en) Schichtung einer Gesteinsformation.
Geˈstell (das, -s, -e) Stütze; Träger.
gesˈtern (Adv.) der gestrige Tag. bis/erst/seit gestern; ich bin doch nicht von gestern; gestern Abend/früh (*auch:* Früh)/Mittag/Morgen; gestern und heute, *aber:* das Gestern und das Heute; vorgestern; gestrig. *Großschreibung:* alles Gestrige; das Gestrige habe ich längst vergessen; das Gestern.
geˈstieˈfelt (Adj.) mit Stiefeln. *Aber:* der Gestiefelte Kater.
Gesˈtik (die, -, kein Plural) Gesamtheit des Gebärdenspiels; Gestus.
gesˈtiˈkuˈlieˈren (V.) herumfuchteln; durch Bewegung Zeichen geben. Gestikulation.
Gesˈtiˈon (die, -, -tiˈoˈnen) (lat.) Führung. Verwaltung.
Geˈstirn (das, -s, -e) Stern. Adjektiv: gestirnt.
Geˈstöˈber (das, -s, -) Schneetreiben.
geˈstreift (Adj.) mit Streifenmuster. Der Schal ist grün gestreift (*auch:* grüngestreift).
gestˈrig (Adj.) von gestern; rückständig. Er ist ein Ewiggestriger geblieben.
Geˈstrüpp (das, -s, -e) Dickicht.
Gesˈtus (der, -, kein Plural) (lat.) Gebärde; Gestik.
Geˈstüt (das, -s, -e) Pferdezuchtbetrieb. Gestüthengst.
Geˈstütsˈbrand (der, -s, -bränˈde) Brandzeichen.
Geˈsuch (das, -s/-es, -e) schriftliche Bitte; Anliegen.
geˈsucht (Adj.) gekünstelt. Gesuchtheit.
geˈsund (Adj.) wohlauf; kräftig. *Beachte:* Zusammenschreibung mit einem Verb, wenn eine neue Verbbedeutung entsteht! gesundschrumpfen; gesundstoßen; sich gesundmachen (bereichern); *aber:* jemanden gesund machen (*auch:* gesundmachen); gesund sein, werden, gesundbeten.
Geˈsundˈbrunˈnen (der, -s, -) Heilquelle; Jungbrunnen.
Geˈsunˈde (der, -n, -n) nicht kranke Person.
geˈsundˈheitˈlich (Adj.) die Gesundheit betreffend.
Geˈsundˈheitsˈamt (das, -s, -ämˈter) Aufsichtsbehörde für Hygiene.
Geˈsundˈheitsˈaposˈtel (der, -s, -) Kämpfer für eine gesunde Lebensweise.
Geˈsundˈheitsˈlehˈre (die, -, kein Plural) Hygiene.
Geˈsundˈheitsˈreˈform (die, -, kein Plural) Gesetz zur Neuregelung des Gesundheitswesens.
geˈsundˈheitsˈschäˈdiˈgend (*auch:* geˈsundˈheitsˈschädˈlich) (Adj.) die Gesundheit und das Wohlbefinden beeinträchtigend.
Geˈsundˈheitsˈweˈsen (das, -s, kein Plural) Gesamtheit aller öffentlichen die allgemeine Gesundheit betreffenden Einrichtungen.
Geˈsundˈheitsˈzeugˈnis (das, -ses, -se) Dokument über den Gesundheitszustand.
Geˈsundˈheitsˈzuˈstand (der, -s, kein Plural) allgemeines körperliches Befinden.
Geˈsunˈdung (die, -, kein Plural) Heilungsprozess. gesunden.
get. (Abk.) **get**auft.
Geˈtäˈfel (das, -s, kein Plural) Täfelung. Adjektiv: getäfelt.
Geˈtier (das, -s, kein Plural) kleine Tiere.
geˈtiˈgert (Adj.) gestreift.
Geˈtöˈse (*auch:* Geˈtös) (das, -s, kein Plural) Lärm.
geˈtraˈgen (Adj.) ernst; langsam.
Geˈtränk (das, -s, -e) Erfrischung; Trank.
Geˈtränˈkeˈauˈtoˈmat (der, -en, -en) Gerät zur Ausgabe von Getränken.
Geˈtränˈkeˈsteuˈer (die, -, -n) Abgabe auf den gewerblichen Ausschank von Getränken.
Geˈtratsch (*auch:* Geˈtratˈsche) (das, -es, kein Plural) Klatsch.
geˈtrauˈen (V., refl.) sich zutrauen; wagen. Was, du getraust dich (*selten:* dir) nicht?
Geˈtreiˈde (das, -s, -) Ährenpflanze; Korn.
Geˈtreiˈdeˈanˈbau (der, -s, kein Plural) Anpflanzen von Getreide.

Getreideernte (die, -, -n) Abernten von Getreide.
Getreidespeicher (der, -s, -) Lagerraum für Getreide.
getrennt (Adj.) geteilt; auseinander. *Beachte:* Die Wörter muss man getrennt schreiben. ein getrennt lebendes (*auch:* getrenntlebendes) Ehepaar. getrenntgeschlechtig. Getrenntschreibung (→ Zusammen- oder Getrenntschreibung!).
getreu (Adj.) zuverlässig; genau. *Beachte:* mit Dativ! Getreu meinem Vorsatz. Getreue; getreulich.
Getriebe (das, -s, -) 1. Maschinenteil zur Bewegungsübertragung; 2. Betriebsamkeit; Gedränge. getrieben.
Getriebeschaden (der, -s, -schäden) Beschädigung des Getriebes.
Getriller (das, -s, kein Plural) Pfeifen.
Getrippel (das, -s, kein Plural) Trippeln.
getrost (Adj.) zuversichtlich; ruhig.
Getto (*auch:* Ghetto) (das, -s, -s) (ital.) abgesperrter Bezirk; Isolation. Verb: gettoisieren (*auch:* ghettoisieren).
Getue (das, -s, kein Plural) Aufhebens.
Getümmel (das, -s, kein Plural) Menge; Tumult.
getüpfelt (*auch:* getupft) (Adj.) mit Tupfen.
Geviert (das, -s, -e) Viereck; Quadrat. Adjektiv: gevierteilt.
Gewächs (das, -es, -e) Pflanze.
Gewächshaus (das, -es, -häuser) Treibhaus.
gewagt (Adj.) gefährlich; anstößig. Gewagtheit.
gewahr (Adj.) (nur in der Wendung:) einer/eine Sache gewahr werden (bemerken); es/dessen gewahr werden.
Gewähr (die, -, kein Plural) Garantie; Sicherheit. Gewähr bieten/geben/leisten; ohne Gewähr.
gewahren (V.) bemerken.
gewähren (V.) bewilligen. Gewährung.
Gewährfrist (die, -, -en) Garantiezeitraum.
Gewährleistung (die, -, -en) Haftung des Verkäufers für den einwandfreien Zustand der verkauften Ware.
Gewahrsam 1. (der, -s, -e) Haft; Verwahrung; 2. (das, -s, -e) Gefängnis.
Gewährsmann (der, -s, -männer/-leute) jemand, auf dessen Wort man sich verlassen kann.
Gewalt (die, -, -en) 1. Staatsmacht; Herrschaft; 2. Brutalität; Härte; Zwang.
Gewaltakt (der, -s, -e) Anwendung von Gewalt.
Gewaltenteilung (die, -, kein Plural) Gliederung staatlicher Macht in Gesetzgebung, Rechtsprechung und Verwaltung.
Gewaltherrschaft (die, -, -en) Tyrannei; Despotie. Gewaltherrscher.
Gewaltigkeit (die, -, kein Plural) Mächtigkeit; außergewöhnliche Größe. gewaltig.
Gewaltlosigkeit (die, -, kein Plural) Verzicht auf die Anwendung von Gewalt. gewaltlos.
Gewaltmarsch (der, -s, -märsche) schneller Marsch über eine große Strecke.
gewaltsam (Adj.) mit Gewalt erzwungen. Gewaltsamkeit.
Gewalttätigkeit (die, -, -en) 1. Bereitschaft zu Gewaltanwendung; 2. mit Gewalt verübte Handlung. gewalttätig.
Gewaltverbrecher (der, -s, -) Schwerverbrecher.
Gewaltverzicht (der, -s, kein Plural) Vereinbarung verfeindeter Parteien über die Nichtanwendung von Gewalt.
Gewand (das, -s, -wänder) Kleidung. Gewandhaus; gewanden.
gewandt (Adj.) geschickt; wendig. Gewandtheit.
gewärtigen (V.) auf etwas gefasst sein. Adjektiv: gewärtig.
Gewäsch (das, -s, kein Plural) Geschwätz.
Gewässer (das, -s, -) Wasseransammlung; Wasserlauf; Bach; Fluss; Teich; See; Meer.
Gewebe (das, -s, -) 1. Stoff; 2. Zellgefüge. Gewebebreite.
Gewebsflüssigkeit (die, -, kein Plural) Lymphe.
Gewebstherapie (die, -, -n) Einverleibung neuer Gewebsteile.
geweckt (Adj.) aufgeschlossen. Gewecktheit.
Gewehr (das, -s, -e) Schusswaffe.
Gewehrkolben (der, -s, -) hölzerner Teil des Gewehrs.
Gewehrlauf (der, -s, -läufe) Rohr des Gewehrs.
Geweih (das, -s, -e) Horn (Wild). Geweihtrophäe; Hirschgeweih.
Gewerbe (das, -s, -) berufliche Tätigkeit; Berufszweig; Betrieb.
Gewerbeaufsichtsamt (das, -s, -ämter) Behörde zur Überwachung des Arbeitsschutzes.
Gewerbefreiheit (die, -, kein Plural) Recht, jeder beruflichen Tätigkeit nachgehen zu können.
Gewerbegebiet (das, -s, -e) für die Besiedlung mit Gewerbebetrieben vorgesehener Ortsteil.
Gewerbeordnung (die, -, kein Plural) Gesamtheit der Vorschriften zur Regelung gewerblicher Arbeit.
Gewerbeschein (der, -s, -e) Berechtigung zur Ausübung eines Gewerbes.
Gewerbesteuer (die, -, kein Plural) Abgabe der Gewerbetreibenden.
Gewerbetreibende (der, -n, -n) einem Gewerbe nachgehende Person. gewerbetreibend.
gewerblich (Adj.) das Gewerbe betreffend.
gewerbsmäßig (Adj.) als Gewerbe betrieben.
Gewerkschaft (die, -, -en) Arbeitnehmervereinigung. gewerkschaftlich.
Gewerkschafter (*auch:* Gewerkschaftler) (der, -s, -) Gewerkschaftsmitglied.
Gewerkschaftsbund (der, -s, kein Plural) Verband von Einzelgewerkschaften.
Gewicht (das, -s/-es, -e) Schwere; Masse. Gewichtsverlust; Gewichtung; gewichten.
Gewichtheben (das, -s, kein Plural) schwerathletische Sportart.
Gewichtigkeit (die, -, kein Plural) Bedeutung; Wichtigkeit. gewichtig.
Gewichtsklasse (die, -, -n) Einstufung von Schwerathleten nach Körpergewicht.
gewieft (Adj.) (ugs.) schlau.
Gewimmel (das, -s, kein Plural) Durcheinander.
Gewinde (das, -s, -) 1. zylindrisch verlaufende Rille; 2. Geflecht.
Gewindegang (der, -s, -gänge) Abstand der Rille im Gewinde.
Gewinn (der, -s, -e) 1. Ertrag; 2. Preis; 3. Sieg. Gewinnklasse; Gewinnsatz;

Gewinnnummer (*auch:* Gewinn-Nummer); Gewinn- und Verlustrechnung; Gewinnzahl; gewinnbringend (*auch:* Gewinn bringend), *aber nur:* eine äußerst gewinnbringende Investition.
Ge|winn|an|teil (der, -s, -e) Teil eines Gewinns; Dividende.
ge|win|nend (Adj.) charmant; sympathisch.
Ge|win|ner (der, -s, -) Sieger. gewinnen.
Ge|winn|span|ne (die, -, -n) Erlös.
Ge|win|nung (die, -, kein Plural) Förderung; Erzeugung.
Ge|win|sel (das, -s, kein Plural) Jammern; Gejaule.
Ge|wirr (das, -s, kein Plural) Durcheinander.
Ge|wis|per (das, -s, kein Plural) Flüstern.
ge|wiss 1. (Adj.) unbestimmt; gering. Ein gewisser anderer. *Aber:* ein gewisser Jemand; er hat ein gewisses Etwas; nichts Gewisses weiß man. 2. (Adv.) sicherlich. Gewissheit; gewisslich; gewissermaßen.
Ge|wis|sen (das, -s, -) moralisches Bewusstsein. Gewissenswurm.
Ge|wis|sen|haf|tig|keit (die, kein Plural) Sorgfalt; Zuverlässigkeit. gewissenhaft.
Ge|wis|sen|lo|sig|keit (die, -, kein Plural) Skrupellosigkeit; Verantwortungslosigkeit. gewissenlos.
Ge|wis|sens|bis|se (die, nur Plural) Schuldgefühle.
Ge|wis|sens|fra|ge (die, -, -n) Frage, die eine persönliche Entscheidung verlangt.
Ge|wis|sens|kon|flikt (der, -s, -e) Entscheidungszwang zwischen zwei widerstrebenden moralischen Forderungen.
Ge|wit|ter (das, -s, -) Unwetter. gewittern. Gewitterschwüle; Gewitterstimmung; Gewitterwand.
Ge|wit|ter|front (die, -, -en) zusammenhängendes Gewittergebiet.
Ge|wit|ter|nei|gung (die, -, kein Plural) hohe Wahrscheinlichkeit für ein Gewitter.
Ge|wit|ter|wol|ke (die, -, -n) dunkle Wolke.
ge|witt|rig (*auch:* ge|wit|te|rig) (Adj.) zu Gewitter neigend.
ge|witzt (Adj.) schlau. Gewitztheit.
GewO (Abk.) Gewerbeordnung.
ge|wo|gen (Adj.) wohlgesonnen; freundlich. Gewogenheit.
ge|wöh|nen (V.) vertraut machen/werden. Gewöhnung. gewohnt (geübt, erfahren); gewöhnt (vertraut). Ich bin es gewöhnt, früh aufzustehen.
Ge|wohn|heit (die, -, -en) immer wiederkehrende Handlung. Gewohnheitstier; gewohnheitsmäßig.
Ge|wöl|be (das, -s, -) Deckenrund. Gewölbepfeiler; Himmelsgewölbe.
Ge|wölk (das, -s, kein Plural) Wolkenverband.
Ge|wühl (das, -s, kein Plural) Durcheinander.
Ge|würz (das, -es, -e) Aromamittel.
Ge|würz|gur|ke (die, -, -n) eingelegte Gurke.
ge|wür|zig (Adj.) kräftig schmeckend.
Ge|würz|ku|chen (der, -s, -) aromatischer Kuchen.
Gey|sir (der, -s, -e) (isländ.) heiße Quelle.
gez. (Abk.) **gez**eichnet.
Ge|zänk (das, -s, kein Plural) Streiterei.
Ge|zei|ten (die, nur Plural) Ebbe und Flut.
Ge|zei|ten|kraft|werk (das, -s, -) Kraftwerk, das das Fließen des Gezeitenwechsels zur Stromerzeugung nutzt.
Ge|zei|ten|wech|sel (der, -s, kein Plural) Wechsel zwischen Ebbe und Flut.
Ge|ze|ter (das, -s, kein Plural) Jammern; Wehklagen.
ge|zie|mend (Adj.) gebührend. Verb: geziemen.
ge|ziert (Adj.) gespreizt, gekünstelt. Geziertheit.
Ge|zwit|scher (das, -s, kein Plural) Vogelgesang.
ge|zwun|gen (Adj.) geziert; gekünstelt. Gezwungenheit; gezwungenermaßen.
GG (Abk.) **G**rund**g**esetz.
ggf. (Abk.) **g**e**g**ebenen**f**alls.
g.g.T. (*auch:* ggT) (Abk.) **g**rößter **g**emeinsamer **T**eiler (Mathematik).
Gha|na (ohne Art., -s, kein Plural) afrikanischer Staat. Ghanaer; ghanesisch.
Ghet|to → Getto.
Ghi|bel|li|ne (*auch:* Gi|bel|li|ne) (der, -n, -n) (ital.) italienischer Anhänger der Hohenstauferkaiser und Gegner der Guelfen.
Ghost|wri|ter (der, -s, -) (engl.) Autor, der im Namen einer Persönlichkeit schreibt.
GI (der, -s, -s) (Kurzw.: Government Issue) (ugs.) amerikanischer Soldat.
Gi|aur (der, -s, -s) (arab.-türk.) Nichtmuslim.
Gib|bon (der, -s, -s) (franz.) Affenart.
Gicht (die, -, kein Plural) Stoffwechselkrankheit. Gichtknoten; gichtisch; gichtkrank.
Gie|bel (der, -s, -) obere Schmalseite eines Gebäudes.
Gien (das, -s, -e) schweres Takel (Seemannssprache).
Gie|per (der, -s, kein Plural) (nordd.) (ugs.) Begierde; Appetit. Giep(e)rigkeit; giep(e)rig; giepern.
Gier (die, -, kein Plural) Verlangen; Begierde; Drang. Gierigkeit; gierig; gieren.
gie|ßen (V., goss, hat gegossen) 1. ausschütten; 2. bewässern; 3. schmelzen und formen.
Gie|ßer (der, -s, -) Arbeiter, der geschmolzenes Metall in Formen gießt.
Gie|ße|rei (die, -, -en) Fabrik, in der Metall gegossen wird.
Gieß|form (die, -, -en) Form zum Gießen.
Gieß|kan|ne (die, -, -n) Gefäß zum Bewässern von Pflanzen.
Gift (das, -s, -e) Schadstoff; Ärger. Gift und Galle; Giftspritze.
Gift|gas (das, -es, -e) gesundheitsschädliches Gas.
gift|grün (Adj.) grellgrün.
Gif|tig|keit (die, -, kein Plural) 1. Gifthaltigkeit; 2. Boshaftigkeit. giftig.
Gift|mi|scher (der, -s, -) 1. Giftmörder; 2. intrigante Person.
Gift|mord (der, -es, -e) Tötung durch Verabreichung von Gift.
Gift|müll (der, -s, kein Plural) gesundheitsschädigende Abfälle.
Gift|müll|ex|port (der, -s, -e) Auslagerung von Giftmüll in ausländische Deponien.
Gift|nu|del (die, -, -n) (ugs.) boshafte Person.
Gift|schlan|ge (die, -, -n) Schlange mit Giftzähnen.
Gift|stoff (der, -s, -e) gesundheitsschädigender Stoff.

Gift|zwerg (der, -s, -e) (ugs.) missgünstige Person.
Gig (engl.) 1. (das, -s, -s) offener Einspänner. 2. (die, -, -s) Ruderboot. 3. (der, -s, -s) Auftritt (Musik).
Gi|ga... (griech.) das Milliardenfache (Abk.: G). Gigameter (10^9 m); Gigawatt (10^9 W; Abk.: GW).
Gi|gant (der, -en, -en) (griech.) Riese. gigantisch.
gi|gan|tisch (Adj.) (griech.-lat.) von ungeheurer Größe, außerordentlich.
Gi|gan|tis|mus (der, -, kein Plural) Riesenwuchs.
Gi|g|an|to|ma|nie (die, -, kein Plural) Größenwahn (in der Gestaltung von Bauwerken).
Gi|go|lo (der, -s, -s) (franz.) jmd., der in einem Tanzlokal als Tanzpartner angestellt ist; Mann, der sich aushalten lässt (ugs.); Eintänzer (früher).
Gigue (die, -, -n) (franz.) ein schneller Tanz des 17. Jahrhunderts; Satz der Suite.
Gil|de (die, -, -n) Bund; Vereinigung. Gildenschaft.
Gil|de|meis|ter (der, -s, -) Vorsteher einer Gilde.
Gi|let (das, -s, -s) (franz.) Weste.
Gil|ka (der, -s, -s) ein Kümmellikör.
Gim|mick (der/das, -s, -s) (engl.) Werbegag; Werbegeschenk.
Gim|pel (der, -s, -) Singvogel.
Gin (der, -s, -s) (engl.) Wacholderbranntwein.
Gin|fizz (*auch:* Gin-Fizz) (der, -, -) (engl.) Cocktail.
Gin|ger (der, -s, -) (engl.) Ingwer; z. B. Gingerbread: Plätzchen mit Ingwer.
Gin|ger|ale (*auch:* Gin|ger-Ale) (das, -s, kein Plural) Erfrischungsgetränk.
Gin|ko (*auch:* Gink|go) (der, -s, -s) Zierbaum.
Gin|seng (der, -s, -s) (chin.) Heilwurzel.
Gins|ter (der, -s, -) Strauch. Ginsterblüte.
Gin To|nic (der, -s, -s) (engl.) Longdrink.
gio|co|so (Adv.) (ital.) scherzend (bei Musikstücken).
Gip|fel (der, -s, -) Spitze; Höhepunkt. Gipfeltreffen; gipf(e)lig.
Gip|fel|buch (das, -es, -bü|cher) Buch für Einträge von Bergsteigern.
Gip|fel|kon|fe|renz (die, -, -en) Begegnung führender Staatsmänner, Gipfeltreffen.
Gip|fel|kreuz (das, -es, -e) auf dem Berggipfel aufgestelltes Kreuz.
gip|feln (V.) seinen Höhepunkt finden, seinen Abschluss erreichen.
Gip|fel|punkt (der, -s, -e) höchster Punkt.
Gip|fel|stür|mer (der, -s, -) ehrgeizige und energische Person.
Gips (der, -es, -e) (griech.) Kalk. gipsern; gipsen.
Gips|ab|druck (der, -s, -drü|cke) in weichen Gips eingedrückte Form.
Gips|bein (das, -s, -e) (ugs.) gebrochenes Bein im Gipsverband.
Gips|ver|band (der, -s, -bän|de) fester Verband zur Ruhigstellung eines verletzten Gliedes.
Gi|raf|fe (die, -, -n) (arab.) Steppenhuftier mit langem Hals. Giraffenhals.
Gi|ran|do|la (die, -, -do|len) = Girandole.
Gi|ran|do|le (die, -, -n) (ital.-franz.) 1. ein Feuerwerkskörper, Feuerrad. 2. mehrarmiger (Barock-)Leuchter.
Gi|rant (der, -en, -en) (ital.) jmd., der ein Orderpapier durch Giro überträgt.
Gi|ra|tar (der, -s, -e) (ital.) jmd., der ein Orderpapier durch Giro empfängt.
gi|rie|ren (V.) (ital.) in Umlauf bringen (von Orderpapieren).
Girl (das, -s, -s) (engl.) Mädchen.
Gir|lan|de (die, -, -n) (franz.) Dekorationskette.
Gir|litz (der, -es, -e) Singvogel.
Gi|ro (das, -s, -s) (ital.) Wechsel- und Scheckverkehr. Girobank; Girokasse; Girokonto; Giroverkehr.
Gi|ro d'Ita|lia (der, - -, kein Plural) (ital.) Italienrundfahrt der Radprofis.
Gi|ron|dist (der, -en, -en) gemäßigter Republikaner in der Französischen Revolution.
gir|ren (V.) gurren; lachen.
Gischt (der, -es, -e/die, -, -en) aufschäumendes Wasser. Gischt sprühend. Verb: gischten.
Gi|tar|re (die, -, -n) Saiteninstrument.
Gi|tar|rist (der, -en, -en) Gitarrenspieler.
Git|ter (das, -s, -) 1. Zaun; Absperrung; 2. Geflecht. Gitterzaun.
Git|ter|bett (das, -s, -en) Kinderbett mit Schutzgitter.
Git|ter|fens|ter (das, -s, -) vergittertes Fenster.
git|tern (V.) mit einem Gitter versehen.
Git|ter|netz (das, -es, -e) Koordinatennetz auf Landkarten.
Git|ter|rost (der, -s, -e) 1. Gitter als begehbare Abdeckung; 2. (der, -s, kein Plural) Pilzerkrankung an Birnen.
Gla|cé (*auch:* Gla|cee) (der, -/-s, -s) (franz.) glänzendes Gewebe. Glacéhandschuh (*auch:* Glaceehandschuh).
gla|cie|ren (V.) (franz.) mit Guss überziehen. Glace.
Gla|cis (das, -, -) (franz.) Festungsvorfeld.
Gla|di|a|tor (der, -s, -en) (lat.) altrömischer Kämpfer. Gladiatorenkampf.
Gla|di|o|le (die, -, -n) Liliengewächs.
Gla|go|li|za (die, -, kein Plural) (serbokroat.) altkirchenslawische Schrift.
Gla|mour (der/das, -s, kein Plural) (engl.) Glanz; Aufmachung.
Gla|mour|girl (*auch:* Gla|mour-Girl) (das, -s, -s) (engl.) Fotomodell.
Glans (die, -, Glan|des) (lat.) Eichel (des Schwellkörpers).
Glanz (der, -es, kein Plural) Schein; Pracht. glänzend. glänzend schwarze Haare.
Glanz|bürs|te (die, -, -n) Schuhputzbürste.
glän|zen (V.) 1. eine glänzende Oberfläche haben; 2. mit besonderen Fähigkeiten herausragen.
glanz|los (Adj.) unauffällig; erfolglos.
Glanz|num|mer (die, -, -n) Attraktion.
Glanz|pa|pier (das, -s, -e) glänzend beschichtetes Papier.
Glanz|punkt (der, -s, -e) Höhepunkt.
Glanz|stück (das, -s, -e) bestes Stück der Sammlung.
glanz|voll (Adj.) prächtig; souverän.
Glas (das, -es, Glä|ser) 1. harter, durchsichtiger Stoff; 2. Gefäß aus Glas. *Beachte:* keine Beugung, wenn »Glas« Maßbezeichnung! Sie tranken vier Glas Bier. ein Glas voll.
glas|ar|tig (Adj.) nach der Art von Glas.
Glas|au|ge (das, -s, -n) künstliches Auge.
Glas|blä|ser (der, -s, -) Hersteller von Gegenständen aus Glas.
Gla|ser (der, -s, -) Handwerker, der Glas zuschneidet und montiert. Glaserei.
glä|sern (Adj.) 1. aus Glas bestehend; 2. zerbrechlich.
Glas|hüt|te (die, -, -n) Fabrik zur Herstellung und Verarbeitung von Glas.

gla|sie|ren (V.) mit Glasur überziehen. Glasur.
gla|sig (Adj.) starr; stumpfsinnig.
glas|klar (Adj.) klar; durchsichtig.
Glas|ma|le|rei (die, -, kein Plural) künstlerische Gestaltung von Kirchenfenstern. Glasmaler.
Glas|nost (die, -, kein Plural) (russ.) Offenheit; Gorbatschows Reformkurs, der das Ende der Sowjetunion einleitete.
Glas|schei|be (die, -, -n) Scheibe aus Glas.
Glas|split|ter (der, -s, -) Stück zerbrochenen Glases.
Glas|wol|le (die, -, kein Plural) Isolierstoff.
glatt (Adj.) 1. eben; vollständig frei von Unebenheiten; 2. rutschig; gleitend; 3. problemlos; reibungslos; 4. übertrieben einschmeichelnd; 5. offensichtlich; rundheraus; ohne Umschweife. glatt hobeln (*auch:* glatthobeln); glatt streichen (*auch:* glattstreichen). *aber:* glattmachen (ugs. bezahlen); glattgehen (problemlos gelingen).
Glät|te (die, -, kein Plural) 1. Rutschigkeit; 2. übertriebenes Einschmeicheln.
Glatt|eis (das, -es, kein Plural) Überfrierung auf der Straße.
Glät|tung (die, -, -en) 1. Beseitigung von Unebenheiten; Polierung; 2. Abrundung; letzter Schliff; 3. Beschwichtigung; Schlichtung. glätten.
Glat|ze (die, -, -n) Kahlkopf.
Glatz|kopf (der, -s, -köp|fe) Person mit Glatze. glatzköpfig.
glau|ben (V.) meinen; von etwas überzeugt sein; gläubig sein. Ich glaube, dass er nicht kommt. Sie glaubte(,) sich verhört zu haben. Sie glaubte wirklich(,) sich verhört zu haben. Glaube; er schenkte mir Glauben; *aber:* Er wollte mich glauben machen, dass …
Glau|bens|be|kennt|nis (das, -ses, -se) die grundsätzlichen Glaubenslehren zusammenfassender Gebetstext.
Glaub|haf|tig|keit (die, -, kein Plural) Wahrscheinlichkeit. glaubhaft; glaubwürdig.
Gläu|bi|ge (der, -n, -n) Anhänger einer Glaubenslehre. gläubig.
Gläu|bi|ger (der, -s, -) Geldgeber; Schuldforderer.
Gläu|big|keit (die, -, kein Plural) Frömmigkeit; Religiosität. gläubig.
Glaub|wür|dig|keit (die, -, kein Plural) Vertrauenswürdigkeit; Plausibilität.
Glau|ber|salz (das, -es, -e) Abführmittel.
Glau|kom (das, -s, -e) (griech.) grüner Star (Augenkrankheit).
gla|zi|al (Adj.) (lat.) eiszeitlich. Glazialsee; Glazialzeit.
Gla|zi|al (das, -s, -e) (lat.) Eiszeit.
Gla|zi|al|fau|na (die, -, kein Plural) Tierwelt der Eiszeit.
Gla|zio|lo|gie (die, -, kein Plural) (griech.-lat.) Gletscherkunde.
Glei|bo|den (der, -s, -bö|den) Lehmboden.
gleich 1. (Adj.) übereinstimmend; vergleichbar; unverändert. 2. (Adv.) sofort; eben; bloß. Ich komme gleich. Wie ging das gleich? *Großschreibung:* der/die/das Gleiche (der-/die-/dasselbe); das läuft doch aufs Gleiche hinaus; ich sage dir, er wird immer der Gleiche bleiben; und das Gleiche gilt auch für dich; *Beachte:* Getrenntschreibung, wenn »gleich« die Bedeutung von »nicht verschieden/nicht anders« und von »sofort« hat! Wir beide sind gleich alt. *aber:* gleichaltrig; gleich groß/gut/viel/viele/weit. Es sind Silben, die gleich lauten; gleich bleiben (sich nicht verändern). *Aber:* Bei Wortverbindungen, die eine neue Bedeutung ergeben, wird zusamengeschrieben! gleichkommen (entsprechen); gleichmachen (angleichen); gleichschalten (vereinheitlichen); gleichsehen (sich ähneln); gleichsetzen (vergleichen); gleichstellen (angleichen); gleichtun (nachahmen); gleichziehen. gleichalt(e)rig; gleichauf; gleichbedeutend; gleichermaßen; gleicherweise, *aber:* in gleicher Weise; gleichfalls; gleich gesinnt (*auch:* gleichgesinnt); gleichlautend (*auch:* gleich lautend); gleichnamig; gleichrangig; gleichsam(,) als ob/wenn; gleichschenk(e)lig; gleichseitig; gleichviel(,) ob, *aber:* Wir hatten gleich viel auf dem Teller; gleichwertig; gleichwohl, *aber:* Sie waren alle gleich wohlauf.
Gleich|ar|ti|gkeit (die, -, kein Plural) 1. Ähnlichkeit; 2. Zugehörigkeit zur gleichen Art. gleichartig.
Gleich|be|rech|ti|gung (die, -, kein Plural) Ausstattung mit gleichen Rechten. gleichberechtigt.
Gleich|för|mig|keit (die, -, kein Plural) Einförmigkeit; Eintönigkeit. gleichförmig.
Gleich|ge|wicht (das, -s, kein Plural) 1. Balance; Kräfteausgleich; 2. Ausgeglichenheit; Harmonie. Gleichgewichtsstörung.
Gleich|gül|tig|keit (die, -, kein Plural) Desinteresse; Teilnahmslosigkeit; Indifferenz. gleichgültig.
Gleich|heit (die, -, kein Plural) 1. Übereinstimmung; Unterschiedslosigkeit; 2. Ausstattung aller mit gleichen Rechten. Gleichheitsprinzip.
Gleich|klang (der, -s, -klän|ge) 1. Harmonie (Musik); 2. Übereinstimmung; Zusammenwirken.
Gleich|mä|ßig|keit (die, -, kein Plural) Ausgeglichenheit; Schwankungsfreiheit; Regelmäßigkeit. Gleichmaß; gleichmäßig.
Gleich|mut (der, -s, kein Plural) Gelassenheit; Ruhe. gleichmütig.
Gleich|nis (das, -ses, -se) bildhafte Erzählung. gleichnishaft.
Gleich|schritt (der, -s, kein Plural) Marschieren mit von allen Teilnehmern vollführtem gleichzeitigen Aufsetzen des gleichen Fußes.
Gleich|set|zung (die, -, -en) Herstellung von Vergleichbarkeit; gleichrangige Einstufung.
Gleich|stand (der, -s, -stän|de) unentschiedener Spielstand (Sport).
Gleich|stel|lung (die, -, kein Plural) Gleichberechtigung der Geschlechter. gleichgestellt.
Gleich|stel|lungs|be|auf|trag|te (die, -n, -n) Frauenbeauftragte.
Gleich|strom (der, -s, kein Plural) elektrischer Strom mit unveränderlicher Polarität.
Glei|chung (die, -, -en) mathematische Beziehung.
Gleich|wer|tig|keit (die, -, kein Plural) Übereinstimmung in der Wertigkeit. gleichwertig.
Gleich|zei|tig|keit (die, -, kein Plural) Geschehen im gleichen Augenblick. gleichzeitig.
Gleis (*auch:* Ge|lei|se) (das, -es, -e) Schienen. Gleisbau; Gleisarbeiten; eine eingleisige Strecke; gleislos.
glei|ßen (V.) glänzen; schimmern.
Gleit|bahn (die, -, -en) Rutschbahn.

Gleit|bom|be (die, -, -n) computergesteuerte Bombe; Cruise Missile.
glei|ten (V., glitt, ist geglitten) rutschen; segeln.
Glei|ter (der, -s, -) Segelflugzeug.
Gleit|flä|che (die, -, -n) auf Schienen laufendes Bauteil einer Maschine.
Gleit|flug (der, -s, -flü|ge) Sinkflug ohne Flügelschlag oder Motorkraft.
Gleit|schutz (der, -es, kein Plural) Schutz vor Ausrutschen.
gleit|si|cher (Adj.) rutschfest.
Gleit|zeit (die, -, -en) (Kurzw.) gleitende Arbeitszeit.
Glen|check (der, -s, -s) (engl.) Stoff mit groß kariertem (»Schotten«-) Muster.
Glet|scher (der, -s, -) Eisfeld. Gletscherbrand. gletscherartig.
Glet|scher|spal|te (die, -, -n) tiefer Riss in der Gletscheroberfläche.
Glet|scher|was|ser (das, -s, -) Schmelzwasser eines Gletschers.
Glet|scher|zun|ge (die, -, -n) Ausläufer eines Gletschers.
Gle|ve = Glefe.
Glib|ber (der, -s, kein Plural) (nordd.) Schmiere; glitschige Masse. Adjektiv: glibberig.
Glied (das, -es, -er) 1. Teil; 2. Körperteil; 3. Penis. einglied(e)rig; gliedweise; in Reih und Glied.
Glie|der|läh|mung (die, -, -en) Bewegungsstörung. gliederlahm.
Glie|der|pup|pe (die, -, -n) Puppe mit beweglichen Gliedern.
glie|dern (V.) unterteilen. Gliederung.
Glie|der|rei|ßen (das, -s, kein Plural) Schmerzen in den Gliedern.
Glied|ma|ßen (die, nur Plural) Arme; Hände; Beine; Füße; Extremitäten.
Glied|satz (der, -es, -sät|ze) Nebensatz, der ein Satzglied vertritt.
glim|men (V., glimmte/glomm, hat geglimmt/geglommen) glühen. Glimmlampe; glimmrig; glimmern.
Glim|mer (der, -s, -) Mineral. Glimmerschiefer.
Glimm|stän|gel (der, -s, -) (ugs.) Zigarette.
glimpf|lich (Adj.) gemäßigt; mild; schadlos. Glimpflichkeit.
Gli|om (das, -s, -e) (griech.) Geschwulst im Nervenstützgewebe.
Glis|sa|de (die, -, -n) (franz.) Gleitschritt in der Tanzkunst.
glis|san|do (Adv.) (ital.) gleitend; eine Tonfolge überstreichend (bei Musikstücken).
glit|schig (Adj.) rutschig. glitschen.
glit|zern (V.) funkeln. Glitzer; glitz(e)rig.
glo|bal (Adj.) (lat.) weltweit; umfassend.
Glo|ba|li|sie|rung (die, -, kein Plural) Erhöhung der Wettbewerbschancen durch die gezielte Ausrichtung international tätiger Unternehmen.
Glo|bal Play|er (der, -s, -s) (engl.) Unternehmen, das international operiert.
Glo|be|trot|ter (der, -s, -) (engl.) Weltreisender; Weltenbummler.
Glo|bu|lin (das, -s, -e) (nlat.) kugelförmiger Eiweißstoff (im Blutplasma).
Glo|bus (der, -, -ben/-bus|se) (lat.) Weltkugel.
Glo|cke (die, -, -n) Schallkörper; Klingel. Glöckchen.
Glo|cken|blu|me (die, -, -n) Blume mit glockenförmiger Blüte.
glo|cken|för|mig (Adj.) in der Form einer Glocke.
Glo|cken|ge|läut (das, -s, kein Plural) anhaltender Glockenklang.
glo|cken|hell (Adj.) klar; rein.
Glo|cken|schlag (der, -s, -schlä|ge) Anschlagen des Klöppels.
Glo|cken|turm (der, -s, -tür|me) Kirchturm; Rathausturm.
Glöck|ner (der, -s, -) Türmer; Küster.
Glo|ria (die/das, -, kein Plural) (lat.) Glanz; Herrlichkeit (vergangener Monarchien).
Glo|rie (die, -, -n) (lat.) Ruhm; Heiligenschein. Glorienschein; glorios; glorreich.
glo|ri|fi|zie|ren (V.) (lat.) verherrlichen. Glorifikation; Glorifizierung.
Glo|ri|o|le (die, -, -n) (lat.) Heiligenschein.
Glos|sar (das, -s, -e) (griech.) Wörterverzeichnis.
Glos|sa|tor (der, -s, -en) (griech.-lat.) Verfasser von Glossen.
Glos|se (die, -, -n) (griech.) kurzer (oft ironischer) Kommentar. glossieren.
Glos|so|la|lie (die, -, -n) (griech.) Stammeln in religiöser Verzückung; Zungenreden.
glot|tal (Adj.) (griech.) in der Stimmritze gebildet (von Lauten).
Glot|tal (der, -s, -s) (griech.) Stimmritzenlaut, Knacklaut (z. B. im Dänischen).
Glot|tis (die, -, -ti|des) (griech.) Stimmritze.
Glot|ze (die, -, -n) (ugs.) Fernsehgerät.
glot|zen (V.) (ugs.) starren. Glotzauge; Glotze.
Glo|xi|nie (die, -, -n) (nlat.) eine Zimmerpflanze mit großen Glockenblüten.
Glück (das, -s, kein Plural) günstige Fügung; Zufall; Schicksal; Zufriedenheit. Glück bringend (*auch:* glückbringend); Glück verheißend (*auch:* glückverheißend).
glü|cken (V.) gelingen.
glück|lich (Adj.) begünstigt; erfolgreich; zufrieden.
glück|li|cher|wei|se (Adj.) erfreulicherweise; gottlob.
glück|los (Adj.) erfolglos; unglücklich.
Glücks|brin|ger (der, -s, -) Talisman.
Glück|se|lig|keit (die, -, kein Plural) Wonne; strahlendes Glück. glückselig; glückstrahlend.
Glücks|fee (die, -, -n) Märchenfigur.
Glücks|pfen|nig (der, -s, -e) Münze als Talisman.
Glücks|pilz (der, -es, -e) vom Schicksal begünstigte Person.
Glücks|sa|che (die, -, kein Plural) glückliche Fügung; Zufall.
Glücks|schwein (das, -s, -e) Schwein als Glücksbringer.
Glücks|sträh|ne (die, -, -n) Aufeinanderfolge glücklicher Zufälle.
Glücks|tref|fer (der, -s, -) Zufallstreffer.
Glück|wunsch (der, -s, -wün|sche) Gratulation.
Glu|cke (die, -, -n) Bruthenne.
glu|cken (V.) 1. einen glucksenden Laut ausstoßen; 2. herumsitzen; faulenzen; 3. übertrieben fürsorglich sein.
Glu|co|se (*auch:* Glu|ko|se) (die, -, kein Plural) (griech.) Traubenzucker.
Glüh|bir|ne (die, -, -n) elektrische Lichtquelle; Glühlampe.
glü|hen (V.) 1. leuchten; glimmen; heiß sein; 2. begeistert sein. glühend; ein glühend heißes Eisen; ein glühender Verehrer.
Glüh|wein (der, -s, kein Plural) gewürzter und erhitzter Rotwein.
Glüh|würm|chen (das, -s, -n) leuchtendes Insekt.

Glupsch|au|gen (die, nur Plural) (ugs.) hervorstehende Augen.
glup|schen (*auch:* glub|schen) (V.) (nordd.) starren.
Glut (die, -, -en) glimmendes Feuer; Hitze; Leidenschaft. Gluthitze; glutrot; gluten.
Glu|t|a|mat (das, -s, -e) Salz der Glutaminsäure; Natriumsalz dieser Säure; Würzpulver für Konserven und Suppen.
Glu|t|a|min (das, -s, -e) eine Aminosäure. Glutaminsäure.
Glu|ten (das, -s, kein Plural) (lat.) Eiweißstoff in (Weizen-)Körnern. Getreidekleber.
Glu|tin (das, -s, kein Plural) (nlat.) ein Eiweißstoff; wesentlicher Bestandteil der Gelatine.
Gly|ce|rin (*auch:* Gly|ze|rin) (das, -s, kein Plural) (griech.) Alkohol.
Gly|k|ä|mie (die, -, kein Plural) (griech.) normaler Zuckergehalt des Blutes.
Gly|ko|gen (das, -s, kein Plural) (griech.) ein Polysaccharid; Leberstärke.
Gly|kol (das, -s, kein Plural) Alkohol; Frostschutzmittel; Lösungsmittel.
Gly|ko|se (die, -, kein Plural) Traubenzucker (veraltet).
Gly|ko|s|u|rie (die, -, -n) (griech.) übermäßige Zuckerausscheidung im Harn (Med.).
Glyp|te (die, -, -n) (griech.) geschnittener Stein.
Glyp|to|thek (die, -, -en) (griech.) antike Skulpturensammlung.
Gly|ze|rin → Glycerin.
Gly|zi|nie (die, -, -n) ein ostasiatischer Schmetterlingsblütler. Zierkletterpflanze.
G-Man (der, -/-s, G-Men) (engl.) (Kurzwort: government man) Geheimagent (FBI).
GmbH (Abk.) **G**esellschaft **m**it **b**eschränkter **H**aftung. *Beachte:* Bei Firmennamen richtet sich der Artikel nach dem Grundwort der Firmenbezeichnung, z. B. der Compact Verlag GmbH.
GMD (Abk.) **G**eneral**m**usik**d**irektor.
g-Moll (das, -, kein Plural) Tonart. g-Moll-Tonleiter.
Gna|de (die, -, kein Plural) 1. Barmherzigkeit; 2. Straferlass. Euer Gnaden.
Gna|den|brot (das, -s, kein Plural) Almosen.
Gna|den|frist (die, -, -en) Zeitaufschub.
Gna|den|ge|such (das, -s, -e) Bitte um Begnadigung.
gna|den|los (Adj.) grausam; unbarmherzig.
Gna|den|stoß (der, -es, -stö|ße) Tötung zur Beendigung von Leiden.
gna|den|reich (*auch:* gna|den|voll) (Adj.) voll Gnade.
gnä|dig (Adj.) Gnade übend. Gnädigkeit.
Gneis (der, -es, -e) Gestein.
Gnoc|chi (die, nur Plural) (ital.) Klößchen; kleine Nockerl.
Gnom (der, -s, -e) Kobold; Zwerg. Adjektiv: gnomenhaft.
Gno|me (die, -, -n) (griech.-lat.) belehrender Sinnspruch in Vers oder Prosa.
Gno|mi|ker (der, -s, -) (griech.) Verfasser von Gnomen.
gno|misch (Adj.) die Gnomen betreffend; in der Art und Weise der Gnomen. ein gnomischer Dichter.
Gno|mon (der, -, -e) (griech.) antiker Sonnenhöhenmesser; Sonnenuhr(zeiger).
Gno|sis (die, -, kein Plural) (griech.) Gotteserkenntnis.
Gnos|tik (die, -, kein Plural) Lehre der Gnosis. Gnostiker; Gnostikerin; gnostisch; Gnostizismus.
Gnu (das, -s, -s) Steppenhuftier.
Go (das, -, kein Plural) (jap.) Brettspiel.
Goal (das, -s, -s) (engl.) Tor; Treffer.
Goal|get|ter (der, -s, -s) (engl.) Torschütze.
Goal|kee|per (der, -s, -s) (engl.) Torwart.
Go|be|let (der, -s, -s) (franz.) Becher oder Pokal mit Gold-, Silber- oder Glasfuß.
Go|be|lin (der, -s, -s) (franz.) Wandteppich.
Go|ckel (der, -s, -) (südd.) Hahn.
Go|de (der, -n, -n) Priester und Vorsteher im alten Island und Skandinavien.
go|d|ro|nie|ren (V.) (franz.) ausschweifen; fälteln.
Goe|the (dt. Dichter) Goethehaus (*auch:* Goethe-Haus); goethesche (*auch:* goethische/Goethe'sche) Dramen
Go-go-Girl (das, -s, -s) (engl.) Tänzerin.
Goi (der, -/-s, Go|jim) (hebr.) Nichtjude.
Go|kart (das, -, -s) (engl.) kleiner unverkleideter Rennwagen.
Go|lat|sche (die, -, -n) (österr.-tschech.) ein Hefegebäck; Quarktasche.
Gold (das, -s/-es, kein Plural) chemischer Grundstoff (Abk.: Au); Edelmetall. in/mit/ aus/auf Gold; die Sache ist Gold wert; die goldene Hochzeit, *aber:* die Goldene Stadt (Prag); goldfarbig; goldblond.
Gold|am|mer (die, -, -n) Singvogel.
Gold|bar|ren (der, -s, -) Block aus massivem Gold.
Gold|bro|kat (der, -s, kein Plural) schwerer Seidenstoff mit Goldfäden.
Gold|dou|b|lé (*auch:* Gold|du|b|lee) (das, -s, -s) mit Gold beschichtetes Metall.
gol|den (Adj.) 1. aus Gold bestehend; 2. goldfarben; leuchtend.
Gol|den De|li|cious (der, - -, - -) (engl.) Apfelsorte.
Gold|fa|san (der, -s, -e) Hühnervogel mit prächtigem Federkleid.
Gold|fisch (der, -s, -e) Zierfisch.
gold|gelb (Adj.) kräftig gelb.
Gold|grä|ber (der, -s, -) Goldsucher.
Gold|gru|be (die, -, -n) 1. Goldmine; 2. besonders lukratives Geschäft.
Gold|hams|ter (der, -s, -) Nagetier.
gol|dig (Adj.) reizend; niedlich.
Gold|kro|ne (die, -, -n) Zahnabdeckung aus Gold.
Gold|ma|cher|kunst (die, -, kein Plural) Versuch der Goldherstellung, Alchimie. Goldmacher.
Gold|me|dail|le (die, -, -n) höchste Auszeichnung bei (Sport)wettbewerben.
Gold|mi|ne (die, -, -n) Lagerstätte von goldhaltigem Erz.
Gold|mün|ze (die, -, -n) goldhaltige Münze.
Gold|rausch (der, -s, kein Plural) übersteigertes, fieberhaftes Verlangen nach Gold.
Gold|re|gen (der, -s, -) strauchartiger Baum.
Gold|re|ser|ve (die, -, -n) staatliche Finanzreserve in Gold.
gold|rich|tig (Adj.) (ugs.) sehr richtig; treffend.
Gold|schmied (der, -s, -e) Edelmetalle verarbeitender Kunsthandwerker. Goldschmiedearbeit; Goldschmiedekunst.
Gold|schnitt (der, -s, kein Plural) Vergoldung der Schnittstellen von Buchseiten.

Gold|stück (das, -s, -e) 1. Münze; 2. tüchtige Person.

Gold|waa|ge (die, -, -n) Waage für Edelmetalle. Wir wollen nicht alles auf die Goldwaage legen.

Go|lem (der, -s, kein Plural) (hebr.) künstlicher Mensch aus Lehm (jüdische Volkssage).

Golf 1. (der, -s, -e) (griech.) Meeresbucht. Golfstrom. 2. (das, -s, kein Plural) (engl.) Rasensport. Golfer; Golfplatz; Golfschläger.

Golf|strom (der, -s, kein Plural) warme atlantische Meeresströmung.

Gol|ga|tha (*auch:* Gol|go|ta) (kein Artikel, -s, kein Plural) (aram.) »Schädelstätte«; Kreuzigungsstätte Jesu.

Go|li|ar|de (der, -n, -n) (franz.) umherziehender französischer Kleriker und Scholar des 13. Jahrhunderts.

Go|li|ath (der, -s, -s) (hebr.) Riese.

Gon (das, -s, -e) (griech.) hundertster Teil eines rechten Winkels.

Go|na|de (die, -, -n) (griech.) Geschlechts-, Keimdrüse.

Gon|del (die, -, -n) (ital.) 1. venezianisches Ruderboot; 2. hängender Tragekorb.

gon|deln (V.) (ugs.) herumfahren.

Gon|do|li|e|ra (die, -, -ren) italienisches Schifferlied.

Gon|do|li|e|re (der, -s, -li|eri) (ital.) venezianischer Schiffer.

Gong (der, -s, -s) Schlaginstrument. Gongschlag; Gongzeichen; gongen.

Go|nio|me|ter (das, -s, -) (griech.) Winkelmesser.

Go|nio|me|t|rie (die, -, kein Plural) (griech.) Winkelmessung. goniometrisch.

gön|nen (V.) zugestehen; sich leisten.

Gön|ner (der, -s, -) Förderer; Mäzen; Wohltäter. Gönnerschaft.

Gön|ner|haf|tig|keit (die, -, kein Plural) herablassende Freundlichkeit. gönnerhaft.

Go|no|kok|kus (der, -, -kok|ken) (griech.) Gonorrhöbakterium.

Go|nor|rhö (die, -, -n) (griech.) Tripper. Adjektiv: gonorrhoisch.

good|bye! (Interj.) (engl.) auf Wiedersehen!

Good|will (der, -s, kein Plural) (engl.) Wohlwollen.

Good|will|rei|se (die, -, -n) Werbetour.

Gö|re (*auch:* das Gör) (die, -, -n) (nordd.) freches Kind.

Gor|go (die, -, -go|nen) weibliches Ungeheuer der altgriechischen Mythologie mit Schlangenhaaren und versteinerndem Blick.

Gor|gon|zo|la (der, -s, -s) (ital.) Käsesorte.

Go|ril|la (der, -s, -s) 1. Menschenaffe; (ugs.) 2. Leibwächter.

Gösch (die, -, -en) (franz.-niederl.) 1. kleine Landesflagge, die an Feiertagen im Hafen gesetzt wird. 2. andersfarbige obere Ecke am Flaggenstock als Teil der Landesflagge.

Go-slow (der/das, -s, -s) (engl.) Bummelstreik, Dienst nach Vorschrift im Flugwesen.

Gos|pel (das, -s, -s) (engl.) religiöses Lied. Gospelsong; Gospelsänger.

Gos|po|din (der, -s, -po|da) (russ.) Herr (als Anrede).

Gos|se (die, -, -n) 1. Abflussrinne; 2. Verkommenheit.

Go|tik (die, -, kein Plural) (franz.) Kunststil. Gotische; gotisch.

Gott (der, -es, Göt|ter) übernatürliches Wesen. Gott sei Dank! um Gottes willen! in Gottes Namen; gottbewahre! Gott bewahre uns davor! gottlob! Grüß Gott! weiß Gott!

gott|be|gna|det (Adj.) hochbegabt.

Gott|er|bar|men (das, -, kein Plural) Jämmerlichkeit; Elendigkeit. gottserbärmlich.

Göt|ter|bo|te (der, -n, -n) zu den Menschen gesandter Gott.

Göt|ter|däm|me|rung (die, -, kein Plural) Untergang der Götter.

gott|er|ge|ben (Adj.) demutsvoll; schicksalergeben.

Göt|ter|sa|ge (die, -, -n) Sage aus dem Reich der Götter.

Göt|ter|spei|se (die, -, -n) Wackelpudding.

Got|tes|acker (der, -s, -) Friedhof; Kirchhof.

Gottes|an|be|te|rin (die, -, -in|nen) eine Heuschreckenart.

Got|tes|be|weis (der, -es, -e) Nachweis für die Existenz Gottes.

Got|tes|dienst (der, -s, -e) gemeinsame Andacht; Messe.

Got|tes|furcht (die, -, kein Plural) religiöse Ehrfurcht. gottesfürchtig.

Got|tes|haus (das, -es, -häu|ser) Kirche.

Got|tes|läs|te|rung (die, -, -en) Beschimpfung, Herabwürdigung Gottes. gotteslästerlich.

Got|tes|leug|ner (der, -s, -) die Existenz eines Gottes abstreitende Person; Atheist.

Got|tes|sohn (der, -s, kein Plural) Jesus Christus.

Got|tes|ur|teil (das, -s, -e) Verurteilung eines Angeklagten nach einem scheinbaren Eingreifen Gottes.

gott|ge|fäl|lig (Adj.) bescheiden; brav; fromm. Er führt ein gottgefälliges Leben.

Gött|lich|keit (die, -, kein Plural) die Eigenschaft, Gott zu sein.

gött|lich (Adj.) 1. Gott betreffend; 2. (ugs.) herrlich, himmlisch, köstlich.

Gott|lo|sig|keit (die, -, kein Plural) Unglaube. gottlos.

Gott|sei|bei|uns (der, -, kein Plural) Teufel; Antichrist.

Gott|su|cher (der, -s, -) in Askese und Abgeschiedenheit den Glauben suchende Person.

Gott|va|ter (der, -s, kein Plural) Gott als Vater Jesu Christi und der Menschen.

Gott|ver|trau|en (das, -s, kein Plural) Vertrauen in Gott.

gott|ver|dammt (Adj.) verflucht.

gott|ver|las|sen (Adj.) vereinsamt.

Göt|ze (der, -n, -n) Abgott.

Göt|zen|bild (das, -s, -er) Darstellung eines Abgotts.

Göt|zen|dienst (der, -s, -e) Anbetung eines Abgotts.

Gou|ache (die, -, -n) (franz.) Malerei mit Wasserdeckfarben; Bild in dieser Maltechnik.

Gou|da (der, -s, -s) (niederl.) Käsesorte.

Gou|d|ron (der, -s, kein Plural) (franz.) eine Asphaltmischung (für Abdichtungen).

Gour|de (der, -/-s, -s) (franz.) haitische Währungseinheit.

Gour|mand (der, -s, -s) (franz.) Vielfraß.

Gour|met (der, -s, -s) (franz.) Feinschmecker.

gou|tie|ren (V.) (franz.) probieren; gutheißen.

Gou|ver|nan|te (die, -, -n) (franz.) Erzieherin (früher).

Gou|ver|ne|ment (das, -s, -s) (franz.) 1. Regierung; 2. Verwaltungsbezirk. Gouverneur.

Gr. (Abk.) **Gr**eenwich.

Grab (das, -s, Grä|ber) Begräbnisstätte. Grabbeigabe; Grabstätte.

gra|ben (V., grub, hat gegraben) ausheben; ausschürfen; freilegen. Grabung.

Gra|ben (der, -s, Grä|ben) Vertiefung im Boden; Rinne; Furche; Schlucht; Senke.

Grä|ber|feld (das, -s, -er) Ansammlung von Gräbern.

Gra|bes|ru|he (die, -, kein Plural) tiefe Ruhe.

Gra|bes|stil|le (die, -, kein Plural) tiefe Stille.

Gra|bes|stim|me (die, -, -n) unheimliche, sonore Stimme.

Grab|hü|gel (der, -s, -) Erdhügel auf einem Grab.

Grab|kam|mer (die, -, -n) Raum in einer Gräberanlage.

Grab|le|gung (die, -, -en) Beisetzung.

Grab|mal (das, -s, -e) Gedenkstein. Grabstein.

Gracht (die, -, -en) (niederl.) Wasserstraße.

grad. (Abk.) **grad**uiert.

Grad (der, -es, -e) 1. Maßeinheit (Temperatur, Winkel); 2. Maß; Stärke. (*Aber:* der Grat!) drei Grad Celsius; 3 °C (bei Temperaturangaben: Zwischenraum zwischen Zahl und Gradzeichen!); *aber:* ein Winkel von 90°; Gradeinteilung; Gradunterschied; gradmäßig; eine fünfgradige Temperaturerhöhung; graduell; gradweise.

Gra|da|ti|on (die, -, -ti|o|nen) (lat.) 1. Abstufung; 2. Steigerung.

Gra|di|ent (der, -en, -en) (lat.) Gefälle; Anstieg.

gra|die|ren (V.) (lat.) 1. konzentrieren; verstärken; 2. abstufen; 3. in Grade einteilen.

gra|du|al (Adj.) (lat.) gradmäßig.

Grad|mes|ser (der, -s, -) Maßstab.

gra|du|ie|ren (V.) (lat.) 1. in Grade einteilen; 2. akademische Würde verleihen. Graduierte; Graduierung.

Grae|cum (das, -s, kein Plural) (lat.) abschließende Griechischprüfung.

Graf (der, -en, -en) Adelstitel. Grafentitel; Gräfin; gräflich.

Graf (*auch:* Graph) 1. (der, -en, -en) grafische Darstellung (Math.). 2. (das, -s, -e) Schriftzeichen (Sprachwissenschaft).

Gra|fem (*auch:* Gra|phem) (das, -s, -e) kleinste bedeutungsunterscheidende Einheit der geschr. Sprache.

Graf|fi|ti (das, -s, -s) (engl.) Wandmalerei.

Graf|fi|to (das/der, -s, -ti) (ital.) in eine Mauer geritzte Inschrift.

Gra|fie (*auch:* Gra|phie) (die, -, -n) (griech.) Schreibung; Schreibweise.

Gra|fik (*auch:* Gra|phik) (die, -, -en) Schreib- und Zeichenkunst. Grafikdesign (*auch:* Graphikdesign); grafisch (*auch:* graphisch).

Gra|fit (*auch:* Gra|phit) (der, -s, -e) Mineral. Grafitstab (*auch:* Graphitstab); grafitgrau (*auch:* graphitgrau).

Gra|fo|lo|gie (*auch:* Gra|pho|lo|gie) (die, -, kein Plural) (griech.) Lehre, von der Handschrift auf den Charakter des Schreibers zu schließen, Handschriftendeutung. grafologisch (*auch:* graphologisch).

Graf|schaft (die, -, -en) Territorium eines Grafen.

Gra|ham|brot (das, -s, -e) Brotsorte.

Grain (das, -s, -s) (engl.) ein angelsächsisches Feingewicht, rund 0,06 Gramm.

Grä|ko|ma|nie (die, -, kein Plural) übersteigerte Vorliebe für (das alte) Griechenland.

Gral (der, -s, kein Plural) wundersamer Stein, Kelch (mittelalterliche Mythologie). der Heilige Gral; Gralsburg; Gralshüter; Gralsritter.

Gram (der, -s, kein Plural) Kummer; Traurigkeit. Adjektive: gram; gramerfüllt; grämlich; gramvoll. V.: grämen; jemandem gram sein.

Gramm (das, -s, -e) (griech.) Gewichtseinheit (Abk.: g – *beachte:* ohne »r« und ohne Punkt!). 250 Gramm (250 g) Aufschnitt; 10 Gramm Safran; der Preis eines Gramms/Gramm Safran/s; 500 Gramm sind (*nicht:* »ist«!) mir zu viel.

Gram|ma|tik (die, -, -en) (griech.) Sprachlehre. Grammatikübung; grammatikalisch; grammatisch.

Gram|mo|fon (*auch:* Gram|mo|phon) (das, -s, -e) (griech.) altertümlicher Plattenspieler.

Gram|my (der, -s, -s) amerikanischer Schallplattenpreis.

Gra|mo|la|ta (die, -, -s) (ital.) halb gefrorene Limonade.

gram|po|si|tiv, gram|ne|ga|tiv (Adj.) sich dunkelblau bzw. rot färbende Bakterien (nach dem gramschen Färbeverfahren) (Med.).

Gran (das, -s, -e) (lat.) altes Apothekergewicht, rund 65 Milligramm.

Grän (das, -s, -e) (lat.-franz.) altes Gewicht für Edelmetalle, $^{1}/_{12}$ Karat.

Gra|na|da (ohne Art., -s, kein Plural) spanische Provinz.

Gra|nat (der, -s, -e) (niederl.) Krabbe; (lat.) Halbedelstein. Granatschmuck.

Gra|nat|ap|fel (der, -s, -äp|fel) subtropische Frucht.

Gra|na|te (die, -, -n) (ital.) Sprengladung; Geschoss.

Gra|nat|feu|er (das, -s, -) Beschuss mit Granaten.

Gra|nat|split|ter (der, -s, -) Trümmerteil einer Granate.

Grand (der, -, kein Plural) 1. (nordd.) Kies; 2. (franz.) höchstes Spiel im Skat.

Gran|de (der, -n, -n) Angehöriger des spanischen Hochadels.

Gran|dez|za (die, -, kein Plural (ital.) Würde; Großartigkeit; imponierendes Auftreten.

Grand|ho|tel (das, -s, -s) (franz.) großes Luxushotel.

gran|di|os (Adj.) (ital.) großartig.

Grand Mal (der, - -, kein Plural) (franz.) großer epileptischer Anfall.

Grand Prix (der, - -, - -) großer Preis (Wettbewerb).

Grand|sei|g|neur (der, -s, -s/-e) (franz.) vornehmer gewandter Mann.

gra|nie|ren (V.) (lat.) aufrauen (der Metallplatte für den Kupferstich).

Gra|nit (der, -s, -e) (ital.) Gestein. Granitblock; Granitquader.

gra|ni|ten (Adj.) (lat.-ital.) hart wie Granit; aus Granit.

Gran|ny Smith (der, - -, - -) (engl.) säuerliche, grüne Apfelsorte.

gran|tig (Adj.) schlecht gelaunt. Grantigkeit.

Gra|nu|lat (das, -s, -e) (lat.) körnige Substanz. Adjektiv: granulös. Verben: granieren; granulieren.

Grape|fruit (die, -, -s) (engl.) Zitrusfrucht; Pampelmuse.

Graph → Graf.
Gra|phem → Grafem.
Gra|phe|ma|tik → Grafematik.
Gra|phie → Grafie.
Gra|phik → Grafik.
Gra|phit → Grafit.
gra|phi|tie|ren → grafitieren.
gra|phi|tisch → grafitisch.
Gra|pho|lo|ge → Grafologe.
Gra|pho|lo|gie → Grafologie.
Grap|pa (der, -s, -s) (ital.) Branntwein.
grap|schen (*auch:* grab|schen) (V.) (ugs.) greifen; raffen.
Gras (das, -es, Grä|ser) 1. Wiesenpflanze; Rasen; 2. (ugs.) Marihuana. Grasdecke; Grasfläche; Gräschen; grasartig; grasbewachsen; grasgrün.
Gras|bahn|ren|nen (das, -s, -) Pferderennen.
gra|sen (V.) Gras fressen; weiden.
Gras|hüp|fer (der, -s, -) Heuschrecke.
Gras|nar|be (die, -, -n) geschlossene Grasdecke.
gras|sie|ren (V.) (lat.) um sich greifen; wüten.
gräss|lich (Adj.) fürchterlich; scheußlich. Grässlichkeit.
Grat (der, -s/-es, -e) 1. Kante; Bergkamm; 2. scharfe Kante eines gegossenen Werkstücks.
Grä|te (die, -, -n) Fischknochen. Grätenfisch; grätenlos; grätig.
Grat|wan|de|rung (die, -, -en) 1. Wanderung auf einem Bergkamm; 2. risikoreiche Handlung.
Gra|ti|fi|ka|ti|on (die, -, -ti|o|nen) (lat.) Sonderzulage. Weihnachtsgratifikation.
gra|ti|fi|zie|ren (V.) vergüten.
Gra|tin (das, -s, -s) (franz.) Überbackenes. Kartoffelgratin; gratinieren.
gra|tis (Adv.) (lat.) kostenlos; frei. *Beachte:* gratis und franko (unentgeltlich und portofrei).
Gra|tis|bei|la|ge (die, -, -n) kostenlose Beilage einer Zeitschrift.
Gra|tis|pro|be (die, -, -n) kostenlose Warenprobe.
Grät|sche (die, -, -n) Haltung mit gespreizten Beinen. Grätschstellung; grätschbeinig; grätschen.
gra|tu|lie|ren (V.) (lat.) beglückwünschen. Gratulation; Gratulant; Gratulationscour.
grau (Adj.) Farbe. *Kleinschreibung:* der Tag war grau in grau; graugrün; die Zukunft in grau malen; lass dir keine grauen Haare wachsen; gräulich; grauer Star. *Großschreibung:* auf/ in/mit Grau; die Farbe Grau; ein dunkles/helles/zartes Grau; die Grauen Panther (Seniorenschutzbund).
Grau|bart (der, -s, -bär|te) Person mit grauem Bart, alter Mann. graubärtig.
Grau|brot (das, -s, -e) dunkles Brot.
Gräu|el (das, -s, -) Abscheu; Grässlichkeit. gräulich.
Gräu|el|mär|chen (das, -s, -) erlogene schreckliche Geschichte.
Gräu|el|nach|richt (die, -, -en) Schreckensnachricht.
Gräu|el|tat (die, -, -en) verabscheuungswürdige Tat.
Grau|en (das, -s, kein Plural) Furcht; Entsetzen.
grau|en (V.) Furcht haben. *Beachte:* unpersönlich gebraucht! Mir (Dativ!) graut vor dir. grauenerregend (*auch:* Grauen erregend), *aber nur:* ein höchst grauenerregender Vorfall, grauenvoll.
Grau|gans (die, -, -gän|se) Wildgans.
grau|haa|rig (Adj.) ergraute Haare tragend.
Grau|pe (die, -, -n) Korn.
Grau|pen|sup|pe (die, -, -n) Suppe mit Graupeneinlage.
Grau|pel (die, -, -n) kleines Hagelkorn.
Grau|pel|schau|er (der, -s, -) kurzzeitiges Niedergehen von Graupel. graupeln.
grau|sam (Adj.) brutal; unmenschlich. Grausamkeit.
Grau|schim|mel (der, -s, -) hellgraues Pferd.
grau|sen (V.) sich fürchten. *Beachte:* unpersönlich gebraucht! Man sah ihm an, wie ihm (Dativ!) grauste. Grausen; Graus; grausig.
Grau|specht (der, -s, -e) Waldvogel.
Grau|zo|ne (die, -, -n) durch Gesetze und Verordnungen nicht eindeutig geregelter Bereich.
Gra|ven|stei|ner (der, -s, -) Apfelsorte.
Gra|veur (der, -s, -e) jmd., der (beruflich) graviert (z. B. ein Stempelschneider).
Gra|vi|di|tät (die, -, -en) (lat.) Schwangerschaft. Adjektiv: gravid.
gra|vie|ren (V.) (franz.) einritzen; einschneiden. Gravierarbeit; Graveurarbeit; Graveur/in; Gravur; Gravierung.
gra|vie|rend (Adj.) (lat.) belastend; erschwerend.
Gra|vi|me|t|rie (die, -, kein Plural) 1. Schwerkraftmessung; 2. chemische Gewichtsanalyse.
Gra|vis (der, -, -) (lat.) Betonungszeichen.
Gra|vi|ta|ti|on (die, -, kein Plural) (lat.) Schwerkraft; Anziehungskraft.
Gra|vi|ta|ti|ons|feld (das, -s, -er) Feld, in dem Anziehungskräfte wirksam sind.
Gra|vi|ta|ti|ons|ge|setz (das, -es, -e) Naturgesetz über die Gravitationswirkung zwischen Körpern.
gra|vi|tä|tisch (Adj.) würdevoll.
gra|vi|tie|ren (V.) von Schwerkraft bewegt werden.
Gra|zie (die, -, -n) (lat.) Anmut. die drei Grazien; graziös.
gra|zil (Adj.) schlank; zierlich; geschmeidig. Grazilität.
gra|zi|o|so (Adj.) (ital.) anmutig; lieblich (bei Musikstücken).
grä|zi|sie|ren (V.) (lat.) griechisch machen (z. B. den Familiennamen Schwarzerd zu Melanchthon ~).
Grä|zis|mus (der, -, -men) (nlat.) altgriechische Spracheigentümlichkeit in einer anderen Sprache.
Grä|zist (der, -en, -en) (nlat.) Kenner altgriechischer Sprache und Literatur.
Grä|zis|tik (die, -, kein Plural) (griech.-lat.) die Wissenschaft von der altgriechischen Sprache und Kultur.
grä|zis|tisch (Adj.) 1. die Gräzistik betreffend. 2. nach dem Vorbild des Altgriechischen.
Grä|zi|tät (die, -, kein Plural) (griech.-lat.) das Wesen der altgriechischen Sprache und Gepflogenheiten.
Green|card (*auch:* Green Card) (die, -, -s) (engl.) befristete oder unbefristete Arbeits- und Aufenthaltserlaubnis eines Staates.
Green|horn (das, -s, -s) (engl.) Neuling; Unerfahrener.
Green|peace (kein Artikel, -, kein Plural) (engl.) internationale Umweltorganisation, die sich mit riskanten und aufsehenerregenden Aktionen gegen den Walfang, Atomwaffentests und die Umweltverschmutzung durch Giftmüll einsetzt.
Green|wich (Abk.: Gr.) Londoner Stadtteil. Greenwicher Zeit (westeuropäische Zeit).

gre|go|ri|a|nisch (Adj.) zur Gregorianik gehörig.
Greif (der, -s, -en/-e) Fabeltier. Greifvogel.
grei|fen (V., griff, hat gegriffen) fassen; packen. Die Brutalität greift immer mehr um sich. *Aber:* Die Berge waren zum Greifen nahe. Greifzange; Greifer.
Greis (der, -es, -e) alter Mann. Greisin; Greisenalter; Greisenhaftigkeit; Greisenhaupt; greis.
grell (Adj.) sehr hell; schrill. das grell beleuchtete (*auch:* grellbeleuchtete) Haus. *Aber:* Ihr Kleid war grellgrün. *Aber:* Das Kleid war in einem grellen Grün. Grelle.
Gre|mi|um (das, -s, -mi|en) (lat.) Ausschuss.
Gre|na|da (ohne Art., -s, kein Plural) Staat in der Karibik.
Gre|na|dier (der, -s, -e) (franz.) Infanteriesoldat.
Gre|na|dil|le (die, -, -n) (span.) Frucht der tropischen Passionsblume.
Gre|na|din (der/das, -s, -s) (lat.-ital.-franz.) kleine gebratene Fleischschnitte.
Gre|na|di|ne (die, -, kein Plural) (franz.) Granatapfelsirup (für Mixgetränke).
gren|zen (V.) benachbart sein; nahekommen. grenzend.
Grenz|be|fes|ti|gung (die, -, -en) Sicherung der Grenze durch Mauern oder Zäune.
Grenz|baum (der, -s, -bäu|me) Schlagbaum; Schranke.
Grenz|be|am|te (der, -n, -n) Kontrollbeamte; Zöllner; Grenzer.
Gren|ze (die, -, -n) Trennungslinie zwischen zwei Bereichen oder Staaten.
Gren|zen|lo|sig|keit (die, -, kein Plural) Unbeschränktheit; Unermesslichkeit. grenzenlos.
Grenz|fall (der, -s, -fäl|le) mit den gängigen Maßstäben nicht zu beurteilende Angelegenheit; Sonderfall.
Grenz|gän|ger (der, -s, -) 1. Pendler über eine Staatsgrenze; 2. vielseitiges Talent.
Grenz|kon|trol|le (die, -, -n) Überprüfung der Personalien beim Grenzübertritt.
Grenz|land (das, -s, -län|der) Gebiet entlang einer Grenze.
Grenz|schutz (der, -es, kein Plural) militärische Einheit an der Staatsgrenze.
Grenz|si|che|rung (die, -, kein Plural) Maßnahmen gegen unerlaubten Übertritt auf das Staatsgebiet.
Grenz|stein (der, -s, -e) beschrifteter Stein zur Markierung einer Grenze in der Landschaft.
Grenz|über|gang (der, -s, -gän|ge) kontrollierte Öffnung einer Grenze.
grenz|über|schrei|tend (Adj.) international.
Grenz|ver|kehr (der, -s, kein Plural) Austausch zwischen zwei benachbarten Grenzregionen.
Grenz|wert (der, -s, -e) höchster zulässiger Wert.
Grenz|zwi|schen|fall (der, -s, -fäl|le) schwerwiegender Vorfall bei Grenzstreitigkeiten.
Grey|hound (der, -s, -s) (engl.) 1. Windhund; 2. amerikanischer Überlandbus.
Grie|be (die, -, -n) Speckwürfel.
Grie|ben|schmalz (das, -es, kein Plural) Schmalzzubereitung mit Speckwürfeln.
Grie|che (der, -n, -n) Bewohner Griechenlands. Griechin; Griechisch (Sprache!), *aber:* die griechische Kultur; griechisch-orthodox; griechisch-römisch.
Gries|gram (der, -s, -e) mürrischer, missmutiger Mensch. Griesgrämigkeit; griesgrämig; griesgrämlich.
Grieß (der, -es, -e) geschrotetes Getreide. Grießbrei; Grießkloß; Grießmehl; Grießsuppe; grießig; grießeln.
Griff (der, -s, -e) 1. Henkel; 2. Zugriff. Grifftechnik; grifflos.
griff|be|reit (Adj.) zur Hand; parat.
Griff|brett (das, -s, -er) Brett unter den Saiten von Streich- und Zupfinstrumenten.
griff|fest (Adj.) haltbar; stabil.
grif|fig (Adj.) gut zu greifen; handlich.
Grif|fon (der, -s, -s) (franz.) eine rauhaarige Vorstehhundrasse.
Grill (der, -s, -s) (engl.) Bratrost. Grillsoße.
Gril|la|de (die, -, -n) Rostbratstück; auf dem Grill zubereitete Speise.
Gril|le (die, -, -n) 1. Laune; 2. Insekt.
gril|len (V.) (lat.-franz.-engl.) auf dem Rost braten.
Gril|len|fän|ger (der, -s, -) trübselige Person. Grillenfängerei.
Gril|len|haf|tig|keit (die, -, kein Plural) Eigenbrötelei; Launenhaftigkeit. grillenhaft.
Grill|fest (das, -s, -e) Gartenfest.
Grill|platz (der, -es, -plät|ze) öffentliche Anlage mit Grilleinrichtung.
Gri|mas|se (die, -, -n) (franz.) Fratze; verzerrtes Gesicht. Grimassenschneider; grimassieren.
Grim|bart (der, -s, kein Plural) Dachs (Tierfabel).
Grimm (der, -s, kein Plural) Zorn; Wut. Grimmigkeit; grimmig.
Grim|men (das, -s, kein Plural) Bauchweh.
Grind (der, -s, -e) Krustenbildung; Hautausschlag. Adjektiv: grindig.
Grin|go (der, -s, -s) (span.) verächtliche Bezeichnung für Weiße in Lateinamerika.
grin|sen (V.) lächeln.
grip|pal (Adj.) zur Grippe gehörig; grippeähnlich.
Grip|pe (die, -, -n) (franz.) Erkältungskrankheit. grippös.
Grip|pe|epi|de|mie (die, -, -n) seuchenhaft auftretende Grippeerkrankungen.
Grip|pe|vi|rus (das, -, -vi|ren) Krankheitserreger.
Grip|pe|wel|le (die, -, -n) kurzzeitiger Anstieg von Grippeerkrankungen.
Grips (der, -es, -e) (ugs.) Verstand.
Gri|saille (die, -, -n) (franz.) Malerei in Grautönen.
Grizz|ly|bär (*auch:* Gris|li|bär) (der, -en, -en) großer Bär.
gr.-kath. (Abk.) **gr**iechisch-**kath**olisch.
grob (Adj.; gröber; gröbste) derb; schlimm; nicht fein. aufs Gröbste/gröbste (sehr stark); grob fahrlässig handeln. *Aber:* grobkörnig. *Großschreibung:* etwas/nichts Grobes; aus dem Gröbsten heraus sein. *Beachte:* Es sind(,) grob gerechnet(,) 25 Prozent. Gröbe; Grobschnitt; grob gemahlen (*auch:* grobgemahlen).
Grob|heit (die, -, -en) 1. Härte; Schwere; 2. Beschimpfung; Unhöflichkeit.
Gro|bi|an (der, -s, -e) (ugs.) grober Kerl.
grob|kno|chig (Adj.) schwerknochig.
gröb|lich (Adj.) stark, heftig. Die Verhaltensregeln wurden gröblich missachtet.

grob|ma|schig (Adj.) großmaschig.

grob|schläch|tig (Adj.) derb; plump.

Grog (der, -s, -s) (engl.) heißes Rumgetränk.

grog|gy (Adj.) (engl.) erschöpft; kaputt.

grö|len (V.) (ugs.) schreien; lärmen. Grölerei.

Groll (der, -s, kein Plural) Ärger; versteckter Zorn. Verb: grollen.

Grön|land (ohne Artikel, -s, kein Plural) Insel. Grönländer; Grönlandwal; grönländisch.

Groom (der, -s, -s) (engl.) Reitknecht; Diener; Page.

groo|ven (V.) (engl.) Stimmung machen. Das groovt! beim Blues mitgrooven; eine groovige Stimmung.

Gros 1. (das, -, -) (franz.) Großteil. Wir kaufen unser Gemüse en gros (im Großen) vom Bauern. 2. (das, Gros|ses, Gros|se) (niederl.) altes Zählmaß (12 Dutzend).

Gro|schen (der, -s, -) Münze. groschenweise.

Gro|schen|heft (das, -s, -e) billiger Roman in Heftform.

groß (Adj.) 1. umfangreich; 2. erwachsen; 3. beträchtlich; bedeutend. *Kleinschreibung:* auf großer Fahrt sein; die großen Ferien; das große Einmaleins; auf großem Fuß leben; das große Los. *Großschreibung:* Groß und Klein (jedermann) traf sich hier; im Großen und Ganzen; im Großen wie im Kleinen; die Großen und die Kleinen; etwas/nichts/viel/wenig Großes; Ali ist der Größte, *aber:* der größte der Schüler; Alexander der Große; der Große Wagen (Sternbild); der Große Teich (ugs. für Atlantischer Ozean). *Beachte:* Zusammenschreibung mit Verben, wenn eine neue Bedeutung entsteht; großtun (prahlen); großschreiben (für wichtig halten), *aber auch:* dieses Wort wird großgeschrieben; großziehen (aufziehen). Großbuchstabe; Großspurigkeit. Adjektive: eine groß angelegte (*auch:* großangelegte) Fahndung; groß gewachsen (*auch:* großgewachsen); großkotzig..

Groß|ak|ti|o|när (der, -s, -e) Besitzer eines Aktienpakets.

Groß|alarm (der, -s, -e) umfassender Noteinsatz von Hilfskräften.

groß|ar|tig (Adj.) grandios; überwältigend; hervorragend. Großartigkeit.

Groß|auf|nah|me (die, -, -n) fotografische Einstellung; formatfüllende fotografische Darstellung.

Groß|bri|tan|ni|en (ohne Art., -s, kein Plural) europäischer Inselstaat. Brite; britisch.

Groß|bür|ger|tum (das, -s, kein Plural) bürgerliche Oberschicht.

Grö|ße (die, -, -n) 1. Ausmaß; Dimension; 2. Bedeutung; Erhabenheit; 3. Berühmtheit; Persönlichkeit.

Groß|el|tern (die, -, nur Plural) Großvater und Großmutter.

Grö|ßen|ord|nung (die, -, -en) 1. Maßstab; 2. Ausmaß.

Grö|ßen|ver|hält|nis (das, -ses, -se) Beziehung zwischen Dingen und Personen hinsichtlich ihrer Größe.

Grö|ßen|wahn (der, -s, kein Plural) Hybris; Vermessenheit. größenwahnsinnig.

Groß|fahn|dung (die, -, -en) ausgedehnte polizeiliche Suchaktion.

Groß|for|mat (das, -s, -e) Übergröße.

Groß|grund|be|sitz (der, -es, kein Plural) überdurchschnittlicher landwirtschaftlicher Besitz. Großgrundbesitzer.

Groß|han|del (der, -s, kein Plural) großer Verkauf an Wiederverkäufer; Engroshandel. Großhändler.

Groß|her|zig|keit (die, -, kein Plural) Edelmut. großherzig.

Groß|hirn (das, -s, kein Plural) vorderster Abschnitt des Gehirns.

groß|ka|lib|rig (Adj.) einen großen Durchmesser aufweisend.

Groß|kampf|tag (der, -s, -e) besonders schwerer Arbeitstag.

Groß|ka|pi|tal (das, -s, kein Plural) Gesamtheit des Vermögens der Großunternehmen.

Groß|kop|fe|te (der, -n, -n) (südd.) (ugs.) gesellschaftlich hochgestellte Persönlichkeit.

Groß|kund|ge|bung (die, -, -en) Demonstration.

Groß|macht (die, -, -mäch|te) weltpolitisch dominierender Staat. großmächtig.

Groß|manns|sucht (die, -, kein Plural) übersteigertes Bedürfnis nach gesellschaftlicher Anerkennung; Prahlerei.

Groß|markt (der, -s, -märk|te) Großhandel mit frischen Lebensmitteln.

Groß|maul (das, -s, -mäu|ler) Angeber.

Groß|mut (der, -s, kein Plural) Güte; Großzügigkeit. großmütig.

Groß|raum|bü|ro (das, -s, -s) mehrere Büros zusammenfassender Raum.

groß|räu|mig (Adj.) geräumig; großvolumig.

Groß|rei|ne|ma|chen (das, -s, kein Plural) Hausputz.

Groß|stadt (die, -, -städ|te) Stadt mit mehr als 100 000 Einwohnern. großstädtisch.

Groß|tat (die, -, -en) besonders gute, wirkungsvolle Tat.

Groß|teil (der, -s, -e) überwiegender Teil; Mehrheit. größtenteils.

größt|mög|lich (Adj.) so groß wie möglich; optimal.

Groß- und Klein|schrei|bung → Regelkasten.

Groß|un|ter|neh|men (das, -s, -) großer Industriebetrieb.

Gröstl (das, -s, -) (südd.) Bratkartoffeln. Tiroler Gröstl.

Groß|vieh (das, -s, kein Plural) Pferde und Rinder.

Groß|wet|ter|la|ge (die, -, -n) 1. Wetteraussichten eines größeren Gebiets; 2. allgemeine Lage; Stimmung.

Groß|zü|gig|keit (die, -, kein Plural) Freigebigkeit; Toleranz. großzügig.

gro|tesk (Adj.) (franz.) lächerlich; wunderlich. Groteske; groteskerweise.

Grot|te (die, -, -n) (ital.) Höhle. Grottenolm.

Grou|pie (das, -s, -s) (engl.) weiblicher Fan von Rockmusikern.

Grüb|chen (das, -s, -) Kinn-, Wangenvertiefung.

Gru|be (die, -, -n) 1. Loch; Aushöhlung; 2. Bergwerk.

grü|beln (V.) nachdenken. Grübelei; Grübler; grüblerisch.

Gru|ben|ar|bei|ter (der, -s, -) Bergarbeiter.

Gru|ben|bau (der, -s, kein Plural) 1. Einrichtung von Gruben; 2. Grubenanlage.

Gru|ben|gas (das, -es, -e) Methangas in Steinkohlevorkommen.

Gru|ben|lam|pe (die, -, -n) bergmännische Sicherheitslampe. Geleucht; Grubenlicht.

Gruft (die, -, Grüf|te) Grabgewölbe.

Gruf|ti (der, -s, -s) (ugs.) aus dem Jugendalter herausgewachsene Person.

Groß- und Kleinschreibung

1. Das erste Wort eines Ganzsatzes schreibt man groß. Dies gilt auch nach einem Doppelpunkt und bei wörtlicher Rede. Das Kochrezept lautet: Man putze zuerst das Gemüse, danach … Er sagte: »Ich komme heute Abend etwas später.« Zu dieser Regel gibt es nur zwei Ausnahmen. Kleingeschrieben werden am Satzanfang:
   a) Wörter, die am Wortanfang mit Apos-troph verkürzt sind. 's gab keinen Zweifel.
   b) das abgekürzte Adelsprädikat »von«. v. Weizsäcker begann zu reden.
2. Substantive werden immer großgeschrieben. Dies gilt auch, wenn sie mit nicht substantivischen Wörtern zusammengesetzt oder aneinandergereiht werden. das In-den-Tag-hinein-Leben; die y-Achse; eine 3-Zimmer-Wohnung.
   a) Substantive, die Bestandteile fester Fügungen sind, aber mit deren anderen Bestandteilen nicht zusammengeschrieben werden, werden ebenfalls großgeschrieben. in/mit Bezug auf; zu Hilfe eilen.
   b) Zahlsubstantive werden großgeschrieben. ein Dutzend; eine Million; ein Paar (aber ein paar = einige) Schuhe.
   c) Bezeichnungen für Tageszeiten nach den Adverbien »vorgestern«, »gestern«, »heute«, »morgen« und »übermorgen« werden großgeschrieben. gestern Abend; heute Morgen; morgen Mittag.
   d) Angst, Bange, Gram, Leid, Schuld und Pleite schreibt man in Verbindung mit den Verben sein, bleiben und werden klein, da sie als Adjektive empfunden werden: bange werden; schuld sein.
   e) in der Funktion anderer Wortarten Kleinschreibung.
   – Adverb: Ich gehe mittags. Er geht morgen. Wir treffen uns dienstags abends.
   – Präposition: Ich schaffte es dank seiner Hilfe.
   – unbestimmtes Zahlwort: Warte ein bisschen. Es dauert nur ein paar (einige) Minuten.
3. Wörter aus anderen Wortarten, die als Substantive verwendet werden, schreibt man groß.
   a) Substantivierte Adjektive und Partizipien. es ist das Beste; im Folgenden; Jung und Alt; sie las den Satz auf Französisch vor; auf dem Laufenden halten.
   b) Substantivierte Zahlwörter oder Pronomen. Er kam als Erster an die Reihe; du bist die Nächste; jeder Einzelne ist dazu aufgerufen; das vertraute Du; sie hat eine Zwei in Biologie.
   c) Substantivierte Verben. Das Hören macht mir Schwierigkeiten; wir versuchten es mit lautem Klopfen; er kam mit seinem Reden ins Stocken; diese Sache ist ein Muss.
   d) Substantivierte Adverbien, Präpositionen, Konjunktionen und Interjektionen. Es gibt ein Morgen; im Voraus; der Ball landete im Aus; dein ständiges Aber stört; sie gaben ein vielstimmiges Oh von sich.
4. Adjektive, Partizipien und Pronomen, die zwar formal wie Substantivierungen erscheinen, schreibt man klein, wenn
   a) sie sich auf ein vorangehendes oder nachstehendes Substantiv beziehen. Sie liebte kleine Katzen, besonders die getigerten. Er war der beste von meinen Schülern.
   b) Superlative mit »am« oder »aufs/auf das«, nach denen mit »Wie?« gefragt werden kann, können kleingeschrieben werden. Dieser Weg ist am längsten. *Aber:* Wir wurden aufs Beste (*auch:* aufs beste) bewirtet.
   c) Feste Verbindungen aus Präposition und Adjektiv ohne vorangehenden Artikel. In diesen Fällen ist aber nun auch Großschreibung zulässig: von Weitem (*auch:* weitem); von Neuem (*auch:* neuem); bis auf Weiteres (*auch:* weiteres).
   d) Pronomen, auch wenn sie als Stellvertreter von Substantiven verwendet werden. Das hat schon mancher versucht.
   e) Die Zahladjektive »viel«, »wenig«, (»der«, »die«, »das«) »eine«, (»der«, »die«, »das«) »andere« mit all ihren Flexionsformen. Das sagen viele; es ist nur noch weniges übrig geblieben; die einen meinten dies, die anderen meinten das. *Beachte:* Wenn allerdings herausgestellt werden soll, dass das Zahladjektiv eine andere Bedeutung als ein Zahlwort haben soll, dann kann es auch großgeschrieben werden. Sie möchte etwas ganz Anderes (= Andersartiges) machen.
   f) Kardinalzahlen unter einer Million. Er kam heute Morgen um neun; wir zwei gehören zusammen; Opa ist schon neunundachtzig geworden.
5. Eigennamen schreibt man groß.
   a) Enthält ein Eigenname nicht substantivische Bestandteile, so schreibt man das erste Wort und auch alle anderen Wörter außer Artikel, Präpositionen und Konjunktionen groß. Heinrich der Achte; Walther von der Vogelweide. Gleiches gilt für
   – geografische Eigennamen. das Kap der Guten Hoffnung; die Holsteinische Schweiz.
   – Eigennamen von Himmelskörpern, bestimmten Bauwerken, Auszeichnungen, Institutionen, Verbänden, Firmen, Zeitungen, inoffiziellen Eigennamen usw. Kleiner Bär; der Schiefe Turm von Pisa; Deutscher Bundestag; Ver-

einte Nationen, Deutsche Bahn; Die Zeit; Schwarzer Kontinent.
b) Geografische Eigennamen, die abgeleitet sind und auf -er enden, schreibt man groß. die Bremer Stadtmusikanten; die Münchner Bevölkerung.
6. Ableitungen von Eigennamen, die auf -(i)sch enden, werden kleingeschrieben (→ Apostroph). die schillerschen (auch Schiller'-schen) Werke; französischer Wein.
7. Adjektive in substantivischen Wortgruppen, die zu festen Gefügen geworden sind, aber keine Eigennamen darstellen bzw. keine idiomatisierte Gesamtbedeutung haben, schreibt man klein. das große Los; die innere Medizin; schwarzer Humor.
a) In folgenden Fällen schreibt man die Adjektive hingegen groß:
– Bestandteile eines botanischen oder zoologischen Namens: Weißer Flieder, Großer Ameisenbär.
– Titel, Ehrenbezeichnungen etc.: der Erste Bürgermeister; die Königliche Hoheit.
– besondere Kalendertage: der Heilige Abend; der Erste Mai.
– einige historische Ereignisse und Epochen: der Zweite Weltkrieg; die Jüngere Steinzeit.
– bei bestimmten festen Verbindungen, die eine neue, idiomatisierte Einheit bilden, wird die Großschreibung empfohlen: das Blaue Band des Ozeans, die Erste Hilfe, das Gelbe Trikot, das Schwarze Brett.
8. Groß- oder Kleinschreibung nach Satzzeichen:
a) Großschreibung nach Doppelpunkt: direkte Rede oder vollständiger Satz. Er rief uns zu: »Haltet den Dieb!« Warnung: Sichern Sie es vor Kindern! Aber Kleinschreibung bei einer Aufzählung oder einem unvollständigen Satz: Er besaß nur drei Dinge: seinen Anzug, eine Taschenuhr und ein Foto.
b) In Anführungszeichen wird das erste Wort eines selbstständigen Satzes großgeschrieben! Das Seminar mit dem Thema »Ist die Rechtsstaatlichkeit noch gewahrt?« fand großen Anklang. Ebenso: zitierte Buchtitel etc. Schillers »Die Räuber« sind ausverkauft.
9. Die Großschreibung der Anredepronomen »du/Du« und »ihr/Ihr« mit ihren entsprechenden Possesivpronomen »dein/Dein« und »euer/Euer« in Briefen als Ausdruck der Höflichkeit ist erlaubt.

Grum|met (das, -s, kein Plural) zweite Heumahd.

grün (Adj.) Farbe. *Kleinschreibung:* ach du grüne Neune! Sie saßen zwei Tage am grünen Tisch; die grüne Welle haben; der Englische Garten ist die grüne (*auch:* Grüne) Lunge Münchens; er ist doch noch ein grüner Junge; grünblau, grüngelb; grünlich; grünlich blau; rotgrünblind; grünen. *Großschreibung:* die Ampel zeigt/steht auf Grün; auf/in/mit Grün; ein helles/dunkles/zartes Grün; wir könnten heute ins Grüne fahren; es war dasselbe in Grün (ganz dasselbe); die Grüne Insel (Irland); die Grünen (Partei). Grünenabgeordnete; Grünland; Grünrotblindheit; Grünspan; Grünstreifen; Grünzeug.

Grün|an|la|ge (die, -, -n) Park.

Grund (der, -s/-es, Grün|de) Ursache; Grundstück; Boden. Grund und Boden; aufgrund (*auch:* auf Grund); im Grunde hätten wir uns das sparen können; das muss von Grund auf verbessert werden; das Schiff lief auf Grund; im Grunde genommen war die Sache nicht schlecht. *Beachte:* zugrunde, (*auch:* zu Grunde) gehen/legen/liegen/richten. Grundwert.

grund|an|stän|dig (Adj.) absolut anständig.

Grund|aus|bil|dung (die, -, kein Plural) militärischer Basislehrgang.

Grund|be|deu|tung (die, -, -en) ursprüngliche Bedeutung.

Grund|be|griff (der, -s, -e) Allgemeinbegriff; Elementarkenntnis.

Grund|buch (das, -s, -bü|cher) Kataster.

grund|ehr|lich (Adj.) absolut ehrlich.

Grund|ei|gen|tü|mer (der, -s, -) Eigentümer von Immobilien.

grün|den (V.) 1. Grundlage schaffen; ins Leben rufen; hervorbringen; 2. bilden; 3. sich stützen auf. Gründer; Gründung.

Grün|der|jah|re (die, -, nur Plural) Gründerzeit; letztes Viertel des 19. Jahrhunderts.

grund|falsch (Adj.) absolut falsch.

Grund|far|be (die, -, -n) Gelb, Rot oder Blau.

Grund|form (die, -, -en) Ausgangsform.

Grund|ge|setz (das, -es, -e) Verfassung.

Grun|die|rung (die, -, -en) 1. Vorbereitung eines Malgrunds; 2. Grundfarbe; Grundierfarbe. Verb: grundieren.

Grund|kurs (der, -es, -e) Kurs zur Vermittlung grundlegender Kenntnisse in einem Schulfach.

Grund|la|ge (die, -, -n) Ausgangspunkt; Basis; Fundament; Voraussetzung.

Grund|la|gen|for|schung (die, -, -en) Erforschung der Grundlagen einer Wissenschaft.

grund|le|gend (Adj.) elementar; wesentlich.

gründ|lich (Adj.) ordentlich; umfassend.

Gründ|ling (der, -s, -e) Karpfen.

Grund|li|nie (die, -, -n) unterste Linie eines Vielecks.

grund|los (Adj.) 1. unbegründet; ungerechtfertigt; 2. sehr tief. Grundlosigkeit.

Grund|mau|er (die, -, -n) Fundament.

Grund|nah|rungs|mit|tel (das, -s, -) einfaches, nahrhaftes Lebensmittel.

Grün|don|ners|tag (der, -s, -e) Donnerstag vor Ostern.

Grund|recht (das, -s, -e) unveräußerliches Recht.

Grund|satz (der, -es, -sät|ze) Richtlinie des Handelns; Prinzip. grundsätzlich; im Grundsätzlichen bin ich dafür.

Grund|satz|er|klä|rung (die, -, -en) Darstellung grundsätzlicher Überlegungen.
Grund|schu|le (die, -, -n) Schule für die ersten vier Schuljahre.
Grund|stein (der, -s, -e) erster Stein eines Baus. Grundsteinlegung.
Grund|steu|er (die, -, -n) Abgabe auf Grundbesitz.
Grund|stück (das, -s, -e) abgegrenztes Stück Boden.
Grund|ton (der, -s, -tö|ne) erster Ton einer Tonleiter.
grund|ver|schie|den (Adj.) absolut verschieden.
Grund|was|ser (das, -s, kein Plural) Wasseransammlung im Boden.
Grund|zahl (die, -, -en) Kardinalzahl.
Grün|fut|ter (das, -s, -) Grasfutter, (ugs.) Obst und Gemüse.
Grunge (der, -s, -) (engl.) Musikrichtung, die auf Rock- und Punkelementen basiert.
Grün|kohl (der, -s, kein Plural) Gemüseart.
Grün|schna|bel (der, -s, -schnä|bel) unerfahrene Person.
grun|zen (V.) Grunzton ausstoßen; knurren.
Grup|pe (die, -, -n) Ansammlung; Einheit; Abteilung. Eine Gruppe Jugendlicher/Jugendliche reiste nach Moskau. Gruppenführung; Gruppensieg; Gruppierung; Grüppchen; gruppendynamisch; gruppenpsychologisch; gruppenweise; grüppchenweise; gruppieren.
Grup|pen|bild (das, -s, -er) Fotografie einer Gruppe.
Grup|pen|dy|na|mik (die, -, kein Plural) (dt.-griech.-lat.) 1. Wissenschaft von der Gruppendynamik; 2. gegenseitige, abgestimmte Steuerung des Verhaltens der Individuen in einer Gruppe zum Zwecke therapeutischer Lernprozesse.
Grup|pen|sex (der, -, kein Plural) sexuelle Betätigung in der Gruppe.
gru|seln (V.) schaudern; grausen. *Beachte:* mit Dativ oder Akkusativ! Mir gruselt; mich gruselt; ich grus(e)le mich. Gruselei; Gruselmärchen; grus(e)lig.
Gruß (der, -es, Grü|ße) Begrüßungsformel; Gedenken. grüßen. Ich will nur schnell grüß Gott sagen.
Gruß|ad|res|se (die, -, -n) schriftlicher Gruß.
Gruß|for|mel (die, -, -n) feststehende Redewendung zur Begrüßung.
gruß|los (Adj.) wortlos.
Gruß|wort (das, -s, -e) Einführung; Vorwort.
Grüt|ze (die, -, -n) 1. Haferbrei; Süßspeise; 2. (ugs.) Verstand. Grützmühle.
Gru|yère (der, -s, -s) (franz.) würziger Schweizer Hartkäse, Greyerzer.
Gschaftl|hu|ber (der, -s, -) (südd.) Wichtigtuer.
gscha|mig (*auch:* gschä|mig) (Adj.) (südd.) verschämt.
gschert (*auch:* ge|schert) (Adj.) (südd.) derb; unfreundlich.
G-Schlüs|sel (der, -s, -) Violinschlüssel.
Gstan|zl (das, -s, -n) (südd.) Lied, gesungener Vierzeiler.
Gu|a|ja|kol (das, -s, kein Plural) (indian.-nlat.) ein aromatischer Alkohol (u. a. als fiebersenkendes Mittel).
Gu|a|na|ko (das, -s, -s) (Ketschua). Wildform des Lamas und Alpakas.
Gu|a|no (der, -s, kein Plural) (Ketschua) südamerikanischer und südafrikanischer Seevogelkot als Dünger.
Gu|a|ra|ni 1. (das, -, kein Plural) eine Indianersprache (neben Spanisch Staatssprache in Paraguay); 2. (der, -/-s, -/-s) Währungseinheit in Paraguay.
Gu|ar|dia ci|vil (die, - -, kein Plural) (span.) spanische Polizei.
Gu|asch → Gouache.
Gu|a|te|ma|la (ohne Art., -s, kein Plural) mittelamerikanischer Staat. Guatemalteke; guatemaltekisch.
gu|cken (V.) schauen. Guckfenster.
Gu|cker (der, -s, -) (ugs.) Gerät zum Betrachten von Diapositiven.
Gu|cki (der, -s, -s) Skatspiel.
Guck|in|die|luft (der, -s, -e) (ugs.) zerstreute, unaufmerksame Person.
Guck|kas|ten (der, -s, -käs|ten) 1. Schachtel mit Vergrößerungsoptik zum Hineinschauen; 2. nur zum Zuschauerraum hin offene Bühne.
Guck|loch (das, -s, -lö|cher) kleine Öffnung zum Hineinschauen.
Gu|el|fe (der, -n, -n) (ital.) italienische Anhänger der gegen den Hohenstaufenkaiser gerichteten Politik des Papstes und Gegner der Ghibellinen.
Gue|ril|la 1. (die, -, -s) (span.) Kleinkrieg; Partisanenkrieg; 2. (der, -s, -s) Partisan. Guerillakrieg; Guerillero.
Gu|gel|hupf (der, -s/-es, -e) (südd.) Napfkuchen.
Guil|loche (die, -, -n) (franz.) verschlungene Linienmusterung (auf Banknoten, Wertpapieren).
Guil|lo|cheur (der, -s, -e) jmd., der beruflich guillochiert.
guil|lo|chie|ren (V.) mit einer Guilloche mustern.
Guil|lo|ti|ne (die, -, -n) (franz.) Fallbeil. Verb: guillotinieren.
Gui|nea (ohne Art., -s, kein Plural) Äquatorial-Guinea; Guinea-Bissau (afrikanische Staaten); Guineer; guineisch.
Gui|nea (die, -, -s) alte englische Goldmünze; davon abgeleitete Rechnungseinheit.
Gu|lag (der, -/-s, kein Plural) russisches Kurzwort für die Hauptverwaltung des Straflagersystems in der Sowjetunion unter der Herrschaft Stalins.
Gu|lasch (das, -es, -e) Fleischeintopf.
Gul|den (der, -s, -) niederländische Währungseinheit (Abk.: hfl).
Gül|le (die, -, kein Plural) Jauche. Güllenfass; güllen.
Gul|ly (der, -s, -s) (engl.) Abfluss; Einlaufschacht für Straßenabwässer.
Gum|ma (das, -s, -ma|ta/Gum|men) (nlat.) Gummigeschwulst bei Syphilis.
Gum|mi (der/das, -s, -s) 1. elastisches Material; Kautschuk; 2. (ugs.) Präservativ. Radiergummi.
Gum|mi|ara|bi|kum (das, -s, kein Plural) (lat.) Binde-, Klebemittel aus Akazienmilchsaft.
Gum|mi|ball (der, -s, -bäl|le) Springball.
Gum|mi|band (das, -s, -bän|der) elastisches Band.
Gum|mi|bär|chen (das, -s, -) Süßigkeit.
gum|mie|ren (V.) mit einer klebefähigen Schicht versehen. Gummierung.
Gum|mi|gutt (das, -s, kein Plural) (nlat.-malai.) ein asiatisches Gummiharz (z. B. als Abführmittel).
Gum|mi|hand|schuh (der, -s, -e) Handschuh aus Gummi.
Gum|mi|stie|fel (der, -s, -) wasserfester Stiefel.
Gum|mi|zel|le (die, -, -n) (ugs.) Raum mit weichen Wänden zur Beruhigung Tobsüchtiger.

Gumˈpe (die, -, -n) natürliches, durch Auswaschung entstandenes Wasserbecken.
Gunˈdelˈreˈbe (die, -, -n) Unkraut.
Gunst (die, -, kein Plural) Wohlwollen; Bevorzugung. Er steht nicht in meiner Gunst; das ging zu seinen Gunsten aus. *Aber:* zugunsten (*auch:* zu Gunsten); zuungunsten (*auch:* zu Ungunsten). Günstling; günstig; günstigenfalls; günstigstenfalls.
Gunstˈbeˈzeiˈgung (die, -, -en) Zeichen der Gunst. Gunstbeweis.
Gupˈpy (der, -s, -s) (engl.) Zierfisch.
Gurˈgel (die, -, -n) Kehle. Gurgelwasser; gurgeln.
Gurˈke (die, -, -n) Gemüse. Gurkensalat; Gurkenkraut; Gurkentopf.
gurˈken (V.) (ugs.) fahren.
Gurˈkha (der, -/-s, -/-s) 1. Angehöriger des Hauptvolkes in Nepal; 2. Elitesoldat aus diesem Volk (im britischen Kolonialreich).
gurˈren (V.) rufen; locken.
Gurt (der, -s, -e) Riemen; Band. gurten.
Gürˈtel (der, -s, -) Riemen zum Befestigen der Hose.
Gürˈtelˈliˈnie (die, -, -n) gedachte Linie auf Hüfthöhe.
Gürˈtelˈreiˈfen (der, -s, -) Autoreifen mit verstärktem Unterbau.
Gürˈtelˈroˈse (die, -, kein Plural) Krankheit.
Gürˈtelˈtier (das, -s, -e) mit gürtelartigem Panzer ausgestattetes Säugetier.
Gurtˈmufˈfel (der, -s, -) (ugs.) die Gurtpflicht verletzende Person.
Gurtˈpflicht (die, -, kein Plural) gesetzliche Verpflichtung, bei Autofahrten den Sicherheitsgurt anzulegen.
Guˈru (der, -s, -s) (sanskr.) spiritueller Meister.
GUS (die, -, kein Plural) Abk. für Gemeinschaft **u**nabhängiger **S**taaten (ehemalige Sowjetunion).
Guss (der, Gusˈses, Güsˈse) 1. Gießen von Metall; Gießereierzeugnis; 2. Gebäcküberzug; 3. Regenschauer. Gusseisen; Gussform; gusseisern.
gusˈtieˈren (V.) (lat.-ital.) = goutieren.
gusˈtiˈös (Adj.) (österr.) appetitanregend; lecker.
Gusˈto (der, -s, -s) Geschmack; Appetit.
gut (Adj.; besser, beste) qualitätvoll; wertvoll; anständig; angenehm; reichlich. *Kleinschreibung:* Er ist so gut wie tot; ich nehme ein gut Teil davon; das waren gut und gern tausend Leute; so weit, so gut; lass es doch gut sein; guten/gute, (*auch:* Guten/Gute) Abend/Morgen/Nacht sagen. *Großschreibung:* Ich sage es dir im Guten; im Guten wie im Bösen; Hab und Gut; das war des Guten zu viel; Gutes und Böses; jenseits von Gut und Böse; es hat alles sein Gutes; gut gehen (*auch:* gutgehen); gutheißen (befürworten); gutmachen (bereinigen), *aber:* Ich will die Sache gut (nicht schlecht) machen; gutschreiben (anrechnen); guttun (wohltun). Man kann nicht immer gut sein. Gutenachtkuss; Gutheit. Adjektive: gut aussehend (*auch:* gutaussehend); gut bezahlt (*auch:* gutbezahlt); eine gutbürgerliche Küche; ein gut gelaunter (*auch:* gutgelaunter) Chef; gut gemeint (*auch:* gutgemeint); gutnachbarlich; gut situiert (*auch:* gutsituiert); gut sitzend (*auch:* gutsitzend); gut unterrichtet (*auch:* gutunterrichtet); gutwillig. Verben: guthaben (ausstehend bleiben); zugutehalten; zugutekommen.
Gut (das, -s, Güˈter) 1. Besitz; Wert; Ware; 2. landwirtschaftlicher Betrieb.
Gutˈachˈten (das, -s, -) Expertise; Untersuchung. Gutachter.
Gutˈarˈtigˈkeit (die, -, kein Plural) Harmlosigkeit. gutartig.
gutˈbürˈgerˈlich (Adj.) anständig; solide.
Güˈte (die, -, kein Plural) Großherzigkeit; Milde; Qualität.
Güˈterˈabˈferˈtiˈgung (der, -, -en) Umschlag von Waren für den Transport.
Güˈterˈbahnˈhof (der, -s, -hö̈ˈfe) Bahnhof für Güterzüge.
Güˈterˈtrenˈnung (die, -, kein Plural) Auseinanderhalten des Eigentums von Ehepartnern.
Güˈterˈwaˈgen (der, -s, -) Eisenbahnwaggon für den Transport von Waren.
Güˈterˈzug (der, -s, -züˈge) Eisenbahnzug für den Transport von Waren.
Gutˈgläuˈbigˈkeit (die, -, kein Plural) Naivität; Vertrauensseligkeit. gutgläubig.
Gutˈhaˈben (das, -s, -) Kapital; verfügbare Summe.
gutˈhaˈben (V., hatte gut, hat gut gehabt) eine Schuld einzufordern haben. Du hast noch etwas bei mir gut.
gutˈheiˈßen (V., hieß gut, hat gutgeheißen) billigen; genehmigen.
Gutˈherˈzigˈkeit (die, -, kein Plural) Mitleid; Selbstlosigkeit. gutherzig.
gütˈlich (Adj.) im Guten.
Gutˈmüˈtigˈkeit (die, -, kein Plural) Freundlichkeit; Nachgiebigkeit. gutmütig.
Gutsˈbeˈsitˈzer (der, -s, -) Eigentümer eines großen landwirtschaftlichen Anwesens.
Gutˈschein (der, -s, -e) Bescheinigung über den Anspruch auf eine Leistung oder Ware.
Gutˈschrift (die, -, -en) Bescheinigung über die Anrechnung eines Geldwerts.
Gutsˈhof (der, -s, -höˈfe) größeres landwirtschaftliches Anwesen.
gutˈsiˈtuˈiert (Adj.) wohlhabend.
Gutsˈverˈwalˈter (der, -s, -) leitender Angestellter auf einem Gutshof.
Gutˈtiˈoˈle (die, -, -n) (lat.) Tropfflasche, Fläschchen zum Einträufeln von Medizin.
gutˈtuˈral (Adj.) (lat.) zur Kehle gehörig; kehlig.
Guˈyaˈna (ohne Art., -s, kein Plural) südamerikanischer Staat. Guyaner; Guyanerin; guyanisch.
Gymˈnaˈsiˈum (das, -s, -siˈen) (griech.) Oberschule. Gymnasiallehrer; Gymnasiast.
Gymˈnast (der, -en, -en) (griech.) Trainer der Athleten in der altgriechischen Gymnastik.
Gymˈnasˈtik (die, -, kein Plural) (griech.) Bewegungsübung. Gymnastikstunde; gymnastisch.
Gymˈnoˈsperˈme (die, -, -n) (griech.) Nacktsamer (Samenanlagen frei an Samenblättern, primitiver und älter als Decksamer).
Gyˈnäˈkeiˈon (das, -s, -keiˈen) (griech.) Frauengemach.
Gyˈnäˈkoˈloˈge (der, -n, -n) (griech.) Frauenarzt. Gynäkologie; gynäkologisch.
Gyˈnˈanˈdˈrie (die, -, kein Plural) (griech.) Nebeneinander bzw. Nacheinander männlicher und weiblicher Geschlechtsmerkmale an einem Lebewesen.
Gyˈros (das, -, -) (griech.) Gericht aus am senkrechten Drehspieß gebratenem Schweine-, Rind-, Hammelfleisch.
Gyˈroˈsˈkop (das, -s, -e) (griech.) Messgerät, das die Achsendrehung der Erde nachweist.

H

h (Abk.) Hekto; Stunde. 12 h (12 Stunden; 12 Uhr); 12^{h} (12 Uhr).
H (Abk.) Wasserstoff (chemisches Zeichen).
ha (Abk.) **H**ekt**a**r.
Haar (das, -s/-es, -e) Frisur; Faser. Haarausfall; das war um ein Haarbreit (*auch:* Haar breit) zu wenig, oder: das war um Haaresbreite zu wenig, *aber:* um eines Haares Breite wäre die Sache gescheitert; *aber:* das Härchen! Jmdm. stehen die Haare zu Berge (ugs.) (jmd. ist erschrocken, entsetzt, verärgert); Haare lassen müssen (mit Schaden, Nachteilen noch davonkommen); Haare auf den Zähnen haben (sich zu wehren wissen); ein Haar in der Suppe finden (ugs.) (eine unangenehme Entdeckung, eine peinliche Erfahrung machen, sich durch eine Kleinigkeit eine Sache verleiden lassen); sich die Haare raufen (völlig verzweifelt sein); jmdm. kein Haar krümmen können (jmdm. nichts Böses antun können); sich keine grauen Haare wachsen lassen (ugs.) (sich keine unnützen Sorgen machen); kein gutes Haar an jmdm. lassen (jemanden heruntermachen, jmdm. nur Schlechtes nachsagen); an einem Haar hängen (eine Sache steht schwach, ist schwer bedroht); jmdm. die Haare vom Kopf fressen (ugs.) (auf jemandes Kosten leben und ihn dabei arm machen); etwas an den Haaren herbeiziehen (ugs.) (etwas zur Begründung eines Standpunktes um jeden Preis und gegen alle Logik ins Feld führen); auf ein Haar (ganz genau); sich in die Haare geraten (Streit bekommen); das kannst du dir in die Haare schmieren (ugs.) (darauf lege ich überhaupt keinen Wert); sich in den Haaren liegen (ugs.) (miteinander Streit haben); um ein Haar (fast, beinahe). Haarfarbe; Haarfestiger; Haargel; Haarkranz; Haarpracht; Haarschnitt; Haarspalterei; Haarspray; Haarwasser; Haarwuchsmittel.
haa|ren (V.) Haare verlieren; fusseln.
haar|fein (Adj.) dünn, fein wie ein Haar.
haar|ge|nau (Adj.) ganz genau.
haa|rig (Adj.) 1. voller Haare; 2. (ugs.) peinlich; unangenehm.
haar|klein (Adj.) genau; etwas haarklein (sehr ausführlich schildern).
haar|scharf (Adj.) ganz genau, sehr nahe.
haar|spal|te|risch (Adj.) spitzfindig.
haar|sträu|bend (Adj.) empörend; unglaublich.
Ha|ba|ne|ra (die, -, -s) (span.) Tanz.
Hab|da|la (die, -, -s) (hebr.) Gebet am Ausgang des Sabbats, mit dem der Hausherr einer jüdischen Familie den Herrn lobpreist.
Ha|be (die, -, kein Plural) der Besitz. Hab und Gut (alles, was man besitzt). Habschaft; Habseligkeit.
Ha|be|as Cor|pus (lat.) Floskel am Anfang eines mittelalterlichen Haftbefehls (»du habest den Körper«).
Ha|be|as-Cor|pus-Ak|te (die, -, kein Plural) (lat.) englisches Gesetz zum Schutz der persönlichen Freiheit Verhafteter von 1679.
ha|be|mus Pa|pam (lat.) vorgeschriebener Ausruf nach vollzogener Papstwahl (»wir haben einen Papst«).
ha|ben (V., hatte, hat gehabt) besitzen; bekommen. noch zu haben sein (ugs.) (noch nicht verheiratet sein); für etwas zu haben sein (für etwas zu gewinnen sein); etwas so an sich haben (ugs.) (bestimmte Charakterzüge haben); mit etwas hat es nicht viel auf sich (etwas ist bedeutungslos); etwas für sich haben (vorteilhaft sein, einleuchtend sein); etwas gegen jemanden haben (jemanden nicht leiden können); etwas hinter sich haben (etwas überstanden, erledigt haben); etwas mit jmdm. haben (ugs.) (ein Verhältnis mit jmdm. haben); ich hab's (ugs.) (jetzt ist's mir klar, ich habe verstanden); und damit hat sich's (ugs.) (und damit ist es genug); wie gehabt (ugs.) (wie es sonst üblich war); hast du was, dann bist du was (wenn du Geld hast, dann hast du auch gesellschaftliches Ansehen).
Ha|be|nichts (der, -s, -e) (ugs.) ein Armer.
Ha|ben|sei|te (die, -, -n) in der kaufmännischen Buchhaltung die rechte Seite eines Kontos. Soll und Haben.
Ha|ber|feld|trei|ben (das, -s, -) Selbstjustiz; früher volkstümliches Rügegericht in Bayern und Tirol.
Ha|ber|geiß (die, -, -en) (bayer. österr.) Spukgestalt.
Hab|gier (die, -, kein Plural) Habsucht; Geiz.
hab|gie|rig (Adj.) habsüchtig; unersättlich; besitzgierig; gewinnsüchtig; raffgierig.
hab|haft wer|den (Adv.) (mit Genitiv!) Trotz großer Bemühungen wurde man seiner nicht habhaft (konnte man ihn nicht festnehmen).
Ha|bicht (der, -s, -e) Raubvogel. Habichtsnase.
ha|bil (Adj.) (lat.) fähig; gewandt.
Ha|bi|li|tand (der, -en, -en) (lat.) jmd., der zum Erwerb einer Hochschullehrbefähigung zugelassen ist. Titel: Dr. habil. Habilitation; Habilitationsschrift.
ha|bi|li|ta|tus (Adj.) (lat.) mit Lehrberechtigung an einer Hochschule oder Universität.
ha|bi|li|tie|ren (V.; refl.) die Lehrberechtigung an einer Hochschule erwerben/erteilen.
Ha|bit 1. (der/das, -s, -e) (franz.) Kleidung; Amtskleidung; Ordenstracht; 2. (der/das, -s, -s) (engl.) Gewohnheit; Erlerntes.
Ha|bi|tat (das, -s, -e) (lat.) bestimmter Lebensraum (einer Tier- oder Pflanzenart).
ha|bi|tu|a|li|sie|ren (V.) (lat.) zur Gewohnheit machen, werden.
Ha|bi|tu|a|ti|on (die, -, -ti|o|nen) (lat.) Gewöhnung; Reaktionsermüdung hinsichtlich eines zu oft erfolgten Reizes.
ha|bi|tu|ell (Adj.) ständig; gewohnheitsmäßig.
Ha|bi|tus (der, -, kein Plural) (lat.) äußeres Erscheinungsbild; Charakteristikum; Benehmen; Gebaren.
Hab|sucht (die, -, kein Plural) Habgier.
hab|süch|tig (Adj.) habgierig.
Há|ček (*auch:* Hat|schek) (das, -s, -s) (tschech.) ein Ausssprachezeichen (z. B. č = tsch) (im Tschechischen).
Ha|ché (*auch:* Ha|schee) (das, -s, -s) (franz.) Hackfleischgericht.
Hach|se (*auch:* Ha|xe) (die, -, -n) Unterschenkel von Kalb oder Schwein.
Hack (das, -s, kein Plural) (Kurzw.) Hackfleisch.

Ha|cke (*auch:* der Ha|cken) (die, -, -n) 1. Beil; 2. Ferse. sich die Hacken nach etwas ablaufen (ugs.) (viele Gänge machen, um etwas zu erreichen); sich an jemandes Hacken heften (ugs.) (jemanden hartnäckig verfolgen); jmdm. dicht auf den Hacken sein (ugs.) (jemanden verfolgen). Hackentrick.

ha|cken (V.) schlagen; zerhauen. Hackbank; Hack(e)beil; Hackbraten; Hackbrett; Hackepeter; Hacke; Hackfleisch; Hackstock.

ha|cken (V.) (engl.) sich als Hacker betätigen.

Hack|frucht (die, -, -früch|te) im Acker angebaute Kulturpflanze, die häufiges Hacken erfordert, zum Beispiel Kartoffeln, Rüben.

Ha|cker (der, -s, -) jmd., der versucht, sich unberechtigterweise Zugang zu anderen Computersystemen zu verschaffen.

Hack|ord|nung (die, -, -en) soziale Rangordnung.

Häck|sel (der/das, -s, kein Plural) zerkleinertes Heu, Stroh. Häcksler; Häckselmaschine.

Hack|sil|ber (das, -s, kein Plural) zerhackte Silberstücke von bestimmtem Gewicht, die im Mittelalter als Zahlungsmittel verwendet wurden.

Ha|dal (das, -s, kein Plural) (griech.-nlat.) die Tiefsee unterhalb von 5000 Metern.

Ha|der (der, -s, -/-n) 1. Zank; Streit; 2. (südd.) Lumpen; Putztuch. Verb: hadern (streiten).

Ha|der|lump (der, -en, -en) (südd.) Gauner.

Ha|des (der, -, kein Plural) (griech.) Unterwelt (Mythologie).

Ha|dith (der/das, -, -e) (arab. mündlich) überlieferte Aussprüche Mohammeds; im Islam Glaubens- und Rechtsquelle neben dem Koran.

Ha|dra|maut (ohne Art., -, kein Plural) wüstenhafte Küstenlandschaft in Südarabien.

Hadsch (*auch:* Haddsch) (der, -, kein Plural) (arab.) Pilgerfahrt nach Mekka zur Kaaba, die jeder freie, erwachsene Moslem einmal im Leben unternehmen sollte.

Ha|d|schar (*auch:* Had|dschar) (der, -s, kein Plural) (arab.) der schwarze Stein in der Kaaba, den die Mekkapilger küssend verehren.

Ha|d|schi (*auch:* Had|dschi) (der, -s, -s) (arab.) Mekkapilger.

Hae|m|oc|cult-Test (der, -s, -s) (griech.-lat.-engl.) Test auf Vorhandensein nicht sichtbaren Blutes im Kot.

Ha|fen (der, -s, Hä|fen) 1. Schiffsanlegeplatz; 2. (südd.) Topf. in den Hafen der Ehe einlaufen (heiraten). Jede Frau, mit der er bisher zusammen war, war für ihn die Frau fürs Leben. So ist er nun schon zum fünften Mal in den Hafen der Ehe eingelaufen. Hafenarbeiter; Hafenkneipe; Hafenrundfahrt; Hafenviertel.

Ha|fer (der, -s, kein Plural) Getreidepflanze. Jemanden sticht der Hafer (jmd. ist übermütig, weil es ihm zu gut geht). Haferbrei; Haferflocken; Haferschleim.

Ha|ferl|schuh (der, -s, -e) (südd.) fester Halbschuh.

Haff (das, -s, -e/-s) Küstensee; Küstenbucht. Hafffischer (*auch:* Haff-Fischer).

Ha|fis (der, -, kein Plural) (arab.) Ehrentitel des Mannes, der den Koran auswendig kennt.

Haf|lin|ger (der, -s, -) ausdauernde, kleinwüchsige, fuchsfarbene Pferderasse.

Haf|ner (*auch:* Häfner) (der, -s, -) 1. Töpfer; 2. Ofensetzer. Hafnerei.

Haft (die, -, kein Plural) 1. Gefängnis; 2. Verantwortung; Haftstrafe. jemanden in Haft nehmen (jemanden ins Gefängnis bringen). Die Polizei musste die alte Dame in Haft nehmen, da sie angeblich die Bank ausgeraubt hatte. Haftbarmachung; Haftbefehl; Haftentlassung; Häftling; Haftrichter; Haftstrafe.

Haft|an|stalt (die, -, -en) Gefängnis; Justizvollzugsanstalt.

Haf|ta|ra (die, -, -roth) (hebr.) beim jüdischen Gottesdienst die Lesung aus den Propheten als Schluss des Wochenabschnitts.

haft|bar (Adj.) schadenersatzpflichtig. haftpflichtig.

haf|ten (V.) 1. kleben; 2. verantwortlich sein. Haftschalen.

haf|ten blei|ben (*auch:* haf|ten|blei|ben) (V., blieb haften, ist haften geblieben) im Gedächtnis hängen bleiben.

haft|fä|hig (Adj.) 1. jmd. ist gesundheitlich in der Lage, seine Haftstrafe anzutreten; 2. etwas eignet sich zum Kleben.

Haft|glas (das, -es, -glä|ser) Kontaktschale; Brillenersatz; Haftschalen.

Haft|pflicht (die, -, kein Plural) die Verpflichtung, für den Schaden Ersatz zu leisten, den man selbst oder andere verursacht haben. Haftpflichtversicherung; haftpflichtig.

Haft|prü|fung (die, -, -en) Prüfung, ob Aufhebung eines Haftbefehls oder Aussetzung seines Vollzugs anzuordnen ist.

Haft|rei|fen (der, -s, -) Winterreifen fürs Auto.

Haf|tung (die, -, kein Plural) 1. Schadenersatzpflicht; 2. Reibungswiderstand.

Hag (der, -s, -e) Hecke; Gebüsch. Haglandschaft; Hagebuche.

Ha|ga|nah (*auch:* Ha|ga|na) (die, -, kein Plural) (hebr.) jüdische militärische Organisation in Palästina, aus der die reguläre Armee Israels entstand.

Ha|ge|but|te (die, -, -n) Frucht; Hagebuttenmarmelade.

Ha|ge|dorn (der, -s, -e) Weißdorn.

Ha|gel (der, -s, kein Plural) Eisregen. Hagelschlag; Hagelschaden; Hagelzucker.

Ha|gel|korn (das, -s, -kör|ner) 1. Eisstückchen; Graupel; 2. in der Med. knotige Schwellung am Lidrand des Auges.

ha|geln (V.) es hagelt; Eisregen fällt.

ha|ger (Adj.) mager; dürr. Hagerkeit.

Ha|ge|stolz (der, -es, -e) (veraltet) älterer Junggeselle.

Hag|ga|da (die, -, kein Plural) (hebr.) erzählender Teil der mündlichen jüdischen Überlieferung (Legenden, Sprichwörter u. a.).

Ha|gia So|phia (die, -, kein Plural) (griech.) Hauptkirche von Istanbul; heute Museum.

Ha|gio|gra|fen (*auch:* Ha|giogra|phen) (die, nur Plural) (griech.) späteste Schriften des Alten Testaments.

Ha|gio|gra|fie (*auch:* Ha|gio|gra|phie) (die, -, -n) (griech.) Lebensbeschreibung eines Heiligen; Literatur über einen Heiligen.

Ha|gio|la|t|rie (die, -, -n) (griech.) Heiligenverehrung.

Hä|her (der, -s, -) Vogel. Eichelhäher.

Hahn (der, -s, Häh|ne) 1. männliches Huhn; Gockel; 2. Leitungsverschluss; Absperrhahn; Drossel; Wasserhahn. Nach jmdm. kräht kein Hahn (ugs.) (kein Mensch interessiert sich mehr für jemanden); jmdm. den roten Hahn aufs Dach setzen (jemandes Haus in Brand setzen). Hahnenfeder; Hahnenschrei.

Hähn|chen (das, -s, -) junger Hahn.

Hah|nen|fuß (der, -es, kein Plural) meist gelb blühendes Kraut der Gattung Hahnenfußgewächse.

Hah|nen|kamm (der, -s, -käm|me) 1. Kopfschmuck des Hahns; 2. asiatische Zierpflanze; 3. (ohne Plural) Skirennstrecke in den Kitzbüheler Alpen; 4. Blätterteiggebäck.

Hah|nen|tritt (der, -s, -e) 1. Keimfleck auf dem Eidotter; 2. abnormale Bewegung der Hinterbeine des Pferdes; 3. Stoffmuster.

Hahn|rei (der, -s, -e) (ugs.) betrogener Ehemann.

Hai (der, -s/-es, -e) (niederl.) Raubfisch. Haifisch; Haifischflossensuppe; Haifischzahn.

Hain (der, -s, -e) kleiner Wald. Hainbuche.

Hair|sty|list (der, -en, -en) (engl.) Friseur.

Ha|i|ti (ohne Art., -s, kein Plural) mittelamerikanische Insel. Haitianer; haitianisch.

Ha|i|ti|a|ner (der, -s, -) Bewohner Haitis. Haitianerin.

ha|i|tisch (Adj.) Haiti betreffend. haitianisch.

hä|keln (V.) handarbeiten. Häkelarbeit; Häkelgarn; Häkelnadel.

Ha|ken (der, -s, -) 1. Befestigung; 2. Schwierigkeit; 3. Faustschlag. Er schlug Haken wie ein Hase (lief im Zickzack). mit Haken und Ösen (mit allen Mitteln). Was ein Häkchen werden will, krümmt sich beizeiten (wer später was werden will, der muss schon früh mit seinen Bemühungen anfangen). einen Haken haben (ugs.) (eine verborgene Gefahr oder Schwierigkeit haben). Hakennase.

ha|ken|för|mig (Adj.) gekrümmt. hakig.

Ha|ken|kreuz (das, -es, -e) in verschiedenen Varianten auftretende Form eines Kreuzes mit abgebogenen oder geknickten Enden; seit prähistorischer Zeit als relig. Symbol nachweisbar; Emblem des Nationalsozialismus; Glücksbringer im asiatischen Raum, dort als Swastika bezeichnet.

Ha|kim (der, -s, -s) (arab.) Arzt; Gelehrter; Richter; Prophet in islamischen Ländern.

Ha|la|li (das, -s, -/-s) (franz.) Jagdruf.

halb (Adj.) zur Hälfte; abgeschwächt. *Beachte:* Als Uhrzeit-, Mengen- und Maßangabe wird »halb« getrennt geschrieben! Es ist fünf nach halb sechs (Uhr); ein halbes Dutzend Mal; zwei und ein halb, *aber:* zweieinhalb; anderthalb; alle halbe Stunde; alle halbe(n) Stunden; alle halbe(n) Jahre. *Außerdem:* Getrenntschreibung in der Bedeutung »teils«! halb lachend; halb weinend. Er machte ein halb freundliches, halb trauriges Gesicht. Die Tür stand halb offen, halb geschlossen. Zusammen schreibt man Wörter, die eine neue/übertragene Bedeutung erhalten oder wenn das »halb« die Bedeutung des Wortes abschwächt)! halbbitter (Geschmacksrichtung); halblang machen (nicht übertreiben). halbdunkkel; halbseiden. *Aber:* halbe-halbe machen (teilen). *Großschreibung:* Etwas Halbes mache ich nicht; nichts Halbes und nichts Ganzes; eine Halbe (ein halber Liter Bier). Halbdunkel; Halbedelstein; Halbgott; Halbierung; Halbinsel; Halbjahr; Halbmond; Halbpension; Halbschatten; Halbschlaf; Halbtagsarbeit; Halbwahrheit; Halbwüchsige. Adjektive: halbfett; halbherzig; halbjährlich; halbkreisförmig; halblang; halblaut; die Fahnen auf halbmast setzen; halbrund; halbseitig; halbstündig; halbstündlich; halbwüchsig; *aber:* halb fertig (*auch:* halbfertig); halb links (*auch:* halblinks; halb nackt (*auch:* halbnackt); halb rechts (*auch:* halbrechts); halb reif (*auch:* halbreif); halb tot (*auch:* halbtot, *aber nur:* sich halb totlachen, halb totschlagen); halb verdaut (*auch:* halbverdaut); halb verhungert (*auch:* halbverhungert); halb voll (*auch:* halbvoll); halb wach (*auch:* halbwach); Adverbien: halbwegs; halber; seinethalben; allenthalben. Verben: halbe-halbe machen; halbieren.

halb|amt|lich (Adj.) inoffiziell; nicht amtlich.

Halb|blut (das, -(e)s, kein Plural) 1. beim Menschen Mischling ersten Grades; 2. beim Pferd Kreuzung aus Voll- und Warmblut.

hal|ber (Präp., Gen.) wegen. *Beachte:* immer nachgestellt und getrennt vom Substantiv! *Ausnahmen:* beispielshalber; umständehalber.

Halb|fi|na|le (das, -s, -) im Sport Entscheidungsspiel zum Eintritt in das Endspiel.

Halb|lei|nen (das, -s, kein Plural) 1. Mischgewebe aus Leinen und meist Baumwolle; 2. Bucheinband, dessen Rücken und evtl. auch die Ecken aus Halbleinen gefertigt ist.

Halb|lei|ter (der, -s, -) Stoffe, deren Leitfähigkeit zwischen der von Metallen und Isolatoren liegt.

halb|mast (Adv.) die Fahne zum Zeichen der Trauer bis auf halbe Höhe des Mastes hochziehen. die Fahnen auf halbmast setzen; halbmast flaggen.

Halb|star|ke (der, -n, -n) Jugendliche, die sich durch aggressives Verhalten Geltung verschaffen. einige Halbstarke, *aber:* alle Halbstarken.

Halb|wert|zeit (die, -, -n) durchschnittliche Zeitspanne einer Atomkernumwandlung; gibt die Zeit an, in der von einer gegebenen Menge die Hälfte zerfällt.

Halb|zeit (die, -, -en) im Sport die Hälfte der Spielzeit; bei Ballspielen Unterbrechung durch eine Pause.

Hal|de (die, -, -n) Abhang; Aufschüttung. Schutthalde.

Half|pipe (die, -, -s) (engl.) halbrunde Vorrichtung, die kunstvolle Kehrtwendungen beim Snow- oder Skateboarden ermöglicht.

Hälf|te (die, -, -n) halber Teil; Teil. zwei Apfelhälften; gib mir die kleinere Hälfte; die Hälfte der Regeln war ihm unbekannt; meine bessere Hälfte (Ehefrau/-mann).

hälf|te(l)n (V.) halbieren.

Half|ter (der/das, -s, -) 1. Zaum; 2. Pistolentasche.

half|tern (V.) den Halfter anlegen.

Ha|li|kar|nas|sos (kein Art.) antike griech. Stadt an der Küste Kleinasiens.

Halˈle (die, -, -n) großer Raum. Hallenbad; Hallensport; Hallentennis.

halˈleˈluˈja! (Interj.) (hebr.) lobet den Herrn!

halˈlen (V.) 1. widertönen; 2. schallen. Hall; Widerhall; Halleffekt.

Halˈlenˈkirˈche (die, -, -n) Kirchenbau mit mehreren gleich hohen Schiffen.

Halˈley-Koˈmet (*auch:* Halˈleyˈsche Koˈmet) (der, -en, kein Plural) Komet mit »Schweif«.

Halˈlig (die, -, -en) Marschlandinsel.

Halˈliˈmasch (der, -es, -e) honiggelber Blätterpilz.

halˈlo (Interj.) Ausruf; Begrüßung. Es gab ein großes Hallo.

Halˈloˈdˈri (der, -s, -s) (südd.) Luftikus.

Halˈloˈween (das, -s, -s) (engl.) der Tag vor Allerheiligen, der besonders in den Vereinigten Staaten gefeiert wird.

Halˈluˈziˈnant (der, -en, -en) (lat.) jmd., der an Halluzinationen leidet.

Halˈluˈziˈnaˈtiˈon (die, -, -tiˈoˈnen) (lat.) Sinnestäuschung. halluzinativ; halluzinieren.

halˈluˈziˈnaˈtoˈrisch (Adj.) zu einer Halluzination gehörig; in Form einer Sinnestäuschung.

halˈluˈziˈnoˈgen (Adj.) (lat.-griech.) Halluzinationen hervorrufend, fördernd.

Halˈluˈziˈnoˈgen (das, -s, -e) (lat.-griech.) Halluzinationen erzeugendes Rauschgift (z. B. LSD).

Halm (der, -s, -e) Stängel; Stiel. Halmfrucht; Grashalm; Hälmchen; kurzhalmig.

Halˈma (das, -s, kein Plural) (griech.) Brettspiel.

Haˈlo (der, -s, -s/-loˈnen) (griech.) ringförmige Lichterscheinung; »Hof« (z. B. um den Mond herum).

haˈloˈgen (Adj.) Salz bildend. halogenieren.

Haˈloˈgen (das, -s, -e) (griech.) ein Element der siebenten Gruppe des Periodensystems, Salzbildner (Fluor, Chlor, Brom, Jod und Astat).

Haˈloˈgeˈnid (das, -s, -e) salzartige Verbindung eines Halogens mit einem Metall.

Haˈloˈgenˈlamˈpe (die, -, -n) mit Edelgas gefüllte, sehr helle Glühlampe. Halogenscheinwerfer.

haˈloˈphil (Adj.) (griech.) einen salzreichen Lebensraum bevorzugend; z.B. Bakterien, Küstenpflanzen können ~ sein.

Haˈloˈphyt (der, -en, -en) (griech.) Salz liebende Pflanze.

Hals (der, -es, Hälˈse) 1. Körperteil; 2. oberer Teil einer Flasche; 3. Säule. Er verließ Hals über Kopf (fluchtartig) den Raum. bis zum Hals (ugs.) (ganz und gar); jmdm. den Hals abdrehen/umdrehen/brechen (ugs.) (jemanden zugrunde richten, ruinieren); das kann dir den Hals kosten, (etwas hat für jemanden üble Folgen); den Hals in die Schlinge stecken (sich in Gefahr begeben); den Hals aus der Schlinge ziehen (sich aus einer gefährlichen Situation befreien); den Hals nicht vollkriegen (ugs.) (niemals genug bekommen); sich den Hals nach jmdm./etwas verrenken (nach jmdm./etwas Ausschau halten); sich den Hals ausschreien (ugs.) (sehr laut schreien); sich jmdm. an den Hals werfen/schmeißen (ugs.) (sich jmdm. sehr aufdrängen); bis über den Hals in Schulden stecken (stark verschuldet sein); jmdm. auf dem Hals liegen (ugs.) (jmdm. zur Last fallen); jmdm. jemanden auf den Hals schicken (ugs.) (eine unbeliebte Person zu jmdm. schicken); etwas in den falschen Hals bekommen/kriegen (ugs.) (etwas falsch verstehen und deshalb sehr verärgert sein); jmdm. mit etwas vom Hals bleiben (ugs.) (jemanden mit etwas verschonen); sich jemanden/etwas vom Hals halten (ugs.) (sich mit jmdm. nicht einlassen, sich einer Sache entledigen); jmdm. zum Hals heraushängen (ugs.) (jemandes überdrüssig sein, weil er dauernd das Gleiche sagt oder tut; jemanden satt haben). Halsband; Halsentzündung; Halskette; Hals-Nasen-Ohren-Arzt (Abk.: HNO-Arzt); Halsschlagader; Halsstarrigkeit; Hals- und Beinbruch! Halsweh; Halswirbel. dickhalsig. Verb: halsen.

Halsˈabˈschneiˈder (der, -s, -) (ugs.) Betrüger.

Halsˈbandˈafˈfäˈre (die, -, kein Plural) Skandal am franz. Hof um eine als Königin Marie Antoinette verkleidete Betrügerin, Kardinal Rohan und ein geschenktes Diamantenhalsband (im 18. Jahrhundert).

halsˈbreˈcheˈrisch (Adj.) gefährlich; waghalsig.

halˈsen (V.) 1. (ugs.) umarmen; 2. ein Segelschiff gegen die Windrichtung wenden. Halse.

Halsˈgeˈricht (das, -(e)s, -e) Gericht des späten MA für Schwerverbrecher, das über Leben und Tod entschied.

Halsˈkrauˈse (die, -, -n) im 16. Jahrhundert entstandene, gefältelte Halsrüsche.

halsˈstarˈrig (Adj.) eigensinnig; dickköpfig.

halt! (Interj.) stopp!

Halt (der, -s/-es, -e) 1. Anhalten; 2. Stütze; 3. Standhaftigkeit. Halt suchen/finden/bieten. haltmachen (*auch:* Halt machen) (stehen bleiben); wir haben in Köln haltgemacht (*auch:* Halt gemacht).

haltˈbar (Adj.) 1. unverderblich; beständig, konserviert; robust; stabil; 2. vertretbar. Die Aussage ist nicht haltbar. Haltbarkeit.

Halˈteˈgriff (der, -(e)s, -e) Griff; Vorrichtung zum Festhalten.

halˈten (V., hielt, hat gehalten) 1. anhalten; 2. festhalten; 3. stützen; 4. besitzen; 5. sich verhalten.

Halˈteˈpunkt (der, -(e)s, -e) Station; Bahnhof. Haltestelle.

halˈtern (V.) festmachen.

Halˈteˈrung (die, -, -en) Griff.

Halˈteˈverˈbot (das, -(e)s, -e) amtliche Verfügung, die das Abstellen von Autos an bestimmten Orten bei Geldstrafe untersagt.

...halˈtig (Adj.) etwas enthaltend; z.B. erzhaltig; eisenhaltig.

haltˈlos (Adj.) 1. charakterlos; 2. gegenstandslos. Haltlosigkeit.

Halˈtung (die, -, -en) 1. Gesinnung; 2. Tierhaltung. Haltung annehmen, strammstehen (aus der Soldatensprache).

Halˈtungsˈfehˈler (der, -s, -) fehlerhafte Körperhaltung.

Haˈlunˈke (der, -n, -n) Gauner.

Halˈwa (die, -, -s) eine orientalische Süßigkeit aus gerösteten Sesamkörnern, Zucker u. a.

Häm (das, -s, kein Plural) (griech., Kurzwort) Farbstoff des Hämoglobins.

Haˈmaˈdan (der, -s, -s) aus Kamelwolle handgeknüpfter Teppich mit stilisierten Mustern.

Haˈmaˈmeˈlis (die, -, kein Plural) (griech.) winterblütiger Zierstrauch; Zaubernuss.

Ham and Eggs (die, nur Plural) (engl.) Spiegeleier und gebratener Schinken (als Frühstück).
Hä|man|gi|om (das, -s, -e) (griech.) Blutgefäßgeschwulst.
Ha|mar|tie (die, -, -n) (griech.) 1. in der antiken Tragödie der Irrtum oder die Sünde, die die Verwicklungen verursachen; 2. lokaler Defekt des Gewebes infolge embryonaler Fehlentwicklung des Keimgewebes (Med.).
Ha|ma|sa (die, -, -s) (arab.) Titel berühmter arabischer Anthologien.
Hä|ma|tit (der, -s, -e) (griech.-nlat.) ein Mineral, (schwarz-)rotes Eisenoxid.
hä|ma|to|gen (Adj.) (griech.) blutbildend.
Hä|ma|to|lo|gie (die, -, kein Plural) (griech.) Lehre vom Blut. Hämatom.
Hä|ma|tom (das, -s, -e) Bluterguss.
Hä|ma|tor|rhö (die, -, -en) (griech.) Blutsturz.
Hä|ma|t|u|rie (die, -, -n) (griech.) Blutharnen.
Ham|burg (ohne Art., -s, kein Plural) (dt.) Stadt und Bundesland.
Ham|bur|ger (der, -s, -) 1. Hamburger; Bewohner Hamburgs; hamburgisch. 2. Hackfleischbrötchen.
Hä|me (die, -, kein Plural) Gehässigkeit.
Hä|min (das, -s, kein Plural) ein Bestandteil des Hämoglobins.
hä|misch (Adj.) schadenfroh; gehässig. Häme.
Ha|mit (*auch:* Ha|mi|te) (der, -en, -en) (hebr.-nlat.) Angehöriger einer überwiegend nord-(ost)afrikanischen Völkergruppe (z. B. Berber, Haussa, Somali). hamitisch.
Ham|ma|da (die, -, -s) (arab.) Fels-, Steinwüste (in Nordafrika).
Ham|mal (der, -s, -s) (arab.) Lastenträger im Vorderen Orient.
Ham|mel (der, -s, -) kastrierter Schafbock; (ugs.) Dummkopf. Hammelkeule.
Ham|mel|bei|ne (die, -, -n) (in der Redewendung:) jmdm. die Hammelbeine lang ziehen (*auch:* langziehen) (ugs.) (jemanden zurechtweisen, jemanden drankriegen).
Ham|mel|sprung (der, -s, kein Plural) Abstimmungsverfahren (Parlament).
Ham|mer (der, -s, Häm|mer) 1. Schlagwerkzeug; 2. Gehörknöchelchen; 3. Wurfgerät. Das ist ein Hammer! (ugs.) (das ist unerhört!). unter den Hammer kommen (versteigert werden); einen Hammer haben (ugs.) (nicht recht bei Verstand sein). Hammerschlag; Hammerschmied.
häm|mern (V.) klopfen; mit einem Hammer schlagen.
Ham|mer|wer|fen (das, -s, kein Plural) sportliche Disziplin.
Ham|mond|or|gel (die, -, -n) elektronische Orgel.
Hä|mo|blast (der, -en, -en) (griech.) blutbildende Knochenmarkzelle.
Hä|mo|glo|bin (das, -s, kein Plural) (griech.-lat.) roter Blutfarbstoff (Abk.: Hb).
Hä|mo|ly|se (die, -, -n) (griech.) krankhafte Auflösung der roten Blutkörperchen.
Hä|mo|phi|lie (die, -, kein Plural) Bluterkrankheit.
Hä|mor|rha|gie (die, -, -n) (griech.) Blutung (im Körperinnern).
hä|mor|ri|dal (*auch:* hä|mor|rho|i|dal) (Adj.) zu den Hämorriden gehörig, von ihnen ausgehend.
Hä|mor|ri|de (*auch:* Hä|mor|rho|i|de) (die, -, -n) (griech.) Mastdarmkrampfader. Hämorridalleiden (*auch:* Hämorrhoidalleiden).
Hä|mo|zyt (der, -en, -en) (griech.) Blutkörperchen.
Ham|pel|mann (der, -(e)s, -män|ner) flache, aufgehängte Gliederpuppe, die durch Ziehen an einer Schnur Arme und Beine bewegt. jemanden zu seinem Hampelmann machen (jemanden so weit bringen, dass er alles tut, was man von ihm verlangt).
ham|peln (V.) zappeln.
Hams|ter (der, -s, -) Nagetier.
Hams|ter|ba|cke (die, -, -n) (ugs.) dicke Wangen.
Hams|te|rer (der, -s, -) jmd., der Vorratskäufe tätigt.
Hams|ter|kauf (der, -(e)s, -käufe) Vorratskauf meist von günstig angebotenen Lebensmitteln.
hams|tern (V.) horten; sammeln. Hamsterkäufe machen (übertriebene Vorräte anlegen).
Hand (die, -, Hän|de) Körperteil. anhand der Unterlagen; etwas an der Hand haben (jemanden kennen, den man jederzeit um Hilfe bitten kann); du könntest ruhig mit Hand anlegen (helfen); Hand in Hand gehen (etwas geschieht zur gleichen Zeit); rechter/linker Hand sehen Sie das Deutsche Museum; der Einbruch war von langer Hand vorbereitet (gründlich vorbereitet); kann ich dir zur Hand gehen (helfen); das Flugblatt ging von Hand zu Hand (wurde weitergereicht); etwas von der Hand weisen (etwas ablehnen); zu Händen (Abk.: z. Hd.) (Empfangsvermerk für Post); ich verkaufe den Schmuck unter der Hand (unbemerkt); jmdm. rutscht die Hand aus (ugs.) (jmd. gibt einem eine Ohrfeige); jmdm. sind die Hände gebunden (jmd. kann nicht so handeln, wie er möchte); jemandes rechte Hand sein (jemandes vertrauter Mitarbeiter sein); eine Hand wäscht die andere (sich dankbar erweisen für einen Gefallen); Hand aufs Herz (ugs.) (Ermahnung, ehrlich die Meinung zu sagen); jmdm. die Hand auf etwas geben (jmdm. etwas versprechen); sich für etwas die Hand abhacken/abschlagen lassen (ugs.) (für etwas einstehen/bürgen); die Hand aufhalten (ugs.) (Geld verlangen); die Hand nach jemanden/etwas ausstrecken (jemanden/ etwas in seinen Besitz bringen wollen); die Hand gegen jemanden erheben (jemanden schlagen wollen); Hand und Fuß haben (ugs.) (eine solide Basis haben, wohl überlegt sein); die Hände im Spiel haben (an etwas heimlich beteiligt sein); die Hand auf etwas halten (über etwas verfügen); die Hände in den Schoß legen (nichts tun); die Hände über dem Kopf zusammenschlagen (entsetzt sein); seine Hand für jemanden ins Feuer legen (für jemanden bürgen); sich die Hände reiben (ugs.) (schadenfroh sein); die Hand zur Versöhnung reichen (nachgeben); seine Hände in Unschuld waschen (nichts mit einer Sache zu tun haben); eine feste Hand brauchen (mit strengem Regiment geführt werden müssen); zwei linke Hände haben (sich ungeschickt anstellen); eine lockere/lose Hand haben (ugs.) (bei jeder Kleinigkeit Ohrfeigen austeilen); eine glückliche Hand haben (immer das Richtige tun und Erfolg haben); für etwas ein Händchen haben

(ugs.) (mit etwas sehr gut umgehen können); die schützende Hand über jemanden halten (jemanden beschützen); schmutzige Hände haben (schuldig sein); an Händen und Füßen gebunden sein (nicht nach freiem Willen handeln können); sich etwas an beiden Händen abzählen können (ugs.) (etwas ist leicht vorhersehbar); auf der Hand liegen (offensichtlich sein); jemanden auf Händen tragen (jemanden zärtlich lieben und verwöhnen); aus erster Hand (aus bester Quelle); etwas aus der Hand geben (etwas von anderen erledigen lassen); jmdm. aus der Hand fressen (ugs.) (alles tun, was jmd. von einem verlangt); mit etwas schnell zur Hand sein (sofort bereit sein, etwas zu tun); durch viele Hände gehen (den Besitzer oft wechseln); hinter vorgehaltener Hand (im Geheimen, inoffiziell); in die Hände fallen (etwas durch Zufall zu Gesicht bekommen); jemanden/etwas in der Hand haben (die Herrschaft über jemanden/etwas haben); sich in der Hand haben (sich beherrschen können); etwas gegen jemanden in der Hand haben (über jemanden Nachteiliges wissen, wissen womit man ihn erpressen kann); in jemandes Hand liegen (in jemandes Macht liegen); etwas in seine Hände nehmen (sich um etwas kümmern); in guten Händen sein (gut versorgt werden); jmdm. etwas in die Hand spielen (jmdm. etwas übermitteln, um einen anderen anzuschwärzen); in die Hände spucken (mit Elan an die Arbeit gehen); mit der linken Hand (ugs.) (ohne große Mühe); mit vollen Händen (verschwenderisch); mit beiden Händen zugreifen (jede Gelegenheit nutzen, ohne zu zögern); mit Händen und Füßen reden (ugs.) (mit großen Gesten reden); sich mit Händen und Füßen gegen etwas sträuben/wehren (ugs.) (sich hartnäckig gegen etwas wehren); unter den Händen zerrinnen (immer weniger werden); jmdm. geht etwas gut von der Hand (es fällt ihm leicht); von der Hand in den Mund (alles eingenommene Geld sofort wieder ausgeben); etwas lässt sich nicht von der Hand weisen (es ist offensichtlich); etwas zur Hand haben (etwas zur Verfügung haben); jmdm. etwas zu treuen Händen übergeben (jmdm. etwas anvertrauen). *Kleinschreibung:* das ist allerhand; er verließ uns kurzerhand; der Schlüssel ist mir abhandengekommen; die Arbeitslosigkeit wird immer mehr überhandnehmen.

hand|ar|bei|ten (V.) einen Gegenstand von Hand herstellen. ich habe den ganzen Tag gehandarbeitet, *aber:* Ich beschäftige mich den ganzen Tag mit Handarbeiten. Handarbeit.

Hand|ball (der, -(e)s, kein Plural) Mannschaftssport, bei dem ein Ball ins gegnerische Tor gebracht werden muss.

Hand|be|sen (der, -s, -) Handfeger; kleiner Besen.

Hand|breit (*auch:* Hand breit) (die, -, -) Maßeinheit. eine Handbreit (*auch:* Hand breit), *aber immer:* Das Regal ist eine Hand breit.

hand|breit (Adj.) ungefähr so breit wie eine Hand.

Hand|brem|se (die, -, -n) im Auto Bremse, die mit der Hand zu betätigen ist.

Händ|chen|hal|ten (das, -s, kein Plural) verliebtes Halten der Hand; *aber:* Händchen haltend (*auch:* händchenhaltend).

Hand|cre|me (*auch:* Hand|krem/Hand|kre|me) (die, -, -s) Pflegecreme für die Hände.

Hän|de|druck (der, -s, -drücke) Begrüßungsritual.

Han|del 1. (der, -s, kein Plural) Warengeschäft. Handel treibend (*auch:* handeltreibend). Händler/in. 2. (der, -s, Hän|del) Streit. Händelsucht; händelsüchtig.

han|deln (V.) etwas tun; Handel treiben.

Han|dels|ab|kom|men (das, -s, -) Regelung von Geschäftsbeziehungen.

Han|dels|bi|lanz (die, -, -en) 1. in der Statistik wertmäßige Gegenüberstellung der Ein- und Ausfuhr von Waren eines Landes in einem definierten Zeitraum; 2. in der Buchhaltung die Aufstellung der Bilanz eines Unter nehmens.

han|dels|ei|nig (Adj.) eine geschäftliche Abmachung treffen.

Han|dels|em|bar|go (das, -s, -s) staatliches Verbot der Ausfuhr von Handelswaren in ein bestimmtes Land.

Han|dels|ge|setz|buch (Abk.: HGB) enthält Normen über die Rechtsverhältnisse von Kaufleuten.

Han|dels|klas|se (die, -, -n) Güteklasse; Qualität; Sorte.

Han|dels|kom|pa|nie (die, -, -n) im 16. Jahrhundert Gesellschaft von Kaufleuten, die überseeischen Handel betrieben.

Han|dels|mar|ke (die, -, -n) Warenzeichen.

Han|dels|po|li|tik (die, -, kein Plural) alle staatlichen Maßnahmen, die die Ein- und Ausfuhr regeln.

Han|dels|re|gis|ter öffentliches Verzeichnis beim Amtsgericht, in das Gründung und Erlöschen von Handels- und Personengesellschaften eingetragen werden.

Han|dels|rei|sen|de (der, -n, -n) Vertreter; Vertriebsbeauftragter, der als selbstständiger Gewerbetreibender für einen anderen Geschäfte vermittelt oder abschließt. Handelsvertreter.

han|dels|üb|lich (Adj.) gebräuchlich im kaufmännischen Geschäftsverkehr.

Hän|de|rin|gen (das, -s, kein Plural) Geste der Verzweiflung. händeringend.

Hand|fer|tig|keit (die, -, -en) Geschicklichkeit beim Verrichten handwerklicher Arbeiten.

hand|fest (Adj.) derb; kräftig; stabil.

Hand|feu|er|waf|fe (die, -, -n) tragbare Waffe, die von einer Person gehandhabt wird.

hand|ge|ar|bei|tet (Adj.) von Hand hergestellt.

Hand|ge|brauch (der, -s, kein Plural) in ständigem Gebrauch.

Hand|ge|men|ge (das, -s, -) Rauferei; Rempelei.

Hand|ge|lenk (das, -s, -e) Gelenk, das die Hand mit dem Unterarm verbindet. aus dem Handgelenk heraus (ugs.) (ohne große Bemühungen, ohne größere Probleme); etwas aus dem Handgelenk schütteln (ugs.) (etwas ganz schnell und unproblematisch erledigen).

Hand|ge|päck (das, -s, kein Plural) kleinere Gepäckstücke, die der Reisende bei sich behält (bei Flugreisen).

hand|ge|schrie|ben (Adj.) von Hand, ohne Maschine geschrieben.

hand|ge|strickt (Adj.) von Hand, ohne Maschine gestrickt.

Hand|gra|na|te (die, -, -n) Sprengkörper; Wurfgeschoss.
hand|greif|lich (Adj.) tätlich werden; eine Schlägerei beginnen; zuschlagen. Handgreiflichkeit.
Hand|griff (der, -(e)s, -d) 1. Haltegriff; Henkel; 2. kurze Tätigkeit.
hand|groß (Adj.) groß wie eine Hand. der Fleck war handgroß, *aber:* ein zwei Hand großes Stück.
hand|ha|ben (V.) gebrauchen; anwenden. Handhabung; Handhabe; Handhabbarkeit; handhabbar.
Han|di|cap (*auch:* Han|di|kap) (das, -s, -s) (engl.) 1. Nachteil; Behinderung; 2. Ausgleichsvorgabe im Sport.
han|di|ca|pen (V.) (*auch:* han|di|ka|pen) behindern.
Hand|kä|se (der, -s, -) (hessisch) Harzer Käse. Handkäs' mit Musik (hessische Spezialität mit Essig, Öl und Zwiebeln).
Hand|kuss (der, -es, -küs|se) angedeuteter Kuss auf den Handrücken der Dame als Zeichen der Verehrung. mit Handkuss (sehr gern).
Hand|lan|ger (der, -s, -) Hilfsarbeiter.
hand|lich (Adj.) bequem; praktisch; ergonomisch; griffig; handsam; zweckmäßig. Handlichkeit.
Hand|ling (das, -s, -s) (engl.) Handhabung; Benutzung.
Hand|lung (die, -, -en) Aktion; Tat; Ausführung; Beginnen; Handlungsweise; Verrichtung.
Hand|lungs|be|voll|mäch|tig|ter (der, -n, -n) kaufmännischer Angestellter mit Vertretungsbefugnis für bestimmte Rechtsgeschäfte.
Hand|lungs|frei|heit (die, -, kein Plural) das Recht, nach eigenem Ermessen tätig zu werden.
Hand|lungs|rei|sen|de (der, -n, -n) Handelsvertreter.
Hand|lungs|wei|se (die, -, -n) Maßnahme; Art des Handelns.
hand|lungs|un|fä|hig (Adj.) gelähmt; aktionsunfähig.
Hand|out (*auch:* Hand-out) (das, -s, -s) (engl.) Informationsunterlage; Begleitpapier; Manuskript.
Hand|pferd (das, -es, -e) das im Doppelgespann rechts von der Deichsel eingespannte Pferd.
Hand|pup|pe (die, -, -n) Marionette.
hand|sam (Adj.) (ugs.) umgänglich; verträglich.
Han|d|schar (der, -s, -e) (arab.) orientalische Waffe in der Art eines Messers.
Hand|schlag (der, (e)s, kein Plural) Händedruck zum Bekräftigen eines Geschäftsabschlusses. keinen Handschlag tun (ugs.) (überhaupt nichts tun).
Hand|schel|len (die, -n, Pluralwort) Fesseln.
Hand|schrift (die, -, -en) individuelle Schriftzüge; Klaue (ugs.).
hand|schrift|lich (Adj.) von Hand geschrieben.
Hand|schuh (der, -(e)s, -e) Handbekleidung. den Handschuh werfen (aufgeben, resignieren).
hand|si|g|niert (Adj.) mit der Unterschrift des Künstlers.
Hand|spiel (das, s, -e) Regelwidrigkeit beim Fußball.
Hand|stand (der, -s, -stän|de) Turnübung.
Hand|streich (der, -s, -e) Überfall mit dem Ziel der Machtübernahme.
Hand|tuch (das, -s, -tü|cher) Baumwolltuch zum Abtrocknen des Körpers. das Handtuch werfen (ugs.) (aufgeben).
Hand|um|dre|hen (das) (in der Wendung:) im Handumdrehen (schnell, flott, unmittelbar darauf).
Hand|voll (*auch:* Hand voll) (die, -, -) Maßeinheit. eine Handvoll; etliche Handvoll.
hand|warm (Adj.) lauwarm.
Hand|werk (das, -s, -) Berufsstand und Organisationssystem der gewerblichen Wirtschaft. jmdm. das Handwerk legen (jemanden an der Ausführung seiner Arbeit hindern, den unerlaubten Machenschaften eines anderen ein Ende bereiten); jmdm. ins Handwerk pfuschen (als Nichtgelernter die Arbeit eines anderen tun, unberechtigt und ungeschickt die Tätigkeit eines anderen stören). handwerklich.
Hand|werks|kam|mer (die, -, -n) Interessenvertretung der in einem bestimmten Gebiet ansässigen Handwerker.
Hand|werks|zeug (das, -s, kein Plural) alle Gerätschaften, die zur Ausübung eines Handwerks nötig sind.
Han|dy (das, -s, -s) Mobiltelefon.
Han|dy|man (der, -s, -men) (engl.) Bastler, Heimwerker.
Hand|zei|chen (das, -s, -) 1. das Heben der Hand bei einer Abstimmung; 2. Signatur.
Hand|zet|tel (der, -s, -) Flugbatt; Prospekt.
ha|ne|bü|chen (Adj.) unglaublich.
Hanf (der, -s/-es, kein Plural) Pflanze; Nutzpflanze. Hanfgarn; Hanföl; hanfen.
Hang (der, -s/-es, Hän|ge) 1. Abhang; 2. Neigung; 3. Vorliebe. Hanglage; hangabwärts; hangaufwärts; der Hang zum Dickwerden (die Veranlagung zum Dickwerden).
Han|gar (der, -s, -s) (franz.) Flugzeughalle.
hän|gen 1. (V., hing, hat gehangen) baumeln; erhängen; festsitzen. 2. (V., hängte, hat gehängt) aufhängen; befestigen. mit Hängen und Würgen (mit knapper Not); am Zaun hängen bleiben (*auch:* hängenbleiben). Du wirst sehen, er wird dich nicht hängen lassen (*auch:* hängenlassen). Hängebauch; Hängebrücke; Hängematte; Hänger; Hängeschrank.
Hang-over (*auch:* Hang|over) (der, -s, kein Plural) (engl.) Katerstimmung nach übermäßigem Konsum von Alkohol oder Drogen; Durchhänger.
Hans|dampf (der, -s, -e) überagiler Mensch. Er war Hansdampf in allen Gassen.
Han|se (die, -, kein Plural) historischer Städtebund. Hanseat; Hanseatengeist; Hansebund; Hansestadt; hanseatisch; hansisch.
hän|seln (V.) necken. Hänselei.
Hans|wurst (der, -s/-es, -e) Narr. Hanswursterei.
Han|tel (die, -, -n) Sportgerät; Trimmgerät. Verb: hanteln.
han|tie|ren (V.) (niederl.) 1. umgehen; 2. handhaben. Hantierung.
ha|pa|x|anth (*auch:* ha|pa|x|an|tisch) (Adj.) (griech.-lat.) einmal blühend und dann absterbend (Bot.).
ha|pa|xan|thisch (Adj.) = hapaxanth.
ha|pern (V.) 1. fehlen; 2. mangeln. *Beachte:* unpersönlich gebraucht! Es hapert an vielem.
Ha|ph|al|ge|sie (die, -, kein Plural) (griech.-lat.) außergewöhnliche Schmerzempfindlichkeit der Haut (Med.).

hap|lo... Hap|lo... (griech.) in Wortzusammensetzungen bedeutet hap|lo/Hap|lo nur aus einem Teil bestehend.
ha|p|lo|id (Adj.) (griech.) mit einfachem Chromosomensatz.
Hap|pen (der, -s, -) 1. Bissen; 2. Kleinigkeit. Häppchen.
Hap|pe|ning (das, -s, -s) (engl.) Kunstaktion.
hap|pig (Adj.) (nordd.) gierig; (ugs.) stark; übertrieben; schwierig.
hap|py (Adj.) (engl.) glücklich. Happy End (*auch:* Happyend).
Hap|py Few (die, nur Plural) (engl.) die glückliche Minderheit.
Hap|tik (die, -, kein Plural) (griech.) Wissenschaft vom Tastsinn.
hap|tisch (Adj.) (griech.) zum Tastsinn gehörig.
Hap|to|nas|tie (die, -, -n) (griech.-lat.) Pflanzenbewegung, die durch einen Berührungsreiz ausgelöst wird.
Ha|ra|ki|ri (das, -/-s, -s) (jap.) Selbstmord.
Ha|ram (der, -s, -s) (arab.) heiliger und verbotener Bezirk im islamischen Orient.
Ha|rass (der, -ras|ses, -ras|se) (franz.) Lattenkiste (zum Verpacken zerbrechlichen Guts).
Hard|co|py (*auch:* Hard Co|py) (die, -, -s) (engl.) in der EDV die auf einem Drucker ausgedruckte Seite des sichtbaren Bildschirms.
Hard|core|por|no (der, -s, -s) harter Pornofilm.
Hard|court (*auch:* Hard Court) (der, -s, -s) (engl.) Tennisplatz mit hartem Belag.
Hard|co|ver (das, -s, -s) (engl.) Buch mit festem Einband.
Hard|disk (*auch:* Hard Disk/Hard|disc/Hart Disc) (die, -, -s) (amerik.) in der EDV Magnetplatte, Festplatte im Personal Computer.
Hard|edge (die, -, kein Plural) (engl.) Malstil; Variante des Konstruktivismus mit klar umrissenen Farbflächen.
Hard|li|ner (der, -s, -) jmd., der einen unnachgiebigen (»harten«) Kurs verfolgt.
Hard|rock (*auch:* Hard Rock) (der, - -s, kein Plural) (engl.) Rockmusik. Hardrocker.
Hard|top (der/das, -s, -s) (engl.) abnehmbares Dach von Sportwagen.
Hard|ware (die, -, -s) (engl.) technischer, apparativer Teil einer EDV-Anlage.
Ha|re-Krisch|na-Be|we|gung (die, -, kein Plural) 1966 in New York gegründete hinduistisch geprägte Jugendreligion.
Ha|rem (der, -s, -s) (arab.) 1. Frauengemächer; 2. Ehefrauen eines islamischen Mannes. Haremswächter.
Hä|re|si|arch (der, -en, -en) (griech.) Begründer und geistliches Oberhaupt einer von der offiziellen Kirchenlehre abweichenden Meinung.
Hä|re|sie (die, -, -n) (griech.) Ketzerei.
Hä|re|ti|ker (der, -s, -) (griech.) jmd., der eine vom kirchlichen Dogma abweichende Meinung kundtut; Ketzer. häretisch.
Har|fe (die, -, -n) Saiteninstrument. Harfenklang; Harfenspiel; Harfenist/in; harfen.
Ha|ri|cots (die, nur Plural) grüne Bohnen.
Har|ke (die, -, -n) (nordd.) Rechen. jmdm. zeigen, was eine Harke ist (ugs.) (jmdm. begreiflich machen, was er zu tun hat, jmdm. seine Meinung klarmachen).
har|ken (V.) den Boden mit der Harke bearbeiten.
Har|le|kin (der, -s, -) (ital.) Narr. Harlekinade; harlekinisch.
Har|ma|ged|don (das, -, kein Plural) (hebr.) Ort der letzten Schlacht zwischen den Königen der Welt und Gott (nach Apokalypse 16); Weltuntergang.
här|men (V., refl.) sich grämen. Harm.
harm|los (Adj.) 1. arglos; 2. ungefährlich. Harmlosigkeit.
Har|mo|nie (die, -, -n) (griech.) Gleichklang; Eintracht. Harmonik; Harmonisierung; harmonisieren.
Har|mo|nie|leh|re (die, -, -n) (griech.-lat.) 1. Teilgebiet der Musikwissenschaft, das sich mit den harmonischen Verbindungen von Tönen und Akkorden in einem musikalischen Satz befasst. 2. sich mit den harmonischen Verbindungen von Tönen und Akkorden befassende Theorie, die von einem Musikwissenschaftler oder Komponisten aufgestellt wird.
har|mo|nie|ren (V.) zusammenpassen, stimmen; gut zusammenklingen.
Har|mo|nik (die, -, kein Plural) Lehre von der Harmonie.
Har|mo|ni|ka (die, -, -s/-ken) Musikinstrument.
har|mo|ni|kal (Adj.) den Gesetzen der Harmonie entsprechend, folgend, sie einhaltend.
har|mo|nisch (Adj.) abgestimmt; einträchtig.
Har|mo|ni|um (das, -s, -ni|en/-s) Tasteninstrument.
Harn (der, -s, kein Plural) Urin. Harnblase; Harnleiter; Harnsäure; harntreibend.
har|nen (V.) austreten; urinieren.
Har|nisch (der, -s/-es, -e) Brustpanzer. in Harnisch sein/geraten (wütend sein); jemanden in Harnisch bringen (jemanden wütend machen).
Har|pu|ne (die, -, -n) (niederl.) Pfeilgeschoss.
Har|pu|nier (der, -s, -e) jmd., der eine Harpune wirft. harpunieren.
Har|py|ie (die, -, -n) 1. griechischer Sturmdämon in Gestalt eines (hässlichen) Mädchens mit Vogelflügeln; 2. große Greifvogelart Mittel- und Südamerikas.
har|ren (V.) 1. warten; 2. hoffen auf.
harsch (Adj.) 1. hart; barsch; 2. krustig. Harsch (Schnee).
har|schen (V.) harschig werden. Der Schnee harscht.
har|schig (Adj.) 1. mit Harsch bedeckt; 2. krustig.
hart 1. (Adj.) fest; streng; anstrengend. 2. (Adv.) dicht; knapp. Wir segelten hart am Wind. hart gebrannter (*auch:* hartgebrannter) Ton; hart gefroren (*auch:* hartgefroren); hart gekocht (*auch:* hartgekocht). hart im Nehmen sein (ugs.) (sehr viel ertragen können); es kommt hart auf hart (es geht ums Ganze). Hartweizen; Härtetest; Adjektive: hartgesotten; harthörig. Verben: hart kochen (*auch:* hartkochen); hart machen (*auch:* hartmachen).
Här|te (die, -, kein Plural) 1. Festigkeit; 2. Gefühllosigkeit; Hartherzigkeit; Herzlosigkeit; Strenge; Unbarmherzigkeit; Unnachsichtigkeit. Das Härteste (am härtesten) wäre, wenn das Geld nicht reicht. Das ist die Härte (ugs.) (das ist unerhört).
Här|te|fall (der, -(e)s, -fäl|le) jmd., der wegen sozialer Bedürftigkeit nicht unter eine staatliche Verordnung fällt.

Här|te|grad (der, -es, -e) Einstufung von Mineralien nach ihrer Ritzhärte.
här|ten (V.) hart machen. Härtung.
Hart|fa|ser|plat|te (die, -, -n) schwere Platte aus gepresstem Holz.
Hart|geld (das, -es, kein Plural) Münzen.
Hart|gum|mi (der, -s, kein Plural) gehärteter Kautschuk.
Hart|her|zig|keit (die, -, kein Plural) Gefühllosigkeit; Unbarmherzigkeit. hartherzig.
Hart|kä|se (der, -s, kein Plural) harte, zum Reiben geeignete Käsesorte; Schnittkäse.
Hart|lei|big|keit (die, -, kein Plural) Verstopfung.
hart|lö|ten (V.) bei hoher Temperatur löten.
Hart|mann|bund (der, -es, kein Plural) der 1900 gegründete deutsche Ärzteverband.
Hart|me|tall (das, -s, -e) sehr harte Metalllegierung.
Hart|nä|ckig|keit (die, -, kein Plural) unnachgiebiges Verhalten. hartnäckig.
Hart|platz (der, -es, -plät|ze) Tennisplatz mit hartem Bodenbelag.
hart|scha|lig (Adj.) mit harter Schale versehen.
Hart|schier (der, -s, -e) (ital.) Leibgardist der bayrischen Könige.
Har|tung (die, -s, -e) die alte Bezeichnung für: Januar.
Ha|ru|s|pex (der, -, -e/-spi|zes) (lat.) altrömischer Wahrsager; Eingeweideschauer.
Ha|ru|s|pi|zi|um (das, -s, -ien) (lat.) Wahrsagung aus den Eingeweiden.
Harz 1. (das, -es, -e) Baumabsonderung; 2. (der, -es, kein Plural) dt. Mittelgebirge. (*Aber:* das Harzgebirge!)
har|zen (V.) Harz absondern.
Har|zer (der, -s, -) 1. Bewohner des Harz; 2. Käse.
Harz|fluss (der, -es, kein Plural) Krankheit bei Nadelbäumen.
har|zig (Adj.) klebrig durch Harz.
Ha|sard (das, -s, kein Plural) (franz.) (Kurzw.) Hasardspiel; Glücksspiel.
Ha|sar|deur (der, -s, -e) Glücksspieler. hasardieren.
Hasch (das, -s, kein Plural) (ugs.) Haschisch. Hascher.
Ha|schee (*auch:* Ha|ché) (das, -s, -s) (franz.) Hackfleischgericht. Verb: haschieren.
ha|schen (V.) 1. fangen; 2. (ugs.) Haschisch rauchen. Haschen.
Hä|scher (der, -s, -) Verfolger.
Ha|scherl (das, -s, -n) (südd.) bedauernswerter Mensch.
Ha|schisch (das/der, -s, kein Plural) (arab.) Rauschgift; Rauschmittel.
Ha|se (der, -n, -n) Nagetier. ein alter Hase sein (ugs.) (Erfahrung haben); da liegt der Hase im Pfeffer (ugs.) (das ist der Punkt, auf den es ankommt, das ist der Grund für das Problem); Mein Name ist Hase, ich wohne im Walde und weiß von nichts (ich weiß überhaupt nichts). wissen, wie der Hase läuft (ugs.) (sich gut auskennen, wissen, wie es weitergeht). Hasenbraten; Häsin; Häslein.
Ha|sel (die, -, -n) ein Strauch.
Ha|sen|fuß (der, -es, -fü|ße) Angsthase; Feigling. hasenfüßig.
ha|sen|her|zig (Adj.) ängstlich.
Ha|sen|pa|nier (das, -s, kein Plural) (nur in der Wendung:) das Hasenpanier ergreifen (ugs.) (aus Feigheit die Flucht ergreifen, ausreißen).
Ha|sen|pfef|fer (der, -s, kein Plural) stark gewürzte Speise aus Hasenklein.
ha|sen|rein (Adj.) *Beachte:* nur verneint! Die Angelegenheit war nicht ganz hasenrein (war verdächtig).
Ha|sen|schar|te (die, -, -n) Verwachsung an der Oberlippe.
Has|pe (die, -, -n) 1. Türangel; 2. Fensterhaken.
has|peln (V.) 1. hastig sprechen; 2. aufwickeln. Haspel.
Hass (der, Has|ses, kein Plural) 1. unüberwindliche Abneigung; 2. Feindschaft; Groll; Hassgefühl; Missgunst; Rachsucht; Ressentiment; Verbitterung. *Beachte:* mit der Präposition »auf« oder »gegen«! Hasser; hassenswert; hasserfüllt.
has|sen (V. er/sie/es hasst) unüberwindliche Abneigung empfinden; Aversionen hegen; verabscheuen. jemanden/etwas hassen wie die Pest (ugs.) (jemanden/etwas sehr hassen). verhasst sein; Mathematik ist mir verhasst.
häss|lich (Adj.) unschön; abschreckend; entstellt; missgestaltet; unästhetisch; wüst. hässlich wie die Nacht sein (ugs.) (sehr hässlich sein). Hässlichkeit.
Hass|lie|be (die, -, kein Plural) Abhängigkeit.
has|ten (V.) eilen. Hast, hastig.
Has|tings (ohne Art, -, kein Plural) Stadt und Seebad an der engl. Kanalküste, 1066 dort Sieg von Wilhelm dem Eroberer über die Angelsachsen.
Ha|thor (die, -, kein Plural) ägyptische Himmelsgöttin.
hat|schen (V.) (südd.) (ugs.) gehen; hinken.
Hat|trick (der, -s, -s) (engl.) dreimaliger Torerfolg durch denselben Sportler in unmittelbarer Folge (Fußball).
Hatz (die, -, -en) Hetzjagd. Hatzhund.
Hau|be (die, -, -n) 1. Kopfbedeckung; 2. Schutzbedeckung. jemanden unter die Haube bringen (ugs.) (jemanden verheiraten). Haubenlerche; Haubentaube; Häubchen; Kühlerhaube; Trockenhaube.
Hau|bit|ze (die, -, -n) (tschech.) Geschütz
Hauch (der, -s, -e) 1. Atem; 2. Luftzug; 3. Atmosphäre. Adjektive: hauchdünn; hauchzart.
hau|chen (V.) blasen; flüstern.
hauch|fein (Adj.) hauchdünn; sehr fein; hauchzart.
hau|en 1. (V., hieb, hat gehauen) abschlagen; schlagen (mit einer Waffe). 2. (V., haute, hat gehauen) schlagen; prügeln.
Haue (die, -, -) Prügel; Schläge.
Hau|er (der, -s, -) 1. Bergmann im Streckenvortrieb; 2. Eckzahn des Keilers.
Hau|de|gen (der, -s, -) 1. Waffe mit zweischneidiger Klinge; 2. Draufgänger, Kämpfer.
häu|feln (V.) Erde anhäufen um den Stamm/ Stiel von Pflanzen.
häu|fen (V. refl.) überhandnehmen.
Hau|fen (der, -s, -) 1. Anhäufung; 2. Menge. *Beachte:* Ein Haufen Bücher lag/lagen auf dem Speicher. ein Haufen demonstrierende/demonstrierender Studenten. jemanden über den Haufen fahren/rennen (ugs.) (jemanden umfahren, umrennen); etwas über den Haufen werfen (ugs.) (etwas vereiteln). sich häufen.
Hau|fen|dorf (das, -s, -dör|fer) ländliche Siedlungsform mit unregelmäßigem Grundriss.

hau|fen|wei|se (Adj.) reichlich; zuhauf.
Hau|fen|wol|ke (die, -, -n) in der Meteorologie die Kumuluswolke.
Häu|fig|keit (die, -, kein Plural) häufiges Vorkommen; Ergiebigkeit. häufig.
Häuf|lein Elend (das, - -, kein Plural) ein bedauernswerter Mensch.
Häu|fung (die, -, -en) vielfaches Vorkommen; Menge; Wiederholung.
Hau|klotz (der, -es, klöt|ze) Haustock; Hackstock.
Haupt (das, -s/-es, Häup|ter) 1. Kopf; 2. Leiter; Führer; Oberhaupt. sein greises Haupt schütteln.
haupt|amt|lich (Adj.) in Vollzeit ausgeübtes Amt.
Haupt|at|trak|ti|on (die, -, -en) Glanzpunkt einer Darbietung.
Haupt|au|gen|merk (das, -, kein Plural) das Hauptaugenmerk auf etwas richten (die besondere Aufmerksamkeit auf etwas richten).
Haupt|bahn|hof (Abk. Hbf.) der größte, verkehrsreichste Bahnhof eines Ortes.
haupt|be|ruf|lich (Adj.) ein hauptsächlich ausgeübter Beruf.
Haupt|buch (das, -s, -bü|cher) im Kaufmännischen 1. Kontenbuch für Personen (einfache Buchführung); 2. Verzeichnis der Sachkonten (doppelte Buchführung).
Haupt|dar|stel|ler (der, -s, -) der wichtigste Darsteller eines Bühnenstücks; Protagonist.
Haupt|ei|gen|schaft (die, -, -en) hervorstechendes Merkmal.
Haupt|fach (das, (e)s, -fä|cher) wichtigstes Studienfach.
Haupt|gang (der, -es, -gän|ge) bei der Mahlzeit das Hauptgericht.
Haupt|ge|bäu|de (das, es, -e) größtes Gebäude eines zusammengehörenden Komplexes.
Haupt|ge|schäfts|stel|le (die, -, -n) Zentrale eines Unternehmens.
Haupt|ge|schäfts|stra|ße (die, -, -n) Innenstadtbereich; Einkaufszone; Einkaufsstraße; Fußgängerzone.
Haupt|ge|schäfts|zeit (die, -, -en) Stoßzeit.
Haupt|ge|wicht (das, -(e)s, kein Plural) Vorrang.
Haupt|haar (das, -(e)s, -e) Kopfhaar.
Häupt|ling (der, -s, -e) Stammesoberhaupt; Anführer; Stammesfürst.
Haupt|mann (Plural: -leu|te!) Anführer. Seit dem 15. Jahrhundert Bezeichnung für Oberbefehlshaber; heute Dienstgrad zwischen Stabsoffizier und Leutnant.
Haupt|nen|ner (der, -s, -) in der Math. das kleinste gemeinsame Vielfache aller Nenner bei Addition oder Subtraktion.
Haupt|per|son (die, -, -en) auf der Bühne Hauptdarsteller, Protagonist.
Haupt|pro|be (die, -, -n) im Theater die letzte oder die beiden letzten Proben (1. und 2. Hauptprobe) vor der Generalprobe.
Haupt|rei|he (die, -, -n) in der Astronomie Bereich des Hertzsprung-Russell-Diagramms.
Haupt|sa|che (die, -, -n) das Wichtigste, das Wesentliche; Angelpunkt; das Entscheidende; Kernpunkt; der springende Punkt.
haupt|säch|lich (Adj.) (nicht steigerbar) besonders; vorrangig.
Haupt|sai|son (die, -, en) Saison; Zeit des größten Andrangs; Hochsaison.
Haupt|satz (der, -es, -sät|ze) gramm. selbstständiger Satz, der unabhängig von anderen Satzteilen eine Aussage enthält.
Haupt|schu|le (die, -, -n) Pflichtschule ab der fünften Klasse, nach der Grundschule, wenn nicht eine weiterführende Schule besucht wird.
Haupt|stadt (die, -, -städ|te) (Abk.: Hptst.) in einem Land die Stadt mit dem Regierungssitz.
Haupt|stra|ße (die, -, -n) Hauptgeschäftsstraße; Hauptverkehrsstraße.
Haupt|tref|fer (der, -s, -) Hauptgewinn bei Lotterie, Preisausschreiben oder Tombola.
Haupt|ver|fah|ren (das, -s, -) Teil des Strafprozesses, in dem über die Anklage verhandelt wird; endet mit der Urteilsverkündung.
Haupt|ver|kehrs|zeit (die, -, -en) die Zeit mit dem größten Straßenverkehr; Rushhour; Stoßzeit.
Haupt|ver|samm|lung (die, -, -en) Generalversammlung, findet einmal im Jahr statt; es treffen sich zum Beispiel alle Mitglieder eines Vereins, einer Genossenschaft oder alle Aktionäre einer Aktiengesellschaft.
Haupt|wort (das, -s, -wör|ter) gramm. Substantiv.
Haupt|ziel (das, -s, -e) darauf richtet sich alles Streben.
hau ruck! (Interj.) Ermunterung. Mit einem gemeinsamen Hauruck schafften wir es.
Haus (das, -es, Häu|ser) 1. Gebäude; 2. Familie. nach Hause (*auch:* nachhause); im/außer Haus; wir kommen von zu Hause (*auch:* zuhause); das war von Haus aus so ausgemacht. *Aber:* mein Zuhause liegt weit entfernt. Haus und Hof (der gesamte Besitz); Häuser auf jemanden bauen (sich bedenkenlos auf jemanden verlassen); jmdm. das Haus einrennen (jemanden ständig aufsuchen, mit andauernden Besuchen quälen); jmdm. das Haus verbieten (jmdm. verbieten, das Haus zu betreten); mit der Tür ins Haus fallen (ugs.) (auf der Stelle mitteilen, was anliegt); ins Haus stehen (ugs.) (bevorstehen); jmdm. ins Haus platzen/schneien (ugs.) (jemanden überraschend besuchen); in etwas zu Hause sein (sich in etwas gut auskennen). Hausbesitzer; Haushalt(s)-waren; Hausleute; Hausschlüssel.
Haus|an|ge|stell|te (die, -n, -n) Dienstmädchen; Haushaltshilfe; Perle (ugs.); Stubenmädchen; Wirtschafterin.
Haus|apo|the|ke (die, -, -n) kleiner Vorrat an Arzneien und Verbandmaterial.
Haus|ar|rest (der, -(e)s, -e) Freiheitsentzug durch das Verbot, das Haus zu verlassen; Arrest; Nachsitzen; Stubenarrest.
Haus|arzt (der, -es,-ärz|te) praktischer Arzt, zu dem alle Familienmitglieder gehen, der auch Hausbesuche macht.
Haus|auf|ga|be (die, -, -n) Arbeiten, die Schulkinder zu Hause machen müssen.
haus|ba|cken (Adj.) brav; bieder.
Haus|be|set|zer (der, -s, -) jmd., der unerlaubt in ein leer stehendes Haus einzieht und dort wohnt.
Haus|bock (der, -(e)s, -böcke) schwarzer Bockkäfer, dessen Larven Holzschädlinge sind.
Häus|chen (das, -s, -) kleines Haus. aus dem Häuschen sein (ugs.) (närrisch sein, außer Rand und Band sein, aufgeregt sein).

Hausˈdaˈme (die, -, -n) Leiterin des Hauswesens; Vorsteherin des Haus- oder Hotelpersonals.
Hausˈdurchˈsuˈchung (die, -, -en) behördlich veranlasste Durchsuchung eines Hauses.
hausˈeiˈgen (Adj.) nach der Eigenart des Hauses.
hauˈsen (V.) 1. wohnen; 2. wüten; alles in Unordnung bringen.
Hauˈseˈrin (die, -, -nen) (südd. österr.) Haushälterin.
Häuˈserˈblock (der, -s, -blöˈcke) Wohnblock.
Häuˈserˈmeer (das, -es, -e) Großstadt, in der die Häuser dicht gedrängt stehen.
Hausˈfrau (die, -, -en) nicht berufstätige Frau. hausfraulich.
Hausˈfreund (der, -es, -e) Geliebter der Frau des Hauses.
Hausˈfrieˈdensˈbruch (der, -es, -brüˈche) das widerrechtliche, strafbare Eindringen in ein Haus oder eine Wohnung sowie das Verweilen darin, trotz der Aufforderung des Berechtigten, sich zu entfernen.
Hausˈgeˈbrauch (der, -s, kein Plural) etwas, das zum privaten Gebrauch zu Hause bestimmt ist.
Hausˈgeist (der, -es, -er) Gespenst; Kobold.
hausˈgeˈmacht (Adj.) etwas wird selber zu Hause hergestellt. Ein Problem ist hausgemacht (jmd. hat sich etwas selber zuzuschreiben, er ist selber an einer Situation schuld).
Hausˈgeˈsinˈde (das, -s, Pluralwort) Personal.
Hausˈhalt (der, -s, -e) 1. private Lebensgemeinschaft mit gemeinsamer Wirtschaftsführung; 2. öffentlicher Haushalt; Etat.
hausˈhalˈten (*auch:* Haus halˈten) (V.) wirtschaften; einteilen; sich einschränken; haushälterisch umgehen; mit den Mitteln sparsam umgehen. *Beachte:* ich halte/hielt Haus, er hat Haus gehalten, ich haushalte/haushaltete, er hat gehaushaltet.
Hausˈhälˈteˈrin (die, -, -nen) Hausangestellte; Wirtschafterin.
Hausˈhalt(s)ˈdeˈbatˈte (die, -, -n) Diskussion im Bundestag zum Haushaltsplan.
Hausˈhalt(s)ˈplan (der, -s, -pläˈne) Budget; Etat. Voranschlag über Einnahmen und Ausgaben einer öffentlichen Institution oder Körperschaft (Bund, Länder, Gemeinden).
Hausˈhaltsˈreiˈniˈger (der, -s, -) Putzmittel.
Hausˈhalˈtungsˈbuch (das, -s, -büˈcher) Buch/Heft zum Eintragen von Einnahmen und Ausgaben.
Hausˈherr (der, -en, -en) Haushaltsvorstand; Familienoberhaupt; Familienvater; Gastgeber; Haushaltungsvorstand; Hausleute. Hausherrin.
hausˈhoch (Adj.) hoch wie ein Haus. jmdm. haushoch überlegen sein (jmdm. deutlich überlegen sein).
hauˈsieˈren (V.) an der Haustür Waren verkaufen; anbieten; feilbieten; handeln; Klinken putzen; trödeln; verkaufen; werben. Hausierer.
hausˈinˈtern (Adj.) das Haus, die Firma betreffend. Eine Information ist hausintern (nicht für die Öffentlichkeit bestimmt).
Hausˈlatˈschen (die, -, nur Plural) (ugs.) Pantoffeln.
Häusˈlichˈkeit (die, -, -en) 1. Heim; Zuhause; 2. (kein Plural) Zurückgezogenheit; auf das Haus, den Haushalt fixiert sein; Einfachheit; Gediegenheit; Gemütlichkeit; Schlichtheit; Prunklosigkeit. häuslich.
Hausˈmaˈcherˈart (die, -, kein Plural) besonders schmackhafte Zubereitung einer Speise. ein Braten nach Hausmacherart.
Hausˈmann (der, -es, -mänˈner) nicht berufstätiger Ehemann, der den Haushalt versorgt.
Hausˈmannsˈkost (die, -, kein Plural) einfaches, unkompliziertes, schmackhaftes Essen.
Hausˈmeiˈer (der, -s, -) im MA Vorstand des Hofstaates; Majordomus.
Hausˈmeisˈter (der, -s, -) Hausbesorger; Hauswart; Hausverwalter; Pedell; Portier; Schuldiener; Schließer.
Hausˈmitˈtel (das, -s, -) natürliches Arznei-, Heilmittel, bekannt durch Überlieferung von früheren Generationen, wie Kräutertee, Umschläge.
Hausˈmuˈsik (die, -, kein Plural) Musizieren in der Familie oder im Freundeskreis.
Hausˈmutˈter (die, -, -mütˈter) 1. Hausfrau und Mutter; 2. Heimleiterin; 3. Schmetterling.
Hausˈputz (der, -es, -e) Großreinemachen; Frühjahrsputz; Kehrwoche.
Hausˈratˈverˈsiˈcheˈrung (die, -, -en) Versicherung aller zum Haushalt gehörenden Sachen gegen Diebstahl, Feuer, Wasserschaden.
Hausˈschwamm (der, -(e)s, -schwämˈme) Basidienpilz, der feuchtes Bauholz befällt; Holzschwamm.
Hausˈschlachˈtung (die, -, -en) Schlachten der Tiere am Bauernhof.
Hausˈschuh (der, -(e)s, -e) Hauslatschen (ugs.); Pantoffeln.
Hausse (die, -, -en) (franz.) kräftiges Ansteigen der Börsenkurse. Haussier.
Hausˈseˈgen (der, -s, kein Plural) Segensspruch, der über die Tür eines Hauses geschrieben wird. Bei jmdm. hängt der Haussegen schief (es gibt Streit im Haus, die Ehefrau grollt ihrem Mann, das Ehepaar liegt in Streit).
Hausˈstand (der, -s, kein Plural) Familie und Haushalt. einen eigenen Hausstand gründen.
Hausˈtier (das, -es, -e) aus Wildformen durch künstliche Auslese und Zucht (Domestikation) vom Menschen gehaltene Tiere.
Hausˈtre (die, -, -n) (lat.) durch Muskelzusammenziehung entstehender Dickdarmabschnitt.
Hausˈurˈne (die, -, -n) Urnen in Form prähistorischer Gebäude.
Hausˈverˈbot (das, -es, -e) jmdm. wurde Hausverbot erteilt (er darf ein bestimmtes Gebäude nicht mehr betreten).
Hausˈwirt (der, -es, -e) Hausbesitzer; Hauseigentümer; Hausherr; Patron; Vermieter; Wirt; Wirtsleute.
Hausˈwurz (die, -, kein Plural) Gattung der Dickblattgewächse, Stauden mit fleischigen Blättern.
Hausˈzins (der, -es, -en) Miete.
Haut (die, -, Häuˈte) Körperoberfläche; Hülle; Schicht. Sein Vortrag war zum Aus-der-Haut-Fahren. für jemanden seine Haut zu Markte tragen (ugs.) (die Folgen einer Sache hinnehmen, sich mit voller Verantwortung für jemanden einsetzen); nur noch Haut und Knochen sein (ugs.) (völlig abgemagert sein); seine eigene Haut retten (sich in Sicher-

heit bringen); sich seiner Haut (er)wehren (ugs.) (sich verteidigen); sich auf die faule Haut legen (ugs.) (faulenzen); aus der Haut fahren (ugs.) (sehr wütend werden, außer sich sein); nicht aus seiner Haut können (ugs.) (seine Charaktereigenschaften nicht ändern können, in seinen Grundsätzen eine starre Haltung einnehmen); nicht in jemandes Haut stecken mögen (nicht in jemandes Lage sein mögen); mit heiler Haut davonkommen (etwas ganz knapp ungestraft oder unverletzt überstehen); mit Haut und Haaren (ugs.) (ganz und gar); unter die Haut gehen/dringen (berühren, aufwühlen). Hautausschlag; Häutchen; Hautjucken; Hautklinik; Hautkrebs; Hautpflege; Adjektive: hautfreundlich; hautschonend; häutig.

Hautˈarzt (der, -es, -ärzˈte) Dermatologe. Hautärztin.

Hautˈcreˈme (*auch:* Hautˈkreˈme/ Hautˈkrem) Pflegemittel für die Haut.

Haute Coifˈfure (die, - -, kein Plural) (franz.) die Mode bestimmende Frisierkunst.

Haute Couˈture (die, -, kein Plural) (franz.) die Mode bestimmende Schneiderkunst. Haute Couturier; Haute-Couture-Modell.

Houteˈfiˈnance (die, -, kein Plural) (franz.) Geldaristokratie.

häuˈten (V.) abhäuten; abziehen; ab pellen; schälen; (V. refl.) sich schuppen; sich schälen (nach dem Sonnenbrand). Häutung.

hautˈeng (Adj.) eng an der Haut anliegend.

Hautˈfarˈbe (die, -, -n) Teint.

Hauteˈvoˈlee (die, -, kein Plural) (franz.) »bessere« Gesellschaft.

Hautˈgout (der, -s, kein Plural) (franz.) 1. Geschmack, Geruch lange genug abgehangenen Wildbrets; 2. Anrüchigkeit.

hautˈnah (Adj.) sehr nah.

Hautˈreˈliˈef (das, -s, -s/-e) (franz.) Hochrelief.

Hautˈsäuˈreˈmanˈtel (der, -s, -mänˈtel) Schutzschicht der Haut.

Haut-Sauˈternes (der, -, kein Plural) (franz.) ein weißer Bordeauxwein, benannt nach der franz. Stadt Sauternes.

hautˈsymˈpaˈthisch (Adj.) hautverträglich; angenehm auf der Haut.

Hautˈtransˈplanˈtaˈtiˈon (die, -, -en) in der (plastischen) Chirurgie Hautübertragung.

Haˈvanˈna 1. (ohne Artikel) kubanische Hauptstadt; 2. (die, -, -s) Zigarre.

Haˈvaˈrie (die, -, -n) (arab.) Unfall von Flugzeugen oder Schiffen.

haˈvaˈrieˈren (V.) (arab.-franz.) 1. durch eine Havarie beschädigt werden; 2. einen Autounfall haben (österr.).

haˈvaˈriert (Adj.) durch eine Havarie beschädigt; durch einen Unfall beschädigt.

Haˈvaˈrist (der, -en, -en) Eigner eines durch Havarie geschädigten Schiffes.

Haˈveˈlock (der, -s, -s) (engl.) Herrenmantel mit bis auf die Hüften reichendem Pelerinenkragen, nach dem engl. General Havelock benannt.

Haˈwaii (ohne Artikel) Insel. Hawaiianer; Hawaii-Inseln (*auch:* Hawaiiinseln). hawaiisch.

Haˈwaiiˈgiˈtarˈre (die, -, -n) Jazzgitarre mit Stahlsaiten, gespielt mit elektr. Verstärker.

Hawˈdaˈla (die, -, kein Plural) (hebr. Unterscheidung) jüd. Zeremonie mit Segensspendung am Ende des Sabbats.

Haˈxe (*auch:* Hachˈse) (die, -, -n) (südd.) Unterschenkel von Schwein und Kalb. Schweinshaxe.

Haˈziˈenˈda (die, -, -s/-enˈden) (span.) Farm.

Hb (Abk.) **H**ämoglo**b**in.

Hbf. (Abk.) **H**aupt**b**ahn**h**of.

H-Bomˈbe (die, -, -n) (Kurzw.) Wasserstoffbombe.

h.c. (Abk.) **h**onoris **c**ausa (ehrenhalber). Dr. h.c. Jungweber.

HDTV (das, -s, kein Plural) (engl.) Abk. für »**h**igh **d**efinition **t**ele**v**ision«. Fernsehen mit höherer Bild- und Tonqualität.

H-Dur (das, -, kein Plural) Tonart. H-Dur-Tonleiter.

He (Abk.) **He**lium (chemisches Zeichen).

Headˈline (die, -, -s) (engl.) 1. Schlagzeile; 2. (der, -s, -) die Kopfzeile einer E-Mail, die u. a. Informationen über den Absender, den Empfänger und das Datum enthält.

Headˈhunˈter (der, -, -) (engl.) jmd., der als Personalberater Führungskräfte vermittelt.

Heaˈring (das, -, -s) (engl.) öffentliche Anhörung; Sachverständigenbefragung im Rahmen einer parlamentarischen Untersuchung.

Heaˈvy Meˈtal (das, -s, kein Plural) (engl.) Hardrock.

Hebˈamˈme (die, -, -n) Geburtshelferin.

Heˈbeˈbaum (der, -es, -bäuˈme) Stange zum Anheben von Lasten; Hebestange.

Heˈbeˈbühˈne (die, -, -n) Arbeitsplattform, die angehoben werden kann.

Heˈbel (der, -s, -) 1. Kraftüberträger; 2. Werkzeug. den Hebel ansetzen (eine Sache in Angriff nehmen); alle Hebel in Bewegung setzen (alles tun, um etwas zu erreichen, alle Kräfte aufbieten); am längeren Hebel sitzen (in einer Machtposition sein, dem anderen an Kraft überlegen sein). Hebelarm; Hebelgriff; Hebelkraft; hebeln.

Heˈbeˈlisˈte (die, -, -n) Liste, auf der zu erhebende Steuern verzeichnet sind; Heberolle, Heberegister.

heˈben (V., hob, hat gehoben) 1. hochheben; 2. hochbefördern; 3. steigern; 4. (ugs.) trinken. einen heben (Alkohol trinken; sich einen hinter die Binde gießen). Hebefeier; Hebung.

Heˈbeˈsatz (der, -es, -sätˈze) von der Gemeinde festgesetzter Prozentsatz für Grund- und Gewerbesteuer.

Heˈbeˈwerk (das, -es, -e) Aufzug.

Heˈbeˈzeuˈge (die, -, Pluralwort) Sammelbezeichnung für Fördermittel zum Heben von Personen und Lasten; Aufzug; Flaschenzug; Kran; Winde.

Heˈbeˈphreˈnie (die, -, -n) (griech.) psychische Erkrankung in der Jugend.

Heˈbräˈer (der, -s, -) Jude. die hebräische Kultur, *aber:* Hebräisch sprechen.

Heˈbraˈiˈcum (das, -s, kein Plural) (lat.) Prüfung in der hebräischen Sprache (für Theologiestudenten erforderlich).

Heˈbraˈist (der, -en, -en) Hebraistikwissenschaftler.

Heˈbraˈisˈtik (die, -, kein Plural) Wissenschaft von hebräischer Sprache und Kultur.

Heˈbriˈden (die, -, -) schottische Inselgruppe; Äußere und Innere Hebriden; die Neuen Hebriden (Inselgruppe im Pazifik; jetzt Vanuatu).

Heˈbung (die, -, -en) 1. Heraufbefördern eines tiefer liegenden Gegenstandes; 2. Steigerung der Leistung, der Moral.

He|chel (die, -, -n) kammartiges Werkzeug mit Drahtspitzen, durch dessen Zähne der Flachs gezogen wird.

He|che|lei (die, -, -en) Klatsch; Tratsch. jemanden durch den Hechel ziehen (unverblümt, negativ über die schlechten Eigenschaften von jmdm. sprechen).

he|cheln (V.) 1. schnell atmen; 2. spotten.

Hecht (der, -s, -e) Fisch; Süßwasser-Raubfisch. der Hecht im Karpfenteich sein (ugs.) (eine aktivierende, ebenso belebende wie störende Rolle spielen); ein toller Hecht sein (ugs.) (ein viel bewunderter Mann sein). hechtblau; hechtgrau.

hech|ten (V.) mit gestrecktem Körper springen.

Hecht|rol|le (die, -, -n) beim Turnen die Rolle nach vorne.

Hecht|sprung (der, -(e)s, -sprün|ge) beim Sport Sprung mit gestrecktem Körper über Turngerät oder vom Sprungturm ins Wasser.

Hecht|sup|pe (nur in der Redewendung:) es zieht wie Hechtsuppe (es herrscht starker Durchzug, starke Zugluft).

Heck (das, -s/-es, -s/He|cke) hinterer Teil.

Heck|an|trieb (der, -(e)s, kein Plural) Hinterradantrieb beim Auto.

He|cke (die, -, -n) 1. Strauch; 2. Umzäunung; 3. Brutplatz.

He|cken|brau|nel|le (die, -, -n) längs gestreifter, grauer Singvogel.

He|cken|ro|se (die, -, -n) in Hecken wachsende, wilde, unveredelte Rose.

He|cken|sche|re (die, -, -n) große Gartenschere zum Beschneiden von Hecken und Bäumen.

He|cken|schüt|ze (der, -n, -n) Partisan.

Heck|flos|se (die, -, -n) Heckspoiler; am Heck von Autos angebrachte Kunststoff- oder Metallverzierung.

Heck|klap|pe (die, -, -n) Kofferraumdeckel bei Autos mit Fließheck.

heck|las|tig (Adj.) ungleichmäßige Gewichtsverteilung bei Ladungen zu Lasten des Hecks.

Heck|meck (der, -s, kein Plural) (ugs.) 1. Geschwätz; 2. Umstände.

Heck|mo|tor (der, -s, -en) Autos, deren Motor im Heck untergebracht ist.

Heck|schei|be (die, -, -n) beim Auto die Rückscheibe.

Hedge|ge|schäft (das, -es, -e) (engl.) in der Wirtschaft besondere Art des Warentermingeschäfts.

He|do|nik (die, -, kein Plural) (griech.) = Hedonismus.

He|do|ni|ker (der, -s, -) (griech.) Anhänger des Hedonismus.

He|do|nis|mus (der, -, kein Plural) (griech.) philosophische Anschauung; Lustprinzip. Hedonist; hedonistisch.

He|dsch|ra (die, -, kein Plural) (arab.) der Weggang Mohammeds von Mekka nach Medina; Beginn islamischer Zeitrechnung (622 n. Chr.).

Heer (das, -s/-es, -e) 1. Streitkräfte; 2. große Menge. Ein Heer gefräßiger/gefräßige Heuschrecken überfiel/überfielen das Land. Heerzug.

Hee|res|dienst (der, -es, kein Plural) Militärdienst bei der Landtruppe.

Hee|res|grup|pe (die, -, -n) Teil des Heeres.

Hee|res|ver|band (der, -es, -bän|de) Einheit; Abteilung; Bataillon; Batterie; Brigade; Division; Formation; Kompanie; Korps; Legion; Truppe; Truppenteil.

Hee|res|zug (der, -es, -zü|ge) Feldzug; Heerzug.

Heer|füh|rer (der, -s, -) Feldherr.

Heer|la|ger (das, -s, -) Truppenlager.

Heer|schar (die, -, -en) große Ansammlung. himmlische Heerscharen (die Engel).

Heer|schau (die, -, -en) Truppenschau; Parade.

He|fe (die, -, -n) Gärmittel. Hefebrot; Hefekranz; Hefekuchen; Hefepilz; Hefeteig; hefig.

he|fig (Adj.) nach Hefe schmeckend.

Heft (das, -s/-es, -e) 1. gebundenes Papier; 2. dünnes Buch; 3. Griff einer Stichwaffe. das Heft in der Hand haben (über Macht verfügen); das Heft aus der Hand geben (die Macht abgeben).

hef|ten (V.) 1. ankleben; 2. zusammenstecken von Papierbogen oder Stoffteilen. sich jmdm. an die Fersen heften (jemanden verfolgen); einen Orden an die Brust heften.

Hef|ter (der, -s, -) Schnellhefter; Ordner zum Ablegen von Schriftstücken. Heftordner.

Heft|fa|den (der, -s, -fä|den) Faden zum Zusammenheften von Stoffteilen.

hef|tig (Adj.) 1. stark; 2. ungestüm.

Hef|tig|keit (die, -, kein Plural) 1. Vehemenz; Wucht; Ansturm; Kraft; 2. Ungestüm; Hitzköpfigkeit; Jähzorn; Leidenschaft; Unbändigkeit; Wildheit.

Heft|klam|mer (die, -, -n) Büroklammer.

Heft|pflas|ter (das, -s, -) Pflaster; Wundauflage zum Kleben.

Heft|zwe|cke (die, -, -n) Reißnagel.

He|ge (die, -, kein Plural) Tierpflege; Tierschutz.

He|ge|li|a|ner (der, -s, -) (nlat.) Anhänger der Philosophie Hegels.

He|ge|mo|nie (die, -, -n) (griech.) Vormachtstellung. Hegemonialstreben; hegemonial; hegemonisch.

he|gen (V.) 1. pflegen; 2. schützen; 3. aufziehen. jemanden/etwas hegen und pflegen (jmdm./etwas eine besonders liebevolle Betreuung zukommen lassen). Hege; Heger; Hegezeit; Gehege.

He|gu|me|nos (der, -, -oi) (griech.) Vorsteher eines orthodoxen Klosters.

Hehl (das/der) (nur in Redewendungen:) keinen Hehl aus etwas machen (etwas nicht verheimlichen); ohne Hehl. Er machte keinen Hehl daraus, dass sie ihm völlig egal war.

Heh|ler (der, -s, -) Helfershelfer; Komplize; Mittäter.

Heh|le|rei (die, -, -en) strafbare Handlung gegen fremdes Eigentum durch Erwerb oder Hilfe beim Absatz einer Sache, die ein anderer unrechtmäßig erlangt hat. Hehlerware; hehlen.

hehr (Adj.) erhaben.

Heia (die, -, -s) (ugs.) Bett. Heiabett. *Aber:* heia machen.

Hei|de 1. (der, -n, -n) Ungläubiger. Heidin; Heidentum; Heidenvolk; heidnisch. 2. (die, -, -n) flache Landschaft. Heidekraut; Heideland; Heidelerche; Heideröslein.

Hei|del|bee|re (die, -, -n) Waldfrucht; Blaubeere.

Hei|den... (im Sinne von:) groß; sehr; viel. Heidenangst; Heidenarbeit; Heidengeld; Heidenlärm; Heidenschreck; Heidenspaß; Heidenspektakel.

hei|den|mä|ßig (Adj.) (ugs.) sehr groß.

Heid|schnu|cke (die, -, -n) kleinwüchsiges Schaf.

Hei|duck (der, -en -du|cken) 1. ungarischer Söldner; Freischärler; 2. ungarischer Hofbeamter. Heiduckenbeil.

Hei|er|mann (der, -s, -män|ner) (nordd.) (ugs.) Fünfmarkstück.

hei|kel (Adj.) 1. wählerisch; 2. schwierig.

heil (Adj.) gesund; wohlbehalten; ganz; unbeschädigt; wohlauf.

Heil (das, -s, kein Plural) Rettung; Unversehrtheit; Glück; Wohl; Wohlbefinden; Wohlergehen. Heil bringend (*auch:* heilbringend).

Hei|land (der, -s, -e) 1. allg. Erlöser; Retter; 2. Beiname für Christus.

Heil|an|stalt (die, -, -en) Pflegeheim; Nervenheilanstalt; Sanatorium.

Heil|auf|ent|halt (der, -s, -e) Kuraufenthalt.

Heil|bad (das, -(e)s, -bä|der) Kurbad.

heil|bar (Adj.) eine Krankheit kann geheilt werden; etwas ist reparabel. Heilbarkeit.

Heil|butt (der, -s, -e) Fisch.

hei|len (V.) gesund machen, werden.

Heil|er|de (die, -, -n) gereinigte Tonoder Moorerde zur äußerlichen Anwendung.

Heil|er|zie|hung (die, -, kein Plural) Heilpädagogik.

Heil|fie|ber (das, -s, kein Plural) künstlich herbeigeführtes Fieber zur Therapie bei chronischen Krankheiten.

Heil|gym|nas|tik (die, -, -) Krankengymnastik.

hei|lig (Adj.) 1. göttlich; 2. unantastbar. *Kleinschreibung:* heilige Taufe; heiliger Zorn; der heilige Paulus; das heilige Abendmahl; die heilige Messe. *Aber:* Großschreibung, wenn »heilig« Bestandteil eines Namens! der Heilige Abend; die Heilige Allianz; die Heilige Dreifaltigkeit; die Heilige Familie; der Heilige Geist; die Heiligen Drei Könige; der Heilige Krieg; die Heilige Stadt (Jerusalem); die Heilige Schrift; der Heilige Vater (Papst). *Beachte:* Zusammenschreibung mit Verben! heiligsprechen; den Sonntag heilighalten, *aber:* jmdn. für heilig halten.

Hei|lig|abend (der, -s, -e) der Heilige Abend; Weihnachtsabend.

Hei|li|ge (der, -n, -n) hervorragender Vertreter einer Religion, der auch nach seinem Tod verehrt wird.

hei|li|gen (V.) heilighalten; in Ehren halten; heiligsprechen.

Hei|li|gen|bild (das, -(e)s, -er) bildliche Darstellung eines Heiligen zur Verehrung; Ikone.

Hei|li|gen|blut (kein Art., -s, kein Plural) österr. Kurort an der Großglockner-Hochalpenstraße.

Hei|li|gen|schein (der, -(e)s, -e) Lichtschein; Strahlenkranz; Aureole; Glorienschein; Mandorla; Nimbus.

Hei|lig|geist|kir|che (die, -, -n) Kirche, die dem Heiligen Geist geweiht ist.

Hei|lig|keit (die, -, kein Plural) Seine Heiligkeit (Papst).

Hei|lig|spre|chung (die, -, -en) Kanonisation. Nach Untersuchungsverfahren der kath. Kirche Aufnahme eines Verstorbenen in den Kanon der Heiligen.

Hei|lig|tum (das, -s, -tü|mer) Kultstätte; Weihestätte; Gebetsstätte; Kirche; Opferstätte; Tempel.

Heil|kli|ma (das, -s, kein Plural) Klima, das die Heilung einer Krankheit unterstützt. heilklimatisch.

Heil|kost (die, -, kein Plural) Diät.

Heil|kraft (die, -, -kräf|te) heilende Kraft eines Mittels.

Heil|kraut (das, -(e)s, -kräu|ter) Heilpflanze.

Heil|kun|de (die, -, kein Plural) Medizin.

heil|kun|dig (Adj.) medizinisch ausgebildet; erfahren.

heil|los (Adj.) wirr; schlimm; ungeheuer. ein heilloses Durcheinander (schreckliche Unordnung).

Heil|mit|tel (das, -s, -) Arznei; Medizin.

Heil|pä|d|a|go|gik (die, -, kein Plural) Heilerziehung, Sonderpädagogik. Betreuung und Erziehung entwicklungsgestörter sowie körperlich und geistig behinderter Kinder.

Heil|pfla|nze (die, -, -n) Pflanzen mit bestimmten Wirkstoffen zur Verhütung und Heilung von Krankheiten.

Heil|prak|ti|ker (der, -s, -) auf der Basis von Naturheilmethoden arbeitender, behördlich zugelassener Heilkundiger ohne Approbation.

Heil|quel|le (die, -, -n) Quellwasser, das durch Gehalt an mineralischen Bestandteilen oder seine Temperatur heilend wirkt.

Heil|sal|be (die, -, -n) med. Salbe mit heilender Wirkung.

heil|sam (Adj.) 1. heilend; 2. nützlich. eine heilsame Erfahrung (eine Erfahrung, aus der jmd. lernen kann).

Heils|ar|mee (die, -, kein Plural) (engl. Salvation Army) militärähnlich organisierte, religiöse Gemeinschaft angelsächsisch-pietistischer Prägung. 1878 von W. Booth in London gegründet, weltweit tätig mit sozial-karitativer Hilfe.

Heil|schlaf (der, -(e)s, kein Plural) med. erzeugter Schlaf, der Heilprozesse in Gang bringt.

Heil|se|rum (das, -s, -ren/-ra) wird in der Med. zur Immunisierung injiziert.

Heils|ge|schich|te (die, -, kein Plural) in der christlichen Theologie die Geschichte der Taten Gottes.

Heils|leh|re (die, -, kein Plural) die christliche Botschaft von der Erlösung des Menschen.

Heils|spie|gel (der, -s, kein Plural) spätmittelalterliches Erbauungsbuch, das in Bildern mit Reimen das Leben Christi darstellt.

Hei|lung (die, -, -en) Behandlung; Genesung. Heilungsprozess.

Heil|wir|kung (die, -, -en) heilende Wirkung.

Heil|wurz (die, -, kein Plural) Althaea.

Heim (das, -s, -e) 1. Zuhause; 2. Anstalt. Heimfahrt; Heimkunft; Heimreise; Heimweg; heimwärts; heimzu.

Heim|ar|beit (die, -, -en) gewerbliche Arbeit, die statt im Betrieb in der Privatwohnung geleistet wird.

Hei|mat (die, -, kein Plural) 1. Zuhause; 2. Vaterland. an einem Ort beheimatet sein (dort seine Heimat haben). Heimaterde; Heimatland; Heimatlose; heimatlich; heimatlos; beheimaten.

Hei|mat|fest (das, -es, -e) Brauchtumsfest.

Hei|mat|film (der, -s, -e) ländliche Sitten und Gebräuche schildernder Unterhaltungsfilm.

Hei|mat|ha|fen (der, -s, -hä|fen) Hafen, an dem ein Schiff im Schiffsregister eingetragen ist.

Hei|mat|kun|de (die, -, kein Plural) Unterrichtsfach an Grundschulen. heimatkundlich.

Hei|mat|mu|se|um (das, -s, -en) örtliche, heimatkundliche Sammlung.

Hei|mat|schein (der, -(e)s, -e) Schweizer Bürgerrechtsausweis, der den Inhaber zur Niederlassung an jedem Ort berechtigt.

Hei|mat|ver|trie|be|ne (der, -n, -n) jmd., der 1945 seinen Wohnsitz in den ehemaligen deutschen Ostgebieten durch Vertreibung verloren hat.

heim|be|ge|ben (V., refl., begab sich heim, hat sich heimbegeben) nach Hause gehen.

heim|brin|gen (V., brachte heim, hat heimgebracht) nach Hause bringen.

Heim|chen (das, -s, -) Grille. Heimchen am Herd sein (eine nicht emanzipierte Frau sein).

Heim|com|pu|ter (der, -s, -) (vom engl. home computer) Personal Computer.

hei|me|lig (Adj.) gemütlich.

heim|fah|ren (V., fuhr heim, ist heimgefahren) nach Hause fahren. Heimfahrt.

Heim|fall (der, -s, kein Plural) 1. Rückfall eines Rechts, das vorübergehend ein anderer innehatte (z. B. Erbbaurecht); 2. beim Tod eines Erblassers ohne Erben Erbschaftsübergabe an den Staat.

heim|ge|hen (V., ging heim, ist heimgegangen) nach Hause gehen; sterben. Heimgang (Tod); Heimgegangener (Verstorbener).

heim|gei|gen (V.) (ugs.) abweisen.

hei|misch (Adj.) einheimisch; vertraut; verwurzelt.

heim|keh|ren (V., ist) nach Hause zurückkommen. Heimkehr; Heimkehrer.

Heim|ki|no (das, -s, -s) (ugs.) Fernsehapparat.

Heim|lei|ter (der, -s, -) Hausvater; Leiter eines Heims.

heim|leuch|ten (V.) 1. früher: jemanden mit einer Fackel nach Hause begleiten; 2. jmdm. heimleuchten (jmdm. eine Abfuhr erteilen, jmdm. gründlich die Meinung sagen).

heim|lich (Adj.) verborgen. etwas verheimlichen (geheimhalten). Heimlichkeit; Heimlichtuer; Heimlichtuerei; heimlich tun; verheimlichen.

Heim|mann|schaft (die, -, -en) im Sport die örtliche Mannschaft.

Heim|sieg (der, -es, -e) Sieg eines Sportlers/einer Mannschaft auf dem heimatlichen Sportplatz.

Heim|schu|le (die, -, -n) Internat.

Heim|statt (die, -, -stät|ten) Zuhause.

Heim|stät|te (die, -, -n) Grundstück, das der Staat für gemeinnützigen Siedlungsbau billig abgibt.

heim|su|chen (V.) 1. aufsuchen; 2. betroffen sein.

Heim|su|chung (die, -, -en) Qual; Unglück.

Heim|trai|ner (der, -s, -) Sportgerät für das Training zu Hause.

Heim|tü|cke (die, -, kein Plural) Arglist; Hinterlist.

heim|tü|ckisch (Adj.) 1. hinterlistig; 2. gefährlich.

Heim|vor|teil (der, -s, -e) im Sport der Vorteil, vor heimischem Publikum zu spielen.

Heim|weh (das, -s, kein Plural) Sehnsucht nach der Heimat.

Heim|wer|ker (der, -s, -) Bastler.

heim|zah|len (V.) vergelten.

Hein|zel|männ|chen (das, -s, -) guter Hausgeist.

Hei|rat (die, -, -en) Eheschließung. Heiratsantrag; Heiratsanzeige; Heiratsbüro; Heiratsgut; Heiratsmarkt; Heiratsschwindler; Heiratsurkunde; heiratsfähig; heiratslustig; heiraten.

hei|schen (V.) fordern.

hei|ser (Adj.) mit rauer Stimme. Heiserkeit.

heiß (Adj.) 1. sehr warm; 2. hitzig; 3. leidenschaftlich. ein heißes Eisen anpacken (eine heikle Angelegenheit aufgreifen); ein heißer Draht (die direkte Fernschreibverbindung vom Weißen Haus in Washington zum Kreml in Moskau); heiße Höschen (Hotpants, kurze knappe Shorts); heißer Ofen (schnelles Motorrad); einem die Hölle heißmachen (ugs.) (jmdm. drohen, ihn einschüchtern); heiße Luft (ugs.) (leere Versprechungen, reine Angabe); jmdm. läuft es heiß und kalt über den Rücken (ugs.) (jmd. ist entsetzt). ein heiß ersehnter (*auch:* heißersehnter) Tag; heiß geliebte (*auch:* heißgeliebte) Frau; heiß umstrittener (*auch:* heißumstrittener) Bau; heiß begehrtes (*auch:* heißbegehrtes) Mädchen. kochend heißes Wasser; nichts Heißes. Heißluft; Heißluftballon.

heiß|blü|tig (Adj.) leidenschaftlich.

hei|ßen (V., hieß, hat geheißen) 1. sich nennen; bezeichnen; 2. befehlen. *Beachte:* Sie haben mich kommen heißen (Infinitiv ohne »zu«!).

Heiß|hun|ger (der, -s, kein Plural) Anfall von unbezwinglichem Hunger. heißhungrig.

heiß lau|fen (V., lief heiß, ist heiß gelaufen) heiß werden.

Heiß|sporn (der, -, -e) Hitzkopf. heißspornig.

Heiß|was|ser|be|häl|ter (der, -s, -) Boiler.

Heis|ter (der, -s, -) junger Laubbaum.

hei|ter (Adj.) 1. fröhlich; 2. sonnig. heiter stimmen; erheitern; das kann ja heiter werden (ugs.) (da kommt noch einiges Unangenehme auf uns zu). erheitern.

Hei|ter|keit (die, -, kein Plural) gute Laune; Vergnügtheit.

Hei|ter|keits|aus|bruch (der, -s, -brü|che) Gelächter.

Heiz|de|cke (die, -, -n) durch isolierte Drähte elektrisch zur Erwärmung gebrachte Decke mit Temperaturregler. Heizkissen.

hei|zen (V.) erwärmen. Heizer; Heizanlage; Heizkörper; Heizöl; Heizplatte; Heizsonne; Heizung; Heizungsmonteur; heizbar.

Heiz|wert (der, -es, -e) Wärmemenge in kcal, die beim Verbrennen von einem Kilogramm festem oder flüssigem Brennstof bei Normalbedingung entsteht.

He|ka|tom|be (die, -, -n) (griech.) riesige (Verlust-)Menge.

hek|t... hek|to... (Zahlw.) (griech.) hundert. Hektometer (Abk.: hm); Hektopascal (Abk.: hPa); Hektowatt (Abk.: hW).

Hek|t|ar (der/das, -s, -e) (griech., lat.) Flächenmaß (Abk.: ha). 5 Hektar Land.

Hek|tik (die, -, kein Plural) (griech.) Eile; Hast. Hektiker.

hek|tisch (Adj.) fieberhaft; aufgeregt; hastig; betriebsam; geschäftig; ruhelos; umtriebig.

Hek|to|gramm (das, -s, -e) (griech.) 100 Gramm (Abk.: hg).

Hek|to|graf (*auch:* Hek|to|graph) (der, -en, -en) (griech.) Vervielfältigungsapparat. Hektografie (*auch:* Hektographie); hektografieren (*auch:* hektographieren).

Hek|to|li|ter (der, -s, -) 100 Liter (Abk.: hl).
Hek|to|pas|cal (das, -s, -) (Abk.: hPa) Maßeinheit für den Luftdruck.
He|lan|ca (das, -s, kein Plural) Nylonfaser.
he|lau! (Interj.) Karnevalsruf.
Held (der, -en, -en) 1. Hauptperson; 2. Sieger; 3. Draufgänger. kein Held in etwas sein (ugs.) (etwas nicht gut können); der Held des Tages sein (im Mittelpunkt stehen). Heldin.
Hel|den|epos (das, -, -epen) Bezeichnung für die im MA entstandenen Epen nach Stoffen und Gestalten der Heldenlieder; Heldensage.
hel|den|haft (Adj.) mutig; tapfer. heldenmütig; heldisch.
Hel|den|lied (das, -es, -er) episch-balladeske Dichtung der Völkerwanderungszeit.
Hel|den|mut (der, -es, kein Plural) große Tapferkeit.
Hel|den|sa|ge (die, -, -n) mündliche oder schriftliche Überlieferung aus der Frühzeit eines Volkes.
Hel|den|tat (die, -, -en) Tat eines Helden; Wagestück; Großtat; Heldenstück; Mannestat; Mutprobe.
Hel|den|tod (der, -es, kein Plural) Tod auf dem Schlachtfeld.
Hel|den|tum (das, -s, kein Plural) außergewöhnlicher Mut.
hel|fen (V., half, hat geholfen) 1. unterstützen; 2. behilflich sein; 3. nützen. Helfer/in; Hilfe.
Hel|fers|hel|fer (der, -s, -) Komplize.
He|li|an|thus (der, -, -then) (griech.) Sonnenblume.
He|li|kon (das, -s, -s) (griech.) ein Blechblasinstrument (in der Militärmusik); gewundene Kontrabasstuba.
He|li|ko|p|ter (der, -s, -) (griech.) Hubschrauber.
He|lio|dor (der, -s, -e) (griech.) Edelstein.
He|lio|graf (*auch:* He|lio|graph) (der, -en, -en) (griech.) Signalgerät; Blinkgerät. Adjektiv: heliografisch (*auch:* heliographisch).
he|lio|phil (Adj.) (griech.) Sonnenlicht, -wärme bevorzugend. z. B. Eidechsen sind ~e Tiere.
He|lio|s|kop (das, -s, -e) (griech.) Sonnenfernrohr.
He|lio|the|ra|pie (die, -, kein Plural) (griech.) Heilbehandlung mit Sonnenlicht.
He|lio|trop (das, -s, -e) (griech.) 1. Zierpflanze; 2. Sonnenspiegel; 3. Edelstein.
he|li|o|tro|pisch (Adj.) sich nach dem Licht wendend (bei Pflanzen).
He|li|ski|ing (*auch:* He|li-Ski|ing) (das, -s, kein Plural) der Hubschrauber bringt die Skifahrer auf den Gipfel.
He|li|um (das, -s, kein Plural) (griech.) Edelgas; chemisches Element (Abk.: He).
He|lix (die, -, -li|ces) (griech.) Molekülstruktur.
hell (Adj.) 1. licht; 2. klar; 3. klug. *Beachte:* hellauf (fröhlich), *aber:* sie lachte hell auf. helläugig; hellgelb; hellblond; helldunkel; hellhaarig; hellhörig; hell leuchtend (*auch:* hellleuchtend); helllicht; helllila; ein helllila Tuch (*nicht:* helllilanes!); hell lodernd (*auch:* helllodernd); hellseherisch; hellsichtig; hell strahlend (*auch:* hellstrahlend); hellwach. etwas/nichts Helles; Helldunkel; die Helle, *aber:* ein Helles (Bier); Helligkeit; Helligkeitsregler; Hellsichtigkeit. Verben: hellen; hell machen (*auch:* hellmachen); hellsehen *aber nur:* hell scheinen; hell strahlen; hell leuchten.
Hel|la|di|kum (das, -s, kein Plural) (griech.) Kultur der Bronzezeit auf dem griechischen Festland.
hel|la|disch (Adj.) das Helladikum betreffend.
Hel|le|bar|de (die, -, -n) Hieb- und Stoßwaffe des Mittelalters.
Hel|le|ne (der, -n, -n) (griech.) Grieche. Hellenin; Hellenentum; Hellenismus; Hellenistik; hellenisch; hellenistisch.
Hel|le|no|phi|lie (die, -, kein Plural) (griech.) Vorliebe für die hellenistische Kultur.
Hel|ler (der, -s, -) Münze. auf Heller und Pfennig (ugs.) (auf den Pfennig genau); seinen letzten Heller weggeben (sehr hilfsbereit, großzügig sein).
Hel|les|pont (der, -s, kein Plural) (griech.) antike Bez. für die Dardanellen.
hell|hö|rig (Adj.) aufmerksam. hellhörig werden (stutzig werden); jemanden hellhörig machen (jemanden stutzig werden lassen).
Helm (der, -s, -e) 1. Kopfschutz; 2. Werkzeugstiel; 3. Kuppel. Helmbusch; Helmdach.
He|lo|kre|ne (die, -, -n) (griech.) Quellsumpf.
He|lot (der, -en, -en) (griech.) Unterdrückter. Helotentum.
He|lo|tis|mus (der, -, kein Plural) (griech.-lat.) eine Ernährungsgemeinschaft zwischen Tier und Pflanze, aus der ein Teil mehr Nutzen hat als der andere.
Hell|se|her (der, -s, -) Wahrsager. Hellseherei; Hellseherin.
hell|se|hen (V.) voraussehen; Gedanken lesen; prophezeien; vorausahnen; das zweite Gesicht haben.
hel|ve|tisch (Adj.) zum keltischen Alpenvolk der Helvetier gehörig; die Schweiz als Staat betreffend.
Hel|ve|tis|mus (der, -, -ti|s|men) (nlat.) schweizerische Spracheigentümlichkeit.
Hemd (das, -s/-es, -en) Kleidungsstück. Jmdm. ist das Hemd näher als der Rock (jmd. denkt zuerst an sich selbst, das Dringende hat Vorrang). sein letztes Hemd hergeben (ugs.) (alles hergeben, was man besitzt); kein Hemd mehr auf dem Leib haben (ugs.) (völlig verarmt sein); jemanden bis aufs Hemd ausziehen (ugs.) (jemanden restlos ausplündern, jemanden arm machen, jemanden um sein Letztes bringen); alles bis aufs Hemd verlieren (ugs.) (fast nichts mehr besitzen); mach dir nicht ins Hemd (ugs.) (hab keine Angst, stell dich nicht so an); jmd. wechselt seine Gesinnung wie das Hemd (ugs.) (jmd. ist charakterlos, unehrenhaft, wankelmütig, jmd. ist nur auf seinen Vorteil bedacht); ein Schlag und du stehst im Hemd da (ugs.) (gleich bekommst du Schläge); volles Hemd (großer Busen). Hemdbluse; Hemdkragen; Hemdchen; Hemdsärmel.
Hem|den|matz (der, -es, -mät|ze) (ugs.) Kleinkind im Hemd.
hemds|är|me|lig (Adj.) 1. lässig; leger; nachlässig; salopp; ungezwungen; 2. derb; grob; rigoros.
he|mi.../He|mi... (griech.) halb.../Halb...
He|mi|ple|gie (die, -, -n) (griech.) halbseitige Lähmung.
He|mi|sphä|re (die, -, -n) (griech.) 1. Halbkugel; 2. Erdhälfte; Himmelshalbkugel. Adjektiv: hemisphärisch.

he|mi|zy|k|lisch (Adj.) (griech.) halbkreisförmig.
Hem|lock|tan|ne (die, -, -n) Tannenart. *Auch:* Schierlingstanne oder Tsuga.
hem|men (V.) bremsen; behindern. Hemmnis; Hemmschwelle; Hemmung; Hemmungslosigkeit; Hemmstoff; hemmungslos.
Hemm|schuh (der, -es, -e) Keil, der unter das Rad eines Fahrzeugs geschoben wird, um ein Wegrollen zu verhindern. Hemmklotz.
Hen|de|ka|gon (das, -s, -e) (griech.) Elfeck.
Hendl (das, -s, -) (südd.) Brathuhn.
Hen|di|a|dy|oin (*auch:* Hen|di|a|dys) (das, -s, -e) (griech.) Erhöhung der Ausdruckskraft durch zwei gleichbedeutende Wörter; Stilfigur (z. B. Simone lief und rannte).
Hengst (der, -es, -e) männliches Pferd. Hengstfohlen.
Hen|kel (der, -s, -) Griff. Henkelglas; Henkelkorb; Henkelkrug; henkelig.
hen|ken (V.) hinrichten.
Hen|ker (der, -s, -) Scharfrichter. Weiß der Henker! (ugs.) (das weiß ich nicht). Scher dich zum Henker (hau endlich ab). sich einen Henker um etwas scheren (ugs.) (sich überhaupt nicht um etwas kümmern). Henkersknecht.
Hen|kers|frist (die, -, -en) Gnadenfrist; Aufschub.
Hen|kers|mahl|zeit (die, -, -en) letzte Mahlzeit vor der Hinrichtung.
Hen|na (die/das, -s, kein Plural) Farbstoff. Hennastrauch.
Hen|ne (die, -, -n) 1. Huhn; 2. Vogelweibchen.
Hen|nin (der/das, -s, -s) (franz.) hohe Frauenhaube in der Form eines Kegels, an deren Spitze ein Schleier angebracht war.
He|no|the|is|mus (der, -, kein Plural) Verehrung eines höchsten Gottes unter anderen Göttern.
Hen|ry (das, -, -) (engl.) Maßeinheit der Induktivität.
He|par (das, -s, -pa|ta) (griech.) Leber.
he|pa|tisch (Adj.) (griech.) zur Leber gehörig.
He|pa|ti|tis (die, -, -ti|ti|den) Leberentzündung.
Hep|ta|gon (das, -s, -e) (griech.) Kohlenwasserstoffverbindung.
Hep|ta|me|ter (der, -s, -) (griech.) siebenfüßiger Vers.
Hep|tan (das, -s, kein Plural) (griech.) ein Kohlenwasserstoff mit sieben Kohlenstoffatomen.
her (Adj.) hierher; bis heute; seit. von weit her; das ist weit hergeholt; sie liefen hin und her, *aber:* nach langem Hin und Her. *Beachte:* Zusammenschreibung in Verbindung mit Verben! herbemühen; herbitten; herbringen; herfahren; herführen; hergehören; herholen; herhören; herlaufen; herleiten; herreisen; herschauen; herschieben; *aber:* her sein.
he|r|ab (Adv.) herunter. *Beachte:* Zusammenschreibung in Verbindung mit Verben! herabblicken; herabfallen; herablassen; herabhängen; herabführen; herabsehen; herabsteigen; herabnehmen.
he|r|ab|las|sen (V., refl., ließ sich herab, hat sich herabgelassen) sich bequemen. Herablassung.
he|r|ab|las|send (Adj.) arrogant; hochnäsig.
he|r|ab|set|zen (V.) 1. ermäßigen; 2. mindern; 3. beleidigen. Herabsetzung.
he|r|ab|wür|di|gen (V.) kränken; herabsetzen. Herabwürdigung.
He|ral|dik (die, -, kein Plural) (franz.) Wappenkunde. Heraldiker; heraldisch.
he|r|an (Adv.) hierher; näher. *Beachte:* Zusammenschreibung in Verbindung mit Verben! heranbilden; heranbringen; heranfahren; herankommen; herandrücken; heranschaffen; herantasten; herantreten; heranwagen; heranziehen; *aber:* heran sein.
he|r|an|ar|bei|ten (V., refl.) sich mühsam nähern.
he|r|an|ma|chen (V., refl.) sich nähern; beginnen.
he|r|an sein (V., war heran, ist heran gewesen) da sein.
he|r|an|tra|gen (V., trug heran, hat herangetragen) vorbringen.
he|r|an|wach|sen (V., wuchs heran, ist herangewachsen) groß werden.
He|r|an|wach|sen|de (der/die, -n, -n) Jugendlicher/Jugendliche.
he|r|auf (Adv.) von unten nach (hier) oben. *Beachte:* Zusammenschreibung in Verbindung mit Verben! heraufbringen; heraufbitten; heraufdürfen; heraufführen; heraufhelfen; heraufkommen; heraufrufen; heraufschauen; heraufziehen.
he|r|auf|be|schwö|ren (V.) 1. verursachen; hervorrufen; 2. sich vorstellen.
he|r|auf|set|zen (V.) erhöhen; steigern.
he|r|aus (*auch:* her|aus) (Adv.) aus dem Innern nach außen. *Beachte:* Zusammenschreibung in Verbindung mit Verben! herausdringen; herausbitten; herausfallen; herausgehen; heraushalten; heraushauen; herausholen; herauskommen; herausplatzen; herausragen; herausrücken; herausziehen; *aber:* heraus sein.
he|r|aus|ar|bei|ten (V.) formen; deutlich machen; befreien. Herausarbeitung.
he|r|aus|be|kom|men (V., bekam heraus, hat herausbekommen) erfahren; beseitigen.
he|r|aus|bil|den (V.) sich entwickeln. Herausbildung.
he|r|aus|for|dern (V.) zum Kampf/Wettbewerb auffordern. Herausforderer; Herausforderung.
he|r|aus|ge|ben (V., gab heraus, hat herausgegeben) ausliefern; veröffentlichen; schlagfertig sein. Herausgabe; Herausgeber (Abk.: Hg. und Hrsg.).
he|r|aus|ge|hen (V., ging heraus, ist herausgegangen) offen/unbefangen sein. Du musst mehr aus dir herausgehen.
he|r|aus|ha|ben (V., hatte heraus, hat herausgehabt) Bescheid wissen; geschickt sein; etwas gelöst haben.
he|r|aus|kris|tal|li|sie|ren (V., refl.) deutlich werden; sich ergeben.
he|r|aus|neh|men (V., refl., nahm sich heraus, hat sich herausgenommen) sich erlauben.
he|r|aus|stel|len (V.) betonen; hervorheben. Es hat sich herausgestellt, dass …
he|r|aus|wach|sen (V., wuchs heraus, ist herausgewachsen) zu groß/alt werden für … Er ist aus dem Anzug herausgewachsen; *aber:* Ihr Selbstvertrauen ist aus den Erfahrungen heraus gewachsen.
herb (Adj.) bitter; unfreundlich. Herbe; Herbheit; herbsüß (*auch:* herb-süß).
Her|ba|ri|um (das, -s, -ri|en) (lat.) Trockenpflanzensammlung.
her|bei (Adv.) hierher. *Beachte:* Zusammenschreibung in Verbindung mit Verben! herbeieilen; herbeiholen; herbeikommen; herbeilaufen; herbei-

rufen; herbeischaffen; herbeiströmen; herbeiwünschen.

her'bei'füh'ren (V.) bewirken.

Her'ber'ge (die, -, -n) Unterkunft. Herbergsvater; Herbergsleiter; beherbergen.

Her'bi'vo're (der, -n, -n) (lat.) Pflanzenfresser.

Her'bi'zid (das, -s, -e) (lat.) Pflanzenvernichtungsmittel.

Herbst (der, -es, -e) Jahreszeit. Herbstanfang; Herbstblume; Herbstmode; Herbstnebel; Herbstsonne; Herbststurm.

Herbst'zeit'lose (die, -, -n) Liliengewächs.

herbs'te(l)n (V.) es wird Herbst.

Herd (der, -s/-es, -e) Ofen. Herdfeuer; Herdplatte.

Her'de (die, -, -n) 1. Gruppe von Tieren. 2. Schar; Menge. Herdentier; Herdentrieb; herdenweise.

Her'den'mensch (der, -en, -en) jmd., der Gemeinschaft mehr schätzt als allein zu sein.

he're'di'tär (Adj.) (franz.) erblich.

he're'die'ren (V.) (lat.) erben.

He're'di'tät (die, -, -en) (lat.) 1. Erbschaft; 2. Erbfolge.

he'r'ein (Adv.) von außen nach drinnen. *Beachte:* Zusammenschreibung in Verbindung mit Verben! hereinbringen; hereinfahren; hereinkommen; hereinlassen; hereinplatzen; hereinspazieren; hereintreten.

he'r'ein'be'kom'men (V., bekam herein, hat hereinbekommen) erhalten. Das Buch haben wir heute hereinbekommen.

he'r'ein'bre'chen (V., brach herein, ist hereingebrochen) unvermutet beginnen; überfallen.

he'r'ein'fal'len (V., fiel herein, ist hereingefallen) betrogen werden; enttäuscht werden. (ugs.) auf etwas/jmd. hereinfallen.

he'r'ein'le'gen (V.) täuschen; betrügen.

he'r'ein'ras'seln (V.) (ugs.) betrogen werden; in eine prekäre Situation geraten.

he'r'ein'schnei'en (V., ist) (ugs.) plötzlich auftauchen.

her'fal'len (V., fiel her, ist hergefallen) überfallen; beschimpfen. über jemanden herfallen.

her'ge'ben (V., gab her, hat hergegeben) geben; bieten; sich verschreiben. Hergabe.

her'ge'hen (V., ging her, ist hergegangen) sich ereignen. Hergang.

Her'ge'lau'fe'ne (der, -n, -n) Landstreicher.

her'hal'ten (V., hielt her, hat hergehalten) büßen.

He'ring (der, -s, -e) Fisch. *Beachte:* Zusammensetzungen mit Fugen-s! Heringsfilet; Heringssalat; Heringsfang.

He'ri'ta'bi'li'tät (die, -, kein Plural) (franz.) Erblichkeitsgrad (in der Genetik).

her'kom'men (V., kam her, ist hergekommen) kommen; entstehen durch; stammen. Herkunft; Herkunftsort; herkömmlicherweise.

Her'kom'men (das, -s, kein Plural) 1. Abstammung; Herkunft; Herkunftsort; 2. Tradition.

her'kömm'lich (Adj.) altgewohnt; althergebracht; traditionell.

Her'ku'les (der, -, -se) 1. Kraftmensch; 2. Sternbild (ohne Plural); 3. lat. Form von Herakles. Herkulesarbeit.

Her'ku'les'ar'beit (die, -, -en) fast übermenschlich anstrengende Arbeit.

her'ma'chen (V., refl., machte sich her, hat sich hergemacht) herfallen.

Her'm'a'ph'ro'dit (der, -en, -en) (griech.) Zwitter. Hermaphrodismus; Hermaphroditismus; hermaphroditisch.

Her'me (die, -, -n) (griech.) Büstensäule; Kultbild.

Her'me'lin 1. (das, -s, -e) Wiesel; 2. (der, -s, -e) Pelz.

Her'me'neu'tik (die, -, kein Plural) (griech.) Deutung; Auslegekunst. Adjektiv: hermeneutisch.

Her'mes (ohne Artikel, -, kein Plural) (griech.) Götterbote, Gott des Handels; Totenführer.

Her'me'tik (die, -, kein Plural) (griech.-lat.-engl.) 1. Alchimie, Magie (veraltet); 2. luftdichte Apparatur.

her'me'tisch (Adj.) (griech.) luft- und wasserdicht; abgeschlossen.

her'me'ti'sie'ren (V.) (griech.-lat.) luft- und wasserdicht verschließen.

Her'me'tis'mus (der, -, -men) 1. Stilrichtung der modernen italienischen lyrischen Dichtkunst; 2. eine vieldeutige, mysteriöse Aussage als Hauptmerkmal einer modernen Poesie.

her'nach (Adv.) nachher; später.

her'neh'men (V., nahm her, hat hergenommen) benutzen; beanspruchen.

Her'nie (die, -, -n) (lat.) Eingeweidebruch.

her'nie'der (Adv.) herunter.

He'roe (der, -n, -n) (griech.) Held. die Heroin; Heroenkult; Heroismus; heroisch; heroisieren.

He'ro'i'de (die, -, -n) (griech.) Heldenbrief, Liebesbrief eines Heroen oder einer Heroin als Gattung der Literatur.

He'ro'ik (die, -, kein Plural) (griech.) Heldenhaftigkeit.

He'ro'in (das, -s, kein Plural) Rauschgift aus Opium. Heroinsüchtiger; heroinsüchtig.

He'ro'on (das, -, -roa) (griech.) Heldenkultstätte. Grabmal.

He'ros (der, -, -ro'en) 1. griechischer Halbgott; 2. Held.

He'ro's't'rat (der, -en, -en) (griech.) Verbrecher aus Ruhm-, Geltungssucht.

he'ro's't'ra'tisch (Adj.) wie ein Herostrat; ruhmsüchtig.

Her'pes (der, -, kein Plural) (griech.) Bläschenausschlag.

Her'pe'to'lo'gie (die, -, kein Plural) (griech.) Wissenschaft von den Amphibien und Reptilien.

Herr (der, -n, -en) Anrede für Männer; Herrscher; Gott. *Beachte:* »Herr« wird vor Namen und Titeln immer gebeugt; Wir begegneten Herrn Müllers Frau. aus aller Herren Länder. wir werden seiner schon noch Herr werden. jemandes Herr und Gebieter (ironisch) (jemandes Ehemann); wie der Herr, so's Gescherr (ugs.) (die gleichen negativen Eigenschaften des Eigentümers, Vorgesetzten oder Verwandten übertragen sich oft); den Seinen gibt's der Herr im Schlafe (manche haben ein unverdientes Glück); der Herr im Haus sein (bestimmen, was gemacht wird). Herrenabend; Herrenbekleidung; Herrenzimmer; Herrgott; in aller Herrgottsfrühe; Herrgottswinkel; Herrin.

Her'ren'abend (der, -s, -e) gesellschaftliches Zusammensein in reiner Herrenrunde, ohne Damen.

Her'ren'dop'pel (das, -s, -) Tennismatch zwischen zwei mal zwei Herren.

Her'ren'ma'ga'zin (das, -s, -e) Zeitschrift für Herren; Sexmagazin.

Her'ren'rei'ter (der, -s, -) Reiter mit eigenem Pferd.

her|rich|ten (V.) reparieren; zurechtmachen. Herrichtung.

her|risch (Adj.) rechthaberisch; gebieterisch.

herr|lich (Adj.) großartig; sehr schön.

Herr|lich|keit 1. (die, -, -en) schöne, erlesene Dinge; 2. (die, -, kein Plural) Erhabenheit; Pracht; Schönheit.

Herr|schaft (die, -, kein Plural) Macht; Regierungsgewalt; Regentschaft; Regierung. Herrschaft noch mal (ugs.) (südd.) (Ausdruck der Verärgerung).

herr|schaft|lich (Adj.) fürstlich; feudal; aristokratisch, vornehm.

Herr|schafts|an|spruch (der, -s, -sprü|che) Machtanspruch. Einen Herrschaftsanspruch geltend machen.

Herr|schafts|be|zirk (der, -(e)s, -e) Hoheitsgebiet.

Herr|schafts|form (die, -, -en) Regime.

Herrsch|be|gier|de (die, -, -n) Begierde, zu herrschen. herrschbegierig.

herr|schen (V.) 1. regieren; 2. vorhanden sein.

herr|schend (Adj.) regierend.

Herr|scher (der, -s, -) Gebieter; Oberhaupt; Cäsar; Duce; Führer; Herr; Imperator; Machthaber; Potentat; Regent; Souverän.

Herr|scher|ge|schlecht (das, -s, -er) Dynastie.

Herr|scher|ge|walt (die, -, -kein Plural) Befehlsgewalt; Regierungsgewalt; Staatsmacht. Die Herrschergewalt innehaben.

Herr|scher|haus (das, -es, -häu|ser) Dynastie.

herrsch|süch|tig (Adj.) herrisch. Herrschsucht.

her|rüh|ren (V.) gründen; herstammen.

her|sa|gen (V.) aufsagen; auswendig sprechen.

her sein (V., war her, ist her gewesen) zurückliegen; stammen. Es ist fünf Jahre her gewesen, dass wir uns zuletzt sahen. Mir war nicht bewusst, dass es schon fünf Jahre her ist.

her|stel|len (V.) erzeugen; produzieren. Hersteller; Herstellung; Herstellungskosten.

Hertz (das, -, -) Frequenzmaßeinheit (Abk.: Hz).

he|r|über (Adv.) von der anderen Seite auf diese Seite. *Beachte:* Zusammenschreibung in Verbindung mit Verben! herüberbitten; herüberbringen; herüberkommen; herüberschauen; herüberwollen; herüberziehen.

he|r|um (Adv.) umher; ringsum. *Beachte:* Zusammenschreibung in Verbindung mit Verben! sich herumärgern; herumführen; um etwas herumkommen; herumlaufen; herumlungern; herummeckern; herumreisen; herumwerfen; herumziehen; *aber:* herum sein.

he|r|um|dok|tern (V.) (ugs.) ausprobieren; laienhaft zu heilen versuchen.

he|r|um|drü|cken (V.) (ugs.) sich herumtreiben; etwas umgehen.

he|r|um|fuhr|wer|ken (V.) (ugs.) wild und planlos hantieren.

he|r|um|krie|gen (V.) (ugs.) umstimmen; überreden.

he|r|um|schla|gen (V., refl., schlug sich herum, hat sich herumgeschlagen) abmühen; sich quälen.

he|r|um|spre|chen (V., refl., sprach sich herum, hat sich herumgesprochen) bekannt werden.

he|r|um|trei|ben (V., refl., trieb sich herum, hat sich herumgetrieben) vagabundieren.

He|r|um|trei|ber (der, -s, -) Taugenichts; Vagabund.

he|r|un|ter (Adv.) von oben nach unten. *Beachte:* Zusammenschreibung mit Verben! herunterbitten; herunterbrennen; herunterfallen; herunterhelfen; herunterlassen; herunterreißen; herunterziehen; *aber:* herunter sein.

he|r|un|ter|ge|hen (V., ging herunter, ist heruntergegangen) sinken; fallen; entfernt werden.

he|r|un|ter|ge|kom|men (Adj.) verwahrlost; verkommen.

he|r|un|ter|kom|men (V., kam herunter, ist heruntergekommen) nach unten kommen; verwahrlosen.

he|r|un|ter|spie|len (V.) abschwächen; verharmlosen.

her|vor (Adv.) nach vorn; von innen heraus. *Beachte:* Zusammenschreibung mit Verben! hervorbrechen; hervordrängen; hervorholen; hervorkehren; hervorleuchten; hervorragen; hervorspringen; hervortreten; hervorziehen.

her|vor|brin|gen (V., brachte hervor, hat hervorgebracht) erzeugen.

her|vor|ge|hen (V., ging hervor, ist hervorgegangen) folgen.

her|vor|he|ben (V., hob hervor, hat hervorgehoben) betonen.

her|vor|ra|gend (Adj.) ausgezeichnet.

her|vor|ru|fen (V., rief hervor, hat hervorgerufen) bewirken.

her|vor|tun (V., refl., tat sich hervor, hat sich hervorgetan) sich auszeichnen; sich wichtig machen.

Herz (das, -ens, -en) 1. Organ; 2. Gefühlszentrum; 3. Innerstes. Das ging zu Herzen; sich etwas zu Herzen nehmen; Hand aufs Herz! es liegt mir am Herzen; nimm das, es kommt von Herzen! eine herzerfreuende Angelegenheit, *aber:* eine das Herz erfreuende Angelegenheit. jmdm. geht das Herz auf (jmd. ist selig, jmd. wird in eine feierliche Stimmung versetzt); jemandes Herz hängt an jmdm./etwas (jmd. bedeutet jmd./etwas sehr viel); jmdm. fliegen die Herzen zu (jmd. gewinnt sehr schnell die Sympathie anderer Menschen); jmdm. dreht sich das Herz im Leibe um (jemanden bekümmert etwas sehr); jmdm. lacht/hüpft das Herz im Leibe (jmd. freut sich sehr); jmdm. rutscht das Herz in die Hose (ugs.) (jmd. hat große Angst); jemandes Herz schlägt höher (jmd. ist erwartungsvoll); jmdm. bleibt das Herz stehen (jmd. erschrickt sehr); jmdm. wird das Herz schwer (jmd. wird sehr traurig); ein Herz und eine Seele sein (unzertrennlich sein); alles, was das Herz begehrt (alles was man sich wünscht); jmdm. sein Herz ausschütten (jmdm. seine Sorgen und Nöte anvertrauen); jmdm. das Herz brechen (jmdm. sehr wehtun, jmdm. sehr viel Leid zufügen); sich ein Herz fassen/nehmen (seinen ganzen Mut zusammennehmen); nicht das Herz haben, etwas zu tun (sich nicht trauen, etwas zu tun); das Herz auf dem rechten Fleck haben (ein aufrichtiger, sympathischer Mensch sein); das Herz auf der Zunge tragen (all seine Gefühle und Empfindungen offen aussprechen); ein Herz für etwas haben (mitfühlend sein); sein Herz an jemanden/etwas hängen (jmdm./einer Sache seine Zuneigung geben); jmdm. sein Herz schenken (jmdm. seine Zuneigung schenken); jmdm. das Herz schwer machen (jemanden sehr traurig machen, jemanden tief bekümmern); das Herz zerreißen (jemandes Mitgefühl erwecken, jemanden sehr bekümmern); seinem Herzen Luft machen (ugs.) (sich von seinem Ärger befreien); jmdm. etwas ans Herz legen (jemanden bitten, etwas für ihn zu tun); ans Herz gewachsen sein (lieb gewonnen haben); etwas auf dem Herzen haben (ein Problem haben); jemanden/etwas auf Herz und Nieren prüfen (jemanden/etwas genauestens unter die Lupe nehmen); jmdm. aus dem Herzen gesprochen haben (genau die gleiche Meinung/Ansicht haben); aus seinem Herzen keine Mördergrube machen (freiheraus reden, offen aussprechen, was man denkt); aus tiefstem Herzen (aufrichtig); jemanden in sein Herz schließen (jemanden gern haben); jemanden ins Herz treffen (jemanden sehr verletzen); nach jemandes Herzen sein (nach jemandes Geschmack sein); es nicht übers Herz bringen, etwas zu tun (nicht fähig sein, etwas zu tun); jmdm. wird's leicht ums Herz (jmd. ist erleichtert); ein Kind unter dem Herzen tragen (schwanger sein); von Herzen gern (sehr gern). Herzensangelegenheit; Herzensbedürfnis.

herz'al'ler'liebst (Adj.) sehr lieb; sehr niedlich.

Herz'an'fall (der, -(e)s, -fäl'le) Herzattacke.

Herz'ass (*auch:* Herz-Ass) (das, -es, -e) Spielkarte. Herzbube; Herzdame.

Herz'blut (das, -(e)s, kein Plural) poetisch für tiefes Gefühl. Jmdm. blutet das Herz (jmd. ist sehr traurig). sein Herzblut für jemanden/etwas hingeben (sich voll und ganz für jemanden/etwas einsetzen).

her'zen (V.) jemanden/etwas liebkosen.

Her'zens'bre'cher (der, -s, -) Frauenheld; jemand, in den man sich schnell verliebt. jmdm. das Herz brechen (jemanden verliebt machen); alle Herzen im Sturm erobern (die Sympathie anderer schnell gewinnen). herzbrechend.

her'zens'gut (Adj.) gütig.

Her'zens'lust (der, -lüs'te, kein Plural) sehr gern. nach Herzenslust (so wie es jmdm. beliebt).

Her'zens'wunsch (der, -es, -wün'sche) inniger Wunsch.

herz'er'fri'schend (Adj.) erfreulich; fröhlich machend; herzerquickend.

herz'er'grei'fend (Adj.) rührend.

Herz'feh'ler (der, -s, -) Funktionsfehler des Herzens.

herz'för'mig (Adj.) in der Form eines Herzens.

herz'haft (Adj.) würzig; ordentlich; tüchtig. Herzhaftigkeit.

her'zie'hen (V., zog her, hat hergezogen) 1. nachziehen; 2. tratschen. Er ist/hat über sie hergezogen, *aber:* Es hat von der Tür her gezogen.

her'zig (Adj.) hübsch; niedlich.

Herz'in'farkt (der, -(e)s, -e) Herzversagen.

Herz'kir'sche (die, -, -n) dunkle, süße Kirschsorte.

Herz'klap'pe (die, -, -n) Teil des Herzens, der den Blutkreislauf steuert.

Herz'klop'fen (das, -s, kein Plural) starker Herzschlag aus Erregung.

herz'krank (Adj.) an einer Funktionsstörung des Herzens leidend.

Herz-Kreis'lauf-Er'kran'kung (die, -, - - -en) Funktionsstörung von Herz und Blutkreislauf.

Herz'lich'keit (die, -, kein Plural) Herzenswärme; Freundlichkeit; Innigkeit; Wärme; Wohlwollen.

herz'lich (Adj.) einnehmend; wohlwollend. aufs/auf das Herzlichste (*auch:* herzlichste). Herzlichkeit.

Herz'lo'sig'keit (die, -, kein Plural) Unbarmherzigkeit. herzlos.

Herz-Lun'gen-Ma'schi'ne (die, -, -n) Apparatur, die bei Herzoperationen die Funktion von Herz und Lunge übernimmt.

Herz'mas'sa'ge (die, -, -n) Sofortmaßnahme bei Herzstillstand, um die Herztätigkeit wieder anzuregen.

Her'zog (der, -s, -e/-zö'ge) Adeliger. Herzogin; Herzoginmutter; Herzogtum; herzoglich.

Herz'rhyth'mus'stö'rung (die, -, -en) Funktionsstörung des Herzens.

Herz'schritt'ma'cher (der, -s, -) von einem Mikroprozessor gesteuertes batteriebetriebenes Gerät, das durch Reizung des Herzmuskels den Schlagrhythmus stabilisiert.

Herz'still'stand (der, -es, kein Plural) Einstellung der Herztätigkeit.

Herz'trans'plan'ta'ti'on (die, -, -en) Herzverpflanzung.

Herz'ver'sa'gen (das, -s, kein Plural) Herzinfarkt.

herz'zer'rei'ßend (Adj.) jammervoll; bedauernswert.

Hes'pe'ri'de (die, -, -n) (griech.) Nymphe, die im Land gen Westen einen Baum voll goldener Äpfel hütet.

Hes'sen (ohne Art., -s, kein Plural) (dt.) Bundesland. Hesse; hessisch. *Aber:* Hessisch (Dialekt).

He'tä're (die, -, -n) (griech.) Geliebte/Freundin bedeutender Männer in der Antike.

he'te'ro.../He'te'ro... (griech.) anders.../Anders...; fremd... /Fremd...

He'te'ro'au'xin (das, -s, kein Plural) (griech.-lat.) bedeutendster Wachstumsstoff der höheren Pflanzen.

he'te'ro'dox (Adj.) (griech.) andersgläubig.

He'te'ro'ga'mie (die, -, -n) (griech.-lat.) Ungleichartigkeit der Partner bei der Partnerwahl.

he'te'ro'gen (Adj.) (griech.) verschiedenartig; andersartig. Heterogenität.

He'te'ro'ge'ne'se (die, -, kein Plural) (griech.-lat.) anormale Gewebebildung (Med.).

He'te'ro'ge'ni'tät (die, -, kein Plural) das Heterogensein.

He'te'ro'go'nie (die, -, kein Plural) (griech.-lat.) 1. die Entstehung aus Andersartigem; 2. die Entstehung aus anderen Wirkungen als den eigentlich beabsichtigten; 3. spezielle Form des Generationswechsels bei Tieren, wobei sich geschlechtlich fortpflanzende Generationen mit sich aus unbefruchteten Eiern entwickelnden Generationen abwechseln.

he'te'ro'morph (Adj.) (griech.) verschiedengestaltig.

he'te'ro'nom (Adj.) (griech.) unselbstständig; nicht autonom.

He'te'ro'no'mie (die, -, -n) (griech.-lat.) 1. von außen bezogene Gesetzgebung; Fremdgesetzlichkeit; 2. Abhängigkeit von anderen als der eigenen sittlichen Gesetzlichkeit; 3. Ungleichwertigkeit; Ungleichartigkeit.

He'te'ro'phyl'lie (die, -, kein Plural) (griech.) verschiedenartige Ausbildung der Blätter (einer Pflanzenart).

He'te'ro'plas'tik (die, -, -en) (griech.) Verpflanzung tierischen Gewebes auf den Menschen.

he|te|ro|se|xu|ell (Adj.) (griech.) verschiedengeschlechtlich. Heterosexualität.

he|te|ro|zy|got (Adj.) (griech.) mischerbig.

He|te|ro|zy|go|tie (die, -, kein Plural) (griech.) Mischerbigkeit.

he|te|ro|zy|k|lisch (Adj.) (griech.-lat.) außer Kohlenstoff noch andere Elemente als Ringglieder enthaltend (bei organischen Verbindungen).

Het|man (der, -s, -e) (dt.-poln.) oberster Kosakenführer.

Het|sche|petsch (die, -, -) (österr.) Hagebutte.

Hetz (die, -, kein Plural) (österr.) Spaß.

het|zen (V.) 1. jagen; 2. sich beeilen; 3. aufstacheln. Hetze; Hetzer; Hetzerei; Hetzjagd; Hetzhund.

het|ze|risch (Adj.) aufstachelnd; verleumderisch.

Hetz|kam|pa|g|ne (die, -, -n) verleumderische Aktion; Hexenjagd.

Heu (das, -s, kein Plural) getrocknetes Gras. Heuernte; Heugabel.

Heu|bo|den (der, -s, -bö|den) Scheune, wo Heu gelagert wird; Heustadel.

heu|cheln (V.) 1. sich verstellen; 2. vortäuschen.

Heuch|ler (der, -s, -) Scheinheiliger; Pharisäer; Leisetreter; Simulant. Heuchelei; heuchlerisch.

heu|er (Adv.) (südd.) in diesem Jahr.

Heu|er (die, -, -n) 1. Lohn; 2. Anstellung (Seemann). anheuern.

Heu|er|bü|ro (das, -s, -s) Stellenvermittlung für Seeleute, die anheuern wollen.

Heu|fie|ber (das, -s, kein Plural) Heuschnupfen; Pollenallergie.

Heul|bo|je (die, -, -n) Boje mit Sirene.

heu|len (V.) weinen, laut tönen. zum Heulen sein (ugs.) (niederschmetternd sein); heulen wie ein Schlosshund (ugs.) (laut und heftig weinen); Rotz und Wasser heulen (ugs.) (heftig weinen); das heulende Elend kriegen (es ist jmdm. zum Heulen zumute). Heulkrampf; Heulsuse (ugs.); Heulerei; Heulton.

Heu|mahd (die, -, -en) veraltet für Heuernte.

Heu|pferd (das, -(e)s, -e) grüne Laubheuschrecke.

heu|re|ka! (Interj.) (griech.) Ich hab's (gefunden; gelöst)!

heu|rig (Adv.) (südd.) diesjährig. Heurige (Wein; Weinlokal).

Heu|ris|tik (die, -, kein Plural) (griech.) die Kunst, neue Erkenntnisse zu finden.

Heu|schnup|fen (der, -s, kein Plural) Pollenallergie.

Heu|scho|ber (der, -s, -) im Freien gelagertes, aufgestapeltes Heu. Heumiete.

Heu|schre|cke (die, -, -n) Grashüpfer.

heu|te (Adv.) an diesem Tag; gegenwärtig. bis/erst/seit/von heute; heute Abend/früh (*auch:* Früh)/Mittag/Morgen/Nacht; hier und heute; von heute auf morgen; zwischen heute und morgen; heutigentags; heutig; heutzutage; gestern und heute. *Aber:* das Gestern und das Heute; das Heute (Gegenwart).

He|vea (die, -, -ve|en) (Ketschua-nlat.) der Kautschukbaum.

He|xa|eder (das, -s, -) (griech.) Würfel. Adjektiv: hexaedrisch.

He|xa|gon (das, -s, -e) (griech.) Sechseck. Adjektiv: hexagonal.

He|xa|gramm (das, -s, -e) (griech.) sechseckiger Stern aus zwei ineinandergeschobenen gleichseitigen Dreiecken; Davidstern.

He|xa|me|ter (der, -s, -) (griech.) Versform. Adjektiv: hexametrisch.

He|xan (das, -s, kein Plural) (griech.) ein Kohlenwasserstoff mit sechs Kohlenstoffatomen.

He|xa|po|de (der, -n, -n) (griech.) Insekt.

He|xe (die, -, -n) 1. Zauberin; 2. (ugs.) böse Frau. Hexenküche; Hexer; Hexerei.

he|xen (V.) beschwören; zaubern. Ich kann doch nicht hexen (ugs.) (so schnell geht das nicht).

He|xen|glau|be (der, -ns, kein Plural) Glaube an Hexen; Aberglaube.

He|xen|jagd (die, -, -en) Verfolgung angeblicher Hexen; Hetzkampagne; Verleumdungskampagne.

He|xen|kes|sel (der, -s, -) 1. Kessel, in dem die Hexe ihren Zaubertrank braut; 2. Menschenansammlung, die in ein Durcheinander ausartet; Hexenküche.

He|xen|meis|ter (der, -s, -) Zauberer.

He|xen|sab|bat (der, -s, -e) Hexenversammlung.

He|xen|ver|bren|nung (die, -, -en) Verbrennen angeblicher Hexen auf dem Scheiterhaufen.

He|xen|werk (das, -(e)s, kein Plural) Magie.

hfl (Abk.) holländischer Gulden.

hg (Abk.) **H**ekto**g**ramm.

Hg (Abk.) Quecksilber (chemisches Zeichen).

HGB (Abk.) **H**andels**g**esetz**b**uch.

Hi|a|tus (der, -, -) (griech.) Spalt; Lücke (Med.).

Hi|ber|na|ti|on (die, -, -ti|o|nen) (lat.) Winterschlaf.

Hi|bis|kus (der, -, -ken) (griech.) Pflanze; Eibisch.

hic et nunc (lat.) hier und jetzt.

Hick|hack (das, -s, -s) (ugs.) Streiterei.

Hi|cko|ry 1. (der, -s, -s) Walnussbaum; 2. (das, -s, kein Plural) Hickoryholz.

hick|sen (V.) (ugs.) Schluckauf haben.

Hi|dal|go (der, -s, -s) 1. niederer spanischer Adliger; 2. mexikanische Goldmünze.

Hi|d|ro|se (die, -, kein Plural) (griech.) die Schweißabsonderung.

Hi|d|ro|ti|kum (das, -s, -ka) (griech.-nlat.) schweißtreibendes Mittel.

hie (Adv.) (nur in der Wendung:) hie und da (ab und zu).

Hieb (der, -s/-es, -e) Schlag.

hieb|fest (Adj.) unverwundbar; unwiderlegbar. ein hieb- und stichfestes Argument.

hier (Adv.) an dieser Stelle. von hier aus; hier oben; hier unten; hierauf; hieraufhin; hieraus; hierher gehörig; hierherum; hierin; hierdurch; hierherein; hierher; hierherauf; hierorts; hierüber; hierum; hierinnen; hier und da; hiervon; hierzulande. hierbehalten; hierbleiben, hierherkommen; hierlassen; *beachte:* hier sein.

Hi|e|r|ar|chie (die, -, -n) (griech.) (pyramidenförmige) Rangfolge; Rangordnung. Hierarchisierung; hierarchisch.

hie|ra|tisch (Adj.) (griech.) priesterlich.

Hi|e|ro|du|le (der/die, -/-n, -n) Tempelsklave, -sklavin im alten Griechenland.

Hi|e|ro|gly|phe (die, -, -n) (griech.) 1. altägyptisches Schriftzeichen; 2. unleserliche Schrift. hieroglyphisch.

Hi|e|ro|kra|tie (die, -, -n) (griech.) Priesterherrschaft.

Hi|e|ro|mant (der, -en, -en) (griech.-lat.) Seher, der aus geopferten Tieren weissagt.

Hi|e|ro|man|tie (die, -, kein Plural) (griech.) Weissagung aus der Beschaffenheit von Eingeweiden geopferter Tiere.
Hi|e|ro|nym (das, -s, -e) (griech.-lat.) heiliger Name, der dem neuen Mitglied einer Kultgemeinschaft beim Eintritt verliehen wird.
Hi|e|ro|ny|mie (die, -, kein Plural) (griech.-lat.) Namenswechsel beim Eintritt in eine Kultgemeinschaft.
Hi|e|ro|phant (der, -en, -en) altgriechischer Oberpriester.
hie|sig (Adj.) einheimisch. Hiesige.
hie|ven (V.) eine Last hochziehen; heben.
Hi-Fi (Abk.) **Hi**gh **Fi**delity. Hi-Fi-Anlage; Hi-Fi-Turm.
high (Adj.) (engl.) in Hochstimmung; rauschhaft; berauscht (Drogen).
High Church (die, -, kein Plural) (engl.) Hochkirche.
High Fi|de|li|ty (die, -, kein Plural) (engl.) Gütebezeichnung für möglichst getreue Wiedergabe von Musik (Abk.: Hi-Fi).
High Heels (*auch:* High|heels) (die, nur Plural) Stöckelschuhe; hochhackige Schuhe.
High|life (*auch:* High Life) (das, -s, kein Plural) (engl.) exklusives Leben.
High|light (das, -s, -s) (engl.) glanzvoller Höhepunkt.
High Noon (der, -s, kein Plural) (engl.) entscheidender Höhepunkt; Spannungspunkt.
High|school (die, -, -s) (engl.) amerik. Schule, an die Grundschule anschließend.
High Sno|bi|e|ty (die, -, kein Plural) (engl.) ironisch für Angeber, die gern zur High Society gehören würden.
High So|ci|e|ty (die, -, -) (engl.) die »oberen Zehntausend«.
High|tech (der, -s, kein Plural) (engl.) (Kurzw.: High Technology) Spitzentechnologie. Hightechindustrie.
High|way (der, -s, -s) (engl.) Fernstraße.
Hi|ja|cker (der, -s, -) (engl.) Luftpirat.
Hil|fe (die, -, -n) Unterstützung; Hilfskraft. zu Hilfe kommen; mithilfe (*auch:* mit Hilfe) von; Erste (*auch:* erste) Hilfe. Hilfe suchende (*auch:* hilfesuchende) Menschen; die Hilfesuchenden (*auch:* Hilfe Suchenden).
hil|fe|fle|hend (Adj.) verzweifelt um Hilfe bittend.
Hil|fe|leis|tung (der, -, -en) Hilfe.
Hil|fe|ruf (der, -(e)s, -e) Alarm; Notsignal. hilferufend.
Hil|fe|stel|lung (die, -, -en) Unterstützung bei Turnübungen.
hilf|los (Adj.) hilfsbedürftig; hilfebedürftig; pflegebedürftig; schwach; schutzlos; wehrlos.
Hilf|lo|sig|keit (die, -, kein Plural) Ohnmacht; Ratlosigkeit.
hilf|reich (Adj.) nützlich.
Hilfs|ar|bei|ter (der, -s, -) ungelernter Arbeiter.
hilfs|be|dürf|tig (Adj.) arm; hilflos; mittellos; notleidend.
hilfs|be|reit (Adj.) aufmerksam; entgegenkommend; dienstbeflissen; erbötig; gefällig; uneigennützig.
Hilfs|be|reit|schaft (die, -, kein Plural) Gefälligkeit; Entgegenkommen.
Hilfs|gel|der (die, nur Plural) staatliche finanzielle Hilfen.
Hilfs|mit|tel (das, -s, -) Handwerkszeug; Rüstzeug; Utensil.
Hilfs|mo|tor (der, -s, -ren) kleiner Motor, der den Antrieb unterstützt, bei Fahrrädern, Segelschiffen, Segelflugzeugen.
Hilfs|schu|le (die, -, -n) Sonderschule für lernbehinderte Kinder.
Hilfs|she|riff (der, -s, -s) Hilfspolizist.
Hilfs|verb (das, -s, -en) Hilfszeitwort, wird zur Bildung der Zeitformen von Verben verwendet.
hilfs|wei|se (Adj.) provisorisch; als Behelf.
Hi|ja|cker (der, -s, -) (engl.) Luftpirat.
Hi|ja|cking (das, -(s), -s) (engl.) Flugzeugentführung.
Hill|bil|ly|mu|sic (*auch:* Hill|bil|li|mu|sik/Hill|billy-Mu|sic) (die, -, kein Plural) (engl.) amerikanische Volksmusik.
Hi|lus (der, -, Hi|li) (lat.) Ein- oder Austrittsstelle der Gefäße, Nerven usw. an einem Organ (Med.).
Hi|ma|la|ja (*auch:* Hi|ma|la|ya) (der, -s, kein Plural) Gebirge in Zentralasien.
Him|bee|re (die, -, -n) Frucht. Himbeergeist; himbeerfarben; himbeerfarbig.
Him|mel (der, -s, -) 1. Firmament; 2. Baldachin. Ach du lieber Himmel! (Ausdruck der Bestürzung, Überraschung); Himmeldonnerwetter! (Ausdruck der Überraschung oder Verärgerung); weiß der Himmel! (das ist ungewiss); der Himmel hängt voller Geigen (jmd. ist selig); den Himmel auf Erden haben (ugs.) (es sehr gut haben); jmdm. den Himmel auf Erden versprechen (jmdm. das allergrößte Glück versprechen); Himmel und Hölle in Bewegung setzen (ugs.) (alle Kräfte aufbieten, um etwas zu erreichen); um Himmels willen! (ugs.) (Ausruf des Erschreckens, der Verständnislosigkeit); aus heiterem Himmel (völlig unerwartet); aus allen Himmeln fallen (ugs.) (bitter enttäuscht werden); im siebten Himmel sein (ugs.) (überglücklich sein); jemanden/etwas in den Himmel heben (ugs.) (etwas über alle Maßen loben); zum Himmel schreien (ugs.) (anmaßend, unverschämt sein). himmelan.
him|mel|angst (Adj.) jmdm. wird himmelangst (jmd. bekommt große Angst).
Him|mel|bett (das, -es, -en) Paradebett; Prunkbett mit Dach und Vorhängen.
him|mel|blau (Adj.) hellblau.
Him|mel|fahrt (die, -, kein Plural) christliche Feiertage Christi Himmelfahrt und Mariä Himmelfahrt.
Him|mel|fahrts|kom|man|do (das, -s, -s) äußerst riskanter militärischer Auftrag.
him|mel|hoch (Adj.) sehr hoch. himmelhoch jauchzend, zu Tode betrübt (stimmungsmäßig hin- und hergerissen sein).
him|meln (V.) schwärmen; jemanden anhimmeln.
Him|mel|reich (das, -s, kein Plural) Paradies. Des Menschen Wille ist sein Himmelreich (jeder findet sein Glück auf seine Weise).
him|mel|schrei|end (Adj.) ungeheuerlich. ein himmelschreiendes Unrecht (ein empörendes Unrecht).
Him|mels|kör|per (der, -s, -) Stern; Asteroid; Fixstern; Gestirn; Mond; Planet.
Him|mels|kun|de (die, -, kein Plural) Astronomie.
Him|mels|lei|ter (die, -, -n) in der Biol. Sperrkraut.
Him|mels|me|cha|nik (die, -, kein Plural) Lehre von der Bewegung der Himmelskörper.

Him|mels|rich|tung (die, -, -en) Himmelsgegend; Richtung; Osten, Morgen, Süden, Mittag, Westen, Abend, Norden. in alle Himmelsrichtungen (überallhin).
Him|mel(s)|schlüs|sel (der, -s, -) Schlüsselblume; Primel.
Him|mel(s)|stür|mer (der, -s, -) Idealist.
Him|mels|zelt (das, -(e)s, kein Plural) in der Poesie das Firmament.
him|mel|wärts (Adv.) himmelan; hinauf.
him|mel|weit (Adj.) unendlich weit.
himm|lisch (Adj.) göttlich; köstlich.
hin (Adv.) nach; entlang; in Hinsicht; hin und wieder; bis hier hin (da), *aber:* bis hierhin und nicht weiter; über die ganze Strecke hin; gegen Mittag hin; nach langem Hin und Her; hin und her laufen (ziellos), *aber:* hin- und herlaufen (hin und zurück!); vor sich hin brummen/träumen/lachen, *aber:* (bei neuer/übertragener Bedeutung: Zusammenschreibung!): sich hingeben; auf etwas hinarbeiten, *aber:* hin sein. *Außerdem:* »hin« als Verbvorsilbe: hinbringen; hindürfen; hinfahren; hinfallen; hinfinden; hingehen; hingucken; hinhocken; hinknien; hinlegen; hinreisen; hinschauen; hinschicken; hinsetzen; hintragen; hintreten; hinwerfen; hinzielen, *auch:* hin sein. Hin- und Rückfahrt; Hin- und Rückflug; Hin- und Herweg; Hin- und Herreise; Hin- und Herfahrt, *aber:* das ewige Hin-und-her-Fahren; das Hin-und-her-Gerede.
hi|n|ab (Adv.) hinunter. *Beachte:* Zusammenschreibung in Verbindung mit Verben! hinabblicken; hinabsteigen; hinabstürzen; hinabtreiben.
hin|ar|bei|ten (V.) anstreben. Wir haben lange auf diesen Erfolg hingearbeitet. *Aber:* auf Aufforderung hin arbeiten.
hi|n|auf (Adv.) von unten nach oben. *Beachte:* Zusammenschreibung in Verbindung mit Verben! hinaufblicken; hinaufgehen; hinaufhelfen; hinaufklettern; hinaufreichen; hinaufziehen.
hi|n|auf|schrau|ben (V.) erhöhen; nach oben kurven.
hi|n|aus (Adv.) von innen nach außen. *Beachte:* Zusammenschreibung in Verbindung mit Verben! hinausbeugen; hinausekeln; hinausfahren; hinauslassen; hinausschieben; hinaustreiben; hinauswollen; *aber:* hinaus sein.
hi|n|aus|ge|hen (V., ging hinaus, ist hinausgegangen) nach draußen gehen; überschreiten. Alles darüber Hinausgehende musste selbst bezahlt werden.
hi|n|aus|ka|ta|pul|tie|ren (V.) nach draußen schleudern.
hi|n|aus|lau|fen (V., lief hinaus, ist hinausgelaufen) hinausrennen; enden; zum Ziel haben.
hi|n|aus sein (V., war hinaus, ist hinaus gewesen) überschritten haben; überwunden haben.
Hi|n|aus|stel|lung (die, -, -en) Ausschluss; Platzverweis (Sport). Verb: hinausstellen.
Hi|n|aus|wurf (der, -s, …würfe) Rausschmiss; Kündigung.
hin|be|ge|ben (V., refl., begab sich hin, hat sich hinbegeben) hinbewegen; hinfahren; hingehen.
hin|bie|gen (V., bog hin, hat hingebogen) (ugs.) in Ordnung bringen.
Hin|blick (der, -s, kein Plural) Gesichtspunkt. (in der Wendung:) im/in Hinblick auf (unter dem Gesichtspunkt).
hin|der|lich (Adj.) ungünstig; erschwerend; hemmend; hindernd; lästig; unbequem; zuwider.
hin|dern (V.) abhalten; hemmen. *Beachte:* Ein von »hindern« abhängiger Satz darf nicht verneint werden! Der Nebel hinderte uns nicht daran, noch weiter spazieren zu gehen.
Hin|der|nis (das, -ses, -se) 1. Beeinträchtigung; Behinderung; Einengung; Erschwerung; Handicap; Schwelle; 2. Hürde; Barriere; Blockade; Graben; Mauer; Schranke; Wall; Zaun. jmdm. Hindernisse in den Weg legen (jmdm. Schwierigkeiten bereiten).
Hin|der|nis|lauf (der, -(e)s, -läu|fe) leichtathletischer Laufwettbewerb mit Sprüngen über Hürden und Wassergräben.
Hin|der|nis|ren|nen (das, -s, -) im Pferdesport Galopprennen über Hürden oder Wassergräben und feste Hindernisse.
Hin|de|rung (die, -, -en) Verhinderung.
Hin|de|rungs|grund (der, -es, -grün|de) Einwand; Entschuldigung; Ausrede.
hin|deu|ten (V.) zeigen; ankündigen.
Hin|di (das, -/-s, kein Plural) neuindische (Staats-)Sprache.
Hin|din (die, -, -nen) (fachspr.) Hirschkuh; *auch:* Hinde.
Hin|du|is|mus (der, -, kein Plural) indische Religion. Hindu; hinduistisch.
Hin|du|kusch (der, -(s), kein Plural) zentralasiatisches Hochgebirge.
hin|durch (Adv.) durch; während. *Zusammenschreibung:* hindurcharbeiten; hindurchgehen; hindurchzwängen.
Hin|dus|ta|ni (das, -/-s, kein Plural) (pers.) die Verkehrssprache Hindi oder Urdu.
hi|n|ein (Adv.) von draußen nach drinnen. *Beachte:* Zusammenschreibung in Verbindung mit Verben: hineinbitten; hineingehen; hineingeraten; hineinrennen; hineinsteigern; hineintreten.
hi|n|ein|ver|set|zen (V., refl.) hineindenken; mitfühlen.
hin|fäl|lig (Adj.) ungültig; kraftlos.
Hin|fäl|lig|keit (die, -, kein Plural) Gebrechlichkeit.
Hin|ga|be (die, -, kein Plural) Begeisterung; Aufopferung; Eifer; Liebe.
hin|ge|ben (V., V., refl., gab hin, hat hingegeben) verschenken; sich aufopfern; genießen. *Beachte:* Er hat sich ausschließlich seinem Beruf hingegeben. *Aber:* auf sein Bitten hin geben. hingabefähig; hingebend.
hin|ge|bungs|voll (Adj.) voller Hingabe; aufopferungsvoll; mit vollem Einsatz. Hingebung.
hin|ge|gen (Konj.) dagegen.
hin|ge|ris|sen (Adj.) entzückt; begeistert. Hingerissenheit.
hin|hän|gen (V.) aufhängen; verraten.
hin|hal|ten (V., hielt hin, hat hingehalten) 1. hinstrecken; 2. einstehen für; 3. warten lassen. Hinhaltung.
Hin|hal|te|tak|tik (die, -, -en) Verzögerungsstrategie.
hin|hau|en (V.) (ugs.) 1. glücken; 2. sich schlafen legen; 3. schlagen.
hin|hor|chen (V.) zuhören.
hin|ken (V.; V., ist) Fuß nachziehen; nicht zutreffen. Er hat schon als Kind gehinkt. Er ist hinter uns hergehinkt. Der Vergleich hinkt. Hinkebein; Hinkefuß.
Hin|kel (das, -s, -) Huhn.
Hin|kel|stein (der, -s, -e) großer Fels.
hin|krie|gen (V.) (ugs.) zustande bringen.

hin|läng|lich (Adv.) ausreichend; genügend.
hin|neh|men (V., nahm hin, hat hingenommen) ertragen. Hinnahme.
hin|rei|chend (Adj.) genügend. Verb: hinreichen.
hin|rei|ßen (V., riss hin, hat hingerissen) 1. begeistern; 2. verleiten lassen. Adjektive: hinreißend; hingerissen.
hin|rich|ten (V.) 1. zurechtlegen; 2. töten. Hinrichtung.
Hin|run|de (die, -, -n) Vorrunde (Sport).
hin|schlep|pen (V.) mühsam vorankommen; sich verzögern.
hin sein (V., war hin, ist hin gewesen) (ugs.) erschöpft sein; tot sein; kaputt sein; begeistert sein. Das Radio wird doch nicht hin sein!
hin|sicht|lich (Präp., Gen.) betreffend. *Beachte:* in Hinsicht auf.
Hin|spiel (das, -s, -e) erstes Spiel (Sport).
hin|stel|len (V.) absetzen; sich bezeichnen.
hint|an (Adv.) zurück... hintansetzen; hintanstellen. Hintansetzung; Hintanstellung.
hin|ten (Adv.) 1. auf der Rückseite; 2. an letzter Stelle. hinten und vorne (ganz und gar); nicht mehr wissen, wo hinten und vorne ist (ugs.) (völlig überfordert, völlig ratlos sein); jemanden am liebsten von hinten sehen (ugs.) (jemanden nicht leiden können). *Beachte:* hintendrauf; hintenherum; hintenhin; hintenüber; hintenüberkippen; hintenüberstürzen.
hin|ter (Präp., Dat./Akk.) auf der Rückseite. Der Baum steht hinter dem Haus (»Wo?« Dativ). Sie gingen hinter das Haus (»Wohin?« Akkusativ). *Beachte:* hinterdrein; hinterher; hinterrücks; die Rechnung lag zu hinterst; der Hinterste. Hinterausgang; Hintereingang; Hinterhaus; Hinterhof; Hinterrad; ins Hintertreffen kommen; Hinterteil; Hintertreppe.
Hin|ter|ach|se (die, -, -n) hintere Achse eines Fahrzeugs.
Hin|ter|bein (das, -s, -e) bei Vierbeinern die hinteren Beine. sich auf die Hinterbeine stellen (ugs.) (sich anstrengen; sich sträuben, sich weigern, sich widersetzen).
Hin|ter|blie|be|ner (der, -n, -n) Angehöriger eines Verstorbenen. Hinterbliebenenrente; hinterblieben.
hin|ter|brin|gen (V., hinterbrachte, hat hinterbracht) überbringen. Hinterbringung.
hin|ter|dreinlau|fen (V., lief hinterdrein, ist hinterdreingelaufen) hinterherlaufen.
hin|ter|ei|n|an|der (Adv.) einer hinter dem anderen; der Reihe nach. Die Mannschaften sollen hintereinanderstehen. hintereinanderschalten; *aber:* hintereinander ankommen; sich hintereinander aufstellen; hintereinander hergehen.
hin|ter|fot|zig (Adj.) (ugs.) hinterlistig. Hinterfotzigkeit.
hin|ter|fra|gen (V.) nach den Hintergründen forschen. Hinterfragung.
Hin|ter|ge|dan|ke (der, -n, -n) Absicht.
hin|ter|ge|hen (V., hinterging, hat hintergangen) täuschen; betrügen.
Hin|ter|ge|hung (die, -, -en) Unterschlagung.
Hin|ter|glas|ma|le|rei (die, -, -en) Malerei in deckenden Farben auf der Rückseite einer Glasscheibe.
Hin|ter|grund (der, -es, -grün|de) 1. Raumtiefe; Fond; Tiefe; Kulisse; Prospekt; 2. Hintergrundwissen; Background; Geld; Machtmittel; Kenntnis; Wissen. sich im Hintergrund halten (nicht öffentlich hervortreten); jemanden/etwas in den Hintergrund drängen (etwas nicht beachten); in den Hintergrund treten (sich zurückziehen, an Bedeutung verlieren). Hintergrundwissen.
hin|ter|grün|dig (Adj.) schwer durchschaubar. Hintergründigkeit.
Hin|ter|grund|strah|lung (die, -, -en) Drei-Kelvin-Strahlung; im Weltall gleichmäßig verteilte Radiowellenstrahlung.
Hin|ter|halt (der, -(e)s, -e) Lauer; Versteck; Falle; Täuschung; Tücke.
hin|ter|häl|tig (Adj.) hinterlistig; intrigant; verschlagen; hinterfotzig (ugs.). Hinterhältigkeit.
Hin|ter|hand (die, -, -hän|de) bei Pferden die Hinterbeine.
Hin|ter|kopf (der, -es, -köp|fe) hinterer Teil des Kopfes. etwas im Hinterkopf haben/behalten (ugs.) (etwas im Bewusstsein behalten).
Hin|ter|land (das, -(e)s, kein Plural) das Land hinter dem Deich; ländliche Umgebung einer Stadt.
hin|ter|las|sen (V., hinterließ, hat hinterlassen) vererben.
Hin|ter|las|sen|schaft (die, -, -en) Erbschaft.
Hin|ter|las|sung (die, -, kein Plural) das Zurücklassen. Jmd. verschwindet unter Hinterlassung großer Schulden.
hin|ter|le|gen (V.) aufbewahren lassen; als Pfand lassen.
Hin|ter|le|gung (die, -, -en) Bürgschaft.
hin|ter|lis|tig (Adj.) 1. hinterhältig; 2. falsch. Hinterlistigkeit; Hinterlist.
hin|term (Präp.) (ugs.) hinter dem.
Hin|ter|mann (der, -es, -män|ner) 1. Drahtzieher; Anstifter; 2. Nachbar.
Hin|tern (der, -, -) Gesäß; Hinterteil. sich auf den Hintern setzen (ugs.) (sich an die Arbeit machen); sich in den Hintern beißen (ugs.) (sehr verärgert sein); jmdm. in den Hintern treten (ugs.) (jemanden antreiben, etwas zu tun); jemanden in den Hintern kriechen (ugs.) (jemandem in unwürdiger Weise schmeicheln); jmdm. mit dem nackten Hintern ins Gesicht springen (ugs.) (sehr wütend auf jemanden sein).
hin|ter|rücks (Adv.) von hinten.
hin|ters (Präp.) (ugs.) hinter das.
hin|ter|sin|nig (Adj.) schwermütig. Hintersinnigkeit; sich hintersinnen (schweiz.).
Hin|ter|tref|fen (das, -s, kein Plural) Nachteil. (nur in Redewendungen:) im Hintertreffen sein (im Nachteil sein); ins Hintertreffen geraten (überrundet werden, in eine schlechtere Position geraten).
hin|ter|trei|ben (V., hintertrieb, hat hintertrieben) vereiteln.
Hin|ter|tür (die, -, -en) 1. Ausweg; 2. Türe. sich eine Hintertür/ein Hintertürchen offenhalten (ugs.) (sich noch eine andere Möglichkeit offenlassen); durch die Hintertür/durch das Hintertürchen (heimlich).
Hin|ter|wäld|ler (der, -s, -) Provinzler.
hin|ter|wäld|le|risch (Adj.) rückschrittlich.
hin|ter|zie|hen (V., hinterzog, hat hinterzogen) unterschlagen. Hinterziehung.
hi|n|ü|ber (Adv.) von dieser Seite auf die andere Seite. *Beachte:* Zusammen-

schreibung in Verbindung mit Verben: hinüberbringen; hinübergehen; hinüberlaufen; hinüberreichen; hinüberretten; hinüberschauen.

hi'n'ü'ber sein (V., war hinüber, ist hinüber gewesen) (ugs.) verbraucht sein; defekt sein; tot sein.

hi'n'un'ter (Adv.) von oben nach unten. *Beachte:* Zusammenschreibung in Verbindung mit Verben: hinunterbegleiten; hinunterbringen; hinunterfallen; hinunterklettern; hinunterreichen; hinunterreißen.

hin'wärts (Adv.) auf dem Hinweg.

hin'weg (Adv.) weg; fort. *Beachte:* Zusammenschreibung in Verbindung mit Verben: hinwegfegen; hinweggehen; hinwegraffen.

hin'weg'ge'hen (V., ging hinweg, ist hinweggegangen) nicht beachten.

hin'weg'kom'men (V.) kam hinweg, ist hinweggekommen) überwinden.

hin'weg'se'hen (V., sah hinweg, hat hinweggesehen) nicht beachten.

hin'weg sein (V., war hinweg, ist hinweg gewesen) überwunden haben.

hin'weg'set'zen (V.) außer Acht lassen.

hin'wei'sen (V., wies hin, hat hingewiesen) verweisen; auf etwas zeigen. Hinweis; Hinweisung; Hinweisschild; hinweisendes Fürwort (Demonstrativpronomen).

hin'wen'den (V., refl., wandte sich hin, hat sich hingewandt) zuwenden. Hinwendung.

hin'zie'hen (V., refl., zog sich hin, hat sich hingezogen) lange dauern.

hin'zu (Adv.) dazu. *Beachte:* Zusammenschreibung in Verbindung mit Verben: hinzukommen; hinzunehmen; hinzutreten; hinzuzählen; hinzuziehen.

hin'zu'fü'gen (V.) ergänzen.

hin'zu'ge'sel'len (V., refl.) sich anschließen.

hin'zu'kom'men (V., kam hinzu, ist hinzugekommen) dazukommen. *Aber:* Getrenntschreibung: hinzu kommt, dass …

Hinz und Kunz (keine Dekl.) (ugs.) (abwertend) jeder; alle möglichen Leute.

hin'zu'tun (V., tat hinzu, hat hinzugetan) hinzufügen. Ohne sein Hinzutun hätten wir es nicht geschafft.

Hi'obs'bot'schaft (die, -, -en) Unglücksnachricht. Das ist eine Hiobsbotschaft (das ist eine schlechte Nachricht) (Redewendung nach der Bibel, Buch Hiob.).

hip (Adj.) (ugs.) modern; sehr aktuell; auf der Höhe des Zeitgeistes. hipper, hip(p)ste.

Hip-Hop (das, -s, kein Plural) (*auch:* Hip'hop). Musikrichtung, die Rap und Funk verbindet.

Hip'p'i'a't'rie (die, -, kein Plural) = Hippiatrik.

Hip'p'i'a't'rik (die, -, kein Plural) (griech.) Pferdeheilkunde.

Hip'pie (der, -s, -s) (engl.) »Blumenkind«; Anhänger einer antibürgerlichen friedlichen Bewegung.

Hip'po'drom (das, -s, -e) (griech.) Reitbahn.

hip'po'kra'tisch (Adj.) (griech.) zur Lehre des altgriechischen Arztes Hippokrates gehörig.

hip'po'kra'ti'scher Eid (der -e-, -en -es, -en -e) zu ärztlicher Ethik verpflichtender Eid, geht auf den altgriech. Arzt Hippokrates zurück.

Hip'po'kre'ne (die, -, kein Plural) (griech.) durch Hufschlag des Pegasus entstandene (Musen-)Quelle.

Hip'po'lo'ge (der, -n, -n) (griech.) Pferdekundler.

Hip'po'lo'gie (die, -, kein Plural) (griech.) Pferdekunde.

hip'po'lo'gisch (Adj.) (griech.) pferdekundlich.

Hip'po'po'ta'mus (der, -, -) (griech.) Flusspferd.

Hip'pu'rit (der, -en, -en) fossile Muschel.

Hi'ra'ga'na (die, -, kein Plural) japanische Silbenschrift.

Hirn (das, -s, -e) 1. Gehirn; 2. (ugs.) Verstand; Geist. Hirnblutung; Hirnrinde; hirnverletzt.

Hirn'ge'spinst (das, -es, -er) (ugs.) Einbildung; Erfindung.

Hirn'haut'ent'zün'dung (die, -, -en) in der Med. Gehirnhautentzündung; Meningitis.

Hirn'holz (das, -es, -hölzer) Holzzuschnitt mit sichtbaren Jahresringen.

hirn'los (Adj.) (ugs.) sinnlos; verrückt; hirnrissig; hirnverbrannt.

Hirsch (der, -es, -e) Wild. Hirschgarten; Hirschkuh; Hirschsprung.

Hirsch'fän'ger (der, -s, -) gerades, kurzes Seitengewehr des Jägers.

Hirsch'horn'salz (das, -es, kein Plural) Backtriebmittel.

Hirsch'kä'fer (der, -s, -) Blatthornkäfer.

hirsch'le'dern (Adj.) aus Hirschleder gemacht.

Hir'se (die, -, -n) Korn. Hirsebrei; Hirsekorn.

Hir'su'tis'mus (der, -, kein Plural) (lat.) übermäßige Körperbehaarung (bei Frauen).

Hir'te (der, -n, -n) 1. Tierhüter; 2. Geistlicher.

Hir'ten'amt (das, -es, -äm'ter) veraltet für den Beruf des Pfarrers.

Hir'ten'brief (der, -es, -e) Rundschreiben des Bischofs an seine Pfarrer.

Hir'ten'flö'te (die, -, -n) einfache Rohrflöte der Hirten.

Hir'ten'stab (der, -es, -stä'be) Bischofsstab.

Hir'ten'volk (das, -es, -völ'ker) Nomaden.

Hi'ru'din (das, -s, kein Plural) (lat.) gerinnungshemmender Wirkstoff in den Speicheldrüsen der Blutegel.

His'bol'lah (die, -, kein Plural) schiitische radikale Partei mit dem Ziel, einen islamistisch-fundamentalistischen Staat zu errichten (arab. für »Partei Gottes«). ein Hisbollah (Anhänger der Hisbollah).

His'pa'ni'dad (die, -, kein Plural) (span.) Spaniertum; das Bewusstsein aller Spanisch sprechenden Völker um ihre gemeinsame Kultur, ihre gemeinsamen Wurzeln.

His'pa'nis'mus (der, -, -men) eine bewusst oder fälschlicherweise vorgenommene Übertragung einer für die spanische Sprache charakteristischen Eigenschaft oder Erscheinung auf eine nichtspanische Sprache in lexikalischer oder syntaktischer Hinsicht.

His'pa'nist (der, -en, -en) Bezeichnung für jemanden, der sich wissenschaftlich mit der Hispanistik befasst.

His'pa'nis'tik (die, -, kein Plural) die Wissenschaft von der spanischen Sprache und Literatur.

His'pa'ni'tät (die, -, kein Plural) = Hispanidad.

his|sen (V.) (Flagge, Segel) hochziehen. Hissung.
His|t|a|min (das, -s, -e) (griech.-nlat.) ein Gewebshormon.
His|to|ge|ne|se (die, -, kein Plural) (griech.) Gewebsentstehung.
His|to|gramm (das, -s, -e) (griech.) Säulendiagramm zur Darstellung statistischer Häufigkeiten.
His|to|lo|gie (die, -, kein Plural) (griech.) Gewebelehre. Adjektiv: histologisch.
His|to|ly|se (die, -, -n) (griech.) Gewebeauflösung.
His|to|rie (die, -, -n) (griech.) Geschichte; Erzählung.
His|to|ri|en|ma|le|rei (die, -, kein Plural) Darstellung von historischen Ereignissen in der Malerei.
His|to|rik (die, -, kein Plural) Lehre von den Methoden der Geschichtswissenschaft.
His|to|ri|ker (der, -s, -) Geschichtswissenschaftler.
His|to|rio|graf (*auch:* His|to|rio|graph) (der, -en, -en) (griech.) Geschichtsschreiber.
His|to|rio|gra|fie (*auch:* His|to|rio|gra|phie) (die, -, kein Plural) (griech.) Geschichtsschreibung.
His|to|rio|lo|gie (die, -, kein Plural) (griech.-lat.) Studium und Kenntnis der Geschichte.
his|to|risch (Adj.) geschichtlich. ein historischer Moment.
his|to|ri|sie|ren (V.) das Geschichtliche betonen, anstreben.
His|to|ris|mus (der, -, -men) (griech.-nlat.) 1. Geschichtlichkeit; Geschichtsverständnis aus den Zusammenhängen heraus; 2. Baustil (der Jahrhundertwende) mit einer Vielzahl übernommener historischer Stilformen.
His|to|rist (der, -en, -en) (griech.-lat.) Vertreter des Historismus.
his|to|ris|tisch (Adj.) zum Historismus gehörig.
His|to|ri|zis|mus (der, -, kein Plural) (griech.-nlat.) Überbetonung des Geschichtlichen.
His|to|ri|zi|tät (die, -, kein Plural) (griech.-lat.) Geschichtsbewusstsein; Geschichtlichkeit.
His|t|ri|o|ne (der, -n, -n) (lat.) altrömischer Schauspieler.
Hit (der, -s, -s) (engl.) erfolgreicher Schlager; Verkaufsschlager. Hitliste; Hitparade.
hitch|hi|ken (V.) (engl.) per Anhalter fahren.
Hitch|hi|ker (der, -s, -) (engl.) Tramper.
Hit|ze (die, -, kein Plural) 1. große Wärme; Affenhitze (ugs.); Bullenhitze (ugs.); Gluthitze; Schwüle; Wärme; 2. Erregung; Leidenschaft; Hitze abweisend (*auch:* hitzeabweisend); Hitzefrei (*auch:* hitzefrei) haben; *aber immer:* kein Hitzefrei bekommen; in der Hitze des Gefechts (in der Eile).
hit|ze|be|stän|dig (Adj.) hohen Temperaturen widerstehend.
hit|ze|emp|find|lich (Adj.) unter hohen Temperaturen leidend.
Hit|ze|fe|ri|en (die, -, Pluralwort) Schulferien wegen Hitze.
Hit|ze|wel|le (die, -, -n) 1. über längere Zeit heißes Wetter; 2. Schweißausbruch.
hit|zig (Adj.) aufbrausend; leidenschaftlich.
Hitz|kopf (der, -es, köp|fe) Heißsporn; Choleriker; Enthusiast; Fanatiker; Feuerkopf; Jähzornspinkel; Zornnickel.
Hitz|schlag (der, -es, -schlä|ge) Sonnenstich.
Hi|wi (der, -s, -s) (Kurzw.: Hilfswilliger) Hilfskraft.
hl (Abk.) **H**ekto**l**iter.
hl. (Abk.) **h**ei**l**ig.
H-Milch (die, -, -) (Kurzw.: hoch erhitzte Milch) haltbar gemachte Milch.
h-Moll (das, -, kein Plural) Tonart. h-Moll-Tonleiter.
HNO-Arzt (Abk.) **H**als-**N**asen-**O**hren-**Arzt**. Der HNO-ärztliche Befund war negativ.
Hob|by (das, -s, -s) (engl.) Steckenpferd. Hobbyist, Hobbyistin.
Hob|by|kel|ler (der, -s, -) Werkraum.
Hob|by|schrift|stel|ler (der, -s, -) jmd., der nebenberuflich schreibt.
Ho|bel (der, -s, -) Werkzeug. Hobelbank; Hobelmaschine; Hobelspan.
ho|beln (V.) ein Werkstück spanab hebend bearbeiten. Wo gehobelt wird, da fallen Späne. (Wo viel gearbeitet wird, da muss man sich auf Unannehmlichkeiten gefasst machen, wo unter Stress gearbeitet wird, da kommen auch Fehler vor.).
Hob|bock (der, -s, -s) (engl.) verschließbares Versandgefäß aus Blech (z. B. für Fett).
Ho|bo (der, -s, -s) (amerik.) auf der Suche nach Jobs herumwandernder Arbeiter in den Vereinigten Staaten zu Beginn des 20. Jahrhunderts.
hoch (Adj., höher, am höchsten) oben; groß. ein Hoch aussprechen; ein Hoch erstreckt sich; in die Höhe halten. hochachtungsvoll, *aber:* Hochachtungsvoll (Grußformel am Briefende); ein hochaktuelles Thema; hochanständig; hochbegabt (*auch:* hoch begabt); hochbeglückt (*auch:* hoch beglückt); hochbeinig; hochbetagt; hoch bezahlt (*auch:* hochbezahlt); hochdeutsch, *aber:* das Hochdeutsche, auf Hochdeutsch; hoch dotiert (*auch:* hochdotiert); hochempfindlich; die hocherfreuten Eltern; hochexplosiv; hochfein; hochgebildet; hochgeboren, *aber:* Euer Hochgeboren; hochgeehrt (*auch:* hoch geehrt); hochgelehrt; hochgemut; hochgeschlossen; hochgesteckt; hochgestellt; hochgestochen (eingebildet); hochgiftig; hochglänzend; hochglanzpoliert; hochgradig; hochhackige Schuhe; hochherrschaftlich; hoch industrialisiert (*auch:* hochindustrialisiert); hochinteressant; hochkarätig; hoch kompliziert (*auch:* hochkompliziert); hochländisch; hochlöblich; hochmodern; hoch motiviert (*auch:* hochmotiviert); hochmütig; hochnäsig; hochprozentig; hoch qualifiziert (*auch:* hochqualifiziert); hochrot; hochschwanger; hochsprachlich; hochtönend; hochtourig; hochtrabend; hochverdient; hochverehrt; hochwertig; hochwirksam; hochwohlgeboren, *aber:* Euer Hochwohlgeboren. Adverb: hochkant. Verben: Getrenntschreibung, wenn »hoch« die Bedeutung »nicht niedrig« hat, *aber:* Zusammenschreibung, wenn »hoch« die Bedeutung »in die Höhe« hat oder wenn eine neue übertragene Bedeutung entsteht! hocharbeiten; hochbekommen; hochbinden; hochbringen; hochdrehen; hochheben; hochholen; hochklettern; hochkommen; hochlegen, *aber:* die Füße hoch (nicht niedrig) legen; hochpreisen; hochschlagen; hochschrecken; hochspringen, *aber:* Ich kann nicht so hoch springen wie du; hochstellen; hochwirbeln; hochziehen.

hoch achten (*auch:* hochachten) (V.) schätzen; verehren. Hochachtung; hochachtungsvoll.
Hochadel (der, -s, kein Plural) alter Adel von hohem Rang.
Hochaltar (der, -es, -täre) in der kath. Kirche der Hauptaltar.
Hochamt (das, -es, -ämter) in der kath. Kirche feierliche Form des Gottesdienstes.
hochauflösend (Adj.) besonders fein (in der Fernsehtechnik).
Hochbahn (die, -, -en) über der Straße fahrende Stadtschnellbahn.
Hochbau (der, -es, kein Plural) Bezeichnung für Bereiche des Bauwesens, die sich mit Bauten über dem Erdniveau befassen.
Hochbetrieb (der, -(e)s, kein Plural) Stoßzeit.
Hochblüte (die, -, kein Plural) etwas hat seinen höchsten Standard erreicht; Blüte; Blütezeit; Glanzzeit; Hochkonjunktur. Die Bäume stehen in Hochblüte. die Dichtung hatte ihre Hochblüte.
Hochburg (die, -, -en) Mittelpunkt; Zentrum einer Bewegung.
Hochdeutsch (das, -s, kein Plural) Schriftsprache. Hochdeutsch mit Streifen (ugs.) (nicht einwandfreies Hochdeutsch, gekünsteltes Deutsch, geziert, gespreizt, geschraubt, steif sprechen).
Hochdruck (der, -(e)s, kein Plural) 1. in der Physik Druck von mehr als 100 Bar; 2. in der Technik Druckverfahren, bei dem alle zu druckenden Elemente erhaben sind; Buchdruck. unter Hochdruck (ugs.) (mit Nachdruck, intensiv).
Hochdruckgebiet (das, -es, -e) Gebiet hohen Luftdrucks; Antizyklone; Schönwetterzone.
Hochebene (die, -, -n) Hochplateau.
Hochepot (das, -, kein Plural) (franz.) Eintopfgericht.
hochfahren (V., fuhr hoch, ist hochgefahren) aufschrecken.
Hochfinanz (die, -, kein Plural) Geldaristokratie.
hochfliegen (V., flog hoch, ist hochgeflogen) auffliegen; entdeckt werden. Die Sache ist hochgeflogen. *Aber:* Das Flugzeug ist nicht sehr hoch geflogen. Adjektiv: hochfliegend (ehrgeizig), *aber:* ein hoch fliegender Vogel.
Hochform (die, -, kein Plural) in guter Verfassung sein; Bestform; Höchstform.
Hochgebirge (das, -s, -) Berge über 1500 Meter, Alpen.
Hochgefühl (das, -s, kein Plural) Begeisterung; Freude.
hochgehen (V., ging hoch, ist hochgegangen) steigen; aufbrausen; explodieren; entdeckt werden.
Hochgenuss (der, -es, -genüsse) Freude; Labsal.
Hochglanz (der, -es, kein Plural) funkelnder Glanz. etwas auf Hochglanz bringen (etwas sehr sauber machen).
hochhalten (V., hielt hoch, hat hochgehalten) in die Höhe halten; verehren. Er hat seine Eltern immer hochgehalten. *Aber:* Kannst du das Bild mal nicht so hoch (etwas tiefer) halten?
Hochhaus (das, -es, -häuser) Haus mit mehr als sechs Stockwerken; Wolkenkratzer.
Hochherzigkeit (die, -, kein Plural) Edelmut.
hochjagen (V.) 1. aufscheuchen; 2. Motor auf hohe Drehzahl bringen.
hochjubeln (V.) übermäßig loben; in die Höhe treiben.
hochkant (Adv.) auf der Schmalseite. jemanden hochkant hinauswerfen/rausschmeißen (ugs.) (jemanden nachdrücklich hinauswerfen).
Hochkirche (die, -, kein Plural) die engl. High Church.
Hochkonjunktur (die, -, kein Plural) Aufschwung; Saison.
Hochkultur (die, -, -en) auf sehr hohem Niveau stehende Kultur.
Hochland (das, -es, -länder/-lande) über 200 Meter Meereshöhe liegende Landschaft.
hochleben (V.) (nur in der Verbindung:) hochleben lassen (feiern). *Aber:* Er lebe hoch!
Hochleistungssport (der, -es, kein Plural) körperlich anspruchsvoller Sport auf hohem Niveau.
Hochmeister (der, -s, -) 1. Vorstand eines geistlichen Ritterordens; 2. Präsident einer Freimaurerloge.
Hochmoor (das, -es, -e) ein erhöht liegendes, mit Torfmoos bewachsenes Moor.
Hochmut (der, -es, kein Plural) Überheblichkeit. Hochmut kommt vor dem Fall. (Wer zu überheblich ist, der wird dafür bestraft werden.) (Redewendung aus der Bibel, Sprüche Salomos 16,17).
Hochnäsigkeit (die, -, kein Plural) Arroganz.
Hochnebel (der, -s, kein Plural) trübes Wetter; Inversionswetterlage.
hochnehmen (V., nahm hoch, hat hochgenommen) 1. necken; 2. auf fliegen lassen; 3. in die Höhe halten.
Hochofen (der, -s, -öfen) bis 50 Meter hoher Ofen zur kontinuierlichen Gewinnung von Roheisen.
hochpäppeln (V.) 1. aufziehen; 2. gesund machen.
hochrappeln (V., refl.) wieder aufraffen.
hochrechnen (V.) statistisch abschätzen. Das lässt sich schlecht hochrechnen. *Aber:* Das sind(,) hoch gerechnet(,) (höchstens) 20 Prozent.
Hochrechnung (die, -, -en) bei Wahlen übliches Verfahren, aus vorliegenden Einzeldaten auf ein Endergebnis zu schließen. Hochrechnungsergebnis.
Hochruf (der, -(e)s, -e) Ausruf von Hoch, Vivat, Salut; Hallo; Hurra; Trinkspruch.
Hochsaison (die, -, -s) Hauptsaison.
hoch schätzen (*auch:* hochschätzen) (V.) verehren.
Hochschätzung (die, -, kein Plural) Achtung; Wertschätzung.
Hochschule (die, -, -en) Universität.
Hochschüler (der, -s, -) Student.
Hochschulrahmengesetz (das, -es, -e) rechtliche Grundlage für die Universitäten.
Hochschulreife (die, -, kein Plural) Abitur.
Hochsicherheitstrakt (der, -es, -e) ausbruchssicherer Gefängnisbau.
Hochsitz (der, -es, -e) Hochstand; Beobachtungsposten des Jägers.
Hochspannung (die, -, -en) 1. Erregung; 2. elektrische Spannung von mindestens 1000 Volt.
Hochsprache (die, -, kein Plural) Schriftsprache; gehobene Ausdrucksform eines Kulturvolkes.
Hochsprung (der, -s, -sprünge) leichtathletische Sprungübung über eine Latte.
höchst (Adv.) sehr; überaus; äußerst. als das Höchste (sehr); das höchste der

Gefühle; im höchsten Maße; der höchste Wolkenkratzer. *Aber:* das ist das Höchste; nach dem Höchsten streben. der Höchstbietende; Höchststand; Adjektive: höchsteigen; höchstmöglich (*falsch:* höchstmöglichst!); höchstzulässig. Adverbien: höchstpersönlich, *aber:* ein höchst persönlicher Brief; höchstwahrscheinlich; höchstens.

hoch|sta|peln (V.) vortäuschen; vorspiegeln. Hochstapelei.

Hoch|stap|ler (der, -s, -) jmd., der vorgibt, einer höheren Gesellschaftsklasse anzugehören, um sich Betrügereien zu ermöglichen.

Höchst|bie|ten|der (der, -den, -den) jmd., der bereit ist, den höchsten Preis zu zahlen.

Höchst|fall (der, -es, kein Plural) im äußersten Fall. (nur in der Redewendung:) im Höchstfall.

Höchst|form (die, -, kein Plural) ein Sportler ist in der bestmöglichen Verfassung.

hoch|sti|li|sie|ren (V.) hochjubeln.

Höchst|leis|tung (die, -, -en) Spitzenleistung; Bestleistung; Gipfelleistung; Glanzleistung; Kunststück; Meisterleistung.

Höchst|preis (der, -es, -e) vorgeschriebener höchster Preis für eine Ware.

Höchst|stra|fe (die, -, -n) die höchste Strafe, die für ein Vergehen ausgesprochen werden kann.

Höchst|stu|fe (die, -, kein Plural) Superlativ.

Höchst|wert (der, -es, -e) höchster erreichbarer Wert; Höhepunkt; Höchstmaß.

Hoch|tal (das, -es, -tä|ler) hoch gelegenes Tal.

Hoch|tem|pe|ra|tur|re|ak|tor (der, -s, -en) Kernreaktor.

Hoch|tour (die, -, -en) 1. Bergtour im Hochgebirge; 2. auf Hochtouren laufen (ugs.) (mit Höchstgeschwindigkeit laufen, mit Höchstleistung arbeiten); jemanden auf Hochtouren bringen (jemanden auf Höchstleistung bringen, jemanden verärgern).

Hoch|ver|rat (der, -es, kein Plural) strafbare Gefährdung der inneren Ordnung eines Landes.

Hoch|wald (der, -es, -wäl|der) Nutzholzanpflanzung.

Hoch|was|ser (das, s, kein Plural) Flut; Überschwemmung. Hochwasser haben (ugs.) (zu kurze Hosen tragen).

Hoch|wür|den (die, -, kein Plural) Anrede für einen Geistlichen.

Hoch|zahl (die, -, -en) Exponent.

Hoch|zeit (die, -, -en) Heirat. Hochzeiter/in; silberne/goldene/diamantene Hochzeit; auf allen Hochzeiten tanzen (ugs.) (überall dabeisein wollen). Hochzeitsfeier; Hochzeitskleid; Hochzeitsnacht; Hochzeitsreise; Hochzeitstag.

Ho|cke (die, -, -n) geduckte Stellung; Turnübung. Hockstellung; hocken.

Ho|cker (der, -s, -) Schemel. locker vom Hocker (ugs.) (ganz locker, mit links).

Hö|cker (der, -s, -) Buckel. Höckerschwan; höckerig.

Ho|ckey (das, -s, kein Plural) (engl.) Sportart.

Ho|ckey|schlä|ger (der, -s, -) Sportgerät.

Ho|den (der, -s, -) männliche Keimdrüse. Hodenbruch; Hodenentzündung; Hodensack.

Ho|d|scha (der, -s, -s) (pers.-türk.) 1. geistlicher Lehrer; 2. Zweig der Ismailiten unter Aga Khan.

Hof (der, -s/-es, Hö|fe) 1. Innenplatz; 2. landwirtschaftlicher Betrieb; 3. Fürstenhof; Hofstaat. jmdm. den Hof machen (jmdm. Verehrung und Ergebenheit bezeugen, jmdm. schmeicheln). (Die Redewendung ist eine wörtliche Übersetzung aus dem franz. faire la cour. Sie stammt aus der Zeit des franz. Hoflebens.). Hof halten; ich halte Hof.

Hof|da|me (die, -, -n) Vertraute einer Herrscherin.

hof|fä|hig (Adj.) das Recht haben, bei Hofe zu erscheinen. Hoffähigkeit.

Hof|fart (die, -, kein Plural) Hochmut. Hoffärtigkeit; hoffärtig.

hof|fen (V.) wünschen; erwarten.

Hof|fens|ter (das, -s, -) Fenster zum Hof.

Hoff|nung (die, -, -en) Erwartung; Wunschtraum; Glaube; Hoffnungsschimmer; Hoffnungsstrahl; Vertrauen; Zuversicht. guter Hoffnung sein (schwanger sein). Hoffnungsschimmer; Hoffnungsträger.

Hoff|nungs|lo|sig|keit (die, -, kein Plural) Aussichtslosigkeit; Ausweglosigkeit; Unlösbarkeit; Verzweiflung.

Hof|hal|tung (die, -, -en) der Haushalt eines Fürsten. Hof halten.

ho|fie|ren (V.) schmeicheln; umwerben.

hö|fisch (Adj.) dem Leben bei Hofe entsprechend. hofmännisch.

höf|lich (Adj.) taktvoll; fein.

Höf|lich|keit (die, -, kein Plural) Aufmerksamkeit; Zuvorkommenheit; Anstand; Artigkeit; Galanterie; gepflegte Umgangsformen; Gewandtheit; Freundlichkeit; Manierlichkeit; Wohlerzogenheit.

Höf|lich|keits|flos|kel (die, -, -n) Redewendung, die jmd. aus Höflichkeit gebraucht. höflichkeitshalber.

Höf|ling (der, -s, -e) jmd., der ein Hofamt bekleidet.

Hof|meis|ter (der, -s, -) Gutsverwalter. hofmeisterlich.

Hof|narr (der, -en, -en) Spaßmacher am Fürstenhof.

Hof|schran|ze (der, -n, -n) Schmeichler bei Hofe; Hofbeamter.

Hof|sän|ger (der, -s, -) Troubadour.

Hof|staat (der, -es, -) Fürstenhaushalt.

Hof|tor (das, -es, -e) verschließt die Einfahrt zum Hof.

ho|he (Adj.) hoch. auf hoher See; es ist hohe Zeit; das hohe C; auf dem hohen Ross sitzen; das Hohe Haus; die Hohe (*auch:* hohe) Schule, das Hohelied (*auch:* Hohe Lied); der Hohepriester (*auch:* Hohe Priester); die Hohe Tatra; etwas/nichts Hohes.

Hö|he (die, -, -n) Ausdehnung. auf der Höhe sein (ugs.) (gesund sein, auf dem neuesten Stand sein); auf der Höhe seiner Zeit sein (modern sein); in die Höhe gehen (ugs.) (sehr wütend werden, in die Luft gehen). Das ist doch die Höhe! (Das ist unverschämt!).

Ho|heit (die, -, kein Plural) 1. Anrede für fürstliche Personen; 2. Staatssouveränität; die höchste Staatsgewalt.

ho|heit|lich (Adj.) fürstlich; vornehm.

Ho|heits|akt (der, -es, -e) Ausübung der Staatsgewalt.

Ho|heits|ge|biet (das, -es, -e) Staatsgebiet; Staatsterritorium; Herrschaftsbezirk; Herrschaftsbereich; Machtbereich.

Ho|heits|ge|wäs|ser (das, -s, kein Plural) Drei- bis Zwölfmeilenzone vor der Küste, in der die staatliche Hoheit gilt.

Ho|heits|recht (das, -es, -e) Recht zur Ausübung der Staatsgewalt.

ho|heits|voll (Adj.) erhaben.
Ho|heits|zei|chen (das, -s, -) Symbole der Staatsgewalt, wie Flaggen, Wappen.
Ho|he|lied (*auch:* Ho|he Lied) (das, des Ho|helie|des/Ho|hen Lie|des, Ho|he|lie|der/Ho|he Lie|der) Loblied; Preislied.
Hö|hen|angst (die, -, kein Plural) Phobie; Flugangst.
Hö|hen|flug (der, -es, -flü|ge) 1. Aufschwung; 2. Flug in großer Höhe.
Hö|hen|krank|heit (die, -, kein Plural) Bergkrankheit.
Hö|hen|li|nie (die, -, -n) Isohypse; Linien gleicher Höhe auf Landkarten oder Höhenwetterkarten.
Hö|hen|luft (die, -, kein Plural) Gebirgsluft.
Hö|hen|mes|ser (der, -s, -) Messgerät zum Feststellen der Höhe auf dem Berg oder im Flugzeug.
Hö|hen|son|ne (die, -, -n) Warenzeichen; Strahlungsapparat mit großem Ultraviolettanteil.
Hö|hen|strah|lung (die, -, kein Plural) kosmische Strahlung.
Hö|hen|zug (der, -es, -zü|ge) Gebirge.
Ho|he|pries|ter (*auch:* Ho|he Pries|ter) (der, des Ho|he|pries|ters/Ho|hen Pries|ters, -/-) israelitischer Oberpriester.
Hö|he|punkt (der, -es, -e) wichtigster Augenblick.
hö|her (Adj.) Steigerung von hoch. *Beachte:* höhere Gewalt; höhere Mathematik; höhere Macht. *Aber:* die Höhere Handelsschule in München. Höherentwicklung; Höherstufung; Höherversicherung; höhergestellt; höherrangig; höhererseits; höhergruppieren; höherschrauben; höherstufen. etwas höher achten; das lässt die Herzen höherschlagen.
hohl (Adj.) 1. leer; 2. ausgehöhlt; 3. dumpf. höhlen; hohlschleifen.
hohl|äu|gig (Adj.) mit tief liegenden Augen.
Höh|le (die, -, -n) Hohlraum; Grotte; Bau; Kaverne; Loch; Tierbau. sich in die Höhle des Löwen wagen/begeben (ugs.) (mutig sein, Gefahr auf sich nehmen).
Hohl|ei|sen (das, -s, -) Werkzeug.
Höh|len|be|woh|ner (der, -s, -) Höhlenmensch.
Höh|len|ma|le|rei (die, -, -en) prähistorische Malerei in Höhlen.
Hohl|heit (die, -, kein Plural) Leere; Gehaltlosigkeit.
Hohl|ku|gel (die, -, -n) leere Kugel.
Hohl|raum (der, -s, -räu|me) leerer Raum.
Hohl|saum (der, -s, -säu|me) schmückende Naht an Leinengewebe.
Hohl|spie|gel (der, -s, -) konkav geschliffener Spiegel.
Höh|lung (die, -, -en) Höhle; Senke.
hohl|wan|gig (Adj.) mit eingefallenen Wangen.
Hohl|weg (der, -(e)s, -e) Schlucht.
Hohn (der, -s, kein Plural) Spott. Hohngelächter; höhnisch; höhnen; Hohn lachen (*auch:* hohnlachen); ich lache Hohn (*auch:* hohnlache). Das ist der reinste Hohn! (das ist völlig absurd, daneben).
Ho|jal|d|re (der, -s, -s) spanischer Mürbeteigkuchen.
Ho|ke|tus (der, -, kein Plural) (lat.) eine besondere Art der Komposition vom 12. bis zum 15. Jahrhundert, wobei die Melodie auf verschiedene Stimmen verteilt wird.
Hok|ko (der, -s, -s) (indian.) Baum bewohnender südamerikanischer Hühnervogel.
Ho|kus|po|kus (der, -, kein Plural) (engl.) Beschwörungsformel; fauler Zauber; Unfug.
hold (Adj.) günstig gesinnt; anmutig. Holdseligkeit; holdselig.
Hol|der (der, -s, -) Holunder. Holderbaum.
Hol|ding (die, -, -s) (engl.) Beteiligungsgesellschaft ohne eigene Produktion. Holdinggesellschaft.
ho|len (V.) herbringen; verschaffen; sich zuziehen. Bei jmdm. ist nicht viel zu holen (jmd. hat kein Geld, keinen Besitz).
Hol|län|der (der, -s, -) Einwohner Hollands. Der Fliegende Holländer; Holländer Käse; holländisch, *aber:* Holländisch sprechen.
Höl|le (die, -, -n) 1. Fegefeuer; Inferno; 2. Qual. Der Weg zur Hölle ist mit guten Vorsätzen gepflastert (man nimmt sich oft viel vor, was man aber doch nicht einhalten kann). Da ist die Hölle los (ugs.) (da herrscht große Betriebsamkeit). jmdm. die Hölle heißmachen (ugs.) (jemanden mit Nachdruck bedrängen, jemanden einschüchtern, jemanden durch Drohungen in Schrecken versetzen); die Hölle auf Erden haben (ein grauenvolles Leben führen); jmdm. das Leben zur Hölle machen (jmdm. das Leben unerträglich machen); zur Hölle mit jmdm./etwas! (Ausruf der Verwünschung).
Höl|len|angst (die, -, -ängs|te) schreckliche Angst.
Höl|len|fahrt (die, -, kein Plural) in der kath. Lehre die Zeit zwischen Tod und Auferstehung Jesu.
Höl|len|fürst (der, -es, kein Plural) Teufel; Satan.
Höl|len|hund (der, -es, kein Plural) in der griech. Mythologie Zerberus.
Höl|len|lärm (der, -(e)s, kein Plural) fürchterlicher Lärm.
Höl|len|ma|schi|ne (die, -, -n) Sprengkörper mit Zeitzündung.
Höl|len|qual (die, -, -en) große Qual.
Höl|len|spek|ta|kel (das/der, -s, -) Krach; Aufregung.
Höl|len|stein (der, -(e)s, -e) Silbernitrat; ätzend; in der Med. zur Beseitigung von Wucherungen.
Hol|le|rith|ma|schi|ne (*auch:* Hol|le|rith-Ma|schine) (die, -, -en) Lochkartenmaschine zum Speichern und Sortieren von Daten.
höl|lisch (Adj.) (ugs.) sehr; quälend.
Hol|ly|wood|schau|kel (die, -, -n) Gartenmöbel.
Holm (der, -s, -e) 1. Längsträger; 2. Griffstange; 3. Flussinsel.
Hol|mi|um (das, -s, kein Plural) (schwed.-nlat.) ein Seltenerdmetall.
Ho|lo|caust (der, -s, -s) (griech.) Völkermord; Massenvernichtung der Juden unter den Nationalsozialisten. *Auch:* atomarer Holocaust.
Ho|lo|gra|fie (*auch:* Ho|lo|gra|phie) (die, -, kein Plural) dreidimensionales Bild (Laserstrahlen). Hologramm; holografisch (*auch:* holographisch); holografieren (*auch:* holographieren).
Ho|lo|me|ta|bo|lie (die, -, kein Plural) (griech.) vollständige Verwandlung (eines Insekts in der Puppenruhe).
Ho|lo|thu|rie (die, -, -n) (griech.) Seewalze.
ho|lo|zän (Adj.) zum Holozän gehörig.
Ho|lo|zän (das, -s, kein Plural) (griech.) Abschnitt der Erdgeschichte seit der Eiszeit; geologische Gegenwart.

hol|prig (*auch:* hol|pe|rig) (Adj.) uneben.

Hols|ter (das, -s, -) (niederl.-engl.) 1. offene Ledertasche, um eine Handfeuerwaffe griffbereit mit sich tragen zu können; 2. Jagdtasche in der Jägersprache.

Ho|lun|der (der, -s, -) Strauch. Holundertee.

Holz (das, -es, -e/Hölzer) feste Baumsubstanz; Wald. Holz vor der Hütte haben (ugs.) (einen vollen Busen haben); Holz in den Wald tragen (etwas Sinnloses tun); aus dem gleichen Holz geschnitzt sein (die gleichen Charaktereigenschaften haben). Holzart; Holzhacker; Holzhaus; Holzklotz; Holzknecht; Holzscheit; Holzschuh; Holzstoß; Adjektive: hölzern; holzfrei; holzig; Holz verarbeitend (*auch:* holzverarbeitend); holzverkleidet. Verb: holzen.

Holz|ap|fel (der, -s, -äp|fel) wilder, nicht veredelter Apfel.

Holz|au|ge (das) (nur in der Redewendung:) Holzauge sei wachsam (ugs.) (sei aufmerksam).

Holz|bein (das, -es, -e) Holzprothese.

Holz|bock (der, -es, -bö|cke) 1. Zecke; 2. Holzgestell als Stütze.

Holz|boh|rer (der, -s, -) Werkzeug zur Holzbearbeitung.

Hölz|chen (das, -s, -) kleines Holzstäbchen. vom Hölzchen aufs Stöckchen kommen (immer mehr vom Thema abkommen).

Holz|de|s|til|la|ti|on (die, -, kein Plural) Holzverkohlung.

hol|zen (V.) 1. Bäume fällen; 2. in der Jägersprache auf Bäume klettern; 3. beim Fußball schlecht spielen.

Holz|fäl|ler (der, -s, -) Holzarbeiter; Holzknecht.

Holz|ham|mer (der, -s, -häm|mer) Hammer aus Holz. eins mit dem Holzhammer abbekommen haben (ugs.) (nicht recht bei Verstand sein).

Holz|koh|le (die, -, -n) Rückstand der Holzdestillation.

Holz|öl (das, -s, kein Plural) Tungöl; Öl aus den Früchten des chinesischen Tungbaumes; wird für Lack und Firnis verwendet.

Holz|schutz|mit|tel (das, -s, -) Mittel zur Holzkonservierung.

Holz|weg (der, -es, -e) Waldweg für Holztransporte. auf dem Holzweg sein (ugs.) (fehlgehen, im Irrtum sein).

Holz|wirt|schaft (die, -, kein Plural) Forstwirtschaft.

Holz|wol|le (die, -, kein Plural) Holzspäne, die als Verpackungsmittel verwendet werden.

Holz|wurm (der, -es, -wür|mer) Holzschädling.

Home|ban|king (*auch:* Home-Ban|king) (das, -s, kein Plural) (engl.) das Abwickeln von Bankgeschäften über eine Onlineverbindung.

Home|com|pu|ter (*auch:* Home-Com|pu|ter) (der, - -s, - -) (engl.) kleiner Computer für den Hausgebrauch.

Home|land (das, -s, -s) (engl.) Siedlungsgebiet der farbigen Bevölkerung Südafrikas.

Home|page (die, -, -s) (engl.) eine Webseite im Internet.

Ho|me|ri|de (der, -n, -n) (griech.-lat.) 1. Mitglied einer altgriechischen Sängervereinigung auf der Insel Chios, die sich von Homer herleitete. 2. Rhapsode, der die homerischen Werke vortrug.

Home|rule (die, -, kein Plural) (engl.) für »Selbstregierung« als Schlagwort der irischen Unabhängigkeitsbewegung.

Home|shop|ping (*auch:* Home-Shop|ping) (das, -s, kein Plural) (engl.) Einkaufen über (Internet-)Bestellungen.

Home|spun (das, -s, -s) (engl.) ein grobes Streichgarngewebe.

Home|trai|ner (*auch:* Home-Trai|ner) (der, -s, -) (engl.) Trimmgerät.

Ho|mi|let (der, -en, -en) (griech.) Prediger.

Ho|mi|le|tik (die, -, kein Plural) (griech.) Predigtlehre (als Teil der praktischen Theologie).

Ho|mi|ni|de (der, -n, -n) (lat.) Angehöriger der Menschenrassen.

Ho|mi|ni|sa|ti|on (die, -, kein Plural) (lat.) Menschwerdung; stammesgeschichtliche Entwicklung zum Menschen.

ho|mi|ni|sie|ren (V.) (lat.) sich zum Menschen entwickeln.

Ho|mi|nis|mus (der, -, kein Plural) (lat.) die philosophische Lehre, die jegliche Erkenntnis nur in Beziehung zum Menschen akzeptiert, nicht als eventuelle Wahrheit an sich.

ho|mi|nis|tisch (Adj.) (lat.) 1. den Hominismus betreffend; auf ihm basierend; 2. auf den Menschen bezogen; nur für den Menschen geltend.

Hom|mage (die, -, -n) (franz.) Würdigung.

Ho|mo (der, -s, -s) (Kurzw.) Homosexueller.

ho|mo.../Ho|mo... (griech.) gleich.../Gleich...

Ho|mö|ark|ton (das, -s, -ta) (griech.-lat.) Figur in der Rede, bei der die Anfänge aufeinanderfolgender Wörter gleich oder ähnlich klingen.

Ho|mo|chro|nie (die, -, -n) (griech.-lat.) gleichzeitiges Auftreten oder gleichzeitiger Beginn eines Phänomens an verschiedenen Punkten der Erde.

ho|mo|dont (Adj.) (griech.-lat.) mit gleichartigen Zähnen versehen.

Ho|mo|emo|ti|o|na|li|tät (die, -, kein Plural) (griech.-lat.) das gefühlsmäßige Angezogensein zum gleichen Geschlecht.

ho|mo|fon (*auch:* ho|mo|phon) (Adj.) (griech.) gleichlautend. Homofonie (*auch:* Homophonie).

Ho|mo|ga|mie (die, -, kein Plural) (griech.-lat.) 1. gleichzeitige Reifung von männlichen und weiblichen Blütenorganen bei zwittrigen Blüten (Bot.); 2. Gleichartigkeit der Partner bei der Partnerwahl.

ho|mo|gen (Adj.) (griech.) gleichartig.

Ho|mo|ge|ni|sie|rung (die, -, -en) (griech.-lat.) Vermischung prinzipiell verschiedener Teile und Elemente.

Ho|mo|go|nie (die, -, -n) (griech.-lat.) Entstehung aus Gleichartigem (in der Philosophie).

ho|mo|grad (Adj.) (griech.-lat.) auf qualitative Unterschiede achtend.

Ho|mo|gramm (das, -s, -e) (griech.-lat.) Bezeichnung für ein Wort, das sich in der Aussprache von einem anderen unterscheidet, obwohl beide gleich geschrieben werden.

Ho|mo|graf (*auch:* Ho|mo|graph) (das, -s, -e) (griech.-lat.) = Homogramm.

ho|mo|log (Adj.) (griech.) entsprechend; übereinstimmend. Homologie; homologieren.

Ho|mo|lo|ga|ti|on (die, -, -ti|o|nen) (griech.-lat.) Regel, wonach die Einstufung in eine bestimmte Wettbewerbskategorie bei Rennen für Automobilmodelle von der Produktion einer bestimmten Mindeststückzahl des betreffenden Modells abhängt.

ho|mo|lo|gie|ren (V.) (griech.-lat.) 1. einen Serienwagen in die internationale Zulassungsliste zur Einteilung in Klassen für Automobilrennen aufnehmen; 2. eine Skirennstrecke nach bestimmten Normen festlegen.

ho|mo|morph (Adj.) (griech.-lat.) Homomorphismus aufweisend.

Ho|mo|mor|phis|mus (der, -, -men) (griech.-lat.) spezielle Abbildung einer algebraischen Ordnung in oder auf eine andere algebraische Ordnung.

ho|mo|nom (Adj.) (griech.-lat.) gleichwertig im Sinne der Homonomie.

Ho|mo|no|mie (die, -, kein Plural) (griech.-lat.) gleichartige Aufteilung eines Gliedertierkörpers mit gleichwertigen Segmenten (Bot.).

Ho|m|o|nym (das, -s, -e) (griech.) gleichlautendes Wort. homonym.

Ho|möo|pa|thie (die, -, -n) (griech.) Naturheilkunde. Homöopath; homöopathisch.

Ho|möo|pla|sie (die, -, -n) eine organähnliche Neubildung.

ho|möo|po|lar (Adj.) (griech.-lat.) gleichartig elektrisch geladen.

Ho|möo|pro|pho|ron (das, -s, -ra) (griech.-lat.) rhetorische Figur, bei der aufeinanderfolgende Wörter gleich oder ähnlich klingende Laute aufweisen.

Ho|möo|p|to|ton (das, -s, -ta) (griech.-lat.) rhetorische Figur, bei der aufeinanderfolgende Wörter die gleiche Kasusendung aufweisen.

Ho|möo|s|ta|se (die, -, -n) (griech.-lat.) Gleichgewicht der physiologischen Körperfunktionen, Stabilität von Blutdruck, Temperatur etc.

Ho|möo|s|tat (der, -en, -en) (griech.-lat.) technisches System, das in seiner Stabilität nicht von den Umweltbedingungen abhängt (Kybernetik).

ho|möo|s|ta|tisch (Adj.) (griech.-lat.) die Homöostase betreffend; zur Homöostase gehörend.

ho|möo|therm (Adj.) (griech.-lat.) warmblütig; gleichbleibend warm.

Ho|möo|ther|mie (die, -, kein Plural) (griech.-lat.) Warmblütigkeit (Zoologie).

ho|mo|phag (Adj.) (griech.-lat.) 1. nur pflanzliche oder tierische Nahrung fressend. 2. auf einem Wirtsorganismus schmarotzend.

ho|mo|phil (Adj.) (griech.) homosexuell. Homophilie.

ho|mo|phob (Adj.) (griech.) die Homophobie betreffend.

Ho|mo|pho|bie (die, -, -n) (griech.) krankhafte Abneigung gegen und Angst vor Homosexualität.

ho|mo|phon → ho|mo|fon

ho|m|or|gan (Adj.) (griech.-lat.) mit dem gleichen Artikulationsorgan gebildet (Lautlehre).

Ho|mo sa|pi|ens (der, - -, kein Plural) (griech.) Mensch.

Ho|mo|se|xu|a|li|tät (die, -, kein Plural) (lat.) gleichgeschlechtliche Liebe. Homosexuelle; homosexuell.

Ho|mö|u|si|a|ner (der, -s, -) (griech.-lat.) Anhänger der Homöusie.

Ho|mö|u|sie (die, -, kein Plural) (griech.) Wesensähnlichkeit von Gottvater und Gottsohn.

ho|mo|zen|t|risch (Adj.) (griech.-lat.) von einem Punkt ausgehend und in einem Punkt zusammentreffend.

ho|mo|zy|got (Adj.) (griech.) (Bio.) reinerbig.

Ho|mo|zy|go|tie (die, -, kein Plural) (griech.) Reinerbigkeit.

Ho|mun|ku|lus (der, -, -se/-li) (lat.) künstlich erzeugter Mensch.

Ho|nan (ohne Art., -s, kein Plural) chinesische Provinz. Honanseide.

Hon|du|ras (ohne Art., -s, kein Plural) mittelamerikanischer Staat; Honduraner; honduranisch.

ho|nett (Adj.) (franz.) ehrenhaft; rechtschaffen, anständig.

Ho|ney (der, -s, -s) (engl.) 1. Honig; 2. Liebling; Schatz.

Ho|ney|moon (der, -s, -s) (engl.) Flitterwochen.

ho|ni soit qui mal y pense (franz.) ein Schuft, der Arges dabei denkt (als Wahlspruch des Hosenbandordens).

Ho|nig (der, -s, kein Plural) Bienennektar. jmdm. Honig ums Maul/um den Bart schmieren (ugs.) (jmdm. schmeicheln). Honigbiene; Honigglas; Honigklee; Honigmelone; Honigwabe; honiggelb; honigsüß; honigfarben.

Ho|nig|ku|chen|pferd (das, -es, -) (ugs.) törichter, argloser Mensch. wie ein Honigkuchenpferd strahlen (über das ganze Gesicht strahlen).

Ho|nig|le|cken (das) (in der Redewendung:) kein Honiglecken/Honigschlecken sein (nicht einfach sein, unangenehm sein). Das Zusammenleben mit ihm ist wahrlich kein Honiglecken.

Ho|nig|schleu|der (die, -, -n) Maschine, die den Honig aus den Waben schleudert.

Ho|nig|wein (der, -, kein Plural) Met.

Hon|ky|tonk (das, -, -s) (engl.) Kneipe; Spelunke (in der Musik gespielt wird; in den USA); z. B. …-Piano.

Hon|neurs (die, nur Plural) (franz.) Gästeempfang.

ho|no|ra|bel (Adj.) (franz.) ehrenwert.

Ho|no|rant (der, -en, -en) (lat.) derjenige, der einen Wechsel anstelle des Bezogenen annimmt und bezahlt.

Ho|no|rar (das, -s, -e) (lat.) Bezahlung.

Ho|no|rar|pro|fes|sor (der, -s, -ren) nebenamtlicher Professor.

Ho|no|ra|ti|o|ren|de|mo|kra|tie (die, -, -n) (griech.-lat.) Bezeichnung für eine Demokratie, in der die Politiker hauptsächlich dem Besitz- oder Bildungsbürgertum entstammen.

Ho|no|ra|ti|o|ren|par|tei (die, -, -en) (griech.-lat.) Bezeichnung für eine Partei, in der sowohl Mitglieder wie Führungskräfte hauptsächlich dem Besitz- oder Bildungsbürgertum entstammen.

ho|no|rie|ren (V.) anerkennen; belohnen; entlohnen. Honorierung.

ho|no|rig (Adj.) (lat.) ehrenhaft; freigebig. Honoratioren.

ho|no|ris cau|sa (lat.) ehrenhalber (Abk.: h. c.).

Hook (der, -s, -s) (engl.) 1. Haken beim Boxen; spezieller Schlag beim Golf, bei dem der Ball in einer Kurve fliegt, die der Schlaghand entgegengesetzt ist; 2. hakenartiger Handersatz an künstlichen Armen zum Greifen und Halten.

hooked (Adj.) (engl.) süchtig (ugs.).

Hoo|li|gan (der, -s, -s) (engl.) Randalierer bei Massenveranstaltungen.

Hop|fen (der, -s, -) Kletterpflanze. Bei jmdm. ist Hopfen und Malz verloren. (ugs.) (Bei jmdm. ist alle Mühe vergeblich, da kann man nichts mehr machen.).

Ho|p|lit (der, -en, -en) Fußsoldat mit schweren Waffen im antiken Griechenland.
hop|peln (V.) hüpfen. hopphopp! hoppla!
hopp|neh|men (*auch:* hopps|neh|men) (V., nahm hopp(s), hat hopp(s)genommen) (ugs.) verhaften.
hop|sen (V.) hüpfen. Hopser; Hopserei; hopsa; hopsala; hopsasa.
hops|ge|hen (V., ging hops, ist hopsgegangen) (ugs.) 1. verloren gehen; 2. kaputt sein; 3. sterben.
Ho|ra (die, -, -ren) (lat.) 1. Gebetsstunde in der katholischen Kirche; 2. kirchliches Gebet zu verschiedenen Tageszeiten; 3. (die, -, -s) (griech.) jüdischer Volkstanz; 4. rumänischer Volkstanz; 5. ländliche Tanzveranstaltung mit rumänischer Musik.
Ho|ra|ri|um (das, -s, -rien) (lat.) Gebetbuch für Laien. Stundenbuch.
Hor|de|in (das, -s, kein Plural) (lat.) Eiweißkörper in der Gerste.
Hor|de|o|lum (das, -s, -la) (lat.) Abszess am Augenlid. Gerstenkorn.
hö|ren (V.) vernehmen; zu Ohren kommen. *Beachte:* Wir haben ihn nicht schreien hören/gehört. sich hören lassen können (annehmbar sein); etwas von sich hören lassen (jmdm. eine Nachricht zukommen lassen); noch von jmdm. hören (etwas von jmdm. angedroht bekommen); etwas von jmdm. zu hören bekommen/kriegen (ugs.) (von jmdm. gerügt werden); wer nicht hören will, muss fühlen! (wer ungehorsam ist, wird dafür bestraft); man höre und staune! (das ist kaum zu glauben); jmdm. vergeht Hören und Sehen (jmd. weiß nicht mehr, was los ist). Hörapparat; Hörer/in; Hörfehler, Hörgerät; Hörrohr; hörbar; hörenswert; hörgeschädigt.
Hör|bild (das, -es, -er) künstlerisch gestaltete Rundfunksendung.
hor|chen (V.) lauschen. Horcher; Horchgerät.
Horch|pos|ten (der, -s, -) beim Militär Posten, der den Feind belauscht.
Hor|de (die, -, -n) wilde Schar; Lattenrost. Hordenführer; hordenweise.
Hö|ren|sa|gen (das) (nur in der Wendung:) etwas nur vom Hörensagen kennen/wissen (etwas nur aus der Erzählung anderer kennen).
Hö|rer|schaft (die, -, kein Plural) alle Zuhörer.
Hör|funk (der, -s, kein Plural) Rundfunk.
hö|rig (Adj.) abhängig. Hörigkeit; Hörige.
Ho|ri|zont (der, -s/-es, -e) (griech.) 1. Gesichtskreis; 2. Grenzlinie zwischen Himmel und Erde.
Ho|ri|zon|ta|le (die, -, -n) Waagerechte. Adjektiv: horizontal.
ho|ri|zon|tie|ren (V.) (griech.-lat.) geologisch fachsprachliche Bezeichnung für das Einmessen der verschiedenen Höhenlagen eines Horizonts.
hor|misch (Adj.) (griech.-engl.) triebhaft zielgerichtet.
Hor|mon (das, -s, -e) (griech.) körpereigener Wirkstoff. Hormonbehandlung; Hormonhaushalt; Hormonpräparat; Hormonumstellung; hormonal.
Hor|mon|im|plan|ta|ti|on (die, -, -ti|o|nen) (griech.-lat.) das Einpflanzen von Hormontabletten unter die Haut (Med.).
Hor|mon|the|ra|pie (die, -, -n) (griech.-lat.) medizinische Behandlung mit Hormonpräparaten, um überschüssige oder mangelnde eigene Hormone zu egalisieren.
Hor|mus (die) Straße von Hormus; Meerenge zwischen Persischem Golf und Golf von Oman.
Hör|mu|schel (die, -, -n) Teil des Telefonhörers.
Horn (das, -[e]s, Hör|ner) 1. Stirnauswuchs; 2. Blasinstrument. sich die Hörner abstoßen (durch Schaden klug werden, sich austoben); jmdm. die Hörner aufsetzen (ugs.) (den Ehemann betrügen); jemanden auf die Hörner nehmen (ugs.) (jemanden angreifen); ins gleiche Horn blasen/stoßen (ugs.) (jmdm. beipflichten, jmdm. zustimmen); Jagdhorn; Nashorn; Nebelhorn. Hornbrille; Hörnchen; Hornhaut; Hornsignal. hornig; hörnen; Adjektiv: hörnern.
Horn|back (das/der, -s, -s) (engl.) der verhornte Rücken einer Krokodilhaut, deren Maserung zum Vorschein kommt, wenn sie abgeschliffen wird.
Horn|ber|ger Schie|ßen (das) (in der Wendung:) es geht aus wie das Hornberger Schießen (eine vergebliche und unnütze Handlung).
Hor|nis|se (die, -, -n) Insekt. Hornissenstich.
Hor|nist (der, -en, -en) in der Musik Hornbläser.
Hor|ni|to (der, -s, -s) (span.) Aufwölbung in der Form eines Kegels über den Austrittsstellen von Lava.
Horn|och|se (der, -n, -n) (ugs. derb) dummer Mensch.
Horn|pipe (die, -, -s) (engl.) 1. Schalmeienart; 2. traditioneller englischer Tanz.
Ho|ro|log (das, -s, -e/-ien) (griech.) liturgisches Buch der orthodoxen Kirche, das die Texte für die Stundengebete enthält.
Hör|or|gan (das, -s, -e) Ohr.
Ho|ro|s|kop (das, -s, -e) (griech.) Sterndeutung zu astrologischen Vorhersagen.
hor|rend (Adj.) (lat.) übermäßig; sehr; schrecklich.
Hor|ror (der, -s, kein Plural) (lat.) Schrecken; Abscheu. Horrorfilm.
Hor|ror|trip (der, -s, -s) Rausch mit Horrorvisionen.
Hör|saal (der, -es, -sä|le) großer Unterrichtsraum in der Universität.
Hors|d'œu|v|re (das, -s, -s) (franz.) Vorspeise.
Hör|spiel (das, -(e)s, -e) Funkerzählung; Feature; Hörbild; Hörroman.
Horst (der, -s/-es, -e) großes Vogelnest; Strauchwerk. Verb: horsten.
Hör|sturz (der, -es, kein Plural) in der Med. plötzlich auftretende Schwerhörigkeit; Ohrinfarkt.
Hort (der, -s, -e) 1. Tagesheim; 2. Schutz; 3. Schatz.
hor|ten (V.) hamstern; anhäufen; ansammeln; raffen; scheffeln. Hortung.
Hor|ten|sie (die, -, -n) (franz.-nlat.) ein Zierstrauch.
Hort|ne|rin (die, -, -nen) Kinderbetreuerin im Hort.
Hör|wei|te (die, -, kein Plural) Umkreis, in dem ein Schall zu hören ist. Jmd. ist außer Hörweite (jmd. kann etwas nicht hören).
Ho|se (die, -, -n) Beinkleid; Bluejeans; Breeches. Bundhose; Lederhose; Pluderhose; Reithose; Skihose; Turnhose.
Ho|sen|an|zug (der, -s, -zü|ge) Anzug für die Dame.
Ho|sen|bo|den (der, -s, -bö|den) Hinterteil der Hose. sich auf den Hosenboden setzen (ugs.) (fleißig lernen). Wenn du das Abitur doch noch schaffen

willst, musst du dich auf den Hosenboden setzen.

Ho|sen|bund (der, -es, -bün|de) oberer Hosenabschluss.

Ho|sen|latz (der, -es, -lät|ze) über dem Hosenschlitz zu knöpfende Klappe bei Trachtenlederhosen.

Ho|sen|matz (der, -es, -mät|ze) kleiner Knirps, der nur mit einer Unterhose bekleidet ist.

Ho|sen|rol|le (die, -, -n) beim Theater männliche Rolle, die eine Frau spielt.

Ho|sen|trä|ger (der, -s, -) (wird meist im Plural gebraucht) über den Schultern getragene elastische Bänder, die die Hose halten.

ho|si|an|na! (Interj.) (hebr.) Freudenruf.

Hos|pi|tal (das, -s, -e/-pi|tä|ler) (lat.) Krankenhaus.

hos|pi|ta|li|sie|ren (V.) in ein Krankenhaus einweisen.

Hos|pi|ta|lis|mus (der, -, kein Plural) (lat.) 1. zusätzliche Erkrankung durch Ansteckung im Krankenhaus; 2. psychische Störung bei Kindern in Pflegeheimen (z. B. dauernde Bewegungsunruhe; auch bei Zootieren).

Hos|pi|tanz (die, -, -en) »Gastarbeit« in einer Zeitungsredaktion oder parlamentarischen Fraktion ohne Bezahlung. Hospitant; hospitieren.

Hos|piz (das, -es, -e) (lat.) Fremdenheim; Einrichtung zur Pflege und Betreuung Sterbender.

Host (der, -s, kein Plural) ein zentraler Rechner, der Dienste im Internet bereitstellt.

Hos|tess (die, -, -en) (engl.) Betreuerin bei Messen oder auf Flughäfen.

Hos|tie (die, -, -n) (lat.) geweihte Abendmahlsoblate.

Hot (der, -s, -s) (engl.) (Kurzw.) Hot Jazz.

Hot|dog (*auch:* Hot Dog) (der/das, - -s, - -s) (engl.) Brötchen mit heißer Wurst und Ketchup.

Ho|tel (das, -s, -s) (franz.) Unterkunft; Gasthaus. Hotelbesitzer; Hotelbetrieb; Hotelgewerbe; Hotelfachschule; Hotelier; Hotelzimmer.

Ho|tel gar|ni (das, - -, kein Plural) Übernachtung mit Frühstück.

Hot Jazz (der, - -, kein Plural) (engl.) Jazzrichtung.

Hot|pants (*auch:* Hot Pants) (die, nur Plural) »heiße Höschen«; Damenshorts.

Hot|ten|tot|te (der, -n, -n) Angehöriger eines schwarzafrikanischen Volks. Adjektiv: hottentottisch.

House|mu|sic (die, -, kein Plural) moderne Musikrichtung mit schnellem, hartem Rhythmus.

hPa (Abk.) **H**ekto**pa**scal.

Hptst. (Abk.) **H**au**pt**s**t**adt.

HR (Abk.) **H**essischer **R**undfunk.

Hr. (Abk.) **H**er**r**.

Hrn. (Abk.) **H**er**rn** (Dativ/Akkusativ!).

hrsg. (*auch:* hg.) (Abk.) **h**e**r**au**s**gegeben.

Hrsg. (*auch:* Hg.) **H**e**r**au**s**geber.

Hs. (Abk.) **H**and**s**chrift (Plural: Hss.).

HTL (Abk.) **H**öhere **T**echnische **L**ehranstalt.

HTML (Abk.: **H**yper**t**ext **M**ark-up **L**anguage) Seitenbeschreibungssprache für das World Wide Web (WWW) im Internet.

hü! (Ausruf) hü und hott sagen (ugs.) (keine endgültige Meinung haben, keine genauen Anweisungen geben).

Hub (der, -s, Hü|be) Heben; Hebebewegung. Hubbrücke; Hubhöhe; Hubvolumen.

Hub|bel (der, -s, -) Unebenheit; Hügelchen. Adjektiv: hubbelig.

hü|ben (Adv.) auf dieser Seite. hüben und drüben (auf dieser und auf der anderen Seite).

Hub|raum (der, -, -räu|me) der Rauminhalt eines Zylinders im Auto.

Hub|schrau|ber (der, -s, -) Helikopter.

hübsch (Adj.) schön; Hübschheit.

Hu|chen (der, -s, -) Raubfisch.

Hu|cke (die, -, -n) Rückenlast.

Hu|cke|pack|ver|kehr (der, -s, kein Plural) Transport von Fahrzeugen auf Eisenbahnwagen.

hu|deln (V.) (ugs.) 1. schludern; 2. pfuschen. Hudelei; Hudler; hud(e)lig.

Huf (der, -s/-es, -e) Hornteil des Fußes. Hufeisen; Hufschlag; Hufschmied; Huftier; hufeisenförmig.

Huf|lat|tich (der, -s, -e) Heilpflanze.

Hüf|te (die, -, -n) seitliche Beckenpartie. Hüftgelenk; Hüftknochen; Hüftleiden.

Hüft|hal|ter (der, -s, -) figurformende Damenunterwäsche.

Hü|gel (der, -s, -) 1. Anhöhe; 2. Berg. Hügelland; hügelig; hügelabwärts; hügelan; hügelaufwärts.

Hü|gel|ket|te (die, -, -n) hügeliges Gelände; Hügelland.

Hu|ge|not|te (der, -n, -n) (franz.) Kalvinist. Adjektiv: hugenottisch.

Huhn (das, -s, Hüh|ner) Geflügel. Hühnerbrühe; Hühnerbrust; Hühnerei; Hühnerfrikassee; Hühnerstiege.

Hühn|chen (das, -s, -) kleines, junges Huhn. mit jmdm. ein Hühnchen rupfen (jemanden zur Rede stellen, eine Auseinandersetzung mit jmdm. haben).

Hüh|ner|au|ge (das, -es, -n) Hornhautverdickung am Fuß. jmdm. aufs Hühnerauge treten (ugs.) (jemanden an seiner empfindlichen Stelle treffen). Sie fragte ihn nach seiner Prüfung und trat ihm damit aufs Hühnerauge.

Hüh|ner|lei|ter (die, -, -n) Eingangstreppe für die Hühner zum Hühnerstall; primitive Treppe; Hühnerstiege.

hu|hu! (Interj.) Zuruf.

hui! (Interj.) Ausruf. außen hui und innen pfui! (von vorne sieht es schön aus, aber wenn man dahinterschaut, bröckelt die Fassade oft). *Aber:* Mit einem Hui sauste er davon.

Hu|ker (*auch:* Huk|boot) (der, -s, -) (niederl.) Fischereiboot.

Hu|la (die, -, -s/der, -s, -s) hawaiischer Tanz. Hula-Hula; Hulamädchen (*auch:* Hula-Mädchen); Hula-Hoop-Reifen (*auch:* Hula-Hopp-Reifen).

Huld (die, -, kein Plural) Gunst; Gnade; Sympathie.

hul|di|gen (V.) 1. preisen; 2. ergeben sein.

huld|reich (Adj.) gnädig; entgegenkommend. huldvoll.

Hul|di|gung (die, -, -en) 1. Verehrung; 2. Lobrede.

Hulk (die, -, -en/der, -es, -en) (engl.) abgetakelter Schiffskörper.

Hül|le (die, -, -n) Umhüllung; Einband; Haut; Schale; Verpackung. in Hülle und Fülle (im Überfluss). hüllen.

hül|len|los (Adj.) nackt.

Hüll|wort (das, -es, -wör|ter) Euphemismus.

Hül|se (die, -, -n) 1. Hülle; 2. Schale. Hülsenfrucht; Hülsenwurm; hülsig.

hu|man (Adj.) (lat.) 1. menschlich; 2. allzu menschlich; fleischlich. Humangenetik; Humanisierung; Humanismus; Humanist; Humanität; Humanmedizin; humanistisch; humanitär; humanisieren.

Hu|man|ge|ne|tik (die, -, kein Plural) (griech.-lat.) Abteilung der Genetik, die sich der Vererbung körperlicher, geistiger und seelischer Merkmale und Eigenschaften des Menschen widmet.

Hu|man|me|di|zin (die, -, -) (lat.) Medizin für den Menschen.

Hu|man Re|sour|ces (die, Pl.) (engl.) Humankapital; die Mitarbeiter eines Unternehmens werden als wichtiger Produktionsfaktor angesehen.

Hu|man|wis|sen|schaft (die, -, -en) (lat.) allgemeine Bezeichnung für jede Einzelwissenschaft, die sich mit dem Menschen befasst, wie Soziologie, Psychologie etc.

Hum|bug (der, -s, kein Plural) (engl.) 1. Täuschung; 2. Schwindel.

Hu|me|ra|le (das, -s, -lia/-li|en) (lat.) Schultertuch des katholischen Geistlichen.

hu|mid (Adj.) (lat.) feucht; nass. Humidität.

Hu|mi|fi|ka|ti|on (die, -, -ti|o|nen) (lat.) Humusbildung. Humifizierung; humifizieren.

Hum|mel (die, -, -n) Insekt. Hummeln im Hintern haben (ugs.) (nicht ruhig sitzen können). Hummelnest.

Hum|mer (der, -s, -) Speisekrebs.

Hu|mor (der, -s, -e) (engl.) Heiterkeit. Humorist; Humorlosigkeit; humorig; humoristisch; humorlos; humorvoll.

Hu|mo|res|ke (die, -, -n) kurze, humorvolle Erzählung; leichtes, lustiges Musikstück.

hu|mos (Adj.) aus Humus bestehend; humusreich.

Hüm|pel (der, -s, -) (nordd.) Gruppe; Haufen.

hum|peln (V.) hinken. Humpelei; hump(e)lig.

Hum|pen (der, -s, -) Trinkgefäß.

Hu|mus (der, -, kein Plural) (lat.) fruchtbares Erdreich. Humusboden; Humusbildung; humusreich; humos.

Hund (der, -s/-es, -e) 1. Haustier; 2. Schimpfwort. Hundefänger; Hundehütte; Hundeleine; Hunderasse; Hundeschlitten; Hundesteuer; Hündin.

hun|de|elend (Adj.) sehr elend. jmd. fühlt sich hundeelend.

Hun|de|käl|te (die, -, kein Plural) große Kälte. hundekalt.

Hun|de|ku|chen (der, -s, -) Hundefutter.

Hun|de|le|ben (das, -s, -) elende Existenz.

Hun|de|mar|ke (die, -, -) Steuermarke des Hundes.

hun|de|mü|de (Adj.) sehr müde. hundsmüde.

hun|dert (Zahlw.) Tempo hundert fahren; Drückt »hundert« eine unbestimmte Menge aus, so ist Groß- oder Kleinschreibung möglich! viele Hundert/hundert Menschen, viele/ einige Hunderte/hunderte; viele Hundert/hundert Mal/Male; zu Hunderten/hunderten; vom Hundertsten ins Tausendste kommen; das Hundertstel, fünf Hundertstel Gramm; fünf von hundert (5%). Drückt »hundert« eine genaue Zahl aus, so wird kleingeschrieben! Es sind (genau)hundert Zuschauer hier. dreihundert; hundert Millionen; hundert(und)ein Euro; Hunderter; Hundertfache; Hundertjahrfeier (*auch:* Hundert-Jahr-Feier); (100-Jahr-Feier); Hunderteuroschein (*auch:* Hundert-Euro-Schein); Hundertmeterlauf (*auch:* Hundert-Meter-Lauf); (100-m-Lauf); es fehlte eine Hundertstelsekunde (100stel-Sekunde). Adjektive: hunderterlei; hundertfach; hundertmal; hundertprozentig; hundertjähriges Jubiläum; er war der Hundertste, *aber:* er war der hundertste Läufer.

Hun|de|sa|lon (der, -s, -s) Frisiersalon für Hunde.

Hun|de|wet|ter (das, -s, kein Plural) sehr schlechtes Wetter.

hün|disch (Adj.) unterwürfig.

hunds|ge|mein (Adj.) niederträchtig.

hunds|mi|se|ra|bel (Adj.) sehr schlecht; unwohl. Sie fühlt sich hundsmiserabel.

Hunds|ta|ge (die, -, Pluralwort) die heißesten Tage des Jahres.

Hü|ne (der, -n, -n) großer Mann; Riese. Hünengestalt; hünenhaft.

Hü|nen|grab (das, -es, -grä|ber) Megalithgrab.

Hun|ger (der, -s, kein Plural) Appetit; Verlangen. Hungergefühl; Hungersnot; hungrig; hungern.

Hun|ger|künst|ler (der, -s, -) jmd., der lange Zeit ohne Probleme hungern kann.

Hun|ger|kur (die, -, -en) Diät.

Hun|ger|lei|der (der, -s, -) jmd., der arm ist.

Hun|ger|lohn (der, -es, -löh|ne) sehr niedriger Lohn.

Hun|ger|streik (der, -s, -s) Nahrungsverweigerung in der Absicht, jemanden zu einer bestimmten Entscheidung/ Handlung zu zwingen; meist politisch motiviert.

Hun|ger|tuch (das, -es, -tü|cher) in der kath. Kirche früher Fastentuch mit biblischen Szenen, das in der Fastenzeit auf den Altar gelegt wurde. am Hungertuch nagen (Hunger, Not erleiden).

Hun|ger|turm (der, -es, -tür|me) Burgverlies.

Hun|ne (der, -n, -n) Nomade; Barbar. Hunnenkönig; hunnisch.

Hun|ter (der, -s, -) (engl.) Jagdpferd; Jagdhund.

Hu|pe (die, -, -n) Warnsignal. Huperei; hupen.

hüp|fen (V., ist) springen.

Hüp|fer (der, -s, -) (ugs.) Sprung.

Hüp|fer|ling (der, -s, -e) kleiner Krebs.

Hup|kon|zert (das, -es, -e) gleichzeitiges ungeduldiges Hupen vieler Autos.

Hür|de (die, -, -n) 1. Hindernis; 2. Flechtwerk.

Hür|den|lauf (der, -(e)s, -läu|fe) leichtathletischer Wettbewerb.

Hu|re (die, -, -n) Prostituierte; Freudenmädchen.

hu|ren (V.) (ugs.) koitieren.

Hu|ren|bock (der, -es, -bö|cke) (ugs.) Frauenheld.

Hu|ren|kind (das, -es, -er) beim Buchdruck letzte Zeile eines Absatzes, die als einzige auf eine neue Seite käme.

Hu|ren|sohn (der, -es, -söh|ne) (ugs.) Schimpfwort.

hur|ra! (Interj.) Freudenschrei. Hurra/ hurra rufen; Hurraruf; ein vielstimmiges Hurra.

Hur|ri|kan (der, -s, -e/-s) (engl.) Wirbelsturm.

hur|tig (Adj.) geschwind; flink. Hurtigkeit.

Hu|sar (der, -en, -en) (ungar.) Reiter. Husarenstreich; Husarenstück; Husarenritt.

hu|schen (V.) 1. leise eilen; 2. auf einen Husch (kurz) zu Besuch kommen; Husche (Regenschauer); huschelig (flüchtig); husch!

Hus|ky (der, -s, -s) (engl.) Schlittenhund, Eskimohund.
Hus|sit (der, -en, -en) (lat.) Anhänger der religiösen aufständischen Bewegung des Jan Hus im 15. und 16. Jahrhundert in Böhmen.
Hus|ten (der, -s, kein Plural) Erkältungskrankheit der Atemwege. jmdm. etwas husten (ugs.) (jemandes Wunsch ablehnen). Ich soll dir helfen? Ich werde dir gleich etwas husten. Hustenanfall; Hustenbonbon; Hustensaft; husten; hüsteln.
Hus|tler (der, -s, -) (germ.-engl.) 1. den Hustle Tanzender; 2. eine Pornozeitschrift.
Hut 1. (der, -s/-es, Hü|te) Kopfbedeckung. Hutband; Hutnadel; Hutschachtel; Hutkrempe; Hutschnur; Hütchen; hutlos. 2. (die, kein Plural) Schutz; Aufsicht.
Hut|sche (die, -, -n) (südd.) Schaukel. Hutschpferd; hutschen.
Hüt|te (die, -, -n) 1. kleines Haus; 2. Anlage zur Metallgewinnung. Hüttenarbeiter; Hüttenindustrie; Hüttenkunde; Hüttenwerk; Hüttchen.
Hüt|ten|kä|se (der, -s, -) körniger Quark.
Hüt|ten|schuh (der, -es, -e) Wollhausschuh.
Hut|zel (die, -, -n) Dörrfrucht.
Hut|zel|brot (das, -es, -e) Früchtebrot.
hut|ze|lig (*auch:* hutz|lig) (Adj.) trocken, faltig.
Hut|zel|männ|chen (das, -s, -) Märchengestalt.
hut|zeln (V.) trocknen; dörren.
Hy|a|den (die, nur Plural) (griech.-lat.) 1. in der griechischen Mythologie eine Gruppe von Nymphen; 2. Anhäufung von Sternen im Sternbild des Stiers.
hy|a|lin (Adj.) (griech.) glasartig; durchscheinend.
Hy|a|lit (der, -s, -e) (griech.) durchsichtiger Quarz; Glasopal.
Hy|ä|ne (die, -, -n) (griech.) Raubtier.
Hy|a|zinth (der, -s, -e) (griech.) 1. Edelstein; 2. schöner junger Mann.
Hy|a|zin|the (die, -, -n) (griech.) Pflanze.
hy|b|rid (Adj.) (griech.) 1. hochmütig; übermütig; 2. von zweierlei Herkunft; zwitterartig. Hybris.
Hy|b|ri|de (die, -, -n/der, -n, -n) (lat.) Bastard. Hybridzüchtung.
Hy|b|rid|fahr|zeug (das, -s, -e) Pkw mit kombiniertem Antrieb aus Verbrennungs- und Elektromotor für den Stadtverkehr.
hy|b|ri|di|sie|ren (V.) (griech.) (Bio.) kreuzen.
Hy|b|rid|rech|ner (der, -s, -) aus einer Mischung aus Analog- und Digitalrechner bestehender elektronischer Rechner.
Hy|b|ris (die, -, kein Plural) (griech.) frevelhafter Übermut.
Hyde|park (der, - -s, kein Plural) (engl.) öffentlicher Park in der Londoner City.
hydr.../Hydr... (griech.) wasser.../ Wasser...
Hy|d|ra (die, -, -dren) (griech.) 1. Süßwasserpolyp; 2. Seeungeheuer; 3. Sternbild.
Hy|d|r|ä|mie (die, -, -n) (griech.) erhöhter Wassergehalt des Blutes.
Hy|d|rant (der, -en, -en) Wasserzapfstelle.
Hy|d|rar|gy|rum (das, -s, kein Plural) Quecksilber (chemisches Element) (Abk.: Hg).
Hy|d|rat (das, -s, -e) Verbindung chemischer Stoffe mit Wasser. Verb: hydratisieren. Hydra(ta)tion.
Hy|d|rau|lik (die, -, kein Plural) technisches Gerät zur Krafterzeugung oder -übertragung (Flüssigkeitsdruck). Lehre von der Flüssigkeitsbewegung.
hy|d|rau|lisch (Adj.) durch Flüssigkeit betrieben.
Hy|d|ra|zin (das, -s, -e) (griech.) chemische Verbindung von Stickstoff mit Wasserstoff.
Hy|d|rie|rung (die, -, kein Plural) Wasserstoffanlagerung (Chemie). Hydrierbenzin; Hydrierverfahren; hydrieren.
Hy|d|ro|bio|lo|gie (die, -, kein Plural) (griech.) Wissenschaft von den im Wasser lebenden Pflanzen und Tieren.
Hy|d|ro|chi|non (das, -s, kein Plural) eine chemische Verbindung, meist als fotografischer Entwickler.
Hy|d|ro|dy|na|mik (die, -, kein Plural) (griech.) Strömungslehre. Adjektiv: hydrodynamisch.
Hy|d|ro|gen (*auch:* Hydrogenium) (das, -s, kein Plural) (griech.) Wasserstoff (Abk.: H).
Hy|d|ro|gra|fie (*auch:* Hy|d|ro|gra|phie) (die, -, kein Plural) Gewässerkunde. Adjektiv: hydrografisch (*auch:* hydrographisch).
Hy|d|ro|kul|tur (die, -, kein Plural) (griech.) Wasserkultur; Pflanzenzucht in einer Nährlösung ohne Erde.
Hy|d|ro|lo|gie (die, -, kein Plural) (griech.) Lehre vom Wasser. Adjektiv: hydrologisch.
Hy|d|ro|ly|se (die, -, -n) Spaltung chemischer Verbindungen durch Wasser. Adjektiv: hydrolytisch.
Hy|d|ro|me|cha|nik (die, -, kein Plural) (griech.) Technik der Anwendung von strömenden und ruhenden Flüssigkeiten.
Hy|d|ro|me|ter (das, -s, -) Messgerät (Fließgeschwindigkeit). Adjektiv: hydrometrisch.
Hy|d|ro|me|t|rie (die, -, kein Plural) (griech.) Messung der Geschwindigkeit strömenden Wassers.
Hy|d|ro|pa|thie (die, -, kein Plur.) (griech.) Wasserheilkunde. Hydropath; hydropathisch.
hy|d|ro|phil (Adj.) (griech.) wasserliebend. Hydrophilie.
hy|d|ro|phob (Adj.) (griech.) wassermeidend. Hydrophobie; hydrophobieren (imprägnieren).
Hy|d|ro|ph|thal|mus (der, -, kein Plural) (griech.) durch Wasseransammlung vergrößerter Augapfel.
Hy|d|ro|phyt (der, -en, -en) Wasserpflanze.
hy|d|ro|pneu|ma|tisch (Adj.) mit Luft und Wasser betrieben (Technik).
Hy|d|ro|sphä|re (die, -, kein Plural) (griech.) Gesamtheit der Gewässer und des Grundwassers der Erde.
Hy|d|ro|sta|tik (die, -, kein Plural) (griech.) Wissenschaft von den ruhenden Flüssigkeiten und dem Gleichgewicht ihrer Kräfte.
Hy|d|ro|tech|nik (die, -, kein Plural) (griech.) Technik des Wasserbaues.
Hy|d|ro|the|ra|pie (die, -, -n) (griech.) Heilbehandlung mit Wasser. Adjektiv: hydrotherapeutisch.
Hy|d|ro|xid (*auch:* Hy|d|roxyd) (das, -s, -e) (griech.) Wasserstoff-Sauerstoff-Verbindung.
Hy|d|ro|xyl|grup|pe (die, -, -n) (griech.) Wasserstoff-Sauerstoff-Gruppe (einer chemischen Verbindung).
Hy|d|ro|ze|pha|lus (der, -, -len/-li) (griech.-lat.) infolge Wasseransamm-

lung vergrößerter Schädel; Wasserkopf.

Hy|d|ro|zo|on (das, -s, -zo|en) (griech.) im Wasser lebendes Nesseltier.

Hy|e|to|gra|fie (*auch:* Hy|e|to|gra|phie) (die, -, kein Plural) (griech.) Messung der Niederschläge und Beschreibung ihrer Verteilung.

Hy|gi|e|ne (die, -, kein Plural) (griech.) 1. Gesundheitslehre; 2. Gesundheitspflege. Hygieniker; hygienisch.

Hy|g|ro|me|ter (das, -s, -) (griech.) Luftfeuchtigkeitsmesser.

Hy|g|ro|phyt (der, -en, -en) (griech) einen feuchten Standort liebende Pflanze.

Hy|g|ro|s|kop (das, -s, -e) (griech.) Gerät zur Messung der Luftfeuchtigkeit. Adjektiv: hygroskopisch.

Hyk|sos (die, nur im Plural) asiatisches Eroberervolk im alten Ägypten.

Hy|men (das/der, -s, -) (griech.) Jungfernhäutchen.

Hym|ne (die, -, -n) (griech.) Festgesang; Preislied. Hymnik; hymnisch.

Hym|no|lo|gie (die, -, kein Plural) (griech.) Wissenschaft von den kirchlichen Hymnen.

hym|no|lo|gisch (Adj.) (griech.-lat.) die Hymnologie betreffend.

hy|per.../Hy|per... (griech.) über.../Über... hyperkorrekt; hyperkritisch; hypermodern; hypersensibel.

hy|per|al|ge|tisch (Adj.) (griech.) schmerzüberempfindlich. Hyperalgesie.

Hy|per|äs|the|sie (die, -, kein Plural) (griech.) erhöhte Empfindlichkeit (bes. der Haut).

Hy|per|bel (die, -, -n) (griech.) 1. Übertreibung; 2. Kegelschnitt (Mathematik). Adjektiv: hyperbolisch.

Hy|per|bo|li|ker (der, -s, -) (griech.-lat.) Person, die in ihrem Ausdruck zu extremen Übertreibungen neigt.

Hy|per|bo|lo|id (der, -s, -e) aus der Drehung einer Hyperbel um ihre Achse entstehender Körper.

Hy|per|bo|re|er (der, -s, -) (griech.) Angehöriger eines sagenhaften, im hohen Norden lebenden Volkes (nach altgriechischer Anschauung).

Hy|per|dak|ty|lie (die, -, -n) (griech.) angeborene Bildung überzähliger Finger oder Zehen.

Hy|per|funk|ti|on (die, -, -ti|o|nen) (griech.-lat.) Überfunktion eines Organs.

Hy|per|link (der, -s, -s) im Internet markierter Text oder Symbol, mit dem man weitere Webseiten öffnen kann.

Hy|per|me|t|ro|pie (die, -, kein Plural) (griech.) Weitsichtigkeit, Übersichtigkeit. Adjektiv: hypermetropisch.

Hy|pe|ron (das, -s, -ro|nen) (griech.) Elementarteilchen, dessen Masse größer ist als die eines Neutrons.

Hy|per|pla|sie (die, -, -n) (griech.) Vergrößerung (von Organen und Geweben) durch krankhaft gesteigerte Zellvermehrung.

hy|per|sen|si|bi|li|sie|ren (V.) (griech.-lat.) übermäßig empfindlich machen (bei Allergien).

Hy|per|text (der, -s, -e) Wechselmöglichkeit zu anderen Text-, Bild- u. Tonstellen mittels Hyperlink im Internet.

Hy|per|to|nie (die, -, kein Plural) (griech.) 1. gesteigerte Muskelspannung; 2. erhöhter Augendruck; 3. erhöhter Blutdruck.

Hy|per|tro|phie (die, -, -n) (griech.) 1. übermäßige Vergrößerung (von Organen, Geweben); 2. übersteigertes Selbstbewusstsein.

Hy|phe (die, -, -n) (griech.) haarförmiger Zellfaden (von Pilzen).

Hyp|no|se (die, -, -n) (griech.) Schlafzustand durch Suggestion. Hypnotik; Hypnotikum; Hypnotiseur; Hypnotismus; hypnotisch; hypnotisieren.

hy|po.../Hy|po... (griech.) unter.../Unter...

Hy|po|chon|der (der, -s, -) (griech.) eingebildeter Kranker. Hypochondrie; hypochondrisch.

Hy|po|gas|t|ri|um (das, -s, -stri|en) Unterleib.

Hy|po|kaus|tum (das, -s, -sten) (griech.-lat.) Fußbodenheizung (in der Antike und im Mittelalter).

Hy|po|krit (der, -en, -en) (griech.) Heuchler. Hypokrisie; hypokritisch.

Hy|po|phy|se (die, -, -n) (griech.) Hirnanhangdrüse.

Hy|po|so|mie (die, -, -n) (griech.) Kümmerwuchs.

Hy|po|s|ta|se (die, -, -n) (griech.) 1. Grundlage; Unterlage; 2. Stoff; Gegenstand (einer Abhandlung); 3. Personifizierung einer göttlichen Eigenschaft oder religiösen Vorstellung; 4. Absinken des Blutes in tiefergelegene Körperteile (z. B. bei Bettlägrigen); Blutstauung; 5. Übergang eines Wortes in eine andere Wortart (z. B. teilnehmen in Teilnehmer).

Hy|po|ta|xe (die, -, -n) (griech.) Unterordnung von Satzgliedern oder Sätzen. Adjektiv: hypotaktisch.

Hy|po|te|nu|se (die, -, -n) (griech.) die dem rechten Winkel gegenüberliegende Seite eines Dreiecks.

Hy|po|tha|la|mus (der, -, -la|mi) (griech.) Zwischenhirnteil.

Hy|po|thek (die, -, -en) (griech.) dingliches Recht eines Gläubigers an Grund- und Wohnungseigentum zur Sicherung einer Forderung. Hypothekar; Hypothekenbank; Hypothekenbrief; Hypothekenzinsen; hypothekarisch.

Hy|po|ther|mie (die, -, -en) (griech.) abnormal niedrige Körpertemperatur (Med.).

Hy|po|the|se (die, -, -n) (griech.) Annahme. Adjektiv: hypothetisch.

Hy|po|to|nie (die, -, -n) (griech.) niedriger Blutdruck; verminderte Muskelspannung.

Hy|po|tro|phie (die, -, -n) (griech.) mangelhafte Entwicklung (von Organen, Geweben; Unterentwicklung).

Hy|po|zen|t|rum (das, -s, -tren) (griech.-lat.) Erdbebenherd.

Hyp|si|pho|bie (die, -, -n) (griech.) Höhenangst, Schwindelgefühl in großer Höhe.

Hyp|so|me|ter (das, -s, -) (griech.) Höhenmesser.

Hys|te|r|ek|to|mie (die, -, -n) (griech.) operative Entfernung der Gebärmutter.

Hys|te|rie (die, -, -n) (griech.) nervöse Beunruhigung; Übererregtheit. Hysteriker; hysterisch.

Hys|te|ron-Pro|te|ron (das, -s, -e) (griech.) Voranstellen eines nach der Zeitfolge oder Logik nachfolgenden Satzteiles; in der Logik die Vorwegnahme von etwas, das danach zu beweisen wäre.

Hys|te|ro|p|to|se (die, -, -n) (griech.) Gebärmuttervorfall; Gebärmuttersenkung.

Hys|te|ro|s|ko|pie (die, -, -n) (griech.) Untersuchung der Gebärmutter mit dem Gebärmutterspiegel.

Hys|te|ro|to|mie (die, -, -n) (griech.) Gebärmutterschnitt.

Hz (Abk.) **H**ert**z**.

I

I (Zahlw.) römisches Zahlzeichen für 1.

i. (Abk.) **i**n, **i**m. Holzkirchen i. Oberbayern.

Ia (*auch:* eins a) (ugs.) sehr gut; prima. Das Spiel war Ia.

i. A. (Abk.) im Auftrag. *Beachte:* Großschreibung, wenn die Abkürzung nach einem abgeschlossenen Text oder allein vor der Unterschrift steht! Wir erwarten Ihre Anwort. I. A. Schneider.

IAEA (die, -, kein Plural) (engl.) Abk. für »**I**nternational **A**tomic **E**nergy **A**gency«, Internationale Atomenergiebehörde; Organisation der UNO zur Kontrolle kerntechnischer Anlagen.

ia|hen (V.) wie ein Esel schreien.

i. Allg. (Abk.) **i**m **Allg**emeinen.

iAO (Abk.) **i**nternationale **A**rbeits**o**rganisation.

IATA (die, -, kein Plural) (engl.) Abk. für „**I**nternational **A**ir **T**ransport **A**ssociation", 1945 gegründeter internationaler Verband der Luftverkehrsgesellschaften.

Ia|t|rik (die, -, kein Plural) (griech.) Heilkunst.

ia|t|risch (Adj.) (griech.) zur Heilkunst gehörend (Med.).

Ia|t|ro|che|mie (die, -, kein Plural) (griech.) Lehre, nach der alle Lebensvorgänge als chemische Umsetzungen zu betrachten sind.

ia|t|ro|gen (Adj.) (griech.-lat.) durch Maßnahmen des Arztes entstanden (Med.).

ia|t|ro|lo|gisch (Adj.) (griech.-lat.) die Iatrologie betreffend; die ärztliche Wissenschaft betreffend. Iatrologie.

Ia|t|ro|phy|sik (die, -, kein Plural) (griech.) Lehre, nach der alle Lebensvorgänge mechanisch bedingt sind.

IAU (die, -, kein Plural) (Abk.) **I**nternationale **A**stronomische **U**nion.

ib. (*auch:* ibd.) (Abk.) **ib**idem (ebenda).

Ibe|rer (die, -, nur Plural) vorindogermanischer Volksstamm der Iberischen Halbinsel.

Ibe|ris (die, -, -) (griech.-lat.) Schleifenblume; Zierpflanze mit zahlreichen Arten.

ibe|risch (Adj.) (griech.-lat.) die Pyrenäenhalbinsel betreffend.

Ibe|ri|sche Halb|in|sel (die, -, kein Plural) (Pyrenäenhalbinsel) südwesteuropäische Halbinsel mit den Staaten Spanien, Portugal und Gibraltar.

Ibe|ro|ame|ri|ka (kein Artikel, -s, kein Plural) Lateinamerika, das von Spanien und Portugal aus kolonisiert worden ist.

ibe|ro|ame|ri|ka|nisch (Adj.) Iberoamerika betreffend.

Ibis (der, Ibis|ses, Ibis|se) (ägypt.) ein Schreitvogel.

ibi|dem (lat.) ebenda (bibliografischer Hinweis).

Ibi|za (kein Art., -, kein Plural) eine Baleareninsel.

Ib|rik (der/das, -s, -s) (pers.) orientalische Wasserkanne.

IC (Abk.) **I**nter**c**ity-Zug.

ICE (Abk.) **I**nter**c**ity-**E**xpress (Hochgeschwindigkeitszug).

ich (Pron., pers.) *Beachte:* ich und er waren sehr enttäuscht. *Aber:* ich oder er wird enttäuscht sein.

Ich (das, -s, -s) 1. der sich selbst bewusste Teil eines Menschen, durch den er sich von der Umwelt unterscheidet; 2. in der Psychologie die Instanz zwischen dem moralischen Über-Ich und dem triebhaften Es. das Ich; mein anderes Ich; Ichform; Ichgefühl; Ichheit; Ichroman (*auch:* Ich-Roman); Ichsucht; ichbezogen; ichsüchtig.

Ich|neu|mon (der/das, -s, -e/-s) (griech.) eine nordafrikanische Schleichkatze.

Ichor (der, -s, kein Plural) (griech.) 1. bei Homer das Blut der Götter; 2. in der Medizin blutige Absonderungen von Geschwüren; 3. granitische Lösung, die beim Aufschmelzen von Gestein entsteht (Geol.).

Ich|thyo|lith (der, -s/-en, -e/-en) (griech.) versteinerter Fisch(rest).

Ich|thyo|lo|ge (der, -n, -n) Wissenschaftler der Ichthyologie.

Ich|thyo|lo|gie (die, -, kein Plural) Fischkunde.

Ich|thy|or|nis (der, -ses, -sse) fossiler, taubengroßer Vogel der Kreideformation, mit bezahnten Kiefern.

Ich|thyo|sau|ri|er (der, -s, -) fossiles Kriechtier.

Ich|thy|o|se (die, -, -n) (griech.) Fischschuppenkrankheit.

Icing (das, -s, -s) (engl.) Befreiungsschlag (Eishockey).

ICMP (Abk.) (engl.) **I**nternet **C**ontrol **M**essage **P**rotocol. Protokoll, das Ausfälle und Fehler meldet, die bei der Übertragung von Internet-Protokoll-Paketen auftreten.

Icon (die, -s, -s) (engl.) kleines bildhaftes Symbol, das in der grafischen Benutzeroberfläche verwendet wird.

id. (Abk.) (lat.) **id**em (dasselbe, derselbe).

i. d. (Abk.) **i**n **d**er Neumarkt. i. d. Oberpfalz.

ide|a|gen (Adj.) (griech.-lat.) durch Vorstellung ausgelöst.

ide|al (Adj.) (lat.) (griech.) musterhaft; vollkommen; herrlich.

Ide|al (das, -s, -e) (griech.) Musterbild; sittliches Vorbild; Urbild. Idealbild; Idealfall; Idealfigur; Idealgewicht; Ideallösung; Idealtypus; Idealvorstellung; Idealwert; Idealzustand; idealiter.

ide|a|li|sie|ren (V.) verklären, überschätzen; vergöttern; in den Himmel heben.

Ide|a|li|sie|rung (die, -, kein Plural) Verklärung.

Ide|a|lis|mus (der, -es, kein Plural) 1. Anerkennung von geistigen Werten im Gegensatz zum Materialismus (Ethik); 2. durch Platon begründete philosophische Lehre, die die Wirklichkeit als bloße Schemen der Ideenwelt sieht; 3. dt. Idealismus, Phase der dt. Philos. im 18. und 19. Jh.

Ide|a|list (der, -en, -en) seinen hochgesteckten Zielen nachstrebender, uneigennütziger Mensch; Himmelsstürmer; Illusionist; Träumer; Utopist; Weltverbesserer.

ide|a|lis|tisch (Adj.) begeistert; voller Ideale; enthusiastisch; hochfliegend; schwärmerisch; weltfremd.

Ide|a|li|tät (die, -, kein Plural) das Sein als Idee oder Vorstellung im Gegensatz zur Realität (Philos.).

Ide|al|kon|kur|renz (die, -, kein Plural) im Strafrecht Bezeichnung für die gleichzeitige Erfüllung mehrerer Straftatbestände durch eine Handlung.

Idee (die, -, -n) (griech.) Leitgedanke; Einfall; Entwurf; Bild; Plan; Vorstellung. Die Hose ist um eine Idee (ein wenig) zu kurz. Ich habe nicht die geringste Idee davon (ugs.) (von etwas nichts verstehen). Ideenarmut; Ideengeschichte; Ideenlehre; Ideenlosigkeit; ideenarm; ideenreich.

ide|ell (Adj.) nur in der Vorstellung existierend; abstrakt; imaginär.

Idée fixe (die, - -, -s -s) (franz.) 1. Zwangsvorstellung; 2. Grundgedanke eines musikalischen Werkes.

Ide|en|as|so|zi|a|ti|on (die, -, -ti|o|nen) (griech.-lat.) unbewusst hervorgerufene und unwillkürlich sich einstellende Gedankenverbindung.

Ide|en|dra|ma (das, -s, -men) (griech.-lat.) Drama mit einer von einer allgemeingültigen Idee oder Weltanschauung bestimmten Dramenhandlung.

Ide|en|ket|te (die, -, -n) (griech.) Gedankenverbindung; Assoziation.

Ide|en|reich|tum (der, -s, kein Plural) Fantasie.

Iden (die, nur Plural) (lat.) Monatsmitte (römischer Kalender). Die Iden des März.

Iden|ti|fi|ka|ti|on (die, -, kein Plural) (lat.) 1. Übernahme fremder Vorstellungen und Beweggründe in das Ich (Psychol.); 2. Feststellung der Identität einer Person im polizeilichen Erkennungsdienst.

iden|ti|fi|zie|ren (V.) (lat.) wiedererkennen; gleichsetzen; hineinversetzen. Identifizierung; identifizierbar.

iden|ti|fi|zie|ren, sich (V.) (lat.) ganz aufgehen in einer Sache; etwas zu seiner Sache machen. Er identifizierte sich vollkommen mit seiner Arbeit.

Iden|ti|tät (die, -, kein Plural) (lat.) vollständige Übereinstimmung; Gleichheit; Lebensdaten; Personendaten; Selbst; Wesen. Identitätskrise; Identitätsnachweis.

iden|tisch (Adj.) (lat.) ein und dasselbe; übereinstimmend.

Iden|ti|täts|be|schei|ni|gung (die, -, -en) (lat.) Beglaubigung.

ideo|gen (Adj.) (griech.-lat.) durch Vorstellung ausgelöst.

Ideo|gra|fie (*auch:* Ideo|gra|phie) (die, -e, -n) (griech.) Begriffsschrift.

ideo|gra|fisch (*auch:* ideo|gra|phisch) (Adj.) zur Ideografie gehörend.

Ideo|gramm (das, -s, -e) (griech.) Begriffszeichen; Bezeichnung für Zeichen, die anstelle von Buchstaben einen Begriff ausdrücken.

Ideo|ki|ne|se (die, -, -n) (griech.-lat.) von einer korrekten Vorstellung ausgehende Bewegung, die aufgrund krankhafter Nervenbahnen falsch ausgeführt wird. (Med.).

Ideo|lo|gem (das, -s, -e) (griech.-lat.) Gedankengebilde; Vorstellung.

Ideo|lo|gie (die, -, -n) (griech.) Weltanschauung; Betrachtungsweise; Denkart; Grundeinstellung; Grundstimmung; Lebensanschauung; Lebensansicht. Ideologe; Ideologisierung; ideologisieren.

Ideo|lo|gie|kri|tik (die, -, kein Plural) 1. in der soziologischen Wissenschaft das Hinweisen auf die materielle Relativität einer Ideologie; 2. bei Textinterpretationen die Kritik an den gesellschaftlichen Prämissen.

ideo|lo|gisch (Adj.) (griech.) weltanschaulich; dogmatisch.

idio.../Idio... (griech.) eigen.../ Eigen...

Idio|blast (der, -en, -en) (griech.) Zelle oder Zellgruppe mit besonderen Aufgaben, die in eine andersartige Zelle oder Zellgruppe eingelagert ist.

idio|chro|ma|tisch (Adj.) (griech.-lat.) eigenfarbig, ohne Fremdfärbung.

idio|gra|fisch (*auch:* idio|gra|phisch) (Adj.) (griech.) eigenhändig geschrieben.

Idio|gramm (das, -s, -e) (griech.) eigenhändige Unterschrift.

Idio|ki|ne|se (die, -, -n) (griech.-lat.) Veränderung der Erbmasse durch Umwelteinflüsse.

Idio|la|t|rie (die, -, kein Plural) (griech.) Selbstvergötterung.

Idio|lekt (der, -s, -e) (griech.) individueller Sprachgebrauch.

Idi|om (das, -s, -e) (griech.) Mundart; feststehende Redewendung. Idiomatik, idiomatisch; idiomatisieren.

idio|pa|thisch (Adj.) (griech.-lat.) selbstständig; von sich aus entstanden (Med.).

Idio|phon (*auch:* Idio|fon) (das, -s, -e) (griech.-lat.) selbstklingendes Musikinstrument wie Glocke, Triangel etc.

Idio|plas|ma (das, -s, kein Plural) Keimplasma.

Idio|rhyth|mie (die, -, kein Plural) (griech.) etwas freiere, nicht so streng reglementierte Form des orthodoxen Mönchtums.

idio|rhyth|misch (Adj.) (griech.) nach eigenem Maß; nach privatem Rhythmus.

Idio|syn|kra|sie (die, -, -n) (griech.) Überempfindlichkeit; Allergie. Adjektiv: idiosynkratisch.

Idi|ot (der, -en, -en) (griech.) Schwachsinniger; Dummkopf. Idiotenhügel; Idiotin; Idiotismus; idiotensicher; idiotisch.

Idi|o|tie (die, -, kein Plural) (griech.) meist angeborener hochgradiger Schwachsinn; Dummheit. So eine Idiotie! (ugs.)

Idi|o|ti|kon (das, -s, -ken/-ka) (griech.) Mundartwörterbuch.

idio|ty|pisch (Adj.) (griech.-lat.) durch das Erbgut determiniert.

Idio|ty|pus (der, -, -pen) (griech.-lat.) das gesamte Erbgut.

Idio|va|ri|a|ti|on (die, -, -ti|o|nen) (griech.- lat.) Veränderung der Erbmasse, Genmutation.

Ido (das, -s, kein Plural) künstliche Weltsprache.

Idol (das, -s, -e) (griech.) Wunschbild; Vorbild; Schwarm, Gegenstand der Verehrung. Er war schon immer mein Idol. Idolisierung; idolisieren.

Ido|la|t|rie (*auch:* Ido|lo|la|t|rie) (die, -, kein Plural) (griech.) kultische Verehrung von Götzenbildern, Götzendienst.

Ido|nei|tät (die, -, kein Plural) (lat.) 1. Tauglichkeit; 2. passender Zeitpunkt.

i. d. R. (Abk.) **i**n **d**er **R**egel.

Idyl|le (*auch:* das Idyll) (die, -, -n) (griech.) ländlich-friedliche Beschaulichkeit. Idyllik; idyllisch.

i. e. (Abk.) **i**d **e**st (das heißt).

I. E. (*auch:* IE) (Abk.) **I**nternationale **E**inheit (Med.).

i. f. (Abk.) **i**pse **f**ecit (selbst gemacht).

IG (Abk.) **I**ndustrie**g**ewerkschaft.

Iga|pó (der, -(s), -s) (indian.) in Regenzeiten überschwemmter Sumpfwald Amazoniens.

Igel (der, -s, -) Stacheltier. Igelkopf; Igelstellung.

Igel|fisch (der, -es, -e) stacheliger Kugelfisch tropischer Meere.

Igel|kak|tus (der, -, te|en) Kakteengattung mit zahlreichen Arten in den USA und Mexiko.

Igel|kol|ben (der, -s, -) schilfähnliche Ufer- und Sumpfpflanzen mit kugelförmigen stacheligen Blütenständen.

Igel|stel|lung (die, -, -en) ringförmige Verteidigungsstellung.

igitt! (Interj.) Ausruf des Abscheus. igittigitt!

Ig|lu (der/das, -s, -s) Schneehaus der Eskimos.

ig|no|rant (Adj.) (lat.) unwissend; dumm.

Ig|no|rant (der, -en, -en) (lat.) Nichtswisser; Dummkopf; Kulturbanause; Nichtskönner. Er ist ein Ignorant! Ignorantentum.

Ig|no|ranz (die, -, kein Plural) (lat.) Unwissenheit; Dummheit.

ig|no|rie|ren (V.) (lat.) absichtlich nicht beachten; nicht wissen wollen. Du kannst das nicht einfach ignorieren!

Igu|a|na (die, -, -nen) (indian.-span.) großer Leguan der tropischen Gebiete Amerikas.

Igu|a|n|o|don (das, -s, -s/-o|don|ten) (griech.) ein Pflanzen fressender Dinosaurier der Kreidezeit, der auf den Hinterbeinen lief.

i. H. (Abk.) **i**m **H**aus.

IHK (Abk.) **I**ndustrie- und **H**andels**k**ammer.

ihr (Pron., pers./possess.) *Beachte:* Großschreibung in Höflichkeitsanrede und in Verbindung mit Titeln. Zeigen Sie mir bitte Ihre Papiere. Ihre Majestät. In Briefen kann »ihr« als Anrede groß- oder kleingeschrieben werden. Hallo, ihr/Ihr Lieben! *Beachte:* ihrige; ihresgleichen. Adverbien: ihrerseits; ihrethalben; ihretwegen; ihretwillen.

IHS (Abk.) Jesus (griech.).

i. J. (Abk.) **i**m **J**ahre.

Ika|ri|er (der, -s, -) (griech.) Mitglied einer Gruppe von Artisten, die auf dem Rücken liegend mit den Füßen ihre Partner durch die Luft wirbeln.

Ika|rus (der, -, -rus|se) (griech.) Sagengestalt; Flugkünstler.

Ike|ba|na (das, -s, -s) (jap.) Kunst des Blumensteckens.

Ikon (das, -s, -e) (griech.) stilisierte Abbildung eines Gegenstandes.

Iko|ne (die, -, -n) (griech.) Heiligenbild; Abbild; Andachtsbild; Gnadenbild; Kultbild. Ikonenmalerei.

Iko|no|gra|fie (*auch:* Iko|no|gra|phie) (die, -, -n) (griech.) Bildbeschreibung; Deutung des symbolischen und allegorischen Inhalts von Kunstwerken.

iko|no|gra|fisch (*auch:* iko|no|gra|phisch) (Adj.) zur Ikonografie gehörig; mit ihrer Hilfe.

Iko|no|klas|mus (der, -, kein Plural) (griech.-nlat.) Zerstörung von Heiligenbildern; Bildersturm.

Iko|no|klast (der, -en -en) (griech.) Bilderstürmer.

iko|no|klas|tisch (Adj.) (griech.) bilderstürmerisch; den Ikonoklasmus betreffend.

Iko|no|s|ta|se (die, -, -n) mit Ikonen bedeckte, dreitürige Wand zwischen Altar- und Gemeinderaum (in griech.-orthodoxen Kirchen).

Iko|sa|eder (das, -s, -) (griech.) von 20 Flächen begrenzter Körper; Zwanzigflächner.

IKRK (Abk.) **I**nternationales **K**omitee vom **R**oten **K**reuz.

Ik|te|rus (der, -, kein Plural) (griech.) Gelbsucht. Adjektiv: ikterisch.

Ik|tus (der, -, -/-ten (griech.) Stoß; Versbetonung; Krankheitssymptom, das unerwartet und heftig auftritt (Med.).

Ilang-Ilang → Ylang-Ylang.

Il|chan (der, -s, -e) (mong.-türk.) Titel der mongolischen Herrscher in Persien im 13. und 14. Jahrhundert.

Ilex (die, -, -) (lat.) Stechpalme.

Ile|um (das, -s, kein Plural) (lat.) unterer Teil des Dünndarms; Krummdarm.

Ile|us (der, -, le|en) (lat.) Darmverschluss.

Ili|as (die, -, kein Plural) (griech.) Homer zugeschriebene Heldensage.

il|la|tiv (Adj.) (lat.) folgernd; konsekutiv.

il|le|gal (Adj.) (lat.) gesetzwidrig; gegen die Vorschrift; kriminell; rechtswidrig; ungesetzlich; unzulässig; widerrechtlich.

Il|le|ga|li|tät (die, -, kein Plural) (lat.) Gesetzwidrigkeit; Rechtsbruch; Rechtswidrigkeit; Ungesetzlichkeit; Unrechtmäßigkeit.

il|le|gi|tim (Adj.) (lat.) unrechtmäßig; unehelich. Illegitimität.

il|li|be|ral (Adj.) nicht liberal; kleinlich. Illiberalität.

il|li|quid (Adj.) (lat.) zahlungsunfähig; bankrott; pleite.

Il|li|qui|di|tät (der, -, kein Plural) Geldmangel; Zahlungsunfähigkeit; Bankrott; Pleite.

Il|li|te|rat (der, -en, -en) (lat.) Ungebildeter.

il|li|mi|tiert (Adj.) (lat.) unbeschränkt; ohne Grenzen.

Il|lo|ku|ti|on (die, -, -ti|o|nen) (lat.) Sprechakt. Adjektiv: illokutiv.

il|lo|y|al (Adj.) (lat.) falsch; unehrlich; untreu; pflichtwidrig.

Il|lo|ya|li|tät (die, -, kein Plural) Pflichtwidrigkeit; Treulosigkeit.

Il|lu|mi|nat (der, -en, -en) (lat.) 1. Mitglied einer geheimen Loge, eines Ordens; 2. Angehöriger des Illuminatenordens.

Il|lu|mi|na|ti|on (die, -, -ti|o|nen) (lat.) 1. Festbeleuchtung; 2. göttliche Erleuchtung; 3. Ausmalung; Ausschmückung von gezeichneten oder gedruckten Illustrationen. Illuminator.

Il|lu|mi|nie|rung (die, -, en) (lat.) Beleuchtung. illuminieren.

Il|lu|si|on (die, -, -si|o|nen) (lat.) Wunschvorstellung; Selbsttäuschung.

Il|lu|si|o|nis|mus (der,-s, kein Plural) 1. philosophische Richtung, die Wahrheit, Schönheit und Sittlichkeit für Schein erklärt; 2. in der Malerei Vortäuschung von Tiefenwirkung.

Il|lu|si|o|nist (der, -en, -en) 1. Vertreter des Illusionismus; 2. Schwärmer; 3. Zauberkünstler. Illusionsbühne; illusionär; illusionslos.

il|lu|si|o|nis|tisch (Adj.) scheinbar.

il|lu|so|risch (Adj.) vergeblich. Schlag sie dir aus dem Kopf, deine Bemühungen sind illusorisch!

il|lus|ter (Adj.) (lat.) glänzend; erlesen; vornehm. Es kamen illustre Gäste.

Il|lus|t|ra|ti|on (die, -, en) (lat.) veranschaulichende Bebilderung eines Druckwerkes; Bebilderung; Bildausstattung; Bildbeigabe; Veranschaulichung. Illustrator.

il|lus|t|ra|tiv (Adj.) anschaulich; bunt.

il|lus|t|rie|ren (V.) (lat.) veranschaulichen; bebildern.

Il|lus|t|rier|te (die, -n, -n) (lat.) mit Bildern ausgestattete Zeitschrift; Journal. *Beachte:* kaufe einige Illustrierte, *aber:* kaufe nicht alle Illustrierten! illustriert.

Il|lus|t|rie|rung (die, -n, en) (lat.) Bebilderung; Veranschaulichung.

Ilˈlyˈriˈen (ohne Art., -s, kein Plural) in der Antike Bezeichnung für das Gebiet östlich der Adria.

Ilˈlyˈriˈer (*auch:* Ilˈlyˈrer) (die, -, -,) (lat.) indogermanische Volksstämme.

Ilˈlyˈrist (der, -en, -en) (lat.) auf dem Gebiet der Illyristik tätiger Wissenschaftler.

Ilˈlyˈrisˈtik (die, -, kein Plural) (lat.) Wissenschaft, die sich mit den illyrischen Sprachresten im Namengut Europas beschäftigt.

Ilˈmeˈnit (der, -s, -e) (nlat.) ein Mineral; Titaneisen.

ILS (Abk.) **I**nstrument **L**anding **S**ystem (Navigationsverfahren für Flugzeuge).

Ilˈtis (der, -tiˈsˈses, -tiˈsˈse) Mardertier.

im (Präp.) in dem. *Großschreibung:* im Allgemeinen (Abk.: i. Allg.); im Besonderen; im Einzelnen; im Großen und Ganzen; nicht im Geringsten; nicht im Mindesten; im Reinen sein; im Argen liegen; im Nachhinein ; im Übrigen; im Voraus; im Vorhinein, man muss sich darüber im Klaren sein. im Grunde genommen; im Falle, dass; im Begriff sein etwas zu tun; im Auftrag.

I. M. (Abk.) **I**hre **M**ajestät.

IM (Abk.) **I**nformeller **M**itarbeiter.

Image (das, -/-s, -s) (engl.) Bild; Ruf; Persönlichkeitsbild; Ansehen; Prestige; Profil. Das Image des Königshauses hat schwer gelitten. (Das Ansehen hat gelitten.). Imagepflege.

Imageˈtransˈfer (der, -s, kein Plural) (engl.) Versuch, das gute Image eines Produkts auf ein neues zu übertragen (z. B. Sportwagen-Design auf Sonnenbrillen).

imaˈgiˈnal (Adj.) das vollständig ausgebildete Insekt betreffend (Bio.).

Imaˈgiˈnalˈstaˈdiˈum (das, -s, -diˈen) (lat.) Stadium (eines Insekts) nach abgeschlossener Entwicklung.

imaˈgiˈnär (Adj.) (lat.) nur in der Vorstellung bestehend; unwirklich; angenommen; fiktiv; gedacht; gedanklich; spekulativ; unwirklich.

Imaˈgiˈnaˈtiˈon (die, -, -tiˈoˈnen) (lat.) Einbildungskraft; anschauliches Vorstellungsvermögen; Fantasie. Imaginationskraft; imaginabel; imaginär; imaginativ; imaginieren.

Imaˈgisˈmus (der, -, kein Plural) (lat.-engl.) dichterische Schule in England und Amerika, die auch in der Lyrik den Gebrauch der Alltagssprache forderte.

Imaˈgist (der, -en, -en) (lat.-engl.) Verfechter des Imagismus.

imaˈgisˈtisch (Adj.) (lat.) den Imagismus betreffend; zum Imagismus gehörend.

Imaˈgo (die, -, Imaˈgiˈnes) (lat.) 1. fertiges Insekt; 2. unterbewusste Vorstellung.

Imam (der, -s, -s/-e) (arab.) 1. Vorbeter in der Moschee; 2. Prophet.

Imˈbaˈlance (die, -, -s) (engl.) 1. gestörtes Gleichgewicht; 2. Ungleichgewicht (Chemie) (Med.).

imˈbeˈzil (*auch:* imˈbeˈzill) (Adj.) (lat.) an einer mittelschweren Form von Schwachsinn leidend.

Imˈbeˈzilˈliˈtät (die, -, kein Plural) (lat.) mittelschwerer Schwachsinn.

Imˈbiss (der, -es, -e) kleine Mahlzeit. einen Imbiss nehmen. Imbissraum; Imbissstand (*auch:* Imbiss-Stand); Imbissstube (*auch:* Imbiss-Stube).

Imˈbˈroˈgˈlio (das, -s, -s/-broˈgli) (ital.) 1. Verwirrung; Unordnung; 2. Vermischung mehrerer Taktarten (in der Musik).

IMF (Abk.) (engl.) **I**nternational **M**onetary **F**und (internationaler Währungsfonds).

Imiˈtat (das, -es, -e) (lat.) Kurzform für Imitation.

Imiˈtaˈtiˈon (die, -, -tiˈoˈnen) (lat.) Nachahmung; Fälschung. Imitator; imitatorisch.

imiˈtaˈtiv (Adj.) (lat.) nachahmend; nacheifernd.

Imiˈtaˈtiv (das, -s, -e) (lat.) sprachwissenschaftliche Bezeichnung für ein Verb des Nachahmens (z. B. watscheln = gehen wie eine Ente).

imiˈtieˈren (V.) (lat.) nachahmen; nachbilden.

imiˈtiert (Adj.) (lat.) nachgeahmt; unecht.

Imˈker (der, -s, -) Bienenzüchter. Imkerei; imkern.

Imˈmaˈcuˈlaˈta (die, -, kein Plural) (lat.) Unbefleckte, d. h. die unbefleckt Empfangene (in der katholischen Kirche Beiname Marias).

imˈmaˈnent (Adj.) (lat.) in einer Sache enthalten; innerlich. Immanenz.

imˈmaˈteˈriˈell (Adj.) (franz.) nicht stofflich; geistig; gedacht; ideell; körperlos; unkörperlich. Immaterialismus.

Imˈmaˈtriˈkuˈlaˈtiˈon (die, -, -tiˈoˈnen) (lat.) Hochschulanmeldung. Immatrikulationsbescheinigung; Immatrikulierung.

imˈmaˈtriˈkuˈlieˈren (V., refl.) (lat.) sich an der Hochschule einschreiben.

Imˈme (die, -, -n) Biene.

imˈmeˈdiat (Adj.) (lat.) unmittelbar (der höchsten Behörde, dem Staatsoberhaupt unterstehend).

imˈmeˈdiˈaˈtiˈsieˈren (V.) (lat.) unmittelbar dem König unterstellen, reichsunmittelbar machen. Immediatgesuch.

imˈmens (Adj.) (lat.) unermesslich; unendlich; sehr groß.

Imˈmenˈstock (der, -es/-s, -öcˈke) Bienenstock.

imˈmenˈsuˈraˈbel (Adj.) unmessbar.

Imˈmenˈsuˈraˈbiˈliˈtät (die, -, kein Plural) Unmessbarkeit.

imˈmer (Adj.) ständig; stets; alleweil; alle Tage; allezeit anhaltend; beständig; beharrlich; dauernd; fortwährend; fortgesetzt; fortlaufend; früh und spät; jahraus jahrein; jedesmal; jederzeit; kontinuierlich; konstant; laufend; ohne Unterlass; pausenlos; permanent; stetig; tagaus tagein; Tag für Tag; unablässig; unaufhörlich; unausgesetzt; ununterbrochen; zeitlebens. *Beachte:* immer wieder; immer mehr; immer besser; immer noch; für immer; wann immer; wo immer. *Aber:* immerdar; immerfort; immergrün, *aber:* das Immergrün; immerhin; immerwährend (*auch:* immer während); immerzu.

imˈmerˈdar (Adj.) immer; ewig. Sie werden immerdar zusammenbleiben (veralt.) (Sie werden auf immer und ewig zusammenbleiben).

imˈmerˈgrün (Adj.) eine Pflanze, die auch im Winter grüne Blätter trägt. Sie ist immer grün. *aber:* Sie hat immergrüne Blätter.

Imˈmerˈgrün (das, -s, kein Plural) Hundsgiftgewächs; immergrüner Halbstrauch mit hellblauen Blüten.

imˈmerˈhin (Adj.) allerdings; wenigstens. Wenn er auch nicht sehr begabt ist, so hat er immerhin seine Aufgaben gut gelöst.

Im|mer|si|on (die, -, -si|o|nen) (lat.) 1. Eintauchen; Untertauchen; 2. Einbettung eines Körpers in einen Stoff mit bestimmten physikalischen Eigenschaften; 3. Eintritt eines Himmelskörpers in den Schatten eines anderen; 4. lang andauerndes Bad (in der Medizin).
im|mer|wäh|rend (*auch:* im|mer wäh|rend) (Adj.) ewig.
im|mer|zu (Adj.) ständig; immerfort. Sie ist immerzu erkältet. *Aber:* nur immer zu! (interj.) (frisch an die Arbeit!).
Im|mi|g|rant (der, -en, -en) (lat.) Einwanderer.
Im|mi|g|ra|ti|on (die, -, kein Plural) (lat.) Einwanderung.
im|mi|g|rie|ren (V.) (lat.) einwandern.
im|mi|nent (Adj.) (lat.) drohend; nahe bevorstehend.
Im|mis|si|on (die, -, -si|o|nen) (lat.) Einwirken von Schadstoffen auf Menschen, Tiere und Pflanzen; Einleitung; Einwirkung. Immissionsschutz.
Im|mis|si|ons|schutz|ge|setz (das, -es, -e) (lat.) Gesetz zur Festlegung von Immissionsgrenzwerten.
im|mo|bil (Adj.) (lat.) unbeweglich.
Im|mo|bi|li|ar|kre|dit (der, -es, -e) (lat.) Hypothek.
Im|mo|bi|li|tät (die, -, kein Plural) (lat.) Unbeweglichkeit.
Im|mo|bi|li|e (die, -, -n) (lat.) unbewegliches Eigentum Grundstück; Grundbesitz; Grundeigentum; Grund und Boden; Hausbesitz; Land; Liegenschaft. Immobilienhändler; Immobilienmakler; Immobilienmarkt; Immobiliarversicherung.
Im|mo|bi|li|sa|ti|on (die, -, kein Plural) (lat.) das Ruhigstellen von Gelenken oder Gliedern als medizinische Maßnahme.
Im|mo|bi|li|sa|tor (der, -s, -en) (lat.) Gerät, um Gelenke oder Glieder ruhig zu stellen.
im|mo|bi|li|sie|ren (V.) ruhigstellen (Med.).
Im|mo|bi|lis|mus (der, -, kein Plural) (lat.) Unbeweglichkeit; Unflexibilität als geistige Einstellung.
im|mo|ra|lisch (Adj.) (lat.) unsittlich. Immoralismus; Immoralität; Immoralist.
Im|mor|ta|li|tät (die, -, kein Plural) (lat.) Unsterblichkeit.
Im|mor|tel|le (die, -, -n) (franz.) Strohblume.
im|mun (Adj.) (lat.) 1. unempfindlich gegen Ansteckung; widerstandsfähig; 2. unbeeinflussbar; 3. vor Strafverfolgung geschützt. immunologisch.
Im|mu|ni|sie|rung (die, -, -en) (lat.) Maßnahmen zur Verhütung oder Bekämpfung von Infektionen (Med.).
Im|mun|bio|lo|gie (die, -, kein Plural) (lat.) Wissenschaft der biologischen Grundlagen der Immunabwehr von körperfremden Stoffen (Bio.).
Im|mun|bio|lo|ge (der, -n, -n) (lat.) Wissenschaftler, der sich mit der Immunbiologie befasst.
Im|mun|de|fekt (der, -es, -e) Schwäche im Immunsystem (Med.).
im|mu|ni|sie|ren (V.) (lat.) impfen (Med.); abhärten.
Im|mu|ni|tät (die. -, kein Plural) (lat.) 1. ererbte oder erworbene Unempfindlichkeit gegen Infektionen (Med.); 2. Schutz eines Parlamentsabgeordneten vor strafrechtlicher Verfolgung.
im|mun|ge|ne|tisch (Adj.) (lat.) die Entstehung und Entwicklung einer Immunität betreffend.
Im|mun|kör|per (der, -, -) (lat.) Antikörper (Med.).
Im|mu|no|lo|gie (die, -, kein Plural) (lat.) Wissenschaft von den Abwehrmechanismen des Organismus (Med.).
Im|mu|ta|bi|li|tät (die, -, kein Plural) (lat.) Unveränderlichkeit.
Imp (der, -s, -) (südd.) Biene.
Im|pact (der, -s, -s) (lat.-engl.) Eindruck. Wirkung (einer Werbemaßnahme); Werbewirksamkeit.
im|pair (Adj.) (franz.) ungerade Zahlen (Roulettespiel).
Im|pakt (der, -s, -s) (lat.-engl.) der Einschlag eines Meteoriten.
Im|pa|la (die, -, -s) (Suaheli) mittelgroße Gazelle der ostafrikanischen Savannen; Schwarzfersenantilope.
Im|pa|ri|tät (die, -, kein Plural) (lat.) Ungleichheit.
Im|pas|to (das, -s, -s/-sti) (ital.) dicker Farbauftrag (in der Malerei).
Im|peach|ment (das, -s, -s) (engl.) Anklage gegen einen hohen Staatsbeamten wegen Amtsmissbrauchs vor dem Senat (in den USA).
Im|pe|di|ment (das, -es, -e) (lat.) ein rechtliches Hindernis (etwas zu tun).
im|pe|ne|tra|bel (Adj.) (lat.) undurchdringlich.
im|pe|ra|tiv (Adj.) (lat.) befehlend; bindend; zwingend.
Im|pe|ra|tiv (der, -s, -e) 1. Befehlsform (gramm.) (Verbform: z. B. bleib! geh! sitz! sei!); 2. moralische Forderung (Philos). Imperativsatz; imperativ; imperatives (bindendes) Mandat; imperativisch.
Im|pe|ra|tor (der, -s, -en) (lat.) Feldherr; Kaiser. Adjektiv: imperatorisch.
Im|per|fekt (das, -s, -e) (lat.) erste Vergangenheit (Verbform; z. B. lag, ging, sah, war).
im|per|fek|ti|bel (Adj.) (lat.-griech.) zur Vervollkommnung unfähig; unbildsam.
Im|per|fek|ti|bi|li|tät (die, -, kein Plural) (lat.-griech.) Unfähigkeit zur Vervollkommnung.
im|per|fek|tisch (Adj.) (lat.) das Imperfekt betreffend.
Im|pe|ri|a|lis|mus (der, -, kein Plural) (lat.) Streben eines Staates nach Erweiterung seines Machtgebietes.
Im|pe|ri|a|list (der, -en, -en) Eroberer. imperialistisch.
Im|pe|ri|um (das, -s, -ri|en) (lat.) 1. im antiken Rom höchstes ziviles, militärisches und richterliches Befehlsrecht; 2. Weltmacht; Weltreich. Er leitet ein wahres Wirtschaftsimperium.
im|per|me|a|bel (Adj.) (lat.) undurchlässig.
Im|per|me|a|bi|li|tät (die, -, kein Plural) (lat.) Undurchlässigkeit.
im|per|ti|nent (Adj.) (lat.) unverschämt; frech; dreist.
Im|per|ti|nenz (die, -, kein Plural) (lat.) Frechheit; Unverschämtheit. Ihre Impertinenz ist unerträglich.
im|per|zep|ti|bel (Adj.) (lat.) nicht wahrnehmbar.
Im|pe|ti|go (die, -, kein Pural) (lat.) ansteckende Hautkrankheit (Med.).
im|pe|tu|o|so (Adj.) (lat.) heftig; ungestüm; stürmisch (Vortragsanweisung in der Musik).
Im|pe|tus (der, -, kein Plural) (lat.) Schwung; Drang.
imp|fen (V.) Impfstoff spritzen; immunisieren (Med.). Impfarzt; Impfling;

Impfpass; Impfpistole; Impfschein; Impfstoff; Impfung; Impfzwang.

Im|pi|e|tät (die, -, kein Plural) (lat.) Gottlosigkeit; Lieblosigkeit.

Im|plan|ta|ti|on (die, -, -ti|o-nen) (lat.) Gewebseinpflanzung (Med.); Organeinpflanzung (Med.). implantieren.

Im|plan|tat (das, -s, -e) (lat.) natürliches oder künstliches Teil, das dem Körper eingepflanzt wird (Med.).

im|plan|tieren (V.) Einpflanzen von Gewebeteilen, Organen oder künstlichen Körperteilen.

Im|ple|ment (das, -es, -e) (lat.) Erfüllung; Ergänzung.

im|ple|men|tie|ren (V.) (lat.-engl.) einsetzen; einbauen; einführen.

Im|ple|men|tie|rung (die, -, -en) (lat.-engl.)das Implementieren; Einbau; Einführung; Einsetzung.

Im|pli|kat (das, -es, -e) (lat.) in etwas anderes Einbezogenes.

Im|pli|ka|ti|on (die, -, -ti|onen) (lat.) Einbeziehung (einer Sache in eine andere unter einer bestimmten Bedingung).

im|pli|zie|ren (V.) (lat.) einbeziehen; beinhalten; einschließen. Ich impliziere es. (Ich schließe es mit ein.). Implikation.

im|pli|zit (Adj.) (lat.) unausgesprochen; logisch zu erschließen; einschließlich; inbegriffen; mitgemeint.

im|pli|zi|te (Adj.) (lat.) mit einbegriffen, eingeschlossen.

im|plo|die|ren (V.) (lat.) durch Druck von außen zerstört werden.

Im|plo|si|on (die, -, -si|o|nen) (lat.) Zerstörung (eines Hohlkörpers od. Gefäßes) durch Überdruck von außen.

Im|plu|vi|um (das, -s, -vi|en) (lat.) Becken zum Auffangen des Regenwassers (im Hof des altrömischen Hauses).

im|pon|de|ra|bel (Adj.) (lat.) unberechenbar.

Im|pon|de|ra|bi|li|en (die, nur Plural) (lat.) Unwägbarkeiten; Gefühlsstimmungen. Es sind zu viele Imponderabilien vorhanden, als dass ich mich auf die Sache einlassen möchte. Imponderabilität.

im|po|nie|ren (V.) (lat.) Eindruck machen; Achtung hervorrufen.

Im|po|nier|ge|ha|be (das, -es, kein Plural) Angeberei; Gefallsucht; Renommiersucht; tierische Verhaltensweisen (Biol.).

Im|port (der, -s/-es, -e) (lat.) Wareneinfuhr. Im- und Export; Importbeschränkung; Importhandel.

im|por|tie|ren (V.) (lat.) Waren einführen.

Im|port|wa|re (die, -, -n) (lat.) Einfuhrware.

im|por|tant (Adj.) (lat.-griech.) wichtig; bedeutend.

Im|por|tanz (die, -, -en) (lat.-griech.) Bedeutung; Wichtigkeit.

Im|por|teur (der, -s, -re) (franz.) Geschäftsmann für die Wareneinfuhr.

im|po|sant (Adj.) (franz.) eindrucksvoll; stattlich; imponierend.

im|pos|si|bel (Adj.) (lat.) unmöglich.

Im|pos|si|bi|li|tät (die, -, -en) (lat.) Unmöglichkeit.

im|po|tent (Adj.) (lat.) zum Geschlechtsverkehr unfähig; unschöpferisch; unfähig; kraftlos; lendenlahm; unvermögend; zeugungsunfähig.

Im|po|tenz (die, -, kein Plural) (lat.) Unvermögen, Unfähigkeit des Mannes, den Geschlechtsverkehr zu vollziehen (Med.); Mannesschwäche; Versagen.

im|prä|g|nie|ren (V.) (lat.) wasserundurchlässig machen.

Im|prä|g|nie|rung (die, -, -en) (lat.) Herstellung einer Wasserundurchlässigkeit.

im|prak|ti|ka|bel (Adj.) (lat.-franz.) nicht anwendbar; nicht durchführbar. eine impraktikable Anordnung.

Im|pre|sa|rio (der, -s, -s/-sa|ri) (ital.) Theater-, Konzertagent.

Im|pres|si|on (die, -, -si|o|nen) (lat.) Eindruck; Empfindung. impressionabel.

Im|pres|si|o|nis|mus (der, -, kein Plural) (lat.) Stilrichtung bildender Kunst, Malerei und Musik. impressionistisch.

Im|pres|si|o|nist (der, -en, -en) Anhänger bzw. Vertreter des Impressionismus.

Im|pres|sum (das, -s, -sen) (lat.) Vermerk in Druckschriften über Verleger, Drucker etc.

Im|pri|ma|tur (das, -s, kein Plural) (lat.) 1. kirchliche Druckerlaubnis für theologische Schriften; 2. allgemeine Freigabe für den Druck durch den Autor oder Redakteur.

Im|pri|mé (der, -s, -s) (franz.) bedruckter Seidenstoff.

im|pri|mie|ren (V.) (lat.) für druckfertig erklären; zum Druck freigeben. Ich habe heute meinen Roman imprimiert.

Im|promp|tu (das, -s, -s) (franz.) frei gestaltetes Musikstück (bes. für Klavier).

Im|pro|vi|sa|ti|on (die, -, -ti|o|nen) (ital.) 1. Stegreifvortrag, -handlung in Musik und Dichtung; 2. Behelf; Notbehelf. Improvisationstalent; Improvisator.

im|pro|vi|sie|ren (V.) (ital.) aus dem Stegreif schöpfen; extemporieren; frei spielen; unorganisiert; unvorbereitet sein. Er improvisierte stundenlang an der Orgel. Sie improvisierte schnell ein Abendessen.

im|pro|vi|sie|ren, frei (V.) (ital.) aus dem Stegreif, aus dem Handgelenk, ins Blaue, ohne Noten, ohne Vorlage spielen.

Im|puls (der, -es, -e) (lat.) 1. Anstoß, Anregung. Er gab den Impuls zum Gründen eines Vereins. 2. Produkt aus Masse und Geschwindigkeit eines Gegenstandes (Phys.); 3. elektrischer Spannungs- oder Stromstoß von kurzer Dauer (Phys.). Impulsgenerator; Impulstechnik.

im|pul|siv (Adj.) (lat.) einer plötzlichen Eingebung folgend; heftig; rasch; unüberlegt. Er handelte immer sehr impulsiv.

Im|pul|si|vi|tät (die, -, kein Plural) (lat.) Heftigkeit; Unüberlegtheit.

Im|pu|ta|bi|li|tät (die, -, kein Plural) (lat.) Zurechnungsfähigkeit.

im|pu|ta|tiv (Adj.) (lat.) eine ungerechtfertigte Beschuldigung enthaltend.

im|pu|tie|ren (V.) (lat.) ungerechtfertigt beschuldigen.

im|stan|d(e) (*auch:* im Stan|d(e)) (Adv.) fähig. Ich bin heute nicht imstande/im Stande früh aufzustehen. Ich bin dazu imstande/im Stande gewesen.

in 1. (Präp., Dat./Akk.) an einem Ort; in eine Richtung; innerhalb. Ich wohne (»Wo?«) im ersten Stock (Dativ!). Ich fahre (»Wohin?«) in die Stadt (Akkusativ!). *Beachte:* das In-den-April-Schicken; das In-den-Tag-hinein-Leben; in Anbetracht der Tatsache; in der Annahme, dass …; in Bälde; in Erwägung ziehen; in Gänze; in Hinblick auf; in dieser Hinsicht; in Kraft treten; in Kürze. in Bezug auf; in bar; in Betreff; in etwa. 2.

(Adv.) (engl.) aktuell; modern. Sie will immer in sein.
in abˈsˈtˈracˈto (lat.) im Allgemeinen betrachtet; rein begrifflich.
inˈadˈäquat (Adj.) (lat.) unpassend; nicht entsprechend. Inadäquatheit.
in aeˈterˈnum (lat.) auf ewig.
inˈakˈkuˈrat (Adj.) (lat.) ungenau.
inˈakˈtiv (Adj.) (lat.) untätig; unwirksam. Inaktivierung; Inaktivität; inaktivieren.
inˈakˈzepˈtaˈbel (Adj.) (lat.) unannehmbar.
inˈaˈliˈeˈnaˈbel (Adj.) (lat.) nicht übertragbar; unveräußerlich.
inˈan (Adj.) (lat.) nichtig; leer; hohl.
Inˈaˈniˈtät (die, -, kein Plural) (lat.) Leere; Eitelkeit; Nichtigkeit.
Inˈanˈspruchˈnahˈme (die, -, -n) Zugriff; Anforderung. *Aber:* in Anspruch nehmen.
inˈarˈtiˈkuˈliert (Adj.) (lat.) undeutlich
Inˈauˈgenˈscheinˈnahˈme (die, -, -n) Betrachtung. *Aber:* in Augenschein nehmen.
Inˈauˈguˈralˈdisˈserˈtaˈtiˈon (die, -, -tiˈoˈnen) (lat.) Doktorarbeit.
Inˈauˈguˈraˈtiˈon (die, -, -en) (lat.) feierliche Amtseinsetzung, besonders in akademische Würden.
inˈauˈguˈrieˈren (V.) (lat.) einweihen.
Inˈbeˈgriff (der, -s/-es, -e) Idealbild; Verkörperung. Sie ist der Inbegriff von Charme und Anmut.
inˈbeˈgrifˈfen (Adj.) eingeschlossen. Das Bedienungsgeld ist inbegriffen.
Inˈbeˈsitzˈnahˈme (die, - -n) Einnehmen, Übernehmen von etwas/jemandem; Einverleibung. *Aber:* in Besitz nehmen.
Inˈbeˈtriebˈnahˈme (*auch:* Inˈbeˈtriebˈsetˈzung) (die, -, -n) erstmaliges In-Gang-Setzen. *Aber:* in Betrieb nehmen/ setzen.
Inˈbild (das, -s, -er) Ideal.
Inˈbrunst (die, -, kein Plural) Leidenschaft. Adjektiv: inbrünstig.
Inˈbusˈschlüsˈsel (der, -s, -) Werkzeug.
Inc. (Abk.) **Inc**orporated (eingetragen).
Inch (der, -, -es) (engl.) Längenmaß (Abk.: in.); (2,54 cm).
Inˈciˈsiˈvi (die, nur Plural) (lat.) die Schneidezähne.
incl. (*auch:* inkl.) (Abk.) inklusive.
Inˈcluˈse (die, -, -n) (lat.) Einschluss eines Lebewesens oder von Teilen davon in fossilem Harz; z. B. ein Insekt als Incluse in Bernstein.
in conˈcert (engl.) in einem öffentlichen Konzert (aufgenommen).
in conˈcreˈto (lat.) tatsächlich.
in conˈtuˈmaˈciˈam (lat.) strafrechtliche Verurteilung in Abwesenheit des vorgeladenen Angeklagten.
I. N. D. (Abk.) **in n**omine **D**ei, **in n**omine **D**omini (im Namen Gottes).
Inˈdˈanˈthˈren (Kurzw.) (das, -s, -e) Warenzeichen für licht- und farbechte Stoffe.
inˈdeˈciˈso (Adj.) (lat.-ital.) unbestimmt (Vortragsanweisung in der Musik).
inˈdeˈfiˈniˈbel (Adj.) (lat.) unerklärbar; nicht bestimmbar; nicht definierbar.
inˈdeˈfiˈnit (Adj.) (lat.) unbestimmt (bes. in der Grammatik).
Inˈdeˈfiˈnitˈproˈnoˈmen (das, -s, -) (lat.) unbestimmtes Fürwort (z. B. jeder, viele, jemand, alle).
inˈdeˈkliˈnaˈbel (Adj.) (lat.) nicht beugbar (Wörter; z. B. Adverbien).
inˈdeˈliˈkat (Adj.) (lat.-griech.) unfein; unzart. Zu dieser indelikaten Angelegenheit möchte ich mich nicht äußern.
inˈdem (Konj.) während; dadurch, dass. Ich schlief, indem (während) er aufräumte. *Aber:* Das Zimmer, in dem ich schlief.
inˈdemˈniˈsieˈren (V.) (lat.-griech.) entschädigen; vergüten.
Inˈdemˈniˈtät (die, -, kein Plural) (lat.) Straflosigkeit (Abgeordnete).
Inˈdeˈpenˈdenz (die, -, -en) (lat.) Unabhängigkeit. *Aber:* Independence Day (Unabhängigkeitstag der USA, 4. Juli).
inˈdes (*auch:* inˈdesˈsen) 1. (Konj.) während; dagegen. Indes, er konnte nichts dafür. 2. (Adv.) inzwischen; aber. Er konnte indes nichts dafür. Wir haben indes (indessen) ohne Sie weitergearbeitet.
Inˈdeˈterˈmiˈnaˈtiˈon (die, -, kein Plural) (lat.) Unbestimmtheit; Unentschlossenheit. indeterminabel; indeterminiert.
Inˈdeˈterˈmiˈnisˈmus (der, -, kein Plural) (lat.) 1. Lehre von der Willensfreiheit (Phil.); 2. keine exakte Voraussagbarkeit physikalischer Vorgänge in der Quantenphysik (Phys.).
Inˈdex (der, -es, -e/Inˈdiˈzes/Inˈdiˈces) (lat.) 1. Register; Verzeichnis; Anzeiger; hoch-, tiefgestellter Buchstabe/ Zahl; 2. Kennziffer für statistische Vergleiche (Börsen-, Lebenshaltungsindex); 3. Kennzahl zur Unterscheidung gleichartiger Größen; 4. Liste der von der katholischen Kirche als Lektüre verbotenen Bücher. Das Buch steht auf dem Index.
Inˈdexˈlohn (der, -es, -löhˈne) (lat.) gleitender Lohn, wird meist an die Lebenshaltungskosten angeglichen.
Inˈdexˈwähˈrung (die, -, -en) (lat.) Währung ohne Bindung an ein Edelmetall.
inˈdeˈzent (Adj.) (lat.) nicht dezent; unanständig; unschicklich; aufdringlich; ungebührlich.
Inˈdeˈzenz (die, -, -en) indezentes Verhalten. Unschicklichkeit.
Inˈdiˈaˈca (das, -s, kein Plural) ein aus Südamerika stammendes, dem Volleyball ähnliches Spiel, bei dem der (einem Federball ähnliche) Ball mit der Hand geschlagen wird.
Inˈdiˈaˈna (ohne Art., -s, kein Plural) Staat im Mittelwesten der USA.
Inˈdiˈaˈner (der, -s, -) Ureinwohner Amerikas. Indianerbuch; Indianergeschichte; Indianerhäuptling; Indianerreservat; Indianerreservation; Indianerstamm.
Inˈdiˈaˈnerˈsomˈmer (der, -s, kein Plural) herbstliche Schönwetterperiode in den USA; Altweibersommer.
inˈdiˈaˈnisch (Adj.) indianische Eigenart.
Inˈdiˈaˈnist (der, -en, -en) Wissenschaftler für Sprache und Geschichte der Indianer.
Inˈdiˈen (ohne Art., -s, kein Plural) asiatischer Subkontinent. Inder; indisch.
Inˈdienstˈnahˈme (*auch:* Inˈdienstˈstelˈlung) (die, -, -n) Anstellung. *Aber:* in Dienst nehmen/ stellen.
inˈdifˈfeˈrent (Adj.) (lat.) gleichgültig. Er verhielt sich ganz indifferent seinen Eltern gegenüber.
Inˈdifˈfeˈrenˈtisˈmus (der, -s, kein Plural) (lat.) keine Meinungsbildung; keine Stellungnahme.
Inˈdifˈfeˈrenz (die, -, kein Plural) Desinteresse, Gleichgültigkeit; Teilnahmslosigkeit. Ihre Indifferenz ärgert mich sehr.

in|di|gen (Adj.) (lat.) einheimisch.

In|di|g|na|ti|on (die, -, kein Plural) Entrüstung; Unwille.

in|di|g|niert (Adj.) (lat.) entrüstet; beleidigt; unangenehm berührt. Sie zog leicht indigniert ihre Augenbrauen hoch. indignieren.

In|di|go (der/das, -s, -s) (span.) blauer Farbstoff, gewonnen aus dem Indigostrauch. Indigopapier; Indigopflanze.

In|di|go|blau (das,-, kein Plural) (lat.-span.) Farbton. *Aber:* die Jeans war indigoblau.

In|di|go|strauch (die, -s, -sträu|cher) (lat.-span.) tropische Gattung der Hülsenfrüchtler, liefert den Farbstoff Indigo.

In|di|ka|ti|on (die, -, -ti|o|nen) (lat.) Heilanzeige; Erlaubnis zum Schwangerschaftsabbruch. Indikationsmodell.

In|di|ka|tiv (der, -s, -e) (lat.) Wirklichkeitsform (Verbform; z. B. ich gehe, ich laufe, wir lesen). Adjektiv: indikativisch.

In|di|ka|tor (der, -s, -en) (lat.) 1. Instrument zum Aufzeichnen des Druckverlaufs in Zylindern von Kolbenmaschinen (techn.); 2. Stoffe, die durch Farbänderung den sauren, basischen oder neutralen Charakter einer Lösung anzeigen (Chem.); 3. radioaktives Isotop zur Markierung bestimmter Elemente (Phys.).

In|di|ka|t|rix (die, -, kein Plural) (lat.) 1. Hilfsmittel zur Feststellung der Krümmung einer Fläche (in der Mathematik); 2. Maß zur Feststellung der Verzerrung einer gekrümmten Fläche bei der Abbildung (in der Kartografie).

In|dik|ti|on (die, -, -ti|o|nen) (lat.) 1. Zeitraum von 15 Jahren (im alten Rom zur Berechnung der Steuern); Römerzinszahl; 2. kirchliches Aufgebot; Ansage, Ankündigung.

In|dio (der, -s, -s) (span.) lateinamerikanischer Indianer.

in|di|rekt (Adj.) (lat.) mittelbar; abhängig. Indirektheit; indirekte Rede (→ Konjunktiv).

in|dis|kret (Adj.) (franz.) taktlos; neugierig. Indiskretion.

in|dis|ku|ta|bel (Adj.) (lat.) nicht in Frage kommend. Die ganze Geschichte ist einfach indiskutabel!

in|dis|po|niert (Adj.) (lat.) in schlechter Verfassung; unpässlich. Indisposition; indisponibel.

in|dis|pu|ta|bel (Adj.) (lat.) unbestreitbar; nicht zu disputieren.

in|di|vi|du|al... (Adj.) einzel... Individualpsychologie; Individualsphäre; Individualverkehr.

In|di|vi|du|a|list (der, -en, -en) jemand, der sich betont vom Verhalten der Gemeinschaft absetzt. individualistisch.

In|di|vi|du|a|li|tät (die, -, kein Plural) (lat.) Charakter; Eigenart; Persönlichkeit.

In|di|vi|du|a|ti|on (die, |-, en) (lat.) Vereinzelung.

in|di|vi|du|ell (Adj.) (lat.) eigentümlich; persönlich; besonders geartet.

in|di|vi|du|ie|ren (V.) (lat.) eine individuelle Persönlichkeit werden; eine persönliche Struktur bekommen. Individualisierung; individualisieren.

In|di|vi|du|ie|rung (*auch:* In|di|vi|du|a|ti|on) (die, -, -en) (lat.) Entwicklung der Einzelpersönlichkeit; Vereinzelung.

in|di|vi|si|bel (Adj.) (lat.) unteilbar.

In|diz (das, -es, -di|zien) (lat.) Anzeichen; Verdacht. Indiziensammlung.

In|di|zi|en|be|weis (der, -es, -e) (lat.) ein Beweis, der sich auf Tatsachen, nicht auf das Geständnis des Angeklagten gründet (Rechtsw.).

in|di|zie|ren (V.) (lat.) 1. anzeigen; 2. auf den Index setzen. Indizierung.

in|di|ziert (Adj.) (lat.) eine Behandlungsart als richtig ansehen (Med.). Die Chemotherapie ist in diesem Fall nicht indiziert.

In|do|ger|ma|ne (*auch:* In|do|eu|ro|pä|er) (der, -n, -n) Angehöriger der indoeuropäischen Sprachfamilie. indogermanisch (Abk.: idg.).

In|do|ger|ma|nist (der, -en, -en) Wissenschaftler, der sich mit der indogermanischen Sprache befasst.

In|do|ger|ma|nis|tik (die, -, kein Plural) Wissenschaft von den indogermanischen Sprachen.

In|dok|t|ri|na|ti|on (die, -, -ti|o|nen) (lat.) ideologische Beeinflussung. Indoktrinierung; indoktrinieren.

in|do|lent (Adj.) (lat.) gleichgültig; unempfindlich. Indolenz.

In|do|lo|ge (der, -n, -n) Wissenschaftler der Indologie.

In|do|lo|gie (die, -, kein Plural) (nlat.-griech.) Wissenschaft von den indischen Sprachen und Kulturen.

in|do|lo|gisch (Adj.) zur Indologie gehörig.

In|do|ne|si|en (ohne Art., -s, kein Plural) asiatischer Inselstaat.

In|do|ne|sier (der, -, -,) Bewohner des Staates Indonesien. indonesisch.

in|do|pa|zi|fisch (Adj.) um dem Indischen und Pazifischen Ozean gelegen.

In|dos|sa|ment (das, -s, -e) (ital.) Giro; auf einem Wertpapier verzeichnete Anweisung, wonach die Forderungen eines Gläubigers von allen bisherigen Schuldnern auf einen übertragen werden. Indossierung; Indosso; indossieren.

In|d|ri (der, -s, -s) madegassischer Halbaffe, größte Lemurenart.

in du|bio (lat.) im Zweifelsfall. in dubio pro reo (im Zweifel für den Angeklagten). In-dubio-pro-reo-Grundsatz.

In|duk|ti|on (die, -, -ti|o|nen) (lat.) 1. Regelherleitung (von Einzelnem zu Allgemeinem); 2. Stromerzeugung durch bewegte Magnetfelder. Induktor; Induktionsbeweis; Induktionsstrom; induktiv; induzieren.

in|dul|gent (Adj.) (lat.) nachsichtig. Indulgenz.

In|dult (der/das, -es, -e) (lat.) 1. Fristeinräumung für den Schuldner bei Zahlungsverzug; 2. völkerrechtlich verbindliche Frist bei Kriegsausbruch, innerhalb derer sich feindliche Handelsschiffe in Sicherheit bringen können; 3. zeitlich begrenzte Befreiung von einer gesetzlichen Verpflichtung im katholischen Kirchenrecht.

In|du|si|um (das, -s, -si|en) (lat.) häutiges Organ von Farnen, das den Sporenbehälter bedeckt.

In|dus|t|ri|al De|sign (das, - -s, kein Plural) (engl.) Formgebung der Gebrauchsgegenstände.

In|dus|t|ri|al De|sig|ner (der, - -s, - -) (engl.) Formgestalter für Gebrauchsgegenstände.

in|dus|t|ri|a|li|sie|ren (V.) (franz.) Industrie ansiedeln. Industrialisierung; Industrialismus.

In|dus|t|rie (die, -, -n) (lat.) 1. Herstellung von Produkten im Großgewerbe; 2. Produktionszweig. Druckindustrie; Kleidungsindustrie; Lebensmittelindustrie; Metallindustrie. Industrieanlage; Industriearbeiter; Industrieausstellung; Industriegebiet; Industrieland; Industriezentrum; Industrielle; industriell.

In|dus|t|rie|de|sign (das, -s, -s) (lat.-engl.) Gestaltung von Industrieprodukten nach ästhetischen und praktischen Gesichtspunkten.

In|dus|t|rie|ge|werk|schaft (die, -, -en) (lat.) (Abk. IG) gewerkschaftliche Organisation. IG Farben; IG Metall.

in|dus|t|ri|ell (Adj.) die Industrie betreffend. die erste und zweite industrielle Revolution.

In|dus|t|ri|el|le (der/die, -n, -n) Eigentümer/Eigentümerin eines Industriebetriebes.

In|dus|t|rie|me|la|nis|mus (der, -, kein Plural) (nlat.) Umfärben heller Populationen zu dunklen Formen (z. B. des weißlichen Birkenspanners zu schwarzgrauen Individuen).

In|dus|t|rie|müll (der, -s, kein Plural) Industrieabfall.

In|dus|t|rie|ro|bo|ter (der, -s, -) (lat.) elektronisch gesteuertes Arbeitsgerät.

In|dus|t|rie|staat (der, -(e)s, -en) Staat mit hauptsächlich auf industrieller Produktion basierender Wirtschaftsform.

In|dus|t|rie- und Han|dels|kam|mer (die, -, -n) (lat.) (Abk. IHK) regionales Selbstverwaltungsorgan der gewerblichen Wirtschaft mit Ausnahme des Handwerks.

in|du|zie|ren (V.) (lat.) 1. vom speziellen Einzelfall auf das Allgemeine schließen und damit eine Gesetzmäßigkeit erstellen; 2. durch bewegte Magnetfelder elektrische Ströme und Spannungen erzeugen. Induktionsstrom.

In|edi|tum (das, -s, -ta) (lat.) noch nicht herausgegebene Schrift.

in|ef|fek|tiv (Adj.) (lat.) unwirksam.

In|ef|fek|ti|vi|tät (die, -, kein Plural) Unwirksamkeit.

in|ef|fi|zi|ent (Adj.) (lat.) unwirksam; unrentabel. Ineffizienz.

in|egal (Adj.) (lat.-griech.) ungleich.

in|ei|n|an|der (Adv.) einer in dem/im anderen. Sie waren ineinander (gegenseitig) verschlungen. Eine Liebe, wo beide ineinander (einer im andern) aufgehen. ineinanderfließen; ineinanderfügen; ineinandergreifen.

In|eins|set|zung (die, -, -en) Gleichsetzung. *Aber:* in eins setzen.

in|ert (Adj.) (lat.) (veraltet) untätig; träge; unbeteiligt.

in|es|sen|zi|ell (*auch:* in|es|sen|ti|ell) (Adj.) (lat.) unwesentlich.

in et|wa (Adv.) annähernd; ungefähr.

in|ex|akt (Adj.) (lat.) ungenau.

in|exis|tent (Adj.) (lat.) nicht vorhanden. Inexistenz.

in|ex|plo|si|bel (Adj.) (lat.) nicht explodierend.

in ex|ten|so (lat.) ausführlich; in allen Einzelheiten.

in fac|to (lat.) in Wirklichkeit; tatsächlich.

in|fal|li|bel (Adj.) (lat.) unfehlbar.

In|fal|li|bi|list (der, -en, -en) (lat.) Anhänger des Dogmas von der Unfehlbarkeit des Papstes in der katholischen Kirche.

In|fal|li|bi|li|tät (die, -, kein Plural) (lat.) Unfehlbarkeit.

in|fam (Adj.) (lat.) niederträchtig; gemein.

In|fa|mie (die, -, kein Plural) (lat.) Bosheit; Niedertracht.

In|fant (der, -en, -en) (lat.-span.) Titel der spanischen und portugiesischen königlichen Prinzen (früher).

In|fan|te|rie (die, -, -n) (franz.) Fußsol-daten. Infanterist; Infanterieregiment; infanteristisch.

in|fan|til (Adj.) (lat.) kindlich; unreif. Infantilität; Infantilismus.

in|fan|ti|li|sie|ren (V.) (lat.) jmd. in seiner geistigen Entwicklung auf dem Stand eines Kindes halten; bevormunden; kindlich werden.

in|fan|ti|zid (Adj.) (lat.) den Kindesmord betreffend.

In|fan|ti|zid (der, -s, -e) (lat.) Tötung eines Jungtieres durch die Elterntiere.

In|farkt (der, -s/-es, -e) (lat.) Gefäßverschluss. Herzinfarkt. Infarktzeichen.

in|far|zie|ren (V.) (in einem Gewebestück) einen Infarkt hervorrufen.

In|fek|ti|on (die, -, -ti|o|nen) (lat.) Ansteckung. Infekt; Infektionsgefahr; Infektionskrankheit; Infizierung; infektiös; infizieren.

In|fe|ri|o|ri|tät (die, -tät, kein Plural) (lat.) Minderwertigkeit; Unterlegenheit. Adjektiv: inferior.

In|fer|no (das, -s, kein Plural) Hölle; Unterwelt.

in|fer|til (Adj.) (lat.) nicht fertil; unfruchtbar.

In|fer|ti|li|tät (die, -, kein Plural) mangelnde Fertilität; Unfruchtbarkeit.

In|fight (der, -(s), -s) (engl.) Schlagabtausch aus geringster Entfernung (beim Boxen).

in|fil|t|rie|ren (V.) (lat.) eindringen; beeinflussen; durchsetzen. Infiltration; Infiltrationsversuch; Infiltrierung.

in|fi|nit (Adj.) (lat.) unbestimmt. Infinitum; ad infinitum (bis ins Unendliche).

in|fi|ni|te|si|mal (Adj.) (lat.) ins unendlich Kleine gehend.

In|fi|ni|te|si|mal|rech|nung (die, -, -en) (lat.) Differenzial-, Integralrechnung.

In|fi|ni|tiv (der, -s, -e) Verbgrundform (infinite Verbform; z. B. singen, sein, bleiben, geblieben sein). Infinitivsatz; Infinitivkonstruktion.

In|fir|mi|tät (die, -, kein Plural) (lat.) Gebrechlichkeit (Med.).

In|fix (das, -es, -e) (lat.) in den Wortstamm oder zwischen zwei Wortteile eingeschobenes sprachliches Element (z. B. das s in hoffnungsvoll).

in|fi|zie|ren (V.) (lat.) anstecken; mit Krankheitserregern verunreinigen.

in fla|g|ran|ti (lat.) auf frischer Tat. jemanden in flagranti ertappen (ugs.) (jemanden auf frischer Tat ertappen). Er war nach Hause gekommen, weil er etwas vergessen hatte. Da erwischte er seine Frau in flagranti mit einem anderen Mann.

in|flam|ma|bel (Adj.) (lat.) entzündbar.

in|flam|mie|ren (V.) (lat.) in Begeisterung versetzen.

In|fla|ti|on (die, -, -ti|o|nen) (lat.) Geldentwertung durch Vermehrung der umlaufenden Geldmenge. Inflationsrate; inflationär; inflatorisch; inflationistisch; inflationieren.

In|fla|ti|o|nis|mus (der, -, kein Plural) (lat.) Beeinflussung der Wirtschaft durch Erhöhung der umlaufenden Geldmenge.

in|fle|xi|bel (Adj.) (lat.) unveränderlich; unbiegsam. Inflexibilität.

In|flu|enz (die, -, -en) (lat.) Einfluss; Beeinflussung. Influenzelektrizität.

In|flu|en|za (die, -, kein Plural) (ital.) Grippe.

In|fo (das, -s, -s) (Kurzw.) Information; Informationsschrift. Infostand.

in|fol|ge (Präp., Gen.) wegen. infolge der Informationssperre. Adverb: infolgedessen.

In|for|mand (der, -es, -en) (lat.) jemand, der Informationen möchte.

In|for|mant (der, -s/es, -en) (lat.) jemand, der Informationen gibt.

In|for|ma|tik (die, -, kein Plural) Computerwissenschaft.

In|for|ma|ti|ker (der, -s, -) Wissenschaftler, der sich mit der Computerwissenschaft befasst.

In|for|ma|ti|on (die, -, -ti|o|nen) (lat.) Auskunft; Nachricht. Informationsaustausch; Informationsbüro; Informationsmaterial; Informationszentrum; Informiertheit; Informierung; informationell; informativ; informatorisch; informieren.

in|for|mell (Adj.) (lat.) nicht offiziell.

In|fo|tain|ment (das, -s, kein Plural) (engl.) unterhaltende Darbietung von Informationen.

In|fo|thek (die, -, -en) (lat.-griech.) Speicher für Informationen.

in|frage (*auch:* in Fra|ge). infrage (*auch:* in Frage) kommen/stehen/stellen; die infrage (*auch:* in Frage) kommenden Lösungen; *aber:* das Infragestellen.

In|frak|ti|on (die, -, -ti|o|nen) (lat.) unvollständiger Knochenbruch.

in|fra|rot (Adj.) ultrarot (Physik). Infrarot (Wärmestrahlen); Infrarotfilm; Infrarotlampe; Infrarotfilter.

In|fra|struk|tur (die, -, -en) wirtschaftliche und organisatorische Einrichtungen und Anlagen (z. B. Verkehrsnetz, Krankenhäuser). Adjektiv: infrastrukturell.

In|ful (die, -, -n) (lat.) 1. weiße Stirnbinde (der Priester im alten Rom); 2. die Mitra mit den herabhängenden Bändern (der Priester in der katholischen Kirche).

in|fun|die|ren (V.) mittels Infusion in den Körper einbringen.

In|fu|si|on (die, -, -si|o|nen) (lat.) Flüssigkeitseinführung.

In|fu|so|ri|um (das, -s, -ri|en) (lat.) einzelliges Wimpertierchen, das sich in Pflanzenaufgüssen entwickelt; Aufgusstierchen.

Ing. (Abk.) **Ing**enieur.

In|gang|hal|tung (die, -, kein Plural) Inganghalten. *Aber:* etwas in Gang halten/setzen.

In|ge|brauch|nah|me (die, -, -n) Verwendung. *Aber:* etwas in Gebrauch nehmen.

in ge|ne|re (lat.) im Allgemeinen.

In|ge|ni|eur (der, -s, -e) (franz.) Techniker mit Hochschulabschluss (Abk.: Ing.). Ingenieurbau; Ingenieurbüro; Ingenieurin; Ingenieurschule.

in|ge|ni|ös (Adj.) (lat.) scharfsinnig; erfinderisch. Ingeniosität.

In|ge|ni|um (das, -s, -ni|en) (lat.) natürliche Begabung. Sein Ingenium ist sehr beeindruckend.

In|ge|nu|i|tät (die, -, kein Plural) (lat.) 1. der natürliche Status eines Freigeborenen; Freiheit; 2. Freimut; Offenheit.

In|ges|ti|on (die, -, kein Plural) (lat.) Nahrungsaufnahme.

Ing. (grad.) (Abk.) graduierter Ingenieur.

In|got (der, -s, -s) (engl.) gegossener Metallbarren oder -block; Gussform dafür.

In|grain|pa|pier (das, -s, -e) (engl.) raues Zeichenpapier.

In|gre|di|en|zen (die, -, nur Plural) Bestandteile; Zutaten.

In|gres|si|on (die, -, -si|o|nen) (lat.) langsames Eindringen des Meeres in eine Senke des Festlandes.

In|grimm (der, -s, kein Plural) unterdrückter Zorn. Adjektiv: ingrimmig.

in gros|so (ital.) im Großen.

Ing|wer (der, -s, -) (sanskr.) Gewürz. Ingwerbier; Ingwerschnaps.

Inh. (Abk.) **Inh**aber.

In|ha|ber (der, -s, -) Eigentümer; Besitzer. Inhaberin; Inhaberpapier.

in|haf|tie|ren (V.) verhaften. Inhaftierung; Inhaftnahme.

in|ha|lie|ren (V.) (lat.) einatmen. Inhalation; Inhalationsmittel; Inhalatorium.

In|halt (der, -s, -e) das Innere; Gehalt. Inhaltsangabe; Inhaltsverzeichnis; inhaltlich, inhaltsleer; inhaltslos; inhaltsreich; inhaltsschwer.

in|hä|rent (Adj.) (lat.) innewohnend; anhaftend. Inhärenz; inhärieren.

In|hä|renz (die, -) Verknüpfung.

in|hi|bie|ren (V.) (lat.) etwas verhindern; Einhalt gebieten.

In|hi|bi|ti|on (die, -, -en) (lat.) Hemmung; Verbot; Verzögerung.

In|hi|bi|tor (der, -s, -en) (lat.) Hemmstoff. inhibitorisch.

in|ho|mo|gen (Adj.) (lat.-griech.) nicht gleichartig. Inhomogenität.

in ho|no|rem (lat.) zu Ehren.

in|hu|man (Adj.) (lat.) unmenschlich. Inhumanität.

in|in|tel|li|gi|bel (Adj.) (lat.) unverständlich; nicht verstehbar; nicht erkennbar.

In|i|qui|tät (die, -, kein Plural) (lat.) Härte; Unbilligkeit.

Ini|ti|al... (lat.) Anfangs... Initialbuchstabe; Initialsprengstoff; Initialwort; Initialzündung.

Ini|ti|a|le (die, -, -n) (lat.) Anfangsbuchstabe.

Ini|ti|and (der, -en, -en) (lat.) jmd., der in eine Gemeinschaft aufgenommen, der eingeweiht werden soll.

Ini|ti|ant (der, -en, -en) jmd., der die Initiative ergreift.

Ini|ti|a|ti|on (die, -, -ti|o|nen) (lat.) Einführung; Einweihung. Initiationsriten; Initiand (Einzuweihender), *aber:* Initiant (ergreift die Initiative!); Initien; initiieren.

Ini|ti|a|ti|ve (die, -, -n) (franz.) Entschlusskraft; Unternehmungsgeist. Initiativrecht; Bürgerinitiative; Initiator/-in.

in|i|ti|ie|ren (V.) (lat.) den Anstoß geben.

In|jek|ti|on (die, -, -ti|o|nen) (lat.) Einspritzung. Injektionsspritze; injizieren.

in|jun|gie|ren (V.) (lat.) zur Pflicht machen; jmd. etwas anbefehlen.

In|junk|ti|on (die, -, -ti|o|nen) (lat.) Befehl; Vorschrift.

In|ju|ri|ant (der, -en, -en) (lat.) Beleidiger; Ehrabschneider.

In|ju|ri|at (der, -en -en) (lat.) Beleidigter.

In|ju|rie (die, -, -n) (lat.) Unrecht; Beleidigung. Verbalinjurien.

in|ju|ri|ie|ren (V.) (lat.) beleidigen.

in|ju|ri|ös (Adj.) (lat.). beleidigend; ehrenrührig.

In|ka (der, -s, -s) Angehöriger eines altperuanischen Volksstammes.

In|kar|nat (das, -s/-es, kein Plural) (lat.) Fleischfarbe; zartrosa Farbe.

In|kar|na|ti|on (die, -, -ti|o|nen) (lat.) Fleischwerdung; Menschwerdung; Wiedergeburt. Inkarnationslehre; inkarnieren.

In|kar|ze|ra|ti|on (die, -, -ti|o|nen) (lat.) Einklemmung (bes. in der Medizin).
in|kar|ze|rie|ren (V.) (lat.) einklemmen.
In|kas|so (das, -s, -s) (ital.) Einziehung von ausstehenden Zahlungen. Inkassobüro.
In|kas|so|voll|macht (die, -, kein Plural) (ital.) Berechtigung zur Einziehung von ausstehenden Zahlungen.
In|kauf|nah|me (die, -, kein Plural) Hinnahme. *Aber:* etwas in Kauf nehmen.
inkl. (*auch:* incl.) (Abk.) **inkl**usive.
In|kli|na|ti|on (die, -, -ti|o|nen) (lat.) 1. Neigung; Vorliebe; 2. Neigung; Anfälligkeit (für eine Krankheit); 3. Neigung der Ebene einer Planeten- oder Kometenbahn zur Ebene der Erdbahn.
in|kli|nie|ren (V.) eine Inklination haben; eine Neigung, Vorliebe für etwas haben.
in|klu|die|ren (V.) (lat.) einschließen; beinhalten.
In|klu|si|on (die, -, -si|o|nen) (lat.) Einschluss; Einschließung.
in|klu|si|ve (Präp., Gen.) (lat.) einschließlich; inbegriffen. *Beachte:* inklusive der Verpackungskosten, *aber:* inklusive Porto; inklusive Mehrwertsteuer.
in|ko|g|ni|to (Adv.) (ital.) unerkannt; unter falschem Namen; z. B. inkognito reisen.
In|ko|g|ni|to (das, -s, kein Plural) (ital.) Wahrung der Anonymität. Er bewahrte stets sein Inkognito. Er lüftete sein Inkognito (den Namen preisgeben).
in|ko|hä|rent (Adj.) (lat.) zusammenhanglos.
In|ko|hä|renz (die, -, kein Plural) Zusammenhanglosigkeit.
in|kom|men|su|ra|bel (Adj.) (lat.) nicht vergleichbar.
in|kom|mo|die|ren (V.) (lat.) belästigen. Mühe, Unbequemlichkeit bereiten; Bitte ~ Sie sich nicht! Bitte machen Sie sich nicht so viel Mühe!
In|kom|mo|di|tät (die, -, -en) (lat.) Unbequemlichkeit; Lästigkeit.
in|kom|pa|ra|bel (Adj.) (lat.) nicht vergleichbar; nicht steigerbar (in der Grammatik).
in|kom|pa|ti|bel (Adj.) (lat.) nicht zusammenpassend; unverträglich. Die beiden Computersysteme sind inkompatibel.
In|kom|pa|ti|bi|li|tät (die, -, -enzen) (lat.) Unvereinbarkeit; Unverträglichkeit.
in|kom|pe|tent (Adj.) (lat.) nicht zuständig; nicht befugt; unfähig. Ich bin auf diesem Gebiet inkompetent.
In|kom|pe|tenz (die, -en, kein Plural) Unfähigkeit; Unzuständigkeit.
in|kom|plett (Adj.) (franz.) unvollständig.
in|kon|gru|ent (Adj.) (lat.) nicht deckungsgleich.
In|kon|gru|enz (die, -, -en|zen) Nichtübereinstimmung.
in|kon|se|quent (Adj.) (lat.) widersprüchlich; unbeständig. Sein inkonsequentes Verhalten hat uns in Schwierigkeiten gebracht.
In|kon|se|quenz (die, -, -en|zen) (lat.) mangelnde Folgerichtigkeit, Widersprüchlichkeit.
in|kon|sis|tent (Adj.) (lat.) nicht dauerhaft; unhaltbar.
In|kon|sis|tenz (die, -, kein Plural) (lat.) Unhaltbarkeit.
in|kon|s|tant (Adj.) (lat.) unbeständig; veränderlich.
In|kon|s|tanz (die, -, -zen) (lat.) Veränderlichkeit.
In|kon|ti|nenz (die, -, -en|zen) (lat.) 1. Schließmuskelschwäche mit ungewolltem Harn- oder Stuhlabgang; 2. unbeherrschbares Lachen oder Weinen (Med.).
In|kon|ve|ni|enz (die, -, -en) (griech.-lat.) Unschicklichkeit; Ungehörigkeit.
in|kon|ver|ti|bel (Adj.) (lat.) nicht umtauschbar; nicht gegenseitig austauschbar (Computerprogramme, Währungen).
in|kon|zi|li|ant (Adj.) nicht konziliant; nicht entgegenkommend.
In|kon|zi|li|anz (die, -, kein Plural) Mangel an Konzilianz; Mangel an Entgegenkommen.
In|kor|po|ra|ti|on (die, -, en) (lat.) 1. Einführung; Einnahme; Einverleibung; 2. Eingemeindung. Inkorporierung; inkorporal.
in|kor|po|rie|ren (V.) (lat.) einverleiben; eingemeinden.
in|kor|rekt (Adj.) (lat.) ungenau; unzulässig.
In|kor|rekt|heit (die, -, -en) (lat.) Ungenauigkeit; Unzulässigkeit; Fehler.
In|kraft|set|zung (die, -, -en) Gültigmachen. *Aber:* in Kraft setzen/treten.
In|kraft|tre|ten (das, -s, kein Plural) Beginn der Gültigkeit. Das Gesetz tritt im nächsten Jahr in Kraft.
In|kre|ment (das, -s/-es, -e) (lat.) Zunahme; Zuwachs; Betrag, um den etwas zunimmt.
In|kret (das, -s, -e) (lat.) von Drüsen mit innerer Sekretion in den Körper abgegebener Stoff (Hormon).
in|kri|mi|nie|ren (V.) (lat.) beschuldigen; anklagen.
In|krus|ta|ti|on (die, -, -ti|o|nen) (lat.) 1. Krustenbildung; Überzug mit einer Kruste (in der Geologie); 2. farbige Verzierung durch Einlagen aus anderem Material.
in|krus|tie|ren (V.) (lat.) 1. mit einer Kruste überziehen; überkrusten; 2. mit Einlagen aus anderem Material farbig verzieren.
In|ku|ba|ti|on (die, -, -ti|o|nen) (lat.) Ansteckung.
In|ku|ba|ti|ons|zeit (die, -, en) (lat.) Zeitraum zwischen Ansteckung und Ausbruch der ersten Krankheitszeichen.
In|ku|ba|tor (der, -s, -en) (lat.) 1. Behälter mit medizinischen Einrichtungen zum Aufziehen zu früh geborener Kinder; Brutkasten; 2. Behälter zum Bebrüten von Fischeiern; 3. Behälter für Bakterienkulturen.
In|ku|bus (der, -, -en) (lat.) im Aberglauben des Mittelalters ein männlicher Buhlteufel.
in|ku|lant (Adj.) (franz.) nicht entgegenkommend.
In|ku|lanz (die, -, en) (franz.) mangelndes Entgegenkommen im geschäftlichen Bereich.
In|kul|pant (der, -es, en) der Ankläger im katholischen Kirchenrecht.
In|ku|na|bel (die, -, -n) (lat.) aus dem 15. Jahrhundert (dem Jahrhundert der Erfindung der Buchdruckerkunst) stammendes Buch; Wiegendruck.
In|laid (der, -s, -e) (schweiz.-engl.) farbig gemustertes Linoleum.
In|land (das, -s, kein Plural) 1. eigenes Land; eigenes Staatsgebiet; 2. Binnenland; Landesinnere.

In|land|eis (das, -e, kein Plural) großflächige Vereisung einer Landmasse.
In|län|der/in (der/die, -s/-, -s/in|nen) jemand, der im Inland lebt.
in|län|disch (Adj.) das Inland betreffend. Die inländischen Produkte werden von der Bevölkerung vorgezogen.
In|lands|flug (der, -es, -üge) Flüge innerhalb des Inlandes.
In|lands|markt (der, -es, -ärkte) Binnenmarkt; Wirtschaftsmarkt im Inland.
In|lands|nach|fra|ge (die, -, -n) Interesse an wirtschaftlichen Gütern des Inlandes.
In|lands|rei|se (die, -, -n) Reise innerhalb des Inlandes.
In|lay (das, -s, -s) (engl.) Zahnfüllung.
In|lett (das, -s, -s/-e) Bettüberzug.
In|line|skates (die, -, nur Plural) Rollschuhe mit hintereinanderliegenden, mittig angeordneten Rollen. Inlineskater.
in me|di|as res (lat.) unmittelbar zur Sache.
in me|mo|ri|am (lat.) zum Andenken.
in|mit|ten (Präp., Gen.) in der Mitte von.
in na|tu|ra (lat.) leibhaftig.
in|ne|ha|ben (V., hatte inne, hat innegehabt) besitzen; bekleiden. Er hatte viele Jahre den Vorsitz des Vereins inne.
in|ne|hal|ten (V., hielt inne, hat innegehalten) stocken; unterbrechen; ausruhen; aussetzen. Sie hielt mit ihren Arbeiten plötzlich inne.
in|nen (Adv.) drinnen. *Beachte:* innen und außen; von innen nach außen. Innenkurve; Innenseite; Innenstürmer.
In|nen|ar|chi|tekt/in (der/die, -en/-, -en/in|nen) jemand, der sich mit der Gestaltung von Innenräumen befasst.
In|nen|ar|chi|tek|tur (die, -, kein Plural) Planung u. Gestaltung des Inneren von Gebäuden.
In|nen|aus|stat|tung (die, -, -en) Gestaltung eines Innenraums.
In|nen|dienst (der, -es, -e) Tätigkeit innerhalb der Dienststelle.
In|nen|le|ben (das, -s, -) das geistige und seelische Erleben eines Menschen.
In|nen|mi|nis|ter/in (der/die, -s/-, -/in|nen) Minister/in für innere Angelegenheiten.
In|nen|mi|nis|te|ri|um (das, -s, -ien) Ministerium für Angelegenheiten des Inlandes.
In|nen|po|li|tik (die, -, kein Plural) Politik, die die Probleme des Inlandes regelt. innenpolitisch.
In|nen|stadt (die, -, -ädte) Stadtmitte; Stadtkern; Stadtzentrum; City.
In|nen|tem|pe|ra|tur (die, -, -en) Temperatur eines Raumes.
In|nen|welt (die , -, kein Plural) die geistige und seelische Welt des Menschen.
in|ner|be|trieb|lich (Adj.) die inneren Angelegenheiten eines Betriebes betreffend.
in|ne|re (Adj.) innen gelegen; geistig; seelisch. *Beachte:* innere Medizin; innere Angelegenheit; innerer Monolog, *aber:* die Innere Mission; Innere Mongolei. innerdeutsch.
In|ne|re (das, -n, kein Plural) 1. umschlossener Raum. im Inneren des Hauses; 2. Inhalt. im Inneren des Buches. 3. Geistiges; Seelisches; Kern; Wesen. Sie offenbarte ihm ihr Inneres. Innerste.
In|ne|re Füh|rung (die, -, kein Plural) Prinzip der Bundeswehr, den jungen Menschen nicht nur zum Soldaten, sondern auch zum verantwortungsbewussten Staatsbürger zu erziehen.
In|ne|rei|en (die, -, nur Plural) beim Schlachtvieh verwertbare Anteile wie Leber, Niere usw.
in|ne|re Se|kre|ti|on (die, -, kein Plural) Abgabe von Hormonen durch endokrine Drüsen (Med.).
in|ne|rer Mo|no|log (der, -s, kein Plural) in der modernen Literatur die Wiedergabe von unausgesprochenen Gedanken und Assoziationen.
in|ner|halb (Präp., Gen.) begrenzt; binnen. innerhalb der Absperrung; innerhalb zweier Monate; innerhalb von zwei Monaten.
in|ner|lich (Adj.) im Inneren.
In|ner|lich|keit (die, -, kein Plural) die Erlebniswelt des Menschen.
in|ner|po|li|tisch (Adj.) innenpolitisch.
in|ner|staat|lich (Adj.) die inneren Angelegenheiten eines Staates betreffend.
In|ner|va|ti|on (die, -, kein Plural) (lat.) Versorgung von Gewebe, Organen und Zellen mit Nerven.
in|ner|vie|ren (V.) (lat.) anregen; reizen.
in|ne sein (V., war inne ist inne gewesen) erkennen. *Beachte:* mit Genitiv! Er war sich seines Fehlers sehr wohl inne.
in|ne|wer|den (V., wurde inne, ist innegeworden) erkennen; bewusst werden. *Beachte:* mit Genitiv! Er wurde sich seines Fehlers sehr wohl inne.
in|ne|woh|nen (V.) enthalten sein; anhaften; anhängen; einschließen; gehören; zugehören. Dieser Gemeinschaft wohnt ein besonderer Geist inne.
in|nig (Adj.) eng; herzlich. Sie pflegen eine innige Freundschaft. inniglich; innigst.
In|nig|keit (die, -, kein Plural) Herzlichkeit; Zärtlichkeit.
in no|mi|ne (lat.) im Namen; im Auftrag.
in no|mi|ne Dei (lat.) im Namen Gottes.
in no|mi|ne Do|mi|ni (lat.) im Namen des Herrn.
In|no|va|ti|on (die, -, -ti|o|nen) (lat.) Erneuerung; Einführung von Neuerungen.
In|no|va|ti|ons|drang (der, -es(s), kein Plural) (lat.) Freude am Einführen von Neuerungen. innovativ; innovatorisch.
In|nu|en|do (das, -s, -s) (engl.) Anspielung; versteckte Andeutung.
In|nung (die, -, -en) Handwerkervereinigung; Bezeichnung für die aus den Zünften hervorgegangenen regionalen Vereinigungen von Handwerkern des gleichen Berufes.
In|nungs|kran|ken|kas|se (die, -, -n) Krankenkasse für Mitglieder einer Innung.
In|nungs|meis|ter (der, -s, -) Vorsitzender einer Innung.
In|nungs|ver|samm|lung (die, -, -en) Zusammenkunft von Mitgliedern einer Innung.
in|of|fen|siv (Adj.) (lat.) nicht angriffslustig.
in|of|fi|zi|ell (Adj.) (franz.) nicht amtlich; vertraulich.
in|of|fi|zi|ös (Adj.) widerrechtlich; ungebührlich.
in|op|por|tun (Adj.) (lat.) ungünstig; unangebracht. Seine Handlungsweise erscheint inopportun. Inopportunität.

in per|so|na (lat.) persönlich; selbst. Der Minister kam in persona.

in pet|to (ital.) (nur in der Wendung:) etwas in petto haben (bereit haben).

in ple|no (lat.) vollzählig; in voller (vollzähliger) Versammlung.

in punc|to (lat.) hinsichtlich. In puncto Sauberkeit hatten wir Probleme mit unserem Kind.

In|put (der/das, -s, -s) (engl.) 1. Dateneingabe (EDV); 2. eingesetzte Produktionsmittel. Input-Output-Analyse.

in|qui|rie|ren (V.) (lat.) amtlich, gerichtlich untersuchen.

in|qui|si|to|risch (Adj.) scharf befragend.

In|qui|si|ti|on (die, -, -ti|o|nen) (lat.) Untersuchung; Ketzergericht; im MA geistliches Gericht zur Bekämpfung der Ketzerei. Inquisitionsgericht.

In|qui|si|tor (der, -s, -en) Richter eines Inquisitionsverfahrens.

In|qui|si|ti|ons|pro|zess (der, -es, -e) strafrechtliches Verfahren, in dem die gleiche Instanz Anklage erhebt, die die Untersuchung führt und das Urteil findet.

I. N. R. I. (Abk.) (lat.) Kreuzesinschrift: **J**esus **N**azarenus **R**ex **J**udaeorum (Jesus von Nazareth, König der Juden).

ins (Präp.) in das. *Beachte:* immer ohne Apostroph! Heute gehe ich ins Theater.

In|sas|se (der, -n, -n) Bewohner; Mitfahrer. Insassin.

In|sas|sen|ver|si|che|rung (die, -, -en) Versicherung für Autobeifahrer.

ins|be|son|de|re (Adv.) vor allem; ganz besonders. Insbesondere hast du das zu beachten. *Beachte:* insbesondere(,) wenn/weil es schneit.

In|schrift (die, -, -en) Aufschrift. 1. Schrift in Marmor, Metall, Stein; 2. Schrift auf Bildern u. Ä. Inschriftensammlung; inschriftlich.

In|sekt (das, -s, -en) (lat.) Kerbtier. Insektenbekämpfung; Insektengift; Insektenpulver; Insektenvertilgungsmittel; insektenfressend (*auch:* Insekten fressend).

In|sek|ten|for|scher/in (der/die, -/-, -/in|nen) Wissenschaftler/in der Insektenkunde.

In|sek|ten|kun|de (die, -, kein Plural) Wissenschaft von Stoffwechselvorgängen, Systematik, Verhalten und Verwandtschaft der Insekten.

In|sek|ten|stich (der, -s, -e) Stich eines Insekts.

In|sek|ti|zid (das, -es, -e) insektenvernichtendes Mittel.

In|sek|ti|vo|re (der, -n, -n) (lat.) insektenfressendes Tier; insektenfressende Pflanze.

In|sel (die, -, -n) Eiland; von allen Seiten von Wasser umgebenes Land. Inselgruppe; Inselreich; Inselvolk; Inselwelt.

In|sel|berg (der, -s, -e) inselartig aus einer Abtragungsebene aufragender Berg.

In|sel|be|woh|ner/in (der/die, -/in|nen -/in|nen) Inseleinwohner.

In|sel|or|gan (das, -s, -e) Zellgruppe (Langerhanssche Inseln) in der Bauchspeicheldrüse (Med.).

In|se|mi|na|ti|on (die, -, -ti|o|nen) (lat.) künstliche Befruchtung.

in|sen|si|bel (Adj.) (lat.) unempfindlich. Insensibilität.

In|se|rat (das, -s, -e) (lat.) Zeitungsanzeige.

In|se|ra|ten|teil (der, -s, -e) (lat.) Anzeigenteil einer Zeitung.

In|se|rent/in (der/die, -en/in, -en/in|nen) (lat.) jemand, der ein Inserat aufgibt.

in|se|rie|ren (V.) (lat.) ein Inserat aufgeben.

In|sert (das, -s, -s) (engl.) Einblendung.

In|ser|ti|on (die, -, -en) (lat.) 1. Aufgabe eines Inserates; 2. Ansatz (eines Muskels am Knochen); Einfügung (Biol., Med.).

ins|ge|heim (Adv.) heimlich.

ins|ge|samt (Adv.) im Ganzen.

In|si|der (der, -s, -) (engl.) Eingeweihte; Zugehörige; jemand mit internen Kenntnissen. Insiderinformation; Insiderlokal.

In|si|g|ni|en (die, nur Plural) (lat.) Abzeichen, Symbole von (staatlicher oder ständischer) Macht und Würde (z. B. Reichsapfel).

in|si|g|ni|fi|kant (Adj.) (lat.) unbedeutend; unwichtig.

in|si|nu|ie|ren (V.) (lat.) unterstellen; durchblicken lassen.

in|sis|tie|ren (V.) (lat.) auf etwas bestehen/beharren. Ich insistiere darauf, dass du mitkommst.

in|sis|tent (Adj.) (lat.) beharrlich.

In|skrip|ti|on (die, -, -ti|onen) (lat.) Einschreibung; Eintragung. Verb: inskribieren.

in|so|fern (*auch:* in|so|weit) 1. (Adv.) in dieser Hinsicht. Du hast insofern Recht, als sich die Lage geändert hat. 2. (Konj.) falls; wenn. Ich fahre gerne mit(,) insofern(,) als ihr noch Platz habt.

in|so|lent (Adj.) (lat.) unverschämt; anmaßend.

In|so|lenz (die, -, -en) (lat.) Unverschämtheit; Anmaßung.

in|sol|vent (Adj.) (lat.) zahlungsunfähig.

In|sol|venz (die, -, -en) (lat.) Zahlungsunfähigkeit. Insolvenzverfahren; Insolvenzverwalter/ Insolvenzverwalterin.

In|som|nie (die, -, kein Plural) (lat.) Schlaflosigkeit (Med.).

in Son|der|heit (Adv.) besonders; insbesondere.

in|so|weit → insofern.

in spe (lat.) zukünftig; z. B. meine Schwiegermutter in spe.

In|spek|teur (der, -s, -e) (lat.-franz.) hoher Offiziersrang der Bundeswehr.

In|spek|ti|on (die, -, -ti|onen) (lat.) Aufsicht; Überwachungsbehörde; Dienststelle. Inspektionsfahrt; Inspektionsreise.

In|spek|tor/in (der/die, -s/-, -en/-in|nen) (lat.) Beamter/in des gehobenen mittleren Dienstes; jmd., der etwas inspiziert.

In|spi|ra|ti|on (die, -, -ti|onen) (lat.) 1. Einfall; Eingebung; Anregung; 2. Einatmung.

In|spi|ra|tor (der, -s, -en) (lat.) Gerät für die künstliche Beatmung (Med.).

in|spi|rie|ren (V.) (lat.) jemanden anregen. Er inspirierte den Dichter zu dessen Drama.

in|spi|zie|ren (V.) (lat.) prüfen; beaufsichtigen; besichtigen.

In|spi|zi|ent/in (der/die, -en/-in, -en/-in|nen) (lat.) die mit der technischen Durchführung der Regieanweisung betraute Person.

In|spi|zie|rung (die, -, -en) (lat.) Besichtigung; Beaufsichtigung; Überprüfung.

in|sta|bil (Adj.) nicht stabil; unsicher; im Ungleichgewicht.

In|sta|bi|li|tät (die, -, kein Plural) mangelnde Stabilität; Unsicherheit.

in|s|tal|lie|ren (V.) (lat.) einrichten; einbauen.

In|s|tal|la|teur (der, -s, -e) (lat.-franz.) Handwerker zum Einbau technischer Anlagen.

In|s|tal|la|ti|on (die, -, -en) (lat.) 1. Einbau einer technischen Anlage und Anschluss an ein Leitungsnetz; 2. Amtseinführung eines Geistlichen; 3. Modernes Kunstwerk.

in|stand (*auch:* in Stand) (Adj.) in gutem Zustand; ordentlich. etwas instand (*auch:* in Stand) halten, setzen. Ich halte das Haus instand (*auch:* in Stand).

In|stand|be|set|zer (der, -s, -) Hausbesetzer. Verb: instand besetzen (*auch:* in Stand besetzen); instand setzen (*auch:* in Stand setzen).

In|stand|hal|tung (die, -, -en) Pflege. *Aber:* ein Haus instand/in Stand halten.

In|stand|hal|tungs|kos|ten (die, -, nur Plural) finanzielle Belastung zur Pflege eines Hauses.

in|stän|dig (Adj.) eindringlich. Inständigkeit.

In|stand|set|zung (die, -, -en) Renovierung; Reparatur. Instandsetzungsmaßnahme. *Aber:* instand/in Stand setzen.

in|s|tant (Adj.) (engl.) sofort löslich.

In|s|tant|kaf|fee (der, -s, kein Plural) (engl.) sofort löslicher Kaffee.

In|s|tanz (die, -, -en) (lat.) Dienstweg; zuständige Behörde. Instanzenweg.

in statu quo (lat.) im gegenwärtigen Zustand.

in|s|ti|gie|ren (V.) (lat.) anregen; anstacheln; antreiben.

In|s|til|la|ti|on (die, -, -ti|onen) tropfenweises Einbringen von Arzneimitteln in den Körper (Med.).

in|s|til|lie|ren (V.) (lat.) tropfenweise in den Körper einbringen; einträufeln.

In|s|tinkt (der, -s/-es, -e) (lat.) 1. angeborenes, unbewusstes Verhalten; Trieb; 2. sicheres Gefühl; Spürsinn.

in|s|tinkt|haft (Adj.) (lat.) triebhaft.

In|s|tinkt|hand|lung (die, -, kein Plural) (lat.) unbewusste Handlung.

in|s|tink|tlos (Adj.) (lat.) taktlos.

In|s|tinkt|lo|sig|keit (die, -, kein Plural) (lat.) ohne Instinkt; ohne Feingefühl; ohne Taktgefühl.

in|s|tink|tiv (Adj.) (lat.) aus dem Gefühl heraus; dem Instinkt folgend; gefühlsmäßig; unbewusst. Instinktiv tat sie das Richtige. instinktsicher.

In|s|ti|tut (das, -s/-es, -e) (lat.) Einrichtung; Forschungsanstalt; Institutsbibliothek; Institutsleiter.

In|s|ti|tu|ti|on (die, -, -en) (lat.) 1. Einrichtung; 2. feststehende, allgemein anerkannte ordnende öffentliche Einrichtung, z. B. Amt, Kirche, Sitte, Staat.

in|s|ti|tu|ti|o|na|li|sie|ren (V.) eine feststehende Einrichtung aus etwas machen.

In|s|ti|tu|ti|o|na|li|sie|rung (die, -, kein Plural) (lat.) das Einrichten einer Institution.

in|s|t|ru|ie|ren (V.) (lat.) unterrichten; anweisen; Verhaltensmaßregeln geben.

In|s|t|ruk|teur (der, -s, -e) (lat.-franz.) Erzieher; Lehrer.

In|s|t|ruk|ti|on (die, -, -en) (lat.) Anweisung; Anleitung.

in|s|t|ruk|tiv (Adj.) (lat.) aufschlussreich; lehrreich.

In|s|t|ru|ment (das, -s/-es, -e) (lat.) Gerät; Werkzeug; Musikinstrument. Instrumentalbegleitung; Instrumentalmusik; Instrumentarium; Instrumentenbau; Instrumentierung; Instrumentation; instrumental; instrumentell; instrumentieren.

In|sub|or|di|na|ti|on (die, -, -ti|o|nen) (lat.) Gehorsamsverweigerung; mangelnde Unterordnung (beim Militär).

in|suf|fi|zi|ent (Adj.) (lat.) ungenügend. Insuffizienz.

In|su|la|ner (der, -s, -) (lat.) Inselbewohner. Adjektiv: insular.

In|su|lin (das, -s, kein Plural) Hormon. Insulinmangel; Insulinschock; Insulinpräparat.

In|sult (der, -s/-es, -e) (lat.) 1. Beleidigung; Beschimpfung; 2. Anfall (in der Medizin).

in|sul|tie|ren (V.) beleidigen; beschimpfen.

in sum|ma (lat.) insgesamt.

in|sur|gie|ren (V.) (lat.) zum Aufstand aufwiegeln; einen Aufstand anzetteln.

In|sur|rek|ti|on (die, -, -ti|o|nen) (lat.) Aufstand; Aufruhr.

In|sze|nie|rung (die, -, -en) (lat.) künstlerische Gestaltung einer Aufführung. Adjektiv: inszenatorisch. Verb: inszenieren.

in|takt (Adj.) (lat.) unversehrt. Intaktheit; Intaktsein.

In|tar|sie (die, -, -n) (ital.) Einlegearbeit. Intarsienmalerei.

in|te|ger (Adj.) (lat.) makellos; redlich. ein integrer Mensch. Integrität.

in|te|g|ral (Ad).) (lat.) vollständig; für sich bestehend. Integral; Integralgleichung; Integralhelm.

In|te|g|ral|rech|nung (die, -, -en) (lat.) Teilgebiet der höheren Mathematik.

In|te|g|ra|ti|on (die, -, -en) Eingliederung; Vervollständigung.

in|te|g|rie|ren (V.) (lat.) ergänzen; einfügen. Integration; Integrierung; integrierbar; integrativ.

In|te|gu|ment (das, -s, -e) (lat.) 1. Körperdecke; Haut; Fell; 2. Hülle der Samenanlage (bei Pflanzen).

In|tel|lekt (der, -s, kein Plural) (lat.) Verstand.

In|tel|lek|tu|a|lis|mus (der, -, kein Plural) 1. philos. Richtung, nach der alles durch den Verstand steuerbar und erfassbar ist; 2. Überbetonung des Verstandes gegenüber dem Gefühl.

In|tel|lek|tu|el|le (der/die, -n/n, -n) (lat.) denkgeschulter, kritisch hinterfragender Mensch. intellektuell.

In|tel|li|gence Ser|vice (der, - -, kein Plural) (engl.) der britische Geheimdienst.

in|tel|li|gent (Adj.) (lat.) klug; begabt.

In|tel|li|genz (die, -, kein Plural) (lat.) 1. Auffassungsgabe; Denkkraft; 2. wissenschaftlich gebildete Gesellschaftsschicht. Intelligenzgrad.

In|tel|li|genz|bes|tie (die, -, -n) (lat.) (ugs.) jemand, der seine Intelligenz in betonter Weise zur Schau trägt.

In|tel|li|genz|quo|ti|ent (der, -es, kein Plural) (lat.) (Abk.: IQ) die aus Intelligenzalter und Lebensalter eines Menschen errechnete Messzahl für die geistige Leistungsfähigkeit.

In|tel|li|genz|test (der, -s, kein Plural) (lat.) Test zur Ermittlung des Intelligenzquotienten.

in|tel|li|gi|bel (Adj.) (lat.) nur verstandesmäßig; nicht sinnlich wahrnehmbar.

in|ten|die|ren (V.) (lat.) beabsichtigen; anstreben.
In|ten|si|me|ter (das, -s, -) (lat.-griech.) Messgerät (bes. für Röntgenstrahlen).
In|ten|si|on (die, -, -si|o|nen (lat.) Anspannung; Sinn. Adjektiv: intensional.
in|ten|siv (Adj.) (lat.) kräftig; wirksam. Intensivität.
In|ten|siv|kurs (der, -es, -e) umfassende Wissensvermittlung in kurzer Zeit.
in|ten|si|vie|ren (V.) (lat.) kräftigen; steigern; verstärken. Er intensivierte seine Bemühungen. Intensivierung.
In|ten|siv|sta|ti|on (die, -, -en) (lat.) Krankenstation für Schwerstkranke.
In|ten|si|tät (die, -, kein Plural) (lat.) 1. Gewalt; Kraft; Stärke; 2. Stärke einer Strahlung.
In|ten|ti|on (die, -, kein Plural) (lat.) Absicht; Vorsatz. intentional.
In|ter|ak|ti|on (die, -, -ti|o|nen) (lat.) Wechselwirkung.
in|ter|al|li|iert (Ad).) mehrere Verbündete betreffend; zu mehreren Verbündeten gehörig.
In|ter|ci|ty (der, -s, -s) (engl.) Schnellzug (Abk.: IC). Intercityzug.
In|ter|de|pen|denz (die, -, -en) (lat.) gegenseitige Abhängigkeit. Adjektiv: interdependent.
In|ter|dik|ti|on (die, -, -ti|o|nen) (lat.) Entmündigung; Untersagung; Verbot.
in|ter|dis|zi|pli|när (Adj.) mehrere Disziplinen umfassend; zwischen mehreren Disziplinen bestehend.
in|ter|di|zie|ren (V.) (lat.) untersagen; verbieten; entmündigen.
In|te|r|es|se (das, -s, -n) (lat.) Aufmerksamkeit; Anteilnahme; Augenmerk; Nutzen; Vorteil. Interessantheit; Interessenkonflikt; Interessent; Interessentenkreis; Interessiertheit; interessant; interessiert; interessanterweise; interessehalber; interessieren. *Beachte:* Ich interessiere mich für diese Stelle. *Aber:* Ich bin an dieser Stelle interessiert.
In|te|r|es|se|lo|sig|keit (die, -, kein Plural) (lat.) Gleichgültigkeit. interesselos.
In|te|r|es|sen|ge|mein|schaft (die, -, -en) (lat.) vertragliche Vereinbarung zwischen mehreren natürlichen oder juristischen Personen zur Wahrung gemeinsamer Interessen; Zweckverband.
In|ter|face (das, -, -s) (engl.) Schnittstelle (EDV).
In|ter|fe|renz (die, -, -en) (lat.) 1. Überlagerung mehrerer Schwingungen, die von derselben Quelle ausgehen; 2. Beeinflussung eines biologischen Vorgangs durch einen gleichartigen anderen; 3. Einwirkung einer vertrauten Sprache auf eine andere, zu erlernende (z. B. Verwechslung von Wörtern oder Lauten). Interferenzerscheinung.
in|ter|fe|rie|ren (V.) (lat.) überlagern; überschneiden.
In|ter|fe|ro|me|ter (das, -s, -) (griech.-lat.) Gerät zum Messen von Licht- oder Schallwellen, das die Interferenz ausnützt.
In|ter|fe|ron (das, -s, -e) (lat.) von Körperzellen zur Abwehr von Viren gebildetes Eiweiß.
in|ter|frak|ti|o|nell (Adj.) (lat.) zwischen den Fraktionen.
in|ter|ga|lak|tisch (Adj.) (griech.-lat.) zwischen den Galaxien.
in|ter|gla|zi|al (Adj.) (lat.) zwischen zwei Eiszeiten.
In|te|ri|eur (das, -s, -s/-e) (franz.) Innenausstattung.
In|te|rim (das, -s, -s) (lat.) Zwischenzeit. Interimslösung; Interimsregelung; interimistisch.
In|ter|jek|ti|on (die, -, -ti|o|nen) (lat.) Ausruf; Ausrufewort; Empfindungswort (z. B. aua! hui! ach! pfui!)
in|ter|ka|lar (Adj.) (lat.) in der Zählung eingeschoben (von Schaltjahren).
in|ter|kom|mu|nal (Adj.) (lat.) zwischen den Gemeinden.
in|ter|kon|fes|si|o|nell (Adj.) (lat.) das Verhältnis zwischen Konfessionen betreffend.
in|ter|kon|ti|nen|tal (Adj.) (lat.) Kontinente verbindend. Interkontinentalrakete.
In|ter|li|ne|ar|ver|si|on (die, -, -si|o|nen) (lat.) Übersetzung Wort für Wort (die in alten Texten zwischen die Zeilen geschrieben wurde).
In|ter|lu|di|um (das, -s, -di|en) (lat.) Zwischenspiel (in einem größeren Musikstück).
In|ter|lu|ni|um (das, -s, -ni|en) (lat.) Zeit des Neumondes.
in|ter|me|di|är (Adj.) (lat.) zwischen zwei Dingen oder Vorgängen (befindlich, sich abspielend); ein Zwischenglied bildend.
In|ter|mez|zo (das, -s, -s/-zi) (ital.) Zwischenspiel; Zwischenfall.
in|ter|mit|tie|rend (Adj.) (lat.) zeitweilig aussetzend.
in|ter|mo|le|ku|lar (Adj.) zwischen den Molekülen (befindlich, sich abspielend).
in|tern (Adj.) (lat.) innerlich; vertraulich. Internum.
In|ter|na (die, -, nur Plural) vertrauliche Fakten; interne Informationen.
in|ter|na|li|sie|ren (V.) (lat.) in sich aufnehmen und als gültig anerkennen, verinnerlichen; in sein Inneres einschließen; z. B. einen Konflikt ~ (sich mit einem Konflikt auseinandersetzen).
In|ter|nat (das, -s, -e) Schülerwohnheim. Internatsleitung.
in|ter|na|ti|o|nal (Adj.) (lat.) zwischenstaatlich. *Beachte:* internationales Abkommen, *aber:* Internationales Olympisches Komitee (Abk.: IOK); Internationales Rotes Kreuz (Abk.: IRK).
In|ter|na|ti|o|na|le (die, -, kein Plural) 1. Internationale Arbeiterassoziation; Vereinigung sozialistischer und sozialdemokratischer Parteien; 2. Kampflied dieser Vereinigung.
In|ter|na|ti|o|na|li|sie|rung (V.) (lat.) Beschränkung der Gebietshoheit über bestimmte Teile eines Staates, zum Beispiel Flüsse usw. internationalisieren.
In|ter|na|ti|o|na|lis|mus (der, -, -men) (lat.) Bestrebung(en) nach Gemeinschaft und Organisation über die staatlichen Grenzen hinaus.
In|ter|ne (der/die, -n, -n) Schüler(in) eines Internats.
In|ter|net (das, -s, kein Plural) (lat.-engl.) weltweit größtes Computernetzwerk.
In|ter|net|ca|fé (das, -s, -s) Café, in dem Gäste gegen Gebühren im Internet surfen können.
in|ter|nie|ren (V.) verhaften; isolieren. Internierte; Internierungslager; Internierung.
In|ter|nist (der, -en, -en) (lat.) Facharzt für innere Krankheiten.
in|ter|par|la|men|ta|risch (Adj.) die Parlamente mehrerer Staaten betreffend.

Inˈterˈpelˈlaˈtiˈon (die, -, -tiˈoˈnen) parlamentarische Anfrage. Interpellant; interpellieren.

inˈterˈplaˈneˈtar (*auch:* inˈterˈplaˈneˈtaˈrisch) zwischen den Planeten.

Inˈterˈpol (die, -, kein Plural) (Kurzw.) Internationale Kriminalpolizeiliche Organisation.

Inˈterˈpoˈlaˈtiˈon (die, -, -tiˈoˈnen) (lat.) 1. Errechnung von Werten, die zwischen bekannten Werten liegen (in der Mathematik); 2. nachträgliches (unberechtigtes) Einfügen von Wörtern in einen Text.

inˈterˈpoˈlieˈren (V.) eine Interpolation vornehmen.

Inˈterˈpreˈtaˈtiˈon (die, -, -en) (lat.) Auslegung und Erklärung von wissenschaftlichen und literarischen Texten und Werken der bildenden Kunst. Interpret/-in.

inˈterˈpreˈtieˈren (V.) deuten; auslegen.

inˈterˈpreˈtaˈtiv (Adj.) die Interpretation betreffend. interpretatorisch.

Inˈterˈpunkˈtiˈon (die, -, -tiˈoˈnen) (lat.) Zeichensetzung. Interpunktionsregel; Interpunktionszeichen; interpunktieren.

Inˈterˈreˈgˈnum (das, -s, -regˈnen) (lat.) 1. vorläufig eingesetzte Regierung; Zeitraum, in dem eine vorläufige Regierung tätig ist; Zeitraum ohne Regierung; 2. kaiserlose Zeit (1254–1273).

inˈterˈroˈgaˈtiv (Adj.) (lat.) fragend. Interrogativsatz.

Inˈterˈroˈgaˈtivˈproˈnoˈmen (das, -s, -) Fragefürwort. wer? was? wozu? wann?

Inˈterˈroˈgaˈtivˈadˈverb (das, -s, -biˈen) fragendes Adverb (z. B. warum? wozu? wann?).

Inˈterˈrupˈtio (die, -, -tiˈoˈnen) (lat.) Schwangerschaftsabbruch.

inˈterˈseˈxuˈell (Adj.) (lat.) zwischengeschlechtlich. Intersexualität.

Inˈterˈshop (der, -s, -s) (engl.) Devisenladen in der ehemaligen DDR.

inˈterˈstelˈlar (Adj.) (lat.) zwischen den Fixsternen (befindlich).

inˈterˈstiˈtiˈell (Adj.) (lat.) in Zwischenräumen (bes. zwischen Organen) liegend (von Körpergewebe oder Gewebsflüssigkeiten).

Inˈterˈstiˈtiˈum (das, -s, -tiˈen) (lat.) 1. Zwischenraum (bes. zwischen Organen); 2. vorgeschriebener Zeitraum zwischen dem Empfang zweier geistlicher Weihen.

inˈterˈsubˈjekˈtiv (Adj.) (lat.) zwei oder mehreren Personen gemeinsam; von ihnen gleichermaßen nachvollziehbar.

inˈterˈterˈriˈtoˈriˈal (adj.) (lat.) zwei oder mehrere Staaten umfassend, betreffend; zwischenstaatlich.

Inˈterˈtriˈgo (die, -, -giˈnes) (lat.) eine Hauterkrankung, »Wolf«.

Inˈterˈvall (das, -s, -e) Zwischenraum; Abstand.

Inˈterˈvallˈtraiˈning (das, -s, -kein Plural) (lat.) oftmalige Wiederholung von leichtathletischen Übungen mit nur kurzen Pausen.

Inˈterˈveˈniˈent (der, -en, -en) jmd., der interveniert.

inˈterˈveˈnieˈren (V.) (lat.) sich einmischen; einschreiten. Intervention; Interventionskrieg.

Inˈterˈview (das, -s, -s) (engl.) Befragung. Interviewer; Interviewte; interviewen.

Inˈterˈviˈsiˈon (die, -, kein Plural) (lat., Kurzwort) Organisation osteuropäischer Fernsehanstalten zum Austausch oder gemeinsamen Ausstrahlen von Programmen.

inˈterˈzelˈluˈlar (Adj.) zwischen den Zellen (befindlich).

inˈterˈzelˈluˈlär (Adj.) = interzellular.

inˈterˈzoˈnal (Adj.) (lat.-griech.) zwischen den Zonen.

Inˈterˈzoˈnenˈhanˈdel (der, -s, kein Plural) innerdeutscher Handel (aus der Zeit der ehemaligen DDR). Interzonenverkehr; Interzonenzug.

inˈtesˈtaˈbel (Adj.) (lat.) rechtlich nicht fähig, als Zeuge vor Gericht auszusagen oder ein Testament zu machen.

Inˈtesˈtiˈnum (das, -s, -nen/-na) (lat.) Eingeweide; Darm.

Inˈthroˈniˈsaˈtiˈon (die, -, -tiˈoˈnen) Thronerhebung; feierliche Einsetzung. Inthronisierung; inthronisieren.

Inˈtiˈfaˈda (die, -, kein Plural) (arab.) »Volkserhebung«.

inˈtim (Adj.) (lat.) eng vertraut; sexuell.

Inˈtiˈma (die, -, -) (lat.) 1. innerste Schicht der Gefäßwand von Blut- und Lymphgefäßen; 2. vertraute Freundin.

Inˈtimˈbeˈreich (der, -es, -e) Genitalbereich; Sexualbereich.

Inˈtiˈmiˈdaˈtiˈon (die, -, -tiˈoˈnen) (lat.) Einschüchterung.

Inˈtiˈmiˈtät (die, -, -en) (lat.) Vertraulichkeit; Gemütlichkeit. Bloß keine Intimitäten! Dieser Raum strahlt Intimität aus.

Inˈtimˈsphäˈre (die, -, -n) abgegrenzter, persönlicher Bereich des Einzelnen.

Inˈtimˈspray (das, -s, -s) (lat.-engl.) Deodorant für den Genitalbereich.

Inˈtiˈmus (der, -s, kein Plural) (lat.) enger, vertrauter Freund.

inˈtoˈleˈrant (Adj.) (lat.) 1. unduldsam; 2. nicht widerstandsfähig gegen Schadstoffe (Med.). Intoleranz.

inˈtoˈnieˈren (V.) (lat.) anstimmen; einstimmen.

Inˈtoˈnaˈtiˈon (die, -, en) (lat.) 1. in der Sprache das Steigen und Fallen der Tonhöhe; 2. Tonreinheit beim musikalischen Vortrag.

in toˈto (lat.) im Ganzen.

Inˈtoˈxiˈkaˈtiˈon (die, -, -tiˈoˈnen) (lat.) Vergiftung.

Inˈtraˈde (*auch:* Inˈtraˈda) (die, -, -n) (lat.) festliches musikalisches Einleitungsstück (z. B. in der Suite).

inˈtraˈkuˈtan (Adj.) (lat.) in der Haut (befindlich); in die Haut hinein.

inˈtraˈmoˈleˈkuˈlar (Adj.) (lat.) in einem Molekül (sich abspielend).

inˈtra muˈros (lat.) »innerhalb der Mauern«; geheim; nicht öffentlich

inˈtraˈmusˈkuˈlär (Adj.) (lat.) in einem Muskel (befindlich); in einen Muskel hinein (von Einspritzungen).

Inˈtraˈnet (das, -s, -s) firmeninternes Netzwerk.

inˈtranˈsiˈgent (Adj.) (lat.) zu keinem Entgegenkommen bereit; nicht zu Verhandlungen geneigt; unversöhnlich.

Inˈtranˈsiˈgenz (die, -, kein Plural) (lat.) das Intransigentsein. Intrasingent.

inˈtranˈsiˈtiv (Adj.) (lat.) intransitive Verben: erfordern kein Akkusativobjekt und bilden kein Passiv (z. B. schlafen, helfen). Intransitiv; Intransitivum.

inˈtraˈuteˈrin (Adj.) (lat.) in der Gebärmutter; im Uterus (befindlich).

inˈtraˈveˈnös (Adj.) (lat.) in eine(r) Vene. Intravenöse Injektion.

inˈtriˈgieˈren (V.) (lat.) hinterlistig sein. Intrigant/-in; Intrige; Intrigenspiel; intrigant.

inˈtriˈkat (Adj.) (lat.) verwickelt; verfänglich; verworren.

inˈtrinˈsisch (Adj.) (lat.) von innen her; aus eigenem Antrieb.

Inˈtroˈdukˈtiˈon (die, -, -tiˈoˈnen) (lat.) Einführung; Einleitungsstück; Vorspiel. introduzieren.

Inˈtroˈiˈtus (der, -, -) (lat.) 1. Chorgesang beim Eintritt des Priesters (in der katholischen Kirche); den Gottesdienst einleitendes Lied (in der evangelischen Kirche); einleitender Satz (einer Orgelkomposition); 2. Eingang eines Hohlorgans (bes. der Scheide).

Inˈtroˈsˈpekˈtiˈon (die, -, -tiˈoˈnen) (lat.) 1. Einsicht in das Körperinnere (in der Med.); 2. Selbstbeobachtung; Selbstanalyse (in der Psychol.).

inˈtroˈsˈpekˈtiv (Adj.) (lat.) durch Selbstbeobachtung (in der Psychol.).

Inˈtroˈverˈsiˈon (die, -, -en) (lat.) nach innen gerichtetes Denken und Verhalten.

inˈtroˈverˈtiert (Adj.) (lat.) nach innen gerichtet. Introvertierte (in der Psychol.).

Inˈtruˈder (der, -s, -) (engl.) zur schnellen Information von Flugzeugträgern eingesetztes Aufklärungsflugzeug.

Inˈtruˈsiˈon (die, -, -siˈoˈnen) (lat.) Eindringen von Magma in die Erdkruste.

Inˈtuˈbaˈtiˈon (die, -, -tiˈoˈnen) (lat.) Einführung eines Röhrchens durch den Mund in die Luftröhre (bei Erstickungsgefahr oder zum Einbringen eines Heilmittels).

Inˈtuˈiˈtiˈon (die, -, -tiˈoˈnen) (lat.) Eingebung; spontanes Erkennen; unmittelbare Erkenntnis ohne vorangegangenes Nachdenken. intuitiv.

inˈtus (Adj.) (lat.) innen. etwas intus haben (ugs.: etwas gegessen, getrunken haben).

Inuˈit (die, -, nur Plural) (eskim.) Bezeichnung der Eskimos für sich selbst.

Inˈunˈdaˈtiˈon (die, -, -tiˈonen) (lat.) totale Überflutung von Land.

Inˈvaˈgiˈnaˈtiˈon (die, -, -tiˈoˈnen) (lat.) Einstülpung eines Darmteils in den nächsten.

Inˈvaˈliˈde (der, -n, -n) (franz.) Arbeitsunfähiger; Versehrter; Erwerbsunfähiger. invalid(e).

Inˈvaˈliˈdiˈtät (die, -, kein Plural) (lat.) Erwerbs- und Arbeitsunfähigkeit.

Inˈvaˈliˈdenˈverˈsiˈcheˈrung (die, -, -en) (lat.) ältere Bezeichnung für die Arbeiterrentenversicherung. Invalidenrente.

Inˈvaˈliˈdiˈsieˈrung (die, -, -en) (lat.) jemanden für erwerbs- und arbeitsunfähig erklären. invalidisieren.

inˈvaˈriˈaˈbel (Adj.) (lat.) unveränderlich. Invariante; Invarianz.

inˈvaˈriˈant (Adj.) (lat.) unverändert bleibend (von Messgrößen).

Inˈvaˈsiˈon (die, -, -siˈoˈnen) (lat.) feindlicher Truppeneinfall. Invasor.

Inˈvekˈtiˈve (die, -, -n) (lat.) beleidigende Äußerung.

Inˈvenˈtar (das, -s, -e) (lat.) 1. Einrichtung; 2. Verzeichnis aller Vermögensgegenstände und Schulden eines Unternehmens; 3. Bestand der Einrichtungsgegenstände.

inˈvenˈtaˈriˈsieˈren (V.) (lat.) Aufnehmen des Bestandes.

Inˈvenˈtaˈriˈsaˈtiˈon (die, -, -en) Bestandsaufnahme. Inventaraufnahme; Inventarrecht; Inventarverzeichnis; Inventarisierung.

Inˈvenˈtur (die, -, -en) (lat.) Bestandsaufnahme; Aufnahme des Inventars.

Inˈvenˈturˈausˈverˈkauf (der, -s, -äuˈfe) Räumungsverkauf.

inˈvers (Adj.) (lat.) umgekehrt.

Inˈverˈsiˈon (die, -, -en) 1. Umkehrung; 2. Umstellung der üblichen Satzordnung (gramm.); 3. Temperaturumkehr in der Atmosphäre (Meteorologie). Inversionslage.

Inˈverˈteˈbˈrat (*auch:* Everˈteˈbˈrat) (der, -en, -en) (lat.) wirbelloses Tier.

inˈverˈtieˈren (V.) (lat.) umkehren. invertiert.

inˈvesˈtieˈren (V.) (lat.) 1. Kapital anlegen; 2. in ein Amt einweisen. Investierung.

Inˈvesˈtiˈtiˈon (die, -, -en) (lat.) Anlage in Sachvermögen, um Gewinne zu erwirtschaften. Investitionsgüter; Invenstitionsmittel.

Inˈvesˈtiˈtur (die, -, -en) (lat.) Einsetzung ins Bischofsamt.

Inˈvesˈtivˈlohn (der, -s, -öhne) der Teil des Arbeitslohns, der vereinbarungsgemäß nicht bar ausgezahlt, sondern angelegt wird.

Inˈvestˈment (das, -s, -s) (engl.) Geld-, Kapitalanlage. Investmentfonds; Investmentgesellschaft; Investmenttrust.

Inˈvesˈtor (der, -s, -en) (lat.) Kapitalanleger.

In-viˈtˈro-Ferˈtiˈliˈsaˈtiˈon (die, -, -tiˈoˈnen) (lat.) künstliche Befruchtung außerhalb des Körpers.

Inˈvoˈkaˈtiˈon (die, -, -tiˈoˈnen) (lat.) Anrufung (Gottes und der Heiligen).

Inˈvoˈkaˈvit (ohne Art.-s, ohne Plural) erster Sonntag der Fastenzeit.

Inˈvoˈluˈtiˈon (die, -, -tiˈoˈnen) (lat.) Rückbildung (von Organen; z. B. der Gebärmutter nach der Entbindung oder im Alter).

inˈvolˈvieˈren (V.) (lat.) verwickeln; enthalten. Er war in diesen Streit involviert. Involvierung.

inˈwenˈdig (Adj.) im Innern. Ich kenne seine Argumente in- und auswendig.

inˈwieˈfern (Konj.; Adv.) in welchem Maße; in welcher Hinsicht; wieso. Es ist unklar, inwiefern er daran beteiligt ist.

Inˈzahˈlungˈnahˈme (die, -, -n) Inzahlungnehmen. *Aber:* ein Auto in Zahlung nehmen.

Inˈzest (der, -s/-es, -e) (lat.) Inzucht. inzestuös.

Inˈzestˈtaˈbu (das, -s, kein Plural) Verbot des Geschlechtsverkehrs zwischen Blutsverwandten.

inˈziˈdieˈren (V.) (lat.) einschneiden; einen Einschnitt (in etwas) machen.

Inˈziˈsiˈon (die, -, siˈoˈnen) (lat.) Einschnitt; Öffnung durch Schnitt (z. B. eines Geschwürs).

Inˈziˈsiv (der, -s, -en) (lat.) Schneidezahn.

Inˈziˈsur (die, -, -en) (lat.) Einbuchtung; Einsenkung an Knochen oder Organen.

Inˈzucht (die, -, kein Plural) Fortpflanzung zwischen Verwandten.

inˈzwiˈschen (Adv.) unterdessen.

IOK (Abk.) **I**nternationales **O**lympisches **K**omitee *auch:* Abk. IOC.

Ion (das, -s, -en) (griech.) elektrisch geladenes Teilchen. Ionenantrieb; Ionenwanderung; Ionisation; Ionisierung; ionisieren.

Io|no|me|ter (das, -s, -) (griech.) Gerät zum Messen der Ionisation.
Io|no|sphä|re (die, -, kein Plural) die ionisierte oberste Schicht der Erdatmosphäre in 60 Kilometer Höhe.
i-Punkt (der, -s, -e) i-Tüpfelchen.
IQ (Abk.) **I**ntelligenz**q**uotient.
IR. (Abk.) **I**nfanterie**r**egiment.
i. R. (Abk.) **i**m **R**uhestand.
IRA (Abk.) **I**risch-**R**epublikanische **A**rmee.
Irak (der, -s, kein Plural) vorderasiatischer Staat. Iraker; irakisch.
Iran (der, -s, kein Plural) asiatischer Staat. Iraner; iranisch.
Ira|nist (der, -en, -en) Wissenschaftler der Iranistik.
Ira|nis|tik (die, -, kein Plural) Wissenschaft von der Sprache und Kultur des Iran.
ira|nis|tisch (Adj.) zur Iranistik gehörig.
Ir|bis (oder, -ses, -se) (mong.) Schneeleopard.
ir|den (Adj.) aus Ton. Irdengeschirr.
ir|disch (Adj.) die Erde betreffend; weltlich.
Ire|nik (die, -, kein Plural) (griech.) theologische Lehre vom Frieden, die nach Verständigung und Aussöhnung der verschiedenen Konfessionen strebt.
ire|nisch (Adj.) zur Irenik gehörig; friedlich; friedfertig.
ir|gend (Pron.) irgendwer; irgendetwas; irgendein; irgendwann; irgendwas; irgendwelche; irgendwer; irgendwohin; irgendeinmal; irgendjemand; irgend so ein. Kommen Sie bitte bald, wenn irgend möglich!
Iri|d|ek|to|mie (die, -, -n) (griech.) operative Entfernung eines Teils der Iris (Regenbogenhaut) des Auges.
Iri|di|um (das, -s, kein Plural) ein Element; Edelmetall (Abk.: Ir).
Iri|do|lo|gie (die, -, kein Plural) (griech.) Diagnose von Krankheiten aufgrund von Veränderungen des Augenhintergrundes. Augendiagnose.
Iris (die, -, -) Regenbogenhaut; Blume.
Irish Cof|fee (der, -, -s) (engl.) Kaffee mit etwas Whiskey, Zucker und Schlagsahne.
Irish Stew (das, - -(s), - -s) (engl.) klein geschnittenes gekochtes Hammelfleisch mit Weißkohl und Kartoffelstückchen.
iri|sie|ren (V.) (griech.) in den Regenbogenfarben schimmern.
Iri|tis (die, -, -ti|den) Entzündung der Iris des Auges. Regenbogenhautentzündung.
IRK (Abk.) **I**nternationales **R**otes **K**reuz.
Ir|land (ohne Art., -s, kein Plural) nordwesteuropäische Insel und Staat. Ire; irisch; Nordirland.
Iro|ke|se (der, -n, -n) Angehöriger eines nordamerikanischen Indianerstammes.
Iro|ko (das, -s, kein Plural) (Yoruba) mittelhartes afrikanisches Nutzholz.
Iro|nie (die, -, -n) (griech.) Spott. Adjektiv: ironisch. Verb: ironisieren.
Iro|nym (das, -s, -e) (lat.) eine ironische Wendung als Pseudonym verwenden.
Ir|ra|di|a|ti|on (die, -, -ti|o|nen) (lat.) 1. Ausstrahlung von Schmerzen über den betroffenen Körperteil hinaus; 2. optische Täuschung, bei der eine dunkle Figur auf hellem Grund kleiner erscheint als eine gleich große helle Figur auf dunklem Grund.
ir|ra|di|ie|ren (V.) (lat.) ausstrahlen.
ir|ra|ti|o|nal (Adj.) (lat.) vernunftwidrig; unberechenbar. Irrationalismus.
Ir|ra|ti|o|nal|zahl (die, -, -en) (lat.) Zahl, die nicht als Bruch mit ganzzahligem Zähler oder Nenner dargestellt werden kann.
ir|re 1. (Adj.) geistesgestört; großartig; 2. (Adv.) sehr. Es war irre teuer. Irrtum; irrig; irrtümlich; irrtümlicherweise; irren.
Ir|re (die, -, kein Plural) 1. falsche Richtung; 2. (der/die, -n/n, -n/-) geistig, seelisch gestörter Mensch. Irrenanstalt; Irresein; Irrfahrt; Irrgarten; Irrglaube; Irrlehre; Irrsinn; Irrweg; irrenhausreif; irrwitzig; irrsinnig; irrsinnigerweise. *Beachte:* Zusammenschreibung mit Verben! irreführen; irregehen; irreleiten; irremachen; irrewerden. *Aber:* irre sein.
ir|re|al (Adj.) (lat.) unwirklich. Irrealität; Irrealis (→ Konjunktiv II!).
ir|re|füh|ren (V.) täuschen. Irreführung; *aber:* der Weg führt in die Irre.
ir|re|ge|hen (V., ging irre, ist irregegangen) sich täuschen.
ir|re|gu|lär (Adj.) (lat.) unregelmäßig. Irregularität.
ir|re|lei|ten (V.) falsch leiten; verleiten.
ir|re|le|vant (Adj.) (lat.) unbedeutend; unerheblich. Irrelevanz.
ir|re|li|gi|ös (Adj.) nicht gläubig. Irreligiosität.
ir|re|ma|chen (V.) verwirren.
ir|re|pa|ra|bel (Adj.) (lat.) nicht wiederherstellbar; nicht wiedergutzumachen.
ir|re|ver|si|bel (Adj.) (lat.) nicht umkehrbar. Irreversibilität.
Ir|ri|ga|ti|on (die, -, -ti|o|nen) (lat.) Darmspülung; Einlauf.
Ir|ri|ga|tor (der, -s, -en) (lat.) Spülkanne für Einläufe.
ir|ri|tie|ren (V.) (lat.) verwirren; reizen. Irritation; Irritabilität; irritabel; irritiert.
Irr|wisch (der, -s/-es, -e) 1. Irrlicht; 2. sehr lebhafter und energiebeladender Mensch.
Isa|go|gik (die, -, kein Plural) (griech.) Kunst der Einführung (in eine Wissenschaft oder Lehre).
ISBN (Abk.) **I**nternationale **S**tandard**b**uch**n**ummer.
Is|ch|ä|mie (die, -, -n) (griech.) Blutleere (in einem Organ).
Is|chi|as (der/das, -, kein Plural) (griech.) Hüftschmerzen. Ischiasnerv.
ISDN (Abk.) **I**ntegrated **S**ervices **D**igital **N**etwork (digitales Datennetz).
Ise|grim (der, -s, -e) Wolf (Fabel); mürrischer Mensch.
Is|lam (der, -s, kein Plural) (arab.) Religion. Islamismus; Islamit; islamisch; islamitisch; islamisieren.
Is|land (ohne Art., -s, kein Plural) europäische Insel. Isländer; isländisch.
Is|mus (der, -, -men) eine bloße Theorie; eine der vielen auf -ismus endenden Theorien; abwertende Bezeichnung für eine reine Theorie. Das ist ein purer Ismus!
ISO (Abk.) **I**nternational **O**rganization for **S**tandardization (Internationaler Normenausschuss).
iso.../Iso... (griech.) gleich.../Gleich...
Iso|ba|re (die, -, -n) (griech.) Verbindungslinie zwischen Orten mit gleichem Luftdruck (Meteorologie).
Iso|bu|tan (das, -s, kein Plural) (griech.-lat.) ein gesättigter Kohlenwasserstoff.
Iso|chro|ma|sie (die, -, kein Plural) (griech.) gleiche Farbempfindlichkeit (bei fotografischen Schichten).

iso|chro|ma|tisch (Adj.) (griech.) gleich empfindlich für alle Farben (von fotografischen Schichten).

Iso|chro|ne (die, -, -n) (griech.) Verbindungslinie zwischen Orten, an denen eine Naturerscheinung zur gleichen Zeit auftritt.

iso|cy|c|lisch (Adj.) (griech.-lat.) ringförmig und nur Kohlenstoffatome aufweisend (von organischen Verbindungen).

Iso|ga|me|ten (die, nur Plural) (griech.) gleich gestal-tete weibliche und männliche Geschlechtszellen.

Iso|ga|mie (die, -, kein Plural) (griech.) Vereinigung von gleich gestalteten männlichen und weiblichen Geschlechtszellen.

Iso|glos|se (die, -, -n) (griech.) Linie, die das Gebiet begrenzt, in dem gleiche sprachliche oder mundartliche Wörter oder Erscheinungen auftreten.

Iso|gon (das, -s, -e) (griech.) regelmäßiges Vieleck.

iso|go|nal (Adj.) (griech.) mit gleichen Winkeln versehen.

Iso|he|lie (die, -, -n) Verbindungslinie zwischen Orten mit gleicher Sonneneinstrahlung.

Iso|hy|e|te (die, -, -n) (griech.) Verbindungslinie zwischen Orten mit gleicher Niederschlagsmenge.

Iso|hyp|se (die, -, -n) (griech.) Verbindungslinie zwischen Orten, die in gleicher Höhe über dem Meeresspiegel liegen. Höhenlinie.

iso|lie|ren (V.) (franz.) abdichten; absondern. Isoliermaterial.

Iso|la|ti|on (die, -, kein Plural) (franz.) Vereinzelung; Vereinsamung.

Iso|la|ti|o|nis|mus (der, -, kein Plural) politische Doktrin in den USA, sich vom Ausland abzuschließen. Isolationist; isolationistisch.

Iso|la|ti|ons|haft (die, -, -) Einzelverwahrung im Gefängnis.

Iso|lier|sta|ti|on (die, -, -en) Quarantäneabteilung im Krankenhaus.

Iso|liert|heit (die, -, -en) Vereinzelung; Abgeschiedenheit.

Iso|lie|rung (die, -, -gen) Absonderung; Abschottung; Vereinzelung. Isolierzelle; isoliert.

Iso|li|nie (die, -, -n) (griech.) Verbindungslinie zwischen Orten, die gleiche physikalische, geografische, meteorologische usw. Werte aufweisen oder an denen Naturerscheinungen gleichzeitig auftreten.

iso|mer (Adj.) Isomerie aufweisend.

Iso|me|re (das, -n, -n) (griech.) chemische Verbindung, die trotz gleicher Anzahl gleicher Atome gegenüber anderen Verbindungen infolge abweichender Anordnung der Teilchen eine andere Struktur hat.

Iso|me|rie (die, -, kein Plural) abweichendes chemisches und physikalisches Verhalten eines Isomeren.

Iso|me|t|rie (die, -, -n) (griech.) Längengleichheit. Adjektiv: isometrisch.

iso|morph (Adj.) (griech.) gleichförmig.

Iso|mor|phie (die, -m, kein Plural) (griech.) Eigenschaft, in der unterschiedliche chemische Stoffe die gleiche Kristallstruktur aufweisen. Isomorphismus.

Iso|pren (das, -s, kein Plural) (Kunstw.) chemischer Stoff zur Herstellung von synthetischem Kautschuk.

Iso|seis|te (die, -, -n) Verbindungslinie zwischen Orten mit gleicher Erdbebenstärke.

is|os|mo|tisch (Adj.) (griech.) gleichen osmotischen Druck aufweisend (von Lösungen).

Iso|s|ta|sie (die, -, kein Plural) (griech.) Zustand des Gleichgewichts zwischen einzelnen Teilen der Erdkruste.

iso|therm (Adj.) (griech.) gleiche Temperatur aufweisend.

Iso|ther|me (die, -, -n) (griech.) Verbindungslinie zwischen Orten mit gleicher Temperatur zur gleichen Zeit.

Iso|ton (das, -s, -e) (griech.) Atomkern, der gegenüber einem anderen die gleiche Anzahl von Neutronen, aber eine andere Anzahl von Protonen besitzt.

Iso|top (das, -s, -e) (griech.) chemisches Element mit gleicher Ordnungszahl, aber verschiedener Masse. Isotopentrennung; isotop.

Iso|to|pen|the|ra|pie (die, -, -n) medizinisches Behandlungsverfahren.

Iso|t|ron (das, -s, -e) (griech.) Gerät zum Trennen von Isotopen.

iso|trop (Adj.) (griech.) nach allen Richtungen hin die gleichen physikalischen Eigenschaften aufweisend.

Is|ra|el (ohne Art., -s, kein Plural) Nahoststaat.

Is|ra|e|li (der/die, -(s)/-, -s/-is) Bewohner/in Israels. Israelit; israelisch; israelitisch.

Ist|auf|kom|men (*auch:* Ist-Auf|kom|men) (das, -s, -) tatsächlicher Steuerertrag.

Ist|be|stand (*auch:* Ist-Be|stand) (der, -s, -stän|de) Kassenbestand.

Isth|mus (der, -, -men) (griech.) Landenge. Adjektiv: isthmisch.

Ist|stär|ke (*auch:* Ist-Stär|ke) (die, -, -n) Truppengröße.

Ist|wert (*auch:* Ist-Wert) (der, -s, -e) tatsächlicher Wert (Physik, Mathematik).

it. (Abk.) **it**em (ebenso).

Itai-Itai (das, -, kein Plural) (jap.) durch Einwirkung von Cadmiumsulfat verursachte Krankheit, bei der es zu Nierenschäden und einer Entkalkung des Skeletts kommt.

Ita|la (die, -, kein Plural) älteste, um 200 in Italien entstandene lateinische Bibelübersetzung.

Ita|li|a|nist (der, -en, -en) (lat.) Italienspezialist innerhalb der Romanistik; die italienische Sprache und Literatur erforschender Wissenschaftler. Italianistik.

Ita|li|e|ner (der, -s, -) Einwohner Italiens. *Beachte:* die italienische Schweiz; italienischer Salat. *Aber:* die Italienische Republik; das Italienische (Sprache), *aber:* italienisch (nicht deutsch) sprechen.

ita|lisch (Adj.) (lat.) das antike Italien betreffend.

Ita|lo|wes|tern (der, -, -) Western unter italienischer Regie.

ite|ra|tiv (Adj.) (lat.) wiederholend. Iterativ; Iteration; iterieren.

i.Tr. (Abk.) **i**n der **Tr**ockenmasse.

i-Tüp|fel|chen (das, -s, -) i-Punkt; Vollendung.

i.V. (Abk.) **i**n **V**ertretung; **i**n **V**ollmacht. *Beachte:* Großschreibung, wenn die Abkürzung nach einem abgeschlossenen Text oder allein vor der Unterschrift steht!

i wo! (Interj.) (ugs.) keineswegs.

Iw|rith (das, -/-s, kein Plural) Neuhebräisch; Amtssprache in Israel.

Izi|ki (die, nur Plural) (jap.) tiefschwarze, fadendünne Algen (in der Vollwertküche).

J

J (Abk.) **J**od (chemisches Zeichen); **J**oule.

ja (Adv.) Zustimmung; doch; tatsächlich; unbedingt. ja und nein; Ja sagen (*auch:* ja sagen); Ja und Amen sagen (*auch:* ja und amen sagen); ja doch; na ja; ach ja; ja freilich; jawohl. mit einem klaren Ja antworten; mit Ja stimmen. Jasager; Jastimme; Jawort; bejahen.

Jab (der, -s, -s) (engl.) Schlag (Boxen).

Ja|bot (das, -s, -s) (franz.) Rüsche; Spitze.

Jacht (*auch:* Yacht) (die, -, -en) (niederl.) Segelschiff.

Ja|cke (die, -, -n) Kleidungsstück. Das ist Jacke wie Hose; Jackentasche.

Ja|cket|kro|ne (die, -, -n) Zahnersatz.

Ja|ckett (das, -s, -s) (franz.) Herrenjacke. Jacketttasche (*auch:* Jackett-Tasche).

Jack|pot (der, -s, -s) (engl.) erhöhte Gewinnmöglichkeit (Glücksspiel); in ihn gehen nicht ausgeschüttete Lotteriegewinne zurück.

Jac|quard (der, -s, -s) (franz.) Stoff; Webtechnik. Jacquardmuster.

Jac|que|rie (die, -, kein Plural) (franz.) Bauernaufstand im Frankreich des 14. Jahrhunderts.

Ja|de (der/die, -, kein Plural) Mineral; Schmuckstein. Adjektiv: jadegrün.

Ja|de|it (der, -s, kein Plural) ein grünes Mineral.

Jagd (die, -, -en) 1. Jagen von Wild; Jagdrevier; Hatz; Pirsch; Weidwerk; 2. Wettlauf; Verfolgung. Jagdhaus; Jagdmesser; Jagdschloss; Jagdtrophäe; jagdbar; jagdlich; jagdgerecht.

Jagd|auf|se|her (der, -s, -) Verantwortlicher für ein Jagdrevier.

Jagd|be|rech|ti|gung (die, -, -en) Erlaubnis, in einem Revier zu jagen.

Jagd|beu|te (die, -, kein Plural) erlegtes Wild.

Jagd|bom|ber (der, -s, -) Kriegsflugzeug.

Jagd|fie|ber (das, -s, kein Plural) extremer Drang zur Jagd. Der Hund wurde vom Jagdfieber gepackt.

Jagd|ge|wehr (das, -s, -e) für die Jagd geeignetes Gewehr.

Jagd|grün|de (die, -, nur Plural) (nur in der Verbindung:) die ewigen Jagdgründe. Sie ging in die ewigen Jagdgründe ein (ugs.) (sie musste sterben).

Jagd|horn (das, -s, -hörner) Waldhorn.

Jagd|hund (der, -es, -e) für die Jagd abgerichteter Hund.

Jagd|recht (das, -s, -e) Gesetz, das die Ausübung der Jagd regelt.

Jagd|re|vier (das, -s, -e) Jagdgebiet.

Jagd|schein (der, -s, -e) 1. Berechtigung zur Ausübung der Jagd; 2. (ugs.) Bestätigung für Unzurechnungsfähigkeit. Das Gericht kann ihm nichts anhaben, er hat schon lange den Jagdschein.

Jagd|staf|fel (die, -, kein Plural) Verband aus mehreren Jagdbombern.

Jagd|wurst (die, -, würs|te) Wurstsorte.

ja|gen (V.) 1. auf die Jagd gehen; 2. eilen; hasten. Er jagte in großer Hast davon. Sie jagte dem Glück ständig hinterher; 3. (ugs.) starke Abneigung empfinden. Mit dem Fisch kannst du mich jagen!

Ja|ger (der, -s, -) vorderes Segel eines Segelschiffes.

Jä|ger (der, -s, -) Weidmann; Verfolger. Jägerlatein; Jägerei; Jägerschnitzel; Jägersmann.

Ja|ge|rei (die, -, kein Plural) (ugs.) ständige Eile und Hast. Die Jagerei geht mir sehr auf die Nerven!

Jä|ge|rei (die, -, kein Plural) Jagdausübung.

Jä|ger|la|tein (das, -s, kein Plural) das Erzählen von erfundenen Jagderlebnissen.

Ja|ger|tee (der, -s, -s) (südd.) Tee mit Alkohol.

Ja|gu|ar (der, -s, -s) Raubkatze.

jäh (Adj.) plötzlich; rasch; steil. Jähheit; jählings.

Jahr (das, -s/-es, -e) zwölf Monate; Lebensjahr. Jahr für Jahr; laufenden/nächsten/vorigen/dieses Jahres; Kinder ab sechs Jahre/Jahren; nicht unter 18 Jahren; es ist/sind vier Jahre her; von Jahr zu Jahr; vier Jahre lang. *Aber:* jahrelang; jahraus, jahrein; jahrhundertelang; sechsjährig; 6-jährig; ein Achtzehnjähriger; ein 18-Jähriger; die dreißiger Jahre (*auch:* Dreißigerjahre); die 30er Jahre (*auch:* 30er-Jahre); alljährlich; vierteljährlich; jahrzehntelang. Jahresabonnement; Jahresbericht; Jahresbestzeit; Jahrestag; Jahreszahl; Jahrhundert; Jahrhundertwende; Jahrmillionen; Jahrtausend; Jahrzehnt; Jährchen; Jährling.

Jahr|buch (das, -s, -bü|cher) in einem Buch zusammengefasste Zeitschriften, das ein- oder mehrmals jährlich erscheint; Almanach; Annalen; Chronik.

jäh|ren, sich (V., refl.) ein Jahrestag wiederholt sich.

Jah|res|ring (er, -, -e) Ring auf dem Querschnitt eines Holzstammes.

Jah|res|ab|schluss (der, -es, -schlüs|se) Inventur. Jahresabschlussbericht.

Jah|res|wa|gen (der, -s, -) einjährig gefahrener, verbilligter Wagen.

Jah|res|wen|de (die, -, kein Plural) Jahreswechsel.

Jah|res|zeit (die, -, -en) einer der vier Abschnitte des Jahres. jahreszeitlich.

jähr|lich (Adj.) einmal im Jahr.

Jahr|gang (der, -s, -gän|ge) innerhalb eines Jahres erschienen, geboren, geerntet. Dies ist ein guter Jahrgang!

Jahr|markt (der, -s, -märk|te) jährlich wiederkehrende Volksbelustigung; Dult.

Jah|ve (*auch:* Jah|we) (ohne Artikel, -s, kein Plural) (hebr.) Gott im A.T.; Jehova (durch Vokaländerung).

Jäh|zorn (der, -s, kein Plural) Wutanfall. Adjektiv: jähzornig.

Jak → Yak.

Ja|ko (der, -s, -s) (franz.) afrikan. Graupapagei.

Ja|ko|bi|ner (der, -s, -) 1. Mitglied der wichtigsten politischen Vereinigung während der Französischen Revolution; 2. (selten) Bezeichnung für französische Dominikaner.

Ja|ko|bi|ner|müt|ze (die, -, -n) die rote Wollmütze der Jakobiner während der Französischen Revolution, die zum Symbol der Freiheit wurde.

ja|ko|bi|nisch (Adj.) die Jakobiner betreffend; zu den Jakobinern gehörend.

Ja|ku|te (der, -n, -n) Angehöriger eines Turkvolkes in Sibirien.

Ja|leo (der, -s, -s) (span.) lebhafter, traditioneller spanischer Tanz.

Ja|lou|set|te (die, -, -n) (franz.) leichte Jalousie (aus Kunststofflamellen).

Ja|lou|sie (die, -, -n) (franz.) Rollladen. Jalousieschrank.

Jam (das, -s, -s) (engl.) Marmelade.

Ja|mai|ka (ohne Art., -s, kein Plural) Karibikinsel und Staat.

Ja|mai|ka|ner (der, -s, -e) Bewohner Jamaikas.

ja|mai|ka|nisch (Adj.) Jamaika betreffend.

Ja|mai|ka|rum (*auch:* Ja|mai|ka-Rum) (der, -s, kein Plural) Rum von der Insel Jamaika.

Jam|bus (der, -, -ben) (griech.) Versfuß. Adjektiv: jambisch.

James Grieve (der, - -, - -) (engl.) Apfelsorte.

Jam|mer (der, -s, - kein Plural) Kummer; Not; Trauer.

Jam|mer|ge|stalt (die, -s, -en) Mensch in bedauerlichem Zustand.

Jam|mer|lap|pen (der, -s, -) (ugs.) lamentierender, furchtsamer, feiger Mensch.

jäm|mer|lich (Adj.) erbärmlich. Der Hund jaulte jämmerlich.

Jäm|mer|lich|keit (die, -, kein Plural) Erbärmlichkeit; Feigheit. Er zeigte sich in seiner ganzen Jämmerlichkeit.

jam|mern (V.) klagen; Mitleid erregen. über etwas jammern; *aber:* Er jammert mich. (Ich habe Mitleid mit ihm.). Jammerbild.

jam|mer|scha|de (Adj.) sehr schade. Es ist jammerschade, dass es mit der Anstellung nicht geklappt hat!

Jam|mer|tal (das, -s, kein Plural) ein Begriff aus der Bibel. Unsere Welt ist ein Jammertal.

jam|mer|voll (Adj.) beklagenswert. Er sieht jammervoll aus.

Jams (das, -, -) (pers.-arab.) eine tropische Kletterpflanze mit essbaren Wurzeln.

Jam|ses|sion (*auch:* Jam-Ses|sion) (die, -, -s) (engl.) Zusammenkunft von Jazzmusikern zum gemeinsamen improvisierenden Spiel.

Jan. (Abk.) **Jan**uar.

Ja|ni|t|schar (der, -en, -en) vom 14. bis zum 17. Jahrhundert Soldat der aus christlichen Kriegsgefangenen und ihren Nachkommen gebildeten türkischen Kerntruppe.

Jan|ker (der, -s, -) (südd.) dicke Trachtenjacke.

Jan|maat (der, -s/-es, -e/-en) (niederl.) scherzhafte Bezeichnung für Matrose.

Jän|ner (der, -/-s, -) (lat.) Januar (bes. in Süddeutschland, Österreich und der Schweiz).

Jan|se|nis|mus (der, -, kein Plural) (lat.) katholisch-theologische Richtung im Frankreich des 17. und 18. Jahrhunderts, die gegen Rom feindlich eingestellt war.

Jan|se|nist (der, -en, -en) (lat.) Anhänger des Jansenismus.

jan|se|nis|tisch (Adj.) (lat.) die Jansenisten betreffend; zu den Jansenisten gehörend.

Ja|nu|ar (der, -s, -e) (lat.) erster Monat (Abk.: Jan.). Januartag.

Ja|nus|kopf (der, -s/-es, -köp|fe) Doppelgesicht. Janusgesicht; janusköpfig.

Ja|pan (ohne Art., -s, kein Plural) asiatischer Inselstaat. Japaner; japanisch.

Ja|pa|no|lo|ge (der, -n, -n) Wissenschaftler der Japanologie.

Ja|pa|no|lo|gie (die, -, kein Plural) Wissenschaft von der japanischen Sprache und Kultur.

jap|sen (V.) (ugs.) nach Luft schnappen. Japser.

Jar|di|ni|e|re (die, -, -n) (franz.) Schale oder Korb für Pflanzen mit Wurzeln.

Jar|gon (der, -s, -s) (franz.) Umgangssprache; Slang. Beamtenjargon.

Jarl (der, -s, -s) (altnord.) königlicher Statthalter (in Skandinavien im Mittelalter); normannischer Edelmann.

Jar|mul|ke (die, -, -s/-ka) (poln.-jidd.) das Samtkäppchen der Juden.

Ja|ro|wi|sa|ti|on (die, -, -ti|o|nen) (russ.-lat.) künstliche Kältebehandlung von Samen und Keimlingen zum Zwecke der Entwicklungsbeschleunigung.

ja|ro|wi|sie|ren (V.) (russ.-lat.) Saatgut einer künstlichen Kältebehandlung aussetzen.

Jasch|mak (der, -s, -s) (türk.) Schleier der wohlhabenden türkischen Frauen.

Jas|min (der, -s, -e) (pers.) Zierstrauch. Jasminblüte.

Jas|per|wa|re (die, -, -n) (engl.) Steingut.

Jas|pis (der, -/-ses, -se) (griech.) Halbedelstein.

Jass (der, Jas|ses, kein Plural) (südd.) Kartenspiel. Jasser; jassen.

Jas|tik (der, -s, -s) (türk.) Vorleger oder als Sitzbelag verwendeter orientalischer Teppich.

Ja|ta|gan (der, -s, -e) türkischer Krummsäbel.

jä|ten (V.) Unkraut herausreißen; beseitigen.

Jau|che (die, -, -n) 1. flüssiger Stallmist; 2. Behälter für Jauche. Jauche(n)-fass.

Jau|che(n)|gru|be (die, -, -n) Grube, in der flüssiger Stallmist gesammelt wird.

jau|chig (Adj.) nach Jauche riechend.

jau|chen (V.) mit Jauche düngen.

jauch|zen (V.) jubeln. Jauchzer.

jau|len (V.) heulen; winseln.

Jau|se (die, -, -n) (südd.) Zwischenmahlzeit. Jausenbrot; jausen.

Jau|sen|sta|ti|on (die, -, -en) (südd.) Imbissgaststätte.

Ja|va 1. (kein Art., -s, kein Plural) Hauptinsel Indonesiens; 2. (engl.) Programmiersprache.

Ja|va|script (engl.) aus Java weiterentwickelte Programmiersprache.

ja|wohl (Adv.) verstärkte Zustimmung.

Ja|wort (das, -s, kein Plural) Zustimmung bei der Trauungszeremonie. Sie gab ihm das Jawort.

Jazz (der, -, kein Plural) (engl.) Musikstil des 20. Jahrhunderts. Jazzkonzert; Jazzmusik; Jazzrhythmus; jazzig; jazzen.

Jazz|band (die, -, -s) (engl.) Musikgruppe, die Jazz spielt.

Jaz|zer (der, -s, -) (engl.) Musiker, der Jazz spielt.

Jazz|fan (der, -s, -s) (engl.) Anhänger des Jazz.

Jazz|fes|ti|val (das, -s, -s) (engl.) Jazzmusikfest.

Jazz|gym|nas|tik (die, -, kein Plural) (engl.) Gymnastik nach Jazzmusik.

Jazz|rock (der, -s, kein Plural) (engl.) Stilrichtung des Jazz aus den 1970er-Jahren.

je 1. (Adv.) einmal; jeweils; immer; jemals. mehr als je zuvor; seit eh und je; je vier und vier (immer vier). Hast du je so etwas erlebt? (Hast du jemals so etwas erlebt?); 2. (Präp., Akk.) pro. drei Mark je Person. 3. (Konj.) je … desto; je … umso; je … je. je länger, je lieber. je mehr, desto/umso besser. je nachdem(,) ob/wie. Ich werde ankommen(,) je nachdem wie die Züge fahren.

je (Interj.) (Abk.) von »Jesus«. Ausruf des Erschreckens. Ach je!

Jeans (die, nur Plural) (engl.) Baumwollhose. Bluejeans; Jeansrock; Jeansstoff.

Jeck (der, -en, Je|cken) Narr.

jeck (Adj.) verrückt.

je|den|falls (Adv.) gewiß; wie auch immer. Das jedenfalls haben wir geschafft.

je|de/-r/-s (Pron., indef.) jeder Einzelne; alle. Das Geld wird am 15. jedes/jeden Monats überwiesen, *aber:* am 15. eines/jeden Monats. alles und jedes; ein jeder; der/wer; jederart, *aber:* von jeder Art; jeder gegen jeden; jeder Zehnte; jedermann; jederzeit, *aber:* zu jeder Zeit; jedesmals, *aber:* jedes Mal; auf jeden Fall, *aber:* jedenfalls; ein jeder hat das Recht dazu.

je|doch (Konj.; Adv.) aber; indessen. *Beachte:* Vor »jedoch« steht ein Komma, wenn es als Konjunktion Sätze oder Satzteile verbindet. Er beeilte sich, jedoch erreichte er den Zug nicht mehr. *Aber:* Er kam jedoch zu spät. *Außerdem:* Leitet »jedoch« einen Satz ein, so kann das Komma durch einen Strichpunkt oder Punkt ersetzt werden! Er beeilte sich; jedoch er erreichte den Zug nicht mehr.

Jeep (der, -s, -s) (engl.) kleiner, geländegängiger Kraftwagen mit starkem Motor und Vierradantrieb.

jeg|li|cher (Pron., indef.) jeder.

je|her (Adv.) (nur in der Wendung:) von/seit jeher (schon immer).

Je|ho|va (ohne Artikel, -s, kein Plural) (hebr.) Gott im A. T.

jein (Adv.) (ugs.) halb ja, halb nein.

Je|län|ger|je|lie|ber (das, -s, -) Geißblatt.

je|mals (Adj.) irgendwann.

je|mand (Pron., indef.) irgendeiner. jemandes Freund sein; irgendjemand, *aber:* ein gewisser Jemand; sonst jemand; jemand anders, *aber:* jemand Fremdes.

Je|men (ohne Art., -s, kein Plural) asiatischer Staat.

Je|me|nit/in (der/die, -en/in, -en/-in|nen) Bewohner/in des Jemen. jemenitisch.

je|mi|ne! (Interj.) (in der Fügung:) o jemine!

je|ne/-r/-s (Pron., demonstr.) diese/-r/-s. mit jenem jungen (nicht: jungem!) Mann. dieses und jenes; dieser und jener; bald dieser, bald jener; über dieses und jenes sprechen; in jener Stunde.

jen|seits (Präp., Gen.) auf der anderen Seite. jenseits der Mauer.

Jen|seits (das, -, kein Plural) im christlichen Glauben die Welt, in die der Mensch nach seinem Tod eintritt; Paradies. Sie wurden ins Jenseits befördert. (ugs.) (Sie wurden getötet.). Jenseitigkeit; jenseitig.

Jen|seits|glau|be (der, -ns, kein Plural) der Glaube des Christentums an ein Weiterleben im Jenseits.

Je|rez (der, -, kein Plural) (span.) bernsteinfarbener süßer Wein. Sherry.

Jer|sey 1. (der, -s, -s) (engl.) Stoff; gewirkter Wollstoff; 2. (das, -s, -s) (engl.) Trikot; 3. Kanalinsel.

Je|sa|ja (kein Art., -s, kein Plural) Prophet im Alten Testament.

Je|su|it (der, -en, -en) katholischer Gelehrter; Angehöriger des katholischen Ordens der Gesellschaft Jesu (lat. Societas Jesu).

Je|sus Chris|tus (kein Art., -, kein Plural) Begründer des Christentums.

Je|sus Peo|ple (die, nur Plural) Anhänger einer religiösen Jugendbewegung.

Jet (der, -s, -s) (engl.) 1. Düsenflugzeug; 2. Strahltriebwerk. Jetliner.

Jet|lag (das, -s, kein Plural) Erschöpfung durch Zeitverschiebung bei Interkontinentalflügen.

Je|ton (der, -s, -s) (franz.) Spielmarke.

Jet|schwung (der, -s, -schwün|ge) Drehschwung (Skifahren).

Jet|set (der, -s, kein Plural) Gesamtheit von Angehörigen reicher Gesellschaftsschichten (die in Jets durch die Welt reisen).

Jet|stream (der, -s, -s) (engl.) starke Windströmung in der Troposphäre, die vom Luftverkehr ausgenutzt wird.

Jett (der, -s, kein Plural) harte, oft zu Schmucksteinen verarbeitete Braunkohle.

jet|ten (V.) (engl.) (ugs) fliegen. sie sind nach Hawaii gejettet.

jet|zig (Adj.) zum derzeitigen Augenblick. Der jetzige Chef.

jetzt (Adv.) 1. gegenwärtig. Erst jetzt komme ich dazu. Von jetzt an wird gespart! 2. nun. erst jetzt; von jetzt an; jetzig; das Hier und Jetzt.

Jetzt|zeit (die, -, kein Plural) die Gegenwart, das Hier und Jetzt.

Jeu (das, -s, -s) (franz.) Glücksspiel; Kartenspiel. Faites votes jeux!

jeu|en (V.) (franz.) in einem Casino, einer Spielbank spielen.

je|wei|lig (Adj.) augenblicklich; betreffend; entsprechend.

je|weils (Adv.) immer; zu einem bestimmten Zeitpunkt. Jeweils zum 1. zahle ich die Miete.

Jg. (Abk.) **J**ahr**g**ang (Plural: Jgg.).

Jh. (Abk.) **J**ahr**h**undert.

Jid|disch (das, -/-s, kein Plural) Sprache; im Mittelalter entstandene deutsch-hebräische Sprache der Juden mit slawischen Elementen. Jiddistik; jiddisch.

Jig|ger (der, -s, -) (engl.) 1. kleines Segel am hintersten Mast von Viermastern; damit ausgerüstetes Fischerboot; 2. ein Golfschläger; 3. Färbemaschine (Warenzeichen); 4. Flüssigkeitsmaß für Cocktails.

Jin und Jang (*auch:* Yin und Yang) (das, -, kein Plural) (chines.) Welt prinzipien (chinesische Philosophie).

Jin|gle (der, -s, -s) (engl.) Werbemelodie.

Jin|go|is|mus (der, -, kein Plural) (engl.) englische Bezeichnung für Chauvinismus.

Jit|ter|bug (der, -/-s, kein Plural) (engl.) ein Modetanz (um 1945) mit akrobatischen Figuren (zu Boogie-Woogie).

Jiu-Jit|su (das, -/-s, kein Plural) (jap.) Selbstverteidigung.

Jive (der, -, -s) (engl.) Musikrichtung.

Job (der, -s, -s) (engl.) 1. Beschäftigung; Gelegenheitsarbeit; 2. Arbeitseinheit (EDV).

job|ben (V.) (engl.) (ugs.) eine Gelegenheitsarbeit ausüben.

Job|ber (der, -s, -) (engl.) 1. Aushilfe; Gelegenheitsarbeiter; 2. Händler an der Londoner Börse, der nur im eigenen Namen Geschäfte abwickeln darf.

Job|kil|ler (der, -, -s) (engl.) (ugs.) technische Geräte, die den Menschen vom Arbeitsplatz verdrängen.

Job|ro|ta|ti|on (die, -, en) (engl.) Durchlaufen verschiedener Betriebsabteilungen für Mitarbeiter, die Führungsaufgaben übernehmen sollen.

Job|sha|ring (das, -s, kein Plural) (engl.) Zwei oder mehr Personen teilen sich einen Arbeitsplatz.

Joch (das, -s/-es, -e) 1. hölzernes Geschirrteil für Ochsengespanne; 2. Unterwerfung; Stütze; Last. Ich trage mein Joch. (Ich trage die mir auferlegte Last.). das türkische Joch. 3. Bergspitze; 4. altes Feldmaß.

Joch|bein (das, -s, kein Plural) Gesichtsknochen. Jochbogen.

Jo|ckett|te (die, -, -n) weiblicher Jockey.

Jo|ckey (*auch:* Jo|ckei) (der, -s, -s) (engl.) Rennreiter.

Jod (das, -s, kein Plural) (griech.) chemischer Grundstoff (Abk.: J). jodhaltig.

Jo|dat (das, -s, -e) (griech.) Salz der Jodsäure.

jo|deln (V.) singen im Wechsel zwischen Kopf- und Bruststimme.

Jod|ler/in (der/die, -s/in, -/innen) ein(e) Sänger(in), der (die) das Jodeln ausübt.

jo|die|ren (V.) mit Jod versetzen.

Jo|did (das, -s, -e) (griech.) chemische Verbindung mit Jod, ein Mineral.

Jo|do|form (das, -s, kein Plural) (griech.) Mittel zur Wunddesinfektion (Med.).

Jo|do|me|t|rie (die, -, -n) (griech.) chemische Analysemethode.

Jod|quel|le (die, -, -n) jodhaltige Quelle.

Jod|salz (das, -s, -e) mit Jod versetztes Salz.

Jod|ta|b|let|te (die, -, -n) Medikament zum Schutz der Schilddrüse (Med.).

Jod|tink|tur (die, -, -n) jodhaltige Lösung.

Jo|dis|mus (der, -, kein Plural) Jodvergiftung.

Jo|ga → Yo|ga

jog|gen (V.) (engl.) laufen. Jogger; Jogging.

Jo|ghurt (*auch:* Jo|gurt) (der, -s, -e) Sauermilch; Nahrungsmittel aus mit Bakterien versetzter Vollmilch. Joghurtbecher (*auch:* Jogurtbecher); Joghurtpilz (*auch:* Jogurtpilz).

Jo|gi → Yo|gi

Jo|han|nes|evan|ge|li|um (das, -s, kein Plural) das 4. Evangelium des Neuen Testaments.

Jo|han|nes|pas|si|on (die, -, -en) 1. Leidensgeschichte Christi nach dem Johannesevangelium; 2. Vertonung von J. S. Bach.

Jo|han|nis|bee|re (die, -, -n) Frucht. Johannisbeerstrauch.

Jo|han|nis|brot (das, -s, -e) Frucht des Johannisbrotbaumes.

Jo|han|nis|feu|er (das, -s, -) Sonnwendfeuer.

Jo|han|nis|kä|fer (der, -s, -) Leuchtkäfer.

Jo|han|nis|tag (der, -s, kein Plural) der 24. Juni.

Jo|han|nis|trieb (der, -s, kein Plural) 1. zweiter Austrieb von Bäumen; 2. späterer Sexualtrieb beim Mann.

Jo|han|nis|wein (der, -s, -e) in der katholischen Kirche am 27.12. zu Ehren des Evangelisten Johannes geweihter Messwein.

Jo|han|ni|ter|or|den (der, -s, kein Plural) ältester Ritterorden; Malteserorden.

joh|len (V.) schreien. Gejohle.

Joint (der, -s, -s) (engl.) Haschischzigarette.

Joint Ven|ture (das, -s, -s) (engl.) Zusammenschluss von Unternehmen auf internationaler Ebene für die gemeinsame Durchführung eines Projektes.

Jo-Jo (*auch:* Yo-Yo) (das, -s, -s) (engl.) Geschicklichkeitsspiel.

Jo|ker (der, -s, -) (engl.) Spielkarte; Überraschungseffekt.

Jo|ku|la|tor (der, -s, -en) (lat.) umherziehender Sänger und Spaßmacher (im Mittelalter).

Jo|kus (der, -, kein Plural) (lat.) Spaß; Jux; Ulk.

Jol|le (die, -, -n) kleines Boot.

Jom Kip|pur (der, - -, kein Plural) (hebr.) Versöhnungsfest; hoher jüdischer Feiertag.

Jon|g|leur (der, -s, -e) (franz.) Geschicklichkeitskünstler. Verb: jonglieren.

Jop|pe (die, -, -n) Jacke ohne Taille. Jöppchen.

Jor|da|ni|en (ohne Art., -s, kein Plural) Nahoststaat.

Jor|da|ni|er/in (der/die, -s/-in, -/-in|nen) Bewohner/in Jordaniens. jordanisch.

Jo|ru|ri (das, -/-s, -s) (jap.) japanisches Puppenspiel mit Musik.

Jo|ta (*auch:* Io|ta) (das, -, -s) (griech.) Buchstabe (Ι, ι). Wir geben um kein Jota (kein bisschen) nach.

Joule (das, -/-s, -) Energiemaßeinheit (Abk.: J).

Jour (der, -s, -s) (franz.) Empfangstag (früher). Jour fixe: festgesetzter Tag, an dem man sich regelmäßig trifft.

Jour|dienst (der, -s/-es, -e) Bereitschaftsdienst.

Jour fixe (der, - -, -s -s) (franz.) regelmäßiges Treffen an einem bestimmten Wochentag.

Jour|nail|le (die, -, kein Plural) verantwortungslose Journalisten.

Jour|nal (das, -s, -e) (franz.) 1. Zeitschrift; 2. Rechnungsbuch; Tagebuch für die Buchführung; 3. gelehrte Wochen- und Monatsschrift im 17./18. Jahrhundert; 4. Logbuch.

Jour|na|lis|mus (der, -, kein Plural) Pressewesen.

Jour|na|lis|tik (die, -, kein Plural) Lehre von Fernseh-, Hörfunk- und Zeitungswesen. journalistisch.

Jour|na|list/in (der/die, -en/in, -en/-in|nen) (franz.) jemand, der für die Medien publizistisch tätig ist.

Jour|nal|num|mer (die, -, -n) (franz.) (Abk.: J.-Nr.) Nummer einer Zeitschrift; Nummer in einem Rechnungsbuch.

jo|vi|al (Adj.) (lat.) leutselig; gutmütig.

Jo|vi|a|li|tät (die, -, kein Plural) (lat.) Gutmütigkeit; Leutseligkeit.

Joy|ri|ding (das, -s, -) (engl.) gefährliche Autowettrennen, die Jugendliche mit gestohlenen Autos unternehmen.

Joy|stick (der, -s, -s) (engl.) Steuerhebel (Computerspiele).

jr. (*auch:* jun.) (Abk.) **j**unio**r**.

ju|beln (V.) sich lautstark freuen. jubilieren.

Ju|bel (der, -s, kein Plural) hörbare Freude. Jubelschrei.

Ju|bel|jahr (das, -s, -e) bei den Juden jedes 50. Jahr; bei den Katholiken jedes 25. Jahr. alle Jubeljahre (selten).

Ju|bel|paar (das, -es, -e) ein Ehepaar, das ein Jubiläum feiert. Jubilar/in.

Ju|bi|la|te (kein Art., -s, kein Plural) in der katholischen Kirche der 4. Sonntag nach Ostern; in der evangelischen Kirche der 3. Sonntag nach Ostern.

Ju|bi|lä|um (das, -s, kein Plural) Gedenktag. Jubiläumsausgabe; Jubiläumsfeier.

juch|he! (Interj.) Freudenschrei. juchhei! juchheirassa! juchheißa! *Aber:* mit einem freudigen Juchhe.

Juch|ten (der/das, -s, kein Plural) (russ.) feines Leder. Juchtenleder; Adj.: juchten.

juch|zen (V.) jauchzen. Juchzer.

ju|cken (V.) kribbeln; kratzen; reizen. *Beachte:* Es juckt mich am Kopf. *Aber:* Der Kopf juckt mir/mich. Es juckte ihm/ihn in den Fingern. Jucken; Juckpulver; Juckreiz.

Ju|da (der, -s, kein Plural) 1. im alten Testament Sohn Jakobs und Leas Stammvater; 2. Name des südlichen der beiden Königreiche, die bei der Teilung des salomonischen Reiches entstanden.

Ju|däa (kein Art., -s, kein Plural) Land der Juden nach der babylonischen Gefangenschaft.

Ju|da|i|ka (die, nur Plural) Bücher. Bilder über das Judentum.

Ju|da|is|mus (der, -, kein Plural) (nlat.) jüdische Religion; streng am mosaischen Gesetz orientierte Richtung im Urchristentum.

Ju|da|is|tik (die, -, kein Plural) (nlat.) Wissenschaft von der jüdischen Geschichte und Kultur.

Ju|das (der, -, -se) Verräter; Jünger Jesu, der ihn verriet.

Ju|das|kuss (der, -s, -küs|se) falsche Freundlichkeit.

Ju|das|lohn (der, -s, -löh|ne) Lohn für Betrug und Verrat.

Ju|de (der, -n, -n) Hebräer; Israelit. Judenheit; der Ewige Jude; Judentum; jüdisch.

Ju|den|chris|ten (die, -, nur Plural) die ersten Christen jüdischer Herkunft.

Ju|den|geg|ner (der, -, -) Antisemit.

Ju|den|stern (der, -s, -e) dem Stern Davids nachgebildetes Abzeichen, musste von jedem Juden im Dritten Reich getragen werden. Judenverfolgung.

Ju|di|ka|ti|ve (die, -, kein Plural) richterliche Gewalt.

Ju|di|ka|tur (die, -, -en) (lat.) Rechtsprechung.

Jü|din (die, -, -nen) Hebräerin; Israelitin.

Ju|do 1. (der, -s, -s) (Kurzw.) Jungdemokrat. 2. (das, -/-s, kein Plural) (jap.) Kampfsport. Judogriff; Judoka; Judoverein.

Ju|gend (die, -, kein Plural) Lebensphase zwischen Kindheit und Erwachsenenalter; junge Leute. Jugenderinnerung; Jugendfreund; Jugendkriminalität; Jugendliche; Jugendliebe; Jugendorganisation; Jugendzentrum. Adjektive: jugendgefährdend; jugendlich.

Ju|gend|amt (das, -s, -äm|ter) Hauptorgan der Jugendhilfe mit weitreichenden Kompetenzen.

Ju|gend|ar|beits|lo|sig|keit (die, -, kein Plural) Arbeitslosigkeit, die vor allem Jugendliche betrifft.

Ju|gend|be|we|gung (die, -, kein Plural) geistige und kulturelle Protestbewegung der Jugend um 1900.

Ju|gend|bild (das, -s, -er) Porträt aus der Jugendzeit.

Ju|gend|bri|ga|de (die, -, -n) sozialistische Jugendgruppe.

Ju|gend|buch (das, -s, -bü|cher) Literatur für Jugendliche.

Ju|gend|buch|ver|lag (der, -s, -e) Verlag für Jugendbücher.

Ju|gend|elf (die, -, -en) Jugendmannschaft mit elf Spielern.

ju|gend|frei (Adj.) für Jugendliche zugelassen. Der Film ist jugendfrei.

Ju|gend|funk (der, -es, kein Plural) Rundfunkprogramm für Jugendliche.

Ju|gend|für|sor|ge (die, -, -n) Jugendamt.

Ju|gend|ge|richt (das, -s, -e) Gericht für jugendliche Straftäter.

Ju|gend|grup|pe (die, -, -n) Jugendkreis.

Ju|gend|heim (das, -s, -e) Jugendclub; Erziehungsheim; Wohnheim für Jugendliche.

Ju|gend|her|ber|ge (die, -, -n) meist sehr einfach ausgestattete Unterkunftsstätte, bes. für Jugendliche auf Wanderungen und Reisen.

Ju|gend|her|bergs|mut|ter (die, -, -müt|ter) Leiterin einer Jugendherberge.

Ju|gend|her|bergs|va|ter (der, -s, -vä|ter) Leiter einer Jugendherberge.

Ju|gend|her|bergs|ver|band (der, -es, -bände) Zusammenschluss der Jugendherbergen.

Ju|gend|jah|re (die, -, kein Plural) Jugendzeit.

Ju|gend|lich|keit (die, -, kein Plural) junges Wesen. Sie bewahrte sich lange ihre Jugendlichkeit.

Ju|gend|li|te|ra|tur (die, -, kein Plural) Bücher für Jugendliche.

Ju|gend|mann|schaft (die, -, -en) Mannschaft mit jugendlichen Spielern.

Ju|gend|schrift|stel|ler (der, -s, -) Autor, der für Jugendliche schreibt.

Ju|gend|sen|dung (die, -, -en) Programm in TV oder Radio für Jugendliche.

Ju|gend|schutz (der, -s, kein Plural) im Jugendschutzgesetz geregelter besonderer Schutz von Kindern und Jugendlichen.

Ju|gend|stil (der, -s, kein Plural) Stilrichtung der bildenden und angewandten Kunst um 1900.

Ju|gend|stra|fe (die, -, -n) vermindertes Strafmaß aufgrund des jungen Alters des Verurteilten.

Ju|gend|sün|de (die, -, -n) (ugs.) etwas, das man in seiner Jugend tat und später nicht gutheißt. Dieses Gedicht war eine Jugendsünde von mir.

Ju|gend|wei|he (die, -, -n) feierliche Veranstaltung beim Eintritt Jugendlicher in das Erwachsenenalter.

Ju|go|sla|wi|en (ohne Art., -s, kein Plural) ehem. Balkanstaat. Jugoslawe; jugoslawisch.

Juice (der/das, -, -s) (engl.) Saft.

Juist (kein Art., -s, kein Plural) ostfriesische Insel.

Juke|box (die, -, -es) (engl.) Schallplattenautomat.

Jul|fest (das, -s/-es, -e) Fest zur Wintersonnenwende (Weihnachten in Skandinavien). Julmond; Julnacht.

Ju|li (der, -/-s, -s) (lat.) siebenter Monat. Julikäfer; Julirevolution.

Jul|klapp (der, -s, kein Plural) (schwed.) skandinavische Sitte, am Weihnachtsabend verpackte Geschenke ins Zimmer zu werfen und dazu »Julklapp!« zu rufen, ohne sich zu zeigen; das Geschenk selbst.

Jum|bo (der, -s, -s) (engl.) Großraumflugzeug. Jumbojet (*auch:* Jumbo-Jet).

Ju|me|lage (die, -, -n) (franz.) Städtepartnerschaft zwischen Städten verschiedener Länder.

jum|pen (V.) (engl.) springen. Jumpsuit.

jun. (*auch:* jr.) (Abk.) **jun**ior.

jung (Adj.; jünger, am jüngsten) 1. nicht alt; jugendlich. Alt und Jung (alle, jedermann), Junge und Alte; von jung an/auf; alle Jungen; alle Jüngeren. 2. frisch. junger Wein. 3. erst neu; seit Kurzem. junge Nationen; junge Wissenschaft; Jungverheiratete, *aber:* ein jung verheiratetes (*auch:* jungverheiratetes) Paar. 4. Zeitangabe. jüngst (vor Kurzem); die jüngste meiner Töchter, *aber:* meine Jüngste; in jüngster Zeit, *aber:* das Jüngste Gericht; der Jüngste Tag; jüngstvergangen. Jungdemokrat; (der/das) Jungholz; Jungpflanze; Jungsozialist; Jungtier; Jungvolk; Jungwähler.

Jung|brun|nen (der, -s, kein Plural) Quelle ewiger Jugend; Erfrischung. Der Urlaub war ein wahrer Jungbrunnen.

Jun|ge (der, -s, -n) männliches Kind. Jungenstreich; jungenhaft.

Jün|ger (der, -s, -) Anhänger. Jüngerin; Jüngerschaft.

Jung|fer (die, -, -n) 1. Jungfrau; 2. ältere, unverheiratete Frau. (ugs.) eine alte Jungfer; 3. Kammerzofe; Mädchen. jüngferlich; jungfernhaft.

Jung|fern|fahrt (die, -, -en) erste Fahrt eines Schiffes.

Jung|fern|flug (der, -es, -flü|ge) erster Flug eines Flugzeuges.

Jung|fern|häut|chen (das, -s, -) Schleimhautfalte am Scheideneingang.

Jung|fern|kranz (der, -es, -krän|ze) Brautkranz.

Jung|fern|re|de (die, -, -n) erste Rede in der Öffentlichkeit.

Jung|frau (*auch:* Jung|fer) (die, -, -en) sexuell unberührte Frau.

jung|fräu|lich (Adj.) rein; unberührt; unverletzt. Jungfräulichkeit.

Jung|ge|sel|le (der, -n, -n) unverheirateter Mann. Junggesellenbude; Junggesellendasein; Junggesellenwirtschaft.

Jüng|ling (der, -s, -e) junger Mann.

Jüng|lings|al|ter (das, -s, kein Plural) Lebensalter.

jüng|ling(s)|haft (Adj.) jugendliches Auftreten. Er sprang jünglingshaft die Treppen hinauf.

Jung|stein|zeit (die, -, kein Plural) Neolithikum.

Jung|un|ter|neh|mer (der, -s, -) Neuling als Unternehmer.

Ju|ni (der, -(s), -s) (lat.) sechster Monat. Junikäfer.

Ju|ni|or (der, -s, -en) (lat.) der Jüngere; Sohn; Jugendlicher. Unser Junior macht uns viel Freude. Juniorin; Juniorpartner.

ju|ni|or (Abk.: jun./jr.) (lat.) jünger. Müller jun. (Müller der Jüngere).

Ju|ni|or|chef (der, -s, -s) (lat.-franz.) jüngerer Vorgesetzter, meist der Sohn des Chefs.

Ju|ni|o|ren|meis|ter|schaft (die, -, -en) (lat.) Meisterschaft für Jugendmannschaften.

Jun|ker (der, -s, -) 1. Adeliger; Gutsbesitzer; 2. Kurzw. für Fahnenjunker. Junkerschaft; Junkertum.

Junk|food (*auch:* Junk-Food) (das, -, kein Plural) (engl.) nährstoffarmes Essen.

Jun|kie (der, -s, -s) (engl.) Drogenabhängiger.

Junk|tim (das, -s, -s) (lat.) Verknüpfung von politischen Vorhaben. Junktimsvorlage.

Ju|no (die, -, kein Plural) in der römischen Mythologie Gemahlin des Jupiter; (griech.) Hera.

ju|no|nisch (Adj.) (lat.) von erhabener Schönheit; von stattlicher Schönheit, wie die altrömische Göttin Juno.

Jun|ta (die, -, -ten) (span.) Regierungsausschuss.

Ju|pi|ter (der, -s, kein Plural) 1. Planet; 2. in der römischen Mythologie der Himmelsgott. Jupitermonde.

Ju|ra 1. (der, -s, kein Plural) geologisches Zeitalter; Gebirge. Juraformation; jurassisch. 2. (ohne Artikel) (lat.) Rechte; Rechtswissenschaft. Jurastudent; Jurastudium.

Ju|ris|dik|ti|on (die, -, -ti|o|nen) (lat.) Rechtsprechnung.

Ju|ris|pru|denz (die, -, kein Plural) (lat.) Rechtswissenschaft.

Ju|rist (der, -en, -ris|ten) (lat.) Rechtsgelehrter. Juristendeutsch; juristisch.

Ju|ror/in (der/die, -en/in, -en/in|nen) (lat.) Mitglied einer Jury.

Jur|te (die, -, -n) (türk.) rundes Filzzelt mittelasiatischer Nomaden.

Ju|ry (die, -, -s) (franz.) Sachverständigenausschuss; Preisgericht. Juror.

Jus 1. (das, -, kein Plural) (lat.) Recht; 2. (die, -, kein Plural) (schweiz.) Soßengrundlage aus eingekochten Kalbsknochen; 3. (der/die/das, -, kein Plural) Fruchtsaft. Jusstudent.

Ju|so (der, -s, -s) (Kurzw.) Jungsozialist.

just (Adv.) eben; gerade.

jus|ta|ment (Adv.) (franz.) (ugs.) eben jetzt; genau. Justament im gleichen Augenblick kam sie um die Ecke.

jus|tie|ren (V.) (lat.) einstellen; einpassen. Justierer.

Jus|tie|rung (die, -, kein Plural) genaue Einstellung. Justierschraube; Justierwaage.

Jus|ti|fi|ka|ti|on (die, -, -en) (lat.) 1. Rechtfertigung; 2. Genehmigung einer Rechnung nach erfolgter Prüfung.

Jus|ti|fi|ka|tur (die, -, -en) (lat.) erteilte Genehmigung.

jus|ti|fi|zie|ren (V.) (lat.) rechtfertigen.

Jus|tiz (die, -, kein Plural) (lat.) Rechtspflege. Justizbeamte; Justizpalast.

Jus|ti|zi|ar (*auch:* Jus|ti|ti|ar) (der, -s, -e) (lat.) Rechtsbeistand.

Jus|ti|zi|a|ri|at (*auch:* Jus|ti|ti|a|ri|at) (das, -, -e) (lat.) Arbeitsstätte eines Justiziars.

Jus|tiz|irr|tum (der, -s, tü|mer) (lat.) Verurteilung aufgrund einer falschen Entscheidung.

Jus|tiz|mi|nis|ter (der, -s, -) (lat.) Regierungsmitglied, das für die Rechtssprechung zuständig ist.

Jus|tiz|mord (der, -es, -e) (lat.) Vollstreckung des Todesurteils bei einem Unschuldigen.

Jus|tiz|voll|zugs|an|stalt (die, -, -en) (lat.) Gefängnis; Zuchthaus.

Ju|te (die, -, kein Plural) Bastfaser. Jutespinnerei; Jutesack.

ju|ve|na|lisch (Adj.) (lat.) satirisch; spöttisch.

ju|ve|nil (Adj.) (lat.) jugendlich.

Ju|wel (der/das, -s, -en) (franz.) 1. Edelstein; Schmuckstück; 2. Kostbarkeit. Du bist ein Juwel! Ein Juwel der bildenden Kunst. Juwelenraub

Ju|we|lier/in (der/die, -s/in, -e/innen) (franz.) Goldschmied; Schmuckhersteller; Händler mit Schmuckstücken. Juweliergeschäft.

Jux (der, -es, -e) (lat.) Spaß; Scherz. Verb: juxen.

Jux|ta (die, -, -ten) (lat.) Kontrollstreifen (Wertpapier; Lotterielos).

Jux|ta|po|si|ti|on (die, -, -ti|o|nen) (lat.) 1. Anlagerung kleinster Teilchen an Kristalle; 2. Zusammenrückung, enge Nebeneinanderstellung von Wörtern (z. B. Hans Guckindieluft).

K

k (Abk.) **K**arat.
K (Abk.) **K**alium (chemisches Zeichen); **K**elvin (Maßeinheit).
Kaˈaˈba (die, -, kein Plural) (arab.) islamisches Heiligtum (Mekka).
Kaˈbaˈche (die, -, -n) (russ.) 1. Hütte ohne Komfort; 2. anrüchiges Lokal; Kneipe.
Kaˈbaˈle (die, -, -n) (hebr.) Intrige.
Kaˈbaˈlist (der, -en -en) (hebr.-franz.) Intrigant; hinterlistiger Gegner.
Kaˈbaˈnosˈsi (die, -, -) (ital.) Wurst.
Kaˈbaˈrett (*auch:* Caˈbaˈret) (das, -s, -s) (franz.) Kleinkunstbühne.
Kaˈbaˈretˈtiˈer (der, -s, -s) (franz.) Inhaber oder Leiter eines Kabaretts.
Kaˈbaˈretˈtist/in (der/die, -en/in, -en/inˈnen) (franz.) Künstler/in beim Kabarett. kabarettistisch.
Kaˈbäusˈchen (das, -s, -) kleines Haus; kleines Zimmer.
Kabˈbaˈla (die, -, kein Plural) (hebr.) jüdische Mystik.
Kabˈbaˈlist (der, -en, -en) Anhänger, Kenner der Kabbala.
Kabˈbaˈlisˈtik (die, -, kein Plural) Lehre der Kabbala.
kabˈbaˈlisˈtisch (Adj.) die Kabbala betreffend; geheimnisvoll.
kabˈbeln (V.) (nordd.) 1. harmlos streiten; Kabbelei; 2. die See geht unruhig.
Kabˈbeˈlung (die, -, -en) das Kabbeln; das Unruhigsein der See.
Kaˈbel (das, -s, -) 1. starkes Drahtseil; 2. elektrische Leitung; 3. Telegramm aus Übersee; 4. seemännisches Längenmaß. Kabelleitung.
Kaˈbelˈfernˈseˈhen (das, -s, kein Plural) Fernsehempfang per Kabel. Kabelanschluss; Kabel-TV.
Kaˈbelˈjau (der, -s, -s/-e) (niederl.) Fisch.
kaˈbeln (V.) ein Überseetelegramm versenden. Ich kabele dir die Nachricht.
Kaˈbelˈschiff (das, -es, -e) Spezialschiff zur Verlegung unterseeischer Kabel.
Kaˈbelˈschuh (der, -s, -e) Anschlussklemme zum Verlegen von elektrischen Leitungen.
Kaˈbelˈtext (der, -es, -e) digitalisierte Übertragung von Text und Bild.
Kaˈbelˈtromˈmel (die, -, -n) Vorrichtung zum Aufrollen eines langen Kabels.
Kaˈbiˈne (die, -, -n) (franz.) kleiner Raum; Gondel; Schlaf- und Wohnraum im Schiff; Umkleideraum; Abteil.
Kaˈbiˈnenˈbahn (die, -, -en) Bergbahn mit kleinen abgeschlossenen Fahrgasträumen.
Kaˈbiˈnenˈrolˈler (der, -, -) allseitig umschlossener Motorroller aus den 1950er-Jahren.
Kaˈbiˈnett (das, -s, -e) (franz.) 1. Nebenraum; Nebenzimmer; Studien-, Arbeitszimmer; 2. Ministerrat; Gesamtheit der Regierung eines Staates. Kabinettsbeschluss; Kabinettskrise; Kabinettssitzung; Kabinettsumbildung.
Kaˈbiˈnettˈforˈmat (das, -es, -e) (franz.) ein Bildformat 100 x 140 mm.
Kaˈbiˈnettsˈorˈder (die, -, -) (franz.) unmittelbarer Befehl eines Herrschers.
Kaˈbiˈnettˈstück (das, -es, -e) 1. kostbarer Gegenstand; Prunkstück; 2. besonders gelungenes Vorgehen. Sein Vortrag war ein Kabinettstück an Rhetorik.
Kaˈbiˈnettˈwein (der, -es, -e) Qualitätswein mit Prädikat.
Kaˈbis (der, -, -) (lok.) Kohl, Kraut.
Kaˈboˈtaˈge (die, -, kein Plural) (franz.) 1. Küstenschifffahrt zwischen den Häfen desselben Staates; 2. Luftverkehr im Hoheitsgebiet eines fremden Staates.
Kaˈbˈrio → Caˈbˈrio.
Kaˈbˈriˈoˈlett (*auch:* Caˈbˈriˈoˈlet) (das, -s, -e) 1. leichter, zweirädriger Einspänner; 2. Pkw mit rückklappbarem Verdeck.
Kaˈbuff (das, -s, -s/-e) (ugs.) dunkler Raum; kleines Kämmerchen.
Kaˈbuˈki (das, -/-s, -/-s) japanisches Volksschauspiel mit Musik und Tanz.
Kaˈbüˈse (die, -, -n) (nordd.) Kammer.
Kaˈbyˈle (der, -n, -n) Angehöriger eines Berbervolkes.
Kaˈchˈekˈtiˈker (der, -s, -) jmd., der an Kachexie leidet.
kaˈchˈekˈtisch (Adj.) (griech.) medizinischer Ausdruck für an Kachexie leidend; extrem abgemagert; hinfällig.
Kaˈchel (die, -, -n) Fliese. Kachelfußboden; Kachelwand.
kaˈcheln (V.) mit Kacheln belegen.
Kaˈchelˈofen (der, -s, -öfen) mit Kacheln belegter Ofen.
Kaˈchˈeˈxie (die, -, -n) (griech.) allgemeiner Kräfteverfall.
Kaˈcke (die, -, kein Plural) (ugs.) Kot. Kacker; kacken.
Kaˈdaˈver (der, -s, -) (lat.) Aas.
Kaˈdaˈverˈgeˈhorˈsam (der, -s, -s) blinder Gehorsam.
Kaˈdaˈveˈrin (*auch:* Caˈdaˈveˈrin) (das, -s, kein Plural) (lat.) Leichengift.
Kaˈdenz (die, -, -en) (ital.) 1. Akkordfolge; 2. solistische Improvisation vor dem Schluss eines Konzertsatzes.
kaˈdenˈzieˈren (V.) mit Kadenzen versehen.
Kaˈder (der, -s, -) (franz.) Mannschaft; Truppe; Elite. 1. Stamm eines Heeres; 2. maßgebliche Partei-, Wirtschafts- oder Staatsfunktionäre im ehemaligen kommunistischen Machtbereich. Kaderpartei.
Kaˈdett (der, -en, -en) (franz.) 1. Zögling einer militärischen Erziehungsanstalt; 2. Offiziersanwärter; 3. (ugs.) Kerl; Schlingel. Das sind mir vielleicht Kadetten! (Das sind richtige Schlingel!). Kadettenanstalt; Kadettenschule.
Kaˈdi (der, -s, -s) (arab.) Richter; Gericht. Er brachte die Sache vor den Kadi. (ugs.) (Er brachte die Sache vor Gericht).
kadˈmieˈren (V.) mit einer Kadmiumschicht überziehen.
Kadˈmiˈum (*auch:* Cadˈmiˈum) (das, -s, kein Plural) chemischer Grundstoff (Abk.: Cd).
Kadˈmiˈumˈverˈgifˈtung (*auch:* Cadˈmiˈumˈverˈgifˈtung) (die, -, -en) Vergiftung durch Kadmium.
kaˈduˈzieˈren (V.) (lat.) bei Zahlungsverzug geleistete Einlagen und Bürgschaften als verfallen erklären (Rechtsw.).
Kaˈduˈzieˈrung (die, -, -en) (lat.) Verfallserklärung getätigter Einlagen bei Zahlungsverzug (Rechtsw.).
Käˈfer (der, -s, -) 1. Insekt; 2. (ugs.) Bezeichnung für den ersten Volkswagen.
Kaff (das, -s, -s/-e) (ugs.) Dorf; abgelegene Ortschaft, die nichts an Unterhaltung bietet.

Kaf|fee (der, -s, -s) (arab.-franz.) 1. Getränk aus der Kaffeebohne; 2. Frucht des Kaffeestrauchs. Kaffeefilter; Kaffeekanne; Kaffeelöffel; Kaffeemaschine; Kaffeesorte; Kaffeetasse; Kaffeewärmer.
Kaf|fee|boh|ne (die, -, -n) geschälter Same des Kaffeestrauchs.
Kaf|fee|er|nte (*auch:* Kaf|fee-Ern|te) (die, -, -n) Ernte von Kaffeebohnen.
Kaf|fee|er|satz (*auch:* Kaf|fee-Er|satz) (der, -e, kein Plural) aus Malz hergestelltes kaffeeähnliches Getränk.
Kaf|fee|ex|trakt (*auch:* Kaf|fee-Ex|trakt) (der, -e, -e) (arab.-franz.) pulverisierter Kaffee.
Kaf|fee|klatsch (der, -es, kein Plural) Gesellschaft am Nachmittag für Damen.
Kaf|fer 1. (der, -n, -n) (arab.) Angehöriger eines südafrikanischen Bantuvolkes. 2. (der, -s, -) (jidd.) Dummkopf; Trottel.
Kaf|fern|büf|fel (der, -s, -) afrikanisches Rind.
Kaf|fee|strauch (der, -s, sträu|cher) (arab.-franz.) weiß blühendes Rötegewächs mit kirschenähnlichen Steinfrüchten mit je zwei Samen (Kaffeebohnen).
Kaf|fee|tan|te (die, -, -n) (ugs.) eine Frau, die gern und viel Kaffee trinkt.
Kä|fig (der, -s, -e) Gehege; Vogelbauer. Käfighaltung; faradayscher Käfig.
Ka|fil|ler (der, -s, -) (hebr.-jidd.) Schinder; Abdecker in der Gaunersprache.
Ka|fil|le|rei (die, -, kein Plural) (hebr.-jidd.) Abdeckerei in der Gaunersprache.
Ka|fir (der, -s, -n) (arab.) jmd., der nicht dem islamischen Glauben angehört.
kaf|ka|esk (Adj.) unerklärlich; rätselhaft; unheimlich; bedrohlich; im Stil Kafkas.
Kaf|tan (der, -s, -e) (pers.) langes Obergewand.
Käf|ter (der, -s, -) Behälter; Mulde.
Käf|ter|chen (das, -s, -) (lok.) Kämmerchen.
kahl (Adj.) leer; glatzköpfig. kahl sein/werden.
Kahl|fraß (der, -s, kein Plural) durch Schädlinge hervorgerufen. kahl fressen (*auch:* kahlfressen).
Kahl|heit (die, -, kein Plural) Leere. Die Kahlheit des Zimmers ist bedrückend.
Kahl|hieb (der, -s, -e) Kahlschlag.
Kahl|kopf (der, -s, -köp|fe) Glatzkopf.
kahl|köp|fig (Adj.) glatzköpfig.
kahl sche|ren (*auch:* kahl|sche|ren) (V.) jemandem einen Glatzkopf scheren.
Kahl|schlag (der, -s, schlä|ge) vollständiges Abholzen eines Waldes.
kahl schla|gen (*auch:* kahl|schla|gen) (V.) einen Wald vollständig abholzen.
Kahm (der, -s, -e) feine Schicht auf der Oberfläche von Flüssigkeiten. kahmen.
kah|mig (Adj.) mit einer feinen Haut überzogen.
Kahn (der, -s, Käh|ne) Boot. Kahnfahrt, *aber:* Kahn fahren; Kähnchen.
Kai (der, -s, -s/-e) (niederl.) Schiffsanlegestelle; Uferdamm. Kaimauer.
Kaib (der, -, -er/en) (südd.) 1. Kalb; 2. Dummkopf; 3. Aas; Luder.
Kai|bel (das, -s, -) (südd.) Kalb.
Kai|be|rei (die, -, -en) (südd.) Ärger; Verdruss.
Ka|ik (der, -s, -s) (türk.) Ruderboot; leichtes Küstenfahrzeug.
Kai|man (der, -s, -e) (indian.) Krokodil.
Kai|nit (der, -s, -e) (griech.) ein Mineral.
Kains|mal (*auch:* Kains|zei|chen) (das, -s, -e) Zeichen der Schuld.
kai|ro|phob (Adj.) (griech.) Situationsangst empfindend (Psychol., Med.).
Kai|ro|pho|bie (die, -, -n) (griech.) Situationsangst (Psychol., Med.).
Kai|ros (der, -, -roi) (griech.) 1. günstiger Moment; entscheidender Augenblick; richtiger Zeitpunkt (Philos.). 2. Zeitpunkt der Entscheidung.
Kai|ser (der, -s, -) Herrscher; höchste Stufe in der weltlichen Rangordnung. Kaiserreich.
Kai|ser|ad|ler (der, -s, -) Greifvogel; kaiserliches Wappentier.
Kai|ser|chro|nik (die, -, kein Plural) Geschichte des römisch-deutschen Reiches von der Gründung Roms bis 1147.
Kai|ser|fleisch (das, -es, kein Plural) (österr.) geräuchertes Bauchfleisch.
Kai|ser|ge|bir|ge (das, -s, kein Plural) Gebirge in den Nordtiroler Alpen.
Kai|se|rin (die, -, -in|nen) Herrscherin oder Gattin eines Kaisers.
Kai|se|rin|mut|ter (die, -, -müt|ter) Mutter des Kaisers.
Kai|ser|jä|ger (der, -s, -) Mitglied einer österreichischen Feldjägertruppe im 19. Jahrhundert.
Kai|ser|kro|ne (die, -, -n) 1. Teil der Reichsinsignien; 2. asiatisches Liliengewächs.
kai|ser|lich (Adj.) kaiserlich deutsch; kaiserlich österreichisch, *aber:* kaiserlich-königlich (Abk.: k. k.).
Kai|ser|lich (Adj.) Teil des Titels »Eure Kaiserliche Hoheit«.
Kai|ser|ling (der, -s, -e) Pilz.
Kai|ser|man|tel (der, -s, -män|tel) 1. langer Herrenmantel; 2. Perlmuttfalter.
Kai|ser|schmar|ren (der, -s, -) (südd.) Mehlspeise.
Kai|ser|schnitt (der, -s, -e) operative Entbindung.
Kai|ser|sem|mel (die, -, -n) (südd.) ein rundes Brötchen.
Kai|ser|tum 1. (das, -s,-tü|mer) Kaiserreich; 2. (das, -s, kein Plural) Kaiserwürde.
Kai|zen (der, -, -) (jap.) kontinuierliche Verbesserungsprozesse im Unternehmen.
Ka|jak (der/das, -s, -s) Paddelboot. Kajakeiner; Kajakzweier.
Ka|je (die, -, -n) (niederl.) Uferbefestigung. Schutzdeich gegen Überschwemmungen.
Ka|jü|te (die, -, -n) Schiffswohnraum. Kajütboot; Kajütdeck.
Ka|ka|du (der, -s, -s) Papagei.
Ka|kao (der, -s, -s) (span.) Getränk; Frucht. jemanden durch den Kakao ziehen (ugs.) (jemanden verspotten).
Ka|kao|baum (der, -s, -bäu|me) (span.) Sterkuliengewächs des tropischen Amerika.
Ka|kao|but|ter (die, -, kein Plural) (span.) Produkt aus der Verarbeitung der Kakaobohne.
Ka|kao|ge|tränk (das, -s, -e) (span.) aus Kakaopulver hergestelltes Getränk.
Ka|kao|pul|ver (das, -s, -) (span.) Produkt aus der Verarbeitung der Kakaobohne.
ka|keln (V.) (nordd.) (ugs.) 1. gackern; 2. schwätzen; sich unterhalten.
Ka|ke|mo|no (das, -s, -s) (jap.) Seiden-, Papiermalerei.
Ka|ker|lak (der, -s/-en, -en) *auch:* Ka|ker|lake (die, -, en) (niederl.) Küchenschabe.

Ka|ki (*auch:* Kha|ki) (das/der, -, kein Plural) (pers.) 1. Erdfarbe; 2. Baumwollstoff.
Ka|ki|ja|cke (*auch:* Kha|ki|ja|cke) (die, -, -n) (pers.) Jacke aus erdfarbenem Baumwollstoff.
Ka|ki|uni|form (*auch:* Kha|ki|uni|form) (die, -, -en) Tropenuniform.
ka|ki|far|ben (*auch:* kha|ki|far|ben) (Adj.) erdfarben.
ka|ki|far|big (*auch:* kha|ki|far|big) (Adj.) erdfarbig.
ka|ko... (Adj.) (griech.) miss...; schlecht; übel.
Ka|ko|fo|nie (*auch:* Ka|ko|pho|nie) (die, -, -n) (griech.) schlecht klingende Folge von Tönen oder Lauten; Missklang.
Kak|ta|ze|en (die, nur Plural) (griech.-lat.) Pflanzenfamilie der Kaktusgewächse.
Kak|tus (*auch:* Kak|tee) (der, -, -te|en) eine (sub)tropische Pflanze. Kaktusfeige; Kaktusblüte; Kakteenerde.
Ka|la-Azar (die, -, kein Plural) (Hindi) tropische Infektionskrankheit.
Ka|la|b|re|se (der, -n, -n) Einwohner von Kalabrien; Kalabrier.
Ka|la|b|re|ser (der, -s, -) (ital.) breitkrempiger Filzhut mit spitzem Kopf.
Ka|la|fa|ti (der, -, kein Plural) (ital.) Ringelspielfigur (Wiener Prater).
Ka|la|mai|ka (die, -, -ken) (russ.) Tanz.
Ka|la|mit (der, -en, -en) (griech.) baumhoher Schachtelhalm des Karbons.
Ka|la|mi|tät (die, -, -en) (lat.) Notlage; Verlegenheit.
Ka|lan|choe (die, -, -cho|en) (griech.) Zimmerpflanze.
Ka|lan|der (der, -s, -) (franz.) Walzenmaschine. Verben: kalandern; kalandrieren.
ka|lan|dern (V.) mit dem Kalander bearbeiten.
ka|lan|d|rie|ren (V.) Kunststoff zu Folie auswalzen.
Ka|la|sche (die, -, -n) (russ.) Schläge, eine Tracht Prügel.
ka|la|schen (V.) (russ.) prügeln.
Ka|lasch|ni|kow (die, -, -s) eine Maschinenpistole russischer Bauart.
Ka|la|si|ris (die, -, -) (ägypt.-griech.) Frauen- und Männergewand im antiken Griechenland und Ägypten.
Ka|lau|er (der, -s, -) (franz.) Wortspiel; Witz.
ka|lau|ern (V.) dumme, geistlose Witze erzählen. Onkel Fritz kalauert heute mal wieder!
Kalb (das, -s/-es, Käl|ber) 1. Jungrind; 2. Junges vieler Huf- und Wildtiere; 3. Schimpfwort; Sinnbild für Albernheit. Kalbfleisch; Kalbsbraten; Kalbsbrust; Kalbshachse; Kalb(s)leder; Kalbsleberwurst; Kalbsmedaillon; Kalbsschnitzel; Kalbssteak; Kälbermagen.
Kälb|chen (das, -s, -) kleines Kalb; Kosewort.
Kal|be (die, -, -n) junges, weibliches Rind, das noch nicht gekalbt hat.
kal|ben (V.) ein Kalb werfen, zur Welt bringen.
Kal|be|rei (die, -, -en) Herumalberei.
kal|bern (V.) herumalbern; herumtollen.
Käl|ber|zäh|ne (die, -, nur Plural) (ugs.) Graupen.
Kalbs|fell (das, -s, -e) Soldatenausdruck für Trommel.
Kalbs|ha|xe (die, -, -en) (südd.) Kalbshachse.
Kal|da|ri|um (das -s, -ri|en) (lat.) 1. heißes Bad im antiken Rom. 2. (veraltet) warmes Gewächshaus.
Kal|dau|ne (die, -, -n) (lat.) Innereien; Eingeweide.
Ka|le|bas|se (die, -, -n) (span.-franz.) aus einem ausgehöhlten Flaschenkürbis hergestelltes Gefäß.
Ka|lei|do|s|kop (das, -s, -e) (griech.) Spielzeug mit optischen Effekten; Bilderfolge. Adjektiv: kaleidoskopisch.
Ka|lei|ka (das, -s, kein Plural) (poln.) Umstand. Aufheben.
Ka|len|da|ri|um (das, -s, -rien) 1. in der Antike Zins- und Schuldbuch; 2. heute für persönliche Bemerkungen eingerichteter Kalender. kalendarisch.
Ka|len|den (*auch:* Ca|len|dae) (die, -e, nur Plural) im römischen Kalender der erste Tag eines Monats.
Ka|len|der (der, -s, -) Zeitrechnung. Kalenderblatt; Adventskalender; der hundertjährige Kalender; der gregorianische Kalender.
Ka|len|der|jahr (das, -s, -e) Zeitrechnung vom 1. Januar bis 31. Dezember.
Ka|len|der|ge|schich|te (die, der, -en) kurze Prosaerzählung mit lehrhaftem oder moralischem Inhalt.
Ka|len|der|mo|nat (der, -es, -e) Zeitrechnung vom Beginn bis Ende eines Monats.
Ka|len|der|spruch (der, -(e)s, -sprü|che) Sinn- und Wahlspruch im Rahmen eines Kalenders.
Ka|len|der|uhr (die, -, -en) Kalender mit einem Zeitmesser kombiniert.
Ka|le|sche (die, -, -n) (poln.) leichte, vierrädrige Kutsche.
Kal|fak|ter (*auch:* Kal|fak|tor) (der, -s, -) (lat.) Hilfsdiener; Denunziant.
kal|fa|tern (V.) (niederl.) Fugen abdichten.
Kal|fa|te|rung (die, -, -en) (niederl.) Fugenabdichtung.
Kal|fat|ham|mer (der, -s, -häm|mer) (niederl.) Werkzeug zum Fugenabdichten.
Ka|li (das, -s, -s) (arab.) Kaliumsalze. Kalibergbau; Kalidünger; Kaliindustrie; Kalilauge; Kalisalpeter; Kalisalz.
Ka|li|an (der/das, -s, -e) (pers.) Wasserpfeife.
Ka|li|ban (der, -s, -e) grober, primitiver Mensch; Rohling.
Ka|li|ber (das, -s, -) (griech.) 1. innere Rohrweite von Schusswaffen; 2. Durchmesser des Geschosses; 3. (ugs.) Art; Wesensart. Der ist von besonderem Kaliber! großkalibrig.
ka|li|brie|ren (V.) auf ein genaues Maß einstellen. Kalibermaß.
Ka|lif (der, -en, -en) (arab.) islamischer Herrscher.
Ka|li|fat (das, - s, -e) Reich des Kalifen.
Ka|li|fen|tum (das, -s, tü|mer) 1. Würde des Kalifen; 2. Kalifenreich.
Ka|li|ko (der, -s, -s) dichter Baumwollstoff (nach der ostindischen Stadt Kalikut).
Ka|li|nin|grad (kein Art., -, ohne Plural) seit 1945 der russische Name für Königsberg.
Ka|li|um (das, -s, kein Plural) chemischer Grundstoff (Abk.: K). Kaliumbromid; Kaliumchlorat; Kaliumhydroxid (*auch:* Kaliumhydroxyd); Kaliumkarbonat; Kaliumsulfat; Kaliumverbindung.
Ka|li|um|per|man|ga|nat (das, -s, kein Plural) übermangansaures Kalium.
Ka|li|um|zy|a|nid (das, -es, -e) (griech.-lat.) das Gift Zyankali.

Ka|lix|ti|ner (der, -s, -) (lat.) den Kelch beim Abendmahl fordernder Anhänger der gemäßigten Fraktion der Hussiten.

Kalk (der, -s, -e) Gestein; Baustoff. Kalkfarbe; Kalkgrube; Kalkmörtel; Kalkofen; Kalkwasser.

Kalk|al|pen (die, -, nur Plural) die vorwiegend aus Kalk bestehenden Teile der Alpen.

Kal|kant (der, -en, -en) (lat.) Blasebalgtreter an der Orgel. Kalkantin.

Kalk|bo|den (der, -s, -bö|den) kalkhaltiger Boden.

kal|ken (V.) mit Kalk bestreichen; tünchen.

käl|ken (V.) Exkremente ausscheiden (bei Greifvögeln).

kal|kig (Adj.) kalkartig; weiß wie Kalk.

Kalk|man|gel (der, -s, kein Plural) Kalziummangel im Blut.

Kalk|prä|pa|rat (das, -s, -e) Präparat zur Behebung von Kalziummangel im Blut.

Kalk|sand|stein (der, -s, kein Plural) 1. Kalksediment; 2. (der, -s, -e) Baustein. Kalkstein.

Kalk|spat (der, -s, -e) ein Mineral. Kalktuff.

Kalk|stoff|wech|sel (der, -s, kein Plural) in der Medizin der Austausch von lebenswichtigem Kalzium im Körper.

kalk|weiß (Adj.) (ugs.) weiß wie Kalk. Sie wurde vor Schreck kalkweiß im Gesicht.

Kal|kül (der/das, -s, -e) (franz.) Berechnung; Überlegung. etwas ins Kalkül ziehen. (etwas in die Überlegung einbeziehen).

kal|ku|la|bel (Adj.) kalkulierbar; berechenbar.

Kal|ku|la|ti|on (die, -, -ti|o|nen) (lat.) Kostenberechnung.

Kal|ku|la|tor (der, -s, -en) Angestellter des Rechnungswesens eines Betriebes.

kal|ku|la|to|risch (Adj.) rechnerisch.

kal|ku|lier|bar (Adj.) berechenbar; einschätzbar.

kal|ku|lie|ren (V.) berechnen; überlegen

Kal|li|graf (*auch:* Kal|li|graph) (der, -en, -en) (griech.) Schönschreiber.

Kal|li|gra|fie (*auch:* Kal|li|gra|phie) (die, -, -n) (griech.) Schönschrift.

kal|li|gra|fisch (*auch:* kal|li|gra|phisch) (Adj.) (griech.) schöngeschrieben.

kal|lös (Adj.) auf einem Kallus beruhend; von Kallus überzogen.

Kal|lus (der, -, -lus|se) (lat.) an Wundrändern von Pflanzen und an heilenden Knochenbrüchen neu entstandenes Gewebe.

Kal|mar (der, -s, -e) (griech.-lat.) Kopffüßer. Tintenfisch.

Kal|mäu|ser (der, -s, -) Kleinigkeitskrämer.

Kal|me (die, -, -n) (franz.) Windstille.

Kal|men|gür|tel (der, -s, -) (franz.) Kalmenzone.

Kal|men|zo|ne (die, -, -n) (franz.) Gebiet mit schwachen Winden und häufiger Windstille.

kal|mie|ren (V.) (franz.) beruhigen.

Kal|muck (der, -es, -e) nach den Kalmücken benanntes festes Gewebe.

Kal|mück (der, -en, -mü|cken) Angehöriger eines westmongolischen Volkes.

Kal|mü|cki|en (kein Art., -s, kein Plural) autonome Republik am Kaspischen Meer in Russland.

Kal|mus (der, -, -mus|se) (griech.-lat.) ein Aronstabgewächs; Zier- und Heilpflanze.

Ka|lo|ka|ga|thie (die, -, kein Plural) (griech. griechisches Bildungsideal (Vereinigung von Gutem mit Schönem).

Ka|lo|rie (die, -, -n) (lat.) Maßeinheit (Abk.: cal) für den Energiewert von Nahrungsmitteln. kalorisch.

Ka|lo|ri|en|be|darf (der, -s, kein Plural) der tägliche Bedarf an Kalorien. kalorienarm; kalorienbewusst.

Ka|lo|ri|en|ge|halt (der, -(e)s, kein Plural) Anzahl an Kalorien in einem Nahrungsmittel.

Ka|lo|rik (die, -, kein Plural) (lat.) Wärmelehre. kalorisch.

Ka|lo|ri|me|ter (das, -s, -) (lat.-griech.) Gerät zum Messen von Wärmemengen.

Ka|lo|ri|me|trie (die, -, kein Plural) (lat.-griech.) das Messen von Wärmemengen. Adjektiv: kalorimetrisch.

ka|lo|ri|sie|ren (V.) (lat.) mit einem Mittel gegen Rost und Korrosion überziehen.

Ka|lot|te (die, -, -n) (franz.) 1. Käppchen; 2. Kuppel; 3. Schädeldach.

Kal|pak (der, -s, -s) (türk.) Lammfellmütze.

kalt (Adj.; kälter, kälteste) 1. von niedriger Temperatur; 2. gefühlsarm. kalte Küche; der Kalte Krieg; jemandem die kalte Schulter zeigen; mein Zahn reagiert auf kalt und warm; das Wetter soll kalt bleiben; kannst du den Sekt kalt (ins Kalte) stellen (*auch:* kaltstellen). *Aber immer:* Zusammenschreibung, wenn eine neue, übertragene Bedeutung entsteht! kaltbleiben (sich nicht aufregen); kaltlassen (nicht beeindrucken); kaltmachen (töten); kaltstellen (handlungsunfähig machen); kaltschweißen; kaltwalzen. Adjektive: ; kaltgeschlagen (*auch:* kalt geschlagen); kaltgeschleudert (*auch:* kalt geschleudert); kaltlächelnd (*auch:* kalt lächelnd).

Kalt|an|ruf (der, -s, -e) Anruf zur Werbung von Kunden, der ohne Aufforderung erfolgt.

Kalt|blut (das, -(e)s, -blü|ter) Arbeitspferd.

Kalt|blü|ter (der, -s, -) Tiere, deren Körpertemperatur unmittelbar von der Umgebung abhängt.

kalt|blü|tig (Adj.) 1. mit wechselnder Körpertemperatur; 2. (ugs.) beherrscht; geistesgegenwärtig; grausam. In der komplizierten Situation reagierte er völlig kaltblütig. Er ist ein kaltblütiger Mensch (ein grausamer Mensch).

Kalt|blü|tig|keit (die, -, kein Plural) 1. von wechselnder Körperwärme; 2. Beherrschtheit; Grausamkeit.

Käl|te (die, -, kein Plural) durch Wärmemangel entstehendes Gefühl. Kältegrad; Kälteperiode.

Käl|te|ein|bruch (der, -s, -brü|che) plötzliches Sinken der Temperaturen.

Kal|ter Krieg (der, -es, kein Plural) Bezeichnung für den propagandistischen und wirtschaftlichen Machtkampf zwischen dem früheren westlichen Bündnis und dem ehemaligen Ostblock nach dem Zweiten Weltkrieg.

Käl|te|sturz (der, -es, -stür|ze) plötzliches starkes Absinken der Temperatur.

Käl|te|tech|nik (die, -, -en) Verfahren zur künstlichen Herabsetzung der Temperaturen.

Käl|te|wel|le (die, -, -n) mehrtägiger Einbruch von Kaltluft.

Kalt|front (die, -, -en) Kälteeinbruch.

Kalt|her|zig|keit (die, -, kein Plural) Gefühllosigkeit. kaltherzig.

kalt lä|chelnd (*auch:* kaltlächelnd) (Adj.) mitleidlos.

kaltˈlasˈsen (V.) unberührt lassen. *Aber:* Wir haben den Raum kalt gelassen.

Kaltˈluft (die, -, -lüfˈte) meteorologischer Begriff für kalte Luft.

kaltˈmaˈchen (V.) (ugs.) töten.

Kaltˈmamˈsell (die, -, -en) (franz.) Anrichterin von kalten Speisen in Gastwirtschaften.

Kaltˈmieˈte (die, -, -n) Miete ohne Nebenkosten.

Kaltˈnaˈdelˈarˈbeit (die, -, -en) in der Grafik eine Radierung ohne Ätzen (mit der kalten Nadel).

Kaltˈschaˈle (die, -, -n) kalte Obstsuppe.

Kaltˈschnäuˈzigˈkeit (die, -, kein Plural) Gleichgültigkeit; ohne Mitgefühl.

kaltˈschnäuˈzig (Adj.) gleichgültig; mitleidlos. Ziemlich kaltschnäuzig zog er über seine Lehrer her.

Kaltˈstart (der, -s, -e) Anlassen des Motors bei Kälte.

kaltˈstelˈlen (V.) (ugs.) jemandem die Einflussnahme entziehen. Der Vorsitzende wurde völlig kaltgestellt. *Aber:* den Sekt haben wir kalt gestellt (*auch:* kaltgestellt).

Kaltˈwasˈserˈbeˈhandˈlung (die, -, -en) Behandlungsmethode der Naturheilkunde.

Kaˈluˈmet (*auch:* Caˈluˈmet) (das, -s, -s) (franz.) Friedenspfeife (der nordamerikanischen Indianer).

Kalˈvaˈriˈenˈberg (der, -s, -e) Wallfahrtshügel mit Darstellung der Kreuzigungsgruppe.

Kalˈviˈnisˈmus → Calˈviˈnisˈmus.

kalˈviˈnisch (*auch:* calˈviˈnisch) (Adj.) auf Calvin bezogen.

Kalˈviˈnist (*auch:* Calˈviˈnist) (der, -en, -en) Anhänger der Lehre des Reformators Calvin.

kalˈviˈnisˈtisch (*auch:* calˈviˈnisˈtisch) (Adj.) der Lehre Calvins angehörend.

Kaˈlyˈkanˈthus (der, -, kein Plural) (griech.) ein Gartenzierstrauch. Gewürzstrauch.

Kaˈlypˈtˈra (die, -, -tren) (griech.) 1. Hülle um die Wurzelspitze (Farn- und Samenpflanzen); 2. Hülle der Sporenkapsel (Laubmoose).

Kalˈzeˈoˈlaˈrie (die, -, -n) (lat.) Pantoffelblume.

kalˈziˈfiˈzieˈren (V.) (lat.) verkalken.

kalˈziˈnieˈren (*auch:* calˈciˈnieˈren) (V.) Kristallwasser oder andere flüchtige Stoffe durch Erhitzen aus festen Stoffen austreiben.

Kalˈziˈnierˈofen (*auch:* Calˈciˈnierˈofen) (der, -s, -öfen) wandelt chemische Verbindungen durch Erhitzen in kalkähnliche Substanzen um.

Kalˈziˈnieˈrung (*auch:* Calˈciˈnieˈrung) (die, -, -en) Umwandlung von chemischen Verbindungen durch Erhitzen in kalkähnliche Substanzen.

Kalˈzit (*auch:* Calˈcit) (der, -es, -e) (lat.) Kalkspat.

Kalˈziˈum (*auch:* Calˈciˈum) (das, -s, kein Plural) chemischer Grundstoff (Abk.: Ca). Kalziumkarbonat; Kalziumkarbid.

Kalˈziˈumˈphosˈphat (*auch:* Calˈciˈumˈphosˈphat) (das, -es, -e) (griech.-lat.) Düngemittel.

Kalˈziˈumˈsulˈfat (*auch:* Calˈciˈumˈsulˈfat) (das, -es, -e) (griech.-lat.) Gips.

Kaˈmaˈrilˈla (die, -, kein Plural) (span.) Günstlingspartei in der Umgebung eines Herrschers mit schädlichem Einfluss.

Kaˈmaˈsuˈtˈra (das, -, kein Plural) (sanskr.) Liebeslehre.

Kamˈbiˈum (das, -s, -biˈen) (lat.) das Dickenwachstum der Pflanzen veranlassendes Bildungsgewebe.

Kamˈboˈdˈscha (ohne Art., -s, kein Plural) asiatischer Staat.

Kamˈboˈdˈschaˈner/in (der, -s/in, -/inˈnen) Einwohner des südostasiatischen Staates Kambodscha.

kamˈboˈdˈschaˈnisch (Adj.) Kambodscha betreffend.

Kamˈbˈrik (der, -s, kein Plural) (engl.) Gewebe. Kambrikbatist.

kamˈbˈrisch (Adj.) zum Kambrium gehörig.

Kamˈbˈriˈum (das, -s, kein Plural) (kelt.) unterste Formation des Paläozoikums.

Kaˈmee (die, -, -n) (franz.) Halbedelstein mit erhaben geschnittenem Bild.

Kaˈmel (das, -s, -e) (griech.) 1. Höckertier; 2. Schimpfwort. Du Kamel! (Du dummer Mensch!). Kameltreiber.

Käˈmelˈgarn (das -s, -e) seidig glänzendes Garn aus den Haaren der Angoraziege. *Beachte:* Nicht verwechseln mit Kamelhaar.

Kaˈmelˈhaar (das, -s, -e) aus den Haaren der Kamele gewonnene Wolle.

Kaˈmeˈlie (die, -, -n) Pflanze.

Kaˈmelˈle (die, -, -n) Karamellbonbon. Er erzählt nur alte/olle Kamellen (Altbekanntes, Überholtes).

Kaˈmeˈlott (der, -s, -e) (franz.) Wollstoff.

Kaˈmeˈra (die, -, -s) (lat.) Fotoapparat; Filmgerät. Kameraauge; Kameraeinstellung; Kameraführung; Kamerafrau; Kameramann; Kamerateam.

Kaˈmeˈrad (der, -en, -en) (franz.) Gefährte; Freund; Kumpel; Mitstreiter; Schicksalsgenosse. Kameradin; Kameradschaftsehe.

Kaˈmeˈraˈdeˈrie (die, -, kein Plural) Kumpanei; Kumpelhaftigkeit.

Kaˈmeˈradˈschaft (die, -, kein Plural) Freundschaft.

kaˈmeˈradˈschaftˈlich (Adj.) freundschaftlich.

Kaˈmeˈradˈschaftˈlichˈkeit (die, -, kein Plural) freundschaftliches Verhalten.

Kaˈmeˈradˈschaftsˈgeist (der, -es, kein Plural) freundschaftliches Klima; Korpsgeist.

Kaˈmeˈrun (ohne Art., -s, kein Plural) afrikanischer Staat.

Kaˈmeˈruˈner (der, -s, -) Bewohner Kameruns.

kaˈmeˈruˈnisch (Adj.) Kamerun betreffend.

Kaˈmes (engl.) kegelförmige Hügel, die in der Eiszeit gebildet wurden.

kaˈmieˈren (V.) ausweichen (Fechten).

Kaˈmiˈkaˈze (der, -, -) (jap.) Selbstmordkommando. Kamikazepilot.

Kaˈmilˈle (die, -, -n) (griech.) Heilpflanze. Kamillenblüte.

Kaˈmilˈlenˈtee (der, -s, kein Plural) Tee aus Kamillenblüten hergestellt.

Kaˈmin (der, -s, -e) (griech.) 1. Schornstein; 2. offene Feuerstelle; 3. Felsspalt; steile und enge Felsspalte. Kaminfeuer.

Kaˈminˈfeˈger (der, -s, -) Handwerker, der den Kamin reinigt und Feuerstellen überwacht.

Kaˈminˈkehˈrer = Kaminfeger.

kaˈmiˈnieˈren (V.) im Kamin, zwischen Felsspalten klettern.

Kaˈmiˈsol (das, -s, -e) (franz.) Weste.

Kamm (der, -s, Kämˈme) 1. Frisiergerät; Gerät zum Ordnen der Haare. Man darf nicht alles über einen Kamm scheren (Man darf nicht alles gleich behandeln). 2. Hautlappen bei vielen

Vogelarten, z. B. beim Hahn. Ihm schwillt der Kamm (ugs.) (Er wird wütend). 3. Bergrücken; lang gestreckter, schmaler Gebirgszug.

käm|men (V.) das Haar oder die Wolle ordnen.

Kam|mer (die, -, -n) 1. kleiner (unbeheizter) Raum. Dachkammer. 2. abgeschlossener Raum; 3. Hohlraum. Herzkammer. 4. Raum für Ausrüstungsgegenstände. Rüstkammer; 5. Gerichtshof. Kammergericht. 6. Vereinigung; politische Ausschüsse oder Standesvertretungen. Ärztekammer. 7. Volksvertretung im Parlament. Abgeordnetenkammer. 8. Behörde bei einem Fürsten (veraltet). Hofkammer. Kämmerchen; Kämmerlein.

Kam|mer|chor (der, -s, -chö|re) kleiner Chor.

Kam|mer|die|ner (der, -s, -) Diener für die persönliche Betreuung seines Herrn.

Käm|me|rei (die, -, -en) 1. Finanzverwaltung; 2. Spinnerei.

Käm|me|rer (der, -s, -) 1. Leiter der Finanzverwaltung; 2. Beamter am Fürstenhof.

Kam|mer|frau (die, -, -en) Dienerin für die persönliche Betreuung ihrer Herrin.

Kam|mer|flim|mern (das, -s, kein Plural) schwere Herzrhythmusstörung.

Kam|mer|herr (der, -n, -en) adeliger Hofbeamter.

Kam|mer|jä|ger (der, -s, -) Desinfektor.

Kam|mer|jung|fer (die, -, -n) Zofe; persönliche Bedienstete einer Dame.

Kam|mer|kon|zert (das, -es, -e) Konzert in kleiner Besetzung und in kleinem Rahmen.

Kam|mer|mu|sik (die, -, kein Plural) für wenige Instrumente geschriebene Musik.

Kam|mer|or|ches|ter (das, -s, -) kleines Orchester.

Kam|mer|sän|ger (der, -s, -) vom Staat verliehener Titel.

Kam|mer|spiel (das, -s, -e) Schauspiel für kleine Räume.

Kam|mer|ton (der, -s, kein Plural) die für alle Instrumente verbindliche Tonfrequenz.

Kam|mer|zo|fe (die, -, -n) Kammerjungfer.

Kamm|garn (das, -s, -e) aus gekämmter langer Wolle hergestelltes Garn.

Kamm|gras (das, -es, -grä|ser) Grassorte.

Kamm|ke|ra|mik (die, -, kein Plural) Tongefäße der jüngeren Steinzeit, Dekorritzungen mit kammartigen Geräten.

Kamm|la|ge (die, -, -n) auf einem Bergkamm gelegen.

Kamm|ma|cher (*auch:* Kamm-Ma|cher) (der, -s, -) Hersteller von Kämmen.

Kämm|ma|schi|ne (*auch:* Kämm-Ma|schi|ne) (die, -, -n) Maschine in einer Spinnerei.

Kamm|weg (der, -es, -e) ein Weg, der auf einem Bergkamm entlangführt.

Ka|mö|ne (die, -, -n) (lat.) italienische Quellnymphe. Muse.

Ka|mor|ra → Ca|mor|ra.

Kamp (der, -s, Käm|pe) (lat.) (nordd.) Stück Land; eingezäuntes Land; Feldstück. Gefangenenkamp.

Kam|pa|g|ne (*auch:* Cam|pa|g|ne) (die, -, -n) (franz.) Aktion; Kriegszug (veraltet); Wahlkampagne.

Kam|pa|la (kein Artikel, kein Plural) Hauptstadt von Uganda.

Kam|pa|ni|le (der, -, -) (ital.) Glockenturm.

Käm|pe (der, -n, -n) Kämpfer. Er ist ein alter Kämpe (ein erfahrener Kämpfer).

kam|peln (V., refl.) sich streiten. Kampelei.

Kampf (der, -s/-es, Kämp|fe) Auseinandersetzung; Wettkampf. Kampfabstimmung; Kampffähigkeit. Adjektive: kampfbegierig; kampfbereit; kampfbetont; kampffähig; kampflos; kampfstark. Verben: bekämpfen; niederkämpfen.

Kampf|an|sa|ge (die, -, -n) Ankündigung eines Kampfes. Wenn du dich weiter so verhältst, sage ich dir den Kampf an.

Kampf|an|zug (der, -es, -zü|ge) für Ausbildung und Kampf geeignete Kleidung der Soldaten.

Kampf|bahn (die, -n, -en) Sportfeld; Umlaufbahn für Läufer.

kämp|fen (V.) streiten; sich messen; aneinandergeraten. für etwas kämpfen (sich für etwas einsetzen); gegen etwas kämpfen; mit sich kämpfen; um etwas kämpfen.

Kamp|fer (der, -s, kein Plural) (sanskr.-lat.) aus dem Holz eines ostasiatischen Baumes hergestelltes Heil- und Desinfektionsmittel.

Kämp|fer (der, -s, -) 1. jemand, der für oder gegen etwas kämpft; 2. Sportler. Kämpferin; Kämpfernatur.

kämp|fe|risch (Adj.) betont kampfeslustig.

Kamp|fes|lust (die, -, kein Plural) Motivation zum Kämpfen. Der Marathonläufer zeigte große Kampfeslust. Kampfkraft.

Kampf|fisch (der, -es, -e) südasiatischer Labyrinthfisch.

Kampf|flie|ger (der, -s, -) Pilot eines Kampfflugzeuges.

Kampf|flug|zeug (das, -es, -e) Kriegsflugzeug.

Kampf|ge|richt (das, -es, -e) Aufsichtsbehörde bei sportlichen Wettkämpfen.

Kampf|hahn (der, -, -hähne) 1. Hähne, die zum Hahnenkampf eingesetzt werden; 2. kampf- und streitlustiger Mensch.

Kampf|hand|lung (die, -, -en) kriegerische Auseinandersetzung.

kampf|lus|tig (Adj.) zum Kampf motiviert.

Kampf|maß|nah|me (die, -, -n) Streik.

Kampf|mo|ral (die, -, kein Plural) Einsatzbereitschaft.

Kampf|pau|se (die, -e, -en) Unterbrechung einer Kampfhandlung. In einer Kampfpause wurden die Soldaten neu formiert.

Kampf|platz (der, -es, -plät|ze) 1. Platz kriegerischer Auseinandersetzungen; Feld der Ehre; Kampfzone; Kriegsschauplatz; Schlachtfeld; Walstatt; 2. Sportplatz.

Kampf|rich|ter (der, -s, -) Preisrichter; Schiedsrichter.

Kampf|stoff (der, -es, -e) Mittel zur Vernichtung eines Gegners.

Kampf|un|fä|hig|keit (die, -, kein Plural) nicht fähig zum Kämpfen. kampfunfähig.

Kampf|wa|gen (der, -s, -) antiker Wagen, speziell für Kampfeinsätze konstruiert.

kam|pie|ren (V.) (franz.) im Freien übernachten.

Kam|pu|t|sche|a|ner (der, -s, -) = Kambodschaner.

Kam|sin (der, -s, -e) (arab.) heißer Wüstenwind (in Ägypten).

Ka|muf|fel (das, -s, -) (ugs.) Dummkopf.

Ka|na|da (ohne Art., -s, kein Plural) nordamerikanischer Staat. kanadisch.
Ka|na|da|bal|sam (der, -s, kein Plural) Harz.
Ka|na|di|er (der, -s, -) 1. Einwohner Kanadas; 1. Kanu; offenes Sportboot.
Ka|nail|le (*auch:* Ca|nail|le) (die, -, -n) (franz.) Schurke; Gesindel; Schuft.
Ka|na|ke (der, -, -n) (polynes.) 1. Bewohner der polynesischen und Südseeinseln; 2. Schimpfwort für Ausländer.
Ka|nal (der, -s, -nä|le) 1. künstlicher Wasserlauf zur Be- und Entwässerung; Abzugsgraben; Entwässerungskanal; Wassergraben; 2. Meeresstraße; Schifffahrtsstraße. Ärmelkanal. 3. Frequenzbereich. Fernsehkanal. 4. Informationsweg. Durch unbekannte Kanäle gelangte die Nachricht an die Zeitung. 5. Leitung; Rohr. Verdauungskanal. Kanalarbeiter; Kanaldeckel; Kanalratte; Kanalräumer; Kanalschacht; Kanalschleuse; Kanalwähler.
Ka|nal|bau (der, -es, -bauten) Errichtung eines Kanals.
Ka|na|li|sa|ti|on (die, -, -ti|o|nen) System der Abwasserbeseitigung. Kanalisationskosten.
ka|na|li|sie|ren (V.) begradigen; regulieren; drainieren; schiffbar machen.
Ka|na|li|sie|rung (die, -, -en) 1. das Bauen einer Kanalisation; 2. in der Psychologie die Begrenzung und Umleitung von Bedürfnissen; 3. Verschiedenartiges in eine gemeinsame Richtung leiten.
Ka|nal|tun|nel (der, -s, kein Plural) Tunnel unter dem Ärmelkanal.
Ka|na|pee (*auch:* Ca|na|pé) (das, -s, -s) (franz.) Sofa.
Ka|na|ri (der, -s, -) (südd.) (Kurzw.) Kanarienvogel.
Ka|na|ri|en|vo|gel (der, -s, -vö|gel) Sing- und Ziervogel.
Kan|da|har|-Ren|nen (*auch:* Kan|da|har|rennen) (das, -s, -) Skirennen in Garmisch-Partenkirchen.
Kan|da|re (die, -, -n) (ung.) Teil des Zaumzeugs. Du sollst ihn besser an die Kandare nehmen (strenger behandeln).
Kan|de|la|ber (der, -s, -) (franz.) Leuchter; Kerzenständer.
Kan|del|zu|cker (der, -s, kein Plural) Kandiszucker.
Kan|di|dat (der, -en, -en) (lat.) Amtsbewerber; Prüfling. Kandidatenaufstellung; Kandidatenliste; Kandidatenvorstellung.
Kan|di|da|tur (die, -, -en) Bewerbung um ein Amt.
kan|di|del (Adj.) (nordd.) fröhlich; lustig. Verb: kandideln (sich betrinken).
kan|di|die|ren (V.) sich um ein Amt bewerben.
kan|die|ren (V.) (arab.) mit Zucker überziehen.
Kan|di|ten (österr.) Kandisfrüchte; Zuckerwaren.
Kan|dis (der, -, kein Plural) (arab.) (Kurzw.) Kandiszucker; großkristalliger Zucker.
Ka|neel (der, -s, -e) Zimtsorte. Kaneelblume.
Ka|neel|stein (der, -es, -e) ein Granat.
Ka|ne|pho|re (die, -, -n) (griech.) weibliche Säulenfigur (→ Karyatide).
Ka|ne|vas (der, -/-vas|ses, -/-vas|se) (franz.) Leinenstoff.
ka|ne|vas|sen (Adj.) aus Leinenstoff bestehend.
Kän|gu|ru (das, -s, -s) Beuteltier.
Ka|nin (das, -s, -e) Kaninchenfell.
Ka|nin|chen (das, -s, -) Nagetier. Kaninchenjagd; Kaninchenstall; Kaninchenzüchter.
Ka|nis|ter (der, -s, -) Flüssigkeitsbehälter. Benzinkanister.
Kan|ker (der, -s, -) (griech.) Weberknecht (Spinne).
Kann|be|stim|mung (*auch:* Kann-Be|stimmung) (die, -, -en) nicht bindende Vorschrift.
Kan|ne (die, -, -n) Gefäß. *Beachte:* eine Kanne Tee (*nicht:* Tees!); *aber:* mit zwei Kannen heißem Kaffee/heißen Kaffees.
kan|nen|wei|se (Adv.) mehrere Kannen. Die Gesellschaft trank kannenweise Kaffee.
Känn|chen (das, -s, -) kleine Kanne.
Kan|ne|gie|ßer (der, -s, -) politisierender Schwätzer.
Kan|ne|gie|ße|rei (die, -, kein Plural) politische Geschwätzigkeit.
kan|ne|gie|ßern (V.) schwätzen.
kan|ne|lie|ren (V.) (franz.) mit senkrechten Rillen versehen.
Kan|ne|lü|re (die, -, -n) (franz.) Rillen (Säulenschaft).
Kan|ni|ba|le (der, -n, -n) (span.) Menschenfresser; roher Mensch.
kan|ni|ba|lisch (Adj.) menschenfresserisches Verhalten.
Kan|ni|ba|lis|mus (der, -, kein Plural) 1. Menschenfresserei; 2. Fresserei von Artgenossen.
Kann|vor|schrift (*auch:* Kann-Vor|schrift) (die, -, -en) nicht bindende Vorschrift.
Ka|non (der, -s, -s) (lat.) 1. Leitfaden; Regeln; Richtschnur; 2. mehrstimmiger Gesang; 3. (der, -s, kein Plural) Heiligenverzeichnis; Verzeichnis der als maßgeblich anerkannten heiligen Schriften; 4. (der, -s, -es) kirchliche Rechtsvorschrift; kirchliches Recht; 5. Gebet in der Messe; 6. (die, -, kein Plural) Schriftgrad; 7. Proportionslehre in der bildenden Kunst. Kanonik.
Ka|no|na|de (die, -, -n) (franz.) Geschützfeuer.
Ka|no|ne (die, -, -n) (ital.) 1. Geschütz; 2. (ugs.) Könner. Der Bericht war unter aller Kanone (ugs.: sehr schlecht). Er war auf seinem Gebiet eine Kanone. Kanonendonner; Kanonenfeuer; Kanonenschuss; Sportskanone.
Ka|no|nen|boot (das, -es, -e) kleineres Kriegsschiff. Kanonenbootpolitik.
Ka|no|nen|fut|ter (das, -s, kein Plural) sinnlos geopferte Soldaten.
Ka|no|nen|ku|gel (die, -, -n) Geschoss.
Ka|no|nen|ofen (der, -s, -öfen) kleiner eiserner Ofen.
Ka|no|nen|rohr (das, -es, -e) Teil der Kanone. Heiliges Kanonenrohr! (Interj.) (Das ist aber eine Überraschung!).
Ka|no|nen|schlag (der, -s, -schlä|ge) Feuerwerkskörper.
Ka|no|nen|stie|fel (der, -s, -) Stulpenstiefel.
Ka|no|nier (der, -s, -e) Kanonenschütze.
ka|no|nie|ren (V.) mit Kanonen schießen.
Ka|no|ni|kat (das, -s, -e) (lat.) Amt eines Kanonikers.
Ka|no|ni|ker (der, -s, -) (lat.) Chorherr; Mitglied eines Domkapitels.
Ka|no|ni|sa|ti|on (die, -, -ti|o|nen) (lat.) Heiligsprechung. Kanonisierung.
ka|no|ni|sches Recht (das, -es, kein Plural) von der katholischen Kirche gesetztes Kirchenrecht, das die innere Struktur der Kirche regelt.

ka|no|ni|sie|ren (V.) heilig sprechen.
Ka|no|nis|se (die, -, -n) Mitglied eines weltlichen Damenstifts, das nach kirchlichen Regeln lebt.
Ka|no|nist (der, -en, -en) Lehrer des kanonischen Rechts.
Ka|nos|sa|gang → Ca|nos|sa|gang.
Kä|no|zo|i|kum (das, -s, kein Plural) (griech.) jüngstes Zeitalter der Erdgeschichte, Tertiär und Quartär.
kan|ta|bel (Adj.) (lat.) gut zu singen; sanglich.
Kan|ta|bi|le (das, -, kein Plural) (ital.) getragenes Musikstück.
Kan|ta|bi|li|tät (die, -, kein Plural) (ital.) Singbarkeit; Gesanglichkeit.
Kan|ta|te (die, -, -n) (lat.) 1. Gesangsstück; mehrsätziges geistliches Gesangswerk; 2. 4. Sonntag nach Ostern (evangelische Kirche); 3. 5. Sonntag nach Ostern (katholische Kirche).
Kan|ta|ten|werk (das, -es, kein Plural) das Kantatenschaffen insgesamt. Das Kantatenwerk von Bach ist sehr umfangreich.
Kan|te (die, -, -n) 1. Rand; Besatz. Die Kante am Kleid ist sehr hübsch (Der Besatz ist sehr hübsch). 2. Ecke, Schnittstelle. Ich habe mich an der Kante gestoßen. Unser Vorhaben steht auf der Kante. (ugs.) (droht umzukippen, zu scheitern). Ich habe Geld auf die hohe Kante gelegt. (ugs.) (gespart).
Kan|te|le (die, -, -n) (finn.) finnisches Zupfinstrument mit 5 bis 30 Saiten.
kan|ten (V.) 1. auf eine Kante stellen; 2. mit einer Kante ausstatten.
Kan|ten (der, -s, -) (nordd.) Stück Brot; Endstück vom Brot.
Kan|ter (der, -s, -) (engl.) Galopp. Verb: kantern.
Kan|ter|sieg (der, -s, -e) leicht errungener Sieg.
Kant|ha|ken (der, -s, -) lange Stange mit Metallhaken zum Bewegen von Stämmen und Balken sowie Öffnen von Kisten. jemanden am Kanthaken packen (ugs.) (zur Verantwortung ziehen).
Kant|holz (das, -es, -hölzer) Balken; Gebälk; Sparren.
kan|tig (Adj.) eckig; scharf. Er hat kantige Züge.
Kan|ti|le|ne (die, -, -n) (ital.) fließend, gebunden zu singende oder zu spielende Tonfolge.
Kan|ti|ne (die, -, -n) (franz.) Speiseraum. Kantinenessen; Kantinenwirt.
Kan|ton (der, -s, -e) (franz.) Bundesland (Schweiz); Bezirk (Frankreich, Belgien). Kantonsverfassung; Kantonsrat; kantonal.
Kan|to|nist (der, -en, -en) (franz.) ausgehobener Rekrut. ein unsicherer Kantonist (unzuverlässiger Gesinnungsgenosse; unzuverlässiger Mensch).
Kan|to|rei (die, -, -en) Kirchenchor.
Kan|tor (der, -s, -en) 1. Vorsänger; 2. leitender Kirchenmusiker in der evangelischen Kirche; 3. Vorsänger in der Synagoge.
Kan|to|rat (das, -s, -e) Kirchenmusikamt.
Kan|to|ren|amt (das, -s, -äm|ter) Funktion eines Kirchenmusikers.
Kant|schu (der, -s, -s) (türk.-slaw.) Riemenpeitsche.
Kant|stein (der, -s, -e) (nordd.) Bordstein.
Kan|tus (der, -, -tus|se) (lat.) Gesang. *Beachte:* Cantus firmus.
Ka|nu (das, -s, -s) (karib.-engl.) 1. schlankes leichtes Paddelboot der Indianer; 2. Sportboot. Kanute.
Ka|nü|le (die, -, -n) (franz.) Hohlnadel; Röhrchen.
Ka|nu|te (der, -n, -n) (karib.-engl.) Kanufahrer.
Kan|zel (die, -, -n) 1. erhöhter Predigtplatz; 2. Cockpit; im Flugzeug Pilotenraum; 3. Beobachtungskabine. Kanzelmissbrauch; Kanzelredner; Kanzelton.
kan|ze|ro|gen (Adj.) (lat.) krebserregend.
Kan|ze|ro|lo|ge (der, -n, -n) (lat.-griech.) Facharzt für die Diagnostizierung und Behandlung von Krebserkrankungen (Med.).
Kan|ze|ro|lo|gie (die, -, kein Plural) (lat.-griech.) Lehre von der Erkennung und Behandlung bösartiger Tumore (Med.).
Kan|ze|ro|pho|bie (die, -, -n) (lat.-griech.) Angst, an Krebs erkrankt zu sein (Med.).
kan|ze|rös (Adj.) (lat.) krebsartig.
Kanz|lei (die, -, -en) Büro; Verwaltungsbüro.
Kanz|lei|be|am|ter (der, -n, -) Angestellter einer Kanzlei.
Kanz|lei|stil (der, -s, -e) Amtssprache; Behördensprache.
kanz|lei|mä|ßig (Adj.) amtsmäßig.
Kanz|lei|schrei|ber (der, -s, -) Sekretär.
Kanz|ler (der, -s, -) 1. deutscher Regierungschef; 2. leitender Minister; 3. Vorsteher einer Kanzlei; 4. leitender Beamter einer Universität. Kanzleramt; Kanzlerbonus.
Kanz|ler|de|mo|kra|tie (die, -, -n) Staatsform mit einem Kanzler als Regierungschef.
Kanz|ler|kan|di|da|tur (die, -m, -en) (lat.) Bewerbung um das Staatsamt des Kanzlers.
Kanz|ler|schaft (die, -, kein Plural) Amtzeit eines Kanzlers.
Kan|zo|ne (die, -, -n) (lat.) provenzalische und französische lyrische Gedichtform; Lied oder Instrumentalstück.
Kan|zo|net|te (die, -, -n) kleine Kanzone.
Ka|o|lin (der/das, -s, -e) (franz.) weißer Ton; Porzellanerde. Kaolinerde.
Ka|o|li|nit (der, -s, -en) Mineral, das im Kaolin enthalten ist.
Kap (das, -s, -s) (niederl.) Küstenzunge; Vorgebirge. Kapwein; Kap der Guten Hoffnung; Kap Canaveral.
Kap. (Abk.) **Kap**itel.
ka|pa|bel (Adj.) (lat.-franz.) fähig; begabt; befähigt; qualifiziert.
Ka|paun (der, -s, -e) kastrierter Masthahn.
ka|pau|nen (V.) einen Hahn kastrieren. kapaunisieren.
Ka|pa|zi|tanz (die, -, -en) Wechselstromwiderstand von Kondensatoren.
Ka|pa|zi|tät (die, -, -en) (lat.) 1. Fassungsvermögen; Umfang; Aufnahmefähigkeit; Fassungskraft; 2. Verhältnis zwischen gespeicherter Elektrizitätsmenge und der Potenzialdifferenz zwischen den Leitern eines Kondensators; 3. höchstmögliches Leistungsvermögen eines Unternehmens; 4. Experte; bedeutender Fachmann. Er ist eine Kapazität auf seinem Gebiet. Kapazitätsauslastung; Kapazitätserweiterung; kapazitiv.
Ka|pee (franz.) (*nur in der Wendung:*) schwer von Kapee sein (begriffsstutzig sein). Er ist ziemlich schwer von Kapee. (Er ist begriffsstutzig.).
Ka|pe|lan (der, -s, -e) (franz.) Lachsfisch.

Ka|pel|le (die, -, -n) (lat.) 1. kleine Kirche; 2. Musikgruppe.
Ka|pell|meis|ter (der, -s, -) Leiter eines Orchesters.
Ka|per 1. (der, -s, -) (niederl.) privates Schiff, das im Handelskrieg berechtigt war, feindliche Schiffe zu erbeuten; 2. (die, -, -n) (pers.-lat.) Blütenknospe des Kapernstrauches (als Gewürz). Kaperbrief; Kaperfahrt; Kaperkrieg.
Ka|pe|rei (die, -, kein Plural) das Aufbringen feindlicher und neutraler Handelsschiffe.
ka|pern (V.) erbeuten; sich aneignen. Ihn habe ich mir gekapert (ugs.) (ihn habe ich für meine Zwecke herangezogen).
Ka|pern|so|ße (*auch:* Ka|pern|sau|ce) (die, -, -n) mit in Essig eingelegten Blütenknospen des Kapernstrauches zubereitete Soße.
Ka|per|schiff (das, -es, -e) (niederl.) neuerer Ausdruck für Kaper.
Ka|pe|rung (die, -, -en) Erbeutung eines Schiffes.
Kap|fens|ter (das, -s, -) (lok.) vorspringendes Dachfenster.
ka|pie|ren (V.) (lat.) begreifen; verstehen; schnallen.
ka|pil|lar (Adj.) (lat.) haarfein.
Ka|pil|la|re (die, -, -n) (lat.) 1. feinstes dünnwandiges Blutgefäß; Haargefäß; 2. enges Röhrchen; Haarröhrchen. Kapillarwirkung.
Ka|pil|lar|ge|fäß (das, -es, -e) feinste Blutgefäße.
Ka|pil|la|ri|tät (die, -, kein Plural) (lat.) Bezeichnung für die Erscheinung, dass in Wasser getauchte Kapillaren einen anderen Flüssigkeitsspiegel zeigen als ihre Umgebung.
Ka|pil|lar|mi|k|ro|s|ko|pie (die, -, kein Plural) (lat.) mikroskopische Untersuchung der Blutgefäße in der Haut (Med.). Kapillaranalyse.
ka|pi|tal (Adj.) (lat.) hauptsächlich; grundlegend; sehr stark. ein kapitaler Hirsch; ein kapitaler Fehler; ein kapitaler Bock.
Ka|pi|tal (das, -s, -e/-lien) Vermögen; Wertanlage; Größe. Kapitalbedarf; Kapitalinvestition; Kapitalsteuer; kapitalintensiv.
Ka|pi|tal|an|la|ge|ge|sell|schaft (die, -, -n) (lat.) Gesellschaft, die die aus Wertpapieren gebildete Vermögensmasse verwaltet.
Ka|pi|tal|band (*auch:* Kap|tal|band) Schutz- und Zierband am Buchrücken.
Ka|pi|tal|buch|sta|be (der, -ns, -n) (lat.) Großbuchstabe.
Ka|pi|täl|chen (das, -s, -) (lat.) Großbuchstabe in der Höhe der Kleinbuchstaben.
Ka|pi|ta|le (die, -, -n) (lat.) 1. Hauptstadt. 2. = Kapitalis.
Ka|pi|tal|er|hö|hung (die, -, -en) Erhöhung des Grund- bzw. Stammkapitals eines Unternehmens.
Ka|pi|tal|er|trags|steu|er (die, -, -n) Steuer auf Einkünfte aus Kapitalvermögen. Kapitalzinsen.
Ka|pi|tal|feh|ler (der, -s, -) schwerwiegender Fehler.
Ka|pi|tal|flucht (die, -, kein Plural) das Verbringen von Geld oder Wertpapieren ins Ausland.
Ka|pi|tal|ge|sell|schaft (die, -, -en) Handelsgesellschaft mit eigener Rechtspersönlichkeit.
Ka|pi|ta|lis (die, -, kein Plural) (lat.) altrömische Schrift mit nur großen Buchstaben.
ka|pi|ta|li|sie|ren (V.) zu Kapital, zu Geld machen.
Ka|pi|ta|li|sie|rung (die, -, -en) Umrechnung des Jahresertrags einer Ertragsquelle in eine dem Gegenwartswert entsprechende Geldsumme. Kapitalisation.
Ka|pi|ta|lis|mus (der, -, kein Plural) Gesellschafts- und Wirtschaftssystem.
Ka|pi|ta|list (der, -en, -en) 1. Besitzer von Kapital; 2. Unternehmer; 3. abwertend für Vertreter des Kapitalismus zur Zeit des Kalten Krieges.
ka|pi|ta|lis|tisch (Adj.) auf Gewinn ausgerichtet.
Ka|pi|tal|kraft (die, -, -kräf|te) Zahlungsfähigkeit. kapitalkräftig; kapitalschwach.
Ka|pi|tal|markt (der, -es, -märk|te) (lat.) Markt für langfristige Kredite von Kapitalanlagen.
Ka|pi|tal|schrift (die, -, -en) (lat.) die in der Antike verwendete Schrift aus Großbuchstaben, heute noch für Titel gebräuchlich.
Ka|pi|tal|ver|bre|chen (das, -s, -) schweres Verbrechen.
Ka|pi|tal|ver|kehrs|steu|er (die, -, -n) Bezeichnung für Gesellschafts- und Börsenumsatzsteuer.
Ka|pi|tän (der, -s, -e) 1. Kommandant (Schiff, Flugzeug); 2. Mannschaftsführer. Kapitänsmütze; Kapitänsrang.
Ka|pi|tän|leut|nant (der, -s, -s) Offiziersrang bei der Marine.
Ka|pi|täns|ka|jü|te (die, -, -n) Schiffswohnraum für den Kapitän.
Ka|pi|täns|pa|tent (das, -es, -e) Erlaubnis zum Führen eines Schiffs.
Ka|pi|tel (das, -s, -) (lat.) 1. Abschnitt (Abk.: Kap.); Buchabschnitt; Hauptstück; 2. Versammlungsraum in einem Kloster; 3. Versammlung von Klostergeistlichen oder von Geistlichen einer größeren Kirche; 4. Angelegenheit. ein schwieriges/trauriges Kapitel. Kapiteleinteilung; Kapitelüberschrift.
ka|pi|tel|fest (Adj.) bibelfest; kenntnissicher.
Ka|pi|tell (das, -s, -e) Säulenkopf.
Ka|pi|tel|saal (der, -es, -säle) Versammlungsraum in einem Kloster.
Ka|pi|tol (das, -s, -e) (lat.) Stadtburg (Rom); Parlamentsgebäude (USA). Adjektiv: kapitolinisch. *Aber:* der Kapitolinische Hügel (in Rom).
ka|pi|to|li|nisch (Adj.) (lat.) auf das Kapitol bezogen.
Ka|pi|tu|lant (der, -en,- en) (lat.) jemand, der sich unterwirft.
Ka|pi|tu|lar (der, -s, -e) Mitglied eines geistlichen Kapitels.
Ka|pi|tu|la|ti|on (die, -, -en) (lat.) Vertrag, durch den sich im Krieg eine Truppe oder Festung dem Feind ergibt und unterwirft.
Ka|pi|tu|la|ti|ons|ver|hand|lun|gen (die, -, nur Plural) Verhandlungen zwischen Sieger und Besiegtem über die Kapitulationsbedingungen nach Beendigung der Kampfhandlungen.
ka|pi|tu|lie|ren (V.) (lat.) sich ergeben; aufgeben. Vor den übergroßen Schwierigkeiten kapitulierte er.
Ka|p|lan (der, -s, -e) (lat.) Hilfsgeistlicher.
Ka|po (der, -s, -s) (ital.) (Kurzw.) 1. Anführer; Unteroffizier; 2. Häftling eines Konzentrationslagers, der ein Arbeitskommando leitete.
Ka|po|das|ter (der, -s, -) (ital.) aufsetzbarer Bund (Gitarre).

Ka|pok (der, -s, kein Plural) (malai.) Samenfaser des Kapokbaumes (zum Füllen von Polstern).
Ka|pon|nie|re (der, -, -n) (lat.-span.-ital.-franz.) bombensicherer Gang in einer Festung.
ka|po|res (Adj.) (jidd.) (ugs.) kaputt.
Ka|pot|te (die, -, -n) (franz.) kleiner, unter dem Kinn mit Band zu befestigender Damenhut (im 19. Jahrhundert). Kapotthut.
Kap|pa (das, -/-s, -s) (griech.) griechischer Buchstabe (K, κ).
Kapp|beil (das, -s, -e) starkes Beil zum Kappen von Tauwerk. Kappung.
Kap|pe (die, -, -n) Mütze; Deckel. Das nehme ich auf meine Kappe (ich übernehme die Verantwortung). Käppchen.
kap|pen (V.) abhauen; trennen; verkürzen.
Käp|pi (das, -s, -s) militärische Mütze.
Kap|pes (der, -, -) (nordd.) Kohl; Unsinn. Kappes reden (Unsinn reden).
Kapp|hahn (der, -es, -häh|ne) Kapaun.
Kapp|naht (die, -, -näh|te) doppelte Naht.
Kapp|zaum (der, -s, -zäu|me) Zaum zum Dressieren von Pferden.
Ka|p|ri|ce → Ca|p|ri|ce.
Ka|p|ri|o|le (die, -, -n) (ital.) Luftsprung; besonderer Sprung in der Hohen Schule (Reitsport); verrückte Idee.
ka|p|ri|o|len (V.) (ital.) Kapriolen machen.
ka|p|ri|zie|ren (V.) eigensinnig auf etwas beharren. Er hat sich total auf diese Meinung kapriziert.
ka|p|ri|zi|ös (Adj.) (lat.-ital.-franz.) eigenwillig; launenhaft (→ Caprice).
Kap|sel (die, -, -n) Behälter; Umhüllung.
Käp|sel|chen (das, -s, -) kleine Kapsel.
kap|sel|för|mig (Adj.) in Form einer Kapsel.
Kap|sel|frucht (die, -, -früch|te) zur Reifezeit aufspringende Fruchtform.
Kap|si|kum (das, -s, kein Plural) (lat.) Paprikagewürz.
Kap|ta|ti|on (der, -, -ti|o|nen) (lat.) Erbschleicherei.
kap|ta|tiv (Adj.) (lat.) etwas haben wollend; etwas zu besitzen wünschend.
kap|ta|to|risch (Adj.) (lat.) erschleichend (veraltet).
Käp|ten (der, -s, -s) (nordd.) (ugs.) Kapitän.
Kap|ti|on (die, -, -ti|o|nen) (lat.) verfänglicher Trugschluss; verfängliche Fragestellung.
kap|ti|vie|ren (V.) (lat.) gefangen nehmen; für sich gewinnen.
Kap|ti|vi|tät (die, -, kein Plural) (lat.) Gefangenschaft.
Kap|tur (die, -, -en) (lat.) Aneignung; Beschlagnahme.
Ka|put (der, -s, -e) (lat.) Mantel. Soldatenmantel (vornehmlich in der Schweiz).
ka|putt (Adj.) zerstört; funktionsuntüchtig; müde. kaputt sein/werden; kaputt drücken (*auch:* kaputtdrücken); kaputtgehen; sich kaputtlachen; kaputt machen (*auch:* kaputtmachen); kaputt schlagen (*auch:* kaputtschlagen); kaputt treten (*auch:* kaputttreten). Ein kaputter Typ (ein lebensuntüchtiger Mensch).
Ka|pu|ze (die, -, -n) (ital.) Kopfbedeckung. Kapuzenanorak.
Ka|pu|zi|ner (der, -s, -) Ordensmitglied. Kapuzinermönch; Kapuzinerorden.
Ka|pu|zi|ner|pre|digt (die, -, -en) derbe, volkstümliche Predigt.
Ka|pu|zi|ner|kres|se (die, -, -n) Kletterpflanze.
Ka|pu|zi|ner|pilz (der, -es, -e) Speisepilz.
Kap|ver|di|er (*auch:* Kap-Ver|di|er, Kap Ver|di|er) (der, -s, -) (portugies.) Einwohner des westafrikanischen Inselstaates Kap Verde.
Kap|wein (der, -es, -e) Wein von der Südwestküste Südafrikas.
Kar (das, -s/-es, -e) Gebirgsmulde; Felskar.
Ka|ra|bi|ner (der, -s, -) (franz.) Gewehr; Haken. Karabinerhaken.
Ka|ra|bi|ni|e|re → Ca|ra|bi|ni|e|re.
Ka|ra|cho (das, -, kein Plural) (span.) (ugs.) große Geschwindigkeit.
Ka|raf|fe (die, -, -n) Glasflasche.
Ka|ra|kal (der, -s, -s) (türk.) Wüstenluchs.
Ka|ra|kul (das, -s, -e) (türk.) Fettschwanzschaf; dessen Fell.
Ka|ram|bo|la|ge (die, -, -n) (franz.) 1. Zusammenstoß; 2. Streit; 3. Treffer (Billard); Zusammentreffen der Bälle beim Billard.
Ka|ram|bo|le (die, -, -n) (franz.) rote Billardkugel.
ka|ram|bo|lie|ren (V.) zusammenstoßen.
Ka|ra|mell (der, -s, kein Plural) (franz.) erhitzter Zucker. Karamellzucker.
Ka|ra|mell|bier (das, -s, -e) obergäriges Bier.
Ka|ra|mell|bon|bon (das, -s, -s) (franz.) Bonbon aus Karamellzucker.
Ka|ra|mel|le (die, -, -n) (franz.) Bonbon aus Karamellzucker mit Milchzusatz.
Ka|ra|mell|pud|ding (der, -s, -e/s) Pudding mit Karamellzucker.
ka|ra|mel|li|sie|ren (V). Zuckerlösung erhitzen.
Ka|ra|o|ke (das, -, kein Plural) (jap.) Veranstaltung, bei der die Teilnehmer ihre Lieblingssänger nachahmen.
Ka|rat (das, -s/-es, -) (griech.) Gewichtsmaß (Edelsteine, Abk.: k). Zwölfkaräter (12-Karäter); zwölfkarätig (12-karätig).
...ka|rä|tig (Adj.) mit ... Karat.
Ka|ra|te (das, -, kein Plural) (jap.) Selbstverteidigung.
Ka|ra|te|ka (der, -s, -s) Karatekämpfer.
Ka|rat|schai|er (die, -, nur Plural) Turkvolk im westlichen Kaukasus.
Ka|rau|sche (die, -, -n) (literarisch) karpfenartiger Fisch.
Ka|ra|vel|le (die, -, -n) (franz.) Segelschiff.
Ka|ra|wa|ne (die, -, -n) (pers.) 1. Fahrzeugkolonne; 2. Reisegruppe (auf Kamelen).
Ka|ra|wa|nen|stra|ße (die, -, -n) (pers.) alte Handels- und Pilgerstrasse.
Ka|ra|wan|se|rei (die, -, -rei|en) (pers.) Herberge und Stallungen für Karawanen.
Kar|bat|sche (die, -, -n) (türk.) Peitsche.
Kar|bid (das, -s, kein Plural) Kohlenstoff-Metall-Verbindung. Karbidlampe.
kar|bo.../Kar|bo... (griech.) kohlen.../Kohle...
Kar|bo|li|ne|um (das, -s, kein Plural) (lat.) Teeröl.
Kar|bol|mäus|chen (das, -s, -) (ugs.) Krankenschwester.
Kar|bol|säu|re (die, -, kein Plural) Desinfektionsmittel.
Kar|bon (das, -s, kein Plural) (lat.) Steinkohlezeit.
Kar|bo|na|de (die, -, -n) (franz.) Kotelett.

Kar|bo|na|do (der, -s, -s) schwarzer Diamant.
Kar|bo|nat (das, -s, -e) Salz.
Kar|bo|ni|sa|ti|on (die, -, -en) das Ankohlen.
kar|bo|nisch (Adj.) betrifft das Karbon.
kar|bo|ni|sie|ren (V.) anbrennen; ankohlen.
Kar|bon|pa|pier (das, -s, -e) Kohlepapier.
Kar|bun|kel (der, -s, -) (lat.) Geschwür; Ansammlung mehrerer Furunkel.
Kar|da|mom (der/das, -s, -e) (griech.) Ingwergewürz.
kar|da|nisch (Adj.) frei beweglich (Aufhängung).
Kar|dan|an|trieb (der, -s, -e) Antrieb über ein Kardangelenk.
Kar|dan|ge|lenk (das, -s, -e) zur Kraftübertragung verwendete bewegliche Verbindung.
Kar|dan|wel|le (die, -, -n) Welle mit Kardangelenken. Kardantunnel.
Kar|dät|sche (die, -, -n) (ital.) grobe Bürste; harte Pferdebürste.
kar|dät|schen (V.) (ital.) mit einer Pferdebürste arbeiten.
Kard... (griech.) Wortteil mit der Bedeutung Herz, Magenmund.
Kar|de (die, -, -n) (lat.) 1. Unkraut; Wiesenunkraut; 2. Spinnmaschine. Kardendistel; Kardengewächs.
Kar|deel (die/das, -/-s, -e) (franz.) Einzeltau aus einer Trosse.
kar|den (V.) mit der Spinnmaschine bearbeiten.
Kar|dia (die, -, -di|en) (griech.) Mageneingang.
kar|di.../Kar|di... (griech.) herz.../Herz...
Kar|di|a|kum (das, -s, -ka) (griech.-lat.) Mittel zum Anregen der Herztätigkeit.
kar|di|al (Adj.) (griech.) das Herz betreffend.
kar|die|ren (V.) karden.
kar|di|nal (Adj.) (lat.) hauptsächlich; grundlegend.
Kar|di|nal (der, -s, -nä|le) (lat.) 1. hoher katholischer Würdenträger; 2. roter nordamerikanischer Sperlingsvogel.
Kar|di|nal|feh|ler (der, -s, -) (lat.) grundlegender Fehler. Kardinalfrage.
Kar|di|nal|pro|b|lem (das, -s, -e) das wichtigste Problem.
Kar|di|nal|punkt (der, -es, -e) Brenn-, Haupt- und Knotenpunkt in der Optik.
Kar|di|nals|hut (der, -es, -hü|te) kreisrunder, roter Hut mit breitem Rand.
Kar|di|nals|kol|le|gi|um (das, -s, -gi|en) (lat.) Versammlung von Kardinälen, hat das alleinige Recht zur Papstwahl.
Kar|di|nals|kon|gre|ga|ti|on (die, - kein Plural) (lat.) Hauptbehörde der Kurie in Rom.
Kar|di|nal|tu|gend (die, -, -en) Grundtugend wie Weisheit, Tapferkeit, Gerechtigkeit, Besonnenheit, Glaube, Liebe, Hoffnung.
Kar|di|nal|zahl (die, -, -en) Grundzahl.
Kar|dio|graf (*auch:* Kar|dio|graph) (das, -en, -en) (griech.) Aufzeichnungsgerät für die Herztätigkeit.
Kar|dio|gramm (das, -s, -e) (griech.) grafische Darstellung der Herzbewegungen.
Kar|dio|lo|ge (der, -n, -n) (griech.) Facharzt für Herzkrankheiten.
Kar|dio|lo|gie (die, -, kein Plural) (griech.) Lehre von den Herzkrankheiten.
kar|dio|lo|gisch (Adj.) (griech.) das Herz betreffend.
Kar|dio|spas|mus (der, -, -spas|men) (griech.) Magenkrampf.
Ka|re|lier (der, -s, -) Angehöriger einer finnischen Volksgruppe.
Ka|renz (die, -, -en) (lat.) Wartezeit; Sperrfrist.
Ka|renz|zeit (die, -, -en) (lat.) Enthaltsamkeit; Verzicht; Sperrfrist; Wartezeit. Karenztag.
Kar|re|sasch (die, -, -en) (lat.-ital.-franz.) Liebelei.
Ka|res|se (die, -, -n) (lat.-ital.-franz.) Werbung.
ka|res|sie|ren (V.) (lat.-ital.-franz.) 1. schmeicheln; liebkosen. 2. ein heimliches Liebesverhältnis haben.
Ka|ret|te (die, -, -n) (franz.) Meeresschildkröte.
Kar|fi|ol (der, -s, kein Plural) (ital.-südd.) Blumenkohl.
Kar|frei|tag (der, -s, -e) Freitag vor Ostern.
Kar|fun|kel (der, -s, -) Edelstein. Karfunkelstein; karfunkelrot.
karg (Adj.; karger/kärger, kargste/kärgste) ärmlich; spärlich; ertragsarm; kümmerlich; unergiebig; unfruchtbar.
Kar|ga|deur (der, -s, -e) (lat.-span.-franz.) Begleiter und Überwacher einer Schiffsladung, der bis zur Übergabe an den Empfänger dabei ist.
kar|gen (V.) geizen. Er kargte mit seinem Geld. Sie kargte mit Worten.
Karg|heit (die, -, kein Plural) Armut; Dürftigkeit; Mangel; Ertragsarmut; Unergiebigkeit; Unfruchtbarkeit.
kärg|lich (Adj.) dürftig; knapp. Sie hatten nur ein kärgliches Essen. Kärglichkeit.
Kar|go → Car|go.
Ka|ri|be (der, -n, -n) Angehöriger eines mittelamerikanischen Indianervolkes.
Ka|ri|bik (die, -, kein Plural) Karibisches Meer.
ka|ri|bisch (Adj.) die Karibik betreffend.
Ka|ri|bu (der, -s, -s) Rentier.
ka|rie|ren (V.) mit Karos oder sich rechtwinklig schneidenden Streifen mustern.
ka|riert (Adj.) mit Karos; gewürfelt. ein grün karierter (*auch:* grünkarierter) Stoff.
Ka|ri|es (die, -, kein Plural) (lat.) 1. Zahnfäule; 2. Knochenfraß durch Tuberkulose. Adjektiv: kariös.
ka|ri|ka|tiv (Adj.) (lat.-ital.) komisch verzerrt; in der Art einer Karikatur; übertreibend.
Ka|ri|ka|tur (die, -, -en) (ital.) Spottbild; Parodie.
Ka|ri|ka|tu|rist (der, -s, -) (ital.) jemand, der Karikaturen zeichnet. Karikaturistin. Karikaturenzeichner.
ka|ri|ka|tu|ris|tisch (Adj.) (ital.) übertreibend; verspottend.
ka|ri|kie|ren (V.) (ital.) komisch verzerren; übertrieben darstellen; parodieren. Sie konnte ihre Lehrer gut karikieren.
ka|rio|gen (Adj.) (lat.) Karies verursachend.
ka|ri|ös (Adj.) (lat.) von Karies befallen. kariöse Zähne.
Ka|ri|tas (*auch:* Ca|ri|tas) (die, -s, kein Plural) (lat.) Nächstenliebe; Wohltätigkeit.
ka|ri|ta|tiv (Adj.) (lat.) wohltätig; mildtätig. Sie ist in einer karitativen Einrichtung tätig.
Kar|kas|se (die, -, -n) (franz.) 1. Unterbau eines Gummireifens. 2. im Mittelalter eine metallgerippte Brandkugel. 3. Geflügelrumpf (Gastr.).

karˈlinˈgisch (Adj.) karolingisch.
Karˈlist (der, -en, -en) nach Carlos Luis de Bourbón (1818–1861) Anhänger einer Seitenlinie der spanischen Thronanwärter.
Karl-Marx-Stadt (ohne Art., - kein Plural) in der Zeit des Bestehens der DDR Name für Chemnitz.
Karlsˈruˈhe (ohne Art., -, kein Plural) Stadt in Baden-Württemberg.
Karˈma (*auch:* Karˈman) (das, -s, kein Plural) (sanskr.) Schicksal (Buddhismus, Hinduismus).
Karˈmel (der, -s, kein Plural) Bergrücken bei Haifa in Israel; Stammkloster der Karmeliter.
Karˈmeˈliˈter (der, -s, -) Ordensmitglied. Karmeliterin.
Karˈmeˈliˈterˈgeist (der, -es, kein Plural) Mischung aus Gewürzölen mit verdünntem Alkohol (Melissengeist).
Karˈmeˈliˈterˈorˈden (der, -s, kein Plural) katholischer Bettelorden.
Karˈmen (das, -s, -miˈna) (lat.) festliches Lied, Gedicht.
Karˈmin (das, -s, kein Plural) (franz.) roter Farbstoff. karminrot.
Karˈminˈsäuˈre (die, -, -n) (franz.) Bestandteil des Karmins.
Karˈneˈol (der, -s, -e) (ital.) Schmuckstein.
Karˈner (der, -s, -) 1. Beinhaus; 2. Räucherkammer.
Karˈneˈval (der, -s, -s/-e) (ital.) Fasching; Zeit vor der Fastenzeit; Fastnacht.
Karˈneˈvaˈlist (der, -en, -en) Mitglied eines Karnevalsvereins.
karˈneˈvaˈlisˈtisch (Adj.) auf den Karneval bezogen.
Karˈneˈvalsˈprinz (der, -en, -en) Personifikation des Karnevals (Prinz Karneval).
Karˈneˈvalsˈverˈein (der, -s, -e) Verein zur Pflege von Karnevalsbräuchen. Karnevalslieder; Karnevalssitzung.
Karˈneˈvalsˈzug (der, -s, -züge) Maskenumzug.
Karˈniˈckel (das, -s, -) (ugs.) Kaninchen; Sündenbock. Ich bin immer das Karnickel! (Ich bin immer schuld daran!). Karnickelpass; Karnickelstall.
Karˈnies (das, -, -e) (griech.-franz.) Verzierung am Gesims mit s-förmigem Querschnitt.
Karˈnieˈse (die, -, -n) (österr.) Vorhangstange.
karˈnifˈfeln (V.) (österr.) peinigen.
Karˈniˈsche (die, -, -n) Karniese.
Karˈniˈvoˈre (lat.) 1. (der, -n, -n) sich überwiegend von Fleisch ernährendes Tier; 2. (die, -, -n) fleischfressende Pflanze.
Karˈnöfˈfel (der, -s, -) 1. Kartenspiel im 15. und 16. Jahrhundert; 2. Hodenbruch.
Kärnˈten (ohne Art., -s, kein Plural) (österr.) Bundesland.
Kärntˈner/in (der, -s, -) Bewohner von Kärnten.
kärntˈneˈrisch (Adj.) Kärnten betreffend.
Kaˈro (das, -s, -s) (franz.) 1. Viereck; Raute; 2. Spielkartenfarbe. Karoass (*auch:* Karo-Ass).
Kaˈroˈlinˈger (der, -s, -) Mitglied eines fränkischen Herrschergeschlechts.
kaˈroˈlinˈgisch (Adj.) auf die Karolinger bezogen.
Kaˈroˈshi (der, -, kein Plural) (jap.) Tod durch Überarbeitung.
Kaˈrosˈse (die, -, -n) (franz.) Prunkwagen; Staatswagen.
Kaˈrosˈseˈrie (die, -, -n) (franz.) Wagenaufbau; Blechkleid.
Kaˈrosˈseˈrieˈbau (der, -s, -) Herstellung von Karosserien.
Kaˈrosˈseˈrieˈschaˈden (der, -s, -schäˈden) Schaden an der Karosserie; Blechschaden.
kaˈrosˈsieˈren (V.) (franz.) mit einer Karosserie ausstatten.
Kaˈroˈtiˈde (die, -, -n) (griech.) Halsschlagader.
Kaˈroˈtin (*auch:* Caˈroˈtin) (das, -s, kein Plural) (lat.) gelber Pflanzenfarbstoff.
Kaˈroˈtis (die, -, -tiˈden) (griech.) Halsschlagader.
Kaˈrotˈte (die, -, -n) (niederl.) Möhre; Mohrrübe. Karottengemüse; Karottenform; Karottensaft.
Karˈpell (das, -s, -e) (griech.-nlat.) weibliches Geschlechtsorgan der Blüte; Fruchtblatt.
Karpˈfen (der, -s, -) Fisch. Karpfenfisch; Karpfenteich; Karpfenzucht.
Karˈre (die, -, -n) Fahrzeug (südd.: der Karren). die Karre aus dem Dreck ziehen (ugs.) (eine verfahrene Angelegenheit ordnen).
Karˈree (das, -s, -s) (franz.) Viereck.
Karˈren 1. (der, -, -) (südd.) kleines Fahrzeug. Ich lasse mich nicht vor seinen Karren spannen! (nicht für anderer Leute Zwecke benutzen lassen). jemandem an den Karren fahren (ugs.) (jemandem etwas anhaben wollen). 2. (die, -, nur Plural) parallele Furchen auf Kalkflächen.
karˈren (V.) mit dem Schubkarren fahren.
Karˈreˈte (die, -, -n) schlechter, alter Wagen.
Karˈretˈte (die, -, -n) (schweiz.-ital.) 1. Schubkarren; 2. schmalspuriges Transportfahrzeug für Gebirgstruppen; 3. kleiner, zweirädriger Einkaufswagen.
Karˈriˈeˈre (die, -, -n) (franz.) Laufbahn; Aufstieg. Karrierefrau; Karrierismus.
Karˈriˈeˈreˈmaˈcher (der, -s, -) Erfolgsmensch.
karˈriˈeˈreˈsüchˈtig (Adj.) extrem ehrgeizig. karrieristisch.
Karˈriˈeˈrist (der, -en, -en) Emporkömmling; rücksichtsloser Streber.
karˈriˈoˈlen (V.) unsinnig und schnell fahren.
Karˈsamsˈtag (der, -s,-e) Samstag vor Ostern.
Karst (der, -s/-es, -e) 1. durch Wasser ausgehöhltes Kalkgebirge; 2. Hacke; 3. Teil der Dinarischen Alpen. Karsthöhle; Karstlandschaft; karstig.
kart. (Abk.) **kart**oniert.
Karˈtätˈsche (die, -, -n) 1. Geschütz; 2. Maurerwerkzeug. Verb: kartätschen.
Karˈtauˈne (die, -, -n) (ital.) schweres Geschütz aus der Zeit vom 16. bis zum 17. Jh.
Karˈtauˈse (die, -, -n) Kloster der Kartäuser.
Karˈtäuˈser 1. (der, -s, -) Mönch eines Einsiedlerordens; 2. (der, -s, -e) Kräuterlikör. Kartäusermönch; Kartäusernelke.
Karˈtäuˈserˈorˈden (der, -s, kein Plural) Eremitenorden.
Karˈte (die, -, -n) festes Papier für verschiedene Anwendungen. (Kurzw. für:) Postkarte; Fahrkarte; Eintrittskarte; Visitenkarte; Speisekarte; Spielkarte; Karteikarte; Landkarte; die Gelbe (*auch:* gelbe)/Rote (*auch:* rote) Karte. Kartenvorverkauf; Kärtchen.
Karˈtei (die, -, -en) Register; Zettelkasten. Karteikarte; Karteikasten; Karteizettel.

Kar|tei|lei|che (die, -, -n) (ugs.) Name ohne praktischen Nutzen in einer Kartei.
Kar|tell (das, -s, -e) (franz.) Zusammenschluss von Wirtschaftsunternehmen. Kartellamt; Kartellträger; Kartellverband.
Kar|tell|ge|setz (das, -es, -e) (franz.) Gesetz zur Regelung der Kartellbildung.
kar|tel|lie|ren (V.) ein Kartell bilden.
Kar|tel|lie|rung (die, -e, kein Plural) Kartellbildung.
kar|ten (V.) (ugs.) Karten spielen.
Kar|ten|haus (das, -es, -häu|ser) aus Spielkarten aufgebautes Spielzeughaus. Seine Idee fiel zusammen wie ein Kartenhaus.
Kar|ten|le|gen (das, -s, kein Plural) aus Karten die Zukunft lesen. Er lässt sich nicht in die Karten sehen (hält seine Vorhaben geheim). Sie setzt alles auf eine Karte (wagt alles). Kartenlegerin.
Kar|ten|spiel (das, -e, -e) Gesellschaftsspiel mit Spielkarten. *Aber:* Karten spielen.
Kar|ten|werk (das, -s, -e) Sammlung geografischer Karten.
Kar|te|si|a|nis|mus (der, -, kein Plural) Lehre des französischen Philosophen und Mathematikers René Descartes (1596–1650).
Kar|tha|min (das, -s, kein Plural) (arab.) roter Farbstoff.
Kar|ting (das, -s, kein Plural) (engl.) Gokartsport.
Kar|tof|fel (die, -, -n) 1. Erdfrucht. Er ließ sie fallen wie eine heiße Kartoffel. (Er hat sie ins Abseits gestellt.). 2. (ugs.) dicke Nase, Loch im Strumpf. Kartoffelacker; Kartoffelfeuer; Kartoffelernte; Kartoffelkloß; Kartoffelmehl; Kartoffelsalat; Kartoffelschnaps; Kartoffelsuppe.
Kar|tof|fel|brei (der, -s, -e) Brei aus zerdrückten Kartoffeln.
Kar|tof|fel|chips (die, -, nur Plural) (engl.) gebratene Scheiben roher Kartoffeln.
Kar|tof|fel|kä|fer (der, -s, -) Kartoffelschädling.
Kar|tof|fel|mus (niederd.) Kartoffelbrei.
Kar|tof|fel|puf|fer (der, s, -) aus geriebenen rohen Kartoffeln hergestellter, gebratener Fladen.
Kar|tof|fel|pul|ver (das, -, -) aus geriebenen Kartoffeln hergestellte, getrocknete Substanz.
Kar|tof|fel|pü|ree (das, -s, kein Plural) (franz.) Kartoffelbrei.
Kar|tof|fel|stär|ke (die, -e, kein Plural) aus Kartoffeln gewonnenes Stärkemehl.
Kar|to|graf (*auch:* Kar|to|graph) (der, -s, -en) (griech.-lat.) Zeichner von Landkarten.
Kar|to|gra|fie (*auch:* Kar|to|gra|phie) (die, -, kein Plural) (griech.-lat.) Herstellung von Landkarten.
kar|to|gra|fie|ren (*auch:* kar|to|gra|phie|ren) (V.) (griech.-lat.) eine Landkarte zeichnen.
kar|to|gra|fisch (*auch:* kar|to|gra|phisch) (Adj.) (griech.-lat.) die Landkarte betreffend.
Kar|to|gramm (das, -s, -e) Landkarte mit statistischen Darstellungen.
Kar|to|man|tie (die, -, kein Plural) (ital.) Kartenlegekunst.
Kar|to|me|ter (der, -s, -) Kurvenmesser.
Kar|to|me|trie (die, -, kei Plural) (griech.-lat.) Messung auf Landkarten. kartometrisch.
Kar|ton (der, -s, -s/-e) (franz.) 1. Pappe; dickes Papier; 2. Schachtel. *Beachte:* Ich nehme drei Karton(s) Wein (*nicht:* Weins!). Bei jemandem rappelts im Karton. (Jemand ist nicht recht bei Verstand.). Ruhe im Karton! (Gebt endlich Ruhe!) 3. Entwurf zu einer Wandmalerei. Kartonstich.
Kar|to|na|ge (Adj.) (die, -, -n) (franz.) feste Verpackung aus Karton.
Kar|to|na|gen|fa|b|rik (die, -, -en) Herstellungsort von Kartonagen. Kartonagearbeit.
kar|to|nie|ren (V.) in Pappe einbinden.
kar|to|niert (Adj.) (Abk.: kart.) (franz.) leichter Pappeinband.
Ka|ru|be (die, -, -n) (arab.-lat.-franz.) Johannisbrot.
Kar|to|thek (die, -, -en) Sammlung von Karten.
Kar|tu|sche (die, -, -n) (franz.) 1. Pulver in einer Metallhülse; 2. Ornament.
Ka|run|kel (die, -, -n) (lat.) Warze.
Ka|rus|sell (das, -s, -s/-e) (franz.) Ringelspiel. das Karussellfahren, *aber:* Karussell fahren.
Kar|wo|che (die, -, -n) Woche vor Ostern.
Ka|ry|a|ti|de (die, -, -n) (griech.) gebälktragende Säule in Form einer weiblichen Gestalt.
Ka|ry|o|lo|gie (die, -, kein Plural) (griech.) Wissenschaft vom Zellkern.
Ka|ry|o|plas|ma (das, -s, kein Plural) (griech.) Plasma des Zellkerns.
Kar|zer (der, -s, -) (lat.) Arrest.
kar|zi|no|gen (Adj.) (griech.) krebserregend.
Kar|zi|no|gen (das, -s, -e) (griech.) krebserzeugende Substanz.
Kar|zi|no|id (das, -es, -e) (griech.) bestimmte Krebsform.
Kar|zi|no|lo|gie (die, -, kein Plural) (griech.) Wissenschaft von den Karzinomen. karzinologisch.
Kar|zi|nom (das, -s, -e) Krebsgeschwulst (Abk.: Ca.).
kar|zi|no|ma|tös (Adj.) (griech.) von einem Karzinom befallen.
Kar|zi|no|se (die, -e, kein Plural) (griech.) ausgedehnter Befall des Körpers mit Krebsmetastasen.
Ka|sach (der, -/-s, -s) handgeknüpfter Teppich.
Ka|sa|che (der, -n, -n) Bewohner Kasachstans. Kasachin.
ka|sa|chisch (Adj.) Kasachstan betreffend.
Ka|sachs|tan (ohne Art., -s, kein Plural) Staat in Mittelasien.
Ka|sack (der, -s, -s) (türk.) Bluse.
Ka|sat|schock (der, -s, -s) (russ.) Volkstanz.
Kas|bah (die, -, -s) (arab.) 1. Schloss; Burg (in Marokko); 2. arabisches Viertel (in afrikanischen Städten).
Käsch (das, -/-s, -/-s) (tamil.) 1. chinesisches Münzgewicht; 2. durchlochte chinesische Münze; 3. Kleingeld (ugs.).
Ka|scha (die, -, kein Plural) russische Buchweizengrütze.
Ka|schan (der, -s, -s) (pers.) Perserteppich.
Ka|schem|me (die, -, -n) zwielichtiges Lokal.
ka|schen (V.) (ugs.) fangen; verhaften; ergreifen. du kaschst.
Ka|scheur (der, -s, -e) (lat.-franz.) Bühnendekorateur, der plastische Teile des Bühnenbildes mit Holz, Pappe, Gips etc. baut.
ka|schie|ren (V.) (franz.) 1. verdecken; verheimlichen; 2. kleben; bekleben. Er

versuchte seine Behinderung zu kaschieren.

Ka|schie|rung (die, -, -en) (franz.) Auftragung von Schichten eines Materials auf einen Trägerstoff. Kaschiermaschine; Kaschiermassen.

Ka|schi|ri (das, -, kein Plural) (indian.) aus den Wurzelknollen des Manioks gewonnenes berauschendes Getränk der Indianer.

Kasch|mir 1. (der, -s, -e) weiche Wolle; Stoff aus der Wolle der Kaschmirziege; 2. (der, -s, kein Plural) Landschaft im nordwestlichen Himalaja und südlichen Karakorum. Kaschmirpullover; Kaschmirschal; Kaschmirseide; Kaschmirwolle; Kaschmirziege.

Ka|scho|long (der, -s, -s) (mongol.) Halbedelstein.

Ka|schu|be (der, -n, -n) Angehöriger eines westslawischen Volksstammes.

ka|schu|bisch (Adj.) zu den Kaschuben gehörig.

Kä|se (der, -s, -) (lat.) 1. Milchprodukt; 2. (ugs.) Unsinn. Heute hat er nur Käse geredet. Käseaufschnitt; Käseglocke; Käsekuchen; Käsemesser; Käserinde; Käsesahne; Käsestange; Käsetorte.

Kä|se|blatt (das, -es, -blät|ter) (ugs.) kleine, unbedeutende Zeitung.

Kä|se|fü|ße (die, -, nur Plural) (ugs.) Schweißfüße.

Ka|se|in (das, -s, kein Plural) Eiweiß; Käsestoff. Kaseinfarbe; Kaseinmalerei.

Ka|sel (die, -, -n) (lat.) Messgewand.

Ka|se|mat|te (die, -, -n) (franz.) schusssicherer Schutzraum. Verb: kasemattieren.

Ka|ser (der, -, -n) (südd.) Sennhütte.

Kä|ser (der, -s, -) Käsehersteller; Senn.

Kä|se|rei (die, -, -en) 1. Herstellungsort von Käse; 2. (die, -, kein Plural) Käsezubereitung.

kä|se|weiß (Adj.) (ugs.) sehr weiß. Er wurde käseweiß im Gesicht.

Ka|ser|ne (die, -, -n) (franz.) Truppenunterkunft.

Ka|ser|nen|hof (der, -s, -hö|fe) Hof innerhalb einer Kaserne, der zum Exerzieren genutzt wird.

Ka|ser|nen|hof|ton (der, -s, kein Plural) barscher Kommandoton.

Ka|ser|nen|schliff (der, -s, kein Plural) Drill.

ka|ser|nie|ren (V.) Truppen in Kasernen unterbringen.

Ka|ser|nie|rung (die, -, en) Truppenunterbringung.

kä|sig (Adj.) 1. weiß oder weich wie Käse; 2. ungesunde Gesichtsfarbe.

Ka|si|no (das, -s, -s) (ital.) 1. Offizierskantine; Aufenthalts- und Speiseraum für Offiziere und die Führungskräfte von Unternehmen; 2. Spielkasino; Vergnügungsstätte.

Kas|ka|de (die, -, -n) (franz.) 1. künstlicher, mehrstufiger Wasserfall; 2. gewagter Sprung; 3. zur Isotopentrennung verwendete Anlage mit mehreren hintereinandergeschalteten Trenngliedern. Kaskadenbatterie; Kaskadenschaltung; Kaskadenstrahlung.

Kas|ka|deur (der, -s, -e) (franz.) Artist, der Kaskadensprünge vorführt.

kas|ka|den|för|mig (Adj.) (franz.) wie eine Kaskade.

Kas|kett (das, -s, -e) (franz.) Schutzhelm.

Kas|ko (der, -s, -s) (span.) 1. Schiffsrumpf. 2. Fahrzeug. 3. Kartenspiel.

kas|ko|ver|si|chert (Adj.) versichert gegen Schäden am Fahrzeug.

Kas|ko|ver|si|che|rung (die, -, -en) (span.) Versicherung gegen Schäden am Fahrzeug.

Kas|par (der, -s, kein Plural) männlicher Vorname.

Kas|per (der, -s, -) 1. Puppe; 2. alberner, lustiger Mensch. Du benimmst dich wie ein Kasper. Kasperl; Kasperle.

kas|pern (V.) herumalbern. Die Kinder haben viel gekaspert.

Kas|perl (der, -s, -n) lustige Figur im Puppentheater. das Kasperle.

Kas|perl(e)|the|a|ter (das, -s, -) Handpuppenbühne.

Kas|sa (die, -, Kas|sen) (ital.) (österr.) Kasse. Kassabuch; Kassazahlung.

Kas|sa|ge|schäft (das, -s, -e) Kaufgeschäft mit Waren oder Wertpapieren, das kurzfristig zu erfüllen ist.

Kas|sa|kurs (der, -es, -e) Börsenkurs.

Kas|san|d|ra (die, -, -dren) (griech.) pessimistische Seherin, die Unheil verkündende Warnungen von sich gibt.

Kas|san|d|ra|ruf (der, -s, -e) Unheil verheißende Warnung.

Kas|sa|ti|on (die, -, -ti|o|nen) (lat.) 1. Ungültigkeitserklärung; Urteilsaufhebung; 2. Instrumentalstück. kassatorisch.

Kas|sa|ti|ons|hof (der, -s, -hö|fe) oberster Gerichtshof in manchen Ländern.

Kas|se (die, -, -n) (ital.) 1. Geldkasten; 2. Zahlschalter; 3. Geld; 4. Krankenkasse. Kassenarzt; Kassenbestand; Kassenbon; Kassenbuch; Kassenerfolg; Kassenmagnet; Kassenpatient; Kassenschalter; Kassenschlager; Kassenschrank; Kassensturz; Kassenzettel.

Kass|ler (*auch:* Kas|se|ler) (das, -, -) Schweinerippe.

Kas|se|rol|le (die, -, -n) (franz.) Schmortopf, -pfanne.

Kas|set|te (die, -, -n) 1. Kästchen; Schmuckkasten; 2. Täfelung; 3. Tonband; 4. Schutzhülle; Schutzumschlag für Bücher und Schallplatten; 5. Behälter für Filme und Platten im Aufnahmeapparat. Kassettendeck.

Kas|set|ten|de|cke (die, -, -n) Decke mit kastenförmig vertieften Feldern.

Kas|set|ten|re|kor|der (*auch:* Kas|set|ten|re|cor|der) (der, -s, -) Tonbandgerät mit Tonbandkassette zum Einschieben.

kas|set|tie|ren (V.) vertäfeln.

Kas|sia (die, -, Kas|sien) (griech.) Heilpflanze. Kassiabaum; Kassiaöl.

Kas|si|ber (der, -s, -) (jidd.) heimliche Botschaft.

Kas|si|de (die, -, -n) (arab.) Gedichtgattung in Arabien.

Kas|sier (der, s, -e) (südd.) Kassierer.

kas|sie|ren (V.) 1. Geld einnehmen. Sie kassierte für ihre Arbeit viel Geld. 2. hinnehmen. Ich kassierte für meine geäußerte Meinung scharfe Blicke. 3. (ugs.) verhaften. Der Dealer wurde auf der Stelle kassiert. (ugs.) (verhaftet).

Kas|sie|rer (der, -s, -) Kassenverwalter. Kassiererin; Kassierung.

Kas|si|o|peia (die, -, kein Plural) (griech.) Sternbild.

Kas|ta|g|net|te (die, -, -n) (span.) Rhythmusinstrument.

Kas|ta|nie (die, -, -n) Baumfrucht. Die Kastanien für jemanden aus dem Feuer holen (ugs.) (etwas Unangenehmes für jemanden tun). Kastanienbaum; Kastanienblüte; Rosskastanie; Edelkastanie.

kas|ta|ni|en|braun (Adj.) rotbraune Farbe.

Kas|te (die, -, -n) (portugies.) Gesellschaftsschicht; abgegrenzte Gesellschaftsschicht in Indien.
Kas|ten|geist (der, -es, kein Plural) engstirnige Abgrenzung gegenüber anderen Gesellschaftsschichten; Standesdünkel. Kastenwesen.
kas|tei|en (V., refl.) enthaltsam leben; sich Bußübungen auferlegen.
Kas|tei|ung (die, -, -en) Bußübung; Enthaltsamkeit.
Kas|tell (das, -s, -e) (lat.) Burg; befestigtes Lager. Festung.
Kas|tel|lan (der, -s, -e) Aufseher; Hausmeister in Schlössern und Schulen.
käs|teln (V.) in Karos aufteilen.
Kas|ten (der, -s, Käs|ten) 1. Behälter; Schrank; Kiste; Truhe. *Beachte:* das Gewicht eines Kastens Bier (*nicht:* Biers!). 2. Sprunggerät zum Turnen.
Kas|ten|brot (das, -es, -e) rechteckiges Brot.
Kas|ten|wa|gen (der, -s, -) rechteckiger Wagen.
Kas|ti|ga|ti|on (die, -, -ti|o|nen) (lat.) Züchtigung (veraltet).
Kas|ti|ga|tor (der, -s, -en) (lat.) Korrektor in der Frühzeit des Buchdrucks.
kas|ti|gie|ren (V.) (lat.) züchtigen (veraltet).
Kas|tor (der, -s, kein Plural) 1. Stern; 2. Wolltuch.
Kas|tor|hut (der, -es, -hüte) Zylinderhut aus Biberfell.
Kas|tor|öl (das, -s, kein Plural) Rizinusöl.
Kas|t|rat (der, -en, -en) (lat.) 1. jemand, der kastriert wurde; 2. im 18. Jahrhundert beliebte Sänger, die Frauenrollen in Opernaufführungen übernahmen. Kastratenträger.
Kas|t|ra|ti|on (die, -, -ti|o|nen) (lat.) Keimdrüsenentfernung.
kas|t|rie|ren (V.) (lat.) entmannen; Keimdrüsen entfernen.
Kas|t|rie|rung (die, -, -en) (lat.) Kastration.
ka|su|al (Adj.) (lat.) zufällig; nicht vorhersehbar.
Ka|su|a|li|en (die, nur Plural) (lat.) geistliche Amtshandlungen (Taufe, Trauung etc.).
Ka|su|ar (der, -s, -e) Straußenvogel.
ka|su|ell (Adj.) (lat.-franz.) den Kasus betreffend.
Ka|su|ist (der, -en, -en) (lat.) 1. Anhänger der Kasuistik; 2. spitzfindiger Mensch.
Ka|su|is|tik (die, -, kein Plural) 1. Morallehre; 2. Rechtsverfahren; Haarspalterei; Wortverdrehung.
ka|su|is|tisch (Adj.) (lat.) 1. die Kasuistik betreffend; 2. haarspalterisch; spitzfindig.
Ka|sus (der, -, -) (lat.) 1. Fall; (gramm.) Beugungsfall; 2. Vorkommnis.
Ka|sus|be|stim|mung (die, -, -en) (lat.) (gramm.) Feststellung des Beugungsfalles.
Ka|sus|en|dung (die, -, -en) (lat.) (gramm.) *Beachte:* Im Deutschen gibt es vier Kasus: Nominativ (Werfall; der Mann), Genitiv (Wessenfall; des Mannes), Dativ (Wemfall; dem Mann), Akkusativ (Wenfall; den Mann).
Kat 1. (der, -s, -s) (Kurzw.) Katalysator. 2. (das, -, kein Plural) Blätter einer afrikanischen Pflanze, die als Rauschmittel gekaut werden.
Ka|ta|bo|lie (die, -, kein Plural) (griech.) Abbau der Stoffe (im Körper durch den Stoffwechsel).
Ka|ta|bo|lis|mus (der, -, kein Plural) = Katabolie.
Ka|ta|chre|se (die, -, -n) (griech.) Vermischung von nicht zusammenpassenden bildlichen Ausdrücken; Stilblüte.
Ka|ta|falk (der, -s, -e) (franz.) Aufbahrungsgerüst.
Ka|ta|ka|na (die/das, -, kein Plural) (jap.) japanische Silbenschrift.
Ka|ta|kaus|tik (die, -, kein Plural) (griech.) Brennfläche (statt des Brennpunktes) auf Hohlspiegeln beim Einfall paralleler Lichtstrahlen. Adjektiv: katakaustisch. katakaustische Fläche (Brennfläche) (Optik).
Ka|ta|klys|mus (der, -, -men) (griech.-nlat.) erdgeschichtliche Katastrophe.
Ka|ta|kom|be (die, -, -n) (ital.) unterirdische Gräber.
Ka|ta|la|ne (der, -n, -n) Einwohner von Katalonien (nordspanische Provinz).
ka|ta|la|nisch (Adj.) zu Katalonien gehörig.
Ka|ta|lek|ten (die, nur Plural) (griech.) Fragmente. Katalexe.
ka|ta|lek|tisch (Adj.) (griech.) unvollständig; verkürzt; nur in Bruchstücken vorhanden.
Ka|ta|lep|sie (die, -, -n) (griech.) Starrkrampf.
ka|ta|lep|tisch (Adj.) (griech.) hochgradig verkrampft (Med.).
Ka|ta|log (der, -s, -e) (griech.) Verzeichnis.
ka|ta|lo|gi|sie|ren (V.) Verzeichnis anlegen.
Ka|ta|lo|gi|sie|rung (die, -, -en) Einordnung; systematische Anordnung.
Ka|ta|ly|sa|tor (der, -s, -en) (griech.) chemischer Stoff zur Reaktionsbeschleunigung; Schadstofffilter. Katalysatorauto; Katalysatorumrüstung.
Ka|ta|ly|se (die, -, -en) Herbeiführung oder Beschleunigung chemischer Reaktionen durch Stoffe, die dabei selbst keine Änderung zeigen.
ka|ta|ly|sie|ren (V.) chemische Veränderungen herbeiführen.
ka|ta|ly|tisch (Adj.) herbeigeführte chemische Veränderung.
Ka|ta|ma|ran (der, -s, -e) zweirumpfiges Segelboot.
Ka|ta|m|ne|se (die, -, -n) (griech.) Krankenbericht.
Ka|ta|pho|re|se (die, -, -n) (griech.) Kationenwanderung (Elektrolyse).
Ka|ta|pla|sie (die, -, -n) (griech.) Rückbildung (von Körpergewebe).
ka|ta|plek|tisch (Adj.) (griech.) von Kataplexie befallen.
Ka|ta|ple|xie (die, -, -n) (griech.) plötzliche Lähmung der Muskeln vor Schreck; Schreckstarre.
Ka|ta|pult (das, -es, -e) (griech.) 1. Wurfmaschine bei Belagerungen; 2. Schleuder; 3. Startvorrichtung für Flugzeuge. Katapultflugzeug; Katapultstart.
ka|ta|pul|tie|ren (V.) (griech.) schleudern.
Ka|ta|rakt 1. (der, -s, -e) (griech.) Wasserfall; Stromschnelle. 2. (die, -, -e) (griech.) grauer Star (Med.).
Ka|tarrh (*auch:* Ka|tarr) (der, -s, -e) (griech.) Schnupfen; Erkältung
ka|tar|rha|lisch (*auch:* ka|tar|ra|lisch) (Adj.) (griech.) die Erkältung betreffend.
ka|tarrh|ar|tig (*auch:* ka|tarr|ar|tig) (Adj.) (griech.) wie eine Erkältung.
Ka|ta|s|ter (der/das, -s, -) (ital.) amtliches Grundstücksverzeichnis.
Ka|ta|s|ter|amt (das, -es, -äm|ter) Grundbuchamt.

Ka|ta|s|ter|aus|zug (der, -s, -zü|ge) Auszug aus dem Grundbuch.
Ka|ta|s|ter|steu|er (die, -, -n) Grundsteuer.
ka|ta|s|t|rie|ren (V.) ins Grundbuch eintragen.
ka|ta|s|t|ro|phal (Adj.) furchtbar; entsetzlich; vernichtend. Die Lage des Landes ist katastrophal. katastrophenartig.
Ka|ta|s|t|ro|phe (die, -, -n) (griech.) schweres Unglück. Katastrophenalarm; Katastrophendienst; Katastrophenfall; Katastrophengebiet; Katastrophenmedizin; Katastrophismus.
Ka|ta|s|t|ro|phen|schutz (der, -es, kein Plural) (griech.) Maßnahmen zur Gefahrenabwehr und Schadensbekämpfung.
Ka|ta|s|t|ro|phen|the|o|rie (die, -, kein Plural) (griech.) aus der Mathematik und Physik übernommene Theorie, nach der die Unterschiede zwischen Fauna und Flora durch Katastrophen bewirkt wurden.
Ka|ta|to|nie (die, -, -n) (griech.) Schizophrenie; Erregungs- und Spannungszustand mit abnormem motorischem Verhalten (Med.).
ka|ta|to|nisch (Adj.) (griech.) in einem Erregungs- und Spannungszustand befindlich (Med.).
Ka|te (die, -, -n) (nordd.) Hütte.
Ka|te|che|se (die, -, -n) (griech.) Religionslehre.
Ka|te|chet (der, -en, -en) (griech.) christlicher Religionslehrer. Katechetin.
Ka|te|che|tik (die, -, kein Plural) (griech.) Lehre von der christlichen Unterweisung. Katechisation.
ka|te|chi|sie|ren (V.) religiösen Unterricht erteilen. katechetisch
Ka|te|chis|mus (der, -, -is|men) (griech.) kleines religiöses Lehrbuch in Frage und Antwort.
Ka|te|chist (der, -en, -en) (griech.) Gehilfe in den katholischen Missionsgebieten. katechistisch.
Ka|te|chu|me|nat (das, -s, -e) (griech.) vorbereitender Unterricht für die Erwachsenentaufe.
Ka|te|chu|me|ne (der, -n, -n) (griech.) Konfirmand. Katechumenenunterricht.
ka|te|go|ri|al (Adj.) (griech.) nach Kategorien geordnet.
Ka|te|go|rie (die, -, -n) (griech.) Begriffsklasse; Begriffsart.
ka|te|go|risch (Adj.) (lat.) unbedingt gültig; energisch. Er lehnte das Ansinnen kategorisch ab. der kategorische Imperativ.
ka|te|go|ri|sie|ren (V.) (griech.) nach Kategorien ordnen.
Ka|ter (der, -s, -) 1. männliche Katze; 2. Alkoholnachwirkung.
Ka|ter|früh|stück (das, -s, -e) (ugs.) Frühstück nach einer durchzechten Nacht.
Ka|ter|idee (die, -, ide|en) (ugs.) verrückte Idee.
Ka|ter|stim|mung (die, -, -en) (ugs.) trostlose Stimmung.
kat|e|xo|chen (Adj.) im eigentlichen Sinne; beispielhaft.
Kat|gut (das, -s, kein Plural) (engl.) Faden zum Vernähen von Operationswunden (der sich im Körper auflöst).
kath. (Abk.) **kath**olisch.
Ka|thar|sis (die, -, kein Plural) (griech.) seelische Reinigung; Läuterung.
ka|thar|tisch (Adj.) die läuternde Wirkung einer Tragödie.
Ka|the|der (der/das, -s, -) (griech.) Pult; Kanzel.
Ka|the|der|blü|te (die, -, -n) (griech.) Stilblüte.
Ka|the|der|weis|heit (die, -, -en) (griech.) theoretische Ansicht ohne praktischen Nutzen.
Ka|the|d|ra|le (die, -, -n) (griech.) Kirche; Bischofskirche.
Ka|the|d|ral|ent|schei|dung (die, -, -en) päpstliche Entscheidung.
Ka|the|d|ral|glas (das, -es, -glä|ser) gewalztes Gussglas.
Ka|the|d|ral|schu|le (die, -, -n) Domschule.
Ka|the|te (die, -, -n) (griech.) jede der Seiten, die im rechtwinkligen Dreieck den rechten Winkel bilden.
Ka|the|ter (der, -s, -) (griech.) Einführröhrchen in Hohlorgane.
ka|the|te|ri|sie|ren (V.) kathetern (Med.).
ka|the|tern (V.) ein Röhrchen in ein Hohlorgan einführen.
Ka|tho|de (die, -, -n) (griech.) Minuspol (Elektrode).
Ka|tho|den|strah|len (der, -s, nur Plural) die von der Kathode ausgehenden, aus Elektronen bestehenden Strahlen. Kathodenzerstäubung; kathodisch.
Ka|tho|lik (der, -en, -en) (griech.) Angehöriger der katholischen Glaubensgemeinschaft. Katholikin; Katholikentag.
Ka|tho|li|kos (der, -, kein Plural) (griech.) Titel des Oberhauptes einiger Ostkirchen.
ka|tho|lisch (Adj.) (Abk.: kath.) 1. allgemein; das Ganze betreffend; 2. dem katholischen Glauben angehörend.
ka|tho|li|sie|ren (V.) zum katholischen Glauben bekehren.
Ka|tho|li|zis|mus (der, -, kein Plural) (griech.) Lehre des katholischen Glaubens.
Ka|tho|li|zi|tät (die, -, kein Plural) Rechtgläubigkeit nach dem Verständnis der katholischen Kirche.
ka|ti|li|na|risch (Adj.) (lat.) unberechenbar.
Kat|ion (das, -s, -en) (griech.) positives Ion.
Kät|ner (der, -s, -) (nordd.) Kleinbauer; Tagelöhner; Besitzer einer Kate.
ka|to|nisch (Adj.) (lat.) sittenstreng.
Ka|t|op|t|rik (die, -, kein Plural) Wissenschaft von der Spiegelreflexion.
Kat|ta (der, -s, -) makiartiger Halbaffe in Madagaskar.
Katt|an|ker (der, -s, -) Hilfsanker.
kat|ten (V.) hochziehen.
Kat|tun (der, -s, -e) (arab.) dünner Baumwollstoff.
kat|tu|nen (Adj.) aus Kattun hergestellt.
Kat|tun|hemd (das, -es, -en) Oberhemd aus dünnem Baumwollstoff.
katz|bal|gen (V., refl.) (ugs.) sich necken. Sie haben sich gekatzbalgt.
Katz|bal|ge|rei (die, -, -en) freundschaftliche Balgerei; Neckerei.
katz|bu|ckeln (V.) (ugs.) unterwürfig schmeicheln.
Kätz|chen (das, -s, -) 1. kleine Katze; 2. hängende männliche Blütenstände verschiedener Pflanzen.
Kat|ze (die, -, -n) Haustier. Das war alles für die Katz. (ugs.) (Es war umsonst.). Katz und Maus spielen (ugs.) (hinhalten); wie Hund und Katze sein (ugs.) (verfeindet sein); die Katze aus dem Sack lassen (ugs.) (die Dinge offen darlegen); die Katze im Sack

kaufen (ugs.) (etwas unbesehen kaufen). Die Katze lässt das Mausen nicht. (ugs.) (Eine bestimmte Verhaltensweise verliert sich nicht.). In der Nacht sind alle Katzen grau. (ugs.) (Es kommt nicht auf die Unterschiede an.). Kätzchen; Katzendreck; Katzenfell; katzengleich; katzenhaft.
Kat'zel'ma'cher (der, -s, -) (ital.) (südd.) zwielichtiger Mensch; Betrüger.
Kat'zen'au'ge (das, -s, -n) 1. Quarzkristalle mit Einschlüssen von Asbestfasern; 2. facettierte Linse, als Rückstrahler verwendet.
Kat'zen'bu'ckel 1. (der, -s, kein Plural) höchster Berg im Odenwald; 2. (der, -s, -) krummer Rücken.
kat'zen'freund'lich (Adj.) (ugs.) heuchlerisch; schmeichlerisch.
Kat'zen'gold (das, -es, kein Plural) goldglänzender Glimmer (Verwitterungsstufe).
Kat'zen'jam'mer (der, -s, kein Plural) (ugs.) Unbehagen nach übermäßigem Alkoholgenuss; Ernüchterung nach übergroßer Freude.
Kat'zen'kraut (das, -s, -kräu'ter) verschiedene Pflanzen wie Baldrian, Schafgarbe usw.
Kat'zen'mu'sik (die, -, kein Plural) (ugs.) falsch und laut klingende Musik.
Kat'zen'pföt'chen (das, -s, -) Gattung der Korbblütler.
Kat'zen'sprung (der, -s, kein Plural) (ugs.) kurze Entfernung. Das Haus liegt nur einen Katzensprung von uns entfernt.
Kat'zen'wä'sche (die, -, kein Plural) (ugs.) sehr schnelle, oberflächliche Körperpflege.
Kat'zen'zun'ge (die, -, -n) Schokoladenstückchen in Form einer Katzenzunge.
Kau'der'welsch (das, -, kein Plural) unverständliche, verworrene Ausdrucksweise.
kau'der'welsch (Adj.) unverständlich; verworren.
kau'der'wel'schen (V.) unverständlich; verworren reden.
kau'en (V.) zerbeißen; essen. Kaubewegung; Kaumuskel; Kautabak; Kauwerkzeuge.
Kauf (der, -es, Käu'fe) Erwerb. etwas in Kauf nehmen (etwas Unvermeidliches hinnehmen). Kaufpreis; Kaufvertrag; Kaufwert.
kau'fen (V.) erwerben. Den werde ich mir kaufen! (Den werde ich zur Rede stellen!). Dafür kann ich mir nichts kaufen. (Das hat keinen Sinn für mich.). kaufenswert.
Käu'fer (der, -s, -) jemand, der einen Gegenstand erwirbt.
käuf'lich (Adj.) 1. zu erwerben. Dieses Bild ist käuflich. 2. bestechlich sein. Der Minister war käuflich, deswegen musste er zurücktreten.
Kauf'haus (das, -es, -häu'ser) 1. Warenhaus; 2. Handelshaus.
Kauf'kraft (die, -, kein Plural) Stärke einer Währung. Liquidität.
kauf'kräf'tig (Adj.) wohlhabend.
Kauf'lust (die, -, kein Plural) Wunsch, etwas zu kaufen. kauflustig.
Kauf'mann (der, -s, Plural: -leu'te!) 1. Handeltreibender; 2. (nordd.) Lebensmittelhändler. Ich gehe heute zum Kaufmann, um Nudeln zu kaufen.
kauf'män'nisch (Adj.) dem Kaufmannsstand zugehörig.
Kauf'manns'spra'che (die, -, kein Plural) trockener, sachlicher Sprachstil.
Kauf'zwang (der, -es, kein Plural) Verpflichtung zum Kauf.
Kau'gum'mi (der, -s, -s) Kaumasse. Kaugummiautomat.
Kau'ka'si'er (der, -s, -) Einwohner des Kaukasus.
kau'ka'sisch (Adj.) zum Kaukasus gehörig.
Kaul'barsch (der, -es, -e) Fisch.
Kau'le (die, -, -n) (lok.) Grube; Loch.
kau'li'flor (Adj.) (griech.-lat.) unmittelbar am Stamm oder Ast ansetzend (von Blüten).
Kaul'quap'pe (die, -, -n) Froschlarve.
kaum (Adv.) fast nicht; schwerlich. *Beachte:* Wenn »kaum« einen Nebensatz einleitet, wird es mit Komma abgetrennt! *Aber:* Zwischen »kaum« und »dass« steht nur dann ein Komma, wenn »kaum« besonders betont werden soll! Kaum(,) dass die beiden zusammentrafen, fingen sie an sich zu streiten. *Wichtig:* Auf jeden Fall steht das Komma vor dem »dass«, wenn »dass« einen Nebensatz einleitet! Ich glaube kaum, dass ich vor Sonntag zurück bin.
Kau'ma'zit (der, -s, -e) (griech.) Braunkohlenkoks.
Kau'pe'lei (die, -, -en) (lok.) Tauschhandel.
kau'peln (V.) (lok.) tauschen; handeln.
Kau'ri (der, -s, -s) (Hindi) Porzellanschnecke. Kaurimuschel; Kaurischnecke.
kau'sal (Adj.) (lat.) ursächlich; begründend. Kausalbezeichnung.
Kau'sal'ge'setz (das, -es, kein Plural) Grundsatz vom Zusammenhang von Ursache und Wirkung, Kausalzusammenhang.
Kau's'al'gie (die, -, -n) brennender, durch Nervenverletzung hervorgerufener Schmerz.
Kau'sa'li'tät (die, -, kein Plural) Prinzip, nach dem jede Wirkung eine Ursache hat (Philos.). Kausalitätsprinzip; Kausalprinzip.
Kau'sal'ne'xus (der, -, kein Plural) (lat.) Kausalzusammenhang.
Kau'sal'satz (der, -es, -sät'ze) (lat.) (gramm.) Umstandssatz des Grundes. Kausalkette.
kau'sa'tiv (Adj.) bewirkend.
Kau'sa'tiv (das, -s, -e) (gramm.) bewirkendes Verb. Kausativum.
Kaus'tik (die, -, kein Plural) 1. Kauterisation; 2. Brennfläche. Kaustikum.
kaus'tisch (Adj.) (griech.) 1. ätzend; 2. spöttisch; von ätzendem Spott.
Kau'ta'bak (der, -s, -e) besonders präparierter kaubar gemachter, schwerer Tabak.
Kau'ter (der, -s, -) (griech.) Instrument zum Ausbrennen von Gewebe. Glühbrenner (in der Medizin)
Kau'te'ri'sa'ti'on (die, -, -en) in der Medizin das Ausbrennen oder Ätzen von Gewebe.
kau'te'ri'sie'ren (V.) ätzen; ausbrennen.
Kau'te'ri'um (das, -s, -ien) Ätzmittel.
Kau'ti'on (die, -, -ti'o'nen) (lat.) Sicherheitsleistung; Bürgschaft. Kautionssumme.
kau'ti'ons'fä'hig (Adj.) bürgfähig.
Kau't'schuk (der, -s, -e) (span.) Rohstoff für die Gummiherstellung.
Kau't'schuk'milch (die, -, kein Plural) Milchsaft verschiedener tropischer Pflanzen.
Kau't'schuk'pa'ra'graf (*auch:* Kaut'schukpa'ra'graph) (der, -en, -en) (span.) (ugs.) Gesetzesbestimmung, die großzügige Auslegungen zulässt (Gummiparagraf).

Kau|t|schuk|plan|ta|ge (die, -, -n) (span.-franz.) Anbaufeld für Kautschukpflanzen.
kau|t|schu|tie|ren (V.) (span.) 1. mit Kautschuk überziehen; 2. aus Kautschuk herstellen.
Kau|werk|zeu|ge (die, -, nur Plural) alle am Kauvorgang beteiligten Körperteile (Gebiss, Kiefer, Kaumuskeln).
Kauz (der, -es, Käu|ze) 1. Eule; 2. Sonderling. Käuzchen; kauzig.
Ka|va|lier (der, -s, -e) (franz.) 1. höflicher Mann; 2. Edelmann; Reiter; Ritter. kavaliermäßig.
Ka|va|liers|de|likt (das, -es, -e) (ugs.) ein Vergehen, das unter bestimmten Voraussetzungen entschuldbar, also nicht strafbar ist.
Ka|va|liers|start (der, -es, kein Plural) (ugs.) schnelles Anfahren beim Auto oder Motorrad.
Ka|val|ka|de (die, -, -n) (franz.) Reiterzug; festlicher Reiteraufzug; Pferdeschau.
Ka|val|le|rie (die, -, kein Plural) (franz.) Reiterei; Reitertruppe.
Ka|val|le|rist (der, -en, -en) Mitglied der Kavallerie.
Ka|va|ti|ne (die, -, -n) (ital.) kurze Arie; liedhafter Instrumentalsatz.
Ka|ve|ling (die, -, -en) (niederl.) Mindestabnahme (Auktion).
Ka|ver|ne (die, -, -n) (lat.) 1. Hohlraum; Hohlraumbildung in Organen; 2. Höhle. Kavernenkraftwerk; Kavität.
Ka|ver|nom (das, -s, -e) (lat.) medizinischer Ausdruck für Blutschwamm.
ka|ver|nös (Adj.) mit Hohlräumen durchsetzt (Med.).
Ka|vi|ar (der, -s, -e) (türk.) Störeier.
Ka|vi|tät (die, -, -en) (lat.) Hohlraum (Med.).
Ka|vi|ta|ti|on (die, -, kein Plural) (lat.) in der Physik Hohlraumbildung; Hohlsog.
Ka|wa (die, -, kein Plural) berauschendes Getränk (Polynesien).
Ka|wa|pfef|fer (der, -s, kein Plural) Wurzeln vom Kawastrauch.
Ka|wa|strauch (der, -es, -sträu|cher) in Polynesien angesiedelter Strauch.
Ka|wass(e) (der, -en, -was|sen) (arab.-türk.) Polizist. Ehrenwache (im vorderen Orient).
Ka|wi (das, -, kein Plural) (sanskr.) Kawisprache (alte Schriftsprache auf Java).
KByte (Abk.) **Kilobyte** (Maßeinheit, EDV).
kcal. (Abk.) **Ki**lo**kal**orie.
Ke|bab (*auch:* Ke|bap) (der, -s, kein Plural) (türk.) Fleischspieß.
Kebs|weib (das, -es, -er) Nebenfrau. Kebsfrau; Kebsehe.
keck (Adj.) frech; munter. Keckheit.
Kee|per (der, -s, -) (engl.) Torhüter.
Keep|smi|ling (das, -, kein Plural) (engl.) Optimismus. heitere und gelassene Lebensanschauung.
Kees (das, -es, -e) (südd.) Gletscher.
Ke|fir (der, -s, kein Plural) (türk.) Dickmilch.
Ke|gel (der, -s, -) 1. Konus; 2. Holzfigur; 3. Größe einer Drucktype; 4. uneheliches Kind (veraltet). mit Kind und Kegel (ugs.) (mit der ganzen Familie).
ke|gel|för|mig (Adj.) in Form eines Kegels. keg(e)lig.
ke|geln (V.) 1. den Kegelsport ausüben; 2. umfallen.
Ke|gel|schei|ben (das, -s, kein Plural) (südd./österr.) Kegelspiel. *Aber:* Kegel scheiben.
Ke|gel|schie|ben (das, -s, kein Plural) Kegelspiel. *Aber:* Kegel schieben. ich schob Kegel; er hat Kegel geschoben.
Ke|gel|schnitt (der, -s, -e) geometrische Figur. Kegelmantel.
Ke|gel|sport (der, -s, kein Plural) Einzel- oder Mannschaftssport. Kegelbahn; Kegelbruder; Kegelklub; Kegelkugel.
Keg|ler (der, -s, -) jemand, der den Kegelsport betreibt. Keglerin.
Keh|le (die, -, -n) 1. Gurgel; vorderer Teil des Halses. Er ging ihm an die Kehle. (ugs.) (Er bedrohte ihn.). aus voller Kehle singen (ugs.) (mit lauter Stimme singen); etwas in die falsche Kehle bekommen (ugs.) (etwas übel nehmen). 2. jede Biegungshöhle am Körper; 3. röhrenförmige Vertiefung.
keh|len (V.) etwas aushöhlen.
keh|lig (Adj.) gepresste, kehlige Stimme.
Kehl|kopf (der, -es, -köp|fe) Stimmbildungsorgan. Kehlkopfkatarrh; Kehlkopfkrebs; Kehlkopflaut.
Kehl|kopf|mi|k|ro|fon (*auch:* Kehl|kopf|mi|k|ro|phon) (das, -s, -e) Stimmverstärker für Kehlkopfverletzte.
Kehl|kopf|spie|gel (der, -s, -) medizinisches Instrument zur Kehlkopfuntersuchung. Kehlkopfspiegelung.
Kehr (der, -es, -e) (schweiz.) das tägliche Aufräumen.
Kehr|aus (der, -, kein Plural) letzter Tanz; letzte Faschingsveranstaltung.
keh|ren (V.) 1. fegen; 2. wenden; umwenden. sich nicht an etwas kehren (ugs.) (sich nicht um etwas kümmern). Kehrbesen; Kehrmaschine.
Keh|re (die, -, -n) 1. Kurve; Wegbiegung; 2. Geräteabsprung beim Turnen.
Keh|richt (der, -es, kein Plural) zusammengetragener, zusammengekehrter Abfall. Das geht dich einen feuchten Kehricht an! (ugs.) (Das geht dich überhaupt nichts an!). Kehrichteimer; Kehrichtschaufel.
Kehr|reim (der, -s, -e) Refrain.
Kehr|schau|fel (die, -, -n) Kehrrichtschaufel; Kehrblech.
Kehr|sei|te (die, -, -n) 1. Rückseite; 2. (ugs.) weniger erfreuliche Seite einer Angelegenheit. Das ist die Kehrseite der Medaille.
kehrt|ma|chen (V.) umkehren.
Kehrt|wen|dung (die, -, -en) Wendung um 180 Grad.
Kehr|wert (der, -es, -e) Wert eines Bruches, der durch Vertauschen von Zähler und Nenner entsteht (Math.).
kei|fen (V.) schimpfen. Keiferei.
Keil (der, -s, -e) 1. Spaltgerät; prismaartig geformtes Gerät zum Spalten oder Verbinden. Sie treibt einen Keil zwischen die jungen Leute (ugs.) (Sie versucht, sie auseinanderzubringen.). 2. Zwickel.
Keil|bein (das, -s, -e) 1. in der Schädelbasis eingekeilter Knochen; 2. Fußwirbelknochen.
Kei|le (die, -e, kein Plural) (ugs.) Prügel bekommen. Er bezog tüchtig Keile. (Er wurde tüchtig verprügelt.).
kei|len (V.) spalten; (V., refl.) sich prügeln.
Kei|ler (der, -s, -) männliches Wildschwein.
Kei|le|rei (die, -, kein Plural) (ugs.) Prügelei.
keil|för|mig (Adj.) spitz zulaufend wie ein Keil. Keilabsatz; Keilhose; Keilpolster.

Keil|schrift (die, -, kein Plural) alte Schriftart des Orients, benannt nach der typischen Form der Buchstaben.
Keim (der, -s, -e) 1. Trieb; Organismus in einem frühen Entwicklungsstadium; 2. Krankheitserreger; 3. Anfang. im Keim ersticken (etwas nicht zur Entfaltung bringen lassen). Keimblatt; Keimfähigkeit; Keimling.
Keim|drü|se (die, -, -n) Geschlechtsdrüse.
kei|men (V.) zu wachsen beginnen. keimfähig.
keim|frei (Adj.) steril.
Keim|plas|ma (das, -s, -plas|men) Träger der Erbanlagen.
keim|tö|tend (Adj.) Krankheitserreger abtötend.
Keim|trä|ger (der, -s, -) Keimausscheider.
Keim|zel|le (die, -, -n) 1. Ei- oder Samenzelle; 2. Ursprung. Das Kloster wurde zur Keimzelle der Christianisierung.
kein (Pron., indef.) nicht ein; niemand. in keinem Fall; auf keinen Fall; keiner von beiden; keinerlei; keinerseits; keinesfalls; keineswegs; einmal ist keinmal, *aber:* kein einziges Mal; er war keiner, der gleich aufgibt; es kommt kein anderer in Frage als er; in keinster Weise; ich habe keinen/nicht einen Pfennig.
Keks (der/das, -/-es, -/-e) (engl.) Gebäck. Keksdose.
Kelch (der, -s, -e) 1. Trinkgefäß; 2. Blütenhülle. ein bitterer Kelch (schweres Schicksal). Kelchblatt; Kelchglas; kelchförmig.
Ke|lim (der, -s, -s) (türk.) Webteppich.
Kel|le (die, -, -n) 1. Maurerwerkzeug; 2. Schöpflöffel. Suppenkelle.
Kel|ler (der, -s, -) 1. Untergeschoss; 2. Aufbewahrungsort im Untergeschoss. Kellerabteil; Kellerfenster; Kellergeschoss; Kellertreppe; Kellerschlüssel; Kellertür; Kellerwohnung.
Kel|ler|as|sel (die, -, -n) ein Kerbtier.
Kel|le|rei (die, -, -en) Weingut; Weinhandlung.
Kel|ler|kind (das, -es, -er) Kind, das in armseligen Verhältnissen lebt.
Kel|ler|meis|ter (der, -s, -) Verwalter eines Weinkellers.
Kel|ler|wech|sel (der, -s, -) Wechsel auf nicht vorhandene oder zahlungsunfähige Personen.
Kell|ner (der, -s, -) männliche Bedienung. Kellnerin; kellnern.
Kelt (der, -s, -e) (engl.) Wollgewebe.
Kel|te (der, -n, -n) Angehöriger einer alten Völkergruppe in Mittel-, West- und Südeuropa.
Kel|ter (die, -, -n) Fruchtpresse für Weintrauben.
Kel|te|rer (der, -s, -) jemand, der Weintrauben presst. Kelterei.
kel|tern (V.) Wein pressen.
kel|tisch (Adj.) zu den Kelten gehörig.
Kel|tis|tik (die, -, kein Plural) = Keltologie.
Kel|to|lo|ge (der, -n, -n) Wissenschaftler der Keltologie.
Kel|to|lo|gie (die, -, kein Plural) Wissenschaft von den keltischen Sprachen und Literaturen.
Kel|vin (das, -s, -) Maßeinheit (Temperatur; Abk.: K). Kelvinskala.
Ke|ma|lis|mus (der, -, kein Plural) westlich orientierte politische Richtung (Türkei). Kemalist.
Ke|me|na|te (die, -, -n) Frauengemach.
Ken (das, -, -) (jap.) Verwaltungsbezirk.
Ken|do (das, -, kein Plural) (jap.) Fechtkunst.
Ken|do|gi (das, -/-s, kein Plural) vorschriftsmäßige Wettkampfkleidung beim Kendo.
Ke|nia (ohne Art., -s, kein Plural) afrikanischer Staat.
Ke|ni|a|ner (der, -s, -) Einwohner Kenias.
ke|ni|a|nisch (Adj.) zu Kenia gehörend.
Ken|nel (der, -s, -) (engl.) Zwinger für die Hunde der Parforcejagd.
ken|nen (V., kannte, hat gekannt) bekannt sein mit; wissen. sich erkenntlich zeigen (danken); kennengelernt (*auch:* kennen gelernt).
ken|nen|ler|nen (*auch:* ken|nen ler|nen) (V., lernte kennen, habe kennengelernt/kennen gelernt) die Bekanntschaft mit jemandem oder etwas machen.
Ken|ner (der, -s, -) Fachkundiger. Kennerblick; Kennermiene; kennerisch.
Kenn|kar|te (die, -, -n) Personalausweis.
kennt|lich (Adv.) erkennbar. etwas kenntlich machen (etwas markieren); Kenntlichmachung.
Kenn|mar|ke (die, -, -n) Identifizierungsplakette.
Kennt|nis (die, -, -nis|se) Wissen; Erfahrung. etwas zur Kenntnis nehmen; jmd. in Kenntnis setzen; gute Kenntnisse in Fremdsprachen. Kenntnisnahme; kenntnisreich.
Ken|nung (die, -, -en) Merkmal.
Kenn|wort (das, -es, -wör|ter) ein Wort als Kennzeichen. Kenndaten; Kennfarbe.
Kenn|zahl (die, -, -en) eine Zahl als Kennung. Kennziffer.
Kenn|zei|chen (das, -s, -) Erkennungsmerkmal; Unterscheidungsmerkmal.
kenn|zeich|nen (V.) markieren; charakterisieren. Kennzeichnung.
kenn|zeich|nend (Adj.) bezeichnend.
kenn|zeich|nen|der|wei|se (Adv.) bezeichnenderweise.
Ke|no|taph (*auch:* Ze|no|taph) (der, -s, -e) (griech.) Gedächtnismal für einen an einem anderen Ort Verstorbenen.
Ken|taur (*auch:* Zen|taur) (der, -en, -en) (griech.) Sagengestalt: halb Pferd, halb Mensch.
ken|tern (V., ist) im Wasser umkippen. Das Schiff kenterte. Kenterung.
Ke|ra|mik 1. (die, -, -en) (griech.) Töpfereierzeugnis; Tonwaren; 2. (die, -, kein Plural) Sammelwort für Keramik. Er befasst sich mit Keramik. Keramikfarben; Keramikofen; Keramikwaren.
Ke|ra|mi|ker/in (der/die, -s/-, -/in|nen) Sammelbegriff für Berufe, die mit Keramik arbeiten.
ke|ra|misch (Adj.) aus Ton.
Ke|ra|tin (das, -s, -e) (griech.) Hornstoff.
Ke|ra|ti|tis (die, -, -ti|den) (griech.) Hornhautentzündung (des Auges).
Ke|ra|tom (das, -s, -e) (griech.) hornige Geschwulst der Haut.
Ke|ra|to|se (die, -, -n) (griech.) krankhafte Verhornung der Haut.
Kerb (die, -, -en) (lok.) Kirchweih.
Ker|be (die, -, -n) Einschnitt. Er haut immer in die gleiche Kerbe. (ugs.) (Er verfolgt immer das gleiche Ziel.). gekerbt.
Ker|bel (der, -s, kein Plural) Gewürzpflanze. Kerbelkraut.
ker|ben (V.) einschneiden; mit Kerben versehen.

Kerb|holz (das, -, -) Holzstab, auf dem bis zum Mittelalter Schuldner und Gläubiger durch Kerben Waren und Dienstleistungen abrechneten. (Nur in der Wendung:) etwas auf dem Kerbholz (dem Gewissen) haben (ugs.) (etwas verbrochen haben, etwas ausgefressen haben).
Kerb|schnitt (der, -es, -e) Holzverzierung; Schnitztechnik.
Kerb|schnit|ze|rei (die, -, -en) Holzschnitzerei.
Kerb|tier (das, -es, -e) ein Insekt.
Ker|bung (die, -, en) Einschnitt.
Kerf (der, -s, -e) Insekt; Kerbtier.
Ker|ker (der, -s, -) Gefängnis.
Ker|ker|meis|ter (der, -s, -) Gefängnisaufseher (veraltet).
Ker|ker|stra|fe (die, -, -n) Haftstrafe (veraltet).
Kerl (der, -s, -e) Mann; Junge. Ein großer Kerl!
Kerl|chen (das, -s, -) Kosewort. Ein süßes Kerlchen!
Ker|mes (die, -, kein Plural) roter Farbstoff der Schildlaus.
Ker|mes|bee|re (die, -, -n) (arab.) eine Pflanze, die roten Farbstoff liefert.
Ker|mes|ei|che (die, -, -n) (arab.) Eichenart im Mittelmeergebiet.
Ker|mes|schild|laus (die, -, -läu|se) (arab.) eine Schildlausart, die auf Kermeseichen lebt und aus der roter Farbstoff gewonnen wird.
Kern (der, -s, -e) 1. innerer Teil; Inneres. In seiner rauen Schale steckt ein weicher Kern. (ugs.) (Hinter seiner Brummigkeit versteckt sich eine weiche Seele.). 2. Fruchtstein; 3. das Wesentliche; 4. Mittelpunkt. Kernfrage; Kernfrucht; Kerngedanke; Kerngehäuse; Kernholz; Kernobst; Kernproblem; Kernpunkt; Kernspruch; Kernstück; Kerntruppe; kernlos.
Kern|bei|ßer (der, -s, -) Vogel.
Kern|ener|gie (die, -, -n) Atomenergie. Kernexplosion; Kernforschung; Kernfusion; Kernkraftgegner; Kernkraftwerk; Kernphysik; Kernreaktion; Kernreaktor; Kernspaltung; Kerntechnik; Kernteilung; Kernverschmelzung; Kernwaffen; kernphysikalisch; kernwaffenfrei.
kern|ge|sund (Adj.) vollkommen gesund.
ker|nig (Adj.) kräftig; markig.
Kern|sei|fe (die, -, -n) Natronseife.
Ke|ro|sin (das, -s, kein Plural) Treibstoff (Petroleum).
Ke|rub → Che|rub.
Ker|we (die, -, -n) (lok.) Kirchweih.
Ke|ryg|ma (das, -s, kein Plural) (griech.) Verkündigung (Evangelium). Adjektiv: kerygmatisch.
ke|ryg|ma|tisch (Adj.) (griech.) verkündigend; predigend.
Ker|ze (die, -, -n) 1. Lichtquelle; Wachslicht; Talglicht; 2. Turnübung. Kerzenbeleuchtung; Kerzenhalter; Kerzenlicht; Kerzenschein; Kerzenständer, Kerzenwachs; Kerzenzieher; kerzengerade.
Ke|scher (der, -s, -) Fangnetz.
kess (Adj; kesser, kesseste) frech; flott.
Kes|sel (der, -s, -) 1. Flüssigkeitsbehälter; 2. Tal; 3. Umzingelung. Kesselblech; Kesselboden; Kesselexplosion; Kesselfleisch; Kesselflicker; Kesselhaus; Kesselschmied.
Kes|sel|jagd (die, -, -en) Treibjagd.
Kes|sel|pau|ke (die, -, -n) Schlaginstrument.
Kes|sel|stein (der, -s, kein Plural) Kalkniederschlag in Töpfen.
Kes|sel|trei|ben (das, -s, kein Plural) 1. Treibjagd; 2. Verfolgung von jemandem. Die Zeitungen veranstalteten auf den Angeklagten ein richtiges Kesseltreiben.
Kes|sel|wa|gen (der, -s, -) Güterwagen mit Aufbau.
Ket|ch|up (*auch:* Ket|sch|up) (der/das, -, -s) Würzsoße. Tomatenketchup.
Ke|ton (das, -s, -e) chemische Verbindung. Ketonharz; Ketonsäure.
Ketsch (die, -, -en) (engl.) Segeljacht.
Ket|schua (*auch:* Que|chua) (das, -, kein Plural) Sprache eines südamerikanischen Indianervolkes in Peru.
Ket|schup (*auch:* Ketch|up) (der/das, -, -s) (engl.) Würzsoße. Tomatenketschup.
Kett|car (das, -s, -s) (engl.) Kinderfahrzeug.
Ket|te (die, -, -n) 1. Gliederband; 2. Schmuckstück; 3. Reihe. Kettenbrief; Kettenbruch; Kettenglied; Kettenhund; Kettenpanzer; Kettenrad; Kettenraucher/in; Kettenreaktion; Kettenschutz; Kettchen.
Ket|ten|blu|me (die, -, -n) Löwenzahn.
Ket|zer (der, -s, -) Häretiker; Abweichler. Ketzerei; Ketzergericht; Ketzerverfolgung; ketzerisch; ketzern.
keu|chen (V.) schwer atmen. Keuchhusten.
Keu|le (die, -, -n) 1. dicker Stock; 2. Turngerät; 3. Oberschenkel (Tiere). Keulenschlag; Keulenschwingen; chemische Keule; keulenförmig.
keu|len (V.) (an einer Seuche) erkrankte Tiere töten.
Keu|per (der, -s, kein Plural) Buntsandstein.
keusch (Adj.) schüchtern; enthaltsam.
Keusch|heit (die, -, kein Plural) Enthaltsamkeit. Keuschheitsgelübde; Keuschheitsgürtel.
Key|board (das, -s, -s) (engl.) elektronisches Tasteninstrument.
Key|boar|der (der, -s,-) (engl.) Keyboardspieler.
Kfz (Abk.) Kraftfahrzeug. Kfz-Steuer; Kfz-Brief; Kfz-Versicherung.
kg (Abk.) **K**ilo**g**ramm. 10-kg-Sack.
KG (Abk.) **K**ommandit**g**esellschaft.
KGaA (Abk.) **K**ommandit**g**esellschaft **a**uf **A**ktien.
KGB (der, -s, kein Plural) sowjetischer Geheimdienst.
kgl. (Abk.) **k**öni**gl**ich. *Beachte:* wird im Titel großgeschrieben! Kgl. Hofbäcker.
K-Grup|pe (die, -, -n) (Kurzw.) kommunistische Organisation (in der BRD).
k. g. V. (*auch:* kgV) (Abk.) **k**leinstes **g**emeinsames **V**ielfaches.
k. H. (*auch:* kh.) (Abk.) **k**urzer**h**and.
Khan (der, -s, -e) Herrschertitel. Khanat.
Khe|di|ve (der, -n, -n) (pers.-türk.) Titel für den Vizekönig von Ägypten (1867–1914).
Khmer (der, -, -) Angehöriger eines Volksstammes in Kambodscha. die Roten Khmer.
Kho|i|sa|ni|de (der, -n, -n) (afrikan.-nlat.) Angehöriger einer menschlichen Großrasse; Buschmann; Hottentotte.
kHz (Abk.) **K**ilo**h**ert**z**.
Kib|buz (der, -, -e/-im) (hebr.) Siedlung und Arbeitskollektiv (Israel). Kibbuznik.
Ki|bit|ka (die, -, -s) (russ.) 1. Jurte. 2. einfacher, überdachter russischer Bretterwagen oder Schlitten.

Ki|b|la (die, -, kein Plural) (arab.) die Richtung nach Mekka, in die sich die Moslems beim Gebet verneigen.
ki|chern (V.) leise lachen. Kicherei.
Ki|cher|erb|se (die, -, -n) Hülsenfrucht aus dem Mittelmeerraum und Asien.
Kick (der, -s, -s) (engl.) Tritt; Stoß.
Ki|cker (der, -s, -) Fußballspieler.
kic|ken (V.) (engl.) Fußball spielen.
Kick-down (*auch:* Kick|down) (der, -s, -s) (engl.) starkes Durchtreten des Gaspedals (Automatikgetriebe).
Kick-off (*auch:* Kick|off) (der, -s, -s) (engl.) Anstoß (beim Fußball; schweiz.).
Kick|star|ter (der, -s, -) Fußhebel als Anlasser (Motorrad).
Kick|xia (die, -, -xi|en) (niederl.-nlat.) ein westafrikanisches Hundsgiftgewächs, das Kautschuk liefert.
Kid 1. (das, -s, -s) (engl.) feines Leder von Kalb, Lamm, Zickel. 2. (das, -s, -s, meist Plural) Kind. Die Kids sind unterwegs.
kid|nap|pen (V.) (engl.) 1. ein Kind entführen; 2. allgemein Menschen rauben; entführen.
Kid|nap|per (der, -s, -) (engl.) Kindesentführer; Menschenräuber.
Kid|nap|ping (die, -s, kein Plural) (engl.) Kindesentführung; Menschenraub.
Kids (die, -, nur Plural) (engl.) (ugs.) Kinder; Jugendliche.
kie|big (Adj.) (nordd.) zänkisch; frech.
Kie|bitz (der, -es, -e) 1. Vogel; 2. Zuschauer beim Kartenspiel. Kiebitzei; kiebitzen.
Kie|fer 1. (die, -, -n) Nadelbaum. Kiefernholz; Kiefernwald; Kiefernzapfen; kiefern. 2. (der, -s, -) Gebissknochen. Ober- und Unterkiefer; Kieferanomalie; Kieferhöhle; Kieferhöhlenentzündung; Kieferknochen; Kieferorthopädie; Kiefersperre.
kie|ken (V.) (nordd.) schauen.
Kie|ker (der, -s, -) Ausguck. jemanden auf dem Kieker haben (ugs.) (es auf jemanden abgesehen haben, jemanden nicht leiden können).
Kiek|in|die|welt (der, -s, -s) (nordd.) kleines, wissbegieriges Kind; Unerfahrener.
Kiel (der, -s, -e) 1 mittlerer Balken des Schiffsrumpfs; 2. Schaft (Vogelfeder). Kielfeder; Kielraum.
Kiel|boot (das, -es, -e) Bootsform.
Kiel|li|nie (die, -, -ni|en) Fahrt- und Gefechtsordnung für Schiffe.
kiel|ho|len (V.) 1. ein Schiff an Land ziehen und es auf die Seite legen; 2. früher: schwere Strafe bei der Seefahrt.
kiel|oben (Adv.) mit dem Kiel nach oben.
Kiel|schwert (das, -es, -er) schwertförmige nach unten gerichtete Verlagerung des Kiels.
Kiel|was|ser (das, -s, kein Plural) Wasserspur, die ein fahrendes Schiff zieht.
Kie|me (die, -, -n) Atmungsorgan (Wassertiere). Kiemenatmung; Kiemenbogen; Kiemenflusskrebs; Kiemenspalte.
Kien (der, -s, kein Plural) Kiefernholz. Kienapfel; Kienholz; Kienspan; Kienzapfen; kienig.
Kies (der, -es, -e) 1. feines Gestein. 2. (ugs.) Geld. Kiesgrube; Kieshaufen; Kiesofen; Kiesweg; kiesig.
Kie|sel (der, -s, -) kleiner Stein. Kieselalge; Kieselerde; Kieselsäure; Kieselstein; kieseln.
Kiez (der, -es, -e) 1. Stadtteil. 2. Prostituiertengegend.
kif|fen (V.) (engl.) Haschisch rauchen.
Kif|fer (der, -s, -) Haschischraucher.
Ki|ke|ri|ki (das, -s, -s) Hahnenschrei. Der Hahn schreit kikeriki.
kil|le|kil|le (Interj.) (in der Wendung:) killekille machen (kitzeln).
kil|len (V.) (engl.) (ugs.) töten. Killer; Killersatellit.
Kiln (der, -s, -e) (engl.) Hochofen.
ki|lo.../Ki|lo... (griech.) tausend.../Tausend...; das Tausendfache.
Ki|lo|gramm (das, -s, -) (griech.) tausend Gramm (Abk.: kg). *Beachte:* Zehn Kilogramm frische/frischer Äpfel werden benötigt.
Ki|lo|hertz (das, -, -) tausend Hertz (Frequenz; Abk.: kHz).
Ki|lo|joule (das, -, -) tausend Joule.
Ki|lo|ka|lo|rie (die, -, -n) tausend Kalorien.
Ki|lo|me|ter (der, -s, -) tausend Meter (Abk.: km). Wir standen in einem Stau von acht Kilometern (*aber:* von acht Kilometer Länge). Nach fünf Kilometern (*aber:* in fünf Kilometer Entfernung) müsst ihr rechts abbiegen. Kilometergeld; Kilometergeldpauschale; Kilometermarke; Kilometerstand; Kilometerstein; Kilometertarif; Kilometerzähler; Stundenkilometer (Abk.: km/h); kilometerlang; kilometerweit.
Ki|lo|me|ter|fres|ser (der, -s, -) (ugs.) jemand, der viele Kilometer in kurzer Zeit mit dem Pkw fährt.
ki|lo|me|t|rie|ren (V.) (griech.) Kilometereinteilung an Straßen und Flüssen durchführen.
Ki|lo|me|t|rie|rung (die, -, -en) (griech.) Bezeichnung der Kilometer an Straßen und Flüssen.
ki|lo|me|t|risch (Adj.) in Kilometer eingeteilt.
Ki|lo|ohm (das, -, -) tausend Ohm (elektrischer Widerstand; Abk.: kΩ).
Ki|lo|volt (das, -s, -) tausend Volt (Abk.: kV). Kilovoltampere (Abk.: kVA).
Ki|lo|watt (das, -s, -) tausend Watt (Abk.: kW).
Ki|lo|watt|stun|de (die, -, -n) (Abk.: kWh). Einheit der elektrischen Arbeit.
Kilt (der, -s, -s) (engl.) Schottenrock.
Kimm (die, -, kein Plural) Horizontlinie zwischen Meer und Himmel.
Kim|mung (die, -, -n) Horizont; Luftspiegelung.
Kim|me (die, -, -n) 1. Kerbe; Falz; 2. dreieckiger Ausschnitt im Visier von Feuerwaffen. Kimmhobel.
Ki|mo|no (der, -s, -s) (jap.) weites Gewand.
Ki|mo|no|är|mel (der, -s, -) (jap.) angeschnittener, weiter Ärmel.
Ki|mo|no|blu|se (die, -, -n) (jap.) Bluse mit angeschnittenen, weiten Ärmeln.
Ki|nä|de (der, -n, -n) (griech.) Päderast.
Kind (das, -s/-es, -er) sehr junger Mensch; Säugling. an Kindes statt; von Kind auf; sie hat sich bei meiner Mutter lieb Kind gemacht (eingeschmeichelt); der Film ist für Kinder bis zu zehn Jahren/bis zehn Jahre nicht geeignet. Kinderarbeit; Kinderarzt; Kinderbuch; Kinderdorf; Kinderei; Kindererziehung; Kinderfest; Kindergarten; Kindergärtnerin; Kindergeld; Kindergottesdienst; Kinderheilkunde; Kinderheim; Kinderhort; Kinderkrankheit; Kinderkriegen; Kinderlähmung; Kinderlosigkeit; Kindermädchen; Kindermörder; Kinderschutz; Kindersprache; Kinderschwester; Kindersterblichkeit; Kinderwagen; Kindesraub; Kindheit; Kind-

lein; Kindlichkeit; Kindsmord; Kind(s)-taufe. Adjektive: kinderfeindlich; kinderfreundlich; kinderlieb; kinderlos; kinderreich.

Kind|bett (das, -es, kein Plural) Wochenbett. Kindbettfieber.

Kin|der|frau (die, -e, -en) Kinderbetreuerin; Babysitterin.

Kin|der|frei|be|trag (der, -es, -trä|ge) steuerliche Vergünstigung.

Kin|der|han|del (der, -s, kein Plural) illegale Adoptionsvermittlung.

Kin|der|la|den (der, -s, -lä|den) Kindergarten mit antiautoritärem Erziehungsstil.

kin|der|leicht (Adj.) sehr leicht.

Kin|der|mund (der, -es, kein Plural) kindliche Sprechweise. Kindermund tut Wahrheit kund.

Kin|der|por|no|gra|fie (*auch:* Kin|der|por|nogra|phie) (die, -, kein Plural) sexueller Missbrauch von Kindern für pornografische (*auch:* pornographische) Zwecke.

Kin|der|schreck (der, -s, kein Plural) Fantasiegestalten; böser Mann; Buhmann; Schreckgespenst; schwarzer Mann.

Kin|der|schu|he (die, -, nur Plural) (in der Wendung:) etwas steckt noch in den Kinderschuhen (ugs.) (eine Sache ist noch in den Anfängen, noch nicht ausgereift).

Kin|der|spiel 1. (das, -s, -e) Kinderspielzeug; 2. (das, - nur Plural) Für Sie ist das doch ein Kinderspiel! (Für Sie ist das doch ganz leicht!).

Kin|der|stu|be (die, -, kein Plural) Benehmen. Er hat keine gute Kinderstube. (Er hat keine guten Umgangsformen.).

Kin|der|zim|mer (das, -s, -) kindgerecht eingerichtetes Zimmer.

Kin|des|al|ter (das, -s, kein Plural) das Alter bis zum Eintritt der Pubertät.

Kin|des|an|nah|me (die, -, -n) Adoption.

Kin|des|bei|ne (die, -, nur Plural) (in der Wendung:) von Kindesbeinen an (ugs.) (von früher Jugend an).

Kin|des|kind (das, -es, -er) Enkel.

Kin|des|miss|hand|lung (die, -, -en) Folter von Kindern; körperliche Gewalt gegenüber Kindern.

Kin|des|tö|tung (die, -e, -en) vorsätzliche Tötung eines Neugeborenen.

Kind|frau (die, -, en) eine kindlich gebliebene Frau.

kind|ge|mäß (Adj.) für ein Kind geeignet.

kind|haft (Adj.) kindlich.

Kind|heit (die, -, kein Plural) Kindesalter; Kinderzeit. Sie hatte eine glückliche Kindheit.

kin|disch (Adj.) albern; unreif.

kind|lich (Adj.) naiv; unbefangen.

Kinds|kopf (der, -es, -köpfe) alberner Mensch.

kinds|köp|fig (Adj.) albern; kindisch.

Kinds|pech (das, -s, kein Plural) Dickdarminhalt des Neugeborenen.

Ki|ne|ma|thek (die, -, -en) (griech.) Filmarchiv.

Ki|ne|ma|tik (die, -, kein Plural) (griech.) Bewegungslehre. Adjektiv: kinematisch.

Ki|ne|ma|to|graf (*auch:* Ki|ne|ma|to|graph) (der, -en, -en) (griech.) Filmapparat.

Ki|ne|ma|to|gra|fie (*auch:* Ki|ne|ma|to|gra|phie) (die, -, kein Plural) (griech.) Filmtechnik; Filmwissenschaft.

ki|ne|ma|to|gra|fisch (*auch:* ki|ne|ma|to|gra|phisch) (Adj.) filmtechnisch; filmwissenschaftlich.

Ki|ne|tik (die, -, kein Plural) (griech.) Bewegungslehre (Physik). Adjektiv: kinetisch.

King|size (das, -, kein Plural) (engl.) Großformat.

Kin|ker|litz|chen (die, nur Plural) (franz.) Unsinn; Nichtigkeit.

Kinn (das, -s, -e) Teil des Unterkiefers. Kinnhaken; Kinnlade; Kinnriemen.

Kinn|ba|cke (die, -, kein Plural) Ober- und Unterkiefer.

Kinn|ba|cken (der, -s, kein Plural) Kinnbacke; Kinnlade. Kinnbackenbart.

Ki|no (das, -s, -s) Filmtheater; Filmvorstellung. Kinobesucher; Kinofilm; Kinokarte; Kinoprogramm; Kinoreklame; Kinostück.

Kin|topp (der/das, -s, -s/-töp|pe) (ugs.) Kino; Film.

Ki|osk (der, -s, -e) (pers.) Verkaufsstand. Zeitungskiosk; Kioskverkäuferin.

Kipf (der, -s, -e) (südd.) Brotlaib.

Kip|ferl (das, -s, -n) (südd.) Gebäck.

Kip|pe (die, -, -n) 1. Kante. etwas steht auf der Kippe (droht umzufallen, ist gefährdet). 2. Turnübung; 3. (ugs.) Zigarettenstummel; 4. Müllabladeplatz.

kip|pen (V.) 1. umfallen; umstürzen; Übergewicht bekommen. Vor Schreck bin ich beinahe aus den Pantinen gekippt. 2. (ugs.) etwas schnell heruntertrinken. Er kippte einen Schnaps. Kipper; Kippfenster; Kippkarren; Kipplader; Kipplore; Kippschalter; Kippschaltung.

kip|pe|lig (Adj.) wackelig. eine kippelige Angelegenheit (ugs.) (eine unsichere Sache).

kip|peln (V.) (ugs.) wackeln.

Kir|be (die, -, -n) (südd.) Kirchweih.

Kir|che (die, -, -n) Gotteshaus; Religionsgemeinschaft; Gottesdienst. Kirchenälteste, Kirchenamt; Kirchenbau; Kirchenchor; Kirchenglocke; Kirchenmusik; Kirchenmusiker; Kirchenschiff; Kirchenuhr; Kirchgänger; Kirchgeld; Kirchhofsmauer; Kirchsprengel; Kirchturm; kirchlich.

Kir|chen|äl|tes|ter (der/die, -n, -n) ein Laienamt in der Kirchenverwaltung.

Kir|chen|aus|tritt (der, -es, -e) Verlassen einer christlichen Glaubensgemeinschaft, wird im Amtsgericht oder Standesamt beurkundet.

Kir|chen|asyl (das, -s, -e) Gewährung von Asyl hinter Kirchenmauern.

Kir|chen|bann (der, -es, kein Plural) Exkommunikation.

Kir|chen|buch (das, -es, -bü|cher) in den Pfarreien geführte Aufzeichnungen über Taufen, Hochzeiten und Sterbefälle.

Kir|chen|die|ner (der, -s, -) Küster; Messner.

Kir|chen|ge|schich|te (die, -, kein Plural) geschichtliche Entwicklung der Kirchen von ihren Anfängen bis heute.

Kir|chen|jahr (das, -es, -e) Folge der christlichen Feste innerhalb eines Jahres; liturgisches Jahr.

Kir|chen|licht (das, -es, kein Plural) (in der Wendung:) Er ist kein großes Kirchenlicht. (ugs.) (Er ist nicht sehr klug.).

Kir|chen|lied (das, -es, -er) Lieder innerhalb eines Gottesdienstes, von der Gemeinde gesungen.

Kir|chen|leh|rer (der, -s, -) Ehrentitel durch päpstlichen Erlass für hervorragende Theologen und Heilige.

Kir|chen|maus (die, -, -mäu|se) (in der Wendung:) arm wie eine Kirchenmaus sein. (ugs.) (sehr arm sein).

Kir|chen|recht (das, -es, kein Plural) Gesamtheit der Rechtssätze in der katholischen Kirche.
Kir|chen|sla|wisch (das, -es, kein Plural) orthodoxe liturgische Sprache.
Kir|chen|spal|tung (die, -, kein Plural) Schisma.
Kir|chen|staat (der, -es, kein Plural) ehemaliges Herrschaftsgebiet der Päpste in Mittelitalien, heute auf den Vatikanstaat beschränkt.
Kir|chen|steu|er (die, -, -n) Zwangsabgabe der Mitglieder beider Konfessionen an die Kirchen.
Kir|chen|tag (der, -es, -e) in regelmäßigen Abständen stattfindende Großveranstaltungen beider Konfessionen.
Kir|chen|ton|art (die, -, en) Tonart des frühen Mittelalters.
Kir|chen|vä|ter (die, -, nur Plural) frühchristliche Kirchenlehrer (Patriarchen).
Kir|chen|ver|fas|sung (die, -, -en) Aufbau und rechtliche Gliederung der Kirchen.
Kirch|lein (das, -s, -) kleine Kirche.
Kirch|lich|keit (die, -, kein Plural) kirchliche Einstellung.
Kirch|hof (der, -s, -hö|fe) Friedhof.
Kirch|turm|po|li|tik (die, -, kein Plural) engstirniges Denken und Handeln.
Kirch|weih (die, -, -en) Volksfest zur Jahresfeier der Einweihung einer Kirche.
Kir|gi|si|en (ohne Art., -s, kein Plural) Staat in Mittelasien. Kirgise; kirgisisch.
Kir|mes (die, -, -mes|sen) (nordd.) Kirchweih. Kirmeskuchen.
kir|re (Adj.) zutraulich; gefügig; verrückt. jemanden kirre machen (*auch:* kirremachen); kirren.
Kirsch|baum (der, -es, -bäu|me) Steinobstgehölz mit roten Steinfrüchten.
Kir|sche (die, -, -n) Frucht. Kirschblüte; Kirschgeist; Kirschkern; Kirschkuchen; Kirschsaft; Kirschwasser; kirschrot.
Kir|tag (der, -s, -e) (südd.) Kirchweih.
Kis|met (das, -s, kein Plural) (arab.) Schicksal.
Kis|sen (das, -s, -) Polster; Bettzeug. Kissenbezug; Kissenfüllung.
Kis|sen|schlacht (die, -, -en) sich mit Kissen bewerfen.
Kis|te (die, -, Kis|ten) 1. Behälter; (ugs.) 2. Fahrzeug, Flugzeug. Apfelsinenkiste; kistenweise.
Ki|tha|ra (die, -, -s/-tha|ren) ein altgriechisches Zupfinstrument.
Ki|tha|rö|de (der, -n, -n) (griech.) Sänger und Spieler der Kithara (im alten Griechenland).
Kitsch (der, -es, kein Plural) geschmacklose Kunst; Stillosigkeit. Adjektiv: kitschig. Kitschroman.
Kitt (der, -s, -e) Klebstoff; Dichtstoff. Fensterkitt.
Kitt|chen (das, -s, -) (ugs.) Gefängnis.
Kit|tel (der, -s, -) Arbeitsmantel. Kittelschürze.
kit|ten (V.) reparieren; zusammenkleben. Die Beziehung lässt sich nicht mehr kitten.
Kitz (das, -es, -e) Junges (Wild).
Kitz|chen (das, -s, -) kleines Kitz. Kitzlein; Rehkitz.
Kit|zel (der, -s, -) 1. bewusst ausgelöster leichter Juckreiz; 2. Lust; Reiz. Nervenkitzel.
kit|zeln (V.) reizen; jucken.
Kitz|ler (der, -s, -) Klitoris.
kit|ze|lig (*auch:* kitz|lig) (Adj.) 1. kitzelempfindlich; 2. heikel; schwierig; unangenehm. Eine kitzelige/kitzlige Frage.
Ki|wi 1. (der, -s, -s) Straußenvogel; 2. (die, -, -s) Frucht.
kJ (Abk.) **K**ilo**j**oule.
k. J. (Abk.) **k**ünftigen **J**ahres.
k. k. (Abk.) **k**aiserlich-**k**öniglich. *Beachte:* wird im Titel großgeschrieben!
KKW (Abk.) **K**ern**k**raft**w**erk.
Kl. (Abk.) **Kl**asse.
kla|bas|tern (V.) (ugs.) trampeln; poltern.
Kla|bau|ter|mann (der, -s, -män|ner) Schiffskobold.
kla|cken (V.) ein klatschendes Geräusch von sich geben. Das macht klack!
Klacks (der, -es, -e) (ugs.) Klatschen; Kleinigkeit. Das ist ein Klacks!
Klad|de|ra|datsch (der, -es, -e) 1. Geklirr; 2. Skandal; 3. satirische Zeitschrift im 19. Jh.
klaf|fen (V.) offen stehen. Klaffmuschel.
kläf|fen (V.) bellen. Kläffer.
Klaf|ter (der, -s, -) 1. Raummaß für Holz; 2. altes Längenmaß. Klafterholz; klafterlang, *aber:* Der Gang war fünf Klafter lang; klaftertief.
klaf|tern (V.) Holz aufschichten.
kla|gen (V.) 1. jammern; 2. gerichtlich vorgehen. *Beachte:* Er klagte über (beschwerte sich über) die Nachbarn. *Aber:* Er klagt (gerichtlich) gegen die Firma.
Kla|ge (die, -, -en) 1. Äußerung von Schmerz und Trauer; Jammer; 2. Beschwerde. Dass mir keine Klagen kommen! 3. Anspruch vor Gericht. Klagbarkeit; Klagegeschrei; Klagelied; Kläger; Klageschrift; Klägerschaft. Adjektive: klagbar; klägerisch; klägerischerseits.
kläg|lich (Adj.) jämmerlich; dürftig; verächtlich. Kläglichkeit.
klag|los (Adj.) ohne zu jammern. Sie nimmt alles klaglos hin.
Kla|ge|mau|er (die, -, kein Plural) Westmauer des Tempels in Jerusalem. Dient den Juden als Gebetsstätte.
Kla|ge|weib (das, -es, -er) eine Frau, die berufsmäßig die Toten beweint (orientalische Sitte).
Kla|mauk (der, -s, kein Plural) (ugs.) Lärm; Unsinn.
klamm (Adj.) steif; feucht.
Klamm (die, -, -en) Felsschlucht.
Klam|mer (die, -, -n) 1. Heftgerät. 2. Schriftzeichen.
Klammer → Regelkasten.
Klam|mer|af|fe (der, -n, -n) 1. Affe mit breiter Nase und langem Greifschwanz; 2. Heftklammergerät; 3. Zeichen in E-Mail-Adresse (@).
Klam|mer|beu|tel (der, s, -) Behälter für Wäscheklammern. mit dem Klammerbeutel gepudert sein (ugs.) (verrückt sein).
klam|mern (V.) festhalten; heften; verschließen.
Klam|mer|ha|ken (der, -s, -) Bau haken.
klamm|heim|lich (Adj.) ganz heimlich.
Kla|mot|te (die, -, -n) 1. Kleidung (nur Plural); 2. Schwank. Klamottenkiste.
kla|mü|sern (V.) (nordd.) nachdenken; grübeln.
Klan (*auch:* Clan) (der, -s, -) (engl.) Sippschaft; Familie.
Klang (der, -s, Klän|ge) Ton. Klangbild; Klangeffekt; Klangwirkung; klangschön; klangvoll.

Klang|far|be (die, -, -n) Eigentümlichkeit eines Tones, die durch die Obertonreihe erzeugt wird.
Klang|fi|gur (die, -, -en) durch Aufstreuen von Sand auf eine Metallplatte sichtbar gemachtes Verhalten akustischer Schwingungen.
Klang|fül|le (die, -, kein Plural) voller Klang.
Klang|kör|per (der, -s, -) die Gesamtheit von Instrumenten, Orchester.
klang|lich (Adj.) wohlklingend.
klang|los (Adj.) ohne Klang; ohne Stimme. Wir verschwanden sang- und klanglos. (ugs.) (ganz unfeierlich).
Klang|ma|le|rei (die, -, -en) Lautmalerei.
klang|rein (Adj.) ohne störende Geräusche; sauber.
Klä|pe (die, -, -n) (schweiz.) Vetter.
Klapf (der, -s, Kläp|fe) (nordd.) Knall; Krach; Sprengung.
Klap|pe (die, -, -n) 1. Deckel; 2. (ugs.) Bett. Heute gehe ich früh in die Klappe. 3. (ugs.) Mund. Halt die Klappe!
klap|pen (V.) 1. umschlagen; umdrehen; 2. gelingen. Es hat alles geklappt. Klappbett; Klappfahrrad; Klappfenster; Klapphut; Klappmesser; Klappstuhl.
Klap|pen|text (der, -es, -e) Werbetext auf Schutzumschlägen von Büchern.
klap|pe|rig (Adj.) gebrechlich.
klap|pern (V.) aufeinanderschlagen. Mir klappern die Zähne vor Kälte.
Klap|per (die, -, -n) Kinderspielzeug; Rhythmusinstrument.
Klap|per|kas|ten (der, -s, -käs|ten) altes, schrottreifes Auto. Klapperkiste.
Klap|per|nuss (die, -, -nüs|se) Pimpernuss.
Klap|per|schlan|ge (die, -, -n) giftige Natter mit aus verhornter Haut bestehender Rassel am Schwanzende.
Klap|per|storch (der, -es, -stör|che) (ugs.) in der Kindersprache der Bringer von kleinen Kindern.
Klap|per|topf (der, -es, kein Plural) Wiesenunkraut.
Klaps (der, -es, -e) 1. leichter Schlag. 2. Schrulle. klapsen.
Klaps|mann (der, -s, -män|ner) (ugs.) leicht Verrückter.
Klaps|müh|le (die, -, -n) (ugs.) Nervenheilanstalt.
klap|sig (Adv.) leicht verrückt.
klar (Adj.) durchsichtig; deutlich; rein; scharfsinnig; gewiss. na klar; sich über etwas im Klaren/Unklaren sein; klar wie Kloßbrühe. Zusammenschreibung mit Verb, wenn sich eine neue, übertragene Bedeutung ergibt! klargehen (in Ordnung gehen); klarkommen (zurechtkommen); klarlegen (erklären); klarmachen (deutlich machen); klarsehen (*auch für:* durchschauen); klarstellen (richtigstellen); *aber:* klar werden (*auch:* klarwerden *für:* verständlich werden). Klarblick; Klare; Klarheit; Klarschiff; Klarschriftleser (EDV); Klarsichtfolie; Klarstellung; Klartext. Adjektiv: klar denkend (*auch:* klardenkend).
klä|ren (V.) 1. klar machen. 2. reinigen. Kläranlage; Klärbecken; Klärmittel; Klärschlamm; Klärung; geklärt.
Kla|rett (der, -s, -s/-e) (franz.) gewürzter Rotwein.
kla|rie|ren (V.) (lat.) verzollen.
Kla|ri|net|te (die, -, -n) (ital.) Blasinstrument.
Kla|ris|se (die, -, -n) (lat.) Angehörige eines kath. Nonnenordens.
klas|se (Adj.) großartig. ein klasse Mädchen; er hat klasse gespielt; die Ferien waren klasse. *Aber:* Das ist große Klasse!
Klas|se (die, -, -n) 1. Gruppe. 2. Kategorie. 3. Gesellschaftsschicht; Schulklasse. Klassenbewusstsein; Klassenarbeit; Klassenbuch; Klassenhass; Klassenkamerad; Klassenkampf; Klassenlotterie; Klassensieger; Klassenziel; Klassenzimmer; Erstklässler; Adjektive: klassenweise; erstklassig; drittklassig.

Klammern

1. Runde Klammern
   a) Verwendung: Sie werden ähnlich wie Gedankenstriche gesetzt. Sie kennzeichnen Einschübe, Zusätze und Buchstaben bzw. Wortteile, die man weglassen kann. Der Mann behauptet (entgegen den Äußerungen eines Zeugen), zur fraglichen Zeit nicht am Bahnhof gewesen zu sein.
   Bahnhof(s)straße; Rinder(schmor)braten.
   Auch ein eingeschobener vollständiger Satz (Parenthese) kann in Klammern stehen! Die Klammern ersetzen dabei die Kommas. Gestern früh (ich war gerade aufgestanden) wurden endlich die Möbel geliefert.
   b) Klammer kombiniert mit anderen Satzzeichen: Nach der schließenden Klammer steht immer das Satzzeichen, das auch ohne die Klammer gesetzt werden müsste. Wir sind ein junges Paar (26 und 28 Jahre alt). Ich möchte einmal feststellen (und das mit allem Nachdruck): So kann es nicht weitergehen!
   Vor der schließenden Klammer kann man das Satzzeichen setzen, das der eingeklammerte Satz oder Satzteil erfordert. Ihre Bewerbung sollte bis zum 15. Januar bei uns eingetroffen sein (Passfoto nicht vergessen!).
   Beachte: Das Schlusszeichen des eingeklammerten Satzes steht vor der letzten Klammer, nicht dahinter! Dieses Buch handelt von der Rechtschreibung. (Gleichzeitig wird im selben Verlag ein Fremdwörterbuch erscheinen.)
2. Eckige Klammern
   Eckige Klammern setzt man in Textteilen, die schon durch runde Klammern eingeschlossen sind. AI (Abkürzung für [engl.] Amnesty International) hat morgen seine Jahreshauptversammlung.
   Beachte: Einschübe in Zitate werden in eckige Klammern gesetzt, um anzuzeigen, dass der Zusatz kein Teil des Originalzitates ist. »Ich kann Thomas [d. i. der Bruder seiner Freundin] nicht leiden«, sagte er.

Klas|se|ment (das, -s, -s) (schweiz.-franz.) Einteilung; Ordnung; Rangliste (im Sport).

Klas|sen|kampf (der, -es, kein Plural) im Marxismus die Auseinandersetzung zwischen gegensätzlichen sozialen Klassen.

Klas|sen|lei|ter (der, -s, -) Lehrer, der eine bestimmte Klasse betreut.

Klas|sen|spre|cher (der, -s, -) Schüler, der die Anliegen seiner Mitschüler vertritt.

Klas|sen|tref|fen (das, -s, -) Treffen ehemaliger Schüler nach der Schulzeit.

Klas|sen|ziel (das, -es, kein Plural) Versetzung.

Klas|si|fi|ka|ti|on (die, -, -en) (lat.) Einteilung; Eingeteiltes.

klas|si|fi|zie|ren (V.) (lat.) einteilen; gliedern.

Klas|si|fi|zie|rung (die, -, -en) Klassifikation.

Klas|sik (die, -, kein Plural) (lat.) 1. Kultur der Antike; 2. Blütezeit einer künstlerischen Periode; 3. in der Musik die Periode der Wiener Meister Haydn, Mozart und Beethoven.

Klas|si|ker (der, -s, -) 1. Vertreter der Klassik; 2. hervorragende Schriftsteller und Künstler, deren Werke Weltrang besitzen. Klassikerausgabe.

klas|sisch (Adj.) (lat.) 1. zur antiken Klassik gehörend; 2. nach Art der antiken Klassik; 3. ausgereift; traditionell; vollendet; zeitlos.

Klas|si|zis|mus (der, -, kein Plural) (lat.) Nachahmung klassischer Formen. klassizistisch.

Klas|si|zi|tät (die, -, kein Plural) (lat.) Formvollendung.

Kla|ter 1. (der, -s, -n) (nordd.) Lumpen; 2. (der, -s, kein Plural) (nordd.) Schmutz.

kla|te|rig (Adj.) 1. schmutzig; 2. zerlumpt; 3. elend; kläglich. Du siehst ziemlich klatrig heute aus!

Klatsch (der, -es, -e) Geschwätz. Klatscherei; Klatschnest.

Klatsch|ba|se (die, -, -en) (ugs.) geschwätzige Person. Klatscherin; Klatschmaul; Klatschweib.

Klat|sche (die, -, -n) 1. Klatschbase; 2. ein Kind, das einen Mitschüler verpetzt; 3. in der Schule heimliche Hilfsmittel bei schriftlichen Arbeiten.

klat|schen (V.) 1. applaudieren; akklamieren; 2. tratschen; 3. schlagen.

Klatsch|haf|tig|keit (die, -, kein Plural) Schwatzsucht.

Klatsch|ko|lum|nist (der, -en, -en) Journalist, der für die Klatschspalte eines Boulevardblattes schreibt.

Klatsch|maul (das, -es, kein Plural) bösartige Klatschbase; Klatschtrine; Klatschweib; Waschweib.

Klatsch|mohn (der, -es, -e) Feldblume.

klatsch(e)|nass (Adj.) durchnässt.

Klatsch|spal|te (die, -, -n) in Boulevardblättern eingerichtete Spalte für Klatsch.

Klatsch|sucht (die, -, kein Plural) übertriebene Freude am Klatsch.

Klatsch|tan|te (die, -, -n) geschwätzige Frau.

klau|ben (V.) zusammensuchen; sammeln.

Klau|ber (der, -s, -) Mäkler.

Klau|be|rei (die, -, kein Plural) Sucherei; kleinliches Herummäkeln an Worten; Wortklauberei.

Klaue (die, -, -n) 1. Kralle; 2. (ugs.) Hand; 3. (ugs.) Handschrift. Klauenseuche.

klau|en (V.) (ugs.) stehlen.

Klau|se (die, -, -n) 1. Einsiedelei; 2. Zelle; 3. Schlucht.

Klau|sel (die, -, -n) (lat.) Bedingung; Vorbehalt. 5%-Klausel; klausulieren.

Klaus|ner (der, -s, -) (lat.) Einsiedler; (mönchischer) Bewohner einer Klause.

Klaus|t|ro|phi|lie (die, -, kein Plural) (griech.) Drang, sich abzusondern; sich einzuschließen.

Klaus|t|ro|pho|bie (die, -, -n) (lat., griech.) Platzangst, krankhafte Angst vor dem Aufenthalt in geschlossenen Räumen.

Klau|sur (die, -, -en) (lat.) 1. Einsamkeit; 2. schriftliche Arbeit. Klausurtagung.

Klau|sur|ar|beit (die, -, -en) Prüfungsarbeit unter Aufsicht.

Kla|vi|a|tur (die, -, -en) (lat.) Tasten eines Klaviers; Tastbrett.

Kla|vi|chord (das, -es, -e) Vorgänger des modernen Klaviers.

Kla|vier (das, -s, -e) Tasteninstrument. Klavierspieler; Klavierstuhl; Klavierstunde; Klavierunterricht.

Kla|vier|abend (der, -s, -e) Konzert mit Solowerken für Klavier.

Kla|vier|be|glei|tung (die, -, -en) Begleitung eines Instrumentalisten oder Sängers auf dem Klavier.

Kla|vier|kon|zert (das, -es, -e) mehrsätziges Musikwerk für Klavier und Orchester.

Kla|vier|so|na|te (die, -, -n) mehrsätziges Musikwerk für Klavier allein.

Kla|vier|spiel (das, -s, kein Plural) auf dem Klavier musizieren. *Aber:* Klavier spielen.

Kla|vi|zim|bel (das, -s, -) Cembalo.

Kle|be|fo|lie (die, -, -n) besonders präparierte, selbstklebende Folie.

Kle|beln (die, -, nur Plural) (südd.) Finger.

kle|ben (V.) haften; befestigen. jemandem eine kleben (ugs.) (jemandem eine Ohrfeige geben). Klebemittel; Kleb(e)-streifen.

Kle|be (die, -, kein Plural) (ugs.) Klebstoff.

Kle|be|bin|dung (die, -, -en) spezielle Heftart beim Buchbinden.

kle|ben blei|ben (V.) 1. festhängen; 2. (*auch:* kle|ben|blei|ben) (ugs.) sitzen bleiben.

Kle|ber (der, -s, -) 1. Mischung von wasserunlöslichen Eiweißstoffen im Getreide; 2. Klebstoff.

kleb|rig (Adj.) 1. klebend; haftend; 2. abstoßend; unangenehm. Ein klebriger Mensch. Klebrigkeit.

Kleb|stoff (der, -es, -e) Klebemittel wie Leim und Kleister.

Kle|bung (die, -, -en) Klebeart.

kle|ckern (V.) 1. Flecken machen; beschmutzen; klecksen; schmieren; patzen; 2. mühsam vorwärtskommen. Nicht kleckern, sondern klotzen! kleckerweise.

Kle|cker|frit|ze (der, -s, -n) (ugs.) jemand, der viel Flecken macht. Du bist ein Kleckerfritze!

Kle|cker|kram (der, -es, kein Plural) unwichtige, kleine Dinge.

kle|cker|wei|se (Adj.) in kleinen Mengen, mit Abständen. Die Leute kamen kleckerweise zur Versammlung.

Klecks (der, -es, -e) Fleck. Kleckser.

kleck|sen (V.) Flecken machen. Die Tintenfeder kleckst.

Kleck|se|rei (die, -, -en) Geschmiere.

kleck|sig (Adj.) fleckig.
Kle|da|sche (die, -, -n) (ugs.) (nordd.) Kleidung. Häng bitte deine Kledasche ordentlich weg.
Klee (der, -s, kein Plural) hauptsächlich zu Futterzwecken genutzte Pflanze. jemanden über den grünen Klee loben (ugs.) (jemanden über alle Maßen loben). Klee-Ernte (*auch:* Kleeernte); Kleegras.
Klee|blatt (das, -es, -blät|ter) Blatt des Klees. Symbol für unzertrennliche Dreiheit und als vierblättriges Kleeblatt von Glück. das Kleeblatt von nebenan (die drei Freundinnen von nebenan). Ich habe ein Kleeblatt in meinem Geldbeutel, es soll mir Glück bringen.
Klee|salz (das, -es, -e) (ugs.) Bezeichnung für Oxalate.
kle|feln (V.) (schweiz.) klatschen; plaudern.
Klei (der, -s, kein Plural) Lehmboden. Kleiboden.
Kleid (das, -s/-es, -er) 1. Kleidungsstück; 2. Gefieder der Vögel. Kleiderbügel; Kleiderhaken; Kleiderschrank; Kleidchen.
klei|den 1. (V., refl.) sich anziehen; für Bekleidung sorgen; 2. (V.) etwas umhüllen; Form geben. Er kleidete seine Gedanken in gut überlegte Worte.
Klei|der|bad (das, -es, -bä|der) chemische Reinigung für verschmutzte Kleidung.
kleid|sam (Adj.) vorteilhaft aussehend.
Kleid|sam|keit (die, -, kein Plural) vorteilhaftes Aussehen einer Mode oder eines Kleidungsstückes.
Klei|dung (die, -, kein Plural) die Kleidungsstücke insgesamt.
Kleie (die, -, kein Plural) Getreideschale. Weizenkleie; kleiig.
klei|en (V.) (nordd.) kratzen; Gräben ausheben; umgraben.
klein (Adj.) 1. gering; 2. jung; 3. unbedeutend. *Kleinschreibung:* klein, aber oho/fein; von klein auf; ihr Schneemann war am kleinsten; kleine Fische (Kleinigkeiten); das kleine Latinum; der kleine Mann. *Aber:* Großschreibung, wenn das Adjektiv wie ein Substantiv gebraucht wird! im Kleinen wie im Großen; alle Kleinen; Klein und Groß (jedermann); bis ins Kleinste; die Kleinsten unter ihnen; um ein Kleines (wenig); das süße Kleine (Kind); der Kleine; die Kleinen und die Großen; etwas/nichts/viel/wenig Kleines; etwas Kleingedrucktes (*auch:* klein Gedrucktes); es war uns ein Kleines (kleine Mühe), das für dich zu erledigen; Klein Susi; der Kleine Bär (Sternbild). Kleinaktionär; Kleinanzeige; Kleinasien; Kleinbetrieb; Kleinbildkamera; Kleineleutemilieu; Kleinformat; Kleinhandel; Kleinhirn; Kleinkraftwagen; Kleinwohnung. kleinbürgerlich; kleindenkend; klein gedruckt (*auch:* kleingedruckt); klein gemustert (*auch:* kleingemustert); klein gewachsen (*auch:* kleingewachsen); kleinherzig; kleinkalibrig; kleinkariert (engstirnig), *aber:* der klein karierte (*auch:* kleinkarierte) Rock; kleinlaut; kleinstädtisch; kleinstmöglich (falsch: kleinstmöglichst!). Adverb: kleiner(e)nteils. Verben: Zusammenschreibung, wenn sich eine neue, übertragene Bedeutung ergibt! kleinbekommen, kleinkriegen; *aber:* klein beigeben (nachgeben); klein anfangen; klein bleiben/werden/sein/halten; sich kleinmachen; alles kurz und klein schlagen; klein hacken (*auch:* kleinhacken); klein schneiden (*auch:* kleinschneiden); kleinschreiben (mit kleinem Anfangsbuchstaben schreiben, *auch:* nicht wichtig nehmen), *aber:* klein schreiben (in kleiner Schrift).
Klein|bür|ger (der, -s, -) 1. Angehöriger der unteren Mittelschicht; 2. (ugs.) Spießer.
Klein|bür|ger|tum (das, -s, kein Plural) die Kleinbürger insgesamt.
Klein|chen (das, -s, -) Kosewort für kleines Kind.
Klein|fa|mi|lie (die, -, -n) Familie mit höchstens zwei Kindern.
Klein|gar|ten (der, -s, -gär|ten) Schrebergarten.
Klein|ge|druck|te (das, -n, kein Plural) der kleingeschriebene Text auf Verträgen, der häufig wichtig ist. Man sollte immer erst das Kleingedruckte lesen, bevor man unterschreibt.
Klein|geld (das, -es, kein Plural) kleines Geld; Münzen. (ugs.) Wenn ich doch nur das nötige Kleingeld hätte, dann könnte ich mir das Haus kaufen.
klein|gläu|big (Adj.) pessimistisch; zweifelnd.
Klein|heit (die, -, kein Plural) von geringer Größe.
Klein|holz (das, -es, kein Plural) zerkleinertes Holz. Man hat aus unserer Wohnungseinrichtung Kleinholz gemacht. (ugs.) (Man hat sie zertrümmert.).
Klei|nig|keit (die, -, -en) 1. etwas, das nicht viel Mühe macht. Es war eine Kleinigkeit für mich, dir zu helfen. 2. Unbedeutendes; Kleines. Er brachte eine Kleinigkeit zum Geburtstag mit.
klein|ka|riert (ugs.) engstirnig. *Aber:* klein kariertes (*auch:* kleinkariertes) Papier.
Klein|kind (das, -es, -er) Kind vom zweiten bis sechsten Lebensjahr.
Klein|kram (der, -es, kein Plural) 1. kleine Dinge; 2. kleine, mühselige Arbeiten. Es war allerhand Kleinkram abzuarbeiten.
Kleis|ter (der, -s, -) Kleber; Leim. Kleistertopf; kleistrig; kleistern.
kleis|to|gam (Adj.) sich selbst befruchtend in der Art der Kleistogamie.
Kleis|to|ga|mie (die, -, kein Plural) (griech.) Selbstbefruchtung (von zweigeschlechtigen Pflanzen) bei geschlossener Blüte.
Kle|ma|tis (die, -, -) (griech.) Kletterpflanze.
Kle|men|ti|ne (die, -, -n) (franz.) kernlose Mandarinensorte.
Klem|me (die, -, -n) 1. Werkzeug zum Klemmen. Ich sitze in der Klemme. (ugs.) (Ich bin in Bedrängnis.). 2. Hülse zum Verbinden von elektrischen Leitungen.
klem|men (V.) 1. zusammendrücken. in der Klemme sitzen (ugs.) (in Bedrängnis sein). Ich habe mir den Daumen geklemmt (den Daumen gequetscht). 2. hängen bleiben. Ich muss mich jetzt hinter meine Arbeit klemmen (ugs.) (dranbleiben, intensiv betreiben). 3. befestigen. Klemmlampe; Klemmmappe (*auch:* Klemm-Mappe) Klemmschraube.
Klemp|ner (der, -s, -) Installateur. Klempnerei; Klempnerladen; Klempnermeister; Klempnerwerkstatt; klempnern.
Klep|per (der, -s, -) (ugs.) altes Pferd.
Klep|per|boot (das, -s, -e) Faltboot.

Klep|per|man|tel (der, -s, -män|tel) Gummimantel.
Klep|sy|d|ra (die, -, -syd|ren) (griech.) Uhr, bei der die Zeit durch langsam auslaufendes Wasser gemessen wird. Wasseruhr.
Klep|to|ma|ne (der, -n, -n) (griech.) jmd., der krankhaft stiehlt. Kleptomanin; Kleptomanie; kleptomanisch.
Kle|rus (der, -, kein Plural) (griech.) Geistlichkeit. Klerikalismus; Kleriker; klerikal.
Klet|te (die, -, -n) 1. Pflanze. 2. (ugs.) lästiger Mensch. Klettverschluss; Klettenkraut; Klettenwurzel.
klet|tern (V.; V., ist) besteigen; hochsteigen. Es ist, um auf die Bäume zu klettern. (ugs.) (Es ist nicht zum Aushalten.). Kletterei; Kletterer; Kletterrose; Klettertour.
Klet|ter|beut|ler (der, -s, -) auf Bäumen lebende Beuteltiere in Australien.
Klet|ter|ge|rüst (das, -es, -e) 1. Übungsvorrichtung für Kletterer; 2. Kletterhilfe für Pflanzen; 3. Vorrichtung auf Spielplätzen.
Klet|ter|ma|xe (der, -n, -n) (ugs.) 1. besonders geschickter Kletterer; Fassadenkletterer; 2. Einsteigdieb.
Klet|ter|pflan|ze (die, -, -n) Pflanzen, die an Bäumen, Klettergerüsten und Wänden emporwachsen.
Klet|ter|seil (das, -es, -e) Hilfsmittel bei Bergbesteigungen.
Klet|ter|stan|ge (die, -, -n) Turngerät.
Klet|ze (die, -, -n) (südd.) getrocknete Birne.
kli|cken (V.) hell klingen. klick!
Kli|cker (der, -s, -) (lok.) Murmel. Verb: klickern (ugs.) (mit Murmeln spielen).
Kli|ent (der, -en, -en) (lat.) Kunde.
Kli|en|tel (die, -, kein Plural) Gesamtheit der Kunden; allgemeine Kundschaft.
Kli|en|tin (die, -, …tin|nen) Kundin.
klie|ren (V.) (ugs.) schlecht schreiben; schmieren.
Klie|ter (der, -s, -) (nordd.) kleiner Ballen feuchter Erde; Klößchen.
klie|tern (V.) mit Erde werfen.
Kliff (das, -s, -e) (nordd.) durch Abrasion entstandene Steilküste. Klippe. Felsenkliff.
Kli|ma (das, -s, -s/-ma|te) (griech.) Witterung; Atmosphäre. Klimaanlage; Klimakammer; Klimaschwankung; Klimawechsel.
kli|mak|te|risch (Adj.) die Wechseljahre betreffend.
Kli|mak|te|ri|um (das, -s, kein Plural) (griech.) Wechseljahre.
kli|ma|tisch (Adj.) das Klima betreffend.
kli|ma|ti|sie|ren (V.) ein künstliches Raumklima schaffen. Klimatisierung.
Kli|ma|to|lo|ge (der, -n, -n) Wissenschaftler, der sich mit der Klimakunde befasst.
Kli|ma|to|lo|gie (die, -, kein Plural) (griech.) die Wissenschaft vom Klima.
Kli|max (die, -, -e) (lat.) Steigerung; Höhepunkt.
Klim|bim (der, -s, kein Plural) (ugs.) Kram; Unsinn; Aufregung.
klim|men (V., klomm, ist geklommen) hinaufklettern. Klimmzug.
klim|pern (V.) 1. ein Musikinstrument schlecht spielen; 2. klingen lassen. Das Geld klimpert in der Tasche. Klimperei.
Klim|per|kas|ten (der, -s, -käs|ten) schlechtes, verstimmtes Klavier.
klim|per|klein (Adj.) (lok.) ganz klein.
Klin|ge (die, -, -n) Schneide. Messerklinge; Degenklinge.
Klin|gel (die, -, -n) 1. kleine Glocke; 2. elektrische Signalanlage; 3. Schelle.
Klin|gel|beu|tel (der, -s, -) Beutel zum Geldeinsammeln während eines Gottesdienstes.
klin|geln (V.) läuten; herbeirufen. Nach der Nachtschwester klingeln. Klingelknopf; Klingelzeichen.
klin|gen (V., klang, hat geklungen) 1. tönen; 2. wirken. Klingklang; Klang; kling! klingeling! Die Geige klingt sehr schön.
Kli|nik 1. (die, -, -en) (griech.) Krankenhaus; Hospital; 2. (die, -s, kein Plural) Unterricht am Krankenbett. klinisch.
Kli|ni|ker (der, -s, -) (griech.) praktisch und lehrend tätiger Arzt.
Kli|ni|kum 1. (das, -s, Kli|ni|ka/Kli|ni|ken) (griech.) Zusammenschluss verschiedener Fachrichtungen in einem Krankenhaus; 2. (das, -s, kein Plural) praktische ärztliche Ausbildung an einer Klinik. Er machte sein Klinikum.
Klin|ke (die, -, -n) Türgriff. Türklinke; klinken.
Klin|ken|put|zer (der, -s, -) (ugs.) Bettler; Hausierer.
Klin|ker (der, -s, -) Ziegel. Klinkerbau; Klinkerstein.
Kli|no|me|ter (das, -s, -) (griech.) Neigungsmesser.
Kli|no|mo|bil (das, -s, -e) (griech.-lat.) Notarztwagen.
Klin|se (die, -, -n) (lok.) schmale Spalte im Felsen.
Klio (die, -, kein Plural) Muse der Geschichtsschreibung.
klipp 1. (nur in der Wendung:) klipp und klar (eindeutig); 2. (Interj.) Klappergeräusch; klipp, klapp! das Klippklapp der Mühle.
Klipp (*auch:* Klips) → Clip.
Klip|pe (die, -, -n) Felsenriff; Hindernis. Klippenrand; klippig.
Klip|per (der, -s, -) (engl.) Schnellsegelschiff.
Klipp|fisch (der, -es, -e) luftgetrockneter Kabeljau oder Schellfisch.
Klipp|schlie|fer (der, -s, -) murmeltierähnliches Säugetier in Afrika und Asien.
Klipp|schu|le (die, -, -n) (nordd., abwertend) Grundschule. Er ist in die Klippschule gegangen. (ugs.) (Ihm fehlt das nötigste Wissen).
Klipp|sprin|ger (der, -s, -) Antilopen in Nordost- und Südafrika, die gewandte Kletterer sind.
klir|ren (V.) hell klingen. Klirrfaktor.
Kli|schee (das, -s, -s) (franz.) 1. Abklatsch; 2. Druck- und Bildstock. Klischeewort.
kli|schee|haft (Adj.) eingefahren; festgefahren; nachgesprochen.
Kli|schee|vor|stel|lung (die, -, en) eingefahrene, festgefahrene, nachgesprochene Ansicht.
kli|schie|ren (V.) (franz.) ein Bild auf einen Druckstock übertragen (veraltet).
Klis|ter (der, -s, kein Plural) weiches Skiwachs für Firnschnee.
Klis|tier (das, -s, -e) (griech.) Einlauf. Klistierspritze; klistieren.
Kli|to|ris (die, -, -/-ri|des) (griech.) Kitzler.
Klitsch (der, -s, kein Plural) (lok.) weiche Masse.
Klit|sche (die, -, -n) (poln.) kleines, wenig ertragreiches Landgut.
klit|schen (V.) (lok.) mit der flachen Hand schlagen.

klit|sche|nass (*auch:* klitsch|nass) (Adj.) (ugs.) völlig durchnässt.

klit|schig (Adj.) klebrig; feucht. klitsch, klatsch!

Klitsch|ku|chen (der, -s, -) (lok.) nicht ganz durchgebackener Kuchen.

klit|tern (V.) 1. schmieren (veraltet); 2. aufspalten; 3. verfälschen.

Klit|te|rung (die, -, -en) Verfälschung.

klit|ze|klein (Adj.) winzig klein.

Klo (das, -s, -s) (Kurzw.) Klosett. Klobrille. Klofrau.

Klo|a|ke (die, -, -n) (lat.) Abwasserkanal; gemeinsamer Ausgang für Darm-, Harn- und Geschlechtswege (Zool.). Kloakentier.

Klo|ben (der, -s, -) Holzklotz. Klobenholz; klobig.

klo|nen (V.) ungeschlechtlich fortpflanzen und dabei erbgleiche Einzelwesen erzeugen. Klon.

klö|nen (V.) (nordd.) sich gemütlich unterhalten.

klo|nisch (Adj.) in der Art eines Klonus; krampfartig.

Klo|nus (der, -s, -ni) (griech.-nlat.) rasche, krampfartige Zuckungen.

klop|fen (V.) pochen; schlagen. Klopfer; Klopfzeichen; klopffest.

Klop|pe (die, -, kein Plural) (nordd.) Prügel. Klopperei; kloppen.

klöp|peln (V.) Spitzen flechten. Klöppelei; Klöppelkissen; Klöppelspitze; Klöpplerin; Spitzenklöpplerin.

Klops (der, -es, -e) Fleischkloß.

Klo|sett (das, -s, -s/-e) (engl.) Toilette. Klosettbürste; Klosettfrau; Klosettpapier.

Kloß (der, -es, Klö|ße) Knödel. Kloßbrühe; Klößchen; Kartoffelkloß.

Klos|ter (das, -s, Klö|ster) Gemeinschaft von Mönchen oder Nonnen; Klosterbau. Klosterbruder; Klosterfrau; Klostergarten; Klosterkirche; Klosterschule; Klosterschwester.

Klos|ter|bi|b|lio|thek (die, -, -en) Klosterbücherei.

klös|ter|lich (Adj.) 1. das Kloster betreffend; 2. abgeschieden; still.

Klotz (der, -es, Klöt|ze) 1. großes Holzstück; Keil. Klotz am Bein (ugs.) (etwas, das einen am Fortkommen hindert). 2. grober Mensch. Klötzchen.

klot|zig (Adj.) 1. massig; wuchtig. klotziges Aussehen. 2. sehr viel. Er hat klotzig viel Arbeit.

klot|zen (V.) kräftig und mit großem Einsatz etwas bewirken. nicht kleckern, sondern klotzen (ugs.) (sich nicht mit Kleinigkeiten abgeben, sondern fest zugreifen).

Klub (*auch:* Club) (der, -s, -s) (engl.) Verein.

Klub|gar|ni|tur (*auch:* Club|gar|ni|tur) (die, -, -en) mehrere zusammengehörende Polstermöbel.

Klub|haus (*auch:* Club|haus) (das, -es, -häuser) ständiger Sitz eines Vereins. Klubraum.

Klub|ja|cke (*auch:* Club|ja|cke) (die, -, -n) besonders bequeme Jacke.

Klub|mit|glied (*auch:* Club|mit|glied) (das, -es, -er) Vereinsmitglied.

Klub|ses|sel (*auch:* Club|ses|sel) (der, -s, -) Polstersessel.

Kluft 1. (die, -, -en) (jidd.) Kleidung; Uniform. 2. (die, -, Klüfte) Spalte. Adjektiv: zerklüftet.

klug (Adj.; klüger, klügste) schlau; vernünftig. Das Klügste (*aber:* am klügsten) ist, wenn du schweigst. Der Klügere/Klügste gibt nach. Klugheit; klug sein/werden.

klü|geln (V.) grübeln; intensiv nachdenken.

klu|ger|wei|se (Adv.) voraussehenderweise. Klugerweise habe ich einen Schirm mitgenommen. *Aber:* auf kluge Weise.

klug|re|den (V., rede klug, habe kluggeredet.) besserwisserisch über etwas sprechen. *Aber:* klug reden (verständig über eine Sache sprechen).

Klug|schei|ßer (der, -s, -) (ugs.) Besserwisser. Klugredner; Klugschwätzer.

Klum|patsch (der, -es, kein Plural) (ugs.) ungeordneter, wertloser Haufen. Diesen ganzen Klumpatsch werfe ich jetzt weg.

Klümp|chen (das, -s, -) kleine Ballen. In der Milchsuppe sind Klümpchen.

Klum|pen (der, -s, -) Brocken. Klumpfuß; Klumphand; klumpfüßig.

klum|pen (V.) Klumpen bilden. klumpig.

Klum|pert (das, -s, kein Plural) (österr.) wertloser Kram.

Klün|gel (der, -s, -) Cliquenwirtschaft.

Klün|ge|lei (die, -, kein Plural) Vetternwirtschaft. klüngeln.

Klun|ker (der, -s, -/die, -, -n) 1. Kugel; Klümpchen; 2. (ugs.) Schmuckstück. 3. Quaste; Troddel; Adjektiv: klunk(e)rig.

klun|schig (Adj.) nicht durchgebacken.

Klun|se (die, -, -n) (lok.) Klinse (Spalt).

Klup|pe 1. (die, -, -n) Messgerät zur Bestimmung von Holzstammumfängen; 2. Werkzeug zum Schneiden von Gewinden oder Rohren; 3. (südd.) Finger; Wäscheklammer.

Klup|perl (das, -s, -) (südd.) Wäscheklammer; (ugs.) Finger.

Klü|se (die, -, -n) (niederl.) Loch (in der Schiffswand für Ketten oder Taue).

Klü|ten (die, -, nur Plural) (nordd.) Klumpen.

klü|tern (V.) (nordd.) mühsam an etwas herumarbeiten.

Klü|ver (der, -s, -) (niederl.) Vorsegel. Klüverbaum.

Klys|ma (das, -s, -men) (griech.) Klistier.

Kly|s|tron (das, -s, -s/-ro|ne/ro|ne) (griech.) Elektronenröhre zum Erzeugen und Verstärken kurzwelliger elektromagnetischer Strahlung.

k. M. (Abk.) **k**ünftigen **M**onats.

km (Abk.) **K**ilo**m**eter. km^2 (Quadratkilometer); km^3 (Kubikkilometer); km/h (Kilometer pro Stunde); km-Zahl.

knab|bern (V.) nagen; abbeißen. Knabberei.

Kna|be (der, -n, -n) Junge. Du alter Knabe! Knabenalter; Knäblein.

kna|ben|haft (Adj.) schlank und schmal. Sie hat eine knabenhafte Figur.

Kna|ben|haf|tig|keit (die, -, kein Plural) knabenhafte Wesensart (wie ein Junge).

Kna|ben|kraut (das, -es, kein Plural) verschiedene Orchideenarten.

Kna|ben|lie|be (die, -, kein Plural) Päderastie.

kna|cken (V.) aufbrechen; lösen; krachen. Knack; Knacklaut; knackfrisch; knackig; knacks! knacksen.

Knä|cke|brot (das, -es, -e) (schwed.) sehr knuspriges Brot.

Kna|cker (der, -s, -) 1. Knackwurst; 2. (ugs.) alter Mann.

Kna|cki (der, -s, -s) (ugs.) Häftling. Verb: verknacken.

Knack|man|del (die, -, -n) getrocknete Mandel mit Schale.

Knacks 1. (der, -es, -e) (ugs.) knappes, helles Geräusch; 2. Riss; Sprung; 3. (kein Plural) körperlicher oder seelischer Schaden. Seit dem Unglück von damals hat er einen Knacks.

Knack|wurst (die, -, -würs|te) scharf geräucherte Wurst.

Knall (der, -s, -e) 1. heftiger Laut; 2. (ugs.) Verrücktheit. Du hast ja einen Knall! Knall und Fall (unerwartet) verschwinden. Knallerbse; Knallerei.

Knall|bon|bon (das, -s, -s) Scherzartikel.

Knall|ef|fekt (der, -es, -e) (ugs.) überraschende Wendung, verblüffender Effekt.

knal|len (V.) 1. einen Knall hervorrufen; 2. heftig werfen, schlagen. Der Vater knallte dem Sohn eine. (ugs.) (Er gab ihm eine Ohrfeige).

Knall|frosch (der, -es, -frö|sche) kleiner Feuerwerkskörper.

Knall|gas (das, -es, kein Plural) Gasgemisch, das bei Erhitzen heftig explodiert.

knal|lig (Adj.) sehr; stark ausgeprägt. knallbunt; knallblau; knallhart; knallrot; knallvoll.

Knall|kopf (*auch:* Knallkopp, -s, -köp|pe) (der, -es, -köp|fe) (ugs.) verrückter Kerl. Du bist ein richtiger Knallkopp!

Knall|kör|per (der, -s, -) Feuerwerkskörper.

knapp (Adj.) wenig; eng; kaum. Wir haben getrunken und das nicht zu knapp (ziemlich viel)! Knappheit; knapp werden/sitzen.

knapphal|ten (Adj., V.) jemanden mit etwas einschränken. Er hält sie knapp mit Geld.

Knap|pe (der, -n, -n) Bergmann. Knappschaft; Knappschaftskasse; knappschaftlich.

knap|sen (V.) (ugs.) knausern.

knar|ren (V.) knarzen.

Knar|re (die, -, -n) (ugs.) Gewehr.

Knast (der, -s, Knäs|te) (jidd.) Gefängnis. Knastbruder.

Knas|ter (der, -s, -) (niederl.) schlechter Tabak.

Knatsch (der, -es, kein Plural) Streit; Ärger.

knat|schig (Adj.) grantig; schlecht gelaunt.

knat|schen (V.) 1. drücken; kneten; 2. mürrisch, schlecht gelaunt reden; 3. hörbar kauen.

knat|tern (V.) rattern.

Knäu|el (der/das, -s, -) 1. Kugel. 2. Menschenmenge. 3. Wirrwar. Knäuelgras; Wollknäuel; knäueln.

Knauf (der, -s, Knäu|fe) Griff. Stockknauf; Türknauf.

Knau|pe|lei (die, -, -en) (lok.) Kniffeligkeit.

knau|pe|lig (Adj.) (lok.) kniffelig.

knau|peln (V.) (lok.) 1. sich abmühen. Ich knaupele an der Aufgabe schon lange herum. 2. an den Nägeln oder einem Knochen kauen.

Knau|ser (der, -s, -) sehr sparsamer Mensch; Geizhals.

knau|sern (V.) geizen; sparen.

Knau|se|rei (die, -, kein Plural) übertriebene Sparsamkeit.

knau|se|rig (Adj.) geizig; sehr sparsam.

Knau|se|rig|keit (die, -, kein Plural) Geiz; Sparsamkeit.

knaut|schen (V.) zerdrücken; knittern. Knautschlack; knautschig.

Knautsch|zo|ne (die, -, -n) verformbares Teil am Auto zur Milderung eines Aufprallunfalls.

Kne|bel (der, -s, -) Gegenstand, der in den Mund gestopft wird, um einen Überfallenen am Schreien zu hindern. Knebelbart; Knebelholz.

kne|beln (V.) den Mund verstopfen; fesseln.

Kne|be|lung (die, -, kein Plural) 1. gewaltsames Mundverstopfen; 2. gewaltsames Hindern.

Knecht (der, -s, -e) Bauerngehilfe; Unterdrückter. geknechtet.

knech|ten (V.) erniedrigen; unterdrücken.

knech|tisch (Adj.) unterdrückt; unterwürfig.

Knecht Ru|p|recht (der, -s, kein Plural) Begleiter des Nikolaus (alter Volksbrauch).

Knecht|schaft (die, -, kein Plural) Abhängigkeit; Unfreiheit.

Knech|tung (die, -, kein Plural) Demütigung; Unterdrückung.

Kneif (*auch:* Kneip) (der, -es, -e) Werkzeug für Sattler und Schuhmacher.

knei|fen (V., kniff, hat gekniffen) 1. zwicken; Beachte: Sie kniff dem/das Kind in die Backe (Dativ oder Akkusativ!). 2. ausweichen. Er kniff vor seiner Verantwortung. (ugs.) (Er wich seiner Verantwortung aus.). Kneifen.

Knei|fer (der, -s, -) besondere Brillenform ohne Bügel.

Kneif|zan|ge (die, -, -en) 1. Werkzeug; 2. (ugs.) zänkische Frau; Xanthippe.

Knei|pe (die, -, -n) Bierlokal. Kneipenabend; Kneipenbruder; Kneipenwirt.

knei|pen (V.) (ugs.) in die Kneipe gehen.

Knei|pe|rei (die, -, -en) (ugs.) Trinkgelage.

Knei|pi|er (der, -s, -s) (franz.) Kneipenwirt.

Kneipp (kein Art., kein Plural) deutscher katholischer Pfarrer; Begründer der nach ihm benannten Wasserheilverfahren.

kneip|pen (V.) eine Kneippkur machen.

Knes|set(h) (die, -, kein Plural) (hebr.) Parlament (in Israel).

knib|beln (V.) (nordd.) verworrene Fäden aufknüpfen oder Fäden zusammenknüpfen.

Kne|te (die, -, kein Plural) 1. Plastilin; 2. (ugs.) Geld. Knetgummi; Knetmasse; knetbar.

kne|ten (V.) mit den Händen eine weiche Masse formen.

Knet|ma|schi|ne (die, -, -n) Arbeitsgerät für den Bäcker.

Knick (der, -s, Kni|cke) 1. Kurve; Falz; 2. Hecke (Plural: Knicks!). Knickfuß; Knickung.

kni|cken (V.) 1. umbiegen; umbrechen; 2. einen Sprung bekommen.

Kni|cke|bein (der, -s, kein Plural) Eierlikör (als Füllung in Pralinen).

Kni|cker|bo|cker 1. (der, -/-s, -/-s) (engl.) alkoholisches Getränk; 2. (die, -, nur Plural) Bundhose; Kniebundhose.

Kni|cker (der, -s, -) (ugs.) Geizhals.

Kni|cke|rig|keit (die, -, kein Plural) Geiz.

kni|ckern (V.) (ugs.) geizig sein.

Knicks (der, -es, -e) Kniebeugung. Verb: knicksen.

Knie (das, -s, -) 1. Beingelenk; 2. Biegung. auf die Knie fallen, *aber:* auf den Knien rutschen. Kniegelenk; Kniekehle; Knieriemen; Kniescheibe; Knieschoner; Knieschützer; Kniestrumpf; Kniestück; Kniewärmer.

Knie|beu|ge (die, -, -n) Turnübung.
Knie|bund|ho|se (die, -, -n) eine unter dem Knie mit einem Bündchen abgeschlossene Hose.
kni|en (V.) auf den Knien sein.
Knie|fall (der, es, kein Plural) Zeichen des Respektes oder der Unterwürfigkeit.
knie|fäl|lig (Adj.) unterwürfig.
knie|frei (Adj.) die Knie freilassend. Die neue Mode ist kniefrei.
knie|hoch (Adj.) bis zum Knie (von den Füßen aus gesehen). Der Schnee liegt kniehoch.
Knie|holz (das, -es, kein Plural) Latsche; niedriges Gehölz.
knie|lang (Adj.) bis zum Knie. Eine knielange Mode.
knie|lings (Adv.) auf den Knien; kniend (selten).
knie|pen (V.) (nordd.) kneifen; zwicken. Der Rock kniept mich.
Knies (der, -es, kein Plural) (nordd.) Schmutz; Streit.
knie|tief (Adj.) bis zu den Knien. Man sinkt knietief in den Schnee.
Kniff (der, -s, -e) 1. Trick; Kunstgriff. 2. Falz.
knif|fen (V.) falzen.
knif|f(e)|lig (Adj.) kompliziert; schwierig. Eine kniff(e)lige Näharbeit.
Kniff|lig|keit (die, -, -en) Schwierigkeit.
Knilch (*auch:* Knülch) (der, -s, -e) (ugs.) komischer Mensch.
knip|sen (V.) 1. lochen; 2. fotografieren; 3. abschneiden; schnalzen; Knipser; Knipszange; knips!
Knirps (der, -es, -e) 1. kleiner Junge; 2. Taschenschirm. Adjektiv: knirpsig.
knir|schen (V.) ein reibendes Geräusch von sich geben. Zähneknirschen.
knis|tern (V.) rascheln. Es knistert im Gebälk (Gefahr droht).
Knit|tel (der, -s, -) Knüppel.
Knit|tel|vers (der, -es, -e) unregelmäßiger Reimvers.
knit|ter|arm (Adj.) wenig knitternd.
knit|ter|frei (Adj.) überhaupt nicht knitternd.
knit|te|rig (*auch:* knit|trig) (Adj.) (ugs.) leicht knitternd.
knit|tern (V.) zerdrücken. Knitter; Knitterfalte; knitterfest.
kno|beln (V.) 1. würfeln; 2. nachdenken; sich ausdenken. Er hat eine gute Lösung ausgeknobelt.
Kno|bel (der, -s, -) Knöchel; Würfel.
Kno|bel|be|cher (der, -s, -) 1. Würfelbecher; 2. (ugs.) Schaftstiefel für die Soldaten.
Knob|lauch (der, -s, kein Plural) Gewürzpflanze. Knoblauchwurst; Knoblauchzehe.
Knö|chel (der, -s, -) Fußknöchel; Fingerknöchel. Knöchelchen; knöchellang; knöcheltief.
Kno|chen (der, -s, -) Teil des Skeletts; Schraubenschlüssel. Knochenbruch; Knochensplitter.
Kno|chen|ar|beit (die, -, -en) sehr harte Arbeit.
Kno|chen|bau (der, -es, kein Plural) Form des Skeletts.
Kno|chen|fraß (der, -es, kein Plural) Knochenfäule.
Kno|chen|ge|rüst (das, -es, -e) (ugs.) sehr magerer Mensch.
kno|chen|hart (Adj.) sehr hart.
Kno|chen|hau|er (der, -s, -) (nordd.) Fleischer (veraltet).
Kno|chen|haut (die, -, kein Plural) das den Knochen umgebende Gewebe.
Kno|chen|mann (der, -es, kein Plural) Darstellung des Todes als Gerippe.
Kno|chen|mark (das, -es, kein Plural) die innere Substanz eines Knochens.
Kno|chen|müh|le 1. (die, -, -m) Herstellungsort für Knochenmehl; 2. (ugs.) Arbeitsstätte mit sehr anstrengender Arbeit.
Kno|chen|na|ge|lung (die, -, en) chirurgische Versorgung eines Knochenbruches.
Kno|chen|schwund (der, -es, kein Plural) in der Medizin die krankhafte Verringerung der Knochenmasse.
Kno|chen|trans|plan|ta|ti|on (die, -, -en) (lat.) in der Medizin die Verpflanzung von Knochenstücken.
kno|chen|tro|cken (Adj.) sehr trocken.
knö|chern (Adj.) trocken. ein knöcherner Mensch (ein trockener, humorloser Mensch).
kno|chig (Adj.) sehr mager.
Kno|chig|keit (die, -, kein Plural) ausgeprägte Magerkeit; knochiger Körperbau.
Knock-down (*auch:* Knock|down) (der/das, -s, -s) (engl.) Schlag, der den Gegner zu Boden zwingt; das Niederschlagen (beim Boxen).
Knock-out (*auch:* Knock|out) (der, -s, -s) (engl.) Niederschlag (Boxen). Abk.: K.o.
Knock-out-Schlag (*auch:* Knock|-out|schlag) (der, -es, -Schlä|ge) (engl.) Niederschlag. Abk.: K.o.-Schlag.
knock-out schla|gen (*auch:* knock|-out schlagen/k.o. schlagen) (V.) (engl.) jemanden kampfunfähig schlagen.
Knö|del (der, -s, -) (südd.) Kloß.
knö|deln (V.) undeutlich singen oder sprechen. Ein knödelnder Tenor.
Knol|le (die, -, -n) 1. Klumpen; 2. Knoten. Knollengewächs; Knollenfrucht; Knollennase; knollig; knollenförmig.
Knol|len|blät|ter|pilz (des, -es, -e) sehr giftiger Blätterpilz.
Knöll|chen (das, -s, -) (ugs.) gebührenpflichtige Verwarnung.
Knopf (der, -s/-es, Knöp|fe) 1. Verschluss; 2. Knauf; 3. Drücker. Knopfauge; Knöpfchen; Knopfdruck; Knopfloch; Knöpfschuh; knöpfen.
knor|ke (Adj.) (ugs.) ausgezeichnet; hervorragend; dufte. Unser Ausflug war knorke!
Knor|pel (der, -s, -) Bindegewebe. Adjektiv: knorp(e)lig.
Knor|pel|fisch (der, -es, -e) Fisch mit rein knorpeligem Skelett.
Knor|ren (der, -s, -) 1. Baumstamm mit vielen Ästen; 2. Baumstumpf; 3. unbearbeiteter Holzklotz.
knor|rig (Adj.) 1. krumm; astreich; 2. zäh; derb. ein knorriger Mann.
knor|zig (Adj.) (ugs.) knauserig; unleidlich.
Knos|pe (die, -, -n) Pflanzenspross. knospig; knospenförmig.
knos|pen (V.) Knospen treiben.
Knos|pung (die, -, kein Plural) 1. das Knospen; 2. ungeschlechtliche Vermehrung.
Knöt|chen (das, -s, -) kleiner Knoten.
Knöt|chen|flech|te (die, -, kein Plural) stark juckende Hautkrankheit.
knö|teln (V.) kleine Knoten sticken.
kno|ten (V.) 1. zu einem Knoten binden; 2. mit einem Knoten an etwas befestigen.

Kno|ten (der, -s, -) 1. Schlinge; Verdickung. Bei mir ist endlich der Knoten geplatzt. (ugs.) (Ich habe es endlich verstanden.). 2. Schiffsgeschwindigkeit (Abk.: kn). Knotenseil; Knotenstock; knotenförmig.
Kno|ten|punkt (der, -es, -e) Verbindung mehrerer Linien.
Knö|te|rich (der, -s, e) Schlinggewächs.
kno|tig (Adj.) 1. knotenartig; 2. derb; ungehobelt.
Know-how (*auch:* Know|how) (das, -, kein Plural) (engl.) das Gewusst-wie für technische, praktische Anwendungen.
Knub|bel (der, -s, -) Verdickung.
knub|beln (V., refl.) (ugs.) sich drängen.
knud|deln (V.) umarmen; drücken.
knuf|fen (V.) (ugs.) stoßen; puffen.
Knuff (der, -es, Knüf|fe) Puff; Stoß.
knül|le (Adj.) (ugs.) betrunken sein.
knül|len (V.) zerknittern.
Knüll|ge|bir|ge (das, -es, kein Plural) bewaldeter Höhenzug des Hessischen Berglandes.
Knül|ler (der, -s, -) Sensation; Erfolgsschlager.
knüp|fen (V.) Knoten machen; verbinden. Knüpfarbeit; Knüpfteppich; Knüpfung; Knüpfwerk.
Knüp|pel (der, -s, -) Keule; Stock; Hebel; Prügel. jemandem Knüppel zwischen die Beine werfen (ugs.) (jemandem Schwierigkeiten machen).
Knüp|pel|aus|dem|sack (der, -, kein Plural) aus dem gleichnamigen Märchen.
knüp|pel|dick (Adj.) 1. sehr dick; 2. vermehrt. Die Schwierigkeiten kommen jetzt knüppeldick über uns.
knüp|pel|hart (Adj.) hart wie ein Knüppel.
knüp|peln (V.) mit dem Knüppel schlagen. Die Polizei knüppelte die Menge nieder.
Knüp|pel|schal|tung (die, -, -en) am Lenkrad befindliche Schaltung bei einem Pkw (früher).
knur|ren (V.) murren; brummen. Der Hund knurrt. Der Magen knurrt. Er knurrte ärgerlich vor sich hin. Magenknurren.
Knur|ren (das, -s, kein Plural) Knurrlaut. Das Knurren des Hundes klang bedrohlich.
Knurr|hahn (der, -s, -häh|ne) 1. Fisch; 2. brummiger Mensch.
knur|rig (Adj.) ärgerlich; mürrisch. Knurrigkeit.
Knurz (der, -es, -e) (lok.) kleiner untersetzter Kerl.
knusp|rig (*auch:* knus|pe|rig) (Adj.) rösch; frisch. Knusperflocken.
Knus|per|häus|chen (das, -s, kein Plural) Hexenhaus aus dem Märchen »Hänsel und Gretel« der Gebrüder Grimm, Pfefferhaus.
knus|pern (V.) knabbern.
Knust (der, -es, -e) (nordd.) Endstück eines Brotes.
Knu|te (die, -, -n) (russ.) 1. Peitsche; 2. Gewalt. Das Volk leidet unter der Knute des Herrschers.
knu|ten (V.) knechten; unterdrücken.
knut|schen (V.) (ugs.) Küssen. Knutscherei.
Knutsch|fleck (der, -es, -en) (ugs.) Druckstelle auf der Haut nach heftigen Liebkosungen.
Knüt|tel (der, -s, -) (lok.) Knüppel; Prügel.
knüt|te|lig (*auch:* knütt|lig) (Adj.) derb; ungehobelt.
Knüt|tel|vers (der, -es, -e) (lok.) Knittelvers.
k. o. (Abk.) **k**nock-**o**ut. *Beachte:* k. o. gehen; k. o. sein. *Aber:* Sieg durch K. o.; K.-o.-Schlag.
kΩ (Abk.) **Kilo** **ohm**.
Ko|ad|ju|tor (der, -s, -en) (lat.) Gehilfe eines katholischen Geistlichen (mit dem Recht der Nachfolge).
Ko|agu|lans (das, -, -lan|tia/-lan|zi|en) (lat.) die Blutgerinnung förderndes Mittel.
Ko|agu|la|ti|on (die, -, -ti|o|nen) (lat.) Gerinnung; Ausflockung.
ko|agu|lie|ren (V.) (lat.) gerinnen; ausflocken. (Med.).
Ko|agu|lum (das, -s, -gu|la) (lat.) in der Medizin ein Blutgerinnsel.
Ko|a|la (der, -s, -s) Beutelbär (Australien).
Ko|a|li|ti|on (die, -, -ti|o|nen) (lat.) Regierungsbündnis; Staatenbündnis. Koalitionszwang.
Ko|a|li|ti|ons|frei|heit (die, -, kein Plural) Vereinigungsfreiheit.
Ko|a|li|ti|ons|par|tei (die, -, -en) Teil einer Koalitionsregierung.
Ko|a|li|ti|ons|re|gie|rung (die, -, -en) aus mehreren Parteien gebildete Regierung.
ko|a|lie|ren (V.) (lat.) sich verbinden; verbünden.
ko|a|li|sie|ren (V.) (lat.) koalieren.
Ko|au|tor (der, -s, -en) Mitverfasser.
ko|axi|al (Adj.) (lat.) mit einer gemeinsamen Achse. Koaxialkabel.
Kob (der, -s, -s) (Kurzw.) Kontaktbereichsbeamte.
Ko|balt (*auch:* Co|balt) (das, -s, kein Plural) chemischer Grundstoff (Abk.: Co). Kobaltlegierung.
Ko|balt|bom|be (die, -, -n) Wasserstoffbombe mit Kobaltmantel.
Ko|balt|glanz (der, -es, kein Plural) silberweißes bis rötliches Mineral.
ko|balt|blau (Adj.) leuchtendes, helles Blau.
Ko|ben (der, -s, -) Verschlag; Käfig; Stall.
Ko|bold (der, -s, -e) Geist. koboldhaft.
ko|bol|zen (*auch:* Kobolz schießen) (V.) Purzelbäume schlagen.
Ko|b|ra (die, -, -s) (portugies.) Brillenschlange.
Koch (der, -s, Kö|che) Küchenchef. Kochbuch; Kochbeutel; Kocherei; Köchin; Kochgelegenheit; Kochkunst; Kochlöffel; Kochrezept; Kochsalz; Kochtopf; kochend heiß.
koch|echt (Adj.) ein Gegenstand (z.B. Wäsche) hält den Kochvorgang ohne Beeinträchtigung aus.
kö|cheln (V.) auf kleiner Flamme kochen.
Kö|chel|ver|zeich|nis (das, -nis|ses, -nis|se) Verz. des Gesamtwerks Mozarts (Abk.: KV).
ko|chen (V.) 1. Speisen zubereiten; 2. etwas gar machen. Ich koche das Fleisch. 3. (ugs.) sehr wütend sein. Ich koche vor Wut.
ko|chend (Adj.) in kochendem Zustand.
Ko|cher (der, -s, -) kleines Kochgerät.
Kö|cher (der, -s, -) Pfeilbehälter.
Kö|cher|flie|ge (die, -, -n) mottenähnliches Insekt.
koch|fer|tig (Adj.) zum Kochen bereit. kochfertige Suppen.
koch|fest (Adj.) kochecht.
Koch|ni|sche (die, -, -n) kleine Kochgelegenheit in kleinen Wohnungen ohne Küche.

Koch|wä|sche (die, -, kein Plural) 1. für den 95°-Waschgang geeignet; 2. sehr stark verschmutzte Wäsche.

Ko|da → Co|da.

kod|de|rig (*auch:* kodd|rig) (Adj.) (ugs.) schlecht; unverschämt; frech. Kodderschnauze

Kode (*auch:* Code) (nicht trennbar!) (der, -s, -s) (engl.) Zeichenschlüssel; verabredetes Zeichen. Kodierung (*auch:* Codierung); kodieren (*auch:* codieren).

Ko|de|in (*auch:* Co|de|in) (das, -s, kein Plural) (griech.) Opiumderivat, hauptsächlich in Husten- und Beruhigungsmitteln.

Kö|der (der, -s, -) 1. Lockmittel; 2. (schweiz.) Speichel. Köderwurm.

kö|dern (V.) jemanden oder etwas anlocken.

Ko|dex (der, -/-es, -e/-di|zes) (lat.) Gesetzessammlung.

Ko|di|fi|ka|ti|on (die, -, -ti|o|nen) das Kodifizieren.

ko|di|fi|zie|ren (V.) (lat.) in einem Gesetzbuch zusammenfassen. Kodifizierung.

Ko|di|zill (das, -s, -e) (lat.) Zusatz z. B. zu einem Testament.

Ko|edu|ka|ti|on (die, -, -ti|o|nen) (lat.) Gemeinschaftserziehung von Jungen und Mädchen (in Schulen).

Ko|ef|fi|zi|ent (der, -en, -en) (lat.) Faktor; Beiwert (Mathematik).

ko|er|zi|bel (Adj.) (lat.) verdichtbar; verflüssigbar.

Ko|exis|tenz (die, -, -en) (lat.) gleichzeitiges Nebeneinander, Vorhandensein. Verb: koexistieren.

Ko|fel (*auch:* Ko|gel) (der, -s, -) (südd.) Bergkuppe.

Kof|fe|in (*auch:* Cof|fe|in) (das, -s, kein Plural) (arab.) anregender Wirkstoff (Tee, Kaffee). Adjektiv: koffeinfrei.

Kof|fer (der, -s, -) Reisebehälter. Kofferdeckel; Kofferradio; Kofferschreibmaschine; Kofferraum; Köfferchen.

Kof|fer|ge|rät (das, -es, -e) tragbares elektrisches Gerät mit Akku- oder Batteriebetrieb.

Kof|fer|ku|li (der, -s, -s) Transportwagen auf Flughäfen, Bahnhöfen etc.

Kog (der, -es, Kö|ge) Koog.

ko|ge (Adv.) (schweiz.) arg; sehr. Es ist koge laut.

Ko|gel (der, -s, -) (südd.) → Kofel.

Kog|ge (die, -, -n) bauchiges Segelschiff der Hanse.

Ko|g|nak (*auch:* Co|g|nac) (der, -s, -s) (franz.) Weinbrand.

Ko|g|nak|boh|ne (die, -, -n) mit Kognak gefüllte Praline.

Ko|g|nak|glas (das, -es, -gläser) Trinkgefäß. Kognakschwenker.

Ko|g|nat (der, -en, -en) (lat.) Blutsverwandter der weiblichen Linie.

Ko|g|na|ti|on (die, -, -ti|o|nen) (lat.) Blutsverwandtschaft der weiblichen Linie.

ko|g|na|tisch (Adj.) (lat.) den Kognaten betreffend.

Ko|g|ni|ti|on (die, -, -en) (lat.) Erkenntnis, Kenntnis.

ko|g|ni|tiv (Adj.) (lat.) erkenntnismäßig.

Ko|g|no|men (das, -s, -/-gno|mi|na) (lat.) Beiname im antiken Rom.

Ko|go (das, -s, -s) (jap.) kleines getöpfertes Behältnis für Räucherwerk.

Ko|ha|bi|ta|ti|on (die, -, -ti|o|nen) (lat.) Beischlaf. Verb: kohabitieren.

ko|hä|rent (Adj.) (lat.) zusammenhängend.

Ko|hä|renz (die, -, -en) (lat.) 1. Zusammenhang; 2. elektromagnetische Strahlung gleicher Wellenlänge und Schwingungsrichtung mit einer festen Phasenbeziehung.

ko|hä|rie|ren (V.) (lat.) zusammenhängen.

Ko|hä|si|on (die, -, -si|o|nen) (lat.) Zusammenhalt (Anziehungskraft). Adjektiv: kohäsiv.

Kohl 1. (der, -s, -e/-köp|fe) Gemüse. 2. (der, -s, kein Plural) (ugs.) Unsinn. Kohlkopf; Kohlsuppe; Rosenkohl; verkohlen.

Kohl|dampf (der, -s, kein Plural) (ugs.) Hunger.

Koh|le (die, -, -n) 1. Brennstoff; 2. (ugs.) Geld. Kohlefaden; Kohleherd; Kohleimport; Kohlekraftwerk; Kohlenbergwerk; Kohlenflöz; Kohlenhalde; Kohlenheizung; Kohlenwasserstoff; kohlehaltig. Kohle führend (*auch:* kohleführend).

koh|len (V.) (ugs.) Unsinn reden, schwindeln.

Koh|len|dio|xid (*auch:* Koh|len|dio|xyd) (das, -es, kein Plural) ein farbloses, geruchloses Gas.

Koh|le(n)|hy|d|rat (das, -es, -e) chemische Verbindung zur Aufrechterhaltung des Stoffwechsels bei Organismen.

Koh|len|mo|no|xid (*auch:* Koh|len|mo|no|xyd) (das, -es, kein Plural) sehr giftiges Gas.

Koh|len|pott (der, -s, kein Plural) (ugs.) das Ruhrgebiet.

koh|len|sau|er (Adj.) Kohlensäure enthaltend.

Koh|len|säu|re (die, -, kein Plural) wässerige Lösung des Kohlendioxids.

Koh|len|stoff (der, -s, kein Plural) (Abk.: C) ein Element; Nichtmetall (Diamant).

Koh|le|pfen|nig (der, -es, -e) Abgabe zur Unterstützung des Kohleabbaus.

Koh|le|pa|pier (das, -s, -e) beschichtetes Papier zum Durchschreiben.

Köh|ler (der, -s, -) 1. Hersteller von Holzkohle; 2. Seelachs.

Koh|le|zeich|nung (die, -, -en) Zeichentechnik. Kohlestift.

Kohl|mei|se (die, -, -n) Vogel.

Kohl|ra|be (der, -n, -n) Kolkrabe.

kohl|ra|ben|schwarz (Adj.) schwarz wie ein Rabe; tiefschwarz. kohlschwarz.

Kohl|ra|bi (der, -(s), -(s)) Kohlart mit oberirdischen weißen Sprossen.

Kohl|rau|pe (die, -, -n) für den Kohl schädliche Raupe.

Kohl|rös|chen (das, -s, -) eine Orchidee.

Kohl|rou|la|de (die, -, -n) (franz.) mit Fleisch gefüllte Kohlrollen.

Kohl|rü|be (die, -, -n) Steckrübe.

Kohl|weiß|ling (der, -s, -e) Schmetterling.

Ko|hor|te (die, -, -n) (lat.) Truppeneinheit (im alten Rom); zehnter Teil einer Legion.

Koi|ne (die, -, kein Plural) aus den altgriechischen Dialekten entstandene Umgangssprache; Vorstufe des Neugriechischen.

Koi|non (das, -s, kein Plural) (griech.) 1. politischer oder sakraler Zusammenschluss im antiken Griechenland; 2. Bundesstaat oder Staatenbund im Zeitalter des Hellenismus.

Ko|in|zi|denz (die, -, kein Plural) (lat.) Zusammentreffen. Adjektiv: koinzident.

ko|in|zi|die|ren (V.) mit einem Ereignis zusammentreffen.

Koˈiˈtus (*auch:* Coˈiˈtus) (der, -, -/-se) (lat.) Geschlechtsverkehr. Verb: koitieren.
Koˈje (die, -, -n) (niederl.) Bett; Schlafraum (Schiff).
Koˈjoˈte (*auch:* Coˈyoˈte) (der, -n, -n) (span.) Präriewolf.
Koˈka (der, -, -) (span.) Strauch. Kokapflanze; Kokastrauch;
Koˈkaˈin (das, -s, kein Plural) (span.) 1. Mittel zur örtlichen Betäubung (Med.); 2. Rauschgift aus den Blättern des Kokastrauches.
Koˈkarˈde (die, -, -n) (franz.) Abzeichen.
koˈkeln (V.) zündeln.
koˈken (V.) Koks (Brennstoff) herstellen.
Koˈkeˈrei (die, -, -en) Kokswerk. Koker.
koˈkett (Adj.) (franz.) gefallsüchtig; reizvoll.
Koˈketˈteˈrie (die, -, kein Plural) (franz.) Gefallsucht.
koˈketˈtieˈren (V.) (franz.) liebäugeln; zu Gefallen suchen.
Kokˈke (*auch:* Kokˈkus) (die, -, -n) (griech.) Kugelbakterie.
Kokˈkelsˈkörˈner (die, -, nur Plural) Giftköder für Fische.
Koˈkoˈloˈres (der, -, kein Plural) (ugs.) Unsinn; Umstände.
Koˈkon (der, -s, -s) (franz.) Puppe (Insekt); Schutzhülle um Insektenpuppe.
Koˈkonˈfaˈser (die, -, -n) (franz.) Puppengespinstfaser. kokonartig.
Koˈkosˈfaˈser (die, -, -n) Umhüllung der Kokosnuss.
Koˈkosˈfett (das, -es, kein Plural) aus der Kokosfrucht gewonnenes Fett.
Koˈkosˈmatˈte (die, -, -n) aus Kokosfasern hergestellte Matten.
Koˈkosˈnuss (die, -, -nüsˈse) Frucht der Kokospalme.
Koˈkotˈte (die, -, -n) (franz.) Edelprostituierte.
Koks (der, -es, -e) (engl.) 1. Brennstoff; 2. (ugs.) Kokain; 3. (jidd.) steifer Hut. Koksofen; Koksstaub; Kokswerk.
kokˈsen (V.) (ugs.) 1. Kokain nehmen; 2. schlafen; schnarchen.
Kokˈser (der, -s, -) (ugs.) Kokainsüchtiger.
Kokˈziˈdie (die, -, -n) (griech.) schmarotzendes Sporentierchen. Krankheitserreger.
Kokˈziˈdiˈoˈse (die, -, -n) durch Kokzidien verursachte Krankheit.
Koˈla (die, -, kein Plural) Kolanuss.
Kolˈben (der, -s, -) 1. Maschinenteil. 2. Glasgefäß. 3. Gewehrteil. 4. Blütenstand. Kolbenfresser; Kolbenmaschine; Kolbenhieb; Kolbenstange.
Kolˈbenˈhirˈse (die, -, kein Plural) Getreideart.
kolˈbig (Adj.) keulenförmig verdickt.
Kolˈchoˈse (die, -, -n) (russ.) landwirtschaftliche Produktionsgenossenschaft (Sowjetunion).
Koˈliˈbakˈteˈriˈum (das, -s, -riˈen) (griech.) Bakterium der Darmflora.
Koˈliˈbˈri (der, -s, -s) (franz.) sehr kleiner Vogel.
Koˈlik (die, -, -en) (griech.) Leibkrämpfe. Gallenkolik; Nierenkolik.
Koˈliˈtis (die, -, -tiˈden) (griech.) Dickdarmentzündung.
Kolk (der, -s/-es, -e) (nordd.) Wasserloch.
Kolkˈraˈbe (der, -n, -n) Vogel.
kolˈlaˈbieˈren (V.) (lat.) zusammenbrechen; zusammenfallen. Kollaps.
Kolˈlaˈboˈraˈtiˈon (die, -, -tiˈoˈnen) (franz.) Zusammenarbeit mit dem Feind.
Kolˈlaˈboˈraˈteur (der, -s, -e) (franz.) jemand, der mit dem Feind zusammenarbeitet.
kolˈlaˈboˈrieˈren (V.) (franz.) mit dem Feind zusammenarbeiten.
Kolˈlaˈgen (das, -s, -e) (griech.) Eiweißstoff.
Kolˈlaps (der, -es, -e) 1. Zusammenfallen eines Organs (z. B. Lunge); 2. Versagen des Blutkreislaufs; 3. Zusammenbruch.
Kolˈlar (das, -s, -e) (lat.) Halskragen.
kolˈlaˈteˈral (Adj.) (lat.) seitlich.
Kolˈlaˈteˈralˈschaˈden (der, -s, -schäˈden) schwerer Schaden, der bei einer militärischen Aktion in Kauf genommen wird.
Kolˈlaˈtiˈon (die, -, -tiˈoˈnen) (lat.) 1. Vergleich (zwischen Urschrift und Abschrift). 2. Zusammentragen der Druckbogen (eines Buches). 3. Ausgleich (zwischen Erben). 4. leichte Mahlzeit (an Fasttagen).
kolˈlaˈtiˈoˈnieˈren (V.) (lat.) vergleichen (auf die Richtigkeit hin); zusammentragen in der richtigen Reihenfolge; zusammenstellen (von Druckbogen).
Kolˈlauˈdaˈtiˈon (die, -, -tiˈoˈnen) (lat.) amtliche Prüfung und abschließende Genehmigung (eines Baues; schweiz.).
kolˈlauˈdieˈren (V.) (schweiz.-lat.) prüfen und abschließend genehmigen.
Kolˈleg (das, -s, -s/-giˈen) (lat.) Vorlesung; Institut. Kollegmappe; Kollegheft.
Kolˈleˈge (der, -n, -n) (lat.) Mitarbeiter. Kollegin; Kollegenkreis; Kollegenschaft.
kolˈleˈgiˈal (Adj.) freundschaftlich; fair; hilfsbereit; solidarisch.
Kolˈleˈgiˈaˈliˈtät (die, -, kein Plural) Solidarität.
Kolˈleˈgiˈum (das, -s, -iˈen) (lat.) Gesamtheit von Personen mit gleichem Amt oder Beruf.
Kolˈlekˈtaˈneˈen (die, nur Plural) (lat.) Auszüge aus literarischen oder wissenschaftlichen Werken; Lesefrüchte.
Kolˈlekˈte (die, -, -n) (lat.) Sammlung freiwilliger Spenden (in der Kirche nach dem Gottesdienst).
Kolˈlekˈtiˈon (die, -, -tiˈoˈnen) (lat.) Musterauswahl.
Kolˈlekˈtiv (das, -s, -e) (lat.) 1. Team; Arbeitsgemeinschaft; 2. Produktionsgemeinschaft (sozialistische Länder); 3. Gruppe. Kollektivarbeit; Kollektivbewusstsein; Kollektivwirtschaft.
kolˈlekˈtiv (Adj.) gemeinschaftlich; geschlossen; gruppenweise.
Kolˈlekˈtiˈvieˈrung (die, -, kein Plural) zwangsweises Umwandeln von Privateigentum in Kollektiveigentum. kollektivieren.
Kolˈlekˈtiˈvisˈmus (der, -, kein Plural) Lehre, die das Gesellschaftliche gegenüber dem Individuellen betont. kollektivistisch.
Kolˈlekˈtiˈviˈtät (die, -, kein Plural) Gemeinschaft; Geschlossenheit.
Kolˈlekˈtivˈschuld (die, -, kein Plural) Schuld, die wegen der Taten einzelner Personen einer größeren Gruppe beigemessen wird.
Kolˈlekˈtiˈvum (das, -s, -va/-ven) (lat.) Wort, das eine Gruppe gleichartiger Lebewesen oder Dinge zusammenfasst (z. B. Vieh, Gebirge, Gebüsch).
Kolˈlekˈtor (der, -s, -en) (lat.) Stromabnehmer.
Kolˈlenˈchym (das, -s, -e) (griech.) dehnungs- und wachstumsfähiges

Festigungsgewebe von wachsenden Pflanzen.

KolǀIer (der, -s, -) 1. Schulterpasse; 2. Wutanfall.

KolǀIerǀgang (der, -es, kein Plural) Zerkleinerungsmaschine.

kolǀIeǀrig (Adj.) (nordd.) leicht erregbar.

kolǀIern (V.) 1. rollen; kullern; 2. gluckerndes Geräusch erzeugen; 3. wütend sein.

kolǀIiǀdieǀren (V.) (lat.) zusammenstoßen; sich überschneiden.

KolǀIiǀer → ColǀIiǀer.

KolǀIiǀmaǀtiǀon (die, -, -tiǀoǀnen) Zusammenfallen zweier Linien (bei optischen oder Messgeräten); Übereinstimmung eines Winkels mit der Einstellung auf dem Winkelmessgerät.

KolǀIiǀsiǀon (die, -, -en) (lat.) 1. Zusammenstoß; 2. Überschneidung; 3. Konflikt.

KolǀIo (das, -s, -s/KolǀIi) (ital.) Frachtstück.

KolǀIoǀdiǀum (das, -s, kein Plural) (griech.-nlat.) zähflüssige Lösung (z. B. zum Verschließen von Wunden).

KolǀIoǀid (das, -s, -e) (griech.) sehr feine, in Wasser oder Gas gelöste Teilchen.

kolǀIoǀiǀdal (*auch:* kolǀIoǀid) (Adj.) die Eigenschaft eines Kolloids besitzend.

KolǀIoǀquiǀum (das, -s, -quiǀen) (lat.) mündliche Prüfung; wissenschaftliche Diskussion.

KolǀIuǀsiǀon (die, -, -siǀoǀnen) (lat.) Verschleierung einer Straftat. Verb: kolludieren.

Kolǀmaǀtiǀon (die, -, -tiǀoǀnen) (ital.) Erhöhung des Bodens mithilfe sinkstoffreichen Wassers; Aufladung.

Kölǀnischǀwasǀser (das, -s, -) Erfrischungsparfum.

Koǀlon (das, -s, -s/Koǀla) (griech.) 1. Doppelpunkt; 2. Dickdarm.

Koǀloǀnie (die, -, -n) (lat.) 1. auswärtiger Staatsbesitz; Siedlung im Gebiet eines anderen Volkes; 2. Verbände von Einzeltieren der gleichen Art; 3. Reinkultur von Bakterien.

Koǀloǀniǀaǀlisǀmus (der, -, kein Plural) kritische Bezeichnung für die europäische Kolonialpolitik. Kolonialgebiet; Kolonialherrschaft; Kolonialkrieg.

koǀloǀniǀal (Adj.) die Kolonie, den Kolonialismus betreffend.

Koǀloǀniǀalǀstil (der, -es, -e) (lat.) Übernahme und Abwandlung von Baustilen aus dem jeweiligen Mutterland.

Koǀloǀniǀalǀwaǀren (die, nur Plural) (lat.) Lebensmittel aus überseeischen Ländern wie Reis, Tee usw. (veraltet).

Koǀloǀniǀsaǀtiǀon (die, -, kein Plural) Besiedelung. Kolonisator; kolonsatorisch.

Koǀloǀniǀsieǀrung (die, -, kein Plural) Besiedelung; Bewirtschaftung. Kolonist; kolonisieren.

Koǀlonǀnaǀde (die, -, -n) (franz.) Säulengang.

Koǀlonǀne (die, -, -n) (franz.) 1. Formation; 2. Fahrzeugschlange. Kolonnenfahren; Kolonnenspringer.

Koǀloǀphoǀniǀum (das, -s, kein Plural) (griech.) beim Erhitzen von Harz entstehender Stoff (für Lacke, Leime u. a.).

Koǀloǀquinǀte (die, -, -n) (griech.) Kürbisgewächs.

Koǀloǀraǀdoǀkäǀfer (der, -s, -) Kartoffelkäfer.

Koǀloǀraǀtur (die, -, -en) (ital.) Trillergesang. Koloratursängerin.

Koǀloǀraǀturǀsoǀpran (der, -s, -e) (ital.) sehr hohe Frauenstimme.

koǀloǀrieǀren (V.) färben; bemalen; ausmalen.

Koǀloǀrieǀrung (die, -, -en) (lat.) Ausmalung; Färbung.

Koǀloǀriǀmeǀter (der, -s, -) (griech.-lat.) Farbmesser.

Koǀloǀriǀmeǀtrie (die, -, kein Plural) (griech.-lat.) Farbmessung.

koǀloǀriǀmeǀtrisch (Adj.) (griech.-lat.) zur Kolometrie gehörend.

Koǀloǀrist (der, -en, -en) (lat.) 1. Maler, der ausgeprägte Farben bevorzugt; 2. Künstler, der grafische Drucke koloriert. koloristisch.

Koǀloǀrit (das, -es, kein Plural) (lat.) Farbgebung; Farbwirkung.

Koǀloss (der, -losǀses, -losǀse) (griech.) Riese; gigantisches Gebilde.

koǀlosǀsal (Adj.) (griech.) 1. riesig; gewaltig. 2. (ugs.) gewaltig; sehr. Kolossalfigur; Kolossalfilm; Kolossalstatue; kolossalisch.

Koǀlosǀser (der, -s, -) Bewohner der phrygischen Stadt Kollossä.

Koǀlosǀserǀbrief (der, -es, kein Plural) dem Apostel Paulus zugeschriebener Brief an die Kolosser im Neuen Testament.

Koǀlosǀseǀum (das, -s, kein Plural) Amphitheater (Rom).

Koǀlosǀtrum (das, -s, kein Plural) Vormilch.

Koǀloǀtoǀmie (die, -, -n) (griech.) operative Öffnung des Dickdarms.

Kolǀpiǀtis (die, -, -tiǀden) (griech.) Entzündung der weiblichen Scheide.

Kolǀporǀtaǀge (die, -, -n) (franz.) 1. literarisch Minderwertiges; 2. Gerüchteküche; Verbreiten von Gerüchten; 3. Wanderbücherei. (veraltet). Kolportageroman; kolportagehaft.

Kolǀporǀteur (der, -s, -e) (franz.) Verbreiter von Gerüchten; Hausierer.

kolǀporǀtieǀren (V.) (franz.) Gerüchte verbreiten; hinterbringen.

Kolǀpoǀskop (das, -es, -e) (griech.) Scheidenspiegel.

Kolǀpoǀskoǀpie (die, -, -n) (griech.) Scheidenspiegelung.

Kölsch (das, -/-s, -) Biersorte; Kölner Dialekt.

Kolǀter (das, -s, -) 1. Messer an der Pflugschar; 2. (die, -, -n) Wolldecke.

Koǀlumǀbaǀriǀum (das, -s, -riǀen) (lat.) Urnenhalle.

Koǀlumǀbiǀaǀner (der, -s, -) Bewohner Kolumbiens.

koǀlumǀbiǀaǀnisch (Adj.) zu Kolumbien gehörend.

Koǀlumǀbiǀen (ohne Art., -s, kein Plural) südamerikanischer Staat.

Koǀlumǀne (die, -, -n) (lat.) 1. Druckspalte; 2. Leitartikel; Meinungsartikel im Umfang einer Spalte; 3. Säule.

Koǀlumǀnenǀtiǀtel (der, -s, -) (lat.) Seitentitel.

Koǀlumǀnist (der, -en, -en) (lat.) Journalist, der regelmäßig Kolumnen schreibt.

Koǀma (das, -s, -s/-ta) (griech.) tiefe Bewusstlosigkeit.

koǀmaǀtös (Adj.) tief bewusstlos.

Komǀbatǀtant (der, -en, -en) (franz.) Angehöriger einer kämpfenden Truppe.

Komǀbi... (lat.) kombiniert. Kombischrank; Kombiwagen; Kombizange.

Komǀbi (der, -/-s, -s) (Kurzw.) Kombiwagen.

Komǀbiǀnat (das, -s, -e) Zusammenschluss von Industriebetrieben (im Sozialismus).

Kom|bi|na|ti|on (die, -, -en) (lat.) 1. Verbindung; Verknüpfung; Zusammenfügung; 2. Erkennen von Zusammenhängen; 3. zusammenpassende Kleidungsstücke; 4. Wettkampf mit mehreren Disziplinen; 5. einteiliger Arbeits- und Schutzanzug. Kombinationsspiel; Kombinierer; Kombinierung.

Kom|bi|na|ti|ons|ga|be (die, -, kein Plural) Fähigkeit zum Erkennen von Zusammenhängen. Kombinationsvermögen.

Kom|bi|ne (die, -, -n) (engl.) Mähdrescher.

kom|bi|nier|bar (Adj.) zusammenstellbar. kombinatorisch.

kom|bi|nie|ren (V.) (lat.) verbinden; zusammenstellen; überlegen; zusammenspielen (Sport). Kombinierer.

Kom|bü|se (die, -, -n) Schiffsküche.

Ko|m|e|do (der, -s, -do|nen) (lat.) Mitesser (in der Haut).

Ko|met (der, -en, -en) (griech.) Schweifstern; Haarstern. Kometenbahn; Kometenschweif.

ko|me|ten|haft (Adj.) eine kometenhafte Karriere (eine glanzvolle, schnelle Karierre).

Kom|fort (der, -s, kein Plural) (engl.) Behaglichkeit; Luxus.

kom|for|ta|bel (Adj.) (engl.) bequem; luxuriös. *Beachte:* eine komfortable Einrichtung.

Ko|mik (die, -, kein Plural) (griech.) Komisches, das zu Heiterkeit anregt. Komiker.

ko|misch (Adj.) 1. lustig; zum Lachen reizend; 2. seltsam; sonderbar.

ko|mi|scher|wei|se (Adv.) seltsamerweise.

Ko|mi|tat (das, -es, -e) (lat.) ungarischer Verwaltungsbezirk.

Ko|mi|tee (das, -s, -s) (franz.) Ausschuss. Organisationskomitee.

Ko|mi|ti|en (die, -, nur Plural) (lat.) altrömische Volksversammlungen.

Kom|ma (das, -s, -s/-ta) (griech.) Beistrich. Kommaregel; Kommasetzung.

Komma → Regelkasten.

Kom|man|dant (der, -s, -en) (franz.) Befehlshaber einer Festung, eines Schiffes, über eine Stadt.

kom|man|die|ren (V.) (franz.) befehlen; befehligen.

Kom|man|dan|tur (die, -, -en) Behörde; Dienststelle des Kommandanten.

Kom|man|deur (der, -s, -e) (franz.) Befehlshaber über einen Truppenverband.

Kom|man|di|tär (der, -s, -e) (schweiz.-franz.) Kommanditist; Teilhaber einer Kommanditgesellschaft.

Kom|man|dit|ge|sell|schaft (die, -, -en) Handelsgesellschaft (mindestens ein Gesellschafter haftet mit seinem Privatvermögen; Abk.: KG). Kommanditgesellschaft auf Aktien (Abk.: KGaA); Kommanditist.

Kom|man|do (das, -s, -s) (franz.) 1. Befehl; Befehlsgewalt; 2. Befehlswort. 3. Sondertruppe. Kommandostimme; Kommandotechnik (EDV); Kommandoturm; Kommandozentrale.

Kom|man|do|brü|cke (die, -, -n) (franz.) Befehlsstand des Schiffsführers.

Kom|mas|sa|ti|on (die, -, -ti|o|nen) (lat.) Zusammenlegung von Grundstücken. Flurbereinigung. Kommassierung; kommassieren.

kom|men (V., kam, ist gekommen) eintreffen; sich zeigen; geschehen; gelangen; herstammen.

Kom|men|de (die, -, -n) (lat.) 1. kirchliche Pfründeneinkünfte ohne Verpflichtung zu geistlichen Aufgaben; 2. Ordenshaus der Ritterorden.

kom|men|su|ra|bel (Adj.) (lat.) vergleichbar.

Kom|men|su|ra|bi|li|tät (die, -, kein Plural) (lat.) Vergleichbarkeit.

Kom|ment (der, -s, -s) (franz.) 1. Gesamtheit der Sitten und Gebräuche (in einer Gemeinschaft, bes. Studentenverbindungen); 2. einzelner Brauch.

Kom|men|tar (der, -s, -e) (lat.) Erläuterung; Erklärung.

kom|men|tar|los (Adj.) ohne Erläuterung; ohne Stellungnahme.

Kom|men|ta|tor (der, -s, -en) (lat.) jemand, der Kommentare verfasst.

kom|men|tie|ren (V.) auslegen; erläutern.

Kom|men|tie|rung (die, -, -en) (lat.) Stellungnahme. Kommentation.

Kom|mers (der, -es, -e) (franz.) Trinkabend in feierlichem Rahmen (in Studentenverbindungen).

Kom|merz (der, -es, kein Plural) (lat.) Handel; Verkehr.

kom|mer|zi|a|li|sie|ren (V.) (lat.) gewinnbar machen; in den Handel bringen. Kommerzialisierung.

Kom|mer|zi|al|rat (der, -es, -rä|te) Kommerzienrat.

kom|mer|zi|ell (Adj.) auf den Handel bezüglich; kaufmännisch; gewinnorientiert; merkantil; ökonomisch; profitorientiert.

Kom|mer|zi|en|rat (der, -es, -rä|te) (lat.) früherer Titel für führende Persönlichkeiten der Wirtschaft.

Kom|mi|li|to|ne (der, -n, -n) (lat.) Studienkollege. Kommilitonin.

Kom|miss (der, -mis|ses, kein Plural) (lat.) (ugs.) Heer. Kommissbrot; Kommissstiefel (*auch:* Kommiss-Stiefel).

Kom|mis|sar (der, -s, -e) Dienstrang; Staatsbeauftragter.

Kom|mis|sa|ri|at (das, -es, -e) 1. Dienststelle eines Kommissars; 2. (österr.) Polizeidienststelle. Kommissariatsleitung.

kom|mis|sa|risch (Adj.) im Auftrag handelnd; vorübergehend.

Kom|mis|sär (der, -s, -e) (schweiz.) Kommissar.

Kom|mis|si|on (die, -, -si|o|nen) (lat.) Ausschuss; Auftrag. in Kommission geben.

Kom|mis|si|o|när (der, -s, -e) (franz.) Auftragsvermittler.

kom|mis|si|o|nie|ren (V.) (österr.) einen Neubau überprüfen und zur Benutzung freigeben.

Kom|mis|si|ons|buch|han|del (der, -s, -) (lat.) Zwischenbuchhandel.

Kom|mis|si|ons|ge|schäft (das, -es, -e) (lat.) Auftragsvermittlung.

kom|mit|tie|ren (V.) (lat.) beauftragen; bevollmächtigen. Kommittent.

kom|mod (Adj.) (franz.-österr.) bequem; angenehm.

Kom|mo|de (die, -, -n) Schränkchen. Kommodenschublade.

Kom|mo|do|re (der, -s, -n) (engl.) 1. Kapitän im Admiralsrang bei der Kriegsmarine; 2. bei der Handelsmarine Ehrentitel für erfahrene Kapitäne; 3. bei der Luftwaffe Kommandeur eines Geschwaders.

kom|mun (Adj.) (lat.) 1. gemeinsam; 2. gemein; gewöhnlich.

kom|mu|nal (Adj.) (lat.) die Gemeinde betreffend.

Kom|mu|na|li|sie|rung (die, -, -en) Überführung in die Verwaltung oder in das Eigentum einer Verwaltung.

Komma

I. Ein Komma *muss* gesetzt werden:

1. zur Abgrenzung von gleichrangigen Teilsätzen, Wortgruppen oder Wörtern, die nicht durch Konjunktionen wie »und« oder »oder« miteinander verbunden sind. Er wollte fernsehen, sie wollte spazieren gehen. Ich kam nach Hause, er war nicht da. Für dieses Rezept brauchen Sie Mehl, Zucker, Butter, Eier, Milch. Der Zauberer trug einen blauen, breitkrempigen Hut. *Beachte:* Vorsicht bei Adjektiven! Oft bildet ein Adjektiv mit einem Substantiv einen festen Begriff (z. B. französischer Wein; blaues Auge); hier wird in einer Aufzählung zwischen die letzten beiden Adjektive kein Komma gesetzt. Sie tranken einen ausgezeichneten, sehr alten französischen Wein (nicht: sehr alten und französischen Wein, sondern: französischen Wein, der sehr alt war). Durch das Setzen eines Kommas zwischen zwei Adjektiven werden Bedeutungsunterschiede deutlich: ein neues, umweltfreundliches Verfahren = ein Verfahren, das sowohl neu als auch umweltfreundlich ist. Ein neues umweltfreundliches Verfahren = ein umweltfreundliches Verfahren, das neu ist.
2. vor gegenstellende Konjunktionen wie »aber«, »(je)doch« oder »sondern«. Der Tag war sonnig, aber kalt. Das Haus war nicht groß, sondern riesig.
3. zur Abgrenzung von Nebensätzen. Das Komma steht zwischen Haupt- und Nebensatz; eingeschobene Nebensätze werden durch Kommas eingeschlossen. Als wir nach Hause kamen, war es schon zu spät. Dass es dir besser geht, freut mich sehr. Sie kann, wenn sie will, auch nett sein. Ich weiß nicht, was ich machen soll. Ich sah den Kindern zu, die auf der Wiese ihre Drachen steigen ließen.
   Beachte: Bei formelhaften Nebensätzen kann das Komma jedoch weggelassen werden. Wie bereits gesagt(,) verhielt sich die Sache anders. Ich komme(,) wenn nötig(,) noch bei dir vorbei.
   Besteht die Einleitung eines Nebensatzes aus einer Konjunktion, so setzt man das Komma vor die ganze Gruppe. Er rannte, *als ob* der Teufel hinter ihm her sei, den Weg entlang.
4. vor Infinitivgruppen, die mit »als«, »anstatt/statt«, »außer«, »ohne«, »um« eingeleitet werden oder von einem Substantiv oder einem Korrelat oder einem Verweiswort abhängen. Wir konnten nichts tun, außer abzuwarten. Sie ging in die Küche, um Milch zu holen. Sie fasste den Entschluss, endlich abzunehmen. Kinder mögen es, lange aufzubleiben. Bei Verwendung des bloßen Infinitivs ist die Abtrennung durch Komma freigestellt. Ralf dachte nicht daran(,) zu gehen.
5. zur Abgrenzung von Zusätzen, Einschüben (paariges Komma) oder Nachsätzen.
   a) Parenthesen (eingeschobener Satz oder Satzteil)
   Gestern früh, ich war gerade aufgestanden, wurden endlich die Möbel geliefert. (Die Parenthese kann anstatt der Kommas auch durch Gedankenstriche oder Klammern abgetrennt werden.)
   b) Appositionen (Zusätze, die ein vorher genanntes Substantiv näher beschreiben; auch Titel, Berufsbezeichnungen u. Ä.)
   Herr Müller, der Abteilungsleiter, wird Sie in Ihren neuen Arbeitsbereich einführen. *Aber:* Folgt der Eigenname der Apposition, dann kann das Komma auch weggelassen werden. Der Abteilungsleiter(,) Herr Müller(,) wird Sie in Ihren neuen Arbeitsbereich einführen. *Beachte:* Bestandteile von mehrteiligen Eigennamen und vorangestellte Titel ohne Artikel sind weder Zusätze noch Nachträge: Prof. Dr. med. Eisenbart gilt als guter Arzt.
   c) Orts-, Wohnungs-, Zeit- und Literaturangaben. *Beachte:* Das schließende Komma kann weggelassen werden.
   Erna Klein, Hamburg, Gartenstraße 1(,) hat den zweiten Preis gewonnen. Die Verlosung findet am Mittwoch, (den) 1. April(,) statt.
   d) Nachgestellte Erläuterungen, die durch »also«, »besonders«, »das heißt (d. h.)«, »das ist (d. i.)«, »genauer«, »insbesondere«, »nämlich«, »und das«, »und zwar«, »vor allem«, »zum Beispiel (z. B.)« eingeleitet werden.
   Die Frau liebt Katzen, besonders schwarze. Die Prüfung beginnt am ersten Juli, d. h. übermorgen.
   e) angekündigte Wörter oder Wortgruppen (auch Partizipial-, Adjektiv- und Infinitivgruppen). Gleiches gilt, wenn Wörter oder Wortgruppen wieder aufgenommen werden. Er, der Gärtner, kommt allein als Täter in Frage. Darauf, die Sache auf sich beruhen zu lassen, wollte sie sich nicht einlassen.
   Werden sie als Nachtrag in die Gesamtkonstruktion eingefügt, so sind sie mit paarigem Komma einzugrenzen: Sie, statt die Frau anzusprechen, ging schweigend davon.
6. Anreden, Ausrufe oder Ausdrücke einer Stellungnahme, die besonders hervorgehoben werden sollen, grenzt man mit (paarigem) Komma ab.
   a) Anreden
   Kinder, seid ihr alle da? Ich wünsche dir, liebe May, alles Gute.

Sehr geehrte Frau Fröhlich, ich freue mich, Ihnen heute mitteilen zu können, dass . . .
b) Ausrufe (Interjektionen)
Au, das tut doch weh! Oh, ist das Kätzchen süß! Ach, hätte ich doch nur auf meine Mutter gehört! *Aber:* Ohne Hervorhebung: Ach lass mich doch in Ruhe!
c) Ausdrücke einer Stellungnahme (Bejahung, Verneinung u. dgl.)
Das hat er gesagt, leider. Ja, so sehe ich das auch. Nein, so geht das nicht!

7. Der Kommentarsatz wird immer (auch nach Frage- und Ausrufezeichen) mit einem Komma von der wörtlichen Rede getrennt: »Ich reise morgen«, verkündete er. »Ja, ich will!«, rief sie begeistert.

II. Ein Komma wird *nicht* gesetzt:

1. wenn gleichrangige Teilsätze, Wortgruppen oder einzelne Wörter, die eng zusammengehören, durch
   – »und«, »oder«, »beziehungsweise/bzw.«, »sowie«
   – »entweder . . . oder«, »nicht . . . noch«, »sowohl . . . als (auch)«, »sowohl . . . wie«, »weder . . . noch«
   verbunden sind.
   Es war nicht selten, dass er seine Freunde besuchte und dass sie bis spät in die Nacht feierten. Der Nachbar hatte versprochen die Blumen zu gießen und auch zu lüften.
2. bei Vergleichen mit »als« oder »wie«.
   Früher als erwartet kam er nach Hause.
   Aber: Er kam früher, als wir erwartet hatten. Er ist genauso groß wie sie.

III. Ein Komma *kann* gesetzt werden:

1. bei selbstständigen Sätzen, die durch »und«, »oder« u. dgl. verbunden sind, um die Gliederung des Ganzsatzes deutlich zu machen.
   Das Feuer brannte endlich(,) und sie machten es sich gemütlich.
2. bei Nebensätzen, die durch
   – »angenommen(,) dass/wenn«
   – »geschweige (denn)(,) dass«
   – »gleichviel(,) ob«
   – »je nachdem(,) ob«
   eingeleitet werden, kann zwischen die Bestandteile der einleitenden Wortgruppe auch ein Komma gesetzt werden.
3. bei Infinitiv-, Partizip- oder Adjektivgruppen bzw. entsprechenden Wortgruppen, um die Gliederung des Ganzsatzes deutlich zu machen.
   Sie ist bereit(,) bei dieser Sache mitzumachen. Durch eine Tasse Kaffee gestärkt(,) setzten wir die Arbeit fort. Ich rate(,) ihm(,) zu helfen.
4. wenn der Schreibende mit dem Komma etwas als Zusatz oder Nachtrag kennzeichnen will.
   a) Gefüge mit Präpositionen
   Sie hatte(,) trotz aller guten Vorsätze(,) wieder zu rauchen angefangen. Der Kranke hatte(,) entgegen ärztlichem Rat(,) das Bett verlassen.
   b) Gefüge mit »wie«
   Ihre Ausgaben(,) wie Fahrt- und Übernachtungskosten(,) werden Ihnen ersetzt.
   c) Infinitiv-, Partizip- oder Adjektivgruppen
   Er hatte den Vertrag(,) ohne ihn vorher gelesen zu haben(,) sofort unterschrieben. Sein Wunsch(,) eine Familie zu gründen(,) war groß. Das Kind saß(,) über und über mit Dreck beschmiert(,) in der Pfütze. Sie lief(,) außer sich vor Kummer(,) auf mich zu und umarmte mich.
   d) Eigennamen, die einem Titel, einer Berufsbezeichnung und dgl. folgen
   Der Koch(,) Tim Kuhn(,) servierte selbst. Der Angeklagte(,) Peter Meier(,) verweigerte die Aussage.

Kom|mu|nar|de (der, -n, -n) 1. Angehöriger der Pariser Kommune; 2. Mitglied einer Wohngemeinschaft.

Kom|mu|ne (die, -, -n) 1. Gemeinde; 2. Wohngemeinschaft. Kommunalbeamte; Kommunalbehörde; Kommunalpolitik; Kommunalverwaltung; Kommunalwahl.

Kom|mu|ni|ka|ti|on (die, -, -ti|o|nen) (lat.) Verständigung; Meinungsaustausch; Verkehr.

Kom|mu|ni|on (die, -, -ni|o|nen) (lat.) Abendmahl. Kommunionbank; Kommunionkind.

Kom|mu|ni|qué (*auch:* Kom|mu|ni|kee) (das, -s, -s) (franz.) amtliche Verlautbarung; amtliche Bekanntmachung.

Kom|mu|nis|mus (der, -, kein Plural) (lat.) polit. Gesellschafts- und Wirtschaftsordnung, z. T. mit Sozialismus gleichzustellen.

Kom|mu|nist (der, -en, -en) Anhänger des Kommunismus. Kommunistin.

kom|mu|nis|tisch (Adj.) zum Kommunismus gehörend.

Kom|mu|ni|tät (die, -, -en) (lat.) Gemeinschaft; Gemeingut.

kom|mu|ni|zie|ren (V.) 1. Kommunion empfangen; 2. in Verbindung mit jemandem stehen.

kom|mu|ta|bel (*auch:* kom|mu|ta|tiv) (Adj.) (lat.) veränderlich; vertauschbar. Kommutation; Kommutierung; kommutieren.

kom|mu|ta|tiv (Adj.) (lat.) umstellbar, veränderlich.

Ko|mö|di|ant (der, -en, -en) (ital.) 1. früher Bezeichnung für Schauspieler; 2. heuchlerischer, unaufrichtiger Mensch. Komödiantentum; Komödiantin; komödienhaft; komödiantisch.

Ko|mö|die (die, -, -n) (griech.) 1. Lustspiel; 2. Theater mit ausschließlichem Komödienspielplan; 3. komisches Ereignis; 4. Verstellung. Komödiendichter.

Ko|mo|ren (die, nur Plural) Inselgruppe Ostafrikas. Komorer

Ko|mo|rer (der, -s, -) Einwohner der Komoren. Komorerin.
ko|mo|risch (Adj.) zu den Komoren gehörig.
Komp. (*auch:* Co.; Co (Abk.) **Kompanie**.
Kom|pa|g|non (der, -s, -s) (franz.) Teilhaber; Mitinhaber; Komplize.
kom|pakt (Adj.) (franz.) fest; dicht.
Kom|pakt|heit (die, -, kein Plural) Dichte; Festigkeit. Kompaktbauweise; Kompaktkassette; Kompaktschallplatte (CD).
Kom|pa|nie (die, -, -n) (ital.) 1. militärische Einheit; 2. Handelsgesellschaft. Kompanieführer; Kompaniegeschäft.
kom|pa|ra|bel (Adj.) (lat.) vergleichbar; steigerungsfähig (in der Grammatik).
Kom|pa|ra|ti|on (die, -, -ti|o|nen) (lat.) Steigerung.
Kom|pa|ra|tis|tik (die, -, kein Plural) vergleichende Literatur- oder Sprachwissenschaft.
Kom|pa|ra|tiv (der, -, e) (lat.) erste Steigerungsform, z. B. schneller, höher, weiter.
Kom|pa|ra|tiv|satz (der, -es, -sät|ze) (lat.) Satz mit einer Steigerungsform.
Kom|pa|ra|tor (der, -s, -oren) Gerät zum Vergleichen von Ländermaßen.
kom|pa|rie|ren (V.) vergleichen; in der Sprachwissenschaft steigern.
Kom|par|se (die, -n, -n) (franz.) Statist. Komparsin; Komparserie.
Kom|pass (der, -pas|ses, -pas|se) (ital.) Magnetnadel zur Bestimmung der Himmelsrichtung. Kompassnadel; Kompassrose.
kom|pa|ti|bel (Adj.) (franz.) zusammenpassend; miteinander vereinbar.
Kom|pa|ti|bi|li|tät (die, -, kein Plural) Vereinbarkeit; Verträglichkeit.
kom|pen|di|ös (Adj.) (lat.) gedrängt; zusammengefasst.
Kom|pen|di|um (das, -s, -di|en) (lat.) Abriss; Handbuch.
Kom|pen|sa|ti|on (die, -, -en) (lat.) Ausgleich.
Kom|pen|sa|ti|ons|ge|schäft (das, -es, -e) Warentauschgeschäft.
Kom|pen|sa|tor (der, -s, -to|ren) (lat.) Vorrichtung zur Messung des Gangunterschiedes zweier Lichtwellen.
kom|pen|sa|to|risch (Adj.) ausgleichend.
kom|pen|sie|ren (V.) (lat.) ausgleichen; verrechnen.
kom|pe|tent (Adj.) (lat.) sachverständig; fähig; zuständig.
Kom|pe|tenz 1. (die, -, -en) (lat.) Fähigkeit; Zuständigkeit. 2. (die, -, kein Plural) Sprachfähigkeit. Kompetenzbereich; Kompetenzfrage; Kompetenzkonflikt; Kompetenzstreitigkeit; Kompetenzteam; Kompetenzzentrum.
Kom|pi|la|ti|on (die, -, -en) (lat.) ein aus Auszügen anderer Schriften zusammengesetztes Werk.
Kom|pi|la|tor (der, -s, -en) (lat.) Verfasser einer Kompilation.
kom|pi|la|to|risch (Adj.) (lat.) auf Kompilation beruhend; zusammengeschrieben aus Teilen verschiedener Werke.
kom|pi|lie|ren (V.) (lat.) Stoff zu einer Schrift zusammentragen.
Kom|ple|ment (das, -s, -e) Ergänzungsstück. (*Aber:* das Kompliment!)
kom|ple|men|tär (Adj.) (lat.) sich gegenseitig ergänzend.
Kom|ple|men|tär (der, -es, -e) (lat.) persönlich haftender Gesellschafter einer Kommanditgesellschaft.
Kom|ple|men|tär|far|be (die, -, -n) (lat.) Ergänzungs- und Kontrastfarben, die zusammen Weiß ergeben.
kom|ple|men|tie|ren (V.) (lat.) ergänzen; vervollständigen.
Kom|ple|men|tie|rung (die, -, -en) (lat.) Ergänzung; Vervollständigung.
Kom|ple|ment|win|kel (der, -s, kein Plural) Winkel, der einen zweiten Winkel um 90 Grad ergänzt.
Kom|plet 1. (das, -/-s, -s) (franz.) Kostüm aus Mantel und Kleid. 2. (die, -, -e) (lat.) Abendgebet.
kom|plett (Adj.) (franz.) vollständig.
kom|plet|tie|ren (V.) (franz.) ergänzen; vervollständigen.
Kom|plet|tie|rung (die, -, -en) Vervollständigung; Ergänzung.
kom|p|lex (lat.) verwickelt; vielschichtig; schwierig.
Kom|plex (der, -es, -e) (lat.) 1. Gesamtheit; 2. Gruppe; 3. Ichschwäche.
Kom|ple|xi|tät (die, -, kein Plural) Vielschichtigkeit.
Kom|pli|ka|ti|on (die, -, -ti|o|nen) (lat.) Erschwernis; Schwierigkeit.
kom|pli|ka|ti|ons|los (Adj.) ohne Schwierigkeit.
Kom|pli|ment (das, -s, -e) (franz.) Schmeichelei; Anerkennung; Lob.
Kom|pli|ze (*auch:* Kom|pli|ce) (der, -n, -n) (franz.) Mitschuldiger; Mittäter. Komplizin; Komplizenschaft.
kom|pli|zie|ren (V.) erschweren, schwierig machen.
kom|pli|ziert (Adj.) (lat.) schwierig; erschwert; umständlich.
Kom|pli|ziert|heit (die, -, kein Plural) Schwierigkeit.
Kom|pli|zie|rung (die, -, -en) Erschwerung.
Kom|plott (das, -s, -e) (franz.) Anschlag; Verschwörung.
Kom|po|nen|te (die, -, -n) (lat.) Bestandteil.
kom|po|nie|ren (V.) (lat.) 1. zusammenstellen; 2. Musikstücke schreiben.
Kom|po|nist (der, -en, -en) Verfasser von Musikwerken.
Kom|po|si|te (die, -, -n) (meist Plural) Korbblütler (Bot.)
Kom|po|si|ti|on (die, -, -en) (lat.) 1. Musikwerk; 2. Anordnung; Zusammenstellung.
kom|po|si|to|risch (Adj.) das Komponieren betreffend.
Kom|po|si|tum (das, -s, -si|ta) (lat.) Wortzusammensetzung (z. B. Winterschuhe).
Kom|post (der, -s, -e) (franz.) natürlicher Dünger (Pflanzenabfall). Komposterde; Komposthaufen; Kompostierung; kompostieren.
Kom|pott (das, -s, -e) gekochtes Obst. Kompottteller (*auch:* Kompott-Teller).
kom|press (Adj.) (lat.) zusammengedrängt; dicht ohne Durchschuss (in der Typografie).
Kom|pres|se (die, -, -n) (franz.) feuchter Wickel; Mullverband; in mehreren Schichten zusammengelegter Mull für Verbände.
kom|pres|si|bel (Adj.) (franz.) zusammendrückbar; verdichtbar.

Kom|pres|si|bi|li|tät (die, -, kein Plural) (franz.) Zusammendrückbarkeit; Verdichtbarkeit.

Kom|pres|si|on (die, -, -si|o|nen) (lat.) Verdichtung; Zusammendrückung. Kompressionsdiagramm; Kompressionspumpe; Kompressionsstrumpf; Kompressionsverband.

Kom|pres|sor (der, -s, -en) (lat.) Maschine zum Verdichten von Gasen und Dämpfen.

kom|pri|mie|ren (V.) (lat.) zusammendrücken; verdichten.

kom|pri|miert (Adj.) (lat.) verdichtet; zusammengefasst.

Kom|pri|mie|rung (die, -, -en) (lat.) Verdichtung; Zusammenfassung.

Kom|pro|miss (der, -mis|ses, -mis|se) (lat.) Verständigung; Einigung. Kompromissbereitschaft; Kompromisslösung; Kompromissvorschlag; kompromisslos.

kom|pro|miss|be|reit (lat.) einigungs-, verständigungsbereit.

kom|pro|mit|tie|ren (V.) (lat.) bloßstellen.

Kom|so|mol (der, -, kein Plural) (russ.; Kurzw.) kommunistische Jugendorganisation (in der ehem. UdSSR).

Kom|so|mol|ze (der, -n, -n) Mitglied des Komsomol.

Kom|tess (*auch:* Kom|tes|se) (die, -, -tes|sen) (franz.) Grafentochter.

Kom|tur (der, -s, -e) (lat.) Ordensritter; Inhaber eines Ordens höherer Klasse.

Ko|nak (der, -s, -e) (türk.) 1. Amtsgebäude; vornehmes Wohnhaus. 2. Schloss (in der Türkei).

Kon|che (die, -, -n) (griech.-lat.) 1. Apsis; Halbkugel über der Apsis; Muschelschale. 2. muschelähnlicher Teil eines Organs.

kon|chi|form (Adj.) (lat.) muschelförmig.

Kon|cho|i|de (die, -, -n) (lat.-griech.) aus zwei getrennten Zweigen bestehende, einer Muschel ähnliche Kurve (in der Mathematik).

Kon|chy|lie (die, -, -n) (griech.-lat.) Schale der Weichtiere.

Kon|dem|na|ti|on (die, -, -ti|o|nen) (lat.) 1. Verdammung; 2. Verurteilung; 3. gerichtliche Verfügung, ein seeuntüchtig gewordenes Schiff zu verkaufen.

Kon|den|sat (das, -es, -e) (lat.) Kondenswasser.

Kon|den|sa|ti|on (die, -, kein Plural) (lat.) Verdichtung oder Abkühlung von Dämpfen und Gasen, sodass sie flüssig werden. Kondensationspunkt.

Kon|den|sa|tor (der, -s, -to|ren) (lat.) Behälter bei Dampfkraftmaschinen, in dem sich Abdampf niederschlägt, der als Wasser zur Krafterzeugung wiederverwendet wird.

kon|den|sie|ren (V.) (lat.) verflüssigen; verdichten; flüssig, dicht werden.

Kon|den|sie|rung (die, -, -en) (lat.) Verdichtung; Verflüssigung.

Kon|dens|milch (die, -, kein Plural) durch Wasserentzug haltbar gemachte Milch.

Kon|den|sor (der, -s, -en) Linse in Projektoren und Mikroskopen.

Kon|dens|strei|fen (der, -s, -) durch Flugzeugabgase und Wasserdampf entstehender heller Streifen in großer Höhe am Himmel.

Kon|dens|was|ser (das, -s, kein Plural) aus Dampf niedergeschlagenes Wasser.

kon|di|tern (V.) (lat.) 1. Backwaren herstellen; 2. (ugs.) in eine Konditorei gehen.

Kon|di|ti|on (die, -, -ti|o|nen) (lat.) 1. Bedingung; 2. (nur Sing.) körperliche Leistungsfähigkeit; Fitness. Konditionsschwäche; Konditionstraining.

kon|di|ti|o|nal (Adj.) (lat.) bedingt.

Kon|di|ti|o|na|lis|mus (der, -, kein Plural) (lat.) Erkenntnistheorie.

Kon|di|ti|o|nal|satz (der, -es, -sät|ze) Bedingungssatz.

kon|di|ti|o|nie|ren (V.) (lat.) anpassen, ermitteln und regulieren des Feuchtigkeitsgehaltes von Textilien u.a.

Kon|di|ti|o|nie|rung (die, -, kein Plural) (lat.) Anpassung, Ermittlung und Regulierung des Feuchtigkeitsgehaltes von Getreide und Textilien. konditioniert.

Kon|di|tor (der, -s, -en) (lat.) Hersteller feiner Backwaren. Konditorin; Konditormeister.

Kon|di|to|rei (die, -, -en) 1. Zuckerbäckerei; 2. Café; Kaffeehaus.

Kon|do|lenz (die, -, -en) (lat.) Beileid; Beileidsbezeugung. Kondolenzbesuch; Kondolenzbuch; Kondolenzschreiben.

kon|do|lie|ren (V.) (lat.) jemandem sein Beileid ausdrücken.

Kon|dom (der/das, -s, -e) (engl.) Präservativ.

Kon|do|mi|nat (*auch:* Kon|do|mi|ni|um) von mehreren Staaten beherrschtes Gebiet.

Kon|dor (der, -s, -e) (span.) große Geierart in Südamerika.

Kon|dot|ti|e|re (der, -s, -ri) (ital.) italienischer Söldnerführer (im 14./15. Jahrhundert).

Kon|dukt (der, -s, -e) (lat.) Geleit; Trauerzug; Leichenzug.

Kon|duk|teur (der, -s, -e) (franz.) (südd.) Schaffner.

Kon|duk|tor (der, -s, -en) (lat.) elektrischer Leiter; Überträger.

Kon|dy|lom (das, -s, -e) (Med.) Wucherung der Haut (bes. an feuchten Körperstellen); Feigwarze.

Kon|fekt (das, -es, kein Plural) (lat.) Süßware; Praline. Konfektdose.

Kon|fek|ti|on (die, -, -ti|o|nen) (franz.) Bekleidungsindustrie; Kleidung. Konfektionsanzug; Konfektionsgröße.

Kon|fek|ti|o|när (der, -s, -e) (franz.) leitender Angestellter in einer Bekleidungsfabrik.

kon|fek|ti|o|nie|ren (V.) fabrikmäßig herstellen.

Kon|fek|ti|o|nie|rung (die, -, -en) fabrikmäßige, serienmäßige Herstellung.

Kon|fe|renz (die, -, -en) (lat.) Verhandlung; Sitzung; Besprechung. Konferenzsendung; Konferenztisch; Konferenzzimmer.

Kon|fe|renz|schal|tung (die, -, -en) in der Fernmeldetechnik die Verbindung verschiedener Teilnehmerstellen, sodass jeder Teilnehmer mit einem beliebigen anderen sprechen kann.

kon|fe|rie|ren (V.) (franz.) 1. etwas besprechen; eine Konferenz abhalten; 2. als Conférencier auftreten.

Kon|fes|si|on (die, -, -si|o|nen) (lat.) Glaubensgemeinschaft.

Kon|fes|si|o|na|lis|mus (der, -, kein Plural) strenge Glaubenstreue.

kon|fes|si|o|nell (Adj.) an die Glaubensgemeinschaft gebunden.

kon|fes|si|ons|los (Adj.) keiner Glaubensgemeinschaft angehörend. Konfessionslosigkeit.

Kon|fes|si|ons|schu|le (die, -, -n) streng nach Konfession getrennte Schulklassen; Bekenntnisschule.

Kon|fet|ti (die, nur Plural/heute meist das, -/-s, kein Plural) (ital.) bunte

Papierschnitzelchen. Konfettiparade; Konfettiregen.

Kon|fi|gu|ra|ti|on (die, -, -ti|o|nen) (lat.) 1. Stellung; Anordnung; 2. Hardware (EDV); 3. bestimmte Planetenstellung.

Kon|fir|mand (der, -en, -en) (lat.) Jugendlicher, der in die evangelische Kirchengemeinde aufgenommen wird.

Kon|fir|man|den|un|ter|richt (des, -es, kein Plural) Unterweisung von Jugendlichen in der christlichen Lehre vor ihrer Aufnahme in die Gemeinde. Konfirmandenprüfung.

Kon|fir|ma|ti|on (die, -, -ti|o|nen) Aufnahme Jugendlicher in die evangelische Gemeinde. Konfirmationsanzug.

kon|fir|mie|ren (V.) (lat.) Konfirmanden feierlich in die Gemeinde aufnehmen.

Kon|fi|se|rie → Confiserie.

Kon|fi|seur (*auch:* Con|fi|seur) (der, -s, -e) (franz.) 1. Inhaber eines Süßwarengeschäftes; 2. (schweiz.) Konditor; Hersteller feiner Backwaren.

Kon|fis|ka|ti|on (die, -, -en) (lat.) Beschlagnahmung; Enteignung.

kon|fis|zie|ren (V.) (lat.) beschlagnahmen; enteignen.

Kon|fi|tü|re (die, -, -n) (franz.) Marmelade.

Kon|flikt (der, -s, -e) (lat.) Streit; Zwiespalt; Zusammenstoß. in Konflikt geraten. Er gerät mit dem Gesetz in Konflikt. (ugs.) (Er übertritt ein Gesetz.). Konfliktstoff; konfliktlos; konfliktreich.

kon|flikt|fä|hig (Adj.) die Fähigkeit, Konflikte auszuhalten und positiv umzusetzen.

Kon|flikt|for|schung (die, -, kein Plural) Friedensforschung.

Kon|flikt|herd (der, -es, -e) Krisenherd.

Kon|flikt|si|tu|a|ti|on (die, -, -en) (lat.) zwiespältige Situation.

Kon|flu|enz (die, -, -en) (lat.) Zusammenfluss (zweier gleich großer Flüsse).

Kon|fö|de|ra|ti|on (die, -, -ti|o|nen) (lat.) Staatenbund.

kon|fö|de|rie|ren (V.) (lat.) sich verbünden; sich zusammenschließen.

Kon|fö|de|rier|te (der/die, -n/-n, -n) (lat.) 1. Soldaten der Südstaaten (im amerikanischen Bürgerkrieg); 2. Verbündete(r).

kon|fo|kal (Adj.) (lat.) denselben Brennpunkt aufweisend.

kon|form (Adj.) übereinstimmend; einig. konform gehen (*auch:* konformgehen). Ich gehe mit dir in dieser Angelegenheit konform. (Ich bin mit dir in dieser Angelegenheit einig.).

Kon|for|mis|mus (der, -s, kein Plural) (lat.) Anpassung an vorherrschende Normen.

Kon|for|mist (der, -en, -en) 1. Anhänger der anglikanischen Staatskirche; 2. ein dem allgemeinen System Angepasster.

kon|for|mis|tisch (Adj.) angepasst; übereinstimmend.

Kon|for|mi|tät (die, -, kein Plural) Übereinstimmung.

Kon|fra|ter (der, -s, -) (lat.) Amtsbruder (in der kath. Kirche).

Kon|fron|ta|ti|on (die, -, -ti|o|nen) (lat.) 1. Auseinandersetzung; 2. Gegenüberstellung (von Angeklagten und Zeugen).

kon|fron|tie|ren (V.) (lat.) gegenüberstellen. Er sah sich mit seiner Vergangenheit konfrontiert.

Kon|fron|tie|rung (die, -, -en) (lat.) Gegenüberstellung.

kon|fus (Adj.) (lat.) unklar; verwirrt.

Kon|fu|si|on (die, -, -en) (lat.) Verwirrung.

Kon|fu|zi|a|nis|mus (der, -, kein Plural) chinesische Staats- und Sittenlehre. Adjektiv: konfuzianistisch; konfuzianisch, *aber:* die konfuzianischen Aussprüche.

kon|ge|ni|al (Adj.) (lat.) geistig ebenbürtig; geistesverwandt.

Kon|ge|ni|a|li|tät (die, -, kein Plural) Geistesverwandtschaft; geistige Ebenbürtigkeit.

kon|ge|ni|tal (Adj.) (lat.) angeboren.

Kon|ges|ti|on (die, -, -ti|o|nen) (lat.) Blutandrang.

kon|ges|tiv (Adj.) auf Kongestion beruhend, sie bewirkend.

Kon|glo|me|rat (das, -s, -e) (lat.) 1. Gemisch; 2. Sedimentgestein.

Kon|go (der, -(s), ohne Plural) 1. Staat in Mittelafrika. 2. Demokratische Republik Kongo (früher: Zaire). 3. Strom in Mittelafrika.

Kon|go|le|se (der, -n, -n) Einwohner des Kongos. Kongolesin.

kon|go|le|sisch (Adj.) den Kongo betreffend.

Kon|gre|ga|ti|on (die, -, -ti|o|nen) (lat.) Vereinigung; Versammlung (religiös). Kongregationist; kongregieren.

Kon|gress (der, -res|ses, -res|se) (lat.) 1. Tagung. 2. Parlament (USA). Kongresshalle; Kongresssaal (*auch:* Kongress-Saal).

kon|gru|ent (Adj.) (lat.) deckungsgleich; übereinstimmend.

Kon|gru|enz (die, -, -en) (lat.) Übereinstimmung; Deckungsgleichheit. Kongruenzsatz.

kon|gru|ie|ren (V.) (lat.) sich mit etwas decken; übereinstimmen.

Ko|ni|die (die, -, -n) (griech.) unmittelbar aus Pflanzengewebe entstandene Fortpflanzungszelle (bei vielen Pflanzen).

Ko|ni|fe|re (die, -, -n) (lat.) Nadelbaum.

Kö|nig (der, -s, -e) 1. Herrscher; 2. Schachfigur. die Heiligen Drei Könige; Königshaus; Königreich; Königskrone; Königskuchen; Königssohn; Königsthron; Königtum; königsblau, *aber:* Der Mantel war in einem intensiven Königsblau; königstreu.

Kö|ni|gin (die, -, -ginnen) 1. Herrscherin oder Gattin des Königs; 2. fruchtbares Weibchen Staaten bildender Insekten.

Kö|ni|gin|mut|ter (die, -, -müt|ter) Mutter des Königs oder der Königin.

kö|nig|lich (Adj.) 1. auf den König bezogen; 2. edel; hoheitsvoll; würdevoll. 3. (ugs.) herrlich; prachtvoll.

Kö|nigs|ker|ze (die, -, -n) Zierpflanze.

Kö|nigs|was|ser (das, -s, -) Lösungsmittel für Gold.

ko|nisch (Adj.) (griech.) kegelförmig.

Konj. (Abk.) **Konj**unktiv.

Kon|jek|tur (die, -, -en) (lat.) Vermutung; vermutlich richtige Textverbesserung; vermutlich richtige Lesart.

Kon|ju|ga|ti|on (die, -, -en) (lat.) Beugung eines Verbs. Konjugationsendung.

kon|ju|gier|bar (Adj.) (lat.) beugungsfähig.

kon|ju|gie|ren (V.) (lat.) beugen (Formveränderung der Verben nach Person, Zeit, Modus, Einzahl oder Mehrzahl, Aktiv oder Passiv).

Kon|junk|ti|on (die, -, -ti|o|nen) (lat.) Bindewort (z. B. und, oder, weil). Konjunktionalsatz.

Kon|junk|tiv → Regelkasten.

Kon|junk|ti|va (die, -, -ti|vae) (lat.) Bindehaut (des Auges).

Kon|junk|ti|vi|tis (die, -, -ti|den) (lat.) Bindehautentzündung.
Kon|junk|tur (die, -, -en) (lat.) Wirtschaftslage; Geschäftslage. Konjunkturbericht; Konjunkturlage; Konjunkturschwankung; Konjunkturzuschlag; konjunkturbedingt.
Kon|junk|tur|po|li|tik (die, -, kein Plural) staatliche Maßnahmen zur Steuerung der Konjunktur. Konjunkturprogramm; konjunkturell; konjunkturpolitisch.
Kon|junk|tur|sprit|ze (die, -, -n) (ugs.) Anregung der Konjunktur durch staatliche Maßnahmen der Wirtschaftssteuerung.
kon|kav (Adj.) (lat.) nach innen gewölbt. Konkavglas; Konkavspiegel; Konkavität.
Kon|kla|ve (das, -, -n) (lat.) Kardinalsversammlung (Papstwahl).
kon|klu|die|ren (V.) (lat.) folgern; schließen. konkludent.
Kon|klu|si|on (die, -, -si|onen) (lat.) Schlussfolgerung.
kon|klu|siv (Adj.) (lat.) folgernd; schließend.
Kon|kor|danz (die, -, -en) (lat.) Übereinstimmung; Verzeichnis. Bibelkonkordanz. Adjektiv: konkordant.
Kon|kor|dat (das, -s, -e) (lat.) Übereinkunft; Vertrag zwischen Staat und Kirche.
Kon|kre|ment (das, -s/-es, -e) (lat.) körniges, aus einer Körperflüssigkeit sich abscheidendes Gebilde in einem Hohlorgan (z. B. Gallenstein).
kon|kret (Adj.) (lat.) greifbar; gegenständlich. Konkretheit; Konkretisierung; Konkretum; Konkretion.
kon|kre|ti|sie|ren (V.) (lat.) veranschaulichen; verdeutlichen.
Kon|ku|bi|nat (das, -s, -e) (lat.) wilde Ehe; Ehe ohne Trauschein.
Kon|ku|bi|ne (die, -, -n) (lat.) Geliebte; Mätresse.
Kon|ku|pis|zenz (die, -, -en) (lat.) Begierde; Begehrlichkeit; sündiger Trieb (in der katholischen Lehre).
Kon|kur|rent (der, -en, -en) (lat.) Gegner; Mitbewerber; Rivale. Konkurrentin.
Kon|kur|renz (die, -, -en) (lat.) 1. Wettbewerb; Rivalentum. 2. die Konkurrenten insgesamt. Konkurrenzbetrieb; Konkurrenzkampf; Konkurrenzklausel; konkurrenzfähig; konkurrenzlos.
kon|kur|rie|ren (V.) im Wettbewerb mit jemandem stehen.
Kon|kurs (der, -es, -e) (lat.) Zahlungsunfähigkeit; Bankrott. Konkurseröffnung; Konkursgläubiger; Konkursmasse; Konkursverfahren; Konkursverwalter.
kön|nen (V., konnte, hat gekonnt) imstande sein; Möglichkeit haben; dürfen; fähig sein. Ich habe das nicht gekonnt. *Aber:* Ich habe es nicht glauben können.
Kön|nen (das, -s, kein Plural) Fähigkeit; Fertigkeit.
Kön|ner (der, -s, -) jemand, der auf seinem Fachgebiet besondere Fähigkeiten besitzt. Er ist ein Könner seines Faches. Könnerschaft.
Kon|nex (der, -es, -e) (lat.) Verbindung; Kontakt. Konnexion.
kon|ni|vent (Adj.) (lat.) duldsam; nachsichtig. konniventes Verhalten (nachsichtiges Verhalten).
Kon|ni|venz (die, -, -en) konniventes Verhalten; Duldsamkeit; Nachsicht.
Kon|nos|se|ment (das, -s, -e) (ital.) Frachtbrief.
Kon|no|ta|ti|on (die, -, -ti|o|nen) (lat.) assoziative Wortbedeutung; Begriffsinhalt. Adjektiv: konnotativ.
Ko|no|id (der, -s, -e) kegelähnlicher Körper.
Kon|quis|ta|dor (der, -en, -en) (span.) Eroberer Mittel- und Südamerikas im 16. Jahrhundert.
Kon|rek|tor (der, -s, -en) (lat.) stellvertretender Rektor.
Kon|se|k|ra|ti|on (die, -, -ti|o|nen) (lat.) 1. Weihe von Personen oder Gegenständen (in der katholischen Kirche). 2. Wandlung von Brot und Wein.
kon|se|k|rie|ren (V.) (lat.) weihen.
kon|se|ku|tiv (Adj.) (lat.) folgernd.
Kon|se|ku|tiv|satz (der, -es, -sät|ze) Folgesatz (gramm.).
Kon|sens (*auch:* Kon|sen|sus) (der, -es, -e) (lat.) Übereinstimmung; Einwilligung. Die politischen Parteien erzielten einen Konsens.
kon|se|quent (Adj.) (lat.) folgerichtig; zielbewusst.
Kon|se|quenz (die, -, -en) 1. Folgerichtigkeit; 2. Folge; Folgerung. 3. Beharrlichkeit.
Kon|ser|va|tis|mus (der, -, kein Plural) Konservativismus.
kon|ser|va|tiv (Adj.) (lat.) Überliefertes und Bestehendes erhaltend. Konservative; Konservativität.
Kon|ser|va|ti|vis|mus (der, -, kein Plural) politische Grundhaltung, die um die Bewahrung gegebener und überlieferter politischer und sozialer Verhältnisse bemüht ist.
Kon|ser|va|tor (der, -s, -en) (lat.) jemand, der Kunstgegenstände instand setzt, pflegt und vor äußeren Einflüssen schützt.
kon|ser|va|to|risch (Adj.) 1. ein Konservatorium betreffend; 2. bewahrend; pfleglich.
Kon|ser|va|to|rist (der, -en, -en) (ital.) Schüler eines Konservatoriums. Konservatoristin.
Kon|ser|va|to|ri|um (das, -s, -ri|en) (ital.) Musikhochschule.
Kon|ser|ve (die, -, -n) (lat.) 1. haltbare Dosennahrung; 2. (ugs.) gespeichertes Film- oder Tonmaterial. Konservenbüchse; Konservendose.
kon|ser|vie|ren (V.) (lat.) 1. haltbar machen; 2. erhalten; pflegen (Kunstgegenstände).
Kon|ser|vie|rung (die, -, -en) (lat.) Haltbarmachung von Lebensmitteln oder Kunstgegenständen. Konservierungsmittel.
Kon|si|g|nant (der, -en, -en) (lat.) jmd., der etwas in Kommission gibt; Versender (im Überseehandel).
Kon|si|g|na|tar (der, -s, -e) jmd., der etwas in Kommission nimmt; Empfänger (im Überseehandel).
Kon|si|g|na|ti|on (die, -, -ti|o|nen) (lat.) Übergabe oder Übernahme in Kommission (im Überseehandel).
kon|si|g|nie|ren (V.) (lat.) 1. in Kommission übergeben (im Überseehandel). 2. mit besonderem Auftrag absenden. 3. beglaubigen; urkundlich niederlegen.
Kon|si|li|um (das, -s, -li|en) (lat.) Beratung; Gutachten (Medizin); Rat.
kon|sis|tent (Adj.) (lat.) fest; dicht.
Kon|sis|tenz (die, -, kein Plural) (lat.) Struktur; Festigkeit.
Kon|sis|to|ri|al|rat (der, -s, -rä|te) evangelischer Titel.
Kon|sis|to|ri|um (das, -s, -ri|en) (lat.) kirchliche Verwaltungsbehörde; Versammlung von Papst und Kardinälen. Konsistorialrat.

Kon|so|le (die, -, -n) (franz.) Wandsims.

Kon|so|li|da|ti|on (die, -, -en) (lat.) 1. Vereinigung mehrerer öffentlicher Anleihen zu einer Gesamtanleihe; 2. Umwandlung von kurzfristigen Schulden in langfristige.

kon|so|li|die|ren (V.) (lat.) sichern; vereinigen; festigen.

Kon|so|li|die|rung (die, -, -en) (lat.) Festigung; Sicherung.

Kon|som|mee (die, -, -s/das, -s, -s) → Consommé.

kon|so|nant (Adj.) (lat.) wohlklingend.

Kon|so|nant (der, -en, -en) (lat.) Mitlaut. Konsonantenschwund; konsonantisch.

Kon|so|nanz (die, -, -en) (lat.) Zusammenklang (Musik).

Kon|sor|ten (die, -, nur Plural) (lat.) Beteiligte; Mitschuldige.

Kon|sor|ti|um (das, -s, -ti|en) (lat.) Genossenschaft; Unternehmenszusammenschluss.

Kon|s|pekt (der, (e)s, -e) (lat.) Zusammenfassung; Inhaltsübersicht.

kon|s|pek|tie|ren (V.) einen Konspekt anfertigen.

Kon|s|pi|ra|ti|on (die, -, -en) (lat.) Verschwörung.

kon|s|pi|ra|tiv (Adj.) (lat.) verschwörerisch.

kon|s|pi|rie|ren (V.) sich verschwören.

Kon|s|ta|b|ler (der, -s, -) 1. Geschützmeister (auf Kriegsschiffen); Büchsenmeister im Rang eines Unteroffiziers (früher); 2. Polizist (in England und den USA).

kon|s|tant (Adj.) (lat.) beständig; beharrlich.

Kon|s|tan|te (die, -, -n) (lat.) in der Mathematik eine Größe, deren Wert sich nicht verändert.

Kon|s|tanz (die, -, kein Plural) (lat.) 1. Unveränderlichkeit; 2. Stadt am Bodensee.

kon|s|ta|tie|ren (V.) (franz.) feststellen.

Kon|s|ta|tie|rung (die, -, kein Plural) (lat.) Feststellung.

Kon|s|tel|la|ti|on (die, -, -ti|o|nen) (lat.) Lage; Stellung.

Konjunktiv

Der Konjunktiv ist die Ausdrucksweise des Verbs für alles, was man wünscht bzw. als möglich erachtet und fühlt.

1. Verwendung des Konjunktivs I (Konjunktiv Präsens; z. B. habe, laufe, fange, sei):
   a) zur Wiedergabe der indirekten Rede. Sie sagte, sie habe sich über die Sache fürchterlich geärgert. Er erzählte, dass sie nächste Woche mit der Arbeit fertig seien.
   b) zur Distanzierung von einer Meinung, einem Gefühl, einer Aufforderung, einer Befürchtung.
   Wichtig: Zeitfolgen spielen dabei überhaupt keine Rolle, d. h., die Sätze sind zeitlich nicht voneinander abhängig! Auch Vergangenes und Zukünftiges wird im Konjunktiv Präsens ausgedrückt.
   Sie sagt, sie sei beschäftigt. Sie sagte, sie sei beschäftigt. Sie hat gesagt, sie sei beschäftigt. Sie hatte gesagt, sie sei beschäftigt. Sie wird sagen, sie sei beschäftigt.
2. Verwendung des Konjunktivs II (Konjunktiv Imperfekt/Irrealis; z. B. hätte, liefe, finge, wäre):
   Der Konjunktiv II wird dann verwendet, wenn etwas nicht stattgefunden hat (irreal ist). Wenn er es gesagt hätte (er hat es nicht gesagt!), dann … Wenn er gekommen wäre (er ist nicht gekommen!), dann …
   Beachte: Oft steht »als (ob)« beim Konjunktiv II! Ihm war oft, als bliebe die Zeit stehen/als ob die Zeit stehen bliebe. *Ausnahme:* Der Konjunktiv II wird in der indirekten Rede verwendet, wenn die Konjunktiv-I-Form mit dem Indikativ verwechselt werden kann. Er sagte, ich habe etwas vergessen. Eindeutig Konjunktiv: Er sagte, ich hätte etwas vergessen.

Kon|s|ter|na|ti|on (die, -, kein Plural) (lat.) Bestürzung; Verwirrung.

kon|s|ter|nie|ren (V.) (lat.) verblüffen; verwirren.

kon|s|ter|niert (Adj.) (lat.) bestürzt; betroffen.

Kon|s|ti|pa|ti|on (die, -, -ti|o|nen) (lat.) Darmverstopfung.

Kon|s|ti|tu|an|te (die, -, kein Plural) (franz.) verfassunggebende Versammlung.

Kon|s|ti|tu|en|te (die, -, -n) (lat.) Bestandteil; Element. Konstituentenstrukturgrammatik (Abk.: KS-Grammatik).

kon|s|ti|tu|ie|ren (V.) einrichten; festlegen; gründen; sich bilden. Konstituierung.

Kon|s|ti|tu|ti|on (die, -, -ti|o|nen) (lat.) 1. körperliche Verfassung; 2. Staatsverfassung; 3. päpstliches Edikt. Konstitutionstyp.

Kon|s|ti|tu|ti|o|na|lis|mus (der, -, kein Plural) (lat.) politisches System, das auf einer Verfassung beruht.

kon|s|ti|tu|ti|o|nell (Adj.) (lat.) 1. verfassungsmäßig. konstitutionelle Monarchie. 2. anlagemäßig; die körperliche Verfassung betreffend.

kon|s|ti|tu|tiv (Adj.) (lat.) aufbauend; grundlegend.

Kon|s|t|rik|ti|on (die, -, -ti|o|nen) (lat.) Zusammenschnürung; Zusammenpressung; Abschnürung.

Kon|s|t|rik|tor (der, -s, -to|ren) Schließmuskel.

kon|s|t|rin|gie|ren (V.) zusammenschnüren, -pressen; abschnüren; sich zusammenziehen.

kon|s|t|ru|ie|ren (V.) (lat.) gestalten; entwerfen; erfinden

Kon|s|t|rukt (das, -s/-es, -e) (lat.) gedankliche Konstruktion; Arbeitshypothese.

Kon|s|t|ruk|teur (der, -s, -e) (franz.) Erbauer, Erfinder, Gestalter.

Kon|s|t|ruk|ti|on (die, -, -en) (lat.) Aufbau; Bauart; Entwurf. Konstruktionsfehler; Konstruktionszeichnung.

kon|s|t|ruk|tiv (Adj.) (lat.) 1. auf die Konstruktion bezogen; 2. aufbauend. konstruktive Kritik; konstruktives Misstrauensvotum.

Kon|s|t|ruk|ti|vis|mus (der, -, kein Plural) (lat.) Richtung der bildenden Kunst und der Architektur um 1920; Kunstwerk aus rein geometrischen Formen.

Kon|s|t|ruk|ti|vist (der, -en, -en) (lat.) Anhänger des Konstruktivismus. konstruktivistisch.

Kon|sub|s|tan|ti|a|ti|on (die, -, -en) (lat.) Verbindung der realen Gegenwart Christi mit Wein und Brot beim Abendmahl.

Kon|sul (der, -s, -n) (lat.) ständiger Vertreter eines Staates im Ausland. Konsularagent.

kon|su|la|risch (Adj.) auf den Konsul oder das Konsulat bezogen. *Beachte:* das Konsularische Korps (Abk.: CC).

Kon|su|lat (das, -s, -e) Amt; Amtszeit; Amtssitz eines Konsuls. Konsulatsgebäude.

Kon|sul|ta|ti|on (die, -, -ti|o|nen) (lat.) Beratung; Befragung.

kon|sul|ta|tiv (Adj.) (lat.) beratend.

kon|sul|tie|ren (V.) (lat.) zu Rate ziehen. Sie konsultierte ihren Arzt.

Kon|sum (der, -s, kein Plural) (ital.) Verbrauch. Konsumartikel; Konsument; Konsumgesellschaft; Konsumgüter; Konsumverein; Konsumzwang.

Kon|su|mie|rung (die, -, kein Plural) (ital.) Verbrauch.

Kon|sum|ti|on (die, -, kein Plural) (ital.) Konsumierung.

kon|sum|tiv (Adj.) (ital.) für den Verbrauch bestimmt.

kon|ta|gi|ös (Adj.) (lat.) ansteckend.

Kon|takt (der, -s/-es, -e) Verbindung; Berührung. Kontaktadresse; Kontaktanzeige; Kontaktarmut; Kontaktaufnahme; Kontaktbörse; Kontaktleute; Kontaktlinsen; Kontaktmann; Kontaktperson; Kontaktschwäche; Kontaktsperre; Kontaktstecker. Adjektive: kontaktarm; kontaktfreudig; kontaktscheu.

Kon|takt|be|reichs|be|am|te (der, -n, -n) (Abk.: KOB) Revierpolizist.

kon|tak|ten (V). (ugs.) Kontakt aufnehmen.

Kon|tak|ter (der, -s, -) Kundenberater; Mitarbeiter für Öffentlichkeitsarbeit.

kon|tak|tie|ren (V.) (lat.) Kontakt aufnehmen; Verbindung zu jemanden aufnehmen.

Kon|takt|stu|di|um (das, -s, -di|en) weitere Ausbildung nach abgeschlossenem Studium zum Kennenlernen neuer Forschungsergebnisse.

Kon|ta|mi|na|ti|on (die, -, -ti|o|nen) (lat.) Verseuchung (durch meist radioaktive Stoffe). Verb: kontaminieren.

kon|tant (Adj.) (ital.) bar.

Kon|tan|ten (die, -, nur Plural) (ital.) Bargeld; besonders ausländische Münzen.

Kon|tem|p|la|ti|on (die, -, kein Plural) (lat.) Beschaulichkeit; Betrachtung; mystische Betrachtung; religiöse Versenkung.

kon|tem|p|la|tiv (Adj.) (lat.) beschaulich; betrachtend; erbauend; besinnlich; innerlich; mystisch; versunken.

Kon|ten|tiv|ver|band (der, -s, -bän|de) Stützverband.

Kon|ter (der, -s, -) Gegenangriff (Sport). Konterangriff; kontern.

Kon|ter|ad|mi|ral (der, -s, -rä|le) Marineoffizier im Rang eines Generalmajors.

Kon|ter|ban|de (die, -, kein Plural) Schmuggelware.

Kon|ter|fei (das, -s, -s) (franz.) Abbild. Verb: konterfeien.

kon|ter|ka|rie|ren (V.) (franz.) hintertreiben; behindern.

Kon|ter|mi|ne (die, -, -n) (franz.) 1. von Belagerten gelegte Mine zur Abwehr (im Festungswesen). 2. Gegenmaßnahme. 3. Börsenspekulation, die mit dem Fallen der Kurse rechnet.

kon|tern (V.) (engl.) 1. einen Gegenangriff starten; im Sport zum Gegenangriff übergehen; 2. schlagfertig antworten; 3. ein Druckbild umkehren. Er hat gut gekontert.

Kon|ter|re|vo|lu|ti|on (die, -, -ti|o|nen) (lat.) Gegenrevolution. Konterrevolutionär; konterrevolutionär.

Kon|text (der, -s, -e) (lat.) Zusammenhang; Umgebung. Adjektiv: kontextfrei.

kon|tex|tu|ell (V.) auf den Kontext bezogen.

kon|tie|ren (V.) (ital.) auf ein Konto verbuchen.

Kon|ti|gu|i|tät (die, -, kein Plural) (lat.) zeitliches Zusammentreffen; Zusammenfall; Berührung.

Kon|ti|nent (der, -s, -e) (lat.) 1. Erdteil; 2. Festland. Kontinentalsockel.

kon|ti|nen|tal (Adj.) (lat.) zum Kontinent gehörend; festländisch.

Kon|ti|nen|tal|eu|ro|pa (das, -s, kein Plural) europäisches Festland im Gegensatz zu England.

Kon|ti|nen|tal|kli|ma (das, -s, -kli|ma|te) (lat.) Binnenklima, das Klima im Innern großer Festlandsgebiete.

Kon|ti|nen|tal|ver|schie|bung (die, -, kein Plural) (lat.) Modell der Bewegungen in der Erdkruste (Plattentektonik).

Kon|ti|nenz (die, -, kein Plural) (lat.) Fähigkeit, Harn und Stuhlgang zurückzuhalten.

kon|tin|gent (Adj.) (lat.) benachbart; sich berührend; zufällig.

Kon|tin|gent (das, -s, -e) (lat.) Beitrag; Menge. Kontingent(s)zuweisung.

kon|tin|gen|tie|ren (V.) (lat.) eine Menge zuweisen.

Kon|tin|gen|tie|rung (die, -, -en) (lat.) mengenmäßige Beschränkung.

Kon|tin|genz (die, -, kein Plural) Zufälligkeit.

kon|ti|nu|ier|lich (Adj.) (lat.) fortlaufend.

Kon|ti|nu|i|tät (die, -, kein Plural) (lat.) Stetigkeit.

Kon|ti|nu|um (das, -s, -nu|en/-nu|a) (lat.) Zusammenhängendes; Ganzes; Kontinuität.

Kon|to (das, -s, -s/Kon|ten/Kon|ti) (ital.) Bankkonto; Rechnung. Kontoauszug; Kontoauszugsdrucker; Kontoinhaber; Kontonummer; Kontenplan.

Kon|to|kor|rent (das, -es, -e) (ital.) laufende Rechnung.

Kon|tor (der, -s, -e) (niederl.) Büro. Kontorist/in.

Kon|tor|si|on (die, -, -si|o|nen) (lat.) Verrenkung; Verdrehung eines Gliedes.

kon|t|ra (*auch*: con|t|ra) (Präp., Akk.; Adv.) (lat.) entgegengesetzt; gegen; dagegen; wider.

Kon|t|ra (das, -s, -s) (lat.) Wider; Gegenansage beim Kartenspiel. jemandem Kontra geben (jemandem widersprechen); das Pro und Kontra (das Für und Wider).

Kon|t|ra|bass (der, -bas|ses, -bäs|se) Bassgeige. Kontrabassist.

Kon|t|ra|dik|ti|on (die, -, -ti|o|nen) (lat.) Widerspruch (Philos.).

kon|t|ra|dik|to|risch (Adj.) (lat.) einander ausschließend; widersprüchlich.

Kon|t|ra|fak|tur (die, -, -en) (Literaturw.) geistliche Nachdichtung eines weltlichen Liedes (und umgekehrt) unter Beibehaltung der Melodie.

Kon|tra|hent (der, -en, -en) (lat.) (der, -en, -en) (lat.) 1. Widersacher; Gegner; 2. Vertragspartner.
kon|tra|hie|ren (V.) (lat.) 1. einen Kontrakt vereinbaren, abschließen; 2. sich zusammenziehen (Med., Biol.); 3. früher: ein Duell verabreden.
Kon|t|ra|in|di|ka|ti|on (die, -, -ti|o|nen) (lat.) Gegenanzeige (Medizin).
Kon|trakt (der, -s, -e) (lat.) Vertrag; Abmachung.
Kon|trakt|ab|schluss (der, -es, -schlüs|-se) Vertragsabschluss.
Kon|trakt|bruch (der, -s, -brü|che) Vertragsbruch. kontraktbrüchig.
kon|trak|til (Adj.) (lat.) zusammenziehbar.
Kon|trak|ti|li|tät (die, -, kein Plural) (lat.) Fähigkeit, sich zusammenzuziehen (ein Muskel).
Kon|trak|ti|on (die, -, -ti|onen) (lat.) Zusammenziehung; Verkürzung.
Kon|trak|tur (die, -, -en) (lat.) Fehlstellung eines Gelenks.
Kon|t|ra|post (der, -s/-es, -e) (lat.) unterschiedliche Gestaltung der beiden Körperhälften in Bewegung und Ruhe (in der bildenden Kunst).
Kon|t|ra|punkt (der, -s, -e) 1. Setzen einer Gegenstimme zur Melodie; 2. Gegenpol.
Kon|t|ra|punk|tik (die, -, kein Plural) (lat.) die Kunst des Kontrapunkts.
kon|t|ra|punk|tisch (Adj.) (lat.) kontrapunktartig; den Kontrapunkt betreffend.
kon|t|rär (Adj.) (franz.) gegensätzlich; widrig; widersprüchlich.
Kon|t|rast (der, -s, -e) (franz.) Gegensatz. Kontrastbrei; Kontrastfarbe; Kontrastmittel; Kontrastprogramm. kontrastreich.
kon|t|ras|tie|ren (V.) (franz.) scharf unterscheiden.
kon|t|ras|tiv (Adj.) (franz.) gegensätzlich; unterscheidend.
Kon|t|rast|mit|tel (das, -s, -) Stoffe zur Darstellung von Organen bei der Röntgendiagnostik.
Kon|t|rast|pro|gramm (das, -es, -e) gleichzeitig gesendete Programme in Fernsehen und Hörfunk, die sich inhaltlich und vom Anspruch her unterscheiden.
Kon|t|ra|zep|ti|on (die, -, kein Plural) (lat.) Empfängnisverhütung.
kon|t|ra|zep|tiv (Adj.) (lat.) empfängnisverhütend.
Kon|t|ra|zep|tiv (das, -s, -e) (lat.) Mittel zur Empfängnisverhütung.
Kon|t|ri|bu|ti|on (die, -, ti|o|nen) (lat.) von einem besiegten Land an den Sieger zu zahlende Geldsumme.
Kon|t|rol|le (die, -, -n) (franz.) Überwachung; Prüfung; Beherrschung. Kontrollabschnitt; Kontroller Kontrollierbarkeit; Kontrolllampe (*auch:* Kontroll-Lampe); Kontrollliste (*auch:* Kontroll-Liste); Kontrollstation; Kontrollturm.
Kon|t|rol|leur (der, s, -e) (franz.) Aufsichtsbeamter; Prüfer. Kontrolleurin.
kon|t|rol|lier|bar (Adj.) überprüfbar; überwachbar.
kon|t|rol|lie|ren (V.) (franz.) überprüfen; überwachen.
Kon|t|roll|kom|mis|si|on (die, -, kein Plural) 1. alliierter Kontrollausschuss zur Überwachung der deutschen Entmilitarisierung (von 1919 bis 1927); 2. staatliche Behörde in der ehemaligen DDR zur Überwachung von Staat und Wirtschaft (bis 1963).
Kon|t|roll|or|gan (das, -s, -e) Institution mit Kontrollfunktionen.
Kon|t|roll|punkt (der, -es, -e) früher Übergangsstelle an den Demarkationslinien zwischen der BR Deutschland und der ehemaligen DDR.
kon|t|ro|vers (Adj.) (lat.) strittig; gegeneinander gerichtet. Kontroverse.
Kon|tur (die, -, -en) (franz.) Umriss. Konturenschärfe; Konturenstift; konturieren.
Ko|nus (der, -, -se) (griech.) Kegel.
Kon|va|les|zenz (die, -, -en) (lat.) Genesung. Konvaleszent.
Kon|vek|ti|on (die, -, -ti|o|nen) (lat.) überwiegend auf- oder abwärts gerichtete Luftströmung; Transport von elektrischer Ladung oder Energie durch kleinste Teilchen in einer Strömung.
kon|vek|tiv (Adj.) auf Konvektion beruhend.
Kon|vek|tor (der, -s, -en) (lat.) Heizkörper.
Kon|ve|ni|enz (die, -, -en) (lat.) Herkommen; Schicklichkeit; Bequemlichkeit.
kon|ve|nie|ren (V.) erlaubt sein; schicklich sein; den gesellschaftlichen Normen entsprechen; bequem, angenehm, zuträglich sein.
Kon|vent (der, -s, -e) (lat.) Zusammenkunft; Versammlung. Konventikel.
Kon|ven|ti|kel (das, -s, -) heimliche Zusammenkunft; private religiöse Versammlung.
Kon|ven|ti|on (die, -, -ti|o|nen) (lat.) Vereinbarung; Brauch; Sitte. Konventionalstrafe.
kon|ven|ti|o|nal (Adj.) auf einer Konvention beruhend.
kon|ven|ti|o|nell (Adj.) (franz.) den gesellschaftlichen Gepflogenheiten entsprechend; herkömmlich; förmlich; mit herkömmlichen Mitteln hergestellt.
Kon|ven|tu|a|le (der, -n, -n) stimmberechtigtes Mitglied eines Konvents.
kon|ver|gent (Adj.) (lat.) übereinstimmend, zusammenlaufend.
Kon|ver|genz (die, -, -en) (lat.) Grundbegriff der mathematischen Analysis. Konvergenztheorie.
kon|ver|gie|ren (V.) (lat.) übereinstimmen.
Kon|ver|sa|ti|on (die, -, -ti|o|nen) (lat.) Unterhaltung; Gespräch.
Kon|ver|sa|ti|ons|le|xi|kon (das, -s, -le|-xi|ka) veralteter Begriff für Enzyklopädie.
Kon|ver|sa|ti|ons|stück (das, -es, -e) in der feinen Gesellschaft spielendes, unterhaltsames Theaterstück.
Kon|ver|si|on (die, -, -si|o|nen) (lat.) 1. Umwandlung. 2. Religionswechsel.
Kon|ver|ter (der, -s, -) (lat.-engl.) Vorrichtung zur Erhöhung der Brennweite eines Teleobjektivs.
kon|ver|ti|bel (Adj.) (franz.) frei austauschbar.
Kon|ver|ti|bi|li|tät (die, -, kein Plural) freie Tauschbarkeit der Währungen untereinander.
Kon|ver|tier|bar|keit (die, -, kein Plural) Austauschbarkeit von Währungen. konvertierbar.
kon|ver|tie|ren (V.) (lat.) 1. umwandeln; umtauschen; 2. die Religion wechseln.
Kon|ver|tie|rung (die, -, -en) Umsetzung eines Codes oder einer Programmiersprache in eine(n) andere(n).
Kon|ver|tit (der, -en, -en) jmd., der zu einer anderen Konfession konvertiert ist. Konvertitentum.
kon|vex (Adj.) (lat.) nach außen gewölbt. Konvexlinse; Konvexspiegel; Konvexlinse; Konvexität.

Kon|vikt (das, -s/-es, -e) (österr.-lat.) Wohnheim für katholische Schüler und Theologiestudenten; Internat.

Kon|voi (der, -s, -s) (engl.) 1. Geleitzug. 2. Schiffsverband.

Kon|vo|lut (das, -s, -e) (lat.) Sammelband.

Kon|vul|si|on (die, -, -si|o|nen) Zuckung. Schüttelkrampf.

kon|vul|si|visch (Adj.) (lat.) krampfhaft; z. B. konvulsivische Zuckungen.

kon|ze|die|ren (V.) (lat.) zugestehen; einräumen.

Kon|zen|t|rat (das, -es, -e) (lat.) hochprozentige Lösung.

Kon|zen|t|ra|ti|on 1. (die, -, -en) Zusammenfassung; Zusammenballung; 2. Anteil eines Bestandteils in einem Gemisch; 3. (die, -, kein Plural) geistige Anspannung; geistige Sammlung.

Kon|zen|t|ra|ti|ons|fä|hig|keit (die, -, kein Plural) Fähigkeit, die Gedanken auf einen Punkt zu lenken. Konzentrationsmangel; Konzentrationsschwäche.

Kon|zen|t|ra|ti|ons|la|ger (das, -s, -) Arbeitslager für politisch, rassisch oder religiös Verfolgte; Massenvernichtungslager (Nationalsozialismus). KZ (Kurzw.).

kon|zen|t|rie|ren (V.) (lat.) zusammenziehen; vereinigen; verstärken; sich geistig anspannen. konzentriert; Konzentriertheit.

Kon|zen|t|rie|rung (die, -, -en) (lat.) Zusammenballung; Zusammenfassung.

kon|zen|t|risch (Adj.) (lat.) mit einem gemeinsamen Mittelpunkt. Konzentrizität; konzentrische Kreise.

Kon|zept (das, -s, -e) (lat.) Entwurf; Plan; erste Niederschrift. Konzeptpapier.

Kon|zep|ti|on 1. (die, -, en) (lat.) Ausarbeitung eines Gedanken; künstlerischer Einfall; Plan. 2. (die, -, kein Plural) (lat.) Empfängnis. Konzeptionslosigkeit; konzeptionslos; konzeptionell; konzeptualisieren.

Kon|zern (der, -s, -e) (engl.) Unternehmenszusammenschluss. Konzernierung; Industriekonzern.

Kon|zert (das, -s, -e) (ital.) Musikaufführung; Musikstück. Konzertabend; Konzertagentur; Konzertflügel; Konzertmeister; Konzertprogramm; Konzertreise; Konzertsaal; Konzertsänger; Konzerttournee.

kon|zer|tant (Adj.) (ital.) konzertartig.

kon|zer|tie|ren (V.) (lat.) ein Konzert spielen, in einer Konzertaufführung spielen.

kon|zer|tiert (Adj.) (lat.) abgestimmt; verabredet. konzertierte Aktion.

Kon|zer|ti|na (die, -, -s) sechseckige Handharmonika.

Kon|zes|si|on (die, -, -si|o|nen) (lat.) Zugeständnis; Genehmigung. Konzessionsbereitschaft; Konzessionsinhaber.

Kon|zes|si|o|när (der, -s, -e) (lat.) Inhaber einer Konzession.

kon|zes|si|o|nie|ren (V.) (lat.) behördlich genehmigen.

kon|zes|siv (Adj.) (lat.) einräumend.

Kon|zes|siv|satz (der, -es, -sät|ze) (lat.) Einräumungssatz.

Kon|zil (das, -s, -e) (lat.) Kirchenversammlung. Konzilsvater.

kon|zi|li|ant (Adj.) (lat.) versöhnlich; umgänglich. Konzilianz.

kon|zi|pie|ren (V.) 1. entwerfen. 2. schwanger werden. Konzept.

kon|zis (Adj.) (lat.) kurzgefasst; bündig.

Koog (*auch:* Kog) (der, -s, Kö|ge) (nordd.) dem Meer abgewonnenes, eingedeichtes Land.

Ko|o|pe|ra|ti|on (die, -, -en) (lat.) Zusammenarbeit. Kooperationsbereitschaft; kooperationsbereit.

ko|o|pe|ra|tiv (Adj.) (lat.) zur Zusammenarbeit bereit und fähig.

Ko|o|pe|ra|ti|ve (die, -, -n) (lat.) Arbeitsgemeinschaft; Genossenschaft in der ehemaligen DDR.

Ko|o|pe|ra|tor (der, -s, -en) (lat.) katholischer Hilfsgeistlicher.

ko|ope|rie|ren (V.) (lat.) zusammenwirken; zusammenarbeiten.

Ko|op|ta|ti|on (die, -, -ti|o|nen) (lat.) Wahl neuer Mitglieder (durch die alten).

ko|op|tie|ren (V.) (lat.) hinzuwählen (zur Ergänzung).

Ko|or|di|na|te (die, -, -n) (lat.) Größe zur Bestimmung eines Punktes. Koordinatensystem.

Ko|or|di|na|ti|on (die, -, -en) (lat.) 1. Abstimmen verschiedener Dinge und Vorgänge; 2. Neben- und Beiordnen von Sätzen durch koordinierende Konjunktionen.

Ko|or|di|na|tor (der, -s, -en) (lat.) jemand, der Verschiedenes miteinander abstimmt.

ko|or|di|nie|ren (V.) (lat.) aufeinander abstimmen; neben-, beiordnen; einfügen.

Ko|or|di|nie|rung (die, -, kein Plural) Abstimmung; Zuordnung.

Kop. (Abk.) **Kop**eke.

Ko|pal (der, -s, -e) (span.) Harz. Kopalfichte; Kopalharz; Kopallack.

Ko|pe|ke (die, -, -n) (russ.) russische Münze (Abk.: Kop.).

Kopf (der, -s/-es, Köp|fe) Haupt; oberer Teil; Anführer. *Beachte:* Hals über Kopf davonrennen; von Kopf bis Fuß; auf dem Kopf stehen; Kopf-an-Kopf-Rennen. Kopfgeld; Kopfhörer; Kopfjäger; Kopfkissen; Kopflastigkeit; Kopfnicken; Kopfrechnen; Kopfsalat; Kopfschmuck; Kopfschuss; Kopfschütteln; Kopfschutz; Kopfsprung; Kopfstand; Kopftuch; Pro-Kopf-Einkommen. Adjektive: großköpfig; kopflastig; kopfüber; kopfunter. Verben: kopfstehen, alles steht kopf, *aber:* auf dem Kopf stehen.

Köpf|chen (das, -s, -) 1. kleiner Kopf; 2. (ugs.) gescheit sein; Verstand haben. Er arbeitet mit Köpfchen.

köp|fen (V.) 1. enthaupten; 2. einen Fußball mit dem Kopf stoßen. Er köpfte den Ball ins Tor.

kopf|los (Adj.) überstürzt; unüberlegt.

Kopf|lo|sig|keit (die, -, kein Plural) Unüberlegtheit.

Kopf|nuss (die, -, kein Plural) (ugs.) leichter Schlag gegen den Kopf.

kopf|rech|nen (V.) (rechnete kopf, hat kopfgerechnet) im Kopf ohne Niederschrift etwas ausrechnen.

kopf|scheu (Adj.) verwirrt; ängstlich. Ich lasse mich durch dich nicht kopfscheu machen.

Kopf|schmerz (der, -es, -en/meist im Plural verwendet) Schmerz im Kopf. *Beachte:* Ich habe Kopfschmerzen. Die Aufgabe macht mir Kopfschmerzen. (Die Aufgabe bereitet mir Probleme.).

Kopf|schüt|teln (das, -s, kein Plural) Unverständnis.

kopf|schüt|telnd (V.) kein Verständnis habend. Kopfschüttelnd stand sie vor ihm.

kopf|ste|hen (V.) (stand kopf, hat kopfgestanden) 1. auf dem Kopf stehen; 2. (ugs.) außer sich sein.

Kopf|ste|hen (das, -s, kein Plural) Kopfstand.

Kopf|stim|me (die, -, kein Plural) durch besondere Gesangstechnik hervorgerufene hohe Stimme.
Kopf|stoß (der, -es, -stö|ße) beim Billardspiel der Stoß von oben auf den Ball.
Kopf|weh (das, -s, kein Plural) (ugs.) Kopfschmerzen.
Kopf|zer|bre|chen (das, -s, kein Plural) mühsames Überlegen, sich Sorgen. Die Ausstattung ihrer Wohnung machte ihr viel Kopfzerbrechen.
Ko|pie (die, -, -n) (lat.) Vervielfältigung; Abzug. Kopierer; Kopiergerät; Kopierpapier; Kopierstift.
ko|pie|ren (V.) (lat.) abschreiben; nachbilden; vervielfältigen; nachahmen. Der Maler kopierte einen Rembrandt täuschend ähnlich. Sie kopierte die Bewegungen ihrer Mutter.
Ko|pi|lot (der, -en, -en) zweiter Pilot.
ko|pi|ös (Adj.) (lat.-franz.) reichlich; in Fülle; zahlreich (in der Medizin).
Ko|pist (der, -en, -en) (lat.) jemand, der etwas kopiert, vervielfältigt; Abschreiber; Nachahmer.
Kop|pe (die, -, -en) 1. Bergkuppe; 2. ein Fisch.
Kop|pel (das, -s, -) 1. Gürtel, 2. Riemen; 3. (die, -, -n) Weide; Pferdeweide. Koppelwirtschaft.
kop|peln (V.) verbinden. Kopp(e)lung; Koppelschloss; Kopp(e)lungsmanöver.
kopp|heis|ter (Adv.) (nordd.) kopfüber.
Ko|pra (die, -, kein Plural) zerkleinertes und getrocknetes Kokosnussmark.
Ko|pro|duk|ti|on (die, -, -ti|o|nen) (engl.) Gemeinschaftsproduktion. Koproduzent; koproduzieren.
Ko|pro|lith (der, -en, -en) (griech.) versteinerter Kot (urweltlicher Tiere); Gebilde aus verhärtetem Kot und Mineralsalzen (im Darm).
ko|pro|phag (Adj.) (Biol.) kotfressend.
Kops (der, -es, -e) (engl.) aus aufgewickeltem Garn gebildete Rolle.
Kop|te (der, -n, -n) (arab.) christlicher Nachkomme der alten Ägypter (mit arabischer Sprache und eigener Kirche).
kop|tisch (Adj.) zu den Kopten gehörig
Ko|pu|la (die, -, -s/-lae) (lat.) konjugierte Form der Hilfsverben. Kopulativum; kopulativ.
Ko|pu|la|ti|on (die, -, -en) (lat.) 1. Begattung; 2. Baumveredelung.
ko|pu|lie|ren (V.) 1. verbinden; 2. begatten; 3. veredeln.
Ko|rah (nur in der Fügung) (hebr.) eine Rotte Korah: eine wilde, zügellose Bande.
Ko|ral|le (die, -, -n) (griech.) Meerestier; Schmuckstein aus dem Skelett der Koralle. Korallenbank; Korallenbaum; Korallenfisch; Korallenfischer; Koralleninsel; Korallenkette; Korallenriff; korallenrot.
ko|ral|len (Adj.) korallenfarbig; wie eine Koralle.
ko|ram (Adj.) öffentlich (veraltet).
Ko|ran (der, -s, -e) (arab.) heilige islamische Schrift. Koransure.
Korb (der, -s/-es, Kör|be) 1. geflochtener Behälter. 2. Ablehnung. Er kam mit einem Korb frischem Gemüse (*falsch:* frischen Gemüses!). Korbball; Korbblütler; Körbchen; Korbflechter; Korbsessel; Korbwaren; Korbwurf; korbweise; jmd. einen Korb geben.
Kord → Cord.
Kor|del (die, -, -n) Schnur.
kor|di|al (Adj.) (lat.) umgänglich; herzlich; freundschaftlich.
kor|die|ren (V.) (franz.) aufrauen; durch Ritzen mit schnurartigen Linien verzieren; Kordiermaschine.
Kor|don (der, -s, -s) (franz.) 1. Schnur; Band. 2. Spalierbaum. 3. Postenkette.
Kor|do|nett|sei|de (die, -, -n) (franz.) aus mehreren Fäden gedrehter Seidenfaden.
Kor|do|nett|stich (der, -es, -e) (franz.) in der Stickerei ein Stich, der den Faden umschnürt.
Ko|re (die, -, -n) (griech.) Frauenstatue (Gebälkträgerin).
Ko|rea (ohne Art., -s, kein Plural) asiatischer Staat.
Ko|re|a|ner (der, -s, -) Bewohner Koreas. Koreanerin.
ko|re|a|nisch (Adj.) Korea betreffend.
Ko|re|fe|rent (*auch:* Kor|re|fe|rent) (der, -en, -en) zweiter Referent, Gutachter. Koreferat; koreferieren.
Ko|re|gis|seur (der, -s, -e) zweiter Regisseur.
kö|ren (V.) auswählen (Zucht). Körgesetz; Körhengst.
Kor|fi|ot (der, -en, -en) Einwohner von Korfu.
Ko|ri|an|der (der, -s, -) (griech.) Gewürzpflanze. Korianderöl; Korianderschnaps.
Ko|ri|an|do|li (das, -/-s, -) (österr.) Konfetti.
Ko|rinth (kein Art., -es, kein Plural) griechische Stadt.
Ko|rin|the (die, -, -n) Rosine. Korinthenbrot.
Ko|rin|then|ka|cker (der, -s, -) (ugs.) kleinlicher Mensch.
ko|rin|thisch (Adj.) (griech.) 1. auf die Stadt Korinth bezogen; 2. Baustil.
Kork (der, -s, -e) Baumrinde. Korkeiche; Korkgeld (*auch:* Korkengeld); Korkholz; Korksohle; Korkweste; Korkzieher.
Kor|ken (der, -s, -) Flaschenverschluss. Korkenzieher; korkig; korken.
Kor|mo|phyt (der, -en, -en) (griech.) aus Wurzel, Stängel und Blättern bestehende Farn- oder Samenpflanze; Sprosspflanze.
Kor|mo|ran (der, -s, -e) (lat.) Vogelart.
Kor|mus (der, -, kein Plural) (griech.-lat.) in Wurzel, Sprossachse und Blätter gegliederter Pflanzenkörper.
Korn 1. (das, -s, Kör|ner) Getreide. Kornähre; Kornfeld; Kornkammer; Kornspeicher; Körnerfresser; Körnerfutter. 2. (das, -s, -e) Visierteil. Kimme und Korn. 3. (der, -s, kein Plural) Schnaps. Kornbranntwein. 4. Feingehalt von Münzen; 5. Silberteilchen einer fotografischen Schicht.
Korn|blu|me (die, -, -n) Ackerunkraut. kornblumenblau.
Körn|chen (das, -s, -) 1. kleines Korn; 2. (das, -s, kein Plural) in jedem Gerücht steckt ein Körnchen Wahrheit.
kör|nig (Adj.) gekörnt. eine körnige Oberfläche (mit kleinen kornartigen Erhebungen aufgeraute Oberfläche).
Kor|ner (*auch:* Cor|ner) (der, -s, -) (engl.) planmäßig herbeigeführter Kursanstieg an Warenbörsen.
Kör|ner (der, -s, -) Stahlstift zum Vorbohren. Körnung; körnen.
Kor|nett (das, -s, -e/-s) (franz.) Blasinstrument. Kornettist.
Kör|nung (die, -, -en) Maß für die Größe eines Korns (z. B. Grobkorn, Feinkorn.).
Ko|rol|le (die, -, -n) (griech.) Blumenkrone.

Ko|ro|na (die, -, -nen) (griech.-lat.) 1. Kranz; 2. Heiligenschein; 3. (ugs.) fröhliche Runde. Ich habe mit meiner Korona einen Ausflug gemacht.
ko|ro|nar (Adj.) (lat.) in der Medizin die Herzkranzgefäße betreffend. koronare Herzerkrankung.
Ko|ro|nar|in|suf|fi|zi|enz (die, -, kein Plural) in der Medizin Funktionsbeeinträchtigung der Herzkranzgefäße.
Ko|ro|nar|skle|ro|se (die, -, kein Plural) Herzkranzgefäßverkalkung.
Kör|per (der, -s, -) Leib; Gebilde. Körperbau; Körpergewicht; Körperhaltung; Körperkraft; Körperkult; Körperkultur; Körperlichkeit; Körperpflege; Körpersprache; Körperstrafe; Körperteil; Körperwärme. Adjektive: körpereigen; körperhaft; körperlich; körperlos. Verb: verkörpern.
kör|per|be|hin|dert (Adj.) mit körperlichem Schaden.
Kör|per|be|hin|der|te (der, -n, -n) jemand mit dauernder körperlicher Beeinträchtigung.
Kör|per|schaft (die, -, -en) Gemeinschaft; Gruppe; Vereinigung.
kör|per|schaft|lich (Adj.) die Körperschaft betreffend.
Kör|per|schaft(s)|steu|er (die, -, -n) den Jahresgewinn von Körperschaften zu erfassende Steuer.
Kör|per|ver|let|zung (die, -, kein Plural) im Strafrecht die Schädigung der körperlichen Unversehrtheit.
Kor|po|ral (der, -s, -e) (franz.) Unteroffizier. Korporalschaft.
Kor|po|ra|ti|on (die, -, -ti|o|nen) (lat.) Körperschaft; Studentenverbindung. Korporationsrecht.
Kor|po|ra|tis|mus (der, -, -men) Beteiligung gesellschaftlicher Gruppen an politischen Entscheidungsprozessen; korporatistisch.
kor|po|ra|tiv (Adj.) (lat.) geschlossen; auf eine Körperschaft bezogen.
kor|po|riert (Adj.) (lat.) einer Studentenverbindung angehörend.
Korps (*auch:* Corps) (das, -, -) (franz.) Truppenverband; Studentenverbindung.
Korps|bru|der (*auch:* Corps|bru|der) (der, -s, -brü|der) (ugs.) Angehöriger einer Studentenverbindung.
Korps|geist (*auch:* Corps|geist) (der, -es, kein Plural) (franz.) Standesbewusstsein.
kor|pu|lent (Adj.) (lat.) dick. Korpulenz.
Kor|pus 1. (der, -, -se) (lat.) Körper; Christus (am Kreuz). 2. (das, -, Kor|po|ra) (lat.) Textgrundlage; Klangkörper.
Kor|pus|kel (das/die, -/-s, -n) (lat.) kleinstes Teilchen (der Materie); Elementarteilchen.
Kor|ral (der, -s, -e) (span.) Gehege.
Kor|ra|si|on (die, -, -si|o|nen) (lat.) Abschleifen; Abtragung (von Gestein durch Flugsand).
Kor|re|fe|rat (*auch:* Ko|re|fe|rat) (das, -s/-es, -e) (lat.) ergänzendes Referat zu einem Referat.
Kor|re|fe|rent (*auch:* Ko|re|fe|rent) (der, -en, -en) jmd., der ein Korreferat hält.
kor|re|fe|rie|ren (*auch:* ko|re|fe|rie|ren) (V.) ein Korreferat halten.
kor|rekt (Adj.) (lat.) richtig; ordnungsbeflissen. Korrektheit; korrekterweise.
kor|rek|tiv (Adj.) verbessernd; ausgleichend.
Kor|rek|tiv (das, -s, -e) (lat.) Mittel zum Verbessern, zum Berichtigen, Ausgleichen.
Kor|rek|tor (der, -s, -en) (lat.) jemand, der Gedrucktes auf seine Richtigkeit hin überprüft.
Kor|rek|tur (die, -, -en) (lat.) Verbesserung. Korrekturbogen; Korrekturfahne; das Korrekturlesen (*aber:* Korrektur lesen); Korrekturzeichen; korrigieren.
kor|re|lat (Adj.) (lat.) wechselseitig.
Kor|re|lat (das, -s, -e) (lat.) Ergänzung; Wechselbeziehung.
Kor|re|la|ti|on (die, -, -en) (lat.) Wechselbeziehung, gegenseitige Einwirkung.
kor|re|la|tiv (Adj.) korrelat.
kor|re|lie|ren (V.) in Wechselbeziehung miteinander stehen.
kor|re|pe|tie|ren (V.) (lat.) am Klavier mit einem Opernsänger dessen Gesangsrolle einstudieren.
Kor|re|pe|ti|tor (der, -s, -en) (lat.) Musiker, der am Klavier mit Opernsängern deren Gesangsrolle einstudiert; Assistent des Dirigenten.
Kor|re|s|pon|dent (der, -en, -en) (lat.) Berichterstatter bei Fernsehen, Rundfunk und Zeitung. Korrespondenzbüro.
Kor|re|s|pon|denz (die, -, kein Plural) Briefwechsel.
kor|re|s|pon|die|ren (V.) (lat.) in Verbindung stehen; in Briefwechsel stehen; übereinstimmen.
Kor|ri|dor (der, -s, -e) (ital.) Flur.
Kor|ri|gen|da (die, nur Plural) (lat.) Druckfehler; Fehlerverzeichnis.
Kor|ri|gens (das, -, -gen|tia/-gen|zi|en) (lat.) geschmacksverbessernder Zusatz (zu Arzneien).
kor|ri|gie|ren (V.) (lat.) verbessern; ausgleichen.
Kor|ro|si|on (die, -, -si|o|nen) (lat.) Zersetzung; Rost. Korrosionsschutz; korrosionsbeständig; korrosionsfest; korrosionsverhütend; korrosiv; korrodieren.
kor|rum|pie|ren (V.) (lat.) bestechen; verleiten. Korrumpierung; korrumpiert.
kor|rupt (Adj.) (lat.) bestechlich.
Kor|rup|ti|on (die, -, -ti|o|nen) (lat.) Bestechung; Verfall. Korruptionsaffäre.
Kor|sa|ge (die, -, -n) (franz.) miederartig verstärktes Oberteil eines Kleids.
Kor|sar (der, -en, -en) (ital.) Pirat; Piratenschiff.
Kor|se (der, -n, -n) Einwohner Korsikas.
Kor|sett (das, -s, -s/-e) (franz.) Mieder. Korsettverschnürung.
Kor|si|ka (ohne Art., -s, kein Plural) französische Mittelmeerinsel.
kor|sisch (Adj.) die Insel Korsika betreffend.
Kor|so (der, -s, -s) (ital.) Umzug. Blumenkorso.
Kor|tex (der, -/-es, Kor|ti|zes) (lat.) Rinde; Hirnrinde.
kor|ti|kal (Adj.) (lat.) die Hirnrinde betreffend.
Kor|ti|son (*auch:* Cor|ti|son) (das, -s, kein Plural) 1. entzündungshemmendes Präparat; 2. Hormon der Nebennierenrinde.
Ko|rund (der, -s, -e) (sanskr.) ein Mineral; Edelstein.
Kor|vet|te (die, -, -n) (franz.) Segelschiff; kleines Kriegsschiff. Korvettenkapitän.
Ko|ry|bant (der, -en, -en) (griech.) Priester der kleinasiatischen Göttin Kybele.
ko|ry|ban|tisch (Adj.) (griech.) ausgelassen; wild.
Ko|ry|phäe (die, -, -n) (griech.) Persönlichkeit; Fachmann.
Ko|sak (der, -en, -en) (russ.) Reiter. Kosakenmütze; Kosakenpferd.

Ko|sche|nil|le (die, -, kein Plural) aus einer Schildlaus gewonnener roter Farbstoff.
ko|scher (Adj.) (jidd.) einwandfrei; rein.
Ko|se|kans (der, -, -) Winkelfunktion (Abk.: cosec).
ko|sen (V.) streicheln. Koseform; Kosename; Kosewort.
Ko|si|nus (der, -, -/-se) (lat.) Seitenverhältnis im Dreieck (Abk.: cos).
Kos|me|tik (die, -, kein Plural) (griech.) Schönheitspflege. Kosmetikerin; Kosmetiksalon; Kosmetiktasche; kosmetisch.
Kos|me|ti|kum (das, -s, Kos|me|ti|ka) Mittel zur Schönheitspflege.
kos|misch (Adj.) 1. das Weltall betreffend; 2. weltumfassend, unendlich.
Kos|mo|bio|lo|gie (die, -, kein Plural) (griech.-lat.) die Wissenschaft, die die Lebensbedingungen im Weltraum sowie die Einflüsse des Weltraums auf alles irdische Leben erforscht.
Kos|mo|drom (das, -s, -e) (russ.) Raketenstartgelände.
Kos|mo|gra|fie (*auch:* Kos|mo|gra|phie) (die, -, -n) (griech.-lat.) 1. Beschreibung der Entstehung und Entwicklung des Kosmos. 2. mittelalterliche Bezeichnung für Geografie.
Kos|mo|go|nie (die, -, kein Plural) (griech.) Weltentstehungslehre.
kos|mo|go|nisch (Adj.) die Weltentstehungslehre betreffend.
Kos|mo|lo|gie (die, -, kein Plural) (griech.) Lehre vom Aufbau des Weltalls und seiner Einordnung in Raum und Zeit.
kos|mo|lo|gisch (Adj.) die Lehre vom Aufbau des Weltalls betreffend.
Kos|mo|naut (der, -en, -en) (russ.) Weltraumfahrer. Kosmonautin; Kosmonautik.
Kos|mo|po|lit (der, -en, -en) (griech.) Weltbürger.
kos|mo|po|li|tisch (Adj.) weltbürgerlich.
Kos|mo|po|li|tis|mus (der, -, kein Plural) (griech.) Weltbürgertum.
Kos|mos (der, -, kein Plural) (griech.) Weltall.
Kost (die, -e, kein Plural) Ernährung; Essen. Kostgänger; Kostgeber; Kostgeld.
kost|bar (Adj.) wertvoll.
Kost|bar|keit (die, -, -en) ein sehr wertvoller Gegenstand. Seine Bilder sind wahre Kostbarkeiten.
kos|ten (V.) 1. probieren; ein kleines Stück nehmen, prüfen. Er kostete von dem angebotenen Essen. Sie kostete, ob die Suppe schmeckt. 2. wert sein; einem etwas abverlangen. Es kostete ihn viel Mühe, die Sprache zu lernen. Der Bauernschrank kostet viel Geld.
Kos|ten (die, -, nur Plural) Aufwand an Geld. das ging auf Kosten der Sicherheit; Kostenerstattung; Kostenfrage; Kosten-Nutzen-Analyse; Kostenpunkt; Kostensenkung; Kostensteigerung; Kostenvoranschlag; kostendeckend (*auch:* Kosten deckend); kostenfrei; kostengünstig; kostenlos; kostenpflichtig; kostensparend (*auch:* Kosten sparend).
köst|lich (Adj.) vorzüglich; erheiternd; wohlschmeckend.
Köst|lich|keit (die, -, -en) etwas besonders Wohlschmeckendes.
Kost|pro|be (die, -, -n) kleines Stück zum Probieren.
Kos|tüm (das, -s, -e) (franz.) Kleidung; Maske. Kostümbildner; Kostümfest; Kostümfilm; Kostümprobe; Kostümverleih.
kos|tü|mie|ren (V., refl.) maskieren; verkleiden.
Kos|tü|mie|rung (die, -, kein Plural) Maskierung; Verkleidung.
Kost|ver|äch|ter (der, -s, -) Er ist kein Kostverächter. (Er genießt das Leben.).
K.-o.-Sys|tem (das, -s, -e) Austragungsmodus.
Kot (der, -s, -s/-e) Exkremente; Schmutz. Adjektiv: kotig.
Ko|tan|gens (der, -, -) (lat.) Seitenverhältnis im Dreieck (Abk.: cot).
Ko|tau (der, -s, -s) (chines.) Kniefall mit Verbeugung bis zur Erde (früher bei den Chinesen); vor jmdn. ~ machen: sich vor jmdm. demütigen.
Ko|te (die, -, -n) (franz.) durch Höhenmessung ermittelte Höhe eines Geländepunktes.
Kö|tel (der, -s, -) (nordd.) Hundekot.
Ko|te|lett (das, -s, -s) (franz.) Rippenfleischstück.
Ko|te|let|ten (die, nur Plural) Backenbart. die Koteletten ausrasieren.
Kö|ter (der, -s, -) (abwertend) 1. Hund; 2. (der, -s, -) (nordd.) Kätner.
Ko|te|rie (die, -, -n) (franz.) sich gegenseitig fordernde Gruppe; Klüngel.
Kot|flü|gel (der, -s, -) Radkasten (Kfz).
Ko|thurn (der, -s, -e) (griech.) Schuh mit sehr dicker Sohle (von den Schauspielern der altgriechischen Tragödie getragen); auf Kothurnen schreiten: sich sehr erhaben gebärden.
ko|tie|ren (V.) (lat.-franz.) zum Handel an der Börse zulassen (von Wertpapieren).
Ko|tie|rung (die, -, -en) (lat.-franz.) die Zulassung eines Wertpapiers zur Notierung an der Börse.
Ko|til|lon (der, -s, -s) (franz.) Spiel in Form eines Gesellschaftstanzes, bei dem kleine Geschenke zu gewinnen sind.
Köt|ner (der, -s, -) (nordd.) Kätner.
Ko|to (das, -s, -s/die, -, -s) (jap.) Saiteninstrument.
Ko|ton (der, -s, -s) (franz.) Baumwolle; Baumwollstoff.
ko|to|ni|sie|ren (V.) baumwollähnliche Fasern herstellen.
Ko|to|ni|sie|rung (die, -, kein Plural) Herstellung von baumwollähnlichen Fasern.
Kot|ter (der, -s, -) (nordd.) Hütte; Kate. Kötter.
Ko|ty|le|do|ne (die, -, -n) (griech.) 1. Keimblatt (der Samenpflanzen). 2. Zotte der Plazenta (bei Wiederkäuern). 3. Saugwarze.
Kotz|bro|cken (der, -s, -) (ugs.) ekelhafter Mensch; rüpelhafte Person.
Kot|ze (die, -, -n) (südd.) 1. Umhang; Wolldecke. 2. (ugs.) Erbrochenes.
kot|zen (V.) (ugs.) sich übergeben. Das ist zum Kotzen. (ugs.) (Das ist ärgerlich, ekelhaft.). kotzjämmerlich; kotzlangweilig; kotzübel.
kp (Abk.) **K**ilo**p**ond.
KPD (Abk.) **K**ommunistische **P**artei **D**eutschlands.
kpm (Abk.) **K**ilo**p**ond**m**eter.
kr (Abk.) **Kr**one (Münze).
Kr (Abk.) **Kr**ypton (chemisches Zeichen).
Kr. (*auch:* Krs.) (Abk.) **Kr**eis.
Kraal (*auch:* Kral) (der, -s, -e) afrikanisches Runddorf.
Krab|be (die, -, -n) Krebs. Krabbenfischer; Krabbencocktail; Krabbentaucher.
Krab|bel|al|ter (das, -s, kein Plural) frühes Kindesalter.

Krab|bel|grup|pe (die, -, -n) Gruppe im Kindergarten, die Kinder im Krabbelalter zusammenfasst.

krab|be|lig (*auch:* krabblig) (Adj.) (ugs.) kitzelig; nervös. Dieser Lärm macht mich ganz krabbelig.

krab|beln (V.) kriechen; kitzeln; kraulen.

Krach (der, -s, kein Plural) 1. Lärm; 2. Streit (Plural: Kräche). Wir haben Krach miteinander. Er bestand die Prüfung mit Ach und Krach (mit Müh und Not); Krach schlagen. krachig; krach!

kra|chen 1. (V., refl.) (ugs.) streiten. Das Ehepaar kracht sich ständig. 2. knacken; 3. (ugs.) sehr stark. Er hat auf den Tisch gehauen, dass es nur so krachte. 4. (ugs.) zerbrechen. Das Eis kracht ein.

Kra|chen (das, -s, kein Plural) 1. Lärm; 2. (der, -s, -) (schweiz.) abgelegener Ort.

Kra|cher (der, -s, -) 1. Feuerwerkskörper; 2. (ugs.) alter, gebrechlicher Mann.

Kra|cherl (das, -s, -n) (südd.) Limonade.

Krach|le|der|ne (die, -n, -n) (südd.) kurze Lederhose.

Krach|man|del (die, -, -n) Knackmandel.

krächׅ|zen (V.) heiser sein. Krächzer.

Krä|cker → Cracker.

Krad (das, -s, Krä|der) (Kurzw.) Kraftrad. Kradfahrer; Kradmelder.

kraft (Präp., Gen.) aufgrund; durch. Er tat es kraft seines Amtes.

Kraft (die, -, Kräf|te) 1. Stärke; Fähigkeit; Gewalt. 2. Mitarbeiter. Das Gesetz soll am 1. Januar in Kraft treten. *Aber:* das Inkrafttreten. etwas außer Kraft setzen. Kraftakt, Kraftanstrengung; Kraftbrühe; Kräfteverhältnis; Kraftfutter; Kraftprobe; Kraftsport; Kraftstoff; Kraftstoffverbrauch; Kraftstrom; Kraftübertragung; Kraftvergeudung; Kraftverkehr, Kraftwagen; Kraftwerk; kraftraubend (*auch:* Kraft raubend); kräfteraubend (*auch:* Kräfte raubend); kraftsparend (*auch:* Kraft sparend); kräftesparend (*auch:* Kräfte sparend); krafterfüllt.

Kraft|aus|druck (der, -es, -drü|cke) vulgäres Wort.

Kräf|te|pa|ral|le|lo|gramm (das, -s, -e) geometrische Darstellung.

Kraft|fahr|zeug (das, -s, -e) Auto (Abk.: Kfz). Kraftfahrer; Kraftfahrzeugbrief; Kraftfahrzeug-Haftpflichtversicherung; Kraftfahrzeughalter; Kraftfahrzeugreparaturwerkstatt; Kraftfahrzeugschein; Kraftfahrzeugsteuer; Kraftfahrzeugversicherung.

Kraft|feld (das, -es, -er) physikalischer Zustand in einem Raumgebiet, der Kraftwirkungen hervorruft.

Kräf|ti|gung (die, -, -en) Stärkung. Kräftigungsmittel; kräftigen.

Kraft|los|er|klä|rung (die, -, -en) Außerkraftsetzung von abhandengekommenen Wertpapieren oder Urkunden.

Kraft|lo|sig|keit (die, -, kein Plural) ohne Kraft. kraftlos; saft- und kraftlos.

Kraft|mei|er (der, -s, -) jemand, der mit seiner Kraft angibt.

Kraft|pro|be (die, -, -n) Messen der Stärke.

Kraft|protz (der, -es, -e) jemand mit ausgeprägter Muskelkraft; Muskelprotz.

Kraft|rad (das, -es, -rä|der) (Abk. Krad) Motorrad.

kraft|strot|zend (Adj.) voller Kraft; gesund. *Aber:* vor Kraft strotzend.

kraft|voll (Adj.) kräftig; energisch.

Kraft|wort (das, -es, -wor|te) Kraftausdruck.

Kra|ge (die, -, -n) Konsole.

Kra|gen (der, -s, -/Krägen) 1. Hemdteil. Mir platzt gleich der Kragen (ugs.) (wütend werden). Es geht um Kopf und Kragen. Hemdkragen. 2. Hals (Geflügel). Wenn du das noch einmal tust, drehe ich dir den Kragen um. Kragenbär; Kragenknopf.

Kra|gen|wei|te (die, -, kein Plural) 1. Konfektionsgröße des Kragens; 2. (ugs.) persönlicher Geschmack. Das ist nicht meine Kragenweite. (Das passt nicht zu mir, ist mir nicht sympathisch.)

Krä|he (die, -, -n) Rabenvogel. Eine Krähe hackt der anderen kein Auge aus. (Personen mit gleichem Berufsstand schonen sich gegenseitig.). Krähennest.

krä|hen (V.) 1. schreien; das Schreien eines Hahnes. Kein Hahn kräht nach mir. (ugs.) (Niemand will etwas von mir wissen.). 2. vergnügte Laute eines Babys.

Krä|hen|fü|ße (die, nur Plural) Augenfältchen; Gekritzel.

Krä|hen|nest (das, -s, -er) Ausguck (Schiff).

Kräh|win|kel (das, -s, -) spießbürgerliche Kleinstadt.

Kra|kau|er (die, -, -) Wurst.

Kra|ke (der, -n, -n) (norw.) großer Tintenfisch; sagenhaftes Seeungeheuer.

Kra|keel (der, -s, kein Plural) (ugs.) lauter Streit; Randale. Krakeelerei.

kra|kee|len (V.) (ugs.) lärmen; streiten.

Kra|kee|ler (der, -s, -) (ugs.) Streitsucher.

Kra|kel (der, -s, -) (ugs.) kritzeliger, schwer lesbarer Buchstabe.

Kra|ke|lei (die, -, en) Schmiererei.

kra|ke|lig (*auch:* krak|lig) (Adj.) kritzelig; schwer lesbar. krakelige Handschrift.

kra|keln (V.) (ugs.) kritzeln.

Kra|ko|wi|ak (der, -s, -s) polnischer Nationaltanz.

Kral|le (die, -, -n) scharfer Zehennagel. Krallenaffe; Krallenfrosch.

kral|len (V.) (ugs.) krampfhaft festhalten. Er krallt mich immer, wenn wir uns treffen.

kral|lig (Adj.) mit Krallen.

Kram (der, -s, kein Plural) Plunder; Zeug; Sachen. Sein Kommen passt mir heute nicht in meinen Kram. (ugs.) (kommt ungelegen). Kramerei; Krammarkt.

kra|men (V.) (ugs.) durchsuchen; durchwühlen. Er kramte oft in ihren Sachen.

Krä|mer (der, -s, -) Lebensmittelhändler. Krämerei; Krämerin; Krämerladen.

Krä|mer|see|le (die, -, n) kleinlicher, nur auf Gewinn bedachter Mensch. Krämergeist.

Kram|la|den (der, -s, -lä|den) (abwertend) kleiner Laden.

Kram|pe (die, -, -n) Metallhaken.

kram|pen (V.) mit einer Krampe etwas befestigen.

Krampf (der, -s, Krämp|fe) 1. Muskelverhärtung; Muskelzusammenziehung; 2. (der, -es, kein Plural) (ugs.) Unsinn; übertriebener Eifer. Krampfhusten; Lachkrampf.

Krampf|ader (die, -, -n) ständig erweitertes Blutgefäß.

krampf|ar|tig (Adj.) wie ein Krampf. krampfartige Schmerzen.

kramp|fen (V.) krampfhaft festhalten.

krampf|haft (Adj.) angestrengt; heftig; übertreibend; zusammenziehend. Sie unternahm krampfhafte Versuche, ihn für sich zu gewinnen.

krampfig (Adj.) verkrampft.

krampfstillend (Adj.) krampflösend.

Krampus 1. (der, -, -pi) Muskelkrampf. 2. (der, -/-ses, -se) (südd.) Knecht Ruprecht.

Kramuri (die, -, nur Plural) (südd.) Gerümpel; Kram.

Kran (der, -s, Kräne) Hebevorrichtung. Kranführer; Kranwagen; Kranwinde; kranbar; kranen.

kranial (Adj.) (griech.) zum Schädel gehörig.

Kranich (der, -s, -e) Vogel.

Kraniologie (die, -, kein Plural) (griech.) Wissenschaft vom menschlichen Schädel.

Kraniometrie (die, -, kein Plural) (griech.) Schädelmessung.

krank (Adj.) nicht gesund. Kranke; Krankenbericht; Krankenbesuch; Krankenbett; Krankengeld; Krankengeschichte; Krankengymnastik; Krankenhaus; Krankenkasse; Krankenpfleger; Krankenschein; Krankenschwester; Krankenversicherung; Krankenwagen; Krankenzimmer; Krankhaftigkeit; Krankheit; Krankheitsbild; Krankheitserreger; Krankmeldung; Kränklichkeit. Adjektive: krankenhausreif; krankenversichert; krankenversicherungspflichtig; krankhaft; krankheitserregend; krankheitshalber; kränklich. Verben: kranken; krank sein; krank werden; sich krank fühlen; weil die Gefühle mich krank machen (*auch:* krankmachen); *Aber:* Zusammenschreibung: der Arzt soll mich krankschreiben; du kannst dich doch krankmelden; krankfeiern; sich kranklachen; krankmachen (krankfeiern).

kränken (V.) verletzen; beleidigen. Kränkung; kränkend.

krankfeiern (V., feierte krank, hat krankgefeiert) vorgeben, krank zu sein; krankmachen.

krankheitshalber (Adv.) wegen Krankheit. Krankheitshalber bleibt das Geschäft geschlossen.

kranklachen (V. refl., lachte sich krank, hat sich krankgelacht) heftig lachen. Die Leute lachten sich krank über sein Missgeschick.

krankmelden (V. refl., meldete sich krank, hat sich krankgemeldet) dem Arbeitergeber Arbeitsunfähigkeit anzeigen.

krankschreiben (V., schrieb krank, hat krankgeschrieben) bestätigen der Arbeitsunfähigkeit durch den Arzt.

Kranz (der, -es, Kränze) Gewinde. Kranzgefäß.

Kränzchen (das, -s, -) 1. kleiner Kranz; 2. geselliges Beisammensein (von Damen) (veraltet).

kränzen (V.) bekränzen; mit einem Kranz schmücken.

Kranzkuchen (der, -s, -) kranzförmiger Kuchen.

Kranzljungfer (die, -, -n) Brautjungfer.

Kranzniederlegung (die, -, -en) Niederlegen eines Trauergebindes an einer Gedenkstätte oder einem Grab anlässlich einer besonderen Würdigung.

Krapfen (der, -s, -) Schmalzgebäck. Faschingskrapfen.

krass (Adj.; krasser, krasseste) sehr stark; extrem; scharf. Krassheit.

Krater (der, -s, -) Vulkantrichter. Kraterlandschaft; Kratersee.

Kratt (das, -s, -e) (nordd.) Eichengestrüpp.

Kratten (der, -s -) Beerenkorb; Rückenkorb.

Kratzbeere (*auch:* Kroatzbeere) (die, -, -n) Brombeere.

Kratzbürste (die, -, kein Plural) 1. Drahtbürste; 2. widerspenstiges weibliches Wesen.

kratzbürstig (Adj.) widerspenstig. Kratzbürstigkeit.

Kratze (die, -, -n) Werkzeug.

Krätze (die, -, kein Plural) Hautkrankheit. Krätzmilbe; krätzig.

Kratzeisen (das, -s, -) 1. Schuhreiniger; 2. Maurerwerkzeug.

kratzen (V.) reiben; scheuern.

Kratzer (der, -s, -) 1. Kratzspur; Schramme; 2. Makel. Sein Ansehen hat erste Kratzer bekommen. Kratzspur; kratzig.

Krätzer (der, -s, kein Plural) 1. saurer Wein; 2. junger Tiroler Rotwein.

Kratzfuß (der, -es, -füße) Verbeugung.

Kraul (das, -(s), kein Plural) schneller Schwimmstil. Kraulschwimmen; Kraulstaffel.

kraulen (V.) 1. im Kraulstil schwimmen. 2. streicheln.

Krauler (der, -s, -) jemand, der im Kraulstil schwimmt.

kraus (Adj.) gelockt; faltig; wirr. Krause; Kraushaar; Krauskopf; kraushaarig; krausköpfig; krausen.

kräuseln (V.) ringeln; runzeln. Kräuselgarn; Kräuselkrepp; Kräuselung.

Kraut (der, -es, -) (nordd.) Garnelenart. Krautfischer.

Kraut (das, -s, Kräuter) Pflanze; Gemüse; (südd.) Kohl. wie Kraut und Rüben (ugs.) (unordentlich). Kräuterbuch; Kräuterbutter; Kräuteressig; Kräuterfrau; Kräutergarten; Kräuterkissen; Kräutertee; Krautgarten; Krautkopf; Kräutlein; krautartig.

Krauter (der, -s, -) (ugs.) Sonderling.

krautig (Adj.) krautartig.

Krautwickel (der, -s, -) (südd.) Kohlroulade.

Krawall (der, -s, -e) Lärm; Aufruhr. Krawallmacher.

Krawatte (die, -, -n) (franz.) Schlips. Krawattennadel; Krawattenträger.

Kraxe (die, -, -n) (südd.) Rückentraggestell.

kraxeln (V.) (ugs.) klettern. Kraxelei; Kraxler.

Kreas (das, -, kein Plural) (span.) ungebleichte Leinwand.

Kreatin (das, -s, kein Plural) (griech.) Eiweißstoff.

Kreation (die, -, -tionen) (lat.) Modeschöpfung; Schöpfung. Kreierung; kreieren.

kreativ (Adj.) schöpferisch.

Kreativität (die, -, kein Plural) (lat.) Schöpfungskraft; Einfallsreichtum. Kreativitätstest; Kreativitätstraining; Kreativurlaub; kreieren.

Kreatur (die, -, -en) (lat.) Lebewesen; Geschöpf. Kreatürlichkeit; kreatürlich.

Krebs (der, -es, -e) 1. Krebstier; 2. Karzinom. Krebsforschung; Krebsfrüherkennung; Krebsgang; Krebsgeschwulst; Krebsgeschwür; Krebsleiden; Krebspatient; Krebsschaden; Krebsschere; Krebssuppe; Krebsvorsorge; Krebszelle; krebsartig; krebserregend (*auch:* Krebs erregend); krebsig; krebskrank; krebsrot; krebsen.

Kredenz (die, -, -en) Anrichte.

kredenzen (V.) anbieten; einschenken.

Kredit 1. (der, -s, -e) (franz.) Darlehen. Kreditbank; Kreditbrief; Kreditgeber; Kredithilfe; Kreditierung; Kreditkarte; Kreditkauf; Kreditnehmer; Kreditwürdigkeit; kreditwürdig; kreditieren. 2. (das, -s, -s) (lat.) Habenseite.

Kre|do → Credo.

kre|gel (Adj.) (nordd.) gesund; munter.

Krei|de (die, -, -n) 1. Kalkstein; 2. Erdzeitalter; 3. Schreibgerät. Kreidefelsen; Kreideformation; Kreidepapier; Kreidestrich; Kreidezeichnung; Kreidezeit; kreidebleich; kreideweiß; kreidig.

kre|ie|ren (V.) (lat.) schaffen; gestalten. Kreierung.

Kreis (der, -es, -e) Rund; Ring; Bezirk; Gruppe; Gesprächsrunde; Rahmen; Runde; Zirkel. Kreisamt; Kreisarzt; Kreisbogen; Kreislauf; Kreislaufkollaps; Kreislaufstörung; Kreisschere; Kreisumfang; Kreisverkehr; Kreiswehrersatzamt. Adjektive: kreisförmig; kreisrund.

Kreis|bahn (die, -, -en) Umlaufbahn eines Satelliten.

krei|schen (V.) schrill schreien. Gekreische.

Krei|sel (der, -s, -) Drehkörper; Spielzeug. Kreiselkompass; Kreiselpumpe; Kreiselverdichter.

krei|seln (V.) mit dem Kreisel spielen.

krei|sen (V.) im Kreis bewegen; sich um etwas bewegen; sich drehen. Das Flugzeug kreist über der Stadt, bevor es landet. Ihre Gedanken kreisen nur um ihre Kinder.

kreis|frei (Adj.) eine größere Stadt betreffend, die zu keinem Landkreis gehört.

krei|ßen (V.) gebären. Kreißsaal.

Kreis|stadt (die, -, -städ|te) Hauptort eines Landkreises, Sitz des Landratsamtes.

Kreis|tag (der, -es, -e) Volksvertretung eines Landkreises.

Krem (*auch:* Kre|me) → Creme.

Kre|ma|ti|on (die, -, -en) (schweiz.) Krematorium.

Kre|ma|to|ri|um (das, -s, -ri|en) (lat.) Einäscherungshalle.

kre|mie|ren (V.) im Krematorium verbrennen; einäschern.

kre|mig (*auch:* cre|mig) (Adj.) wie eine Krem.

Kreml (der, -/-s, kein Plural) (russ.) Burg; russischer Regierungssitz in Moskau.

Krem|pe (die, -, -n) Hutrand.

Krem|pel (der, -s, kein Plural) 1. (ugs.) Plunder; Kram. 2. Karde.

krem|peln (V.) 1. umschlagen; 2. Fasern von der Karde bearbeiten.

Krem|ser (der, -s, -) offener Wagen mit Verdeck.

Kre|o|le (der, -n, -n) Nachkomme europäischer Einwanderer; Farbiger. Kreolin; Kreolsprache; kreolisch.

Kre|o|lin (das, -s, kein Plural) (lat.) Desinfektionsmittel, das aus Teer gewonnen wird.

Kre|o|sot (das, -s, kein Plural) (griech.) aus Holzteer gewonnenes Arzneimittel.

kre|pie|ren (V.) (ital.) platzen; (ugs.) sterben.

Kre|pi|ta|ti|on (die, -, -ti|o|nen) (lat.) knirschendes Geräusch beim Aneinanderreiben rauer Flächen (z. B. bei Knochenbrüchen); rasselndes Atemgeräusch (bei Lungenentzündung).

Krepp (*auch:* Crêpe) (der, -s, -s/-e) (franz.) raues Gewebe. Krepppapier (*auch:* Krepp-Papier); Kreppflor; Kreppgummi; Kreppsohle; kreppartig.

krep|pen (V.) kräuseln.

Kre|sol (das, -s, kein Plural) ein aromatischer Kohlenwasserstoff; Desinfektionsmittel.

Kres|se (die, -, -n) Salatpflanze.

Kress|ling (der, -s, -e) Fisch.

Kres|zenz (die, -, -en) 1. Wachstum; Herkunft (Wein); 2. weibl. Vorname.

Kre|ta (ohne Art., -s, kein Plural) griechische Insel im Mittelmeer.

kre|ta|ze|isch (*auch:* kre|ta|zisch) (Adj.) (lat.) zur Kreide, der jüngsten Form des Mesozoikums, gehörig.

Kre|ter (der, -s, -) Einwohner von Kreta.

Kre|thi und Ple|thi (ohne Artikel, nur Plural) (hebr.-dt.) jedermann; alle Welt (abwertend).

Kre|tin (der, -s, -s) (franz.) 1. Schwachsinniger; 2. (ugs.) Dummkopf; Trottel. Kretinismus.

kre|tisch (Adj.) zu Kreta gehörig.

Kreuz (das, -es, -e) 1. gekreuzte Linien, Balken; 2. Kreuzung; 3. Spielkartenfarbe; 4. Rücken; 5. Belastung; 6. Kruzifix; Sinnbild des christlichen Glaubens. das Rote Kreuz; das Eiserne Kreuz; Kreuzass (*auch:* Kreuz-Ass); Kreuzschlitzschraube; Kreuzschlüssel; Kreuzschmerzen; Kreuzstich; Kreuzung; Kreuzungspunkt; Kreuzverband; Kreuzweg; Kreuzworträtsel. Adjektive: kreuzförmig; kreuzungsfrei; kreuzweise. Verben: kreuzen; kreuzigen.

kreuz... in einer Wortzusammensetzung verstärkend. kreuzbrav; kreuzehrlich; kreuzfidel; kreuzlahm; kreuzunglücklich.

kreuz und quer (Adv.) planlos hin und her. Wir liefen kreuz und quer durch die Stadt. *Aber:* wir wanderten in die Kreuz und in die Quere.

Kreuz|band (das,- es, -bän|der) postalische Umhüllung einer Drucksache. Kreuzbandzeitung.

Kreuz|bein (das, -es, kein Plural) aus fünf zusammengewachsenen Wirbeln bestehender Teil der Wirbelsäule.

Kreu|zer (der, -s, -) 1. Münze; 2. Schiff.

Kreuz|fah|rer (der, -s, -) Teilnehmer an einem Kreuzzug.

Kreuz|fahrt (die, -, -en) 1. Kreuzzug; 2. Schiffsreise.

Kreuz|feu|er (das, -s, -) Beschießung von verschiedenen Seiten. im Kreuzfeuer der Kritik stehen (von allen Seiten Kritik bekommen).

Kreuz|gang (der, -es, -gän|ge) Wandelgang um einen viereckigen Klosterhof.

Kreuz|ge|wöl|be (das, -s, -) zwei sich rechtwinklig kreuzende Tonnengewölbe.

kreu|zi|gen (V.) ans Kreuz schlagen.

Kreu|zi|gung (die, -, -en) römische Hinrichtungsart. Kreuzestod.

Kreuz|ot|ter (die, -, -n) Schlange.

Kreuz|rit|ter (der, -s, -) 1. Teilnehmer an den Kreuzzügen; 2. Mitglied des Kreuzritterordens.

Kreuz|schna|bel (der, -s, -) Vogel.

Kreuz|spin|ne (die, -, -n) braune Spinne mit weißem Kreuz auf dem Hinterleib.

Kreuz|ver|hör (das, -s, -e) Vernehmung von Zeugen und Sachverständigen durch Verteidiger und Staatsanwalt (in den USA); verschärfte Befragung. jemanden ins Kreuzverhör nehmen.

Kreuz|zei|chen (das, -s, kein Plural) die in der katholischen Kirche übliche Geste des Kreuzes.

Kreuz|zug (der, -es, -zü|ge) im Mittelalter Kriegszug gegen Feinde des christlichen Glaubens und zur Befreiung Palästinas aus den Händen der Ungläubigen.

Kre|vet|te (*auch:* Cre|vet|te) (die, -, -n) (franz.) Garnele.

krib|beln (V.) jucken; prickeln. Kribbeln; Kribbelkrankheit.
krib|be|lig (*auch:* kribb|lig) (Adj.) (ugs.) gereizt; nervös; ungeduldig. Das Warten macht mich ganz kribbelig.
Kri|ckel (das, -s, -/-n) (südd.) Gemsenhorn. Krickelwild.
Kri|ckel|kra|kel (das, -s, kein Plural) (ugs.) schlechte Handschrift.
kri|ckeln (V.) streiten; kritzeln.
Krick|en|te (*auch:* Kriek|en|te) (die, -, -n) Wildente.
Kri|cket (das, -s, kein Plural) (engl.) Ballspiel. Kricketspieler; Kricketschläger.
Kri|da (die, -, kein Plural) (österr.) (lat.) betrügerischer Konkurs.
Kri|dar (der, -s, -e) Konkursschuldner.
Krie|che (*auch:* das Krie|cherl) (die, -, -n) Pflaumenart. Kriecherlbaum.
krie|chen (V., kroch, ist gekrochen) sich am Boden bewegen; langsam vorankommen; schlüpfen; unterwürfig sein. Kriechblume; Kriechstrom; Kriechtempo.
Krie|cher (der, -s, -) (ugs.) Schmeichler; unterwürfiger Mensch. kriecherisch.
Krie|che|rei (die, -, kein Plural) (ugs.) Unterwürfigkeit; Speichelleckerei.
Kriech|spur (die, -, -en) Ausweichspur auf Autobahnen.
Kriech|tier (das, -es, -e) Reptilien.
Krieg (der, -s, -e) bewaffneter Kampf; Feindschaft. Krieger; Kriegerdenkmal; Kriegerwitwe; Kriegführung; Kriegsausbruch; Kriegsbeginn; Kriegsblinder; Kriegsdienst; Kriegserklärung; Kriegsführung; Kriegshafen; Kriegshinterbliebene; Kriegsinvalide; Kriegsindustrie; Kriegskunst; Kriegslist; Kriegsmarine; Kriegsopfer; Kriegspfad; Kriegsschauplatz; Kriegsschiff; Kriegsspiel; Kriegsteilnehmer; Kriegsverletzung; Kriegswaise; Kriegszug; Adjektive: kriegerisch; kriegsbedingt; kriegsblind; Krieg führend (auch: kriegführend); kriegsverwendungsfähig (Abk.: kv.). Verb: bekriegen.
krie|gen (V.) (ugs.) bekommen. Sie haben ein Kind gekriegt. Sie haben sich gekriegt. (Sie haben geheiratet.).
krie|ge|risch (Adj.) 1. streitsüchtig; 2. den Krieg betreffend.
Kriegs|beil (das, -es, -e) Symbol für Krieg bei den nordamerikanischen Indianern. Lass uns das Kriegsbeil begraben. (ugs.) (Lass uns Frieden machen.).
Kriegs|be|ma|lung (die, -, -en) Bemalung des Körpers vor einem Kampf bei Naturvölkern. Sie trat in voller Kriegsbemalung auf. (ugs.) (Sie war stark geschminkt.).
Kriegs|be|richt|er|stat|ter (der, -s, -) Reporter im Krisengebiet.
Kriegs|be|schä|dig|te (der, -n, -) jemand, der durch Kriegseinwirkung dauernde gesundheitliche Beeinträchtigungen hat; Invalide. Kriegsversehrte.
kriegs|be|schä|digt (Adj.) durch Kriegseinwirkung dauerhaft gesundheitlich beeinträchtigt.
Kriegs|dienst|ver|wei|ge|rer (der, -, -) jemand, der die Ausbildung zum Kriegsdienst mit der Waffe aus Gewissensgründen verweigert; Wehrdienstverweigerer.
Kriegs|fuß (der, -es, kein Plural) in ständigem Streit leben. Wir leben auf Kriegsfuß miteinander.
Kriegs|ge|biet (das, -es, -e) Kampfplatz; Kriegsschauplatz.
Kriegs|ge|fan|ge|ner (der, -n, -n) ein während einer Kriegshandlung in Feindeshand geratener Soldat. Kriegsgefangenschaft; kriegsgefangen.
Kriegs|ge|richt (das, -es, -e) Sondergericht während eines Krieges.
Kriegs|ge|winn|ler (der, -s, -) jemand, der aus einem Krieg einen materiellen Nutzen zieht.
Kriegs|grä|ber|für|sor|ge (die, -, kein Plural) Verein zur Betreuung von Gräbern Kriegsgefallener.
Kriegs|rat (der, -es, kein Plural) Beratung über die Kriegsführung. Wir halten Kriegsrat. (ugs.) (Wir planen und beraten gemeinsam.).
Kriegs|ver|bre|chen (das, -s, -) Handlung während eines Krieges, die die Menschenrechte verletzt. Kriegsverbrecher.
Kriegs|wir|ren (die, -, nur Plural) auf Kriegshandlungen zurückzuführendes Chaos.
Kriegs|zu|stand (der, -es, kein Plural) Staaten befinden sich im Kriegszustand.
Krim (die, -, kein Plural) Halbinsel am Schwarzen Meer. Krimkrieg; Krimsekt.
Kri|mi (der, -s, -s) (Kurzw.) Kriminalroman, Kriminalfilm.
Kri|mi|nal|be|am|te (der, -n, -n) Polizeibeamter zur Aufklärung von Verbrechen.
Kri|mi|na|ler (der, -n, -n) (ugs.) Kriminalbeamter.
Kri|mi|na|list (der, -en, -en) (lat.) Kriminalbeamter.
Kri|mi|na|lis|tik (die, -, kein Plural) Lehre von der Verhinderung, Aufdeckung und Bekämpfung strafbarer Taten. kriminalistisch.
Kri|mi|na|li|tät (die, -, kein Plural) (lat.) Straffälligkeit; Verbrechen. Kriminalfilm; Kriminalgeschichte; Kriminalkommissar; Kriminalpsychologie; Kriminalrecht; kriminalisieren.
Kri|mi|nal|po|li|zei (die, -, kein Plural) Abteilung der Polizei zur Bekämpfung von Verbrechen. (Kurzw.: Kripo)
Kri|mi|nal|ro|man (der, -s, -e) spannendes Prosawerk über ein Verbrechen und seine Aufklärung.
kri|mi|nell (Adj.) strafbar; verbrecherisch.
Kri|mi|nel|le (der, -n, -n) Verbrecher.
Kri|mi|no|lo|gie (die, -, kein Plural) (lat.) Lehre von den Erscheinungen, den Ursachen und der Bekämpfung von Verbrechen.
Krim|mer (der, -s, -) Fell des Fettschwanzschafes von der Krim; dem Fell ähnliches Wollgewebe.
Krims|krams (der, -, kein Plural) (ugs.) Kram; wertloses Zeug.
Krin|gel (der, -s, -) kleiner Kreis; Schnörkel; Zuckerbrezel.
krin|ge|lig (Adj.) in Form eines Kringels. Wir lachen uns kringelig.
krin|geln (V., refl.) kräuseln. Wir kringeln uns vor Lachen. (ugs.) (Wir biegen uns vor Lachen.).
Kri|no|li|ne (die, -, -n) (franz.) Reifrock.
Kri|po (die, -, kein Plural) (Kurzw.) Kriminalpolizei. Kripochef.
Krip|pe (die, -, -n) 1. Futterraufe. 2. Kinderhort. Weihnachtskrippe. Krippenfigur; Krippenspiel.
Kris (*auch:* Kriss) (der, -es, -e) (malai.) Dolch.
Kri|se (die, -, -n) (griech.) Störung; Schwierigkeit. Krisensituation; Krisenzeit; krisenanfällig; krisenhaft.
kri|seln (V.) eine Schwierigkeit breitet sich aus.

kri|sen|fest (Adj.) durch Krisen nicht gefährdet.
Kri|sen|herd (der, -es, -e) ein politisch unruhiges Gebiet.
Kri|sen|ma|nage|ment (das, -s, kein Plural) Maßnahmen zur Lösung politischer oder wirtschaftlicher Krisen.
Kri|sen|stab (der, -es, -stä|be) ein Rat, der zur Lösung politischer oder wirtschaftlicher Krisen einberufen wird.
Kri|sis (die, -, Kri|sen) (griech.) Höhepunkt; Wendepunkt (Krankheit).
kris|peln (V.) Leder mechanisch bearbeiten, sodass es weich und geschmeidig wird.
Kris|tall 1. (der, -s, -e) (griech.) Mineral. Kristallchemie; Kristallgitter; Kristalllinse; Kristallzucker; 2. (das, -s, kein Plural) (griech.) geschliffenes Glas. Kristallleuchter (*auch:* Kristall-Leuchter); Kristalllüster (*auch:* Kristall-Lüster); Kristallphysik; Kristallvase.
kris|tall|ar|tig (Adj.) wie ein Kristall.
kris|tal|len (Adj.) 1. klar wie ein Kristall; 2. aus Kristall bestehend.
kris|tal|lin (Adj.) aus Kristallen zusammengesetzt.
kris|tal|li|nisch (Adj.) kristallin.
Kris|tal|li|sa|ti|on (die, -, kein Plural) Bildung von Kristallen aus gesättigten Lösungen. Kristallisationspunkt; Kristallisierung.
kris|tal|lisch (Adj.) kristallen.
kris|tal|li|sie|ren (V.) Kristalle bilden. kristallisierbar.
kris|tall|klar (Adj.) klar wie ein Kristall.
Kris|tall|nacht (die, -, kein Plural) Judenpogrom (Nationalsozialismus).
Kris|tal|lo|gra|fie (*auch:* Kris|tal|lo|gra|phie) (die, -, kein Plural) (griech.) Kristallkunde.
kris|tal|lo|gra|fisch (*auch:* kris|tal|lo|gra|phisch) (Adj.) (griech.) die Kristallkunde betreffend.
Kris|tal|lo|id (der, -s, -e) (griech.) kristallähnlicher Körper.
Kri|te|ri|um (das, -s, -ri|en) (griech.) 1. Merkmal. 2. Prüfstein; Wertungsrennen (Radsport).
Kri|tik (die, -, -en) (griech.) Wertung; Beurteilung; Tadel; Missfallen. Sein Benehmen ist unter aller Kritik (ugs.) (ganz schlecht). Die Sängerin bekam nur gute Kritiken. Kritikfähigkeit; Kritiklosigkeit; Kritikpunkt; Kritisierung; kritiklos; kritikfähig; kritisieren.
Kri|ti|ka|li|tät (die, -, -en) in der Kernphysik das Kritischwerden eines Reaktors, das Erreichen des gefährlichen Punktes, wonach eine Kettenreaktion nicht mehr abreißt.
Kri|ti|kas|ter (der, -s, -) jmd., der kleinliche Kritik übt.
Kri|ti|ker (der, -s, -) berufsmäßiger Kritikenschreiber. Kritikerin.
kri|tisch (Adj.) 1. abwägend; prüfend; wählend; heikel. 2. bedrohlich; entscheidend; gefährlich. Die Lage ist kritisch. Der kritische Punkt ist erreicht.
Kri|ti|zis|mus (der, -, kein Plural) 1. philosophische Richtung; 2. ausgeprägt kritische Einstellung.
Krit|te|lei (die, -, -en) (ugs.) Nörgelei. Krittler; Krittelsucht.
krit|teln (V.) (ugs.) pingelig sein; mäkeln; nörgeln.
krit|te|lig (*auch:* kritt|lig) (Adj.) mäkelig; unzufrieden.
krit|zeln (V.) unleserlich schreiben. Kritzelei; Kritzelschrift; kritz(e)lig.
Kro|a|ti|en (ohne Art., -s, kein Plural) Balkanstaat.
Kro|a|te (der, -n, -n) Angehöriger des kroatischen Staates. Kroatin.
kro|a|tisch (Adj.) zu Kroatien gehörend.
Kro|atz|bee|re (die, -, -n) (*auch:* Kratz|bee|re) (südd.) Brombeere.
Kro|cket (das, -s, kein Plural) (engl.) Rasenspiel.
Kro|kant (der, -s, kein Plural) (franz.) Süßigkeit mit Mandel- oder Nusssplittern. Krokantplätzchen.
Kro|ket|te (die, -, -n) (franz.) frittiertes Kartoffelbällchen.
Kro|ki (das, -s, -s) (franz.) Skizze; Kartenzeichnung. Krokizeichnung.
kro|kie|ren (V.) (franz.) skizzieren.
Kro|ko (das, -s, -s) (Kurzw.) Krokodilleder. Krokotasche; Krokoleder.
Kro|ko|dil (das, -s, -e) Reptil. Krokodilleder; Krokodilwächter.
Kro|ko|dils|trä|nen (die, -, nur Plural) geheuchelte Tränen. Wenn sie etwas durchsetzen will, vergießt sie Krokodilstränen.
Kro|kus (der, -, -/-kus|se) (griech.) Blume.
Krom|lech (der, -s, -s/-e) (kelt.) jungsteinzeitliche Grab- und Kultstätte aus kreisförmig aufgestellten Steinen.
Kro|ne (die, -, -n) 1. Kopfschmuck. 2. oberer Teil; Höhepunkt. 3. Monarch. 4. Münze. Baumkrone; Kronengold; Kronenorden; Kronerbe; Krongelenk; Kronkolonie; Kronjuwel; Kronleuchter; Kronprinz; Kronprinzessin; Kronschatz; Kronzeuge; kronprinzesslich; kronprinzlich.
Kro|nen|kor|ken (*auch:* Kron|kor|ken) (der, -s, -) Metallverschluss auf Flaschen.
Kro|nen|mut|ter (die, -, -mut|tern) an der Oberseite eingekerbte Schraubenmutter.
Krons|bee|re (die, -, -n) (nordd.) Preiselbeere.
Krö|nung 1. (die, -, -en) feierliche Einsetzung eines Monarchen; 2. Höhepunkt. Der Landausflug war die Krönung unserer Schiffsreise. Krönungsfeier; krönen.
Krö|pel (der, -s, -) (nordd.) Krüppel.
Kropf (der, -s, Kröp|fe) 1. Schilddrüsenvergrößerung; 2. erweiterte Speiseröhre bei Vögeln; 3. in der Technik ein krumm gebogenes Rohr. Kropftaube; kropfig; kröpfig.
Kröpf|chen (das, -s, -) Kropf der Vögel. Die Guten ins Töpfchen, die Schlechten ins Kröpfchen.
kröp|fen (V.) ein Metallrohr krumm biegen.
Kröp|fer (der, -s, -) Kropftaube.
Kröp|fung (die, -, en) 1. krumm geschmiedetes Metallteil; 2. aufgenommene Nahrung eines Greifvogels.
Kropp|zeug (das, -es, kein Plural) (nordd.) Gesindel; Wertloses.
kross (Adj.; krosser, krosseste) knusprig.
Krö|sus (der, -/-sus|ses, -sus|se) 1. König von Lydien; 2. (ugs.) sehr reicher Mann.
Krö|te (die, -, -n) Froschlurch; (nur Plural:) Geld. Krötenechse; Krötenfrosch; Krötenmaul; Krötensteine.
Kro|ton (der, -s, -e) (griech.) ein tropisches Wolfsmilchgewächs.
Kru|cke (die, -, -n) Gemsenhorn.
Krü|cke (die, -, -n) Stütze. Krückstock.
krud (*auch:* kru|de) (Adj.) grob; derb.
Kru|di|tät (die, -, kein Plural) 1. roher Zustand (veraltet); 2. Rohheit im Verhalten.
Krug (der, -s, Krü|ge) Gefäß; (nordd.) Wirtshaus. Krügelchen.

Kru|ke (die, -, -n) (nordd.) 1. Tonkrug; 2. Sonderling. Du bist eine komische Kruke!

Kru|me (die, -, -n) Brotbröckchen; Ackerboden.

Krü|mel (der, -s, -) Brösel. Krümelchen; Krümelzucker; krüm(e)lig; krümeln.

krumm (Adj.) 1. nicht gerade; gebogen. 2. unehrlich. krumme Finger machen (stehlen); krumme Geschäfte. Krummbein; Krummholz; Krummmesser; Krümmung; Krummsäbel; krummbeinig; krummlinig. Verben: krumm sein; etwas krumm biegen (*auch:* krummbiegen); etwas krumm schlagen (*auch:* krummschlagen). Das Unternehmen darf nicht krummgehen (misslingen). Wir haben uns krummgelacht. Er hat sich jahrelang krummgelegt (war sehr sparsam). Das will ich dir nicht krummnehmen (verübeln).

krüm|men (V.) 1. biegen; krumm machen. Er kann anderen Menschen kein Haar krümmen. (Er kann niemandem etwas antun.). 2. (V., refl.) sich krümmen vor Schmerzen, vor Lachen; ausweichen; sich biegen; sich winden.

Krüm|mer (der, -s, -) landwirtschaftliches Gerät.

Krumm|horn (das, -es, -hör|ner) ein in früheren Jahrhunderten gebräuchliches Blasinstrument.

Krümm|ling (der, -s, -e) gebogener Teil eines Treppengeländers.

Krumm|stab (der, -es, -stäbe) Bischofsstab.

Krüm|mung (die, -, en) Abweichung von einer Geraden.

krum|pe|lig (*auch:* krump|lig) (Adj.) (ugs.) zerknittert.

krum|peln (V.) (ugs.) zerknittern.

Krüm|per (der, s, -) (nordd.) 1. Krüppel; 2. Reservist in der preußischen Armee der Freiheitskriege im 19. Jahrhundert.

krumpf|echt (Adj.) läuft nicht ein (Textilien).

krump|fen (V.) einlaufen; schrumpfen.

Krupp (der, -s, kein Plural) (engl.) Kinderkrankheit.

Krup|pa|de (die, -e, -n) (franz.) Sprung des Pferdes am Ort; eine Figur der Hohen Schule.

Krup|pe (die, -, -n) Kreuzgegend des Pferdes.

Krüp|pel (der, -s, -) Körperbehinderter.

krüp|pe|lig (*auch:* krüpp|lig) (Adj.) körperlich beeinträchtigt.

krüp|pel|haft (Adj.) wie ein Krüppel.

krup|pös (Adj.) an der Kruppkrankheit leidend.

kru|ral (Adj.) (lat.) in der Med. auf den Schenkel bezogen.

krüsch (Adj.) (nordd.) wählerisch.

Krus|ta|zee (die, -, -n) (lat.) Krebstier.

Krus|te (die, -, -n) harte Rinde; harter Überzug. Krustentier; Krustung; krustig.

Krus|ten|tier (das, -es/-s, -e) Krebstier.

Krux (*auch:* Crux) (die, -, kein Plural) (lat.) Last; Schwierigkeit; Kreuz. Es ist eine Krux mit der Arbeitslosigkeit.

Kru|zi|fe|re (die, -, -n) (lat.) Pflanze mit kreuzweise angeordneten Blütenblättern. Kreuzblütler.

Kru|zi|fix (das, -es, -e) (lat.) Darstellung Christi am Kreuz. Kruzifixus.

Kru|zi|tür|ken (Interj.) (ugs.) Fluch.

Kryo|lith (der, -s, -) (griech.) ein Mineral.

Kryo|the|ra|pie (die, -, kein Plural) (griech.) Einsatz von Kälte zur Zerstörung von krankem Gewebe.

Kryp|ta (die, -, -ten) (griech.) Gruft; in Kirchen Raum unter dem Chor.

kryp|tisch (Adj.) (griech.) versteckt; unklar.

Kryp|to|ga|me (die, -, -n) (griech.) blütenlose Pflanze; Sporenpflanze.

kryp|to|gen (Adj.) (griech.) von unbekannter Entstehung.

Kryp|to|gra|fie (*auch:* Kryp|to|gra|phie) (die, -, -n) (griech.) 1. Geheimschrift; 2. in der Psychologie unbeabsichtigte Kritzeleien.

Kryp|to|gramm (das, -es, -e) (griech.) 1. geheimer Text, der sich wie eine harmlose Nachricht liest; 2. Wort, Satz oder Gedicht, das sich aus besonders hervorgehobenen Buchstaben eines Textes ergibt.

Kryp|ton (das, -s, kein Plural) chemischer Grundstoff (Abk.: Kr).

Kryp|t|o|r|chis|mus (der, -, -men) (griech.) abnormes Zurückbleiben eines oder beider Hoden in der Bauchhöhle oder im Leistenkanal.

KSZE (Abk.) **K**onferenz über **S**icherheit und **Z**usammenarbeit in **E**uropa.

Kt. (Abk.) **K**an**t**on.

Kto. (Abk.) **K**on**t**o.

Ku|ba (ohne Art., -s, kein Plural) mittelamerikanischer Inselstaat. Kubaner; kubanisch.

Ku|ba|tur (die, -, -en) (lat.) 1. Erhebung in die dritte Potenz. 2. Berechnung des Rauminhalts.

Ku|be|be (die, -, -n) (arab.) getrocknete Frucht eines indonesischen Pfeffergewächses.

Kü|bel (der, -s, -) Eimer. Kübelwagen; Kübelpflanze; kübelweise.

kü|beln (V.) (ugs.) sich erbrechen; viel Alkohol trinken; ausleeren.

ku|bie|ren (V.) (lat.) in die dritte Potenz erheben. Kubierung.

Ku|bik|de|zi|me|ter (der, -s, -) Abk. dm^3.

Ku|bik|ki|lo|me|ter (der, -s, -) Abk. km^3.

Ku|bik|maß (das, -es, -e) Raummaß. Kubikwurzel; Kubikzahl.

Ku|bik|me|ter (der, -s, -) Abk. m^3.

Ku|bik|mil|li|me|ter (der, -s, -) Abk. mm^3.

Ku|bik|zen|ti|me|ter (der, -s, -) Abk. cm^3.

Ku|bis|mus (der, -, kein Plural) Kunstrichtung.

Ku|bist (der, -en, -en) Anhänger des Kubismus. kubistisch.

Ku|bus (das, -, Ku|ben) (griech.) Würfel; dritte Potenz. Adjektiv: kubisch.

Kü|che (die, -, -n) 1. Kochraum; 2. Kochkunst; 3. Speise. Küchenabfall; Küchenchef; Küchenfee; Küchenherd; Küchenhilfe; Küchenjunge; Küchenmesser; Küchenschabe; Küchenschrank; Küchentisch; Küchentuch; Küchenwaage; Küchenzettel.

kü|cheln (V.) Küchel backen.

Ku|chen (der, -s, -) Gebäck. Geburtstagskuchen; Kuchenbäcker; Kuchenblech; Kuchenbrett; Kuchenform; Kuchengabel; Kuchenteig; Streuselkuchen.

Kü|chen|bü|fett (*auch:* Kü|chen|buf|fet) Küchenschrank.

Kü|chen|la|tein (das, -s, kein Plural) (ugs.) fehlerhaftes Latein.

Kü|chen|schel|le (die, -, -n) Anemone.

Küch|lein (das, -s, -) 1. Kügelchen; 2. Küken; 3. Schmalzgebäck.

ku|cken (V.) (nordd.) schauen.

Ku|ckuck (der, -s, -e) 1. Vogel. 2. Siegel (Gerichtsvollzieher). Hol dich der Kuckuck! jemanden zum Kuckuck (weit fort) wünschen. Kuckucksuhr; kuckuck!

Ku|ckucks|blu|me (die, -, -n) Sumpfdotterblume; Waldhyazinthe u. a.

Ku|ckucks|ei (das, -es/-s, -er) (ugs.) etwas Unechtes, Untergeschobenes.

Ku'|damm (der, -s, kein Plural) (Kurzw.) Kurfürstendamm (Berlin).

Kud|del|mud|del (der/das, -s, kein Plural) (ugs.) Durcheinander.

Ku|du (der, -s, -s) eine afrikanische Antilope.

Ku|fe (die, -, -n) 1. Schiene; 2. Bottich.

Kü|fer (der, -s, -) 1. Aufseher über Weinkeller; 2. Böttcher. Küferei.

Ku|gel (die, -, -n) runder Körper; Geschoss. eine ruhige Kugel schieben (sich nicht anstrengen müssen). Kugelblitz; Kügelchen; Kugelfang; Kugelgelenk; Kugelform; Kugellager; Kugelregen; Kugelschreiber; kugelfest; kugelförmig; kugelrund; kugelsicher.

ku|ge|lig (*auch:* kug|lig) (Adj.) kugelförmig.

Ku|gel|kopf (der, -es, -köp|fe) Schreibzeichen tragender Teil einer elektrischen Schreibmaschine.

ku|geln (V.) rollen; wälzen.

ku|gel|sto|ßen (V., nur Infinitv) die Sportart Kugelstoßen betreiben.

Ku|gel|sto|ßen (das, -s, kein Plural) Sportart.

Kuh (die, -, Kü|he) 1. weibliches Rind; 2. Muttertier; 3. Schimpfwort. Kuhauge; Kuheuter; Kuhfladen; Kuhglocke; Kuhhirt; Kuhmilch; Kuhmist; Kuhstall; kuhwarm.

Kuh|dorf (das, -es, -dör|fer) (ugs.) abgelegenes kleines Dorf; Kaff (ugs.).

Kuh|han|del (der, -s, kein Plural) (ugs.) unreeller Handel; unsauberer Tauschhandel.

Kuh|haut (die, -, -häu|te) Haut von Kühen. Das geht auf keine Kuhhaut! (ugs.) (Das ist zu viel! Das überschreitet die Grenzen des Zumutbaren.).

kühl (Adj.) 1. frisch; 2. gefühlsarm; steif. Kühlaggregat; Kühlanlage; Kühler; Kühlerfigur; Kühlerhaube; Kühlraum; Kühlrippe; Kühlschrank; Kühltasche; Kühltruhe; Kühlturm; Kühlung; Kühlwagen; Kühlwasser; kühl stellen (*auch:* kühlstellen).

Kuh|le (die, -, -n) Grube; Mulde.

Küh|le (die, -, kein Plural) Frische. im Kühlen; sich ins Kühle begeben;

kühn (Adj.) mutig; gewagt. Kühnheit. Verb: sich erkühnen.

Kuh|po|cken (die, -, nur Plural) Rinderkrankheit.

Kuh|rei|gen (der, -s, -) alte Hirtenweise.

k. u. k. (Abk.) kaiserlich und königlich.

Kü|ken (das, -s, -) junges Huhn; scherzhaft für kleines Mädchen.

Ku-Klux-Klan (der, -/-s, kein Plural) rassistischer Geheimbund (USA).

Ku|ku|mer (die, -, -n) (lat.) (südd.) Gurke.

Ku|ku|ruz (der, -es, kein Plural) (österr.- rumän.) Mais.

Ku|lak (der, -en, -en) Großbauer (im zaristischen Russland).

ku|lant (Adj.) (franz.) entgegenkommend; geschäftlich großzügig. Kulanz.

Ku|li (der, -s, -s) 1. Lastenträger; ungelernter Arbeiter in Ostasien; (Kurzw.) 2. Kugelschreiber.

ku|li|na|risch (Adj.) (lat.) erlesen; fein (Kochkunst).

Ku|lis|se (die, -, -n) (franz.) Bühnendekoration. hinter den Kulissen (heimlich). Kulissenschieber.

Kul|ler (die, -, -n) (nordd.) Kugel.

kul|lern (V.) rollen. Kulleraugen.

kul|mi|nie|ren (V.) (lat.) gipfeln; den Höhepunkt erreichen. Kulmination; Kulminationspunkt.

Kult (der, -s, -e) (lat.) Verehrung; religiöser Ritus. Kultfilm; Kulthandlung; Kultstätte; Kultus; kultisch.

Kul|ti|va|tor (der, -s, -en) (lat.) Bodenkultivierungsgerät.

kul|ti|vie|ren (V.) (lat.) urbar machen; verfeinern (Sitten).

kul|ti|viert (Adj.) (lat.) gebildet; gepflegt. Kulturbeutel.

Kul|ti|vie|rung (die, -, -en) (lat.) Urbarmachung; Verfeinerung; Erschließung.

Kul|tur (die, -, -en) (lat.) 1. schöpferische Leistungen (Ideen, Kunst, Politik etc.) eines Volks; 2. Anbau. Kulturabkommen; Kulturattaché; Kulturaustausch; Kulturdenkmal; Kulturgut; Kulturleben; Kulturlosigkeit; Kulturpolitik; Kulturschock; Kulturstufe; Kulturvolk; Kulturzentrum; kulturlos; kulturpolitisch; kulturschaffend.

Kul|tur|ba|nau|se (der, -n, -n) (ugs.) an kulturellen Dingen Uninteressierter; Ungebildeter.

kul|tu|rell (Adj.) die Kultur betreffend.

Kul|tur|film (der, -es/-s, -e) ältere Bezeichnung für Dokumentarfilm.

Kul|tur|flüch|ter (der, -, -) in Kulturlandschaften aussterbende Pflanze oder aussterbendes Tier.

Kul|tur|ge|schich|te (die, -, -n) Art der Geschichtsschreibung, die die kulturelle Entwicklung berücksichtigt. kulturgeschichtlich.

Kul|tur|land|schaft (die, -, en) vom Menschen veränderte Landschaft.

Kul|tur|pflan|ze (die, -, -n) landwirtschaftliche Nutzpflanze.

Kul|tur|re|vo|lu|ti|on (die, -, kein Plural) von Lenin geprägter Begriff für den Übergang zivilisatorischen Standards auf die Allgemeinheit.

Kul|tus 1. (der, -, Kul|te) Kult; 2. (der, -, kein Plural) Kultur. Kultusminister; Kultusministerium.

Ku|ma|rin (das, -s, kein Plural) aromatischer Stoff des Waldmeisters.

Kumm (*auch:* Kum|me) (der, -es/-s, -e) (nordd.) Holztrog; tiefe Schüssel.

Küm|mel (der, -s, -) 1. Gewürz; 2. Schnaps. Kümmelbranntwein; Kümmelbrot.

küm|meln (V.) 1. mit Kümmel würzen; 2. Schnaps trinken. Wir haben gestern ordentlich einen gekümmelt.

Kum|mer (der, -s, kein Plural) Sorge. Kummerspeck; Kümmernis; kummervoll.

Küm|me|rer (der, -s, -) in der Entwicklung zurückgebliebenes Tier.

küm|mer|lich (Adj.) armselig; zurückgeblieben. Kümmerling.

küm|mern (V.) verkümmern; betreffen; helfen.

Kum|met (das, -s, -s/-e) Pferdegeschirr.

Kü|mo (das, -s, -s) (Kurzw.) Küstenmotorschiff.

Kum|pan (der, -s, -e) (ugs.) Gefährte; Helfer. Kumpanei.

Kum|pel (der, -s, -/-s) Bergmann.

Kumt (das, -es, -e) Kummet; Teil des Pferdegeschirrs.

ku|mu|lie|ren (V.) (lat.) anhäufen; steigern. Kumulation; Kumulierung; kumulativ.

Ku|mu|lus (der, -, -li) (lat.) Haufenwolke.

Ku|mys (*auch:* Ku|myss) (der, -, kein Plural) (russ.) Getränk aus vergorener Stutenmilch (in Innerasien).

kund (Adj.) (nur in der Wendung:) etwas kund und zu wissen tun (mitteilen). *Beachte:* kundtun; kundgeben.
Kun|de 1. (der, -n, -n) Käufer. Kundenberatung; Kundenbetreuung; Kundendienst; Kundenfang; Kundenkreis; Kundenwerbung; Kundin; Kundschaft. Stammkunde. 2. (die, -, -n) Nachricht. Kundgabe; Kundgebung; Kundige; Kundmachung; Kundschafter; kundig.
kund|ge|ben (V., gab kund, hat kundgegeben) mitteilen. Ich muss das noch kundgeben. *Aber:* Ich gebe es kund. Kundgebung.
kün|di|gen (V.) Arbeitsvertrag lösen; auflösen. *Beachte:* Ich kündige hiermit das Abonnement (Akkusativ!). *Aber:* Die Firma kündigte dem Abteilungsleiter (Dativ bei Personen!). Kündigung; Kündigungsfrist; Kündigungsschreiben; Kündigungsschutz; Kündigungstermin; Kündbarkeit. Adjektiv: kündbar. Verb: aufkündigen.
kund|ma|chen (V.) bekanntgeben. Kundmachung.
kund|schaf|ten (V.) erforschen. Kundschafter.
kund|tun (V., tat kund, hat kundgetan) bekanntgeben.
kund|wer|den (V., wurde kund; ist kundgeworden) bekannt werden.
ku|ne|i|form (Adj.) (lat.) keilförmig.
künf|tig 1. (Adj.) zukünftig. *Beachte:* künftigen Jahres (Abk.: k. J.); künftigen Monats (Abk.: k. M.); künftighin. 2. (Adv.) von jetzt an.
kun|geln (V.) (ugs.) heimliche, unlautere Geschäfte abschließen; Kungelei.
Kung-Fu (das, -, kein Plural) alte chinesische Kampfkunst (mit der Hand oder mit Waffen).
Kunst (die, -, Kün|ste) schöpferische Gestaltung; Fertigkeit. Kunstakademie; Kunstausstellung; Kunstdenkmal; Kunstfertigkeit; Kunstgeschichte; Kunstgriff; Kunstgewerbe; Kunsthandlung; Kunsthandwerk; Kunstkritik; Künstlerleben; Künstlerkneipe; Künstlermähne; Künstlertum; Kunstmaler; Kunstprosa; Kunstsammlung; Kunstseide; Kunststück; Kunststudent; Kunstverlag; Kunstverstand; Kunstwerk; Kunstwissenschaft; Adjektive: kunstfertig; kunstgemäß; kunstgerecht; kunstgewerblich; künstlerisch; kunstlos; kunstreich; kunstverständig; kunstvoll; gekünstelt.
Kunst|druck (der, -es, -e) Reproduktion eines Gemäldes.
Kunst|er|zie|her (der, -s, -) Zeichenlehrer.
Kunst|feh|ler (der, -s, -) in der Medizin Fehler bei der Behandlung eines Patienten.
Kunst|flug (der, -es/-s, -flü|ge) Ausführung von schwierigen Flugfiguren und -bewegungen.
Künst|ler (der, -s, -) Schöpfer oder Interpret eines Kunstwerks. Künstlerin.
Künst|ler|na|me (der, -ns, -n) Deckname; Pseudonym.
Künst|ler|pech (das, -s, kein Plural) (ugs.) Missgeschick; erheiternder Misserfolg. Das ist Künstlerpech! (Schade, dass es nicht geklappt hat, aber es ist nicht zu ändern!).
künst|lich (Adj.) unecht; unnatürlich; artifiziell; chemisch; synthetisch. Kunstdünger; Kunsteisbahn; Kunstfaser; Kunstharz; Kunsthonig; Kunstlicht; Kunststoff; Kunststofffolie (*auch:* Kunststoff-Folie); künsteln.
Künst|lich|keit (die, -, -en) Unnatürlichkeit.
Kunst|pau|se (die, -, -n) absichtlich herbeigeführte Stille.
Kunst|spra|che (die, -, -n) künstlich entwickelte Sprache. Kunstwort.
Kunst|tur|nen (das, -s, kein Plural) wettkampfmäßiges Geräteturnen.
kun|ter|bunt (Adj.) durcheinander. Kunterbunt; Kunterbuntheit.
Kunz (nur in der Wendung:) Hinz und Kunz (jedermann).
Ku|pee → Coupé.
Kup|fer (das, -s, kein Plural) Metall; chemischer Grundstoff (Abk.: Cu). Kupfererz; Kupfergeld; Kupfergold; Kupfergrün; Kupferkessel; Kupfermünze; Kupferschmied; Kupfervergiftung; Kupferzeit; kupferfarben; kupferfarbig; kupf(e)rig; kupferrot. Verb: abkupfern (ugs.: abschreiben).
Kup|fer|druck (der, -es, -e) Druck von Grafiken mithilfe von Kupferplatten.
kup|fern (Adj.) kupferfarbig.
Kup|fer|stich (der, -es, -e) Abdruck von einer in eine Kupferplatte geritzten Zeichnung.
Kup|fer|tief|druck (der, -es, -e) Kupferstich.
ku|pie|ren (V.) (franz.) stutzen (Ohren, Schwanz bei Pferden, Hunden
Ku|pol|ofen (*auch:* Kup|pel|ofen) (der, -s, -öfen) Schachtofen zum Umschmelzen von Roheisen und Schrott.
Ku|pon → Coupon.
Kup|pe (die, -, -n) Hügel. Fingerkuppe; Bergkuppe.
Kup|pel (die, -, -n) (lat.) Wölbung. Kuppelbau; Kuppelgrab; Kuppelofen.
Kup|pe|lei (die, -, -en) 1. Begünstigung sexueller Handlungen anderer; 2. Ehestiftung. Kuppellohn; kupplerisch.
kup|peln (V.) 1. verbinden; 2. verkuppeln; 3. Kupplung treten.
Kup|pel|pelz (der, -es, -e) (ugs.) (nur in der Verbindung:) sich einen Kuppelpelz verdienen (eine Heirat zustande bringen).
kup|pen (V.) stutzen; abschlagen.
Kupp|ler (der, -s, -) jemand, der Kuppelei betreibt; Bordellbetreiber; Zuhälter (veraltet). Kupplerin.
Kupp|lung (die, -, -en) Maschinenteil. Kupplungspedal; Kupplungsscheibe; Kupplungsspiel.
Ku|p|ris|mus (der, -, kein Plural) (Med.) Kupfervergiftung.
Kur (die, -, -en) (lat.) Heilverfahren; Heilbehandlung. Kuranstalt; Kuraufenthalt; Kurgast; Kurhaus; Kurkapelle; Kurklinik; Kurkonzert; Kurmittelhaus; Kurorchester; Kurort; Kurpromenade; Kurschatten; Kurverwaltung. kuren.
Kür (die, -, -en) 1. Wahl; 2. freie Übung (Sport). Kürlauf; Kürturnen; Kürübung; Kür laufen, *aber:* beim Kürlaufen; küren.
ku|ra|bel (Adj.) (lat.) heilbar.
ku|rant (Adj.) (lat.) gängig; umlaufend; gültig (von Währungen, Münzen).
Ku|rant (der, -en, -en) (schweiz.) 1. Kurgast; 2. (das, -es, -e) Münze.
Ku|ra|re (das, -/-s, kein Plural) (span.) Pfeilgift; Narkotikum.
Kü|rass (der, -ras|ses, -ras|se) Harnisch.
Kü|ras|sier (der, -s, -e) (franz.) Reiter mit Kürass; schwerer Reiter (früher).
Ku|rat (der, -en, -en) (lat.) katholischer Geistlicher.
Ku|ra|tel (die, -, -en) (lat.) Vormundschaft; Pflegschaft; Aufsicht. unter Kuratel stehen/unter Kuratel stellen (unter Aufsicht stehen/stellen).

Kuratie (die, -, -n) (lat.) Amt und Einsatzbezirk eines Kuraten.
kurativ (Adj.) (lat.) heilend.
Kurator (der, -s, -en) (lat.) 1. Pfleger; Vormund; 2. Beamter in der Hochschulverwaltung; 3. Beamter einer Aufsichtsbehörde.
Kuratorium (das, -s, -rien) (lat.) Aufsichtsbehörde.
Kurbel (die, -, -n) Drehhebel. Kurbelei; Kurbelgetriebe; Kurbellager; Kurbelstange; Kurbelwelle.
kurbeln (V.) 1. drehen mit einer Kurbel; 2. Film drehen (veraltet, nur noch scherzhaft).
Kürbis (der, -, -bisse) Pflanze; Frucht. Kürbisbaum; Kürbisflasche; Kürbiskern.
Kurde (der, -n, -n) Angehöriger eines iranischen Volkes in Vorderasien. Kurdistan; kurdisch.
kuren (V.) (ugs.) eine Kur machen.
küren (V.) erwählen. Sie wurde zur Schönheitskönigin gekürt.
Kürettage (die, -, -n) (franz.) Ausschabung (der Gebärmutter).
Kürette (die, -, -n) (franz.) Instrument zur Ausschabung der Gebärmutter.
Kurfürst (der, -en, -en) ehemaliger Herrschertitel. Kurfürstentum; Kurprinz; kurfürstlich; kurprinzlich.
Kurfürstendamm (der, -es, kein Plural) große Prachtstraße in Berlin.
kurial (Adj.) zur Kurie gehörig.
Kurie (die, -, kein Plural) (lat.) päpstliche Behörde. Kurienversammlung.
Kurier (der, -s, -e) (franz.) Bote im Militär- oder Staatsdienst.
Kurierdienst (der, -es, -e) Eildienst. Kurierflugzeug; Kuriergepäck.
kurieren (V.) (lat.) heilen.
kurios (Adj.) (lat.) sonderbar; merkwürdig.
Kuriosität (die, -, -en) (lat.) Besonderheit; Merkwürdigkeit. Kuriositätenhändler; Kuriositätenkabinett.
Kuriosum (das, -s, -sa) (lat.) Besonderheit, seltsames Ereignis.
Kurkuma (die, -, -kumen) (arab.) Gewürz. Kurkumagelb; Kurkumapapier.
Kurlaub (der, -es/-s, -e) (ugs.) zusammengesetztes Wort aus Kur und Urlaub.
Kürlaufen (das, -s, kein Plural) freie Übung beim Eiskunst- oder Rollschuhlauf. *Aber:* Kür laufen.
Kurmark (die, -, kein Plural) Teil der ehemaligen Mark Brandenburg. kurmärkisch.
Kurpfalz (die, -, kein Plural) früheres Kurfürstentum. Der Jäger aus Kurpfalz.
kurpfuschen (V., gekurpfuscht, hat gekurpfuscht) ohne Ausbildung und Zulassung Kranke behandeln.
Kurpfuscher (der, -s, -) schlechter Arzt; Quacksalber.
Kurpfuscherei (die, -, -en) Krankenbehandlung ohne Ausbildung und Zulassung.
Kurrendaner (der, -s, -) Mitglied einer Kurrende.
Kurrende (die, -, -n) (lat.) Schülerchor, der in der Adventszeit, bei Begräbnissen u. a. gegen kleine Spenden vor den Häusern geistliche Lieder sang (früher); Jugendchor (einer evangelischen Kirche).
Kurs (der, -es, -e) 1. Richtung; Strecke; 2. Preis; Handelspreis von Wertpapieren; 3. Lehrgang. Kursabschlag; Kursanstieg; Kursgewinn; Kursrückgang; Kurssteigerung; Kurssturz; Kursteilnehmer; Kurswechsel.
Kursabweichung (die, -, -en) Schwankung in der vorgegebenen Richtung.
Kursänderung (die, -, -en) Veränderung der Richtung.
Kursbuch (das, -es/-s, -bücher) Zusammenstellung aller Fahrpläne der Eisenbahn.
Kürsch (das, -es, kein Plural) Pelzwerk.
Kurschatten (der, -s, -) (ugs.) ständige(r) Begleiter(in) während einer Kur.
Kürschner (der, -s, -) Pelzverarbeiter.
Kürschnerei (die, -, -en) Pelzverarbeitungswerkstatt.
kursieren (V.) (lat.) im Umlauf sein.
kursiv (Adj.) schräg; laufend. Kursivdruck.
Kursive (die, -, -n) schräge Druckschrift. Kursivschrift.
Kurskorrektur (die, -, -en) Berichtigung einer falsch eingeschlagenen Richtung.
kursorisch (Adj.) fortlaufend; hintereinander.
Kürste (die, -, -n) Brotrinde.
Kursus (der, -, Kurse) (lat.) Lehrgang. Kursusbeginn; Kursusteilnehmer.
Kurswagen (der, -s, -) bei der Eisenbahn ein durchgehender Wagen, der an verschiedene Züge umgehängt wird.
Kurswert (der, -es, -e) der Wert eines Wertpapiers nach der momentan gültigen Notierung.
Kurszettel (der, -s, -) Zusammenstellung der Börsenkurse eines bestimmten Tages.
Kurtage → Courtage.
Kurtaxe (die, -, -n) Steuer für Kurgäste.
Kurtisane (die, -, -n) (franz.) Geliebte; Mätresse.
Kurvatur (die, -, -en) (lat.) in der Medizin die Krümmung eines Organs, zum Beispiel Magenkurvatur.
Kurve (die, -, -n) Krümmung; Biegung. Kurvendiskussion; Kurvenlineal; Kurvenmesser; Kurventechnik.
kurvenreich (Adj.) 1. mit vielen Kurven; 2. (ugs.) mit ausgeprägten weiblichen Formen ausgestattet.
kurvig (Adj.) bogenförmig; mit Kurven.
Kurvimeter (das, -s, -) (lat.) Kurvenmesser.
Kurwürde (die, -, kein Plural) Würde eines Kurfürsten.
kurz (Adj., kürzer, kürzeste) nicht lang; knapp. auf das Kürzeste; binnen/seit/vor/ Kurzem (*auch:* kurzem); den Kürzeren ziehen; über kurz oder lang; kurz und bündig antworten; kurz und gut, das war nichts; ich könnte alles kurz und klein schlagen; hast du Angst, zu kurz zu kommen?; kurz angebunden sein; kurzentschlossen; kurzerhand. *Aber:* in aller Kürze. Kurzarbeit; Kurzatmigkeit; Kurzbericht; Kurzbiografie; Kürze; Kürzel; Kurzfassung; Kurzfilm; Kurzgeschichte; Kurzlebigkeit; Kurznachricht; Kurzprogramm; Kurzsichtigkeit; Kürzung; Kurzweil; Kurzwort; Kurzzeitgedächtnis. Adjektive: kurzärm(e)lig; kurzatmig; kurzfristig; kurz gefasst (*auch:* kurzgefasst); kurz geschnittene (*auch:* kurzgeschnittene) Fingernägel; kurzhaarig; kurzlebig; kurzsichtig; kurzweilig; kurzwellig; kurzzeitig. Adverbien: kurzerhand; kürzlich; kurzweg; kurzum. Verben: Du sollst dich kurzfassen. Soll ich die Haare kurz schneiden (*auch:* kurzschneiden)? *Aber immer:* Zusammenschreibung, wenn sich eine neue, übertragene Bedeutung ergibt! kurzarbeiten (weniger arbeiten); kurzhalten (wenig

Geld geben); kurzschließen (Stromkreis schließen, Verbindung herstellen); kurztreten (sich einschränken).

kurz|ar|bei|ten (V., arbeitete kurz, hat kurzgearbeitet) weniger arbeiten bei Lohnkürzung.

kurz|at|mig (Adj.) unter Luftnot leidend.

Kür|zel (das, -s, -) Kürzungszeichen in der Stenografie; Kurzform einer Unterschrift.

kur|zer|hand (Adv.) (Abk.: kh.) ohne weitere Umschweife.

kurz|fris|tig (Adj.) in kurzer Zeit.

kurz|hal|ten (V.) jemanden einschränken. Die Gefangenen wurden mit Nahrung kurzgehalten. *aber:* Wir werden an der Autobahnraststätte kurz halten.

kürz|lich (Adv.) neulich; vor Kurzem.

kurz|schlie|ßen (V.) Stromkreis schließen; (ugs.) Verbindung herstellen.

Kurz|schluss (der, -es, -schlüs|se) plötzliche Stromunterbrechung durch Defekt in der elektrischen Leitung.

Kurz|schluss|hand|lung (die, -, -en) impulsive Handlung in Ausnahmesituationen.

Kurz|schrift (die, -, -en) Schnellschrift; Stenografie.

Kurz|stre|cken|lauf (der, -es, -läu|fe) sportliches Wettrennen über eine Strecke bis zu 400 m.

kurz|um (Adv.) mit einem Wort.

Kurz|wa|re (die, -, -n) kleine Artikel für den Nähbedarf. Kurzwarenhandlung.

kurz|weg (Adv.) kurzerhand.

Kurz|weil (die, -, kein Plural) Unterhaltung; Zeitvertreib.

Ku|schel (die, -, -n) (nordd.) Nadelholz; buschähnlich wachsende Kiefer.

ku|sche|lig (*auch:* kusch|lig) (Adj.) weich; gemütlich. kuschelweich.

ku|scheln (V.) sich anschmiegen; schmusen.

Ku|schel|tier (das, -es, -e) weiches Stofftier als Kinderspielzeug.

ku|schen (V.) (ugs.) sich ducken; sich fügen.

Ku|si|ne → Cousine.

Kus|kus (der/das, -, -) (arab.) nordafrikanische Speise.

Kuss (der, -es, Küs|se) Berührung mit den Lippen. Abschiedskuss; Handkuss; Küsschen.

kuss|echt (Adj.) nicht abfärbend. ein kussechter Lippenstift.

küs|sen (V. er/sie/es küsst) einen Kuss geben.

Kuss|hand (die, -, -hän|de) mit der Hand zugeworfener Kuss. Kusshändchen.

Küs|te (die, -, -n) unmittelbar ans Meer angrenzender Streifen Festland. Küstenschifffahrt; Küstenstrich.

Küs|ter (der, -s, -) Kirchendiener; Mesner. Küsterei.

Kus|to|de (die, -, -n) 1. Zahl oder Buchstabe zur Kennzeichnung der einzelnen Lage einer Handschrift (früher). 2. Wort am Ende einer Buch- oder Briefseite, das auf die folgende Seite hinweist (früher). 3. (*auch:* Kustos) (der, -n, -n) wissenschaftlicher Sachbearbeiter.

Kus|tos (der, -, -to|den) (lat.) 1. Betreuer einer Sammlung in Bibliotheken oder Museen; 2. Dompfarrer; 3. Vorsteher verschiedener Franziskanerklöster.

Ku|ti|ku|la (die, -, -s/-en) (lat.) von der Haut abgestoßene zellfreie Außenschicht.

Kutsch|bock (der, -es, -bö|cke) Sitz des Kutschers.

Kut|sche (die, -, -n) Pferdewagen.

Kut|scher (der, -s, -) Lenker einer Kutsche.

kut|schie|ren (V.) eine Kutsche lenken.

Kut|ter (der, -s, -) (engl.) Schiff.

Kü|ve|la|ge (die, -, -n) (franz.) wasserdichter Ausbau eines Schachtes mit gusseisernen Ringen.

Kü|ve|lie|rung (die, -, -en) (franz.) Küvelage. küvelieren.

Ku|vert (das, -s, -s) (franz.) 1. Briefumschlag; 2. Gedeck für eine Person.

ku|ver|tie|ren (V.) (franz.) einen Brief in den Umschlag stecken.

Ku|ver|tü|re (die, -, -n) (franz.) Überzug für Kuchen, Gebäck u. Ä.

Kü|vet|te (die, -, -n) (franz.) 1. Abzugsgraben für Regenwasser (im Festungsbau). 2. flache Glasschale für Laboruntersuchungen.

Ku|wait (*auch:* Ku|weit) (ohne Art., -s, kein Plural) Golfstaat.

Ku|wai|ter (*auch:* Ku|wei|ter) (der, -s, -) Einwohner des Staats Kuwait.

ku|wai|tisch (*auch:* ku|wei|tisch) (Adj.) Kuwait betreffend.

Kux (der, -es, -e) (tschech.-nlat.) börsenmäßig gehandelter Bergwerksanteil.

kv. (Abk.) **k**riegs**v**erwendungsfähig.

kV (Abk.) **K**ilo**v**olt.

kVA (Abk.) **K**ilo**v**olt**a**mpere.

kW (Abk.) **K**ilo**w**att.

Kwass (der, -/Kwas|ses, kein Plural) russisches, leicht alkoholisches Getränk.

kWh (Abk.) **K**ilo**w**att**stunde**.

ky|a|ni|sie|ren (V.) (engl.) mit einer Quecksilberchloridlösung imprägnieren.

Ky|a|thos (der, -, -) antiker Becher.

Ky|ber|ne|tik (die, -, kein Plural) (griech.) Lehre von der Regelung, Informationsübertragung und -verarbeitung. kybernetisch.

Ky|ber|ne|ti|ker (der, -s, -) Wissenschaftler auf dem Gebiet der Kybernetik.

Ky|ma|ti|on (das, -s, -ti|en) (griech.) Ornament aus stilisierten Blattformen (am griechischen Tempel).

Ky|mo|graf (*auch:* Ky|mo|graph) (der, -en, -en) (griech.) Gerät zum Aufzeichnen rhythmischer Bewegungen (z. B. des Pulses).

Ky|mo|gra|fie (*auch:* Ky|mo|gra|phie) (die, -, kein Plural) (griech.) Verfahren zur Darstellung sich bewegender Organe mittels Röntgenstrahlen.

Ky|mo|gramm (das, -s, -e) (griech.) Röntgenbild eines sich bewegenden Organs.

Kym|re (der, -n, -n) keltischer Bewohner von Wales.

kym|risch (Adj.) zu den Kymren gehörig.

Ky|ni|ker (der, -s, -) Angehöriger einer griechischen Philosophenschule im 3./4. Jahrhundert v. Chr., die absolute Bedürfnislosigkeit erstrebte.

Ky|no|lo|gie (die, -, kein Plural) (griech.) Wissenschaft von Züchtung und Dressur des Hundes.

Ky|pho|se (die, -, -n) (griech.) Wirbelsäulenverkrümmung nach hinten.

Ky|rie (das, -/-s, kein Plural) (griech.) (Kurzw.) Kyrie eleison.

Ky|rie elei|son (das, - -, kein Plural) (griech.) Herr, erbarme dich! (Bittruf am Anfang der katholischen Messe bzw. der evangelischen Liturgie).

ky|ril|lisch (Adj .) ~e Schrift: kirchenslawische Schrift.

KZ (das, -s, -s) (Kurzw.) Konzentrationslager. KZ-Häftling.

L

l (Abk.) Liter.
L (römisches Zeichen für:) 50.
Λ, λ (griechischer Buchstabe) Lambda.
L. (Abk.) **L**ira.
£ (Zeichen) Pfund Sterling.
l. (Abk.) links.
l. a. (Abk.) **l**ege **a**rtis (nach den Regeln der Kunst, vorschriftsmäßig) (wird zumeist auf Rezepte geschrieben.).
La (Abk.) Zeichen für **La**than.
LA (Abk.) Lastenausgleich.
Lab (das, -s, -e) Ferment aus dem Kälbermagen. Labferment; Labmagen.
La Bam|ba (die, -, -s) (portugies.-brasilianisch) lateinamerikanischer rhythmischer Modetanz.
La|ban 1. (der, -s, kein Plural) (hebr.) im Alten Testament Schwiegervater von Jakob; 2. (ugs.) langer Mensch. Das ist ein langer Laban!
lab|bern (V.) (nordd.) (ugs.) 1. schlecken; schlürfen; 2. sich bekleckern; 3. schlaff hängen. Die Segel labbern.
lab|be|rig (auch: labb|rig) (Adj.) (nordd.) weichlich; wässrig.
La|be (die, -, kein Plural) Erfrischung; Erquickung (dichterisch).
La|bel (das, -s, -) (engl.) Etikett; Aufkleber. Schallplattenfirma.
la|ben (V., refl.) sich erfrischen; genießen.
La|ber|dan (der, -s, -e) (niederl.) gepökelter Kabeljau.
la|bern (V.) (ugs.) ständig reden; schwätzen. Laberfritze.
La|be|trunk (der, -s, -e) Erfrischungstrunk (dichterisch).
la|bi|al (Adj.) (lat.) die Lippen betreffend.
La|bi|al (der, -es, -e) (lat.) Lippenlaut wie «b», «m» und «p». Labiallaut.
La|bi|al|pfei|fe (die, -, -n) eine spezielle Orgelpfeife.
La|bi|a|te (die, -, nur Plural) Lippenblütler.
la|bil (Adj.) (lat.) unsicher; schwankend.
la|bi|li|sie|ren (V.) (lat.) labil werden lassen; etwas labil machen.
La|bi|li|sie|rung (die, -, kein Plural) das Labilisieren.
La|bi|li|tät (die, -, kein Plural) schwankendes Gleichgewicht, Störbarkeit.
la|bio|den|tal (Adj.) die Lippen und Zähne betreffend.
La|bio|den|tal (der, -en, -e) (lat.) Lippenzahnlaut, z. B. «f» und «w».
La|bi|um (das, -s, -bi|en) (lat.) 1. Lippe. 2. Schamlippe. 3. Lippe (der Lippenblütler). 4. Unterlippe (der Insekten). 5. schräge Kante (am Oberteil der Blockflöte und der Labialpfeife der Orgel).
Lab|kraut (das, -es, -kräu|ter) Wald- und Wiesenpflanze.
Lab|ma|gen (der, -s, -mä|gen) Teilabschnitt des Wiederkäuermagens.
La|bor (das, -s, -s/-e) (lat.) (Kurzw.) Laboratorium. Laborversuch.
La|bo|rant (der, -en, -en) (lat.) Gehilfe in einem Labor. Laborantin.
la|bo|rie|ren (V.) (lat.) leiden. Er laboriert schon ein ganzes Jahr an seinen Magenbeschwerden.
La Bos|tel|la (die, - -, - -s) lateinamerikanischer rhythmischer Gruppentanz.
La|bour Par|ty (die, - -, kein Plural) (engl.) englische Arbeiterpartei.
La|b|ra|dor (der, -s, -e) 1. Hunderasse. 2. Mineral; ein Schmuckstein. 3. Kanadische Halbinsel.
La|b|rum (das, -s, La|bren) (lat.) Oberlippe (der Insekten).
Lab|sal (das, -es, -e) *auch:* (die, -, -e) Labe; Labung.
lab|sal|ben (V., labsalbte, habe gelabsalbt) Tauwerk wetterfest teeren.
Labs|kaus (der, -, kein Plural) (engl.) hanseatischer Eintopf.
La|bung (die, -, -en) Erfrischung.
La|by|rinth (das, -s, -e) (griech.) Irrgarten; Durcheinander.
la|by|rin|thisch (Adj.) unentwirrbar.
La|by|rin|thi|tis (die, -, -ti|den) (lat.) Entzündung des Innenohrs (Med.).
La|by|rin|th|o|don (das, -s, -don|ten) (lat.) gepanzertes Kriechtier, das inzwischen ausgestorben ist.
La|by|rinth|or|gan (das, -s, kein Plural) (lat.) zur Atmung notwendige Kiemenhöhle der Labyrinthfische.
La|che (die, -, -n) Gelächter; Pfütze.
lä|cheln (V.) lautlos lachen; freundliches oder spöttisches Lippenverziehen.
la|chen (V.) lautstark heiter sein. Du hast gut lachen! *Aber:* Das ist ja zum Lachen. Lacherfolg; Lachfalten; Lachsalve.
La|cher (der, -s, -) jemand, der über etwas lacht. die Lacher auf seiner Seite haben (eine schwierige Situation durch einen Witz entschärfen).
lä|cher|lich (Adj.) komisch; unsinnig; geringfügig. etwas ins Lächerliche ziehen. Das war das Lächerlichste, was ich je gesehen habe. lächerlicherweise.
Lä|cher|lich|keit (die, -, -en) Dummheit; Unsinnigkeit.
lä|chern (V. refl.) (lok.) zum Lachen reizen. Es lächert sie.
Lach|gas (das, -es, -e) Narkosemittel.
lach|haft (Adj.) (ugs.) lächerlich. Das ist einfach lachhaft!
Lach|haf|tig|keit (die, -e, kein Plural) Lächerlichkeit.
Lach|krampf (der, -es, -krämp|fe) schwer beherrschbares Lachen.
Lach|mö|we (die, -, -n) weißer Zugvogel, der in Sümpfen und Wiesen lebt.
Lachs (der, -es, -e) Fisch. Lachsfang.
Lachs|bröt|chen (das, -s, -) mit Lachsfleisch belegtes Brötchen.
lachs|far|ben (Adj.) in der orangerosa Färbung eines geräucherten Lachses. lachsfarbig; lachsrot.
Lachs|schin|ken (der, -s, -) geräuchertes und gesalzenes Rückenfleisch des Schweins.
Lach|tau|be (die, -, -n) Taube mit lachähnlichem Ruf.
Lach|te (die, -, -n) entrindete Streifen an Nadelbäumen, die Harz enthalten.
Lach|ter (die, -, -n/das, s, -) altes deutsches Längenmaß.
la|cie|ren (V.) (franz.) mit Band durchflechten.
Lack (der, -es, La|cke) (sanskr.) Oberflächenschutz; Farbe. lackglänzend.
Lack|af|fe (der, -n, -n) (ugs.) Geck.
Lack|ar|beit (die, -, -en) (sankr.) aus China und Japan stammender, mit Lack überzogener Kunstgegenstand.
La|ckel (der, -s, -) (südd.) (ugs.) Flegel; unbeholfener, ungehobelter Mensch.
la|cken (V.) (ugs.) lackieren.
Lack|far|be (die, -, -n) Lack, der gelösten Farbstoff enthält.

la|ckie|ren (V.) 1. mit Lack überziehen; 2. (ugs.) jemanden betrügen. Er war der Lackierte.
La|ckie|rer (der, -s, -) Handwerker, der Gebrauchsgegenstände mit Lack überzieht. Lackierwerkstatt.
La|ckie|re|rei (die, -, -en) Lackierwerkstatt.
La|ckie|rung (die, -, -en) Lacküberzug.
Lack|le|der (das, -s, -) mit Lackschicht überzogenes Leder.
Lack|man|tel (der, -s, -män|tel) aus Lackleder hergestellter Mantel.
lack|mei|ern (V.) (ugs.) jemanden anführen, anschmieren. Meist nur in der Wendung »gelackmeiert«. Er ist wieder mal der Gelackmeierte.
Lack|mus (der/das, -, kein Plural) (niederl.) Indikatorfarbstoff.
Lack|mus|pa|pier (das, -es, -e) mit Lackmustinktur getränktes Filterpapier.
Lack|scha|den (der, -s, -schä|den) Defekt, meist am Autolack.
Lack|schild|laus (die, -, -läu|se) aus ihren Ausscheidungen wird Schellack gewonnen zur Herstellung von Lacken und Kitten, früher Schallplatten.
Lack|schuh (der, -s, -e) Schuh aus Lackleder.
La|c|ri|mae Chris|ti (nur Plural) (lat.) (Tränen Christi) Wein aus der Umgebung des Vesuvs.
la|c|ri|mo|so (Adv.) (ital.) traurig; klagend (bei Musikstücken).
La|crosse (das, -, kein Plural) Ballspiel aus Amerika.
Lac|tam (das, -s, -e) (lat.) eine organisch-chemische Verbindung.
Lac|to|se (*auch:* Lak|to|se) (die, -, kein Plural) (lat.) Milchzucker.
La|da|num (das, -s, kein Plural) (griech.-lat.) wohlriechendes, aus Zistrosen hergestelltes Harz (für Räuchermittel und Parfüme).
La|de (die, -, -n) 1. Schublade. 2. Fensterlade. 3. Truhe.
La|de|baum (der, -es, -bäu|me) Schiffsvorrichtung zum Verladen von Transportgut.
La|de|hem|mung (die, -, -n) technisches Versagen einer Schusswaffe.
La|de|ge|schirr (das, -es, -e) Schiffsvorrichtung zum Be- und Entladen.
La|de|ge|wicht (das, -es, -e) Höchstgewicht, mit dem ein Transportfahrzeug beladen werden darf.
lä|deln (V.) (schweiz.) einen Schaufensterbummel machen.
la|den (V., lud, hat geladen) 1. verstauen; 2. mit Munition versehen; 3. elektrisch aufladen; 4. Programm eingeben (EDV); 5. auffordern zu kommen. Ladefläche; Laderaum; Ladeplatz.
La|den (der, -s, Lä|den) 1. Geschäft; 2. Fensterladen. Ladendieb; Ladentisch.
La|den|hü|ter (der, -s, -) (ugs.) schwer absetzbare Ware.
La|den|ket|te (die, -, -n) überall verbreitete Filialen eines großen Handelskonzerns.
La|den|mäd|chen (das, -s, -) Verkäuferin.
La|den|preis (der, -es, -e) Einzelhandelsverkaufspreis.
La|den|schluss (der, -es, kein Plural) gesetzlich festgelegte Öffnungszeiten für Verkaufsstellen. Ladenschlussgesetz.
La|den|schwen|gel (der, -s, -) (ugs.) junger, überheblicher Verkäufer.
La|den|stra|ße (die, -, -n) Verkaufsstraße; Galleria.
La|den|toch|ter (die, -, -töch|ter) (schweiz.) Verkäuferin.
La|de|ram|pe (die, -, -n) Verladefläche.
La|de|schein (der, -es, -e) Dokument im Land- und Flussfrachtgeschäft.
La|de|stock (der, -es, -stö|cke) Stab zum Einstopfen von Treibladung in einen Vorderlader.
lä|die|ren (V.) verletzen; beschädigen. Lädierung; lädiert.
La|din (das, -s, kein Plural) die ladinische Sprache.
La|di|ner (der, -s, -) Angehöriger eines rätoromanischen Volkes in Südtirol.
la|di|nisch (Adj.) zu den Ladinern gehörig.
La|di|ni|sche (das, -n, kein Plural) die ladinische Sprache.
La|di|no (der, -s, -s) 1. Mischling aus einem indianischen und einem weißen Elternteil (in Mittelamerika). 2. (nur Sing.) ein jüdisch-spanischer Dialekt.
Lad|ne|rin (die, -n, -nen) (südd., österr.) Verkäuferin (veraltet).
La|dung (die, -, -en) 1. Transportgut; 2. Ladung einer Schusswaffe; 3. elektrische Menge; 4. Aufforderung einer amtlichen Stelle, zu einem bestimmten Termin zu erscheinen.
La|dungs|frist (die, -, -en) Frist zwischen der Zustellung einer Ladung und dem behördlichen Termin.
La|dy (die, -, -s) (engl.) 1. Dame; 2. weiblicher englischer Adelstitel.
La|dy|kil|ler (der, -s, -) Casanova.
la|dy|like (Adj.) (engl.) damenhaft; vornehm.
La|dy|shave (der, -s, -s) (engl.) Rasierapparat für Frauen.
la|feln (V.) (schweiz.) schwatzen.
la|fern (V.) (schweiz.) lafeln; schwatzen.
La|fet|te (die, -, -n) (franz.) fahrbares Gestell (eines Geschützes).
la|fet|tie|ren (V.) (lat.-franz.) ein Geschütz auf eine Lafette montieren.
Laf|fe 1. (der, -n, -n) Geck; 2. (die, -, -n) (lok.) unterer Teil eines Löffels; 3. (schweiz.) Schulterblatt; 4. Ausguss.
LAG (Abk.) **L**asten**a**usgleichs**g**esetz.
La|ge (die, -, -n) 1. Umstand. 2. Schicht; Höhe. 3. (ugs.) Runde (Getränke). Lagebesprechung; Lagenstaffel; Lageskizze;
La|ge|be|richt (der, -es, -e) Situationsbericht.
Lä|gel (das, -s, -) (lok.) 1. Fässchen; 2. Trinkgefäß; 3. altes Flüssigkeitsmaß; 4. Tauring am Segel.
La|gen|schwim|men (das, -s, kein Plural) im Schwimmsport ein Wettbewerb mit den verschiedenen Stilarten.
la|gen|wei|se (Adj.) schichtweise.
La|ge|plan (der, -es, -plä|ne) Plan der räumlichen Gegebenheiten einer Stadt, eines Geländes, Gebäudes oder Raums.
La|ger (das, -s, -/Lä|ger) 1. Vorrat; Vorratsraum; 2. Ruheplatz; 3. Unterbringung; 4. Maschinenteil; Lagerhalle; Lagerraum; Lagerverwalter.
La|ger|bier (das, -es, -e) untergäriges Bier.
La|ger|feu|er (das, -s, -) offenes Feuer an einem Lagerplatz im Freien.
la|ger|fä|hig (Adj.) etwas kann ohne Angst vor dem Verderben gelagert werden.
la|ger|fest (Adj.) lagerfähig. lagerfestes Obst. Lagerobst.
La|ger|geld (das, -es, -er) Lagergebühr.
La|ger|ge|schäft (das, -es, -e) Vertrag über gewerbliche Lagerung von Gütern.

La|ger|hal|tung (die, -, -en) Vorratshaltung.
La|ger|haus (das, -es, -häu|ser) Gebäude für das Lagern von Gütern, Speicher.
La|ge|rist (der, -en, -en) Angestellter oder Verwalter eines Vorratslagers.
La|ger|kol|ler (der, -s, -) psychischer Zusammenbruch bei Langzeitinhaftierten.
la|gern (V.) 1. im Freien rasten; 2. sich hinlegen. Wir lagern auf einer großen Wiese. 3. aufbewahren. Die Äpfel kann man gut lagern. 4. bequem oder medizinisch fachgerecht hinlegen.
La|ger|statt (die, -e, -stät|ten) Bett; Liegeplatz.
La|ger|stät|te (die, -, -) 1. Lagerplatz; 2. Vorkommen von Bodenschätzen.
La|ge|rung (die, -e, -en) 1. Aufbewahrung; 2. natürliche Anordnung von Gestein; 3. das medizinisch fachgerechte Lagern von Kranken. Lagerungshilfsmittel.
La|gu|ne (die, -, -n) (ital.) umgrenzter Meeresteil; durch Land vom offenen Meer abgetrennter Salzwasserbereich. Lagunenstadt; Lagunenriff.
La|har (der, -s, -s) (malai.) Schlammstrom aus Asche und Wasser, der bei Vulkanausbrüchen austritt.
lahm (Adj.) gelähmt; träge; langweilig.
lahm|ar|schig (Adj.) (ugs.) langweilig; träge.
lah|men (V.) hinken.
läh|men (V.) 1. bewegungsunfähig machen. Der Schlaganfall lähmte seinen rechten Arm. 2. behindern; einschränken. Der schreckliche Anblick lähmte sie vor Entsetzen.
Lahm|heit (die, -, kein Plural) Langweiligkeit; Trägheit.
lahm|le|gen (V., legte lahm, hat lahmgelegt) behindern; verhindern. Der Zugverkehr wurde durch den starken Schneefall lahmgelegt.
Lahm|le|gung (die, -, -en) Verhinderung einer Tätigkeit.
Läh|mung (die, -, -en) in der Medizin Bewegungsunfähigkeit von Gliedmaßen. Lähmungserscheinung.
Lahn (der, -s, -e) breit gewalzter Metalldraht.
Lah|ne (die, -, -n) (südd.-schweiz.) Lawine.
lah|nig (Adj.) lawinengefährdet.
Lah|nung (die, -, -en) (nordd.) niedriger Dammbau zur Landgewinnung.
Lai (das, -s, -s) (franz.) zum Saitenspiel gesungenes Lied (im MA); französische und provenzalische Verserzählung (im Mittelalter).
Laib (der, -s, -e) großes Stück. ein Laib Brot.
Lai|bung (*auch:* Lei|bung) (die, -, -en) innere Mauerfläche bei Maueröffnungen von Fenstern und Türen.
Laich (der, -s, -e) Fischeier; Amphibieneier.
lai|chen (V.) ablegen von Eiern bei Fischen und Amphibien.
Laich|platz (der, -es, -plät|ze) Eiablageplatz von Fischen und Amphibien. Laichwanderung.
Laich|zeit (die, -, -en) Paarungs- und Eiablagezeit von Fischen und Amphibien.
Laie (der, -n, -n) (griech.) Nichtfachmann; Liebhaber.
Lai|en|bru|der (der, -s, -brü|der) Mönch oder Ordensmitglied ohne Weihe.
Lai|en|büh|ne (die, -, -n) Theater ausschließlich von nicht berufsmäßigen Schauspielern betrieben. Laiendarsteller; Laienspiel.
Lai|en|chor (der, -es, -chö|re) Chor mit nicht berufsmäßigen Sängern.
lai|en|haft (Adj.) stümperhaft; unfachmännisch.
Lai|en|ma|le|rei (die, -, kein Plural) naive Kunst. Laienkunst.
Lai|en|rich|ter (der, -s, -) ehrenamtlicher, rechtsunkundiger Richter.
Lai|en|spie|gel (der, -s, kein Plural) Bezeichnung für mehrere von Privatpersonen verfasste umfassende Rechtsdarstellungen im späten Mittelalter.
Lai|en|tum (das, -s, kein Plural) Gesamtheit und Wesen von Laien.
La|i|sie|rung (die, -, -en) (griech.-lat.) das Laisieren; Rückversetzung in den Laienstand.
Lais|ser-al|ler (das, -, kein Plural) (franz.) das Sichgehenlassen.
Lais|ser-faire (das, -, kein Plural) (franz.) Gewährenlassen.
La|i|zis|mus (der, -, kein Plural) (griech.-lat.) die strikte Trennung von Kirche und Staat fordernde Weltanschauung.
La|i|zist (der, -en, -en) (griech.-lat.) Verfechter des Laizismus.
la|i|zis|tisch (Adj.) (griech.-lat.) 1. den Laizismus betreffend; auf dem Laizismus basierend. 2. das Laientum in der katholischen Kirche hervorhebend.
La|kai (der, -s, -en) (franz.) 1. Diener. 2. Kriecher.
la|kai|en|haft (Adj.) unterwürfiger Mensch.
La|ke (die, -, -n) Salzlösung.
La|ken (das, -s, -) Betttuch; Tuch.
la|ko|nisch (Adj.) (griech.) wortkarg; kurz und treffend.
La|ko|nis|mus (der, -, -men) (griech.) kurze Ausdrucksweise.
La|k|rit|ze (die, -, -n) (griech.) Süßigkeit. Lakritzensaft; Lakritz(en)stange.
Lak|ta|ti|on (die, -, -ti|o|nen) (lat.) Milchabsonderung; Stillzeit.
lak|tie|ren (V.) (lat.) Milch absondern; stillen.
Lak|to|si|me|ter (das, -s, -) (lat.) Messgerät zur Bestimmung des spezifischen Gewichtes der Milch.
Lak|to|se (*auch:* Lac|to|se) (die, -, kein Plural) (lat.) Milchzucker.
Lak|to|s|u|rie (die, -, -u|ri|en) Milchzucker im Urin von Wöchnerinnen.
la|ku|när (Adj.) (lat.) Begriff aus der Medizin und Biologie für aushöhlend, schwammartig.
La|ku|ne (die, -, -n) (lat.) 1. Hohlraum (im Körpergewebe). 2. Lücke (in einem Text). 3. kleiner Defekt in der Hirnsubstanz.
la|kus|t|risch (Adj.) (lat.) seeartig; die Seen betreffend; in Seen sich bildend.
la|la (Adv.) (ugs., nur in der Wendung:) so lala (einigermaßen).
La|lem (das, -s, -e) (griech.) durch die Artikulation bestimmte Sprecheinheit.
Läl|le (die, -, -n) (schweiz.) Zunge.
lal|len (V.) undeutlich sprechen.
Lal|li (der, -, -s) (schweiz.) Dummkopf; Narr.
Lall|pe|ri|o|de (die, -, -n) Periode in der Sprachentwicklung eines Kindes.
Lal|lo|pa|thie (die, -, -n) (griech.) Sprachstörung.
Lall|wort (das, -es, -wör|ter) unartikuliertes Kinderwort.
L. A. M. (Abk.) **L**iberalium **A**rtium **M**agister.
La|ma 1. (das, -s, -s) (span.) Schafkamel; Gewebe. 2. (der, -/-s, -s) buddhistischer Priester.

La|ma|is|mus (der, -, kein Plural) besondere Form des Buddhismus.

La|ma|ist (der, -en, -en) Anhänger des Lamaismus.

la|ma|is|tisch (Adj.) den Lamaismus betreffend.

La|mäng (die, -, kein Plural) (franz., eingedeutscht von la main, die Hand) wird nur in der Redewendung gebraucht:) aus der (kalten) Lamäng (aus dem Stegreif).

La|man|tin (der, -s, -e) (karib.) Seekuh der amerikanischen Tropen.

La|mar|ckis|mus (der, -, kein Plural) von Lamarck entwickelte Abstammungslehre.

Lam|ba|da (der, -s, kein Plural) lateinamerikanischer Tanz.

Lamb|da (das, -, -s) griechischer Buchstabe (Λ, λ).

Lamb|da|naht (die, -, kein Plural) Naht zwischen Hinterhauptsbein und Scheitelbein des Schädels.

Lamb|da|son|de (die, -, -n) Bestandteil eines Katalysators.

Lamb|da|zis|mus (die, -, kein Plural) fehlerhafte Aussprache.

Lam|b|re|quin (der, -s, -s) (franz.) mit Fransen besetzter Querbehang (an Fenstern u. a.); ähnliche Verzierung aus Stein, Stuck.

Lam|b|ris (*auch:* Lam|b|ries) (der, -, -) (österr.-franz.) Wandverkleidung aus Holz, Marmor oder Stuck.

Lam|b|rus|co (der, -, kein Plural) (ital.) italienischer Rotwein.

Lamb|skin (das, -s, -s) (engl.) Lammfellimitation aus Plüsch.

Lambs|wool (die, -, kein Plural) (engl.) Lammwolle.

La|mé (*auch:* La|mee) (der, -s, -s) (franz.) Seidengewebe mit Metallfäden. Adjektiv: lamé (*auch:* lamee).

la|mel|lar (Adj.) blättrig; streifig. lamellenförmig.

La|mel|le (die, -, -n) (franz.) dünnes Blättchen; Streifen. Lamellenkühler.

la|men|ta|bel (Adj.) (lat.) bedauernswert; beweinenswert; jämmerlich.

La|men|ta|ti|on (die, -, -ti|o|nen) (lat.) Jammern; Wehklagen. Klagelied (bes. die Klagelieder [~en] des Jeremias im Alten Testament).

la|men|tie|ren (V.) (lat.) jammern.

La|men|to (das, -s, -s) (lat.) (ugs.) 1. Wehgeklage; 2. in der Musik ein Klagegesang.

la|men|to|so (Adj.) (lat.-ital.) traurig; wehklagend (Vortragsanweisung in der Musik).

La|met|ta (das, -s, kein Plural) (ital.) Christbaumschmuck.

La|mi|na (die, -, -nae) (lat.) 1. Fläche des Blattes; Blattspreite (in der Botanik). 2. blattförmiger Teil eines Organs. 3. dünnes Metallplättchen.

la|mi|nar (Adj.) (lat.) schichtig.

La|mi|nat (das, -s/-es, -e) (lat.) Beschichtung; Kunststoffbodenbelag.

la|mi|nie|ren (V.) (lat.) 1. in der Spinnerei Fasern strecken; 2. einen Buchschutzeinband mit einer Folie überziehen.

Lamm (das, -s, Läm|mer) junges Schaf. Lammbraten; Lammfell; Lammfleisch; Lammkotelett.

Lämm|chen (das, -s, -) Kosewort für Lamm; Lämmlein.

lam|men (V.) ein Schaf wirft ein Lamm.

lamm|fromm (Adj.) (ugs.) übermäßig geduldig.

Lamms|ge|duld (die, -, kein Plural) (ugs.) sehr große Geduld.

Lam|pas (der, -, -) (franz.) schwerer Damast (als Möbelbezug).

Lam|pas|sen (die, nur Plural) (franz.) Längsstreifen (an den Seiten von Uniformhosen).

Lämp|chen (das, -s, -) kleine Lampe.

Lam|pe 1. (die, -, -n) Lichtquelle. Lampenfieber; Lampenschein; Lampenschirm; 2. (der, -, kein Plural) Hase (Tierfabel). Meister Lampe.

Läm|pe (der, -ns, -) (schweiz.) Doppelkinn.

lam|pen (V.) (lok.) schlaff hängen.

Lam|pen|fie|ber (das, -s, kein Plural) Aufregung vor einem öffentlichen Auftritt.

läm|pig (Adj.) (schweiz.) schlaff.

Lam|pi|on (der/seltener: das, -s, -s) (franz.) Papierlaterne.

Lam|p|re|te (die, -, -n) (lat.) ein fischähnliches Wirbeltier; Neunauge.

LAN (Abk.) **l**ocal **a**rea **n**etwork (zwei oder mehrere Computer, die zusammen ein Netzwerk bilden).

Lan|ça|de (die, -, -n) (franz.) Sprung des auf die Hinterbeine aufgerichteten Pferdes nach vorn (in der Hohen Schule).

lan|cie|ren (V.) (franz.) fördern; bekannt machen.

Land (das, -s/-es, Län|der) Grund; Festland; Staat. Sie kamen aus aller Herren Länder(n); außer Landes gehen; zu Wasser und zu Lande, bei euch zu Lande (daheim), *aber:* hierzulande (*auch:* hier zu Lande). Landadel; Landarbeiter; Landaufenthalt; Landbesitz; Landbevölkerung; Ländchen; Landesamt; Landesbank; Landesfürst; Landesgrenze; ins Landesinnere; Landesmeisterschaft; Landesparlament; Landesregierung; Landessprache; Landesverräter; Landesverteidigung; Landeswährung; Landfrau; Landkarte; Landklima; Landkreis; Landleben; Ländlichkeit; Landluft; Landmaschine; Landpartie; Landschulheim; Landsitz; Landstraße; Landtag; Landtagswahl; Landwein; landesflüchtig; landesüblich; landesverwiesen; landesweit; landwärts.

Land|arzt (der, -es, -ärz|te) für die Landbevölkerung zuständiger Arzt.

land|auf und land|ab (Adv.) überall.

Län|de (die, -, -n) (lok.) Floßanlagestelle.

Lan|de|bahn (die, -, -en) der zum Landen eines Flugzeugs ausgebaute Teil eines Flugplatzes.

land|ein und land|aus (Adv.) überall.

land|ein|wärts (Adv.) in das Land hinein.

lan|den (V.) 1. an Land bringen; aufsetzen. 2. (ugs.) ankommen; (ugs.) Erfolg haben. Bei ihr konnte er diesmal nicht landen. Landeerlaubnis; Landeklappe; Landemanöver; Landepiste; Landeplatz; Landeverbot.

Land|en|ge (die, -, -n) schmale Landverbindung.

Län|de|rei|en (die, -, meist nur Plural) Großgrundbesitz.

Län|der|kun|de (die, -, kein Plural) Erdkunde.

län|der|kun|dig (Adj.) mit Kenntnissen über die Länder der Erde.

län|der|kund|lich (Adj.) die Länderkunde betreffend.

Lan|des|auf|nah|me (die, -, -n) Vermessung und Kartierung eines Gebietes. Landvermesser.

Lan|des|bi|schof (der, -s, -bi|schö|fe) Oberhaupt der evangelischen Landeskirchen.
Lan|des|far|ben (die, -, nur Plural) Nationalfarben.
Lan|des|haupt|stadt (die, -, -städ|te) Hauptstadt, Regierungsstadt.
Lan|des|herr (der, -en, -en) Inhaber einer Landeshoheit.
Lan|des|kin|der (die, -, nur Plural) Einwohner; Bevölkerung.
Lan|des|kir|che (die, -, -n) regionale Gliedkirche der evangelischen Kirche in Deutschland.
Lan|des|kun|de (die, -, kein Plural) Wissenschaft von den räumlichen Gegebenheiten, der Bevölkerung und der historischen Entwicklung eines Landes.
lan|des|kun|dig (Adj.) Kenntnisse über ein Land besitzend. landesfremd.
lan|des|kund|lich (Adj.) die Landeskunde betreffend.
Lan|des|recht (das, -es, kein Plural) in Deutschland die Gesamtheit von Gesetzen, die vom Gesetzgeber eines Landes erlassen werden im Gegensatz zum Bundesrecht.
Län|der|spiel (das, -s, -e) Wettkampf zwischen zwei Nationalmannschaften. Länderkampf.
Lan|des|mut|ter (die, -, -müt|ter) Fürstin oder Herrscherin über ein Land.
Lan|des|pla|nung (die, -, en) überregionale Aufstellung von Plänen zur Entwicklung bestimmter Gebiete.
Lan|des|sit|te (die, -, -en) Brauchtum.
Lan|des|va|ter (der, -s, -vä|ter) Fürst oder Herrscher eines Landes.
Lan|des|ver|rat (der, -es, kein Plural) Straftat gegen die äußere Sicherheit eines Staates.
Land|fah|rer (der, -s, -) jemand ohne festen Aufenthaltsort.
Land|flucht (die, -, kein Plural) Abwanderung der Landbevölkerung in die Städte und Industriegebiete.
Land|frie|den (der, -s, kein Plural) im Mittelalter Gesetzeserlass der deutschen Kaiser gegen Rechtsunsicherheit und Fehdewesen.
Land|frie|dens|bruch (der, -s, kein Plural) Beeinträchtigung der öffentlichen Sicherheit.
Land|funk (der, -s, kein Plural) Rundfunksendung speziell für die Landbevölkerung.
Land|ge|richt (das, -es, -e) (Abk.: LG) zuständiges Gericht für mehrere Amtsgerichte.
Land|ge|win|nung (die, -, -en) Gewinnung von Neuland.
Land|graf (des, -en, -en) deutscher Adelstitel.
Land|haus (das, -es, -häu|ser) Zweitwohnsitz auf dem Land.
Land|heim (das, -es, -e) Erholungsheim für Kinder auf dem Land.
Land|kreis (der, -es, -e) unterer Verwaltungsbezirk eines Landes.
land|läu|fig (Adj.) allgemein üblich.
Länd|ler (der, -s, -) ein Tanz
länd|lich (Adj.) wie auf dem Land.
Land|nah|me (die, -, -n) Besitzergreifung eines Landes; Okkupation.
Land|pfle|ger (der, -s, -) in der lutherischen Bibelübsetzung ein Prokurator.
Land|pla|ge (die, -, -n) 1. Heimsuchung, die ein ganzes Land betrifft; 2. (ugs.) Plagegeist. Diese lauten Motorräder sind eine richtige Landplage!
Land|po|me|ran|ze (die, -, -n) (ugs.) unerfahrenes, ungeschicktes Mädchen vom Land.
Land|rat|te (die, -, -n) (nordd.) jemand, der bevorzugt auf dem Festland lebt, unerfahren in der Seefahrt ist.
Land|re|gen (der, -s, kein Plural) Dauerregen.
Land|ro|ver (der, -s, -) (engl.) Geländefahrzeug.
Land|rü|cken (der, -s, -) lang gestrecktes Hügelland.
Land|schaft (die, -e, -en) Gebiet mit typischer Prägung. Landschaftsgärtner; Landschaftsschutzgebiet.
land|schaft|lich (Adj.) auf eine Landschaft bezogen.
Land|schrei|ber (der, -s, -) (schweiz.) Amtsschreiber; Notar.
Land|ser (der, -s, -) (ugs.) Soldat.
Lands|ge|mein|de (die, -, -n) (schweiz.) Volksvertretung in schweizerischen Kantonen.
Lands|knecht (der, -es, -e) Söldner im Mittelalter.
Lands|mann (der, -es, -leu|te) jemand, der aus dem gleichen Gebiet stammt. Landsmännin; landsmännisch.
Lands|mann|schaft (die, -, -en) 1. Vereinigung zur Pflege des heimatlichen Brauchtums; 2. politische Gruppierung Heimatvertriebener. landsmannschaftlich.
Land|sas|sen (die, -, nur Plural) 1. im Mittelalter freie Bauern, an die Boden verpachtet wurde; 2. adelige Untertanen eines Landesherren.
Land|strei|cher (der, -s, -) Nichtsesshafter; Bettler; Obdachloser; Penner; Tippelbruder; Vagabund; Walzbruder.
Land|strich (der, -es, -e) kleines Gebiet.
Land|tag (der, -es, -e) Volksvertretung der deutschen Bundesländer.
Lan|dung (die, -, en) Ankommen bzw. Aufsetzen von Schiffen und Flugzeugen. Das Flugzeug setzt zur Landung an. Das Flugzeug befindet sich im Landeanflug. Landungsboot; Landungsbrücke.
Land|ur|laub (der, -es, -e) Landgang eines Seemannes.
Land|wehr (die, -, -en) 1. alte Grenzbefestigung; 2. im Notfall zur Landesverteidigung aus der Zivilbevölkerung ausgehobene Truppe.
Land|wirt (der, -es, -e) Eigentümer oder Pächter eines landwirtschaftlichen Hofes; Bauer. Landwirtschaft; Landwirtschaftsausstellung; Landwirtschaftsminister.
land|wirt|schaft|lich (Adj.) die Landwirtschaft betreffend.
Land|zun|ge (die, -, -n) lange, schmale Halbinsel.
lang (Adj.; länger, längste) lang dauernd; groß. *Beachte:* Wir haben des Langen und des Breiten (ausführlich) darüber diskutiert; du weißt das seit Langem (*auch:* langem); über kurz oder lang. *Aber:* In die Oper gehe ich in Lang (ugs: Abendkleid). *Zusammenschreibung:* meterlang; tagelang; jahrelang; monatelang; langhin. *Aber:* zwei Zentimeter lang, zwei Tage lang; allzu lang. Langbein; Langhaardackel; Langholz; Langohr; Längsachse; Langseite; Langwelle; Langzeitprogramm. langbeinig; lang(e); längerfristig; lang gehegt (*auch:* langgehegt); lang gestreckt (*auch:* langgestreckt); lang gezogen (*auch:* langgezogen); länglich; langmähnig; langnasig; langwierig.

lang|är|me|lig (*auch:* lang|ärm|lig) (Adj.) mit langen Hemds- oder Blusenärmeln
lang|ar|mig (Adj.) mit langen Armen.
lang|at|mig (Adj.) weit ausholend; weitschweifig.
Län|ge 1. (die, -, n) räumliche Ausdehnung; 2. (die, -, kein Plural) zeitliche Ausdehnung. Die Verhandlungen zogen sich in die Länge. 3. (nur Plural) langweilige Passagen. Das Theaterstück hat Längen. 4. Versmaß; 5. in der Geografie und Astronomie ein Längenmaß. Längengrad; Längenkreis; Längenmaß.
län|ge|lang (Adj.) (ugs.) der Länge nach hinfallen.
län|gen (V.) 1. in die Länge ziehen; 2. Suppe und Soße verdünnen.
lan|gen (V.) (ugs.) 1. greifen; 2. ausreichen. eine ~ (Ohrfeige geben).
län|ger|fris|tig (Adv.) über einen längeren Zeitraum.
Lan|get|te (die, -, -n). 1. Schlingenstich (an Stoffrändern, damit sie nicht ausfransen); 2. Trennungswand zwischen zwei Schornsteinen.
Lan|ge|wei|le (die, -, kein Plural) Eintönigkeit. Langweiler; Langweiligkeit; langweilig. sich langweilen.
Lang|fin|ger (der, -s, -) Dieb.
lang|ge|hen (V., ging lang, ist langgegangen) (ugs.) entlanggehen.
lang|haa|rig (Adj.) mit langen Haaren.
Lang|haus (das, -es, kein Plural) langgestreckter Mittelbau einer Kirche.
lang|hin (Adv.) weit weg (örtlich und zeitlich). Bis zum nächsten Besuch ist es noch langhin.
lang|jäh|rig (Adj.) über viele Jahre.
Lang|lauf (der, -es, kein Plural) Skisportart. langlaufen.
lang|le|big (Adj.) von langer Lebensdauer.
Lang|le|big|keit (die, -, kein Plural) Dauerhaftigkeit.
lang|le|gen (V., refl., legte sich lang, hat sich langgelegt) (ugs.) sich hinlegen; ruhen.
läng|lich (Adj.) in die Länge gezogen.
Lang|mut (die, -, kein Plural) Geduld; Nachsicht. Langmütigkeit; langmütig.
Lan|go|bar|de (der, -n, -n) Angehöriger eines ostgermanischen Volkes.
längs (Präp., Gen.) entlang; der Länge nach; (ugs.) vorbei. Wir gingen längs des Weges (*auch:* dem Wege). Längsachse; Längsfaden; Längslinie; Längsrichtung; Längsstreifen; ein längs gestreifter (*auch:* längsgestreifter) Rock; längsdeck(s).
längs|schiffs (Adj.) kielwärts.
Lang|schlä|fer (der, -s, -) jemand, der gern bis in den Vormittag schläft.
Längs|schnitt (der, -es, -e) Darstellung eines Körpers im Durchschnitt in der Längsrichtung.
Längs|sei|te (die, -, -n) die lange Seite eines Schiffs.
längs|seits (Adj.) parallel zur Längsrichtung.
Lang|spiel|plat|te (die, -, -n) (Abk.: LP) Schallplatte mit langer Spieldauer.
längst (Adv.) schon lange; seit Langem.
lang|stän|ge|lig (*auch:* lang|stäng|lig) (Adj.) mit langem Stängel.
längs|tens (Adv.) höchstens; spätestens.
lang|stie|lig (Adj.) 1. mit einem langen Stiel; 2. (ugs.) einförmig; langweilig.
Lang|stre|cken|flug (der, -es, -flü|ge) Flug über Meere und Kontinente.
Lang|stre|cken|lauf (der, -es, kein Plural) im Sport ein Lauf über 3000 m und mehr.
lang|wie|rig (Adj.) lange dauernd; viel Zeit beanspruchend.
Lang|zeit|ge|dächt|nis (das, -es, kein Plural) Fähigkeit, sich an lang Zurückliegendes zu erinnern.
lang zie|hen (*auch:* lang|zie|hen) (V.) (ugs.) einem die Hammelbeine lang ziehen (*auch:* langziehen) (ugs.: tadeln).
Lan|gus|te (die, -, -n) (franz.) Krebs.
La|no|lin (das, -s, kein Plural) (lat.) Salbengrundstoff.
Lan|than (das, -s, kein Plural) (griech.) ein Element; Seltenerdmetall (Abk.: La).
La|nu|go (das, -, -nu|gi|nes) (lat.) Flaumhaar (des Embryos und Neugeborenen).
Lan|ze (die, -, -n) Stichwaffe. eine Lanze für jemanden brechen (für jemanden eintreten). Lanzenfarn; Lanzenreiter; Lanzenspitze; Lanzenstich; Lanzenstoß.
Lan|zett|bo|gen (der, -s, -bö|gen) Spitzbogen. Lanzettfenster; Lanzettbogenfenster.
Lan|zet|te (die, -, -n) (franz.) kleines, zweischneidiges Operationsmesser.
Lan|zett|fisch|chen (das, -s, -) fischähnliches schädelloses Chordatier.
lan|zett|för|mig (Adj.) in der Form einer Lanzenklinge.
lan|zi|nie|rend (Adj.) (lat.) blitzartig einsetzende, heftige Schmerzen.
La|os (ohne Art., kein Plural) demokratische Volksrepublik in Hinterindien. Laote; laotisch.
La|o|te (der, -n, -n) Bewohner von Laos.
la|o|tisch (Adj.) Laos betreffend.
La|pa|ro|s|kop (das, -s, -e) (griech.) (Med.) Gerät zum Untersuchen der Bauchhöhle.
La|pa|ro|s|ko|pie (die, -, -n) (griech.) Untersuchung der Bauchhöhle.
La|pa|ro|to|mie (die, -, -n) (griech.) operative Öffnung der Bauchhöhle.
la|pi|dar (Adj.) (lat.) kurz; einfach. Lapidarschrift; Lapidarstil.
La|pi|där (der, -s, -e) (lat.) Schleif- und Poliermaschine.
La|pi|da|ri|um (das, -s, -ri|en) (lat.) Sammlung von Steindenkmälern.
La|pil|li (die, nur Plural) (lat.) kleine, beim Vulkanausbruch ausgeworfene Lavastücke.
La|pis|la|zu|li (der, -, -) Halbedelstein.
Lap|pa|lie (die, -, -n) (lat.) Kleinigkeit; Nichtigkeit.
Lap|pe (der, -n, -n) Bewohner Lapplands; Lappländer. Lappenzelt; Lappin.
läp|pen (V.) Metallwerkstücke mit feinen Spanen bearbeiten.
Lap|pen (der, -s, -) 1. Putztuch; 2. Hautteil; 3. (ugs.) Geldschein. Er darf uns nicht durch die Lappen gehen (entwischen). Putzlappen; lappig.
läp|pern (V.) 1. zusammenkommen; 2. (ugs.) schlürfen. Das läppert sich zusammen (sammelt sich).
lap|pig (Adj.) (ugs.) wie ein Lappen, schlaff.
lap|pisch (Adj.) lappländisch.
läp|pisch (Adj.) kindisch; lächerlich.
Lapp|land (ohne Art,. -s, kein Plural) Landstrich im Norden von Skandinavien.
Läpp|ma|schi|ne (die, -, -n) Maschine zum Läppen.
Lap|sus (der, -, -) (lat.) Fehler; Versehen. Lapsus Calami (Schreibfehler); Lapsus Linguae (Versprecher); Lapsus Memoriae (Gedächtnisfehler).

Lap|top (der, -s, -s) (engl.) kleiner, tragbarer Personal Computer.
Lär|che (die, -, -n) Nadelbaum. (*Aber:* Lerche!). Lärchenholz; Lärchenschwamm.
La|ren (die, -, Pluralwort) (lat.) altrömische Schutzgeister.
lar|ghet|to (Adv.) (ital.) etwas langsam und getragen (bei Musikstücken).
lar|go (Adv.) (ital.) langsam und getragen (bei Musikstücken).
Lar|go (das, -s, -s/-ghi) (ital.) largo zu singender oder zu spielender Teil eines Musikstücks.
La|ri|fa|ri (das, -s, kein Plural) (ugs.) Unsinn. Kasperl Larifari.
Lärm (der, -s, kein Plural) Krach. Lärmpegel; Lärmschutz; Lärmschutzzaun; lärmempfindlich; lärmen.
lar|mo|yant (Adj.) (franz.) weinerlich; rührselig.
Lar|mo|yanz (die, -, kein Plural) (franz.) Rührseligkeit; Weinerlichkeit.
Lar|nax (die, -, -na|kes) (griech.) archäologische Bezeichnung für eine Urne oder einen kleinen Sarkophag.
L'art pour l'art (das, - - -, kein Plural) (franz.) Kunst als Selbstzweck.
lar|val (Adj.) die Larve betreffend.
Lar|ve (die, -, -n) (lat.) 1. Maske; 2. Entwicklungsstadium (Insekten).
La|ryn|gal (der, -s, -e) (griech.) Stimmritzen-, Kehlkopflaut.
lar|yn|ge|al (Adj.) auf den Kehlkopf bezogen.
La|ryn|gi|tis (die, -, -gi|ti|den) (griech.) Kehlkopfentzündung.
La|ryn|go|lo|gie (die, -, kein Plural) (griech.) Lehre vom Kehlkopf.
La|ryn|go|s|kop (das, -s, -e) (griech.) Gerät zum Untersuchen des Kehlkopfs; Kehlkopfspiegel.
La|ryn|go|to|mie (die, -, -n) (griech.) Kehlkopfschnitt.
La|rynx (der, -, -ryn|gen) (griech.) Kehlkopf.
La|sa|g|ne (die, -, -n) (ital.) italienisches Nudelgericht.
lasch (Adj.) schlaff. Laschheit.
La|sche (die, -, -n) Zunge (Schuh); Verbindungsstück; Verschluss. Laschenkupplung.
la|schen (V.) eine Verbindung mit einer Lasche herstellen.
Lasch|heit (die, -, kein Plural) Schlaffheit; Trägheit.
La|schung (die, -, -en) Verbindung mit einer Lasche.
La|se (die, -, -n) (lok.) Henkelkrug mit Ausguss.
La|ser (der, -s, -) (engl.) Lichtverstärkung durch Strahlenbündelung. Laserstrahl; Laserkanone.
La|ser|tech|nik (die, -, -en) Laserstrahlen für technische Anwendungen auf den verschiedensten Fachgebieten.
la|sie|ren (V.) mit Lasur überziehen.
La|sie|rung (die, -, -en) (pers.) Lacküberzug.
Lä|si|on (die, -, -si|o|nen) (lat.) Verletzung.
las|sen (V., ließ, hat gelassen) veranlassen; erlauben; aufhören; zurücklassen. *Beachte:* Wir haben die Ausweise zu Hause liegen lassen (*auch:* liegenlassen); etwas bleiben lassen (*auch:* bleibenlassen); *aber nur:* ihr könnt die Kinder bei mir bleiben lassen.
läs|sig (Adj.) 1. ungezwungen; salopp; zwanglos; 2. nachlässig; nicht sorgfältig.
Läs|sig|keit (die, -, -en) 1. Ungezwungenheit; 2. Nachlässigkeit.
läss|lich (Adj.) geringfügig. eine lässliche Sünde (eine verzeihliche Sünde).
Läss|lich|keit (die, -, kein Plural) Geringfügigkeit.
Las|so (das, -s, -s) (span.) Wurfschlinge.
Last (die, -, Las|ten) Gewicht; Fracht; Bürde. jemandem zur Last fallen. *Beachte:* zulasten (*auch:* zu Lasten) von; das geht zu Ihren Lasten. Lastenaufzug; Lastesel; Lastkahn; Lastpferd; Lasttier. hecklastig.
Last|au|to (das, -s, -s) (Kurzw.) (ugs.) Lastkraftwagen. Lastwagen.
las|ten (V.) auf etwas drücken. Die Schulden lasten auf ihm. Eine große Stille lastet auf dem Land.
Las|ten|aus|gleichs|ge|setz (das, -es, kein Plural) das Gesetz von 1952 regelte die Entschädigung von Kriegs- und Kriegsfolgeopfern durch staatliche Entschädigungszahlungen.
las|ten|frei (Adj.) ohne Schulden.
Las|ten|seg|ler (der, s, -) Segelflugzeug für die Beförderung von Personen und Lasten.
Las|ter 1. (der, -s, -) (ugs.) Lastkraftwagen; 2. (das, -s, -) Fehler; schlechte Gewohnheit; 3. (ugs.) sehr langer Mensch. Er ist ein langes Laster.
las|ter|haft (Adj.) anstößig; ausschweifend; hemmungslos; unschicklich; unsolide.
Las|ter|haf|tig|keit (die, -, kein Plural) Sittenlosigkeit.
Las|ter|höh|le (die, -, -n) (ugs.) ein Ort, an dem unbeobachtet seinen Lastern nachgegangen wird, z. B. Glücksspiel, Drogenkonsum.
Las|ter|le|ben (das, -s, kein Plural) ungesunder Lebenswandel.
Läs|te|rei (die, -, -en) Klatsch; üble Nachrede.
Läs|te|rer (der, -s, -) jemand, der lästert.
läs|ter|lich (Adj.) kritisierend; frevelhaft; gottlos. Er führte lästerliche Reden. Lästerlichkeit.
Läs|ter|maul (das, -es, -mäu|ler) (ugs.) jemand, der viel Nachteiliges über andere spricht.
läs|tern (V.) fluchen; kritisieren.
Läs|te|rung (die, -, kein Plural) Verfluchen von Gott oder Glauben.
Läs|ter|zun|ge (die, -, -n) Lästermaul.
Las|tex (das, -, kein Plural) elastisches Gewebe. Lastexhose.
...las|tig (Adj.) z. B. kopflastig; schwanzlastig; zweilastig.
läs|tig (Adj.) aufdringlich; unbequem.
Las|tig|keit (die, -, kein Plural) Fluglage eines Flugzeugs; Schwimmlage eines Schiffes.
Läs|tig|keit (die, -, kein Plural) Aufdringlichkeit.
Last|kraft|wa|gen (der, -s, -) (Abk.: Lkw/ LKW) Transportfahrzeug.
Last-Mi|nu|te-Flug (der, -s, Flü|ge) günstiges Flugreiseangebot für flexible, schnell entschlossene Reisewillige, die in letzter Minute einen freien Flug buchen.
last, (but) not least (engl.) schließlich (an letzter Stelle genannt), aber nicht zu vergessen.
Last|schrift (die, -, -en) Buchung einer Forderung.
Last|trä|ger (*auch:* Las|ten|trä|ger) (der, -s, -) jemand, der berufsmäßig Lasten trägt.

Laˈsur (die, -, -en) (lat.) durchscheinende Lack- oder Farbschicht.
Laˈsurˈfarˈbe (die, -, -n) glänzende, wenig Farbpigment enthaltende Farbe, die den Untergrund durchscheinen lässt.
Laˈsurˈstein (der, -es, -e) Lapislazuli.
lasˈziv (Adj.) (lat.) sinnlich; unanständig. Laszivität.
Läˈtaˈre (lat.) 1. in der evangelischen Kirche der dritte Sonntag vor Ostern; 2. in der katholischen Kirche der vierte Fastensonntag.
Laˈtein (das, -s, kein Plural) lateinische Sprache. Ich war mit meinem Latein am Ende (wusste nicht mehr weiter). Jägerlatein.
Laˈteinˈameˈriˈka (das, -s, kein Plural) alle spanisch oder portugiesisch sprechenden Länder Amerikas.
laˈteinˈameˈriˈkaˈnisch (Adj.) Lateinamerika betreffend.
Laˈteiˈner (der, -s, -) jemand, der Lateinisch lernt oder beherrscht.
laˈteiˈnisch (Adj.) das Lateinisch betreffend.
Laˈteiˈnisch (das, -, kein Plural) die lateinische Sprache im engeren Sinn.
Laˈteinˈschulˈe (die, -, -n) im Mittelalter eine höhere Schule; Vorgängerin des Gymnasiums.
La-Tène-Kulˈtur (die, -, kein Plural) (franz.) Kultur der mitteleuropäischen Eisenzeit.
Late-Night-Show (die, -, -s) Fernsehsendung, die am späten Abend ausgestrahlt wird.
laˈtent (Adj.) (lat.) verborgen; nicht offen erkennbar.
Laˈtenz (die, -, kein Plural) (lat.) Verborgenheit.
Laˈtenzˈpeˈriˈoˈde (die, -, kein Plural) (lat.) in der Physiologie die Zeit zwischen Nervenreiz und Reaktion.
Laˈtenzˈzeit (die, -, kein Plural) 1. Latenzperiode; 2. in der Medizin der Zeitraum zwischen Infektion und Ausbruch einer Krankheit.
laˈteˈral (Adj.) (lat.) seitlich.
Laˈteˈran (der, -s, kein Plural) (lat.) päpstlicher Palast. Laterankonzil; Lateranpalast.
Laˈteˈranˈverˈträˈge (die, -, nur Plural) (lat.) 1929 geschlossene Verträge zwischen dem Heiligen Stuhl und dem faschistischen Italien über die Souveränität des Vatikanstaats.
Laˈterˈna maˈgiˈca (die, - -, -nae -cae) (lat.) Projektionsapparat.
Laˈterˈne (die, -, -n) Lichtquelle. Laternenanzünder; Laternenpfahl; Laternenzug.
Laˈterˈnenˈgaˈraˈge (die, -, -n) (ugs.) scherzhaft für Parkmöglichkeit im Freien.
Laˈtex (der, -, kein Plural) (griech.) Kautschuksaft. Verb: latexieren.
Laˈtierˈbaum (der, -es, -bäuˈme) Trennstange zwischen Pferdeplätzen im Stall.
Laˈtiˈfunˈdiˈenˈwirtˈschaft (die, -, kein Plural) Besitz und Verwaltung großer Ländereien in einer Hand.
Laˈtiˈfunˈdiˈum (das, -s, -diˈen) (lat.) Großgrundbesitz.
Laˈtiˈner (der, -s, -) Einwohner der antiken mittelitalischen Landschaft Latium.
laˈtiˈniˈsieˈren (V.) der lateinischen Sprachform angleichen.
Laˈtiˈnisˈmus (der, -, -men) in eine andere Sprache übernommene lateinische Spracheigentümlichkeit.
Laˈtiˈnist (der, -en, -en) (lat.) Wissenschaftler, der sich mit der lateinischen Sprache und Literatur beschäftigt.
Laˈtiˈniˈtät (die, -, kein Plural) (lat.) klassische lateinische Ausdrucksweise.
Laˈtin Loˈver (*auch:* Laˈtinˈloˈver) (der, - -s, - -s) (engl.) südländischer Liebhaber; Papagallo.
Laˈtiˈnum (das, -s, kein Plural) (lat.) Lateinprüfung; Nachweis des Umfangs von Lateinkenntnissen. großes/kleines ~ .
Laˈtriˈne (die, -, -n) (lat.) Abort. Latrinengerücht.
Laˈtriˈnenˈpaˈroˈle (die, -, -n) (ugs.) Gerücht.
Latsch (des, -es, -en) (ugs.) 1. nachlässig gehender Mensch; 2. Hausschuh.
Latˈsche (die, -, -n) 1. alter Schuh; 2. Bergkiefer. Latschengebüsch; Latschenkiefer; Latschenöl.
latˈschen (V.) 1. schleppend gehen; 2. jemanden ohrfeigen. Sie hat ihm eine gelatscht.
Latˈschen (der, -s, -) (ugs.) Latsche; Pantoffel. aus den Latschen kippen (überrascht sein).
latˈschig (Adj.) nachlässig in Gang und Benehmen.
Latˈte (die, -, -n) Brett.
Latˈtenˈkreuz (das, -es, -e) die durch Pfosten und Querlatte gebildete Ecke am Fußballtor.
Latˈtenˈschuss (der, -es, -schüsˈse) beim Fußball ein Schuss gegen Pfosten oder Querlatte.
Latˈtich (der, -s, -e) Unkraut.
Latˈwerˈge (die, -, -n) (lok.) Pflaumenmus.
Latz (der, -es, Lätˈze) Kleidungsteil. Vor Wut knallte sie ihm eins vor den Latz. (Vor Wut versetzte sie ihm einen kräftigen Schlag.).
Lätzˈchen (das, -s, -) um den Hals gebundene Kinderserviette.
Latzˈhoˈse (die, -, -n) Hose mit Brustteil und Trägern (Arbeitshose, Trachtenhose). Hosenlatz.
Latzˈschürˈze (die, -, -n) Arbeitsschürze mit Brustteil und Trägern.
lau (Adj.) lind; mild; Lauheit; lauwarm.
Laub (das, -s/-es, kein Plural) trockene Blätter. laubtragend (*auch:* Laub tragend).
Laubˈbaum (der, -es, -bäuˈme) Baum mit Blättern im Gegensatz zum Nadelbaum.
Lauˈbe 1. (die, -, -n) Gartenhäuschen; Pavillon. Laubengang; Laubenkolonie. 2. (der, -n, -n) Fisch; Ukelei.
Lauˈbenˈgang (der, -es, -gänˈge) Gerüst über einem Gartenweg, das Schling- und Kletterpflanzen Halt gibt; Pergola.
Lauˈbenˈkoˈloˈnie (die, -, -n) Kleingartengelände.
Lauˈbenˈpieˈper (der, -s, -) (lok.) (ugs.) Kleingärtner.
Laubˈfall (der, -es, kein Plural) das Abfallen der Blätter im Herbst.
Laubˈfärˈbung (die, -, kein Plural) Farbe der Blätter im Wechsel der Jahreszeiten.
Laubˈfrosch (der, -es, -fröˈsche) ein auf Bäumen und in Sträuchern lebender Frosch.
Laubˈhölˈzer (die, -, nur Plural) verholzende Blütenpflanzen mit Fruchtbildung und flächigen Blättern. Laubgehölze; Laubholz.
Laubˈhütˈtenˈfest (das, -es, kein Plural) das Erntedankfest im Judentum.
lauˈbig (Adj.) voller Laub.
Laubˈsäˈge (die, -, -n) Handsäge zur Bearbeitung dünner Werkstoffe.

Laub|wald (der, -es, -wäl|der) aus Laubbäumen bestehender Wald.
Laub|werk (das, -es, kein Plural) in der Architektur ein Blattornament.
Lauch (der, -s, -e) Gemüse; Porree.
Lau|da|num (das, -s, kein Plural) (lat.) Beruhigungs- und Schlafmittel aus Opium.
Lau|da|tio (die, -, -ti|o|nes) (lat.) Lobrede.
Lau|da|tor (der, -s, ...or|en) (lat.) jemand, der eine Laudatio hält.
Lau|des (die, -, nur Plural) (lat.) Lobgesänge (Morgengebet im katholischen Brevier).
Lau|er (die, -, kein Plural) Hinterhalt. auf der Lauer liegen (im Hinterhalt gespannt warten). Die Katze liegt auf der Lauer.
lau|ern (V.) auf der Lauer liegen; versteckt warten.
Lauf|bur|sche (der, -n, -n) junger Mann, der Botengänge erledigt; Bote.
lau|fen (V., lief, ist gelaufen) rennen; gehen; bewegen; fließen; verlaufen. *Beachte:* auf dem Laufenden halten; am laufenden Band; laufender Meter/laufenden Meters (Abk.: lfd. m); laufendes Jahr/laufenden Jahres (Abk.: lfd. J.); laufender Monat/laufenden Monats (Abk.: lfd. M.); laufende/laufender Nummer (Abk.: lfd. Nr.). beim/im/unter dem Laufen; im Laufe der Zeit. Laufpensum; Laufrichtung; Laufschiene. laufen lassen (*auch:* laufenlassen).
Läu|fer (der, -s, -) 1. Sportler; 2. ein Maschinenteil; 3. Treppen- und Bodenbelag; 4. Schachfigur; 5. in der Architektur ein in besonderer Weise verlegter Ziegel; 6. beim Bergbau der Karrenschieber; 7. bei der Marine der Meldegänger; 8. loses Ende eines Taus; 9. junges Schwein; 10. oberer Mühlstein.
Lau|fe|rei (die, -, -en) (ugs.) lästige oder unnütze Wege.
läu|fe|risch (Adj.) auf das Laufen (besonders im Sport) bezogen.
Lauf|feu|er (das, -s, -) Bodenfeuer, das sich rasch ausbreitet. Die Nachricht verbreitete sich wie ein Lauffeuer.
lauf|freu|dig (Adj.) mit Freude am Laufen. Unser Kind ist nicht besonders lauffreudig.
läu|fig (Adj.) brünstig (Hündin). Läufigkeit.
Lauf|git|ter (das, -s, -) Übungsgitter zum Laufenlernen für Kleinkinder. Laufställchen.
Lauf|kä|fer (der, -s, -) schnell laufender Raubkäfer.
Lauf|kat|ze (die, -, -n) Rollwagen zum Heben und Befördern von Lasten.
Lauf|kund|schaft (die, -, kein Plural) Kundschaft, die nur unregelmäßig kauft (im Vorbeigehen).
Lauf|ma|sche (die, -, -n) gelöste, herabfallende Masche bei Wirkwaren, besonders Strümpfen.
Lauf|pass (der) (nur in der Wendung:) jemandem den Laufpass geben (Absage erteilen; Liebschaft beenden).
Lauf|schritt (der, -es, -e) sehr rasches Gehen.
Lauf|steg (der, -es, -e) Steg für Modevorführungen.
Lauf|vo|gel (der, -s, -vö|gel) fluguntüchtiger Vogel (Strauß).
Lauf|werk (das, -es, -e) in der Datenverarbeitung ein Gerät, in dem sich ein Datenträger befindet; Getriebe.
Lauf|wett|be|werb (der, -es, -e) sportlicher Wettkampf.
Lauf|zeit (die, -, -en) 1. Frist von der Ausstellung bis zur Fälligkeit eines Wertpapiers oder Kredits; Geltungsdauer; Gültigkeit; 2. Brunstzeit (Hündin); 3. im Sport die Zeit, die für eine Strecke gebraucht wurde.
Lauf|zet|tel (der, -s, -) Begleitschreiben; Informationsschreiben.
Lau|ge (die, -, -n) alkalische Lösung; Salzlösung; Base. Seifenlauge. gelaugt.
lau|gen (V.) mit einer Lauge behandeln.
lau|gen|ar|tig (Adj.) einer Lauge ähnlich.
Lau|gen|bad (das, -es, -bä|der) medizinisches Bad mit alkalischen Zusätzen. Laugenwasser.
Lau|gen|bre|zel (die, -, -n) vor dem Backen mit Natronlauge getränktes Gebäck.
Lau|heit (die, -, kein Plural) Unentschlossenheit; Weichheit.
Lau|ne (die, -, -n) Gemütsstimmung. jemanden bei Laune halten (jemanden in guter Stimmung halten). Das gute Essen hält mich bei Laune.
lau|nen|haft (Adj.) oft und grundlos die Stimmung wechselnd. Launenhaftigkeit.
lau|nig (Adj.) unterhaltsam; witzig. Er hielt eine launige Rede.
lau|nisch (Adj.) launenhaft.
Lau|re|at (der, -en, -en) (lat.) Preisträger; preisgekrönter (mit Lorbeer geschmückter) Dichter.
Lau|rus (der, -/-ses, -/-se) (Adj.) Lorbeerbaum.
Laus (die, -, Läu|se) Ungeziefer.
Laus|bub (der, -en, -en) frecher Junge; Spitzbub. Lausepack; Lauserei.
Laus|bü|be|rei (die, -, -en) Streich. lausbübisch.
lau|schen (V.) horchen; zuhören. Lauscher; Lauschangriff; Lauschaktion.
lau|schig (Adj.) gemütlich; abgeschieden.
Lau|se|ben|gel (der, -s, -) (nordd.) Lausbub; Lausejunge.
Lau|se|jun|ge (der, -n, -n) (nordd.) Lausbub.
Läu|se|kraut (das, -es, -kräu|ter) Rachenblütler, mit dem früher Läuse bekämpft wurden.
lau|sen (V.) Läuse suchen. Mich laust der Affe! (Das überrascht mich aber!).
Lau|ser (der, -s, -) (ugs.) Lausejunge.
Lau|se|rei (die, -, -en) unangenehme Kleinigkeit.
lau|sig (Adj.) (ugs.) schlecht; unangenehm. Wir haben lausige Zeiten.
laut 1. (Adj.) geräuschvoll. Lautheit; Lautzeichen; lautbar werden; lauthals; lautlich; lauttreu. 2. (Präp., Gen./Dat.) laut (= gemäß) Ihrem Befehl/Ihres Befehls.
Laut (der, -es, -e) Geräusch; Ton.
Laut|ar|chiv (das, -es, -e) Tonbandarchiv.
Laut|bil|dung (die, -, en) Artikulation.
Lau|te (die, -, -n) (arab.) Saiteninstrument. Lautenspiel; Lautenspieler.
lau|ten (V.) heißen; klingen. *Beachte:* mit der Präposition »auf«! Die Strafe lautet auf drei Jahre Gefängnis.
läu|ten (V.) klingen; klingeln.
Lau|te|nist (der, -en, -en) (lat.) berufsmäßiger Lautenspieler.
lau|ter (Adj.) rein; ehrlich; (ungebeugt:) nur; ein lauteres Wesen.
Lau|ter|keit (die, -, kein Plural) Ehrlichkeit; Reinheit.
läu|tern (V.) klären; bessern.
Läu|te|rung (die, -, kein Plural) Ablegen von charakterlichen Schwächen.

Laut|ge|setz (das, -es, -e) Gesetzmäßigkeit der sprachgeschichtlichen Lautveränderung.
laut|ge|treu (Adj.) den Lauten gemäß.
laut|hals (Adj.) aus vollem Hals; aus voller Kehle; laut.
Laut|leh|re (die, -, kein Plural) die Wissenschaft von Phonetik und Phonologie.
laut|los (Adj.) still; unhörbar; leise. lautlose Stille.
Laut|lo|sig|keit (die, -, kein Plural) Stille; Unhörbarkeit.
Laut|ma|le|rei (die, -, en) Nachahmung von Naturlauten durch Sprachlaute. lautimitierend; lautmalend.
Laut|schrift (die, -, -en) Schrift, die einen Wortklang wiedergibt.
Laut|spre|cher (der, -s, -) Gerät zur Wiedergabe von Musik und Sprache.
laut|stark (Adj.) laut; aufdringlich; fordernd.
Laut|stär|ke (die, -, n) Intensität eines vom menschlichen Gehör registrierten Schalls. Lautstärkeregler.
Lau|tung (die, -, -en) die Art, Laute auszusprechen.
Laut|ver|schie|bung (die, -, kein Plural) sprachwissenschaftliche Bezeichnung für die Veränderung des Lautsystems einer Sprache.
Laut|wan|del (der, -s, kein Plural) sprachgeschichtliche Veränderung. Lautveränderung; Lautwechsel.
Läut|werk (*auch:* Läu|te|werk) (das, -es, -e) Signaleinrichtung.
lau|warm (Adj.) nicht heiß, nicht kalt.
La|va (die, -, La|ven) (ital.) Vulkanschmelze; Vulkangestein.
La|va|bel (der, -s, -) (franz.) weicher, waschbarer Seiden- oder Kunstseidenkrepp.
La|va|bo (das, -/-s, -s) (lat.) priesterliche Handwaschung.
La|va|strom (der, -es, -strö|me) flüssige, fließende Lava.
La|ven|del (der, -s, -) Pflanze. Lavendelduft; Lavendelöl.
La|ven|del|was|ser (das, -s, kein Plural) Duftwasser.
la|vie|ren 1. (V., refl.) (niederl.) sich geschickt hindurchschlängeln; 2. (V.) (ital.) Farben verwischen.
lä|vo|gyr (Adj.) (lat.-griech.) die Ebene des polarisierten Lichts nach links drehend.
La|voir (das, -s, -s) (franz.) Waschbecken (der Ausdruck wird nur noch in Österreich angewendet).
Lä|vu|lo|se (die, -, kein Plural) (lat.) Fruchtzucker.
Law and Or|der (engl.) Gesetz und Ordnung.
La|wi|ne (die, -, -n) Schneebrett; große Schnee-, Eis- und Geröllmassen. Lawinengefahr; Lawinenkatastrophe; Lawinenschutz; Lawinensuchhund; Lawinensuchtrupp.
la|wi|nen|ar|tig (Adj.) herabstürzend; in großem Umfang. Die Arbeit brach lawinenartig über uns herein.
la|wi|nen|si|cher (Adj.) vor Lawinen sicher. Dieses Skigebiet ist lawinensicher.
Lawn|ten|nis (*auch:* Lawn-Ten|nis) (das, -, kein Plural) (engl.) Rasentennis.
Law|ren|ci|um (das, -s, kein Plural) (nlat.) ein Element; Transuran (Abk.: Lr).
lax (Adj.) (lat.) schlaff; disziplinlos.
La|xans (das, -s, -xan|ti|en/-xan|ti|a) (lat.) Abführmittel.
La|xa|tiv (*auch:* La|xa|ti|vum) (das, -s, -e) (lat.) Abführmittel.
Lax|heit (die, -, kein Plural) Disziplinlosigkeit; Schlaffheit.
la|xie|ren (V. (lat.) abführen (im medizinischen Sinn).
Lay|out (*auch:* Lay-out) (das, -s, -s) (engl.) Skizze zur Bild- und Textgestaltung.
Lay|ou|ter (der, -s, -) (engl.) Grafiker für Text- und Bildgestaltung.
La|za|rett (das, -s, -e) (franz.) Militärkrankenhaus. Lazarettschiff; Lazarettzug.
La|za|rist (der, -en, -en) Angehöriger einer katholischen Priestergenossenschaft.
La|za|rus 1. (der, -, kein Plural) Figur im Neuen Testament; 2. (der, -, -se) (ugs.) geplagter Mensch (nach dem Gleichnis vom armen Lazarus).
La|ze|ra|ti|on (die, -, -ti|o|nen) (lat.) Einriss (im Körpergewebe).
La|zer|te (die, -, -n) Eidechse.
La|zu|lith (der, -s, -) (lat.) Mineral.
Laz|za|ro|ne (der, -n/-s, -n/-ni) Bettler und Gelegenheitsarbeiter in Neapel.
l. c. (Abk.) **l**oco **c**itato (am angegebenen Ort).
LCD-An|zei|ge (die, -, -n) Flüssigkristallanzeige.
Lead (das, -, kein Plural) (engl.) Führungsstimme. Leader (Bandleader); Leadgitarrist; Leadgitarre.
Lean Ma|na|ge|ment (das, -s, - -) (engl.) eine Unternehmensführung, die den Abbau hierarchischer Strukturen vorantreibt, um Kosten zu sparen und Produktivitätssteigerungen zu erzielen.
lea|sen (V.) (engl.) mieten; pachten. Leasing; Leasingvertrag; Leasingfirma; ein geleastes Auto.
Le|be|hoch (das, -s, -s) Hochruf. ein vielstimmiges Lebehoch, *aber:* sie lebe hoch!
Le|be|mann (der, -s, -män|ner) jemand, der das Leben sehr großzügig genießt; Playboy. Lebedame; lebemännisch.
le|ben (V.) existieren; wohnen; ein Leben führen. Seine Devise war: leben und leben lassen. ein vielstimmiges Leben. Lebensabend; lebensfähig; lebensfern; lebensfremd; lebensfroh; lebensgefährlich; lebensgroß; lebenslustig; lebensmüde; lebensnotwendig; Leben spendend (*auch:* lebenspendend); lebensprühend; lebenstüchtig; lebensüberdrüssig; lebenswert; lebenswichtig; Leben zerstörend (*auch:* lebenzerstörend); langlebig.
Le|ben (das, -s, -) 1. Daseinsform; 2. Wirken; Regsamkeit. ein reges Leben in der Stadt; Leben in die Bude bringen (für Stimmung sorgen). 3. Lebensweise. ein neues Leben beginnen; ein Leben führen; ein Leben lang, *aber:* lebenslang; Landleben; Stadtleben.
le|bend (Adj.) lebendig. lebend(ig) gebärend. (*auch:* lebend(ig)gebärend).
Le|bend|ge|wicht (das, -es, kein Plural) Gewicht des lebenden Schlachttieres.
le|ben|dig (Adj.) 1. am Leben sein. 2. wirkend. lebendiger Glaube. 3. lebhaft. Lebendigkeit.
Le|bens|al|ter (das, -s, kein Plural) 1. Zeitraum von der Geburt bis zum Tod; 2. Lebensabschnitt.
Le|bens|art (die, -, kein Plural) 1. gutes Benehmen; 2. Kultiviertheit.
Le|bens|baum (der, -es, -bäu|me) Zypressengewächs.
le|bens|be|ja|hend (Adj.) optimistisch.
Le|bens|be|schrei|bung (die, -, -en) Biografie.
Le|bens|er|war|tung (die, -, kein Plural) Zahl der statistisch errechneten Lebensjahre eines Menschen.

Le|bens|freu|de (die, -, kein Plural) Freude am Dasein.
Le|bens|geis|ter (die, -, nur Plural) Lebendigkeit; Munterkeit. Der Kaffee weckt unsere Lebensgeister.
Le|bens|hal|tungs|in|dex (der, -es, kein Plural) Preisindex, mit dem man die Lebenshaltungskosten vergleicht.
le|bens|lang (Adj.) ein ganzes Leben lang.
le|bens|läng|lich (Adj.) bis zum Tod. eine lebenslängliche Freiheitsstrafe.
Le|bens|licht (das, -es, kein Plural) das Lebenslicht auslöschen (das Leben nehmen).
Le|bens|mit|tel (das, -, -/meist Plural) Nahrungs- und Genussmittel. Lebensmittelvergiftung.
le|bens|nah (Adj.) wirklichkeitsnah.
Le|bens|qua|li|tät (die, -, kein Plural) die Gesamtheit der Lebensbedingungen in einer Gesellschaft.
Le|bens|stan|dard (der, -s, kein Plural) Art und Umfang der Befriedigung der Lebensbedürfnisse.
Le|bens|ver|si|che|rung (die, -der, -en) Vorsorge für das Alter oder im Todesfall für die Hinterbliebenen.
Le|ber (die, -, -n) Organ. Leberentzündung (Hepatitis); Leberfleck; Leberknödel; Leberkrebs; Leberleiden; Lebertran; Leberwurst; Leberzirrhose.
Le|ber|blüm|chen (das, -s, -) Anemone.
Le|ber|käse (der, -, kein Plural) (südd.) Fleischgericht.
Le|be|wohl (das, -s, -s) Abschiedsgruß. ein leises Lebewohl, *aber:* leb wohl!
leb|haft (Adj.) temperamentvoll; voller Leben. Lebhaftigkeit.
Leb|ku|chen (der, -s, -) Pfefferkuchen.
leb|los (Adj.) ohne Lebenszeichen; tot. Leblosigkeit.
Leb|zei|ten (die, -, nur Plural) während des Lebens eines Menschen. zu Lebzeiten.
Leb|zel|ten (der, -s, -) (südd.) Lebkuchen.
lech|zen (V.) begierig sein.
Le|ci|thin (*auch:* Le|zi|thin) (das, -s, kein Plural) (griech.) nervenstärkendes Mittel.
leck (Adj.) undicht.
Leck (das, -s, -e) undichte Stelle; Loch.
Le|cka|ge (die, -, -n) 1. im Frachtverkehr Verlust von flüssigen Stoffen durch Auslaufen; 2. Neutronenverlust im Reaktorkern.
Le|cke (die, -, -n) Stelle zum Salzlecken für das Vieh auf der Weide.
le|cken (V.) schlecken; leck sein. Das Boot leckt. (Das Boot hat eine undichte Stelle.).
le|cker (Adj.) appetitlich. Leckerbissen; Leckermaul.
Le|cker (der, -s, -) 1. Zunge des Schalenwildes; 2. (schweiz.) Lausbub.
Le|cke|rei (die, -, en) Süßigkeit.
Le|cker|li (das, -s, -) kleiner Honig- oder Pfefferkuchen.
leck|schla|gen (*auch:* leck schlagen) (V.) eine undichte Stelle bekommen. Das Boot ist leckgeschlagen (*auch:* leck geschlagen).
led. (Abk.) **led**ig.
Le|der (das, -s, -) gegerbte Tierhaut. Leder verarbeitend (*auch:* lederverarbeitend).
le|der|far|ben (Adj.) in der Farbe von Leder. lederbraun; lederfarbig.
le|de|rig (*auch:* led|rig) (Adj.) wie Leder. lederartig.
le|dern 1. (V.) mit Leder ausstatten; mit einem Ledertuch abreiben; 2. (ugs.) jemanden verprügeln; 3. (Adj.) aus Leder; 4. (Adj.) zäh; 5. (Adj.) geistlos; langweilig. Seine Ansprache war sehr ledern.
le|dig (Adj.) 1. unverheiratet; einspännig; alleinstehend. 2. frei; ungebunden. der Sünden ledig sprechen (von Sünden freisprechen).
Le|di|ge (der, -n, -n) Unverheirateter.
le|dig|lich (Adv.) nur.
Lee (die/das, -/-s, kein Plural) die dem Wind abgekehrte Seite.
leer (Adj.) ohne Inhalt; frei. Leere (*aber:* die Lehre!); leer stehend (*auch:* leerstehend). Verben: leeren (leer machen/leermachen). den Motor/ein Gefäß leerlaufen lassen; die Schüssel leer essen (*auch:* leeressen); leer räumen (*auch:* leerräumen).
Lee|re (die, -, kein Plural) 1. Gehaltlosigkeit; Öde; Nichts; Vakuum; 2. Sinnlosigkeit. Seine Worte gingen ins Leere. Eine gähnende Leere umgab sie. Ihre innere Leere quälte sie sehr. Leerheit. (*Aber:* die Lehre!)
lee|ren (V.) ausschütten; etwas herausnehmen; ausräumen; lenzen. Sie leeren die Gläser.
Leer|ge|wicht (das, -es, kein Plural) Gewicht eines Fahrzeugs ohne Ladung.
Leer|gut (das, -es, kein Plural) leere Behälter oder Flaschen.
Leer|lauf (der, -es, kein Plural) 1. Laufen einer Maschine ohne Leistung; 2. (ugs.) uneffektives Arbeiten. In der Firma haben wir oft Leerlauf.
Leer|stel|le (die, -, en) unbesetzter Arbeitsplatz. *Aber:* die Lehrstelle (Ausbildungsplatz).
Leer|tas|te (die, -, -n) an der Schreibmaschine oder Computer die Taste, mit der ein Wortzwischenraum gebildet wird.
Lee|rung (die, -, -en) das Leeren.
Leer|zim|mer (das, -s, -) Zimmer ohne Einrichtung, das vermietet wird.
Lee|sei|te (die, -, -n) die vom Wind abgekehrte Seite. leewärts.
Lef|ze (die, -, -n) Lippe (Tiere).
le|gal (Adj.) (lat.) gesetzmäßig; erlaubt.
Le|ga|li|sa|ti|on (die, -, en) (lat.) amtliche Beglaubigung von Urkunden.
le|ga|li|sie|ren (V.) (lat.) gesetzlich machen.
Le|ga|li|sie|rung (die, -, -en) (lat.) Beglaubigung; Legitimierung.
Le|ga|lis|mus (der, -, kein Plural) (lat.) strikte Befolgung von Gesetzen, Regeln, Paragrafen und Vorschriften.
le|ga|lis|tisch (Adj.) (lat.) übertrieben gesetzestreu.
Le|ga|li|tät (die, -, kein Plural) (lat.) Gesetzmäßigkeit; Rechtmäßigkeit.
Le|ga|li|täts|prin|zip (das, -es, kein Plural) (lat.) Grundsatz, nach dem der Staatsanwalt zur Anklageerhebung in allen Fällen verpflichtet ist, in denen ausreichende Anhaltspunkte vorliegen.
Le|g|as|the|nie (die, -, -n) (griech.) Lese- und Rechtschreibschwäche. legasthenisch; legasthen.
Le|g|as|the|ni|ker (der, -s, -) (griech.) jemand, der an Legasthenie leidet.
Le|gat (der, -en, -en) (lat.) päpstlicher Gesandter.
Le|ga|ti|on (die, -, -en) (päpstliche) Gesandtschaft.
Le|ga|ti|ons|rat (der, -es, -rä|te) Titel für einen höheren Beamten im Auswärtigen Dienst.
le|ga|to (Adv.) (ital.) gebunden (zu singen oder zu spielen).
Le|ga|to (das, -s, -s/-ti) (ital.) gebundenes Spiel (in der Musik).

leˈge arˈtis (lat) nach den Regeln der Kunst.
leˈgen (V.) hinlegen; zur Ruhe kommen. Legehenne; Legezeit.
leˈgenˈdär (Adj.) (lat.) sagenhaft; unwahrscheinlich; berühmt.
Leˈgenˈdar (das, -es, -re) (lat.) Sammlung von Heiligenerzählungen.
Leˈgenˈdaˈriˈum (das, -s, -riˈen) (lat.) Legendar.
Leˈgenˈde (die, -, n) (lat.) 1. Bildunterschriften; 2. Zusammenstellung der auf Landkarten verwendeten Zeichen; 3. Geschichte aus dem Leben eines Heiligen; 4. sagenhafte Erzählung. Legendenspiel.
leˈgenˈdenˈhaft (Adj.) (lat.) sagenhaft; unglaubwürdig.
leˈger (Adj.) (franz.) ungezwungen.
Leˈger (der, -s, -) Legehenne.
Legˈgings (*auch:* Legˈgins) (die, nur Plural) (engl.) 1. hosenähnliches, aus Leder gefertigtes Kleidungsstück der nordamerikanischen Indianer; 2. hautenge, bunte Hose aus sehr dünnem Stoff.
Legˈgins = Leggings.
leˈgieˈren (V.) 1. eine Legierung bereiten; 2. Suppen und Soßen binden.
Leˈgieˈrung (die, -, -en) (ital.) Metallgemisch.
Leˈgiˈon (die, -, -en) (lat.) 1. Heer; Truppen- und Heeresverband mit Freiwilligen und Söldnern; 2. große Menge; große Zahl. Die Menge der Zugvögel ist Legion. 3. oberste Einheit des römischen Heeres. Fremdenlegion.
Leˈgiˈoˈnär (der, -s, -e) (lat.) 1. Angehöriger einer Legion; 2. Mitglied der französischen Ehrenlegion. Legionssoldat.
Leˈgiˈoˈnärsˈkrankˈheit (die, -, kein Plural) Infektionskrankheit.
leˈgisˈlaˈtiv (Adj.) (lat.) gesetzgebend.
Leˈgisˈlaˈtiˈve (die, -, -n) (lat.) gesetzgebende Gewalt.
leˈgisˈlaˈtoˈrisch (Adj.) (lat.) gesetzgeberisch.
Leˈgisˈlaˈtur (die, -, -en) Gesetzgebung bzw. gesetzgebende Versammlung.
Leˈgisˈlaˈturˈpeˈriˈoˈde (die, -, n) (lat.) Amtsdauer einer gesetzgebenden Gewalt.
leˈgiˈtim (Adj.) (lat.) gesetzlich anerkannt; rechtmäßig.
Leˈgiˈtiˈmaˈtiˈon (die, -, -en) (lat.) 1. Ausweis; Beglaubigung; 2. Ehelicherklärung eines nichtehelichen Kindes. Legitimationskarte.
leˈgiˈtiˈmieˈren 1. (V., refl.) sich ausweisen; 2. (V.) für rechtmäßig erklären.
Leˈgiˈtiˈmieˈrung (die, -, -en) (lat.) Ausweis; Rechtmäßigkeitserklärung.
Leˈgiˈtiˈmisˈmus (der, -, kein Plural) (lat.) Lehre von der Unabsetzbarkeit einer Staatsgewalt.
Leˈgiˈtiˈmiˈtät (die, -, kein Plural) (lat.) Rechtmäßigkeit einer Regierung, eines Anspruchs.
Leˈguˈan (der, -s, -e) Baumeidechse.
Leˈguˈmin (das, -s, kein Plural) (lat.) Eiweiß der Hülsenfrüchte.
Leˈguˈmiˈnoˈse (die, -, -n) (lat.) Hülsenfrüchtler.
Legˈwarˈmer (der, -s, -/-s) (engl.) Wadenwärmer.
Leˈhen (das, -s, -) an Verpflichtungen gebundener Grundbesitz.
Lehm (der, -s, -e) Tonerde. Lehmboden; Lehmerde; lehmfarben; lehmfarbig; lehmgelb; lehmig.
Lehˈne (die, -, -n) Stütze.
lehˈnen 1. (V., refl.) sich anlehnen; sich stützen; 2. (V.) (lok.) leihen.
Lehnsˈgut (das, -es, -güˈter) (hist.) Grundbesitz eines Lehnsherren.
Lehnsˈherr (der, -ens, -en) (hist.) im Mittelalter Besitzer eines Lehens, das er vergeben konnte. Leh(e)nswesen.
Lehnsˈmann (der, -es, -mänˈner/-leuˈte) (hist.) Empfänger eines Lehens; Vasall. Lehnsträger.
Lehnˈstuhl (der, -s, -stühˈle) bequemer Sessel. Lehnsessel.
Lehnˈüˈberˈsetˈzung (die, -, -en) wörtliche Übersetzung eines Fremdwortes nach seinen Bestandteilen.
Lehnˈwort (das, -es, -wörˈter) Wort fremder Herkunft, das den deutschen Sprachgesetzen angepasst wurde.
Lehrˈamt (das, -es, -ämˈter) planmäßige Stelle für einen Lehrer.
Lehrˈamtsˈanˈwärˈter (der, -s, -) Lehrer vor dem zweiten Staatsexamen.
Lehrˈaufˈtrag (der, -es, -träˈge) Verpflichtung, an einer Hochschule Unterricht zu erteilen.
Lehrˈbeˈruf (der, -es, -e) Beruf mit vorangehender Lehrzeit.
Lehrˈbrief (der, -es, -e) Unterrichtsmittel für Fernunterricht.
Lehrˈbuch (das, -es, -büˈcher) Nachschlagewerk; Schulbuch.
Lehˈre (die, -, -n) 1. Wissenschaft; Schlussfolgerung; Lehrzeit; Lehrtätigkeit; Lehrmeinung; Erfahrung; Ratschlag. Er gab ihr gute Lehren. Das soll mir eine Lehre sein. 2. Messwerkzeug.
lehˈren (V.) unterrichten; beibringen. *Beachte:* Ich will den/dem Kleinen das Schwimmen lehren. *Aber:* Ich lehre ihn schwimmen. Lehre (*aber:* Leere!); Lehrbefähigung; Lehrfach; Lehrherr; Lehrkraft; Lehrlingsheim; Lehrmeinung; Lehrmeister; Lehrmethode; Lehrplan; Lehrprobe; Lehrsatz; Lehrstoff; Lehrstück; Lehrtätigkeit; Lehrvertrag; Lehrwerkstatt; Lehrzeit. lehrbar.
Lehˈrer (der, -s, -) Unterrichtender; Dozent; Lehrender; Pädagoge.
lehˈrerˈhaft (Adj.) schulmeisterlich.
Lehˈrerˈschaft (die, -, kein Plural) Gesamtheit der Lehrer an einer Schule.
Lehrˈfilm (der, -es, -e) Unterrichtsmittel.
Lehrˈfreiˈheit (die -, kein Plural) im Grundgesetz verankertes Recht, wissenschaftliche Lehrinhalte ungehindert zu verbreiten.
Lehrˈgang (der, -es, -gänˈge) Ausbildung in einem Fachgebiet in zeitlich begrenztem Rahmen.
Lehrˈgeld (das, -es, kein Plural) (hist.) das früher für eine Lehre bezahlte Entgelt.
lehrˈhaft (Adj.) belehrend; lehrreich.
Lehrˈjahr (das, -es, -e) Teilabschnitt einer Lehre. Lehrjahre sind keine Herrenjahre. Er ist im dritten Lehrjahr.
Lehrˈjunˈge (der, -n, -n) Auszubildender; Lehrling (veraltet). Lehrmädchen.
Lehrˈkörˈper (der, -s, -) Lehrerschaft.
Lehrˈkraft (die, -, -kräfˈte) Lehrer oder Lehrerin.
Lehrˈling (der, -s, -e) frühere Bezeichnung für Auszubildender; Azubi; Stift.
Lehrˈmeisˈter (der, -s, -) 1. Lehrherr; Ausbilder; Prinzipal; 2. etwas, woraus man Erfahrungen zieht. Das Leben ist der beste Lehrmeister.
Lehrˈmitˈtel (das, -es, -) Hilfsmittel für den Unterricht.
Lehrˈmitˈtelˈfreiˈheit (die, -, kein Plural) die unentgeltliche Zurverfügungstellung von Lehrmitteln in Schulen.

lehr|reich (Adj.) aufschlussreich; informativ; belehrend; instruktiv; interessant; wissenswert.
Lehr|stel|le (die, -, -en) Ausbildungsplatz.
Lehr|stuhl (der, -s, -stüh|le) planmäßige Stelle eines Hochschullehrers für ein bestimmtes Fachgebiet.
Leib (der, -s/-es, -er) Körper; Bauch. *Beachte:* Er ist recht gut bei Leibe (wohlgenährt). *Aber:* Er ist beileibe (wahrlich) nicht wohlgenährt. Dem Problem werden wir schnell zu Leibe rücken.
Leib|arzt (der, -es, -ärz|te) persönlicher Arzt einer hochgestellten Persönlichkeit.
Leib|chen (das, -s, -) 1. Mieder; 2. (österr.) Herrenunterhemd; Trikot.
Leib|ei|ge|ne (der, -n, -n) (hist.) von ihrem Herrn Abhängige in persönlicher und wirtschaftlicher Hinsicht; Sklave. leibeigen.
Leib|ei|gen|schaft (die, -, kein Plural) (hist.) völlige persönliche und wirtschaftliche Abhängigkeit von einem Herrn.
lei|ben (V.) 1. in der Architektur eine Öffnung in Türen und Fenstern lassen; 2. (nur in der Wendung:) wie er leibt und lebt. Das war der Moser, wie er leibt und lebt.
Lei|bes|er|zie|hung (die, -, kein Plural) Sportunterricht.
Lei|bes|frucht (die, der, -früch|te) Kind im Mutterleib; Embryo; Fötus.
Lei|bes|fül|le (die, -, kein Plural) Fettleibigkeit; Dicke.
Lei|bes|kraft (die, -, kein Plural) (meist nur in der Wendung:) aus Leibeskräften. Er schrie aus Leibeskräften. (Er schrie sehr laut.).
Lei|bes|übung (die, -, -en/meist nur Plural) Sammelbegriff für Gymnastik, Sport, Spiel und Turnen.
leib|haft (Adj.) leibhaftig.
leib|haf|tig (Adj.) in eigener Person; selbst; wirklich; persönlich. Gerade sprachen wir von ihr, da stand sie leibhaftig vor uns.
leib|lich (Adj.) 1. körperlich. Für das leibliche Wohl wird gesorgt. 2. blutsverwandt. Er ist ihr leiblicher Sohn.
Leib|schnei|den (das, -s, kein Plural) Bauchschmerzen.
Lei|bung (die, -, -en) Laibung.
Leib|wä|sche (die, -, kein Plural) Unterwäsche.
Lei|che (die, -, -n) toter Körper; Gebeine; sterbliche Hülle; sterbliche Überreste; Toter; Leichnam.
Lei|chen|acker (der, -s, -äcker) (südd.) Friedhof.
Lei|chen|be|gäng|nis (das, -ses, -sse) Beerdigung.
Lei|chen|bit|ter (der, -s, -) jemand, der im Dorf zu einer Beerdigung einlädt. mit Leichenbittermiene (mit sehr traurigem Gesicht).
lei|chen|blass (Adj.) sehr blass.
lei|chen|fahl (Adj.) leichenblass.
Lei|chen|fled|de|rei (die, -, kein Plural) Diebstahl oder Unterschlagung von Gegenständen, die ein Toter bei sich trägt.
Lei|chen|fled|de|rer (der, -s, -) jemand, der Leichenfledderei begeht; Räuber.
Lei|chen|öff|nung (die, -, -en) Obduktion; Autopsie; Sektion.
Lei|chen|re|de (die, -, -n) Nachruf; Nekrolog.
Lei|chen|star|re (die, -, kein Plural) Erstarren der Muskulatur nach Eintritt des Todes.
Lei|chen|ver|bren|nung (die, -, -en) Einäscherung.
Leich|nam (der, -s, -e) Leiche.
leicht (Adj.) nicht schwer; einfach; bekömmlich. Das Leichteste ist zu schweigen. Das Leichteste, was ich zu tragen habe. Es ist mir ein Leichtes, das abzuholen. Es war für mich nichts Leichtes, mich bei dir zu entschuldigen. ein leicht verdauliches (*auch:* leichtverdauliches) Essen. Zum Glück waren es leicht verständliche (*auch:* leichtverständliche) Texte. etwas leichtnehmen (nicht ernst nehmen); das wird dir leichtfallen (keine Mühe machen); sie hat es sich aber sehr leicht gemacht (*auch:* leichtgemacht) (wenig Mühe gegeben). Das lässt sich leicht (problemlos) machen. Leichtbauweise; Leichtbenzin; Leichtbeton; Leichtbewaffnete; Leichtgut; Leichtlohngruppe; Leichtmetall; Leichtöl; Leichtverletzte (*auch:* leicht Verletzte); Leichtverwundete (*auch:* leicht Verwundete). Adjektive: leicht beschwingt (*auch:* leichtbeschwingt); leicht bewaffnet (*auch:* leichtbewaffnet); leicht entzündlich (*auch:* leichtentzündlich); leichtherzig; leichtlebig; leicht verderblich (*auch:* leichtverderblich); leicht verletzt (*auch:* leichtverletzt).
Leicht|ath|let (der, -en, -en) jemand, der Leichtathletik betreibt.
Leicht|ath|le|tik (die, -, kein Plural) Sammelbegriff für bestimmte sportliche Disziplinen.
leicht|ath|le|tisch (Adj.) die Leichtathletik betreffend.
leicht|blü|tig (Adj.) heitere Gemütsart.
Leich|te (die, -, -n) Schulterriemen an Schubkarren.
Leich|ter (des, -s, -) Hafenboot mit geringem Tiefgang; Schiffscontainer.
leich|tern (V.) mit dem Leichter größere Schiffe entladen.
leicht|fal|len (V., fiel leicht, ist leicht gefallen) etwas ohne Mühe schaffen. Die Prüfung ist mir leichtgefallen.
leicht|fer|tig (Adj.) leichtsinnig; unvorsichtig.
Leicht|fer|tig|keit (die, -, kein Plural) Leichtsinnigkeit; Unvorsichtigkeit.
Leicht|fuß (der, -es, kein Plural) leichtsinniger Mensch (Bruder Leichtfuß).
leicht|fü|ßig (Adj.) behende; flink.
Leicht|fü|ßig|keit (die, -, kein Plural) Behendigkeit.
Leicht|ge|wicht (das, -es, -e) 1. Gewichtsklasse in der Schwerathletik; 2. belangloser, oberflächlicher Mensch.
leicht|gläu|big (Adj.) arglos; unkritisch.
Leicht|gläu|big|keit (die, -, kein Plural) Arglosigkeit.
Leicht|heit (die, -, kein Plural) geringes Gewicht.
leicht|her|zig (Adj.) oberflächlich; unbekümmert.
leicht|hin (Adv.) ohne nachzudenken. Er sagte die Worte leichthin.
Leich|tig|keit (die, -, kein Plural) Mühelosigkeit; Oberflächlichkeit. Sie schafft ihre Arbeit mit Leichtigkeit.
leicht|le|big (Adj.) locker; genussfreudig; sinnenfroh; ausschweifend; liederlich; lebenslustig; lose.
Leicht|le|big|keit (die, -, kein Plural) lockerer Lebenswandel.
Leicht|ma|tro|se (der, -n, -n) Matrose im Rang zwischen Schiffsjunge und Vollmatrose.
leicht|neh|men (V., nahm leicht, hat leichtgenommen) wenig Mühe und Sorge verwenden. Sie nahm ihre Arbeit immer leicht.

Leicht|sinn (der, -es, kein Plural) Sorglosigkeit; Unvorsichtigkeit; Fahrlässigkeit; Unachtsamkeit; Verantwortungslosigkeit. Das Auto nicht abzuschließen, war sträflicher Leichtsinn. Du mit deinem jugendlichen Leichtsinn. Leichtsinnigkeit; Leichtsinnsfehler.

leicht|sin|nig (Adj.) unvorsichtig; sorglos.

leid (Adj.) (schweiz.) hässlich; ungut.

Leid (das, -s/-es, kein Plural) Kummer; Unglück. *Beachte:* in Freud und Leid (ohne Apostroph!); jemandem etwas zuleid(e) (*auch:* zu Leid(e)) tun; es tut mir leid; es wird Ihnen noch leidtun, *aber:* ich bin es nun leid.

Lei|de|form (die, -, kein Plural) in der Grammatik das Passiv.

lei|den (V., litt, gelitten) 1. Leidvolles, Schmerzen erdulden; ausstehen; durchmachen; ertragen; schmachten. Schmerzen leiden; Mangel leiden. 2. krank sein. an Diabetes leiden. 3. hinnehmen. Das leide ich nicht! (Das nehme ich nicht länger hin!) Mich litt es nicht länger dort. (Ich habe es dort nicht länger ausgehalten). 4. Gefühlsausdruck. Ich kann ihn gut leiden. (Ich mag ihn).

Lei|den (das, -, -) 1. Qual; Schmerzen. Das Leiden Christi. 2. chronische Krankheit. Sein Leiden behindert ihn sehr.

lei|dend (Adj.) angegriffen; krank; angeschlagen; elend; kränklich; kränkelnd; malade.

Lei|den|schaft (die, -, -en) Begierde; Begeisterung; Feuer; Glut; Inbrunst; Pathos; Passion; Rausch. Leidenschaftlichkeit.

lei|den|schaft|lich (Adj.) 1. begeistert. Sie ist eine leidenschaftliche Sängerin. 2. heftig; mit unbezähmbarem Gefühl; feurig; glühend; heiß; heißblütig; stürmisch; wild. Sie liebten sich leidenschaftlich.

lei|den|schafts|los (Adj.) beherrscht; kühl; kalt; nüchtern; sachlich; vernünftig.

Lei|dens|ge|nos|se (der, -n, -n) jemand, der das gleiche Leid, das gleiche Schicksal hat. Leidensgefährte.

Lei|dens|ge|schich|te 1. (die, -, kein Plural) Leidensgeschichte Christi; 2. (die, -, -n) Bericht über ein schweres Schicksal, Krankheitsbericht.

lei|der (Adv.) bedauerlicherweise; unglücklicherweise; schade. leider Gottes.

lei|dig (Adj.) lästig; unangenehm.

Leid|kar|te (die, -, -n) (schweiz.) Beileidsschreiben; Todesanzeige.

leid|lich (Adj.) erträglich; einigermaßen gut.

leid|tra|gend (Adj.) trauernd.

Leid|tra|gen|de (der, -n, -n) Hinterbliebene; Trauernde.

leid|voll (Adj.) traurig; qualvoll.

Leid|we|sen (das, -s, kein Plural) Bedauern. zu unserem Leidwesen.

Lei|er (die, -, -n) (griech.) 1. Saiteninstrument. 2. Sternbild.

Lei|er|kas|ten (der, -s, -käs|ten) Drehorgel.

Lei|er|kas|ten|mann (der, -es, -män|ner) Drehorgelspieler.

lei|ern (V.) drehen; monoton sprechen.

Lei|er|schwanz (der, -es, -schwän|ze) australischer Singvogel.

Leih|amt (das, -es, -äm|ter) leiht gegen Pfand vorübergehend Geld. Leihhaus.

Lei|he (die, -, -n) unentgeltliche Überlassung einer Sache zum Gebrauch auf Zeit.

lei|hen (V., lieh, hat geliehen) borgen.

Leih|mut|ter (die, -, müt|ter) Frau, die das Kind einer anderen Frau austrägt (künstliche Befruchtung).

leih|wei|se (Adj.) vorübergehend überlassen.

Lei|kauf (der, -s, -käu|fe) (lok.) Umtrunk.

Leim (der, -s, -e) Klebstoff. Leimtopf.

lei|men (V.) 1. etwas zusammenkleben; 2. betrügen; hereinlegen.

Leim|far|be (die, -, -n) mit Leimwasser angerührte Malerfarbe.

lei|mig (Adj.) klebrig; voller Leim.

Leim|ring (der, -es, -e) Methode zur Schädlingsbekämpfung an Obstbäumen.

Leim|ru|te (die, -, -n) leimbestrichener Zweig zum Vogelfang (früher, heute verboten).

Leim|sie|der (der, -s, -) (ugs.) langweiliger Mensch.

Lein (der, -s, -e) Flachs. Leinengarn; Leinenkleid; Leinenzeug; Leinöl.

Lein|acker (der, -s, -äcker) Anbaufeld für Flachs.

Lei|ne (die, -, -n) Strick. Hundeleine.

lei|nen (V.) an die Leine nehmen.

Lei|nen (das, -s, -) glattes Gewebe aus Flachsgarn.

Lei|nen|band (der, -es, -bän|de) (Abk.: Ln., Lnbd.) Buch mit Einband aus Leinen. Leinenbindung; Leineneinband.

Lein|we|ber (*auch:* Lei|nen|we|ber/ Lei|ne|we|ber) (der, -s, -) Hersteller von Leinwand.

Lei|nen|we|be|rei (die, -, -en) Handwerksbetrieb zur Herstellung von Leinen (Leinwand).

Lein|ku|chen (der, -s, -) Pressrückstände bei der Gewinnung von Leinöl.

Lein|pfad (der, -es, -e) Weg entlang von Flüssen und Kanälen (Treidelpfad).

Lein|sa|men (der, -s, -) quellfähiger Samen des Flachses.

Lein|tuch (das, -es, -tü|cher) Bettlaken.

Lein|wand 1. (die, -, kein Plural) Gewebe aus Flachs; 2. (die, -, -wän|de) Malerleinwand; Projektionswand. Leinwandstar.

lei|se (*auch:* leis) (Adj.) nicht laut; unmerklich; leicht. Wir glaubten nicht im Leisesten daran.

Lei|se|tre|ter (der, -s, -) Kriecher; Schleicher; Schmeichler; Duckmäuser.

lei|se|tre|te|risch (Adj.) kriecherisch; schmeichlerisch.

Leis|te (die, -, -n) 1. Latte; 2. Beuge (Hüfte). Leistenbeuge; Leistenbruch; Leistengegend; Leistenhoden.

leis|ten 1. (V.) etwas schaffen; etwas vollbringen; ausführen; erreichen; sich qualifizieren; zustande bringen. 2. (V., refl.) sich etwas gönnen; sich erlauben; Geld ausgeben; sich kaufen. Ich habe mir heute ein Paar neue Schuhe geleistet. Das kann ich mir nicht leisten. 3. etwas anstellen. Er hat sich vielleicht etwas geleistet! (Er hat eine Dummheit gemacht.).

Leis|ten (der, -s, -) Schuhspanner. hölzerne Fußform für die Schuhherstellung.

Leis|tung (die, -, -en) Anstrengung; Vollbrachtes; Arbeit.

Leis|tungs|bi|lanz (die, -, en) Gegenüberstellung von Aktiva und Passiva im Waren- und Dienstleistungsverkehr.

leis|tungs|fä|hig (Adj.) zu Leistungen befähigt; belastbar; fit; gesund; in guter Kondition; kräftig; topfit.

Leis|tungs|fä|hig|keit (die, -, kein Plural) Arbeitsfähigkeit; Leistung; Belastbarkeit; Arbeitskraft; Leistungsvermögen.

leis|tungs|ge|recht (Adj.) einer Leistung angemessen. leistungsgerechte Bezahlung.
Leis|tungs|ge|sell|schaft (die, -, kein Plural) Industriegesellschaft, in der der soziale Status des Einzelnen über seine Leistungsfähigkeit definiert wird.
Leis|tungs|kurs (der, -es, -e) in den letzten Schuljahren vor dem Abitur zu belegen.
leis|tungs|schwach (Adj.) unbegabt.
leis|tungs|stark (Adj.) leistungsfähig.
Leit|ar|ti|kel (der, -s, -) meist politischer Zeitungsaufsatz, der Meinung bilden soll.
Leit|bild (das, -es, -er) Vorbild.
Lei|te (die, -, -n) (südd.) Berghang.
lei|ten (V.) führen; lenken; durchlassen (Physik). Leitbarkeit; Leitbündel; Leitende; Leitfigur; Leitgedanke; Leitidee; Leitschnur; Leitungswiderstand; Leitvermerk; Leitvermögen.
Lei|ter 1. (die, -, -n) Steigvorrichtung. Leiterbaum; Leitersprosse; Leiterwagen; leiterartig. 2. (der, -s, -) Chef; Vorsteher; Direktor; Führungskraft. Leiterin.
Leit|fa|den (der, -s, kein Plural) im übertragenen Sinn ein Lehrbuch. Leitfaden der Biologie.
Leit|fä|hig|keit (die, -, kein Plural) Fähigkeit von Materialien, Strom oder Wärme zu leiten. leitfähig.
Leit|fos|sil (das, -es, -i|en) Fossil, das bestimmte Abschnitte der Erdgeschichte kennzeichnet.
Leit|geb (der, -en, -en) Obstwein (veraltet).
Leit|ge|ber (der, -s, -) (südd.-österr.) Wirt.
Leit|ham|mel (der, -s, -) 1. Hammel, der eine Herde anführt; 2. im übertragenen Sinn Anführer einer gedankenlos folgenden Gruppe.
Leit|li|nie (die, -, -n) 1. Richtschnur; 2. Fahrbahnmarkierung; 3. in der Geometrie die Senkrechte auf der Hauptachse (Kegelschnitt).
Leit|mo|tiv (das, -es, -e) in der Musik prägnante Tonfolgen, die mit Personen oder Ideen verknüpft sind.
Leit|plan|ke (die, -, -n) Schutzvorrichtung an den Fahrbahnen einer Autobahn.
Leit|satz (der, -es, -sät|ze) These.
Leit|stern (der, -es, kein Plural) im übertragenen Sinn etwas, wonach man sich richtet.
Leit|spruch (der, -es, -sprü|che) Sinnspruch; Wahlspruch.
Leit|strahl (der, -es, -en) von einem Sender ausgestrahlte gebündelte Radiowellen zur Navigation.
Leit|tier (das, -es, -e) ein Alttier, das ein Rudel oder eine Herde anführt.
Leit|ton (der, -es, -tö|ne) in der Musik ein Ton, der aufgrund seiner Stellung in der Tonart nach oben oder unten weiterführt.
Lei|tung 1. (die, -, -en) Führung; Direktion; Management; Präsidium; Vorsitz; Vorstand; 2. Vorrichtung zum Fortleiten von Flüssigkeiten und Energien; Draht; Kabel; Pipeline; Rohr. Leitungsdraht; Leitungsmast; Leitungsrohr.
Lei|tungs|was|ser (das, -s, -wäs|ser) fließendes Trinkwasser für den Haushalt.
Leit|wäh|rung (die, -, -en) auf dem internationalen Finanzmarkt führende, konvertierbare Währung.
Leit|werk (das, -es, -e) 1. Seiten- und Höhenruder beim Flugzeug; 2. im Flussbau ein Längsdamm zur Leitung der Flussströmung.
Lek|ti|on (die, -, -ti|o|nen) (lat.) Lehrstunde; Abschnitt; Belehrung.
Lek|tor (der, -s, -en) (lat.) 1. in der frühen christlichen Kirche zur Schriftlesung geweihter Kleriker; 2. in der heutigen Kirche ein Laie, der Schriftlesungen vornimmt; 3. Hochschullehrer für Übungen und Sprachkurse; 4. Verlagsangestellter zur Prüfung und Bearbeitung von Manuskripten. Lektorin.
Lek|to|rat (das, -s/-es, -e) (lat.) 1. Gutachten eines Lektors; 2. Stelle eines Lektors; 3. Verlagsabteilung, in der Manuskripte gelesen und bearbeitet werden.
lek|to|rie|ren (V.) (lat.) Manuskript prüfen.
Lek|tü|re (die, -, -n) (franz.) Lesen; Lesestoff. Lektüreauswahl.
Le|ky|thos (der, -, -then) (griech.) altgriechisches Gefäß mit Henkel, Ausguss und Fuß.
Lem|ma (das, -s, -ma|ta) (griech.) Stichwort; Annahme.
lem|ma|ti|sie|ren (V.) ein Stichwort einfügen.
Lem|ming (der, -s, -e) (dän.) Wühlmaus.
Lem|nis|ka|te (die, -, -n) (griech.) algebraische Kurve.
Le|mu|re 1. (der, -s, -n) (lat.) Halbaffe auf Madagaskar; 2. (der, -s, -n/meist nur Plural) in der römischen Antike ruhelose Geister der Verstorbenen.
le|mu|ren|haft (Adj.) (lat.) gespenstisch.
Le|mu|ria (die, -, kein Plural) (lat.) Landmasse, die von den Geologen für die Triaszeit zwischen Vorderindien und Madagaskar angenommen wird.
le|mu|risch (Adj.) (lat.) zu den Lemuren gehörend; lemurenhaft.
Len|de (die, -, -n) Körperteil; Fleisch (Tier). Lendenbraten; Lendenstück.
len|den|lahm (Adj.) kreuzlahm; schwach; impotent.
Len|den|schmerz (der, -es, kein Plural) Kreuzschmerz.
Len|den|schurz (der, -es, -e) Kleidungsstück von Naturvölkern.
Len|den|wir|bel (der, -s, -) ein Teil der unteren Wirbelsäule.
Leng (der, -s, -e) Schellfisch. Lengfisch.
Le|nin|grad (kein Art., -s, kein Plural) die russische Stadt St. Petersburg, die während der kommunistischen Herrschaft nach Lenin umbenannt wurde.
Le|ni|nis|mus (der, -, kein Plural) politische Lehre nach Lenin.
Le|ni|nist (der, -en, -en) Anhänger der Lehre Lenins.
le|ni|nis|tisch (Adj.) den Leninismus betreffend.
lenk|bar (Adj.) 1. steuerbar; 2. leicht zu lenken; zu beeinflussen.
Lenk|bar|keit (die, -, kein Plural) Beeinflussbarkeit; Steuerbarkeit.
len|ken (V.) führen; leiten; leiten; lotsen; manövrieren; steuern. Lenkachse; Lenkgetriebe; Lenkrad; Lenkradschloss; Lenksäule; Lenkstange.
Len|ker (der, -s, -) 1. jemand, der ein Fahrzeug führt; 2. (ugs.) Lenkstange.
lenk|sam (Adj.) leicht zu beeinflussen, zu lenken.
Len|kung 1. (die, -, -en) Vorrichtung zur Richtungsänderung bei Fahrzeugen; 2. (die, -, kein Plural) Leiten; Lenken.
len|to (Adj.) (ital.) langsam (bei Musikstücken).

Lenz (der, -es, -e) 1. Frühling; 2. (Plural:) Jahre. Sie zählt 17 Lenze. (Sie ist 17 Jahre alt.). 3. (südd.) Faulheit; Freizeit.
len'zen (V.) 1. Frühling werden; 2. Wasser aus dem Schiffsraum pumpen (Schifffahrt); 3. beim Segeln mit wenig oder keiner Segelfläche vor dem Sturm laufen.
Lenz'mo'nat (der, -es, -e) der Monat März (veraltet).
Lenz'mond (der, -es, kein Plural) der Monat März (veraltet).
Le'o'ni'den (die, nur Plural) Sternschnuppen (im November).
le'o'nisch (Adj.) nach der spanischen Stadt León. leonische Waren (Stickerei mit Gespinsten und Metallfäden).
Le'o'pard (der, -en, -en) (lat.) Wildkatze. Leopardenfell.
Le'po'rel'lo (das, -s, -s) ziehharmonikaartig gefaltetes Papier (nach dem Diener Don Giovannis in Mozarts gleichnamiger Oper genannt). Leporellobaum; Leporellobuch.
Le'po'rel'lo'al'bum (das, -s, -al'ben) ziehharmonikaartig gefaltete Bilderfolge.
Le'p'ra (die, -, kein Plural) (griech.) Aussatz. Leprakranke.
Le'p'rom (das, -s, -e) durch Lepra entstandener Knoten in der Haut.
le'p'rös (*auch:* le'p'ros) aussätzig; leprakrank.
Lep'ton 1. (das, -s, Lep'ta) (griech.) griechische Münze. 2. (das, -s, -en) (griech.) Elementarteilchen.
lep'to'som (Adj.) (griech.) schmächtig; schmalwüchsig.
Lep'to'so'me (der, -n, -n) Schmalwüchsiger.
Ler'che (die, -, -n) Singvogel. (*Aber:* die Lärche!)
ler'nen (V.) Kenntnisse, Fähigkeiten erwerben. schreiben (*auch:* (das) Schreiben) lernen. kennenlernen (*auch:* kennen lernen); lieben lernen; schätzen lernen. Lerner; Lernmittel; Lernmittelfreiheit; Lernprogramm; Lernschritt; Lernstoff; Lernziel.
lern'bar (Adj.) zu erlernen. Das Violinspiel ist nicht leicht lernbar.
Lern'be'gier'de (die, -, kein Plural) Interesse.
lern'be'gie'rig (Adj.) interessiert.
lern'be'hin'dert (Adj.) minderbegabt.
Lern'be'hin'der'te (der, -n, -n) Minderbegabter.
Lern'ei'fer (der, -s, kein Plural) Freude am Lernen.
lern'fä'hig (Adj.) 1. Fähigkeit, etwas zu lernen; 2. aus Fehlern lernen.
Lern'pro'zess (der, -es, -e) Vorgang des Lernens.
Les'art (die, -, -en) Auslegung; Version.
les'bar (Adj.) gut oder schlecht zu lesen; entzifferbar. Seine Handschrift ist leicht lesbar.
Les'bar'keit (die, -, kein Plural) Art und Weise, wie ein Schriftstück zu lesen ist.
Les'be (die, -, -n) (Kurzw.) Lesbierin (homosexuelle Frau).
les'bisch (Adj.) gleichgeschlechtlich (bei Frauen). lesbische Liebe.
Le'se (die, -, -n) Ernte. Traubenlese; Weinlese.
le'sen (V., las, hat gelesen) entziffern; lehren; aufsammeln. Leseabend; Lesebrille; Lesebuch; Leseecke; Lesegerät; Leselampe; Lesepult; Leserbrief; Leserkreis; Lesesaal; Lesestoff; Lesestück; Lesezeichen; Lesezirkel.
le'sens'wert (Adj.) interessant zu lesen.
Le'se'pro'be (die, -, -n) 1. erste Bühnenprobe mit Textheft und ohne Kostüme; 2. Ausschnitt aus einer Neuerscheinung zu Werbezwecken.
Le'ser (der, -s, -) 1. jemand, der liest; 2. jemand, der etwas aufsammelt. Ährenleser, Beerenleser. Leserin.
Le'se'rat'te (die, -, -n) (ugs.) jemand, der gern liest.
le'ser'lich (Adj.) leicht zu lesen. leserliche Handschrift.
Le'ser'lich'keit (die, -, kein Plural) leichte Lesbarkeit.
Le'ser'schaft (die, -, kein Plural) Gesamtheit der Leser. Der Schriftsteller fand zunächst keine Leserschaft.
Le'se'wut (die, -, kein Plural) übermäßige Lust am Lesen.
Le'sung (die, -, en) 1. öffentliche Lesung eines Schriftwerkes: 2. Beratung einer Gesetzesvorlage im Parlament.
le'tal (Adj.) (lat.) tödlich.
Le'thar'gie (die, -, kein Plural) (griech.) gleichgültige Trägheit; Schlafsucht.
le'thar'gisch (Adj.) gleichgültig; schläfrig; teilnahmslos.
Le'the (die, -, kein Plural) (griech.) Strom der Unterwelt (Mythologie); Vergessenheit.
Let'kiss (der, -, kein Plural) (finn.-engl.) Modetanz.
Let'te (der, -n, -n) Bewohner Lettlands.
Let'ten (der, -s, -) Ton; Lehm.
Let'ter (die, -, -n) (lat.) Druckbuchstabe.
Let'tern'gieß'ma'schi'ne (die, -, n) Setzmaschine.
Let'tern'me'tall (das, -es, -e) Legierung aus Blei, Zinn und Antimon zum Gießen von Schrifttypen.
let'tig (Adj.) lehm-, tonhaltig.
let'tisch (Adj.) Lettland betreffend. lettische Sprache.
Let'ti'sch (das, -s, kein Plural) die lettische Sprache.
Lett'land (ohne Art., -s, kein Plural) baltischer Staat.
Lett'ner (der, -s, -) eingezogene Mauer zwischen Chor und Mittelschiff in mittelalterlichen Kirchen.
Let'zi (die, -, -nen) (schweiz.) mittelalterliche Grenzbefestigungen.
Letzt (die, -, kein Plural) Abschiedsmahl (veraltet). zu guter Letzt.
letz'te/-r/-s (Adj.) beendend; abschließend; vorig. *Beachte:* bis ins Letzte (ganz genau); sich bis zum Letzten (erschöpfend, ganz und gar) anstrengen; das war das Allerletzte; beim letzten Mal; das war das letzte Mal; ich sage es jetzt zum letzten Mal; das bleibt das erste und das letzte Mal; ich war der Letzte in der Reihe; als Letztes bleibt noch zu erwähnen; den Letzten beißen die Hunde; als Letzter ankommen; fürs Letzte; die letzten zwei Wochen; der letzte Schrei; die letzte Ehre. zu guter Letzt; bis zum Letzten des Monats; muss ich bis zum Letzten (Äußersten) gehen? der Letzte seines Geschlechts; das Erste und das Letzte (Anfang und Ende); es geht ans Letzte; sein Letztes geben; ein Letztes sei noch erwähnt; die Ersten werden die Letzten sein; der Letzte (*auch:* letzte) Wille; die Letzte Ölung. Letztgenannte; letztgenannt; letztmals; letztmalig; letztmöglich.
letzt'end'lich (Adv.) schließlich.
letz'tens (Adv.) an letzter Stelle.

letztˈhänˈdig (Adj.) noch zu Lebzeiten selbst vorgenommen.
letztˈhin (Adv.) unlängst; vor nicht allzu langer Zeit; neulich.
letztˈjähˈrig (Adv.) im vorigen Jahr.
letztˈlich (Adv.) schließlich.
Leu (der, -en, -en) Löwe; (ohne Plural:) rumänische Währung (Abk.: 1).
Leuchtˈboˈje (die, -, -n) Schwimmboje mit Leuchtfeuer.
Leuchˈte (die, -, -n) 1. Lampe; 2. (ugs.) Fachmann; kluger Mensch. Er ist eine Leuchte der Wissenschaft. Er ist keine große Leuchte. (Er ist nicht besonders klug.).
leuchˈten (V.) strahlen; glänzen.
leuchˈtend (Adj.) strahlend. ein leuchtend blauer Himmel. ein leuchtendes Beispiel.
Leuchˈter (der, -s, -) Halter für Glühbirnen oder Kerzen. Kerzenleuchter, Kronleuchter.
Leuchtˈfeuˈer (das, -s, -) Lichtsignale bei der Schiff- oder Luftfahrt; Warnlicht.
Leuchtˈgas (das, -es, kein Plural) (hist.) Stadtgas.
Leuchtˈkraft (die, -, kein Plural) Strahlungsleistung eines Sterns.
Leuchtˈschirm (der, -es, -e) besonders präparierte Fläche zum Sichtbarmachen von Röntgenstrahlen u. a.
Leuchtˈturm (der, -es, -türˈme) Seezeichen mit Leuchtfeuer.
leugˈnen (V.) bestreiten; abstreiten; dementieren.
Leugˈner (der, -s, -) jemand, der etwas leugnet.
Leugˈnung (die, -, kein Plural) Leugnen. Leugner; Leugnerin.
Leuˈkˈäˈmie (die, -, -n) (griech.) Blutkrebs.
Leuˈkoˈderˈmie (die, -, kein Plural) (griech.) Albinismus.
Leuˈkom (das, -s, -e) (griech.) weißer Fleck oder weiße Narbe auf der Hornhaut des Auges.
Leuˈkoˈplast 1. (das, -en, -en) (griech.) Teil der Pflanzenzelle; 2. (das, -s, -e) Heftpflaster.
Leuˈkoˈzyt (der, -en, -en) (griech.) weißes Blutkörperchen.
Leuˈkoˈzyˈtoˈse (die, -, kein Plural) (griech.) krankhafte Vermehrung der weißen Blutkörperchen im Blut.
Leuˈmund (der, -s, kein Plural) Ruf.
Leuˈmundsˈzeugˈnis (das, -ses, -se) polizeiliche Beurteilung des Rufs eines Bewerbers oder Beklagten.
Leutˈchen (die, -, nur Plural) (ugs.) Leute.
Leuˈte (die, nur Plural) Menschen; Bevölkerung; Menge; Öffentlichkeit; Volk.
leuˈteˈscheu (Adj.) menschenscheu.
Leutˈnant (der, -s, -s/-e) (franz.) Offizier (Abk.: Lt.). Leutnantsrang; Leutnantsuniform.
leutˈseˈlig (Adj.) umgänglich; gesellig.
Leutˈseˈligˈkeit (die, -, kein Plural) freundliche Herablasssung.
Leuˈzit (der, -s, -e) (griech.) Mineral.
Leˈvaˈde (die, -, -n) (franz.) Aufrichten des Pferdes auf die Hinterbeine (in der Hohen Schule).
Leˈvanˈte (die, -, kein Plural) (lat.-ital.) die östlich von Italien liegenden Mittelmeerländer.
leˈvanˈtiˈnisch (Adj.) (lat.-ital.) die Levante oder die Levantiner betreffend.
Leˈvanˈtiˈner (der, -s, -) 1. Mischling aus einem europäischen und einem orientalischen Elternteil (in der Levante); 2. (ugs.) gerissener Händler.
Leˈvel (der, -s, -s) (engl.) Niveau; Höhe.
Leˈver (das, -s, -s) (franz.) (hist.) Morgenempfang im Bett an einem Fürstenhof.
Leˈviˈaˈthan (der, -s, -e) (hebr.) Ungeheuer in der Mythologie.
Leˈviˈrat (das, -s, -e) Ehe mit der Witwe des verstorbenen Bruders. Leviratsehe.
Leˈvit (der, -en, -en) 1. im alten Testament Angehöriger des jüdischen Stammes Levi; 2. israelitischer Tempeldiener; 3. Assistent des Priesters beim Hochamt in der katholischen Kirche.
Leˈviˈtaˈtiˈon (die, -, -tiˈoˈnen) (lat.) freies Schweben (Parapsychologie).
Leˈviˈten (die, nur Plural) (nur in der Wendung:) jemandem die Leviten lesen (zurechtweisen).
Levˈkoie (*auch:* Levˈkoˈje) (die, -, -n) (griech.) Zierpflanze.
Lew (der, -es, Leˈwa) (bulgarisch) bulgarische Währungseinheit (Abk. Lw).
Lex (die, -, Leˈges) (lat.) Gesetz; Gesetzesantrag.
Leˈxem (das, -s, -e) (griech.) Wort; lexikalische Einheit. Adjektiv: lexematisch.
Leˈxik (die, -, -en) (griech.) Wortschatz (einer Sprache oder Fachsprache). lexisch.
leˈxiˈkal (Adj.) (griech.) lexikalisch (seltener).
leˈxiˈkaˈlisch (Adj.) (griech.) das Lexikon betreffend.
leˈxiˈkaˈliˈsiert (Adj.) (griech.) in ein Lexikon aufgenommen.
Leˈxiˈkoˈgraf (*auch:* Leˈxiˈkoˈgraph) (griech.) Bearbeiter, Verfasser eines Lexikons oder eines Wörterbuchs.
Leˈxiˈkoˈgraˈfie (*auch:* Leˈxiˈkoˈgraˈphie) (die, -, kein Plural) (griech.) Wissenschaft von der Erstellung eines Wörterbuchs oder eines Lexikons.
leˈxiˈkoˈgraˈfisch (*auch:* leˈxiˈkoˈgraˈphisch) Adj.) (griech.) die Lexikografie betreffend.
Leˈxiˈkoˈloˈgie (die, -, kein Plural) (griech.) 1. Wissenschaft von der Erstellung eines Wörterbuchs oder Lexikons; 2. Wortschatzforschung.
leˈxiˈkoˈloˈgisch (Adj.) die Wortschatzforschung betreffend.
Leˈxiˈkon (das, -s, -ka/-ken) (griech.) Wörterbuch; Nachschlagewerk. Lexikonformat.
leˈxisch (Adj.) zur Lexik gehörig.
Leˈziˈthin (das, -s, kein Plural) (griech.) → Lecithin.
lfd. (Adj.) **l**auf**e**n**d**. lfd. m. (laufender Meter); lfd. Nr. (laufende Nummer).
LG (Abk.) **L**and**g**ericht.
Li (Abk.) **Li**thium (chemisches Zeichen).
Liˈaiˈson (die, -, -s) (franz.) Verbindung; Liebschaft.
Liˈaˈne (die, -, -n) (franz.) Schlingpflanze. Kletterpflanze.
Liˈas (der/die, -, kein Plural) (franz.-engl.) untere Abteilung des Juras.
liˈasˈsisch (Adj.) zum Lias gehörig; aus ihm stammend.
Liˈbaˈtiˈon (die, -, -en) (lat.) Trankopfer für Götter im alten Rom.
Liˈbell (das, -s, -e) (lat.) Klageschrift; Schmähschrift im alten Rom.
Liˈbelˈle (die, -e, -n) (lat.) 1. Insekt; 2. Teil der Wasserwaage.
Liˈbelˈlenˈwaaˈge (die, -, -n) Wasserwaage.
Liˈbelˈlist (der, -en, -en) (lat.) Verfasser einer Klage- oder Schmähschrift im alten Rom.

li|be|ral (Adj.) (lat.) freiheitlich. liberalistisch.
Li|be|ra|le (der, -n, -n) Anhänger einer liberalen Partei.
li|be|ra|li|sie|ren (V.) größere Freiheiten einräumen.
Li|be|ra|li|sie|rung (die, -, kein Plural) (lat.) Gewährung größerer Freiheiten; Schaffung einer freieren Gesellschaftsordnung.
Li|be|ra|lis|mus (der, -, kein Plural) (griech.-lat.) gesellschaftspolitisches System mit der größtmöglichen geistigen, politischen und wirtschaftlichen Freiheit für alle.
Li|be|ra|li|tät (die, -, kein Plural) (lat.) Freisinnigkeit; Vorurteilsfreiheit.
Li|be|ra|li|um Ar|ti|um Ma|gis|ter (der, -s, kein Plural) (lat.) Magister der freien Künste (Abk.: L. A. M.).
Li|be|ria (ohne Art., -s, kein Plural) afrikanischer Staat. Liberianer.
li|be|ria|nisch (Adj.) Liberia betreffend.
Li|be|ro (der, -s, -s) (ital.) freier Verteidiger, der sich auch in den Angriff einschalten kann (beim Fußball).
Li|ber|tät (die, -, kein Plural) (lat.) ständische Freiheit; Vorrecht (veraltet).
Li|ber|té, Éga|li|té, Fra|ter|ni|té (franz.) Freiheit, Gleichheit, Brüderlichkeit (Schlagworte der Französischen Revolution).
Li|ber|tin (der, -s, -s) (franz.) Freigeist, Freidenker; ausschweifend lebender Mensch.
Li|ber|ti|na|ge (die, -, kein Plural) (franz.) Zügellosigkeit; Ausschweifung.
li|bi|di|nös (Adj.) triebhaft.
Li|bi|do (die, -, kein Plural) (lat.) Begierde; Geschlechtstrieb.
Li|b|ra|ti|on (die, -, -en) scheinbares Mondschwanken (meteorologische Erscheinung).
Li|b|ret|tist (der, -en, -en) (ital.) Verfasser eines Librettos.
Li|b|ret|to (das, -s, -s/-ti) (ital.) Opern-, Operettentext.
Li|by|en (ohne Art., -s, kein Plural) nordafrikanischer Staat.
Li|by|er (der, -s, -) Bewohner Libyens.
li|bysch (Adj.) Libyen betreffend.
Lic. (Abk.) Lizentiat.
li|cet (lat.) es steht frei, ist erlaubt.

Li|che|no|lo|gie (die, -, kein Plural) (griech.-lat.) Wissenschaft von den Flechten.
licht (Adj.) hell; durchflutet; spärlich bewachsen. eine lichte Schonung, *aber:* im Lichten (Hellen). lichte Weite; lichte Höhe.
Licht (das, -s, -er) Leuchtkörper; Beleuchtung.
Licht|be|hand|lung (die, -, -en) Behandlung mit künstlichem Licht; Licht- und Sonnenbäder.
Licht|bild (das, -es, -er) Fotografie; Diapositiv. Lichtbildervortrag.
licht|blau (Adj.) hellblau. *Aber:* in einem lichten Blau.
Licht|blick (der, -s, -e) Ausblick; Hoffnung; Aussicht.
Licht|bo|gen (der, -s, -bö|gen) bogenförmige elektrische Gasentladung zwischen zwei Elektroden.
Licht|chen (das, -s, -/Lich|ter|chen) kleines Licht.
Licht|druck (der, -s, -e) 1. Flachdruckverfahren; 2. in der Physik der Strahlungsdruck.
licht|durch|flu|tet (Adj.) in hellem Licht. ein lichtdurchfluteter Raum, der Raum war lichtdurchflutet.
licht|durch|läs|sig (Adj.) durchscheinend; durchsichtig.
Lich|te (die, -, kein Plural) Helligkeit; Weite. im Lichten (im Hellen).
licht|echt (Adj.) gegen Licht unempfindlich. Lichtechtheit.
lich|ten (V.) 1. licht machen, werden; leeren; anheben (Anker). 2. (V., refl.) dünn werden; hell werden; weniger werden; sich klären.
Lich|ter|baum (der, -s, -bäu|me) Weihnachtsbaum.
lich|ter|loh (Adj.) in hellen Flammen. Das Haus brennt lichterloh.
Lich|ter|meer (das, -es, -e) Lichtfülle. das großstädtische Lichtermeer.
Licht|ge|schwin|dig|keit (die, -, kein Plural) Fortleitungsgeschwindigkeit des Lichts und aller elektromagnetischen Wellen.
Licht|hu|pe (die, -, -n) optisches Signal durch kurzes Aufblenden des Autoscheinwerfers.
Licht|jahr (das, -es, -e) in der Astronomie verwendetes Entfernungsmaß.
Licht|lein (das, -s, -) kleines Licht.

Licht|ma|schi|ne (die, -, -n) Generator in Fahrzeugen.
Licht|mess (ohne Artikel) Mariä Lichtmess (katholisches Fest).
Licht|pau|se (die, -, -n) Zeichnung auf durchsichtigem Papier (Pauspapier).
Licht|satz (der, -es, kein Plural) Fotosatz.
licht|scheu (Adj.) 1. lichtüberempfindlich; 2. kriminell; unehrlich. lichtscheues Gesindel.
Lich|tung (die, -, -en) freie Stelle im Wald.
licht|voll (Adj.) einleuchtend; klar.
Lid (das, -s, -er) Augendeckel. (*Aber:* das Lied!). Lidentzündung; Lidkrampf; Lidrand; Lidschatten; Lidschwäche; Lidstrich.
Li|do (der, -s, -s) (ital.) Landstreifen, der einen flachen Meeresteil vor der Küste vom offenen Meer trennt.
lieb (Adj.) herzlich; freundlich; geschätzt; angenehm. Du bist mir die Liebste von allen. Das Liebste wäre mir, wenn du gehst. Er wollte sich bei mir lieb Kind machen. Das mache ich nur dir zuliebe. etwas/nichts/viel/wenig Liebes; alles Liebe zum Geburtstag; hallo, ihr Lieben; meine Liebste (Geliebte); sie ist meine Liebe, *aber:* meine liebe Lisa. Verben: liebäugeln; lieben; lieb haben (*auch:* liebhaben); lieb gewinnen (*auch:* liebgewinnen); liebkosen. Das Kind wird dir lieb sein/werden. Adjektive: liebebedürftig; liebestoll; lieb gewordene (*auch:* liebgewordene) Umgebung; liebenswert.
lieb|äu|geln (V.) etwas gern tun wollen; flirten. Ich habe lange mit dem Plan geliebäugelt.
lieb be|hal|ten (*auch:* lieb|be|hal|ten) (V., behielt lieb, hat lieb behalten/liebbehalten) Zuneigung bewahren.
Lie|be 1. (die, -, kein Plural) starke Gefühlsbindung; 2. Erbarmen; Opferbereitschaft; 3. Freundlichkeit. Tu mir die Liebe und begleite mich. 4. geliebter Mensch. meine große Liebe.
Lie|be|die|ner (der, -s, -) unterwürfiger Mensch; Schmeichler.
Lie|be|die|ne|rei (die, -, en) Schmeichelei.
lie|be|die|ne|risch (Adj.) schmeichlerisch; unterwürfig.

lieˈbeˈdieˈnern (V.) unterwürfig sein; schmeicheln

Lieˈbeˈlei (die, -, -en) flüchtiges Liebesabenteuer; Affäre.

lieˈbeln (V.) mit der Liebe spielen.

lieˈben (V.) 1. ein inniges Gefühl für jemanden empfinden; 2. etwas gern haben oder tun. Sie liebt es, nach dem Essen spazieren zu gehen. Ich liebe den Wald.

lieˈbensˈwürˈdig (Adj.) freundlich; höflich. *Beachte:* mit der Präposition »zu«! Er war sehr liebenswürdig zu (*nicht:* gegen!) meinen Eltern.

lieˈbensˈwürˈdiˈgerˈweiˈse (Adj.) freundlicherweise.

Lieˈbensˈwürˈdigˈkeit (die, -, -en) Freundlichkeit; Gefälligkeit; Charme.

lieˈber (Adv.) Steigerung von »gern«: gern, lieber, am liebsten.

Lieˈbesˈapˈfel (der, -s, -äpˈfel) Tomate.

Lieˈbesˈmüˈhe (die, -, kein Plural) (nur in der Verbindung:) Das ist vergebene Liebesmühe. (Das hat keinen Zweck).

Lieˈbesˈperˈlen (die, nur Plural) Zuckerperlen (Gebäckverzierung).

Lieˈbesˈtöˈter (der, -s, -) (ugs.) lange Unterhose.

lieˈbesˈtrunˈken (Adj.) außer sich vor Liebe; liebestoll.

lieˈbeˈvoll (Adj.) mit Liebe; fürsorglich; herzlich; zärtlich.

Liebˈfrauˈenˈmilch (die, -, kein Plural) Weinsorte.

lieb geˈwinˈnen (*auch:* liebˈgeˈwinˈnen) (V., gewann lieb, hat lieb gewonnen/liebgewonnen) lieben lernen.

lieb haˈben (*auch:* liebˈhaˈben) (V., hatte lieb, hat lieb gehabt/liebgehabt) lieben; gern haben.

Liebˈhaˈber (des, -s, -) 1. Geliebter; 2. Amateur; Kenner; Sammler. Musikliebhaber; Literaturliebhaber; Antiquitätenliebhaber.

Liebˈhaˈbeˈrei (die, -, -en) Lieblingsbeschäftigung; Hobby.

Liebˈhaˈberˈpreis (der, -es, -e) Preis eines Sammlerstücks. Liebhaberwert.

liebˈkoˈsen (V.) streicheln; zärtlich sein. *Beachte:* Er hat sie liebkost/geliebkost.

Liebˈkoˈsung (die, -, en) Zärtlichkeit.

liebˈlich (Adj.) anmutig; reizvoll; hold.

Liebˈling (der, -s, -e) 1. Schatz; Geliebte(r). 2. bevorzugter Mensch; bevorzugter Gegenstand; Günstling. Du bist meine Lieblingsoma! Tomatensuppe ist meine Lieblingsspeise. Er war der Lieblingsschüler seiner Lehrerin.

liebˈlos (Adj.) herzlos; ohne Liebe; böse; gefühllos.

Liebˈloˈsigˈkeit (die, -, -en) Gefühlslosigkeit; Herzlosigkeit.

liebˈreich (Adj.) liebevoll.

Liebˈreiz (der, -es, kein Plural) Anmut; Charme.

liebˈreiˈzend (Adj.) anmutig; charmant.

Liebˈschaft (die, -, -en) Liebesverhältnis.

Liebˈstöˈckel (der/das, -s, -) Gewürzpflanze.

Liechˈtenˈstein (ohne Art., -s, kein Plural) europäischer Kleinstaat.

Liechˈtenˈsteiˈner (der, -s, -) Bewohner Liechtensteins.

liechˈtenˈsteiˈnisch (Adj.) Liechtenstein betreffend.

Lied (das, -s/-es, -er) 1. Gesangsstück; Gesang; 2. erzählende Dichtung. Nibelungenlied.

Liedˈchen (das, -s, -) kleines, kurzes Lied

Lieˈderˈabend (der, -s, -e) Konzertvortrag mit Kunstliedern.

Lieˈderˈbuch (das, -es, -büˈcher) Liedsammlung mit Melodie und Text. liederreich.

Lieˈderˈmaˈcher (der, -s, -) Komponist und Textschreiber von Liedern mit meist sozialkritischem Inhalt; Chansonnier.

lieˈderˈlich (Adj.) unordentlich; unmoralisch.

Lieˈderˈlichˈkeit (die, -, kein Plural) Unordentlichkeit; unmoralisches Verhalten.

Lieˈfeˈrant (der, -en, -en) jemand, der Waren liefert, zustellt. Lieferfirma; Lieferschein; Lieferstopp; Lieferungssperre.

lieˈferˈbar (Adj.) vorrätig; auf Lager; disponibel; vorrätig. lieferungsweise.

Lieˈferˈfrist (die, -, -en) Zeitspanne, in der eine Ware geliefert werden soll.

lieˈfern (V.) 1. zustellen; anliefern; ausliefern; beliefern; 2. erbringen. Für deine Behauptung musst du mir erst den Beweis liefern. 3. (ugs.) jemanden ans Messer liefern (jemanden ausliefern).

Lieˈferˈterˈmin (der, -es, -e) Zeitpunkt, an dem eine Ware geliefert werden soll.

Lieˈfeˈrung (die, -, en) 1. Zustellung von Waren; 2. Teil eines größeren Postens. Das Buch erscheint in Lieferungen.

Lieˈferˈwaˈgen (der, -s, -) kleines Transportkraftfahrzeug.

Lieˈferˈzeit (die, -, en) Zeitspanne, in der eine Ware geliefert werden kann.

Lieˈge (die, -, -n) Liegesofa; Ruhebett.

Lieˈgeˈhalˈle (die, -, -n) windgeschützter Raum zur Durchführung einer Liegekur.

Lieˈgeˈkur (die, -, -en) Heilbehandlung durch Liegen im Freien.

lieˈgen (V., lag, hat/ist gelegen) ausgestreckt sein; sich befinden; entsprechen. *Beachte:* Ich habe das Buch noch im Auto liegen. Ich habe das Buch liegen lassen (*auch:* liegenlassen). Die Kinder haben alles liegen und stehen lassen. Der gemeine Kerl hat mich einfach links liegen lassen (*auch:* liegenlassen) (nicht beachtet). Dieses Unterrichtsfach liegt mir nicht (es entspricht nicht meinen Fähigkeiten.). Es liegt an ihm, dass es in der Ehe kriselt (er ist schuld daran.). Liegesofa.

lieˈgen bleiˈben (V., blieb liegen, ist liegen geblieben) 1. nicht aufstehen. Sie blieb den ganzen Tag im Bett liegen. 2. (*auch:* liegenbleiben) nicht bearbeiten; vergessen. Die Arbeit blieb liegen. Der Schirm ist liegen geblieben (*auch:* liegengeblieben).

lieˈgend (Adj.) in liegender Stellung. Die Arbeit kann nur liegend verrichtet werden.

Lieˈgenˈde (das, -n, kein Plural) im Bergbau eine unter einem bestimmten Gesteinshorizont liegende Gesteinsschicht.

Lieˈgenˈschaft (die, -, -en) Grundstück; Grundbesitz.

Lieˈgeˈplatz (der, -es, -plätˈze) Schiffsanlageplatz.

Lieˈger (der, -s, -) 1. Wache auf einem Schiff; 2. außer Dienst gestelltes Schiff; 3. Wasserfass als Notvorrat.

Lieˈgeˈsitz (der, -es, -e) umklappbarer Sitz im Auto oder Zug.

Lieˈgeˈstatt (die, -, -stätˈte) Bett; Ruheplatz.

Lieˈgeˈstuhl (der, -s, -stühˈle) mit Stoff bespanntes, zusammenklappbares Holz- oder Metallgestell.

Lieˈgeˈstütz (der, -, -e) Turnübung.

Lie|ge|wa|gen (der, -s, -) Eisenbahnwagen, der für die Nacht über ausklappbare Schlafliegen verfügt.
Lie|ge|wie|se (die, -, -n) zum Liegen geeignete Wiese in Schwimmbädern.
Lie|ge|zeit (die, -, -en) Zeit, die ein Schiff im Hafen liegt.
Liek (das, -s, -en) (nordd.) Tauwerk als Segeleinfassung.
Liesch (das, -es, kein Plural) Sammelbezeichnung verschiedener schilfartiger Pflanzen.
Lie|se (die, -, -n) im Bergbau eine enge Kluft.
Lie|sen (die, -, nur Plural) (nordd.) Schweinefett.
Lift (der, -s, -s/-e) 1. Aufzug; 2. (Kurzw.) Skilift. Liftjunge; Liftkurs.
Lift|boy (der, -s, -s) (engl.) Fahrstuhlführer.
lif|ten (V.) (engl.) 1. stemmen; 2. Lifting durchführen.
Lif|ting (das, -s, kein Plural) (engl.) kosmetisch-chirurgischer Eingriff; Hautstraffung.
Li|ga (die, -, -gen) (span.) 1. Bund. 2. Spielklasse (Sport). Bundesliga; Bundesligist.
Li|ga|ment (das, -s/-es, -e) (lat.) Band aus Bindegewebe.
Li|ga|tur (die, -, -en) (lat.) 1. Verbindung zweier Buchstaben zu einer Drucktype; Verbindung zweier Noten durch Bogen (in der Musik); 2. Abbinden eines Blutgefäßes.
li|gis|tisch (Adj.) eine Liga betreffend.
Light|show (die, -, -s) (engl.) Beleuchtungseffekte.
Li|gist (der, -en, -en) (span.) Angehöriger einer Liga.
Li|g|nin (das, -s, -e) (lat.) Holzstoff.
Li|g|nit (der, -s, -e) (lat.) Braunkohle mit Holzstruktur.
Li|g|ro|in (das, -s, kein Plural) (Kunstw.) Bestandteil des Erdöls; Leichtöl.
Li|gus|ter (der, -s, -) (lat.) Strauch.
Li|gus|ter|he|cke (die, -, -n) Hecke aus Ligustersträuchern.
Li|gus|ter|schwär|mer (der, -s, -) Nachtfalter in Europa und Asien.
li|ie|ren (V.) (franz.) verbinden; ein Liebesverhältnis haben. Liaison.
Li|ier|te (der, -n, -n) Vertrauter (veraltet).
Li|ie|rung (die, -, en) enge Verbindung.
Li|kör (der, -s, -e) (franz.) Branntwein (aromatisiert und mit Zucker versetzt). Likörflasche; Likörglas.
li|la (Adj.) (franz.) Farbe. *Beachte:* keine Steigerung und Beugung möglich, ein lila Hut (*falsch:* ein lilaner Hut!). die Farbe Lila. die lila gefärbten (*auch:* lilagefärbten) Kleider sind verkauft.
li|la|far|ben (Adj.) in der Farbe lila.
li|la|far|big (Adj.) lilafarben.
Li|lie (die, -, -n) (lat.) Blume; Liliengewächs.
Li|li|put (kein Art., -s, kein Plural) Märchenland mit nur daumengroßen Menschen aus dem Märchen »Gullivers Reisen« von J. Swift.
Li|li|pu|ta|ner (der, -s, -) 1. Bewohner Liliputs; 2. kleiner Mensch; Zwerg.
Li|li|put|bahn (die, -, -en) Kinderbahn auf dem Jahrmarkt.
lim (Abk.) **Lim**es (Grenzwert).
lim. (*auch:* Lim.) (Abk.) **lim**ited.
Lim|ba (das, -s, kein Plural) Furnierholz.
Lim|bo (der, -s, -s) Tanz.
Lim|bur|ger (der, -s, -) Käsesorte.
Lim|bus 1. (der, -, kein Plural) (lat.) Unterwelt; Vorhölle; 2. (der, -, -bi) Gradkreis; 3. in der Botanik der nicht verwachsene Teile einer Blüte (Saum).
Li|me|rick (der, -s, -s) (engl.) ironischer Fünfzeiler.
Li|mes (der, -, -) Grenzwert (Abk.: lim); (ohne Plural:) römischer Grenzwall.
Li|met|te (die, -, -n) (pers.) Zitrusfrucht. Limettensaft.
Li|mit (das, -s, -s/-e) (engl.) Obergrenze; Preisgrenze; Grenzwert; Maximum; Mindestmaß.
Li|mi|ta|ti|on (die, -, -en) (lat.-engl.) Begrenzung.
li|mi|ted (Abk. Ltd., lim., Lim., Ld.) (Adj.) (engl.) mit beschränkter Haftung (bei englischen und amerikanischen Firmennamen).
li|mi|tie|ren (V.) (lat.) begrenzen; Grenze setzen.
Li|mi|tie|rung (die, -, -en) (lat.) Begrenzung.
Lim|ni|me|ter (das, -s, -) (griech.) Wasserstandsanzeiger (für Seen).
Lim|no|lo|gie (die, -, kein Plural) (griech.) Binnengewässerlehre.
lim|no|lo|gisch (Adj.) die Limnologie betreffend.
Li|mo (die/das, -, -/-s) (Kurzw.) Limonade.
Li|mo|na|de (die, -, -n) Erfrischungsgetränk. Limonadenautomat.
Li|mo|ne (die, -, -n) Zitrone.
Li|mo|nit (der, -s, -e) (griech.) Mineral.
li|mos (*auch:* li|mös) (Adj.) (lat.) schlammig; sumpfig.
Li|mou|si|ne (die, -, -n) (franz.) Auto.
lind (Adj.) weich; mild. Lindheit.
Lin|de (die, -, -n) Baum. Lindenallee; Lindenbaum; Lindenblatt; Lindenblüte; Lindenblütentee; Lindenhonig.
lin|den (Adj.) aus Lindenholz.
lin|dern (V.) mildern.
Lin|de|rung (die, -, -en) Besänftigung; Milderung; Trost.
Lin|de|rungs|mit|tel (das, -s, -) Arzneimittel.
lind|grün (Adj.) zart grün.
Lind|heit (die, -, kein Plural) Milde; Weichheit; Zartheit.
Lind|wurm (der, -s, kein Plural) Drache (Mythologie).
Li|ne|al (das, -s, -e) (lat.) Zeichengerät.
li|ne|ar (Adj.) (lat.) geradlinig; linienförmig.
Li|ne|ar|be|schleu|ni|ger (der, -s, -) Apparat zur Beschleunigung von elektrisch geladenen Teilchen auf hohe Geschwindigkeiten.
Li|ne|ar|zeich|nung (die, -, -en) Umrisszeichnung.
Li|ne|a|tur (die, -, -en) (lat.) Heftlinierung.
Lin|ga(m) (das, -s, kein Plural) (sanskr.) Phallus (Kultsymbol des indischen Zeugungsgottes Schiwa).
Lin|ge|rie (die, -, -n) (schweiz.-franz.) Wäschekammer; betriebseigene Wäscherei.
lin|gu|al (Adj.) (lat.) auf die Zunge bezogen.
Lin|gu|al (der, -s, -e) (lat.) Zungenlaut. Lingualllaut.
Lin|gu|ist (der, en, -en) (lat.) Sprachwissenschaftler.
Lin|gu|is|tik (die, -, kein Plural) (lat.) Sprachwissenschaft.
lin|gu|is|tisch (Adj.) die Sprachwissenschaft betreffend.
Li|nie (die, -, -n) (lat.) Strich; Reihe; Richtung. schlanke Linie (schlanker Körperbau). Er hat auf der ganzen Linie versagt (überall). in erster Linie (an

erster Stelle); Parteilinie (Richtung einer Partei). geradlinig.
Li|ni|en|blatt (das, -es, -blät|ter) Blatt mit Linierung zum Unterlegen unter ein unliniertes Blatt. Linienpapier.
Li|ni|en|bus (der, -ses, -se) fahrplanmäßiger Bus im öffentlichen Verkehr. Liniendampfer; Linienflug; Linienverkehr.
Li|ni|en|füh|rung (die, -, kein Plural) 1. in der Malerei die Kunst des Striches; 2. Verlauf von Verkehrswegen.
Li|ni|en|netz (das, -es, -e) Gesamtheit der Verkehrswege öffentlicher Verkehrsmittel.
Li|ni|en|rich|ter (der, -s, -) Assistent des Schiedsrichters zur Kontrolle der Seitenlinien bei Fuß- und Handball, Hockey.
Li|ni|en|schiff (das, -es, -e) 1. Hauptkampfschiff einer Kriegsflotte; 2. Schiff im Schiffslinienverkehr.
li|ni|en|treu (Adj.) einer Parteirichtung folgend.
Li|nie|rung (die, -, -en) Zeilenaufdruck.
li|ni|ie|ren (*auch:* li|nie|ren) (V.) Linien ziehen; mit Linien versehen.
Li|ni|ment (das, -s, -e) (lat.) verflüssigte Salbe zum Einreiben.
link (Adj.) (ugs.) anrüchig; hinterhältig.
Lin|ke 1. (die, -n, -n) linke Hand. linker Hand; zur Linken. 2. beim Boxen Schlag mit der linken Faust; 3. (die, -n, kein Plural) alle sozialistischen Parteien insgesamt.
lin|ken (V.) jemanden betrügen; hintergehen.
lin|kisch (Adj.) unbeholfen; ungeschickt.
links (Adv.) links von uns; von links nach rechts gehen; im Straßenverkehr gilt rechts vor links; das mache ich mit links; jemanden links liegen lassen (*auch:* liegenlassen) (nicht beachten). Linksabbieger; Linksaußen, *aber:* links außen spielen. Linksdrall; Linksdrehung; Linksextremismus; Linksgewinde; Linkshänder; Linkshändigkeit; Linksintellektuelle; Linkskurve; Linksradikale; Links-rechts-Kombination; Linksverkehr. Adjektive: linksbündig; links außen; linksdrehende Schraube, *aber:* eine nach links drehende Schraube; linksextrem; linksgerichtet; linkshändig; linksher, *aber:* der Wind weht von links her; linksherum, *aber:* sich nach links herumdrehen; linkshin, *aber:* wir stellen den Tisch nach links hin; linkslastig; linksliberal; linksradikal; linksrheinisch; linksseitig; (politisch) links stehend (*auch:* linksstehend); linksum machen (wenden).
Link|ser (der, -s, -) (ugs.) Linkshändiger.
Links|hörn|chen (das, -s, -) Schnecke.
lin|nen (Adj.) aus Leinen.
Lin|nen (das, -s, -) Leinen.
Li|no|le|um (das, -s, kein Plural) (lat.) Fußbodenbelag. Linoleumfußboden.
Li|nol|schnitt (der, -s, -e) Kunstdruckverfahren.
Li|non (der, -s, -s) (franz.) Baumwollgewebe.
Li|no|ty|pe (die, -s, -s) (engl.) Zeilengusssetzmaschine.
Lin|se (die, -, -n) 1. Gemüse. 2. Haftschalen. 3. optisches Gerät. Linsensuppe; dreilinsig (3-linsig).
lin|sen (V.) (ugs.) schauen; aufpassen.
Lin|sen|feh|ler (der, -s, -) in der Physik ein Abbildungsfehler.
lin|sen|för|mig (Adj.) in der Form eines Linsenkorns.
Lin|sen|trü|bung (die, -, -en) Augenkrankheit.
Linz (ohne Art., -, kein Plural) Hauptstadt von Oberösterreich.
Li|p|ä|mie (die, -, -n) (griech.) erhöhter Fettgehalt des Blutes.
li|p|ä|misch (Adj.) an Lipämie leidend.
Lip|gloss (das, -, -) (engl.) Lippenfettstift; Lippenkosmetikprodukt mit Glanzeffekt.
Li|pid (das, -s, -e) (griech.) fettähnlicher Stoff.
Li|piz|za|ner (der, -s, -) Pferderasse.
li|po|id (Adj.) (griech.) fettartig.
Li|po|id (das, -s, -e, meist Plural) (griech.) fettartige Substanz in Tier- und Pflanzenkörpern.
Li|pom (das, -s, -e) (griech.) gutartige Fettgeschwulst.
Lip|pe (die, -, -n) Mundrand.
Lip|pen|be|kennt|nis (das, -ses, -se) Bekenntnis ohne innere Überzeugung.
Lip|pen|blüt|ler (die, -, meist Plural) Pflanzenfamilie mit zweilippigen Blüten.
Lip|pen|laut (der, -s, -e) ein mit den Lippen gebildeter Laut.
Lip|pen|stift (der, -s, -e) Kosmetikartikel zum Färben der Lippen.
Lip|pen|syn|chro|ni|sa|ti|on (die, -, -en) in der Filmkunst die Angleichung von Lippenbewegungen beim Überspielen einer Fremdsprache. lippensynchron.
...lip|pig (Adj.) z. B. schmallippig; zweilippig.
Lip|tau|er (der, -s, -) Schafskäse.
Li|p|u|rie (die, -, -n) (griech.) krankhafte Ausscheidung von Fett im Urin.
Liq. (Abk.) **Liq**uor (Flüssigkeit).
Li|que|fak|ti|on (die, -, -ti|o|nen) (lat.) Umwandlung eines festen Stoffes in eine Flüssigkeit; Verflüssigung.
li|quid (Adj.) (lat.) flüssig; zahlungsfähig. Liquidlaut.
Li|qui|da (die, -, -dä/-den) (lat.) Laut, bei dem die ausströmende Atemluft durch Verengung des Mundkanals in Schwingungen versetzt wird. (z. B. »r«).
Li|qui|da|ti|on (die, -, -en) (lat.) 1. Rechnung eines Arztes oder Rechtsanwalts; 2. Verfahren bei Auflösung eines Geschäfts; 3. Auflösung (eines Geschäfts); Beseitigung; Tötung. Liquidationsverhandlung.
Li|qui|da|tor (der, -s, -en) (lat.) Vermittler bei Geschäftsauflösungen.
li|qui|die|ren (V.) (lat.) auflösen; berechnen; töten.
Li|qui|die|rung (die, -, -en) (lat.) Auflösung; Berechnung; Beseitigung; Tötung.
Li|qui|di|tät (die, -, -en) (lat.) Flüssigsein; Zahlungsfähigkeit; Solvenz.
Li|quor (der, -s, -quo|ren) (lat.) flüssiges Arzneimittel. Liquor cerebrospinalis (Hirn-/ Rückenmarksflüssigkeit).
Li|ra 1. (die, -, Li|re) ehemalige italienische Währungseinheit (Abk.: L; Lit); 2. (die, -, -) türkische Währungseinheit (Abk.: TL).
Li|se|ne (die, -, -n) (franz.) flacher Mauerstreifen (zur Gliederung einer Fläche).
Lis|mer (der, -s, -) (schweiz.) Strickjacke.
lis|peln (V.) beim Sprechen mit der Zunge anstoßen. Lispelton.
List (die, -, -en) Täuschung; Schlauheit; Finte; Schachzug; Trick; Winkelzug. mit List und Tücke.
Lis|te (die, -, -n) Tabelle; Verzeichnis. Listenauszug; Listenführer; Listenpreis.
lis|ten (V.) in Listenform bringen.
lis|ten|reich (Adj.) voller List.

Lis|ten|wahl (die, -, -en) Wahlsystem, bei dem mehrere Kandidaten gleichzeitig nach einer Liste gewählt werden.
lis|tig (Adj.) 1. durchtrieben; schlau (auf eine Person bezogen); 2. geschickt; täuschend (auf einen Plan bezogen); fintenreich; pfiffig; verschmitzt.
lis|ti|ger|wei|se (Adj.) schlauerweise.
Lis|tig|keit (die, -, -en) Schlauheit.
Lit. (Abk.) **Lit**era.
Li|ta|nei (die, -, -en) (griech.) Wechselgebet; monotones Reden; sehr lange Aufzählung.
Li|tau|en (ohne Art., -s, kein Plural) baltischer Staat.
Li|tau|er (der, -s, -) Bewohner Litauens.
li|tau|isch (Adj.) Litauen betreffend.
Li|ter (der, -s, -) (griech.) Flüssigkeitsmaß (Abk.: l). *Beachte:* zwei Liter Bier; ein halber Liter (1/2 l); ein viertel Liter (1/4 l), (*auch:* Viertelliter); Literflasche; Literleistung; literweise.
Li|te|ra (die, -, -s/Li|te|rä) (lat.) Buchstabe.
Li|te|rar|his|to|ri|ker (der, -s, -) Erforscher der Literaturgeschichte.
li|te|rar|his|to|risch (Adj.) literaturgeschichtlich.
li|te|ra|risch (Adj.) (lat.) die Literatur betreffend; schriftstellerisch.
Li|te|rat (der, -en, -n) (lat.) Schriftsteller.
Li|te|ra|ten|tum (das, -s, kein Plural) Gesamtheit der Schriftsteller; Literatenstand.
Li|te|ra|tur (die, -, -en) (lat.) Schrifttum. Literaturgeschichte; Literaturkritik; Literaturpreis; Literatursprache; Literaturwissenschaft; Literaturzeitschrift. Adjektive: literaturgeschichtlich; literaturwissenschaftlich.
Li|te|ra|tur|an|ga|be (die, -, -n) Quellennachweis bei wissenschaftlichen Werken. Literaturverzeichnis.
Li|te|ra|tur|bei|la|ge (die, -, -n) Beilage literarischen Inhalts einer Zeitung.
Li|te|ra|tur|denk|mal (das, -s, -e) bedeutendes, epochemachendes Werk der Weltliteratur.
li|ter|wei|se (Adj.) in Litern.
Li|tew|ka (die, -, -ken) (poln.) bequemer, zweireihiger Uniformrock mit Umlegekragen.
Lit|faß|säu|le (die, -, -n) Plakatsäule nach E. Litfaß.
...lith (griech.) ...stein.
Li|thi|a|sis (die, -, -thi|a|sen) (griech.) Steinbildung (in inneren Organen).
Li|thi|um (das, -s, kein Plural) (griech.) chemischer Grundstoff (Abk.: Li).
Li|tho|graf (*auch:* Li|tho|graph) (der, -en, -en) (griech.) 1. Steinzeichner; 2. Hersteller von Offsetdruckplatten.
Li|tho|gra|fie (*auch:* Li|tho|gra|phie) (die, -, -n) (griech.) 1. Flachdruckverfahren; 2. Steindruck; Steinzeichnung; 3. (die, -, kein Plural) Kunstblatt im Steindruckverfahren hergestellt.
li|tho|gra|fie|ren (*auch:* li|tho|gra|phie|ren) (V.) (griech.) 1. auf Stein zeichnen; 2. Druckplatten herstellen.
li|tho|gra|fisch (*auch:* li|tho|gra|phisch) (griech.) die Lithografie betreffend.
Li|tho|klast (der, -en, -en) (griech.) Gerät zum Zertrümmern von Blasensteinen.
Li|tho|lo|ge (der, -n, -n) (griech.) 1. Wissenschaftler der Gesteinskunde; 2. Pathologe mit Spezialkenntnis der Steine des menschlichen Körpers.
Li|tho|lo|gie (die, -, -n) (griech.) 1. Gesteinskunde allgemein; 2. Spezialfach der Pathologie.
Li|tho|ly|se (die, -, -n) (griech.) Auflösung von Gallen-, Nieren-, Blasensteinen mithilfe von Medikamenten.
li|tho|phag (Adj.) (griech.) Gesteine auflösend; sich in Gesteine hineinfressend (von Tieren; z. B. Bohrmuscheln).
Li|to|po|ne (die, -, kein Plural) (griech.) weiße, lichtechte Deckfarbe.
Li|tho|sphä|re (die, -, kein Plural) Gesteinsmantel der Erde.
Li|tho|tom (der/das, -s, -e) (griech.) chirurgisches Instrument für die Lithotomie.
Li|tho|to|mie (die, -, -mi|en) (griech.) Blasensteinoperation.
Li|tho|trip|sie (die, -, -n) (griech.) Zertrümmerung von Blasensteinen mittels eines Lithoklasten.
Li|th|ur|gik (die, -, kein Plural) (griech.) Gesteinsverarbeitungslehre. (*aber:* die Liturgik).
li|to|ral (Adj.) (lat.) Küste oder Ufer betreffend.
Li|to|ral (das, -s, -e) (lat.) Uferzone.
Li|to|ra|le (das, -s, -s) Küstenstrich; Uferzone.
Li|to|ral|fau|na (die, -, -fau|nen) (lat.) Tierwelt des Küsten- und Uferbereichs.
Li|to|ral|flo|ra (die, -, -flo|ren) (lat.) Pflanzenwelt des Küsten- und Uferbereichs.
Li|to|ri|na (die, -, -nen) (nlat.) eine Strandschnecke.
Li|to|tes (die, -, kein Plural) rhetorische Figur; Bejahung durch doppelte Verneinung.
Lit|schi (die, -, -s) (chines.) pflaumengroße Frucht.
Li|tur|gie (die, -, -n) (griech.) 1. christlicher Gottesdienst; 2. Gottesdienstordnung; 3. Wechselgesang zwischen Geistlichem und Gemeinde. Liturg; Liturgiensammlung.
Li|tur|gik (die, -, kein Plural) (griech.) Wissenschaft von den Formen des Gottesdienstes.
li|tur|gisch (Adj.) die Liturgie betreffend. liturgische Gefäße; liturgische Gewänder; liturgisches Jahr.
Lit|ze (die, -, -n) Borte; Besatz.
live (Adj.) (engl.) direkt gesendet.
Live|sen|dung (*auch:* Live-Sen|dung) (engl.) Originalübertragung einer Veranstaltung in Rundfunk oder Fernsehen.
Live|show (*auch:* Live-Show) (engl.) Direktsendung einer Show im Fernsehen.
Live|über|tra|gung (*auch:* Live-Über|tragung) (engl.) Direktübertragung einer Veranstaltung in Rundfunk und Fernsehen.
Li|v|ree (die, -, -n) (franz.) Uniform (Dienerschaft).
Li|zenz (die, -, -en) (lat.) Genehmigung; Erlaubnis. Lizenzgeber; Lizenzinhaber; Lizenzvertrag.
Li|zenz|aus|ga|be (die, -, -n) Sonderausgabe eines Buches durch einen Verlag, der von einem anderen, bevorrechtigten Verlag die Genehmigung dafür bekam.
Li|zenz|ge|bühr (die, -, -en) Nutzungsgebühr.
Li|zen|zi|at (*auch:* Li|zen|ti|at) (lat.) 1. (das, -es, -e) theologischer Hochschulgrad (Abk. Lic.); 2. (der, -en, -en) Inhaber eines Lizenziats.
li|zen|zie|ren (V.) eine Lizenz erteilen.
Li|zenz|spie|ler (der, -s, -) Fußballspieler, der in einem anderen als seinem heimischen Verein spielt.
Li|zi|ta|ti|on (die, -, -ti|o|nen) (lat.) Versteigerung.
li|zi|tie|ren (V.) (lat.) versteigern.

Lkw (*auch:* LKW) (Abk.) **L**ast**k**raft**w**agen. Drei Lkws fuhren vor uns.
Lloyd (der, -s, -s) (engl.) Name von Schifffahrts- und Versicherungsgesellschaften.
lm (Abk.) **Lum**en (Lichteinheit). lmh (Lumenstunde).
Ln. (*auch:* Lnbd.) (Abk.) **Lein**en-band.
Lob 1. (das, -s, -e) Anerkennung. Lobeshymne; Lobgesang; Loblied; Lobpreisung; Lobrede; Lobspruch; lobenswürdig; lobrednerisch. 2. (der, -/ -s, -s) (engl.) hoher Ball (Tennis). Lobball (*auch:* Lob-Ball).
Lob|by (die, -, -s) (engl.) 1. Interessengruppe; 2. Vorraum des Parlaments.
Lob|by|is|mus (engl.) Beeinflussung von Politikern durch Vertreter von Interessengruppen.
Lob|by|ist (der, -en, -en) Vertreter von Interessengruppen, der versucht, Abgeordnete zu beeinflussen.
Lo|be|lie (die, -, -n) (nlat.) eine Zierpflanze mit glockigen Blüten.
lo|ben (V.) Anerkennung aussprechen. Das lobe ich mir! (Das schätze ich sehr!).
lo|bens|wert (Adj.) ein Lob verdienend.
Lob|hu|de|lei (die, -, -en) übertriebenes Loben; Schmeichelei.
lob|hu|deln (V., lobhudelte, lobgehudelt) (ugs.) übertrieben loben; schmeicheln.
Lob|hu|de|ler (*auch:* -hud|ler) (der, -s, -) Schmeichler.
löb|lich (Adj.) lobenswert. löbliches Tun.
Lo|bo|to|mie (die, -, -en) (griech.) chirurgische Operation zur Behandlung bestimmter Geisteskrankheiten (nicht mehr üblich).
lob|prei|sen (V., lobpreiste, hat gelobpreist) rühmen.
lob|sin|gen (V., lobsang, hat lobgesungen) (Gott) rühmen.
Lo|ca|tion (die, -, -s) (engl.) Platz, Ort, an dem ein Ereignis oder eine Veranstaltung stattfindet.
Loch (das, -s, Lö|cher) Vertiefung; Hohlraum; Lücke.
lo|chen (V.) etwas mit einem Loch versehen. Die Fahrkarte wird gelocht (entwertet).
Lo|cher (der, -s, -) 1. Gerät zum Lochen von Schriftstücken; 2. jemand, der Lochkarten herstellt.
lö|che|rig (*auch:* löch|rig) (Adj.) durchlöchert; mit vielen kleinen Löchern durchsetzt; porös.
lö|chern (V.) jemanden bedrängen durch ständiges Bitten und Fragen.
Lo|chi|en (die, -, nur Plural) (griech.) Wochenfluss nach der Geburt.
Loch|ka|me|ra (die, -, -s) Camera obscura; Vorläuferin der Fotokamera.
Loch|kar|te (die, -, -n) Datenträger, bei dem jedes Zeichen durch eine bestimmte Folge von eingestanzten Löchern dargestellt wird. Lochkartenmaschine; Lochstreifen.
Loch|leh|re (die, -, -n) Werkzeug zur Überprüfung des Durchmessers von Bolzen.
Loch|sti|cke|rei (die, -, en) besondere Sticktechnik.
Lo|chung (die, -, -en) die durch das Lochen entstandenen Löcher.
Lo|cke (die, -, -n) geringeltes Haar; Dauerwelle; Haarlocke; Schmachtlocke; Welle. Löckchen; Lockenhaar; Lockenkopf; Lockenpracht; Lockenwickler; lockenköpfig. gelockt.
lo|cken (V.) lockig machen; anlocken; reizen. Die Aufgabe lockt mich. (Die Aufgabe reizt mich.). jemanden aus der Reserve locken. Lockente; Lockmittel; Lockruf; Lockspeise.
lo|cker (Adj.) nicht fest; wackelig; zwanglos; leichtfertig. *Beachte:* Zusammenschreibung mit Verben, wenn eine neue Verbbedeutung entsteht! Nur nicht lockerlassen (nachgeben)! Kannst du etwas Geld lockermachen (bereitstellen)? *Aber:* Ich muss die Schnürsenkel locker machen (*auch:* lockermachen) (lockern).
Lo|cker|heit (die, -, kein Plural) Zwanglosigkeit.
lo|ckern 1. (V.) weniger straff machen. Die Gesetze werden gelockert. 2. (V., refl.) sich lösen. Die Schraube lockert sich. Die Beziehungen lockern sich. Die Stimmung lockert sich.
Lo|cke|rung (die, -, kein Plural) das Lockern; Entspannung.
Lo|cke|rungs|mit|tel (das, -s, -) Mittel zum Auflockern eines Teiges.
Lo|cke|rungs|übung (die, -, -en) gymnastische Übung zum Auflockern der Muskulatur.
lo|ckig (Adj.) in Locken gelegtes Haar.
Lock|spit|zel (der, -s, -) jemand, der andere zu kriminellen Handlungen anstiftet.
Lo|ckung (die, -, -en) Reiz; Versuchung.
Lock|vo|gel (der, -s, -vö|gel) 1. gefangener Vogel, der zu Jagdzwecken andere Vögel anlocken soll; 2. jemand, der für kriminelle Zwecke eingesetzt wird. Ein junges Mädchen diente als Lockvogel.
lo|co (lat.) am Ort; vorrätig; greifbar. *Aber:* Lokogeschäft; Lokoverkehr; Lokoware.
lo|co ci|ta|to (lat.) am angegebenen Ort (Abk.: l. c.).
Lo|den (der, -s, -) Wollstoff. Lodenstoff.
Lo|den|man|tel (der, -s, -män|tel) wetterfester Mantel aus Lodenstoff.
lo|dern (V.) aufflammen; glühen. lodernde Begeisterung.
Löf|fel (der, -s, -) 1. Essgerät. 2. (ugs.) Ohr. 3. chirurgisches Instrument.
Löf|fel|bis|kuit (der, -s, -s/-e) (franz.) sandkuchenartiges, löffelförmiges Gebäck.
Löf|fel|en|te (die, -, -n) Entenart.
Löf|fel|kraut (das, -es, kein Plural) Pflanzengattung.
löf|feln (V.) 1. mit dem Löffel essen; 2. (ugs.) begreifen; verstehen. Jetzt habe ich die Anweisung endlich gelöffelt.
löf|fel|wei|se (Adj.) mit Löffeln.
Löff|ler (der, -s, -) Vogel mit löffelartigem Schnabel.
Loft (der, -s, -s) (engl.) 1. Fabrik oder Fabriketage als Wohnung. 2. Neigungsgrad der Schlagfläche eines Golfschlägers.
log (Abk.) **Log**arithmus.
Log (das, -s, -e) (engl.) Fahrgeschwindigkeitsmesser (Schifffahrt). Logleine.
Lo|ga|rith|men|ta|fel (die, -, -n) Aufstellung von Logarithmen.
lo|ga|rith|mie|ren (V.) (griech.) den Logarithmus feststellen.
lo|ga|rith|misch (Adj.) (griech.) den Logarithmus betreffend.
Lo|ga|rith|mus (der, -, -men) (griech.) mathematische Größe (Abk.: log).
Log|buch (das, -es, -bü|cher) Schiffstagebuch.
Lo|ge (die, -, -n) (franz.) 1. Theaterplatz; 2. Geheimbund; 3. Arbeitsplatz eines Pförtners.
Lo|gen|bru|der (der, -s, -brü|der) (franz.) Mitglied einer Loge.

Lo|gen|platz (der, -es, -plät|ze) (franz.) Sitzplatz in einer Theaterloge.
Lo|gen|schlie|ßer (der, -s, -) (franz.) Türschließer in Theater oder Konzert.
Log|gast (der, -es, -en) (engl.) jemand, der das Log bedient.
Log|ge (die, -, -n) Log.
log|gen (V.) mit dem Log messen.
Log|ger (der, -s, -) (niederl.) Fischerboot mit Motor und Hilfssegel.
Log|gia (die, -, -gi|en) (ital.) Bogenhalle; überdachter Balkon.
Log|glas (das, -es, -glä|ser) Sanduhr zum loggen.
Lo|gi|cal (das, -s, -s) (engl.) Logikrätsel.
Lo|gier|be|such (der, -s, -e) (franz.) Übernachtungsbesuch.
lo|gie|ren (V.) (franz.) wohnen. Logis.
Lo|gier|gast (der, -es, -gäs|te) (franz.) Übernachtungsgast.
Lo|gik (die, -, kein Plural) (griech.) Denklehre; Folgerichtigkeit.
Lo|gi|ker (der, -s, -) (griech.) 1. klar Denkender; 2. Lehrer der Logik.
Lo|gis (das, -, -) (franz.) 1. Wohnung; Unterkunft. Er ist in Kost und Logis. 2. Mannschaftsraum (auf Schiffen).
lo|gisch (Adj.) (griech.) folgerichtig; konsequent. Das ist doch logisch. (Das ist doch klar.).
lo|gi|scher|wei|se (Adv.) folglich.
Lo|gis|tik (die, -, kein Plural) (griech.) 1. Versorgungswesen (beim Militär); 2. mathematische Logik; 3. detaillierte Planung und Organisation.
Lo|gis|ti|ker (der, -s, -) (griech.) jemand, der die Logistik ausführt.
lo|gis|tisch (Adj.) (griech.) die Logistik betreffend.
lo|go (Adv.) (ugs.) logisch; selbstverständlich.
Lo|go (das, -s, -s) Firmenkennzeichen; Emblem.
Lo|go|griph (der, -s/-en, -en) (griech.) Rätsel, bei dem aus einem Wort durch Wegnehmen, Hinzufügen oder Ändern von Buchstaben ein neues Wort entstehen soll.
Lo|go|pä|de (der, -n , -n) (griech.) jemand, der die Logopädie ausübt.
Lo|go|pä|die (die, -, kein Plural) (griech.) Sprachheilkunde.
lo|go|pä|disch (Adj.) die Logopädie betreffend. Sie führt eine logopädische Praxis.
Lo|gos (der, -, -goi) (griech.) Wort; Sprache; Vernunft; Sinn.
Lo|he (die, -, -n) 1. Flamme; Glut. 2. Gerbstoff. Lohbrühe; Lohgerbung; Lohgrube; Lohmühle; lichterloh.
Loh|blü|te (die, -, -n) Schleimpilz, der auf Gerberlohe und altem Holz wächst.
lo|hen (V.) 1. mit Lohe gerben; 2. hell brennen. Die Flamme lohte zum Himmel.
loh|gar (Adj.) mit Lohe gegerbt.
Loh|ger|ber (der, -s, -) Hersteller von starken Ledersorten.
Lohn (der, -s, Löh|ne) Bezahlung; Belohnung. Lohnabzug; Lohnarbeit; Lohnausfall; Lohnausgleich; Lohnempfänger; Lohnerhöhung; Lohnforderung; Lohngruppe; Lohnkarte; Lohnkürzung; Lohnsatz; lohnintensiv.
lohn|ab|hän|gig (Adj.) bei einem Arbeitgeber angestellt.
Lohn|ab|hän|gi|ge (der, -s, -n) ein Angestellter.
Lohn|buch|hal|ter (der, -s, -) jemand, der die Löhne von Arbeitern und Angestellten berechnet. Lohnbüro.
lohn|nen 1. (V., refl., mit Akk.) rechtfertigen; rentieren. Es lohnt den Aufwand nicht. Es lohnt sich nicht. 2. (V.) Lohn ausbezahlen (veraltet); 3. (V., mit Dativ) danken; vergelten. Du lohnst mir meine Mühe schlecht.
löh|nen (V.) Sold zahlen.
Lohn|fort|zah|lung (die, -, -en) Weiterzahlung des Lohnes über einen bestimmten Zeitraum im Krankheitsfall.
Lohn|pfän|dung (die, -, -en) Pfändung des Arbeitseinkommens eines Arbeitnehmers zugunsten seines Gläubigers.
Lohn-Preis-Spi|ra|le (die, -, -n) Wechselwirkung zwischen Lohn- und Preiserhöhung.
Lohn|steu|er (die, -, -n) Einkommenssteuer aus abhängiger Arbeit. Lohnsteuerjahresausgleich.
Lohn|stopp (der, -s, -s) Aussetzen einer Lohnerhöhung.
Lohn|tü|te (die, -, -n) Tüte mit bar ausgezahltem Lohn oder Gehalt.
Löh|nung (die, -, -en) Sold.
Lohn|ver|hand|lung (die, -, -en) Verhandlung zwischen Arbeitgeber- und Arbeitnehmervertretern über Lohnerhöhung.
Lohn|zet|tel (der, -s, -) schriftliche Lohnabrechnung.
Loi|pe (die, -, -n) (norw.) Langlaufspur.
Lok (die, -, -s) (Kurzw.) Lokomotive.
lo|kal (Adj.) (lat.) örtlich; landschaftlich; gebietsweise; regional. Lokalaugenschein.
Lo|kal (das, -s, -e) (lat.) Raum; Gaststätte.
Lo|kal|an|äs|the|sie (die, -, -en) (griech.-lat.) in der Medizin örtliche Betäubung.
Lo|kal|bahn (die, -, -en) Kleinbahn.
Lo|kal|der|by (das, -s, -s) sportlicher Wettkampf zwischen zwei Mannschaften des gleichen Ortes.
Lo|ka|li|sa|ti|on (die, -, -en) (lat.) 1. Begrenzung; Eingrenzung. 2. Ortsbestimmung; Ortszuordnung. Glücklicherweise gelang der Feuerwehr die Lokalisation des Brandes.
lo|ka|li|sie|ren (V.) (lat.) den Ort ausmachen; beschränken. Der Schmerz lässt sich genau lokalisieren.
Lo|ka|li|sie|rung (die, -, -en) 1. Begrenzung auf einen Ort; 2. Ortsbestimmung; Zuordnung von Orten.
Lo|ka|li|tät (die, -, -en) (lat.) Örtlichkeit; Räumlichkeit.
Lo|kal|ko|lo|rit (das, -s, kein Plural) (lat.) Atmosphäre, Milieu einer bestimmten Landschaft.
Lo|kal|ma|ta|dor (der, -s, -e) örtliche Berühmtheit.
Lo|kal|pa|tri|o|tis|mus (der, -, kein Plural) Heimatliebe.
Lo|kal|satz (der, -es, -sät|ze) Adverbialsatz.
Lo|kal|ter|min (der, -s, -e) Gerichtstermin außerhalb des Gerichtssitzes, z. B. am Tatort.
Lo|kal|zei|tung (die, -, -en) Zeitung, die sich ausschließlich mit den Ereignissen der näheren Umgebung befasst. Lokalreporter.
Lo|ka|tiv (der, -s, -e) (lat.) den Ort bezeichnender Kasus (z. B. im Lateinischen).
Lo|ki (kein Art., -, kein Plural) Gott der nordischen Mythologie. Urheber des Untergangs der Götter.
Lo|ko|ge|schäft (das, -s, -e) ein sofort zu erfüllendes Geschäft an der Börse.
Lo|ko|mo|ti|on (die, -, -en) (lat.) Fortbewegung; Ortsveränderung.
Lo|ko|mo|ti|ve (die, -, -n) Eisenbahn; Dampfmaschine.

Lo|ko|mo|tiv|füh|rer (der, -s, -e) Fahrer einer Lokomotive.
lo|ko|mo|to|risch (Adj.) (lat.) den Gang, die Fortbewegung betreffend (Med.).
Lo|ko|wa|re (die, -, -n) sofort lieferbare Ware.
Lo|kus (der, -/-ses, -/-se) (lat.) (ugs.) Toilette.
Lo|li|ta (die, -, -s) frühreife Kindfrau.
Lol|li (der, -s, -s) (engl.) (ugs.) Lutscher.
Lom|bard (der/das, -s, -e) Kredit. Lombardliste.
Lom|bar|de (der, -n, -n) Einwohner der Lombardei; aus der Lombardei stammender Pfandleiher (Ende des MA).
Lom|bard|ge|schäft (das, -s, -e) Gewährung eines kurzfristig verzinslichen Kredites.
lom|bar|die|ren (V.) beleihen; verpfänden.
Lom|bard|satz (der, -es, -sät|ze) festgesetzter Zinssatz, zu dem Lombardkredite gewährt werden.
Lom|ber (das, -s, kein Plural) (franz.) Kartenspiel. Lomberspiel.
Long|drink (*auch:* Long Drink) (der, -s, -s) (engl.) Mischgetränk. Longdrinkglas (*auch:* Long-Drink-Glas).
Lon|ge (die, -, -n) (franz.) Laufleine; Sicherheitsleine.
lon|gie|ren (V.) ein Pferd an der Longe laufen lassen.
Lon|gi|me|t|rie (die, -, kein Plural) (lat.-griech.) Längenmessung.
lon|gi|tu|di|nal (Adj.) (lat.) in der Länge. Longitudinalschwingung.
Lon|gi|tu|di|nal|wel|le (die, -, -n) (lat.) in der Fortpflanzungsrichtung schwingende Welle.
long|line (Adv.) (engl.) entlang der Seitenlinie (Tennis). Longline; Longlinepass.
Long|sel|ler (der, -s, -) (engl.) Dauerbrenner.
Look (der, -s, -s) (engl.) Modestil; Aussehen; Trend. Afrolook.
Loo|ping (der/das, -s, -s) (engl.) senkrechter Überschlag. Loopingbahn.
Lor|bass (der, -bas|ses, -bas|se) (nordd.) Lümmel.
Lor|beer (der, -s, -en) (lat.) Baum; Gewürz. Lorbeerzweig.
Lor|beer|baum (der, -es, -bäu|me) immergrüner Strauchbaum.
Lor|beer|blatt (das, -s, -blät|ter) immergrünes Blatt des Lorbeerbaumes, dient als Gewürz. das Silberne Lorbeerblatt.
lor|beer|grün (Adj.) in der Farbe des Lorbeers.
Lor|beer|kranz (der, -es, -krän|ze) aus Lorbeerblättern gewundener Kranz, mit dem in der Antike Künstler und Sieger geehrt wurden. auf den Lorbeeren ausruhen (nach großen Leistungen bequem werden); Lorbeeren ernten/verdienen (sich Verdienste erwerben).
Lor|chel (der, -, -n) Pilz.
Lord (der, -s, -s) (engl.) Adelstitel. Lordkanzler (Großkanzler).
Lord Ma|y|or (der, -, kein Plural) (engl.) Titel für den Oberbürgermeister von London und anderen englischen Großstädten. Lordship.
Lor|do|se (die, -, -n) (griech.) Wirbelsäulenverkrümmung nach vorn.
Lo|re (die, -, -n) offener Eisenbahngüterwagen.
Lo|re|ley (*auch:* Lo|re|lei) (die, -, kein Plural) Rheinnixe der deutschen Sage. Felsen am Rhein.
Lor|g|net|te (die, -, -n) (franz.) Stielbrille. lorgnettieren.
Lor|g|non (das, -s, -s) (franz.) Einglas mit Stiel.
Lo|ri (der, -s, -s) Papagei; Halbaffe.
Lork (der, -es, Lör|ke) (nordd.) Kröte.
Lor|ke (die, -, kein Plural) (lok.) Brühe; dünner Kaffee. Was hast du denn heute für eine Lorke gekocht!
Lo|ro|kon|to (das, -s, -s) (ital.) Konto, das eine Bank bei einer anderen Bank führt.
los 1. (Adj.) nicht fest; verloren. *Beachte:* Getrenntschreibung bei dem Verb »sein« (ansonsten Zusammenschreibung)! Der Löwe ist los. Der Knopf ist los. Nichts ist los gewesen. Ich glaube, dass ich die Sache bald los bin. *Aber:* Sie soll in Mathematik viel loshaben (viel davon verstehen). 2. (Adv.) weg. Auf die Plätze, fertig, los! Los, weg hier!
Los (das, -es, -e) 1. Schicksal. Er hatte ein trauriges Los. 2. Lotterieschein. das große Los; Sie hat das große Los gezogen (den Hauptgewinn bekommen/großes Glück gehabt). Losnummer. 3. willentlich herbeigeführte Zufallsentscheidung. Wir lassen das Los entscheiden. 4. Abschnitt; Parzelle; Warenposten.
...los Nachsilbe für Adjektive, die einen Mangel oder das Fehlen von etwas anzeigen. arbeitslos; baumlos; geldlos; kinderlos; obdachlos; sorglos.
lös|bar (Adj.) leicht zu lösen. Die Frage erscheint lösbar.
Lös|bar|keit (die, -, kein Plural) Entschlüsselung; Machbarkeit.
los|be|kom|men (V., bekam los, hat losbekommen) freibekommen; losbringen.
los|bin|den (V., band los, hat losgebunden) Fesseln lösen.
los|brau|sen (V., brauste los, ist losgebraust) (ugs.) schnell losfahren.
los|bre|chen (V., brach los, hat/ist losgebrochen) ausbrechen; plötzlich beginnen. Ein Unwetter bricht los.
Lösch|ap|pa|rat (der, -es, -e) Gerät zum Feuerlöschen.
Lösch|ar|beit (die, -, -en) 1. Feuerlöschen; 2. Ausladen eines Schiffes.
Lösch|blatt (das, -es, -blät|ter) Blatt aus saugfähigem Papier zum Aufsaugen von überschüssiger Tinte. Löschpapier.
Lösch|boot (das, -es, -e) Boot, von dem aus ein Brand auf einem Schiff bekämpft werden kann.
lö|schen (V.) 1. Feuer beseitigen; einen Brand ersticken; ausschlagen; 2. streichen; tilgen; 3. Feuchtigkeit aufsaugen; 4. ausladen (Schiff); 5. im übertragenen Sinn den Durst stillen. Lösche; Löschkalk; Löschkopf; Feuerlöscher; löschbar.
Lö|scher (der, -s, -) 1. jemand, der Feuer beseitigt; 2. jemand, der ein Schiff entlädt; 3. Feuerlöscher (Gerät).
Lösch|fahr|zeug (das, -es, -e) Feuerwehrfahrzeug.
Lösch|ge|rät (das, -es, -e) Hilfsmittel zum Feuerlöschen.
Lösch|tas|te (die, -, -n) Taste an Schreibmaschine und Computer zum Tilgen von Geschriebenem.
Lö|schung (die, -, -en) 1. Ausladen von Waren aus einem Schiff; 2. Streichung von Eintragungen in z. B. Grundbuch, Handels- oder Strafregister.
Lösch|zug (der, -es, -zü|ge) Feuerwehrabteilung.
lo|se (Adj.) nicht fest; locker; leichtfertig. Sie führen lose Reden. ein loses Mädchen. Loseblattausgabe.

Lo|se (das, -s, -) in der Schifffahrt das schlaffe Ende eines Taues.
Lö|se|geld (das, -es, kein Plural) Bezahlung für einen Freikauf oder eine Freilassung. Gegen eine Million Euro Lösegeld ließen die Verbrecher das Kind los.
los|ei|sen (V., eiste los, hat losgeeist) lösen; sich befreien.
Lö|se|mit|tel (*auch:* Lö|sungs|mit|tel) (das, -s, -) Flüssigkeit, die andere Stoffe lösen kann.
lo|sen (V.) 1. das Los entscheiden lassen; 2. (lok.) hören; lauschen.
lö|sen (V.) aufbinden; lockern; auflösen. Das Brautpaar löste seine Verlobung. Der Wein löste ihm die Zunge. Bei der Jagd löste sich plötzlich ein Schuss.
Los|ent|scheid (der, -es, -e) Entscheidung durch das Los.
Lo|ser (der, -s, -) (engl.) (ugs.) Verlierer; Versager. Loserin.
los|fah|ren (V., fuhr los, ist losgefahren) abfahren.
los|ge|hen (V., ging los, ist losgegangen) weggehen; beginnen; anfangen, explodieren. Das Konzert geht um 20 Uhr los. Die Granate ging los, als die Kinder sie fanden.
los|ha|ben (V., hatte los, hat losgehabt) (ugs.) geschickt sein; mit Leichtigkeit können. Sie hat in ihrer Arbeit viel losgehabt.
los|heu|len (V., heulte los, hat losgeheult) (ugs.) 1. heftig anfangen zu weinen; 2. die Sirene heulte plötzlich los.
Los|kauf (der, -es, -käu|fe) 1. Freikauf; 2. Kauf eines Lotterieanteilscheines.
los|kau|fen (V., kaufte los, hat losgekauft) freikaufen.
los|kom|men (V., kam los, ist losgekommen) wegkommen; sich befreien.
los|krie|gen (V., kriegte los, hat losgekriegt) losbekommen.
los|las|sen (V., ließ los, hat losgelassen) freilassen.
los|le|gen (V., legte los, hat losgelegt) (ugs.) beginnen.
lös|lich (Adj.) zum Auflösen geeignet. löslicher Kaffee.
Lös|lich|keit (die, -, kein Plural) Auflösbarkeit.
los|lö|sen (V., löste los, hat losgelöst) ablösen; sich lösen. Loslösung.
los|ma|chen (V., machte los, hat losgemacht) entfernen; sich befreien. Mach endlich los (beeile dich)!
los|rei|ßen (V., riss los, hat losgerissen) abreißen; trennen.
Löss (*auch:* Löß) (der, Lös|ses, Lös|se) Lehm. Lössboden (*auch:* Lößboden); Lösslandschaft (*auch:* Lößlandschaft); Lössschicht (*auch:* Löss-Schicht/Lößschicht); lössig (*auch:* lößig).
los|sa|gen (V., sagte los, hat losgesagt) trennen; Abstand nehmen. Lossagung.
los|schie|ßen (V., schoss los, hat losgeschossen) plötzlich schießen; (ugs.) plötzlich loslaufen.
los|schla|gen (V., schlug los, hat losgeschlagen) 1. zu kämpfen beginnen; 2. entfernen; 3. verkaufen.
los|spre|chen (V., sprach los, hat losgesprochen) freisprechen. Der Beichtvater sprach den Reuigen von seinen Sünden los.
Los|spre|chung (die, -, kein Plural) in der katholischen Kirche die Absolution.
los|steu|ern (V., steuerte los, hat losgesteuert) zielbewusst ansteuern.
Lost (der, -s, kein Plural) Deckname für einen chemischen Kampfstoff.
Los|trom|mel (die, -, -n) Mischgerät für Lotterielose.
Lo|sung (die, -, -en) 1. Leitspruch; Bibelwort; Wahlspruch; 2. Kennwort; Erkennungswort. Losungswort. 3. Kot von Wild und Hund.
Lö|sung (die, -, -en) 1. homogene Verteilung eines Stoffes in einem anderen; 2. Ausweg aus einer Schwierigkeit; Ei des Kolumbus; Patentrezept; Schlüssel. Lösungsversuch.
los|wer|den (V., wurde los, ist losgeworden) sich befreien; verkaufen. Meine alten Sachen bin ich gut losgeworden. Ob ich die alten Sachen wohl loswerde?
los|zie|hen (V., zog los, ist losgezogen) weggehen; beschimpfen. Er zog gegen seinen Nachbarn los.
Lot (das, -s, -e) 1. Senkblei; Blei; Gewicht; Senklot; 2. Ordnung. Du solltest das wieder ins rechte Lot bringen. lotweise.
lo|ten (V.) mit einem Lot messen; ausloten; messen.
lö|ten (V.) Metallteile verbinden. Lötfuge; Lötnaht; Lötofen; Lötwasser.
Lo|ti|on (die, -, -ti|o|nen) (engl.) Hautpflegemittel. Bodylotion.
Löt|kol|ben (der, -s, -) Gerät zum Erhitzen des Lots (Lötzinn oder Lötblei).
Löt|lam|pe (die, -, -n) Arbeitsgerät zum Erhitzen des Lots (Lötzinn oder Lötblei).
Löt|me|tall (das, -s, -e) legierungsfähig gemachtes Metall (Blei oder Zinn) zum Verbinden von Metallteilen.
Lo|tos (der, -, -) (griech.) Wasserrose.
Lo|tos|blu|me (die, -, -n) Seerosengewächs; Symbol für Sonne, Reinheit und ewiges Leben.
Lo|tos|blü|te (die, -, -n) Blüte der Lotosblume.
lot|recht (Adj.) senkrecht.
Lot|rech|te (die, -, kein Plural) Senkrechte.
Löt|rohr (das, -s, -e) Instrument zur qualitativen Erzanalyse.
Lot|se (der, -n, -n) (niederl.) 1. mit den örtlichen Verhältnissen vertrauter Steuermann, der bei in den Hafen einfahrenden Schiffen das Steuerruder übernimmt; 2. allgemein eine mit den örtlichen Gegebenheiten vertraute Person, die Hilfestellung gibt. Autobahnlotse; Schülerlotse.
lot|sen (V.) leiten; verführen.
Lot|sen|boot (das, -es, -e) Boot des Lotsen.
Lot|sen|dienst (der, -es, -e) Aufgabe des Lotsen.
Lot|sen|fisch (der, -es, -e) Stachelmakrele, die Haie und Schiffe begleitet.
Lot|sen|sta|ti|on (die, -, -en) an Autobahnen eingerichtete Stelle mit Autobahnlotsen.
Löt|stel|le (die, -, -n) Verbindungsstelle zweier Metallteile durch Löten.
Lot|te|rie (die, -, -n) (niederl.) Glücksspiel; Auslosung. Lotterieeinnehmer; Lotterielos.
Lot|te|rie|spiel (das, -s, -e) Glücksspiel.
Lot|ter|le|ben (das, -s, kein Plural) herumtreiberisches, lockeres Leben; Faulheit.
lot|tern (V.) herumtreiben; liederlich leben.
Lot|ter|wirt|schaft (die, -, kein Plural) liederlicher Haushalt; Misswirtschaft. Bei ihnen herrscht eine große Lotterwirtschaft.

Lot|to (das, -s, -s) (ital.) Glücksspiel; Kinderspiel. Lottoblock; Lottogewinn; Lottoschein; Lottospiel.
Lot|to-An|nah|me|stel|le (*auch:* Lot|to|an|nahme|stel|le) (die, -, -n) (ital.) Geschäftsstelle der staatlichen Lotterie.
Lot|to|fee (die, -, kein Plural) (ital.) scherzhaft für die Fernsehansagerin bei der Ziehung der Lottozahlen.
Lot|to|kol|lek|tur (die, -, en) (österr.) Lottoannahmestelle.
Lot|to|zah|len (die, -, nur Plural) Gewinnzahlen.
Lo|tung (die, -, -en) das Messen der Senkrechten.
Lö|tung (die, -, -en) das Löten.
Lo|tus (der, -, -) (griech.) Hornklee.
Löt|zinn (das, -s, kein Plural) ein Lötmetall.
Lou|is|dor (der, -s, -e) französische Goldmünze (im 17. Jahrhundert).
Lou|is-qua|torze (das, -, kein Plural) (franz.) französischer Barockstil unter König Ludwig XIV.
Lou|is-quinze (das, -, kein Plural) (franz.) französisches Rokoko unter König Ludwig XV.
Lou|is-seize (das, -, kein Plural) (franz.) französischer Stil unter König Ludwig XVI. zwischen Rokoko und Klassizismus.
Lounge (die, -, -s) (engl.) Halle; Aufenthaltsraum.
Lou|v|re (der, -/-s, kein Plural) ein berühmtes Museum (Paris).
Love|sto|ry (die, -, -s) (engl.) Liebesgeschichte.
Lö|we (der, -n, -n) (griech.) Raubtier.
Lö|wen|an|teil (der, -s, -e) (ugs.) Hauptanteil.
Lö|wen|herz (kein Art., -, kein Plural) Beiname des englischen Königs Richard I.
Lö|wen|maul (das, -s, kein Plural) Gartenpflanze.
Lö|wen|mäul|chen (das, -s, kein Plural) Löwenmaul.
Lö|wen|mut (der, -es, kein Plural) großer Mut.
Lö|wen|zahn (der, -s, kein Plural) Wiesenblume.
lo|y|al (Adj.) gesetzestreu; regierungstreu; redlich; treu.
Lo|ya|li|tät (die, -, -en) (franz.) Redlichkeit; Anständigkeit; Treue.
Lo|ya|li|täts|er|klä|rung (die, -, -en) schriftlich abgegebene Erklärung der Treue gegenüber Arbeitgeber und Staat.
LP (Abk.) **L**angspiel**p**latte.
LPG (Abk.) **l**andwirtschaftliche **P**roduktions**g**enossenschaft der ehemaligen DDR.
Lr (Abk.) chemisches Zeichen für **L**au**r**entium.
LSD (Abk.) **L**yserg**s**äure**d**iäthylamid (Rauschgift, Halluzinogen).
LSG (Abk.) **L**andes**s**ozial**g**ericht.
lt. (Abk.) **l**au**t**.
Lt. (Abk.) **L**eu**t**nant.
Ltd. (Abk.) **l**imi**t**e**d**.
Lu (Abk.) chemisches Zeichen für **Lu**tetium.
Luch (die, -, Lü|che) *auch:* (das, -s, -) (lok.) Bruch; Sumpfwiese.
Luchs (der, -es, -e) Raubkatze. Sie passt auf wie ein Luchs (ugs.) (beobachtet alles ganz genau).
luchs|äu|gig (Adj.) scharfäugig. Luchsauge.
luch|sen (V.) (ugs.) lauern; schauen.
Lucht (die, -, -en) (niederl.) (nordd.) Dachboden.
Lü|cke (die, -, -n) Zwischenraum; Öffnung.
Lü|cken|bü|ßer (der, -s, -) (ugs.) Aushilfe; Ersatz.
lü|cken|haft (Adj.) mangelhaft; unterbrochen; unvollständig; unzureichend.
Lü|cken|haf|tig|keit (die, -, kein Plural) Unvollständigkeit.
lü|cken|los (Adj.) ununterbrochen; vollständig; komplett.
Lü|cken|lo|sig|keit (die, -, kein Plural) Vollständigkeit.
Lü|cken|test (der, -s, -e) psychologischer Test zur Prüfung der verbalen Fähigkeit.
Lu|de (der, -n, -n) Zuhälter.
Lu|der (das, -s, -) 1. Aas; 2. liederlicher Mensch (Schimpfwort). Du bist ein ganz gemeines Luder!
Lu|der|jan (der, -s, -e) Liederjan.
Lu|der|le|ben (das, -s, -) Lotterleben.
lu|dern (V.) 1. liederlich leben; 2. Aas fressen (Hunde und Raubtiere).
Lu|es (die, -, kein Plural) (lat.) = Syphilis.
Luf|fa (die, -, -s) (arab.) Kürbis. Luffaschwamm.
Luft (die, -, Lüf|te) 1. Atmosphäre. 2. Gas. 3. Freiraum. Luftbild; Luftblase; Lüftchen; Luftflotte; Lufthülle; Luftigkeit; Luftkampf; Luftklappe; Luftkrieg; Luftkühlung; Luftmangel; Luftraum; Luftschaukel; Luftschlacht; Luftsprung; Lüftungsschacht; Luftverkehr; Luftzufuhr. luftdicht; luftdurchlässig; luftgekühlt; luftgetrocknet; lufttüchtig.
Luft|ab|wehr (die, -, kein Plural) Abwehr feindlicher Flugkörper.
Luft|alarm (der, -s, -e) Warnung vor Luftangriffen.
Luft|an|griff (der, -s, -e) Angriff auf Menschen und Gebäude durch Flugzeuge und Raketen.
Luft|auf|nah|me (die, -, -n) von einem Flugzeug aus aufgenommene Fotografie.
Luft|bad (das, -s, -bä|der) zu Heilzwecken ausgeführtes, ärztlich überwachtes Liegen im Freien.
Luft|bal|lon (der, -s, -e) mit Gas gefüllte Hülle.
Luft-Bo|den-Ra|ke|te (die, -, -n) Rakete, die vom Flugzeug aus auf Ziele am Boden abgeschossen wird.
Luft|brü|cke (die, -, -n) Versorgung aus der Luft.
luft|dicht (Adj.) für Luft undurchlässig. Die Büchse ist luftdicht verschlossen.
Luft|druck (der, -s, -drü|cke) der Druck, den die atmophärische Luft an einem Punkt ausübt.
luft|durch|läs|sig (Adj.) undicht; porös.
Luft|elek|t|ri|zi|tät (die, -, kein Plural) elektrische Ereignisse in den unteren Schichten der Atmosphäre.
Luft|em|bo|lie (die, -, -n) (griech.) plötzliche Verlegung eines Blutgefäßes durch Luft.
lüf|ten (V.) 1. frische Luft in geschlossene Räume lassen; 2. leicht anheben. Er lüftete den Hut. 3. aufdecken. Sie lüftete ihr Geheimnis.
Lüf|ter (der, -s, -) Gerät zum Lüften von Räumen; Ventilator.
Luft|fahrt (die, -, kein Plural) Flugwesen.
Luft|feuch|tig|keit (die, -, kein Plural) Wasserdampfgehalt der Luft.
Luft|fil|ter (der, -s, -) Vorrichtung zum Trennen von Staub und anderen Verunreinigungen aus der Luft.
luft|ge|schützt (Adj.) vor Luftzug geschützt.
Luft|ge|wehr (das, -s, -e) Sportgewehr, bei dem das Geschoss durch Luftdruck herausgetrieben wird.

Luft|hei|zung (die, -, en) Raumheizung durch Einführen erwärmter bzw. Abführen verbrauchter Luft.

Luft|ho|heit (die, -, kein Plural) Grundsatz des Völkerrechts, nach dem sich die Hoheitsrechte und -pflichten eines Staates in den Luftraum über seinem Staatsgebiet erstrecken.

luf|tig (Adj.) 1. leicht. luftiges Kleid. 2. hell. ein luftiger Raum. 3. in freier Luft. in luftiger Höhe.

Luf|ti|kus (der, -ses, -se) (ugs.) leichtsinniger Mensch.

Luft|kis|sen (das, -s, -) aufblasbares Kissen.

Luft|kis|sen|fahr|zeug (das, -s, -e) amphibisches Fahrzeug, das reibungslos auf dem Boden oder Wasser gleitet.

Luft|kor|ri|dor (der, -s, -e) festgelegte Flugstraße über ausländischem Hoheitsgebiet.

Luft|kur|ort (der, -s, -e) Erholungsort mit Heilklima.

Luft|lan|de|trup|pe (die, -, -n) speziell ausgebildete Truppe, die mit Flugzeugen zum Kampfeinsatz transportiert wird.

luft|leer (Adj.) ohne Luft.

Luft|li|nie (die, -, -n) kürzeste Entfernung zwischen zwei Punkten auf der Erdoberfläche.

Lüftl|ma|le|rei (die, -, -en) (südd.) Fassadenmalerei.

Luft|ma|sche (die, -, -n) spezielle Häkelmasche.

Luft|ma|t|rat|ze (die, -, -n) aufblasbare Matratze.

Luft|mi|ne (die, -, -n) Bombe mit großer Sprengkraft.

Luft|pi|rat (der, -en, -en) Flugzeugentführer.

Luft|post (die, -, kein Plural) per Flugzeug beförderte Post.

Luft|pum|pe (die, -, -n) 1. Gerät zur Förderung von gasförmigen Stoffen, wobei Über- bzw. Unterdruck (ein Vakuum) entsteht; 2. Gerät zum Aufpumpen von Fahrradreifen.

Luft|röh|re (die, -, -n) knorpeliges Rohr zwischen Kehlkopf und Bronchien.

Luft|sack (der, -es, -säcke) 1. Luftansammlung in Rohrleitungen; 2. bei Aufprall eines Fahrzeugs sich automatisch öffnende, luftgefüllte Hülle zum Schutz der Fahrzeuginsassen (Airbag).

Luft|schiff (das, -s, -e) (hist.) gasgefülltes, lenkbares Luftfahrzeug (Zeppelin).

Luft|schiff|fahrt (*auch:* Luft|schiff-Fahrt) (die, -, -en) das Luftschifffahrtswesen.

Luft|schlan|ge (die, -, -n/meist Plural) bunte Papierschlange.

Luft|schloss (das, -es, -schlös|ser) Illusion; Wunschvorstellung.

Luft|schrau|be (die, -, -n) Propeller.

Luft|schutz (der, -es, kein Plural) Schutz vor Luftangriffen.

Luft|schutz|bun|ker (der, -s, -) Schutzraum vor Luftangriffen.

Luft|spie|ge|lung (die, -, -en) Spiegelung von Landschaftsteilen oder Gegenständen am Horizont (Fata Morgana).

Luft|streit|kräf|te (die, -, nur Plural) Luftwaffe.

Luft|tem|pe|ra|tur (die, -, -en) Außentemperatur.

Lüf|tung (die, -, -en) Frischluftzufuhr; Beseitigung verbrauchter Luft; Klimaanlage; Ventilation.

Luft|ver|än|de|rung (die, -, -en) das vorübergehende Aufsuchen eines anderen Klimas oder Milieus; Tapetenwechsel; Umgebungswechsel.

Luft|ver|schmut|zung (die, -, -en) Verunreinigung der Luft durch Abgase und andere gesundheitsgefährdende Stoffe.

Luft|waf|fe (die, -, kein Plural) Teil der Streitkräfte eines Staates.

Luft|wi|der|stand (der, -s, -stän|de) Widerstand, den ein Körper in bewegter Luft erfährt; Bremsung.

Luft|wur|zel (die, -, -n) oberirdische Wurzel bei bestimmten Pflanzen.

Luft|zug (der, -s, kein Plural) kurze Luftbewegung.

Lug 1. (der, -s, kein Plural) Lüge (in der Wendung): alles Lug und Trug. 2. (der, -s, -e) Ausguck. Lugaus.

Lü|ge (die, -, -n) Unwahrheit; Täuschung. Lügengeschichte; Lügengespinst.

lu|gen (V.) 1. hervorschauen; 2. (südd.) sehen; spähen.

lü|gen (V., log, gelogen) bewusst die Unwahrheit sagen; flunkern; schwindeln; unaufrichtig sein; verkohlen.

Lü|gen|bold (der, -s, -e) abschätzig für jemanden, der die Unwahrheit sagt.

Lü|gen|de|tek|tor (das, -s, -en) Gerät zur Sichtbarmachung von Erregungsschwankungen.

lü|gen|haft (Adj.) unwahr; verlogen.

Lü|gen|haf|tig|keit (die, -, kein Plural) Unwahrhaftigkeit; Verlogenheit.

Lü|gen|maul (das, -s, -mäu|ler) (ugs.) lügenhafter Mensch.

Lü|ge|rei (die, -, en) das Lügen. Deine ewige Lügerei habe ich satt!

Lug|ins|land (der, -, -) Aussichtturm.

Lüg|ner (der, -s, -) jemand, der bewusst die Unwahrheit sagt; Lügenbeutel; Schwindler. Lügnerin.

lu|isch (Adj.) auf Lues beruhend; an Lues leidend.

Luk (das, -s, -e) verschließbare Öffnung im Schiffsdeck zum Verladen von Waren. Ladeluke.

Lu|kar|ne (die, -, -n) (franz.) (nordd.) Dachfenster.

Lu|ke (die, -, -n) kleines Fenster; Öffnung. Dachluke.

lu|k|ra|tiv (Adj.) (lat.) Gewinn bringend.

lu|kul|lisch (Adj.) (lat.) schmackhaft; üppig. lukullisches Mahl.

Lu|latsch (der, -es, -e) (ugs.) langer, dünner Mann.

lul|len (V.) 1. leise singen. ein Kind in den Schlaf lullen. 2. (südd.) saugen.

Lul|ler (der, -s, -) (südd.) Schnuller.

Lum|ba|go (die, -, kein Plural) (lat.) Hexenschuss.

lum|bal (Adj.) (lat.) zu den Lenden gehörig; von ihnen ausgehend.

Lum|bal|an|äs|the|sie (die, -, -n) (lat.-griech.) Injektion in den Lendenwirbelkanal zur örtlichen Betäubung.

Lum|bal|punk|ti|on (die, -, -en) (lat.) Entnahme von Hirn- und Rückenmarksflüssigkeit aus dem Lendenwirbelkanal.

lum|be|cken (V.) klebebinden. Meine Doktorarbeit wurde gelumbeckt.

Lum|ber|jack (der, -s, -s) (engl.) Jacke.

Lu|men (das, -s, -/-mi|na) (lat.) 1. Lichtstromeinheit (Abk.: lm); 2. in der Biologie innerer Durchmesser (lichte Weite) und in der Medizin ein Hohlraum. Darmlumen. Lumenstunde (Abk.: lmh).

Lu|mi|nes|zenz (die, -, -en) (lat.) Lichterscheinung bei normaler Temperatur.

lu|mi|nes|zie|ren (V.) (lat.) kalt leuchten.

Lu|mi|no|phor (der, -s, -e) (lat.-griech.) Stoff, der nach Bestrahlung mit Licht einige Zeit leuchtet. Leuchtstoff.

Lum|me (die, -, -n) Polarente.

Lüm|mel (der, -s, -) frecher Kerl; Flegel.

Lüm|me|lei (die, -, -en) Flegelei; Frechheit.
lüm|mel|haft (Adj.) flegelhaft; frech.
lüm|meln (V, refl.) sich nachlässig hinsetzen. Er lümmelt sich auf dem Sofa herum.
Lump (der, -en, -en) Gauner. Lumpenkerl.
Lum|pa|zi|us (der, -, -se) (ugs.) Lump.
Lum|pa|zi|va|ga|bun|dus (der, -, -bun|di) Landstreicher (nach der Posse von J. Nestroy).
lum|pen (V.) 1. liederlich leben. 2. großzügig sein. Wir lassen uns nicht lumpen. (Wir geben reichlich und großzügig.).
Lum|pen (der, -, -) Lappen; alte Kleidung.
Lum|pen|ge|sin|del (das, -s, kein Plural) ehrloses Volk.
Lum|pen|pack (das, -s, kein Plural) Lumpengesindel.
Lum|pen|pro|le|ta|ri|at (das, -s, kein Plural) noch unter dem Proletariat Stehende.
Lum|pen|sack (der, -s, -sä|cke) Sammelsack für alte Kleidung und Stoffreste.
Lum|pen|samm|ler (der, -s, -) jemand, der beruflich Lumpen sammelt (früher).
Lum|pe|rei (die, -, -en) Erbärmlichkeit; niedrige Gesinnung.
lum|pig (Adj.) 1. gemein; niederträchtig. ein lumpiger Kerl (ugs.) (ein gemeiner Kerl). 2. gering; wenig; geizig.
lu|nar (*auch:* lu|na|risch) (Adj.) den Mond betreffend.
Lu|na|ri|um (das, -s, -ri|en) (lat.) Gerät zur Darstellung der Mondphasen.
Lu|na|tis|mus (der, -, kein Plural) (lat.) Mondsüchtigkeit.
Lunch (der, -es, -es/-e) (engl.) leichtes Mittagessen.
lun|chen (V.) (engl.) ein leichtes Mittagessen einnehmen.
Lunch|pa|ket (das, -s, -e) (engl.) Proviant; Verpflegung.
Lunch|zeit (die, -, kein Plural) (engl.) Zeitpunkt für ein leichtes Mittagessen.
Lund (der, -s, -e) Wasservogel.
Lü|net|te (die, -, -n) (franz.) 1. halbmondförmiges Feld (über Fenstern, Türen u. a.); 2. Vorrichtung an Maschinen zum Unterstützen langer Werkstücke; 3. Teil von Festungen.
Lun|ge (die, -, -n) Atmungsorgan; (ugs.) Plauze. eiserne Lunge; grüne Lunge (Grünfläche).
Lun|gen|bläs|chen (die, -, nur Plural) dienen dem Gasaustausch in den Lungen.
Lun|gen|bra|ten (der, -s, -) (österr.) Lendenbraten.
Lun|gen|ent|zün|dung (die, -, en) Entzündung des Gewebes eines oder beider Lungenflügel.
Lun|gen|fisch (der, -es, -e) Lurchfisch mit Kiemen- und Lungenatmung.
Lun|gen|flü|gel (der, -s, -) eine Hälfte der Lunge.
lun|gen|krank (Adj.) an einer Lungenkrankheit leidend.
Lun|gen|krebs (der, -es, kein Plural) bösartige Geschwulst in der Lunge.
lun|gen|lei|dend (Adj.) an einem Lungenleiden erkrankt; schwindsüchtig.
Lun|gen|ödem (das, -s, -e) Eindringen von Blutplasma in die Lungenbläschen.
Lun|gen|spit|zen|ka|tarrh (*auch:* Lun|gen|spit|zen|ka|tarr) (der, -s, -e) beginnende Tuberkulose (veraltet).
Lun|gen-Tbc (Abk.) (die, -, kein Plural) Lungentuberkulose.
Lun|gen|tu|mor (der, -s, -en) (lat.) gut- oder bösartige Geschwulst in der Lunge.
Lun|gen|zug (der, -s, -zü|ge) Einziehen des Rauchs einer Zigarette bis in die Lunge.
lun|gern (V.) (ugs.) herumlungern; sich herumtreiben.
Lü|ning (der, -s, -e) (nordd.) Sperling.
Lun|ker (der, -s, -) Hohlraum im Inneren von starkwandigen Gussstücken und Stahlblöcken.
Lün|se (die, -, -n) (nordd.) Achsnagel.
Lun|te (die, -, -n) 1. Zündschnur. Luntenschnur. 2. Schwanz von Marder und Fuchs; 3. in der Spinnerei Garn von geringer Drehung und Festigkeit.
Lu|pe (die, -, -n) (franz.) Vergrößerungsglas; Brennglas; Sammellinse.
lu|pen|rein (Adj.) ganz rein (von Edelsteinen), ohne Mängel. Er hat ein lupenreines Alibi.
Lupf (der, -es, -e/Lüp|fe) (schweiz.) 1. Heben einer schweren Last; 2. große Belastung, Zumutung.
lüp|fen (*auch:* lup|fen) (V.) hochheben; anheben.
Lu|pi|ne (die, -, -n) (lat.) ein Schmetterlingsblütler. Futter- und Zierpflanze.
Lu|pi|no|se (die, -, -n) Vergiftung (von Wiederkäuern) bei Fütterung mit bitteren Lupinen.
Lup|pe (die, -, -n) Eisenklumpen.
lup|pen (V.) gerinnen lassen.
Lu|pu|lin (das, -s, kein Plural) (lat.) Bierwürze.
Lu|pus (der, -, -/-se) (lat.) 1. tuberkulöse Hauterkrankung mit Knötchen- und Narbenbildung; 2. Wolf. Lupus in fabula (der Wolf in der Fabel) (jemand, der kommt, wenn man gerade über ihn spricht).
Lurch (der, -s, -e) 1. Amphibie; 2. (der, -s, kein Plural) (österr.) (ugs.) zusammengeballter Staub. Ich kehre den Lurch weg.
Lu|re (die, -, -n) altgermanisches Blasinstrument aus Bronze.
Lu|rex (das, -, kein Plural) (Kunstw.) Gewebe mit metallischen Fasern.
Lu|sche 1. (die, -, -n) (nordd.) Pfütze; 2. Spielkarte ohne Wert.
lu|schig (Adj.) (nordd.) flüchtig; liederlich.
Lust (die, -, Lüs|te) Begierde; Bedürfnis; Freude. lustbetont.
Lust|bar|keit (die, -, en) öffentliche Vergnügungsveranstaltung; Vergnügen; Belustigung.
Lüs|ter (*auch:* Lus|ter) (der, -s, -) (franz.) Kronleuchter. Lüsterfarbe; Lüsterglas.
lüs|tern (Adj.) geschlechtlich erregt; begehrlich; brünstig; buhlerisch; erotoman; geil; liebestoll; scharf.
Lüs|tern|heit (die, -, kein Plural) geschlechtliche Erregung; Begehrlichkeit; Brunst; Fleischeslust; Geilheit; Gier; Libido.
Lust|gar|ten (der, -s, -gär|ten) (hist.) Barockgarten. In ihm lustwandelte die höfische Gesellschaft.
Lust|ge|fühl (das, -s, -e) Freude; Glück.
lus|tig (Adj.) fröhlich; heiter; aufgekratzt; aufgeräumt; fidel; quietschvergnügt.
Lus|tig|keit (die, -, kein Plural) Fröhlichkeit; Heiterkeit.
Lüst|ling (der, -s, -e) lüsterner Mann; Wüstling.
lust|los (Adj.) 1. gleichgültig; unlustig; 2. an der Börse ohne Kauflust.
Lust|lo|sig|keit (die, -, kein Plural) ohne Freude und Schwung; Trägheit.

Lust|molch (der, -es, -e) (ugs.) lüsterner Mann; Wüstling (Ausdruck wird oft im Spaß angewendet).

Lust|mord (der, -es, -e) vorsätzliche Tötung eines Menschen aus sexuellen Motiven.

Lust|ob|jekt (das, -es, -e) Objekt der sexuellen Begierde. die Frau als Lustobjekt.

Lust|prin|zip (das, -s, kein Plural) Lehre, dass der geistige und sinnliche Genuss die höchsten Werte des Lebens sind (Hedonismus).

Lus|t|ra|ti|on (die, -, -ti|o|nen) (lat.) feierliche Reinigung durch Sühneopfer (Religion).

lus|t|rie|ren (V.) läutern; feierlich reinigen; weihen.

lüs|t|rie|ren (V.) glänzend machen (Baumwolle und Leinstoffe).

Lus|t|rum (das, -s, …ren/ra) (lat.) 1. alle fünf Jahre wiederkehrendes Sühneopfer im alten Rom; 2. Jahrfünft.

Lust|schloss (das, -es, -schlös|ser) fürstliches Landhaus; Gartenschloss; Sommerschloss.

Lust|spiel (das, -s, -e) Komödie.

lust|voll (Adj.) mit Lust.

lust|wan|deln (V., lustwandelte, gelustwandelt) spazieren gehen. wir sind auf König Ludwigs Spuren gelustwandelt.

Lu|te|in (das, -s, kein Plural) (lat.) Farbstoff.

Lu|te|ti|um (das, -s, kein Plural) (lat.) ein Element; Seltenerdmetall; (Abk.: Lu).

Lu|ther, Mar|tin (kein Art., -, kein Plural) deutscher Reformator.

Lu|the|ra|ner (der, -s, -) Angehöriger der lutherischen Kirche.

lu|the|risch (Adj.) die lutherische Kirche betreffend.

Lu|ther|ro|se (die, -, kein Plural) Symbol für das Luthertum.

Lu|ther|tum (das, -s, kein Plural) von Martin Luther begründete Form des Protestantismus.

lut|schen (V.) schlecken; saugen.

Lut|scher (der, -s, -) Süßigkeit am Stiel. Dauerlutscher.

lütt (Adj.) (nordd.) klein.

Lut|te (die, -, -n) im Bergbau Rohrleitung für die Luftzufuhr.

Lut|ter (der, -s, -) erstes, noch unreines Spiritusdestillat.

Lutz (der, -, -) Drehsprung (Eiskunstlauf).

Luv (die, -, kein Plural) die dem Wind zugewandte Seite.

lu|ven (V.) das Schiff gegen den Wind drehen.

Luv|sei|te (die, -, kein Plural) die dem Wind zugewandte Seite eines Schiffes.

luv|wärts (Adj.) gegen den Wind.

Lux (das, -, -) (lat.) Beleuchtungsstärkeeinheit (Abk.: lx).

Lu|xa|ti|on (die, -, -ti|o|nen) (lat.) Verrenkung. Verb: luxieren.

Lu|xem|burg (ohne Art., -s, kein Plural) europäischer Kleinstaat. Luxemburger; luxemburgisch.

Lux|me|ter (das, -s, -) (lat.) Instrument zum Messen der Lichtstärke.

lu|xu|rie|ren (V.) (lat.) üppig wachsen (in der Botanik die vegetativ kräftigere Entwicklung einer Bastardgeneration gegenüber der Elterngeneration).

lu|xu|ri|ös (Adj.) prunkvoll; verschwenderisch.

Lu|xus (der, -, kein Plural) (lat.) Prunk; Komfort. Luxusjacht (*auch:* Luxusjacht); Luxuslimousine; Luxusvilla; Luxuswagen; Luxuswohnung.

Lu|xus|ar|ti|kel (der, -s, -) Gegenstände für den gehobenen Lebensstandard.

Lu|xus|aus|ga|be (die, -, -n) besonders prachtvolle Ausstattung eines Buches.

Lu|xus|damp|fer (der, -s, -) komfortabel eingerichtetes Passagierschiff.

Lu|xus|ho|tel (das, -s, -s) Hotel der gehobenen Klasse.

Lu|xus|steu|er (die, -, -n) Steuer auf Besitz oder Kauf von Luxusgütern.

Lu|zer|ne (die, -, -n) (franz.) Futterpflanze. Luzernenheu.

lu|zid (Adj.) (lat.) klar; einleuchtend.

Lu|zi|di|tät (die, -, kein Plural) (lat.) 1. Hellsehen; 2. Durchsichtigkeit; Helle.

Lu|zi|fer (der, -s, kein Plural) (lat.) 1. Teufel; 2. der Morgenstern.

Lu|zi|fe|rin (das, -s, kein Plural) (lat.) Leuchtstoff (z. B. Glühwürmchen).

lu|zi|fe|risch (Adj.) teuflisch.

LVA (Abk.) **L**andes**v**ersicherungs**a**nstalt.

lx (Abk.) **Lux**.

Ly|der (*auch:* Ly|di|er) Bewohner des antiken Landes Lydien.

Ly|di|en (ohne Art., -s, kein Plural) antiker Name einer Landschaft in Kleinasien.

ly|disch (Adj.) Lydien betreffend.

Ly|ko|po|di|um (das, -s, -di|en) (griech.) artenreiche Sporenpflanzengruppe. Bärlapp.

lym|pha|tisch (Adj.) die Lymphe, Lymphknoten und -gefäße betreffend; von ihnen ausgehend.

Lymph|bahn (die, -, kein Plural) lymphatisches Gefäßsystem.

Lymph|drai|na|ge (*auch:* Lymph|drä|na|ge) (die, -, -n) Streichmassage gegen Lymphstauungen.

Lymph|drü|se (die, -, -n) alte Bezeichnung für Lymphknoten.

Lym|phe (die, -, -n) (griech.-lat.) 1. hellgelbe Gewebsflüssigkeit; 2. Impfstoff. lymphogen.

Lymph|ge|fäß (das, -es, -e) leitet die Lymphflüssigkeit weiter.

Lymph|kno|ten (der, -s, -) linsen- bis bohnengroßes Organ im lymphatischen System.

lym|pho|id (Adj.) lymphartig.

Lym|pho|zyt (der, -en, -en) (griech.-lat.) Form des weißen Blutkörperchens (in Milz und Lymphknoten gebildet).

Lym|pho|zy|to|se (die, -, kein Plural) (lat.-griech.) krankhafte Vermehrung der weißen Blutkörperchen im Blut.

lyn|chen (V.) (engl.) ungesetzlich töten.

Lynch|jus|tiz (die, -, kein Plural) (engl.) ungesetzliches Töten durch eine gewalttätige Menge. Lynchmord.

Ly|ra (die, -, -ren) (griech.) Leier (Saiteninstrument).

Ly|rik (die, -, kein Plural) Dichtkunst; Gedicht.

Ly|ri|ker (der, -s, -) (griech.) Dichter von Lyrik.

ly|risch (Adj.) (griech.) 1. die Lyrik betreffend; 2. gefühlsbetont; stimmungsvoll.

Ly|sin (das, -s, -e) Stoff, der körperfremde Zellen und Krankheitserreger auflösen kann.

Ly|sis (die, -, Ly|sen) (griech.) 1. allmählicher Rückgang des Fiebers. 2. Auflösung von körperfremden Zellen und Krankheitserregern.

Ly|sol (das, -s, kein Plural) (griech., lat.) Desinfektionsmittel.

Lys|sa (die, -, kein Plural) (griech.-lat.) Tollwut.

Ly|ze|um (das, -s, -ze|en) höhere Mädchenschule (früher).

LZB (Abk.) **L**andes**z**entral**b**ank.

M

m (Abk.) **M**eter; **M**illi…; m^2 (Quadratmeter); m^3 (Kubikmeter).
µ (Abk.) (griech.) my. Mikro…, Mikron, Meta…
M (Abk.) **M**ark; römisches Zahlzeichen für 1000; **M**ille; **M**ega…
M. (Abk.) **M**onsieur (Plural: MM.).
mA (Abk.) **M**illi**a**mpere.
MA. (Abk.) **M**ittel**a**lter. ma. (mittelalterlich).
M. A. (Abk.) **M**agister **A**rtium (akademischer Grad, wird hinter dem Namen geführt, z. B. Peter Schuster M.A.).
Mä|an|der (der, -s, -) (lat.) Flussbiegung. Mäanderlinie; Mäandermuster.
mä|an|dern (V.) sich in der Art eines Mäanders bewegen.
mä|an|d|rie|ren (V.) mäandern.
mä|an|d|risch (Adj.) in Form eines Mäanders.
Maar (das, -s, -e) wassergefüllte Mulde.
Maat (der, -s, -e(n)) Schiffsunteroffizier.
Maat|schaft (die, -, -en) (nordd.) 1. Handelsgesellschaft; 2. Genossenschaft; 3. Klüngel.
Mac (vor schottischen und irischen Familiennamen) Sohn des … (z. B. Mackenzie).
Mac|chia (*auch:* Mac|chie) (die, -, Mac|chi|en) (ital.) immergrünes Gewächs.
Ma|chan|del (der, -s, -) (nordd.) Wacholder; Wacholderschnaps. Machandelbaum.
Mach|art (die, -, -en) die Art der Herstellung.
mach|bar (Adj.) möglich, zu verwirklichen.
Mach|bar|keit (die, -, kein Plural) Durchführbarkeit; Möglichkeit.
Ma|che (die, -, kein Plural) (ugs.) Schein; Vortäuschung; Gehabe. Das ist alles nur Mache.
ma|chen (V.) tun; erzeugen; bewirken. Mach schon (beeile dich)! Mach, dass du verschwindest! Sie machte mich weinen. Sie hat mich weinen gemacht.
Ma|chen|schaf|ten (die, -, nur Plural) geheime Abmachungen; Quertreibereien.
Ma|cher (der, -s, -) (ugs.) aktiver, dynamischer Mensch.
Ma|cher|lohn (der, -s, -löh|ne) Arbeitslohn.
Ma|che|te (die, -, -n) (span.) Buschmesser.
Ma|che|tik (die, -, kein Plural) (griech.) Kampflehre; Gefechtslehre.
Ma|chi|a|vel|lis|mus (der, -, kein Plural) politische Lehre, (skrupellose) Machtpolitik (nach Machiavelli).
ma|chi|a|vel|lis|tisch (Adj.) skrupellos Machtpolitik betreibend.
Ma|chi|na|ti|on (die, -, -ti|o|nen) (lat.) Machenschaften; Kniff.
Ma|cho (der, -s, -s) (span.) Mann, der sich übersteigert männlich gibt. Machismo.
Ma|chor|ka (der, -s, -s) (russ.) russischer Tabak.
Macht (die, -, Mäch|te) Gewalt; Kraft; Staat. Wir haben alles in unserer Macht Stehende getan. Das steht nicht in unserer Macht. Machtanspruch; Machtblöcke; Machtergreifung; Machtfrage; Mächtegruppierung; Machthaber; Machtkampf; Machtlosigkeit; Machtmittel; Machtpolitik; Machtprobe; Machtstellung; Machtstreben; Machtübernahme; Machtwechsel.
Macht|be|reich (der, -s, -e) Bereich, in dem Macht ausgeübt wird.
mäch|tig (Adj.) 1. einflussreich; stark; gewaltig. ein mächtiger Fürst; ein mächtiger Dom. 2. etwas beherrschend. Ich war meiner Sinne nicht mächtig. Er ist der lateinischen Sprache mächtig. 3. groß; sehr. Ich habe mächtigen Hunger. 4. fett. ein mächtiges Essen.
Mäch|tig|keit (die, -, kein Plural) 1. Größe; 2. in der Mengenlehre Anzahl der Elemente einer Menge.
Mäch|tig|keits|sprin|gen (das, -s, -) eine Disziplin im Pferdesport.
macht|los (Adj.) ohne Macht; hilflos.
macht|voll (Adj.) gewaltig; mächtig. eine machtvolle Demonstration.
Macht|voll|kom|men|heit (die, -, kein Plural) Berechtigung, uneingeschränkt Macht auszuüben; Allmacht. In seiner Machtvollkommenheit hat er ganz den Sinn für die Wirklichkeit verloren.
Mach|werk (das, -s, -e) schlechtes Erzeugnis; Schund.
Macht|wort (das, -s, -e) Anordnung, die keinen Widerspruch duldet. Nach den langen Diskussionen muss ein Machtwort gesprochen werden.
ma|chul|le (Adj.) (jidd.) (ugs.) bankrott; erschöpft.
Ma|cke (die, -, -n) (jidd.) (ugs.) Fehler; Tick.
Ma|cker (der, -s, Ma|cker) (ugs.) Anführer; Freund. Sie hat wieder einen neuen Macker.
mack|lich (nordd.) ruhig, behaglich. (Seemannsspr.) ruhig im Wasser liegen.
MAD (Abk.) **M**ilitärischer **A**bschirm**d**ienst (Geheimdienst).
Ma|da|gas|kar (ohne Art., -s, kein Plural) Insel und Staat östlich von Afrika.
Ma|da|gas|se (der, -n, -n) Bewohner Madagaskars.
ma|da|gas|sisch (Adj.) Madagaskar betreffend.
Ma|dam (die, -, -s/-en) (franz.) (ugs.) gnädige Frau. Madamchen.
Mäd|chen (das, -s, -) weibliches Kind; junge Frau; Hausangestellte; (ugs.) Freundin. Mädchenklasse; Mädchenschule. Mädchenschwarm. mädchenhaft.
Mäd|chen|haf|tig|keit (die, -, kein Plural) Anmut; Jugendlichkeit.
Mäd|chen|han|del (der, -s, kein Plural) gewaltsame Anwerbung von weiblichen Personen für die Prostitution.
Mäd|chen|na|me (der, -ns, -n) Familienname der Frau vor ihrer Verheiratung.
Ma|de (die, -, -n) Insektenlarve. Madenwurm.
made in … (engl.) in … hergestellt. Made in Japan.
Ma|dei|ra (*auch:* Ma|de|ra) (der, -s, -s) 1. Insel im Atlantik; 2. süßer Wein. Madeirawein.
Ma|del (das, -s, -n) (südd.) (ugs.) Mädchen.
Mä|del (das, -s, -/-n/-s) (ugs.) Mädchen.
Ma|de|moi|selle (die, -e, Mes|de|moi|selles) (franz.) Fräulein (Abk.: Mlle.; Plur.: Mlles.)
ma|dig (Adj.) 1. voll Maden; 2. (in der Wendung:) madigmachen (schlechtmachen, verleiden). Sie hat dich bei mir madiggemacht (schlechtgemacht). Das hast du mir ganz schön madiggemacht (verleidet).

Ma|d|jar (*auch:* Ma|g|yar) (der, -en, -en) (ungar.) Ungar. Madjarenreich; Madjarisierung; madjarisch; madjarisieren.

Ma|don|na (die, -, -nen) (ital.) Mutter Gottes. Madonnenkult.

Ma|don|nen|bild (das, -s, -er) Darstellung der Mutter Gottes mit dem Jesuskind.

ma|don|nen|haft (Adj.) rein; von überirdischer Schönheit. Madonnengesicht.

Ma|d|re|po|re (die, -, -n) (ital.) (Bio.) Steinkoralle.

Ma|d|ri|gal (das, -s, -) (ital.) Gesangsstück; mehrstimmiges Chorwerk mit oder ohne Instrumentalbegleitung. Madrigalchor; Madrigalstil.

ma|d|ri|ga|lesk (Adj.) (ital.) im Stil eines Madrigals.

Ma|d|ri|ga|list (der, -en, -en) (ital.-lat.) Komponist eines Madrigals.

Ma|d|ri|ga|lis|tik (die, -, kein Plural) (ital.-lat.) die Kunst, die Lehre der Madrigalkomposition.

Ma|es|tà (die, -, kein Plural) (ital.) Darstellung der thronenden Madonna (in der Kunst).

ma|es|to|so (Adj.) (ital.) majestätisch (bei Musikstücken).

Ma|es|t|ro (der, -s, -s/-stri) (ital.) 1. Meister; 2. Musiker; Anrede für bedeutenden Musiker.

Ma|fia (*auch:* Maf|fia) (die, -, -s) (ital.) Verbrecherorganisation.

Ma|fi|o|so (der, -, -si) (ital.) Mitglied der Mafia.

Mag. (Abk.) (österr.) **Mag**ister.

Ma|ga|zin (das, -s, -e) (arab.) 1. Lagerraum; 2. Patronenkammer; 3. Zeitschrift; Rundfunk-, Fernsehsendung. Magazingewehr; Magazinsendung.

ma|ga|zi|nie|ren (V.) lagern; speichern.

Magd (die, -, Mägde) Dienstbotin; Landarbeiterin. Mägdestube.

Mag|da|lé|ni|en (das, -s, kein Plural) (franz.) Stufe der jüngeren Altsteinzeit.

Mäg|de|lein (*auch:* Mägd|lein) (das, -s, -s) kleines, zartes Mädchen (dichterische Sprache).

Ma|gen (der, -s, Mä|gen) Verdauungsorgan. Magenausgang; Magenbeschwerden; Magenentzündung; Magengegend; Magengeschwür; Magengrube; Magenknurren; Magenkrampf; Magenkrebs; Magenoperation; Magensaft; Magensäure; Magenschleimhautentzündung; Magenschmerzen; Magensonde; Magenspiegelung; Magenstein; magenkrank; magenleidend.

Ma|gen|bit|ter (der, -s, -) Kräuterlikör.

Ma|gen-Darm-Ka|tarrh (*auch:* Ma|gen-Darm-Ka|tarr) (der, -s, -e) Brechdurchfall. Magenkatarrh (*auch:* Magenkatarr).

Ma|gen|ta (das, -s, kein Plural) (ital.) roter synthetischer Farbstoff.

ma|ger (Adj.) dünn; kärglich. magerer Boden; mageres Einkommen; mageres Ergebnis; mageres Fleisch; magere Schrift (Schriftstärke). Magermilch; Magerquark; Magersucht.

Ma|ger|keit (die, -, kein Plural) Dünnsein; Schmächtigkeit; Auszehrung; Dürre; Hagerkeit; Schlankheit.

ma|gern (V.) abmagern (gebräuchlicher).

mag|gi|o|re (ital.) = Dur.

Ma|gh|reb (der, -, kein Plural) (arab.) 1. der Westen. 2. die im westlichen Teil der arabisch-islamischen Welt angesiedelten Staaten Tunesien, Nordalgerien, Marokko.

ma|gh|re|bi|nisch (Adj.) (arab.) nordafrikanisch; zum Westen gehörig.

Ma|gie (die, -, kein Plural) (pers.) Zauberkunst; Beschwörung von Zauberkräften.

Ma|gi|er (der, -s, -) (pers.) Beschwörer; Zauberkünstler.

ma|gisch (Adj.) die Magie betreffend; geheimnisvoll; mystisch; okkult; spiritistisch; übersinnlich.

Ma|gis|ter (der, -s, -) (lat.) akademischer Titel (Abk.: Mag.). Magister Artium (Abk.: M. A.); Magister der Philosophie (Abk.: Mag. phil.); Magister der Naturwissenschaften (Abk.: Mag. rer. nat.).

ma|gis|t|ral (Adj.) (lat.) bereitet nach ärztlicher Anweisung.

Ma|gis|t|ra|le (die, -, -n) 1. (lat.) die Hauptdurchgangsstraße; Hauptverkehrslinie einer Großstadt. 2. (lat.-russ.) repräsentative Einkaufsstraße mit Geschäften, Gaststätten etc.

Ma|gis|t|rat (der, -s, -e) (lat.) Stadtverwaltung. Inhaber eines öffentlichen Amtes. Magistratsbeschluss.

Mag|ma (das, -s, -men) (griech.) Vulkanschmelze. Adjektiv: magmatisch.

ma|g|na cum lau|de (lat.) Prüfungsprädikat (mit großem Lob).

Ma|g|nat (der, -en, -en) (lat.) Großindustrieller; Großgrundbesitzer. Stahlmagnat.

Ma|g|ne|sia (die, -, kein Plural) 1. Magnesiumoxid. 2. Landschaft Thessaliens.

Ma|g|ne|sit (der, -s, -e) Mineral.

Ma|g|ne|si|um (das, -s, kein Plural) chemischer Grundstoff (Abk.: Mg). Magnesiumlegierung.

Ma|g|net (der, -en/-s, -e/-en) (griech.) Eisen anziehender Stoff; Mensch oder Sache mit großer Anziehungskraft. Magnetberg; Magnetkern; Magnetometer; Magnetpol; Magnetspule; Magnetzündung.

Ma|g|net|band (das, -s, -bän|der) (griech.) Band für Bild- oder Tonaufzeichnung.

Ma|g|net|feld (das, -s, -er) Kraftfeld in der Umgebung eines Magneten.

Ma|g|ne|ti|seur (der, -s, -e) (franz.) ein mit magnetischen Kräften arbeitender Heilkundiger.

ma|g|ne|tisch (Adj.) 1. den Magnetismus betreffend; 2. anziehend.

ma|g|ne|ti|sie|ren (V.) 1. magnetisch machen; 2. mit magnetischen Kräften behandeln.

Ma|g|ne|ti|sie|rung (die, -, kein Plural) das Magnetisieren.

Ma|g|ne|tis|mus 1. die magnetischen Erscheinungen insgesamt; 2. Heilmethode.

Ma|g|ne|tit (der, -s, -e) ein Mineral. Magnetiteisenerz.

Ma|g|net|na|del (die, -, -n) Kompassnadel.

Ma|g|ne|to|graf (*auch:* Ma|g|ne|to|graph) (griech.) Instrument zur Aufzeichnung der zeitlichen Variation des erdmagnetischen Feldes.

Ma|g|ne|to|fon (*auch*: Ma|g|ne|to|phon) (das, -s, -e) Tonbandgerät.

Ma|g|ne|to|path (der, -en,-en) (griech.) Magnetiseur.

Ma|g|ne|to|sphä|re (die, -, kein Plural) höchster Teil der Atmosphäre.

Ma|g|ne|t|ron (das, -s, -s/-e) eine Elektronenröhre, die magnetische Energie verwendet.

Ma|g|net|ton|ge|rät (das, -(e)s, -e) Tonbandgerät.

Ma|g|ni|fi|kat (das, -s, -e) (lat.) 1. Lobgesang (im Lukasevangelium); 2. auf diesen Text komponiertes Chorwerk.

Ma|g|ni|fi|kus (der, -, -fizi) Hochschulrektor.

Ma|g|ni|fi|zenz (die, -, -en) (lat.) Hochschulrektor (Titel).

Ma|g|ni|tu|de (die, -, -en) (lat.) ein Maß für die Erdbebenstärke.

Ma|g|no|lie (die, -, -n) (franz.) Zierstrauch. Magnoliengewächs.

Ma|g|yar (der, -en, -en) (ungar.) → Madjar.

mäh (Interj.) nachahmender Laut des Blökens von Schafen und Meckerns von Ziegen.

Ma|ha|go|ni (das, -s, kein Plural) (indian.) Edelholz. Mahagoniholz; Mahagonischrank.

Ma|ha|ra|d|scha (der, -s, -s) (sanskr.) indischer Herrschertitel.

Ma|ha|ra|ni (die, -, -s) Ehefrau eines Maharadschas.

Ma|hat|ma (der, -s, -s) indischer Ehrentitel für geistig hochstehenden Mann.

Mäh|bin|der (der, -s, -) Mähmaschine, die zugleich das Mähgut bindet. Mähdrescher; Mähmaschine.

Mahd (die, -, -en) Mähen; abgemähtes Gras. eine zweimähdige Wiese.

Mah|di (der, -s, kein Plural) von den Moslems vor dem Jüngsten Gericht erwarteter Erneuerer des Werkes Mohammeds.

mä|hen (V.) abschneiden; »mäh« schreien.

Mä|her (der, -s, -) 1. Schnitter; 2. Mähmaschine.

Mahl 1. (das, -s, -e/Mäh|ler) Essen. (*Aber:* das Mal!). 2. (das, -s, -e) altgermanische Gerichtsverhandlung. Mahlgeld.

mah|len (V.) zerkleinern; zerreiben. (*Aber:* malen!). Mahlstein.

Mahl|gang (der, -s, -gän|ge) Maschine zum Zerreiben bei alten Wasser- und Windmühlen.

Mahl|zahn (der, -, -zäh|ne) Molar.

Mahl|zeit (die, -, -en) Essen. Eine warme Mahlzeit am Tag ist wichtig. Prost Mahlzeit! Gesegnete Mahlzeit.

Mäh|ne (die, -, -n) lange Haare. Mähnenwolf; mähnenartig; mähnig.

mah|nen (V.) erinnern; auffordern. Mahngebühr; Mahnschreiben; Mahnverfahren; Mahnwache; Mahnzeichen.

Mah|ner (der, -s, -e) jemand, der mahnt oder warnt.

Mahn|mal (das, -s, -e) an ein unglückliches Ereignis erinnerndes Denkmal zur Warnung der nächsten Generationen.

Mah|nung (die, -, -en) 1. Zahlungsaufforderung an Nachlässige; 2. Warnung. Mahnbescheid; Mahnbrief; Mahngebühr; Mahnverfahren.

Mäh|re (die, -, -n) altes Pferd.

Mai (der, -/-s,-en/-e) (lat.) fünfter Monat. im Wonnemonat Mai; der Erste Mai. Maiandacht; Maibaum; Maiblümchen; Maibowle; Maidemonstration; Maifeier; Maikäfer; Maikätzchen; Maikönigin; Maikundgebung; Mailuft; Mainacht.

Maid (die, -, -en) Mädchen (veraltet).

Mai|den (das, -s, -) (engl.) junges, bei Rennen noch nicht erprobtes Rennpferd.

Maie (die, -, -n) junge Birke; Laubschmuck.

mai|en (V.) 1. Mai werden (dichterisch). Es grünt und mait. 2. (schweiz.) mähen.

mai|en|haft (Adj.) mild, wie im Mai.

Mai|glöck|chen (das, -s, -) Zierpflanze, die im Mai zur Blüte kommt.

Mai|kraut (das, -s, kein Plural) Waldmeister.

Mail|box (die, -, -en/-es) (engl.) papierlose Nachrichtenübermittlung (von Büro zu Büro) über Postleitung; elektronischer Briefkasten.

Mai|ling (das, -s, kein Plural) (amerik.) fachsprachliche Bezeichnung für das Versenden von Werbematerial auf dem postalischen Weg.

Mail|or|der (die, -, kein Plural) (engl.) Vertrieb von Waren nach Bestellung aufgrund von Prospekten.

Main|stream (der, -/-s, kein Plural) (engl.) Hauptrichtung; z. B. Mainstreamrock: Rockmusik in der jeweiligen Moderichtung (ohne Neues).

Mais (der, -es, -e) (span.) Getreidepflanze. Maisbrei; Maisbrot; Maiskolben; Maismehl; Maisstärke; Maisstroh; maisgelb.

Mais|bir|ne (die, -, -n) Trainingsgerät (Boxen).

Mai|sche (*auch:* der Maisch) (die, -, -n) Gemisch (Bier-, Weinherstellung). Maischbottich.

mai|schen (V.) Maische herstellen.

Mai|so|nette (*auch:* Mai|son|nette (die, -, -s) (franz.) Wohnung über mehrere Stockwerke. Maisonettewohnung.

Maiß (der, -es, -e/die, -, -en) (südd.) Holzschlag; Jungholz.

Ma|jes|tät (die, -, -en) (lat.) Titel; Anrede. Seine Majestät (Abk.: S. M.); Ihre Majestät (Abk.: I. M.); Euer/Eure Majestät (Abk.: Ew. M.). Majestätsbeleidigung; Majestätsverbrechen;

ma|jes|tä|tisch (Adj.) erhaben; hoheitsvoll. ein majestätisches Auftreten.

Ma|jo|li|ka (die, -, -en) (ital.) bunt bemalte und glasierte Tonware; Fayence.

Ma|jo|nä|se → Mayonnaise.

Ma|jor (der, -s, -e) (lat.-span.) Offizier. Majorsrang.

Ma|jo|ran (der, -s, -e) (lat.) Gewürzpflanze.

Ma|jo|rat (das, -s, -e) (lat.) Ältestenrecht (Erbe). Majoratsgut; Majoratsherr.

Ma|jor|do|mus (der, -, -) (lat.) oberster Hofbeamter; Befehlshaber des Heeres (bei den fränkischen Königen).

ma|jo|renn (Adj.) (lat.) mündig; volljährig.

Ma|jo|ret|te (die, -, -s) (franz.) uniformiertes Mädchen bei Umzügen und Veranstaltungen.

ma|jo|ri|sie|ren (V.) durch Stimmenmehrheit zwingen; überstimmen.

Ma|jo|ri|tät (die, -, -en) (lat.) (Stimmen-) Mehrheit. Majoritätsbeschluss; Majoritätsprinzip; Majoritätsträger; Majoritätswahl.

Ma|jus|kel (die, -, -n) (lat.) Großbuchstabe. Majuskeltheorie.

ma|ka|ber (Adj.) (franz.) grausig; frivol; schaurig; unpassend.

Ma|ka|dam (der/das, -s, -e) (nach dem schott. Ingenieur McAdam) Straßenbelag.

ma|ka|da|mi|sie|ren (V.) mit Makadam versehen.

Ma|kak (der, -s/-en, -en) (portugies.) ein meerkatzenartiger Affe (z. B. der Rhesus).

Ma|ka|me (die, -, -n) alte arabische Stegreifdichtung.
Ma|kao (der, -s, -s) Papagei.
Ma|ke|do|ni|en (*auch:* Ma|ze|do|ni|en) (kein Art., -s, kein Plural) **1.** historische Landschaft auf dem Balkan; **2.** Republik im ehemaligen Jugoslawien.
Ma|ke|do|ni|er (*auch:* Ma|ze|do|ni|er) (der, -s, -) Bewohner von Makedonien.
ma|ke|do|nisch (*auch:* ma|ze|do|nisch) (Adj.) Makedonien betreffend.
Ma|kel (der, -s, -) Fehler; Schandfleck.
Mä|ke|lei (die, -, -en) Nörgelei.
mä|ke|lig (auch mäk|lig) (Adj.) heikel; nörgelig; wählerisch.
ma|kel|los (Adj.) fehlerfrei; einwandfrei; vollkommen.
Ma|kel|lo|sig|keit (die, -, kein Plural) Vollkommenheit.
ma|keln (V.) als Makler tätig sein.
mä|keln (V.) (ugs.) nörgeln.
Ma|ket|te (*auch:* Ma|quet|te) (die, -, -n) (franz.) Skizze; Entwurf.
Make-up (das, -s, -s) (engl.) kosmetische Verschönerung; Gesichtscreme; Schminke.
Ma|ki (der, -s, -s) Halbaffe.
Ma|ki|mo|no (das, -s, -s) (jap.) Bildrolle.
Mak|ka|bä|er (der, -s, -) Angehöriger eines alten jüdischen Geschlechts.
mak|ka|bä|isch (Adj.) die Makkabäer betreffend.
Mak|ka|ro|ni (die, nur Plural) (ital.) lange röhrenförmige Nudeln.
Mak|ler (der, -s, -) Geschäftsvermittler. Grundstücksmakler; Börsenmakler; Maklergebühr; Maklerprovision.
Ma|ko (der, -s, -s) Baumwolle. Makobaumwolle.
Ma|ko|ré (das, -s, kein Plural) (franz.) Hartholz.
Ma|k|ra|mee (das, -, -s) (arab.) Knüpfarbeit.
Ma|k|re|le (die, -, -n) (niederl.) Fisch.
ma|k|ro.../Ma|k|ro... (griech.) lang...; groß.../ Lang...; Groß...
Ma|k|ro|be|fehl (der, -s, -e) in der EDV Befehle an einer Rechenanlage, die zu einer Folge zusammengefasst sind.
Ma|k|ro|bio|se (die, -, kein Plural) (griech.) Langlebigkeit.
Ma|k|ro|bio|tik (die, -, kein Plural) (griech.) biologische Ernährungsweise.
ma|k|ro|bio|tisch (Adj.) die Makrobiotik betreffend.
Ma|k|ro|kli|ma (das, -s, kein Plural) (griech.) Klima eines größeren Gebietes.
Ma|k|ro|kos|mos (*auch:* Ma|k|ro|kos|mus) (der, -, kein Plural) (griech.) Weltall.
Ma|k|ro|me|lie (die, -, kein Plural) Riesenwuchs.
Ma|k|ro|mo|le|kül (das, -s, -e) aus über tausend Atomen aufgebautes Molekül.
Ma|k|ro|ne (die, -, -n) (ital.) Gebäck.
Ma|k|ro|po|de (der, -n, -n) (griech.) ein Labyrinthfisch; Aquarienfisch.
ma|k|ro|s|ko|pisch (Adj.) (griech.) mit freiem Auge erkennbar.
Ma|k|ro|so|mie (die, -, kein Plural) (griech.) Riesenwuchs.
Ma|k|ro|struk|tur (die, -, -en) (griech.) Struktur, die ohne Vergrößerung erkennbar ist.
Ma|k|ro|vi|rus (der, -, -n) Computervirus, der sich über E-Mail verbreitet.
ma|k|ro|ze|phal (Adj.) (griech.) mit abnorm großem Kopf versehen.
Ma|k|ro|ze|pha|le (der/die, -n, -n) (griech.) ein Mensch mit krankhaft vergrößertem Schädel.
Ma|k|ro|ze|pha|lie (die, -, kein Plural) (griech.) krankhafte Vergrößerung des Schädels.
Ma|k|ro|zyt (der, -s, -en/meist Plural) (griech.) große Form der roten Blutkörperchen.
Ma|ku|la|tur (die, -, -en) (lat.) Fehldruck; Altpapier. Makulatur reden (ugs.: dummes Zeug reden).
ma|ku|lie|ren (V.) Druckerzeugnis einstampfen.
mal (Adv.) multipliziert mit; (ugs.) einmal. Geh mal weg! Sag das noch mal (*auch:* nochmal)! öfter mal was Neues. *Großschreibung:* das Mal; das erste/ein letztes Mal; sein erstes Mal; nur dieses eine Mal; dieses Mal, *aber:* diesmal; manches Mal, *aber:* manchmal; ein Mal über das andere; ein ums andere Mal; von Mal zu Mal. *Beachte:* zum ersten Mal/Male; mit einem Male, *aber:* auf einmal; zum letzten Mal/Male; mehrere Male; viele Tausend (*auch:* tausend) Male, *aber:* tausendmal probiert; ein paar Male, *aber:* ein paarmal; ein Dutzend Mal; das x-te Mal; ein für alle Mal/Male, *aber:* allemal; ein oder zwei Male, *aber:* ein- bis zweimal; x-mal; zum x-ten Mal(e), fünf Millionen Mal(e); vier- bis fünfmal (4- bis 5-mal; 4-5-mal); noch einmal; noch einmal so viel; sovielmal (*auch:* so viel Mal); keinmal; manchmal; wievielmal (*auch:* wie viel Mal); allemal; jedes Mal; unzählige Mal(e); diesmal. Verb: malnehmen (multiplizieren).
Mal (das, -s, -e/Mä|ler) Zeichen; Fleck; Monument. Denkmal; Merkmal; Brandmal; Muttermal; Malzeichen.
Ma|la|chit (der, -s, -e) (griech.) Mineral. Malachitschale; malachitgrün.
ma|la|de (Adj.) (franz.) (ugs.) krank; unpässlich.
ma|la fi|de (lat.) in der Rechtssprechung wider besseres Wissen.
Ma|la|ga (der, -s, -s) **1.** Stadt in Südspanien; **2.** süßer Wein. Malagawein.
Ma|la|gas|si (das, -, kein Plural) die malaiische Sprache Madagaskars; madagassische Sprache.
Ma|la|gue|ña (die, -, -s) (span.) spanischer Tanz, wobei der Sänger innerhalb eines ständig wiederholten Themas frei improvisieren kann.
Ma|laie (der, -n, -n) Angehöriger eines Volkes in Südostasien. Malaiin.
Ma|lai|se (*auch:* Ma|lä|se) (die, -, -n) (franz.) Missstimmung; Unbehagen.
Ma|la|ja|lam (*auch:* Ma|la|ya|lam) (das, -s, kein Plural) eine drawidische Sprache Südindiens.
Ma|la|ko|lo|gie (die, -, kein Plural) (griech.) Wissenschaft von den Weichtieren.
Ma|la|ria (die, -, kein Plural) (ital.) Infektionskrankheit; Sumpffieber; Wechselfieber.
ma|la|ri|a|krank (Adj.) (ital.) an Malaria leidend.
Ma|la|ria|lo|gie (die, -, kein Plural) Erforschung der Malaria.
Ma|la|ria|mü|cke (die, -, -n) (ital.) Mückenart, die die Malaria durch Stich überträgt; Anopheles. Malariaerreger.
Ma|lay|sia (ohne Art., -s, kein Plural) Staatenbund in Südostasien.
Ma|lay|si|er (der, -s, -) Bewohner von Malaysia.
ma|lay|sisch (Adj.) Malysia betreffend.
Mal|axt (die, -, -äx|te) Axt zum Kenntlichmachen der zu fällenden Bäume.

Ma|la|zie (die, -, -n) (griech.) Erweichung (von Gewebe, bes. der Knochen).
Mal|baum (der, -s, -bäu|me) 1. Grenzbaum; 2. Baum, an dem sich Schwarzwild scheuert; 3. (nordd.) Pegel.
Ma|le|di|ven (die, nur Plural) Inselstaat im Indischen Ozean.
Ma|le|di|ver (der, -s, -) Bewohner der Malediven.
ma|le|di|visch (Adj.) die Malediven betreffend.
Ma|le|fiz|kerl (der, -s, -e) (ugs.) Draufgänger.
ma|len (V.) zeichnen; streichen. (*Aber:* mahlen!) Malbuch.
Ma|le|par|tus (der, -, kein Plural) (lat.) die Wohnhöhle des Fuchses in der Tierfabel.
Ma|ler (der, -s, -) 1. Kunstmaler; 2. Anstreicher; Tüncher; Weißbinder. Malerfarbe; Malgrund; Malerleinwand; Malkasten; Maltechnik.
Ma|le|rei 1. (die, -, -en) künstlerische Gestaltung mit Farbe; 2. (die, -, kein Plural) Gesamtheit der gemalten Bilder einer Epoche. die Malerei des Impressionismus.
ma|le|risch (Adj.) 1. die Malerei betreffend. Sie hat malerisches Talent. 2. die Farbe betonend. malerischer Stil. 3. idyllisch; stimmungsvoll. ein malerisches Städtchen.
Ma|ler|meis|ter (der, -s, -) Angehöriger eines Lehrhandwerks.
ma|lern (V.) (ugs.) anstreichen.
Ma|le|sche (die, -, -n) (franz.) (nordd.) Misere; Unannehmlichkeit.
Mal|heur (das, -s, -e/-s) (franz.) Unglück; Missgeschick.
mal|ho|nett (Adj.) (lat.-franz.) unredlich; unfein.
ma|li|g|ne (Adj.) (lat.) in der Medizin Bezeichnung für bösartig. eine maligne Geschwulst.
Ma|li|g|ni|tät (die, -, kein Plural) (lat.) Bösartigkeit. Die Malignität des Karzinoms ist sehr hoch.
ma|li|zi|ös (Adj.) (franz.) boshaft.
mall (Adj.) (nordd.) verkehrt; verrückt.
Mall (das, -s, -e) (niederl.) Modell für Schiffsteile.
mal|len (V.) (nordd.) 1. ein Schiffsteil nach Modell arbeiten; 2. messen; 3. das Umspringen des Windes. Der Wind mallt.
Mal|lung (die, -, -en) (nordd.) in der Schifffahrt das ständige Wechseln des Windes.
Malm (der, -s, kein Plural) 1. zerbröckeltes Gestein; 2. Weißer Jura.
mal|neh|men (V., nahm mal, hat malgenommen) multiplizieren.
Ma|lo|che (die, -, kein Plural) (jidd.) (ugs.) (harte) Arbeit.
ma|lo|chen (V.) (jidd.) (ugs.) hart arbeiten.
Ma|los|sol (der, -s, kein Plural) (russ.) schwach gesalzener Kaviar.
Mal|ta (ohne Art., -s, kein Plural) Inselstaat im Mittelmeer.
Mal|ta|se (die, -, kein Plural) Enzym.
Mal|te|ser (der, -s, -) 1. Einwohner Maltas; 2. Schoßhündchen; 3. Mitglied des Malteserordens. Malteser-Hilfsdienst; Malteserorden; Malteserritter.
Mal|te|ser|kreuz (das, -es, -e) 1. Ordenskreuz (achtzackig) der Malteser (Johanniter); 2. Schaltwerk bei Filmvorführgeräten zur Weiterführung des Films.
mal|te|sisch (Adj.) die Malteser betreffend.
Mal|to|se (die, -, kein Plural) Malzzucker.
mal|trä|tie|ren (V.) (franz.) quälen; misshandeln.
Mal|trä|tie|rung (die, -, -en) (franz.) das Malträtieren.
Ma|lus (der, -/-ses, -/-se) (lat.) Punktenachteil; erhöhter Versicherungsbeitrag (Kfz-Versicherung).
Mal|uten|si|li|en (die, -, meist nur Plural) Malzubehör.
Mal|va|sier (der, -s, kein Plural) griechischer Wein.
Mal|ve (die, -, -n) (ital.) Pflanze.
mal|ven|far|big (Adj.) in der Farbe einer Malve; lila.
Malz (das, -es, kein Plural) unausgekeimtes Getreide. Malzbonbon; Malzextrakt; Malzzucker.
Malz|bier (das, -s, -e) dunkles, viel Malz enthaltendes Bier.
Mal|zei|chen (das, -, -) Zeichen für die Multiplikation.
mäl|zen (V.) Malz herstellen.
Mäl|zer (der, -s, -) Brauer.
Mäl|ze|rei (die, -, -en) 1. Abteilung einer Brauerei, in der Malz hergestellt wird; 2. die Brauerei selbst.
Malz|kaf|fee (der, -s, kein Plural) Kaffee-Ersatz.
Ma|ma (*auch:* Ma|mi) (die, -, -is) (ugs.) Mutter. Mamachen.
Mam|ba (die, -, -s) Giftschlange.
Mam|bo (der, -s, -s) Tanz.
Ma|me|luck (der, -en, lu|cken) (arab.) 1. türkischer Sklave am persischen und ägyptischen Hof (früher). 2. Angehöriger eines ägyptischen Herrschergeschlechts (vom 13. bis Anfang des 16. Jahrhunderts).
Ma|mil|la (die, -, -len) (lat.) Brustwarze.
Mam|ma (die, -, -mae) (lat.) Brustdrüse.
Mam|ma|lia (die, nur Plural) (lat.) Säugetiere.
Mam|me|li (das, -s, -) (schweiz.) Trinkflasche für Säuglinge.
mam|meln (V.) (schweiz.) trinken (Säugling, Alkoholiker). Er mammelet. (Er ist ein Trinker.).
Mäm|mi (die/das, -/s, kein Plural) Getränk.
Mam|mo|gra|fie (*auch:* Mam|mo|gra|phie) (die, -, -n) (lat.) Röntgenuntersuchung der weiblichen Brust.
Mam|mon (der, -s, kein Plural) '(aram.) Reichtum; Geld. der schnöde Mammon.
Mam|mo|nis|mus (der, -s, kein Plural) Geldgier; Geldherrschaft.
Mam|mut (das, -s, -s/-e) (russ.) eiszeitlicher Elefant. Mammuthöhle; Mammutknochen; Mammutskelett; Mammutzahn.
Mam|mut... Riesen... Mammutbaum; Mammutfilm; Mammutprogramm; Mammutprozess; Mammutunternehmen; Mammutveranstaltung.
mamp|fen (V.) (ugs.) Essen in sich hineinstopfen.
Mam|sell (die, -, -en/-s) (franz.) Kurzform für Mademoiselle; Fräulein. Kaltmamsell (Büffetdame).
man 1. (Pron., indef.) jemand; jedermann. *Beachte:* nicht beugbar! Der Dativ wird durch »einem« und der Akkusativ durch »einen« ersetzt! Das kann man machen, wie es einem gefällt. Das kann einen zum Nachdenken bringen. 2. (Adv.) (nordd.) nur. Das lass man gut sein.
m.A.n. (Abk.) **m**einer **A**nsicht **n**ach.

Mäˈnaˈde (die, -, -n/meist nur Plural) in der griechischen Mythologie rasende Frauen im Gefolge des Dionysos.

Maˈnageˈment (das, -s, -s) (engl.) Unternehmensleitung.

Maˈnageˈment-Buy-out (*auch:* Maˈnageˈment-Buyˈout) (das, -s, kein Plural) (engl.) Übernahme einer Aktiengesellschaft durch die Unternehmensführung mithilfe von Aktienkäufen.

maˈnaˈgen (V.) (engl.) (ugs.) 1. bewerkstelligen; unternehmen; leiten; organisieren; 2. einen Künstler betreuen; Gastspiele vermitteln. Er managt die Sängerin.

Maˈnaˈger (der, -s, -) (engl.) Führungskraft; Leiter; Geschäftsführer; Organisator; Veranstalter.

Maˈnaˈgerˈkrankˈheit (die, -, -en) (ugs.) meist Erkrankung des Kreislaufsystems durch ständige Überbeanspruchung.

manch (Pron., indef.) einer; (Plural) einige. *Beachte:* In manchem sind wir uns einig; es gibt so manches zu tun; manch einer weiß das nicht; es gibt manche, die (*falsch:* welche!) das nicht glauben; mancher gute Wille, *aber:* manch guter Wille; manchmal, *aber:* manches Mal; manche, mancher, manches.

manˈche (Pron., indef.) einige.

manˈcher (Pron., indef.) einige; mehr als ein Einzelner. Mancher von uns ging leer aus. mancher gute Fußballspieler.

manˈcherˈlei (Pron., ind.) allerlei; einiges.

manˈcherˈorˈten (Pron., ind.) an mehr als einem Ort. manchenorts; mancherorts.

manˈches (Pron., indef.) einiges.

Manˈchesˈter 1. (ohne Art., -s, kein Plural) Stadt in England. 2. (der, -s, kein Plural) (engl.) Stoffgewebe.

Manˈchesˈterˈhoˈse (die, -, -n) Hose aus Cordgewebe.

Manˈdaˈla (das, -s, -s) (sanskr.) Meditationsbild.

Manˈdant (der, -en, -en) (lat.) Auftraggeber; Klient. Mandantin.

Manˈdaˈrin (der, -s, -e) (portugies.) europäische Bezeichnung für hohen chinesischen Beamten (früher).

Manˈdaˈriˈne (die, -, -n) (franz.) apfelsinenähnliche Frucht. Mandarinenbaum.

Manˈdat (das, -s, -e) (lat.) Auftrag; Abgeordnetenamt.

Manˈdaˈtar (der, -s, -e) (lat.) jemand, dem ein Mandat übertragen wurde; Beauftragter; Bevollmächtigter.

Manˈdaˈtarˈstaat (des, -s, -en) Staat, dem der Auftrag zur Verwaltung eines anderen Staates übertragen wurde.

Manˈdatsˈgeˈbiet (das, -s, -e) Gebiet, das von jmdm. treuhänderisch verwaltet wird. Mandatsverlust.

Manˈdatsˈträˈger (der, -s, -) Abgeordneter.

Manˈdaˈtum (das, -s, -ta) (lat.) in der katholischen Religion die Fußwaschungszeremonie am Gründonnerstag.

Manˈdel (die, -, -n) 1. Frucht; 2. Gaumenmandel; 3. Zählmaß zu 15 Stück (früher). Mandelblüte; Mandelkleie; Mandelsäure; Mandelseife.

Manˈdelˈauˈge (das, -s, -n) mandelförmiges Auge der Asiaten. mandeläugig.

Manˈdelˈbaum (der, -s, -bäuˈme) Steinobstgewächs.

Manˈdelˈentˈzünˈdung (die, -, -en) Entzündung der Gaumenmandeln (Tonsillitis). Mandeloperation.

manˈdelˈförˈmig (Adj.) in Form einer Mandel.

Manˈdelˈgeˈbäck (das, -s, kein Plural) Backwerk mit zerkleinerten Mandeln.

Manˈdelˈöl (das, -s, -e) aus dem Samen der Mandeln gewonnenes Öl.

Manˈdelˈstein (der, -s, kein Plural) vulkanisches oder subvulkanisches Gestein.

Manˈdiˈbel (die, -, -n) (lat.) 1. Unterkieferknochen (bei Wirbeltieren und beim Menschen). 2. ~n: (die, nur Plural) erstes Paar der Mundwerkzeuge (bei Insekten und Krebsen).

manˈdiˈbuˈlar (*auch*: manˈdiˈbuˈlär) (Adj.) zum Unterkiefer gehörend.

Mandl (das, -s, -n) (südd.) 1. Männlein. 2. Vogelscheuche. 3. Wegzeichen.

Manˈdoˈla (die, -, -len) (ital.) Zupfinstrument.

Manˈdoˈliˈne (die, -, -n) (franz.) Saiteninstrument.

Manˈdorˈla (die, -, -len) (ital.) mandelförmiger Heiligenschein um die ganze Gestalt (in der Kunst).

Manˈdraˈgoˈra (*auch:* Manˈdraˈgoˈre) (die, -, -goˈren) Nachtschattengewächs; Alraune.

Manˈdˈrill (der, -s, -e) (engl.) Affe.

Manˈdˈrit (der, -en, -en) Klausner; Mönch der Ostkirche.

Manˈdˈschu 1. (der, -s, -) Angehöriger eines tungusischen Volksstammes. 2. (das, -s, kein Plural) dessen Sprache.

Manˈdˈschuˈrei (die, -, kein Plural) Gebiet im Nordosten der Volksrepublik China.

manˈdˈschuˈrisch (Adj.) die Mandschurei betreffend.

Maˈneˈge (die, -, -n) (franz.) Zirkusrund; Reitbahn.

Maˈnen (die, -, nur Plural) (lat.) die Seelen der Verstorbenen bei den Römern.

mang (Präp.) (nordd.) unter; dazwischen. mittenmang.

Manˈgaˈbe (die, -, -n) (afrikan.) ein meerkatzenartiger afrikanischer Affe.

Manˈgan (das, -s, kein Plural) (griech.) Metall; chemischer Grundstoff (Abk.: Mn). Manganat; Manganeisen; Manganerz.

Manˈgaˈnit (der, -s, -e) (griech.-nlat.) ein Mineral.

Manˈge (die, -, -n) (südd.) Wäschemangel.

Manˈgel 1. (die, -, -n) Wäschemangel. jemanden durch die Mangel drehen/in die Mangel nehmen (streng prüfen; zurechtweisen). Mangelwäsche; Manglerin. 2. (der, -s, Mänˈgel) Fehler; Knappheit. Mangelerscheinung; Mangelware; mangelfrei.

Manˈgelˈbeˈruf (der, -s, -e) ein Berufszweig, für den es nur wenige Bewerber gibt.

manˈgelˈhaft (Adj.) unvollkommen; unvollständig.

Manˈgelˈhafˈtigˈkeit (die, -, kein Plural) Unvollkommenheit; Unvollständigkeit; Fehlerhaftigkeit.

Mänˈgelˈhafˈtung (die, -, kein Plural) Einstehen des Verkäufers oder Herstellers einer Sache für Mängel, die die Sache vor Übergabe an den Käufer hatte.

Manˈgelˈkrankˈheit (die, -, -en) durch einseitige oder zu wenig Nahrung entstandene Erkrankung.

manˈgeln (V.) 1. Wäsche glätten; 2. Mangel leiden; gebrechen; hapern. *Beachte:* wird mit Dativ gebildet! Es mangelt mir an Geduld.

Män|gel|rü|ge (die, -, -n) in der Rechtsprechung Klage über mangelhafte Ware.
man|gels (Präp., Gen.) aus Mangel an. *Beachte:* mangels eines Beweises (*falsch:* mangels einem Beweis!).
man|gen (V.) Wäsche mangeln.
Man|go (die, -, -s/-go|nen) Frucht. Mangobaum; Mangopflaume.
Man|gold (der, -s, -e) Blattgemüse.
Man|g|ro|ve (die, -, -n) (engl.) immergrüner Laubwald am Wasser (Tropen). Mangrovenbaum.
Man|gus|te (die, -, -n) (Marathi) in Südeurasien u. Afrika heimische Schleichkatze.
Ma|ni|chi|no (der, -s, -s) (franz.-ital.) Gliederpuppe (für Kleiderentwürfe).
Ma|nie (die, -, -n) (griech.) 1. krankhafte Leidenschaft; 2. Phase einer seelischen Krankheit mit Größenwahn und überzogenem Selbstwertgefühl.
Ma|nier (die, -, -en) (franz.) Eigenart; Stil; (Plural) Benehmen.
ma|nie|riert (Adj.) gekünstelt.
Ma|nie|riert|heit (die, -, kein Plural) gekünsteltes Verhalten.
ma|nier|lich (Adj.) ordentlich; wohlerzogen. ein manierlicher Junge. Langsam wird er manierlich.
Ma|nie|ris|mus (der, -s, kein Plural) 1. gekünstelter Stil; 2. Stilepoche zwischen Renaissance und Barock.
Ma|nie|rist (der, -s, -en) Anhänger des Manierismus.
ma|nie|ris|tisch (Adj.) den Manierismus betreffend.
ma|ni|fest (Adj.) (lat.) handgreiflich; offenbar; offensichtlich.
Ma|ni|fest (das, -s, -e) (lat.) Grundsatzerklärung; Kundgebung. Manifestation.
ma|ni|fes|tie|ren (V.) 1. offenbaren; zeigen; 2. (V., refl.) offenbar, sichtbar werden; 3. (schweiz.) demonstrieren.
Ma|ni|kü|re (die, -, -n) (lat.) Nagelpflege; Nagelpflegeset; Hand-, Nagelpflegerin.
ma|ni|kü|ren (V.) die Fingernägel pflegen.
Ma|ni|ok (der, -s, -s) (indian.) Pflanze. Maniokmehl; Maniokwurzel.
Ma|ni|pel (lat.) 1. (der, -s, -) Abteilung einer Kohorte (im alten Rom); 2. (der/die, -s/-, -/-n) gesticktes, über dem linken Unterarm getragenes Band des Messgewandes.
Ma|ni|pu|la|ti|on (die, -, -en/meist Plural) (lat.) 1. Handgriff; Handhabung; 2. Beeinflussung; Machenschaft; Trick.
Ma|ni|pu|la|tor (der, -s, -en) (lat.) 1. jemand, der eine Manipulation ausübt; 2. roboterartiges Gerät (wird vorwiegend beim Strahlenschutz eingesetzt). Manipulant.
ma|ni|pu|lier|bar (Adj.) beeinflussbar. manipulativ.
Ma|ni|pu|lier|bar|keit (die, -, kein Plural) Beeinflussbarkeit; Steuerbarkeit. Die Werbung nutzt die Manipulierbarkeit des Menschen geschickt aus.
ma|ni|pu|lie|ren (V.) (lat.) beeinflussen; steuern; verfälschen; hantieren.
Ma|ni|pu|lie|rung (die, -, -en) Beeinflussung; Steuerung.
ma|nisch (Adj.) (griech.) krankhaft übersteigert. manisch-depressiv.
Ma|nis|mus (der, -, kein Plural) (lat.) Ahnen-, Totenkult.
Ma|ni|tu (der, -s, kein Plural) (indian.) »Großer Geist«.
Man|ko (das, -s, -s) (ital.) Mangel; Fehler.
Mann (der, -s/-es, Män|ner) männlicher Erwachsener; Ehemann. hundert Mann. Er wird doch Manns genug sein, die Sache zu erledigen. Er/Sie hat seinen/ihren Mann gestanden (sich bewährt). den wilden Mann spielen (ugs.) (toben); der schwarze Mann (Kinderschreck); ein Mann der Tat. Männerbekanntschaft; Männerchor; Männerfreundschaft; Männerstimme; Mannesstärke; Mannestreue; Männlein.
Man|na (das/die, -, kein Plural) (hebr.) Himmelsbrot; Honigtau. Mannaesche; Mannzucker.
mann|bar (Adj.) geschlechtsreif.
Mann|bar|keit (die, -, kein Plural) Geschlechtsreife.
Männ|chen (das, -s, -) 1. spöttische Bezeichnung für Mann; 2. männliches Tier; 3. bei Tieren das Sitzen auf den Hinterbeinen mit aufgerichtetem Oberkörper. Der Hund macht Männchen.
Mann|de|ckung (die, -, kein Plural) im Fußballsport Deckungsspiel Mann gegen Mann.
Män|ne (nordd.) Koseform für Mann.
Män|ne|ken (das, -s, -) (nordd.) Männchen.
Man|ne|quin (das, -s, -s) (franz.) Modell.
Män|ner|fang (der, -s, kein Plural) (in der Wendung:) auf Männerfang gehen (nach einem Heiratskandidaten Ausschau halten).
Män|ner|sa|che (die, -, -n) (in der Wendung:) Das ist Männersache. (Das ist eine Angelegenheit nur für Männer).
Män|ner|treu (die, -, -) Bezeichnung für verschiedene Pflanzen.
Man|nes|al|ter (das, -s, kein Plural) (in der Wendung:) Er ist im besten Mannesalter.
Man|nes|kraft (die, -, kein Plural) Zeugungskraft; Potenz.
Man|nes|stamm (der, -s, -stäm|me) männliche Linie in der Generationenfolge.
Man|nes|wort (das, -s, -e) absolut sichere Zusage.
mann|haft (Adj.) mutig; tapfer.
Mann|haf|tig|keit (die, -, kein Plural) Mut; Tapferkeit.
man|nig|fach (Adj.) vielfach.
man|nig|fal|tig (Adj.) vielfältig; formenreich. Mannigfaltigkeit.
Man|nit (der, -s, -e) ein in Manna, Oliven, Sellerie vorkommender, süßer Alkohol.
männ|lich (Adj.) 1. dem männlichen Geschlecht angehörig (bei Menschen, Tieren und Pflanzen); 2. die Männer betreffend. männliches Aussehen; männlicher Vorname. 3. mutig; stark; tapfer; 4. in der Grammatik Artikel »der«.
Männ|lich|keit (die, -, kein Plural) 1. das Wesen des Mannes; 2. Mut; Tapferkeit.
Mann|loch (das, -s, -lö|cher) Einsteigöffnung in Behältern (Kessel u. a.).
Manns|bild (das, -s, -er) (südd.) (ugs.) Mann (spöttisch). Ihr Mannsbilder wollt doch immer nur das eine!
Mann|schaft (die, -, -en) Gruppe; Team. Mannschaftsaufstellung; Mannschaftsraum; Mannschaftswertung.
mann|schaft|lich (Adj.) eine Mannschaft betreffend
Mann|schafts|geist (der, -s, kein Plural) Gemeinschaftsgeist; Teamgeist.

Mann|schafts|wa|gen (der, -s, -) Polizeiwagen.
manns|hoch (Adj.) so hoch wie ein Mann. Die Mauer ist mannshoch. mannsdick.
Manns|hö|he (die, -, -n) in Mannshöhe (in der Höhe eines Mannes).
Manns|leu|te (die, - nur Plural) (ugs.) Männer.
Manns|per|son (die, -, -en) (ugs.) Mann.
manns|toll (Adj.) liebeshungrig; nymphoman (Frauen).
Manns|treu (die, -, -) Doldenblütler.
Manns|volk (das, -s, kein Plural) (ugs.) Männer.
Mann|weib (das, -s, -er) (ugs.) 1. Zwitter; 2. betont männlich auftretende Frau; Amazone; Hünenweib; Walküre.
ma|no des|t|ra (ital.) mit der rechten Hand zu spielen (in der Musik).
Ma|no|me|ter (das, -s, -) (griech.) Druckmesser.
ma|no|me|t|risch (Adj.) dem Manometer zugehörig.
ma non tan|to (ital.) aber nicht so sehr (in der Musik); z. B. allegro.
ma non trop|po (ital.) aber nicht sehr (in der Musik).
ma|no si|nis|t|ra (lat.-ital.) mit der linken Hand zu spielen (bei Musikstücken).
Ma|nö|ver (das, -s, -) (franz.) Truppenübung; Kunstgriff; Bewegung von Schiffen.
Ma|nö|ver|kri|tik (die, -, kein Plural) im übertragenen Sinn Lagebeurteilung nach abgeschlossener Handlung. Die Parteispitze übte nach der verlorenen Wahl heftige Manöverkritik.
Ma|nö|ver|scha|den (der, -s, -schä|den) 1. der durch eine Truppenübung angerichtete Schaden an der Landschaft; 2. im übertragenen Sinn der durch eine spezielle Handlung hervorgerufene Schaden.
ma|nö|v|rie|ren (V.) 1. lenken; 2. ein Schiff wenden; 3. geschickt und taktisch klug handeln.
ma|nö|v|rier|fä|hig (Adj.) lenkbar. Ggs.: manövrierunfähig. Nach der Havarie trieb das Schiff manövrierunfähig im Wasser.
Ma|nö|v|rier|fä|hig|keit (die, -, kein Plural) Lenkbarkeit. Ggs.: Manövrierunfähigkeit.
Man|sar|de (die, -, -n) (franz.) Dachzimmer, -wohnung. Mansardenwohnung; Mansardenzimmer.
Mansch (der, -es, kein Plural) (ugs.) Matsch.
man|schen (V.) (ugs.) mischen; in Breiigem wühlen. Kinder manschen gern im Schlamm.
Man|sche|rei (*auch:* Mant|sche|rei (die, -, kein Plural) (ugs.) das Manschen.
Man|schet|te (die, -, -n) (franz.) Ärmelaufschlag; Hülle; Dichtung. Manschettenknopf; Manschettendichtung.
Man|tel (der, -s, Män|tel) Kleidungsstück; Umhüllung. Mantelgeschoss; Mantelkragen; Manteltasche.
Män|tel|chen (das, -s, -) kleiner Mantel.
Män|te|lein (das, -s, -) Mäntelchen.
Man|tel|ge|setz (das, -es, -e) Rahmengesetz.
Man|tel|ta|rif (der, -s, -e) Tarifvertrag über einen längeren Zeitraum für Arbeitsbedingungen, die keinen häufigen Veränderungen unterworfen sind.
Man|tel|tier (das, -s, -e) Meerestier.
Man|tik (die, -, kein Plural) (griech.) Wahrsagekunst.
Man|til|le (die, -, -n) (span.) dreieckiger Spitzenschleier.
Man|tis|se (die, -, -n) (lat.) Zahl hinter dem Komma (Logarithmen).
Ma|nu|al (das, -s, -e) 1. Tagebuch (veraltet). 2. (lat.) Tastenreihe, die mit den Händen gespielt wird (an Orgel und Cembalo). 3. (das, -s, -s) (engl.) Handbuch.
ma|nu|ell (Adj.) (lat.) von Hand; manuelle Geschicklichkeit.
Ma|nu|fak|tur (die, -, -en) (engl.) Handarbeit; industrieller Handwerksbetrieb. Manufakturbetrieb; Manufakturwaren.
ma|nu|fak|tu|rie|ren (V.) mit der Hand anfertigen (veraltet).
ma|nu pro|p|ria (Abk. m. p.) (lat.) eigenhändig; mit eigener Hand.
Ma|nu|skript (das, -s, -e) (lat.) Niederschrift; Vorlage. Manuskriptseite; Manuskriptunterlagen.
Man|za|nil|la (der, -s, kein Plural) (span.) ein nach Kamille duftender Süßwein.
Mao|is|mus (der, -, kein Plural) politische Lehre. Maoist; maoistisch.
Mao|ist (der, -en, -en) Anhänger des Maoismus.
mao|is|tisch (Adj.) den Maoismus betreffend.
Ma|o|ri 1. (der, -s, -/-s) Eingeborener Neuseelands. 2. (das, -/-s, kein Plural) Sprache.
Mäpp|chen (das, -s, -) kleine Tasche. Mäpplein.
Map|pe (die, -, -n) Tasche.
Ma|quis (der, -, kein Plural) (franz.) 1. mediterraner Buschwald (Korsika); 2. Zuflucht für Verfolgte; 3. franz. Widerstand im Zweiten Weltkrieg.
Ma|qui|sard (der, -, -s/-en) Mitglied der französischen Widerstandsgruppen im Zweiten Weltkrieg.
Mär (*auch:* Mä|re) (die, -, -en) Kunde; Sage.
Ma|ra|bu (der, -s, -s) (arab.) Vogel.
Ma|ra|ca (die, -, -s) (portugies.) mit Körnchen gefüllte, gestielte Kugelrassel (als rhythmisches Begleitinstrument in der lateinamerikanischen Musik).
Ma|ra|cu|ja (die, -, -s) Frucht der Passionsblume.
Ma|rä|ne (die, -, -n) ein Fisch.
ma|ran|tisch (Adj.) (griech.) abgezehrt; verfallen; schwach.
Ma|ras|chi|no (der, -s, -s) (ital.) Kirschlikör.
Ma|ras|mus (der, -, kein Plural) (griech.) körperlicher und geistiger Kräfteverfall.
ma|ras|tisch (Adj.) (griech.) marantisch.
Ma|ra|thon 1. (der, -s, -s) (Kurzw.) Marathonlauf. Verb: Marathon laufen (*auch:* marathonlaufen) 2. (das, -s, -s) etwas lang Dauerndes. 3. Ort in Griechenland.
Ma|ra|thon|lauf (der, -s, -läu|fe) Langstreckenlauf über 42,195 km (nach der Strecke Marathon–Athen).
Ma|ra|thon|sit|zung (die, -, -en) (ugs.) sehr lang dauernde Sitzung.
mar|ca|to (ital.) markant; deutlich hervorgehoben, betont (zu spielen; bei Musikstücken).

Mär|chen (das, -s, -) Erzählung; Geschichte. Es ist wie im Märchen. (Es ist kaum glaublich, wunderbar.). Erzähl mir kein Märchen! (Beschwindele mich nicht!). Märchenbuch; Märchenerzähler; Märchenland; Märchenonkel; Märchenstunde; Märchentante.
Mär|chen|fi|gur (die, -, -en) handelnde Person in einem Märchen.
Mär|chen|film (der, -s, -e) verfilmtes Märchen.
Mär|chen|for|schung (die, -, -en) wissenschaftliche Untersuchungen über Ursprung und Wesen der Märchen.
mär|chen|haft (Adj.) großartig; wunderschön.
Mär|chen|oper (die, -, -n) vertontes Märchen.
Mär|chen|prinz (der, -s, -en) 1. Märchenfigur; 2. (ugs.) ersehnter Mann; Traummann. Sie heiratete doch noch ihren Märchenprinzen.
Mar|che|se (der, -, -n) (ital.) italienischer Adelstitel. Marchesa.
March|zins (der, -es, -kein Plural) (schweiz.) Zwischenzins.
Mär|de (die, -, kein Plural) (lok.) Bummelei.
Mar|der (der, -s, -) Raubtier. Marderfell.
Ma|re (das, -, -/Ma|ria) (lat.) dunkle Ebene auf der Oberfläche von Himmelskörpern (z. B. des Mondes).
Mä|re (die, -, -n) Mär.
mä|ren (V.) (lok.) 1. bummeln; langsam arbeiten. Nun mär dich aus! (Nun leg etwas Tempo zu!). 2. in etwas herumwühlen; 3. faseln.
Ma|ren|de (die, -, -n) (schweiz.-ital.) Nachmittagsmahlzeit; Vesper.
Ma|ren|go (der, -s, kein Plural) Stoffart. Adjektiv: marengofarben.
Mä|re|rei (die, -, -en) (lok.) 1. Bummelei; 2. Wühlerei; 3. Faselei.
Mar|ga|ri|ne (die, -, kein Plural) Speisefett. Margarinefabrik; Margarineherstellung; Margarinewürfel.
Mar|ge|ri|te (die, -, -n) (franz.) Blume. Margeritenstrauß.
mar|gi|nal (Adj.) (lat.) am Rande; beiläufig.
Mar|gi|nal|be|mer|kung (die, -, -en) Randbemerkung.
Mar|gi|na|le (das, -, -li|en) (lat.) Randbemerkung.
Mar|gi|nal|glos|se (die, -, -n) spöttische Randbemerkung; Kommentar.
Mar|gi|na|lie (die, -, -n) (lat.) Randbemerkung auf Schriftstücken.
Mar|gi|na|lis|mus (der, -, kein Plural) (lat.) eine nicht von absoluten Werten, sondern von Grenzwerten ausgehende Theorie der Volkswirtschaft.
Mar|gi|na|li|tät (die, -, kein Plural) (franz.) Existenz am Rande einer gesellschaftlichen Gruppe oder zwischen zwei Gruppen. Marginalexistenz.
Ma|ria (Name) Mutter Jesu.
Ma|ri|a|ge (die, -, -n) (franz.) 1. Ehe; Heirat (veraltet). 2. Zusammentreffen von König und Dame (im Kartenspiel).
ma|ri|a|nisch (Adj.) zur Jungfrau Maria gehörig.
Ma|rie 1. (kein Art., -, kein Plural) weiblicher Vorname (von Maria); 2. (die, -, kein Plural) Geld (Gaunersprache). Marienbild; Marienfest; Marienkult; Marienlegende; Marienverehrung.
Ma|ri|en|fa|den (der, -s, -fä|den) Fäden kleiner Spinnen im Altweibersommer.
Ma|ri|en|glas (das, -es, kein Plural) durchsichtige Gipsplatte. Wurde früher häufig als Schutz für Marienbilder verwendet.
Ma|ri|en|kä|fer (der, -s, -) Insekt.
Ma|ri|en|kir|che (die, -, -n) eine der Jungfrau Maria geweihte Kirche. *Beachte:* St.-Marien-Kirche.
Ma|ri|hu|a|na (das, -s, kein Plural) (span.) Rauschgift.
Ma|ril|le (die, -, -n) (ital.) Aprikose. Marillenknödel; Marillenlikör; Marillenmarmelade; Marillenschnaps.
Ma|rim|ba (die, -, -s) Musikinstrument. Marimbafon (*auch:* Marimbaphon).
Ma|ri|na|de (die, -, -n) (franz.) Soße; Flüssigkeit zum Einlegen; eingelegter Fisch.
Ma|ri|ne (die, -, -n) (franz.) Flotte. Marineartillerie; Marineattaché; Marineoffizier; Marinesoldat; Marinestützpunkt; Marinestreitkräfte.
ma|ri|ne|blau (Adj.) dunkelblau.
Ma|ri|ne|ma|ler (der, -s, -) Kunstmaler, der vorwiegend Seemotive malt.
Ma|ri|ner (der, -s, -) (ugs.) Matrose.
ma|ri|nie|ren (V.) (franz.) Lebensmittel in saurer, gewürzter Soße einlegen (beizen). marinierter Hering.
Ma|rio|la|t|rie (die, -, kein Plural) (griech.) Marienverehrung.
Ma|rio|lo|gie (die, -, kein Plural) (hebr.-griech.) Lehre von der Jungfrau Maria.
Ma|ri|o|net|te (die, -, -n) (franz.) 1. an Fäden oder Drähten geführte Gliederpuppe; 2. unselbstständiger Mensch.
ma|ri|o|net|ten|haft (Adj.) unselbstständig; von anderen geleitet; willenlos.
Ma|ri|o|net|ten|re|gie|rung (die, -, -en) Regierung, die von einer übergeordneten Macht eingesetzt wird.
Ma|ri|o|net|ten|the|a|ter (das, -s, -) Puppentheater. Marionettenbühne.
ma|ri|tim (Adj.) (lat.) Meer, Schifffahrt betreffend.
Mark 1. (die, -, -/Mark|stü|cke) alte Währungseinheit (Abk.: M). Deutsche Mark (Abk.: DM). Das Fleisch kostet acht Mark. Ich besaß noch drei Markstücke (*auch:* drei Mark). Markstück; ein fünfmarkstückgroßer Fleck. 2. (die, -, -en) Grenzland; Grenzgebiet. Mark Brandenburg. 3. (das, -s, kein Plural) Innengewebe. Knochenmark.
mar|kant (Adj.) (franz.) auffallend.
Mar|ka|sit (der, -s, -e) (arab.) Mineral.
Mar|ke (die, -, -n) Zeichen; Sorte; Wertschein; Markenartikel; Markenerzeugnis; Markenfabrikat; Markenname; Markenschutz; Markenware; Markenzeichen.
Mar|ker (der, -s, -/-s) (engl.) Markierstift.
mark|er|schüt|ternd (Adj.) durchdringend; markdurchdringend.
Mar|ke|ten|der (der, -s, -) (ital.) Händler. Marketenderei; Marketenderin; Marketenderware.
Mar|ke|te|rie (die, -, -n) (franz.) Einlegearbeit.
Mar|ke|ting (das, -s, kein Plural) (engl.) Maßnahmen zur Verbesserung der Absatzmöglichkeiten. Marketingabteilung.
Mark|graf (der, -en, -en) 1. ursprünglich Verwalter einer Mark; 2. deutscher Fürstentitel.
Mark|gräf|ler (der, -s, -) badischer Wein.
mark|gräf|lich (Adj.) den Markgrafen, eine Markgrafschaft betreffend.
Mark|graf|schaft (die, -, -en) Grenzbezirk; Mark; fürstliches Territorium.

mar|kig (Adj.) kräftig. markige Sprüche. Markigkeit.

mar|kie|ren (V.) 1. kennzeichnen; 2. (ugs.) vortäuschen. Markierung; Markierungspunkt; Markierstein.

mär|kisch (Adj.) zur Mark Brandenburg gehörend. *Beachte:* das Märkische Museum.

Mar|ki|se (die, -, -n) (franz.) Sonnendach. (*Aber:* die Marquise!) Markisenstoff.

Mar|ki|set|te (*auch:* Mar|qui|set|te) (der/die, -, kein Plural) (franz.) gitterartiger Gardinenstoff.

Mark|ka (die, -, -) Finnmark (Abk.: mk). *Beachte:* fünf Markkaa.

Mark|klöß|chen (das, -s, -) Suppeneinlage.

mark|los (Adj.) kraftlos.

Mar|kör (der, -s, -e) (franz.) Punktezähler (Billard).

Mark|kno|chen (der, -s, -) Suppenknochen.

Mark|schei|de (die, -, -n) 1. Grenze; Mark; 2. Grubenfeldgrenze (Bergbau).

Mark|schei|de|kun|de (die, -, kein Plural) Darstellung der Abbauverhältnisse; Vermessung (Bergbau).

Mark|schei|der (der, -s, -) Vermesser beim Bergbau.

Mark|stein (der, -s, -e) 1. Grenzstein; 2. entscheidender Augenblick.

Markt (der, -s/-es, Märk|te) Verkaufsplatz; Absatzgebiet; Warenverkehr. Marktabsprache; Marktbude; Marktfrau; Marktlücke; Marktordnung; Marktplatz; Marktpotenzial (*auch:* Marktpotential); Marktpreis; Marktrecht; Markttag; Marktweib; Marktwert. Adjektive: marktbeherrschend; marktfähig.

Markt|ana|ly|se (die, -, -n) Marktforschung.

Markt|an|teil (der, -s, -e) Anteil eines Unternehmens am Gesamtangebot.

mark|ten (V.) feilschen; handeln.

Markt|fle|cken (der, -s, -) größere ländliche Besiedlung.

Markt|for|schung (die, -, kein Plural) Erforschung der Absatz- und Beschaffungsmöglichkeiten.

markt|gän|gig (Adj.) leicht verkäuflich.

Markt|hal|le (die, -, -n) große Halle mit Einzelständen.

Markt|la|ge (die, -, kein Plural) Wirtschaftssituation. angespannte Marktlage; gute Marktlage.

Markt|schrei|er (der, -s, -) Händler, der für seine Waren laut wirbt.

markt|schrei|e|risch (Adj.) laut anpreisend; aufdringlich.

Markt|wirt|schaft (die, -, kein Plural) Wirtschaftssystem mit freier Preisbildung. freie Marktwirtschaft; soziale Marktwirtschaft. marktwirtschaftlich.

Mar|mel 1. (der, -s, kein Plural) Marmor (veraltet); 2. (die, -, -n) (südd.) Murmel.

Mar|me|la|de (die, -, -n) (span.) Konfitüre. Marmeladenbrot; Marmeladenglas; Marmeladenherstellung .

mar|meln (V.) (südd.) mit Murmeln spielen.

Mar|mor (der, -s, -e) (griech.) Gestein. kalt und weiß wie Marmor. Marmorblock; Marmorbruch; Marmorbüste; Marmorfußboden; Marmorplatte; Marmorsäule; marmorartig; marmorfarben.

mar|mo|rie|ren (V.) mit marmorähnlichem Muster versehen.

mar|mo|riert (Adj.) geädert.

Mar|mo|rie|rung (die, -, -en) geädertes Muster wie bei Marmor.

Mar|mor|ku|chen (der, -s, -) Napfkuchen, durch Zusatz von Kakao marmoriert aussehend.

mar|morn (Adj.) aus Marmor; wie Marmor. marmorne Blässe; marmorne Treppe.

Mar|mot|te (die, -, -n) (franz.) Murmeltier.

Ma|ro|cain (der, -s, -s) (franz.) kreppartiges Gewebe.

ma|ro|de (*auch:* ma|rod) (Adj.) (franz.) müde; krank; kaputt.

Ma|ro|deur (der, -s, -e) (franz.) plündernder Nachzügler einer (kämpfenden) Truppe.

ma|ro|die|ren (V.) (franz.) plündern.

Ma|rok|ka|ner (der, -s, -) Bewohner Marokkos.

ma|rok|ka|nisch (Adj.) Marokko betreffend.

Ma|rok|ko (ohne Art., -s, kein Plural) nordwestafrikanischer Staat.

ma|ron (Adj.) kastanienbraun.

Ma|ro|ne (die, -, -n/-ni) (franz.) 1. Esskastanie; 2. Pilz. Maronenpilz; Maroniverkäufer.

Ma|ro|ni (*auch:* Ma|ro|ne/Mar|ro|ni) (die, -, nur Plural) (südd., österr., schweiz.) Esskastanien. Maronibrater; Maroniverkäufer.

Ma|ro|quin (das, -s, kein Plural) weiches marokkanisches Ziegen- oder Schafleder.

Ma|rot|te (die, -, -n) (hebr.) Schrulle.

Mar|quess (der, -, -) Angehöriger des englischen Adels zwischen Graf und Herzog.

Mar|quis (der, -, -) (franz.) französischer Adelstitel. Marquise.

Mars (der, -, kein Plural) (griech.) 1. Planet; 2. in der römischen Mythologie Kriegsgott; 3. (die, -, -en/der, -es, -e) (niederl.) in der Schifffahrt die Plattform im Topp des Untermastes. Marsmensch, Marssonde.

Mar|sa|la (der, -s, -s) (ital.) 1. Stadt in Italien; 2. süßer Wein. Marsalawein (*auch:* Marsala-Wein).

marsch (Interj.) vorwärts! weg! im Gleichschritt marsch! kehrt marsch!

Marsch 1. (der, -es, Mär|sche) lange Strecke (zu Fuß); 2. Musikstück. Ich muss ihm mal den Marsch blasen! (ihn zurechtweisen). 3. (die, -, -en) Schwemmland. Marschbefehl; Marschbereitschaft; Marschgepäck; Marschkolonne; Marschkompass; Marschlied; Marschmusik; Marschordnung; Marschrichtung; Marschschritt; Marschtempo; Marschverpflegung.

Mar|schall (der, -s, -schäl|le) hoher Offizier. Marschall(s)stab; Marschall(s)würde.

marsch|be|reit (Adj.) zum Aufbruch bereit.

Marsch|bo|den (der, -s, -bö|den) vor Küsten und in Flusstälern angeschwemmter fruchtbarer Boden. Marschland.

marsch|fer|tig (Adj.) fertig zum Marschieren.

Marsch|flug|kör|per (der, -s, -) Mittelstreckenrakete.

mar|schie|ren (V.) 1. über eine längere Strecke in geschlossener Formation laufen; 2. wandern.

marsch|mä|ßig (Adj.) 1. wie ein Marsch; 2. zum Marschieren ausgerüstet.

Marsch|rou|te (die, -, -n) vorgegebener Marschweg.

Mar|seil|lai|se (die, -, kein Plural) französische Nationalhymne.

Mar|stall (der, -s, -stäl|le) Pferdestall; Pferdehaltung.

Mar|ter (die, -, -n) (griech.) Folter; Qual. Martertod.

Mar|ter|knecht (der, -s, -e) Folterknecht; Gehilfe bei Folterungen.

Mar|terl (das, -s, -n) (südd.) Wegkreuz; Gedenkkreuz, -säule.

mar|tern (V.) peinigen; quälen.

Mar|ter|säu|le (die, -, -n) Passionssäule zur Erinnerung an die Leiden Christi (in Friedhöfen und Kirchen).

Mar|te|rung (die, -, kein Plural) Folterung; Leid; Qual.

mar|ter|voll (Adj.) qualvoll.

Mar|ter|werk|zeug (das, -s, -e) Foltergerät. Marterbank; Marterinstrument; Marterpfahl.

Mar|ter|wo|che (die, -, kein Plural) Karwoche.

mar|ti|a|lisch (Adj.) (lat.) kriegerisch; wild.

Mar|tin|gal (der, -s, -s) (franz.) Hilfszügel (Pferdegespann).

Mar|ti|ni (das, -, kein Plural) Martinstag.

Mar|tins|gans (die, -, -gänse) Festtagsbraten zum Martinstag.

Mar|tins|horn (das, -s, -hör|ner) Blaulicht; Signal.

Mar|tins|tag (der, -s, -e) Tag des heiligen Martin, 11. November.

Mär|ty|rer (der, -s, -) (griech.) Opfer; Dulder. Märtyrerin; Märtyrerkrone; Märtyrertod; Märtyrertum.

Mar|ty|ri|um (das, -s, -rien) 1. Opfertod; 2. schweres Leiden; Qual; 3. Kirche über dem Grab oder der Verfolgungsstätte eines Märtyrers.

Mar|ty|ro|lo|gi|um (das, -s, -gi|en) (griech.) Märtyrerverzeichnis.

Ma|run|ke (die, -, -n) Pflaume.

Mar|xis|mus (der, -, kein Plural) politische Lehre (nach K. Marx).

Mar|xis|mus-Le|ni|nis|mus (der, -s, kein Plural) von Lenin fortgeführter Marxismus.

Mar|xist (der, -en, -en) Anhänger der Lehre von Karl Marx. Marxistin.

mar|xis|tisch (Adj.) den Marxismus betreffend.

März (der, -es, -e) (lat.) dritter Monat. Märznacht; Märzsonne.

März|be|cher (*auch:* Mär|zen|be|cher) (der, -s, -) Frühlingsblume.

März|bier (*auch:* Mär|zen|bier) (das, -s, -e) im März (Fastenzeit) gebrautes Bier; Starkbier.

Mär|zen|fle|cken (der, -s, -) (schweiz.) Sommersprossen.

Mar|zi|pan (der/das, -s, -e) (arab.) Süßigkeit. Marzipankartoffel; Marzipanriegel; Marzipanschweinchen.

märz|lich (Adj.) warm wie im März.

März|re|vo|lu|ti|on (die, -, kein Plural) Aufstände in Deutschland und Österreich 1848.

Mas|ca|ra (die, -, -s) (ital.) Wimperntusche.

Ma|sche (die, -, -n) 1. Schlinge. 2. Lücke. 3. Trick. Maschendraht; Maschendrahtzaun; Maschenmode; Maschennetz; Maschenware; Maschenwerk; maschig.

Mä|schel (der, -s, -) (schweiz.) Teil des Fischernetzes.

Ma|scherl (das, -s, -) (österr.) Schleife.

Ma|schi|ne (die, -, -n) (franz.) Apparat; Motor; Fahrzeug. Maschinenbau; Maschinenhaus; Maschinenkunde; Maschinenöl; Maschinenschaden; Maschinenzeitalter; maschinengestrickt; maschinenlesbar (EDV); maschinenmäßig.

ma|schi|nell (Adj.) maschinenmäßig hergestellt.

Ma|schi|nen|fa|b|rik (die, -, -en) Betrieb zur Herstellung von Maschinen.

Ma|schi|nen|ge|wehr (das, -s, -e) (Abk.: MG) automatische Schusswaffe.

Ma|schi|nen|pis|to|le (die, -, -n) (Abk.: MP oder MPi) automatische und kleinere Schusswaffe.

Ma|schi|nen|re|vi|si|on (die, -, -en) Überprüfung eines Druckbogens kurz vor Druckbeginn.

Ma|schi|nen|satz (der, -s, kein Plural) früher auf Setzmaschinen hergestellter Satz.

Ma|schi|ne(n)|schrei|ben (das, -s, kein Plural) (Abk.: Msch.-Schr.) das Schreiben mit einer Schreibmaschine. Das Maschine(n)schreiben fällt mir leicht. Ich schreibe gut Maschine. Maschinenschrift; maschine(n)geschrieben; Verb: Maschine schreiben.

ma|schi|nen|schrift|lich (Adj.) mit Maschinenschrift.

Ma|schi|ne|rie (die, -, -ri|en) (franz.) maschinelle Einrichtung.

Ma|schi|nist (der, -en, -en) (franz.) jemand, der eine Maschine bedient. Maschinenmeister.

Ma|ser 1. (die, -, -n) Fleck; Holzzeichnung. Maserholz; gemasert. 2. (der, -s, -) (engl.) Molekularverstärker (Physik).

ma|se|rig (Adj.) mit Masermuster.

ma|sern (V.) mit Masern versehen.

Ma|sern (die, nur Plural) Kinderkrankheit mit anschließender Immunität.

Ma|se|rung (die, -, -en) Holzmuster; Äderung; Struktur; Textur.

Mas|ka|ron (der, -s, -e) (franz.) Maske.

Mas|ke (die, -, -n) (franz.) 1. Larve; Verkleidung; 2. Raster (EDV). Maskenball; Maskenfest; Maskenkostüm; Maskenspiel; Maskenverleih.

Mas|ken|bild|ner (der, -s, -) Gestalter von Masken (Bühnenberuf). Maskenbildnerin.

mas|ken|haft (Adj.) starr wie eine Maske. maskenhaftes Gesicht.

Mas|ke|rade (die, -, -n) (franz.) Mummenschanz; Verkleidung.

mas|kie|ren 1. (V., refl.) das Gesicht mit einer Larve verdecken; sich kostümieren; sich verkleiden; 2. (V.) tarnen; verdecken.

Mas|kie|rung (die, -, -en) das Maskieren.

Mas|kott|chen (das, -s, -) (franz.) Glücksbringer.

mas|ku|lin (Adj.) (lat.) männlich.

mas|ku|li|nisch (Adj.) (lat.) maskulin.

Mas|ku|li|num (das, -s, -na) in der Grammatik männliches Geschlecht.

Ma|so|chis|mus (der, -, -men) sexuelle Erregung durch Schmerz. Masochist; masochistisch.

Maß 1. (das, -es, -e) Messeinheit; Messgerät; Menge; Angemessenheit. Wir sollten zuerst richtig Maß nehmen. *Aber:* Das Maßnehmen dauert nicht lange. Er verfügt über ein hohes Maß an Allgemeinwissen. Sie verehrte ihn über alle Maßen (unsagbar, sehr). Das Maß ist voll! (Meine Geduld ist am Ende!). mit zweierlei Maß messen (ungerecht sein). Maßanalyse; Maßangabe; Maßanzug; Maßbezeichnung; Maßeinheit; Maßeinteilung; Maßhaltigkeit; Maßkonfektion; Maßlosigkeit; Maßnehmen; Maßregel; Maßreg(e)lung; Maßschneider; Maßstab; Maßwerk. Adjektive: maßanalytisch; maßgerecht; maßgeschneidert. ein maßhaltender (*auch:* Maß haltender) Mensch; maßvoll. Adverb: einigermaßen. Verben: maßhalten (*auch:* Maß halten); er hält maß (*auch:* Maß); Disziplin und Maß halten; Maß nehmen. 2. (*auch:* Mass) (die, -, -) (südd.) ein Liter Bier. fünf Maß (*auch:* Mass) Bier; Maßkrug.

Mas|sa|ge (die, -, -n) (franz.) Heilbehandlung. Massageinstitut; Massagepraxis.

Mas|sa|ge|sa|lon (der, -s, -s) 1. Massageinstitut; 2. (ugs.) Bordell.

Mas|sai (der, -s, -/-s) Angehöriger eines ostafrikanischen Volksstammes.

Mas|sa|ker (das, -s, -) (franz.) Blutbad. Massakrierung; massakrieren.

Maß|ar|beit (die, -, -en) Einzelanfertigung nach genauen Abmessungen.

Maß|band (das, -s, -bänder) Band zum Maßnehmen.

Mas|se (die, -, -n) Gewicht; große Menge. Massenandrang; Massenarbeitslosigkeit; Massenausgleich; Massenbedarf; Massenbeförderungsmittel; Massendrucksache; Massenentlassung; Massengesellschaft; Massengrab; Massenhinrichtung; Massenkarambolage; Massenkommunikationsmittel; Massenkundgebung; Massenmord; Massenmörder; Massenpsychologie; Massensport; Massensterben; Massentourismus; Massenverkehrsmittel; Massenveranstaltung; Massenversammlung; Massenwirkung. Adjektive: masselos.

Mas|sel 1. (der, -s, kein Plural) (jidd.) Glück; 2. (die, -, -) Roheisenbarren.

Mas|sen|an|zie|hung (die, -, kein Plural) Anziehung; Gravitation.

Mas|sen|auf|ge|bot (das, -s, kein Plural) größere Menschenmenge für einen bestimmten Einsatz. Massenaufgebot an Polizei.

Mas|sen|fa|b|ri|ka|ti|on (die, -, -en) (lat.) Massenfertigung. Massenartikel; Massenbedarf; Massenerzeugnis.

Mas|sen|fer|ti|gung (die, -, -en) Herstellung großer Mengen der gleichen Ware.

mas|sen|haft (Adj.) in großen Mengen; sehr viel. massenweise.

Mas|sen|me|di|en (die, -, nur Plural) Sammelbegriff für Fernsehen, Presse, Film und Funk.

Mas|sen|psy|cho|se (die, -, -n) irrationales Verhalten einer Masse von Menschen.

Mas|sen|spei|cher (der, -s, -) Speichermedium, das große Mengen an Daten aufnehmen kann.

Mas|sen|tier|hal|tung (die, -, -en) massenhafte Haltung einer Nutztierart.

Mas|sen|zahl (die, -, -en) Anzahl der Nukleonen eines Atoms.

Mas|se|schul|den (die, -, nur Plural) Bezeichnung für die aus der Durchführung des Konkurses entstehenden Kosten, die aus der Konkursmasse zuerst gedeckt werden.

Mas|seur (der, -s, -e) (franz.) jemand, der Massagen ausführt.

Mas|seu|rin (die, -, -innen) eine Frau, die Massagen ausführt.

Mas|seu|se (die, -, -n) (franz.) Massagen sexueller Art ausführende weibliche Person.

Maß|ga|be (die, -, kein Plural) Bestimmung; (in den Wendungen:) nach Maßgabe (entsprechend); mit der Maßgabe.

maß|ge|bend (Adj.) entscheidend, maßgeblich.

maß|ge|fer|tigt (Adj.) ein maßgefertigtes Kleid, *aber*: ein nach Maß gefertigtes Kleid.

maß|ge|schnei|dert (Adj.) nach den genauen Körpermaßen geschneidert.

maß|hal|tig (Adv.) nach Maßangabe.

Maß|hol|der (der, -s, -) Feldahorn.

mas|sie|ren (V.) (franz.) 1. mit Massagen behandeln; 2. Truppen an einer Stelle zusammenziehen. massierter Angriff (Angriff unter Einsatz aller Kräfte).

Mas|sie|rung (die, -, kein Plural) Truppenzusammenziehung.

mä|ßig (Adj.) zurückhaltend; nicht sehr gut. sich mäßigen.

mä|ßi|gen (V., refl.) maßhalten; sich bremsen; sich zügeln.

Mä|ßig|keit (die, -, kein Plural) das Maßhalten.

mas|sig (Adj.) 1. umfangreich und schwer. ein massiger Mann. 2. (ugs.) massenhaft. Sie hat massig Schulden.

Mas|sig|keit (die, -, kein Plural) großer Umfang und großes Gewicht.

Mä|ßi|gung (die, -, kein Plural) Beherrschtheit; Zurückhaltung; Disziplin; Enthaltsamkeit.

mas|siv (Adj.) (franz.) schwer; grob; stark. massive Kritik. Massivholz. Massivität. massiv werden (*auch:* massivwerden).

Mas|siv (das, -s, -e) (franz.) Gebirgsstock.

Mas|siv|bau (der, -s, -ten) Bauwerk in Massivbauweise.

Mas|siv|bau|wei|se (die, -, kein Plural) Bauweise, bei der die tragenden Teile aus Beton, Natur- oder Kunststein hergestellt sind.

maß|lei|dig (Adj.) (südd.) verdrossen.

Maß|lieb|chen (das, -s, -) (niederl.) Blume.

maß|los (Adv.) unbeherrscht; übermäßig; ausschweifend; exzessiv; hemmungslos; ohne Maß und Ziel; unmäßig; zuchtlos. Das ist maßlos übertrieben! Ihn überfiel eine maßlose Wut.

Maß|lo|sig|keit (die, -, kein Plural) Unmäßigkeit; Übermaß; Ausschweifung; Exzess; Zuchtlosigkeit; Zügellosigkeit.

Maß|nah|me (die, -, -n) zweckorientierte Handlung; Anweisung.

maß|re|geln (V., maßregelte, hat maßgeregelt) dienstlich strafen; rügen.

Maß|stab (der, -s, -stä|be) 1. Instrument zur Längenmessung; 2. Größenverhältnis zwischen den Maßen einer Kartenzeichnung und ihrer wirklichen Abmessungen; 3. Richtlinie. Dieses Motto war immer der Maßstab meines Handelns. maßstäblich; maßstabsgetreu.

maß|voll (Adv.) beherrscht; gemäßigt. eine maßvolle Preiserhöhung.

mast (Adj.) (lok.) 1. fett; 2. vollgefressen; 3. ansehnlich.

Mast 1. (der, -s, -e/-en) Holzstange; Träger für Leitungen verschiedener technischer Einrichtungen. Mastspitze. 2. (die, -, -en) Mästung. Mastente; Mastfutter; Mastgans; Mastochse; Mastschwein; Mastvieh.

Mast|baum (der, -s, -bäu|me) Mast.

Mast|darm (der, -s, -där|me) Enddarm. Mastdarmentzündung.

mäs|ten (V.) ein Tier mit Mastfutter füttern.

Mas|ter (der, -s, -) (engl.) akademischer Grad (Abk.: M.A.); Meister.

Mast|fleck (der, -s, -en) zu intensiv gedüngte Stelle im Boden.

Mas|tiff (der, -s, -s) (engl.) große, schwere englische Hunderasse.
mas|tig (Adj.) mast.
Mas|ti|ka|tor (der, -s, -en) Knetmaschine.
Mas|ti|tis (die, -, -ti|den) (griech.) Brustdrüsenentzündung .
Mas|tix (der, -/-es, kein Plural) Harz.
Mas|tix|strauch (der, -s, -sträu|cher) ein Gewächs, aus dem Mastix gewonnen wird.
Mast|korb (der, -s, -kör|be) Mars; Ausguck.
Mast|kur (die, -, -en) Behandlung von extremer Magerkeit.
Mas|t|o|don (das, -s, -don|ten) (griech.) ausgestorbener Elefant.
Mäs|tung (die, -, -en) Steigerung der Fett- und Fleischmasse bei Schlachtvieh durch spezielles Futter und durch besondere Fütterungsverfahren.
Mas|tur|ba|ti|on (die, -, -ti|o|nen) (lat.) sexuelle Selbstbefriedigung.
mas|tur|bie|ren (V.) sich selbst befriedigen.
Ma|su|re (der, -n, -n) Bewohner Masurens.
Ma|su|ren (kein Art., -, kein Plural) Landschaft im Süden von Ostpreußen.
ma|su|risch (Adj.) Masuren betreffend.
Ma|sur|ka (*auch:* Ma|zur|ka) (die, -, -s/-ken) (poln.) Tanz.
Ma|ta|dor (der, -s/-en, -e/-en) (span.) Stierkämpfer; Hauptperson.
Match (das, -es/-s, -e/-s) (engl.) Wettkampf; Spiel. Matchbeutel; Matchsack.
Match|ball (des, -s, -bäl|le) spielentscheidender letzter Ball beim Tennis.
Match|stra|fe (die, -, -en) Feldverweis für die gesamte Länge des Spiels beim Eishockey.
Ma|te 1. (der, -, kein Plural) Tee. Matetee; Matestrauch; Mateblatt. 2. (die, -, -n) Stechpalme.
Ma|ter (die, -, -n) (lat.) 1. Matrize; 2. die das Gehirn umhüllende Haut.
Ma|ter do|lo|ro|sa (die, -, kein Plural) (lat.) schmerzensreiche Mutter (Madonna).
ma|te|ri|al (Adj.) (lat.) sachlich; stofflich.
Ma|te|ri|al (das, -s, -li|en) Stoff; Unterlagen; Hilfsmittel. Materialausgabe; Materialbedarf; Materialbeschaffung; Materialeinsparung; Materialfehler; Materialiensammlung; Materialprüfung.
Ma|te|ri|al|er|mü|dung (die, -, -en) Verschleiß.
Ma|te|ri|a|li|sa|ti|on (die, -, -ti|o|nen) (lat.) Verkörperung; Erscheinung (Spiritismus).
ma|te|ri|a|li|sie|ren (V.) (lat.) verstofflichen.
Ma|te|ri|a|lis|mus (der, -, kein Plural) (lat.) philosophische Lehre; Besitzdenken.
Ma|te|ri|a|list (der, -s, -en) (lat.) 1. Anhänger des Materialismus; 2. jemand, der materielle über geistige Werte stellt.
ma|te|ri|a|lis|tisch (Adj.) 1. den Materialismus betreffend; 2. materielle Werte bevorzugend.
Ma|te|ri|al|schlacht (die, -, -en) Schlacht mit Einsatz von großen Mengen schwerer Waffen.
Ma|te|rie (die, -, -n) Stoff; fassbare Wirklichkeit.
ma|te|ri|ell (Adj.) (lat.) sachlich; stofflich; auf Gewinn aus; genusssüchtig.
ma|tern (V.) Matrizen herstellen.
ma|tern (Adj.) (lat.) (*Beachte:* die Betonung liegt auf der zweiten Silbe!) mütterlich.
Ma|ter|ni|tät (die, -, kein Plural) (lat.) Mutterschaft.
Math. (Abk.) **Math**ematik.
Ma|the (die, -, kein Plural) (Kurzw.) Mathematik.
Ma|the|ma|tik (die, -, kein Plural) (griech.) Zahlenlehre (Abk.: Math.). mathematisieren.
Ma|the|ma|ti|ker (der, -s, -) (griech.) Wissenschaftler der Mathematik.
ma|the|ma|tisch (Adj.) die Mathematik betreffend.
Ma|ti|nee (die, -, -n) (franz.) Vormittagsvorstellung (Kino, Theater, Fernsehen).
Mat|jes|he|ring (der, -s, -e) (niederl.) junger Hering.
Ma|t|rat|ze (die, -, -n) Bettpolster. Matratzenfeder; Matratzenlager; Federkernmatratze.
Mä|t|res|se (die, -, -n) (franz.) Geliebte. Mätressenwirtschaft.
Ma|t|ri|ar|chat (das, -s, -e) (griech.-lat.) Mütterherrschaft; Mutterrecht.
ma|t|ri|ar|cha|lisch (Adj.) das Matriarchat betreffend.
Ma|t|ri|kel (die, -, -n) (lat.) Verzeichnis. Matrikelnummer.
ma|t|ri|li|ne|al (Adj.) (lat.) mutterrechtlich; bezüglich der Erbfolge der mütterlichen Seite folgend.
ma|t|ri|li|ne|ar (Adj.) (lat.) = matrilineal.
Ma|t|ri|lo|ka|li|tät (die, -, -en) (lat.) in matrilinealen Kulturkreisen die Übersiedlung des Mannes in die Familie der Frau.
ma|t|ri|mo|ni|al (Adj.) (lat.) ehelich, zur Ehe gehörend; die Ehe betreffend.
ma|t|ri|sie|ren (V.) (lat.-franz.) Papier anfeuchten (Buchwissenschaft).
Ma|t|rix (die, -, -tri|zes/tri|zen/tri|ces) Größensystem; Keimschicht. Matrixsatz.
Ma|t|ri|ze (die, -, -n) (franz.) Form; Folie.
Ma|t|ro|ne (die, -, -n) (lat.) würdevolle ältere Frau. Adjektiv: matronenhaft.
Ma|t|rosch|ka (*auch:* Mat|r|josch|ka) (die, -, -s) (russ.) ineinandergesetzte, traditionelle kleine Holzpuppen.
Ma|t|ro|se (der, -n, -n) (niederl.) Seemann. Matrosenanzug; Matrosenkragen; Matrosenmütze; Matrosenuniform.
matsch (Adj.) (ital.) (ugs.) verdorben; müde; besiegt. Matsch.
Matsch 1. (der, -es, kein Plural) (ugs.) Schmutz; Schlamm; 2. (der, -es, -e) totaler Verlust eines Spiels. Matschschnee; Matschwetter.
mat|schen (V.) (ugs.) mit Schlamm spielen. Kinder matschen gern.
mat|schig (Adj.) 1. breiig; weich; 2. müde.
Matsch-und-Schnee-Rei|fen (der, -s, -) (Abk.: M-und-S-Reifen) Winterreifen.
matt (Adj.) (arab.) erschöpft; trübe; besiegt (Schach). Jemanden matt setzen (*auch:* mattsetzen) (Schach). Schach matt! *Aber:* Das war ein schnelles Matt. Mattglas; Mattlack.
Mat|te (die, -, -n) 1. Unterlage. 2. Almwiese.
Mat|ten|rich|ter (der, -s, -) Schiedsrichter beim Ringkampf. Er legte seinen Gegner auf die Matte (ugs.) (Er besiegte ihn).
Matt|gold (das, -s, kein Plural) glanzloses, stumpfes Gold.
matt|gol|den (Adj.) in der Beschaffenheit und Farbe von glanzlosem Gold.

Matt|heit (die, -, kein Plural) Mattigkeit; Müdigkeit.
mat|tie|ren (V.) glanzlos machen.
Mat|tie|rung (die, -, -en) Glanzlosigkeit.
Mat|tig|keit (die, -, kein Plural) Erschöpfung; Müdigkeit.
Matt|schei|be (die, -, -n) 1. Bildschirm des Fernsehers; 2. durchscheinende Glas- oder Kunststoffscheibe für fotografische Zwecke. Mattscheibe haben (ugs.: begriffsstutzig sein).
Ma|tur (das, -s, kein Plural) (lat.) (schweiz.-österr.) Reifeprüfung.
Ma|tu|ra (die, -, kein Plural) (lat.) (schweiz.-österr.) Abitur; Reifeprüfung.
Ma|tu|rant (der, -en, -en) (lat.) (schweiz.-österr.) Reifeprüfling; Abiturient.
ma|tu|rie|ren (V.) (lat.) (schweiz.-österr.) die Reifeprüfung ablegen.
Ma|tu|ri|tas prae|cox (die, -, -) (lat.) in der Medizin Frühreife bei Kindern und Jugendlichen.
Ma|tu|ri|tät (die, -, kein Plural) (lat.) (schweiz.) Hochschulreife. Maturitätsprüfung.
Ma|tu|tin (die, -, -e/en) (lat.) Teil des Stundengebetes.
Ma|tu|ti|na (die, -, -nae) Matutin.
Matz (der, -es, -e/Mät|ze) (ugs.) kleiner Kerl. Hosenmatz.
Mätz|chen (die, nur Plural) Unsinn; Ausflüchte. Mach keine Mätzchen!
Mat|ze (*auch*: Maz|ze) (die, -, -n) (hebr.) ungesäuertes Passahbrot.
Mat|zen (*auch*: Maz|zen) (der, -s, -) Matze.
mau (Adj.) (ugs.) schlecht. Mir ist mau im Magen. Das ist mau! (dürftig, schlecht).
Mau (die, -, -en/gen) (nordd.) Ärmel.
Mau|chen (das, -s, -) (nordd.) Pulswärmer.
Mau|der (*auch:* Mäu|der, Mäu|di) (der, -s, -) (lok.) Kater.
mau|en (V.) (lok.) miauen.
Mau|er (die, -, -n) Wand. Mauerbau; Mäuerchen; Mauerloch; Mauerritze; Mauervorsprung; Mauerwerk.
Mau|er|as|sel (die, -, -n) unter Steinen, morschem Holz und in Kellern lebende Assel.
Mau|er|blüm|chen (das, -s, -) ein Mädchen, das nicht zum Tanz aufgefordert wird.
Mau|er|fraß (der, -es, kein Plural) Auskristallisierungen an Mauern.
Mau|er|ha|ken (der, -s, -) von Bergsteigern benutzter Kletterhaken.
Mau|er|kel|le (*auch:* Mau|rer|kel|le) Handwerkszeug des Maurers.
Mau|er|läu|fer (der, -s, -) Singvogel.
mau|ern (V.) 1. eine Mauer errichten; 2. beim Kartenspiel nichts riskieren; zurückhaltend spielen; 3. sich verschließen; etwas verhindern wollen; 4. im Fußball das Torverteidigen mit allen Spielern.
Mau|er|pfef|fer (der, -s, kein Plural) Steingartenpflanze.
Mau|er|seg|ler (der, -s, -) schwalbenähnlicher Vogel.
Mau|ke (die, -, kein Plural) (lok.) 1. Lust. Ich habe heute keine Mauke. 2. Brei; 3. Versteck für Geld und Obst (für Kinder).
Maul (das, -s, Mäu|ler) Mund. Maulaffen feilhalten (mit offenem Mund herumstehen); Mäulchen; Maulsperre; Maulwerk.
Maul|bee|re (die, -, -n) Frucht. Maulbeerbaum.
Maul|esel (der, -s, -) Pferd-Esel-Kreuzung. Maultier.
maul|len (V.) (ugs.) brummen; sich beschweren.
maul|faul (Adj.) (ugs.) einsilbig; unwillig, etwas zu sagen.
Maul|held (der, -en, -en) (ugs.) Wichtigtuer.
Maul|korb (der, -s, -kör|be) Beißschutz für Hunde. Maulkorbgesetz.
Maul|schel|le (die, -, -n) (ugs.) Ohrfeige.
Maul|ta|schen (die, nur Plural) Nudelteigtäschchen.
Maul|trom|mel (die, -, -n) Musikinstrument.
Maul- und Klau|en|seu|che (die, -, kein Plural) (Abk.: MKS) Infektionskrankheit bei Tieren.
Maul|wurf (der, -s, -wür|fe) Erdtier. Maulwurfsgrille; Maulwurfshügel.
Mau-Mau (das, -, kein Plural) 1. Kartenspiel; 2. schwarze Unabhängigkeitsbewegung der 1950er-Jahre in Kenia.
Mau|re (der, -n, -n) Berber (in der Antike); Berber-Araber (im MA); arabisch-berberischer Einwohner von Mauretanien (heute).
Mau|rer (der, -s, -) Handwerker. Maurerarbeit; Maurergeselle; Maurerhandwerk; Maurerkelle; Maurermeister; Maurerpolier; Maurerzunft; maurern.
Mau|res|ke (*auch:* Mo|res|ke) (die, -, -n) (franz.) Ornament.
Mau|re|ta|ni|en (ohne Art., -s, kein Plural) afrikanischer Staat südlich von Marokko.
Mau|re|ta|ni|er (der, -s, -) Bewohner Mauretaniens.
mau|re|ta|nisch (Adj.) Mauretanien betreffend.
Mau|ri|ti|us (ohne Art., -s', kein Plural) Insel im Indischen Ozean. Mauritier; mauritisch.
Maus (die, -, Mäu|se) 1. Nagetier. Da beißt die Maus keinen Faden ab. (Das steht ganz fest, daran kann man nicht rütteln.). Mit Speck fängt man Mäuse. liebe, kleine Maus (Kosewort). 2. Eingabegerät (EDV). 3. (Plural, ugs.:) Geld. Mäuschen; Mäusebussard; Mäusegift; Mäusenest; Mäuseplage; mausfarben; mausfarbig; mausgrau.
Mau|sche|lei (die, -, -en) (ugs.) heimliche Absprache.
mau|scheln (V.) (ugs.) unverständlich reden; heimlich absprechen.
Mau|scheln (das, -s, kein Plural) Glücksspiel.
Mäus|chen (das, -, -) 1. kleine Maus; 2. schmerzempfindliche Stelle am Ellbogengelenk (Musikantenknochen).
mäus|chen|still (Adj.) (ugs.) ganz still. mucksmäuschenstill.
Mau|se|fal|le (*auch:* Mäu|se|fal|le) Gerät zum Fangen und Töten von Mäusen.
Mau|se|loch (*auch:* Mäu|se|loch) (das, -s, -lö|cher) Bau der Maus. Am liebsten hätte ich mich in ein Mauseloch verkrochen. (Es war mir äußerst peinlich.).
mau|sen (V.) Mäuse fangen; (ugs.) stehlen. Die Katze lässt das Mausen nicht. (Alte Gewohnheiten lassen sich nicht ändern.).
Mau|ser (die, -, kein Plural) Federwechsel. Mauserung.
Mau|se|rei (die, -, -en) (ugs.) das Mausen.
Mäu|se|rich (der, -s, -e) (ugs.) männliche Maus.
mau|sern (V., refl.) Federn wechseln; sich positiv entwickeln.

mau|se|tot (*auch:* maus|tot) (ugs.) tot.
Mäu|se|turm (der, -s, kein Plural) alter Zollturm auf der Rheininsel Bingen.
mau|sig (Adj.) (nur in der Wendung:) sich mausigmachen (vorlaut sein).
Mau|so|le|um (das, -s, -le|en) (griech.) Grabmal.
Maut (die, -, -en) (südd.) Straßenzoll. Mautgebühr; Mautstelle; Mautstraße.
mauve (Adj.) (franz.) malvenfarbig.
mau|zen (V.) maunzen.
m.a.W. (Abk.) **m**it **a**nderen **W**orten.
ma|xi (Adj.) (lat.) knöchellang (Kleidung). Maximode; Maxirock.
Ma|xi (der/das, -, -) (Kurzw.) knöchellanges Kleid (Maxikleid)
Ma|xil|la (die, -, -lae/-len) (lat.) 1. Oberkiefer (der Wirbeltiere). 2. Maxillen (die, nur Plural) zweites und drittes Paar der Mundwerkzeuge (von Insekten und Krebsen).
ma|xil|lar (Adj.) zur Maxilla gehörig.
ma|xi|mal (Adj.) (lat.) sehr groß; höchst. Maximalbetrag; Maximaldosis; Maximalforderung; Maximalgewicht; Maximalhöhe; Maximalleistung; Maximalstrafe.
Ma|xi|me (die, -, -n) (lat.) Leitsatz.
ma|xi|mie|ren (V.) (lat.) ein Maximum anstreben.
Ma|xi|mie|rung (die, -, kein Plural) das Streben nach einem Höchstwert.
Ma|xi|mum (das, -s, -ma) (lat.) Höchstwert. Wir wollen ein Maximum an Sicherheit erreichen.
Ma|xi|mal|wert (der, -s, -e) Höchstwert.
Ma|xi|sin|g|le (die, -, -s) (engl.) Schallplatte mit überlangem Musikstück.
Ma|ya (der, -/-s, -/-s) Angehöriger eines indianischen Kulturvolks in Mittelamerika. Mayakultur.
May|day (engl.) internationaler Funknotruf.
Ma|yon|nai|se (*auch:* Ma|jo|nä|se) (die, -, -n) (franz.) dicke Soße (Eigelb).
MAZ (die, -, kein Plural) (Kurzw.) **M**agnet**a**uf**z**eichnung.
Ma|ze|do|ni|en (kein Art., -, kein Plural) Makedonien.
Ma|ze|do|ni|er (der, -s, -) Makedonier.
ma|ze|do|nisch (Adj.) makedonisch.
Mä|zen (der, -s, -e) (lat.) Gönner; Kunstfreund; Kunstförderer; Geldgeber; Sponsor.
Mä|ze|na|ten|tum (das, -s, kein Plural) Förderung von Künstlern.
mä|ze|na|tisch (Adj.) das Mäzenatentum betreffend.
Ma|ze|ra|ti|on (die, -, -ti|o|nen) (lat.) 1. Erweichung von menschlichem und tierischem Gewebe unter Luftabschluss durch Wasser (z. B. bei Wasserleichen). 2. Verfahren zum Auflösen von tierischem Gewebe. 3. Gewinnung von Extrakten durch Auslaugen von Pflanzenteilen in Wasser bei Zimmertemperatur.
ma|ze|rie|ren (V.) Mazeration (bei etwas) durchführen; erweichen; auflösen; auslaugen.
Ma|zis (der, -, kein Plural) (franz.) Muskatnuss. Mazisblüte.
Ma|zur|ka (die, -, -s/-ken) → Masurka.
Maz|ze (*auch*: Mat|ze) (die, -, -n) (hebr.) ungesäuertes Passahbrot.
Maz|zen (*auch*: Mat|zen) (der, -s, -) Mazze.
mb (Abk.) **M**illi**b**ar.
mbH (Abk.) **m**it **b**eschränkter **H**aftung.
MD (Abk.) **M**usik**d**irektor.
Md. (*auch:* Mrd.) (Abk.) **M**illiar**d**e(n).
mdal. (Abk.) **m**un**d**art**l**ich.
M. d. B. (*auch:* MdB) (Abk.) **M**itglied **d**es **B**undestages.
M. d. L. (*auch:* MdL) (Abk.) **M**itglied **d**es **L**andtags.
m. E. (Abk.) **m**eines **E**rachtens.
mea cul|pa (Interj.) (lat.) meine Schuld.
Me|cha|nik (die, -, -en) (griech.) Kräftelehre; Maschinenkunde. Mechanisierung; Mechanisierungsprozess.
Me|cha|ni|ker (der, -s, -) Facharbeiter für technische und physikalische Geräte.
me|cha|nisch (Adj.) 1. die Mechanik betreffend; 2. automatisch; gewohnheitsmäßig; gedankenlos; maschinenhaft; unbewusst; unwillkürlich. Diese Arbeit habe ich ganz mechanisch erledigt.
me|cha|ni|sie|ren (V.) die menschliche Arbeitskraft durch Maschinen ersetzen; rationalisieren
Me|cha|nis|mus (der, -, -nis|men) 1. alles maschinell vor sich Gehende; 2. Ablauf; Zusammenhang. Diesen Mechanismus verstehe ich nicht. 3. philosophische Richtung, nach der das Weltall als Maschine aufgefasst wird, die ausschließlich nach den Gesetzen von Ursache und Wirkung funktioniert.
me|cha|nis|tisch (Adj.) aus rein mechanischen Ursachen abgeleitet.
Me|cha|tro|nik (die, -, kein Plural) Zusammenwirken von Mechanik, Elektronik und Informatik.
me|ckern (V.) (ugs.) kritisieren; lachen. Meckerstimme.
Me|cke|rei (die, -, -en) (ugs.) das Nörgeln.
Me|cke|rer (der, -s, -) (ugs.) Nörgler. Meckerfritze; Meckerziege.
Meck|lenburg-Vor|pom|mern (ohne Art., -s, kein Plural) (dt.) Bundesland.
Me|dail|le (die, -, -n) (franz.) Münze; Auszeichnung. Das ist die Kehrseite der Medaille (der Nachteil einer Angelegenheit).
Me|dail|len|spie|gel (der, -s, -) Verzeichnis der verteilten Medaillen auf die teilnehmenden Nationen bei sportlichen Veranstaltungen. Medaillengewinner.
Me|dail|leur (der, -s, -e) (franz.) Stempelschneider.
Me|dail|lon (das, -s, -s) (franz.) 1. Schmuckanhänger; 2. kleine Fleischscheibe.
Me|der (der, -s, -) Bewohner von Medien, einer iranischen Landschaft im Altertum.
Me|dia (die, -, -diä/-di|en) (lat.) 1. stimmhafter Verschlusslaut (z. B. »d«, »b«). 2. mittlere Schicht der Wand von Blut- und Lymphgefäßen.
me|di|al (Adj.) (lat.) in der Mitte; mit den Eigenschaften eines Mediums.
Me|dia|man (der, -s, -men) (engl.) (*auch:* Me|dia|mann) (der, -(e)s, ...männer) Angestellter einer Firma, der für die Werbung in den Medien zuständig ist.
me|di|an (Adj.) (lat.) 1. die Mitte betreffend; 2. in der Körpermitte. Medianebene.
Me|di|an|te (die, -, -n) (ital.) Mittelton, dritte Stufe der Tonleiter; Dreiklang über der dritten Stufe (Musik).
Me|di|a|ti|on (die, -, -ti|o|nen) (lat.) Vermittlung; vermittelndes Dazwischentreten.
me|di|a|ti|sie|ren (V.) (lat.) aus der reichsunmittelbaren Stellung herausnehmen und einem Landesherrn unterstellen.

meǀdiǀäǀval (Adj.) (lat.) die Mediävistik betreffend.
MeǀdiǀäǀvaI (die, -, kein Plural) (lat.) eine Druckschriftart (Antiqua).
Meǀdiǀäǀvist (der, -s, -en) (lat.) Erforscher des Mittelalters.
Meǀdiǀäǀvisǀtik (die, -, kein Plural) (lat.) Wissenschaft über das Mittelalter.
Meǀdiǀceǀer (der, -s, -) (ital.) Mitglied der Familie Medici.
Meǀdiǀci (der, -s, -) (ital.) Angehöriger der Familie Medici im alten Florenz.
Meǀdiǀen (die, nur Plural) 1. Film, Funk, Fernsehen; Presse. Massenmedien. 2. im Altertum der Nordwesten des Iran; 3. Verbindungsperson im Spiritismus.
Meǀdiǀenǀverǀbund (der, -s, kein Plural). Zusammenfassung mehrerer Kommunikationsmittel.
Meǀdiǀkaǀment (das, -s, -e) (lat.) Heilmittel. Medikamentenmissbrauch.
meǀdiǀkaǀmenǀtös (Adj.) arzneilich. medikamentöse Behandlung.
Meǀdiǀkasǀter (der, -s, -) (ital.) Kurpfuscher.
Meǀdiǀkaǀtiǀon (die, -, -en) (lat.) Verabreichung, Verordnung von Medikamenten.
Meǀdiǀkus (der, -, Meǀdiǀzi) (lat.) alte und heute scherzhafte Bezeichnung für Arzt.
meǀdio/Meǀdio (lat.) in der Mitte.
meǀdiǀoǀker (Adj.) (franz.) mittelmäßig.
Meǀdiǀoǀkǀriǀtät (die, -, -en) (lat.) Mittelmäßigkeit.
Meǀdioǀwechǀsel (der, -s, -) am 15. eines Monats fälliger Wechsel.
Meǀdiǀtaǀtiǀon (die, -, -tiǀoǀnen) (lat.) geistige Sammlung. Meditationskurs; Meditationsübung.
meǀdiǀtaǀtiv (Adj.) betrachtend; versunken. meditativer Tanz.
meǀdiǀterǀran (Adj.) (lat.) zum Mittelmeerraum gehörend. Mediterranklima.
meǀdiǀtieǀren (V.) sich geistig sammeln; geistig betrachten.
meǀdiǀum (Adj.) (engl.) halb durchgebraten.
Meǀdiǀum (das, -s, -diǀen) (lat.) Kommunikationsmittel; Verbindungsperson (Spiritismus). Mediumismus.
Meǀdiǀzin (die, -, -en) (griech.) Heilkunde; Heilmittel. Medizinschrank; Medizinstudent; Medizinstudium.
Meǀdiǀziǀnalǀrat (der, -s, -räǀte) beamteter Mediziner.
Meǀdiǀziǀnalǀweǀsen (das, -s, kein Plural) Gesundheitswesen.
Meǀdiǀzinǀball (der, -s, -bälǀle) großer, schwerer Turnball.
Meǀdiǀziǀner (der, -s, -) Arzt (auch Medizinstudent). Medizinerin.
meǀdiǀziǀnisch (Adj.) die Medizin betreffend. medizinisches Gutachten; medizinisch; medizinisch-technische Assistentin (Abk.: MTA).
Meǀdiǀzinǀmann (der, -s, -mänǀner) Heilkundiger bei Naturvölkern.
Medǀley (das, -s, -s) (engl.) bunte Folge von Melodien; Potpourri.
Méǀdoc (der, -s, -s) Rotwein aus der südwestfranzösischen Landschaft Médoc.
Meǀdǀreǀse (*auch:* Meǀdǀresǀse) (die, -, -n) (arab.) Koranschule.
Meǀduǀse (*auch:* Meǀduǀsa) (die, -, kein Plural) (griech.) 1. weibliches Ungeheuer; 2. Qualle (Plural: -n).
Meǀduǀsenǀblick (der, -, -e) ein vernichtender Blick (nach der griech. Mythologie versteinerte der Blick der Meduse den Betrachter).
meǀduǀsisch (Adj.) medusenähnlich; schrecklich.
Meer (das, -s/-es, -e) 1. große Wasserfläche; 2. große Anzahl. Meeraal; Meeresalge; Meeresarm; Meeresbiologie; Meeresboden; Meeresbucht; Meereshöhe; Meeresklima; Meereskunde; Meeresleuchten; Meeresstrand; Meeresstraße; Meeresströmung; Meerspitze; Meerungeheuer; Meerwasser; Blumenmeer; wir erstickten förmlich in einem Meer von Briefen. meerumschlungen; meerwärts.
Meerǀbuǀsen (der, -s, -) größere Meeresbucht.
Meerǀdraǀchen (der, -s, -) Knorpelfisch.
Meerǀenǀge (die, -, -n) Verengung des Meeres zwischen Inseln oder Festlandsvorsprüngen.
Meeǀresǀfauǀna (die, -, kein Plural) Tierwelt des Meeres.
Meeǀresǀfloǀra (die, -, kein Plural) Pflanzenwelt des Meeres.
Meeǀresǀfrüchǀte (die, -, nur Plural) essbares Kleingetier im Meer.
Meeǀresǀgrund (der, -s, -grünǀde) Boden des Meeres.
Meeǀresǀspieǀgel (der, -s, -) mittleres Meeresniveau als Grundlage der Höhenmessung. 300 Meter über dem Meeresspiegel (Abk.: ü.d.M.).
Meeǀresǀstraǀße (die, -, -n) Meerenge.
meerǀgrün (Adj.) hellgrün.
Meerǀjungǀfrau (die, -, -en) Fabelwesen.
Meerǀkatǀze (die, -, -n) Affe.
Meerǀretǀtich (der, -s, -e) Gewürzpflanze. Meerrettichsoße (*auch:* Meerrettichsauce).
Meerǀsalz (das, -es, kein Plural) aus dem Meer gewonnenes Salz.
Meerǀschaum (der, -s, kein Plural) Mineral. Meerschaumpfeife.
Meerǀschweinǀchen (das, -s, -) Nagetier.
Meeǀting (das, -s, -s) (engl.) Treffen; Zusammenkunft.
meǀfiǀtisch (Adj.) aus Schwefelquellen stammend; übel riechend.
meǀga.../Meǀga... (griech.) groß.../Groß...; das Millionenfache. Megabyte (Abk. MB); Megaelektronenvolt (Abk.: MeV); Megahertz (Abk.: MHz); Megaohm (Abk.: MΩ); Megatonne (Abk.: Mt); Megavolt (Abk.: MV); Megawatt (Abk.: MW).
Meǀgaǀchip (das, -s, -s) (griech.-engl.) ein elektronisches Bauelement, das eine große Menge elektrischer Schaltungen trägt.
Meǀgaǀfon (*auch:* Meǀgaǀphon) (das, -s, -e) (griech.) Sprachrohr.
Meǀgaǀlith (der, -s/-en, -e/-en) (griech.) Steinblock.
Meǀgaǀlithǀgrab (das, -s, -gräǀber) monumentale steinerne Grabanlage, Hünengrab.
Meǀgaǀliǀthiǀker (der, -s, -) Angehöriger der Megalithkultur.
meǀgaǀliǀthisch (Adj.) aus großen Steinblöcken bestehend.
Meǀgaǀlithǀkulǀtur (die, -, -en) Kulturgruppe der Jungsteinzeit.
meǀgaǀloǀman (Adj.) (griech.) größenwahnsinnig.
Meǀgaǀloǀmaǀnie (die, -, -n) (griech.) Größenwahn.
Meǀgäǀre (die, -, -n) (griech.) böse Frau.
Meǀgaǀstar (der, -s, -s) (griech.- engl.) Steigerung von Superstar; herausragender Star.

Meˈgaˈtheˈriˈum (das, -s, -riˈen) (griech.) ausgestorbenes südamerikanisches Riesenfaultier.

Mehl (das, -s, -e) gemahlenes Getreide. Mehlbrei; Mehlsack; Mehlsorte; mehlartig.

Mehlˈbeerˈbaum (der, -s, -bäuˈme) Rosengewächs, mit der Eberesche verwandt. Mehlbeere.

mehˈlig (Adj.) Mehl enthaltend.

Mehlˈkäˈfer (der, -s, -) Schwarzkäfer, ernährt sich von Mehl und Kleie.

Mehlˈpapp (der, -s, kein Plural) (ugs.) mit zu viel Mehl angedickte Speise. Mehlkleister.

Mehlˈpilz (der, -es, -e) Speisepilz.

Mehlˈschwitˈze (die, -, -n) in Öl oder Butter gebräuntes Mehl.

Mehlˈspeiˈse (die, -, -n) (österr.) Süßspeise.

Mehlˈwurm (der, -s, -würˈmer) Larve des Mehlkäfers.

Mehlˈtau (der, -s, kein Plural) Pilzbefall (Pflanzen). (*Aber:* der Meltau).

mehr (Pron., indef.; Zahlw.; Adv.) in größerer Anzahl; eher; weiter. Das war mehr oder weniger erfolgreich. Umso mehr ich arbeite, umso weniger esse ich. Er war mehr denn je glücklich. Ich kann nicht mehr. Ich kann nicht mehr als arbeiten. *Aber:* ein Mehr an Aufwand; das Mehr oder Weniger. Mehrarbeit; Mehraufwand; Mehrbelastung; Mehrbetrag; Mehrfachsprengkopf; Mehrkosten; Mehrleistung; Mehrphasenstrom; Mehrstufenrakete; Mehrteiler; Mehrung; Mehrverbrauch; Mehrvölkerstaat; Mehrwert; Mehrzweckgerät; Mehrzweckraum; Mehrzylinder. Adjektive: mehrfarbig; mehrgliedrig; mehrheitsfähig; mehrjährig; mehrmalig; mehrsilbig; mehrstufig; mehrstündig; mehrteilig; mehrwöchig; mehrzeilig.

mehrˈdeuˈtig (Adj.) verschieden auslegbar; missverständlich.

Mehrˈdeuˈtigˈkeit (die, -, -en) Vorhandensein mehrerer Deutungsmöglichkeiten, Missverständlichkeit.

Mehrˈdiˈmenˈsiˈoˈnaˈliˈtät (die, -, kein Plural) mit mehreren Dimensionen. mehrdimensional.

Mehrˈeinˈnahˈme (die, -, -n) eine über das erwartete Maß hinausgehende Einnahme; Überschuss. Mehrerlös.

mehˈren (V.) vergrößern; vermehren.

Mehˈrer (der, -s, -) Vermehrer.

mehˈreˈre (Pron., indef.) einige. *Beachte:* mehrere jüngere Schüler/jüngerer Schüler; mehreres; mehrerlei.

mehˈreˈres (Pron., indef.) allerlei; manches.

mehˈrerˈlei (Pron., indef.) verschiedene(s).

mehrˈfach (Adj.) 1. öfter; oft; wiederholt. mehrfache Anrufe. 2. aus mehr als zwei Teilen bestehend. mehrfache Ausführung.

Mehrˈfaˈche (das, -n, kein Plural) Vieles.

Mehrˈfaˈmiˈliˈenˈhaus (das, -es, -häuˈser) Haus mit mehreren Wohnungen.

Mehrˈheit (die, -, -en) größerer Teil. absolute Mehrheit. Mehrheitsbeschluss; Mehrheitswahl; Mehrheitswahlrecht.

mehrˈheitˈlich (Adj.) der Mehrheit entsprechend. mehrheitlicher Beschluss.

Mehrˈkämpˈfer (der, -s, -) Sportler, der mehrere Disziplinen ausübt.

Mehrˈling (der, -s, -e) Sammelbezeichnung für Zwilling, Drilling usw.

mehrˈmals (Adj.) öfter.

mehrˈspraˈchig (Adj.) mehr als zwei Sprachen sprechend. Sie ist mehrsprachig aufgewachsen. Mehrsprachigkeit.

mehrˈstimˈmig (Adj.) Musikwerk mit mehr als zwei Stimmen. Mehrstimmigkeit.

Mehrˈwertˈsteuˈer (die, -, -n) (Abk.: Mw.-St., MwSt.) Umsatzsteuer.

Mehrˈzahl (die, -, kein Plural) 1. Mehrheit; 2. in der Grammatik der Plural.

meiˈden (V., mied, hat gemieden) ausweichen; sich fernhalten.

Meiˈeˈrei (die, -, -en) 1. Molkerei; 2. Pachthof.

Meiˈerˈhof (der, -s, höˈfe) Meierei.

Meiˈle (die, -, -n) Längenmaß. Meilenstein; Meilenstiefel; meilenlang, *aber:* eine Meile lang; meilenweit, *aber:* eine Meile weit.

Meiˈler (der, -s, -) 1. Kernreaktor. Atommeiler. 2. schwelender Holzhaufen für Köhlerei.

mein (Pron., possess.) *Beachte:* Mein und Dein unterscheiden können; das Meine; das Kind ist mein Ein und Alles; meiner Ansicht nach (Abk.: m.A.n.); meinerseits; meines Erachtens (Abk.: m.E.); meinesgleichen; meinesteils; meines Wissens (Abk.: m.W.); meinethalben; meinetwegen; um meinetwillen.

Meinˈeid (der, -s, -e) Falscheid. Meineidigkeit; meineidig.

meiˈnen (V.) glauben; äußern; vorstellen. Meinungsäußerung; Meinungsbildung; Meinungsfreiheit; Meinungsverschiedenheit.

Meiˈnung (die, -, -en) Ansicht; Vorstellung.

Meiˈnungsˈausˈtausch (der, -es, kein Plural) gegenseitige Mitteilung der Meinung.

Meiˈnungsˈforˈschung (die, -, kein Plural) Erforschung der öffentlichen Meinung. Meinungsforschungsinstitut; Meinungstest; Meinungsumfrage.

Meiˈoˈse (die, -, -n) (griech.) Reduktionsteilung (Keimzellen). Meiosestadium.

Meiˈse (die, -, -n) Vogel. Er hat ’ne Meise. (ugs.) (Er ist leicht verrückt.). Meisenknödel.

Meiˈßel (der, -s, -) Werkzeug. Meißelung; Meißler; meißeln.

meist 1. (Adv.) meistens; 2. (Pron., indef.; Zahlw.) der größte Teil. die meiste Zeit; in den meisten Fällen; am meisten; die meisten (*auch:* Meisten) denken; das meiste (*auch:* Meiste) konnte ich nicht verstehen. Meistbegünstigung; Meistbegünstigungsklausel; meistbegünstigt; meistbeteiligt; meistgebräuchlich; meistgefragt; meistgekauft; meistgenannt.

meistˈbieˈtend (Adv.) gegen das höchste Angebot.

Meistˈbieˈtenˈde (der, -n, -n) derjenige, der das höchste Angebot macht. Meistgebot.

meisˈtenˈorts (Adv.) fast überall.

meisˈtenˈteils (Adv.) fast immer; im Allgemeinen.

meisˈtens (Adv.) fast immer.

Meisˈter (der, -s, -) Könner; Handwerksmeister; Lehrer; Künstler. Meisterdieb; Meisterin; Meisterschuss; Meistertitel; Meisterung; Meisterwürde.

Meisˈterˈgeˈsang (der, -s, kein Plural) Meistersang.

meisˈterˈhaft (Adj.) hervorragend; kunstvoll.

Meisˈterˈhand (in der Wendung:) von Meisterhand geschaffen (von einem Meister (Künstler) geschaffen).

Meis|ter|klas|se (die, -, -n) weiterführender künstlerischer Unterricht im Musik- und Kunststudium nach dem Staatsexamen. Meisterschüler.

Meis|ter|leis|tung (die, -, -en) Höchstleistung.

meis|ter|lich (Adj.) hervorragend; meisterhaft.

meis|ter|los (Adj.) (schweiz.) eigenwillig; unbeherrscht.

Meis|ter|ma|cher (der, -s, -) (ugs.) erfolgreicher Trainer.

meis|tern (V.) beherrschen; bezwingen; überwinden; bewältigen. Sie meistert ihr schweres Leben hervorragend.

Meis|ter|prü|fung (die, -, -en) Befähigungsnachweis zum Führen eines Handwerksbetriebes und zur Lehrlingsausbildung. Meisterbrief.

Meis|ter|sang (der, -s, kein Plural) bürgerliche Dicht- und Liedkunst im Spätmittelalter.

Meis|ter|schaft 1. (die, -, kein Plural) großes Können; 2. (die, -, -en) sportlicher Wettkampf; sportliche Höchstleistung. Meisterschaftstitel.

Meis|ter|schafts|spiel (das, -s, -e) im Sport Spiel um den Titel der Meisterschaft.

Meis|ter|sin|ger (der, -s, -) 1. Vertreter des Meistersangs; 2. Oper von Richard Wagner. Meistersänger.

Meis|ter|stück (das, -s, -e) 1. Arbeit eines Gesellen für die Meisterprüfung; 2. hervorragende Arbeit. Dieses Buch ist sein Meisterstück!

Meis|ter|werk (das, -s, -e) hervorragendes Kunstwerk.

Meist|stu|fe (die, -, kein Plural) in der Grammatik der Superlativ.

Mek|ka (das, -s, -s) heilige Stätte des Islam; Ort mit großer Attraktivität.

Me|la|min|harz (das, -es, -e) Kunstharz.

Me|lan|cho|lie (die, -, -n) (griech.) Schwermütigkeit.

Me|lan|cho|li|ker (der, -s, -) (griech.) an Schwermut leidender Mensch.

me|lan|cho|lisch (Adj.) (griech.) niedergeschlagen; schwermütig.

Me|lan|ge (die, -, -n) (franz.) Mischung; (südd.) Milchkaffee.

Me|la|nin (das, -s, -e) (griech.) Farbstoff.

Me|la|nis|mus (der, -, kein Plural) (griech.) 1. krankhafte Dunkelfärbung der Haut; 2. Auftreten von dunkelfarbigen Exemplaren innerhalb einer hellen Art (bei Tieren).

Me|la|nit (der, -s, -e) (griech.) Mineral.

Me|la|nom (das, -s, -e) (griech.) Hautgeschwulst.

Me|la|no|se (die, -, kein Plural) = Melanismus (1).

Me|la|phyr (der, -s, -e) (griech.) Ergussgestein.

Me|las|ma (das, -s, -men/ma|ta) (griech.) krankhafte Bildung schwärzlicher Flecken auf der Haut.

Me|las|se (die, -, -n) (franz.) Zuckersirup.

Mel|ber (der, -s, -) (südd.) Mehlmaß.

mel|big (Adj.) (südd.) mehlig.

Melch|ter (die, -s, -) (schweiz.) Milchgeschirr.

mel|den (V.) mitteilen; anzeigen; sich vorstellen. Meldebüro; Meldefahrer; Meldefrist; Meldehund; Meldeschein; Meldeschluss; Meldestelle; Meldewesen.

Mel|de|amt (das, -s, -äm|ter) Verwaltungsbehörde.

Mel|de|gän|ger (der, -s, -) Meldung machender Soldat.

Mel|de|pflicht (die, -, kein Plural) Pflicht zur Meldung eines Wohnungswechsels.

Mel|der (der, -s, -) 1. Überbringer von Nachrichten; 2. Gerät.

Mel|dung (die, -, -en) 1. dienstliche Mitteilung; 2. Nachricht.

me|lie|ren (V.) mischen (veraltet).

me|liert (Adj.) (franz.) gemischt; angegraut. grau meliert (*auch:* graumeliert).

Me|lik (die, -, kein Plural) (griech.) gesungene Lyrik.

Me|li|nit (der, -s, kein Plural) (griech.) Gelberde.

Me|li|o|ra|ti|on (die, -, -ti|o|nen) (lat.) Bodenverbesserung.

me|li|o|ra|tiv (Adj.) (lat.) ins Positive gewandelt (Sprachw.).

Me|li|o|ra|ti|vum (das, -s, -va) (lat.) Bezeichnung in der Sprachwissenschaft für ein Wort, dessen Bedeutung sich ins Positive gewandelt hat.

me|li|o|rie|ren (V.) (lat.) den Boden verbessern.

Me|lis (der, -, kein Plural) (griech.) schlechter Zucker.

me|lisch (Adj.) (griech.) liedhaft.

Me|lis|ma (das, -s, -men) (griech.) Koloratur.

Me|lis|ma|tik (die, -, kein Plural) (griech.) Kunst, Stil der Verzierung einer Melodie.

me|lis|ma|tisch (Adj.) (griech.) verziert; melismatischer Gesang: Gesang, bei dem eine Silbe auf mehrere Noten verteilt wird.

Me|lis|se (die, -, -n) (griech.) Heilpflanze. Melissengeist; Melissentee.

mel|ken (V., melkte/molk, hat gemolken/gemelkt) Milch gewinnen; ausnehmen. Melkeimer; Melker; Melkkübel; Melkkuh; Melkmaschine; Melkschemel.

Me|lo|die (die, -, -n) (griech.) Tonfolge. Melodienfolge.

Me|lo|dik (die, -, kein Plural) (griech.) 1. Lehre von der Gestaltung einer Melodie; 2. Eigenart einer Melodie.

me|lo|di|ös (Adj.) wohlklingend.

me|lo|disch (Adj.) harmonisch; klangvoll; wohlklingend.

Me|lo|dra|ma (*auch:* Me|lo|dram) (das, -s, -men) Schauspiel mit musikalischer Untermalung; Rührstück. Melodramatik.

me|lo|dra|ma|tisch (Adj.) das Melodrama betreffend; schwülstig.

Me|lo|ma|ne (der/die, -n, -n) (griech.-lat.) ein von der Musik Besessener.

Me|lo|ma|nie (die, -, -n) (griech.-lat.) Musikbesessenheit.

Me|lo|mi|mik (die, -, kein Plural) (griech.-lat.) die Umsetzung des Inhalts eines Musikstückes in einen Tanz oder Ähnliches.

Me|lo|ne (die, -, -n) 1. Frucht; Kürbisgewächs (ugs.); 2. Herrenhut. Melonenbaum; Melonenkern; melonenartig.

Me|los (das, -, kein Plural) (griech.) Melodie.

Mel|po|me|ne (die, -, kein Plural) (griech.) Muse des Trauerspiels.

Mel|tau (der, -s, kein Plural) Honigtau. (*Aber:* Mehltau!)

Me|lu|si|ne (die, -, -n) (franz.) Meerjungfrau; Fee. Melusinensage.

Mem|bran (*auch:* Mem|bra|ne) (die, -, -en) Häutchen; Schwingblättchen.

Me|men|to (das, -s, -s) (lat.) 1. Erinnerung; Mahnung; Mahnruf. 2. Fürbitte (in der kath. Messe).

me|men|to mo|ri! (lat.) Gedenke des Todes! Denke an den Tod!

Mem|me (die, -, -n) (ugs.) Feigling.

mem|men|haft (Adj.) feige.

Mem|men|haf|tig|keit (die, -, kein Plural) Feigheit.

Me|mo (das, -s, -s) (Kurzw.) Memorandum.

Me|moi|ren (die, nur Plural) (franz.) Lebenserinnerungen.

Me|mo|ra|bi|li|en (die, nur Plural) (lat.) Denkwürdigkeiten.

Me|mo|ran|dum (das, -s, -den/-da) (lat.) Denkschrift.

Me|mo|ri|al (engl.) 1. (das, -s, -e/-lien) Tagebuch; Notizbuch; Bittschrift; Gedenkfest (für einen Toten); 2. (das, -s, -s) (lat.-engl.) sportlicher Wettkampf zum Gedenken an einen Toten; 3. Gedächtnisstätte; das Lincoln-Memorial.

me|mo|rie|ren (V.) (lat.) auswendig lernen. Memorierstoff.

Me|na|ge (die, -, -n) (franz.) Gewürzständer. Verb: menagieren.

Me|na|ge|rie (die, -, -n) (franz.) Zoo; Tierschau.

Me|n|ar|che (die, -, kein Plural) (griech.) Beginn der ersten Regelblutung.

Men|de|le|vi|um (das, -s, kein Plural) (russ.) ein Element; Transuran.

Men|de|lis|mus (der, -, kein Plural) mendelsche Vererbungslehre.

men|deln (V.) den Vererbungsgesetzen folgen.

Men|di|kant (der, -en, -en) (lat.) Bettelmönch.

Men|di|kan|ten|or|den (der, -s, -) Bettelorden.

Me|ne|te|kel (das, -s, -) (aram.) Warnzeichen. **me|ne|te|keln** (V.) warnen.

Men|ge (die, -, -n) Masse; Anzahl; Menschen. in rauen Mengen (ugs.) (sehr viel); eine Menge Menschen. *Beachte:* Die Menge drohte aufzubegehren. *Aber:* Eine Menge (viele) wollen an der Prüfung teilnehmen. Mengenangabe; Mengenpreis; Mengenrabatt; Mengenrechnung.

men|gen (V.) vermischen; sich einmischen. Gemenge; Mengfutter; Mengkorn.

Men|gen|leh|re (die, -, kein Plural) Teilgebiet der Mathematik.

men|gen|mä|ßig (Adj.) der Menge nach; quantitativ.

Meng|sel (das, -s, -) Gemisch.

Men|hir (der, -s, -e) kultischer Steinblock.

Me|nin|gi|tis (die, -, -ti|den) (griech.) Hirnhautentzündung.

Me|nis|kus (der, -, -ken) (griech.) 1. Knorpel (Kniegelenk); 2. gewölbte Flüssigkeitsoberfläche in engen Röhren; 3. optische Linse, deren beide Flächen in gleicher Richtung gekrümmt sind.

Me|nis|kus|riss (der, -es, -e) Sportverletzung. Meniskusoperation.

Men|jou|bärt|chen (das, -s, -) schmaler Schnurrbart (nach dem Filmschauspieler A. Menjou).

Men|ken|ke (die, -, kein Plural) (lok.) Durcheinander; Umstände. Mach bloß keine Menkenke! (Mach bloß keine Umstände!).

Men|ni|ge (die, -, kein Plural) Rostschutzfarbe.

men|nig|rot (Adj.) rot wie Mennige.

Men|no|nit (der, -en, -en) (dt.-nlat.) Angehöriger einer evangelischen Freikirche.

men|no|ni|tisch (Adj.) die mennonitische Kirche betreffend.

Me|no|pau|se (die, -, -n) (griech.) Ausbleiben der Regel (Wechseljahre der Frau).

Me|no|ra (die, -, -) (hebr.) siebenarmiger Leuchter.

Me|nor|rha|gie (die, -, -n) (griech.) zu starke und zu lange Menstruation.

Me|nor|rhö (die, -, -n) (griech.) Menstruation.

me|nor|rhö|isch (Adj.) (griech.) die Menorrhö betreffend.

Me|no|s|ta|se (die, -, -n) (griech.) Ausbleiben der Menstruation.

Men|sa (die, -, -s/-sen) (lat.) 1. Altarplatte; 2. Universitätskantine (Mittagstisch). Mensaessen.

Mensch 1. (der, -en, -en) menschliches Lebewesen; Einzelwesen. Mensch, das habe ich vergessen! Ich bin schließlich auch nur ein Mensch (nicht ohne Fehler). 2. (das, -es, -er) (ugs.) abwertend für eine Person. Das Mensch hat mich sitzen lassen! Menschenauflauf; Menschenfeind; Menschenfeindlichkeit; Menschengeschlecht; Menschengewühl; Menschenhandel; Menschenhass; Menschenherz; Menschenkette; Menschenleben; Menschenliebe; Menschenmenge; Menschenrasse; Menschenverachtung; Menschenwerk; Menschheitsgeschichte; Menschheitstraum; Menschwerdung.

men|scheln (V.) es zeigen sich menschliche Unzulänglichkeiten. In unserer Abteilung menschelt es sehr.

Men|schen|af|fe (der, -n, -n) Sammelbegriff für Schimpanse, Gorilla und Orang-Utan.

Men|schen|al|ter (das, -s, kein Plural) durchschnittliche Lebensdauer eines Menschen. Innerhalb eines Menschenalters lässt sich das Projekt nicht verwirklichen.

men|schen|arm (Adj.) von nur wenigen Menschen bewohnt. menschenarmes Haus.

Men|schen|fres|ser (der, -s, -) Kannibale.

Men|schen|fres|se|rei (die, -, kein Plural) Kannibalismus. Menschenfleisch.

Men|schen|freund (des, -s, -e) Philantrop; Samariter; Wohltäter.

men|schen|freund|lich (Adj.) menschenliebend; philantropisch; menschlich.

Men|schen|ge|den|ken (das, kein Genitiv, kein Plural) (in der Wendung:) seit Menschengedenken (soweit die Tradition zurückreicht).

Men|schen|hand (die, kein Genitiv, kein Plural) von Menschenhand geschaffen (irdisch). Es liegt nicht in Menschenhand (kann nicht von Menschen beeinflusst werden).

Men|schen|ken|ner (der, -s, -) jemand mit guter Menschenkenntnis.

Men|schen|kennt|nis (die, -, kein Plural) Erfahrung mit Menschen, Fähigkeit, sie richtig zu beurteilen.

Men|schen|kun|de (die, -, kein Plural) Anthropologie.

men|schen|leer (Adj.) ohne Menschen; entvölkert; leer stehend; unbewohnt; verlassen; wie ausgestorben. menschenleere Straßen.

men|schen|mög|lich (Adj.) alles, was einem Menschen möglich ist. alles Menschenmögliche tun. Wir versuchten alles Menschenmögliche.

Men|schen|op|fer (das, -s, -) religiös-kultische Opferung von Menschen.
Men|schen|rech|te (die, -, nur Plural) Bezeichnung für die dem Menschen angeborenen und unveräußerlichen Rechte (Grundrecht). Menschenrechtsverletzung.
men|schen|scheu (Adj.) die Gesellschaft anderer Menschen scheuend; kontaktarm.
Men|schens|kind (Interj.) ärgerliche oder vorwurfsvolle Anrede. Menschenskind, pass doch auf!
Men|schen|see|le (die, kein Genitiv, kein Plural) Ich habe keine Menschenseele gesehen (ugs.) (niemanden).
Men|schen|sohn (der, -s, kein Plural) Jesus Christus.
men|schen|un|wür|dig (Adj.) der Würde des Menschen nicht entsprechend. menschenunwürdige Zustände.
Men|schen|ver|stand (der, -s kein Plural) wirklichkeitsnahes Denken; Realismus; Vernunft. der gesunde Menschenverstand.
Men|schen|wür|de (die, -, kein Plural) Anspruch des Menschen, als geistig-sittliches Wesen geachtet zu werden.
men|schen|wür|dig (Adj.) der Würde des Menschen angemessen.
Mensch|heit (die, -, kein Plural) alle Menschen auf der Erde. Die Erfindung ist ein Segen für die Menschheit. Menschentum; Menschheitsentwicklung; Menschheitstraum; menschheitlich.
mensch|lich (Adj.) 1. zum Menschen gehörig. menschliche Natur; menschliches Verhalten; menschliches Versagen. 2. gütig; hilfsbereit. Sein Verhalten ist sehr menschlich. menschliche Behandlung. 3. schwach. Menschliches, Allzumenschliches. Irren ist menschlich.
Mensch|lich|keit (die, -, kein Plural) Anstand; Nächstenliebe; Barmherzigkeit; Humanitas; Humanität.
Men|sel (*auch:* Men|sul) (die, -, -n) Messtisch.
Men|ses (die, -, nur Plural) (lat.) Menstruation.
mens|tru|al (Adj.) (lat.) monatlich; die Menstruation betreffend.
Mens|tru|al|blu|tung (die, -, -en) (lat.) Regelblutung.
Mens|tru|a|ti|on (die, -, -ti|o|nen) (lat.) Regelblutung.
mens|tru|ie|ren (V.) die Regelblutung haben.
Men|sur (die, -, -en) (lat.) 1. Zweikampf mit der Waffe unter Studenten; 2. Abstand zwischen zwei Fechtern; 3. bei Saiteninstrumenten das Verhältnis der Abmessungen (Abgreifpunkte).
men|su|ra|bel (Adj.) (lat.) messbar.
Men|su|ra|bi|li|tät (die, -, kein Plural) (lat.) Messbarkeit.
Men|su|ral|no|ta|ti|on (die, -, kein Plural) Notenschrift, in der die Dauer der Töne (gemäß der Mensur) festgelegt ist (13. Jh. bis 1600). Mensuralmusik.
men|su|riert (Adj.) (lat.) in bestimmten Maßverhältnissen zueinander stehend.
men|tal (Adj.) (lat.) geistig; in Gedanken.
Men|ta|li|tät (die, -, -en) (lat.) Denkweise; Anschauung.
Men|tha (die, -, kein Plural) (griech.) Minze (als Heilpflanze).
Men|thol (das, -s, kein Plural) (lat.) Substanz des Pfefferminzöls.
Men|tor (der, -s, -en) (griech.) Berater; Erzieher.
Me|nü (das, -s, -s) (franz.) 1. Speisefolge; 2. Programmauswahl (EDV). Menütechnik.
Me|nu|ett (das, -s, -e) (franz.) Tanz; Musikstück.
me|phis|to|phe|lisch (Adj.) teuflisch; böse.
Mer|chan|di|sing (das, -s, kein Plural) (engl.) verkaufssteigernde Maßnahmen.
mer|ci! (franz.) danke!
Mer|gel (der, -s, -) Sedimentgestein. Mergelboden; merg(e)lig.
Mer|ger (der, -s, -) (engl.) Fusion; Zusammenschluss von Firmen.
Me|ri|di|an (der, -s, -e) (lat.) Längengrad.
Me|ri|di|an|kreis (der, -es, -e) Fernrohr zur Bestimmung des Durchgangsmomentes eines Sterns durch den Ostmeridian. meridional.
Me|rin|ge (die, -, -n) (franz.) Gebäck.
Me|rin|gue (die, -s, -s) (franz.) Baiser.
Me|ri|no (der, -s, -s) (span.) Schafsrasse. Merinoschaf; Merinowolle.
Me|ri|ten (die, -, nur Plural) (lat.) Verdienste.
Me|ri|to|kra|tie (die, -, -n) (lat.-griech.) die Vorherrschaft einer durch Leistung und Verdienst definierten Schicht in einer leistungsorientierten Gesellschaft; Verdienstadel.
me|ri|to|kra|tisch (Adj.) (griech.-lat.) die Meritokratie betreffend.
Merk (der, -s, -e) Pflanze.
mer|kan|til (*auch:* mer|kan|ti|lisch) (Adj.) (lat.) kaufmännisch.
Mer|kan|ti|lis|mus (der, -s, kein Plural) (lat.) Wirtschaftssystem im Absolutismus. Merkantilist; Merkantilsystem; merkantilistisch.
mer|ken (V.) 1. erkennen; 2. nicht vergessen. Merkblatt; Merkbuch; Merkheft; Merkhilfe; Merkmal; Merksatz; Merkspruch; Merkvers; Merkwort; Merkzeichen; Merkzettel.
merk|lich (Adv.) erheblich; fühlbar; spürbar. merkliche Abkühlung, *aber:* um ein Merkliches kühler.
Merk|mal (das, -s, -e) Anzeichen; Kennzeichen.
Merks (der, -es, kein Plural) (ugs.) Gedächtnis.
Mer|kur (der, -s, kein Plural) (lat.) 1. Planet; 2. (*auch:* das) Quecksilber (Alchimie).
Mer|ku|ri|a|lis|mus (der, -, kein Plural) (lat.) Quecksilbervergiftung.
Merk|wort (das, -s, -wor|te) Stichwort.
merk|wür|dig (Adj.) eigenartig; wunderlich; seltsam.
merk|wür|di|ger|wei|se (Adv.) seltsamerweise; sonderbarerweise.
Merk|wür|dig|keit 1. (die, -, kein Plural) auffallende, sonderbare Eigenschaft; 2. (die, -, en) sonderbare Angelegenheit.
Mer|lan (der, -s, -e) (franz.) Schellfisch.
Mer|le (die, -, -n) (lat.) Amsel.
Mer|lin (der, -s, -e) (engl.) Falke; (ohne Artikel) Zauberer.
Mer|lot (franz.) 1. (die, -, kein Plural) Traubensorte; Rotwein-Rebsorte; 2. (der, -(s), -s) ein Rotwein.
Mer|ze|ri|sa|ti|on (die, -, -ti|o|nen) (engl.) Veredelungsverfahren (Baumwolle).
mer|ze|ri|sie|ren (V.) Baumwolle veredeln.
Mer|ze|ri|sie|rung (die, -, -en) (engl.) Merzerisation.
Merz|vieh (das, -s, kein Plural) zur Zucht nicht geeignetes Vieh.
Me|s|al|li|ance (die, -, -n) (franz.) Missheirat; nicht standesgemäße Ehe.

Me|sal|li|ance|ver|bin|dung (die, -, -en) nicht standesgemäße Verbindung.
me|schant (Adj.) (franz.) ungezogen; boshaft.
me|schug|ge (Adj.) (jidd.) (ugs.) verrückt.
Me|s|en|chym (das, -s, -e) (griech.) embryonales Gewebe, aus dem sich alle Bindegewebe entwickeln.
Me|se|ta (die, -, -ten) (span.) Hochebene.
Mes|ka|lin (das, -s, kein Plural) (span.) Rauschgift; halluzinogener Kaktuswirkstoff der Indianer.
Mes|mer (*auch:* Mess|mer) (der, -s, -) (südd.-österr.) Mesner.
Mes|me|ris|mus (der, -, kein Plural) auf Magnetismus beruhendes Heilverfahren
Mes|ner (*auch:* Mess|ner) (der, -s, -) Kirchendiener. Mesnerei/Messnerei.
me|so.../Me|so... (griech.) mittel.../ mitten.../Mittel.../Mitten...
Me|so|derm (das, -s, -e) (griech.) das mittlere Keimblatt (Haut).
Me|so|karp (das, -s, -e) (griech.) fleischiges Gewebe der Steinlaus.
Me|so|li|thi|kum (das, -s, kein Plural) (griech.) Mittelsteinzeit.
me|so|li|thisch (Adj.) das Mesolithikum betreffend.
Me|so|me|rie (die, -, kein Plural) (griech.) ein Bindungszustand bei organischen Molekülen.
Me|son (das, -s, -en) (griech.) unstabiles Elementarteilchen.
Me|so|phyt (der, -en, -en) (griech.) Böden mittleren Feuchtigkeitsgrades bevorzugende Pflanze.
Me|so|sphä|re (die, -, kein Plural) (griech.) Schicht der Erdatmosphäre in ca. 50–80 km Höhe.
me|so|ze|phal (Adj.) (griech.) mit mittellanger Kopfform versehen.
Me|so|ze|pha|lie (die, -, kein Plural) (griech.) mittellange Kopfform.
Me|so|zo|i|kum (das, -s, kein Plural) (griech.) Erdmittelalter.
me|so|zo|isch (Adj.) (griech.) das Mesozoikum betreffend.
Mes|sage (die, -, -s) (engl.) Information; Nachricht, Botschaft.
mess|bar (Adj.) etwas kann gemessen werden. messbarer Wert. Messbarkeit.
Mess|be|cher (der, -s, -) Küchengerät.
Mess|buch (das, -s, -bü|cher) Buch mit Gebeten, Lesungen usw. für die Messe.
Mess|die|ner (der, -s, -) Gehilfe des Pfarrers bei der Messe.
Mes|se (die, -, -n) Gottesdienst; Ausstellung; Schiffskantine. Messeausweis; Messebesucher; Messegelände; Messehalle; Messeschlager; Messestadt; Messestand.
mes|sen (V., maß, hat gemessen) ein Maß feststellen; ein bestimmtes Maß haben; prüfen; sich vergleichen. gemessenen Schrittes (bedächtig, würdig) verließ er den Raum. Messdaten; Messgerät; Messglas; Messinstrument; Messlatte; Messsatz (*auch:* Mess-Satz); Messtechnik; Messung; Messverfahren; Messwert; Messzylinder.
Mes|ser 1. (das, -s, -) Schneideinstrument. jemanden ans Messer liefern (ugs.) (jemanden seinen Verfolgern ausliefern). Etwas steht auf Messers Schneide. (Der Ausgang ist ganz ungewiss.). Messerklinge; Messerkopf; Messerrücken; Messerschmied; auf Messers Schneide stehen; Messerspitze; Messerstecherei; Messerstich. 2. (der, -s, -) Messgerät.
Mes|ser|held (der, -s, -en) (ugs.) Messerstecher; Raufbold.
mes|ser|scharf (Adj.) scharf wie ein Messer. messerscharfer Verstand.
Mes|ser|schnitt (der, -s, -e) spezieller Haarschnitt.
Mes|ser|wer|fer (der, -s, -) Varietékünstler.
Mess|füh|ler (der, -s, -) Sensor.
Mess|ge|wand (das, -s, -wän|der) Kleidung des Geistlichen während der Messe (liturgisches Gewand). Messelesen; Messopfer.
Mes|si|as (der, -, kein Plural) (hebr.) Jesus Christus. Adjektiv: messianisch.
Mes|sing (das, -s, kein Plural) Kupfer-Zink-Legierung. Messingdraht; Messinggießerei; Messinggriff; Messingschild.
mes|sin|gen (Adj.) aus Messing.
Mess|op|fer (das, -s, -) Eucharistiefeier in der katholischen Kirche.
Mess|schnur (*auch:* Mess-Schnur) (die, -, -schnü|re) Messzubehör.
Mess|stab (*auch:* Mess-Stab) (der, -s, -stä|be) Messgerät.
Mes|te (die, -, -n) (lok.) 1. Holzgefäß. Holzmeste. 2. Hohlmaß.
Mess|tisch (der, -es, -e) Zeichenplatte für Geländeaufnahmen.
Mess|tisch|blatt (das, -s, -blät|ter) auf einem Messtisch entstandene Geländekarte.
Mes|ti|ze (der, -n, -n) (span.) weißindianischer Mischling. Mestizin.
MESZ (Abk.) **m**ittel**e**uropäische **S**ommer**z**eit.
Met (der, -s, kein Plural) Honigwein.
me|ta.../Me|ta... (griech.) 1. mit...; nach...; zwischen; 2. darüber hinaus; jenseits.
me|ta|bol (Adj.) (griech.) veränderlich; verändernd (in der Biologie).
Me|ta|bo|lie (die, -, -n) (griech.) Umwandlung; Veränderung (in der Biologie).
me|ta|bo|lisch (Adj.) (griech.) metabol.
Me|ta|bo|lis|mus (der, -, kein Plural) (griech.) Stoffwechsel.
Me|ta|ge|ne|se (die, -, -n) (griech.) Wechsel zwischen einer sich geschlechtlich und einer sich ungeschlechtlich fortpflanzenden Generation. Generationswechsel.
Me|ta|kom|mu|ni|ka|ti|on (die, -, -ti|o|nen) (griech.-lat.) erweiterte Kommunikationsform.
Me|ta|kri|tik (die, -, kein Plural) (griech.) Kritik der Kritik.
Me|tall (das, -s, -e) (griech.) chemischer Grundstoff. Metallarbeiter; Metallblock; Metallfarbe; Metallgeld; Metallguss; Metallhaltigkeit; Metallindustrie; Metallkleber; Metallkunde; Metallschutz; Metallverarbeitung. metallhaltig; metallic; Metall verarbeitende (*auch:* metallverarbeitende) Industrie.
me|tal|len (Adj.) aus Metall.
Me|tal|lic|la|ckie|rung (die, -, -en) metallisch schimmernde Autolackierung.
Me|tal|li|sa|ti|on (die, -, -en) Metallisierung.
me|tal|lisch (Adj.) wie Metall.
me|tal|li|sie|ren (V.) (griech.) mit Metall überziehen.
Me|tal|li|sie|rung (die, -, -en) Überziehen mit einer Metallschicht.
Me|tall|le|gie|rung (*auch:* Me|tall-Le|gie|rung) Vereinigung mehrerer Metalle durch Schmelzen.
Me|tall|lei|ter (*auch:* Me|tall-Lei|ter) (die, -, -n) Leiter aus Metall.

Me|tal|lo|gie (die, -, kein Plural) (griech.) Metallkunde.
Me|tal|lo|gra|fie (*auch:* Me|tal|lo|gra|phie) (die, -, kein Plural) (griech.) Teilgebiet der Metallkunde.
Me|tal|lo|id (das, -,s -e) (griech.) Nichtmetall.
Me|tal|lurg (der, -s, -en) (griech.) Metallhersteller.
Me|tal|lur|gie (die, -, kein Plural) (griech.) Hüttenkunde, Wissenschaft und Technologie der Gewinnung von Metallen.
me|tal|lur|gisch (Adj.) die Metallurgie betreffend.
me|ta|morph (Adj.) (griech.) eine Gestalt oder einen Zustand wandelnd.
me|ta|mor|phisch (Adj.) (griech.) metamorph.
Me|ta|mor|phis|mus (der, -, kein Plural) (griech.) Verwandlung.
Me|ta|mor|pho|se (die, -, -n) (griech.) Verwandlung.
me|ta|mor|pho|sie|ren (V.) eine Gestalt oder einen Zustand verwandeln.
Me|ta|pher (die, -, -n) (griech.) übertragene Wortbedeutung; bildlicher Ausdruck.
Me|ta|pho|rik (die, -, kein Plural) (griech.) Übertragung in eine Metapher; Verbildlichung.
me|ta|pho|risch (Adj.) (griech.) bildlich; im übertragenen Sinn.
Me|ta|phra|se (die, -, -n) (griech.) Umschreibung.
me|ta|phras|tisch (Adj.) (griech.) umschreibend.
Me|ta|phy|sik (die, -, -en) (griech.) philosophische Lehre.
Me|ta|phy|si|ker (der, -s, -s) (griech.) Anhänger der Metaphysik.
me|ta|phy|sisch (Adj.) (griech.) die Metaphysik betreffend.
Me|ta|spra|che (die, -, -n) Beschreibungsprache.
me|ta|sprach|lich (Adj.) die Metasprache betreffend.
me|ta|sta|bil (Adj.) in einem labilen Gleichgewicht.
Me|ta|s|ta|se (die, -, -n) (griech.) Tochtergeschwulst.
me|ta|s|ta|sie|ren (V.) (griech.) Tochtergeschwülste bilden. Das Karzinom metastasiert schnell in die Lunge.
me|ta|s|ta|tisch (Adj.) (griech.) Tochtergeschwülste bildend.
Me|ta|the|o|rie (die, -, -n) Theorie über eine Theorie.
Me|ta|the|se (die, -, -n) (griech.) Umstellung von Lauten bei der Übernahme des Wortes in eine andere Sprache oder Sprachstufe oder -ebene (z. B. Brigitte gegenüber Birgit).
Me|ta|zen|t|rum (das, -s, -t|ren) (griech.-lat.) Schnittpunkt der vertikalen Achse (eines geneigten Schiffes) und der Auftriebsrichtung.
Me|ta|zo|on (das, -s, -zo|en) (griech.) vielzelliges Tier.
Me|t|em|psy|cho|se (die, -, kein Plural) (griech.) Seelenwanderung.
Me|te|or (der/das, -s, -e) (griech.) kosmischer Körper; Sternschnuppe. Meteoreisen; Meteorstein.
me|te|o|risch (Adj.) (griech.) Lufterscheinungen, -verhältnisse betreffend.
Me|te|o|ris|mus (der, -, kein Plural) (griech.) Gasansammlung im Darm oder in der Bauchhöhle.
Me|te|o|rit (der, -s, -en) (griech.) außerirdischer Gesteinsbrocken.
me|te|o|ri|tisch (Adj.) (griech.) von einem Meteoriten stammend.
Me|te|o|ro|lo|ge (der, -s, -n) (griech.) Wissenschaftler der Meteorologie.
Me|te|o|ro|lo|gie (die, -, kein Plural) (griech.) Wetterkunde. Meteorologe.
Me|te|o|ro|tro|pis|mus (der, -, kein Plural) (griech.) Wetterfühligkeit.
Me|ter (der, -s, -) (griech.) Längenmaß (Abk.: m). Das Grundstück hat eine Länge von 100 Meter/Metern; ein Grundstück von 100 Meter/Metern Länge; ein/einen Meter lang; zehn Meter lang; laufender Meter (Abk.: lfd. M.); 400-m-Lauf. Meterlatte; Metermaß; Meterware; Zentimeter; meterdicke Wände, *aber:* die Wände sind drei Meter dick; meterhoher Sand, *aber:* der Sand lag zwei Meter hoch; meterlang, *aber:* ein(en) Meter lang; meterweit, *aber:* zwei Meter weit; meterweise.
Me|than (das, -s, kein Plural) (griech.) Gas. Methangas; Methanol.
Me|tho|de (die, -, -n) (griech.) Verfahren; Arbeitsplan.
Me|tho|den|leh|re (die, -, kein Plural) Methodik.
Me|tho|dik (die, -, kein Plural) (griech.) Unterrichtslehre; Verfahrenslehre; Verfahrensweise.
Me|tho|di|ker (der, -s, -) (griech.) 1. Begründer einer Forschungsrichtung; 2. planmäßig Verfahrender.
me|tho|disch (Adj.) (griech.) nach Plan vorgehend; zielsicher.
me|tho|di|sie|ren (V.) etwas durchdenken; planmäßig vorgehen.
Me|tho|dis|mus (der, -, kein Plural) aus der anglikanischen Kirche hervorgegangene Bewegung mit dem Ziel der religiösen Erneuerung.
Me|tho|dist (der, -en, -en) (griech.) Anhänger des Methodismus.
me|tho|dis|tisch (Adj.) zum Methodismus gehörig.
Me|tho|do|lo|gie (die, -, kein Plural) (griech.) Methodenlehre.
me|tho|do|lo|gisch (Adj.) (griech.) die Methodologie betreffend.
Me|tho|ma|nie (die, -, kein Plural) (griech.) Säuferwahnsinn.
Me|thu|sa|lem (der, -/-s, -s) Greis.
Me|thyl (das, -s, kein Plural) (griech.) chemische Verbindung. Methylalkohol (Methanol).
Me|thy|l|a|min (das, -s, kein Plural) leicht nach Ammoniak riechendes, brennbares Gas.
Me|tier (das, -s, -s) (franz.) Fachgebiet; Beruf.
Me|tist (der, -en, -en) (ital.) an einem Metageschäft Beteiligter.
Me|t|ö|ke (der, -n, -n) (griech.) zugewanderter Einwohner (einer altgriechischen Stadt), der freier Bürger war, aber keine politischen Rechte hatte.
Me|t|o|ny|mie (die, -, -n) (griech.) übertragene Bedeutung. Adjektiv: metonymisch.
Me|t|o|pe (die, -, -en) (griech.) Zwischenfeld in einem Tempelfries der Antike.
Me|t|rik (die, -, -en) (griech.) Vers-, Taktlehre. Metriker; metrisch.
Me|t|ri|ker (der, -s, -) (griech.) jemand, der sich mit Metrik befasst.
me|t|risch (griech.) 1. die Metrik, das Metrum betreffend; 2. auf den Meter als Längeneinheit bezogen.
Me|t|ro (die, -, -s) (franz.) Untergrundbahn.

Meˈtroˈloˈgie (die, -, kein Plural) (griech.) Lehre vom Messen; Lehre von den Gewichten. metrologisch.

Meˈtroˈnomˈ (das, -s, -e) (griech.) Taktmesser.

Meˈtroˈpoˈle (die, -, -n) (griech.) Weltstadt.

Meˈtroˈpoˈlit (der, -en, -en) (griech.) Erzbischof. Metropolitankirche.

Meˈtrorˈrhaˈgie (die, -, -n) (griech.) Blutung aus der Gebärmutter außerhalb der Menstruation.

Meˈtrum (das, -s, -tren/-tra) (griech.) Versmaß; Takt.

Mett (das, -s, kein Plural) (nordd.) Schweinehack. Mettwurst.

Metˈtaˈge (die, -, -n) (franz.) Zusammenstellung des Schriftsatzes zu einer Buch- oder Zeitungsseite; Umbruch.

Metˈte (die, -, -n) (lat.) Nachtmesse. Christmette.

Metˈteur (der, -s, -e) Schriftsetzer, der den Schriftsatz zu Seiten zusammenstellt.

Metˈzeˈlei (die, -, -en) Gemetzel; Massenmord; Blutbad.

metˈzeln (V.) schlachten; morden.

Metˈzelˈsupˈpe (die, -, -n) (südd.) Wurstsuppe.

Metˈzelˈtag (der, -s, -e) (südd.) Schlachttag.

metˈzen (V.) (südd.) 1. schlachten; 2. in Stein aushauen.

Metzg (die, -, Metzˈgen) (schweiz.) Metzgerei; Schlachthaus.

Metzˈge (die, -, -n) (südd.) Fleischbank; Schlachthaus.

metzˈgen (V.) (südd.) schlachten.

Metzˈger (der, -s, -) Fleischer. Metzgermeister.

Metzˈgeˈrei (die, -, -en) (südd.) Fleischerladen; Schlachterladen.

metzˈgern (V.) schlachten.

Metzˈger(s)ˈgang (der, -, kein Plural) (südd.) vergeblicher Gang.

Metzˈgeˈte (die, -, -n) (schweiz.) das Schlachten; Schlachtfest.

Meuˈchelˈmord (der, -s, -e) heimtückischer Mord.

meuˈcheln (V.) heimtückisch ermorden.

Meuchˈler (der, -s, -) heimtückischer Mörder. Meuchelmörder.

meuchˈleˈrisch (Adj.) meuchlings.

meuchˈlings (Adj.) heimtückisch; hinterrücks.

Meuˈsel (der, -s, -) Schutzplatte am Ellbogen bei Ritterrüstungen.

Meuˈte (die, -, -n) Horde; Bande.

Meuˈteˈrei (die, -, -en) Auflehnung, Aufstand.

Meuˈteˈrer (der, -, -) jemand, der sich gegen einen anderen auflehnt.

meuˈtern (V.) sich auflehnen; widersprechen.

MeV (Abk.) **M**ega**e**lektronen**v**olt.

Meˈxiˈkaˈner (der, -s, -) Einwohner Mexikos.

meˈxiˈkaˈnisch (Adj.) Mexiko betreffend.

Meˈxiˈko (ohne Art., -s, kein Plural) Staat in Mittelamerika.

MEZ (Abk.) **m**ittel**e**uropäische **Z**eit.

Mezˈzaˈnin (das, -s, -e) (ital.) Zwischengeschoss. Mezzaninwohnung.

mezˈza voˈce (ital.) mit halber Stimme; halblaut (singen).

mezˈzoˈforˈte (Adj.) (ital.) halbstark (Musik; Abk.: mf).

mezˈzoˈpiˈaˈno (Adj.) halbleise (Musik; Abk.: mp).

Mezˈzoˈsoˈpˈran (der, -s,-e) (ital.) mittlere Frauenstimmlage. Mezzosopranistin.

Mezˈzoˈtinˈto (das, -s, -s/-ti) (ital.) 1. (kein Plural) Art des Kupferstichs, bei der die Zeichnung in der aufgerauten Platte mit dem Schabeisen glatt geschabt wird, sodass sie heller hervortritt; Schabkunst; 2. Erzeugnis dieses Verfahrens; Schabkunstblatt.

mf (Abk.) **m**ezzo**f**orte.

mg (Abk.) **M**illi**g**ramm.

µg (Abk.) **M**ikro**g**ramm.

Mg (Abk.) **M**a**g**nesium (chemisches Zeichen).

MG (das, -, -s) (Kurzw.) **M**aschinen**g**ewehr. MG-Schütze.

Mgr. (Abk.) **M**onseigneu**r**.

Msgr. (*auch:* Mgr.) (Abk.) **Monsig**no**r**e.

MHz (Abk.) **M**ega**h**ert**z**.

Mia. (Abk.) **Milli**a**rde(n)**.

miˈauˈen (V.) maunzen.

Miˈchel (der, -s, -) Spottname für die Deutschen. der deutsche Michel.

Miˈcke (die, -, -n) (nordd.) 1. Brocken; Klotz; 2. Astgabel; 3. Holzgestell.

miˈckeˈrig (*auch:* mickˈrig) (Adj.) (ugs.) schwach; kümmerlich.

Miˈckeˈrigˈkeit (*auch:* Mickˈrigˈkeit) (die, -, kein Plural) Kümmerlichkeit; Schwachheit.

Miˈckyˈmaus (die, -, -mäuˈse) (engl.) Trickfilmfigur; Comicfigur. Micky Maus.

Miˈdasˈohˈren (die, -, nur Plural) Eselsohren.

Midˈder (das, -s, kein Plural) (lok.) Kalbsmilch.

Midˈgard (der, -s, kein Plural) in der nordischen Mythologie der Sitz der Menschen, die Erde.

Midˈgardˈschlanˈge (die, -, -n) Sinnbild des die Erde umschlingenden Meeres.

miˈdi (Adj.) halblang. Midikleid. Midimode; Midirock.

Miˈdi (der, -s, kein Plural) (franz.) der Süden Frankreichs.

Midˈlife-Criˈsis (*auch:* Midˈlifeˈcriˈsis) (die, -, kein Plural) (engl.) Krise in der Mitte des Lebens.

Miˈdrasch (der, -, -schim) (hebr.) 1. Auslegung des Alten Testaments nach den Verfahren der jüdischen Schriftgelehrten. 2. Sammlung dieser Schriftauslegungen.

Midˈshipˈman (der, -s, -men) (engl.) 1. Leutnant zur See (in der britischen Marine); 2. Offiziersanwärter; Oberfähnrich (in der Marine der USA).

Mieˈder (das, -s, -) Leibchen; Unterwäsche. Miederhose; Miedertuch; Miederwaren.

Mief (der, -s, kein Plural) (ugs.) schlechte Luft. der Mief der Großstadt.

mieˈfen (V.) (ugs.) schlecht riechen.

mieˈfig (Adj.) schlecht gelüftet.

Mieˈne (die, -, -n) Gesichtsausdruck. (*Aber:* die Mine!) Mienenspiel.

Mieˈre (die, -, -n) Pflanzenname.

mies (Adj.) (jidd.) (ugs.) schlecht; hässlich. Miesigkeit; miesmachen.

Mies (das, -es, -e) (südd.) Moor; Sumpf.

Mieˈse (die, nur Plural) (ugs.) Schulden; Minuspunkte. Ich bin schon wieder in den Miesen.

Mieˈseˈpeˈter (der, -s, -) (ugs.) ein schlecht gelaunter Mensch.

mieˈseˈpeˈteˈrig (auch miˈseˈpetˈrig) (Adj.) (ugs.) schlecht gelaunt.

Mie|sig|keit (die, -, -en) (ugs.) Hässlichkeit; Schlechtigkeit.
Mies|ma|cher (der, -s, -) (ugs.) Nörgler; Schwarzseher.
Mies|ma|che|rei (die, -, -) Nörgeln; Schlechtmachen; Schwarzsehen.
Mies|mu|schel (die, -, -n) essbare Muschel.
Mie|te (die, -, -n) 1. Mietpreis; 2. Vorratsgrube. Mietausfall; Mietauto; Mietenregelung; Mieterhöhung; Mietfinanzierung; Mietgesetz; Mietrecht; Mietshaus; Mietspiegel; Miet(s)steigerung; Mietung; Mietverlust; Mietvertrag; Mietwagen; Mietwohnung; Mietzahlung. vermietet.
Miet|be|trag (der, -s, -be|trä|ge) Mietpreis. Mietzins.
mie|ten (V.) ein Nutzungsrecht gegen Entgelt erwerben.
Mie|ter (der, -s, -) jemand, der zur Miete wohnt.
Mie|ter|schutz (der, -es, kein Plural) rechtliche Maßnahmen zum Schutz der Mieter.
miet|frei (Adj.) ohne Miete zu zahlen. Sie durfte einige Zeit mietfrei wohnen.
Miet|kauf (der, -s, -käu|fe) Mieten einer Sache mit Kaufrecht unter Anrechnung der bereits gezahlten Mieten.
Miets|ka|ser|ne (die, -, -n) (ugs.) großes Mietshaus mit vielen mangelhaft ausgestatteten Wohnungen.
Miet(s)|ver|hält|nis (das, -ses, -nis|se) Vereinbarung zwischen Mieter und Vermieter.
Miet|zins (der, -s, -en) (südd.) Miete.
Mie|ze (die, -, -n) 1. Katze; 2. Mädchen (verächtlich). Er hat wieder eine neue Mieze. Miezekatze.
Mi|fri|fi (Kurzw.) **mi**ttel**fri**stige **Fi**nanzplanung.
MiG (die, -, -/-s) Bezeichnung für Flugzeugtypen der ehem. Sowjetunion (benannt nach den beiden Konstrukteuren Mikojan und Gurewitsch).
Mi|g|no|nette (die, -, -s) schmale Zwirnspitze.
Mi|g|nonfas|sung (die, -, -en) Glühlampenfassung.
Mi|g|rä|ne (die, -, -n) (griech.) Kopfschmerz.
Mi|g|ra|ti|on (die, -, -ti|o|nen) (lat.) Wanderung. Migrant; migrieren.
Mijn|heer (der, -s, -s) (niederl.) ›mein Herr‹; ohne Artikel niederländische Anrede; auch scherzhaft für Holländer.
Mi|ka|do (das, -s, -s) (jap.) Geschicklichkeitsspiel.
Mi|ko (der, -, -s) (Kurzw. ugs.) Minderwertigkeitskomplex.
Mik|rat (das, -s, -e) (griech.) sehr stark verkleinertes, nur durch ein Mikroskop lesbares Schriftstück.
mi|k|ro.../ Mi|k|ro... (griech.) klein .../ Klein ...; ein Millionstel einer Einheit (Abk.: µ).
Mi|k|ro|ana|ly|se (die, -, -n) (griech.) Analyse kleinster Stoffmengen.
Mi|k|ro|bar (das, -s, -) ein millionstel Bar.
Mi|k|ro|be (die, -, -n) (griech.) Mikroorganismus.
mi|k|ro|bi|ell (Adj.) Mikroben betreffend, durch Mikroben hervorgerufen.
Mi|k|ro|bio|lo|gie (die, -, kein Plural) (griech.) Lehre von den Mikroorganismen.
mi|k|ro|bi|zid (Adj.) (griech.-lat.) Mikroben vernichtend.
Mi|k|ro|bi|zid (das, -s, -e) (griech.-lat.) Mikrobenvernichtungsmittel.
Mi|k|ro|che|mie (die, -, kein Plural) Chemie kleinster Mengen.
Mi|k|ro|chip (der, -s, -s) (engl.) elektronisches Schaltplättchen (EDV).
Mi|k|ro|chi|r|ur|gie (die, -, kein Plural) Gebiet der Chirurgie, das auf Operationen unter dem Mikroskop spezialisiert ist.
Mi|k|ro|com|pu|ter (der, -s, -) (engl.) kleiner Computer.
Mi|k|ro|fa|rad (das, -s, -) ein millionstel Farad.
Mi|k|ro|fiche (der, -s, -s) (engl.) Mikrofilm.
Mi|k|ro|film (der, -s, -e) schmaler Fotofilm.
Mi|k|ro|fon (*auch:* Mi|k|ro|phon) (das, -s, -e) (griech.) Aufnahmegerät.
Mi|k|ro|gramm (das, -s, -) ein millionstel Gramm (Abk.: µg).
Mi|k|ro|kli|ma (das, -s, kein Plural) Klima in einem räumlich begrenzten Gebiet (bes. in Bodennähe).
Mi|k|ro|kok|kus (der, -, -kok|ken) kugelförmige Bakterie (Bio.).
Mi|k|ro|ko|pie (die, -, -n) mittels Fotografie stark verkleinerte Text- oder Bildvorlage.
Mi|k|ro|kos|mos (der, -, -men) (griech.) Lebensraum der Kleinlebewesen; Menschenwelt.
Mi|k|ro|me|ter (das, -s, -) Feinmessgerät; ein millionstel Meter (Abk.: µm). Mikrometerschraube.
Mi|k|ro|ne|si|en (ohne Art., -s, kein Plural) Inselarchipel im Pazifik. Mikronesier; mikronesisch.
Mi|k|ro|or|ga|nis|mus (der, -, -men) (griech.) Kleinlebewesen.
Mi|k|ro|phon → Mikrofon.
Mi|k|ro|phy|sik (die, -, kein Plural) Physik der Moleküle und Atome.
Mi|k|ro|phyt (der, -en, -en) (griech.) pflanzliche Mikrobe.
Mi|k|ro|pro|zes|sor (der, -s, -en) Computerbaustein.
Mi|k|ro|ra|dio|me|ter (das, -s, -) Strahlenmessgerät.
Mi|k|ro|seis|mik (die, -, kein Plural) nur durch Geräte registrierbare Bodenbewegungen. mikroseismisch.
mi|k|ro|seis|misch (Adj.) die Mikroseismik betreffend; nur mit Geräten wahrnehmbar. mikroseismische Bodenunruhe.
Mi|k|ro|s|kop (das, -s, -e) (griech.) Vergrößerungsgerät.
Mi|k|ro|s|ko|pie Untersuchung mit dem Mikroskop.
mi|k|ro|s|ko|pie|ren (V.) mit dem Mikroskop arbeiten.
mi|k|ro|s|ko|pisch (Adj.) nur durch starke Vergrößerung sichtbar. mikroskopisch klein; mikroskopisches Besteck.
Mi|k|ro|so|mie (die, -, kein Plural) Zwergwuchs.
Mi|k|ro|so|zio|lo|gie (die, -, kein Plural) Teilbereich der Soziologie.
Mi|k|ro|tech|no|lo|gie (die, -, kein Plural) Verfahrenskunde der Untersuchung von mikroskopischen und submikroskopischen Stoffen.
Mi|k|ro|thek (die, -, -en) (griech.) Sammlung von Mikrokopien; Behälter dafür.
Mi|k|ro|tom (das, -s, -e) (griech.) Gerät zur Herstellung feinster Gewebeschnitte (zur mikroskopischen Untersuchung).

Mi|k|ro|wel|le (die, -, -n) elektromagnetische, sehr kurze Welle. Mikrowellenherd; Mikrowellengerät.
Mi|k|ro|wel|len|herd (der, -(s), -e) Gerät zum schnellen Erwärmen und Auftauen von Speisen mithilfe von Mikrowellen.
Mi|k|ro|zen|sus (der, -, -) (griech.) Befragung eines repräsentativ ausgewählten Personenkreises.
mi|k|ro|ze|phal (Adj.) (griech.) mit abnorm kleinem Kopf versehen.
Mi|k|ro|ze|pha|lie (die, -, kein Plural) (griech.) abnorm kleine Kopfform.
Mik|ti|on (die, -, -ti|o|nen) (lat.) Harnlassen; Wasserlassen.
Mi|lan (der, -s, -e) (franz.) Greifvogel.
Mi|la|ne|se (der, -n, -n) Einwohner von Mailand.
Mil|be (die, -, -n) Spinnentier.
mil|big (Adj.) von Milben befallen.
Milch (die, -, kein Plural) Nahrungsmittel; Pflanzensaft; Kosmetikum. Die Milch der frommen Denkungsart (Sanftheit); aussehen wie Milch und Blut (frisch, gesund, mit roten Wangen); ein Land, in dem Milch und Honig fließen (Schlaraffenland). Milchbrätling; Milchbrei; Milchbrötchen; Milchdrüse; Milcheis; Milcheiweiß; Milchflasche; Milchhof; Milchkaffee; Milchkanne; Milchkuh; Milchprodukt; Milchreis; Milchsäure; Milchschokolade; Milchtüte; Milchwirtschaft.
Milch|bar (die, -, -s) Gaststätte, die vorwiegend Milchprodukte ausgibt. Milchmixgetränk.
Milch|bart (der, -s, -e) unreifer junger Mann.
mil|chen (Adj.) aus Milch.
mil|chig (Adj.) weißlich trübe.
Milch|fie|ber (das, -s, kein Plural) kurzfristige Temperaturerhöhung bei Einschießen der Milch im Wochenbett.
Milch|ge|biss (das, -es, -e) die ersten Zähne des Kindes.
Milch|ge|sicht (der, -s, -er) Milchbart.
Milch|glas (das, -es, -glä|ser) getrübtes, lichtdurchlässiges Glas.
Milch|ling (der, -s, -e) Speisepilz
Milch|mäd|chen|rech|nung (die, -, -en) (ugs.) eine auf Trugschlüssen beruhende Erwartung, Rechnung.
Milch|pul|ver (das, -s, -) Trockenmilch.
Milch|stra|ße (die, -, kein Plural) Sternsystem; Galaxis.
milch|weiß (Adj.) weiß wie Milch.
Milch|zahn (der, -s, -zäh|ne) Zahn im Milchgebiss.
Milch|zu|cker (der, -s, -) Laktose.
mild (Adj.) weich; gütig; lau.
Mil|de (die, -, kein Plural) Güte; Sanftheit. Milderung; Milderungsgrund.
mil|dern (V.) lindern; vermindern; abschwächen; beruhigen; dämpfen; erleichtern; erträglicher machen; mäßigen; stillen.
mild|her|zig (Adj.) freigebig; wohltätig.
mild|tä|tig (Adj.) mildherzig.
Mild|tä|tig|keit (die, -, kein Plural) Großzügigkeit; Nächstenliebe.
Mi|li|ar|tu|ber|ku|lo|se (die, -, -n) (lat.) bes. schwere Tuberkulose mit hirsekorngroßen Tuberkeln, die den ganzen Körper ergreifen kann.
Mi|li|eu (das, -s, -s) (franz.) Umgebung; Lebenskreis; Umfeld. Milieuforschung; Milieuschilderung; Milieutheorie.;
mi|li|eu|ge|schä|digt (Adj.) durch ungünstige äußere Einflüsse psychisch geschädigt.
Mi|li|eu|wech|sel (der, -s, -) Wechsel des Lebenskreises.
mi|li|tant (Adj.) gewalttätig; kämpferisch.
Mi|li|tär (das, -s, kein Plural) Heer; Wehrmacht. Militärakademie; Militärarzt; Militärbündnis; Militärdienst; Militärdiktatur; Militärgefängnis; Militärjunta; Militärmarsch; Militärmusik; Militärpflicht; Militärpflichtige; Militärputsch; Militärregierung; Militärschule; Militärzeit. militärpflichtig.
Mi|li|tär|at|ta|ché (der, -s, -s) (franz.) ein bei einer Botschaft für militärische Angelegenheiten zuständiger Offizier.
Mi|li|ta|ria (die, nur Plural) (lat.) das Militär betreffende Angelegenheiten (veraltet); Bücher, Bilder über das Militär.
mi|li|tä|risch (Adj.) das Militär betreffend.
mi|li|ta|ri|sie|ren (V.) ausstatten mit militärischen Einrichtungen.
Mi|li|ta|ri|sie|rung (die, -, -en) Einrichten von Militär.
Mi|li|ta|ris|mus (der, - kein Plural) Übergewicht und Betonung des Militärischen in Staat und Gesellschaft.
Mi|li|ta|rist (der, -en, -en) Verfechter des Militarismus.
mi|li|ta|ris|tisch (Adj.) auf den Militarismus bezogen. militaristische Einstellung.
Mi|li|ta|ry (die, -, -s) (engl.) Reitprüfung; Disziplin im Reitsport.
Mi|li|ta|ry Po|li|ce (die, -, kein Plural) (engl.) Militärpolizei (Abk.: MP).
Mi|li|um (das, -s, kein Plural) (lat.) Ansammlung von kleinen, harten Knötchen unter der Oberfläche der Haut im Gesicht; Hautgrieß.
Mi|liz (die, -, -en) (lat.) Truppe; Polizei. Milizheer; Milizionär; Milizsoldat.
Mill. (*auch:* Mio.) (Abk.) **Mill**ion(en).
Mil|le (das, -, -) (lat.) Tausend (Abk.: M); (ugs.) tausend Mark.
Mil|le|fi|o|ri|glas (das, -es, -glä|ser) Mosaikglas.
Mille|fleurs (der, -, kein Plural) (franz.) Stoff mit Streublumenmuster.
Mil|le Mi|g|lia (die, nur Plural) (ital.) größtes Langstreckenrennen für Sportwagen in Italien.
mil|le|nar (Adj.) (lat.) tausendfach.
Mil|len|ni|um (das, -s, -ni|en) Zeitraum von tausend Jahren.
Mil|li... (lat.) ein Tausendstel einer Einheit. Milliampere (Abk.: mA).
Mil|li|ar|där (der, -s, -e) jemand mit einem Vermögen von wenigstens einer Milliarde (Euro).
Mil|li|ar|de (die, -, -n) (Abk.: Md./Mrd.) tausend Millionen.
Mil|li|bar (Abk.: mbar) ein tausendstel Bar.
Mil|li|gramm (Abk.: mg) ein tausendstel Gramm.
Mil|li|li|ter (Abk.: ml) ein tausendstel Liter.
Mil|li|me|ter (Abk.: mm) ein tausendstel Meter.
Milz (die, -, -en) Organ. Milzbrand; Milzriss.
Milz|brand (der, -s, kein Plural) schwere, vom Tier auf den Menschen übertragbare Infektionskrankheit.
Mi|me (der, -s, -n) (griech.) 1. Schauspieler (veraltet). Die Nachwelt flicht dem Mimen keine Kränze. 2. Pantomime.
mi|men (V.) (griech.) darstellen; spielen. Er mimt gern den Kranken.

Mi|me|se (die, -, -n) (lat.) schützende äußere Ähnlichkeit von Tieren mit leblosen Gegenständen ihrer Umgebung.

Mi|me|sis (die, -, -me|sen) (griech.) Nachahmung.

mi|me|tisch (Adj.) nachahmend.

Mi|mik (die, -, kein Plural) (griech.) Mienenspiel; Gebärden. Mimiker.

Mi|mir (der, -, kein Plural) Dämon in der nordischen Mythologie.

mi|misch (Adj.) (griech.) die Mimik betreffend.

Mi|mi|k|ry (die, -, kein Plural) (engl.) Anpassung (im Tierreich).

Mi|mo|se (die, -, -n) (griech.) 1. Zierpflanze. 2. überempfindlicher Mensch.

mi|mo|sen|haft (Adj.) überempfindlich.

Mi|mus (der, -, -men) (griech.) Posse; Possenreißer.

min (*auch:* Min.) (Abk.) **Min**ute.

Mi|na|rett (das, -s, -e/-s) (arab.) Moscheeturm.

min|der (Adj.; Adv.) weniger; geringer. minderbegabt; minderbemittelt; minderwertig. *Aber:* Die Prüfung war minder gut.

min|der|be|gabt (Adj.) unterdurchschnittlich begabt.

Min|der|be|gab|te (der, -n, -en) unterdurchschnittlich Begabter.

min|der|be|mit|telt (Adj.) 1. mit wenig Einkommen; 2. (ugs.) dumm; unbegabt.

Min|der|be|mit|tel|te (der, -n, -n) 1. jemand mit wenig Einkommen; 2. (ugs.) Dummer; Unbegabter.

Min|der|heit 1. (die, -, kein Plural) zahlenmäßige Unterlegenheit. Die Frauen sind in der Minderheit. 2. (die, -, en) zahlenmäßig unterlegene Gruppe gegenüber einer anderen. Minderheitenfrage; Minderheitenschutz; Minderheitsregierung.

min|der|jäh|rig (Adj.) nicht volljährig.

Min|der|jäh|ri|ge (der, -n, -n) nicht Volljähriger.

Min|der|jäh|rig|keit (die, -, kein Plural) Zustand vor Erlangung der Volljährigkeit.

min|dern (V.) herabsetzen; vermindern.

Min|de|rung (die, -, -en) Herabsetzung des Kaufpreises bei Mängeln der gekauften Sache.

min|der|wer|tig (Adj.) schlecht; von geringer Qualität.

Min|der|wer|tig|keits|ge|fühl (das, -s, -e) Angst, den Anforderungen der Umgebung nicht zu genügen, Gefühl der Unterlegenheit.

Min|der|wer|tig|keits|kom|plex (der, -es, -e) Minderwertigkeitsgefühl.

Min|der|zahl (die, -, kein Plural) (in der Wendung:) in der Minderzahl sein.

min|des|te (Adj.) geringste; wenigste. *Beachte:* Zum Mindesten (*auch:* mindesten) hättest du anrufen können; ich wusste nicht das Mindeste (*auch:* mindeste); sie dachte nicht im Mindesten (*auch:* mindesten) daran. Mindestabstand; Mindestalter; Mindestbeitrag; Mindestbetrag; Mindestbietende; Mindestforderung; Mindestgeschwindigkeit; Mindestlohn; Mindestmaß; Mindestpreis; Mindestsatz; Mindeststrafe; Mindestumtausch; Mindestzahl; Mindestzeit.

min|des|tens (Adv.) wenigstens; zumindest.

Min|dest|maß (das) das geringste Maß (in der Wendung:) ein Mindestmaß an … Ich erwarte von euch ein Mindestmaß an Einsatz.

Min|dest|re|ser|ve (die, -, -n) vorgeschriebenes Mindestguthaben einer Kreditbank bei der zentralen Notenbank.

Mi|ne (die, -, -n) (franz.) Sprengladung; Stollen; Metallstift (Kugelschreiber). Minenstollen.

Mi|nen|su|cher (der, -s, -) 1. Minensuchgerät; 2. jemand, der Minen aufspürt. Minenfeld; Minenleger; Minenräumboot.

Mi|nen|wer|fer (der, -s, -) Geschütz für Sprengkörper (Mörser).

Mi|ne|ral (das, -s, -e/-li|en) (franz.) Erzgestein. Mineraldünger; Mineraliensammlung; Mineralisation; Mineralstoff.

mi|ne|ra|lisch (Adj.) ein Mineral betreffend.

Mi|ne|ra|lo|ge (der, -n, -n) Wissenschaftler der Mineralogie.

Mi|ne|ra|lo|gie (die, -, kein Plural) Lehre von den Mineralien.

mi|ne|ra|lo|gisch (Adj.) die Mineralogie betreffend.

Mi|ne|ral|öl (das, -s, -e) kohlenwasserstoffhaltiges Öl (aus Erdöl gewonnen). Mineralölindustrie.

Mi|ne|ral|quel|le (die, -, -n) Quellwasser mit Gehalt an mineralischen Bestandteilen; Heilwasser.

Mi|ne|ral|sal|ze (die, -, meist nur Plural) anorganische Salze.

Mi|ne|ral|was|ser (das, -s, -wäs|ser) Wasser aus einer mineralhaltigen Quelle. Mineralbad; Mineralbrunnen.

Mi|nes|t|ro|ne (die, -, -n) (ital.) Gemüsesuppe.

Mi|neur (der, -s, -e) (franz.) 1. Bergarbeiter (früher). 2. für das Minenlegen ausgebildeter Soldat (früher).

Mi|net|te (die, -, -n) (franz.) Eisenerz.

mi|ni (Adj.) sehr klein. Minibikini; Minicar; Minicomputer; Minidiskette; Minikleid; Minimode; Minipille; Minirock; Minislip; Minispion.

Mi|ni|a|tor (der, -s, -en) (lat.) Maler; Zeichner von Miniaturen; Buchmaler.

Mi|ni|a|tur (die, -, -en) (lat.) kleines Bild; Verkleinerung. Miniaturausgabe; Miniaturbild.

Mi|ni|a|tu|ri|sie|rung (die, -, en) (ital.) weitgehende Verkleinerung.

mi|ni|a|tu|ri|sie|ren (V.) (ital.) verkleinern.

Mi|ni|a|tur|ma|ler (der, -s, -) (ital.) Maler von Miniaturen,

mi|nie|ren (V.) unterirdische Gänge graben; unterhöhlen. Du unterminierst meine Autorität.

Mi|ni|golf (der, -s, kein Plural) golfartiges Spiel mit verkleinerten Bahnen und Schlägern.

mi|ni|mal (Adj.) sehr klein; winzig. Minimalbetrag; Minimalforderung; Minimalgewicht; Minimalkonsens; Minimallohn; Minimalpreis; Minimalprogramm; Minimalwert; Minimalismus; Minimalist; minimalistisch; Minimierung. Verb: minimieren.

Mi|ni|mal Art (engl.) amerikanische Kunstrichtung.

Mi|ni|mal Mu|sic (die, -, kein Plural) (engl.) Technik der Zusammensetzung großer Klangflächen aus kleinsten wiederholten Partikeln; Musikrichtung.

Mi|ni|max|the|o|rem (das, -s, kein Plural) math. Lehrsatz aus der Speltheorie.

Mi|ni|mum (das, -s, -ma) (lat.) Kleinstwert.

Mi|nis|ter (der, -s, -) (lat.) Regierungsmitglied. Ministerin.

mi|nis|te|ri|al... (Adj.) (lat.) einem Ministerium angehörend. Ministerialbeamter; Ministerialdirektor; Ministerialrat.
Mi|nis|te|ri|a|le (der, -n, -n) (lat.) 1. unfreier Dienstmann im Hof- und Kriegsdienst; 2. Angehöriger des niederen Adels (im 14./15. Jh.).
mi|nis|te|ri|ell (Adj.) ein Ministerium oder einen Minister betreffend.
Mi|nis|te|ri|um (das, -s, -ri|en) (lat.) Gesamtheit der Minister sowie die von einem Minister geleitete Fachbehörde.
Mi|nis|ter|prä|si|dent (der, -s, -en) (lat.) Vorsitzender der Regierung eines Landes.
mi|nis|t|ra|bel (Adj.) (lat.) fähig, ein Ministeramt zu bekleiden.
Mi|nis|t|rant (der, -en, -en) (lat.) Messdiener.
mi|nis|t|rie|ren (V.) Dienst bei der Messe leisten.
Mink (der, -s, -e) (engl.) Nerz. Minkfell.
Min|ne (die, -, kein Plural) (mhd.) Liebe.
Min|ne|dienst (der, -es, -e) Liebesdienst (eines Ritters).
min|nen (V.) lieben (ein Ritter seine Angebetete).
Min|ne|sang (der, -s, kein Plural) ritterlich-höfische Liebeslyrik im Mittelalter.
Min|ne|sän|ger (der, -s, -) Verbreiter des Minnesangs.
min|nig|lich (Adj.) liebend; lieblich (dichterische Sprache).
Mi|no|rat (das, -s, -e) Jüngstenrecht.
mi|no|renn (Adj.) (lat.) minderjährig (veraltet).
Mi|no|ren|ni|tät (die, -, kein Plural) (lat.) Minderjährigkeit.
Mi|no|rist (der, -en, -en) (lat.) katholischer Geistlicher mit niederen Weihen.
Mi|no|rit (der, -en, -en) (lat.) Franziskaner; Minderbruder.
Mi|no|ri|tät (die, -, -en) (lat.) Minderheit. Minoritätsträger; Minoritätsgutachten.
Mi|no|tau|rus (*auch:* Mi|no|taur) (der, -, kein Plural) (griech.) Ungeheuer.
Mins|t|rel (der, -s, -s) (engl.) Spielmann im Dienst eines Adligen (in England im Mittelalter).
Mi|nu|end (der, -en, -en) (lat.) Zahl, von der eine andere Zahl abgezogen werden soll.
mi|nus (Adj.; Adv.; Präp.; Gen.) abzüglich; weniger; negativ. Die Miete beträgt minus der Heizungskosten 1000 €. Die Miete minus Heizungskosten beträgt 1000 €. Vier minus vier gibt/macht (*falsch:* geben/machen!) null. Minus; Minusbetrag; Minuspol; Minuszeichen.
Mi|nus|kel (die, -, -n) (lat.) Kleinbuchstabe.
Mi|nus|punkt (der, -s, -e) negative Bewertung. Für jede falsche Antwort gibt es einen Minuspunkt.
Mi|nu|te (die, -, -n) Zeiteinheit (Abk.: min; Min.). Sie kamen auf die Minute (pünktlich). Er wartete bis zur letzten Minute. Minutenzeiger; minutenlang, *aber:* fünf Minuten lang; ein dreiminütiges (*auch:* 3-minütiges) Gespräch; minütlich (jede Minute); in dreiminütlichem (*auch:* 3-minütlichem) Abstand.
mi|nu|ti|ös (*auch:* mi|nu|zi|ös) (Adj.) (franz.) bis ins Kleinste; peinlich genau.
Min|ze (die, -, -n) Pflanze. Pfefferminze.
Mio. (*auch:* Mill.) (Abk.) **Mi**llio**n**(en).
Mio|zän (das, -s, kein Plural) (griech.) zweitjüngste Abteilung des Tertiärs.
mir (Pron., pers.) (Dativ) *Beachte:* Er sagte dies so mir nichts, dir nichts (unvermittelt). Von mir aus (meinetwegen)! Wie du mir, so ich dir.
Mi|ra (die, -, kein Plural) (lat.) Stern.
Mi|ra|bel|le (die, -, -n) (franz.) kleine Pflaume. Mirabellenschnaps.
Mi|rage (die, -, -s) (franz.) Jagdbomber.
Mi|ra|kel (das, -s, -) (lat.) Wunder.
Mi|ra|kel|spiel (das, -, -e) geistliches Schauspiel im Mittelalter.
mi|ra|ku|lös (Adj.) wundersam.
Mi|s|an|d|rie (die, -, kein Plural) (griech.) Männerhass; Männerscheu.
Mi|s|an|th|rop (der, -en, -en) (griech.) Menschenfeind.
Mi|s|an|th|ro|pie (die, -, kein Plural) (griech.) Menschenhass; Menschenscheu.
mi|s|an|th|ro|pisch (Adj.) (griech.) menschenfeindlich; menschenscheu.
Misch|ehe (die, -, -n) Heirat zwischen Angehörigen verschiedener Rassen oder Konfessionen.
mi|schen (V.) vermengen; vereinigen; sich einmischen. Mischbatterie; Mischbrot; Mischer; Mischfarbe; Mischform, Mischfutter; Mischgarn; Mischgas; Mischgemüse; Mischgetränk; Mischgewebe; Mischkalkulation; Mischmaschine; Mischpult; Mischröhre; Mischtrommel; Mischungsverhältnis; Mischvolk. gemischt.
misch|far|ben (Adj.) verschiedene Farben gemischt. mischfarbig.
Misch|kul|tur (die, -, -en) 1. Kultur aus verschiedenen Rassen und Volksgruppen zusammengesetzt; 2. Anbau verschiedener Kulturpflanzen nebeneinander.
Misch|ling (der, -,s -e) jemand, der von Eltern verschiedener Rassen stammt.
Misch|masch (das, -, kein Plural) (ugs.) Durcheinander.
Misch|po|ke (*auch:* Misch|po|che) (die, -, kein Plural) (jidd.) (ugs.) Verwandtschaft; Sippschaft.
Mi|schung 1. (die, -, kein Plural) das Mischen; 2. (die, -, -en) Gemenge.
Misch|wald (der, -,s -wäl|der) Wald aus verschiedenen Baumarten bestehend.
Mi|sel|sucht (die, , kein Plural) Aussatz; Lepra.
mi|sel|süch|tig (Adj.) an Lepra erkrankt.
mi|se|ra|bel (Adj.) (franz.) schlecht; elend.
Mi|se|re (die, -, -n) (franz.) Elend; Not.
Mi|se|re|re (das, -s, kein Plural) (lat.) 1. Anfangswort (und Bezeichnung) des 51. Psalms; Bußpsalm. 2. Kotbrechen (bei Darmverschluss).
Mi|se|ri|kor|die (die, -, -n) (lat.) kleiner, oft geschnitzter Vorsprung an der Unterseite der Klappsitze im Chorgestühl (als Stütze beim längeren Stehen).
Mi|so (das, -/-s, kein Plural) (jap.) aus Sojabohnen, Getreide und Salz gewonnenes Würzmittel.
Mi|so|ga|mie (die, -, kein Plural) (griech.) Ehescheu.
mi|so|gyn (Adj.) frauenfeindlich.
Mi|so|gyn (der, -s/-en, -e/-en) (griech.) Frauenfeind.
Mi|so|gy|nie (die, -, kein Plural) (griech.) Frauenfeindschaft.

Mi|so|lo|gie (die, -, -n) (griech.-lat.) Feindschaft gegenüber sachlicher, vernunftgeregelter Auseinandersetzung; Ablehnung von Logik und Vernunft.

Mi|so|pä|die (die, -, -n) (griech.-lat.) krankhafter Hass auf die eigenen Nachkommen.

Miss (die, -, kein Plural) (engl.) Fräulein; Schönheitskönigin. Misswahl; Miss Germany.

miss|ach|ten (V.) verachten; nicht beachten; gering achten; ignorieren; keines Blickes würdigen; links liegen lassen; sich nicht scheren um etwas; übergehen.

Miss|ach|tung (die, -, kein Plural) Geringschätzung; Abschätzigkeit; Despektierlichkeit; Hintansetzung; Respektlosigkeit.

Mis|sal 1. (das, -s, -e) (lat.) Buch mit den Lesungen für die katholische Messe. Messbuch. 2. (die, - kein Plural) Bezeichnung für einen Schriftgrad in der mittelalterlichen Mönchsschrift.

Mis|sa|le (das, -s, -li|en) (lat.) Messbuch.

miss|ar|tet (Adj.) schlecht geraten.

Miss|ar|tung (die, -, kein Plural) Fehlentwicklung.

miss|be|ha|gen (V., missbehagte, hat missbehagt) etwas ist einem unangenehm.

Miss|be|ha|gen (das, -s, kein Plural) Unbehagen.

miss|be|hag|lich (Adj.) unangenehm.

Miss|bil|dung (die, -, -en) Fehlentwicklung; Anomalie; Deformation; Deformierung; Missgebilde; Missgestalt; Misswuchs. missgebildet.

miss|bil|li|gen (V.) kritisieren; ablehnen; beanstanden. Sein Plan wurde missbilligt. Sie schüttelte missbilligend den Kopf.

Miss|bil|li|gung (die, -, kein Plural) Ablehnung; Kritik; Beanstandung.

miss|brau|chen (V.) 1. falsch gebrauchen; ausnutzen; ausbeuten; überfordern; vergeuden; verschwenden; verschleißen. 2. vergewaltigen; notzüchtigen.

Miss|brauch (der, -s, -bräu|che) übertriebene oder unrechte Verwendung; Maßlosigkeit; Verschwendung. Drogenmissbrauch. Mit Wasser sollten wir keinen Missbrauch treiben. Der Missbrauch von Kindern ist ein abscheuliches Verbrechen.

miss|bräuch|lich (Adj.) falsch oder widerrechtlich angewendet.

miss|deu|ten (V.) falsch interpretieren; missverstehen; sich irren.

Miss|deu|tung (die, -, -en) falsche Auslegung; Missverständnis.

mis|sen (V.) entbehren. Ich möchte diese Erinnerungen nicht missen.

Miss|er|folg (der, -s, -e) Misslingen; Enttäuschung; Fehlschlag; Fiasko; Flop; Reinfall; Rückschlag.

Miss|ern|te (die, -, -n) 1. schlechte Ernte; 2. Misserfolg.

Mis|se|tat (die, -, -en) Vergehen; Verbrechen.

Mis|se|tä|ter (der, -,s -) Verbrecher; Bösewicht; Sünder; Übeltäter.

miss|fal|len (V., missfiel, hat missfallen) etwas gefällt nicht; ein Dorn im Auge sein; gegen den Strich gehen; keine Zustimmung finden; Missfallen erregen; nicht behagen; nicht zusagen; widerstreben. Mir missfällt, wie er mit seiner Mutter spricht.

Miss|fal|len (das, -s, kein Plural) Abneigung; Missbilligung; Missbehagen; Missvergnügen; Unbehagen; Unmut; Widerwille. Missfallensäußerung; Missfallenskundgebung.

miss|fäl|lig (Adj.) abfällig; ungünstig. Er macht häufig missfällige Bemerkungen.

miss|ge|bil|det (Adj.) von der Norm abweichend; schlecht gebildet. ein missgebildeter Fuß.

Miss|ge|burt (die, -, -en) Fehlgeburt; Misserfolg; Missgebilde; Scheusal; Spottgeburt; Wechselbalg.

miss|ge|launt (Adj.) schlecht gelaunt.

Miss|ge|launt|heit (die, -, kein Plural) Verdrießlichkeit.

Miss|ge|schick (das, -s, -schi|cke) Unglück; Ärgernis.

miss|ge|stal|tet (Adj.) hässlich. Missgestalt; missgestalten.

miss|ge|stimmt (Adj.) schlecht gelaunt.

miss|glü|cken (V., ist) fehlschlagen; misslingen. Die Generalprobe ist missglückt.

miss|gön|nen (V.) beneiden; neiden. Die Nachbarn missgönnen ihm seinen Reichtum.

Miss|griff (der, -s, -e) Fehler; Fehltritt; Irrtum. Die Besetzung der Stelle mit Herrn Schmid war ein Missgriff.

Miss|gunst (die, -, kein Plural) Neid.

miss|güns|tig (Adj.) neidisch. Er hat einen missgünstigen Charakter.

miss|han|deln (V.) quälen; verletzten.

Miss|hand|lung (die, -, -en) Körperverletzung; schlechte Behandlung; Folter. Kindesmisshandlung.

miss|hel|lig (Adj.) uneinig.

Miss|hel|lig|keit (die, -, -en) Unstimmigkeit. Leider kam es zu Misshelligkeiten zwischen den Angestellten.

Mis|singsch (das, -s, kein Plural) ans Hochdeutsche angelehntes Niederdeutsch. missingsch.

Mis|sile (das, -s, -s) (engl.) (Kurzw.) CruiseMissile (*auch:* Cruisemissile).

Mis|sing Link (das/der, -, kein Plural) (engl.) fehlende Übergangsform vom Affen zum Menschen.

Mis|si|on (die, -, -si|o|nen) (lat.) 1. Auftrag; 2. Glaubensverbreitung; Botschaft. Missionshaus; Missionsschule; Missionsschwester; Missionswissenschaft.

Mis|si|o|nar (*auch:* Mis|si|o|när) (lat.) in der Mission tätiger Geistlicher.

mis|si|o|na|risch (Adj.) die Mission betreffend. Er ging mit missionarischem Eifer an seine neue Aufgabe.

mis|si|o|nie|ren (V.) eine Glaubenslehre verbreiten; bekehren.

Mis|si|o|nie|rung die, -, en) Verbreitung einer Glaubenslehre.

Mis|si|ons|chef (der, -s, -s) Botschafter; Diplomat.

Miss|klang (der, -s, -klän|ge) Misston; Unstimmigkeit.

Miss|kre|dit (der, -s, -e) schlechtes Ansehen; Verruf. jemanden in Misskredit bringen.

miss|lau|nig (Adj.) schlecht gelaunt.

miss|lei|ten (V., missleitete, hat missgeleitet/missleitet) verleiten; in die Irre führen. Missleitung.

miss|lich (Adj.) ungünstig; schlimm. Er ist in einer misslichen Lage.

Miss|lich|keit (die, -, -en) Unannehmlichkeit. Ich will dir keine Misslichkeiten bereiten.

miss|lie|big (Adj.) unbeliebt.

Miss|lie|big|keit (die, -, kein Plural) Unbeliebtheit.
miss|lin|gen (V., misslang, ist misslungen) scheitern; missglücken; danebengehen; fehlgehen; fehlschlagen; ins Auge gehen.
Miss|lin|gen (das, -s, kein Plural) das Missglücken; das Scheitern.
Miss|ma|nage|ment (das, -s, -s) (engl.) Misswirtschaft.
Miss|mut (der, -s, kein Plural) Ärger; Verdrossenheit.
miss|mu|tig (Adj.) verdrossen.
miss|ra|ten (V., missriet, ist missraten) scheitern; nicht gelingen.
Miss|stand (*auch:* Miss-Stand) (der, -s, -stän|de) schlechter Zustand.
Miss|stim|mung (*auch:* Miss-Stimmung) (die, -, -en) Meinungsverschiedenheit; Zwiespalt.
Miss|ton (der, -s, -tö|ne) Missklang; Uneinigkeit.
miss|tö|nend (Adj.) 1. schlecht klingend; 2. uneins; dissonant; disharmonisch; falsch; unsauber; schräg.
miss|tö|nig (Adj.) misstönend.
miss|trau|en (V., misstraute, hat misstraut) zweifeln; verdächtigen; argwöhnisch sein; beargwöhnen; dem Frieden nicht trauen; nicht über den Weg trauen.
Miss|trau|en (das, -s, -) Zweifel; Verdacht.
Miss|trau|ens|vo|tum (das, -s, -ten/ta) (lat.) Beschluss, in dem die Mehrheit des Parlaments der regierenden Partei, dem Regierungschef oder anderen das Vertrauen abspricht und somit zum Rücktritt auffordert. Misstrauensantrag.
miss|trau|isch (Adj.) argwöhnisch; zweifelnd; kleingläubig; skeptisch; vorsichtig.
Miss|ver|gnü|gen (das, -s, kein Plural) Enttäuschung; Unzufriedenheit; Verdruss.
miss|ver|gnügt (Adj.) schlecht gelaunt; unzufrieden.
Miss|ver|hält|nis (das, -ses, -se) Ungleichgewicht.
miss|ver|ständ|lich (Adj.) mehrdeutig; unklar.
Miss|ver|ständ|nis (das, -ses, -se) ungewollt falsches Deuten; Verkennung; falsche Auslegung; Missdeutung; Versehen; Verwechslung. Es gab viele Missverständnisse zwischen uns.
miss|ver|ste|hen (V., verstand miss, hat missverstanden) falsch verstehen; verkennen; falsch deuten; missdeuten; falsch beurteilen. Da müssen wir uns missverstanden haben.
Miss|wahl (die, -, -en) Schönheitswettbewerb.
Miss|wei|sung (die, -, kein Plural) Abweichng der Magnetnadel von der Nordrichtung.
Miss|wirt|schaft (die, -, kein Plural) schlechte Geschäftsführung; Schlamperei.
Miss|wuchs (der, -es, -wüch|se) Fehlbildung.
Mist (der, -s, kein Plural) 1. Dung; Kot. 2. (ugs.) Unsinn. So ein Mist! (So ein Pech!) Er redet oft viel Mist. (Er redet oft viel Unsinn.). Mistgabel; Misthaufen; Mistkarren.
Mist|beet (das, -s, -e) Frühbeet.
Mis|tel (die, -, -n) Pflanze. Mistelzweig.
mis|ten (V.) mit Dung versehen. einen Stall ausmisten.
Mis|ter (der, -s, -) (engl.) in englischsprachigen Ländern Anrede für Herr (in Verbindung mit dem Namen).
Mist|fink (der, -s, -en) (ugs.) schmutziger Kerl; Zotenreißer.
Mist|for|ke (die, -, -n) (nordd.) Mistgabel.
mis|tig (Adj.) 1. (ugs.) voller Mist; schmutzig; 2. (ugs.) gemein; schlecht.
Mis|tig|keit (die, -, -en) (ugs.) Schlechtigkeit; Schmutzigkeit.
Mist|hund (der, -s, -e) Schimpfwort.
Mist|kä|fer (der, -s, -) Käfer mit schaufelartigen Vorderbeinen.
Mist|kerl (der, -s, -e) Schimpfwort.
Mist|kü|bel (der, -s, -) (österr.) Abfalleimer.
Mis|t|ral (der, -s, -e) (franz.) Wind.
Mist|stück (das, -, kein Plural) (ugs.) gemeiner, widerwärtiger Mensch.
Mist|vieh (das, -s, kein Plural) (ugs.) gemeiner, hinterhältiger Mensch.
Mis|zel|len (die, nur Plural) Vermischtes; kurze Zeitungsartikel.
mit (Präp., Dat.) zusammen; gemeinsam; einschließlich; mittels; versehen mit; zu einer Zeit; betreffend; gegeneinander. Mitinhaber; Mitkämpfer; Mitkläger; Mitschüler; Mitspieler; Mitversicherung; Mitverschulden; Mitwelt.
Mit|ar|beit (die, -, kein Plural) Zusammenarbeit. Wir freuen uns auf Ihre Mitarbeit.
mit|ar|bei|ten (V., arbeitete mit, hat mitgearbeitet) sich beteiligen. in der Redaktion mitarbeiten (als Mitarbeiter); *aber:* Könnte ich doch nur (einmal) in der Redaktion mit arbeiten. Mitarbeiter/in; Mitarbeiterstab.
mit|be|kom|men (V., bekam mit, hat mitbekommen) erhalten; verstehen.
Mit|be|nut|zung (die, -, -en) gemeinsame Benutzung.
mit|be|nut|zen (V., benutzte mit, habe mitbenutzt) gemeinsam mit anderen benutzen.
Mit|be|sit|zer (der, -s, -) Teilhaber. Mitbesitz.
Mit|be|stim|mung (die, -, kein Plural) gemeinsame Entscheidung. Mitbestimmungsrecht; Mitbestimmungsgesetz; mitbestimmen.
Mit|be|wer|ber (der, -s, -) Konkurrent; Rivale.
Mit|be|woh|ner (der, -s, -) Hausgenosse; Mitbürger.
mit|brin|gen (V., brachte mit, hat mitgebracht) bringen; schenken.
Mit|bring|sel (das, -s, -) (ugs.) kleines Geschenk.
Mit|bür|ger (der, -s, -) Mitmensch.
mit|dür|fen (V.) (ugs.) (Kurzw.) mitkommen dürfen.
mit|ei|n|an|der (Adv.) zusammen; gemeinsam. *Beachte:* Getrenntschreibung vom Verb, wenn beide Wörter gleichermaßen betont werden! ein gutes Miteinander.
mit|emp|fin|den (V., empfand mit, hat mitempfunden) bemitleiden; Anteil nehmen.
Mit|emp|fin|den (das, -s, kein Plural) Anteilnahme. Ich drücke Ihnen mein Mitempfinden aus.
mit|er|le|ben (V., erlebte mit, hat miterlebt) mit dabei sein. Schade, dass er das nicht mehr miterleben konnte.
Mit|es|ser (der, -s, -) Hautpickel.
mit|fah|ren (V., fuhr mit, ist mitgefahren) mit jemandem zusammen fahren (z.B. im Auto).
Mit|fah|rer (der, -s, -) Fahrgast; Beifahrer. Mitfahrgelegenheit; Mitfahrzentrale.

mit'füh'len (V., fühlte mit, hat mitgefühlt) bemitleiden.
mit'füh'lend (Adj.) Anteil nehmend.
mit'füh'ren (V., führte mit, hat mitgeführt) dabei haben. Das Mitführen von Fahrrädern ist gestattet.
mit'ge'ben (V., gab mit, hat mitgegeben) etwas aushändigen. Geld mitgeben; eine gute Erziehung mitgeben.
Mit'ge'fühl (das, -s, kein Plural) Anteilnahme am Leid anderer, Mitleid.
mit'ge'hen (V., ging mit, ist mitgegangen) 1. begleiten; Schritt halten; 2. regen Anteil nehmen. Die Zuschauer gingen begeistert mit. 3. stehlen. Er ließ einiges mitgehen.
mit'ge'nom'men (Adj.) erschöpft; lädiert.
Mit'gift (die, -, -en) Heiratsgut; Aussteuer.
Mit'gift'jä'ger (der, -s, -) (ugs.) jemand, der nur auf die Aussteuer aus ist.
Mit'glied (das, -s, -er) Teilnehmer; Angehöriger. Mitgliederversammlung; Mitgliederzahl; Mitgliedsausweis; Mitgliedsbeitrag; Mitgliedskarte; Mitglied(s)staaten; mitgliederschwach; mitgliederstark.
Mit'glied'schaft (die, -, kein Plural) Teilnahme als Mitglied eines Vereins oder einer Vereinigung.
mit'hal'ten (V., hielt mit, hat mitgehalten) sich beteiligen; bestehen. Keiner konnte mit ihm mithalten.
mit'hel'fen (V., half mit, hat mitgeholfen) unterstützen.
Mit'hil'fe (die, -, kein Plural) Unterstützung; Beihilfe. mithilfe (*auch:* mit Hilfe) der Polizei. Mithelfer.
mit'hin (Adv.) folglich; somit.
mit'hö'ren (V., hörte mit, hat mitgehört) 1. gleichzeitig hören. Mit den neuen Telefonen kann man ein Gespräch mithören. 2. belauschen. Achtung, Feind hört mit!
mit'kämp'fen (V., kämpfte mit, hat mitgekämpft) mit anderen zusammen kämpfen. Mitkämpfer.
mit'kom'men (V., kam mit, ist mitgekommen) begleiten; verstehen; Schritt halten. Unser Sohn kommt nur schlecht im Unterricht mit.
mit'kön'nen (V., kann mit, hat mitgekonnt) 1. (Kurzw.) mitkommen können/dürfen; 2. (ugs.) verstehen. Da kann ich nicht mehr mit. (Es übersteigt meine Fähigkeiten.).
mit'krie'gen (V., kriegte mit, hat mitgekriegt) (ugs.) mitbekommen. Ich habe von der ganzen Fernsehsendung nichts mitgekriegt.
mit'lau'fen (V., lief mit, ist mitgelaufen) 1. zusammen mit jemandem laufen; 2. nebenbei erledigen. Diese Arbeit läuft so mit.
Mit'läu'fer (der, -s, -) passiv Beteiligter. Mitläufertum.
Mit'laut (der, -s, -e) Konsonant.
Mit'leid (das, -s, kein Plural) Mitgefühl; Anteilnahme. Mitleidsbekundung; mitleid(s)voll.
mit'lei'den (V., litt mit, hat mitgelitten) den Schmerz anderer mitempfinden.
mit'lei'dig (Adj.) Anteil nehmend; barmherzig; mitfühlend; teilnahmsvoll; teilnehmend; weichherzig; verächtlich. Er hatte für meine Probleme nur ein mitleidiges Lächeln.
Mit'lei'den'schaft (die) (nur in der Wendung:) jemanden/etwas in Mitleidenschaft ziehen (beeinträchtigen).
mit'leid'er're'gend (Adj.) bedauernswert; erbärmlich; herzzerreißend; kläglich; zum Steinerweichen.
mit'ma'chen (V., machte mit, hat mitgemacht) sich beteiligen; (ugs.) erleiden.
Mit'mensch (der, -s, -en) der Nächste.
mit'mensch'lich (Adj.) zwischenmenschlich.
Mit'mensch'lich'keit (die, -, kein Plural) Nächstenliebe.
mit'mi'schen (V., mischte mit, hat mitgemischt) (ugs.) mitmachen.
mit'neh'men (V., nahm mit, hat mitgenommen) wegnehmen; aufregen; erschöpfen. Ihr seltsames Verhalten nimmt mich ziemlich mit. Die Krankheit nimmt ihn sehr mit. Mitnahme; Mitnahmepreis.
mit'nich'ten (Adv.) keineswegs.
Mi'to'se (die, -, -n) (griech.) Zellkernteilung.
mi'to'tisch (Adj.) (griech.) die Mitose betreffend.
Mi'tra (die, -, -tren) (griech.) Bischofsmütze.
Mi'trail'leu'se (die, -, -n) (franz.) französisches Schnellfeuergeschütz; Vorläufer des Maschinengewehrs.
mit're'den (V., redete mit, hat mitgeredet) Einfluss nehmen; mitentscheiden. Da kann ich nicht mitreden. (Davon verstehe ich nichts.). Ich habe auch ein Wörtchen mitzureden. (Ich möchte mitentscheiden.).
mit'rei'sen (V., reiste mit, ist mitgereist) mit jemandem zusammen reisen.
Mit'rei'sen'de (der, -n, -n) jemand, mit dem man zusammen in einem Reisegefährt sitzt.
mit'rei'ßen (V., riss mit, hat mitgerissen) mit sich reißen; begeistern.
mit'rei'ßend (Adj.) begeisternd.
mit'sam'men (Adv.) zusammen.
mit'samt (Präp., Dat.) zusammen mit. Die Kinder wollten mitsamt dem Wellensittich verreisen.
mit'schlei'fen (V., schleifte mit, hat mitgeschleift) 1. mitziehen; schleppen. Bei dem Unfall wurde er noch einige Meter vom Auto mitgeschleift. 2. (ugs.) jemanden trotz seines Widerstands mitnehmen. Ich schleifte ihn mit ins Konzert.
mit'schlep'pen (V., schleppte mit, hat mitgeschleppt) 1. etwas Schweres mitnehmen; 2. (ugs.) mitschleifen.
Mit'schnitt (der, -s, -e) Tonbandaufnahme. Verb: mitschneiden.
Mit'schuld (die, -, kein Plural) Teilschuld; Mitverschulden. Mitschuldige; mitschuldig.
mit'schwin'gen (V., schwang mit, hat mitgeschwungen) schwingen; erkennbar werden.
mit'spie'len (V., spielte mit, hat mitgespielt) 1. zusammen mit anderen spielen. Spielst du eine Runde Canasta mit? Da spiele ich nicht mehr mit! (Ich beteilige mich nicht mehr!). 2. unter anderem verursachen. Hierbei spielen verschiedene Faktoren mit. 3. schlecht behandeln (mit Dativ!). Er hat ihr übel mitgespielt.
Mit'spra'che (die, -, kein Plural) Anteil an einer Entscheidung. Mitspracherecht; mitsprechen.
mit'ste'no'gra'fie'ren (*auch:* mit'ste'no'gra'phie'ren) (V., stenografierte mit, hat mitstenografiert) in Kurzschrift mitschreiben.

Mit|tag (der, -s, -e) Mittagessen; Mittagspause; Mittagszeit. *Beachte:* am Mittag, jeden Mittag; des Mittags; zu Mittag essen; vor Samstagmittag (samstags mittags/samstagmittags) bin ich nicht zu Hause; über Mittag kannst du mich erreichen; eines Mittags rief sie an; vom Mittag bis zum Abend. *Aber:* von mittags bis abends; gestern/heute/morgen Mittag; um zwölf Uhr mittags; am Samstagmittag. Mittagessen; Mittagsruhe; Mittagsschlaf; Mittagszeit.

Mit|tags|brot (das, -s, kein Plural) Mittagessen.

mit|tä|gig (Adj.) am Mittag.

mit|täg|lich (Adj.) jeden Mittag.

mit|tags (Adv.) um die Mittagszeit.

Mit|tags|blu|me (die, -, -n) Zierpflanze mit fleischigen Blättern.

Mit|tags|hö|he (die, -, kein Plural) Höhe der Sonne zum Zeitpunkt des Meridiandurchgangs; Mittagssonne.

Mit|tags|punkt (der, -s, kein Plural) Schnittpunkt des Meridians mit dem Horizont (Südpunkt).

Mit|tags|tisch (der, -s, -e) Einrichtung zur Verköstigung zahlender Mittagsgäste.

Mit|tä|ter (der, -s, -) Komplize. Mittäterschaft.

Mit|te (die, -, -n) Mittelpunkt; Gruppe. Mitte März sind wir fertig; Mitte der Zwanziger; sie ist Mitte vierzig; Mittachtziger; Mittvierziger.

mit|tei|len (V., teilte mit, hat mitgeteilt) benachrichtigen; informieren; sich anvertrauen.

mit|teil|sam (Adj.) aufgeschlossen; redselig.

Mit|teil|sam|keit (die, -, kein Plural) Aufgeschlossenheit; Redseligkeit.

Mit|tei|lung (die, -, -en) Benachrichtigung; Nachricht. eine vertrauliche Mitteilung. Mitteilungsbedürfnis.

Mit|tel (das, -s, -) **1.** Mitte. **2.** Durchschnitt; Hilfe; Heilmittel. **3.** (Plural) Gelder. Mittelblau; Mittelding; Mittelfinger; Mittelfuß; Mittelgebirge; Mittelkreis; Mittellinie; Mittelmeerraum; Mittelscheitel; Mittelstrecke; Mittelstreckenlauf; Mittelstreckenläufer; Mittelstreckenrakete; Mittelstreifen; Mittelstück; Mittelstürmer; Mittelung; Mittelwert. Adjektive: mittelalt; mittelgroß; mittelgut; mittelländisch; mittelmeerisch; mittelschwer; mittig. *Beachte:* mittlere Reife; mittlerer Dienst, *aber:* der Mittlere Osten!

Mit|tel|al|ter (das, -, kein Plural) (Abk.: MA) Bezeichnung für die Zeit zwischen dem Untergang des Weströmischen Reichs (476) und dem Beginn der Reformation (1517). frühes/spätes Mittelalter.

mit|tel|al|ter|lich (Adj.) (Abk. ma.) das Mittelalter betreffend.

mit|tel|bar (Adv.) indirekt.

Mit|tel|chen (das, -s, -) wirkungslose Medizin (abwertend).

Mit|tel|eu|ro|pa (kein Art., -, kein Plural) Kernregion Europas (von den Alpen und den Karpaten bis zur Nord- und Ostsee.).

mit|tel|eu|ro|pä|isch (Adj.) Mitteleuropa betreffend. mitteleuropäische Zeit.

Mit|tel|feld (das, -s, -fel|der) **1.** im Sport mittlerer Teil eines Spielfeldes. Mittelfeldspieler. **2.** im Sport mittlere Gruppe von Läufern. Er hat sich aus dem Mittelfeld gelöst.

mit|tel|fris|tig (Adj.) eine mittlere Dauer habend.

Mit|tel|hirn (das, -s, kein Plural) bei Säugern und Menschen kleinster Teil des Hirnstamms.

Mit|tel|hoch|deutsch (das, -s, kein Plural) (Abk.: mhd.) Epoche der hochdeutschen Sprache und Dichtung vom Ende des 11. bis Mitte des 14. Jahrhunderts.

mit|tel|hoch|deutsch (Adj.) (Abk. mhd.) die mittelhochdeutsche Sprache betreffend.

Mit|tel|klas|se (die, -, -n) Klasse mittlerer Größe, Qualität oder Leistung. Mittelklassewagen.

mit|tel|los (Adj.) besitzlos; arm.

Mit|tel|lo|sig|keit (die, -, kein Plural) Armut; Besitzlosigkeit.

mit|tel|mä|ßig (Adj.) durchschnittlich; bescheiden; durchwachsen; hinlänglich; kümmerlich; leidlich; mittelprächtig; nicht berauschend; nicht besonders; so lala.

Mit|tel|maß (das, -es, kein Plural) Durchschnitt; Durchschnittlichkeit; Dutzendware.

Mit|tel|mä|ßig|keit (die, -, kein Plural) Durchschnitt; Mittelmaß.

Mit|tel|ohr (das, -s, kein Plural) Raum zwischen Trommelfell und Labyrinth. Mittelohrentzündung; Mittelohrvereiterung.

Mit|tel|punkt (der, -s, -e) **1.** Punkt einer Kugel oder eines Kreises, von dem aus alle anderen Punkte gleich weit entfernt sind; **2.** Mensch oder Gegenstand, auf den sich alles konzentriert; Angelpunkt; Brennpunkt; Drehpunkt; Herz; Herzstück; Knotenpunkt; Nabel; Rampenlicht; Zentrum. Sie ist der Mittelpunkt der Familie. wirtschaftlicher Mittelpunkt.

Mit|tel|punkt|schu|le (die, -, -n) voll ausgebaute, zentrale Volksschule für mehrere umliegende Orte.

mit|tel|präch|tig (Adj.) (ugs.) mittelmäßig. Mir geht es zur Zeit ziemlich mittelprächtig.

mit|tels (Präp., Gen.) mit; durch. mittels eines Schraubenziehers; *besser:* mit einem Schraubenzieher. *Aber:* mittels Sonnenenergie.

Mit|tel|schicht (die, -, -en) mittlere soziale Schicht. Mittelstand; mittelständisch.

Mit|tel|schiff (das, -s, -e) mittleres Schiff bei mehrschiffigen Kirchen.

Mit|tel|schu|le (die, -, -n) sechsklassige, mittlere Schule (Realschule).

Mit|tels|mann (der, -es, -män|ner) Vermittler.

Mit|tel|weg (der, -s, -e) Kompromiss. der goldene Mittelweg.

Mit|tel|wort (das, -s, -e) Partizip.

mit|ten (Adv.) in der Mitte. *Beachte:* mittendrein; mittendrin; mittendrunter; mittendurch; der Teller brach mittendurch; *aber:* mitten durch die Wüste gehen; mitteninne.

mit|ten|mang (Adv.) (nordd.) mitten zwischen. Er stand mittenmang der Leute.

Mit|ter|nacht (die, -, kein Plural) zwölf Uhr nachts. Mitternachtsmesse; Mitternachtssonne; Mitternachtsstunde.

mit|ter|nächt|lich (Adv.) um Mitternacht. mitternächtliche Stunde.

mit|ter|nachts (Adv.) um Mitternacht. *Aber:* des Mitternachts ist Geisterstunde.

Mit'ter'nachts'blau (das, -s, kein Plural) Dunkelblau.
Mitt'fünf'zi'ger (der, -s, -) jemand im Alter von Mitte fünfzig. Er ist ein guter Mittfünfziger.
mit'tig (Adj.) zentriert (Schriftsatz).
Mitt'ler (der, -s, -) Vermittler; Agent. Mittlerrolle.
mitt'ler'wei'le (Adv.) inzwischen.
mitt'schiffs (Adj.) in der Mitte des Schiffs.
Mitt'som'mer (der, -s, kein Plural) Sommersonnenwende.
mit'tun (V., tat mit, hat mitgetan) sich beteiligen; mitmachen.
Mitt'woch (der, -s, -e) Wochentag. am Mittwoch; am (nächsten) Mittwochabend, *aber:* immer mittwochabends (*auch:* mittwochs abends); Mittwochnacht; mittwochs. Mittwochslotto.
mit'un'ter (Adv.) manchmal.
mit'ver'ant'wort'lich (Adj.) mit anderen zusammen für etwas verantwortlich sein. Mitverantwortung.
mit'ver'die'nen (V., verdiente mit, hat mitverdient) zu des Ehemanns (der Ehefrau) Einkommen dazuverdienen. Seine Frau verdient mit.
Mit'ver'fas'ser (der, -s, -) einer der Verfasser eines Werks.
Mit'ver'schul'den (das, -s, -) Beteiligung an einem Verschulden. Ihn trifft kein Mitverschulden.
Mit'welt (die, -, kein Plural) Zeitgenossen.
mit'wir'ken (V., wirkte mit, hat mitgewirkt) mitarbeiten; dabei sein.
Mit'wir'ken'de (der, -s, -n) aktive Teilnehmer einer Veranstaltung.
Mit'wir'kung (die, -, kein Plural) Teilnahme.
Mit'wis'ser (der, -s, -) Eingeweihter.
Mit'wis'ser'schaft (die, -, kein Plural) das Eingeweihtsein.
mit'wol'len (V., wollte mit, hat mitgewollt) mitkommen wollen.
mit'zäh'len (V., zählte mit, hat mitgezählt) zählen; berücksichtigen.
Mixed (das, -s/-, -s/-) (engl.) gemischtes Tennisdoppel.
Mixed Grill (der, -s, -s) (engl.) Gericht aus mehreren verschiedenen, gegrillten Fleischstücken und Würstchen.
Mixed-Me'dia-Show (die, -, kein Plural) (engl.) künstlerische Veranstaltung, die verschiedene Kunstzweige umfasst (Musik, Theater, Film, Tanz usw.).
Mixed Pi'ck'les (*auch:* Mixed'pi'ck'les/Mixpi'ck'les) (engl.) gemischtes, in Essig eingelegtes Gemüse.
Mix'be'cher (der, -s, -) Spezialbecher zum Mixen von Getränken.
mi'xen (V.) (engl.) mischen. Mixgetränke.
Mi'xer (der, -, -) 1. jemand, der Getränke mixt. Barmixer. 2. Gerät zum Mischen; Elektroquirl; 3. Tonmischer bei Film, Funk und Fernsehen.
Mix'tum com'po'si'tum (das, - -, -ta -ta) (lat.) buntes Gemisch; Mischmasch.
Mix'tur (die, -, -en) 1. Arzneimischung; Gemisch; 2. bei der Orgel bestimmtes Register.
mk (Abk.) **M**ar**k**ka (Finnmark).
MKS (Abk.) **M**aul- und **K**lauen**s**euche.
ml (Abk.) **M**illi**l**iter.
MLF (Abk.) **M**ulti**l**ateral **F**orce (Multilaterale Atommacht).
Mlle. (Abk.) **M**ademoise**lle** (Plural: Mlles.).
mm (Abk.) **M**illi**m**eter. mm² (Quadratmillimeter), mm³ (Kubikmillimeter).
µm (Abk.) Mikrometer.
MM. (Abk.) Messieurs.
Mme. (Abk.) **M**ada**me** (Plural: Mmes.).
Mn (Abk.) **M**anga**n** (chemisches Zeichen).
Mne'me (die, -, kein Plural) (griech.) 1. Gedächtnis; Erinnerung. 2. das Vermögen, wichtige Informationen im Gedächtnis zu speichern.
Mne'mis'mus (der, -, kein Plural) (griech.-lat.) die Anschauung, dass alle lebenden Organismen eine Mneme haben.
Mne'mo'nik (die, -, kein Plural) (griech.) das Verfahren, durch bestimmte systematische Übungen die Gedächtnisleistung zu optimieren, sich etwas leichter einzuprägen.
Mne'mo'ni'ker (der, -s, -) jmd., der die Mnemonik beherrscht.
mne'mo'nisch (Adj.) (griech.) die Mnemonik betreffend.
Mne'mo'tech'nik (die, -, -en) = Mnemonik.
Mne'mo'tech'ni'ker (der, -s, -) = Mnemoniker.
mne'mo'tech'nisch (Adj.) (griech.) = mnemonisch.
mnes'tisch (Adj.) (griech.) die Mneme betreffend.
MΩ (Abk.) **M**ega**ohm**.
Mob (der, -s, kein Plural) (engl.) Pack; Gesindel. Mobster.
Mob'bing (das, -s, kein Plural) (engl.) 1. Angriffsverhalten von Vogelgruppen gegenüber Greifen, Eulen (Verhaltensforschung). 2. heimtückisches Schlechtmachen anderer; Psychoterror im Beruf.
Mö'bel (das, -s, -) Einrichtungsgegenstand; Ausstattung. Möbelfabrik; Möbelfirma; Möbelhändler; Möbelpacker; Möbelpolitur; Möbelstück; Möbelwagen.
mo'bil (Adj.) (lat.) beweglich. Mobilisation; Mobilmachung; mobilmachen (kampfbereit machen).
Mo'bi'le (das, -s, -) (lat.) Zimmerschmuck, der sich schon bei leichtem Luftzug bewegt.
Mo'bi'li'ar (das, -s, kein Plural) alle Möbel; bewegliche Einrichtung. Mobiliarvermögen.
mo'bi'li'sie'ren (V.) 1. ein Heer in Kriegszustand versetzen. Mobilmachung. 2. zum Handeln veranlassen. Er mobilisierte all seine Kräfte. Wir müssen die Leute mobilisieren, damit sich etwas ändert.
Mo'bi'li'sie'rung (die, -, kein Plural) (lat.) das Beweglichmachen. Die Mobilisierung des Kranken macht gute Fortschritte.
Mo'bi'li'tät (die, -, kein Plural) (lat.) Beweglichkeit.
mö'b'lie'ren (V.) mit Möbeln ausstatten. Wir sind dabei, unsere neue Wohnung zu möblieren.
mö'b'liert (Adj.) mit Möbeln ausgestattet. möbliertes Zimmer.
Mö'b'lie'rung (die, -, kein Plural) Einrichtung.
Möch'te'gern (der, -s, -s/-e) Prahler. Möchtegernpolitiker.
Mo'cke (die, -, -n) (lok.) Zuchtschwein.
Mo'cken (der, -, -s) (südd.) großer Brocken.
Mock'tur'tle'sup'pe (die, -, -n) (engl.) falsche Schildkrötensuppe.

mod. (Abk.) **mod**erato (ital.) (Tempobezeichnung in der Musik).
mo|dal (Adj.) den Modus betreffend.
Mo|da|li|tät (die, -, -en) (lat.) Art und Weise; Umstand. Modalbestimmung.
Mo|dal|no|ta|ti|on (die, -, kein Plural) Notenschrift, die nur den ungefähren Rhythmus festlegt (Vorläufer der Mensuralnotation).
Mo|dal|par|ti|kel (der, -s, -) in der Grammatik ein Füllwort wie »vielleicht«, »doch« usw.
Mo|dal|satz (der, -es, -sät|ze) in der Grammatik ein Adverbialsatz der Art und Weise.
Mo|dal|verb (das, -s, -en) Hilfsverb (z.B. können, wollen, sollen, dürfen).
Mod|der (der, -s, kein Plural) (nordd.) Schlamm; Schmutz; Sumpf.
mod|de|rig (*auch:* modd|rig) (Adj.) (nordd.) schlammig; schmutzig; sumpfig.
Mo|de (die, -, -n) (franz.) Zeitgeschmack; Stil; Sitte. Das ist in Mode. Modeartikel; Modecenter; Modedesigner; Modefarbe; Mode(n)haus; Modekrankheit; Modenschau; Modepuppe; Modesalon; Modeschmuck; Modetanz; Modeware; Modewort; Modezeichner; modebewusst.
Mo|del 1. (der, -s, -) (lat.) Backform. Modelung; Modeldruck. 2. (das, -s, -s) (engl.) Fotomodell. (*Aber:* das Modell!). modeln.
Mo|dell (das, -s, -e) (ital.) 1. Miniatur; Muster; Vorbild; 2. Mannequin. Modellbaukasten; Modelleisenbahn; Modellfall; Modellflugzeug; Modellierer; Modellkleid; Modellpuppe; Modellschreiner; Modellversuch. modellhaft.
Mo|del|leur (der, -s, -e) Facharbeiter, der Modelle entwirft. Musterformen.
mo|del|lie|ren (V.) bilden; formen. Modellierholz; Modelliermasse.
Mo|del|lie|rung (die, -, -en) Formung.
mo|deln (V.) bilden; gestalten.
Mo|de|lung (die, -, -en) Formung; Gestaltung.
Mo|der (der, -s, kein Plural) Fäulnis. Moderfäule; Modergeruch; mod(e)drig.
mo|de|rat (Adj.) (lat.) maßvoll.
Mo|de|ra|ti|on (die, -, -en) Diskussions- und Gesprächsleitung bei Funk und Fernsehen.
mo|de|ra|to (Adj.) (ital.) mäßig schnell; mäßig bewegt (in der Musik).
Mo|de|ra|tor (der, -s, -en) 1. Kommentator; Diskussionsleiter; 2. in der Kerntechnik eine Bremssubstanz zur Verminderung der hohen Energie schneller Neutronen.
mo|de|rie|ren (V.) eine Diskussion, ein Fernsehmagazin leiten; durch eine Sendung führen.
mo|dern 1. (Adj.) (lat.-franz.) zeitgemäß; modisch; 2. (V.) verfaulen.
Mo|der|ne (die, - kein Plural) 1. die heutige Zeit; Gegenwart; 2. Kunstrichtung.
mo|der|ni|sie|ren (V.) an die Gegenwart anpassen; erneuern; renovieren.
Mo|der|ni|sie|rung (die, -, -en) Anpassung an die neue Zeit; Erneuerung.
Mo|der|nis|mus (der, -, kein Plural) 1. liberale, wissenschaftlich-kritische Richtung innerhalb der katholischen Kirche (von Papst Pius X., 1907 verurteilt). 2. Bejahung alles Modernen; Streben nach Modernem.
Mo|der|nist (der, -en, -en) Anhänger des Modernismus.
mo|der|nis|tisch (Adj.) zum Modernismus gehörig; von ihm ausgehend.
Mo|der|ni|tät (die, -, kein Plural) neuzeitliches Gepräge; Neues; Neuheit.
Mo|dern Jazz (der, -, kein Plural) nach 1945 entstandener Jazzstil.
Mo|di|fi|ka|ti|on (die, -, -ti|o|nen) (lat.) Veränderung; Abwandlung. Modifizierung.
mo|di|fi|zie|ren (lat.) abwandeln; verändern; ändern; umgestalten.
Mo|di|fi|zie|rung (die, -, -en) Änderung; Umgestaltung
mo|disch (Adj.) der Mode entsprechend. Sie ist immer modisch gekleidet.
Mo|dis|tin (die, -, -nen) (franz.) Herstellerin von Damenhüten; Putzmacherin.
mod|rig (Adj.) dumpf; faulig.
Mo|dul 1. (der, -s, -en) (lat.) Verhältniszahl. 2. (das, -s, -e) komplexes Geräteteil; 3. Bezeichnung für spezielle physikalische Eigenschaften von Substanzen.
Mo|du|la|ti|on (die, -, -en) (lat.) 1. Abwandlung; 2. in der Musik Tonartenwechsel; 3. in der Physik die Veränderung einer Schwingung durch eine andere.
Mo|du|la|tor (der, -s, -en) (lat.) Gerät zur Modulation.
mo|du|lier|bar (Adj.) abwandelbar; veränderbar.
mo|du|lie|ren (V.) (lat.) abwandeln; Tonart wechseln; variieren. modulationsfähig
Mo|dus (der, -, -di) (lat.) Art und Weise; Aussageweise des Verbs (Indikativ, Konjunktiv, Imperativ).
Mo|dus Ope|ran|di (der, - -, -di -) (lat.) Arbeitsweise.
Mo|dus Pro|ce|den|di (der, - -, -di -) (lat.) Verfahrensweise.
Mo|dus Vi|ven|di (der, - -, di -) (lat.) Einigung, Verständigung.
Mo|fa (das, -s, -s) (Kurzw.) Motorfahrrad. Mofafahrer.
Mo|fet|te (die, -, -n) (ital.) vulkanisch bedingte Austrittsstelle für Kohlendioxid.
Mo|ge|lei (die, -, -en) (ugs.) kleine, leichte Betrügerei beim Spiel. Mogelpackung; Mogler.
mo|geln (V.) schwindeln; betrügen.
mö|gen (V., mochte, hat gemocht) gern wollen; gern haben.
mög|lich (Adj.) machbar; denkbar. ausführbar; durchführbar; gangbar; im Bereich des Möglichen; nicht ausgeschlossen; vorstellbar. *Beachte:* alles Mögliche (allerlei). Ich werde mein Möglichstes tun. Kürzen Sie, wo möglich (wenn/wo es möglich ist); *aber:* womöglich (eventuell). Ich komme so schnell wie möglich. Wir versuchten alles Mögliche (alles, was irgend möglich war). Die Kosten sollten im Rahmen des Möglichen bleiben. das Mögliche und das Unmögliche. möglichenfalls.
mög|li|cher|wei|se (Adv.) vielleicht; wahrscheinlich.
Mög|lich|keit (die, -, -en) Aussicht; Gelegenheit; Chance; Eventualität. Ist es denn die Möglichkeit! (ugs.) (Ausruf des Erstaunens). Wir haben mehrere Möglichkeiten, um ans Ziel zu kommen. Ztzt. besteht keine Möglichkeit, dass wir dir helfen können.
Mög|lich|keits|form (die, -, kein Plural) Konjunktiv.

mög|lichst (Adv.) so ... wie es sein kann; nach Möglichkeit. möglichst wenige Fehler machen; möglichst bald; möglichst schnell.
Mo|gul (der, -s, -n) (pers.) Angehöriger eines islamischen Herrschergeschlechts in Indien.
Mo|hair (*auch:* Mo|här) (der, -s, -e) (arab.) Angorawolle.
Mo|ham|me|da|ner (der, -s, -) Moslem.
mo|ham|me|da|nisch (Adj.) den mohammedanischen (muslimischen) Glauben betreffend.
Mo|hi|ka|ner (der, -s, -) Angehöriger eines ausgestorbenen nordamerikanischen Indianerstammes.
Mohn (der, -s, -e) Pflanze; Samen. Mohnblume; Mohnbrötchen; Mohngewächs; Mohnkuchen; Mohnöl; Mohnsamen; Mohnstrudel.
Mohr (der, -en, -en) Neger. Mohrenkopf; Mohrenwäsche; Mohrin.
Möh|re (*auch:* Mohr|rü|be) (die, -, -n) Karotte; Möhrensaft.
Moi|ré (der/das, -s, -s) (franz.) gemusterter Stoff.
Moh|ren|kopf (der, -s, -köp|fe) 1. Gebäck mit Schokoladenüberzug; Negerkuss; 2. Schmuckstein.
Moh|ren|wä|sche (die, -, kein Plural) Versuch, einen Schuldigen zu entlasten.
moi|rie|ren (V.) etwas mit einem Moirémuster versehen.
moi|riert (Adj.) geflammt.
mo|kant (Adj.) (franz.) spöttisch. ein mokantes Lächeln.
Mo|kas|sin (der, -s, -s/-e) Lederhalbschuh.
Mo|kett (der, -s, kein Plural) Plüschgewebe, für Möbel und Decken.
Mo|kick (das, -s, -s) (Kurzw.) Moped mit Kickstarter.
mo|kie|ren (V., refl.) sich über etwas lustig machen. Er mokierte sich oft über seine Vorgesetzten.
Mok|ka (der, -s, -s) Kaffeesorte. Mokkalöffel; Mokkatasse.
Mol (das, -s, -e) Gewichtseinheit (Grammmolekül, Abk.: mol).
mo|lar (Adj.) auf das Mol bezogen.
Mo|lar (der, -s, -en) (lat.) Backenzahn. Molarzahn.
Mo|la|ri|tät (die, -, kein Plural) (lat.) in der Chemie eine Konzentrationsangabe. Mol dividiert durch Kubikdezimeter.
Mo|las|se (die, -, kein Plural) (franz.) Gesteinsschicht.
Molch (der, -s, -e) Lurch. Molchfisch.
Mold (der, -s, kein Plural) (nordd.) Erde; Mull.
Mol|dau (*auch:* Mol|da|wi|en) (ohne Art., -s, kein Plural) Staat in Osteuropa.
Mol|dau|er (der, -s, -) Bewohner der Republik Moldau.
mol|dau|isch (Adj.) Moldau betreffend.
Mo|le (die, -, -n) 1. Hafendamm; Kai. 2. Missgeburt.
Mo|le|kül (das, -s, -e) (franz.) kleinstes Teilchen (chemische Verbindung). Molekulargewicht; Molekularverstärker.
mo|le|ku|lar (Adj.) das Molekül betreffend.
Mo|le|ku|lar|bio|lo|gie (die, -, kein Plural) Zweig der Biologie, der allgemeine Lebensvorgänge auf molekularer Ebene erforscht.
Mo|le|ku|lar|ge|ne|tik (die, -, kein Plural) Erforschung der Vererbungsvorgänge auf molekularer Ebene.
Mo|le|ku|lar|kraft (die, -, kräf|te) zwischen den Molekülen herrschende Anziehungskraft.
Mo|le|ku|lar|strah|len (die, -, nur Plural) aus elektrisch neutralen Molekülen bestehende Strahlen beim Ausströmen eines Gases in ein Vakuum.
Mo|les|kin (der/das, -s, -s) (engl.) Baumwollgewebe mit samtartiger Oberfläche.
Mo|les|ten (die, -, nur Plural) (lat.) Belästigungen; Beschwerden (veraltet).
mo|les|tie|ren (V.) (lat.) jemanden belästigen; Umstände machen.
Mo|let|te (die, -, -n) (franz.) Mörserstößel; Prägwalze.
Mol|ke (die, -, kein Plural) Milchflüssigkeit; Käsewasser. Molkenkur; molkig.
Mol|ke|rei (die, -, -en) Betrieb für die Herstellung von Milchprodukten. Molkereibutter; Molkereigenossenschaft; Molkereiprodukt.
moll (Adj.) (südd.) überreif (Obst); weich.
Moll (das, -, kein Plural) (lat.) Tonart. *Beachte:* e-Moll (*aber:* E-Dur!); e-Moll-Tonleiter. Mollakkord; Molltonart.
Mol|le (die, -, -n) 1. (nordd.) Backtrog; Mulde; 2. (lok.) Bierglas; Glas Bier. Wir trinken noch 'ne Molle. 3. (lok.) Bett.
Möl|ler (der, -s, -) in den Hochofen eingebrachtes Erz und Zuschläge.
möl|lern (V.) 1. Erze mischen; 2. Hochöfen beschicken.
Möl|le|rung (die, -, kein Plural) 1. das Mischen von Erz; 2. das Beschicken von Hochöfen.
mol|lig (Adj.) warm; rundlich.
mol|lo|chen (V.) bei einem Pferd die Alterungsspuren an den Zähnen beseitigen, um es als jung zu verkaufen.
Mol|lus|ke (die, -, -n) (lat.) Weichtier.
mol|lus|ken|ar|tig (Adj.) in der Art eines Weichtiers.
Mo|loch (der, -s, -e) Unersättliches; Schrecken.
Mo|lo|tow|cock|tail (*auch:* Mo|lo|tow-Cocktail) (der, -s, -s) (engl.) Sprengkörper; mit Benzin und Phosphor gefüllte Flasche, die wie eine Handgranate geworfen wird.
molsch (Adj.) (nordd.) 1. faulig; morsch; 2. faul; träge; 3. überreif; weich.
mol|schen (V.) (nordd.) (ugs.) 1. faulenzen; sich räkeln; 2. faulen (Obst).
mol|to (Adj.) (ital.) sehr (in der Musik); z. B. ~ allegro.
Mol|ton (der, -s, -s) (franz.) weiches, beidseitig gerautes Baumwollgewebe.
Mol|to|pren (das, -s, -e) Schaumstoff.
Mo|lyb|dän (das, -s, kein Plural) (griech.) Metall; chemischer Grundstoff (Abk.: Mo).
Mo|ment 1. (der, -s, -e) (lat.) Augenblick. 2. (das, -s, -e) (lat.) Umstand; Merkmal; Kraftwirkung (Physik).
mo|men|tan (Adv.) 1. augenblicklich. momentan kann ich nichts dagegen tun. 2. vorübergehend. momentane Schwierigkeiten.
Mo|ment|auf|nah|me (die, -, -n) Schnappschuss.

Mo|ment mu|si|cal (das, - -, -s mu|si|caux) (franz.) kurzes, stimmungsvolles Musikstück (bes. für Klavier).
mo|moll (Interj.) (schweiz.) jawohl.
Mo|na|co (*auch:* Mo|na|ko) (ohne Art., -s, kein Plural) Staat; Fürstentum an der Riviera. Monegasse; Monegassin.
Mo|na|de (die, -, -n) (griech.) Einfaches; Unteilbares; Einheit. Monadenlehre; Monadologie.
Mo|n|arch (der, -en, -en) (griech.) Herrscher.; Alleinherrscher. Monarchin.
Mo|n|ar|chie (die, -, -n) (griech.) Staatsform mit einem Monarchen als Staatsoberhaupt. konstitutionelle Monarchie.
mo|n|ar|chisch (Adj.) die Monarchie betreffend.
Mo|n|ar|chis|mus (der, -, kein Plural) Eintreten für die Monarchie.
Mo|n|ar|chist (der, -en, -en) Anhänger des Monarchismus.
mo|n|ar|chis|tisch (Adj.) den Monarchismus betreffend.
Mo|nas|te|ri|um (das, -s, -ri|en) (griech.) Kloster.
mo|nas|tisch (Adj.) (lat.) mönchisch.
Mo|nat (der, -s, -e) Zeitraum. *Beachte:* alle vier Monate; dieses Monats (Abk.: d. M.); laufenden Monats (Abk.: lfd. M.); künftigen Monats (Abk.: k. M.); nächsten Monats (Abk.: n. M.); vorigen Monats (v. M.); Monatsanfang; Monatsende; Monatserste; Monatsgehalt; Monatshälfte; Monatskarte; Monatsletzte; Monatslohn; Monatsname; Monatsrate; Monatsschrift. Adjektive: monatelang, *aber:* drei Monate lang; allmonatlich; ein zweimonatiges (2-monatiges) Praktikum; monatsweise.
mo|na|te|lang (Adj.) Monate dauernd. *Aber:* drei Monate lang.
mo|nat|lich (Adj.) jeden Monat; nach … Monaten wiederkehrend. zweimonatliche Abstände.
Mo|nats|blu|tung (die, -, -en) Menstruation.
mo|nats|wei|se (Adv.) jeden Monat.
mo|n|au|ral (Adj.) (griech.-lat.) 1. (nur) ein Ohr betreffend; für nur ein Ohr bestimmt. 2. einkanalig (in der Technik).
Mo|na|zit (der, -s, -e) (griech.) Mineral.
Mönch (der, -s, -e) (griech.) Ordensbruder. Mönchskloster; Mönchskutte; Mönchslatein; Mönchsorden; Mönchswesen.
mön|chisch (Adj.) 1. wie ein Mönch; 2. enthaltsam; zurückgezogen.
Mönch(s)|tum (das, -s, kein Plural) 1. Mönchswesen; 2. Klosterleben.
Mond (der, -s, -e) Himmelskörper. Mondaufgang; Mondbahn; Mondfleck; Mondfinsternis; Mondkrater; Mondnacht; Mondoberfläche; Mondphase; Mondpreis; Mondscheibe; Mondsee; Mondstein; Monduntergang; Mondwechsel. Adjektive: mondförmig; mondhell.
Mon|da|min (das, -s, kein Plural) Speisestärke (Wz.).
mon|dän (Adj.) (franz.) sehr elegant; welterfahren.
Mond|blind|heit (die, -, kein Plural) Augenkrankheit bei Pferden.
Mönd|chen (das, -s, -) 1. Diminutiv zu Mond; 2. halbmondförmiger Gegenstand; 3. Hörnchengebäck; 4. weiße Stelle am Fingernagel.
Mon|den|schein (der, -s, kein Plural) Mondschein; Mondenglanz.
Mond|fäh|re (die, -, -n) bemanntes Raumfahrzeug zur Landung auf dem Mond. Mondauto; Mondflug; Mondmobil; Mondumlaufbahn; Mondrakete.
Mond|fisch (des, -s, -e) Meeresfisch.
Mond|ge|sicht (das, -s, -er) (ugs.) rundes Gesicht.
Mond|jahr (das, -s, -e) Jahr von 354 Tagen, entstanden aus der Zusammenfassung von 12 Mondumläufen um die Erde.
mon|di|al (Adj.) (lat.) weltweit; weltumspannend.
Mon|di|al (das, -s) (lat.) Bezeichnung für eine künstliche Weltsprache.
Mond|kalb (das, -s, -käl|ber) 1. Kalb mit angeborener Wassersucht; Missgeburt; 2. (ugs.) dummer Mensch.
Mond|schein (der, -s, kein Plural) heller Schein des Mondes. Du kannst mir mal im Mondschein begegnen. (Ich will nichts mehr von dir wissen.).
Mond|schein|ta|rif (der, -s, -e) (ugs.) Nachttarif für das Telefonieren.
Mond|si|chel (die, -, kein Plural) Sichelform des Halbmondes.
Mond|son|de (die, -, -en) unbemannte Raumsonde zur Landung auf dem Mond und zur Datenübermittlung.
Mond|stein (der, -s, -e) Schmuckstein.
mond|süch|tig (Adj.) zur Mondsüchtigkeit neigend.
Mond|süch|tig|keit (die, -, kein Plural) Schlafwandeln. Mondsucht.
Mo|ne|gas|se (der, -n, -n) Einwohner Monacos. Monegassin; monegassisch.
mo|ne|tär (Adj.) (lat.) geldlich; finanziell.
Mo|ne|ta|ris|mus (der, -, kein Plural) (lat.) die Theorie in der Wirtschaftswissenschaft, wonach die Wirtschaft hauptsächlich über die Geldmenge gesteuert werden solle, weil ihr eine besondere Bedeutung zukomme.
Mo|ne|ta|rist (der, -en, -en) (lat.) Verfechter des Monetarismus.
mo|ne|ta|ris|tisch (Adj.) (lat.) den Monetarismus betreffend; auf dieser Theorie beruhend.
Mo|ne|ten (die, nur Plural) (ugs.) Geld.
mo|ne|ti|sie|ren (V.) zu Geld machen; in Bargeld umwandeln; z. B. Grundstücke monetisieren.
Mo|ne|ti|sie|rung (die, -, kein Plural) (lat.) die Umwandlung in Geld.
Mo|ney|ma|ker (der, -s, -) (engl.) jmd. (bes. Geschäftsmann), der aus allem Geld herauszuschlagen sucht.
Mon|go|le (der, -n, -n) Angehöriger einer Völkergruppe in Asien; Einwohner der Mongolei. Mongolin.
Mon|go|lei (die, -, kein Plural) Hochfläche und Staat in Zentralasien. Mongole; mongolisch.
Mon|go|len|fal|te (die, -, -n) Falten am Oberaugenlid bei Mongoloiden (Schlitzauge).
Mon|go|len|fleck (der, -s, -e) angeborener, später verblassender bräunlicher Hautfleck der Kreuz- und Steißbeingegend bei Mongoloiden.
mon|go|lid (Adj.) mit mongolischem Aussehen.
Mon|go|li|de (der, -n, -n) Angehöriger der mongolischen Rasse.
mon|go|lisch (Adj.) die Mongolei betreffend.

Mon|go|lis|mus (der, -, kein Plural) angeborene Behinderung (Downsyndrom).
mon|go|lo|id (Adj.) 1. den Mongoliden ähnlich; 2. an Mongolismus leidend (abwertend).
Mon|go|lo|i|de (der, -n, -n) vom Downsyndrom Betroffener.
mo|nie|ren (V.) (lat.) beanstanden; mahnen.
Mo|nie|rung (die, -, -en) (lat.) Beanstandung; Mahnung.
Mo|ni|lia (die, -, kein Plural) (lat.) ein Schlauchpilz. Erreger von Pflanzenkrankheiten.
Mo|nis|mus (der, -, kein Plural) (lat.) Lehre, dass alles auf ein einheitliches Grundprinzip zurückzuführen sei.
Mo|nist (der, -en, -en) (griech.-lat.) Anhänger des Monismus.
mo|nis|tisch (Adj.) zum Monismus gehörig; auf ihm beruhend.
Mo|ni|tor (der, -s, -e) (engl.) Bildschirm; Strahlenmessgerät.
Mo|ni|tum (das, -s, -ta) (lat.) Tadel; Rüge; Beanstandung.
mo|no (Adj.) (Kurzw.) monophon. Mono; Monoaufnahme.
mo|no.../Mo|no... (griech.) allein.../ Allein...
Mo|no|chord (das, -s, -e) (griech.) altgriechisches Musikinstrument zur Bestimmung von Tonhöhen und Intervallen.
mo|no|chrom (Adj.) (griech.) einfarbig.
Mo|n|o|die (die, -, -n) (griech.) einstimmiger, unbegleiteter Gesang.
mo|n|o|disch (Adj.) (griech.) einstimmig.
Mo|no|dra|ma (das, -s, -men) (griech.) Drama mit nur einer handelnden und sprechenden Person.
Mo|no|fil (das, -s, -e) (griech.-lat.) Kunststofffaser.
mo|no|fon (*auch* : mo|no|phon) (adj.) (griech.) einkanalig (Tontechnik). Monofonie (*auch*: Monophonie).
mo|no|gam (Adj.) (griech.) in einer Einehe lebend. monogamisch.
Mo|no|ga|mie (die, -, kein Plural) (griech.) Einehe.
mo|no|gen (Adj.) (griech.) sich ungeschlechtlich fortpflanzend.
Mo|no|ge|ne|se (*auch:* Mo|no|go|nie) (die, -, kein Plural) (griech.) ungeschlechtliche Fortpflanzung.
Mo|no|gra|fie (*auch:* Mo|no|gra|phie) (die, -, -n) (griech.) Einzeldarstellung.
mo|no|gra|fisch (*auch:* mo|no|gra|phisch) einzeldarstellend.
Mo|no|gramm (das, -s, -e) (griech.) Namenszeichen.
mo|no|hy|b|rid (Adj.) (griech.) sich nur in einer einzigen Erbanlage unterscheidend.
Mo|no|hy|b|ri|de (der, -n, -n) Bastard, der aus der Kreuzung eines monohybriden Elternpaares hervorgegangen ist.
Mo|n|o|kel (das, -s, -) (franz.) Einglas.
mo|no|klin (Adj.) (griech.) monoklines Kristallsystem: Kristallsystem, das zwei senkrecht aufeinanderstehende Achsen und eine nicht im rechten Winkel dazu stehende Achse aufweist.
Mo|no|ko|ty|le|do|ne (die, -, -n) (griech.) einkeimblättrige Pflanze.
mo|n|o|ku|lar (lat.) (Adj.) für ein Auge; mit einem Auge.
Mo|no|kul|tur (die, -, -en) (griech.-lat.) einseitige Feldwirtschaft.
Mo|no|lith (das, -s/-en, -e/-en) (griech.) Steinblock; Denkmal.
mo|no|li|thisch (Adj.) einen Monolithen betreffend; wie ein Monolith.
Mo|no|log (der, -s, -e) (griech.) Selbstgespräch.
mo|no|lo|gisch (Adj.) ein Selbstgespräch führend.
mo|no|lo|gi|sie|ren (V.) ein Selbstgespräch führen.
Mo|nom (das, -s, -e) (griech.) aus nur einem Glied bestehende mathematische Größe.
mo|no|man (Adj.) an Monomanie leidend; von einer fixen Idee besessen.
Mo|no|ma|ne (der, -n, -n) jmd., der an Monomanie leidet; von einer fixen Idee besessen ist.
Mo|no|ma|nie (die, -, -n) (griech.) fixe Idee.
mo|no|mer (Adj.) (griech.) aus einzelnen, selbstständigen Molekülen bestehend.
mo|no|misch (Adj.) (griech.) eingliedrig. Monom.
mo|no|phag (Adj.) (griech.) sich von nur einer Pflanzen- oder Tierart ernährend.
Mo|no|pha|ge (der, -n, -n) monophag lebendes Tier.
Mo|no|pha|gie (die, -, kein Plural) (griech.) Ernährung nur von einer einzigen Pflanzen- oder Tierart.
Mo|no|pho|bie (die, -, kein Plural) Angst vor dem Alleinsein (Psych.).
mo|no|phon → monofon.
Mo|no|ph|thong (der, -s, -e) (griech.) einzelner Vokal.
mo|no|ph|thon|gie|ren (V.) einen Diphthong in einen Monophthong umwandeln. Monophtongierung.
Mo|no|po|di|um (das, -s, kein Plural) einheitliche Hauptachse von Verzweigungen bei Pflanzen (Bot.).
Mo|no|pol (das, -s, -e) (lat.) Vorrecht; Marktbeherrschung. Monopolisierung; Monopolkapital; monopolistisch; monopolisieren.
Mo|no|po|list (der, -en, -en) Inhaber eines Monopols. Monopolistin; Monopolinhaber; monopolistisch.
Mo|no|pol|ka|pi|ta|lis|mus (der, -s, kein Plural) marxistische Bezeichnung für ein Stadium des Kapitalismus.
mo|no|pol|ka|pi|ta|lis|tisch (Adj.) den Monopolkapitalismus betreffend.
Mo|no|pol|stel|lung (die, -, -en) Vormachtstellung.
Mo|no|po|ly (das, -, kein Plural) Spiel.
Mo|no|p|te|ros (der, -, -ren) (griech.) Rundtempelchen.
Mo|no|the|is|mus (der, -, kein Plural) (griech.) Glaube an einen einzigen Gott.
Mo|no|the|ist (der, -en, -en) Anhänger des Monotheismus.
mo|no|the|is|tisch (Adj.) den Monotheismus betreffend.
mo|no|ton (Adj.) griech) eintönig; langweilig. **Mo|no|to|nie** (die, -, ni|en) (griech.) Eintönigkeit.
Mo|no|tro|pie (die, -, kein Plural) (griech.) einseitige Umwandelbarkeit chemischer Stoffe, die in zwei oder mehreren Modifikationen vorkommen.
Mo|n|o|xid (*auch:* Mo|n|o|xyd) (das, -s, -e) (griech.) Sauerstoffverbindung (nur ein Sauerstoffatom).
Mo|no|zel|le (die, -, -n) (griech.) Batterie.

Mo|n|ö|zie (die, -, kein Plural) (griech.) Vorkommen weibl. und männl. Blüten auf einer Pflanze; Einhäusigkeit.

mo|no|zy|k|lisch (Adj.) (griech.) nur einen Benzolring enthaltend.

Mo|no|zyt (der, -en, -en) (griech.) weißes Blutkörperchen.

Mo|no|zy|to|se (die, -, kein Plural) (griech.) vermehrtes Vorkommen von Monozyten im Blut.

Mon|sei|g|neur (der, -s, -e/-s) (franz.) Prinz; Titel hoher Adliger; hoher Geistlicher und Würdenträger (franz. Titel).

Mon|sieur (der, -/-s, Mes|sieurs) (franz.) Herr (Abk.: M.; Plural: MM.).

Mon|si|g|no|re (der, -/-s, -ri) (ital.) hoher geistlicher Würdenträger in Italien (Titel).

Mons|ter (das, -s, -) (engl.) Ungeheuer; Riesiges. Monsterfilm; Monsterkonzert; Monsterprogramm; Monsterschau.

Mons|t|ranz (der, -, -en) (lat.) Hostiengefäß.

mons|t|rös (Adj.) (lat.) 1. missgebildet; 2. ungeheuerlich.

Mons|t|ro|si|tät (die, -, -en) (lat) 1. Missbildung; 2. Ungeheuerliches.

Mon|s|t|rum (das, -s, -s|tren) (lat.) Scheusal; Ungeheuer.

Mon|sun (der, -s, -e) (arab.) Wind. Monsunregen; Monsunwald; monsunisch.

Mon|tag (der, -s, -e) Wochentag. blauer Montag (Montag, an dem man blau macht, bei der Arbeit fehlt). *Beachte:* am Montag; am (nächsten) Montagabend, *aber:* immer montagabends (*auch:* montags abend); Montagmorgen; Montagnacht; montags, montäglich; montägig. Montagsausgabe; Montagsproduktion.

Mon|ta|ge (die, -, -n) (franz.) Zusammenbau; Zusammenfügung. Montageband; Montagebauweise; Montagehalle; Montagezeit.

mon|tags (Adv.) immer am Montag.

Mon|tags|au|to (das, -s, -s) (ugs.) ein Auto, das bald nach dem Kauf Mängel aufweist. Montagsproduktion.

mon|tan (Adj.) (lat.) bergbaulich; den Bergbau betreffend.

Mon|tan|in|du|s|t|rie (die, -, -n) Bergbau und Hüttenwesen. Montangesellschaft; Montanunion; Montanwerte.

Mont|bre|tie (die, -, -n) (franz.) ein südafrikanisches Schwertliliengewächs.

Mon|teur (der, -s, -e) (franz.) Montagefacharbeiter.

Mont|gol|fi|e|re (die, -, -n) (franz.) Heißluftballon.

mon|tie|ren (V.) (franz.) aufbauen; zusammenbauen.

Mon|tie|rung (die, -, -en) das Aufbauen; Zusammenbauen.

Mon|tur (die, -, -en) (franz.) (ugs.) Arbeitskleidung.

Mo|nu|ment (das, -s, -e) (lat.) Denkmal.

mo|nu|men|tal (Adj.) (lat.) gewaltig; riesig; denkmalartig. Monumentalausgabe; Monumentalbau; Monumentalfilm; Monumentalgebäude; Monumentalschrift.

Mo|nu|men|ta|li|tät (die, -, kein Plural) (lat.) Riesenhaftigkeit.

Moon|boot (der, -s, -s) (engl.) Winterstiefel.

Moor (das, -s, -e) Sumpfland. Moorboden; Moorhuhn; Moorkohle; Moorkolonie; Moorkur; Moorsiedlung; moorig.

Moor|bad (das, -es, -bä|der) Heilbad in Moor und Wasser.

moor|ba|den (V., nur im Infinitiv) in Moorerde baden.

Moor|kul|tur (die, -, -en) landwirtschaftliche Nutzung von Mooren.

Moor|lei|che (die, -, -n) Leichnam, der im Moor konserviert gefunden wird, meist aus prähistorischer Zeit.

Moos (das, -es, -e) 1. Sumpf; Pflanze (Plural *auch:* Möser). 2. (ugs., ohne Plural) Geld. Moosart; Moosbeere; moosartig; moosbedeckt; moosgrün.

moo|sig (Adj.) 1. moosbewachsen; 2. (südd.) morastig.

Mo|ped (das, -s, -s) leichtes Motorrad. Mopedfahrer.

Mopp (der, -s, -s) (engl.) Staubbesen.

Mop|pel (der, -s, -) (ugs.) kleiner, dicker Mensch.

mop|pen (V.) mit dem Staubbesen säubern.

Mops (der, -es, Möp|se) Hunderasse. Mopsgesicht; Möpschen.

mop|sen (V.) (ugs.) stehlen; sich langweilen.

mops|fi|del (Adj.) (ugs.) sehr vergnügt.

mop|sig (Adj.) 1. klein und dick; 2. langweilig; 3. frech. Er macht sich mopsig.

Mo|ral (die, -, kein Plural) (lat.) 1. Sittlichkeit. 2. Nutzanwendung; Die Moral von der Geschichte. 3. Stimmung. Moralbegriff; Moralgesetz; Moralkodex; Morallehre; Moralphilosophie; Moralprinzip.

Mo|ra|lin (das, -s, kein Plural) spießbürgerliche Sittlichkeit.

mo|ra|lin|sau|er (Adj.) (ugs.) scheinheilig; übertrieben moralisch.

mo|ra|lisch (Adj.) (lat.) der Moral entsprechend; sittlich. Ich werde moralisch unter Druck gesetzt. Heute habe ich meinen Moralischen (ugs.) (bin sehr niedergeschlagen).

mo|ra|li|sie|ren (V.) (franz.) sittliche Überlegungen anstellen; Moralpredigten halten.

Mo|ra|lis|mus (der, -, kein Plural) (lat.) Lehre vom Vorrang sittlicher Grundsätze vor anderen Verhaltensweisen.

Mo|ra|list (der, -en, -en) (lat.) Anhänger des Moralismus; Moralprediger; Sittenlehrer. moralistisch.

Mo|ra|li|tät 1. (die, -, kein Plural) (lat.) Sittlichkeit; 2. (meist im Plural) im Mittelalter ein geistliches Schauspiel.

Mo|ral|pre|digt (die, -, -en) (ugs.) ernste Ermahnung; Strafpredigt; Donnerwetter; Epistel; Gardinenpredigt; Lektion; Standpauke. Moralpauke.

Mo|ral|theo|lo|gie (die, -, kein Plural) (lat.) wissenschaftliche Disziplin, behandelt die katholische Sittenlehre.

Mo|rä|ne (die, -, -n) (franz.) Geröllablagerung. Moränenlandschaft; Endmoräne.

Mo|rast (der, -s, -e/-räs|te) Schlamm; Sumpf. Wir haben einen Morast an Verkommenheit vorgefunden. Morastboden.

mo|ras|tig (Adj.) schlammig; schmutzig.

Mo|ra|to|ri|um (das, -s, -ri|en) (lat.) Zahlungsaufschub; Verzug.

mor|bid (Adj.) (lat.) kränklich; verfallend.

Mor|bi|di|tät (die, -, kein Plural) (lat.) 1. Krankheitsstand; 2. Morschheit; 3. statistische Erfassung der Häufigkeit von Erkrankungen innerhalb der Bevölkerung.

Mor|chel (die, -, -n) Pilz.
Mord (der, -s, -e) Tötung. Morddrohung; Mörderhand; Mordfall; Mordgeschichte; Mordinstrument; Mordkommission; Mordprozess; Mordtat; Mordverdacht; Mordversuch; Mordwaffe.
Mord|an|schlag (der, -s, -schlä|ge) geplanter Mord.
mor|den (V.) einen Mord begehen; ermorden; meucheln; umbringen; umlegen.
Mor|dent (der, -s, -e) (ital.) einmaliger Wechsel mit dem nächst tieferen Ton; Pralltriller.
Mör|der (der, -s, -) jemand, der vorsätzlich getötet hat. Mörderin.
Mör|der|gru|be (die, -, kein Plural) (in der Wendung:) Man soll aus seinem Herzen keine Mördergrube machen (frei heraus reden).
mör|de|risch (Adj.) schrecklich; schwer zu ertragen. mörderische Hektik; mörderisches Klima.
Mord|gier (die, -, kein Plural) Drang zum Morden; Bestialität; Blutdurst; Blutrausch; Mordlust.
mord|gie|rig (Adj.) blutdurstig; blutrünstig; bestialisch; blutgierig.
mords.../Mords... (ugs.) stark; groß. Mordsarbeit; Mordsding; Mordsdurst; Mordsgaudi; Mordshitze; Mordshunger; Mordskerl; Mordskrach; Mordsschreck(en); Mordsspaß; Mordsspektakel; mordswenig.
mords|mä|ßig (Adj.) gewaltig; sehr.
Mo|rel|le (die, -, -n) Sauerkirsche.
Mo|ren|do (das, -s, -s/-di) (lat.-it.) erlöschend, hinsterbend (musik. Vortragsanweisung).
Mo|res (ohne Artikel, nur Plural) (lat.) Anstand; gutes Benehmen. jemanden (Akkusativ!) Mores lehren (zurechtweisen).
Mo|res|ca (die, -, res|che) (ital.) maurischer Tanz (im 15./17. Jh.)
Mo|res|ke (die, -, -n) (franz.) → Maureske.
mor|gen (Adv.) am nächsten Tag; morgens; künftig. morgen Abend/früh (*auch:* Früh) Nachmittag/Nacht; bis morgen; frühmorgens; morgens; morgendlich; die Generation von morgen; morgenfrisch.
Mor|gen (der, -s, -) frühe Tageszeit. am Morgen. guten Morgen! das Heute und das Morgen; Morgendämmerung; Morgenfrühe; Morgengymnastik; Morgenlicht; Morgennebel; Morgenrot; Morgensonne; Morgenspaziergang; Morgenstunde.
Mor|gen|duft (der, -s, kein Plural) Apfelsorte.
Mor|gen|grau|en (das, -s, kein Plural) der anbrechende Morgen; Morgendämmerung.
Mor|gen|land (das, -s, kein Plural) Orient.
Mor|gen|län|der (der, -s, -) Orientale.
mor|gen|län|disch (Adj.) orientalisch.
Mor|gen|luft (die, -, kein Plural) 1. frische Luft des Morgens; 2. Anzeichen für eine günstige politische oder wirtschaftliche Entwicklung. Morgenluft wittern.
Mor|gen|man|tel (der, -s, -män|tel) Morgenrock.
Mor|gen|rock (der, -s, rö|cke) mantelartiges Kleidungsstück, das nach dem Aufstehen übergezogen wird.
Mor|gen|rö|te (die, -, kein Plural) 1. Morgenrot; 2. Anbruch einer neuen Zeit.
mor|gens (Adv.) am Morgen.
Mor|gen|stern 1. (der, -s, kein Plural) die Venus am Morgenhimmel; 2. (der, -s, -e) mittelalterliche Schlagwaffe.
mor|gig (Adj.) morgen stattfindend. am morgigen Tag.
mo|ri|bund (Adj.) (lat.) kurz vor dem Tode stehend; dem Sterben nahe; todgeweiht.
Mo|ri|nell (der, -s, -e) Regenpfeifer; Schnepfenvogel.
Mo|ris|ke (der, -n, -n) nach dem Ende der arabischen Herrschaft in Spanien zurückgebliebener Maure, der sich hatte taufen lassen. Moriskentänzer.
Mo|ri|tat (die, -, -en) Bänkellied. Moritatensänger.
Mor|mo|ne (der, -n, -n) Anhänger einer nordamerikanischen Sekte.
Mor|mo|nen|tum (das, -s, kein Plural) Wesen der mormonischen Sekte.
mor|mo|nisch (Adj.) das Mormonentum betreffend, ihm angehörend.
Mor|phem (das, -s, -e) (griech.) kleinster Bedeutungsträger (Sprache).
Mor|phe|ma|tik (die, -, kein Plural) Wissenschaft von den Morphemen.
mor|phen (V.) grafisch übergangslose Verwandlung eines Bildes in ein anderes mithilfe eines computergesteuerten Verfahrens.
Mor|pheus (der, -, kein Plural) griechischer Gott des Schlafes.
Mor|phin (das, -s, kein Plural) (griech.) Schmerzmittel. Morphium; Morphiumspritze; Morphiumsucht; morphiumsüchtig.
Mor|phi|nis|mus (der, -, kein Plural) Vergiftung durch Gewöhnung an Morphin. Morphiumsucht.
Mor|phi|nist (der, -en, -en) jmd., der an Morphinismus leidet.
Mor|pho|ge|ne|se (*auch:* Mor|pho|ge|ne|sis) (die, -, -ne|sen) Ursprung und Entwicklung von Geweben oder Organen eines pflanzlichen oder tierischen Organismus. Morphogenie; morphogenetisch.
mor|pho|ge|ne|tisch (Adj.) gestaltbildend.
Mor|pho|lo|gie (die, -, kein Plural) (griech.) Formenlehre; Gestaltlehre. morphologisch; Morphologe; Morphologin.
mor|pho|lo|gisch (Adj.) die äußere Gestalt betreffend.
Mor|pho|me|t|rie (die, -, kein Plural) (griech.) Messung der äußeren Formen (von Organen u. a.). Messung der Geländeformen.
morsch (Adj.) brüchig; alt.
mor|schen (V.) etwas wird brüchig; etwas wird morsch.
Morsch|heit (die, -, kein Plural) Brüchigkeit.
Mor|se|al|pha|bet (*auch:* Mor|se-Al|pha|bet) (das, -s, kein Plural) nach dem amerikanischen Erfinder S. Morse benanntes codiertes Telegrafenalphabet.
mor|sen (V.) Morsezeichen senden. Morseapparat (*auch:* Morse-Apparat); Morsezeichen.
Mör|ser (der, -s, -) 1. Gefäß; 2. Granatwerfer. **mör|sern** (V.) mit dem Mörser zerstoßen. Mörserstößel.
Mor|ta|del|la (die, -, -s) (ital.) Wurst.
Mor|ta|li|tät (die, -, kein Plural) (lat.) Sterblichkeitsrate.
Mör|tel (der, -s, -) Baustoff. Mörtelkelle; Mörtelpfanne; mörteln.
Mor|ti|fi|ka|ti|on (die, -, kein Plural) das Mortifizieren.

mor|ti|fi|zie|ren (V.) (lat.) 1. absterben lassen; abtöten; z. B. Körpergewebe mortifizieren; Begierden mortifizieren. 2. für ungültig erklären.
Mo|ru|la (die, -, kein Plural) (lat.) maulbeerähnlicher Verband von Zellen; früheste Entwicklungsstufe des Embryos, Maulbeerkeim.
Mo|sa|ik (das, -s, -e/-en) (griech.) Ornament. Mosaikarbeit; Mosaikbild; Mosaikfußboden; Mosaikglas; Mosaikstein.
mo|sa|ik|ar|tig (Adj.) wie ein Mosaik.
mo|sa|isch (Adj.) von Moses stammend.
Mo|sam|bik (ohne Art., -s, kein Plural) Staat in Ostafrika. Mosambikaner; mosambikanisch.
Mosch (der, -s, kein Plural) (lok.) Abfall, Überbleibsel.
Mo|schee (die, -, -n) (arab.) islamisches Gebetshaus.
mo|schen (V.) (lok.) vergeuden.
Mo|schus (der, -, kein Plural) (sanskr.) Duftstoff. Moschusgeruch; moschusartig.
Mo|schus|och|se (der, -n, -n) kleines arktisches Rind.
Mo|schus|tier (das, -s, -e) kleiner asiatischer Hirsch, dessen Sekret (des Männchens) zur Parfümherstellung verwendet wird.
mo|sern (V.) (jidd.) (ugs.) schimpfen; nörgeln; herummeckern; herumkritteln.
Mos|ki|to (der, -s, -s) (span.) Stechmücke. Moskitonetz; Moskitostich.
Mos|lem (*auch:* Mus|lim) (der, -s, -s) (arab.) Mohammedaner. Moslembruderschaft; Moslime; moslemisch.
mos|so (Adv.) (ital.) lebhaft, bewegt, rasch (bei Musikstücken).
Most (der, -s, -e) Obstwein; Fruchtsaft.
mos|ten (V.) Most herstellen.
Mos|te|rei (die, -, -en) 1. Herstellungsbetrieb von Most; 2. (schweiz.) Gedränge.
Most|rich (der, -s, kein Plural) (nordd.) Senf.
Mo|tel (das, -s, -s) (engl.) Autobahnhotel.
Mo|tet|te (die, -, -n) (ital.) mehrstimmiger Choralgesang. Motettenstil.
Mo|ti|li|tät (die, -, kein Plural) (lat.) Beweglichkeit (Muskeln).
Mo|ti|on (die, -, -ti|o|nen) (lat.) Bewegung.
Mo|tiv (das, -s, -e) (lat.) Beweggrund; Melodie; Thema. Motivforschung; Motivsammler; Motivsuche.
Mo|ti|va|ti|on (die, -, -en) (lat.) subjektive Beweggründe, die das Handeln eines Menschen bestimmen.
mo|ti|vie|ren (V.) jemanden zu einer Tätigkeit anregen; aktivieren.
Mo|ti|vie|rung (die, -, -en) Anregung.
Mo|ti|vik (die, -, kein Plural) in der Musik die Kunst der Verarbeitung eines Motivs.
mo|ti|visch (Adj.) die Motivik betreffend. motivische Arbeit.
Mo|to|cross (*auch:* Mo|to-Cross) (das, -, -e) (engl.) Geländefahren (Motorrad).
Mo|tor (der, -s, -en) (lat.) Antriebsmaschine. Motorblock; Motorboot; Motorenlärm; Motorfahrzeug; Motorgeräusch; Motorhaube; Motorisierung; Motoröl; Motorroller; Motorsäge; Motorschiff; Motorschlitten; Motorsegler; Motorsport; einmotorig.
Mo|tor|rad (das, -s, -rä|der) Kraftrad; Feuerstuhl; heißer Ofen; Krad. Motorradfahrer.
Mo|to|rik (die, -, kein Plural) (lat.) Bewegungslehre.
Mo|to|ri|ker (der, -s, -) (lat.) bewegungsorientierter Mensch.
mo|to|risch (Adj.) 1. maschinengetrieben; 2. bewegend; treibend. motorische Nerven.
mo|to|ri|sie|ren (V.) mit einem Motor oder mit Kraftfahrzeugen ausstatten.
mo|to|ri|siert (Adj.) (ugs.) ein Kraftfahrzeug besitzen. Ich bin motorisiert.
Mot|te (die, -, -n) Insekt. Du kriegst die Motten! (Ausruf der großen Überraschung). Mottenfraß; Mottenkugel; Mottenpulver.
mot|ten|echt (Adj.) mottenfest.
mot|ten|fest (Adj.) sicher vor Mottenfraß.
Mot|ten|kis|te (die, -, kein Plural) (ugs.) aus der Mottenkiste sein (alt, unmodern sein).
Mot|to (das, -s, -s) (ital.) Leitspruch; Losung.
Mot|ze (die, -, -n) Formgerät des Glasbläsers.
mot|zen (V.) (ugs.) schimpfen.
mot|zig (Adj.) nörgelnd; schimpfend; verdrießlich.
mouil|lie|ren (V.) (franz.) Konsonanten mouillieren: weich aussprechen, beim Aussprechen ein »j« nachklingen lassen.
Mou|la|ge (die, -, -n) (franz.) Abguss; Abdruck; farbiges Wachsmodell (z. B. eines Organs).
Mou|li|ne (der, -s, -s) (franz.) Zwirn; Stoff.
mou|li|nie|ren (V.) (franz.) Seidenfäden zwirnen.
Mouse|pad (das, -s, -s) Unterlage für das staubfreie Rollen der Computermaus.
Mousse (nicht trennbar) (die, -, -s) (franz.) Schokoladenschaumspeise.
Mous|seux (der, -, -) (franz.) Schaumwein.
mous|sie|ren (V.) (franz.) prickeln; schäumen; perlen.
Mous|té|ri|en (das, -s, kein Plural) (franz.) Stufe der jüngeren Altsteinzeit.
Mo|vens (das, -, kein Plural) (lat.) treibende Kraft; Antriebskraft.
Mo|vie (das, -s, -s) (lat.-franz.-engl.-amerik.) Bezeichnung für einen Kinofilm.
mo|vie|ren (V.) (lat.) 1. ein Wort nach dem jeweiligen Geschlecht abwandeln. 2. zu einer maskulinen Personenbezeichnung die feminine Bezeichnung bilden.
Mo|vie|rung (die, -, -en) (lat.) das Movieren.
Mo|vi|men|to (das, -s, -ti) (lat.-ital.) das Zeitmaß; das Tempo (in der Musik).
Mö|we (die, -, -n) Seevogel. Möwenei; Möwenschrei.
Moz|ara|ber (der, -s, -) (arab.) christlicher Einwohner Spaniens während der arabischen Herrschaft, der die maurische Sprache und Kultur angenommen hatte.
Mo|zart|ku|gel (die, -, -n) Praline.
MP (*auch:* MPi) (die, -, -s) (Abk.) **M**aschinen**p**istole; **M**ilitary **P**olice.
Mr (Abk.) **M**iste**r**.
Mrd. (Abk.) **M**illia**rd**e(n).
Mrs (Abk.) Missis; **M**ist**r**es**s**.
MS (Abk.) **M**otor**s**chiff.
Ms. (*auch:* Mskr.) (Abk.) **M**anu**s**kript (Plural: Mss.).
m/s (Abk.) **M**eter pro **S**ekunde.
Mt (Abk.) **M**ega**t**onne.

MTA (Abk.) **m**edizinisch-**t**echnische **A**ssistentin.
Much (der, -s, -e) (lok.) Schimmelpilz.
mu|cheln (*auch:* mü|cheln) (lok.) schimmelig riechen; verderben.
much|lig (Adj.) (lok.) muffig; verdorben.
Mu|cke (die, -, -n) 1. (südd.) Mücke. Mit Geduld und Spucke fängt man eine Mucke. 2. (die, -, nur Plural) (ugs.) Grillen; Launen; Sonderbarkeiten. Wir haben alle unsere Mucken.
Mü|cke (die, -, -n) Insekt. Mückenplage; Mückenstich.
Mu|cke|fuck (der, -s, kein Plural) (ugs.) dünner Kaffee.
mu|cken (V.) sich leise bewegen; aufbegehren.
Mu|cker (der, -s, -) 1. Frömmler; heuchlerischer Mensch; 2. mürrischer Mensch.
Mu|cker|tum (das, -s, kein Plural) Heuchelei.
mu|ckisch (*auch:* mucksch) (Adj.) (lok.) launisch sein.
Mucks (*auch:* Muck|ser) (der, -es, -e) kaum hörbarer Laut.
muck|sen (V.) mucken.
mucks|mäus|chen|still (Adj.) (ugs.) ganz leise.
Mu|cor (der, -s, kein Plural) ein Schimmelpilz.
Mud (der, -s, kein Plural) (nordd.) Morast; Sumpf.
Mud|de (die, -, kein Plural) organisches Sedimentgestein, das einer Fäulnis unterliegt.
Mud|del (der, -s, - (lok.) 1. trübe Bestandteile in Flüssigkeiten; 2. liederliche Arbeit. Muddelei.
mud|deln (V.) (lok.) 1. schmieren; 2. planlos arbeiten.
mud|dig (Adj.) (lok.) schlammig; trübe.
mü|de (Adj.) schläfrig; erschöpft; matt, überdrüssig (mit Genitiv!). Ich bin der Streitereien müde. *Auch:* Ich bin es müde zu streiten. Müdigkeit.
Mu|de|jar (der, -s, -en) (arab.-span.) nach der arabischen Herrschaft in Spanien zurückgebliebener Maure.
Mu|d|scha|hed|din (die, nur Plural) (arab.) Sammelbezeichnung für moslemische Rebellengruppen in Afghanistan (eigentlich: Kämpfer im Dschihad). Mudschahed.
Mu|ez|zin (der, -s, -s) (arab.) Gebetsrufer.
Muff 1. (der, -s, kein Plural) (nordd.) Modergeruch; Schimmel. Muffigkeit; muffig. 2. (der, -s, -e) (niederl.) Handwärmer.
Muf|fe (die, -, -n) Rohrverbindung; (ugs.) Angst. Muffensausen.
Muf|fel (der, -s, -) 1. (ugs.) mürrischer Mensch; 2. Mufflon; Muffelwild. 3. (die, -, -n) feuerfestes Gefäß zum Brennen von Porzellan.
muf|fe|lig (*auch:* muff|lig) (Adj.) (ugs.) mürrisch; schlecht gelaunt.
muf|feln (V.) 1. muffig riechen; 2. (ugs.) mürrisch sein; 3. ständig kauen. Er muffelt ständig vor sich hin.
muf|fig (Adj.) 1. dumpf riechend; faulig; 2. muffelig.
Muf|fig|keit (die, -, kein Plural) 1. Dumpfheit; 2. Mürrischsein.
Muf|fin (das, -s, -s) (engl.) brötchenartiges Kleingebäck aus Hefe- oder Mürbteig.
Muf|flon (der, -s, -s) (franz.) wildes Schaf.
Muf|ti (der, -s, -s) (arab.) Rechtsgelehrter (Islam).
Mü|he (die, -, -n) Anstrengung. mit Müh und Not; sich Mühe geben. Mühelosigkeit; Mühsamkeit; mühelos; mühevoll; mühsam.
mu|hen (V.) brüllen (Kuh).
mü|hen (V., refl.) sich anstrengen; sich plagen.
Müh|sal (die, -, kein Plural) Not; Plage.
müh|sam (Adj.) anstrengend; beschwerlich; mühselig.
müh|selig (Adj.) anstrengend; strapaziös. Mühseligkeit.
Müh|le (die, -, -n) 1. Mahlwerk. Dieser Vorfall war Wasser auf seine Mühlen (bestärkt seine Meinung). 2. Brettspiel; 3. im Sport ein Ringergriff. Mühlenarbeiter; Mühlespiel; Mühlrad; Mühlstein; Mühlwehr; Mühlwerk.
Mühl|rad (das, -s, -rä|der) Wasser- oder Windrad einer Mühle.
Mühl|stein (der, -s, -e) Stein für das Getreidemahlen.
Mühl|stein|kra|gen (der, -s, -) Halskrause.
mu|kös (Adj.) (lat.) schleimig (medizinische Bezeichnung).
Mu|ko|sa (die, -, -sen) (lat.) Schleimhaut.
Mu|lat|te (der, -n, -n) (span.) Mischling mit schwarzen und weißen Vorfahren. Mulattin.
Mulch (der, -s, -e) organische Deckschicht des Bodens.
mul|chen (V.) mit Mulch bedecken.
Muld|brett (das, -s, -er) Gerät zum Ebnen von Bodenflächen.
Mul|de (die, -, -n) Senke.
mul|den|för|mig (Adj.) wie eine Senke.
Mu|le|ta (die, -, -s) (span.) rotes Tuch (Stierkampf).
Mu|li (das, -s, -s) (südd.) Maulesel.
Mull (der, -s, -e) 1. Baumwollgewebe. 2. Humus. Mullbinde; Mullgardine; Mullwindel.
Müll (der, -s, kein Plural) Abfall; Kehricht. Müllabfuhr; Müllabladeplatz; Müllauto; Müllbeutel; Mülldeponie; Mülleimer; Müllgrube; Müllhaufen; Müllkippe; Müllmänner; Müllschlucker; Mülltonne; Müllverbrennung; Müllverbrennungsanlage; Müllwagen.
Mul|lah (der, -s, -s) (arab.) islamischer Geistlicher, Gelehrter.
Mül|ler (der, -s, -) 1. Handwerker; 2. Mehlkäfer. Müllerbursche.
Mül|le|rei (die, -, -en) Handwerksbetrieb des Müllers.
Mül|le|rin (die, -, -nen) Frau des Müllers. Forelle auf/nach Müllerinart.
Mull|läpp|chen (*auch:* Mull-Läpp|chen) kleines Stoffstück aus Mull.
Mulm (der, -s, kein Plural) zerbröckelndes, verwesendes Holz; verwitterndes Gestein.
mul|men (V.) etwas zerfällt zu Mulm.
mul|mig (Adj.) 1. mehlig; morsch; 2. (ugs.) gefährlich; unbehaglich. Mir ist mulmig zumute.
mul|ti.../Mul|ti... (lat.) viel.../Viel...
Mul|ti (der, -s, -s) (lat.) (Kurzw.) (ugs.) multinationaler Konzern.
mul|ti|funk|ti|o|nal (lat.) mehrfunktional.
mul|ti|la|te|ral (Adj.) (lat.) mehrseitig. multilaterale Verträge. Multilateralismus.
Mul|ti|me|dia (das, -(s), kein Plural) kombinierter Einsatz von visuellen und akustischen Medien. Multimediasystem; Multimediaveranstaltung; Multimediashow.

mul|ti|me|di|al (Adj.) (lat.) verschiedene Medien verwendend; für mehrere Medien bestimmt.
Mul|ti|mil|li|o|när (der, -s, -e) mehrfacher Millionär.
mul|ti|na|ti|o|nal (Adj.) (lat.) mehrere Staaten umfassend.
mul|ti|pel (Adj.) mehrfach, vielfältig.
Mul|ti|p|le-Choice-Ver|fah|ren (das, -s, -) Prüfungsverfahren.
mul|ti|plex (Adj.) (lat.) vielfältig (veraltet).
Mul|ti|pli|kand (der, -en, -en) (lat.) Zahl, die mit einer anderen multipliziert werden soll (z. B. die 6 in 3 x 6).
Mul|ti|pli|ka|ti|on (die, -, -en) (lat.) Vervielfältigung.
mul|ti|pli|ka|tiv (Adj.) (lat.) vervielfachend.
Mul|ti|pli|ka|tor (der, -s, -en) (lat.) die multiplizierende Zahl (z. B. die 3 in 3 x 6).
mul|ti|pli|zie|ren (V.) vervielfachen, malnehmen.
Mul|ti|pli|zi|tät (die, -, kein Plural) (lat.) mehrfaches Vorhandensein.
Mul|ti|pro|gram|ming (das, -s, kein Plural) (engl.) Betriebssystem für mehrere Benutzer (EDV).
Mul|ti|tas|king (das, -(s), kein Plural) gleichzeitiges Ausführen mehrerer Aufgaben, Tätigkeiten (in einem Computer).
mul|ti|va|lent (Adj.) (lat.) mehrwertig.
Mul|ti|va|lenz (die, -, kein Plural) (lat.) 1. in der Psychologie Bezeichnung für die Vielfalt der Verhaltensmuster in einer Gesellschaft; 2. die Fähigkeit des Einzelnen, sich diesen Mustern anzugleichen.
Mul|ti|vi|si|on (die, -, -si|o|nen) (lat.) gleichzeitige Projektion von Dias. Multivision(s)show; Multivisionswand.
Mu|mie (die, -, -n) (arab.) einbalsamierte Leiche. Mumienporträt; Mumiensarg.
mu|mi|en|haft (Adj.) mit dem Aussehen einer Mumie.
Mu|mi|fi|ka|ti|on (die, -, kein Plural) Mumifizierung.
mu|mi|fi|zie|ren (V.) eine Leiche behandeln zum Schutz vor Verwesung; einbalsamieren.
Mu|mi|fi|zie|rung (die, -, kein Plural) 1. Einbalsamierung; 2. in der Medizin Gewebeeintrocknung.
Mumm (der, -s, kein Plural) (ugs.) Mut.
Mum|me (die, -, -n) Larve; Maske.
Mum|mel 1. die, -, -n) Teichrose; 2. (*auch:* Müm|mel) (der, -, -n) (nordd.) Vermummter.
Müm|mel|greis (der, -es, -e) (ugs.) zahnloser alter Mann.
Müm|mel|mann (der, -s, -män|ner) (ugs.) Hase.
müm|meln (V.) (ugs.) 1. wie zahnlose Menschen kauen; 2. äsen (des Hasen oder Kaninchens).
mum|meln (V.) (ugs.) 1. undeutlich, zwischen den Zähnen sprechen; 2. halblaut vor sich hin schimpfen.
Mum|men|schanz (der, -s, kein Plural) Maskerade.
Mump|fel (der, -s, Mümp|fel) (südd.) Imbiss; Mundvoll.
Mümp|fe|li (*auch:* Mümp|fli) (das, -s, -s) (schweiz.) Süßigkeit vor dem Schlafengehen; Betthupferl.
mump|feln (*auch:* mümp|feln) (V.) (südd.) wie zahnlose Menschen kauen.
Mum|pitz (der, -es, kein Plural) (ugs.) Unsinn; Blödsinn.
Mumps (der/die, -, kein Plural) (engl.) Infektionskrankheit.
Mund (der, -s/-es, Mün|der) Gesichtsöffnung. Mundddusche; Mundgeruch; Mundhöhle; Mundkommunion; Mündlichkeit; Mundpartie; Mundpflege; Mundpropaganda; Mundschleimhaut; Mundschutz; Mundtuch; nimm doch ein paar Mund voll (*auch:* Mundvoll) Suppe; den Mund voll nehmen (prahlen); Mundwinkel; Adjektiv: mundgeblasen.
Mund|art (die, -, -en) Dialekt. Mundartdichter; Mundartforschung; Mundartsprecher; Mundartwörterbuch.
mund|art|lich (Adj.) (Abk.: mdal.) im Dialekt.
Mün|del (das, -s, -) Minderjährige(r). eine unter Vormundschaft stehende minderjährige oder (entmündigte) volljährige Person.
Mün|del|geld (das, -s, -er) das Vermögen einer nicht voll geschäftsfähigen Person.
mün|del|si|cher (Adj.) gesetzlich zugelassen zur Anlage von Mündelgeldern. mündelsichere Wertpapiere. Mündelsicherheit.
mun|den (V.) schmecken. Es mundet mir sehr. (Es schmeckt mir sehr.).
mün|den (V.) enden; hineinfließen. Die meisten Flüsse münden ins Meer. Unsere Gespräche münden häufig in heftigen Streitereien.
mund|faul (Adj.) (ugs.) schweigsam; träge bei der Unterhaltung. mundfertig.
Mund|fäu|le (die, -, kein Plural) Entzündung der Mundschleimhaut.
Mund|flo|ra (die, -, kein Plural) Besiedelung der Mundschleimhaut mit Mikroorganismen.
mund|ge|recht (Adj.) zum bequemen Essen zubereitet. Er bekam das Fleisch in mundgerechten Portionen.
Mund|har|mo|ni|ka (die, -, -s) Blasinstrument mit durchschlagenden Zungen.
mün|dig (Adj.) volljährig.
Mün|dig|keit (die, -, kein Plural) Volljährigkeit. Mündigkeitserklärung.
mün|dig spre|chen (*auch:* mün|dig|spre|chen) (V., sprach mündig, hat mündig gesprochen/ mündiggesprochen) für volljährig erklären. Sie sprachen ihn mündig. Mündigsprechung.
münd|lich (Adj.) nur gesprochen; nicht schriftlich. mündliche Prüfung.
M-und-S-Rei|fen (der, -s, -) (Kurzw.) Matsch-und-Schnee-Reifen.
Mund|stück (das, -s, -e) Teil eines Gerätes oder Instruments.
mund|tot (Adj.) zum Sprechen unfähig. Man hat ihn mundtot gemacht. (Man hat ihn zum Schweigen gebracht.).
Mund|tuch (das, -s, -tü|cher) Serviette.
Mün|dung (die, -, -en) Öffnung; Einlauf (Fluss, Straße). Mündungsfeuer.
Mund|raub (der, -s, kein Plural) strafbare Entwendung einer Sache von geringem Wert aus Not oder Leichtsinn.
Mund|schenk (der, -s, -e) im Mittelalter Bezeichnung für den für die Getränke zuständigen Hofbeamten.
Mund|voll (*auch:* Mund voll) (der, -, -) die Menge, die in den Mund geht. Nimm doch ein paar Mund voll (*auch:* Mundvoll) Suppe. den Mund vollnehmen (prahlen).
Mund|vor|rat (der, -s, -rä|te) Lebensmittel in kleinen Mengen auf Reisen.

Mund'was'ser (das, -s, -wäs'ser) Flüssigkeit zur Mundpflege.
Mund'werk (das, -s, kein Plural) (ugs.) Redegabe. Sie hat ein großes Mundwerk. (Sie redet gern und viel.). Er hat ein freches Mundwerk.
Mund'werk'zeu'ge (die, -, nur Plural) umgeformte Gliedmaßenpaare, die bei Gliederfüßlern zur Nahrungsaufnahme dienen.
Mund-zu-Mund-Be'at'mung (die, -, -en) Wiederbelebungsmaßnahme.
Mun'go (der, -s, -s) (engl.) 1. Schleichkatze; 2. Gewebe.
Mu'ni'ti'on (die, -, -ti'o'nen) (franz.) Schießmaterial. Munitionierung; Munitionsdepot; Munitionsfabrik; Munitionslager.
mu'ni'ti'o'nie'ren (V.) (franz.) mit Munition versehen.
mu'ni'zi'pal (Adj.) (lat.) städtisch.
mun'keln (V.) (ugs.) flüstern; heimlich verbreiten. Ich munk(e)le. Im Dunkeln ist gut munkeln. Munkelei.
Müns'ter (das, -s, -) Klosterkirche. Münsterbau; Münsterturm.
mun'ter (Adj.) lebhaft; frisch. Munterkeit; Muntermacher.
Mün'ze (die, -, -n) Geldstück. Münzamt; Münzautomat; Münzensammlung; Münzfernsprecher; Münzgewicht; Münzkunde; Münzprägung; Münzprobe; Münzrecht; Münztank; Münztechnik; Münzverbrechen; Münzwechsler; Münzwesen; Münzwissenschaft; Münzzähler.
mün'zen (V.) 1. Münzen prägen; 2. auf etwas anspielen, zielen. das war nicht auf dich gemünzt (damit habe ich nicht dich gemeint).
Mu'rä'ne (die, -, -n) (griech.) Fisch.
mürb (*auch:* mür'be) (Adj.) weich; locker, zermürbt. Mürbe; Mürbeteig; Mürbheit.
Mu're (die, -, -n) Schlamm-, Gesteinslawine. Murbruch; murig.
Mur'gang (der, -s, kein Plural) Murbruch; Mure.
mu'ri'a'tisch (Adj.) (lat.) Kochsalz enthaltend (von Heilquellen).
Mu'ring (die, -, -e) (engl.) Vorrichtung zum Auswerfen zweier Anker.
Mur'kel (das, -s, -) 1. (nordd.) kleines Kind; Säugling; 2. missratene Frucht.
Murks (der, -s, kein Plural) (ugs.) Pfuscherei; schlechte Arbeit.
murk'sen (V.) (ugs.) pfuschen; schlecht arbeiten.
Murk'ser (der, -s, -) (ugs.) jemand, der Murks abliefert.
Mur'mel (die, -, -n) Kügelchen (Kinderspielzeug). Murmelspiel.
mur'meln (V.) leise sprechen.
Mur'mel'tier (das, -s, -e) Nagetier.
mur'ren (V.) sich beschweren; schlecht gelaunt sein. Mürrischkeit; mürrisch.
Mus (das, -es, -e) Brei. Apfelmus; musartig.
Mu's'a'get (der, -en, -en) (griech.-lat.) Freund der Musen; Gönner von Kunst und Wissenschaft.
Mus'ca'det (der, -s, -s) (franz.) trockener Weißwein.
Mu'schel (die, -, -n) Schalentier. Muschelbank; Muschelgeld; Muschelkalk; Muschelkrebs; Muschelschale; musch(e)lig; muschelförmig.
Mu'schik (der, -s, -s) (russ.) Bauer im zaristischen Russland.
Mu'schir (der, -s, -e) (arab.) türkischer Feldmarschmall (früher).
Mu'se (die, -, -n) (griech.) künstlerische Tätigkeit. (*Aber:* die Muße!) Musenalmanach; Musentempel; musisch.
Mu'sel'mann (der, -s, -män'ner) (ugs.) Moslem.
Mu'sette (die, -, -s/-en) (franz.) Tanz.
Mu'se'um (das, -s, -se'en) Kunstsammlung. Museumsaufseher; Museumsbauten; Museumsführer; Museumskatalog; Museumsstück; museumsreif; museal.
Mu'si'cal (das, -s, -s) (engl.) Musiktheater.
Mu'si'cal'clown (der, -s, -s) (engl.) Clown, der komische und zugleich virtuose musikalische Darbietungen auf verschiedenen Instrumenten zeigt.
Mu'sik (die, -, -en) (griech.) Tonkunst; Musikstück. Musikakademie; Musikalien; Musikalienhandlung; Musikalität; Musikant; Musikantentreffen; Musikautomat; Musikbox; Musiker/in; Musikerziehung; Musikhochschule; Musikinstrument; Musikkapelle; Musikkassette; Musikkritiker; Musiklehrer; Musikpreis; Musikstück; Musiktheater; Musikunterricht; Musikwissenschaft; Musikwerk; Musikzeitschrift; Musizierstil. Adjektive: musikantisch; Musik liebend (*auch:* musikliebend); musikverständig. Verb: musizieren.
mu'si'ka'lisch (Adj.) 1. Musik betreffend; 2. begabt für Musik. Er ist sehr musikalisch. 3. klangvoll. musikalische Verse.
Mu'sik'di'rek'tor (der, -, s -en) (Abk.: MD) Titel für einen leitenden Musiker.
Mu'si'ko'lo'ge (der, -n, -n) (lat.-griech.) Musikwissenschaftler. Musikologie.
Mu'si'kus (der, -s, -si'zi) scherzhaft für Musiker.
mu'sisch (Adj.) künstlerisch veranlagt.
mu'si'visch (Adj.) (griech.) mosaikartig. Musivarbeit; Musivgold; Musivsilber.
Mus'kat (der, -s, -e) (sanskr.) Gewürz. Muskatblüte; Muskatnuss; Muskatnussbaum.
Mus'ka'tel'ler (der, -s, -) (ital.) Wein.
Mus'kel (der, -s, -n) (lat.) Bindegewebsfaser. Muskelfaser; Muskelkater; Muskelkraft; Muskelkrampf; Muskelmann; Muskelprotz; Muskelriss; Muskelschmerz; Muskelschwund; Muskelzerrung; Muskulatur; muskulär; muskulös.
Mus'ke'te (die, -, -n) (franz.) Gewehr.
Mus'ke'tier (der, -s, -e) (franz.) Fußsoldat. Die drei Musketiere.
Mus'ko'vit (*auch:* Mus'ko'wit) (der, -s, -e) (lat.) heller Glimmer.
Müs'li (das, -s, -) Haferflockengericht. Müsliriegel.
Mus'lim (der, -s, -e) Moslem. Muslime; muslimisch.
Mu'ße (die, -, kein Plural) Freizeit; Ruhe. Mußestunde.
Mus'se'lin (der, -s, -e) (ital.-franz.) feines Woll- oder Baumwollgewebe.
müs'sen (V., musste, hat gemusst) gezwungen sein; notwendig sein. *Beachte:* Es ist ein absolutes Muss; Mussbestimmung (*auch:* Muss-Bestimmung); Mussehe; Mussheirat; Mussvorschrift (*auch:* Muss-Vorschrift).
Mus'se'ron (der, -s, -s) (franz.) nach Knoblauch riechender Pilz.
mü'ßig (Adj.) untätig; unnütz. Müßiggang; Müßigkeit; müßiggängerisch; müßiggehen; ich sah mich gemüßigt

(veranlasst), mich bei der Vorbereitung zu beteiligen.

Mus|tang (der, -s, -s) (engl.) Wildpferd.

Mus|ter (das, -s, -) 1. Vorlage; Probe; 2. Verzierung. Musterbeispiel; Musterbetrieb; Musterbild; Mustergatte; Mustergültigkeit; Musterhaftigkeit; Musterkarte; Musterknabe; Musterkoffer; Musterkollektion; Musterprozess; Musterschüler; Musterstück; Musterzeichnung. Adjektive: mustergültig; musterhaft; gemustert. Verben: ausmustern.

Mus|ter|ex|em|p|lar (das, -s, -e) (ugs.) vorbildlicher Mensch (ironisch gemeint).

mus|tern (V.) prüfen; auf Wehrdiensttauglichkeit hin untersuchen; verzieren. Musterung; Ausmusterung; Musterungsbescheid; Nachmusterung.

Mut (der, -s, kein Plural) Kühnheit; Gewagtheit; Tapferkeit. Ich bin guten Mut(e)s; Mutlosigkeit; Mutprobe; mutlos; muterfüllt; mutig.

mu|ta|bel (Adj.) (lat.) veränderlich. Mutabilität; Mutant; Mutation; mutieren.

mu|ta|gen (Adj.) (lat.-griech.) Mutationen hervorrufend.

mu|ta|tis mu|tan|dis (lat.) mit gewisser Abänderung nur ungefähr passend (bei Vergleichen).

Mu|ti|la|ti|on (die, -, -ti|o|nen) (lat.) Verstümmelung.

mu|ti|lie|ren (V.) (lat.) verstümmeln.

Mu|tis|mus (der, -, kein Plural) (lat.) krankhafte, seelisch begründete Stummheit.

Mu|tist (der, -en, -en) jmd., der an Mutismus leidet.

mut|ma|ßen (V.) vermuten. Mutmaßung; mutmaßlich.

Mut|ter 1. (die, -, Müt|ter) weiblicher Elternteil. Mütterberatungsstelle; Mütterchen; Muttererde; Mutterfreuden; Mütter-Genesungswerk; Muttergesellschaft; Muttergottes (*auch:* Mutter Gottes); Mütterherz; Mutterleib; Mütterlichkeit; Mutterliebe; Muttermilch; Mutterpflanze; Mutterrecht; Mutterschaft; Mutterschaftshilfe; Mutterschiff; Mutterschutzgesetz; Muttersöhnchen; Muttersprache; Muttertag; Muttertier; Mutti. Adjektive: mütterlich; mutterlos; mutterseelenallein; mütterlicherweise. Verb: bemuttern. 2. (die, -, -n) Schraubenmutter. Mutternfabrik; Mutterschlüssel; Radmutter.

Mut|ter|ku|chen (der, -s, -) Plazenta.

müt|ter|li|cher|seits (Adv.) vonseiten der Mutter. Mein Großvater mütterlicherseits.

Mut|ter|mal (der, -s, -e) Hautfleck.

Mut|ter|witz (der, -es, kein Plural) angeborener Witz; gesundes Urteilsvermögen.

mu|tu|al (*auch:* mu|tu|ell) (Adj.) (lat.) wechselseitig. Mutualität.

Mu|tu|a|lis|mus (der, -, kein Plural) (lat.) 1. gegenseitige Duldung. 2. nicht lebensnotwendige, aber für beide Partner nützliche Wechselbeziehung (zwischen Pflanzen oder Tieren).

mut|wil|lig (Adj.) absichtlich. Mutwille; Mutwilligkeit.

Müt|ze (die, -, -n) Kopfbedeckung. Mützchen; Schirmmütze.

MV (Abk.) **M**ega**v**olt.

m.W. (Abk.) **m**eines **W**issens.

MW (Abk.) **M**ega**w**att.

MwSt. (*auch:* Mw.-St.) (Abk.) **M**ehr**w**ert**st**euer. zzgl. MwSt. (zuzüglich Mehrwertsteuer).

μW (Abk.) **M**ikro**w**ellen.

My 1. (das, -, -s) (griech.) griech. Buchstabe. (M, μ). 2. (ohne Artikel) (Kurzw.) Mikron.

My|al|gie (die, -, -n) (griech.) Muskelschmerz.

My|e|li|tis (die, -, -li|ti|den) (griech.) Rückenmarkentzündung.

My|ko|lo|gie (die, -, kein Plural) (griech.) Wissenschaft von den Pilzen.

My|kor|rhi|za (die, -, -zen) (griech.) Lebensgemeinschaft zwischen den Wurzeln höherer Pflanzen und Pilzen.

My|ko|se (die, -, -n) (griech.) durch Pilze hervorgerufene Erkrankung.

My|la|dy (die, -s, -s) Lady, Dame (als engl. Anrede).

My|lord (engl.) Lord (als Anrede).

Myo|kard (das, -s, kein Plural) (griech.) Herzmuskel.

Myo|kard|in|farkt (der, -s, -e) (griech.) Herzinfarkt.

Myo|kar|di|tis (die, -, -di|ti|den) (griech.) Herzmuskelentzündung.

Myo|lo|gie (die, -, kein Plural) (griech.) Wissenschaft von den Muskeln.

My|om (das, -s, -e) (griech.) Muskelgewebsgeschwulst.

Myo|pa|thie (die, -, -n) (griech.) Muskelerkrankung.

My|o|pie (die, -, -n) (griech.) Kurzsichtigkeit.

my|o|pisch (*auch:* my|op) (Adj.) (griech.) kurzsichtig.

My|o|sin (das, -s, kein Plural) (griech.) Muskelprotein.

Myo|to|mie (die, -, -n) (griech.) chirurgische Muskeldurchtrennung.

My|ri|a|de (die, -, -n) (griech.) Zehntausend; Unzahl. Myriagramm; Myriameter.

My|rio|po|de (der, -n, -n) (griech.) Tausendfüßler.

Myr|rhe (*auch:* Myr|re) (die, -, -n) (griech.) Räucherharz.

Myr|rhen|öl (*auch:* Myr|ren|öl) ätherischer Bestandteil der Myrrhe.

Myr|rhen|tink|tur (*auch:* Myr|ren|tink|tur) alkoholischer Auszug aus der Myrrhe.

Myr|te (die, -, -n) (griech.) Strauch. Myrtenkranz; Myrtenzweig.

mys|te|ri|ös (Adj.) (franz.) rätselhaft; geheimnisvoll. Mysterium.

Mys|tik (die, -, kein Plural) (griech.) Geheimlehre; religiöse Versenkung. Mystiker; Mystizismus; Mystifikation; mystisch; mystizistisch; mystifizieren.

My|then|bil|dung (die, -, kein Plural) Legendenbildung.

My|tho|lo|gie (die, -, -gi|en) (griech.) Gesamtheit der Mythen eines Volkes.

My|thos (*auch:* My|thus) (der, -, -then) (griech.) Götter-, Heldensage; Legende. Mythenbildung; Mythenforschung; mythenhaft; mythisch; mythologisch; mythologisieren.

My|ti|lus (die, -, kein Plural) (griech.-lat.) essbare Muschel nordeuropäischer Meere.

Myx|ödem (das, -s, -e) (griech.) auf Unterfunktion der Schilddrüse beruhende körperliche und geistige Erkrankung mit starken Hautschwellungen.

My|xom (das, -s, -e) (griech.) gutartige Geschwulst aus Schleim bildendem Gewebe.

My|zel (das, -s, -li|en) (griech.) meist zu einem Geflecht verwachsene Gesamtheit der Pilzfäden höherer Pilze.

My|ze|li|um (das, -s, -li|en) (griech.-lat.) = Myzel.

N

n (Abk.) Neutron; Nano...
N (Abk.) Norden; Stickstoff (chemisches Zeichen); Newton (Maßeinheit); Nahschnellverkehrszug.
’n (Art.) (ugs.) ein; einen. Gib mir ’n Apfel.
Na (Abk.) Natrium (chemisches Zeichen).
na! (Interj.) nun; (südd.) nein. Na und? Na ja! Na also!
nä|be (Präp.) (schweiz.) irgendwann.
Na|be (die, -, -n) Radteil. Nabenbohrer; Radnabe.
Na|bel (der, -s, -) 1. kleine Vertiefung (Bauch); 2. Mittelpunkt. Diese Stadt ist der Nabel der Welt. Nabelbinde; Nabelbruch; Nabelschnur.
Na|bel|schau (die, -, kein Plural) (ugs.) jemand hält Nabelschau (er beschäftigt sich ausschließlich mit sich selbst.).
Na|ber (*auch:* Nä|ber) (der, -s, -) (südd.) Bohrer.
Na|bob (der, -s, -s) (arab.) Statthalter einer indischen Provinz (früher); reicher Mann.
nach 1. (Präp., lok./temp./mod., Dat.) in Richtung; später; gemäß. Wir fahren nach Berlin; nach dem Krieg; nach meiner Meinung. 2. (Adv.) (in den Wendungen:) Mir nach! nach und nach (allmählich); nach wie vor (immer noch). Nachbeben; Nachernte; Nachkriegserscheinung; Nachkriegszeit; Nachkur; Nachmieter; Nachporto; Nachschöpfung; Nachtrupp; Nachuntersuchung; Nachwahl; Nachwelt; Nachzeitigkeit; Nachzucht. Verben: nachblicken; nacheilen; nachfärben; nachrennen; nachschicken; nachstürzen; nachtrauern; nachwerfen; nachwinken; nachwürzen.
nach|äf|fen (V., äffte nach, hat nachgeäfft) verspotten; nachahmen. Nachäfferei; Nachäffung.
nach|ah|men (V., ahmte nach, hat nachgeahmt) nachmachen; imitieren; fälschen. Nachahmer; Nachahmungstrieb.
nach|ah|mens|wert (Adj.) vorbildlich; nachahmenswürdig.
Nach|ah|mung (die, -, -en) 1. Wiederholen einer Handlung anderer Personen; 2. Kopie eines Gegenstandes; Imitation. 3. in der Musik die Wiederholung einer Tonfolge.
nach|ar|bei|ten (V., arbeitete nach, hat nachgearbeitet) aufarbeiten; aufholen.
nach|ar|ten (V., artete nach, ist nachgeartet) ähnlich sein. Sie ist ihrer Mutter nachgeartet.
Nach|bar (der, -n/-s, -n) Anwohner; Person nebenan; Nebenbewohner. Nachbardorf; Nachbargarten; Nachbarhaus; Nachbarin; Nachbarland; Nachbarort; Nachbarschaftshilfe; Nachbarsfamilie; Nachbarsfrau; Nachbarwissenschaft; nachbarlich; nachbarschaftlich.
Nach|bar|recht (das, -s, -e) gesetzliche Vorschriften, die die benachbarten Grundeigentümer zu gegenseitiger Rücksichtnahme verpflichten und dadurch ihre Eigentumsrechte einschränken.
Nach|bar|schaft (die, -, kein Plural) 1. Nähe; Umgebung. in unmittelbarer Nachbarschaft. 2. Gesamtheit der Nachbarn. Unsere Katzen lassen sich gern von der Nachbarschaft füttern. 3. Verhältnis der Nachbarn untereinander. Auf gute Nachbarschaft!
nach|be|han|deln (V., behandelte nach, hat nachbehandelt) medizinisch weiterbetreuen nach der Entlassung aus dem Krankenhaus.
Nach|be|hand|lung (die, -, -en) Weiterbehandlung; Rehabilitation.
nach|be|rei|ten (V., bereitete nach, hat nachbereitet) sich nachträglich mit etwas beschäftigen; vertiefen.
Nach|be|rei|tung (die, -, -en) das Nachbereiten.
nach|bes|sern (V., besserte nach, hat nachgebessert) ausbessern, verbessern.
Nach|bes|se|rung (*auch:* Nach|bess|rung) (die, -, -en) das Ausbessern.
nach|be|ten (V., betete nach, hat nachgebetet) kritiklos nachmachen.
Nach|be|ter (der, -s, -e) jemand, der Meinungen anderer kritiklos übernimmt.
nach|bil|den (V., bildete nach, hat nachgebildet) abbilden; nachahmen.
Nach|bil|dung (die, -, -en) Nachahmung.
nach|blät|tern (V., blätterte nach, hat nachgeblättert) in einem Buch flüchtig einzelne Seiten aufschlagen.
nach|boh|ren (V., bohrte nach, hat nachgebohrt) nochmals bohren; intensiv nachforschen.
nach|christ|lich (Adj.) nach Christi Geburt (Abk.: n. Chr.). Wir leben in einer nachchristlichen Epoche.
nach|dem (Konj.) später als; da. Zwei Tage nachdem wir uns getroffen hatten, sah ich ihn wieder. *Beachte:* »Zwei Tage nachdem« gilt als Zeiteinheit und wird daher nicht durch Komma getrennt! *Aber:* Nachdem (da) ich ihn zwei Tage nicht mehr gesehen hatte, nahm ich an, dass er schon abgereist war. Je nachdem(,) ob/wie ich Zeit habe.
nach|den|ken (V., dachte nach, hat nachgedacht) überlegen.
nach|denk|lich (Adj.) gedankenvoll; gedankenversunken; grüblerisch; grübelnd; in sich gekehrt; still.
Nach|denk|lich|keit (die, -, kein Plural) das Überlegen; Grübeln.
Nach|druck (der, -s, -dru|cke) 1. Abdruck; Betonung. Er sagte dies mit Nachdruck. 2. Neudruck eines Schriftwerks ohne Änderungen; 3. unerlaubte Vervielfältigung eines urheberrechtlich geschützten Werkes; Plagiat. Nachdruckverfahren.
Nach|druck|er|laub|nis (die, -, -se) Druckgenehmigung für ein urheberrechtlich geschütztes Werk; Lizenz.
nach|drück|lich (Adj.) eindringlich; energisch; bestimmt; deutlich; entschieden; unmissverständlich.
Nach|drück|lich|keit (die, -, kein Plural) Eindringlichkeit; Entschiedenheit.
nach|drucks|voll (Adj.) mit Nachdruck.
nach|dun|keln (V., dunkelte nach, hat/ist nachgedunkelt) dunkler werden.
nach|ei|fern (V., eiferte nach, hat nachgeeifert) nachstreben. Nacheiferung; nacheifernswert.
nach|ei|n|an|der (Adv.) hintereinander. *Beachte:* Getrenntschreibung von Verben, wenn beide Wörter gleichermaßen betont werden! nacheinander starten. das Nacheinander.

Nach|ei|n|an|der (das, -s, kein Plural) das Hintereinander.
nach|emp|fin|den (V., empfand nach, hat nachempfunden) nachfühlen. Nachempfindung.
Na|chen (der, -s, -) Boot; Fischerkahn (dichterische Sprache).
nach|ent|rich|ten (V., entrichtete nach, hat nachentrichtet) nachzahlen.
Nach|er|be (der, -n, -n) Erbberechtigte. Nacherbschaft.
nach|er|zäh|len (V., erzählte nach, hat nacherzählt) wiederholen.
Nach|er|zäh|lung (die, -, -en) Wiedergabe einer gehörten Erzählung mit eigenen Worten.
Nachf. (*auch:* Nchf.) (Abk.) Nachfolger/in.
Nach|fahr (*auch:* Nach|fah|re) (der, -en, -en) Nachkomme. Nachfahrenschaft.
nach|fah|ren (V., fuhr nach, ist nachgefahren) folgen; verfolgen.
Nach|fol|ge (die, -, kein Plural) 1. Übernahme eines Amtes, eines Erbes, eines Geschäftes; 2. Gefolgschaft. Nachfolge Christi. Nachfolgeorganisation.
nach|fol|gen (V., folgte nach, hat/ist nachgefolgt) nachkommen; folgen.
nach|fol|gend (Adj.) folgend; später zu erwartend.
Nach|fol|gen|de (das, -n, kein Plural) das Folgende. im Nachfolgenden (im Folgenden).
Nach|fol|ger (der, -s, -) (Abk. Nachf.) jemand, der eine Nachfolge antritt. Nachfolgerin.
Nach|fol|ger|schaft (die, -, kein Plural) 1. Gesamtheit der Nachfolger; 2. das Nachfolgen. Die Nachfolgerschaft ist gesichert. (Der Nachfolger steht fest.).
nach|for|dern (V., forderte nach, hat nachgefordert) zusätzlich verlangen. Nachforderungsantrag.
nach|for|men (V., formte nach, hat nachgeformt) abbilden.
Nach|for|schung (die, -, -en) Erkundung; Untersuchung.
nach|for|schen (V., forschte nach, hat nachgeforscht) erkunden; unter suchen.
Nach|fra|ge (die, -, -n) Anfrage; Bedarf; Kaufinteresse.
nach|fra|gen (V., fragte nach, hat nachgefragt) sich erkundigen. Frage in einer Woche wieder nach.
nach|füh|len (V., fühlte nach, hat nachgefühlt) verstehen; nachempfinden.
nach|füh|lend (Adj.) mitempfindend.
nach|gä|ren (V., gärte nach, hat/ist nachgegoren) gären im Fass oder der Flasche nach der Hauptgärung.
nach|gaf|fen (V., gaffte nach, hat nachgegafft) (ugs.) nachstarren.
nach|ge|ben (V., gab nach, hat nachgegeben) klein beigeben; sich biegen; sich dehnen.
nach|ge|bo|ren (Adj.) 1. mit größerem zeitlichen Abstand zu den Geschwistern geboren; 2. nach Tod des Vaters oder Ehescheidung geboren.
Nach|ge|bühr (die, -, -en) Strafporto.
Nach|ge|burt (die, -, -en) Abstoßen des Mutterkuchens.
nach|ge|hen (V., ging nach, ist nachgegangen) folgen; sich widmen; untersuchen; nachwirken; zu langsam gehen (Uhr).
nach|ge|ra|de (Adv.) allmählich; geradezu.
nach|ge|ra|ten (V., geriet nach, ist nachgeraten) jemandem ähnlich sein.
Nach|ge|schmack (der, -s, kein Plural) Beigeschmack; schlechte Erinnerung.
nach|gie|big (Adj.) 1. gefügig; willig; gutmütig; versöhnlich; 2. nachgebend; biegsam sein; instabil; sich biegend; verformbar; weich.
Nach|gie|big|keit (die, -, kein Plural) 1. Entgegenkommen; Gutmütigkeit; Beugsamkeit; Schwäche; Weichheit; Willenlosigkeit; Willensschwäche; Willfährigkeit; 2. Elastizität; Geschmeidigkeit.
nach|grü|beln (V., grübelte nach, hat nachgegrübelt) intensiv nachdenken.
nach|gu|cken (V., guckte nach, hat nachgeguckt) (ugs.) nachschauen.
Nach|hall (der, -s, -e) Echo; Wirkung.
nach|hal|len (V., hallte nach, hat nachgehallt) 1. nachklingen; 2. Wirkung haben.
nach|hal|tig (Adj.) anhaltend; lange dauernd; einschneidend.
Nach|hal|tig|keit (die, -, kein Plural) Nachwirkung.
Nach|hand (die, -, kein Plural) zoologischer Fachbegriff für Hinterbeine und Hinterkörper von Tieren.
nach|hän|gen (V., hing nach, hat nachgehangen) nachtrauern; nachdenklich sein.
Nach|hau|se|weg (der, -s, -e) Heimweg. nach Haus(e) (*auch:* nachhause) gehen.
nach|hel|fen (V., half nach, hat nachgeholfen) unterstützen.
nach|her (Adv.) später.
Nach|hil|fe (die, -, -n) Privatunterricht; Einzelunterricht; Förderung; Förderunterricht; Unterstützung. Nachhilfeschüler; Nachhilfestunde; Nachhilfeunterricht.
Nach|hi|n|ein (in der Wendung:) im Nachhinein (südd.: hinterher).
nach|hin|ken (V., hinkte nach, hat nachgehinkt) zurückbleiben; nicht mitkommen; hinterherhinken.
nach|ho|len (V., holte nach, hat nachgeholt) nacharbeiten; aufholen. Nachholbedarf; Nachholspiel.
Nach|hut (die, -, -en) Nachtrupp.
Nach|imp|fung (die, -, -en) wiederholte, zusätzliche Impfung.
nach|ja|gen (V., jagte nach, hat nachgejagt) 1. verfolgen; 2. versuchen, zu gewinnen. Er jagt dem Glück nach.
Nach|klang 1. (der, -s, -klän|ge) Nachhall; 2. (der, -, kein Plural) Erinnerung; Nachwirkung.
nach|klin|gen (V., klang nach, hat nachgeklungen) nachhallen; nachwirken.
Nach|kom|me (der, -n, -n) Nachfahre.
nach|kom|men (V., kam nach, ist nachgekommen) hinterherkommen; erfüllen (mit Dativ!). Er ist all seinen Verpflichtungen nachgekommen.
Nach|kom|men|schaft (die, -, kein Plural) Gesamtheit aller Nachkommen.
Nach|kömm|ling (der, -s, -e) mit großem Abstand zu seinen Geschwistern geborenes Kind.
Nach|lass (der, -las|ses, -läs|se) 1. Ermäßigung; 2. Erbe. Nachlasser; Nachlassung.
Nach|lass|ge|richt (das, -s, -e) Gerichtsstand, der für Erbschaftsangelegenheiten zuständig ist.

Nach|lass|ver|wal|ter (der, -s, -) vom Nachlassgericht bestellter Verwalter zur Sicherung der Ansprüche der Erben. Nachlasspfleger.

nach|las|sen (V., ließ nach, hat nachgelassen) schwächer werden; herabsetzen.

nach|läs|sig (Adj.) unachtsam; schlampig. Nachlässigkeit; nachlässigerweise.

nach|lau|fen (V., lief nach, ist nachgelaufen) hinterherlaufen; sich aufdrängen.

Nach|läu|fer (der, -s, -) beim Billard die der angespielten Kugel nachfolgende Kugel.

nach|le|gen (V., legte nach, hat nachgelegt) Brennmaterial in den brennenden Ofen geben. Ich lege noch einen Scheit Holz nach.

Nach|le|se (die, -, -n) Nachernte; Nachtrag.

nach|le|sen (V., las nach, hat nachgelesen) etwas Bestimmtes in einem Buch nachschlagen.

nach|lie|fern (V., lieferte nach, hat nachgeliefert) Fehlendes später liefern.

Nach|lie|fe|rung (die, -, -en) Ergänzung; zweite Lieferung.

nach|lö|sen (V., löste nach, hat nachgelöst) nachträglich zahlen (Fahrkarte).

nachm. (*auch:* nm.) (Abk.) **nachm**ittags.

nach|ma|chen (V., machte nach, hat nachgemacht) (ugs.) nachahmen.

Nach|mit|tag (der, -s, -e) Tageszeit. *Beachte:* am Nachmittag; jeden Nachmittag; des Nachmittags. gestern/heute/morgen Nachmittag; nächsten Samstagnachmittag; um drei Uhr nachmittags. Nachmittagskaffee; Nachmittagsschlaf; Nachmittagssonne; Nachmittagsstunde; Nachmittagsvorstellung; nachmittägig; nachmittäglich.

Nach|nah|me (die, -, -n) Nachnahmesendung. (*Aber:* der Nachname).

Nach|na|me (der, -n, -n) Familienname.

nach|prü|fen (V., prüfte nach, hat nachgeprüft) erneut prüfen; überprüfen.

Nach|prü|fung (die, -, -en) 1. Überprüfung; 2. Ergänzungsprüfung; wiederholte Prüfung. Nachprüfbarkeit; nachprüfbar.

Nach|raum (der, -s, kein Plural) in der Holzwirtschaft Ausschuss.

nach|rech|nen (V., rechnete nach, hat nachgerechnet) eine Rechnung prüfen.

Nach|re|de (die, -, -n) Abfälligkeit; Epilog.

nach|re|den (V., redete nach, hat nachgeredet) 1. etwas von einer anderen Person Gesprochenes wiederholen; 2. verleumden. Man redete ihm Übles nach.

nach|rei|chen (V., reichte nach, hat nachgereicht) nachsenden.

Nach|rei|fe (die, -, kein Plural) Weiterreifen (von Obst) nach der Ernte.

nach|rei|fen (V., reifte nach, ist nachgereift) nach der Ernte weiterreifen.

Nach|richt (die, -, -en) Mitteilung. Nachrichtenmagazin; Nachrichtensendung; Nachrichtensprecher/in; Nachrichtenübermittlung; Nachrichtenwesen.

Nach|rich|ten|agen|tur (die, -, -en) Einrichtung, die aktuelle Nachrichten beschafft, bearbeitet und an die Medien weiterleitet. Nachrichtenbüro.

Nach|rich|ten|dienst (der, -es, -e) 1. Verbreitung von Nachrichten; 2. Nachrichtenagentur; 3. Spionageabwehr.

Nach|rich|ten|tech|nik (die, -, kein Plural) technische Mittel zur Übertragung, Verarbeitung und Übermittlung von Nachrichten.

Nach|rich|ten|sa|tel|lit (der, -en, -en) künstlicher Satellit zur weltweiten Nachrichtenübermittlung.

Nach|rich|ten|sper|re (die, -, -n) Verbot der Weiterverbreitung von Nachrichten.

nach|richt|lich (Adj.) eine Nachricht betreffend.

nach|rü|cken (V., rückte nach, ist nachgerückt) folgen.

Nach|ruf (der, -s, -e) Würdigung; Grabrede; Danksagung.

nach|ru|fen (V., rief nach, hat nachgerufen) laut hinter jemandem herrufen.

nach|rü|cken (V., rückte nach, ist nachgerückt) nachfolgen; weiterrücken. Er rückte in der Hierarchie nach.

Nach|ruhm (der, -s, kein Plural) den Tod überdauernder Ruhm.

nach|rüh|men (V., rühmte nach, hat nachgerühmt) etwas Gutes über jemanden sagen.

nach|rüs|ten (V., rüstete nach, hat nachgerüstet) Rüstung erweitern. Nachrüstung; Nachrüstungsbeschluss; Nachrüstungsstopp.

nach|sa|gen (V., sagte nach, hat nachgesagt) wiederholen; über jemanden etwas äußern.

Nach|sai|son (die, -, kein Plural) (franz.) die Zeit nach der Hauptsaison.

Nach|satz (der, -es, -sät|ze) Nachtrag; Schluss.

nach|schaf|fen (V., schaffte nach, hat nachgeschafft) etwas nach einem Vorbild gestalten. nachschaffender Künstler.

nach|schen|ken (V., schenkte nach, hat nachgeschenkt) nachfüllen.

nach|schi|cken (V., schickte nach, hat nachgeschickt) nachsenden.

Nach|schlag 1. (der, -s, -schlä|ge) in der Musik eine Verzierung; 2. (der, -s, kein Plural) (ugs.) zusätzliche Essensportion. Ich hole mir noch einen Nachschlag.

nach|schla|gen (V., schlug nach, hat nachgeschlagen) suchen; ähnlich sein. Er schlägt nach dem Vater. (Er sieht dem Vater ähnlich.).

Nach|schla|ge|werk (das, -s, -e) Lexikon.

nach|schlei|fen (V., schleifte nach, hat nachgeschleift) 1. hinter sich herziehen; 2. fein schleifen, nachträglich schleifen.

Nach|schlüs|sel (der, -s, -) nachgeformter Schlüssel.

nach|schmei|ßen (V., schmiss nach, hat nachgeschmissen) (ugs.) nachwerfen; zum Schleuderpreis verkaufen.

Nach|schrift (die, -, -en) Nachtrag; Diktat.

nach|schrei|ben (V., schrieb nach, hat nachgeschrieben) 1. etwas nachträglich schreiben. Er musste die versäumte Klassenarbeit nachschreiben. 2. etwas Gehörtes aufschreiben.

Nach|schub (der, -s, kein Plural) Versorgung. Nachschubkolonne; Nachschubtrupp; Nachschubweg.

Nach|schuss (der, -schus|ses, -schüs|se) zusätzliche Zahlung; erneuter Torschuss.

nach|se|hen (V., sah nach, hat nachgesehen) nachschauen; prüfen; verzeihen. das Nachsehen haben (nichts mehr bekommen).

nach|sen|den (V., sendete/sandte nach, hat nachgesendet/nachgesandt) nachschicken. Nachsendung; Nachsendeauftrag.
nach|set|zen (V., setzte nach, hat nachgesetzt) (mit Dativ!) verfolgen.
Nach|sicht (die, -, kein Plural) Verzeihen; Milde.
nach|sich|tig (Adj.) milde; langmütig, tolerant.
Nach|sich|tig|keit (die, -, kein Plural) Milde; Duldsamkeit; Gnade; Indulgenz; Langmut; Schonung; Toleranz.
nach|sichts|voll (Adj.) nachsichtig.
Nach|sil|be (die, -, -n) in der Grammatik nachgestellte Ableitungssilbe; Suffix.
nach|sin|nen (V., sann nach, hat nachgesonnen) grübeln.
nach|sit|zen (V., saß nach, hat nachgesessen) länger bleiben müssen (Schulstrafe).
Nach|som|mer (der, -s, -) sonnige Herbsttage.
Nach|sor|ge (die, -, -n) Nachbehandlung. Nachsorgeklinik.
Nach|spann (der, -s, -e) Filmende.
Nach|spei|se (die, -, -n) Dessert; Nachtisch.
Nach|spiel (das, -s, -e) Zusatz; unangenehme Folgen. Das wird ein Nachspiel haben.
nach|spie|len (V., spielte nach, hat nachgespielt) imitieren; nachholen.
nach|spi|o|nie|ren (V., spionierte nach, hat nachspioniert) (ugs.) heimlich etwas in Erfahrung zu bringen versuchen. Aus Eifersucht spionierte er seiner Frau nach.
nach|spre|chen (V., sprach nach, hat nachgesprochen) etwas Gehörtes wiederholen. Der Papagei spricht viele Worte nach.
nach|spü|ren (V., spürte nach, hat nachgespürt) erforschen; suchen.
nächst (Präp., Dat.) neben; hinter; gleich nach.
nächs|te/-r/-s (Adj.) räumlich, zeitlich folgend. der Nächste, bitte! Sie waren am nächsten dran; fürs Nächste ist es genug; das Nächste; das nächstbeste Kleid; nächstbesser; nächstfolgend; nächstgelegen; nächsthöher; nächstliegend; als Nächstes komme ich dran; nächstes Mal; beim nächsten Mal; zum nächstmöglichen Termin; wir fragten den nächstbesten Einheimischen. der Nächste (Mitmensch); Nächstenliebe; das Nächstliegende; der Nächstbeste; der Nächstfolgende; der Nächsthöhere.
nächst|dem (Adv.) demnächst.
nach|star|ren (V., starrte nach, hat nachgestarrt) jemandem angestrengt hinterherschauen.
Nächs|te (der, -n, -n) Mitmensch.
nach|ste|hen (V., stand nach, hat nachgestanden) unterlegen sein; benachteiligt werden. im Nachstehenden (im Folgenden). das Nachstehende (das Folgende).
nach|stei|gen (V., stieg nach, ist nachgestiegen) (ugs.) folgen.
nach|stel|len (V., stellte nach, hat nachgestellt) einstellen; nach hinten setzen; (mit Dativ!) verfolgen.
Nach|stel|lung 1. (die, -, en) das Nachstellen; 2. (meist nur Plural) Verfolgung. Sie litt sehr unter seinen Nachstellungen.
Nächs|ten|lie|be (die, -, kein Plural) soziales Engagement; Barmherzigkeit; Caritas; Mildtätigkeit; Wohltätigkeit.
nächs|tens (Adv.) bald; in naher Zukunft; in Kürze.
Nächst|lie|gen|de (das, -s, kein Plural) das Naheliegende.
nach|su|chen (V., suchte nach, hat nachgesucht) um etwas bitten. Nachsuchung. Er suchte um Verlegung des Termins nach.
Nacht (die, -, Näch|te) Dunkelheit. *Beachte:* des/eines Nachts, *aber:* nachts; gestern/heute/ morgen Nacht; um drei Uhr nachts. *Aber:* in der Nacht; jede Nacht; Tag und Nacht geöffnet; über Nacht; Gute Nacht sagen (*auch:* gute Nacht sagen); bei Nacht und Nebel; es wird rasch Nacht; über die Nacht, *aber:* nachtsüber. Nachtarbeit; Nachtausgabe; Nachtbar; Nachtdienst; Nachteule; Nachtfalter; Nachtfrost; Nachtgebet; Nachtgespenst; Nachtgewand; Nachtkästchen; Nachtklinik; Nachtkühle; Nachtlager; Nachtleben; Nachtlicht; Nachtlokal; Nachtmusik; Nachtportier; Nachtquartier; Nachtruhe; Nachtschattengewächs; Nachtschicht; Nachtschlaf; Nachtschränkchen; Nachtschwärmer; Nachtschwester; Nachtstrom; Nachttopf; Nacht-und-Nebel-Aktion; Nachtwache; Nachtwächter; zur Nachtzeit; Nachtzug; Nachtzuschlag. Adjektive: nachtdunkel; nachtfarben; zu nachtschlafender Zeit.
nacht|ak|tiv (Adj.) nachts regsam, tags schlafend. Katzen sind nachtaktive Tiere.
nacht|blau (Adj.) tief dunkelblau.
nacht|blind (Adj.) unfähig, in der Dunkelheit zu sehen.
Nacht|blind|heit (die, -, kein Plural) Unfähigkeit, in der Dunkelheit zu sehen.
näch|te|lang (Adj.) mehrere Nächte. *Aber:* fünf Nächte lang. Er hat nächtelang an seiner Arbeit geschrieben.
näch|tens (Adj.) nachts (dichterische Sprache).
näch|ti|gen (V.) übernachten; schlafen.
Nach|teil (der, -s, -e) Schaden; Verlust.
nach|tei|lig (Adj.) schädlich; ungünstig. Der Chef äußerte sich nachteilig über seinen Mitarbeiter. *Aber:* Er weiß nichts Nachteiliges über ihn zu berichten.
Nach|tisch (des, -es, -e) Nachspeise; Dessert.
Nach|ti|gall (die, -, -en) Singvogel.
nächt|lich (Adj.) nachts; zur Nachtzeit. nächtliche Ruhestörung.
nächt|li|cher|wei|le (Adv.) zur Nachtzeit.
Nacht|mahl (das, -s, -e) (südd.) Abendessen.
Nacht|mahr (der, -s, -e) Alb; Beklemmungsgefühl im Schlaf; Nachtgespenst.
nach|tra|gen (V., trug nach, hat nachgetragen) hinterhertragen; ergänzen; übel nehmen.
Nach|trag (der, -s, -trä|ge) Berichtigung; Ergänzung.
nach|tra|gend (Adj.) nicht vergessen und verzeihen können; unversöhnlich. ein nachtragender Mensch.
nach|träg|lich (Adj.) ergänzend; hinterher; im Nachhinein; rückwirkend; retrospektiv. Ich gratuliere dir nachträglich zum Geburtstag.
Nach|trags|haus|halt (der, -s, -e) durch Mehrausgaben zusätzlich zu dem bereits aufgestellten Haushaltsplan erforderlicher Haushalt.

nach|tun (V., tat nach, hat nachgetan) nacheifern (mit Dativ!).

nacht|schla|fend (Adj.) (ugs.) (in der Wendung:) zu nachtschlafender Zeit.

nacht|wan|deln (V., nachtwandelte, hat genachtwandelt) Neigung, im Schlaf umherzugehen; schlafwandeln. Nachtwandeln.

nacht|wand|le|risch (Adj.) im übertragenen Sinn sehr große Sicherheit. Er spielte das schwierige Konzert mit nachtwandlerischer Sicherheit.

Nacht|wand|ler (der, -s, -) jemand, der nachts schlafend umhergeht; Schlafwandler.

Nacht|zeit (die, -, kein Plural) (nur in der Verbindung:) zur Nachtzeit (nachts).

nach|voll|zieh|bar (Adj.) verstehbar. Deine Ansichten sind für mich nicht nachvollziehbar.

nach|voll|zie|hen (V., vollzog nach, hat nachvollzogen) verstehen.

nach|wach|sen (V., wuchs nach, ist nachgewachsen) erneut wachsen.

Nach|we|hen (die, nur Plural) Wehen nach der Geburt; unangenehme Nachwirkungen.

Nach|weis (der, -es, -e) Beweis. Adjektive: nachweisbar; Adverb: nachgewiesenermaßen.

nach|wei|sen (V., wies nach, hat nachgewiesen) 1. beweisen; 2. belegen. Er hat ihm die Stelle im Lehrbuch nachgewiesen, die seine Behauptung untermauert.

nach|weis|lich (Adj.) beweisbar.

nach|wir|ken (V., wirkte nach, hat nachgewirkt) folgen; lang andauern. Seine freundlichen Worte haben lange in mir nachgewirkt.

Nach|wir|kung (die, -, -en) Folge. Die Nachwirkung des Alkohols war deutlich spürbar.

Nach|wort (das, -s, -e) Schlusswort.

Nach|wort (das, -s, -e) Schlusswort.

Nach|wuchs (der, -es, kein Plural) Kinder; junge Leute. Nachwuchsautor; Nachwuchskraft; Nachwuchsmangel; Nachwuchsspieler; nachwachsen.

nach|zah|len (V., zahlte nach, hat nachgezahlt) 1. verspätet zahlen; 2. zusätzlich zahlen.

nach|zäh|len (V., zählte nach, hat nachgezählt) noch einmal zählen.

Nach|zäh|lung (die, -, -en) das Nachzählen.

Nach|zah|lung (die, -, -en) ergänzende Zahlung. Steuernachzahlung.

nach|zie|hen (V., zog nach, ist nachgezogen) 1. hinken, hinterherziehen. Nach dem Schlaganfall zieht sie einen Fuß nach. 2. anziehen (Schraube, Seil); spannen; 3. schminken; verstärken. Sie zieht sich die Lippen nach. 4. eine Pflanze weiterzüchten; 5. folgen (mit Dativ!). Er zog ihr hinterher. (Er folgte ihr an ihren neuen Wohnort.).

nach|zot|teln (V., zottelte nach, ist nachgezottelt) (ugs.) langsam hinterherlaufen.

Nach|züg|ler (der, -s, -) Verspäteter; Spätgeborener. Verb: nachzügeln.

nach|züg|le|risch (Adj.) verspätet.

Na|cken (der, -s, -) Genick. Nackenhaar; Nackenrolle; Nackenschutz; Nackenstarre; Nackenstütze; kurznackig.

Na|cken|schlag (der, -s, -schlä|ge) Demütigung; Schicksalsschlag.

nackt (Adj.) unbekleidet; kahl; unverhüllt. Nacktbaden, *aber:* nackt baden; Nacktbadestrand; Nacktfoto; Nacktheit; Nacktkultur; Nacktmodell; Nackttänzerin.

Na|cke|dei (der, -s, -e/s) (ugs.) nacktes Kind.

na|ckend (Adj.) nackt (veraltet).

na|ckert (Adj.) (südd.) nackt.

na|ckig (Adj.) (lok.) nackt.

nackt|ar|mig (Adj.) mit entblößtem Arm.

Nack(t)|frosch (der, -s, -frö|sche) (ugs.) Nackedei.

Nackt|schne|cke (die, -, -n) Schnecke ohne Gehäuse.

Na|del (die, -, -n) 1. Handarbeitswerkzeug; Stift; 2. Baumnadel Nadelbaum; Nadelgehölz; Nadelholz; Nadelkissen; Nadelkopf; Nadelloch; Nadelöhr; Nadelspitze; Nadelwald. Adjektive: nadelfein; nadelfertig; nadelförmig.

Na|del|ar|beit (die, -, -en) Handarbeit mit Faden und Nadel.

Na|del|geld (das, -s, kein Plural) früher Zuwendungen des Ehemannes an die Ehefrau zur Bestreitung ihrer persönlichen Bedürfnisse.

na|de|lig (*auch:* nad|lig) (Adj.) mit vielen Nadeln versehen. Der Zweig ist nad(e)lig.

Na|del|ma|le|rei (die, -, -en) Stickerei mit Bildmotiven.

na|deln (V.) Baumnadeln verlieren. Unser Weihnachtsbaum nadelt schon nach drei Tagen.

Na|del|stich (der, -s, -e) 1. einzelner Stich bei Näharbeiten; 2. Stichelei; Anspielung; Spott.

Na|del|strei|fen (der, -s, -) feiner Streifen in einem Kleiderstoff.

Na|dir (der, -s, kein Plural) (arab.) dem Zenit gegenüberliegender Punkt auf der Himmelskugel; Fußpunkt.

Nae|vus (der, -, -vi) (lat.) Mal, Muttermal.

Na|gai|ka (die, -, -s) (russ.) Peitsche.

Na|ga|na (die, -, kein Plural) (Zulu) fiebrige Seuche bei Haustieren in Afrika, die von der Tsetsefliege übertragen wird.

Na|gel (der, -s, Nä|gel) Metallstift; Hornteil. Nagelbett; Nagelbürste; Nägelchen; Nagelfalz; Nagelfeile; Nagelhaut; Nägelkauen; Nagelkopf; Nagellack; Nagellackentferner; Nagelpflege; Nagelreiniger; Nagelschere; Nagelwurzel.

Näg|lein (das, -s, -) 1. Verkleinerungsform von Nagel; 2. veraltet für Nelke. mit Näglein besteckt.

na|gel|fest (Adj.) fest verbunden; unveränderbar. niet- und nagelfest.

Na|gel|fluh (die, -, kein Plural) im Alpenraum übliche Bezeichnung für verfestigte, gerundete Kieselablagerung.

na|geln (V.) mit Nägeln befestigen oder versehen.

na|gel|neu (Adj.) ganz neu.

Na|gel|pro|be (die, -, -n) im übertragenen Sinn Bewährungsprobe.

na|gen (V.) abbeißen; quälen. Nager; Nagetier.

nah (*auch:* na|he) (Adj.; näher, am nächsten) nicht weit weg; eng; fast; bald. von nah und fern; von nahem (*auch:* von Nahem); nahebei; nahe bei der Stadt; nächstens; nahezu; ich war nahe dran zu fahren; bin ich dir zu nahe getreten; ein naher Freund von mir; ein nahe liegendes (*auch:* naheliegendes) Geschäft; ein nahe stehendes (*auch:* nahestehendes) Haus; nah verwandt (*auch:* nahverwandt). *Beachte:* i. d. R. Zusammenschreibung bei übertragener

Bedeutung! nahestehend (vertraut); nahekommen (sich annähern); nahegehen (stark treffen), *aber:* nahe gehen (in der Nähe gehen). der Nahe Osten; die Nähe; in der Nähe; Nahaufnahme; Naheinstellungen; Nahkampfmittel; in Nahost; Nahschnellverkehrszug (Abk.: N); Nahziel.

Nah|bril|le (die, -, -en) Arbeits- und Lesebrille.

Nä|he (die, -, kein Plural) geringe Entfernung; Nachbarschaft; Erreichbarkeit; Umgebung; Umkreis; Reichweite. Er wohnt in der Nähe von dir.

na|he|bei (Adj.) in unmittelbarer Nähe.

na|hen (V.) kommen; sich nähern; aufkommen; aufziehen; herannahen; heraufziehen; sich abzeichnen; sich zusammenbrauen.

Nä|he|rei (die, -, -en) 1. Näharbeit; 2. Werkstatt für Näharbeiten. Änderungsnäherei; Gardinennäherei.

Nah|er|ho|lungs|ge|biet (das, -s, -e) Erholungsbereich in Stadtnähe.

Nä|he|rin (die, -, -nen) jemand, der das Nähen beruflich ausübt. Weißnäherin. Nähfaden; Nähgarn; Nähkasten; aus dem Nähkästchen plaudern (Geheimnisse preisgeben); Nähkissen; Nähkorb; Nähmaschine; Nähnadel; Nähseide; Nähtisch; Nähzeug.

nä|her (Adj.) weniger weit; genauer. sich des Näheren über etwas unterhalten. Näheres erfahren; alles Nähere beim nächsten Mal. Näherung; Näherungswert. i. d. R. Zusammenschreibung bei übertragener Bedeutung! näherkommen (in engere Beziehung treten), *aber:* näher kommen (in größere Nähe kommen); näherstehen (in engerer Beziehung stehen), *aber:* die näher stehenden (*auch:* näherstehenden) Häuser.

nä|hern (V., refl.) herankommen, heranschleichen. Er näherte sich vorsichtig dem schlafenden Tier.

Nah|kampf (der, -es, -kämp|fe) Kampf Mann gegen Mann. Nahkampfwaffe.

Näh|kas|ten (der, -s, -käs|ten) Kasten zur Aufbewahrung von Nähzubehör. aus dem Nähkästchen plaudern (Geheimnisse ausplaudern).

Nah|ost (der, -, kein Plural) Naher Osten. nahöstlich.

Nähr|bo|den (der, -s, -bö|den) 1. besonders angereicherter Boden zum Anbau von Nutzpflanzen; 2. künstlicher Boden zur Züchtung von Mikroorganismen; 3. im übertragenen Sinn Voraussetzung zur Entstehung einer bestimmten Entwicklung. Die schlechte soziale Lage in Deutschland war der Nährboden des Nationalsozialismus.

Nähr|cre|me (*auch:* Nähr|krem/Nähr|kre|me) (die, -, -s) (franz.) Hautpflegemittel.

näh|ren (V.) füttern; ernähren; hegen. Nährlösung; Nährmittel.

nahr|haft (Adj.) 1. nährstoffreich; kalorienreich; kräftig; sättigend. 2. gewinnbringend.

Nähr|he|fe (die, -, -en) eiweiß- und vitaminreiche Bierhefe.

Nähr|salz (das, -es, -e/meist nur Plural) Mineralstoff; lebensnotwendiger Nahrungsbestandteil.

Nähr|stoff (der, -s, -e) in der Nahrung enthaltener, lebenswichtiger Stoff. nährstoffarm; nährstoffreich.

Nah|rung (die, -, -en) Essen. Nahrungsaufnahme; Nahrungskette; Nahrungsmangel; Nahrungsmittelindustrie; Nahrungsmittelvergiftung; Nahrungsquelle; Nahrungssuche.

Nah|rungs|kon|trol|le (die, -, -n) staatliche Überwachung von Lebensmittelherstellern und -verkäufern.

Nah|rungs|mit|tel (das, -, -/meist nur Plural) Lebensmittel.

Nähr|wert (der, -s, kein Plural) Energiewert von Nahrungsmitteln und Nährstoffen.

Nah|schnell|ver|kehrs|zug (der, -s, -zü|ge) (Abk.: N) im Nahverkehr eingesetzter Schnellzug.

Naht (die, -, Näh|te) Genähtes; Verbindung. Nahtband; Nahtstelle.

naht|los (Adj.) 1. ohne Naht. nahtlose Strümpfe. 2. reibungslos. nahtloser Übergang.

Na|hua (die, nur Plural) altindianische Stämme in Mexiko (Azteken, Nicarao u. a.); Sprache: Nahuatl.

Nah|ver|kehr (der, -s, kein Plural) Individualverkehr und öffentlicher Verkehr im Umkreis von 50 km vom Standort aus.

Näh|zeug (das, -s, kein Plural) Nähzubehör (Nadel, Faden, Schere usw.).

Na|im (*auch:* Na|in) bibl. Ort in Galiläa.

Nai|ro|bi Hauptstadt von Kenia.

na|iv (Adj.) (franz.) kindlich unbefangen; arglos. naive Malerei.

Na|i|ve (die, -n, -n) weibliches Bühnenfach.

Na|i|vi|tät (die, -, kein Plural) kindliche Art; Unbefangenheit.

Na|iv|ling (der, -s, -e) naiver Mensch.

Na|ja|de (die, -, -n) (griech.) 1. in Quellen lebende Nymphe (in der griechischen Mythologie); 2. eine Süßwassermuschel; Flussmuschel.

Na|liw|ka (die, -, -ki) (russ.) russischer Branntwein aus Früchten.

Na|ma (der, -(s), (-s)) Angehöriger eines afrikanisches Stammes. Namaland.

Na|mas (das, -, kein Plural) (pers.-türk.) das fünfmalige tägliche Stundengebet der Mohammedaner.

Na|me (der, -ns, -n) Benennung; Bezeichnung; Ruf. *Beachte:* im Namen Gottes; mit Namen Müller. *Aber:* namens und im Auftrag von. Namenforschung; Namengebung; Namenkunde; Namenliste; Namenregister; Namensänderung; Namensnennung; Namensschild; Namenszeichen; Namenverwechslung; Namenverzeichnis. Adjektive: namenkundlich. *Wichtig:* Namen in Briefen, besonders in der Anschrift, sollte man grundsätzlich nie trennen!

Na|men|buch (das, -es, -bü|cher) Verzeichnis von Eigennamen mit ihren Bedeutungen.

Na|men|ge|dächt|nis (das, -ses, kein Plural) besonders gut ausgeprägtes Erinnerungsvermögen für Namen.

na|men|los (Adj.) 1. ohne Namen; anonym; inkognito; ungenannt. ein namenloses Grab. 2. übermäßig; sehr groß. namenloses Unglück. Namenlose.

Na|men|lo|sig|keit (die, -, kein Plural) Anonymität; Vergessenheit.

Name|drop|ping (das, -s, -s) (engl.) die Strategie, Namen bekannter Persönlichkeiten so in ein Gespräch einfließen zu lassen, dass sie als persönliche Bekannte des Sprechers erscheinen und diesen dadurch aufwerten.

na|mens (Adv.) 1. mit Namen. ein Mensch namens Schmidt. 2. im Auftrag, im Namen.

Na|mens|pa|pier (das, -s, -e) Wertpapier, das auf den Namen des Inhabers lautet.
Na|mens|recht (das, -s, kein Plural) Persönlichkeitsrecht des Menschen am eigenen Namen; gesetzliche Regelung die Familiennamen betreffend.
Na|mens|tag (der, -s, -e) katholischer Festtag zu Ehren des Heiligen, dessen Namen jemand trägt.
Na|mens|vet|ter (der, -s, -n) jemand, der den gleichen Namen trägt, aber nicht verwandt ist.
Na|mens|zug (der, -es, -zü|ge) 1. eigenhändige Unterschrift; 2. Monogramm.
na|ment|lich 1. (Adj.) mit Namen genannt; 2. (Adv.) besonders; vor allem. Die Wildfütterung, namentlich im Winter/namentlich wenn es schneit, sollte unterbleiben.
nam|haft (Adj.) berühmt; ansehnlich. Namhaftmachung.
Na|mi|bia (ohne Art., -s, kein Plural) Republik in Afrika; Namibier; Namibierin; namibisch.
...na|mig (Nachsilbe) gleichnamig; vielnamig.
näm|lich 1. (Adj.) der-, die-, dasselbe. Es ist die nämliche Person. *Aber:* der Nämliche. 2. (Adv.; Konj.) denn; und zwar. nämlich(,) wenn/dass. *Beachte:* mit Komma, wenn »nämlich« eine nähere Erklärung einleitet! Sie ist eine Bekannte, nämlich die Schwester meines Freundes.
Nan|du (der, -s, -s) (span.) Straußenvogel.
Na|nis|mus (der, -, kein Plural) (griech.) Zwergwuchs.
Nan|king (der, -s, -e/-s) glatter Baumwollstoff, der meist als Futter verwendet wird.
Na|no... (griech.) ein Milliardstel einer Einheit. Nanofarad (Abk.: nF); Nanometer (10^{-9} m; Abk: nm); Nanosekunde (Abk.: ns). Nanotechnologie.
Na|no|cu|rie (das, -/-s, -) ein milliardstel Curie (in Österreich für Becquerel).
Na|no|plank|ton (das, -s, kein Plural) (griech.-lat.) feines Plankton, das durch Zentrifugieren gewonnen wird.
na|nu! (Interj.) Ausruf der Überraschung.
Na|palm (das, -s, kein Plural) (engl.) Kampfstoff. Napalmbombe.
Napf (der, -s, Näp|fe) Schale. Futternapf; Näpfchen; Napfkuchen.
Naph|tha (das, -s, kein Plural) (griech.) Schwerbenzin.
Naph|tha|lin (das, -s, kein Plural) Destillationsprodukt von Erdöl und Steinkohle.
Naph|then (das, -s, -e) (nlat.) eine gesättigte organische Verbindung.
Na|po|le|on|dor (der, -s, -e) französische Goldmünze zur Zeit Napoleons I. und III.
na|po|le|o|nisch (Adj.) auf den französischen Kaiser Napoleon I. bezogen.
Na|po|li|tain (das, -s, -s) (franz.) kleines Schokoladentäfelchen.
Na|po|li|taine (die, -, kein Plural) flanellähnliches Wollgewebe.
Nap|pa (das, -s, -s) (Kurzw.) Nappaleder.
Nar|be (die, -, -n) 1. Wundmal. Operationsnarbe; Pockennarbe. 2. in der Biologie oberer Teil des Fruchtknotens; 3. Grasdecke der Erde. Grasnarbe. Narbenbildung; Narbenleder; Narbenseite.
nar|ben (V.) 1. ein Fell enthaaren; 2. Leder mit Narben versehen.
Nar|ben (der, -s, -) in der Gerberei Haarseite der Lederhaut.
nar|big (Adj.) mit Narben bedeckt.
Nar|de (die, -, -n) (griech.) Pflanze. Nardenöl.
Nar|gi|leh (die/das, -/-s, -s) (türk.) orientalische Wasserpfeife.
Nar|ko|se (die, -, -n) (griech.) Betäubung. Narkosearzt; Narkosemaske; Narkosemittel.
Nar|ko|ti|kum (das, -s, -ka) betäubendes Mittel.
nar|ko|tisch (Adj.) betäubend.
nar|ko|ti|sie|ren (V.) betäuben.
Narr (der, -en, -en) 1. dummer Mensch; Tor; Einfaltspinsel; Hanswurst; Kindskopf; Pickelhering; Simpel. jemanden zum Narren halten (jemanden necken, verspotten); einen Narren an etwas fressen (etwas unsinnig lieben). 2. (im Mittelalter auf Jahrmärkten und bei Hofe) Possenreißer, Spaßmacher. Faschingsnarr, Hofnarr. Närrin; Närrchen; Närrlein.
nar|ren (V.) jemanden hereinlegen; jmdm. einen Streich spielen; anführen; necken.
Nar|ren|frei|heit (die, -, kein Plural) 1. Freiheit des Verhaltens im Fasching; 2. (hist.) Redefreiheit des Hofnarren vor dem Herrscher. Bei uns genießt er Narrenfreiheit.
nar|ren|haft (Adj.) närrisch.
Nar|ren|haus (das, -es, kein Plural) Nervenheilanstalt.
Nar|ren|kap|pe (die, -, -n) Kopfbedeckung des Narren.
Nar|rens|pos|se (die, -, -n/meist Plural) tolles Treiben.
Nar|ren|prit|sche (die, -, -n) spaßhaftes Symbol für die Macht des Narren.
nar|ren|si|cher (Adj.) absolut sicher (so sicher, dass auch ein Narr damit umgehen kann); idiotensicher.
Nar|ren|streich (der, -s, -e) 1. Schelmenstück; 2. große Dummheit.
Nar|ren|zep|ter (das, -s, -) spaßhaftes Symbol für die Macht des Narren.
Nar|re|tei (die, -, -en) Dummheit; Narrentreiben; Torheit.
Narr|heit (die, -, -en) 1. lustiger Streich; 2. närrische Wesensart.
när|risch (Adj.) 1. albern; kindisch; schalkhaft. die närrischen Tage (Fasching). 2. gewaltig; viel. Ich habe mich närrisch gefreut.
Nar|ra|ti|on (die, -, -ti|o|nen) (lat.) Erzählung; Bericht.
nar|ra|tiv (Adj.) (lat.) erzählend.
Nar|ra|ti|vik (die, -, kein Plural) (lat.) die Wissenschaft, die sich mit der Kunst des Erzählens beschäftigt; die die Erzählstrukturen erforscht.
Nar|ra|tor (der, -s, -en) (lat.) Erzähler; Romancier.
nar|ra|to|risch (Adj.) 1. den Erzähler betreffend; 2. die Erzählung betreffend; 3. erzählerisch.
Nar|wal (der, -s, -e) ein grauweißer, dunkel gefleckter Wal des nördlichen Eismeers mit langem Stoßzahn (beim Männchen).
Nar|zis|se (die, -, -n) Pflanze. Narzissenblüte; Narzissenstrauß.
Nar|ziss|mus (der, -, kein Plural) (griech.) Eigenliebe; Autophilie; Autoerotik; Egozentrismus; Selbstverliebtheit.
Nar|zisst (*auch:* Nar|ziss) (der, -en, -en) jemand, der in sich selbst verliebt ist.

nar|ziss|tisch (Adj.) selbstverliebt; autoerotisch; egozentrisch; ichbezogen.
NASA (die, -, kein Plural) (Kurzw.) nationale Luft- und Raumfahrtbehörde (USA).
na|sal (Adj.) (lat.) durch die Nase; näselnd.
Na|sal (der, -s, -e) in der Sprachwissenschaft Nasenlaut. Nasallaut; Nasalvokal.
na|sa|lie|ren (V.) durch die Nasen sprechen. nasalierte Laute. Nasalierung.
na|schen (V.) Süßigkeiten essen.
Na|scher (*auch:* Nä|scher) (der, -s, -) jemand, der nascht.
Na|sche|rei (die, -, kein Plural) häufiges Naschen.
Nä|sche|rei (die, -, -en/meist Plural) Leckerei; Süßigkeit (veraltet).
nasch|haft (Adj.) gern Süßigkeiten essend. Naschhaftigkeit.
Nasch|kat|ze (die, -, -en) (ugs.) Nascherin.
Nasch|sucht (die, -, kein Plural) zwanghafte Neigung, Süßigkeiten zu essen.
nasch|süch|tig (Adj.) übermäßig gern und viel Süßigkeiten essend.
Nasch|werk (das, -s, kein Plural) Leckerei; Süßigkeit (veraltet).
NASDA (die, -, kein Plural) (jap.) (Kurzw.) japanische Raumfahrtbehörde.
Na|se (die, -, -n) Geruchsorgan; Vorsprung. Nasenbein; Nasenbluten; Nasenflügel; um Nasenlänge; Nasenloch; Nasen-Rachen-Raum; Nasenring; Nasenscheidewand; Nasenschleimhaut; Nasenspitze; Nasentropfen. Adjektive: langnasig; hochnäsig.
na|se|lang (*auch:* na|sen|lang/nas|lang) (Adv.) (ugs.) (nur in der Verbindung:) alle nas(e)(n)lang (immer wieder).
Na|sen|bär (der, -en, -en) Kleinbär mit rüsselartiger Schnauze.
Na|sen|län|ge (die, -, -n) beim Pferderennsport eine Pferdekopflänge. Er ist uns immer eine Nasenlänge voraus.
Na|sen|spit|ze (die, -, -en) vorderer Teil der Nase. Du hast eben gelogen, das sehe ich dir an der Nasenspitze an.
Na|sen|stü|ber (der, -s, -) leichter Stoß gegen die Nase.
Na|se|rümp|fen (das, -s, kein Plural) offen gezeigte Abneigung.
na|se|rümp|fend (Adj.) (ugs.) abgeneigt; abwertend.
na|se|weis (Adj.) frech; vorlaut; vorwitzig.
Na|se|weis (der, -es, -e) vorwitziger Mensch (wird meist bei Kindern angewendet). Na, du kleiner Naseweis!
nas|füh|ren (V., nasführte, hat genasführt) foppen; zum Narren halten.
Nas|horn (das, -s, -hör|ner) Rhinozeros.
Nas|horn|vo|gel (der, -s, -vö|gel) Vogel mit großem Schnabel und Hornaufsatz.
Na|si|go|reng (das, -/-s, -s) Reisgericht (Indonesien).
Na|si|rä|er (der, -s, -) (hebr.-griech.) Israelit im Alten Testament, der ein spezielles Gelübde zur Enthaltsamkeit abgelegt hat.
nass (Adj.) (nässer, nasseste/nässeste) feucht; voll Wasser. Nass-in-Nass-Druck; Nassrasierer; Nassschnee; Nasswäsche; nassfest; nass geschwitzt (*auch:* nassgeschwitzt); sich nass machen (*auch:* nassmachen).
Nass (das, -es, kein Plural) Flüssigkeit; Getränk; Regen (dichterische Sprache). Welch köstliches Nass!
Näs|se (die, -, kein Plural) Feuchtigkeit.
näs|sen (V.) Flüssigkeit absondern. nässende Wunde.
nass|forsch (Adj.) dreist; frech.
nass|kalt (Adj.) regnerisch und kalt.
näss|lich (Adj.) etwas feucht.
Nass|zel|le (die, -, -n) kleiner Waschraum in Apartments und Krankenzimmern.
Nas|tie (die, -, -n) (griech.) durch Reiz ausgelöste Bewegung von festgewachsenen Pflanzen (wobei die Richtung des Reizes gleichgültig ist).
nas|zie|rend (Adj.) (lat.) im Werden seiend, entstehend.
Nas|zi|tu|rus (der, -, -ri) (lat.) ungeborene Leibesfrucht, die zwar erbfähig, aber nicht rechtsfähig ist (in der Rechtswissenschaft).
Na|ta|li|tät (die, -, kein Plural) (lat.) Geburtenrate.
Na|ti|on (die, -, -ti|o|nen) (lat.) Volk; Staat. Nationalcharakter; Nationaldenkmal; Nationalelf; Nationalfarben; Nationalfeiertag; Nationalflagge; Nationalheld; Nationalhymne; Nationalität; Nationalitätenfrage; Nationalitätsprinzip; Nationalkonvent; Nationalmannschaft; Nationalpark; Nationalrat; Nationalsozialismus; Nationalsozialist; Nationalspieler; Nationalsport; Nationalsprache; Nationalstolz; Nationaltanz; Nationaltheater; Nationaltracht. nationalbewusst; nationaldemokratisch; nationalliberal; nationalsozialistisch.
na|ti|o|nal (Adj.) (lat.) 1. die Nation, das Volk betreffend. Nationalbibliothek. 2. die Nation betonend. Nationalbewusstsein; Nationalgefühl. *Beachte:* Großschreibung bei »Nationales Olympisches Komitee« (Abk. NOK).
Na|ti|o|nal|ge|richt (das, -s, -e) (lat.) ein für eine Nation typisches Essen. Nationalgetränke.
na|ti|o|na|li|sie|ren (V.) 1. einbürgern; naturalisieren; 2. verstaatlichen.
Na|ti|o|na|li|sie|rung (die, -, -en) 1. Einbürgerung; 2. Verstaatlichung.
Na|ti|o|na|lis|mus (der, -, -men) (lat.) übersteigertes Nationalgefühl; Patriotismus.
Na|ti|o|na|list (der, -en, -en) (lat.) Anhänger des Nationalismus.
na|ti|o|na|lis|tisch (Adj.) (lat.) patriotisch.
Na|ti|o|na|li|tä|ten|staat (der, -s, -en) Staat mit Bevölkerungsgruppen, die sich aufgrund verschiedener Tradition, Sprache und Religion nicht als einheitliche Nation fühlen.
Na|ti|o|nal|öko|no|mie (die, -, kein Plural) (lat.-griech.) Volkswirtschaftslehre.
Na|ti|o|nal|staat (der, -s, -en) (lat.) Staat, dessen Bevölkerung sich als einheitliche Nation fühlt. nationalstaatlich.
Na|ti|o|nal|stra|ße (die, -, -en) in der Schweiz und anderen Ländern Bezeichnung für Fernstraße.
Na|ti|o|nal|ver|samm|lung (die, -, -en) (lat.) in verschiedenen Ländern Bezeichnung für das Parlament; häufig auch Bezeichnung für eine unter besonderen Umständen zusammengerufene Volksvertretung zur Ausarbeitung einer neuen Verfassung.
na|tiv (Adj.) (lat.) 1. angeboren; 2. auf natürliche Weise entstanden; im Naturzustand befindlich.

Na|ti|vi|tät (die, -, kein Plural) (lat.) in der Astrologie Konstellation der Gestirne bei der Geburt.

NATO (*auch:* Na|to) (die, -, kein Plural) (Kurzwort) Nordatlantisches Verteidigungsbündnis.

Na|tri|um (das, -s, kein Plural) chemischer Grundstoff (Abk.: Na). Natriumchlorid (Kochsalz); Natron; Natronlauge.

Na|tron (das, -s, kein Plural) (arab.) doppeltkohlensaures Natrium.

nät|schen (V.) (schweiz.) klatschen; plaudern.

Nat|té (der, -s, -s) (lat.-franz.) feines, glänzendes Gewebe in Panama- oder Würfelbindung, das für Wäsche, Damenkleider oder Vorhänge verwendet wird.

Nat|ter (die, -, -n) Schlange. Natternbrut; Natterngezücht.

Na|tur (die, -, -en) (lat.) Urwüchsigkeit; Materie; Landschaft; Charakter. Naturalisierung; Naturapostel; Naturbeobachtung; Naturbeschreibung; Naturerscheinung; Naturfaser; Naturforscher; Naturgeschichte; Naturgesetz; Naturkatastrophe; Naturkraft; Naturnähe; Naturprodukt; Naturschauspiel; Naturschutz; Naturschutzgebiet; Naturtalent; Naturverbundenheit; Naturwüchsigkeit; Naturwunder. naturbelassen; naturblond; naturfarben; Adjektive: naturgegeben; naturgemäß; naturgeschichtlich; naturkundlich; naturrein; naturwüchsig.

Na|tu|ra|li|en (die, nur Plural) Lebensmittel; Naturprodukte. Naturalbezüge; Naturaliensammlung; Naturalwissenschaft.

Na|tu|ra|li|sa|ti|on (die, -, -ti|o|nen) (lat.) 1. Einbürgerung; Verleihung der Staatsbürgerschaft; 2. allmähliche Anpassung (von Tieren und Pflanzen) an einen Lebensraum; 3. Ausstopfen (von Tierbälgen).

na|tu|ra|li|sie|ren (V.) (lat.) einbürgern; (jmdm.) die Staatsbürgerschaft gewähren; 2. ausstopfen (Tierbälge); 3. sich ~: sich an einen Lebensraum anpassen.

Na|tu|ra|lis|mus (der, -, kein Plural) (lat.) 1. in der bildenden Kunst das Streben nach naturgetreuer Abbildung; 2. in der Theologie die Negation eines außerweltlichen Gottes und jeder übernatürlichen Offenbarung; 3. in der Philosophie die Auffassung, der zufolge die Natur den einzigen Seinsgrund darstellt.

Na|tu|ra|list (der, -en, -en) (lat.) Anhänger des Naturalismus.

na|tu|ra|lis|tisch (Adj.) naturgetreu; den Naturalismus betreffend. naturalistisches Theater.

Na|tu|ral|leis|tung (die, -, -en) Sachleistungen des Einzelnen gegenüber dem Staat, zum Beispiel die Überlassung von Grundstücken und/ oder beweglichen Sachen zu Verteidigungszwecken.

Na|tu|ral|lohn (der, -s, -löh|ne) Entlohnung in Form von Sach- oder Dienstleistungen.

Na|tu|ral|res|ti|tu|ti|on (die, -, -ti|o|nen) (lat.) Wiederherstellung des ursprünglichen Zustandes; Schadensersatz.

Na|tu|ral|wirt|schaft (die, -, kein Plural) Wirtschaftsform, in der nur Ware gegen Ware getauscht wird.

Na|tur|bur|sche (der, -n, -n) (ugs.) die Natur liebender und in ihr lebender Mensch. Naturfreund; naturverbunden.

Na|tur|denk|mal (das, -s, -mä|ler) auffälliges oder seltenes Naturgebilde.

Na|tu|rell (das, -s, -e) (franz.) Wesensart; Gemütsart; er hat ein heiteres ~.

Na|tur|gas (das, -es, kein Plural) Erdgas.

na|tur|ge|treu (Adj.) genau nach der Natur.

Na|tur|heil|kun|de (die, -, kein Plural) Anwendung von natürlichen Mitteln zur Vorbeugung oder Heilung von Krankheiten.

na|tür|lich (Adj.) 1. der Natur gemäß. natürlicher Tod. 2. einfach; offen; ungekünstelt. natürliches Wesen. 3. (ugs.) gewiss; selbstverständlich. Natürlich werde ich zu der Verabredung kommen. 4. ehelich. natürliche Kinder (nicht adoptiert). 5. in der Geometrie ganze positive Zahl. natürliche Zahl.

Na|tur|kun|de (die, -, kein Plural) Lehre von der belebten und unbelebten Natur.

na|tür|li|cher|wei|se (Adv.) natürlich; selbstverständlich.

Na|tür|lich|keit (die, -, kein Plural) Echtheit; Offenheit; Frische; Ungekünsteltheit; Ursprünglichkeit; Unverbrauchtheit.

Na|tur|mensch (der, -en, -en) naturverbundener Mensch.

Na|tur|ob|li|ga|ti|on (die, -, -en) (lat.) eine Schuld, deren Erfüllung nicht durch Klage und Vollstreckung erzwungen werden kann.

Na|tur|park (der, -s, -s) Landschaftsschutzgebiet.

Na|tur|re|li|gi|on (die, -, -en) Verehrung von Naturerscheinungen, Pflanzen oder Tieren mit archaischen Kulten.

Na|tu|ris|mus (der, -, kein Plural) Freikörperkultur.

Na|tu|rist (der, -en, -en) Anhänger der Freikörperkultur.

Na|tur|ton|rei|he (die, -, kein Plural) in der Akustik die natürlichen Obertöne über einem Grundton.

na|tur|wid|rig (Adj.) gegen die Natur.

Na|tur|wis|sen|schaf|ten (die, -, nur Plural) alle Wissenschaften, die sich mit den in der belebten und unbelebten Natur beobachtbaren Gegebenheiten und Vorgängen beschäftigen (zum Beispiel Astronomie, Chemie, Physik, Geologie, Biologie, Medizin).

Na|tur|wis|sen|schaft|ler (der, -s, -) Wissenschaftler, der sich mit Naturwissenschaften befasst.

na|tur|wis|sen|schaft|lich (Adj.) die Naturwissenschaften betreffend.

nat|zen (V.) (südd.) einnicken; schläfrig sein.

Nau|arch (der, -en, -en) (griech.) Flottenführer im alten Griechenland.

Naue (die, -, -n) (südd.) kleines Lastschiff.

Nau|en (der, -s, -) (schweiz.) großer Lastkahn auf Seen.

'nauf (Präp.) (ugs.) hinauf.

Nau|ke (der, -s, -s,) (nordd.) dummer Kerl.

Nau|ma|chie (die, -, -n) (griech.-lat.) 1. Seeschlacht im antiken Griechenland; 2. Darstellung einer Seeschlacht in den römischen Amphitheatern.

Nau|pli|us (der, -, -pli|en) (griech.-lat.) frei schwimmende Larve niederer Krebstiere.

Na|u|ru|er (der, -s, -) Einwohner des ozeanischen Inselstaates Nauru.

na|u|ru|isch (Adj.) die Inselrepublik Nauru betreffend.

Nau|sea (die, -, kein Plural) (griech.-lat.) Übelkeit (bes. bei Seekrankheit).

Nau|te (die, -, kein Plural) (hebr.-jidd.) Süßigkeit aus Mohn, Nüssen und Honig, das von jüdischen Familien am Tag des Purimfestes gegessen wird.

Nau|tik (die, -, kein Plural) (griech.) Schifffahrtskunde. Nautiker; nautisch.

Nau|ti|lus (der, -, -/-lus|se) (lat.) Tintenfisch.

Na|vel|oran|ge (die, -, -n) kernlose Orange.

Na|vets (die, nur Plural) (franz.) weiße Rübchen.

Na|vi|cert (das, -s, -s) (lat.-engl.) Unbedenklichkeitszeugnis für neutrale Handelsschiffe, das von Konsulaten einer Krieg führenden Nation ausgestellt wird.

Na|vi|cu|la (die, -, -lae) (lat.) Gefäß in der katholischen Kirche, in dem der Weihrauch aufbewahrt wird.

Na|vi|ga|ti|on (die, -, kein Plural) (lat.) See-, Luftfahrt; Kursbestimmung. Navigationsfehler; Navigationsinstrumente; navigatorisch.

Na|vi|ga|ti|ons|sys|tem (das, -s, -e) automatisches Kurs- und Standortbestimmungssystem im Auto.

Na|vi|ga|tor (der, -s, -to|ren) (lat.) für die Navigation zuständiges Besatzungsmitglied.

na|vi|gie|ren (V.) den Kurs bestimmen.

Nay (der, -s, -s) (pers.-arab.) flötenähnliches Blasinstrument in Persien und den arabischen Ländern.

Na|za|rä|er (der, -s, -) (hebr.-griech.-lat.) 1. Beiname Jesu; 2. Mitglied der ersten Christen; 3. Mitglied der syrischen Judenchristen.

Na|za|re|ner (der, -s, -) 1. Einwohner von Nazareth; 2. (nur Singular) der ~: Jesus Christus; 3. Angehöriger einer Gruppe deutscher Maler der Romantik, die eine Erneuerung ihrer Kunst im Sinne der mittelalterlichen Maler erstrebte.

Na|zi (der, -s, -s) (Kurzw.) Nationalsozialist. Nazidiktatur; Naziherrschaft; Nazipartei; Naziregime; Nazizeit.

Na|zis|mus (der, -s, kein Plural) (ugs.) Nationalsozialismus.

na|zis|tisch (Adj.) (ugs.) den Nazismus betreffend.

Nb (Abk.) **N**io**b**ium (chemisches Zeichen).

NB (Abk.) notabene.

n. Br. (Abk.) nördliche Breite.

NC (Abk.) Numerus clausus; Numerical Control (EDV).

Nchf. (*auch:* Nachf.) (Abk.) Nachfolger.

n. Chr. (Abk.) nach Christus; n. Chr. G. (nach Christi Geburt).

nd. (Abk.) niederdeutsch.

Nd (Abk.) Neodym (chemisches Zeichen).

NDR (Abk.) Norddeutscher Rundfunk.

Ne (Abk.) Neon (chemisches Zeichen).

ne! (*auch:* nee!) (Interj.) (ugs.) nein.

'ne (Art.) (ugs.) eine.

Ne|an|der|ta|ler (der, -s, -) vorgeschichtlicher Mensch.

Ne|a|po|li|ta|ner (der, -s, -) Einwohner von Neapel; gefüllte Waffel.

ne|a|po|li|ta|nisch (Adj.) zu Neapel gehörig; von dort stammend.

Ne|ark|tis (die, -, kein Plural) Grönland, Kanada, Nordamerika und Mexiko umfassender Bereich (in der Tier- und Pflanzengeographie).

ne|ark|tisch (Adj.) zur Nearktis gehörig.

Ne|ar|thro|se (die, -, -n) (griech.) 1. krankhafte Bildung eines Gelenks (z. B. an den Bruchstellen eines Knochens); 2. chirurgische Neubildung eines Gelenks.

neb|bich! (jidd.) 1. wenn schon! was tut's? 2. schade!

Neb|bich (der, -s, -e) (jidd.) ein Niemand; ein Unbedeutender.

Ne|bel (der, -s, -) Wasserdampf; Trübheit. Nebelbank; Nebelbildung; Nebelfeld; Nebellampe; Nebelscheinwerfer; Nebelschleier; Nebelschlussleuchte; Nebelschwaden; Nebelwand; nebelgrau; nebelverhangen; nebeln.

ne|bel|haft (Adj.) unklar; verschwommen.

Ne|bel|haf|tig|keit (die, -, kein Plural) Unklarheit; Verschwommenheit.

Ne|bel|horn (das, -s, -hör|ner) 1. in der Schifffahrt Signalgeber bei Fahrt im Nebel; 2. Berg in den Allgäuer Alpen.

ne|be|lig (*auch:* neb|lig) Adj.) durch Nebel getrübt.

Ne|bel|kap|pe (die, -, -en) Tarnkappe.

Ne|bel|krä|he (die, -, -n) grau gefiederte Krähe.

Ne|bel|wald (der, -es, -wäl|der) tropischer Regenwald.

Ne|bel|wer|fer (der, -s, -) Raketengeschütz.

ne|ben (Präp., Dat./Akk.) seitlich; bei; außer; zusätzlich. *Beachte:* Er stand neben mir (Dativ!). Er stellte sich neben mich (Akkusativ!). Nebenanschluss; Nebenarbeit; Nebenbedeutung; Nebeneffekt; Nebeneinkünfte; Nebenerscheinung; Nebenerwerb; Nebenfach; Nebenform; Nebenfrau; Nebengeräusch; Nebengleis; Nebenhöhle; Nebenkläger; Nebenkosten; Nebenmann; Nebenniere; Nebennutzung; Nebenprodukt; Nebenraum; Nebenrolle; Nebenschaltung; Nebenstelle; Nebenstraße; Nebentisch; Nebenzimmer. Adjektive: nebenberuflich. Verben: nebenherfahren; nebenhergehen; nebenherlaufen; nebenordnen; nebenschalten.

Ne|ben|ab|sicht (die, -, -en) heimliche Absicht.

Ne|ben|amt (das, -s, -äm|ter) Aufgabe neben dem Hauptberuf. Nebenberuf; Nebenbeschäftigung.

ne|ben|amt|lich (Adj.) nebenberuflich.

ne|ben|an (Adv.) angrenzend; benachbart.

Ne|ben|aus|ga|be (die, -, -n/meist nur Plural) zusätzliche Ausgaben; Spesen.

ne|ben|bei (Adv.) 1. gleichzeitig mit etwas anderem; 2. ohne besondere Bedeutung. Die Dinge habe ich so nebenbei erledigt.

Ne|ben|buh|ler (der, -s, -) Mitbewerber; Konkurrent; Rivale.

ne|ben|ei|n|an|der (Adv.) einer neben dem anderen. *Beachte:* Zusammenschreibung mit dem folgenden Verb, wenn nebeneinander den Hauptakzent trägt! nebeneinanderlegen; nebeneinandersitzen; nebeneinanderstellen; *aber:* sich nebeneinander aufstellen; nebeneinander hergehen.

Ne|ben|ge|dan|ke (der, -n, -n) zusätzliche, heimliche Absicht.

ne|ben|her (Adv.) 1. nebenbei; 2. begleitend; daneben.

ne|ben|hin (Adv.) 1. nebenbei; 2. keine Bedeutung beimessend. Er sagte die Worte so nebenhin.

Ne|ben|sa|che (die, -, -n) weniger wichtige Angelegenheit.

ne|ben|säch|lich (Adj.) unwichtig.

Ne|ben|säch|lich|keit (die, -, -en) Unwichtigkeit.

Ne|ben|satz (der, -es, -sät|ze) in der Grammatik ein vom Hauptsatz abhängiger Satz.

Ne|ben|sinn (der, -s, kein Plural) Doppelsinn.

ne|ben|ste|hend (Adj.) danebenstehend. *Aber:* das Nebenstehende.

Ne|ben|ver|dienst (der, -es, -e) zusätzlicher Verdienst; Zubrot.

Ne|ben|wir|kung (die, -, -en) zusätzliche Wirkung. Das Medikament hat schlimme Nebenwirkungen.

Ne|ben|zweck (der, -s, -e) zusätzlicher Zweck.

nebst (Präp., Dat.) außer; einschließlich. der Opa nebst seinem Enkel.

ne|bu|lös (*auch:* ne|bu|los) (Adj.) (lat.) unklar; undurchsichtig.

Ne|ces|saire (*auch:* Nes|ses|sär) (das, -s, -s) (franz.) Nähzeugbeutel; Kosmetiktäschchen.

Neck 1. (der, -s, -s) (engl.) vulkanischer Schlot; 2. (der, -en, Ne|cken) (*auch:* Nöck) Wassergeist.

ne|cken (V.) hänseln; verunken; auf den Arm nehmen; aufziehen; foppen; frotzeln; uzen; veräppeln.

Ne|cke|rei (die, -, -en) Fopperei; Hänselei.

Ne|cking (das, -(s), -s) (engl.) Austausch von Zärtlichkeiten.

ne|ckisch (Adj.) 1. übermütig; voll Neckereien; 2. kokett; übertrieben niedlich.

Need (das, -s, kein Plural) (engl.) in der Psychologie die Bezeichnung für die Gesundheit von Bedürfnissen, Wünschen und Haltungen etc.

Neer (die, -, -en) (nordd.) Wasserstrudel. Neerstrom.

Ne|fas (das, -, kein Plural) (lat.) den Menschen von den Göttern auferlegtes Verbot (in der römischen Antike).

Nef|fe (der, -n, -n) Schwester-/Brudersohn.

Ne|ga|ti|on (die, -, -en) (lat.) Ablehnung; Verneinung.

ne|ga|tiv (Adj.) 1. ergebnislos; ungünstig. Die Reaktion auf meine Bewerbung war negativ. 2. ablehnend; verneinend. negative Haltung. 3. in der Mathematik eine Zahl kleiner als 0; 4. in der Medizin kein Hinweis auf eine Erkrankung.

Ne|ga|tiv (der, -s, -e) (lat.) Kehrbild.

Ne|ga|ti|vis|mus (der, -, kein Plural) 1. negative, ablehnende Haltung. 2. Widerstand gegen Beeinflussung von außen sowie gegen den eigenen Trieb (bei Geisteskranken).

Ne|ga|ti|vi|tät (die, -, kein Plural) (lat.) verneinendes, ablehnendes Verhalten.

Ne|ga|tiv|lis|te (die, -, -n) Verzeichnis von nicht zu verwendenden Wörtern oder Sachen.

Ne|ga|ti|vum (das, -s, -va) Negatives; Ungünstiges.

Ne|ger (der, -s, -) (abwertend) Dunkelhäutiger.

Ne|ger|hir|se (die, -, kein Plural) Getreideart.

Ne|ger|kuss (der, -kus|ses, -küs|se) Süßigkeit.

ne|gie|ren (V.) (lat.) verneinen; abstreiten; ablehnen; nicht beachten.

Ne|gie|rung (die, -, -en) (lat.) Ablehnung; Nichtbeachtung; Verneinung.

Ne|g|li|gé (*auch:* Né|g|li|gé/Ne|g|li|gee) (das, -s, -s) (franz.) Morgenrock.

Ne|g|li|genz (die, -, -en) (lat.-franz.) Nachlässigkeit; Sorglosigkeit; Unachtsamkeit.

ne|g|li|gie|ren (V.) (lat.-franz.) vernachlässigen.

ne|go|zi|a|bel (Adj.) (lat.-roman.) handelsfähig (Ökonomie).

Ne|go|zi|ant (der, -en, -en) (lat.-roman.) Geschäftsmann; Kaufmann.

Ne|go|zi|a|ti|on (die, -, -ti|o|nen) (lat.-roman.) 1. Verkauf von Wertpapieren; 2. Verkauf oder Verwertung eines Wechsels.

ne|go|zi|ie|ren (V.) (lat.-roman.) Handel treiben.

ne|g|rid (Adj.) den dunkelhäutigen Afrikaner betreffend.

Ne|g|ri|de (der, -n, -n) (lat.) dunkelhäutiger Afrikaner.

Ne|g|ri|to (der, -s, -s) (span.) Angehöriger eines kleinwüchsigen negroiden Volkes auf den Philippinen, Andamanen und auf Malakka.

Né|g|ri|tu|de (die, -, kein Plural) (franz.) aus der Rückbesinnung der Schwarzen auf ihre afrikanische Kulturtradition entstandene Einstellung.

ne|g|ro|id (Adj.) (lat.) den Negriden ähnlich.

Ne|g|ro|i|de (der, -n, -n) Angehöriger eines negriden Menschentyps.

Ne|g|ro|spi|ri|tu|al (der/das, -s, -s) (engl.) religiöses Lied der Schwarzen im Süden der USA.

Ne|gus (der, -, -/-se) äthiopischer Herrschertitel (früher).

neh|men (V., nahm, hat genommen; ich nehme, du nimmst) ergreifen; wählen; benutzen; einnehmen. *Beachte:* Das Leben ist ein einziges Geben und Nehmen. Nehmer; Nehmerqualitäten.

Neh|rung (die, -, -en) Landzunge.

Neid (der, -s, kein Plural) Missgunst. Er erblasst vor Neid. Er platzt vor Neid. neiderfüllt; neidvoll.

nei|den (V.) missgönnen. Er neidet mir meine Erfolge.

Nei|der (der, -s, -) neidischer Mensch. Er hatte immer viele Neider.

Neid|ham|mel (der, -s, -) (ugs.) missgünstiger Mensch.

nei|dig (Adj.) (südd.) neidisch. *Beachte:* Sie ist mir neidig.

nei|disch (Adj.) missgünstig; von Neid erfüllt. *Beachte:* Sie ist neidisch auf ihre Freundin.

neid|los (Adj.) ohne Neid. Das muss man neidlos anerkennen.

Neid|lo|sig|keit (die, -, kein Plural) frei von Neid.

Neid|na|gel (der, -s, -nä|gel) Nietnagel.

Nei|ge (die, -, -n) 1. Abhang; 2. Rest. Der Tag geht zur Neige (zu Ende).

nei|gen (V.) 1. herabbeugen; schräg stellen. Bitte neig mir dein Ohr. (Bitte höre mich wohlwollend an.). Hier neigt sich das Gelände (wird abschüssig). 2. sich einer Sache nähern. Ich neige zu der Ansicht. Er neigt zum Alkoholismus.

Nei|gung (die, -, -en) 1. Abhang; Schräge; 2. Vorliebe; Begabung.

Nei|gungs|ehe (die, -, -n) Liebesehe.

nein (Adv.) ablehnende Antwort. Nein sagen (*auch:* nein sagen); das Neinsagen; das Ja und das Nein; er antwortete mit einem klaren Nein. Neinstimme.

Nein|sa|ger (der, -s, -) (ugs.) jemand, der oft etwas ablehnt.

'nein (Adv.) (ugs.) hinein.

ne|k|ro... (griech.) tot..., todes...

Ne|k|ro|bi|o|se (die, -, kein Plural) (griech.) in der Medizin eine Stoffwechselstörung mit Absterben von Gewebe.

Ne|k|ro|log (der, -s, -e) (griech.) Nachruf.
Ne|k|ro|man|tie (die, -, kein Plural) (griech.) Geister-, Totenbeschwörung. Nekromant.
Ne|k|ro|pha|ge (der, -n, -n) (griech.) Tier, das sich nur von toten Organismen ernährt.
ne|k|ro|phil (Adj.) (griech.) auf die Nekrophilie bezogen.
Ne|k|ro|phi|lie (die, -, kein Plural) (griech.) auf Tote ausgerichteter Sexualtrieb.
Ne|k|ro|pho|bie (die, -, kein Plural) (griech.) krankhafte Furcht vor Toten oder vor dem Tod.
Ne|k|ro|po|le (die, -, -n) (griech.) Gräberstätte im Altertum.
Ne|k|rop|sie (die, -, -n) (griech.) Leichenschau; Leichenöffnung.
Ne|k|ro|se (die, -, -n) (griech.) Absterben von Zellen oder Gewebe; Gewebstod.
ne|k|ro|tisch (Adj.) auf Nekrose beruhend; abgestorben.
Nek|tar (der, -s, kein Plural) (griech.) Getränk; Blütenabsonderung. Adj.: nektarisch.
Nek|ta|ri|ne (die, -, -n) Pfirsichart.
nek|ta|risch (Adj.) 1. wie Nektar; 2. göttlich.
Nek|ta|ri|um (das, -s, -ri|en) (griech.-lat.) Honigdrüse (der Blüten).
nek|tarn (Adj.) nektarisch.
nek|tie|ren (V.) (lat.) verknüpfen; verbinden.
Nek|ti|on (die, -, -ti|o|nen) (lat.) Verknüpfung mehrerer gleichartiger Satzteile oder Sätze (Sprachwissenschaft).
Nek|ton (das, -s, kein Plural) (griech.) Gesamtheit der sich aus eigener Kraft fortbewegenden Tiere im Wasser.
Nel|ke (die, -, -n) Blume; Gewürz. Nelkenöl; Nelkenstrauß; Nelkenzimt.
Nel|ken|wurz (die, -, kein Plural) Rosengewächs.
Nel|son (der, -s, -s) (engl.) am Nacken ansetzender Griff (beim Ringen), benannt nach nordamerik. Ringkämpfer, Nackenhebel.
Ne|ma|to|de (der, -n, -n) (griech.) Fadenwurm.
Ne|me|sis (die, -, kein Plural) (griech.) strafende Gerechtigkeit.
NE-Me|tall (Abk.) Nichteisenmetall.
nem|tig (Adv.) (schweiz.) neulich.
'nen (Art.) (ugs.) einen.
nen|nen (V., nannte, hat genannt) erwähnen; bezeichnen.
nen|nens|wert (Adj.) erwähnenswert.
Nen|ner (der, -s, -) in der Mathematik die Zahl unter dem Bruchstrich.
Nenn|form (die, -, kein Plural) in der Grammatik Grundform, Infinitiv.
Nenn|on|kel (der, -s, -) guter Bekannter der Eltern, den man mit »Onkel« anredet, ohne verwandt zu sein.
Nenn|tan|te (die, -, -en) gute Bekannte der Eltern, die man mit »Tante« anredet, ohne verwandt zu sein.
Nen|nung (die, -, -en) 1. Aufrufen eines Namens; 2. im Sport die Aufnahme in die Teilnehmerliste.
Nenn|wert (der, -s, -e) der auf Münzen, Banknoten und Wertpapieren angegebene Wert. Nennbetrag.
Nenn|wort (das, -s, -wö|rter) in der Grammatik das Nomen.
neo.../Neo... (griech.) neu.../Neu... Neokolonialismus; Neoliberalismus; Neomarxismus.
Neo|dym (das, -s, kein Plural) (griech.) chemisches Element. Seltenerdmetall.
Neo|fa|schis|mus (der, -, kein Plural) wieder aufkommende rechtsradikale Bewegung. Neofaschist; neofaschistisch.
Neo|gen (das, -s, kein Plural) (griech.) jüngere Abteilung des Tertiärs; Jungtertiär.
Neo|klas|si|zis|mus (der, -, kein Plural) an den Klassizismus anknüpfender Kunststil (des 20. Jh.). neoklassizistisch.
Neo|li|thi|kum (das, -s, kein Plural) (griech.) Jungsteinzeit. Adjektiv: neolithisch.
Neo|lo|gis|mus (der, -, -gis|men) (griech.) neue Wortbildung (z. B. Alpha-Entspannung).
Ne|on (das, -s, kein Plural) Edelgas (chemischer Grundstoff; Abk.: Ne). Neonfisch; Neonlampe; Neonlicht; Neonreklame.
Neo|na|zi (der, -s, -s) Rechtsradikaler. Neonazismus; Neonazist; neonazistisch.
Ne|on|röh|re (die, -, -en) mit Edelgas gefüllter Glaskörper; Leuchtstoffröhre.
Neo|phyt (der, -en, -en) 1. jmd., der getauft und in die Gemeinde neu aufgenommen worden ist (im Urchristentum). 2. in einen Geheimbund Aufgenommener. 3. Pflanze, die in historischer Zeit in ein fremdes Gebiet gebracht wurde und sich dort eingebürgert hat.
Neo|plas|ma (das, -s, -plas|men) (griech.) anomale Gewebsbildung. Geschwulst.
Neo|te|nie (die, -, -n) (griech.) Fähigkeit, sich bereits im Larvenstadium fortzupflanzen (z. B. beim Axolotl).
Neo|ve|ris|mus (der, -, kein Plural) (griech.-lat.) von Italien ausgehende Kunstströmung zur Erneuerung des Verismus nach dem Zweiten Weltkrieg.
Neo|vi|ta|lis|mus (der, -, kein Plural) Lehre von der Eigengesetzlichkeit des Lebendigen, begründet von Hans Driesch.
Neo|zo|i|kum (das, -s, kein Plural) (griech.) jüngstes Zeitalter der Erdgeschichte; Känozoikum; Erdneuzeit.
Ne|pal (ohne Art., -s, kein Plural) Staat im Himalaya. Nepalese; Nepalesin; nepalisch; nepalesisch.
Ne|per (das, -s, -) Maßeinheit (Physik; Abk.: Np).
Ne|phe|lin (der, -s, -e) (griech.) Mineral.
Ne|phe|lo|me|t|rie (die, -, kein Plural) (griech.) Trübungsmessung in Suspensionen, Aerosolen und Dispersionen.
Ne|pho|me|ter (das, -s, -) (griech.) Gerät zum Messen der Dichte und Zuggeschwindigkeit von Wolken.
Ne|pho|s|kop (das, -s, -e) (griech.) Gerät zum Bestimmen der Richtung und Geschwindigkeit des Wolkenzuges.
Ne|ph|rit (der, -s, -e) (griech.) Mineral.
Ne|ph|ri|tis (die, -, -phri|ti|den) (griech.) Nierenentzündung.
Ne|ph|rom (das, -s, -e) (griech.) Nierengeschwulst.
Ne|ph|ro|se (die, -, -n) (griech.) nicht entzündliche Nierenerkrankung mit Gewebszerstörung.
Ne|po|te (der, -n, -n) (lat.) 1. Neffe; 2. Enkel; 3. Vetter; 4. Verwandter.

neˈpoˈtiˈsieˈren (V.) nahe Verwandte begünstigen.

Neˈpoˈtisˈmus (der, -, kein Plural) (lat.) Vetternwirtschaft.

Nepp (der, -s, kein Plural) (ugs.) Betrug; Übervorteilung. Das ist der reinste Nepp!

nepˈpen (V.) (ugs.) betrügen; übervorteilen.

Nepˈper (der, -s, -) (ugs.) 1. jemand, der andere übervorteilt; 2. (lok.) Bohrer.

Nepˈpeˈrei (die, -, -en) Betrügerei.

Nepplˈloˈkal (das, -s, -e) Gastwirtschaft mit überhöhten Preisen.

Nepˈtun (der, -s, kein Plural) Planet. Adjektiv: neptunisch.

Nepˈtuˈniˈum (das, -s, kein Plural) (griech.) chemischer Grundstoff (Abk.: Np).

Neˈreˈiˈde (die, -, -n) 1. Meerjungfrau; 2. frei schwimmender Borstenwurm des Meeres.

neˈriˈtisch (Adj.) (griech.) zum Küstengewässer/zum Flachmeer gehörig.

Nernstˈlamˈpe (die, -, -n) nach dem Physiker W. Nernst (1864–1941) benannte Lampe mit weißem Licht.

Nerv (der, -s, -en) (lat.) Reizleiter; Blattader. Nervenanspannung; Nervenarzt; Nervenbelastung; Nervenchirurgie; Nervenentzündung; Nervenfaser; Nervengas; Nervengift; Nervenheilanstalt; Nervenklinik; Nervenknoten; Nervenkraft; Nervenkrankheit; Nervenleiden; Nervennahrung; Nervenprobe; Nervensache; Nervenschock; Nervenschwäche; Nervenstärke; Nervensystem; Nervenzelle; nervenberuhigend; nervenkrank; nervenschwach; nervenstark.

nerˈval (Adj.) zur Tätigkeit der Nerven gehörig; durch sie bewirkt.

Nerˈvaˈtur (die, -, -en) Gesamtheit der Nerven (im Blatt oder Insektenflügel).

nerˈven (V.) (ugs.) nervös machen; reizen.

nerˈvenˈaufˈreiˈbend (Adj.) ermüdend; sehr anstrengend.

Nerˈvenˈbünˈdel (das, -s, -) (ugs.) jemand mit schwachen Nerven.

Nerˈvenˈkitˈzel (der, -s, -) starke Anspannung. Manche Menschen brauchen den Nervenkitzel.

Nerˈvenˈkosˈtüm (das, -s, kein Plural) (ugs.) Ausstattung mit guten/schlechten Nerven.

Nerˈvenˈkrieg (der, -s, -e) Versuch, den Gegner nervlich zu zermürben.

Nerˈvenˈsäˈge (die, -, -n) (ugs.) jemand, der anderen ständig lästig wird.

Nerˈvenˈzuˈsamˈmenˈbruch (der, -s, -brüˈche) Versagen des Nervensystems durch übergroße Belastung.

nerˈvig (Adj.) kraftvoll; sehnig.

nervˈlich (Adj.) auf die Nerven bezogen. nervliche Anspannung.

nerˈvös (Adj.) 1. die Nerven betreffend; 2. leicht reizbar; nervenschwach.

Nerˈvoˈsiˈtät (die, -, kein Plural) Reizbarkeit.

nervˈtöˈtend (Adj.) (ugs.) sehr belastend.

Nerz (der, -es, -e) Pelztier; Pelz. Nerzfarm; Nerzfell; Nerzkragen; Nerzmantel.

Nesˈsel 1. (die, -, -n) Pflanze mit Brennfasern; Brennnessel. Er hat sich in die Nesseln gesetzt. (Er hat Unannehmlichkeiten auf sich gezogen.). 2. (der, -s, -) Stoff. Nesselfaser; Nesselpflanze; Nesselstoff.

NesˈselˈsuchT (die, -, kein Plural) stark juckende, allergische Hautkrankheit. Nesselausschlag; Nesselfieber.

NesˈselˈtieR (das, -s, -e) Hohltier mit Nesselzellen, zum Beispiel Qualle.

Nesˈselˈzelˈle (die, -, -n) in der Biologie Zellen, die zum Beutefang ausgestattet sind.

Nest (das, -s/-es, Nesˈter) 1. Vogelbrutstätte; 2. (ugs.) Bett. Ich gehe heute früh ins Nest. (Ich gehe früh schlafen.). 3. (ugs.) Dorf. ein langweiliges Nest. 4. Schlupfwinkel. Liebesnest. Nestbau; Nestchen; Nestei; Nestjunge; Nesttreue.

Nestˈbeˈschmutˈzer (der, -s, -) (ugs.) jemand, der schlecht über die Familie, das Land o. Ä. spricht.

nesˈteln (V.) knüpfen; herumfingern.

Nestˈflüchˈter (der, -s, -) 1. Vogel, der kurz nach der Geburt bereits das Nest verlässt und weitgehend selbstständig ist; 2. im übertragenen Sinn ein Jugendlicher, der früh das Elternhaus verlässt.

Nestˈhäkˈchen (das, -s, -) 1. Vogel, der als letzter flügge wird; 2. im übertragenen Sinn jüngstes Mitglied der Familie.

Nestˈhoˈcker (der, -s, -) 1. Vogel, der lange versorgt werden muss; 2. im übertragenen Sinn ein Jugendlicher, der lange im Elternhaus bleibt.

Nestˈling (der, -s, -e) 1. noch nicht flügge gewordener Vogel; 2. kleines Kind.

Nesˈtor (der, -s, -toˈren) (griech.) 1. Ältester (in einer Gemeinschaft oder auf einem Wissensgebiet); 2. weiser alter Mann; kluger, alter Berater.

Nestˈwärˈme (die, -, kein Plural) (ugs.) Geborgenheit in der Familie. nestwarm.

Neˈtiˈquette (die, -, kein Plural) Höflichkeitsregeln, die im Internet gelten.

Netˈsuˈke (die, -, -s) oder (das, -s, -s) (jap.) kleine Plastik aus Holz oder Elfenbein am Gürtel, die, einem Knopf ähnlich, zum Befestigen kleinerer Gegenstände dient.

nett (Adj.) freundlich; angenehm. Nettigkeit; netterweise.

netˈto (Adv.) ohne Verpackung, Steuern oder Abzug. Nettoertrag; Nettogewicht; Nettogewinn; Nettoraumzahl (Abk.: NRZ).

Netˈtoˈeinˈkomˈmen (das, -s, -) Einkommen nach Abzug von Steuern und Sozialabgaben. Nettolohn; Nettoverdienst.

Netˈtoˈgeˈschäft (das, -s, -e) Kauf oder Verkauf von Wertpapieren durch eine Bank ohne Belastung der Kommission.

Netˈtoˈpreis (der, -es, -e) Preis ohne Abzüge.

Netˈtoˈreˈgisˈterˈtonˈne (die, -, -n) (Abk. NRT) der zur Beladung nutzbare Raum eines Schiffes.

Netˈtoˈsoˈziˈalˈproˈdukt (das, -s, kein Plural) Sozialprodukt nach Abzug der Abschreibungen vom Bruttosozialprodukt.

Netz (das, -es, -e) Maschenwerk; Verkehrssystem; Leitungssystem. Netzanschluss; Netzanschlussgerät; Netzgerät; Netzgewebe; Netzhemd; Netzspannung; Netzstecker; Netzstoff.

netzˈarˈtig (Adj.) wie ein Netz.

Netzˈätˈzung (die, -, -en) Autotypie.

Netzˈauˈge (das, -s, -n) Facettenauge der Insekten.

Netzˈball (der, -s, -bälˈle) Ball, der das Netz berührt (bei Tennis, Tischtennis u.a.).

net|zen (V.) feucht machen.
netz|för|mig (Adj.) in der Form eines Netzes.
Netz|flüg|ler (die, -, nur Plural) Insekten mit netzartig gezeichneten Flügeln.
Netz|ge|wöl|be (das, -s, -) Gewölbeform der Spätgotik.
Netz|haut (die, -, -häu|te) innerste Haut des Augapfels (Retina).
Netz|haut|ent|zün|dung (die, -, -en) entzündliche Veränderung der Netzhaut (Retinitis). Netzhautablösung.
Netz|kar|te (die, -, -n) Zeitfahrkarte für beliebig viele Fahrten.
Netz|ma|gen (der, -s, -mä|gen) Teil des Magens bei Wiederkäuern.
Netz|mit|tel (das, -s, -) chemische Stoffe, die die Oberflächenspannung einer Flüssigkeit herabsetzen und ihr damit die Benetzung anderer Flüssigkeiten ermöglichen.
Netz|plan (der, -s, -plä|ne) grafische Darstellung der Abläufe von technischen und industriellen Projekten.
Netz|plan|tech|nik (die, -, -en) Methode zur Terminplanung und -überwachung von Großprojekten.
Netz|schlan|ge (die, -, -n) ungiftige Riesenschlange.
Netz|werk (das, -s, -e) 1. soziales Kommunikationsgefüge; 2. Zusammenschluss mehrerer Stromkreise; 3. Gefüge aus Drähten, Fäden und Linien.
neu (Adj.) seit Kurzem da; frisch; unerfahren. Das Neueste ist, dass er spät nach Hause kommt. Versuchen wir es auf ein Neues. aufs Neue; seit Neuestem (*auch:* neuestem); aus alt mach neu; von Neuem (*auch:* neuem); ein gutes neues Jahr! die Neuen (*auch:* neuen) Medien. etwas/nichts/viel/wenig Neues; das Neueste vom Neuesten; das Neueste, was es auf dem Markt gibt; das Alte und Neue; die Neue Welt; das Neue Testament (Abk.: NT). Neuanfertigung; Neuankömmling; Neuanschaffung; Neuartigkeit; Neubau; Neubauwohnung; Neubearbeitung; Neubeginn; Neubildung; Neubürger; Neudruck; Neueinstellung; Neueinstudierung; Neuentwicklung; Neueröffnung; Neuerscheinung; Neugeborene; Neugestaltung; Neugliederung; Neugründung; Neuheit; das Neuhochdeutsche; Neuigkeit; Neuinszenierung; Neukonstruktion; Neuland; Neuling; Neuordnung; Neuorganisation; Neuphilologie; Neuregelung; Neuromantiker; Neuschnee; Neusilber; Neutestamentler; Neutöner; Neuvermählte; Neuverschuldung; Neuwagen; Neuwahl; Neuwert; Neuwort; Neu-Wien; Neuzulassung. Adjektive: neumodisch; neuromantisch; neutestamentlich; neuwertig; neuzeitfeindlich; neuzeitlich. *Beachte:* Getrenntschreibung in Verbindung mit Verben! neu bearbeiten. Getrennt- oder Zusammenschreibung in Verbindung mit adjektivisch gebrauchtem Partizip! das neu bearbeitete (*auch:* neubearbeitete) Buch.
neu|apo|s|to|lisch (Adj.) der neuapostolischen Religionsgemeinschaft angehörend, dem neuapostolischen Bekenntnis entsprechend.
neu|ar|tig (Adj.) noch nie dagewesen.
Neu|auf|la|ge (die, -, -n) erneute Druckreihe eines Buches.
neu|deutsch (Adj.) 1. die neue deutsche Sprache betreffend; 2. wird scherzhaft angewendet im Zusammenhang mit Anglizismen. Auf neudeutsch heißen Kinder jetzt Kids.
neu|er|dings (Adv.) in letzter Zeit.
neu|er|lich (Adv.) aufs Neue; wieder.
Neu|e|rer (der, -s, -) jemand, der Neuerungen einführt; Reformer.
Neu|e|rung (die, -, -en) Änderung; Umgestaltung; Reform.
neu|es|tens (*auch:* neus|tens) (Adv.) neuerdings.
Neu|fund|län|der (der, -s, -) Hunderasse.
neu|gie|rig (Adj.) begierig auf Neues; erwartungsvoll. Neugier; Neugierde.
neu|grie|chisch (Adj.) die neugriechische Sprache betreffend.
Neu|grie|chi|sche (das, -n, kein Plural) moderne griechische Sprache.
neu|hoch|deutsch (Adj.) (Abk.: nhd.) die neuhochdeutsche Sprache betreffend.
Neu|hoch|deut|sche (das, -n, kein Plural) neuhochdeutsche Sprache.
Neu|jahr (das, -s, kein Plural) Jahreswechsel. Neujahrsansprache; Neujahrsfest; Neujahrsglückwünsche; Neujahrstag.
neu|lich (Adv.) kürzlich.
Neu|me (die, -, -n) (griech.-lat.) Notenhilfszeichen im Mittelalter vor der Erfindung der Notenschriftzeichen.
neu|mie|ren (V.) (griech.-lat.) 1. ein Musikstück in Neumen niederschreiben; 2. einen Text mit Neumen versehen.
Neu|mi|nu|te (die, -, -n) (dt.; lat.) der hundertste Teil eines Gons in der Mathematik.
Neu|mond (der, -s, kein Plural) Zeit, während der der Mond nicht sichtbar ist.
neun (Adj.) Zahl. *Beachte:* alle neune; um neun Uhr; neunmal (9-mal); neunfach (9fach/9-fach); jetzt ist es halb neun (Uhr); neununddreißig; neunzehn; neunzig; neuntens; zu neunt; neuntausend; neunbändig; neuneckig; neunerlei verschiedene Sorten; neunhundert; neunmalig; neunschwänzig; eine neunstellige Zahl; ein neunstöckiges Haus; ein neunstündiges Programm; neuntägig. *Aber:* die Neun; der Neuner; das Neunfache; ein Neuntel. Ich war der Neunte, den sie fragte.
Neun|au|ge (das, -s, -n) Fisch.
neun|mal|klug (Adj.) besserwisserisch; obergescheit; oberschlau; siebengescheit; superklug; superschlau.
Neun|mal|klu|ge (der, -n, -n) Besserwisser; Rechthaber.
Neun|tö|ter (der, -s, -) Singvogel.
neu|ral (Adj.) (griech.) Nerven betreffend; von den Nerven ausgehend.
Neu|r|al|gie (die, -, -n) (griech.) Nervenschmerz.
Neu|r|al|gi|ker (der, -s, -) an einer Neuralgie leidender Mensch.
neu|r|al|gisch (Adj.) 1. die Neuralgie betreffend; 2. anfällig.
Neu|r|a|s|the|nie (die, -, -n) (griech.) Nervenschwäche.
Neu|r|a|s|the|ni|ker (der, -s, -) (griech.) an Neurasthenie leidender Mensch. Neurasthenikerin.
neu|r|a|s|the|nisch (Adj.) (griech.) die Neurasthenie betreffend.
neu|reich (Adj.) sehr schnell reich geworden.
Neu|rei|che (der, -n, -n) Emporkömmling.
Neu|r|ek|to|mie (die, -, -n) (griech.) chirurgische Entfernung eines Nervenstücks.

Neu|rin (das, -s, kein Plural) (griech.) in faulendem Fleisch entstehendes, starkes Gift.
Neu|rit (der, -en, -en) (griech.) lang gestreckter, der Reizleitung dienender Fortsatz der Nervenzelle.
Neu|ri|tis (die, -, -ri|ti|den) (griech.) Nervenentzündung.
Neu|ro|chi|r|ur|gie (die, -, -n) (griech.) Nervenchirurgie.
neu|ro|chi|r|ur|gisch (Adj.) (griech.) die Neurochirurgie betreffend. Neurochirurg.
Neu|ro|der|ma|to|se (die, -, -n) (griech.) nervöse Hauterkrankung.
Neu|ro|der|mi|tis (die, -, -mi|ti|den) entzündliche, von Nerven ausgehende Hauterkrankung mit starkem Juckreiz, zu den Ekzemen gehörig. Juckflechte.
neu|ro|gen (Adj.) (griech.) von den Nerven ausgehend.
Neu|ro|lo|ge (der, -n, -n) (griech.) Nervenarzt. Neurologie; neurologisch.
Neu|rom (das, -s, -e) (griech.) Geschwulst aus wuchernden Nervenfasern und -zellen.
Neu|ron (das, -s, -e/-en) (griech.) Nervenzelle.
Neu|ro|pa|thie (die, -, -n) Nervenleiden. Erkrankung des Nervensystems.
Neu|ro|pa|tho|lo|gie (die, -, kein Plural) (griech.) Wissenschaft von den Nervenerkrankungen.
Neu|ro|se (die, -, -n) (griech.) krankhaftes Fehlverhalten mit seelischen und körperlichen Störungen; Verhaltensanomalie.
Neu|ro|ti|ker (der, -s, -) (griech.) an einer Neurose leidender Mensch.
neu|ro|tisch (Adj.) die Neurose betreffend.
Neu|ro|to|mie (die, -, -n) (griech.) chirurgische Durchtrennung eines Nervs. Nervenschnitt.
Neu|ro|to|xin (das, -s, -e) (griech.) die Nerven angreifendes Gift.
Neu|schnee (der, -s, kein Plural) frisch gefallener Schnee.
Neu|see|land (ohne Art., -s, kein Plural) Neuseeländer; neuseeländisch.
Neu|sil|ber (das, -s, -) Legierung aus Kupfer, Nickel und Zinn. neusilbern.
neu|sprach|lich (Adj.) auf die lebenden Sprache bezogen. neusprachliches Gymnasium.
neu|t|ral (Adj.) (lat.) unparteiisch; unauffällig.
Neu|t|ra|li|sa|ti|on (die, -, kein Plural) (lat.) in der Chemie Reaktion einer Säure mit einer Base unter Bildung von Salz und Wasser.
neu|t|ra|li|sie|ren (V.) (lat.) 1. ausgleichen; unwirksam machen; 2. in der Chemie Säuren und Basen so mischen, dass sich ihre Wirkung gegenseitig aufhebt; 3. ein Gebiet von Kriegshandlungen frei halten.
Neu|t|ra|li|sie|rung (die, -, kein Plural) (lat.) das Unwirksammachen.
Neu|t|ra|lis|mus (der, -, kein Plural) (lat.) politischer Grundsatz der Nichteinmischung.
Neu|t|ra|list (der, -en, -en) (lat.) Verfechter des Neutralismus.
neu|t|ra|lis|tisch (Adj.) (lat.) den Neutralismus betreffend.
Neu|t|ra|li|tät (die, -, kein Plural) (lat.) Nichteinmischung; unparteiisches Verhalten. Neutralitätsabkommen; Neutra-

Neue Schreibweisen (Laut-Buchstaben-Zuordnung)

In der Schreibung des Deutschen kommt es immer wieder zu Problemen, da nicht jeder Sprachlaut einem einzigen Buchstaben zugeordnet ist. Im Zuge der Rechtschreibreform hat man versucht, diese Probleme zu verringern. (→ Fremdwörter)

1. Drei aufeinanderfolgende Buchstaben werden ausgeschrieben. Bisher fiel der dritte aus, wenn nach ihm ein Vokal (Selbstlaut) folgte. Flanelllappen *statt* Flanellappen; Schifffahrt *statt* Schiffahrt; Flusssenke *statt* Flußsenke. (→ Bindestrich)
2. Das ß wird nach einem kurzen Vokal zu ss. dass *statt* daß; bisschen *statt* bißchen; Schloss *statt* Schloß. *Aber:* Nach langem Vokal oder Diphthong bleibt das ß erhalten: Schoß; Maß; beißen; außen.
3. Nach einem kurzen betonten Vokal wird der Konsonant (Mitlaut) bei einigen Wörtern verdoppelt. nummerieren *statt* numerieren; Ass *statt* As; Tollpatsch *statt* Tolpatsch. *Beachte:* Die meisten einsilbigen Wörter aus dem Englischen bleiben in ihrer Grundform erhalten. Wenn jedoch Ableitungen gebildet werden, dann verdoppelt sich der Konsonant. Job, *aber:* jobben; Jet, *aber:* jetten.
4. Für ein kurzes e schreibt man ä statt e, wenn es eine Grundform mit a gibt. aufwändig/aufwendig wegen Aufwand/aufwenden; belämmert wegen Lamm; Stängel wegen Stange.
5. Das Gleiche gilt für den Diphthong eu, der zu äu wird, wenn es eine Grundform mit au gibt. schnäuzen *statt* schneuzen wegen Schnauze; verbläuen *statt* verbleuen wegen blau.
6. Sonstige Fälle:
   a) Besonderheiten beim Prinzip der Konsonantenverdopplung (s. 3.): Statt kk schreibt man ck, statt zz schreibt man tz (Das gilt nicht für Fremdwörter! Mokka; Pizza etc.). Daher künftig auch platzieren *statt* plazieren wegen Platz; Stuckateur *statt* Stukkateur.
   b) Das Adjektiv rau wird wie andere Adjektive auf -au ohne h geschrieben.
   c) Känguru *statt* Känguruh wegen Gnu, Kakadu.
   d) Das Dehnungs-h vor -heit soll nicht mehr ausgelassen werden (*Ausnahme:* Hoheit). Rohheit *statt* Roheit; Zähheit *statt* Zäheit.
   e) Neue Schreibweisen sind ferner: Föhn mit h in allen Bedeutungen; Zierrat *statt* Zierat; selbstständig neben selbständig; Albtraum neben Alptraum.

litätsbruch; Neutralitätserklärung; Neutralitätspolitik; Neutralitätsverletzung.

Neu|t|ron (das, -s, -en) (lat.) Elementarteilchen ohne elektrische Ladung (Abk.: n). Neutronenstrahlen; Neutronenwaffe.

Neu|t|ro|nen|bom|be (die, -, -n) Kernwaffe.

Neu|t|rum (das, -s, -tra/-tren) (griech.) sächliches Substantiv (z. B. das Fenster).

New|co|mer (der, -s, -) (engl.) Neuling.

New Look (der/das, -, kein Plural) (engl.) neuer Stil.

New-Or|leans-Jazz (der, -, kein Plural) Jazzstil.

News (die, nur Plural) (engl.) Nachrichten, Neuigkeit.

News|group (die, -s, -s) ein Informationsforum im Internet, das wissenschaftliche Themen zum Inhalt hat.

New|ton (das, -s, -) Krafteinheit (Abk.: N). Newtonmeter (Abk.: Nm).

New Wave (der, -, kein Plural) (engl.) neue Musik-, Moderichtung.

Ne|xus (der, -, -) (lat.) Zusammenhang; Verbindung.

Ne|zes|si|tät (die, -, -en) (lat.) Notwendigkeit.

nF (Abk.) Nanofarad.

NF (Abk.) Niederfrequenz.

N. F. (Abk.) Neue Folge.

Ngo|ro|ngo|ro|kra|ter (der, -s, kein Plural) Kraterhochland in Tansania.

NH, N. H. (Abk.) Normalhöhepunkt.

nhd. (Abk.) neuhochdeutsch.

Ni (Abk.) Nickel (chemisches Zeichen).

nib|beln (V.) (engl.) abschneiden. Nibbler.

ni|beln (V.) (südd.) fein regnen.

Ni|be|lun|gen (die, nur Plural) Sagengeschlecht. Nibelungensage.

Ni|be|lun|gen|hort (der, -es, kein Plural) sagenhafter Goldschatz im Rhein.

Ni|be|lun|gen|lied (das, -es, kein Plural) mittelhochdeutsche Heldendichtung.

Ni|ca|ra|gua (*auch:* Ni|ka|ra|gua) (ohne Art., -s, kein Plural) Staat in Mittelamerika. Nicaraguaner (*auch:* Nikaraguaner). nicaraguanisch (*auch:* nikaraguanisch).

nicht (Adv.) Verneinung. *Beachte:* nicht nur, sondern auch; ich gehe nicht eher, bis du fertig bist; nicht wahr? Nicht rauchen! nicht im Geringsten; mitnichten; ich will nicht mehr als hundert Euro ausgeben; nicht weniger als; nicht doch! Das glaube ich ganz und gar nicht; komm mir nur nicht zu spät! eine nicht öffentliche (*auch:* nichtöffentliche) Veranstaltung; *aber:* die Veranstaltung kann nicht öffentlich stattfinden; etwas zunichte machen. *Wichtig:* Ist »dass« die Einleitung eines Nebensatzes, so steht ein Komma! Sie wollte nicht, dass er geht. *Aber:* kein Komma in Wendungen wie: nicht dass ich wüsste; nicht dass du meinst, ich würde mich darüber freuen. Nichtachtung; Nichtanerkennung; Nichtangriffspakt; Nichtbeachtung; Nichtbefolgung; Nichtberufstätige (*auch:* nicht Berufstätige); Nichtchrist; Nichteinhaltung; Nichteinmischung; Nichterfüllung; Nichterscheinen; Nichtfachmann; bei Nichtgefallen Geld zurück! Nichtgewünschtes (*auch:* nicht Gewünschtes) bitte ankreuzen; der Nichtgeschäftsfähige (*auch:* nicht Geschäftsfähige); Nicht-Ich; das Sein oder Nichtsein; Nicht-zustande-Kommen (*auch:* Nicht-zu-Stande-Kommen); Nichtzutreffendes (*auch:* nicht Zutreffendes) bitte anstreichen! Nichtmitglied; Nichtraucher; Nichtschwimmer; Nichtsesshafter (*auch:* nicht Sesshafter); Nichttänzer; Nichtverfolgungsland; Nichtwissen; Nichtzulassung. Adjektive: eine nicht amtliche (*auch:* nichtamtliche) Verordnung; nicht berufstätige (*auch:* nichtberufstätige) Mütter; die Mütter, die nicht berufstätig sind; nicht christlich (*auch:* nichtchristlich); nicht ehelich (*auch:* nichtehelich); nicht kommunistisch (*auch:* nichtkommunistisch); er ist nicht kommunistisch eingestellt; nicht organisiert (*auch:* nichtorganisiert); nicht leitend (*auch:* nichtleitend); ein nicht rostendes (*auch:* nichtrostendes) Besteck; nicht selbstständig (*auch:* nichtselbstständig) *oder:* nicht selbständig (*auch:* nichtselbständig).

Nich|te (die, -, -n) Tochter des Bruders oder der Schwester.

nicht ehe|lich (*auch:* nicht|ehe|lich) (Adj.) außerehelich.

Nicht|ei|sen|me|tall (das, -s, -e) Buntmetall. Nichteisenmetallwirtschaft.

nicht flek|tier|bar (*auch:* nicht|flek|tier|bar) (Adj.) nicht beugbar. ein nicht flektierbares/ nichtflektierbares Wort. Das Wort ist nicht flektierbar/ nichtflektierbar.

nich|tig (Adj.) unbedeutend; ungültig; gering; hinfällig; rechtsungültig; unwirksam; wertlos. etwas für null und nichtig erklären. Der Vertrag ist nunmehr null und nichtig.

Nich|tig|keit (die, -, kein Plural) Ungültigkeit; Unwirksamkeit; Geringheit; Hinfälligkeit; Nichts; Vergänglichkeit; Wertlosigkeit. Nichtigkeitserklärung; Nichtigkeitsklage; Nichtigkeitsurteil.

Nicht|lei|ter (der, -s, -) Isolator. Adjektiv: nicht leitend (*auch:* nichtleitend).

Nicht|me|tall (das, -s, kein Plural) elektronegatives, flüssiges oder festes chemisches Element.

Nicht|rau|cher (der, -s, -) jemand, der aus Überzeugung nicht raucht. Nichtraucherabteil; Nichtrauchertaxi; Nichtraucherzone.

nicht ros|tend (*auch:* nicht|ros|tend) (Adj.) rostfrei.

nichts (Pron., indef.) nicht etwas. *Beachte:* das führt zu nichts; das ist nichts Neues; er verschwand so mir nichts, dir nichts (ohne Weiteres); er hat es zu gar nichts gebracht; um nichts und wieder nichts; das jetzige Problem unterscheidet sich in nichts vom letzten; die Probleme lösen sich in nichts auf (*aber*: sich im Nichts auflösen); ich werde heuer wieder nichts tun; viel Lärm um nichts; nichts weniger als; nichts Schlimmes ahnend; nichts ahnend (*auch:* nichtsahnend). *Aber:* das Nichts; aus dem Nichts kommen; vor dem Nichts stehen; er ist ein Nichts.

Nicht|schwim|mer (der, -s, -) jemand, der nicht schwimmen kann. Nichtschwimmerbecken.

nichts|des|to|trotz (Adv.) trotzdem; dennoch.

nichts|des|to|we|ni|ger (Adv.) und doch; trotzdem.

Nichts|kön|ner (der, -s, -) Stümper.

Nichts|nutz (der, -es, -e) jemand, den man zu nichts gebrauchen kann; Taugenichts.

nichtsˈnutˈzig (Adj.) unbrauchbar; missraten.
Nichtsˈnutˈzigˈkeit (die, -, kein Plural) Unbrauchbarkeit.
nichtsˈsaˈgend (*auch:* nichts saˈgend) (Adj.) belanglos; unbedeutend.
Nichtsˈtuˈer (der, -s, -) Faulenzer; Müßiggänger.
nichtsˈtuˈeˈrisch (Adj.) faul; untätig.
Nichtsˈtun (das, -s, kein Plural) Faulheit; Müßiggang; Freizeit.
nichtsˈwürˈdig (Adj.) ehrlos; niederträchtig; gemein.
Nichtsˈwürˈdigˈkeit (die, -, -en) Niedertracht.
nicht zieˈlend (*auch:* nichtˈzieˈlend) (Adj.) intransitiv (Verben).
Niˈckel 1. (der, -s, Nickel) Wassermann; (ugs.) eigensinniger Mensch; Nickelmann; Nikolaus. 2. (das, -s, kein Plural) Metall; chemisches Element (Abk.: Ni); 3. (der, -s, -) Zehnpfennigstück (früher). Nickelblüte; Nickelbrille; Nickelerz.
Niˈckelˈhochˈzeit (*auch:* kupˈferˈne Hochˈzeit) (die, -, -en) Feier nach zwölfeinhalbjähriger Ehe.
niˈcken (V.) zustimmen; schlummern. Nicker.
Niˈckerˈchen (das, -s, -) (ugs.) Schläfchen.
Nickˈfänˈger (der, -s, -) Jagdmesser (Genickfänger).
Nickˈhaut (die, -, -häuˈte) zusätzliche Bindehautfalte bei vielen Wirbeltieren.
Niˈcki (der, -s, -s) Baumwollpullover.
Niˈcoˈtin (das, -s, kein Plural) → Nikotin.
nid (Adv.) (lok.) unten; unter. nid dem Berg.
Niˈdaˈtiˈon (die, -, -tiˈoˈnen) (lat.) Einnistung des befruchteten Eies in die Gebärmutterschleimhaut (bei Säugetieren und Menschen).
Niˈdel (der, -s, kein Plural) (schweiz.) Sahne; süßer Rahm.
Niˈdle (die, -, kein Plural) (schweiz.) Nidel.
nie (Adv.) zu keiner Zeit; niemals. *Beachte:* Das mache ich nie mehr; nie wieder! Nie und nimmer kann das klappen! Nie im Leben! Jetzt oder nie!
nieˈder 1. (Adj.) niedrig. von niederer Herkunft. 2. (Adv.) hinab; zu Boden. Nieder mit dir! auf und nieder.
nieˈderˈbeuˈgen (V., refl., beugte sich nieder, hat sich niedergebeugt) bücken.
nieˈderˈbreˈchen (V., brach nieder, hat niedergebrochen) abbrechen; zusammenstürzen.
nieˈderˈbüˈgeln (V., bügelte nieder, hat niedergebügelt) mundtot machen; überstimmen.
nieˈderˈdeutsch (Adj.) zur niederdeutschen Mundart gehörend.
Nieˈderˈdeutsch (das, -en, kein Plural) niederdeutsche Mundart.
Nieˈderˈdruck (der, -s, -drüˈcke) geringer Druck. Niederdruckheizung.
nieˈderˈdrüˈcken (V., drückte nieder, hat niedergedrückt) herunterdrücken; bedrücken. niederdrückend.
nieˈderˈfalˈlen (V., fiel nieder, ist niedergefallen) herunterfallen; auf die Knie fallen.
Nieˈderˈflurˈwaˈgen (der, -s, -/wäˈgen) niedrig gebauter Straßenbahnwagen.
nieˈderˈfreˈquent (Adj.) mit niedriger Frequenz.
Nieˈderˈfreˈquenz (die, -, kein Plural) Frequenzbereich von 0 Hz bis 300 Hz; Tonfrequenz von 16 Hz bis 20 kHz. Niederfrequenzinduktionsofen.
nieˈderˈgeˈdrückt (Adj.) lustlos; mutlos.
nieˈderˈgeˈhen (V., ging nieder, ist niedergegangen) landen; herunterkommen; stürzen. Niedergang.
nieˈderˈgeˈschlaˈgen (Adj.) bedrückt.
Nieˈderˈgeˈschlaˈgenˈheit (die, -, kein Plural) Gedrücktheit; Mutlosigkeit; Depression; Enttäuschung; Tief.
Nieˈderˈholz (das, -es, kein Plural) Unterholz.
nieˈderˈkämpˈfen (V., kämpfte nieder, hat niedergekämpft) bezwingen.
nieˈderˈkauˈern (V., refl., kauerte sich nieder, hat sich niedergekauert) sich ducken.
nieˈderˈknalˈlen (V., knallte nieder, hat niedergeknallt) (ugs.) erschießen.
nieˈderˈknüpˈpeln (V., knüppelte nieder, hat niedergeknüppelt) (ugs.) niederschlagen.
nieˈderˈkomˈmen (V., kam nieder, ist niedergekommen) gebären. Seine Frau kommt bald nieder. (Sie wird bald von einem Kind entbunden.).
Nieˈderˈkunft (die, -, -künfˈte) Geburt.
Nieˈderˈlaˈge (die, -, -n) Besiegtwerden; Misserfolg.
Nieˈderˈlanˈde (die, nur Plural) Staat an der Nordsee; Holland. Niederländer; niederländisch; Niederländisch (Sprache).
nieˈderˈlasˈsen (V., refl., ließ sich nieder, hat sich niedergelassen) hinsetzen; ansiedeln; (nicht reflexiv:) herunterlassen. *Beachte:* sich auf dem Land (Dativ!) niederlassen; sich auf das Bett (Akkusativ!) niederlassen.
Nieˈderˈlasˈsung (die, -, -en) 1. Ansiedlung; Gründung einer Arztpraxis; 2. Zweigstelle.
nieˈderˈleˈgen (V., legte nieder, hat niedergelegt) hinlegen; festlegen; unterbrechen; beenden. *Beachte:* Sie legte das Buch in dem Schrank/in den Schrank nieder.
Nieˈderˈleˈgung (die, -, -en) das Niederlegen. Arbeitsniederlegung.
nieˈderˈmaˈchen (V., machte nieder, hat niedergemacht) töten.
nieˈderˈmäˈhen (V., mähte nieder, hat niedergemäht) mähen; töten.
nieˈderˈmetˈzeln (V., metzelte nieder, hat niedergemetzelt) morden.
nieˈderˈprasˈseln (V., prasselte nieder, ist niedergeprasselt) heftig herunterkommen.
nieˈderˈreiˈßen (V., riss nieder, hat niedergerissen) abreißen; zerstören.
nieˈderˈrinˈgen (V., rang nieder, hat niedergerungen) bezwingen.
Nieˈderˈsachˈse (der, -n, -n) Bewohner von Niedersachsen.
Nieˈderˈsachˈsen (ohne Art., -s, kein Plural) deutsches Bundesland.
nieˈderˈschieˈßen (V., schoss nieder, hat niedergeschossen) erschießen; im Sturzflug fliegen.
Nieˈderˈschlag (der, -s, -schläˈge) 1. Abwärtsschlag; 2. Boxschlag, der den Gegner zu Fall bringt; 3. (meist nur Plural) Regen; Schnee. Niederschlagsmenge; niederschlagsarm; niederschlagsfrei; niederschlagsreich.
nieˈderˈschlaˈgen (V., schlug nieder, hat niedergeschlagen) zu Boden schlagen; bezwingen; senken; sich absetzen.
Nieˈderˈschlaˈgung (die, -, kein Plural) 1. das Niederschlagen; 2. Einstellung eines Gerichtsverfahrens.

nie|der|schmet|tern (V., schmetterte nieder, hat niedergeschmettert) niederschlagen; erschüttern.
nie|der|schrei|ben (V., schrieb nieder, hat niedergeschrieben) aufschreiben.
nie|der|schrei|en (V., schrie nieder, hat niedergeschrien) mundtot machen.
Nie|der|schrift (die, -, -en) schriftliches Festhalten.
nie|der|set|zen (V., setzte nieder, hat niedergesetzt) absetzen; sich hinsetzen.
Nie|der|span|nung (die, -, kein Plural) elektrische Spannung unter 1000 Volt.
nie|der|sto|ßen (V., stieß nieder, hat niedergestoßen) umwerfen; niederstechen.
nie|der|stre|cken (V., streckte nieder, hat niedergestreckt) zu Boden strecken; sich hinlegen.
nie|der|tou|rig (Adj.) langsam drehend.
Nie|der|tracht (die, -, kein Plural) Bosheit; Gemeinheit.
nie|der|träch|tig (Adj.) boshaft; gemein; ekelhaft; fies; garstig; hundsgemein; infam.
Nie|der|träch|tig|keit (die, -, kein Plural) Bosheit; Gemeinheit; Infamie; niedere Gesinnung; Perfidie; Schäbigkeit.
nie|der|tre|ten (V., trat nieder, hat niedergetreten) umtreten; abnützen.
Nie|de|rung (die, -, -en) Ebene. die Niederungen des Lebens (Alltäglichkeiten).
Nie|der|wald (des, -s, -wäl|der) Laubwald, der durch häufiges Abholzen niedrig gehalten wird.
nie|der|wärts (Adv.) hinunter; hinab.
nie|der|wer|fen (V., warf nieder, hat niedergeworfen) umwerfen; besiegen; sich auf die Knie werfen.
Nie|der|wer|fung (die, -, -en) Sieg, Unterwerfung.
Nie|der|wild (das, -s, kein Plural) kleines Wild (Hase, Fuchs, Dachs, Reh).
nied|lich (Adj.) klein; hübsch. Niedlichkeit.
Nied|na|gel (*auch:* Neid|na|gel) (der, -s, -nä|gel) kleine Verletzungen oder Abhebungen an Finger- oder Zehennägeln.
nied|rig (Adj.) nicht hoch; gering. *Beachte:* in niedriger Höhe; Hoch und Niedrig (jedermann); niedrige Gesinnung. Niedrighaltung; Niedrigkeit; Niedriglohn; niedrigprozentig; niedrig stehend (*auch:* niedrigstehend).
Nied|rig|was|ser (das, -s, kein Plural) (Abk. NW) Tiefstand von Gewässern; Ebbe.
Ni|el|lo (das, -/-s, -s/-el|len/-el|li) (ital.) Graviertechnik (Goldschmiedekunst). Nielloarbeit.
nie|mals (Adv.) nie.
nie|mand (Pron., in def.) keiner. *Beachte:* mit niemand(em); ich sah niemand(en); niemand anders, *aber:* niemand Fremdes; niemand spricht so gut wie er; niemand kann es besser als er. *Aber:* ein Niemand sein. Niemandsland.
Nie|re (die, -, -n) Organ. Das geht mir an die Nieren; die künstliche Niere. Nierenbeckenentzündung; Nierenentzündung; Nierenkolik; Nierensenkung; Nierenstein; Nierentransplantation.
Nie|ren|baum (der, -s, -bäu|me) Acajoubaum.
nie|ren|för|mig (Adj.) unregelmäßig oval.
Nie|ren|tisch (der, -es, -e) nierenförmiger Tisch (war in den 1950er-Jahren modern).
Nierndl (das, -s, -n) (österr.) Niere als Gericht.
nie|seln (V.) leicht regnen. Nieselregen; Nieselwetter.
Nie|sel|priem (der, -s, -e) (ugs.) Angeber.
nie|sen (V.) Luft geräuschvoll ausstoßen (Reizung der Nasenschleimhaut).
Nies|pul|ver (das, -s, -) Pulver zum künstlichen Auslösen des Niesreizes. Niesreiz.
Nieß|brauch (der, -s, kein Plural) Nutzungsrecht.
nie|ßen (V., noss, hat genossen) (lok.) den Nießbrauch haben.
Nies|wurz (die, -, kein Plural) Hahnenfußgewächs.
Niet (*auch:* Nie|te) (der, -s, -e) Metallbolzen zum Verbinden von Metallteilen. Niethammer; Nietkopf.
Nie|te (die, -, -n) 1. Metallbolzen; 2. Fehllos; 3. (ugs.) Versager. *Beachte:* niet- und nagelfest. Nietnaht.
nie|ten (V.) mit Nieten verbinden.
Nie|ten|ho|se (die, -, -n) Baumwollhose mit Nieten als Verzierung an den Nähten.
Niet|na|gel (der, -s, -nä|gel) 1. Nagel zum Nieten; 2. Nagel für Bergstiefel.
Nie|tung (die, -, -en) das Nieten.
Ni|fe (das, -, kein Plural) metallener Erdkern (aus Nickel und Eisen). Nifekern.
ni|gel|na|gel|neu (Adj.) (ugs.) ganz neu.
Ni|ger (ohne Art., -s, kein Plural) Fluss in Afrika. Nigrer; nigrisch.
Ni|ge|ria (ohne Art., -s, kein Plural) Nigerianer; nigerianisch.
Nig|ger (der, -s, -) (engl.) Schwarzer (Schimpfwort).
Night|club (der, -s, -s) (engl.) Nachtlokal.
Ni|gro|sin (das, -s, -e) (lat.) Farbstoff.
Ni|hi|lis|mus (der, -, kein Plural) (lat.) Verneinung aller Normen und Wertvorstellungen. Nihilist; nihilistisch.
Ni|ko|laus 1. (der, -, -e) männlicher Vorname; 2. (der, -, -e/läu|se) als heiliger Nikolaus verkleideter Mann, der am 6. Dezember den Kindern Geschenke bringt.
Ni|ko|lo (der, -s, -s) (österr.) heiliger Nikolaus.
Ni|ko|tin (*auch:* Ni|co|tin) (das, -s, kein Plural) Giftstoff des Tabaks. Nikotingehalt; Nikotinhaltigkeit; Nikotinvergiftung.
ni|ko|tin|arm (Adj.) mit wenig Nikotin.
Nil|pferd (das, -s, -e) Flusspferd.
Nim|bo|stra|tus (der, -, kein Plural) (lat.) dichte, tief herabhängende, gleichmäßig dunkle Regenwolke.
Nim|bus (der, -, -bus|se) (lat.) Heiligenschein; Ansehen.
nim|mer (Adv.) nie; (südd.) nicht mehr. *Beachte:* nie und nimmer.
Nim|mer|leins|tag (der, -s, kein Plural) (ugs.) niemals. Wer weiß, wann wir unser Geld bekommen, wahrscheinlich am Nimmerleinstag.
nim|mer|mehr (Adv.) nie wieder.
Nim|mer|satt (der, -s, kein Plural) (ugs.) 1. tropischer Storchvogel; 2. Vielfraß; Fresssack; Gierschlund; Prasser.

Nim|mer|wie|der|se|hen (das, -s, kein Plural) (ugs.) (nur in der Verbindung:) auf Nimmerwiedersehen (für immer).

Nim|rod 1. (ohne Art., -s, kin Plural) nach dem Alten Testament ein Städteerbauer; 2. (der, -s, -e) (hebr.) passionierter Jäger.

Nin|ja (der, -s, -s) vermummter japanischer (Schwert-)Kämpfer. Schattenkrieger.

Ni|ob (das, -s, kein Plural) ein Element; hellgrau glänzendes Schwermetall.

Nip|pel (der, -s, -) 1. Verbindungsstück; 2. (ugs.) Brustwarze.

nip|pen (V.) wenig trinken; probieren.

Nip|pes (ohne Artikel, nur Plural) (franz.) Zierfiguren (Porzellan). Nippsachen.

Nipp|flut (die, -, -en) (nordd.) mäßige Flut.

nir|gends (Adv.) nirgendwo. *Beachte:* nirgend(s)her; nirgend(s)hin; nirgend(s)wo; nirgend(s)woher; nirgend(s)wohin.

Ni|ros|ta (der, -s, kein Plural) (Kurzw.) nicht rostender Stahl.

Nir|wa|na (das, -/-s, kein Plural) endgültiger Ruhezustand (Buddhismus).

Ni|sche (die, -, -n) (franz.) Winkel; Vertiefung. Nischenaltar.

Nis|se (die, -, -n) 1. Ei der Laus; 2. Verfilzung. Adjektiv: nissig.

Nis|sen|hüt|te (die, -, -n) Wellblechbaracke, benannt nach dem engl. Offizier Nissen.

nis|sig (Adj.) lausig; verschmutzt.

nis|ten (V.) ein Nest bauen. Nisthöhle; Nistkasten; Nistplatz; Nistzeit.

Ni|sus (der, -, kein Plural) (lat.) Trieb (Med.).

Ni|t|rat (das, -s, -e) Salz der Salpetersäure.

Ni|t|rid (das, -s, -e) (lat.) Verbindung aus Stickstoff und Metall.

ni|t|rie|ren (V.) (lat.) mit Salpeter behandeln; Nitroverbindungen herstellen.

Ni|t|ri|fi|ka|ti|on (die, -, -ti|o|nen) (lat.) Oxidation von Ammoniak durch Bodenbakterien.

ni|t|ri|fi|zie|ren (V.) (griech.) in Salpeter umwandeln.

Ni|t|ri|fi|zie|rung (die, -, -en) (griech.-lat.) Nitrifikation.

Ni|t|rit (das, -s, -e) (griech.) Salz der salpetrigen Säure.

Ni|t|ro|ge|ni|um (*auch:* Ni|t|ro|gen) (das, -s, kein Plural) (griech.) Stickstoff (Abk.: N). Nitrolack; Nitrophosphat.

Ni|t|ro|gly|ze|rin (das, -s, -e) (griech.) 1. Sprengstoff; 2. gefäßerweiterndes Heilmittel.

Ni|t|ro|s|a|mi|ne (die, -, nur Plural) (griech.-lat.) Bezeichnung für Produkte, die durch Einwirkung von salpetriger Säure oder Nitriten entstehen.

Ni|t|rum (das, -s, kein Plural) (griech.-lat.) veraltete Bezeichnung für Salpeter.

ni|t|sche|wo! (Interj.) (russ.) macht nichts!

ni|val (Adj.) (lat.) zum Schnee gehörig; im Schnee lebend.

Ni|val (das, -s, kein Plural) (lat.) Bezeichnung für ein Gebiet, das ständig oder über lange Zeiträume mit Schnee und Eis bedeckt ist.

Ni|veau (das, -s, -s) (franz.) Ebene; Stufe; geistiger Rang. Niveaudifferenz; Niveaufläche; Niveaugefälle; Niveaulinie; Niveauunterschied; Niveauübergang; niveaufrei; niveaugleich.

ni|veau|los (Adj.) (franz.) ohne geistiges Format. niveauvoll.

ni|vel|lie|ren (V.) (lat.) gleichmachen; ebnen. Nivellierung; Nivelliergerät; Nivellierinstrument; Nivellierlatte; Nivellierwaage.

nix (Pron., indef.) (ugs.) nichts.

Nix (der, -es, -e) Wassergeist.

Ni|xe (die, -, -n) Meerjungfrau. Nixchen; nixenhaft.

n. J. (Abk.) nächsten Jahres.

nkr (Abk.) norwegische Krone.

nm (Abk.) Nanometer.

Nm (Abk.) Newtonmeter.

n. M. (Abk.) nächsten Monats.

NN (Abk.) Normalnull.

N. N. (Abk.) Name unbekannt.

NNO (Abk.) Nordnordost(en).

NNW (Abk.) Nordnordwest(en).

NO (Abk.) Nordost(en).

No (das, -/-s, -/-s) nach strengen Regeln aufgebautes altjapanisches Singspiel.

no|bel (Adj.) (franz.) vornehm; großzügig.

No|bel (der, -s, kein Plural) Löwe (Tierfabel).

No|bel|her|ber|ge (die, -, -n) (ugs.) Luxushotel. Nobelhotel.

No|be|li|um (das, -s, kein Plural) (schwed.-nlat.) chemisches Element; ein Transuran.

No|bel|preis (der, -es, -e) jährlich verliehene Auszeichnung. Nobelpreisträger; Nobelstiftung.

No|bi|les (die, nur Plural) (lat.) die Angehörigen des Amtsadels im antiken Rom.

No|bi|li|tät (die, -, -en) (lat.) Adel.

No|bi|li|ta|ti|on (die, -, -ti|o|nen) (lat.) die Erhebung in den Adelsstand.

no|bi|li|tie|ren (V.) in den Adelsstand erheben (historisch).

No|b|les|se (die, -, kein Plural) (franz.) 1. Vornehmheit; Edelmut; Adel; 2. Großzügigkeit; Freigebigkeit.

no|b|lesse ob|lige (franz.) Adel verpflichtet.

No|bo|dy (der, -s, -s) (engl.) ein Niemand.

noch 1. (Adv.) bis jetzt; außerdem; schließlich; schon. *Beachte:* noch immer; noch mehr; noch einmal; noch mal (*auch:* nochmal). *Aber:* nochmals; nochmalig; noch und noch. 2. (Konj.) auch nicht. weder hier noch da.

Nöck (*auch:* Neck) (der, -s, Nö|cke) Wassermann.

No|cken (der, -s, -) Maschinenteil. Nockenwelle.

No|ckerl (das, -s, -n) (südd.) Grießklößchen. Salzburger Nockerl; Nockerlsuppe; Grießnockerl.

Noc|turne (das, -s, -s/die, -, -s) (franz.) Klavierstück von träumerischem Charakter; Nachtstück.

Noc|ti|lu|ca (die, -, kein Plural) Geißeltierchenart, verursacht das Meeresleuchten.

No|dus (der, -, No|di) (lat.) 1. Knoten (z. B. Gicht-, Lymphknoten); 2. verdickte Ansatzstelle (des Blattes); 3. Verdickung; Knauf.

No|e|tik (die, -, kein Plural) (griech.) Lehre vom Denken und Erkennen.

no fu|ture (engl.) keine Zukunft (Slogan). NoFuture-Generation.

no iron (engl.) bügelfrei.

Noi|set|te (die, -, -s) (franz.) Nussschokolade. Noisetteschokolade.

NOK (Abk.) Nationales Olympisches Komitee.

Nok|tam|bu|lis|mus (der, -, kein Plural) (lat.) Nachtwandeln; Schlafwandeln.

nö|len (V.) (nordd.) jammern; eintönig und langsam sprechen; trödeln.

no|lens vo|lens (lat.) wohl oder übel.

No|li|me|tan|ge|re (das, -, -) (lat.) 1. Kraut, das seine Samen bei Berührung wegschleudert; Springkraut; Rührmichnichtan; 2. „berühre mich nicht", Worte des auferstandenen Christus zu Maria Magdalena, als er ihr am Grab erscheint; Darstellung dieser Szene (in der Kunst).

Nol|len (der, -s, -) (schweiz.) Bergkopf.

Nöl|pe|ter (der, -s, -) (nordd.) jemand, der nölt. Nölsuse.

Nom. (Abk.) Nominativ.

No|ma|de (der, -n, -n) (griech.) Angehöriger eines Wandervolks. Nomadendasein; Nomadenleben; Nomadenvolk.

no|ma|den|haft (Adj.) wie ein Nomade. nomadisch.

no|ma|di|sie|ren (V.) (griech.) 1. als Nomade leben; 2. häufig den Wohnsitz wechseln.

No|ma|dis|mus (der, -, kein Plural) (griech.-lat.) 1. nomadische Gesellschafts-, Lebens- und Wirtschaftsform; 2. fortwährende Wanderung von Tierarten in größeren Verbänden zum Zwecke der Nahrungssuche oder zur Befriedigung des Bewegungsdranges.

No|men (das, -s, -/No|mi|na) (lat.) Substantiv (Hauptwort). Nominalform; Nominalphrase; Nominalist; nominal; nominalisieren.

no|men est omen (lat.) der Name weist schon darauf hin.

No|men|kla|tur (die, -, -en) (lat.) Verzeichnis von Fachausdrücken.

no|mi|nal (Adj.) (lat.) das Nomen betreffend; zum Namen gehörend; den Nennwert betreffend.

No|mi|nal|lohn (der, -s, -löh|ne) Lohn als Geldsumme ohne Berücksichtigung der Kaufkraft. Nominalbetrag.

No|mi|nal|wert (der, -s, -e) Nennwert. Nominaldaten.

No|mi|na|tiv (der, -s, -e) (lat.) Werfall (erster Fall; Abk.: Nom.). Nominativ Singular (z. B. der Baum, eine Brücke, kein Tag); Nominativ Plural (z. B. die Bäume, einige Brücken).

no|mi|nell (Adj.) dem Namen nach.

no|mi|nie|ren (V.) (lat.) benennen, aufstellen. Nominierung.

No|mo|gra|fie (*auch:* No|mo|gra|phie) (die, -, kein Plural) (griech.) Verfahren, mithilfe von Nomogrammen mathematische Probleme zu lösen.

No|mo|gramm (das, -s, -e) (griech.) Grafik.

No|na|gon (das, -s, -e) (lat.-griech.) Neuneck.

No-Name-Pro|dukt (*auch:* No|name|pro|dukt) (das, -s, -e) (engl.) Billigware ohne Firmenbezeichnung.

Non|cha|lance (die, -, kein Plural) (franz.) Ungezwungenheit; Lässigkeit.

non|cha|lant (Adj.) lässig; ungezwungen.

No|ne (die, -, -n) (lat.) 1. neunter Ton der diatonischen Tonleiter; 2. Intervall von neun Tönen; 3. Gebet zur neunten Stunde des Tages (etwa 3 Uhr nachmittags; in der katholischen Kirche).

No|nett (das, -s, -e) (ital.) Musikstück für neun Instrumente; die neun Spieler der Instrumente.

non|fi|gu|ra|tiv (Adj.) (lat.) ungegenständlich (in der Malerei).

Non-Food-Ab|tei|lung (auch: Non|food|ab|tei|lung) (die, -, -en) (engl.) Warenabteilung ohne Lebensmittel.

non|kon|form (Adj.) nicht angepasst.

Non|kon|for|mis|mus (der, -, kein Plural) (lat.) eigenständige Haltung; Unangepasstheit. Nonkonformist; nonkonformistisch.

non li|quet (lat.) es lässt sich nicht entscheiden.

Non|ne (die, -, -n) 1. Klosterfrau; 2. Dachziegel; 3. Singvogel; 4. Schmetterling. Nonnenhaube; Nonnenkloster; Nonnenorden; Nonnenziegel; nonnenhaft.

non olet (lat.) es (Geld) stinkt nicht.

Non|plus|ul|t|ra (das, -, kein Plural) (lat.) Unvergleichliches.

Non|pro|li|fe|ra|ti|on (die, -, kein Plural) (engl.) Nichtweitergabe (von Kernwaffen an andere Länder).

Non|sens (der, -, kein Plural) (engl.) Unsinn. Nonsensdichtung.

non|stop (Adv.) (engl.) ohne Pause.

Non|stop-Flug (*auch:* Non|stop|flug) (der, -es/-s, -flü|ge) Flug ohne Zwischenlandung.

Non|stop-Ki|no (*auch:* Non|stop|kino) (das, -s, -s) ununterbrochene Filmvorführungen.

Non|va|leur (der, -s, -s) (franz.) 1. wertlos gewordenes oder wertlos erscheinendes Wertpapier. 2. unrentable Investition. 3. veraltete, unverkäufliche Waren.

non|ver|bal (Adj.) (lat.) nicht mündlich.

Nop|pe (die, -, -n) Wollknoten; Höcker. Noppeisen; Noppengarn; Noppengewebe; Noppenstoff; Noppzange; noppig; noppen.

Nord/Nor|den (der, -s, kein Plural) Himmelsrichtung (Abk.: N); von/aus Norden; Nord und Süd; der Wind kommt aus Nord; Autobahnausfahrt Frankfurt Nord (*auch:* Frankfurt-Nord); Nordafrika; Nordamerika; Nordatlantikpakt; Norddeutschland; Nordeuropa; Nordhang; Nordist; Nordkap; Nordküste; Nordländer; Nordlandreise; Nordlicht; der Wind kommt aus Nordnordost (Abk.: NNO); der Nordnordosten von Kanada; Nordnordwest (Abk.: NNW); Nordnordwesten; Nordost (Abk.: NO); Nordosten; Nord-Ostsee-Kanal; Nordostwind; Nordpol; Nordpolarmeer; Nordsee; Nordseite; Nord-Süd-Gefälle; Nordterritorium; Nordwand; Nordwest (Abk.: NW); Nordwesten; Nordwestterritorium; Nordwestwind; Nordwind. Adjektive: nordamerikanisch; norddeutsch, *aber:* die Norddeutsche Tiefebene; nordisch; nordländisch; nördlich; nördlicher Breite (Abk.: n(ördl). Br.); nordöstlich; nordrhein-westfälisch; nordsüdlich; nordwestlich; nordwärts.

nörd|lich (Adj.) im Norden gelegen. *Beachte:* mit Genitiv oder mit »von«: nördlich von München; nördlich der Alpen.

Nord|rhein-West|fa|len (ohne Art., -s, kein Plural) deutsches Bundesland.

nör|ge|lig (*auch:* nörg|lich) (Adj.) mäkelig; ständig unzufrieden. nörglerisch.

nör|geln (V.) unzufrieden sein.

Nörg|ler (der, -s, -) jemand, der ständig unzufrieden ist und mäkelt. Nörgelei; Nörgelfritze; Nörglertum.

Norm (die, -, -en) Regel; Durchschnitt; Standard. Normalien; Normblatt; Normenausschuss; Normenkontrolle; Normenkontrollklage; Normierung; Normung; normativ; normen; normieren.

nor|mal (Adj.) (lat.) üblich; durchschnittlich; gesund. Normalbedingung; Normalbenzin; Normaldruck; Normale; Normalfall; Normalfilm; Normalhöhenpunkt (N.H.); Normalität; Normalmaß; Normalprofil; Normalspur; Normaltemperatur; Normalton; Normaluhr; Normalverbraucher; Normalzeit; Normalzustand. Adjektive: normalspurig; normalsichtig.

Nor|mal|hö|hen|punkt (der, -e, -s) (Abk. N.H.) Normalnull.

Nor|mal|null (das, -, -s) (Abk. NN) Bezugspunkt für Höhenmessungen.

nor|ma|ler|wei|se (Adv.) für gewöhnlich; üblicherweise.

Nor|man|ne (der, -n, -n) 1. Wikinger; 2. Einwohner der Normandie; 3. Nordfranzose (im frühen MA.).

nor|ma|tiv (Adj.) ausschlaggebend; maßgebend.

Nor|we|gen (ohne Art., -s, kein Plural) skandinavischer Staat. Norweger; norwegisch; Norwegisch (Sprache).

No|so|gra|fie (*auch:* No|so|gra|phie) (die, -, kein Plural) (griech.) Beschreibung der Krankheiten.

No|so|lo|gie (die, -, kein Plural) (griech.) systematische Einordnung und Kennzeichnung der Krankheiten.

no|so|lo|gisch (Adj.) Krankheiten systematisch beschreibend.

Nos|t|al|gie (die, -, -n) (griech.) Sehnsucht. Nostalgiker; nostalgisch.

nos|t|ri|fi|zie|ren (V.) (lat.) einbürgern. Nostrifikation.

Nos|t|ro|kon|to (das, -s, -kon|ten) (ital.) Eigenguthaben (Bank).

Not (die, -, Nö|te) Elend; Schwierigkeit; Notwendigkeit. *Beachte:* zur Not; in Not/Nöten sein; er hatte seine liebe Not damit; viele Menschen leiden Not; es ist Not am Mann. es wird nottun; Not sein; Not werden; *aber:* es wird vonnöten sein. Notanker; Notarzt; Notarztwagen; Notaufnahme; Notaufnahmelager; Notausgang; Notausrüstung; Notbehelf; Notbeleuchtung; Notbiwak; Notbremse; Notdienst; Notdurft; im Notfall; Notfeuer; Notgebiet; Notgemeinschaft; Notgroschen; Nothelfer; Nothilfe; Notlage; Notlandung; Notleidende (*auch*: Not Leidende); Notlösung; Notlüge; Notoperation; Notpfennig; Notruf; Notrufnummer; Notrufsäule; Notschlachtung; Notschrei; Notsituation; Notstand; Notstandsgebiet; Notstromaggregat; Nottaufe; Nottür; Notunterkunft; Notverband; Notverordnung; Notwehr; Notzeichen. Adjektive: notdürftig; Not leidend (*auch:* notleidend); notvoll. Verben: notlanden; notschlachten; nottaufen; notwassern.

no|ta|bel (Adj.) (lat.-franz.) bemerkenswert; merkwürdig.

No|ta|beln (die, nur Plural) (lat.) 1. die führende Oberschicht (in Frankreich vom 14. Jh. bis 1789); 2. gebildete, angesehene Personen.

no|ta|be|ne (Adv.) (lat.) übrigens; wohlgemerkt (Abk.: NB). Notabene.

No|ta|bi|li|tät (die, -, -en) (lat.-franz.) 1. Vornehmheit; 2. vornehme Persönlichkeit.

No|tar (der, -s, -e) (lat.) Jurist. Notariat; Notariatsgehilfe; notariell.

No|ta|ti|on (die, -, -ti|o|nen) (lat.) Aufzeichnung (Musikstück).

No|te (die, -, -n) (lat.) 1. Musikzeichen; 2. Beurteilung; Zeugnisnote. 3. Stil. *Beachte:* die Note »sehr gut«, *aber:* die Note »Eins«. Sie hat eine besondere Note. 4. Anmerkung. Fußnote. 5. Papiergeld. Banknote. 6. förmliche, schriftliche Mitteilung einer Regierung an eine andere. Notenaustausch; Notenbank; Notenblatt; Notendurchschnitt; Notenheft; Notenlinien; Notensatz; Notenschlüssel; Notenschrift; Notenständer; Notensystem; Notenwechsel.

Note|book (das, -s, -s) (engl.) tragbarer Computer im DIN-A4-Format.

Note|pad (das, -s, -s) (engl.) auch Pencomputer, auf dessen Bildschirm Daten mit einem elektronischen Stift eingegeben werden.

not|falls (Adv.) in der Not; gezwungenermaßen.

not|ge|drun|gen (Adv.) gezwungenermaßen; notfalls.

Not|gro|schen (der, -s, -) Erspartes für Notzeiten.

no|tie|ren (V.) aufschreiben; festsetzen (Börse). *Beachte:* Ich notiere mir das Datum in meinem/meinen Kalender. Notierung.

No|ti|fi|ka|ti|on (die, -, -ti|o|nen) (lat.) 1. Anzeige; Benachrichtigung; 2. Übergabe einer diplomatischen Note; offizielle, mit Rechtsfolgen verbundene Benachrichtigung im Völkerrecht.

nö|tig (Adj.) notwendig. *Beachte:* das Nötigste; alles Nötige veranlassen; es fehlt am Nötigsten. Es ist das Nötigste (am nötigsten), jetzt Ruhe zu bewahren. Ich hielt es für nötig, dich sofort zu unterrichten. Ich glaube nicht, dass ich das nötig habe; nötigenfalls.

nö|ti|gen (V.) zwingen. Nötigung.

No|tiz (die, -, -en) (lat.) Vermerk; Beachtung. von etwas Notiz nehmen (beachten). Notizblock; Notizbuch; Notizzettel.

no|to|risch (Adj.) (lat.) offenkundig; gewohnheitsmäßig.

Not|tur|no (das, -s, -s/-tur|ni) (ital.) träumerisches Musikstück; Nachtstück.

not|wen|dig (Adj.) erforderlich; dringend. *Beachte:* nur das Notwendigste tun; alles Notwendige erledigen. Notwendigkeit; notwendigenfalls; notwendigerweise.

Not|zucht (die, -, kein Plural) Vergewaltigung. Verb: notzüchtigen.

Nou|velle Cui|sine (die, - -, kein Plural) (franz.) moderne Kochkunst.

Nov. (Abk.) November.

No|va (die, -, No|vä/No|vae) (lat.) 1. neuer Stern; 2. plötzlich stark aufleuchtender Fixstern.

No|ve|cen|to (das, -s, kein Plural) (ital.) künstlerische Stilepoche in Italien nach 1900.

No|vel|le (die, -, -n) (ital.) Erzählung. Novellenband; Novellendichter; Novellenform; Novellensammlung; Novellist; novellenartig; novellistisch.

No|vel|let|te (die, -, -n) kleine Novelle.

No|vel|lie|rung (die, -, -en) (lat.) Gesetzesänderung, -ergänzung. Adjektiv: novelliert. Verb: novellieren.

No|vem|ber (der, -s, -) (lat.) Monat (Abk.: Nov.). Novembernebel; Novemberrevolution; Novembertag; novemberhaft.

No|vi|tät (die, -, -en) (lat.) Neuheit; Neuerscheinung.

No|vi|ze (der, -n, -n) (lat.) junger Mönch oder Nonne in der Probezeit. Novizin; Noviziat; Noviziatjahr.

No|vum (das, -s, No|va) (lat.) Neuerung; Neuheit.

No|xe (die, -, -n) (lat.) Ursache einer Krankheit; schädigender Umstand.

Nr. (Abk.) Nummer (Plural: Nrn.).

NRT (Abk.) Nettoregistertonne.

NRZ (Abk.) Nettoraumzahl.

NS (Abk.) Nachschrift; Nachsatz; Nationalsozialismus.

n. St. (Abk.) neuen Stils.

N. T. (Abk.) Neues Testament.

nu (Adv.) nun. *Beachte:* im Nu (sofort; sehr schnell).

Nu|an|ce (die, -, -n) (franz.) Kleinigkeit; feiner Unterschied. Nuancierung; nuancieren.

Nu|buk (das, -s, kein Plural) (engl.) Kalbsleder. Nubukleder.

nüch|tern (Adj.) mit leerem Magen; nicht betrunken; sachlich. Nüchternheit.

nu|ckeln (V.) (ugs.) saugen.

Nu|c|le|o|ba|se (die, -, -n) (lat.-griech.) organische Stickstoffverbindung als Bestandteil der in den Zellkernen vorkommenden Nucleinsäuren.

Nu|del (die, -, -n) Teigware. Nudelbrett; Nudelholz; Nudelsalat; nudeldick; nudeldünn.

Nu|dist (der, -en, -en) Anhänger der Freikörperkultur. Nudistin; Nudismus.

Nu|gat (*auch:* Nou|gat) (der/das, -s, -s) (franz.) Süßigkeit aus Mandeln und Nüssen.

Nug|get (das, -s, -s) Goldklumpen.

nu|k|le|ar (Adj.) (lat.) Atomkern, Kernenergie bzw. Kernwaffen betreffend.

Nu|k|le|in (das, -s, -e) Eiweißkörper (Zellkern).

Nu|k|le|in|säu|re (die, -, -n) hoch molekulare, phosphorhaltige Verbindung.

Nu|k|le|on (das, -s, -leo|nen) Baustein des Atomkerns; Proton; Neutron.

Nu|k|le|us (der, -, lei) (lat.) Zellkern.

null (Zahlw.) kein; nichts. sie hat null Ahnung; das Thermometer zeigt null Grad; null Komma drei (0,3); das Spiel steht fünf zu null (5 : 0); nullachtfünfzehn, *aber:* das war eine Nullachtfünfzehn-Antwort; null Bock haben (keine Lust); null Uhr; null und nichtig. *Beachte:* die Temperatur fiel auf null; es hat zwanzig Grad über/unter null; der Erfolg war gleich null; drei Nullen; in null Komma nichts (sofort); die Stunde null; *aber:* er ist einfach eine Null. Null-Bock-Generation; Nullfehlerritt (*auch:* Null-Fehler-Ritt); Nullleiter (*auch:* Null-Leiter); Nulllinie (*auch:* Null-Linie); Nullmenge; Nulllösung (*auch:* Null-Lösung); die Stimmung ist auf dem Nullpunkt; zum Nulltarif; Nullwachstum. Verb: nullen; nullifizieren.

Null|ope|ra|ti|on (die, -, -ti|o|nen) (lat.) Eingabe in einen Computer, die keinen Rechenvorgang bewirkt, sondern Speicherkapazität freihält.

Null|run|de (die, -, -n) Verzicht auf Gehaltserhöhungen bei Tarifverhandlungen.

Null|se|rie (die, -, -n) versuchsweise hergestellte Serie (vor Beginn der Serienproduktion).

Null|ta|rif (der, -s, -e) Tarif von null Euro.

Nul|pe (die, -, -n) (ugs.) Dummkopf.

Nu|me|ra|le (das, -s, -ra|li|en) (lat.) Zahlwort.

nu|me|risch (*auch:* num|me|risch) (Adj.) (lat.) zahlenmäßig; aus Ziffern bestehend. Numerik.

Nu|me|rus (der, -, -ri) (lat.) Zahlform (Einzahl/Singular, Mehrzahl/Plural); Zahl.

Nu|me|rus clau|sus (der, - -, kein Plural) (lat.) Zulassungsbeschränkung (Hochschule).

nu|mi|nös (Adj.) (lat.) göttlich; heilig.

Nu|mis|ma|tik (die, -, kein Plural) (griech.) Münzkunde. Numismatiker; numismatisch.

Num|mer (die, -, -n) 1. Zahl; Größe; 2. Darbietung. *Beachte:* Er wohnt auf Nummer zehn; die Nummer eins sein; auf Nummer sicher gehen; laufende Nummer (Abk.: lfd.Nr.). Nummerngirl; Nummernkonto; Nummernscheibe.

num|me|rie|ren (V.) (lat.) beziffern.

Num|mu|lit (der, -en, -en) (lat.) versteinertes einzelliges Meerestier des Tertiärs.

nun (Adv.) jetzt; also. *Beachte:* von nun an; was ist nun? nunmehr; nunmehrig (jetzig).

Nun|ti|us (der, -, -ti|en) (lat.) päpstlicher Botschafter. Nuntiatur.

nur (Adv.) lediglich; bloß. *Beachte:* nur mehr.

Nuss (die, -, Nüs|se) Fruchtkern. eine harte Nuss knacken (eine schwere Aufgabe lösen).

Nuss|scha|le (*auch:* Nuss-Scha|le) (die, -, -n) äußere Umhüllung einer Nuss.

Nüs|ter (die, -, -n) Nasenloch (Pferd).

Nut (*auch:* Nu|te) (die, -, -en) Rinne; Furche.

Nu|t|ri|ment (das, -s, -e) (lat.) Nahrungsmittel.

Nu|t|ri|ti|on (die, -, kein Plural) (lat.) Ernährung. nutrieren.

Nut|te (die, -, -n) Prostituierte.

Nut|zen (der, -s, kein Plural) Gewinn; Vorteil. *Beachte:* das bringt mir keinen Nutzen; das wird mir von Nutzen sein; aus etwas Nutzen ziehen; von etwas Nutzen haben. *Aber:* zu nichts nutz sein; sich etwas zunutze (*auch:* zu Nutze) machen. Nutzanwendung; Nutzbarkeit; Nutzbarmachung; Nutzbauten; Nutzeffekt; Nutzen-Kosten-Analyse; Nutzer. Adjektive: etwas nutzbar machen; nutzbringend; nützlich; unnütz; nutzlos; nutznießerisch.

nut|zen (*auch:* nüt|zen) (südd.) 1. helfen; Vorteil bringen; 2. ausnutzen; 3. keinen Zweck haben. Es nutzt nichts.

Nyk|ti|nas|tie (die, -, -n) (griech.) Schlafbewegung (der Pflanzen; z. B. das Zusammenklappen der Blätter beim Sauerklee).

Ny|lon (das, -, kein Plural) (engl.) synthetische Faser. Nylonstrumpf.

Nym|phe (die, -, -n) (griech.) weibliche Naturgottheit. Adjektiv: nymphenhaftig/-artig.

Nym|phen|sit|tich (der, -s, -e) Papagei.

Nym|pho|ma|nie (die, -, kein Plural) (griech.) gesteigerter Geschlechtstrieb bei Frauen. Nymphomanin; nymphoman.

Nys|tag|mus (der, -, kein Plural) (griech.-lat.) Zittern des Augapfels.

O

o (Interj.) (nur in Verbindung mit anderen Wörtern) o Gott! o doch! o weh! *Beachte:* Steht die Interjektion allein, wird sie mit »-h« geschrieben! Oh, wie schrecklich! Oh! Das ist eine Überraschung! Oha! Oho! Oje!

O (Abk.) Ost(en); Sauerstoff (chemisches Zeichen).

Ω 1. griechischer Buchstabe Omega; 2. Zeichen für Ohm.

o. a. (Abk.) oben angeführt.

o. Ä. (Abk.) oder Ähnliches.

OAS (die, -, kein Plural) (engl.) (Abk. für »Organization of American States«, Organisation amerikanischer Staaten.

Oa|se (die, -, -n) (griech.) Wasserstelle; Idylle. Oasenlandschaft.

OAU (die, -, kein Plural) (engl.) Abk. für »Organization for African Unity«, Organisation für afrikanische Einheit.

ob 1. (Konj.) *Beachte:* Nebensätze, die mit »ob« eingeleitet werden, stehen mit Komma! Ich weiß nicht, ob ich kommen kann. ob arm, ob reich; und ob! (gewiss). 2. (Präp., Gen.) wegen. sie beschwerte sich ob seiner Unpünktlichkeit. *Aber:* Rothenburg ob der Tauber.

OB (Abk.) Oberbürgermeister.

o. B. (Abk.) ohne Befund.

Ob|acht (die, -, kein Plural)Aufmerksamkeit. *Beachte:* Obacht! (Vorsicht); Obacht geben (aufpassen).

Ob|dach (das, -s, kein Plural) Unterkunft; Wohnung. Obdachlose; Obdachlosenasyl; Obdachlosenheim; obdachlos.

Ob|duk|ti|on (die, -, -ti|o|nen) (lat.) Leichenöffnung, um die Todesursache zu klären. Obduktionsbefund; obduzieren.

Ob|du|ra|ti|on (die, -, -ti|o|nen) (lat.) Verhärtung von Körpergewebe (Med.).

ob|du|rie|ren (V.) (lat.) verhärten (Med.).

Ob|du|zent (der, -en, -en) jmd., der eine Obduktion vorzunehmen hat.

ob|du|zie|ren (V.) (lat.) eine Leiche (zur Feststellung der Todesursache) öffnen.

Ob|e|di|enz (die, -, kein Plural) (lat.) 1. Gehorsam (eines Geistlichen gegenüber seinem Vorgesetzten). 2. Anhängerschaft eines Kandidaten (für die Papst- oder Bischofswahl).

O-Bei|ne (die, nur Plural) Säbelbeine. Adjektiv: o-beinig (*auch:* O-beinig).

Obe|lisk (der, -en, -en) (griech.) Säule. Obeliskenform; obeliskenförmig.

oben (Adv.) in der Höhe; auf der Oberseite. *Beachte:* von oben bis unten voll Schmutz; nach oben hin/zu; von oben herab; alles Gute kommt von oben; ich wusste nicht mehr, was oben und was unten war; oben ohne, *aber:* der Oben-ohne-Badeanzug; das oben Erwähnte/Obenerwähnte; der oben genannte (*auch:* obengenannte) Fall; oben stehen; Obenstehendes (*auch:* oben Stehendes); obenan liegen; obenauf sein; obendrauf sitzen; obendrein; obendrüber; obendurch; obenher laufen, *aber:* von oben her kommen; obenherein, *aber:* von oben herein; obenherum; obenhin, *aber:* nach oben hin; obenhinaus, *aber:* bis nach oben hinaus.

Ober (der, -s, -) 1. Spielkarte. 2. Kellner.

ober.../Ober... weiter oben; höchst. Oberarm; Oberarzt; Oberaufsicht; Oberbayern; Oberbefehlshaber; Oberbegriff; Oberbekleidung; Oberbett; Oberdeck; Oberflächenspannung; Oberflächenstruktur; Oberförster; Oberfranken; Obergefreite; Obergeschoss; Obergrenze; Oberhaupt; Oberhaus; Oberherrschaft; Oberhitze; Oberhoheit; Oberitalien; Oberkante; Oberkellner; Oberkiefer; Oberkommando; Oberkörper; Oberland; Oberlänge; Oberlauf; Oberleder; Oberlehrer; Oberleib; Oberleitung; Oberleitungsbus; Oberleutnant; Oberliga; Oberlippe; Oberpfalz; Oberpriester; Oberprima; Oberrat; Oberrealschule; Oberregierungsrat; Oberschenkel; Oberschicht; Oberschule; Oberschwester; Oberseite; Oberstaatsanwalt; Oberstabsarzt; Oberstimme; Oberstock; Oberstudiendirektor; Oberstufe; Oberteil; Oberverwaltungsgericht; Oberweite; Oberwelt. Adjektive: oberdeutsch; oberfaul; oberlastig.

Ober|bür|ger|meis|ter (der, -s, -) (Abk. OB) Stadtoberhaupt.

Ober|deutsch (das, -en, kein Plural) oberdeutsche Mundart.

Ober|flä|che (die, -, -n) obere Begrenzungsfläche.

ober|fläch|lich (Adj.) an der Oberfläche; nicht gründlich; leichtfertig. Oberflächlichkeit.

ober|halb (Präp., Gen.) über. oberhalb des Dorfes.

Ober|hand (die, -, kein Plural) (in der Wendung:) die Oberhand behalten (gewinnen, den Vorrang behalten).

Ober|hemd (das, -s, -en) Herrenbekleidungsstück.

Obe|rin (die, -, -nen) Oberschwester; Vorgesetzte einer Schwesternschaft im Krankenhaus oder Kloster.

Ober|in|ge|ni|eur (der, -s, -e) (franz.) (Abk.: Ob.-Ing.) leitender Ingenieur.

ober|ir|disch (Adj.) auf der Erdoberfläche.

ober|kant (Adj.) in der Architektur mit der oberen Kante bündig.

Ober|lan|des|ge|richt (das, -s, -e) (Abk.: OLG) in Deutschland die höheren Gerichte der Länder.

Ober|licht (das, -s, -er/-e) 1. von oben einfallendes Licht; 2. Fenster.

Ober|post|di|rek|ti|on (die, -, -en) (Abk. OPD) in Deutschland die oberste Postbehörde in den Ländern.

Obers (das, -, kein Plural) (südd.) Sahne. Schlagobers.

Oberst (der, -s/-en, -bers|te/-bers|ten) Offiziersrang. *Aber:* zuoberst; im obersten Stockwerk; der Oberste Gerichtshof.

Ober|stüb|chen (das, -s, -) (ugs.) Gehirn. Er ist nicht ganz klar im Oberstübchen.

Ober|ton (der, -s, -tö|ne/meist nur Plural) bei einem Grundton mitschwingende höhere Töne.

Ober|was|ser (das, -s, -) oberhalb einer Gefällstufe stehendes Wasser. Oberwasser haben (im Vorteil sein).

ob|gleich (Konj.) obwohl. *Beachte:* steht wie »obwohl« mit Komma! Ich gehe mit dir ins Kino, obgleich ich keine Lust habe.

Ob|hut (die, -, kein Plural) Schutz. Wir haben den Kleinen in Obhut genommen.

Obi (der/das, -s, -s) (jap.) 1. breiter Kimonogürtel aus Seide. 2. Gürtel der Kampfbekleidung beim Judo.

obig (Adj.) oben genannt. *Beachte:* im Obigen; Obiges. das Obige.

Ob|jekt (das, -s, -e) (lat.) 1. Gegenstand. 2. Satzergänzung (Genitivobjekt, Dativobjekt, Akkusativobjekt, Präpositionalobjekt). Objektemacher; Objektglas; Objektkunst; Objektsatz; Objektschutz; Objektsprache; Objektsteuer; Objekttisch; Objektträger.

Ob|jek|ti|on (die, -, -ti|o|nen) (lat.) Übertragung einer Empfindung auf einen Gegenstand, Sachverhalt oder eine Erscheinung (z. B. die Empfindung eines Hauses als düster).

ob|jek|tiv (Adj.) gegenständlich; sachlich; unvoreingenommen.

ob|jek|ti|vie|ren (V.) (lat.) vergegenständlichen; versachlichen.

Ob|jek|tiv (das, -s, -e) (lat.) Linse.

Ob|jek|ti|va|ti|on (die, -, -ti|o|nen) (lat.) das Objektivieren; Vergegenständlichung.

Ob|jek|ti|vie|rung (die, -, kein Plural) das Vergegenständlichen; das Versachlichen.

Ob|jek|ti|vis|mus (der, -s, kein Plural (lat.) Denkhaltung, die von der objektiven Wahrheit der Gegenstandswelt ausgeht und demzufolge eine parteilose Annäherung an den Forschungsgegenstand fordert.

ob|jek|ti|vis|tisch (Adj.) (lat.) den Objektivismus betreffend.

Ob|jek|ti|vi|tät (die, -, kein Plural (lat) 1. Versachlichung; Vergegenständlichung; 2. Unvoreingenommenheit; Unparteilichkeit. Auf seine Objektivität können wir uns verlassen.

Ob|last (die, -, -e) (russ.) Verwaltungsbezirk (in der ehemaligen UdSSR).

Ob|la|te (die, -, -n) (lat.) 1. kleine, dünne Scheibe aus Weizenmehl (als Unterlage für Kleingebäck). 2. noch nicht geweihte Hostie. 3. dünne Waffel.

Ob|la|ti|on (die, -, -ti|o|nen) (lat.) 1. = Offertorium. 2. Opfergabe der Gläubigen in der Eucharistiefeier; Kollekte.

ob|lie|gen (V., oblag/lag ob, hat obgelegen/ oblegen) zur Pflicht haben; erfüllen.

Ob|lie|gen|heit (die, -, -en) Pflicht.

Ob|li|ga|ti|on (die, -, -ti|onen) (lat.) 1. Verpflichtung; Verbindlichkeit. 2. festverzinsliches Wertpapier.

ob|li|gat (Adj.) (lat.) 1. unerlässlich; verbindlich; 2. in der Musik selbständig geführte, erforderliche Stimme.

ob|li|ga|to|risch (Adj.) (lat.) verpflichtend; bindend. Obligo; ohne Obligo (ohne Gewähr, Abk.: o. O.).

Ob|li|te|ra|ti|on (die, -, -en) (lat.) 1. Löschung; Tilgung; 2. in der Medizin die Verödung von Hohlräumen als Folge von Entzündungen.

ob|li|te|rie|ren (V.) (lat.) 1. löschen; tilgen. 2. verstopfen; ausfüllen; z. B. ein Blutgefäß obliterieren.

Oblt. (Abk.) Oberleutnant.

Ob|mann (der, -s, -män|ner/-leu|te) Vorsitzender; Vertrauensmann. Landesobmann.

Oboe (die, -, -n) (ital.) Blasinstrument. Oboist; Oboebläser.

Obo|lus (der, -, -/-se) (griech.) Spende.

Ob|rig|keit (die, -, -en) Regierung. Obrigkeitsdenken; Obrigkeitsstaat; obrigkeitlich.

Ob|rist (der, -en, -en) 1. veraltet für Oberst; 2. Mitglied einer Militärjunta. Die Obristen haben die Regierung gestürzt.

ob|schon (Konj.) obwohl.

Ob|se|k|ra|ti|on (die, -, -ti|o|nen) (lat.) Beschwören; inständiges Bitten.

ob|se|k|rie|ren (V.) (lat.) beschwören; eindringlich bitten.

ob|ser|va|bel (V.) (lat.) bemerkenswert; beachtenswert.

Ob|ser|vant (der, -en, -en) (lat.) Mönch, der der strengeren Richtung (von zweien) eines Ordens angehört.

Ob|ser|vanz (die, -, -en) (lat.) 1. die strengere von zwei vorhandenen Regeln oder Richtungen (bes. eines Mönchsordens); 2. Gewohnheitsrecht.

Ob|ser|va|ti|on (die, -, -en) wissenschaftliche Beobachtung; Überwachung, Erfahrung.

Ob|ser|va|tor (der, -s, ...oren) wissenschaftlicher Beobachter an einem Observatorium.

Ob|ser|va|to|ri|um (das, -s, ...ein) wissenschaftliche Beobachtungsstation.

ob|ser|vie|ren (V.) (lat.) 1. wissenschaftlich beobachten; 2. polizeilich überwachen.

Ob|ses|si|on (die, -, -si|o|nen) (lat.) Zwangsvorstellung.

ob|ses|siv (Adj.) (lat.) in der Art einer Zwangsvorstellung.

Ob|si|di|an (der, -s, -e) (lat.) schwarzes, glasiges Gestein vulkanischen Ursprungs, kieselsäurehaltig. Lavaglas.

ob|sie|gen (V., obsiegte/siegte ob, hat obgesiegt/obsiegt) besiegen; überwinden.

ob|si|gend (Adj.) (lok.) zunehmend (Mond).

Ob|si|g|na|ti|on (die, -, -ti|o|nen) (lat.) 1. Bestätigung; Genehmigung; 2. Versiegelung (durch das Gericht).

ob|si|g|nie|ren (V.) (lat.) bestätigen; genehmigen.

ob|s|kur (Adj.) (lat.) dunkel; zweifelhaft; verdächtig.

Ob|s|ku|rant (der, -en, -en) (lat.) Dunkelmann (veraltet).

Ob|s|ku|ran|tis|mus (der, -, kein Plural) (lat.) der Versuch, anderen bewusst Wissen und Informationen vorzuenthalten, selbstständiges Denken zu behindern und sie an Übernatürliches glauben zu lassen.

ob|s|ku|ran|tis|tisch (Adj.) (lat.) dem Obskurantismus entsprechend.

Ob|s|ku|ri|tät (die, -, -en) (lat.) Zweifelhaftigkeit.

Ob|so|les|zenz (die, -, kein Plural) (lat.) das Veralten.

ob|so|les|zie|ren (V.) (lat.) veralten; ungebräuchlich werden; aus der Mode kommen.

ob|so|let (Adj.) (lat.) veraltet; nicht mehr gebräuchlich.

Obst (das, -s/-es, kein Plural) Früchte. Obstbau; Obstbaum; Obstblüte; Obsternte; Obstgarten; Obsthändler; Obstkuchen; Obstmesser; Obstmost; Obstpflücker; Obstplantage; Obstsaft; Obstsalat; Obsttag; Obsttorte; Obstwein. Adjektiv: obstbaulich; obstreich.

Ob|s|ta|kel (das, -s, -) (lat.) Hindernis.

Ob|s|te|t|rik (die, -, kein Plural) (lat.) die Wissenschaft von der Geburtshilfe.

ob|s|ti|nat (Adj.) (lat.) widerspenstig; eigensinnig.

Ob|s|ti|na|ti|on (die, -, kein Plural) (lat.) Eigensinn; Starrsinnigkeit; Widerspenstigkeit.

Ob|s|ti|pa|ti|on (die, -, -ti|o|nen) (lat.) Verstopfung.

ob|s|ti|pie|ren (V.) (lat.) verstopfen; die Verdauung hemmen; obstipiert sein: an Verstopfung leiden.

Obst|ler (*auch:* Öbst|ler) (der, -s, -) (südd.) 1. Obsthändler; 2. Obstbranntwein. Obstlerin (*auch:* Öbstlerin).

ob|s|t|ru|ie|ren (V.) (lat.) hemmen; verhindern.
Ob|s|t|ruk|ti|on (die, -, -en) (lat.) 1. Verhinderung oder Verzögerung von parlamentarischen Beschlüssen; 2. medizinischer Fachausdruck für Verlegung oder Verstopfung eines Hohlorgans, Ganges oder Gefäßes. Obstruktionspolitik.
ob|s|t|ruk|tiv (Adj.) (lat.) hemmend; verhindernd. obstruktionsaktiv.
ob|s|zön (Adj.) (lat.) schamlos; unanständig.
Ob|s|zö|ni|tät (die, -, -en) (lat.) Schamlosigkeit; Unanständigkeit.
Obus (der, -ses, -se) (Kurzw.) Oberleitungsomnibus.
ob|wal|ten (V., obwaltete/waltete ob, hat obgewaltet/obwaltet) wirksam sein; herrschen.
ob|wal|tend (Adj.) herrschend; wirkend.
ob|wohl (Konj.) obgleich; wenn auch. *Beachte:* steht mit Komma, wenn es einen Nebensatz einleitet! Er ging ins Büro, obwohl er keine große Lust dazu hatte. *Wichtig:* »obwohl« kann, im Gegensatz zu → »trotzdem«, am Anfang des Satzes stehen und sich auf etwas beziehen, was erst folgt! Obwohl er keine Lust hatte, ging er mit ins Kino (*nicht:* Trotzdem er keine Lust hatte ...).
Och|se (der, -n, -n) kastrierter Stier; (ugs.) Dummkopf. Wir standen da wie der Ochs vorm Berg (ratlos). Ochsenbrust; Ochsenfleisch; Ochsenmaulsalat; Ochsenschwanz; Ochsenschwanzsuppe; Ochsenzunge; ochsig!
och|sen (V.) (ugs.) angestrengt lernen; körperlich schwer arbeiten.
Och|sen|au|ge (das, -s, -en) 1. Auge des Ochsen; 2. rundes oder ovales Dachfenster; 3. Kuchenstück; 4. Name von verschiedenen Korbblütlern; 5. Bullauge; 6. Schmetterling; 7. (ugs.) Spiegelei.
Och|sen|frosch (der, -es, -frö|sche) Froschart in Nordamerika.
Och|sen|tour (die, -, -en) (ugs.) langsame und mühevolle Arbeit.
Och|sen|zie|mer (der, -s, -) Prügelgerät.
Och|se|rei (die, -, -en) schweres Lernen oder Arbeiten.
Öchs|le (das, -s, -) Maßeinheit (Wein).
Öchs|le|grad (der, -s, -e) Maßeinheit für das spezifische Gewicht von Obst- und Traubensäften. Öchslewaage.
Ocker (der/das, -s, -) (griech.) Tonerde.
Ocker|far|be (die, -, -n) gelbbraune Farbe.
ocker|far|ben (Adj.) in der Farbe von Ocker.
ocker|gelb (Adj.) gelbbraun. ockerbraun.
ocker|hal|tig (Adj.) Tonerde enthaltend.
od. (Abk.) oder.
öd (Adj.) öde. Die Erde war öd und leer.
Odal (das, -s, -e) (altnord.) Boden- und Grundbesitz eines adligen germanischen Familienverbandes.
Oda|lis|ke (die, -, -n) (türk.-franz.) weiße Sklavin in einem türkischen Harem (früher).
Odds (die, nur Plural) (engl.) 1. Wette mit ungleichen Einsätzen. 2. Vorgabe (im Sport).
Ode (die, -, -n) (griech.) stimmungsvolles Gedicht.
öde (*auch:* öd) (Adj.) einsam; leer; langweilig.
Öde (die, -, -n) 1. Einöde; Wüstenei; 2. Eintönigkeit; innere Leere. Ödheit; Ödnis.
Odel (*auch:* Adel) (südd.) Mistjauche. Odelgrube.
Odem (der, -s, kein Plural) dichterisch für Atem, Hauch, Geist. Der Odem der Liebe.
Ödem (das, -s, -e) (griech.) Geschwulst. krankhafte Flüssigkeitsansammlung im Gewebe; Wassersucht.
ödem|ar|tig (Adj.) wie ein Ödem.
öde|ma|tös (Adj.) (griech.) durch Wasseransammlung geschwollen. ödematöses Gesicht.
öden (V.) 1. veröden; 2. roden.
Ode|on (das, -s, -s) (griech.) 1. rundes Gebäude für künstlerische Aufführungen (in der Antike). 2. (Name für) Tanz-, Theatersaal, Vergnügungsstätte.
oder (Konj.) andernfalls. *Beachte:* entweder sie oder keine; oder Ähnliches (Abk.: o. Ä.). → Regelkasten Komma.
Oder|men|nig (der, -s, -e) Rosengewächs.
Odeur (das, -s, -s/-e) (franz.) Duft, auffallender Geruch.
odi|os (*auch:* odi|ös) (lat.) unausstehlich; verhasst.
ödi|pal (Adj.) stark an die Mutter gebunden.
Ödi|pus|kom|plex (der, -es, -e) starke Mutterbindung.
Odi|um (das, -s, Odi|en) (lat.) 1. übler Beigeschmack. 2. Makel; unangenehme Note.
Öd|land (das, -s, -län|de|rei|en) brachliegendes Land.
Odon|to|blas|ten (die, -, nur Plural) (griech.) zahnbeinbildende Zellen.
odon|to|gen (Adj.) von den Zähnen ausgehend; meist in Zusammenhang mit Krankheiten.
Odon|to|lo|ge (der, -n, -n) Zahnarzt.
Odon|to|lo|gie (die, -, kein Plural) (griech.) Zahnheilkunde.
odon|to|lo|gisch (Adj.) die Odontologie betreffend.
Odor (der, -s, Odo|res) (lat.) Geruch.
odo|rie|ren (V.) (lat.) nicht riechende Stoffe mit riechenden Substanzen anreichern.
Odo|rie|rung (die, -, -en) (lat.) das Odorieren.
Odys|see (die, -, -n) (griech.) 1. Irrfahrt; 2. Epos von Homer, das die Irrfahrten des Ithakerkönigs Odysseus beschreibt.
odys|see|isch (Adj.) die Odyssee betreffend.
OECD (Abk.) Organization for Economic Cooperation and Development (Organisation für wirtschaftl. Zusammenarbeit u. Entwicklung).
OEEC (Abk.) **O**rganization for **E**uropean **E**conomic **C**ooperation (Organisation für europäische wirtschaftliche Zusammenarbeit).
Œu|v|re (das, -, -s) (franz.) Gesamtwerk.
Œu|v|re|ver|zeich|nis (das, -es, -se) (franz.) Gesamtwerkverzeichnis.
OEZ (Abk.) osteuropäische Zeit.
Ofen (der, -s, Öfen) Heizanlage; Herd. Der Ofen ist aus. (Jetzt ist alles vorbei, man kann nichts mehr tun). hinter dem Ofen sitzen (wenig Außenkontakte haben). Damit kann man keinen Hund hinter dem Ofen hervorlocken (Damit kann man nichts bewirken). heißer Ofen (ugs.) (tolles Fahrzeug); Schuss in den Ofen (ugs.) (Misserfolg). Ofenbank; Ofenecke; Ofenheizung; Ofenrohr.
ofen|frisch (Adj.) frisch aus dem Backofen. ofenfrische Semmeln.

Ofen|set|zer (der, -s, -) Handwerker (Ofenbauer).

Off (das, -, kein Plural) (engl.) nicht sichtbarer Sprecher (Fernsehen, Film). aus dem Off/im Off sprechen. Offsprecher (*auch:* Off-Sprecher); Offstimme (*auch:* Off-Stimme).

of|fen (Adj.) nicht geschlossen; frei; aufgeschlossen; ehrlich. *Beachte:* auf offener Straße; immer eine offene Hand haben; du solltest endlich mit offenen Karten spielen; Tag der offenen Tür; offene Handelsgesellschaft (Abk.: OHG). offen gesagt; offen gestanden; das offen gebliebene (*auch:* offengebliebene) Fenster; offen (geöffnet/ehrlich) sein. das Fenster muss offen bleiben; alle Möglichkeiten offenhalten; kannst du die Tür offen lassen; ein Geheimnis offenlegen.

of|fen|bar (Adj.) anscheinend; sichtlich. Offenbar hat er Schwierigkeiten.

of|fen|ba|ren (V.) sich zeigen; bekennen.

Of|fen|ba|rung (die, -, -en) 1. im Christentum die Selbstmitteilung Gottes durch die Propheten oder Jesus Christus. Die Offenbarung des Johannes (Buch des Neuen Testaments). 2. Eingebung; Erkenntnis. Das Konzert war für uns eine Offenbarung.

Of|fen|ba|rungs|eid (der, -s, -e) eidesstattliche Versicherung der Zahlungsunfähigkeit.

Of|fen|heit (die, -, kein Plural) Ehrlichkeit;offenes Wesen.

of|fen|her|zig (Adj.) 1. ehrlich; mitteilsam; 2. (ugs.) tief ausgeschnitten. Sie trägt gern offenherzige Blusen.

Of|fen|her|zig|keit (die, -, kein Plural) Offenheit; Mitteilsamkeit.

of|fen|kun|dig (Adj.) offenbar; offensichtlich. Offenkundigkeit.

of|fen|le|gen (V., legte offen, hat offengelegt) aufdecken.

Of|fen|le|gung (die, -, -en) Aufdeckung.

of|fen|sicht|lich (Adj.) offenkundig. Offensichtlichkeit.

of|fen|siv (Adj.) (lat.) angriffslustig. Offensivbündnis; Offensivverteidigung.

Of|fen|si|ve (die, -, -n) (lat.) Angriff; Vorstoß. Jetzt müssen wir in die Offensive gehen.

Of|fen|siv|krieg (der, -s, -e) Angriffskrieg.

Of|fen|siv|waf|fe (die, -, -n) Angriffswaffe.

öf|fent|lich (Adj.) 1. eine Behörde betreffend; zur Gemeinde gehörend. öffentliche Hand; öffentliches Recht; der öffentliche (*auch:* Öffentliche) Dienst. 2. alle betreffend; jedem bekannt. öffentliche Meinung; öffentliches Haus (ugs.) (Bordell). 3. für alle zugänglich. öffentliche Verhandlung.

Öf|fent|lich|keit (die, -, kein Plural) Allgemeinheit. Die Angelegenheit soll nicht an die Öffentlichkeit dringen. unter Ausschluss der Öffentlichkeit. Öffentlichkeitsarbeit.

öf|fent|lich-recht|lich (Adj.) staatlich.

Of|fe|rent (der, -en, -en) (lat.) derjenige, der jemandem eine Offerte anbietet.

of|fe|rie|ren (V.) (lat.) anbieten. Offerte.

Of|fer|to|ri|um (das, -s, -ri|en) (lat.) in der katholischen Kirche ein Teil der Messe.

Of|fice (das, -, -s) (engl.) Büro.

Of|fi|zi|al (der, -s, -e) (lat.) bischöflicher Vertreter. Offizialakt.

Of|fi|zi|a|lat (das, -s, -e) (lat.) bischöfliche Gerichtsbehörde (in der katholischen Kirche).

Of|fi|zi|al|de|likt (*auch:* Of|fi|zi|al|ver|ge|hen) (das, -s, -e) Straftat, die von Amts wegen verfolgt wird.

Of|fi|zi|al|ver|tei|di|ger (der, -s, -) amtlich bestellter Verteidiger.

Of|fi|zi|ant (der, -en, -en) (lat.) 1. den Gottesdienst haltender Geistlicher (in der katholischen Kirche); 2. Bediensteter; Hausmeister (veraltet).

of|fi|zi|ell (Adj.) (franz.) amtlich; förmlich.

Of|fi|zier (der, -s, -e) militärischer Rang. Offiziersanwärter; Offizierskasino; Offizierskorps; Offizierslaufbahn; Offiziersmesse; Offizierspatent; Offiziersrang; Offiziersschule.

of|fi|zi|nal (*auch:* of|fi|zi|nell) (Adj.) (lat.) arzneilich.

of|fi|zi|nell (Adj.) (lat.) als Heilmittel anerkannt.

Of|fi|zin (die -, -en) (lat.) 1. Apotheke; 2. Buchdruckerei.

of|fi|zi|ös (Adj.) (lat.) halbamtlich.

Of|fi|zi|um (das, -s, -zi|en) (lat.) 1. Obliegenheit; Dienstpflicht (veraltet). 2. Gottesdienst (der katholischen Kirche).

Off|le|te (die, -, -n) (schweiz.) Oblate.

off li|mits (engl.) Eintritt verboten.

off|line (engl.) getrennt von einer EDV-Anlage arbeitend, unvernetzt.

öff|nen (V.) aufmachen; aufgehen.

Öff|ner (der, -s, -) Instrument zum Öffnen.

Öff|nung 1. (die, -, -en) Loch; Lücke; Mündung; 2. (die, -, kein Plural) das Öffnen. Öffnungswinkel; Öffnungszeiten.

Off|set|druck (der, -s, -dru|cke) Flachdruckverfahren. Offsetdruckmaschine.

Off|shore|boh|rung (*auch:* Off-Shore-Bohrung) (die, -, -en) Öl- oder Gasbohrung (Bohrinsel).

Off|spre|cher (*auch:* Off-Spre|cher) unsichtbarer Sprecher im Fernsehen oder Film.

Off|stim|me (*auch:* Off-Stim|me) Stimme eines unsichtbaren Sprechers im Fernsehen oder Film.

o-för|mig (*auch:* O-för|mig) (Adj.) in der Form eines O.

oft (Adv.; öf|ter, am öf|tes|ten) häufig; mehrmals. *Beachte:* wie schon so oft; des Öfteren; öfters; oftmalig; oftmals.

Oger (der, -s, -) (franz.) Menschenfresser.

oh! (Interj.) → o.

Oheim (der, -s, -e) Onkel (veraltet).

OHG (Abk.) offene Handelsgesellschaft.

Öhi (der, -s, -s) (schweiz.) alter Verwandter; Großvater; Urgroßvater.

oh, là, là! (franz.) Ausruf (Verwunderung, Anerkennung).

Ohm (das, -s, -) 1. Einheit (elektrischer Widerstand; Abk.: Ω). ohmsches Gesetz (*auch:* Ohm'sches Gesetz); 2. Onkel (dichterisch). Ohmmeter.

Öhm (der, -s, -e) (lok.) Onkel.

öhm|den (V.) (südd.) nachmähen.

O. H. M. S. (Abk.) On His (Her) Majesty's Service (im Dienste Seiner/Ihrer Majestät).

oh|ne (Präp., Akk.) frei von. *Beachte:* ohne Zögern, *aber:* ohne zu zögern; oben ohne; ohne mein Einverständnis; ohne dass ich mein Einverständnis gab; zweifelsohne; ohne Weiteres (*auch:* weiteres); nicht ohneeinander leben können; ohnedies; ohnegleichen; ohnehin; ohne Ort und Jahr (Abk.: o.O.u.J.); ohne Befund (Abk.: o.B.); Ohne-mich-Standpunkt.

Ohn|macht (die, -, -en) Bewusstlosigkeit; Hilflosigkeit. Ohnmachtsanfall.

ohn|mäch|tig (Adj.) kurzzeitig ohne Bewusstsein.

Ohr (das, -s, -en) 1. Hörorgan. auf den Ohren sitzen (ugs.) (nicht hören); ganz Ohr sein (ugs.) (aufmerksam zuhören); noch nicht trocken hinter den Ohren sein (ugs.) (unreif sein); jemandem in den Ohren liegen (ugs.) (jemanden mit ständigen Bitten belästigen); die Ohren spitzen (ugs.) (aufmerksam zuhören); einen kleinen Mann im Ohr haben (ugs.) (nicht ganz gescheit sein); jemanden übers Ohr hauen (ugs.) (betrügen); sich die Nacht um die Ohren schlagen (ugs.) (nicht schlafen); es faustdick hinter den Ohren haben (ugs.) (schlau sein); sich aufs Ohr legen (ugs.) (schlafen). bis über beide Ohren verliebt/verschuldet sein (ugs.) (sehr, stark verliebt/verschuldet sein). 2. in der Architektur Seitenstück; 3. umgeknickte Buchseite; 4. Kopfstütze am Sessel. Öhrchen; Ohrenarzt; Ohrenbeichte; Ohrenheilkunde; Ohrenklappe; Ohrensausen; Ohrenschmerzen; Ohrenschützer; Ohrensessel; Ohrgehänge; Ohrläppchen; Ohrmuschel; Ohrschmuck; Ohrspülung. Adjektive: ohrenfällig; ohrenkrank; großohrig; langohrig.

Öhr (das, -s, -e) Nadelloch.

Oh|ren|beich|te (die, -, -n) Beichte im Beichtstuhl.

oh|ren|be|täu|bend (Adj.) sehr laut. Er machte einen ohrenbetäubenden Lärm.

Oh|ren|blä|ser (der, -s, -) (ugs.) heimlicher Aufhetzer (abschätzig).

Oh|ren|klipp (*auch:* Ohr|klipp) Ohranhänger.

Oh|ren|krie|cher (der, -s, -) Ohrwurm.

Oh|ren|schmalz (das, -es, kein Plural) Absonderung im äußeren Gehörgang.

Oh|ren|schmaus (der, -, kein Plural) (ugs.) etwas Angenehmes zum Hören. Das Konzert war ein reiner Ohrenschmaus.

Oh|ren|zeu|ge (der, -n, -n) jemand, der etwas Gehörtes bezeugt oder bezeugen soll. Du bist mein Ohrenzeuge!

Ohr|fei|ge (die, -, -n) Watsche; Backpfeife.

ohr|fei|gen (V.) jemandem ins Gesicht schlagen; abwatschen; eine herunterhauen; eine knallen; eine langen; eine pfeffern; eine schmieren; eine watschen; eine wischen.

Ohr|fei|gen|ge|sicht (das, -s, -er) (ugs.) freches Gesicht.

Ohr|mu|schel (die, -, -n) 1. äußeres Ohr; 2. Ornamentform im 17. Jahrhundert.

Ohr|spei|chel|drü|se (die, -, -n) der Ohrmuschel vorgelagerte Anhangdrüse der Backenschleimhaut.

Ohr|wa|schel (das, -s, -) (bay.-österr.) Ohrmuschel.

Ohr|wurm (der, -s, -wür|mer) 1. Insekt; 2. leicht eingängige Melodie.

o. J. (Abk.) ohne Jahr.

oje! (Interj.) Ausruf (Erschrecken). ojemine!

o. k. (*auch:* O.K.) (Abk.) okay.

Oka|pi (das, -s, -s) Giraffenart.

Oka|ri|na (die, -, -s/-nen) (ital.) Blasinstrument.

okay (Adv.; Adj.) (engl.) in Ordnung. *Beachte:* das Okay erhalten.

Oke (die, -, -n) (nordd.) Winkel zwischen Dach und Fußboden.

Okel (die, -, -n) (nordd.) Dachsparren.

Ökel|na|me (der, -s, -n) (nordd.) Spitzname.

Oke|a|ni|de (die, -, -n) (griech.-lat.) Meeresnymphe.

Ok|ka|si|on (die, -, -si|o|nen) (schweiz.) Gelegenheit (veraltet); Gebrauchtwagen.

ok|ka|si|o|nell (Adj.) (franz.) gelegentlich.

Ok|ki|ar|beit (die, -, -en) (ital.) Handarbeit.

ok|klu|die|ren (V.) (lat.) abschließen; hemmen.

Ok|klu|si|on (die, -, -en) (lat.) 1. Einschließung; Hemmung; 2. in der Meteorologie das Zusammentreffen einer Warm- mit einer Kaltfront.

ok|klu|siv (Adj.) (lat.) abgeschlossen; eingeschlossen.

Ok|klu|siv|ver|band (der, -s, -bän|de) (lat.) in der Medizin ein luftdicht abgeschlossener Verband.

ok|kult (Adj.) (lat.) geheim; geheimnisvoll; verborgen. okkult belastet.

Ok|kul|tis|mus (der, -s, kein Plural) (lat.) Beschäftigung mit übersinnlichen Wahrnehmungen und Erscheinungen, die sich durch die bekannten Naturgesetze nicht erklären lassen.

Ok|kul|tist (der, -en, -en) (lat.) Anhänger des Okkultismus.

ok|kul|tis|tisch (Adj.) (lat.) den Okkultismus betreffend. okkultistische Sitzung.

Ok|ku|pant (der, -en, -en) (lat.) jemand, der fremdes Land besetzt.

Ok|ku|pa|ti|on (die, -, -ti|o|nen) (lat.) militärische Besetzung. Okkupationsheer.

ok|ku|pa|to|risch (Adj.) (lat.) die Okkupation betreffend.

ok|ku|pie|ren (V.) (lat.) fremdes Land besetzen; einnehmen.

Ok|kur|renz (die, -, -en) (lat.-engl.) Bezeichnung in der Sprachwissenschaft für das Vorkommen einer sprachlichen Einheit in einem Text oder einem Kommunikationsakt.

ok|no|phil (Adj.) (griech.) aus Verlustangst den Partner mit seiner Liebe erdrückend.

Öko|la|den (der, -s, -lä|den) Naturkostladen. Bioladen.

Öko|lo|ge (der, -n, -n) (griech.) Wissenschaftler auf dem Fachgebiet der Ökologie.

Öko|lo|gie (die, -, -n) (griech.) Wissenschaft von der Wechselbeziehung zwischen Lebewesen und ihrer Umwelt. Ökopaxbewegung.

öko|lo|gisch (Adj.) (griech.) die Ökologie betreffend.

Öko|nom (der, -s, -e) (griech.) Wirtschaftswissenschaftler.

Öko|no|mie (die, -, -n) (griech.) Wirtschaftswissenschaft; Sparsamkeit.

Öko|no|mie|rat (der, -s, -rä|te) Titel für verdiente Landwirte und Beamte in landwirtschaftlichen öffentlichen Einrichtungen (veraltet).

Öko|no|mik (die, -, kein Plural) 1. Haushalts- und Wirtschaftskunde; 2. Wirtschaftswissenschaft.

öko|no|misch (Adj.) sparsam; wirtschaftlich.

öko|no|mi|sie|ren (V.) (griech.-lat.) auf eine wirtschaftliche, sparsame Grundlage stellen; wirtschaftlich gestalten.

Öko|no|mis|mus (der, -, kein Plural) Betrachtung nur vom ökonomischen Standpunkt aus.

öko|no|mis|tisch (Adj.) auf Ökonomismus beruhend, einseitig ökonomisch.

Öko|sys|tem (das, -s, -e) natürliche, konstante Einheit, bestehend aus Organismen und unbelebter Umwelt; Wirkungsgefüge zwischen Lebewesen und ihrem Lebensraum.

Öko|top (das, -s, -e) (griech.) in den Beziehungen zwischen Lebewesen und ihrem Lebensraum ausgeglichen gestaltetes Gebiet.

Öko|tro|pho|lo|ge (der, -n, -n) (griech.) Haushalts- und Ernährungswissenschaftler.

Öko|tro|pho|lo|gie (die, -, kein Plural) (griech.) Wissenschaft von Haushalt und Ernährung.

Öko|ty|pus (der, -, -pen) (griech.-lat.) einem bestimmten Lebensraum angepasste Tier- oder Pflanzengruppe.

Ok|ra (die, -, -s) (griech.) gelbgrüne Gemüseschote der südöstlichen Mittelmeerländer.

Ok|rosch|ka (die, -, -) (russ.) eine Kaltschale aus Fleisch, Eiern und Rahm.

Okt. (Abk.) Oktober.

Ok|ta|chord (das, -es, -e) (griech.-lat.) achtsaitiges Instrument.

Ok|ta|e|der (das, -s, -) (griech.) Achtflächner.

ok|ta|ed|risch (Adj.) (griech.) das Oktaeder betreffend.

Ok|ta|gon (das, -s, -e) (griech.) Oktogon.

ok|ta|go|nal (Adj.) (griech.) oktogonal.

Ok|tan (das, -s, -e) (lat.) ein gesättigter Kohlenwasserstoff.

Ok|tant (der, -en, -en) (lat.) 1. Achtelkreis (Geometrie); 2. Winkelmessgerät (Seewesen); 3. Sternbild.

Ok|tan|zahl (die, -, -en) (Abk.: OZ) Richtzahl für die Klopffestigkeit von Kraftstoff.

Ok|tav 1. (das, -s, kein Plural) (lat.) Buchformat. Großoktav; Oktavband; Oktavbogen; Oktavformat. 2. (die, -, -en) katholische Feier.

Ok|ta|ve (die, -, -n) (lat.) Intervall von acht Tönen.

ok|ta|vie|ren (V.) (lat.) zu einem bestimmten Ton die Oktave anspielen.

Ok|tett (das, -s, -e) (ital.) 1. achtstimmiges Musikstück; 2. Gruppe von acht Musikern.

Ok|to|ber (der, -s, -) (lat.) Monat (Abk.: Okt.).

Ok|to|ber|fest (das, -s, kein Plural) Münchener Volksfest.

Ok|to|ber|re|vo|lu|ti|on (die, -, kein Plural) bolschewistische Revolution 1917 in Russland.

Ok|to|gon (das, -s, -e) (griech.) Achteck.

ok|to|go|nal (Adj.) (griech.) achteckig.

Ok|to|po|de (der, -n, -n) (griech.) Krake.

ok|t|ro|y|ie|ren (V.) (franz.) aufzwingen. aufoktroyieren.

oku|lar (Adj.) (lat.) das Auge betreffend.

Oku|lar (das, -s, -e) (lat.) die dem Auge zugewandte Linse von optischen Geräten.

Oku|la|ti|on (die, -, -ti|o|nen) das Okulieren.

oku|lie|ren (V.) (lat.) durch Einsetzen des Auges eines Pfropfreises in die eingeschnittene Rinde (einer anderen Pflanze) veredeln.

Öku|me|ne (die, -, -n) (griech.) Gesamtheit der Christen.

öku|me|nisch (Adj.) (griech.) die Ökumene betreffend.

Öku|me|nis|mus (der, -, kein Plural) (griech.-lat.) Versuch der katholischen Kirche seit dem 2. Vatikanischen Konzil, alle christlichen Konfessionen zusammenzuführen.

Ok|zi|dent (der, -s, kein Plural) (lat.) Abendland; Westen. Adjektive: okzidental; okzidentalisch.

ok|zi|pi|tal (Adj.) (lat.) zum Hinterhaupt gehörig.

ö. L. (Abk.) östlicher Länge.

Öl (das, -s, -e) flüssiges Fett. Öl ins Feuer gießen (die Streitenden zusätzlich reizen); Öl auf die Wellen/Wogen gießen (versuchen, einen Streit zu schlichten). Ölalarm; Ölbild; Ölbohrung; Ölfeuerung; Ölfilm; Ölfleck; Ölförderung; Ölfrucht;Ölhaut; Ölheizung; Ölindustrie; Ölkanne; Ölkrise; Öllampe; Ölleitung; Ölluftpumpe; Ölmalerei; Ölmühle; Ölofen; Ölpalme; Ölpflanze; Ölquelle; Ölraffinerie; Ölsardine; Ölscheich; Ölschicht; Öltanker; Ölvorkommen; Ölwanne; Ölwechsel.

Öl|baum (der, -s, -bäu|me) Sammelbezeichnung für verschiedene Arten von Pflanzen, u. a. den Olivenbaum.

Öl|berg (der, -s, kein Plural) südlicher Teil einer Bergkette bei Jerusalem. War nach dem Neuen Testament der Schauplatz der Gefangennahme Christi und gilt als Stätte seiner Himmelfahrt.

Ol|die (der, -s, -s) (engl.) alter Schlager; alter Film.

Öl|druck 1. (der, -s, -e) Reproduktionsverfahren; 2. (der, -s, -drü|cke) der in einer Ölleitung herrschende Druck. Öldruckbremse.

Old|ti|mer (der, -s, -) (engl.) altes Auto; alter Mann. Oldtimertreffen.

olé (Interj.) (span.) bravo! los!

Ole|an|der (der, -s, -) (ital.) Strauch. Oleanderblüte; Oleanderschwärmer.

Ole|as|ter (der, -s, kein Plural) (griech.-lat.) wild wachsende Variante des Ölbaums.

Ole|at (das, -s, -e) (griech.) Salz (Ölsäure).

Ole|fin (das, -s, -e) (griech.) ungesättigter Kohlenwasserstoff. Adjektiv: olefinreich.

Ole|in (das, -s, -e) (griech.) Ölsäure.

ölen (V.) 1. etwas mit Öl versehen. Die Tür quietscht, sie muss geölt werden. 2. salben.

Ole|um (das, -s, Olea) (lat.) 1. Öl. 2. rauchende Schwefelsäure.

ol|fak|to|risch (Adj.) (lat.) zum Olfaktorius gehörig; den Geruchssinn betreffend.

Ol|fak|to|ri|um (das, -s, -ri|en) Riechstoff.

Ol|fak|to|ri|us (der, -, kein Plural) (lat.) Riechnerv.

Öl|ge|mäl|de (das, -s, -e) mit Ölfarben gemaltes Bild. Ölbild; Ölfarbe; Ölfarbenbild; Ölmalerei.

Öl|göt|ze (der, -s, -n) (in der Wendung:) Er steht da wie ein Ölgötze. (ugs.) (Er steht steif und stumm da.).

OLG (Abk.) Oberlandesgericht.

Oli|ba|num (das, -s, kein Plural) (lat.) Weihrauch.

Oli|fant (der, -s, -e) (griech.-franz.) elfenbeinernes Jagd- und Trinkhorn des MA.

ölig (Adj.) 1. Öl enthaltend; 2. fettig; schmierig; 3. (ugs.) salbungsvoll.

Oli|gä|mie (die, -, -n) (griech.) Blutarmut (infolge Verminderung der Blutmenge).

Oli|g|ar|chie (die, -, -n) (griech.) Herrschaft einer kleinen Gruppe. Oligarch; oligarchisch.
Oli|go|klas (der, -s, -e) (griech.) ein Feldspat.
oli|go|phag (Adj.) (griech.) sich von nur wenigen Futterpflanzen oder Beutetieren ernährend.
Oli|go|pha|ge (der, -n, -n) oligophag lebendes Tier.
Oli|go|pha|gie (die, -, kein Plural) (griech.) Ernährungsweise von nur wenigen Futterpflanzen oder Beutetieren.
Oli|go|phre|nie (die, -, kein Plural) (griech.) angeborener oder in der Jugend erworbener Schwachsinn.
Oli|go|pol (das, -s, -e) (griech.) Marktform, die durch eine geringe Anzahl miteinander konkurrierender Verkäufer oder Käufer gekennzeichnet ist.
oli|go|troph (Adj.) (griech.) humus-, nährstoffarm; z. B. ein ~es Gewässer.
Oli|go|zän (das, -s, kein Plural) (griech.) Erdzeitalter. (Erdneuzeit).
oli|go|zän (Adj.) (griech.) das Oligozän betreffend.
Olim (nur in der Wendung) seit/zu Olims Zeiten (seit jeher).
oliv (Adj.) (lat.) olivenfarben. *Beachte:* ein oliver Pulli; *aber:* ein Pulli in Oliv; olivenfarbig; olivgrau; olivgrün.
Oli|ve (die, -, -n) (griech.) Frucht. Olivenbaum; Olivenernte; Olivenöl.
Oli|vin (der, -s, -e) (griech.) Mineral.
oll (Adj.) (nordd.) alt; hässlich. *Beachte:* olle Kamellen; Oller.
Ol|le (der, -n, -n) (lok.) Alte. mein(e) Olle(r) (ugs., scherzhaft) meine Frau/mein Mann.
Olm (der, -s, -e) Lurch. Grottenolm.
Öl|pest (die, -, kein Plural) durch ausgelaufenes Rohöl entstandene hochgradige Verschmutzung eines Sees oder Meeresküstengebiets.
Ölung (die, -, -en) ölen. die Letzte Ölung.
Olymp (der, -s, kein Plural) 1. Wohnsitz der Götter (in der griechischen Mythologie). 2. der oberste Rang im Theater (ugs., scherzhaft).
Olym|pia (das, -s, kein Plural) (griech.) 1. altgriechische Kultstätte auf dem Peloponnes. 2. Olympische Spiele.
Olym|pi|a|de (die, -, -n) (griech.) 1. in der Antike Zeitspanne von vier Jahren zwischen zwei Olympischen Spielen; 2. Olympische Spiele. Olympiabeste; Olympiadorf; Olympiajahr; Olympiakämpfer; Olympiamannschaft; Olympiamedaille; Olympianorm; Olympiasieg; Olympiasieger/in; Olympiastadion; Olympiastadt; Olympiateilnehmer; Olympionike (-ni|kin); olympiareif; olympisch, aber: Nationales Olympisches Komitee (Abk.: NOK).
Olym|pi|er (der, -s, kein Plural) 1. Beiname des Zeus; 2. Mann von erhabenem Geist und königlicher Würde.
Olym|pi|o|ni|ke (der, -n, -n) (griech.) Olympiasieger (heute wird fälschlicherweise ein Olympiateilnehmer als Olympionike bezeichnet.).
olym|pisch (Adj.) (griech.) 1. die Olympischen Spiele betreffend; 2. erhaben; königlich. *Beachte:* Nationales Olympisches Komitee (Abk. NOK).
Öl|zeug (das, -s, kein Plural) wasserfeste Spezialkleidung der Seeleute.
Öl|zweig (der, -s, -e) Zweig eines Ölbaums, galt in der Antike als Segensmittel.
Om (sanskr.) magische Silbe im Brahmanismus, Konzentrationshilfe; während einer Meditation gesprochen.
Oma (*auch:* Omi) (die, -, -s) (ugs.) Großmutter. Omama.
Oman (ohne Art., -s, kein Plural) Golfstaat. Omaner; omanisch.
Om|b|ré (der, -s, -s) (lat.-franz.) farblich schattierendes Textil.
Om|b|ro|graf (*auch:* Om|b|ro|graph) (der, -en, -en) (griech.) Gerät zum Aufzeichnen der Regenmenge, Regenwasser.
Om|b|ro|me|ter (das, -s, -) = Ombrograf.
Om|buds|mann (der, -s, -män|ner/-leu|te) (schwed.) Vertrauensperson.
Ome|ga (das, -s, -s) griechischer Buchstabe (Ω, ω).
Ome|lett (*auch:* Ome|lette) (das, -s, -e/-s) (franz.) Eierkuchen.
Omen (das, -s, -/Omi|na) (lat.) Vorzeichen.
Omer|ta (die, -, kein Plural) (ital.) das Gesetz des Schweigens (in der Mafia).
Omi|k|ron (das, -s, -s) griechischer Buchstabe (O, o).
omi|nös (Adj.) (lat.) 1. von schlimmer Vorbedeutung (veraltet). 2. bedenklich; anrüchig.
Omis|siv|de|likt (das, -s, -e) (lat.) strafbare Unterlassung (z. B. einer Hilfeleistung).
Om|ni|bus (der, -ses, -se) (franz.) Autobus. Omnibusbahnhof; Omnibusfahrt; Omnibuslinie.
om|ni|po|tent (Adj.) (lat.) allmächtig. Omnipotenz.
om|ni|prä|sent (Adj.) (lat.) allgegenwärtig.
Om|ni|prä|senz (die, -, kein Plural) (lat.) Allgegenwart.
Om|ni|um (das, -s, -ni|en) Mehrkampf (Radsport); Galopprennen.
Om|ni|vo|re (der, -n, -n) (lat.) Tier, das sich von Pflanzen und Tieren ernährt; Allesfresser.
On (das, -, kein Plural) (engl.) sichtbarer Sprecher. Im On sein.
on (Adv.) (engl.) 1. angeschaltet (Vermerk auf elektrischen oder elektronischen Geräten). 2. auf der Leinwand; auf dem Bildschirm sichtbar.
Ona|nie (die, -, kein Plural) Selbstbefriedigung. Onanist; onanistisch, onanieren.
On|dit (das, -, -s) (franz.) Gerücht.
On|du|la|ti|on (die, -, -en) (lat.) das Wellen des Haares.
on|du|lie|ren (V.) (franz.) mit der Brennschere wellen (Haar); locken. Ondulation.
On|du|lie|rung (die, -, -en) Ondulation.
One-Man-Show (die, -, -s) (engl.) eine Veranstaltung, die ein Unterhaltungskünstler allein gestaltet.
One-Night-Stand (der, -s, -s) (engl.) flüchtiges sexuelles Abenteuer; einmaliger, zu keiner Beziehung verpflichtender Geschlechtsverkehr.
one|rie|ren (V.) (lat.) den Angeklagten bei der Gerichtsverhandlung belasten.
One|stepp (der, -s, -s) (engl.) Tanz.
Oni|o|ma|nie (die, -, kein Plural) (griech.-lat.) krankhafter Kauftrieb (Med.).
On|kel (der, -s, -) 1. Mutter-, Vaterbruder; 2. Anrede von Kindern für befreundete männliche Erwachsene; 3. (ugs.) über den (großen) Onkel gehen (mit einwärts gesetzten Füßen).
On|kel|ehe (die, -, -n) neu eingegangene Lebensgemeinschaft einer Witwe (mit ihren Kindern) mit einem Partner, den sie nicht heiratet, um ihre Versorgungsansprüche nicht zu verlieren.

on|kel|haft (Adj.) gönnerhaft; gutmütig.
on|ko|gen (Adj.) (griech.) geschwulstbildend; krebserregend.
On|ko|lo|gie (die, -, kein Plural) (griech.) Wissenschaft von den Geschwülsten.
on|line (engl.) direkt mit einer EDV-Anlage verbunden. Onlinebetrieb.
On|line|ban|king (das, -(s), kein Plural) Abwicklung von Bankgeschäften via Internet.
On|line|bro|ker (der, -s, -) (engl.) jemand, der Wertpapierhandel via Internet abwickelt. Onlinebrokerin.
On|line|re|dak|teur (der, -s, -e) Journalist, der für das Internet Informationen aufbereitet und diese auf den Webseiten bereitstellt.
ONO (Abk.) Ostnordost(en).
Öno|lo|ge (der, -s, -n) (griech.) Weinbaukundiger.
Öno|lo|gie (die, -, kein Plural) (griech.) Weinbaukunde.
Ono|ma|si|o|lo|gie (die, -, kein Plural) (griech.) Zweig der Sprachwissenschaft, der untersucht, welche Wörter für jeweils einen Begriff gebraucht werden oder gebraucht worden sind; Bezeichnungslehre.
Ono|mas|tik (die, -, kein Plural) Wissenschaft von den Namen. Namenkunde.
Ono|mas|ti|kon (das, -s, -ken/ka) (griech.) Namensverzeichnis.
Ono|ma|to|lo|gie (die, -, kein Plural) (griech.) = Onomastik.
ono|ma|to|po|e|tisch (Adj.) in der Art der Onomatopöie; laut-, klang-, schallnachahmend; lautmalend.
Ono|ma|to|pö|ie (die, -, -pö|i|en) (griech.) Lautmalerei.
Öno|me|ter (das, -s, -) (griech.) Gerät zum Messen des Alkoholgehalts im Wein.
on the road (engl.) unterwegs.
on the rocks (engl.) mit Eiswürfeln.
on|tisch (Adj.) (griech.) dem Sein entsprechend, seiend.
On|to|ge|ne|se (*auch:* On|to|ge|nie) (die, -, kein Plural) (griech.) Entwicklung.
on|to|ge|ne|tisch (Adj.) (griech.) die Ontogenese betreffend.
On|to|lo|gie (die, -, kein Plural) (griech.) Lehre vom Sein.
on|to|lo|gisch (Adj.) (griech.) die Ontologie betreffend.
Onyx (der, -es, -e) (griech.) Halbedelstein.
o.O. (Abk.) ohne Ort (Buchzitat).
Oo|ge|ne|se (die, -, -n) (griech.) Bildung; Entwicklung der Eizelle.
oo|ge|ne|tisch (Adj.) auf Oogenese beruhend.
Oo|go|ni|um (das, -s, -ni|en) (lat.) Entstehungsort einer Eizelle (Biol.).
Oo|lith (der, -s/-en, -e/-en) (griech.) aus kleinen Kalkkügelchen bestehendes Gestein; Rogenstein.
Oo|lo|gie (die, -, kein Plural) (griech.) Lehre von den Vogeleiern.
o. ö. Prof. (Abk.) ordentlicher öffentlicher Professor.
o. O. u. J. (Abk.) ohne Ort und Jahr (Buchzitat).
op. (Abk.) opus.
o. P. (Abk.) ordentlicher Professor.
OP (Abk.) Operationssaal. OP-Schwester.
Opa (*auch:* Opi) (der, -s, -s) (ugs.) Großvater. Opapa.
opak (Adj.) (lat.) undurchsichtig. Opakglas; Opazität.
Opak|glas (das, -es, -glä|ser) undurchsichtiges Glas.
Opal (der, -s, -e) (sanskr.) 1. Halbedelstein; 2. Baumwollgewebe.
opa|len (Adj.) wie ein Opal; durchscheinend wie Opal.
Opa|les|zenz (die, -, kein Plural) (sankr.-griech.-lat.) schillernd wie ein Opal.
opa|les|zie|ren (V.) schillern wie ein Opal.
Opal|glas (das, -es, -glä|ser) lichtdurchlässiges, aber trübes Glas.
opa|li|sie|ren (V.) (sankr.) opaleszieren.
Opan|ke (die, -, -n) Sandale.
Op-Art (die, -, kein Plural) (engl.) (Abk.:) Optical Art; moderne Kunstrichtung.
Opa|pa (der, -s, -s) (ugs.) Großvater; Opa.
Opa|zi|tät (die, -, kein Plural) opake Beschaffenheit. Trübheit.
OPD (Abk.) Oberpostdirektion.
OPEC (Abk.) Organization of the Petroleum Exporting Countries (Organisation der Erdöl exportierenden Länder).
Open-Air-Fes|ti|val (das, -s, -s) (engl.) große Musikveranstaltung im Freien. Open-Air-Konzert.
Open End (das, -s, -s) (engl.) kurz für Veranstaltung mit offenem Ende. Open-End-Veranstaltung.
Open-End-Dis|kus|si|on (die, -, -en) (engl.) Diskussion mit zeitlich offenem Ende.
Oper (die, -, -n) musikalisches Bühnenstück; Festspielhaus. Opernarie; Opernhaus; Opernmelodie; Opernmusik; Opernsänger/in; Opera buffa (komische Oper).
ope|ra|bel (Adj.) (lat.) operationsfähig. Wegen seines schlechten Zustandes ist der Patient nicht operabel. Die Krebsgeschwulst ist operabel. (Es besteht Aussicht auf Heilung, wenn man sie operiert.).
Ope|ra|teur (der, -s, -e) (franz.) 1. operierender Arzt (Chirurg); 2. Filmvorführer; 3. Kameramann.
Ope|ra|ti|on (die, -, -ti|o|nen) (lat.) 1. chirurgischer Eingriff; Unternehmen; 2. Kampfhandlung. Die Operation (der militärische Einsatz) wurde erfolgreich abgeschlossen. 3. Rechenvorgang; 4. Arbeitsvorgang. Operationsforschung; Operationsschwester; Operationstisch.
Ope|ra|ti|ons|ba|sis (die, -, -ba|sen) (lat.) Ausgangspunkt eines militärischen Einsatzes.
Ope|ra|ti|ons|saal (der, -s, -sä|le) (Abk.: OP) für Operationen ausgestatteter steriler Raum.
ope|ra|tiv (Adj.) auf chirurgischem Weg. Diese Wunde kann nur operativ behandelt werden.
Ope|ra|tor (der, -s, -s/-en) (engl.) Bediener von EDV-Anlagen. Operatorin.
Ope|ret|te (die, -, -n) (ital.) Singspiel. Operettenfilm; Operettenkomponist; Operettenmelodie; Operettenmusik; Operettensänger/in; operettenhaft.
ope|rie|ren (V.) (lat.) 1. einen chirurgischen Eingriff vornehmen; 2. handeln.
Opern|ball (der, -s, -bäl|le) der jährlich stattfindende Ball in der Wiener Staatsoper.
Opern|film (der, -s, -e) verfilmte Oper.
Opern|füh|rer (der, -s, -) Nachschlagewerk über Opern.
Opern|glas (das, -es, -glä|ser) kleines, schön gestaltetes Fernglas. Operngucker.

opern|haft (Adj.) 1. auf die Oper bezogen; 2. schwülstig; theatralisch.
Op|fer (das, -s, -) Spende; Verzicht; Leidtragender; im Altertum Gabe an eine Gottheit; Einbuße; Entbehrung; Verlust. Er bringt ihr das Opfer, auf seine Reise zu verzichten. Für seine Überzeugung scheut er keine Opfer. Das Unglück hat viele Opfer gefordert. Opferfreudigkeit; Opfergabe; Opfergang; Opferlamm; Opfermut; Opferstock; Opfertier; Opfertod; Opferwille; opferbereit.
op|fer|be|reit (Adj.) selbstlos; uneigennützig. Opferwilligkeit; opferwillig.
Op|fer|be|reit|schaft (die, -, kein Plural) Selbstlosigkeit; Uneigennützigkeit.
op|fern (V.) 1. einer Gottheit etwas darbieten; 2. darangeben; preisgeben; verzichten. Er opferte sein Leben, um seine Kinder zu retten. 3. (V., refl.) sich hingeben. Er opferte sich für seine Kinder.
Op|fer|stock (der, -s, -stö|cke) Behälter für Geldspenden in Kirchen.
Op|fe|rung (die, -, -en) das Opfern.
Ophir (ohne Artikel, -s, kein Plural) (hebr.-griech.-lat.) sagenhaftes Goldland im Alten Testament.
Ophit (der, -en, -en) (griech.) Schlangenanbeter.
Oph|thal|mi|a|trie (die, -, kein Plural) Wissenschaft vom Auge und von den Augenkrankheiten; Augenheilkunde.
Oph|thal|mo|lo|ge (der, -s, -n) (griech.) Facharzt für Augenheilkunde.
Oph|thal|mo|s|kop (das, -s, -e) (griech.) Gerät zum Untersuchen des Auges. Augenspiegel.
Oph|thal|mo|s|ko|pie (die, -, -n) Untersuchung mit dem Ophthalmoskop.
Opi|at (das, -s, -e) (griech.) Droge.
Opi|um (das, -s, kein Plural) (lat.) Rauschgift; Schmerzmittel. Opiumgesetz; Opiumhandel; Opiumkrieg; Opiumpfeife; Opiumschmuggel; Opiumsucht; opiumhaltig.
Opos|sum (das, -s, -s) Beutelratte.
Op|po|nent (der, -en, -en) (lat.) Gegenredner.
op|po|nie|ren (V.) (lat.) sich widersetzen; widersprechen.
op|por|tun (Adj.) (lat.) zweckmäßig.
Op|por|tu|nis|mus (der, -, kein Plural) (lat.) schnelle Anpassung; zweckmäßiges Handeln. Opportunitätsprinzip; opportunistisch.
Op|por|tu|nist (der, -en, -en) (lat.) jemand, der sich schnell den gegebenen Verhältnissen anpasst (auch gegen seine Überzeugung).
Op|por|tu|ni|tät (die, -, kein Plural) (lat.) Zweckmäßigkeit.
op|po|si|tär (Adj.) (lat.) gegensätzlich; einen Gegensatz ausdrückend.
Op|po|si|ti|on (die, -, -ti|o|nen) (lat.) 1. Gegensatz; 2. Parteien, die nicht an der Regierung beteiligt sind; 3. Stellung zweier Gestirne, deren Längendifferenz 180° beträgt.
op|po|si|ti|o|nell (Adj.) gegensätzlich.
Op|po|si|ti|ons|füh|rer (der, -s, -) (lat.) Vorsitzender der Oppositionspartei.
Op|po|si|ti|ons|geist (der, -s, kein Plural) (lat.) Widerspruchsgeist.
Op|po|si|ti|ons|par|tei (die, -, -en) Minderheitenpartei.
Op|po|si|ti|ons|wort (das, -s, -wör|ter) Wort mit entgegengesetzter Bedeutung (Antonym).
Op|pres|si|on (die, -, -si|o|nen) (lat.) 1. Bedrückung; Unterdrückung. 2. Beklemmung.
op|pres|siv (Adj.) (lat.) drückend; unterdrückend (Med.).
Op|pro|ba|ti|on (die, -, -ti|o|nen) (lat.) Beschimpfung; Tadel; Verweis.
Op|tant (der, -en, -en) jmd., der optiert, der die Möglichkeit zu optieren hat.
op|ta|tiv (Adj.) im Optativ stehend, einen Wunsch ausdrückend.
Op|ta|tiv (der, -s, -e) (lat.) Verbform, die einen Wunsch ausdrückt (im Deutschen durch den Konjunktiv wiedergegeben).
op|tie|ren (V.) (lat.) 1. für jmdn., für einen Staat ~: sich für jmdn., für die Zugehörigkeit zu einem Staat entscheiden. 2. auf etwas ~: vom Vorkaufsrecht für etwas Gebrauch machen.
Op|tik (die, -, -en) (griech.) 1. Lehre vom Licht; 2. Linsensystem; 3. äußeres Erscheinungsbild.
Op|ti|ker (der, -s, -) (griech.) Fachmann für optische Instrumente und Geräte.
op|ti|mal (Adj.) (lat.) bestmöglich.
op|ti|mie|ren (V.) (lat.) optimal gestalten.
Op|ti|mie|rung (die, -, kein Plural) optimale Gestaltung.
Op|ti|mis|mus (der, -, kein Plural) (lat.) Zuversicht.
Op|ti|mist (der, -en, -en) (lat.) lebensbejahender, zuversichtlicher Mensch.
op|ti|mis|tisch (Adj.) lebensbejahend; zuversichtlich.
Op|ti|mum (das, -s, -ti|ma) (lat.) günstigstes Verhältnis; günstigstes Ergebnis; Bestes; Höchstmaß.
Op|ti|on (die, -, -ti|o|nen) (lat.) Vorrecht, eine Sache zu kaufen oder zu erhalten. Optant; optieren.
op|tisch (Adj.) (griech.) das Sehen betreffend; zur Optik gehörend.
Op|to|me|ter (das, -s, -) (griech.) Sehweitenmesser (Augenheilkunde).
Op|to|me|t|rie (die, -, kein Plural) (griech.) Sehkraftbestimmung.
opu|lent (Adj.) (lat.) üppig; reichhaltig. ein opulentes Mahl.
Opu|lenz (die, -, kein Plural) Reichhaltigkeit; Üppigkeit.
Opun|tie (die, -, -n) (griech.) Feigenkaktus.
Opus (das, -, Ope|ra) (lat.) Werk; Kunstwerk (Abk.: op.).
Opus|cu|lum (das, -s, -la) (lat.) kleines Opus.
Ora|kel (das, -s, -) (lat.) 1. Weissagung. Orakelspruch. 2. im Altertum der Ort, an dem der Orakelspruch erteilt wurde; 3. rätselhafter Ausspruch. Du sprichst in Orakeln.
ora|kel|haft (Adj.) (lat.) rätselhaft.
ora|keln (V.) in Andeutungen reden.
oral (Adj.) (lat.) durch den Mund.
oran|ge (Adj.) (franz.) Farbe. *Beachte:* orangefarben; orangefarbig; orangerot. *Aber:* ein Pulli in einem leuchtenden Orange. ein orange (*nicht:* orangener!) Pulli.
Oran|ge (die, -, -n) (franz.) Apfelsine. Orangenbaum; Orangenblüte; Orangenmarmelade; Orangensaft; Orangenschale; orangefarben; orangefarbig; orangen.
Oran|gea|de (die, -, -n) (franz.) Erfrischungsgetränk .
Oran|geat (das, -s, -e) (franz.) kandierte Orangenschale.
Oran|ge|rie (die, -, -n) (franz.) in der Barockzeit eine Gewächshausanlage.
Orang-Utan (der, -s, -s) Menschenaffe.
Ora|tio ob|li|qua (die, -, kein Plural) (lat.) indirekte Rede.

Ora|tio rec|ta (die, -, -) (lat.) direkte Rede.

Ora|to|ri|a|ner (der, -s, -) Angehöriger einer Weltpriestervereinigung.

ora|to|risch (Adj.) (lat.) rednerisch; mitreißend.

Ora|to|ri|um (das, -s, -ri|en) (lat.) 1. Gebetsraum; 2. Musikkomposition. mehrteiliges Chorwerk (geistlich oder weltlich) für Chor, Einzelstimmen und Orchester.

Or|bis (der, -, kein Plural) (lat.) Erdkreis.

Or|bit (der, -s, -s) (engl.) Umlaufbahn. Orbitalbombe; Orbitalrakete; Orbitalstation.

Or|bi|ta (die, -, -tae) (lat.) Augenhöhle.

or|bi|tal (Adj.) (lat.) 1. den Orbit betreffend; 2. zur Augenhöhle gehörend.

Or|bi|tal (das, -s, -e) (lat.) bestimmte, energetisch bedingte Umlaufbahn eines Elektrons, das sich um einen Atomkern bewegt.

Or|bi|tal|bahn (die, -, -en) (lat.) Umlaufbahn.

Or|ches|ter (das, -s, -) (griech.) Musikerensemble. Orchesterbegleitung.

Or|ches|ter|gra|ben (der, -s, -grä|ben) Vertiefung vor der Bühne als Platz für das Orchester.

Or|ches|ter|lei|ter (der, -s, -) Dirigent.

Or|ches|t|ra (die, -, -s|t|ren) (griech.) Platz des Chors im antiken Theater.

or|ches|t|ral (Adj.) (lat.) zum Orchester gehörend.

or|ches|t|rie|ren (V.) ein Musikstück instrumentieren.

Or|ches|t|rie|rung (die, -, -en) (lat.) Instrumentierung.

Or|ches|t|ri|on (das, -s, -s|t|ri|en) (griech.) mechanisches Musikinstrument.

Or|chi|dee (die, -, -n) (griech.) Zierpflanze. Orchideenart; Orchideenblüte.

Or|chis (griech.) 1. (der, -, -) Hoden. 2. (die, -, -) eine Orchidee; Knabenkraut.

Or|chi|tis (die, -, -chi|ti|den) (griech.) Hodenentzündung.

Or|dal (das, -s, -li|en) (lat.) im Mittelalter Gottesurteil.

Or|den (der, -s, -) (lat.) Vereinigung; Auszeichnung.

Or|dens|band (das, -s, -bän|der) 1. Band zum Tragen eines Ordens; 2. Nachtfalter.

Or|dens|bru|der (der, -s, -brü|der) Angehöriger eines Ordens. Ordensfrau; Ordensregel; Ordensritter; Ordensschwester; Ordenstracht.

Or|dens|burg (die, -, -en) Stammburg eines Ritterordens.

Or|dens|ver|lei|hung (die, -, -en) Auszeichnung mit einem Ehrenzeichen. Ordensstern; ordengeschmückt.

or|dent|lich (Adj.) 1. öffentlich. ordentliches Gericht; ordentlicher Professor. 2. sorgfältig; ordnungsgemäß. Die Sache geht ihren ordentlichen Weg. 3. (ugs.) kräftig. Er bekam eine ordentliche Tracht Prügel. 4. geradezu; regelrecht. Mir wurde ordentlich heiß vor Schreck.

Or|dent|lich|keit (die, -, kein Plural) Sorgfältigkeit.

or|dent|li|cher|wei|se (Adv.) ordnungsgemäß; vorschriftsmäßig.

Or|der (die, -, -n/-s) (franz.) Auftrag; Bestellung; Befehl. Order parieren (ugs.) (gehorchen).

Or|der|buch (das, -s, -bü|cher) (franz.) Bestellbuch.

Or|der|ein|gang (der, -s, -gän|ge) Bestelleingang.

or|dern (V.) (franz.) bestellen.

Or|der|pa|pier (das, -s, -e) (franz.) durch Indossament übertragbares Wertpapier.

Or|di|nal|zahl (die, -, -en) (lat.) Ordnungszahl (z. B. erste, zweite, dritte).

or|di|när (Adj.) (lat.) gewöhnlich; unanständig.

Or|di|na|ri|at (das, -s, -e) (lat.) Lehrstuhl.

Or|di|na|ri|um (das, -s, -ri|en) (lat .) 1. Staats-, Gemeindehaushalt. 2. handschriftlich aufgezeichnete Gottesdienstordnung (in der kath. Kirche).

Or|di|na|ri|us (der, -, -ri|en) (lat.) ordentlicher Professor.

Or|di|när|preis (der, -es, -e) Ladenpreis (Buchhandel).

Or|di|na|te (die, -, -n) senkrechte Achse im Koordinatensystem (y-Achse).

Or|di|na|ten|ach|se (die, -, -n) senkrechte Achse (Koordinatensystem).

Or|di|na|ti|on (die, -, -ti|o|nen) (lat.) 1. ärztliche Sprechstunde; 2. Priesterweihe; 3. Amtseinsetzung eines evangelischen Pfarrers.

Or|di|na|ti|ons|hil|fe (die, -, -n) Sprechstundenhilfe (Arzthelferin).

Or|di|na|ti|ons|zim|mer (das, -s, -) ärztliches Sprechzimmer.

or|di|nie|ren (V.) (lat.) 1. in ein geistliches Amt einsetzen; 2. ärztlich verordnen; 3. Sprechstunde halten.

ord|nen (V.) regeln; aufräumen; sortieren.

Ord|ner (der, -s, -) 1. jemand, der für Ordnung verantwortlich ist. Saalordner. 2. Sammelvorrichtung für Schriftstücke. Briefordner.

Ord|nung 1. (die, -, kein Plural) regelrechter Zustand. Sie macht täglich Ordnung. in Ordnung (ugs.) (gut). 2. Regel; Vorschrift; 3. ein bestimmtes Sachgebiet umfassendes Gesetz; 4. wissenschaftliche Systematik; 5. Grad; Reihe. Ordnungsamt; Ordnungsliebe; Ordnungsprinzip; Ordnungssinn; ordnungsliebend.

ord|nungs|ge|mäß (Adj.) der Vorschrift entsprechend. *Beachte:* gemäß der Ordnung.

ord|nungs|hal|ber (Adv.) um der Ordnung willen. Ordnungshalber sollten wir uns bald anmelden. *Aber:* der Ordnung halber sollten wir uns anmelden.

Ord|nungs|hü|ter (der, -s, -) Polizist.

Ord|nungs|ruf (der, -s, -e) Zurechtweisung eines Versammlungsmitglieds durch den Vorsitzenden.

Ord|nungs|stra|fe (die, -, -n) im Prozess-, Verwaltungs-, und Disziplinarrecht verhängte Strafe für Verletzung von Ordnungsvorschriften.

Ord|nungs|wid|rig|keit (die, -, -en) Verstoß gegen eine Verwaltungsvorschrift.

Ord|nungs|zahl (die, -, -en) Ordinalzahl.

Or|don|nanz (*auch:* Or|do|nanz) (die, -, -en) (franz.) Melder.

Or|don|nanz|of|fi|zier (*auch:* Or|do|nanz|of|fi|zier) einem Stab zugeteilter Offizier.

Or|do|vi|zi|um (das, -s, kein Plural) (kelt.-nlat.) eine Formation des Paläozoikums.

Öre (das/die, -s/-, -) Währung (Dänemark, Norwegen, Schweden).

Ore|ga|no (*auch:* Ori|ga|no) (der, -/-s, kein Plural) (lat.) Dost; wilder Majoran.

ORF (Abk.) Österreichischer Rundfunk.

Or|fe (die, -, -n) (griech.) Fisch.

Or|gan (das, -s, -e) (griech.) 1. Körperteil; 2. Stimme; Anzeiger; Zeitung; 3. Einrichtung; Amt. Organbank; Organempfänger; Organentnahme; Organkonservierung; Organspender; Organstrafverfügung; Organtherapie; Organverpflanzung.

or|ga|nisch (Adj.) 1. ein Organ betreffend. organische Erkrankung. 2. aus der lebenden Natur; belebt. organische Chemie; organische Verbindung. 3. einheitlich; naturgemäß. eine organische Entwicklung.

or|ga|nis|misch (Adj.) zu einem Organismus gehörig.

Or|ga|nis|mus 1. (der, -s, -men) (griech.-lat.) Lebewesen; 2. (der, -, meist kein Plural) gegliedertes Ganzes.

Or|gan|dy (der, -s, -s) (franz.) festes, durchscheinendes Baumwollgewebe.

Or|ga|nell (das, -s, -en) (griech.) einem Organ ähnliches Teil eines einzelligen Lebewesens.

Or|ga|nik (die, -, kein Plural) (griech.) Wissenschaft von den Organismen.

Or|ga|ni|sa|ti|on (die, -, -ti|o|nen) (franz.) Planung; Gestaltung; Vereinigung; Bund; Gemeinschaft; Genossenschaft; Körperschaft; Union; Zweckverband. Organisationsbüro; Organisationsfehler; Organisationsform; Organisationsplan; Organisationstalent; Organisierung.

Or|ga|ni|sa|tor (der, -s, -en) Planer; Veranstalter; Koordinator; Kopf; Macher; Manager; treibende Kraft; Spiritus Rector.

or|ga|ni|sa|to|risch (Adj.) einrichtend; planend.

or|ga|ni|sie|ren 1. (V.) aufbauen; einrichten; planen; ins Leben rufen; koordinieren; leiten; managen; veranstalten; 2. (ugs.) beschaffen (nicht ganz legal); 3. (V., refl.) sich zu einer Organisation zusammenschließen. Die Mitglieder organisieren sich.

or|ga|ni|siert (Adj.) zusammengeschlossen (in einer Organisation).

or|ga|nis|misch (Adj.) zu einem Organismus gehörend; in der Art eines Organismus.

Or|ga|nist (der, -en, -en) (griech.) Orgelspieler. Organistin.

Or|ga|ni|zer (der, -s, -) elektronisches Termin- und Notizbuch.

or|ga|no|gen (Adj.) (griech.) aus organischen Stoffen; aus Organismen gebildet, entstanden; aus organischen Stoffen bestehend.

Or|ga|no|gra|fie (*auch:* Or|ga|no|gra|phie) (die, -, -i|en) (griech.) Beschreibung der Organe und ihrer Entstehung.

or|ga|no|gra|fisch (*auch:* or|ga|no|gra|phisch) (Adj.) (griech.) der Organografie zugehörend.

or|ga|no|id (Adj.) (griech.) organähnlich.

Or|ga|no|lo|gie (die, -, kein Plural) (griech.) 1. Wissenschaft von den Organen; 2. Lehre vom Bau der Musikinstrumente.

or|ga|no|lo|gisch (Adj.) (griech.) zur Organologie gehörend.

Or|ga|non (das, -s, kein Plural) (griech.) 1. Gesamtheit der logischen Schriften des Aristoteles; 2. logische Schrift.

Or|gas|mus (der, -, -men) (griech.) sexueller Höhepunkt.

or|gas|tisch (Adj.) den Orgasmus betreffend.

Or|gel (die, -, -n) (griech.) Musikinstrument. Orgelbauer; Orgelspiel.

or|geln (V.) 1. Orgel spielen (veraltet); 2. Brunstlaute ausstoßen (Rothirsch); röhren.

Or|gel|pfei|fe (die, -, -n) Bauteil einer Orgel. Sie stehen da wie die Orgelpfeifen (der Größe nach).

Or|gel|punkt (der, -s, kein Plural) lang angehaltener Ton, über dem sich andere Stimmen frei bewegen.

Or|gel|re|gis|ter (das, -s, -) verschieden einstellbare Klangfarbe.

or|gi|as|tisch (Adj.) (lat.) ausschweifend; wild.

Or|gi|as|mus (der, -, -men) (griech.) in der Antike ausschweifendes Gelage bei Götterkulten.

Or|gie (die, -, -n) (griech.) 1. in der Antike ekstatischer Geheimkult (Dionysosfeste); 2. später allgemein ausschweifende Feste, wüste Gelage.

Ori|en|ta|le (der, -n, -en) (lat.) Bewohner des Orients. Orientalin.

ori|en|ta|lisch (Adj.) (lat.) den Orient betreffend.

Ori|en|ta|list (der, -en, -en) (lat.) Erforscher des Orients, seiner Sprachen und Kulturen. orientalistisch.

Ori|en|ta|lis|tik (die, -, kein Plural) (lat.) Wissenschaft von den Sprachen und Kulturen des Orients.

Ori|ent (der, -s, kein Plural) (lat.) östliche Welt; Morgenland. Orientexpress (*auch:* Orient-Express); Orientkunde; Orientreise; Orientteppich.

ori|en|tie|ren 1. (V. , refl.) sich zurechtfinden; sich durchfinden; sich einen Überblick verschaffen. 2. zum Vorbild nehmen. Der Sohn orientierte sich sehr viel an seinem Vater (Dativ!). 3. (V.) Bescheid geben. Der Mitarbeiter orientierte seinen Chef über den Fortgang der Arbeit.

Ori|en|tie|rung (die, -, -en) 1. Einstellung nach den Himmelsrichtungen; 2. umsichtiges Erkunden und Verhalten. Orientierungsdaten; Orientierungshilfe; Orientierungslauf; Orientierungssinn; Orientierungsstufe; Orientierungsvermögen.

ori|en|tie|rungs|los (Adj.) 1. ohne Orientierung; 2. ziellos.

ori|gi|nal (Adj.) (lat.) echt; ursprünglich. original französisch.

Ori|gi|nal (das, -s, -e) (lat.) 1. Urbild; Urfassung; 2. Kauz; origineller Mensch. Originalaufnahme; Originalausgabe; Originalbezeichnung; Originaldruck; Originalfassung; Originalsprache; Originaltext; Originalton.

ori|gi|nal|ge|treu (Adj.) genau nach der Urfassung.

Ori|gi|na|li|tät (die, -, kein Plural) (lat.) Besonderheit; Eigenständigkeit; Eigentümlichkeit.

ori|gi|när (Adj.) (lat.) ursprünglich.

ori|gi|nell (Adj.) eigenartig; einzigartig; komisch. ein origineller Einfall.

Ori|on (der, -, kein Plural) Sternbild. Orionnebel.

Or|kan (der, -s, -e) sehr starker Sturm. Orkanböe; Orkanstärke; orkanartig.

Or|kus (der, -, kein Plural) (lat.) Unterwelt.

Or|na|ment (das, -s, -e) (lat.) Verzierung. Ornamentenform; Ornamentenstil; ornamentartig.

or|na|men|tal (Adj.) (lat.) zierend; schmückend.

Or|na|men|ten|stich (der, -s, -e) Zierstich (Stickerei).

or|na|men|tie|ren (V.) (lat.) mit Ornamenten verzieren.

Or|na|men|tik (die, -, kein Plural) (lat.) Kunst der Verzierung.
Or|nat (der/das, -s, -e) (lat.) feierliche Amtstracht (Kirche).
Or|nis (die, -, kein Plural) (griech.) Vogelwelt; Gesamtheit der Vögel (z. B. einer Landschaft).
Or|ni|tho|ga|mie (die, -, kein Plural) (griech.) Bestäubung (von Blüten) durch Vögel.
Or|ni|tho|lo|ge (der, -n, -n) Wissenschaftler; Kenner der Ornithologie.
Or|ni|tho|lo|gie (die, -, kein Plural) (griech.) Vogelkunde.
or|ni|tho|lo|gisch (Adj.) (griech.) die Ornithologie betreffend.
Or|ni|tho|phi|lie (die, -, kein Plural) (griech.) = Ornithogamie.
Or|ni|tho|se (die, -, -n) (griech.) von Vögeln auf Menschen übertragbare Krankheit. Papageienkrankheit.
oro|gen (Adj.) (griech.) gebirgsbildend.
Oro|ge|ne|se (die, -, -n) (griech.) Gebirgsbildung.
oro|ge|ne|tisch (Adj.) zur Orogenese gehörig; auf ihr beruhend.
Oro|gra|fie (*auch:* Oro|gra|phie) (die, -, kein Plural) (griech.) Beschreibung der Geländeformen der Erdoberfläche.
Or|phe|um (das, -s, -phe|en) (griech.-lat.) Konzertsaal.
Or|phi|ker (der, -s, -) Anhänger einer altgriechischen Geheimsekte.
or|phisch (Adj.) (griech.) geheimnisvoll. Orphik.
Or|ping|ton (engl.) 1. (die, -, -s) zur Mast geeignete Entenrasse. 2. (das, -s, -s) eine Haushuhnrasse.
Or|p|lid (das, -s, kein Plural) Wunsch-, Märcheninsel.
Ort (der, -s/-es, -e/Ör|ter) Stelle; Ortschaft. *Beachte:* an Ort und Stelle; am angegebenen Ort (Abk.: a. a. O.); allerorten; allerorts. Örtlichkeit; Ortsangabe; Ortsausgang; Ortsbestimmung; Ortschaft; Ortseingang; Ortsgespräch; Ortskenntnis; Ortsklasse; Ortskrankenkasse; Ortskunde; Ortsname; Ortsnetz; Ortsnetzkennzahl; Ortsteil; Ortsumgehung; Ortsverkehr; Ortswechsel; Ortszeit; Ortszuschlag. Adjektive: örtlich; ortsansässig; ortsfremd; ortskundig; ortsüblich. *Beachte:* Adjektive von Ortsnamen, die auf -er enden, werden grundsätzlich groß geschrieben! ein Hamburger Fischgeschäft; eine Göttinger Straße; ein Münchner Café.
Ört|chen (das, -s, -) (ugs.) Toilette.
or|ten (V.) bestimmen. Ortung; Ortungskarte.
Or|ter (der, -s, -) für die Ortung Beauftragter.
Or|thi|kon (griech.) Bildaufnahmeröhre für das Fernsehen.
Or|tho|chro|ma|sie (die, -, kein Plural) (griech.) Empfindlichkeit für alle Farben (außer Rot).
Or|tho|don|tie (die, -, -n) (griech.) kieferorthopädische Zahnregulierung.
or|tho|dox (Adj.) (griech.) strenggläubig, rechtgläubig.
orthodrom (*auch:* or|tho|drom) (Adj.) in der Art einer Orthodrome.
Or|tho|dro|me (die, -, -n) (griech.) kürzeste Verbindungslinie zwischen zwei Punkten auf der Erdoberfläche.
Or|tho|epie (die, -, kein Plural) (griech.) der Hochsprache entsprechende richtige Aussprache der Wörter.
Or|tho|gon (das, -s, -e) (griech.) Rechteck.
or|tho|go|nal (Adj.) (griech.) rechtwinklig.
Or|tho|gra|fie (*auch:* Or|tho|gra|phie) (die, -, -n) (griech.) Rechtschreibung.
or|tho|gra|fisch (*auch:* or|tho|gra|phisch) (griech.) die Orthografie betreffend.
Or|tho|klas (der, -es, -e) (griech.) ein Mineral. Kalifeldspat.
Or|tho|pä|de (der, -s, -n) (griech.) Facharzt für Krankheiten des Bewegungsapparates.
Or|tho|pä|die (die, -, kein Plural) (griech.) Medizin der Bewegungsorgane.
or|tho|pä|disch (Adj.) (griech.) die Orthopädie betreffend.
Or|tho|pä|dist (der, -s, -en) (griech.) Hersteller orthopädischer Hilfsmittel. Orthopädiemechaniker; Orthopädieschuhmacher.
Or|th|op|tik (die, -, kein Plural) (griech.) Behandlung von Fehlern der Augenmuskeln.
Or|th|op|tis|tin (die, -, -tin|nen) (griech.) Helferin des Augenarztes, die Sehschärfenprüfungen, Augenmuskeltraining u. a. durchführt.
Or|tho|s|kop (das, -s, -e) (griech.) Mikroskop zur Untersuchung von Kristallen.
Or|tho|s|ko|pie (die, -, kein Plural) (griech.) unverzerrte Wiedergabe durch Linsen.
Or|tho|to|nie (die, -, kein Plural) richtige Betonung (musik.).
or|tho|ze|phal (Adj.) (griech.) mit mittelhoher Kopfform versehen.
Or|tho|ze|pha|lie (die, -, -n) (griech.) mittelhohe Kopfform.
Or|to|lan (der, -s, -e) (ital.) ein Singvogel; Gartenammer.
Orts|ta|fel (die, -, -en) die den Ortseingang bzw. -ausgang angebende Tafel an Straßen.
Ort|stein (der, -s, -e) 1. verhärtete Schicht im Unterboden; 2. Eckstein; 3. (südd.) Grenzstein.
Os (Abk.) Osmium (chemisches Zeichen).
Os|car (der, -s, -s) (engl.) Filmpreis.
Öse (die, -, -n) Metallring. mit Haken und Ösen arbeiten (mit allen Mitteln).
Os|ker (der, -s, -) Angehöriger eines altitalischen Volksstammes.
Os|ma|ne (der, -n, -n) türkischer Einwohner des ehemaligen Osmanischen Reiches.
Os|mi|um (das, -s, kein Plural) (griech.) Metall; chemischer Grundstoff (Abk.: Os).
Os|mo|se (die, -, kein Plural) Übergang eines Lösungsmittels durch eine halb durchlässige Membran.
os|mo|tisch (Adj.) die Osmose betreffend.
OSO (Abk.) Ostsüdost(en).
Öso|pha|gus (*auch:* Oe|so|pha|gus) (der, -, -gi) (griech.) Speiseröhre.
Os|sa|ri|um (*auch:* Os|su|a|ri|um) (das, -s, -ri|en) (lat.) 1. Urne zum Aufbewahren von Gebeinen (in der Antike); 2. Raum, Gebäude zur Aufbewahrung von Gebeinen; Beinhaus (auf Friedhöfen).
Os|si|fi|ka|ti|on (die, -, -ti|o|nen) (lat.) 1. Knochenbildung; 2. Verknöcherung (von Gewebe).
os|si|fi|zie|ren (V.) (lat.) verknöchern.
Os|tal|gie (die, -, kein Plural) Sehnsucht nach der DDR. ostalgisch.
os|ten (V.) (eine Kirche) nach Osten ausrichten.

Os|ten (der, -s, kein Plural) Himmelsrichtung (Abk.: O). *Beachte:* in Ost und West; der Ferne/Nahe Osten; Ostasien; Ostberlin; der Ostberliner; Ostblock; Ostchina; Ostdeutschland; Osteuropa; Ostfriesland; Ostkirche; Ostküste; Ostpolitik; Ostpreußen; Ostrom; Ostsee; Ostseite; Ost-West-Verhandlungen; Ostwind. Adjektive: ostasiatisch; ostdeutsch; osteuropäisch; ostfriesisch; ostpreußisch; ostwärts; ostwestlich.
os|ten|si|bel (Adj.) auffällig.
os|ten|ta|tiv (Adj.) (lat.) betont; offensichtlich; herausfordernd.
Os|teo|lo|gie (die, -, kein Plural) (griech.) Wissenschaft von den Knochen.
Os|teo|ma|la|zie (die, -, kein Plural) (griech.) Knochenerweichung.
Os|teo|my|e|li|tis (die, -, -li|ti|den) (griech.) Knochenmarksentzündung.
Os|teo|plas|tik (die, -, -en) (griech.) Knochenersatz.
Os|teo|po|ro|se (die, -, -n) (griech.) Knochenschwund.
Os|te|ria (die, -, -ri|en) (ital.) Gaststätte, Gastwirtschaft.
Os|tern (das, -, -) Fest der Auferstehung Christi. *Beachte:* nächste(s) Ostern, *auch:* nächstes Jahr Ostern; Frohe Ostern! Osterbrauch; Osterei; Osterfest; Osterfeuer; Osterglocke; Osterhase; Osterlamm; Ostermarsch; Ostermesse; Ostermonat; Ostermontag; Ostersonntag; Osterverkehr; Osterwoche; österlich.
Ös|ter|reich (ohne Art., -s, kein Plural) Österreicher, österreichisch; österreichisch-ungarisch; Österreich-Ungarn; Niederösterreich; Oberösterreich.
os|ti|nat (Adj.) (ital.) ständig wiederholt; immer wiederkehrend (in der Musik).
Os|ti|tis (die, -, Os|ti|ti|den) (griech.) Knochenentzündung.
öst|lich (Adj.) in Richtung Osten. östlich der Mauer; östlicher Länge (Abk. ö.L.).
Ost|nord|ost(en) (Abk. ONO) Himmelsrichtung.
Os|tra|zis|mus (der, -, kein Plural) (griech.) Scherbengericht. Ostrakon.
Ös|t|ro|gen (das, -s, -e) (griech.) weibliches Sexualhormon.
Ost|süd|ost(en) (Abk. OSO) Himmelsrichtung.
Os|tung (die, -, -en) das Ausrichten nach Osten.
Os|zil|la|ti|on (die, -, -ti|o|nen) (lat.) Schwingung. Oszillator; oszillieren.
Os|zil|lo|graf (*auch:* Os|zil|lo|graph) (lat.-griech.) Aufzeichnungsgerät für Schwingungen.
Os|zil|lo|gramm (das, -s, -e) (lat.-griech.) Schwingungsbild.
Ot|al|gie (die, -, -n) (griech.) Ohrenschmerz.
Oti|tis (die, -, Oti|ti|den) (griech.) Ohrentzündung.
Oto|lith (der, -en, -en) (griech.) Steinchen als Teil des Gleichgewichtsorgans im Ohr.
Oto|lo|gie (die, -, kein Plural) (griech.) Wissenschaft vom Ohr; Ohrenheilkunde.
O-Ton (Abk.) Originalton. O-Ton-Hörspiel; O-Ton-Aufnahme.
Oto|s|kop (das, -s, -e) (griech.) Gerät zur Untersuchung des Innenohres. Ohrenspiegel.
Ot|ter 1. (der, -s, -) Marder. Fischotter. 2. (die,-, -n) Schlange. Otternbrut; Otterngezücht.
Ot|to|ma|ne (die, -, -n) (franz.) breites Ruhebett (veraltet).
Ot|to|mo|tor (der, -s, -en) Vergasermotor, benannt nach seinem Erfinder Nicolaus Otto.
out (Abk.) (engl.) außerhalb; unmodern. Out; im Out sein; Outlinie.
Out|cast (der, -s, -s) (engl.) jmd., der von seiner Gesellschaft nicht anerkannt wird; Paria.
ou|ten (V.) etw. öffentlich zugeben, das bislang geheim gehalten wurde.
Out|fit (das, -s, -s) (engl.) Kleidung.
Out|law (der, -/-s, -s) (engl.) Verbrecher.
Out|put (der, -s, -s) (engl.) Abgabe von Daten, elektrischen Impulsen oder Waren.
Out|si|der (der, -s, -) (engl.) Außenseiter.
out|sour|cen (V.) Teile einer Produktion, die an andere Unternehmen vergeben oder ins Ausland verlagert werden. Outsourcing.
Ou|ver|tü|re (die, -, -n) (franz.) Eröffnung; Vorspiel.
Ou|zo (der, -, -s) (griech.) Anisschnaps.
oval (Adj.) (lat.) länglich rund. Oval.
ova|ri|al (Adj.) zum Ovarium (Eierstock) gehörig; von ihm ausgehend; in ihm stattfindend.
Ova|ti|on (die, -, -ti|o|nen) (lat.) jubelnder Beifall.
Ove|r|all (der, -s, -s) (engl.) Arbeitsanzug.
over|dressed (Adj.) (engl.) zu fein angezogen.
Over|drive (der, -, -s) (engl.) Spargang.
Over|head|pro|jek|tor (der, -s, -en) Tageslichtprojektor.
Over|kill (der, -s, kein Plural) (engl.) Überrüstung.
ovi|par (Adj.) (lat.) Eier legend.
ovo|id (*auch:* ovo|i|disch) (Adj.) (lat.-griech.) eiförmig.
Ovu|la|ti|on (die, -, -ti|o|nen) (lat.) Follikelsprung. Ovulationshemmer.
Oxer (der, -s, -) (engl.) Hindernis; Zaun.
Oxid (*auch:* Oxyd) (das, -s, -e) (griech.) Sauerstoffverbindung.
Oxi|da|ti|on (*auch:* Oxy|da|ti|on) (die, -, -en) (griech.) durch Sauerstoff bewirkte chemische Reaktion.
oxi|die|ren (*auch:* oxy|die|ren) (V.) Sauerstoff aufnehmen. oxidisch (*auch:* oxydisch).
Oxi|die|rung (*auch:* Oxy|die|rung) (die, -, -en) Vorgang und Ergebnis der Oxidation.
Oxy|gen (*auch:* Oxy|ge|ni|um) (das, -s, kein Plural) (griech.) Sauerstoff (Abk.: O).
Oxy|mo|ron (das, -s, -ra) (griech.) Redefigur aus zwei sich widersprechenden Begriffen; z. B. alter Knabe; weißer Rabe.
Oze|an (der, -s, -e) (griech.) Weltmeer. Ozeandampfer; ozeanisch.
Oze|a|na|ri|um (das, -s, -ri|en) (griech.-lat.) großes Aquarium mit Meerwasser.
Oze|a|ni|en (kein Art., -, kein Plural) Gesamtheit der Pazifikinseln.
Oze|a|no|gra|fie (*auch:* Oze|a|no|gra|phie) (die, -, kein Plural) (griech.) Wissenschaft von den Ozeanen; Meereskunde.
Oze|an|rie|se (der, -n, -n) (ugs.) großer Überseedamfer.
Ozel|le (die, -, -n) (lat.) primitives Lichtsinnesorgan (niederer Tiere).
Oze|lot (der, -s, -e) 1. katzenartiges Raubtier. 2. Pelz dieses Tieres.
Ozon (der/das, -s, kein Plural) (griech.) Gas. Ozongehalt; Ozonschicht; ozonhaltig; ozonreich; ozonisieren.

P

p (Abk.) Penny; Pico; Pond; Proton, piano.
P (Abk.) Phosph or (chemisches Zeichen).
p. (auch: pag.) (Abk.) Pagina (Seite).
P. (Abk.) Pastor; Pater.
Pa (Abk.) Pascal (physikalische Einheit des Drucks).
P. a. (Abk.) pro anno.
p. A. (Abk.) per Adresse.
paar (Pron., indef.) einige. *Beachte:* ein paar Seiten, *aber:* ein Paar Handschuhe; ein paar Dutzend (*auch:* dutzend) Mal(e), ein paarmal; ein paar Mal (bei besonderer Betonung); auf die paar Euro kommt es nicht an. Steht dem kleingeschriebenen Begriff »paar« ein Artikel oder Pronomen voran, bedeutet es »einige, wenige«. Der bestimmte Artikel und die Pronomina werden dabei dekliniert; ein unbestimmmter Artikel wird nicht dekliniert. Er kaufte ein paar Blumen. Von diesen paar Broten wird keiner satt. Mit deinen paar Groschen wirst du nicht weit kommen.
Paar (das, -s, -e) zwei zusammengehörende Menschen, Dinge. *Beachte:* ein Paar alte/alter Bücher. Der großgeschriebene Begriff »Paar« ist ein deklinierbares Substantiv und bedeutet zwei gleiche, zwei entsprechende, zwei zusammengehörige oder einander ergänzende Wesen oder Dinge. Davor stehende Artikel oder Pronomen werden immer dekliniert. Man ging mit einem befreundeten Paar aus. Diese acht Paar Schuhe mussten geputzt werden. Mit einem Paar Socken verließ er das Geschäft. Nach »Paar« wird die folgende Angabe im Genitiv oder als Apposition angeschlossen. Er erstand zwei Paar wollener Socken oder wollene Socken. In der Regel folgt das Verb in der Einzahl, da es sich nach dem singularen Subjekt Paar richtet. Ein Paar Socken kostet 20 Euro. Konstruiert man nach dem Sinn der Aussage, kann das Verb auch in der Mehrzahl stehen. Ein Paar Socken kosten 20 Euro. Bilden »Paar« und eine Stoffbezeichnung eine Einheit, kann das Adjektiv, das zur Stoffbezeichnung gehört, auch vor den Begriff »Paar« gezogen werden. Ein Paar wollene Socken oder ein wollenes Paar Socken. Paarigkeit; paarig.
Paar|bil|dung (die, -, -en) Paarerzeugung; in der Kernphysik Umwandlung von Energie in Materie.
paa|ren (V. refl.) sich begatten; kopulieren.
Paar|hu|fer (der, -s, -) pflanzenfressende Säugetiere mit gleich starker dritter und vierter Zehe. Paarzeher.
Paar|lauf (der, -s, -läu|fe) im Eiskunstlauf der Lauf eines Paares. paarlaufen.
Paa|rung (die, -, -en) 1. Begattung; Kopulation; 2. Wettkampf. paarungsbereit.
paar|wei|se (Adj.) doppelt; im Zweierpack. (ugs.) Sie treten immer paarweise auf.
Pace (die, -, kein Plural) (engl.) Passgang; Renntempo (Reitsport). Pacer.
Pace|ma|ker (der, -s, -) (engl.) 1. Tempo bestimmendes, führendes Pferd bei einem Rennen; 2. Schrittmacherzelle der Muskulatur; 3. Schrittmacher, z. B. für das Herz.
Pacht (die, -, -en) Vertrag, aufgrund dessen der Verpächter dem Pächter eine nutzbare Sache zum Gebrauch überlässt.
pach|ten (V.) mieten.
Päch|ter/in (der/die, -s, -) jmd., der etwas gepachtet hat.
Pacht|geld (das, -es, -er) Pachtzahlung.
Pacht|gut (das, -es, -gü|ter) verpachteter Gutshof.
Pacht|hof (der, -(e)s, -hö|fe) verpachteter Bauernhof.
Pacht|sum|me (die, -, -n) Pachtzins.
Pach|tung (die, -, -en) das Pachten.
Pacht|ver|trag (der, -(e)s, -trä|ge) Pacht.
pacht|wei|se (Adj.) etwas wurde gegen Zahlung von Pachtzins überlassen.
Pacht|zins (der, -(e)s, -en) Pachtzahlung.
Pa|chul|ke (der, -n, -n) (poln.) ungehobelter, grober Mensch.
Pa|chy|ak|rie (die, -, -n) (griech.-lat.) Finger- und Zehenverdickung (Med.).
Pa|ci|fi|ca|le (das, -s, kein Plural) (lat.) lateinische Bezeichnung für das mit Darstellungen Christi, Mariens oder anderer Heiliger verzierte Täfelchen, das früher zur Weitergabe des liturgischen Friedenskusses in der Messe diente.
Pack 1. (der, -s, /Pa|cke/Pä|cke) Bündel; 2. (das, -s, kein Plural) Gesindel.
Pa|ckage|tour (die, -, -s) (engl.) Autorundreise.
Päck|chen (das, -s, -) kleines Paket. sein Päckchen zu tragen haben (ugs.) (seine Sorge mit jemandem haben, seine Bürde zu tragen haben).
Pack|eis (das, -es, kein Plural) Scholleneis; Treibeis; zu Eiswällen aufgestautes Hochsee- und Küsteneis.
pa|ckeln (V.) (österr.) heimlich verabreden. Packelei.
pa|cken (V.) 1. fassen; ergreifen; 2. einpacken; 3. beeindrucken. Packen; Packerei; Packkiste; Packraum; Packset; Packtisch; Packwagen; Packwerk.
pa|ckend (Adj.) fesselnd; spannend.
Pa|cker (der, -s, -) 1. Arbeiter, der Waren einpackt; 2. in der Datenverarbeitung ein Programm, mit dem man Dateien komprimieren und entkomprimieren kann.
Pack|esel (der, -s, -) Lastesel. jmd. ist beladen wie ein Packesel.
Pack|fong (das, -s, kein Plural) (chines.) eine Kupfer-Zink-Nickel-Legierung, die im 18. Jahrhundert aus China eingeführt wurde.
Pack|pa|pier (das, -s, -e) festes Einschlagpapier.
Pack|sat|tel (der, -s, -sät|tel) Tragevorrichtung für Lasttiere.
Pa|ckung (die, -, -en) 1. Verpackung einer Ware; 2. im med. Bereich ein Wickel.
Pack|zet|tel (der, -s, -) Schriftstück, auf dem der Inhalt eines Paketes aufgeführt ist.
Pä|d|a|go|ge (der, -n, -n) (griech.) Erzieher; Lehrer.
Pä|d|a|go|gik (die, -, kein Plural) (griech.) die Lehre von der Erziehung.
Pä|d|a|go|gik|stu|dium (das, -s, kein Plural) das Studium der Erziehungswissenschaften; Lehramtsstudium.

Pä|d|a|go|gi|kum (das, -s, -ka) Prüfung im Fach Erziehungswissenschaften für Lehramtsstudenten.
Pä|d|a|go|gin (die, -, -in|nen) Erzieherin; Lehrerin.
pä|d|a|go|gisch (Adj.) die Erziehungswissenschaft betreffend.
pä|d|a|go|gi|sie|ren (V.) (griech.-lat.) etwas unter pädagogischen Gesichtspunkten betrachten; für pädagogische Zwecke auswerten.
Pä|d|a|tro|phie (die, -, kein Plural) (griech.-lat.) ernste Ernährungsstörung bei Kleinkindern (Med.).
Pa|dauk (das, -s, kein Plural) (engl.) hartes Edelholz eines in Afrika und Asien beheimateten Baumes.
Pad|del (das, -s, -) (engl.) freihändig zu führendes Ruder mit Blatt an einem oder an beiden Enden.
pad|deln (V., hat/ist gepaddelt) rudern; schwimmen. Das Perfekt des Verbs »paddeln« wird bei transitivem Gebrauch mit »haben« gebildet: Er hat fünf Stunden gepaddelt. Das Perfekt wird mit »sein« gebildet, wenn es eine ortsverändernde Bewegung ausdrücken soll: Er ist den ganzen Fluss entlang gepaddelt. Paddel; Paddelboot; Paddler.
Pad|dock (der, -s, -s) (engl.) Gehege; umzäunter Laufgang für Pferde.
Pad|dy (der, -s, kein Plural) (engl.) 1. ungeschälter Reis; 2. Ire (ugs.) (scherzhaft verwendet; nach dem Schutzheiligen von Irland, dem heiligen Patrick).
Pä|de|rast (der, -en, -en) (griech.) Homosexueller mit Vorliebe für Jugendliche oder Kinder. Päderastie.
Pä|di|a|trie (die, -, kein Plural) (griech.) Kinderheilkunde. Pädiater; pädiatrisch.
Pa|di|schah (der, -s, -s) (pers.) Herrschertitel (früher).
Pä|do|au|dio|lo|ge (der, -n, -n) (griech.-lat.) Spezialist auf dem Gebiet der Pädoaudiologie.
Pä|do|au|dio|lo|gie (die, -, kein Plural) (griech.-lat.) 1. Wissenschaft vom Hören und den Hörstörungen im Kindesalter; 2. Hörerziehung des Kindes.
pä|do|au|dio|lo|gisch (Adj.) (griech.-lat.) die Pädoaudiologie betreffend; auf der Pädoaudiologie basierend.
Pä|d|o|don|tie (die, -, kein Plural) (griech.) Kinderzahnheilkunde.
Pä|do|ge|ne|se (die, -, kein Plural) (griech.) ungeschlechtliche Fortpflanzung im Larvenstadium.
pä|do|ge|ne|tisch (Adj.) (griech.-lat.) sich im Larvenstadium fortpflanzend.
Pä|do|lo|ge (der, -n, -n) (griech.-lat.) im Bereich der Pädologie Forschender.
Pä|do|lo|gie (die, -, kein Plural) (griech.) Kinder- und Jugendpsychologie.
pä|do|lo|gisch (Adj.) (griech.-lat.) die Pädologie betreffend; auf der Pädologie basierend.
Pä|do|phi|lie (die, -, kein Plural) (griech.) auf Kinder gerichteter Sexualtrieb.
Pa|douk (das, -s, kein Plural) hell- bis dunkelbraunes Edelholz.
Pa|d|re (der, -s, -dri) (ital.) Vater; Geistlicher.
Pa|d|ro|ne (der, -s, -ni) (ital.) Wirt; Chef.
Pa|du|a|na (die, -, -nen) (ital.) 1. weitverbreiteter Tanz des 16. Jahrhunderts; 2. = Pavane.
Pa|el|la (die, -, -s) (span.) Reisgericht mit verschiedenen Fleisch- und Fischsorten, Muscheln und Krebsen.
Paes|tum (kein Art., -, kein Plural) (griech. Poseidonia) antike Stadt am Golf von Salerno, von der noch dorische Tempel des fünften Jahrhunderts v. Chr. erhalten sind.
Pa|fe|se (die, -, -n) (österr.) (ital.) in Milch eingeweichte, in Fett gebackene Weißbrotscheibe.
paf|fen (V.) (ugs.) rauchen.
pag. (*auch:* p.) (Abk.) Pagina (Seite).
Pa|gaie (die, -, -n) (malai.) Paddel mit Blatt an nur einem Ende.
Pa|ga|nis|mus (der, -, kein Plural) (lat.) Heidentum; heidnische Elemente im christlichen Brauchtum.
Pa|gat (der, -s, -e) (ital.) Tarockkarte.
pa|ga|to|risch (Adj.) (lat.-ital.) Zahlungen betreffend; auf verrechnungsmäßigen Buchungen basierend.
Pa|ge (der, -n, -n) (franz.) früher Edelknabe bei Hof; heute Bezeichnung für jungen, uniformierten Hoteldiener. Pagenkopf.
Pa|gen|fri|sur (die, -, -en) kinnlanger Haarschnitt mit Pony; Pagenkopf.
Pa|ge|rie (die, -, -) (franz.) Ausbildungsanstalt für Pagen.
pa|gi|nie|ren (V.) (lat.) mit Seitenzahlen versehen.
Pa|gi|nier|ma|schi|ne (die, -, -n) Maschine zum automatischen Paginieren von Geschäftsbüchern.
Pa|gi|na (die, -, -s/-ae) (lat.) veralteter Ausdruck für Buchseite.
Pa|go|de (die, -, -n) buddhistischer Tempel; Götterfigur. Pagodendach.
pah! (Interj.) Ausruf (Verachtung, Abwertung).
Pai|di|bett (das, -es, -en) (griech.; dt.) Kinderbett mit verstellbarem Boden.
pail|le (Adj.) (lat.-franz.) strohfarben; strohgelb.
Pail|let|te (die, -, -n) (franz. Flitter, Goldplättchen) als Kleidungsschmuck verwendetes, aufzunähendes, glitzerndes Metallblättchen. Paillettenkleid; paillettenbesetzt.
Pain (der/das, -s, -s) (lat.-franz.) Fleischkuchen.
pair (Adj.) (franz.) gerade (Roulett).
Pair (der, -s, -s) (franz.) Angehöriger des Hochadels (früher in Frankreich).
Pai|rie (die, -, kein Plural) Würde eines Pairs.
Pak (die, -, -s) (Kurzw.) Panzerabwehrkanone.
Pa|ka (das, -s, -s) (indian.-span.) südamerikanisches Nagetier.
Pa|ket (das, -s, -e) 1. Schachtel, die als Postsendung aufgegeben wird; 2. verschnürtes Bündel.
Pa|ket|ad|res|se (die, -, -n) gummierter Vordruck, der mit der Empfängeranschrift versehen auf das Paket geklebt wird.
Pa|ke|tier|ma|schi|ne (die, -, -n) Verpackungsmaschine.
Pa|ket|kar|te (die, -, -n) mit Absender- und Empfängeradresse ausgefüllt begleitet sie das Paket.
Pa|ket|post (die, -, kein Plural) befördert Pakete zum Empfänger und stellt sie zu.
Pa|ket|schal|ter (der, -s, -) Anlaufstelle im Postamt, wo man ein Paket zur Beförderung aufgibt.
Pa|ket|zu|stel|lung (die, -, kein Plural) Auslieferung des Paketes an den Empfänger.
Pa|kis|tan (ohne Art., -s, kein Plural) Staat in Asien. Pakistani; pakistanisch.

Pa|ko (der, -s, -s) (indian.-span.) Name für das südamerikanische Alpaka, eine Schafart.

Pa|ko|til|le (die, -, -n) (niederl.-span.-franz.) den Seeleuten gehörendes frachtfreies Gepäck auf einem Schiff.

Pakt (der, -s, -e) (lat.) Vertrag; Bündnis.

pak|tie|ren (V.) sich verbünden; sich verschwören.

Pa|la|din (der, -s, -e) (lat.) 1. jeder der zwölf Begleiter Karls des Großen; 2. treuer Gefolgsmann.

Pa|lais (das, -, -) (franz.) Palast; Schloss.

pa|lä|ne|g|rid (Adj.) (griech.-lat.-span.) die Merkmale eines bestimmten afrikanischen Rassentyps habend.

Pa|lan|kin (der, -s, -e/-s) (sanskr.) Sänfte.

pa|läo.../Pa|läo... (griech.) alt.../ur.../Alt.../Ur... Paläobiologie; Paläobotanik; Paläografie (*auch:* Paläographie); Paläozoologie.

Pa|lä|an|th|ro|po|lo|ge (der, -n, -n) (griech.-lat.) Wissenschaftler, der sich mit der Abstammung und Entwicklung des Menschen beschäftigt.

Pa|lä|an|th|ro|po|lo|gie (die, -, kein Plural) (griech.) Wissenschaft von der Abstammung und Entwicklung des Menschen.

pa|lä|an|th|ro|po|lo|gisch (Adj.) (griech.-lat.) die Paläanthropologie betreffend; auf der Paläanthropologie basierend.

Pa|lä|ark|tis (die, -, kein Plural) (griech.) Bereich, der Europa und Teile von Asien und Afrika umfasst (in der Tier- und Pflanzengeografie).

pa|lä|ark|tisch (Adj.) zur Paläarktis gehörig.

pa|läo|ark|tisch (Adj.) (griech.) = paläarktisch.

Pa|läo|bio|lo|gie (die, -, kein Plural) (griech.-lat.) Forschungsbereich, der sich mit fossilen Organismen und ihren Relationen zur Umwelt beschäftigt.

Pa|läo|bo|ta|nik (die, -, kein Plural) (griech.) befasst sich mit fossilen Pflanzen.

Pa|läo|gra|fie (*auch:* Pa|läo|gra|phie) (die, -, kein Plural) (griech.) befasst sich mit der ursprünglichen Gestaltung der Erdoberfläche.

Pa|läo|kli|ma|to|lo|gie (die, -, kein Plural) (griech.) befasst sich mit dem Klima früherer Zeitalter.

Pa|läo|lith (der, -en, -en) (griech.) Steinwerkzeug.

Pa|läo|li|thi|kum (das, -s, kein Plural) (griech.) Altsteinzeit. Adjektiv: paläolithisch.

Pa|lä|on|to|lo|gie (die, -, kein Plural) (griech.) Wissenschaft von ausgestorbenen Lebewesen und Pflanzen. Paläontologe; paläontologisch.

Pa|läo|zän (das, -s, kein Plural) (griech.) Erdzeitalter (Tertiär).

Pa|läo|zo|i|kum (das, -s, kein Plural) (griech.) Erdaltertum. Adjektiv: paläozoisch.

Pa|läo|zoo|lo|gie (die, -, kein Plural) (griech.) Wissenschaft von den fossilen Tieren.

Pa|las (der, -, -se) (lat.-franz.) Haupthaus einer Ritterburg.

Pa|last (der, -s, -läs|te) Schloss. Palastdame; Palastwache; palastartig.

Pa|läs|ti|nen|ser (der, -s, -) Einwohner Palästinas. Adjektiv: palästinensisch.

Pa|last|re|vo|lu|ti|on (die, -, -en) Aufstand; Putsch.

pa|la|tal (Adj.) (lat.) den Gaumen betreffend. Palatal; Palatallaut.

Pa|la|tin (der, -s, -e) (lat.) 1. Pfalzgraf (früher); 2. Stellvertreter des Königs (in Ungarn bis 1848).

Pa|la|ti|ne (die, -, -n) (lat.-franz.) 1. Umrandung für den Halsausschnitt aus Pelz, Stoff oder Spitze; 2. Hals- oder Brusttuch.

Pa|la|t|schin|ke (die, -, -n, meist Plural) (ungar.) gefüllter Eierkuchen.

Pa|la|ver (das, -s, -) (lat.-port.-engl.) 1. Ratsversammlung afrikanischer Stämme; 2. ugs. abwertend für endloses Gerede und Verhandeln, oft ohne rechte Ergebnisse.

pa|la|vern (V.) diskutieren; verhandeln. Palaver.

Pa|laz|zo (der, -s, -zi) (ital.) Palast.

Pa|le (die, -, -n) (nordd.) Schote. Verb: palen.

Pale Ale (das, - -, kein Plural) (engl.) helles Bier.

Pa|le|tot (der, -s, -s) (franz.) 1. zweireihiger, leicht taillierter Herrenmantel (früher); 2. dreiviertellanger (Damen- oder Herren-) Mantel.

Pa|let|te (die, -, -n) (franz.) 1. reiche Auswahl; eine große Farbpalette; 2. Transportuntersatz; Hubpalette; 3. mit Daumenloch versehenes Mischbrett für Farben.

pa|let|tie|ren (V.) Frachtgut versandfertig auf einer Palette stapeln.

pa|let|ti (Adj.) (in der Wendung:) alles paletti (alles in Ordnung).

Pa|li|la|lie (die, -, -n) (griech.-lat.) krankhafte Wiederholung von Wörtern oder Sätzen (Med.).

Pa|lim|ne|se (die, -, -n) (griech.-lat.) Wiedererinnerung an etwas bereits Vergessenes (Med.).

Pa|lim|p|sest (das, -s, -e) (griech.) beschriebenes Pergament, das schon einmal beschrieben und wieder gereinigt worden war (in der Antike und im MA).

Pa|lin|drom (das, -s, -e) (griech.) Wort oder Satz, das bzw. der vorwärts und rückwärts gelesen werden kann und den gleichen oder einen anderen Sinn ergibt; z. B. Reittier; leg in eine so helle Hose nie 'n Igel.

Pa|lin|ge|ne|se (die, -, -n) 1. Wiedergeburt (Religion); 2. Auftreten von Merkmalen stammesgeschichtlicher Vorfahren während der Keimesentwicklung (Biologie).

Pa|li|sa|de (die, -, -n) (franz.) Pfahl; Zaun. Palisadenpfahl; Palisadenwand.

Pa|li|san|der (der, -s, -) (franz.) wertvolle, brasilianische Holzart. Palisanderholz; palisandern (aus Palisanderholz).

Pal|la (die, -, -s) (lat.) 1. mantelartiges Gewand der Frauen im antiken Rom; 2. in der katholischen Liturgie viereckige Kelchbedeckung aus besticktem Leinentuch.

Pal|la|di|a|nis|mus (der, -, kein Plural) (lat.) besonders in Westeuropa und in England gepflegter Architekturstil im 17. und 18. Jahrhundert.

Pal|la|di|um (das, -s, -di|en) (griech.) 1. Schutzbild der Göttin Pallas Athene; 2. (ohne Plural:) chemischer Grundstoff (Abk.: Pd).

Pal|lasch (der, -s, -e) (ungar.) Säbel.

Pal|la|watsch (*auch:* Bal|la|watsch) (der, -, kein Plural) (ugs.) Unsinn.

pal|li|a|tiv (Adj.) (lat.) die Beschwerden einer Krankheit lindernd; schmerzlindernd.

Palˈliˈaˈtiv (das, -s, -e) (lat.) Mittel, das die Beschwerden, aber nicht die Ursache einer Krankheit beseitigt; schmerzlinderndes Mittel.

Palˈliˈno (der, -/-s, -s) (ital.) kleine Setzkugel (beim Boccia).

Palˈliˈum (das, -s, -liˈen) (lat.) 1. mantelartiger Umhang (im alten Rom); 2. Kaisermantel (im MA); 3. lange, mit Kreuzen verzierte, über Brust, Schultern und Rücken reichende Binde (des päpstlichen und bischöflichen Ornats); 4. Großhirnrinde.

Palm (der, -s, -e) (lat.) Weidenzweig. Palmart; Palmblatt; Palmweide; Palmzweig; palmenartig.

Palˈme (die, -, -n) tropischer Baum. jemanden auf die Palme bringen (ugs.) (jemanden sehr wütend machen, jemanden aufregen). Es ist zum auf die Palme klettern (ugs.) (es ist sehr ärgerlich). auf der Palme sein (ugs.) (sehr aufgebracht/wütend sein); wieder von der Palme herunterkommen (ugs.) (sich beruhigen).

Palˈmenˈhain (der, -s, -e) kleiner, lichter Palmenwald.

Palˈmenˈhaus (das, -es, -häuˈser) Gewächshaus (meist in botanischen Gärten).

Palmˈesel (der, -s, -) 1. (ugs. südd., österr.) wer am Palmsonntag als letzter aus dem Bett kriecht; 2. herausgeputzt sein wie ein Palmesel (ugs.) (übermäßig ausgestattet und prunkvoll gekleidet sein; aufgetakelt sein, aufgedonnert sein). (Die Redewendung spielt auf den hölzernen Esel an, der am Palmsonntag reich geschmückt zur Prozession mitgenommen wird. Am Palmsonntag zog Jesus auf einem Esel in Jerusalem ein.).

Palˈmenˈweˈdel (*auch:* Palmˈweˈdel) (der, -s, -) Palm(en)zweig.

Palˈmetˈte (die, -, -n) einem Palmenblatt ähnliche, fächerförmige Verzierung.

Palmˈfarn (der, -s, -e) palmartiger, hochstämmiger Farn Madagaskars, Südasiens und Polynesiens.

Palˈmiˈtat (das, -es, -e) (franz.) Salz der Palmitinsäure.

Palˈmiˈtin (das, -s, kein Plural) (franz.) Fett. Palmitinsäure.

Palmˈkätzˈchen (das, -s, -) samtartige Blütenkätzchen der Salweide.

Palmˈliˈlie (die, -, -n) Yucca, Gattung der Familie der Liliengewächse.

Palmˈöl (das, -s, -e) Pflanzenfette aus dem Fruchtfleisch der Ölpalmen.

Palmˈsonnˈtag (der, -s, -e) (lat. Plamarum) Sonntag vor Ostern.

Palmˈtop (der, -s, -s) (engl.) ungefähr handtellergroßer Computer.

Palmˈwein (der, -s, -e) alkoholhaltiger, gegorener Palmsaft.

Palˈmyˈra (kein Art., -s, kein Plural) antike Handelsstadt in einer Oase der Syrischen Wüste. Ruinen von Prachtbauten aus dem dritten Jahrhundert n. Chr., Baaltempel.

Paˈloˈloˈwurm (der, -es/-s, -würˈmer) (polynes.-dt.) in der Südsee heimischer, essbarer Borstenwurm.

Palˈpaˈtiˈon (die, -, -en) (lat.) ärztliche Untersuchung des Körpers durch Betasten unter leichtem Druck.

palˈpaˈtoˈrisch (Adj.) (lat.) befühlend; abtastend.

Palˈpe (die, -, -n) (lat.) fühlerartiger, mit Sinnesorganen ausgestatteter Anhang (der Mundwerkzeuge von Insekten).

palˈpieˈren (V.) (lat.) mit den Fingerspitzen betastend; beklopfend untersuchen.

Palˈpiˈtaˈtiˈon (die, -, -tiˈoˈnen) (lat.) beschleunigter Puls; Herzklopfen.

palˈpiˈtieˈren (V.) schlagen; klopfen (Med.).

Palˈstek (der, -s, -s) in der Seemannssprache ein leicht lösbarer Knoten zum Festmachen eines Bootes.

Paˈluˈdaˈriˈum (das, -s, -riˈen) (lat.) Anlage zur Haltung von Moor- und Sumpfpflanzen und -tieren.

Paˈlyˈnoˈloˈgie (die, -, kein Plural) (griech.-lat.) Wissenschaftszweig der Botanik, der die Blütenpollen erforscht.

Paˈmir (kein Art.) Dach der Welt; Hochplateau in Zentralasien.

Paˈmirˈschaf (das, -es, -e) Wildschaf im Hochland des Pamir.

Pamp (*auch:* Pampf) (der, -s, kein Plural) (ugs.) dicker Brei. Pampe; pampig.

Pamˈpa (die, -, -s) Grassteppe. in der Pampa leben (ugs.) (weit außerhalb, fernab jeglicher Zivilisation leben).

Pamˈpa(s)ˈgras (das, -es, -gräˈser) in Europa als Ziergras gepflanzt, bis vier Meter hoch.

Pamˈpa(s)ˈhaˈse (der, -n, -n) Mara, Hase der südamerikanischen Pampa.

Pamˈpaˈstrauß (der, -es, -e) Nandu, großer Vogel, der in der südamerikanischen Steppe lebt.

Pamˈpelˈmuˈse (die, -, -n) (niederl.) Zitrusfrucht; Grapefruit.

Pamˈpeˈro (der, -s, -s) (indian.-span.) kalter und stürmischer Wind in der Pampa Argentiniens.

Pamˈphˈlet (das, -s, -e) (franz.) Streitschrift; Flugblatt; Schmährede; Schmähschrift.

Pamˈphˈleˈtist (der, -en, -en) Verfasser eines Pamphlets.

pamˈpig (Adj.) 1. breiig; 2. frech.

Pan (der, -s, kein Plural) griechischer Hirtengott mit Bocksbeinen und -hörnern dargestellt; erschreckt durch sein plötzliches Erscheinen (panischer Schrecken).

Paˈnaˈché (*auch:* Paˈnaˈschee) (das, -s, -s) (franz.) Kompott; mehrfarbiges Eis.

Paˈnaˈde (die, -, -n) (franz.) Weißbrotfüllung; Panat.

panˈafˈriˈkaˈnisch (Adj.) (griech.-lat.) alle afrikanischen Staaten, den Panafrikanismus betreffend; auf ihm basierend.

Panˈafˈriˈkaˈnisˈmus (der, -, kein Plural) (griech.-lat.) der Versuch, die ökonomische und politische Kooperation aller afrikanischen Staaten zu fördern.

Panˈagia (die, -, -giˈen) (griech.) 1. der Beiname Marias. 2. liturgisches Marienmedaillon des Bischofs. 3. Marienbild in der dreitürigen Bilderwand im Altarraum. 4. Brotsegnung zu Ehren Marias.

Paˈnaˈma (ohne Art., -s, kein Plural) Staat in Mittelamerika. panamaisch.

Paˈnaˈmaˈer (der, -s, -) Bewohner des Staates Panama.

Paˈnaˈmaˈhut (*auch:* Paˈnaˈma-Hut) (der, -es, -hüˈte) aus den Blättern der Kolbenpalme geflochtener, breitkrempiger Strohhut.

Paˈnaˈmaˈkaˈnal (*auch:* Paˈnaˈma-Kaˈnal) (der, -s, kein Plural) mittelamerikanischer Kanal, verbindet den Atlantik mit dem Pazifik.

Panˈameˈriˈka (ohne Artikel, -s, kein Plural) Gesamtamerika. Panamerikanismus; panamerikanisch.

Paˈnaˈriˈtiˈum (das, -s, -tiˈen) (lat.) Fingerentzündung.

Pa|nasch (der, -s, -e) (franz.) Federbusch.
Pa|na|schee (das, -s, -s) = Pa|na|ché.
pa|na|schie|ren (V.) 1. bei der Wahl seine Stimme für unterschiedliche Kandidaten verschiedener Listen abgeben; 2. etwas mit bunten Streifen versehen.
Pa|na|schier|sys|tem (das, -s, -e) Wahlsystem.
Pa|na|schie|rung (die, -, kein Plural) weiße oder gelbe Flecken an Pflanzenblättern durch Mangel an Blattgrün.
Pa|nax (der, -, -) (griech.-lat.) Araliengewächs, auch als Ginseng geläufig.
Pa|n|a|zee (die, -, -n) (griech.) Wundermittel; Allheilmittel.
Pan|da (der, -s, -s) Bär.
Pan|da|ne (die, -, -n) Zierpflanze.
Pan|de|mie (die, -, -n) (griech.) weltweite Seuche. Adjektiv: pandemisch.
Pan|der|mit (der, -s, -e) (lat.) seltenes Mineral, das in feinen Knollen vorkommt.
Pan|de|ro (der, -s, -s) (span.) Schellentrommel der Basken.
Pan|dit (der, -s, -s) (sanskr.) Gelehrter (indischer Titel).
Pan|do|ra (die, -, kein Plural) (griech.-lat.) Frau in der griechischen Mythologie, die Hüterin des Unheils.
Pand|sch|a|bi 1. (der, -/-s, -/-s) Einwohner des Pandschabs; 2. (das, -/-s, kein Plural) dessen Sprache.
Pan|dur (der, -en, -en) bewaffneter ungarischer Diener; ungarischer Infanterist (17./18. Jh.).
Pa|neel (das, -s, -e) (niederl.) Wandtäfelung.
pa|nee|lie|ren (V.) eine Wand mit Holz vertäfeln.
Pa|n|e|gy|ri|ker (der, -s, -) (griech.-lat.) Verfasser von Panegyriken.
Pa|n|e|gy|ri|kon (das, -s, -ka/-ken) (griech.) liturgisches Buch der orthodoxen Kirche mit Lobreden auf die Heiligen.
pa|n|e|gy|risch (Adj.) (griech.) lobrednerisch; den Panegyrikon betreffend.
Pa|nel (das, -s, -s) (engl.) repräsentative Personengruppe (Meinungsforschung).
Pa|nel|tech|nik (die, -, kein Plural) Strategie in der Meinungsforschung; die gleichen Personen werden innerhalb eines bestimmten Zeitraums mehrfach befragt.
pa|nem et cir|cen|ses (lat.) Brot und Zirkusspiele, gemäß Juvenal die Grundbedürfnisse des römischen Volkes während der Kaiserzeit.
Pan|en|the|is|mus (der, -, kein Plural) (griech.-lat.) philosophische Lehre, dass das Weltall, die Natur in Gott eingeschlossen seien.
pan|en|the|is|tisch (Adj.) (griech.-lat.) den Panentheismus betreffend; auf ihm basierend.
Pa|net|to|ne (der, -s, -ni) (ital.) italienischer Hefekuchen mit kandierten Früchten.
Pan|eu|ro|pa (ohne Artikel, -s, kein Plural) vereinigtes Europa.
Pan|flö|te (die, -, -n) Hirtenflöte.
pan|hel|le|nisch (Adj.) (griech.-lat.) alle Griechen betreffend; zu ihnen gehörend.
Pan|hel|le|nis|mus (der, -, kein Plural) (griech.-lat.) der Versuch, alle griechischen Länder in einem großen Reich zu vereinigen.
Pa|ni (die, -, -s) (poln.) Bezeichnung für Herrin, Frau.
Pa|nier (das, -s, -e) (franz.) Fahne; Feldabzeichen.
pa|nie|ren (V.) in einer Mischung aus Ei, Mehl und Semmelbröseln wenden.
Pa|nier|mehl (das, -s, kein Plural) Semmelbrösel.
Pa|nie|rung (die, -, kein Plural) Paniermischung; Panade.
Pa|nik (die, -, -en) (franz.) 1. Schrecken; 2. Massenhysterie. panikartig; panisch.
Pa|nik|ma|che (die, -, kein Plural) Pessimismus; Panikstimmung.
pa|nisch (Adj.) panischen Schrecken verbreiten (allgemeines Entsetzen auslösen, heillose Verwirrung und plötzliche Massenangst durch eine Gefahr auslösen). (Die alten Griechen glaubten, dass der Hirtengott Pan unter den Menschen Angst stiften würde.).
Pan|kar|di|tis (die, -, -ti|den) (griech.) Entzündung aller Schichten der Herzwand.
Pan|kra|ti|on (das, -s, kein Plural) (griech.) Verbindung von Ring- und Faustkampf (im alten Griechenland).
Pan|k|re|as (das, -, kein Plural) (griech.) Bauchspeicheldrüse.
Pan|lo|gis|mus (der, -, kein Plural) (griech.) philosophische Lehre.
Pan|ne (die, -, -n) 1. Schaden; 2. Missgeschick; Ausfall.
Pan|nen|hil|fe (die, -, kein Plural) Hilfsdienst, den Autofahrer im Falle einer Panne rufen können.
Pan|nen|kof|fer (der, -s, -) Autowerkzeugkoffer zur Selbsthilfe.
Pan|nen|kurs (der, -es, -e) Kurs, in dem die Teilnehmer lernen, kleinere Pannen selbst zu beheben.
Pan|ni|ku|li|tis (die, -, -ti|den) (lat.) Entzündung des Unterhautfettgewebes (Med.).
Pan|no|ni|en (kein Art., -s, kein Plural) Donauprovinz des Römischen Reiches.
Pan|ny|chis (die, -, kein Plural) (griech.) nächtliche Vorfeier hoher Feste der Ostkirche.
Pa|n|op|ti|kum (das, -s, -ti|ken) (griech.) Wachsfigurenkabinett; Kuriositätensammlung.
Pa|n|o|ra|ma (das, -s, -men) (griech.) 1. Ausblick; 2. Rundbild.
Pa|n|o|ra|ma|auf|nah|me (die, -, -n) mehrere nahtlos aneinandergesetzte Fotoaufnahmen, die ein Panorama zeigen.
Pa|n|o|ra|ma|bus (der, -ses, -se) Omnibus mit sehr großen Fenstern, den Panoramascheiben.
Pa|n|o|ra|ma|fens|ter (das, -s, -) große Scheiben am Fahrzeug.
Pa|n|o|ra|ma|fern|rohr (das, -s, -e) Fernrohr zum Abtasten des ganzen Horizonts.
Pa|n|o|ra|ma|schei|be (die, -, -n) leicht gewölbte Scheibe für besonderen Rundblick.
Pa|n|o|ra|ma|spie|gel (der, -s, -) breiter Innenspiegel des Autos für mehr Sicht nach hinten.
Pan|pho|bie (die, -, -n) (griech.-lat.) krankhafte Furcht vor allen Ereignissen in der Außenwelt (Med.).
Pan|ple|gie (die, -, -n) (griech.-lat.) vollständige Lähmung der Muskulatur (Med.).
Pan|psy|chis|mus (der, -, kein Plural) (griech.-lat.) die philosophische Anschauung, wonach alle Natur, auch die nicht belebte, beseelt ist.

pan|schen (*auch:* pant|schen) (V.) (ugs.) 1. mixen; verdünnen; 2. planschen.

Pan|scher (*auch:* Pant|scher) (der, -s, -) jmd., der Milch oder Wein verdünnt.

Pan|sche|rei (*auch:* Pant|sche|rei) (die, -, -en) (*auch:* Pantscherei) das Panschen.

Pan|sen (der, -s, -) Magenteil (Wiederkäuer).

Pan|si|nu|si|tis (die, -, -ti|den) (griech.-lat.) Entzündung der Nasennebenhöhlen (Med.).

Pan|sla|wis|mus (der, -, kein Plural) (griech.-lat.) der Versuch, alle slawischen Länder in einem großen slawischen Reich zu vereinigen.

Pan|sla|wist (der, -en, -en) (griech.-lat.) Anhänger des Panslawismus.

pan|sla|wis|tisch (Adj.) (griech.-lat.) den Panslawismus betreffend; auf ihm basierend.

Pan|so|phie (die, -, kein Plural) (griech.) Gesamtwissenschaft.

Pan|ta|le|on (das, -s, -s) Hackbrett mit Darm- und Drahtsaiten sowie einem doppelten Resonanzboden.

Pan|ta|lons (die, nur Plural) (franz.) lange Männerhosen (die während der Franz. Revolution in Mode kamen).

pan|ta rhei (griech.) alles fließt (Heraklit), das Sein ist ein ewiges Werden.

Pan|the|is|mus (der, -, kein Plural) (griech.) Lehre von der Einigkeit Gottes mit der Natur. Pantheist; pantheistisch.

Pan|the|ist (der, -en, -en) Anhänger des Pantheismus.

pan|the|is|tisch (Adj.) zum Pantheismus gehörend.

Pan|the|on (das, -s, -s) (griech.) 1. die Gesamtheit der Götter einer bestimmten Religion; 2. allen Göttern geweihter Tempel in Rom; 3. nationale Gedenkstätte in Paris.

Pan|ther (*auch:* Pan|ter) (der, -s, -) (griech.) Leopard. Pantherfell (*auch:* Panterfell); Pantherkatze (*auch:* Panterkatze).

Pan|ti|ne (die, -, -n) (niederl.) Holzschuh. aus den Pantinen kippen (ugs.) (ohnmächtig werden, die Fassung verlieren, sehr erstaunt sein, aus den Latschen kippen). (Pantine bedeutet Pantoffel und kommt vom frz. patin, Schuhe mit Holzsohlen.).

Pan|tof|fel (der, -s, -) Hausschuh; Filzlatschen; Filzpantoffeln; Hauslatschen; Latschen; Pantoletten; Schlapfen; Schlappen.

Pan|tof|fel|blu|me (die, -, -n) Gattung der Braunwurzgewächse, wächst hauptsächlich in Südamerika.

Pan|töf|fel|chen (das, -s, -) kleiner, zierlicher Damenpantoffel.

Pan|tof|fel|held (der, -en, -en) (ugs.) ironisch für Ehemann, der angeblich nur tut, was seine Frau will. unter den Pantoffel kommen/geraten (ugs.) (eine herrschsüchtige Frau heiraten). (Im alten deutschen Recht galt der Fuß/Schuh als Symbol der Herrschaft.) unter dem Pantoffel stehen (ugs.) (von der Ehefrau beherrscht werden); den Pantoffel schwingen (ugs.) (den Ehemann beherrschen).

Pan|tof|fel|kino (das, -s, -s) das heimische Wohnzimmer mit Fernsehgerät.

Pan|tof|fel|tier|chen (das, -s, -) einzellige, pantoffelförmige Wimpertierchen, in fauligem Wasser lebend.

Pan|to|graf (*auch:* Pan|to|graph) (der, -en, -en) (griech.) 1. Gerät zum vergrößernden oder verkleinernden Übertragen von Zeichnungen; 2. Storchschnabel.

Pan|to|gra|fie (*auch:* Pan|to|gra|phie) (die, -, -n) (griech.-lat.) mit einem Pantografen gefertigtes Bild.

Pan|to|kra|tor (der, -s, -en) (griech.) 1. (nur Singular) Allesbeherrscher (Bez. für Gott oder den auferstandenen Christus); 2. Darstellung des thronenden Christus (in der Kunst).

Pan|to|let|te (die, -, -n) (franz.) leichte Sommersandale.

Pan|to|me|ter (das, -s, -) (griech.) ein Winkelmessgerät.

Pan|to|mi|me 1. (die, -, -n) (griech.) Gebärdenspiel. Pantomimik; pantomimisch. 2. (der, -n, -n) Darsteller einer Pantomime.

Pan|to|mi|mik (die, -, kein Plural) (griech.) 1. die Kunst der Pantomime; 2. Gesamtheit der Ausdrucksbewegungen des Körpers.

pan|to|phag (Adj.) (griech.) pflanzliche und tierische Nahrung verdauend (Zoologie).

Pan|to|pha|ge (der, -n, -n) (griech.) Tier, das sich von Pflanzen und Tieren ernährt; Allesfresser.

Pan|to|pha|gie (die, -, kein Plural) (griech.-lat.) Allesfresserei (Zoologie).

Pan|tho|then|säu|re (die, -, -n) in den meisten pflanzlichen und tierischen Nahrungsmitteln vorkommendes Vitamin des Vitamin-B-Komplexes.

Pan|t|ry (die, -, -s) (engl.) Speisekammer (Schiff).

Pant|schen-La|ma (der, -, kein Plural) Titel des ehemaligen zweithöchsten geistlichen Oberhauptes des Lamaismus und weltlichen Würdenträgers in Tibet, Inkarnation des Buddha.

Pan|ty (die, -, -s) (engl.) Miederhöschen.

Pä|n|ul|ti|ma (die, -, -mä/-men) (lat.) vorletzte Silbe eines Wortes (in der lat. Grammatik).

Pan|zen (der, -s, -) (ugs.) Dickbauch.

Pan|zer (der, -s, -) 1. Kampffahrzeug; 2. Ritterrüstung; 3. Schutzhülle; 4. Tierpanzer; Chitinpanzer; Schildkrötenpanzer. Panzerabwehr; gepanzert.

Pan|zer|ab|wehr|ka|no|ne (die, -, -n) (Abk.: PAK) Waffe gegen Panzer.

Pan|zer|di|vi|si|on (die, -, -en) Truppenteil mit Panzern.

Pan|zer|ech|se (die, -, -n) Krokodil.

Pan|zer|faust (die, -, -fäus|te) Waffe der Infanterie gegen Panzer.

Pan|zer|glas (das, -es, kein Plural) besonders stabiles, aus mehreren Schichten bestehendes Glas, weitgehend schlag- und schussfest.

Pan|zer|gre|na|dier (der, -s, -e) Dienstgrad bei der Bundeswehr.

Pan|zer|hemd (das, -es, -en) Kettenhemd.

Pan|zer|kampf|wa|gen (der, -s -) Panzerfahrzeug.

Pan|zer|kna|cker (der, -s, -) (ugs.) Geldschrankknacker; Räuber.

Pan|zer|kreu|zer (der, -s, -) Kriegsschiff.

pan|zern (V.) befestigen; mit einem Panzer ausstatten.

Pan|zer|plat|te (die, -, -n) Stahlplatte zum Panzern.

Pan|zer|schiff (das, -es, -e) Kriegsschiff.

Pan|zer|schrank (der, -es, -schrän|ke) gepanzerter Geldschrank; Safe; Tresor.

Pan|zer|späh|wa|gen (der, -s, -) gepanzertes Fahrzeug.

Panˈzerˈsperˈre (die, -, -n) gegen Panzer errichtete Barrikaden.
Panˈzeˈrung (die, -, -en) etwas mit Panzerplatten versehen; das Panzern.
Panˈzerˈwaˈgen Panzer mit Rädern statt Ketten.
Päˈoˈnie (die, -, -n) (griech.) Pfingstrose.
Paˈpa (der, -s, -s) Vater; Papst (Abk.: P.). Papachen; Papi.
Paˈpaˈbiˈli (die, nur Plural) (lat.-ital.) Bezeichnung für die Kardinäle, die potentielle Papstkandidaten sind.
Paˈpaˈgalˈlo (der, -s, -li) (ital.) Italiener auf Touristinnenfang.
Paˈpaˈgayˈos (die, nur Plural) (span.) kalte Fallwinde in den Anden.
Paˈpaˈgei (der, -en/-s, -en) (franz.) bunter, tropischer bzw. subtropischer Klettervogel, sprechbegabt. papageienhaft.
Paˈpaˈgeiˈenˈgrün (das, -s, kein Plural) das grelle Grün der Papageienfedern.
Paˈpaˈgeiˈenˈkrankˈheit (die, -, kein Plural) akute Infektionskrankheit; Psittakose.
Paˈpaˈgeiˈfisch (der, -es, -e) tropischer, farbenprächtiger Fisch mit papageienartigem Schnabel.
paˈpal (Adj.) (lat.) päpstlich. Papat.
Paˈpat (das, -s, kein Plural) Papsttum; Papstwürde.
Paˈpaˈlist (der, -en, -lisˈten) (griech.-lat.) Anhänger des Papalismus.
paˈpaˈlisˈtisch (Adj.) (griech.-lat.) im Sinne des Papalismus; den Papalismus betreffend.
Paˈpaˈrazˈzo (der, -s, -zi) (ital.) aufdringlicher Fotoreporter; Skandaljournalist.
Paˈpaˈin (das, -s, kein Plural) (span.-lat.) pflanzliches Enzym, das Eiweiß spaltet.
Paˈpaˈveˈraˈzee (die, -, -n) (lat.) Mohngewächs.
Paˈpaˈveˈrin (das, -s, kein Plural) (lat.) ein Alkaloid des Opiums; Schlafmittel; krampflösendes Mittel.
Paˈpaˈya (die, -, -s) (span.) Frucht.
Paˈper (das, -s, -s) (engl.) Schriftstück.
Paˈperˈback (das, -s, -s) (engl.) kartoniertes Taschenbuch.
Paˈpeˈteˈrie (die, -, -n) (franz.) Papierwarengeschäft.
Paˈpeˈteˈrist (der, -en, -en) (griech.-lat.-franz.) schweizerische Bezeichnung für einen Schreibwarenhändler.
Paˈpier (das, -s, -e) 1. Pack-, Schreibmaterial; Briefpapier; Büttenpapier; Krepppapier (*auch:* Krepp-Papier); Japanpapier; Recyclingpapier; Reispapier. 2. Schriftstück. Thesenpapier. (Plural:) Ausweis. nur auf dem Papier stehen/existieren (zwar formal bestehen, aber praktisch nicht durchgeführt werden); etwas zu Papier bringen (etwas niederschreiben); sich seine Papiere holen können (ugs.) (entlassen werden); etwas aufs Papier werfen (etwas entwerfen, skizzieren). Papier verarbeitend (*auch:* papierverarbeitend).
Paˈpierˈbahn (die, -, -en) maschinell erzeugtes Papierband, aus dem später die Papierbogen geschnitten werden.
Paˈpierˈbluˈme (die, -, -n) zu Dekorationszwecken aus buntem (Seiden-)Papier hergestellte Blumen.
Paˈpierˈboˈgen (der, -s, -) (Plural ugs. süddeutsch Böˈgen) im Druckereiwesen Sammelbegriff für Formatbogen wie Buchbinderbogen, Druckbogen mindestens der Größe DIN A3.
Paˈpierˈboot (das, -es, -e) in der Zoologie Papiernautilus; ein achtarmiger Tintenfisch.
Paˈpierˈdeutsch (das, -, kein Plural) Amtsdeutsch; Kanzleistil; Schriftdeutsch; Schriftsprache.
paˈpieˈren (Adj.) 1. aus dem Material Papier; 2. papierener Stil (trockene, nüchterne Art, zu schreiben).
Paˈpierˈfaˈbˈrik (die, -, -en) Produktionsstätte für Papier. Papierindustrie.
Paˈpierˈfetˈzen (der, -s, -) zu kleinen Teilen zerrissenes Papier.
Paˈpierˈforˈmat (das, -(e)s, -e) DIN-Format der A-Reihe, Grundformat A0 (841 x 1189 mm = 1 Quadratmeter) durch einfaches Falzen ergibt sich das jeweils kleinere Format.
Paˈpierˈgeld (das, -es, kein Plural) Banknote; Geldschein; Blüte; Falschgeld; Lappen (ugs.); Note; Schein.
Paˈpierˈgeˈwicht (das, -(e)s, kein Plural) Bezeichnung in Gramm jeweils bezogen auf den Quadratmeter, zum Beispiel 350 g/qm.
Paˈpierˈkorb (der, -s, -körˈbe) Abfallkorb; Abfallbehälter.
Paˈpierˈkram (der, -s, kein Plural) zu erledigende Schreibarbeit; lästiger Schriftverkehr.
Paˈpierˈkrieg (der, -s, kein Plural) Bürokratie; zu erledigende amtliche Angelegenheiten.
Paˈpierˈlaˈterˈne (die, -, -n) Lampion.
Paˈpierˈmaˈschee (*auch:* Paˈpierˈmaˈché) (das,-s, kein Plural) (franz.) formbare Masse meist aus Altpapier mit bindenden Zusätzen zur Herstellung von Schachteln, Spielzeug, Masken und Figuren.
Paˈpierˈmühˈle (die, -, -n) Anlage zum Zermahlen von Papier.
Paˈpierˈnauˈtiˈlus (der, -, -se) in der Zoologie das Papierboot; ein Tintenfisch.
Paˈpierˈscheˈre (die, -, -n) scharfe Schere zum Schneiden von Papier.
Paˈpierˈschlanˈge (die, -, -n) Luftschlange; Faschingsdekoration.
Paˈpierˈschnipˈsel (das, -s, -) (ugs.) kleine Papierfetzen; Konfetti.
Paˈpierˈserˈviˈetˈte (die, -, -n) Mundtuch; Serviette aus weichem Papier.
Paˈpierˈstauˈde (die, -, -n) Papyrus.
Paˈpierˈtaˈschenˈtuch (das, -(e)s, -tüˈcher) Taschentücher aus weichem Papier; Markenname Tempotaschentücher.
Paˈpierˈtiˈger (der, -s, -) jmd., der sich gefährlich darstellt, in Wahrheit aber harmlos ist.
Paˈpierˈverˈarˈbeiˈtung (die, -, kein Plural) Papier verarbeitende (*auch:* papierverarbeitende) Industrie, zum Beispiel Druckindustrie.
Paˈpierˈwähˈrung (die, -, -en) 1. Papiergeld; 2. Währung, die nicht durch Gold gedeckt ist.
Paˈpierˈzeiˈchen (das, -s, -) Wasserzeichen; durchscheinende Markenzeichen in hochwertigem Papier.
Paˈpiˈlioˈnaˈzeˈen (die, nur Plural) (lat.) Familie der Schmetterlingsblütler (Botanik).
paˈpilˈlar (Adj.) warzenförmig.
Paˈpilˈlarˈliˈniˈen (die, nur Plural) Hautlinien.
Paˈpilˈle (die, -, -n) (lat.) Warze. Papillargeschwulst; Papillom.
Paˈpiˈloˈte (die, -, -n) (franz.) Lockenwickler.
Paˈpiˈrosˈsa (die, -, -si) russische Zigarette, benannt nach ihrem langen Mundstück aus Pappe.

Pa|pis|mus (der, -, kein Plural) (griech.) Papsttum.

papp (nur in der Wendung:) nicht mehr papp sagen können (ugs.: sehr satt sein).

Papp (der, -s, kein Plural) (südd.) 1. Brei; 2. Klebstoff.

Pap|pa|ta|ci|fie|ber (das, -s, kein Plural) (ital.) im Mittelmeergebiet, Süd- und Ostasien auftretende, durch Moskitos übertragene Infektionskrankheit mit Hautausschlag und dreitägigem Fieber; Dreitagefieber.

Papp|band (der, -(e)s, -bän|de) meist in mit Folie überzogener Pappe gebundenes Buch.

Papp|be|cher (der, -s, -) Trinkbecher aus beschichteter Pappe.

Pap|pe (die, -, -n) Karton. Etwas ist nicht von Pappe (es ist nicht zu unterschätzen). Pappplakat (*auch:* Papp-Plakat). Pappkarton.

Pap|pel (die, -, -n) (lat.) Laubbaum aus der Gattung der Weidengewächse.

Pap|pel|al|lee (die, -, -n) von Pappeln gesäumte Straße.

Pap|pel|holz (das, -es, -höl|zer) relativ weiches, leichtes Holz.

pap|peln (Adj.) aus Pappelholz.

Pap|pel|spin|ner (der, -s, -) Nachtschmetterling, dessen Raupen sich von Weidenblättern ernähren.

pap|pen (V.) (ugs.) kleben.

Pap|pen|blu|me (die, -, -n) (nordd.) Löwenzahn.

Pap|pen|de|ckel (der, -s, -) Pappdeckel; Pappkarton.

Pap|pen|hei|mer (der, -s, -) (in der Wendung:) Ich kenne meine Pappenheimer. (ugs.) (Ich weiß, mit wem ich es zu tun habe.). (Redewendung aus »Wallensteins Tod« III, 15, Schiller, »Daran erkenn' ich meine Pappenheimer!«, bezogen auf die Kürassierabordnung des Pappenheimer Regiments.).

Pap|pen|stiel (der, -s, -e) (ugs.) 1. Kleinigkeit; 2. Wertloses. kein Pappenstiel sein (ugs.) (keine Kleinigkeit, nichts Geringes sein) (Pappenstiel kommt hier von Löwenzahn, niederdeutsch Papenblume, die nur wenig geachtet wird, weil sie weitverbreitet ist); keinen Pappenstiel wert sein (ugs.) (nichts wert sein); für einen Pappenstiel (ugs.) (sehr billig; für ein Butterbrot, für einen Appel und ein Ei) .

pap|per|la|papp! (Interj.) Unsinn.

pap|pig (Adj.) (ugs.) klebrig.

Papp|ka|me|rad (der, -en, -en) zu Werbezwecken oder für Schießübungen aufgestellte Pappfigur.

Papp|schach|tel (die, -, -n) Karton; Schachtel aus Pappe.

Papp|na|se (die, -, -en) Maske für Fasching.

Papp|schnee (der, -(s), kein Plural) pappiger Schnee, der an den Skiern kleben bleibt.

Papp|tel|ler (der, -s, -) Teller aus beschichteter Pappe.

Pa|p|ri|ka (der, -s, -/-s) (ungar.) Gemüse; Gewürz. paprikascharf.

Pa|p|ri|ka|schnit|zel (das, -s, -) mit Paprika gewürzte, gebratene Fleischspeise.

Pa|p|ri|ka|scho|te (die, -, -n) milde oder scharfe Frucht; Gemüse.

pa|p|ri|zie|ren (V.) mit Paprikagewürz würzen.

Papst (der, -es, Päps|te) (griech.) Oberhaupt der katholischen Kirche; Bischof von Rom; nach katholischer Lehre Stellvertreter Christi und Nachfolger Petri. Papsttum; Papsturkunde; Papstwahl.

Papst|fa|mi|lie (die, -, kein Plural) der Hofstaat des Papstes. *Auch:* »päpstliche Familie«.

Papst|ka|ta|log (der, -es, kein Plural) Verzeichnis der Päpste in chronologischer Reihenfolge.

päpst|lich (Adj.) apostolisch; ex cathedra; unfehlbar. päpstlicher als der Papst sein (übertrieben genau sein, unerbittlich sein, ein Gesetz strenger auslegen, als der Gesetzgeber es gemeint hat).

Papst|na|me (der, -n, -n) der zum Papst Gewählte nimmt üblicherweise einen neuen Namen an, unter dem er dann sein Amt ausübt.

Pa|pua (der, -s, -s) Einwohner von Papua-Neuguinea; papua-neuguineisch; papuanisch; Papuasprache.

Pa|py|rin (das, -s, kein Plural) (griech.) Pergamentpapier.

Pa|py|ro|lo|ge (der, -n, -n) (griech.-lat.) Wissenschaftler auf dem Gebiet der Papyrologie.

Pa|py|rus (der, -, -ri) (lat.) 1. Pflanze; 2. Papier. Papyrusrolle; Papyrusstaude; Papyrologie.

Par (das, -, -s) (engl.) festgelegte Zahl von Schlägen (Golf).

Pa|ra (der, -, -) (pers.) Währungseinheit (Jugoslawien; Abk.: p).

Pa|ra|bel (die, -, -n) (griech.) Gleichnis; mathematische Kurve. Nach dem Substantiv »Parabel« wird mit der Präposition von angeschlossen. eine Parabel von der Vergänglichkeit. Paraboloid.

Pa|ra|bel|lum|pis|to|le (die, -, -n) Selbstladepistole.

Pa|ra|bi|ont (der, -en, -en) Lebewesen, das in Parabiose lebt.

Pa|ra|bi|o|se (die, -, -n) (griech.) Zusammenleben zweier gleichartiger, miteinander verwachsener Lebewesen (z. B. von siamesischen Zwillingen).

Pa|ra|bol|an|ten|ne (die, -, -n) Antenne, die Ultrakurzwellen bündeln kann.

pa|ra|bo|lisch (Adj.) (griech.) 1. in der Literatur gleichnishaft; 2. in der Math. parabelförmig gekrümmt.

pa|ra|bo|li|sie|ren (V.) in der Art einer Parabel erzählen.

Pa|ra|bo|lo|id (das, -(e)s, -e) (griech.) in der Math. gekrümmte Fläche.

Pa|ra|bol|spie|gel (der, -s, -) Hohlspiegel.

Pa|ra|cel|sus-Me|dail|le (die, -, -n) wird jeweils auf dem Deutschen Ärztetag verliehen.

Pa|ra|de (die, -, -n) (franz.) 1. Aufmarsch; Truppenschau; Heerschau; Truppenparade; Vorbeimarsch; Vorbeizug; 2. Abwehr (Sport); 3. Im Pferdesport das Vorbereiten des Pferdes auf eine Änderung. Glanzparade.

Pa|ra|de|bei|spiel (das, -s, -e) Musterbeispiel; besonderes, typisches Beispiel.

Pa|ra|de|bett (das, -(e)s, -en) die Fürsten des Barock hielten in ihren Prunkbetten Audienzen und Empfänge ab.

Pa|ra|dei|ser (der, -s, -) (südd.) Tomate.

Pa|ra|deis|sa|lat (der, -(e)s, -e) (österr.) Tomatensalat.

Pa|ra|deis|sup|pe (die, -, -n) (österr.) Tomatensuppe.

Pa|ra|de|kis|sen (das, -s, -) Zierkissen fürs Bett.

Pa|ra|de|marsch (der, -(e)s, -mär|sche) Vorbeimarsch der Truppen im Paradeschritt.

Pa|ra|de|pferd (das, -es, -e) (ugs.) ein Vorbild; jmd., mit dem man angeben kann; das beste Pferd im Stall.
Pa|ra|de|schritt (der, -es, -e) zackiger Schritt mit gestreckten Beinen; Stechschritt.
Pa|ra|de|stück (das, -(e)s, -e) jmd. oder Gegenstand zum Vorzeigen.
Pa|ra|de|uni|form (die, -, -en) Uniform für festliche Anlässe.
pa|ra|die|ren (V.) vorbeimarschieren; an der Parade teilnehmen.
Pa|ra|dies (das, -es, -e) (pers.) 1. Ort der Glückseligkeit; Garten Eden; 2. schöner Ort; 3. Himmel; 4. Vorhof romanischer Kirchen. das Paradies auf Erden haben (das schönste Leben mit allen Annehmlichkeiten führen können).
Pa|ra|dies|ap|fel (der, -s, -äp|fel) 1. Granatapfel; 2. Tomate.
Pa|ra|dies|baum (der, -(e)s, -bäu|me) Zedrachbaum; Zierbaum.
Pa|ra|dies|fei|ge (die, -, -n) Tropenfrucht.
Pa|ra|dies|fisch (der, -(e)s, -e) Labyrinthfisch.
Pa|ra|dies|flüs|se (die, -, Pluralwort) in der Schöpfungsgeschichte vier Flüsse, die dem Paradies entspringen, Euphrat, Tigris, Gihon und Pison.
Pa|ra|dies|gar|ten (der, -s, kein Plural) der Garten Eden, das Paradies der Schöpfungsgeschichte.
pa|ra|die|sisch (Adj.) elysisch; himmlisch; selig; überirdisch.
Pa|ra|dies|kör|ner (die, -, Pluralwort) der Samen des afrikanischen Ingwers.
Pa|ra|dies|li|lie (die, -, -) in Bergregionen wachsende, kleine, weiße, wohlriechende Lilienart.
Pa|ra|dies|vo|gel (der, -s, -vö|gel) 1. in der Astronomie Sternbild am südlichen Himmel; 2. Singvogel mit besonders schönen, bunten Federn; 3. (ugs.) jmd., der besonders ausgefallen und bunt gekleidet ist.
Pa|ra|dig|ma (das, -s, -men/-ma|ta) (griech.) Beispiel; Beispielsreihe.
pa|ra|dig|ma|tisch (Adj.) beispielhaft.
Pa|ra|dig|men|wech|sel (der, -s, -) (griech.-lat.-dt.) Wechsel der Grundlagen eines Gedankengebäudes .
pa|ra|dox (Adj.) (griech.) widersprüchlich. paradoxerweise.
Pa|ra|dox (das, -es, -) etwas Widersprüchliches; Paradoxon.
Pa|ra|do|xie (die, -, -n) (griech.) das Widersinnige, der Widerspruch in sich, dem zu Erwartenden zuwiderlaufend.
Pa|ra|do|xon (das, -s, -xa) widersprüchliche Behauptung.
Pa|r|af|fin (das, -s, -e) (lat.) (Kurzwort aus »parum affinis« wenig reaktionsfähig) Wachs aus Rückständen der Erdöldestillation gewonnen. Paraffinöl; paraffinisch.
pa|r|af|fi|nie|ren (V.) etwas mit Paraffin behandeln.
Pa|r|af|fin|ker|ze (die, -, -n) Kerze aus Paraffin.
Pa|r|af|fin|krebs (der, -es, -) Hauterkrankung durch ständigen Kontakt mit ungereinigtem Paraffin (Teerprodukten).
Pa|ra|ge|ne|se (die, -, kein Plural) (griech.-lat.) geologische Bezeichnung für das gesetzmäßige Vorkommen bestimmter Mineralien bei der Bildung von Gesteinen.
pa|ra|ge|ne|tisch (Adj.) (griech.-lat.) die Paragenese betreffend.
Pa|ra|geu|sie (die, -, -n) (griech.-lat.) abnorme Geschmacksempfindung (Med.).
Pa|ra|gli|ding (das, -s, kein Plural) (engl.) das Fliegen mit fallschirmähnlichen Gleitsegeln; Drachenfliegen.
Pa|ra|graf (*auch:* Pa|ra|graph) (der, -en, -en) (griech.) Absatz (Zeichen:§; Plural:§§). Das Substantiv wird schwach dekliniert. Es heißt also korrekt: der Paragraf, des Paragrafen, dem Paragrafen, den Paragrafen. Folgt dem Substantiv eine Zahlenangabe, kann die Beugungsendung entfallen. Sie kämpfen für die Abschaffung des Paragrafen 218 *oder* des Paragraf 218. Das beweist Paragraf 4 und 5. *Aber:* Das geht aus den Paragrafen 4 und 5 hervor. Bei Zitaten oder Verweisen auf Gesetzestexte wird »Paragraf« nicht dekliniert, wenn »Paragraf« ohne Artikel vor der Zahlenangabe steht; mit Artikel wird »Paragraf« dekliniert. Die Verteidigung baut auf Paragraf 7. Die Verteidigung baut auf den Paragrafen 7. Das Paragrafenzeichen steht nur in Kombination mit einer Zahl, nicht anstelle des Substantivs in einem Text. § 4; §§ 4-5. Paragrafenzeichen (*auch:* Paragraphenzeichen).
Pa|ra|gra|fen|hengst (*auch:* Pa|ra|gra|phen|hengst) (der, -s, -e) (ugs.) Jurist.
Pa|ra|gra|fen|rei|ter (der, -s, -) (*auch:* Pa|ragra|phen|rei|ter) jmd., der sich pedantisch und kleinlich nur nach dem Paragrafen richtet; jmd., der ständig nur auf den Paragrafen herumreitet.
pa|ra|gra|fen|wei|se (*auch:* pa|ra|gra|phen|weise) (Adj.) abschnittweise.
Pa|ra|gra|fie (*auch:* Pa|ra|gra|phie) (die, -, kein Plural) (griech.) Schreibschwäche.
pa|ra|gra|fie|ren (*auch:* pa|ra|gra|phie|ren) (V.) in Abschnitte unterteilen.
Pa|ra|gra|fie|rung (*auch:* Pa|ra|gra|phie|rung) (die, -, -en) ein Schriftstück in Abschnitte unterteilen.
Pa|ra|gramm (das, -s, -e) (griech.) Buchstabenaustausch (Komik).
Pa|ra|gram|ma|tis|mus (der, -, -men) (griech.-lat.) Sprechstörung, durch die der Satzbau auseinanderbricht.
Pa|ra|gu|ay (ohne Art., -s, kein Plural) Paraguayer; paraguayisch.
Pa|ra|gum|mi (der, -s, -s) Naturkautschuk aus der brasilianischen Stadt Pará.
Pa|ra|ki|ne|se (die, -, -n) (griech.) in der Med. Bewegungsstörung.
Pa|ra|k|let (der, -(e)s/-en, -en) (griech.) Beistand; Fürsprecher; Helfer.
Pa|ra|la|lie (die, -, -n) (griech.-lat.) Sprachstörung durch Lautverwechslungen und Lautveränderungen (Med.).
Pa|ra|le|xie (die, -, -n) (griech.-lat.) Lesestörung durch Verwechslung der gelesenen Wörter (Med.).
Pa|ra|li|po|me|non (das, -s, -me|na) (griech.) Ergänzung; Nachtrag; Randbemerkung.
Pa|ra|lip|se (die, -, -n) (griech.) die rhetorische Figur, etwas besonders zu betonen, indem man vorgibt, es übergehen zu wollen.
pa|r|al|lel (Adj.) (griech.) gleichlaufend; in gleicher Richtung entsprechend.
Pa|r|al|lel|be|trieb (der, -(e)s, -e) 1. die gleiche Arbeit wird mit zwei verschiedenen Computerprogrammen verrichtet (aus Sicherheitsgründen bei einer Softwareumstellung alt/neu); 2. die gleichen EDV-Abläufe finden auf zwei gleichen EDV-Anlagen parallel statt, damit beim Ausfall eines Systems die Arbeit

ohne Verluste sofort auf dem anderen weiterläuft.

Pa|r|al|le|le (die, -, -n) Gegenüberstellung; Vergleich. eine Parallele ziehen (eine vergleichende Betrachtung anstellen). Parallelerscheinung; Parallelfall; Parallelstelle.

Pa|r|al|lel|flach (das, -(e)s, -e) in der Mathematik von drei Paaren paralleler Ebenen begrenzter Raumteil/Körper, z.B. Würfel, Rhomboeder.

Pa|r|al|le|li|sie|rung (die, -, -en) vergleichende Nebeneinanderstellung.

Pa|r|al|le|lis|mus (der, -s, -men) Übereinstimmung von Dingen, Strömungen, Vorgängen.

Pa|r|al|lel|kreis (der, -es, -e) Breitenkreis; Kreis auf der Erdkugel, der in einer zur Erdachse senkrechten Ebene liegt.

Pa|r|al|lel|li|nie (die, -, -n) im gleichen Abstand verlaufende Linien.

Pa|r|al|le|lo|gramm (das, -s, -e) (griech.) ebenes, geradliniges Viereck, in dem je zwei gegenüberliegende Seiten parallel und gleich lang sind. Das P. wird in der Datenverarbeitung als Symbol in Ablaufdiagrammen zur Anzeige von Ein- und Ausgabe verwendet.

Pa|r|al|lel|per|s|pek|ti|ve (die, -, -n) Axonometrie.

Pa|r|al|lel|pro|jek|ti|on (die, -, -en) räumliche Zeichnung, bei der alle Linien parallel verlaufen.

Pa|r|al|lel|rech|ner (der, -s, -) Computer mit mehreren Prozessoren, die gleichzeitig (parallel) und damit schneller rechnen als herkömmliche elektronische Rechenanlagen.

Pa|r|al|lel|schal|tung (die, -, -en) elektrische Nebeneinanderschaltung mehrerer Schaltelemente zwischen gemeinsamen Ab- und Zuleitungen.

Pa|r|al|lel|sche|re (die, -, -n) Spezialschere mit parallel geführten Messern.

Pa|r|al|lel|sla|lom (der, -s, kein Plural) im Skisport ein Slalomwettbewerb, bei dem jeweils zwei Läufer auf nebeneinanderliegenden Rennkursen gleichzeitig starten.

Pa|r|al|lel|stra|ße (die, -, -n) parallel verlaufende Straßenzüge.

Pa|r|al|lel|ton|art (die, -, -en) Tonarten mit demselben Vorzeichen, die zur Durtonart gehörende Molltonart.

Pa|ra|lo|gie (die, -, -n) (griech.) Vernunftwidrigkeit.

Pa|ra|lo|gis|mus (der, -, -men) (griech.) Fehlschluss.

Pa|ra|lo|gis|tik (die, -, kein Plural) (griech.-lat.) die Verwendung von Trugschlüssen in der Logik.

Pa|ra|lym|pics (die, -, nur Plural) Weltspiele der Behinderten.

Pa|ra|ly|se (die, -, -n) (griech.) Lähmung; vollkommene Bewegungslähmung.

Pa|ra|ly|ti|ker (der, -s, -) (griech.) jmd., der an Paralyse leidet.

pa|ra|ly|tisch (Adj.) (griech.) gelähmt.

pa|ra|ly|sie|ren (V.) (griech.) lähmen.

Pa|ra|ment (das, -s/-es, -e) (lat.) Gegenstand aus Stoff (Tuch, Decke, Vorhang) für gottesdienstliche Zwecke.

Pa|ra|men|tik (die, -, kein Plural) (lat.) 1. wissenschaftliche Paramentenkunde; 2. Kunst der Paramentenfertigung.

Pa|ra|me|ter (der, -s, -) (griech.) Konstante; Größe (Technik).

pa|ra|mi|li|tä|risch (Adj.) eine Organisation ist militärähnlich strukturiert.

Pa|ra|mi|mie (die, -, kein Plural) (griech.-lat.) Bezeichnung für das Missverhältnis zwischen einem seelischen Zustand und seiner mimischen oder gestischen Umsetzung (Psychologie).

Pa|ra|m|ne|sie (die, -, -n) (griech.-lat.) Gedächtnisstörung; Erinnerungstäuschung, wobei sich der Erinnernde an Ereignisse zu erinnern glaubt, die überhaupt nicht stattgefunden haben.

Pa|rang (der, -s, -s) (malai.) malaiische Stichwaffe.

Pa|ra|noia (die, -, kein Plural) (griech.) Geistesgestörtheit mit Wahn (Verfolgungs- und Größenwahn) und Sinnestäuschungen.

Pa|ra|noi|ker (der, -s, -) jmd., der an Paranoia leidet.

pa|ra|n|o|id (Adj) an Paranoia leidend; geistesgestört; paranoisch.

Pa|ra|no|is|mus (der, -, kein Plural) (griech.-lat.) eine Form des Verfolgungswahns.

pa|ra|nor|mal (Adj.) (griech.) übersinnlich.

Pa|ra|nuss (die, -, -nüs|se) dreikantige Nuss des Paranussbaumes, benannt nach dem brasilianischen Ausfuhrhafen Pará.

Pa|ra|pha|sie (die, -, -n) (griech.) mit Verwechslung von Wörtern, Silben, Buchstaben verbundene Sprachstörung.

Pa|ra|phe (die, -, -n) (griech.) Namenszeichen; Namensstempel.

Pa|ra|phie|rung (die, -, kein Plural) (franz.) im diplomatischen Verkehr die vorläufige, nicht rechtsverbindliche Unterzeichnung einer Vereinbarung.

pa|ra|phie|ren (V.) Schriftstück mit einer Paraphe unterzeichnen.

Pa|ra|phra|se (die, -, -n) (griech.) 1. Umschreibung mit der Absicht, etwas zu verdeutlichen; 2. in der Sprachwissenschaft die freie Wiedergabe eines Textes; 3. virtuose Ausschmückung eines gegebenen Tonstücks.

pa|ra|phra|sie|ren (V.) frei interpretieren; ausschmücken; verzieren.

pa|ra|phras|tisch (Adj.) in der Art einer Paraphrase; frei interpretiert.

Pa|ra|phre|nie (die, -, -n) (griech.-lat.) leichte Schizophrenie mit Wahnvorstellungen.

Pa|ra|phro|sy|ne (die, -, kein Plural) (griech.) Fieberwahnsinn, durch Fieber bedingte Verwirrtheit.

Pa|ra|pla|sie (die, -, -n) (griech.) krankhafte Bildung; Missbildung.

Pa|ra|plas|ma (das, -s, -men) (griech.-lat.) Zellprotoplasma.

Pa|ra|ple|gie (die, -, -n) (griech.) Lähmung symmetrisch gegenüberliegender Gliedmaßen; doppelseitige Lähmung.

Pa|ra|p|luie (der/das, -s, -s) (franz.) Regenschirm.

Par|ap|sis (die, -, kein Plural) (griech.-lat.) Störung des Tastsinnes; Unfähigkeit der Erkennung von Dingen durch Ertasten (Medizin).

Pa|ra|psy|cho|lo|gie (die, -, kein Plural) (griech.) Wissenschaft von den übersinnlichen Erscheinungen; Hellsehen; Telekinese; Telepathie.

pa|ra|psy|cho|lo|gisch (Adj.) okkult.

Pa|r|ar|th|rie (die, -, -n) (griech.) Sprachstörung, die durch fehlerhafte Artikulation gekennzeichnet ist (Med.).

Pa|ra|san|ge (die, -, -n) (pers.-griech.-lat.) Wegemaß im alten Persien.

Pa|ra|sche (die, -, -n) (hebr.) 1. ein Abschnitt der Thora; 2. Gesetzeslesung aus diesem Abschnitt im jüdischen Gottesdienst.

paˈraˈsem (Adj.) (griech.-lat.) in der Sprachwissenschaft semantisch nebengeordnet.

Paˈraˈsem (das, -s, -e) (griech.-lat.) in der Sprachwissenschaft semantisch nebengeordneter Begriff.

Paˈraˈsit (der, -en, -en) (griech.) Schmarotzer. Lebewesen, das auf Kosten eines anderen existiert.

paˈraˈsiˈtär (Adj.) schmarotzerisch; in der Art eines Parasiten; parasitisch.

Paˈraˈsiˈtenˈtum (das, -s, kein Plural) Schmarotzertum; Parasitismus.

paˈraˈsiˈtisch (Adj.) parasitär; die Parasiten betreffend; durch Parasiten hervorgerufen.

Paˈraˈsiˈtoˈloˈge (der, -n, -n) Wissenschaftler auf dem Gebiet der Parasitologie.

Paˈraˈsiˈtoˈloˈgie (die, -, kein Plural) Lehre von den Schmarotzern.

paˈraˈsiˈtoˈtrop (Adj.) in der Med. gegen Parasiten wirksam.

Paˈraˈski (auch: Paˈraˈschi) (der, -, kein Plural) (engl.) (Kurzwort aus parachute und ski) Sportwettbewerb (Fallschirmspringen und Skilaufen).

Paˈraˈsol (der, -s, -e/-s) (franz.) Schirmpilz. Parasolpilz; Parasolschwamm.

Paˈräsˈtheˈsie (die, -, -n) (griech.) anomale Körperempfindung (z. B. Kribbeln; Eingeschlafensein von Gliedern).

Paˈraˈstruˈma (die, -, -men) (griech.) Geschwulst an der Schilddrüse.

Paˈraˈsymˈpaˈthiˈkus (der, -, kein Plural) (griech.) Teil des Nervensystems. Adjektiv: parasympathisch.

paˈrat (Adj.) (franz.) bereit; gebrauchsfertig.

paˈraˈtakˈtisch (Adj.) (griech.) nebengeordnet.

Paˈraˈtaˈxe (die, -, -n) (griech.) Nebenordnung von Satzgliedern oder Sätzen.

Paˈraˈtaˈxie (die, -, -n) (griech.-lat.) 1. Störung zwischenmenschlicher Beziehungen durch Projektionen subjektiver, aber falscher Vorstellungen auf den Partner; 2. nicht perspektivische Wiedergabe.

Paˈraˈtyˈphus (der, -, kein Plural) eine dem Typhus ähnelnde Infektionskrankheit, die jedoch einen leichteren Verlauf nimmt u. auch durch andere Erreger verursacht wird.

paˈraˈtyˈpisch (Adj.) nicht erblich (Med.).

paˈraˈveˈnös (Adj.) (griech.-lat.) neben einer Vene sich befindend (Med.).

Paˈraˈvent (der/das, -s, -s) (franz. gegen den Wind) spanische Wand, als Sichtschutz, als Schutz gegen den Wind oder die Hitze eines Ofens aufgestellt.

par aviˈon (franz.) mit Luftpost; Vermerk auf dem zu versendenden Stück.

Paˈraˈzenˈteˈse (die, -, -n) (griech.) Durchstechen (bes. des Trommelfells).

paˈraˈzenˈtral (Adj.) (griech.-lat.) neben den Gehirnwindungen sich befindend (Med.).

paˈraˈzenˈtrisch (Adj.) (griech.-lat.) um den Mittelpunkt liegend; sich um das Zentrum bewegend.

parˈbleu (franz.) Donnerwetter! Ausruf des Erstaunens.

Parˈcours (der, -, -) (franz.) Reitbahn mit abgesteckten/aufgestellten Hindernissen.

parˈdauz! (Interj.) hoppla!

Parˈdel (der, -s, -) (griech.) Leopard.

Parˈdelˈkatˈze (die, -, -n) Ozelot.

par disˈtance (franz.) förmlich; aus der Ferne.

parˈdon (franz.) Verzeihung!

Parˈdon (der/das, -s, kein Plural) (franz.) Verzeihung; Gnade. Außer als Höflichkeitsformel kommt das Substantiv »Pardon« nur noch in Kombination mit bestimmten Verben vor: Obwohl ihn der Gegner um Pardon gebeten hatte, wollte er kein *oder* keinen Pardon geben, gewähren, kennen. Da gibt es kein(en) Pardon.

parˈdoˈnaˈbel (Adj.) (franz.) (veraltet) verzeihlich.

parˈdoˈnieˈren (V.) (veraltet) begnadigen; verzeihen.

Parˈdun (das, -, -) in der Seemannssprache starkes Tau, mit dem ein Mast nach hinten und nach den Seiten gespannt ist.

Parˈduˈne (die, -, -n) Pardun.

Paˈrˈeˈcheˈse (die, -, -n) (griech.) in der Rhetorik das Zusammenstellen hinsichtlich des Lauts gleicher Wörter mit unterschiedlicher Herkunft.

Paˈrˈenˈchym (das, -s, -e) (griech.) 1. bes. dem Stoffaustausch dienendes, saftiges, dünnwandiges pflanzliches Gewebe; Grundgewebe; 2. Organ-, Drüsengewebe.

paˈrenˈtal (Adj.) (lat.) zur Generation der Eltern gehörig; von ihnen stammend.

Paˈrenˈtel (die, -, -en) (lat.) Verwandtschaft; Nachkommenschaft eines Stammvaters.

Paˈrenˈtelˈsysˈtem (das, -s, kein Plural) in der Rechtsw. die Regelung der Erbfolge.

Paˈrˈenˈtheˈse (die, -, -n) (griech.) Einschub; Klammer.

paˈrˈenˈtheˈtisch (Adj.) (griech.) die Parenthese betreffend; nebenbei bemerkt.

Paˈreˈse (die, -, -n) (griech.) 1. Erschlaffung; 2. leichte Lähmung eines Muskels oder einer Muskelgruppe (Med.).

paˈreˈtisch (Adj.) (griech.) geschwächt; teilweise gelähmt.

par exˈcelˈlence (franz.) vorzugsweise; schlechthin.

par exemˈple (franz.) (Abk.: p. e.) zum Beispiel.

Parˈfait (das, -s, -s) (franz.) 1. Fleisch- oder Fischpastete; 2. Halbgefrorenes.

par force (franz.) 1. mit Gewalt; 2. unbedingt.

Parˈforceˈjagd (die, -, -en) Hetzjagd. Parforcereiter.

Parˈforceˈritt (der, -(e)s, -e) sehr anstrengender Ritt.

Parˈfüm (*auch:* Parˈfum) (das, -s, -s) (franz.) Duftstoff. Parfümflasche (*auch:* Parfumflasche); Parfümherstellung (*auch:* Parfumherstellung); Parfümzerstäuber (*auch:* Parfumzerstäuber).

Parˈfüˈmeˈrie (die, -, -n) Fachgeschäft für Parfüm und Kosmetikartikel.

Parˈfüˈmeur (der, -s, -e) Fachmann für die Parfümherstellung. Parfümeurin.

parˈfüˈmierˈen (V.) mit Parfüm bestäuben; Wohlgeruch verbreiten.

paˈri (Adv.) (ital.) gleich; zum Nennwert.

Paˈria (der, -s, -s) Kastenloser (Indien); Ausgestoßener.

paˈrieˈren (V.) 1. einen Angriff abwehren; 2. gehorchen; 3. im Reitsport ein Pferd zum Stehen bringen.

Paˈriˈeˈtalˈauˈge (das, -s, -n) lichtempfindliches Sinnesorgan niederer Wirbeltiere.

Paˈriˈkurs (der, -es, -e) der Kurs eines Wertpapieres liegt beim Nennwert.

Paˈriˈser (der, -s, -) (ugs.) Kondom.

Paˈriˈsiˈenne (die, -, kein Plural) (franz.) 1. französisches Freiheitslied in der Revolution von 1830; 2. mit Metallfäden durchwirktes Seidengewebe.

Paˈrisˈurˈteil (das, -s, kein Plural) ein Parisurteil fällen (ein Urteil fällen, aus dem Unglück hervorgeht). (Die Redewendung geht auf den trojanischen Prinzen Paris zurück, der entscheiden musste, welche der drei Göttinnen Aphrodite, Athene oder Hera die Schönste sei. Der Streit darüber führte zum Ausbruch des Trojanischen Krieges).

paˈriˈsylˈlaˈbisch (Adj.) (lat.-griech) in allen Beugungsfällen gleichsilbig (Sprachwissenschaft).

Paˈriˈsylˈlaˈbum (das, -s, -ba) in Singular und Plural parasyllabisches Wort.

Paˈriˈtät (die, -, -en) (lat.) Gleichwertigkeit; Gleichberechtigung. Adjektiv: paritätisch.

Paˈriˈwert (der, -es, -e) Nennwert; Pari.

Park (der, -s, -s) (franz.) Gartenanlage; Fuhrpark; Maschinenpark. Parkanlage; Parkbank; Parklandschaft; Parkweg; parkartig.

Parˈka (der, -s, -s) langer Anorak.

Park-and-ride-Sysˈtem (das, -s, -e) (engl.) Verkehrsleitsystem (Parken am Stadtrand und mit öffentlichen Verkehrsmitteln in die City fahren).

Parkˈbahn (die, -, -en) Satellitenumlaufbahn, auf der Raumfahrzeuge in Wartestellung gehen.

Parkˈbucht (die, -, -en) Platz am Straßenrand zum Abstellen des Autos.

Parkˈdeck (das, -s, -s) Stockwerk, Etage im Parkhaus.

parˈken (V.) (engl.) Auto abstellen. Parkraum.

Parˈker (der, -s, -) jmd., der sein Auto abstellt.

Parˈkett (das, -s, -s/-e) (franz.) 1. Fußboden. 2. Zuschauerraum.

Parˈkettˈboˈden (der, -s, -böˈden) Bodenbelag aus Holzstäben oder Holztafeln.

parˈketˈtieˈren (V.) mit Parkett auslegen.

Parˈkettˈleˈger (der, -s, -) jmd., der Parkettböden verlegt.

Parˈkettˈsitz (der, -es, -e) Sitz im Parterreraum eines Kinos, Theaters oder Konzertsaales.

Parˈketˈte (die, -, -n) (österr.) Brettchen des Parkettbodens.

Parkˈhaus (das, -es, -häuˈser) mehrstöckiges Gebäude, in dem Autos gegen Gebühr parken können.

parˈkieˈren (V.) (schweiz.) parken.

Parˈkinˈsonˈkrankˈheit (*auch:* Parˈkinˈsonˈsche Krankˈheit/Parˈkinˈson'sche Krankˈheit) (die, -n -, kein Plural) Schüttellähmung.

Parkˈkralˈle (die, -, -n) Wegfahrsperre, die an den Rädern von falsch geparkten Autos angelegt wird.

Parkˈlicht (das, -es, -er) Strom sparende einseitige Autobeleuchtung.

Parkˈlüˈcke (die, -, -n) Platz zum Abstellen des Autos.

Parˈkoˈmeˈter (das, -s, -) Zeituhr mit Münzeinwurf am Parkplatz.

Parkˈplatz (der, -es, -plätˈze) Raum zum Abstellen von Autos; Parkraum.

Parkˈscheiˈbe (die, -, -n) durch die StVO vorgeschriebene scheibenförmige Uhr, auf der die Zeiger auf Ankunftszeit am Parkplatz gestellt werden; dient zur Parkzeitkontrolle.

Parkˈstuˈdiˈum (das, -s, kein Plural) jmd. studiert während der Wartezeit auf seinen eigentlichen Studienplatz vorübergehend ein anderes Fach.

Parkˈsünˈder (der, -s, -) jmd., der vorschriftswidrig parkt.

Parkˈuhr (die, -, -en) Zeituhr mit Münzeinwurf für eingeschränkte Parkerlaubnis.

Parkˈverˈbot (das, -es, -e) Raum, in dem das Abstellen von Autos nicht gestattet ist. Jmd. steht im Parkverbot.

Parkˈzeit (die, -, kein Plural) die Zeitspanne, für die das Parken erlaubt ist.

Parˈlaˈment (das, -s, -e) (engl.) Volksvertretung; parlamentarisch-demokratisch.

Parˈlaˈmenˈtär (der, -s, -e) (franz.) Unterhändler, der zwischen den Krieg führenden Parteien vermittelt.

Parˈlaˈmenˈtärˈflagˈge (die, -, -n) weiße Fahne, die der Parlamentär gut sichtbar mit sich trägt, wenn er sich zu militärischen Verhandlungen begibt. Die Parlamentärflagge garantiert persönliche Unverletzlichkeit.

Parˈlaˈmenˈtaˈriˈer (der, -s, -) Abgeordneter; Angehöriger des Parlaments.

parˈlaˈmenˈtaˈrisch (Adj.) zum Parlament gehörend; im Parlament üblich.

Parˈlaˈmenˈtaˈriˈscher Rat (der, -n -es, kein Plural) die 1948/49 in Bonn unter Vorsitz von Konrad Adenauer tagende Versammlung zur Ausarbeitung des Grundgesetzes der BR Dtl.

Parˈlaˈmenˈtaˈrisˈmus (der, -, kein Plural) demokratische Regierungsform, in der das Parlament an der Regierung mitwirkt.

Parˈlaˈmentsˈausˈschuss (der, -es, -schüsˈse) parlamentarisches Gremium für die parlamentarische Detailarbeit und die Beratung der Gesetzgebung.

Parˈlaˈmentsˈbeˈschluss (der, -es, -schlüsˈse) durch die Mehrheit im Parlament zustande gekommene Entscheidung.

Parˈlaˈmentsˈfeˈriˈen (die, -, nur Plural) das Parlament befindet sich in Urlaub; sitzungsfreie Zeit.

Parˈlaˈmentsˈgeˈbäuˈde (das, -s, -) dort tagt das Parlament; Regierungssitz.

Parˈlaˈmentsˈmitˈglied (das, -(e)s, -er) gewähltes Mitglied des Parlaments.

Parˈlaˈmentsˈsitˈzung (die, -, -en) Versammlung der Parlamentarier zur Beratung.

Parˈlaˈmentsˈwahl (die, -, -en) die Wahl der Parlamentsmitglieder.

parˈlanˈdo (Adv.) (ital.) im Sprechgesang; halb sprechend, halb singend.

Parˈlanˈdo (das, -s, -s/-di) (ital.) Sprechgesang.

parˈlieˈren (V.) (franz.) sich unterhalten; plaudern.

Paˈroˈnoˈmaˈsie (die, -, -ien) Zusammenstellung lautlich gleicher oder ähnlich klingender Wörter von gleicher Herkunft (Rhetorik).

Parˈma (kein Art, -s, kein Plural) ital. Stadt in der Emilia-Romagna.

Parˈmaˈschinˈken (der, -s, -) Schinkenspezialität aus Parma.

Parˈmeˈlia (die, -, -lˈien) (griech.-lat.) Schüsselflechte auf Rinden und Steinen.

Parˈmeˈsan (der, -s, kein Plural) (ital.) Käsesorte; harter, fetter Reibekäse aus Parma; Parmesankäse.

Parˈnass (der, -nasˈses/-, kein Plural) (griech. Parnassos) 1. Berg der Musen (in der griechischen Mythologie); 2. Reich der Dichtkunst; 3. Gebirge in Mittelgriechenland, an seiner Südseite das Orakel von Delphi.

Par|nas|siens (die, -, Pluralwort) (franz.) Dichtergruppe im 19. Jahrhundert, die sich von der gefühlsbetonten Richtung abwendet; benannt nach dem Buch »Le Parnasse contemporain«.

par|nas|sisch (Adj.) (griech.-lat.) den Parnass betreffend; zu ihm gehörend.

pa|r|o|chi|al (Adj.) zur Parochie gehörend.

Pa|r|o|chie (die, -, -n) (griech.) Pfarrbezirk.

Pa|r|o|die (die, -, -n) (griech.) komische und satirisch verfremdete Nachahmung. parodieren.

Pa|r|o|die|mes|se (die, -, -n) Messenkomposition, der ein schon vorhandenes Musikstück zugrunde gelegt wird.

pa|r|o|disch (Adj.) (griech.-lat.-franz.) die Parodie betreffend; die Mittel der Parodie anwendend.

Pa|r|o|dist (der, -en, -en) jmd., der Parodien verfasst und im Kabarett oder Zirkus vorträgt.

Pa|r|o|dis|tik (die, -, kein Plural) die Kunst der Parodie.

pa|r|o|dis|tisch (Adj.) 1. satirisch; nachahmend; 2. den Parodisten oder die Parodie betreffend.

Pa|r|o|don|ti|tis (die, -, -ti|ti|den) Zahnfleischentzündung mit Ablagerung von Zahnstein.

Pa|r|o|don|to|se (die, -, -n) (griech.) Zahnbettentzündung; Zahnfleischschwund. Parodontosebildung.

Pa|r|ö|ke (der, -n, -n) (griech.) Bewohner des byzantinischen Reiches ohne oder mit nur geringem Bürgerrecht.

Pa|ro|le (die, -, -n) (franz.) Kennwort; Wahlspruch. Paroleausgabe.

Pa|r|o|li (in der Wendung:) jemandem Paroli bieten (Widerstand leisten, es jmdm. heimzahlen, jmdm. scharf entgegentreten, jmdm. Einhalt gebieten). (Paroli ist ein italienischer Ausdruck für das franz. Pharaospiel.).

Pa|r|ö|mie (die, -, -n) (griech.) altgriechischer Denkspruch; Sprichwort.

Pa|r|ö|mio|graf (*auch:* Pa|r|ö|mio|graph) (der, -en, -en) (griech.) Gelehrter, der Denksprüche und Sprichworte zusammenstellt.

Pa|r|o|ny|mie (die, -, kein Plural) (griech.) das Ableiten von einem Stammwort in der Sprachwissenschaft.

Pa|r|o|ny|mik (die, -, kein Plural) (griech.-lat.) ein Teilgebiet der Sprachwissenschaft, das die Paronymie betrifft.

pa|r|o|ny|misch (Adj.) (griech.-lat.) die Paronymie betreffend; vom gleichen Stamm abgeleitet.

Pa|r|o|re|xie (die, -, -n) (griech.-lat.) medizinische Bezeichnung für das krankhafte Verlangen nach ungewöhnlichen oder unverdaulichen Speisen.

Pa|r|os|mie (die, -, -n) (griech.-lat.) Störung in der Wahrnehmung von Gerüchen (Med.).

Pa|r|o|tis (die, -, -o|ti|den) (griech.) Ohrspeicheldrüse.

Pa|r|o|ti|tis (die, -, -o|ti|ti|den) (griech.) Mumps.

pa|r|o|xys|mal (Adj.) (griech.-lat.) schubweise auftretend; anfallsweise auftretend; sich steigernd (Med.).

Pa|r|o|xys|mus (der, -, -men) (griech.) 1. anfallartiges Auftreten oder höchste Steigerung einer Krankheitserscheinung; 2. aufs Höchste gesteigerter tektonischer Vorgang (bes. vulkanischer Ausbruch).

Par|sec (das, -, -) (Kurzw.) Parallaxensekunde (Abk.: pc).

par|sen (V.) (engl.) maschinenlesbare Daten analysieren; segmentieren und kodieren (EDV).

Par|sing (das, -s, kein Plural) (engl.) das Parsen (EDV).

Pars pro To|to (das, - - -, kein Plural) (lat.) Redefigur, bei der ein Teilbegriff statt des Gesamtbegriffs verwendet wird (z. B. »Brot« statt »Nahrung«).

Part (der, -s, -s/-e) (franz.) Anteil; Stimme; Rolle.

Par|tei (die, -, -en) 1. politische Organisation; Block; Gruppierung; Splittergruppe; 2. Mieter; 3. Gruppe. Partei ergreifen (für jemanden eintreten). Parteienkampf; Parteienstaat.

Par|tei|ab|zei|chen (das, -s, -) Symbol einer Partei, an dem man sie in der Öffentlichkeit erkennt.

Par|tei|amt (das, -es, -äm|ter) eine Funktion im Parteiapparat. parteiamtlich.

Par|tei|an|hän|ger (der, -s, -) Parteifreund.

Par|tei|ap|pa|rat (der, -es, -e) alle Hilfsmittel und Mitarbeiter, die einer Partei zur Verfügung stehen.

Par|tei|be|trieb (der, -es, -e) in der Rechtsw. der Grundsatz, dass im Zivilrecht ein Prozess nur von den Prozessparteien in Gang gebracht werden kann. Parteibüro.

Par|tei|blatt (das, -es, -blät|ter) Parteizeitung.

Par|tei|buch (das, -es, -bü|cher) Mitgliedsbuch eines Parteimitgliedes. das richtige Parteibuch haben (die richtigen Beziehungen haben).

Par|tei|chef (der, -s, -s) der Parteiführer; Parteileitung; Parteivorsitzender.

Par|tei|chi|ne|sisch (das, -, kein Plural) die unverständliche Ausdrucksweise politischer Verlautbarungen.

Par|tei|freund (der, -es, -e) Gesinnungsgenosse; jmd., der Mitglied in derselben Partei ist.

Par|tei|funk|ti|o|när (der, -s, -e) jmd., der ein Amt im Parteiapparat bekleidet; Parteibonze (ugs.).

Par|tei|gän|ger (der, -s, -) Anhänger einer Partei.

Par|tei|ge|nos|se (der, -n, -n) Anhänger, Mitglied einer Partei.

Par|tei|ideo|lo|ge (der, -n, -n) politischer Theoretiker; Vertreter einer politischen Weltanschauung.

Par|tei|in|s|tanz (die, -, -en) zuständige Stelle im Parteiapparat.

par|tei|in|tern (Adj.) innerhalb der Partei. parteiinterne Meinungsverschiedenheiten in der Öffentlichkeit austragen.

par|tei|isch (Adj.) voreingenommen; Gegenteil von unparteiisch; befangen; einseitig; parteigebunden; subjektiv; tendenziös; vorbelastet; ungerecht.

Par|tei|kon|gress (der, -es, -e) Tagung der Partei.

Par|tei|lich|keit (die, -, kein Plural) Parteinahme; Voreingenommenheit. parteilich.

Par|tei|li|nie (die, -, -n) die Ideologie, die Richtung einer Partei.

par|tei|los (Adj.) zu keiner Partei gehörend. Parteilose; Parteilosigkeit.

par|tei|mä|ßig (Adj.) der Parteilinie entsprechend.

Par|tei|mit|glied (das, -es, -er) Mitglied einer politischen Partei; Parteigenosse.

Par|tei|nah|me (die, -, -n) Parteilichkeit.
Par|tei|or|gan (das, -s, -e) Zeitschrift; Zeitung.
Par|tei|or|ga|ni|sa|ti|on (die, -, -en) der Aufbau des Parteiapparates.
Par|tei|po|li|tik (die, -, kein Plural) 1. politische Strömungen innerhalb der Partei; 2. die Politik, die nach außen vertreten wird. parteipolitisch.
Par|tei|prä|si|di|um (das, -s, -ien) Parteivorsitz.
Par|tei|pro|gramm (das, -s, -e) politische Willenserklärung.
Par|tei|pro|pa|gan|da (die, -, kein Plural) Werbung für bestimmte politische Ziele, die von der Partei verfolgt werden.
Par|tei|se|kre|tär (der, -s, -e) Parteimitglied, das mit der Leitung der Verwaltung beauftragt ist. Parteisekretärin.
Par|tei|tag (der, -s, -e) regelmäßiges Treffen der Abgeordneten einer Partei.
Par|tei|ver|kehr (der, -s, kein Plural) Publikumsverkehr einer öffentlichen Dienststelle; Schalterstunden; Öffnungszeit.
par|terre (Adv.) (franz.) im Erdgeschoss. Wir wohnen parterre. *Aber:* im Parterre wohnen. Parterrewohnung.
Par|ter|re|ak|ro|ba|tik (die, -, kein Plural) Bodenakrobatik; artistisches Bodenturnen.
Par|the|no|kar|pie (die, -, -n) (griech.) Entstehung von (samenlosen) Früchten ohne Befruchtung; Jungfernfrüchtigkeit.
par|ti|al (Adj.) partiell; teilweise.
Par|ti|al|ob|li|ga|ti|on (die, -, -ti|o|nen) (lat.) Teilschuldverschreibung.
Par|tie (die, -, -n) (franz.) 1. Teil; Abschnitt; 2. ein Durchgang bei einem Spiel; 3. gesungene Bühnenrolle; Stimme; 4. Ausflug. mit von der Partie sein (ugs.) (bei etwas mitmachen, bei einer Unternehmung dabei sein). 5. Heirat. eine gute Partie sein (viel Geld mit in die Ehe bringen); eine gute Partie machen (einen vermögenden Partner heiraten). 6. eine komplette Ladung, eine große Einheit an Waren.
par|ti|ell (Adj.) (franz.) teilweise. Partialbruch; Partialtöne.
par|tien|wei|se (*auch:* par|tie|wei|se) (Adj.) jeweils für eine Partie geltend.
Par|tie|preis (der, -es, -e) günstiger Preis bei Abnahme eines Postens.
Par|ti|kel 1. (die, -, -n) (lat.) unbeugbares Wort. 2. (das, -s, -/die, -, -n) (lat.) Teilchen. Partikularrecht; partikulär (*auch:* partikular).
Par|ti|ku|la|ris|mus (der, -, kein Plural) (lat.) Kleinstaaterei.
Par|ti|ku|la|rist (der, -en, -en) Anhänger des Partikularismus, des Strebens nach Eigenständigkeit. partikularisch.
Par|ti|men|to (der, -, -ti) (ital.) Generalbassstimme.
Par|ti|san (der, -s/-en, -en) (franz.) Widerstandskämpfer.
Par|ti|sa|nen|kampf (der, -es, -kämp|fe) Freiheitskampf; Widerstandskampf; Guerillakrieg; Résistance. Partisanenkrieg.
Par|ti|sa|ne (die, -, -n) (ital.-franz.) spießartige Waffe mit zweischneidiger Klinge (15. bis 17. Jahrhundert).
Par|ti|te (die, -, -n) 1. Rechnungssumme; 2. Warenposten.
Par|ti|ti|on (die, -, -ti|o|nen) (lat.) Einteilung; in der Datenverarbeitung eigenständiger Festplattenbereich, Begriffszerlegung.
par|ti|ti|o|nie|ren (V.) in der Datenverarbeitung eine Festplatte in logische Teilbereiche mit eigenen Laufwerksbuchstaben einteilen.
par|ti|tiv (Adj.) (lat.) teilend.
Par|ti|tur (die, -, -en) (ital.) Einzelstimmen (Musikstück).
Par|ti|zip (das, -s, -zi|pi|en) (lat.) Mittelwort. Partizip Präsens (Mittelwort der Gegenwart, z. B. gehend); Partizip Perfekt (Mittelwort der Vergangenheit, z. B. gegangen). Partizipialbildung; Partizipialkonstruktion; Partizipialsatz; partizipial.
Par|ti|zi|pa|ti|ons|ge|schäft (das, -es, -e) Joint Venture (engl.); Zusammenschluss mehrerer Partner zur Abwicklung eines bestimmten Geschäftes.
Par|ti|zi|pa|ti|ons|kon|to (das, -s, -en) das gemeinsame Konto für die Partner eines Partizipationsgeschäfts.
par|ti|zi|pie|ren (V.) (lat.) teilnehmen; Anteil haben. Partizipation.
Part|ner (der, -s, -) 1. Teilhaber; 2. Mitspieler; 3. Freund; Ehepartner. Partnerin; Partnerland; Partnerschaft; Partnertausch; Partnerwahl.
Part|ner|look (der, -s, kein Plural) (engl.) vom Stil her gleiche Kleidung für ein Paar.
part|ner|schaft|lich (Adj.) freundschaftlich.
Part|ner|stadt (die, -, -städ|te) zwei Städte in verschiedenen Ländern, die miteinander kulturelle Beziehungen unterhalten.
Part|ner|ver|mitt|lung (die, -, -en) Eheanbahnung; Ehevermittlung; Heiratsinstitut; Heiratsvermittlung.
par|tout (Adv.) (franz.) unbedingt; durchaus; um jeden Preis.
Par|tus (der, -, -) (lat.) Geburt; Entbindung (Med.).
Par|ty (die, -, -s) (engl.) Fest. Partygirl; Partygrill; Partyservice; Cocktailparty.
Par|ve|nü (*auch:* Par|ve|nu) (der, -s, -s) (franz.) Neureicher; Emporkömmling.
Par|ze (die, -, -n) (lat.) Schicksalsgöttin in der Mythologie.
Par|zel|le (die, -, -n) (franz.) Grundstück; Bauland. Parzellarvermessung; Parzellenwirtschaft; parzellieren.
Pas (der, -, -) (franz.) Tanzschritt.
Pas|cal 1. (das, -s, -) Druckeinheit (Abk.: Pa). Pascalsekunde (Abk.: Pas); 2. (ohne Artikel) Programmiersprache.
Pasch (der, -s/-es, -e/Pä|sche) (franz.) gleiche Augenzahl (Würfeln). Verb: paschen.
Pa|scha (der, -s, -s) (türk.) Herrschertitel; patriarchalischer Mann.
Pa|scha|lik (das, -s, -e/-s) (türk.) 1. Paschawürde; 2. Amtsbezirk eines Paschas.
pa|schen (V.) (hebr.) 1. schmuggeln; 2. würfeln.
Pa|scher (der, -s, -) (ugs.) Schmuggler. Pascherei.
Pasch|tu (das, -/-s, kein Plural) Amtssprache in Afghanistan.
Pas de deux (der, - - -, - - -) (franz.) Balletttanz für zwei Tänzer.
Pas de trois (der, - - -, - - -) (lat.-franz.) Balletttanz für drei Tänzer.
Pa|seo (der, -s, -s) (lat.-span.) 1. Einzug der Matadore in die Arena beim Stierkampf; 2. Promenade; Spaziergang.
Pa|si|gra|fie (*auch:* Pa|si|gra|phie) (die, -, -n) (griech.-lat.) Allgemeinschrift ohne Laute, die von allen Völkern verstanden wird.

Pa|si|la|lie (die, -, kein Plural) (griech.-lat.) Wissenschaft von den künstlichen Weltsprachen.
Pas|lack (der, -s, -s) (slaw.) jmd., der für andere arbeiten muss.
Pa|so do|b|le (der, - -, - -) (span.) Tanz.
Pas|pel (die, -, -n) (franz.) Ziernaht. Paspelierung; paspelieren; paspeln.
Pas|quill (das, -s, -e) (ital.) Spott-, Schmähschrift.
Pas|quil|lant (der, -en, -en) (ital.) Verfasser oder Verbreiter einer Spott- oder Schmähschrift.
Pass (der, Pas|ses, Päs|se) (lat.) 1. Personalausweis; 2. Bergpass; Bergstraße; 3. gezieltes Zuspiel (Fußball). Passamt; Passhöhe; Passkontrolle; Passstelle (*auch:* Pass-Stelle); Passstraße (*auch:* Pass-Straße); Steilpass.
pas|sa|bel (Adj.) (franz.) annehmbar.
Pas|sa|ca|g|lia (die, -, -gli|en) (span.-ital.) 1. spanisch-italienischer Tanz; 2. langsames Instrumentalstück im Dreiertakt mit obstinatem Bass.
Pas|sa|de (die, -, -n) (franz.) kurzer Galopp mit Fußwechsel beim Wenden (in der hohen Schule).
Pas|sa|ge (die, -, -n) (franz.) 1. Durchfahrt; 2. Abschnitt; 3. Überfahrt. Verb: passieren.
Pas|sa|gier (der, -s, -e) (franz.) Fahrgast; Reisender. Passagierdampfer; Passagierflugzeug; Passagiergut; Passagierin; Passagierschiff.
Pas|sah (das, -s, kein Plural) (hebr.) jüdisches Fest. Passahfest; Passahmahl.
Pas|sa|mez|zo (der, -s, -zi) (lat.-ital.) 1. traditioneller italienischer Tanz; 2. Teil einer Suite.
Pas|sant (der, -en, -en) (franz.) Fußgänger.
Pas|sat (der, -s, -e) (niederl.) Tropenwind. Passatwind.
Pass|bild (das, -es, -er) Porträtfoto für den Ausweis. Passfoto.
Pas|se (die, -, -n) (franz.) Schulterstück.
pas|sé (*auch:* pas|see) (Adv.) (franz.) (ugs.) vorbei.
pas|sen (V.) (franz.) 1. in der Größe recht sein; 2. gefallen; 3. aus dem Spiel aussteigen (Skat); 4. zuspielen. Passform; Passung; passend, *aber:* Wir haben nichts Passendes gefunden.
Passe|par|tout (das, -s, -s) (franz.) Papprahmen.
Passe|pied (der, -s, -s) (franz.) alter französischer Rundtanz in raschem Dreiertakt.
Pas|se|rel|le (die, -, -n) (franz.) Fußgängerbrücke.
Pass|gang (der, -es, kein Plural) Gangart bei Tieren, wenn beim Gehen die Beine einer Seite gleichzeitig gehoben werden (Kamele, Pferde). Passgänger.
pas|sie|ren (V.) (franz.) 1. vorbeifahren; 2. überqueren; 3. geschehen; 4. durch ein Sieb drücken.
Pas|sier|ball (der, -es, -bäl|le) am gegnerischen Spieler vorbeigeschossener Ball.
Pas|sier|ma|schi|ne (die, -, -n) (österr.) Küchenmaschine; Mixer.
Pas|sier|schein (der, -(e)s, -e) Eintrittsberechtigung; Durchgangserlaubnis.
Pas|sier|schlag (der, -es, -schlä|ge) im Tennis hart geschlagener Ball, der am Gegner, der im Halbfeld steht, vorbeigeht.
Pas|sier|stel|le (die, -, -n) Grenzübergang.
Pas|si|flo|ra (die, -, -ren) (lat.) eine Kletterpflanze; Passionsblume.
pas|si|o|niert (Adj.) begeistert; leidenschaftlich. ein passionierter Schachspieler.
Pas|si|on (die, -, -si|o|nen) (lat.) Leidensgeschichte; Leidenschaft.
Pas|si|ons|blu|me (die, -, -n) Pflanze. Passionsfrucht.
Pas|si|ons|sonn|tag (der, -s, -e) die Sonntage der Passionszeit.
Pas|si|ons|spiel (das, -s, -e) religiöses Schauspiel über das Leiden und Sterben Christi, z. B. in Oberammergau. Passionsweg.
Pas|si|ons|wo|che (die, -, -n) die Karwoche.
Pas|si|ons|zeit (die, -, kein Plural) die Fastenzeit zwischen Aschermittwoch und Ostern.
pas|siv (Adj.) (lat.) untätig; zurückhaltend; unbeteiligt. Passiv (Leideform); Passivbildung.
Pas|si|va (die, -, Pluralwort) Schulden; Verbindlichkeiten. Passivposten.
pas|si|ver Wi|der|stand (der, -n -es, kein Plural) gewaltloser Widerstand als Mittel zur Durchsetzung politischer Forderungen, z. B. Blockade; Sitzstreik.
Pas|siv|ge|schäft (das, -(e)s, -e) Kapitalbeschaffung, die sich auf der Passivseite der Bilanz niederschlägt. Passivhandel.
pas|si|vie|ren (V.) Posten der Bilanz umbuchen, vom Haben ins Soll.
pas|si|visch (Adj.) im Passiv stehend.
Pas|si|vi|tät (die, -, kein Plural) Teilnahmslosigkeit; Untätigkeit.
Pas|siv|le|gi|ti|ma|ti|on (die, -, -en) das Recht und die Pflicht des Bürgers, in einem Prozess als Beklagter aufzutreten.
Pas|siv|rau|chen (das, -s, kein Plural) das ungewollte Einatmen von Tabakrauch.
Pas|siv|zin|sen (die, -, Pluralwort) Zinsen, die zu zahlen sind.
Pas|sus (der, -, -) (lat.) Textabschnitt.
Pass|wort (das, -s, -wör|ter) Kennwort (EDV), das der Benutzer am Computer eingeben muss, wenn er sich in ein System einloggen (anmelden) will.
Pas|te (*auch:* Pas|ta) (die, -, -n) (ital.) streichfähige Masse; Salbe.
Pas|ta asciut|ta (*auch:* Pas|ta|sciut|ta) (die,- -, -te -tte) (ital.) Spaghettigericht.
Pas|tell (das, -s, -e) (Kurzw.) Pastellzeichnung. Pastellstift; Pastellton; Pastellzeichnung.
Pas|tell|far|be (die, -, -n) Farbstifte aus Kreide, Ton oder Gips mit Bindemittel, in hellen, pudrigen Farben.
pas|tell|far|ben (Adj.) in hellen Farben von samtigem Aussehen. pastellig; pastell; pastellen.
Pas|tell|ma|le|rei (die, -, -en) Malerei auf rauem Papier oder präparierter Leinwand mit weichen Stiften, in zarten Farben.
Pas|te|te (die, -, -n) Fleisch, Fisch in Teighülle. Pastetenbäcker.
pas|teu|ri|sie|ren (V.) (lat.) entkeimen. Pasteurisation; Pasteurisierung; pasteurisiert.
Pas|tic|cio (das, -s, -s/-stic|ci) (ital.) 1. in betrügerischer Absicht in der Art eines bekannten Malers gemaltes Bild. 2. aus den Werken verschiedener Komponisten zusammengestellte Oper mit neuem Text; Flickoper.
Pas|tiche (der, -s, -s) (franz.) = Pasticcio.

Pas|til|le (die, -, -n) (lat.) Pille; Kügelchen. Pastillendöschen.

Pas|ti|nak (*auch:* die Pas|ti|na|ke) (der, -s, -e) (lat.) Krautpflanze.

Pas|tor (der, -s, -en) (lat.) Pfarrer. unter uns Pastorentöchtern/Pfarrerstöchtern (ugs.) (unter Gleichgesinnten, im Vertrauen). Pastoraltheologie.

pas|to|ral (Adj.) (lat.) 1. ländlich; 2. feierlich; 3. den Pastor betreffend.

Pas|to|ral (die, -, kein Plural) (lat.) die praktische Theologie der katholischen Kirche; die Lehre von der Seelsorge. Pastoraltheologie.

Pas|to|ral|brief (der, -(e)s, -e) Hirtenbrief.

Pas|to|ra|le 1. (das, -s, -s/die, -, -n) (ital.) Hirtenmusik; Schäferspiel. 2. (das, -s, -s) Bischofsstab.

Pas|to|ra|li|en (die) (Plural) Pfarramtsangelegenheiten.

Pas|to|rat (das, -s, -e) das Pfarramt.

Pas|to|ra|ti|on (die, -, -ti|o|nen) (lat.) die seelsorgerische Betreuung der Pfarrgemeinde oder einer Anstalt, eines Krankenhauses etc.

Pas|tor pri|ma|ri|us (der, - -, -to|res -rii) (Abk.: P. prim.) in der evangelischen Kirche der Oberpfarrer; Hauptpastor.

pas|tos (Adj.) 1. dickflüssig; 2. dick aufgetragen.

pas|tös (Adj.) (ital.) aufgedunsen; aufgeschwemmt.

Pas|to|si|tät (die, -, kein Plural) pastose Beschaffenheit; Dickflüssigkeit.

Pa|ta|go|ni|en (kein Art., -s, kein Plural) Steppenlandschaft im südlichsten Teil Südamerikas.

Patch|work (das, -s, -s) (engl.) Stoff aus vielen kleinen Stoff- oder Lederresten. Patchworkdecke.

Pa|te (der, -n, -n) Tauf-, Firmpate; Täufling; Firmling. bei etwas Pate stehen (ugs.) (durch sein Wirken auf etwas Einfluss nehmen). Patengeschenk; Patenkind; Patenonkel; Patensohn; Patin.

Pa|tel|la (die, -, -len) (lat.) Kniescheibe.

Pa|tel|lar|re|flex (der, -es, -e) in der Med. der beim Klopfen auf die Kniescheibe ausgelöste Reflex des Hochschnellens des Unterschenkels.

Pa|te|ne (die, -, -n) (lat.) in der Kirche kleiner, vergoldeter Hostienteller.

Pa|ten|schaft (die, -, -en) Pflegschaft; Vormundschaft; Bürgschaft; Gönnerschaft; Schirmherrschaft; Schutz.

pa|tent (Adj.) geschickt; brauchbar.

Pa|tent (das, -s, -e) 1. Urkunde für Berufsgrad, 2. Urkunde über das Verwertungsrecht einer Erfindung.

Pa|tent|amt (das, -(e)s, -äm|ter) zuständige Behörde für die Erteilung und Löschung von Patenten und Gebrauchsmustern.

Pa|tent|an|walt (der, -(e)s, -wäl|te) jmd., der beim Patentamt eingetragen und damit berechtigt ist, andere vor dem Patentgericht berufsmäßig zu vertreten.

pa|tent|fä|hig (Adj.) etwas ist geeignet, ein Patent darauf zu erhalten.

pa|ten|tie|ren (V.) ein Patent erteilen.

Pa|tent|in|ha|ber (der, -s, -) 1. jmd., der auf seine Erfindung ein Patent erlangt hat; 2. jmd., der das Recht zur Patentnutzung hat.

Pa|tent|in|ge|ni|eur (der, -s, -e) jmd., der sich mit der Erteilung von Patenten befasst.

Pa|tent|lö|sung (die, -, -en) ideale Lösung. Es gibt eine Patentlösung die alle Beteiligten zufriedenstellt.

Pa|tent|recht (das, -(e)s, kein Plural) die rechtliche Regelung der mit Patenten zusammenhängenden Probleme.

Pa|tent|re|gis|ter (das, -s, -) beim Patentamt geführtes Verzeichnis über alle erteilten Patente und ihre Erfinder.

Pa|tent|re|zept (das, -es, -e) einfache, alle Schwierigkeiten behebende Lösung.

Pa|tent|rol|le (die, -, -n) beim Patentamt geführtes Patentregister.

Pa|tent|schutz (der, -es, kein Plural) Schutz einer Erfindung durch ein Patent.

Pa|tent|ver|schluss (der, -es, -schlüs|se) praktischer Verschluss.

Pa|ter (der, -s, -/Pa|t|res) (lat.) Mönch (Abk.: P; Plural: PP).

Pa|ter|fa|mi|li|as (der, -, -) (lat.) (ugs. scherzhaft) Familienoberhaupt.

Pa|ter|na|lis|mus (der, -, kein Plural) (lat.) väterliche Bevormundung; bevormundende Fürsorge.

pa|ter|na|lis|tisch (Adj.) in der Art des Paternalismus; bevormundend.

pa|ter|ni|tär (Adj.) (lat.) 1. die Vaterschaft betreffend; 2. von einer patriarchalischen Gesellschaftsordnung bestimmt.

Pa|ter|ni|tät (die, -, kein Plural) (lat.) Vaterschaft.

Pa|ter|nos|ter 1. (das, -s, -) (lat.) Vaterunser (christliches Gebet); 2. (der, -s, -) (lat.) Aufzug. Paternosteraufzug.

Pa|ter Pa|t|ri|ae (der, - -, kein Plural) (lat.) Vater des Vaterlandes; Ehrentitel im alten Rom.

Pa|ter|pec|ca|vi (das, -, -) (lat.) reuiges Geständnis.

pa|te|ti|co (Adj.) (griech.-lat.-ital.) leidenschaftlich; erhaben; pathetisch (Vortragsanweisung in der Musik).

pa|the|tisch (Adj.) (griech.) feierlich; übertrieben gefühlvoll. Pathetik; Pathos.

pa|tho|gen (Adj.) (griech.) krankheitserregend.

Pa|tho|ge|ne|se (die, -, -n) (griech.) Entstehung einer Krankheit.

pa|tho|ge|ne|tisch (Adj.) (griech.-lat.) die Pathogenese betreffend; ihr angehörend (Med.). Pathogenität.

Pa|tho|g|no|mik (die, -, kein Plural) (griech.-lat.) 1. Krankheitserkennung aus charakteristischen Symptomen; 2. Deutung des seelischen Befindens aus Mimik und Gestik (Med.).

pa|tho|g|no|mo|nisch (Adj.) (griech.-lat.) für eine Krankheit charakteristisch.

Pa|tho|g|nos|tik (die, -, kein Plural) (griech.-lat.) Krankheitserkennung aus charakteristischen Symptomen (Med.).

pa|tho|g|nos|tisch (Adj.) (griech.-lat.) für ein Krankheitsbild kennzeichnend; charakteristisch (Med.).

Pa|tho|gra|fie (*auch:* Pa|tho|gra|phie) (die, -, -n) (griech.-lat.) die Erforschung und Darstellung von Krankheitseinflüssen auf die Entwicklung und Leistung des Menschen (Med.).

Pa|tho|lo|gie (die, -, kein Plural) (griech.) Lehre der Krankheiten.

Pa|tho|lo|ge (der, -n, -n) Wissenschaftler auf dem Gebiet der Pathologie.

pa|tho|lo|gisch (Adj.) 1. die Pathologie betreffend; 2. abartig; krankhaft.

Pa|tho|pho|bie (die, -, -n) (griech.-lat.) die krankhafte Angst krank zu sein oder zu werden (Med.).

Pa|tho|psy|cho|lo|gie (die, -, kein Plural) (griech.) Wissenschaft von den Krankheitserscheinungen im Seelenleben.

Pa|thos (das, -, kein Plural) (griech.) leidenschaftlich bewegter, feierlicher Gefühlsausdruck.
Pa|ti|ence (die, -, -n) (franz.) Kartenspiel. Patiencespiel.
Pa|ti|ent (der, -en, -en) (lat.) Kranker. Kassenpatient; Patientin; Patientenbetreuung; Privatpatient.
Pa|ti|en|ten|ver|fü|gung (die, -, -en) Formular, in welchem sich der Unterzeichnete mit passiver Sterbehilfe einverstanden erklärt im Falle eines unheilbaren Leidens; das Leben soll nicht künstlich mit Medikamenten verlängert werden.
Pa|ti|na (die, -, kein Plural) (ital.) 1. Kupferüberzug; 2. nachgedunkelte Firnisschicht auf Bildern.
pa|ti|nie|ren (V.) etwas mit künstlicher Patina versehen.
Pa|tio (der, -s, -s) Innenhof (im südspanischen Haus).
Pa|tis|se|rie (die, -, -n) (franz.) Konditorei. Patissier.
Pat|na|reis (der, -es, kein Plural) langkörnige Reissorte.
Pa|tois (das, -, kein Plural) (franz.) 1. Mundart der französischen Landbevölkerung; 2. provinzielle unkorrekte Sprache.
Pa|t|ri|arch (der, -en, -en) (griech.) 1. Bischofstitel; 2. Stammvater. Patriarchalkirche; patriarchalisch, patriarchisch.
Pa|t|ri|ar|chat (das, -s, -e) (griech.) 1. Würde und Wirkungsgebiet des kirchlichen Patriarchen; 2. Vaterherrschaft; von der herrschenden Stellung des männlichen Familienoberhauptes geprägte Gesellschaftsform. patriarchal.
Pa|t|ri|ar|cha|de (die, -, -n) (griech.-lat.) ihre Themen aus den Patriarchengeschichten des Alten Testaments schöpfende epische Dichtung des 18. Jahrhunderts.
pa|t|ri|li|ne|al (Adj.) (griech.-lat.) vaterrechtlich; in der Erblinie der väterlichen Linie nachkommend.
pa|t|ri|mo|ni|al (Adj.) zum Patrimonium gehörig; auf ihm beruhend.
Pa|t|ri|mo|ni|um (das, -s, -ni|en) (lat.) 1. väterliches Erbgut (im römischen Recht); 2. Patrimonium Petri: Grundbesitz der römischen Kirche. Kirchenstaat.
Pa|t|ri|ot (der, -en, -en) (griech.) Vaterlandsliebender.
pa|t|ri|o|tisch (Adj.) (griech.) national; vaterländisch gesinnt.
Pa|t|ri|o|tis|mus (der, -s, kein Plural) (griech.) Vaterlandsliebe; Heimatliebe; Nationalgefühl; Nationalismus; Nationalstolz.
Pa|t|ris|tik (die, -, kein Plural) (lat.) Wissenschaft von den Schriften der Kirchenväter; altchristliche Literaturgeschichte.
Pa|t|ris|ti|ker (der, -s, -) (lat.) auf dem Gebiet der Patristik forschender Wissenschaftler.
pa|t|ris|tisch (Adj.) zur Patristik gehörig.
Pa|t|ri|ze (die, -, -n) (lat.) Stempel; Prägestock mit erhabener Prägung.
pa|t|ri|zisch (Adj.) reich; vornehm.
Pa|t|ri|zi|at (das, -s, kein Plural) Gesamtheit der Patrizier.
Pa|t|ri|zi|er (der, -s, -) (lat.) 1. in der röm. Republik die Mitglieder der Geschlechter, die allein zur Regierung und Verwaltung des Staates berechtigt waren; 2. früher die ratsfähigen Geschlechter des städtischen Bürgertums. Patriziergeschlecht; Patrizierhaus.
Pa|t|ron (der, -s, -e) (lat.) Herr; Schutzheiliger.
Pa|t|ro|na (die, -, -nä) (lat.) heilige Beschützerin; Patronin.
Pa|t|ro|na|ge (die, -, -n) (franz.) Begünstigung.
Pa|t|ro|nanz (die, -, -en) (lat.) 1. Patronage; 2. österr. für Patronat.
Pa|t|ro|nat (das, -s, -e) 1. Amt eines Patrons; 2. mit bestimmten Rechten verbundene Stellung eines Patrons; 3. Schirmherrschaft; 4. Gesamtheit der Rechte und Pflichten des Gründers einer Kirche oder Kapelle seiner Stiftung gegenüber. Patronatsherr.
Pa|t|ro|nats|fest (das, -(e)s, -e) Patrozinium.
Pa|t|ro|nin (die, -, -in|nen) Schutzheilige; Schutzherrin.
Pa|t|ro|ne (die, -, -n) (franz.) Munition. Patronengurt; Patronenhülse; Patronentasche; Patronentrommel.
pa|t|roni|sie|ren (V.) (lat.-frz.) beschützen; begünstigen.
Pa|t|ro|ny|mi|kon (das, -s, -ka) (griech.) vom Namen des Vaters abgeleiteter Name; z. B. Petersen, Iwanowitsch.
pa|t|ro|ny|misch (Adj.) (griech.-lat.) das Patronymikon betreffend.
Pa|t|rouil|le (die, -, -n) 1. Kontrollgang; 2. Wachtposten. Patrouillenboot; Patrouillenfahrt; Patrouillenflug; Patrouillengang; patrouillieren.
Pa|t|ro|zi|ni|um (das, -s, -ni|en) (lat.) 1. Vertretung durch einen Patron vor Gericht (im alten Rom); 2. Rechtsschutz des Gutsherrn gegen Stadt und Staat für seine Untergebenen (im MA); 3. Schutzherrschaft (eines Heiligen über eine Kirche); 4. Fest dieses Heiligen.
Pat|sche (die, -, -n) (ugs.) 1. Schlaggegenstand; 2. Hand. Er sitzt in der Patsche (ist in einer unangenehmen Situation, sitzt in der Klemme). (Patsche ist eigentlich die Straßenpfütze.). jmdm. aus der Patsche helfen (ugs.) (jemanden aus einer Notlage befreien); jemanden in die Patsche reiten (ugs.) (jemanden in eine unangenehme Lage bringen); patschnass (*auch:* patschenass) (ugs.: sehr nass); patschen (klatschen). Fliegenpatsche.
Patsch|händ|chen (das, -s, -) Kinderhand.
Pat|schu|li (das, -s, -s) Duftstoff. Patschuliöl; Patschulipflanze.
Patt (das, -s, -s) (franz.) Gleichstand; Unentschieden. Pattsituation; patt.
Pat|te (die, -, -n) in der Näherei die Taschenklappe.
Pat|tern (das, -s, -s) (engl.) Verhaltensmuster.
Pat|tex (kein Art.) Warenzeichen für einen Klebstoff.
pat|tie|ren (V.) (franz.) rastern, mit Notenlinien versehen.
Pat|ti|nan|do (das, -s, -s/-di) (ital.) Ausfallschritt beim Fechten.
pat|zen (V.) (ugs.) klecksen; Fehler machen.
Pat|zer (der, -s, -) 1. falsches Spielen eines Musikinstruments; 2. Fehler; Schnitzer (ugs.). Patzerei.
pat|zig (Adj.) 1. (ugs.) frech; schnippisch; 2. (südd.) klebrig. sich patzig machen (ugs.) (aufgeblasen sein, sich groß aufspielen).
Pat|zig|keit (die, -, kein Plural) freches Benehmen.

Pau|kal (der, -s, -e) (lat.) eine kleine Anzahl ausdrückender Numerus.

Pau|kant (der, -en, -en) (dt.-lat.) 1. Fechter; 2. Zweikämpfer (in der veralteten Studentensprache).

Pau|ke (die, -, -n) Trommel. Nach der Prüfung hauen wir auf die Pauke (feiern wir); mit Pauken und Trompeten (ugs.) (ganz und gar, mit großem Tamtam). Paukenschlag; Paukenschlägel; Paukenwirbel.

pau|ken (V.) trommeln; intensiv lernen.

Pau|ken|fell (das, -(e)s, -e) gegerbtes Fell, mit dem der kupferne Halbkessel der Pauke bespannt ist.

Pau|ken|höh|le (die, -, -n) in der Med. Teil des Mittelohres.

Pau|ker (der, -s, -) (ugs.) Lehrer. Paukerei, Paukstunde.

Paul-Ehr|lich-In|s|ti|tut (das, - - -s, kein Plural) Bundesamt für Sera und Impfstoffe.

Pau|li|nis|mus (der, -, kein Plural) die Lehre des Apostels Paulus.

Pauls|kir|che (die, -, kein Plural) frühklassizistische ehemalige Kirche in Frankfurt, 1848 Sitzungsgebäude der Deutschen Nationalversammlung.

Paume|spiel (das, -es, -e) (lat.-franz.-dt.) traditionelles französisches Ballspiel.

pau|pe|rie|ren (V.) (lat.) sich kümmerlich entwickeln (von Pflanzen, bes. Bastarden).

Pau|pe|ris|mus (der, -, kein Plural) (lat.) Verarmung (große Teile der Bevölkerung), Massenarmut; Verelendung.

Pau|pe|ri|tät (die, -, kein Plural) (lat.) Armut; Dürftigkeit.

Paus|back (der, -(e)s, -e) ein pausbäckiger Mensch.

paus|ba|ckig (*auch:* -bä|ckig) (Adj.) mit roten, dicken Backen. Pausback; Pausbacken.

pau|schal (Adj.) allgemein; alles zusammen.

Pau|schal|ab|rech|nung (die, -, -en) Abrechnung ohne detaillierten Nachweis der Einzelposten.

Pau|schal|be|steu|e|rung (die, -, -en) Steuer nach dem Durchschnittseinkommen berechnet. Pauschalbewertung.

Pau|schal|be|trag (*auch:* Pausch|be|trag) (der, -(e)s, -trä|ge) Pauschale; einmalige Abfindung; Fixbetrag; Fixum; Inklusivbetrag.

Pau|scha|le (die, -, -n) geschätzte Summe; Fixum; Gesamtbetrag.

pau|scha|lie|ren (V.) Teilbeträge zu einer Summe zusammenfassen.

pau|scha|li|sie|ren (V.) verallgemeinern.

Pau|scha|li|tät (die, -, -en) Verallgemeinerung; Undifferenziertheit.

Pau|schal|preis (der, -es, -e) Komplettpreis; Bruttopreis; Festpreis; Inklusivpreis.

Pau|schal|quan|tum (das, -s, -ten) Pauschale; Fixum.

Pau|schal|rei|se (die, -, -en) Gesellschaftsreise in den Urlaub, für die alle Leistungen, wie Eintrittsgelder, Fahrtkosten, Essen, pauschal im Voraus abgegolten werden.

Pau|schal|sum|me (die, -, -n) Pauschale; Fixum.

Pau|schal|ur|teil (das, -s, -e) globales Urteil, das die Einzelheiten unberücksichtigt lässt.

Pau|schal|ver|si|che|rung (die, -, -en) Versicherung für viele Risiken.

Pau|sche (die, -, -n) 1. Sattelwulst; 2. Griff (Turnpferd). Pauschenpferd.

Pau|se (die, -, -n) 1. Unterbrechung; 2. Erholung; 3. Kopie.

pau|sen (V.) Kopie anfertigen; etwas mit Pauspapier kopieren.

Pau|sen|brot (das, -es, -e) Vesper; Brotzeit.

Pau|sen|fül|ler (der, -s, -) unterhaltsame Einlage zum Verkürzen der Pause.

Pau|sen|gym|nas|tik (die, -, kein Plural) Entspannungsübungen in der Arbeitspause.

pau|sen|los (Adj.) fortwährend; ständig.

Pau|sen|zei|chen (das, -s, -) 1. meist ein Klingeln, das den Anfang und das Ende der Pause akustisch anzeigt; 2. in der Notenschrift verschiedene Symbole für eine Pause.

pau|sie|ren (V.) eine Pause machen; eine Runde auslassen.

Paus|pa|pier (das, -s, -e) durchsichtiges Papier zum Durchzeichnen. Pauszeichnung.

Pa|va|ne (die, -, -n) (ital.) langsamer Reigentanz; Schreittanz.

Pa|ve|se (die, -, -n) (ital.) großer Schild zum Schutz der Armbrustschützen im Mittelalter.

Pa|vi|an (der, -s, -e) (niederl.) Affe mit verlängerter Schnauze

Pa|vil|lon (der, -s, -s) (franz.) Rundbau; Gartenhäuschen. Pavillonsystem.

Pa|vo|naz|zo (der, -, kein Plural) (lat.-ital.) dem carrarischen Marmor ähnlicher Marmor.

Pa|vor (der, -s, -s) (lat.) Angst, Schreck als Anfall erlebt (Med.).

Paw|lat|sche (die, -, -n) (tschech.) 1. Balkon; 2. baufälliges Haus; 3. Bretterbühne.

Pax (die, -, kein Plural) (lat.) 1. Friede; 2. Friedensgruß; 3. Friedenskuss in der katholischen Eucharistiefeier.

Pax Chris|ti (die, -, kein Plural) (lat.) französische katholische Friedensbewegung.

Pax Ro|ma|na (die, - -, kein Plural) (lat.) 1. römischer Friede als Bezeichnung für das befriedete römische Kaiserreich; 2. Name einer internationalen katholischen Studentenvereinigung.

Pax vo|bis|cum (kein Art.) (lat.) der Friede sei mit euch (liturgischer Gruß).

Pay|back (*auch:* Pay-back) (das, -s, -s) (engl.) Rückgewinnung (investierten) Kapitals.

Pay|sage in|time (die, -, kein Plural) (franz.) die besonders von der Schule von Barbizon gepflegte realistische Landschaftsmalerei.

Pay-TV (das, -, kein Plural) (engl.) Finanzierungssystem (Kabelfernsehen); Empfang spezieller Fernsehprogramme gegen Gebühr, die sich nach der Empfangszeit richtet; Kabelanschluss und Decoder erforderlich.

Pa|zi|fik (der, -s, kein Plural) Weltmeer. Pazifikbahn; pazifisch, *aber:* der Pazifische Ozean.

Pa|zi|fi|ka|ti|on (die, -, -ti|o|nen) (lat.) Befriedung; Beruhigung.

Pa|zi|fist (der, -en, -en) Friedensfreund; Kriegsgegner; Kriegsdienstverweigerer; Rüstungsgegner. pazifistisch.

pa|zi|fis|tisch (Adj.) (lat.) fried(ens)liebend. Pazifist; Pazifismus; Pazifizierung; pazifistisch; pazifizieren.

Pa|zi|fis|mus (der, -, kein Plural) Ablehnung des Wehrdienstes und jegli-

chen Krieges aus ethischen oder religiösen Gründen; Friedensbewegung; Friedensliebe; Gewaltlosigkeit; Gewaltverzicht.
pa|zi|fis|tisch (Adj.) (lat.) fried(ens)liebend.
Pa|zi|fi|zie|rung (die, -, kein Plural) Befriedung eines Landes. pazifizieren.
Pb (Abk.) Blei (chemisches Zeichen).
pc (Abk.) Parallaxensekunde.
PC (Abk.) **P**ersonal **C**omputer.
p.c. (Abk.) Prozent.
PCB (Abk.) Krebs erzeugender Giftstoff.
p.Chr. (Abk.) nach Christi Geburt.
PCM-Tech|nik (Abk.) digitale Impulsübertragung.
Pd (Abk.) Palladium.
PDF (Abk. für engl. **P**ortable **D**ocument **F**ormat) universelles Dateiformat, das besonders in der Druckvorstufe sowie für das elektronische Publizieren eingesetzt wird (EDV). PDF-Datei; PDF-Format.
PDS (Abk.) Partei des Demokratischen Sozialismus (Nachfolgepartei der SED).
Peak (der, -s, -s) (engl.) 1. Berggipfel; Spitze; 2. spitzes Maximum einer Kurve; 3. Stadtteil und Berg von Hongkong.
Pearl Har|bor (kein Art.) (engl.) Flottenstützpunkt und Luftwaffenbasis der USA auf der Hawaii-Insel Oahu.
Pe-Ce-Fa|ser (die, -, -n) Kunstfaser.
Pech (das, -s, -e) 1. Teer; 2. (ohne Plural:) Unglück. Wir hielten zusammen wie Pech und Schwefel. (ugs.) (Wir hielten unerschütterlich zusammen.). Pech haben (Missgeschick, Unglück haben). (Bei der Vogelstellerei geht der an der Pechrute hängende Vogel zugrunde.) Pechdraht; Pechfackel.
Pech|blen|de (die, -, kein Plural) Uranit;Uranpecherz; schwarzes Mineral.
pech|fins|ter (Adj.) stockfinster (ugs.); sehr dunkle Nacht.
pe|chig (Adj.) klebrig und schwarz; wie Pech.
Pech|koh|le (die, -, -n) tiefschwarze, glänzende, harte Kohle.
Pech|na|se (die, -, -n) Erker an mittelalterlichen Burgen, aus dem die Verteidiger siedendes Pech auf die Feinde schütteten.
Pech|nel|ke (die, -, -n) Nelkengewächs mit purpurroten Blüten und dunklen Klebezonen am Stängel.
pech|ra|ben|schwarz (Adj.) kohlschwarz; pechschwarz.
Pech|stein (der, -s, -e) Obsidian; braunes bis pechschwarzes, wasserhaltiges vulkanisches Glas.
Pech|sträh|ne (die, -, -n) eine Phase, in der jmd. dauernd Pech hat.
Pech|vo|gel (der, -s, -vö|gel) jmd., der vom Pech verfolgt wird; Unglücksrabe.
Pe|dal (das, -s, -e) Fußhebel.
pe|da|len (V.) (lat.) schweizerisch mundartlich für Rad fahren.
Pe|dal|har|fe (die, -, -n) Harfe mit Pedal.
Pe|dal|kla|vi|a|tur (die, -, -en) (lat.) mit den Füßen zu spielende Klaviatur bei Tasteninstrumenten.
Pe|dal|weg (der, -es, -e) in der Kfz-Technik der Spielraum des Pedals vom Drücken bis zum Einsetzen der Wirkung.
Pe|dant (der, -en, -en) (griech.) Kleinkrämer; Genauigkeitsfanatiker; Federfuchser; Korinthenkacker; Krämerseele; Kümmelspalter; Prinzipienreiter; Umstandskrämer.
Pe|dan|te|rie (die, -, kein Plural) schulmeisterliche Genauigkeit; Federfuchserei; Haarspalterei; Kleinlichkeit; Ordnungsliebe. Pedantismus.
pe|dan|tisch (Adj.) kleinlich; engherzig; genau; schulmeisterlich; übergenau.
Ped|dig|rohr (das, -s, -e) Rattan.
Pe|dell (der, -s, -e) (lat.) Hausmeister (früher an Schulen und Hochschulen).
Pe|di|g|ree (der, -s, -s) (engl.) 1. Stammbaum (von Tieren, bes. Pferden und Hunden sowie Pflanzen). 2. militärisches Führungszeugnis.
Pe|di|kü|re (die, -, -n) (franz.) Fußpflege. Verb: pediküren.
Pe|di|s|kript (das, -s, -e) (lat.) mit den Füßen geschriebenes Schriftstück.
Pe|do|graf (*auch*: Pe|do|graph) (der, -en, -en) (lat.-griech.) Wegmesser.
Pe|do|lo|gie (die, -, kein Plural) (griech.-nlat.) die Bodenkunde.
pe|do|lo|gisch (Adj.) die Bodenkunde betreffend.
Pe|do|me|ter (das, -s, -) (lat.-griech.) Gerät zum Zählen von Schritten.
Pe|dum (das, -s, -da) (lat.) Krummstab des Bischofs.
Pee|ling (das, -s, -s) (engl.) kosmetische Hautschälung.
Peep|show (die, -, -s) (engl.) Guckkasten-Show, bei der sich Frauen nackt auf einer Drehscheibe bewegen.
Peer (der, -s, -s) 1. Angehöriger des englischen hohen Adels; 2. Mitglied des Oberhauses im britischen Parlament.
Pee|rage (die, -, kein Plural) 1. Würde eines Peers; 2. Gesamtheit der Peers.
Pe|ga|sus (der, -, kein Plural) (griech.) 1. in der griech. Mythologie geflügeltes Pferd; Symbol für die Dichtkunst; 2. Sternbild am nördlichen Himmel.
Pe|ge (die, -, -n) (griech.) Quelle von weniger als 20 °C Temperatur; kalte Quelle.
Pe|gel (der, -s, -) 1. Wasserstand; 2. Wasserstandsmesser. Pegelhöhe; Pegelstand.
Peg|ma|tit (der, -s, -e) (griech.) Gestein.
Peh|le|wi (das, -s, kein Plural) Mittelpersisch.
Pei|es (die, nur Plural) (hebr.-jidd.) Schläfenlocken (der orthodoxen Juden).
pei|len (V.) 1. Richtung bestimmen; 2. (ugs.) Ausschau halten.
Peil|an|ten|ne (die, -, -n) Antenne zur Funkstrahlortung.
Pei|ler (der, -s, -) 1. jmd., der eine Funkpeilung macht; 2. das Peilgerät.
Peil|fre|quenz (die, -, -en) die Frequenz, die zum Peilen benutzt wird.
Peil|ge|rät (das, -es, -e) Rundfunkempfänger, mit dem gepeilt wird. Peillinie.
Peil|rah|men (der, -s, -) rahmenförmige Richtantenne.
Peil|sta|ti|on (die, -, -en) Funksender.
Pei|lung (die, -, -en) Funkortung.
Pein (die, -, kein Plural) Leid; Qual. Es bereitet große Pein (quälenden Schmerz).
pei|ni|gen (V.) quälen.
Pei|ni|ger (der, -s, -) jmd., der andere unterdrückt, peinigt, quält.
Pei|ni|gung (die, -, -en) das Peinigen; die Misshandlung.
pein|lich (Adj.) unangenehm; sehr sorgfältig. peinlich berührt sein (jmdm. ist etwas sehr unangenehm, etwas bereitet Verlegenheit). peinlicherweise.

pein|sam (Adj.) (ugs.) peinlich; unangenehm.

pein|voll (Adj.) schmerzhaft.

Pein|lich|keit (die, -, kein Plural) 1. Bloßstellung; 2. (Plural -en) beschämende Bemerkungen.

Peit|sche (die, -, -n) Schlagriemen. Peitschenhieb; Peitschenknall; Peitschenschlag; Peitschenstiel; auspeitschen.

peit|schen (V.) mit der Peitsche zuschlagen.

Peit|schen|leuch|te (die, -, -n) Straßenlampe, die im oberen Teil gebogen ist.

pe|jo|ra|tiv (Adj.) (lat.) die Bedeutung verschlechternd. Pejoration; Pejorativum.

Pe|ka|ri (das, -s, -s) (franz.) Wildschwein.

Pe|ke|sche (die, -, -n) (poln.) 1. mit Pelz und Litzen verzierter polnischer Überrock; 2. mit Schnüren verzierte, festliche Jacke (der Verbindungsstudenten).

Pe|ki|ne|se (der, -n, -n) Hunderasse.

Pe|king (kein Art.) (*auch:* Bei|jing) (chines.) Hauptstadt der Volksrepublik China.

Pe|king|mensch (der, -en, -en) Skelettfunde eines frühsteinzeitlichen Menschen bei Peking.

Pe|king|oper (die, -, kein Plural) Musiktheater aus Peking mit starken pantomimischen und akrobatischen Elementen.

Pe|koe (der, -s, kein Plural) (engl.) Teesorte. Orange Pekoe.

pek|t|an|gi|nös (Adj.) (lat.) die Angina Pectoris betreffend.

Pek|tin (das, -s, -e) (griech.) Geliermittel.

pek|to|ral (Adj.) (lat.) die Brust betreffend.

Pek|to|ra|le (das, -, -s/-li|en) (lat.) Brustkreuz.

pe|ku|ni|är (Adj.) (franz.) geldlich; das Geld betreffend.

pek|zie|ren (V.) (lat.) eine Dummheit machen; etwas Schlimmes anstellen.

Pe|la|de (die, -, -) (lat.-franz.) krankhafter Haarausfall.

Pe|la|gi|al (das, -s, kein Plural) (griech.) 1. Meere und große Binnenseen als Lebensraum; 2. die darin lebenden Organismen.

pe|la|gisch (Adj.) zum Pelagial gehörig; darin lebend; (ständig) auf dem offenen Meer lebend (z. B. Seevögel im Winter).

Pe|lar|go|nie (die, -, -n) (griech.) Geranie.

Pele|mele (das, -, kein Plural) (franz.) Süßspeise; Mischmasch.

Pe|li|kan (der, -s, -e) (griech.) tropischer und subtropischer Schwimmvogel.

Pel|l|a|g|ra (die, -, kein Plural) (ital.-griech.) durch Vitaminmangel (bes. B_2) hervorgerufene Krankheit mit Hautausschlag.

pel|len (V.) schälen.

Pel|le (die, -, -n) Haut. Lieg mir nicht dauernd auf der Pelle (sei nicht so lästig). Sie gingen uns nicht von der Pelle (wir wurden sie nicht los). wie aus dem Ei gepellt (sehr fein). Pellkartoffel; Wurstpelle.

Pel|lets (die, nur Plural) (engl.) kleine Kugeln oder gekrümmte Plättchen aus elastischem Material (für Verpackungszwecke). Kraftfutter.

pel|lu|zid (Adj.) (lat.) lichtdurchlässig; durchscheinend.

Pe|lo|ta (die, -, kein Plural) (span.) Ballspiel; baskisches Nationalspiel; dem Squash ähnlich.

Pe|lo|ton (das, -s, -e) (lat.-franz.) 1. Schützenzug; 2. Exekutionskommando; 3. Hauptfeld bei Straßenrennen.

Pe|lot|te (die, -, -n) (franz.) kleines Polster (als Schuheinlage u. a.).

Pel|tast (der, -en, -en) (griech.-lat.) leicht bewaffneter Fußsoldat im alten Griechenland.

Pel|ton|rad (das, -es, -rä|der) Wasserturbine. Peltonturbine.

Pelz (der, -es, -e) 1. Fell; 2. Haar; 3. Pelzmantel; (ugs.) Haut. Ich mag nicht, wenn mir Leute auf den Pelz rücken (zu nahe kommen). jmdm. eins auf den Pelz geben (ugs.) (jmdm. eine Tracht Prügel geben); jmdm. eins auf den Pelz brennen (ugs.) (auf jemanden mit dem Gewehr schießen). Pelzkappe; Pelzkragen; Pelzmantel; Pelzmütze; Pelzstiefel; Pelzstola; Pelztier; Pelztierfarm; Pelzwerk; pelzbesetzt; pelzgefüttert.

pel|zen (V.) 1. den Pelz abziehen; 2. (ugs.) faul sein.

Pelz|flat|te|rer (der, -s, -) Fledermausart.

pel|zig (Adj.) weich behaart.

Pelz|mot|te (die, -, -n) der Kleidermotte vergleichbarer Schädling.

Pem|mi|kan (der, -s, kein Plural) (indian.) 1. getrocknetes, zerstampftes, mit Fett übergossenes Dauerfleisch (der nordamerikanischen Indianer); 2. Konserve aus Fleischpulver und Fett.

Pem|phi|gus (der, -, kein Plural) (griech.) Erkrankung der Haut und Schleimhaut mit Blasenbildung.

Pe|nal|ty (der, -s, -s) (engl.) Strafschuss (Eishockey).

Pen|chant (der, -s, -s) (franz.) Hang; Neigung.

P.E.N.-Club (*auch:* PEN-Club) (der, -s, kein Plural) (engl.) (Abk.) **P**oets, **E**ssayists, **N**ovelists (Dichter, Essayisten, Romanciers); internationale Schriftstellervereinigung.

Pe|na|ten (die, -, Pluralwort) altrömische Hausgötter.

Pence (die, -, Pluralwort) (engl.) Plural von Penny.

Pen|dant (das, -s, -s) (franz.) Gegenstück. ein Pendant zu etwas sein (eine Entsprechung oder ein ergänzendes Gegenstück zum Vorhandenen sein).

Pen|del (das, -s, -) starrer Körper, der um einen festen Punkt oder eine feste Achse schwingen kann. Pendelachse.

pen|deln (V.) 1. hin- und herschwingen. 2. hin- und herfahren. Pendellampe; Pendelschwingung.

Pen|del|tür (die, -, -en) Schwingtür.

Pen|del|uhr (die, -, kein Plural) 1. Uhr mit Pendeln, die von Gewichten angetrieben wird; 2. Sternzeichen des südlichen Himmels.

Pen|del|ver|kehr (der, -s, kein Plural) regelmäßige Verkehrsverbindung zwischen zwei Orten.

pen|dent (Adj.) (lat.-ital.) unerledigt; anhängig; noch schwebend.

Pen|den|tif (das, -s, -s) (franz.) Hängekonstruktion (Architektur).

Pen|denz (die, -, -en) (lat.) noch in der Schwebe befindliche Angelegenheit; unerledigte Sache.

Pe|ne|lo|pe (die, -, kein Plural) (griech.) in der griech. Mythologie die Gattin des Odysseus.

Pendˈler (der, -s, -) jmd., der auf dem Weg zur Arbeitsstelle am Pendelverkehr teilnimmt.
Pendˈlerˈpauˈschaˈle (die, -, -en) für Berufspendler steuerliche Vergünstigung.
Penˈdüˈle (die, -, -n) (franz.) Pendeluhr.
peˈneˈtˈraˈbel (Adj.) (lat.-franz.) durchdringend; durchdringbar.
peˈneˈtˈrant (Adj.) (franz.) aufdringlich.
Peˈneˈtˈranz (die, -, kein Plural) Durchdringung; Durchsetzung; Aufdringlichkeit.
peˈneˈtˈrieˈren (V.) durchdringen; durchsetzen; eindringen. Penetration.
peng! (Interj.) Knalllaut.
Penˈgö (der, -, -) (ung.) bis 1946 Währungseinheit in Ungarn, ersetzt durch den Forint.
Penˈholˈderˈgriff (der, -s, -e) Schlägerhaltung (Tischtennis).
peˈniˈbel (Adj.) (franz.) übergenau; mühsam; peinlich genau. Wird »penibel« gebeugt oder gesteigert, entfällt das »e« der Endsilbe: ein penibler Beamter.
Peˈniˈbiˈliˈtät (die, -, kein Plural) penibles Auftreten.
Penˈinˈsuˈla (die, -, -suln) (lat.) Halbinsel. Adjektiv: peninsularisch.
Peˈnis (der, -, -se/Peˈnes) (lat.) männliches Glied.
Peˈnisˈneid (der, -es, kein Plural) in der Psychol. vermutetes Gefühl der Benachteiligung bei Mädchen wegen fehlendem Penis.
Peˈniˈzilˈlin (*auch*: Peˈniˈcilˈlin) (das, -s, -e) (lat.) ein Antibiotikum; antibiotisch hochwirksame Pilzstoffwechselprodukte gegen Eitererreger und andere Bakterien. Penizillinampulle; Penizillinspritze.
Penˈnäˈler (der, -s, -) (ugs.) Schüler. Adjektiv: pennälerhaft.
Pennˈbruˈder (der, -s, -brüˈder) (ugs.) Landstreicher.
Penˈne (die, -, -n) (ugs.) Schule; Kneipe.
penˈnen (V.) (ugs.) schlafen. Penner.
Penˈni (der, -/-s, -/-s) finnische Währungseinheit (Abk.: p).
Penˈniˈniˈsche Alˈpen (die, -n -, Pluralwort) ein Gebirgszug im Wales.
Penˈny (der, -s, Plural: für einige Stücke: Pennys, bei Wertangabe: Pence) englische und irische Währungseinheit; englische/irische Münze; Untereinheit des britischen Pfunds. Abk.: p (früher: d).
Penˈnyˈweight (das, -(s), -s) (engl.) britische Gewichtseinheit für Münzen, Metalle, Edelsteine.
penˈsee (Adj.) (franz.) dunkellila. Penseerock; penseefarbig.
Penˈsee (das, -s, -s) (franz.) in der Botanik Stiefmütterchen.
penˈsiˈeˈroˈso (Adj.) (lat.-ital.) tiefsinnig; gedankenschwer (Vortragsanweisung in der Musik).
Penˈsiˈon (die, -, -siˈoˈnen) (franz.) 1. Ruhestand; Rente; 2. Gästehaus. Pensionist; Pensionistin. pensionsreif.
Penˈsiˈoˈnär/in (der/die, -s -, -e -nen) jmd., der nach einem Arbeitsleben in Ruhestand ist; Pensionist; Rentner; Ruheständler.
Penˈsiˈoˈnat (das, -s, -e) (franz.) Schülerwohnheim.
penˈsiˈoˈnieˈren (V.) jmd. in den Ruhestand entlassen.
Penˈsiˈoˈnieˈrung (die, -, -en) das Pensionieren.
Penˈsiˈonsˈalˈter (das, -s, kein Plural) Altersgrenze zum Ausscheiden aus dem Berufsleben.
Penˈsiˈonsˈanˈspruch (der, -s, -sprüˈche) durch Einzahlen in eine Rentenversicherung erworbener Anspruch auf Auszahlung einer Rente bei Erreichen des Pensionsalters.
penˈsiˈonsˈbeˈrechˈtigt (Adj.) jmd. ist pensionsberechtigt, wenn er Anspruch auf die Auszahlung einer Pension hat.
Penˈsiˈonsˈgast (der, -es, -gäsˈte) Gast eines Fremdenheims, einer Pension.
Penˈsiˈonsˈkasˈse (die, -, -en) betriebliche Altersversicherung.
penˈsiˈoˈniert (Adj.) im Ruhestand sein.
Penˈsum (das, -s, -sen/-sa) (lat.) 1. Lehrstoff; 2. Arbeitsleistung.
Penˈtaˈchord (das, -s, -e) (griech.) Saiteninstrument mit fünf Saiten.
Penˈtaˈde (die, -, -n) (griech.) fünf Tage.
Penˈtaˈeˈder (das, -s, -) (griech.) Fünfflächner.
Penˈtaˈgon (das, -s, -e) (griech.) 1. Fünfeck; 2. Verteidigungsministerium (USA). Adjektiv: pentagonal.
Penˈtaˈgonˈdoˈdeˈkaˈeder (der, -s, -) ein von zwölf Fünfecken begrenzter Körper.
Penˈtaˈgramm (das, -s, -e) (griech.) fünfzackiger Stern, der mit fünf gleich langen Linien in einem Zug gezeichnet werden kann. Drudenfuß.
Pentˈameˈron (*auch:* Pentˈameˈroˈne) (das, -s, kein Plural) (griech.) Sammlung von neapolitanischen Märchen, die an fünf Tagen erzählt wurden.
Penˈtaˈmeˈter (der, -s, -) (griech.) Versmaß.
Penˈtan (das, -s, -e) (griech.) Kohlenwasserstoff. Pentansäure.
Penˈtaˈprisˈma (das, -s, -men) (griech.) fünfkantiges Prisma (in optischen Systemen).
Penˈtaˈstyˈlos (der, -, -en) (griech.) antiker griech. Tempel mit jeweils fünf Säulen an den Schmalseiten.
Penˈtaˈteuch (der, -s, kein Plural) (griech.) die fünf Bücher Moses im AT.
Penˈtˈathˈlon (der, -s, kein Plural) (griech.) aus fünf verschiedenen Einzelkämpfen bestehender Wettkampf; Fünfkampf (in der Antike).
Penˈtaˈtoˈnik (die, -, kein Plural) (griech.) Fünftonmusik. Adjektiv: pentatonisch.
Penˈteˈkosˈte (die, -, kein Plural) (griech.) Pfingsten.
Pentˈhaus (*auch:* Pentˈhouse) (das, -es, -häuˈser) (engl.) Luxusdachwohnung.
Penˈtheˈsiˈlea (*auch:* Penˈtheˈsiˈleia) (kein Art.) (griech.) in der griechischen Mythologie Amazonenkönigin, von Achilles vor Troja getötet.
Penˈtiˈmenˈti (die, nur Plural) (lat.-ital.) wieder sichtbar gewordene Linien oder Untermalungen auf Gemälden.
Pentˈlanˈdit (der, -s, kein Plural) (engl.) ein Mineral; Eisennickelkies (nach dem Entdecker J.D. Pentland).
Penˈtˈoˈde (die, -, -n) Elektronenröhre mit fünf Elektroden.
Penˈtˈoˈse (die, -, -n) (griech.) aus fünf Kohlenstoffatomen bestehender Zucker.
Peˈnunˈze (die, -, -n) ugs. für Geld.
Pep (der, -s, kein Plural) (engl.) Schwung. Pepmittel.
Peˈpeˈrin (der, -s, -e) (griech.-lat.-ital.) vulkanisches Tuffgestein.
Peˈpeˈroˈni (die, -, -) (ital.) Paprikafrucht.
Peˈpiˈta (der/das, -s, -s) (span.) Karomuster; Stoff. Pepitahut; Pepitamantel.

Pep|mit|tel (die, -, -s) Aufputschmittel.
pep|pig (Adj.) mit Pep.
Pep|ping (der, -s, -e/-s) (engl.) kleiner Apfel.
Pep|sin (das, -s, -e) (griech.) Magensaftferment. Pepsinwein; Peptisierung; peptisch; peptisieren.
Pep|tid (das, -s, -e) (griech.) beim Abbau von Proteinen entstehender Stoff.
Pep|ton (das, -s, -to|ne) wasserlösliches Gemisch aus unvollständig abgebautem Eiweiß.
per (Präp., Akk.) mit; durch; bis. *Beachte:* auf die Präposition »per« folgt ein Akkusativ: per Eilboten (*falsch:* Eilbote!); per Post; per Bahn; die Rechnung ist per 15. März zu zahlen. Die in der Behörden- und Kaufmannssprache gebräuchliche Präposition lässt sich durch deutsche Präpositionen ersetzen: »mit dem Flugzeug« statt »per Flugzeug«.
per as|pe|ra ad as|t|ra (lat.) über raue Pfade zu den Sternen, durch die Nacht zum Licht.
Per|bo|rat (das, -s, -e) chemische Verbindung von Wasserstoffperoxid und Boraten zu Wasch- und Bleichmitteln.
per con|to (ital.) auf Rechnung.
Perch|ten (die, nur Plural) Geister; Dämonen. Perchtenmasken.
Perch|ten|tanz (der, -es, -tän|ze) (südd., österr.) heidnisches Ritual maskierter Burschen zum Austreiben des Winters.
Per|cus|si|on (die, -, -s) (engl.) Schlaginstrumente.
per de|fi|ni|ti|o|nem (lat.) laut Definition.
per|du (Adj.) (franz.) (ugs.) verloren; weg.
pe|r|em(p)|to|risch (Adj.) (lat.) aufhebend; vernichtend; ungültig machend.
pe|r|en|nie|rend (Adj.) (lat.) 1. überwinternd; ausdauernd; mehrere Jahre blühend; 2. das ganze Jahr hindurch Wasser führend.
Pe|re|s|t|ro|i|ka (die, -, -) (russ.) Reform; Umgestaltung.
per|fekt (Adj.) (lat.) 1. vollkommen; 2. hervorragend; 3. abgeschlossen.
Per|fekt (das, -s, -e) (lat.) Zeitform des Verbs (2. Vergangenheit; z. B. habe gesehen, bin gewesen). Adjektive: perfektisch; perfektivisch.
per|fek|ti|bel (Adj.) (lat.) vollendungsfähig; zur Vervollkommnung befähigt.
Per|fek|ti|bi|lis|mus (der, -, kein Plural) (lat.) aufklärerische Position, wonach der Sinn jeglicher Geschichte in der fortschreitenden Vervollkommnung der Menschheit liegt.
Per|fek|ti|bi|list (der, -en, -en) (lat.) Anhänger des Perfektibilismus.
Per|fek|ti|bi|li|tät (die, -, kein Plural) (lat.) die Fähigkeit, Befähigung zur Vervollkommnung.
Per|fek|ti|on (die, -, -en) Vollkommenheit; Virtuosität.
per|fek|ti|o|nie|ren (V.) vervollkommnen; vollenden.
Per|fek|ti|o|nie|rung (die, -, kein Plural) (lat.) das Perfektionieren; das Vervollkommnen.
Per|fek|ti|o|nis|mus (der, -, kein Plural) Lehre von der Vollkommenheit. Perfektionist.
per|fek|ti|o|nis|tisch (Adj.) auf Perfektion beruhend.
per|fek|tiv (Adj.) (lat.) eine zeitliche Begrenzung eines Geschehens ausdrücken.
Per|fek|tiv (das, -s, -e) (lat.) Aktionsart des Verbs, die das Ende einer Handlung, eines Geschehens, Zustandes ausdrückt (in slawischen Sprachen).
per|fek|ti|vie|ren (V.) (lat.) ein Verb mithilfe von Partikeln in die perfekte Aktionsart überführen (Sprachwissenschaft).
per|fid (*auch:* per|fi|de) (Adj.) (franz.) treulos; hinterhältig.
Per|fi|die (die, -, -n) Heimtücke; Hinterlist; Niedertracht.
Per|fi|di|tät (die, -, kein Plural) perfides Verhalten.
per|fo|ra|bel (Adj.) zum Perforieren geeignet.
Per|fo|ra|ti|on (die, -, -ti|o|nen) (lat.) 1. Reißlinie; 2. Durchlochung. Perforiermaschine.
Per|fo|ra|tor (der, -s, -en) Perforiermaschine.
per|fo|rie|ren (V.) etwas mit einer Linie von gleichen Löchern versehen.
Per|for|mance (die, -, -s) (engl.) Aufführung.
per|for|ma|tiv (Adj.) (lat.-engl.) eine Handlung sprachlich äußernd und gleichzeitig vollziehend (jmdm. Glück wünschen).
Per|ga|ment (das, -s, -e) (griech.) 1. präparierte Tierhaut, die vor der Erfindung des Papiers als Schreibmaterial verwendet wurde; 2. Schriftstück. Pergamentband; Pergamentpapier; pergamenten.
per|ga|men|tie|ren (V.) (griech.-lat.) 1. ein Papier fertigen, das dem Pergament ähnlich ist; 2. Baumwollgewebe durch Schwefelsäure pergamentähnlich machen.
Per|ga|min (das, -s, kein Plural) (griech.-lat.) durchscheinendes, dem Pergament ähnliches Papier.
Per|go|la (die, -, -len) (ital.) Laube.
per|hor|res|zie|ren (V.) (lat.) verabscheuen; mit Nachdruck zurückweisen.
Pe|ri|anth (das, -s, -e) (griech.) 1. Blütenhülle (bei Bedecktsamern); 2. blattartige Hülle um die Fortpflanzungsorgane (bei Moosen).
Pe|ri|ar|th|ri|tis (die -, -ti|den) (griech.) Entzündung der Umgebung von Gelenken.
Pe|ri|chon|d|ri|tis (die, -, -ti|den) (griech.) Knorpelhautentzündung.
Pe|ri|chon|d|ri|um (das, -s, -ri|en) Knorpelhaut.
Pe|ri|derm (das, -s, -e) (griech.) Pflanzengewebe.
Pe|ri|dot (der, -s, -e) (franz.) ein Mineral; Art des Olivins; Schmuckstein.
Pe|ri|gon (das, -s, -e) (griech.) Blütenhülle aus gleichartigen Blättern (Bot.).
Pe|ri|hel (das, -s, -e) (griech.) Punkt der geringsten Entfernung auf der Bahn eines Himmelskörpers von der Sonne; Sonnennähe.
Pe|ri|kard (das, -s, -e) Hülle des Herzens; Herzbeutel.
Pe|ri|kar|di|tis (die, -, -ti|den) (griech.) Herzbeutelentzündung.
Pe|ri|karp (das, -s, -e) (griech.) Fruchtwand (bei Früchten von Samenpflanzen).
Pe|ri|klas (der, -es, -e) (griech.) Mineral.
Pe|ri|ko|pe (die, -, -n) (griech.) Bibelabschnitt.
Pe|ri|me|ter (das, -s, -) (griech.) Gerät zum Bestimmen der Größe des Gesichtsfeldes.

Pe|ri|o|de (die, -, -n) (lat.) 1. Zeitraum; 2. Abfolge; 3. Menstruation. Periodenrechnung; Periodensystem; Periodenzahl; Periodik; Periodisierung; Periodizität; mehrperiodig; periodisch; periodisieren.

Pe|ri|o|di|kum (das, -s, -ka) (griech.-lat.) regelmäßig erscheinende Zeitschrift.

Pe|ri|o|do|lo|gie (die, -, kein Plural) (griech.-lat.) die Lehre vom Bau musikalischer Sätze.

Pe|ri|o|don|ti|tis (die, -, -ti|den) (griech.) Wurzelhautentzündung.

Pe|ri|ö|ke (der, -n, -n) (griech.) freier Einwohner des alten Sparta ohne politische Rechte.

pe|ri|o|ral (Adj.) (griech.-lat.) in der Nähe des Mundes; um den Mund herum sich befindend (Med.).

Pe|ri|ost (das, -s, -e) (griech.) Knochenhaut.

Pe|ri|os|ti|tis (die, -, -ti|den) (griech.) Knochenhautentzündung.

Pe|ri|pe|tie (die, -, -n) (griech.) Wendepunkt; Umschwung.

pe|ri|pher (Adj.) (griech.) am Rande gelegen.

Pe|ri|phe|rie (die, -, -ri|en) in der Math. Umfang des Kreises.

Pe|ri|phe|rie|ge|rät (das, -es, -e) in der EDV alle Geräte, die an einen Computer angeschlossen sind und dem Datenaustausch bzw. der Ein- oder Ausgabe dienen (Bildschirm, Laufwerk, Drucker, Scanner).

Pe|ri|phe|rie|win|kel (der, -s, -) in der Math. der Umfangswinkel.

Pe|ri|phra|se (die, -, -n) (griech.) Umschreibung. periphrastisch. periphrasieren.

Pe|ri|s|kop (das, -s, -e) (griech.) Sehrohr. Adjektiv: periskopisch.

Pe|ri|s|tal|tik (die, -, kein Plural) (griech.) wellenförmige Bewegung (von Hohlorganen; z. B. der Speiseröhre).

pe|ri|s|tal|tisch (Adj.) (griech.) wellenförmig (fortschreitend).

Pe|ri|s|ta|se (die, -, -n) (griech.) Gesamtheit der auf ein Lebewesen vor und nach der Geburt einwirkenden Einflüsse.

Pe|ris|te|ri|um (das, -s, -r|ien) (griech.-lat.) mittelalterlicher Behälter für Hostien in Form einer Taube.

Pe|ri|s|tyl (das, -s, -e) (griech.) Innenhof mit Säulen.

Pe|ri|to|ne|um (das, -s, -ne|en) (griech.-lat.) Bauchfell.

Pe|ri|to|ni|tis (die, -, -ti|den) (griech.) Bauchfellentzündung.

Per|jo|dat (das, -s, -e) Salz der Überjodsäure.

Per|kal (der, -s, -e) (pers.) Baumwollgewebe.

Per|ko|lat (das, -s, -e) durch Perkolation gewonnener Auszug.

Per|ko|la|ti|on (die, -, -ti|o|nen) (lat.) Gewinnung von Auszügen aus klein geschnittenen Pflanzen auf kaltem Wege durch ständig fließendes Lösungsmittel.

per|ko|lie|ren (V.) (lat.) durch Perkolation gewinnen.

Per|kus|si|on (die, -, -si|o|nen) (lat.-engl.) 1. Erschütterung; Stoß; 2. Zündung durch Schlag auf ein Zündhütchen; 3. ärztliche Untersuchung durch Beklopfen; 4. Vorrichtung am Harmonium, die Hämmerchen gegen die Metallzungen schlagen lässt (zum Erzeugen klarerer Töne); 5. (die, -, -s) Schlagzeug in Jazz-/Rockbands.

per|kus|siv (Adj.) (lat.) vom Rhythmus geprägt; bestimmt, durch rhythmische Geräusche erzeugt.

per|ku|tan (Adj.) in der Med. durch die Haut hindurch.

Perl (die, -, kein Plural) Schriftgrad. Perlschrift.

Per|la|tor (der, -s, -en) (nlat.) kleine Vorrichtung für Wasserhähne, die ein weiches Fließen des Wassers ohne Spritzen ermöglicht.

Per|le (die, -, -n) 1. Küglein; 2. Tropfen; 3. Schmuckstück; 4. (ugs.) guter Geist; Hausmädchen. Perlen vor die Säue werfen (ugs.) (etwas Wertvolles an Personen geben, die nichts damit anfangen, bzw. es nicht würdigen können). Perlenfischer; Perlenkette; Perlenkollier; Perlenschnur; Perlenstickerei; Perlentaucher; Perlmutter; Perlmuttknopf; Perlstick; Adjektive: perlen (aus Perlen); perlenbesetzt; perlenbestickt; perlgrau; perlig; perlmutterfarben; perlmuttern; perlweiß. Verb: perlen.

Perl|garn (das, -s, -e) glänzendes, gedrehtes Stickgarn.

Perl|huhn (das, -s, -hüh|ner) westafrikanischer Hühnervogel mit fast nacktem Hals und Kopf und gedrungenem Körper.

Perl|mu|schel (die, -, -n) Meer- und Süßwassermuscheln, in deren Innerem sich Perlen bilden.

Perl|mutt (*auch:* Perl|mut|ter) (das, -s, kein Plural) die innere Auskleidung der Schalen mancher Weichtiere, besonders von Muscheln. Der Perlglanz entsteht durch Beugung und Interferenz des Lichts. Perlmuttknopf.

Perl|wein (der, -s, -e) Wein, der perlt, weil er Kohlensäure enthält.

Perl|zwie|bel (die, -, -n) Lauchart, deren kleine Zwiebeln häufig zu Konserven verarbeitet werden; Silberzwiebel.

Per|lit (der, -s, -e) (lat.) Gestein. Perlitguss.

Per|lon (das, -s, kein Plural) Kunstfaser. Perlonstrumpf; perlonverstärkt.

Per|lu|s|t|ra|ti|on (die, -, -ti|o|nen) (österr.) das Perlustrieren.

per|lu|s|t|rie|ren (V.) (lat.) (österr.) zur Feststellung der Identität genau untersuchen; z. B. einen Verdächtigen perlustrieren.

Perm (das, -s, kein Plural) Gesteinsschicht; jüngste Formation des Paläozoikums; Epoche des Erdmittelalters.

Per|ma|frost|bo|den (der, -s, -bö|den) Dauerfrostboden.

per|ma|nent (Adj.) (lat.) ohne Unterbrechung; dauernd. Permanentfarbstoff; Permanentgelb; Permanentweiß; Permanenztheorie.

Per|ma|nenz (die, -, kein Plural) in Permanenz; ununterbrochen; ständig.

Per|man|ga|nat (das, -s, -e) Salz der Übermangansäure.

per|me|a|bel (lat.) durchlässig.

Per|me|a|bi|li|tät (die, -, kein Plural) 1. Durchlässigkeit von Membranen für Lösungsmittel und Lösungen; 2. eine für das magnetische Verhalten einer Substanz charakteristische Größe.

per|mis|siv (Adj.) (lat.) zulassend; tolerant. Permissivität.

per|mu|ta|bel (Adj.) (lat.) vertauschbar. Permutation; permutieren.

Per|ni|o|sis (die, -, -ni|o|sen) (lat.) Frostschaden (der Haut); Frostbeulen.

per|ni|zi|ös (Adj.) (lat.-franz.) bösartig; unheilbar.
per|oral (Adj.) (lat.) durch den Mund.
Per|oxid (*auch:* Per|oxyd) (das, -s, -e) (lat.) sauerstoffreiche chemische Verbindung.
per pe|des (lat.) (ugs.) zu Fuß.
Per|pen|di|kel (der/das, -s, -) (lat.) 1. Uhrpendel; 2. Senkrechte. Adjektiv: perpendikular (*auch:* -lär).
Per|pe|tu|um mo|bi|le (das, - -/- -s, - -/ -tua -lia) (lat.) fantastische Maschine (arbeitet ohne Energiezufuhr).
per|plex (Adj.) (lat.) überrascht; betroffen. Perplexität.
per pro|cu|ra (lat.) in Vollmacht (Abk.: pp; ppa).
Per|ron (der, -s, -s, österr., schweiz.: der, -s, -e) (franz.) 1. Bahnsteig; 2. Plattform (älterer Straßenbahnen).
per sal|do (ital.) durch Ausgleich.
per se (lat.) von selbst; an sich.
Per|sen|ning (die, -, -s/-en) (niederl.) wasserdichtes Gewebe (für Segel, Zeltbahnen); Schutzüberzug daraus.
Per|ser (der, -s, -) Einwohner Persiens; (Kurzw.) Perserteppich. Perserkatze; Perserkrieg.
Per|seus (der, -, kein Plural) (griech.) 1. in der griech. Mythol. Sohn des Zeus und der Danae; 2. Sternbild des nördlichen Himmels.
Per|se|ve|ranz (die, -, kein Plural) (lat.) Beharrlichkeit.
Per|se|ve|ra|ti|on (die, -, -ti|o|nen) (lat.) beharrliches Wiederauftauchen; Wiederkehren (von Vorstellungen im Bewusstsein).
per|se|ve|rie|ren (V.) (lat.) immer wiederkehren, immer wieder auftauchen (von Vorstellungen im Bewusstsein).
Per|shing (die, -, -s) 1. amerikanische Mittelstreckenrakete mit atomaren Sprengköpfen; 2. amerik. General des Ersten Weltkriegs.
Per|si|a|ner (der, -s, -) Fell; Mantel. Persianermantel.
Per|si|fla|ge (die, -, -n) (franz.) feiner, geistreicher Spott; Verspottung. Verb: persiflieren.
Per|si|ko (der, -s, -s) (franz.) Likör.
Per|sil|schein (der, -s, -e) (ugs.) Entlastung.
Per|si|pan (das, -s, -e) (lat.) Marzipanersatz.
per|sis|tent (Adj.) (lat.) anhaltend; dauernd. Persistenz.
Per|son (die, -, -en) 1. Mensch; Figur; 2. Verbform (z. B. erste Person Singular: gehe). Er war die Ruhe in Person; ich für meine Person (was mich betrifft); Personalform (finite Form); Personalkosten; Personalleiter; Personalplanung; Personalpolitik; Personalpronomen (persönliches Fürwort, z. B. ich, er, wir); personalintensiv; personell; persönlich.
Per|so|na gra|ta (die, - -, kein Plural) (lat.) 1. jmd., der willkommen, gern gesehen ist; 2. jmd., der im diplomatischen Dienst im Ausland willkommen ist.
Per|so|na gra|tis|si|ma (die, - -, kein Plural) jmd., der sehr willkommen ist, sehr gern gesehen wird.
Per|so|na in|gra|ta (*auch:* Per|so|na non gra|ta) (die, - -, kein Plural) (lat.) Angehöriger des diplomatischen Dienstes, dessen Aufenthalt im Ausland unerwünscht ist.
per|so|nal (Adj.) personell; die Person betreffend.
Per|so|nal (das, -s, kein Plural) die Gesamtheit der Beschäftigten eines Unternehmens oder Haushalts.
Per|so|nal|ab|bau (der, -s, kein Plural) Entlassungen; Verringerung der Mitarbeiterzahl.
Per|so|nal|ab|tei|lung (die, -, -en) Zuständigkeitsbereich für Personalangelegenheiten.
Per|so|nal|ak|te (die, -, -n) Akte mit Informationen über den Arbeitnehmer.
Per|so|nal|aus|weis (der, -es, -e) Ausweiskarte mit Personaldaten und Foto.
Per|so|nal|bü|ro (das, -s, -s) Personalabteilung.
Per|so|nal|chef (der, -s, -s) Leiter der Personalabteilung.
Per|so|nal Com|pu|ter (der, -s, -) (engl.) Kleincomputer (Abk.: PC). vielseitig einsetzbarer Mikrocomputer.
Per|so|nal|ein|spa|rung (die, -, -en) Personalabbau.
Per|so|na|li|en (die, -, Pluralwort) Angaben zur Person, wie Name, Vorname, Geburtsdatum, Beruf, Familienstand.
Per|so|na|lis|mus (der, -, kein Plural) 1. die Auffassung von einem persönlichen Gott; 2. philosophisches System, das den Menschen zum Ausgangspunkt und Zentrum alles Wissens erhebt.
Per|so|na|li|tät (die, -, kein Plural) Persönlichkeit.
Per|so|na|li|ty|show (die, -, -s) (engl.) Fernsehsendung von und mit einem einzelnen Star.
Per|so|nal|kre|dit (der, -s, -e) Kredit, der ohne Sicherheiten gewährt wird, im Vertrauen auf die Person des Antragstellers und dessen Fähigkeit zur Rückzahlung.
Per|so|nal|rat (der, -es, -rä|te) Vertretung der Beschäftigten einer Dienststelle (Behörde, öffentlich-rechtliche Anstalt). Personalreferent.
Per|so|nal|uni|on (die, -, -en) 1. die Leitung mehrerer Ämter oder Betriebe durch eine Einzelperson bzw. ein Einzelunternehmen; 2. im Staatsrecht eine Staatenverbindung, bei der mehrere voneinander unabhängige Staaten den gleichen Monarchen haben.
Per|so|nal|ver|wal|tung (die, -, -en) Personalabteilung; Personalbüro.
Per|so|na|ri|um (das, -s, -ri|en) Gesamtheit der Personen, die bei einem Theaterstück mitwirken.
Per|sön|chen (das, -s, -) zarte, weibliche Person.
Per|so|nen|auf|zug (der, -s, -zü|ge) Lift zur Personenbeförderung.
Per|so|nen|be|schrei|bung (die, -, -en) Steckbrief.
per|so|nen|be|zo|ge|ne Da|ten (die, -n -, Pluralwort) Einzelangaben über persönliche oder sachliche Verhältnisse einer Person.
Per|so|nen|ge|dächt|nis (das, -es, kein Plural) die Fähigkeit, sich an die Identität von Personen zu erinnern.
Per|so|nen|ge|sell|schaft (die, -, -en) Handelsgesellschaft ohne im Voraus bestimmtes Grundkapital und mit mindestens einem unbeschränkt haftenden Gesellschafter.
Per|so|nen|kenn|zif|fer (die, -, -n) in einer Zahl verschlüsselte Angaben zur Identität einer Person, verwendet u. a. zum Datenabgleich in der Datenverarbeitung.

Per|so|nen|kraft|wa|gen (der, -s, -) (Abk.: Pkw, PKW) Auto.
Per|so|nen|kreis (der, -es, -e) Gesellschaftsschicht; Clique; Gruppe; Kaste.
Per|so|nen|kult (der, -s, kein Plural) Verherrlichung einer Person. einen Personenkult um jemanden treiben.
Per|so|nen|na|me (der, -ns, -n) Nachname.
Per|so|nen|stand (der, -es, -stän|de) Zivilstand; familienrechtliches Verhältnis einer Person zu einer anderen Person, beim Standesamt gemeldet. Personenstandsregister.
Per|so|nen|ver|kehr (der, -s, kein Plural) Personenbeförderung in Verkehrsmitteln.
Per|so|nen|waa|ge (die, -, -n) Waage zum Feststellen des Gewichts von Personen.
Per|so|nen|wa|gen (der, -s, -) Auto.
per|so|ni|fi|zie|ren (V.) (lat.) vermenschlichen. Personifizierung.
Per|so|ni|fi|ka|ti|on (die, -, -en) (lat.) Personifizierung; Vermenschlichung von Dingen und Ideen.
Per|sön|lich|keit (die, -, -en) 1. Charakter; 2. Prominenter. Persönlichkeitsentfaltung; Persönlichkeitskult; Persönlichkeitswahl; Persönlichkeitswert; persönlich; persönlichkeitsbewusst; persönlichkeitsfremd.
Per|sön|lich|keits|recht (das, -s, -e) das jedem Menschen um seiner selbst willen zuerkannte Recht auf Achtung und Geltung seiner Persönlichkeit.
Per|s|pek|tiv (das, -s, -e) (lat.) kleines Fernrohr.
Per|s|pek|ti|ve (die, -, -n) (lat.) Aussicht; Fluchtpunkt. Perspektivismus; Perspektivplanung; perspektivisch.
Per|s|pi|ra|ti|on (die, -, kein Plural) (lat.) Hautatmung. Adjektiv: perspiratorisch.
Per|tus|sis (die, -, kein Plural) (lat.) Keuchhusten.
Pe|ru (ohne Art., -s, kein Plural) Staat an der Westküste Südamerikas. Peruaner; peruanisch.
Pe|rü|cke (die, -, -n) (franz.) Haarersatz. Perückenmacher.
per|vers (Adj.) (lat.) abartig; sexuell abweichend. Perversion; Perversität; pervertieren.
Per|zep|ti|on (die, -, -ti|o|nen) (lat.) Wahrnehmung durch die Sinnesorgane. Perzeptibilität; Perzipient; perzeptibel; perzeptiv; perzeptorisch; perzipieren.
pe|sen (V.) (ugs.) rennen; rasen.
Pe|se|ta (die, -, -ten) (span.) ehemalige spanische Währungseinheit (Abk.: Pta).
Pe|so (der, -s, -s) (span.) Währungseinheit in Mittel- und Südamerika u. a.
Pes|sar (das, -s, -e) (griech.) Verhütungsmittel; Kunststoffring, der den Gebärmuttermund verschließt.
Pes|si|mis|mus (der, -, kein Plural) (lat.) negative Lebenseinstellung. Pessimist; pessimistisch.
Pest (die, -, kein Plural) (lat.) 1. Seuche; 2. der links der Donau liegende Stadtteil von Budapest. jmdm. die Pest an den Hals wünschen (ugs.) (jmdm. alles Schlechte wünschen); stinken wie die Pest (ugs.) (abscheulich stinken); etwas hassen wie die Pest (sehr verabscheuen). Pestbeule; Pesthauch; pestilenzialisch; pestkrank.
Pes|ti|lenz (die, -, kein Plural) (lat.) Pest.
Pes|ti|zid (das, -s, -e) (lat.) Schädlingsbekämpfungsmittel.
Pest|kraut (das, -(e)s, kein Plural) Pestwurz; Korbblütler mit großen Blättern und traubenförmigen Blütenkörben.
Pest|säu|le (die, -, -n) Mahnmal; Denkmal; aufgestellt zur Erinnerung an Pestzeiten.
Pe|tal (das, -s, -en) (lat.) Kronblatt (einer Blüte).
Pe|tar|de (die, -, -n) (franz.) 1. mit Sprengstoff gefülltes Gefäß (früher zum Sprengen von Festungstoren); 2. knallender Feuerwerkskörper.
Pe|te|chi|en (die, nur Plural) (ital.) punktförmige Hautblutungen.
Pe|tent (der, -en, -en) (lat.) Gesuch- oder Bittsteller.
Pe|ter|männ|chen (das, -s, -) in europäischen Küstengewässern lebender Drachenfisch mit Giftdrüsen an Rückenflosse und Kiemendeckel.
Pe|ters|burg (kein Art.) St. Petersburg (Leningrad), russische Stadt.
Pe|ter|si|lie (die, -, -n) (griech.) Küchengewürz. Jmdm. ist die Petersilie verhagelt. (ugs.) (Jmd. ist enttäuscht und macht ein missmutiges Gesicht). Petersilienkartoffeln; Petersilienwurzel.
Pe|ters|kir|che (die, -, kein Plural) Hauptkirche der katholischen Christen in Rom; Grabkirche des Apostels Petrus.
Pe|ters|pfen|nig (der, -, -e) freiwillige Abgabe der Katholiken an den Papst.
Pe|ter|wa|gen (der, -s, -) (ugs.) Polizeiauto.
Pe|tit (die, -, kein Plural) (franz.) Schriftgrad. Petitsatz; Petitschrift.
Pe|tit|grain|öl (das, -s, -e) Parfümöl, aus den Blättern und unreifen Früchten der Pomeranze gewonnen.
Pe|ti|ti|on (die, -, -ti|o|nen) (lat.) Eingabe; Bittschrift. Petitionsausschuss; Petitionsrecht; petitionieren.
Pe|ti|tio Prin|ci|pii (die, - -, kein Plural) (lat.) in der Philosophie ein Scheinbeweis.
Pe|tit Mal (das, - -, kein Plural) kurzzeitige Trübung des Bewusstseins; kleiner epileptischer Anfall (Med.).
Pe|tits Fours (die, nur Plural) (franz.) Gebäck.
Pe|t|ra (kein Art.) antike Stadt in Jordanien.
Pe|t|re|fakt (das, -s, -e/-en) (griech.) Versteinerung. Petrifikation; petrifizieren.
Pe|t|ri Heil (Interj.) Anglergruß.
Pe|t|ri|jün|ger (der, -s, -) (scherzhaft) Angler.
Pe|t|ri|scha|le (die, -, -n) flache Glasschale mit Deckel für Bakterienkulturen.
Pe|t|ro|che|mie (die, -, -n) (griech.) Erdölverarbeitung. Adjektiv: petrochemisch.
Pe|t|ro|dol|lar (der, -s, -s) Geldanlagen aus dem Erdölgeschäft.
Pe|t|ro|ge|ne|se (die, -, -n) (griech.) Gesteinsbildung. Adjektiv: petrogenetisch.
Pe|t|ro|gly|phe (die, -, -n) (griech.) vorgeschichtliche Felszeichnung.
Pe|t|ro|grad (kein Art.) Name von St. Petersburg, Leningrad von 1914–1924.
Pe|t|ro|gra|fie (*auch:* Pe|t|ro|gra|phie) (die, -, kein Plural) (griech.) Gesteinskunde. Petrograf (*auch:* Petrograph); petrografisch (*auch:* petrographisch).

Pe|t|rol (das, -s, kein Plural) (Kurzw.) Petroleum. Adjektiv: petrolfarben (*auch:* petrolfarbig).
Pe|t|rol|äther (der, -s, -) Gasolin.
Pe|t|rol|che|mie (die, -, -n) Rohstoffgewinnung (Erdöl, -gas).
Pe|t|ro|le|um (das, -s, kein Plural) (griech.-lat.) Kerosin. Petroleumkocher; Petroleumlampe; Petroleumofen.
Pe|t|ro|lo|gie (die, -, kein Plural) (griech.) Gesteinskunde.
pe|t|ro|phil (Adj.) einen steinigen Untergrund bevorzugend (Bio.).
Pet|schaft (das, -s, -e) (tschech.) Siegelstempel.
pet|schiert (Adj.) (südd.) (ugs.) blamiert; ausgeschmiert.
Pet|ti|coat (der, -s, -s) steifer Unterrock.
Pet|ting (das, -s, kein Plural) (engl.) sexuelles Liebesspiel ohne Koitus.
pet|to (nur in der Wendung:) etwas in petto haben (bereithalten, etwas im Rückhalt haben). (von ital. in petto: in der Brust, im Herzen.).
Pe|tu|nie (die, -, -n) Pflanze.
Petz (der, -es, -e) (ugs.) Bär.
Pet|ze (die, -, -n) 1. Hündin; 2. jemand, der etwas ausplaudert. Petzer; petzen.
peu à peu (franz.) nach und nach.
pF Pikofarad.
Pf (Abk.) Pfennig.
PF (Abk.) Postfach.
Pfad (der, -s, -e) schmaler Weg. pfadlos.
Pfad|fin|der (der, -s, -) internationale Jugendorganisation.
Pfaf|fe (der, -n, -n) abwertend für Geistlicher. Pfaffentum; pfäffisch.
Pfaf|fen|hüt|chen (das, -s, -) Zierstrauch.
Pfahl (der, -s, Pfäh|le) Holzpflock. ein Pfahl im Fleisch sein (etwas körperlich oder seelisch Peinigendes, was einen nicht zur Ruhe kommen lässt). Pfahlbau; Pfahldorf; Pfahlgraben; Pfahlgründung; Pfahlrost; Pfählung; Pfahlwerk.
pfäh|len (V.) mit Pfählen stützen; im MA Hinrichtungsart. jmd. auf einen Pfahl spießen.
Pfahl|mu|schel (die, -, -n) Miesmuschel.
Pfahl|schuh (der, -(e)s, -e) Eisenspitze am Holzpfahl, der das Einrammen in die Erde erleichtert.
Pfahl|wurm (der, -es, -wür|mer) Schiffsbohrwurm.
Pfahl|wur|zel (die, -, -n) gerade, lange, pfahlförmige Wurzel.
Pfalz (die, -, -en) (lat.) 1. Hofburg; 2. (ohne Plural) Teil Deutschlands. Pfälzer Wein; pfälzisch.
Pfalz|graf (der, -en, -en) früher höchster königlicher Rechtspfleger, Verwalter der Reichsgüter. pfalzgräflich.
Pfand (das, -s, Pfän|der) Bürgschaft; Gegenstand, der dem Gläubiger zur Sicherung seines Anspruchs übergeben bzw. überschrieben wird. Pfandbruch; pfandweise.
pfänd|bar (Adj.) etwas kann gepfändet werden. Pfändbarkeit.
Pfand|brief (der, -es, -e) langfristige, festverzinsliche Schuldverschreibung der Bodenkreditanstalten; börsenfähiges Wertpapier.
pfän|den (V.) beschlagnahmen. Pfänder; Pfändung; Pfändungsauftrag; Pfändungsverfügung.
Pfän|der|spiel (das, -s, -e) Frage- oder Geschicklichkeitsspiel, bei dem derjenige, der einen Fehler macht, ein Pfand abgeben muss.
Pfand|fla|sche (die, -, -n) beim Kauf wird ein Einsatz gezahlt, den man bei der Rückgabe der leeren Flasche wieder zurückerhält. Pfandgeld.
Pfand|haus (das, -es, -häu|ser) Institution, die gegen Verpfändung beweglicher Gegenstände kurzfristige Darlehen gewährt. Pfandleihe; Pfandleiher.
Pfand|recht (das, -es, -e) Recht des Gläubigers, das Pfand zu behalten, wenn seine Forderung nicht bezahlt wird.
Pfand|schein (der, -(e)s, -e) Quittung für Pfand; Leihschein.
Pfän|dungs|schutz (der, -es, kein Plural) Unpfändbarkeit für Gegenstände, die zum täglichen Leben gebraucht werden.
Pfand|zet|tel (der, -s, -) Pfandschein.
Pfan|ne (die, -, -n) 1. Bratgerät; 2. Dachziegel. Pfännchen; Pfannenstiel.
Pfann|ku|chen (der, -s, -) Eierkuchen.
Pfar|rer (der, -s, -) Priester. Pfarramt; Pfarrbezirk; Pfarrei; Pfarrerin; Pfarrerskoch; Pfarrhaus; Pfarrhelfer; Pfarrhof; Pfarrkirche; Pfarrstelle.
Pfarr|gut (das, -es, -gü|ter) das vom Pfarrer genutzte und verwaltete Vermögen einer Pfarrei.
Pfarr|frau (die, -, -en) die Frau des Pfarrers.
pfar|rei|lich (Adj.) eine Pfarrei betreffend. pfarrlich.
Pfarr|vi|kar (der, -s, -re) geistlicher Gehilfe des Pfarrers in der Verwaltung.
Pfau (der, -s, -en) Vogel. Pfauenfeder; Pfauenrad; Pfauenthron; Pfauhahn; Pfauhenne.
pfau|chen (V.) (südd,. österr.) fauchen.
Pfau|en|au|ge (das, -s, -n) Schmetterling.
Pfd. (Abk.) Pfund. *Aber*: £ (*auch:* £Stg) (Abk.) Pfund Sterling.
Pfef|fer (der, -s, -) (sanskr.) Pflanze; Gewürz. hingehen, wo der Pfeffer wächst (aus dem Blickfeld verschwinden, weit weg gehen); Pfeffer im Hintern haben (ugs.) (sehr unruhig und zappelig sein). Pfeffergewächs; Pfeffergurke; Pfefferkorn; Pfeffermühle; Pfeffersteak; Pfefferstrauch; pfeff(e)rig; pfeffern.
Pfef|fer|baum (der, -s, -bäu|me) Mastixstrauch.
Pfef|fer|fres|ser (der, -s, -) Spechtart.
Pfef|fer|ku|chen (der, -s, -) Lebkuchen. Pfefferkuchenhäuschen.
Pfef|fer|min|ze (die, -, -n) Heilpflanze. Pfefferminzlikör; Pfefferminzöl; Pfefferminzpastillen; Pfefferminztee.
Pfef|fer|nuss (die, -, -nüs|se) Gebäck.
Pfef|fe|ro|ni (der, -, -) (ital.) Peperoni.
Pfef|fer|sack (der, -(e)s, -sä|cke) Spottausdruck für den kulturfeindlichen, nur an sein Geschäft denkenden hanseatischen Kaufmann.
Pfeffer-und-Salz-Mus|ter (das, - - - -s, - - - -) braun-weiß gesprenkelter, melierter Stoff für Anzüge oder Mäntel.
pfeff|rig (*auch*: pfef|fe|rig) (Adj.) mit Pfeffer.
Pfei|fe (die, -, -n) 1. Rauchinstrument; 2. Blasinstrument; 3. (ugs.) Versager. jemanden in der Pfeife rauchen (ugs.) (mit jmdm. leicht fertig werden); nach jemandes Pfeife tanzen (sich nach dem Willen eines anderen richten, gezwungenermaßen alles tun, was jmd. will). Pfeifendeckel; Pfeifenkopf; Pfeifenkraut; Pfeifenrauch; Pfeifenreiniger;

Pfeifenständer; Pfeifenstopfer; Pfeifentabak; Pfeiferei; Pfeifkessel; Pfeifton.

pfeiˈfen (V.) einen schrillen Ton erzeugen. auf etwas pfeifen (darauf verzichten, etwas nicht für wichtig nehmen); sich eins pfeifen (ugs.) (den Unbeteiligten spielen).

Pfeiˈfenˈmann (der, -(e)s, Pfeiˈfenˈmänˈner) ugs. für Schiedsrichter.

Pfeiˈfenˈstrauch (der, -es, -sträuˈcher) falscher Jasmin; Steinbrechgewächs mit weißen Blüten.

Pfeiˈfer (der, -s, -) jmd., der ein Blasinstrument spielt.

Pfeifˈkonˈzert (das, -(e)s, -e) lautes Pfeifen des Publikums; Missfallenskundgebung im Theater.

Pfeil (der, -s, -e) Geschoss. Pfeilrichtung; Pfeilschuss; Pfeilwurm; Pfeil und Bogen.

Pfeiˈler (der, -s, -) Säule; Stütze. Pfeilerbrücke.

Pfeiˈlerˈbau (der, -(e)s, kein Plural) in der Bergmannssprache ein Abbauverfahren.

pfeilˈgeˈraˈde (Adj.) schnurgerade.

pfeilˈgeˈschwind (Adj.) blitzschnell; pfeilschnell.

Pfeilˈgift (das, -(e)s, -e) Kurare. Naturvölker präparieren damit ihre Pfeilspitzen.

Pfeilˈhecht (der, -(e)s, -e) Barrakuda.

Pfeilˈkraut (das, -(e)s, kein Plural) Wasserpflanze mit pfeilförmigen Blättern.

Pfeiˈler (der, -s, -) Säule; Stütze. Pfeilerbrücke.

Pfenˈnig (der, -s, -e) Münze, bis 2002 gültige deutsche Währung, die dann vom Cent abgelöst wurde. 100 Pf. entsprachen 1 DM. keinen Pfennig wert sein (ugs.) (nichts wert sein); für jemanden/etwas keinen Pfennig geben (ugs.) (jemanden/etwas aufgeben, überzeugt sein, dass jmd./etwas nichts taugt); mit dem Pfennig rechnen müssen (sparen müssen); auf den Pfennig sehen (sehr sparsam, geizig sein). Pfennigbetrag; Pfennigstück; Pfennigware; pfenniggroß; pfennigstückgroß; pfennigweise.

Pfenˈnigˈabˈsatz (der, -es, -sätˈze) hoher, unten pfenniggroßer Absatz am Damenschuh.

Pfenˈnigˈbeˈtrag (der, -(s), -beˈträˈge) ein sehr geringer Betrag.

Pfenˈnigˈfuchˈser (der, -s, -) (ugs.) übertrieben sparsamer, geiziger Mensch. Pfennigfuchserei.

Pfenˈnigˈwaˈre (die, -, -n) Kleinigkeit.

Pferch (das, -s, -e) Einzäunung.

pferˈchen (V.) eng zusammendrängen.

Pferd (das, -s, -e) 1. Reittier; Gaul; Klepper; Ross; Mähre; Hengst; Stute; Wallach; 2. Turngerät. Das Pferd am/beim Schwanz aufzäumen (ugs.) (eine Sache verkehrt anfangen); mit jmdm. Pferde stehlen können (ugs.) (mit jmdm. alles wagen können, weil man sich auf ihn verlassen kann); das beste Pferd im Stall (ugs.) (der tüchtigste Mitarbeiter); wie ein Pferd arbeiten (ugs.) (schwer arbeiten); keine zehn Pferde bringen jemanden irgendwohin/dazu, etwas Bestimmtes zu tun (ugs.) (jmd. geht unter keinen Umständen irgendwohin, jmd. tut etwas unter keinen Umständen); jmdm. gehen die Pferde durch (ugs.) (jmd. wird sehr wütend); die Pferde scheu machen (*auch:* scheumachen) (ugs.) (für Unruhe sorgen, Aufregung verursachen); aufs richtige/falsche Pferd setzen (ugs.) (die Lage richtig/falsch einschätzen); Ich denk, mich tritt ein Pferd! (Ausdruck des Erstaunens, der Überraschung). Pferdedecke; Pferdedroschke; Pferdefleisch; um eine Pferdelänge geschlagen; Pferderennen; Pferdesport; Pferdestall; Pferdewirt; Pferdezucht; ein sechspferdiges Gespann.

Pferˈdeˈapˈfel (der, -s, -äpˈfel) Pferdekot.

Pferˈdeˈbahn (die, -, -en) früher von Pferden gezogene Straßenbahn.

Pferˈdeˈfuß (der, -es, -füsˈse) 1. Pferdehuf; 2. der Fuß des Teufels. etwas hat einen Pferdefuß (etwas hat einen gravierenden Nachteil/ Fehler).

Pferˈdeˈkopˈpel (die, -, -n) eingezäuntes Freigelände für Pferde.

Pferˈdeˈkur (die, -, -en) (ugs.) Rosskur; Gewaltkur.

Pferˈdeˈschwanz (der, -es, -schwänˈze) 1. Schweif eines Pferdes; 2. Frisur, bei der die Haare am Hinterkopf zusammengebunden werden.

Pferdˈsprung (der, -es, -sprünˈge) Sprung über das Turngerät Pferd.

Pferˈdeˈstärˈke (die, -, -n) (Abk.: PS) frühere Maßeinheit für die Zugleistung von Pferden, später von Autos; heute ist ein PS 736 Watt.

Pfetˈte (die, -, -n) Dachstuhlbalken. Pfettendach.

Pfiff (der, -s, -e) 1. pfeifender Ton; 2. Trick; 3. Reiz. den Pfiff kennen (ugs.) (genau wissen, wie man etwas am besten und zu seinem Vorteil macht). Verb: pfeifen.

Pfifˈferˈling (der, -s, -e) Pilz. keinen/nicht einen Pfifferling wert sein (ugs.) (kein bisschen, überhaupt nichts wert sein) (Pfifferlinge kamen früher sehr häufig vor, daher rührt die Geringschätzung); sich keinen Pfifferling um etwas kümmern/scheren (ugs.) (sich in keiner Weise um jemanden kümmern).

pfifˈfig (Adj.) schlau. Pfiffigkeit.

Pfifˈfiˈkus (der, -s, -se) Schlaumeier.

Pfingsˈten (das, -, -) (griech.) christlicher Feiertag. *Beachte:* zu Pfingsten; an Pfingsten. Pfingstfeiertage; Pfingstfest; Pfingstmontag; Pfingstsonntag; Pfingstwoche; Pfingstwochenende.

pfingstˈlich (Adj.) zu Pfingsten gehörend.

Pfingstˈochˈse (der, -n, -n) derjenige, der an Pfingsten zuletzt aus dem Bett kommt. (ugs.) geschmückt wie ein Pfingstochse (ugs.) (geschmacklos gekleidet, herausgeputzt, aufgedonnert, aufgetakelt sein (ugs.). (Bezieht sich auf den Brauch, die geschmückten Viehherden zu Pfingsten auf die Almen zu treiben.).

Pfingstˈroˈse (die, -, -n) Päonie; meist rot blühende Gartenstaude aus der Gattung der Hahnenfußgewächse.

Pfirˈsich (der, -s, -e) Frucht. Pfirsichbaum; Pfirsichblüte; Pfirsicheis.

Pfirˈsich Melˈba (der, - -, kein Plural) Dessert; Pfirsich mit Vanilleeis und Himbeermark.

Pflanˈze (die, -, -n) 1. Gewächs; 2. (ugs.) origineller Mensch. Pflanzendecke; Pflanzenextrakt; Pflanzenfaser; Pflanzenfett; Pflanzengift; Pflanzengrün; Pflanzenkost; Pflanzenreich; Pflanzenschutz; Pflanzenschutzmittel; Pflanzer; Pflanzgarten; Pflanzgemüse; Pflanzkartoffeln; Pflänzchen; Pflänzling; Pflanzstock;

pflanˈzen (V.) anpflanzen; anbauen.

Pflan|zen|bau (der, -(e)s, kein Plural) Anbau, Pflege und Ernte von Nutzpflanzen.
Pflan|zen|fres|ser (der, -s, -) Tiere, deren Nahrung ausschließlich aus Pflanzen besteht.
Pflan|zen|kun|de (die, -, kein Plural) Botanik.
Pflan|zen|welt (die, -, kein Plural) die Gesamtheit der Pflanzen.
pflanz|lich (Adj.) zu Pflanzen gehörend; nach Art der Pflanzen; aus Pflanzen bestehend. pflanzenartig; pflanzenhaft; pflanzenreich.
Pflan|zung (die, -, -en) Bepflanzung in großem Rahmen mit Wald, Baumwolle, Obst usw.; Plantage.
Pflas|ter (das, -s, -) 1. Straßenbelag. 2. Wundschutz. ein teures Pflaster sein (ugs.) (ein Ort, wo das Leben sehr teuer ist); ein heißes Pflaster sein (ugs.) (ein Ort, wo es gefährlich ist, zu leben). Pflästerchen; Pflasterstein; Pflasterung; gepflastert.
Pflas|te|rer (der, -s, -) jmd., der Pflastersteine fachmännisch verlegt.
Pflas|ter|ma|ler (der, -s, -) Künstler, der mit Kreide Gemälde auf Fußwege malt.
pflas|ter|mü|de (Adj.) müde vom vielen Gehen auf geteerten oder gepflasterten Wegen.
pflas|tern (V.) 1. Pflastersteine verlegen; 2. jmdm. eine pflastern (ugs.) (jmdm. eine Ohrfeige geben).
Pflas|ter|tre|ter (der, -s, -) jmd., der sehr viel zu Fuß unterwegs ist.
Pflatsch (*auch:* Pflat|schen) (der, -es, -e) (südd.) (ugs.) Regenschauer. Verb: pflatschen.
pflat|schen (V.) etwas schlägt klatschend auf.
Pflau|me (die, -, -n) 1. Frucht; Zwetschge. 2. (ugs.) Neckwort; Versager. Pflaumenbaum; Pflaumenernte; Pflaumenkern; Pflaumenkompott; Pflaumenmus.
Pflau|men|ku|chen (der, -s, -) (ugs.) (südd.) Zwetschgendatschi.
pflau|men (V.) (ugs.) necken; anpflaumen.
Pflau|men|au|gust (der, -, kein Plural) (ugs.) dummer Mensch.
Pflau|men|schnaps (der, -, -schnäp|se) Slibowitz; Obstler (südd., österr.); Pflaumenbranntwein.
pflau|men|weich (Adj.) willensschwach.
pfle|ge|arm (Adj.) pflegeleicht; etwas ist leicht zu pflegen.
pfle|ge|be|dürf|tig (Adj.) jmd., der Pflege braucht; ein Kranker.
Pfle|ge|heim (das, -s, -e) Altersheim mit Pflegestation.
pfle|gen (V.) 1. betreuen; 2. Schönheitspflege betreiben; 3. gewohnt sein; 4. fördern. Nur noch die regelmäßigen Formen des Verbs »pflegen« gelten heute als standardsprachlich korrekt: pflegte, gepflegt. Pflege; Pflegeamt; Pflegeeltern; Pflegefall; Pflegegeld; Pflegekind; Pflegemutter; Pfleger; Pflegerin; Pflegesohn; Pflegestation; Pflegetochter; Pflegevater; Pflegling; pflegeleicht; pflegerisch.
Pfle|ge|satz (der, -es, -sät|ze) Kosten für die Pflege.
pfleg|lich (Adj.) sorgfältig, sorgsam, schonend, pflegsam behandelt.
Pfleg|schaft (die, -, -en) Vormundschaft.
Pflicht (die, -, -en) 1. Aufgabe; 2. vorgeschriebene Übung (Sport). Pflichtbesuch; Pflichtbewusstsein; Pflichteinstellung; Pflichtgefühl; Pflichtjahr; Pflichtleistung; Pflichtlektüre; Pflichttreue; Pflichtumtausch; Pflichtverletzung; pflichtbewusst; pflichtgemäß; schulpflichtig; pflichtschuldig; pflichtvergessen; pflichtwidrig.
Pflicht|ei|fer (der, -s, kein Plural) Verantwortungsgefühl. pflichteifrig.
Pflich|ten|heft (das, -es, -e) in der EDV wird während der Systemanalyse ein Pflichtenheft erstellt, das die Vorgaben enthält.
Pflicht|ex|em|p|lar (das, -s, -e) ein Exemplar eines Buches, das kostenlos an bestimmte Bibliotheken abgegeben werden muss.
Pflicht|fach (das, -s, -fä|cher) ein Fach, das Schüler/Studenten besuchen müssen. Pflichtvorlesung.
Pflicht|lauf (der, -s, -läu|fe) der Teil des sportlichen Wettkampfes, der von allen Teilnehmern ausgeführt werden muss. Pflichtübung.
Pflicht|teil (der, -s, -e) Geldanspruch des übergangenen nächsten Angehörigen gegen den testamentarisch eingesetzten Erben.
Pflicht|ver|si|che|rung (die, -, -en) gesetzlich vorgeschriebene Versicherung, z. B. Sozialversicherung, Kfz-Versicherung. pflichtversichert.
Pflicht|ver|tei|di|ger (der, -s, -) Rechtsanwalt, der einem Angeklagten, der keinen Verteidiger hat, in einem anwaltspflichtigen Verfahren vom Gericht beigeordnet wird.
Pflicht|ver|ges|sen|heit (die, -, kein Plural) Verantwortungslosigkeit.
Pflock (der, -s, Pflö|cke) Stock. Pflöckchen.
pflö|cken (V.) am Pflock befestigen.
pflü|cken (V.) abnehmen; ernten. Pflücker/-in; Pflückreife; Pflücksalat.
Pflug (der, -s, Pflü|ge) Ackergerät; Schneepflug (Ski). Pflüger; Pflugmesser; Pflugschar; Pflugsterz.
pflü|gen (V.) mit dem Pflug die Erde lockern.
Pfor|te (die, -, -n) Tür; Eingang. Pförtchen; Pförtner/in.
Pfört|ner|lo|ge (die, -, -n) Dienstraum des Pförtners.
Pfos|ten (der, -s, -) Pfeiler. Pfostenschuss.
Pfo|te (die, -, -n) 1. Tatze; 2. (ugs.) Hand. 3. (ugs.) Handschrift. Pfötchen.
Pfr. (Abk.) Pfarrer.
Pfriem (der, -s, -e) Werkzeug.
pfrie|meln (V.) (ugs.) herumzupfen.
Pfriem|kraut (das, -s, -e) Ginster.
Pfril|le (die, -, -n) Fisch.
pfrop|fen (V.) verschließen; verstopfen; veredeln. Die U-Bahn war gepfropft voll. Pfropf; Pfröpfchen; Pfropfen; Pfröpfling; Pfropfmesser; Pfropfreis.
Pfrop|fung (die, -, -en) Veredelung von Pflanzen.
Pfrün|de (die, -, -n) Kirchenamt; müheloses Einkommen.
Pfuhl (der, -s, -e) Tümpel; Sumpf. Sündenpfuhl.
pfui! (Interj.) Ausruf (Ekel; Ablehnung). Die Rede wurde durch lautes Pfui gestört. Pfuiruf, Pfui (*auch:* pfui) rufen.
Pfund (das, -s, -e) (lat.) 1. Gewicht (Abk.: Pfd.); 2. britische, irische Währungseinheit (Abk.: £); 3. Übergewicht. *Beachte:* Ich habe zehn Pfund zu viel. *Aber:* Ich müsste einige Pfunde abnehmen. Bring mir drei Pfund frische/

frischer Karotten mit. Pfündchen; Vierpfünder Bauernlaib; Pfundnote; Pfund Sterling (Abk.: £; £Stg); pfundweise.

pfun|dig (Adj.) (ugs.) (südd.) prächtig.

pfu|schen (V.) unsauber, fehlerhaft arbeiten.

Pfusch (der, -(e)s, kein Plural) (ugs.) schlechte Arbeit. Pfuscher/in; Pfuscherei.

Pfüt|ze (die, -, -n) Lache. Pfützchen; Pfützeimer; Pfützenwasser.

ph (Abk.) Phot.

PH (Abk.) Pädagogische Hochschule.

Pha|go|zyt (der, -en, -en) (griech.) weißes Blutkörperchen. Phagozytose.

Pha|lanx (die, -, -lan|gen) (griech.) Schlachtreihe; Front.

Phal|lus (der, -, -se/-li/-len) (griech.) männliches Glied. Phalluskult; Phallussymbol; phallisch.

Pha|ne|ro|ga|me (die, -, -n) (griech.) Blütenpflanze.

Phä|no|lo|gie (die, -, kein Plural) (griech.) Lehre über die jahreszeitlichen Entwicklungsformen von Tier und Pflanze.

Phä|no|men (das, -s, -e) (griech.) 1. Naturereignis; 2. Ungewöhnliches; Wunder. Adjektiv: phänomenal.

Phä|no|me|no|lo|gie (die, -, kein Plural) (griech.) 1. philosophische Lehre; 2. objektive Beschreibung des Gegebenen. Adjektiv: phänomenologisch.

Phä|no|typ (*auch:* -ty|pus) (der, -s, -en) (griech.) Erscheinungsbild. Adjektiv: phänotypisch.

Phan|tasie → Fantasie.

Phan|tas|ma (das, -s, -men) Trugbild.

Phan|tas|ma|go|rie (die, -, -n) (griech.) 1. Zauberbild; Trugbild; Wahngebilde; 2. Darstellung von Geistererscheinungen, Trugbildern usw. auf der Bühne.

phan|tas|ma|go|risch (Adj.) in der Art einer Phantasmagorie (1.).

Phan|tast (der, -s, -en) → Fantast.

Phan|tom (das, -s, -e) (griech.) Trugbild.

Phan|tom|bild (das, -es, -er) nach Zeugenaussagen skizziertes Täterbild.

Phan|tom|schmerz (der, -es, -en) scheinbarer Schmerz an einem amputierten Körperteil.

Phä|o|phy|zee (die, -, -n) Braunalge; Tang.

Pha|rao (der, -s, -nen) altägyptischer Herrscher. Pharaonengrab; Pharaonenreich; pharaonisch.

Pha|ri|sä|er (der, -s, -) (griech.) Heuchler. Jmd. ist ein Pharisäer (jmd. ist ein Heuchler). Pharisäertum; pharisäerhaft; pharisäisch.

Phar|ma|in|dus|t|rie (die, -, -n) (griech.-lat.) Arzneimittelindustrie.

Phar|ma|keu|le (die, -, -n) übermäßige Verabreichung von Psychopharmaka.

Phar|ma|ko|lo|gie (die, -, kein Plural) (griech.) Arzneimittelkunde. Pharmakologe; pharmakologisch.

Phar|ma|kon (das, -s, -ka) (griech.) Medikament; Gift.

Phar|ma|re|fe|rent (der, -en, -en) Arzneimittelvertreter.

Phar|ma|zeu|tik (die, -, kein Plural) (griech.) Arzneimittelkunde.

Phar|ma|zeut (der, -en, -en) wissenschaftlich ausgebildeter Apotheker. Pharmazeutikum; pharmazeutisch; pharmazeutisch-technischer Assistent (Abk.: PTA).

Phar|ma|zie (die, -, kein Plural) (griech.) Arzneimittelkunde.

Pha|rus (griech.) Insel bei Alexandria, auf der in der Antike ein berühmter Leuchtturm stand.

Pha|ryn|gi|tis (die, -, -ti|den) (griech.) Rachenentzündung.

Pha|ryn|go|lo|gie (die, -, kein Plural) (griech.) Wissenschaft vom Rachen.

Pha|ryn|go|s|kop (das, -s, -e) (griech.) Gerät zur Untersuchung des Rachens; Rachenspiegel.

Pha|ryn|go|s|ko|pie (die, -, -n) Untersuchung des Rachens mit dem Pharyngoskop.

Pha|rynx (der, -, -ryn|gen) (griech.) Rachen.

Pha|se (die, -, -n) (griech.) Abschnitt; Zeit; Zustand (Physik). Phasenbild; Phasengeschwindigkeit; Phasengleichheit; Phasenmesser; Phasenspannung; Phasenverschiebung; einphasig; mehrphasig.

Phel|lo|gen (das, -s, -e) (griech.) Kork bildendes Pflanzengewebe.

Phe|n|a|ce|tin (das, -s, kein Plural) (griech.) Schmerzmittel.

Phe|nol (das, -s, -e) (griech.-franz.) Karbolsäure.

Phe|ro|mon (das, -s, -e) (griech.) Stoff, der von manchen Tieren nach außen abgegeben wird und auf Tiere der gleichen Art bestimmte Wirkung ausübt (z. B. Sexuallockstoff).

Phi (das, -, -s) griechischer Buchstabe (Φ, φ).

phil.../Phil... (griech.) liebend.

Phil|an|th|rop (der, -en, -en) (griech.) Menschenfreund. Philanthropie; Philanthropismus.

phil|an|th|ro|pisch (Adj.) menschenfreundlich.

Phi|la|te|list (der, -en, -lis|ten) (griech.) Briefmarkensammler. Philatelie; philatelistisch.

Phil|har|mo|nie (die, -, -n) (griech.) 1. Orchester; 2. Konzertsaal. philharmonisch.

Phil|har|mo|ni|ker (der, -s, -) 1. Musiker in einem philharmonischen Orchester; 2. (nur Plural) das philharmonische Orchester.

phil|har|mo|ni|sches Or|ches|ter (das, -n -s, -n -) (griech.) Orchester.

Phi|lip|pi|ka (die, -, -ken) (griech.) 1. leidenschaftliche, kämpferische Rede; 2. heftige Strafrede.

Phi|lip|pi|nen (die, nur Plural) südostasiatischer Inselstaat. Philippiner; philippinisch.

Phi|lis|ter (der, -s, -) (hebr.) 1. nicht semitisches Volk, das um 1200 v. Chr. in der palästinensischen Küstenebene ansässig wurde; 2. bornierter Spießbürger. Philisterei; Philistertum.

phi|lis|ter|haft (Adj.) spießbürgerlich. philiströs.

Phi|lo|den|d|ron (der/das, -s, -ren) (griech.) Pflanze.

Phi|lo|lo|gie (die, -, -n) (griech.) Sprach- und Literaturwissenschaft. Philologe; Philologin; philologisch.

Phi|lo|so|phem (das, -s, -e) (griech.) Ergebnis philosophischer Forschung; philosophischer Ausspruch; Lehrsatz.

Phi|lo|so|phie (die, -, -n) (griech.) Erkenntnislehre über das menschliche Dasein, das Denken, das Universum und die Existenz. Philosoph; Philosophikum.

phi|lo|so|phisch (Adj.) die Philosophie betreffend; denkend.

phi|lo|so|phie|ren (V.) über etwas nachdenklich sprechen; Betrachtungen anstellen.

Phiˈluˈmeˈnie (die, -, kein Plural) (griech.-lat.) Sammeln von Streichholzschachteln oder Ettiketten von Streichholzschachteln.

Phiˈmoˈse (die, -, -n) (griech.) Verengung der Vorhaut (des Penis).

Phiˈoˈle (die, -, -n) (griech.) Fläschchen; Vase; kleines Gefäß.

Phleˈbiˈtis (die, -, -tiˈden) (griech.) Venenentzündung.

Phlegˈma (das, -s, kein Plural) (griech.) Trägheit; Gleichgültigkeit.

Phlegˈmaˈtiˈker (der, -s, -) träger Mensch.

phlegˈmaˈtisch (Adj.) schwerfällig; träge.

Phlegˈmoˈne (die, -, -n) (griech.) Entzündung des Zellgewebes.

Phlox (der, -es, -e) (griech.) rote Flammenblume, Zierpflanze.

Phloˈxin (das, -s, kein Plural) (griech.) roter Farbstoff.

Phoˈbie (die, -, -n) (griech.) krankhafte Angst.

Phon (*auch*: Fon) (das, -s, -s) (griech.) Maßeinheit (Lautstärke).

Phonˈzahl (*auch:* Fonˈzahl) (die, -, -en) in Phon angegebene Lautstärke. phonstark (*auch*: fonstark).

Phoˈnem (*auch:* Foˈnem) (das, -s, -e) (griech.) Laut.

phoˈneˈmisch (*auch:* foˈneˈmisch) (Adj.) das Phonem betreffend.

Phoˈneˈtik (*auch:* Foˈneˈtik) (die, -, kein Plural) (griech.) Lautlehre. Phonetiker (*auch*: Fonetiker); phonetisch (*auch*: fonetisch).

phoˈnisch (*auch*: foˈnisch) (Adj.) (griech.) die Stimme betreffend.

Phöˈnix (der, -, -e) (griech.) Vogel als Sinnbild der Unsterblichkeit. wie ein Phönix aus der Asche steigen (in unerwarteter Weise wiederkehren).

Phoˈnoˈdikˈtat (*auch:* Foˈnoˈdikˈtat) (das, -s, -e) (griech.-lat.) Diktat auf Tonband.

Phoˈnoˈgramm (*auch:* Foˈnoˈgramm) (das, -s, -e) (griech.) Tonaufzeichnung (Schallplatte, Tonband).

Phoˈnoˈgraph (*auch:* Foˈnoˈgraf) (der, -en, -en) (griech.) erstes Gerät zur Aufzeichnung und Wiedergabe von Musik und Sprache, das 1877 von Edison erfunden wurde.

phoˈnoˈgraˈphisch (*auch:* foˈnoˈgraˈfisch) (Adj.) (griech.) lautgetreu. Phonographie (*auch:* Foˈnoˈgraˈfie).

Phoˈnoˈkofˈfer (*auch:* Foˈnoˈkofˈfer) (der, -s, -) tragbarer Plattenspieler.

Phoˈnoˈlith (*auch*: Foˈnoˈlith) (der, -en, -en) (griech.) ein Ergussgestein, das beim Anschlagen hell klingt; Klingstein.

Phoˈnoˈloˈgie (*auch:* Foˈnoˈloˈgie) (die, -, kein Plural) (griech.) Lautlehre. Adjektiv: phonologisch (*auch:* foˈnoˈloˈgisch).

Phoˈnoˈmeˈter (*auch:* Foˈnoˈmeˈter) (das, -s, -) (griech.) Lautstärkemessgerät.

Phoˈnoˈthek (*auch:* Foˈnoˈthek) (die, -, -en) (griech.) Tonbandarchiv.

Phoˈnoˈtyˈpisˈtin (*auch:* Foˈnoˈtyˈpisˈtin) (die, -, -nen) Schreibkraft, die vom Diktiergerät abschreibt.

Phosˈphat (das, -s, -e) (griech.) Salz der Phosphorsäure. Adjektiv: phosphathaltig.

Phosˈphid (das, -s, -e) Verbindung von Phosphor mit einem Metall.

Phosˈphit (das, -s, -e) Salz der phosphorigen Säure.

Phosˈphor (der, -s, kein Plural) chemischer Grundstoff (Abk.: P); Leuchtstoff. Phosphorsäure; phosphorhaltig; phosphorig.

Phosˈphoˈresˈzenz (die, -, kein Plural) Nachleuchten vorher bestrahlter Stoffe. phosphoreszieren.

Phosˈphoˈrisˈmus (der, -, -men) Phosphorvergiftung.

Phot (das, -s, -) (griech.) Leuchtstärkeeinheit (Abk.: ph).

phoˈto.../Phoˈto... = foˈto.../Foˈto...

Phraˈse (die, -, -n) (griech.) 1. (abgedroschene) Redewendung; 2. Satzteil; 3. Tonfolge. leere Phrasen dreschen (ugs.) (in gehaltlosen Worten reden, nichtssagende Reden führen). Phrasenstrukturgrammatik (Abk.: PS-Grammatik); phrasenhaft; phrasenreich.

Phraˈsenˈdreˈscher (der, -s, -) jmd., der gerne in Phrasen redet; Schwätzer. Phrasendrescherei.

Phraˈseoˈloˈgie (die, -, -en) (griech.) Lehre von den für eine Sprache typischen Redewendungen.

Phraˈsieˈrung (die, -, -en) in der Musik melodisch-rhythmische Gliederung einer Tondichtung.

phreˈneˈtisch (Adj.) (griech.) wahnsinnig. (*aber:* frenetisch!) Phrenesie.

phryˈgisch (Adj.) 1. zu Phrygien gehörig; daraus abstammend; 2. phrygische Tonart, eine altgriechische Tonart; eine Kirchentonart.

Phthaˈleˈin (das, -s, -e) (griech.) ein synthetischer Farbstoff.

Phthiˈsiˈker (der, -s, -) jmd., der an Phthisis erkrankt ist.

Phthiˈsis (die, -, Phthiˈsen) (griech.) 1. Lungentuberkulose; 2. allgemeiner körperlicher Verfall; Auszehrung; Schwindsucht.

ph-Wert (der, -s, -e) Maßzahl für die Konzentration einer Lösung.

Phylˈlit (der, -s, -e) (griech.) kristallines, schieferiges Gestein.

Phylˈloˈkakˈtus (der, -, -teˈen) (griech.-lat.) Blattkaktus mit großen Blüten.

Phylˈloˈpoˈde (der, -n, -n) (griech.) Blattfußkrebs.

Phyˈloˈgeˈneˈse (die, -, -n) (griech.) Stammesentwicklung. Adjektiv: phylogenetisch.

Phyˈsiˈaˈtrie (die, -, kein Plural) (griech.) Naturheilkunde. Physiater.

Phyˈsik (die, -, kein Plural) (griech.) Naturwissenschaft. Physiker; physikalisch.

Phyˈsiˈkoˈcheˈmiˈker (der, -s, -) Wissenschaftler der physikalischen Chemie.

Phyˈsiˈkum (das, -s, -ka) (griech.) ärztliches Vorexamen.

Phyˈsiˈoˈgnoˈmie (die, -, -n) (griech.) äußere Erscheinung; Gesichtsausdruck. Physiognom; Physiognomiker. physiognomisch.

Phyˈsiˈoˈgnoˈmik (die, -, kein Plural) Deutung der Wesensart eines Menschen anhand seiner äußeren Erscheinung.

Phyˈsioˈloˈgie (die, -, kein Plural) (griech.) Lehre von den Lebensvorgängen.

phyˈsioˈloˈgisch (Adj.) die Physiologie betreffend.

Phyˈsioˈtheˈraˈpie (die, -, -n) (griech.) physikalische Heilbehandlung. Physiotherapeut; physiotherapeutisch.

Phyˈsis (die, -, kein Plural) (griech.) körperlicher Zustand.

phyˈsisch (Adj.) körperlich; natürlich.

phyˈtoˈgen (Adj.) (griech.) 1. aus Pflanzen entstanden; 2. durch pflanzliche Stoffe verursacht; z. B. phytogene Allergie.

Phy|to|lo|gie (die, -, kein Plural) (griech.) Pflanzenkunde.

Phy|to|pa|tho|lo|gie (die, -, kein Plural) (griech.) Wissenschaft von den Pflanzenkrankheiten.

Phy|to|pha|ge (der, -n, -n) (griech.) Tier, das sich von Pflanzen ernährt; Pflanzenfresser.

Phy|to|the|ra|pie (die, -, kein Plural) (griech.) Heilpflanzenkunde.

Pi 1. (das, -s, -s) griechischer Buchstabe (Π, π); 2. (das, -, kein Plural) mathematische Zahl (π = 3,145...). Pi mal Daumen (ugs.) (ungefähr).

Pi|a|ce|re (das, -, kein Plural) (lat.-ital.) Belieben; Willkür (beim musikalischen Vortrag).

pi|a|ce|vo|le (Adj.) (lat.-ital.) lieblich; gefällig (Vortragsanweisung in der Musik).

Pi|af|fe (die, -, -n) (franz.) Trab auf der Stelle (Reitsport).

pi|af|fie|ren (V.) die Piaffe ausführen.

Pia Ma|ter (die, -, kein Plural) (lat.) weiche Gehirnhaut (Med.).

Pia Ma|ter Spi|na|lis (die, -, kein Plural) (lat.) weiche Haut des Rückenmarks (Med.).

pi|an|gen|do (Adv.) (lat.-ital.) klagend; weinend (Vortragsanweisung in der Musik).

pi|a|nis|si|mo (Adv.) (ital.) sehr leise (Musik; Abk.: pp). Pianissimo.

Pi|a|nist (der, -en, -nis|ten) Klavierspieler. Pianistin; pianistisch.

pi|a|no (Adv.) leise (Musik; Abk: p). Piano.

Pi|a|no (das, -s, -s) (Kurzw.) Pianoforte.

Pi|a|no|for|te (das, -s, -s) (ital.) Klavier.

Pi|a|no|la (das, -s, -s) (ital.) automatisch spielendes Klavier.

Pi|as|sa|va (die, -, -ven) (indian.-portugies.) Blattfaser verschiedener Palmen, aus der Matten, Bürsten, Taue hergestellt werden.

Pi|as|ter (der, -s, -) (griech.) Währungseinheit in Ägypten, Libanon, Sudan, Syrien.

Pi|at|ti (die, nur Plural) (ital.) Musikinstrument (Schlaginstrument) aus zwei Becken.

Pi|az|za (die, -, -ze) (ital.) Marktplatz.

Pi|az|zet|ta (die, -, -te) (ital.) kleine Piazza.

Pi|b|roch (der, -s, -s) (schott.-engl.) traditionelles schottisches Musikstück mit Variationen für den Dudelsack.

Pi|ca (die, -, kein Plural) (lat.) genormte Schriftgröße der Schreibmaschinenschrift.

Pi|ca|dor (der, -s, -es) (span.) berittener Stierkämpfer, der den Stier durch Lanzenstiche in den Nacken reizt.

Pi|ca|ro (der, -s, -s) Schelm; Held des Schelmenromans.

Pic|ca|lil|li (die, nur Plural) (engl.) eine Art Mixed Pickles.

Pic|cio|li|ni (die, nur Plural) (ital.) eingemachte Oliven.

Pic|co|lo (*auch:* Pik|ko|lo) 1. (der, -s, -s) (ital.) Kellnerlehrling; kleine Flasche Sekt. Piccoloflasche (*auch:* Pikkoloflasche). 2. (das, -s, -s) (ital.) Piccoloflöte (*auch:* Pikkoloflöte).

Pic|co|lo|flö|te (*auch:* Pik|ko|lo|flö|te) (die, -, -n) kleine Querflöte, die eine Oktave höher klingt als die Querflöte.

pi|cheln (V.) (ugs.) alkoholische Getränke trinken; bechern.

Pi|chel|stei|ner (das, -s, kein Plural) Eintopf.

Pick (der, -s, -e) (ugs.) (österr.) Kleber.

Pi|cke (die, -, -n) Spitzhacke.

Pi|ckel (der, -s, -) 1. Spitzhacke; 2. Mitesser; 3. Akne. Pickelcreme; pickelig; pickeln.

Pi|ckel|flö|te (die, -, -n) (ugs.) Piccoloflöte (*auch*: Pikkoloflöte).

Pi|ckel|hau|be (die, -, -n) in der preußischen Armee Helm mit aufgesetzter Metallspitze.

Pi|ckel|he|ring (der, -s, -e) 1. gepökelter Hering; 2. Hanswurst der englischen Komödianten.

pi|cken (V.) aufnehmen; stecken; (südd.) kleben.

Pi|cker (der, -s, -) (engl.) Teil des mechanischen Webstuhls, das das Schiffchen durch das Fach schlägt.

Pick|nick (das, -s, -s/-e) (franz.) Essen im Freien. Picknickkorb; picknicken.

Pick-up (der, -s, -s) (engl.) 1. Kleinlastwagen; 2. Tonabnehmer.

Pi|co... (*auch:* Pi|ko...) (ital.) ein Billionstel einer Einheit (Abk.: p). Picofarad (*auch:* Pikofarad) (Abk.: pF).

pi|co|bel|lo (Adj.) (ital.) tadellos.

Pi|co|fa|rad (*auch:* Pi|ko|fa|rad) (das, -s, -) ein billionstel Farad.

Pi|cot (der, -s, -s) (franz.) 1. Häkchen oder Zäckchen am Rand von Spitzen; 2. Spitzkeil.

Pi|co|ta|ge (die, -, -n) (franz.) Ausbau eines wasserdichten Grubenschachts mit Spitzkeilen.

Pid|gin|eng|lisch (*auch:* Pid|gin-Eng|lisch) (das, -, kein Plural) (engl.) Mischsprache.

pid|gi|ni|sie|ren (V.) (engl.) eine Sprache durch verminderten Gebrauch ihrer Morphologie zum Pidgin machen.

Pie (die, -, -s) (engl.) in den angelsächsischen Ländern beliebte warme Fleisch- oder Obstpastete.

Pi|e|ce (die, -, -n) (franz.) 1. Tonstück; 2. Theaterstück.

Pi|e|des|tal (das, -s, -e) (franz.) Fußgestell; Sockel für Vasen.

Pief|ke (der, -s, -s) (ugs.) 1. Angeber; Prolet; 2. Norddeutscher.

pie|ken (V.) (nordd.) stechen.

piek|fein (Adj.) (ugs.) sehr fein.

piek|sau|ber (Adj.) (ugs.) sehr sauber.

pi|e|no (Adj.) (ital.) voll; mit voller Stimme (Vortragsanweisung in der Musik).

Piep (der, -s, kein Plural) Piepser; (ugs.) (in der Wendung:) 1. Du hast ja einen Piep (einen Vogel). 2. keinen Piep mehr tun (tot sein).

pie|pe (Adj.) einerlei; gleichgültig; egal.

piep|egal (Adj.) einerlei; gleichgültig; egal.

pie|pen (V.) piepsen. Bei dem piept's wohl (ugs.: der spinnt ja). Das ist ja zum Piepen (zum Lachen). Piepvogel.

Piep|matz (der, -, -mät|ze) (ugs.) kleiner Vogel.

Pie|pen (die, nur Plural) (ugs.) Geld.

piep|sen (V.) einen hohen Ton von sich geben. Pieps; Piepser; Piepsigkeit; piepsig.

Pier (der, -s, -s/-e) (engl.) Hafendamm; Schiffsanlegeplatz im Hafen; Kai.

Pier|ret|te (die, -, -n) weiblicher Pierrot.

Pier|rot (der, -s, -s) (franz.) komisch-melancholische Figur mit weiß geschminktem Gesicht (in der franz. Pantomime).

pieˈsaˈcken (V.) (ugs.) quälen; schikanieren. Piesackerei.
pieˈseln (V.) (ugs.) regnen; urinieren.
Piˈeˈtà (die, -, -s) (ital.) Darstellung von Maria mit dem Leichnam Christi auf dem Schoß.
Piˈeˈtät (die, -, kein Plural) (lat.) 1. Frömmigkeit; Ehrfurcht; 2. Rücksicht.
Piˈeˈtätˈloˈsigˈkeit (die, -, kein Plural) Taktlosigkeit.
piˈeˈtätˈlos (Adj.) taktlos; ohne Ehrfurcht.
piˈeˈtätˈvoll (Adj.) ehrfürchtig.
Piˈeˈtisˈmus (der, -, kein Plural) (lat.) Pietist; pietistisch.
piˈeˈtoˈso (Adj.) (ital.) andächtig; mitleidsvoll (Vortragsanweisung in der Musik).
Piˈeˈtra duˈra (die, -, kein Plural) (ital.) Bezeichnung für ein Florentiner Mosaik.
Piˈeˈzoˈcheˈmie (die, -, kein Plural) (griech.- arab.) Erforschung chemischer Wirkungen unter hohem Druck.
Pifˈfeˈraˈro (der, -s, -ri) (ital.) Querpfeife; Schalmei.
Pigˈment (das, -s, -e) (lat.) 1. Farbstoff im menschlichen Gewebe; 2. Farbkörper in der Mal- oder Anstreichfarbe. Pigmentation; Pigmentbakterium; Pigmentdruck; Pigmentfarbe; Pigmentfleck; Pigmentierung; Pigmentmal (Muttermal); Pigmentpapier; pigmentlos; pigmentieren.
Piˈgnoˈle (die, -, -n) (ital.) Samenkern der Pinie.
Piˈgnoˈlie (die, -, -n) → Pignole.
Piˈjaˈcke (die, -, -n) (engl.-dt.) blaue Überjacke für den Seemann.
Piˈjiˈki (die, nur Plural) (lapp.) die Felle der Rentierkälber.
Pik 1. (der, -s, -e/-s) (franz.) Berggipfel; 2. (das, -, -) Spielkartenfarbe. einen Pik auf jemanden haben (ugs.) (gegen jemanden einen heimlichen Groll haben, jemanden nicht leiden können).
Piˈkaˈde (die, -, -n) (lat.-span.) Urwaldpfad; Durchhau.
piˈkant (Adj.) (franz.) schmackhaft; scharf; anzüglich. Pikanterie; pikanterweise.
Piˈke (die, -, -n) (franz.) Spieß. etwas von der Pike auf lernen (von der untersten Stufe an); von der Pike auf dienen (in seinem Beruf von der untersten Stufe emporsteigen, wie ein einfacher Soldat, der mit der Pike begann). (Die Pike war der Langspieß des Fußvolks in der Armee.).
Piˈkee 1. (der/das, -s, -s) (franz.) Baumwollgewebe mit erhabener Musterung. Pikeehemd; Pikeekragen; Pikeeweste; pikeeartig. 2. (*auch:* Piˈqué) (das, -s, -s) Reinheitsgrad (Diamanten).
piˈken (V.) (ugs.) stechen.
Piˈkett (das, -s, -e) (franz.) 1. (nur Singular) ein französisches Kartenspiel; 2. einsatzbereite Mannschaft (beim Heer und bei der Feuerwehr; schweiz.).
piˈkieˈren (V.) (franz.) junge Pflanzen einsetzen; 2. mehrere Stofflagen aufeinanderheften, wobei der Stich außen nicht sichtbar sein darf.
piˈkiert (Adj.) (franz.) beleidigt; gereizt; verstimmt.
Piˈkör (der, -s, -e) (franz.) Vorreiter (bei der Parforcejagd).
piˈkoˈtieˈren (V.) (lat.-franz.) (V.) einen Grubenschacht wasserdicht ausbauen.
Piˈkˈroˈpeˈge (die, -, -n) (griech.) Quelle mit Bitterwasser.
pikˈsen (V.) (ugs.) stechen.
Pikˈtoˈgraˈfie (*auch:* Pikˈtoˈgraˈphie) (die, -, -n) (lat.-griech.) Schrift, in der ein Wort oder eine Wortgruppe durch ein Bild wiedergegeben wird. Bilderschrift.
pikˈtoˈgraˈfisch (*auch:* pikˈtoˈgraˈphisch) (Adj.) (lat.-griech.) die Piktografie betreffend.
Pikˈtoˈgramm (das, -s, -e) (lat., griech.) grafisches Bildsymbol.
Piˈkul (der/das, -s, kein Plural) (malai.) 1. asiatisches Gewichtsmaß; 2. indonesisches Hohlmaß.
Piˈlar (der, -en, -en) (span.) zwei Pfosten, zwischen denen das Pferd während der Dressur angebunden wird.
Piˈlasˈter (der, -s, -) (lat.) Wandpfeiler; typisches Architekturelement der Renaissance.
Piˈlaw (der, -s, kein Plural) orientalische Speise aus Hammel- oder Geflügelfleisch mit Reis.
Piˈlea (die, -, -s) (lat.) südamerikanische Kanonierblume.
Pilˈger (der, -s, -) 1. Wallfahrer; 2. Wanderer; Pilgersmann; Pilgrim. Pilgerfahrt; Pilgerin; Pilgerschaft; Pilgerstab; Pilgerung.
Pilˈgerˈfahrt (die, -, -en) Wallfahrt; Bittgang; Bußgang; Pilgerprozession; Pilgerzug.
pilˈgern (V.) wallfahren; wallfahrten; wandern.
Pilˈgerˈväˈter (die, -, Pluralwort) mit der Mayflower nach Neuengland (USA) ausgewanderte englische Puritaner.
piˈlieˈren (V.) (franz.) zerstampfen; zerstoßen.
Pilˈle (die, -, -n) (lat.) 1. Medikament; Tablette; (Kurzw.) Antibabypille; 2. Kügelchen. Pillenschachtel.
Pilˈlenˈdreˈher (der, -s, -) Käfer.
Pilˈlenˈknick (der, -s, kein Plural) Rückgang der Geburtenzahlen nach Freigabe der Antibabypille.
Piˈloˈse (die, -, -n) (lat.) außergewöhnlicher Haarwuchs (Med.).
Piˈlot (der, -en, -en) (franz.) Flugzeugführer.
Piˈloˈtenˈschein (der, -s, -e) Berechtigung zum Führen eines Flugzeugs.
Piˈlot... (engl.) 1. Test; 2. Versuch.
Piˈlotˈbalˈlon (der, -s, -s) kleiner, mit Wasserstoff gefüllter Ballon zur Messung des Höhenwindes.
Piˈlotˈfilm (der, -s, -s) 1. zu Testzwecken ausgestrahlter Film; 2. erster Film einer TV-Serie, meist in Spielfilmlänge.
Piˈlotˈproˈjekt (das, -s, -e) Versuchsprojekt.
Piˈlotˈsenˈdung (die, -, -en) Probesendung für eine Serie.
Piˈlotˈstuˈdie (die, -, -n) wegweisende Studie; erste Studie ihrer Art.
Piˈlotˈton (der, -(e)s, -töˈne) hochfrequenter Ton; Begleitsignal zur Steuerung von Sendefolgen.
Piˈloˈte (die, -, -n) Pfahl zum Einrammen.
Pils (das, -, -) Biersorte. Wir hätten gern drei Pils. Pils(e)ner.
Pilz (der, -es, -e) Pflanze; Organismus. Pilzfaden; Pilzkrankheit; Pilzkunde; Pilzvergiftung; pilzig.
Piˈmeˈloˈse (die, -, kein Plural) (griech.-lat.) Fettleibigkeit (Med.).
Piˈment (der/das, -s, -e) (lat.) Nelkenpfeffer; Gewürz aus den unreifen Beeren des Pimentbaumes. Pimentbaum.
Pimˈmel (der, -s, -) (ugs.) Penis.
pimˈpeˈlig (Adj.) (ugs.) weinerlich; wehleidig. Pimpelei; Pimpellise; pimpeln.

Pim|per|nell (der, -s, -e) (sanskr.) Heilpflanze.
Pimpf (der, -s, -e) (ugs.) 1. kleiner Junge; 2. jüngster Angehöriger der Hitlerjugend.
Pim|pi|nel|le (die, -, -n) (sanskr.) Pimpernell.
Pin (der, -s, -s) (engl.) 1. getroffener Kegel (Bowling); 2. Stift; Kontaktstift bei Computersteckverbindungen.
PIN (Abk.) **P**ersönliche **I**dentifikations**n**ummer. PIN-Code (*auch:* PIN-Kode).
Pi|na|ko|id (das, -s, -e) (griech.) Kristallform.
Pi|na|ko|thek (die, -, -en) (griech.) Gemäldesammlung.
Pi|nas|se (die, -, -n) (franz.) 1. dreimastiges Segelschiff (früher); 2. Beiboot (heute).
Pin|board (das, -, -) (engl.) Wandtafel.
Pin|ce|nez (das, -, -) (franz.) Brille ohne Bügel; Zwicker; Kneifer.
Pi|ne|al|or|gan (das, -s, -e) (griech.-lat.) äußerst lichtempfindliches Sinnesorgan der Reptilien.
Pi|nen (das, -s, -e) (lat.) Hauptbestandteil der Terpentinöle.
pin|ge|lig (Adj.) (ugs.) kleinlich; sehr genau.
Pin|ge|lig|keit (die, -, -en) Kleinlichkeit; Genauigkeit.
Ping|pong (das, -s, kein Plural) (engl.) Tischtennis. Pingpongplatte; Pingpongschläger.
Pin|gu|in (der, -s, -e) arktischer Vogel.
Pi|nie (die, -, -n) Kiefer. Pinienbaum; Pinienhain; Pinienwald; Pinienzapfen.
pink (Adj.) (engl.) rosa. Pink; pinkfarben.
Pin|ke (*auch:* Pin|ke|pin|ke) (die, -, kein Plural) (ugs.) Geld.
Pin|kel (der, -s, -) (ugs.) Vornehmtuer. ein feiner Pinkel.
pin|keln (V.) (ugs.) urinieren. Pinkelpause.
Pin|na (die, -, kein Plural) (lat.) Vogelmuschel des Mittelmeeres.
Pin|ne (die, -, -n) Reißnagel. Pinnwand; pinnen.
Pi|no|le (die, -, -n) (lat.-ital.) Teil einer Spitzendrehbank, in dem die Spitze gelagert ist.
Pin|scher (der, -s, -) Hunderasse. Zwergpinscher; Rehpinscher.
Pin|sel (der, -s, -) 1. Malwerkzeug; 2. (ugs.) Dummkopf. Pinselei; Pinselführung; Pinselstiel; Pinselstrich; pinselartig; pinseln.
Pint (das, -s, -s) englisches und nordamerikanisches Flüssigkeitsmaß; 0,5 l.
Pin|te (die, -, -n) (franz.) Kneipe.
Pin-up-Girl (das, -s, -s) (engl.) leicht bekleidetes Titelblattmädchen.
Pin|zet|te (die, -, -n) (franz.) Federzange.
pin|zie|ren (V.) (franz.) entspitzen, bei Pflanzen die Kopftriebe abschneiden.
Pi|on (der, -s, -s) 1. Fußsoldat; 2. Bauer beim Schach (lat.-franz.); 3. (das, -s, -en) (griech.) Elementarteilchen.
Pi|o|nier (der, -s, -e) (franz.) 1. Soldat; 2. Wegbereiter. Pionierabteilung; Pionierarbeit; Pionierleistung; Pioniertrupp.
Pi|pa (die, -, -s) chinesisches Zupfinstrument mit vier Saiten.
Pi|pa|po (das, -s, kein Plural) (ugs.) Zubehör; Drum und Dran.
Pipe (engl.) 1. (die/das, -/-s, -s) englisches und nordamerikanisches Flüssigkeitsmaß (für Wein und Branntwein), 400 – 580 l; 2. (die, -, -s) durch vulkanische Ausbrüche entstandenes, röhrenförmiges Gebilde.
Pipe|line (die, -, -s) (engl.) Erdgas-, Erdölleitung.
Pi|pet|te (die, -, -n) (franz.) Saugröhrchen.
pi|pet|tie|ren (V.) mit einer Pipette entnehmen.
Pips (der, -s, kein Plural) eine Hausgeflügelkrankheit. den Pips haben (ugs.) erkältet sein.
Pi|qué (das, -s, -s) → Pikee.
Pi|ran|ha (der, -s, -s) Raubfisch.
Pi|rat (der, -en, -en) (griech.-ital.) Seeräuber. Piratenschiff; Piratentum; Piraterie.
Pi|ra|ten|sen|der (der, -s, -) private, nicht lizenzierte Radio- oder Fernsehsender, die ihr in der Regel kommerziell geprägtes Programm von einem Standort außerhalb der jeweiligen Staatsgrenzen ausstrahlen, zum Beispiel von Bord eines Schiffes.
Pi|ro|ge (die, -, -n) (franz.) Einbaum mit aufgesetzten Bordplanken.
Pi|rog|ge (die, -, -n) (russ.) Pastete, gefüllt mit Fisch, Fleisch, Eiern, Kohl, Pilzen.
Pi|ro|plas|mo|se (die, -, -n) (lat.-griech.) malariaähnliche Rinderkrankheit, die durch Zecken übertragen wird.
Pi|rou|et|te (die, -, -n) (franz.) schnelle Drehung. Verb: pirouettieren.
pir|schen (V.) anschleichen. Pirsch; Pirschgang; Pirschjagd.
Pi|sang|fres|ser (der, -s, -) (malai.-dt.). tropischer Waldvogel; Bananenfresser.
pis|sen (V.) (ugs.) urinieren. Pisse; Pissoir.
Pis|ta|zie (die, -, -n) (pers.) 1. Baum; 2. Samenkern dieses Baumes. Pistazieneis; Pistaziennuss.
Pis|te (die, -, -n) (franz.) Bahn; Skihang.
Pis|till (das, -s, -e) (lat.) 1. Stößel (des Mörsers); Stampfer; 2. Stempel (der Blüte).
Pis|to|le (die, -, -n) Waffe; Handfeuerwaffe. wie aus der Pistole geschossen antworten (ugs.) (auf Anhieb, auf der Stelle, umgehend, in null komma nichts, im Handumdrehen); jmdm. die Pistole auf die Brust setzen (jemanden ultimativ zu einer Entscheidung zwingen, jemanden unter Druck setzen, jmdm. die Daumenschrauben anziehen). Pistolengriff; Pistolenknauf; Pistolenlauf; Pistolenschuss; Pistolentasche.
Pis|ton (das, -s, -s) (franz.) Blechinstrument. Pistonbläser.
Pitch|pine (die, -, -s) (engl.) Holz nordamerikanischer Kiefern.
pitsch|nass (*auch:* pit|sche|nass, pit|sche|patsche|nass) (Adj.) (ugs.) durchnässt.
Pit|tings (die, nur Plural) (engl.) kleine, durch Korrosion entstandene Vertiefungen auf Maschinenteilen.
pit|to|resk (Adj.) (franz.) malerisch.
Pi|va (die, -, -ven) (lat.-ital.) 1. italienisch für Dudelsack; 2. schneller italienischer Tanz.
Pi|vot (der, -s, -s) (franz.) Zapfen, um den ein Kran oder Geschütz geschwenkt werden kann.
Pi|xel (das/der, -s, -) (engl.) (Kunstwort aus Picture Element) Bildschirmpunkt, kleinstes, darstellbares Element auf dem Bildschirm eines Computers; ein

Pixel entspricht einem Bit Speicherplatz bei monochromer Darstellung.

Piz (der, -es, -e) Bergspitze.

Piz|za (die, -, -s/-zen) (ital.) Teiggericht. Pizzabäcker; Pizzeria.

Piz|zi|ca|to (das, -s, -ti) (ital.) Spiel mit gezupften (nicht gestrichenen) Saiten.

Pkt. (Abk.) Punkt.

Pkw (*auch:* PKW) (Abk.) Personenkraftwagen. Wir fahren mit zwei Pkws (PKWs).

pl. (*auch:* Pl./Plur.) (Abk.) Plural.

Pla|ce|bo (das, -s, -s) (lat.) Scheinmedikament.

Place|ment (das, -s, -s) (franz.) Kapitalanlage.

pla|cet (lat.) es wird genehmigt; es gefällt.

pla|ci|do (Adj.) (lat.-ital.) gemessen; ruhig (Vortragsanweisung in der Musik).

pla|cken (V., refl.) sich abmühen. Plackerei.

Plä|do|yer (das, -s, -s) (franz.) Schlussrede (Gericht). Verb: plädieren.

Pla|fond (der, -s, -s) (franz.) Zimmerdecke.

pla|fo|nie|ren (V.) (franz.-schweiz.) nach oben hin begrenzen; beschränken.

Pla|ge (die, -, -n) Mühe; schwere Arbeit. Plagegeister; Plagerei; plagen.

Pla|gi|at (das, -s, -e) (lat.) Diebstahl geistigen Eigentums. Plagiator; plagiatorisch; plagiieren.

Pla|gi|o|klas (der, -es, -e) (griech.) Mineral.

Plaid (das, -s, -s) (engl.) Reisedecke; großes, wollenes Umhangtuch .

Pla|kat (das, -s, -e) (niederl.) meist großformatiger, öffentlicher Aushang; Werbung. Plakatierung; Plakatkunst; Plakatmalerei; Plakatsäule; Plakatschrift; Plakatwerbung; plakativ; plakatieren.

Pla|ket|te (die, -, -n) (franz.) Aufkleber; Anstecker; Abzeichen. TÜV-Plakette.

plan (Adj.) (lat.) flach; eben. Planfilm; Planheit.

Plan (der, -s, Plä|ne) 1. Vorhaben; 2. Skizze. jemanden auf den Plan rufen (jemanden zum Erscheinen veranlassen und zum Eingreifen herausfordern); auf den Plan treten/auf dem Plan erscheinen (erscheinen und in Aktion treten). Planer; Pläneschmied; Pläneschmieden; Planfeststellung; Planfeststellungsverfahren; Planlosigkeit; Planmäßigkeit; Plannummer; Planquadrat; Planspiel; Planstelle; Planung; Planungsabteilung; Planungskommission; Planungszeit; Planzeichnen; Planzeichner; Planzeichnung; Planziel. Adjektive: planerisch; plangemäß; planlos; planmäßig; planvoll. Verben: planen; planzeichnen.

Pla|na|rie (die, -, -n) (lat.) Strudelwurm mit stark abgeplattetem Körper.

Planche (nicht trennbar) (die, -, -n) (franz.) Fechtbahn.

Pla|ne (die, -, -n) Abdeckung. Planwagen.

Plä|ner (der, -s, kein Plural) Kalkstein.

Pla|net (der, -en, -en) (griech.) Himmelskörper. Planetarium; Planetenbahn; Planetenjahr; Planetenkonstellation; Planetensystem; Planetoid; planetar; planetarisch.

Pla|ne|to|lo|gie (die, -, kein Plural) (griech.-lat.) die Wissenschaft, die sich mit der geologischen Erforschung von Planeten und ihrer Oberfläche beschäftigt.

pla|nie|ren (V.) ebnen. Planierbank; Planierraupe; Planierung.

Pla|ni|fi|ka|ti|on (die, -, -ti|o|nen) Rahmenplanung (Wirtschaft). Planifikateur.

Pla|ni|glob (das, -s, -en) (lat.) Erdkarte.

Pla|ni|me|ter (das, -s, -) (lat.-griech.) Flächenmesser. Planimetrie; planimetrisch.

Plan|ke (die, -, -n) dickes Brett. Plankenzaun.

plän|keln (V.) sich leicht streiten, necken. Plänkelei; Plänkler.

plan|kon|kav (Adj.) auf einer Seite plan, auf der anderen Seite konkav (von Linsen).

plan|kon|vex (Adj.) auf einer Seite plan, auf der anderen Seite konvex (von Linsen).

Plan|kos|ten (die, -, Pluralwort) in der kaufmännischen Kalkulation ein geplanter Ausgabenposten. Plankalkulation; Plankostenrechnung.

Plank|ton (das, -s, kein Plural) (griech.) Organismen im Wasser. Planktonnetz; Planktont; planktonisch.

pla|no (Adv.) (lat.) glatt; ungefalzt.

Plan|ta|ge (die, -, -n) (franz.) Pflanzung. Plantagenbesitzer; Plantagenwirtschaft.

plan|tar (Adj.) (lat.) die Fußsohle betreffend.

plan|schen (*auch:* plant|schen) (V.) im Wasser spielen. Planschbecken (*auch:* Plantschbecken); Planscherei (*auch:* Plantscherei).

Plan|wirt|schaft (die, -, -en) staatlich geplante Wirtschaftsform.

plap|pern (V.) viel reden. Plapperei; Plapperer; Plapperhaftigkeit; Plappermaul; Plappertasche; plapperhaft.

Plaque (die, -, -s) (franz.) 1. Zahnbelag; 2. Hautmal.

plär|ren (V.) (ugs.) laut schreien. Plärrer.

Plä|sier (das, -s, -e) (franz.) Vergnügen; Spaß.

plä|sier|lich (Adj.) (lat.-franz.) vergnüglich; heiter; angenehm.

Plas|ma (das, -s, -men) (griech.) (Kurzw.) Protoplasma; Blutplasma. Plasmaphysik; Plasmachemie.

Plas|mo|di|um (das, -s, -di|en) (griech.-lat.) 1. Einzeller; Schmarotzer im Blut; Malariaerreger; 2. Protoplasmakörper.

Plas|mon (das, -s, kein Plural) (griech.) Gesamtheit des Erbgutes im Zytoplasma.

Plas|tics (die, nur Plural) (engl.) Kunststoffe.

plas|ti|fi|zie|ren (V.) (griech.-lat.) weicher, geschmeidiger machen.

Plas|tik 1. (die, -, -en) Figur (Kunst); plastische Chirurgie. Plastiker; plastisch. 2. (das, -s, kein Plural) Kunststoff. Plastikbeutel; Plastikbombe; Plastikeinband.

Plas|ti|lin (das, -s, kein Plural) Knetmasse.

Plas|ti|zi|tät (die, -, kein Plural) Verformbarkeit; Anschaulichkeit. Adjektiv: plastisch.

Plas|t|ron (das, -s, -s) (ital.-franz.) 1. Brustpanzer (im MA); 2. Polster für Brust und Arm (bei Fechtübungen); 3. breite Krawatte (zum festlichen Anzug); 4. verzierter Latz (an Frauenkleidern; früher).

Pla|ta|ne (die, -, -n) (griech.) Laubbaum. Platanenblatt; Platanenwald.

Pla|teau (das, -s, -s) (franz.) Hochebene. Plateaugletscher; plateauförmig.

Pla|teau|soh|le (die, -, -n) modische dicke Sohlen an Damenschuhen.
pla|te|resk (Adj.) (span.) fein verziert.
Pla|tin (das, -s, kein Plural) (span.) Edelmetall; chemischer Grundstoff (Abk.: Pt). Platindraht; Platinerz; Platinring; platinblond; platinieren.
Pla|ti|ne (die, -, -n) (franz.) elektronische Grundplatte.
Pla|ti|nit (das, -s, kein Plural) in der Technik Platin ersetzende Eisen-Nickel-Legierung.
Pla|ti|no|id (das, -es, -e) (span.-griech.) aus Kupfer, Nickel, Zink und Wolfram bestehende Legierung zur Fertigung elektrischer Widerstände.
pla|to|nisch (Adj.) ausschließlich geistig-seelisch; die platonische Philosophie betreffend. Platoniker; Platonismus; platonische Liebe.
plat|schen (V.) klatschen. Platsch; platsch! platschnass.
plät|schern (V.) geräuschvoll fließen.
platt (Adj.) 1. flach; oberflächlich; 2. (ugs.) sprachlos. Plattfisch; Plattform; Plattfuß; Plattheit; Platthirsch; Plattstich; Plattwurm; plattfüßig; plattnasig.
Platt (das, -s, kein Plural) (Kurzw.) Plattdeutsch. Adjektiv: plattdeutsch.
Plat|te (die, -, -n) 1. ebene Fläche; 2. Glatze; 3. Scheibe; 4. Schallplatte; 5. Teller. die Platte kennen (ugs.) (schon wissen, was kommt); etwas auf der Platte haben (ugs.) (etwas können, beherrschen); eine andere Platte auflegen (ugs.) (das Thema wechseln, von etwas anderem sprechen); nicht auf die Platte kommen (ugs.) (nicht zugelassen, erlaubt sein); jemanden von der Platte putzen (ugs.) (jemanden besiegen). Plättchen; Plattenalbum; Plattenarchiv; Plattenbelag; Plattenbau; Plattenleger; Plattenspieler; Plattenteller; Plattensammlung; Plattenwechsler; Plattenweg; plätteln; platten.
plät|ten (V.) (nordd.) bügeln. Plätte; Plätteisen; Plätterei; Plätterin.
plat|tie|ren (V.) (franz.) legieren. Plattierung; Plattierverfahren.
Plat|ti|tü|de (*auch:* Pla|ti|tu|de) (die, -, -n) (franz.) Plattheit.
Platt|ler (der, -s, -) (südd.) Volkstanz. Schuhplattler.
Platz (der, -es, Plät|ze) Stelle; Fläche; Sitz. *Beachte:* Lasst uns Platz nehmen; (lasst uns setzen). Platz haben; ein Platz an der Sonne (Glück und Erfolg im Leben); in etwas keinen Platz haben (in etwas nicht hineinpassen); fehl am Platz sein (nicht angebracht sein); Platz behalten (sitzen bleiben, nicht aufstehen); jemanden auf die Plätze verweisen (jemanden besiegen). Platzangst; Platzanweiserin; Platzbedarf; Platzdeckchen; Platzhalter; Platzherr; Platzkarte; Platzverhältnisse; Platzvorschrift; Platzwart; Platzwechsel; Platzziffer; platzsparend (*auch:* Platz sparend); platzieren.
Platz|angst (die, -, kein Plural) in der Med. die Angst, in einem geschlossenen, kleinen oder überfüllten Raum sein zu müssen.
Platz|an|wei|se|rin (die, -, -nen) Angestellte im Kino, die den Besuchern die Plätze zeigt.
Plätz|chen (das, -s, -) Gebäck.
plat|zen (V.) zerspringen; (ugs.) wütend sein. einen Ballon platzen lassen, *aber:* einen Termin platzen lassen (*auch:* platzenlassen).
Platz|hirsch (der, -en, -en) 1. stärkster Hirsch auf dem Brunftplatz; 2. (ugs.) Angeber.
plat|zie|ren (V.) (franz.) 1. aufstellen; 2. einen guten Platz erreichen (Sport). Platzierung; Platzierungsvorschrift; ein platzierter (gezielter) Schuss.
Platz|kon|zert (das, -es, -e) Konzert im Freien, auf einem Platz.
Platz|mie|te (die, -, -en) Abonnement auf einen Platz im Theater oder auf einem Tennisplatz.
Platz|pa|tro|ne (die, -, -en) zu Schießübungen verwendete, nicht scharfe Patrone.
Platz|re|gen (der, -s, -) plötzlich einsetzender, heftiger Regen.
Platz|ver|weis (der, -es, -e) im Sport der Verweis vom Platz aufgrund einer Regelwidrigkeit.
Platz|wet|te (die, -, -n) beim Pferderennen die Wette, dass ein bestimmtes Pferd auf einem bestimmten Rang in der Platzierung liegt.
Platz|wun|de (die, -, -n) offene Hautwunde, hervorgerufen durch Schlag oder Aufprall.
plau|dern (V.) sich unterhalten; erzählen. Plauderei; Plauderer; Plauderstündchen; Plauderton.
Plau|der|ta|sche (die, -, -en) jmd., der gern und viel redet.
Plausch (der, -es, -e) angenehmes Gespräch. Verb: plauschen.
plau|si|bel (Adj.) (lat.) einleuchtend; glaubhaft. Plausibilität.
plau|si|bi|lie|ren (V.) plausibel machen; erklären.
Plau|ze (die, -, -n) (ugs.) Lunge; Brust. auf der Plauze liegen (krank sein); es auf der Plauze haben (eine starke Erkältung haben).
Pla|ya (die, -, -s) (span.) 1. spanisches Wort für Strand; 2. Salztonebene in Trockengebieten.
Play-back (*auch:* Play|back) (das, -, -s) (engl.) vorgetäuschtes Singen, Musizieren. Play-back-Verfahren (*auch:* Playbackverfahren, Playback-Verfahren).
Play|boy (der, -s, -s) (engl.) reicher, vergnügungssüchtiger Mann. Playgirl.
Play-off (*auch:* Play|off) (das, -, -) (engl.) Ausscheidungssystem (Sport). Play-off-Runde (*auch:* Playoffrunde, Playoff-Runde) .
Play|mate (das, -s, -s) (engl.) Nacktmodell.
Pla|zen|ta (die, -, -s/-ten) (griech.) Mutterkuchen. Adjektive: plazental; plazentar.
Pla|zen|ta|li|er (der, -s, -) Säugetier, dessen Embryo sich mithilfe einer Plazenta entwickelt.
Pla|zet (das, -s, -s) (lat.) Einwilligung; Zustimmung.
Pla|zi|di|tät (die, -, kein Plural) (lat.) Ruhe; Sanftheit.
Ple|ban (der, -s, -s) (lat.) Seelsorger.
ple|be|jisch (Adj.) (lat.) ungebildet; unfein. Plebejer.
Ple|bis|zit (das, -s, -e) (lat.) Volksentscheid. Adjektiv: plebiszitär.
Plebs (der, -, kein Plural) (lat.) (abwertend) Volksmasse.
Plein|pou|voir (das, -s, -s) (franz.) unbeschränkte Vollmacht.
Pleis|to|zän (das, -s, kein Plural) (griech.) Eiszeitalter. Adjektiv: pleistozän.
plei|te (Adj.) (jidd.) ohne Geld; bankrott. *Beachte:* pleite sein; Pleite ma-

chen; pleitegehen. So eine Pleite (Reinfall)!

Plei|te|gei|er (der, -s, -) Sinnbild für eine drohende Pleite. Bei jmdm. sitzt der Pleitegeier auf dem Dach (ugs.) (jmd. ist vom Bankrott/von der Pleite bedroht).

Plek|t|ron (*auch:* Plek|t|rum) (das, -s, -tren/-tra) (griech.) Plättchen; Zupfplättchen (Musik).

plem|pern (V.) (ugs.) spritzen; Zeit vertrödeln.

plem|plem (Adj.) (ugs.) verrückt.

plen|tern (V.) lichten; aushauen. Plenterbetrieb.

Ple|num (das, -s, -nen) (lat.) Vollversammlung; Parlament. Plenarsaal; Plenarsitzung; Plenarversammlung.

Pleo|chro|is|mus (der, -, kein Plural) (griech.) Eigenschaft mancher Kristalle, bei Bestrahlung mit Licht in verschiedenen Richtungen verschiedene Farben zu zeigen; Mehrfarbigkeit.

ple|o|nas|tisch (Adj.) (griech.) überladen. Pleonasmus.

Ple|sio|sau|ri|er (der, -s, -) (griech.) Saurier der Jura- und Kreidezeit mit flossenähnlichen Gliedmaßen und langem Hals.

Pleu|el (der, -s, -) Maschinenteil. Pleuelstange.

Pleu|ra (die, -, -ren) (griech.) Rippenfell; Brustfell.

pleu|ral (Adj.) zur Pleura gehörig.

Pleu|reu|se (die, -, -n) (franz.) 1. Trauerflor; Trauerrand (veraltet); 2. Straußenfedern (als Hutschmuck).

Pleu|ri|tis (die, -, -ti|den) (griech.) Rippenfellentzündung.

Pleus|ton (das, -s, kein Plural) (griech.) Gesamtheit der an der Wasseroberfläche treibenden Organismen.

ple|xi|form (Adj.) (lat.) geflechtartig (von Nerven, Blut- oder Lymphgefäßen).

Ple|xi|glas (das, -es, kein Plural) Acrylglas. Plexiglasscheibe.

Ple|xus (der, -, -) (lat.) Geflecht aus Nerven; Blut- oder Lymphgefäßen.

Pli (der, -s, kein Plural) (franz.) Benimm; Gewandtheit.

Plicht (die, -, -en) Cockpit; offener Sitzraum hinten in Motor- und Segelbooten.

plie|ren (V.) (nordd.) blinzeln; weinen; schmutzig sein. Adjektiv: plierig.

plietsch (Adj.) (nordd.) schlau; vergnügt.

Plin|se (die, -, -n) Eierkuchen; Kartoffelpuffer. Plinsenteig.

plin|sen (V.) (nordd.) weinen.

Plin|the (die, -, -n) (griech.) Sockel.

Plio|zän (das, -s, kein Plural) (griech.) jüngste Abteilung des Tertiärs.

Plis|see (das, -s, -s) (franz.) Faltenstoff. Plisseerock; plissieren.

PLO (Abk.) Palestine Liberation Organization (Palästinensische Befreiungsorganisation).

Plock|wurst (die, -, -wür|ste) Dauerwurst.

Plom|be (die, -, -n) (franz.) 1. Zahnfüllung; 2. Siegel. Plombierung; plombieren.

plo|siv (Adj.) (lat.) als Plosiv artikuliert.

Plo|siv (der, -s, -e) (lat.) Bezeichnung in der Sprachwissenschaft für den Explosivlaut.

Plot (der/das, -s, -s) (engl.) 1. Handlung; Handlungsaufbau; Konflikt (Drama, Roman); 2. Grafik (EDV).

plot|ten (V.) (engl.) mit einem Plotter zeichnen.

Plot|ter (der, -s, -) (engl.) Zeichenmaschine; Peripheriegerät eines Computers zur Ausgabe von Plänen, Zeichnungen.

Plöt|ze (die, -, -n) Fisch.

plötz|lich (Adj.) unerwartet; sehr schnell. Plötzlichkeit.

plu|dern (V.) sich bauschen. Pluderhose; plud(e)rig.

Plum|bum (das, -s, kein Plural) (lat.) Blei (chemischer Grundstoff, Abk.: Pb).

Plu|meau (das, -s, -s) (franz.) Federbett.

plump (Adj.) massig; schwerfällig; derb. Plumpheit; Plumpsack; plumpvertraulich (*auch:* plump-vertraulich).

plump|sen (V.) (ugs.) fallen. Plumps; Plumpsklo; plumps!

Plum|pud|ding (der, -s, -s) (engl.) Süßspeise, die in England traditionell an Weihnachten zubereitet wird.

Plun|der (der, -s, -) (ugs.) 1. alte Sachen; 2. Blätterteiggebäck. Plunderbrezen; Plundergebäck; Plunderhörnchen; Plunderteig.

plün|dern (V.) ausrauben. Plünderei; Plünderer; Plünderung.

Plun|ger (der, -s, -) (engl.) langer Kolben an Arbeitsmaschinen.

Plün|nen (die, nur Plural) (nordd.) alte Kleidung.

Plun|scher (der, -, -) = Plunger.

Plur. (Abk.) Plural.

Plu|ral (der, -s, -e) (lat.) Mehrzahl (Abk.: pl.; Pl.; Plur.) Pluralendung; Pluraletantum (Mehrzahlwort); Pluralismus; Pluralität; Pluralwahlrecht; plural; pluralisch; pluralistisch.

Plu|ra|lis Ma|jes|ta|tis (der, - -, kein Plural) (lat.) die Pluralform »wir« statt »ich« (von Herrschern oder von Autoren im eigenen Werk gebraucht).

Plu|ra|list (der, -en, -en) (lat.) Verfechter des Pluralismus.

plu|ri|form (Adj.) vielgestaltig.

plu|ri|lin|gue (Adj.) (lat.) vielsprachig; in mehreren Sprachen verfasst.

Plu|ri|pa|ra (die, -, -ren) (lat.) mehrfache Mutter (Med.).

plus (Adv.) 1. zuzüglich; 2. über null (Zeichen: +). *Beachte:* zwei plus zwei ist/macht/gibt (*falsch:* sind/machen/geben!) vier; das Thermometer zeigt plus vier Grad (*auch:* vier Grad plus). *Aber:* Unser Plus (Vorteil) ist unsere Qualität. Plusbetrag; Pluspol; Pluspunkt; Pluszeichen.

Plüsch (der, -es, -e) (franz.) weicher Stoff. Plüschsessel; Plüschsofa; Plüschteppich; Plüschtier; plüschen; plüschig.

Plus|quam|per|fekt (das, -s, -e) (lat.) Vorvergangenheit (z. B. hatte gelebt, war gekommen).

plus|tern (V.) 1. Federn aufstellen; 2. sich wichtig machen.

Plu|to (der, -, kein Plural) äußerster Planet des Sonnensystems.

Plu|to|kra|tie (die, -, -n) (griech.) Geldherrschaft. Plutokrat; plutokratisch.

Plu|to|nis|mus (der, -, kein Plural) (griech.) Gesamtheit aller Vorgänge und Erscheinungen, die auf dem Empordringen von Stoffen aus dem Erdinnern beruhen; Vulkanismus.

Plu|to|nit (der, -s, -e) (griech.-lat.) plutonisches Gestein.

Plu|to|ni|um (das, -s, kein Plural) (griech.) chemischer Grundstoff (Abk.: pu); Transuran. Plutoniumwirtschaft.

Plu|vi|a|le (das, -s, -s) (lat.) 1. Umhang der katholischen Geistlichen bei manchen gottesdienstlichen Handlungen; 2. Krönungsmantel (von Königen und Kaisern; früher).

Plu|vi|al|zeit (die, -, -en) Regenzeit und Periode mit kühlerem Klima in den Subtropen.

Plu|vio|graf (auch: Plu|vio|graph) (der -en, -en) (lat.-griech.) Gerät zur selbsttätigen Aufzeichnung der Menge von Niederschlägen.

Plu|vio|me|ter (das, -s, -) (lat.-griech.) Regenmesser; Gerät zum Messen der Niederschläge. Regenwasser.

p.m. (Abk.) **p**ost **m**eridiem (nach Mittag); **p**ost **m**ortem (nach dem Tod); **p**ro **m**emoria (zur Erinnerung, zum Gedenken); **p**ro **m**ille; **P**ro**m**ille (Zeichen: ‰).

Pneu (der, -s, -s) (griech.) (Kurzw.) Pneumatik; Pneumothorax.

Pneu|ma (das, -s, kein Plural) (griech.) 1. Hauch. 2. Heiliger Geist.

Pneu|ma|tik 1. (die, -, kein Plural) (griech.) Gaslehre; 2. (der, -s, -s) (franz.) Luftreifen. Adjektiv: pneumatisch.

Pneu|ma|ti|sa|ti|on (die, -, -ti|o|nen) (griech.-lat.) Bildung lufthaltiger Zellen in Geweben oder Knochen (Med.).

Pneu|ma|to|chord (das, -s, -e) (griech.) Harfe, deren Saiten durch Wind zum Schwingen gebracht werden. Windharfe; Äolsharfe.

Pneu|mo|graf (*auch:* Pneu|mo|graph) (der, -en, -en) (griech.) Gerät zum Aufzeichnen der Bewegungen des Brustkorbs bei der Atmung.

Pneu|mo|kok|kus (der, -, -k|ken) Erreger der Lungenentzündung.

Pneu|mo|ko|ni|o|se (die, -, -n) (griech.) Erkrankung der Lunge infolge jahrelangen Einatmens von Staub; Staublunge.

Pneu|mo|ly|se (die, -, -n) (griech.) operative Ablösung eines Lungenflügels von der Brustwand (zum Ruhigstellen).

Pneu|mo|nie (die, -, -n) (griech.) Lungenentzündung.

Pneu|mo|tho|rax (der, -es, -e) (griech.) krankhafte Füllung eines Brustfellraumes mit Luft, auch künstlich zur Ruhigstellung eines Lungenflügels.

Po (Abk.) Polonium (chemisches Zeichen).

Po 1. (der, -/-s, kein Plural) ital. Fluss; 2. (der, -s, -s) (Kurzw.) Popo.

P. O. (Abk.) Professor ordinarius (ordentlicher Professor).

Pö|bel (der, -s, kein Plural) (franz.) Gesindel.

pö|beln (V.) beleidigen; provozieren. Pöbelei; pöbelhaft.

Poc|cet|ta (die, -, -ten) (germ.-ital.) kleine, etwas höher gestimmte Taschengeige der alten Tanzmeister.

Poch (der/das, -s, kein Plural) Glücksspiel. Pochbrett.

po|chen (V.) klopfen; auf etwas berufen, bestehen.

po|chie|ren (V.) (franz.) garen.

Po|cke (die, -, -n) Hautbläschen.

Po|cken (die, -, nur Plural) Infektionskrankheit. Pockenimpfung; Pockennarbe; Pockenschutzimpfung; Pockenvirus; pockennarbig; pockig.

Po|cket|book (das, -s, -s) (engl.) preisgünstiges Taschenbuch.

Po|cket|ka|me|ra (die, -, -s) kleiner Fotoapparat.

Po|d|a|g|ra (das, -s, kein Plural) (griech.) Gicht der großen Zehe.

po|d|a|g|risch (Adj.) (griech.-lat.) an Fußgicht leidend (Med.).

Po|d|al|gie (die, -, -n) (griech.-lat.) Fußschmerzen (Med.).

Po|dest (das/der, -s, -e) (griech.) 1. Erhöhung; 2. Treppenabsatz.

Po|dex (der, -, -e) (lat.) (ugs.) Gesäß.

Po|di|um (das, -s, -di|en) (griech.) Plattform. Podiumsdiskussion; Podiumsgespräch.

Po|do|lo|ge (der, -n, -n) Fachkraft für medizinische Fußpflege.

Po|do|me|ter (das, -s, -) (griech.) Schrittzähler.

Po|do|phyl|lin (das, -s, kein Plural) (griech.-lat.) starkes Abführmittel.

Pod|sol (der, -s, kein Plural) (russ.) Bleicherde.

Po|em (das, -s, -e) (griech.) Gedicht.

Po|e|sie (die, -, -n) (griech.) 1. Dichtkunst; 2. Stimmung. Poesielosigkeit; poesielos.

Po|e|sie|al|bum (das, -s, -ben) Erinnerungsalbum, in dem sich Freunde mit Versen verewigen.

Po|et (der, -en, -en) (griech.) Dichter. Poetik; Poetologie; poetisch.

Po|e|ta lau|re|a|tus (der, - -, - -ae) (lat.) mit Lorbeer gekrönter Dichter im MA, später mit dem Hofamt verbunden.

po|e|ti|sie|ren (V.) dichterisch ausschmücken.

po|fen (V.) (ugs.) schlafen.

Po|gat|sche (die, -, -n) (ungar.) süßer Eierkuchen mit Grieben.

Po|g|rom (der/das, -s, -e) (russ.) Gewalttätigkeiten gegen Minderheiten, besonders gegen Juden. Pogromhetze.

Poi|ki|lo|ther|me (der, -n, -n) (griech.) Tier, dessen Körpertemperatur von der Temperatur seiner Umgebung abhängt; Kaltblütler; Wechselwarmblütler.

Point (der, -s, -s) (engl.) Maßeinheit, zwölf Points ergeben ein Pica, 0,35 Millimeter.

Poin|te (die, -, -n) (franz.) Höhepunkt (Witz, Erzählung). Adjektiv: pointiert. Verb: pointieren.

Poin|ter (der, -s, -) Hunderasse.

poin|tie|ren (V.) betonen.

poin|tiert (Adj.) zugespitzt betont.

Poin|til|lis|mus (der, -, kein Plural) (franz.) Impressionismus (Malerei). Pointillist; pointillistisch.

Po|kal (der, -s, -e) 1. Trinkbecher; 2. Preis. Pokalendspiel; Pokalsieger; Pokalspiel.

pö|keln (V.) einsalzen. Pökel; Pökelfleisch; Pökelhering; Pökellache.

Po|ker (das, -s, kein Plural) (engl.) Kartenspiel. Pokerspiel; pokern.

Po|ker|face (das, -, -s) (engl.) unbewegliche Miene; Pokergesicht; Pokermiene.

Pol (der, -s, -e) Drehpunkt; Nordpol; Südpol; Stromkontakt; Endpunkt der Erdachse. der ruhende Pol (jmd., der die Ruhe in Person ist). Polareis; Polarexpedition; Polarfauna; Polarforscher; Polarfuchs; Polarhund; Polarkreis; Polarland; Polarlicht; Polarluft; Polarmeer; Polarnacht; Polarstern; Polarzone; Polhöhe; Polwechsler; Polwender.

po|lar (Adj.) den Pol betreffend.

Po|lar|front (die, -, -en) in der Meteorologie die Grenze polarer Luft.

po|len (V.) an einem elektrischen Pol anschließen.

Po|la|ri|sa|ti|on (die, -, -ti|o|nen) (lat.) Deutlichwerden von Gegensätzen;

Lichtschwingungsregelung (Physik). Polarisationsebene; Polarisationsfilter; Polarisationsmikroskop; Polarisationsstrom; Polarisator; Polarisierung.
po|la|ri|sie|ren (V.) sich gegensätzlich entwickeln.
Po|la|ri|tät (die, -, -en) (lat.) Gegensätzlichkeit.
Po|la|ro|id|ka|me|ra (die, -, -s) Sofortbildkamera.
Pol|der (der, -s, -) (niederl.) Deichland. Polderdeich.
Po|le|mik (die, -, -en) (griech.) scharfe, unsachliche Kritik. Polemiker; polemisch; polemisieren.
Po|le|mo|lo|gie (die, -, kein Plural) (griech.-franz.) Konfliktforschung; Kriegsforschung.
Po|len (ohne Art., -s, kein Plural) osteuropäisches Land. Noch ist Polen nicht verloren (ugs.) (noch ist Hoffnung berechtigt). Pole; Polin; polnisch; Polnisch (Sprache).
Po|len|ta (die, -, -s/-ten) (ital.) Maisgericht.
Po|len|te (die, -, kein Plural) (jidd.) (ugs.) Polizei.
Pole|po|si|tion (*auch:* Pole-Po|si|tion) (die, -, kein Plural) (engl.) Startposition in der ersten Reihe (Autorennen).
Po|li|ce (die, -, -n) (franz.) Versicherung; Versicherungsschein.
Po|lier (der, -s, -e) (franz.) Vorarbeiter (Baugewerbe).
po|lie|ren (V.) (franz.) putzen; blank machen. Polierer; Poliermittel; Polierstahl; Poliertuch; Polierwachs.
Po|li|kli|nik (die, -, -en) Ambulanz (Krankenhaus).
po|li|kli|nisch (Adj.) die Poliklinik betreffend.
Po|li|ment (das, -es, -e) (lat.-franz.) 1. zum Polieren geeignetes Material; 2. fettige Unterlage für Blattgold.
Po|lio (die, -, kein Plural) (Kurzw.) Poliomyelitis (Kinderlähmung). Polioinfektion; Polioschluckimpfung.
Po|lio|my|e|li|tis (die, -, -ti|den) (griech.) Kinderlähmung.
Po|lit|bü|ro (das, -s, -s) (Kurzw.) politisches Büro (Zentralausschuss einer kommunistischen Partei).
Po|li|tes|se (die, -, -n) Hilfspolizistin.
Po|li|tik (die, -, -en) (griech.) staatliches, gesellschaftliches Handeln; zielgerichtetes Verhalten. Politiker/in; Politisierung; Politologe; Politologie; Politökonomie; Politpornografie; Politrevue; politisch; politologisch; politisieren.
Po|li|ti|kas|ter (der, -s, -) jmd., der über Politik redet, ohne etwas davon zu verstehen.
Po|li|ti|kum (das, -s, -ka) Ereignis von politischer Bedeutung.
Po|lit|re|vue (die, -, -n) politisches Kabarett.
Po|li|tur (die, -, -en) (lat.) Glanz; Poliermittel.
Po|li|zei (die, -, -en) (griech.) Behörde für öffentliche Ordnung und Sicherheit. Polizeiaktion; Polizeiapparat; Polizeiaufgebot; Polizeiaufsicht; Polizeiauto; Polizeibeamte; Polizeibüro; Polizeichef; Polizeidirektion; Polizeifunk; Polizeigewalt; Polizeigriff; Polizeihund; Polizeikommissar; Polizeikontingent; Polizeikontrolle; Polizeiobermeister; Polizeiorgan; Polizeipräsident; Polizeipräsidium; Polizeirevier; Polizeischutz; Polizeisirene; Polizeiverordnung; Polizeiwesen; Polizist/in.
po|li|zei|lich (Adj.) zur Polizei gehörend; die Polizei betreffend; von der Polizei veranlasst.
Po|li|zei|staat (der, -es, -en) autoritäres Staatswesen, durch staatliche Gewalt regiert.
Po|li|zei|strei|fe (die, -, -n) Polizisten auf Kontrollgang.
Po|li|zei|stun|de (die, -, -n) Sperrstunde; Zeitpunkt, zu dem Restaurants und Bars schließen müssen.
Po|li|zei|wa|che (die, -, -n) Polizeidienststelle; Polizeibüro.
Pol|ka (die, -, -s) (tschech.) böhmischer Rundtanz.
Pol|len (der, -s, -) (lat.) Blütenstaub. Pollenanalyse; Pollenblume; Pollenflug; Pollenkorn; Pollensack; Pollenschlauch.
Pol|lu|ti|on (die, -, -ti|o|nen) (lat.) Samenerguss.
Pol|ni|sche (die, -n, -n) Wurst. Brühwurst.
Po|lo 1. (das, -s, kein Plural) (engl.) Reiterspiel. Polospiel; Polospieler. 2. (das, -s, -s) (Kurzw.) Polohemd. Poloshirt.
Po|lo|nai|se (*auch:* Po|lo|nä|se) (die, -, -n) (franz.) Tanz; Schreittanz.
Po|lo|ni|um (das, -s, kein Plural) radioaktiver Stoff (Abk.: Po).
Pols|ter (das, -s, -) Kissen. Polsterer; Polstergarnitur; Polstermöbel; Polstersessel; Polsterstoff; Polstertür; Polsterung; gepolstert.
pols|tern (V.) mit Polstern versehen.
pol|tern (V.) 1. krachen; 2. laut schimpfen; 3. heftig klopfen.
Pol|ter|abend (der, -s, -e) im Brauchtum der Abend vor der Hochzeit, an dem Geschirr zerschlagen wird, damit die Scherben dem Paar Glück bringen mögen.
Pol|ter|geist (der, -es, -er) parapsychologisches Phänomen.
pol|te|rig (*auch:* polt|rig) (Adj.) holprig.
po|ly.../Po|ly... (griech.) viel.../Viel...
Po|ly|ac|ryl (das, -s, kein Plural) (griech.) Kunststoff.
Po|ly|amid (das, -s, -e) (griech.) Nylon-, Perlonstoff.
Po|ly|an|d|rie (die, -, kein Plural) (griech.) Vielmännerei.
Po|ly|ar|th|ri|tis (die, -, -ti|den) (griech.) Gelenkentzündung.
Po|ly|äthy|len (das, -s, -e) (griech.) thermoplastischer Kunststoff.
Po|ly|chä|te (der, -n, -n) (griech.) Borstenwurm.
po|ly|chrom (Adj.) (griech.) vielfarbig. Polychromie; polychromieren.
Po|ly|eder (das, -s, -) (griech.) Vielflächner. Polyederprojektion.
po|ly|ed|risch (Adj.) vielflächig.
Po|ly|es|ter (der, -s, -) (griech.) Kunststoff. Polyesterharz.
po|ly|fon (*auch:* po|ly|phon) (Adj.) (griech.) mehrstimmig; vielstimmig. Polyfonie (*auch:* Polyphonie).
po|ly|gam (Adj.) in Polygamie lebend.
Po|ly|ga|mie (die, -, kein Plural) (griech.) Vielehe. Polygamist.
po|ly|gen (Adj.) (griech.) durch mehrere Erbfaktoren bestimmt; durch mehrere Ursachen ausgelöst.
Po|ly|ge|nie (die, -, kein Plural) (griech.) durch mehrere Erbfaktoren bewirkte Ausbildung eines Merkmals.
po|ly|glott (Adj.) (griech.) mehrsprachig.
Po|ly|glot|te (der, -n, -n) jmd., der viele Sprachen spricht.
Po|ly|gon (das, -s, -e) (griech.) Vieleck.

po|ly|go|nal (Adj.) vieleckig.
Po|ly|graf (*auch:* Po|ly|graph) (der, -en, -en) (griech.) Gerät zum Aufzeichnen mehrerer körperlicher Vorgänge zugleich, aus denen sich Erregungszustände ablesen lassen (in der Kriminologie als sogenannter »Lügendetektor« verwendet).
Po|ly|gy|nie (die, -, kein Plural) (griech.) Ehegemeinschaft eines Mannes mit mehreren Frauen; Vielweiberei.
Po|ly|his|tor (der, -s, -en) (griech.) Universalgelehrter.
po|ly|hy|b|rid (Adj.) (griech.) sich in mehreren erblichen Merkmalen unterscheidend (von pflanzlichen und tierischen Bastarden).
po|ly|karp (Adj.) (griech.) in einem bestimmten Zeitraum mehrmals Früchte tragend.
po|ly|mer (Adj.) (griech.) großmolekülig. Polymer; Polymerie; Polymerisation; Polymerisierung; polymerisierbar; polymerisieren.
Po|ly|me|ter (das, -s, -) (griech.) Messgerät (Wetterkunde).
Po|ly|me|t|rie (die, -, -n) (griech.) Taktwechsel (Gedicht).
Po|ly|mor|phie (*auch:* Po|ly|mor|phis|mus) (die, -, kein Plural) (griech.) Vielförmigkeit; Verschiedengestaltigkeit.
po|ly|morph (Adj.) in vielen Ausprägungen vorkommend.
Po|ly|nom (das, -s, -e) (griech.) mathematische Größe.
po|ly|no|misch (Adj.) vielgliedrig.
po|ly|nu|k|le|är (Adj.) (griech.) vielkernig.
Po|lyp (der, -en, -en) **1.** Tintenfisch; **2.** Geschwulst; **3.** (ugs.) Polizist.
po|ly|pen|ar|tig (Adj.) in der Art eines Polypen.
po|ly|phag (Adj.) (griech.) sich von verschiedenen Pflanzen und Tieren ernährend.
Po|ly|pha|ge (der, -n, -n) Allesfresser; polyphag lebendes Tier.
Po|ly|pha|gie (die, -, kein Plural) (griech.) Ernährung von verschiedenen Pflanzen und Tieren.
po|ly|plo|id (Adj.) (griech.) mehr als zwei Chromosomensätze aufweisend.
Po|ly|re|ak|ti|on (die, -, -en) (griech. lat.) Bildung hochmolekularer Verbindungen.
Po|ly|rhyth|mik (die, -, -en) (griech.) Musikstück mit gleichzeitig verschiedenen Rhythmen.
po|ly|rhyth|misch (Adj.) gleichzeitig in vielen Rhythmen.
Po|ly|sac|cha|rid (*auch:* Po|ly|sa|cha|rid) (das, -s, -e) (griech.) Vielfachzucker.
po|ly|se|man|tisch (Adj.) (griech.) mehrdeutig.
Po|ly|se|mie (die, -, kein Plural) (griech.) Mehrdeutigkeit.
Po|ly|sper|mie (die, -, -n) (griech.) Verschmelzung mehrerer Samenzellen mit einer Eizelle (bei der Befruchtung).
Po|ly|sty|rol (das, -s, -e) (griech.-lat.) Kunststoff.
po|ly|syl|la|bisch (Adj.) (griech.) vielsilbig. Polysyllabum.
po|ly|syn|de|tisch (Adj.) (griech.) durch Bindewörter (Konjunktionen) verbunden. Polysyndeton.
po|ly|syn|the|tisch (Adj.) (griech.) mehrfach zusammengesetzt. Polysynthetismus.
Po|ly|tech|ni|kum (das, -s, -ni|ka/-ni|ken) technische Fachhochschule. Polytechniker; polytechnisch.
Po|ly|the|is|mus (der, -, -men) (griech.) Vielgötterei. Polytheist; polytheistisch.
po|ly|to|nal (Adj.) mehrere Tonarten gleichzeitig in verschiedenen Stimmen aufweisend.
Po|ly|to|na|li|tät (die, -, kein Plural) (griech.) Nebeneinander mehrerer Tonarten in den verschiedenen Stimmen (eines Musikstücks); Vieltonart.
po|ly|trop (Adj.) (griech.) sehr anpassungsfähig (von Organismen).
po|ly|va|lent (Adj.) (griech.-lat.) in mehrfacher Beziehung wirksam (z. B. von Arzneimitteln).
Po|ly|va|lenz (die, -, kein Plural) (griech.-lat.) vielfache, breit gefächerte Einsatzmöglichkeit.
Po|ly|vi|nyl|chlo|rid (das, -s, kein Plural) (griech.) Kunststoff (Abk.: PVC).
Po|ly|zyt|hä|mie (die, -, -n) (griech.) krankhafte Vermehrung der roten Blutkörperchen.
Po|ma|de (die, -, -n) (franz.) Haarfett.
po|ma|dig (Adj.) (ugs.) langweilig; träge.
po|ma|di|sie|ren (V.) mit Pomade behandeln.
Po|me|ran|ze (die, -, -n) (ital.) Zitrusfrucht. Pomeranzenöl.
Pom|mer (der, -n, -n) Blasinstrument.
Pom|mes (die, nur Plural) (franz.) (Kurzw.) Pommes frites.
Pommes Cro|quettes (die, nur Plural) (franz.) Kroketten aus Kartoffelbrei.
Pommes Dau|phine (die, nur Plural) (franz.) eine Art Kartoffelkroketten.
Pommes frites (die, nur Plural) (franz.) frittierte Kartoffelstäbchen.
Po|mo|lo|gie (die, -, kein Plural) (lat.-griech.) Wissenschaft vom Obstbau.
Pomp (der, -s, kein Plural) (franz.) (übertriebener) Prunk; Pracht. Pomphaftigkeit; pomphaft; pompös.
Pom|pon (der, -s, -s) (franz.) Quaste.
pon|ceau (Adj.) (nicht deklinierbar!) (franz.) leuchtend orangerot.
Pon|ceau (das, -s, kein Plural) leuchtendes Orangerot.
Pon|cho (der, -s, -s) (span.) Umhang.
Pon|de|ra|bi|li|en (die, nur Plural) (lat.) Wägbarkeiten.
Pon|ge (der, -/-s, -s) Seidenstoff.
Pon|ti|cel|lo (der, -s, -s/-li) (ital.) Steg (Streichinstrumente).
Pon|ti|fex (der, -, -fi|ces, *auch:* fi|zes) (lat.) Oberpriester (im alten Rom).
Pon|ti|fex ma|xi|mus (der, - -, kein Plural) (lat.) der Papst.
pon|ti|fi|kal (Adj.) (lat.) bischöflich. Pontifikalamt; Pontifikale.
Pon|ti|fi|ka|li|en (Pluralwort) die Amtshandlungen des Bischofs.
Pon|ti|fi|kat (das, *auch:* der, -(e)s, -e) Amtsdauer und Würde des Papstes oder eines Bischofs.
pon|tisch (Adj.) (griech.) steppenhaft.
Pon|ti|us (kein Art.) Vorname des Landpflegers Pilatus. in der Wendung: jemanden von Pontius zu Pilatus schicken (ugs.) (jemanden planlos hin und her schicken, jemanden von einer Stelle zur anderen verweisen). (Jesus wurde vom Hohepriester Kaiphas zum römischen Statthalter Pontius Pilatus und von diesem zu Herodes, dann wieder zu Pilatus geschickt, der dann das Todesurteil vollstrecken ließ.).
Pon|ton (der, -s, -s) (franz.) Brückenschiff. Pontonbrücke; Pontonform.
Po|ny **1.** (das, -s, -s) (engl.) kleines Pferd. Ponyhof; Ponyreiten. **2.** (der, -s,

-s) Fransenfrisur. Ponyfransen; Ponyfrisur; Ponyschnitt.
Pool (der, -s, -s) (engl.) (Kurzw.) Swimmingpool; Gewinnzusammenlegung; (Kurzw.) Poolbillard.
Pop (der, -/-s, kein Plural) (engl.) (Kurzw.) Popmusik. Popfestival; Popgruppe; Popkonzert; Popkunst; Popmode; Popmusik; Popsänger; Popstar; Popszene.
Po|panz (der, -es, -e) Schreckgestalt; leicht beeinflussbarer Mensch.
Pop-Art (die, -, kein Plural) (engl.) Kunststil.
Pop|corn (das, -s, kein Plural) Puffmais.
Po|pe (der, -n, -n) (griech.-russ.) (ugs.) orthodoxer Priester.
Po|pel (der, -s, -) 1. (ugs.) (Kurzw.) Nasenpopel; 2. armseliger Kerl.
po|pe|lig (*auch:* pop|lig) (Adj.) dürftig; mickrig.
po|peln (V.) in der Nase bohren.
Po|pe|lin (*auch:* Po|pe|li|ne) (der, -s, -e) (franz.) Leinenstoff. Popelinjacke.
Po|po (der, -s, -s) (ugs.) Gesäß.
Pop|per (der, -s, -) (engl.) Jugendsprache der 1980er-Jahre: sehr modisch gekleideter Jugendlicher.
pop|pig (Adj.) (engl.) modern; bunt.
po|pu|lär (Adj.) (lat.) volkstümlich; beliebt. Popularisierung; Popularität; populärwissenschaftlich.
po|pu|la|ri|sie|ren (V.) für die Allgemeinheit verständlich machen.
Po|pu|la|ti|on (die, -, -ti|o|nen) (lat.) Bevölkerung.
Po|re (die, -, -n) (griech.) 1. Öffnung; 2. kleines Loch. Porenziegel; Hautpore; porentief; großporig.
po|rig (Adj.) mit Poren versehen; porös.
Por|no (der, -s, -s) (engl.) (Kurzw.) pornografischer Film, Roman.
Por|no... (griech.) Pornografie. Pornofilm; Pornohändler; Pornoladen; Pornostück.
por|no|phil (Adj.) mit einer Vorliebe für Pornografie.
Por|no|gra|fie (*auch:* Por|no|gra|phie) (die, -, kein Plural) (griech.) Darstellung sexueller Handlungen im Detail. Pornograf (*auch:* Pornograph); pornografisch (*auch:* pornographisch).
po|rös (Adj.) (griech.) löchrig; durchlässig. Porosität.
Por|phyr (der, -s, -e) (griech.) feinkörniges Ergussgestein mit Einsprenglingen von Kristallen.
Por|phy|rit (der, -s, -e) (griech.) Gestein.
Por|ree (der, -s, -s) (franz.) Gemüsepflanze.
Por|ridge (der/das, -s, kein Plural) (engl.) Haferbrei.
Porst (der, -s, -e) Heidekraut.
Port (der, -s, -e) (lat.) Hafen.
Por|tab|le (der/das, -s, -s) (engl.) tragbares Gerät.
Por|tal (das, -s, -e) (lat.) Eingangstor.
Por|ta|men|to (das, -s, -ti) (ital.) weiches, gleitendes Verbinden von Tönen (beim Gesang und Spielen von Streichinstrumenten).
Por|ta|tiv (das, -s, -e) (franz.) tragbare Kleinorgel.
Porte|feuille (das, -s, -s) (franz.) 1. Brieftasche; 2. Amtsbereich (eines Ministers); 3. Bestand an Wertpapieren (einer Bank).
Porte|mon|naie (*auch:* Port|mo|nee) (das, -s, -s) (franz.) Geldbörse; Geldbeutel.
Por|te|pee (das, -s, -s) (franz.) Quaste am Degen oder Säbel (des Offiziers).
Por|ter (der, -s, -) (engl.) Biersorte.
Por|ti|er (der, -s, -s) (franz.) Pförtner. Portierloge; Portiersfrau.
Por|ti|e|re (die, -, -n) (franz.) schwerer Türvorhang.
Por|ti|on (die, -, -ti|o|nen) (lat.) Anteil; Menge; Ration. eine halbe Portion sein (ugs.: klein und mager sein). Portiönchen; portionenweise; portionsweise.
por|ti|o|nie|ren (V.) in Portionen einteilen.
Port|mo|nee → Porte|mon|naie.
Por|to (das, -s, -s/-ti) (ital.) Beförderungsgebühr. Portobuch; Portokasse; portofrei; portopflichtig.
Por|trät (das, -s, -s) (franz.) Bild. Porträtaufnahme; Porträtist; Porträtmaler; Porträtstatue; Porträtstudie.
por|trä|tie|ren (V.) ein Porträt anfertigen.
Por|tu|gal (ohne Art., -s, kein Plural) Portugiese; portugiesisch; Portugiesisch (Sprache).
Por|tu|lak (der, -s, -s/-e) (lat.) eine Zier- und Gemüsepflanze, deren Blätter als Salat geges-sen werden.
Port|wein (der, -s, -e) süßer schwerer Wein.
Por|zel|lan (das, -s, -e) (ital.) 1. weißer Ton; 2. Essgeschirr. Porzellan zerschlagen (durch plumpes, ungeschicktes Verhalten, Reden oder Handeln Schaden anrichten). Porzellanblume; Porzellanerde; Porzellanfigur; Porzellanladen; Porzellanmalerei; Porzellanmanufaktur; Porzellanteller; Porzellanvase.
Por|zel|lan|blu|me (die, -, -n) Steinbrechgewächs; Bodendecker.
por|zel|la|nen (Adj.) aus Porzellan.
Por|zel|lan|kro|ne (die, -, -n) Zahnkrone aus Porzellan.
Por|zel|lan|ma|nu|fak|tur (die, -, -en) Porzellanfabrik.
Por|zel|lan|schne|cke (die, -, -n) Meeresschnecke mit meist eiförmiger, buntfarbiger, porzellanartiger Schale.
Pos. (Abk.) Position.
Po|sa|men|t (das, -s/-es, -en) (franz.) Verzierungsartikel für Textilien. Posamentierarbeit; Posamentierer.
po|sa|men|tie|ren (V.) mit Posamenten benähen.
Po|sau|ne (die, -, -n) Blasinstrument. Posaunenbläser; Posaunenchor; Posaunenschall; Posaunist.
po|sau|nen (V.) 1. die Posaune blasen; 2. etwas ausposaunen; ausplaudern; ein Geheimnis verraten.
Po|sau|nen|en|gel (der, -s, -) in der bildenden Kunst Darstellung eines Engels mit Posaune.
Po|se (die, -, -n) Körperstellung. Verb: posieren.
Po|si|ti|on (die, -, -ti|o|nen) (lat.) 1. Stellung; Lage; Ort; 2. Einstellung. Positionierung; Positionsbestimmung; Positionslaterne; Positionswinkel; positionell.
po|si|ti|o|nie|ren (V.) in eine bestimmte Stellung bringen.
Po|si|ti|ons|lam|pe (die, -, -n) Schiffs- und Flugzeuglampe.
Po|si|ti|ons|licht (das, -es, -er) Parkbeleuchtung am Auto.
po|si|tiv (Adj.) (lat.) 1. bejahend; 2. Temperatur über null; 3. günstig. Positiv; Positivist; Positivum.
Po|si|ti|vis|mus (der, -s, kein Plural) in der philos. Lehre des real Existierenden.
po|si|ti|vis|tisch (Adj.) dem Positivismus anhängend.

Po|si|tron (das, -s, -en) (lat.-griech.) Elementarteilchen.
Po|si|tur (die, -, -en) (lat.) Haltung; Figur. sich in Positur setzen/stellen.
Pos|se (die, -, -n) Lustspiel; (Plural:) Unfug.
Pos|sen|rei|ßer (der, -s, -) Spaßvogel (veraltet).
pos|sen|haft (Adj.) witzig; komisch.
pos|ses|siv (Adj.) (lat.) besitzanzeigend, ganz für sich beanspruchend. Possessivpronomen (besitzanzeigendes Fürwort, z. B. mein, dein, euer); Possessiv; Possessivum.
pos|sier|lich (Adj.) drollig; lustig. Possierlichkeit.
Post (die, -, kein Plural) (ital.) (Kurzw.) Postamt; Postgut. Postabholer; Postauftrag; Postauto; Postbarscheck; Postbeamte; Postbeamtin; Postbezirk; Postbote; Postbriefkasten; Postbus; Postdienst; Postdirektion; Postflugzeug; Postgebühr; Postgeheimnis; Postgiroamt; Postgirokonto; Postgut; Posthorn; Postkarte; Postkartengröße; Postkartengruß; Postkasten; Postkunde; Postkutsche; Postleitzahl; Postler; Postmeister; Postminister; Postnebenstelle; Postpaket; Postrat; Postsack; Postschaffner; Postscheck; Postscheckamt (Abk.: PSchA); Postscheckkonto; Postscheckverkehr; Postschiff; Postsparbuch; Postsparkasse; Postsparkassenamt; Poststempel; Postverbindung; Postverwaltungsrat; Postvollmacht; Postwertzeichen; Postwesen; Postwurfsendung; Postzustellung.
pos|ta|lisch (Adj.) mit der Post.
Pos|ta|ment (das, -s, -e) (ital.) Sockel; Podium.
post|amt|lich (Adj.) das Postamt betreffend.
Post|an|wei|sung (die, -, -en) Formular zum Einzahlen von Geld, das jmdm. überwiesen wird.
post Chris|tum (na|tum) (lat.) nach Christi Geburt (Abk.: p.Chr.).
post|em|b|ry|o|nal (Adj.) (lat.) nach der Geburt.
Pos|ten (der, -s, -) 1. Ware; 2. Stellung; 3. Wache. auf verlorenem Posten kämpfen/stehen (einen vergeblichen, aussichtslosen Kampf führen, keine Chance auf Erfolg haben); auf dem Posten sein (ugs.) (in guter körperlicher Verfassung sein, wachsam sein). Postendienst; Postenjäger; Postenkette.
Pos|ter (der/das, -s, -/-s) (engl.) Plakat. Postersammlung.
poste re|s|tante (franz.) postlagernd.
Post|fach (das, -(e)s, -fä|cher) Postschließfach.
post|frisch (Adj.) noch ungestempelte Briefmarken.
post|gla|zi|al (Adj.) (lat.) nacheiszeitlich.
pos|tie|ren (V.) (franz.) aufstellen. Postierung.
Pos|til|le (die, -, -n) (lat.) Predigtsammlung; Zeitschrift.
Pos|til|li|on (der, -s, -e) (franz.) früher für Postkutscher.
Pos|til|lion d'Amour (der, - -, kein Plural) (franz.) jmd., der für einen anderen einen Liebesbrief überbringt.
Post|kar|ten|grö|ße (die, -, kein Plural) DIN A5.
post|la|gernd (Adj.) verbleibt im Postamt; wird nicht zugestellt, sondern abgeholt vom Empfänger.
Post|lu|di|um (das, -s, -di|en) (lat.) Nachspiel (in der Musik).
post me|ri|di|em (lat.) nach Mittag (Abk.: p.m.).
Post|mo|der|ne (die, -, kein Plural) Kunstrichtung. Adjektiv: postmodern.
post|mor|tal (Adj.) (lat.) nach dem Tod.
post mor|tem (lat.) nach dem Tode (Abk.: p.m.).
post|na|tal (Adj.) (lat.) nach der Geburt.
Post|nu|me|ra|ti|on (die, -, -ti|o|nen) (lat.) Nachzahlung.
post|ope|ra|tiv (Adj.) (lat.) nach der Operation.
Post|skript (*auch:* Post|skrip|tum) (das, -s, -e) (lat.) Nachschrift (Abk.: PS).
Pos|tu|lat (das, -s, -e) (lat.) 1. sittliche Forderung; 2. in der Philos. eine unbewiesene These; 3. bei der kath. Kirche die Probezeit vor dem Eintritt in einen Orden. Postulant; Postulierung.
pos|tu|lie|ren (V.) etwas fordern.
pos|tum (*auch:* post|hum) (lat.) nach dem Tod erscheinend.
post|wen|dend (Adj.) sofort; unverzüglich.
Pot (das, -s, kein Plural) (engl.) Marihuana.
Po|tem|kin|sche Dör|fer (*auch:* po|tem|kin|sche/Po|tem|kin'sche Dör|fer) (die, nur Plural) (russ.) Trugbild; falsche Tatsachen; leerer Schein; Blendwerk. (Die Wendung geht auf den russischen Fürsten Potemkin zurück, einen Günstling der Zarin Katharina II. Er unterwarf die Krim und zeigte seiner Monarchin dort rasch aufgebaute und zum Schein bevölkerte Dörfer, um den Wohlstand des Landes vorzutäuschen.).
po|tent (Adj.) (lat.) mächtig; reich; zum Geschlechtsverkehr fähig.
Po|ten|tat (der, -en, -en) Machthaber; Herrscher.
Po|tenz 1. (die, -, kein Plural) Leistungsfähigkeit; Fähigkeit zum Geschlechtsverkehr; potenzsteigernd; potenzieren. 2. (die, -, -en) mathematisches Produkt. Potenzexponent; Potenzierung; potenzieren.
Po|ten|zi|al (*auch:* Po|ten|ti|al) (das, -s, -e) (lat.) 1. Leistungsfähigkeit; 2. Reserve; 3. physikalische Größe. Potenzialdifferenz (*auch:* Potentialdifferenz); Potenzialgefälle (*auch:* Potentialgefälle); Potenzialität (*auch:* Potentialität); potenzial (*auch:* potential); potenziell (*auch:* potentiell).
Po|ten|zi|a|lis (*auch:* Po|ten|ti|a|lis) (der, -, -les) (lat.) Möglichkeitsform (→ Konjunktiv).
Po|ten|zio|me|ter (*auch:* Po|ten|tio|me|ter) (das, -s, -) Spannungsteiler. Potenziometrie (*auch:* Potentiometrie).
Po|te|rie (die, -, -s) Töpferei.
Pot|pour|ri (das, -s, -s) (franz.) bunte Mischung; Musikstücke.
Pott (der, -s, Pöt|te) (nordd.) 1. Topf; 2. Schiff. zu Pott kommen (ugs.) (mit etwas fertig werden, zurechtkommen).
Pott|asche (die, -, kein Plural) Kaliumkarbonat.
pott|häss|lich (Adj.) sehr hässlich.
Pott|wal (der, -s, -e) Zahnwal.
potz Blitz! (Interj.) Ausruf (Überraschung). *Aber:* potztausend!
Pou|lar|de (die, -, -n) (franz.) Masthuhn.
Pour le Mé|rite (der, - - -, - - -) (franz.) 1740–1918 und seit 1952 hoher deutscher Verdienstorden.
pous|sie|ren (V.) (franz.) (ugs.) flirten.
Pou|voir (das, -s, -s) (österr.) (franz.) Handlungsvollmacht.

Po|w|er (die, -, kein Plural) (engl.) (ugs.) Kraft; Stärke.
Po|w|er|play (das, -s, kein Plural) (engl.) Angriff aller Feldspieler (Eishockey).
Po|w|er|slide (das, -s, kein Plural) (engl.) Kurventechnik (Autorennen).
Po|widl (der, -s, -) (tschech.) Pflaumenmus. Powidltatschkerl.
pp (Abk.) pianissimo.
pp. 1. (*auch:* ppa.) (Abk.) per prokura; 2. (Abk.) perge, perge (und so weiter); etc.pp.
PP. (Abk.) Patres.
ppb (Abk.) part per billion (pro Milliarde).
ppm (Abk.) part per million (pro Million).
PR (Abk.) Public Relations. PR-Abteilung; PR-Mann.
Prä (das, -s, kein Plural) (in der Wendung:) das Prä haben (den Vorrang haben).
prä... / Prä... (lat.) vor.../Vor...
Prä|am|bel (die, -, -n) (lat.) feierliche Einleitung.
Prä|ben|dar (der, -s, -e) Inhaber einer Präbende; Pfründner.
Prä|ben|de (die, -, -n) (lat.) 1. mit Einkünften verbundenes Kirchenamt; 2. Pfründe.
Pracht (die, -, kein Plural) 1. Prunk; 2. Glanz. Etwas ist eine wahre Pracht (ugs.) (es ist geradezu großartig). nur so eine Pracht sein (ugs.) (so sein, dass man es nur bewundern kann). Prachtbauten; Prachtexemplar; Prächtigkeit; Prachtjunge; Prachtkerl; Prachtmensch; Prachtstraße; Prachtstück; Prachtwerk.
Pracht|aus|ga|be (die, -, -n) wertvoll ausgestattetes Buch. Prachtband.
präch|tig (Adj.) prachtvoll.
Prä|de|s|ti|na|ti|on (die, -, kein Plural) (lat.) Vorherbestimmung. Prädestinationslehre; Prädestinierung; prädestiniert; prädestinieren.
Prä|di|kant (der, -en, -en) (lat.) Hilfsprediger.
Prä|di|kat (das, -s, -e) (lat.) 1. Titel; Bewertung; 2. Satzaussage. Prädikativ; Prädikativsatz; Prädikatsexamen; Prädikatsnomen.
Prä|di|kats|wein (der, -(e)s, -e) Wein mit Prädikat.
prä|di|ka|tiv (Adj.) aussagend.
prä|di|ka|ti|sie|ren (V.) bewerten.
Prä|dik|ti|on (die, -, -ti|o|nen) (lat.) Voraussage.
prä|dis|po|nie|ren (V.) (lat.) vorausplanen. Prädisposition.
prä|dis|po|niert (Adj.) anfällig sein für eine Krankheit.
prä|do|mi|nie|ren (V.) (lat.) vorherrschen; überwiegen. Prädomination.
prae|cox (Adj.) (lat.) vorzeitig (auftretend; eintretend).
Prä|exis|tenz (die, -, -en) (lat.) Dasein in einem früheren Leben.
prä|fa|b|ri|zie|ren (V.) (lat.) vorfertigen.
Prä|fekt (der, -en, -en) (lat.) Verwaltungsbeamter.
Prä|fek|tur (die, -, -en) die Amtsräume des Präfekten.
Prä|fe|renz (die, -, -en) (lat.) Vorzug; Vorrang. Präferenzliste; Präferenzspanne; Präferenzstellung; präferenziell (*auch:* präferentiell).
Prä|fix (das, -es, -e) (lat.) Vorsilbe (z. B. be-, auf-, ver-).
prä|gen (V.) 1. einpressen; 2. gestalten; beeinflussen. Prägbarkeit; Prägebild; Prägedruck; Prägeeisen; Prägeform; Prägemaschine; Prägepresse; Präger; Prägestädte; Prägestempel; Prägestock; Prägung; prägbar.
prä|gla|zi|al (Adj.) (lat.) voreiszeitlich.
prag|ma|tisch (Adj.) (griech.) sachbezogen; praktisch; geschäftstüchtig; realistisch; sachkundig. Pragmatik; Pragmatiker; Pragmatisierung; Pragmatismus; Pragmatist; pragmatisieren.
prä|g|nant (Adj.) (lat.) 1. treffend; 2. genau. Prägnanz.
prä|his|to|risch (Adj.) (lat.) vorgeschichtlich. Prähistorie; Prähistoriker.
prah|len (V.) sich rühmen; angeben. Prahlerei; Prahlhans; Prahlsucht; prahlerisch; prahlsüchtig.
Prahl|hans (der, -, kein Plural) Angeber.
Prahm (das, -s, -e/Präh|me) (tschech.) Lastkahn.
Prä|im|plan|ta|ti|ons|di|a|gnos|tik (die, -, kein Plural) Verfahren der Fortpflanzungsmedizin, bei dem ein durch künstliche Befruchtung erzeugter Embryo auf genetische Schäden und Erbkrankheiten untersucht wird.
prä|ju|di|zie|ren (V.) (lat.) vorverurteilen.
Prä|ju|diz (das, -, -e) Vorentscheidung. präjudiziell.
Prä|kam|b|ri|um (das, -s, kein Plural) Sammelbezeichnung für Archaikum und Algonkium.
prä|klu|siv (Adj.) (lat.) ausschließend; gerichtlich verweigert. Präklusion; Präklusivfrist; präklusivisch.
prä|klu|die|ren (V.) ausschließen; verweigern.
Prä|ko|g|ni|ti|on (die, -, -ti|o|nen) (lat.) Hellseherei.
prä|ko|lum|bisch (*auch:* prä|ko|lum|bi|a|nisch) (Adj.) vor der Entdeckung durch Kolumbus; das ~e Amerika.
Pra|k|rit (das, -s, kein Plural) mehrere mittelindische Mundarten zwischen 500 v. Chr. und 1000 n. Chr.
prakt. Arzt (Abk.) praktischer Arzt.
prak|tisch 1. (Adj.) (griech.) tatsächlich; zweckmäßig; 2. (Adv.) im Grunde. Praktifizierung; Praktik; Praktiker; Praktikabilität; praktikabel; praktifizieren; praktizieren.
Prak|ti|kum (das, -s, -ka) Praxisübung (Hochschule). Praktikant/in. Praktikumsplatz; Praktikumszeugnis.
prak|ti|zie|ren (V.) ausüben.
Prä|lat (der, -en, -en) (lat.) geistlicher Würdenträger. Prälatur.
Prä|la|tur (die, -, -en) 1. Amt des Prälaten; 2. Amtssitz, Wohnung des Prälaten.
Prä|li|mi|na|ri|en (die, nur Plural) Vorverhandlungen (Diplomatie).
Prä|li|mi|nar|frie|den (der, -, -) vorläufiger Frieden.
prä|li|mi|nie|ren (V.) etwas vorläufig entscheiden.
Pra|li|ne (die, -, -n) (franz.) Süßigkeit.
prall (Adj.) voll; eng; dick.
prall|voll (Adj.) prall gefüllt (*auch:* prallgefüllt).
pral|len (V.) anstoßen; aufschlagen. Prall; Pralltriller.
Prä|lu|di|um (das, -s, -di|en) (lat.) Vorspiel.
prä|lu|die|ren (V.) in der Musik ein Vorspiel frei gestalten.
prä|ma|tur (Adj.) frühreif.
Prä|ma|tu|ri|tät (die, -, kein Plural) (lat.) Frühreife.
prä|mens|tru|ell (Adj.) vor der Menstruation. prämenstruelles Syndrom.
Prä|mie (die, -, -n) (lat.) Belohnung; Geldbetrag. Prämienauslosung; Prämi-

endepot; Prämiengeschäft; Prämienkurs; Prämienlohn; Prämienlos; Prämienschein; Prämiensparen; Prämiensparer; Prämiensparvertrag; Prämienzahlung; Prämienzuschlag; Prämierung; prämienbegünstigt; prämienfrei; prämiensparen.

Prä|mi|en|an|lei|he (die, -, -n) Obligationsanleihe.

prä|mie|ren (*auch:* prä|mi|ie|ren) (V.) mit einer Prämie belohnen.

Prä|mis|se (die, -, -n) (lat.) Voraussetzung; Annahme.

prä|mor|tal (Adj.) (lat.) vor dem Tode (eintretend; eingetreten).

prä|na|tal (Adj.) (lat.) vor der Geburt.

pran|gen (V.) glänzen; auffallen.

Pran|ger (der, -s, -) (in der Wendung:) früher Schandsäule. jemanden an den Pranger stellen (bloßstellen).

Pran|ke (die, -, -n) Tatze; (ugs.) Hand. Prankenhieb.

Prä|no|men (das, -s, -mi|na) (lat.) Vorname.

Prä|no|va (die, -, -vä) (lat.) Fixstern im Übergang zu einer Nova.

prä|nu|me|ran|do (Adv.) (lat.) im Voraus.

Prä|nu|me|ra|ti|on (die, -, -en) Vorauszahlung.

prä|nu|me|rie|ren (V.) im Voraus bezahlen.

pran|zen (V.) (nordd.) prahlen. Pranz; Pranzer.

Prä|pa|rat (das, -s, -e) (lat.) 1. Arzneimittel; 2. Demonstrationsstück. Präparatensammlung; Präparationsheft; Präparation; Präparator.

prä|pa|rie|ren (V.) etwas vorbereiten.

Prä|pon|de|ranz (die, -, kein Plural) (lat.) Vorherrschaft (bes. eines Staates); Übergewicht.

prä|pon|de|rie|ren (V.) (lat.) vorherrschen; die Vorherrschaft ausüben; das Übergewicht haben; überwiegen.

Prä|po|si|ti|on (die, -, -ti|o|nen) (lat.) Verhältniswort (z. B. am, bei, auf). Präpositionalattribut; Präpositionalfall; Präpositionalgefüge; Präpositionalkasus; Präpositionalobjekt; präpositional.

Prä|pu|ti|um (das, -s, -ti|en) (lat.) Vorhaut.

Prä|rie (die, -, -n) (franz.) Grassteppe; Grasland im mittleren Westen der USA. Präriegras; Präriehund; Prärieindianer; Präriewolf.

Prä|ro|ga|tiv (das, -s, -e) (lat.) Vorrecht (bes. des Herrschers).

Prä|sens (das, -, Prä|sen|tia/Prä|sen|zien) (lat.) Gegenwart. Präsenspartizip; präsentisch.

prä|sent (Adj.) gegenwärtig.

Prä|sent (das, -s, -e) (franz.) Geschenk. Präsentkorb.

prä|sen|ta|bel (Adj.) vorzeigbar.

Prä|sen|ta|ti|on (die, -, -ti|o|nen) 1. Vorstellung; 2. Vorlage. Präsentant; Präsentationsrecht; Präsentierbrett; Präsentierteller; Präsentierung; präsentabel; präsentierfähig.

prä|sen|tie|ren (V.) darbieten; überreichen.

Prä|sen|tier|tel|ler (der, -s, -) Teller zum Überreichen von Post oder Visitenkarten. auf dem ~ sitzen (ugs.) (allen Blicken ausgesetzt sein); jmdm. etwas auf dem ~ servieren (ugs.) (jmdm. etwas geben, ohne dass er sich darum bemühen musste).

Prä|senz (die, -, kein Plural) (lat.) Anwesenheit; Gegenwart. Präsenzbibliothek; Präsenzliste; Präsenzpflicht; Präsenzstärke; präsent.

Pra|seo|dym (das, -s, kein Plural) (griech.) chemisches Element; Seltenerdmetall.

prä|ser|va|tiv (Adj.) (lat.) vorbeugend; verhütend. Präservativ (Kondom).

Prä|ser|ve (die, -, -n) Halbkonserve.

prä|ser|vie|ren (Adj.) (lat.) schützen; haltbar machen. Präservierung.

Prä|si|dent (der, -en, -en) (franz.) Vorsitzender; Staatsoberhaupt. Präsidentenwahl; Präsidentin; Präsidentschaft; Präsidentschaftskandidatur.

prä|si|die|ren (V.) einer Versammlung vorsitzen. Präsidialdemokratie; Präsidialgewalt; Präsidialregierung; Präsidialsystem; präsidial.

Prä|si|di|um (das, -s, -di|en) 1. Vorsitz; 2. Leitung; 3. Amtsgebäude; Polizeipräsidium; Präsidiumssitzung.

prä|skrip|tiv (Adj.) (lat.) normgerecht.

pras|seln (V.) 1. aufprallen; 2. knistern.

pras|sen (V.) verschwenderisch sein. Prasser; Prasserei.

Prä|stant (der, -en, -en) (lat.) Orgelpfeife.

prä|su|mie|ren (V.) (lat.) 1. annehmen; 2. vermuten. Präsumption.

prä|sump|tiv (Adj.) 1. vorausgesetzt, dass; 2. vermutlich.

prä|ten|ti|ös (Adj.) (franz.) anspruchsvoll; anmaßend. Prätendent; Prätention.

prä|ten|die|ren (V.) beanspruchen.

Pra|ter (der, -s, kein Plural) Vergnügungspark (Wien).

Prä|te|ri|tum (das, -s, -ta) (lat.) Vergangenheit (Imperfekt, z. B. ging, sah, kam).

Prä|tor (der, -s, -en) (lat.) höchster Justizbeamter (im alten Rom).

Prä|to|ri|a|ner (der, -s, -) (lat.) Angehöriger der Leibwache (der Kaiser und Feldherren im alten Rom).

Prat|ze (die, -, -n) (ugs.) 1. große Hand; 2. Pranke.

Prau (die, -, -e) (malai.) Segelboot der Malaien mit Auslegern.

prä|ven|tiv (Adj.) (lat.) vorbeugend. Prävention; Präventivbehandlung; Präventivkrieg; Präventivmaßnahme; Präventivmedizin; Präventivmittel; Präventivverkehr.

Pra|xis (die, -, -xen) (griech.) 1. Tätigkeit; 2. Erfahrung; 3. Arbeitsraum (Arzt, Anwalt). Adjektive: praxisbezogen; praxisfern; praxisfremd; praxisnah.

Prä|ze|denz|fall (der, -s, -fäl|le) Musterfall; Beispiel.

Prä|ze|denz|strei|tig|keit (die, -, -en) Rangstreitigkeit.

Prä|zes|si|on (die, -, -si|o|nen) (lat.) abweichende Bewegung der Achse eines rotierenden Körpers unter Einwirkung einer äußeren Kraft.

Prä|zi|pi|ta|ti|on (die, -, -ti|o|nen) (lat.) Ausfällung (Chemie). Verb: präzipitieren.

Prä|zi|pi|tin (das, -s, -e) (lat.) Immunstoff.

prä|zi|se (Adj.) (lat.) genau; eindeutig. Präzisierung; Präzision; Präzisionsarbeit; Präzisionsinstrument; Präzisionsmessung; Präzisionsmotor; Präzisionsuhr; Präzisionswaage.

prä|zi|sie|ren (V.) einen Sachverhalt genau, klar darlegen.

Pré|cis (der, -, -) (franz.) Inhaltsangabe.

Pre|del|la (die, -, -s/-len) (ital.) Sockel (des Flügelaltars).

Pre|digt (die, -, -en) Ansprache; Ermahnung. Prediger; Predigerorden;

Predigerseminar; Predigtamt; Predigttext; predigen.

Preis (der, -es, -e) 1. Geldbetrag; 2. Belohnung. um keinen Preis (auf keinen Fall). Preisabbau; Preisabsprache; Preisanstieg; Preisaufgabe; Preisausschreiben; Preisbewegung; Preisbildung; Preisbindung; Preisbrecher; Preisdruck; Preisempfehlung; Preisentwicklung; Preiserhöhung; Preisermäßigung; Preisgestaltung; Preisgrenze; Preiskalkulation; Preisklasse; Preiskonjunktur; Preiskorrektur; Preislage; Preisliste; Preisnachlass; Preispolitik; Preisrätsel; Preisrichter; Preisschlager; Preisschild; Preissenkung; Preisstopp; Preissturz; Preistreiberei; Preisvergleich; Preisverleihung; Preisverzeichnis; Preiswucher.

preis|be|güns|tigt (Adj.) zu einem herabgesetzten Preis. preisbewusst; preisgebunden; preisgekrönt; preisgünstig; preiskritisch; preislich; preisstabil; preiswert.

Preis|fra|ge (die, -, -) Frage in einem Preisausschreiben oder Quiz.

Preis|ge|fäl|le (das, -s, kein Plural) unterschiedliche Preise an verschiedenen Orten. das Nord-Süd-Preisgefälle.

Preis|in|dex (der, -s, -e) statistisch ermittelte Kennzahl über die Preisschwankungen.

Preis-Lohn-Spi|ra|le (*auch:* Lohn-Preis-Spirale) (die, -, kein Plural) die Wechselwirkung von der Erhöhung einer Komponente auf die andere.

Preis|trä|ger (der, -s, -) Gewinner eines Preises in einem Wettbewerb.

Prei|sel|bee|re (die, -, -n) Frucht. Preiselbeermarmelade.

prei|sen (V., pries, hat gepriesen) loben. Preislied; Preiswürdigkeit; preiswürdig; preisenswert.

preis|ge|ben (V., gab preis, hat preisgegeben) ausliefern; verraten. Preisgabe.

pre|kär (Adj.) (franz.) schwierig; unangenehm.

prel|len (V.) 1. betrügen; 2. anstoßen. jemanden prellen (jemanden betrügen). Prellball; Prellbock; Preller; Prellerei; Prellschuss; Prellstein; Prellung.

Pre|mi|e|re (die, -, -n) (franz.) Erstaufführung. Premierenabend; Premierenbesucher.

Pre|mi|er|mi|nis|ter (der, -s, -) Ministerpräsident.

Pres|by|ter (der, -s, -) (griech.) 1. Gemeindeältester (im Christentum); 2. Angehöriger des Presbyteriums (2.); 3. Priester (in der katholischen Kirche).

Pres|by|te|ri|a|nis|mus (der, -, kein Plural) Kirchenverwaltung durch Presbyter und Geistliche (in der evang.-reformierten Kirche).

Pres|by|te|ri|um (das, -s, -ri|en) (griech.-nlat.) 1. Chorraum (der Kirche); 2. von der Gemeinde gewählter Kirchenvorstand (in der evang.-reformierten Kirche); 3. Priesterschaft (in der katholischen Kirche).

pre|schen (V.) (ugs.) rennen; jagen.

Pre|shave|lo|tion (*auch:* Pre|shave-Lo|tion) (die, -, -s) (engl.) Rasierwasser.

press (Adj.) nah; eng (Sport).

pres|sant (Adj.) (franz.) 1. eilig; 2. dringend.

pres|sie|ren (V.) eilen.

Pres|se (die, -, -n) 1. Druckvorrichtung; 2. (ohne Plural) Zeitungswesen. Presseagentur; Presseamt; Presseausweis; Presseberichterstatter; Pressebüro; Pressedienst; Presseempfang; Presseerklärung; Pressefotograf (*auch:* Pressephotograph); Pressegesetz; Pressekommentar; Pressekonferenz; Pressemeldung; Pressenotiz; Presseorgan; Presserecht; Pressesprecher; Pressevertreter; Pressewesen; Pressezensur.

pres|sen (V.) 1. drücken; 2. drucken. Pressball; Pressform; Pressglas; Presshefe; Pressholz; Presskohle; Pressluft; Pressluftbohrer; Presslufthammer; Presssaft (*auch:* Press-Saft); Pressschlag (*auch:* Press-Schlag); Pressspanplatte (*auch:* Press-Spanplatte); Pressstroh (*auch:* Press-Stroh); Pressung; Presswehe.

Pres|si|on (die, -, -si|o|nen) (lat.) Nötigung; Zwang.

Press|sack (*auch:* Press-Sack) (der, -s, -sä|cke) Sülzwurst.

Pres|sure|group (*auch:* Pres|sure-Group) (die, -, -s) (engl.) Interessengruppe.

Pres|ti|ge (das, -s, kein Plural) (franz.) Geltung; Ansehen. Prestigedenken; Prestigegewinn; Prestigegründe; Prestigesache; Prestigeverlust.

pres|tis|si|mo (Adv.) (ital.) sehr schnell (Musik). Prestissimo.

pres|to (Adv.) (ital.) schnell. Presto.

Prêt-à-por|ter (das, -s, -s) (franz.) Konfektionskleidung (von Modeschöpfern entworfen).

Pre|zi|o|sen (*auch:* Pre|ti|o|sen) (die, nur Plural) (lat.) Schmuck; Kostbarkeiten.

pre|ziös (*auch:* pre|ti|ös) (Adj.) (franz.) kostbar; geziert.

Pre|view (das, -s, -s) (engl.) Voraufführung.

pri|ckeln (V.) 1. jucken; 2. sprudeln; 3. reizen. Prickel; Prickelei; prick(e)lig; prickelnd.

Priel (der, -s, -e) Wasserrinne.

Priem (der, -s, -e) (niederl.) Kautabak.

prie|men (V.) Tabak kauen.

Pries|ter (der, -s, -) Pfarrer. Priesteramt; Priesterin; Priesterkongregation; Priesterschaft; Priesterseminar; Priestertum; Priesterweihe.

pries|ter|haft (Adj.) dem Priester gemäß; feierlich. priesterlich.

Prim (die, -, -en) (lat.) 1. Morgengebet (des katholischen Breviers); 2. eine bestimmte Haltung der Klinge (beim Fechten); 3. Prime (1.).

pri|ma (Adj.) (nicht beugbar!) (ital.) 1. erstklassig; 2. ausgezeichnet; 3. großartig. Primaballerina; Primadonna.

Pri|ma (die, -, Pri|men) (lat.) Oberstufe. Primaner/in; primanerhaft.

Pri|ma|ge (die, -, -n) (franz.) Zuschlag zu den Frachtkosten, der dem Kapitän eines Schiffes vom Auftraggeber gewährt werden kann. Primgeld.

pri|mär (Adj.) (franz.) zuerst; ursprünglich; vorrangig. Primärenergie; Primärliteratur; Primärspannung; Primärstrahlung; Primärstrom; Primärwicklung.

Pri|mär|af|fekt (der, -s/-es, -e) erste krankhafte Veränderung im Körper; erstes Anzeichen (einer Infektionskrankheit).

Pri|ma|ri|us (der, -, -ri|en) (lat.) erster Geiger (in der Kammermusik).

Pri|mar|stu|fe (die, -, -n) Grundschule.

Pri|mas (der, -, -mas|se/-ma|ten) (lat.) 1. Erzbischof; 2. Geigensolist.

Pri|mat 1. (der/das, -s, -e) Vorrang; 2. (der, -en, -en) Gruppe der höchst entwickelten Säugetiere.

pri|ma vis|ta (ital.) »auf den ersten Blick«; vom Blatt, ohne geübt zu haben. ein Musikstück prima vista spielen.

pri|ma vol|ta (ital.) beim ersten Mal (in der Musik).

Pri|me (die, -, -n) (lat.) 1. erster Ton der diatonischen Tonleiter; Primton; 2. Angabe des Verfassers und abgekürzten Titels auf der ersten Seite eines Druckbogens.

Pri|mel (die, -, -n) Blume.

Prime|time (*auch:* Prime Time) (die, -, -s) Sendezeit im Fernsehen mit den höchsten Einschaltquoten.

Prim|gei|ger (der, -s, -) erster Geiger.

pri|mi|tiv (Adj.) (lat.) 1. ursprünglich; 2. einfach; 3. naiv. Primitive; Primitivisierung; Primitivität; Primitivkultur; Primitivling; Primitivvolk; primitivisieren.

Pri|mi|ti|vis|mus (der, -, kein Plural) (lat.) Richtung der Kunst, die sich an die Kunst der Naturvölker anlehnt.

Pri|miz (die, -, -en) (lat.) erste Messe eines neu geweihten katholischen Geistlichen.

Pri|mi|zi|ant (der, -en, -en) neu geweihter katholischer Priester.

Pri|mi|zi|en (die, nur Plural) (lat.) die als Opfer den Göttern dargebrachten ersten Früchte oder ersten jungen Tiere des Jahres; Erstlinge (im alten Rom).

pri|mo (ital.) erster; erste; erstes (in der Musik); primo tempo: erstes Tempo; primo violino: erste Geige.

Pri|mo|ge|ni|tur (die, -, -en) (lat.) Erbfolgerecht des Erstgeborenen.

Pri|mus (der, -, -se/-mi) (lat.) Klassenerster.

Pri|mus in|ter Pa|res (der, - - -, Pri|mi - -) (lat.) Erster unter Ranggleichen.

Prim|zahl (die, -, -en) Zahl, die nur durch sich selbst und durch 1 teilbar ist.

Prince of Wales (der, - - -, kein Plural) Prinz von Wales (Titel des englischen Thronfolgers).

Prin|ted in ... (engl.) gedruckt in ...

Prin|ter (der, -s, -) (engl.) Drucker; Kopiergerät.

Print|me|di|en (die, nur Plural) gedruckte Veröffentlichungen.

Prinz (der, -en, -en) (lat.) Adelstitel. Faschingsprinz; Prinzengarde; Prinzenpaar; Prinzessin; Prinzesskleid; Prinzgemahl; Prinzregent.

prinz|lich (Adj.) zum Prinzen gehörend.

Prin|zip (das, -s, -pi|en) (lat.) 1. Grundregel; 2. Gesetzmäßigkeit. Im Prinzip (im Grunde) hast du recht (*auch:* Recht). Prinzipienfrage; Prinzipienlosigkeit; Prinzipienreiter; Prinzipienstreit; Prinzipientreue;

prin|zi|piell (Adj.) grundsätzlich. prinzipienfest; prinzipienlos; prinzipientreu.

Prin|zi|pal (lat.) 1. (der, -s, -e) Geschäftsinhaber, Lehrherr; 2. (das, -s, -e) ein Orgelregister, die Grundlage des Gesamtklanges bildende Hauptstimme.

Pri|or (der, -s, -en) (lat.) Klostervorsteher. Priorat; Priorin.

Pri|o|ri|tät (die, -, -en) (franz.) Vorrangigkeit. Prioritätsaktien; Prioritätsobligationen; Prioritätsrecht.

Pri|se (die, -, -n) (franz.) 1. kleine Menge (eines Pulvers); 2. beschlagnahmtes Schiff. Prischen; Prisengericht; Prisengeld.

Pris|ma (das, -s, -men) (griech.) Reflexionskörper. Prismatoid; Prismenfernrohr; Prismenform; Prismenglas; Prismensucher.

pris|ma|tisch (Adj.) prismenförmig.

Prit|sche (die, -, -n) 1. Liege; 2. Ladefläche. Pritschenwagen.

pri|vat (Adj.) (lat.) persönlich; vertraut. *Beachte:* Das war eine private Angelegenheit; das ist privat; ich will mein Auto an privat verkaufen; von privat (Privatperson) an privat; alles Private; etwas/nichts Privates. Privatangelegenheit; Privataudienz; Privatbahn; Privatbank; Privatbesitz; Privatdetektiv; Privatdozent; Privatdruck; Privateigentum; Privatfernsehen; Privatflugzeug; Privatgebrauch; Privatgespräch; Privathand; Privathaus; Privatier; Privatinitiative; Privatinteresse; Privatisierung; Privatissimum; Privatklage; Privatklinik; Privatleben; Privatlehrer; Privatleute; Privatmann; Privatmittel; Privatpatient; Privatperson; Privatrecht; Privatsache; Privatschule; Privatsekretärin; Privatsphäre; Privatstation; Privatunterricht; Privatvergnügen; Privatversicherung; Privatwirtschaft; Privatwohnung. Adjektive: privat versichert (*auch:* privatversichert).

pri|va|tim (Adv.) unter vier Augen.

pri|va|tis|si|me (Adv.) streng vertraulich.

pri|va|ti|sie|ren (V.) 1. einen Staatsbetrieb in Privateigentum überführen; 2. nicht mehr berufstätig sein.

pri|vat|recht|lich (Adj.) dem Zivilrecht unterliegend.

pri|vat|wirt|schaft|lich (Adj.) die Privatwirtschaft betreffend.

Pri|vi|leg (das, -s, -e/-gi|en) (lat.) Sonderrecht.

pri|vi|le|giert (Adj.) bevorzugt.

pri|vi|le|gie|ren (V.) jemanden mit Vorrechten ausstatten.

pro (Präp., Akk.) für; je. *Beachte:* pro Mann; pro Stück; pro und kontra, *aber:* das Pro und Kontra diskutieren; pro Kopf, *aber:* Pro-Kopf-Verbrauch; proamerikanisch; prosowjetisch.

pro|ba|bel (Adj.) (lat.) 1. glaubhaft; 2. wahrscheinlich. Probabilismus; Probabilität.

Pro|band (der, -en, -en) (lat.) 1. jmd., für den eine Ahnentafel aufgestellt wird. 2. Versuchsperson.

pro|bat (Adj.) (lat.) erprobt; bewährt.

Pröb|chen (das, -s, -) kleine Stoffprobe.

Pro|be (die, -, -n) 1. Test; Prüfung; 2. Untersuchungsmaterial. *Beachte:* zur/auf Probe; die Probe aufs Exempel machen. Probealarm; Probearbeit; Probebohrung; Probedruck; Probeexemplar; Probefahrt; Probeflug; Probejahr; Probelauf; Probelektion; Probenarbeit; Probenentnahme; Probenummer; Probeschuss; Probeseite; Probesendung; Probestück; Probezeit.

pro|be|hal|tig (Adj.) erprobt.

pro|be|hal|ber (Adv.) probeweise.

pro|ben (V.) ausprobieren; versuchen; testen. Probe fahren; Probe laufen; Probe schreiben; Probe singen; Probe turnen.

pro|bie|ren (V.) versuchen; kosten. Probierer; Probierglas; Probierstein; Probierstube.

Pro|b|lem (das, -s, -e) (griech.) Schwierigkeit. Problematik; Problembewusstsein; Problemdenken; Problemfall; Problemfilm; Problemkind; Problemkreis; Problemstellung.

pro|b|le|ma|tisch (Adj.) mit Problemen behaftet. problemlos; problemorientiert.

proˈbleˈmaˈtiˈsieˈren (V.) etwas zum Problem machen.

ProˈcaˈIn (das, -s, kein Plural) (Kunstw.) Betäubungsmittel.

ProˈceˈdeˈRe → Prozedere.

pro cenˈtum (lat.) pro hundert (Abk.: p. c.; v. H.; Zeichen: %).

Proˈdeˈkan (der, -s, -e) (lat.) Vertreter des Dekans (einer Hochschule).

pro doˈmo (lat.) in eigener Sache; zum eigenen Nutzen.

Proˈdrom (das, -s, -e) (griech.) Vorzeichen einer Krankheit.

Proˈduˈcer (der, -s, -) (engl.) 1. Hersteller; 2. Produzent.

Proˈduct Placeˈment (*auch:* Proˈductˈplaceˈment) (das, -s, kein Plural) (engl.) Werbung durch Platzieren von Waren oder Firmennamen z. B. in Filmen.

Proˈdukt (das, -s, -e) (lat.) 1. Erzeugnis; 2. Ergebnis; Multiplikationsergebnis. Produktenbörse; Produktenhandel; Produktenmarkt; Produktion; Produktionsanlagen; Produktionsapparat; Produktionsausfall; Produktionserfahrung; Produktionsfaktor; Produktionsgenossenschaft; Produktionsgüter; Produktionskapazität; Produktionskosten; Produktionsleistung; Produktionsmittel; Produktionsplan; Produktionssteigerung; Produktionsverfahren; Produktionsverhältnisse; Produktionsvolumen; Produktionswert; Produktionszweig; Produktivität; Produktivkraft; Produzent.

proˈdukˈtiv (Adj.) schöpferisch.

Proˈduktˈmaˈnaˈger (der, -s, -) (engl.) Vertriebsleiter. Produktmanagerin; Produktmanagement.

proˈduˈzieˈren (V.) etwas herstellen.

Prof. (Abk.) Professor.

proˈfan (Adj.) (lat.) 1. alltäglich; 2. weltlich. Profanbauten; Profane; Profanität; Profanierung.

proˈfaˈnieˈren (V.) 1. entweihen; 2. alltäglich machen.

Proˈfess (lat.) 1. (der, -fesˈsen, -fesˈsen) Mitglied eines geistlichen Ordens nach Ablegung der Gelübde; 2. (die, -, -fesˈse) Ablegung der Ordensgelübde.

Proˈfesˈsiˈon (die, -, -siˈoˈnen) (franz.) Beruf; Handwerk. Adjektiv: professionsmäßig.

Proˈfesˈsiˈoˈnal (der, -s, -s) (engl.) Berufssportler. Professionalisierung; Professionalismus.

proˈfesˈsiˈoˈnaˈliˈsieˈren (V.) zum Beruf machen.

proˈfesˈsiˈoˈnell (Adj.) beruflich fit; versiert; fachmännisch.

Proˈfesˈsor (der, -s, -en) (lat.) Hochschullehrer (Abk.: Prof.); Ordentlicher Professor (Abk.: o. P.); außerordentlicher Professor (Abk.: ao./a. o. Prof.) Professorenkollegium; Professorenherrschaft; Professorentitel; Professorin; Professur.

proˈfesˈsoˈral (Adj.) wie ein Professor, professorenhaft. professorenmäßig.

Proˈfi (der, -s, -s) (engl.) (Kurzw.) Professional. Profiboxer; Profifußball; Profilager; Profisport.

proˈfiˈhaft (Adj.) fachlich versiert.

Proˈfil (das, -s, -e) (franz.-ital.) Seitenansicht; Querschnitt; Charakter; Kerbung. Profilbild; Profileisen; Profiler; Profilierung; Profilneurose; Profilsohle; Profiltiefe; Profilträger; profillos; profilieren.

Proˈfiˈler (der, -s, -) (eng.) erstellt psychologische Profile von gesuchten Tätern.

proˈfiˈliert (Adj.) kontrastreich.

Proˈfit (der, -s, -e) Gewinn; Nutzen. Profitgier; Profitjäger; Profitmacher; Profitrate; Profitstreben; Profit bringend (*auch:* profitbringend).

proˈfiˈtaˈbel (Adj.) gewinnbringend.

proˈfiˈtieˈren (V.) Gewinn aus etwas ziehen.

pro forˈma (lat.) der Form wegen; zum Schein. Pro-forma-Anklage.

proˈfund (Adj.) (lat.) gründlich; tief.

Proˈgesˈteˈron (das, -s, kein Plural) Schwangerschaftshormon.

Proˈgnoˈse (die, -, -n) (griech.) Vorhersage. Prognostik; Prognostikon; Prognostikum; Prognostizierung.

proˈgnosˈtisch (Adj.) vorhergesagt.

proˈgnosˈtiˈzieˈren (V.) vorhersagen.

Proˈgramm (das, -s, -e) (griech.) 1. Darbietungen; 2. Vorhaben; 3. Konzept; 4. Befehlfolge (EDV). Programmablauf; Programmänderung; Programmanzeiger; Programmdirektor; Programmfolge; Programmgestaltung; Programmheft; Programmhinweis; Programmierer/in; Programmiersprache; Programmierung; Programmpunkt; Programmsteuerung; Programmmusik (*auch:* Programm-Musik); Programmvorschau; Programmzeitschrift.

proˈgrammˈfüllˈlend (Adj.) etwas macht den Hauptteil eines Programms aus. programmgemäß; programmgesteuert; programmierbar; programmmäßig.

proˈgramˈmieˈren (V.) 1. in der EDV ein Programm schreiben; 2. ein Gerät einstellen.

Proˈgramˈmaˈtik (die, -, kein Plural) (griech.) Zielsetzung. Programmatiker; programmatisch.

Proˈgreˈdiˈenz (die, -, kein Plural) (lat.) fortschreitende Verschlimmerung (einer Krankheit).

Proˈgress (der, -gresˈses, -gresˈse) (lat.) Fortschritt.

proˈgresˈsiv (Adj.) fortschrittlich.

Proˈgresˈsiˈon (die, -, -siˈoˈnen) (lat.) Steigerung, Fortschreiten, Steuersatzerhöhung. Progressivsteuer.

Proˈgresˈsisˈmus (der, -, kein Plural) (lat.) Fortschrittsdenken. Progressiat.

Proˈgresˈsive Jazz (der, - -, kein Plural) (engl.) moderner Jazzstil.

Proˈhiˈbiˈtiˈon (die, -, -tiˈoˈnen) (lat.) 1. Verbot; 2. Alkoholverbot. Prohibitionist; Prohibitivmaßregel; Prohibitivsystem; Prohibitivzoll.

proˈhiˈbiˈtiv (Adj.) verbietend; vorbeugend.

Proˈjekt (das, -s, -e) (lat.) Plan; Vorhaben. Projektant; Projektemacher; Projektgruppe; Projektierung; projektieren.

Proˈjekˈtil (das, -s, -e) (franz.) Geschoss.

Proˈjekˈtiˈon (die, -, -tiˈoˈnen) (lat.) Bildübertragung. Projektionsapparat; Projektionsebene; Projektionsfläche; Projektionslampe; Projektionsschirm; Projektionsverfahren; Projektionswand; Projektor; Projizierung.

proˈjiˈzieˈren (V.) auf einer Bildwand darstellen.

Proˈklaˈmaˈtiˈon (die, -, -tiˈoˈnen) (lat.) Bekanntmachung. Proklamierung.

proˈklaˈmieˈren (V.) öffentlich verkünden.

Proˈkonˈsul (der, -s, -n) (lat.) Statthalter einer Provinz, der vorher Konsul war (im alten Rom).

Proˈkuˈra (die, -, -ren) (ital.) Handelsvollmacht. Prokuration; Prokurist.

proˈlaˈbieˈren (V.) (lat.) aus der Öffnung hervortreten; vorfallen (von inneren Organen).

Proˈlaps (der, -es, -e) (lat.) Heraustreten aus der Öffnung; Ausstülpung; Vorfall (eines inneren Organs).

Proˈleˈtaˈriˈat (das, -s, -e) (lat.) Arbeiterklasse. Prolet; Proletarier; Proletarierkind; Proletarierviertel; Proletkult; proletarisch.

proˈleˈtaˈrisch (Adj.) der Arbeiterklasse gemäß.

proˈleˈtaˈriˈsieˈren (V.) zu Proletariern machen.

Proˈliˈfeˈraˈtiˈon (die, -, -tiˈoˈnen) (lat. bzw. lat.-engl.) 1. Wucherung infolge Zellvermehrung; 2. (die, -, kein Plural) Weitergabe von Kernwaffen oder kerntechnischen Verfahren an Länder, die keine Kernwaffen besitzen.

proˈliˈfeˈraˈtiv (Adj.) (lat.) infolge von Zellvermehrung wuchernd (in der Medizin).

proˈliˈfeˈrieˈren (V.) (lat.) infolge von Zellvermehrung wuchern.

Proˈlo (der, -s, -s) (ugs.) (Kurzw.) Prolet.

Proˈlog (der, -s, -e) (griech.) Vorwort; Einleitung.

Proˈlonˈgaˈtiˈon (die, -, -tiˈoˈnen) (lat.) Fristverlängerung. Prolongationsgeschäft; Prolongationswechsel; Prolongierung.

proˈlonˈgieˈren (V.) eine Frist verlängern.

pro meˈmoˈria (lat.) (Abk.: p.m.) zum Gedächtnis.

Proˈmeˈnaˈde (die, -, -n) (franz.) Spazierweg; Spaziergang. Promenadendeck; Promenadenweg.

Proˈmeˈnaˈdenˈmiˈschung (die, -, -en) Mischlingshund.

proˈmeˈnieˈren (V.) spazieren gehen.

Proˈmesˈse (die, -, -n) (franz.) Schuldverschreibung; Leistungsversprechen. Promessengeschäft.

pro milˈle (lat.) pro tausend (Abk.: p. m.; v. T.; Zeichen: ‰). Promille; drei Promille; Promillegrenze; Promillesatz.

proˈmiˈnent (Adj.) (lat.) bekannt; berühmt. Prominente; Prominenz.

Proˈmisˈkuˈiˈtät (die, -, kein Plural) (lat.) 1. Vermischung; 2. Geschlechtsverkehr mit häufig wechselnden Partnern.

proˈmisˈkuˈiˈtiv (Adj.) häufig den Geschlechtspartner wechselnd.

Proˈmoˈter (der, -s, -s) (engl.) Veranstalter im Berufssport.

Proˈmoˈtiˈon 1. (die, -, -tiˈoˈnen) (lat.) Verleihung des Doktortitels. Promotionsausschuss; Promotionsstipendium; Promotionszeit; Promovend. 2. (Proˈmoˈtion) (die, -, -s) (engl.) verkaufssteigernde Werbung.

Proˈmoˈtor (der, -s, -en) Manager.

proˈmoˈviert (Adj) den Doktortitel besitzend.

proˈmoˈvieˈren (V.) den Doktortitel erlangen.

prompt (Adj.) (lat.) sofort; schlagfertig; tatsächlich doch. eine prompte Bedienung. Sie war, wie ich gesagt hatte, prompt nicht anwesend. Promptheit.

Proˈnoˈmen (das, -s, -/-miˈna) (lat.) Fürwort. Personalpronomen (z. B. ich, du, wir); Possessivpronomen (z. B. mein, dein, unser); Demonstrativpronomen (z. B. dieser, jenes); Reflexivpronomen (z. B. sich, mich, euch); Relativpronomen (z. B. der, die, das, welcher); Interrogativpronomen (wer? welcher? was?). Pronominaladjektiv; Pronominaladverb; pronominal.

proˈnonˈcieˈren (V.) (franz.) deutlich sprechen; betonen.

proˈnonˈciert (Adj.) betont.

Proˈpaˈganˈda (die, -, kein Plural) (lat.) 1. Werbung; 2. meist politische Beeinflussung. Propagandaapparat; Propagandachef; Propagandafeldzug; Propagandafilm; Propagandalüge; Propagandamaterial; Propagandaschrift; Propagandasendung; Propagandist/in; Propagator; Propagierung.

proˈpaˈganˈdaˈwirkˈsam (Adj.) werbewirksam.

proˈpaˈganˈdisˈtisch (Adj.) auf Propaganda beruhend.

proˈpaˈgieˈren (V) (*nicht:* propagandieren!) für etwas werben.

Proˈpan (das, -s, kein Plural) (griech.) Heizgas. Propangas.

Proˈpelˈler (der, -s, -) (engl.) Antriebsschraube. Propellerantrieb; Propellerflugzeug; Propellerschlitten.

Proˈpelˈlerˈturˈbiˈne (die, -, -n) Turboprop.

Proˈpen (das, -s, kein Plural) (griech.) ein ungesättigter Kohlenwasserstoff.

proˈper (*auch:* proˈpˈre) (Adj.) (lat.) 1. sauber; 2. nett; 3. eigen. Propergeschäft (*auch:* Propregeschäft).

Proˈphet (der, -en, -en) (griech.) Weissager; Wahrsager, Verkünder göttlicher Wahrheit. Prophetengabe; Prophetie; Prophetin; Prophezeiung.

proˈpheˈtisch (Adj.) weissagend.

proˈpheˈzeiˈen (V.) vorhersagen.

proˈphyˈlakˈtisch (Adj.) (griech.) 1. vorbeugend; 2. verhütend. Prophylaktikum; Prophylaxe.

Proˈporˈtiˈon (die, -, -tiˈoˈnen (lat.) Größenverhältnis. Proportionale; Proportionalität; Proportionalsteuer; Proportionalwahl; Proportioniertheit; Proportionsgleichung; proportional; proportionieren.

proˈporˈtiˈoˈniert (Adj.) wohlgebaut.

Proˈporz (der, -es, -e) (südd.) ausgewogene Ämterverteilung (Kurzw.). Sitzverteilung nach dem Stimmenverhältnis, der Parteizugehörigkeit oder der Konfession. (Kurzw.) Proportionalwahl. Proporzdenken; Proporzwahl.

Propˈpen (der, -s, -) (nordd.) Pfropfen.

propˈpenˈvoll (Adj.) überfüllt.

Propst (der, -s, Pröpsˈte) (lat.) kirchlicher Leiter. Propstei, Pröpstin.

Proˈpyˈläˈen (die, nur Plural) (griech.) Säulenvorhalle.

Proˈpyˈlen (*auch:* Proˈpen) (das, -s, kein Plural) (griech.) Gas.

Proˈrekˈtor (der, -s, -en) (lat.) zweiter Rektor. Prorektorat.

proˈroˈgaˈtiv (Adj.) (lat.) aufschiebend. Prorogation.

proˈroˈgieˈren (V.) aufschieben; vertagen.

Proˈsa (die, -, kein Plural) (lat.) 1. Schreiben in Erzählform; 2. Nüchternheit. Prosadichtung.

Proˈsaˈiˈker (der, -s, -) nüchterner Mensch.

proˈsaˈisch (Adj.) 1. in Gedichtform geschrieben; 2. nüchtern; alltäglich.

Proˈsaˈist (der, -en, -en) Schriftsteller. Prosaschriftsteller; Prosawerk.

Proˈseˈkuˈtiˈon (die, -, -tiˈoˈnen) (lat.) gerichtliche Verfolgung.

Proˈseˈlyt (der, -en, -en) (griech.) jmd., der soeben zu einer anderen Religion übergetreten ist; Proselyten machen: Leute rasch bekehren, ohne sie wirklich überzeugt zu haben.

Pro|se|mi|nar (das, -s, -e) (wöchentl.) Einführungsübungen an einer Hochschule.
Pro|s|en|chym (das, -s, -e) (griech.) Verband aus faserähnlichen Zellen. Grundform des Pflanzengewebes.
pro|sit! (Interj.) (lat.) zum Wohl! *Beachte:* prosit Neujahr! *Aber:* ein Prosit der Gemütlichkeit.
Pro|sk|rip|ti|on (die, -, -ti|o|nen) (lat.) Ächtung. Verb: proskribieren.
Pro|s|o|die (die, -, kein Plural) (griech.) 1. Art der Behandlung der Sprache in Vers und Rhythmus; Abmessung der Länge und Betonung der Silben; 2. Gesamtheit der sprachlichen Erscheinungen bei der gesprochenen Rede; Tonfall; Betonung usw. 3. Verhältnis zwischen Ton und Wort (in der Musik).
pro|s|o|disch (Adj.) zur Prosodie gehörig; hinsichtlich der Prosodie.
Pro|s|pekt (der/das, -s, -e) (lat.) Ansicht; Werbematerial.
pro|s|pek|tiv (Adj.) (lat.) voraussichtlich; vorausschauend.
Pro|s|pe|ri|tät (die, -, kein Plural) (lat.) Wohlstand.
pro|s|pe|rie|ren (V.) blühen; gedeihen.
prost! (Interj.) zum Wohl! *Beachte:* prost Mahlzeit! *Aber:* ein Prost aussprechen.
Pro|s|ta|ta (die, -, -tae) (griech.) Vorsteherdrüse. Prostatakrebs.
Pro|s|ta|ti|tis (die, -, -ti|tiden) Entzündung der Prostata.
Pro|s|ti|tu|ier|te (die, -n, -n) (lat.) Dirne. Prostitution.
pro|s|ti|tu|ie|ren (V., refl.) sich preisgeben, um etwas zu erlangen.
Pro|s|t|ra|ti|on (die, -, -ti|o|nen) (lat.) 1. Kniefall; 2. starke Erschöpfung.
Pro|sze|ni|um (das, -s, -ni|en) (griech.) Vorbühne. Proszeniumsloge.
prot. (Abk.) protestantisch.
Pro|t|ac|ti|ni|um (das, -, kein Plural) (griech.) radioaktiver Stoff (Abk.: Pa).
Pro|t|a|go|nist (der, -en, -en) (griech.) Hauptdarsteller; Held; Vorkämpfer. Adjektiv: protagonistisch.
Pro|te|gé (der, -s, -s) (franz.) Schützling; Günstling.
pro|te|gie|ren (V.) bevorzugen; fördern.
Pro|te|in (das, -s, -e) (griech.) Eiweißstoff.
Pro|tek|ti|on (die, -, -ti|o|nen) (lat.) Begünstigung; Schutz. Protektionismus; Protektionist; Protektor; Protektorat; protektionistisch.
pro tem|po|re (lat.) vorläufig (Abk.: p. t.).
pro|tes|tie|ren (V.) (lat.) Einspruch erheben. Protestaktion; Protestbewegung; Protestdemonstration; Protesthaltung; Protestkundgebung; Protestmarsch; Protestnote; Protestresolution; Protestschreiben; Protestsong; Proteststreik; Proteststurm; Protestversammlung; Protestwelle.
pro|tes|tan|tisch (Adj.) (lat.) evangelisch (Abk.: prot.). Protestant/in; Protestantismus.
Pro|the|se (die, -, -n) (griech.) künstliches Körperglied; Zahnersatz. Prothesenträger; Prothetik.
pro|to|gen (Adj.) (griech.) am Fundort enstanden.
Pro|to|koll (das, -s, -e) (griech.) 1. Niederschrift; Bericht; 2. Verkehrsform (Diplomatie). Beschlussprotokoll, Ergebnisprotokoll; Kurzprotokoll; Verlaufsprotokoll. Protokollabteilung; Protokollant; Protokollbeamter; Protokollierung.
pro|to|kol|la|risch (Adj.) wie es im Protokoll steht.
pro|to|kol|lie|ren (V.) im Protokoll festhalten.
Pro|ton (das, -s, -en) (griech.) positiv geladenes Elementarteilchen. Protonenbeschleuniger.
Pro|to|phy|te (die, -, -n) (griech.) einzellige Pflanze.
Pro|to|plas|ma (das, -s, kein Plural) (griech.) Zellgrundsubstanz. Protoplast.
Pro|to|typ (der, -s, -en) (griech.) 1. Muster; 2. Inbegriff.
pro|to|ty|pisch (Adj.) dem Urbild entsprechend.
Pro|to|zo|on (das, -s, -zo|en) (griech.) Urtierchen.
pro|tra|hie|ren (V.) (lat.) durch Dosierung die Wirkung einer Behandlung verzögern oder verlängern.
pro|tra|hiert (Adj.) (lat.) verzögert oder verlängert wirkend (Med.).
Pro|trak|ti|on (die, -, -ti|o|nen) (lat.) bewusste Verzögerung einer Behandlung (Med.).
pro|trep|tisch (Adj.) (griech.) ermunternd; ermahnend; die Protreptik betreffend.
Pro|tru|si|on (die, -, -si|o|nen) (lat.) Verlagerung eines Organs nach außen (Med.).
Pro|tu|be|ranz (die, -, -en) (lat.) 1. Eruption von Gasmassen (in der Sonne); 2. Vorsprung (an Knochen, Organen).
pro|ty|pisch (Adj.) (griech.-lat.) vorbildlich; mustergültig.
Pro|ty|pon (das, -s, -pen) (griech.) Vorbild; Muster.
prot|zen (V.) prahlen. Protz; Protzenhaftigkeit; Protzentum; Protzerei; Protzigkeit.
prot|zen|haft (Adj.) angeberisch; protzig.
Prov. (Abk.) Provinz.
Pro|ve|ni|enz (die, -, -en) (lat.) Herkunft.
pro|ven|za|lisch (Adj.) zur Provence gehörig.
Pro|ven|za|lisch (das, -, kein Plural) romanische Sprache im Süden Frankreichs.
Pro|verb (das, -s, -en) (lat.) Sprichwort. Adjektiv: proverbial; proverbialisch; proverbiell.
Pro|vi|ant (der, -s, -e) (ital.) Vorrat; Verpflegung. Proviantlieferung; Proviantwagen.
Pro|vi|der (der, -s, -) ein Unternehmen, das Privatpersonen den Zugang zum Internet ermöglicht.
Pro|vinz (die, -, -en) (lat.) Bezirk (Abk.: Prov.); (ugs.) Land. Provinzbewohner; Provinzbühne; Provinzialismus; Provinzler; Provinzluft; Provinznest; Provinzstadt; Provinztheater.
pro|vin|zi|al (Adj.) 1. die Provinz betreffend; 2. provinziell rückständig; provinzlerisch.
pro|vin|zi|a|li|sie|ren (V.) (ugs.) sich dem Provinziellen anpassen.
Pro|vin|zi|a|list (der, -en, -lis|ten) (lat.) kulturell rückständiger Kleinbürger.
Pro|vi|si|on (die, -, -si|o|nen) (lat.) prozentuale Umsatzbeteiligung. Provisionsbasis; Provisionsreisende.
pro|vi|so|risch (Adj.) vorläufig; behelfsmäßig. Provisorium.
Pro|vi|t|a|min (das, -s, -e) (lat.) Vitaminvorstufe.

Pro|vo|ka|ti|on (die, -, -ti|o|nen) (lat.) Reizung; Herausforderung. Provokateur; Provozierung.

pro|vo|kant (Adj.) herausfordernd; provokativ; provokatorisch.

pro|vo|zie|ren (V.) herausfordern.

pro|xi|mal (Adj.) (lat.) der Körpermitte zu gelegen; dem zentralen Teil eines Körpergliedes zu gelegen (Med.).

Pro|ze|de|re (das, -, -) (lat.) Vorgehensweise; Ablauf bei der Lösung eines bestimmten (Arbeits-)Problems.

pro|ze|die|ren (V.) (lat.) verfahren; vorgehen; zu Werke gehen.

Pro|ze|dur (die, -, -en) (lat.) Verfahren; Behandlung.

pro|ze|du|ral (Adj.) (lat.) den äußeren Verlauf einer Sache betreffend; verfahrensmäßig.

Pro|zent (das, -s, -e) (ital.) Hundertstel (Abk.: p. c.; v. H.; Zeichen: %); (Plural:) Gewinnanteil; Rabatt. *Beachte:* Das war ein Prozent zu wenig. 49 Prozent sind zu wenig. Prozentkurs; Prozentpunkt; Prozentrechnung; Prozentsatz; Prozentspanne; Prozentwert; Fünfprozentklausel (5%-Klausel). Adjektive: hundertprozentig (100-prozentig); eine 5%ige Anleihe (*auch:* eine 5%-Anleihe); prozentisch; prozentual; prozentuell; prozentuieren.

Pro|zess (der, -zes|ses, -zes|se) 1. Entwicklungsverlauf; 2. Gerichtsverfahren. Prozessakte; Prozessbericht; Prozessbeteiligte; Prozessbevollmächtigte; Prozessfähigkeit; Prozessführungsklausel; Prozessgegner; Prozesshansel; Prozesskosten; Prozessordnung; Prozesspartei; Prozesstermin; Prozessverfahren; Prozessverschleppung; Prozessvollmacht. Adjektive: prozessbevollmächtigt; prozessführend; prozessfähig; prozessunfähig; prozessual. Verb: prozessieren.

Pro|zes|si|on (die, -, -si|o|nen) (lat.) Umzug; Bittgang. Prozessionskreuz.

Pro|zes|si|ons|spin|ner (der, -s, -) Schmetterling.

Pro|zes|sor (der, -s, -en) (lat.) Steuerungsteil (EDV-Anlage).

Pro|zes|su|a|list (der, -en, -lis|ten) (lat.) auf dem Gebiet des Verfahrensrechts tätiger Wissenschaftler.

prü|de (Adj.) (franz.) sexuell gehemmt; zimperlich. Prüderie.

prüf|bar (Adj.) kann geprüft werden.

prü|fen (V.) 1. untersuchen; 2. erproben. Prüfautomat; Prüfbericht; Prüfer; Prüffeld; Prüfgerät; Prüfling; Prüfmethode; Prüfnorm; Prüfstand; Prüfstein; Prüfung; Prüfungsangst; Prüfungsaufgabe; Prüfungsausschuss; Prüfungsbedingungen; Prüfungsbilanz; Prüfungsfrage; Prüfungskandidat; Prüfungskommission; Prüfungsordnung; Prüfungstermin; Prüfungsunterlagen; Prüfungszeugnis; Prüfverfahren; prüfbar.

Prü|gel (der, -s, -) Stock; (Plural:) Schläge.

prü|geln (V.) schlagen. Prügel; Prügelei; Prügelknabe; Prügelstrafe; Prügelszene.

Prü|nel|le (die, -, -n) (franz.) Trockenpflaume.

Prunk (der, -s, kein Plural) 1. Pracht; 2. Luxus. Prunkbau; Prunkbett; Prunkgemach; Prunkgewand; Prunklosigkeit; Prunksaal; Prunksitzung; Prunkstück; Prunksucht; Prunkwagen.

prunk|haft (Adj.) luxuriös. prunklos; prunksüchtig; prunkvoll.

prun|ken (V.) zur Schau stellen.

Pru|nus (die, -, kein Plural) (griech.-lat.) Gattung der Steinobstgewächse.

pru|ri|gi|nös (Adj.) (lat.) juckend; mit Hautjucken verbunden (Med.).

Pru|ri|tus (der, -, kein Plural) (lat.) Hautjucken; Juckreiz.

prus|ten (V.) schnaufen; niesen; loslachen.

PS (Abk.) 1. Pferdestärke. *Beachte:* ein PS-starkes Auto. 2. Postskriptum.

Psa|li|gra|fie (*auch:* Psa|li|gra|phie) (die, -, kein Plural) (griech.) Kunst des Scherenschnittes.

psa|li|gra|fisch (*auch:* psa|li|gra|phisch) (Adj.) (griech.) in Scherenschnitt.

Psalm (der, -s, -en) (griech.) kirchliches Lied. Psalmendichter; Psalmensänger; Psalmist; Psalmodie.

psal|m|o|disch (Adj.) in der Art von Psalmen.

psal|m|o|die|ren (V.) in der Art des Psalmengesangs vortragen.

Psal|ter (der, -s, -) (griech.) Liederbuch; Hackbrett; Blättermagen (Zool.).

Psam|mit (der, -s, -e) (griech.-lat.) Sandstein.

psam|mo|phil (Adj.) (griech.) Sand liebend (Fachbegriff der Botanik für bestimmte Pflanzen und Tiere).

Psel|lis|mus (der, -, kein Plural) (griech.-lat.) das Stammeln (Med.).

Pseu|d|an|d|ro|nym (das, -s, -e) (griech.) aus einem männlichen Namen bestehender Deckname einer Frau.

Pseu|d|an|thi|um (das, -s, -thien) (griech.) Scheinblüte von Pflanzen (Botanik).

Pseu|d|e|pi|gra|fen (auch: Pseu|d|e|pi|gra|phen) (nur Plural) Schriften aus der Antike, die einem Autor fälschlich zugeschrieben wurden.

pseu|do.../Pseu|do... (griech.) falsch.../Falsch ... pseudowissenschaftlich; Pseudokünstler.

Pseu|do|graf (*auch:* Pseu|do|graph) (der, -en, -en) (griech.) Schriftfälscher.

Pseu|do|gy|nym (das, -s, -e) (griech.-lat.) aus einem weiblichen Namen bestehender Deckname eines Mannes.

Pseu|do|krupp (der, -s, kein Plural) Hustenanfall. Atemnot.

Pseu|do|lis|mus (der, -, kein Plural) Neigung, durch gesprochene oder geschriebene Fantasien (sexuelle) Befriedigung zu suchen.

Pseu|do|lo|gie (die, -, -n) (griech.-lat.) krankhafte Sucht zu lügen (Med., Psychol.).

pseu|do|lo|gisch (Adj.) (griech.-lat.) krankhaft lügnerisch; zwanghaft verlogen (Med., Psychol.).

Pseu|do|m|ne|sie (die, -, -ien) Erinnerungstäuschung (Med.)

Pseu|do|mor|pho|se (die, -, -n) (Auftreten eines) Mineral(s) in der Kristallform eines anderen Minerals (Mineralogie). pseudomorph.

Pseu|d|o|nym (das, -s, -e) (griech.) Deckname. Adjektiv: pseudonym.

Pseu|do|po|di|um (das, -s, -ein) Scheinfüßchen mancher Einzeller (Biologie).

PS-Gram|ma|tik (Abk.) Phrasenstrukturgrammatik.

Psi (das, -s, -s) griechischer Buchstabe (Ψ, ψ); bestimmendes Element parapsychologischer Vorgänge. Psiphänomen.

Psi|lo|me|lan (das, -s, kein Plural) (griech.) Mineral.

Psit|ta|ko|se (die, -, -n) (griech.) bei Papageien auftretende, auf den Menschen übertragbare Infektionskrankheit; Papageienkrankheit.

Pso|ri|a|sis (die, -, -sen) Schuppenflechte.
pst! (*auch:* pscht!) (Interj.) still!
Psy|ch|a|go|gik (die, -, kein Plural) (griech.) Heilpädagogik.
Psy|che (die, -, -n) (griech.) Seele. Adjektiv: psychisch.
psy|che|de|lisch (Adj.) (griech.) bewusstseinserweiternd.
Psy|ch|i|a|t|rie (die, -, kein Plural) (griech.) Wissenschaft der seelischen Störungen und Geisteskrankheiten. Psychiater; psychiatrisch.
Psy|cho (der, -s, -s) (Kurzw.) Psychokrimi.
Psy|cho|ana|ly|se (die, -, kein Plural) (griech.) Heilmethode (seelische Störungen). Psychoanalytiker; psychoanalytisch; psychoanalysieren.
Psy|cho|dra|ma (das, -s, -men) psychologisches Schauspiel.
psy|cho|gen (Adj.) (griech.) seelisch bedingt. Psychogenese.
Psy|cho|ge|nie (die, -, kein Plural) (griech.-lat.) psychische Ursache einer Erkrankung.
Psy|cho|glos|sie (die, -, -n) (griech.-lat.) seelisch bedingtes Stottern (Med.).
Psy|cho|g|no|sie (die, -, kein Plural) (griech.-lat.) das Erkennen und Deuten von Psychischem.
Psy|cho|g|nos|ti|ker (der, -s, -) (griech.-lat.) auf dem Gebiet der Psychognostik forschender Wissenschaftler.
psy|cho|g|nos|tisch (Adj.) (griech.-lat.) die Psychognostik betreffend; auf ihr basierend.
Psy|cho|graf (*auch:* Psy|cho|graph) (der, -en, -en) (griech.-lat.) Anlage; Gerät zum automatischen Aufschreiben aus dem Unterbewusstsein kommender Aussagen.
Psy|cho|gra|fie (*auch:* Psy|cho|graphie) (die, -, -n) (griech.) Untersuchung der seelischen Struktur und Verfassung einer Person aufgrund von schriftlichen und mündlichen Äußerungen ihrer selbst und anderer über sie.
Psy|cho|gramm (das, -s, -e) (griech.) Persönlichkeitsstudie.
psy|cho|id (Adj.) (griech.-lat.) seelenähnlich; in der Art einer Seele.
Psy|cho|ki|ne|se (die, -, kein Plural) (griech.) parapsychologisches Phänomen, das physikalisch nicht erklärbar ist.
Psy|cho|lin|gu|is|tik (die, -, kein Plural) (griech.) Wissenschaft von den psychischen Mechanismen bei Erlernung und Anwendung der Sprache. Psycholinguist; psycholinguistisch.
Psy|cho|lo|gie (die, -, kein Plural) (griech.) Seelenkunde. Psychologe; Psychologin; Psychologisierung; Psychologismus; psychologisch; psychologisieren.
Psy|cho|path (der, -en, -en) (griech.) geistig-seelisch Gestörter. Psychopathie; Psychopathin; psychopathisch.
Psy|cho|phar|ma|kon (das, -s, -ka) (griech.) auf die Psyche wirkendes Medikament.
Psy|cho|se (die, -, -n) (griech.) krankhafte geistig-seelische Störung.
psy|cho|tisch (Adj.) an einer Psychose leidend.
Psy|cho|so|ma|tik (die, -, kein Plural) (griech.) Wissenschaft über das Verhältnis von Körper und Seele.
psy|cho|so|ma|tisch (Adj.) Körper und Seele betreffend.
Psy|cho|ter|ror (der, -s, kein Plural) (griech.-lat.) psychische Gewalt.
Psy|cho|test (der, -s, -s) (Kurzw.) psychologischer Test.
Psy|cho|the|ra|pie (die, -, kein Plural) (griech.) psychologische Heilbehandlung. Psychotherapeut/in; psychotherapeutisch.
Psy|cho|thril|ler (der, -s, -) (griech.-engl.) psychologisierender Kriminalfilm oder Kriminalroman.
Psy|ch|ro|me|ter (das, -s, -) (griech.) Luftfeuchtigkeitsmesser.
Pt (Abk.) Platin (chemisches Zeichen).
Pta (Abk.) Peseta.
PTA (Abk.) pharmazeutisch-technische(r) Assistent(in).
Pte|ri|do|phyt (der, -en, -en) Farnpflanze.
Pte|ro|po|de (der, -n, -n) (griech.) Meeresschnecke mit ruderförmigem Fuß.
Pto|le|mä|er (der, -s, -) Angehöriger eines altägyptischen Herrschergeschlechts.
Pto|ma|in (das, -s, kein Plural) (griech.) Leichengift.
Pu (Abk.) Plutonium (chemisches Zeichen).
Pub (der/das, -s, -s) (engl.) Bierkneipe.
Pu|ber|tät (die, -, kein Plural) (lat.) Beginn der Geschlechtsreife. Pubertätszeit; pubertär; pubertieren.
Pu|bes|zenz (die, -, kein Plural) (lat.) Geschlechtsreifung.
Pub|lic-Do|main-Soft|ware (engl.) kostenlose Software.
Pu|b|li|ci|ty (die, -, kein Plural) (engl.) Bekanntsein in der Öffentlichkeit; Reklame. Adjektiv: publicityscheu.
Pu|b|lic Re|la|tions (die, nur Plural) (engl.) Öffentlichkeitsarbeit (Abk.: PR).
pu|b|lik (Adj.) öffentlich.
pu|b|li|ka|ti|ons|reif (Adj.) bereit zum Publizieren. publizierfreudig; publizistisch.
Pu|b|li|kum (das, -s, kein Plural) (lat.) Öffentlichkeit; Zuschauer; Zuhörer; Leser. Publikumserfolg; Publikumsinteresse; Publikumsliebling; publikumswirksam.
pu|b|li|zie|ren (V.) (lat.) veröffentlichen; bekannt machen. Publikation; Publikationsmittel; Publikationsorgan; Publizist; Publizistik; Publizität.
Puck (der, -s, -s) (engl.) 1. Hartgummischeibe (Eishockey); 2. Kobold (in der germanischen Überlieferung).
pu|ckern (V.) (ugs.) klopfen; pochen.
pud|deln (V.) (engl.) aus Roheisen Schweißstahl gewinnen.
Pud|ding (der, -s, -s/-e) (engl.) Süßspeise. Puddingform; Puddingpulver; Vanillepudding.
pu|del... (ugs.) sehr. Sie war pudelnackt; pudelnärrisch; pudelnass; sich pudelwohl fühlen.
Pu|del (der, -s, -) Hunderasse. Das ist des Pudels Kern (das Wesentliche).
Pu|del|müt|ze (die, -, -n) Wollmütze.
pu|den|dal (Adj.) (lat.) die Schamgegend, die äußeren Genitalien betreffend; zu ihr beziehungsweise ihnen gehörend (Med.).
Pu|der (der/das, -s, -) (franz.) Pulver. Puderdose; Puderquaste; Puderung; Puderzucker; pud(e)rig; pudern.
Pu|du (der, -s, -s) (indian.-span.) südamerikanischer Zwerghirsch.
Pu|e|b|lo (der, -s, -s) (span.) Indianerdorf. Puebloindianer.

pu|e|ril (Adj.) (lat.) knabenhaft; kindlich.
Pu|e|ri|li|tät (die, -, kein Plural) kindliches, kindisches Wesen.
pu|er|pe|ral (Adj.) (lat.) das Wochenbett betreffend; zu ihm gehörend (Med.).
Pu|er|pe|ri|um (das, -s, -ri|en) (lat.) der Zeitraum von etwa 6 bis 8 Wochen nach der Entbindung (Med.).
Pu|er|to Ri|ca|ner (*auch:* Pu|er|to-Ri|ca|ner) (der, -s, -) (span.) Einwohner von Puerto Rico (Insel der Großen Antillen). puerto-ricanisch.
Puff 1. (der, -s, Püf|fe) (ugs.) Stoß. Verb: puffen; puff! 2. (der, -s, -e) Bausch; Wäschebehälter. Puffärmel; Puffmais; Puffreis; Wäschepuff; puffig; puffen. 3. (der/das, -s, -s) (ugs.) Bordell. Puffmutter.
Puf|fer (der, -s, -) Auffangvorrichtung; (nordd.) Kartoffelpuffer. Pufferbatterie; Pufferbetrieb; Pufferstaaten; Pufferzone.
Puff|ot|ter (die, -, -n) Schlange.
Pul|ci|nel|la (der, -/-s, -le) (ital.) Hanswurst (in der Commedia dell'Arte).
pu|len (V.) (nordd.) bohren.
Pulk (der, -s, -s/-e) (slaw.) Menge; militärischer Verband.
Pul|le (die, -, -n) (ugs.) Flasche.
pul|len (V.) (engl.-nordd.) rudern.
Pul|li (der, -s, -s) (Kurzw.) Pullover.
Pull|man|kap|pe (die, -, -n) (engl.-dt.) österreichische Bezeichnung für Baskenmütze.
Pull|man|wa|gen (*auch:* Pull|man-Wa|gen) (der, -s, -) (engl.-dt.) ein nach dem amerikanischen Konstrukteur benannter komfortabler Schnellzugwagen.
Pul|lo|ver (der, -s, -) (engl.) Kleidungsstück. Pulloverhemd; Pullovermuster.
Pul|lun|der (der, -s, -) (engl.) ärmelloser Pullover.
pul|mo|nal (Adj.) (lat.) die Lunge betreffend.
Pulp (der, -s, -en) (engl.) Fruchtfleisch.
Pul|pa (die, -, -pae) (lat.) weiches, gefäß- und nervenreiches Gewebe in der Zahnhöhle; Zahnmark.
Pul|pi|tis (die, -, -ti|den) (lat.-griech.) Entzündung der Pulpa.
Pul|que (der, -s, kein Plural) (span.) alkoholisches Getränk aus Agavensaft.
Puls (der, -es, -e) (lat.) Arterienschlag. Pulsader; Pulsation; Pulsion; Pulsschlag; Pulswärmer; Pulszahl; pulsen; pulsieren.
Pul|sar (der, -s, -e) (lat.) Stern, der regelmäßig Radiostrahlung abgibt.
Pul|sa|ti|on (die, -, -ti|o|nen) (lat.) 1. rhythmische Tätigkeit des Herzens; 2. durch Pulsation bewirkte regelmäßige Veränderung (eines Sterndurchmessers oder einer Größe in einem elektrischen System).
Pul|sa|tor (der, -s, -en) (lat.) Gerät, das eine rhythmische Bewegung, einen Druckwechsel erzeugt (z. B. in der Melkmaschine).
Pult (das, -s, -e) (lat.) Tisch. Schreibpult; Notenpult; Pultdach.
Pul|ver (das, -s, -) (lat.) feinkörniger Stoff; (ugs.) Geld. Pülverchen; Pulverdampf; Pulverfass; Pulverhorn; Pulverisator; Pulverisierung; Pulverkaffee; Pulverkammer; Pulvermagazin; Pulverschnee; Pulverturm; pulverfein; pulv(e)rig; pulvertrocken; pulverisieren; pulvern.
Pu|ma (der, -s, -s) (span.) Berglöwe; amerik. Raubkatze.
pum|me|lig (*auch:* pumm|lig) (Adj.) dick; rundlich. Pummel; Pummelchen.
pum|pen (V.) 1. ansaugen; absaugen; 2. (ugs.) leihen. Pumpe; Pumpenhaus; Pumpenwerk; Pumphose; Pumpspeicherwerk; Pumpstation; etwas auf Pump (geliehen) haben.
pum|perl|ge|sund (Adj.) (südd.) (ugs.) kerngesund.
pum|pern (V.) (ugs.) klopfen.
Pum|per|ni|ckel (der, -s, -) Schwarzbrot.
Pumps (die, nur Plural) (engl.) hochhackige Damenschuhe.
Punch (der, -s, -s) (engl.) Boxhieb. Puncher; Punchingball.
Punk (der, -s, -s) (engl.) Jugendbewegung; Angehöriger des Punks (wörtl. Abfall, Mist, Dreck); Rockmusik. Punker/in; Punkrock (*auch:* Punk-Rock); punkig.
Punkt (der, -s, -e) (lat.) 1. Tupfen; 2. Bewertungsnote; 3. Sache; 4. Ort; 5. Satzzeichen. *Beachte:* Der Punkt beendet einen Satz und steht nach → Abkürzungen, die im vollen Wortlaut ausgesprochen werden (wie z. B.); Ausnahmen siehe → Abkürzungen. Außerdem: Der Punkt kennzeichnet Zahlen als Ordnungszahlen. Freitag, den 13. Januar; Ludwig II., König von Bayern. Kein Punkt steht nach Überschriften, Buch- und Zeitungstiteln und nach Unterschriften, die einen Brief beenden! *Beachte:* Du musst um Punkt zwölf Uhr zu Hause sein. Punktauge; Punktball; Pünktchen; Punktekampf; Punktespiel; Punktgleichheit; Punktiernadel; Punktierung; Punktion; Punktlandung; Punktniederlage; Punktrichter; Punktschrift; Punktschweißung; Punktsieg; Punktspiel; Punktsystem; Punktualität; Punktum! (Schluss damit!); Punktur; Punktwertung; Punktzahl. Adjektive: punktgeschweißt; punktgleich; punktuell. Verben: punkten; punktieren; punktschweißen.
Punk|tat (das, -s/-es, -e) durch Punktion entnommene Körperflüssigkeit.
Punk|ta|ti|on (die, -, -ti|o|nen) (lat.) 1. Kennzeichnung der Vokale in der hebräischen Schrift durch Punkte unter oder über den Konsonanten; 2. unverbindlicher Vorvertrag, Festlegung der wichtigsten Punkte.
pünkt|lich (Adj.) rechtzeitig; genau; ohne Verspätung; auf die Minute genau. pünktlich wie die Maurer (sehr pünktlich). Er ist sehr zuverlässig. Er ist pünktlich wie die Maurer. Pünktlichkeit.
punk|to (Präp.) betreffs. mit Gen.: punkto gottloser Reden, *aber:* allein stehende, stark zu beugende Subst. im Sing. bleiben ungebeugt: punkto Geld.
Punsch (der, -s, -e/Pün|sche) (engl.) alkoholisches Getränk. Punschglas; Punschschüssel.
Pun|ze (die, -, -n) Prägestempel. Punzarbeit; Punzhammer; punzen; punzieren.
Pu|pill (der, -en, -en) (lat.) Mündel, Pflegling.
Pu|pil|le (die, -, -n) (lat.) Sehöffnung (Auge). Pupillenerweiterung; Pupillenverengung; pupillar.
pu|pi|ni|sie|ren (V.) eine Pupinspule (*auch:* Pupin-Spule) einbauen.
pu|pi|par (Adj.) (lat.) Larven gebärend, die sich sofort verpuppen.
Pup|pe (die, -, -n) 1. Spielzeug; Handfigur; 2. Schutzhülle (Insekten). Puppendoktor; Puppenfilm; Puppenge-

sicht; Puppenhaus; Puppenklinik; Puppenküche; Puppenmutter; Puppenräuber; Puppenspiel; Puppenstube; Puppentheater; Puppenwagen; puppenhaft; puppig.

pup|pern (V.) (ugs.) zittern; klopfen.

pur (Adj.) rein; unverdünnt. Beachte: pures Glück, *aber:* Brandy pur.

Pü|ree (das, -s, -s) (franz.) Brei. Kartoffelpüree; pürieren.

Pur|ga (die, -, -gi) (russ.) Schneesturm in Sibirien und Nordrussland.

Pur|gans (das, -, -gan|zi|en/-gan|tia) (lat.) Abführmittel. Purgativ; purgativ; purgieren.

Pur|ga|ti|on (die, -, -ti|o|nen) (lat.) 1. Reinigung; Läuterung; 2. gerichtliche Rechtfertigung.

Pur|ga|to|ri|um (das, -s, kein Plural) (lat.) Fegefeuer.

pur|gie|ren (V.) (lat.) die Verdauung anregen; abführen.

pu|ri|fi|zie|ren (V.) (lat.) reinigen; läutern. Purifikation.

Pu|rim (das, -s, kein Plural) (hebr.) jüdisches Freudenfest zur Erinnerung an die Rettung der persischen Juden (Buch Esther des A.T.). Purimfest.

Pu|ris|mus (der, -, kein Plural) (lat.) Bemühung um die Reinigung der Sprache von Fremdwörtern. Purist; puristisch.

pu|ri|ta|nisch (Adj.) streng; sittlich. Puritaner; Puritanismus.

Pur|pur (der, -s, kein Plural) (griech.) tiefroter Farbstoff. Purpuralge; Purpurmantel; Purpurröte; Purpurschnecke; purpurfarben; purpurfarbig; ein purpurner Vorhang, *aber:* die Vorhänge waren in Purpur und Gold gehalten; purpurrot.

Pur|ser (der, -s, -) (engl.) 1. Bezeichnung für den Zahlmeister auf einem Schiff; 2. Chefsteward im Flugzeug.

pu|ru|lent (Adj.) (lat.) eitrig.

Pu|ru|lenz (die, -, -en) (lat.) Eiterung.

Pur|zel (der, -s, -) (ugs.) kleines Kind.

pur|zeln (V.) kugeln; fallen. Purzelbaum.

Pu|schel (*auch:* Pü|schel) (der, -s, -n) (ugs.) Quaste.

pu|schen (V.) (engl.) massiv werben; durchsetzen.

Push (der, -s, -s) (engl.) 1. kräftige Unterstützung durch Werbung; 2. spezieller Schlag beim Golf.

pu|shen (*auch:* pu|schen) (V.) (engl.) (ugs.) mit Rauschgift handeln. Pusher.

pus|se|lig (*auch:* puss|lig) (Adj.) pingelig; umständlich. Pusselkram; pusseln.

Pus|te (die, -, kein Plural) (ugs.) Atem. außer Puste sein; Pustekuchen! pusten.

Pus|te|blu|me (die, -, -n) (ugs.) Löwenzahn.

Pus|tel (die, -, -n) (lat.) Hitze-, Eiterbläschen; Pickel.

Pusz|ta (die, -, -ten) (ungar.) Grassteppe, Weideland in Ungarn.

pu|ta|tiv (Adj.) (lat.) vermeintlich; irrtümlich. Putativehe; Putativnotwehr.

Pu|ter (der, -s, -) Truthahn. Pute; puterrot.

Pu|tre|fak|ti|on (die, -,-ti|o|nen) (lat.) Verwesung; Fäulnis.

Pu|tres|zenz (die, -, kein Plural) (lat.) Verwesung; Fäulnis.

pu|tres|zie|ren (V.) (lat.) verwesen; faulen.

pu|trid (Adj.) (lat.) faulig; übel riechend; verwesend (Med.).

Putsch (der, -es, -e) Aufstand; Umsturz. Putschist; Putschversuch; putschen.

Putt (der, -s, -s) (engl.) Golfschlag. Putter; putten.

Put|te (die, -, -n) (ital.) Engelsfigur; Figur eines kleinen Knaben mit Flügeln.

put|zen (V.) 1. sauber machen; reinigen. 2. sich schmücken. Putz; Putzer; Putzerei; Putzfrau; Putzkasten; Putzlappen; Putzmittel; Putzsucht; Putztag; Putzteufel; Putztuch, Putzwaren; Putzwolle; Putzzeug; putzsüchtig.

put|zig (Adj.) spaßig; klein; niedlich.

putz|mun|ter (Adj.) (ugs.) frisch; sehr munter.

Puz|zle (das, -s, -s) (engl.) Geduldspiel. Puzz|ler; Puzzlespiel; puzzeln.

PVC (das, -s, kein Plural) (Kurzw.) Polyvenylchlorid. PVC-Boden.

Py|ämie (die, -, -n) (griech.) Blutvergiftung durch Verschleppung von Eitererregern im Blut.

Py|a|r|th|ro|se (die, -, -n) (griech.) eitrige Gelenkentzündung.

Py|e|li|tis (die, -, -ti|den) (griech.) Nierenbeckenentzündung.

Py|e|lo|gramm (das, -s, -e) (griech.) Röntgenaufnahme der Niere.

Pyg|mäe (der, -n, -n) (griech.) zwergwüchsiger Mensch. Adjektiv: pygmäenhaft; pygmäisch.

pyg|mo|id (Adj.) (griech.-lat.) zu den Pygmoiden gehörend, sie betreffend.

Pyg|mo|i|de (die/der, -n, -n) (griech.-lat.) kleinwüchsiger Mensch mit Merkmalen des Pygmäen.

Py|ja|ma (der, -s, -s) (engl.) Schlafanzug. Pyjamajacke.

Py|k|ni|ker (der, -s, -) (griech.) starker, gedrungener Mensch. Adjektiv: pyknisch.

Py|k|no|me|ter (das, -s, -) (griech.) Dichtemesser.

Py|lo|ro|spas|mus (der, -, -men) (griech.) Krampf des Magenpförtners, Pförtnerkrampf.

Py|lo|rus (der, -, -ren) (griech.) Magenpförtner.

pyo|gen (Adj.) (griech.) Eiterung erregend.

Py|ra|mi|de (die, -, -n) (griech.) geometrischer Körper; Grabmal. Pyramidenbau; Pyramidenflügel; pyramidal; pyramidenförmig.

Py|r|a|no|me|ter (das, -s, -) (griech.) meteorologisches Gerät zum Messen der Sonnen- und Himmelsstrahlung.

Py|re|ti|kum (das, -s, -ka) (griech.-nlat.) Fieber erzeugendes Mittel.

py|ro|gen (Adj.) (griech.) 1. Fieber hervorrufend; 2. aus Magma entstanden.

Py|ro|ly|se (die, -, -n) (griech.) Zersetzung von chemischen Verbindungen durch hohe Temperatur.

Py|ro|ma|nie (die, -, kein Plural) (griech.) krankhafte Neigung zum Feuer. Pyromane.

Py|ro|me|ter (das, -s, -) (griech.) Hitzemesser.

py|ro|phor (Adj.) (griech.) selbstentzündlich. Pyrophor.

Py|ro|tech|nik (die, -, kein Plural) (griech.) Feuerwerkskunst (Herstellung und Gebrauch). Pyrotechniker; pyrotechnisch.

Pyr|rhus|sieg (der, -s, -e) Scheinsieg; opferreicher Sieg.

py|thisch (Adj.) (griech.) geheimnisvoll; rätselhaft.

Py|thon (der, -s, -s) (griech.) Riesenschlange. Pythonschlange.

Py|xis (die, -, -xi|den/-xi|des) (griech.) Hostienbehälter im Tabernakel.

Q

q (Abk.) 1. Quintal; 2. bei Flächenmaßen Abkürzung für **Q**uadrat, z. B. qcm für cm^2.

q. e. d. (Abk.) quod erat demonstrandum. (lat.) was zu beweisen war.

Qi (*auch*: Chi) (das, -(s), kein Plural) (chin.) in der chinesischen Philosophie die Lebensenergie.

Qi|gong (das, -(s), kein Plural) chinesische Heilmethode.

qua (Präp.) (lat.) gemäß; als. Er begleitete mich qua (in der Eigenschaft als) Rechtsbeistand.

Quab|be (die, -, -n) (nordd.) (ugs.) quabbeliges Gebilde.

quab|be|lig (*auch:* quabb|lig) (Adj.) (nordd.) gallertartig; schwabbelig.

quab|beln (V.) (nordd.) (ugs.) wabbeln; weich sein.

Qua|cke|lei (die, -, -en) (ugs.) dauerndes Gerede; Geschwätz.

qua|ckeln (V.) (ugs.) schwatzen.

Quack|ler (der, -s, -) (ugs.) Schwätzer.

Quack|sal|ber (der, -s, -) (ugs.) Kurpfuscher; Scharlatan.

Quack|sal|be|rei (die, -, -en) Kurpfuscherei.

quack|sal|be|risch (Adj.) (ugs.) nach der Art eines Quacksalbers.

quack|sal|bern (V.) (ugs.) wie ein Quacksalber auftreten; eine Krankheit stümperhaft behandeln.

Quad|del (die, -, -n) Pustel; juckende Schwellung der Haut.

Qua|den (die, -, nur Plural) westgermanischer Volksstamm.

Qua|der (der, -s, -) (lat.) ein Prisma mit sechs senkrechten rechteckigen Seiten; Steinblock; rechteckiger Block; mathematischer Körper.

Qua|der|bau (der, -s, kein Plural) aus Quadern errichtetes Bauwerk.

Qua|der|stein (der, -s, -e) quaderförmiger Stein.

Qua|d|ra|ge|si|ma (die, -, kein Plural) (lat.) vierzigtägige katholische Fastenzeit (Vorbereitungszeit) vor Ostern.

Qua|d|ran|gel (das, -s, -) (lat.) Viereck (Architektur).

qua|d|ran|gu|lär (Adj.) (lat.) viereckig.

Qua|d|rant (der, -en, -en) (lat.) 1. Viertelkreis; Messgerät; 2. Bezeichnung für die vier Flächenstücke, die ein rechtwinkliges Achsenkreuz aus der Ebene herausschneiden. Quadrantenelektrometer; Quadrantsystem.

Qua|d|rat (das, -s, -e) (lat.) 1. gleichseitiges Viereck; 2. zweite Potenz. Quadratdezimeter (Abk.: dm^2); Quadrathektometer (Abk.: hm^2); Quadratkilometer (Abk.: km^2); Quadratmeter (Abk.: m^2); Quadratmillimeter (Abk.: mm^2); Quadratzentimeter (cm^2). *Beachte:* Die Schreibung »qdm«, »qkm«, »qm«, »qmm«, »qcm« ist nicht mehr üblich! Quadratzoll; Quadratwurzel; Quadratzahl.

qua|d|ra|tisch (Adj.) die Form eines Quadrats habend.

Qua|d|rat|lat|schen (die, -, nur Plural) (ugs.) scherzhafter Ausdruck für auffallend große, breite Schuhe oder Füße.

Qua|d|rat|schä|del (der, -s, -) (ugs.) scherzhafter Ausdruck für einen großen Kopf.

Qua|d|ra|tur (die, -, -en) (lat.) 1. in der Geometrie a) die Berechnung des Flächeninhalts einer geometrischen Figur; b) die Umwandlung des Flächeninhalts einer Figur in ein Quadrat desselben Flächeninhalts; 2. in der Astronomie der rechte Winkel zwischen zwei Gestirnen, von der Erde aus betrachtet.

Qua|d|ra|tur|ma|le|rei (die, -, -en) Malerei, die Innenräume durch perspektivische Darstellungen zu erweitern versucht.

Qua|d|rat|wur|zel (die, -, -n) die zweite Wurzel aus einer Zahl a ist die Zahl, die mit sich selbst multipliziert a ergibt.

Qua|d|rat|zahl (die, -, -en) das Quadrat einer ganzen Zahl.

qua|d|rie|ren (V.) 1. eine Zahl mit sich selbst multiplizieren; 2. eine Fläche in Quadrate aufteilen; eine Fläche mit Rechtecken versehen.

Qua|d|ri|ga (die, -, -dri|gen) (lat.) zweirädriger Wagen mit vier nebeneinandergespannten Pferden (in der Antike).

Qua|d|ril|le (die, -, -n) (span.) Tanz. 1. Gesellschaftstanz zu je vier Paaren; 2. im Reitsport Gruppen- oder Figurenreiten.

Qua|d|ril|li|ar|de (die, -, -n) (franz.) eine Billiarde, dritte Potenz einer Milliarde, 1000 Quadrillionen (10^{27}, eine 1 mit 27 Nullen).

Qua|d|ril|li|on (die, -, -lio|nen) (franz.) die vierte Potenz einer Million (10^{24}, eine 1 mit 24 Nullen).

Qua|d|ri|nom (das, -s, -e) (lat.) viergliedrige mathematische Größe.

Qua|d|ri|re|me (die, -, -n) (lat.) Kriegsschiff mit vier übereinanderliegenden Ruderbänken (in der Antike).

Qua|d|ro (das, -s, kein Plural) (lat.) (Kurzw.) Quadrofonie (*auch:* Quadrophonie). Quadrosound; Quadrotechnik; Quadrowiedergabe.

Qua|d|ro|fo|nie (*auch:* Qua|d|ro|pho|nie) (die, -, kein Plural) (lat.) Vierkanalstereofonie. Adjektive: quadrofon (*auch:* quadrophon).

qua|d|ro|fo|nisch (*auch:* qua|d|ro|pho|nisch) (Adj.) die Quadrofonie betreffend.

Qua|d|ru|pe|de (der, -n, -n) Vierfüßer (veraltet).

Qua|d|ru|pel (das, -s, -) (lat.) vier zusammengehörige Zahlen oder mathematische Größen.

Qua|d|ru|pel|al|li|anz (die, -, -en) Allianz zwischen vier Staaten.

Quag|ga (das, -s, -s) zebraartiges Wildpferd (mittlerweile ausgerottet).

Quai (*auch:* Kai) (der/das, -s, -s) (franz.) Uferstraße.

Quä|ke (die, -, -n) Instrument, das quäkende Laute erzeugt.

qua|ken (V.) wie ein Frosch rufen; (ugs.) plappern. quak!

quä|ken (V.) quengeln; jammern. Quäke.

quä|kend (Adj.) heiser und schrill.

Quak|frosch (der, -es, -frö|sche) kindersprachlicher Ausdruck für Frosch.

Quä|ker (der, -s, -) (engl.) Angehöriger einer religiösen Gemeinschaft.

quä|ke|risch (Adj.) in der Art der Quäker; zu den Quäkern gehörend.

Qual (die, -, -en) Leid; Folter; Schmerz.

quä|len (V.) 1. misshandeln; peinigen; plagen; wehtun; Schmerz zufügen; bedrücken; 2. (refl.) leiden; sich anstrengen; sich abarbeiten.

quä|lend (Adj.) mühsam; peinigend.

Quä|ler (der, -s, -) ein Mensch, der gerne andere quält.

Quälerei (die, -, -en) Folter, das Quälen.
quälerisch (Adj.) quälend; Qual verursachend.
Quälgeist (der, -es, -er) lästiges Kind.
Qualifikation (die, -, -tionen) (lat.) Befähigung; Berechtigung; Eignung; Wettkampf. Qualifikationsrennen; Qualifikationsrunde; Qualifikationsspiel; Qualifizierung.
qualifizieren (V.) (lat.) 1. (refl.) eine Qualifikation erwerben; sich bilden; 2. eine Qualifikation darstellen.
qualifiziert (Adj.) (lat.) geeignet; sachkundig; tauglich.
Qualität (die, -, -en) (lat.) Eigenschaft; Güte; Beschaffenheit; Niveau; Wert. Qualitätsarbeit; Qualitätsbezeichnung; Qualitätseinbuße; Qualitätskontrolle; Qualitätsminderung; Qualitätssteigerung; Qualitätsware; Qualitätswein.
qualitativ (Adj.) (lat.) die (gute) Qualität betreffend.
Qualle (die, -, -n) Meerestier, zu den Nesseltieren gehörig.
quallig (Adj.) gallertartig; schleimig.
Qualm (der, -s, kein Plural) Rauch; Dampf.
qualmen (V.) dampfen; rauchen.
qualmig (Adj.) voller Qualm; verräuchert.
Qualster (der, -s, -) (nordd.) (ugs.) Schleim.
qualsterig (*auch:* qualstrig) (Adj.) wie Qualster; schleimig.
qualstern (V.) Schleim auswerfen.
qualvoll (Adj.) peinigend; quälend.
Quant (das, -s, -en) (lat.) kleinster Energiewert (Physik). Quantenbiologie; Quantenmechanik; Quantenphysik; Quantentheorie.
Quäntchen (das, -s, -) kleine Menge; ein bisschen. ein Quäntchen/Quäntlein Glück. Adjektiv: quäntchenweise.
quanteln (V.) in Quanten unterteilen. Quantelung.
quantifizierbar (Adj.) in messbare Größen umsetzbar.
quantifizieren (V.) (lat.) zahlenmäßig beschreibbar, messbar machen.
Quantifizierung (die, -, -en) das Quantifizieren.
Quantität (die, -, -en) (lat.) Menge; Anzahl. Quantitätsgleichung; Quantitätstheorie; quantieren.
quantitativ (Adj.) (lat.) der Menge oder der Zahl nach.
Quantité négligeable (die, - -, kein Plural) (franz.) belanglose Größe; Belanglosigkeit.
Quantum (das, -s, -ten) (lat.) Summe; mess- oder zählbare Menge.
Quappe (die, -, -n) Fisch; Kaulquappe.
Quarantäne (die, -, -n) (franz.) Isolation; vorübergehende Absonderung von infektionskranken oder -verdächtigen Personen oder Tieren zur Verhinderung der Einschleppung oder Verbreitung einer Seuche.
Quarantänestation (die, -, -en) Einrichtung zum Unterbringen von unter Quarantäne stehenden Lebewesen.
Quark 1. (der, -s, kein Plural) Weißkäse; (ugs.) Unsinn. Quarkbrot; Quarkkäse; Quarkkuchen; Quarkschnitte. einen Quark verstehen (überhaupt nichts verstehen, ein vollkommener Laie sein). 2. (das, -s, -s) (engl.) Grundbausteine, aus denen man die bekannten Elementarteilchen zusammensetzen kann.
quarkig (Adj.) wie Quark beschaffen.
Quarre (die, -, -n) (nordd.) quarrende Frau; quarrendes Kind.
quarren (V.) (nordd.) nörgeln.
quarrig (Adj.) quarrend; nörgelig.
Quart 1. (die, -, -en) (lat.) Fechthieb; 2. (das, -s, -e) (lat.) Buchformat (Abk.: 4°); 3. altes deutsches Hohlmaß (1,145 l); 4. (das, -s, -s) (lat.-engl.) amerikanisches Hohlmaß für Flüssigkeiten (0,946 l) und feste Substanzen (1,101 dm^3); 5. (das, -s, -s) (lat.-engl.) britisches Hohlmaß (1,1365 l); 6. (die, -, -en) (lat.) Fechthieb auf die linke Körperseite des Gegners; 7. Quarte. Quartband; Quartblatt; Quartformat.
Quarta (die, -, -ten) (lat.) früher die dritte Klasse eines Gymnasiums.
Quartal (das, -s, -e) (lat.) Vierteljahr. Quartalkündigung; Quartal(s)abschluss; Quartalsäufer.
Quartana (die, -, kein Plural) (lat.) Malaria mit Fieberanfällen an jedem vierten Tag.
Quartär (das, -s, kein Plural) (lat.) geologische Formation. Quartärformation.
Quarte (*auch:* Quart) (die, -, -n) (lat.) vierter Ton (Tonleiter); viertöniges Intervall. Quartsextakkord.
Quarter (der, -s, -) (lat.-engl.) 1. Getreidemaß in den USA (21,75 kg); 2. britisches Hohlmaß (290,95 dl) und Gewicht (12,7 kg).
Quarterback (der, -s, -s) (amerik.) Spieler im amerikanischen Football.
Quarterdeck (das, -s, -s) (engl.) hinteres Schiffsdeck.
Quartett (das, -s, -e) (ital.) vierstimmiges Musikstück; Kartenspiel.
Quartier (das, -s, -e) (franz.) 1. Unterkunft (für Truppen); Wohnung; 2. Stadtviertel. Quartier latin; Quartiersfrau; Quartierswirt.
quartieren (V.) (franz.) jemanden an einem bestimmten Ort unterbringen.
Quartiermacher (der, -s, -) Soldat, der für seine Einheit Quartiere beschafft.
Quartiermeister (der, -s, -) im früheren deutschen Heer für die Unterbringung und Versorgung der Truppen verantwortlicher Generalstabsoffizier.
Quartole (die, -, -n) (lat.-ital.) Gruppe von vier Noten im Taktwert von drei oder sechs Noten.
Quarz (der, -es, -e) eines der häufigsten Mineralien, oft in Form von Kristallen. Quarzfaserstoff; Quarzfels; Quarzfilter; Quarzgang; Quarzglas; Quarzgut; Quarzit; Quarzlampe; Quarzstaublunge; Quarzsteuerung; Quarzuhr.
quarzhaltig (Adj.) Quarz enthaltend.
quarzig (Adj.) quarzhaltig; wie Quarz beschaffen.
Quasar (der, -s, -e) (lat.) sternähnliches Objekt mit starker Radiostrahlung.
Quas (der, -es, -e) (nordd.) Gelage.
quaseln (V.) (nordd.) schmausen.
quasi (Adv.) (lat.) sozusagen; gewissermaßen. Quasisouveränität; quasimilitärisch; quasioffiziell; quasioptisch; quasireligiös.
Quasselei (die, -, -en) (ugs.) ständiges Quasseln.
quasseln (V.) (ugs.) dauernd und schnell reden. Ich quassele und quassle.
Quasselstrippe (die, -, -) (ugs.) 1. Telefon; 2. zum Quasseln neigender Mensch.
Quassie (die, -, -n) südamerikanischer Baum, aus dessen Holz ein Bitterstoff gewonnen wird.

Quast (der, -s, -e) (nordd.) Pinsel; Büschel.

Quas|te (die, -, -n) Troddel. Quastenbehang; quastenförmig.

Quas|ten|flos|ser (der, -s, -) Fischordnung, die z.T. mit Lungen atmet und im Devon ihren Ursprung hatte.

Quäs|ti|on (die, -, -ti|o|nen) (lat.) Streitfrage.

Quäs|tor (der, -s, -to|ren) (lat.) 1. hoher Finanzbeamter (im alten Rom); 2. für die Kasse verantwortlicher Beamter (an Hochschulen); 3. Kassierer (eines Vereins; schweiz.).

Quäs|tur (die, -, -tu|ren) (lat.) 1. Amt des Quästors (im alten Rom); 2. Abrechnungs-, Kassenstelle (an Hochschulen).

Qua|tem|ber (der, -s, -) (lat.) jeder der vier Fastentage zu Beginn einer Jahreszeit (in der kath. Kirche).

qua|ter|när (Adj.) (lat.) aus vier Teilen (Chemie).

Qua|ter|ne (die, -, -n) (ital.) vier Gewinnzahlen auf einmal.

Qua|ter|nio (der, -s, -ni|o|nen) (lat.) aus vier Einheiten bestehendes Ganzes.

Quatsch (der, -es, kein Plural) (ugs.) Unsinn; Albernheit; dummes Gerede. Quatsch mit Soße (vor allem nordd.) (so ein Unsinn). quatsch!

Quat|sche|rei (die, -, -en) (ugs.) das (ständige) Quatschen.

quat|schen (V.) ausplaudern; reden. Quatsch keine Opern (rede nicht so viel und so umständlich).

Quatsch|kopf (der, -s, -köp|fe) Schwätzer; alberner Mensch.

quatsch|nass (Adj.) (ugs.) sehr nass.

Quat|tro|cen|tist (der, -en, tis|ten) Künstler des Quattrocentos.

Quat|tro|cen|to (das, -/-s, kein Plural) (ital.) künstlerische Stilepoche in Italien von 1400 bis 1500 (Frührenaissance).

Que|bec (*auch:* Qué|bec) 1. Provinz im Osten Kanadas; 2. Hauptstadt der gleichnamigen kanadischen Provinz.

Que|bra|cho (das, -s, kein Plural) (span.) Holzart; Gerbstoff. Quebrachobaum; Quebrachoholz; Quebrachorinde.

Que|chua 1. (das, -s, kein Plural) (indian.) indianische Sprachfamilie der Andengebiete Boliviens, Perus und Ecuaduors; auch Staatssprache der Inka; 2. (der, -s, -s) (indian.) die rund 6 Millionen Indianer, die Quechua sprechen.

Que|cke (die, -, -n) Unkraut.

que|ckig (Adj.) mit Quecken bewachsen.

Queck|sil|ber (das, -s, -) einziges bei Zimmertemperatur flüssiges Metall; chemischer Grundstoff (Abk.: Hg). Jemand hat Quecksilber im Leib (ugs.) (Jemand ist temperamentvoll und äußerst lebendig). Quecksilberdampf; Quecksilberdampflampe; Quecksilberpräparat; Quecksilbersäule; Quecksilberthermometer; Quecksilbervergiftung.

queck|sil|ber|hal|tig (Adj.) Quecksilber enthaltend.

queck|sil|be|rig (*auch:* queck|silb|rig) (Adj.) wie Quecksilber.

Queen (die, -, -s) 1. englische Königin (Titel); 2. in einer Gruppe wegen bestimmter Vorzüge im Mittelpunkt stehende Frau; 3. feminin wirkender Homosexueller.

Queens|land (kein Artikel) Staat im Nordosten Australiens.

Quel|le (die, -, -n) 1. Flussanfang; 2. Herkunft; 3. Textbasis; 4. Informationsgeber. an der Quelle sitzen (ugs.) (gute Verbindungen zu jemandem haben und daher etwas ohne Schwierigkeiten beziehen können). Quellader; Quellenangabe; Quellenforschung; Quellengeber; Quellenkritik; Quellenkunde; Quellenmaterial; Quellennachweis; Quellensammlung; Quellenstudium; Quellensucher; Quellfassung; Quellfluss; Quellgebiet; Quellmoos; Quellnymphe; Quellung; Quellwasser.

quel|len 1. (V.) weich werden lassen. 2. (V., quoll, ist gequollen; ich quelle, du quillst, er quillt) hervortreten; sprudeln; anschwellen. Quellbevölkerung; Quellwolke.

quel|len|mä|ßig (Adj.) die Quellen betreffend.

quel|len|reich (Adj.) viele Quellen habend.

quell|frisch (Adj.) frisch aus der Quelle.

Quem|pas (der, -, kein Plural) (lat.) Weihnachtsgesang. Quempaslied.

Quen|del (der, -s, -) Thymian. Quendelöl.

Quen|ge|lei (die, -, -en) (ständige) Nörgelei.

quen|geln (V.) (ugs.) nörgeln.

quen|ge|lig (*auch:* queng|lig) (Adj.) grantig; knatschig; nörgelig; schlecht gelaunt; unleidlich.

Quen|ge|lig|keit (die, -, kein Plural) das Quengeligsein.

Queng|ler (der, -s, -) oft quengelnder Mensch.

quer (Adv.) diagonal; der Breite nach; verkehrt. Die Fahrt ging kreuz und quer durch die Stadt. quergehen (ugs.: missglücken). Dein sogenannter Freund hat quergeschossen (ugs.: hintertrieben); die Bank hat mir den Wechsel quergeschrieben (akzeptiert); du solltest mir jetzt nicht querkommen (ugs.: mich behindern, stören); eine quer gestreifte (*auch:* quergestreifte) Markise. Querbahnsteig; Querbalken; Querbau; Querbaum; in die Quere kommen: in die Kreuz und Quere; Querfeldeinlauf; Querfeldeinritt; Querflöte; Querformat; Querfrage; Querhaus; Querholz; Querkopf; Querköpfigkeit; Querlage; Querlatte; Querlinie; Querpass; Querpfeife; Querrinne; Querruder; Quersack; Querschiff; Querschlag; Querschläger; Querschnitt; Querschnittslähmung; Querschuss; Querstraße; Querstrich; Quersumme; Quertal; Querverbindung; Querverweis; Querwelle. Adjektive: querköpfig; querschnitt(s)gelähmt. Adverbien: querbeet; wir liefen querdurch, *aber:* Der Weg führt quer durch den Wald; querfeldein; querschiffs; querüber ist der Bäcker, *aber:* Wir gehen quer über den Hof.

Que|re|le (die, -, -n) (lat.) auf gegensätzlichen Interessen beruhender Streit; Klage.

Quer|kopf (der, -s, köp|fe) sturer Mensch; Trotzkopf.

quer|köp|fig (Adj.) stur; trotzig.

Quer|köp|fig|keit (die, -, kein Plural) das Querköpfigsein.

quer|trei|ben (V., trieb quer, hat quergetrieben) etwas verhindern; hintertreiben.

Quer|trei|ber (der, -s, -) (ugs.) jemand, der die Pläne von anderen zu durchkreuzen versucht.

Quer|trei|be|rei (die, -, -en) (ugs.) das Quertreiben.
Que|ru|lant (der, -en, -en) (lat.) Nörgler; Störer; streitsüchtiger Mensch. Querulantentum.
Que|ru|lanz (die, -, kein Plural) (lat.) querulatorisches Verhalten, wobei das Gefühl des Nörglers, recht zu haben, krankhaft übersteigert ist.
Que|ru|la|ti|on (die, -, -ti|o|nen) (lat.) Beschwerde; Klage.
que|ru|la|to|risch (Adj.) (lat.) streitsüchtig; nörglerisch.
que|ru|lie|ren (V.) nörgeln; ohne Grund klagen.
Quer|ze|tin (das, -s, kein Plural) (lat.-franz.) in einigen Pflanzen enthaltener, gelber Farbstoff (heute als Arzneimittel verwendet).
Quer|zit (der, -s, kein Plural) (lat.) in Eicheln enthaltener Zucker.
Quet|sche (die, -, -n) Presse; (ugs.) Ziehharmonika. Quetschfalte; Quetschkartoffeln; Quetschung; Quetschwerk; Quetschwunde.
quet|schen (V.) pressen; drücken.
Quetsch|hahn (der, -s, -häh|ne) Drossel- und Absperrhahn für Gummischläuche.
Quetsch|kom|mo|de (die, -, -n) (ugs.) Ziehharmonika; Akkordeon.
Quet|zal (der, -/-s, -/-s) (Nahuatl) 1. zu den Trogons gehöriger Vogel Mittelamerikas mit langen, metallisch grünen Schwanzfedern. 2. Währungseinheit in Guatemala, 100 Centavos.
Queue 1. (das, -s, -s) (franz.) Billardstock; 2. (die, -, -s) (franz.-engl.) lange Reihe; Menschenschlange.
Quiche (das, -s, -s) (franz.) Speckkuchen. Quiche Lorraine.
quick (Adj.) (ugs.) lebhaft; munter.
Quick|heit (die, -, kein Plural) Munterkeit; Lebhaftigkeit.
Qui|ckie (der, -s, -s) (engl.) etwas sehr schnell Erledigtes, Abgehandeltes.
quick|le|ben|dig (Adj.) lebhaft; gesund.
Quick|born 1. (der, -s, kein Plural) (niederdt.) (veraltet) Jungbrunnen; 2. katholische Jugendbewegung.
Quick|stepp (der, -s, -s) (engl.) Tanz; Standardtanz; schneller Foxtrott.
Quid|di|tät (die, -, kein Plural) (lat.) das Was-Sein (eines Dinges).
Quid|pro|quo (das, -s, -s) (lat.) Ersatz; Austausch.
quie|ken (V.) quietschen; lachen. Quiekser; quiek! quieksen.
Qui|es|zenz (die, -, kein Plural) (lat.) 1. Ruhe; 2. Ruhestand.
qui|es|zie|ren (V.) (lat.) 1. ruhen; 2. jmd. in den Ruhestand versetzen.
Qui|e|tis|mus (der, -, kein Plural) (lat.) Gemütsruhe; religiöse Lehre; weltabgewandtes Leben und Hingabe an Gott. Quietist; quietistisch.
Qui|e|tiv (das, -s, -e) (lat.) Beruhigungsmittel.
qui|e|to (Adv.) (ital.) ruhig (Musik).
quiet|schen (V.) schrill tönen. Quietscher.
quietsch... (ugs.) sehr. quietschfidel; quietschvergnügt.
Quilt (der, -s, -s) (engl.) aus Stoffresten gefertigte, bunt gemusterte Steppdecke.
quil|ten (V.) (engl.) einen Quilt anfertigen.
Quint (die, -, -en) (lat.) Fechthieb.
Quin|ta (die, -, -ten) (lat.) früher die zweite Klasse des Gymnasiums.
Quin|tal (der, -s, -e) (lat.-roman.) alte Gewichtseinheit in Frankreich, Spanien, Portugal, Mittel- und Südamerika (40–50 kg).
Quin|ta|ner (der, -s, -) Schüler der Quinta.
Quin|te (*auch:* Quint) (die, -, -n) (lat.) fünfter Ton (Tonleiter); fünftöniges Intervall. Quintenzirkel; Quintsextakkord.
Quint|es|senz (die, -, -en) (lat.) Kernpunkt; Wesentliches.
Quin|tett (das, -s, -e) (lat.) fünfstimmiges Musikstück.
Quin|til|li|on (die, -, -li|o|nen) (lat.) fünfte Potenz einer Million (10^{30}, eine 1 mit 30 Nullen).
Quin|to|le (die, -, -n) (lat.-ital.) Gruppe von fünf Noten im Taktwert von vier (auch drei oder sechs) Noten.
Qui|pu (das, -/-s, -/-s) (Ketschua) als Verständigungsmittel dienende Knotenschnüre verschiedener Farbe und Länge (bei den Inkas).
Qui|ri|nal (der, -s, kein Plural) (lat.) 1. einer der sieben Hügel Roms; 2. Sitz des italienischen Staatspräsidenten.
Qui|ri|te (der, -n, -n) (lat.) Bezeichnung für einen römischen Vollbürger in der Antike.
Quirl (der, -s, -e) 1. Mixer; Küchenmaschine; Schneebesen; 2. Zappelphilipp.
quir|len (V.) rühren; mixen.
quir|lig (Adj.) (ugs.) lebhaft.
Quis|ling (der, -s, -e) (ugs.) Verräter; Kollaborateur.
Quis|qui|li|en (die, nur Plural) (lat.) belanglose Kleinigkeiten; Nichtigkeiten.
quitt (Adj.) (franz.) ausgeglichen; frei; fertig; entlastet. Wir sind quitt; mit jmdm. quitt sein.
Quit|te (die, -, -n) Frucht. Quittenbrot; Quittengelee; Quittenkäse; Quittenmarmelade; Quittenmus; quitte(n)gelb.
quit|tie|ren (V.) bescheinigen; aufgeben; (ugs.) beantworten.
Quit|tung (die, -, -en) 1. schriftliche Bescheinigung über den Empfang einer Zahlung oder Sachleistung; 2. (ugs.) Antwort. Quittung; Quittungsblock; Quittungsbuch; Quittungsformular.
Qui|vive (franz.) (in der Wendung:) auf dem Quivive sein (auf der Hut sein, immer bereit sein, wachsam sein).
Quiz (das, -, -) (engl.) Frage-und-Antwort-Spiel über allgemeine oder spezielle Wissensgebiete. Quizfrage; Quizmaster; Quizveranstaltung; quizzen.
quod erat de|mon|s|t|ran|dum (lat.) was zu beweisen war (Abk.: q. e. d.).
Quod|li|bet (das, -s, -s) (lat.) 1. Vermischtes; Durcheinander; Mischmasch; 2. Wechselmelodie; Komposition, die verschiedene Melodien gleichzeitig kombiniert.
Quo|rum (das, -s, kein Plural) (lat.) beschlussfähige Mehrheit.
Quo|ta|ti|on (die, -, -ti|o|nen) (lat.) Kursnotierung (Börse).
Quo|te (die, -, -n) (lat.) Anteil; Beteiligung. Quotenkartell; Quotenregelung.
Quo|ti|ent (der, -en, -en) (lat.) Zähler und Nenner (Bruch); Divisionsergebnis.
quo va|dis? (lat.) Wohin gehst du? Wohin führt das? In der Apostelgeschichte Frage von Jesus an Petrus.
quo|tie|ren (V.) den Kurs, Preis angeben. Quotierung.
quo|ti|sie|ren (V.) das Aufteilen eines Gesamtwerts in Quoten. Quotisierung.

R

r (*auch:* R) (Abk.) **R**adius.
R (Abk.) **R**and.
r. (Abk.) **r**echts.
Ra 1. (Abk.) Radium (chemisches Zeichen); 2. altägyptischer Sonnengott.
Raˡbat Hauptstadt von Marokko.
Raˡbatt (der, -s, -e) (ital.) Preisnachlass; meist in Prozenten ausgedrückter Abzug vom Kaufpreis.
Raˡbatˡte (die, -, -n) (niederl.) 1. schmales Randbeet; 2. (veraltet) Aufschlag am Kragen oder Ärmel.
Raˡbattˡmarˡke (die, -, -en) Wertmarke, die man in manchen Geschäften beim Kauf von Waren erhält. Die Marken werden in ein Sammelheft geklebt und als Rabatt eingelöst, wenn das Heft voll ist.
raˡbatˡtieˡren (V.) (ital.) auf etwas einen Rabatt gewähren.
Raˡbatˡtieˡrung (die, -, -en) das Gewähren eines Rabatts.
Raˡbatz (der, -es, kein Plural) (ugs.) 1. Lärm; Krach; Geschrei; 2. heftiger, lauter Protest. Rabatz machen.
Raˡbau (der, -s/-n, -en) (dt.-franz.-niederl.) 1. Rabauke; 2. kleines graues Exemplar einer Renette, einer süßen Apfelsorte.
Raˡbauˡke (der, -n, -n) (niederl.) (ugs.) ein Mensch, besonders ein Jugendlicher, der sich laut und rüpelhaft benimmt; Flegel; Raufbold; Rüpel.
Rabˡbi (der, -, -s/-biˡnen) (hebr.) Anrede, Titel (jüdischer Geistlicher).
Rabˡbiˡnat (das, -s, -e) (hebr.) das Amt eines Rabbiners.
Rabˡbiˡner (der, -s, -) (hebr.) Religionslehrer einer jüdischen Gemeinde. rabbinisch.
Raˡbe (der, -n, -n) 1. Krähe; Krähenvogel; 2. Sternbild des südlichen Himmels. Ein weißer Rabe sein (eine große Seltenheit sein, eine Ausnahme sein); stehlen wie ein Rabe (ugs.) (viel stehlen). Rabenkrähe; Rabenvogel.
Raˡbenˡelˡtern (die, -, nur Plural) schlechte Eltern. Rabeneltern sein (Eltern sein, die ihre Kinder schlecht behandeln). Rabenmutter; Rabenvater.
raˡbenˡschwarz (Adj.) tiefschwarz, oft im Zusammenhang mit »schmutzig«.
raˡbiˡat (Adj.) (lat.) wütend; brutal; rücksichtslos.
Raˡbitzˡwand (die, -, -wänˡde) Zwischenwand aus Gips mit Mörtelauftrag und eingespanntem Drahtnetz.
Raˡbuˡlist (der, -en, -en) (lat.) Haarspalter; Rechtsverdreher.
Raˡbuˡlisˡtik (die, -, -en) (lat.) Haarspalterei; Rechtsverdreherei; Spitzfindigkeit.
raˡbuˡlisˡtisch (Adj.) (lat.) spitzfindig; nach Art eines Rabulisten.
Raˡbuˡse (die, -, kein Plural) (tschech.) 1. Plünderung; Raub; Verlust; Wirrwarr; 2. ein Kartenspiel.
Raˡceˡmat (*auch:* Raˡzeˡmat) (das, -es, -e) (lat.) Gemisch, das aus gleichen Mengen rechts- und linksdrehender Moleküle besteht.
Raˡche (die, -, kein Plural) Vergeltung. Racheengel; Rachefeldzug; Rachegedanke; Rachegelüste; Racheplan; Racheschwur.
Raˡcheˡakt (der, -s, -e) ein aus Rache begangener Akt; eine als Vergeltungsmaßnahme begangene Tat.
Raˡcheˡdurst (der, -es, kein Plural) großes Verlangen nach Rache. Rachgier; Rachsucht.
raˡcheˡdürsˡtend (Adj.) gehobener Ausdruck für rachedurstig.
raˡcheˡdursˡtig (Adj.) nach Rache verlangend; rachsüchtig; rachgierig.
Raˡcheˡgötˡtin (die, -, -götˡtinˡnen) in der griechischen Mythologie die Göttin, die die Untaten eines Menschen rächt.
räˡchen (V.) 1. (refl.) ein an der eigenen Person begangenes Unrecht vergelten; 2. für etwas oder eine Person Vergeltung üben.
Raˡchen (der, -s, -) Schlund; Nasen-, Mund- und Kehlkopfraum. Rachenentzündung; Rachenkatarr/Rachenkatarrh.
Raˡchenˡblütˡler (der, -s, -) Pflanzenfamilie mit Blüten, die einem Rachen ähnlich sehen.
Raˡchenˡmanˡdel (die, -, -n) im Rachen gelegenes, mandelgroßes, paarweise auftretendes Organ.
Raˡchenˡputˡzer (der, -s, -) (ugs.) scherzhaft für scharfes alkoholisches Getränk.
Räˡcher (der, -s, -) ein Rache ausübender Mensch.
Raˡchiˡtis (die, -, -tiˡden) (griech.) schwere Vitamin-D-Mangelkrankheit mit Knochenverbiegungen.
raˡchiˡtisch (Adj.) an Rachitis leidend, durch sie hervorgerufen.
Rack (das, -s, -s) (engl.) regalartiges Möbelstück.
Raˡcke (die, -, -n) Krähenvogel.
Raˡckelˡhuhn (das, -s, -hühˡner) Bastard zwischen Auer- und Birkhuhn.
raˡckeln (V.) balzen. Rackelwild.
Raˡcker (der, -s, -) (niederdt.) (ugs.) Kind, das gerne Streiche spielt und Unfug anstellt.
raˡckern (V., refl.) sich anstrengen; sich abmühen
Raˡckeˡrei (die, -, -en) ständiges Rackern; Mühe; Schufterei.
Raˡcket (*auch:* Raˡkett) (das, -s, -s) (engl.) Tennis-, Squashschläger.
Raˡckett (das, -s, -e) Holzblasinstrument mit doppeltem Rohrblatt und langer Röhre des 15. bis 17. Jahrhunderts.
Raˡclette 1. (der, -s, -s) (franz.) Käse. 2. (die, -, -s/das, -s, -s) (franz.) Käsespeise aus geschmolzenem Raclettekäse.
rad (Abk.) **Rad**iant; **r**adiation **a**bsorbed **d**ose (Strahlendosiseinheit).
Rad (das, -s, Räˡder) 1. Drehkörper; 2. (Kurzw.) Fahrrad; 3. Turnübung. Radachse; Radaufhängung; Radballspiel; Radbremse; Radbruch; Rädchen; Raddampfer; Räderchen; Rädergetriebe; Räderwerk; das Radfahren; Radfahrweg; Radfelge; Radkappe; Radkasten; Radmantel; Radrennbahn; Radrennen; Radschlagen; Radsport; Radsturz; Radtour; Radwanderung; Radwechsel; Radweg; zweiräd(e)rig. Verben: er ist Rad gefahren; Rad und Moped fahren; Rad schlagen (*aber:* beratschlagen!); ich kann Rad schlagen.
Raˡdar (der/das, -s, kein Plural) (engl.) (Kurzw.) **ra**dio **d**etecting **a**nd **r**anging (Ortungstechnik). Verfahren zur Ortung, Vermessung und Geschwindigkeitsbestimmung fester bzw. bewegter Körper. Radarpeilung; Radarstation.
Raˡdarˡasˡtroˡnoˡmie (die, -, kein Plural) Methode zur Untersuchung von

Entfernungen und Oberflächenbeschaffenheiten der Himmelskörper in unserem Sonnensystem.

Radarfalle (die, -, -n) polizeiliche Geschwindigkeitskontrolle im Straßenverkehr durch Radargeräte.

Radargerät (das, -s, -e) Instrument, mit dessen Hilfe Gegenstände geortet werden können.

Radarmeteorologie (die, -, kein Plural) Erforschung der physikalischen Eigenschaften und Vorgänge der Atmosphäre mittels Radartechnik.

Radarschirm (der, -s, -e) der Schirm eines Radargerätes.

Radarwelle (die, -, -n) elektromagnetische Wellen, die von Radargeräten ausgesandt werden.

Radau (der, -s, kein Plural) (ugs.) Lärm. Radaubruder; Radaumacher.

Raddoppio (der, -s, -s) (lat.-ital.) spezielle Figur beim Fechten.

radebrechen (V., radebrechte, hat geradebrecht; du radebrechst!) eine fremde Sprache schlecht sprechen.

radeln (V.) Rad fahren.

rädeln (V.) ausradeln.

Rädelsführer (der, -s, -) Drahtzieher; Anführer; Anstifter einer Verschwörung, Revolte oder von gewalttätigen Auseinandersetzungen.

rädern (V.) im Mittelalter einen zum Tode verurteilten durch das Rad hinrichten. sich wie gerädert fühlen/wie gerädert sein (sehr müde und erschöpft sein, alle Knochen spüren).

Rädertier (das, -s, -e) (Rotatorien) mikroskopisch kleine (Süßwasser-) Würmer.

Radfahrer (der, -s, -) 1. Rad fahrender (*auch:* radfahrender) Mensch; 2. Schmeichler. ein Radfahrer sein (jemand, der seinem Vorgesetzten schmeichelt und die Untergebenen schindet).

Radi (der, -s, -) (lat.) (südd.) Rettich. Wendung: einen Radi kriegen (gerügt werden).

radial (Adj.) (lat.) strahlenförmig; vom Mittelpunkt ausgehend; in Richtung des Radius. Radialgeschwindigkeit; Radialreifen; Radialsymmetrie.

Radialität (die, -, -en) (lat.) strahlenförmige Anordnung.

Radiallinie (die, -, -n) (lat.) österreichische Bezeichnung für eine Straße oder Straßenbahnlinie, die vom Zentrum zum Stadtrand führt.

radialsymmetrisch (Adj.) lat.) die Radialsymmetrie betreffend, in dieser Art angeordnet.

Radialturbine (die, -, -n) (lat.) Dampf- oder Wasserturbine.

Radiant (der, -en, -en) (lat.) (Abk.: rad) 1. der ebene Winkel, bei dem Kreisradius und -bogen die gleiche Länge haben; 2. scheinbarer Ausgangspunkt eines Sternschnuppenschwarms in einem Sternbild.

radiär (Adj.) (lat.) strahlenförmig angeordnet.

Radiästhesie (die, -, kein Plural) (lat.-griech.) die in der Wissenschaft nicht unbestrittene Fähigkeit bestimmter Menschen, Erdstrahlungen mithilfe von Wünschelruten oder Pendeln wahrzunehmen und auf diese Weise Wasseradern oder Ähnliches aufzuspüren.

radiästhetisch (Adj.) (lat.-griech.) die Radiästhesie betreffend, auf ihr basierend.

Radiation (die, -, -en) (lat.) Strahlung.

Radiator (der, -s, -en) (lat.) Heizofen.

Radicchio (der, -s, kein Plural) (ital.) Salatpflanze.

Radien (die, nur Plural) (lat.) 1. Plural von Radius; 2. Flossenstrahlen der Fische; 3. Strahlen der Vogelfeder; 4. Achsen oder Strahlen radialsymmetrischer Tiere.

radieren (V.) 1. auslöschen; 2. ritzen. Radierer; Radiergummi; Radierkunst; Radiermesser; Radiernadel.

Radierung (die, -, -en) Ergebnis des Radierens; grafisches Tiefdruckverfahren mit Radiernadel auf Metallplatte.

Radieschen (das, -s, -) (lat.) Wurzelpflanze; Unterart des Rettichs.

radikal (Adj.) (lat.) hart; extrem; kompromisslos; gründlich; rücksichtslos. Radikale; Radikalismus; Radikalist; Radikalität.

Radikal (das, -s, -e) (lat.-franz.) 1. Bezeichnung in der Psychologie für eine Grundeigenschaft zum Aufbau einer Person, die nicht auf andere Eigenschaften zurückgeht; 2. Grundelement des chinesischen Schriftzeichens; 3. sehr reaktionsfähige Gruppe von Atomen mit begrenzter Lebensdauer; 4. durch Wurzelziehen erhaltene mathematische Größe.

Radikalenerlass (der, -es, -e) Erlass, nach dem Mitglieder extremistischer Parteien oder Organisationen nicht im öffentlichen Dienst arbeiten dürfen.

Radikalinski (der, -s, -s) (ugs.) abwertende Bezeichnung für einen Aufruhr verursachenden, radikalen Menschen.

radikalisieren (V.) einen Menschen oder Menschengruppen zu einer radikalen Einstellung bringen.

Radikalisierung (die, -, -en) Vorgang und Ergebnis des Radikalisierens.

Radikalkur (die , -, -en) Krankheitsbehandlung mit sehr starken, den Körper belastenden Mitteln.

Radikaloperation (die, -, -en) Operation, bei der ein krankes Organ vollständig entfernt wird.

Radikand (der, -en, -en) Zahl, aus der die Wurzel gezogen wird.

Radikula (die, -, kein Plural) (lat.) botanische Bezeichnung für die Keimwurzeln von Samenpflanzen.

radiär (Adj.) (franz.) strahlig; strahlenförmig symmetrisch.

radio.../Radio... (lat.) 1. strahlen.../Strahlen...; 2. Rundfunk...

Radio (das, -s, -s) (Kurzw.) Radiogerät; Rundfunkempfänger. Radioamateur; Radioapparat; Radioprogramm; Radioröhre; Radiosender; Radiostation; Radiotechnik; Radiowelle.

radioaktiv (Adj.) (lat.) Bezeichnung für Substanzen, die Alpha-, Beta- oder Gammastrahlen aussenden.

Radioaktivität (die, -, -en) (lat.) Atomkernzerfall mit Aussendung radioaktiver Strahlung

Radioastronomie (die, -, kein Plural) (lat.-griech.) astronomisches Forschungsgebiet, das sich mit der aus bestimmten Himmelsgebieten einfallenden kurzwelligen Strahlung befasst.

Radiobiochemie (die, -, kein Plural) (lat.-griech.) Gebiet der Radiochemie, auf dem hauptsächlich biochemische Vorgänge und Materialien mit radiochemischen Methoden untersucht werden.

Radiobiologie (die, -, kein Plural) (griech.) Strahlenbiologie.

Ra|dio|che|mie (die, -, kein Plural) Chemie radioaktiver Elemente und Substanzen.
ra|dio|che|misch (Adj.) (lat.-griech.) die Radiochemie betreffend; auf ihr basierend; mit der Methode der Radiochemie.
Ra|dio|ele|ment (das, -s, -e) (lat.-griech.) chemischer Grundstoff mit natürlicher Radioaktivität.
Ra|dio|fre|quenz|strah|lung (die, -, -en) elektromagnetische Strahlung aus dem Weltraum im Meter- und Dezimeterwellenbereich.
Ra|dio|gen (das, -s, -e) (lat.-griech.) Element, das durch den Zerfall eines radioaktiven Stoffes entsteht.
Ra|dio|go|nio|me|ter (das, -s, -) (lat.-griech.) Winkelmesser bei der Funkpeilung.
Ra|dio|go|nio|me|t|rie (die, -, kein Plural) die Winkelmessung bei der Funkpeilung.
Ra|dio|gra|fie (*auch:* Ra|dio|gra|phie) (die, -, kein Plural) Untersuchung mit Röntgenstrahlen. radiografisch (*auch:* radiographisch).
Ra|dio|in|di|ka|tor (der, -s, -en) (lat.-griech.) ein auf künstlichem Wege radioaktiv gemachtes Isotop.
Ra|dio|in|ter|fe|ro|me|ter (das, -s, -) (lat.-griech.) Gerät zur Verbesserung der Auflösung beim Radioteleskop.
Ra|dio|jod|test (der, -es, -s/-e) (lat.-griech.) Test der Schilddrüsenfunktion durch Einnahme von radioaktiv angereichertem Jod und anschließender Messung der Radioaktivität.
Ra|dio|kar|bon|me|tho|de (die, -, kein Plural) (lat.-griech.) Verfahren zur Bestimmung des Alters ehemalig organischer Materialien durch Feststellung ihres Gehalts an radioaktivem Kohlenstoff.
Ra|dio|la|rie (die, -, -n) (lat.) Kleinstlebewesen mit filigranem (Kieselsäure-) Skelett; Strahlentierchen; im Meer vorkommender Wurzelfüßer.
Ra|dio|la|rien|schlamm (der, -es, -e/ -schlämme) (lat.-griech.) Ablagerung von Skeletten abgestorbener Strahlentierchen.
Ra|dio|la|rit (der, -s, kein Plural) rotbraunes hartes Gestein, das aus den Skeletten der Radiolarien entstanden ist.
Ra|dio|lo|ge (der, -n, -n) (lat.) Facharzt für Radiologie.
Ra|dio|lo|gie (die, -, kein Plural) (lat.) Strahlenkunde; Lehre vom Wesen und den Wirkungen von Röntgenstrahlen und den Strahlen radioaktiver Stoffe.
ra|dio|lo|gisch (Adj.) (lat.) die Radiologie betreffend.
Ra|dio|ly|se (die, -, -n) (lat.-griech.) durch ionisierende Strahlung hervorgerufene Veränderung in einem chemischen System.
Ra|dio|me|ter (das, -s, -) Messgerät; empfindliches Messgerät zum Nachweis von Strahlung.
Ra|dio|me|t|rie (die, -, kein Plural) (lat.) Messung von Wärmestrahlung oder radioaktiver Strahlung.
Ra|dio|re|kor|der (*auch:* Ra|dio|re|cor|der) (der, -s, -) (lat.-griech.) aus Radio und Kassettenrekorder kombiniertes Gerät zur Aufnahme und Wiedergabe.
Ra|dio|s|ko|pie (die, -, -n) (lat.-griech.) Durchleuchtung mit Röntgenstrahlen.
Ra|dio|son|de (die, -, -n) (lat.-griech.) die Erdatmosphäre erforschendes, meteorologisches Gerät, das aus Messgeräten und einem Kurzwellensender besteht und an Wetterballons aufgelassen wird.
Ra|dio|stern (der, -s, -e) Stern mit starker Radiostrahlung.
Ra|dio|te|le|fo|nie (die, -, kein Plural) (lat.-griech.) drahtloses Fernsprechwesen.
Ra|dio|te|le|gra|fie (*auch:* Ra|dio|te|le|gra|phie) (die, -, kein Plural) (lat.-griech.) drahtlose Fernübertragung mithilfe vereinbarter Zeichen.
Ra|dio|te|le|s|kop (das, -s, -e) (lat.-griech.) Parabolspiegelantenne der Radioastronomie.
Ra|dio|the|ra|pie (die, -, -n) (lat.) Strahlenbehandlung. Behandlung von Krankheiten durch Röntgen- oder radioaktive Strahlen.
Ra|di|um (das, -s, kein Plural) (lat.) sehr seltener radioaktiver Stoff; chemisches Element (Abk.: Ra). radiumhaltig.
Ra|di|um|be|strah|lung (die, -, -en) medizinische Bestrahlung mit Radium.
Ra|di|um|the|ra|pie (die, -, -en) Krankheitsbehandlung mittels Radiumbestrahlung.
Ra|di|us (der, -, -di|en) (lat.) Halbmesser (Kreis; Abk.: r); gemeinsamer Abstand aller Punkte auf einer Kreislinie oder Kugeloberfläche vom Mittelpunkt.
Ra|dix (die, -, -di|ces) (lat.) Wurzel.
Ra|dix|ho|ro|s|kop (das, -s, -e) Geburtstagshoroskop (Astrologie).
ra|di|zie|ren (V.) (lat.) die Wurzel einer Zahl errechnen.
Rad|ler 1. (der, -s, -) radfahrender Mensch; 2. (das, -s, -) Kurzform für Radlermaß.
Rad|ler|maß (*auch:* Ra|dler|mass) (die, -, -) Mischgetränk aus Bier und Limonade.
Ra|dom (das, -s, -s) (engl.) (Kurzw.) Wetterschutzkuppel (um Radaranlagen).
Ra|don (das, -s, kein Plural) (lat.) radioaktives Edelgas (Abk.: Rn).
Ra|do|ta|ge (die, -, -n) (franz.) leeres, sinnloses Geschwätz.
Ra|do|teur (der, -s, -e) (franz.) Schwätzer, Quassler.
ra|do|tie|ren (V.) (franz.) ungehemmt schwatzen; quasseln.
Rad|scha (der, -s, -s) (Hindi) indischer Fürst.
RAF (Abk.) **R**ote-**A**rmee-**F**raktion.
R. A. F. (Abk.) **R**oyal **A**ir **F**orce.
Raf|fel (die, -, -n) 1. Reibeisen; 2. (ugs.) Mund; 3. (ugs.) geschwätzige Frau.
raf|feln (V.) 1. Obst oder Gemüse reiben; raspeln; 2. schwätzen.
raf|fen (V.) an sich reißen; zusammenfassen; horten.
Raff|gier (die, -, kein Plural) Habgier; Raffsucht. raffgierig; raffig.
Raf|fi|na|de (die, -, -n) (franz.) gereinigter Zucker.
Raf|fi|na|ge (die, -, -n) (lat.-franz.) Veredlung; Verfeinerung.
Raf|fi|nat (das, -s, -e) (franz.) raffiniertes Produkt.
Raffi|na|ti|on (die, -, -en) (franz.) das Raffinieren.
Raf|fi|ne|ment (das, -s, -s) (franz.) 1. gerissene Vorgehensweise; 2. intellektuell; künstlerisch oder technisch besonders verfeinert; ausgeklügelt.
Raf|fi|ne|rie (die, -, -n) (franz.) chemische Anlage, in der Rohstoffe gereinigt oder veredelt werden.

Raf|fi|nes|se (die, -, -n) (franz.) Gerissenheit; Schlauheit; Verfeinerung.

Raf|fi|neur (der, -s, -e) (lat.-franz.) Gerät zum Feinmahlen von Holzschliff.

raf|fi|nie|ren (V.) (franz.) verfeinern; reinigen; verfeinern von Zucker und Fetten oder veredeln von Rohmetallen.

Raf|fi|nier|ofen (der, -s, -öfen) Hochofen zum Raffinieren von Metallen.

raf|fi|niert (Adj.) (franz.) 1. schlau; durchtrieben; gerissen; schlitzohrig; 2. gereinigt; aufbereitet; veredelt; verfeinert.

Raf|fi|niert|heit (die, -, kein Plural) 1. schlaue, gerissene Vorgehensweise; 2. das Raffiniertsein eines Produktes.

Raf|fi|no|se (die, -, kein Plural) (lat.-franz.) in Zuckerrübenmelasse vorkommendes Kohlehydrat.

Raf|fung (die, -, -en) das Raffen.

Raff|zahn (der, -s, -zäh|ne) (ugs.) abwertende Bezeichnung für einen raffgierigen Menschen.

Raf|ting (das, -s, kein Plural) (engl.) Bezeichnung für das Wildwasserfahren im Schlauchboot in Gruppen.

Rag (der, -s, kein Plural) (engl.) (Kurzw.) Ragtime.

Ra|ga (der, -s, -s) (sanskr.-Hindi) spezielle Art von Melodie in der indischen Musik.

Ra|ge (die, -, kein Plural) (franz.) (ugs.) Wut; Empörung; Raserei. Sie brachte mich in Rage.

ra|gen (V.) hervorstehen; herausstechen; sich von der Umgebung abheben.

Ra|gio|ne (die, -, -n) (schweiz.) (ital.) ins Handelsregister eingetragene Firma.

Ra|g|lan (der, -s, -s) (engl.) Mantel; nach Lord Raglan benannter, weiter Sportmantel ohne Schulternaht. Raglanärmel; Raglanschnitt.

Rag|na|rök (die, -, kein Plural) (altnord.) Götterdämmerung; Weltuntergang; in der nordischen Mythologie der Untergang von Welt und Göttern.

Ra|gout (das, -s, -s) (franz.) Fleisch- oder Fischgericht in würziger Soße. Ragout fin (*auch:* Ragoût fin).

Rag|time (der, -, kein Plural) (engl.) Jazzstil.

Rah (*auch:* Ra|he) (die, -, -en) Segelstange; am Schiffsmast aufgehängte waagerechte Stange zur Befestigung der Segel. Rahsegel.

Rahm (der, -s, kein Plural) (ugs.) Sahne. Rahmkäse; Rahmsoße (*auch:* Rahmsauce); Rahmspeise; rahmig.

rah|men (V.) mit einer Einfassung, einem Rahmen versehen.

Rah|men (der, -s, -) 1. Einfassung; Chassis; 2. Zusammenhang. Rähmchen; Rahmenbruch; Rahmenerzählung; Rahmennaht; Rahmenplan; Rahmenrichtlinie; Rahmentarif; Rahmenwerk; rahmengenäht; gerahmt.

Rah|men|an|ten|ne (die, -, -n) flache Antenne, die besonders zur Funkortung verwendet wird.

Rah|men|er|zäh|lung (die, -, -en) ein oder mehrere Erzählungen einrahmender Bericht, der meist deren Entstehung schildert.

Rah|men|ge|setz (das, -es, -e) allgemein formuliertes Gesetz, in dem die leitenden Grundsätze einer Rechtsmaterie, aber keine Einzelheiten festgelegt sind; Mantelgesetz.

Rah|ne (die, -, -n) (südd.) Rote Be(e)te.

Raid (der, -s, -s) (engl.) Überraschungsangriff (Militär).

Rai|gras (*auch:* Ray|gras) (das, -es, kein Plural) (engl.-dt.) Futterpflanze in Eurasien und Afrika.

Rain (der, -s, -e) Feldgrenze; grasbewachsene Grenze zwischen benachbarten Feldern.

rai|nen (V.) veraltete Bezeichnung für abgrenzen, umgrenzen.

Rain|farn (der, -s, -e) zu den Korbblütlern gehörende Pflanze.

Rain|wei|de (die, -, -n) beliebte Heckenpflanze.

Ra|is (der, -, -e/Ru|a|sa) (arab.) 1. Titel führender Persönlichkeiten, besonders des Präsidenten. 2. Träger dieses Titels.

Rai|son (die, -, kein Plural) → Räson.

ra|jo|len (V.) (niederl.-franz.-dt.) tief pflügen oder umgraben.

Ra|kel (die, -, -n) (franz.) 1. beim Tiefdruck Schabeisen zum Abstreichen überflüssiger Farbe vom Druckformzylinder; 2. beim Siebdruck Ziehbrett zum Durchpressen der Farbe durch das Sieb.

rä|keln (*auch:* re|keln) (V., refl.) sich strecken.

Ra|ke|te (die, -, -n) (ital.) 1. beim Militär und in der Raumfahrt verwendeter Flugkörper, der durch Rückstoß fortbewegt wird; 2. Feuerwerkskörper. Raketenabschussrampe; Raketenabwehr; Raketenantrieb; Raketenbasis; Raketenflugzeug; Raketensatz; Raketenstart; Raketenstufe; Raketenstützpunkt; Raketentreibstoff; Raketentriebwerk; Raketenwaffe; Raketenwagen; Raketenwerfer; Raketenzeitalter; raketenbestückt.

Ra|ke|ten|ap|pa|rat (der, -es, -e) (germ.-ital.) bei der Rettung von Schiffbrüchigen verwendetes Gerät, mit dem eine Rettungsleine zum gestrandeten Schiff geschossen wird.

Ra|kett (das, -s, -e/-s) → Racket.

Ra|ki (der, -s, -s) (türk.) Branntwein, aus Rosinen und Anis hergestellt.

Ral|le (die, -, -n) (franz.) Vogelart.

ral|len|tan|do (Adv.) (ital.) langsamer werdend (bei Musikstücken).

Ral|lie|ment (das, -s, -s) (lat.-franz.) 1. die Sammlung verstreuter Truppen; 2. die Annäherung der katholischen Kirche an die französische Republik gegen Ende des 19. Jahrhunderts.

ral|li|ie|ren (V.) (lat.-franz.) verstreute Truppen sammeln.

Ral|lye (die, -, -s) (engl.-franz.) Wettrennen; Etappenfahrt für Automobile mit verschiedenen Prüfungen und Sonderaufgaben.

Ral|lye-Cross (*auch:* Ral|lye|cross) (das, -, -e) Autorennen im Gelände.

Ral|lye|fah|rer (der, -s, -) Mensch, der eine Rallye fährt.

RAM (Abk.) **R**andom **A**ccess **M**emory (Informationsspeicher mit Direktzugriff).

Ra|ma|dan (der, -/-s, kein Plural) (arab.) mohammedanischer Fastenmonat.

Ra|ma|gé (der, -, -s) (lat.-franz.) Gewebe mit rankenartiger Jacquardmusterung.

Ra|ma|ja|na (das, -s, kein Plural) (sanskr.) religiöses indisches Nationalepos, das von den Taten des göttlichen Helden Rama berichtet.

Ra|ma|san (der, -s, kein Plural) (arab.-türk.-pers.) türkische und persische Bezeichnung für Ramadan.

ra|mas|siert (Adj.) (franz.) dick; gedrungen; untersetzt.

Ra|ma|su|ri (die, -, kein Plural) (rumän.) großer Wirbel; Durcheinander.

Ram|ba|zam|ba (der/das, -s, -s) (ugs.) Aufruhr, Aufregung.

Ram|bo (der, -s, -s) (ugs.) brutaler Kraftprotz (nach dem amerik. Filmhelden).
Ram|bur (der, -s, -e) (franz.) säuerliche Apfelsorte.
Ra|mie (die, -, -n) (malai.) ein südasiatisches Nesselgewächs; Faserpflanze.
ra|mi|fi|zie|ren (V.) (lat.) sich verzweigen (in der Botanik auf Pflanzen bezogen).
Ramm|bock 1. Ramme; 2. Stier; Widder.
Ramm|bug (der, -s, -e) Bug früherer Kriegsschiffe zum Rammen von Schiffen des Feindes.
ramm|dö|sig (Adj.) (ugs.) benommen.
Ram|me (die, -, -n) Rammklotz; Schlaggerät zum Eintreiben von Pfählen und Rohren in die Erde.
Ram|me|lei (die, -, -en) (ugs.) das Rammeln.
ram|meln (V.) 1. jägersprachlicher Ausdruck für das sich Paaren besonders von Hasen und Kaninchen; 2. derber Ausdruck für das Ausüben des menschlichen Geschlechtsverkehrs.
ram|men (V.) stoßen; beschädigen. Rammmaschine (*auch:* Ramm-Maschine); Rammbär.
Ramm|ham|mer (der, -s, -häm|mer) Ramme; großer Hammer.
Ramm|klotz (der, -es, -klöt|ze) Ramme.
Ramm|ler (der, -s, -) männliches Kaninchen.
Ram|pe (die, -, -n) (franz.) 1. Auffahrt; Brüstung; Auffahrt für Schienen- und Kraftfahrzeuge; 2. Verladerampe für Güter; 3. im Theater der vorderste Teil des Bühnenbodens.
Ram|pen|licht (das, -s, -er) Licht, das durch die Glühbirnen an der Rampe einer Bühne produziert wird.
ram|po|nie|ren (V.) (ital.) (ugs.) beschädigen.
Ramsch (der, -es, -e) (franz.) 1. Plunder; Ausschussware; wertloses Zeug; 2. Spiel (Skat). ramschweise.
ram|schen (V.) 1. gierig billiges Zeug kaufen; 2. beim Skat einen Ramsch spielen.
Ram|scher (der, -s, -) jemand, der Ramsch kauft.
Ramsch|la|den (der, -s, -lä|den) Geschäft, in dem billiges Zeug, Ramsch, verkauft wird.
Ramsch|wa|re (die, -, -n) Ramsch.
Rams|kopf (*auch*: Ramms|kopf) (der, -(e)s, ...köp|fe) ein Pferdekopf mit einem stark gekrümmten Nasenrücken.
Ra|mus (der, -, -mi) (lat.) 1. Zweig eines Nervs, einer Arterie oder einer Vene; 2. ein einem Ast ähnlicher Teil eines Knochens (Med.).
ran (Adv.) (ugs.) heran.
Ranch (die, -, -es) (engl.) Farm; Viehzucht; landwirtschaftlicher Betrieb in Nordamerika, der sich vor allem mit Viehwirtschaft befasst.
Ran|cher nordamerikanischer Farmer; Betreiber einer Ranch. *Aber:* der Ranger!
Ran|che|ria (die, -, -s) (span.-engl.) kleine Siedlung in Südamerika.
Ran|che|ro (der, -s, -s) (span.-engl.) ein auf einem Landgut, einer Ranch Lebender und Arbeitender.
Rand 1. (der, -s/-es, Rän|der) Einfassung; Kante; Grenze; (ugs.) Mund. Die Kinder waren außer Rand und Band (ausgelassen). am Rande (nebenbei) bemerkt; ich werde schon zurande (*auch:* zu Rande) kommen (zurechtkommen). 2. (der, -s, -/-s) (engl.) Währungseinheit (Südafrika; Abk.: R). Randausgleich; Randbezirk; Rändchen; Randgebirge; Randleiste; Randmoräne; Randnotiz; Randsiedlung; Randstaaten; Randsteller; Randverzierung; Randzeichnung; Randzunge. Adjektive: verschiedenränd(e)rig; verschiedenrandig; randlos.
Ran|da|le (die, -, kein Plural) Lärm; Gejohle; Aufruhr.
ran|da|lie|ren (V.) lärmen; toben; grölen; andere belästigen.
Ran|da|lie|rer (der, -,s, -) ein randalierender Mensch.
Rand|beet (das, -s, -e) Rabatte.
Rand|be|mer|kung (die, -, -en) beiläufig gemachte Bemerkung; handschriftliche Notiz am Rand eines Textes.
rän|deln (V.) riffeln; auf einem metallischen Gegenstand Rillen oder andere Muster einprägen.
Rän|del|schrau|be (die, -, -n) Schraube zum Rändeln; Rändelmutter.
Rän|del|rad (das, -s, -rä|der) gezahntes, kleines Stahlrad zum Rändeln.
Rän|de|lung (die, -, -en) Ergebnis des Rändelns.
Rand|er|schei|nung (die, -, -en) unwichtige Erscheinung; unwichtiges Ereignis.
Rand|fi|gur (die, -, -en) Nebenfigur; unwichtige Person.
Rand|ge|biet (das, -s, -e) am Rand eines Territoriums gelegenes Gebiet.
Rand|grup|pe (die, -, -n) Personengruppe, die wegen ihres Verhaltens, ihres Aussehens, ihrer Rassenzugehörigkeit oder aus anderen Gründen nicht voll in die Gesellschaft integriert ist.
Rand|lö|ser (der, -s, -) Schreibmaschinentaste, durch die die Randbegrenzung aufgehoben, die Randbreite verändert wird.
rand|los (Adj.) ohne Rand; ohne Einfassung.
ran|do|mi|sie|ren (V.) (engl.) eine Zufallsstichprobe machen.
Rand|stein (der, -s, -e) Bordstein.
Rand|strei|fen (der, -s, -) Streifen am Rand einer Straße zum Ausweichen bei Pannen.
rand|voll (Adj.) voll bis zum Rand; ganz voll. randvoll sein (ugs.) (betrunken sein).
Rang (der, -s, Rän|ge) (franz.) 1. Geltung; Kategorie; Wertung; Niveau; 2. Platz; Platzierung; 3. Dienstgrad; Stellung; 4. Empore. Rangerhöhung; Rangstreit; Rangunterschied; erstrangig; ranggleich; ranghöher.
Rang|ab|zei|chen (das, -s, -) Zeichen zur Kenntlichmachung des Dienstgrades.
Rang|äl|tes|te (der, -n, -n) derjenige, der in einer Gruppe von ranggleichen Personen diesen Rang am längsten bekleidet.
ran|ge|hen (V., ging ran, ist rangegangen) (ugs.) herangehen; in Angriff nehmen.
ran|geln (V.) balgen; raufen.
Ran|ge|lei (die, -, -en) (ständiges) Balgen; Raufen.
Ran|ger (der, -s, -s) (engl.) Spezialist (Polizei, Armee); Aufseher (Nationalparks).
Rang|fol|ge (die, -, -en) Rangordnung.
ran|gie|ren (V.) (franz.) 1. Platz einnehmen; einen bestimmten Rang einnehmen; 2. umordnen; Eisenbahnwagen umordnen; umstellen. Rangierung.

Ran|gier|bahn|hof (der, -s, -hö|fe) zum Rangieren genutzter Bahnhof.
Ran|gier|gleis (das, -es, -e) zum Rangieren benutztes Gleis.
Ran|gier|lok (die, -, -s) (Kurzw.) Rangierlokomotive; zum Rangieren benutzte Lokomotive.
Rang|höchs|te (der, -n, -n) die Person, die den höchsten Rang einnimmt.
Rang|lis|te (die, -, -n) 1. eine Auflistung von Sportlern nach ihrer Leistung; 2. im Militär ein geordnetes Verzeichnis aller aktiven Offiziere.
rang|mä|ßig (Adj.) den Rang betreffend.
Rang|ord|nung (die, -, -en) Abstufung; Hierarchie.
Ran|gun (ohne Art., -s, kein Plural) Hauptstadt von Birma.
ran|hal|ten (V., refl., hielt sich ran, hat sich rangehalten) (ugs.) sich beeilen.
rank (Adj.) schlank; dünn. In seiner Jugend war er rank und schlank.
Rank (der, -s, Rän|ke) Intrige. Ränke schmieden; Ränkespiel.
Ran|ke (die, -, -n) fadenförmig verlängerter Pflanzenteil, der als Kletter- und Klammerorgan dient. ranken.
ran|ken|ar|tig (Adj.) wie eine Ranke.
Ran|ken|fü|ßer (der, -s, -) Krebse mit dicht behaarten Rankenfüßen zum Herbeistrudeln der Nahrung.
Ran|ken|ge|wächs (das, -es, -e) Gewächs, das rankt.
Ran|ken|werk (das, -s, -e) viele verschlungene Pflanzenranken.
Rän|ke|schmied (der, -, -e) ein Mensch, der Ränke, Intrigen schmiedet.
Rän|ke|sucht (die, -, kein Plural) das Verlangen, Ränke zu schmieden.
rän|ke|süch|tig (Adj.) ein Mensch, der gerne Ränke schmiedet.
rän|ke|voll (Adj.) voller Ränke; intrigant.
ran|kig (Adj.) Ranken bildend.
Ran|king (das, -s, kein Plural) dem Vergleich dienende, hierarchisch angeordnete Auflistung von Personen, Dingen oder Sachverhalten.
ran|klot|zen (V.) (ugs.) viel arbeiten.
Ran|kü|ne (die, -, -n) (franz.) heimliche Feindschaft; Groll; Rachsucht.
ran|schmei|ßen (V., refl.) sich aufdrängen.
Ra|nu|la (die, -, -lä) (lat.) Zyste nahe des Zungenbändchens; Froschgeschwulst (Med.).
Ra|nun|kel (die, -, -n) (lat.) Pflanze.
Ran|zen (der, -s, -) 1. (ugs.) Bauch; 2. Schultasche. Ränzel; Ränzlein.
ran|zig (Adj.) (niederl.) alt; verdorben.
Ran|zi|on (die, -, -zi|o|nen) (lat.) Lösegeld zum Freikauf von Kriegsgefangenen oder auch gekaperten Schiffen.
ran|zi|o|nie|ren (V.) (lat.-franz.) Kriegsgefangene oder gekaperte Schiffe freikaufen.
Rap (der, -, -s) (engl.) Sprechgesang in der Popmusik; Musikstil. Rapping; Rapmusik; rappen; Rapper.
Ra|phia (die, -, -phi|en) (lat.-franz.) afrikanische Nadel- oder Bastpalme.
ra|pi|da|men|te (Adj.) (lat.-ital.) sehr schnell; rasend (Vortragsanweisung in der Musik).
ra|pi|de (*auch:* ra|pid) (Adj.) (lat.) sehr schnell.
Ra|pi|di|tät (die, -, -en) Schnelligkeit; rasendes Tempo.
ra|pi|do (Adj.) (lat.-ital.) sehr schnell; rasch (Vortragsanweisung in der Musik).
Ra|pier (das, -s, -e) (franz.) eine Fechtwaffe; Florettvorläufer.
ra|pie|ren (V.) Sehnen und Haut von Fleisch abschaben.
Rap|pe (der, -n, -n) schwarzes Pferd.
Rap|pel (der, -s, -) (ugs.) Anfall; vorübergehende absonderliche Verhaltensweise eines Menschen.
rap|pe|lig (*auch:* rapp|lig) (Adj.) (ugs.) verrückt; nervös.
Rap|pel|kopf (der, -s, -köp|fe) (ugs.) ein Mensch, der einen Rappel hat; Dickkopf.
rap|pel|köp|fisch (Adj.) (ugs.) wie ein Rappelkopf.
Rap|pell (der, -s, -e) (lat.-franz.) 1. Rückberufung eines Gesandten; 2. das Schreiben zur Abberufung.
rap|peln (V.) klappern; lärmen.
rap|pen (V.) Rapmusik machen; dazu tanzen.
Rap|pen (der, -s, -) Währung (Schweiz; Abk.: Rp).
Rap|port (der, -s, -e) (franz.) 1. Bericht; dienstliche Meldung; 2. Muster (Textiltechnik).
rap|por|tie|ren (V.) berichten; Meldung erstatten.
Rap|pro|che|ment (das, -s, -s) (lat.-franz.) Wiederversöhnung; die politische Wiederversöhnung.
Rapp|schim|mel (der, -s, -) schwarzer Schimmel.
Raps (der, -es, -e) Ölpflanze; heimische Öl- und Futterpflanze. Rapsacker.
Raps|blü|te (die, -, -n) die leuchtend gelbe Blüte der Rapspflanze.
Raps|feld (das, -es, -er) Feld, auf dem Raps angebaut wird.
Raps|ku|chen (der, -s, -) als Futtermittel dienender Rückstand, der bei der Gewinnung von Rapsöl entsteht.
Raps|öl (das, -s, -e) aus der Rapspflanze gewonnenes (Speise-)Öl.
Rap|tus (der, -, -tus|se) (lat.) plötzliche Geistesstörung; Koller; unvermittelter Wutanfall.
Ra|pun|zel (die, -, -n) 1. Feldsalat; 2. Teufelskralle; 3. Märchengestalt.
Ra|pu|se (die, -, kein Plural) (tschech.) 1. Plünderung; Raub; Verlust; Wirrwarr. 2. ein Kartenspiel.
rar (Adj.) (lat.) selten; selten vorkommend; nur in geringer Zahl vorhanden; kostbar. Verb: sich rarmachen (ugs. für sich selten sehen lassen).
Ra|ra (die, nur Plural) (lat.) seltene Bücher.
Ra|re|fi|ka|ti|on (die, -, -ti|o|nen) (lat.) Gewebsschwund, speziell der Knochen (Med.).
ra|re|fi|zie|ren (V.) (lat.) 1. auflockern; verdünnen; 2. schwinden (von Gewebe oder Knochen in der Medizin).
Ra|ri|tät (die, -, -en) (lat.) etwas Rares; Seltenheit; Liebhaberstück; Prunkstück.
Ra|ri|tä|ten|ka|bi|nett (das, -s, -e) Raum, der zur Aufbewahrung einer Raritätensammlung dient.
Ra|ri|tä|ten|samm|lung (die, -, -en) Sammlung von Raritäten.
Ras (der, -, -) (arab.) 1. abessinischer Titel; 2. Vorgebirge; Berggipfel.
ra|sant (Adj.) (lat.) rasend; dynamisch.
Ra|sanz (die, -, kein Plural) 1. Schnelligkeit; Schnittigkeit; mitreißende Art; 2. in der Ballistik Bezeichnung für die gestreckte Flugbahn eines Geschosses.
rasch (Adj.) schnell.
ra|scheln (V.) knistern.
ra|sches|tens (Adv.) schnellstens.

Rasch|heit (die, -, -en) rasches Vorgehen.
rasch|le|big (Adj.) schnelllebig; hektisch.
rasch|wüch|sig (Adj.) schnell wachsend (meist im Zusammenhang mit Pflanzen verwendet).
ra|sen (V.) 1. schnell fahren; 2. wütend sein. ich könnte rasend werden, *aber:* das ist zum Rasendwerden.
Ra|sen (der, -s, -) Grasfläche. Rasenpflege; Rasenstreifen. rasenbedeckt; rasenbewachsen.
Ra|sen|bank (die, -, -bän|ke) erhöhtes, zum Sitzen gut geeignetes Rasenstück.
ra|send (Adj.) sehr schnell; sehr heftig.
Ra|sen|flä|che (die, -, -en) mit Rasen bedeckte Fläche.
Ra|sen|mä|her (der, -s, -) Maschine zum Kürzen des Rasens.
Ra|sen|platz (der, -es, -plät|ze) (Sport-)Platz, der mit einem Rasen bewachsen ist.
Ra|sen|spiel (das, -s, -e) (Ball-)Spiel, das auf einem Rasen gespielt wird.
Ra|sen|sport (der, -s, kein Plural) Sportart, die auf einem Rasenplatz betrieben wird.
Ra|sen|spren|ger (der, -s, -) Gerät zum (automatischen) Sprengen (Bewässern) von Rasenflächen.
Ra|sen|ten|nis (das, -, kein Plural) Tennisspiel, das auf einem Rasenplatz ausgetragen wird.
Ra|sen|tep|pich (der, -s, -e) weiche, dichte Rasenfläche.
Ra|ser (der, -s, -) (ugs.) abwertende Bezeichnung für einen Menschen, der ständig (zu) schnell (mit dem Auto) fährt.
Ra|se|rei (die, -, -en) 1. das Toben; 2. übermäßig schnelles Fahren.
Rash (der, -es, -s) (lat.-franz.-engl.) masern- oder scharlachartiger Hautausschlag.
Ra|sier|ap|pa|rat (der, -s, -e) manuell oder elektrisch betriebenes Gerät zum Rasieren.
Ra|sier|cre|me (*auch:* Ra|sier|krem/Ra|sier|kreme) (die, -, -s) schäumende Creme, die für die Nassrasur benötigt wird.
ra|sie|ren (V.) scheren; Bart kürzen; die Haut von Haaren befreien.
Ra|sie|rer (der, -s, -) elektrisch betriebener Rasierapparat.
Ra|sier|klin|ge (die, -, -n) scharfe Klinge; Teil eines manuell betriebenen Rasierapparats.
Ra|sier|mes|ser (das, -s, -) scharfes, zusammenklappbares Messer zum Rasieren.
Ra|sier|pin|sel (der, -s, -) dicker Pinsel zum Herstellen und Auftragen des Rasierschaums.
Ra|sier|schaum (der, -s, kein Plural) Rasiercreme.
Ra|sier|sei|fe (die, -, -n) Seife, die besonders schäumt und daher gut für die Nassrasur geeignet ist.
Ra|sier|was|ser (das, -s, -/-wäs|ser) Gesichtswasser, das nach der Rasur aufgetragen wird.
Ra|sier|zeug (das, -s, kein Plural) Oberbegriff für alle Gegenstände, die man zum Rasieren benötigt.
ra|sig (Adj.) seltene Bezeichnung für rasenbedeckt.
Ras|kol (der, -s, kein Plural) (russ.) Spaltung; Kirchenspaltung; Schisma.
Ras|kol|nik (der, -s, -i/-en) (russ.) Sektenangehöriger in Russland, speziell der sogenannten Altgläubigen seit dem 17. Jahrhundert.
Rä|son (die, -, kein Plural) (franz.) Vernunft; Einsicht. Ich werde ihn schon zur Räson bringen.
rä|so|na|bel (Adj.) (lat.-franz.) 1. vernünftig; 2. gehörig.
Rä|so|neur (der, -s, -e) (franz.) Nörgler; Querulant; Schwätzer.
rä|so|nie|ren (V.) (franz.) 1. einwenden; 2. nörgeln; schimpfen; 3. vernünftig reden.
Rä|son|ne|ment (das, -s, -s) (franz.) Erwägung; vernünftige Überlegung.
Ras|pa (die, -, -s) (span.) um 1950 aufgekommener lateinamerikanischer Gesellschaftstanz.
Ras|pel 1. (die, -, -n) grobe Feile mit halbkreisförmig geschlagenen Zähnchen zur Bearbeitung von Metall und Holz; 2. Küchengerät zum Zerkleinern von Gemüse und anderen weichen Nahrungsmitteln; 3. (der, -s, -) durch Raspeln produziertes Stückchen. Schokoladenraspel.
ras|peln (V.) reiben; Nahrungsmittel mit einer Raspel zerkleinern; Holz oder Metall mit einer Raspel bearbeiten.
Ras|se (die, -, -n) (franz.) Merkmalsgruppe; Qualität; Gruppe von Organismen mit gemeinsamen erblichen Merkmalen und gemeinsamem lokalen Verbreitungsgebiet.
Ras|se|hund (der, -es, -e) nicht gekreuzter, von einer einzigen Rasse abstammender Hund.
Ras|sel (die, -, -n) Kinderspielzeug; Musikinstrument.
Ras|sel|ban|de (die, -, kein Plural) (ugs.) Gruppe von lebhaften Kindern, die gerne Streiche spielen.
Ras|se|lei (die, -, -en) dauerndes Rasseln.
ras|seln (V.) klappern; lärmen.
Ras|sen|dis|kri|mi|nie|rung (die, -, -en) Abwertung einer Menschengruppe aufgrund ihrer Rassenzugehörigkeit.
Ras|sen|for|schung (die, -, -en) Rassenkunde.
Ras|sen|fra|ge (die, -, kein Plural) die sozialen und politischen Konfliktmöglichkeiten, die aus dem Zusammenleben verschiedener Rassen in einem Staat erwachsen.
Ras|sen|hass (der, -es, kein Plural) Hass zwischen den Angehörigen verschiedener Menschenrassen.
Ras|sen|in|te|g|ra|ti|on (die, -, -en) Überwindung der Rassentrennung.
Ras|sen|kreu|zung (die, -, -en) Mischung, Kreuzung verschiedener Rassen.
Ras|sen|kun|de (die, -, kein Plural) in der NS-Zeit pseudowissenschaftliches Teilgebiet der Menschenkunde, dessen Gegenstand die menschlichen Rassen waren.
Ras|sen|merk|mal (das, -s, -e) für eine Rasse typisches Kennzeichen.
Ras|sen|mi|schung (die, -, -en) Rassenkreuzung.
Ras|sen|pro|b|lem (das, -s, -e) Rassenfrage.
Ras|sen|tren|nung (die, -, kein Plural) gesellschaftliche Trennung der Menschen aufgrund ihrer Rassenzugehörigkeit.
Ras|sen|un|ru|hen (die, -, nur Plural) Unruhen, die sich aus der Diskriminierung einer Rasse ergeben, Kämpfe zwi-

schen Angehörigen unterschiedlicher Rassen.

Ras|se|pferd (das, -es, -e) nicht gekreuztes, von einer einzigen Rasse abstammendes Pferd.

ras|sig (Adj.) feurig; temperamentvoll. Reinrassigkeit; reinrassig.

ras|sisch (Adj.) die Rasse betreffend.

Ras|sis|mus (der, -, kein Plural) (franz.) übertriebenes, meist ideologisch geprägtes Rassendenken; diskriminierende Abqualifizierung anderer Rassen bei gleichzeitiger Aufwertung der eigenen Rasse.

Ras|sist (der, -en, -en) Anhänger des Rassismus. Rassistin.

ras|sis|tisch (Adj.) vom Rassismus geprägt; diskriminierend.

Rast (die, -, -en) Ruhepause.

Ras|ta (der, -s, -s) (engl.) (Kurzw.) Rastafari.

Ras|ta|fa|ri (der, -s, -s) (engl.) 1. Anhänger einer religiösen Bewegung in Jamaika, die den äthiopischen Kaiser als Gott verehrt; 2. Anhänger und Vertreter einer Musikrichtung, die von traditioneller jamaikanischer Musik beeinflusst ist.

ras|ten (V.) eine Pause machen; sich von einer Anstrengung ausruhen; eine (Auto-)Fahrt unterbrechen.

Ras|ter (der/das, -s, -) (lat.) 1. in der Reprotechnik eine Glasplatte mit Gitternetz zur Auflösung von Halbtonvorlagen in Punkte (für Buch- und Offsetdruck); 2. im Bauwesen ein Liniennetz für Entwürfe; 3. in der Fernsehtechnik die Zerlegung eines Bildes in Zeilen. Rasterplatte.

Ras|ter|ät|zung (die, -, -en) Herstellung einer Druckform durch Ätzen eines gerasterten Bildes in eine Platte.

Ras|ter|fahn|dung (die, -, -en) kriminalistische Computerfahndung.

Ras|ter|mi|k|ros|kop (das, -s, -e) (lat.-griech.) elektronisches Mikroskop, bei dem das Objekt zeilenweise von einem Elektronenstrahl abgetastet wird.

ras|tern (V.) ein Bild in einzelne Punkte zerlegen.

Ras|ter|punkt (der, -s, -e) Einzelpunkt eines gerasterten Bildes.

Ras|te|rung (die, -, -en) das Rastern; Bildaufbau aus Einzelpunkten.

Rast|haus (das, -es, -häu|ser) meist an einer Autobahn gelegene Gaststätte.

Rast|hof (der, -s, -hö|fe) Rasthaus.

rast|los (Adj.) hektisch; nervös; ruhelos; unruhig.

Rast|lo|sig|keit (die, -, kein Plural) Hektik; Nervosität; Ruhelosigkeit; Unruhe.

Rast|platz (der, -es, -plät|ze) (an einer Autobahn gelegener) Platz zum Rasten.

Ras|t|ral (das, -s, -e) (lat.) fünfzinkiges Gerät zum Ziehen von Notenlinien.

ras|t|rie|ren (V.) (lat.) Notenlinien ziehen.

Rast|stät|te (die, -, -n) Rasthaus.

Rast|tag (der, -s, -e) Ruhetag.

Ra|sur (die, -, -en) das Rasieren.

Rat 1. (der, -s, Rä|te) Versammlung; Amt; Beamtentitel. Räteregierung; Räterepublik; Räterevolution; Räterussland; Rätestaat; Ratsbeschluss; Ratsdiener; Ratsherr; Ratssitzung; Ratsversammlung. 2. (der, -s, Rat|schlä|ge) Empfehlung; Hinweis, Tipp. der Rat suchende (*auch:* ratsuchende) Bürger; der Ratsuchende (*auch:* Rat Suchende); beratschlagen.

Rät (*auch:* Rhät) (das, -s, kein Plural) (nlat.) Abschnitt der Erdgeschichte; Stufe des Keupers.

Ra|ta|fia (der, -s, -s) (franz.-ital.) Frucht(saft)likör.

Ra|ta|touille (die, -, kein Plural) französischer Aubergineneintopf (mit Tomaten, Zwiebeln u. a.).

Ra|te (die, -, -n) (ital.) Teilzahlung. Ratenbetrag; Ratenkauf; Ratenzahlung; Ratenzahlungskredit.

ra|ten (V., riet, hat geraten; ich rate, du rätst, er rät) empfehlen; erraten; vermuten.

ra|ten|wei|se (Adv.) in Raten.

Ra|ter/in (der/die, -s/-, -/nen) Teilnehmer/in eines Ratespiels.

Ra|te|spiel (das, -s, -e) (Gewinn-)Spiel, bei dem etwas erraten werden muss.

Ra|te|team (das, -s, -s) Gruppe von Ratern, die zu einer Mannschaft gehören.

Rä|ter (der, -s, -) Einwohner von Rätien.

Rä|te|sys|tem (das, -s, -e) eine von Angehörigen ehemals unterprivilegierter Schichten, die in Räten tagen, dominierte direkte Demokratie sozialistischer Prägung.

Rat|ge|ber (der, -s, -) Berater; Leitfaden.

Rat|haus (das, -es, -häu|ser) als Sitz der Gemeindeverwaltung dienendes Gebäude.

Ra|ti|fi|ka|ti|on (die, -, -en) (lat.) endgültige Annahme eines abgeschlossenen völkerrechtlichen Vertrages durch die verfassungsmäßig zuständigen Staatsorgane. Ratifikationsurkunde.

ra|ti|fi|zie|ren (V.) (lat.) einen Vertrag bestätigen; genehmigen.

Ra|ti|fi|zie|rung (die, -, -en) (lat.) Ratifikation. Ratifizierungsplan.

Rä|tin (die, -, -nen) weibliches Ratsmitglied; Beamtin.

Ra|ti|né (der, -s, -s) (franz.) Kräuselstoff.

ra|ti|nie|ren (V.) Wollgewebe eine Musterung mit der Ratiniermaschine geben.

Ra|ting (das, -s, kein Plural) (engl.) 1. Methode zur Einschätzung und Beurteilung von Personen oder Situationen mithilfe von Ratingskalen (Med.; Psychol.); 2. Einschaltquote beim Fernsehen; 3. Prüfung der Kreditwürdigkeit von Unternehmen.

Ra|tio (die, -, kein Plural) (lat.) Vernunft; Verstand.

Ra|ti|on (die, -, -ti|o|nen) (franz.) Zuteilung; Verpflegung. rationenweise.

ra|ti|o|nal (Adj.) (lat.) vernunftgemäß; von der Vernunft ausgehend.

Ra|ti|o|na|le (das, -, kein Plural) (lat.) als Auszeichnung dienender liturgischer Schulterschmuck einiger katholischer Bischöfe.

Ra|ti|o|na|li|sa|tor (der, -s, -en) (lat.) ein Mensch, der eine Rationalisierung durchführt. Rationalisatorin.

ra|ti|o|na|li|sie|ren (V.) (lat.) zweckmäßig, wirtschaftlich organisieren.

Ra|ti|o|na|li|sie|rung (die, -, -en) (lat.) planmäßige, optimale Gestaltung wirtschaftlicher Einrichtungen und Vorgänge. Rationalisierungsmaßnahmen.

Ra|ti|o|na|lis|mus (der, -, kein Plural) (lat.) Begriff für philosophische Richtungen, die die Vernunft bzw. die logische Ordnung der Dinge in den Mittelpunkt stellen.

Ra|ti|o|na|list (der, -en, -en) (lat.) rational denkender Mensch; Anhänger des Rationalismus.

ra|ti|o|na|lis|tisch (Adj.) (lat.) den Rationalismus betreffend; rationalem Denken und Handeln gemäß.
Ra|ti|o|na|li|tät (die, -, kein Plural) (lat.) rationales Wesen; einsichtiges Verhalten.
ra|ti|o|nell (Adj.) wirtschaftlich; zweckmäßig.
Ra|ti|o|nie|rung (die, -, -en) (franz.) begrenzte Abgabe von Konsumgütern.
ra|ti|o|nie|ren (V.) (franz.) in festgelegten Mengen zuteilen; einteilen.
ra|ti|ons|wei|se (*auch:* ra|ti|o|nen|wei|se) (Adv.) in Rationen.
rat|los (Adj.) hilflos; ohne Rat.
Rat|lo|sig|keit (die, -, kein Plural) Hilflosigkeit.
Ra|ton|ku|chen (der, -s, -) (franz.; dt.) Napfkuchen.
Rä|to|ro|ma|ne (der, -n, -n) Nachkomme der rätischen Bevölkerung in der Schweiz, in den Dolomiten und Friaul.
rä|to|ro|ma|nisch (Adj.) zu den Rätoromanen gehörig.
rat|sam (Adj.) empfehlenswert.
Rat|sche (die, -, -n) 1. Rassel; 2. schwatzhafte Frau.
rat|schen (V.) (südd.) plaudern; schwatzen; rasseln.
Rat|schlag (der, -s, -schlä|ge) Rat.
Rät|sel (das, -s, -) Denkspiel; Geheimnis. *Beachte:* Wir wollen Rätsel raten, *aber:* das Rätselraten macht mir keinen Spaß. Rätsellösung.
rät|sel|haft (Adj.) geheimnisvoll; unerklärlich.
Rät|sel|haf|tig|keit (die, -, kein Plural) das Rätselhaftsein.
rät|seln (V.) grübeln; raten.
Rät|sel|ra|ten (das, -s, kein Plural) das Rätseln.
rät|sel|voll (Adj.) rätselhaft.
Rats|kel|ler (der, -s, -) Gaststätte, die sich im Keller eines Rathauses befindet.
Rat|tan (das, -s, -e) Peddigrohr. Rattanmöbel; Rattanstuhl.
Rat|te (die, -, -n) Nagetier. Rattenfalle; Rattenfänger; Rattengift; Rättin.
Rat|ten|kö|nig (der, -s, -e) mit ihren Schwänzen zu einem unauflösbaren Knoten verknäulte Ratten.
Rat|ten|schwanz (der, -es, -schwän|ze) 1. Schwanz einer Ratte; 2. (ugs.) Ausdruck für eine Folge unangenehmer Ereignisse.
rat|tern (V.) knattern; klappern. Ratterkiste.
Ratz (der, -es, -e) (südd.) Ratte; Hamster; Iltis.
Rat|ze|fum|mel (der, -s, -) (ugs.) Radiergummi.
rat|ze|kahl (Adj.) (ugs.) völlig; radikal; ganz leer; kahl.
rat|zen (V.) (ugs.) schlafen.
rau (Adj.) uneben; rissig; grob; kalt; barsch. Raubank: Raufaser; Raufasertapete; Raufutter; Rauhaardackel; Rauputz.
Raub (der, -s, -e) Diebstahl unter Anwendung von Gewalt oder Nötigung.
Rau|bauz (der, -es, -e) grober, polternder, rüder Mensch.
rau|bau|zig (Adj.) in der Art eines Raubauzes.
Raub|bau (der, -s, kein Plural) schonungslose Ausbeutung von Kulturland mit dem Ziel möglichst hoher Erträge.
Raub|druck (der, -s, -e) nicht autorisierter Nachdruck eines Buchs.
Rau|bein (das, -es, -e) grob, rüde auftretender, aber gutmütiger Mensch.
rau|bei|nig (Adj.) in der Art eines Raubeins.
rau|ben (V.) stehlen; plündern. Raubfisch; Raubgier; Raubmöwe; Raubüberfall. Adjektive: raubgierig; raubsüchtig.
Räu|ber (der, -s, -) ein Mensch, der einen Raub begeht. Räuberbande; Räuberei; Räubergeschichte; Räuberhauptmann; Räuberhöhle; Räuberpistole.
räu|be|risch (Adj.) in der Art eines Raubes.
räu|bern (V.) stehlen; plündern.
Raub|ko|pie (die, -, -n) unerlaubte Kopie von einem Produkt.
Raub|mord (der, -s, -e) Raub, der gemeinsam mit Mord oder Totschlag ausgeführt wird.
Raub|mör|der (der, -s, -) ein Mensch, der einen Raubmord begeht.
rau|bor|stig (Adj.) raubeinig.
Raub|tier (das, -s, -e) fleischfressende Säugetierordnung. Raubkatze; Raubtierhaus.
Raub|vo|gel (der, -s, -vö|gel) veraltete Bezeichnung für Eulen und Greife.
Raub|zug (der, -s, -zü|ge) Plünderung; Überfall.
Rauch (der, -s, kein Plural) Qualm. Rauchabzug; Rauchbombe; Raucher/in; Raucherabteil; Raucherzimmer; Rauchfahne; Rauchfass; Rauchfleisch; Rauchglas; Rauchglocke; Rauchmaske; Rauchmelder; Rauchopfer; Rauchpilz; Rauchsäule; Rauchsignal; Rauchtisch; Rauchvergiftung; Rauchwolke.
rau|chen (V.) qualmen; Tabakwaren konsumieren.
Rau|cher|bein (das, -s, -e) Gefäßerkrankung der Beine bei Rauchern.
Rau|cher|hus|ten (der, -s, -) chronischer Husten bei Rauchern.
räu|chern (V.) 1. durch Rauch haltbar machen; 2. Rauch verbreiten. Räucheraal; Räucherfass; Räucherhering; Räucherkammer; Räucherkerze; Räucherlachs; Räuchermittel; Räucherpfanne; Räucherschinken; Räucherspeck; Räucherstäbchen; Räucherung; Räucherware.
Rauch|fang (der, -s, -fän|ge) Abzughaube über offenen Feuerstellen; Schornstein. Rauchfangkehrer.
rauch|far|ben (*auch:* rauch|far|big) (Adj.) grau; in der Farbe von Rauch.
rau|chig (Adj.) voller Rauch; nach Rauch schmeckend; verqualmt; rau (Stimme). rauchlos.
Rauch|ver|bot (das, -s, -e) Verbot des Tabakwarenkonsums.
Rauch|wa|ren (die, nur Plural) Pelzwaren; Tabakwaren. Rauchwerk; Rauchwarenhandel.
Räu|de (die, -, -n) Krätze; ansteckende Hautkrankheit bei Tieren.
räu|dig (Adj.) an Räude leidend.
Räu|dig|keit (die, -, kein Plural) das an Räude Erkranktsein.
rau|en (V.) etwas aufrauen.
rauf (Adv.) (ugs.) herauf.
Rauf|bold (der, -s, -e) ein Mensch, der gerne eine Rauferei anzettelt, Schlägertyp.
Rau|fe (die, -, -n) Futterkrippe.
rau|fen (V.) ausreißen; sich balgen; sich schlagen, rangeln. sich die Haare raufen (vor Angst). rauflustig.
Rau|fe|rei (die, -, -en) das Raufen, die Schlägerei.
Rauf|han|del (der, -s, -hän|del) Rauferei.
Rau|frost (der, -es, -frö|ste) Raureif.
rau|haa|rig (Adj.) kraus und hart (bei Tieren).
Rau|heit (die, -, -en) das Rausein.

Rau|ig|keit (die, -, -en) Rauheit.
Raum (der, -s/-es, Räu|me) 1. Zimmer; 2. Gebiet; Weite; Weltraum. Raumangabe; Raumersparnis; Raumgestaltung; Räumlichkeit; Raummangel; Raumwahrnehmung. geräumig.
Raum|akus|tik (die, -, kein Plural) akustische Verhältnisse, die in einem Raum herrschen.
Raum|an|zug (der, -s, -an|zü|ge) Schutzkleidung für Astronauten.
Raum|aus|stat|ter (der, -s, -) Oberbegriff für verschiedene Berufe, die sich mit der Innenausstattung von Räumen befassen.
Raum|bild (das, -s, -er) dreidimensional wirkendes Bild. Raumbildverfahren.
Raum|de|ckung (die, -, -en) bei Ballspielen eine Verteidigungsart, bei der ein Spieler einen bestimmten Teil des Spielfelds deckt. raumdeckend.
räu|men (V.) leeren; verlassen; aufräumen. Räumer; Räummaschine; Räumungsarbeiten
Räum|boot (das, -es, -e) Boot zum Räumen von Minen.
Raum|fahrt (die, -, kein Plural) Flug im Weltraum mit Raumfahrzeugen. Raumfähre; Raumfahrer; Raumfahrtbehörde; Raumfahrtprogramm; Raumflug; Raumkapsel.
Räum|fahr|zeug (das, -s, -e) Fahrzeug, das hauptsächlich zum Schneeräumen eingesetzt wird.
raum|grei|fend (Adj.) ausgreifend; viel Platz benötigend.
Raum|in|halt (der, -s, -e) Volumen.
Raum|leh|re (die, -, kein Plural) Geometrie.
räum|lich (Adj.) dreidimensional; den Raum betreffend.
Raum|maß (das, -es, -e) Hohlmaß; Kubikmaß.
Raum|me|ter (Abk.: rm) 1 m^3 gestapeltes Holz mit Zwischenräumen.
Raum|ord|nung (die, -, en) Ausgestaltung eines Gebiets durch Planung der Siedlungs- und Verkehrsverhältnisse. Raumordnungsplan.
Raum|pfle|ger/in (der/die, -s/-, -/nen) Putzmann/-frau. Raumpflege.
Raum|pla|nung (die, -, -en) Raumordnung.
Raum|schiff (das, -s, -e) Raumfahrzeug, das zur Aufnahme von Besatzung geeignet ist. Raumschifffahrt (*auch:* Raumschiff-Fahrt);
Raum|son|de (die, -, -n) unbemanntes Raumfahrzeug zur Erforschung des Weltraums.
Raum spa|rend (*auch:* raumsparend) (Adj.) Platz sparend (*auch:* platzsparend).
Raum|sta|ti|on (die, -, -en) Stützpunkt im Weltraum, der für einen längeren Aufenthalt geeignet ist.
Raum|tei|ler (der, -s, -) Möbelstück oder Vorhang zur Unterteilung eines Zimmers in Bereiche.
Räu|mung (die, -, -en) das Freimachen, Verlassen eines Ortes.
Räu|mungs|frist (die, -, -en) Frist, innerhalb der eine gekündigte Wohnung geräumt werden muss.
Räu|mungs|kla|ge (die, -, -n) Klage des Vermieters gegen den Mieter.
Räu|mungs|ver|kauf (der, -s, -ver|käu|fe) Verkauf des Warenbestandes bei Geschäftsaufgabe oder Umbau.
Rau|näch|te (*auch:* Rauch|näch|te) (die, -, nur Plural) die Nächte zwischen Heiligem Abend und Dreikönigstag.
rau|nen (V.) murmeln; dumpf sprechen. Ein Raunen ging durch die Menge.
raun|zen (V.) nörgeln; grob daherreden.
Rau|pe (die, -, -n) 1. Schmetterlingslarve; 2. Räumfahrzeug; Planierraupe.
rau|pen (V.) veralteter Ausdruck für »von Raupen befreien«.
Rau|pen|bag|ger (der, -s, -) ein Raupenfahrzeug.
Rau|pen|fahr|zeug (das, -s, -e) Gleiskettenfahrzeug; Fahrzeug, das sich mittels eines endlosen Kettengliederbandes fortbewegen lässt.
Rau|pen|fraß (der, -es, -e) das Schaden anrichtende Abfressen von Pflanzen durch Raupen.
Rau|pen|ket|te (die, -, -n) Kette eines Raupenfahrzeugs.
Rau|pen|schlep|per (der, -s, -) ein Raupenfahrzeug.
Rau|reif (der, -es, kein Plural) Ablagerung feiner Eisnadeln oder -plättchen.
raus (Adv.) (ugs.) heraus; hinaus. Verben: rauskommen; rauswerfen.
Rausch (der, -es, -Räu|sche) Trunkenheit; Freudentaumel; Ekstase; Schwips. Räuschlein; Rauschnarkose; rauschend; rauschig.
Rau|sche|bart (der, -s, -bär|te) scherzhafter Ausduck für einen langen, wallenden Bart.
rau|schen (V.) brausen; stürmen.
Rausch|gelb (das, -s, kein Plural) Mineral.
Rausch|gift (das, -s, -e) einen Rauschzustand herstellende, pflanzliche oder synthetische Droge. Rauschgiftbekämpfung; Rauschgifthändler; Rauschgiftsüchtige. rauschgiftsüchtig.
Rausch|gold (das, -s, kein Plural) hauchdünn ausgewalzte Messingplättchen. Rauschgoldengel.
rausch|haft (Adj.) sich in einem Rausch befindend; wie ein Rausch; ekstatisch.
raus|flie|gen (V.) (ugs.) entlassen werden; hinausfliegen.
raus|hal|ten (V. refl.) (ugs.) sich nicht einmischen.
raus|krie|gen (V.) (ugs.) herauskriegen; etwas herausfinden.
räus|pern (V., refl.) krächzen; hüsteln.
Räus|pe|rer (der, -s, -) (ugs.) kurzes Räuspern.
raus|schmei|ßen (V., schmiss raus, hat rausgeschmissen) entlassen; hinauswerfen.
Raus|schmei|ßer (der, -s, -) ein Mensch, der unerwünschte Gäste (aus einem Lokal) entfernt.
Raus|schmiss (der, -es, -e) (ugs.) Entlassung; Hinauswurf.
Rau|te (die, -, -n) (lat.) 1. Rhombe; 2. Pflanze. Rautenfläche; Rautengewächs; Rautenkranz; Rautenkrone.
rau|ten|för|mig (Adj.) in Form einer Raute.
rau|tiert (Adj.) durch Linien in rautenförmige Rechtecke aufgeteilt.
Rave (der, -s, -s) (engl.) 1. große Tanzveranstaltung in Discotheken; 2. Musikrichtung, die v. a. auf tanzbaren Beats basiert.
Ra|vi|o|li (die, nur Plural) (ital.) Nudeln mit Fleischfüllung.
rav|vi|van|do (Adj.) (lat.-ital.) schneller werdend; sich belebend (Vortragsanweisung in der Musik).
Ray|gras (*auch:* Rai|gras) (das, -es, kein Plural) (engl.-dt.) Futterpflanze in Eurasien und Afrika.

Ra|y|on (der, -s, -s) (german.-franz.) Abteilung; Dienstbereich.
Ra|y|on|chef (der, -s, -s) (lat.-franz.) Abteilungsleiter eines Warenhauses.
ra|yo|nie|ren (V.) (österr.) (lat.-franz.) zuweisen; nach Bezirken einteilen.
Ra|ze|mat (*auch:* Ra|ce|mat) (das, -es, -e) (lat.) Gemisch, das aus rechts- oder linksdrehenden Molekülen besteht.
ra|ze|misch (Adj.) (lat.) die Eigenschaften eines Razemates habend.
ra|ze|mos (Adj.) (lat.) traubenförmig (bezüglich der Verzweigung von Pflanzen).
Raz|nji|ci (das, -s, -s) (serbokroat.) Gericht aus würzigen Fleischstücken.
Raz|zia (die, -, -zi|en) (arab.) polizeiliche Durchsuchung; groß angelegte polizeiliche Fahndung.
Rb (Abk.) **Rub**idium (chemisches Zeichen).
RB (Abk.) **R**adio **B**remen.
Rbl (Abk.) **Rub**e**l**.
rd. (Abk.) **r**un**d**.
re.../Re... (lat.) Vorsilbe mit der Bedeutung wieder; zurück.
Re 1. (Abk.) **Rh**enium (chemisches Zeichen); 2. (das, -s, -s) (lat.) Kontraerwiderung (Kartenspiel); 3. altägyptischer Sonnengott.
Rea|der (der, -s, -) (engl.) Artikelsammlung; Lesebuch; Thesenpapier. Reader's Digest.
Rea|dy|made (*auch:* Rea|dy-made) (das, -, -s) (engl.) Seriengegenstand zum Kunstobjekt erklärt.
Re|af|fe|renz (die, -, -en) (lat.) die Rückmeldung über eine ausgeführte Bewegung, die über die Nervenbahnen erfolgt.
Re|a|genz (*auch:* Re|a|gens) (das, -es, -zi|en) (lat.) Reaktionsstoff; chemischer Stoff, der bei Vorhandensein eines bestimmten anderen Stoffes in einer bestimmten Weise reagiert und so als Nachweis für diesen Stoff dienen kann.
Re|a|genz|glas (das, -es, -glä|ser) Glasröhrchen für chemische Analysen.
Re|a|genz|pa|pier (das, -s, -e) Filterpapier, das zum Nachweis bestimmter Gase und zum Messen des pH-Wertes von Flüssigkeiten dient.
re|a|gi|bel (Adj.) heftig, sensibel reagierend; stark auf etwas ansprechen.
Re|a|gi|bi|li|tät (die, -, kein Plural) (lat.) die Eigenschaft oder das Vermögen, sehr sensibel zu reagieren.
re|a|gie|ren (V.) (lat.) 1. wirken; sich verhalten; auf etwas ansprechen; antworten; 2. eine chemische Reaktion eingehen.
Re|akt (der, -es, -e) (lat.) in der Psychologie jegliche Antworthandlung auf Verhaltensweisen der Mitmenschen, die eine Erwiderung, eine Ablehnung, ein Mitmachen etc. sein kann.
Re|ak|tant (das, -en, -en) (lat.) der Stoff, der mit einem anderen eine Reaktion eingeht.
Re|ak|tanz (die, -, -en) (lat.) 1. ein Blindwiderstand, der durch Kapazitäten und Induktivitäten in Wechselstromkreisen bewirkt wird; 2. Widerstand auf persönliche Einschränkung. Reaktanzrelais (1).
Re|ak|ti|on (die, -, -en) (lat.) 1. Rück-, Gegenwirkung; Beantwortung eines Reizes; 2. chemische Umwandlung; 3. nur Sing.: Gesamtheit aller fortschrittsfeindlichen politischen Kräfte. Reaktionsmotor; Reaktionstriebwerk; Reaktionsturbine. reaktionsträge.
Re|ak|ti|o|när (der, -s, -e) jmd., der sich der fortschrittlichen Entwicklung entgegenstellt.
re|ak|ti|o|när (Adj.) (franz.) politisch rückschrittlich.
re|ak|ti|ons|fä|hig (Adj.) fähig, zu reagieren/ eine Reaktion einzugehen.
Re|ak|ti|ons|fä|hig|keit (die, -, -en) die Fähigkeit, zu reagieren/eine Reaktion einzugehen.
Re|ak|ti|ons|ge|schwin|dig|keit (die, -, -en) (lat.-dt.) die Zeit, die ein chemischer, physiologischer oder ähnlicher Prozess für seinen Ablauf benötigt.
Re|ak|ti|ons|norm (die, -, -en) (lat.-dt.) die in der Regel angeborene Art und Weise, wie ein Organismus auf Umweltreize reagiert.
Re|ak|ti|ons|psy|cho|se (die, -, -n) durch äußere Umstände hervorgerufene seelische Störung.
re|ak|ti|ons|schnell (Adj.) schnell reagierend.
Re|ak|ti|ons|wär|me (die, -, kein Plural) bei einer chemischen Reaktion entstehende oder verbrauchte Wärme.
Re|ak|ti|ons|zeit (die, -, -en) Zeit, die zwischen Reiz und Reaktion vergeht.
re|ak|tiv (Adj.) als Reaktion auftretend; reaktionsfähig (in der Chemie).
Re|ak|tiv (das, -es, -e) (lat.) psychische Verhaltensweisen, die unmittelbar auf Umweltreize zurückzuführen sind.
re|ak|ti|vie|ren (V.) (lat.) wieder wirksam machen; wieder in Gebrauch nehmen.
Re|ak|ti|vie|rung (die, -, -en) das Reaktivieren.
Re|ak|ti|vi|tät (die, -, -en) 1. das Reaktivsein (in der Psychologie); 2. Maß für die Kernreaktorabweichung vom kritischen Zustand (in der Physik).
Re|ak|tor (der, -s, -en) (lat.) Energiegewinnungsanlage; Kernreaktor.
Re|ak|tor|kern (der, -s, -e) Kern eines Reaktors.
Re|ak|tor|phy|sik (die, -, kein Plural) Teilbereich der Physik, der sich mit Reaktortechnik befasst.
Re|ak|tor|tech|nik (die, -, kein Plural) Gebiet der Technik, das sich mit Reaktoren befasst.
Re|ak|tor|un|fall (der, -s, -un|fäl|le) Störfall in einem Reaktor.
re|al (Adj.) (lat.) wirklich; gegenständlich. Realgymnasium; Realwissenschaften.
Re|al|akt (der, -s, -e) nicht rechtsgeschäftliche Handlung.
Re|al|de|fi|ni|ti|on (die, -, -ti|o|nen) (lat.) in der Philosophie eine Sachbestimmung, die sich auf den Wirklichkeitsgehalt der zu definierenden Sache bezieht.
Re|al|ein|kom|men (das, -s, -) das an seiner Kaufkraft gemessene Einkommen.
Re|a|len (die, Plural) (lat.) in der Philosophie die letzten wirklichen Bestandteile des Seins.
Re|al|en|zy|k|lo|pä|die (die, -, -n) Sachwörterbuch.
Re|a|li|en (die, -, nur Plural) (lat.) Gegenstände; Tatsachen. Realienbuch.
Re|a|lign|ment (das, -s, -s) (engl.) Neufestsetzung von Wechselkursen nach einer Frist des Floatings.
Re|al|in|dex (der, -es, -e/-in|di|ces) (lat.) Sachverzeichnis; Sachregister.
Re|al|in|ju|rie (die, -, -n) (lat.) tätliche Beleidigung.

Re|a|li|sat (das, -s, -e) (lat.) künstlerisches Erzeugnis; Werk.

Re|a|li|sa|ti|on (die, -, -en) (lat.) Realisierung.

Re|a|li|sa|tor (der, -s, -en) (lat.) ein Mensch, der an der Herstellung eines Films maßgeblich beteiligt ist.

re|a|li|sier|bar (Adj.) durchführbar.

Re|a|li|sier|bar|keit (die, -, kein Plural) Durchführbarkeit.

re|a|li|sie|ren (V.) (lat.) begreifen; verwirklichen.

Re|a|li|sie|rung (die, -, -en) (lat.) Ausführung; Verwirklichung.

Re|a|lis|mus (der, -, kein Plural) (lat.) 1. Wirklichkeitssinn; 2. philosophische Denkrichtung; 3. literarische und künstlerische Strömung.

Re|a|list (der, -en, -en) (lat.) Anhänger des Realismus; Verstandesmensch.

Re|a|lis|tik (die, -, kein Plural) (lat.) nüchterne Darstellung der Wirklichkeit.

re|a|lis|tisch (Adj.) (lat.) den Gegebenheiten angemessen; wirklichkeitsnah.

Re|a|li|tät (die, -, -en) (lat.) Sachlichkeit; Tatsächlichkeit; Wirklichkeit. Realitätsanpassung; Realitätsprinzip; Realitätssinn.

re|a|li|ter (Adv.) (lat.) tatsächlich; in Wirklichkeit.

Re|a|li|ty-TV (das, -s, kein Plural) nachgespielte Szenen von wirklichen Ereignissen wie Unfällen, Naturkatastrophen und Verbrechen.

Re|al|ka|pi|tal (das, -s, kein Plural) Sachkapital eines Unternehmens.

Re|al|ka|ta|log (der, -s, -e) Bücherverzeichnis in Bibliotheken.

Re|al|kon|kor|danz (die, -, -en) (lat.) eine ein alphabetisches Verzeichnis von Dingen enthaltende Konkordanz.

Re|al|kon|kur|renz (die, -, -en) (lat.) gleichzeitige Verurteilung eines Täters wegen mehrerer Vergehen.

Re|al|kre|dit (der, -s, -e) Mobiliar- und Immobilienkredit.

Re|al|last (die, -, -en) Grundstücksbelastung.

Re|al|le|xi|kon (das, -s, -le|xi|ka) Lexikon zu einem Wissenschaftsgebiet.

Re|al|lohn (der, -s, -löh|ne) den Lebenshaltungskosten angepasster Nominallohn.

Re|a|lo (der, -s, -s) (ugs.) Realpolitiker der Grünen.

Re|al|po|li|tik (die, -, kein Plural) an den gegebenen Möglichkeiten orientiertes politisches Handeln. realpolitisch.

Re|al|prä|senz (die, -, kein Plural) (lat.) die wirkliche Gegenwart Christi in Brot und Wein beim heiligen Abendmahl.

Re|al|recht (das, -s, kein Plural) Recht, das mit einem Grundstück verbunden ist.

Re|al|schu|le (die, -, -en) weiterführende Schule mit dem Abschluss der mittleren Reife.

Re|al|steu|er (die, -, -n) Steuer, die sich auf bestimmte Gegenstände bezieht.

Re|al|uni|on (die, -, -en) durch gemeinsame Institutionen und ein gemeinsames Staatsoberhaupt gekennzeichnete Staatenverbindung.

Re|al|wert (der, -s, -e) der wirkliche Wert einer Sache.

Re|al|wör|ter|buch (das, -s, -bü|cher) Reallexikon.

re|ama|teu|ri|sie|ren (V.) wieder zum Amateursportler machen.

Re|ani|mie|rung (die, -, -en) (lat.) Wiederbelebung. Reanimationszentrum.

re|ani|mie|ren (V.) (lat.) wiederbeleben.

Re|ani|ma|ti|on (die, -, -en) Wiederbelebung.

re|ar|mie|ren (V.) (lat.) von Neuem bewaffnen; ein Kriegsschiff von Neuem ausrüsten.

Re|as|se|ku|ranz (die, -, -en) (lat.) Rückversicherung.

re|as|su|mie|ren (V.) (lat.) ein Verfahren wieder aufnehmen (Rechtswissenschaft).

Re|as|sump|ti|on (die, -, -ti|o|nen) (lat.) Wiederaufnahme eines Verfahrens in der Rechtswissenschaft.

Re|bab (der, -s, -s) (pers.-arab.) arabisches Streichinstrument.

Reb|bau (der, -s, kein Plural) Weinbau.

Re|be (die, -, -n) Weinranke; Weinrebe; Weinstock. Rebenveredlung; Rebschnur.

Re|bec (der, -s, -s) (pers.-arab.-span.-franz.) mittelalterliches Musikinstrument in Form einer gehälftelten Birne mit zwei bis drei Saiten.

Re|bell (der, -en, -en) Aufständischer.

re|bel|lie|ren (V.) (franz.) sich auflehnen.

Re|bel|li|on (die, -, -en) (franz.) Aufruhr; Aufstand.

re|bel|lisch (Adj.) (franz.) aufrührerisch.

re|beln (V.) (zer-)reiben; (von einem Weinstock) Trauben abzupfen.

Re|ben|blü|te (die, -, -n) Blüte der Rebe.

Re|ben|hü|gel (der, -s, -) rebenbedeckter Hügel; Weinberg.

Re|ben|saft (der, -s, -säf|te) gehobener Ausdruck für Wein.

Reb|huhn (das, -s, -hüh|ner) Fasanenvogel.

Reb|laus (die, -, -läu|se) Weinrebenschädling; Blattlaus.

Reb|ling (der, -s, -e) Weinstockschössling.

Re|bound (der, -s, -s) (engl.) vom Korbring oder Brett abprallender Ball (beim Basketball).

Reb|schnitt (der, -s, -e) das Abschneiden der Nebentriebe eines Weinstocks.

Reb|sor|te (die, -, -n) Weinrebensorte.

Reb|stock (der, -s, -stö|cke) Weinstock.

Re|bus (der/das, -, -bus|se) (lat.) Bilderrätsel.

Rec. (Abk.) **rec**ipe.

Re|call|test (der, -s, -s) (engl.) Prüfungsmethode, mit der untersucht wird, welche Werbeaussagen, -appelle etc. bei der Versuchsperson im Gedächtnis haften geblieben sind.

Ré|ca|mie|re (die, -, -n) (franz.) Sofa ohne Rückenlehne, mit hochgezogenen Armlehnen.

Re|cei|ver (der, -s, -) (engl.) Kombination aus Radiogerät und Verstärker.

Re|cha|bit (der, -en, -en) (hebr.) Angehöriger einer altisraelitischen religiösen Gemeinschaft, die am Nomadentum festhielt.

Re|chen (der, -s, -) (südd.) Harke; Auffanggitter. Rechenstiel.

re|chen (V.) mit einem Rechen bearbeiten.

Re|chen|au|to|mat (der, -en, -en) Rechenmaschine.

Re|chen|buch (das, -s, -bü|cher) Mathematiklehrbuch.

Re|chen|ma|schi|ne (die, -, -n) Maschine, die Rechenoperationen mechanisch oder elektronisch ausführt.

Re|chen|schaft (die, -, kein Plural) Rechtfertigung; Verantwortung. jemanden zur Rechenschaft ziehen. *Aber:* von jemandem Rechenschaft fordern. Rechenschaftsbericht.

re|chen|schafts|pflich|tig (Adj.) verpflichtet, Rechenschaft abzulegen.

Re|chen|schie|ber (der, -s, -) mechanisches Rechenhilfsmittel.

Re|chen|stab (der, -s, -stä|be) mechanisches Rechenhilfsmittel.

Re|chen|stun|de (die, -, -n) Schulstunde in Mathematik.

Re|chen|zen|t|rum (das, -, -zen|t|ren) zentrale Rechenanlage.

Re|cher|che (die, -, -n) (franz.) Ermittlung; Untersuchung; Nachforschung.

Re|cher|cheur (der, -s, -e) (franz.) ein Mensch, der (hauptberuflich) recherchiert.

re|cher|chie|ren (V.) (franz.) nachforschen. Recherche; Rechercheur.

rech|nen (V.) mit Zahlen arbeiten; schätzen; erwarten. Rechenaufgabe; Rechenexempel; Rechenfehler; Rechenkünstler; Rechenmeister; Rechentafel; Rechnen; Rechnungseinheit; Rechnungskammer; Rechnungsrat.

Rech|ner (der, -s, -) 1. jemand, der rechnet. Er ist ein guter Rechner. 2. Computer.

Rech|ne|rei (die, -, -en) das (ständige) Rechnen.

rech|ner|ge|steu|ert (Adj.) computergesteuert.

rech|ne|risch (Adj.) das Rechnen betreffend.

Rech|nung (die, -, -en) Kostenforderung. Rechnungsbetrag; Rechnungsblock; Rechnungsbuch.

Rech|nungs|füh|rer (der, -s, -) Buchhalter.

Rech|nungs|hof (der, -s, -hö|fe) Behörde, der die Finanzkontrolle obliegt.

Rech|nungs|jahr (das, -s, -e) Geschäftsjahr; Zeitperiode, für die der Haushaltsplan gilt.

Rech|nungs|prü|fung (die, -, -en) Kontrolle der Einnahmen und Ausgaben eines Unternehmens. Rechnungsprüfer.

Rech|nungs|we|sen (das, -s, kein Plural) Vorgänge, die das Betriebskapital betreffen.

recht 1. (Adj.) richtig; passend; 2. (Adv.) sehr; einigermaßen. so ist es recht; recht (*auch:* Recht) behalten/bekommen/geben/haben; Recht sprechen; jetzt erst recht; ich denke, das geschieht ihm recht; es ist nur recht und billig; ich will es dir recht machen; ich ging recht in der Annahme, dass er heute fährt; rechter Hand; so recht und schlecht; er ist der Rechte; da bist du an den Rechten gekommen; ich will nach dem Rechten sehen; das Rechte (Richtige) wählen; er kann nichts Rechtes finden.

Recht (das, -s, -e) Gesetze; Rechtsordnung; Berechtigung. *Beachte:* ein Recht haben; er ist im Recht; mit Fug und Recht; zu Recht; nach Recht und Gewissen; Recht sprechen; von Rechts wegen; es ist nicht rechtens, er wurde rechtens (zu Recht) bestraft. Rechtsangelegenheit; Rechtsauffassung; Rechtsbelehrung; Rechtsberatung; Rechtsbrecher; Rechtsempfinden; Rechtsgeschichte; Rechtsgrundsatz; Rechtslage; Rechtshilfeabkommen; Rechtslehre; Rechtsmittel; Rechtsnorm; Rechtsordnung; Rechtspflege; Rechtssache; Rechtssatz; Rechtsschrift; Rechtstitel; Rechtsunterzeichnete; Rechtsverbindlichkeit; Rechtsverletzung; Rechtswissenschaft. rechtsgeschäftlich; rechtsuchend; rechtsverbindlich.

recht|dre|hend (Adj.) sich im Uhrzeigersinn drehend.

Recht|eck (das, -s, -e) rechtwinkeliges Parallelogramm.

recht|eckig (Adj.) die Form eines Rechtecks habend.

Rech|te|hand|re|gel (die, -, kein Plural) physikalische Regel.

rech|ten (V.) gehobener Ausdruck für streiten.

recht|fer|ti|gen (V.) erklären; begründen; verteidigen; entschuldigen.

Recht|fer|ti|gung (die, -, kein Plural) das Rechtfertigen; das Begründetsein. Rechtfertigungsversuch.

recht|gläu|big (Adj.) den rechten Glauben habend; strenggläubig; orthodox.

Recht|gläu|big|keit (die, -, kein Plural) das Rechtgläubigsein.

Recht|ha|be|rei (die, -, -en) Eigensinn; Sturheit.

recht|ha|be|risch (Adj.) eigensinnig; immer Recht haben wollend; stur.

recht|lich (Adj.) das Recht betreffend.

Recht|lich|keit (die, -, kein Plural) das Rechtlichsein.

recht|los (Adj.) ohne Rechte.

Recht|lo|sig|keit (die, -, kein Plural) das Rechtlossein.

recht|mä|ßig (Adj.) gesetzlich, dem Recht entsprechend.

Recht|mä|ßig|keit (die, -, kein Plural) das Rechtmäßigsein.

rechts (Adv.) auf der rechten Seite (Abk.: r.); politisch konservativ. zu seiner Rechten; zur Rechten; die Rechte (rechte Hand). rechter Hand; von rechts nach links; rechts der Isar. Rechtsabbieger; Rechtsausleger; Rechtsdrall; Rechtsdrehung; Rechtsgewinde; Rechtshänder; Rechtshändigkeit; Rechtskurve; Rechtsverkehr; Rechtswendung. Adjektive: rechtshändig; rechtsrheinisch; rechtsseitig; die politisch rechts stehende (*auch:* rechtsstehende) Partei; rechtsufrig. Adverbien: rechterseits; rechtsum!

Rechts|an|spruch (der, -s, -an|sprü|che) gesetzlicher Anspruch.

Rechts|an|walt (der, -s, -an|wäl|te) Jurist; Rechtsbeistand. Rechtsanwältin; Rechtsanwalt(s)büro.

Rechts|au|ßen (der, -, -) beim Fußball auf der rechten Spielfeldhälfte spielender Stürmer.

Rechts|bei|stand (der, -s -bei|stän|de) Sachkundiger in Rechtsangelegenheiten; Anwalt.

Rechts|beu|gung (die, -, -en) richterliche Falsch- oder Nichtanwendung eines Gesetzes in einem Gerichtsverfahren zugunsten eines Prozessbeteiligten.

recht|schaf|fen (Adj.) anständig; ehrlich.

Recht|schaf|fen|heit (die, -, kein Plural) das Rechtschaffensein.

Recht|schrei|be|buch (das, -s, -bü|cher) Wörterbuch.

recht|schrei|ben (V., schrieb richtig, hat richtig geschrieben) richtig schreiben bezüglich der Orthografie. *Beachte:* Sie kann gut rechtschreiben. *Aber:* Sie kann nur recht und schlecht schreiben. Rechtschreiben.

Recht|schreib|feh|ler (der, -s, -) Verstoß gegen die Rechtschreibung.

recht|schreib|lich (Adj.) die Rechtschreibung betreffend.

Recht|schreib|re|form (die, -, -en) Reform der Rechtschreibregeln.
Recht|schrei|bung (die, -, -en) das orthografisch richtige Schreiben.
rechts|dre|hend (Adj.) sich im Uhrzeigersinn drehend. ein rechtsdrehendes Gewinde, *aber:* ein sich nach rechts drehendes Gewinde.
rechts|er|fah|ren (Adj.) erfahren in Rechtsangelegenheiten.
rechts|ex|t|rem (Adj.) rechtsradikal.
Rechts|ex|t|re|mis|mus (der, -, kein Plural) Rechtsradikalismus.
Rechts|ex|t|re|mist (der, -en, -en) Rechtsradikaler.
rechts|fä|hig (Adj.) fähig, Träger von Rechten und Pflichten zu sein.
Rechts|fä|hig|keit (die, -, kein Plural) Fähigkeit einer Person, Träger von Rechten und Pflichten zu sein.
Rechts|fall (der, -s, -fäl|le) von einem Gericht zu entscheidender Fall.
rechts|ge|lehrt (Adj.) in der Rechtslehre ausgebildet. Rechtsgelehrte.
rechts|ge|rich|tet (Adj.) politisch nach rechts orientiert.
Rechts|grund (der, -es, -grün|de) rechtlicher Grund.
rechts|gül|tig (Adj.) gültig nach dem Recht.
Rechts|gül|tig|keit (die, -, kein Plural) das Rechtsgültigsein.
Rechts|kraft (die, -, kein Plural) Unanfechtbarkeit; Rechtsgültigkeit/-verbindlichkeit.
rechts|kräf|tig (Adj.) Rechtskraft habend.
rechts|kun|dig (Adj.) sachkundig in Rechtsangelegenheiten.
rechts|las|tig (Adj.) nicht neutral; politisch rechtsorientiert.
rechts|läu|fig (Adj.) rechtsdrehend; von links nach rechts verlaufend.
Rechts|par|tei (die, -, -en) rechtsgerichtete politische Partei.
Recht|spre|chung (die, -, -en) richterliches Entscheiden.
rechts|ra|di|kal (Adj.) kompromisslos rechtsgerichtet.
Rechts|ra|di|ka|le (der, -n, -n) Mensch mit rechtsradikalen Anschauungen.
Rechts|ra|di|ka|lis|mus (der, -, kein Plural) rechtsradikale Ideologie; Rechtsextremismus.
Rechts|schutz (der, -es, kein Plural) Schutz durch die Rechte; Bewahrung der Rechte.
Rechts|si|cher|heit (die, -, kein Plural) Verlässlichkeit aller Prinzipien eines Rechtsstaates für den Einzelnen.
Rechts|spruch (der, -s, -sprü|che) Urteil eines Gerichtes.
Rechts|staat (der, -s, -en) Staat mit genau definierten Rechten des Einzelnen und der Staatsgewalt. Rechtsstaatlichkeit.
rechts|staat|lich (Adj.) die Eigenschaften eines Rechtsstaates betreffend.
Rechts|streit (der, -es, -e) Auseinandersetzung zweier Parteien vor Gericht.
Rechts|un|si|cher|heit (die, -, ohne Plural) fehlende Rechtssicherheit.
Rechts|ver|fah|ren (das, -s, -) rechtliches Verfahren.
Rechts|ver|ord|nung (die, -, -en) Erlass in Form eines Gesetzes.
Rechts|weg (der, -es, kein Plural) Durchsetzung eines Anspruchs mittels der Gerichtsbarkeit.
rechts|wi|drig (Adj.) entgegen den Rechten; verboten.
recht|win|k|lig (Adj.) rechte Winkel habend.
recht|zei|tig (Adj.) pünktlich. Rechtzeitigkeit.
re|ci|pe! (lat.) nimm! (Rezept; Abk.: Rec.; Rp.).
Re|ci|tal (das, -s, -s) (franz.-engl.) Solistenkonzert; Konzert mit Werken nur eines Komponisten.
re|ci|tan|do (Adv.) (ital.) sprechend; vortragend (bei Musikstücken).
Reck (das, -s, -s/Re|cke) Turngerät. Reckstange; Reckturnen; Reckübung.
Re|cke (der, -n, -n) Kämpfer; Held. Reckenart.
re|cken|haft (Adj.) wie ein Held.
re|cken (V.) strecken.
re|com|man|dé (lat.-franz.) französische Bezeichnung für eingeschrieben (Postwesen).
Re|con|quis|ta (die, -, kein Plural) (lat.-span.) der Kampf der christlichen Bevölkerung Spaniens gegen die arabische Herrschaft im Mittelalter.
Re|cy|c|ling (das, -s, kein Plural) (engl.) Wiederverwertung von Abfall.
Re|cy|c|ling|pa|pier (das, -s, -e) Altpapier.
Re|dak|teur (der, -s, -e) (franz.) verantwortlicher Journalist; jmd., der im Verlagswesen, im Rundfunk oder Fernsehen das Programm ausarbeitet. Redakteurin.
Re|dak|ti|on (die, -, -en) (franz.) 1. Schriftleitung; Redaktionsstab; 2. das Redigieren; 3. Räume für Redakteure. Redaktionsassistenz; Redaktionsgeheimnis; Redaktionsschluss.
re|dak|ti|o|nell (Adj.) die Redaktion betreffend.
Re|dak|tor (der, -s, -en) (lat.) (wissenschaftlicher) Herausgeber. Redaktorin.
Red|di|ti|on (die, -, -ti|o|nen) (lat.) 1. Rückgabe; 2. Vorbringen eines Rechtsgrundes.
Re|de (die, -, -n) Ansprache; Vortrag.
Re|de|fluss (der, -es, -flüs|se) unaufhörliches Reden; Wortschwall.
Re|de|frei|heit (die, -, kein Plural) Recht auf freie Meinungsäußerung.
re|de|ge|wandt (Adj.) wortgewandt.
Re|de|ge|wandt|heit (die, -, kein Plural) Wortgewandtheit.
Re|de|kunst (die, -, -küns|te) Rhetorik.
Re|demp|to|rist (der, -en, -en) (lat.) Mitglied der katholischen Kongregation vom allerheiligsten Erlöser, die im 18. Jahrhundert gegründet wurde und sich besonders in der Missionsarbeit betätigt.
re|den (V.) sprechen; sich unterhalten. *Beachte:* der Fall machte von sich reden; du hast gut reden! *Aber:* jemanden zur Rede stellen; Rede und Antwort stehen; sie machten nicht viel Redens von dem Vorfall. Redeblüte.
Re|dens|art (die, -, -en) geflügeltes Wort; Sprichwort.
re|dens|art|lich (Adj.) eine Redensart betreffend.
Re|de|schwall (der, -es, -e) Wortschwall.
Re|de|ver|bot (das, -es, -e) Verbot der freien Meinungsäußerung.
Re|de|wei|se (die, -, -n) Ausdrucksweise; Aussprache.
Re|de|wen|dung (die, -, -en) Redensart; feste Verbindung von Wörtern.
red|hi|bie|ren (V.) Gekauftes wegen eines Mangels zur Zeit des Kaufs gegen Kaufpreiserstattung zurückgeben.
Red|hi|bi|ti|on (die, -, kein Plural) (lat.) die Rückgabe einer gekauften Sache wegen eines verborgenen Mangels zur

Zeit des Kaufes gegen Kaufpreiserstattung.

red|hi|bi|to|risch (Adj.) (lat.) 1. Redhibition betreffend; 2. eine Redhibition zum Ziel habend.

re|di|gie|ren (V.) (franz.) Text redaktionell bearbeiten.

Re|din|gote (die, -, -n) (engl.-franz.) taillierter Damenmantel mit Reverskragen.

Re|dis|kont (der, -s, -e) (ital.) Weiterverkauf eines diskontierten Wechsels durch die Bank.

re|dis|kon|tie|ren (V.) einen diskontierten Wechsel durch die Bank weiterverkaufen.

Re|dis|tri|bu|ti|on (die, -, -ti|o|nen) (lat.) Korrektur der Einkommensverteilung durch finanzwirtschaftliche Maßnahmen.

red|lich (Adj.) gut; ehrlich; tüchtig; sehr. Er hat sich redlich für die Sache eingesetzt.

Red|lich|keit (die, -, kein Plural) das Redlichsein.

Red|ner (der, -s, -) jemand, der eine Rede hält; Vortragender. Rededuell; Rednerbühne; Rednerin; Rednerpult; Rednertribüne.

red|ne|risch (Adj.) das Reden/die Rhetorik betreffend.

Re|don|dil|la (die, -, -s) (lat.-span.) span. Strophe in Romanze oder Drama, bestehend aus vier achtsilbigen Versen mit der Reimfolge a b b a.

Re|dopp (der, -s, kein Plural) (lat.-ital.) kürzester Galopp in der hohen Schule des Reitens.

Re|dou|te (die, -, -n) (franz.) 1. großer Maskenball. 2. ein Festungswerk.

Re|d|ox|sys|tem (das, -s, -e) (Kurzw.) Reduktions-Oxidationssystem (Chemie).

Red Po|w|er (die, -, kein Plural) (engl.) indianische Unabhängigkeitsbewegung.

Re|dres|se|ment (das, -s, -s) das Redressieren.

re|dres|sie|ren (V.) (franz.) einrenken; orthopädisch korrigieren.

red|se|lig (Adj.) gesprächig; plauderhaft.

Red|se|lig|keit (die, -, kein Plural) das Redseligsein.

re|du|b|lie|ren (V.) (lat.-franz.) verdoppeln.

Re|duk|ta|se (die, -, -n) (lat.) reduzierendes Enzym in roher Milch.

Re|duk|ti|on (die, -, -ti|o|nen) (lat.) 1. Verringerung; Rückführung; 2. chemischer und biologischer Vorgang.

Re|duk|ti|ons|di|ät (die, -, -en) kalorienarme Diät.

Re|duk|ti|ons|mit|tel (das, -s, -) chemisches Mittel zum Herbeiführen einer Reduktion.

Re|duk|ti|ons|ofen (der, -s, -öfen) Schmelzofen zur Reduktion von Erzen.

Re|duk|ti|ons|tei|lung (die, -, -en) biologischer Vorgang; Meiose.

re|d|un|dant (Adj.) (lat.) reichlich; nicht notwendig.

Re|d|un|danz (die, -, -en) (lat.) Informationsüberladung; Überflüssiges.

re|d|un|danz|frei (Adj.) ohne Redundanz.

Re|du|p|li|ka|ti|on (die, -, -en) (lat.) Verdoppelung von Lauten, Silben oder Wörtern.

re|du|p|li|zie|ren (V.) (lat.) verdoppeln.

Re|du|zent (der, -en, -en) (lat.) ein Organismus (wie Bakterien oder Pilze), der organische Stoffe mineralisiert, in anorganische überführt.

re|du|zi|bel (Adj.) reduzierbar.

re|du|zie|ren (V.) (lat.) verringern; herabsetzen; einschränken; im Preis heruntersetzen.

Re|du|zie|rung (die, -, -en) Abbau; Verringerung.

Red|wood (das, -s, -s) (engl.) Mammutbaum(holz).

ree! (*auch:* rhe!) (Interj.) Segelkommando.

Ree|de (die, -, -n) Ankerplatz vor dem Hafen.

Ree|der (der, -s, -) Schiffseigner.

Ree|de|rei (die, -, -en) Schifffahrtsgesellschaft. Reedereiflagge.

Reel (der, -s, -s) (engl.) schottischer und irischer Tanz kreolischen Ursprungs.

re|ell (Adj.) (franz.) ehrlich; tatsächlich.

Re|el|li|tät (die, -, kein Plural) (lat.-franz.) Ehrlichkeit; Redlichkeit; Anständigkeit im Geschäftsleben.

Re|en|ga|ge|ment (das, -s, -s) (franz.) Wiederverpflichtung.

Reep (das, -s, -e) (nordd.) Seil.

Ree|per|bahn (die, -, kein Plural) bekannte Straße in Hamburg; Vergnügungsviertel.

ree|sen (V.) (engl.) voller Eifer erzählen; übertreiben; Seemannsgarn spinnen (Seemannssprache).

Re|evo|lu|ti|on (die, -, -ti|o|nen) (lat.) Wiederkehr der geistigen Funktionen nach einem epileptischen Anfall (Med.).

Re|ex|port (der, -es, -e) (lat.) Ausfuhr importierter Waren.

REFA (Abk.) **Re**ichsausschuss **f**ür **A**rbeitsstudien. REFA-Fachmann.

Re|fait (das, -s, -s) (lat.-franz.) Kartenspiel mit unentschiedenem Ausgang.

Re|fak|tie (die, -, -n) (niederl.) Preisnachlass.

re|fak|tie|ren (V.) (lat.) Preisnachlass geben.

Re|fe|rat (das, -s, -e) (lat.) Vortrag; Abteilung.

Re|fe|ree (der, -s, -s) (engl.) Schiedsrichter; Ringrichter.

Re|fe|ren|dar/Re|fe|ren|da|rin (der/die, -s/-, -e/-nen) (lat.) Beamter/Beamtin im Vorbereitungsdienst.

Re|fe|ren|da|ri|at (das, -s, -e) (lat.) Vorbereitungsdienst.

Re|fe|ren|dum (das, -s, -den/-da) (lat.) Volksentscheid.

Re|fe|rens (das, -, -ren|tia) (lat.) in einem Satz das erste Glied einer aus zwei Objekten bestehenden Beziehung, das das handelnde Objekt wiedergibt. (Im Beispielsatz »Der Matador tötete den Stier« ist Matador das Referens.) (Sprachwissenschaft).

Re|fe|rent/Re|fe|ren|tin (der/die, -en/-, -en/-nen) (lat.) Sachbearbeiter/in; jemand, der einen Vortrag hält.

Re|fe|renz (die, -, -en) (lat.) Empfehlung; Bezug; Auskunft.

Re|fe|ren|zen|lis|te (die, -, -n) Liste mit Personen, die Referenzen geben können.

re|fe|rie|ren (V.) (lat.) einen Vortrag halten; berichten.

Reff (das, -(e)s, -e) 1. Vorrichtung für die Verkürzung eines Segels; 2. Rückentrage; 3. (ugs.) magere alte Frau.

ref|fen (V.) die Segelfläche eines Schiffes verkleinern.

re|fi|nan|zie|ren (V.) (lat.-franz.) fremde Mittel aufnehmen, um selbst jemand anderem Kredit zu gewähren.

Re|fla|ti|on (die, -, -ti|o|nen) (engl.) Steigerung des Geldverkehrs.

re|fla|ti|o|när (Adj.) zur Reflation gehörig; durch Reflation.
Re|flek|tant (der, -en, -en) (lat.) Bewerber.
re|flek|tie|ren (V.) (lat.) 1. widerspiegeln; 2. nachdenken.
re|flek|tiert (Adj.) (lat.) genau überdacht. unreflektiert.
Re|flek|tor (der, -s, -en) (franz.) (Hohl-) Spiegel; Spiegelfernrohr; Vorrichtung zur Bündelung elektromagnetischer Wellen.
re|flek|to|risch (Adj.) bedingt durch einen Reflex.
Re|flex (der, -es, -e) (franz.) 1. spontane Reaktion. Reflexbewegung. 2. Rückstrahlung. Reflexschaltung.
Re|flex|be|we|gung (die, -, -en) unwillkürliche Bewegung; spontane Reaktion.
Re|fle|xi|on (die, -, -xi|o|nen) (lat.) 1. Rückstrahlung; 2. Überdenken.
Re|fle|xi|ons|win|kel (der, -s, -) Winkel, in dem etwas reflektiert wird.
re|fle|xiv (Adj.) (lat.) rückbezüglich.
Re|fle|xiv (das, -s, -e) (Kurzw.) Reflexivpronomen (rückbezügliches Fürwort; z. B. sich, mich, dich, euch).
Re|fle|xi|vum (das, -s, -va) Reflexivpronomen.
Re|flex|schal|tung (die, -, -en) elektrotechnische Schaltungsart zur Frequenzverstärkung.
Re|flex|zo|nen|the|ra|pie (die, -, -n) (lat.) Therapie, bei der eine bestimmte Stelle am Fuß massiert wird, um eine andere Stelle des Körpers zu beeinflussen.
Re|flux (der, -es, kein Plural) (lat.) medizinischer Fachbegriff für Rückfluss (zum Beispiel beim Erbrechen).
Re|form (die, -, -en) (lat.) Verbesserung; Erneuerung. Reformbestrebung; Reformbewegung; reformbedürftig; reformfreudig.
Re|for|ma|ti|on (die, -, -ti|o|nen) (lat.) Glaubenserneuerung im 16. Jahrhundert.
Re|for|ma|ti|ons|fest (das, -es, -e) evangelisches Kirchenfest.
Re|for|ma|ti|ons|zeit (die, -, kein Plural) die Epoche der Reformation.
Re|for|ma|tor (der, -s, -en) (lat.) Erneuerer; an der Reformation beteiligter Theologe.
re|for|ma|to|risch (Adj.) die Reformation betreffend.
Re|for|mer (der, -s, -) jemand, der eine Reform durchführt.
re|for|me|risch (Adj.) Reformen betreffend.
Re|form|haus (das, -es, -häu|ser) Naturkostladen; Geschäft für Reformkost und Naturheilmittel.
re|for|mie|ren (V.) erneuern; verbessern.
re|for|miert (Abk.: reform.) dem Calvinismus anhängend.
Re|for|mier|te (der, -n, -n) Angehöriger der reformierten Kirche Calvins.
Re|for|mie|rung (die, -, -en) das Reformieren.
Re|for|mis|mus (der, -, kein Plural) 1. Bewegung zur Verbesserung eines Zustandes (sozial und politisch); 2. im Marxismus Bezeichnung für einen Teil der Arbeiterbewegung.
Re|for|mist (der, -en, -en) Anhänger des Reformismus.
re|for|mis|tisch (Adj.) auf den Reformismus bezogen.
Re|form|klei|dung (die, -, kein Plural) ohne Korsett zu tragende, nicht einengende Frauenkleidung zu Beginn des 20. Jahrhunderts.
Re|form|kon|zil (das, -s, -e/-ien) (lat.) Kirchenversammlung des 15. und 16. Jahrhunderts mit dem Ziel, die katholische Kirche des Spätmittelalters umzugestalten.
Re|form|kost (die, -, kein Plural) unbehandelte, vollwertige Lebensmittel; Diätkost.
Re|form|pä|d|a|go|gik (die, -, kein Plural) (lat.) pädagogische Bewegung, die besonders auf die Psychologie des Kindes Rücksicht nimmt und stures Erlernen von Wissen ablehnt.
Re|form|po|li|tik (die, -, kein Plural) Politik, die mit Reformen arbeitet.
Re|form|wa|re (die, -, -n) Reformkost.
Re|fos|co (der, -s, -s) (ital.) dunkelroter dalmatinischer Wein.
Re|frain (der, -s, -s) (franz.) Kehrreim.
re|frak|tär (Adj.) (lat.) medizinisch unempfindlich.
Re|frak|ti|on (die, -, -ti|o|nen) (lat.) Richtungsänderung eines Lichtstrahls durch Brechung.
Re|frak|to|me|ter (das, -s, -) (lat.-griech.) Brechzahlmesser.
Re|frak|to|me|t|rie (die , -, kein Plural) (lat.-griech.) die physikalische Lehre von der Bestimmung der Brechungsgrößen.
re|frak|to|me|t|risch (Adj.) (lat.-griech.) mithilfe eines Refraktometers durchgeführt.
Re|frak|tor (der, -s, -en) (lat.) astronomisches Fernrohr mit Sammellinse.
Re|frak|tu|rie|rung (die, -, -en) (lat.) erneutes Brechen eines Knochens bei schlecht verheiltem Knochenbruch aus operativen Gründen. (Med.).
Re|fri|ge|ran|tia (die, nur Plural) (lat.) kühlende, erfrischende Mittel.
Re|fri|ge|ran|zi|en (die, nur Plural) (lat.) = Refrigerantia.
Re|fri|ge|ra|ti|on (die, -, -ti|o|nen) (lat.) Erkältung.
Re|fri|ge|ra|tor (der, -s, -en) (lat.) Kühlanlage.
Re|fuge (das, -s, -s) (lat.-franz.) Schutzhütte; Notquartier in den Bergen.
Re|fu|gi|al|ge|biet (das, -s, -e) (lat.-dt.) Gebiet, in das sich in ihrem Lebensraum bedrohte Arten zurückziehen mit dem Ziel der Arterhaltung.
Re|fu|gi|um (das, -s, -gi|en) (lat.) Zufluchtsort.
Re|fus (*auch:* Re|füs) (der, -, kein Plural) (lat.-franz.) Ablehnung; Weigerung; Verweigerung; abschlägige Antwort.
re|fü|sie|ren (V.) (franz.) ablehnen.
Re|fu|si|on (die, -, -si|o|nen) (lat.) Rückerstattung; Rückgabe.
Reg (die, -, -) hamitische Bezeichnung für eine Geröllwüste.
Reg. (Abk.) **Reg**iment.
re|gal (Adj.) (lat.) königlich; fürstlich.
Re|gal 1. (das, -s, -li|en) (lat.) nutzbares, dem König zustehendes Hoheitsrecht; 2. (das, -s, -e) Fächergestell. Regalbrett; Regalteil; Regalwand.
re|ga|lie|ren (V.) (franz.) 1. kostenlos bewirten; 2. sich an etwas satt essen, an einer Sache gütlich tun.
Re|ga|li|tät (die, -, -en) Anspruch auf Hoheitsrechte, Regalien.
Re|gat|ta (die, -, -gat|ten) (ital.) Bootswettfahrt. Regattastrecke.
Reg.-Bez. (Abk.) **Reg**ierungs**bez**irk.
re|ge (Adj.) lebhaft; eifrig; geistig und körperlich beweglich.

Re|gel (die, -, -n) 1. Norm; 2. Richtlinie; 3. Menstruation. Regelfall; Regeltechnik; Regler.

Re|gel|an|fra|ge (die, -, -n) routinemäßige Anfrage beim Verfassungsschutz.

Re|ge|la|ti|on (die, -, kein Plural) (lat.) das erneute Gefrieren von Wasser zu Eis bei Druckentlastung nach vorheriger Schmelzung bei Druckzunahme.

re|gel|bar (Adj.) möglich, zu regeln. Regelbarkeit.

Re|gel|blu|tung (die, -, -en) Menstruation.

re|gel|ge|mäß (Adj.) der Norm entsprechend.

Re|gel|kreis (der, -es, -e) Strukturschema in sich geschlossener Systeme.

re|gel|los (Adj.) unsystematisch; ungleichmäßig.

Re|gel|lo|sig|keit (die, -, -en) Fehlen von Regeln.

re|gel|mä|ßig (Adj.) gleichmäßig; periodisch. *Aber:* regelgemäß (der Norm entsprechend).

Re|gel|mä|ßig|keit (die, -, -en) das Regelmäßigsein.

re|geln (V.) 1. regulieren; steuern; 2. erledigen; bereinigen.

re|gel|recht (Adj.) richtig; den Regeln entsprechend.

Re|gel|satz (der, -es, -sät|ze) festgelegter Leistungssatz.

Re|gel|stu|di|en|zeit (die, -, -en) vorgeschriebene Studiendauer.

Re|ge|lung (die, -, -en) Maßnahme; Regel.

Re|ge|lungs|tech|nik (die, -, -en) Kybernetik.

re|gel|wid|rig (Adj.) entgegen den Regeln.

Re|gel|wid|rig|keit (die, -, -en) Verstoß gegen die Regeln.

re|gen (V.) bewegen; sich rühren. reglos.

Re|gen (der, -s, -) Niederschlag. Regendach; Regenfall; Regenfass; Regenguss; Regenjahr; Regenmantel; Regenrinne; Regenschauer; Regenschirm; Regentag; Regentonne; Regentropfen; Regenwand; Regenwasser; Regenwetter; Regenwolke.

re|gen|arm (Adj.) niederschlagsarm.

Re|gen|bo|gen (der, -s, -bö|gen) kreisbogenförmige, farbige Lichterscheinung. Regenbogenfarben; Regenbogentrikot. Adjektive: regenbogenfarben; regenbogenfarbig.

Re|gen|bo|gen|haut (die, -, -häu|te) Iris (Auge). Regenbogenhautentzündung.

Re|gen|bo|gen|pres|se (die, -, kein Plural) Boulevardpresse; Unterhaltungsillustrierte.

Ré|gence (die, -, kein Plural) französische Kunstrichtung um 1720.

Re|gen|cy (das, -s, kein Plural) englische Kunstrichtung um 1815.

re|gen|dicht (Adj.) für Regen undurchlässig.

Re|ge|ne|ra|ti|on (die, -, -en) 1. Rückgewinnung von Rohstoffen; 2. Ersatz defekter Organe bei manchen Tieren. Regenerationszeit.

re|ge|ne|ra|ti|ons|fä|hig (Adj.) zur Regeneration geeignet.

re|ge|ne|ra|tiv (Adj.) durch Regeneration entstanden.

Re|ge|ne|ra|tiv|feu|e|rung (die, -, -en) Technik beim Betrieb von Schmelzöfen.

Re|ge|ne|ra|tor (der, -s, -en) Mauerwerk, das beim Regenerativverfahren der Wärmeaufnahme dient.

re|ge|ne|ra|to|risch (Adj.) regenerativ.

re|ge|ne|rie|ren (V.) (lat.) wiederherstellen; erneuern. Regenerat; Regenerativofen.

Re|gen|haut (die, -, -häu|te) regendichter Umhang.

Re|gen|mes|ser (der, -s, -) Gerät zum Messen der Niederschlagsmenge.

re|gen|nass (Adj.) nass vom Regen.

Re|gen|pfei|fer (der, -s, -) Vogelart.

re|gen|reich (Adj.) niederschlagsreich.

Re|gens|burg (ohne Art., -s, kein Plural) Stadt in der Oberpfalz.

Re|gen|schat|ten (der, -s, -) regenarme Seite eines Gebirges.

re|gen|schwer (Adj.) schwer von Regen.

Re|gent (der, -en, -en) (lat.) Herrscher. Prinzregent; regieren.

Re|gen|tin (die, -, -nen) Herrscherin.

Re|gent|schaft (die, -, en) Herrschaft.

Re|gent|schafts|rat (der, -s, -rä|te) in Vertretung eines unmündigen Herrschers regierender Rat.

Re|gen|wald (der, -es, -wäl|der) tropischer, immergrüner Wald; (ugs.) Urwald.

Re|gen|wurm (der, -s, -wür|mer) Tierart.

Re|gen|zeit (die, -, -en) regenreiche Zeit in den Tropen.

Re|gest (das, -s/-es, -ges|ten) (lat.) knappe Zusammenfassung eines Urkundeninhalts.

Reg|gae (der, -, kein Plural) (engl.) Rockmusik aus Jamaika. Reggaekönig.

Re|gie (die, -, kein Plural) (franz.) künstlerische Leitung; Spielleitung. in eigener Regie (ugs.) (eigenverantwortlich, selbständig).

Re|gie|an|wei|sung (die, -, -en) Anweisung des Regisseurs.

Re|gie|as|sis|tent (der, -en, -en) Assistent des Regisseurs.

Re|gie|be|trieb (der, -s, -e) von der öffentlichen Hand geführtes gewerbliches Unternehmen.

Re|gie|feh|ler (der, -s, -) Irrtum; Organisationsfehler. Regiekosten.

Re|gi|en (die, nur Plural) (österr.) (franz.) Verwaltungskosten.

re|gie|ren (V.) (lat.) herrschen; leiten. regierungsfähig; regierungsunfähig; regierungstreu.

Re|gie|rung (die, -, -en) Träger der obersten Staatsgewalt.

Re|gie|rungs|bank (die, -, -bän|ke) Sitzplätze der Regierungsmitglieder.

Re|gie|rungs|be|am|te (der, -n, -n) für die Regierung tätiger Beamter.

Re|gie|rungs|be|zirk (Abk.: Reg.-Bez.) (der, -s, -e) Verwaltungsbezirk.

Re|gie|rungs|bil|dung (die, -, -en) das Zusammenstellen der Regierungsmitglieder.

Re|gie|rungs|chef (der, -s, -s) Leiter der Regierung.

Re|gie|rungs|ge|walt (die, -, -en) die Befugnis, zu regieren.

Re|gie|rungs|ko|a|li|ti|on (die, -, -en) an der Regierung beteiligte politische Parteien.

Re|gie|rungs|kri|se (die, -, -n) Krise der Regierung; regierungsinterne Probleme.

Re|gie|rungs|par|tei (die, -, -en) die regierungsbildende Partei.

Re|gie|rungs|prä|si|dent (der, -en, -en) Verwaltungsleiter eines Regierungsbezirks.

Re|gie|rungs|rat (der, -s, -rä|te) (Abk.: Reg.-Rat) Verwaltungsbeamter.

Re|gie|rungs|sitz (der, -es, -e) Sitz der Regierung.
Re|gie|rungs|spre|cher (der, -s, -) offizieller Sprecher der Regierung.
Re|gie|rungs|sys|tem (das, -s, -e) Regierungsform.
Re|gie|rungs|vor|la|ge (die, -, -n) Gesetzesentwurf der Regierung.
Re|gie|rungs|zeit (die, -, -en) Zeitraum, in dem eine Regierung im Amt ist. Regierungswechsel.
Re|gime (das, -s, -) (franz.) Machtform. Regimekritiker.
Re|gi|ment (das, -s, -e/-er) (lat.) Truppenverband (Abk.: R.; Reg.; Rgt.).
re|gi|men|ter|wei|se (Adj.) in Regimentern.
Re|gi|ments|kom|man|dant (der, -en, -en) Kommandant eines Regiments.
Re|gi|ments|stab (der, -es, -stä|be) führende Offiziere eines Regiments.
Re|gi|o|lekt (der, -es, -e) (lat.) Dialekt in geografischer, nicht soziologischer Hinsicht.
Re|gi|on (die, -, -gi|o|nen) (lat.) Gebiet; Gegend. Regionalplanung; Regionalverband.
re|gi|o|nal (Adj.) eine bestimmte Region betreffend.
Re|gi|o|na|lis|mus (der, -, -kein Plural) Ausprägung und Betonung landschaftlicher Eigenarten.
Re|gi|o|na|list (der, -en, -en) Anhänger des Regionalismus.
Re|gi|o|nal|li|ga (die, -, -li|gen) (lat.) Spielklasse verschiedener Sportarten auf regionaler Ebene.
Re|gi|o|nal|li|te|ra|tur (die, -, -en) Literatur einer Region.
Re|gi|o|nal|po|li|tik (die, -, kein Plural) Politik für eine Region.
Re|gi|o|nal|pro|gramm (das, -es, -e) Rundfunk- oder Fernsehprogramm für eine Region.
re|gi|o|när (Adj.) einen bestimmten Körperteil betreffend.
Re|gis|seur (der, -s, -e) (franz.) künstlerischer Leiter bei Theater- oder Filmproduktionen.
Re|gis|ter (das, -s, -) (lat.) Verzeichnis; Speicher (EDV); Pfeifensystem (Orgel). Er hat alle Register seines Könnens gezogen (alle Mittel eingesetzt). Registerzug. registriert (Abk.: reg.).
Re|gis|ter|ge|richt (das, -s, -e) Gericht, bei dem ein öffentliches Register geführt wird.
Re|gis|ter|ton|ne (die, -, -n) (Abk.: Reg.-T.; RT) Raummaß für Schiffe.
Re|gis|t|ra|tor (der, -s, -en) jmd, der etwas registriert, ein Register führt.
Re|gis|t|ra|tur (die, -, -en) Aufbewahrungsraum für Akten.
re|gis|t|rie|ren (V.) in ein Register aufnehmen; bemerken; feststellen.
Re|gis|t|rier|kas|se (die, -, -n) Maschine zur Aufzeichnung von Kasseneinnahmen und Ausgaben.
Re|gis|t|rie|rung (die, -, -en) die Aufnahme in ein Register.
Re|g|le|ment (das, -s, -s) (franz.) Vorschrift; Verordnung
re|g|le|men|ta|risch (Adj.) einem Reglement folgend.
re|g|le|men|tie|ren (V.) (franz.) anordnen; regeln.
Re|g|le|men|tie|rung (die, -, -en) das Reglementieren.
re|g|le|ment|mä|ßig (Adj.) vorschriftsmäßig.
re|g|le|ment|wi|drig (Adj.) entgegen einer Vorschrift.
Reg|ler (der, -s, -) Vorrichtung zum Regeln/ Regulieren.
Re|glet|te (die, -, -n) (franz.) flaches Metallstück, das (beim Handsatz) zwischen die Buchstabenzeilen gelegt wird und im Druck den Zwischenraum bewirkt.
reg|nen (V.) als Niederschlag zur Erde fallen.
reg|ne|risch (Adj.) zum Regnen neigend.
Reg.-Rat (Abk.) **Reg**ierungs**rat**.
Re|gre|di|ent (der, -en, -en) (lat.) einen Regress in Anspruch Nehmender.
re|gre|die|ren (V.) (lat.) 1. auf Früheres zurückgreifen; zurückgehen; 2. in Regress nehmen.
Re|gress (der, -gres|ses, -gresse) (lat.) Ersatz; Entschädigung.
Re|gres|sand (der, -en, -en) (lat.) abhängige veränderliche Größe eines Regressionsvorganges.
Re|gress|an|spruch (der, -s, -an|sprü|che) Anspruch auf Regress, Entschädigung.
Re|gres|sat (der, -en, -en) (lat.) Rückgriffsschuldner, der dem Ersatzschuldner, den der Gläubiger in Anspruch genommen hat, für dessen Haftung einstehen muss.
Re|gres|si|on (die, -, -si|o|nen) (lat.) Rückbildung; Rückgang.
re|gres|siv (Adj.) rückläufig.
Re|gress|kla|ge (die, -, -n) Klage, um einen Regressanspruch durchzusetzen.
Re|gress|pflicht (die, -, -en) Pflicht, Regress zu leisten. regresspflichtig.
reg|sam (Adj.) eifrig; lebhaft; geistig beweglich.
Reg|sam|keit (die, -, kein Plural) das Regsamsein.
Regt. (Abk.) **Reg**imen**t**.
Reg.-T. (Abk.) **Reg**ister**t**onne.
Re|gu|la fal|si (die, -, kein Plural) (lat.) ein mathematisches Näherungsverfahren.
Re|gu|lar (der, -s, -e) (lat.) Mitglied eines katholischen Ordens, das ein feierliches Gelübde ablegt.
re|gu|lär (Adj.) (lat.) gewöhnlich; der Regel entsprechend.
Re|gu|la|ri|en (die, -, nur Plural) (lat.) den Statuten eines Vereins entsprechend regelmäßig zu erledigende Angelegenheiten.
Re|gu|la|ri|tät (die, -, -en) (lat.) Regelmäßigkeit.
Re|gu|la|ti|on (die, -, -en) (lat.) selbsttätiger Steuerungsvorgang von Stoffwechselabläufen. Regulationsstörung; Regulationssystem.
re|gu|la|tiv (Adj.) regulierend; aufgrund einer Norm.
Re|gu|la|tiv (das, -s, -e) Vorschrift.
Re|gu|la|tor (der, -s, -en) Gerät zum Regulieren; Pendeluhr.
re|gu|lier|bar (Adj.) möglich, zu regulieren.
re|gu|lie|ren (V.) (lat.) regeln; einstellen. Regulierschraube.
Re|gu|lie|rung (die, -, -en) Regelung; das Regulieren. Flussregulierung (Eingriff in den natürlichen Lauf eines Flusses).
re|gu|li|nisch (Adj.) (lat.) aus reinem Metall bestehend.
Re|gu|lus (der, -, -li/-se) (lat.) 1. aus Erzen ausgeschmolzener Metallklumpen; 2. Gattung von Singvögeln; 3. Hauptstern des Sternbildes Löwe.
Re|gung (die, -, -en) Bewegung; Gefühlsbewegung.

re|gungs|los (Adj.) bewegungslos; reglos.
Re|gungs|lo|sig|keit (die, -, ohne Plural) Leblosigkeit; Unbewegtheit.
Re|gur (der, -s, kein Plural) (Hindi) Schwarzerde in Südindien.
Reh (das, -s, -e) Wild. Rehblatt; Rehbrunft.
Re|ha|bi|li|tand (der, -en, -en) ein Mensch, der rehabilitiert wird.
Re|ha|bi|li|ta|ti|on (die, -, -ti|o|nen) (lat.) Wiedereingliederung; Ehrenrettung.
Re|ha|bi|li|ta|ti|ons|zen|t|rum (das, -s, -zentren) medizinisches Zentrum zur Rehabilitation.
re|ha|bi|li|ta|tiv (Adj.) (lat.) die Rehabilitation betreffend; ihr dienend.
re|ha|bi|li|tie|ren (V.) (lat.) jemanden wieder in die Gesellschaft eingliedern; die Ehre wiederherstellen.
Re|ha|bi|li|tie|rung (die, -, -en) (lat.) Rehabilitation.
Re|haut (der, -s, -s) (vulg.lat.-franz.) Erhebung; Erhöhung; lichte Stelle auf einem Gemälde.
Reh|bock (der, -s, -bö|cke) männliches Reh.
Reh|bra|ten (der, -s, -) Braten vom Reh.
reh|braun (Adj.) braun wie ein Reh.
reh|far|ben (*auch:* reh|far|big) (Adj.) von der Farbe eines Rehs.
Reh|geiß (die, -, -en) weibliches Reh; Ricke.
Reh|jun|ge (das, -n, -n) Rehkitz.
Reh|keu|le (die, -, -n) Keule des Rehs.
Reh|kitz (das, -es, -e) Junges eines Rehs.
reh|le|dern (Adj.) aus Rehleder bestehend.
Reh|ling (der, -s, -e) Pfifferling.
Reh|rü|cken (der, -s, -) Gericht aus dem Rücken eines Rehs.
Rei|bach (der, -s, kein Plural) (jidd.) (ugs.) Gewinn.
Rei|be (die, -, -n) Küchengerät zum Reiben.
Reib|ei|sen (das, -s, -) Küchengerät zum Reiben.
Rei|be|ku|chen (der, -s, -) Kartoffelpuffer.
Rei|be|laut (der, -s, -e) Gruppe von Sprachlauten; Frikativ.
rei|ben (V., rieb, hat gerieben) kratzen; putzen; schaben.
Rei|be|rei (die, -, -en) (ugs.) Streit.
Reib|flä|che (die, -, -n) Teil einer Streichholzschachtel.
Rei|bung (die, -, -en) Widerstand. Reibungsbahn; Reibungselektrizität; Reibungsfläche; Reibungsverlust; Reibungswärme; Reibungswiderstand.
rei|bungs|los (Adj.) ohne Reibung; problemlos.
Rei|bungs|lo|sig|keit (die, -, -en) Verlauf ohne Reibung; problemloser Verlauf.
reich (Adj.) wohlhabend; reichhaltig. Arm und Reich (jedermann). Es gibt Arme und Reiche. ein reich geschmückter/reich verzierter (*auch:* reichgeschmückter/reichverzierter) Tisch; reich an Vitaminen.
Reich (das, -s, -e) Herrschaftsgebiet. Reichsacht; Reichsadler; Reichsapfel; Reichsarchiv; Reichsgericht; Reichsgründung; Reichsinsignien; Reichskanzler; Reichsmark; Reichspräsident; Reichsstadt; Reichstag; Reichstagsbrand; Reichswehr;
rei|chen (V.) sich erstrecken; genügen; geben. jemandem reicht's (ugs.) (jemand hat genug).
Reich|hal|tig|keit (die, -, kein Plural) Fülle; Kalorienhaltigkeit.
reich|lich (Adj.) mehr als genug.
Reich|lich|keit (die, -, kein Plural) das reichliche Vorhandensein.
reichs|un|mit|telbar (Adj.) direkt dem Kaiser unterstehend.
Reich|tum (der, -s, -tü|mer) Überfluss; Vermögen.
Reich|wei|te (die, -, -n) Aktionsradius; Nähe.
reif (Adj.) voll entwickelt; erfahren. reif für die Insel sein (ugs.) (urlaubsreif/erholungsbedürftig sein); für etwas reif sein (ugs.) (etwas gründlich verdient haben).
Reif 1. (der, -s, kein Plural) Eistau. Reifglätte; reifen. 2. (der, -s, -e) Ring; Rad.
Rei|fe (die, -, kein Plural) Vollkommenheit; Geschlechtsreife. mittlere Reife.
Rei|fe|grad (der, -s, -e) Entwicklungsstufe der Reifung.
rei|fen (V.) reif werden; sich entwickeln.
Rei|fen (der, -s, -) Ring; Gummischlauch. Reifendruck; Reifenpanne; Reifenprofil; Reifenschaden; Reifenspiel; Reifenwechsel.
Rei|fe|prü|fung (die, -, -en) Abschlussprüfung.
Rei|fe|zeit (die, -, -en) Zeit des Reifwerdens; Pubertät.
Rei|fe|zeug|nis (das, -ses, -se) Zeugnis der Reifeprüfung.
Rei|fi|ka|ti|on (die, -, -ti|o|nen) (lat.-engl.) Konkretisierung; Vergegenständlichung.
rei|fi|zie|ren (V.) (lat.-engl.) konkretisieren; eine Reifikation leisten.
reif|lich (Adj.) gründlich.
Reif|rock (der, -s, -rö|cke) mithilfe eines Drahtgestells weit ausgestellter Damenrock des Rokoko.
Reif|spiel (das, -s, -e) Reifenspiel.
Rei|fung (die, -, kein Plural) das Reifwerden.
Rei|fungs|pro|zess (der, -es, -e) Reifung.
Rei|gen (der, -s, -) Tanz; Rundtanz. den Reigen eröffnen (mit etwas anfangen); den Reigen beschließen (den Abschluss bilden). Reigenführer; Reigentanz.
Rei|he (die, -, -n) Folge; Ordnung. *Beachte:* in Reih und Glied (in strenger Ordnung, in einer Reihe aufeinanderfolgend). Das gab es außer der Reihe (als Ausnahme, zwischendurch). Jetzt bin ich an der Reihe; der Reihe nach; in einer Reihe mit jmdm. stehen (jmdm. ebenbürtig sein); aus der Reihe tanzen (ugs.) (sich anders verhalten als alle anderen); etwas auf die Reihe bringen (ugs.) (etwas wieder in Ordnung bringen); aus der Reihe bringen (ugs.) (verwirrt werden). Die Reihen lichten sich (immer weniger sind vorhanden). Reihenbildung; Reihendorf; Reihenfabrikation; Reihenhaus; Reihenmotor; Reihenschaltung; Reihenuntersuchung; zweireihig.
rei|hen (V.) ordnen; zusammenziehen (nähen). Reihfaden; Reihgarn.
Rei|hen|fol|ge (die, -, -n) Abfolge; Hierarchie.
rei|hen|wei|se (Adj.) in Reihen; zuhauf.
reih|um (Adv.) ringsherum; einer nach dem anderen.
Rei|hung (die, -, -en) das Reihen.
Reim (der, -s, -e) Gleichklang; Vers. Ich kann mir keinen Reim darauf

machen (kann es mir nicht erklären). Reimart; Reimchronik; Reimdichtung; Reimlexikon; Reimpaar; Reimwort; Reimwörterbuch.

rei|men (V.) dichten; Reime bilden.

Rei|mer (der, -s, -) abwertende Bezeichnung für Dichter.

Rei|me|rei (die, -, -en) abwertende Bezeichnung für das Reimen; schlechtes Gedicht.

reim|los (Adj.) ohne Reime.

Re|im|plan|ta|ti|on (die, -, -ti|o|nen) (lat.) Wiedereinpflanzung.

re|im|plan|tie|ren (V.) (lat.) wieder einpflanzen.

Re|im|port (der, -s, -e) (lat.) Wiedereinfuhr von Exportgütern.

re|im|por|tie|ren (V.) Exportgüter wieder einführen.

Reim|schmied (der, -es, -e) abwertend für Versdichter.

rein 1. (Adv.) (ugs.) herein; hinein. Reingeschmeckte; reinfallen; reinkommen; reinwollen. 2. (Adv.) (ugs.) gänzlich; ausschließlich. 3. (Adj.) klar; echt; unvermischt; sauber. *Beachte:* mit sich im Reinen sein; etwas ins Reine bringen; hoffentlich kommt das noch ins Reine; ich schreibe den Brief noch schnell ins Reine. ich muss noch etwas Reines anziehen; Reines und Unreines trennen; es war ein großes Rein(e)-machen; *aber:* die Zimmer rein machen (*auch:* reinmachen). *Beachte:* ein reinseidenes Tuch. Reineinnahme; Reinerhaltung; Reinerlös; Reinvermögen. Adjektive: reingolden; reinleinen; reinschriftlich; reinsilbern; reinwollen; reinweiß. Verben: die Wäsche rein waschen (*auch:* reinwaschen); *aber:* sich von jeder Schuld reinwaschen.

Rei|ne|ma|chen (das, -s, kein Plural) putzen. Rein(e)machefrau.

rein|er|big (Adj.) mit identischen Erbanlagen ausgestattet; homozygot.

Rein|fall (der, -s, kein Plural) (ugs.) Misserfolg; Pleite. *Aber:* der Rheinfall.

rein|fal|len (V.) einen Misserfolg haben.

Re|in|fek|ti|on (die, -, -ti|o|nen (lat.) Wiederansteckung.

re|in|fi|zie|ren (V.) wieder anstecken.

Re|in|fu|si|on (die, -, -si|o|nen) (lat.) intravenöse Wiederzuführung von verlorenem oder vorher entnommenem Blut in den Blutkreislauf (Med.).

Rein|ge|wicht (das, -s, -e) Nettogewicht.

Rein|ge|winn (der, -s, -e) Nettoertrag; Reinerlös; Reineinnahme.

Rein|hal|tung (die, -, kein Plural) das Reinerhalten.

rein|hau|en (V.) hineinhauen. jemandem eine reinhauen (ugs.) (jemanden verprügeln).

Rein|heit (die, -, kein Plural) Sauberkeit; Unverfälschtheit; Unschuld.

Rein|heits|ge|bot (das, -s, -e) Vorschrift für die Bierherstellung.

rei|ni|gen (V.) säubern; putzen.

Rei|ni|ger (der, -s, -) Mittel zum Reinigen.

Rei|ni|gung (die, -, -en) 1. Säuberung; 2. Geschäft, in dem Wäsche chemisch gereinigt wird. Reinigungsmittel.

Rei|ni|gungs|in|s|ti|tut (das, -s, -e) seltener Ausdruck für Reinigung.

Rei|ni|gungs|milch (die, -, kein Plural) kosmetisches Mittel zur Gesichtsreinigung.

Re|in|kar|na|ti|on (die, -, -ti|o|nen) (lat.) Seelenwanderung. Reinkarnationsforschung.

re|in|kar|nie|ren (V.) durch Reinkarnation fortbestehen.

Rein|kul|tur (die, -, -en) Monokultur. in Reinkultur (in einer Ausprägung, die nicht übertroffen werden kann).

rein|le|gen (V., legte rein, hat reingelegt) (ugs.) hineinlegen; betrügen.

rein|lich (Adj.) ordentlich; sauberkeitsliebend.

Rein|lich|keit (die, -, kein Plural) das Reinlichsein; Sauberkeit.

rein|lich|keits|lie|bend (Adj.) sauberkeitsliebend.

rein|ras|sig (Adj.) von ungekreuzter Abstammung.

Rein|ras|sig|keit (die, -, kein Plural) das Reinrassigsein.

Rein|schrift (die, -, -en) saubere Abschrift.

re|in|s|tal|lie|ren (V.) (lat.) in ein Amt, einen Aufgabenbereich wieder einsetzen.

Re|in|te|gra|ti|on (die, -, -ti|o|nen) (lat.) Wiedereingliederung; Wiederherstellung.

re|in|te|g|rie|ren (V.) (lat.) wiedereingliedern.

re|in|ves|tie|ren (V.) (lat.) frei gewordene Kapitalerträge erneut anlegen; wieder investieren.

rein|wa|schen (V. refl., wusch rein, hat reingewaschen) sich rechtfertigen; herausreden.

rein|wür|gen (V.) hineinwürgen. jemandem eine/eins reinwürgen (ugs.) (jemanden zurechtweisen, etwas Unangenehmes sagen).

Reis 1. (das, -es, -er) Zweig. Reisbesen; Reiserbesen. 2. (der, -es, -e) (griech.) Getreide. Reisbranntwein; Reisbrei; Reisfeld; Reiskorn; Reisschnaps; Reisstrohteppich; Reissuppe.

Reis|bau (der, -s, kein Plural) Reisanbau.

Rei|se (die, -, -n) Fahrt, Urlaub. seine letzte Reise antreten (sterben); sich auf die Reise machen (aufbrechen). Reiseandenken; Reiseapotheke; Reisebericht; Reisebeschreibung; Reisebuch; Reisebus; Reiseerlebnis; Reisefieber; Reisegepäck; Reisegepäckversicherung; Reisekosten; Reisenecessaire (*auch:* Reisenessessär); Reiseproviant; Reiseroute; Reisespesen; Reisetasche;Reisevorbereitung; Reisewetterbericht; Reisezeit; Reiseziel.

Rei|se|be|glei|ter (der, -s, -) jemand, der andere auf einer Reise betreut oder begleitet.

Rei|se|bü|ro (das, -s, -s) Unternehmen, das Reisen vermittelt.

rei|se|fer|tig (Adj.) zur Abreise bereit.

Rei|se|füh|rer (der, -s, -) Reisebuch; Reiseleiter.

Rei|se|ge|sell|schaft (die, -, -en) Reisegruppe.

Rei|se|lei|ter (der, -s, -) Führer einer Reisegruppe.

Rei|se|lust (die, -, kein Plural) Freude am Reisen.

rei|se|lus|tig (Adj.) gerne Reisen unternehmend.

rei|sen (V., ist) umherfahren; Urlaub machen.

rei|send (Adj.) umherziehend; auf einer Reise befindlich.

Rei|sen|de (der/die, -n, -n) ein Mensch, der sich auf einer Reise befindet; Handelsvertreter.

Rei|se|pass (der, -es, -päs|se) Dokument für Reisen ins Ausland.

Rei|se|scheck (der, -s, -s) Scheck, der meist auf runde Beträge lautet und von Reisenden bei bestimmten Banken eingelöst werden kann; Travellerscheck.

Rei|se|ver|an|stal|ter (der, -s, -) Unternehmen, das eine Reise organisiert.
Rei|sig (das, -s, kein Plural) dürre, abgebrochene Zweige. Reisigbesen; Reisigbündel; Reisigholz.
Reis|pa|pier (das, -s, -e) chinesische Papiersorte.
rei|ßen (V., riss, hat gerissen) zerren; abtrennen; zeichnen. *Beachte:* Reißaus nehmen (aus Angst davonlaufen). Reißhaken; Reißlinie; Reißstift.
Reiß|brett (das, -s, -er) Zeichenunterlage für technische Zeichnungen. Reißbrettarbeit; Reißbrettstift.
Rei|ßen (das, -, kein Plural) 1. (ugs.) Rheumatismus; 2. Sportart.
rei|ßend (Adj.) rasend; stark.
Rei|ßer (der, -s, -) (ugs.) Erfolgsschlager.
rei|ße|risch (Adj.) aufdringlich; aufmerksamkeitsheischend; grell.
Reiß|fe|der (die, -, -n) Zeichengerät.
reiß|fest (Adj.) stabil; nicht reißend. Reißfestigkeit.
Reiß|lei|ne (die, -, -n) Leine am Fallschirm, die den Fallschirm öffnet.
Reiß|na|gel (der, -s, -nä|gel) kleiner Nagel mit flachem Kopf; Reißzwecke.
Reiß|schie|ne (die, -, -n) Lineal.
Reiß|ver|schluss (der, -es, -ver|schlüs|se) Verschluss von Kleidungsstücken. Reißverschlusssystem (*auch:* Reißverschluss-System).
Reiß|wolf (der, -s, -wöl|fe) Maschine zum Zerkleinern von Papier.
Reiß|zahn (der, -s, -zäh|ne) Backenzahn bei Tieren.
Reiß|zeug (das, -s, kein Plural) Geräte für das technische Zeichnen.
Reiß|zir|kel (der, -s, -) mit Reißfeder ausgestatteter Zirkel.
Reiß|zwe|cke (die, -, -n) Reißnagel.
rei|ten (V., ritt, ist geritten) auf einem Pferd sitzen; sich auf einem Pferd fortbewegen. Reiter/in; Reitgerte; Reithose; Reitlehrer; Reitpeitsche; Reitprüfung; Reitstiefel; Reitunterricht; reitend.
Rei|ter|an|griff (der, -s, -e) Angriff der Kavallerie.
Rei|te|rei 1. (die, -, kein Plural) das Reiten; 2. (die, -, -en) Kavallerie.
rei|ter|lich (Adj.) das Reiten betreffend.
Rei|ter|re|gi|ment (das, -s, -e) Kavallerieregiment.
Rei|ters|mann (der, -s, -män|ner) veraltet für Reiter.
Reit|pferd (das, -es, -e) zum Reiten besonders geeignetes Pferd.
Reit|sport (der, -s, kein Plural) Sammelbezeichnung für zu Pferd ausgetragene Sportarten.
Reit|stall (der, -es, -stäl|le) Gebäude, in dem Reitpferde untergebracht werden.
Reit|tur|nier (das, -es, -e) Wettkampf im Reitsport. Reit- und Springturnier.
Reit|weg (der, -s, -e) zum Reiten geschaffener Weg.
Reit|zeug (das, -s, kein Plural) zum Reiten benötigte Ausrüstungsgegenstände.
rei|zen (V.) 1. erregen; verlocken; 2. ärgern; herausfordern.
Reiz (der, -es, -e) 1. Einfluss von außen; Stimulus; 2. Verlockung; Attraktivität.
reiz|bar (Adj.) aufbrausend; nervös.
Reiz|bar|keit (die, -, kein Plural) das Reizbarsein; schnelles Zornigwerden.
rei|zend (Adj.) charmant; niedlich.
Reiz|hus|ten (der, -s, kein Plural) chronischer Husten.
Reiz|ker (der, -s, -) Pilz.
Reiz|kli|ma (das, -s, -s) gesundes Klima.
reiz|los (Adj.) gleichförmig; uninteressant.
Reiz|lo|sig|keit (die, -, kein Plural) das Reizlossein; Unattraktivität.
Reiz|mit|tel (das, -s, -) Anregungsmittel.
Reiz|schwel|le (die, -, -n) Grenze der Empfindungsauslösung.
Reiz|the|ra|pie (die, -, -n) medizinische Behandlungsart.
Reiz|über|flu|tung (die, -, -en) ein Zuviel an Reizen.
Rei|zung (die, -, -en) das Reizen; Entzündung.
reiz|voll (Adj.) anregend; interessant; attraktiv.
Reiz|wä|sche (die, -, kein Plural) erregende Unterwäsche.
Reiz|wort (das, -es, -e) herausforderndes Wort; Provokation.
Re|jek|ti|on (die, -, -ti|o|nen) (lat.) 1. Abstoßung transplantierter Organe durch den Organismus des Organempfängers (Med.); 2. in der Rechtswissenschaft die Ablehnung oder Verwerfung eines Vertrages, einer Klage etc.
Ré|jouis|sance (die, -, -n) (lat.-franz.) heiterer Satz einer Suite im 17. und 18. Jahrhundert.
Re|ka|les|zenz (die, -, kein Plural) Wiedererwärmung; Wiedererhitzung (Chemie).
Re|ka|pi|tu|la|ti|on (die, -, -en) (lat.) Wiederholung.
re|ka|pi|tu|lie|ren (V.) (lat.) wiederholen; zusammenfassen.
re|keln (*auch:* rä|keln) (V., refl.) sich strecken.
Re|kla|mant (der, -en, -en) (lat.) Beschwerdeführer; jmd., der Einspruch gegen etwas erhebt (Rechtsw.).
Re|kla|man|te (die, -, -n) (lat.) Kennzeichen der einzelnen Lagen einer Handschrift.
Re|kla|ma|ti|on (die, -, -ti|o|nen) (lat.) Beanstandung.
Re|kla|me (die, -, -n) (franz.) Werbung.
Re|kla|me|fach|mann (der, -s, -män|ner) Werbefachmann.
Re|kla|me|feld|zug (der, -s, -zü|ge) Werbekampagne.
Re|kla|me|flä|che (die, -, -en) Fläche für Reklameplakate.
Re|kla|me|pla|kat (das, -s, -e) zu Reklamezwecken dienendes Plakat.
Re|kla|me|schild (das, -(e)s, -er) Werbeschild.
Re|kla|me|trom|mel (die, -, -n) (nur in der Wendung:) die Reklametrommel rühren (Werbung machen).
re|kla|mie|ren (V.) (lat.) beanstanden; sich beschweren.
Re|kli|na|ti|on (die, -, -ti|o|nen) (lat.) das Rückbiegen einer verkrümmten Wirbelsäule mit anschließender Fixierung in dieser Stellung in einem Gipsbett.
Re|ko|die|rung (die, -, -en) (lat.) die Umsetzung in die Zielsprache nach der Analyse der Ausgangssprache (Dekodierung) beispielsweise beim Übersetzen.
Re|ko|g|ni|ti|on (die, -, -ti|o|nen) (lat.) die gerichtliche oder amtliche Beglaubigung der Echtheit einer Person, Sache oder Urkunde.
re|ko|g|nos|zie|ren (V.) (lat.) 1. erforschen; erkunden; 2. die Echtheit einer Person, Sache oder Urkunde beglaubigen.

Reˈkoˈgˈnosˈzieˈrung (die, -, -en) (lat.) Erkundung; Identifizierung.
Reˈkomˈbiˈnaˈtiˈon (die, -, -tiˈoˈnen) (lat.) 1. Neuzusammenstellung (z. B. als genetischer Vorgang); 2. Wiedervereinigung der entgegengesetzt elektrisch geladenen Teile eines Moleküls oder eines positiven Ions mit einem Elektron zu einem neutralen Gebilde.
Reˈkomˈmanˈdaˈtiˈon (die, -, -tiˈoˈnen) (lat.) 1. Einschreibsendung (österr.); 2. Empfehlung.
reˈkomˈmanˈdieˈren (V.) (lat.-franz.) 1. einschärfen; eindringlich empfehlen; 2. österreichische Bezeichnung für einschreiben lassen (Postwesen).
Reˈkomˈpaˈraˈtiˈon (die, -, -tiˈoˈnen) (lat.) Wiedererwerbung.
reˈkomˈpenˈsieˈren (lat.) entschädigen.
Reˈkomˈpoˈsiˈtiˈon (die, -, -tiˈoˈnen) (lat.) in der Sprachwissenschaft die Neubildung eines zusammengesetzten Wortes, wobei auf die ursprüngliche Form eines der Kompositionsglieder zurückgegriffen wird.
Reˈkomˈpoˈsiˈtum (das, -s, -ta) (lat.) in der Sprachwissenschaft ein durch eine Rekomposition entstandenes Wort.
Reˈkonˈsˈtiˈtuˈtiˈon (die, -, -tiˈoˈnen) (lat.) Wiederherstellung.
reˈkonˈsˈtˈruˈieˈren (V.) wiederherstellen.
Reˈkonˈsˈtˈrukˈtiˈon (die, -, -tiˈoˈnen) (lat.) detailgenaue Wiederherstellung; Nachbildung. Rekonstruierung; Rekonstruktionsversuch.
reˈkonˈsˈtˈrukˈtuˈraˈbel (Adj.) (lat.) nachvollziehbar; darstellbar.
Reˈkonˈvaˈlesˈzent (der, -en, -en) (lat.) Genesender.
Reˈkonˈvaˈlesˈzenz (die, -, kein Plural) (lat.) Genesung.
Reˈkonˈvaˈlesˈzenzˈzeit (die, -, -en) zur Rekonvaleszenz benötigte Zeit.
reˈkonˈvaˈlesˈzieˈren (V.) gesund werden.
Reˈkonˈziˈliˈaˈtiˈon (die, -, -tiˈoˈnen) (lat.) 1. Neuweihe (einer Kirche); 2. Wiederaufnahme, Lossprechung eines Exkommunizierten.
Reˈkord (der, -s, -e) (engl.) Höchstleistung.
Reˈkordˈbeˈsuch (der, -s, kein Plural) bestes Ergebnis hinsichtlich der Besucherzahlen.
Reˈkordˈerˈgebˈnis (das, -ses, -se) bisher unerreichtes Ergebnis.
Reˈkordˈflug (der, -s, -flüˈge) Flug, bei dem ein Rekord aufgestellt wird.
Reˈkordˈhalˈter (der, -s, -) jemand, der einen aktuellen Rekord aufgestellt hat.
Reˈkordˈhöˈhe (die, -, -n) neuer Höhenrekord, besonders im Hochsprung; Rekordmaß.
Reˈkordˈleisˈtung (die, -, -en) Rekordergebnis.
Reˈkordˈmarˈke (die, -, -n) Rekord; Grenze zum Rekord.
Reˈkordˈverˈsuch (der, -s, -e) der Versuch, einen Rekord aufzustellen.
Reˈkordˈweiˈte (die, -, -n) neuer Weitenrekord, besonders im Weitsprung.
Reˈkordˈzeit (die, -, -en) neue Bestzeit.
Reˈkreˈaˈtiˈon (die, -, -en) (lat.) veraltet für Erholung; Erfrischung.
Reˈkreˈdiˈtiv (das, -s, -tiˈva) (lat.) die schriftliche Bestätigung eines Staatsoberhauptes, dass er ein diplomatisches Abberufungsschreiben erhalten hat.
ReˈkruˈdesˈzenZ (die, -, kein Plural) (lat.) erneute Verschlimmerung einer Krankheit (Med.).
Reˈkˈrut (der, -en, -en) (franz.) Soldat; frisch eingezogener Soldat.
Reˈkˈruˈtenˈausˈbilˈdung (die, -, -en) Grundausbildung.
Reˈkˈruˈtenˈzeit (die, -, -en) die Zeit des Rekrutseins.
reˈkˈruˈtieˈren (V.) einberufen; aus sich zusammensetzen (refl.).
Reˈkˈruˈtieˈrung (die, -, -en) das Rekrutieren.
rekˈtal (Adj.) (lat.) durch den Darm.
Rekˈtaˈpaˈpier (das, -s, -e) (lat.) unübertragbares Wertpapier; Namenspapier.
Rekˈtˈaˈsˈzenˈsiˈon (die, -, -siˈoˈnen) (lat.) eine astronomische Koordinate (ähnlich der geografischen Länge).
Rekˈtiˈfiˈkaˈtiˈon (die, -, -tiˈoˈnen) (lat.) das Rektifizieren.
rekˈtiˈfiˈzieˈren (V.) 1. berichtigen; 2. reinigen; durch Destillation trennen; 3. Länge eines Kurvenbogens (durch Integrieren) errechnen.
Rekˈtiˈon (die, -, -tiˈoˈnen) Kasusregierung (z. B. regiert die Präposition »wegen« den Genitiv).
Rekˈto (*auch:* Recˈto) (das, -s, -s) (lat.) Vorderseite eines Blattes eines Buches, einer Handschrift, von Papyrus.
Rekˈtor (der, -s, -en) (lat.) Schulleiter. Rektorin.
Rekˈtoˈrat (das, -(e)s, -e) Amt(szimmer), Amtszeit eines Rektors.
Rekˈtoˈrenˈverˈsammˈlung (die, -, -en) Versammlung von Rektoren.
Rekˈtoˈsˈkop (das, -s, -e) Instrument zur Durchführung einer Darmspiegelung.
Rekˈtoˈsˈkoˈpie (die, -, -n) (lat.-griech.) Darmspiegelung.
Rekˈtum (das, -s, Rekˈta) (lat.) Mastdarm.
reˈkulˈtiˈvieˈren (V.) (franz.) neu anbaufähig machen.
Reˈkuˈpeˈraˈtor (der, -s, -en) (lat.) Vorwärmer in Feuerungsanlagen.
Reˈkurˈrensˈfieˈber (das, -s, kein Plural) (lat.) Rückfallfieber (Med.).
Reˈkurˈrenz (die, -, -en) (lat.) Rekursivität.
reˈkurˈrieˈren (V.) (lat.) sich auf etwas beziehen.
Reˈkurs (der, -es, -e) (lat.) 1. Berufung; Beschwerde gegen ein Justizorgan; 2. Bezugnahme; Rückgriff.
Reˈkuˈsaˈtiˈon (die, -, -tiˈoˈnen) (lat.) in der Rechtswissenschaft die Ablehnung eines für befangen erachteten Richters.
reˈkurˈsiv (Adj.) (lat.) zurückgehend; Rückgriff nehmend.
Reˈkurˈsiˈviˈtät (die, -, -en) (lat.) grammatikalische Eigenschaft.
Reˈlais (das, -, -) (franz.) Schaltkreis. Relaisdiagramm; Relaisröhre; Relaisschaltung.
Reˈlaisˈstaˈtiˈon (die, -, -en) Zwischenstation zur Weiterleitung von Rundfunksendungen.
Reˈlance (die, -, -n) (franz.) (schweiz.) das Wiederaufgreifen einer politischen Idee.
Reˈlaps (der, -es, -e) (lat.) Rückfall.
Reˈlaˈtiˈon (die, -, -tiˈoˈnen) (lat.) Verhältnis.
reˈlaˈtiˈoˈnal (Adj.) (lat.) eine Relation betreffend; in Beziehung stehend.
Reˈlaˈtiˈonsˈadˈjekˈtiv (das, -s, -e) (lat.) ein Adjektiv, das eine allgemeine Beziehung ausdrückt und in der Regel nicht steigerungsfähig ist.

Re|la|ti|ons|be|griff (der, -s, -e) eine Relation ausdrückender Begriff.
re|la|tiv (Adj.) (franz.) verhältnismäßig; sich beziehend.
Re|la|tiv|ad|verb (das, -s, -ien) Adverb, das einen Relativsatz einleitet.
re|la|ti|vie|ren (V.) in Beziehung bringen; einschränken.
Re|la|ti|vis|mus (der, -s, kein Plural) philosophische Auffassung der Bedingtheit aller Erkenntnis.
re|la|ti|vis|tisch (Adj.) den Relativismus betreffend.
Re|la|ti|vi|tät (die, -, -en) das Relativsein.
Re|la|ti|vi|täts|the|o|rie (die, -, kein Plural) physikalische Theorie.
Re|la|tiv|pro|no|men (das, -s, -) bezügliches Fürwort (z. B. der, die, das, welcher, was).
Re|la|tiv|satz (der, -es, -sät|ze) erläuternder Satzteil.
Re|la|tor (der, -s, -en) (lat.) mehrstellige, zur Vorhersage eines Merkmals herangezogene Variable in der Statistik.
Re|la|tum (das, -s, -ta) (lat.) in einem Satz das zweite Glied einer aus zwei Objekten bestehenden Beziehung, das das Objekt wiedergibt, auf das die Handlung gerichtet ist. (Im Beispielsatz »Der Matador tötete den Stier« ist der Stier das Relatum.) (Sprachwissenschaft).
Re|launch (der/das, -es, -es) (engl.) verstärkter Werbeeinsatz für ein Produkt, das schon geraume Zeit auf dem Markt ist.
Re|la|xans (das, -, -xan|tia/-xan|zi|en) (lat.) Arzneimittel, das (Muskel-)Entspannung, Erschlaffung bewirkt.
Re|la|xa|ti|on (die, -, -ti|o|nen) (lat.) 1. Erschlaffung; Entspannung; 2. verzögerte Reaktion eines Körpers auf Außeneinwirkungen (in der Physik).
re|laxed (Adj.) (engl.) entspannt.
re|la|xen (V.) (engl.) (ugs.) sich entspannen.
Re|lease (das, -, -s) (engl.) Suchtzentrum.
Re|lea|ser (der, -s, -) (engl.) bei der Behandlung von Rauschgiftsüchtigen mitwirkender Sozialarbeiter oder Psychotherapeut.
Re|le|ga|ti|on (die, -, -en) (lat.) das Relegieren.
Re|le|ga|ti|ons|spiel (das, -s, -e) Spiel um Ab- oder Aufstieg.
re|le|gie|ren (V.) (lat.) von der Schule oder Hochschule ausschließen.
re|le|vant (Adj.) (lat.) wichtig; bedeutend.
Re|le|vanz (die, -, kein Plural) Wichtigkeit; Bedeutsamkeit.
Re|le|va|ti|on (die, -, -ti|o|nen) (lat.) 1. Erleichterung; 2. Befreiung von einer rechtlichen Verbindlichkeit (Rechtswissenschaft).
re|li|a|bel (Adj.) (lat.-franz.-engl.) verlässlich.
Re|li|a|bi|li|tät (die, -, kein Plural) (lat.) Prüf-, Testgenauigkeit (eines psychologischen Verfahrens).
Re|li|ef (das, -s, -s/-e) (franz.) plastisches Bild; Oberfläche. Reliefpfeiler.
re|li|ef|ar|tig (Adj.) erhaben; in der Art eines Reliefs; halbplastisch.
Re|li|ef|druck (der, -s, -e) Prägedruck.
Re|li|ef|glo|bus (der, -, -glo|ben) Globus mit plastischer Zeichnung.
re|li|e|fie|ren (V.) (lat.-franz.) mit einem Relief ausstatten; mit einem Relief versehen.
Re|li|e|fie|rung (die, -, -en) (lat.-franz.) das Herausarbeiten eines Reliefs.
Re|li|ef|in|tar|sie (die, -, -n) (lat.-franz.) Kombination von Einlegearbeit und Schnitzerei.
Re|li|ef|kar|te (die, -, -n) dreidimensional wirkende Karte.
Re|li|ef|kli|schee (das, -s, -s) (lat.-franz.) Rasterätzung mit reliefartiger Prägung auf der Rückseite, wodurch die entsprechenden Stellen auf der Vorderseite besser zur Geltung kommen (im Buchdruck).
Re|li|ef|sti|cke|rei (die, -, -en) reliefartige Stickerei.
Re|li|gi|on (die, -, -gi|o|nen (lat.) Glaubenslehre.
Re|li|gi|ons|be|kennt|nis (das, -ses, -se) Zugehörigkeit zu einer bestimmten Religion.
Re|li|gi|ons|frei|heit (die, -, -en) Glaubens- und Gewissensfreiheit.
Re|li|gi|ons|frie|de (der, -ns, -n) Frieden, der auf einen Religionskrieg folgt.
Re|li|gi|ons|ge|mein|schaft (die, -, -en) Gemeinschaft von Menschen, die derselben Religion angehören.
Re|li|gi|ons|ge|schich|te (die, -, -n) geschichtliche Entwicklung der Religionen.
Re|li|gi|ons|krieg (der, -s, -e) Krieg, der aus dem Gegensatz religiöser Bekenntnisse entstanden ist.
Re|li|gi|ons|leh|re (die, -, kein Plural) Religionsunterricht.
re|li|gi|ons|los (Adj.) keiner Religionsgemeinschaft angehörend.
Re|li|gi|ons|phi|lo|so|phie (die, -, -en) Bereich der Philosophie, der Wesen und Inhalt des Religiösen zu erfassen versucht.
Re|li|gi|ons|stif|ter (der, -s, -) Begründer einer Religion.
Re|li|gi|ons|streit (der, -s, -e) Streit in Glaubensfragen.
Re|li|gi|ons|un|ter|richt (der, -s, -e) Schulunterricht in Religionslehre.
Re|li|gi|ons|wis|sen|schaft (die, -, -en) Wissenschaft von den religiösen Erscheinungsformen.
re|li|gi|ös (Adj.) sich zu einer Religion bekennend.
Re|li|gi|o|si|tät (die, -, kein Plural) das Religiössein; Frömmigkeit.
re|li|gio|so (Adj.) (lat.-ital.) andächtig; feierlich (Vortragsanweisung in der Musik).
Re|likt (das, -s, -e) (lat.) Überbleibsel. Reliktenfauna; Reliktentheorie.
Re|ling (die, -, -s) Schiffsgeländer.
Re|li|qui|ar (das, -s, -e) Reliquienbehälter.
Re|li|quie (die, -, -n) (lat.) Überrest; Gebeine eines Heiligen.
Re|li|qui|en|schrein (der, -s, -e) Reliquienbehälter in Form eines Schreins.
Re|li|qui|en|ver|eh|rung (die, -, -en) Verehrung von Reliquien.
Re|lish (das, -s, -es) (engl.) Würzsoße.
Rem (das, -, -) (Kurzw.) **R**oentgen **e**quivalent **m**an. (Maßeinheit für Strahlendosis; Zeichen: rem).
Re|make (das, -s, -s) (engl.) Neufassung.
re|ma|nent (Adj.) (lat.) verbleibend; zurückbleibend.
Re|ma|nenz (die, -, -en) (lat.) das Verbleiben; Zurückbleiben; z. B. die ~ im zerebralen Erinnerungsbereich.
Rem|bours (der, -, -) (franz.) Bankgeschäft (Überseehandel).

Rem|bours|ge|schäft (das, -s, -e) Bankgeschäft im Überseehandel.
Rem|bours|kre|dit (der, -s, -e) Bankkredit an einen inländischen Importeur.
Re|mi|g|rant (der, -en, -en) (lat.) Heimkehrer. Remigrantin.
re|mi|li|ta|ri|sie|ren (V.) wieder bewaffnen.
Re|mi|li|ta|ri|sie|rung (die, -, -en) (lat.) Wiederbewaffnung.
Re|mi|nis|zenz (die, -, -en) (lat.) Erinnerung.
re|mis (Adj.) (franz.) unentschieden. Die Schachpartie ging remis aus. *Aber:* Ich erzielte nur ein Remis.
Re|mi|se (die, -, -n) (franz.) 1. Abstellschuppen für Wagen; 2. Feldgehölz als Äsungs- und Deckungsplatz (für Niederwild).
re|mi|sie|ren (V.) ein Remis erzielen (bes. im Schach).
Re|mis|si|on (die, -, -si|o|nen) (lat.) 1. Bücherrücksendung; 2. Besserung (einer Krankheit).
Re|mit|ten|de (die, -, -n) (lat.) vom Buchhändler an den Verlag zurückgesandtes (unverkäufliches, beschädigtes) Buch.
Re|mit|tent (der, -en, -en) (lat.) Wechselnehmer.
re|mit|tie|ren (V.) (lat.) Bücher als Remittenden zurückschicken.
Re|mix (das, -es, -es) am Mischpult bearbeitete, neue Version eines bekannten Musikstücks.
Rem|mi|dem|mi (das, -s, kein Plural) (ugs.) Trubel.
Re|mon|te (die, -, -n) (franz.) junges Militärpferd; Ausbildungspferd.
Re|mou|la|de (die, -, -n) (franz.) Mayonnaise. Remouladensoße (*auch:* Remouladensauce).
Rem|pe|lei (die, -, -en) das Rempeln; Stoßen.
rem|peln (V.) (ugs.) stoßen.
Remp|ler (der, -s, -) Stoß; rempelnder Mensch.
REM-Pha|se (Abk.) **R**apid **E**ye **M**ovements; Traumphase mit schnellen Augenbewegungen.
Re|mu|ne|ra|ti|on (die, -, -ti|o|nen) (österr.) (lat.) Entschädigung; Sondervergütung.
Ren (das, -s, -s/ -e) (norw.) Hirschart. Rentierzucht.
Re|nais|sance (die, -, -n) (franz.) Kulturepoche; Wiederaufleben.
Re|nais|sance|dich|ter (der, -s, -) Dichter der Renaissancezeit.
Re|nais|sance|ma|ler (der, -s, -) Maler der Renaissancezeit.
Re|nais|sance|stil (der, -s, -e) für die Epoche der Renaissance typischer Stil.
Re|nais|sance|zeit (die, -, kein Plural) die Zeit der Renaissance.
re|nal (Adj.) (lat.) zu den Nieren gehörig.
Ren|dant (der, -en -en) (lat.) Gemeindekassenführer.
Ren|de|ment (das, -s, -s) (franz.) Rohstoffausbeute, -gehalt.
Ren|dez|vous (das, -, -) (franz.) Verabredung. Koppelmanöver im Weltraum. Rendezvousmanöver.
Ren|di|te (die, -, -n) (ital.) Ertrag einer Kapitalanlage.
Ren|di|te|ob|jekt (das, -s, -e) Objekt, das eine gute Rendite verspricht.
Re|ne|gat (der, -en, -en) (lat.) Abtrünniger.
Re|ne|ga|ten|tum (das, -s, kein Plural) Einstellungen und Verhalten eines Renegaten.
Re|ne|k|lo|de (*auch:* Rei|ne|clau|de) (die, -, -n) (franz.) Pflaumensorte.
Re|net|te (*auch:* Rei|net|te) (die, -, -n) (franz.) gelber Apfel mit roter Streifung.
Ren|for|cé (der/das, -s, -s) (franz.) Baumwollstoff.
re|ni|tent (Adj.) (lat.) widerspenstig.
Re|ni|ten|te (der/die, -n/-n, -n/-n) renitenter Mensch.
Re|ni|tenz (die, -, kein Plural) das Renitentsein.
Ren|ke (die, -, -n) Fisch.
Renn|bahn (die, -, -en) für Rennen geeignete Piste.
Renn|boot (das, -s, -e) für Rennen geeignetes, schnelles Boot.
ren|nen (V., rannte, ist gerannt) schnell laufen; eilen.
Ren|nen (das, -s, -) sportlicher Schnelligkeitswettkampf. Das Rennen ist gelaufen (die Entscheidung über etwas ist gefallen). das Rennen machen (aus einem Vergleich als Sieger hervorgehen).
Ren|ner (der, -s, -) Verkaufsschlager.
Ren|ne|rei (die, -, -en) (ugs.) Hetze; ständiges Rennen.
Renn|fah|rer (der, -s, -) Auto- oder Radfahrer, der sich an Rennen beteiligt.
Renn|fie|ber (das, -s, -) Drang, an Rennen teilzunehmen oder ihnen zuzusehen.
Renn|lei|ter (der, -s, -) Leiter eines Wettrennens.
Renn|pferd (das, -es, -e) für Rennen geeignetes Pferd.
Renn|platz (der, -es, -plät|ze) Veranstaltungsort für Rennen.
Renn|rad (das, -es, -rä|der) für Rennen konstruiertes, schnelles Fahrrad.
Renn|ro|deln (das, -s, kein Plural) Wettkampf im Rodeln.
Renn|schlit|ten (der, -s, -) für Rennen konstruierter Schlitten.
Renn|sport (der, -s, kein Plural) Rad-, Auto- oder Pferdesportarten, bei denen es auf Schnelligkeit ankommt.
Renn|stall (der, -es, -stäl|le) Rennpferde eines Besitzers, Rennfahrer einer Mannschaft.
Renn|stre|cke (die, -, -n) Distanz, über die ein Rennen ausgetragen wird.
Renn|ver|an|stal|tung (die, -, -en) organisiertes Rennen.
Renn|wa|gen (der, -s, -) ausschließlich für Rennen konstruierter Wagen. Rennauto.
Renn|wett|steu|er (die, -, -n) auf Wetten im Bereich des Pferdesports erhobene Steuer.
Re|nom|mee (das, -s, -s) (franz.) Ansehen; Ruf.
re|nom|mie|ren (V.) angeben; prahlen.
Re|nom|mier|stück (das, -es, -e) zum Renommieren geeignetes Stück.
re|nom|mier|süch|tig (Adj.) angeberisch.
re|nom|miert (Adj.) angesehen; bekannt.
Re|nom|mist (der, -en, -en) jemand, der renommiert; Angeber.
Re|non|ce (die, -, -n) (franz.) Fehlfarbe (beim Kartenspiel).
Re|no|va|ti|on (die, -, -ti|o|nen) das Renovieren.
re|no|vie|ren (V.) (lat.) erneuern; instand setzen.
Re|no|vie|rung (die, -, -en) Erneuerung. Renovierungskosten; Renovierungsmaßnahmen.
ren|ta|bel (Adj.) (franz.) gewinnbringend. rentieren.

Ren|ta|bi|li|tät (die, -, -en) das Rentabelsein. Rentabilitätsgesichtspunkt.
Ren|te (die, -, -n) Altersversorgung; Pension. Rentenanspruch; Rentenempfänger; Rentenreform; Rentenschein; Rentenzahlung.
Ren|ten|al|ter (das, -s, -) Alter, ab dem Rente bezogen wird.
Ren|ten|an|lei|he (die, -, -n) Staatsanleihe.
Ren|ten|ba|sis (die, -, kein Plural) Zahlungsart bei Immobiliengeschäften.
Ren|ten|be|mes|sungs|grund|la|ge (die, -, -n) Berechnungsgrundlage der Rentenhöhe.
ren|ten|be|rech|tigt (Adj.) berechtigt, Rente zu beziehen.
ren|ten|pflich|tig (Adj.) verpflichtet, Rente zu bezahlen.
Ren|ten|ver|si|che|rung (die, -, -en) Art der Sozialversicherung.
Ren|ten|wert (der, -s, -e) Wertpapiersorte.
Ren|tier (das, -s, -e) → Ren.
Ren|ti|er (der, -s, -s) (franz.) Rentner.
ren|tie|ren (V., refl.) sich lohnen; Gewinn bringen.
Rent|ner/Rent|ne|rin (der/die, -s/-, -/-nen) jemand, der Rente bezieht.
Re|nu|me|ra|ti|on (die, -, -ti|o|nen) (lat.) Rückzahlung.
re|nu|me|rie|ren (V.) zurückzahlen.
Re|nun|zi|a|ti|on (*auch:* Re|nun|ti|a|ti|on) (die, -, -ti|o|nen) (lat.) Abdankung (eines Monarchen).
re|nun|zie|ren (V.) (lat.) abdanken.
Ren|voi (der, -, kein Plural) (lat.-franz.) Rücksendung (Wirtsch.).
Re|ok|ku|pa|ti|on (die, -, -ti|o|nen) (lat.) Wiederbesetzung.
re|ok|ku|pie|ren (V.) wieder besetzen.
Re|or|ga|ni|sa|ti|on (die, -, -en) (lat.) Neuordnung; Umgestaltung.
Re|or|ga|ni|sa|tor (der, -s, -en) (lat.) jemand, der eine Reorganisation durchführt.
re|or|ga|ni|sie|ren (V.) (lat.) umgestalten; neu ordnen.
re|pa|ra|bel (Adj.) (lat.) reparierbar.
Re|pa|ra|ti|on (die, -, -en) (lat.) Entschädigungszahlung. Reparationsleistung; Reparationszahlung.
Re|pa|ra|tur (die, -, -en) Instandsetzung. Reparaturkosten; Reparaturwerkstatt.
re|pa|ra|tur|an|fäl|lig (Adj.) anfällig für Reparaturen.
re|pa|ra|tur|be|dürf|tig (Adj.) eine Reparatur benötigend.
re|pa|rie|ren (V.) (lat.) wiederherstellen; instand setzen.
re|par|tie|ren (V.) (franz.) aufteilen (von Kosten); zuteilen (von Wertpapieren).
Re|par|ti|ti|on (die, -, -ti|o|nen) das Repartieren.
re|pa|t|ri|ie|ren (V.) (lat.) die frühere Staatsangehörigkeit wieder verleihen; Kriegsgefangene in die Heimat entlassen.
Re|pel|lent (das, -s, -s) (lat.-engl.) chemisches Insekten-Abschreckungsmittel.
Re|per|toire (das, -s, -s) (franz.) einstudiertes Programm; Vorrat.
Re|per|toire|stück (das, -s, -e) Stück, das immer wieder aufgeführt wird.
Re|per|to|ri|um (das, -s, -ri|en) (lat.) Nachschlagewerk.
Re|pe|tent (der, -en, -en) (lat.) Schüler, der eine Klasse wiederholt.
re|pe|tie|ren (V.) (lat.) wiederholen; üben.
Re|pe|tier|ge|wehr (das, -s, -e) automatisches Gewehr.
Re|pe|tier|uhr (die, -, -en) Taschenuhr.
Re|pe|ti|ti|on (die, -, -en) Wiederholung.
Re|pe|ti|tor (der, -s, -en) jemand, der ein (juristisches) Repetitorium gibt.
Re|pe|ti|to|ri|um (das, -s, -ien) (lat.) Lehrbuch; Wiederholungsunterricht (im Jurastudium).
re|po|ni|bel (Adj.) reponierbar.
re|po|nie|ren (V.) (lat.) in die normale Lage zurückbringen (z. B. Gelenke).
Re|port (der, -s, -e) (franz.) 1. Dokumentarbericht; 2. Kursaufschlag (Börse). Reportgeschäft.
Re|por|ta|ge (die, -, -n) (franz.) Berichterstattung; Dokumentarbericht.
Re|por|ter (der, -s, -) Berichterstatter; Journalist. Reporterin.
Re|po|si|ti|on (die, -, -ti|o|nen) das Reponieren.
re|prä|sen|ta|bel (Adj.) (lat.) wirkungsvoll.
Re|prä|sen|tant (der, -en, -en) (lat.) Vertreter; Abgeordneter. Repräsentantin.
Re|prä|sen|tan|ten|haus (das, -es, -häu|ser) Parlament; Volksvertretung.
Re|prä|sen|tanz (die, -, -en) Vertretung.
Re|prä|sen|ta|ti|on (die, -, -ti|o|nen) (lat.) Vertretung; Darstellung; gesellschaftlicher Aufwand.
Re|prä|sen|ta|ti|ons|gel|der (die, -, nur Plural) Kosten, die die Repräsentation verursacht.
re|prä|sen|ta|tiv (Adj.) charakteristisch; typisch; wirkungsvoll.
Re|prä|sen|ta|tiv|be|fra|gung (die, -, -en) allgemeingültige Umfrage.
Re|prä|sen|ta|tiv|ge|walt (die, -, -en) Berechtigung, den Staat zu vertreten.
Re|prä|sen|ta|ti|vi|tät (die, -, kein Plural) das Repräsentativsein.
Re|prä|sen|ta|tiv|sys|tem (das, -s, -e) Demokratieart.
re|prä|sen|tie|ren (V.) darstellen; stellvertreten.
Re|pres|sa|lie (die, -, -n) (lat.) Druckmittel; Vergeltung.
Rep|res|si|on (die, -, -en) (lat.) Druckmittel.
rep|res|sions|frei (Adj.) ohne Repressionen.
re|pres|siv (lat.) hemmend; unterdrückend.
Re|pres|siv|zoll (der, -s, -zölle) Schutzzoll.
Re|print (der, -s, -s) (engl.) Nachdruck.
Re|pri|se (die, -, -n) (franz.) Wiederholung; Neuauflage.
re|pri|va|ti|sie|ren (V.) in Privatbesitz zurückführen.
Re|pri|va|ti|sie|rung (die, -, -en) (franz.) Zurückführung in Privatbesitz.
Re|pro (die/das, -s, -s) (Kurzw.) Reproduktion. Reproaufnahme; Reprokamera.
Re|pro|ba|ti|on (die, -, -en) (lat.) Missbilligung. reprobieren.
Re|pro|duk|ti|on (die, -, -ti|o|nen) (lat.) Nachbildung; Vervielfältigung. Reproduktionsfaktor; Reproduktionskamera; Reproduktionstechnik.
re|pro|duk|tiv (Adj.) (lat.) nachbildend.
re|pro|du|zie|ren (V.) (lat.) wiedergeben; wiederherstellen; vervielfältigen; sich fortpflanzen.
Rep|til (das, -s, -ti|li|en) (franz.) Kriechtier.

Re|pu|b|lik (die, -, -en) (lat.) Staatsform.
Re|pu|b|li|ka|ner (der, -s, -) Anhänger der republikanischen Partei.
re|pu|b|li|ka|nisch (Adj.) die Republik/die republikanische Partei betreffend.
re|pul|siv (Adj.) (lat.) abstoßend; zurückstoßend.
Re|pun|ze (die, -, -n) (lat.) Stempel.
re|pun|zie|ren (V.) (lat.) stempeln.
Re|pu|ta|ti|on (die, -, kein Plural) (lat.) Ansehen.
re|pu|tier|lich (Adj.) (lat.) achtbar.
Re|qui|em (das, -s, -s/qui|en) (lat.) Totenmesse.
re|qui|es|cat in pa|ce (lat.) ruhe in Frieden (Abk.: R.I.P.).
re|qui|rie|ren (V.) (lat.) beschlagnahmen.
Re|qui|rie|rung (die, -, -en) (lat.) Inanspruchnahme von Privateigentum durch den Staat.
Re|qui|sit (das, -s, -en) (lat.) Zubehör. Requisitenkammer.
Re|qui|si|te (die, -, -n) Requisitenraum.
Re|qui|si|teur (der, -s, -e) (lat.) Beschaffer und Verwalter der Requisiten.
Re|qui|si|ti|on (die, -, -en) (lat.) Requirierung.
resch (Adj.) (südd.) knusprig; lebhaft.
Re|search (das, -/-s, -s) (engl.) Meinungsforschung.
Re|se|da (die, -, -se|den /-s) (lat.) Pflanze.
re|se|da|far|ben (Adj.) in der grünen Farbe der Reseda.
Re|sek|ti|on (die, -, -ti|o|nen) (lat.) chirurgische Entfernung.
Re|ser|vat (das, -s, -e) (lat.) Schutzgebiet; Sonderrecht.
Re|ser|va|ti|on (die, -, -en) (lat.) Gebiet, in dem bestimmte ethnische Gruppen leben.
Re|ser|vat|recht (das, -s, -e) Sonderrecht.
Re|ser|ve (die, -, -n) (franz.) Vorrat; Rücklage; Soldaten; Zurückbehaltung. stille Reserven (Geldrücklagen); jemanden aus der Reserve locken (es schaffen, jemanden von seiner Zurückhaltung zu befreien). Hauptmann der Reserve (Abk.: d.R.); Reservebank; Reservefonds; Reservekanister; Reserveoffizier; Reserverad; Reservereifen; Reservespieler; Reservetank; Reservetruppe; Reserveübung.
re|ser|vie|ren (V.) (lat.) vorbestellen.
re|ser|viert (Adj.) (lat.) vorbestellt; zurückhaltend.
Re|ser|viert|heit (die, -, kein Plural) Unzugänglichkeit; Zurückhaltung.
Re|ser|vie|rung (die, -, -en) (lat.) Vorbestellung.
Re|ser|vist (der, -en, -en) (lat.) Reserveoffizier.
Re|ser|voir (das, -s, -e) (franz.) Sammelbehälter; Speicher.
Re|si|denz (die, -, -en) (lat.) Regierungssitz; Hauptstadt. Residenzstadt; Residenztheater.
re|si|die|ren (V.) (lat.) wohnen; Hof halten.
Re|si|g|na|ti|on (die, -, -ti|o|nen (lat.) Mutlosigkeit; Verzicht.
re|si|g|na|tiv (Adj.) (lat.) zur Resignation neigend.
re|si|g|nie|ren (V.) (lat.) aufgeben; entsagen.
re|si|g|niert (Adj.) (lat.) mutlos; niedergeschlagen.
Ré|sis|tance (die, -, kein Plural) (franz.) französische Widerstandsbewegung.
re|sis|tent (Adj.) (lat.) widerstandsfähig; unempfindlich.
Re|sis|tenz (die, -, -en) (lat.) das Resistentsein.
re|sis|tie|ren (V.) resistent sein; ausdauern.
re|sis|tiv (Adj.) (V.) resistent.
Re|sis|ti|vi|tät (die, -, -en) (lat.) Resistenz; Widerstandsfähigkeit.
re|so|lut (Adj.) (lat.) entschieden; tatkräftig.
Re|so|lut|heit (die, -, -en) das Resolutsein.
Re|so|lu|ti|on (die, -, -ti|o|nen) (lat.) Beschluss; Protesterklärung.
Re|so|nanz (die, -, -en) (lat.) 1. Anklang; 2. Tonschwingung. Resonanzboden; Resonanzfrequenz; Resonanzkörper; Resonanzraum; Resonanzsaite; Resonator.
Re|so|pal (das, -s, kein Plural) Kunststoff. Resopalboden.
re|sor|bier|bar (Adj.) (lat.) etwas kann aufgenommen werden.
re|sor|bie|ren (V.) (lat.) aufnehmen.
Re|sorp|ti|on (die, -, -en) das Resorbieren. Resorptionsfähigkeit.
re|so|zi|a|li|sie|ren (V.) (lat.) wieder in die Gesellschaft eingliedern.
Re|so|zi|a|li|sie|rung (die, -, -en) (lat.) das Resozialisieren; Wiedereingliederung.
resp. (Abk.) **resp**ektive.
Re|s|pekt (der, -s, kein Plural) (franz.) Ehrfurcht; Achtung. Respekt einflößend (*auch:* respekteinflößend), *aber nur:* eine großen Respekt einflößende Person; eine äußerst respekteinflößende Person.
re|s|pek|ta|bel (Adj.) ansehnlich.
re|s|pek|tie|ren (V.) achten.
Re|s|pek|tie|rung (die, -, -en) das Achten.
re|s|pek|ti|ve (Konj.) beziehungsweise (Abk.: resp.).
re|s|pekt|los (Adj.) ohne Respekt.
Re|s|pekt|lo|sig|keit (die, -, -en) das Respektlossein.
Re|s|pekts|per|son (die, -, -en) eine Respekt einflößende Person.
re|s|pekt|voll mit Respekt.
Re|s|pi|ra|ti|on (die, -, kein Plural) (lat.) Atmung.
Re|s|pi|ra|tor (der, -s, -en) (lat.) Beatmungsgerät.
re|s|pi|ra|to|risch (Adj.) (lat.) die Respiration betreffend.
re|s|pi|rie|ren (V.) (lat.) atmen.
Res|sen|ti|ment (das, -s, -s) (franz.) Vorbehalt; Abneigung.
Res|sort (das, -s, -s) (franz.) Zuständigkeit; Abteilung. Ressortchef; Ressortleiter.
Res|sour|ce (die, -, -n) (franz.) Quelle; Bestand.
Rest (der, -s, -e) Übriggebliebenes; Übriges. jemandem den Rest geben (jemanden zugrunde richten); der Rest der Welt (alle anderen). Der Rest ist für die Gottlosen (scherzhafter Kommentar, wenn ein letzter Tropfen oder Happen für den Gast übrig bleibt). Der Rest ist Schweigen (es bleibt nichts mehr zu sagen). Restabschnitt; Restalkohol; Restbestand; Restbetrag; Resteverkauf; Resteverwertung; Restkostenrechnung; Restnutzungsdauer; Restposten; Restrisiko; Restsumme; Resturlaub; Restzahlung.
rest|lich (Adj.) übrig.

rest|los (Adj.) ohne Rest; vollständig.
Re|s|tant (der, -en, -en) (lat.) 1. Schuldner; 2. Reststück.
Re|s|tau|rant (das, -s, -s) (franz.) Esslokal. Restaurantbesitzer.
Re|s|tau|ra|ti|on (die, -, -en) (lat.) 1. Wiederherstellung alter Verhältnisse; 2. Instandsetzung. Restaurationsarbeiten; Restaurationskosten; Restaurationspolitik.
re|s|tau|ra|tiv (Adj.) (lat.) auf Wiederherstellung zielend.
Re|s|tau|ra|tor (der, -s,-en) (lat.) jemand, der Kunstwerke restauriert.
re|s|tau|rie|ren (V.) erneuern, instand setzen. Restaurationsbetrieb.
Re|s|tau|rie|rung (die, -, -en) (lat.) Instandsetzung.
re|s|ti|tu|ie|ren (V.) (lat.) wiederherstellen; rückerstatten.
Re|s|ti|tu|ti|on (die, -, -ti|o|nen) (lat.) Rückerstattung; Wiederherstellung. Restitutionsklage.
Re|s|t|rik|ti|on (die, -, -ti|o|nen) (lat.) Einschränkung. Restriktionsmaßnahme.
re|s|t|rik|tiv (Adj.) (lat.) autoritär; einschränkend.
re|s|t|rin|gie|ren (V.) (lat.) be-, einschränken.
Re|sul|tan|te (die, -, -n) (franz.) Summe sich überlagernder physikalischer Kräfte.
Re|sul|tat (das, -s, -e) (lat.) Ergebnis. Resultatsverbesserung.
re|sul|ta|tiv (Adj.) (lat.) ein Resultat habend.
re|sul|tat|los (Adj.) ohne Resultat; erfolglos.
re|sul|tie|ren (V.) (lat.) herrühren; sich ergeben.
Re|sul|tie|ren|de (die, -n, -n) (lat.) Resultante.
Re|sü|mee (das, -s, -s) (franz.) Zusammenfassung; Endergebnis.
re|sü|mie|ren (V.) (franz.) zusammenfassen.
Re|su|pi|na|ti|on (die, -, -ti|o|nen) (lat.) Drehung der Blütenglieder während des Wachstums um 180° (Bot.).
Re|sur|rek|ti|on (die, -, -ti|o|nen) (lat.) Auferstehung.
Re|ta|bel (das, -s, -) (franz.) Altaraufsatz.
Re|take (der, -s, -s) (engl.) Neuaufnahme (Film).
Re|tar|da|ti|on (die, -, -en) (lat.) Verlangsamung.
re|tar|die|ren (V.) (lat.) verzögern.
re|tar|diert (Adj.) (franz.) zurückgeblieben; verzögert.
Re|ten|ti|on (die, -, -ti|o|nen) (lat.) Zurück(be)haltung.
re|ti|ku|lar (*auch:* re|ti|ku|lär) (Adj.) (lat.) netzartig.
re|ti|ku|liert (Adj.) (lat.) ein netzartiges Muster habend.
Re|ti|na (die, -, -nae) (lat.) Netzhaut (Auge).
Re|ti|ni|tis (die, -, -ni|ti|den) (lat.-griech.) Netzhautentzündung.
Re|tor|si|on (die, -, -si|o|nen) (franz.) spontane Vergeltung (z. B. im Strafrecht).
Re|tor|te (die, -, -n) (franz.) Reagenzgefäß. aus der Retorte (künstlich); Retortenbaby.
re|tour (Adv.) (franz.) zurück.
Re|tou|re (die, -, -n) (franz.) Warenrücksendung.
Re|tour|kut|sche (die, -, -n) (franz.-dt.) erwiderter Vorwurf; zurückgegebene Beleidigung.
re|tour|nie|ren (V.) (franz.) zurücksenden.
Re|trai|te (die, -, -n) (franz.) 1. Rückzug (veraltet); 2. Zapfenstreich (der Kavallerie).
Re|trak|ti|on (die, -, -ti|o|nen) (lat.) Schrumpfung; Verkürzung (eines Organs).
Re|tri|bu|ti|on (die, -, -ti|o|nen) (lat.) Erstattung; Rückgabe.
Re|t|rie|ver (der, -s, -s) (franz.-engl.) eine kanadische Jagdhundrasse.
re|t|ro|da|tie|ren (V.) (lat.) rückdatieren.
Re|t|ro|flex (der, -es, -e) (lat.) mit zurückgebogener Zungenspitze gebildeter Laut (z. B. das »s« und »t« im Schwedischen).
re|t|ro|grad (Adj.) (lat.) rückläufig; entgegen der Hauptrichtung laufend.
Re|t|ro|s|pek|ti|ve (die, -, -n) (lat.) Rückblick.
Re|t|ro|zes|si|on (die, -,-si|o|nen) (lat.) 1. Wiederabtretung; 2. Rückversicherung (des Rückversicherers selbst).
Ret|si|na (der, -s, -s) (griech.) Harzwein.
ret|ten (V.) bergen; bewahren. noch zu retten sein (ugs.) (völlig verrückt sein); sich vor jmdm. kaum noch retten können (von jmdm. in einem Übermaß bedrängt werden). Retter/in; Rettungsaktion; Rettungsanker; Rettungsdienst; Rettungshubschrauber; Rettungsmannschaft; Rettungsring; Rettungsschwimmer.
Ret|tich (der, -s, -e) (lat.) Gemüsepflanze, Rettichsalat.
Ret|tung (die, -, -en) das Retten.
ret|tungs|los (Adj.) ohne Rettung; hoffnungslos.
Re|turn (der, -s, -s) (engl.) Ballrückschlag (Tennis).
Re|tu|sche (die, -, -n) (franz.) das Retuschieren; retuschierte Stelle.
Re|tu|scheur (der, -s, -e) (franz.) jemand, der Retuschen durchführt.
re|tu|schie|ren (V.) (franz.) berichtigen; überarbeiten.
Reue (nicht trennbar!) (die, -, kein Plural) Schuldbewusstsein; Bedauern. Reuegefühl; Reuelosigkeit; Reumütigkeit.
reu|en (V.) bedauern; bereuen.
reue|voll (Adj.) voller Reue; reuig; reumütig.
Re|uni|on (die, -, -s) (franz.) 1. gesellige Veranstaltung (in Kurorten; veraltet); 2. Wiedervereinigung.
Reu|se (die, -, -n) Fangkorb.
re|üs|sie|ren (V.) (franz.) Erfolg haben.
Rev. (Abk.) **Rev**erend.
re|va|lie|ren (V.) (lat.) eine Schuld begleichen.
Re|va|lie|rung (die, -, -en) (lat.) Schuldbegleichung.
Re|val|va|ti|on (die, -, -ti|o|nen) (lat.) Währungsaufwertung.
Re|van|che (die, -, -n) (franz.) Rache; Rückkampf. Revanchefoul; Revanchekrieg; Revanchepartie; Revanchepolitik; Revanchespiel.
re|van|che|lus|tig (Adj.) Revanche suchend.
re|van|chie|ren (V.) rächen; vergelten.
Re|van|chis|mus (der, -, kein Plural) revanchistische Politik.
Re|van|chist (der, -en, -en) Anhänger des Revanchismus.
re|van|chis|tisch (Adj.) die Rückgewinnung verlorener Gebiete betreffend.
Re|ve|nue (die, -, -n) (franz.) Vermögen(seinkünfte).
Re|ve|rend (der, -s, -s) (lat.) Geistlicher (England, USA; Abk.: Rev.).

Re|ve|renz (die, -, -en) (lat.) Ehrerweisung; Verbeugung.
Re|ve|rie (die, -, -n) (franz.) musikalische Träumerei.
Re|vers (das/der, -, -) (franz.) Kragen. Anzugsrevers.
re|ver|si|bel (Adj.) (lat.) umkehrbar.
Re|ver|si|bi|li|tät (die, -, -en) (lat.) Umkehrbarkeit.
Re|ver|si|b|le (der, -s, -s) (engl.) beidseitig außen tragbarer Stoff.
Re|ver|si|on (die, -, -en) (lat.) Umkehrung.
Re|vi|dent (der, -en, -en) (lat.) jemand, der die Revision anwendet.
re|vi|die|ren (V.) (lat.) prüfen; ändern.
Re|vier (das, -s, -e) (niederl.) 1. Gebiet; 2. Polizeidienststelle; 3. Jagdbezirk. Revierförster; Revierbesichtigung.
re|vie|ren (V.) das Revier absuchen/ besehen.
Re|view (die, -, -s/der, -s, -s) (engl.) Rundschau; Überblick.
Re|vi|re|ment (das, -s, -s) (franz.) Umbesetzung (im diplomatischen Dienst).
re|vi|si|bel (Adj.) (franz.) juristisch anfechtbar.
Re|vi|si|on (die, -, -si|o|nen) (lat.) 1. Überprüfung; 2. Rechtsmittel. Revisionsfrist; Revisionsgericht; Revisionsverfahren; Revisionsverhandlung.
Re|vi|si|o|nis|mus (der, -, kein Plural) Bestreben, starre (marxistische) Denkregeln aufzulösen.
Re|vi|sor (der, -s, -en) (lat.) Buchprüfer; Korrektor.
Re|vi|val (das, -s, -s) (engl.) Wiederbelebung; Erneuerung.
Re|vo|ka|ti|on (die, -, -ti|o|nen) (lat.) Widerruf.
Re|vol|te (die, -, -n) (franz.) Aufstand.
re|vol|tie|ren (V.) sich erheben; aufsässig werden.
Re|vo|lu|ti|on (die, -, -ti|o|nen) (lat.) Umsturz; Umwälzung. Revolutionär; Revolutionierung; Revolutionsführer; Revolutionsgericht; Revolutionsregierung; Revolutionsstreben; Revolutionswirren; Revoluzzer.
re|vo|lu|ti|o|när (Adj.) umwälzend; bahnbrechend.
re|vo|lu|ti|o|nie|ren (V.) umwälzen.
re|vo|luz|ze|risch (Adj.) aufrührerisch.
Re|vol|ver (der, -s, -) (engl.) Schusswaffe. Revolverdrehbank; Revolverheld; Revolverkopf; Revolverlauf; Revolverschaltung; Revolvertasche.
Re|vol|ver|blatt (das, -es, -blät|ter) Sensationspresse.
re|vo|zie|ren (V.) (lat.) widerrufen.
Re|vue (die, -, -n) (franz.) Zeitschrift; Unterhaltungsbühne. *Beachte:* Wir ließen den Film noch einmal Revue passieren. Revuebühne; Revuefilm; Revuegirl.
Re|y|on (der/das, -, kein Plural) (franz.) Kunstseide. Reyonschal.
Re|zen|sent (der, -en, -en) (lat.) jemand, der etwas rezensiert.
re|zen|sie|ren (V.) (lat.) besprechen.
Re|zen|si|on (die, -, -si|o|nen) (lat.) Besprechung; Kritik. Rezensionsexemplar; Rezensionsstück.
re|zent (Adj.) gegenwärtig vorhanden; neu.
Re|zept (das, -s, -e) (lat.) Anweisung; Verschreibung; Mittel. Rezeptblock; Rezeptgebühr; Rezeptpflicht.
Re|zep|tur (die, -, -en) Arzneimittelzubereitung; Zusammensetzung.
re|zept|frei (Adj.) ohne Rezept erhältlich.
re|zep|tie|ren (V.) ein Rezept ausschreiben.
re|zept|pflich|tig (Adj.) nur mit ärztlichem Rezept erhältlich.
Re|zep|ti|on (die, -, -ti|o|nen) (lat.) Empfang; Wahrnehmung. Rezeptionsästhetik. rezeptionsästhetisch.
re|zep|tiv (Adj.) (lat.) empfänglich.
Re|zep|ti|vi|tät (die, -, kein Plural) Empfänglichkeit.
Re|zep|tor (der, -s, -to|ren) (lat.) Sinneszelle.
Re|zess (der, -zes|ses, -zes|se) (lat.) Streit; Vergleich.
Re|zes|si|on (die, -, -si|o|nen) (lat.) Konjunkturrückgang. Rezessionsphase.
re|zes|siv (Adj.) (lat.) überdeckt; zurücktretend.
Re|zes|si|vi|tät (die, -, -en) (lat.) Rückgang.
re|zi|div (Adj.) (lat.) rückfällig.
Re|zi|div (das, -s, -e) (lat.) Rückfall.
Re|zi|pi|ent (der, -en, -en) (lat.) Empfänger.
re|zi|pie|ren (V.) (lat.) empfangen; aufnehmen.
re|zi|p|rok (Adj.) (lat.) wechselseitig; gegenseitig; aufeinander bezüglich.
Re|zi|p|ro|zi|tät (die, -, -en) (lat.) Wechselseitigkeit.
Re|zi|ta|ti|on (die, -, -en) (lat.) Vortrag.
Re|zi|ta|tiv (das, -s, -e) (lat.) Sprechgesang.
re|zi|ta|ti|visch (Adj.) in der Art eines Rezitativs.
Re|zi|ta|tor (der, -s, -en) Vortragender.
re|zi|tie|ren (V.) (lat.) vortragen. Rezitationston.
R-Ge|spräch (das, -s, -e) Ferngespräch (R: **R**ückfrage).
Rgt. (*auch:* Reg.; R.) (Abk.) **Reg**imen**t**.
RGW (Abk.) **R**at für **g**egenseitige **W**irtschaftshilfe.
rh (Abk.) **Rh**esusfaktor negativ.
Rh (Abk.) 1. **Rh**esusfaktor positiv; 2. **Rh**odium (chemisches Zeichen).
Rha|bar|ber (der, -s, kein Plural) (griech.) Pflanze. Rhabarberkompott; Rhabarberkuchen.
Rha|ga|de (die, -, -n) (griech.) Hautschrunde.
Rham|nus (der, -, kein Plural) Kreuzdorn (als Heilpflanze).
Rhap|so|die (die, -, -n) (griech.) Musikballade.
rhap|so|disch (Adj.) in der Art einer Rhapsodie.
Rhein (der, -s/-es, kein Plural) Fluss. Rheinbund; Rheinfall; Rheinhessen; Rheinland (Abk.: Rhld.); Rheinländer; Rheinpfalz; Rheinseitenkanal; Rheinwein; rheinisch, *aber:* Rheinischer Merkur; rheinländisch; rheinaufwärts; rheinabwärts.
Rhein|land-Pfalz (ohne Art., -, kein Plural) (dt.) Bundesland. rheinlandpfälzisch.
Rhein-Main-Do|nau-Ka|nal (der, -s, kein Plural) Schifffahrtsverbindung zwischen Nordsee und Schwarzem Meer.
Rhe|ma (das, -s, ma|ta) (griech.) Informationskern; Kommentar.
Rhe|ni|um (das, -s, kein Plural) (griech.) Metall; chemischer Grundstoff (Abk.: Re).
Rheo|lo|gie (die, -, kein Plural) (griech.) Teilgebiet der Physik, der sich mit verformbaren Körpern beschäftigt.
Rhe|o|s|tat (der, -s, -e) (griech.) genau regelbarer elektrischer Widerstand.

Rhe|sus (der, -, -) Affe. Rhesusaffe.
Rhe|sus|fak|tor (der, -s, -en) Blutfaktor (Abk.: Rh-Faktor; Rh: Rhesusfaktor positiv; rh: Rhesusfaktor negativ). Rh-negativ; Rh-positiv.
Rhe|tor (der, -s, -to|ren) (griech.) antiker Redner; Beredsamkeitslehrer; Redekünstler.
Rhe|to|rik (die, -, kein Plural) (griech.) Redekunst.Rhetorikkurs.
Rhe|to|ri|ker (der, -s, -) jemand, der die Rhetorik beherrscht.
rhe|to|risch (Adj.) die Rhetorik betreffend.
Rhe|um (das, -s, kein Plural) (griech.-lat.) Rhabarber (als Heilpflanze).
Rheu|ma (das, -s, kein Plural) (griech.) (Kurzw.) Rheumatismus. Rheumawäsche.
Rheu|ma|ti|ker (der, -s, -) (griech.) an Rheumatismus Leidender.
rheu|ma|tisch (Adj.) durch Rheumatismus bedingt.
Rheu|ma|tis|mus (der, -, kein Plural) (griech.) Gelenkentzündung.
Rheu|ma|to|lo|ge (der, -n, -n) Facharzt für Rheumatologie.
Rhi|ni|tis (die, -, -ti|den) (griech.) Schnupfen.
Rhi|no|lo|gie (die, -, kein Plural) Nasenheilkunde.
Rhi|no|s|kop (das, -s, -e) Nasenspiegel. Rhinoskopie.
Rhi|no|ze|ros (das, -/-ros|ses, -ros|se) (griech.) Nashorn.
Rhi|zom (das, -s, -e) (griech.) unterirdischer Wurzelstock.
Rhld. (Abk.) Rheinland.
Rho (das, -/-s, -s) griechischer Buchstabe (Ρ, ρ).
Rho|d|a|mi|ne (Plural) (griech., lat.) Gruppe lichtechter Farbstoffe (Chemie).
Rho|dan (das, -s, kein Plural) (griech.) eine einwertige Gruppe in chemischen Verbindungen.
rho|di|nie|ren (V.) mit Rhodium überziehen.
Rho|di|um (das, -s, kein Plural) (griech.) Metall; chemischer Grundstoff (Abk.: Rh). V
Rho|do|den|d|ron (der/das, -s, -den|-d|ren) (griech.) Zierpflanze. Rhododendronblüte; Rhododendronstrauch.
Rho|do|nit (der, -s, -e) (griech.) rosarotes Mineral mit schwarzer Marmorierung; Mangankiesel.
Rho|dos (ohne Art., -, kein Plural) griechische Insel.
rhom|bisch (Adj.) (griech.) rautenförmig.
Rhom|bo|eder (der, -s, -) von sechs rhombischen Flächen begrenzter Körper.
Rhom|bo|id (das, -es, -e) Parallelogramm mit ungleich langen Seiten.
Rhom|bus (der, -, -ben) Parallelogramm mit gleich langen Seiten.
Rhön|rad (das, -s, -rä|der) Turngerät aus zwei Stahlrohrreifen.
Rho|ta|zis|mus (der, -, -zis|men) (griech.-lat.) Entwicklung des Lautes »s« zu »r« (z. B. mittelhochdeutsch »verliesen« wird zu »verlieren«).
Rhythm and Blues (der, -, kein Plural) (engl.) rhythmische Bluesmusik.
Rhyth|mik (die, -, kein Plural) Rhythmuslehre.
Rhyth|mi|ker (der, -s, -) Musiker, der den Rhythmus gut beherrscht.
rhyth|misch (Adj.) regelmäßig im Takt.
rhyth|mi|sie|ren (V.) in einen Rhythmus bringen.
Rhyth|mus (der, -, -men) (griech.) Gleichmaß; Betonung; Takt. Rhythmusgefühl.
Rhyth|mus|gi|tar|re (die, -, -n) Gitarre, die den Rhythmus angibt.
Ria (die, -, -s) (span.) flussartig schmale Meeresbucht (z. B. im Nordwesten Spaniens).
Ri|al (der, -s, -s) (pers.) Währung (iran.).
Ri|bat|tu|ta (die, -, -ten) (lat.-ital.) langsam beginnender, mit fortschreitender Dauer immer schneller werdender Triller in der Musik.
rib|bel|fest (Adj.) geribbelt werden können, ohne zu reißen.
rib|beln (V.) reiben.
Ri|bi|sel (die, -, -n) (arab.-ital.) Frucht; österr. für Johannisbeere. Ribiselkuchen; Ribiselsaft.
Ri|bo|fla|vin (das, -s, kein Plural) (Kunstw.) Vitamin B_2.
Ri|bo|nu|k|le|in|säu|re (die, -, -n) Eiweißzellstoff (Abk.: RNS).
Ri|bo|se (die, -, -n) (Kunstw.) Zuckerverbindung.
Ri|bo|som (das, -s, -en) (griech.) Zellkörnchen.
rich|ten (V.) 1. reparieren; einstellen; 2. verurteilen. Richtantenne; Richtbalken; Richtblei; Richtblock; Richtfest; Richtgeschwindigkeit; Richtkranz; Richtlatte; Richtlinien; Richtlinienkompetenz; Richtplatz; Richtschnur; Richtstätte; Richtstrahler; Richtstrecke; Richtwaage; Richtwert; Richtzahl.
Rich|ter (der, -s, -) Gesetzeshüter; Schiedsrichter. Richteramt; Richterin; Richterschaft; Richterspruch; Richterstuhl.
rich|ter|lich (Adj.) den Richter/das Richteramt betreffend.
Rich|ter|ska|la (*auch:* Rich|ter-Ska|la) (die, -, kein Plural) Skala zur Messung (Erdbeben). Der Wert 6,3 auf der nach oben offenen Richterskala.
rich|tig (Adj.) zutreffend; fehlerfrei; geeignet; wirklich. *Beachte:* das ist genau das Richtige (richtig) für uns; das halte ich für das Richtige (für richtig); das Richtigste (am richtigsten) wäre; da bist du an den Richtigen geraten; sie tat das einzig Richtige; etwas/nichts/viel/wenig Richtiges. den Uhrzeiger richtig stellen (*auch:* richtigstellen), *aber:* eine Sache richtigstellen (berichtigen); mit einer Vermutung richtigliegen (recht haben). Berichtigung. eine richtig gehende (*auch:* richtiggehende) Uhr, *aber:* es war eine richtiggehende Blamage.
Rich|tig|keit (die, -, kein Plural) das Richtigsein.
Rich|tig|stel|lung (die, -, -en) Berichtigung.
Rich|tung (die, -, -en) Ziel; Zielpunkt; Auffassung; Linie. Richtungsanzeiger; Richtungslosigkeit; Richtungspfeil; Richtungswechsel.
rich|tungs|än|dernd (Adj.) sich neu orientierend. *Aber:* die Richtung ändernd.
rich|tungs|los (Adj.) orientierungslos; ohne Richtung.
rich|tung|wei|send (Adj.) ausschlaggebend; als Richtlinie dienend. *Aber:* in südliche Richtung weisend.
Ri|cke (die, -, -n) weibliches Reh.
riech|bar (Adj.) durch Riechen wahrnehmen.
rie|chen (V., roch, hat gerochen) Geruch haben; Geruch aufnehmen.

jemanden nicht riechen können (ugs.) (jemanden unausstehlich finden); etwas nicht riechen können (ugs.) (etwas nicht ahnen können). Riechfläschchen; Riechnerv; Riechorgan; Riechsalz; Riechstoff.

Rieˈcher (der, -s, -) (ugs.) Nase. einen guten Riecher haben; (ugs.) (etwas richtig einschätzen können, weil man den Spürsinn dafür hat).

Ried (das, -s, -e) Schilf, Riedgras.

Rieˈfe (die, -, -n) Furche, Riefelung.

rieˈfeln (V.) riefen.

rieˈfen (V.) etwas mit Riefen versehen.

rieˈfig (Adj.) Riefen aufweisend.

Rieˈge (die, -, -n) Turnergruppe. Riegenführer.

rieˈgenˈweiˈse (Adj.) in Riegen.

Rieˈgel (der, -s, -) Verschluss; Balken; Streifen. einer Sache einen Riegel vorschieben (etwas verhindern). Riegelbau; Riegelwand; Riegelwerk; Schokoladenriegel.

rieˈgeln (V.) verriegeln (veraltet); ein Pferd lenken.

Rieˈmen (der, -s, -) 1. Band; Gürtel; 2. Ruder. sich am Riemen reißen (ugs.) (sich zusammennehmen, sich anstrengen); den Riemen enger schnallen (ugs.) (sich einschränken müssen). Riemenantrieb; Riemenscheibe.

riˈen ne va plus (franz.) nichts geht mehr (Roulette).

Rieˈse (der, -n, -n) übergroßer Mensch; (ugs.) Tausendmarkschein.

rieˈseln (V.) rinnen; tröpfeln. Rieselwasser; Rieselfeld.

rieˈsen.../Rieˈsen... sehr groß; riesig. Riesenanstrengung; Riesenarbeit; Riesenbau; Riesenfelge; Riesenhunger; Riesenkraft; Riesenrad; Riesenschlange; Riesenschritt; Riesenschwung; Riesenskandal; Riesenslalom; Riesentorlauf; Riesenwuchs. riesengroß; riesenhaft; riesenstark;

rieˈsig (Adj.) übergroß; fantastisch (ugs.).

Rieˈsin (die, -, -nen) riesige Frau.

rieˈsisch (Adj.) die Riesen betreffend.

Riesˈling (der, -s, -e) Weißweinsorte.

Riff 1. (das, -s, -e) Klippe. Riffkoralle. 2. (der, -s, -s) (engl.) Thema (Jazz).

Rifˈfel (die, -, -n) Vertiefung in Form einer Rille. Riffelkamm; Riffelmaschine.

rifˈfeln (V.) aufrauen; kämmen.

Rifˈfeˈlung (die, -, -en) das Geriffeltsein; das Riffeln.

Riˈfiˈfi (das, -s, kein Plural) (franz.) raffiniert ausgeklügeltes Verbrechen.

Riˈga (ohne Art., -s, kein Plural) Hauptstadt Lettlands.

Rigg (das, -s, -s) (engl.) Takelung.

rigˈgen (V.) takeln.

Rigˈgung (die, -, en) Rigg.

riˈgiˈde (Adj.) (lat.) streng; strikt; starrsinnig.

Riˈgiˈdiˈtät (die, -, kein Plural) Strenge.

Riˈgoˈrisˈmus (der, -, kein Plural) (lat.) unbeugsames Festhalten an Grundsätzen.

Riˈgoˈrist (der, -en, -en) Anhänger des Rigorismus.

riˈgoˈrisˈtisch (Adj.) den Rigorismus betreffend.

riˈgoˈros (Adj.) (lat.) hart; rücksichtslos.

Riˈgoˈroˈsiˈtät (die, -, kein Plural) Rücksichtslosigkeit; Strenge.

Riˈgoˈroˈsum (das, -s, -roˈsa/-roˈsen) (lat.) mündliche Dissertationsprüfung.

Rikˈscha (die, -, -s) (jap.) Wagen.

riˈlaˈscianˈdo (Adj.) (lat.-ital.) im Takt nachlassend; langsamer werdend (Vortragsanweisung in der Musik).

Rilˈle (die, -, -n) Rinne. Rillenprofil.

rilˈlen (V.) etwas mit Rillen versehen.

rilˈlig (Adj.) Rillen aufweisend.

Riˈmesˈse (die, -, -n) (ital.) 1. Fechtangriff aus der Ausgangsstellung; 2. in Zahlung gegebener Wechsel.

Rind (das, -s, -er) Nutztier. Rinderbandwurm; Rinderbraten; Rinderhackfleisch; Rinderpest; Rinderrasse; Rinderzucht; Rinderzunge; Rindfleisch; Rindsbraten; Rindsleder; Rindsstück; Rindszunge; Rindvieh.

Rinˈde (die, -, -n) Borke; Schale. Rindenboot; Rindenhütte; Rindenlaus; Rindenwanze.

rinˈdenˈlos (Adj.) keine Rinde habend.

rinˈdeˈrig (Adj.) brünstig (bei Kühen).

rinˈdern (V.) rinderig sein.

Rinˈderˈwahnˈsinn (der, -s, kein Plural) Bezeichnung für die tödliche Rinderkrankheit BSE.

rinˈdig (Adj.) eine Rinde aufweisend.

rind(s)ˈleˈdern (Adj.) aus Rindsleder bestehend.

rinˈforˈzanˈdo (Adv.) (ital.) verstärkt (bei Musikstücken).

Ring (der, -s, -e) Schmuck; Reif; Kreisform; Vereinigung. Ringarzt; Ringbahn; Ringbuch; Ringfinger; Ringgeschäft; Ringgraben; Ringmauer; Ringrichter; Ringschlüssel; Ringsendung; Ringstraße; Ringtausch; Ringverkehr; Ringwall.

ringˈarˈtig (Adj.) wie ein Ring beschaffen.

Rinˈgel (der, -s, -) ringförmiges, kleines Gebilde. Ringelblume; Ringelchen; Ringelgans; Ringellocke; Ringelnatter; Ringelpiez; Ringelreigen; Ringelspiel; Ringelschwänzchen; Ringeltaube; Ringelwurm.

rinˈg(e)ˈlig (Adj.) geringelt; gekräuselt.

rinˈgeln (V.) schlängeln; kräuseln.

rinˈgen (V., rang, hat gerungen) kämpfen; winden; drehen.

Rinˈgen (das, -s, kein Plural) Sportart.

Rinˈger (der, -s, -) Sportler im Ringen. Ringergriff; Ringerwettkampf.

ringˈförˈmig (Adj.) in der Form eines Rings.

Ringˈkampf (der, -s, -kämpfe) Wettkampf im Ringen. Ringkämpfer.

rings (Adv.) reihum; im Kreis herum.

ringsˈheˈrum (Adv.) reihum.

ringsˈum (Adv.) rundherum. *Beachte:* ringsum stehen viele Bäume, *aber:* viele Schaulustige standen rings um den Verletzten.

Rinˈne (die, -, -n) schmaler Graben.

rinˈnen (V., rann, ist geronnen) fließen.

Rinnˈsal (das, -es, -e) kleiner Bach.

Rinnˈstein (der, -s, -e) Bordstein; Gosse.

riˈpiˈeˈno (Adj.) (ital.) voll besetzt; mit dem ganzen Orchester.

Riˈposˈte (die, -, -n) (ital.) Gegenangriff (Fechten).

Ripˈpe (die, -, -n) 1. Brustknochen; 2. Streifen. Rippchen; Rippenbruch; Rippenfell; Rippenfellentzündung; Rippenheizkörper; Rippenknochen; Rippenspeer; Rippenstoß; Rippenstück; Ripplein; gerippt.

ripˈpen (V.) etwas mit Rippen versehen.

Rips (der, -es, -e) (engl.) Rippenstoff.

riˈpuˈaˈrisch (Adj.) (lat.) zur Mundart im Raum Köln-Aachen gehörig.

Riˈsaˈlit (der, -s, -e) (ital.) Gebäudeteil, der in ganzer Höhe der Fassade hervortritt.

Riˈsiˈko (das, -s, -s/-siˈken) (ital.) Wagnis; Gefährlichkeit. Risikofaktor; Risikofreudigkeit; Risikolehre; Risikopatient; Risikoprämie; Risikostudie.

riˈsiˈkoˈfrei (Adj.) risikolos.

riˈsiˈkoˈfreuˈdig (Adj.) gerne Risiken eingehend.

riˈsiˈkoˈlos (Adj.) ohne Risiko.

Riˈsi-Piˈsi (*auch:* Riˈsiˈpiˈsi) (das, -, -) (ital.) Reisspeise.

risˈkant (Adj.) (franz.) gewagt; unsicher.

risˈkieˈren (V.) (franz.) wagen.

riˈsoˈluˈto (Adj.) (lat.-ital.) entschlossen; kraftvoll (Vortragsanweisung in der Musik).

Riˈsorˈgiˈmenˈto (das, -s, kein Plural) (lat.-ital.) 1. Wiedersehen; 2. Einigungsbestrebungen im 19. Jahrhundert in Italien.

Riˈsotˈto (der/das, -s, -s) (ital.) Reisgericht.

Risˈpe (die, -, -n) Blütenstand. Rispengras; Rispenhafer; Rispenhirse; Risplein.

risˈpenˈförˈmig (Adj.) in Form einer Rispe.

risˈpig (Adj.) rispenförmig.

Riss (der, Risˈses, Risˈse) Bruch; Ritze; Wunde. Risswerk; Risswunde.

risˈsig (Adj.) Risse aufweisend.

rissˈfest (Adj.) nicht reißend.

Risˈsoˈle (die, -, -n) (lat.-franz.) kleine Pastete.

Risˈsoˈletˈte (die, -, -n) (lat.-franz.) geröstetes, mit Hackfleisch belegtes Brötchen.

Rist (der, -es, -e) Fuß-, Handrücken. Ristgriff.

riˈstorˈnieˈren (V.) rückbuchen.

Riˈstorˈno (der/das, -s, -s) (ital.) Rückbuchung; Rücknahme.

riˈsˈveˈgliˈanˈdo (Adj.) (lat.-ital.) wieder munterer; wieder lebhafter werdend (Vortragsanweisung in der Musik).

rit. (Abk.) **rit**ardando.

riˈtarˈdanˈdo (Adv.) (ital.) langsamer werden (Musik; Abk: rit.). Ritardando.

riˈte (Adv.) (lat.) ordnungsgemäß.

riˈteˈnuˈto (Adv.) (ital.) zögernd (bei Musikstücken).

riˈtorˈnanˈdo al temˈpo (Adj.) (ital.) zum Hauptzeitmaß zurückkehrend (Vortragsanweisung in der Musik).

Riˈtorˈnell (das, -s, -e) (ital.) 1. Liedform; 2. Strophe in der volkstüml. ital. Dichtung.

Ritt (der, -s, -e) Reiten. Ausritt; reiten.

Ritˈter (der, -s, -) Kämpfer zu Pferd; Kavalier. ein Ritter ohne Furcht und Tadel (ein mutiger, edler Mensch); der Ritter von der traurigen Gestalt (ein verarmter, heruntergekommener Mann aus guter Familie). Ritterburg; Ritterdienst; Rittergut; Ritterkreuz; Ritterlichkeit; Ritterorden; Ritterroman; Ritterschaft; Ritterschlag; Rittersmann; Ritterzeit.

ritˈterˈlich (Adj.) edel; höflich.

Ritˈterˈling (der, -s, -e) Pilz.

ritˈterˈschaftˈlich (Adj.) dem Stand eines Ritters entsprechend, angehörend.

Ritˈterˈsporn (der, -s, -e) Blume.

ritˈtig (Adj.) zum Reiten ausgebildetes Pferd.

rittˈlings (Adv.) wie ein Reiter auf einem Pferd sitzend.

Rittˈmeisˈter (der, -s, -) Offizier mit Hauptmannsgrad.

Riˈtuˈal (das, -s, -e/-tuˈaˈliˈen) (lat.) Zeremonie; Kult. Ritualbuch; Ritualmord; Ritualisierung.

Riˈtuˈaˈle (das, -, kein Plural) (lat.) das liturgische Buch für die Amtshandlungen des katholischen Priesters.

riˈtuˈaˈliˈsieˈren (V.) etwas zum Ritual machen.

riˈtuˈell (Adj.) einem Ritual folgend; auf einem Ritual beruhend; feierlich.

Riˈtus (der, -, Riˈten) (lat.) religiöse Zeremonie; festgelegter, symbolträchtiger Handlungsablauf.

Ritˈze (die, -, -n) Spalte. Ritzhärte; Ritzmesser. geritzt; die Sache ist geritzt (ugs.: erledigt).

ritˈzen (V.) einkerben; gravieren.

Ritˈzer (der, -s, -) Kratzer.

Ritˈzung (die, -, -en) das Geritzte.

Ritˈzel (das, -s, -) Zahnrädchen.

Riˈvaˈle (der, -n, -n) (franz.) Konkurrent; Gegner. Rivalin.

Riˈvaˈlenˈtum (das, -s, kein Plural) Rivalität.

riˈvaˈliˈsieˈren (V.) konkurrieren; wetteifern.

Riˈvaˈliˈtät (die, -, -en) Konkurrenz; Gegnerschaft. Rivalitätsverhalten.

Riˈverˈboatˈshufˈfle (*auch:* Riˈverˈboat-Shufˈfle) (die, -, -s) (engl.) musikalische Bootsfahrt.

riˈverˈso (Adj.) (lat.-ital.) rückwärts zu spielen; in umgekehrter Reihenfolge der Töne zu spielen (Vortragsanweisung in der Musik).

Riˈviˈeˈra (die, -, Riˈviˈeˈren) (ital.) Mittelmeerküste.

Riˈyˈal (der, -, -s) (arab.) Währung (Saudi-Arabien; Abk: SRI; RI).

Riˈziˈnus (der, -, -/-nusˈse) (lat.) Heilpflanze. Rizinusöl.

r.-k. (Abk.) **r**ömisch-**k**atholisch.

R. K. (Abk.) **R**otes **K**reuz.

RKW (Abk.) **R**ationalisierungs-**K**uratorium der Deutschen **W**irtschaft.

Rm (Abk.) **R**aum**m**eter.

Rn (Abk.) **R**ado**n** (chemisches Zeichen).

RNS (Abk.) **R**ibo**n**uklein**s**äure.

Roaˈdie (der, -s, -s) (engl.) technischer Helfer einer Rockgruppe. Roadmanager.

Roadsˈter (der, -s, -) (engl.) offener Sportwagen.

Roastˈbeef (das, -s, -s) (engl.) Rinderbraten.

Robˈbe (die, -, -n) Meeressäugetier. Robbenbaby; Robbenfang; Robbenfänger; Robbenschlag.

Robˈber (der, -s, -) (engl.) Doppelpartie im Bridge- oder Whistspiel.

Roˈbe (die, -, -n) (franz.) Amtstracht; Abendkleid.

Roˈbeˈronˈde (die, -, -n) (franz.) Kleid des 18. Jahrhunderts mit runder Schleppe.

Roˈbiˈnie (die, -, -n) (franz.-nlat.) ein Schmetterlingsblütler; Park-, Alleebaum.

Roˈbinˈsoˈnaˈde (die, -, -n) Abenteuer(roman) in der Art der literarischen Figur des Robinson Crusoe; Schiffbrüchigenabenteuer.

Roˈboˈrans (das, -, -ranˈtia/-ranˈziˈen) (lat.) Stärkungsmittel.

roˈboˈten (V.) (poln., tschech.) schwer arbeiten.

Roˈboˈter (der, -s, -) elektronisch gesteuerter Automat.

roˈboˈterˈhaft (Adj.) wie ein Roboter.

Roˈbuˈrit (der, -s, kein Plural) (lat.) Sprengstoff.

roˈbust (Adj.) (lat.) kräftig; widerstandsfähig.

Roˈbustˈheit (die, -, kein Plural) Widerstandsfähigkeit.

Roˈcailˈle (die, -, -s/-n) (franz.) muschelförmiges Ornament (des Rokoko).

Roch (der, -, kein Plural) (pers.-arab.) bes. starker Riesenvogel des arabischen Märchens.

Ro|cha|de (die, -, -n) (franz.) Stellungstausch (Schach).
rö|cheln (V.) stöhnen; nach Luft ringen.
Rö|cheln (das, -s, kein Plural) keuchende Atmung.
Ro|chen (der, -s, -) Fisch.
Ro|chett (das, -s, -s) (franz.) Chorhemd (eines katholischen Geistlichen).
ro|chie|ren (V.) (franz.) eine Rochade ausführen.
Rock 1. (der, -s, Rö|cke) Kleidungsstück. Röckchen; Rockkragen; Rocksaum; Rockschoß; Rocktasche; Rockzipfel. hinter jedem Rock herlaufen/her sein (ugs.) (allen Frauen nachlaufen); den bunten Rock anziehen/ausziehen (zum Militärdienst gehen/seinen Abschied vom Militärdienst nehmen); an jemandes Rockzipfel hängen (ugs.) (aus Mangel an Selbständigkeit immer die Hilfe anderer brauchen, sich immer anderen anschließen). 2. (der, -, kein Plural) (engl.) (Kurzw.) Rockmusik. Rockgruppe; Rockkonzert.
ro|cken (V.) (engl.) Rockmusik machen oder dazu tanzen.
Rock and Roll (*auch:* Rock 'n' Roll) (der, - - -, - - -) Tanz. Rock-and-Roll-Wettbewerb (*auch:* Rock-'n'-Roll-Wettbewerb).
Ro|cker (der, -s, -) (engl.) Mitglied einer Motorradclique. Rockerbande; Rockerbraut.
Ro|del (der, -s, -) Schlitten. Rodelbahn; Rodelschlitten.
ro|deln (V.) Schlitten fahren.
ro|den (V.) abholzen. Rodung.
Ro|deo (der/das, -s, -s) (engl.) Cowboyschau. Rodeoreiter.
Rod|ler (der, -s, -) rodelnder Mensch.
Ro|gen (der, -s, -) Fischeier.
Rog|gen (der, -s, -) Getreide. Roggenbrot; Roggenbrötchen; Roggenernte; Roggenfeld; Roggenmehl.
roh (Adj.) ungekocht; unbearbeitet; derb; grausam. *Beachte:* Die Plastik ist im Rohen fertig. Die Plastik wurde aus dem Rohen gearbeitet. ein roh behauener Fels. Roharbeit; Rohbau; Rohbilanz; Roheisen; Rohgewicht; Rohheit; Rohkost; Rohkostmenü; Rohling; Rohmaterial; Rohöl; Rohprodukt; Rohschrift; Rohseide; Rohstahl; Rohstoff; Rohstoffmangel; Rohstoffverarbeitung; Rohzucker; Rohzustand; rohseiden; rohstoffarm; rohstoffreich; roherweise.
Rohr (das, -s, -e) 1. Leitung; 2. Schilf; 3. (südd.) Backofen. Rohrbruch; Röhrchen; Rohrflechter; Rohrflöte; Rohrkolben; Rohrleger; Rohrleitung; Rohrpost; Rohrspatz; Rohrstock; Rohrstuhl; Rohrzange; Rohrzucker; rohrfarben; mehrröhrig; verrohren.
Röh|re (die, -, -n) 1. Rohr; 2. Elektronenröhre; 3. (ugs.) Fernseher. in die Röhre gucken (ugs.) (das Nachsehen haben, leer ausgehen). Röhrenbewässerung; Röhrenbrunnen; Röhrenembargo; Röhrenhose; Röhrenknochen; Röhrenpilz.
röh|ren (V.) brüllen.
röh|ren|för|mig (Adj.) die Form einer Röhre habend.
Röh|richt (das, -s, -e) Schilfdickicht.
Röhr|ling (der, -s, -e) Pilz.
Ro|kam|bo|le (die, -, -n) (dt.-franz.) Perlzwiebel; Brutzwiebel verschiedener Laucharten.
Ro|ko|ko (das, -s, -kein Plural) (franz.) Kunstepoche. Rokokomöbel; Rokokostil.
Roll|back (*auch:* Roll-back) (das, -, -s) (engl.) Rückzug.
Rol|le (die, -, -n) 1. Spule; Kugel; Rad; 2. Turnübung; 3. Figur; 4. Verhalten. Das spielt keine Rolle (macht nichts). eine Rolle spielen (viel zu sagen haben/sehr wichtig sein); aus der Rolle fallen (ugs.) (sich unpassend benehmen); sich in jemandes Rolle versetzen (sich in jemanden hineindenken können). Rollbahn; Rollbalken; Rollbraten; Röllchen; Rollenbesetzung; Rollenspiel; Rollentausch; Rollenverteilung; Rollfeld; Rollfilm; Rollgeld; Rollkommando; Rollkragenpullover; Rollkur; Rollmops; Rollschiene; Rollschinken; Rollschrank; Rollschuh; kannst du Rollschuh laufen? *Aber:* das Rollschuhlaufen ist gefährlich; Rollschuhbahn; Rollsitz; Rollsplitt; Rollstuhl; Rolltreppe; Rollvorhang. Adjektive: rollenförmig; rollenspezifisch.
rol|len (V.) kugeln; drehen; fahren. ins Rollen kommen (ugs.) (in Gang kommen, beginnen).
Rol|ler (der, -s, -) Kinderfahrzeug; (Kurzw.) Motorroller. Rollerbrett.
Rol|ler|bla|de (der, -s, -s/meist Plural) (engl.) Rollschuhe mit hintereinanderliegenden, mittig angeordneten Rollen.
rol|lern (V.) mit einem Roller fahren.
rol|lie|ren (V.) (lat.) wechseln; einrollen.
Roll|la|den (*auch:* Roll-Laden) (der, -s, -läden) Jalousie. Rollladenschrank.
Rol|lo (das, -s, -s) Rollladen (*auch:* Roll-Laden).
Rom (der, -, -a) (sanskr.) 1. Mann; Ehemann; 2. Zigeuner (als Selbstbezeichnung); 3. (ohne Art., -s, kein Plural) Hauptstadt Italiens.
ROM (Abk.) **R**ead **O**nly **M**emory (Festspeicher, EDV).
Ro|ma|dur (der, -/-s, -s) (franz.) Weichkäse.
Ro|man (der, -s, -e) (franz.) Prosatext. einen ganzen Roman erzählen (ugs.) (sehr ausführlich erzählen). Romanautor; Romanheld; Romanleser; Romanliteratur; Romanschreiber; Romanschriftsteller.
ro|man|ar|tig (Adj.) wie ein Roman.
Ro|man|ci|er (der, -s, -s) (franz.) Romanschriftsteller.
ro|man|haft (Adj.) wie in einem Roman.
Ro|ma|ne (der, -n, -n) (lat.) Angehöriger eines europäischen Volkes, dessen Sprache sich aus dem Lateinischen entwickelt hat (z. B. Portugiese, Rumäne).
Ro|ma|ni (das, -, kein Plural) Zigeunersprache.
Ro|ma|nia (die, -, kein Plural) der romanische Sprach-, Kulturbereich (in Europa).
Ro|ma|nik (die, -, kein Plural) (lat.) Kunststil.
ro|ma|nisch (Adj.) 1. zu den Romanen gehörig; 2. zur Romanik gehörig.
ro|ma|ni|sie|ren (V.) romanisch machen; latinisieren.
Ro|ma|nis|mus (der, -, kein Plural) (nlat.) 1. romanische Spracheigentümlichkeit; Sprache; 2. eine Richtung der niederländischen Malerei im 16. Jahrhundert.
Ro|ma|nist (der, -en, -en) jemand, der Romanistik studiert hat.
Ro|ma|nis|tik (die, -, kein Plural) (lat.) Wissenschaft der romanischen Sprachen und Literaturen.
ro|ma|nis|tisch (Adj.) die Romanistik betreffend.

Ro|ma|ni|tät (die, -, kein Plural) (lat.) romanisches Kulturbewusstsein.
Ro|man|tik (die, -, kein Plural) 1. Epoche; Kunststil; 2. Verträumtheit; Empfindsamkeit.
Ro|man|ti|ker (der, -s, -) 1. verträumter, empfindsamer Mensch; 2. Anhänger der Romantik.
ro|man|tisch (Adj.) (lat.) schwärmerisch; gefühlsbetont.
ro|man|ti|sie|ren (V.) verklären.
Ro|man|ze (die, -, -n) Gedicht; Musikstück; Liebesverhältnis. Romanzendichter.
Ro|man|ti|zis|mus (der, -, -men) (lat.) sich auf die Romantik beziehende Geisteshaltung.
ro|man|ti|zis|tisch (Adj.) (lat.) den Romantizismus betreffend; auf diesem basierend; ihm entsprechend.
Ro|man|ze|ro (der, -s, -s) (span.) Romanzensammlung.
Rö|mer 1. (der, -s, -) (niederl.) Weinglas; 2. (der, -s, -) Einwohner Roms. Römerbrief; Römerreich; Römerstraße; 3. das alte Rathaus in Frankfurt am Main.
rö|misch (Adj.) zu Rom gehörend. römische Zahlen, *aber:* das Römische Reich; römisch-katholisch (Abk.: r.-k.; röm.-kath.).
Rom|mé (*auch:* Rom|mee) (das, -s, -s) (franz.) Kartenspiel.
Ron|da|te (die, -, -n) (lat.-ital.) Drehüberschlag auf ebener Erde.
Ron|dell (das, -s, -e) (franz.) Rundbeet; Rundweg.
Ron|do (das, -s, -s) (ital.) Tanz; mittelalterliches Tanzlied.
rönt|gen (V.) mit Röntgenstrahlen durchleuchten. Röntgenapparat; Röntgenarzt; Röntgenaufnahme; Röntgenaugen; Röntgenbehandlung; Röntgenbestrahlung; Röntgenbild; Röntgendiagnose; Röntgendurchleuchtung; Röntgenfotografie; Röntgenogramm; Röntgenologe; Röntgenologie; Röntgenoskopie; Röntgenraum; Röntgenreihenuntersuchung; Röntgenröhre; Röntgenschirm; Röntgenspektrum; Röntgenstrahlen; Röntgenuntersuchung; Röntgentechnik; Röntgentherapie. Adjektive: geröntgt.
rönt|ge|ni|sie|ren (V.) österreichisch für röntgen.
rönt|ge|no|gra|fisch (*auch:* rönt|ge|no|graphisch) (Adj.) (dt.; griech.) durch Röntgenografie (*auch:* Röntgenographie) erfolgend; fotografische Aufnahme mit Röntgenstrahlen.
rönt|ge|no|lo|gisch (Adj.) die Lehre des Röntgens betreffend.
Roo|ming-in (*auch:* Roo|ming|in) (das, -/-s, -s) (engl.) Möglichkeit der gemeinsamen Unterbringung von Mutter und Neugeborenem bzw. Kind (im Krankenhaus).
Roque|fort (der, -s, -s) (franz.) Käsesorte. Roquefortkäse.
Ro|ra|te (das, -, -) (lat.) Votivmesse im Advent zu Ehren der Jungfrau Maria.
ro|sa (Adj.) Farbe. *Beachte:* ein Pullover in (der Farbe) Rosa; *aber:* ein rosa Pullover (*ugs. auch* ein rosaner Pullover); blassrosa; rosafarben; rosafarbig; rosarot.
Ro|sa|ri|um (das, -s, -ri|en) (lat.) Rosenpflanzung; Rosenkranz (Gebet).
Ro|se (die, -, -n) Blume. Keine Rose ist ohne Dornen (auch wenn es noch so schön aussieht, dahinter verbirgt sich oft ein Nachteil). nicht auf Rosen gebettet sein (ugs.) (finanziell nicht gut gestellt sein). Röschen; Rosenblatt; Rosenbusch; Rosenduft; Rosengarten; Rosenholz; Rosenöl; Rosenpaprika; Rosenschau; Rosenstock; Rosenstrauch; Rosenstrauß; Rosenwasser; Rosenzüchter.
ro|sé (Adj; nicht beugbar) rosig; zartrosa; Farbe. eine Bluse in zartem Rosé. *Aber:* eine roséfarbene Bluse. Wir tranken einen Rosé (Roséwein).
Ro|sé (der, -s, -s) (franz.) Roséwein.
ro|sen|far|ben (*auch:* ro|sen|far|big) (Adj.) von der Farbe einer Rose.
Ro|sen|kohl (der, -s, kein Plural) Gemüse.
Ro|sen|kranz (der, -es, -krän|ze) Gebetskette; Gebet.
Ro|sen|mon|tag (der, -s, -e) Faschingsmontag.
ro|sen|rot (Adj.) von der roten Farbe einer Rose.
Ro|set|te (die, -, -n) (franz.) 1. rosenartiges Ornament, oft auch als Fensteröffnung; 2. kleine runde Stoffschleife; Dekoration; 3. Schliffform von Edelsteinen.
ro|sig (Adj.) erfreulich; rosa; zart.
Ro|si|ne (die, -, -n) (franz.) getrocknete Weinbeere. Rosinen im Kopf haben (ugs.) (nicht realisierbare Pläne, abwegige, unrealistische Vorstellungen haben); sich die größten Rosinen herauspicken (ugs.) (das Beste für sich herausholen). Rosinenbrot; Rosinenkuchen; rosinenfarben.
Ros|ma|rin (der, -s, kein Plural) (lat.) eine Gewürzpflanze, v. a. am Mittelmeer zu finden. Rosmarinöl.
Ross (das, Ros|ses, Rös|ser/Ros|se) Pferd. auf dem hohen Ross sitzen/sich aufs hohe Ross setzen (ugs.) (hochmütig, überheblich sein); von seinem hohen Ross heruntersteigen (ugs.) (seine hochmütige, überhebliche Haltung aufgeben). Rossapfel; Rosshaarmatratze; Rosskastanie; Rosskur; Rösslein.
Ross|brei|ten (die, nur Plural) Klimazone.
Rös|sel (das, -s, -) kleines Pferd; Schachfigur (Springer). Rösselsprung.
Rost 1. (der, -s, -e) Gitter. Rostbraten; Rostbratwurst. 2. (der, -s, kein Plural) Eisenfraß; Pflanzenkrankheit. Rostansatz; Rostfleck; Rostlaube; Rostschutz; Rostschutzmittel; Rostumwandler; rostbeständig; rostbraun; rostfarben; rostfarbig; rostfrei; rostrot.
rost|be|stän|dig (Adj.) nicht rostend; rostfrei.
ros|ten (V.) rostig werden.
rös|ten (V.) durch Erhitzen bräunen (Kaffee, Brot); unter Luftzutritt erhitzen (Erze); braten; in fließendem Wasser wässern (Flachs). Röstbrot; Röster; Röstkartoffel; Röstung; geröstet.
Rös|ti (die, -, kein Plural) (schweiz.) grob geraspelte Bratkartoffeln.
ros|tig (Adj.) von Rost befallen.
Ros|t|rum (das, -s, -tren) (lat.) Fortsätze wie Schnäbel oder Ähnliches am vorderen Ende eines Tierkörpers.
rot (Adj.; röter, röteste) Farbe. *Beachte:* die Rote (*auch:* rote) Karte sehen; er ist ein rotes Tuch für mich; in die roten Zahlen geraten; die rote Farbe gefällt mir gut. *Aber:* Rote Be(e)te; Rot ist meine Lieblingsfarbe; die Farbe Rot; die Ampel steht auf Rot; das Rote Kreuz; das Rote Meer; er ist ein Roter (Sozialist, Kommunist). Rotauge; Rot-

barsch; Rotbart; Rotbuche; Röte; Rote-Be(e)te-Salat; Rote-Kreuz-Schwester, *aber:* Rotkreuzschwester; Rotfilter; Rotforelle; Rotfuchs; Rotgardist; Rotgrünblindheit; Rotguss; Rothaut; Rothirsch; Rotkäppchen; Rotkopf; Rotkraut; Rotlichtlampe; Rotstift; Rottanne; Rötung; Rotwein; Rotwild; Rotwurst. Adjektive: rotbackig; rotbäckig; rotbärtig; rotblond; rotbraun; rotgesichtig; rot glühend (*auch:* rotglühend); rotgrünblind; rothaarig; rötlich; rotnasig; rotwangig; *aber:* rötlich gelb.

Roˈta (die, -, kein Plural) (lat.-ital.) Gerichtshof der katholischen Kirche.

Roˈtang (der, -s, -e) dünnstämmige Palme; Schilfpalme (z. B. als Peddigrohr verarbeitet). Rotangpalme.

Roˈtaˈriˈer (der, -s, -) Mitglied des Rotary Clubs.

roˈtaˈrisch (Adj.) die Rotarier betreffend.

Roˈtaˈry Club (der, - -s, kein Plural) Vereinigung.

Roˈtaˈtiˈon (die, -, tiˈoˈnen) (lat.) schnelle Drehung. Rotationsachse; Rotationsbewegung; Rotationsdruck; Rotationskörper; Rotationsmaschine; Rotationszeit.

Rotˈbuschˈtee (der, -s, -s) südafrikanische Teesorte; Rooibostee.

Roˈte-Arˈmee-Frakˈtiˈon (die, -n - -, kein Plural) (Abk. RAF) terroristische Vereinigung in Deutschland von 1970–1998.

Rot-Grün (*auch:* Rotgrün) Parteibündnis von SPD und Grünen. die Forderung von Rot-Grün (*auch:* Rotgrün). ein rot-grünes (*auch:* rotgrünes) Bündnis.

Röˈtel (der, -s, -) Farbstoff; Stift. Rötelstift; Rötelzeichnung.

Röˈteln (die, nur Plural) durch Viren ausgelöste Infektionskrankheit.

röˈten (V.) rot werden; rot machen.

Rotˈhaut (die, -, häuˈte) (scherzh.) Indianer.

Roˈtisˈseˈrie (die, -, -n) (franz.) Grilllokal (*auch:* Grill-Lokal).

Rotˈkehlˈchen (das, -s, -) Singvogel.

roˈtieˈren (V.) sich drehen.

Roˈtor (der, -s, -en) (lat.) Drehschraube. Rotorschiff.

rotˈseˈhen (V.) (ugs.) zornig werden.

Rotˈte (die, -, -n) Gruppe von Menschen; Bande. Rottenführer.

rotˈten (V.) sich zu einer Rotte zusammentun; eine Rotte bilden.

rotˈtenˈweiˈse (Adj.) in Rotten.

Rotˈtier (das, -s, -e) Hirschkuh.

Rottˈweiˈler (der, -s, -) Hunderasse.

Roˈtuˈlus (der, -, -li) (lat.) 1. Rädchen; Rolle; 2. Stapel Urkunden; 3. Aktenverzeichnis; 4. Theaterrolle.

Roˈtunˈde (die, -, -n) (lat.) kleiner Rundbau; runder Saal.

Rotz (der, -es, kein Plural) (ugs.) Nasenschleim. Rotz und Wasser heulen (ugs.) (heftig weinen).

Rotzˈbenˈgel (der, -s, -) (ugs.) frecher Junge; Rotzbube.

rotˈzen (V.) (ugs.) sich schneuzen.

Rotzˈfahˈne (die, -, -n) (ugs.) benutztes Taschentuch.

rotzˈfrech (Adj.) (ugs.) sehr frech; ungezogen; rotznäsig.

rotˈzig (Adj.) (ugs.) rotzfrech; mit Rotz beschmiert.

Rotzˈnaˈse (die, -, -n) 1. mit Rotz beschmierte Nase; 2. naseweises, freches Kind; Rotzlöffel. rotznäsig.

Rouge (das, -s, -s) (franz.) rote Schminke; Wangenrot.

Rouge et noir (das, -, kein Plural) (franz.) ein Kartenspiel (in Spielkasinos).

Rouˈlaˈde (die, -, -n) (franz.) gerolltes und gebratenes Fleischgericht.

Rouˈleau (das, -s, -s) (franz.) Rollladen (*auch:* Roll-Laden).

Rouˈlette (*auch:* Rouˈlett) (das, -s, -e/-s) Glücksspiel. *Beachte:* russisches Roulett.

Round-Taˈble-Konˈfeˈrenz (die, -, -en) (engl.) Diskussion von Gleichberechtigten am runden Tisch.

Rouˈte (die, -, -n) (franz.) Weg. Routenverzeichnis.

Rouˈtiˈne (die, -, kein Plural) (franz.) durch Erfahrung und Übung gewonnene Fertigkeit. Routineangelegenheit; Routinearbeit; Routineüberprüfung; Routineuntersuchung; Routinier; routinemäßig; routiniert.

Rowˈdy (der, -s, -s) (engl.) Raufbold. Rowdytum.

roˈyˈal (Adj.) (franz.) königlich; königstreu.

Roˈyˈal Air Force (Abk.: R.A.F.) (die, -, kein Plural) (engl.) königliche britische Luftwaffe.

Roˈyˈaˈlisˈmus (der, -, kein Plural) das Verfechten der Monarchie als Staatsform; Königstreue.

Roˈyˈaˈlist (der, -en, -en) Anhänger der Monarchie.

roˈyˈaˈlisˈtisch (Adj.) den Royalismus betreffend.

Rp. (Abk.) **Rap**pen.

RP. (*auch:* rec.) (Abk.) **r**eci**p**e.

RP (Abk.) (franz.) **R**éponse **p**ayée (Antwort bezahlt).

RT (Abk.) **R**egister**t**onne.

Ru (Abk.) **Ru**thenium (chemisches Zeichen).

ruˈbaˈto (Adv.) (ital.) mit Temposchwankungen (bei Musikstücken).

rubˈbeˈlig (Adj.) uneben.

rubˈbeln (V.) (nordd.) reiben.

Rubˈber (der, -s, kein Plural) (engl.) Kautschuk, Gummi.

Rüˈbe (die, -, -n) Gemüse; Karotte; (ugs.) Kopf. etwas auf die Rübe bekommen/kriegen (ugs.) (zurechtgewiesen werden, auf den Kopf geschlagen werden). Rübenfeld; gelbe Rübe; Rübensirup; Rübenzucker.

Ruˈbel (der, -s, -) (russ.) Währung in Russland und Weißrussland (Abk.: Rbl).

rüˈbenˈarˈtig (Adj.) wie eine Rübe.

rüˈber (Adv.) (ugs.) herüber. Verben: rüberfliegen; rüberkommen; rübermachen; rüberschauen; rüberwinken.

Rüˈbeˈzahl (ohne Artikel, -s, kein Plural) Berggeist des Riesengebirges.

Ruˈbiˈdiˈum (das, -s, kein Plural) (lat.) Metall; chemischer Grundstoff (Abk.: Rb).

Ruˈbin (der, -s, -e) (lat.) Edelstein. Rubinglas; Rubinring.

ruˈbinˈrot (Adj.) von der roten Farbe eines Rubins.

Ruˈbˈrik (die, -, -en) (lat.) Ordnungsspalte; Kategorie.

ruˈbˈriˈzieˈren (V.) einordnen.

Ruˈbˈriˈzieˈrung (die, -, -en) das Rubrizieren.

Ruˈbˈrum (das, -s, Ruˈbˈra/ Ruˈbˈren) (lat.) Aktenaufschrift mit Kurzangaben über den Inhalt.

ruchˈbar (Adj.) bekannt; öffentlich.

ruch|los (Adj.) skrupellos; gemein; ehrfurchtslos; niederträchtig.

Ruch|lo|sig|keit (die, -, -en) Skrupellosigkeit; Gewissenlosigkeit.

Ruck (der, -s, Ru|cke) Stoß; Ziehen; Bewegung. Linksruck; Rechtsruck; ruckartig; ruckweise; hau ruck! ruck, zuck!

ru|cken (V.) einen Ruck machen.

rück.../Rück... zurück; rückwärts. Rückansicht; Rückantwort; Rückbeförderung; Rückbesinnung; Rückbildung; Rückbleibsel; Rückblende; Rückblick; Rückbuchung; Rückentwicklung; Rückerstattung; Rückfahrkarte; Rückfahrt; Rückfahrscheinwerfer; Rückfall; Rückflug; Rückfrage; Rückführung; Rückgaberecht; Rückgang; Rückgängigmachung; Rückgewinnung; Rückgriff; Rückhalt; Rückhand; Rückkampf; Rückkaufsrecht; Rückkehr; Rückkopp(e)lung; Rücklage; Rücklauf; Rücklicht; Rückmarsch; Rücknahme; Rückporto; Rückreise; Rückruf; Rückrunde; Rückschau; Rückschein; Rückschlag; Rückschlüsse; Rückschritt; Rückseite; Rücksendung; Rücksitz; Rückspiegel; Rückspiel; in Rückstand kommen/geraten; Rückstau; Rückstrahler; Rücktritt; Rücktrittbremse; Rücktrittsrecht; Rückübersetzung; Rückvergütung; Rückversicherung; Rückwand; Rückwärtsgang; Rückwirkung; Rückzahlung; Rückzieher; Rückzug. Adjektive: rückbezüglich; rückbezügliches Fürwort (Reflexivpronomen); rückblickend; rückdrehend; rückfällig; rückgängig; rückgebildet; rückhaltlos; rückläufig; rückseitig; rückstandfrei; rückständig; rückwärtig; rückwärts; rückwirkend. Verben: rückbuchen; rückdatieren; rückfragen; rückkoppeln; rückübersetzen; rückvergüten; rückversichern.

rü|cken (V.) schieben; bewegen. jmdm. zu Leibe rücken.

Rü|cken (der, -s, -) Körperteil; Rückseite; Oberseite. Rückendeckung; Rückenflosse; Rückenlage; Rückenlehne; Rückenmark; Rückenmark(s)punktion; Rückenmuskel; Rückenschmerzen; das Rückenschwimmen, er kann gut rückenschwimmen (*auch:* Rücken schwimmen); Rückenstärkung.

Rück|grat (das, -s, -e) Wirbelsäule. Rückgratverkrümmung.

Ruck|sack (der, -s, -sä|cke) Rückentasche. Rucksackurlauber.

Rück|sicht (die, -, -en) Beachtung; Höflichkeit. ohne Rücksicht auf Verluste; Rücksicht nehmen; mit Rücksicht auf.

Rück|sicht|nah|me (die, -, kein Plural) das Rücksichtnehmen; Aufmerksamkeit; Behutsamkeit; Taktgefühl.

rück|sichts|los (Adj.) ohne Rücksicht; egoistisch; unhöflich.

Rück|sichts|lo|sig|keit (die, -, -en) das Rücksichtslossein; Egoismus.

Rück|tritt (der, -s, -e) Abdankung; Verzicht; Niederlegung eines Amtes.

rück|wär|tig (Adj.) auf der Rückseite von etwas befindlich; nach hinten gerichtet.

rück|wärts (Adv.) nach hinten. *Beachte:* Zusammenschreibung mit dem folgenden Verb: rückwärtsfahren; rückwärtsgehen: ich kann nicht rückwärtsgehen, mit dem Umsatz ist es rückwärtsgegangen (Betonung auf rückwärts); *aber:* rückwärts einparken (Bestandteile sind gleich betont). Rückwärtsgang; rückwärtsgewandt.

Ru|co|la (*auch:* Ru|ko|la) (der, -, kein Plural) (ital.) Raukensalat.

Rud|be|ckie (die, -, -n) nordamerikanischer Korbblütler; Zierblume.

rü|de (*auch:* rüd) (Adj.) (franz.) roh; derb.

Rü|de (der, -n, -n) Hundemännchen.

Ru|del (das, -s, -) Gruppe.

ru|del|wei|se (Adv.) in Rudeln.

Ru|der (das, -s, -) Paddel; Steuerung. Ruderboot; Ruderer; Ruderhaus; Ruderregatta; Rudersport; Ruderverband; zweirud(e)rig.

ru|dern (V., wir sind/haben gerudert) paddeln; sich in einem Boot mit Paddeln fortbewegen.

Ru|di|ment (das, -s, -e) (lat.) Überbleibsel.

ru|di|men|tär (Adj.) (lat.) in Rudimenten vorhanden; unausgebildet; verkümmert.

Ruf (der, -s, -e) Laut; Ansehen; Aufforderung. Rufmord; Rufname; Rufnummer; Rufsäule; Rufweite; Rufzeichen.

ru|fen (V.) schreien; schicken nach.

Rüf|fel (der, -s, -) (ugs.) Tadel; Vorwurf.

rüf|feln (V.) (ugs.) tadeln.

Rüff|ler (der, -s, -) ein Mensch, der einen Rüffel austeilt.

Rug|by (das, -, kein Plural) (engl.) Ballspiel.

Rü|ge (die, -, -n) Tadel.

rü|gen (V.) tadeln.

Rü|gen (ohne Art., -s, kein Plural) deutsche Ostseeinsel.

rü|gens|wert (Adj.) tadelnswert.

Ru|he (die, -, kein Plural) Stille; Erholung; Gelassenheit. *Beachte:* Immer mit der Ruhe! Das muss man in Ruhe machen; die letzte Ruhe; sich zur Ruhe setzen. Ruhebank; Ruhebett; Ruhegeld; Ruhekissen; Ruhelage; Ruhelosigkeit; Ruhepause; Ruheraum; Ruhesitz; im Ruhestand (Abk.: i.R.); Ruhestätte; Ruhestellung; Ruhestörung; Ruhetag; Ruhezeit; Ruhigstellung. Adjektive: ruhebedürftig; ruhelos; ruhend; ruhestörend. Verben: die Toten ruhen lassen, das Verfahren ruhen lassen (*auch:* ruhenlassen); ruhigstellen (durch Medikamente beruhigen), *aber:* ein Gelenk ruhig stellen (*auch:* ruhigstellen).

ru|hen (V.) sich ausruhen; entspannen; brachliegen.

Ru|he|stand (der, -(e)s, kein Plural) Rente beziehend. im Ruhestand sein.

Ruhm (der, -s, kein Plural) Erfolg; Ansehen. sich nicht gerade mit Ruhm bekleckern (ugs.) (eine schwache Leistung zeigen). Ruhmbegierde; Ruhmesblatt; Ruhmeshalle; Ruhmestag; Ruhmlosigkeit; Ruhmsucht; rühmenswert; ruhmsüchtig; ruhmvoll.

ruhm|be|deckt (Adj.) berühmt; Ruhm erworben habend.

ruhm|be|gie|rig (Adj.) begierig danach; sich Ruhm zu erwerben; ruhmsüchtig.

rüh|men (V.) loben. sich seines Erfolges rühmen, *aber:* nicht viel Rühmens von dem Erfolg machen.

rühm|lich (Adj.) ehrenhaft; lobenswert; rühmenswert.

ruhm|los (Adj.) ohne Ruhm; unehrenhaft.

ruhm|reich (Adj.) ruhmvoll.

Ruhr (die, -, -en) Darminfektion.

rüh|ren (V.) vermischen; bewegen; erwähnen. Rührei; Rührlöffel; Rührmaschine; Rührmichnichtan (Springkraut); Rührteig.

rühˈrend (Adj.) ergreifend.
rühˈrig (Adj.) eifrig.
Rühˈrigˈkeit (die, -, kein Plural) das Rührigsein; Eifer.
ruhrˈkrank (Adj.) an Ruhr erkrankt.
Ruhrˈpott (der, -(e)s, kein Plural) (ugs.) Ruhrgebiet.
rührˈseˈlig (Adj.) sehr gefühlvoll; kitschig.
Rührˈseˈligˈkeit (die, -, kein Plural) Gefühlsduselei.
Rührˈstück (das, -s, -e) rührseliges Theaterstück.
Rühˈrung (die, -, -en) Gefühlsbewegung; Ergriffenheit.
Ruˈin (der, -s, kein Plural) (lat.) Zusammenbruch; Untergang.
Ruˈiˈne (die, -, -n) verfallenes Bauwerk. Ruinengrundstück. ruinenhaft.
ruˈiˈnenˈarˈtig (Adj.) wie eine Ruine; ruinenhaft.
ruˈiˈnieˈren (V.) zugrunde richten, herunterwirtschaften.
ruˈiˈniert (Adj.) bankrott; zerstört; zugrunde gerichtet.
ruˈiˈnös (Adj.) in den Ruin führend; Verderben bringend; baufällig.
rülpˈsen (V.) laut aufstoßen. Rülpser.
rum (Adv.) (ugs.) herum. Verben: rumhängen; rumkriegen; rummachen.
Rum (der, -s, -s) (engl.) Branntwein. Rumaroma; Rumflasche; Rumkugel; Rumtopf; Rumverschnitt.
Ruˈmäˈne (der, -n, -n) Bewohner Rumäniens.
Ruˈmäˈniˈen (ohne Art., -s, kein Plural) Staat in Südosteuropa.
ruˈmäˈnisch (Adj.) zu Rumänien gehörend. rumänisch sprechend.
Rumˈba (der/die, -, -s) (span.) Tanz.
Rumˈmel (der, -s, kein Plural) (ugs.) Trubel; Lärm. Rummelplatz.
rumˈmeln (V.) ein dumpfes Geräusch machen; lärmen; poltern.
ruˈmoˈren (V.) (lat.) dumpf lärmen.
rumˈpeˈlig (Adj.) holprig, uneben.
rumˈpeln (V.) poltern.
Rumˈpelˈkamˈmer (die, -, -n) Abstellkammer.
Rumˈpelˈstilzˈchen (das, -s, kein Plural) Märchenfigur.
Rumpf (der, -s, Rümpˈfe) Leib; Körper. Rumpfbeuge; Rumpffläche; Rumpfkreisen; Schiffsrumpf.
rümpˈfen (V.) zusammenziehen; hochziehen. die Nase rümpfen.
Rumpˈsteak (das, -s, -s) (engl.) gebratenes Rindfleisch.
Run (der, -s, -s) (engl.) Ansturm (auf etwas Begehrtes).
rund (Adj.) kreisförmig; dick; ausgereift. *Beachte:* Das kostet rund (rd.) 1,5 Millionen Mark. Wir fahren rund um die Welt. *Aber:* Wir sind rundum zufrieden. Rund; Rundbau; Rundblick; Rundbogen; eine Nachricht macht die Runde; in die zweite Runde kommen; Rundenrekord; Runderlass; Rundflug; Rundfrage; Rundgang; Rundheit; Rundholz; Rundkurs; Rundlichkeit; Rundling; Rundreise; Rundruf; Rundschreiben; Rundspruch; Rundstrecke; Rundstricknadel; Rundumschlag; Rundung; Rundwanderweg; Rundweg. Adjektive: runderneuert; rundlich. Adverbien: rundheraus (freimütig); rundherum; rundum; rundumher; etwas rundweg (klar) ablehnen.
runˈden (V.) etwas rund machen (*auch:* rundmachen); aufrunden; abrunden.
rundˈgeˈhen (V) betriebsam sein. Es geht rund (ugs.) (es gibt viel Arbeit, es herrscht Hochbetrieb).
Rundˈfunk (der, -s, kein Plural) Hörfunk. Rundfunkanstalt; Rundfunkempfänger; Rundfunkgebühr; Rundfunkgerät; Rundfunkprogramm; Rundfunkstation; Rundfunktechnik; Rundfunkübertragung; Rundfunkwerbung.
Ruˈne (die, -, -n) (altnord.) germanisches Schriftzeichen. Runenalphabet; Runenforschung; Runenschrift; Runenstein; Runologe; Runologie; runisch.
Runˈning Gag (der, - -s, - -s) (engl.) Gag, der sich immer wiederholt.
Runˈkelˈrüˈbe (die, -, -n) Futterrübe.
runˈter (Adv.) (ugs.) herunter; hinunter. Verben: runterfallen; runterfliegen; runterkommen; runterschlucken.
Runˈzel (die, -, -n) Falte. Adjektiv: runz(e)lig. Verb: runzeln.
Rüˈpel (der, -s, -) grober Mensch. Rüpelei; Rüpelhaftigkeit; rüpelhaft.
rupˈfen 1. (Adj.) aus Jute. Rupfen; Rupfenleinwand; Rupfensack. 2. (V.) zupfen.
Ruˈpie (die, -, -n) (sanskr.) Währung (Indien, Pakistan, Ceylon, Sri Lanka und andere Staaten).
rupˈpig (Adj.) 1. grob; unhöflich; barsch; 2. uneben. Ruppigkeit.
Ruˈpˈrecht (der, -s, kein Plural) Knecht Ruprecht.
Rupˈtur (die, -, -en) (lat.) 1. Zerreißung (von Gewebe); 2. Gesteinsriss.
ruˈral (Adj.) (lat.) ländlich.
Rüˈsche (die, -, -n) Krause; gefältelter Stoffbesatz. Verb: rüschen.
Rushˈhour (die, -, -s) (engl.) Zeit der größten Verkehrsdichte zum Beginn und Ende der Arbeits- und Geschäftszeit; Hauptverkehrszeit.
Ruß (der, -es, -e) Kohlenstaub. Rußigkeit; Rußbrand; Rußstaub; rußbeschmutzt; rußfarben; rußfarbig; rußgeschwärzt; rußschwarz; rußig; rußen.
Rusˈse (der, -n, -n) Einwohner Russlands. Russenstiefel; Russin; Russischbrot; russischgrün; Russland; russisches Roulett; russisch-orthodox.
rüsˈten (V.) 1. vorbereiten; 2. mit Waffen ausrüsten. Rüstanker; Rüstkammer; Rüstung; Rüstungsabbau; Rüstungsbegrenzung; Rüstungsindustrie; Rüstungskontrolle; Rüstungswettlauf; Rüstzeit; Rüstzeug; gerüstet.
rüsˈtig (Adj.) gesund; frisch. Rüstigkeit.
rusˈtiˈkal (Adj.) (lat.) ländlich; einfach; bäuerlich; robust; grob; derb.
Rüstˈkamˈmer (die, -, -n) Raum zum Aufbewahren von Waffen, Rüstungen etc.
Ruˈte (die, -, -n) Stöckchen; Zweig. Rutenbündel; Rutengänger; Angelrute; Wünschelrute; Wünschelrutengänger.
Ruˈtil (der, -s, -e) ein Mineral; rötlicher Schmuckstein; Titandioxid.
Ruˈtiˈlisˈmus (der, -, kein Plural) (nlat.) 1. Rothaarigkeit; 2. übermäßige Neigung zum Erröten.
Rutsch (der, -(e)s, -e) guten Rutsch (ins neue Jahr)!
rutˈschen (V.) gleiten; schlittern. einen guten Rutsch ins neue Jahr; Rutschbahn; Rutsche; Rutschgefahr; Rutschpartie; rutschfest; rutschig; rutschsicher.
rütˈteln (V.) schütteln; zerren. Rüttelbeton; Rüttelei; Rüttelsieb; Rüttler.
Rwanˈda (engl. Schreibung für Ruˈanˈda) (ohne Art., -s, kein Plural) afrikanischer Staat. rwandisch.

S

s (Abk.) **S**ekunde.
S (Abk.) **S**chilling; **S**üd(en); **S**chwefel (chemisches Zeichen).
$ (Abk.) Dollar.
s. (Abk.) **s**iehe!
s. a. (Abk.) **s**ine **a**nno.
Sa (Abk.) **Sa**mstag; Sonnabend.
Saal (der, -s, SäˈIe) großer Raum. Saalbau.
SaalˈordˈNer (der, -s, -) Ordner bzw. Wachmann, der bei Veranstaltungen oder Ausstellungen den Zustrom der Gäste in den Veranstaltungssaal überwacht.
Saalˈreˈserˈvieˈrung (die, -, -en) Vormerkung für die Anmietung eines Saals.
Saalˈschlacht (die, -, en) Streitigkeiten, die von den Besuchern einer Veranstaltung im Saale ausgetragen werden.
Saarˈland (das, -s, kein Plural) (dt.) Bundesland.
Saat (die, -, -en) Gesätes. Saatenstand. säen.
Saatˈbohˈne (die, -, -n) Bohne, die zum Aussäen geeignet ist.
Saatˈfeld (das, -(e)s, -er) Feld, das zur Aussaat bestimmt ist.
Saatˈgans (die, -, -gänˈse) Gänseart mit gelbschwarzem Schnabel.
Saatˈgeˈtreiˈde (das, -s, -) Getreide, das für die Aussaat bestimmt ist.
Saatˈgut (das, -s, kein Plural) das, was ausgesät wird; Saat.
Saatˈkarˈtofˈfel (die, -, -n) Kartoffel, die als Saatgut geeignet ist.
Saatˈkorn (das, -s, -körˈner) Getreide, das zur Aussaat geeignet ist.
Saatˈkräˈhe (die, -, -kräˈhen) Rabenvogel.
Saatˈschnellˈkäˈfer (der, -s, -) braunschwarzer Schnellkäfer, dessen Larven die Wurzeln von Saatkeimlingen fressen.
Saatˈzwieˈbel (die, -, -n) junge Zwiebel, die als Steckzwiebel verwendet wird.
Saˈbaˈdilˈle (die, -, -n) (span.) ein mittelamerikanisches Liliengewächs mit alkaloidhaltigen Samen, »Läusekraut«.
Saˈbäˈer (der, -s, -) Angehöriger des antiken Reichs Saba, das um 1200 v. Chr. im heutigen Jemen gegründet wurde.
Saˈbaˈyon (das, -s, -s) (franz.) Weinschaumcreme.
Sabˈbat (der, -s, -e) (hebr.) Samstag, jüdischer Ruhetag. Sabbatstille.
Sabˈbaˈtaˈriˈer (der, -s, -) (hebr.-griech.-lat.) Angehöriger bestimmter christlicher Sekten, bei denen der Sabbat geheiligt wurde.
Sabˈbatˈjahr (das, -s, -e) jedes siebente Jahr im jüdischen Kalender, in dem nach der Tradition die Felder brachlagen.
Sabˈbel (der, -s, kein Plural) (ugs.) 1. blödes Gesabbel; dummes Gerede; 2. Mundwerk, das nicht aufhört zu sabbeln. Halt endlich den Sabbel!
Sabˈbelˈfritˈze (der, -n, -n) (ugs.) Schwätzer.
sabˈbeln (V.) (ugs.) schwätzen; sabbern.
Sabˈber (der, -s, kein Plural) (ugs.) Schleim; Speichel; Spucke.
Sabˈberˈlätzˈchen (das, -s, -) Babylätzchen, das beim Füttern als Bekleidungsschutz umgebunden wird.
sabˈbern (V.) (ugs.) Speichelausfluss haben; sabbeln.
Säˈbel (der, -s, -) (ungar.) Waffe. Säbelhieb; Säbelrasseln; Säbelrassler; säbelrasselnd.
Säˈbelˈanˈtiˈloˈpe (die, -, -n) nordafrikanische Antilopenart mit langen geschwungenen Hörnern, Steppentier.
Säˈbelˈbeiˈne (die, nur Plural) O-Beine.
säˈbelˈbeiˈnig (Adj.) mit säbelartig verformten Beinen; o-beinig.
Säˈbelˈduˈell (das, -s, -e) Duell, das mit Säbeln ausgetragen wird.
Säˈbelˈfechˈten (das, -s, kein Plural) das Fechten mit Säbeln.
säˈbelˈförˈmig (Adj.) wie ein Säbel gebogen.
Säˈbelˈgeˈrasˈsel (das, -s, kein Plural) (figürlich) verbale Drohgebärde, die Kampfbereitschaft signalisieren soll.
säˈbeln (V.) mit einem Messer so ungeschickt schneiden, als hielte man einen Säbel in der Hand.
Säˈbelˈschnäbˈler (der, -s, -) schwarzweißer Watvogel.
Saˈbiˈner (der, -s, -) Angehöriger des ital. Volks der Sabiner, bekannt durch die Sage vom Raub der Sabinerinnen.
Saˈbiˈnisˈmus (der, -, kein Plural) (lat.) Erkrankung an dem stark abführend wirkenden Sabinaöl des Sadebaumes.
Saˈbot (der, -/-s, -s) (franz.) Damenschuh.
Saˈboˈtaˈge (die, -, -n) (franz.) Zerstörung; Vereitelung.
Saˈboˈtaˈgeˈakt (der, -(e)s, -e) Tat, die ganz gezielt etwas sabotieren soll. Das Befeilen der Schiffsschraube war ein Sabotageakt.
Saˈboˈteur (der, -s, -) (franz.) jmd., der Sabotage betreibt.
saˈboˈtieˈren (V.) etwas unmöglich machen; etwas vereiteln. Du sabotierst ja jede meiner Diätbemühungen durch Essenseinladungen!
Saˈbˈre (der, -s, -s) (hebr.) in Israel geborenes jüdisches Einwandererkind. Sabra (w.).
Sacˈchaˈraˈse (*auch:* SaˈchaˈraˈSe) (die, -, kein Plural) (sanskr.) ein Enzym.
Sacˈchaˈrid (*auch:* SaˈchaˈRid) (das, -s, -e) (griech.) Kohlenhydrat.
Sacˈchaˈriˈmeˈter (*auch:* Saˈchaˈriˈmeˈter) (das, -s, -) (griech.) Senkwaage zur Bestimmung des Zuckergehalts einer Lösung.
Sacˈchaˈrin (*auch:* SaˈchaˈRin) (das, -s, kein Plural) (griech.) Süßstoff.
Sacˈchaˈroˈse (*auch:* SaˈchaˈroˈSe) (die, -, kein Plural) (griech.) Rohrzucker.
Sachˈanˈlaˈgeˈverˈmöˈgen (das, -s, kein Plural) Vermögen eines Betriebs an Grundstücken, Maschinen, Patenten, etc.
Sachˈbeˈarˈbeiˈter (der, -s, -) Angestellter, der ein bestimmtes Aufgabenfeld betreut.
Sachˈbeˈschäˈdiˈgung (die, -, -en) Straftatbestand der vorsätzlichen Beschädigung fremden Eigentums.
sachˈbeˈzoˈgen (Adj.) auf die Sache bezogen; sachlich. Ich lasse nur die sachbezogenen Einwände gelten.
Sachˈbeˈzüˈge (die, nur Plural) Arbeitsentgelt, das aus Sachwerten besteht.
Sachˈbuch (das, -s, -büˈcher) Buch, das in wissenschaftlicher oder populärwissenschaftlicher Form ein bestimmtes Sachgebiet behandelt.
sachˈdienˈlich (Adj.) einer bestimmten Sache dienlich. Die Polizei bat um sachdienliche Hinweise.
Saˈche (die, -, -n) Ding; Angelegenheit; Besitz. in Sachen Müller. Kommen

Sie doch zur Sache! Sachbereich; Sächelchen; sächliches Geschlecht (Neutrum).

Sach|ein|la|ge (die, -, -n) aus Sachleistungen bestehende Einlage bei der Gründung einer Handelsgesellschaft.

Sa|chen|recht (das, -s, kein Plural) Teil des Bürgerlichen Gesetzbuches, der die Rechte von Personen an Sachen regelt.

Sa|cher|tor|te (die, -, -n) Schokoladentorte.

Sa|chet (das, -s, -s) (franz.) kleines, mit duftenden Kräutern gefülltes Kissen.

Sach|fir|ma (die, -, -n) Firmenname, der keine Personen nennt, sondern auf den Zweck bzw. den Ort des Unternehmens hinweist.

sach|fremd (Adj.) nicht zu einem bestimmten Sachgebiet gehörig.

Sach|ge|biet (das, -s, -e) Gebiet, das jmd. zu bearbeiten hat.

sach|ge|mäß (Adj.) der Sache und ihren Erfordernissen entsprechend. Die sachgemäße Aufbewahrung dieser Tropfen ist Bestandteil ihrer Wirksamkeit.

sach|ge|recht (Adj.) einer Sache gerecht werdend; sachgemäß.

Sach|grün|dung (die, -, -en) Gründung einer Gesellschaft (hauptsächlich) durch Sacheinlagen, nicht durch Kapitaleinlagen.

Sach|ka|ta|log (der, -s, -e) Bücherkatalog, der nach dem Inhalt geordnet ist. Ggs.: alphabetischer Katalog.

Sach|ken|ner (der, -s, -) jmd., der eine bestimmte Sache gut kennt, Spezialist. Mein Onkel ist ein großer Sachkenner auf dem Gebiet Bauschuttentsorgung.

Sach|kennt|nis (die, -, kein Plural) großes Fachwissen auf einem bestimmten Gebiet.

Sach|kun|de (die, -, kein Plural) 1. Sachkenntnis; 2. Schulfach in der Grundschule.

sach|kun|dig (Adj.) kompetent in Bezug auf eine Sache.

Sach|kun|di|ger (der, -n, -n) jmd., der sich in einem bestimmten Sachgebiet sehr gut auskennt.

Sach|la|ge (die, -, -n) augenblickliche Situation.

Sach|le|gi|ti|ma|ti|on (die, -, kein Plural) (Rechtsw.) die Rechtszuständigkeit, die Beziehung einer Person zu einem subjektiven Recht; Sachbefugnis. Der Inhaber des Rechts besitzt die Sachlegitimation.

Sach|leis|tung (die, -, -en) Erstattung oder Leistung, die nicht aus Geld besteht.

sach|lich (Adj.) zur Sache gehörend; objektiv. sachliche Angaben; sachliche Kritik. Bleiben Sie doch bitte sachlich!

Sach|lich|keit (die, -, kein Plural) 1. nüchterne und sachliche Geisteshaltung; 2. sachlicher Stil, Schlichtheit im Äußeren.

Sach|män|gel (die, -, kein Plural) inhaltliche Fehler.

Sach|re|gis|ter (das, -s, -) Register, das nur Sachen, aber keine Personen enthält. Ggs.: Personenregister.

Sach|scha|den (der, -s, -schä|den) Schaden an Sachen. Ggs.: Personenschaden.

Sach|sen (ohne Art., -s, kein Plural) (dt.) Bundesland. Sachse; sächsisch. *Aber:* Sächsisch (Dialekt).

Sach|sen-An|halt (ohne Art., -s, kein Plural) (dt.) Bundesland.

Sach|spen|de (die, -, -n) Spende in Form von Sachen, nicht in Form von Geld. Ggs.: Geldspende.

sacht (*auch:* sach|te) (Adv.) sanft; langsam; vorsichtig.

Sach|ver|halt (der, -s, -e) Sachlage; Verhältnis der wichtigsten Fakten zueinander. Der Sachverhalt ist doch bereits geklärt.

Sach|ver|stand (der, -s, kein Plural) die tiefgehende Kenntnis von einer Sache. Ohne deinen Sachverstand hätten wir diese Renovierung nicht geschafft.

sach|ver|stän|dig (Adj.) voll Interesse für eine bestimmte Sache; sachkundig.

Sach|ver|stän|di|ge (der, -n, -n) meist vom Gericht berufener Fachmann, der strittige Fälle aus seinem Fachgebiet beurteilt. Der Sachverständige hatte den Schaden geringer eingestuft. einige Sachverständige, *aber:* alle Sachverständigen.

Sach|ver|stän|di|gen|gut|ach|ten (das, -s, -) Beurteilung eines Fachmanns, die in strittigen Fällen herangezogen wird.

Sach|ver|zeich|nis (das, -ses, -se) Auflistung, Verzeichnis von Sachen bzw. Gütern. Bei einer Scheidung ist ein Sachverzeichnis des gemeinsamen Besitzes unerlässlich.

Sach|wert (der, -s, -e) der in Wirtschaftsgütern verkörperte Gebrauchswert, der von Geldschwankungen unabhängig ist. Sachwerte sind immer eine gute Geldanlage.

Sach|wis|sen (das, -s, kein Plural) Wissen über ein bestimmtes sachliches Gebiet.

Sach|wör|ter|buch (das, -s, -bü|cher) Wörterbuch, das nur über Sachen, nicht über Personen Auskunft gibt.

Sach|zu|sam|men|hang (der, -s, -zu|sam|men|hän|ge) Relation der Dinge zueinander; Zusammenhang.

Sach|zwang (der, -s, -zwän|ge) Zwang, der ganz direkt von einer Sache oder einem Sachzusammenhang ausgeht.

Sack (der, -s, Sä|cke) Beutel. Ich bestelle fünf Sack Mehl. Er verließ uns mit Sack und Pack. Sackleinwand; sackhüpfen; sackleinen; sackweise.

Sack|bahn|hof (der, -s, -hö|fe) Kopfbahnhof.

Säck|chen (das, -s, -) kleiner Sack; kleine Beuteltasche.

Sä|ckel (der, -s, -) (südd.) Geldbeutel; Hosentasche. Die Steuerzahler mussten dieses Jahr wieder tief in den Säckel greifen. Säckelmeister/in; Säckelwart/in.

sa|cken (V.) 1. in einen Sack verpacken; 2. absacken, sich senken. Das Gebäude ist erneut um vier Millimeter gesackt.

sä|cke|wei|se (Adv.) (ugs.) in rauen Mengen. Der Sportler bekam säckeweise Fanpost.

sack|för|mig (Adj.) in der Form einem Sack ähnelnd; unförmig. Diese sackförmigen Pullover solltest du ausrangieren!

Sack|gas|se (die, -, -n) kleine Straße, die nur einen Zugang hat. (figürlich) In diesem Punkt sind wir wohl in eine Sackgasse geraten.

Sack|hüp|fen (das, -s, kein Plural) Kinderspiel, bei dem die Kinder mit über die Beine gestülpten Säcken um die Wette hüpfen.

Sack|kleid (das, -s, -er) sackförmiges Kleid.

Sack|lei|nen (das, -s, kein Plural) grob gewebte Leinwand aus Hanf oder Jute.

Säck|ler (der, -s, -) Lederschneider; Lederhosenmacher. Säcklerei; Säcklermeister.

Sack|pfei|fe (die, -, -n) Dudelsack.

Sack|tuch 1. (das, -s, -e) das Sackleinen; 2. (das, -s, -tü|cher) dialektale Bez. für Taschentuch.

Sad|du|zä|er (der, -s, -) Angehöriger einer altjüdischen politisch-religiösen Gruppe.

Sa|de|baum (der, -s, -bäu|me) (lat.-dt.) in heißen Regionen wachsender Nadelbaum.

Sa|dis|mus (der, -, -dis|men) (franz.) 1. Empfinden sexueller Lust durch Zufügen von Schmerz; 2. Lust am Quälen allgemein. sadistisch.

Sa|dist (der, -en, -en) (franz.) 1. jmd., der seinen Trieb durch das Zufügen von Schmerz befriedigt; 2. jmd., der Freude am Quälen hat.

Sa|do|ma|so (der, -/-s, kein Plural) (Kurzw.) (ugs.) Sadomasochismus.

Sa|do|ma|so|chis|mus (der, -, -chis|men) Lust am Quälen und Gequältwerden.

Sa|do|ma|so|chist (der, -en, -en) Mensch, der Lustgewinn aus Quälen und/oder Gequältwerden bezieht.

sa|do|ma|so|chis|tisch (Adj.) sexuell so ausgerichtet, dass Lust durch Quälen oder Gequältwerden erzielt wird.

sä|en (V.) Saatgut ausstreuen. (im übertragenen Sinn) Echte Nachwuchsstars sind heute dünn gesät. Wer Wind sät, wird Sturm ernten. Zwietracht säen. Säer; Säerin; Sämann.

Sa|fa|ri (die, -, -s) (arab.) Jagdreise; Fototour.

Sa|fa|ri|klei|dung (die, -, kein Plural) Jagdkleidung in gedeckten Tarnfarben, die bei Safaris getragen wird.

Sa|fa|ri|look (der, -s, -s) Kleiderstil, der Elemente der Safarikleidung aufnimmt und modisch aufbereitet.

Sa|fa|ri|park (der, -s, -s) Park, in dem Wildtiere gehalten werden, die von Parkbesuchern vom Auto aus besichtigt werden dürfen.

Safe (der/das, -s, -s) (engl.) Geldschrank.

Sa|fer Sex (-, -, kein Plural) (engl.) Oberbegriff für alle geschützten Sexualpraktiken, die Sicherheit vor einer Ansteckung mit Aids bieten, zum Beispiel Kondombenutzung.

Saf|fi|an (der, -s, kein Plural) (pers.) Ziegenleder. Saffianleder.

Sa|flor (der, -s, -e) (arab.-ital.) Färberdistel.

sa|flor|gelb (Adj.) mit dem gelben Saflorfarbstoff gefärbt.

Sa|fran (der -s, -e) (pers.) Pflanzenfarbstoff; Gewürz (aus der getr. Frucht der Safranpflanze). Safranin.

sa|fran|gelb (Adj.) mit dem Gewürz Safran gefärbt.

Sa|frol (das, -s, kein Plural) Parfümöl.

Saft (der, -s, Säf|te) Getränke; Soße. Säftchen; saft- und kraftlos.

Saft|bra|ten (der, -s, -) saftige Bratenzubereitung.

saf|ten (V.) 1. (ugs.) inhaltsarm daherreden. Jetzt hör endlich auf zu saften! 2. Saft machen (durch Auspressen). Gesafte.

Saft|fas|ten (das, -s, kein Plural) ärztlich zu überwachende Diätkur, während der nur Kalorien und Nährstoffe aus Säften zugeführt werden.

saft|grün (Adj.) grün wie frischer Pflanzensaft.

saf|tig (Adj.) kräftig; saftreich. Das sind ja saftige Preise! Sie gab ihm eine saftige Ohrfeige. Die Klementinen sind jetzt nicht mehr saftig.

Saf|tig|keit (die, -, kein Plural) Saftreichtum; saftige Konsistenz zum Beispiel von Früchten oder Fleisch. Die Saftigkeit des Bratens bleibt am besten erhalten, wenn er auf ganz kleiner Flamme gart.

Saft|kur (die, -, -en) Entlastungs- oder Fastenkur, die aus der alleinigen Zufuhr von frischen Obst- und Gemüsesäften besteht.

Saft|la|den (der, -s, kein Plural) (figürlich) kundenunfreundliches, schlecht organisiertes Geschäft. Gibt es denn keine Bedienung in diesem Saftladen?

Saft|oran|ge (die, -, -n) Orange, die sich durch ihre Saftigkeit besonders zum Pressen eignet.

Saft|pres|se (die, -, -n) elektrisches Gerät oder manuelle Vorrichtung zum Auspressen von Früchten.

Saft|sack (der, -s, -sä|cke) (ugs.) beleidigende, derbe Anrede für einen dummen Mann.

Saft|tag (der, -s, -e) diätetischer Entlastungstag, an dem Kalorien nur in Form von Saft aufgenommen werden.

Sa|ga (die, -, -s) 1. altisländische Erzählform; 2. Familiengeschichte, -chronik mit literarischem Charakter.

Sa|ge (die, -, -n) überlieferte Erzählung.

Sä|ge (die, -, -n) Werkzeug. Säger. gesägt.

Sä|ge|blatt (das, -s, -blät|ter) der biegsame, metallene und gezackte Teil der Säge, der das Sägegut durchtrennt.

Sä|ge|bock (der, -s, -bö|cke) 1. dunkler Bockkäfer, dessen Larven Holzschädlinge sind; 2. Holzgestell, auf dem das Sägegut abgelegt wird.

Sä|ge|fisch (der, -s, -e) Rochen mit haifischähnlichem Körper und langem, sägeförmigem Oberkiefer.

Sä|ge|mehl (das, -s, kein Plural) feiner Holzabfall beim Sägen; Sägespäne.

Sä|ge|mes|ser (das, -s, -) Messer mit gezackter Schneide

sa|gen (V.) 1. reden; mitteilen; 2. meinen; bedeuten; 3. befehlen. *Beachte:* Das dauerte sage und schreibe fünf Stunden. Das hat gar nichts zu sagen. Du hast mir überhaupt nichts zu sagen. Jasager; Neinsager; sagbar; unsagbar.

sä|gen (V.) 1. mit einer Säge zerteilen; 2. (ugs.) laut schnarchen. Opa hat wieder die ganze Nacht gesägt!

Sa|gen|buch (das, -s, -bü|cher) Buch mit mehreren historischen oder mythologischen Erzählungen.

Sa|gen|dich|tung (die, -, -en) Niederschrift und Bearbeitung der mündlich überlieferten Sagen.

Sa|gen|for|schung (die, -, kein Plural) Forschungszweig, der sich mit der Entstehung, Verbreitung und Überlieferung von Sagen befasst.

sa|gen|haft (Adj.) 1. nur in Sagen überliefert; 2. (ugs.) unfassbar; unglaublich. Das Kleid war sagenhaft preiswert!

Sa|gen|kreis (der, -es, -e) mehrere Sagen, die Bestandteile desselben Themas behandeln und sich inhaltlich zum Kreis schließen.

sa|gen|um|wo|ben (Adj.) interessant; von Erzählungen umrankt.

Sa|gen|welt (die, -, -en) kulturell abgeschlossene Welt der Sagen eines Volkes.
Sä|ge|spä|ne (die, -, nur Plural) Holzabfall, der beim Sägen entsteht.
Sä|ge|werk (das, -s, -e) Betrieb, in dem Baumstämme in verwertbare Formen (Bretter, Balken, etc.) zersägt werden.
Sä|ge|zahn (der, -s, -zäh|ne) die einzelne Zacke am Blatt der Säge.
sa|git|tal (Adj.) (lat.) parallel zur Mittelachse; von vorn nach hinten verlaufend (Anatomie).
Sa|go (der, -s, kein Plural) Speisestärke.
Sa|go|baum (der, -s, -bäu|me) Palmenart, aus deren Mark Sago gewonnen wird.
Sa|go|pal|me (die, -, -n) Sagobaum.
Sa|go|sup|pe (die, -, -n) Suppe, deren Hauptbestandteil Sago ist.
Sa|g|ra|da|rin|de (die, -, -n) (span.; dt.) in Nordamerika vorkommende Faulbaumrinde (ein Abführmittel).
Sa|gum (das, -s, Sa|ga) (kelt.-lat.) römischer Soldatenmantel aus dickem Wollstoff.
Sa|ha|ra (die, -, kein Plural) (arab.) Wüste. Saharadurchquerung.
Sa|hib (der, -/-s, -s) (arab.) Herr (als Anrede für einen Europäer in Indien und Pakistan).
Sah|ne (die, -, kein Plural) Rahm. sahnig; sahnen.
Sah|ne|bai|ser (das, -s, -s) (franz.) Gebäck aus Zucker und Eiweiß, das mit Sahne gefüllt wird.
Sah|ne|bon|bon (das, -s, -s) (franz.) Bonbon, das aus Zucker und Sahne angerührt wird.
Sah|ne|eis (das, -es, kein Plural) Speiseeis, das unter Verwendung von Sahne hergestellt wird.
Sah|ne|känn|chen (das, -s, -) kleines Kännchen mit Kaffeesahne.
Sah|ne|so|ße (*auch:* Sah|ne|sau|ce) (die, -, -n) Soße auf Sahnebasis.
Sah|ne|tor|te (die, -, en) Kuchen, der in Schichten geschnitten und u. a. mit Sahne gefüllt wird.
Saib|ling (der, -s, -e) Lachsfisch.
Sai|ga (die, -, -s) (russ.) in Asien vorkommende, dem Schaf ähnelnde Antilope.
Sai|son (die, -, -s) (franz.) Jahreszeit; Hauptbetriebszeit. Saisonbeschäftigung; Saisonende; Saisonschluss; Saisonwanderung; saisonweise.
sai|so|nal (Adj.) (franz.) die Saison betreffend; während der Saison.
Sai|son|ar|beit (die, -, -n) Arbeit, die nur während der Saison vergeben wird.
Sai|son|ar|bei|ter (der, -s, -) Arbeiter, dessen Vertrag nur für die Dauer der jeweiligen Saison gilt.
Sai|son|aus|ver|kauf (der, -s, -ver|käu|fe) regelmäßiger Warenverkauf zu verbilligten Preisen am Ende der Winter- bzw. Sommersaison.
sai|son|be|dingt (Adj.) bedingt durch die Saison bzw. das Fehlen der Saison. Der saisonbedingte Anstieg der Arbeitslosenzahlen im Baubereich verzerrt das Bild.
Sai|son|be|ginn (der, -s, kein Plural) Anfang einer bestimmten Zeit.
sai|son|be|rei|nigt (Adj.) Bez. für Daten oder Zahlen, bei denen große saisonbedingte Schwankungen bereits herausgerechnet bzw. umgelegt wurden.
Sai|son|be|trieb (der, -s, -e) 1. Betrieb, der nur während der jeweiligen Saison geöffnet ist; 2. intensivere Betriebsart (zum Beispiel eines Restaurants) mit mehr Mitarbeitern und einem größeren Leistungsangebot während der Saison.
Sai|son|er|öff|nung (die, -, -en) Eröffnung der Saison durch eine Veranstaltung oder einen anderen auf die jeweilige Sparte bezogenen Anlass.
Sai|son|ge|schäft (das, -s, -e) Geschäftsbetrieb in einer bestimmten Zeit des Jahres.
Sai|son|in|dus|t|rie (die, -, -n) Industriezweig, der in bestimmten Zeiten des Jahres aktiv ist.
Sai|son|schwan|kung (die, -, -en) Auf und Ab zu bestimmten Zeiten des Jahres.
Sai|son|zu|schlag (der, -s, -schlä|ge) Aufpreis in der Hochsaison.
Sai|te (die, -, -n) Bespannung (Musikinstrumente; Tennis-, Squashschläger). Saitenspiel; zart besaitet; zwölfsaitig.
Sai|ten|in|s|t|ru|ment (das, -s, -e) Instrument, dessen Klang vom Berühren seiner Saiten herrührt, zum Beispiel Geige, Gitarre, Harfe, Piano.
Sa|ke (der, -, kein Plural) (jap.) aus Reis hergestellter Wein.
sak|ka|diert (Adj.) (franz.) medizinischer Ausdruck für ruckartig, stoßartig (z. B. vom Atem).
Sak|ko (der/das, -s, -s) Jackett. Sakkokombination.
Sak|ko|an|zug (der, -s, -an|zü|ge) Straßenanzug für Herren, bei dem Hose und Jackett nicht aus demselben Material sind.
sa|k|ral (Adj.) (lat.) heilig; kirchlich.
Sa|k|ral|bau (der, -s, -ten) Gotteshaus im Gegensatz zum weltlichen Gebäude. Ggs.: Profanbau.
Sa|k|ra|ment (das, -s, -e) (lat.) kultische Handlung (in der kath. Kirche Taufe, Firmung, Abendmahl, Bußsakrament, Krankensalbung, Priesterweihe und Ehe). Sakramentalien; sakramental; sakramentlich.
Sa|k|ra|men|ta|le (das, -s, -li|en) den Sakramenten ähnelnde kultische Handlung des Weihens (in der kath. Kirche).
Sa|k|ra|ments|häus|chen (das, -s, -) schreinartiger, meist reich verzierter Behälter, der die geweihten Hostien für die Messe enthält.
Sa|k|ri|fi|zi|um (das, -s, -zi|en (lat.) Messopfer.
Sa|k|ri|leg (das, -s, -e) (lat.) 1. Frevel; Vergehen; 2. Entweihung heiliger Dinge. ein Sakrileg begehen. Sakrilegium.
sa|k|ri|le|gisch (Adj.) (lat.) einem Sakrileg gleichkommend.
Sa|k|ris|tan (der, -s, -e) (lat.) Küster.
Sa|k|ris|tei (die, -, -stei|en) (lat.) Nebenraum (Kirche).
Sa|k|ro|dy|nie (die, -, -n) (lat.; griech.) medizinischer Begriff für Schmerzen in der Kreuzbeingegend.
sa|k|ro|sankt (Adj.) (lat.) heilig; unverwundbar.
Sä|ku|la|ri|sa|ti|on (die, -, kein Plural) (lat.) die profane Umbestimmung ursprünglich kirchlich geprägter Bereiche oder Begriffe.
sä|ku|la|ri|sie|ren (V.) (lat.) verweltlichen. säkular.
Sä|ku|la|ri|sie|rung (die, -, kein Plural) Verweltlichung.
Sä|ku|la|ri|sie|rungs|pro|zess (der, -es, -e) der Prozess der Verweltlichung, der die gesamte Kultur aus dem religiösen Zusammenhang herauslöst.

Sä|ku|lar|kle|ri|ker (der, -s, -) Geistlicher, der nicht an ein Kloster gebunden ist.
Sa|lam! (Interj.) (arab.) Friede! (Gruß). Salam alaikum!
Sa|la|man|der (der, -s, -) (griech.) Molch.
Sa|la|mi (die, -, -/-s) (ital.) Wurst. Salamischeibe; Salamiwurst.
Sa|la|mi|tak|tik (die, -, kein Plural) Taktik, mit der ein bestimmtes Ziel scheibchenweise erreicht wird.
Sa|lan|ga|ne (die, -, -n) (malai.) südostasiatischer Vogel, dessen Speichelnester zu »Schwalbennestersuppe« verarbeitet werden.
Sa|lär (das, -s, -e) (franz.) Gehalt; Lohn.
sa|la|rie|ren (V.) (schweiz.) (franz.) besolden; durch Einkommen vergüten.
Sa|lat (der, -s, -e) Gemüse; Zuspeise. Fruchtsalat; Kartoffelsalat; Kopfsalat; Salatpflanze.
Sa|lat|be|steck (das, -s, -e) großer Löffel und große Gabel zum Salatmischen.
Sa|lat|gur|ke (die, -, -n) große, lange Gurke.
Sa|lat|kar|tof|fel (die, -, -n) festkochende Kartoffel, die beim Weiterverarbeiten in Salaten nicht zerfällt.
Sa|lat|öl (das, -s, -e) Öl, das sich besonders zum Anmachen von Salaten eignet.
Sa|lat|plat|te (die, -, -n) reichhaltige Auswahl an Salaten, auf einer Platte angerichtet.
Sa|lat|schüs|sel (die, -, -n) 1. große Schüssel, in der Salat gemengt und angeboten werden kann; 2. Schüssel voll Salat.
Sa|la|ti|e|re (die, -, -n) (altmodisch für) Salatschüssel.
Sa|lat|so|ße (*auch:* Sa|lat|sau|ce) (die, -, -n) Dressing.
Sa|la|zi|tät (die, -, -en) (lat.) Geilheit; überzogener Geschlechtstrieb.
Sal|ba|der (der, -s, -) Heuchler. Salbaderei.
sal|ba|dern (V.) unnötig lange und übertrieben feierlich bzw. frömmelnd reden.
Sal|be (die, -, -n) Creme/Kreme; Paste.
Sal|bei (der, -s, kein Plural) (lat.) Heilkraut.
Sal|bei|tee (der, -s, -s) Aufguss aus Salbeiblättern, desinfizierend wirkend.
sal|ben (V.) mit Fett oder Salbe einreiben.
Sal|ben|tu|be (die, -, -n) Behälter für die Aufbewahrung von Salben.
Salb|öl (das, -s, kein Plural) geweihtes Öl für die Salbung (in der kath. Kirche).
Sal|bung (die, -, -en) 1. Einreibung des Körpers mit Öl, Fett oder Salben zur Körperpflege oder als Heilmittel; 2. Salben des Körpers als kultische Handlung, die sich zum Beispiel in den christlichen Kirchen bewahrt hat.
sal|bungs|voll (Ad).) übertrieben; theatralisch.
Sal|chow (der, -/-s, -s) Sprung (Eiskunstlauf).
sal|die|ren (V.) den Saldo (eines Kontos) bestimmen.
Sal|do (der, -s, -s/Sal|den/Sal|di) (ital.) Differenz zwischen Soll und Haben.
Sal|do|an|er|kennt|nis (die, -, -se) Anerkenntnis des Saldos.
Sal|do|kon|to (das, -s, -kon|ten) (österr.) Kontokorrentbuch; ein Hilfsbuch der doppelten Buchführung.
Sal|do|über|trag (der, -s, -trä|ge) Übertragung des Saldos auf eine neue Rechnung.
Sal|do|vor|trag (der, -s, -vor|trä|ge) Saldoübertrag.
Sa|lep (der, -s, -s) (arab.) aus den Wurzelknollen von Knabenkraut hergestelltes Heilmittel.
Sa|le|si|a|ner (der, -s, -) Angehöriger der Gesellschaft des heiligen Franz von Sales, einer im 19. Jh. von Don Bosco gegründeten Priesterkongregation für Erziehung und Ausbil-dung.
Sales|ma|na|ger (der, -s, -) (engl.) Verkaufsleiter. Salesmanagerin.
Sales|pro|mo|tion (die, -, kein Plural) (engl.) Absatzsteigerung. Salespromoter; Salespromoterin.
Sa|lettl (das, -s, -/-n) (österr.) (ital.) Gartenhäuschen.
Sa|li|er (der, -s, nur Plural) (lat.) 1. Bez. für altrömische Priesterkollegien; 2. fränkischer Stamm, u. a. am Niederrhein belegt; 3. dt. Herrscher aus dem fränkischen Haus der Konradiner (1024–1125).
sa|lisch (Adj.) (lat.) überwiegend aus Kieselsäure und Tonerde bestehend (von Mineralien).
Sa|li|ne (die, -, -n) (lat.) Salzwerk.
Sa|li|nen|salz (das, -es, -e) (lat.) Kochsalz, das im Salzwerk durch Verdunstung erzeugt wurde.
sa|li|nisch (Adj.) (lat.) aus der Saline.
Sa|li|va|ti|on (die, -, -en) (lat.) die Speichelbildung.
Sa|li|zy|lat (das, -(e)s, -e) (lat.-griech.) das Salz der Salizylsäure.
Sa|li|zyl|säu|re (*auch:* Sa|li|cylsäu|re) (die, -, kein Plural) (lat.-griech.) Konservierungs-, Heilmittel.
Sal|kan|te (die, -, -n) Saum eines Gewebes; Webkante.
Salk|imp|fung (die, -, -en) Impfung gegen Kinderlähmung.
Salk|vak|zi|ne (*auch:* Salk-Vak|zi|ne) (die, -, kein Plural) Impfstoff zur aktiven Immunisierung gegen Kinderlähmung, benannt nach J. E. Salk.
Salm (der, -s, -e) (lat.) 1. Lachs; 2. (ugs.) Gerede.
Sal|mi|ak (der, -s, kein Plural) (lat.) Ammoniumverbindung; Düngemittel.
Sal|mi|ak|geist (der, -s, kein Plural) wässrige Lösung von Ammoniak.
Sal|mi|ak|lö|sung (die, -, -en) Lösung von Ammoniumchlorid, als Reinigungsmittel geeignet.
Sal|mi|ak|pas|til|le (die, -, -n) kleine rhombenförmige Pastille aus Lakritz.
Salm|ler (der, -s, -) Fischart, die zu den Karpfenfischen gehört.
Sälm|ling (der, -s, -e) salmartiger Fisch; Saibling.
Sal|mo|nel|len (die, nur Plural) Darmbakterien.
Sal|mo|nel|len|ver|gif|tung (die, -, -en) Salmonellose.
Sal|mo|nel|lo|se (die, -, -) durch Salmonellen hervorgerufene Vergiftung.
Sal|mo|ni|de (die, -, -n) (lat.) Lachsfisch.
Sa|lo|mo|nen (die, nur Plural) Inselgruppe im Pazifik; Salomoninseln.
sa|lo|mo|nisch (Adj.) weise; ausgewogen; klug; Einsicht zeigend. Er fällte ein salomonisches Urteil (ein Urteil, das alle Parteien zufriedenstellen konnte). salomonische Klugheit.
Sa|lon (der, -s, -s) (franz.) Raum; Geschäft.
Sa|lon|da|me (die, -, -n) (franz.) charmante Dame der Gesellschaft in Theaterinszenierungen.

sa|lon|fä|hig (Adj.) fähig und passend gekleidet, um sich in besseren Kreisen zu bewegen.
Sa|lon|lö|we (der, -n, -n) (franz.) charmanter Partyunterhalter; männliches Pendant zur Salondame.
Sa|lon|mu|sik (die, -, kein Plural) (franz.) anspruchslose Hintergrund- und Unterhaltungsmusik.
Sa|lon|or|ches|ter (das, -s, -) kleines Ensemble aus Streichern und Klavier für Unterhaltungsmusik.
Sa|lon|wa|gen (der, -s, -) Wagen in Gesellschaftsreisezügen, der der Begegnung der Fahrgäste dient.
Sa|loon (der, -s, -s) (engl.) Bierlokal im Wildweststil.
sa|lopp (Adj.) (franz.) lässig; nachlässig.
Sa|lopp|heit (die, -, kein Plural) Nachlässigkeit; Schlampigkeit. Die Saloppheit seiner Kleidung stach jedem ins Auge.
Sal|pe (die, -, -n) (griech.) gallertiges Manteltier.
Sal|pe|ter (der, -s, kein Plural) (lat.) Salz der Salpetersäure. Salpeterdünger; salpet(e)rig.
Sal|pe|ter|er|de (die, -, kein Plural) (lat.) Gemisch aus Kompost und Kalk.
sal|pe|ter|hal|tig (Adj.) (lat.) mit einer Beimischung von Salpeter.
Sal|pe|ter|säu|re (die, -, -n) (lat.) (Abk.: HNO_3) farblose, stark ätzende, mit Wasser mischbare, giftige Flüssigkeit; starkes Oxydationsmittel, löst Silber von Gold (Scheidewasser).
Sal|pin|gi|tis (die, -, kein Plural) (griech. lat.) medizinischer Begriff für Eileiterentzündungen.
Sal|sa (die, -, kein Plural) (span.) auf südamerikanischer Volksmusik aufbauende Rockmusik.
Sal|se (die, -, -n) (ital.) Schlammkegel; Schlammaufsprudelung (in Sumpfgebieten).
SALT (*auch:* Salt) (Abk.) **S**trategic **A**rms **L**imitation **T**alks (Gespräche zur Begrenzung strategischer Waffen). SALT-Konferenz (*auch:* Salt-Konferenz).
Sal|ta (das, -, kein Plural) (lat.) Brettspiel für zwei Personen.
Sal|ta|rel|lo (der, -s, -rel|li) (ital.) volkstümlicher Tanz.
Sal|ta|to (das, -s, -s) Technik von Streichern, mit hüpfendem Bogen zu spielen, um ein sogenanntes Staccato zu erzeugen.
Sal|tim|boc|ca (das, -s, -s) (ital.) doppeltes Kalbsschnitzel mit Salbei, rohem Schinken und Weißweinsoße.
Sal|to (der, -s, -s/Sal|ti) (ital.) Überschlag; Rolle.
Sal|to mor|ta|le (der, -, -ti -li) (ital.) mehrfacher Salto, wegen seiner Gefährlichkeit »Todessprung« genannt.
sa|lü (Adv.) (franz.) Gruß.
sa|lu|ber (Adj.) (lat.) heilsam (körperlich); gesund.
Sa|lu|b|ri|tät (die, -, kein Plural) das Salubersein.
Sa|lu|ki (der, -s, -s) (arab.) persischer Windhund.
Sa|lut (der, -s, -e) (franz.) Ehrensalve.
Sa|lu|ta|ti|on (die, -, -en) (lat.) veraltet für feierliche Begrüßung.
sa|lu|tie|ren (V.) (lat.) militärisch grüßen.
Sa|lu|tist (der, -en, -tis|ten) (lat.) Heilsarmist.
Sa|lut|schuss (der, -es, -schüs|se) (lat.) blinder Kanonenschuss zur militärischen Ehrenbezeugung.
Sal|va|tion Ar|my (die, -, kein Plural) (engl.) Heilsarmee.
Sal|va|tor 1. (der, -s, kein Plural) (lat.) Jesus Christus als Retter; 2. (der/das, -s, kein Plural) (lat.) Starkbier. Salvatorbier; Salvatorbräu.
sal|ve! (lat.) Grußwort (Sei gegrüßt!).
Sal|via (die, -, kein Plural) Salbei (als Heilpflanze).
Sal|ve (die, -, -n) (lat.) Schüsse. Maschinengewehrsalve.
Sal|ven|feu|er (das, -s, -) Feuer aus allen (Kanonen-)Rohren.
sal|vie|ren (V., refl.) (lat.) sich retten; sich von etwas befreien.
Sal|wei|de (die, -, -n) Weidenart mit besonders dicken Weidenkätzchen.
Salz (das, -es, -e) chemische Verbindung; Würzmittel. Salzgrube; Salzlösung; Salzmandel. Adjektive: salzarm; salzartig; salzhaltig; salzsauer. Verb: salzen. Die Suppe ist stark gesalzen. *Aber:* das sind gesalzene (sehr hohe) Preise.
Salz|ader (die, -, -n) Salzfundstelle in Steinsalzgestein.
Salz|bad (das, -es/-s, -bä|der) medizinisches Bad in Wasser mit Meersalzzusatz.
Salz|berg|werk (das, -es/-s, -wer|ke) Bergwerk, in dem Steinsalz abgebaut wird.
Salz|bo|den (der, -s, -bö|den) Boden mit hohem Salzgehalt.
Salz|bre|zel (die, -, -n) kleine Laugenbrezel, die mit grobem Salz bestreut ist.
Salz|brun|nen (der, -s, -) salzhaltige Mineralwasserquelle.
Salz|burg (ohne Art., -s, kein Plural) österreichische Stadt und Bundesland.
Salz|fass (das, -es, -fäs|ser) Gefäß mit Salz; Salzstreuer.
Salz|fleisch (das, -(e)s, kein Plural) durch Einsalzung haltbar gemachtes Fleisch.
Salz|gar|ten (der, -s, -gär|ten) Meerwasserbecken, in dem durch Verdunstung des Wassers Meersalz gewonnen wird.
Salz|gur|ke (die, -, -n) in Salzlake eingelegte Gurke.
Salz|he|ring (der, -s, -e) durch Einsalzen haltbar gemachter Hering.
sal|zig (Adj.) gesalzen; salzhaltig; von salzigem Geschmack.
Salz|kar|tof|fel (die, -, -n) in Salzwasser gekochte, geschälte Kartoffel.
Salz|la|ke (die, -, -n) stark salzige Lösung, in der Lebensmittel konserviert werden.
Salz|le|cke (die, -, -n) Vorrichtung zum Salzlecken für Wild.
Salz|let|te (die, -, -n) besonders dünne Salzstange.
salz|los (Adj.) ohne Zusatz von Salz. Die salzlose Schonkost ist ungewohnt.
Salz|pfan|ne (die, -, -n) salzige Bodenvertiefung in Trockengebieten, die nur bei Regen mit Wasser gefüllt ist.
Salz|pflan|ze (die, -, -n) Pflanze, die (auch) auf Salzboden gedeiht.
Salz|quel|le (die, -, -n) salzige Mineralwasserquelle; Salzbrunnen.
Salz|säu|le (die, -, kein Plural) (nur in der Verbindung:) zur Salzsäule erstarren (vor Entsetzen ganz starr werden).
Salz|säu|re (die, -, -n) (Abk.: HCl) wässrige Lösung von Chlorwasserstoffgas, stark ätzend.
Salz|see (der, -s, -n) abflussloser See in Trockengebieten mit hohem Salzge-

halt, zum Beispiel Kaspisches und Totes Meer.
Salz|sie|de|rei (die, -, -en) Unternehmen, in dem Salzwasser zu Salz verdunstet wird.
Salz|so|le (die, -, -en) das stark salzhaltige Wasser, aus dem in Siedereien Salz gewonnen wird.
Salz|stan|ge (die, -, -n) salziges Knabbergebäck.
Salz|step|pe (die, -, -n) sehr trockener Salzboden, nur mit Salzpflanzen bewachsen.
Salz|steu|er (die, -, -n) Verbrauchsteuer auf Speisesalz.
Salz|stock (der, -s, -stö|cke) Salzlager im Gestein.
Salz|streu|er (der, -s, -) kleines Gefäß zum Nachsalzen bei Tisch.
Salz|was|ser (das, -s, kein Plural) 1. Meerwasser; 2. Wasser, das mit Salz versetzt ist.
Salz|werk (das, -s, -e) Siederei, in der aus Salzwasser Salz gewonnen wird.
Salz|wüs|te (die, -, -n) Wüste, die mit Salzkristallen überzogen ist.
Sä|mann (der, -s, -män|ner) jmd., der sät.
Sa|ma|ri|ter (der, -s, -) 1. Angehöriger eines Volkes in Palästina; 2. Hilfeleistender; Krankenpfleger.
Sa|ma|ri|ter|dienst (der, -es/-s, -e) selbstloser Akt der Hilfe ohne Ansehen der Person des Hilfsbedürftigen.
Sa|ma|ri|ter|tum (das, -s, kein Plural) das Samaritersein; Tugend der völlig selbstlosen Hilfsbereitschaft. Das Samaritertum scheint ausgestorben.
Sa|ma|ri|um (das, -s, kein Plural) Metall; chemischer Grundstoff (Sm).
Sa|mar|kand (der, -/-s, -s) 1. Stadt in Usbekistan; 2. nach der usbekischen Stadt benannter geknüpfter Teppich mit Medaillonmuster auf gelbem Grund.
Sä|ma|schi|ne (die, -, -n) Maschine, die das Saatgut gleichmäßig aussät.
Sam|ba (der, -s, -s) Tanz.
Sam|bal (das, -s, -s) (malai.) indonesisches Reisgewürz.
Sam|bia (ohne Art., -s, kein Plural) Staat in Zentralafrika. Sambier; sambisch.
Sam|bu|ca (der, -s, -s) (ital.) italienischer Anislikör.
Sa|men (*auch:* Sa|me) (der, -s, -) Keim; Saat; Sperma. Samenkern; Samenkörner; Samenzucht; vielsamig.
Sa|men|ab|gang (der, -s, -ab|gän|ge) ungewollter Abgang von Samen.
Sa|men|an|la|ge (die, -, -n) weibliches Fortpflanzungsorgan der Samenpflanzen, aus der befruchteten Samenanlage entsteht der Samen.
Sa|men|bank (die, -, -n) Aufbewahrungsort von Sperma, das zur künstlichen Befruchtung konserviert wird.
Sa|men|bau (der, -s, kein Plural) Zucht von Saatgutpflanzen.
Sa|men|bläs|chen (*auch:* Sa|men|bla|se) (das, -s, -) Anhangsorgan des männlichen Geschlechtsapparates (Bläschendrüsen), das den reifen Spermien alkalische Sekrete zuführt, um sie in der Vagina beweglicher zu machen.
Sa|men|ent|lee|rung (die, -, -n) Ejakulation; Samenerguss.
Sa|men|er|guss (der, -es, -güs|se) Ejakulation; Samenentleerung.
Sa|men|fa|den (der, -s, -fä|den) einzelner Samen; Keimzelle.
Sa|men|fa|ser (die, -, -n) Faser, die von Pflanzensamen gewonnen bzw. abgezupft wird.
Sa|men|fluss (der, -es, kein Plural) unwillkürlicher Samenabgang.
Sa|men|flüs|sig|keit (die, -, -en) Ejakulat, das die Samenfäden enthält.
Sa|men|gang (der, -s, -gän|ge) Samenleiter.
Sa|men|hand|lung (die, -, -en) Geschäft für Pflanzensamen.
Sa|men|kap|sel (die, -, -n) Kapsel, die den Pflanzensamen umfängt.
Sa|men|lei|ter (der, -s, -) Gang zwischen Hoden und Harnröhre, durch den der Samen gepresst wird; Samengang.
Sa|men|pflan|ze (die, -, -n) Blütenpflanze, die sich durch Samen vermehrt. Hierzu gehören Nackt- u. Bedecktsamer.
Sa|men|strang (der, -s, -strän|ge) Bindegewebsstrang, der vom Nebenhoden über den Leistenkanal zu den Samenblasen verläuft, enthält Samenleiter, Blutgefäße u. Nerven.
Sa|men|trä|ger (der, -s, -) Pflanze, die zu erntende Samen trägt.
Sa|men|über|tra|gung (die, -, -en) Befruchtung ohne Kopulation.
Sa|men|zel|le (die, -, -n) Samenfaden, der die befruchtungsfähige Keimzelle enthält.
Sa|men|zwie|bel (die, -, -n) Zwiebel einer Pflanze, die als Saatpflanze eingesetzt wird.
sä|mig (Adj.) dickflüssig.
Sä|mig|keit (die, -, kein Plural) Dickflüssigkeit; sämige Konsistenz.
sä|misch (Adj.) mit Öl gegerbt.
Sä|misch|ger|be|rei (die, -, -en) Gerberei, in der weiches, stoffartiges Leder hergestellt wird.
Sä|misch|ger|bung (die, -, kein Plural) spezielle Gerbtechnik mit Formaldehyd (früher mit Tran), die das Leder sehr weich macht.
Sä|misch|le|der (das, -s, -) weiches, tuchartiges, mit Formaldehyd vorgegerbtes Leder, zum Beispiel Fensterleder.
Sa|mi|sen (*auch:* Scha|mi|sen) (die, -, -) dreisaitige, in Japan erfundene Gitarre, die mit einem Kiel gezupft wird.
Säm|ling (der, -s, -e) junge Pflanze; aus Samen gezogene Pflanze.
Sam|mel|al|bum (das, -s, -al|ben) Album zum Sammeln von Albumbildern, Aufklebern, Briefmarken, etc.
Sam|mel|an|schluss (der, -es, -schlüs|se) Telefonanschluss mit mehreren Nebenstellen.
Sam|mel|auf|trag (der, -s, -trä|ge) Bankauftrag, der mehrere einzelne Aufträge, zum Beispiel Überweisungen, umfasst.
Sam|mel|band (der, -s, -bän|de) Sachbuch, das mehrere Beiträge zu einem Thema, oft von verschiedenen Autoren, enthält.
Sam|mel|be|cken (das, -s, -) 1. Behälter oder Gefäß zum Auffangen von Flüssigkeiten; 2. Treffpunkt; Vereinigung. Dieser Klub ist ein Sammelbecken aller Aufrührer.
Sam|mel|be|griff (der, -s, -e) übergeordneter Sammelname.
Sam|mel|be|stel|lung (die, -, -en) Warenbestellung durch mehrere Besteller zusammen.
Sam|mel|büch|se (die, -, -n) Dose zum Geld- oder Spendeneinsammeln.
Sam|mel|de|pot (das, -s, -s) Wertpapierdepot, das Papiere verschiedener Besitzer aufbewahrt.

Sam|mel|ei|fer (der, -s, kein Plural) wachsende Leidenschaft des Sammlers.
Sam|mel|fahr|schein (der, -s, -e) (preisgünstiger) Fahrschein für eine Gruppe von Menschen.
Sam|mel|gut (das, -s, -gü|ter) Frachtgegenstände, die in Bahn oder Schiff gesammelt befördert werden.
Sam|mel|kar|te (die, -, -n) Karte zum Aufkleben von Sammelpunkten.
Sam|mel|kas|se (die, -, -n) große Kasse bzw. Hauptkasse in einem Kaufhaus, an der Waren aus dem ganzen Geschäft zusammen bezahlt werden können.
Sam|mel|kon|to (das, -s, -kon|ten) Konto, das für die Dauer einer Spenden- und Hilfsaktion eingerichtet wird.
Sam|mel|la|dung (die, -, -en) Sammelgut, das zu einem günstigen Tarif mit der Bahn oder dem Schiff befördert wird.
Sam|mel|lei|den|schaft (die, -, -en) Begeisterung für einen bestimmten Sammelgegenstand.
Sam|mel|lin|se (die, -, -n) Linse, die in der Mitte dicker ist als am Rand, parallel einfallende Lichtstrahlen vereinigen sich im Brennpunkt; Konvexlinse.
Sam|mel|lis|te (die, -, -n) Auflistung von Spendernamen bei Sammelaktionen.
Sam|mel|map|pe (die, -, -n) Mappe oder Ordner, in denen Papiere oder andere flache Dinge gesammelt werden.
sam|meln (V.) anhäufen; zusammentragen; versammeln; sich konzentrieren. Sammelbezeichnung; Sammelheizung; Sammelschiene; Sammlerfreude.
Sam|mel|na|me (der, -s, -) Sammelbegriff, der eine Gattung bezeichnet.
Sam|mel|num|mer (die, -, -n) eine Telefonnummer für mehrere Telefonanschlüsse.
Sam|mel|pass (der, -es, -päs|se) ein gemeinsamer Pass für eine Gruppe von Menschen.
Sam|mel|platz (der, -es, -plät|ze) 1. verabredeter Treffpunkt, an dem sich Menschen versammeln wollen; 2. Sammelstelle, an der Gegenstände gesammelt werden sollen (zum Beispiel Altpapier).
Sam|mel|punkt (der, -s, -e) Bonuspunkt.
Sam|mel|sen|dung (die, -, -en) Versandpaket mit mehreren Sendungen.
Sam|mel|stel|le (die, -, -n) Ort, an dem zu sammelnde Dinge abgegeben werden können.
Sam|mel|su|ri|um (das, -s, -su|ri|en) (ugs.) Durcheinander von Dingen, die nicht zueinanderpassen.
Sam|mel|trans|port (der, -s, -e) gemeinsamer Transport von Menschen oder Tieren.
Sam|mel|trieb (der, -s, kein Plural) angeborener Drang zum Sammeln.
Sam|mel|über|wei|sung (die, -, -en) gesammelter Überweisungsauftrag an die Bank.
Sam|mel|werk (das, -s, -e) ein aus verschiedenen Beiträgen mehrerer Autoren bestehendes Schriftwerk.
Sam|mel|wut (die, -, kein Plural) nicht mehr einzudämmender Sammeleifer, der ins Negative umschlägt.
Samm|ler (der, -s, -) jmd., der eine Sammlung bestimmter Dinge hat und sie weiter komplettiert. Sammlerin.
Samm|ler|fleiß (der, -es, kein Plural) der nicht nachlassende Fleiß des Sammlers.
Samm|lung (die, -, -en) 1. Konzentration der Gedanken. Zur inneren Sammlung bedarf es größter Ruhe. 2. Sammlung von Gegenständen. Peter hat inzwischen eine wertvolle Sammlung zusammengetragen. 3. Gebäude, Sitz einer Sammlung. Die Sammlung ist nur wochentags geöffnet.
Sa|mo|je|de (der, -n, -n) 1. Angehöriger eines nordsibirischen Nomadenvolks. 2. eine Schlittenhundrasse.
Sa|mos (der, -, -) griechischer Wein. Samoswein.
Sa|mo|war (der, -s, -e) (russ.) russische Teemaschine.
Sam|pan (der, -s, -s) (chines.) Hausboot.
Sam|ple (das, -s, -s) (engl.) Stichprobe; Muster; Auswahl.
sam|peln (V.) verschiedene schon bekannte Musikstücke zu einem neuen Lied kombinieren und rhythmisch neu unterlegen. Sampling.
Sam|p|ler (der, -s, -) (engl.) Musikauswahl auf einer LP/CD/MC.
Sams|tag (der, -s, -e) Wochentag (Abk.: Sa.). samstags.
samt (Präp., Dat.) einschließlich. *Beachte:* die Familie samt dem Großvater; samt und sonders.
Samt (der, -s, -e) Gewebe. Samthose; Samtrock; samtartig.
Samt|band (das, -s, -bän|der) schmückendes Band aus Samt.
Samt|blu|me (die, -, -n) schmückendes Accessoire aus Samt in Blumenform.
sam|ten (Adj.) (wie) aus Samt. Sie trug ein samtenes Mieder. Sie sprach mit samtener Stimme.
Samt|hand|schuh (der, -s, -e) (nur in der Verbindung:) jemanden mit Samthandschuhen anfassen (jemanden übertrieben rücksichtsvoll behandeln).
sam|tig (Adj.) vom Gefühl oder vom Klang her weich wie Samt. Der samtige Stoff hat mir besser gefallen.
Samt|pföt|chen (das, -s, -) besonders weiche Pfoten von Tierkindern.
sämt|lich (Pron., indef.; Zahlw.) alle; ganz. Sie waren sämtlich (vollzählig) erschienen. *Beachte*: Das folgende Adjektiv wird schwach gebeugt: sämtliches vorhandene Eigentum; *aber:* im Plural selten auch starke Beugung: sämtliche vortrefflichen (*seltener:* vortreffliche) Einrichtungen.
samt|weich (Adj.) weich wie Samt.
Sa|mum (der, -s, -s) (arab.) trockenheißer Wüstenwind; Sandwind (in Arabien, Nordafrika).
Sa|mu|rai (der, -, -s) (jap.) Krieger.
sa|na|bel (Adj.) (lat.) heilbar.
Sa|na|to|ri|um (das, -s, -ri|en) (lat.) Heilkrankenhaus.
Sa|na|to|ri|ums|auf|ent|halt (der, -s, -e) Kur- bzw. Heilaufenthalt in einem Sanatorium.
Sanc|ta Se|des (die, - -, kein Plural) (lat.) Heiliger Stuhl.
Sanc|tus (das, -, -) (lat.) Lobgesang.
Sand (der, -s, -e) feinkörniges Material. Sandgebirge; Sandgrube; Sandhaufen; Sandschiefer. Verben: sanden.
Sand|aal (der, -s, -e) lang gestreckter Knochenfisch ohne Bauchflossen, der an sandigen Küsten lebt.
San|dal (das, -s, -s) (pers.-arab.-türk.) schmales, langes, spitz zulaufendes türkisches Boot.
San|da|le (die, -, -n) (griech.) Sommerschuh. Sandalette.

Sanˈdaˈrak (der, -s, kein Plural) (griech.) Harz.
Sandˈbad (das, -s, -bäˈder) Heilbehandlung bei rheumatischen Beschwerden.
Sandˈbahn (die, -, -en) mit Sand bedeckte Rennstrecke.
Sandˈbahnˈrenˈnen (das, -s, -) Wettrennen auf einer Sandbahn.
Sandˈbank (die, -, -en) Anhäufung von Sand unter Wasser.
Sandˈboˈden (der, -s, -böˈden) sandiger Boden.
Sandˈburg (die, -, -en) aus Sand nachgebaute Burg.
Sandˈdorn (der, -s, kein Plural) dorniges Ölweidengewächs vor allem an Küstendünen, die gelbroten, aromareichen Scheinbeeren sind reich an Vitamin C.
Sanˈdelˈbaum (der, -s, -bäuˈme) Baum, der zur Gattung der Sandelgewächse gehört.
Sanˈdelˈholz (das, -es, -hölˈzer) Holzart.
Sanˈdelˈholzˈöl (das, -s, kein Plural) Parfümöl, das aus Sandelholz gewonnen wird.
Sanˈdelˈöl (das, -s, -e) ätherisches Öl, das aus einer Sandelholzbaumart gewonnen wird.
Sanˈder (der, -s, -) Sand-, Geröllfläche (in Island).
sandˈfarˈben (*auch:* sandˈfarˈbig) (Adj.) beigebraun wie Sand.
Sandˈfelˈsen (der, -s, -) Fels aus Sandstein.
Sandˈfloh (der, -s, -flöˈhe) tropischer, an Säugetieren blutsaugender Parasit.
Sandˈförmˈchen (das, -s, -) kleine Formen aus Metall oder Plastik, die Kinder im Sandkasten zum Kuchenbacken verwenden.
Sandˈgräˈber (der, -s, -) maulwurfähnliches Nagetier; Maulwurfsratte.
Sandˈgras (das, -es, kein Plural) Dünengras der Küsten Europas u. Nordamerikas; Strandhafer.
sanˈdig (Adj.) mit Sand bestreut oder vermengt.
Sanˈdiˈnist (der, -en, -nisˈten) Anhänger der nationalen Befreiungsfront in Nicaragua.
Sandˈkasˈten (der, -s, -käsˈten) mit Sand gefüllter, begehbarer Kasten auf Spielplätzen oder für militärische Planspiele.
Sandˈkisˈte (die, -, -n) kleinerer Sandkasten.
Sandˈkorn (das, -s, -körˈner) das einzelne, winzige Mineralkorn.
Sandˈkuˈchen (der, -s, -) einfacher Kuchen aus Mehl, Butter, Zucker, Ei, Stärkemehl, Zitronenschale, Vanille- oder Rumaroma.
Sandˈlaufˈkäˈfer (der, -s, -) die Sonne liebender Raubkäfer mit dunklen, hell gezeichneten Flügeldecken, lebt in sandigen Gebieten.
Sandˈmann (der, -s, -mänˈner) Männchen aus Kindermärchen, das den Kindern abends den Schlafsand in die Augen streut.
Sandˈpaˈpier (das, -s, kein Plural) mit feinem Sand bestreutes Schmirgelpapier.
Sandˈpflanˈze (die, -, -n) Pflanze, die auf Sandböden gedeiht.
Sandˈsack (der, -s, -säˈcke) 1. mit Sand gefüllter Sack, der als Ballast oder zum Deichbau eingesetzt wird; 2. als Trainingsgerät des Boxers ein mit Sand gefüllter Ledersack, der in Oberkörperhöhe frei aufgehängt wird.
Sandˈstein (der, -s, kein Plural) aus Sand bestehendes Sedimentgestein.
sandˈstrahˈlen (V.) etwas mit einem Sandstrahlgebläse aufrauen oder reinigen.
Sandˈstrahlˈgeˈbläˈse (das, -s, -) Vorrichtung zum Aufrauen und Reinigen von Werkstoffoberflächen durch Daraufblasen von Sand mittels Druckluft.
Sandˈstrand (der, -s, -stränˈde) sandiger Küstensaum, der sich gut zum Baden und Sonnenbaden eignet.
Sandˈsturm (der, -s, -stürˈme) Sand führender Sturm in Trockengebieten.
Sandˈtorˈte (die, -, -n) Torte, die aus Sandkuchenteig zubereitet wird.
Sandˈuhr (die, -, -uhˈren) altes Zeitmessgerät, das heute noch in der Form der Eieruhr verwendet wird.
Sandˈwesˈpe (die, -, -n) Grabwespe mit schwarzrotem Hinterteil, füttert ihre Larven mit Raupen, die sie durch einen Stich lähmt.
Sandˈwich (der/das, -/-es, -e/-es) (engl.) belegtes Brötchen. Sandwichkind.
Sandˈwichˈbauˈweiˈse (die, -, -n) im Flugzeugbau oder in der Bautechnik angewandte Bauweise, die zu Gewichtsersparnis und zu Schall- bzw. Wärmedämmung führt; es wird dabei zwischen zwei feste Sandwichplatten ein leichterer, wabenartiger Stützkern eingebracht.
Sandˈwichˈmann (der, -s, -mänˈner) Straßenverkäufer, der belegte Brötchen und Sandwiches verkauft.
Sandˈwichˈtechˈnik (die, -, kein Plural) die Verbindung von Platten unterschiedlicher Stärke und Materialien; bei der Herstellung von Flugzeugen bevorzugtes Verfahren.
Sandˈwüsˈte (die, -, -n) sandbedecktes Wüstengebiet.
Sanˈfor (ohne Artikel) Kennzeichnung für Baumwollgewebe, die nicht eingehen.
sanˈfoˈriˈsieˈren (V.) Gewebe einlaufsicher machen.
sanft (Adj.) weich; zärtlich; leicht. besänftigen.
Sänfˈte (die, -, -n) Tragesitz. Sänftenträger.
Sanftˈheit (die, -, kein Plural) sanftes Wesen; sanfter Charakter.
Sanftˈmut (die, -, kein Plural) geduldiges, sanftes Wesen. Sie war die Sanftmut in Person.
sanftˈmüˈtig (Adj.) von sanfter Wesensart.
Sang (der, -s, Sänˈge) Gesang.
sangˈbar (Adj.) singbar.
Sänˈger (der, -s, -) jemand, der singt; Künstler. mit Sang und Klang; Sängerin; sangesfroh. Sie verschwand sang- und klanglos. sanglich; singen.
Sänˈgerˈbühˈne (die, -, -n) Sängerempore in der Kirche.
Sänˈgerˈbund (der, -s, -bünˈde) übergeordneter Verband von Gesangsvereinen.
Sänˈgerˈchor (der, -s, -chöˈre) Chor.
Sänˈgerˈfest (das, -s, -e) Festlichkeit eines Gesangsvereins.
Sänˈgerˈkrieg (der, -s, -e) sagenhafter Sängerstreit auf der Wartburg.
Sänˈgerˈschaft (die, -, kein Plural) Gesamtheit der Sänger eines Chors.
Sänˈgerˈstreit (der, -s, -e) Sängerwettstreit.
Sänˈgerˈwettˈstreit (der, -s, -e) Wettstreit bzw. Wettgesang unter Sängern.

SanˈgesˈbruˈderEN (der, -s, -brüˈder) Chorsänger, der im selben Chor singt.

sanˈgesˈfreuˈdig (Adj.) gerne singend; sangeslustig.

Sanˈgesˈlust (die, -, kein Plural) die Freude zu singen.

Sanˈgˈria (die, -, -s) (span.) Bowle (Rotwein, Obst).

Sanˈgˈriˈta (die, -, -s) (span.) scharfes Tomatengetränk.

Sanˈguˈiˈniˈker (der, -s, -) (lat.) Charaktertyp leichtblütigen Temperaments, heiter, selbstsicher, aber auch leicht verstimmbar.

sanˈguˈiˈnisch (Adj.) (lat.) lebhaft; fröhlich.

sanˈguˈiˈnoˈlent (Adj.) medizinischer Ausdruck für blutvermischt (z. B. Urin).

Saˈni (der, -s, -s) (Kurzw.) (ugs.) Sanitäter.

saˈnieˈren (V.) (lat.) 1. heilen; 2. renovieren; 3. finanziell gesund machen.

Saˈnieˈrung (die, -, -en) 1. Gesundung; Heilung; 2. alle wirtschaftlichen Maßnahmen zur Gesundung eines Unternehmens; 3. Wiederherstellung gesunder Verhältnisse (Seuchenbekämpfung, Elendsviertel).

Saˈnieˈrungsˈbiˈlanz (die, -, -en) Unternehmensbilanz nach Sanierungsmaßnahmen.

Saˈnieˈrungsˈgeˈbiet (das, -s, -e) Stadtviertel, das umstrukturiert und verbessert werden muss.

Saˈnieˈrungsˈkosˈten (die, -, nur Plural) Kosten der Sanierung.

Saˈnieˈrungsˈmaßˈnahˈme (die, -, -n) Maßnahme zur Sanierung beispielsweise in den Bereichen Betriebswirtschaft, Medizin oder Städtebau.

Saˈnieˈrungsˈplan (der, -s, -pläˈne) Plan zur Sanierung eines maroden Unternehmens.

saˈniˈtär (Adj.) (franz.) gesundheitlich; hygienisch.

Saˈniˈtärˈeinˈrichˈtung (die, -, -en) Badeinrichtung mit Badewanne, Toiletten etc.

Saˈniˈtät (die, -, kein Plural) (lat.) Militärgesundheitswesen (Schweiz).

Saˈniˈtäˈter (der, -s, -) (lat.) medizinischer Helfer; Pfleger. Sanitätsrat (Abk.: San.-Rat).

Saˈniˈtätsˈauˈto (das, -s, -s) Wagen der Sanitäter.

Saˈniˈtätsˈbeˈhörˈde (die, -, -n) diejenige Behörde, die mit dem Gesundheitswesen befasst ist.

Saˈniˈtätsˈdienst (der, -s, -e) die Krankenpflege.

Saˈniˈtätsˈkasˈten (der, -s, -käsˈten) Erste-Hilfe-Koffer; Reiseapotheke.

Saˈniˈtätsˈkoˈlonˈne (die, -, -n) Untergruppe des Roten Kreuzes, die aus Sanitätern besteht.

Saˈniˈtätsˈkorps (das, -s, -) Kriegsverband von medizinischen Fachkräften.

Saˈniˈtätsˈofˈfiˈzier (der, -s, -e) zu einem Sanitätskorps gehöriger Armeearzt im Offiziersrang.

Saˈniˈtätsˈwaˈche (die, -, -n) Erste-Hilfe-Einrichtung auf Bahnhöfen, Flughäfen, Popkonzerten, etc.

Saˈniˈtätsˈwaˈgen (der, -s, -) Krankenwagen; Sanitätsauto.

Saˈniˈtätsˈweˈsen (das, -s, kein Plural) das Gesundheitswesen.

Saˈniˈtätsˈzug (der, -s, -züˈge) Eisenbahnzug, der verwundete Soldaten transportiert; Lazarettzug.

Sanˈka (*auch:* Sanˈkra) (der, -s, -s) (Kurzw.) Sanitätskraftwagen.

Sankt (lat.) heilig (Abk.: St.). Sankt Gallen, *aber:* sankt-gallisch; Sankt-Gotthard-Gruppe.

Sankˈtiˈon (die, -, -tiˈoˈnen) (lat.) Strafmaßnahme.

sankˈtiˈoˈnieˈren (V.) anerkennen; billigen; verbindlich festlegen. Die Ost-West-Verträge wurden gestern sanktioniert.

Sankˈtiˈoˈnieˈrung (die, -, -en) 1. in der Rechtswissenschaft Anerkennung der Verbindlichkeit von Gesetzentwürfen; 2. (allgemein) das Inaussichtstellen von positiven Sanktionen bei erwünschtem oder negativen Sanktionen bei unerwünschtem Verhalten.

Sankˈtisˈsiˈmum (das, -s, kein Plural) (lat.) Allerheiligstes.

Sankt-Nimˈmerˈleins-Tag (der, -s, kein Plural) niemals. bis zum Sankt-Nimmerleins-Tag warten; am Sankt-Nimmerleins-Tag.

Sankˈtuˈaˈriˈum (das, -s, -riˈen) (lat.) Raum um den Altar.

San Maˈriˈno (ohne Art., -s, kein Plural) ital. Kleinstaat.

Sanˈseˈviˈeˈria (*auch:* SanˈseˈviˈeˈrIe) (die, -, -riˈen) (ital.-nlat.) tropisches Liliengewächs; Zierpflanze.

San.-Rat (Abk.) Sanitätsrat.

Sansˈkˈrit (das, -s, kein Plural) altindische Sprache. Sanskritforschung; Sanskritistik.

sansˈkˈriˈtisch (Adj.) das Sanskrit betreffend.

Sansˈkˈriˈtist (der, -s, -en) Sanskritforscher.

Sansˈsouˈci (franz.) »ohne Sorge«. Schloss Sanssouci.

Sanˈyaˈsin (der, -, -s) (sanskr.) Angehöriger einer auf hinduistischem Gedankengut aufbauenden Sekte.

Saˈphir (der, -s, -e) (griech.) Edelstein.

Saˈphirˈnaˈdel (die, -, -n) 1. Anstecknadel, Brosche, die mit einem Saphir geschmückt ist; 2. Tonabnehmernadel eines Schallplattenspielers mit einer Spitze aus Saphir.

Saˈphirˈschmuck (der, -s, kein Plural) Schmuck, der mit Saphiren besetzt ist.

Saˈpiˈne (die, -, -n) (franz.) Werkzeug zum Wegziehen von Baumstämmen.

Saˈpoˈnin (das, -s, -e) (lat.) Pflanzengift.

sapˈperˈlot! (*auch:* saˈckerˈtot/saˈckerˈment/sapˈperˈment!) (Interj.) (franz.) Ausruf (Verärgerung, Verwunderung, Unwillen).

sapˈphisch (Adj.) Sappho ähnelnd; lesbisch.

Sapˈphisˈmus (der, -, kein Plural) lesbische Liebe, benannt nach der griech. Dichterin Sappho, die auf der Insel Lesbos lehrte.

Saˈpˈräˈmie (die, -, -n) (griech.-lat.) schwere Blutvergiftung.

Saˈpˈroˈbiˈont (der, -en, -en) (griech.) Lebewesen, das sich von Zersetzungsstoffen ernährt (z. B. Schlammamöben).

saˈpˈroˈgen (Adj.) (griech.) Fäulnis erregend.

SaˈpˈroˈpeI (das, -s, -e) (griech.) Faulschlamm.

Saˈpˈroˈphaˈgen (die, nur Plural) Pflanzen oder Tiere, die sich von faulenden Stoffen ernähren.

saˈpˈroˈphil (Adj.) als Organismus auf/in/von faulenden Stoffen lebend.

Saˈpˈroˈphyt (der, -en, -en) (griech.) pflanzlicher Saprobiont (z.B. bestimmte Bakterien, Pilze).

saˈpˈroˈphyˈtisch (Adj.) als Pflanze auf/von faulenden Stoffen lebend.

Sa|p|ro|zo|on (das, -s, -zo|en) (griech.) Lebewesen, das von Faulendem lebt.
Sa|rab (der, -s, -s) (iran.) schwerer, handgeknüpfter Teppich.
Sa|ra|ban|de (die, -, -n) (franz.) Tanz.
Sa|ra|fan (der, -s, -e) (russ.) Kleidungsstück mit weitem Halsausschnitt, Bestandteil der russ. Frauentracht des 18. und 19. Jh.
Sa|ra|ze|ne (der, -n, -n) (arab.) Araber; Mohammedaner. Adjektiv: sarazenisch.
Sar|de (der, -n, -n) Einwohner Sardiniens.
Sar|del|le (die, -, -n) (ital.) Fisch; Anchovis.
Sar|del|len|but|ter (die, -, kein Plural) Butter mit kleinen Sardellenstückchen.
Sar|del|len|pas|te (die, -, -n) pürierte Sardellen als Brotaufstrich.
Sar|di|ne (die, -, -n) (ital.) Fisch. Sardinenbüchse.
Sar|di|nen|ga|bel (die, -, -n) kleine zweizinkige Gabel.
Sar|di|ni|en (ohne Art., -s, kein Plural) Mittelmeerinsel.
sar|disch (Adj.) zu Sardinien gehörig.
sar|do|nisch (Adj.) (lat.) krampfhaft; verzerrt.
Sar|d|o|nyx (der, -, -e) (griech.) Halbedelstein.
Sarg (der, -s, Sär|ge) Leichenbehälter. Sargdeckel.
Sarg|na|gel (der, -s, -nä|gel) 1. Dinge bzw. Gründe, die einen verfrüht ins Grab bringen; 2. (ugs.) abwertend für Zigarette.
Sarg|trä|ger (der, -s, -trä|ger) Träger, die den Sarg bei der Beerdigung zur Grabstelle tragen.
Sarg|tuch (das, -s, -tü|cher) Leichentuch; Sargauskleidung.
Sa|ri (der, -/-s, -s) (sanskr.) gewickeltes Gewand indischer Frauen.
Sar|kas|mus (der, -, -men) (griech.) bitterer Spott.
sar|kas|tisch (Adj.) (griech.) spöttisch.
Sar|kom (das, -s, -e) (griech.) bösartige Bindegewebsgeschwulst.
Sar|ko|ma (das, -s, -ta) (griech.) Sarkom.
sar|ko|ma|tös (Adj.) mit einem Sarkom behaftet.
Sar|ko|ma|to|se (die, -, -n) Bildung von bösartigen Bindegewebsgeschwülsten.
Sar|ko|phag (der, -s, -e) (griech.) Steinsarg; Prunkschrein.
Sa|rong (der, -/-s, -s) Hüfttuch.
Sa|ros|pe|ri|o|de (der, -, -zyk|len) Zeitabschnitt von 18 Jahren und 11 Tagen, nach dem sich Sonnen- und Mondfinsternisse wiederholen.
Sar|rass (der, -ras|ses, -ras|se) (poln.) Säbel.
Sar|sa|pa|ril|le (die, -, -n) (span.) tropische Stechwinde; deren saponinhaltige Wurzel (als harntreibendes Mittel).
Sar|se|nett (der, -es, -e) (griech.-lat.-franz.-engl.) Futterstoff aus Baumwolle.
Sas|sa|f|ras (der, -, -) (franz.) Lorbeerbaum.
Sas|sa|f|ras|baum (der, -s, -bäu|me) (franz.) nordamerikanisches Lorbeergewächs, liefert Sassafras- oder Fenchelholz, das u. a. in der Parfümindustrie verwendet wird.
Sas|sa|f|ras|öl (das, -s, -e) ätherisches Öl, das aus dem Sassafrasbaum gewonnen wird.
Sas|sa|ni|de (der, -n, -n) (pers.) Angehöriger eines 224–651 regierenden persischen Herrschergeschlechts.
sas|sa|ni|disch (Adj.) das Herrschergeschlecht der Sassaniden betreffend.
Sa|tan (der, -s, -e) (hebr.) Teufel.
Sa|ta|nas (der, -, -se) 1. (nur Sing.) Teufel; 2. boshafter Mensch.
sa|ta|nisch (Adj.) teuflisch; böse.
Sa|ta|nis|mus (der, -, kein Plural) Bez. für die Verklärung des Bösen und Krankhaften in der Literatur, auch für schwarze Magie.
Sa|tans|bra|ten (der, -s, -) Schlingel; Teufelsbraten.
Sa|tans|kerl (der, -s, -e) 1. böser Mensch; 2. verwegener Teufelskerl.
Sa|tans|pilz (der, -es, -e) Giftpilz.
Sa|tans|weib (das, -s, -er) (ugs.) teuflisches Weib.
Sa|tel|lit (der, -en -en) (lat.) Trabant; Flugkörper. Satellitenflug.
Sa|tel|li|ten|bahn (die, -, -n) Umlaufbahn eines Satelliten.
Sa|tel|li|ten|bild (das, -s, -er) Bild, das per Satellit übertragen wird.
Sa|tel|li|ten|emp|fangs|an|la|ge (die, -, -n) Satellitenpfanne, mit deren Hilfe man Satellitenfernsehen und -rundfunk empfangen kann.
Sa|tel|li|ten|fern|se|hen (das, -s, kein Plural) Fernsehsendungen, die per Satellit übertragen werden.
Sa|tel|li|ten|fo|to (das, -s, -s) Foto von Land- oder Meeresflächen, das von einem Erdsatelliten aus gemacht wurde.
Sa|tel|li|ten|rech|ner (der, -s, -) kleinerer Rechner, der einer großen Rechneranlage zuarbeitet.
Sa|tel|li|ten|staat (der, -s, -en) Staat, der völkerrechtlich unabhängig ist, aber deutlich unter dem Einfluss einer Großmacht steht.
Sa|tel|li|ten|stadt (die, -, -stä|dte) Stadttyp, der in erster Linie Wohnfunktionen erfüllt.
Sa|tel|li|ten|sta|ti|on (die, -, -ti|o|nen) Raumstation, die um die Erde kreist.
Sa|tel|li|ten|über|tra|gung (die, -, -en) modernes System zur Informationsübermittlung durch in der Erdumlaufbahn kreisende Satelliten.
Sa|tin (der, -s, -s) (franz.) Gewebe. Satinholz; satinartig.
Sa|ti|na|ge (die, -, -n) das Satinieren.
Sa|tin|blu|se (die, -, -n) Bluse aus Satin.
sa|ti|nie|ren (V.) glätten.
Sa|ti|nier|ma|schi|ne (die, -, -n) Maschine mit mehreren übereinanderliegenden Walzenpaaren zum Glätten und Appretieren von Geweben und Papier.
Sa|ti|nier|pres|se (die, -, -n) Vorrichtung zum Satinieren, d.h. Flachpressen von Leder oder anderen Materialien.
Sa|ti|nier|wal|ze (die, -, -n) Gerät zum Glätten (Glanzgebung) von Papier, Geweben u.a.
Sa|tin|pa|pier (das, -s, -e) glänzendes, satinähnliches Papier.
Sa|ti|re (die, -, -n) (lat.) ironischer Spott.
Sa|ti|ri|ker (der, -s, -) Spötter; Verfasser von Satiren.
sa|ti|risch (Adj.) von beißendem Witz.
Sa|tis|fak|ti|on (die, -, -ti|o|nen) (lat.) Genugtuung.
sa|tis|fak|ti|ons|fä|hig (Adj.) von Rang oder Stand her ermächtigt, Ehrenerklärungen zu erteilen oder Genugtuung im Duell zu gewähren.
Sa|t|rap (der, -en, -en) (griech.) altpersischer Provinzstatthalter.
Sa|t|ra|pie (die, -, -n) Statthalteramt.

Sat|su|ma (die, -, -s) Mandarinensorte.

satt (Adj.) gesättigt; selbstzufrieden; intensiv. *Beachte:* ein sattes Grün, *aber:* sattgrün; ein sattes Lächeln. Ich bin/habe es satt. Ich kann mich gar nicht sattsehen. sich satt essen. gesättigt.

satt|blau (Adj.) kräftig blau.

Sat|tel (der, -s, Sät|tel) 1. Sitz; 2. (Kurzw.) Bergsattel. Satt(e)lung.

Sat|tel|dach (das, -s, -dä|cher) Giebeldach.

Sat|tel|de|cke (die, -, -n) Decke, die unter den Pferdesattel gelegt wird.

sat|tel|fest (Adj.) 1. sicher im Sattel. Er ist sattelfest. (Er ist ein guter Reiter.). 2. mit guten Sachkenntnissen. Auf diesen Gebiet bin ich noch nicht sattelfest (ich verstehe noch nicht genug davon).

Sat|tel|gurt (der, -s, -e) Riemen, der den Pferdesattel befestigt.

Sat|tel|knopf (der, -s, -knöp|fe) (früher) Knauf zum Festhalten vorne am Pferdesattel.

sat|teln (V.) einem Pferd den Sattel auflegen.

Sat|tel|na|se (die, -, -n) sattelförmige Einsenkung des Nasenrückens nach Zerstörung des knöchernen Nasenskeletts.

Sat|tel|pferd (das, -s, -e) das linke Pferd im Pferdegespann.

Sat|tel|schlep|per (der, -s, -) Zugmaschine mit starker hinterer Plattform (Sattel), auf der der Anhänger drehbar aufliegt.

Sat|tel|ta|sche (die, -, -n) Tasche, die am Pferdesattel befestigt ist.

Sat|tel|zeug (das, -s, kein Plural) Sattel und alles, was dazugehört.

Sat|tel|zug (der, -s, -zü|ge) Sattelschlepper plus Anhänger.

Satt|heit (die, -, kein Plural) das Sattsein; Zufriedenheit; Trägheit. Nimm die alte Sattheit fort!

sät|ti|gen (V.) (jemanden) satt machen. Kartoffeln sind sehr sättigend. Meine Neugier ist bereits gesättigt.

Sät|ti|gung (die, -, kein Plural) das Sättigen; das Sattsein. die Sättigung des Hungrigen mit Kohlenhydraten; die Sättigung des Marktes mit Kühlschränken; die Sättigung der Zuckerlösung mit Zucker.

Sät|ti|gungs|grad (der, -s, -e) Grad an Satt-heit.

Sät|ti|gungs|ma|g|ne|ti|sie|rung (die, -, -en) vollkommene Magnetisierung eines Stoffes, die nicht mehr weiter steigerbar ist.

Sät|ti|gungs|punkt (der, -es, -e) der Zeitpunkt, an dem die Sättigung (zum Beispiel einer Lösung) sich vollzieht (Chemie).

Satt|ler (der, -s, -) Handwerker. Sattlerarbeit; Sattlermeister.

Satt|le|rei (die, -, -en) 1. Betrieb des Sattlerhandwerks; 2. (die, -, kein Plural) Sattlerhandwerk.

Satt|ler|hand|werk (das, -s, kein Plural) Handwerk, das sich mit der Herstellung von Sätteln, Pferdegeschirr, Koffern, Riemen und Sitzpolstern befasst.

Satt|ler|kneif (der, -s, -e) Sattlermesser.

satt|rot (Adj.) kräftig rot.

satt|sam (Adv.) (mehr als) genug. Es ist sattsam bekannt, dass Kinderkrankheiten ansteckend sind.

Sa|tu|ra|ti|on (die, -, -en) (lat.) 1. Sättigung; 2. Verfahren, das bei der Produktion von Zucker eingesetzt wird.

sa|tu|rie|ren (V.) (lat.) 1. sättigen; 2. Ansprüche befriedigen.

sa|tu|riert (Adj.) (lat.) gesättigt.

Sa|turn (der, -s, kein Plural) (lat.) Planet.

Sa|tur|na|li|en (die, -, nur Plural) altrömisches Fest des Gottes Saturn am 17. Dezember.

Sa|turn|ra|ke|te (*auch:* Sa|turn-Ra|ke|te) (die, -, -n) amerikanische Trägerrakete, die speziell für Mondlandungen entwickelt wurde.

sa|tur|nisch (Adj.) Saturn, dem Gott Saturn zugehörig.

Sa|tur|nis|mus (der, -, -men) (lat.) medizinischer Begriff für Bleivergiftung.

Sa|tyr (der, -s/-n, -s/-n) (griech.) Naturgeist. satyrartig.

Sa|tyr|spiel (das, -s, -e) heiteres, entspannendes Nachspiel zu den klassischen griech. Tragödien.

Satz (der, -es, Sät|ze) 1. Äußerung; Wahlspruch; 2. Garnitur; 3. Abschnitt; 4. Rest; 5. Sprung. Adjektive: ein dreisätziges Musikstück; satzwertig; satzweise.

Satz|ana|ly|se (die, -, -n) Zerlegen eines Satzes in seine gramm. Bestandteile.

Satz|aus|sa|ge (die, -, -n) Prädikat, das über das Subjekt Ausgesagte.

Satz|ball (der, -s, kein Plural) im Ballsport der Punktvorteil, der einem Spieler den Gewinn des Satzes einträgt.

Satz|band (das, -s, -bän|der) alte Bez. für die Kopula, d.h. die finite Verbform, die die Beziehung zwischen Subjekt und Prädikatsnomen herstellt. »Er wird Arzt«.

Satz|bau (der, -s, kein Plural) Aufbau und Gestaltung des Satzes aus den Satzteilen.

Satz|bruch (der, -s, -brü|che) (griech.) Folgewidrigkeit oder Unterbrechung im Satzbau (Anakoluth).

Sätz|chen (das, -s, -) kurzer Satz.

Satz|er|gän|zung (die, -, -en) (lat.) das Satzglied, welches das Ziel einer Handlung angibt (Objekt).

Satz|feh|ler (der, -s, -) Fehler beim Setzen eines Druckwerks.

Satz|ge|fü|ge (das, -s, -) Kombination aus über- und untergeordneten Sätzen.

Satz|ge|gen|stand (der, -s, -stän|de) (lat.) der Satzteil, von dem etwas ausgesagt wird (Subjekt).

Satz|glied (das, -s, -glie|der) Satzteil wie Subjekt, Prädikat, Objekt.

Satz|kon|s|t|ruk|ti|on (die, -, -en) Komposition eines Satzes aus Satzteilen und ihre Anordnung.

Satz|leh|re (die, -, kein Plural) (griech.) Untersuchung der Satzarten, Satzglieder, der Wortstellung und des Satztones (Syntax).

Satz|ma|te|ri|al (das, -s, kein Plural) alles Material, das zum Setzen eines Druckerzeugnisses benötigt wird.

Satz|me|lo|die (die, -, -n) Betonungsschwankungen innerhalb eines gesprochenen Satzes.

Satz|rei|he (die, -, -n) Verbindung aus zwei oder mehreren Hauptsätzen.

Satz|spie|gel (der, -s, -) die regelmäßig bedruckbare Fläche einer Seite; Satzspiegel.

Satz|tech|nik (die, -, -en) verschiedene Arten des Satzes (Bleisatz, Computersatz, Fotosatz, etc.).

Satz|teil (der, -s, -e) Bestandteil eines Satzes; Satzglied.

Sat|zung (die, -, -en) Ordnung; Vorschrift. Adjektiv: satzungsgemäß.

Satz|ver|bin|dung (die, -, -en) Kombination aus mehreren Hauptsätzen; Satzreihe.

Satzzeichen (das, -s, -) Interpunktionszeichen wie Komma oder Punkt.
Satzzusammenhang (der, -s, -hänge) der Sinnzusammenhang der Satzbestandteile untereinander.
Sau (die, -, Säue) 1. Hausschwein; 2. Wildschwein (Plural: Sauen); 3. (ugs.) Schimpfwort. säuisch; sauen.
sau... (ugs.) sehr. Adjektive: saugut; saukalt; sauwohl.
Sauarbeit (die, -, -en) (ugs.) überaus unangenehme Arbeit.
Saubande (die, -, kein Plural) (ugs.) unangenehme Gruppe von Leuten.
sauber (Adj.) rein; gut; anständig; hübsch. sauber halten; ich habe sauber gehalten; sauber machen (*auch:* saubermachen). Ich habe sauber gemacht (*auch:* saubergemacht).
Sauberkeit (die, -, kein Plural) Zustand des Sauberseins. Das Kinderzimmer blitzte vor Sauberkeit.
Sauberkeitsfimmel (der, -s, -) krankhafte Putzwut.
säuberlich (Adj.) überaus ordentlich; pingelig. Er hatte alle Tabellen fein säuberlich mit der Hand übertragen.
Saubermann (der, -s, -männer) (ugs.) jmd., der sich für Moral und die Sauberkeit der Gedanken starkmacht.
säubern (V.) reinigen. Die Putzkolonne säuberte die Böden.
Säuberung (die, -, -en) 1. Entfernung von Schmutz. Die Säuberung des Schulhofs wird von den Schülern selbst übernommen. 2. Entfernung missliebiger Personen. in einer beispiellosen Aktion ethnischer Säuberung.
Säuberungsaktion (die, -, -en) Aktion zur Entfernung missliebiger Elemente.
saublöd (Adj.) (ugs.) zu blöd(e).
Saubohne (die, -, -n) Gemüse-, Futter- und Gründüngungspflanze mit weiß-schwarzen Blüten; Puffbohne.
Sauce (*auch:* Soße) (die, -, -n) (franz.) Soße. Sauce hollandaise; saucieren.
Sauciere (die, -, -n) Soßengefäß.
Saudi (der, -s, -s) (Kurzw.) Saudi-Araber.
Saudi-Arabien (ohne Art., -s, kein Plural) Saudi-Araber; Saudi-Araberin; saudi-arabisch; saudisch.
Saudistel (die, -, -n) gelb blühendes Unkraut; Gänsedistel.
saudumm (Adj.) (ugs.) 1. sehr dumm; 2. sehr peinlich; verzwickt. Das ist eine saudumme Angelegenheit!
sauer (Adj.) 1. nicht süß; 2. wütend; 3. verdorben. Säuerlichkeit; Sauerrahm; Sauerwasser; süßsauer; säuern.
Sauerampfer (der, -s, -) Knöterichgewächs, das auf Wiesen wächst und als Wildgemüse genossen wird.
Sauerbraten (der, -s, -) sauer eingelegter Rinderbraten.
Sauerdorn (der, -s, -e) reich blühender Zierstrauch; Berberitze.
Sauerei (die, -, -n) (ugs.) Gemeinheit; schmutzige Sache; schmutziger Witz. Es ist eine unglaubliche Sauerei, wie mit den Arbeitnehmerinteressen umgegangen wird!
Sauerkirsche (die, -, -n) Kirschart, die sauer schmeckt.
Sauerklee (der, -s, kein Plural) Sauerkleegewächs mit drei oder mehr Blättern, zum Beispiel Glücksklee.
Sauerkohl (der, -s, kein Plural) eingesalzener, vergorener Weißkohl; Sauerkraut.
Sauerkraut (das, -s, kein Plural) eingesalzener, vergorener Weißkohl.
säuerlich (Adj.) 1. leicht sauer schmeckend; 2. missgestimmt. Mit säuerlicher Miene harkte sie die Blätter zusammen.
Sauermilch (die, -, kein Plural) Dickmilch.
Sauerstoff (der, -s, kein Plural) chemischer Grundstoff (Abk.: O). Sauerstoffversorgung; Sauerstoffzufuhr; sauerstoffhaltig.
Sauerstoffapparat (der, -s, -e) medizinisches Gerät zur vermehrten Sauerstoffzufuhr.
Sauerstoffbad (das, -s, -bäder) Heilbad in mit Sauerstoff versetztem Wasser.
Sauerstoffflasche (*auch:* Sauerstoff-Flasche) (die, -, -n) metallener Vorratsbehälter für Sauerstoff.
Sauerstoffgerät (das, -s, -e) Apparat zur Versorgung mit (mehr) Sauerstoff.
Sauerstoffmangel (der, -s, kein Plural) lebensbedrohlicher Zustand, der sich durch Atemnot bemerkbar macht.
Sauerstoffmaske (die, -, -n) Gesichtsmaske, die zur Beatmung mit Sauerstoff eingesetzt wird.
Sauerstoffpatrone (die, -, -n) Sauerstoff enthaltende Patrone, die in Sauerstoffgeräte eingelegt wird.
Sauerstoffzelt (das, -s, -e) zeltartig über das Bett gespannte Folie bei starker Sauerstoffanreicherung der darunter befindlichen Luft.
Sauerteig (der, -s, -e) gärender Teig als Backtriebmittel.
Sauertopf (der, -s, -töpfe) (ugs.) ein säuerlicher, missgelaunter Mensch.
Säuerung (die, -, kein Plural) 1. das Säuern; 2. das Sauerwerden.
Saufaus (der, -, -) (ugs.) Trinker; Schluckspecht.
saufen (V., soff, hat gesoffen) trinken; alkoholsüchtig sein. Saufbold; Saufbruder; saufgierig; sauflustig.
Säufer (der, -s, -) Alkoholiker; krankhafter Trinker. Säuferin.
Sauferei (die, -, -n) Besäufnis; Trinkgelage. Die Abschlussfeier endete in einer großen Sauferei.
Säuferleber (die, -, -n) Schrumpfleber durch Alkoholmissbrauch.
Säufernase (die, -, -n) durch geplatzte Blutgefäße gerötete Trinkernase.
Säuferwahnsinn (der, -s, kein Plural) Endstadium langer Alkoholabhängigkeit mit Halluzinationen; Delirium tremens.
Saufgelage (das, -s, -) Feierlichkeit, bei der übermäßig getrunken wird.
Saufgenosse (der, -n, -n) Saufkumpan.
Saufkumpan (der, -s, -e) abfällige Bez. für eine Trinkerbekanntschaft.
Saufraß (der, -es, kein Plural) (ugs.) besonders schlechtes Essen.
Saugbagger (der, -s, -) spezielle Maschine, die wie ein Unterwasserstaubsauger funktioniert.
saugen 1. (V., sog, hat gesogen) einziehen; trinken. Saugader; Saugleitung; Saugmassage; Saugpumpe; Saugwirkung. 2. (V., saugte, hat gesaugt) staubsaugen; absaugen.
säugen (V.) nähren; stillen.
Sauger (der, -s, -) 1. Schnuller; 2. Trinkaufsatz auf Babyfläschchen.
Säuger (der, -s, -) Säugetier.
Säugetier (das, -s, -e) warmblütiges Wirbeltier, das lebende Junge zur Welt bringt und sie mit seinem Brustdrüsensekret ernährt.

saug|fä|hig (Adj.) in der Lage, Flüssigkeit aufzusaugen. Löschpapier ist besonders saugfähig.
Saug|fä|hig|keit (die, -, kein Plural) messbare Eigenschaft von Stoff oder Papier, Flüssigkeit aufzunehmen.
Saug|fla|sche (die, -, -n) Babymilchflasche mit Saugaufsatz.
Saug|glo|cke (die, -, -n) Gerät, das bei einer schwierigen Geburt hilft, das Kind aus dem Geburtskanal zu ziehen.
Saug|kraft (die, -, kein Plural) Saugfähigkeit (einer Maschine oder eines Materials).
Säug|ling (der, -s, -e) Kleinkind bis etwa zwölf Monate, das ausschließlich mit Muttermilch oder Milchnahrung ernährt wird. Säuglingspflege.
Säug|lings|aus|stat|tung (die, -, -en) alle Dinge, die speziell ein Säugling benötigt, wie zum Beispiel Milchfläschchen und Windeln.
Säug|lings|er|näh|rung (die, -, kein Plural) Ernähren des Säuglings mit Milchnahrung oder durch Stillen.
Säug|lings|heim (das, -s, -e) Heim, in dem Säuglinge betreut werden.
Säug|lings|schwes|ter (die, -, -n) Krankenschwester, die auf Säuglingspflege und Säuglingskrankenpflege spezialisiert ist.
Säug|lings|sterb|lich|keit (die, -, kein Plural) prozentualer Anteil an Todesfällen unter Säuglingen.
Säug|lings|waa|ge (die, -, -n) Waage, auf deren Waagschale man einen Säugling legen oder setzen kann.
Saug|napf (der, -s, -näp|fe) 1. Haftorgan an der Körperoberfläche von Würmern, Kopffüßern und verschiedenen Larven; 2. Vorrichtung aus Gummi oder Plastik, mit der Gegenstände an glatten Flächen haften.
sau|grob (Adj.) (ugs.) sehr grob; ungehobelt.
Saug|rohr (das, -s, -e) kleines Glasrohr zum Ansaugen von Flüssigkeiten; Pipette.
Saug|rüs|sel (der, -s, -) Insektenrüssel zum Einsaugen von flüssiger oder verflüssigter Nahrung.
Saug|wurm (der, -s, -wür|mer) parasitischer Plattwurm mit Haftorganen, zum Beispiel Leberegel.
Sau|hatz (die, -, -en) Saujagd.
Sau|hau|fen (der, -s, -) (ugs.) ungesittete Horde von Menschen.
Sau|hund (der, -s, -e) (ugs.) durchtriebener Kerl; Schwein.
Sau|jagd (die, -, -en) Jagd auf Wildschweine; Sauhatz.
Sau|käl|te (die, -, kein Plural) (ugs.) besonders eisige Kälte.
Sau|kerl (der, -s, -e) (ugs.) gemeiner Mensch.
Säu|le (die, -, -n) Stützpfeiler. Säulchen; Säulenabschluss (Kapitell); Säulenfuß; Säulentempel; vielsäulig.
Säu|len|gang (der, -s, -gän|ge) Gang, der links und rechts von Säulen gesäumt ist.
Säu|len|hal|le (die, -, -n) Halle, die viele Säulen enthält oder von Säulen umstanden ist.
Säu|len|kak|tus (der, -, -kak|te|en) Kaktus, der ohne Seitenarme bzw. -verzweigungen wächst.
Säu|len|ord|nung (die, -, -en) unterschiedlicher Aufbau und Stil von Säulen (z. B. dorisch, ionisch und korinthisch).
Säu|len|por|tal (das, -s, -e) Haupteingang, der von Säulen flankiert ist.
Säu|len|schaft (der, -s, schäf|te) mittlerer Teil einer Säule. Der Säulenschaft ruht auf einer breiten, schweren Basis.
Saum (der, -s, Säu|me) Rand. Saumnaht; säumen.
Sau|ma|gen (der, -s, -mä|gen) pfälzisches Gericht (gefüllter und gegarter Saumagen).
sau|mä|ßig (Adj.) (ugs.) 1. besonders schlecht. ein saumäßiges Zeugnis. 2. (Adv.) (ugs.) besonders stark. Ich habe mich saumäßig gefreut.
säu|men (V.) 1. umranden; 2. zögern.
Säu|mer (der, -s, -) 1. Nähmaschinenaufsatz zum Besäumen von Stoffen; 2. Saumtier wie Esel oder Maultier; Packtier; 3. zaudernder, zögerlicher Mensch.
säu|mig (Adj.) verspätet. ein säumiger Schuldner. Er ist säumig mit seinen Zahlungen.
Säu|mig|keit (die, -, kein Plural) Langsamkeit; Rückständigkeit (von Zahlungen).
Säum|nis (die, -, -se) Verspätung.
Säum|nis|zu|schlag (der, -s, -schlä|ge) Verspätungszuschlag. Wer seine Steuern zu spät zahlt, muss einen Säumniszuschlag entrichten.
Saum|pfad (der, -s, -e) Pfad, der gerade breit genug ist, dass Saumtiere (Lasttiere) auf ihm gehen können.
Saum|se|lig|keit (die, -, -en) Langsamkeit. saumselig
Saum|tier (das, -s, -e) Lasttier; Packtier.
Sau|na (die, -, -s/Sau|nen) (finn.) Heißluftbad. Saunabad; Saunabenutzung; Saunabetrieb.
Sau|na|abend (der, -s, -e) fester Abend in der Woche, an dem sauniert wird.
Sau|na|wart (der, -s, -e) Angestellter, der die Sauna wartet und überwacht.
sau|nen (V.) (ugs.) Saunabad nehmen.
sau|nie|ren (V.) (ugs.) in die Sauna gehen.
Säu|re (die, -, -n) chemische Verbindung. Säurefarbstoff; Säuremantel; Säurevergiftung; säurefrei; säurehaltig; säurig.
Säu|re|bad (das, -s, -bä|der) Säurelösung (z. B. für die Filmentwicklung).
säu|re|be|stän|dig (Adj.) nicht durch Säure zerstörbar.
säu|re|fest (Adj.) widerstandsfähig gegen Säure; säurebeständig
Säu|re|ge|halt (der, -s, -e) Gehalt einer chemischen Verbindung an Säure. Der Säuregehalt wird in Form des pH-Werts angegeben.
Sau|re-Gur|ken-Zeit (*auch:* Sau|re|gur|ken|zeit) (die, -, -en) Phase, in der sich nichts ereignet.
Säu|re|lo|cker (der, -s, -) Substanz, die die Sekretion der Magensäure anregt.
Säu|re|mes|ser (der, -s, -) Gerät, mit dem der Säuregehalt einer chemischen Verbindung gemessen werden kann.
Säu|re|schutz|an|zug (der, -s, -an|zü|ge) Schutzanzug für Arbeiter, die mit Säuren arbeiten.
Säu|re|we|cker (der, -s, -) Kultur von Milchsäurebakterien, die der Milch zur Herstellung milchsaurer Produkte zugesetzt wird.
Sau|ri|er (der, -s, -) ausgestorbene Riesenechse. Saurierknochen.
Sau|ro|lith (der, -en, -en) (griech.) versteinerter Saurier.
Sau|ro|po|de (der, -n, -n) Sammelbegriff für Pflanzen fressende Riesensaurier.
säu|seln (V.) flüstern; wehen. Gesäusel.

sau|sen (V.) brausen; rasen. *Beachte:* Er führte ein Leben in Saus und Braus. Nebenan läuft eine große Sause (Fest). Sausewind; sausen lassen (*auch:* sausenlassen) (ugs.: aufgeben).
Sau|ser (der, -s, -) (südd.) 1. junger Wein; Most; 2. durch dessen Genuss hervorgerufender Rausch.
Sau|stall (der, -s, -stäl|le) 1. Schweinestall; 2. derb für ungeordnete Verhältnisse, Unordnung. Was ist das für ein unglaublicher Saustall hier!
Sau|ternes (der, -, -) (franz.) schwerer, süßer Weißwein aus der Gegend südlich von Bordeaux.
sau|tie|ren (V.) (franz.) in Fett schwenken.
Sau|tier|pfan|ne (die, -, -n) (franz.) Pfanne, die sich gut für das Sautieren von Bratgut eignet.
Sau|wet|ter (das, -s, kein Plural) (ugs.) miserables Wetter.
sau|wohl (Adj.) (ugs.) überaus wohl. Ich habe mich da sauwohl gefühlt.
Sau|wut (die, -, kein Plural) sehr große Wut. Auf den Kerl habe ich eine Sauwut!
Sa|van|ne (die, -, -n) (span.) Grassteppe. Savannenlandschaft.
Sa|va|rin (der, -s, -s) Heferingkuchen.
Sa|voir-vi|v|re (das, -, kein Plural) (franz.) Kunst des Lebens.
Sa|vo|y|ar|de (der, -n, -n) Ew. von Savoyen.
Sa|xi|f|ra|ga (die, -, -gen) (lat.) eine Pflanzengattung; Steinbrech.
Sa|xo|fon (*auch:* Sa|xo|phon) (das, -s, -e) Blasinstrument. Saxofonspieler (*auch:* Saxophonspieler).
Sa|xo|fo|nist (*auch:* Sa|xo|pho|nist) (der, -en, -en) jmd., der Saxofon spielt.
Sb (Abk.) **St**i**b**ium (Antimon; chemisches Zeichen).
SB (Abk.) **S**elbst**b**edienung.
SB-Markt (der, -s, -märk|te) Supermarkt mit Selbstbedienung.
SB-Tank|stel|le (die, -, -n) Tankstelle mit Selbstbedienung.
S-Bahn (die, -, -en) (Kurzw.) Schnellbahn. S-Bahnhof; S-Bahn-Wagen.
S-Bahn-Bau (der, -s, kein Plural) Errichtung einer S-Bahn-Strecke.
S-Bahn-Fah|rer (der, -s, -) Zugführer einer S-Bahn.
S-Bahn-Fahr|plan (der, -s, -plä|ne) Zugfolge einer S-Bahn-Linie.
S-Bahn-Gleis (das, -es, -e) Schienen einer S-Bahn.
S-Bahn-Hal|te|stel|le (die, -, -n) S-Bahn-Station.
S-Bahn-Li|nie (die, -, -n) regelmäßig verkehrende S-Bahn.
S-Bahn-Sta|ti|on (die, -, -ti|o|nen) Haltestelle einer S-Bahn.
S-Bahn-Stre|cke (die, -, -n) Weg einer S-Bahn-Linie.
S-Bahn-Sur|fer (der, -s, -) (dt.-engl.) jmd., der verbotenerweise auf dem Dach einer S-Bahn mitfährt.
S-Bahn-Sur|fing (das, -s, kein Plural) (dt.-engl.) das Klettern und Mitfahren auf dem Dach einer S-Bahn während der Fahrt.
S-Bahn-Tun|nel (der, -s, -) S-Bahn-Schacht.
S-Bahn-Wer|bung (die, -, kein Plural) Plakatwerbung in S-Bahnen oder S-Bahnhöfen.
SBB (Abk.) **S**chweizerische **B**undes**b**ahn.
s. Br. (*auch:* südl. Br.) (Abk.) **s**üdliche(r) **Br**eite.
Sbrinz (der, -, kein Plural) Reibkäse; Schweizer Hartkäse.
Sc (Abk.) **Sc**andium (chemisches Zeichen).
Sca|la (die, -, kein Plural) (ital.) Opernhaus. Mailänder Scala.
Sca|ling (das, -s, kein Plural) (engl.) Größenanpassung von Bildvorlagen vor der Verwendung in Prospekten oder Anzeigen.
Scam|pi (die, nur Plural) (ital.) Krebschen; Shrimps.
Scan|di|um (das, -s, kein Plural) (lat.) 1. Metall; 2.chemischer Grundstoff (Abk.: Sc).
scan|nen (V.) mit einem Scanner abtasten.
Scan|ner (der, -s, -) (engl.) elektronisches Abtast-, Lesegerät.
Scart (der, -s, -s) (franz.) Steckverbindung zum Anschluss von Videogeräten.
Scat (der, -, -s) (engl.) besondere Art des Gesangs, bei der zusammenhanglose Silben gesungen werden.
scat|ten (V.) im Stil des Scat singen. Sie hat gescattet.
sce|man|do (lat.-ital.) Anweisung im Notentext für abnehmende Lautstärke, schwächer werdend.
Scene (die, -, -s) (engl.) Milieu.
Schab|ber (der, -, -) (hebr.) kleines Brecheisen.
Scha|be (die, -, -n) 1. Insekt; 2. Werkzeug zum Schaben. Schaber; Schabmesser.
Scha|be|fleisch (das, -es, kein Plural) rohes, geschabtes Rindfleisch.
Schab|ei|sen (das, -s, -) Schabemesser des Schabkünstlers.
scha|ben (V.) (an einer Oberfläche) reiben oder kratzen, um etwas (von ihr) abzulösen.
Scha|be|rei (die, -, -en) mühseliges Schaben.
Scha|ber|nack (der, -s, -na|cke) Streich.
schä|big (Adj.) ärmlich; gemein; heruntergekommen.
Schä|big|keit (die, -, kein Plural) 1. ärmliches Aussehen; 2. gemeines Benehmen.
Schab|kunst (die, -, kein Plural) besondere Art des Kupferstichs; Schabmanier; Schwarzkunst. Schabkünstler.
Scha|b|lo|ne (die, -, -n) Muster; Form. Schablonenarbeit; schablonieren.
Scha|b|lo|nen|druck (der, -s, -e) Druckverfahren, bei dem die Druckform aus einem mit Nylongewebe bespannten Rahmen besteht, nicht druckende Stellen werden mit Schnitt- oder Fotoschablonen abgedeckt; Siebdruck.
scha|b|lo|nen|mä|ßig (*auch:* scha|b|lo|nen|haft) (Adv.) wie mit einer Schablone gemacht. Er hat den Entwurf schablonenmäßig/schablonenhaft durchgezogen.
scha|b|lo|ni|sie|ren (*auch:* scha|b|lo|nie|ren) (V.) etwas mit einer Schablone herstellen bzw. nach einer Schablone formen.
Scha|bot|te (die, -, -n) (franz.) Unterbau für einen Maschinenhammer.
Scha|b|ra|cke (die, -, -n) (türk.) 1. Zierdecke; 2. (ugs.) Abgenutztes.
Scha|b|ra|cken|ta|pir (der, -s, -e) Säugetier aus der Familie der Tapire.
Schab|zi|ger (*auch:* Schab|zie|ger) (der, -, kein Plural) harter Kräuterkäse.

Schach (das, -s, -s) (pers.) Brettspiel; Königbedrohung. *Beachte:* dem Gegner Schach bieten; den Gegner in Schach halten; Schach spielen. Schachmeister; Schachspiel; Schachspieler; Schachweltmeisterschaft; schachbrettartig. Schach und matt!

Schach|brett (das, -s, -er) Spielbrett mit Schachfiguren.

Schach|brett|mus|ter (das, -s, -) Muster, das in der Art eines Schachbretts helle und dunkle Felder abwechselt.

Schach|com|pu|ter (der, -s, -) kleiner Computer mit installiertem Schachprogramm, gegen den man Schach spielen kann.

scha|chern (V.) (jidd.) (ugs.) handeln; feilschen. Schacher; Schacherei; Schacherer.

Schach|fi|gur (die, -, -en) Figur, die beim Schachspiel auf dem Schachbrett bewegt wird.

schach|matt (Adj.) 1. außer Gefecht gesetzt beim Schachspiel; 2. völlig erschöpft.

Schach|meis|ter|schaft (die, -, -en) im Wettbewerb errungene Meisterschaft (Meistertitel) im Schachspiel.

Schach|par|tie (die, -, -en) eine Partie Schach; eine Spiellänge.

Schacht (der, -s, Schäch|te) Höhlung; Grube. Schachtanlage; Schachtmeister. Schacht kriegen (ugs.) (Prügel bekommen).

Schach|tel (die, -, -n) 1. Behälter; 2. (ugs.) alte Frau. Schächtelchen; schachteln.

Schach|tel|ge|sell|schaft (die, -, -en) Unternehmen, das mit anderen Firmen finanziell verschachtelt (verflochten) ist.

Schach|tel|halm (der, -s, -e) Land- oder Sumpfpflanze mit kleinen schuppenartigen Blättern.

Schach|tel|satz (der, -es, -sät|ze) 1. kompliziert gebauter Satz, bei dem mehrere Haupt- und Nebensätze ineinander eingebettet und verschachtelt sind; 2. Satz unterschiedlich großer Schachteln, die im leeren Zustand platzsparend ineinander verstaut werden können.

Schach|tel|teu|fel|chen (das, -s, -) kleiner Springteufel, der in einer Schachtel installiert ist. Schachtelmännchen.

schach|ten (V.) einen Schacht anlegen bzw. ausheben.

schäch|ten (V.) (hebr.) gemäß jüdischem Brauch schlachten. Schächter; Schächtung.

Schach|tisch (der, -es, -e) Spieltisch für Schach.

Schacht|ofen (der, -s, -öfen) Schmelzofen, in dem die Erze aus dem Gestein herausgelöst werden.

Schach|tur|nier (das, -s, -e) Serie von Wettkämpfen im Schachspiel.

Schach|uhr (die, -, -en) Uhr, die bei Schachturnieren die Dauer der jeweiligen Partie misst.

Schach|zug (der, -s, -zü|ge) 1. Zug im Schachspiel; 2. geschickt gewählte Maßnahme. Das war ein kluger Schachzug von dir!

scha|de (Adj.) bedauernswert. schade um die Zeit. Dafür bist du mir zu schade. Es ist jammerschade.

Schä|del (der, -s, -) Kopfknochen. Schädelbasisbruch; Schädelbruch; Schädeldach; Schädeldecke; Schädelnaht; Schädelhöhle; Schädelstätte; dickschäd(e)lig.

Schä|del|dach (das, -s, -dä|cher) bildet zusammen mit der Schädelbasis den Gehirnschädel.

Schä|del|form (die, -, -en) Form des Schädels.

Schä|del|kult (der, -s, -e) Totenkult, bei dem die Schädel Verstorbener aufbewahrt und verehrt werden.

scha|den (V.) gefährlich oder nachteilig sein; Schaden zufügen. Rauchen schadet Ihrer Gesundheit.

Scha|den (der, -s, Schä|den) Nachteil; Verletzung; Beschädigung. *Beachte:* Schaden nehmen; zu Schaden kommen. Schadenberechnung; Schadenersatzpflicht; Schadennachweis; Schadenverhütung; Schadenversicherung; Schadfraß; Schadinstinkt; Schadstoffbegrenzung. Adjektive: schaden(s)ersatzpflichtig; schadstoffarm; schadstofffrei. Verb: schädigen.

Scha|den|freu|de (die, -, kein Plural) Freude am Missgeschick oder Schaden eines anderen.

scha|den|froh (Adj.) amüsiert oder erfreut über den Schaden eines anderen Menschen. Dein schadenfrohes Grinsen ist unerträglich.

Scha|dens|be|richt (der, -s, -e) Bericht über einen Schadensfall, den meist ein Versicherungsgutachter schreibt.

Scha|den(s)|er|satz (der, -es, kein Plural) Ersatz für entstandenen Schaden; Wiedergutmachung. Wir leisten Ihnen selbstverständlich Schaden(s)ersatz.

Scha|den|er|satz|an|spruch (der, -es, -sprüche) Anrecht auf Schadensersatz.

Scha|dens|fall (der, -s, -fäl|le) Eintreten eines konkreten Schadens.

Scha|den(s)|fest|stel|lung (die, -, -en) schriftliche Niederlegung eines entstandenen Schadens.

schad|haft (Adj.) beschädigt; mit einem Mangel oder Schaden. Eine schadhafte Luftmatratze nutzt mir nichts. Schadhaftigkeit.

schä|di|gend (Adj.) Schaden zufügend. Die schädigende Wirkung des Alkohols auf das ungeborene Kind ist nachgewiesen.

Schä|di|ger (der, -s, -) jmd., der einen Schaden verursacht hat.

Schä|di|gung (die, -, -en) 1. ein verursachter, bleibender Schaden. Die Schädigung des Großhirns ist nicht reversibel. 2. die Verursachung von Schaden. Erfolg soll nicht durch eine Schädigung der Umwelt erkauft werden.

schäd|lich (Adj.) nachteilig; Schaden hervorrufend. Ggs.: nützlich.

Schäd|lich|keit (die, -, kein Plural) die allgemeine oder gesundheitliche Nachteiligkeit einer Sache oder einer Substanz.

Schäd|ling (der, -s, -e) Tier, Pflanze oder Virus, die den Menschen schädigen. Ggs.: Nützling.

Schäd|lings|be|kämp|fung (die, -, kein Plural) Vernichtung von Ernteschädlingen und Ungeziefer.

schad|los (Adj.) ohne Schaden. Er hat sich am Öltank des Nachbarn schadlos gehalten. (Er hat einen Nachteil auf Kosten eines Dritten ausgeglichen.).

schad|stoff|reich (Adj.) reich an Schadstoffen.

Scha|duf (der, -s, -s) (ägypt.) Schöpfvorrichtung, bei der eine Kelle an einem Hebebaum befestigt ist.

Schaf (das, -s, -e) Nutztier. Schafbock; Schäferei; Schäferhütte; Schäferkarren; Schäferspiel; Schäflein; Schaf(s)milch; Schafpelz; Schafstall; Schafweide; Schafwolle.
Schäf|chen (das, -s, -) kleines Schaf.
Schäf|chen|wol|ke (die, -, -n) Wolke in der Form eines Schafskörpers.
Schä|fer (der, -s, -) Schafhirte.
Schä|fer|dich|tung (die, -, kein Plural) alle Formen von Literatur, die in einer idyllischen Schäferwelt spielen.
Schä|fer|ge|dicht (das, -s, -e) idyllisches Gedicht über die Abgeschiedenheit und Harmonie des Schäferdaseins.
Schä|fer|hund (der, -s, -e) aus Hirtenhunden gezüchtete Hunderasse.
Schä|fer|ro|man (der, -s, -e) Roman, der in der idyllischen Schäferwelt spielt.
Schä|fer|stünd|chen (das, -s, -) heimliches Treffen von Verliebten.
Schaf|fell (das, -s, -e) Pelz eines Schafs.
Schaff (das, -s, -e) (südd.) Bottich. Schäffchen.
schaf|fen (V.) 1. erreichen; hervorbringen; 2. (ugs.) arbeiten; 3. (ugs.) aufreiben. Diese Arbeit schafft mich noch. Das macht mir zu schaffen. Schaffenslust; Schaffer; schaffensfreudig; schaffenskräftig; schaffenslustig.
Schaf|fen (das, -s, kein Plural) geistige oder künstlerische Arbeit; Werk. Sehen Sie hier eine Probe seines Schaffens.
Schaf|fens|drang (der, -s, kein Plural) Drang, etwas zu tun.
Schaf|fens|freu|de (die, -, kein Plural) Lust und Freude an der eigenen Arbeit.
Schaf|fens|kraft (die, -, kein Plural) Kraft, etwas zu tun.
Schäff|ler (der, -s, -) Fassmacher.
Schäff|ler|tanz (der, -es, -tän|ze) Reigentanz der Schäffler in alter Tracht zur Erinnerung an überstandene Pestzeiten.
Schaff|ner (der, -s, -) Zugbegleiter. Schaffnerin; schaffnerlos.
Schaf|fung (die, -, kein Plural) Bereitstellung; Herstellung; das Schaffen von etwas. Die Politiker sind verantwortlich für die Schaffung von Lehrstellen.
Schaf|gar|be (die, -, -n) Pflanze. Schafgarbentee.
Schaf(s)|käl|te (die, -, kein Plural) plötzliche, unerwartete Kälte zur Zeit der Schafschur (im Frühsommer).
Schaf|kopf (der, -s, kein Plural) 1. Kartenspiel; 2. dummer Mensch.
Schaf|le|der (das, -s, -) das weiche und widerstandsfähige Leder von Schafen.
Scha|fott (das, -s, -e) (niederl.) Hinrichtungsgerüst.
Schaf|schur (die, -, -en) das Scheren der Schafwolle.
Schaf(s)|kä|se (der, -s, -) Käse aus Schafmilch.
Schaft (der, -s, Schäf|te) 1. Stange; 2. Stiel; 3. Stiefelteil. Schäfter; Schaftleder; Schäftlein; schäften.
Schaft|stie|fel (der, -s, -) Stiefel mit hohem Schaft.
Schaf|zucht (die, -, kein Plural) Zucht von Hausschafen.
Schah (der, -s, -s) (pers.) Herrschertitel.
Scha|kal (der, -s, -e) (sanskr.) Raubtier. Schakalaugen.
Scha|ka|ré (der, -s, -s) (indian.-portugies.) in Südamerika vorkommende, breitmaulige Krokodilart.
Schä|kel (der, -s, -) Ring. Verb: schäkeln.
schä|kern (V.) (jidd.) necken. Schäker; Schäkerei; Schäkerin.
schal (Adj.) fade; witzlos. Schalheit.
Schal (der, -s, -s) Halstuch.
Scha|le (die, -, -n) Schüssel; Hülle. Schalbrett; Schälchen; Schalenguss; Schalensitz; Schalholz; Schalung; Verschalung; dickschalig; schallos.
schä|len (V.) ablösen; enthüllen. Schäleisen; Schälung.
Scha|len|bau|wei|se (die, -, kein Plural) Bauweise mit Gipsbetonplatten.
Scha|len|obst (das, -obs|tes, kein Plural) Früchte mit harter Schale.
Scha|len|ses|sel (der, -s, -) Sessel mit schalenförmigem Sitz.
Scha|len|wild (das, -s, kein Plural) Bez. für Wildtiere, die Schalen (Hufe) haben, wie Elch, Rot- und Gamswild, Mufflon, Steinbock.
Schal|heit (die, -, kein Plural) 1. Abgestandenheit; 2. Witzlosigkeit.
Schalk (der, -s, -e/Schäl|ke) Schelm; Spaßmacher. Schalkheit.
schalk|haft (Adj.) voller Schalk. Hast du nicht sein schalkhaftes Lächeln bemerkt?
Schalk|haf|tig|keit (die, -, kein Plural) schelmisches Wesen.
Schäl|kur (die, -, -en) kosmetische Maßnahme zur Verbesserung des Hautbildes.
Schall (der, -s, -e) mechanische Schwingungen und Wellen in einem elastischen Medium (zum Beispiel Luft, Wasser, Holz) im Frequenzbereich des menschlichen Hörens; je nach Art des Schalls unterscheidet man Töne, Klänge, Geräusche und Knalle.
Schall|ab|sorp|ti|on (die, -, -kein Plural) Aufsaugen des Schalls durch eine Substanz, durch die der Schall hindurchgeht.
Schall|ar|chiv (das, -s, -e) Lautarchiv aus (in verschiedenen Sprachen oder Dialekten) besprochenen Tonbändern oder Schallplatten für akustische oder phonologische Untersuchungen.
Schall|be|cher (der, -s, -) bei Holzblasinstrumenten das becherförmige Ende.
Schall|bo|den (der, -s, -bö|den) Resonanzboden eines Instruments.
Schall|däm|mung (die, -, kein Plural) alle Maßnahmen zur Lärmbegrenzung bzw. Lärmdämmung.
Schall|dämp|fer (der, -s, -) Vorrichtung zur Verminderung der Lautstärke durch schallschluckende Formgebung oder Materialien.
schal|len (V.) hallen; laut tönen. Schalldeckel; Schalldose; Schalllehre (*auch:* Schall-Lehre); Schallleiter (*auch:* Schall-Leiter); Schallkörper; Schallplattenalbum; Schallplattenaufnahme; Schallrohr; Schalltrichter; Schallwort. Adjektive: schalldämmend; schalldämpfend; schalldicht; schallgedämpft; schallschluckend.
Schall|ge|schwin|dig|keit (die, -, -en) Geschwindigkeit, mit der der Schall sich in Abhängigkeit vom Medium (Luft, Wasser, Stahl usw.) verbreitet.
Schall|mau|er (die, -, kein Plural) Bezeichnung für die Geschwindigkeit eines Flugobjekts bei Erreichen der Schallgeschwindigkeit.
Schall|mes|sung (die, -, -en) Feststellung, aus welcher Richtung ein Geräusch kommt; Schallortung.
Schall|plat|te (die, -, -n) kreisrunde Scheibe, die Schallaufzeichnungen trägt.
Schall|plat|ten|in|dus|t|rie (die, -, kein Plural) Zweig der Musikindustrie, der Schallplatten produziert.

schall|tot (Adj.) ohne Schall. ein schalltoter Raum.

Schall|wel|le (die, -, -n) hörbare mechanische Schwingung; Schall.

Schal|mei (die, -, -en) Blasinstrument. Schalmeibläser; Schalmeienklang.

Scha|lot|te (die, -, -n) (franz.) Lauchzwiebel.

Schalt|an|la|ge (die, -, -n) Anlage zum Sammeln, Messen, Überwachen oder Verteilen elektrischer Energie.

Schalt|bild (das, -s, -er) Schaltplan eines elektrischen Geräts.

Schalt|e|le|ment (das, -s, -e) aktives oder passives Element einer elektronischen Schaltung, wie z. B. ein Transistor oder ein Widerstand.

schal|ten (V.) 1. anknipsen; anschließen; 2. Gangschaltung betätigen; 3. hantieren; 4. (ugs.) verstehen. Schaltsatz; Schaltskizze; Schaltweg; Schaltwerk; Schaltzeichen; Schaltzentrale.

Schal|ter (der, -s, -) Informationsannahmestelle; Einschaltknopf. Schalterbeamte; Schalterdienst; Schalterhalle; Schalterraum.

Schal|ter|stun|den (die, -, nur Plural) Zeiten, zu denen ein Bank-, Bahn-, Behörden- oder Postschalter geöffnet ist.

Schalt|ge|trie|be (das, -s, -e) Rädergetriebe, bei dem durch Schalten die Kupplung zwischen Antrieb und Abtrieb geändert wird.

Schalt|he|bel (der, -s, -) Hebel, mit dem bei einem Getriebe in eine andere Übersetzungsstufe geschaltet wird.

Schalt|jahr (das, -s, -e) Jahr mit 366 Tagen, das um den 29. Februar erweitert ist.

Schalt|kas|ten (der, -s, -käs|ten) Kasten, in dem sich eine Schalttafel befindet.

Schalt|knüp|pel (der, -s, -) Steuerhebel eines Flugzeugs.

Schalt|kreis (der, -es, -krei|se) Zusammenschaltung von elektrischen Bauelementen.

Schalt|pau|se (die, -, -n) Pause zum Umschalten bei Hörfunk und Fernsehen.

Schalt|plan (der, -s, -plä|ne) Schaltbild eines elektrischen Gerätes.

Schalt|pult (das, -s, -e) Pult mit eingebauten Schaltvorrichtungen zur Steuerung einer Schaltanlage.

Schalt|stel|le (die, -, -n) Zentrale; Schaltraum.

Schalt|ta|fel (die, -, -n) senkrecht angeordnete Tafel, die die Schalt-, Mess- oder Reguliergeräte elektrischer Anlagen enthält.

Schalt|uhr (die, -, -en) Uhr, die eine Schalteinrichtung enthält für das selbsttätige Schalten elektrischer Stromkreise.

Schal|tung (die, -, -en) 1. die Anordnung und die Bedienung der Gänge in einem Schaltgetriebe; 2. die Anordnung von elektrischen Verbindungen zwischen Stromquellen, Geräten und Maschinen; 3. Gesamtheit der verbundenen elektrischen Bauteile.

Scha|lung (die, -, -en) Verkleidung mit Brettern; Verschalung.

Scha|lup|pe (die, -, -n) (franz.) Beiboot.

Scham (die, -, kein Plural) Verlegenheit; Beschämung; Geschlechtsteilgegend; Genitalbereich. Schamlippen; schamhaft; schämig; schamlos.

Scha|ma|ne (der, -n, -n) (sanskr.) Zauberer; Priester. Schamanismus.

Scha|ma|nis|mus (der, -, kein Plural) Glaube an die Fähigkeiten von Schamanen, d.h. Priestern und Medizinmännern, Geister auszutreiben und zu bezwingen.

scha|ma|nis|tisch (Adj.) den Schamanismus betreffend.

Scham|bein (das, -s, -e) Teil des knöchernen Beckens.

Scham|berg (der, -s, -e) etwas hervorstehender Bezirk der weiblichen Genitalregion über dem Schambein; Schamhügel.

Scham|bock (der, -s, -e/-s) (niederl.) Nilpferdpeitsche.

schä|men (V., refl.) (vor jmdm. oder wegen einer Sache) Scham empfinden. Er schämte sich in Grund und Boden. Sie schämte sich vor ihrem Lehrer. Das Kind schämte sich wegen der nassen Hose.

Scham|ge|fühl (das, -s, -e) Gefühl der Scham.

Scham|ge|gend (die, -, kein Plural) Genitalbereich; Bereich der Geschlechtsteile.

Scham|haar (das, -s, -e) Behaarung in der Schamregion.

Scham|haf|tig|keit (die, -, kein Plural) genierliches, verschämtes Wesen.

Scham|lo|sig|keit (die, -, -en) schamloses oder unanständiges Verhalten.

Scha|mott (der, -s, kein Plural) (jidd.) (ugs.) Plunder.

Scha|mot|te (die, -, kein Plural) (ital.) feuerfester Ton. Schamottestein; Schamotteziegel; schamottieren.

scham|po|nie|ren (*auch:* scham|pu|nie|ren) (V.) mit Shampoo einschäumen.

Scham|pus (der, -, kein Plural) (ugs.) Champagner; Sekt.

scham|rot (Adj.) vor Scham errötet; rot vor Scham. Als man sie mit der gestohlenen Kassette erwischte, wurde sie schamrot.

Scham|rö|te (die, -, kein Plural) Rötung des Gesichts, die sich bei Beschämung und Verlegenheit einstellt.

Scham|tei|le (die, -, nur Plural) Genitalien.

schand|bar (Adj.) schändlich.

Schan|de (die, -, kein Plural) Beschämung; Blamage. Schandbube; Schandgeld; Schandmahl; Schandpfahl; Schändung; Schandurteil; schandbar; schändlich; geschändet.

schän|den (V.) 1. eine Sache entweihen; verunstalten. Die Gräber des orthodoxen Friedhofs sind geschändet worden. 2. jmdm. Schande antun bzw. jemanden sexuell missbrauchen. Es war nicht eindeutig, ob der Mörder das Mädchen zusätzlich geschändet hatte.

Schän|der (der, -s, -) jmd., der einen Menschen oder eine Sache geschändet hat.

Schand|fleck (der, -s, -en) 1. Erinnerung an alte Schande; 2. verschandelte Gestaltung. Das Hochhaus bleibt der Schandfleck unserer Gemeinde.

Schänd|lich|keit 1. (die, -, -en) schändliche Tat. Diese Schändlichkeiten müssen ein Ende haben! 2. (die, -, kein Plural) schändliche Qualität; schändliches Verhalten. Die Schändlichkeit seiner Absicht war für alle erschreckend.

Schand|maul (das, -s, -mäu|ler) 1. Mensch, der gerne lästerliche Dinge verbreitet; 2. schamloses, unverschämtes Mundwerk. Halt endlich dein Schandmaul!

Schandˈtat (die, -, -en) schändliche Tat; Verbrechen.
schangˈhaiˈen (V.) (ugs.) gewaltsam heuern.
Schanˈgriˈla (das, -/-s, kein Plural) (ind.) mystischer Ort.
Schank (der, -s, Schänˈke) Ausschank. Schankgewerbe; Schankstube (*auch:* Schänkstube, Schenkstube); Schanktisch (*auch:* Schänktisch, Schenktisch); Schankwirt (*auch:* Schänkwirt, Schenkwirt); Schankwirtschaft (*auch:* Schänkwirtschaft, Schenkwirtschaft). *Aber:* ausschenken.
Schankˈbeˈtrieb (der, -s, -e) Gaststätte.
Schankˈbier (das, -s, -bieˈre) Bier, das frisch vom Fass gezapft wird.
Schanˈker (der, -s, -) (franz.) Geschlechtskrankheit. weicher Schanker; harter Schanker.
Schankˈerˈlaubˈnis (die, -, kein Plural) Erlaubnis, Alkohol auszuschenken; Schankkonzession.
Schankˈkonˈzesˈsiˈon (die, -, -en) behördliche Erlaubnis, Alkohol auszuschenken.
Schanˈtungˈseiˈde (die, -, -n) nach der chinesischen Provinz Schantung benannte Wildseide; Stoff aus Kunstfaser mit wildseidenähnlicher Oberflächenstruktur.
Schanzˈarˈbeit (die, -, -en) Erdarbeit, um Befestigungen oder Wälle auszuheben.
Schanˈze (die, -, -n) Befestigungswall; Absprungbau. Schanzbau; Schanzdeck; Schanzentisch; Sprungschanze; schanzen.
Schanˈzenˈreˈkord (der, -s, -e) bester, d h. weitester Sprung von einer Skischanze.
Schanzˈwerk (das, -s, -e) Verschanzung; Verteidigungsanlage.
Schanzˈzeug (das, -s, kein Plural) Werkzeug, das zur Schanzarbeit benötigt wird
Schapf (der, -s, -e) (südd.) Schöpfkelle.
Schapˈpe (die, -, -n) (franz.) Stoff aus Abfallseide.
Schapˈpeˈspinˈneˈrei (die, -, -en) Betrieb zur Verarbeitung bzw. Verspinnung von Rohseidenabfällen.
Schar (die, -, -en) Gruppe; Menge; Pflugschar. Scharschmied.
Schaˈraˈde (die, -, -n) (franz.) Worträtsel.
Schaˈraff (der, -s, kein Plural) (hebr.) in Israel vorkommender, heißer Wüstenwind.
Scharˈbocksˈkraut (das, -s, kein Plural) Feigwurz.
Schäˈre (die, -, -n) kleine Inseln. Schärenkreuzer; Schärenküste.
schaˈren (V., refl.) sich um jemanden oder etwas drängen bzw. versammeln. Die Schüler scharten sich um ihren Biologielehrer.
schaˈrenˈweiˈse (Adv.) in großer Anzahl; in Scharen. Die Fangemeinde rückte scharenweise an.
scharf (Adj.; schärfer, schärfste) geschliffen; stark gewürzt; eisig; schrill; heftig; bissig. Scharfsichtigkeit; Schärfung. Adjektive: scharfäugig; scharfsichtig; scharfsinnig; scharfzackig; scharfzahnig; scharfzüngig. Verben: schärfen; scharfmachen (aufhetzen); eine Bombe scharf machen (*auch:* scharfmachen).
Scharfˈblick (der, -s, kein Plural) scharfer Verstand, der die Dinge durchblickt.
Schärˈfe (die, -, -n) 1. Brennen bzw. beißende Intensität eines Gewürzes. Die Schärfe indischer Currys soll heilende Wirkung haben. 2. Deutlichkeit von Umrissen. Die Schärfe ist nicht bei allen Aufnahmen gleich gut. 3. das Scharfsein. Du hast die Schärfe der Scherbe unterschätzt! 4. Schonungslosigkeit. Ihn traf die ganze Schärfe der neuen Verordnung.
Scharfˈeinˈstelˈlung (die, -, kein Plural) optimal scharfe Einstellung des Bildes an der Kamera.
Schärˈfenˈtieˈfe (die, -, kein Plural) mehr oder weniger scharfe fotografische Abbildung eines tief gegliederten Raumes (nahe und ferne Gegenstände); Tiefenschärfe.
scharfˈkanˈtig (Adj.) mit scharfen Kanten versehen.
Scharfˈmaˈcher (der, -s, -) ein Mensch, der andere aufhetzt, hart durchzugreifen.
Scharfˈrichˈter (der, -s, -) Henker.
Scharfˈschieˈßen (das, -s, kein Plural) Schießen mit scharfer Munition.
Scharfˈschütˈze (der, -n, -n) besonders treffsicherer Schütze, der für Spezialaufgaben eingesetzt wird.
Scharfˈsinn (der, -s, kein Plural) scharfer Verstand, der Dinge schnell durchschaut.
Scharfˈzünˈgigˈkeit (die, -, kein Plural) angriffslustige, verletzende Art zu sprechen.
Schaˈria (die, -, kein Plural) (arab.) im Koran und Hadith niedergeschriebene Regelungen für das gesamte islamische Leben.
Scharˈlach 1. (der, -s, -e) rote Farbe. Scharlachfarbe; scharlachfarbig; scharlachen; scharlachrot. 2. (der, -s, kein Plural) Infektionskrankheit. Scharlachfieber; Scharlachausschlag.
scharˈlachˈfarˈben (Adj.) grelles, helles Rot.
Scharˈlaˈtan (der, -s, -e) (franz.) Betrüger.
Scharˈlaˈtaˈneˈrie (die, -, -en) Quacksalberei.
Scharm (*auch:* Charme) (der, -s, kein Plural) (franz.) Zauber; Liebreiz. Adjektiv: scharmant (*auch:* charmant).
Scharˈmütˈzel (das, -s, -) kurzer Kampf; kleine gewalttätige Auseinandersetzung. Verb: scharmützeln.
Scharˈnier (das, -s, -e) (franz.) Drehgelenk.
Scharˈnierˈband (das, -s, -bänˈder) Aneinanderreihung mehrerer Scharniere, zum Beispiel zur Befestigung von Möbeltüren.
Scharˈnierˈgeˈlenk (das, -s, -e) Gelenk beim Menschen, das eine weitgehende Drehung zulässt, zum Beispiel das Ellbogengelenk.
Scharˈnierˈstift (der, -s, -e) Verbindungsstift, der durch die beiden eingerollten Ösen eines Scharniers gesteckt wird.
Schärˈpe (die, -, -n) Schulter-, Hüftband. Brustschärpe.
scharˈren (V.) kratzen; graben. Scharre; Scharreisen; Scharrharz.
Scharrˈfuß (der, -es, -füˈße) übertrieben höfliche Verbeugung; Kratzfuß.
Scharˈte (die, -, -n) 1. Lücke; Narbe; 2. (ugs.) Fehler. Hasenscharte; schartig.
Scharˈteˈke (die, -, -n) altes Buch; (ugs.) alte Frau.
scharˈwenˈzeln (V.) sich anbiedern.
Schaschˈlik (der/das, -s, -s) (russ.) Fleischspieß. Schaschliksoße (*auch:* Schaschliksauce).

schas|sen (V.) (franz.) (ugs.) entlassen; vertreiben.
Schat|ten (der, -s, -) Umriss; dunkler Fleck. Schattenblume; Schattenriss. Adjektive: schattenhaft; schattenlos; schattenreich; schattenseitig; schattiert; schattig. Verb: Schatten spenden; Schatten spendend (*auch:* schattenspendend).
Schat|ten|bild (das, -s, -er) Darstellungsform, die den Gegenstand oder die Person als Schatten wiedergibt; Schattenriss.
Schat|ten|bo|xen (das, -s, kein Plural) Boxtraining, bei dem mit einem nicht vorhandenen Gegner geboxt wird.
Schat|ten|da|sein (das, -s, kein Plural) unbeachtetes oder vergessenes Dasein. Der Overall führte ein Schattendasein in ihrem Schrank.
Schat|ten|ge|wächs (das, -es, -e) Pflanzengattung.
Schat|ten|ka|bi|nett (das, -s, -e) Gremium der Oppositionspartei, das sich aus Politikern zusammensetzt, die im Falle eines Regierungswechsels zu Ministern berufen würden.
Schat|ten|mo|rel|le (die, -, -n) Sauerkirsche.
Schat|ten|pflan|ze (die, -, -n) Pflanze, die im Schatten gedeiht.
Schat|ten|reich (das, -s, kein Plural) in der Mythologie das Reich der Toten.
Schat|ten|sei|te (die, -, -n) 1. die der Sonne abgewandte Seite; 2. die nachteilige Seite einer Angelegenheit. Jede Sache hat ihre Licht- und ihre Schattenseite. auf der Schattenseite des Lebens stehen (benachteiligt sein).
Schat|ten|spiel (das, -s, -e) eine Art Puppenspiel mit deren Schattenbildern vor einer von hinten erleuchteten Wand.
Schat|ten|wirt|schaft (die, -, kein Plural) illegale Beschäftigung von Schwarzarbeitern.
schat|tie|ren (V.) eine Abbildung farblich abtönen oder mit Schatten versehen. Der schattierte Bildhintergrund verstärkte die Tiefenwirkung.
Schat|tie|rung (die, -, -en) 1. Abstufung innerhalb eines Farbtons. Ich liebe Türkis in allen Schattierungen. 2. politische Couleur. Vertreter aller Schattierungen waren geladen.
Scha|tul|le (die, -, -n) Schächtelchen. Schmuckschatulle.
Schatz (der, -es, Schät|ze) Geld; Kostbarkeit; Kosewort. Schatzkästlein; Schatzsuche.
Schatz|amt (das, -s, -äm|ter) Finanzamt; Finanzbehörde.
Schätz|chen (das, -s, -) kleiner Schatz; Kosename.
schät|zen (V.) 1. hochachten; 2. vermuten. Schatzanweisung; Schätzer; Schätzung; schätzbar; unschätzbar; schätzungsweise; schätzen lernen; wir haben sie alle lieben und schätzen gelernt.
schät|zens|wert (Adj.) bewundernswert.
Schatz|grä|ber (der, -s, -) jmd., der nach Schätzen gräbt; Schatzsucher.
Schatz|kam|mer (die, -, -n) Raum, in dem ein Staatsschatz aufbewahrt wird.
Schatz|meis|ter (der, -s, -) Verwalter der Staatskasse oder einer Vereinskasse.
Schätz|preis (der, -es, -e) der geschätzte Preis eines Gegenstands.
Schätz|wert (der, -s, -e) der geschätzte Wert eines Wertobjekts.
Schau (die, -, kein Plural) 1. Darbietung; Vorführung. etwas zur Schau stellen; eine Schau abziehen; 2. Erkenntnisweg; Intuition (philosophisch). Der Suchende findet Gott durch die innere Schau.
Schau|bild (das, -s, -er) bildliche Darstellung, die einen Sachverhalt veranschaulicht.
Schau|bu|de (die, -, -n) Bude; Jahrmarktsstand.
Schau|der (der, -s, -) das Erschauern; Erzittern. Schauder des Entsetzens liefen ihm über den Rücken.
Schau|der|ge|schich|te (die, -, -n) schaudererregende Geschichte.
schau|dern (V.) zittern; Angst haben. *Beachte:* mir/mich schaudert. schaudererregend (*auch:* Schauder erregend); schauderhaft; schaudervoll.
schau|en (V.) sehen; blicken; sich kümmern. Schaubühne; Schaugeschäft; Schauinsland; Schaupackung; Schauprogramm; Schauseite; Schaustellung; Schautafel. schaubar; schaubegierig; schaulustig; schauspielerisch. Verben: schaulaufen; schauspielern; schaustellen, *aber:* etwas zur Schau stellen.
Schau|er (der, -s, -) 1. kurzer Hagel- oder Regenschauer. Für den Nachmittag wurde Schauerneigung vorhergesagt. 2. das Schaudern; ängstliches Erzittern. Mir läuft ein Schauer über den Rücken! Schauerbild; Schauerlichkeit; Schauerroman.
Schau|er|ge|schich|te (die, -, -n) Schauermärchen; unglaubwürdige Geschichte. Erzähl uns doch keine Schauergeschichten!
schau|er|lich (Adj.) furchterregend; Schauer hervorrufend. Diese schauerlichen Abbildungen sind nichts für Kinder.
Schau|er|mann (der, -s, -män|ner) Hafenarbeiter.
Schau|er|mär|chen (das, -s, -) unglaubwürdige und wilde Geschichte, die den Hörer erschauern lässt.
schau|ern (V.) schaudern. schauervoll.
Schau|fel (die, -, -n) Werkzeug. Schaufelblatt; schauf(e)lig; schaufeln.
schau|fel|för|mig (Adj.) wie eine Schaufel geformt.
Schau|fel|la|der (der, -s, -) Baustellenfahrzeug mit großer Schaufel zum Aufladen von Erdreich etc.
Schau|fel|rad (das, -s, -rä|der) mit Schaufeln versehenes Rad für Pumpen oder Turbinen.
Schau|fel|rad|bag|ger (der, -s, -) Bagger, der mit einem sich drehenden Schaufelrad arbeitet.
Schau|fel|rad|damp|fer (der, -s, -) Dampfer, der durch rotierende Schaufelräder vorwärts bewegt wird.
Schau|fens|ter (das, -s, -) Fenster eines Geschäfts, in dem das Angebot ausgelegt ist. Schaufensterauslage.
Schau|fens|ter|bum|mel (der, -s, -) Spaziergang, bei dem Schaufensterauslagen gesichtet werden.
Schau|fens|ter|pup|pe (die, -, -n) große Gliederpuppe, die im Schaufenster als Bekleidungsmodel fungiert.
Schauf|ler (der, -s, -) Dammhirsch.
Schau|kampf (der, -s, -kämp|fe) im Boxsport ein Kampf, der außerhalb der Wettbewerbe stattfindet.
Schau|kas|ten (der, -s, -käs|ten) kleine Vitrine, in der Gegenstände ausgestellt werden.
Schau|kel (die, -, -n) Wippe; Schwingvorrichtung. Schaukelei; Schaukler; schauk(e)lig; schaukeln.
Schau|kel|pferd (das, -s, -e) meist hölzernes Schaukeltier für Kinder.

Schau|kel|po|li|tik (die, -, kein Plural) unschlüssige Politik des Hin und Her bzw. des opportunistischen Vor und Zurück.

Schau|kel|reck (das, -s, -s) Trapez.

Schau|kel|stuhl (der, -s, -stüh|le) Stuhl auf Schaukelkufen.

Schau|lau|fen (das, -s, kein Plural) Kürvorstellung der auf den vorderen Plätzen einer Meisterschaft Platzierten beim Eiskunstlauf.

Schau|lus|ti|ge (der, -n, -n) Gaffer; Zuschauer. Schaulustige säumten die Unfallstelle und machten die Zufahrt des Notarztwagens unmöglich.

Schaum (der, -s, Schäu|me) Gischt; Bläschenmasse. Schaumbeton; Schaumblase; Schaumrolle; Schaumschlägerei.

Schaum|bad (das, -s, -bä|der) 1. Bad mit Schaum; 2. Badezusatz, mit dem sich Schaum erzeugen lässt.

schäu|men (V.) 1. Schaum bilden; 2. zornig sein. Sie schäumte vor Wut. schaumbedeckt; schaumig.

Schaum|ge|bäck (das, -s, -e) Gebäck aus Eiweißschaum und Zucker; Baiser.

schaum|ge|bremst (Adj.) (ugs.) mit reduzierter Schaumbildung. Heute werden nur noch schaumgebremste Waschpulver zugelassen.

Schaum|ge|burt (die, -, -en) sagenhafte Geburt der Göttin Aphrodite aus dem Schaum der Wellen.

Schaum|glas (das, -es, kein Plural) aufgeblähtes, poriges Glas, das durch Sintern von Glaspulver entsteht, welches mit Gas bildenden Pulvern vermengt wurde.

Schaum|gold (das, -s, kein Plural) Blattgoldimitat aus einer dünnen, unedlen Metalllegierung.

Schaum|gum|mi (das, -s, -s) aus natürlichem oder synthetischem Latex durch Einarbeiten und Vulkanisieren hergestellter schwammartiger Stoff.

Schaum|kro|ne (die, -, -n) Schaumschicht auf einem Getränk (Pils) oder auf einer Welle.

Schaum|löf|fel (der, -s, -) flacher, mit Löchern versehener Löffel.

Schaum|lösch|ge|rät (das, -s, -e) Feuerlöschgerät, das mit Schaum arbeitet.

Schaum|rei|ni|ger (der, -s, -) Reinigungsmittel, das Schaum entwickelt.

Schaum|schlä|ger (der, -s, -) 1. Angeber; Schwätzer; 2. Küchengerät zum Schlagen von Eiweiß; Schneebesen.

Schaum|stoff (der, -s, -e) aufgeschäumter Kunststoff, der zum Beispiel als Dämmstoff im Bauwesen oder als Verpackungs- oder Polstermaterial Verwendung findet.

Schaum|stoff|ma|t|rat|ze (die, -, -n) Matratze aus Schaumstoff.

Schaum|wein (der, -s, -e) durch Kohlensäure schäumender Wein.

Schau|platz (der, -es, -plät|ze) (literarischer oder realer) Ort einer Handlung.

schau|rig (Adj.) gruselig. Schaurigkeit; schaurigschön.

Schau|spiel (das, -s, -e) 1. Bühnenstück wie Komödie und Tragödie; 2. jede (interessante) Handlung, die sich vor den Augen des Betrachters abspielt. Unseren Augen bot sich ein seltsames Schauspiel dar.

Schau|spie|ler/in (der/die, -s/-, -/-en) Künstler (bzw. Künstlerin), der (die) auf der Theaterbühne oder in Film und Fernsehen andere Gestalten darstellt.

Schau|spiel|haus (das, -es, -häu|ser) Gebäude für die Aufführung von Schauspielen; Theater.

Schau|spiel|schu|le (die, -, -n) Schule, die Schüler nach dem Ablegen einer Eignungsprüfung zu Schauspielern ausbildet.

Schau|stel|ler (der, -s, -) jmd., der vor Publikum etwas vorführt.

Schau|tanz (der, -es, -tän|ze) Tanzvorführung.

Schau|tur|nen (das, -s, kein Plural) Turnvorführung.

Sche|be|cke (die, -, -n) (arab.-span.-ital.-franz.) Schiff mit zwei bis drei Masten, mit dem im 17./18. Jahrhundert das Mittelmeer befahren wurde.

Scheck 1. (*auch:* Check, Cheque) (der, -s, -s) (engl.) Zahlungsmittel. *Beachte:* Eurocheque; Eurochequekarte (*auch:* Eurocheque-Karte)! 2. (*auch:* Sche|cke) (der, -en, -en) (franz.) geschecktes Pferd, Rind. scheckig braun; gescheckt.

Scheck|be|trug (der, -(e)s, -be|trü|ge|rei|en) wissentliches Einlösen von ungedeckten Schecks.

Scheck|buch (das, -s, -bü|cher) Scheckheft, das die Scheckformulare enthält. Scheckkarte; Scheckverkehr.

Scheck|fäl|schung (die, -, -en) Fälschung eines Schecks durch Manipulation des eingetragenen Betrags oder durch eine gefälschte Unterschrift.

Scheck|heft (das, -s, -e) Heft, das Scheckformulare enthält.

sche|ckig (Adj.) fleckig; gefleckt. Die scheckigen Rinder sind nicht aus England.

Scheck|vieh (das, -s, nur Plural) gescheckte Kühe und Pferde.

Sched|bau (*auch:* Shed|bau) (der, -es, -bau|ten) (engl.) einstöckiges Bauwerk mit Satteldach.

Sched|dach (*auch:* Shed|dach) (das, -s, -dä|cher) (engl.) aus verschieden großen und geneigten Flächen bestehendes Dach; Sattel- oder Sägedach.

scheel (Adj.) schief; missgünstig. Scheelsucht; scheeläugig; scheel blickend (*auch:* scheelblickend); scheelsüchtig.

Schef|fel (der, -s, -) 1. ein altes Hohl- und Flächenmaß; 2. Bottich; Eimer. Sie sollte ihr Licht nicht unter den Scheffel stellen (ihre Fähigkeiten aus Bescheidenheit verbergen).

schef|feln (V.) anhäufen, (geizig) zusammenraffen.

schef|fel|wei|se (Adj.) haufenweise.

Sche|he|ra|za|de (*auch:* Sche|he|re|za|de) (die, -, kein Plural) (pers.) Märchenerzählerin aus 1001 Nacht.

Scheib|chen (das, -s, -) kleine, dünne Scheibe. ein Scheibchen Brot; ein Scheibchen Wurst.

scheib|chen|wei|se (Adv.) in Scheibchen.

Schei|be (die, -, -n) Platte; Stück; Schnitte; Glas. Die Erde ist keine Scheibe. Davon kannst du dir eine Scheibe abschneiden (zum Vorbild nehmen). Die neuen Scheiben sind viel wärme- und schalldämmender. scheibig.

schei|ben (V.) (südd.) schieben. Kegel scheiben.

Schei|ben|brem|se (die, -, -n) Bremsvorrichtung, bei der Bremsbacken von beiden Seiten eine Scheibe zum Stillstand bringen.

schei|ben|för|mig (Adj.) wie eine Scheibe geformt.

Schei|ben|gar|di|ne (die, -, -n) Gardine, die an der Scheibe bzw. am Fenster befestigt wird.

Schei|ben|ho|nig (der, -s, kein Plural) 1. (ugs.) abmildernde Umschreibung für das Schimpfwort »Scheiße«; 2. Wabenhonig, der in Scheiben geschnitten ist.
Schei|ben|kleis|ter (der, -s, kein Plural) 1. Fensterkitt zum Einsetzen der Scheiben; 2. (ugs.) kleisterartige, zähe Speise; 3. (ugs.) abmildernde Umschreibung für das Schimpfwort »Scheiße«.
Schei|ben|schie|ßen (das, -s, kein Plural) das Schießen auf eine Zielscheibe.
Schei|ben|wasch|an|la|ge (die, -, -n) Vorrichtung zum Reinigen der Windschutzscheibe des Autos.
Schei|ben|wi|scher (der, -s, -) mit Wischarmen versehene Vorrichtung zum Sauberhalten von Windschutzscheiben.
Scheich (der, -s, -e/-s) (arab.) Oberhaupt; Stammesoberhaupt.
Scheich|tum (das, -s, -tü|mer) Einflussgebiet, Reich des Scheichs.
Schei|de (die, -, -n) 1. längliches Futteral zur Aufbewahrung von Degen oder Säbeln. Er zog das Schwert aus der Scheide. 2. Teil der weiblichen Geschlechtsorgane; Vagina; 3. Grenze; 4. Werkstätte, in der Edelmetalle getrennt bzw. Gold und Silber legiert werden.
schei|den (V., schied, hat geschieden) trennen; zerteilen; weggehen (ist-Perfekt!). Scheidegruß; Scheidemünze; Scheidewand; Scheidepunkt; geschieden.
Schei|den|ab|strich (der, -es, -e) Untersuchung der Scheidenflüssigkeit.
Schei|den|krampf (der, -es, -krämp|fe) Vaginismus. Scheidenentzündung.
Schei|de|was|ser (das, -s, kein Plural) ätzende, giftige Flüssigkeit, die Silber von Gold löst (Salpetersäure).
Schei|de|weg (der, -s, -e) 1. Entscheidung. Er steht jetzt am Scheideweg. 2. Kreuzweg; Weggabelung.
Schei|dung (die, -, -en) 1. richterliche Auflösung einer gültigen Ehe vor dem Familiengericht; 2. in der Chemie die Trennung von Silber und Gold mithilfe von Scheidewasser.
Schei|dungs|grund (der, -s, -grün|de) Grund für eine Scheidung.
Schei|dungs|kla|ge (die, -, -n) Klage auf Scheidung vor Gericht.
Schei|dungs|pro|zess (der, -es, -e) Prozess, in dem eine Scheidung verhandelt wird.
Schei|dungs|ur|kun|de (die, -, -n) Dokument einer Scheidung.
Schein (der, -s, -e) 1. der Anschein, dass etwas der Fall sei. In diesem Falle trügt der Schein. 2. Geldschein. Ich habe leider nur große Scheine. 3. Lichtschein. Früher saßen wir oft im Schein der Kerzen zusammen.
schein|bar (Adj.) nur dem Schein nach vorhanden. Seine scheinbare Freundlichkeit war nur Lug und Trug.
Schein|blü|te (die, -, kein Plural) 1. wie Blüten aussehende Blätter mancher Pflanzen; 2. nur scheinbarer Aufschwung. Die Aktie erlebte eine Scheinblüte.
schei|nen (V., schien, hat geschienen) leuchten; den Anschein haben. Scheinangriff; Scheindasein; Scheinkauf; Scheinwiderstand.
Schein|ehe (die, -, -n) rein formale Eheschließung, die einem oder beiden Partnern gesellschaftliche oder wirtschaftliche Vorteile bringt. Nur eine Scheinehe mit einer Deutschen konnte seine Ausweisung verhindern.
Schein|fir|ma (die, -, -fir|men) 1. Briefkastenfirma, die zwar gegründet u. im Handelsregister eingetragen ist, aber keinerlei Geschäfte unternimmt; 2. Spielfirma, die zur Ausbildung von Lehrlingen u. Umschülern eingerichtet wird.
Schein|frie|de (der, -ns, -n) unfriedliche Situation, die nur friedlich scheint.
Schein|ge|fecht (das, -s, -e) nur scheinbares Gefecht. Sie lieferten sich ein Scheingefecht mit Worten.
Schein|grund (der, -s, -grün|de) nur vorgeschobener Grund. Er hatte ihnen nur Scheingründe für das geplatzte Geschäft genannt.
schein|hei|lig (Adj.) Heiligkeit vorspiegelnd; heuchlerisch. Dieses scheinheilige Getue kannst du dir sparen.
Schein|hei|lig|keit (die, -, kein Plural) Heuchelei. Scheinheilige.
Schein|ma|nö|ver (das, -s, -) Ablenkungsmanöver, das von der richtigen Fährte oder der wahren Intention ablenken soll.
Schein|pro|b|lem (das, -s, -e) Problem, das gar keines ist. Das sind doch alles nur Scheinprobleme!
Schein|schwan|ger|schaft (die, -, -en) krankhafte Vorstellung schwanger zu sein mit den Symptomen einer Schwangerschaft.
Schein|selbst|stän|dig|keit (*auch:* Scheinselb|stän|dig|keit) (die, -, kein Plural) Arbeitsverhältnis, das formale Selbstständigkeit vortäuscht, tatsächlich aber einem Angestelltenverhältnis entspricht.
Schein|tod (der, -s, kein Plural) Zustand mit scheinbarem Stillstand von Herztätigkeit und Atmung. scheintot.
Schein|ver|trag (der, -s, -ver|trä|ge) Vertrag, der nur zum Schein (zur Vorspiegelung falscher Tatsachen) abgeschlossen wird und nicht erfüllt werden soll.
Schein|welt (die, -, -en) eigenes Universum; unwirkliche, so nicht existierende Welt.
Schein|wer|fer (der, -s, -) Lichtquelle mit parabolischem Sammelspiegel, die einen begrenzten Lichtstrahl aussendet. Die Scheinwerfer Ihres Autos müssen regelmäßig gereinigt werden.
Schein|wer|fer|licht (das,-s, kein Plural) 1. Licht des Scheinwerfers. Für Scheinwerferlicht sollte man eine bestimmte Schminktechnik beachten. 2. öffentliche Aufmerksamkeit. Wer so im Scheinwerferlicht steht, sollte sein Privatleben in Ordnung halten.
Scheiß (der, -, kein Plural) (ugs.) Unsinn.
Schei|ße (die, -, kein Plural) 1. (ugs.) Kot; 2. (ugs.) Missgeschick. Scheißdreck; Scheißkerl; scheißvornehm; scheißen.
scheiß|egal (Adv.) (ugs.) derber Ausdruck für »völlig gleichgültig«. Das ist mir scheißegal, wie du das Problem löst!
Schei|ßer (der, -s, -) (ugs.) derber Ausdruck für einen unangenehmen Menschen. Das ist doch ein ganz blöder Scheißer! Scheißkerl.
Schei|ße|rei (die, -, -en) (ugs.) derber Ausdruck für Durchfall.
scheiß|freund|lich (Adj.) von falscher, übertriebener Freundlichkeit.
Scheiß|haus (das, -es, -häu|ser) (ugs.) derber Ausdruck für »Toilette«.

Scheiß|wet|ter (das, -s, kein Plural) (ugs.) salopper Ausdruck für sehr schlechtes Wetter.
Scheit (das, -s, -e) Holzstück. Scheitholz.
Schei|tel (der, -s, -) Haarstrich; Spitze. Scheitelwinkel.
schei|teln (V.) Haare mit einem Scheitel versehen.
Schei|tel|punkt (der, -s, -e) höchster Punkt einer Bahn oder Kurve; senkrecht über dem Betrachter befindlicher Punkt am Himmelsgewölbe; Zenit.
Schei|tel|wert (der, -s, -e) höchster Wert, der auf dem Scheitel (z. B. einer Schwingung) gemessen wird.
schei|ten (V.) Holz zu Scheiten spalten.
Schei|ter|hau|fen (der, -s, -) 1. Haufen aus Holzscheiten, in dessen Feuer im Mittelalter die vermeintlichen Hexen verbrannt wurden; 2. Süßspeise.
schei|tern (V.) erfolglos sein; missglücken.
Schei|tern (das, -s, kein Plural) Niederlage; Fehlschlag.
Sche|kel (der, -s, -) (hebr.) Währung (Israel).
Schelf (der/das, -s, -e) (engl.) Kontinentalsockel.
Schel|fe (die, -, -n) Hülse; Schale; Schuppe. Adjektiv: schelf(e)rig. Verb: schelfe(r)n.
Schelf|meer (das, -es, -e) den Kontinenten vorgelagertes Meeresgebiet bis 200 Meter Tiefe.
Schel|lack (der, -s, -la|cke) (niederl.) aus den Ausscheidungen der Lackschildlaus gewonnenes Harz.
Schel|lack|plat|te (die, -, -n) alte Schallplatte, die noch aus Schellack hergestellt ist.
Schel|le (die, -, -n) 1. Haltebügel; 2. Klingel; 3. (ugs.) Ohrfeige. Schellengeläut; schellen.
Schel|len (das, -s, -) Spielkartenfarbe. Schellen sticht. Schellenass (*auch:* Schellen-Ass).
Schel|len|baum (der, -s, -bäu|me) aus der Türkei stammendes Musikinstrument der Militärkapellen, bestehend aus einer Stange mit Glöckchen und Rossschweifen.
Schel|len|müt|ze (die, -, -n) Narrenkappe mit kleinen Schellen.
Schel|len|trom|mel (die, -, -n) flache, einfellige Rahmentrommel, in deren Rand kleine Schellen oder Metallplättchen eingelassen sind; Tamburin.
Schell|fisch (der, -es, -e) Fischsorte.
Schelm (der, -s, -e) Spaßvogel. Schelmerei; schelmisch.
Schel|men|ge|sicht (das, -s, -er) verschlagener Gesichtsausdruck.
Schel|men|ro|man (der, -s, -e) im 16. Jh. aufkommende Form des Abenteuerromans, meist mit satirisch-kritischem Aspekt; pikaresker Roman.
Schel|men|streich (der, -s, -e) lustiger Streich eines Schelms.
Schel|men|stück (das, -s, -e) Schabernack; Schelmenstreich.
Schel|te (die, -, kein Plural) lautes Ausschimpfen.
schel|ten (V., schalt, hat gescholten; ich schelte, du schiltst) tadeln; schimpfen. Scheltrede; Scheltwort.
Sche|ma (das, -s, -s/-ma|ta) (griech.) Anleitung; Entwurf. Schemabrief; schematisieren.
sche|ma|tisch (Adj.) nach einem Schema; wie ein Schema. Wir müssen schematisch vorgehen, sonst verlieren wir uns im Detail!
Sche|ma|ti|sie|rung (die, -, -en) schematisierende, vereinfachende Darstellung eines Sachverhalts in Wort oder Bild.
Sche|ma|tis|mus (der, -, kein Plural) das übertriebene Verfolgen eines Schemas. Schematismus hilft uns hier nicht weiter!
Schem|bart (der, -s, -bär|te) Bartmaske. Schembartspiel.
Schem|bart|lau|fen (das, -s, kein Plural) Nürnberger Fastnachtsaufzug im späten MA.
Sche|mel (der, -s, -) Hocker.
Sche|men (das, -s, -) Gespenst; Schattenbild.
sche|men|haft (Adj.) gespenstisch; undeutlich.
Schen (das, -s, -s) (chines.) chinesische Mundharmonika.
Schen|ke (*auch:* Schän|ke) (die, -, -n) Wirtshaus; Ausschank.
Schen|kel (der, -s, -) Teil des Beins; Geräteteil; Winkelseite. Schenkelknochen; Schenkelweichen; gleichschenk(e)lig.
Schen|kel|bruch (der, -s, -brü|che) Bruch des Schenkelknochens.
Schen|kel|hals (der, -es, -häl|se) oberer Teil des Oberschenkelknochens.
schen|ken (V.) 1. geben; 2. schütten. *Beachte:* Das kannst du dir schenken (das ist nicht wichtig). Schenkungsbrief.
Schen|kung (die, -, -en) Rechtsgeschäft unter Lebenden über eine unentgeltliche Vermögenszuwendung an den Beschenkten.
Schen|kungs|steu|er (die, -, -n) Steuer auf Schenkungen.
Schen|kungs|ur|kun|de (die, -, -n) Urkunde über eine Schenkung.
Schen|kungs|ver|trag (der, -s, -ver|trä|ge) Vertrag über eine Schenkung.
Sche|ol (der, -s, kein Plural) (hebr.) das Totenreich im Alten Testament.
schepp (*auch:* scheps) (Adj.) schief.
Schep|per|kas|ten (der, -s, -käs|ten) (südd.) Klapperkasten; altes Auto oder altes Gerät.
schep|pern (V.) (südd.) klappern.
Scher (der, -s, -e) (Kurzw.) Schermaus (Maulwurf).
Scher|be (die, -, -n) Zerbrochenes; Trümmer. *Beachte:* Die Beziehung ging in Scherben (zerbrach). Scherbenhaufen.
scher|beln (V.) tanzen.
Scher|ben|ge|richt (das, -s, -e) im griech. Altertum Entscheidung über die Verbannung eines Bürgers durch das Los der Scherben.
Sche|re (die, -, -n) 1. Werkzeug zum Schneiden, das aus zwei Messern besteht; 2. Turnübung am Barren; 3. Missverhältnis zw. Faktoren. Zwischen Preis und Gegenwert tut sich eine große Schere auf. Scherenfernrohr; Scherenschnabel.
sche|ren (V., schor, hat geschoren) 1. abschneiden; 2. rasieren; 3. sich kümmern; 4. weglaufen. *Beachte:* Mich schert das nicht; scher dich zum Teufel! alles über einen Kamm scheren. Scherer; Schermesser; Scherrahmen; Scherung.
Sche|ren|schlei|fer (der, -s, -) umherziehender Handwerker, der mit seinem mitgeführten Schleifstein Messer und Scheren schärft (früher).
Sche|ren|schnitt (der, -es, -e) künstlerische Darstellung des Abzubildenden als Schatten, mit schwarzem Papier.

Sche|ren|zaun (der, -s, -zäu|ne) Zaunkonstruktion, die sich scherenartig auseinanderziehen und für den Transport zusammenschieben lässt.
Sche|re|rei|en (die, nur Plural) (ugs.) Schwierigkeiten.
Scherf|lein (das, -s, -) kleine Gabe.
Scher|ge (der, -n, -n) Verräter; Handlanger. Schergendienst.
Sche|rif (der, -en, -e/-en) (arab.) Nachkomme Mohammeds.
Scher|kopf (der, -s, -köp|fe) rotierendes Schneideelement in Rasierapparaten oder Haarschneidemaschinen.
Scher|ma|schi|ne (die, -, -n) 1. Maschine, die Garne auf Scherbäume aufwickelt; 2. Schneidemaschine, mit der Tiere geschoren werden.
Scher|maus (die, -, -mäu|se) (südd.) Maulwurf; Wasserratte.
Scher|wol|le (die, -, -n) Schurwolle.
Scherz (der, -es, -e) Spaß; Witz. *Beachte:* im/aus Scherz. Scherzgedicht; Scherzrätsel; Scherzrede; Scherzwort; scherzhaft; scherzhafterweise; scherzweise.
scher|zan|do (Adv.) (ital.) heiter, scherzend (bei Musikstücken).
Scherz|ar|ti|kel (der, -s, -) Verkleidungen oder naturgetreue Nachbildungen (zum Beispiel von Hundekot oder Ungeziefer).
Scherz|bold (der, -s, -e) Witzbold.
Scher|zel (das, -s, -) (südd.) Brotanfang, -ende.
scher|zen (V.) nicht im Ernst sprechen; Späße machen.
Scherz|fra|ge (die, -, -n) Scherzrätsel ohne rationale Lösung in eine Frage gefasst.
Scherz|haf|tig|keit (die, -, kein Plural) Spaßigkeit; Unernst. Ggs.: Ernsthaftigkeit.
Scher|zo (das, -s, -s/Scher|zi) (ital.) scherzando gespieltes Musikstück; schneller Sonatensatz.
scheu (Adj.) schüchtern; furchtsam.
Scheu (die, -, kein Plural) ängstliches Zurückscheuen vor Menschen oder Dingen (als Wesensart).
Scheu|che (die, -, -n) Vogelscheuche.
scheu|chen (V.) verjagen.
scheu|en 1. (V., refl.) Angst haben, etwas zu sagen oder zu tun. Ich scheue mich, das Missverständnis aufzuklären. 2. (V.) zurückschrecken vor etwas. Er scheute die Mühe. Das Pferd scheute vor dem Presslufthammer.
Scheu|er|lap|pen (der, -s, -) Putzlappen.
scheu|ern (V.) reiben; putzen. Scheuerbesen; Scheuersand; Scheuertuch.
Scheu|klap|pen (die, -, nur Plural) 1. lederne Klappen, die bei leicht scheuenden Pferden zur Begrenzung des Sichtfelds angebracht werden; 2. imaginäre Scheuklappen, mit denen ein Mensch durchs Leben geht. Er ging doch wie mit Scheuklappen durchs Leben. (Er folgte nur seinen eigenen Urteilen und Vorurteilen, ohne groß zu zweifeln.).
Scheu|ne (die, -, -n) Lagerhaus. Scheunentor.
Scheu|nen|dre|scher (der, -s, -) (nur in der Verbindung:) wie ein Scheunendrescher (fr)essen (sehr viel essen).
Scheu|sal (das, -s, -e) Bestie; böser Mensch.
scheuß|lich (Adj.) hässlich; schlimm; böse. *Beachte:* Das Scheußlichste (am scheußlichsten) ist, dass … *Aber:* Das war das Scheußlichste, was ich je sah.
Scheuß|lich|keit 1. (die, -, kein Plural) das Scheußlichsein; scheußliches Aussehen. Es bot sich uns ein Anblick von unglaublicher Scheußlichkeit. 2. (die, -, -en) scheußliche Sache oder Gegenstand.
Schi → Ski.
Schicht (die, -, -en) 1. Lage; 2. Gruppe; 3. Arbeitszeit; Arbeitsgruppe. Schichtarbeiter/in; Schichtenspezifik; Schichtstufe; Schichtung; Schichtwolke. Adjektive: schicht(en)weise; schichtig; mehrschichtig. Verb: schichten.
Schicht|ar|beit (die, -, kein Plural) Arbeit, die regelmäßig in Früh-, Mittel- und Spätschicht (Nachtschicht) erledigt wird.
Schich|ten|fol|ge (die, -, -n) System des regelmäßigen Wechsels zwischen Früh-, Spät- und Nachtschicht.
schich|ten|spe|zi|fisch (Adj.) der Gesellschaftsschicht entsprechend.
Schicht|füh|rer (der, -s, -) Schichtleiter.
Schicht|holz (das, -es, kein Plural) Sperrholz.
Schicht|kä|se (der, -s, -) Quark, bei dem magere und fettere Schichten aufeinandergeschichtet sind.
Schicht|lei|ter (der, -s, -) Schichtführer.
Schicht|lohn (der, -s, -löh|ne) Lohn, der entsprechend der Arbeitsschicht gezahlt wird.
Schicht|un|ter|richt (der, -s, kein Plural) Unterricht, der im regelmäßigen Wechsel vor- und nachmittags stattfindet.
Schicht|wech|sel (der, -s, -) Übergabe der Arbeit und der dazugehörigen Informationen von den Mitarbeitern einer Arbeitsschicht an die der nächstfolgenden.
schick (*auch:* chic) (Adj.) (franz.) modisch; elegant. *Beachte:* in gebeugter Form nur »schick«! ein schickes (*nicht:* chices!) Kleid.
Schick (*auch:* Chic) (der, -s, kein Plural) (franz.) Eleganz. Schickimicki.
schi|cken (V.) 1. senden, passen; 2. (V., refl.) (südd.) sich beeilen.
Schi|cke|ria (die, -, kein Plural) extravagante, reiche Gesellschaftsschicht (abwertend).
schick|lich (Adj.) passend.
Schick|lich|keit (die, -, kein Plural) sittliches, passendes Verhalten. Schicklichkeit ist keine Kategorie der heutigen Jugend.
Schick|sal (das, -s, -e) Fügung; Zufall. Schicksalstragödie; Schickung; Schicksalswende.
schick|sal|haft (Adj.) alles entscheidend; vom Schicksal vorherbestimmt.
Schick|sals|dra|ma (das, -s, -dra|men) Schicksalstragödie. Es spielten sich wahre Schicksalsdramen ab.
schick|sal(s)|er|ge|ben (Adj) resigniert; in sein Schicksal ergeben. In schicksal(s)ergebener Haltung trat er an.
Schick|sals|fra|ge (die, -, -n) die alles entscheidende Frage.
Schick|sals|ge|fähr|te (der, -n, -n) jmds. Freund, der das gleiche Schicksal erträgt.
Schick|sals|ge|mein|schaft (die, -, -en) enge Abhängigkeit voneinander.
Schick|sals|glau|be (der, -s, kein Plural) Glaube, dass das Schicksal des Menschen vorbestimmt und nur begrenzt steuerbar ist; Fatalismus.
Schick|sals|göt|tin (die, -, -nen) Göttin, die die Geschicke der Menschen lenkt; Fortuna.

Schick|sals|schlag (der, -s, -schlä|ge) unglückliche Fügung; persönliches Unglück.
schick|sals|schwan|ger (Adj.) Umschreibung für den dramatischen Charakter einer Situation.
Schie|be|büh|ne (die, -, -n) verschiebbare Bühne.
schie|ben (V., schob, hat geschoben) 1. bewegen; 2. drängen; 3. betrügen. Schiebesitz.
Schie|be|dach (das, -s, -dä|cher) aufschiebbares Dach beim Auto.
Schie|be|fens|ter (das, -s, -) Fenster, das zum Öffnen seitlich verschoben wird.
Schie|ber (der, -s, -) 1. bewegliche Vorrichtung zum Trennen bzw. Absperren (zum Beispiel in Rohrleitungen); 2. Bettpfanne; 3. jmd., der unter Umgehung von Gesetzen Waren verschiebt.
Schie|be|rei (die, -, -en) 1. mühseliges Schieben schwerer Gegenstände. Was für eine Schieberei! 2. das ungesetzliche Verschieben von Waren. Er schien von kleinen Schiebereien zu leben.
Schie|ber|ge|schäft (das, -s, -e) illegaler Schwarzhandel.
Schie|ber|müt|ze (die, -, -n) Ballonmütze mit Schirm.
Schie|be|tür (die, -, -en) Tür, die sich beiseiteschieben lässt.
Schie|be|tür|vor|rich|tung (die, -, -en) Mechanik einer Schiebetür.
Schieb|kar|re (die, -, -n) Schubkarre.
Schieb|la|de (die, -, -n) Lade zum Schieben; Schublade.
Schieb|leh|re (die, -, -n) Messgerät.
Schie|bung (die, -, en) unfaire Bevorteilung eines Konkurrenten oder Kandidaten, durch die dieser einen Auftrag bekommt oder jener ein Spiel ungerechtfertigt gewinnt.
schiech (Adj.) (südd.) hässlich.
Schieds|ge|richt (das, -s, -e) Vermittlung. schiedsgerichtlich.
Schieds|rich|ter (der, -s, -) Unparteiischer. Schiedsrichterball; Schiedsrichterbeleidigung; Schiedsrichterentscheidung; schiedsrichterlich; schiedsrichtern.
Schieds|spruch (der, -s, -sprü|che) Urteil des Schiedsgerichts oder eines Schiedsrichters.
Schieds|ur|teil (das, -s, -e) Schiedsspruch.
Schieds|ver|fah|ren (das, -s, -) Verfahren vor einem Schiedsgericht, außerhalb der staatlichen Gerichtsbarkeit.
schief (Adj.) schräg; verdreht; falsch; scheel. *Beachte:* schiefe Blicke; auf die schiefe Bahn geraten; *aber:* der Schiefe Turm von Pisa. Schreibung in Verbindung mit Verben: schief gehen/laufen (nicht gerade gehen/laufen), *aber:* schiefgehen/schieflaufen (ugs. für misslingen); den Mund schief ziehen (*auch:* schiefziehen). Sie hat den Absatz schief getreten (*auch:* schiefgetreten). Er hat den Verband schief gewickelt. ein schief gewickelter (*auch:* schiefgewickelter) Verband. Schiefe; Schiefheit; schiefwinklig.
Schie|fer (der, -s, -) Gestein; Holzsplitter. Schieferbruch; Schieferöl; Schieferstift; Schieferung; schief(e)rig; schiefern.
Schie|fer|dach (das, -s, -dä|cher) Dach, das mit Schiefer gedeckt ist.
Schie|fer|ge|bir|ge (das, -s, -) Gebirge mit sehr hohem Schiefergehalt.
schie|fer|grau (Adj.) grau wie Schiefer.
Schie|fer|kas|ten (der, -s, -käs|ten) Schatulle für Schreibzeug.
Schie|fer|ta|fel (die, -, -n) Schreibtafel aus Schiefer für Erstklässler (früher).
Schief|hals (der, -es, -häl|se) Schiefhaltung des Kopfes beim Säugling.
schie|len (V.) 1. schief (scheel) blicken; 2. eine fehlerhafte Augenstellung haben. Schielauge; schieläugig.
Schien|bein (das, -s, -e) vorderer Knochen des Unterschenkels.
Schien|bein|schüt|zer (der, -s, -) Schutzvorrichtung, die bei rauen Sportarten wie zum Beispiel Eishockey vor die empfindlichen Schienbeine geschnallt wird.
Schie|ne (die, -, -n) Gleis; Lauf; Verstärkung. Schienenbahn; Schienenkontakt; Schienenräumer; Schienenstrang; Schienenstraße; Schienenweg.
schie|nen (V.) mit einer Schiene versehen. Der Arzt schient das gebrochene Bein.
Schie|nen|bus (der, -ses, -se) busähnlicher Triebwagen im städtischen Nahverkehr, der meist einen Dieselmotor hat.
Schie|nen|fahr|zeug (das, -s, -e) Fahrzeug, das auf Schienen fährt, wie zum Beispiel Straßenbahn oder Eisenbahn.
Schie|nen|netz (das, -es, -e) gesamter Schienenbestand und -verbund eines Landes. Das italienische Schienennetz hat noch leere Stellen.
schier 1. (Adj.) rein; 2. (Adv.) beinahe; fast.
Schier|ling (der, -s, -e) giftige Pflanze.
Schier|lings|be|cher (der, -s, -) in der griech. Antike Hinrichtungsmittel in Form eines Bechers mit Schierlingsgift.
schie|ßen (V., schoss, hat geschossen) 1. feuern; 2. fotografieren; 3. schnell wachsen; 4. (ugs.) rasen. *Beachte:* Sein Gesicht war zum Schießen (zum Lachen). Der Jäger hat ihm/ihn ins Bein geschossen. *Aber:* Ein Gedanke ist mir in den Kopf geschossen. Schießausbildung; Schießen; Schießprügel; Schießsport; Schießübung; etwas schießen lassen (*auch:* schießenlassen) (ugs.: aufgeben).
Schieß|be|fehl (der, -s, -e) Befehl, auf flüchtende Personen zu schießen.
Schieß|bu|de (die, -, -n) Jahrmarktsstand, auf dem man schießen kann.
Schieß|bu|den|fi|gur (die, -, -en) 1. Pappfigur, nach der auf dem Schießstand gezielt wird; 2. komisch aussehender Mensch. Der sieht doch aus wie eine Schießbudenfigur!
Schieß|ei|sen (das, -s, -) (ugs.) Pistole; Revolver.
Schie|ße|rei (die, -, -en) Feuergefecht; Schusswechsel.
Schieß|ge|wehr (das, -s, -e) (ugs.) Gewehr.
Schieß|hund (der, -s, -e) speziell trainierter Spürhund. Er passte auf wie ein Schießhund!
Schieß|platz (der, -es, -plät|ze) Übungsplatz für Schießübungen.
Schieß|pul|ver (das, -s, kein Plural) Explosionsstoff aus chemischen Gemischen als Treibmittel für Schusswaffen, u. a. Schwarzpulver.
Schieß|schar|te (die, -, -n) kleine Maueröffnung in einer Burg oder Festung, durch die Schusswaffen angelegt und abgefeuert wurden.
Schieß|schei|be (die, -, -n) Zielscheibe für Schießübungen.
Schieß|stand (der, -s, -stän|de) Anlage zum Schießen.
Schieß|wut (die, -, kein Plural) unkontrollierte Lust am Schießen.

schieß|wü|tig (Adj.) schnell zum Schießen bereit.
Schiet (der, -s, kein Plural) (nordd.) (ugs.) Unsinn; Scheiße. Schietkram.
Schiff (das, -s, -e) 1. Boot; 2. Kirchenraum. Schiffer/in; Schiffsagent; Schiffsarzt; Schiffsbesatzung; Schiffseigner; Schiffskapitän; Schiffslaterne; Schiffsmannschaft; Schiffsname; Schiffsraum; Schiffstau; Schiffsverkehr; Schiffswerft; Schiffszwieback. Adjektive: schiffbar; schiffbrüchig.
Schiff|bar|keit (die, -, kein Plural) Befahrbarkeit eines Gewässers durch Schiffe.
Schiff|bau (der, -s, kein Plural) Anfertigung von Schiffen.
Schiff|bruch (der, -s, -brü|che) 1. große persönliche Niederlage; Pleite. Mit seinem Projekt hat er Schiffbruch erlitten. 2. schwerer Schiffsunfall, bei dem meist das Schiff zerstört wird.
Schiff|brü|chi|ge (der, -n, -n) Überlebender eines Schiffbruchs.
Schiff|brü|cke (die, -, -n) eine auf Schiffen oder Pontons ruhende, schwimmende Brücke; Pontonbrücke.
Schiff|chen (das, -s, -) kleines Schiff; Militärmütze.
schif|fen (V.) 1. mit dem Schiff fahren; 2. (ugs.) pinkeln.
Schif|fer|kla|vier (das, -s, -e) (ugs.) Ziehharmonika.
Schif|fer|kno|ten (der, -s, -) Knoten, die auf See gebraucht werden.
Schif|fer|müt|ze (die, -, -n) Matrosenmütze.
Schiff|fahrt (*auch:* Schiff-Fahrt) (die, -, kein Plural) Verkehr zu Schiff. Schifffahrtsgesellschaft; Schifffahrtslinie; Schifffahrtspolizei; Schifffahrtsweg.
Schiff|fahrts|recht (das, -s, -e) Rechtsgrundlage der Schiffahrt.
Schiff|fahrts|stra|ße (die, -, -n) Strecke, die von Schiffen befahren werden kann.
Schiff|schau|kel (die, -, -n) Jahrmarktsschaukel in der Form eines Schiffes.
Schiffs|jun|ge (der, -n, -n) junger Seemann im ersten Jahr seiner Ausbildung.
Schiffs|ka|ta|s|t|ro|phe (die, -, -n) großes Unglück, in das ein oder mehrere Schiffe verwickelt sind.
Schiffs|koch (der, -s, -kö|che) Koch eines Schiffes.
Schiffs|la|dung (die, -, -en) 1. Ladung eines Schiffes; 2. Mengenangabe (ein Schiff voll).
Schiffs|mak|ler (der, -s, -) Agent für Schiffe; Geschäftsvermittler in der Schifffahrt.
Schiffs|mo|dell (das, -s, -e) Modell eines Schiffes.
Schiffs|pa|pie|re (die, nur Plural) Dokumente und Unterlagen eines Schiffes.
Schiffs|rei|se (die, -, -n) Reise per Schiff.
Schiffs|rumpf (der, -es, -rümp|fe) das Schiff ohne seine Aufbauten.
Schiffs|schrau|be (die, -, -n) Antriebsschraube bei Motorschiffen.
Schiffs|tau|fe (die, -, -n) feierliche Kundgabe des Schiffsnamens durch eine Sekttaufe.
Schi|is|mus (der, -, kein Plural) (arab.) Glaubenslehre (Islam). Schiit; schiitisch.
Schi|ka|ne (die, -, -n) (franz.) Hindernis; Gemeinheit. Adjektiv: schikanös.
schi|ka|nie|ren (V.) jemanden absichtlich plagen oder seelisch quälen. Meine Schwiegermutter schikaniert mich von morgens bis abends.
Schild 1. (das, -s, -er) Tafel; Plakette. Schilderhaus; Schildermaler; Beschilderung. 2. (der, -s, -e) Schutzwaffe. Schildfarn; Schildwache.
Schild|bür|ger (der, -s, -) Bürger der fiktiven Kleinstadt Schilda, dessen Leben in den Schildbürgerstreichen beschrieben wird.
Schild|bür|ger|streich (der, -s, -e) Synonym für unfreiwillig komische Maßnahmen des einfältigen Spießbürgertums.
Schild|chen (das, -s, -) kleines Schild.
Schild|drü|se (die, -, -n) Hormondrüse.
Schild|drü|sen|hor|mon (das, -s, -e) Hormone, die von der Schilddrüse gebildet werden, z. B. Thyroxin.
Schild|drü|sen|lei|den (das, -s, -) Beschwerden mit der Schilddrüse.
Schild|drü|sen|über|funk|tion (die, -, -en) vermehrte Hormonbildung durch die Schilddrüse.
Schild|drü|sen|un|ter|funk|tion (die, -, -en) verminderte Hormonbildung durch die Schilddrüse.
Schil|der|häus|chen (das, -s, -) kleines Wächterhaus.
Schil|der|ma|ler (der, -s, -) Plakatmaler.
schil|dern (V.) beschreiben. Schilderer.
Schil|de|rung (die, -, -en) Beschreibung; Erzählung. Die Schilderung des Ausflugs machte allen viel Freude.
Schil|der|wald (der, -s, -wäl|der) unübersichtliche Häufung von Schildern. Der Schilderwald auf Deutschlands Straßen.
Schil|der|wand (die, -, -wän|de) Auskunftstafel.
Schild|knap|pe (der, -n, -n) Diener eines Ritters.
Schild|krö|te (die, -, -n) Reptil mit starken, hornigen Rücken- und Bauchpanzern sowie zahnlosen, mit Horn überzogenen Kiefern. Schildkrötensuppe.
Schild|laus (die, -, -läu|se) Schnabelkerf mit gallen- oder schildförmigen Weibchen und geflügelten Männchen.
Schilf (das, -s, -e) (lat.) Gras. Schilfdach; schilfbedeckt; schilf(e)rig.
schil|fen (Adj.) aus Schilf.
Schilf|dach (das, -s, -dä|cher) Dach, das mit Schilfgras eingedeckt ist.
Schilf|rohr (das, -s, kein Plural) Schilf.
Schil|ler|kra|gen (der, -s, -krä|gen) Hemdkragenform.
Schil|ler|lo|cke (die, -, -n) 1. Gebäck, 2. Fisch; geräuchertes Fischstück.
schil|lern (V.) glänzen. Schiller.
schil|lernd (Adj.) 1. in verschiedenen Farben oder Farbabstufungen glänzend; 2. zwiespältig; zwielichtig. Dein neuer Nachbar ist eine schillernde Persönlichkeit!
Schil|ler|wein (der, -s, -e) Weinsorte.
Schil|ling (der, -s, -e) Währung (Österreich; Abk.: S, öS).
Schi|mä|re (*auch:* Chi|mä|re) (die, -, -n) (griech.) Trugbild. Adjektiv: schimärisch.
Schim|mel 1. (der, -s, kein Plural) Pilz. Schimmelpilz; 2. (der, -s, -) weißes Pferd. Schimmelreiter.
schim|me|lig (Adj.) angeschimmelt; verschimmelt.
schim|meln (V.) Schimmel ansetzen oder bilden.
Schim|mer (der, -s, -) 1. schwaches Funkeln, Glänzen oder Leuchten; 2. Andeutung; Anflug. Ich sah den Schimmer eines Lächelns um ihre Mundwin-

kel. 3. (ugs.) Ahnung. Ich hatte keinen Schimmer, dass du arbeitslos bist.
schim|mern (V.) schwach leuchten. schimmernd.
Schim|pan|se (der, -n, -n) Affe. Schimpansenweibchen.
schim|pan|so|id (Adj.) (afrikan.; griech.) den Schimpansen ähnlich.
schimp|fen (V.) schelten; fluchen. mit Schimpf und Schande; Schimpferei; Schimpfname.
Schimpf|ka|no|na|de (die, -, -n) Kaskade von Beschimpfungen, die wie eine Waffe wirkt.
schimpf|lich (Adj.) Schimpf verdienend. Durch dieses schimpfliche Verhalten hat er natürlich jede Vergünstigung verloren.
Schimpf|wort (das, -s, -wör|ter) grober Ausdruck, der als Beleidigung oder Fluch gebraucht wird.
Schi|na|kel (das, -s, -n) (österr.) (ungar.) kleines (Ruder-)Boot; schlechtes Boot.
Schin|del (die, -, -n) Dachschindel.
Schin|del|dach (das, -s, -dä|cher) Dach, das mit Holzschindeln gedeckt ist.
Schin|deln (die, nur Plural) Dachbedeckung. schindeln.
schin|den (V., schindete, hat geschunden) quälen. Schinderei.
Schin|der (der, -s, -) jmd., der andere ausbeutet und quält. Mein Chef ist ein richtiger Schinder.
Schin|der|kar|ren (der, -s, -) (ugs.) Schubkarren eines Abdeckers; altes Auto.
Schind|lu|der (das, -s, -) altes, abgearbeitetes Vieh. Schindluder mit jmdm. treiben (ihn schändlich behandeln).
Schind|mäh|re (die, -, -n) altes, abgearbeitetes Pferd (abwertend).
Schin|ken (der, -s, -) 1. Fleisch; 2. (ugs.) dickes Buch; großes Bild; langer Film. Schinkenspeck.
Schin|ken|bröt|chen (das, -s, -) Brötchen mit Schinken.
Schin|ken|röll|chen (das, -s, -) eingerollte Schinkenscheiben mit Füllung.
Schin|ken|wurst (die, -, -würs|te) Wurstsorte.
Schin|to|is|mus (der, -, kein Plural) (jap.) Nationalreligion Japans. Schintoist; schintoistisch.
Schip|pe (die, -, -n) Schaufel. Verb: schippen.
schip|pern (V.) (ugs.) auf einem Schiff fahren.
Schi|ras (der, -, -) ein persischer Teppich (nach der gleichnamigen Stadt im Iran).
Schi|ri (der, -s, -s) (Kurzw.) (ugs.) Schiedsrichter (im Sport).
Schirm (der, -s, -e) Schutz; Blende. Regenschirm. Schirmdach; Schirmgitter; Schirmhülle; Sonnenschirm; schirmen; schirmlos.
Schirm|aka|zie (die, -, -n) Akazienart.
Schirm|bild (das, -s, -bil|der) Bild des menschlichen Körpers, wie es sich auf einem Röntgenbildschirm darstellt.
Schirm|bild|auf|nah|me (die, -, -n) Röntgenaufnahme.
Schirm|bild|ge|rät (das, -s, -e) Gerät zur Röntgendiagnostik.
Schirm|herr (der, -n, -en) (prominenter) Patron einer sportlichen oder wohltätigen Veranstaltung.
Schirm|herr|schaft (die, -, -n) Patronat einer prominenten Person über eine sportliche oder wohltätige Veranstaltung.
Schirm|meis|ter (der, -s, -) Fechtlehrer.
Schirm|müt|ze (die, -, -n) Mütze mit einem Schirm über den Augen, der vor Blendung schützt.
Schirm|pilz (der, -es, -e) weißsporiger Blätterpilz mit einem Ring am Stiel; Schirmling.
Schirm|stän|der (der, -s, -) Gestell zum Abstellen nasser Schirme.
Schi|rok|ko (der, -s, -s) (arab.) Wind.
Schir|ting (der, -s, -s/-e) (engl.) Baumwollstoff.
Schir|wan (der, -s, -s) ein kaukasischer Teppich.
Schis|ma (das, -s, Schis|men/Schisma|ta) (griech.) Kirchenspaltung. Schismatiker; schismatisch.
Schiss (der, Schis|ses, kein Plural) (ugs.) (in der Wendung:) Schiss (Angst) haben. Schisser.
schi|zo|gen (Adj.) (griech.) durch Spaltung entstanden (in der Botanik).
Schi|zo|go|nie (die, -, -n) (griech.) ungeschlechtliche Vermehrung durch Zellteilung.
schi|zo|id (Adj.) (griech.) seelisch zerrissen.
Schi|zo|my|zet (der, -en, -en; meist Plural) sich ungeschlechtlich durch Zellteilung vermehrende Bakterie, Spaltpilz.
Schi|zo|pha|sie (die, -, -n) Äußerung zusammenhangloser Wörter und Sätze.
schi|zo|phren (Adj.) (griech.) an Schizophrenie leidend.
Schi|zo|phre|nie (die, -, -n) (griech.) Persönlichkeitsspaltung.
schi|zo|thym (Adj.) (griech.) an einer latent vorhandenen Schizophrenie leidend.
Schi|zo|thy|mie (die, -, -n) (griech.) Veranlagung zur Schizophrenie, die nicht virulent wird.
schlab|be|rig (Adj.) (ugs.) gallertartig weich; konturlos.
Schlab|ber|look (der, -s, kein Plural) (ugs.) Bez. für einen Kleiderstil, bei dem alle Kleidungsstücke weit und schlabberig sind.
schlab|bern (V.) 1. schlürfen; schmatzen; sabbern; 2. (ugs.) schwatzen; 3. (ugs.) zu groß sein. Schlabberei; Schlabberkleid; Schlabbermaul; Schlabberwasser.
Schlacht (die, -, -en) Kampf. Schlachtgesang.
schlach|ten (V.) töten. Schlachtbank; Schlachtmesser; schlachtbar.
Schlach|ten|bum|mler (der, -s, -) Fußballtourist, der seine favorisierte Mannschaft zu Auswärtsspielen begleitet.
Schlach|ten|ge|mäl|de (das, -s, -) gemalte Darstellung einer historischen Schlacht.
Schlach|ten|ma|ler (der, -s, -) Künstler, der historische Schlachten im Bild festhält.
Schlach|ter (der, -s, -) (nordd.) Schlächter.
Schläch|ter (der, -s, -) 1. Fleischer; Metzger; 2. Massenmörder.
Schlach|te|rei (die, -, -en) (nordd.) Schlächterei.
Schläch|te|rei (die, -, -en) 1. Fleischerei; Metzgerei; 2. Gemetzel.
Schlach|ter|la|den (der, -s, -lä|den) Metzgerei.
Schlacht|feld (das, -s, -fel|der) Ort, an dem eine Schlacht stattfindet.
Schlacht|fest (das, -(e)s, -e) üppiges Mahl aus frischer Wurst und Schlacht-

platten anlässlich einer Schweineschlachtung. Schlachttag.

Schlacht|haus (das, -es, -häu|ser) Betrieb zur Schlachtung von Vieh; Schlachthof.

Schlacht|hof (der, -s, -hö|fe) Schlachthaus.

Schlacht|kreu|zer (der, -s, -) Großkampfschiff.

Schlacht|op|fer (das, -s, -) kultische Tötung von Tieren als Opfer.

Schlacht|ord|nung (die, -, -en) Einteilung der Truppen vor einer Schlacht.

Schlacht|plan (der, -s, -plä|ne) einen Plan für ein Vorhaben machen. Komm, wir hecken eben einen Schlachtplan aus!

Schlacht|plat|te (die, -, -n) Platte mit verschiedenen, schlachtfrischen Fleisch- und Wurstsorten.

schlacht|reif (Adj.) (bei Schlachttieren) schwer genug, um geschlachtet zu werden.

Schlacht|ross (das, -es, -rös|ser) besonders robustes und ausdauerndes Pferd, das im berittenen Kampf eingesetzt werden kann.

Schlacht|ruf (der, -s, -e) (ugs.) anfeuernder rhythmischer Sprechgesang, zum Beispiel von Fußballfans oder Demonstrationsteilnehmern.

Schlacht|schiff (das, -s, -e) Hauptkampfschiff einer Kriegsflotte.

Schlach|tung (die, -, -en) das Schlachten.

Schlacht|vieh (das, -s, nur Plural) zur Schlachtung bestimmte Tiere.

Schla|cke (die, -, -n) Verbrennungsrückstand; Schmiere. Schlackengrube; Schlackenhalde; schlackenfrei; schlackig; schlacken.

Schla|cken|bahn (die, -, -bah|nen) mit Schlacke aufgeschüttete Bahn für Läufer.

schla|cken|reich (Adj.) 1. reich an Rückständen (Schlacken); 2. reich an Ballaststoffen. Für die Darmfunktion ist eine schlackenreiche Kost unerlässlich.

Schla|cken|rost (der, -s, -e) Gitter in Feuerstätten, das Verbrennungsrückstände aufhält und nur Asche durchlässt.

Schla|cken|wol|le (die, -, kein Plural) Dämm- und Schallschutzmaterial, das aus mineralischen Schlacken gewonnen wird.

schla|ckern (V.) wackeln. mit den Ohren schlackern (sich wundern).

Schlaf (der, -(e)s, kein Plural) zur Regeneration des Körpers regelmäßig wiederkehrender Ruhezustand mit verminderten Organfunktionen.

Schlaf|an|zug (der, -s, -an|zü|ge) Schlafbekleidung aus Oberteil und Hose.

Schlä|fe (die, -, -n) Kopfteil. Schläfenbein; Schläfengegend; Schläfenpyramide.

schla|fen (V., schlief, hat geschlafen; ich schlafe, du schläfst) ruhen; unaufmerksam sein. Schläfchen; Schlafengehen, *aber:* du sollst jetzt endlich schlafen gehen! Schlafenszeit; Schläfer/in; Schlaflied; Schlafstörungen; Schlafsucht; Schlaf-wach-Rhythmus; Schlafzimmer. Adjektive: schlaflos; schläfrig; schlafsüchtig; schläfern.

Schlaf|couch (die, -, -es/-en) Couch, die in ein Bett umgewandelt wird.

Schlaf|ent|zug (der, -s, kein Plural) das Abhalten vom Schlaf.

schlaff (Adj.) locker; matt. Schlaffheit.

Schlaf|fi (der, -s, -s) (ugs.) energieloser, schlaffer Mensch. Dieter ist so ein richtiger Schlaffi!

Schlaf|ge|le|gen|heit (die, -, -en) Schlafplatz; Bett, Couch, Sofa etc.

Schlaf|ge|mach (das, -s, -mä|cher) Schlafzimmer.

Schla|fitt|chen (das, -s, kein Plural) (in der Wendung:) jemanden beim/am Schlafittchen (Kragen) packen.

Schlaf|kam|mer (die, -, -n) Schlafzimmer.

Schlaf|krank|heit (die, -, kein Plural) Infektionskrankheit im tropischen Afrika, die durch die Tsetsefliege übertragen wird, deutlichstes Symptom ist Schlafsucht im fortgeschrittenen Stadium.

Schlaf|lo|sig|keit (die, -, kein Plural) Unvermögen, normal ein- und durchzuschlafen.

Schlaf|mit|tel (das, -s, -) Medikament, das durch leichte Lähmung des Großhirns und/oder Nervenberuhigung Schlaf herbeiführt.

Schlaf|mit|tel|ver|gif|tung (die, -, -en) Vergiftung durch eine Überdosis von Schlafmitteln.

Schlaf|müt|ze (die, -, -n) 1. (früher) Mütze, die nachts gegen Zug aufgesetzt wurde; 2. (ugs.) langsamer, unaufmerksamer Mensch; Penner; Träne; Träumer.

Schlaf|müt|zig|keit (die, -, -en) Langsamkeit.

Schlaf|raum (der, -s, -räu|me) Schlafsaal.

Schlaf|rock (der, -s, -rö|cke) Schlafmantel.

Schlaf|saal (der, -s, -sä|le) großer Schlafraum. Schlafsaalaufsicht.

Schlaf|stadt (die, -, -städ|te) Satellitenstadt. Schlaf- und Wohnstadt.

Schlaf|stät|te (die, -, -n) Schlafplatz.

Schlaf|stu|be (die, -, -n) Schlafzimmer.

Schlaf|ta|b|let|te (die, -, -n) 1. Schlafmittel in Tablettenform; 2. (ugs.) scherzhafte Bez. für einen ermüdenden, langweiligen Menschen. Peter ist eine richtige Schlaftablette!

schlaf|trun|ken (Adj.) noch nicht richtig wach; verschlafen.

Schlaf|wa|gen (der, -s, -) Eisenbahnwaggon mit Schlafabteilen.

schlaf|wan|deln (V.) wie ein Schlafwandler umhergehen.

Schlaf|wand|ler (der, -s, -) mondsüchtiger Mensch, der im schlafenden Zustand umherwandelt.

schlaf|wand|le|risch (Adj.) in der Art eines Schlafwandlers.

Schlaf|zen|t|rum (das, -s, kein Plural) Bezirk des Gehirns, der das Wachen und Schlafen regelt.

Schlaf|zim|mer|blick (der, -s, kein Plural) (ugs.) humorvolle Bez. für einen lasziven Augenaufschlag oder allzu auffordernde Blicke. Inge hat einen richtigen Schlafzimmerblick.

Schlag (der, -(e)s, Schlä|ge) 1. Hieb. Du kriegst gleich Schläge! 2. (ugs.) Gehirnschlag. Ihn hat der Schlag getroffen. 3. Ackerfeld, das in der Fruchtfolge für eine bestimmte Bebauung vorgesehen ist. Da hinten sehen Sie den Kartoffelschlag. 4. das Durchziehen des Ruderblatts; das Treffen des Balls u. a. (im Sport); 5. Stromstoß, der durch den Körper fährt. Beim Reparieren des Toasters kriegte er einen kleinen Schlag. 6. Ton, der durch einen Schlag hervorgerufen wird. Hörst du die Schläge der Kirchturmuhr? 7. Waldfläche, die von Bäumen befreit ist.

Schlag|ab|tausch (der, -s, -e) 1. schneller Austausch von schlagkräftigen Argumenten; 2. schnelle Folge von

Schlag und Gegenschlag bei einem Boxwettkampf.

Schlagˈader (die, -, -n) große Ader, die das Blut vom Herzen zu den Organen leitet; Arterie.

Schlagˈanˈfall (der, -s, -anˈfälˈle) Thrombose oder Embolie einer Hirnarterie, meist mit Halbseitenlähmung, Sprachstörungen und Bewusstlosigkeit verbunden; Hirnschlag.

schlagˈarˈtig (Adj.) auf einen Schlag; mit einem Schlag. Schlagartig wurde ihr klar, was da los war.

Schlagˈball 1. (das, -s, kein Plural) Ballspiel zwischen zwei Mannschaften; Vorläufer vom heutigen Baseball; 2. (der, -s, -bälˈle) kleiner Lederball, der mit dem Schlagball gespielt wird.

Schlagˈbaum (der, -s, -bäuˈme) Schranke an Grenzen oder Bahnübergängen.

Schlagˈbohrˈmaˈschiˈne (die, -, -n) Bohrmaschine, deren Bohraufsatz zusätzlich zu den drehenden auch hämmernde Schlagbewegungen macht.

schlaˈgen (V., schlug, hat geschlagen; ich schlage, du schlägst) prügeln; hauen; besiegen; tönen. *Beachte:* Sie schlug das Kind/dem Kind mitten ins Gesicht. *Aber:* Die Kälte schlug mir ins Gesicht. Ich warte jetzt seit einer geschlagenen (vollen, ganzen) Stunde. Das ist ein schlagendes (treffendes) Argument. Wir kamen Schlag (Punkt) zwölf Uhr an. Schlageisen; Schlägertyp; Schlaghand; Schlagholz; Schlagrahm; Schlagsahne; Schlagstock; Schlagzeuger. Adjektive: schlagbar; schlagfertig; schlagfest; schlagkräftig; schlaglichtartig; schlägern.

schlaˈgend (Adj.) 1. das Mensurenschlagen pflegend. Eine schlagende Verbindung pflegt noch heute die Sitte des studentischen Säbelzweikampfs. 2. überzeugend.

Schlaˈger (der, -s, -) Lied; Erfolg. Schlagermusik; Schlagerspiel; Schlagerstar.

Schläˈger (der, -s -) 1. Mensch, der gerne seine Fäuste sprechen lässt; 2. Sportgerät zum Schlagen von Bällen, zum Beispiel Tennis-, Hockey- oder Golfschläger.

Schläˈgeˈrei (die, -, -en) handgreifliche Auseinandersetzung.

Schlaˈgerˈfesˈtiˈval (das, -s, -s) Schlagerwettbewerb.

Schlaˈgerˈpaˈraˈde (die, -, -n) Sammlung beliebter Lieder.

Schlaˈgerˈsänˈger (der, -s, -) Interpret von Unterhaltungsmusik. Schlagersängerin.

Schlaˈgerˈtexˈter (der, -s, -) jmd., der Schlagertexte schreibt.

Schlagˈferˈtigˈkeit (die, -, kein Plural) Fähigkeit, schnell und pointiert geistreiche Antworten zu liefern.

Schlagˈkraft (die, -, kein Plural) 1. Kraft eines Schlages; 2. große Überzeugungskraft oder Wirksamkeit. Die Schlagkraft der geplanten Maßnahmen muss sich erst noch herausstellen. 3. Kampfstärke. Die Schlagkraft der Truppe ist noch gewachsen.

Schlagˈlicht (das, -s, -lichˈter) 1. wirkungsvolle Lichtpartie in einem eher dunklen Gemälde; 2. Lichtstrahl.

Schlagˈloch (das, -s, -löˈcher) Loch in der Straßendecke.

Schlagˈring (der, -s, -e) Waffe aus mehreren miteinander verschweißten Eisenringen, die über die Finger gestreift wird.

Schlagˈseiˈte (die, -, kein Plural) 1. Schief- bzw. Schräglage. Die untergehende Fähre hatte eine starke Schlagseite. 2. (ugs.) Betrunkenheit. Paul hat eine Schlagseite! (Paul ist so betrunken, dass er nicht gerade gehen kann.).

Schlagˈwerk (das, -s, -e) Teil einer Uhr, der zur Zeitanzeige bzw. -ansage dient.

Schlagˈwetˈter (das, -s, -) leicht entzündliches Gemisch aus Luft und Methangas, das besonders in Steinkohlengruben vorkommt.

Schlagˈwort 1. (das, -s, -wörˈter) das Wort, das in einem Katalog oder einem Wörterbuch gesucht und nachgeschlagen wird. Die Schlagwörter sind natürlich alphabetisch sortiert. 2. (das, -s, -e) schlagkräftiger Ausdruck, der geballt sehr viel aussagt, jedoch durch Überstrapazierung häufig zu einer reinen Worthülse verkommt. Von dir hört man doch nur noch Schlagwörter!

Schlagˈzeiˈle (die, -, -n) bei Zeitungen typografisch hervorgehobene Überschriftszeile.

Schlagˈzeug (das, -s, -e) Zusammenstellung von verschieden gestimmten Schlaginstrumenten.

schlakˈsig (Adj.) hager; lang. Schlaks.

Schlaˈmasˈsel (der/das, -s, kein Plural) (jidd.) (ugs.) Schwierigkeit; Unglück.

Schlamm (der, -s, -e/Schlämˈme) Morast; Schmutz. Schlammbeißer (ein Fisch); Schlammerde; Schlammmasse (*auch:* Schlamm-Masse); Schlammpackung; Schlammregen; Schlammschlacht; schlammig; schlammen.

Schlammˈbad (das, -s, -bäˈder) Brei aus Wasser und feinkörnigen Mineralsubstanzen (Ton, Lehm, Quellschlamm) für Packungen und Bäder zu medizinischen Heilzwecken.

schlämˈmen (V.) aus einem körnigen Gut die feinen Bestandteile herausspülen.

Schlammˈfieˈber (das, -s, -) Allgemeininfektion mit grippeähnlichen Symptomen; Feldfieber; Sommergrippe.

Schlämmˈkreiˈde (die, -, -n) feinpulverige, geschlämmte Kreide zu Reinigungszwecken, zum Beispiel für Zahnpasten.

Schlämmˈputz (der, -es, kein Plural) dünner Putz, durch den man noch den Untergrund erkennen kann.

Schlamˈpe (die, -, -n) (ugs.) negativer Ausdruck für eine Frau, die schlampig und unordentlich wirkt bzw. für eine Frau, die ein nicht geordnetes Liebesleben führt.

Schlamˈpeˈrei (die, -, kein Plural) (ugs.) schlecht gemachte, hingeschmierte, unpünktliche Arbeit. Das ist ja eine unglaubliche Schlamperei!

Schlamˈperˈmäppˈchen (das, -s, -) (ugs.) Federmäppchen für Schüler, das keine Unterteilungen hat.

schlamˈpig (Adj.) (ugs.) unordentlich; ungepflegt. Schlamper, schlampen.

Schlamˈpigˈkeit (die, -, kein Plural) (ugs.) große Nachlässigkeit.

Schlanˈge (die, -, -n) Kriechtier; lange Reihe. Schlängelchen.

schlänˈgeln (V., refl.) sich mit geschmeidigen schlangenartigen Bewegungen einen Weg bahnen. Sie schlängelte sich durch die Menge zum Ausgang. schläng(e)lig.

Schlan|gen|be|schwö|rer (der, -s, -) meist ein Orientale, der Schlangen durch Kopfbewegungen (und scheinbar durch die Musik, die er dazu spielt,) zu tanzähnlichen Bewegungen bringt. Schlangentanz.

Schlan|gen|biss (der, -es, -e) Biss einer (giftigen) Schlange.

Schlan|gen|brut (die, -, kein Plural) im übertragenen Sinn undankbare, nicht wohlgesonnene Kinder bzw. Freunde.

Schlan|gen|ei (das, -s, -ei|er) 1. Ei einer Schlange; 2. etwas, das sich noch als großes Unheil entpuppen könnte.

Schlan|gen|farm (die, -, -en) Zuchtstätte für Schlangen zur Gewinnung von Schlangengift für medizinische Zwecke und Schlangenleder für Modeartikel.

Schlan|gen|gift (das, -s, -e) eiweißartiges Blut- und Nervengift von Giftschlangen, das in der Med. Verwendung findet.

schlan|gen|haft (Adj.) geschmeidig wie eine Schlange. schlangenartig.

Schlan|gen|haut (die, -, -häu|te) Haut einer Schlange.

Schlan|gen|le|der (das, -s, -) Leder aus der Haut von Schlangen.

Schlan|gen|li|nie (die, -, -n) geschlängelte Linie bzw. Slalomkurs. Anscheinend war der betrunkene Fahrer in Schlangenlinien gefahren.

Schlan|gen|mensch (der, -en, -en) Zirkus- akrobat mit der Beweglichkeit und Biegsamkeit einer Schlange.

Schlan|ge ste|hen (V.) in einer Reihe auf etwas warten.

schlank (Adj.) dünn; schmal.

Schlank|heit (die, -, kein Plural) schlanker Wuchs eines Menschen.

Schlank|heits|kur (die, -, -en) Ernährungsumstellung über mehrere Tage oder Wochen, mit dem Ziel, zu hohes Körpergewicht zu senken.

Schlank|ma|cher (der, -s, -) Lebensmittel oder Sportart, die als schlank machend gepriesen wird. Aerobic soll ja ein richtiger Schlankmacher sein.

schlank|weg (Adv.) (ugs.) ohne Weiteres; kurzerhand.

Schlap|fen (der, -s, -) Pantoffel.

schlapp (Adj.) müde; schlaff. Schlapphut; Schlappohr; schlappig.

Schlap|pe (die, -, -n) Niederlage.

Schlap|pen (der, -s, -) (ugs.) Hauspantoffel. Schlappschuh; schlappen.

Schlapp|heit (die, -, kein Plural) mangelnde Spannkraft; Mattheit.

schlapp|ma|chen (V.) bei körperlichen Anstrengungen aufgeben; am Ende seiner Kräfte sein; nicht durchhalten. Nach fünf Stunden habe ich einfach schlappgemacht.

Schlapp|schwanz (der, -es, -schwän|ze) (ugs.) initiativloser Schwächling.

Schla|raf|fen|land (das, -s, kein Plural) Land für Faulenzer und Schlemmer. Schlaraffe; Schlaraffenleben.

Schla|raf|fia (die, -, kein Plural) 1. Schlaraffenland; 2. von dt. Künstlern und Kunstfreunden 1859 gegründete Vereinigung zur Pflege von Geselligkeit, Humor und Kunst.

schlau (Adj.) klug; listig. Schlaufuchs; Schlauheit; Schlaukopf; Schlaumeier; schlauerweise.

Schlau|ber|ger (der, -s, -) (ugs.) gewitzter, kluger Bursche (jemand, der aus Schlauberg kommt); Schlaumeier.

Schlauch (der, -s, Schläu|che) 1. Gummiröhre; 2. (ugs.) Strapaze. Schlauchleitung; schlauchartig; schlauchlos.

Schlauch|boot (das, -s, -e) aufblasbares Boot.

Schläu|chel|chen (das, -s, -) sehr dünner, kleiner Schlauch.

schlau|chen (V.) (ugs.) anstrengen.

Schlauch|pilz (der, -es, -e) Pilz aus der Klasse der höheren Pilze, dessen Sporen in Zellschläuchen gebildet werden, zum Beispiel Morchel oder Trüffel.

Schlauch|wurm (der, -s, -wür|mer) Hohlwurm mit ungegliedertem Körper, wie zum Beispiel der Fadenwurm.

Schläue (die, -, kein Plural) Gerissenheit; listige Lebensklugheit.

Schlau|fe (die, -, -n) Schleife.

Schlau|heit (die, -, -en) das Schlausein.

Schlau|ig|keit (die, -, -en) (oft ironisch) Schlauheit.

Schlau|kopf (der, -s, -köp|fe) schlauer Kerl.

Schla|wi|ner (der, -s, -) (ugs.) Strolch; Schwindler.

schlecht (Adj.) minderwertig; übel; verdorben; böse. schlecht und recht; etwas/nichts/viel/ wenig Schlechtes; im Schlechten und im Guten; das Schlechteste, was du tun kannst; das Schlechteste (am schlechtesten) wäre …; Gutes und Schlechtes. Es wendet sich zum Schlechten. Schlechtheit; Schlechtigkeit; Schlechtwetter. Ich kann in den Schuhen schlecht gehen. *Aber:* Es wird ihm sicher schlecht gehen (*auch:* schlechtgehen) (er befindet sich in einer üblen Lage). Sie hat die Sache schlecht gemacht (schlecht ausgeführt). *Aber:* Er hat sie schlechtgemacht (herabgesetzt). ein schlecht gelaunter (*auch:* schlechtgelaunter) Gast.

schlech|ter|dings (Adv.) durchaus; ganz und gar.

schlecht|hin (Adv.) ganz und gar; geradezu.

schlecht|weg (Adv.) einfach; ohne Umstände.

Schlecht|wet|ter|front (die, -, -en) meteorologischer Ausdruck, der eine über dem ganzen Land aufziehende Front schlechten Wetters bezeichnet.

Schlecht|wet|ter|geld (das, -s, kein Plural) Überbrückungsgeld, das Bauarbeitern vom Arbeitsamt für witterungsbedingten Lohnausfall gezahlt wird.

Schlecht|wet|ter|pe|ri|o|de (die, -, -n) längere Phase mit durchgehend schlechtem Wetter.

schle|cken (V.) lecken; naschen. Schlecker; schleckig; schleckerhaft.

Schle|cke|rei (die, -, -en) Naschzeug; etwas Süßes.

Schle|cker|maul (das, -s, -mäu|ler) jmd., der gern und häufig Süßigkeiten verzehrt.

Schleck|werk (das, -s, kein Plural) Schleckerei; Süßigkeiten.

Schle|gel (der, -s, -) 1. Schlaginstrument; 2. Keule. Verb: schlegeln.

Schleh|dorn (der, -s, kein Plural) Schlehe; Schwarzdorn.

Schle|he (die, -, -n) Frucht. Schlehbusch; Schlehdorn; Schlehenblüte.

Schle|hen|li|kör (der, -s, -e) Likör aus den Früchten des Schwarzdorns.

Schlei|che (die, -, -n) Echse mit knöchern überdachter Schläfenregion, zum Beispiel Blindschleiche.

schlei|chen (V., schlich, ist geschlichen) 1. sich leise bewegen; 2. huschen; 3. langsam vergehen. Blindschleiche; Schleicher; Schleicherei.

Schleich|han|del (der, -, -) ungesetzlicher Warenverkehr, der Zoll- oder Verbrauchsabgaben umgeht.

Schleich|kat|ze (die, -, -n) kleineres hermelin- oder dachsartiges Raubtier.

Schleich|pfad (der, -s, -e) heimlicher Schleichweg (auch im übertragenen Sinn). An die Genehmigung sind wir nur über Schleichpfade gekommen.

Schleich|weg (der, -s, -e) Weg oder Pfad, der nur wenigen bekannt ist.

Schleich|wer|bung (die, -, kein Plural) Werbung für ein bestimmtes Produkt oder eine bestimmte Firma durch unbeabsichtigte oder auch beabsichtigte Namensnennung (Product-Placement), zum Beispiel in einem Fernsehbericht.

Schlei|fer (der, -s, -) 1. Scherenschleifer; 2. hart drillender Vorgesetzter.

Schleie (nicht trennbar!) (die, -, -n) Fisch.

Schlei|er (der, -s, -) 1. Dunst; 2. Verhüllung. Brautschleier; Schleierstoff.

Schlei|er|eu|le (die, -, -n) einheimischer Nachtraubvogel mit goldbraunem Gefieder und herzförmigem Gesicht.

schlei|er|haft (Adj.) (ugs.) rätselhaft; unerklärlich. Mir ist völlig schleierhaft, woher er das Geld genommen hat.

Schlei|er|kraut (das, -s, kein Plural) Nelkengewächs der Gattung Gipskraut.

Schlei|er|schwanz (der, -es, -schwän|ze) mit dem Goldfisch verwandter Zierfisch.

Schlei|er|tanz (der, -es, -tän|ze) Tanz, bei dem Schleier geschwungen werden.

Schlei|fe (die, -, -n) Schlinge. Schleifenflug.

schlei|fen 1. (V., schliff, hat geschliffen) schärfen. Schleifapparat; Schleifbank; Schleiferei; Schleifkontakt; Schleifung. 2. (V., schleifte, hat geschleift) über den Boden/eine Fläche ziehen; zerren; 3. einreißen; niederreißen. eine Befestigung (Burg) schleifen. 4. (ugs.) drillen beim Militär.

Schleif|lack (der, -s, -e) Lacke aus schnell trocknenden Kunstharzlacken und Lackfarben, deren Oberflächen sich mit Schleifpapier matt schleifen lassen.

Schleif|ma|schi|ne (die, -, -n) Gerät mit rotierender Schleifscheibe.

Schleif|pa|pier (das, -s, -e) Schmirgelpapier zum Aufrauen und Abschleifen von Oberflächen.

Schleif|spur (die, -, -en) Spur eines geschleiften Gegenstands oder Körpers in weichem Untergrund.

Schleif|stein (der, -s, -e) Stein zum Schleifen von Messern und Scheren; Wetzstein.

Schleim (der, -s, -e) klebrige Flüssigkeit; Brei. Schleimfisch; Schleimpilz.

Schleim|ab|son|de|rung (die, -, -en) Abgabe von Schleim.

Schleim|beu|tel (der, -s, -) mit Schleim gefülltes Gewebesäckchen an besonders beanspruchten Körperstellen, wie Gelenkkapseln oder zwischen Sehnen und Haut.

Schleim|beu|tel|ent|zün|dung (die, -, -en) Bursitis (Med.).

Schleim|drü|se (die, -, -n) Drüse bei Tier und Mensch, die schlüpfrigen, zähen Schleim absondert, zum Beispiel um den Speisebrei schlüpfrig zu machen oder um in den Luftwegen Staub fernzuhalten.

schlei|men (V.) (ugs.) schmeicheln.

Schlei|mer (der, -s, -) (ugs.) jmd., der sich (zum Beispiel bei Vorgesetzten) einschmeichelt. Der Maier aus der Buchhaltung ist ein richtiger Schleimer!

Schleim|haut (die, -, -häu|te) innere Hohlräume auskleidende, mit Schleimdrüsen ausgestattete Epithelschicht.

schlei|mig (Adj.) 1. von schlüpfriger Konsistenz. schleimiger Haferbrei. 2. (ugs.) anbiedernd; einschleimend. Der Neue ist ein schleimiger Typ.

Schleim|schei|ßer (der, -s, -) (ugs.) derber Ausdruck für einen Menschen, der sich auf entwürdigende Art einschmeichelt.

Schleim|sup|pe (die, -, -n) Suppe aus Getreideschleim als Krankenaufbaukost.

schlei|ßig (Adj.) abgenutzt.

Schle|mihl (der, -s, -e) (hebr.) (ugs.) 1. Pechvogel; Unglücksrabe; 2. gerissener Kerl; Schlitzohr.

schlem|men (V.) üppig und gut essen. schlemmerhaft; schlemmerisch.

Schlem|mer (der, -s, -) jmd., dem gutes Essen und Trinken wichtig sind; Gourmet.

Schlem|me|rei (die, -, -en) großes schlemmerhaftes Essen.

Schlem|mer|lo|kal (das, -s, -e) vorzügliches Restaurant, das Schlemmer anzieht.

Schlem|mer|mahl (das, -s, -e) köstliches und reichhaltiges Essen.

schlen|dern (V.) bummeln; herumspazieren.

Schlen|d|ri|an (der, -s, kein Plural) (ugs.) langsame, nachlässige Arbeitsweise. Machen Sie endlich Schluss mit diesem Schlendrian!

Schlen|ker (der, -s, -) Umweg. einen Schlenker machen.

schlen|kern (V.) wackeln. schlenk(e)rig.

schlen|zen (V.) schießen (Fußball, Eishockey). Schlenzer.

Schlepp|an|ker (der, -s, -) Treibanker.

Schlep|pe (die, -, -n) langer, am Boden nachschleifender Teil eines Kleides oder separate Stoffbahn, die an Kopf oder Schultern befestigt wird.

schlep|pen (V.) 1. ziehen; 2. tragen; 3. mühsam vorankommen. Schleppantenne; Schleppdampfer; Schleppkahn; Schlepplift; Schlepppinsel (*auch:* Schlepp-Pinsel); Schleppschiff; Schleppstart.

schlep|pend (Adj.) unerträglich langsam. Der schleppende Verlauf des Prozesses belastete alle Beteiligten.

Schlep|pen|trä|ger (der, -s, -) derjenige, der die Schleppe einer Braut oder einer Königin trägt.

Schlep|per (der, -s, -) 1. Dampf- oder Motorschiff mit starkem Motor, das andere Schiffe schleppt; 2. Feldmaschine; Traktor; 3. jmd., der mit zweifelhaften Methoden Kunden für zwielichtige Unternehmen akquiriert. Nepper, Schlepper, Bauernfänger.

Schlepp|kleid (das, -es, -er) Kleid mit Schleppe.

Schlepp|netz (das, -es, -e) Fischernetz.

Schlepp|netz|fahn|dung (die, -, -en) Speicherung von Daten polizeilich kontrollierter Personen zum Zweck der Gewaltverbrecher- oder Terroristenfahndung.

Schlepp|seil (das, -s, -e) Seil, mit dem das zu schleppende Fahrzeug am Schlepper befestigt wird.

Schlepp|tau (das, -s, kein Plural) (*nur in der Wendung:*) jemanden ins Schlepptau nehmen (jemanden mitnehmen).

Schlepp|win|de (die, -, -n) mit einem Motor betriebene Winde, die durch das schnelle Aufwickeln eines sehr langen Seils Segelflugzeuge gegen den Wind anschleppt.

Schlesˈwig-Holˈstein (ohne Art., -s, kein Plural) (dt.) Bundesland.

Schleuˈderˈball (der, -s, -bälˈle) Ball, der an einer Lederschlaufe geschwungen und dann geschleudert wird.

Schleuˈderˈhoˈnig (der, -s, -e) Honig, der durch das Schleudern der Honigwaben gewonnen wird.

Schleuˈderˈkurs (der, -es, -e) Autofahrerkurs, in dem gelehrt wird, wie man bei eisglatter Straße die Kontrolle über das Fahrzeug behalten oder wiedergewinnen kann.

Schleuˈderˈmaˈschiˈne (die, -, -n) Gerät zum Trockenschleudern von Wäsche.

schleuˈdern (V.) werfen; aus der Spur kommen. Schleuderbrett; Schleuderer; Schleuderstart.

Schleuˈderˈpreis (der, -es, -e) sehr niedriger Preis, der noch unter dem Einkaufspreis liegt.

Schleuˈderˈsitz (der, -es, -e) Pilotensitz in Kampfflugzeugen, der mit einem Fallschirm ausgerüstet ist und im Notfall aus dem abstürzenden Flugzeug herausgeschleudert werden kann.

Schleuˈderˈwaˈre (die, -, -n) Ware, die zu einem Schleuderpreis verkauft wird.

Schleuˈderˈwäˈsche (die, -, -n) Waschgang; Wäsche, die geschleudert werden soll.

schleuˈnig (Adj.) schnell; sofortig. Adverb: schleunigst.

Schleuˈse (die, -, -n) 1. Bauwerk in Kanälen zur Überwindung von Höhenunterschieden; 2. Durchlasselement zwischen zwei gegeneinander dicht zu haltenden Räumen unterschiedlichen Luftdrucks oder unterschiedlicher Temperatur.

schleuˈsen (V.) leiten. Schleuse; Schleusenkammer; Schleusenmeister; Schleusentor.

Schleuˈsenˈgeˈbühr (die, -, -en) Schleusengeld. Schleusenbenutzungsgebühr.

Schleuˈsenˈgeld (das, -s, -er) Schleusengebühr.

Schleuˈsenˈwärˈter (der, -s, -) der für den Betrieb der Schleuse Verantwortliche; Schleusenmeister.

Schleuˈser (der, -s, -) jmd., der illegale Einwanderer über die Grenze führt.

Schleuˈsung (die, -, -en) Vorgang des Schleusens.

Schliˈche (die, nur Plural) (*in der Wendung:*) jemandem auf die Schliche (List, Heimlichkeit) kommen.

schlicht (Adj.; Adv.) einfach. schlichtweg.

Schlichˈte (die, -, -n) auf Kettfäden aufgetragene Lösung von Substanzen, die Garnen eine geschlossene und glatte Oberfläche verleiht.

schlichˈten (V.) glätten; vermitteln. Schlichtungsversuch.

Schlichˈter (der, -s, -) Vermittler bei Streitigkeiten zwischen den Tarifparteien.

Schlichtˈheit (die, -, kein Plural) Einfachheit. Das Raffinierte war die Schlichtheit ihres Kleides.

Schlichtˈhoˈbel (der, -s, -) Hobel für den letzten Schliff bei der Holzbearbeitung.

Schlichˈtung (die, -, kein Plural) das Schlichten; Vergleich zweier Parteien.

Schlick (der, -s, Schliˈcke) Schlamm; Schwemmland. Schlickablagerung. Schlickwatt; schlick(e)rig; schlickig.

Schlieˈre (die, -, -n) 1. Streifen; 2. Schleim; 3. Fehler. Schliersand; schlierig.

schlieˈren (V.) rutschen.

schlieˈßen (V., schloss, hat geschlossen) zumachen; beenden; verriegeln; folgern. Schließfrucht; Schließkorb; Schließrahmen; schließbar.

Schlieˈße (die, -, -n) Schnalle; (dekorativer) Verschluss.

Schlieˈßer (der, -s, -) 1. Schlüssel; 2. Pförtner.

Schließˈfach (das, -s, -fäˈcher) gesichertes, verschließbares Fach für Postsendungen, Wertpapiere oder zur Gepäckaufbewahrung in Bahnhöfen.

schließˈlich (Adv.) endlich.

Schließˈmusˈkel (der, -s, -) ringförmiger Abschlussmuskel von Hohlorganen.

Schlieˈßung (die, -, -en) das (endgültige) Schließen. Schließungen im Bereich Stahlverarbeitung werden unvermeidlich sein.

Schließˈzyˈlinˈder (der, -s, -) Zylinder eines Schlosses.

Schliff (der, -s, -e) 1. Schärfe; 2. gute Umgangsform. Schlifffläche (*auch:* Schliff-Fläche); schliffig.

schlimm (Adj.) schlecht; unangenehm. *Beachte:* Das Schlimmste (am schlimmsten) wäre, wenn … Ich war aufs Schlimmste (*auch:* schlimmste) verärgert. Sei auf das Schlimmste gefasst! sich zum Schlimmsten wenden. Das Schlimmste, was ich je hörte. etwas/nichts/ viel/wenig Schlimmes. Adverb: schlimmstenfalls, *aber:* im schlimmsten Falle.

Schlinˈge (die, -, -n) 1. Schleife; 2. Falle. schlingen.

Schlinˈgel (der, -s, -) Schlitzohr.

schlinˈgen (V., schlang, hat geschlungen) 1. winden; 2. gierig schlucken. Schlingbeschwerden.

Schlinˈgenˈstelˈler (der, -s, -) jmd., der Schlingen auslegt, um Tiere zu fangen.

Schlingˈpflanˈze (die, -, -n) Pflanzen, die an Bäumen oder Wänden hochwachsen.

Schlips (der, -es, -e) Krawatte.

Schlipsˈknoˈten (der, -s, -) Krawattenknoten.

Schlipsˈnaˈdel (die, -, -n) Krawattennadel zur Dekoration.

Schlitˈten (der, -s, -) 1. Rodel; 2. Maschinenteil; 3. (ugs.) Fahrzeug. Schlittenbahn. Das Schlittenfahren ist lustig. *Aber:* Schlitten fahren.

Schlitˈtenˈhund (der, -s, -e) Haushund, der für das Ziehen von Schlitten abgerichtet ist.

schlitˈtern (V.) (ugs.) rutschen. Schlitterbahn.

Schlittˈschuh (der, -s, -) Stiefel, unter den eine scharfkantige Stahlkufe montiert ist, für Eiskunstlauf, Eistanz, Eisschnelllauf oder Eishockey. Das Schlittschuhlaufen geht gut. *Aber:* Gestern bin ich Schlittschuh gelaufen.

Schlitz (der, -es, -e) Spalt. Schlitzverschluss; schlitzäugig; schlitzen.

Schlitzˈauˈge (das,-s, -n) 1. Auge mit sehr schmaler, schlitzförmiger Lidspalte; 2. abfälliger Ausdruck für einen Asiaten.

schlitzˈohˈrig (Adj.) (ugs.) schlau; durchtrieben. Schlitzohr.

Schlitzˈohˈrigˈkeit (die, -, kein Plural) Durchtriebenheit; Gerissenheit.

schlohˈweiß (Adj.) schneeweiß.

Schloss (das, Schlosˈses, Schlösˈser) Verschluss; Bauwerk. Schlossgarten; Schlosshof; Schlösschen; Schlossruine.

Schloss|be|woh|ner (der, -s, -) Bewohner eines Schlosses.
Schlo|ße (die, -, -n) Hagelkorn. Verb: schloßen.
Schlos|ser (der, -s, -) Handwerker. Schlosserhandwerk; Schlosserwerkstatt; schlossern.
Schlos|se|rei (die, -, -en) Schlosserwerkstatt.
Schlös|ser|ver|wal|tung (die, -, -en) staatliche Behörde, die für Schlösser und Burgen verantwortlich ist.
Schloss|herr (der, -n, -en) Eigentümer (und Bewohner) eines Schlosses.
Schloss|park (der, -s, -s) Grünanlagen eines Schlosses.
Schloss|ver|wal|ter (der, -s, -) Schlossaufseher.
Schloss|ver|wal|tung (die, -, -en) Verwaltung eines Schlosses.
Schloss|wäch|ter (der, -s, -) Bewacher einer Schlossanlage.
Schlot (der, -s, -e/Schlö|te) Kamin. Schlotfeger.
Schlot|ba|ron (der, -s, -e) Industriemagnat.
schlot|tern (V.) zittern; schlabbern. Adjektiv: schlott(e)rig.
Schlucht (die, -, -en) Einschnitt; Kluft.
schluch|zen (V.) weinen. Schluchzer.
Schluck (der, -s, -e/Schlü|cke) geringe Menge Flüssigkeit; ein knapper Mund voll Flüssigkeit. Könnte ich bitte noch einen Schluck Kaffee bekommen?
Schluck|auf (der, -s, -s) (ugs.) unwillkürliches, krampfhaftes Einatmen durch ruckartiges Zusammenziehen des Zwerchfells.
Schluck|be|schwer|den (die, -, nur Plural) Halsschmerzen durch Schwellungen im Rachenraum.
schlu|cken (V.) einnehmen; einstecken; aufnehmen. Schlückchen; Schluckser; schluckweise.
Schlu|cker (der, -s, -) (ugs.) (nur in der Verbindung:) ein armer Schlucker (armer Kerl bzw. armer Mensch).
Schluck|imp|fung (die, -, -en) Schutzimpfung gegen Polio(myelitis) durch Einnahme lebender, abgeschwächter Erreger durch den Mund.
Schluck|specht (der, -s, -e) (ugs.) jmd., der gerne viel Alkohol trinkt.
Schlu|de|rei (die, -, -en) Schlamperei.
schlu|dern (V.) schnell und schlampig arbeiten. Schluderarbeit; schlud(e)rig.
Schlum|mer|lied (das, -s, -er) Lied, das zum Einschlafen vorgesungen wird; Schlaflied.
schlum|mern (V.) schlafen; träumen. Schlummerkissen.
Schlum|mer|rol|le (die, -, -n) Nackenrolle als Kissen.
Schlum|mer|trunk (der, -s, -trün|ke) Getränk, das Entspannung und Schlafbereitschaft fördern soll.
Schlumpf (der, -s, Schlümp|fe) Zwerg (Comicfigur).
Schlund (der, -s, Schlün|de) 1. Rachen; 2. Abgrund.
schlun|zen (V.) (ugs.) schludern.
schlüp|fen (V.) 1. kriechen, 2. gleiten, 3. anziehen. Schlupfwinkel; schlüpfrig.
Schlüp|fer (der, -s, -) Damenslip; Kinderunterhose.
Schlupf|loch (das, -s, -lö|cher) 1. Loch, durch das man schlüpfen kann; 2. letzter Ausweg; letzte Zuflucht. Da hast du doch noch ein Schlupfloch gefunden!
Schlüpf|rig|keit (die, -, -en) 1. Glitschigkeit; Rutschigkeit; 2. schmierige Zweideutigkeit, zum Beispiel bei Witzen.
Schlupf|wes|pe (die, -, -n) Hautflügler mit langen Fühlern und großem Legebohrer.
Schlup|pe (die, -, -n) (nordd.) Schleife.
schlur|fen (V.) laut gehen. Schlurfpantoffel.
schlür|fen (V.) laut trinken. Schlürfer.
Schluss (der, Schlus|ses, Schlüs|se) 1. Ende; 2. Folgerung. *Beachte:* Schlüsse aus etwas ziehen; wir können jetzt Schluss machen. Schlussabstimmung; Schlussbilanz; Schlussbrief; Schlussdrittel; Schlussfeier; Schlussphase; Schlussrechnung; Schlusssatz (*auch:* Schluss-Satz); Schlussspurt (*auch:* Schluss-Spurt); Schlusszeichen. Adjektiv: schlüssig. Verben: schlussfolgern; schließen.
Schluss|akt (der, -s, -e) 1. letzter Akt eines Theaterstücks; 2. letzter Akt in einer Auseinandersetzung. Das war der Schlussakt unserer Beziehung.
Schluss|be|mer|kung (die, -, -en) abschließende Bemerkung in einer Rede oder einem Vortrag.
Schlüs|sel (der, -s, -) 1. Schließe; Werkzeug; 2. Verhältnismuster; Lösung. Schlüsselloch; Schlüsselposition; Schlüsselstellung; Schlüsselzahl.
Schlüs|sel|bart (der, -s, -bär|te) der auf das Schloss zugeschnittene Teil des Schlüssels.
Schlüs|sel|bein (das, -s, -e) mit dem Brustbein gelenkig verbundener, das Schulterblatt nach außen abstützender s-förmiger Knochen.
Schlüs|sel|blu|me (die, -, -n) Primelart, die im Frühjahr blüht; Himmelschlüssel.
Schlüs|sel|brett (das, -s, -bret|ter) Vorrichtung mit kleinen Haken, an der Schlüssel aufgehängt werden.
Schlüs|sel|bund (der, -s, -e) Ring oder andere Vorrichtung, die mehrere Schlüssel enthält.
Schlüs|sel|en|zym (das, -s, -e) (Biol.) Schrittmacherenzym.
Schlüs|sel|er|leb|nis (das, -ses, -se) bedeutsames Erlebnis, das der Schlüssel zu einer persönlichen Erkenntnis ist/war.
schlüs|sel|fer|tig (Adj.) sofort beziehbar. Wir verkaufen nur schlüsselfertige Bungalows.
Schlüs|sel|fi|gur (die, -, -en) wichtige Person in einer Handlung oder Personenkonstellation.
Schlüs|sel|ge|walt (die, -, kein Plural) 1. Befugnis der Eheleute, Geschäfte zur angemessenen Deckung des Lebensbedarfs mit Wirkung für beide abzuschließen; 2. in der kath. Kirche symbolische Bez. für die im N.T. Petrus und seinen Nachfolgern übertragene Kirchengewalt.
Schlüs|sel|kind (das, -s, -kin|der) (ugs.) Kind (mit Schlüssel um den Hals), das nach der Schule bis zur Heimkehr der Eltern sich selbst überlassen ist.
Schlüs|sel|reiz (der, -es, -e) Außenreiz, der bestimmte (meist angeborene) Verhaltensmechanismen auslöst.
Schlüs|sel|ro|man (der, -s, -e) Roman, in dem reale Personen und Vorkommnisse verschleiert dargestellt werden.
Schlüs|sel|wort (das, -s, -e) Kennwort, das beispielsweise als Schlüssel zu einem Kombinationsschloss dient.
Schluss|fol|ge|rung (die, -, -en) logischer Schluss.

Schluss|for|mel (die, -, -n) standardisiertes Briefende, das immer wieder eingesetzt wird.
Schluss|ka|pi|tel (das, -s, -) letztes Kapitel eines Kapitelromans.
Schluss|licht (das, -s, -er) 1. Rücklicht beim Auto; 2. der letzte bzw. schlechteste in einer Gruppe.
Schluss|pfiff (der, -s, -e) der Pfiff, der ein Spiel abpfeift, d.h. sein Ende markiert.
Schluss|strich (*auch:* Schluss-Strich) (der, -s, -e) 1. Strich, der unter einem Dokument oder Schriftstück gezogen wird; 2. Strich, der unter eine Angelegenheit gezogen wird, d.h. Beendigung dieser Angelegenheit.
Schluss|ver|kauf (der, -s, -ver|käu|fe) saisonaler, stark verbilligter Abverkauf von Waren. Die billige Bluse stammt aus dem Schlussverkauf.
Schluss|wort (das, -s, -e) abschließende Worte in einem Buch oder auf einer Veranstaltung.
Schmach (die, -, kein Plural) Schande; Beleidigung. Adjektiv: schmachbedeckt.
schmach|ten (V.) darben; sehnen. Schmachtlocke.
Schmacht|fet|zen (der, -s, -) (ugs.) rührseliges, sentimentales Lied.
schmäch|tig (Adj.) dünn; klein; zart.
Schmäch|tig|keit (die, -, kein Plural) das Schmächtigsein.
schmach|voll (Adj.) schändlich. Hast du den schmachvollen Einstand des neuen Libero miterlebt?
schmack|haft (Adj.) wohlschmeckend. Schmackhaftigkeit.
schmä|hen (V.) beleidigen; verleumden. Schmählichkeit; Schmähwort; schmähsüchtig.
schmäh|lich (Adv.) schmachvoll. Er hatte wieder schmählich versagt.
Schmäh|re|de (die, -, -n) Beschimpfung; herabsetzende Rede.
Schmäh|schrift (die, -, -en) niedergeschriebene Schmähung.
Schmä|hung (die, -, -en) Beleidigung. Schutzlos war sie den Schmähungen der Kollegen ausgeliefert.
schmal (Adj.; schmaler/schmäler, schmalste/schmälste) dünn; eng. Schmalfilmkamera; Schmalheit; schmälern.
schmal|brüs|tig (Adj.) mit einem flachen Brustkorb versehen; schmächtig.
Schmal|brüs|tig|keit (die, -, kein Plural) Schmächtigkeit.
Schmä|le|rung (die, -, kein Plural) Minderung; Verringerung. Das muss keine Schmälerung des Vergnügens bedeuten.
Schmal|film (der, -s, -e) Film mit einer Breite von 8 oder 16 Millimetern.
Schmal|hans (der, -, kein Plural) (nur in der Wendung:) bei uns ist Schmalhans Küchenmeister (es gibt wenig zu essen).
schmal|lip|pig (Adj.) verkniffen. Sandra war mehr der schmallippige Typ.
Schmal|sei|te (die, -, -n) bei einem viereckigen Gegenstand die Seite mit der geringeren Seitenlänge. Ggs.: Breitseite.
Schmal|spur (die, -, kein Plural) Eisenbahnschienen mit einer Spurweite unter 1,435 m. Schmalspurbahn; schmalspurig.
Schmal|spur|aka|de|mi|ker (der, -s, -) Akademiker, der keinen Studienabschluss vorweisen kann.
schmal|ten (V.) emaillieren. Schmalte.
Schmalz 1. (das, -es, -e) tierisches Fett. schmalzig; schmalzen. 2. (der, -es, kein Plural) (ugs.) Sentimentalität. schmalzig.
Schmalz|brot (das, -s, -e) Scheibe Brot mit Schmalzaufstrich.
Schmalz|ge|ba|cke|ne (das, -n, kein Plural) Backwerk, das in flüssigem Fett schwimmend ausgebacken wird.
Schmalz|ler (der, -s, -) (südd.) Schnupftabak.
Schmalz|lied (das, -(e)s, -er) sentimentales, verträumtes Lied, das etwas zu dick aufträgt.
Schman|kerl (das, -s, -n) (südd.) Leckerbissen.
schma|rot|zen (V.) auf Kosten anderer leben; von anderen leben.
Schma|rot|zer (der, -s, -) 1. Parasit; Pflanze oder Tier, welches zum eigenen einseitigen Vorteil eng mit einem anderen Organismus zusammenlebt; 2. menschlicher Parasit, der auf fremde Kosten lebt.
schma|rot|zer|haft (Adj.) in der Art eines Schmarotzers. Ich habe genug von deinem schmarotzerhaften Verhalten!
schma|rot|ze|risch (Adj.) wie ein Schmarotzer. Er hat diesen schmarotzerischen Zug.
Schma|rot|zer|pflan|ze (die, -, -n) Pflanze, die zu den Schmarotzern gehört.
Schma|rot|zer|tier (das, -s, -e) Tier, das zu den Schmarotzern gehört.
Schmar|ren (*auch:* Schmarrn) (der, -s, -) (südd.) 1. Mehlspeise. 2. (ugs.) Unsinn. Kaiserschmarren.
Schma|sche (die, -, -n) (poln.) Fell neugeborener Lämmer.
schmat|zen (V.) laut essen; laut küssen.
Schmatz (der, -es, -e) (ugs.) lauter Kuss (von einem Kind). Komm, gib mir einen Schmatz!
schmau|chen (V.) qualmen; rauchen. Schmauch.
Schmauch|spur (die, -, -n) Spur von Rauch und Pulverresten an einer Waffe oder an der Hand des Schützen. Die Schmauchspuren belegten deutlich, dass der Revolver vor wenigen Stunden abgefeuert worden war.
Schmaus (der, -es, -e) (ugs.) Festessen.
schmau|sen (V.) schlemmen. Schmauserei.
schme|cken probieren; munden; zusagen. Schmecker.
Schmei|che|lei (die, -, -en) zu dick aufgetragenes Kompliment; übertriebenes Lob. Er flüsterte ihr nette kleine Schmeicheleien ins Ohr.
schmei|chel|haft (Adj.) ehrend; vorteilhaft. Er hielt eine schmeichelhafte Laudatio auf den Jubilar. Dieser Schnitt ist sehr schmeichelhaft.
schmei|cheln (V.) loben; liebenswürdig sein. Schmeichler/in; Schmeichelkatze; Schmeichelwort; schmeichlerisch.
schmei|ßen (V., schmiss, hat geschmissen) (ugs.) 1. werfen; 2. aufgeben; 3. bewältigen; 4. zahlen. *Beachte:* den Laden schmeißen; eine Runde schmeißen; den Job schmeißen.
Schmeiß|flie|ge (die, -, -n) Aasfliege.
Schmelz (der, -es, -e) 1. Glasur; Überzug (bei Gefäßen); 2. Wohlklang; weiches Timbre (einer Stimme); 3. Zahnschmelz.
Schmel|ze (die, -, -n) Geschmolzenes; das Schmelzen von etwas.

schmel|zen (V., schmolz, hat/ist geschmolzen) flüssig machen; flüssig werden. Schmelzbad; Schmelzbutter; Schmelzung; Schmelzzone; schmelzbar.

Schmelz|far|be (die, -, -n) Farbe aus aufgeschmolzenen, meist undurchsichtigen und durch Metalloxide gefärbten Glasflüssen; Emailfarbe.

Schmelz|glas (das, -es, kein Plural) Email.

Schmelz|hüt|te (die, -, -n) Betrieb, der Materialien in Schmelzöfen verflüssigt und gegebenenfalls weiterverarbeitet.

Schmelz|kä|se (der, -s, -) streichfähige Käsezubereitung aus geschmolzenen Käsen.

Schmelz|ofen (der, -s, -öfen) Anlage zum Verflüssigen von Metall, Glas oder Teer.

Schmelz|punkt (der, -s, -e) die für jede Substanz charakteristische Temperatur, bei der ein Übergang vom festen in den flüssigen Aggregatzustand erfolgt.

Schmelz|tie|gel (der, -s, -) Tiegel aus Material mit hohem Schmelzpunkt (zum Beispiel Platin, Porzellan, Grafit), in dem andere Stoffe geschmolzen werden.

Schmelz|was|ser (das, -s, kein Plural) das Flüssen und Bächen zufließende Wasser aus geschmolzenem Schnee.

Schmer (der/das, -s, kein Plural) 1. Schweinefett; 2. Schmerbauch; Schmerfluss.

Schmer|le (die, -, -n) Karpfenfisch.

Schmerz (der, -es, -en) körperliche Schmerzempfindung; seelisches Schmerzgefühl.

Schmerz|emp|find|lich|keit (die, -, kein Plural) Empfänglichkeit für Schmerzempfindungen. Sie hat eine sehr hohe Schmerzempfindlichkeit. schmerzempfindlich.

schmer|zen (V.) wehtun; bekümmern. Schmerzempfindung; Schmerzunempfindlichkeit; Schmerzenslaut; Schmerzgefühl; Schmerzhaftigkeit; Schmerzmittel; Schmerztablette. Adjektive: schmerzen(s)reich; schmerzfrei; schmerzhaft; schmerzlindernd; schmerzlos; schmerzstillend; schmerzunempfindlich; schmerzvoll.

Schmer|zens|geld (das, -s, -er) Schadensersatz, der für einen immateriellen Schaden verlangt werden kann.

Schmer|zens|mut|ter (die, -, kein Plural) Marienbild, das Maria im Schmerz um den toten Sohn darstellt; Mater dolorosa.

Schmer|zens|schrei (der, -s, -e) Wehlaut. Mit einem Schmerzensschrei fuhr sie von der glühenden Platte zurück.

Schmerz|kli|nik (die, -, -en) Spezialklinik, die sich um Schmerzlinderung und Lebenshilfe für Patienten mit chronischen Schmerzen bemüht.

schmerz|lich (Adj./Adv.) bitter; in seelischer Hinsicht schmerzhaft. Es ist ein schmerzlicher Verlust. Das wird mir jetzt schmerzlich be-wusst.

Schmerz|lich|keit (die, -, -en) seelisch empfundener Schmerz. Die Schmerzlichkeit des Verlustes war noch lange zu spüren.

schmerz|los (Adj.) ohne Schmerzen; schmerzfrei. Die schmerzlose Geburt ist eine Erfindung von Journalisten.

Schmerz|lo|sig|keit (die, -, kein Plural) Schmerzfreiheit.

schmerz|ver|zerrt (Adj.) vom Schmerz gezeichnet; vor Schmerz verzerrt. Er krümmte sich mit schmerzverzerrtem Gesicht zusammen.

Schmet|ter|ball (der, -s, -bäl|le) bei Punktspielen ein besonders hart geschlagener Ball, der meist zum Punktgewinn führt, zum Beispiel bei Faustball oder Volleyball.

schmet|tern (V.) 1. werfen; 2. laut singen.

Schmet|ter|ling (der, -s, -e) 1. Insekt; 2. Salto; 3. Schwimmstil. Schmetterlingsblüte; Schmetterlingskasten.

Schmet|ter|lings|fisch (der, -es, -e) einer der wenigen Fliegenden Fische des Süßwassers, mit flügelartigen Brustflossen.

Schmet|ter|lings|fleisch (das, -es, kein Plural) in Schmetterlingsform gebratene dünne Kalbsschnitzel.

Schmet|ter|lings|netz (das, -es, -e) Netz zum Fangen von Schmetterlingen.

Schmet|ter|lings|samm|lung (die, -, -en) Sammlung präparierter Schmetterlinge.

Schmet|ter|lings|stil (der, -s, kein Plural) der Schwimmstil Butterfly.

Schmied (der, -s, -e) Handwerker. Schmiedbarkeit; Schmiede; Schmiedearbeit; Schmiedefeuer; Schmiedekunst; Schmiedeofen; schmiedbar; schmiedeeisern; schmieden.

Schmie|de|ei|sen (das, -s, -) kohlenstoffarmer, weicher und leicht schmiedbarer Stahl.

Schmie|de|ham|mer (der, -s, -häm|mer) schwerer Hammer, der beim Schmieden gebraucht wird.

schmie|gen (V., refl.) anlehnen; anpassen. Schmiegsamkeit; schmiegsam.

Schmie|re (die, -, -n) 1. Fett; 2. schlechtes Theater; (in der Wendung) Schmiere (Wache) stehen.

schmie|ren (V.) 1. ölen; bestreichen; 2. (ugs.) bestechen; 3. ohrfeigen; 4. unsauber schreiben. Schmieralie; Schmierdienst; Schmiererei; Schmierheft; Schmierkäse; Schmiermittel; Schmierpapier; Schmierung; Schmierzettel; schmierig.

Schmie|ren|ko|mö|di|ant (der, -en, -en) Schauspieler an einem schlechten, kleinen Theater.

Schmier|fett (das, -s, -e) Fett zum Schmieren; Schmiere.

Schmier|fink (der, -s, -en) (ugs.) jmd., der nicht sauber schreiben kann.

Schmier|geld (das, -(e)s, -er) Bestechungsgeld.

Schmier|öl (das, -s, -e) Maschinen- und Motorenöl.

Schmier|sei|fe (die, -, -n) weiche Kaliseife zum Putzen.

Schmin|ke (die, -, -n) flüssiges, creme- oder puderartiges Mittel zum Färben der Haut, als Make-up oder als Theatermaske.

schmin|ken (V.) bemalen; Make-up auftragen. Schminkstift; Schminktisch.

schmir|geln (V.) schleifen. Schmirgel; Schmirgelpapier.

Schmiss (der, Schmis|ses, Schmis|se) 1. (ugs.) Narbe; 2. Schwung. Adjektiv: schmissig.

schmö|kern (V.) lesen. Schmöker.

schmol|len (V.) beleidigt sein. Schmollecke.

Schmoll|mund (der, -s, -mün|der) Mundform mit kräftigen, aufgeworfenen Lippen, der dem Gesicht einen schmollenden Ausdruck verleiht.

Schmoll|win|kel (der, -s, -) (nur in der Verbindung:) sich in den Schmollwinkel zurückziehen (sich beleidigt zurückziehen).

Schmon|zes (der, -, kein Plural) (jidd.) Unfug.

schmo|ren (V.) braten; garen; schwitzen. Schmorfleisch; Schmorpfanne; Schmortopf.

Schmor|bra|ten (der, -s, -) durch Schmoren gegarter Braten.

Schmor|obst (das, -es, kein Plural) Obst, das in sehr wenig Wasser geschmort wurde.

Schmu (der, -s, kein Plural) (jidd.) kleine, auf nicht ganz ehrliche Weise zur Seite gebrachte Geldbeträge. Schmugeld.

Schmuck (der, -s, kein Plural) Verzierung; Kostbarkeit. Schmuckgegenstand; Schmuckkästchen; Schmuckkoffer; Schmuckstück; Schmuckwaren; Schmuckwarenmesse; schmücken; schmuck.

Schmuck|lo|sig|keit (die, -, kein Plural) Einfachheit; Schlichtheit des Äußeren. schmucklos; schmuckvoll.

Schmuck|stein (der, -s, -e) Edelstein, der in Schmuckstücken verarbeitet wird.

Schmud|del|wet|ter (das, -s, kein Plural) (nordd.) feuchtes Wetter, das den Boden aufweicht oder glitschig macht, sodass man leicht schmuddelig wird.

schmudd|lig (*auch:* schmud|de|lig) (Adj.) (ugs.) unsauber. Schmuddel; Schmuddelei; schmuddeln.

Schmug|gel (der, -s, kein Plural) Warenverkehr über Staatsgrenzen unter Verletzung der Zollvorschriften.

schmug|geln (V.) dunkle Geschäfte treiben. Schmuggelei; Schmugglerbande; Schmugglerpfad.

Schmug|gel|wa|re (die, -, -n) Ware, die ungesetzlich unter Verletzung von Zollvorschriften ein- oder ausgeführt wurde.

Schmugg|ler (der, -s, -) jmd., der schmuggelt.

Schmugg|ler|ring (der, -s, -e) ganze Organisation von Schmugglern.

schmun|zeln (V.) lächeln.

Schmu|se|kat|ze (die, -, -n) jmd., der gerne zärtlich ist. Schmusekater.

schmu|sen (V.) liebkosen; küssen. Schmuser; Schmuserei.

Schmutz (der, -es, kein Plural) 1. Abfälle; Dreck; Staub. Schmutz abweisend (*auch:* schmutzabweisend). 2. Schund; Unanständiges. Wie viel Schmutz sich in diesem Magazin findet!

Schmutz|fän|ger (der, -s, -) Gegenstand, der leicht verstaubt, zum Beispiel Nippes mit vielen Ritzen oder Verzierungen.

Schmutz|fink (der, -en, -en) (ugs.) jmd., der unreinlich ist und sich im Schmutz wohlfühlt.

schmut|zig (Adj.) dreckig; unanständig. Schmutzfleck; Schmutzigkeit; Schmutzliteratur; Schmutzschicht; Schmutzwasser; schmutzig grau; schmutzen.

Schmutz|ti|tel (der, -s, -) Innentitel beim Buch.

Schmutz|wä|sche (die, -, kein Plural) stark verschmutzte Wäsche.

Schmutz|zu|la|ge (die, -, -n) Aufschlag in der Entlohnung, wenn eine Aufgabe sehr unangenehm oder gar kriminell ist.

Schna|bel (der, -s, Schnä|bel) 1. Fresswerkzeug (Vogel); 2. (ugs.) Mund. Schnäbelchen; Schnäbelei; Schnabelhieb; schnabelförmig; kurzschnäb(e)lig; schnabulieren.

Schna|bel|flö|te (die, -, -n) Holzblasinstrument, das in Längsrichtung gehalten und über einen Schnabel angeblasen wird; Blockflöte.

schnä|beln (V.) die Schnäbel aneinander reiben; küssen.

Schna|bel|schuh (der, -s, -e) absatzloser Halbschuh mit schnabelartig aufgebogener überlanger Spitze.

Schna|bel|tas|se (die, -, -n) Tasse mit schnabelförmigem Ausguss für kleine Kinder oder Kranke.

Schna|bel|tier (das, -s, -e) Eier legendes, australisches Säugetier mit entenartigem Schnabel und Schwimmhäuten zwischen den Zehen.

schna|ckeln (V.) (südd.) klicken; schnalzen.

schna|cken (V.) (nordd.) plaudern. Schnack.

Schna|der|hüp|fe(r)l (das, -s, -) (südd.) Lied.

Schna|ke (die, -, -n) Mücke. Schnakenplage; Schnakenstich.

Schnal|le (die, -, -n) 1. Schließe; 2. (ugs.) Prostituierte. Schnallenschuh.

schnal|len (V.) 1. mit einer Schnalle verschließen; 2. (ugs.) verstehen. Du schnallst heute wohl überhaupt nichts!

schnal|zen (V.) knallen. Schnalzer; Schnalzlaut.

schnap|pen (V.) 1. beißen; 2. ergreifen, 3. schnellen; 4. einatmen. Schnappmesser; Schnappschloss.

Schnap|per (der, -s, -) der Teil eines Schnappschlosses, der das Öffnen ohne Schlüssel ermöglicht.

Schnapp|fe|der (die, -, -n) Feder mit Schnappmechanismus.

Schnapp|hahn (der, -s, -häh|ne) 1. Gewehrverschluss; 2. Räuber.

Schnapp|schuss (der, -es, -schüs|se) fotografische Momentaufnahme, die Mensch oder Tier in ungewöhnlicher oder charakteristischer Weise ablichtet.

Schnaps (der, -es, Schnäp|se) alkoholisches Getränk. Schnapsbrennerei; Schnapsbude; Schnäpschen; Schnapsflasche; Schnapsglas; Schnapsnase; schnäpseln.

Schnaps|bru|der (der, -s, -brü|der) (ugs.) Säufer; harter Trinker.

Schnaps|idee (die, -, -n) (ugs.) verrückte Idee. Das ist doch wieder eine deiner Schnapsideen!

Schnaps|fah|ne (die, -, -n) (ugs.) starker Schnapsgeruch, den ein Betrunkener wie eine Fahne vor sich herträgt.

Schnaps|lei|che (die, -, -n) (ugs.) von übermäßigem Alkoholgenuss Bewusstloser.

Schnaps|trin|ker (der, -s, -) Schnapsliebhaber.

Schnaps|zahl (die, -, -en) Zahl, die aus zwei oder mehr gleichen Ziffern besteht, zum Beispiel 333.

schnar|chen (V.) geräuschvoll schlafen. Schnarcher.

schnar|ren (V.) 1. knarren; 2. im Befehlston sprechen. Schnarre; Schnarrwerk.

Schnarr|heu|schre|cke (die, -, -n) Heuschrecke, die beim Fliegen ein knarrendes Geräusch macht.

Schnat|ter|lie|se (die, -, -n) (ugs.) geschwätzige Frau.

schnat|tern (V.) 1. gackern; Schnabellaute ausstoßen (Enten, Gänse); 2. (ugs.) viel und laut reden. Schnatterente; Schnattergans; schnatt(e)rig.

schnau|ben (V.) tief atmen; keuchen.

schnau|fen (V.) atmen. Schnaufer.

Schnau|ferl (das, -s, -) (südd.) (ugs.) altes Auto.

Schnauz (der, -es, Schnäu|ze) Schnurrbart. Schnauzbart; schnauzbärtig.

Schnau|ze (die, -, -n) 1. Maul; 2. (ugs.) Mund. Schnäuzchen; schnauzig; großschnäuzig; schnauzen.

schnäu|zen (V., refl.) sich die Nase putzen.

Schnau|zer (der, -s, -) Hunderasse.

Schne|cke (die, -, -n) 1. Weichtier; 2. Gebäck. *Beachte:* Jemanden zur Schnecke machen (heruntermachen). Schneckenfrisur; Schneckengehäuse; Schneckenpost; Nussschnecke (*auch:* Nuss-Schnecke); Schneckerl; schneckenförmig.

Schne|cken|boh|rer (der, -s, -) Bohrer mit schneckenförmig gewundenem Bohraufsatz.

Schne|cken|haus (das, -es, -häu|ser) 1. Schneckengehäuse; 2. inneres Refugium. Sofort zog sie sich in ihr Schneckenhaus zurück.

Schne|cken|tem|po (das, -s, kein Plural) (ugs.) sehr langsame Geschwindigkeit; Tempo einer Schnecke.

Schnee (der, -s, kein Plural) 1. Niederschlag; 2. (ugs.) Kokain. Schneebrille; Schneedecke; Schneefall; Schneeglätte; Schneekanone; Schneelandschaft; Schneematsch; Schneeregen; Schneeschuh; Schneesturm; Schneetreiben; Schneewasser; Schneezaun. schneeerhellt; schneeig; schneesicher; schneeweiß.

schnee|bal|len (V., schneeballte, hat geschneeballt) eine Schneeballschlacht veranstalten. Wir haben heute geschneeballt. Schneeball; Schneeballschlacht.

Schnee|ball|sys|tem (das, -s, -e) 1. effektive Informationsweitergabe von einem zu mehreren anderen; 2. in Deutschland verbotene Form des Warenhandels, bei der dem Kunden Vergünstigungen angeboten werden, wenn er weitere Kunden wirbt.

Schnee|be|sen (der, -s, -) Rührgerät.

Schnee|blind|heit (die, -, kein Plural) durch ultraviolette Strahlung auf Hochgebirgsschneeflächen auftretende Augenbindehautentzündung mit Lichtscheu. schneeblind.

Schnee|brett (das, -s, -bret|ter) Schneelawine, die entsteht, wenn sich an einer Gebirgswand eine Lage (durch Winddruck) zusammengepressten Schnees von einer Unterlage lockeren Schnees ablöst.

Schnee-Eu|le (*auch:* Schnee|eu|le) (die, -, -n) Eulenart der Polargebiete mit (fast) weißem Männchen.

Schnee|flo|cke (die, -, -n) lockere kleine Masse aus Schneekristallen.

Schnee|frä|se (die, -, -n) Schneeräumfahrzeug, das den geräumten Schnee von der Fahrbahn in hohem Bogen zur Seite schleudert.

schnee|frei (Adj.) schulfrei bei besonders schönem Ski- und Rodelwetter.

Schnee|ge|stö|ber (das, -s, -) sehr dichter Schneefall.

Schnee|glöck|chen (das, -s, -) meist im Vorfrühling blühende Pflanze mit glockig hängenden weißen Blüten.

Schnee|gren|ze (die, -, -n) im Gebirge die untere Grenze einer auch den Sommer überdauernden Schneedecke.

Schnee|ha|se (der, -n, -n) Hasenart, die den Winter über ein weißes Winterfell hat.

Schnee|hemd (das, -s, -en) weiße Tarnjacke.

Schnee|ket|ten (die, -, nur Plural) Kettennetze aus Stahl für Autoreifen zum Fahren auf Eis und Schnee.

Schnee|kö|nig (der, -s, kein Plural) (nur in der Verbindung:) sich wie ein Schneekönig freuen (sehr große Freude empfinden).

Schnee|le|o|pard (der, -en, -en) seltene Art der Mittelkatzen in den Gebirgsgegenden Zentralasiens und Sibiriens.

Schnee|mann (der, -s, -män|ner) aus Schnee geformte, lebensgroße Figur, die aus drei unterschiedlich großen Schneekugeln zusammengestellt wird.

Schnee|pflug (der, -s, -pflü|ge) Räumfahrzeug mit großem Keil zur Beseitigung von Schneemassen auf Fahrbahnen.

Schnee|schmel|ze (die, -, -n) das Wegtauen des Schnees im Frühling.

Schnee|ver|we|hung (die, -, -en) durch den Wind zusammengetragener, großer Schneehaufen.

Schnee|wech|te (die, -, -n) überhängende Schneemasse an Hochgebirgsgraten, die häufig Ursache von Lawinen ist.

Schnee|witt|chen (das, -s, kein Plural) Märchenfigur.

Schneid (der, -s, kein Plural) (südd.-österr.) Mut. Der hat Schneid!

schnei|den (V., schnitt, hat geschnitten) 1. zerteilen; ritzen; 2. (ugs.) übersehen; 3. scharf sein. Schneidbohrer; Schneide; Schneideisen; Schneidemühle.

Schneid|bren|ner (der, -s, -) Gerät zum Schneiden und Anschmelzen von Metallen durch eine heiße Brennerflamme.

Schnei|der (der, -s, -) Handwerker. Schneiderei; Schneidergeselle; Schneiderlein; Schneidermeister; Schneiderwerkstatt.

Schnei|der|kos|tüm (das, -s, -e) klassisches, in Maßarbeit angefertigtes Damenkostüm.

Schnei|der|krei|de (die, -, -n) Kreide aus fein gemahlenem und danach geformtem Speckstein, mit der man gut auf Stoffen zeichnen kann.

schnei|dern (V.) 1. Kleidung nähen. Das Sommerkleid habe ich selbst geschneidert. 2. ein Schneider sein.

Schnei|der|pup|pe (die, -, -n) in den Maßen verstellbare Puppe auf Gestell, der der Schneider die in Arbeit befindlichen Kleidungsstücke anprobieren kann.

Schnei|der|sitz (der, -es, kein Plural) Sitzen mit untergeschlagenen Beinen.

Schnei|de|tisch (der, -s, -e) Arbeitsplatz des Filmcutters, an dem Filmbeiträge zusammengestellt oder gekürzt werden.

Schnei|de|zahn (der, -s, -zäh|ne) jeder der in Ober- und Unterkiefer in der vorderen Mitte befindlichen Beißzähne.

schnei|dig (Adj.) mutig. Schneidigkeit.

schnei|en (V.) Schnee fällt (nur unpersönlich gebraucht!); hereinschneien (ugs.: unerwartet auftauchen).

Schnei|se (die, -, -n) baumfreies Gelände; (Kurzw.) Flugschneise.

schnell (Adj.) rasch; flink. *Beachte:* Ich mache so schnell wie möglich. auf die Schnelle. Wer ist der Schnellste (am schnellsten)? schneller Brüter. Schnellbahn (Abk.: S-Bahn); Schnellboot; Schnelldienst; Schnelldrucker; Schnellfeuer; Schnellgericht; Schnelligkeit; Schnellschuss; Schnellzug (Abk.: D-Zug). Adjektive: schnelllebig; schnellfüßig. Adverbien: schnellstens; schnellstmöglich (*falsch:* schnellstmöglichst).

Schnel|le 1. (die, -, kein Plural) rasante Geschwindigkeit; Schnelligkeit. Dann sind wir noch auf die Schnelle essen gegangen. 2. (die, -, -n) (Kurzw.) Stromschnelle.

schnel|len (V.) federn; schleudern. Stromschnelle.

Schnell|feu|er|pis|to|le (die, -, -n) selbstladende Pistole mit automatischem Verschluss und schneller Schussfolge.

Schnell|gang (der, -s, -gän|ge) schnellerer Durchgang eines Programms.

Schnell|hef|ter (der, -s, -) Kartonmappe zum Ablegen von Schriftstücken.

Schnell|im|biss (der, -es, -e) 1. schneller Happen Essen zwischendurch. Wie wäre es mit einem Schnellimbiss? 2. Schnellrestaurant bzw. Stand, die einen Imbiss anbieten.

Schnell|koch|topf (der, -s, -töp|fe) Dampfkochtopf, in dem man Speisen unter höherem Druck schneller garen kann.

Schnell|kurs (der, -es, -e) stark abgekürzter und vereinfachter Lehrgang. Rechnen hast du wohl im Schnellkurs gelernt?

Schnell|las|ter (*auch:* Schnell-Las|ter) (der, -s, -) schnell fahrender Lastwagen.

Schnell|läu|fer (*auch:* Schnell-Läu|fer) (der, -s, -) 1. Maschine mit besonders hohem Tempo; 2. Wettkampfläufer (z. B. Eisschnellläufer).

Schnell|stra|ße (die, -, -n) breite Straße ohne Kreuzungen, auf der man schnell vorankommt.

Schnell|ver|fah|ren (das, -s, -) 1. abgekürztes Strafverfahren vor dem Strafrichter oder Schöffengericht, das bei einfachen Sachverhalten und bei zu verhängenden Freiheitsstrafen von unter einem Jahr durchgeführt werden darf; 2. schnellstmögliche Durchführung einer Angelegenheit. etwas im Schnellverfahren tun.

Schnell|wä|sche|rei (die, -, -en) Wäscherei, die sofort wäscht.

Schnep|fe (die, -, -n) 1. Vogel; 2. (ugs.) Prostituierte; 3. (ugs.) dumme, schnippische weibliche Person. Schnepfenjagd; Schnepfenzug.

Schnep|fen|strich (der, -s, -e) Balzflug des Schnepfenmännchens in der Dämmerung.

schnet|zeln (V.) zerkleinern. Geschnetzeltes.

schneu|zen *alte Schreibung von* schnäuzen.

schni|cken(V.) schnell, ruckartig bewegen.

Schnick|schnack (der, -s, kein Plural) (nordd.) (ugs.) dummes Gerede; nutzloses Zeug.

schnie|fen (V.) die Nase hochziehen.

schnie|geln (V.) putzen; sich fein machen. Geschniegelt und gebügelt fühlte er sich am wohlsten.

schnie|ke (Adj.) (nordd.) schick; fein.

Schnipp|chen (das) (nur in der Verbindung:) Wir werden ihm ein Schnippchen schlagen (ugs.) (einen Streich spielen). schnipp, schnapp!

schnip|peln (*auch:* schnip|seln) (V.) (ugs.) schneiden. Schnippel; Schnippelei.

schnip|pen (V.) mit den Fingern schnalzen.

schnip|pisch (Adj.) frech; hochmütig.

Schnitt (der, -s, -e) Schneiden; Geschnittenes; Verletzung; Durchschnitt. Schnittbrot; Schnitte; Schnittholz; schnittfest; schnittweise; schneiden.

Schnitt|blu|me (die, -, -n) die abgeschnittene, einzelne Blume des Blumenstraußes.

Schnit|ter (der, -s, -) ältere Bez. für einen Landarbeiter, der das Getreide schneidet.

Schnitt|flä|che (die, -, -n) 1. durch Anschneiden entstandene Fläche. Die Schnittfläche des Apfels wird schnell braun. 2. in der Geometrie gemeinsame Punkte des Schnitts einer Fläche mit einem Körper.

schnit|tig (Adj.) schnell; sportlich-elegant.

Schnitt|kä|se (der, -s, -) schnittfester Käse; Hartkäse.

Schnitt|men|ge (die, -, -n) in der Mengenlehre die Menge, die zwei (oder mehr) anderen Mengen gemeinsam angehört.

Schnitt|mus|ter (das, -s, -) Schneidervorlage für die auszuschneidenden Stoffteile eines Kleidungsstücks.

Schnitt|punkt (der, -s, -e) in der Geometrie ein Punkt, in dem Linien oder Kurven sich schneiden.

Schnitt|stel|le (die, -, -n) 1. Stelle, an der ein Schnitt vorgenommen wurde; 2. in der EDV Kupplungsstelle zwischen verschiedenen Daten austauschenden Hard- bzw. Softwareeinheiten, kann sowohl ein Gerät, als auch ein Computerprogramm sein.

Schnitt|wun|de (die, -, -n) Wunde, die durch einen Schnitt entstanden ist.

Schnit|zel 1. (das, -s, -) Fleisch. Schnitzelfleisch; Kalbsschnitzel; Wiener Schnitzel. 2. (der, -s, -) Papierfetzen. Schnitzelei; schnitzeln.

Schnit|zel|jagd (die, -, -en) Spiel, bei dem ein Spieler mit Papierschnitzeln o. Ä. eine Spur legt, die von den Mitspielern zu Fuß, zu Pferde oder mit Fahrzeugen verfolgt wird; Fuchsjagd.

schnit|zen (V.) Holz schneiden, bearbeiten. Schnitzer; Schnitzmesser.

Schnit|ze|rei 1. (die, -, kein Plural) Holzschnitzkunst; 2. (die, -, -en) das einzelne Schnitzwerk.

schnodd|rig (*auch:* schnod|de|rig) (Adj.) (ugs.) ungezogen; frech. Schnodd(e)rigkeit.

schnö|de (*auch:* schnöd) (Adj.) erbärmlich; schändlich; beleidigend. Schnödigkeit; Schnödheit.

Schnor|chel (der, -s, -) Luftrohr. Schnorchler.

Schnor|chel|mas|ke (die, -, -n) Tauchermaske mit Schnorchel.

schnor|cheln (V.) mit dem Schnorchel knapp unter der Wasseroberfläche tauchen.

Schnör|kel (der, -s, -) Ringel; Verzierung. Schnörkelkram; schnörkeln.

Schnör|ke|lei (die, -, -en) übertriebene Verzierungen.

schnör|ke|lig (Adj.) mit Schnörkeln versehen; verschnörkelt. Diese schnörkelige Schrift ist ja fast nicht mehr lesbar! schnörkelhaft.

Schnör|kel|schrift (die, -, -en) mit Schnörkeln verzierte Schrift.

schnor|ren (V.) (ugs.) betteln. Schnorrer.

Schnö|sel (der, -s, -) (ugs.) frecher, hochnäsiger Mann. Adjektiv: schnöselig.

Schnu|cke (die, -, -n) (Kurzw.) Heidschnucke; Schaf.

schnu|cke|lig (*auch:* schnuck|lig) (Adj.) hübsch; gemütlich. Schnuckelchen; Schnucki.

Schnu|cki|putz (der, -, kein Plural) zärtliche Anredeform für ein (kleines), süßes, geliebtes Wesen.

Schnüf|fe|lei (die, -, -en) das Herumschnüffeln.

schnüf|feln (V.) schnuppern; jmdm. hinterherspionieren.

Schnul|ler (der, -s, -) Sauger. Verb: schnullen.

Schnul|ze (die, -, -n) sentimentales Lied, das gezielt Emotionen wecken will.

schnul|zig (Adj.) kitschig; sentimental.

Schnup|fen (der, -s, -) Katarrh. Schnupftuch.

schnup|fen (V.) Schnupftabak benutzen; schniefen. Schnupfer/in.

Schnupf|ta|bak (der, -s, -e) pulverförmiger, aromatisierter Tabak, der durch die Nase eingesogen wird. Schnupftabak(s)dose.

schnup|pe (Adj.) (ugs.) gleichgültig. Mir war alles schnuppe.

schnup|pern (V.) riechen.

Schnur (die, -, Schnü|re) dünnes Seil; Band. *Beachte:* über die Schnur hauen (ugs: sich austoben). Schnürboden; Schnürrock; Schnürstiefel; Schnürung; schnurgerade.

Schnür|chen (das) (nur in der Verbindung:) Die Sache lief wie am Schnürchen (hervorragend, ohne Komplikationen).

schnü|ren (V.) zusammenbinden. Schnür dir die Schuhe!

Schnur|ke|ra|mik (die, -, -en) vorgeschichtliche Tonware (Endjungsteinzeit), die mit Abdrücken von Schnüren verziert ist.

Schnür|leib (der, -s, -lei|ber) schnürbares Mieder.

Schnürl|re|gen (der, -s, kein Plural) (österr.) nicht endender, feiner Regen.

Schnür|mie|der (das, -s, -) Mieder, das durch Schnürung eng zusammengezurrt werden kann.

Schnurr|bart (der, -s, -bär|te) Oberlippenbart. Adjektiv: schnurrbärtig.

Schnur|re (die, -, -n) Geschichte. eine Schnurre spinnen.

schnur|ren (V.) brummen; knurren. Schnurrer.

Schnür|rie|men (der, -s, -) Schnürband; Schnürsenkel.

Schnür|schuh (der, -s, -e) Schuh, der mit einem Schnürband geschnürt und verschlossen wird.

Schnür|sen|kel (der, -s, -) Band, mit dem der Schnürschuh geschnürt wird; Schuhband; Schnürriemen.

schnur|stracks (Adv.) sofort; ohne Umweg. Sie ist schnurstracks zum Lehrer gegangen und hat alles gepetzt.

schnurz (Adj.) gleichgültig. Ihm war jetzt alles schnurz. schnurzegal; schnurzpiepe; schnurzpiepegal.

Schnu|te (die, -, -n) (nordd.) (ugs.) Mund. Schnütchen.

Scho|ber (der, -s, -) Scheune. Heuschober; schobern.

Schock 1. (der, -s, -) 60 Stück; eine Menge. Drei Schock Äpfel ist/sind zu viel. Adverb: schockweise. 2. (der, -s, -s) (franz.) Nervenschock; Kreislaufzusammenbruch. Schockbehandlung; schocken.

Scho|cker (der, -s, -) etwas Schockierendes (bes. ein Film); schockierende Person.

Schock|far|be (die, -, -n) grelle, leuchtende Farbe, die einem im übertragenen Sinne einen Schock versetzt. schockfarben.

scho|ckie|ren (V.) (franz.) entrüsten; erschrecken. Schockschwerenot!

scho|ckiert (Adj.) empört; entrüstet; platt. Als er die aufgeschlitzten Autositze sah, war er schockiert.

Schock|the|ra|pie (die, -, -n) Behandlung von geistig oder seelisch Erkrankten durch künstliches Auslösen von Schocks.

Scho|far (der, -/-s, -fa|roth) (hebr.) Widderhorn, das am jüdischen Neujahrstag geblasen wird.

scho|fel (*auch:* scho|fe|lig/schof|lig) (Adj.) (jidd.) geizig; schäbig. Schofel.

Schöf|fe (die, -n, -n) Beisitzer. Schöffenstuhl; Schöffin; schöffenbar.

Schöf|fen|bank (die, -, -bän|ke) Platz der Schöffen vor Gericht.

Schöf|fen|ge|richt (das, -s, -e) Gericht aus ehrenamtlichen Laienrichtern, die ihr Richteramt mit gleichem Stimmrecht wie der Berufsrichter ausüben.

Scho|ko (die, -, -s) (ugs.) (Kurzw.) Schokolade. Schokoriegel.

Scho|ko|la|de (die, -, -n) (span.) Kakaogetränk; Süßigkeit. Schokolade(n)eis; Schokoladenfabrik; Schokoladennikolaus; Schokoladenosterhase; Schokoladentafel; Schokoladentorte; Schokoriegel; schokoladen; schokolade(n)braun; schokolade(n)farbig; schokolade(n)farben.

Scho|ko|la|de(n)|guss (der, -es, -güs|se) Überzug aus Schokolade.

Scho|ko|la|den|pud|ding (der, -s, -s/-e) (engl.) Pudding mit Schokoladengeschmack.

Scho|ko|la|den|sei|te (die, -, -n) (ugs.) angenehme, fotogene, schöne Seite eines Menschen oder einer Angelegenheit.

scho|ko|lie|ren (V.) (mex.-span.-niederl.-lat.) etwas mit einem Schokoladenüberzug versehen.

Scho|ko|streu|sel (der, -s, -) geriebene, geraspelte und manchmal mit Zucker dragierte Schokolade.

Scho|las|tik (die, -, kein Plural) (lat.) philosophische Lehre; Schulweisheit. Scholastizismus; scholastisch.

Scho|las|ti|ker (der, -s, -) Anhänger der Scholastik.

Scho|lie (die, -, -n) (griech.) erklärende Anmerkung (die von einem Gelehrten an schwierigen Textstellen von Klassikern vorgenommen wurde).

Schol|le (die, -, -n) 1. Erdboden; 2. Eisplatte; 3. Fisch. Schollengebirge; schollig; schollern.

Schol|len|bre|cher (der, -s, -) spezielles Schiff, das große Eisschollen zerkleinert, um anderen Schiffen die Weiterfahrt zu ermöglichen.

Schol|li (der) (nur in der Wendung) mein lieber Scholli!

schon (Adv.) bereits; bestimmt; allein; wohl. *Beachte:* Und wenn schon! wenn schon, denn schon; *auch:* wennschon – dennschon. Konjunktionen: obschon; wennschon.

schön (Adj.) hübsch; angenehm; (ugs.) beträchtlich; gut. *Beachte:* Das war ganz schön gefährlich. Schön, dann komme ich morgen. die schönen Künste; die schöne Literatur; das schöne Geschlecht. Das Stück gelang aufs Schönste (*auch:* schönste). Das Schönste (am schönsten) wäre, wenn ... *Aber:* viel/wenig/etwas/nichts Schönes; das Schöne. Euer Besuch war das Schönste seit langem. Schönes und Hässliches; sich aufs Schönste freuen. Sie war die Schönste unter den Teilnehmerinnen. schönfärben (beschönigen), schönreden (schmeicheln); *aber:* sich für ein Fest schön machen (*auch:* schönmachen). Schöndruck; Schöne; Schönfärber; Schönheitsfehler; Schönheitspflege; Schönheitswettbewerb; Schönschreibschrift; Schönwetterlage. Adjektive: schöngeistig; schönrednerisch; Adverb: schönstens.

Schon|be|zug (der, -s, -be|zü|ge) schonender Überzug, der Schmutz von Sesseln oder Polstersitzen fernhält.

scho|nen (V.) gut behandeln; auf sich Rücksicht nehmen. Schoner; Schonung; Schonungslosigkeit; schonungslos.

schö|nen (V.) etwas besser aussehen lassen, als es ist.

Scho|ner (der, -s, -) (engl.) mehrmastiges Segelschiff.

schön|fär|ben (V.) beschönigen.

Schön|fär|be|rei (die, -, -en) beschönigende Darstellung einer mittelmäßigen oder misslungenen Sache.

Schon|frist (die, -, -en) Frist, während der eine Androhung oder eine Strafe noch nicht umgesetzt wird.

Schon|gang (der, -s, -gän|ge) für die Wäsche besonders schonender Waschgang.

Schön|geist (der, -(e)s, -er) Freund der schönen Literatur; ästhetischer Genießer.

Schön|heit 1. (die, -, kein Plural) schönes Aussehen; Schönsein. Die Schönheit der Landschaft machte mich sprachlos. 2. (die, -, -en) einzelner schöner Mensch; einzelne schöne Sache. Sie ist wirklich eine Schönheit.

Schön|heits|chi|r|ur|gie (die, -, kein Plural) Spezialgebiet der Chirurgie, das sich mit ästhetischen und wiederherstellenden Operationen befasst.

Schön|heits|farm (die, -, -en) Mittelding zwischen Hotel und Sanatorium, in der Frauen sich pflegen und verschönern lassen können.

Schön|heits|ide|al (das, -s, -e) Idealvorstellung von Schönheit.

Schön|heits|kö|ni|gin (die, -, -nen) Siegerin bei einem Schönheitswettbewerb.

Schön|heits|pfläs|ter|chen (das, -s, -) nachgemachter Schönheitsfleck (Leberfleck) in Form eines winzigen schwarzen Pflasters.

Schon|kost (die, -, kein Plural) reizarme Ernährungsform für Genesende und chronisch Kranke.

Schön|ling (der, -s, -e) abfällige Bez. für einen auffällig gut aussehenden (jüngeren) Mann, der sein Äußeres pflegt.

schön|re|den (V.) schmeicheln. *Aber:* Der Vorsitzende hat schön geredet.

Schön|red|ne|rei (die, -, kein Plural) übertriebenes Schmeicheln; verbales Schönfärben; Schönrederei.

Schön|schrift (die, -, kein Plural) konzentriertes Schönschreiben.

Schön|tu|e|rei (die, -, kein Plural) Schmeicheln; Schöntun. Schöntuer; schöntuerisch.

schön|tun (V.) schmeicheln.

scho|nungs|be|dürf|tig (Adj.) der Schonung bedürftig, zum Beispiel nach einer Krankheit. Sie machte einen schonungsbedürftigen Eindruck.

Schon|zeit (die, -, -en) bestimmte Zeitspanne, während der Wild nicht gejagt werden darf, dient der Regeneration des Bestandes.

Schopf (der, -s, Schöp|fe) Haarbüschel. Haarschopf.

Schöpf|ei|mer (der, -s, -) angeseilter Eimer, mit dem das Wasser aus einem Schöpfbrunnen geschöpft wird.

schöp|fen (V.) herausnehmen; schaffen; erfinden. *Beachte:* Ich gehe frische Luft schöpfen. Du kannst nicht immer aus dem Vollen schöpfen. Schöpfbrunnen; Schöpferkraft; Schöpfgefäß; Schöpflöffel; Schöpfrad; Schöpfwerk.

Schöp|fer 1. (der, -s, kein Plural) Gott als Erschaffer, Schöpfer der Welt; 2. (der, -s, -) Urheber eines schöpferischen Werkes; 3. (der, -s, -) (ugs.) Schöpflöffel. ein Schöpflöffel voll.

Schöp|fer|geist (der, -(e)s, kein Plural) Erfindungsgeist; schöpferisches Denken.

schöp|fe|risch (Adj.) erfinderisch; kreativ. Sie möchte später in einem schöpferischen Beruf arbeiten.

Schöpf|kel|le (die, -, -n) Schöpflöffel; Suppenkelle.

Schöp|fung 1. (die, -, kein Plural) die Erschaffung der gesamten Welt; die gesamte erschaffene Welt; 2. (die, -, -en) schöpferisches Werk allgemein. Der Modemacher stellte seine neueste Schöpfung vor.

Schöp|fungs|akt (der, -es, kein Plural) Akt der (göttlichen) Schöpfung der Welt aus dem Nichts.

Schöp|fungs|ge|schich|te (die, -, -n) Geschichte der Erschaffung des Menschen und der Welt durch Gott, dargestellt im Alten Testament.

Schop|pen (der, -s, -) Flüssigkeitsmaß (ein Viertelliter). zwei Schoppen Wein. *Aber:* Schoppenwein. Schöppchen; schoppenweise.

Schöps (der, -es, Schöp|se) (österr.-tschech.) Hammel.

Schorf (der, -s, Schor|fe) Kruste. Adjektiv: schorfartig.

schor|fig (Adj.) schorfbedeckt; verschorft. Seine Kopfhaut sah so schorfig aus.

Schor|le (die, -, -n) Mischgetränk.

Schorn|stein (der, -s, -stei|ne) Kamin.

Schorn|stein|fe|ger (der , -s, -) Handwerker, der die Kamine säubert, um Feuerstätten und Rauchabzüge funktionsfähig zu erhalten; Kaminkehrer.

Scho|se (*auch:* Cho|se) (die, -, -n) (franz.) (ugs.) Sache; Angelegenheit.

Schoß 1. (der, -es, Schö|ße) Körperteil; Mutterleib; 2. Kleidungsteil. Schößchen; Frackschoß; Rockschoß; Schoßkind.

Schoß|hund (der, -s, -e) kleiner, verhätschelter Hund.

Schoss (der, Schos|ses, Schos|se) Trieb; Spross. Schössling; schossen.

Scho|te (die, -, -n) 1. Fruchthülse. Paprikaschote. 2. Segeltau. Schotenfrucht; schotenförmig.

Schott 1. (der, -s, -s) (arab.) Schlammlandschaft. Schott el Arab. 2. (das, -s,

-e/-en) Trennwand (Schiff). *Beachte:* Mach die Schotten dicht!

Schot|ten (der, -s, -) Gewebe. Schottenstoff.

Schot|ten|rock (der, -s, -rö|cke) kurzer Faltenrock aus kariertem Wollstoff, der Teil der schottischen Männertracht ist; Kilt.

Schot|ter (der, -s, -) grober Kies. Schotterdecke; Schotterebene; Schotterung; schottern.

Schot|ter|stra|ße (die, -, -n) geschotterte Straße, die (noch) nicht geteert ist.

schraf|fie|ren (V.) stricheln. Schraffierung.

Schraf|fur (die, -, -en) schraffierte Fläche; Schraffierung.

schräg (Adj.) 1. schief; 2. diagonal; 3. unehrlich. *Beachte:* schräg gegenüber, *aber:* schrägüber; schräg halten/laufen/stehen; schräg stellen (*auch:* schrägstellen); Schrägbau; Schrägheit; Schräglage; Schrägschnitt; Schrägstrich; schräg laufend (*auch:* schräglaufend); schräghin; schrägen.

Schrägstrich

Beachte:

1. in der Bedeutung »je«: das Auto fährt höchstens 120 km/h; 200,– Euro/m².
2. als Bruchstrich: 5 ¹/₄ Liter; 3 %.
3. in der Bedeutung »oder«: an Herrn/Frau/Fräulein. Überweisen Sie aus meinem/unserem Guthaben.
4. als Ersatz für einen Bindestrich (zur Vermeidung von Missverständnissen): das Team Becker/Stich; die Bearbeitung von Müller/Stern (*aber:* Frau Müller-Stern); CDU/CSU.
5. zur Kennzeichnung von zwei aufeinander folgenden Zeitangaben: im Wintersemester 1991/92; in den Monaten September/Oktober.
6. umgekehrter Schrägstrich (\). Zeichen in Programmiersprachen für ein geöffnetes Verzeichnis: C:\texte\brief.txt.

Schrä|ge (die, -, -n) 1. schräge Fläche, z. B. Dachschräge; 2. Schrägheit allgemein.

Schräg|schrift (die, -, kein Plural) schräg verlaufende Schrift.

Schräg|strich (der, -s, -stri|che) Satzzeichen (/). → Regelkasten.

Schram|me (die, -, -n) Kratzer; Wunde. Adjektiv: schrammig. Verb: schrammen.

Schram|mel|mu|sik (die, -, kein Plural) volkstümliche Wiener Musik (benannt nach den Gebrüdern Schrammel), die von einem Schrammelquartett aus zwei Geigen, Gitarre und Ziehharmonika gespielt wird.

Schram|meln (die, nur Plural) (südd.) Musikgruppe, die Schrammelmusik spielt. Schrammelquartett.

Schrank (der, -s, Schrän|ke) Kastenmöbel. Schränkchen; Schrankfach; Schrankspiegel.

Schrank|bett (das, -s, -en) herunterklappbares Bett, das tagsüber in einem Schrank verborgen ist.

Schran|ke (die, -, -n) Absperrung; Grenze. Schrankenwärter; schrankenlos; *aber:* beschränken.

schrän|ken (V.) überkreuzen. die Beine schränken.

Schran|ken|lo|sig|keit (die, -, kein Plural) Grenzenlosigkeit; Unbeherrschtheit. Seine Schrankenlosigkeit ist Teil seines Charakters.

schrank|fer|tig (Adj.) sauber, gebügelt und zusammengefaltet. Diese Wäscherei liefert einem die Wäsche schrankfertig.

Schrank|kof|fer (der, -s, -) großer Koffer, der eine Inneneinteilung wie ein Schrank hat, sodass man Kleidung hineinhängen kann.

Schrank|wand (die, -, -wän|de) Schrank, der aus mehreren Komponenten besteht und sich über eine ganze Zimmerwand erstreckt.

Schran|ze (der, -n, -n) Schmeichler. Hofschranze.

Schrap|nell (das, -s, -e/-s) (engl.) Artilleriegeschoss mit Sprengladung, die kurz vor dem Auftreten zerbirst.

schrap|pen (V.) schaben.

Schrat (der, -s, -e) Waldkobold.

Schrau|be (die, -, -n) 1. Metallstift; 2. Propeller; 3. Turnübung. Schräubchen; Schraubenbolzen; Schraubenflügel; Schraubengewinde; Schraubenkopf; Schraubenrad; Schraubenschlüssel; schraubenartig; geschraubt (ugs.: überzogen); schrauben.

Schrau|ben|al|ge (die, -, -n) im Süßwasser weitverbreitete Gattung der Jochalgen.

Schrau|ben|damp|fer (der, -s, -) Dampfer, der durch Schiffsschrauben angetrieben wird.

Schrau|ben|mut|ter (die, -, -n) Teil der Schraube, der auf das Gewinde aufgeschraubt wird.

Schrau|ben|sal|to (der, -s, -s/-sal|ti) in sich schraubenartig verdrehter, kunstvoller Salto.

Schrau|ben|schlüs|sel (der, -s, -) Werkzeug zum Festziehen und Lösen von Schrauben und Muttern.

Schrau|ben|zie|her (der, -s, -) Werkzeug zum Festziehen und Lösen von Schrauben mit geschlitztem Kopf; Schraubendreher.

Schrau|ben|zwin|ge (*auch:* Schraub|zwin|ge) (die, -, -n) kleinerer Schraubstock, bei dem ein Werkstück zwischen zwei Backen eingespannt wird.

Schraub|stock (der, -s, -stö|cke) Vorrichtung zum Einspannen von zu bearbeitenden Werkstücken.

Schraub|ver|schluss (der, -es, -ver|schlüs|se) dicht schließender Verschluss, der auf ein Gewinde aufgeschraubt wird.

Schre|ber|gar|ten (der, -s, -gär|ten) Kleingarten. Schrebergärtner.

Schreck (*auch:* Schre|cken) (der, -s, Schre|cke/Schre|cken) Angst; Entsetzen; Grauen. *Beachte:* Der Schreck war groß. mit dem Schrecken davonkommen. Schreckbild; Schreckensbotschaft; Schreckenszeit; Schrecklichkeit; Schrecknis; Schreckstarre. Adjektive: schreckenerregend (*auch:* Schrecken erregend); schreckensblass; schreckensbleich; schreckerfüllt; schreckhaft; schrecklich.

schre|cken (V.) 1. in Schrecken geraten. Unregelmäßige und regelmäßige Beugung in Zusammensetzungen mit „auf, zurück, hoch, zusammen“: Er schrickt/schreckt auf. Er schrak/schreckte auf. Er ist aufgeschreckt. 2. in Schrecken versetzen; abschrecken. Regelmäßige Beugung: Er schreckt sie. Er schreckte sie. Er hat sie geschreckt. 3. schreien (Jägersprache). Regelmäßige Beugung.

Schre|ckens|herr|schaft (die, -, -en) blutige Gewaltherrschaft. Während der Franz. Revolution übten die Jakobiner eine Schreckensherrschaft aus.

Schre|ckens|nach|richt (die, -, -en) Nachricht, die den Empfänger in Schrecken versetzt.

Schreck|ge|spenst (das, -s, -er) 1. Gespenst, das Schrecken verbreitet; 2. Vorstellung, die den Menschen Entsetzen einflößt. Im Westen ist das Schreckgespenst Kommunismus verblasst.

Schreck|haf|tig|keit (die, -, -kein Plural) Neigung, sehr leicht zu erschrecken.

Schreck|schrau|be (die, -, -n) abfällige Bez. für eine unangenehme und unbeliebte weibliche Person. Da kommt die alte Schreckschraube!

Schreck|schuss (der, -es, -schüs|se) Schuss, der zur Abschreckung abgefeuert wird.

Schreck|schuss|pis|to|le (die, -, -n) Pistole, die nur Schreckschüsse abfeuern kann, nicht echte Munition.

Schreck|se|kun|de (die, -, -n) die Zeitspanne, während der man nach einem Schreck völlig reaktionsunfähig ist.

Schred|der (der, -s, -) (engl.) technische Vorrichtung zum Verschrotten von Autowracks; Aktenvernichter.

schrei|ben (V., schrieb, hat geschrieben) Texte verfassen; notieren; mitteilen; korrespondieren. *Beachte:* Sie schreibt auf unliniertem Papier (Dativ!). *Aber:* Sie schrieb an die Tafel (Akkusativ!). Sie schrieb mir/an mich. Schreibblock; Schreiben (Schriftstück); Schreiber/in; Schreibfehler; Schreibpult; Schreibtisch; Schreibübung; Schreibung; Schreibwaren; Schreibzeug. Adjektiv: schreibfaul.

Schreib|au|to|mat (der, -en, -en) automatische Schreibmaschine, die Texte nach eingelegten Magnetbändern oder Kassetten selber schreibt.

Schreib|be|darf (der, -s, kein Plural) Schreibwaren wie Papier und Stifte.

Schrei|be (die, -, -n) (ugs.) bestimmter (professioneller) Schreibstil, zum Beispiel eines Journalisten oder eines Werbetexters.

Schrei|ber|ling (der, -s, -e) abfällige Bez. für einen mittelmäßigen Journalisten.

Schreib|faul|heit (die, -, kein Plural) geringe Neigung, sich schriftlich auszudrücken bzw. Briefe zu schreiben.

Schreib|heft (das, -s, -e) Heft, in dem Schulkinder das Schreiben üben.

Schreib|kraft (die, -, -kräf|te) jmd., der berufsmäßig Texte mit Computer oder Schreibmaschine schreibt.

Schreib|ma|schi|ne (die, -, -n) Apparat für maschinelles Schreiben.

Schreib|ma|schi|nen|pa|pier (das, -s, -e) für die Schreibmaschine besonders geeignetes Papier.

Schreib|schrift (die, -, -en) Schrift, von Hand geschrieben. Ggs.: Druckschrift.

Schreib|tisch|tä|ter (der, -s, -) jmd., der ein Verbrechen vom Schreibtisch aus plant oder anordnet, die Ausführung aber anderen überlässt.

Schreib|wei|se (die, -, -n) Weise, auf die ein Wort buchstabiert und geschrieben wird.

schrei|en (V., schrie, hat geschrien) brüllen; laut rufen, sprechen. Schreier; Schreikrampf. Sie trug ein Kleid in schreiendsten (schrillen) Farben.

Schrei|e|rei (die, -, -en) anhaltendes Gebrüll.

Schrei|hals (der, -es, -häl|se) (ugs.) schreiendes Kind bzw. Kind, das häufig und ausdauernd schreit.

Schrein (der, -s, -e) (lat.) Sarg; Kasten; Kästchen.

Schrei|ner (der, -s, -) Tischler. Schreinermeister; schreinern.

Schrei|ne|rei (die, -, -en) Tischlerbetrieb.

schrei|nern (V.) Schreinerarbeiten machen.

schrei|ten (V., schritt, ist geschritten) gehen; beginnen. Schreiten wir zur Tat! *Aber:* Schritt.

Schreit|tanz (der, -es, -tän|ze) Tanz mit langsamen, schreitenden Schritten.

Schreit|vo|gel (der, -s, -vö|gel) Vogelgattung mit meist langen Beinen und Schnäbeln und nesthockenden Jungen.

Schrift (die, -, Schrif|ten) 1. Zeichensystem; 2. (Kurzw.) Handschrift. lateinische Schrift; *aber:* die Heilige Schrift (Bibel). Schriftenreihe; Schriftführer; Schrifthöhe; Schriftlichkeit; Schriftrolle; Schriftsatz; Schriftsetzer; Schriftstück; Schrifttyp; Schriftwechsel. Adjektive: schriftdeutsch; schriftlich. Verben: schreiben; schriftstellern.

Schrift|art (die, -, -en) Typ der Druckschrift, zum Beispiel Courier oder Times.

Schrift|aus|le|gung (die, -, -en) Erklärung der Heiligen Schrift und ihres Sinns; Exegese.

Schrift|deutsch (das, -s, kein Plural) geschriebene Hochsprache.

Schrift|fäl|scher (der, -s, -) jmd., der eine Handschrift fälscht.

Schrift|ge|lehr|te (der, -n, -n) jmd., der die Thora studiert hat.

Schrift|grad (der, -s, -e) Größe von Druckschrift(en).

Schrift|lei|ter (der, -s, -) jmd., der den Hergang einer Versammlung protokolliert und Abstimmungsergebnisse dokumentiert.

Schrift|pro|be (die, -, -n) 1. kurze Probe eines gesetzten Textes; 2. kurzer handgeschriebener Text als Probe einer Handschrift. Wir brauchen eine Schriftprobe für unser grafologisches Gutachten.

Schrift|spra|che (die, -, -n) Sprache des geschriebenen Worts; deutliche Aussprache.

schrift|sprach|lich (Adj.) die Schriftsprache betreffend; wie die Schriftsprache; deutlich sprechend.

Schrift|stel|le|rei (die, -, kein Plural) (ugs.) das Bücherschreiben.

Schrift|tum (das, -s, kein Plural) alles Geschriebene; Gesamtheit an Literatur. Das Schrifttum der alten Ägypter ist nur unvollständig erhalten.

Schrift|zei|chen (das, -s, -) Zeichen einer Schrift.

schrill (Adj.) laut; grell. Verb: schrillen.

Schrimp → Shrimp.

Schrip|pe (die, -, -n) (nordd.) Brötchen.

Schritt (der, -s, -e) 1. Gehen; 2. Maß; 3. Zwickel; 4. Unternehmung. *Beachte:* auf Schritt und Tritt verfolgen. Der

Fluss ist hier nur zehn Schritt breit. *Aber:* Das ist nur 50 Schritte von hier. Er ging nur drei Schritte weit. Schritt für Schritt. Wir mussten Schritt fahren. Ich konnte nicht mehr länger Schritt halten. Schritt-für-Schritt-Anleitung. Schrittmesser; Schritttanz (*auch:* Schritt-Tanz); Schrittweite; Schrittzähler. Adverb: schrittweise.

Schritt'ge'schwin'dig'keit (die, -, -, kein Plural) langsames Tempo; Fußgängergeschwindigkeit.

Schritt'län'ge (die, -, -n) 1. Abstand zwischen Hosenschritt und Fußknöcheln; 2. Länge eines durchschnittlichen Schrittes.

Schritt'ma'cher (der, -s, -) 1. bei Pferderennen das Führpferd (engl. Pacemaker), das zugunsten eines anderen ein erhöhtes Anfangstempo vorlegt; 2. bei Radrennen ein Motorradfahrer, der dicht vor dem Radrennfahrer herfährt und ihm dadurch Windschutz bietet; 3. (Kurzw.) Herzschrittmacher; ein batteriebetriebenes Gerät, das den Herzmuskel reizt und einen bestimmten Schlagrhythmus anregt.

Schritt'tem'po (*auch:* Schritt-Tem'po) (das, -s, kein Plural) sehr langsame Fahrweise in Fußgängergeschwindigkeit.

schroff (Adj.) steil; abweisend. Schroffheit.

schröp'fen (V.) aussaugen; ausbeuten. Schröpfer.

Schröpf'kopf (der, -s, -köp'fe) Vakuumglocken aus Glas oder Gummi, die beim Schröpfen benutzt werden.

Schrot (der/das, -s, -e) Getreide; Bleikügelchen. Schrotkorn; Schrotmehl; Schrotmühle; Schrotschnitt; Schrotwaage; geschrotet; schroten. (*Aber:* Schrothkur!).

Schrot'brot (das, -s, -e) Brot aus geschrotetem Getreide, das eine Vielzahl an Vitaminen und Mineralstoffen enthält.

Schrot'flin'te (die, -, -n) Jagdgewehr, das mit Schrot geladen wird.

Schroth'kur (die, -, -en) Diät.

Schrot'ku'gel (die, -, -n) Bleikügelchen als Jagdmunition.

Schrott (der, -s, -e) 1. Alteisen; 2. (ugs.) Unsinn. Schrotthändler; Schrotthaufen; Schrotttransport (*auch:* Schrott-Transport); schrotten; verschrotten.

Schrott'au'to (das, -s, -s) Auto mit Totalschaden; verschrottetes Auto.

Schrott'han'del (der, -s, kein Plural) Handel mit Metallabfällen.

Schrott'pres'se (die, -, -n) große Presse, in der Altautos und andere Metallabfälle komprimiert werden.

schrott'reif (Adj.) reif für die Schrotthalde.

Schrott'wert (der, -s, -e) der reine Materialwert eines nicht mehr nutzbaren Gegenstands.

Schrubb'be'sen (*auch:* Schrubb-Be'sen) (der, -s, -) Schrubber.

schrub'ben (V.) putzen; scheuern. Schrubber.

Schrul'le (die, -, -n) Laune; Absonderlichkeit. schrullenhaft; schrullig.

Schrul'len'haf'tig'keit (die, -, -en) Schrulligkeit; Verschrobenheit.

Schrul'lig'keit (die, -, kein Plural) schrulliger Charakter; Verschrobenheit.

schrum'pe'lig (*auch:* schrump'lig) (Adj.) (nordd.) faltig; runzelig. Schrumpel; schrumpeln.

schrump'fen (V.) kleiner werden. Schrumpfgermane; Schrumpfung; schrumpfig; schrumpfbeständig.

Schrumpf'kopf (der, -s, -köp'fe) präparierter Kopf eines getöteten Gegners; früher indianische Siegestrophäe.

Schrumpf'le'ber (die, -, -n) durch Leberzirrhose verkleinerte Leber.

Schrumpf'nie're (die, -, -n) narbige Verhärtung und Verkleinerung der Niere nach chronischer Entzündung oder infolge einer arteriosklerotischen Ernährungsstörung.

Schrund (der, -s/-es, Schrün'de) Felsspalte; Spalte.

schrun'dig (Adj.) aufgespalten; zersplittert.

Schub (der, -s, Schü'be) Schieben; Antriebskraft; Ladung. Schubfach; Schubkarren; Schubkasten; Schubleistung; Schubs; Schubser; Schubstange; Schubwirkung; schubweise; schubsen; schieben.

Schu'bi'ack (der, -s, -s) (jidd.) Dieb; Schurke.

Schub'kraft (die, -, -kräf'te) der Bewegungsrichtung entgegengesetzte Kraft; Vortriebskraft für Raketen, Schiffe und Flugzeuge mit Propeller- oder Düsenantrieb.

Schub'la'de (die, -, -n) Lade, die in einen Schrank oder Tisch eingeschoben wird und für zusätzlichen Stauraum sorgt.

Schub'la'den'ge'setz (das, -es, -e) Gesetz, das bis zu einem günstigen Zeitpunkt zurückgehalten wird.

Schub'leh're (die, -, -n) Längenmessgerät, das aus einer Messskala und zwei daran befestigten, beweglichen Messschnäbeln besteht; Schieblehre.

schüch'tern (Adj.) scheu; unsicher. Schüchternheit.

Schuft (der, -s, -e) Schurke. Schuftigkeit; schuftig.

schuf'ten (V.) (ugs.) schwer arbeiten. Schufterei.

Schuh (der, -s, -e) Fußbekleidung; Hülle. Schuhbänder; Schühchen; Schuhfabrik; Schuhgröße; Schuhmacher; Schuhnummer; Schuhputzer; Schuhsohle.

Schuh'bürs'te (die, -, -n) Bürste zum Schuheputzen, mit der Schmutz entfernt oder Schuhcreme verteilt wird.

Schuh'cre'me (*auch:* Schuh'krem/ Schuh'kreme) (die, -, -s) Pflegemittel für lederne Schuhe aus Fettstoffen mit oder ohne Farbzusätze.

Schuh'löf'fel (der, -s, -) Schuhanziehhilfe; Schuhanzieher.

Schuh'platt'ler (der, -s, -) Volkstanz.

Schuh'span'ner (der, -s, -) Vorrichtung zum Spannen, die in die Schuhe eingelegt wird, um die Form der Schuhe zu erhalten.

Schuh'wich'se (die, -, -n) Schuhcreme.

Schu'ko (der, -s, -s) (Kurzw.) Schutzkontakt. Schukostecker.

Schul'ab'gän'ger (der, -s, -) jmd., der die Schule nach Beendigung der Schulzeit verlässt.

Schul'an'fän'ger (der, -s, -) Abc-Schütze; Erstklässler.

Schul'buch (das, -s, -bü'cher) Lehrbuch, das im Schulunterricht eingesetzt wird.

Schul'bus (der, -ses, -bus'se) Bus, der Kinder aus umliegenden Gemeinden zur Schule bringt.

Schuld (die, -, -en) Versagen; Verfehlung; Verantwortung; Belastung. *Beachte:* Schuld haben; Schuld geben, *aber:* schuld sein; sich etwas/nichts zuschulden (*auch:* zu Schulden) kommen lassen. Ich will ihr nicht die Schuld geben. sich seiner/keiner Schuld bewusst sein. Schuldbeweis; Schuldenhaftung; Schuldenlast; Schuldgefühl; Schuldige; Schuldigkeit; Schuldigsprechung; *aber:* jemanden schuldig sprechen (*auch:* schuldigsprechen); Schuldkomplex; Schuldlosigkeit; Schuldspruch; Schuldwechsel. Adjektive: schuldbeladen; schuldbewusst; schuldenhalber; schuldfähig; schuldhaft; schuldig; eines Vergehens schuldig sein; schuldlos; schuldrechtlich. Verben: schulden; sich verschulden.

Schuld|an|er|kennt|nis (die, -, -se) einseitig verpflichtender Vertrag, in dem eine Person anerkennt, einer anderen Person eine bestimmte Leistung zu schulden.

Schuld|be|kennt|nis (das, -ses, -se) Bekenntnis der eigenen Schuldigkeit, zum Beispiel vor Gericht.

Schuld|be|wusst|sein (das, -s, kein Plural) Bewusstsein einer eigenen Schuld.

Schul|den (die, -, nur Plural) Verpflichtungen (besonders zur Rückzahlung von geliehenem bzw. vorgestrecktem Geld).

schul|den|frei (Adj.) ohne Schulden.

Schuld|fra|ge (die, -, kein Plural) die Frage, wer schuld ist. Solange die Schuldfrage nicht geklärt ist, kann der Schadensrabatt nicht verändert werden.

schuld|frei (Adj.) ohne Schuld.

Schul|dig|keit (die, -, kein Plural) das, was man jmdm. schuldet; Verpflichtung. Das war deine verdammte Pflicht und Schuldigkeit!

Schuld|ner/in (der, -s, -) Person, die einer anderen (dem Gläubiger) eine Leistung schuldet. Schuldnerberatung.

Schuld|schein (der, -s, -e) Urkunde, in der sich jmd. als Schuldner für einen bestimmten Betrag bekennt.

Schuld|über|nah|me (die, -, -n) Vertrag zwischen dem Gläubiger und einem Dritten über dessen Eintritt in ein bestehendes Schuldverhältnis unter Befreiung des bisherigen Schuldners.

Schuld|zins (der, -es, -en) der für die Nutzung des fremden Kapitals gezahlte Preis.

Schu|le (die, -, -n) Bildungsanstalt; Schulhaus. *Beachte:* auf die höhere Schule gehen; die Hohe (*auch:* hohe) Schule der Reitkunst. Das Projekt wird noch Schule machen. Schularzt; Schulaufgabe; Schulbesuch; Schuldienst; Schüler/in; Schülermitverwaltung (Abk.: SMV); Schülerschaft; Schulfreund/in; Schulgeld; Schulhaus; Schulheft; Schuljahr; Schuljunge; Schulklasse; Schullehrer/in; Schulmädchen; Schulpolitik; Schulschluss; Schulspeisung; Schulsprecher; Schulstunde; Schultasche; Schulung; Schulungskurs; Schulunterricht; Schulverwaltung; Schulweg; Schulzeit; Schulzeugnis. Adjektive: schulärztlich; schulentlassen; schülerhaft; schulfrei; schulisch; schulmäßig; schulpflichtig. Verben: schulen; einschulen.

Schü|ler|aus|tausch (der, -s, -e) Austausch von Schülern verschiedener Länder, die in Gastfamilien wohnen.

Schü|ler|lot|se (der, -n, -n) jmd., der Schulkindern an verkehrsreichen Straßenübergängen das Überqueren der Straße ermöglicht.

Schü|ler|zei|tung (die, -, -en) Zeitung, die von einer Schülerredaktion für Schüler, Eltern und Lehrer hergestellt wird.

Schul|fe|ri|en (die, -, nur Plural) unterrichtsfreie Zeit.

Schul|funk (der, -s, kein Plural) Rundfunkprogramme zur Ergänzung des Unterrichts.

Schul|land|heim (das, -s, -e) Art Jugendherberge auf dem Land, die von Schulklassen für Klassenfahrten genutzt werden kann.

Schul|lei|ter (der, -s, -) Direktor einer Schule.

Schul|me|di|zin (die, -, kein Plural) die naturwissenschaftlich begründeten Regeln der Heilkunde, wie sie an den Hochschulen gelehrt werden.

schul|meis|ter|lich (Adj.) unangenehm belehrend. schulmeistern.

Schul|ord|nung (die, -, -en) Regelwerk für alle Abläufe in der Schule.

Schul|pflicht (die, -, kein Plural) Verpflichtung, ab dem 6. Lebensjahr und mindestens bis zum 14. Lebensjahr die Schule zu besuchen.

Schul|ran|zen (der, -s, -) Schultasche; Tornister.

Schul|rei|fe (die, -, kein Plural) ausreichende geistige und körperliche Reife für den Schulbesuch.

Schul|schiff (das, -s, -e) Fahrzeug der Handels- oder Kriegsmarine, auf dem junge Seeleute ausgebildet werden.

Schul|ter (die, -, -n) Körperteil. *Beachte:* etwas auf die leichte Schulter nehmen. Schulterblatt; Schultergelenk; Schulterklappe; Schultersieg; schmalschult(e)rig; schultern.

schul|ter|frei (Adj.) die Schultern freilassend. Ich habe noch nie ein schulterfreies Kleid besessen.

schul|ter|lang (Adj.) bis zur Schulter reichend.

Schul|ter|pols|ter (das, -s, -) kleine Schaumgummipolster, die in die Schulterpartie von Damenoberbekleidung eingearbeitet werden, wenn breitere Schultern gerade modern sind.

Schul|ter|schluss (der, -es, -schlüs|se) solidarisches Zusammenrücken und Zusammenhalten über Differenzen hinweg. Wir haben das Problem im Schulterschluss gelöst.

Schul|tü|te (die, -, -n) hübsch dekorierte Spitztüte für Schulanfänger, die mit kleinen Geschenken und Süßigkeiten für den ersten Schultag gefüllt ist.

Schul|zen|trum (das, -s, -zen|t|ren) Gebäudekomplex, in dem mehrere Schultypen versammelt sind.

Schum|me|lei (die, -, -en) (harmlose) Betrügerei, zum Beispiel beim Spiel.

schum|meln (V.) (ugs.) schwindeln; betrügen. Schummler.

Schum|mer|stun|de (die, -, -n) Dämmerstunde.

schumm|rig (*auch:* schum|me|rig) (Adj.) dämmrig; dunkel. Schummer; schummern.

Schund (der, -s, kein Plural) Ramsch; Wertloses. Schundliteratur.

Schund|heft (das, -s, -e) künstlerisch minderwertiges oder auch moralisch anstößiges Groschenheft.

schun|keln (V.) schaukeln. Schunkelwalzer.

Schu|po 1. (die, -, kein Plural) (Kurzw.) Schutzpolizei; 2. (der, -s, -s) (Kurzw.) Schutzpolizist.

Schup|pe (die, -, -n) Haut-, Hornplättchen. Schuppenbildung; Schuppung; schuppig; schuppen.

Schup|pen (der, -s, -) 1. Abstellraum; Lagerhaus; 2. (ugs.) Lokal. Beatschuppen.

Schup|pen|flech|te (die, -, -n) Hautkrankheit mit weißlicher Schuppenbildung; Psoriasis.

Schup|pen|pan|zer (der, -s, -) Panzerhemd aus Eisenschuppen; Kettenhemd.

Schup|pen|pilz (der, -es, -e) Blätterpilz, der sich an faulendem Laubgehölz bildet; Stockschwamm.

Schup|pen|tier (das, -s, -e) beschupptes, langschwänziges Säugetier mit kräftigen Krallen und klebriger Zunge.

Schur (die, -, -en) Scheren. Schafschur; Schurwolle.

schü|ren (V.) anfachen; nähren. Schüreisen; Schürer.

schür|fen (V.) graben. Schürfer; Schürfeisen; Schürfgrube; Schürfloch; Schürfung.

Schürf|recht (das, -s, -e) Erlaubnis, an einer bestimmten Stelle nach Mineralien zu graben.

Schürf|wun|de (die, -, -n) oberflächliche Verletzung; Hautabschürfung.

Schür|ha|ken (der, -s, -) eiserner Haken, mit dem die Glut in einem offenen Feuer aufgelockert und geschürt wird.

Schur|ke (der, -n, -n) Betrüger; Spitzbube. Schurkenstreich; Schurkerei; Schurkin; schurkisch.

Schurz (der, -es, -e) Kleidungsstück. Lendenschurz; Schurzfell; Schurzleder.

Schür|ze (die, -, -n) Kleidungsstück, das zum Schutz der Oberbekleidung bei der Arbeit getragen wird. Schürzenband; schürzen.

Schür|zen|jä|ger (der, -s, -) (ugs.) Mann, der ständig Liebesabenteuer sammelt; Weiberheld.

Schuss (der, Schus|ses, Schüs|se) 1. Schießen; Knall; 2. Injektion, 3. Maßangabe. *Beachte:* ein Schuss Likör; hundert Schuss Munition. Die Wohnung ist gut in Schuss. etwas in Schuss (in Ordnung) haben/halten. Schusslinie; Schussschwäche (*auch:* Schuss-Schwäche); Schussstärke (*auch:* Schuss-Stärke); Schusswechsel; Schusszahl. Adjektive: schussbereit; schussfertig; schussfest; schussgerecht; schussschwach (*auch:* schuss-schwach); schussstark (*auch:* schuss-stark). Verb: schießen.

Schüs|sel (die, -, -n) Gefäß. Schüsselchen; schüsselförmig.

Schus|ser (der, -s, -) Murmel; Marmel.

schus|sern (V.) (ich schussre/schussere) mit Murmeln spielen.

Schuss|fahrt (die, -, -en) ungebremste Talfahrt (Skisport).

Schuss|feld (das, -s, -fel|der) Bereich, innerhalb dessen eine Kugel einschlagen könnte. Die Zuschauer müssen aus dem Schussfeld des Kunstschützen verschwinden.

schuss|lig (*auch:* schus|se|lig) (Adj.) (ugs.) fahrig; vergesslich. Schussel; Schusslichkeit; schusseln.

Schuss|ver|let|zung (die, -, -en) Wunde, die durch ein Geschoss entstanden ist.

Schuss|waf|fe (die, -, -n) Bez. für eine Handfeuerwaffe.

Schuss|wun|de (die, -, -n) Schussverletzung.

Schus|ter (der, -s, -) Schuhmacher. Schusterpech; Schusterwerkstatt; schustern.

Schus|ter|bass (der, -es, -bäs|se) Bassstimme, die statt der eigenen Stimme einfach die Oberstimme eine Oktave tiefer mitsingt.

Schus|ter|blu|me (die, -, -n) Anemone.

Schus|ter|draht (der, -s, kein Plural) mit Pech getränkter Zwirnsfaden.

Schus|ter|jun|ge (der, -n, -n) 1. alte Bez. für einen Schusterlehrling; 2. Bez. für einen typografischen Schönheitsfehler, bei dem die erste Zeile eines neuen Absatzes als letzte Zeile einer Seite umbrochen ist.

Schutt (der, -s, kein Plural) Trümmer; Müll. Schutthalde; Schuttkegel.

Schutt|ab|la|de|platz (der, -es, -plät|ze) Platz, an dem Bauschutt und andere Arten von Schutt gelagert werden dürfen.

Schüt|tel|frost (der, -s, kein Plural) Gliederzittern, Zähneklappern, Frostgefühl, meist bei beginnendem Fieber.

Schüt|tel|läh|mung (die, -, -en) Stammhirnerkrankung mit unwillkürlichen, schüttelnden Bewegungen; Parkinsonkrankheit; Parkinsonsyndrom.

schüt|teln (V.) rütteln; durcheinanderwerfen; mischen; frösteln; ekeln. *Beachte:* etwas aus dem Ärmel schütteln; bei diesem Anblick schüttelt es mich.

Schüt|tel|reim (der, -s, -e) Doppelreim, bei dem die Anfangsbuchstaben der reimenden Silben vertauscht werden.

schüt|ten (V.) leeren; füllen; regnen (unpersönlich: es schüttet). Schüttbeton; Schüttgut; Schüttstroh.

Schütt|bo|den (der, -s, -bö|den) (österr.) Dachboden, auf dem die Schütte für das Vieh, d.h. Getreide und Stroh, gelagert wird.

schüt|ter (Adj.) spärlich; schwach.

Schütt|ofen (der, -s, -öfen) Ofen, der von oben mit Kohle oder Koks befeuert wird.

Schüt|tung (die, -, -en) 1. Herstellung eines Damms durch Auftrag waagerechter Schichten; 2. das Schütten; 3. diejenige Wassermenge einer Quelle, die in einer bestimmten Zeit gefördert wird.

Schutz (der, -es, kein Plural) 1. Abwehr von Gefahren. Die Bundeswehr ist zu unserem Schutz da. 2. Bedeckung. Im Schutze einer Buche warteten sie den Regenschauer ab. 3. Unterstützung. Das Kind steht unter meinem persönlichen Schutz. 4. Vorbeugung. Zum Schutz vor Karies sollte man nach jeder Mahlzeit die Zähne putzen.

Schutz|an|strich (der, -s, -e) Anstrich mit Schutzfarbe gegen Witterungsschäden.

Schutz|an|zug (der, -s, -an|zü|ge) spezielle Arbeitskleidung zum Schutz gegen Feuer, Strahlen u.a.

Schutz|be|foh|le|ne (der, -n, -n) der Schützling.

Schutz|be|haup|tung (die, -, -en) Notlüge zum eigenen Schutz.

Schutz|blech (das, -s, -e) gewölbtes, halbkreisförmiges Blech über einem Fahrzeugreifen, das die Karosserie vor dem aufgewirbelten Schmutz schützt.

Schutz|brief (der, -s, -e) 1. im MA. vom Gebietsherrn urkundlich zugesichertes freies Geleit; 2. Dokument, das einem Versicherten oder einem Automobilklubmitglied Schutz und Hilfe bei Pannen oder Unfällen im Ausland garantiert.

Schutz|dach (das, -s, -dä|cher) schützende Überdachung, zum Beispiel an Haltestellen.

Schüt|ze (der, -n, -n) 1. unterster Dienstgrad bei der Infanterie; 2. jmd., der mit einer Schusswaffe schießt; 3. Sternbild des Schützen; 4. jmd., der ein Tor geschossen hat.

schüt|zen (V.) bewahren; in Schutz nehmen. *Beachte:* jemanden vor Fehlern schützen (bewahren), *aber:* jemanden gegen Feinde schützen (in Schutz nehmen). Schützer; Schutzfrist; Schutzgebühr; Schutzgemeinschaft; Schutzglas; Schützling; Schutzlosigkeit; Schutzmann; Schutzpolizei (Schupo); Schutzpolizist (Schupo); Schutztruppe; Schutz- und Trutzbündnis; Schutzvorrichtung; Schutzwall. Adjektive: schutzbedürftig; schutzlos.

Schutz|en|gel (der, -s, -) religiöse Vorstellung, dass ein Engel jedem Menschen zu seinem persönlichen Schutz zugewiesen ist.

Schutz|far|be (die, -, -n) tarnende Körperfarbe eines Tieres als Sichtschutz gegen seine Feinde.

Schutz|haft (die, -, kein Plural) präventive polizeiliche Verwahrung einer Person zu ihrem eigenen Schutz oder zur Wahrung der öffentlichen Sicherheit.

Schutz|hei|li|ge(r) (die/der, -n, -n) Schutzpatron; Heilige(r), die oder der einem bestimmten Berufsstand oder einer bestimmten Kirche besonderen Schutz gewährt.

Schutz|herr (der, -n, -en) Patron; Inhaber der Schutzherrschaft.

Schutz|hül|le (die, -, -n) Hülle oder Futteral, die einen Gegenstand vor Verschmutzung und Beschädigung schützen (Bucheinband, Plattenhülle).

schutz|imp|fen (V.) gegen Infektionskrankheiten impfen.

Schutz|imp|fung (die, -, -en) Maßnahme zur Verhütung bestimmter Infektionskrankheiten.

Schutz|macht (die, -, -mäch|te) Staat, der Angehörigen anderer Staaten rechtlichen Schutz gewährt.

Schutz|mas|ke (die, -, -n) Gesichtsmaske zum Schutz, zum Beispiel Gasmaske.

Schutz|pa|t|ron (der, -s, -e) Schutzheiliger.

Schutz|raum (der, -s, -räu|me) Luftschutzraum, der im Kriegsfall die Zivilbevölkerung vor Kriegseinwirkungen schützen soll.

Schutz|zoll (der, -s, -zöl|le) Einfuhrzoll, der zum Schutz einheimischer Wirtschaftszweige vor der ausländischen Konkurrenz erhoben wird.

Schwa (das, -s, -s) (hebr.) Laut, der in unbetonten Silben anstelle des vollen Vokals gesprochen wird.

Schw. (Abk.) **Schw**ester.

schwab|beln (V.) (ugs.) wackeln. Adjektiv: schwabb(e)lig.

schwä|beln (V.) schwäbischen Dialekt sprechen.

schwä|bisch (Adj.) zu Schwaben gehörend. Schwaben; Schwabenstreich; Schwabe; Schwäbin; schwäbisch, *aber:* die Schwäbische Alb; schwäbisch-hällisch, *aber:* Schwäbisch Hall.

schwach (Adj.; schwächer, schwächste) kraftlos; hilflos; gehaltlos; dünn, dumm. *Beachte:* das schwache Geschlecht; in einer schwachen Stunde; der schwächste der Teilnehmer, *aber:* der Schwächste in der Gruppe sein. Das Schwächste (am schwächsten) war, dass ... die Schwachen und die Starken. Schwächeanfall; Schwächepunkt; Schwachheit; Schwächung. In Verbindung mit adjektivisch gebrauchten Partizipien kann getrennt oder zusammengeschrieben werden! schwach betont (*auch:* schwachbetont); das schwach bewegte (*auch:* schwachbewegte) Meer; schwachatmig; schwachherzig; schwächlich; schwachsichtig; schwachsinnig. Verb: schwächen.

Schwä|che (die, -, -n) 1. Kraftlosigkeit. Auf einmal war da dieses Gefühl der Schwäche. 2. Mangel. Das ist eine klare Schwäche des Konzepts. 3. persönliche Vorliebe. Ich habe eine Schwäche für dunkelhaarige Frauen.

Schwach|kopf (der, -s, -köp|fe) (ugs.) Dummkopf.

Schwäch|lich|keit (die, -, kein Plural) schwächliche körperliche Verfassung.

Schwach|sinn (der, -s, kein Plural) 1. (ugs.) Blödsinn; Quatsch; 2. angeborene oder frühkindlich erworbene Geistesschwäche.

schwach|sin|nig (Adj.) 1. (ugs.) blödsinnig. Das ist doch wirklich schwachsinnig! 2. geistesschwach. Schwachsinnige Kinder können viele normale Fertigkeiten nicht erwerben.

Schwach|strom (der, -s, kein Plural) Strom mit schwacher Spannung (bis 24 V.). Ggs.: Starkstrom.

Schwa|den (der, -s, -) Dunst; Nebel. Nebelschwaden; Rauchschwaden.

Schwa|d|ron (die, -, -en) (ital.) Kavallerieeinheit. Schwadronchef; schwadronenweise (*auch:* schwadronsweise).

schwa|d|ro|nie|ren (V.) angeben; prahlerisch schwatzen.

schwa|feln (V.) (ugs.) schwatzen, töricht daherreden. Schwafelei.

Schwa|ger (der, -s, Schwä|ger) Bruder-, Schwestermann. Schwägerin; Schwägerschaft; schwägerlich.

Schwai|ger (der, -s, -) (südd.) Senn. Schwaige; Schwaighof; schwaigen.

Schwal|be (die, -, -n) 1. Singvogel; 2. vorgetäuschtes Foul (Fußball). Schwälbchen; Schwalbennest.

Schwal|ben|nes|ter|sup|pe (die, -, -n) chinesisches Gericht.

Schwal|ben|schwanz (der, -es, -schwän|ze) 1. bunter, leuchtender Tagfalter mit schwanzartigen Flügelenden; 2. Rockschöße am Frack; 3. trapezförmige Verbindung zweier Werkstücke.

Schwal|ben|wurz (die, -, -e) (Bot.) Cynanchum.

Schwall (der, -s, -e) Welle; Fluss. Wortschwall.

Schwamm (der, -s, Schwäm|me) 1. Reinigungsgerät; 2. Meerestier; 3. Pilz. Schwämmchen; schwammig.

Schwam|merl (das/der, -s, -/-n) (südd.) Pilz. Schwammerlsucher.

Schwam|merl|sup|pe (die, -, -n) (südd.) Pilzsuppe.

Schwam|mig|keit (die, -, -en) 1. schwammartige Konsistenz; 2. ausdrucksmäßige oder gedankliche Unschärfe.

Schwamm|tuch (das, -s, -tü|cher) sehr saugfähiges Wischtuch aus schwammähnlichem Kunststoff.

Schwan (der, -s, Schwä|ne) Wasservogel. Schwanenhals; Schwanenteich; schwanenweiß.

schwa|nen (V.; unpersönlich) (ugs.) Mir schwant (ich ahne) Schlimmes.

Schwa|nen|ge|sang (der, -s, -ge|sän|ge) 1. Gesang des Singschwans vor seinem Tode; 2. letzte Werke eines Künstlers oder Dichters vor seinem Tode; 3. letzte Worte eines Sterbenden.

Schwang (der) (in der Wendung:) im Schwange sein (üblich sein).

schwan|ger (Adj.) ein Kind erwartend. Schwangere; Schwangerenfürsorge; Schwängerung; schwängern.

Schwan|ger|schaft (die, -, -en) Phase zwischen Befruchtung und Geburt eines Kindes, die etwa 280 Tage dauert; Gravidität.

Schwan|ger|schafts|ab|bruch (der, -s, -ab|brü|che) Abbruch einer ungewollten oderlebensbedrohenden Schwangerschaft durch einen gynäkologischen Eingriff; Abtreibung; Schwangerschaftsunterbrechung.

Schwan|ger|schafts|gym|nas|tik (die, -, -en) spezielle Bewegungs- und Atemübungen, die die Geburt vorbereiten und erleichtern sollen.

Schwan|ger|schafts|test (der, -s, -s) Nachweis von Schwangerschaftshormonen im Urin der Frau.

Schwan|ger|schafts|un|ter|bre|chung (die, -, -en) Schwangerschaftsabbruch.

Schwan|ger|schafts|ver|hü|tung (die, -, kein Plural) Empfängnisverhütung; Geburtenkontrolle.

Schwank (der, -s, Schwän|ke) Posse; Komödie.

schwan|ken (V.) wackeln; unsicher sein.

schwank|haft (Adv.) in der Art eines Schwanks. eine schwankhafte Erzählung.

Schwank|ro|man (der, -s, -e) heiterer Roman.

Schwan|kung (die, -, -en) das Schwanken. Die wirtschaftliche Entwicklung ist saisonalen Schwankungen unterworfen.

Schwanz (der, -es, Schwän|ze) 1. Schweif; 2. Ende; 3. Menschenschlange; 4. (ugs.) Penis. *Beachte:* Er wird schnell den Schwanz einziehen (ugs.: nachgeben). Es war kein Schwanz (ugs.: niemand) zu sehen. Schwänzchen; Schwanzende; Schwanzspitze; kurzschwänzig; schwanzlastig; schwänzeln.

Schwän|ze|lei (die, -, -en) das Schwänzeln; Liebdienerei.

schwän|zen (V.) (ugs.) dem Unterricht fernbleiben. Schwänzer.

Schwanz|flos|se (die, -, -n) 1. rückwärtige Flosse eines Fisches; 2. bei Flugzeugen die Flosse des Seiten- und Höhenruders.

schwap|pen (V.) überfließen.

Schwarm (der, -s, Schwär|me) 1. Menge; 2. Abgott. *Beachte:* Ein Schwarm kleiner Kinder/kleine Kinder verließ/verließen das Haus. Er war der Schwarm eines jeden jungen Mädchens. Schwärmer; schwärmerisch.

schwär|men (V.) ausfliegen; sich verteilen; träumen; verehren. Schwärmzeit.

Schwär|me|rei (die, -, -en) Begeisterung; Schwärmen für etwas oder für jemanden.

Schwar|te (die, -, -n) Haut; (ugs.) dickes Buch. schwartig.

Schwar|ten|ma|gen (der, -s, kein Plural) in Schweinemagen oder Blasen eingefüllte Wurst.

schwarz (Adj.) Farbe. *Beachte:* schwarzer Tee; auf der schwarzen Liste stehen; ein schwarzer Freitag; das Schwarze Brett (*auch:* das schwarze Brett); der Schwarze Peter (*auch:* der schwarze Peter); das schwarze Schaf; schwarz auf weiß. *Aber:* Schwarze und Weiße; mit/in/auf Schwarz; ins Schwarze treffen. *aber:* das Schwarze Meer; der Schwarze Freitag (Börsenzusammenbruch 1929); *Wichtig:* Zusammenschreibung, wenn eine idiomatische Verbindung mit einem Verb vorliegt! schwarzarbeiten (steuerfrei verdienen); schwarzfahren (ohne Fahrkarte); schwarzgehen (heimlich die Grenze überschreiten); schwarzhören (keine Radiogebühr bezahlen); schwarzsehen (keine Fernsehgebühr bezahlen); schwarz-weiß (*auch:* schwarzweiß) malen (vereinfachen); etwas schwarz färben (*auch:* schwarzfärben); schwarz werden vor Ärger. Schwarzafrika; Schwarzbrot; Schwarzhörer; Schwarzmeerflotte; Schwarzseher; Schwarzwaldklinik; Schwarz-Weiß-Film (*auch:* Schwarzweißfilm). Adjektive: schwarzäugig; schwarzbraun; schwarzbunt; schwarzhaarig. In Verbindung mit adjektivisch gebrauchten Partizipien ist Getrennt- oder Zusammenschreibung möglich! ein schwarz gestreifter (*auch:* schwarzgestreifter) Rock; schwarz gefärbtes (*auch:* schwarzgefärbtes) Haar; schwärzlich; schwärzlich grau; ein schwarz-rot-gold(e)ner (*auch:* schwarzrotgold(e)ner) Wimpel; die Fahne Schwarz-Rot-Gold (*auch:* Schwarzrotgold); schwarzseherisch; schwarz-weiß (*auch:* schwarzweiß). Verb: schwärzen.

Schwarz|ar|beit (die, -, -en) ungesetzliche Art der Tätigkeit, für die weder Lohnsteuer noch Sozialversicherungsabgaben abgeführt werden.

Schwär|ze (die, -, kein Plural) das Schwarzsein. Die Schwärze des Nachthimmels erschien ihr fast bedrohlich.

Schwar|ze (der/das, -n, -n) 1. schwarzer Anzug; 2. schwarzes Kleid. das kleine Schwarze.

schwär|zen (V.) 1. schwarz färben; 2. schmuggeln.

Schwär|zer (der, -s, -) Schmuggler.

Schwarz|er|de (die, -, -n) schwarzer, lockerer Boden mit hohem Humusgehalt.

Schwarz|fah|rer (der, -s, -) jmd., der vorsätzlich ohne gültigen Fahrschein fährt. schwarzfahren.

Schwarz|han|del (der, -s, kein Plural) Schleichhandel; schwarzer Markt in Krisenzeiten.

Schwarz|ma|le|rei (die, -, -en) Art, die Dinge zu negativ zu sehen; Pessimismus. Deine ständige Schwarzmalerei nützt keinem!

Schwarz|markt (der, -(e)s, -märk|te) illegaler Handel mit Waren zu überhöhten Preisen.

Schwarz|pul|ver (das, -s, kein Plural) Schießpulver.

schwarz|se|he|risch (Adj.) pessimistisch.

Schwarz|sen|der (der, -s, -) Sender, der keine Sendegenehmigung hat.

Schwarz|wald (der, -s, kein Plural) Mittelgebirge in Südwestdeutschland.

Schwarz-Weiß-Ma|le|rei (*auch:* Schwarzweiß|ma|le|rei) (die, -, kein Plural) grobe und unzulässige Vereinfachung von komplizierten und/oder problematischen Sachverhalten. Die ~ in dem Artikel missfällt mir.

Schwarz|wild (das, -s, kein Plural) weidmännische Bez. für Wildschweine.

Schwarz|wur|zel (die, -, -n) spargelähnliches Wurzelgemüse.

Schwatz (der, -es, -e) (ugs.) anregende, kleine Unterhaltung. Wir haben erst einen kleinen Schwatz gehalten.

schwat|zen (*auch:* schwät|zen) (V.) viel und gerne reden. Schwatzbase; Schwätzchen; Schwatzliese; schwatzhaft; schwätzerisch.

Schwät|zer (der, -s, -) schwatzhafter Mensch, der dabei wenig inhaltliche Substanz bietet. Schwätzerin.

Schwatz|haf|tig|keit (die, -, kein Plural) Neigung, zu viel zu reden.

Schwe|be|baum (der, -s/-es, -bäu|me) Schwebebalken.

schwe|ben (V.) fliegen; hängen; im Gang sein. Das Verfahren ist in der Schwebe. Schwebefähre; Schwebungsempfang.

Schwe|be|bahn (die, -, -en) an Schiene (Hängebahn) oder Drahtseil (Seilbahn) oder mithilfe von Magnetfeldern über Metallschienen schwebendes Fahrzeug zur Personen- oder Güterbeförderung.

Schwe|be|bal|ken (der, -s, -) Sportgerät, das beim Geräteturnen der Frauen benutzt wird.

Schwe|be|reck (das, -s, -s) Sportgerät.

Schwe|be|teil|chen (das, -s, -) Materieteilchen, die sich in Luft, Gasen und Flüssigkeiten aufhalten.

Schwe|be|zu|stand (der, -s, kein Plural) Zustand des Schwebens und der Unsicherheit. Sie befand sich in einer Art Schwebezustand.

Schwe|bung (die, -, -en) Schwingung mit periodischer Änderung der Amplitude, die aus einer Überlagerung zweier Schwingungen mit ähnlicher Frequenz entsteht.

Schwe|den (ohne Art., -s, kein Plural) skandinavischer Staat. Schwede; schwedisch; *aber:* Schwedisch (Sprache).

Schwe|den|früch|te (die, nur Plural) Fruchtsalat mit Alkohol und Rahm.

Schwe|den|klee (der, -s, kein Plural) Bastardklee.

Schwe|den|kra|gen (der, -s, -) breiter Kragen, mit Spitzen verziert.

Schwe|den|plat|te (die, -, -n) schwedische Vorspeise.

Schwe|den|punsch (der, -s/-es, -e/pün|sche) alkoholisches Getränk mit speziellen Gewürzen.

schwe|di|sche Gar|di|nen (ugs.) Gefängnis.

Schwe|fel (der, -s, kein Plural) chemischer Grundstoff (Abk.: S). Schwefeläther; Schwefeldampf; Schwefeldioxid (*auch:* Schwefeldioxyd); Schwefelhütte; Schwefelkohlenstoff; Schwefelkur; Schwefelsäure; Schwefelung; Schwefelwasserstoff; schwefelartig; schwefelfarbig; schwefelgelb; schwefelhaltig; schwef(e)lig; schwefelsauer; schwefeln.

Schwe|fel|bad (das, -s, -bä|der) Kurort mit schwefelhaltiger Heilquelle.

Schwe|fel|blü|te (die, -, kein Plural) fein verteiltes, blassgelbes Schwefelpulver, das durch rasches Abkühlen von Schwefeldampf entsteht.

schwe|fel|far|ben (*auch:* schwe|fel|far|big) (Adj.) in der Farbe von Schwefel. Der Himmel war schwefelfarben/schwefelfarbig.

Schwe|fel|holz (das, -es, -höl|zer) Streichholz; Zündholz.

Schwe|fel|kies (der, -es, kein Plural) hartes, golden glänzendes Mineral; Eisenkies; Pyrit.

Schwe|fel|quel|le (die, -, -n) schwefelhaltige Heilquelle.

Schwe|fel|re|gen (der, -s, kein Plural) gelber Blütenstaub, der sich auf Gewässern ablagert.

Schweif (der, -s, -e) Schwanz. Schweifstern; schweifen.

Schwei|ge|geld (das, -s, -gel|der) Geld, das dem Mitwisser/Zeugen eines Verbrechens für sein Schweigen gezahlt wird.

Schwei|ge|mi|nu|te (die, -, -n) kurzes gemeinsames Schweigen als Ausdruck der Trauer bzw. als Totengedenken.

schwei|gen (V., schwieg, hat geschwiegen) nichts reden. Schweigemarsch; Schweigsamkeit; schweigsam.

Schwei|gen (das, -s, kein Plural) Geräuschlosigkeit; Stille; Wahrung eines Geheimnisses. Reden ist Silber, Schweigen ist Gold. Wenn man reden kann, ist es gut, und wenn man schweigen kann, ist es noch besser.

Schwei|ge|pflicht (die, -, kein Plural) gesetzliche Pflicht bestimmter Berufsgruppen (Ärzte, Rechtanwälte, Geistliche, etc.), über das zu schweigen, was ihnen in ihrer Berufsausübung anvertraut wurde.

Schwein (das, -s, -e) 1. Haustier; 2. (ugs.) Glück; 3. Schimpfwort. Schweinebandwurm; Schweinebauch; Schweinebraten; Schweinemast; Schweinerei; Schweinerne; Schweineschmalz; Schweineschnitzel; Schweinezucht; Schweinsborste; Schweinswurst; schweinern; schweinisch; schweinsledern.

Schwei|ne|fett (das, -s, kein Plural) ausgelassenes Fett vom Schwein.

Schwei|ne|fleisch (das, -s, kein Plural) Fleisch von geschlachteten Schweinen.

Schwei|ne|hund (der, -s, -e) (ugs.) abfällige Bez. für einen unredlichen, nichtsnutzigen Mann; Sauhund. der innere Schweinehund (ugs.) (Feigheit, Bequemlichkeit).

Schwei|ne|pest (die, -, kein Plural) infektiöse Viruskrankheit der Schweine.

Schwei|ne|stall (der, -s, -stäl|le) 1. (ugs.) Saustall; dreckiges Durcheinander; 2. Schweinekoben.

Schwein|igel (der, -s, -) (ugs.) schmutziger oder unflätiger Mensch.

Schwein|ige|lei (die, -, -en) (ugs.) unflätiges Benehmen.

schwein|igeln (V.) (ugs.) schmutzige Witze erzählen.

Schwein|kram (der, -s, kein Plural) (ugs.) unsittliches Verhalten; pornografisches Material.

Schweins|ga|lopp (der, -s, kein Plural) (ugs.) unelegante Art, schnell zu laufen. Er rannte im Schweinsgalopp davon.

Schweins|ha|xe (die, -, -n) gebackener oder gegrillter Schweinefuß.

Schweins|kopf (der, -s, -köp|fe) Schweinekopf als Gericht.

Schweiß (der, -es, kein Plural) 1. Hautabsonderung; 2. Anstrengung. Schweißbildung; Schweißfluss; Schweißperle; Schweißpore; Schweißtropfen; Schweißtuch; schweißbedeckt; schweißig; schweißtriefend; schweißüberströmt.

Schweiß|ab|son|de|rung (die, -, -en) Ausdünstung des Körpers.
Schweiß|aus|bruch (der, -s, -aus|brü|che) plötzlicher Schweißfluss.
Schweiß|band (das, -(e)s, -bän|der) saugfähiges Band für Stirn oder Handgelenke von Sportlern, das die Augen klar und die Hände trocken halten soll.
Schweiß|bren|ner (der, -s, -) elektrisches oder mit Gas betriebenes Gerät, das die zum Schweißen nötigen Temperaturen in einer Flamme erzeugt.
Schweiß|bril|le (die, -, -n) Schutzbrille bei Schweißarbeiten.
Schweiß|drü|se (die, -, -n) in der Lederhaut liegende Epithelschläuche, die den Schweiß absondern.
schwei|ßen (V.) mittels Hitze verbinden. Schweißapparat; Schweißdraht; Schweißer; Schweißstahl; Schweißung.
Schweiß|fähr|te (die, -, -n) Spur.
Schweiß|fleck (der, -s, -en) Fleck in der Kleidung, der durch starkes Schwitzen verursacht wird.
Schweiß|fuß (der, -es, -fü|ße) Fuß mit starker Schweißabsonderung.
schweiß|ge|ba|det (Adj.) in Schweiß gebadet; völlig verschwitzt. Schweißgebadet holte er sie noch ein.
Schweiß|hund (der, -s, -e) Bluthund.
Schweiß|naht (die, -, -näh|te) Verbindungsstelle, an der zwei Metall- oder Kunststoffstücke miteinander verschweißt wurden.
schweiß|trei|bend (Adj.) anstrengend. Das ist eine schweißtreibende Beschäftigung!
Schwei|zer (der, -s, -) 1. Einwohner der Schweiz; 2. Melker. Schweizerin; Schweizerland; schweizerisch.
Schwei|zer|deutsch (das, -, kein Plural) Sprache. *Beachte:* schweizerdeutsch (nicht französisch) sprechen.
Schwei|zer|gar|de (die, -, kein Plural) päpstliche Ehrenwache im Vatikan.
schwe|len (V.) glimmen. Schwelerei; Schwelkohle; Schwelung.
Schwel|brand (der, -s, -brän|de) schwelender Brand ohne sichtbare Flammen.
schwel|gen (V.) genießen. Schwelger; Schwelgerei; schwelgerisch.
Schwel|le (die, -, -n) 1. Türbalken; 2. Grenze; 3. (Kurzw.) Eisenbahnschwelle.
schwel|len (V., schwoll, hat/ist geschwollen; ich schwelle, du schwillst, er schwillt) größer werden, machen. Schwellung; Schwellwerk.
Schwel|len|angst (die, -, -ängs|te) Angst vor dem Umgang mit Höhergestellten oder Institutionen.
Schwel|len|land (das, -es, -länder) Entwicklungsland, das kurz davor ist, eine Industrienation zu werden.
Schwel|len|wert (der, -s, -e) kleinster Wert einer Größe, der eine erkennbare Reaktion hervorruft.
Schwell|kör|per (der, -s, -) organisches Gewebe, das auf Stimulation mit Blutzufuhr reagiert und anschwillt, wie zum Beispiel in Klitoris und Penis.
Schwel|teer (der, -s, kein Plural) durch Schwelen gewonnener Teer.
Schwem|me (die, -, -n) 1. Wirtshaus; 2. seichte Stelle eines Gewässers, als Badeplatz oder Stelle zum Tränken für das Vieh geeignet; 3. zeitlich begrenztes, besonders reichliches Warenangebot; 4. (österr.) Kaufhausabteilung mit niedrigen Preisen.
schwem|men (V.) an-, wegspülen; wässern. Schwemmboden; Schwemmsand; Schwemmstein.
Schwemm|ke|gel (der, -s, -) fächerartige Ablagerung eines Flusses, wie sie zum Beispiel bei der Einmündung eines Nebenflusses entsteht.
Schwemm|land (das, -s, kein Plural) von Gewässern angeschwemmte Ablagerung (Sand, Mergel oder Ton).
Schwen|gel (der, -s, -) 1. schwenkbare Stange; 2. (ugs.) Bursche. Glockenschwengel.
Schwenk (der, -s, -e) 1. (plötzliche) Wendung; Umschwenken. Die Schulpolitik hat einen ganz schönen Schwenk gemacht! 2. Umschwenken der Kamera auf einen anderen Gegenstand (Film).
Schwenk|arm (der, -s/-es, -e) drehbarer Kran.
schwen|ken (V.) bewegen; schwingen. Schwenkbühne; Schwenkglas; Schwenkung; schwenkbar.
Schwen|ker (der, -s, -) großes, bauchiges Glas, dessen Inhalt man schwenken kann, wie zum Beispiel ein Cognacglas.
Schwenk|kran (der, -s, -krä|ne) in alle Richtungen drehbarer Kran.
schwer (Adj.) gewichtig; schwierig; beträchtlich. *Beachte:* Er war ein schwerer Junge (ugs.: Verbrecher). schwere Musik (klassische Musik); schweren Herzens; ein schwerer Schlag. Das Schwerste (*aber:* am schwersten) wäre, wenn … etwas/nichts/viel/wenig Schweres; das Schwerste, was er zu tragen hat; Schweres. Schwerarbeiter; Schwerbehinderte; Schwerbeschädigte; Schwere; Schwergewichtsmeisterschaft; Schweröl; Schwerpunkt; Schwerpunktindustrie; Schwerstarbeiter; Schwerstbeschädigte; Schwerverbrecher; Schwerverwundete. Bei Verbindungen mit einem einfachen unflektierten Adjektiv als graduierende Bestimmung ist sowohl Getrennt- als auch Zusammenschreibung möglich! Adjektive: Sie ist schwerbehindert (*auch:* schwer behindert); schwerelos; ein schwer erziehbares (*auch:* schwererziehbares) Kind; schwerfällig; schwergewichtig; schwerhörig; schwer krank (*auch:* schwerkrank); schwer löslich (*auch:* schwerlöslich); schwermütig; schwerpunktmäßig; eine schwerreiche Familie; schwerwiegend (*auch:* schwer wiegend). Adverb: schwerlich. Verben: Die Aufgabe wird dir nicht schwerfallen. einen Vorwurf schwernehmen; mit einer Aufgabe schwertun.
Schwer|ath|let (der, -en, -en) Bez. für einen Sportler, dessen Disziplin große Körperkraft erfordert, wie zum Beispiel Boxer, Gewichtheber, Ringer.
Schwer|be|hin|der|ten|aus|weis (der, -es, -e) Ausweis über schwere Behinderung und um mindestens 50 Prozent eingeschränkte Erwerbsfähigkeit seines Inhabers.
Schwer|ben|zin (das, -s, kein Plural) bestimmtes Kohlenwasserstoffgemisch, das als Beleuchtungs- oder Lösungsmittel Verwendung findet.
Schwe|re|lo|sig|keit (die, -, kein Plural) kräftefreier Zustand, der insbesondere beim freien Fall erreicht wird. schwerelos.
Schwe|re|nö|ter (der, -s, -) (ugs.) Schürzenjäger fortgeschrittenen Alters.
Schwer|fäl|lig|keit (die, -, -en) Behäbigkeit; Umständlichkeit in Bewegung und Denken.

Schwer|ge|wicht (das, -s, -e) Gewichtsklasse im Boxen (bis 90 Kilogramm).
Schwer|hö|rig|keit (die, -, kein Plural) vermindertes Hörvermögen.
Schwer|in|dus|t|rie (die, -, -en) Industrie, die sich mit der Rohstoffförderung und der Weiterverarbeitung von Erzen, Kohle oder Erdöl befasst.
Schwer|kraft (die, -, kein Plural) die Schwere, d.h. die auf einen materiellen Körper einwirkende massenabhängige Kraft.
Schwer|me|tall (das, -s, -e) Metall oder Legierung höherer Dichte, wie zum Beispiel Blei, Eisen, Gold, Kupfer, Silber und Zinn.
Schwer|mut (die, -, kein Plural) Depression; Niedergeschlagenheit.
Schwert (das, -s, -er) Waffe. Schwertergeklirr; Schwertertanz; Schwertknauf; Schwertstreich; schwertförmig.
Schwert|boot (das, -s, -e) Jolle mit geringem Tiefgang, die nur mit einem absenkbaren Schwert (Platte) zu segeln ist.
Schwert|fisch (der, -es, -e) großer Knochenfisch mit schwertartig verlängertem Oberkiefer.
Schwert|li|lie (die, -, -n) blau oder gelb blühende Lilie mit schwertförmigen Blättern; Iris.
Schwert|schlu|cker (der, -s, -) Artist, der sich scheinbar ein Schwert in den Rachen und bis in den Magen hineinschiebt.
Schwert|wal (der, -s, -e) größte Delfinart.
Schwer|was|ser|re|ak|tor (der, -s, -en) Kernreaktor, der schweres Wasser als Kühlmittel enthält.
Schwer|ver|bre|cher (der, -s, -) jmd., der schwere Verbrechen begangen hat.
Schwes|ter (die, -, -n) 1. weibliches Geschwister (Abk.: Schw.); 2. Nonne; 3. Krankenschwester. Schwesterkind; Schwester(n)liebe; Schwesternschaft; Schwesterntracht; Schwesterpartei; Schwesterschiff; schwesterlich.
Schwes|ter|chen (das, -s, -) kleine Schwester.
Schwes|ter|fir|ma (die, -, -fir|men) Firma, die mit einer oder mehreren ähnlichen Firmen zur selben Unternehmensgruppe gehört.
Schwes|ter|lein (das, -s, -) kleine Schwester.
Schwes|tern|heim (das, -s, -e) Wohnheim für Krankenschwestern.
Schwes|tern|or|den (der, -s, -) Gemeinschaft von Ordensschwestern, die im Sozialbereich tätig sind.
Schwes|tern|paar (das, -s, -e) zwei Schwestern.
Schwes|tern|schu|le (die, -, -n) 1. Ausbildungsstätte für Krankenschwestern. 2. Internat, das von Nonnen geführt wird.
Schwes|tern|wohn|heim (das, -s, -e) Unterkunft für Krankenschwestern und Schwesternschülerinnen.
Schwie|ger|el|tern (die, nur Plural) Eltern des Ehepartners. Schwiegermutter; Schwiegersohn; Schwiegertochter; Schwiegervater.
Schwie|le (die, -, -n) Wölbung; Wulst. Adjektiv: schwielig.
schwie|rig (Adj.) schwer; kompliziert. Schwierigkeitsgrad.
Schwie|rig|keit (die, -, -en) 1. Kompliziertheit. Die Schwierigkeit kann bei dem Spiel noch größer werden. 2. reales Problem. Er hat im Moment viele Schwierigkeiten.
schwim|men (V., schwamm, hat/ist geschwommen) sich im Wasser bewegen; auf dem Wasser liegen; (ugs.) unter Wasser stehen; (ugs.) unsicher sein. *Beachte:* Ich gehe zum Schwimmen. Ich will schwimmen lernen. Schwimmbad; Schwimmbassin; Schwimmbewegung; Schwimmboje; Schwimmmeister (*auch:* Schwimm-Meister); Schwimmer/in; Schwimmhalle; Schwimmkissen; Schwimmlehrer; Schwimmsand; Schwimmsport; Schwimmstadion; Schwimmstil.
Schwimm|be|cken (das, -s, -) Wasserbecken von ausreichender Größe und Tiefe, sodass darin geschwommen werden kann.
Schwimm|bla|se (die, -, -n) mit Gas gefüllte, häutige Vorderdarmausstülpung vieler Knochenfische zur Regulation des Auftriebs; Fischblase.
Schwim|mer|ven|til (das, -s, -e) Ventil, in dem ein Schwimmer je nach Flüssigkeitsstand die Ventilöffnung freigibt oder verschlossen hält.
Schwimm|flos|se (die, -, -n) Gummiflosse zum Überstreifen für Schwimmer und Taucher.
Schwimm|gür|tel (der, -s, -) Gürtel aus Korkplatten, der den Schwimmschüler über Wasser hält.
Schwimm|haut (die, -, -häu|te) Haut zwischen den Zehen schwimmender Tiere.
Schwimm|un|ter|richt (der, -s, kein Plural) Schwimmausbildung.
Schwimm|vo|gel (der, -s, -vö|gel) ältere Bez. für Vogel mit Schwimmhäuten, wie Gänsevogel oder Möwenvogel.
Schwimm|wes|te (die, -, -n) Rettungsweste für Nichtschwimmer.
Schwin|del (der, -s, -) 1. Betrug; 2. Gleichgewichtsstörung u.a. bei Erkrankungen des Ohrs, des Kleinhirns oder bei Kreislaufstörungen. schwindelerregend (*auch:* Schwindel erregend).
Schwin|del|an|fall (der, -s, -an|fäl|le) plötzlich auftretendes Schwindelgefühl.
schwin|deln (V.) lügen; schummeln; taumeln (nur unpersönlich. Mich/mir schwindelt.). Schwindelei; Schwindelgefühl; schwindelhaft; schwind(e)lig; schwindlerisch.
schwin|den (V., schwand, ist geschwunden) abnehmen; verschwinden. Schwindung; schwindsüchtig.
Schwind|ler (der, -s, -) Betrüger; Lügner.
Schwind|maß (das, -es, -e) wird in Längen- oder Volumenprozenten angegeben und bezeichnet die Schwindung von Materialien nach Austrocknung oder Formgebung.
Schwind|sucht (die, -, kein Plural) offene Lungentuberkulose mit Gewebezerfall und Bluthusten.
schwin|gen (V., schwang, hat geschwungen) hin und her bewegen; schleudern; vibrieren. Schwingachse; Schwingblatt; Schwingbühne; Schwinge; Schwinger; Schwingflügel; Schwingkreis; Schwinglaut; Schwingtür; Schwingungsdauer; Schwingungskreis.
Schwin|gung (die, -, -en) periodisch sich wiederholender Vorgang, verursacht durch rücktreibende Kräfte bei einer Entfernung aus der Ruhelage.
Schwin|gungs|dämp|fer (der, -s, -) Vibrationshemmer.

Schwin|gungs|mes|ser (der, -s, -) Gerät zur Messung von Schwingungen.
Schwin|gungs|zahl (die, -, -en) Zahl, die die Schwingungen pro Sekunde, d.h. die Frequenz angibt.
Schwipp|schwa|ger (der, -s, -schwä|ger) (ugs.) Mann der Schwägerin. Schwippschwägerin.
Schwips (der, -es, -e) (ugs.) kleiner Rausch.
schwir|ren (V.) fliegen; sausen. Schwirrfliege; Schwirrflug.
Schwirr|vo|gel (der, -s, -vö|gel) Vogel, der schwirrend in der Luft stehen kann; Kolibri.
Schwitz|bläs|chen (das, -s, -) Hitzepickel.
schwit|zen (V.) Schweiß absondern. Schwitzbad; Schwitzpackung; schwitzig.
Schwit|ze (die, -, -n) Mehleinbrenne. Mehlschwitze.
Schwitz|kas|ten 1. (der, -s, kein Plural) bestimmter Griff beim Ringen, bei dem man sich den Kopf des Gegners unter den Arm klemmt. Er nahm ihn gekonnt in den Schwitzkasten. 2. (der, -s, -käs|ten) beheizbarer Holzkasten für Schwitzbäder.
Schwitz|kur (die, -, -en) absichtliches Herbeiführen eines Schweißausbruchs, um einen Krankheitsverlauf günstig zu beeinflussen.
schwo|fen (V.) (ugs.) tanzen. Schwof.
schwoi|en (V.) (altnord.-niederl.) durch Strömung oder Wind vor Anker bewegt werden (bei Schiffen).
schwö|ren (V.) versichern; geloben. Schwur.
schwul (Adj.) (ugs.) homosexuell. Schwule; Schwulenkneipe; Schwulentreff.
Schwu|li|tät (die, -, -en) (ugs.) Klemme; Verlegenheit. Im Augenblick bin ich in großen Schwulitäten (in Nöten).
schwül (Adj.) heiß; dumpf. Schwüle.
schwuls|tig (Adj.) wulstig. Schwulst.
schwüls|tig (Adj.) übertrieben; überladen; Schwülstigkeit.
schwumm|rig (*auch:* schwum|me|rig) (Adj.) (ugs.) schwindlig; ängstlich.
Schwund (der, -s, kein Plural) Schwinden; Abnahme. Schwundstufe; Schwundverlust; schwinden.
Schwund|aus|gleich (der, -s, kein Plural) automatischer Ausgleich des gelegentlichen Tonschwunds im Radio.
Schwung (der -s, Schwün|ge) Bewegung; Elan; Begeisterung. *Beachte:* Ich hoffe, dass ich bald wieder in Schwung komme! Schwungkraft; schwunghaft; schwungvoll; schwingen.
Schwung|fe|der (die, -, -n) große Feder im Vogelgefieder.
Schwung|rad (das, -s, -rä|der) rotierendes Maschinenteil, das durch seine Massenträgheit kinetische Energie aufspeichern und wieder abgeben kann.
Schwupp (der, -s, -e/-s) (ugs.) Stoß. Das Problem war in einem Schwupp (im Handumdrehen) geklärt. schwupp! schwupps! schwuppdiwupp!
Schwur (der, -s, Schwü|re) Eid. Schwurfinger; Schwurgerichtsverhandlung.
Schwur|ge|richt (das, -s, -e) Gericht, insbesondere für Straftaten mit Todesfolge, bei dem Geschworene an der Urteilsfindung mitwirken.
Sci|ence-Fic|tion (*auch:* Sci|ence|fic|tion) (die, -, kein Plural) fantastische Literatur auf naturwissenschaftlicher Grundlage. Science-Fiction-Roman (*auch:* Sciencefiction-Roman; Sciencefictionroman).
sci|ol|to (Adj.) (lat.-ital.) in Phrasierung und Dynamik frei. Anweisung im Notentext.
Scoop (der, -s, -s) (engl.) Pressesensation.
Score (der, -s, -s) (engl.) Punktestand.
Scotch (der, -s, -s) (engl.) Whisky.
Scotch|ter|ri|er (der, -s, -) Jagdhund.
Scot|land Yard (der, --, kein Plural) (engl.) Polizei (London).
Scout (der, -s, -s) (engl.) Pfadfinder.
Scrab|b|le (das, -s, -s) Spiel.
Scraps (die, nur Plural) (altnord.-engl.) aus den bodennahen Blättern der Tabakpflanze hergestellter Tabak.
Screen|de|sig|ner (der, -s, -) Computergrafiker.
Screen|shot (der, -s, -s) Ausdruck der grafischen Oberflächenansicht des Computerbildschirms auf Papier.
Scrip (der, -s, -s) (engl.) Zinsgutschein.
Script|girl (das, -s, -s) (engl.) Sekretärin (Film).
Scrub (der, -s, kein Plural) (engl.) trockenes australisches Dornbuschland.
s. d. (Abk.) sieh(e) **d**ort!
SDI (Abk.) **S**trategic **D**efense **I**nitiative (Weltraumverteidigung).
SDR (Abk.) **S**üd**d**eutscher **R**undfunk.
Se (Abk.) **Se**len (chemisches Zeichen).
Seal (der/das, -s, -s) (engl.) Robbenpelz. Sealskin.
Sé|an|ce (die, -, -n) (franz.) spiritistische Sitzung.
Se|bor|rhö (die, -, -n) (lat.-griech.) Hautkrankheit.
sec 1. (Abk.) Sekunde; 2. (Adj.) (franz.) trocken; herb (Wein).
sechs (Zahlw.) *Beachte:* Es ist sechs Uhr. Wir kommen zu sechst (*auch:* sechsen). sechsmal so groß, sechsmal so viel; um halb sechs; der sechste Sinn. *Aber:* Jeder Sechste war durchgefallen. *Aber:* eine Sechs (Note) schreiben; eine Sechs (Augen) würfeln; die Zahl Sechs. Sie war die Sechste (der Leistung nach) in der Wertung. Morgen ist der Sechste (Monatstag). Sechsachser (6-Achser); Sechsachteltakt ($^6/_8$-Takt); Sechseck; einen Sechser im Lotto haben; Sechserpack; in Sechserreihen anstehen; das Sechsfache kosten; Sechsflächner (Hexaeder); Sechskanteisen; Sechslinge; ein Sechstel; Sechsundsechzig (Kartenspiel) spielen; Sechszylindermotor; Sechzehnmeterraum; Sechzigjährige. Adjektive: sechsachsig (6-achsig); sechseckig; sechseinhalb; sechserlei; sechsfach; sechshundert; sechskantig; sechsmal (6-mal); sechsmalig; sechsstellig; sechstausend; sechstens; sechsundfünfzig; sechszylindrig; sechzigjährig.
Sech|ser|pack (der, -s, -s) (ugs.) Sechserpack Bierdosen.
Sechs|ta|ge|ren|nen (das, -s, -) Radrennen in der Halle für Mannschaften mit zwei Fahrern, das sechs Tage und Nächte andauert.
sec|co (Adj.) (ital.) trocken (Wein).
Sec|co|ma|le|rei (die, -, -en) (lat.-ital.) Wandmalerei auf trockenem Untergrund.
se|con|da vol|ta (lat.-ital.) erste Wiederholung eines Teils in einem Musikstück.
Se|cond|hand|shop (der, -s, -s) (engl.) Geschäft für Gebrauchtkleidung.

Se|c|ret Ser|vice (der, - -, kein Plural) (engl.) englischer Geheimdienst.

SED (Abk.) **S**ozialistische **E**inheitspartei **D**eutschlands (in der ehemaligen DDR) .

se|da|tiv (Adj.) (lat.) beruhigend.

Se|da|ti|vum (das, -s, -ti|va) (lat.) Beruhigungsmittel.

Se|dez (das, -es, -e) (lat.) aus 16-blättrigen Bögen gebundenes Buch.

Se|di|le (das, -s, -li|en) (lat.) 1. Sitz ohne Lehne für die amtierenden Priester beim Hochamt. 2. ausklappbarer Sitz im Chorgestühl.

Se|di|ment (das, -s, -e) (lat.) Ablagerung; Gesteinsschicht. Sedimentärgestein; sedimentgestein; sedimentär; sedimentieren.

Se|di|men|ta|ti|on (die, -, -en) (lat.) Absetzen von Stoffen, die durch Abtragungskräfte angeliefert bzw. durch physikalisch-chemische oder biochemische Vorgänge aus dem Wasser ausgeschieden werden.

Se|di|ment|ge|stein (das, -s, -e) durch Sedimentation gebildetes Gestein.

Se|dum (das, -s, Se|da) (lat.) Fetthenne; Dickblattgewächs.

See 1. (der, -s, -n) Binnengewässer. Seeadler; Seekunde; Seenplatte; Seerose; Seeufer; seenartig. 2. (die, -, -n) Meer (ohne Plural); Seegang. *Beachte:* See-Elefant (*auch:* Seeelefant); See-Erfahrung (*auch:* Seeerfahrung); Seeigel; seeerfahren (*auch:* see-erfahren); Seefahrer; Seegras; Seegrasmatratze; Seehandel; Seehundfell; Seekarte; Seekasse; Seeklima; Seekrieg; Seekuh; Seeluft; Seemacht; Seemann (Plural: -leute); Seemeile (Abk.: sm); Seereise, Seeschlacht; Seetang; Seeweg; Seezunge. Adjektive: seefahrend; seeklar; seekrank; seemännisch; seetüchtig; seewärts.

See|amt (das, -s, -äm|ter) Landesbehörde, die Mängel an Schiffen oder die Schuldfrage bei Seeunfällen untersucht.

See|bad (das, -s, -bä|der) Kurort am Meer.

See|bär (der, -en, -en) 1. fortschreitende lange Meereswellen, die an der Nord- oder Ostseeküste gelegentlich auftreten; 2. Unterfamilie der Ohrenrobbe, die den begehrten Sealpelz liefert; 3. erfahrener Seemann.

See|be|ben (das, -s, -) Erdbeben, dessen Herd unter dem Meeresboden liegt.

See|fisch (der, -es, -e) Meeresfisch.

See|gang (der, -s, kein Plural) bewegte See; hohe Wellen.

See|hund (der, -s, -e) kleine Robbe mit Schwimmhäuten zwischen den Zehen.

See|igel (der, -s, -) im Meer lebende, kugelförmige Stachelhäuter.

See|jung|frau (die, -, -en) in der Mythologie eine Meerjungfrau; Nixe; Wasserjungfrau.

See|krank|heit (die, -, kein Plural) Überbeanspruchung der Gleichgewichtszentren durch andauernde schaukelnde Bewegungen, die mit Schwindelgefühl und Übelkeit einhergeht.

Seel|chen (das, -s, -) (ugs.) Bez. für einen sehr empfindlichen, etwas naiven Menschen. Du bist vielleicht ein Seelchen!

See|le (die, -, -n) 1. Psyche; Inneres; 2. (ugs.) Mensch. Er war mit Herz und Seele dabei. Sie waren ein Herz und eine Seele. Keine Seele (niemand) war da. Seelenarzt; Seelenfriede(n); Seelenkunde (Psychologie); Seelenleben; Seelenverwandtschaft. Adjektive: seelenkundig; seelenkundlich (psychologisch); seelenlos; seelenruhig; seelen(s)gut; seelenvergnügt; seelenvoll; seelsorgerisch; seelsorglich.

See|len|ach|se (die, -, -n) Achse.

See|len|adel (der, -s, kein Plur.) innerer Adel.

See|len|amt (das, -s, -äm|ter) Totenmesse (kath. Kirche).

See|len|dok|tor (der, -s, -en) Psychiater.

See|len|frie|den (der, -s, kein Plural) innerer Frieden.

See|len|for|scher (der, -s, -) Psychologe.

See|len|heil (das, -s, kein Plural) seelische Unversehrtheit.

See|len|pein (die, -, kein Plural) Seelenschmerz; Seelenqual.

See|len|ru|he (die, -, kein Plural) völlige Gelassenheit; scheinbar unerschütterlicher Gleichmut. In aller Seelenruhe traf er seine Vorbereitungen.

See|len|wan|de|rung (die, -, kein Plural) religiöse Vorstellung von der Wiedergeburt bzw. dem Weiterleben der Seele in einem anderen Körper.

see|lisch (Adj.) die Psyche betreffend. *Aber:* selig!

Seel|sor|ge (die, -, kein Plural) in den christlichen Kirchen die seelische Betreuung der Gemeindemitglieder.

See|manns|garn (das, -s, kein Plural) stark übertreibende oder völlig erfundene Geschichten von Seeleuten.

See|not (die, -, kein Plural) lebensbedrohliche Situation; drohender Untergang eines Schiffes.

See|pferd|chen (das, -s, -) mariner Knochenfisch mit röhrenförmiger, zahnloser Schnauze, der senkrecht im Wasser schwebt.

See|räu|ber (der, -s, -) Pirat, der auf hoher See Raub begeht.

See|ro|se (die, -, -n) Wasserpflanze mit großen Schwimmblättern und rosenartigen Blüten.

See|sack (der, -s, -sä|cke) großer Beutel aus wasserdichtem Segeltuch, der über die Schulter gehängt wird.

See|stern (der, -s, -e) im Meer lebender Stachelhäuter mit fünfstrahligem, sternförmigem Körper.

Se|gel|flie|ger (der, -s, -) jmd., der das Segelfliegen als Sport betreibt.

Se|gel|flug|zeug (das, -s, -e) motorloses Flugzeug für den Segelflug.

se|geln (V., hat/ist) 1. mit einem Segelboot fahren; 2. (ugs.) fliegen. Segel; Segelboot; Segler/in; segelfertig; segellos; segelfliegen.

Se|gel|ohr (das, -s, -en) (ugs.) spöttische Bez. für ein stark abstehendes Ohr.

Se|gel|re|gat|ta (die, -, -re|gat|ten) Wettfahrt von Segelbooten.

Se|gel|schiff (das, -s, -e) mit Segeln ausgestattetes Schiff, das allein durch Windkraft fortbewegt wird.

Se|gel|tuch (das, -s, -tu|che) wasserdichtes Leinwand- oder Ripsgewebe, das gut als Abdeckung oder Segel geeignet ist.

Seg|ler|müt|ze (die, -, -n) Mütze für Segler.

Seg|ment (das, -s, -e) (lat.) Teil; Abschnitt. Segmentbogen; segmental; segmentär.

seg|men|tie|ren (V.) in Abschnitte oder Segmente zerlegen.

Seg|men|tie|rung (die, -, -en) Aufgliederung in einzelne Segmente.

seg|nen (V.) weihen; Segen spenden. Sie segnete früh das Zeitliche (starb früh). Segen; Segensspruch; Segenswunsch; Segnung; Segen bringend (*auch:* segenbringend); Segen spendend (*auch:* segenspendend); segensreich; segensvoll.

Se|g|no (das, -s, -s) (lat.-ital.) Zeichen im Notentext, ab dem oder bis zu dem ein Teil wiederholt werden soll.

Se|gre|ga|ti|on(die, -, -ti|o|nen) (lat.) räumliche Trennung; Absonderung (von Bevölkerungsgruppen).

se|gre|gie|ren (V.) eine Segregation vornehmen.

Se|gui|dil|la (die, -, kein Plural) (lat.-span.) spanischer Tanz, der mit Gitarre oder von den Tänzern selbst mit Kastagnetten begleitet wird.

se|hen (V., sah, hat gesehen; ich sehe, du siehst) erblicken; schauen; bemerken; beurteilen. *Beachte:* Er kannte sie nur vom Sehen. Ihnen wird Hören und Sehen (*auch:* hören und sehen) vergehen. Wir haben es alle kommen sehen. Sehachse; Seher/-in; Sehkraft; Sehlinse; Sehorgan; Sehprobe; Sehprüfung; Sehrohr; Sehschärfe; Sehschwäche; Seestäbchen; Sehstörung; Sehweite; Sehzentrum. Adjektive: sehenswert; sehschwach.

se|hens|wür|dig (Adj.) interessant zu sehen.

Se|hens|wür|dig|keit (die, -, -en) Bauwerk, Kulturdenkmal oder Naturschauspiel, das (besonders für Touristen) sehenswert ist.

Se|her|blick (der, -s, kein Plural) prophetische Fähigkeit, in die Zukunft zu blicken.

se|he|risch (Adj.) prophetisch.

Seh|feh|ler (der, -s, -) Mangel des Sehvermögens (Fehlsichtigkeit oder Schielen).

Seh|loch (das, -s, -lö|cher) Pupille des Auges.

Seh|ne (die, -, -n) 1. Muskelfaser; 2. Bogenschnur; 3. Gerade (Mathematik). Sehnenriss; Sehnenzerrung; sehnig.

seh|nen (V., refl.) Sehnsucht haben. sehnlich; sehnsüchtig; sehnsuchtsvoll.

Seh|nen|re|flex (der, -es, -e) Reflex der Sehne.

Seh|nen|schei|den|ent|zün|dung (die, -, -en) Entzündung der Sehnenscheide nach Überanstrengung durch immer gleiche Bewegungen.

Seh|nerv (der, -s, -en) Nerv, der Augennetzhaut und Gehirn verbindet; Augennerv.

Sehn|sucht (die, -, -süch|te) sehr starkes Verlangen nach etwas oder jmdm.

sehr (Adv.) übermäßig; besonders. Bitte sehr! Danke sehr! so sehr; zu sehr; gar sehr.

Seh|test (der, -s, -s) Sehkraftprüfung.

Seh|ver|mö|gen (das, -s, kein Plural) 1. Sehkraft. Ihr Sehvermögen hat nachgelassen. 2. (allgemein) die Sicht, das Sehenkönnen. Sein Sehvermögen hat nachgelassen.

Sei|ches (die, nur Plural) (franz.) Schwingungen des Wasserspiegels (in Buchten, Seen).

seicht (Ad).) flach; oberflächlich. Seichtheit; Seichtigkeit.

Sei|de (die, -, -n) Gewebe; Naturfaser; Stoffart. Seidenfaden; Seidenglanz; Seidenpapier; seidenartig; seidenweich; seidig; seiden.

Sei|del (das, -s, -) (südd.) Bierglas.

Sei|del|bast (der, -s, -bas|te) Pflanze.

Sei|den|rau|pe (die, -, -n) Raupe des Schmetterlings Seidenspinner, die zur Herstellung von Seide verwendbare Kokons spinnt, in denen sie zur Puppe heranwächst.

Sei|den|spin|ner (der, -s, -) dickleibiger Schmetterling, dessen Raupen (Seidenraupen) ihren Kokon aus einem 3000 Meter langen Seidenfaden spinnen.

Sei|fe (die, -, -n) Reinigungsmittel. Seifenlauge; Seifenwasser; seifenartig; seifig; seifen.

Sei|fen|bla|se (die, -, -n) schillernde, schnell vergängliche Kugel, die man aus einer Seifenschaumblase aufblasen kann.

Sei|fen|kis|ten|ren|nen (das, -s, -) Wettfahrt bergab für Jugendliche mit kleinen, selbstgebauten Fahrzeugen ohne Motor.

Sei|fen|pul|ver (das, -s, -) pulverisierte Seife; Waschpulver.

Sei|fen|schaum (der, -s, -schäu|me) aus Wasser und Seife angerührter Schaum.

Sei|g|nette|salz (das, -es, kein Plural) (franz.) abführend wirkendes Kaliumnatriumsalz der Weinsäure.

sei|hen (V.) filtern; sieben. Seiher; Seihpapier.

Seil (das, -s, -e) Tau. Seilbahn; Seiler; Seilerei; Seilhüpfen; Seilspringen; Seilziehen; Seilzug; seilartig; seilhüpfen, *aber:* übers Seil hüpfen; seilspringen, *aber:* über das Seil springen; seiltanzen, *aber:* auf dem Seil tanzen; anseilen.

Seil|schaft (die, -, -en) 1. Gruppe von Bergsteigern an einem gemeinsamen Sicherungsseil; 2. abwertende Bez. für eine Gruppe von Personen, die sich bei nicht immer sauberen Geschäften gegenseitig den Rücken decken.

Seil|tän|zer (der, -s, -) Artist, der auf einem Hochseil balanciert. Seiltänzerin.

Seil|win|de (die, -, -n) Vorrichtung zum Heben und Senken von Lasten, die mit einer Seiltrommel versehen ist.

sei|mig (Adj.) dickflüssig; zäh. Seim. Honigseim.

sein 1. (Pron., possess.) ihm gehörend; ihm zugehörig. *Beachte:* jedem das Seine (*auch:* seine); Seine Exzellenz (Abk.: S. E.). Jeder muss das Seine (*auch:* seine) dazutun. Er kehrte zurück zu den Seinen (*auch:* seinen). unter seinesgleichen. Wir wollen seiner gedenken. Alles war sein. einerseits; seinethalben/seinetwegen; seinetwillen; um seinetwillen; seinerzeit (Abk.: s. Z.). 2. (V., war, ist gewesen; bin, bist, ist, sind, seid, sind) existieren; da sein; anwesend sein; sich befinden; stattfinden. *Beachte:* Das darf doch nicht wahr sein! Das ist (gehört) ihm. Du musst nicht traurig sein. Strafe muss sein. *Aber:* das Sein und das Nichtsein.

Seis|mo|graf (*auch:* Seis|mo|graph) (der, -en, -en) (griech.) Stärkemesser, der Richtung und Dauer eines Bebens anzeigt (Erdbeben). Seismologe; Seismologie; Seismik; Seismometer; seismisch; seismologisch.

Seis|mo|gramm (das, -s, -e) (griech.) Aufzeichnung eines Erdbebens durch einen Seismografen.

seit (Präp., Dat.; Konj.) von … bis jetzt; seitdem. *Beachte:* seit meinem Unfall; seit heute; seit Kurzem (*auch:* kurzem); seit Langem (*auch:* langem); seitdem;

seither. *Wichtig:* Nebensätze, die durch »seit« eingeleitet werden, sind durch Komma abgetrennt! Seit ich dieses Buch habe, mache ich keine Fehler mehr.
Sei|te (die, -, -n) 1. Blatt (Abk.: S.); 2. Fläche; 3. Richtung; 4. Charakterzug. (*Aber:* die Saite!) *Beachte:* auf der linken/rechten Seite. Sie stand mir zur Seite. von allen Seiten; auf der Seite der Minderheit; von rechtlicher Seite. aufseiten (*auch:* auf Seiten) der Minderheit; vonseiten (*auch:* von Seiten); seitens des Vaters; väterlicher-, mütterlicherseits; ganz meinerseits; abseits; allerseits. Seitenansicht; Seitenaus-, Seiteneingang; Seitenflügel; Seitenlinie; Seitenruder; Seitenschneider; Seitenstraße; Seitentür; Seitenwagen; Seitenwechsel; Seitenzahl; Seitpferd. Adjektive: seitenlang, *aber:* ein hundert Seiten langer Text; dreiseitig; seitlich. Adverbien: seitlings; seitwärts; seitab; beiseite.
Sei|ten|hieb (der, -s, -e) 1. Hieb von der Seite beim Fechten; 2. verbaler Hieb von der Seite durch eine unerwartet boshafte Anmerkung.
Sei|ten|sprung (der, -s, -sprün|ge) (ugs.) sexuelles Abenteuer außerhalb der Ehe. Peter genehmigt sich gern einen Seitensprung.
Sei|ten|ste|chen (das, -s, kein Plural) schmerzhaftes Stechen in der Milzgegend nach zu schnellem Laufen.
sei|ten|ver|kehrt (Adj.) genau gespiegelt; (ugs.) spiegelverkehrt.
Sei|ten|wind (der, -s, kein Plural) deutlicher Wind von der Seite.
Sejm (der, -s, kein Plural) poln. Volksvertretung.
Se|junk|ti|on (die, -, -ti|o|nen) (lat.) fehlende oder eingeschränkte Fähigkeit, Bewusstseinsinhalte zu verbinden.
sek (*auch:* Sek.) (Abk.) **Sek**unde.
Se|kans (der, -, -/-kan|ten) (lat.) Seitenverhältnis (Dreieck; Abk.: sec). Sekante.
sek|kie|ren (V.) (ital.) (südd.) quälen.
Se|kret (das, -s, -e) Flüssigkeitsabsonderung. Sekretion; sekretorisch.
Se|kre|tär (der, -s, -e) 1. Schreibkraft; 2. Beamter; 3. Schreibtisch. Staatssekretär; Sekretärin; Sekretariat.
Sekt (der, -s, -e) (ital.) Schaumwein. Sektflasche; Sektfrühstück; Sektglas; Sektsteuer.
Sek|te (die, -, -n) (lat.) religiöse Sondergruppe. Sektenwesen; Sektierertum; sektiererisch.
Sekt|flö|te (die, -, -n) typische schmale Sektglasform.
Sek|tie|rer (der, -s, -) 1. dogmatischer Abweichler; 2. Sektenmitglied.
Sek|ti|on (die, -, -ti|o|nen) (lat.) 1. Abteilung; 2. Leichenöffnung. Sektionsbefund; sektionsweise.
Sek|ti|ons|chef (der, -s, -s) Abteilungsleiter.
Sek|tor (der, -s, -en) 1. Fach, Teilgebiet; 2. Bezirk; 3. Diskettenabschnitt (EDV); 4. Besatzungsgebiet (Berlin). Sektorengrenze.
Se|kun|da (die, -, -kun|den) (lat.) 1. zehnte und elfte Klasse (an Gymnasien). 2. (österr.) zweite Klasse einer höheren Schule.
Se|kun|da|ner (der, -s, -) Schüler der Sekunda.
Se|kun|dant (der, -en, -en) (lat.) 1. Beistand, Betreuer; 2. Zeuge. sekundieren.
se|kun|där (Adj.) (lat.) zweitrangig; nachfolgend; nebensächlich. Sekundärereignis; Sekundärstrom; Sekundärwicklung.
Se|kun|där|elek|tron (das, -s, -en) Elektron, das durch andere auf einen Festkörper auftreffende Elektronen ausgelöst wird.
Se|kun|där|emis|si|on (die, -, -en) das Austreten von Sekundärelektronen aus einem Material.
Se|kun|där|in|fek|ti|on (die, -, -ti|o|nen) (lat.) nochmalige Infektion (eines bereits infizierten Kranken).
Se|kun|där|li|te|ra|tur (die, -, -en) Sachliteratur über Literatur.
Se|kun|dar|schu|le (die, -, -n) in der Schweiz: höhere Volksschule.
Se|kun|där|sta|tis|tik (die, -, -en) Auswertung von Informationen, die primär nicht zu statistischen Zwecken gesammelt wurden.
Se|kun|dar|stu|fe (die, -, -n) weiterführende Schule (ab 5. Klasse).
Se|kun|de (die, -, -n) Zeiteinheit (Abk.: Sek.); Augenblick; Gradteil (Zeichen: ″). Sekundenbruchteil; Sekundenherztod; Sekundenmeter; in Sekundenschnelle; Sekündchen; sekundenlange Stille, *aber:* zehn Sekunden lang; sekündlich (*auch:* sekundlich).
Se|kun|den|zei|ger (der, -s, -) Uhrzeiger, der die Sekunden angibt.
Se|kun|do|ge|ni|tur (die, -, -en) Besitzrecht der Linie der zweitgeborenen Söhne in Fürstenhäusern.
Se|ku|ri|tät (die, -, kein Plural) (lat.) Sicherheit.
sel. (Abk.) **sel**ig.
Se|la (das, -s, -s) (hebr.) ein alttestamentliches Psalmenzeichen.
Se|la|don (das, -s, -s) (franz.) grün glasiertes chinesisches Porzellan.
sel|be (Pron., demonstr.) der-, die-, dasselbe. zur selben Stunde; am selben Tag.
sel|ber (Pron., demonstr.) (nicht beugbar) selbst. *Beachte:* Ich will das selber machen. *Aber:* Das Selbermachen fällt mir schwer.
selbst 1. (Pron., demonstr.) persönlich. Ich selbst bin es gewesen. Das regelt sich von selbst. 2. (Adv.) sogar. *Beachte:* Ein Satz mit »selbst als/selbst dass/selbst wenn« wird immer mit Komma abgetrennt! Selbst wenn ich Zeit habe, werde ich nicht kommen. Selbstabholer; Selbstachtung; Selbstanschluss; Selbstaufopferung; Selbstbeherrschung; Selbstbestimmung; Selbstbestimmungsrecht; Selbstbetrug; Selbstbewusstsein; Selbstbildnis; Selbstbiografie *(auch:* Selbstbiographie); Selbsteinschätzung; Selbsterkenntnis; Selbstgefälligkeit; Selbstgespräch; Selbstherrlichkeit; Selbsthilfe; zum Selbstkostenpreis; Selbstlaut (Vokal); Selbstlob; Selbstlosigkeit; Selbstmitleid; Selbstporträt; Selbstschussanlage; Selbstschutz; Selbstsicherheit; Selbststudium; Selbstsucht; Selbstüberschätzung; Selbstüberwindung; Selbstverachtung; Selbstverständlichkeit; Selbstverstümmelung; Selbstverwirklichung; Selbstzerstörung; Selbstzufriedenheit. Adjektive: selbstständig (*auch:* selbständig); selbstbewusst; selbstgefällig; der Kuchen ist selbst gebacken (*auch:* selbstgebacken); selbstgenügsam; selbstgerecht; selbstherrlich; selbstklebend; selbstkritisch; selbstlos; selbstmörderisch; selbstmordgefährdet; selbstquälerisch; selbstredend; selbstsicher; selbstsüchtig; sein erstes selbst verdientes (*auch:* selbstverdientes) Geld; selbstvergessen; selbstverständlich; selbstzerstörerisch; selbstzufrieden.

Selbst|aus|lö|ser (der, -s, -) Vorrichtung an Fotoapparaten, die Selbstaufnahmen ermöglicht.
Selbst|be|die|nung (die, -, kein Plural) Personal sparendes Prinzip in Supermärkten oder Schnellrestaurants, nach dem der Kunde die gewünschte Ware selber zusammensucht und zur Kasse trägt.
Selbst|be|frie|di|gung (die, -, kein Plural) selbst herbeigeführte sexuelle Befriedigung.
Selbst|be|fruch|tung (die, -, -en) Vereinigung einer weiblichen und einer männlichen Keimzelle ein und desselben Individuums.
Selbst|be|tei|li|gung (die, -, -en) eigene Beteiligung an entstehenden Kosten, zum Beispiel Zuschuss zu Versicherungsleistungen.
Selbst|er|hal|tungs|trieb (der, -s, kein Plural) grundlegender Trieb jedes Lebewesens, sich selbst zu erhalten.
Selbst|jus|tiz (die, -, kein Plural) selbst ausgeübte, ungesetzliche Form der Rache für ein erlittenes Unrecht.
Selbst|mord (der, -s, -e) gewaltsame Beendigung des eigenen Lebens; Freitod; Suizid.
selbst|stän|dig (*auch:* selb|stän|dig) unabhängig.
Selbst|stän|dig|keit (*auch:* Selb|stän|dig|keit) Unabhängigkeit.
Selbst|ver|sor|ger (der, -s, -) jmd., der seine gesamte Ernährung selbst erzeugt.
Selbst|ver|tei|di|gung (die, -, kein Plural) (meist körperliche) Maßnahmen zur Verteidigung der eigenen Person.
Selbst|zweck (der, -s, kein Plural) Zweck, der um seiner selbst willen verfolgt wird.
Sel|d|schu|ke (der, -n, -n) Angehöriger eines alten türkischen Herrschergeschlechts in Kleinasien.
Se|lek|ti|on (die, -, -ti|o|nen) (lat.) Auslese. Selektionsfilter; Selektionslehre; Selektionstheorie; selektieren; selektionieren.
Se|lek|ti|ons|wert (der, -s, kein Plural) gibt in der Biologie an, wie viele vor- oder nachteilige Erbfaktorenänderungen durch die Auslese hervorgerufen werden.
Se|lek|ti|vi|tät (die, -, kein Plural) (lat.) Trennschärfe (Radio). Adjektiv: selektiv.
Se|len (das, -s, kein Plural) (griech.) chemisches Element (Abk.: Se). Selenzelle; Selenmangel.
Se|le|nat (das, -es/-s, -e) (griech.) Salz der Selensäure.
Se|le|nit (der, -s, -e) (griech.) Gips.
Se|le|no|lo|ge (der, -n, -n) (griech.-lat.) Mondforscher; Mondgeologe.
Se|le|no|lo|gie (die, -, kein Plural) (griech.-lat.) Wissenschaft von der geologischen Beschaffenheit des Mondes.
se|le|no|lo|gisch (Adj.) (griech.-lat.) die Mondkunde betreffend.
Self... (engl.) Selbst... Selfmademan; Selfservice.
se|lig (Adj.) 1. gestorben (Abk.: sel.); 2. glücklich; Selige; Seligkeit; seligpreisen; seligsprechen.
Se|lig|prei|sung (die, -, -en) jmdn. als selig benennen (Bergpredigt).
Se|lig|spre|chung (die, -, -en) in der kath. Kirche eine Erhebung in den Stand des Seligen, Vorstufe zur Heiligsprechung.
Sel|le|rie (der/die, -s/-, -/-s) Gemüsepflanze. Selleriesalat.
sel|ten (Adj.) rar; kaum; (ugs.) ungewöhnlich. Seltenheit.
Sel|ten|heits|wert (der, -s, kein Plural) Wert, den eine Sache allein dadurch bekommt, dass sie knapp oder selten ist.
Sel|ters (das, -, kein Plural) (Kurzw.) Selterswasser.
Sel|ter(s)|was|ser (das, -s, -wäs|ser) Mineralwasser.
selt|sam (Adj.) wunderlich; ungewöhnlich. Seltsamkeit; seltsamerweise.
Sem (das, -s, -e) kleinstes Bedeutungsmerkmal (Sprache).
Se|man|tik (die, -, kein Plural) (griech.) Bedeutungslehre (Sprache). Adj.: semantisch.
Se|ma|phor (das/der, -s, -e) (griech.) Signalmast mit verstellbaren Armen.
Se|ma|sio|lo|gie (die, -, kein Plural) (griech.) Teilgebiet der Semantik. semasiologisch.
Se|mé (das, -, -s) (lat.-franz.) 1. mit Ornamenten, Wappen und anderen Motiven verzierter Bucheinband im 16. bis 18. Jahrhundert; 2. gleichmäßige Anordnung verschiedener Motive um ein Wappen.
Se|mei|o|gra|fie (*auch:* Se|mei|o|gra|phie) (die, -, kein Plural) (griech.-lat.) Zeichenschrift; Notenschrift.
Se|mem (das, -s, -e) semantisches Merkmal (z. B. das Merkmal »weiblich« beim Wort »Löwin«).
Se|men (das, -s, Se|mi|na) (lat.) Samen; Sperma.
Se|mes|ter (das, -s, -) (lat.) Studienhalbjahr; (ugs.) Student/in. Semesterferien; Wintersemester; Sommersemester; zehnsemestrig.
se|mi.../Se|mi... (lat.) halb.../Halb... Semivokal; semipermeabel (halbdurchlässig).
Se|mi|fi|na|le (das, -s, -) (lat.) bei sportlichen Wettkämpfen Halbfinale; Vorschlussrunde.
Se|mi|ko|lon (das, -s, -s/-ko|la) (lat., griech.) → Strichpunkt → Regelkasten.
se|mi|lu|nar (Adj.) (lat.) halbmondförmig.
Se|mi|nar (das, -s, -e) (lat.) Lehrveranstaltung; Institut. Seminarist; Seminarraum; Seminarübung; seminaristisch.
Se|mi|nar|ar|beit (die, -, -en) Arbeit, die im Verlaufe einer universitären Lehrveranstaltung geschrieben wird.
Se|mi|o|tik (die, -, kein Plural) (griech.) Zeichentheorie. Adjektiv: semiotisch.
se|mi|per|me|a|bel (Adj.) (lat.) halbdurchlässig. eine semipermeable Membran.
Se|mit (der, -en, -en) Angehöriger einer asiatisch-afrikanischen Sprachgemeinschaft. Semitin; Semitist; Antisemitismus; semitisch; semitistisch; antisemitisch.
Se|mi|tis|tik (die, -, kein Plural) Lehre von den semitischen Sprachen.
Se|mi|to|ni|um (das, -s, -ia/-ien) (lat.) Halbtonschritt in der Musik.
Sem|mel (die, -, -n) (südd.) Brötchen. Semmelauflauf; Semmelbrot; Semmelknödel; Semmelmehl; Semmelteig; semmelblond.
Sem|mel|brö|sel (der, -s, -) Paniermehl aus zerriebenen, alten Semmeln.
sem|p|li|ce (Adj.) (lat.-ital.) Vortragsanweisung im Notentext mit der Bedeutung einfach, schlicht.
sem|p|re (Adv.) (ital.) Anweisung im Notentext mit der Bedeutung immer.
Sen (der, -/-s, -/-s) japanische Währung (Abk.: S).

sen. (Abk.) senior.
Se|nat (der, -s, -e) (lat.) Teil des Parlaments; Regierungs-, Verwaltungsbehörde. Senator; Senatsbeschluss; Senatspräsident; Senatssprecher; Senatsverwaltung; senatorisch.
sen|den (V., sendete/sandte, hat gesendet/gesandt) übertragen; schicken. Sendbote; Sendeanlage; Sendebereich; Sendefolge; Sendeleiter; Sendepause; Senderanlage; Senderaum; Sendereihe; Sendersuchlauf; Sendeschluss; Sende- und Empfangsgerät; Sendezeichen; Sendezeit; Sendschreiben.
Sen|de|be|reich (der, -s, -e) Bereich, innerhalb dessen ein Sender empfangen werden kann.
Sen|der (der, -s, -) Gerät zur Aussendung von Schallwellen oder elektromagnetischen Schwingungen, zur Nachrichtenübertragung oder Richtungsbestimmung.
Sen|dung (die, -, -en) 1. höherer oder göttlicher Auftrag. Sie betrachtete es als ihre Sendung, mutterlose Kinder aufzuziehen. 2. Warensendung. Aber Sie haben doch den Empfang der Sendung quittiert! 3. Aussendung eines Senders; Funkübertragung. Sendungsbewusstsein.
Se|ne|gal 1. (ohne Art., -s, kein Plural) westafrikanischer Staat; Senegalese; senegalisch. 2. (der, -s, kein Plural) afrikanischer Fluss.
Se|ne|ga|wur|zel (die, -, -n) (indian.-dt.) als Heilmittel verwendete Wurzel einer nordamerikanischen Kreuzblume.
Se|ne|schall (der, -s, -e) (germ.-franz.) für die Hofhaltung zuständiger Beamter während der Merowingerzeit.
Se|nes|zenz (die, -, kein Plural) 1. (lat.) das (biologische) Altern; 2. die durch das Altern bedingten körperlichen Veränderungen. Altersschwäche.
Senf (der, -s, -e) (griech.) Gewürz; Mostrich. Senfgas (Gift-, Kampfstoff); Senfgurke; Senfkorn; Senfmehl; Senföl; Senfsoße (*auch:* Senfsauce); senffarben; senffarbig.
sen|gend (Adj.) glühend. Verb: sengen.
Se|n|hor (der, -s, -s) Herr (als portugiesische Anrede).
Se|n|ho|ra (die, -, -s) Frau (als portugiesische Anrede).
Se|n|ho|ri|ta (die, -, -s) (port.) Fräulein.
se|nil (Adj.) (lat.) vergreist. Senilität.
se|ni|or (Adj.) (lat.) älter; der Ältere (Abk.: sen.; sr.). Senior/in; Seniorenheim; Seniorentreff.
Se|ni|or|chef (der, -s, -s) (franz.) der ältere von zwei Firmenchefs.
Se|ni|o|ren|klas|se (die, -, kein Plural) im Vereins- oder Verbandssport die Klasse der älteren erwachsenen Sportler.
Se|ni|o|ren|pass (der, -es, -päs|se) Ausweis, mit dem ältere Menschen Verbilligungen erhalten.
sen|ken (V., sank, ist gesunken) hinablassen; vertiefen. Senke; Senkgrube; Senklot; Senkrechte; Senkrechtstart; Senkrechtstarter; Senkung; Senkwaage; senkrecht.
Senk|blei (das, -s, -e) 1. unten spitz auslaufendes Gewicht an einer Schnur zur Tiefenfeststellung bei Gewässern; 2. Gerät zur Kontrolle senkrechter Bauteile; Senklot.
Senk|fuß (der, -es, -fü|ße) Fuß, bei dem das knöcherne Längsgewölbe abgesenkt ist.
Senk|recht|star|ter (der, -s, -) 1. Flugzeug, das durch den unten lenkbaren Schub senkrecht starten und landen kann; 2. (ugs.) jmd., der aus dem Stand eine rasante Karriere macht.
Sen|kungs|ge|schwin|dig|keit (die, -, -en) Geschwindigkeit, mit der sich bei einer Blutsenkung die roten Blutkörperchen absenken.
Senn (der, -s, -e) (südd.) Almhirt. Senne; Senner/in; Sennerei; Sennhütte; Sennwirtschaft.
Sen|ne (der, -s, -s) feiner Teppich in dezenten Farben (nach der iran. Stadt Sinneh).
Sen|nes|blät|ter (die, -, nur Plural) (arab.-roman.; dt.) als Abführmittel verwendete, getrocknete Blätter verschiedener indischer und ägyptischer Pflanzen.
Se|ñor (der, -s, -es) (span.) Herr.
Se|ño|ra (die, -, -s) (span.) Frau.
Se|ño|ri|ta (die, -, -s) (span.) Fräulein.
Sen|sal (der, -s, -e) (österr.-ital.) freiberuflicher Makler.
Sen|sa|lie (die, -, -n) (österr.-ital.) Maklergebühr.
Sen|sa|ti|on (die, -, -ti|o|nen) (franz.) aufsehenerregendes Ereignis; Attraktion. Sensationsbedürfnis; Sensationsgier; Sensationsbericht; Sensationsmeldung; Sensationspresse; Sensationssucht; sensationslüstern.
sen|sa|ti|o|nell (Adj.) aufsehenerregend; außergewöhnlich. eine sensationelle Neuigkeit; ein sensationeller Preis.
Sen|sa|ti|ons|lust (die, -, kein Plural) Freude am Sehen oder Erleben aufregender Dinge.
Sen|se (die, -, -n) Mähgerät. jetzt ist Sense (ugs.: Schluss); Sensenstein; Sensenwurf; sensen.
Sen|sen|mann (der, -s, -män|ner) der Tod als Knochenmann mit Sense dargestellt; Schnitter Tod. Der Sensenmann holte eine reiche Ernte ein (viele Menschen starben).
Sen|si|bi|li|sie|rung (die, -, -en) 1. Herbeiführung einer Empfindlichkeitsreaktion des Körpers oder bestimmter Organe durch Zuführen körperfremder Antigene; 2. Verstärkung der Lichtempfindlichkeit einer fotografischen Platte.
Sen|si|bi|li|tät (die, -, kein Plural) (franz.) Empfindsamkeit; Feinfühlig-

Semikolon (Strichpunkt)

Das Semikolon wird dann gesetzt, wenn ein Punkt zu stark, ein Komma aber zu schwach trennt. Die Papierpreise sind gestiegen; dennoch bieten wir Ihnen die Broschüre zu unveränderten Preisen an.
Oft steht das Semikolon vor Wörtern wie »denn«, »dennoch«, »doch«, »darum«, »deshalb«. In einem längeren Satzgefüge sorgt das Semikolon für eine übersichtliche Gliederung; in Aufzählungen trennt es zusammengehörende Gruppen voneinander. Der Urlaubsort bot viel Unterhaltung: Schwimmen, Tauchen, Surfen; Kino, Ausstellungen, Sprachunterricht; ferner das Zusammensein mit vielen netten Leuten.

keit; Lichtempfindlichkeit. Sensibilisator; sensibel; sensibilisieren.

sen|si|tiv (Adj.) (franz.) übernervös; sehr empfindlich. Sensitivität.

Sen|si|to|me|ter (der, -s, -) (lat.-griech.) Lichtempfindlichkeitsmesser.

Sen|si|to|me|t|rie (die, -, kein Plural) Messung der Empfindlichkeit fotografischer Schichten.

sen|so|mo|to|risch (Adj.) (lat.) zum Zusammenwirken der Sinneseindrücke und der Bewegung gehörig; darauf beruhend.

Sen|sor (der, -s, -en) (lat.) elektronisches Fühlgerät. Sensortaste.

Sen|so|ri|en (die, nur Plural) (lat.) die Zellen in der Großhirnrinde, die für die bewusste Wahrnehmung von Sinnesreizen zuständig sind.

sen|so|risch (Adj.) (lat.) die Sinne betreffend.

Sen|sor|tas|te (die, -, -n) elektronischer Schalter, dessen Sensor durch bloße Berührung aktiviert wird.

Sen|su|a|lis|mus (der, -, kein Plural) (lat.) philosophische Lehre. Sensualist; sensualistisch.

Sen|su|a|li|tät (die, -, kein Plural) (lat.) Empfindungsvermögen; Sinnlichkeit.

sen|su|ell (Adj.) (franz.) sinnlich; die Sinne betreffend.

Sen|sus (der, -, -) (lat.) Wahrnehmung.

Sen|tenz (die, -, -en) (lat.) einprägsamer Satz, (Sinn-)Spruch. Adjektive: sentenzartig; sentenzhaft; sentenziös.

Sen|ti|ment (das, -s, -s) (franz.) Empfindung; (negatives) Gefühl.

sen|ti|men|tal (Adj.) (engl.) gefühlvoll; romantisch. Sentiment.

Sen|ti|men|ta|li|tät (die, -, -en) Gefühlsduselei; Rührseligkeit.

sen|za (Adv.) (ital.) ohne. senza pedale: ohne Pedal; senza sordino: ohne Dämpfer (in der Musik).

Se|pa|ran|dum (das, -s, -da, meist Plural) (lat.) Medikament, das besonders sicher verwahrt wird wie Opiate oder Gift.

se|pa|rat (Adj.) (lat.) abgetrennt; einzeln. Separatdruck; Separateingang; Separatfriede(n); Separatist; Separator; separatistisch; separieren.

Se|pa|ra|ta (die, nur Plural) (lat.) Sonderdrucke.

Se|pa|ra|tis|mus (der, -, kein Plural) Streben nach Absonderung, zum Beispiel das Bestreben eines Landesteils, sich aus der staatlichen Gemeinschaft zu lösen.

Se|pa|ree (*auch:* Sé|pa|rée) (das, -s, -s) (franz.) abgetrennte Nische in Lokal oder Restaurant.

Se|phar|de (der, -n, -dim) (hebr.) von der Iberischen Halbinsel ausgewanderter, spanisch sprechender Jude.

se|phar|disch (Adj.) die Sephardim betreffend.

Se|pia (die, -, -pi|en) 1. Tintenfisch; 2. Farbstoff (kein Plural). Sepiaknochen.

se|pia (Adj.) graubraun.

Se|pia|zeich|nung (die, -, -en) Federzeichnung, die mit braunem Sepiafarbstoff angefertigt wurde.

Se|pio|lith (der, -en, -en) (griech.) Meerschaum.

Sep|sis (die, -, Sep|sen) (griech.) Blutvergiftung. Adjektiv: septisch.

Sept. (Abk.) September.

Sep|tem|ber (der, -/-s, -) (lat.) Monat (Abk.: Sept.). September-Oktober-Ausgabe (*auch:* September/Oktober-Ausgabe); Septembertag.

Sep|tett (das, -s, -e) (ital.) siebenstimmiges Musikstück.

Sep|ti|ma (die, -, -ti|men) (lat.) siebente Gymnasiumsklasse (österr.).

Sep|ti|me (die, -, -n) (lat.) siebente Stufe der diatonischen Tonleiter; über sieben Töne reichendes Intervall.

Sep|to|le (die, -, -n) (lat.) Gruppe von sieben Noten auf den Wert von sechs oder acht Noten.

Sep|tu|a|ge|si|ma (die, -, kein Plural) (lat.) neunter Sonntag vor Ostern.

Sep|tu|a|gin|ta (die, -, kein Plural) (lat.) älteste und wichtigste Übersetzung des Alten Testaments ins Griechische.

Sep|tum (das, -s, -ta) (lat.) Scheidewand; Zwischenwand.

Se|quenz (die, -, -en) (lat.) 1. Aufeinanderfolge; szenische Handlungseinheit (Film); 2. Befehls-, Datenfolge (EDV).

se|quen|zi|ell (*auch:* se|quen|ti|ell) (Adj.) aufeinanderfolgend.

Se|ques|ter 1. (*auch:* Se|ques|t|ra|ti|on) (das/der, -s, -) (lat.) abgestorbener, vom gesunden Gewebe abgestoßener Organteil, zum Beispiel Knochenstück; 2. (der, -s, -) (lat.) von einer Behörde eingesetzter, einstweiliger Verwalter einer (strittigen) Sache oder eines (besetzten) Staates.

se|ques|t|rie|ren (V.) verwalten; beschlagnahmen. Sequester; Sequestration.

Se|quo|ie (die, -, -n) (indian.-nlat.) Mammutbaum.

Sé|rac (der, -s, -s) (franz.) durch einen stärkeren Gefällsknick ausgelöster Eisbruch oder Gletschersturz.

Se|rail 1. (der, -s, -s) (pers.) Wollschal; 2. (das, -s, -s) Palast.

Se|raph (der, -s, -e/-im) (hebr.) Engel. Seraphinenorden; seraphisch.

Ser|bi|en (ohne Art., -s, kein Plural) Serbe; serbisch.

Se|re|na|de (die, -, -n) (franz.) Musikstück; Konzert.

Se|re|nis|si|mus (der, -, -mi) (lat.) 1. Durchlaucht (als Fürstenanrede); 2. Fürst eines Kleinstaats (ironisierend).

Serge (die/der, -, -n) (franz.) ein Futterstoff (aus Seide u. a.).

Ser|geant (der, -en/-s, -en/-s) (franz.-engl.) Unteroffizier.

Se|rie (die, -, -n) Folge; Reihung; Anzahl. Serienanfertigung; Serienbild; Serienfabrikation; Serienpreis; Serienschaltung.

se|ri|ell (Adj.) 1. zeitlich aufeinanderfolgend. die serielle Verarbeitung von Daten (EDV). 2. mit nach Zahlen- oder Proportionsreihen festgelegten Toneigenschaften (Musik).

se|ri|en|mä|ßig (Adj.) im Merkmalsumfang einer Serie bzw. im Preis enthalten. Das Schiebedach ist beim neuen Auto serienmäßig inbegriffen.

Se|ri|en|pro|duk|ti|on (die, -, -en) Herstellung von Produkten in Serien.

Se|ri|en|tä|ter (der, -s, -) Krimineller, der eine ganze Serie gleichartiger Verbrechen begeht.

Se|ri|fe (die, -, -n) kleiner Ansatz- oder Abschlussstrich, Querstrich (bei Antiquabuchstaben).

Se|ri|gra|fie (*auch:* Se|ri|gra|phie) (die, -, kein Plural) (griech.) Siebdruck.

se|ri|ös (Adj.) (franz.) ernst; anständig. Seriosität.

Se|rir (die, -, -e) (arab.) Kies- oder Geröllwüste in Libyen.

Ser|mon (der, -s, -e) langes Gerede.

Ser|pen|tin (der, -s, -e) (lat.) Mineral. Serpentingestein.
Ser|pen|ti|ne (die, -, -n) (lat.) kurvenreiche Bergstraße; Kehre. Serpentinenstraße.
Ser|tão (der, -, -s) (portugies.) schwer zu durchquerendes, trockenes Wald- und Buschgebiet in Brasilien.
Se|ro|lo|gie (die, -, kein Plural) (lat.-griech.) die Wissenschaft von den Eigenschaften des Blutserums und seinen Reaktionen auf in die Blutbahn eingedrungene Fremdkörper.
Se|rum (das, -s, Se|ren/Se|ra) (lat.) Teil des Blutplasmas; Impfstoff. Serologe; Serumbehandlung; Serumdiagnostik; Serumkonserve; serologisch; serös.
Ser|val (der, -s, -e/-s) (portugies.) großohrige, hochbeinige Wildkatze afrikanischer Steppen.
Ser|ver (der, -s, -) ein zentraler Rechner, der in Netzwerken bestimmte Dienste bereitstellt.
Ser|vice 1. (das, -/-s, -) (franz.) Geschirr; 2. (der/das, -, -s) (engl.) Kundendienst; Aufschlag (Tennis). Servicekraft; Servicemann; Servicenetz.
ser|vie|ren (V.) (franz.) auftragen; aufschlagen (Tennis). Serviererin; Serviertischchen.
Ser|vier|wa|gen (der, -s, -) fahrbares Beistelltischchen zum Abstellen von Schüsseln und Platten.
Ser|vi|et|te (die, -, -n) (franz.) Mundtuch. Serviettentasche.
Ser|vi|et|ten|ring (der, -s, -e) Ring zum dekorativen Drapieren von Servietten.
ser|vil (Adj.) (lat.) unterwürfig; kriecherisch. Servilismus.
Ser|vi|li|tät (die, -, kein Plural) devote, unterwürfige Geisteshaltung.
Ser|vo... (lat.) Hilfs... Servobremse; Servomotor.
Ser|vo|len|kung (die, -, -en) durch ein Hilfsaggregat unterstützte Fahrzeuglenkung.
Ser|vus (südd.) Hallo! Tschüs!
Se|sam (der, -s, -s) (griech.) Pflanze; zum Würzen verwendbarer Samen. Sesambrot; Sesampflanze.
Se|sam|bröt|chen (das, -s, -) Sesamsemmel; Brötchen, das mit Sesam bestreut ist.
Se|sam|öl (das, -s, -) Öl aus Sesamsamen.
Se|sel (der, -s, -) (griech.-lat.) Bergfenchel.
Ses|sel (der, -s, -) Polsterstuhl. Sessellehne.
Ses|sel|lift (der, -s, -e) Lift, der aus einer mit Hängesitzen ausgerüsteten Seilbahn besteht.
sess|haft (Adj.) ansässig; eingesessen. Sesshaftigkeit.
ses|sil (Adj.) (lat.) festsitzend. ein sessiles Korallentier.
Ses|si|on 1. (die, -, -si|o|nen) (lat.) Sitzung; 2. (die, -, -s) (engl.) Musikertreffen.
Ses|terz (der, -es, -e) (lat.) altrömische Silbermünze.
Ses|ti|ne (die, -, -n) (lat.-ital.) 1. sechszeilige Strophe; 2. aus sechs Strophen mit je sechs Zeilen bestehende Gedichtform mit einer dreizeiligen Schlussstrophe.
Set (das/der, -s, -s) (engl.) 1. Satz; 2. Reihe; 3. Tischdeckchen.
Set|te|cen|to (das -s/-) (ital.) das 18. Jahrhundert in Italien (Stilbezeichnung).
Set|ter (der, -s, -) (engl.) Hunderasse.
set|zen (V., setzte, hat gesetzt) 1. hinsetzen; 2. einpflanzen; 3. aufstellen; 4. Schriftzeichen anordnen; 5. wetten; 6. sinken; 7. überqueren. Setzeisen; Setzer; Setzfehler; Setzkasten; Setzlatte; Setzmaschine; Setzung.
Set|ze|rei (die, -, -en) früher (zur Zeit des Bleisatzes) Teil der Druckerei zur Herstellung des Schriftsatzes für den Buchdruck.
Setz|ling (der, -s, -e) 1. junger Fisch, der in einem Teich angesiedelt wird; 2. junge Pflanze, die in die Erde gesetzt wird.
Setz|waa|ge (die, -, -n) Gerät zur Prüfung der Lage einer Fläche; Wasserwaage.
Seu|che (die, -, -n) Infektionskrankheit. Seuchenbekämpfung; Seuchengefahr; Seuchenträger; seuchenhaft.
Seu|chen|herd (der, -s, -e) Ausgangspunkt einer Seuche.
seuf|zen (V.) geräuschvoll atmen; klagen. Seufzer.
Seuf|zer|brü|cke (die, -, kein Plural) berühmte Brücke in Venedig.
Sè|vres|por|zel|lan (das, -s, kein Plural) besonders kostbares Porzellan.
Sex (der, -/-es, kein Plural) (engl.) (Kurzw.) 1. Sexus; erotische Anziehung; 2. Geschlechtsverkehr. Sex and Crime; Sexappeal (*auch:* Sex-Appeal); Sexbombe; Sexfilm; Sexmuffel; Sexologie; Sexus; sexistisch; sexy.
Se|xa|ge|si|ma (die, -, kein Plural) (lat.) achter Sonntag vor Ostern.
se|xa|ge|si|mal (Adj.) (lat.) sechzigteilig. Sexagesimalsystem.
Se|xis|mus (der, -, kein Plural) Begriff der Frauenbewegung, der alle Formen der Diskriminierung der Frau aufgrund ihrer Geschlechtszugehörigkeit bezeichnet.
Sex|shop (der, -s, -s) (engl.) Laden, der Aphrodisiaka, erotische Literatur und Zubehör zur sexuellen Anregung verkauft.
Sex|ta (die, -, -ten) (lat.) erste Gymnasiumsklasse.
Sext|ak|kord (der, -es, -e) (lat.) in der Harmonielehre die erste Umkehrung des Dreiklangs mit der Terz im Bass.
Sex|tant (der, -en, -en) (lat.) Winkelmessgerät.
Sex|te (die, -e, -n) (lat.) sechster Ton der diatonischen Tonleiter; Tonintervall von der ersten bis zur sechsten Stufe.
Sex|tett (das, -s, -e) sechsstimmiges Musikstück; sechsköpfige Gruppe.
Se|xu|al|er|zie|hung (die, -, kein Plural) Aufklärung über Sexualität in Elternhaus und Schule.
Se|xu|al|hor|mon (das, -s, -e) von Geschlechtsdrüsen oder der Nebennierenrinde ins Blut abgegebene Stoffe, die die Entwicklung der Genitalien steuern.
se|xu|a|li|sie|ren (V.) mit sexuellen Konnotationen befrachten. Der Alltag wird mehr und mehr sexualisiert.
Se|xu|a|li|sie|rung (die, -, kein Plural) Überbetonung des Sexuellen. In der Werbung sieht man deutlich die Sexualisierung des Alltags.
Se|xu|a|li|tät (die, -, kein Plural) (lat.) Geschlechtlichkeit. Sexualaufklärung; Sexualdelikt; Sexualethik; Sexualforschung; Sexualpädagogik; sexual; sexuell.
Se|xu|al|kun|de (die, -, kein Plural) Unterrichtsfach, das die menschliche Sexualität behandelt.
Se|xu|al|ob|jekt (das, -s, -e) jmd., der für einen anderen Menschen ausschließ-

lich als Objekt der körperlichen Begierde bedeutsam ist.

Se|xu|al|psy|cho|lo|gie (die, -, kein Plural) Zweig der Psychologie, der das seelische Verhalten im Sexualleben untersucht.

Se|xu|al|trieb (der, -s, kein Plural) angeborener Trieb zur Fortpflanzung.

Se|xu|al|ver|bre|chen (das, -s, -) Verbrechen wie Lustmord, Vergewaltigung oder Unzucht.

Sey|chel|len (die, -, kein Plural) Inselgruppe vor Ostafrika.

se|zer|nie|ren (V.) (lat.) absondern; z. B. ein Sekret ~.

Se|zes|si|on (die, -, -si|o|nen) (lat.) Trennung; Abfall. Sezessionist; Sezessionsstil; sezessionistisch.

Se|zes|si|ons|krieg (der, -s, -) 1. Krieg zwischen den amerik. Nord- und Südstaaten von 1861 bis 1865; 2. Krieg (allg.) mit dem Ziel einer staatlichen Sezession.

se|zie|ren (V.) (lat.) eine Leiche untersuchen. Seziermesser; Seziersaal.

s-för|mig (*auch:* S-för|mig) (Adj.) in Form eines S.

sfor|za|to (Adv.) (ital.) stark betont (bei Musikstücken).

sfr. (*auch:* sFr.) (Abk.) Schweizer Franken.

SG (Abk.) Sportgemeinschaft.

Sgraf|fi|to (das, -s, -s/-ti|) (ital.) Fassadenverzierung, bei der die Muster in noch feuchte Putzschichten eingekratzt werden. Kratzputz.

sh (*auch:* s) (Abk.) Shilling.

Shag (der, -s, -s) (engl.) Tabaksorte. Shagpfeife; Shagtabak.

Shake 1. (der, -s, -s) (engl.) Mischgetränk. Milchshake; Shaker. 2. (das, -s, -s) (engl.) Trillerton (Jazz).

Shake|hands (das, -, -) (engl.) Händeschütteln.

Sha|ker 1. (das, -s, -s) (engl.) Trillerton (Jazz); 2. (der, -s, -) Mixbecher für Cocktails.

Sham|poo (*auch:* Sham|poon) (das, -s, -s) (engl.) Haarwaschmittel. Verb: shampoonieren, schamponieren, schampunieren.

Shan|ty (das, -s, -s) (engl.) Seemannslied.

Share (der, -s, -s) (engl.) Aktie.

Share|ware (die, -, kein Plural) (engl.) öffentlich zugängliche Computerprogramme.

Shar-Pei (der, -/-s, -s) chinesischer Faltenhund.

She|riff (der, -s, -s) (engl.) Polizeichef einer amerikanischen Stadt. Sheriffstern.

Sher|pa (der, -s, -s) Lastenträger; Bergführer.

Sher|ry (der, -s, -s) (engl.) Süßwein; Likör. Sherryglas.

Shet|land (der, -/-s, -s) (engl.) Wollstoff. Shetlandinseln (*auch:* Shetland-Inseln); Shetlandwolle.

Shet|land|po|ny (das, -s, -s) kleinste Ponyrasse, die auf den Shetlandinseln gezogen wird.

Shift|tas|te (die, -, -n) (engl.-dt.) Umschalttaste der Tastatur auf Großbuchstaben.

Shi|gel|le (die, -, -n, meist Plural) (nlat.) zu den Salmonellen gehörende Bakterienart.

Shil|ling (der, -s, -s) (engl.) Währung (Großbritannien, Irland; Abk.: s; sh) (*aber:* der Schilling!).

Shim|my (der, -s, -s) (amerik.) Gesellschaftstanz in Amerika während der 1920er-Jahre.

Shirt (das, -s, -s) (engl.) Hemd.

Shit (der/das, -s, kein Plural) (engl.) (ugs.) Haschisch.

sho|cking (Adj.) (engl.) peinlich; schockierend; unfein.

Shoo|ting|star (der, -s, -s) (engl.) schnell erfolgreicher Sänger, Schlager oder Schauspieler.

Shop (der, -s, -s) (engl.) Laden.

Shop|ping (das, -s, -s) (engl.) Einkaufsbummel. Shoppingcenter (*auch:* Shopping-Center).

Shore|här|te (die, -, -n) Härteprüfverfahren.

Short|drink (*auch:* Short Drink) (der, -s, -s) (engl.) alkoholisches Getränk.

Shorts (die, nur Plural) (engl.) kurze Hose.

Short Sto|ry (*auch:* Short|sto|ry) (die, -, -s) (engl.) Kurzgeschichte.

Shor|ty (der/das, -s, -s) (engl.) Damenschlafanzug.

Show (die, -, -s) (engl.) Vorführung; Programm; bunte Unterhaltungssendung. Showbusiness; Showgeschäft; Showman.

Show|down (*auch:* Show-down) (der, -s, -s) (engl.) entscheidender Kampf; entscheidendes Schießduell (Western).

Show|mas|ter (der, -s, -) (engl.) Leiter einer Show oder einer Showsendung im Fernsehen.

Sho|yu (die, -, -s) (jap.) Sojasoße aus Sojabohnen, Weizen und Meersalz.

Shred|der (*auch:* Schred|der) (der, -s, -) (engl.) Schrottpresse.

Shrimp (*auch:* Schrimp) (der, -s, -s) (engl.) Krabbe.

Shunt (der, -s, -s) (engl.) Nebenschlusswiderstand.

Si (Abk.) Silizium (chemisches Zeichen).

SI (Abk.) Système International d'Unités (Internationales Einheitensystem).

Si|al (das, -/-s, kein Plural) oberste Erdkruste.-

si|a|me|si|scher Zwil|lin|g (der, -schen, -gs, -schen, -ge, meist Plural) einer der zusammengewachsenen Zwillinge.

Si|a|mo|sen (die, nur Plural) Sammelbegriff für Schürzenstoffe mit Karo- oder Streifenmuster in Leinenwebart.

Si|bi|lant (der, -en, -en) (lat.) Zischlaut (z. B. »sch«).

si|bi|lie|ren (V.) (lat.) Laute zu Sibilanten machen.

si|bi|risch (Adj.) (ugs.) 1. zu Sibirien gehörig; 2. frostig kalt.

si|byl|li|nisch (Adj.) (griech.) geheimnisvoll; orakelhaft.

sich (Pron., refl.) sich selbst; einander. *Beachte:* an und für sich; etwas an sich haben; etwas auf sich haben; etwas bei sich denken. Das ist ein Problem für sich. für sich (allein) sein; etwas hinter sich bringen; der Film hat es in sich; etwas von sich aus beginnen; jemanden zu sich rufen; wieder zu sich kommen (das Bewusstsein wiedererlangen); Sichausweinen; Sichgehenlassen.

Si|chel (die, -, -n) Schneidewerkzeug. Mondsichel; sichelförmig; sicheln.

Si|chel|wa|gen (der, -s, -) Streitwagen des Altums mit Sichelklingen an den Radnaben.

si|cher (Adj.) geschützt; gewiss; zuverlässig; selbstbewusst. *Beachte:* Das weiß ich aus sicherer Quelle. Da bin ich mir völlig sicher. Es ist das Sicherste (am sichersten), wenn …; im Sicheren sein (geborgen sein). das Sicherste, was man tun kann. Ich will auf Nummer sicher gehen. etwas/nichts/viel/wenig Sicheres. *Wichtig:* Zusammenschreibung mit Verben bei neuer übertragener Bedeutung! sichergehen (sich vergewissern), *aber:* trotz des Alters noch sicher gehen können; sicherstellen (sichern, beschlagnahmen). Sicherheit; Sicherheitsabstand; Sicherheitsbehörde; Sicherheitskette; Sicherheitslinie; Sicherheitsnadel; Sicherheitsrad; Sicherheitsrisiko; Sicherheitsventil; Sicherheitsverschluss; Sicherheitsvorkehrung; Sicherstellung; Sicherung; Sicherungsgeber; Sicherungshypothek; Sicherungsverwahrung. Adjektiv: ein sicher wirkender (*auch:* sicherwirkender) Tee. Adverbien: sicherheitshalber; sicherlich. Verben: sichergehen; sichern; sicherstellen.

Si|cher|heits|bin|dung (die, -, -en) Skibindung, die sich bei einem Unfall sofort selbsttätig löst.

Si|cher|heits|glas (das, -es, kein Plural) Verbundglas aus mehreren Schichten Glas und Kunststoff, das bei Bruch die Splitter zusammenhält.

Si|cher|heits|gurt (der, -s, -e) stabile Gurtbänder, mit denen man sich im Auto, im Flugzeug oder auf dem Bau anschnallt.

Si|cher|heits|schloss (das, -es, -schlös|ser) Spezialschloss, dessen Schlüssel nicht nachgemacht werden kann.

Si|che|rungs|ko|pie (die, -, -en) aktuelle Kopie aller wichtigen Programme und aller wichtigen Daten, die benötigt wird, um gegebenenfalls Verlorenes zu ersetzen (EDV).

Sicht (die, -, kein Plural) Ausblick; Sehfähigkeit. *Beachte:* auf längere Sicht (Zeit); außer/in Sicht kommen/sein. Sichtbarkeit; Sichtblende; Sichttag; Sichtung; Sichtverhältnisse; Sichtweite; sichtbar; sichtig; sichten.

Sicht|be|gren|zung (die, -, -en) Sichtbehinderung durch einen Gegenstand oder eine Sehschwäche.

Sicht|be|ton (der, -s, kein Plural) Beton, der aus stilistischen Gründen absichtlich unverkleidet bleibt.

sich|ten (V.) auswählen; überprüfen; sehen. Sichtmaschine; Sichtung.

sicht|lich (Adj.) deutlich erkennbar; offensichtlich. Sabine war sichtlich nervös.

Sicht|ver|merk (der, -s, -e) in den Pass eingefügte Bestätigung, dass Einreise, Durchreise oder Aufenthalt in einem fremden Land erlaubt werden; Visum. sichtvermerkfrei.

Sicht|wei|se (die, -, -n) Art, etwas zu sehen; Standpunkt. Er hatte eine andere Sichtweise der Dinge.

Si|cker|gru|be (die, -, -n) Grube, in der Abwasser beschleunigt im Boden versickern kann.

si|ckern (V.) langsam abfließen. Sickerbrunnen; Sickerwasser.

Side|board (das, -s, -s) (engl.) Ablage; Anrichte; Büfett.

si|de|risch (Adj.) (lat.) zu den Sternen gehörig; auf sie bezogen.

Si|de|rit (der, -s, -e) (griech.) Eisenerz.

Si|de|ro|nym (das, -s, -e) (lat.; griech.) Deckname, der aus einem astronomischen Ausdruck besteht.

Si|de|ro|pe|nie (die, -, kein Plural) (griech.-lat.) Eisenmangel im Körper.

si|de|ro|phil (Adj.) (griech.-lat.) 1. eine Affinität zu Eisen habend (bei bestimmten Stoffen); 2. sich mit eisenhaltigen Farbstoffen leicht färben lassend (bei chemischen Elementen).

Si|de|ro|s|phä|re (die, -, kein Plural) (griech.) eisen-, nickelhaltiger Erdkern.

sie (Pron., pers.) *Beachte:* sie kommt (Singular); sie kommen (Plural). *Wichtig:* Die Höflichkeitsanrede wird immer großgeschrieben! Warten Sie bitte. Sie redete mich mit Sie an. Ein Er und eine Sie sind tatverdächtig.

Sieb (das, -s, -e) Küchengerät; Trenngerät. Siebmehl; Siebschaltung; siebartig; siebförmig; sieben.

Sieb|druck (der, -s, -e) Druckverfahren, bei dem Druckfarbe auf die nicht abgedeckten Partien eines mit Seidengaze oder Nylongewebe bespannten Rahmens aufgetragen wird.

sie|ben (Zahlw.) *Beachte:* um sieben Uhr; siebenmal (7-mal). Wir waren zu siebt. siebenfach; siebeneinhalb; sieben auf einen Streich. Sieben minus sieben macht null. Um Punkt sieben ist Schluss. siebenhundert; siebenjährig (7-jährig); ein Siebenjähriger (7-jähriger); ein Buch mit sieben Siegeln; um sieben Ecken gedacht; der Siebte (*auch:* der Siebente); die Siebente (Symphonie). die sieben Schwäne; die sieben Weltwunder; die sieben Weisen; die Zahl Sieben; das Siebenfache; ein Siebtel (*auch:* Siebentel). Siebeneck; Siebenmeilenstiefel; Siebenmeter; Siebensachen; Siebenstern; Siebzigerjahre; siebenarmig; siebeneckig; siebenerlei; siebenjährig, *aber:* der Siebenjährige Krieg; siebenköpfig; siebenstellig; siebtens; siebenundsiebzigmal (77-mal); siebzehn; siebzig; siebzigjährig.

Sie|ben|ge|bir|ge (das, -s, kein Plural) Bergland innerhalb des Rheinischen Schiefergebirges.

Sie|ben|schlä|fer 1. (der, -s, kein Plural) Lostag (27. Juni), der nach den ‘Bauernregeln von großem Einfluss auf die (nachfolgende) Witterung ist; 2. (der, -s, -) mausartiger Nager, der einen Winterschlaf hält.

Sieb|zehn|und|vier (das, -, kein Plural) Kartenspiel.

sie|chen (V.) krank sein. Siechtum.

sie|den (V., sott/siedete, hat gesotten/gesiedet) kochen; dampfen. Siedegrad; Siedehitze; Tauchsieder; siedend heißes Wasser.

sie|deln (V.) ansässig werden. Siedler/in; Siedlung; Siedlungsbau; Siedlungsgebiet; Siedlungspolitik.

Sie|de|punkt (der, -s, -e) bei Flüssigkeiten diejenige Temperatur, bei der Dampfdruck und Luftdruck identisch werden.

Sied|lungs|form (die, -, -en) Formen der ländlichen und städtischen Siedlung, zum Beispiel Weiler, Dorf, Kleinstadt oder Großstadt.

Sie|gel (das, -s, -) Stempelzeichen. Siegellack; Sieg(e)lung; Siegelwachs; siegeln.

Sie|gel|ring (der, -s, -e) Ring mit graviertem Stein, den man als Siegel benutzen kann.

sie|gen (V.) bezwingen; gewinnen. Sieg; Sieger/in; Siegerehrung; Siegerkranz; Siegesbotschaft; Siegesfeier; Siegesgöttin; Siegespreis; Siegessäule; Siegeswille; Siegeszug; Siegprämie; Siegtreffer; siegesbewusst; siegesfroh; siegesgewiss; siegessicher; siegestrunken; sieggewohnt; sieghaft; sieglos; siegreich.

Sie|ger|land (kein Art., -, kein Plural) Landschaft in Nordrhein-Westfalen.
Sie|ger|po|se (die, -, -n) Haltung eines Siegers. Er stellte sich in Siegerpose.
sie|he! (Aufforderung) Textverweis (Abk.: s.). *Auch:* siehe dort! (Abk.: s. d.); siehe oben!
si|e|na (Adj.) (ital.) rotbraun. Siena.
Si|er|ra (die, -, -s/-er|ren) (span.) Gebirge. Sierra Nevada.
Si|es|ta (die, -, -s/-es|ten) (ital.) Mittagspause.
sie|zen (V.) (ugs.) mit Sie anreden.
Sif|flö|te (die, -, -n) (franz.) Orgelstimme.
Si|gel (das, -s, -) (lat.) Kürzel.
Sight|see|ing (das, -, kein Plural) (engl.) Besichtig von Sehenswürdigkeiten; Stadtrundfahrt.
Sig|ma (das, -, -s) griechischer Buchstabe (Σ, σ).
Sig|ma|tis|mus (der, -, kein Plural) (griech.-lat.) Lispeln, s-Laute nicht als Zischlaute aussprechen können.
sign. (Abk.) signatum.
Si|g|nal (das, -s, -e) (lat.) Zeichen; Warnton. Signalanlage; Signalfarbe; Signalflagge; Signalglocke; Signalhorn; Signallampe; Signalpfiff; Signalsystem; Signalverbindung; signalfarben; signalfarbig; signalisieren.
Si|g|na|le|ment (das, -s, -s) (franz.) kurze Charakterisierung (einer Person).
Si|g|nal|reiz (der, -es, -e) Reiz, der ein ganz bestimmtes Verhalten auslöst, zum Beispiel runde Formen des Säuglings, die das Bemuttern auslösen; Schlüsselreiz.
Si|g|nal|wir|kung (die, -, -en) eine Wirkung, die ein bestimmtes Verhalten auslöst. Dieses Rot hat eine ungeheure Signalwirkung.
Si|g|na|tar (der, -s, -e) (lat.) Unterzeichner (eines internationalen Vertrages).
si|g|na|tum (Adj.) (lat.) unterzeichnet (Abk.: sign.).
Si|g|net (das, -s, -s) (franz.) Namens-, Firmenkürzel.
si|g|nie|ren (V.) (lat.) unterzeichnen; unterschreiben. Signatur.
si|g|ni|fi|kant (Adj.) (lat.) deutlich; wichtig. signifizieren.
Si|g|ni|fi|kant (der, -en, -en) (lat.) nur der Zeichenkörper ohne Inhalt; der Laut eines sprachlichen Zeichens.
Si|g|ni|fi|kanz (die, -, kein Plural) (lat.) Bedeutsamkeit, Wesentlichkeit.
si|g|ni|tiv (Adj.) (lat.) symbolisch.
Si|g|nor (*auch:* Si|g|no|re) (der, -, -ri) (ital.) Herr. Signora; Signorina; Signorino.
Si|g|num (das, -s, Si|g|na) (lat.) Namenskürzel; Zeichen.
Si|g|rist (der, -en, -ris|ten) (lat.) Küster.
Sikh (der, -s, -s) Anhänger einer indischen Religionsgemeinschaft. Sikhismus.
Sik|ka|tiv (das, -s, -e) (lat.) Trockenmittel (Ölfarben).
Si|la|ge (die, -, kein Plural) (franz.) Futtergärung.
Sil|be (die, -, -n) Lauteinheit. Keine Silbe (nichts) davon ist wahr. Silbenrätsel; Silbenschrift; Silbentrennung → Regelkasten; einsilbig; mehrsilbig.
Sil|ben|rät|sel (das, -s, -) Rätsel, bei dem man aus Silben Wörter zusammensetzen und aus deren Anfangs- oder Endbuchstaben ein Lösungswort oder einen Lösungssatz bilden muss.
Sil|ber (das, -s, kein Plural) Edelmetall (Abk.: Ag). Silberbarren; Silberbergwerk; Silberchlorid; Silberdistel; Silberdraht; Silberfuchs; Silbergeld; Silberglanz; Silberhochzeit; *aber:* silberne Hochzeit; Silbermöwe; Silbermünze; Silberschmied; Silberstreifen; Silbertanne; Silberwährung; Silberzeug; silberfarben; silberfarbig; silberglänzend; silbergrau; silberhaarig; silberhaltig; silberhell; silbern; silbervergoldet; silberweiß.
Sil|ber|fisch|chen (das, -s, -) flügelloses Urinsekt mit metallisch glänzenden Hautschuppen, das sich gern an feuchtwarmen Orten aufhält.

Silbentrennung

1. Einfache deutsche Wörter trennt man nach Sprechsilben (Was|ser, Bän|ke …). Abgetrennt wird vor einem einzelnen Konsonant oder vor dem letzten von mehreren Konsonanten. ru|fen, Stim|me, Bu|ße.
   Auch st wird jetzt getrennt. Fens|ter; hus|ten.
   Aber: Buchstabenkombinationen, die einen Laut darstellen, wie ch, sch, th usw. sind untrennbar. Dasselbe gilt jetzt auch für ck. Flü|che; wa|schen; Goe|the; Zu|cker.
2. Ein einzelner Vokal am Wortanfang/-ende darf nicht abgetrennt werden.
   Beachte:
   a) Zwei gleiche Vokale oder Diphthonge (eu, ei, ie, au etc.) dürfen nicht getrennt werden. Aa|le; Eu|le; Schlei|er.
   b) Treffen i und i zusammen, dann wird getrennt! par|tei|isch, zwei|ei|ig.
   c) Eine Silbe aus nur zwei Vokalen kann abgetrennt werden. Ei|er, Aa|le.
3. Lautkombinationen in Fremdwörtern, die aus einem Konsonanten + l, n oder r bestehen, können anders als bisher auch getrennt werden. Zyk|lus oder Zy|klus, Prob|lem oder Pro|blem; Mag|net oder Ma|gnet; Feb|ruar oder Fe|bruar.
4. Zusammengesetzte Wörter, besonders solche mit einem Präfix (Vorsilbe), trennt man nach ihren einzelnen Bestandteilen. Ent|wurf, Ver|lust, Ab|fahrt; Schwimm|meis|ter, be|rich|ten.
5. Wörter, die zwar eigentlich Zusammensetzungen sind, aber nicht mehr als solche empfunden werden, kann man entweder nach Sprach- oder nach Sprechsilben trennen.
   – dar|in oder da|rin; her|um oder he|rum; hin|auf oder hi|nauf
   – ein|an|der oder ei|nan|der; voll|en|den oder vol|len|den
   – He|li|ko|pter oder He|li|kop|ter; in|ter|es|sant oder in|te|res|sant; Päd|a|go|gik oder Pä|da|go|gik.
6. Trennungen, die zwar korrekt sind, aber die Lesbarkeit erschweren (z. B. Drucker|zeugnis, Spar|gel|der), sollte man vermeiden!

Sil|ber|me|dail|le (die, -, -n) silberne Medaille als Auszeichnung für den Zweiten in einem Wettkampf.
Sil|ber|pa|pier (das, -s, kein Plural) Bez. für Aluminiumfolie zum Verpacken; Stanniolpapier.
Sil|ber|zwie|bel (die, -, -n) kleine Perlzwiebel, die sauer eingelegt wird.
Si|len (der, -s, -e) (griech.-lat.) Fabelwesen der griechischen Sage mit menschlichem Oberkörper und Pferdeleib.
Si|len|ti|um! (lat.) Ruhe!
Sil|hou|et|te (die, -, -n) (franz.) Umriss; Schattenbild. Verb: silhouettieren.
Si|li|ca|gel (das, -s, kein Plural) Kieselgel. Siliciumdioxid (als Trocknungsmittel).
Si|li|ci|um (*auch:* Si|li|zi|um) (das, -s, kein Plural) (lat.) chemischer Grundstoff (Abk.: Si).
si|lie|ren (V.) Futterpflanzen als Silage einlagern.
Si|li|fi|ka|ti|on (die, -, kein Plural) (nlat.) Verkieselung.
si|li|fi|zie|ren (V.) (nlat.) verkieseln.
Si|li|kat (*auch:* Si|li|cat) (das, -s, -e) (lat.) Salz der Kieselsäure. Silifikation; silifizieren.
Si|li|kon (*auch:* Si|li|con) (das, -s, -e) Kunststoff.
Si|li|ko|se (die, -, -n) (lat.) Quarzstaublunge.
Si|li|zi|um (das, -s, kein Plural) → Silicium.
Silk (der, -s, -s) (engl.) seidenartiger Stoff; Seide.
Si|lo (der/das, -s, -s) (span.) Getreidespeicher; Gärfutterbehälter. Siloturm; Silage; silieren.
Si|lo|fut|ter (das, -s, kein Plural) eingesäuertes Gärfutter.
Si|lu|min (das, -s, kein Plural) Leichtmetalllegierung.
Si|lur (das, -s, kein Plural) geologische Formation. Adjektiv: silurisch.
Sil|va|ner (der, -s, -) Rebensorte.
Sil|ves|ter (das, -s, -) letzter Tag des Jahres. Silvesterabend; Silvesterball; Silvesternacht.
Si|man|d|ron (das, -s, -man|d|ren) (griech.) hölzerne Trommel, mit der in orthodoxen Klöstern zu den Gebetsstunden gerufen wird.
Sim|bab|we (ohne Art., -s, kein Plural) (*auch:* Zim|bab|we) südostafrikanischer Staat. Simbabwer; simbabwisch.
si|mi|le (Adv.) (ital.) ebenso.
Si|mi|li (das/der, -, -s) (lat.) Edelsteinnachahmung. Similistein.
Sim|mer|ring (der, -s, -e) Dichtungsring.
Si|mo|nie (die, -, -n) (lat.) Ämterkauf.
si|mo|nisch (Adj.) 1. zur Simonie gehörig; 2. durch Ämterkauf; 3. Amtserschleichung.
sim|pel (Adj.) (franz.) einfach; dumm. simpelhaft; Simplifizierung; Simplizität; simpeln; fachsimpeln; simplifizieren.
Sim|pel (der, -s, -) einfältiger Mensch; Dummkopf.
Sims (der/das, -es, -e) (lat.) Rand; Vorsprung.
sim|sa|la|bim (Interj.) Zauberformel.
Sim|se (die, -, -n) Sumpfgras.
Si|mu|lant (der, -en, -en) (lat.) jmd., der etwas vortäuscht, zum Beispiel eine Krankheit.
Si|mu|la|ti|on (die, -, -en) (lat.) 1. Nachahmung von Eigenschaften in einem Simulator; 2. juristisches Scheingeschäft; 3. Vortäuschung einer Krankheit.
si|mu|lie|ren (V.) (lat.) vortäuschen; nachahmen. Simulator.
si|mul|tan (Adj.) (lat.) gleichzeitig; gemeinsam. Simultanbühne; Simultandolmetscher; Simultaneität; Simultanschule; Simultanspiel.
Si|mul|tan|dol|met|scher (der, -s, -) Dolmetscher, der einen gesprochenen Text im gleichen Moment übersetzt, während er gesprochen wird.
sin (Abk.) Sinus.
Si|n|an|th|ro|pus (der, -, -pi) (griech.) Pekingmensch.
si|ne an|no (lat.) ohne Jahresangabe (Abk.: s. a.).
si|ne tem|po|re (lat.) pünktlich (Abk.: s. t.).
Sin|fo|nie (*auch:* Sym|pho|nie) (die, -, -n) (griech.) Musikstück. Sinfoniker; sinfonisch; sinfonieartig.
Sin|fo|nie|or|ches|ter (*auch:* Sym|pho|nie|orches|ter) (das, -s, -) Orchester, das seiner Besetzung nach imstande ist, Sinfonien zu spielen.
Sing. (Abk.) **Sing**ular.
Sin|ga|pur (ohne Art., -s, kein Plural) asiatischer Stadtstaat.
sin|gen (V., sang, hat gesungen) 1. ein Lied anstimmen; 2. (ugs.) ausplaudern. Singakademie; Singdrossel; Singerei; Singsang; Singspiel; Singstimme; Singstunde; Singweise; Singzikade; singbar, *aber:* Sänger.
Sin|g|le 1. (das, -/-s, -/-s) Einzelspiel. 2. (die, -, -/-s) Schallplatte. 3. (der, -/-s, -s) Alleinlebender.
Sin|g|le|da|sein (das, -s, kein Plural) (engl.-dt.) Leben als Single. Er führte lange ein Singledasein.
Sin|gu|lar (der, -s, -e) (lat.) Einzahl (Abk.: Sing.) Singularetantum (Einzahlwort); Singularismus; Singularität; singulär; singularisch.
Sing|vo|gel (der, -s, -vö|gel) Sperlingsvogel mit kompliziert gebautem Stimmapparat, der wegen seines Gesangs gern als Stubenvogel gehalten wird.
sin|ken (V., sank, ist gesunken) untergehen; fallen; weniger werden. Sinkkasten; Sinkstoff.
Sinn (der, -s, -e) 1. Wahrnehmung; 2. Gedanke; Bedeutung (kein Plural); Verständnis; 3. Zweck. *Beachte:* bei/von Sinnen sein; etwas im Sinn haben. Das hat keinen Sinn. die fünf Sinne. Der Gedanke will mir nicht mehr aus dem Sinn. Er hat keinen Sinn für Ästhetik. in diesem Sinne; im engeren/weiteren Sinn; dem Sinn(e) nach; Sinneslust; Sinnenrausch; Sinnenwelt; Sinnergänzung; Sinnesart; Sinnesreiz; Sinnestäuschung; Sinneswahrnehmung; Sinneszelle; Sinngebung; Sinngedicht; Sinnigkeit; Sinnlichkeit; Sinnlosigkeit; Sinnspruch; Sinnwidrigkeit; Sinnzusammenhang. Adjektive: sinnbetörend; sinnbildlich; sinnentleert; sinnentstellend; sinnfällig; sinnig; sinnlich; sinnlos; sinnreich; sinnverwandt; sinnvoll; sinnwidrig. Verb: sinnen.
Sinn|bild (das, -s, -er) ein Bild, das eine Bedeutung anschaulich macht. Das Herz ist ein Sinnbild der Liebe.
Sin|nes|än|de|rung (die, -, -en) Meinungswechsel.
Sin|nes|ein|druck (der, -s, -ein|drü|cke) Reiz, der über die Sinnesorgane empfangen wird.

Sin|nes|or|gan (das, -s, -e) bei Mensch und Tier Empfangsorgan für physikalische oder chemische Reize.
Sinn|fäl|lig|keit (die, -, kein Plural) das klare Einleuchten einer Sache.
sin|nie|ren (V.) (lat.) grübeln; nachdenken.
Si|no|lo|gie (die, -, kein Plural) (griech.) Wissenschaft über Sprache und Kultur Chinas. Sinologe; sinologisch.
Sin|ter (der, -s, -) Kalkgestein. Sinterglas; Sintermetall; Sinterung; sintern.
Sin|te|rung (die, -, -en) das Erhitzen von Stoffen bis zum Schmelzpunkt, damit die einzelnen Körner des Ausgangsguts miteinander verschmelzen.
Sint|flut (die, -, kein Plural) Überschwemmung. Adjektiv: sintflutartig.
Sin|to (der, -s, Sin|ti) Zigeuner.
si|nu|ös (Adj.) (lat.) faltige, gewundene Oberflächenstruktur von Organen oder Organteilen.
Si|nus (der, -, -/-se) (lat.) Winkelfunktion (Abk.: sin). Sinussatz; Sinusschwingung.
Si|nus|kur|ve (die, -, -n) geometrische Darstellung der Winkelfunktion Sinus.
Si|oux (der, -, -) (engl.) Indianer.
Si|pho (der, -s, -pho|nen) (lat.) Atmungsröhre (z. B. bei im Watt vergrabenen Muscheln).
Si|phon (der, -s, -s) (griech.) 1. Geruchsverschluss; 2. Druckgefäß; 3. unter Wasser stehender Höhlengang. Siphonverschluss.
Sip|pe (die, -, -n) Gruppe; Familie. Sippenforschung; Sippenverband; Sippschaft; sippenkundlich.
Sip|pen|haf|tung (die, -, kein Plural) Prinzip, nach dem die ganze Sippe für den einzelnen Angehörigen haftet, im Rechtsstaat unzulässig.
Sir (der, -s, -s) (engl.) Herr.
Sire (der, -s, -s) (franz.) Majestät.
Si|re|ne (die, -, -n) (griech.) 1. Alarmton; 2. schöne Frau; Verführerin. 3. (die, -, meist Plural) in der griech. Mythologie göttergleiche Wesen (halb Mensch, halb Vogel), die die an ihrer Insel vorbeifahrenden Schiffer durch ihren Gesang anlockten und töteten. Sirenengeheul; Sirenenprobe; Sirenenton; sirenenhaft.
Si|re|nen|ge|sang (der, -s, -ge|sän|ge) in der griech. Mythologie der betörende Gesang der Sirenen.
Si|ri|us (der, -, kein Plural) (griech.) Stern.
sir|ren (V.) surren; hell klingen. Sirrton.
Sir|ta|ki (der, -, -s) (griech.) Volkstanz.
Si|rup (der, -s, -e) (arab.) dicker Fruchtsaft. Himbeersirup.
Si|sal (der, -s, kein Plural) Hanffaser. Sisalhanf.
sis|tie|ren (V.) (lat.) unterbrechen; festnehmen. Sistierung.
Si|sy|phus|ar|beit (die, -, -en) vergebliche Mühe.
Si|tar (der, -/-s, -/-s) (pers.) Saiteninstrument.
Sit|com (die, -, -s) (engl.) humoristische Fernsehserie, die v.a. auf Situationskomik basiert.
Sit-in (*auch:* Sit|in) (das, -/-s, -s) (engl.) Sitzstreik.
Sit|te (die, -, -n) 1. Gewohnheit; 2. Moral; 3. Manieren; 4. (Kurzw.) Sittenpolizei. Sittenbild; Sittendezernat; Sittengeschichte; Sittengesetz; Sittenlosigkeit; Sittenrichter; Sittenstrenge; Sittenstrolch; Sittlichkeit; Sittlichkeitsdelikt; Sittsamkeit; sittenlos; sittenrein; sittenstreng; sittenwidrig; sittlich; sittsam.
Sit|ten|ko|dex (der, -es/-, -e/di|zes) (lat.) Gesamtheit der Sitten, die für eine Gruppe, zum Beispiel ein Volk, Gültigkeit hat.
Sit|tich (der, -s, -e) (lat.) Papagei. Wellensittich.
Sitt|lich|keits|ver|bre|cher (der, -s, -) jmd., der ein Verbrechen gegen die sexuelle Selbstbestimmung begeht, wie zum Beispiel Missbrauch, Vergewaltigung oder Zuhälterei.
Si|tu|a|ti|on (die, -, -ti|o|nen) (lat.) Lage; Umstände. Situationsplan; situativ.
Si|tu|a|tio|nist (der, -en, -nis|ten) (lat.-franz.) Mensch, der sich, nur auf seinen Vorteil bedacht, jeder Meinung und Gegebenheit anpasst.
Si|tu|a|ti|ons|ko|mik (die, -, kein Plural) Komik, die der unmittelbaren Situation entspringt und nur in ihr Bestand hat.
si|tu|iert (Adj.) (franz.) (in der Wendung) gut/schlecht situiert sein (reich/arm sein). Verb: situieren.
Si|tu|ie|rung (die, -, -en) das an einen bestimmten Ort, in eine bestimmte Lage gesetzt werden.
Si|tu|la (die, -, -tu|len) (lat.) vorgeschichtliches Bronzegefäß.
Si|tus (der, -, -) (lat.) Lagebezeichnung (von Körperorganen u.a.).
Sitz 1. (der, -es, -e) Sitzgelegenheit, zum Beispiel in einem Fahrzeug oder im Kino; 2. Stelle in einem Parlament; 3. Wohnort. Der Sitz des Unternehmens wurde verlegt. 4. (der, -es, kein Plural) Passform eines Kleidungsstücks.
Sitz|blo|cka|de (die, -, -n) Blockade von Straßen oder Plätzen durch Sitzen auf der Fahrbahn. Form des passiven Widerstands.
sit|zen (V., saß, hat/ist gesessen) ruhen; sich befinden; passen. *Beachte:* Das lasse ich nicht auf mir sitzen. Er hat einen sitzen (ugs.: betrunken sein). Wir kamen endlich zu sitzen. *Aber:* wir kamen kaum zum Sitzen. Sitzbad; Sitzecke; Sitzfläche; Sitzfleisch; Sitzgelegenheit; Sitzgruppe; Sitzordnung; Sitzstreik; Sitzung; Sitzungssaal; Zweisitzer. Adjektive: sitzend; zweisitzig. Verben: er wird sitzen bleiben (*auch:* sitzenbleiben) (nicht versetzt werden); ich bin auf meinen Waren sitzen geblieben (*auch:* sitzengeblieben) (konnte sie nicht verkaufen); sie hat ihn sitzen lassen (*auch:* sitzenlassen) (ugs.: versetzt).
Sit|zen|blei|ber (der, -s, -) Schüler, der die Klasse wiederholen muss.
Sitz|platz (der, -es, -plät|ze) Platz zum Sitzen.
Six Days (die, -, kein Plural) (engl.) Sechstagerennen.
Si|zi|li|a|ner (der, -s, -) Einwohner Siziliens.
si|zi|li|a|nisch (Adj.) zu Sizilien gehörig.
Ska|bi|es (die, -, kein Plural) (lat.) Krätze.
Ska|bi|o|se (die, -, -n) (lat.) eine Wiesenblume.
Ska|ger|rak (der/das, -s, kein Plural) Meerenge (Skandinavien).
Skai (das, -s/-, kein Plural) Kunstleder.
skål! (Interj.) (schwed.) prost!
Ska|la (die, -, -s/-len) (ital.) Maßeinteilung; Abstufung; Reihe. Skalenhöhe; Skalenzeiger; skalieren.

Ska|lar (der, -s, -e) mathematische Größe. Adjektiv: skalar.
Skalp (der, -s, -e) (engl.) abgezogene Kopfhaut. Skalptrophäe; skalpieren.
Skal|pell (das, -s, -e) (lat.) chirurgisches Messer.
Skalp|jä|ger (der, -s, -) Indianerkrieger, der Skalps (abgezogene Kopfhäute) als Siegestrophäen erbeutet.
Skan|dal (der, -s, -e) (griech.) Aufsehen. Skandalgeschichte; Skandalnudel; skandalös; skandalsüchtig; skandalumwittert.
Skan|dal|nu|del (die, -, -n) (ugs.) Frau, die einen aufsehenerregenden Lebenswandel pflegt.
skan|die|ren (V.) (lat.) im Verstakt lesen, sprechen.
Skan|di|na|vi|en (kein Art., -s, kein Plural) der nördliche Teil Europas.
Skan|di|na|vi|er (der, -s, -) Einwohner Skandinaviens.
skan|di|na|visch (Adj.) zu Skandinavien gehörig.
Ska|po|lith (der, -s/-en, -e/-en) (lat.-griech.) Mineral.
Ska|ra|bä|us (der, -, -bä|en) (griech.) Käfer; Schmucksiegel. Skarabäengemme.
Ska|ra|muz (der, -/-es, -e) (lat.-germ.) Charaktertyp des aufschneiderischen Soldaten in der italienischen Stegreifkomödie und des französischen Lustspiels.
Ska|ri|fi|ka|ti|on (die, -, -ti|o|nen) kleiner Schnitt in die Haut zur Blut- oder Flüssigkeitsabnahme.
ska|ri|fi|zie|ren (V.) (griech.-lat.) die Haut leicht ritzen, um Blut zu diagnostischen oder therapeutischen Zwecken zu entnehmen.
Skat (der, -s, -e/-s) Kartenspiel. Skatbruder; Skater; Skatpartie; Skatrunde; Skatspiel; Skatspieler; Skatturnier; skaten.
ska|ten (V.) (engl.) Rollschuh fahren. Skater.
Skate|board (das, -s, -s) (engl.) Rollbrett. Skateboarder.
Ska|ting (das, -s, kein Plural) (engl.) Tonabnehmerdruck (Plattenspieler); Eiskunstlauf. Antiskatingeinrichtung.
Ska|tol (das, -s, kein Plural) (griech.) ein übel riechendes Zersetzungsprodukt (im Kot).
Ska|to|lo|gie (die, -, kein Plural) (griech.) 1. Untersuchung des Kots; 2. Fäkalsprache.
ska|to|lo|gisch (Adj.) (griech.) 1. die wissenschaftliche Untersuchung von Kot betreffend; 2. eine Vorliebe für eine schmutzige, schlüpfrige Ausdrucksweise habend.
SKE (Abk.) **S**tein**k**ohle**e**inheit.
Skeet|schie|ßen (das, -s, kein Plural) Tontaubenschießen.
Ske|le|ton (der, -s, -s) (engl.) Sportrodel.
ske|le|to|to|pisch (Adj.) (griech.-lat.) die auf das Skelett bezogene Angabe der Lage eines Organs bezeichnend.
Ske|lett (das, -s, -e) (griech.) Gerippe; Gerüst. Skelettbau; Skelettform; skelettieren.
ske|let|tie|ren (V.) das Skelett freilegen. Der Student skelettierte das Meerschweinchen.
Ske|no|gra|fie (*auch:* Ske|no|gra|phie) (die, -, kein Plural) altgriechische Bühnendekorationsmalerei.
Skep|sis (die, -, kein Plural) (griech.) Zweifel; Ungläubigkeit. Skeptiker; Skeptizismus; skeptisch.
Sketch (*auch:* Sketsch) (der, -es/-s, -e) Witzeinlage. Sketchpartner.
Ski (*auch:* Schi) (der, -s, -er) (norw.) Sportgerät. *Beachte:* Ski (*auch:* Schi) fahren/laufen, *aber:* das Skifahren (*auch:* Schifahren) macht Spaß; Ski (*auch:* Schi) und eislaufen. Skifahrer (*auch:* Schifahrer); Skifliegen (*auch:* Schifliegen); Skihaserl (*auch:* Schihaserl); das Skilaufen (*auch:* Schilaufen); Skilift (*auch:* Schilift).
Skia|gra|fie (*auch:* Skia|gra|phie) (die, -, -n) (griech.-lat.) Technik in der Malerei, durch gemalte Schatten eine Raumwirkung zu erzielen.
Ski|bob (*auch:* Schi|bob) (der, -s, -s) (engl.) schmales Metall- oder Holzgestell auf zwei hintereinander angeordneten kurzen Skiern.
Skiff (das, -s, -e) (engl.) Ruderboot.
Skif|fle (der/das, -s, kein Plural) Jazzart. Skifflegroup.
Ski|fu|ni (der, -s, -s) (schweiz.) (norweg.-ital.) Schlittenlift.
Ski|gym|nas|tik (*auch:* Schi|gym|nas|tik) (die, -, kein Plural) spezielle Gymnastik, die den Körper auf die Beanspruchungen des Skilaufs vorbereitet.
Skin|head (der, -s, -s) (engl.) rechtsradikaler Jugendlicher.
Skink (der, -s, -e) (griech.) Echse.
Ski|no|id (das, -s, kein Plural) Kunststoff.
Skip|per (der, -s, -) (ugs.) Kapitän.
Ski|sprin|ger (*auch:* Schi|sprin|ger) (der, -s, -) Skisportler, der an Sprungläufen von Skischanzen teilnimmt.
Skiz|ze (die, -, -n) (ital.) Zeichnung; Entwurf. Skizzenblock; Skizzierer; Skizzierpapier; Skizzierung; skizzenhaft.
Skiz|zen|buch (das, -s, -bü|cher) (ital.) Buch, in dem Maler künstlerische Einfälle oder Entwürfe festhalten.
skiz|zie|ren (V.) eine Skizze anfertigen; andeuten; entwerfen. Er skizzierte mit wenigen Strichen seine Idee.
Skla|ve (der, -n, -n) (lat.) Abhängiger; Unfreier. Sklavenarbeit; Sklavenhalter; Sklavenhändler; Sklavenmarkt; Sklaventum; Sklaverei; Sklavin; sklavisch.
Skle|ra (die, -, Skle|ren) (griech.) das Weiße im Auge, Augenlederhaut.
Skle|ri|tis (die, -, -ri|ti|den) (griech.) Augenentzündung.
Skle|ro|der|mie (die, -, -n) (griech.) krankhafte Hautverhärtung; »Maskengesicht«.
Skle|rom (das, -s, -e) (griech.) Bindegewebsverhärtung.
Skle|ro|me|ter (das, -s, -) (griech.) Gerät zum Bestimmen der Härte von Mineralien.
Skle|ro|se (die, -, -n) (griech.) Verkalkung. Multiple Sklerose; sklerotisch.
Skle|ro|ti|ker (der, -s, -) (griech.) jmd., der an Sklerose leidet.
Sko|li|o|se (die, -, -n) (griech.) seitliche Rückgratverbiegung.
Sko|lo|pen|der (der, -s, -) (griech.) tropischer Riesentausendfüßer.
Skon|to (der/das, -s, -s/Skon|ti) (ital.) Zahlungsabzug. Verb: skontieren.
Skoo|ter (der, -s, -) (engl.) elektrisch angetriebenes Fahrzeug. Autoskooter.
Sko|po|phi|lie (die, -, -n) (griech.) krankhafte Schaulust; Neugier.
Skor|but (der, -s, kein Plural) (lat.) Vitaminmangelkrankheit. Adjektiv: skorbutisch.
Skor|da|tur (die, -, -en) (ital.) Umstimmung von Saiten (um besondere Klangwirkungen zu erzielen).

Skor|pi|on (der, -s, -pi|o|ne) (griech.) Spinnentier; Sternzeichen.
Skor|pi|ons|flie|ge (die, -, -n) (griech.) Schnabelfliege, bei der die Männchen ein stielartig ausgezogenes Hinterleibsende besitzen.
Sko|tom (das, -s, -e) (griech.) Sehnerverkrankung mit blinden Stellen im Gesichtsfeld.
Sko|to|pho|bie (die, -, -n) (griech.) krankhafte Angst beobachtet zu werden.
Skri|bent (der, -en, -en) (lat.) Schreiberling; Vielschreiber.
skr. (Abk.) **s**chwedische **Kr**one.
Skript (das, -s, -s/-en) (engl.) Schriftstück; Drehbuch. Skriptum.
Skript|girl (engl.) (das, -s, -s) Sekretärin im Filmatelier.
Skrip|to|ri|um (das, -s, -r|ien) (lat.) mittelalterliche Klosterschreibstube.
skro|fu|lös (Adj.) zur Skrofulose gehörig; daran erkrankt.
Skro|fu|lo|se (die, -, -n) (lat.-griech.) Verlaufsform der Tuberkulose, Lymphknotenschwellung des Halsraumes.
skro|tal (Adj.) zum Skrotum gehörig.
Skro|tum (das, -s, Skro|ta) (lat.) Hodensack.
Skrub|ber (der, -s, -) (engl.) Gasreinigungsanlage.
Skrubs (die, nur Plural) (engl.) schlechter Tabak.
Skru|pel (der, -s, -) (lat.) Bedenken; Zweifel. Er hatte keine Skrupel, den Beweis zu vernichten.
skru|pel|los (Adj.) bedenkenlos; gewissenlos. Skrupellosigkeit.
Skru|pu|lo|si|tät (die, -, -en) übertriebene Bedenklichkeit.
Sku|ban|ki (die, nur Plural) (tschech.; österr.) Nockerln aus Kartoffelbrei.
Skull (das, -s, -s) (engl.) Ruder. Skullboot; skullen.
Skul|ler (der, -s, -) Ruderer im Skullboot.
skulp|tie|ren (V.) etwas als Skulptur darstellen.
Skulp|tur (die, -, -en) (lat.) Plastik; ‘Statue. Skulpturensammlung; skulpturieren.
Skunk (der, -s, -s/-e) (engl.) Stinktier.
skur|ril (Adj.) (lat.) sonderbar; spaßig. Skurrilität.
S-Kur|ve (die, -, -n) s-förmige Kurve.
Skye|ter|ri|er (der, -s, -) (engl.) sehr langleibige, kurzbeinige Hunderasse mit bis zu den Füßen reichendem grauen Seidenhaar.
Sky|lab (das, -/-s, kein Plural) (engl.) Raumstation.
Sky|light (das, -s, -s) (engl.) Oberlicht (auf Schiffen).
Sky|light|fil|ter (der/das, -s, -) Farbfilter (Fotografie).
Sky|line (die, -, -s) (engl.) Stadtsilhouette; Horizont.
Sla|lom (der, -s, -s) (norw.) Torlauf; Zickzackkurs. Slalomkurs; Slalomtrainer. Slalom fahren; Slalom laufen.
Sla|lom|lauf (der, -s, -läu|fe) Skiabfahrt im Zickzackkurs.
Slang (der, -s, -s) (engl.) Umgangssprache; Dialekt.
Slap|stick (der, -s, -s) (engl.) komische, groteske (Stummfilm-)Szene; Gag.
slar|gan|do (ital.) Anweisung im Notentext; langsamer werden.
Sla|we (der, -n, -n) Angehöriger einer indogermanischen Sprach- und Volksgruppe in Ost- und Südosteuropa.
sla|wisch (Adj.) zu den Slawen gehörig.
sla|wi|sie|ren (V.) slawisch machen.
Sla|wis|mus (der, -, -men) (nlat.) slawische Spracheigentümlichkeit in einer nicht slawischen Sprache (z. B. die Namensendung »-itz« im Deutschen).
Sla|wist (der, -en, -wis|ten) Slawistikwissenschaftler.
Sla|wis|tik (die, -, kein Plural) Wissenschaft von den slawischen Sprachen und Literaturen (sowie Kulturen).
sla|wis|tisch (Adj.) zur Slawistik gehörig.
Sla|wo|phi|le (der, -n, -n) (slaw.-griech.) 1. jmd., der eine besondere Vorliebe für die slawischen Sprachen und Kulturen hat; 2. Anhänger einer politisch-philosophischen Richtung im Russland des 19. Jahrhunderts, die die Besonderheit der Kultur und Geschichte Russlands gegenüber den restlichen europäischen Staaten betonte.
Sli|bo|witz (*auch:* Sli|wo|witz) (der, -/-es, -e) Pflaumenschnaps.
Slice (der, -, -s) (engl.) dünner Schnitt; Golf-, Tennisschlag.
Slick (der, -s, -s) (engl.) profilloser Rennreifen.
Slip (der, -s, -s) (engl.) 1. Unterhose; 2. schiefe Ebene in einer Werft.
Sli|pon (der, -s, -s) (engl.) Herrenmantel.
slip|pen (V.) (engl.) 1. auf einem Slip (2.) entlanggleiten lassen; 2. lösen (z. B. eine Ankerkette); 3. seitwärts nach unten gleiten (von Flugzeugen).
Slip|per (der, -s, -/-s) (engl.) Schuh.
Slo|gan (der, -s, -s) (engl.) Werbespruch; Parole.
Sloop (die, -, -s) (niederl.-engl.) ein Küstensegelschiff.
Slop (der, -s, -s) (engl.) Tanz.
Slou|ghi (der, -s, -s) (arab.) glatthaariger, meist sandfarbener Windhund Nordafrikas.
slow (Adj.) (amerik.) Tempobezeichnung in der Jazzmusik.
Slo|wa|kei (die, -, kein Plural) mitteleuropäischer Staat. Slowake; slowakisch.
Slo|we|ni|en (ohne Art., -s, kein Plural) mitteleuropäischer Staat. Slowene/Slowenier; Slowenin/Slowenierin; slowenisch.
Slow|fox (der, -/-es, -e) (engl.) Tanz.
Slow Mo|tion (die, - -, kein Plural) (engl.) Zeitlupe.
Slum (der, -s, -s) (engl.) Elendsviertel.
Slup (die, -, -s) (engl.) Segelschiff.
Slush (das, -/-s, Slu|shes) (engl.) trinkbare Eiscreme (aus Amerika).
sm (Abk.) **S**ee**m**eile.
Sm (Abk.) **S**a**m**arium (chemisches Zeichen).
S. M. (Abk.) **S**eine **M**ajestät.
S/M (Abk.) **S**ado**m**asochismus.
Small Talk (*auch:* Small|talk) (der/das, -s, -s) (engl.) oberflächliche Plauderei.
Sma|ragd (der, -s, -e) (griech.) Edelstein. smaragden; smaragdgrün.
Sma|ragd|ei|dech|se (die, -, -n) ‘größte Eidechsenart in Mittel- und Südeuropa.
smart (Adj.) (engl.) hübsch; clever.
Smash (der, -/-s, -s) (engl.) Schmetterball, -schlag (beim Tennis).
Smog (der, -/-s, -s) (engl.) Nebelschicht aus Rauch, Schmutz und Abgasen.
Smog|alarm (der, -s, -e) bei Inversionswetterlagen Warnung vor erwartetem Smog.

smo|ken (V.) sticken; zusammenziehen. Smokarbeit; gesmokt.
Smo|king (der, -s, -s) feiner Anzug. Smokingjacke; Smokingzwang.
Smör|re|bröd (das, -s, -s) (dän.) reich belegtes Brot.
smor|zan|do (Adv.) (ital.) ersterbend; immer schwächer werdend (bei Musikstücken).
Smut|je (der, -s, -s) Schiffskoch.
SMV (Abk.) **S**chüler**m**itt**v**erwaltung.
Smyr|na|tep|pich (*auch:* Smyr|na-Tep|pich) (der, -s, -s) nach der heute Izmir genannten Stadt benannter, groß gemusterter Teppich aus langen Knüpffäden.
Sn (Abk.) Zinn (chemisches Zeichen).
Snack (der, -s, -s) (engl.) kleine Zwischenmahlzeit. Snackbar.
Snake|board (das, -s, -s) (engl.) schlangenförmiges Skateboard.
snif|fen (V.) (engl.) schnüffeln (Drogen).
Snob (der, -s, -s) (engl.) überheblicher Vornehmtuer. snobistisch.
Sno|bis|mus (der, -, kein Plural) Dünkelhaftigkeit; Vornehmtuerei.
Snow|board (das, -s, -s) (engl.) Gleitbrett zum Schneesurfen.
Snow|mo|bil (das, -s, -e) (engl.) Schneefahrzeug.
so 1. (Adv.) auf diese Art und Weise; dermaßen; überaus; solch; etwa. *Beachte:* Du bist mir so einer! So etwas! So? (Wirklich?). so gut wie/als möglich. Die Arbeit ist so gut wie fertig. so gegen zwölf Uhr; sowieso; soso; soundso viel. So wahr mir Gott helfe. So weit, so gut. So, das wäre erledigt. und so weiter (Abk.: usw.); und so weiter, und so fort. 2. (Konj.) also; deshalb; da; dann. Er hatte keine Zeit, so ging ich wieder. (→ sobald, → sodass (*auch:* so dass), → sofern, → sogenannt (*auch:* so genannt), → sogleich, → solange, → sooft, → sosehr, → so viel, → so weit, → so wenig, → sowie, → sowohl, → sozusagen).
SO (Abk.) **S**üd**o**st(en).
So. (Abk.) **So**nntag.
s. o. (Abk.) **s**iehe **o**ben!
so|a|ve (Adj.) (ital.) lieblich; süß (Musik, Wein).
So|a|ve (der, -/-s, -) (ital.) gelblicher Wein aus Venetien.
so|bald (Konj.) in dem Augenblick, da. *Beachte:* Sobald ich kann. *Aber:* So bald (früh) kann ich nicht. Das passiert uns so bald (schnell) nicht wieder. sobald als/wie möglich. *Wichtig:* Ein Nebensatz, der mit »sobald« eingeleitet wird, wird immer durch ein Komma abgetrennt. Wir werden fahren, sobald er kommt.
So|b|ri|e|tät (die, -, kein Plural) (lat.) Mäßigkeit.
Soc|cer (der/das, -s, kein Plural) (engl.) Fußball.
So|ci|e|tas Je|su (die, -, kein Plural) (lat.) der Jesuitenorden.
So|cke (*auch:* der So|cken) (die, -, -n) (griech.) Strumpf. *Beachte:* Mach dich auf die Socken (brich auf)! Ich war ganz von den Socken (ugs.: überrascht). Söckchen; Sockenhalter.
So|ckel (der, -s, -) Unterbau; Mauersims. Sockelgeschoss.
So|da (die/das, -, kein Plural) (span.) Natriumkarbonat; (Kurzw.) Sodawasser.
So|da|le (der, -n, -n) jmd., der einer Sodalität angehört.
So|da|li|tät (die, -, -en) (lat.) katholische Bruderschaft.
So|da|lith (der, -s, -e) Mineral.
so|dass (*auch:* so dass) (Konj.) weshalb; deshalb. *Beachte:* Vor »sodass« steht ein Komma, wenn es einen Nebensatz einleitet (→ dass). Sie ärgerte sich, sodass er schließlich ging. *Aber:* Sie ärgerte sich so (so sehr), dass er schließlich ging.
Sod|bren|nen (das, -s, kein Plural) Magensäureüberschuss.
So|do|ku (das, -, kein Plural) (jap.) durch einen Rattenbiss hervorgerufene, entzündliche Krankheit.
So|dom und Go|mor|rha (*auch:* Go|mor|ra) (Symbol für) Lasterhaftigkeit; Sünde.
So|do|mie (die, -, kein Plural) (lat.) Geschlechtsverkehr mit Tieren. Sodomit; sodomitisch.
so|eben (Adv.) gegenwärtig; vor einem Augenblick. *Beachte:* Ich bin soeben fertig. *Aber:* Ich bin so eben (gerade) noch fertig geworden.
So|fa (das, -s, -s) (arab.) Sitzmöbel. Sofaecke; Sofakissen; Sofaüberzug.
so|fern (Konj.) wenn; vorausgesetzt(,) dass. *Beachte:* Der mit »sofern« eingeleitete Satz wird mit Komma abgetrennt! Du kannst mitkommen, sofern du Lust hast. *Aber:* Das ist so fern (weit) von hier.
Sof|fit|te (die, -, -n) (franz.) Bühnendekoration. Soffittenlampe.
so|fort (Adv.) auf der Stelle. *Beachte:* Er war sofort zur Stelle. *Aber:* und so weiter, und so fort. Soforthilfe; Sofortprogramm; Sofortservice; sofortig.
So|fort|bild|ka|me|ra (die, -, -s) spezielle Kamera, die nach dem Polaroidverfahren in Sekunden fertige Fotos liefert.
So|fort|maß|nah|me (die, -, -n) Maßnahme eines Sofortprogramms, zum Beispiel Hilfeleistung in Hunger- oder Katastrophengebieten.
soft (Adj.) (engl.) sanft; weich. Softdrink (*auch:* Soft Drink); Softeis; Softrock (*auch:* Soft Rock).
Sof|ta (der, -s, -s) (pers.-türk.) Student einer islamischen Hochschule (hist.).
Sof|tie (der, -s, -s) (engl.) weichlicher Mann.
Soft Skill (der/das, - - s, - - s) (meist Plural) (engl.) sog. „weiche“ Persönlichkeitseigenschaften wie Teamfähigkeit oder soziale Kompetenz, die in der Berufswelt erwünscht sind.
Soft|ware (die, -, -s) (engl.) Programme und Benutzungsanweisungen (EDV).
Sog (der, -s, -e) Saugströmung; Anziehung. Verb: saugen.
sog. (Abk.) **sog**enannt.
so|gar (Adv.) auch; obendrein. *Beachte:* Ich bekam sogar Blumen. *Aber:* Sie hat so gar kein Verständnis dafür.
so|ge|nannt (*auch:* so ge|nannt) (Adj.) unter dem Namen. (Abk. sog.).
so|gleich (Adv.) sofort. *Beachte:* Man muss sogleich reagieren. *Aber:* Die Geschwister sehen sich alle so gleich.
Soh|le (die, -, -n) (lat.) 1. Schuhteil; Einlage; 2. Boden. Sohlengänger; Sohlenleder; dünnsohlig; sohlen; besohlen.
Sohn (der, -s, Söh|ne) männlicher Nachkomme. Söhnchen; Sohnemann; Sohnesliebe; Sohnespflicht.
sohr (Adj.) (nordd.) dürr; trocken. Söhre; söhren.
soi|g|niert (Adj.) (franz.) gepflegt.
Soi|ree (die, -, -n) (franz.) Abendgesellschaft; Abendunterhaltung.
So|ja (die, -, So|jen) (jap.) Nutzpflanze. Sojamehl; Sojaöl.

So|ja|boh|ne (die, -, -n) sehr eiweiß- und fettreiche Hülsenfrucht.

Sol 1. (der, -/-s, -/-s) (span.) Währung (Peru); 2. (das, -s, -e) chemische Lösung.

so|lang (*auch:* so|lan|ge) (Konj.) während. *Beachte:* »solange« leitet einen Nebensatz ein; dieser wird durch Komma abgetrennt. Ich mache weiter, solange es geht. *Aber:* Sie musste so lange darauf warten. doppelt so lang(e).

So|la|nin (das, -s, -e) (nlat.) giftiges Alkaloid (in Nachtschattengewächsen).

So|lar... (lat.) Sonne(n)... Solarisation; SolarSolaröl; Solarturm; solarisch; solar.

So|lar|bat|te|rie (die, -, -en) Batterie, die mit Sonnenenergie arbeitet.

So|lar|ener|gie (die, -, kein Plural) durch Kernfusion in der Sonne freigesetzte Energie, die in den Weltraum abgestrahlt wird.

So|lar|hei|zung (die, -, -en) Heizungsanlage, die die Strahlungsenergie der Sonne nutzt.

So|la|ri|um (das, -s, -ri|en) Bräunungsanlage zur Ganzkörperbestrahlung mit ultraviolettem Licht.

So|lar|kol|lek|tor (der, -s, -en) Sonnenkollektor, der Sonnenenergie sammelt, um damit zum Beispiel Wasser zu erhitzen.

So|lar|kraft|werk (das, -s, -e) Kraftwerk oder Heizungsanlage, die mit Sonnenenergie betrieben wird.

So|lar|ple|xus (der, -, kein Plural) (lat.) Sonnengeflecht (Nervengeflecht).

So|lar|tech|nik (die, -, kein Plural) Technologie, die sich mit der Erforschung und Nutzung der Solarenergie befasst.

So|lar|zel|le (die, -, -n) Vorrichtung, die die einfallende Strahlungsleistung des Sonnenlichts direkt in elektrische Energie umwandelt.

So|la|wech|sel (der, -s, -) Eigenwechsel.

solch/-er/-e/-es (Pron., demonstr.) von dieser Art; so ein. *Beachte:* solche Beamte/Beamten; solch liebe Leute, *auch:* von solcher Art; solcherlei; solchergestalt; *aber:* von solcher Gestalt; solcherweise, *aber:* in solcher Weise.

Sold (der, -s, -e) (lat.) Lohn. Soldbuch.

Sol|da|nel|la (die, -, -nel|len) (ital.) ein Primelgewächs. Alpenglöckchen.

Sol|dat (der, -en, -en) (lat.) Militärangehöriger. Soldatenleben; Soldatenlied; Soldatensprache; Soldateska; Soldatentum; soldatisch.

Sol|da|ten|fried|hof (der, -s, -hö|fe) Friedhof für gefallene Soldaten, oft mit anonymen Massengräbern.

Söld|ner (der, -s, -) Krieger, der gegen Sold für fremde Interessen kämpft.

Söld|ner|heer (das, -s, -e) Heer, das ausschließlich aus Berufssoldaten besteht.

So|le (die, -, -n) Salzwasser. Solbad; Solenleitung; Solquelle; Solsalz.

Sol|ei (das, -s, -er) hart gekochtes und in Salzlake eingelegtes Ei.

so|lenn (Adj.) (franz.) feierlich; festlich.

So|len|ni|tät (die, -, kein Plural) Feierlichkeit; Festlichkeit.

Sol|fa|ta|ra (*auch:* Sol|fa|ta|re) (die, -, -ta|ren) Schwefeldampf.

sol|feg|gie|ren (V.) ein Solfeggio singen.

Sol|feg|gio (das, -s, -feg|gien) (ital.) Singübung auf Tonsilben (bes. »do, re, mi, fa, sol«).

So|li|da|ri|tät (die, -, kein Plural) (lat.) Zusammengehörigkeitsgefühl; Einigkeit. Solidarhaftung; Solidarisierung; Solidarismus; Solidaritätsgefühl; Solidarschuldner; solidarisch; solidarisieren.

So|li|da|ri|täts|er|klä|rung (die, -, -en) (meist politische) Versicherung der Solidarität. Die Gewerkschaft ließ eine Solidaritätserklärung verlesen.

so|li|de (*auch:* so|lid) (Adj.) (lat.) fest; zuverlässig. Solidität.

So|ling (die/der/das, -s, -s/-e) schnelles Segelboot. Solingklasse.

So|lip|sis|mus (der, -, kein Plural) (lat.) philosophische Lehre von der Welt als Fantasieprodukt. Solipsist; solipsistisch.

So|list (der, -en, -lis|ten) (lat.) Einzelspieler. Solistenvorstellung; Solistin; solistisch.

so|li|tär (Adj.) (lat.) einzeln.

So|li|tär (der, -s, -e) (franz.) 1. großer, einzeln gefasster Diamant; 2. ein Stiftesteckspiel für eine Person.

So|li|tü|de (*auch:* So|li|tu|de) (die, -, -n) (franz.) Einsamkeit.

Soll (das, -/-s, kein Plural) Schulden; normierte Leistung. *Beachte:* Soll und Haben; Sollarbeitszeit (*auch:* Soll-Arbeitszeit); Sollbestand (*auch:* Soll-Bestand); Soll-Ist-Vergleich; Sollkaufmann (*auch:* Soll-Kaufmann); Sollseite (*auch:* Soll-Seite); Sollzahl (*auch:* Soll-Zahl); Sollzinsen (*auch:* Soll-Zinsen).

Soll|be|trag (*auch:* Soll-Be|trag) (der, -s, -be-trä|ge) 1. Betrag, der erreicht werden soll; 2. Betrag auf der Sollseite des Kontos.

sol|len (V.) eine Anweisung haben; verpflichtet sein. *Beachte:* Er hat noch im Bett bleiben sollen (*falsch:* gesollt).

Sol|lux|lam|pe (die, -, -n) Wärmestrahler.

Soll|wert (der, -s, -e) in der Mathematik ein Wert, den eine Größe haben soll.

Sol|mi|sa|ti|on (die, -, -ti|o|nen) Tonsilbensystem. Solmisationssilbe; solmisieren.

so|lo (Adj.; nicht beugbar) (ital.) allein; einzeln. *Beachte:* solo sein/tanzen. Solo; Sologesang; Soloinstrument; Solosänger; Solostimme; Solotanz; Solovortrag.

so|lo|nisch (Adj.) weise.

So|lo|tän|zer (der, -s, -) Tänzer, der für ein Tanzsolo aus der Gruppe vortritt.

So|lö|zis|mus (der, -, -zis|men) (griech.-lat.) grober sprachlicher Fehler; Satzbaufehler.

Sol|quel|le (die, -, -n) Quelle, die Sole enthält.

so|lu|bel (Adj.) (lat.) löslich. Verb: solvieren.

So|lu|ti|on (die, -, -ti|o|nen) (lat.) Arzneilösung.

So|lu|tré|en (das, -/-s, kein Plural) (franz.) Kulturstufe der jüngeren Altsteinzeit.

Sol|vens (das, -, -ven|tia/-ven|zi|en) (lat.) schleimlösendes Mittel.

sol|vent (Adj.) (lat.) zahlungsfähig. Solvenz. Verb: solvieren.

So|ma (das, -s, ma|ta) (griech.) Körper. Somatologie; somatisch; somatogen.

So|ma|lia (ohne Art., -s, kein Plural) ostafrikanischer Staat. Somali; somalisch.

so|ma|tisch (Adj.) auf den Körper bezogen; körperlich.

Som|bre|ro (der, -s, -s) (span.) großer breitrandiger Hut aus Stroh.

so|mit (Konj.) daher; folglich. *Beachte:* Der Vertrag ist abgelaufen und somit habe ich keine Verpflichtung mehr. *Aber:* Ich nehme dich nicht so mit.
Som|mer (der, -s, -) Jahreszeit. *Beachte:* Sommer wie Winter; sommers wie winters. Sommerabend; Sommeranfang; Sommerferien; Sommergetreide; Sommergrippe; Sommerhitze; Sommerkollektion; Sommermonat; Sommernacht; Sommernachtstraum; Sommerolympiade; Sommerregen; Sommerreifen; Sommersaat; Sommerschlaf; Sommerschlussverkauf (Abk.: SSV); Sommersemester (Abk.: SS); Sommerszeit; Sommerzeit. Adjektive: sommerlich; sommersprossig; Adverbien: sommers; sommersüber, *aber:* den ganzen Sommer über; sommertags.
Som|mer|fahr|plan (der, -s, -fahr|plä|ne) etwa von Mai bis Oktober gültiger Eisenbahnfahrplan. Ggs.: Winterfahrplan.
Som|mer|fri|sche (die, -, kein Plural) 1. Erholungsaufenthalt im Sommer; 2. Urlaubsort im Sommer.
Som|mer|pau|se (die, -, -n) 1. Parlamentspause im Sommer; 2. Theaterpause über die Sommermonate.
Som|mer|spros|se (die, -, -n) kleiner, gelber bis brauner Hautfleck, der als Folge zu starker Pigmentbildung besonders im Sommer auftritt.
Som|mer|tag (der, -s, -e) ein Tag im Sommer. an diesem schönen Sommertag.
Som|nam|bu|lis|mus (der, -, kein Plural) (lat.) Mondsüchtigkeit; Schlafwandeln. Somnambule; somnambul.
som|no|lent (Adj.) (lat.) benommen (nach Gehirnschädigung).
Som|no|lenz (die, -, kein Plural) (lat.) das Somnolentsein.
So|na|gramm (das, -s, -e) (lat.-griech.) Darstellung einer Tonfolge in grafischer Struktur (z. B. um Vogelgesänge optisch zu vergleichen).
So|nant (der, -en, -en) (lat.) Silben bildender Laut.
So|na|te (die -, -n) (ital.) Musikstück. Sonatine.
Son|de (die, -, -n) (franz.) 1. Untersuchungsinstrument; 2. (Kurzw.) Raumsonde; 3. Probebohrung. Sondenhalter; sondieren.
son|der... / Son|der... einzel.../ Einzel...; besonder... Sonderabzug; Sonderabkommen; Sonderausgabe; Sonderbarkeit; Sonderbeauftragte; Sonderberichterstatter; Sondereinsatz; Sondererziehungsrecht (Abk.: SZR); Sonderfall; Sonderheit; Sonderklasse; Sonderkommando; Sondernummer; Sonderpreis; Sonderrabatt; Sonderreg(e)lung; Sonderstellung; Sonderung; Sonderurlaub; Sonderwunsch; Sonderzeichen → Regelkasten; Sonderzug. Adjektive: sonderbar; samt und sonders. Adverbien: sonderbarerweise; sondergleichen. Verb: sondern.
Son|der|an|fer|ti|gung (die, -, -en) Produkt, das nach den Wünschen eines Kunden angefertigt bzw. verändert wird.
Son|der|an|ge|bot (das, -s, -e) Warenangebot zum Sonderpreis.
Son|der|brief|mar|ke (die, -, -n) Briefmarke, die von der Post zu einem Gedenktag oder einem besonderen Anlass herausgegeben wird.
Son|der|druck (der, -s, -e) Druck eines einzelnen Artikels oder eines einzelnen Beitrags aus einer Sammelpublikation, der in Auftrag gegeben werden kann.
Son|der|ge|neh|mi|gung (die, -, -en) Genehmigung, die nur für eine einzelne Situation oder nur für eine einzelne Person gilt.
son|der|lich (Adj.).) 1. sonderbar. Sein Verhalten war sehr sonderlich. 2. besonders. Ich habe keine sonderliche Lust. *Aber:* Uns fiel nichts Sonderliches auf.
Son|der|ling (der, -s, -e) Einzelgänger; schrulliger Mensch mit besonderen Wesensmerkmalen.
Son|der|müll (der, -s, kein Plural) giftige oder Gewässer schädigende Abfallstoffe, deren Deponierung, Beseitigung oder Wiederverwertung in besonderen Anlagen erfolgt.
son|dern 1. (Konj.) vielmehr. Nicht nur schlecht, sondern auch teuer. *Beachte:* Sätze und Satzteile, die mit »sondern« eingeleitet werden, werden durch Komma abgetrennt. Er wollte nicht gehen, sondern lieber bleiben. 2. (V.) trennen. Absonderung.
Son|der|schu|le (die, -, -n) Schule für Kinder, die der besonderen Förderung bedürfen, zum Beispiel für lernbehinderte, geistig oder körperlich behinderte Kinder.
Sonderzeichen → Regelkasten
son|die|ren (V.) (franz.) untersuchen; auskundschaften. Sondierung; Sondierungsgespräch.
Song (der, -s, -s) (engl.) Lied. Songbook.
Sonn|abend (der, -s, -e) Samstag. *Beachte:* sonnabends.
Son|ne (die, -, -n) Fixstern. Sonnenanbeter; Sonnenaufgang; Sonnenbad; Sonnenball; Sonnenbatterie; Sonnenblende; Sonnenblume; Sonnenblumenkern; Sonnenbrand; Sonnenbräune; Sonnenbrille; Sonnendeck; Sonnenenergie; Sonnengeflecht (Solarplexus); Sonnenglut; Sonnenkollektor; Sonnenlicht; Sonnenöl; Sonnenrad; Sonnenschein; Sonnenschirm; Sonnenseite; Sonnenstich; Sonnenstrahl; Sonnensystem; Sonnenuntergang; Sonnenzelle. Adjektive: sonnendurchflutet; sonnengebräunt; sonnenhell; sonnenklar; sonnenverbrannt; sonnig; sonnseitig.
son|nen (V., refl.) sonnenbaden.
Son|nen|bank (die, -, -bän|ke) Solarium zum Bräunen.
Son|nen|fins|ter|nis (die, -, -se) Himmelserscheinung, bei der für einen Teil der Erdoberfläche die Sonne durch den Mond verdeckt wird.
Son|nen|kö|nig (der, -s, kein Plural) Beiname des franz. Königs Ludwig XIV.
Son|nen|schutz|fak|tor (der, -s, -en) Faktor, der die Effektivität eines Sonnenschutzmittels angibt. Mit Sonnenschutzfaktor 6 dürfen Sie eine halbe Stunde in der Sonne bleiben.
Son|nen|uhr (die, -, -en) Uhr, die den Verlauf der Zeit mithilfe eines Schattenstabs nach dem Stand der Sonne anzeigt.
Son|nen|wen|de (die, -, -n) Tag, an dem die Sonne ihren höchsten oder tiefsten Stand erreicht; Sommer- oder Winteranfang. Sonn(en)wendfeier.
Sonn|tag (der, -s, -e) Wochentag. *Beachte:* am Sonntag; am Sonntagabend; Sonntagmorgen/Sonntagmittag/ Sonntagnacht; des Sonntags; eines Sonntags; des Sonntagabends; ich bleibe über Sonntag weg; an Sonn- und Feiertagen. *Aber:* sonn- und feiertags; sonntags; sonntägig; sonntäglich. Sonn-

tagsarbeit; Sonntagsbeilage; Sonntagsrede; Sonntagsruhe; Sonntagsstaat.

Sonn|tags|fah|rer (der, -s, -) abfällige Bez. für einen ungeübten, unsicheren Autofahrer, der keine tägliche Fahrpraxis hat.

Son|ny|boy (der, -s, -s) (engl.) unbeschwerter junger Mann.

So|no|gra|fie (*auch:* So|no|gra|phie) (die, -, -n) (lat.-griech.) Ultraschalluntersuchung.

so|nor (Adj.) (lat.) tief; klangvoll. Sonorität.

So|nor (der, -s, -e) (lat.) klanglicher Laut im Gegensatz zu den Geräuschlauten.

sonst (Adj.) andernfalls; außerdem; für gewöhnlich. *Beachte:* alles Sonstige (alles Übrige); Sonstiges; sonst jemand (noch jemand); sonst noch etwas. sonst was; sonst wer; sonst wo; sonst wie; sonst wohin.

so|oft (Konj.) so viel; jedes Mal wenn. *Beachte:* Der mit der Konjunktion »sooft« eingeleitete Nebensatz wird durch Komma abgetrennt! Du kannst kommen, sooft du willst. *Aber:* Ich bin schon so oft bei euch gewesen.

Soor (der, -(e)s, -e) Pilzbelag in der Mundhöhle. Soorpilz.

So|phis|mus (der, -, -phis|men) (griech.) Trugschluss; Spitzfindigkeit. Sophist; Sophistik; sophistisch.

So|phis|te|rei (die, -, -en) spitzfindiges Spiel mit Worten; Wortklauberei.

So|por (der, -s, kein Plural) (lat.) Schlafsucht.

so|po|rös (Adj.) (lat.) schlafsüchtig; stark benommen.

so|p|ra (Adv.) (ital.) oben; mit übergreifender Hand (auf dem Klavier) zu spielen (Spielanweisung in der Musik).

So|p|ran (der, -s, -e) (ital.) hohe Singstimme. Sopranist/in; Sopranstimme.

So|ra|bis|tik (die, -, kein Plural) Lehre von der sorbischen Kultur und Sprache.

so|ra|bis|tisch (Adj.) (lat.) die Sorabistik betreffend.

Sor|bet (*auch:* Sor|bett) (der/das, -s, -s) (franz.) Halbgefrorenes.

Sor|bin|säu|re (die, -, -n) Konservierungsstoff.

Sor|bit (der, -s, kein Plural) (nlat.) ein süßer, kristalliner Alkohol (der z. B. in Vogelbeeren vorkommt).

Sonderzeichen

Der Akut (accent aigu), der Gravis (accent grave) sowie der Zirkumflex stehen häufig in Fremdwörtern, die aus dem Französischen kommen: Café, à la carte, Maître.

Auch das Trema (z. B. in dem Wort »Citroën«), welches bedeutet, dass zwei Vokale deutlich getrennt gesprochen werden sollen und die Cedille (z. B. in dem Wort »garçon«), die bewirkt, dass ein »c« wie »ss« gesprochen wird (statt wie »k«), kommen häufig in französischen Fremdwörtern vor.

Weitere wichtige Sonderzeichen und ihr Gebrauch:

§ Paragraph. § 16 Abs. 1. *Beachte:* Werden mehrere Paragraphen bezeichnet, so schreibt man: §§ 16–20, §§ 16 ff. (folgende).

Nummernzeichen: # 2.

& Das Und-Zeichen (Et-Zeichen) wird fast ausschließlich in Firmenbezeichnungen oder in Buchtiteln gebraucht: Saubermann & Co.

% Prozent. *Beachte:* Man sollte diese Zeichen nur in Verbindung mit einer Zahl benutzen! (*also nicht*: hoch%ig!) 14 % MwSt., 2 % Skonto, 100%ig (*besser:* hundertprozentig).

£ Pfund Sterling.

$ Dollar.

~ Dieses Sonderzeichen heißt Tilde. Es wird oft in spanischen Wörtern gebraucht (z. B. Señor), ist aber auf vielen Schreibmaschinentastaturen nicht vorhanden und muss von Hand eingefügt werden.

* Asteriskus. Wird verwendet bei Geburtsangaben: * 02.02.16; † 18.04.71.

Sor|bonne (die, -, kein Plural) Universität (Paris).

Sor|di|ne (die, -, -n) (lat.-ital.) Dämpfer bei Musikinstrumenten, z. B. bei Blechblasinstrumenten.

sor|do (Adj.) (ital.) gedämpft; Anweisung im Notentext.

Sor|dun (der/das, -s, -e) 1. Holzblasinstrument aus dem 16./17. Jahrhundert mit Doppelrohrblatt von dumpfem Klang; 2. dunkel klingendes Orgelregister.

So|re (die, -, -n) (hebr.) Diebesgut.

Sor|ge (die, -, -n) Kummer; Pflege. *Beachte:* Ich werde dafür Sorge tragen, dass alles erledigt wird. Hast du Sorge (fürchtest du), dass es nicht klappt? Sorgenlast; Sorgepflicht; Sorgfalt; Sorgfältigkeit; Sorglosigkeit; Sorgsamkeit; sorgenfrei; sorgenlos; sorgenschwer; sorgenvoll; sorgfältig; sorglich; sorglos; sorgsam; sorgen.

Sor|gen|kind (das, -s, -er) 1. Kind oder Person, um die man sich sorgt; 2. Sache, die einem Sorge bereitet. Diese Zigarettenkampagne ist unser Sorgenkind.

Sor|ge|recht (das, -s, -e) Recht und Pflicht der Eltern, für die Person und das Vermögen der Kinder zu sorgen.

Sor|ghum (das, -s, -s) (lat.) ein afrikanisches Getreide; Möhrenhirse.

Sorp|ti|on (die, -, -ti|o|nen) (lat.) Aufnahme eines Gases durch einen flüssigen Stoff und eines gelösten Stoffes durch einen festen.

Sor|te (die, -, -n) (lat.) 1. Art; 2. Qualitätsklasse; 3. (Plural) Devisen. Sortengeschäft; Sortenkurs; Sortenmarkt; Sortenverzeichnis; Sortierer/in; Sortiermaschine; Sortimentsbuchhandel; sortiert; sortieren.

Sor|ten|han|del (der, -s, kein Plural) Handel mit Banknoten und Münzen ausländischer Zentralbanken.

Sor|tes (die, nur Plural) beim Orakel verwendete Stäbchen oder Plättchen (Antike).

Sor|tie|rung 1. (die, -, kein Plural) das Sortieren; 2. (die, -, -en) zusammengestellte Auswahl. Da drüben finden Sie die B-Sortierung unserer Strümpfe.

Sor|ti|ment (das, -s, -e) die dem Kunden zur Verfügung stehende Warenauswahl.

SOS (Abk.) internationales Seenotzeichen. SOS-Kinderdorf; SOS-Ruf.

so|sehr (Konj.) wie sehr. *Beachte:* Ein mit »sosehr« eingeleiteter Nebensatz ist durch Komma abgetrennt! Ich fand keine Wohnung, sosehr ich auch gesucht habe. *Aber:* Sie ärgerte sich so sehr, dass sie krank wurde.
so|so (Interj.) aha!
So|ße (*auch:* Sau|ce) (die, -, -n) (franz.) Tunke. Soßenlöffel; *aber:* die Sauciere.
So|ßen|bin|der (*auch:* Sau|cen|bin|der) (der, -s, -) Mittel zum Andicken einer Soße, zum Beispiel Kartoffelmehl.
sos|te|nu|to (Adv.) (ital.) getragen (bei Musikstücken).
Sos|te|nu|to (das, -s, -s/-ti) (lat.-ital.) mäßig langsames Musikstück.
So|te|rio|lo|gie (die, -, kein Plural) Heilslehre, die von einem Erlöser ausgeht.
so|te|rio|lo|gisch (Adj.) die Soteriologie betreffend.
sot|to (Adv.) (ital.) unten (bei gekreuzten Händen auf der Klaviertastatur).
Sou|bret|te (die, -, -n) (franz.) Sängerin.
Souche (die, -, -n) (franz.) zur Überprüfung der Echtheit zurückbehaltener Teil eines Wertpapiers.
Sou|chong (der, -s, -s) (franz.-chines.) Teesorte mittlerer Qualität.
Souf|flé (*auch:* Souf|flee) (das, -s, -s) (franz.) Auflauf.
Souf|fleu|se (die, -, -n) (franz.) Einsagerin (Theater). Souffleur; soufflieren.
Souf|fleur|kas|ten (der, -s, -käs|ten) (franz.) an der Bühnenrampe gelegener Arbeitsplatz des Souffleurs.
Sou|fla|ki (das, -, -) (griech.) Fleischspieß.
Soul (der, -s, kein Plural) (engl.) Musikrichtung. Soulsänger/in.
Sound (der, -s, -s) (engl.) Klang; (ugs.) Musik. Soundcheck; Soundtrack (Filmmusik).
Sound|kar|te (die, -s, -s) Hardware, die das Musikhören per Computer möglich macht.
Sound|check (der, -s, -s) (engl.) letzte kurze Probe einer Band vor dem Auftritt, um die technischen Anlagen zu testen.
so|und|so (Adv.) ungefähr; *Beachte:* soundso viel/groß/oft. *Aber:* Das kann man so und so sehen. Frau Soundso; der soundsovielte Tag des Monats, *aber:* am Soundsovielten des Monats.
Sou|per (das, -s, -s) (franz.) Abendessen. Verb: soupieren.
Sour (der, -/-s, -s) (engl.) saures Mixgetränk auf der Basis von Likör und Mineralwasser.
Source|pro|gramm (das, -s, -e) in einer höheren Programmiersprache oder in Assembler geschriebenes Computerprogramm; Quellprogramm.
Sou|sa|fon (*auch:* Sou|sa|phon) (das, -s, -e) Blechblasinstrument mit gebogenem Rohr; Basstuba.
Sou|tache (die, -, -n) (franz.) schmaler, kordelähnlicher Besatz.
sou|ta|chie|ren (V.) mit einer Soutache verzieren.
Sou|ta|ne (*auch:* Su|ta|ne) (die, -, -n) (ital.-franz.) langes, enges Gewand kath. Geistlicher.
Sou|ta|nel|le (die, -, -n) (franz-ital.) nur knielange Soutane.
Sou|ter|rain (das, -s, -s) (franz.) Tiefparterre. Souterrainwohnung.
Sou|ve|nir (das, -s, -s) (franz.) Andenken. Souvenirladen.
Sou|ve|nir|jä|ger (der, -s, -) (ugs.) Andenkensammler, dessen Hobby zur Manie wird.
sou|ve|rän (Adj.) (franz.) überlegen; unabhängig. Souveränität; Souveränitätsanspruch.
Sou|ve|rän (der, -s, -e) (franz.) Herrscher; Träger der obersten Staatsgewalt.
Sove|reign (der, -/-s, -/-s) engl. Goldmünze.
so|viel 1. (Konj.) wie viel; nach dem, was. *Beachte:* Zusammenschreibung bei der Konj.! Ein mit »soviel« eingeleiteter Nebensatz ist durch Komma abgetrennt! Soviel ich weiß, findet die Veranstaltung nicht statt. 2. so viel (Adj.) ebenso viel. *Beachte:* Getrenntschreibung bei allen anderen Verbindungen! Sie weiß auch nur so viel wie ich. so viel (genug) für heute; halb/dreifach so viel Zeit. Ich nehme mir so viel Zeit, wie ich brauche. ebenso viel Gutes.
so was (ugs.) so etwas.
Sow|cho|se (die, -, -n) (russ.) landwirtschaftliches Staatsgut (in der ehemaligen Sowjetunion).
so|weit 1. (Konj.) soviel. *Beachte:* Zusammenschreibung bei der Konj.! Ein mit »soweit« eingeleiteter Nebensatz wird durch Komma abgetrennt! Soweit ich weiß, sind sie in Urlaub. 2. **so weit** (Adv.) ziemlich, ganz. *Beachte:* Getrenntschreibung bei allen anderen Verbindungen! Es ging so weit gut. *Aber:* So weit, so gut.
so|wenig 1. (Konj.) wie wenig auch immer. *Beachte:* Zusammenschreibung nur bei der Konj.! Ein mit »sowenig« eingeleiteter Nebensatz wird durch Komma abgetrennt! Sowenig ich einsehen kann, dass … 2. **so wenig** (Adv.) ebenso wenig. *Beachte:* Getrenntschreibung bei allen anderen Verbindungen! so wenig wie/als möglich. Sie konnte so wenig wie er.
so|wie (Konj.) sobald; wie auch. *Beachte:* Ein mit »sowie« eingeleiteter Nebensatz (in der Bedeutung »sobald«) wird mit Komma abgetrennt! Ich werde duschen, sowie wir zu Hause sind. Ohne Komma (»sowie« in der Bedeutung »und«): Eltern, Lehrer sowie Schüler. *Aber:* So wie sie lacht keine.
so|wie|so (Adv.) auf alle Fälle. *Beachte:* Herr Sowieso.
So|wjet (der, -s, -s) (russ.) 1. Rat; 2. (Plural:) Sowjetrussen. *Beachte:* Oberster Sowjet.
So|wjet|uni|on (die, -, kein Plural) Union der sozialistischen Sowjetrepubliken (Abk.: SU, auch UdSSR) (ehemaliger Staat in Osteuropa und Nordasien). Sowjetarmee; Sowjetbürger; Sowjetrepublik; Sowjetstern; sowjetisch; sowjetrussisch.
so|wohl (Konj.) (nur in der Fügung:) sowohl … als/wie auch. *Beachte:* Sie kann sowohl Gitarre als/wie auch Geige spielen. sowohl die Tochter wie der Sohn (*falsch:* sowohl … sowie/und). *Beachte:* »sowohl … als/wie auch« steht mit Komma, wenn es einen erweiterten Infinitiv mit »zu« einleitet! Er behauptet, sowohl schnell laufen als auch gut schwimmen zu können. Sowohl er als auch seine Schwester sprechen gut Französisch. das Sowohl-als-auch.
Soxh|let-Ap|pa|rat (der, -s/-es, -e) Apparat, benannt nach dem Chemiker F. von Soxhlet; dient zur Extraktion fester Stoffe (Chem.).
So|zi (der, -s, -s) (Kurzw.) Sozialdemokrat, auch abwertend gemeint.

so|zi|a|bel (Adj.) (lat.) umgänglich. Soziabilität.
so|zi|al (Adj.) (lat.) gesellschaftlich; gemeinnützig. *Beachte:* soziale Marktwirtschaft; soziale Sicherheit; sozialer Wohnungsbau; sozial schwach sein; *aber:* die sozial Schwachen. Sozialdemokrat; Sozialeinkommen; Sozialfall; Sozialisierung; Sozialist; Sozialkunde; Soziallasten; Sozialleistungen; Sozialplan; Sozialpolitik; Sozialprodukt; Sozialreform; Sozialrentner; Adjektive: sozialdemokratisch, *aber:* die Sozialdemokratische Partei Deutschlands (SPD); sozialistisch; sozialkritisch; sozialliberal; sozialpolitisch. Verben: sozialisieren; resozialisieren.
So|zi|al|ab|bau (der, -es, kein Plural) Zurücknahme von Sozialleistungen.
So|zi|al|ab|ga|ben (die, -, nur Plural) Beiträge zu Arbeitslosen-, Kranken- und Rentenversicherung.
So|zi|al|amt (das, -s, -äm|ter) Einrichtung der Gemeinden und Städte, denen als öffentlichen Trägern die Sozialhilfe obliegt.
So|zi|al|ar|bei|ter/in (der, -s, -) jmd., der an einer Fachhochschule ein Studium der Sozialpädagogik abgeschlossen hat.
So|zi|al|hil|fe (die, -, kein Plural) 1. Gesamtheit der staatlichen Leistungen bzw. der von den Sozialämtern gewährten Sozialleistungen, durch die Personen in Not persönliche oder finanzielle Hilfe erhalten; 2. (ugs.) im engeren Sinne der monatlich gewährte finanzielle Sozialhilfebetrag.
So|zi|a|li|sa|ti|on (die, -, -en) Prozess und Ergebnis der Einordnung des Individuums in die Gesellschaft.
So|zi|a|lis|mus (der, -, kein Plural) politische Bewegung, die aufbauend auf einem positiven Menschenbild eine Gesellschaft verwirklichen will, die auf Gleichheit, Solidarität und Gerechtigkeit beruht.
So|zi|al|pä|d|a|go|gik (die, -, kein Plural) Theorie und Praxis der die Familien ergänzenden Fürsorge und Beratung für Kinder und Jugendliche, ergänzt um Sonder-, Freizeit- und Altenpädagogik.
So|zi|al|staat (der, -s, -en) Staat, der sich die Überwindung sozialer Gegensätze und den Ausbau der sozialen Wohlfahrt zur Aufgabe macht.
So|zi|al|ver|si|che|rung (die, -, -en) Kollektivversicherung, basierend auf dem Grundsatz der Pflichtversicherung, mit Beitragsleistung durch Staat, Arbeitgeber und Arbeitnehmer.
So|zi|al|wis|sen|schaft (die, -, -en) Soziologie.
So|zi|al|wis|sen|schaf|ten (die, -, nur Plural) Sammelbegriff für alle Wissenschaften, die den Menschen als soziales Wesen betrachten, zum Beispiel Soziologie, Sozialökonomie, Sozialpädagogik und Sozialpsychiatrie.
So|zi|al|woh|nung (die, -, -en) Wohnung aus dem sozialen Wohnungsbau, die zu günstigem Mietzins an sozial schwächere Mieter vermietet wird.
So|zi|e|tät (die, -, -en) (franz.) 1. Gesellschaft; Verein; 2. Verband von Lebewesen.
So|zio|ge|ne|se (die, -, kein Plural) (lat.-griech.) Entstehung und Entwicklung milieubedingter Umstände (z. B. Krankheiten).
So|zio|gra|fie (*auch:* So|zio|gra|phie) (die, -, kein Plural) (lat.-griech.) Wissenschaft von den einzelnen Gesellschaftsformen (in verschiedenen Gebieten).
So|zio|gramm (das, -s, -e) (lat.-griech.) grafische Darstellung von Beziehungen zwischen Einzelnen in einer Gruppe.
So|zio|lekt (der, -s, -e) gruppenspezifischer Sprachgebrauch.
So|zio|lin|gu|is|tik (die, -, kein Plural) Wissenschaft über gruppenspezifischen Sprachgebrauch. soziolinguistisch.
So|zio|lo|gie (die, -, kein Plural) (lat.) (griech.) Gesellschaftslehre. Soziologe; soziologisch.
So|zio|me|t|rie (die, -, kein Plural) (lat.-griech.) Analyse sozialer Beziehungen in kleinen Gruppen.
so|zio|me|t|risch (Adj.) (lat.-griech.) die Soziometrie betreffend; in der Art der Soziometrie.
so|zio|morph (Adj.) (lat.-griech.) gesellschaftsgeformt.
So|zio|the|ra|pie (die, -, -n) (lat.-griech.) Behandlung, die darauf zielt, den Patienten/die Patientin wieder in die Gesellschaft einzugliedern.
So|zi|us (der, -, -se) (lat.) Teilhaber; Beifahrer; Rücksitz. Soziussitz.
so|zu|sa|gen (Adv.) gewissermaßen. Das war sozusagen umsonst. *Aber:* Er bemühte sich, es so zu sagen, dass es nicht beleidigend wirkte.
Sp. (Abk.) **Sp**alte.
Space|shut|tle (der, -s, -s) (engl.) Raumtransporter.
Spach|tel (der, -s, -/die, -, -n) 1. Werkzeug; 2. (Kurzw.) Spachtelmasse. Spachtelkitt.
spach|teln (V.) 1. Kitt auftragen; 2. (ugs.) viel essen.
Spa|da (die, -, -s) (span.) ein Degen.
Spa|gat (der/das, -s, -e) (ital.) 1. Turnübung; 2. (südd.) Bindfaden.
Spa|ghet|ti (*auch:* Spa|get|ti) (ital.) (die, nur Plural) Nudeln. Spaghettisoße (*auch:* Spaghettisauce/Spagettisoße/Spagettisauce).
Spa|gi|ri|ker (der, -s, -) (griech.) Goldmacher; Alchimist.
spa|gi|risch (Adj. (griech.) alchimistisch; spagirische Kunst: Alchimie.
Spa|g|no|lett (der, -es, -e) (span.-ital.-franz.) 1. angerauter Wollstoff; 2. beidseitig angerauter Baumwollstoff in Leinwandbindung.
spä|hen (V.) Ausschau halten; auskundschaften. Späher.
Späh|trupp (der, -s, -s) Trupp von Kundschaftern, die als Vorhut die Gegend ausspähen.
Spa|lett (das, -s, -e) (österr.) hölzerner Fensterladen.
Spa|lier (das, -s, -e) (ital.) 1. Sprossenwand; 2. Doppelreihe von Menschen. Spalierbaum; spalierbildend.
Spa|lier|obst (das, -es, kein Plural) bestimmte Rebensorten oder Obstbäume, die für Spalierwuchs beschnitten werden.
Spalt (*auch:* die Spal|te) (der, -s, -e) Öffnung; Schlitz; Riss. *Beachte:* Das Tor war einen Spaltbreit (*auch:* Spalt breit) offen. *Aber:* Der Bericht ist nur eine Spalte breit/lang. Spaltenbreite; spaltbreit; spaltenweise.
spal|ten (V.) zertrennen; teilen. *Beachte:* ein gespaltenes Bewusstsein haben (schizophren sein); mit gespaltener Zunge reden (lügen). Spaltbarkeit; Spaltung; spaltbar; gespalten.
Spalt|fuß (der, -es, -fü|ße) scherenartige Fußform der Krebstiere.

Spalt|le|der (das, -s, -) minderwertiges Leder, das beim Abspalten der Narbenschicht übrig bleibt.
Spalt|pilz (der, -es, -e) veralteter Ausdruck für Bakterie.
Spalt|pro|dukt (das, -es, -e) bei der Kernspaltung entstehendes Nuklid.
Span (der, -s, Spä|ne) Holzstückchen. Spänchen; Spankorb; Spanschachtel; Holzspäne; spanabhebend; spanen.
Span|d|ril|le (die, -, -n) (lat.-roman.) Bogenzwickel in der Architektur.
spä|nen (V.) 1. Parkett mit Metallspänen abreiben; 2. ein Ferkel säugen.
Span|fer|kel (das, -s, -) junges Schwein. Verb: spänen (entwöhnen).
Span|ge (die, -, -n) 1. Klemme; 2. Schmuck; 3. (Kurzw.) Zahnspange. Spängchen; Spangenschuh.
Spa|ni|el (der, -s, -s) (engl.) Hund. Cockerspaniel.
Spa|ni|en (kein Art., -s, kein Plural) Staat in Südwesteuropa. spanisches Rohr; spanische Wand; *aber:* die Spanische Reitschule (Wien); die Spanische Fliege. Spanier/in.
spa|nisch (Adj.) 1. Spanien betreffend; 2. (ugs.) merkwürdig. Das kommt mir spanisch vor.
Spa|nisch (das, -, kein Plural) spanische Sprache.
Spann (der, -s, -e) Rist.
Spann|be|ton (der, -s, -s) Stahlbeton mit vorgespannten Stahleinlagen, bei Belastungen werden so Zugspannungen vermieden.
span|nen (V.) 1. straffen; 2. zu eng sein; 3. sich erstrecken; 4. beobachten. Spanne; Spannfähigkeit; Spannungsprüfer; Spannungszustand; Spannvorrichtung; Spannweite; spannenlang; spannungslos; gespannt.
span|nend (Adj.) fesselnd. Spannung.
Span|ner (der, -s, -) 1. Nachtfalter mit dreieckigen Vorder- und abgerundeten Hinterflügeln, die Raupe bildet beim Laufen Buckel und spannt sich dann wieder an; 2. Spannvorrichtung, zum Beispiel für Kleidungsstücke oder für Tennisschläger; 3. (ugs.) Voyeur.
Spann|kraft (die, -, kein Plural) körperliche und geistige Leistungsfähigkeit eines Menschen.
Span|nung (die, -, -en) 1. mechanische Spannung, wie Druck, Schub oder Zug; 2. elektrische Spannung; 3. psychophysische Ruhelosigkeit und Anspannung.
Span|nungs|feld (das, -s, -er) elektrisches Feld.
Span|nungs|mes|ser (der, -s, -) elektrisches Messgerät zum direkten Messen und Anzeigen einer elektrischen Spannung in Volt; Voltmeter.
Span|plat|te (die, -, -n) Holzspanplatte.
Spant (das, -s, -en) Rippe (Schiff, Flugzeug). Spantenriss.
Spar|büch|se (die, -, -n) Spardose.
spa|ren (V.) 1. Geld zurücklegen, sich einschränken; 2. (ugs.) nicht notwendig sein. Das kannst du dir sparen. Sparbuch; Sparbüchse; Sparer/in; Spargiroverkehr; Sparguthaben; Sparkonto; Sparmaßnahme; Sparprämie; Sparprogramm; Sparschwein; Spar- und Darlehenskasse; Sparzins. Adjektiv: sparsam.
Spar|flam|me (die, -, -n) 1. sehr kleine Flamme beim Gasherd; 2. minimales Engagement für etwas. Die Beziehung zu Angela setze ich auf Sparflamme.
Spar|gel (der, -s, -) Gemüse. Spargelbeet; Spargelgemüse; Spargelkraut; Spargelsuppe.
Spar|kas|se (die, -, -n) Kreditinstitut, das in erster Linie Spargelder annimmt und verwaltet.
spär|lich (Adj.) dürftig; dünn. Spärlichkeit.
Spar|maß|nah|me (die, -, -n) Maßnahme, die Einsparungen erbringen soll.
Spar|ren (der, -s, -) 1. Dachbalken; 2. (ugs.) Spleen. Sparrendach.
Spar|ring (das, -s, kein Plural) (engl.) Boxtraining. Sparringskampf; Sparringspartner.
Spar|sam|keit (die, -, kein Plural) Genügsamkeit; sparsames Wesen. Seine Sparsamkeit grenzte schon an Geiz.
Spar|strumpf (der, -s, -strümp|fe) 1. Strumpf, in dem gesparte Münzen aufbewahrt werden (früher); 2. heimliche Rücklage. Dafür werde ich meinen Sparstrumpf plündern.
Spar|ta (kein Art., -s, kein Plural) altgriech. Stadtstaat.
Spar|ta|kist (der, -en, -kis|ten) Angehöriger des radikalsozialistischen Spartakusbundes, des Vorläufers der KPD.
spar|ta|nisch (Adj.) einfach; streng.
Spar|te (die, -, -n) Gebiet; Spalte.
Spar|ten|ka|nal (der, -s, -nä|le) Fernsehsender, der sich auf ein Themengebiet spezialisiert hat (Kinder, Sport, Nachrichten).
Spar|te|rie (die, -, kein Plural) (griech.-lat.-franz.) aus Span oder Bast hergestelltes Flechtwerk.
spar|tie|ren (V.) (lat.-ital.) ein Musikstück aus einzelnen Stimmen für Orchester arrangieren.
spas|misch (*auch:* spas|tisch) (Adj.) krampfartig. Spastiker/in.
spas|mo|gen (Adj.) (z. B. Wirkung eines Arzneimittels) einen Krampf auslösend.
Spas|mo|ly|ti|kum (das, -s, -ly|ti|ka) (griech.) krampflösendes Medikament.
Spas|mus (der, -, Spas|men) (griech.-lat.) Muskelkrampf.
Spaß (der, -es, Spä|ße) Scherz; Freude. Späßchen; Spaßerei; Spaßhaftigkeit; Spaßigkeit; spaßhaft; spaßig; spaßeshalber; spaßen.
spa|ßes|hal|ber (Adv.) nur zum Spaß. Ich habe sie nur spaßeshalber angerufen.
Spaß|ma|cher (der, -s, -) Witzbold.
Spaß|ver|der|ber (der, -s, -) Bedenkenträger, der jede Ausgelassenheit im Keim erstickt.
Spaß|vo|gel (der, -s, -vö|gel) Mensch, der bei jeder sich bietenden Gelegenheit einen Spaß macht (auf Kosten anderer).
Spas|ti|ker (der, -s, -) jmd., der durch Spasmus gelähmt ist.
Spat (der, -s, -e/Spä|te) Mineral. Feldspat; Flussspat (*auch:* Fluss-Spat); spathaltig.
spät 1. (Adj.) nicht rechtzeitig; vorgerückt. *Beachte:* zu spät kommen; zum spätest möglichen Zeitpunkt; spätabends. *Aber:* eines späten Abends. Spätaufklärung; Spätgeburt; Spätherbst; Spätnachmittag; *aber:* eines späten Nachmittags; Spätvorstellung; Adjektive: spätherbstlich; spätnachmittags. Adverb: spätestens. 2. (Adv.) abends. von früh bis spät.
Spät|aus|sied|ler (der, -s, -) dt. Staats- oder Volkszugehöriger, der nach Abschluss der allgemeinen Vertreibungsmaßnahmen aus osteuropäischen Staaten zugezogen ist.

Spät|ent|wick|ler (der, -s, -) Kind, das sich verzögert, d.h. zu langsam entwickelt.
Spa|tel (der, -s, -) Werkzeug. Verb: spateln.
Spa|ten (der, -s, -) Grabwerkzeug. Spatenforschung; Spatenstich.
spä|ter 1. (Adj.) nachfolgend; 2. (Adv.) danach. *Beachte:* Bis später! späterhin; alles Spätere morgen.
Spa|tha (die, -, -then) (griech.-lat.) 1. Blatt von Palmen- und Aronstabgewächsen, das den Blütenstand umschließt; 2. zweischneidiges germanisches Langschwert.
spa|ti|o|nie|ren (*auch:* spa|ti|ie|ren) (V.) mit Spatium setzen.
spa|ti|ös (Adj.) geräumig; weit (vom Druckbild).
Spa|ti|um (das, -s, -ti|en) (lat.) Abstand zwischen Druckbuchstaben.
Spät|le|se (die, -, -n) 1. zweite Weinlese am Ende des Herbstes, nach Beendigung der normalen Lese; 2. Qualitätswein mit Prädikat.
Spät|nach|rich|ten (die, -, nur Plural) späte Abendnachrichten in Fernsehen und Radio.
Spät|scha|den (der, -s, -schä|den) gesundheitlicher Schaden, der sich erst längere Zeit nach einer Krankheit oder einem Unfall zeigt.
Spät|schicht (die, -, -en) Abendschicht in einem Schichtbetrieb.
Spät|werk (das, -s, -e) Altersarbeiten eines Dichters oder bildenden Künstlers.
Spatz (der, -es/-en, -en) 1. Vogel; 2. Kosename. Du isst wie ein Spatz.
Spätz|chen (das, -s, -) 1. kleiner Spatz; 2. Kosename für Kind oder geliebten Menschen.
Spat|zen|hirn (das, -s, -e) (ugs.) sehr kleines Gehirn.
Spat|zen|nest (das, -s, -er) Nest mit Spatzenjungen.
Spätz|le (die, nur Plural) (südd.) Nudeln. Kässpätzle.
Spät|zün|der (der, -s, -) (ugs.) Spätentwickler; jmd., der Dinge nur mit Verzögerung versteht.
spa|zie|ren (V., ist) wandern; gehen. das Spazierengehen; Spazierstock; spazieren fahren; wir sind spazieren gefahren; spazieren gehen; spazieren reiten; herumspazieren (irgendwo in der Gegend herum), *aber:* im Kreis herum spazieren.
Spa|zier|fahrt (die, -, -en) Ausfahrt zum Vergnügen.
Spa|zier|gän|ger (der, -s, -) jmd., der zu seinem Vergnügen spazieren geht.
Spa|zier|ritt (der, -s, -e) Ausritt.
SPD (Abk.) **S**ozialdemokratische **P**artei **D**eutschlands.
Spea|ker (der, -s, -) Sprecher; Sitzungsleiter (z. B. im englischen Unterhaus).
Specht (der, -s, -e) Vogel. Spechtmeise; Buntspecht.
Speck (der, -s, Spe|cke) Fettgewebe; Fleisch. Speckbauch; Speckschwarte; speckbäuchig; speckig.
Speck|gür|tel (der, -s, -) 1. den Körper umgebende Speckschicht; 2. reiche Gemeinden im Umkreis einer Großstadt.
Speck|ku|chen (der, -s, -) pikanter, mit Speckstücken gefüllter Kuchen.
Speck|sei|te (die, -, -n) großes Stück Speck.
Speck|stein (der, -s, kein Plural) helles, sich fettig anfühlendes Aggregat des Minerals Talk, das zu Schmuck u. Ä. verarbeitet wird; Steatit.
Spe|di|ti|on (die, -, -ti|o|nen) (ital.) Transportunternehmen. Spediteur; Speditionsfirma; Speditionsgeschäft.
spe|die|ren (V.) befördern; versenden.
Speed 1. (der, -s, -s) (engl.) Geschwindigkeit. Speedway-Rennen (*auch:* Speedwayrennen). 2. (das, -s, -s) (engl.) Rauschgift aus Amphetaminen.
Speer (der, -s, -e) Wurfspieß. Speerlänge; Speerwerfer; Speerwurf.
Speer|spit|ze (die, -, -n) 1. vorderes, scharf zugeschnittenes Ende eines Speeres; 2. Hauptstreitmacht. Die Speerspitze des Angriffs bildete die Reiterei.
Speer|wer|fen (das, -s, kein Plural) in der Leichtathletik ein Wurfwettbewerb, bei dem ein Holz- oder Metallspeer mit Anlauf geworfen wird.
Spei|che (die, -, -n) 1. Radstrebe; 2. Unterarmknochen. Elle und Speiche; Speichenkranz.
Spei|chel (der, -s, kein Plural) Mundflüssigkeit. Speicheldrüse; Speichelfluss; speicheln.
Spei|chel|le|cke|rei (die, -, -en) (ugs.) Kriecherei; unangenehme Schmeichelei.
Spei|cher (der, -s, -) 1. Dachboden; Vorratsraum; 2. Einrichtung zur Bereithaltung von Trink-, Brauch- oder Kraftwasser; 3. elektronische Schaltung oder Gerät, das Daten und Programme speichern kann (EDV).
Spei|cher|er|wei|te|rung (die, -, -en) Vergrößerung eines vorhandenen Speichers. Sein Computer benötigt eine Speichererweiterung um 50 Megabyte.
spei|chern (V.) lagern; ansammeln. Speichermöglichkeit; Speicherorgan; Speicherung; Speicherwerk.
Spei|cher|ka|pa|zi|tät (die, -, -en) Speichervermögen einer EDV-Anlage.
Spei|cher|kraft|werk (das, -s, -e) Kraftwerk, das die erzeugte elektrische Energie in Zeiten geringen Verbrauchs speichern kann.
Spei|cher|ofen (der, -s, -öfen) Ofen, der Hitze speichern kann.
Spei|cher|platz (der, -es, -plät|ze) Raum zum Speichern. Sein Computer hat zu wenig Speicherplatz.
spei|cher|re|sis|tent (Adj.) (dt.-lat.) nicht löschbare Daten eines elektronischen Speichers.
Spei|cher|schutz (der, -es, kein Plural) Sicherung von Daten durch einen Schutzmechanismus.
Spei|cher|ver|grö|ße|rung (die, -, -en) Speichererweiterung.
Spei|cher|ver|wal|tung (die, -, -en) Computerprogramm für das Organisieren von Daten und Dateien.
spei|en (V., spie, hat gespien) spucken. Speitäubling (Pilz); speiübel.
Spei|se (die, -, -n) Essen. Speisebrei; Speiseeis; Speisefett; Speisenaufzug; Speisenfolge; Speiseöl; Speisepilz; Speisesaal; Speisewürze; Speisung.
Spei|se|kam|mer (die, -, -n) Lagerraum und Vorratskammer für Lebensmittel.
Spei|se|kar|te (die, -, -n) in Gaststätte oder Restaurant eine Auflistung des verfügbaren Speisenangebots.
spei|sen (V., speiste, hat gespeist) essen.
Spei|se|röh|re (die, -, -n) muskulöses, durch Schleimdrüsen schlüpfrig gehaltenes Gleitrohr zwischen Schlund und Magen.

Spei|se|wa|gen (der, -s, -) Zugrestaurant.
Spei|se|zim|mer (das, -s, -) gehobene Bez. für ein Esszimmer.
Spek|ta|kel 1. (das, -s, -) (ugs.) Lärm; Spektakelmacher. 2. (das, -s, -) Schauspiel. Adjektiv: spektakulär.
Spek|t|ral|far|be (die, -, -n) Farbe des sichtbaren Spektrums: Rot, Orange, Gelb, Grün, Blau, Indigo oder Violett.
Spek|t|ro|me|ter (das, -s, -) (lat.-griech.) Apparat zur Vermessung von Spektren.
Spek|t|ro|s|kop (das, -s, -e) (lat.-griech.) Apparat zur Untersuchung der Zusammensetzung der elektromagnetischen Strahlung einer Strahlungsquelle.
Spek|t|rum (das, -s, -ren/ra) (lat.) Farbfolge; Lichtspaltung; Bandbreite. Spektralanalyse; Spektrallinie; Spektraltyp; spektral; spektroskopisch.
Spe|ku|lant (der, -en, -en) 1. jmd., der an der Börse spekuliert; 2. jmd., der sich für die Aussicht hoher Gewinne auch auf unsichere oder zwielichtige Geschäfte einlässt.
Spe|ku|la|ti|ons|steu|er (die, -, -n) Steuer, die für Gewinne aus Spekulationen entrichtet werden muss.
Spe|ku|la|ti|us (der, -, -) (niederl.) Gebäck.
spe|ku|la|tiv (Adj.) gedanklich; nur der Vorstellung entsprungen.
spe|ku|lie|ren (V.) (ital.) 1. mit etwas rechnen; mutmaßen; 2. an der Börse handeln. Spekulation; Spekulationsgeschäft; Spekulationspapier.
Spe|läo|lo|gie (die, -, kein Plural) (griech.) Höhlenforschung.
spe|läo|lo|gisch (Adj.) (griech.-lat.) die Speläologie betreffend.
Spelt (der, -s, -e) Dinkel.
Spe|lun|ke (die, -, -n) (griech.) verrufenes Lokal.
spen|da|bel (Adj.) (lat.) (ugs.) großzügig.
Spen|de (die, -, -n) Unterstützung; Gabe. Spendenaktion; Spender/in; Spendierhosen; Spendung; spenden; spendieren.
Spen|den|kon|to (das, -s, -kon|ten) Konto, auf das Geldspenden für einen bestimmten Zweck überwiesen werden können.
Spen|dier|ho|sen (die, -, nur Plural) (nur in der Verbindung:) Spendierhosen anhaben (spendabel sein).
Speng|ler (der, -s, -) (südd.) Klempner. Spenglerei.
Spen|zer (*auch:* Spen|ser) (der, -s, -) Jäckchen.
Sper|ber (der, -s, -) Raubvogel. Sperbereule.
Spe|renz|chen (*auch:* Spe|ren|zi|en) (die, nur Plural) (lat.) (ugs.) Umstände; Schwierigkeiten.
Sper|ling (der, -s, -e) Vogel. Sperlingsvogel.
Sper|ma (das, -s, Sper|men/Sper|ma|ta) (griech.) Samen; Samenflüssigkeit. Spermabank; Spermium; Spermizid.
Sper|ma|spen|der (der, -s, -) Mann, der einer Samenbank Sperma für künstliche Befruchtungen spendet.
Sper|ma|to|ge|ne|se (die, -, kein Plural) (griech.) Samenbildung; Spermiogenese.
Sper|ma|ze|ti (das, -s, kein Plural) (griech.-lat.) Walrat.
sper|mi|zid (Adj.) (griech.-lat.) Spermien abtötend. Auch die preiswerten Präservative sind spermizid beschichtet.
sper|ren (V.) 1. blockieren; 2. unterbinden; 3. abhalten; 4. einsperren; 5. sich sträuben. Sperrkette; Sperrmauer; Sperrrad (*auch:* Sperr-Rad); Sperrriegel (*auch:* Sperr-Riegel); Sperrung; Sperrzeit; sperrangelweit; sperrig; sperrweit.
Sperr|klau|sel (die, -, -n) Vertragsbestandteil, der einem Mitarbeiter nach Beendigung des Arbeitsverhältnisses für einen bestimmten Zeitraum Tätigkeiten für bestimmte Auftraggeber oder für ein bestimmtes Arbeitsgebiet untersagt.
Sperr|müll (der, -s, kein Plural) sperriger Müll (z. B. Möbelstücke), der nicht von der normalen Müllabfuhr abgeholt wird.
Sperr|sitz (der, -es, -e) guter Platz in Kino, Theater oder Zirkus, benannt nach den früher absperrbaren Sitzen der Abonnenten.
Sperr|stun|de (die, -, kein Plural) Polizeistunde.
Spe|sen (die, nur Plural) (ital.) Unkosten. Spesenrechnung; spesenfrei.
Spe|zi (der, -s, -/-s) (südd.) 1. Freund; 2. Mischgetränk.
Spe|zi|al... (lat.) Sonder...; Fach... Spezialarzt; Spezialausbildung; Spezialdisziplin; Spezialfach; Spezialgeschäft; Spezialist; Spezialistentum; Spezialität; Spezialslalom; Spezialtraining.
Spe|zi|a|li|sa|ti|on (die, -, kein Plural) (lat.) berufliche oder fachliche Konzentration auf ein Gebiet.
spe|zi|a|li|sie|ren (V.) (lat.) sich konzentrieren; vertiefen. Spezialisierung; Spezialist; speziell.
Spe|zi|a|li|tä|ten|lo|kal (das, -s, -e) Restaurant, das besondere Speisen bietet.
Spe|zie|rer (der, -s, -) (lat.-ital.) in der Schweiz Gemischtwarenhändler.
Spe|zi|es (die, -, -) (lat.) Art; äußere Erscheinung.
Spe|zi|fik (die, -, kein Plural) das Spezifische einer Sache.
spe|zi|fisch (Adj.) (lat.) typisch; eigen. Spezifität.
Spe|zi|fi|ka|ti|on (die, -, -en) (lat.) 1. genaue Ausführung, Auflistung; 2. Herstellung eines neuen Produktes durch Bearbeitung oder Veränderung eines oder mehrerer Stoffe; Verarbeitung.
Spe|zi|fi|kum (das, -s, Spe|zi|fi|ka) (lat.) 1. besonderes, kennzeichnendes Merkmal; 2. besonderes Mittel gegen eine bestimmte Krankheit.
Spe|zi|fi|zie|rung (die, -, -en) (lat.) Bezeichnung im Einzelnen.
Spe|zi|men (das, -, Spe|zi|mi|na) (lat.) Probearbeit.
spe|zi|ös (Adj.) (lat.-franz.) 1. ansehnlich; 2. scheinbar.
Spha|g|num (das, -s, kein Plural) (griech.-lat.) Gattung der Torf-, Sumpf-, Teichmoose.
Sphä|re (die, -, -n) (griech.) 1. Bereich; 2. Himmelskugel. Sphärenharmonie; Sphäroid; Sphärologie; Sphärometer; sphärisch; sphäroidisch.
Sphä|ren|mu|sik (die, -, kein Plural) (griech.) 1. für das menschliche Ohr nicht hörbare Töne der Himmelskörper; 2. (ugs.) esoterische Musik, die den Hörer in andere Sphären entführt.
Sphä|rik (die, -, kein Plural) (griech.) Transposition der Geometrie von der Ebene auf eine Kugel.
Sphä|ro|lith (der, -s/-en, -en) strahlenförmig angeordnete Verklitterung von verschiedenen Mineralien.

sphä|ro|li|thisch (Adj.) radialstrahlig zusammengefügt (bei manchen glasigen oder kristallinen Gesteinen).
Sphä|ro|lo|gie (die, -, -en) (griech.) Lehre von der Kugel(form).
Sphen (der, -s, -e) (griech.) Mineral.
sphe|no|id (Adj.) (griech.) keilförmig.
sphe|no|i|dal (Adj.) (griech.) keilförmig.
Sphe|no|ze|pha|lie (die, -, -n) (griech.) keil- oder eiförmige, von der Norm abweichende Kopfform.
Sphink|ter (der, -s, -te|re) (griech.) Schließmuskel.
Sphinx 1. (die, -, -e/der, -, -e/Sphin|gen) (griech.) antikes Fabelwesen, dargestellt als Steinfigur (Ägypten); 2. (die, -, kein Plural) rätselhafter Mensch; 3. Schmetterlingsart.
Sphra|gis|tik (die, -, kein Plural) (griech.) Siegelkunde.
sphra|gis|tisch (Adj.) siegelkundlich.
Sphyg|mo|graf (*auch:* Sphyg|mo|graph) (der, -en, -en) (griech.) Pulsschreiber.
Sphyg|mo|gra|fie (*auch:* Sphyg|mo|gra|phie) (das, -s, -e) durch den Sphygmografen aufgezeichnete Pulskurve.
Sphyg|mo|ma|no|me|ter (das, -s, -) (griech.) Blutdruckmesser.
spic|ca|to (Adv.) (ital.) scharf getrennt; staccato (von Violintönen).
spi|cken (V.) 1. mit Speck versehen; 2. voll sein von; 3. (ugs.) abschreiben. Spicker; Spickgans; gespickt mit Schwierigkeiten.
Spick|na|del (die, -, -n) dicke Nadel mit großem Nadelöhr, mit der man beim Spicken die Speckstreifen durch das Fleisch fädelt.
Spick|zet|tel (der, -s, -) (ugs.) kleiner Zettel mit (schulischen) Formeln oder Lösungen, von dem Schüler oder Prüfungskandidaten abgucken bzw. abspicken.
Spi|der (der, -s, -) (engl.) Sportwagen.
Spie|gel (der, -s, -) 1. glatte Fläche, die auffallendes Licht reflektiert und dem Betrachter ein virtuelles, gleich großes, spiegelverkehrtes Spiegelbild zeigt; 2. glänzender Aufschlag an Frack und Smoking; 3. Mitte der Schießscheibe (Schießsport); 4. bei Uniformen Tuchbesatz am Kragen, der Waffengattung und Rang bezeichnet.
spie|geln (V.) reflektieren; wiedergeben; abbilden; glänzen. Spiegelbild; Spiegelei; Spiegelfläche; Spiegelglas; Spiegelsaal; Spieg(e)lung; Wasserspiegel; spiegelbildlich; spiegelglatt.
Spie|gel|re|flex|ka|me|ra (die, -, -s) Fotoapparat, bei dem das Bild hinter dem Objektiv, über einen Spiegel auf eine Mattscheibe abgebildet wird.
spie|gel|ver|kehrt (Adj.) seitenverkehrt.
Spiel (das, -s, -e) Zeitvertreib; Unterhaltung; Wettkampf; Spaß. Spielautomat; Spieldose; Spieler/in; Spielerei; Spielfeld; Spielfilm; Spielfolge; Spielführer; Spielgefährte; Spielgeld; Spielhölle; Spielkarte; Spielkasino; Spielklasse; Spielleiter; Spielmarke; Spielplan; Spielplatz; Spielraum; Spielregel; Spielsachen; Spielstand; Spieluhr; Spielverderber; Spielvereinigung (Abk.: Spvg; Spvgg.); Spielwaren; Spielwarenhandlung; Spielweise; Spielwiese; Spielwitz; Spielzeug; Spielzeugeisenbahn. Adjektive: spielerisch; spielend; spielfrei; spielstark. Verb: spielen.
Spiel|art (die, -, -en) 1. (allgemein) Sonderform, Variante einer Art. eine besonders niederträchtige Spielart des Verbrechens; 2. Unterabteilung einer biologischen Art. Das ist eine Spielart des Lurchs.
Spiel|bank (die, -, -en) gewerbsmäßiges, staatlich zugelassenes Unternehmen für das Glücksspiel; Spielkasino.
Spiel|manns|zug (der, -s, -zü|ge) Musikkapelle innerhalb eines festlichen, zum Beispiel militärischen Aufmarsches.
Spie|lo|thek (die, -, -en) Spielhalle.
Spiel|schuld (die, -, -en) beim Glücksspiel entstandene Schuld, die nicht einklagbar ist. Spielschulden sind Ehrenschulden.
Spiel|stra|ße (die, -, -n) bes. gekennzeichnete Straße, die für durchfahrende Autofahrer gesperrt und für spielende Kinder als Spielraum freigegeben ist.
Spieß (der, -es, -e) 1. Waffe; 2. Bratspieß; 3. (ugs.) Feldwebel. Spießbock; spießförmig; aufspießen.
Spieß|bür|ger (der, -s, -) engstirniger Mensch; Spießer.
Spie|ßer (der, -s, -) (ugs.) Spießbürger. Spießbürgerlichkeit; Spießbürgertum; spießbürgerlich; spießerhaft; spießerisch; spießig.
Spieß|ge|sel|le (der, -n, -n) Kamerad; (krimineller) Helfershelfer.
Spie|ßig|keit (die, -, kein Plural) kleinliche Beschränktheit des Spießbürgers.
Spieß|ru|ten|lau|fen (das, -s, kein Plural) 1. militärische Strafe in Preußen, bei der der Delinquent durch ein Spalier von Soldaten laufen musste und dabei mit Bajonetten geschlagen wurde; 2. Peinlichkeit, sich vor einer neugierigen oder zürnenden Öffentlichkeit präsentieren zu müssen. Seine Rückkehr ins Dorf geriet zu einem Spießrutenlaufen.
Spike (der, -s, -s) (engl.) Metallspitze (Reifen; Laufschuh). Spike(s)reifen.
Spin (der, -s, -s) (engl.) Drehimpuls; Effet. Topspin.
Spi|na (die, -, Spi|nae) (lat.) Knochenfortsatz (an den Wirbeln).
spi|nal (Adj.) (lat.) die Wirbelsäule betreffend.
Spi|nal|an|äs|the|sie (die, -, -en) Rückenmarksbetäubung.
Spi|n|al|gie (die, -, -n) (lat.-griech.) in der Medizin Druckempfindlichkeit der Wirbel.
Spi|na|li|om (das, -s, -e) Stachelzellen-, Hornkrebs (Erkrankung).
Spi|nal|punk|ti|on (die, -, -en) (lat.) Rückenmarkspunktion.
Spi|nat (der, -s, -e) Gemüse. spinatgrün.
Spi|nat|wach|tel (die, -, -n) (ugs.) abwertende Bez. für schrullige Frau.
Spind (der/das, -s, -e) Schrank.
Spin|del (die, -, -n) Achse. Spindelbaum; spindeldürr.
Spin|del|trep|pe (die, -, -n) gewundene Treppe; Wendeltreppe.
Spi|nell (der, -s, -e) (ital.) ein Mineral; Schmuckstein.
Spi|nett (das, -s, -e) Tasteninstrument; kleines Cembalo.
Spin|na|ker (der, -s, -) (engl.) Segel.
Spin|ne (die, -, -n) Insekt. Spinn(en)gewebe; Spinnennetz; Spinnwebe; jemandem spinnefeind sein; spinnen.
Spinn|drü|se (die, -, -n) Spinnorgan bei Spinnen und anderen Insekten.
spin|nen (V., spann, hat gesponnen) 1. Fäden herstellen; 2. ausdenken; 3. (ugs.) verrückt sein. Spinnerei; Spinnfaser; Spinnmaschine; Spinnstube.

Spinner (der, -s, -) 1. Sammelbezeichnung für Großschmetterlinge, deren behaarte Raupen vor der Verpuppung einen Kokon spinnen; 2. Mitarbeiter einer Spinnerei; 3. (ugs.) jmd., der spinnt; versponnener Typ. Spinnerin.

Spinnrad (das, -s, -räder) Gerät, mit dem beim Spinnvorgang der Faden durch eine Flügelspindel mechanisch gedreht und aufgewunden wird.

Spinnrocken (der, -s, -) senkrechter Stab am Spinnrad, an dem die zu verspinnenden Fäden befestigt sind, die dann der Spindel zugeführt werden.

spinös (Adj.) (lat.) schwierig.

spintig (Adj.) fettig; weich. Spint.

spintisieren (V.) fantasieren; verrückt sein.

Spion (der, -s, -e) (ital.) 1. Geheimagent; Späher; 2. kleines Guckloch an Wohnungstüren; 3. an Fenstern angebrachter Spiegel zur Beobachtung der Straße.

Spionage (die, -, kein Plural) (franz.) Auskundschaftung; geheimdienstliche Tätigkeit. Spionageabwehr; Spionageaffäre; Spionagenetz; Spioniererei.

spionieren (V.) herumschnüffeln; Spionage treiben.

Spiräe (die, -, -n) (lat.) Spierstrauch.

spiral (Adj.) (griech.-lat.-nlat.) schneckenförmig gedreht.

Spirale (die, -, -n) (griech.) Windung; Schraubenlinie. Spiralbohrer; Spiralfeder; Spirallinie; Spiralnebel; spiralförmig; spiralig.

Spiralnebel (der, -s, -) spiralförmiges Sternsystem mit vielen Milliarden Einzelsternen.

Spirans (*auch:* Spirant) (der, -, Spiranten) (lat.) Reibelaut. Adjektiv: spirantisch.

Spirille (die, -, -n) (griech.-nlat.) schraubenförmiges Bakterium.

Spiritismus (der, -, kein Plural) (lat.) Geisterglaube. Spiritist; spiritistisch.

Spiritual (das, -s, -s) (engl.) religiöses Lied der Schwarzen.

Spiritualien (die, nur Plural) (lat.) geistliche Sachen und Einrichtungen (in der kath. Kirche).

Spiritualität (die, -, kein Plural) (lat.) die christliche Frömmigkeit, die als Werk Gottes im Menschen wirkt.

spirituell (*auch:* spiritual) (Adj.) (franz.) geistig; geistlich. spiritualisieren.

Spirituosen (die, nur Plural) alkoholische Getränke wie Weinbrand oder Likör. Adjektiv: spirituos (*auch:* spirituös).

spirituoso (Adj.) (ital.) lebhaft; feurig (bei Musikstücken).

Spiritus (der, -, kein Plural) (lat.) Weingeist.

Spirochäte (die, -, -n) (griech.) schraubenförmiges Bakterium.

Spiroergometrie (die, -, -n) Messung, wie viel Sauerstoff der Organismus im Ruhezustand und nach körperlicher Belastung aufnehmen kann.

Spirometer (das, -s, -) (lat.-griech.) Atemmesser.

Spirometrie (die, -, kein Plural) (lat.-griech.) Messung und Aufzeichnung der Atmung.

Spital (das, -s, -täler) in bestimmten Regionen: Krankenhaus; Armenhaus; Altenheim.

spitz (Adj.) 1. scharf; 2. dünn; 3. stachelig; 4. boshaft. Spitzbart; Spitzbauch; Spitzbogen; Spitzbube; Spitze; Spitzer; Spitzhacke; Spitzkehre; Spitzmaus; Spitzwegerich. Adjektive: spitzbärtig; spitzbogig; spitzbübisch; spitzfindig; spitzig; spitzwinklig; spitzzüngig. Verb: spitzen.

Spitz (der, -es, -e) Hunderasse.

spitzbekommen (*auch:* spitzkriegen) (V., bekam spitz, hat spitzbekommen) (ugs.) durchschauen; bemerken.

Spitze (die, -, -n) 1. Gipfelpunkt; Ende; 2. Bestes; 3. Besatz; 4. scharfe Bemerkung. *Beachte:* Das war spitze! Spitzenerzeugnis; Spitzenfahrer; Spitzenfilm; Spitzengruppe; Spitzenklasse; Spitzenklöpplerin; Spitzenkraft; Spitzenorganisation; Spitzenpolitiker; Spitzenposition; Spitzenspiel; Spitzensportler; Spitzentechnologie; Spitzentuch; Spitzenzeit.

Spitzengeschwindigkeit (die, -, -en) Höchstgeschwindigkeit eines Fahrzeug(typ)s.

Spitzenleistung (die, -, -en) hervorragende, sehr gute Leistung.

Spitzfindigkeit (die, -, -en) Haarspalterei; übergenaue Unterscheidung.

Spitzname (der, -ns, -n) neckender Zusatzname, der dem Träger von anderen verliehen wird und zwischen Kosename und Spottname variieren kann.

Splanchnologie (die, -, kein Plural) (griech.) Teil der Medizin, die mit den Eingeweiden befasst ist.

Splattermovie (engl.) blutrünstiger Horrorfilm.

Spleen (der, -s, -e/-s) (engl.) Verschrobenheit; Eigenwilligkeit. Adjektiv: spleenig.

spleißen (V., spleißte/spliss, hat gespleißt/gesplissen) spalten; verflechten. Spliss; Spleiße; splissen.

splendid (Adj.) (lat.) großzügig; prächtig; Splendidität.

Splitt (der, -s, -e) Kiesel. Straßensplitt.

Splitter (der, -s, -) Teilchen; Bruchstück. Splittergruppe; splitterfasernackt; splitt(e)rig; splittersicher; splittern.

Splitterbombe (die, -, -n) Bombe, die mit zerfetzenden Metallsplittern gefüllt ist.

Splitterpartei (die, -, -en) kleine Partei, die sich von einer größeren abgekoppelt hat.

Splitting (das, -s, -s) (engl.) 1. Besteuerung; 2. Stimmenverteilung; 3. Aktienteilung. Splittingsystem; splitten.

Spodumen (der, -s, -e) (griech.) ein Mineral; Schmuckstein.

Spoiler (der, -s, -) (engl.) Fahrzeugteil zur Verbesserung der Bodenhaftung.

Spondylitis (die, -, -tiden) (griech.) Wirbelentzündung.

spongiös (Adj.) (griech.-lat.) schwammartig (bes. in der Medizin).

sponsern (V.) (lat.) finanziell fördern. Sponsorengelder.

Sponsor (der, -s, -en) (engl.) 1. Geldgeber; 2. Werbeanzeigenkunde.

spontan (Adj.) (lat.) unmittelbar; unwillkürlich. Spontan(e)ität.

Sponti (der, -s, -s) undogmatischer Linker. Spontigruppe; Spontisprüche.

Spoon (der, -s, -s) (engl.) ein bestimmter Golfschläger.

Spor (der, -s, -e) Schimmelpilz. Adjektiv: sporig.

sporadisch (Adj.) (griech.) selten; vereinzelt.

Sporangium (das, -s, -gien) (griech.) Sporenbehälter (bei blütenlosen Pflanzen).

Spo|re (die, -, -n) (griech.) 1. Fortpflanzungszelle (Pflanzen); 2. Bakterienform. Sporenbehälter; Sporenblatt; Sporenpflanze; Sporen bildend (*auch:* sporenbildend).

Spo|ren|tier|chen (das, -s, -) parasitisches Protozoon, das sich durch Sporenbildung vermehrt, häufig als Krankheitserreger.

Spor|ko (das, -s, kein Plural) (lat.-ital.) Bruttogewicht.

Sporn (der, -s, Spo|ren/Spor|ne) 1. Dorn; Kralle; 2. Ansporn. Spornrädchen; dem Pferd die Sporen geben; sporenklirrend; spornen; anspornen.

sporn|streichs (Adj.) eiligst.

spo|ro|gen (Adj.) (griech.-lat.) Sporen erzeugend (*auch:* sporenerzeugend).

Spo|ro|phyt (der, -en, -en) (griech.) Pflanze mit Sporangium (Alge; Farn; Moos; Pilz).

Spo|ro|zo|on (das, -s, -zo|en) (griech.) ein Einzeller; Sporentierchen.

Sport (der, -s, -e) (engl.) Leibesübungen; Hobby. Sportabzeichen; Sportart; Sportartikelmesse; Sportberichterstattung; Sportdress; Sportflugzeug; Sportgemeinschaft (Abk.: SG); Sporthalle; Sporthochschule; Sportjournalist; Sportklub (*auch:* Sportclub) (Abk.: SC); Sportler/in; Sportlichkeit; Sportmedizin; Sportnachrichten; Sportplatz; Sportschuh; Sportsfreund; Sportstudent/in; Sportunfall; Sportverband; Sportverein (Abk.: SV); Turn- und Sportverein (Abk.: TuS); Sportverletzung; Sportzeitung. Adjektive: sportbegeistert; sportiv; sportlich; sport(s)mäßig; Sport treibend (*auch:* sporttreibend).

Sport|arzt (der, -es, -ärz|te) Arzt für Sportmedizin, der Verletzungen und degenerative Erkrankungen von Freizeit- und Hochleistungssportlern behandelt.

Sports|geist (der, -es, kein Plural) faire, sportliche Einstellung in Konkurrenzsituationen; Verlierenkönnen.

Sport|wa|gen (der, -s, -) 1. niedriges, schnelles Auto; 2. leichter, wendiger Kinderwagen, in dem Kinder sitzend gefahren werden.

Spot (der, -s, -s) (engl.) kurzer Werbefilm.

Spot|ge|schäft (das, -s, -e) Börsengeschäft.

Spot|light (das, -s, -s) (engl.) Punktscheinwerfer.

Spot|markt (der, -s, -e) freier Rohölmarkt.

spott|bil|lig (Adj.) geradezu lachhaft billig; unfassbar billig.

spot|ten (V.) auslachen; verhöhnen. Spott; Spottbild; Spötter; Spottgedicht; Spottgeld; Spottlied; Spottlust; Spottname; Spottpreis; Spottrede; Spottsucht; spottbillig; spöttelnd; spöttisch; spottsüchtig; spötteln.

Spott|fi|gur (die, -, -en) lächerliche Gestalt. jemanden zur Spottfigur machen.

Spott|preis (der, -es, -e) sehr geringer Preis.

Spra|che (die, -, -n) Sprechen; Verständigung; Lautsystem; Muttersprache. Sprachatlas; Sprachbarriere; Sprachenrecht; Sprachenschule; Sprachentwicklung; Sprachfertigkeit; Sprachforschung; Sprachgebrauch; Sprachgefühl; Sprachgeschichte; Sprachgewandtheit; Sprachgrenze; Sprachheimat; Sprachkenntnisse; Sprachkunde; Sprachkunst; Sprachlähmung; Sprachlehre; Sprachlosigkeit; Sprachpflege; Sprachschatz; Sprachsilbe; Sprachstil; Sprachtalent; Sprachübung; Sprachwissenschaft; Sprachzentrum. Adjektive: sprachfertig; sprachgestört; sprachgewaltig; sprachgewandt; mehrsprachig; fremdsprachig; sprachkundig; sprachkundlich; sprachlich; sprachlos; sprachwidrig. Verb: sprechen.

Sprach|er|zie|hung (die, -, kein Plural) Sprachlehre und Sprachkunde.

Sprach|fa|mi|lie (die, -, -n) Gruppe von Sprachen, die miteinander verwandt sind.

Sprach|feh|ler (der, -s, -) fehlerhafte Artikulation (krankhaft). *Aber:* Sprechfehler (Versprecher).

Sprach|in|sel (die, -, -n) kleines Sprachgebiet innerhalb eines Sprachgebiets einer anderen Sprache, das von seinem ursprünglichen Verbreitungsgebiet getrennt ist.

Sprach|la|bor (das, -s, -s) Übungsraum für den Fremdsprachenunterricht per Kopfhörer.

Sprach|rohr (das, -s, -e) 1. veraltete Bez. für Megafon; 2. Vorredner einer Sache oder Überzeugung.

Sprach|stö|rung (die, -, -en) Störung der Sprachfähigkeit.

Sprach|sys|tem (das, -s, -e) systematischer Aufbau einer Sprache.

sprach|künst|le|risch (Adj.) wie ein Sprachkünstler.

sprach|wis|sen|schaft|lich (Adj.) die Sprachwissenschaft betreffend.

Sprach|zen|t|rum (das, -s, -zen|t|ren) Teil des Gehirns, in dem das Sprech- und Hörvermögen angesiedelt ist.

Spray (der/das, -s, -s) (engl.) Sprüher; Sprühflüssigkeit. Spraydose; sprayen.

Sprech|an|la|ge (die, -, -n) (Kurzw.) Gegensprech- bzw. Wechselsprechanlage.

Sprech|bla|se (die, -, -n) in Comics oder Witzen eine gezeichnete Blase, die die gesprochenen Worte oder Gedanken der abgebildeten Figuren enthält.

spre|chen (V., sprach, hat gesprochen) sich unterhalten; reden; verständigen. Sprechanlage; Sprechblase; Sprechchor; Sprechen; Sprecher/in; Sprechgesang; Sprechkunde; Sprechplatte; Sprechstörung; Sprechstundenhilfe; Sprechübung; Sprechweise; Sprechzimmer. Adjektive: sprecherisch; sprechkundlich.

Sprech|er|zie|hung (die, -, kein Plural) Lehre vom richtigen Sprechen.

Sprech|feh|ler (der, -s, -) Versprecher. *Aber:* Sprachfehler.

Sprech|funk (der, -s, kein Plural) das Funkfernsprechen.

Sprech|funk|ge|rät (das, -s, -e) Gerät zur drahtlosen Übertragung von Mitteilungen.

Sprech|mu|schel (die, -, -n) der untere Teil des Telefonhörers, in den hineingesprochen wird. Ggs.: Hörmuschel.

Sprech|rol|le (die, -, -n) Theater- oder Filmrolle mit Text.

Sprech|si|tu|a|ti|on (die, -, -ti|o|nen) Umstände und Voraussetzungen einer Kommunikation.

Sprech|stun|de (die, -, -n) Zeit, in der jmd. für seine Kunden, Patienten, Schüler etc. zu sprechen ist.

Sprech|werk|zeu|ge (die, -, nur Plural) die Organe, die zum Sprechen notwendig sind, z.B. Lippen, Rachen oder Zunge.

sprei|zen (V.) auseinander strecken; sträuben. Spreize; Spreizung; gespreizt; spreizbeinig.
Spreiz|fuß (der, -es, -fü|ße) krankhaft verbreiterter Fuß infolge der Abflachung des vorderen Quergewölbes.
Spren|gel (der, -s, -) (Kurzw.) Kirchensprengel (Amtsbezirk).
spren|gen (V.) 1. explodieren lassen; zerbersten; 2. wegjagen; 3. befeuchten; 4. galoppieren. Sprenggeschoss; Sprengkapsel; Sprengkommando; Sprengladung; Sprengmeister; Sprengsatz; Sprengstoff; Sprengstoffanschlag; Sprengung; Sprengwirkung; sprengstoffhaltig.
Spreng|kopf (der, -(e)s, -köp|fe) vorderer Teil eines Geschosses oder einer Rakete, der den Sprengstoff enthält.
Spren|gung (die, -, -en) das Sprengen mit Sprengstoff.
sprenk|lig (*auch:* spren|ke|lig) (Adj.) gefleckt; getupft. Sprenkel; gesprenkelt; sprenkeln.
Spreu (die, -, kein Plural) Hülsen; Wertloses; Schlechtes. Die Spreu vom Weizen trennen. Adjektiv: spreuig.
Sprich|wort (das, -s, -wör|ter) Sinnspruch. Sprichwörtersammlung; sprichwörtlich.
sprie|ßen (V., spross, ist gesprossen) keimen; wachsen. *Aber:* der Spross.
sprin|gen (V., sprang, ist gesprungen) 1. hüpfen; 2. zerbrechen. *Beachte:* etwas springen lassen (*auch:* springenlassen) (spendieren); sieben Meter weit springen. Das Glas sprang in tausend Stücke. Springbrunnen; Springer; Springflut; Springfrosch; Springhase; Springkäfer; Springmaus; Springmesser; Springpferd; springlebendig.
Spring|form (die, -, -en) Backform, deren Umrandung verstellt und abgenommen werden kann.
Spring|ins|feld (der, -(e)s, -e) fröhliches, lebhaftes Geschöpf (Kind oder junger Mensch). Das ist ein richtiger kleiner Springinsfeld!
Spring|rei|ten (das, -s, kein Plural) Disziplin im Reitsport, bei der Pferd und Reiter unterschiedlich hohe und unterschiedlich tiefe Hindernisse überspringen müssen.
Spring|seil (*auch:* Sprung|seil) 1. Kinderspielzeug; 2. Gymnastikgerät.
Sprink|ler (der, -s, -) (engl.) Berieselungsanlage. Sprinkleranlage.
Sprint (der, -s, -s) (engl.) Kurzstreckenlauf. Sprinter/in; sprintstark; sprinten.
Sprint|stre|cke (die, -, -n) Kurzstrecke für Sprints.
Sprit (der, -s, -e) (Kurzw.) Spiritus; (ugs.) Benzin. Adjektiv: spritig.
Spritz|be|ton (der, -s, -s) Betonbrei, der mit hohem Druck gegen Schalungen oder Wände gespritzt wird und dort sofort erhärtet.
Sprit|ze (die, -, -n) 1. Gerät zum Spritzen oder Einspritzen von Flüssigkeiten; 2. Einspritzung; Injektion.
sprit|zen (V.) 1. befeuchten; planschen; 2. eine Spritze geben; 3. verdünnen; 4. (ugs.) flitzen. Spritzapparate; Spritzer; Spritzguss; Spritzlackierung; Spritzpistole; Spritztour; gespritzt.
sprit|zig (Adj.) prickelnd; witzig.
Spritz|ku|chen (der, -s, -) Gebäck, das mit einer Teigspritze geformt und in Fett schwimmend ausgebacken wird.
spröd (*auch:* sprö|de) (Adj.) 1. hart; trocken; 2. abweisend. Sprödheit.
Sprö|dig|keit (die, -, kein Plural) 1. raue, unelastische Beschaffenheit eines Materials; 2. unzugängliches, sprödes Wesen.
Spross (der, Spros|ses, Spros|se) 1. Trieb; 2. Nachkomme. Sprösschen; Sprosspflanze; Sprossung; sprossen.
Spros|se (die, -, -n) Querlatte. Sprossenwand.
Spröss|ling (der, -s, -e) (ugs.) Kind; Nachkomme. Wo ist euer Sprössling?
Spruch (der, -s, Sprü|che) 1. Leitsatz; 2. Sprichwort; 3. Gedicht; 4. Urteil. Spruchdichtung; Sprüchlein; spruchreif; sprechen.
Spruch|band (das, -s, -bän|der) breites Stoff- oder Papierband mit auffälliger Beschriftung, zum Beispiel für Demonstrationen; Transparent.
Sprü|che|klop|fer (der, -s, -) (ugs.) jmd., der nur leere Versprechungen macht bzw. nur leeres Gerede von sich gibt.
Spruch|kam|mer (die, -, -n) Abteilung eines Gerichts.
spru|deln (V.) quellen; hervorkommen; wirbeln. Sprudelstein; Sprudelwasser.
Spru|del|quel|le (die, -, -n) Mineralquelle.
sprü|hen (V.) fein verteilen; spritzen.
Sprüh|do|se (die, -, -n) Dose zum Zerstäuben von Flüssigkeiten. Sprühfeuer; Sprühflasche; Sprühregen.
sprü|hend (Adj.) geistreich; witzig.
Sprung (der, -s, Sprün|ge) 1. Springen; 2. Riss; 3. (ugs.) kurze Entfernung; 4. Zeit. *Beachte:* Ich bin schon auf dem Sprung. Ich komme auf einen Sprung vorbei. Das ist nur einen Sprung von hier entfernt. jemandem auf die Sprünge helfen. Sprungbrett; Sprungdeckel; Sprungfeder; Sprungfedermatratze; Sprunggrube; Sprunghöhe; Sprunghügel; Sprunglauf; Sprungschanze; Sprungseil; Sprungtuch; Sprungturm; sprungbereit; sprungfertig; sprunghaft; springen.
Sprung|bein (das, -s, -e) oberster Knochen der Fußwurzel.
Sprung|ge|lenk (das, -s, -e) Gelenk, das Unterschenkelknochen und Fußwurzelknochen verbindet.
Sprung|haf|tig|keit (die, -, kein Plural) Unstetigkeit; unstetes Wesen.
spu|cken (V.) speien. Spucke; Spucknapf.
Spuk (der, -s, -e) 1. Gespenstererscheinung; 2. Geisterstunde; 3. (ugs.) Unfug. Spukerei; Spukgeschichte; Spukgestalt; spukhaft.
Spu|le (die, -, -n) Rolle; Wicklung. Spulmaschine; Spulrad; Spulspindel; spulen.
spü|len (V.) abwaschen; schwemmen. Spüle; Spüler/in; Spülbecken; Spülmaschine; Spülmittel; Spülwasser.
Spü|lung (die, -, -en) 1. medizinische oder kosmetische Maßnahme; 2. Vorrichtung zum Wegspülen von (unerwünschtem) Material. Die Spülung an unserer Toilette ist defekt.
Spul|wurm (der, -s, -wür|mer) im Darm von Säugetieren schmarotzender Fadenwurm, zum Beispiel Menschen-, Hunde-, Pferdespulwurm.
Spu|man|te (der, -, -) italienischer Schaumwein.
Spund 1. (der -s, Spün|de) (ital.) Fassverschluss. Spundapparat; Spundbohrer; Spundloch. 2. (der, -s, -e) (ugs.) junger Mann.
Spun|dung (die, -, -en) das Spunden; Verschließen mit einem Pfropfen.

Spund|wand (die, -, -wän|de) Wand aus Holzkohlen oder Profileisen zum Abschluss von Baugruben gegen Erdmassen und Wasser.

Spur (die, -, -en) 1. Bahn; Weg; Furche; Abdruck; 2. Zeichen; Kleinigkeit. *Beachte:* das war um eine Spur zu viel; die Spur führt nach Norden; keine Spur (ugs.: ganz und gar nicht); auf die falsche Spur geraten; jemandem auf der Spur sein (verfolgen); nicht die Spur (nicht das Geringste). Spurbreite; Spurrille; Spurweite; großspurig; schmalspurig; spurlos; spursicher.

spu|ren (V.) gehorchen. Er spurt einfach nicht!

spü|ren (V.) empfinden; fühlen; eine Spur verfolgen (Hund). Spürer; Spürhund; Spürnase; Spürsinn; spürbar.

Spu|ren|ele|men|t (das, -s, -e) anorganische Substanz, die für den Stoffwechsel von Organismen in ganz geringen Mengen (Spuren) lebenswichtig ist, wie zum Beispiel Kalzium oder Eisen.

Spu|ren|si|che|rung (die, -, -en) die polizeiliche Suche und Aufzeichnung der Spuren einer Straftat.

Spurt (der, -s, -s) (engl.) schneller Lauf. Endspurt; spurtschnell; spurtstark; spurten.

spu|ten (V., refl.) sich beeilen.

Sput|nik (der, -s, -s) (russ.) erster künstlicher Satellit im Weltraum.

Spu|tum (das, -s, Spu|ta) (lat.) schleimiger Auswurf, der durch Husten aus den Atemwegen entfernt wird.

Spvg. (*auch:* Spvgg.) (Abk.) **Sp**iel**v**ereinigun**g**.

Square|dance (der, -, -s) Volkstanz.

Squash (das, -, kein Plural) (engl.) dem Tennis ähnliches Ballspiel; Fruchtsaft mit Fruchtfleisch.

Squat|ter (der, -s, -) (lat.-franz.-engl.) amerik. Siedler, der sich ohne Besitzrecht auf einem Stück unbebauten Landes niedergelassen hat.

Squaw (die, -, -s) Indianerfrau.

Sr (Abk.) Strontium (chemisches Zeichen).

SR (Abk.) **S**aarländischer **R**undfunk.

Sri Lan|ka (ohne Art., -s, kein Plural) früher Ceylon genannte Insel vor Indien; Sri Lanker (*auch:* Sri-Lanker); srilankisch.

SSO (Abk.) **S**üd**s**üd**o**st(en).

SSW (Abk.) **S**üd**s**üd**w**est(en).

SS 20 (die, SS 20, SS 20) sowjetische Mittelstreckenrakete. SS-20-Rakete.

st! (Interj.) Ruhe! pst!

St. (Abk.) 1. **S**ank**t**; 2. **St**ück; 3. **St**unde.

s. t. (Abk.) **s**ine **t**empore (= pünktlich).

Staat (der, -s, -en) (lat.) Land; Gemeinschaft; Regierung; (ugs.) Prunk. *Beachte:* von Staats wegen; im Sonntagsstaat; Vater Staat; damit kannst du keinen Staat mehr machen. Staatenlose; Staatsaffäre; Staatsakt; Staatsaktion; Staatsangehörigkeit; Staatsapparat; Staatsbankrott; Staatsbeamter; Staatsbegräbnis; Staatsbesuch; Staatsbibliothek; Staatsbürger; Staatsbürgerschaft; Staatsdienst; Staatseigentum; Staatsexamen; Staatsform; Staatsgefangener; Staatsgeheimnis; Staatsgerichtshof; Staatsgewalt; Staatskasse; auf Staatskosten; Staatslotterie; Staatsminister; Staatsoberhaupt; Staatsorgan; Staatspolitik; Staatspräsident; Staatsprüfung; Staatsrecht; Staatssekretär/in; Staatsstraße; Staatstheater; Staatsverbrecher; Staatsvolk; Staatswissenschaft; Staatswohl. Adjektive: Staaten bildend (*auch:* staatenbildend); staatenlos; staatlich; staatsbürgerlich; staatseigen; staatserhaltend; staatsfeindlich; staatsgefährdend; staatsmännisch; staatspolitisch.

Staa|ten|lo|sig|keit (die, -, kein Plural) das Fehlen einer Staatszugehörigkeit, zum Beispiel durch Ausbürgerung oder Vertreibung.

staatl. gepr. (Abk.) **staatl**ich **gepr**üft.

Staats|an|walt (der, -s, -an|wäl|te) Vertreter der Staatsanwaltschaft.

Staats|mann (der, -s, -män|ner) großer Politiker; bedeutender Vertreter eines Staates.

Staats|rä|son (die, -, kein Plural) Eigengesetzlichkeit des Staates, der zufolge sich die Ausübung und die Aufrechterhaltung von Macht nicht immer im Einklang mit Moral und Recht befinden. Die Staatsräson verlangte dieses Bauernopfer.

Staats|si|cher|heit (die, -, kein Plural) Ministerium für Staatssicherheit, kurz Stasi genannt (in der ehemaligen DDR); Staatssicherheitsdienst (westdt.).

Staats|streich (der, -s, -e) gewaltsame Revolution durch einen Träger der staatlichen Gewalt (zum Beispiel das Militär).

Staats|we|sen (das, -s, -) Staat als Gemeinwesen.

Stab (der, -s, Stä|be) Stock; Leitung. *Beachte:* Wir sollten nicht den Stab über ihn brechen (ihn verurteilen). Stabantenne; Stäbchen; Stabeisen; Stabführung; Stabhochspringer; Stabhochsprung; Stablampe; Stabsarzt; Stabsoffizier; Stabtaschenlampe; stabförmig.

Stäb|chen|bak|te|ri|um (das, -s, -bak|te|ri|en) stäbchenförmiges Bakterium.

Sta|bel|le (die, -, -n) (lat.) Schemel (schweiz.)

sta|bil (Adj.) (lat.) fest; dauerhaft; beständig. Stabilisation; Stabilisierung; Stabilisierungsfläche; Stabilität; stabilisieren.

Sta|bi|li|sa|tor (der, -s, -en) 1. Emulgator, der die Oberflächenspannung der Tröpfchen einer Emulsion herabsetzt; 2. Vorrichtung zur Stabilisierung von Fahrzeugen; 3. Zusatz, der unerwünschte Reaktionen verhindert (in der Chemie).

Sta|bi|li|täts|po|li|tik (die, -, kein Plural) Politik, die die Erfordernisse des wirtschaftlichen Gleichgewichts beachtet.

Stab|reim (der, -s, -e) Alliteration, d. h. Gleichheit der Anlaute mehrerer Wörter. stabreimend.

Stabs|feld|we|bel (der, -s, -) Dienstgrad über dem Hauptfeldwebel.

stab|sich|tig (Adj.) fehlsichtig durch Hornhautverkrümmung.

Stab|sich|tig|keit (die, -, kein Plural) Astigmatismus (Fehlsichtigkeit durch Hornhautverkrümmung).

stac|ca|to (Adv.) (ital.) deutlich abgesetzt gespielt (Musik).

Sta|chel (der, -s, -n) Nadel; Dorn; Spitze. Stacheligkeit; stach(e)lig; stacheln; anstacheln.

Sta|chel|bee|re (die, -, -n) Beerenobststrauch mit vielsamigen, borstig behaarten Beeren.

Sta|chel|draht (der, -s, -dräh|te) mit Stacheln besetzter Draht zur Befestigung.

Sta|chel|draht|zaun (der, -s, -zäu|ne) Absperrung aus Stacheldraht, die Eindringlinge oder Diebe abschrecken bzw. Vieh zurückhalten soll.

Sta|chel|hals|band (das, -s, -bän|der) Halsband, das innen mit Stacheln versehen ist, zur Disziplinierung von Hunden.

Sta|chel|schwein (das, -s, -e) Nagetier mit kräftigem Körperbau und aufrichtbaren, langen Rückenstacheln.

Sta|di|on (das, -s, -di|en) (griech.) Sportplatz; Arena. Olympiastadion; Stadionsprecher.

Sta|di|um (das, -s, -di|en) (lat.) Zustand; Entwicklungsstand.

Stadt (die, -, Städ|te) größerer Ort. Stadtautobahn; Stadtbaurat; Stadtbummel; Städtchen; Städtebau; Städtebund; Städter/in; Stadtfahrt; Stadtflucht; Stadtgespräch; Stadtkern; Stadtmauer; Stadtmitte; Stadtrand; Stadtrat; Stadtstaat; Stadtstreicher; Stadtteil; Stadttor; Stadtverkehr; Stadtverwaltung; Stadtviertel; Stadtzentrum. Adjektive: stadtbekannt; städtebaulich; städtisch; stadtkundig; Adverbien: stadtauswärts; stadteinwärts.

Stadt|be|völ|ke|rung (die, -, -en) Stadtbewohner. Ggs.: Landbevölkerung.

Stadt|be|zirk (der, -es, -e) Stadtteil.

Städ|te|part|ner|schaft (die, -, -en) Abkommen zwischen Städten unterschiedlicher Nationalität mit dem Ziel, durch Kennenlernen das gegenseitige Verständnis zu fördern.

Stadt|ge|mein|de (die, -, -n) Stadt.

Stadt|ge|biet (das, -s, -e) innerhalb der Stadtgrenzen.

Stadt|gren|ze (die, -, -n) Grenze zwischen Stadt und den sie umgebenden Landkreisen.

Stadt|käm|mer|er (der, -s, -) für die Finanzen verantwortlicher Stadtrat.

Stadt|kom|man|dant (der, -en, -en) Leiter der Verteidigungstruppe einer Stadt.

Stadt|luft (die, -, kein Plural) 1. Luft in der Stadt; 2. Freiheit von der Leibeigenschaft (im Mittelalter). Stadtluft macht frei. Stadtluft schnuppern.

Stadt|mis|si|on (die, -, -si|o|nen) volksmissionarischer und fürsorgerischer Dienst der evangelischen Kirche innerhalb einer Großstadt.

Stadt|par|la|ment (das, -s, -e) Stadtrat.

Stadt|plan (der, -s, -plä|ne) geografische Karte einer Stadt.

Stadt|pla|nung (die, -, -en) Gestaltung der Stadtentwicklung.

Stadt|rand|sied|lung (die, -, -en) Wohngebiet am Stadtrand.

Stadt|schrei|ber (der, -s, -) Geschichtsschreiber/Protokollant einer Stadt.

Stadt|staat (der, -s, -en) Stadt, die ein selbstständiges Staatswesen bildet, wie zum Beispiel Hamburg, Bremen und Berlin.

Stadt|ver|ord|ne|te (der/die, -n, -n) Stadtrat.

Stadt|ver|ord|ne|ten|ver|samm|lung (die, -, -en) Stadtrat.

Stadt|wap|pen (das, -s, -) Emblem einer Stadt.

Sta|fet|te (die, -, -n) (ital.) Staffellauf. Stafettenlauf.

Staf|fel (die, -, -n) 1. Stufe; 2. Laufmannschaft. *Beachte:* 4 x 100-m-Staffel (*auch:* 4-mal-100-Meter-Staffel). Staffellauf; Staff(e)lung; staffelförmig; staff(e)lig; gestaffelt.

Staf|fel|an|lei|he (die, -, -n) Anleihe mit Staffelzins.

Staf|fe|lei (die, -, -en) verstellbares Holzgestell zum Aufstellen des Bildes beim Malen.

Staf|fel|mie|te (die, -, -n) Miete, die in vereinbarten Abständen erhöht wird.

Staf|fel|preis (der, -es, -e) Preis, der je nach der gekauften Menge eines Produktes gestaffelt abnimmt.

staf|fie|ren (V.) (franz.) ausrüsten. Staffierung; ausstaffieren.

Stage|di|ving (das, -s, kein Plural) (engl.) Sprung von der Konzertbühne ins Publikum.

Stag|fla|ti|on (die, -, -ti|o|nen) Kunstwort aus Stagnation und Inflation, das den Stillstand des Wirtschaftswachstums bei gleichzeitiger Geldentwertung bezeichnet.

Sta|gna|ti|on (die, -, -ti|o|nen) (lat.) Stillstand. Stagnierung.

sta|gnie|ren (V.) auf einem Stand bleiben; stocken. Die Aufwärtsentwicklung stagnierte.

Stahl (der, -s, -e/Stäh|le) legiertes Eisen. Stahlarbeiter; Stahlbau; Stahldraht; Stahlerzeugung; Stahlfeder; Stahlhelm; Stahlhütte; Stahlrohr; Stahlross; Stahlwerk; stählern; stahlgrau; stahlharn.

Stahl|be|ton (der, -s, -s) Verbundstoff aus Beton und Stahl.; Betonstahl.

stahl|blau (Adj.) kühles Blaugrau.

stäh|len (V.) 1. (Eisen) härten; 2. (seinen Körper) abhärten; trainieren.

Stahl|ross (das, -es, -rös|ser) (ugs.) Fahrrad; Drahtesel.

Stain|less Steel (engl.) rostfreier Stahl.

Stakes (die, nur Plural) (engl.) 1. Einsätze beim Pferderennen, durch die die Pferde die Startberechtigung erlangen; 2. Pferderennen, die mit Einsätzen finanziert werden.

Sta|ket (das, -s, -e) (niederl.) Lattenzaun. Staketenzaun.

Stak|ka|to (*auch:* Stac|ca|to) (das, -s, -s/-ti) (germ.-ital.) durch Punkte über den Noten angezeigte Anweisung die Noten nur kurz und abgehackt zu spielen.

stak|sen (V.) (ugs.) steif gehen; stelzen. staksig.

Sta|lag|mit (der, -s/-en, -e/-en) (griech.) Tropfstein (von unten). Adjektiv: stalagmitisch.

Sta|lak|tit (der, -s/-en, -e/-en) (griech.) Tropfstein (von oben). Stalaktitengewölbe; stalaktitisch.

Sta|li|nis|mus (der, -, kein Plural) (russ.-nlat.) 1. totalitäre Diktatur Stalins; 2. Versuch den Sozialismus mit Gewaltakten umzusetzen.

Sta|lin|or|gel (die, -, -n) Raketengeschoss.

Stall (der, -s, Stäl|le) Tierbehausung. Stalllaterne (*auch:* Stall-Laterne); Stallbursche; Stalldünger; Stallfliege; Stallhase; Stallknecht; Stallmist; stallen.

Ställ|chen (das, -s, -) 1. kleiner Stall, 2. (ugs.) Kinderlaufställchen.

Stal|lung (die, -, -en) Stall.

Stamm (der, -s, Stäm|me) 1. Baumholz; 2. Familie; 3. fester Bestand; Grundstock; Stammsilbe. Stämmchen; Stammdaten; Stammesbewusstsein; Stammeskunde; Stammessen; Stammessprache; Stammform; Stammgast; Stammmannschaft (*auch:* Stamm-Mannschaft); Stammmiete (*auch:* Stamm-Miete); Stammkapital; Stammkneipe; Stammlokal; Stammpersonal; Stammsilbe; Stammspieler; Stammverwandtschaft; Stammwähler; Stammwort. Adjektive: stammbürtig; stam-

mesgeschichtlich; stammhaft; stammverwandt.
Stamm|ak|tie (die, -, -n) Aktie ohne Vorrecht auf Anteil an Reingewinn oder Liquidationserlös.
Stamm|baum (der, -s, -bäu|me) Darstellung der Abstammungsverhältnisse.
Stamm|be|leg|schaft (die, -, -en) Mannschaftskern; Festangestellte.
Stamm|buch (das, -s, -bü|cher) Buch, in das Freunde oder Gäste etwas hineinschreiben können; Gästebuch. jmdm. etwas ins Stammbuch schreiben (jmdm. eine Sache sehr deutlich machen).
Stamm|burg (die, -, -en) Hauptsitz einer Adelsfamilie.
stam|meln (V.) stottern. Stammler.
stam|men (V.) (her)kommen von; herrühren von; Kind oder Nachfahre von jmd. sein. Das Auto stammt von deiner Mutter.
Stamm|hal|ter (der, -s, -) männliches Kind, das den Familiennamen weiterträgt.
stäm|mig (Adj.) kräftig; untersetzt.
Stamm|ka|pi|tal (das, -s, kein Plural) das für die GmbH vorgeschriebene Gesellschaftskapital.
Stamm|tisch (der, -es, -e) 1. ritualisierte Kneipengesprächsrunde; 2. Tisch, an dem die Gesprächsrunde sich trifft.
Sta|mo|kap (der, -s, kein Plural) (Kurzw.) staatsmonopolistischer Kapitalismus.
Stam|perl (das, -s, -n) (südd.) Schnapsglas.
stamp|fen (V.) laut auftreten; zusammendrücken. Stampfbeton; Stampfe; Stampfer; Stampfkartoffeln.
Stand (der, -s, Stän|de) Stehen; Halt; Standort; Lage; Schicht. *Beachte:* der Stand der Dinge; einen schweren Stand haben; der dritte Stand. Das Auto ist noch gut im Stande (in gutem Zustand). Er ist dazu nicht imstande (*auch:* im Stande). etwas instand (*auch:* in Stand) halten/setzen. Wir konnten es nicht zustande (*auch:* zu Stande) bringen. das Zustandekommen; außerstande (*auch:* außer Stande) sein, etwas zu tun; dem Druck standhalten. Standbein; Standbild; Ständchen; Ständeordnung; Ständer; Standesbeamte; Standesbürde; Standesherr; Ständestaat; Standesunterschied; Ständewesen; Standfestigkeit; Standfoto; Standgas; Standlicht; Standort; Standortbestimmung; Standpauke; Standspur; Standuhr. Adjektive: standesamtlich; standesbewusst; standesgemäß; standfest; ständisch; standrechtlich; standsicher. Verb: standhalten.
Stan|dard (der, -s, -s) (engl.) Maßstab; Norm. Standardausrüstung; Standardfarbe; Standardkosten; Standardsituation; Standardsprache; Standardtanz; Standardwert.
Stan|dar|di|sie|rung (die, -, -en) (engl.) Vereinheitlichung. standardisieren.
Stan|dar|te (die, -, -n) (franz.) Fahne. Standartenträger.
Stand-by (*auch:* Standby) (engl.) 1. Flug nach Warteliste; 2. Bereitschaftsfunktion bei Fernseher, Videorekorder u. a.
Stan|des|amt (das, -(e)s, -äm|ter) Behörde zur Führung der Personenstandsbücher und zur Beurkundung von Geburten, Eheschließungen und Todesfällen.
Stan|des|dün|kel (der, -s, kein Plural) Bez. für übertriebenes Standesbewusstsein.
Stan|des|zu|ge|hö|rig|keit (die, -, -en) Zugehörigkeit zu einem gesellschaftlichen oder beruflichen Stand.
Stand|geld (das, -es, kein Plural) Platzmiete, die für einen Stand auf einer Messe oder einem Jahrmarkt gezahlt werden muss.
Stand|ge|richt (das, -s, -e) Kriegsgericht, das zur Ausübung des Standrechts zusammentritt.
stand|haft (Adj.) unerschütterlich; widerstehend.
Stand|haf|tig|keit (die, -, kein Plural) Durchhaltevermögen; Widerstandsvermögen.
stän|dig (Adj.) dauernd; immer.
Stand|ort|be|stim|mung (die, -, -en) 1. Bestimmung des Standorts; 2. Einschätzung der Lage.
Stand|punkt (der, -s, -e) 1. Ort, an dem jemand sich real aufhält; 2. Ansicht; Meinung.
Stan|ge (die, -, -n) Stock; Rohr; Mast. Stangenbohne; Stangenspargel; Stangenweißbrot; Bohnenstange; Fahnenstange; Kleiderstange; Vorhangstange.
Stän|gel (der, -s, -) Stiel. Stängelblatt; Stängelchen; langstäng(e)lig; stängellos.
stän|kern (V.) (ugs.) zanken; Unfrieden stiften. Stänkerei; Stänkerer; stänk(e)rig.
Stan|ni|ol (das, -s, -e) Silberfolie; Alufolie. Stanniolblättchen; Stanniolpapier.
Stan|num (das, -s, kein Plural) Zinn (Abk.: Sn).
stan|te pe|de (lat.) (ugs.) sofort.
Stan|ze (die, -, -n) Werkzeug; Strophenform. Stanzblech; Stanzform; Stanzmaschine; stanzen.
Sta|pel|lauf (der, -s, -läu|fe) das Zuwasserlassen eines neu erbauten Schiffes von der Helling (Schiffsbauplatz).
sta|peln (V.) aufschichten; lagern. 'Stapel; Stapelfaser; Stapelholz; Stapelung; Stapelware; Staplerfahrer; Gabelstapler.
Stap|fe (*auch:* der Stap|fen) (die, -, -n) Fußabtritt. Fußstapfen; stapfen.
Sta|phy|lo|kok|ken (die, nur Plural) (griech.) Kugelbakterien.
Stap|ler (der, -s, -) kurz für Gabelstapler.
Star 1. (der, -s, -e) Vogel; Augenkrankheit. *Beachte:* der graue/grüne Star. Starenkasten; starblind. 2. (der, -s, -s) (engl.) Berühmtheit; (Kurzw.) Starboot. Starallüren; Starbesetzung; Starbootklasse.
Star|bril|le (die, -, -n) Brille, die die entfernte Augenlinse nach einer Staroperation (grauer Star) ersetzt.
Star|figh|ter (der, -s, -) (engl.) Kampfflugzeug.
stark (Adj.) 1. kräftig; 2. mächtig; 3. zahlreich; 4. (ugs.) hervorragend. *Beachte:* das starke Geschlecht; starke Nerven haben. Er ist der Stärkste (am stärksten). Das Stärkste (am stärksten) wäre, wenn … Er will immer der Stärkere sein. das Stärkste, was … Eiweißkost soll stark machen (*auch:* starkmachen) (stärken). *Aber:* sich für etwas/jemanden starkmachen (einsetzen); stark bewachte (*auch:* starkbewachte) Gefangene. Starkbier; Stärkemehl; Stärkezucker; Starkstromleitung; Starkstromtechniker; Stärkung; Stärkungsmittel. Adjektive: starkknochig; gestärkt. Verb: stärken.

Stär¦ke (die, -, -n) 1. Dicke; Durchmesser. Das Brett hat eine Stärke von 4 mm. 2. körperliche oder seelische Kraft. Von seiner Stärke haben alle profitiert. 3. Polysaccharid, zum Beispiel in Kartoffeln und Getreide; 4. starke Seite; starke Eigenschaft.

Star¦king (der, -s, -s) (engl.) Apfelsorte.

stark¦lei¦big (Adj.) dick; kräftig.

Stark¦strom (der, -s, kein Plural) Strom mit einer Spannung über 110 Volt.

Star¦let (das, -s, -s) (engl.) Filmsternchen.

starr (Adj.) fest; steif; streng. Starrheit; Starrkopf; Starrsucht; starrköpfig; starrsinnig; starrsüchtig; starren.

Star¦re (die, -, kein Plural) das Starrsein. Leichenstarre.

Starr¦krampf (der, -s, kein Plural) Wundinfektion, verursacht durch den in der Erde lebenden Tetanusbazillus. Wundstarrkrampf; Tetanus.

Starr¦sinn (der, -s, kein Plural) Unbeugsamkeit; Unnachgiebigkeit des Geistes.

Stars and Stripes (engl.) US-Nationalfahne.

Start (der, -s, -s) (engl.) Beginn; Abflug; Anlauf. Startbahn; Startblock; Starter; Starterlaubnis; Startgeld; Starthilfekabel; Startläufer/in; Startlinie; Startnummer; Startplatz; Startschuss; Start-und-Lande-Bahn; Startverbot; Start-Ziel-Sieg; startbereit; startklar; starten.

Start¦au¦to¦ma¦tik (die, -, kein Plural) automatischer Choke zum leichteren Starten eines kalten Kfz-Motors.

Star¦ter¦klap¦pe (die, -, -n) Klappe im Vergaser, die durch den Choke betätigt wird.

Start¦hil¦fe (die, -, -n) 1. (meist finanzielle) Hilfe am Anfang eines Unternehmens; 2. Rakete, die den Start eines Flugkörpers zusätzlich beschleunigt; 3. Verkabelung einer funktionsfähigen mit einer entladenen Batterie, damit ein Fahrzeug anspringt.

Start¦kom¦man¦do (das, -s, -s) Startbefehl.

Start¦loch (das, -s, -lö¦cher) 1. beim Sport Vertiefung im Boden zum leichteren Start der Läufer (früher); 2. aufgeregte Erwartungshaltung. Wir sitzen seit Stunden in den Startlöchern (wir können es kaum mehr erwarten).

Start¦ma¦schi¦ne (die, -, -n) Starter.

Start¦ram¦pe (die, -, -n) Startvorrichtung.

Sta¦se (die, -, -n) (griech.) Blutstauung.

Sta¦si (Abk.) **Sta**atssicherheitsdienst in der ehemaligen DDR.

State De¦part¦ment (das, - -, kein Plural) (engl.) amerikanisches Außenministerium.

State¦ment (das, -s, -s) (engl.) (offizielle) Erklärung.

Sta¦tik (die, -, kein Plural) (griech.) 1. Kräftelehre; 2. Ruhe. statisch.

Sta¦ti¦ker (der, -s, -) Fachmann für Statik.

Sta¦tik¦gurt (der, -s, -e) Automatikgurt.

Sta¦ti¦on (die, -, -ti¦o¦nen) (lat.) 1. Haltestelle; 2. Abteilung (Krankenhaus); Abschnitt. *Beachte:* kurz Station machen. Stationierung; Stationierungskosten; Stationsarzt; Stationsschwester; Stationsvorsteher; stationiert; stationieren.

sta¦ti¦o¦när (Adj.) (lat.) gleichbleibend; ortsfest.

Sta¦ti¦o¦nie¦rung (die, -, -en) Aufstellung; Zuweisung eines bestimmten Standorts. Die Stationierung von Truppenverbänden wurde angekündigt.

Sta¦tist (der, -en, -tis¦ten) (lat.) Nebenfigur mit stummer Rolle (Theater). Statisterie.

Sta¦tis¦ten¦rol¦le (die, -, -n) Theater- oder Filmrolle ohne Text.

Sta¦tis¦ten¦da¦sein (das, -s, kein Plural) 1. Beruf als Statist; 2. Leben als Nebenfigur.

Sta¦tis¦tik 1. (die, -, -en) (lat.) grafische oder tabellarische Darstellung von Ergebnissen einer statistischen Untersuchung; 2. (die, -, kein Plural) (lat.) zahlenmäßige und strukturelle Untersuchung von Massenerscheinungen.

sta¦tis¦tisch (Adj.) (lat.) zahlenmäßig. Statistiker.

Sta¦tiv (das, -s, -e) Gestell.

Sta¦to¦lith (der, -en/-s, -en/-e) (griech.) Gehörsteinchen.

Sta¦to¦s¦kop (das, -s, -e) Messgerät für Höhendifferenzen beim Flug.

statt 1. (Präp., Gen.) anstelle von. *Beachte:* statt deiner kommen; statt einer Entschuldigung; statt eines Huts (*falsch:* einem Hut!). 2. (Konj.) anstatt. Er schlief(,) statt dass er uns half. Er schlief statt zu helfen. Er wollte lieber schlafen statt helfen. an Eides statt; jemanden an Kindes statt annehmen; an seiner statt; stattdessen. Die Sache wird nur schwer vonstatten gehen/zustatten kommen. Statthalter (*falsch:* Stadthalter!); stattfinden; stattgeben.

Stät¦te (die, -, -n) Ort.

statt¦haft (Adj.) zulässig; erlaubt. Statthaftigkeit.

statt¦lich (Adj.) groß; ansehnlich. Stattlichkeit.

Sta¦tue (die, -, -n) (lat.) Standbild.

sta¦tu¦en¦haft (Adj.) wie eine Statue.

Sta¦tu¦et¦te (die, -, -n) (lat.-franz.) kleine Statue.

sta¦tu¦ie¦ren (V.) (lat.) bestimmen; aufstellen. ein Exempel statuieren.

Sta¦tur (die, -, -en) (lat.) Gestalt; Körperwuchs.

Sta¦tus (der, -, -) (lat.) Situation; Stellung; Rechtszustand; Status quo (gegenwärtige Lage).

Sta¦tus¦sym¦bol (das, -s, -e) Gegenstand, der einen gehobenen Status seines Besitzers symbolisiert.

Sta¦tut (das, -s, -en) (lat.) Gesetz. Statutenänderung; Statutenaufstellung; statutarisch; statutengemäß; statutenwidrig.

sta¦tu¦ta¦risch (Adj.) durch das Statut abgedeckt; satzungs-, ordnungsgemäß.

Stau (der, -s, -s/-e) Stockung; Ansammlung. Stauanlage; Staubecken; Stauberater; Staumauer; Stauraum; Stausee; Staustufe; Stauung; Stauwehr; Stauwerk; stauen; im Stau stecken.

Staub (der, -s, -e/Stäu¦be) Luftpartikelchen; Schmutz. Staubbesen; Staubbeutel; Stäubchen; Staubexplosion; Staublawine; Staubsauger; Staubtuch; Staubwedel; staubdicht; staubfrei; staubig; stauben; stäuben.

staub¦be¦deckt (Adj.) eingestaubt; verstaubt.

Staub¦fän¦ger (der, -s, -) (ugs.) unnützer, rein dekorativer Gegenstand, der leicht verstaubt. Der ganze Schrank ist voll mit Staubfängern!

Staub¦ge¦fäß (das, -es, -e) Blütenbestandteil, der die Pollen (Blütenstaub) liefert; Staubblatt.

Staub|korn (das, -s, -kör|ner) das einzelne, winzige Staubteilchen.
Staub|lun|ge (die, -, -n) durch Einatmung von Kohlen-, Eisen-, Kalk- oder Tabakpartikeln Verstaubung bis hin zu narbiger Schrumpfung und Zellwucherung der Lunge.
Staub|man|tel (der, -s, -män|tel) leichter Sommermantel, der vor Staub schützt.
staub|sau|gen (*auch:* Staub sau|gen) (ich staubsauge, *auch:* ich sauge Staub) mit dem Staubsauger Schmutz entfernen.
Staub|sau|ger (der, -s, -) Gerät zum Staub- und Schmutzentfernen.
Staub|wol|ke (die, -, -n) Wolke aus aufgewirbeltem, fein verteiltem Staub.
Staub|zu|cker (der, -s, kein Plural) Puderzucker.
stau|chen (V.) 1. quetschen; 2. (ugs.) schimpfen. jemanden zusammenstauchen (ugs.) (ausschimpfen).
Stau|damm (der, -s, -däm|me) künstliche Absperrung eines Wasserlaufs durch Dämme aus Steinen oder Erde.
Stau|de (die, -, -n) Busch; Salatkopf. Staudengewächs; Staudensalat; staudenartig.
stau|nen (V.) sich wundern; bewundern.
Stau|nen (das, -s, kein Plural) Bewunderung; das Wundern. seine Ausdauer ist staunenerregend (*auch:* Staunen erregend); staunenswert.
Stau|pe (die, -, -n) Hundekrankheit.
Stau|see (der, -s, -n) durch Stauen von Wasser künstlich angelegter See.
Std. (*auch:* St.) (Abk.) **St**un**d**e.
Steak (das, -s, -s) (engl.) Fleisch.
Ste|a|rin (das, -s, -e) (griech.) Fettstoff. Stearinkerze; Stearinsäure.
Ste|a|tit (der, -s, -e) (griech.) Speckstein.
Ste|a|to|py|gie (die, -, kein Plural) (griech.) Fettsteiß.
Stech|ap|fel (der, -s, -äp|fel) giftiges Nachtschattengewächs, das als Medikament genutzt wird; Datura.
ste|chen (V., stach, hat gestochen; ich steche, du stichst) bohren; spitz sein; gravieren; übertreffen. *Beachte:* Die Biene hat ihr/sie in den Finger gestochen. Ihr Schmuck stach ihm in die Augen (fiel ihm auf). Stechen; Stechfliege; Stechkarte; Stechmücke; Kupferstecher.
Stech|pal|me (die, -, -n) immergrüner Strauch oder Baum mit gezackten Blättern und roten, beerenartigen Früchten; Ilex.
Stech|schritt (der, -s, kein Plural) militärischer Paradeschritt, bei dem das Bein bei jedem Schritt gestreckt hochgerissen wird.
Stech|uhr (die, -, -en) Gerät zur Anwesenheits- und Arbeitszeitkontrolle, das die Stechkarten der Angestellten durch Stempeln datiert.
ste|cken 1. (V., steckte/stak, hat gesteckt) festsitzen; festhängen. Das Auto steckte/stak im Schnee fest. 2. (V., steckte, hat gesteckt) befestigen; hineinbringen. Er steckte ihr den Ring an. Stecker; Steckkontakt; Stecknadel; Steckschach; Steckschlüssel; Steckschwamm; Steckzwiebel; stecken bleiben/lassen (*bei übertragener Bedeutung auch:* steckenbleiben/ steckenlassen).
Steck|brief (der, -s, -e) öffentlich ausgehängte Abbildung oder Beschreibung eines flüchtigen Verbrechers.
Steck|do|se (die, -, -n) Einsteckvorrichtung zum Anschluss elektrischer Geräte an das Stromnetz.
Ste|cken (der, -s, -) Stock.
Ste|cken|pferd (das, -s, -e) Hobby.
Steck|ling (der, -s, -e) abgetrennter Teil einer Pflanze, der durch vegetative Vermehrung, d. h. durch Bildung von Sprossen und Wurzeln, zu einer neuen Pflanze heranwächst.
Steck|na|del|kis|sen (das, -s, -) Stoffkugel, in die man Stecknadeln stecken kann.
Stee|p|le|chase (die, -, -n) (engl.) Pferderennen. Steepler.
Steg (der, -s, -e) 1. kleine Brücke; 2. Verbindungsstück; 3. Leiste (Musikinstrument); 4. Bund.
Ste|g|o|don (der, -s, -don|ten) (griech.) ein fossiler Elefant.
Steg|reif (der) (*nur in der Wendung:*) aus dem Stegreif (unvorbereitet). Stegreifdichter; Stegreifkomödie; Stegreifspiel.
Steh|aus|schank (der, -s, -schän|ke) Wirtshaus, in dem man im Stehen trinkt.
ste|hen (V., stand, hat/ist gestanden) 1. aufgerichtet sein; 2. bestehen; 3. stocken; 4. sich befinden; 5. passen; 6. eine Vorliebe haben für. *Beachte:* etwas zum Stehen bringen. Ich werde alles in meiner Macht Stehende tun. im Stehen schlafen. Das Stehen macht mir nichts. zum Stehen kommen. *Aber:* Das wird dich teuer zu stehen kommen. stehen bleiben (*bei übertragener Bedeutung auch:* stehenbleiben); stehen lassen (*bei übertragener Bedeutung auch:* stehenlassen); den alten Mann stehen lassen (nicht sitzen lassen); das Essen stehen lassen (*auch:* stehenlassen). Er steht auf dunkelhaarige Frauen. Stehbündchen; Stehempfang; Stehgeiger; Stehkragen; Stehlampe; Stehplatz; Stehpult; stehend; stehenden Fußes.
Steh|auf|männ|chen (das, -s, -) 1. Kinderspielzeug; Puppe mit kugelförmigem Unterleib, die nicht umfallen kann; 2. (ugs.) jmd., der sich nicht unterkriegen lässt und nach jeder Niederlage schnell wieder aufsteht.
Ste|her|ren|nen (das, -s, -) Langstreckenradrennen für Steher.
steh|len (V., stahl, hat gestohlen) heimlich entwenden. *Beachte:* sich aus dem Zimmer stehlen (heimlich weggehen). Stehler; Stehltrieb; Stehlsucht.
Steh|ver|mö|gen (das, -s, kein Plural) hohe Belastbarkeit in anstrengenden, aufreibenden Situationen.
Stei|er|mark (ohne Art., -s, kein Plural) Bundesland (österr.).
steif (Adj.) starr; fest; gezwungen; förmlich. *Beachte:* Eiweiß steif schlagen (*auch:* steifschlagen); wenn einem die Finger steif werden. die Ohren steifhalten (ausharren). Steife; Steifleinen; Steifung; Versteifung; steifbeinig; steifleinen.
Steif|heit (die, -, kein Plural) körperliches oder wesensmäßiges Steifsein.
stei|gen (V., stieg, ist gestiegen) hochgehen; hochklettern. Steig; Steiger; Steigfähigkeit; Steigleiter; Steigriemen; Steigübung; Steigwachs.
Steig|bü|gel (der, -s, -) 1. Metallbügel als Fußstütze des Reiters; 2. Gehörknöchelchen des Mittelohrs.
Steig|ei|sen (das, -s, -) Klettereisen für das Besteigen von hölzernen Leitungsmasten oder vereisten Bergwänden.
Stei|ger (der, -s, -) auf einer Bergbauschule ausgebildeter Bergmann oder Gruppenführer.

stei|gern (V.) erhöhen; verbessern; intensivieren; ersteigern; Adjektive in die Steigerungsstufen (Komparativ, Superlativ) setzen. Steigerer; Steigerungsstufe.
Stei|ge|rung (die, -, -en) 1. Komparation von Adjektiven; 2. Vergrößerung; Verstärkung. Eine Steigerung der Leistungsfähigkeit ist fast nicht mehr vorstellbar.
Stei|ge|rungs|ra|te (die, -, -n) prozentuale Angabe eines Zuwachses.
steil (Adj.) abschüssig; hoch. Steilabfahrt; Steile; Steilfeuergeschütz; Steilhang; Steilheit; Steilkurve; Steilküste; Steilufer; Steilwand; Steilwandzelt.
Steil|pass (der, -es, -päs|se) beim Fußball hoch und weit geschossener Ball.
Stein (der, -s, -e) 1. Fels; 2. Kiesel; 3. Baustoff; 4. Kern; 5. (Kurzw.) Grabstein; Schmuckstein; Spielstein. *Beachte:* über Stock und Stein. Steinadler; Steinbank; Steinblock; Steinbock; Steinboden; Steinbohrer; Steinbruch; Steinfliese; Steingarten; Steinhauer; Steinkohle; Steinkohlenförderung; Steinkohlenindustrie; Steinkohlenzeche; Steinmetz; Steinobst; Steinschlag; Steinschleuder; Steinwüste; Steinzeitmensch. Adjektive: steinalt; steinern; steinhart; steinig; steinzeitlich. Verb: steinigen.
Stein|ei|che (die, -, -n) immergrüner, charakteristischer Baum des Mittelmeergebietes.
Stein|er|wei|chen (das) (nur in den Wendungen:) zum Steinerweichen jammern/klagen/ weinen. Sie weinte zum Steinerweichen (sehr heftig).
Stein|frucht (die, -, -früch|te) fleischige, saftige Frucht mit hartem Stein oder Steinkern, wie zum Beispiel Aprikose, Kirsche, Pfirsich und Pflaume.
Stein|gut (das, -s, kein Plural) keramischer Werkstoff zur Herstellung von Geschirr, Fliesen und Sanitärartikeln.
Stei|ni|gung (die, -, -en) Tötung durch Steinwürfe (Hinrichtungsart in der Antike).
stein|reich (Adj.) 1. sehr reich. ein steinreicher Mann. 2. reich an Steinen. ein steinreiches Gelände.
Stein|wurf (der, -s, -wür|fe) 1. Wurf eines Steins; 2. Entfernungsangabe.
Stein|zeit (die, -, kein Plural) Zeitstufe der Vorgeschichte, in der Metall noch nicht entdeckt war.
Steiß (der, -es, -e) Knochen. Steißbein; Steißlage.
Ste|le (die, -, -n) (griech.) Säule.
Stel|la|ge (die, -, -n) Regal; Gestell.
Stel|la|ge|ge|schäft (das, -s, -e) Börsentermingeschäft.
Stel|le (die, -, -n) 1. Ort; 2. Arbeitsplatz. *Beachte:* anstelle (*auch:* an Stelle) (mit Genitiv!). Ich komme anstelle (*auch:* an Stelle) meiner Schwester. *Aber:* an die Stelle meiner Schwester bin ich getreten; schnell zur Stelle sein; an erster Stelle sein; Stellung nehmen. Stelldichein; Stellenbesetzung; Stellengesuch; Stellenlosigkeit; Stellenvermittlung; Stellfläche; Stellplan; Stellprobe; Stellschraube; Stellung; Stellungslose; Stellungsspiel; Stellung(s)suchende; Stellvertreter; Stellwand. Adjektive: stellenlos; dreistellig (3-stellig); stellungslos; stellung(s)suchend; stellvertretend; stellen.
Stel|len|wert (der, -s, kein Plural) Bedeutung, die einer Sache an einer bestimmten Stelle zukommt. Die Kundenzufriedenheit hat hier einen hohen Stellenwert.
Stel|le|ra|tor (der, -s, -en) (engl.) Versuchsgerät zur Erzeugung von Kernverschmelzungen.
Stel|lung|nah|me (die, -, -n) (öffentliche) Erklärung zu einem Geschehen.
Stel|lungs|krieg (der, -s, -e) Kampfform, bei der sich die Infanteristen der Armeen aus Schützengräben heraus bekämpfen.
Stell|werk (das, -s, -e) Zentralstelle für mechanische oder elektronische Betätigung von Weichen und Signalen im Eisenbahnverkehr.
Stel|ze (die, -, -n) Stange. Stelzenläufer; Stelzfuß; stelzig; stelzen.
Stem|ma (das, -s, -ma|ta) (griech.) 1. Stammbaum; 2. grafisches Schema zur Verdeutlichung der Beziehungen innerhalb eines Satzes (in der Linguistik); 3. Verwandtschaft unterschiedlicher literarischer Handschriftenfassungen (in der Textkritik).
stem|ma|lo|gisch (Adj.) (griech.-lat.) Stammbaumuntersuchungen betreffend.
stem|men (V.) drücken; widersetzen. Stemmeisen; Stemmmeißel (*auch:* Stemm-Meißel).
Stemm|bo|gen (der, -s, -bö|gen) im Skisport Art der Richtungsänderung bei langsamer Fahrt.
Stem|pel (der, -s, -) 1. kleines Handdruckgerät mit Gummi- oder Kunststofftypen, die in Stempelfarbe getaucht werden; 2. kurzes, tragendes Rundholz; 3. Bez. für die weiblichen Geschlechtsorgane von Samenpflanzen, bestehend aus Fruchtknoten, Griffel und Narbe.
Stem|pel|far|be (die, -, -n) Farbe für Stempel.
Stem|pel|geld (das, -(e)s, -gel|der) (ugs.) ältere Bezeichnung für Arbeitslosenunterstützung; Stütze.
stem|peln (V.) 1. prägen; 2. Arbeitslosenunterstützung bekommen; 3. kennzeichnen. Stempelkissen; Stemp(e)lung.
Ste|no 1. (die, -, kein Plural) (Kurzw.) (ugs.) Stenografie (*auch:* Stenographie); 2. (das, -s, -s) (Kurzw.) (ugs.) Stenogramm. Stenoblock; Stenogrammblock; Stenograf/in (*auch:* Stenograph/in); Stenokontoristin; Stenotypist/in; stenografieren (*auch:* stenographieren); stenotypieren.
ste|n|ök (Adj.) (griech.) mit eingeschränkten, ganz speziellen Lebensraumansprüchen.
Ste|no|kar|die (die, -, -n) (griech.) Herzbeklemmung.
Ste|no|kon|to|ris|tin (die, -, -nen) Büroangestellte, die Stenografie und alle anderen anfallenden Büroarbeiten beherrscht.
ste|no|phag (Adj.) (griech.) auf ganz spezielle Nahrung angewiesen (z. B. der Koalabär).
Ste|no|se (die, -, -n) (griech.) Einengung von Körperkanälen, -strömungsbahnen.
ste|no|therm (Adj.) (griech.) empfindlich auf Temperaturschwankungen reagierend (z. B. bestimmte Fischarten, Tropenpflanzen).
Ste|no|tho|rax (der, -/-es, -e) enger Brustkorb (Med.).
Sten|tor|stim|me (die, -, -n) laute, gewaltige Stimme.
Stenz (der, -es, -e) Dandy.
Stepp (der, -s, -s) (engl.) Tanz. Stepper/in; Steppschritt; Stepptanz; Stepptänzer/in; steppen.

Stepp|ano|rak (der, -s, -s) gesteppter Anorak.

Stepp|de|cke (die, -, -n) gefüllte und abgesteppte Bettdecke.

Step|pe (die, -, -n) (russ.) Grasland. Steppenfuchs; Steppengras.

Stepp|ei|sen (das, -s, -) Stahlbeschläge für Steppschuhe.

step|pen (V.) 1. nähen; 2. Stepp tanzen. Stepperei; Steppnaht; Steppstich.

Step|pen|fuchs (der, -es, -füch|se) Fuchsart der zentralasiatischen Steppe; Korsak.

Step|pen|wolf (der, -s, -wöl|fe) Präriewolf, Kojote.

Stepp|ja|cke (die, -, -n) gesteppte Jacke.

Stepp|ke (der, -, -s) (ugs.) kleiner Junge.

Ste|ra|di|ant (der, -en, -en) (griech.; lat.) Einheit des Raumwinkels.

Ster|be|al|ter (das, -s, -) Alter zum Zeitpunkt des Sterbens.

Ster|be|buch (das, -s, -bü|cher) Sterberegister.

Ster|be|da|tum (das, -s, -ten) Todesdatum.

Ster|be|geld (das, -s, -er) Versicherungsleistung im Todesfall.

Ster|be|glo|cke (die, -, -n) Kirchenglocke, die im Fall des Todes eines Gemeindemitglieds geläutet wird.

Ster|be|hemd (das, -s, -en) Bekleidung eines Leichnams in der Art eines Nachthemds.

Ster|be|hil|fe (die, -, kein Plural) aktive oder passive Unterstützung eines Menschen, der sterben will; Euthanasie.

Ster|be|kas|se (die, -, -n) Pensionskasse.

Ster|be|la|ger (das, -s, -) Sterbebett. Er warf sich aufs Sterbelager.

Ster|be|mo|nat (der, -s, -e) Monat, in dem jmd. stirbt.

ster|ben (V., starb, ist gestorben) ableben; verlöschen. *Beachte:* eines natürlichen Todes sterben; im Sterben liegen. Das war zum Sterben langweilig. der Sterbende. Sterbebett; Sterbefall; Sterben; Sterbensangst. Sag kein Sterbenswörtchen davon. Sterbesakramente; Sterbestunde; Sterbliche; Sterblichkeitsrate. Adjektive: sterbenselend; sterbenskrank; sterbenslangweilig; sterblich.

ster|bens|matt (Adj.) total erschöpft.

Ster|be|ur|kun|de (die, -, -n) Dokument, das den Tod eines Menschen bescheinigt.

Ster|be|zim|mer (das, -s, -) Raum für Patienten, die im Sterben liegen.

Ste|reo (das, -s, -s) (Kurzw.) Stereofonie; Stereotypplatte. Stereoanlage; Stereoempfang; Stereolautsprecher; Stereoplatte; Stereosendung; Stereoton.

Ste|reo|akus|tik (die, -, kein Plural) Wissenschaft vom räumlichen Hören.

Ste|reo|auf|nah|me (die, -, -n) Aufzeichnung in Stereoton oder Film.

Ste|reo|bild (das, -s, -er) dreidimensionales Bild.

Ste|reo|box (die, -, -en) Lautsprecher.

Ste|reo|film (der, -s, -e) dreidimensionaler Film.

Ste|reo|fo|nie (*auch:* Ste|reo|pho|nie) (die, -, kein Plural) (griech.) Raumklang über zwei Kanäle. Adjektive: stereofon (*auch:* stereophon); stereofonisch (*auch:* stereophonisch).

Ste|reo|fo|to|gra|fie (*auch:* -pho|to|gra|phie) (die, -, -n) (griech.) Raumbildfoto.

Ste|reo|ge|rät (das, -s, -e) stereotaugliches Gerät.

Ste|reo|g|no|sie (die, -, -n) Fähigkeit, Gegenstände nur mit dem Tastsinn zu erkennen.

Ste|reo|ka|me|ra (die, -, -s) Kamera für dreidimensionale Bilder.

Ste|reo|me|t|rie (die, -, -n) (griech.) Körpermessung (Geometrie). Stereometer; stereometrisch.

Ste|reo|s|ko|pie (die, -, kein Plural) (griech.) Raumbildtechnik. Stereoskop; stereoskopisch.

ste|reo|typ (Adj.) (griech.) eintönig; unveränderlich. Stereotypdruck; Stereotypplatte; stereotypieren.

Ste|reo|typ (das, -s, -e) (griech.) in der Psychiatrie erstarrte Form des Ausdrucksverhaltens, das ohne Bezug zur Außenwelt zwanghaft wiederholt wird.

Ste|reo|ty|pie (die, -, -en) 1. Verfahren zur Abformung und Vervielfältigung von Schriftsatz oder Druckstöcken; 2. in der Psychiatrie Wiederholung stets gleicher Haltungen, Bewegungen, sprachlicher u.a. Äußerungen.

ste|ril (Adj.) (lat.) keimfrei; unfruchtbar. Sterilisierapparat; Sterilisierung.

Ste|ri|li|sa|ti|on (die, -, -en) (lat.) 1. Entkeimung, zum Beispiel von Operationswerkzeugen; 2. Unfruchtbarmachung.

Ste|ri|li|sa|tor (der, -s, -to|ren) Apparat zum Sterilisieren, Keimfreimachen.

Ste|ri|li|tät (die, -, kein Plural) (lat.) 1. Keimfreiheit; 2. Unfruchtbarkeit.

Ste|rin (das, -s, -e) (griech.) eine Zellsubstanz; Kohlenwasserstoff (z. B. Cholesterin).

Ster|ling (der, -s, -e) (engl.) Währung (Großbritannien). Pfund Sterling (Abk.: £; £Stg).

Stern (der, -s, -e) Himmelskörper. Sterndeutung; Sternenbanner; Sternenhimmel; Sternenlicht; Sternenzeit; Sternforschung; Sterngucker; Sternkunde; Sternsingen; Sternsystem; Sternwarte; Sternzeichen; sternenhell; stern(en)klar; sternenlos; sternförmig; sternkundig.

ster|nal (Adj.) zum Sternum gehörig.

stern|be|deckt (Adj.) voller Sterne. ein sternbedeckter Himmel.

Stern|bild (das, -s, -bil|der) Sternformation, die als Bild interpretiert wird.

Stern|chen (das, -s, -) 1. kleiner Stern; 2. Nachwuchskünstlerin.

Stern|deu|ter (der, -s, -) Astrologe.

Stern|deu|tung (die, -, kein Plural) Lehre, nach der die Grundzüge des menschlichen Schicksals in Entsprechung zum Lauf und zur gegenseitigen Stellung der Gestirne stehen; Astrologie.

Ster|nen|fahrt (die, -, -en) Fahrt zu den Sternen.

Ster|nen|ge|wöl|be (das, -s, -) gewölbte Decke, die mit Sternen verziert ist; sternbedeckter Himmel.

Ster|nen|glanz (der, -es, kein Plural) Leuchten der Sterne. Der Himmel erstrahlte im Sternenglanz.

Ster|nen|kon|s|tel|la|ti|on (die, -, -ti|o|nen) Stellung der Sterne in Bezug zueinander.

Ster|nen|kreu|zung (die, -, -en) Straßenkreuzung mit mehreren aufeinandertreffenden Straßen.

Ster|nen|schein (der, -s, kein Plural) Sternenglanz.

Stern|fahrt (die, -, -en) Rennen, bei dem die Teilnehmer von verschiedenen Punkten aus starten.

Stern|form (die, -, -en) sternenförmige Vorlage, Umriss (z. B. als Backvorlage).
Stern|for|scher (der, -s, -) Astronom.
stern|ha|gel|blau (Adj.) schwer betrunken; sternhagelvoll.
Stern|hau|fen (der, -s, -) Anhäufung von Sternen.
Stern|marsch (der, -es, -e) Demonstrationszug.
Stern|schnup|pe (die, -, -n) Lichterscheinung, die beim Eintritt von Meteoriten in der Erdatmosphäre entsteht; Meteor.
Stern|stun|de (die, -, -n) besonders günstige Stunde für jemanden oder etwas. Das war eine Sternstunde der Raumfahrt.
Stern|ta|ler (der, -s, -) Geld aus dem Nichts; Goldstücke, die vom Himmel fallen (nach einem Märchen der Gebrüder Grimm).
Ster|num (das, -s, Ster|na) (griech.-lat.) Brustbein.
Stern|zeit (die, -, -en) Zeitangabe.
Ste|ro|id (das, -s, -e) (griech.) eine organische Verbindung; Sterinabkömmling (z. B. viele Hormone).
Ster|tor (der, -s, kein Plural) (lat.) röchelndes Atmen.
Sterz (der, -es, -e) Schwanzende.
stet (Adj.) ständig. Stete; stetig; stets.
Stet|heit (die, -, kein Plural) alte Bez. für Stetigkeit.
Ste|tho|s|kop (das, -s, -e) (griech.) Abhorchgerät.
Ste|tig|keit (die, -, kein Plural) 1. Beständigkeit; Durchgängigkeit. Die Stetigkeit der gymnastischen Übungen ist das A und O. 2. Eigenschaft stetiger Funktionen in der mathematischen Analysis.
stets (Adv.) immer.
Stet|son (der, -s, -s) (amerik.) bestimmte Hutform; breitkrempiger Filzhut; Cowboyhut.
Steu|er 1. (die, -, -n) Abgabe. Steuerabzug; Steueraufkommen; Steuerbehörde; Steuerberater; Steuerbescheid; Steuerbilanz; Steuererleichterung; Steuerfahndung; Steuergelder; Steuergesetz; Steuerkarte; Steuerklasse; Steuermessbetrag; Steueroase; Steuerpolitik; Steuerprogression; Steuerprüfer; Steuerreform; Steuersenkung; Steuertabelle; Steuerveranlagung; Steuervergünstigung; Steuervorauszahlung; Steuerzahler. Adjektive: steuerbegünstigt; steuerfrei; steuerpflichtig; steuervergünstigt. 2. (das, -s, -) Lenkung. Steuerbord; Steuergerät; Steuerknüppel; Steuermann; Steuerpult; Steuerrad; Steuerruder; Steuerung; Steuerventil; Steuervorrichtung. Adjektive: steuerbar; steuerbord(s); steuerlos. Verb: steuern.
Steu|er|be|trug (der, -s, kein Plural) Steuervergehen.
Steu|er|be|voll|mäch|tig|te (der, -n, -n) Steuerbeauftragter.
Steu|er|ein|neh|mer (der, -s, -) (früher) Steuereintreiber.
Steu|er|ein|trei|ber (der, -s, -) Beauftragter des Grundherrn, der die Steuern bei den zinspflichtigen Untertanen einsammelt (früher).
Steu|er|er|hö|hung (die, -, -en) Erhöhung des Steuersatzes.
Steu|er|er|klä|rung (die, -, -en) formalisierte Erklärung über steuerlich bedeutsame Vorgänge, nach der die Steuer festgesetzt wird.
Steu|er|er|lass (der, -las|ses, -las|se) 1. Erhebung einer Steuer; 2. das Erlassen einer Steuer; Steuerbefreiung.
Steu|er|er|stat|tung (die, -, -en) das Erlassen einer Steuer.
Steu|er|flucht (die, -, -en) Umgehung der Steuern durch Auslagerung von Geldern ins Ausland; Steuerumgehung.
Steu|er|frei|heit (die, -, -en) Steuererstattung. Steuerfreiheit genießen.
Steu|er|hin|ter|zie|hung (die, -, -en) absichtliches Verhindern der korrekten Festsetzung der Steuer zum eigenen Vorteil.
Steu|er|ho|heit (die, -, -en) alleiniges Recht, Steuern zu erlassen.
Steu|er|jahr (das, -s, -e) Zeitraum, für den Steuern zu entrichten sind.
Steu|er|manns|pa|tent (das, -s, -e) Zertifikat eines ausgebildeten Steuermanns.
Steu|er|mar|ke (die, -, -n) Banderole.
Steu|er|mo|ral (die, -, kein Plural) Bereitschaft, die Steuern zu bezahlen.
Steu|er|pa|ra|dies (das, -es, -e) Staat, der geringe oder keine Steuern verlangt.
Steu|er|pflicht (die, -, -en) Verpflichtung, Steuern zu zahlen.
Steu|er|pflich|ti|ge (der/die, -n, -n) jmd., der steuerpflichtig ist.
steu|er|po|li|tisch (Adj.) die Steuerpolitik betreffend.
Steu|er|prü|fung (die, -, -en) Überprüfung der Steuererklärung.
Steu|er|recht (das, -es, -e) geltendes Recht für das Steuerwesen.
steu|er|recht|lich (Adj.) das Steuerrecht betreffend.
Steu|er|schrau|be (die, -, -n) (in der Wendung:) die Steuerschraube anziehen (die Steuern erhöhen).
Steu|er|schuld (die, -, kein Plural) versäumte Steuerzahlung.
Steu|er|über|wäl|zung (die, -, -en) Verschiebung einer Steuerbelastung.
Steu|er|um|ge|hung (die, -, -en) Missbrauch von unbeabsichtigten Steuerlücken.
Steu|er|ver|ge|hen (das, -s, -) Zuwiderhandlung gegen das Steuergesetz.
Steu|er|ver|mei|dung (die, -, -en) Steuerminderung.
Steu|er|vor|teil (der, -s, -e) günstiger Steuersatz.
Steu|er|zei|chen (das, -s, -) 1. Banderole; 2. Steuercode (EDV).
Ste|ven (der, -s, -) Begrenzung des Schiffskörpers.
Ste|war|dess (die, -, -des|sen) (engl.) Flugzeugbegleiterin. Steward.
StGB (Abk.) **St**raf**g**esetz**b**uch.
Sthe|nie (die, -, kein Plural) (griech.) Kraftfülle.
sthe|nisch (Adj.) (griech.) kraftvoll.
sti|bit|zen (V.) (ugs.) stehlen.
Stich (der, -s, -e) 1. Einstechen; 2. Verletzung; 3. Schmerz; 4. Kupferstich; 5. (ohne Plural) beginnender Übergang von einem Zustand in einen anderen. Blaustich; Wurmstich. *Beachte:* Du hast wohl einen Stich (ugs.: bist wohl verrückt). jemanden im Stich lassen. Seine Argumentation hält Stich (ist stichhaltig). Er sammelt alte Stiche. Die Fotografie hat einen leichten Stich ins Rötliche. Stichbalken; Stichbogen; Stichel; Stichelhaar; Stichflamme; Stichhaltigkeit; Stichkampf; Stichpunkt; Stichsäge; Stichwaffe; Stichwahl; Stichwunde. Adjektive: stichelhaarig; hieb- und stichfest; stichhaltig; wurmstichig; stichprobenweise.

sti|cheln (V.) hetzen; boshaft sein. Stichelei.
Stich|fra|ge (die, -, -n) Frage, deren Beantwortung eine Entscheidung bei Kandidatengleichstand in einem Quiz herbeiführen soll.
sti|chig (Adj.) einen Stich von etwas habend. Die Milch hat einen Stich (ist säuerlich).
Stich|ling (der, -s, -e) Fisch.
Stich|pro|be (die, -, -n) nach einem bestimmten Auswahlverfahren zustande gekommene Teilmenge einer Masse, die diese als statistisch wahrscheinlich vertritt.
Stich|tag (der, -s, -e) maßgeblicher Termin für eine statistische Erhebung, zum Beispiel für die Abgabe der Steuererklärung.
Stich|wort 1. (das, -s, -wör|ter) in Nachschlagewerken hervorgehobenes Wort, das erklärt wird; 2. (das, -s, -e) bei Theateraufführungen ein bestimmtes Wort, auf das hin ein Schauspieler auftreten muss; 3 (das, -s, meist Plural) Merkwort. Ich habe mir Stichworte notiert. Stichwortverzeichnis.
sti|cken (V.) nähen; verzieren. Stickerei; Stickerin; Stickgarn; Stickmuster; Stickrahmen.
Sti|cker (der, -s, -) (engl.) Anstecker.
sti|ckig (Adj.) schwer zum Atmen; dumpf. Stickhusten; Stickluft; stickendheiß.
Stick|na|del (die, -, -n) Nadel für das Sticken.
Stick|oxid (*auch:* Stick|oxyd) (das, -s, -e) Stickstoffverbindung.
Stick|sei|de (die, -, kein Plural) Seide, die bestickt werden kann.
Stick|stoff (der, -s, kein Plural) chemischer Stoff (Abk.: N). Stickstoffbakterium; Stickstoffdünger; Stickstoffwasserstoffsäure (HN3); stickstofffrei; stickstoffhaltig.
stie|ben (V., stob, hat/ist gestoben) sprühen; sich schnell bewegen.
Stie|fel (der, -s, -) Schuh. Stiefelchen; Stiefelette; Stiefelschaft; stiefeln.
Stie|fel|knecht (der, -s, -e) Stiefelausziehhilfe.
Stie|fel|wich|se (die, -, -n) Schuhcreme.
Stief|kind (das, -s, -er) 1. Kind aus einer anderen Ehe des Partners; 2. vernachlässigte Sache. Stiefbruder; Stiefeltern; Stiefgeschwister; Stiefmutter; Stiefschwester; Stiefsohn; Stieftochter; Stiefvater.
stief|müt|terlich (Adj.) vernachlässigend. Er hat die Zahnpflege stiefmütterlich behandelt.
Stie|ge (die, -, -n) Treppe. Stiegenhaus.
Stieg|litz (der, -es, -e) Vogel.
Stiel (der, -s, -e) Griff; Stängel. (*Aber:* der Stil!) *Beachte:* etwas mit Stumpf und Stiel (völlig) ausrotten. Stielauge; Stielbesen; Besenstiel; langstielig; stiellos (*aber:* stillos!).
Stier (der, -s, -e) Bulle. Stiersucht.
stie|ren (V.) starren. Adjektiv: stier.
Stier|kampf (der, -s, -kämp|fe) Schaukampf zwischen Menschen und Stieren in einer Arena. Stierkämpfer.
Stier|kampf|are|na (die, -, -nen) Stadion, in dem Stierkämpfe ausgetragen werden.
Stier|na|cken (der, -s, -) gewaltige, feiste Nackenpartie. Dieter hat einen richtigen Stiernacken bekommen. stiernackig.
Stier|op|fer (das, -s, -) Opferung eines Stieres (in der Antike).
Stie|sel (der, -s, -) unbeholfener Mensch; Trottel.
stie|se|lig (Adj.) unbeholfen; trottelig.
Stie|se|lig|keit (die, -, -en) Unbeholfenheit; Dummheit.
Stift 1. (der, -s, -e) Schreibgerät; Nagel; (ugs.) Lehrling. Stiftzahn; 2. (das, -s, -e/-er) Kloster; Altersheim. Stiftsdame; Stiftsfräulein; Stiftskirche.
stif|ten ge|hen (V., ging stiften, ist stiften gegangen) (ugs.) weglaufen.
Stif|tung (die, -, -en) Schenkung; Gründung. Stifter; Stiftungsbrief; Stiftungsfest; Stiftungsurkunde; stiften.
Stif|tungs|ball (der, -s, -bäl|le) Stiftungsfest; von einer Stiftung (als Körperschaft) veranstaltetes Fest.
Stif|tungs|ban|kett (das, -s, -e) Stiftungsball.
Stig|ma (das, -s, -ma|ta/-men) (griech.) Wundmal. Stigmatisierte; stigmatisieren.
Stig|ma|ti|sa|ti|on (die, -, kein Plural) (griech.-lat.) Auftreten der Wundmale Christi bei einer Person. stigmatisiert.
Stil (der, -s, -e) Art und Weise; Geschmack; Kunstrichtung; Schreibweise. *Beachte:* Er war ein Mann alten Stils. ein Bild neuen Stils (Abk.: n. St.). Stilart; Stilblüte; Stilbruch; Stilelement; Stilist; Stilistik; Stilkunde; Stillehre; Stillosigkeit; Stilmöbel; Stilnote. Adjektive: stilgerecht; stilisiert; stilistisch; stillos; stilvoll. Verb: stilisieren.
Stil|blü|te (die, -, -n) unbeabsichtigte Komik in einer sprachlichen Äußerung.
Stil|bruch (der, -s, -brü|che) stilistische Abweichung in einer sonst einheitlichen Gestaltung.
Sti|lett (das, -s, -e) (ital.) kurzer Dolch; Schnappmesser.
Stil|feh|ler (der, -s, -) Stilbruch (in Kunst oder Sprache).
Stil|ge|fühl (das, -s, kein Plural) Empfinden für Stil (Kunst, Sprache).
stil|ge|treu (Adj.) einem bestimmten Stil entsprechend.
Sti|li|sie|rung (die, -, kein Plural) das Stilisieren; die künstlerische Vereinfachung.
still (Adj.) ruhig. *Beachte:* stille Reserven haben; stiller Teilhaber sein; im Stillen (Heimlichen); in der Stille der Nacht; in aller Stille; das Stille seiner Art; der Stille Ozean; die Stille Nacht. stillhalten (sich nicht bewegen), stilllegen/stillliegen (außer Betrieb setzen/sein); still sitzen (*auch:* stillsitzen) (konzentriert sein); stillschweigen (nichts verraten); stillstehen (aufhören sich zu bewegen). *Beachte:* In der Bedeutung von »ruhig« schreibt man getrennt! still sein; still sitzen/stehen. Stille; Stillhalteabkommen; Stillhaltung; Stilllegung (*auch:* Still-Legung); Stillschweigen; Stillstand. Adjektive: stillschweigend; stillvergnügt. Ausruf: stillgestanden!
stil|len (V.) nähren. Stillgeld; Stillung.
Still|le|ben (*auch:* Still-Le|ben) malerische Darstellung von Blumen, Tieren, Früchten und Gegenständen aller Art.
Stil|mit|tel (das, -s, -) rhetorische Möglichkeiten.
Stil|pro|be (die, -, -n) Beispiel für einen Stil.
Stil|ton (der, -s, -s) nach dem Herstellungsort benannter Schimmelweichkäse.
Stimm|bän|der (die, -, nur Plural) im Innern des Kehlkopfs befindliche Bänder.

Stimm|be|rech|tig|te (der, -n, -n) Wahl- oder Abstimmungsberechtigter.
Stimm|bil|dung (die, -, -en) Ausbildung der Stimme zum Singen oder richtigen Sprechen.
Stimm|bruch (der, -s, kein Plural) durch Geschlechtshormone beim Knaben in der Pubertät herbeigeführte Veränderung der Stimmlage um eine Oktave nach unten; Stimmwechsel.
Stim|me (die, -, -n) 1. Laut; 2. Stimmlage; Meinung; Entscheidung; Stimmrecht. Stimmabgabe; Stimmberechtigung; Stimmengewirr; Stimmenmehrheit; Stimmenthaltung; Stimmenverlust; Stimmlage; Stimmlosigkeit; Stimmmittel (*auch:* Stimm-Mittel); Stimmritze; Stimmschlüssel; Stimmzettel. Adjektive: stimmberechtigt; stimmfähig; stimmgewaltig; stimmhaft; stimmlich; stimmlos; dreistimmig (3-stimmig).
stim|men (V.) passen; richtig sein. Stimmigkeit; stimmig.
Stim|men|gleich|heit (die, -, -en) 1. gleicher Wert aller bei einer Abstimmung oder Wahl abgegebenen Stimmen; 2. gleiche Anzahl von Stimmen.
Stim|men|kauf (der, -s, -käu|fe) Erwerb von Stimmen durch Bestechung.
Stim|men|split|ting (das, -s, -s) (dt.-engl.) Stimmenhäufelung.
Stimm|ga|bel (die, -, -n) Gerät zum Abnehmen des Kammertons.
Stimm|recht (das, -s, -e) Recht, an Abstimmungen teilzunehmen.
Stimm|schlüs|sel (der, -s, -) Gerät des Klavierstimmers.
Stimm|um|fang (der, -s, -fän|ge) Anzahl der Töne, die jmd. singen kann.
Stim|mung (die, -, -en) Laune; Atmosphäre; Begeisterung. Stimmungsbarometer; Stimmungsbild; Stimmungsmache; Stimmungsumschwung; stimmungsvoll.
Stim|mungs|bild (das, -s, -er) Bild, das eine bestimmte Stimmung vermittelt.
Stim|mungs|ka|no|ne (die, -, -n) großer Unterhalter; Partylöwe.
Stim|mungs|mu|sik (die, -, -en) Musik, die eine bestimmte Stimmung ausdrückt.
Stim|mungs|wan|del (der, -s, -) Stimmungsumschwung. ein plötzlicher Stimmungswandel.
Sti|mu|la|ti|on (die, -, -ti|o|nen) (lat.) Anreiz; Anregung. Stimulierung; stimulieren.
stin|ken (V., stank, hat gestunken) schlecht riechen. *Beachte:* Mir stinkt's (Ich habe keine Lust mehr). Stinker; Stinkkäfer; Stinklaune; Stinkmorchel; Stinkstiefel; Stinkwut; stinkfaul; stinklangweilig; stinkreich; stinksauer; stinkvornehm.
Stink|bom|be (die, -, -n) Glasröhrchen, das bei Zündung des Inhalts einen üblen Geruch verströmt, Scherzartikel.
stin|kig (Adj.) stinkend; schlecht gelaunt.
Stink|kä|se (der, -s, -) Käse mit unangenehmer Geruchsentwicklung.
Stink|tier (das, -s, -e) dachsartiges Pelztier, das seine Feinde mit einem stinkenden Analdrüsensekret bespritzt; Stinkmarder.
Sti|pen|di|um (das, -s, -di|en) (lat.) Stiftung; finanzielle Unterstützung (Studium). Stipendiat/in; Stipendienverwaltung.
Stip|pe (die, -, -n) Tunke. Verb: stippen.
Stipp|vi|si|te (die, -, -n) kurzer Besuch.
Sti|pu|la|ti|on (die, -, -ti|o|nen) wie ein Vertrag geltende mündliche Vereinbarung.
sti|pu|lie|ren (V.) vereinbaren.
Stirn (die, -, -en) Gesichtsteil; Vorderseite. Stirnband; Stirnfalte; Stirnglatze; Stirnrunzeln; hochstirnig; stirnrunzelnd.
Stirn|höh|le (die, -, -n) Nebenhöhle des Schädels, liegt über dem Nasenansatz im Stirnbein und dient zum Luftaustausch und als Resonanzraum. Stirnhöhlenentzündung.
Stirn|sei|te (die, -, -n) Frontseite. Die Fassade der Stirnseite wird zuerst gestrichen.
stö|bern (V.) (ugs.) 1. durchwühlen; schnüffeln; 2. (südd.) reinigen. Stöberei; Stöberhund.
Sto|chas|tik (die, -, kein Plural) (griech.) statistisches Verfahren. Adjektive: stochastisch.
sto|chern (V.) bohren; herumsuchen. Stocher; Zahnstocher.
Stö|chi|o|me|trie (die, -, kein Plural) (griech.) Wissenschaft von der mengenmäßigen Zusammensetzung chemischer Verbindungen; rechnerische Ermittlung ihrer Gewichtsverhältnisse.
stock... (ugs.) sehr; völlig. Adjektive: stockbeleidigt; stockbetrunken; stockblind; stockdumm; stockdunkel; stockfinster; stockheiser; stockkonservativ; stocknüchtern; stocksauer; stocksteif; stocktaub.
Stock 1. (der, -s, Stö|cke) Stab; Baumstumpf; (Kurzw.) Blumenstock. *Beachte:* über Stock und Stein. Stockausschlag; Stöckchen; Stockfehler; Stockrose; Stockschirm; Stockschlagen; Stockschwamm; Stockzahn. 2. (der, -s, -) (Kurzw.) Stockwerk. *Beachte:* Das Haus ist fünf Stock hoch. *Aber:* ein fünfstöckiges Haus. 3. (der, -s, -s) (engl.) Vorrat; Grundkapital. Grundstock.
Stö|ckel (der, -s, Stö|ckel) (ugs.) hoher Absatz. Stöckelabsatz; Stöckelschuh; stöckeln.
sto|cken (V.) zum Stillstand kommen; unterbrechen; gerinnen. Stockfleck; Stockpunkt; Stockschnupfen; Stockung; stockfleckig.
Stock|en|te (die, -, -n) Entenart.
Stock|schwamm (der, -s, -schwäm|me) in Büscheln wachsender brauner Speisepilz.
Stoff (der, -s, -e) 1. Gewebe; Masse; Material; 2. Thema; 3. (ugs.) Rauschgift. Stoffbahn; Stofffetzen; (*auch:* Stoff-Fetzen); Stofffülle (*auch:* Stoff-Fülle); Stoffresteverkauf; Stoffwechselstörung; stoffhaltig; stofflich.
Stof|fel (der, -s, -) (ugs.) unhöflicher Mensch. Adjektiv: stoff(e)lig.
Stoff|lich|keit (die, -, kein Plural) stofflicher Charakter von Gegenständen.
Stoff|wech|sel (der, -s, -) alle chemischen Umsetzungen im Körper von Lebewesen.
stöh|nen (V.) jammern; seufzen. *Beachte:* ein lautes Stöhnen.
sto|isch (Adj.) (griech.) unbewegt; unerschütterlich. Stoiker; Stoizismus.
Sto|la (die, -, -len) (griech.) Umhang.
Stol|len (der, -s, -) 1. Grube; 2. Gebäck; 3. Stift. Stollenbau; Stollengang; Weihnachtsstollen.
Stol|len|schuh (der, -s, -e) Fußballerschuh mit Stollen, die ein Ausgleiten verhindern sollen.
stol|pern (V.) straucheln. Stolperdraht; Stolperer; stolp(e)rig.

Stolz (der, -es, kein Plural) Selbstbewusstsein; Hochmut. Adjektive: stolz; stolzgeschwellt. Verb: stolzieren.
Sto|ma (das, -s, -ma|ta) (griech.) 1. Mund; 2. Spaltöffnung (bei Pflanzen); 3. künstlicher (Darm-)Ausgang.
sto|ma|chal (Adj.) (griech.) zum Magen gehörig.
Sto|ma|chi|kum (das, -s, -ka) (griech.-lat.) appetitanregendes und verdauungsförderndes Mittel.
Sto|ma|ti|tis (die, -, -ti|ti|den) (griech.) Mundschleimhautentzündung.
Sto|ma|to|lo|gie (die, -, kein Plural) (griech.) Wissenschaft von den Mundhöhlenkrankheiten.
stoned (Adj.) (engl.) im Drogenrausch.
stone|washed (Adj.) (engl.) über Kieselsteinen gewaschen (und deshalb dunkel- und hellblau marmoriert; bei Bluejeans).
stop|fen (V.) füllen; ausbessern; verschließen. Stopfbüchse; Stopfer; Stopfgarn; Stopfnadel; Stopfung; Verstopfung.
Stopf|le|ber (die, -, -n) durch Stopfen krankhaft vergrößerte bzw. verfettete Gänseleber.
Stop|over (*auch:* Stop-over) (der, -s, -) (engl.) Zwischenaufenthalt.
stopp! (*auch:* stop!) (engl.) halt! Stopp; Stoppball; Stopplicht; Stoppschild; stoppen.
Stop|pel (die, -, -n) Halm; Bart. Stoppelbart; Stopp(e)ligkeit; stopp(e)lig; stoppeln.
Stop|per (der, -s, -) 1. Mittelläufer, der einen gegnerischen Stürmer ausbremsen soll (Fußball); 2. seemännische Vorrichtung zum Festhalten einer Leine oder einer Ankerkette.
Stopp|uhr (die, -, -en) Kurzzeitmesser zum Stoppen von Zeitintervallen.
Stöp|sel (der, -s, -) 1. Verschluss; 2. (ugs.) kleiner Junge.
Stör (der, -s, -e) Fisch.
Storch (der, -s, Stör|che) Vogel. Storchenbein; Storchennest; Storch(en)-schnabel; Störchin; storchbeinig; storchen.
Store 1. (der, -s, -s) (franz.) Gardine; 2. (der, -s, -s) (engl.) Laden. Storekeeper.
stö|ren (V.) behindern; lästig sein; Anstoß nehmen an (mit Dativ!). sich am Verhalten anderer stören. Störaktion; Störenfried; Störer; Störmanöver; Störschutz; Störsender; Störung; störanfällig; störfrei; störungsfrei.
Stör|an|fäl|lig|keit (die, -, kein Plural) Empfänglichkeit für Störungen.
Stör|fall (der, -s, -fäl|le) Unfall oder Zwischenfall in einem Kernkraftwerk.
stor|nie|ren (V.) (ital.) rückgängig, ungültig machen. Storno; Stornobuchung.
Stor|nie|rung (die, -, -en) Storno.
stör|risch (Adj.) widerspenstig; nicht fügsam; trotzig. Störrigkeit.
Stö|rungs|stel|le (die, -, -n) die für die Beseitigung von Störungen zuständige Stelle im Fernmeldeamt.
Sto|ry (die, -, -s) (engl.) Geschichte.
sto|ßen (V., stieß, hat gestoßen) anrempeln; sich verletzen; sich stören; puffen. Stoß; Stoßdämpfer; Stoßkraft; Stößel; Stoßseufzer; Stoßstange; Stoßtrupp; Stoßverkehr; Stoßwaffe; Stoßwelle; stoßempfindlich; stoßfest; stoßkräftig; stoßweise.
Stoß|be|trieb (der, -s, kein Plural) 1. sehr starker Betrieb; Zeit des Hauptbetriebs; 2. wechselnde Intensität des Betriebs (z.B. Gaststättenwesen).
Stoß|ge|bet (das, -s, -e) kurzes und schnelles Gebet.
Stoß|zeit (die, -, -en) Zeit des Stoßverkehrs.
stot|tern (V.) stammeln; stockend reden. *Beachte:* auf Stottern (Ratenzahlung) kaufen. Stotterei; Stotterer; Stotterin; stott(e)rig.
Stot|zen (der, -s, -) Baumstumpf; Bottich.
Stout (der, -s, -s) dunkles, bitteres Starkbier (aus England).
Stöv|chen (das, -s, -) Warmhaltevorrichtung. Teestövchen.
StPO (Abk.) **Str**af**p**rozess**o**rdnung.
Str. (Abk.) **Str**aße.
Stra|bis|mus (der, -, kein Plural) das Schielen.
stracks (Adv.) sofort; geradewegs.
Strad|dle (der, -s, -s) (engl.) Hochsprung, bei dem der Körper seitwärts über die Latte wälzt.
Stra|di|va|ri (die, -, -s) Geige.
Straf|an|stalt (die, -, -en) Anstalt, in der Freiheitsstrafen vollzogen werden.
Straf|an|zei|ge (die, -, -n) Mitteilung des Verdachts einer Straftat an die Polizei, um gegebenenfalls ein Strafverfahren zu veranlassen.
Straf|ar|beit (die, -, -en) Disziplinierungsmaßnahme für Schüler.
Straf|ba|tail|lon (das, -s, -e) militärische Einheit mit besonders gefährlichen Aufgaben für Soldaten, die gegen die Militärgesetze verstoßen haben (im 2. Weltkrieg).
Straf|be|scheid (der, -s, -e) Mitteilung über eine zu zahlende Strafe.
Straf|be|stim|mung (die, -, -en) Festlegung von Strafen.
Stra|fe (die, -, -n) Vergeltung; Ahndung. Strafaktion; Strafantrag; Strafaussetzung; Strafbank; Strafbarkeit; Strafbefehl; Strafecke; Straferlass; Straffälligkeit; Straffreiheit; Strafgefangene; Strafgesetzbuch (Abk.: StGB); Strafkammer; Strafkolonie; Sträflichkeit; Sträfling; Strafporto; Strafprozessordnung (Abk.: StPO); Strafpunkt; Strafrecht; Strafregister; Strafstoß; Straftäter; Strafverfahren; Strafverteidiger; Strafvollzugsanstalt; Strafzettel. Adjektive: strafbar; straferschwerend; straffällig; straffrei; straflos, strafmildernd; strafrechtlich; strafverschärfend; strafwürdig. Adverb: strafweise. Verben: strafen; strafversetzen.
Straf|ent|las|se|ne (der/die, -n, -n) jmd., der gerade eine Haftstrafe verbüßt hat.
straff (Adj.) gespannt; streng; knapp. Straffheit; straffen.
Straf|ge|setz|ge|bung (die, -, -en) Festlegung der Strafvorschriften.
Straf|kom|pa|nie (die, -, -n) Einheit innerhalb eines Strafbataillons.
sträf|lich (Adj.) eine Strafe verdienend.
Straf|man|dat (das, -s, -e) Straffestsetzung, Strafverfügung ohne Einschaltung der Staatsanwaltschaft.
Straf|raum (der, -s, kein Plural) beim Fußball und bei anderen Ballspielen ein tornaher Raum, in dem Vorrechte des Torwarts und verschärfte Strafregeln gelten.
strah|len (V.) leuchten; glänzen; lachen. Strahl; Strahlemann; Strahlenbündel; Strahlenschutz; Strahlkraft; Strahlrohr; Strahltriebwerk; Strahlung; Strahlungsenergie; Strahlungsintensität; strahlend; strahlenförmig; strahlig; zweistrahlig.

Strah|len|be|hand|lung (die, -, -en) alle Heilverfahren, bei denen eine Bestrahlung des Körpers vorgenommen wird.
Strah|len|heil|kun|de (die, -, kein Plural) Zweig der Medizin, der sich mit Strahlenkrankheiten befasst.
Strah|len|krank|heit (die, -, -en) Krankheit durch Verstrahlungen.
Strah|len|kranz (der, -es, -krän|ze) Kranz von Strahlen. Das Haupt Jesu ist von einem Strahlenkranz umgeben.
Strah|len|pilz (der, -es, -e) Bakterienart.
Strah|len|quel|le (die, -, -n) Ursprung von Strahlen.
Strah|len|scha|den (der, -s, -schä|den) Umwelt- und Gesundheitsschäden durch Verstrahlung.
Strah|len|schutz (der, -es, kein Plural) Maßnahmen zum Schutz vor radioaktiver Strahlung.
Strah|lungs|wär|me (die, -, kein Plural) Wärme, die durch eine Strahlungsheizung indirekt erzeugt wird.
Sträh|ne (die, -, -n) 1. Haar; 2. Phase. Pechsträhne; strähnig.
Stra|min (das, -s, -e) (niederl.) Gitterstoff. Stramindecke.
stramm (Adj.) straff; kräftig; streng. *Beachte:* strammer Max; strammen; strammstehen; stramm ziehen (*auch:* strammziehen).
stram|peln (V.) 1. zappeln; 2. (ugs.) Rad fahren. Strampelhöschen.
Stramp|ler (der, -s, -) (ugs.) Strampelhose.
Strand (der, -s, Strän|de) Gewässerrand; Ufersaum. Strandanzug; Strandbad; Strandkorb; Strandkrabbe; Strandläufer; Strandung; gestrandet; stranden.
Strand|bin|se (die, -, -n) Binsenart.
Strand|dis|tel (die, -, -n) Distelart.
Strand|gers|te (die, -, -n) Gerstenart.
Strand|gut (das, -s, kein Plural) herrenlos gewordenes Gut, das von der See an den Strand gespült wird.
Strand|ha|fer (der, -s, -) Haferart.
Strand|hau|bit|ze (die, -, -n) 1. Strandvogel; 2. Betrunkener (in der Wendung: voll wie eine Strandhaubitze).
Strand|ho|tel (das, -s, -s) Hotel in der Nähe eines Strandes.
Strand|kie|fer (die, -, -n) Kiefernart.
Strand|klei|dung (die, -, kein Plural) (veraltet) Badekleidung.
Strand|ni|xe (die, -, -n) Badenixe.
Strand|pro|me|na|de (die, -, -n) Promenade entlang eines Strandes.
Strand|vogt (der, -s, -vög|te) Strandaufseher; Strandverwalter.
Strand|wa|che (die, -, -n) Bademeister; Bademeisterei.
Strand|wäch|ter (der, -s, -) Strandaufseher; Bademeister.
Strand|weg (der, -s, -e) Weg entlang eines Strandes.
Strang (der, -s, Strän|ge) Bündel; Seil. *Beachte:* über die Stränge hauen/schlagen (ugs.: leichtsinnig sein).
Stran|gu|la|ti|on (die, -, -en) (lat.) das Erhängen; Erwürgen; Erdrosseln. Strangulierung.
stran|gu|lie|ren (V.) erhängen; erdrosseln.
Stran|gu|rie (die, -, -n) (griech.) Harnzwang.
Stra|pa|ze (die, -, -n) (ital.) Mühe; große Anstrengung; Beschwerlichkeit. Strapazierhose; Strapazierfähigkeit; strapazierfähig; strapazieren.
stra|pa|zi|ös (Adj.) anstrengend; aufreibend. Das war eine strapaziöse Erfahrung.
Straps (der, -es, -e) (engl.) Strumpfhalter.
stra|sci|an|do (Adj.) (lat.-ital.) Anweisung im Notentext für: schleppend, getragen.
Stra|ße (die, -, -n) Fahrweg. Straßenarbeiter; Straßenbahn; Straßenbankett; Straßenbegrenzungsgrün; Straßenbeleuchtung; Straßencafé; Straßengraben; Straßenlage; Straßenname; Straßennetz; Straßensänger; Straßenschild; Straßensperre; Straßenverkehrs-Zulassungs-Ordnung (StVZO); Straßenwalze; Straßenzustandsbericht; Straße-Schiene-Verkehr; Sträßchen. Adverbien: straßauf; straßab.
Stra|ßen|bau (der, -s, kein Plural) Straßenarbeiten.
Stra|ßen|fe|ger (der, -s, -) 1. Mann, der die Straße mit einem Besen reinigt; 2. spannender Kriminalfilm, der die Straßen abends leer fegt.
Stra|ßen|ga|be|lung (die, -, -en) Teilung einer Straße.
Stra|ßen|kampf (der, -es, -kämp|fe) 1. Straßenschlacht (im Sinne einer gewalttätigen Demonstration); 2. soziale Unruhen; 3. Häuserkampf (militärisch).
Stra|ßen|kar|te (die, -, -n) Wegekarte.
Stra|ßen|kreu|zer (der, -s, -) großer, teurer Wagen.
Stra|ßen|la|ter|ne (die, -, -n) Straßenbeleuchtung.
Stra|ßen|netz (das, -es, -e) Gesamtheit aller Straßen.
Stra|ßen|rand (der, -s, -rän|der) Begrenzung einer Straßenseite.
Stra|ßen|rei|ni|gung (die, -, -en) Säuberung einer Straße.
Stra|ßen|über|füh|rung (die, -, -en) Brücke für den Straßenverkehr.
Stra|ßen|un|ter|füh|rung (die, -, -en) Unterführung für den Straßenverkehr.
Stra|ßen|ver|kehrs|ord|nung (Abk.: StVO) (die, -, kein Plural) Regelwerk, das die allgemeine Benutzung der öffentlichen Straßen durch die Verkehrsteilnehmer regelt.
Stra|te|gie (die, -, -n) (griech.) geplantes zielgerichtetes Handeln. Stratege; Strategin; strategisch.
Stra|ti|fi|ka|ti|on (die, -, -ti|o|nen) das Stratifizieren.
stra|ti|fi|zie|ren (V.) (lat.) 1. Schichten bilden (von Gestein); 2. Samen in feuchten Sand betten (als Keimvorbehandlung).
Stra|ti|gra|fie (*auch:* Stra|ti|gra|phie) (die, -, kein Plural) (lat.-griech.) Schichtenkunde (als Teilgebiet der Geologie).
Stra|to|cu|mu|lus (der, -, -mu|li) (lat.) Schichtwolke.
Stra|to|sphä|re (die, -, kein Plural) (griech.) Luftschicht. Stratosphärenflug; stratosphärisch.
Stra|to|sphä|ren|flug (der, -s, -flü|ge) Flug innerhalb oder zu der Stratosphäre.
Stra|tus (der, -, -ti) (lat.) niedere Schichtwolke; abgehobener Bodennebel.
sträu|ben (V.) aufrichten; sich wehren.
Strauch (der, -s, Sträu|cher) Busch. strauchartig; strauchig.
Strauch|dieb (der, -s, -e) Wegelagerer; Betrüger.
strau|cheln (V.) stolpern; Fehler machen.
Strauch|rit|ter (der, -s, -) Raubritter.
Strauch|werk (das, -s, -e) Gebüsch.

Strauß 1. (der, -es, -e) (griech.) Vogel. Vogel Strauß, *aber:* Vogel-Strauß-Politik; Straußenei; Straußenfarm; Straußenfeder. 2. (der, -es, Sträu|ße) Blumenstrauß.

Strau|ßen|vo|gel (der, -s, -vö|gel) (veraltet) Strauß.

Strauß|vö|gel (die, nur Plural) Gattung flugunfähiger Vögel.

Stre|be (die, -, -n) Stützbalken. Strebebalken; Strebepfeiler; Strebung; Verstrebung.

stre|ben (V.) hinzielen auf; fleißig sein. Streber/in; Strebertum; streberhaft; streberisch; strebsam.

Streb|sam|keit (die, -, kein Plural) Ehrgeiz; Fleiß.

Streck|bett (das, -s, -en) Liegestatt mit Zug- oder Druckvorrichtung, das Deformierungen des Körpers nach und nach beseitigen soll.

stre|cken (V.) dehnen; vergrößern; sich erstrecken. Strecke; Streckenabschnitt; Streckenflug; Streckenwärter; Streckmuskel; Streckung; Streckverband; Streckwinkel; streckbar; streckenweise.

Stre|cken|ar|bei|ter (der, -s, -) Arbeiter bei einem Streckenbau.

Stre|cken|be|ge|hung (die, -, -en) Kontrollgang bei einer Renn- oder Bahnstrecke.

Stre|cken|füh|rung (die, -, -en) Festlegung einer Strecke; Trassenführung.

Stre|cken|re|kord (der, -s/-es, -e) Geschwindigkeitsrekord einer bestimmten Rennstrecke.

Street|wor|ker (der, -s, -) (engl.) Sozialarbeiter.

Streich (der, -s, -e) Unfug; Schlag.

strei|cheln (V.) liebkosen. Streicheleinheit.

strei|chen (V., strich, hat/ist gestrichen) 1. bemalen; 2. löschen; 3. gleiten; schleichen. Streichfläche; Streichinstrument; Streichkäse; Streichorchester; Streichung; Streichwurst; streichfähig.

Strei|cher (der, -s, -) jmd., der ein Streichinstrument spielt.

Streich|holz|schach|tel (die, -, -n) Zündholzschachtel.

Streich|mu|sik (die, -, kein Plural) Musik für eine Streichbesetzung.

Streich|quar|tett (das, -s, -e) Besetzung mit vier Streichern (Musik).

Streich|quin|tett (das, -s, -e) Besetzung mit fünf Streichern (Musik).

Streich|rie|men (der, -s, -) Fuchtel.

Strei|chungs|be|darf (der, -s, kein Plural) Notwendigkeit zu kürzen.

Streif|band|zei|tung (die, -, -en) Zeitung, die an Abonnenten per Post versendet wird.

Strei|fe (die, -, -n) Kontrolldienst; Kontrollfahrt. Streifendienst; streifen.

Strei|fen (der, -s, -) 1. Band; 2. Strich; 3.Linie. Streifband; Streiflicht; ein schwarz gestreiftes (*auch:* schwarzgestreiftes) Kleid; streifenweise.

strei|fen (V.) 1. berühren; 2. umherziehen; 3. Streifen malen. Streiferei; Streifjagd; Streifschuss.

Strei|fen|wa|gen (der, -s, -) Polizeiauto.

Streik (der, -s, -s) (engl.) Arbeitsniederlegung. Streikende; Streikrecht; streikbrüchig; streiken.

Streik|bre|cher (der, -s, -) jmd., der an einem Streik nicht teilnehmen will.

Streik|geld (das, -s, kein Plural) Einkommensersatz, der den Streikenden aus der Streikkasse gezahlt wird.

Streik|kas|se (die, -, -n) Rücklage einer Gewerkschaft für den Streikfall.

Streik|pos|ten (der, -s, -) Wachposten vor einem bestreikten Betrieb, der potenzielle Streikbrecher abschrecken soll.

Streik|wel|le (die, -, -n) Häufung von Streiks.

Streit (der, -s, -e) Auseinandersetzung, Zank. Streiterei; Streitfall; Streitfrage; Streitgespräch; Streithansel; Streitigkeiten; Streitkräfte; Streitpunkt; Streitsucht; streitsüchtig; strittig; streiten.

Streit|axt (die, -, -äx|te) axtartige Hieb- und Wurfwaffe, bis ins MA. von Bedeutung.

Streit|bar|keit (die, -, -en) Streitlust.

Streit|ge|gen|stand (der, -s/-es, -stän|de) Streitursache; Streitpunkt.

Streit|hahn (der, -s, -häh|ne) streitlustiger Mensch.

Streit|ham|mel (der, -s, -) streitlustiger Mensch.

streit|lus|tig (Adj.) streitbar; jederzeit zu einem Streit bereit.

Streit|macht (die, -, -mäch|te) bewaffnete Kampftruppe.

Streit|schrift (die, -, -en) polemisches Werk über politische oder religiöse Themen.

Streit|wert (der, -s, -e) im Prozessrecht der Wert des Streitgegenstandes.

streng (Adj.) energisch; ernst; scharf; genau; hart. *Beachte:* Das will ich auf das Strengste (*auch:* auf das strengste) zurückweisen. Die Sache ist streng geheim. *Aber:* ein strenggläubiger Mensch; streng sein, *aber:* etwas streng nehmen (genau nehmen); eine streng genommene (*auch:* strenggenommene) Wertung; strengstens.

Stren|ge (die, -, kein Plural) Härte.

Streng|gläu|big|keit (die, -, kein Plural) strenggläubige Haltung.

Strep|to|kok|ken (die, -, -) (griech.) Bakterien.

Stress (der, Stres|ses, Stres|se) (engl.) körperliche und psychische Überbelastung. Stresssituation (*auch:* Stress-Situation); stressig; stressen.

stress|ge|plagt (Adj.) durch Stress belastet.

Stress|krank|heit (die, -, -en) Krankheit, die durch Stress verursacht wird.

Stres|sor (der, -s, -so|ren) Stressursache.

Stretch (der, -es, -es) (engl.) dehnbares Gewebe. Stretchcordhose.

Stret|ta (die, -, -s) (ital.) glanzvoller (im Tempo gesteigerter) Schlussteil eines Musikstücks.

stret|to (Adj.) Anweisung im Notentext für: eilig, gedrängt; bei einer Fuge: in Engführung.

streu|en (V.) verteilen. Streu; Streugebiet; Streukolonne; Streusalz; Streusand; Streusel; Streuselkuchen; Streustrahlen; Streuzucker; Salz- und Pfefferstreuer.

Streu|fahr|zeug (das, -s, -e) Spezialfahrzeug zur Bestreuung von vereisten Straßen.

Streu|gut (das, -s, -gü|ter) Streumaterial, das gegen Schnee- und Eisglätte gestreut wird.

Streu|ner (der, -s, -) (ugs.) Herumtreiber. Verb: streunen.

Streu|pflicht (die, -, kein Plural) Auflage von Hauseigentümern, bei Schneefall oder Glatteis die Wege vor dem Haus zu streuen.

Streu|ung (die, -, -en) 1. Abweichung eines Geschosses von seiner Flugbahn; 2. Ausstreuung von Krankheitserregern über den Blutweg; 3. Abweichung eines Messwerts vom erwarteten Wert (in der Mathematik); 4. beim Licht Schwächung einer Strahlung beim Durchgang durch ein Medium. Streuungskoeffizient.

Strich (der, -s, -e) 1. Linie; 2. Streifen; 3. Straßenprostitution. *Beachte:* einen Strich ziehen (beenden); jemandem einen Strich durch die Rechnung machen; auf dem/den Strich gehen. Er hat sich nach Strich und Faden (kräftig) blamiert. Unterm Strich kommt nichts dabei heraus. Deine Arbeit ist unterm Strich (ugs.: sehr schlecht). Strichcode (*auch:* Strichkode) (EAN-Code); Strichelchen; Strichjunge; Strichregen; Strichzeichnung; strichweise; stricheln.

Stri|cher (der, -s, -) junger Mann, der sich Homosexuellen gegen Geld als Sexpartner anbietet.

Strich|mäd|chen (das, -s, -) junge Prostituierte.

Strich|männ|chen (das, -s, -) stilisierte Figur, die aus wenigen Zeichenstrichen besteht.

Strick (der, -s, Stri|cke) Seil. Strickleiter.

stri|cken (V.) handarbeiten. Strickbeutel; Stricker/in; Strickerei; Strickgarn; Strickjacke; Strickkleid; Strickmaschine; Strickmuster; Stricknadeln; Strickstoff; Strickstrumpf; Strickzeug.

Strick|lei|ter|ner|ven|sys|tem (das, -s, -e) Nervensystem von bestimmten Würmern.

Strick|wa|re (die, -, -n) Strickwolle.

Strick|wes|te (die, -, -n) gestrickte Weste.

Strick|wol|le (die, -, kein Plural) Wolle, die zum Stricken geeignet ist.

Stri|du|la|ti|on (die, -, -ti|o|nen) (lat.) das Stridulieren.

stri|du|lie|ren (V.) zirpen.

Strie|gel (der, -s, -) harte Bürste für die Pferdepflege. Verb: striegeln.

Strie|me (*auch:* der Strie|men) (die, -, -n) Streifen. Adjektiv: striemig.

Strie|zel (der, -s, -) (südd.) Gebäck.

strie|zen (V.) (ugs.) quälen; (nordd.) stehlen.

strikt (Adj.) streng; genau. Adverb: strikte.

Strik|ti|on (die, -, -ti|o|nen) (lat.) Zusammenziehung.

Strik|tur (die, -, -en) (lat.) ausgeprägte Verengung (eines Hohlorgans, Körperkanals).

strin|gen|do (Adv.) (ital.) drängend; eilend (bei Musikstücken).

Strip (der, -s, -s) (engl.) (Kurzw.) Striptease. Stripperin; Stripper; strippen.

Strip|pe (die, -, -n) (Telefon-)Leitung. an der Strippe hängen.

Strip|tease (der/das, -, kein Plural) (engl.) Entkleidungsshow. Stripteaselokal; Stripteasetänzerin.

strit|tig (Adj.) fraglich; umstritten.

Stro|bo|s|kop (das, -s, -e) (griech.) optisches Gerät. Adjektiv: stroboskopisch.

Stroh (das, -s, kein Plural) getrocknete Getreidehalme. Strohblume; Strohdach; Strohhalm; Strohhut; Strohkopf; Strohsack; Strohwitwe/er; strohblond; strohdumm; strohfarben; strohfarbig; strohern; strohig.

Stroh|feu|er (das, -s, -) 1. schnell verlöschendes Feuer; 2. Begeisterung oder Verliebtheit, die sich schnell verflüchtigt.

Stroh|la|ger (das, -s, -) Bett; Ruhestätte aus Stroh.

Stroh|mann (der, -s, -män|ner) Person, die anstelle der wirklich betroffenen oder verpflichteten Person vorgeschoben wird.

Stroh|pup|pe (die, -, -n) 1. Vogelscheuche; 2. Nachbildung eines Menschen aus Stroh.

Strolch (der, -s, -e) Gauner; Schlawiner. Verb: strolchen.

Strom (der, -s, Strö|me) 1. Fluss; Strömung; 2. Elektrizität (ohne Plural). *Beachte:* Es goss in Strömen. mit/gegen den Strom schwimmen. Stromausfall; Stromkabel; Stromlinienform; Stromnetz; Stromschnelle; Stromstärke; Stromstoß; Strömung; Stromverbrauch; Stromversorgung; Stromzähler; Strom führend (*auch:* stromführend); stromlinienförmig; strömungsreich; stromab; stromabwärts; stroman; stromauf; stromaufwärts; stromweise; strömen.

Strom|ab|neh|mer (der, -s, -) Vorrichtung zum Entnehmen von Strom aus einer Oberleitung, wie zum Beispiel der Stromabnehmer bei einer Straßenbahn.

Strom|an|schluss (der, -schlus|ses, -schlüsse) Verbindung an die Stromversorgung.

Stro|mer (der, -s, -) (ugs.) Herumtreiber. Verb: stromern.

Strom|kreis (der, -es, -) der von Strom durchflossene Leitungszug von einem Pol zum anderen Pol.

Strom|lei|tung (die, -, -en) Stromkabel.

Strom|mes|ser (der, -s, -) Messgerät für elektrische Ströme.

Strom|rich|ter (der, -s, -) Stromumwandler.

Strom|spei|cher (der, -s, -) Stromreservoir.

Strö|mungs|leh|re (die, -, kein Plural) umfasst die Lehre von der Bewegung der Flüssigkeiten (Hydrodynamik) und der Gase (Aerodynamik) sowie Teile der Gasdynamik.

Stron|ti|um (das, -s, kein Plural) chemischer Grundstoff (Abk.: Sr).

Stro|ph|an|thin (das, -s, kein Plural) (griech.-nlat.) ein aus den Samen des Hundsgiftgewächses Strophanthus gewonnenes Mittel gegen Herzschwäche.

Stro|phe (die, -, -n) (griech.) Gedicht-, Liedabschnitt. Strophenform; fünfstrophig (5-strophig); strophisch.

strot|zen (V.) voll sein von. Er strotzte vor/von Selbstbewusstsein.

strub|b|lig (*auch:* strub|be|lig) (Adj.) (ugs.) struppig; zerzaust. Strubbelkopf.

Stru|del (der, -s, -) 1. Wirbel; 2. Gebäck. Apfelstrudel; Wasserstrudel; strudeln.

Stru|del|teig (der, -s, -e) Teig für Strudel.

Struk|tur (die, -, -en) (lat.) Bauform; Gliederung. Strukturalist; Strukturanalyse; Strukturierung; Strukturreform; struktural; strukturalistisch; strukturbestimmend; strukturell.

Struk|tu|ra|lis|mus (der, -, kein Plural) wissenschaftliche Haltung, die Tatbestände zunächst aus ihrer Zugehörigkeit zu einem Gesamtzusammenhang interpretiert.

Struk|tur|for|mel (die, -, -n) Darstellung einer chemischen Verbindung, in der die Elementensymbole und die Art der Verknüpfung der Atome untereinander angegeben werden.

strukˈtuˈrieˈren (V.) etwas in einer bestimmten Weise anordnen; zusammenstellen.
Strukˈturˈpoˈliˈtik (die, -, kein Plural) Politik, die Strukur neu erschaffen will, zum Beispiel wirtschaftlich benachteiligte Regionen bes. fördert.
strukˈturˈschwach (Adj.) wirtschaftlich unzureichend strukturiert; arm an Industrien. Die strukturschwachen Gebiete brauchen Subventionen.
Strukˈturˈwanˈdel (der, -s, kein Plural) völlige Umstellung auf eine andere wirtschaftliche Struktur.
Struˈma (die, -, Struˈmen) (lat.) Kropf.
Strumpf (der, -s, Strümpˈfe) Fußbekleidung. Strumpfband; Strümpfchen; Strumpfhalter; Strumpfhose.
Strumpfˈmasˈke (die, -, -n) bes. bei Bankräubern beliebte Maskierung aus einem über den Kopf gezogenen Nylonstrumpf.
Strumpfˈwaˈren (die, nur Plural) Strümpfesortiment.
Strumpfˈwirˈker (der, -s, -) Strumpfhersteller.
Strunk (der, -s, Strünˈke) Wurzelstock; dicker Stiel.
strupˈpig (Adj.) zerzaust. Struppigkeit.
struwˈweˈlig (Adj.) struppig; zerzaust. Struwwelkopf.
Struwˈwelˈpeˈter (der, -s, kein Plural) 1. Bilderbuch von 1845, das durch kleine Geschichten die Folgen kindlichen Ungehorsams aufzeigt; 2. Figur des gleichnamigen Bilderbuchs.
Strychˈnin (das, -s, kein Plural) (griech.) Gift.
Stubˈben (der, -s, -) Baumstumpf.
Stuˈbe (die, -, -n) Wohnraum. Stubenarrest; Stubenhocker; Stubenmädchen; stubenrein.
Stuˈbenˈälˈtesˈte (der, -n, -n) Verantwortlicher eines Schlafraums für mehrere Personen.
Stuˈbenˈdienst (der, -es, -e) Putzdienst in einer Stube.
Stuˈbenˈflieˈge (die, -, -n) über die ganze Erde verbreitete Art der Hausfliege.
Stuˈbenˈkaˈmeˈrad (der, -en, -en) Mitbewohner einer Stube.
Stuˈbenˈvoˈgel (der, -s, -vöˈgel) Vogel, der im Haus gehalten wird.
Stuˈbenˈwaˈgen (der, -s, -) Korb auf Rädern, der als Bett für Säuglinge in den ersten Lebensmonaten benutzt wird.
Stüˈberl (das, -s, -) kleine Stube.
Stuck (der, -s, kein Plural) (ital.) Gipsverzierung. Stuckarbeit; stuckieren.
Stück (das, -s, Stüˈcke) 1. Teil (Abk.: St.); 2. Bühnenwerk. *Beachte:* Stück für Stück. Das ist ein starkes Stück (Unverschämtheit)! aus freien Stücken (freiwillig); etwas im/am Stück kaufen; etwas in Stücke teilen; drei Stück Zucker. Stückarbeit; Stückeschreiber; Stückgut; Stückkohle; Stückzahl.
Stuˈckaˈteur (der, -s, -e) Handwerker, der Stuckarbeiten macht.
Stuˈckaˈtur (die, -, -en) Stuckarbeit.
Stüˈckeˈlung (*auch:* Stückˈlung) (die, -, -n) Aufteilung einer Emission auf die Nennbeträge der einzelnen Wertpapiere.
Stückˈlisˈte (die, -, -n) systematisches Verzeichnis aller Teile und Teilchen eines Produktes.
stückˈweiˈse (Adj.) einzeln; pro Stück.
Stückˈwerk (das, -s, kein Plural) nicht befriedigendes, unvollkommenes Arbeitsergebnis.
Stuˈdent (der, -en, -en) (meist) junger Mensch, der an einer Hoch- oder Fachhochschule studiert. Studentenbewegung; Studentenschaft; Studentenunruhen; studentisch.
Stuˈdenˈtenˈausˈweis (der, -es, -e) Studiennachweis.
Stuˈdenˈtenˈbuˈde (die, -, -n) Wohnung eines Studenten.
Stuˈdenˈtenˈehe (die, -, -n) Ehe unter Studenten.
Stuˈdenˈtenˈfutˈter (das, -s, kein Plural) Knabbermischung aus Nüssen und Rosinen.
Stuˈdenˈtenˈleˈben (das, -s, kein Plural) das Studentendasein. das schöne Studentenleben.
Stuˈdenˈtenˈpfarˈrer (der, -s, -) Hochschulpfarrer.
Stuˈdenˈtenˈraˈbatt (der, -s, -e) Vergünstigungen für Studenten.
Stuˈdenˈtenˈreˈvolˈte (die, -, -n) Aufstand von Studenten.
Stuˈdenˈtenˈspraˈche (die, -, -n) Umgangssprache unter Studenten.
Stuˈdenˈtenˈverˈbinˈdung (die, -, -en) studentische Korporation.
Stuˈdenˈtenˈwerk (das, -s, kein Plural) Einrichtung zur sozialen Betreuung von Studenten.
Stuˈdie (die, -, -n) 1. Vorarbeit; Entwurf (bes. in der Malerei); 2. wissenschaftliche Untersuchung. Studienassessor; Studiendirektor; Studienfreund; Studienplatz; Studienrat(-rätin); Studienreferendar; Studierende; Studierte; Studierzimmer; Studiosus; Studium.
Stuˈdiˈenˈabˈbreˈcher (der, -s, -) jmd., der vorzeitig das Studium beendet.
Stuˈdiˈenˈabˈschluss (der, -schlusˈses, -schlüsˈse) vorschriftsmäßige Beendigung eines Studiums.
Stuˈdiˈenˈbeˈraˈtung (die, -, -en) Anlaufstelle für Fragen, die ein Studium betreffen.
Stuˈdiˈenˈbuch (das, -es, -büˈcher) Nachweis während des Studiums besuchter Lehrveranstaltungen.
Stuˈdiˈenˈfach (das, -s, -fäˈcher) Studiengebiet.
Stuˈdiˈenˈfahrt (die, -, -en) Ausflug zu Studienzwecken.
Stuˈdiˈenˈförˈdeˈrung (die, -, -en) Beihilfe zum Studium.
Stuˈdiˈenˈfreund (der, -es, -e) Freund aus der Studienzeit.
Stuˈdiˈenˈgang (der, -s, -gänˈge) Studienfach.
Stuˈdiˈenˈgeˈbühr (die, -, -en) Beitrag pro Semester.
Stuˈdiˈenˈinˈhalˈte (die, nur Plural) Themen eines Studiengangs.
Stuˈdiˈenˈjahˈre (die, nur Plural) die gesamte Studienzeit.
Stuˈdiˈenˈplan (der, -s, -pläˈne) Festlegung der Studieninhalte.
Stuˈdiˈenˈreˈfeˈrenˈdar (der, -s, -e) Nachwuchslehrer.
Stuˈdiˈenˈreˈform (die, -, -en) Neuordnung des Hochschulwesens.
Stuˈdiˈenˈreiˈse (die, -, -n) Reise zum Zwecke kultureller, politischer u. a. Studien.
Stuˈdiˈenˈzeitˈbeˈgrenˈzung (die, -, -en) Festlegung der Höchststudienzeit.
Stuˈdiˈenˈzweck (der, -s, -zweˈcke) Studienziel. zu Studienzwecken.
stuˈdieˈren (V.) (lat.) 1. auf eine Hochschule gehen; 2. einüben; 3. eingehend untersuchen. studentisch; studienhalber.

Stu|dio (das, -s, -s) (ital.) Atelier. Studiobühne; Studiofilm; Fernsehstudio.
Stu|fe (die, -, -n) 1. Treppenabsatz; 2. Rang. Stufenbarren; Stufengang; Stufenheck; Stufenpyramide; Entwicklungsstufe; stufenförmig; stufig; zehnstufig (10-stufig); stufenweise; stufen; einstufen.
stu|fig (Adj.) in Stufen verlaufend.
Stu|fung (die, -, -en) Abstufung.
Stuhl (der, -s, Stüh|le) 1. Sitzmöbel; 2. Stuhlgang. *Beachte:* der Heilige Stuhl. Stuhlbein; Stühlchen; Stuhllehne.
Stuhl|drang (der, -s, -drän|ge) Bedürfnis zu koten.
Stuhl|ent|lee|rung (die, -, -en) Stuhlgang.
Stuhl|leh|ne (die, -, -n) Lehne an einem Stuhl.
Stu|ka (der, -s, -s) (Kurzw.) Sturzkampfflugzeug.
Stul|le (die, -, -n) (nordd.) Brotschnitte.
stül|pen (V.) umschlagen; umdrehen. Stulpe; Stulp(en)ärmel; Stulp(en)-stiefel.
stumm (Adj.) nicht sprechen könnend; schweigsam. Stumme; Stummheit.
Stum|mel (der, -s, -) Reststück. Stummelchen; Stummelpfeife; Stummelschwanz; Zigarettenstummel .
Stumm|film (der, -s, -e) Film ohne Ton mit starker Mimik und Gestik und schriftlichen Untertiteln.
Stumm|film|zeit (die, -, kein Plural) Epoche vor der Einführung des Tonfilms.
Stüm|per (der, -s, -) (ugs.) Nichtskönner. stümpermäßig; stümpern.
Stüm|pe|rei (die, -, -en) zusammengestümperte, schlechte Arbeit.
stüm|per|haft (Adv.) wie von einem Stümper gemacht. Das hat er unglaublich stümperhaft zusammengenagelt!
stumpf (Adj.) nicht spitz; nicht scharf; glanzlos; dumpf. Stumpfnase; Stumpfsinn; stumpfnasig; stumpfsinnig; stumpfwink(e)lig; stumpfen.
Stumpf (der, -s/-es, Stümp|fe) Endstück; Reststück. mit Stumpf und Stiel; Stümpfchen.
Stumpf|heit (die, -, kein Plural) 1. das Stumpfsein von Dingen; 2. Teilnahmslosigkeit; seelisches Stumpfsein von Menschen. Ihre Stumpfheit drückt sich schon im Gesicht aus.
Stun|de (die, -, -n) Zeiteinheit (Abk.: St., Std., Zeichen: h). *Beachte:* eine viertel Stunde/Viertelstunde; nur ein Viertelstündchen; von Stund an. Stundenbuch; Stundengeschwindigkeit; Stundenkilometer (Abk.: km/h); Stundenzeiger; stundenlang, *aber:* drei Stunden lang; stundenweit weg; *aber:* drei Stunden weit weg; mehrstündig; dreistündig (3-stündig); dreistündlich (3-stündlich). Das Wetter wechselte stündlich.
stun|den (V.) Frist verlängern. Stundung.
Stun|den|ge|bet (das, -s, -e) Gebetszeit.
Stun|den|glas (das, -es, -glä|ser) Uhr.
Stun|den|ho|tel (das, -s, -s) Absteige.
Stun|den|lohn (der, -s, -löh|ne) Lohn für eine Stunde geleisteter Arbeit.
Stunk (der, -s, kein Plural) (ugs.) Streit. Stunk machen.
Stunt (der, -s, -s) (engl.) Einsatz eines Stuntman.
Stunt|man (der, -s, Stunt|men) Doppelgänger für gefährliche Szenen (Film). Stuntgirl.
stu|pid (*auch:* stu|pi|de) (Adj.) (lat.) stumpfsinnig. Stupidität.
Stu|por (der, -s, kein Plural) (lat.) krankhafte Reglosigkeit.
stup|sen (V.) (ugs.) stoßen. Stups; Stupsnase.
stur (Adj.) hartnäckig; unnachgiebig. Sturheit.
Sturm (der, -s, Stür|me) 1. starker Wind; 2. Angriff; Entrüstung. *Beachte:* Sturm und Drang; Sturm laufen/läuten. Sturmangriff; Sturmbö(e); Sturmflut; Sturmglocke; Sturmreihe; Sturmsignal; Sturmspitze; Sturmtief; in seiner Sturm-und-Drang-Zeit; Sturmwarnung; sturmbereit; stürmen.
Sturm|ab|tei|lung (die, -, -en) paramilitärische Organisation der NSDAP (Abk.: SA).
Sturm|band (das, -s, -bän|der) Helmband.
Stür|mer (der, -s, -) beim Fußball für die fünf Angriffsspieler: Rechtsaußen, Halbrechts, Mittelstürmer, Halblinks, Linksaußen.
Sturm|fah|ne (die, -, -n) Windfahne.
sturm|frei (Adj.) 1. zum Erstürmen bereit (Militär); 2. ohne Kontrolle der Eltern.
Sturm|hau|be (die, -, -n) historischer Helm.
stür|misch (Adj.) 1. stark windig. Es war ein stürmischer Tag. 2. mit starken Wellen. bei stürmischer See. 3. ungestüm; wild. Das war eine stürmische Begrüßung!
Sturm|schritt (der, -s, -e) schneller Schritt.
Sturm|vo|gel (der, -s, -vö|gel) Vogelart.
Sturm|war|nung (die, -, -en) Hinweis auf einen drohenden Sturm.
Sturm|wind (der, -s, -e) heftiger Wind.
Sturz|acker (der, -s, -äcker) frisch gepflügtes Feld.
stür|zen (V.) fallen; rennen; absetzen. *Beachte:* sich in Arbeit/Schulden/Unkosten stürzen. Sturz; Sturzbach; Sturzflug; Sturzflut; Sturzhelm; Sturzkampfflugzeug (Abk.: Stuka); Sturzregen; sturzbetrunken.
Sturz|ge|burt (die, -, -en) plötzliche Geburt.
Stuss (der, Stus|ses, kein Plural) (jidd.) (ugs.) Unsinn. Red keinen Stuss!
Stu|te (die, -, -n) weibliches Pferd. Stutenfohlen; Stutenmilch; Stutenzucht; Stuterei; Gestüt.
Stu|ten (der, -s, -) (nordd.) Weißbrot. Stutenbäcker.
Stüt|ze (die, -, -n) 1. Strebe; Unterstützung; 2. (ugs.) Sozialhilfe. Stützbalken; Stützgewebe; Stützmauer; Stützpfeiler; Stützung; Stützverband; stützen.
stut|zen (V.) innehalten; kürzen. Stutzflügel; stutzig.
Stut|zen (der, -s, -) Gewehr; Rohransatz.
Stütz|punkt (der, -(e)s, -e) begrenztes Gebiet, das ein Staat einem anderen Staat für militärische Zwecke zur Verfügung stellt (Militär).
Stüt|zungs|kauf (der, -s, -käu|fe) taktierender Kauf von Aktien oder Währungen, um deren Kurs künstlich anzuheben.
StVO (Abk.) **Str**aßen**v**erkehrs**o**rdnung.
StVZO (Abk.) **Str**aßen**v**erkehrs-**Z**ulassungs-**O**rdnung.
sty|gisch (Adj.) (griech.) schaurig; unheimlich.
Sty|ling (das, -s, -s) (engl.) attraktive äußere Form; Aufmachung. Stylist/in; Haarstyling; stylen.

Stylit (der, -en, -en) (griech.) Säulenheiliger.
Styrax (der, -/-es, -e) harzig-zimtähnlich riechender Balsam, der von Bäumen warmer Länder gewonnen wird.
Styrol (das, -s, kein Plural) (Kunstwort) farblose, zu den Kohlenwasserstoffen gehörige Flüssigkeit, aus der viele Kunststoffe hergestellt werden.
Styropor (das, -s, kein Plural) (griech.-lat.) Kunststoff. Styroporplatte.
SU (Abk.) **S**owjet**u**nion.
s. u. (Abk.) **s**iehe **u**nten!
Suada (*auch:* Suade) (die, -, Suaden) (lat.) Redefluss; Wortschwall.
Suaheli (*auch:* Swahili) 1. (der, -/-s, -/-s) Angehöriger eines Mischvolks der ostafrikanischen Küste; 2. (das, -/-s, kein Plural) dessen zur Bantugruppe gehörige Sprache.
Suasorie (die, -, -rien) (lat.) Rede über die Ratsamkeit einer Entschließung (röm. Rhetorik der Antike).
suasorisch (Adj.) zur Überredungskunst gehörig.
sua sponte (lat.) freiwillig.
sub.../Sub... (lat.) unter.../Unter... subalpin; subarktisch; subatomar; submarin; Subunternehmer.
subaltern (Adj.) (lat.) untergeordnet.
Subdominante (die, -, -n) (lat.) vierte Stufe der diatonischen Tonleiter; darauf aufgebauter Dreiklang.
Subjekt (das, -s, -e) (lat.) Satzgegenstand; Person. Subjektsatz; Subjektsprädikativ.
Subjektion (die, -, -tionen) das Stellen einer Frage, auf die keine Antwort erwartet wird.
subjektiv (Adj.) (lat.) auf die eigene Person bezogen; unsachlich. subjektivistisch.
Subjektivismus (der, -, kein Plural) (lat.) philosophische Lehre, nach der nichts in absoluter Weise gilt, sondern alles subjektiv durch das erkennende Bewusstsein geprägt ist.
Subjektivität (die, -, kein Plural) (lat.) die Eigenheit bzw. Einzigartigkeit eines Menschen in seinen Auffassungen und Aussagen.
Subkontinent (der, -s, -e) größerer eigenständiger Teil eines Kontinents.
Subkultur (die, -, -en) Gegenkunst; Gegenkultur.
subkutan (Adj.) (lat.) unter der/die Haut (Abk.: sc.).
Sublimation (die, -, -en) (lat.) direkte Überführung eines festen Stoffes in den gasförmigen Zustand ohne Verflüssigung bei erreichter Sublimationstemperatur.
Sublimierung (die, -, -en) (lat.) Verdrängung; Verfeinerung. Sublimat; sublim; sublimieren.
Sublimität (die, -, kein Plural) (lat.) Erhabenheit; ätherischer, feiner Charakter. Der Plot der Geschichte ist von ungeheurer Sublimität.
submarin (Adj.) (lat.) unterseeisch.
submers (Adj.) (lat.) untergetaucht (lebend). Submersion.
Submission (die, -, -sionen) (lat.) Projektausschreibung. Submissionskartell; Submissionsweg; submittieren.
Submittend (der, -en, -en) (lat.) Bewerber.
Submittent (der, -en, -en) (lat.) Ausschreiber.
Subordination (die, -, -tionen) (lat.) 1. sich unterordnender (Dienst-)Gehorsam; 2. Unterordnung eines Satzes oder Satzgliedes.
subordinieren (V.) (lat.) unterordnen.
Subrowka (der, -/-s, -s) polnischer Schnaps mit Cumarin aus einem Büffelgrashalm.
subsidiär (*auch:* subsidiarisch) (Adj.) (lat.) behelfsmäßig; unterstützend. Subsidiarismus; Subsidiarität.
Subsidiaritätsprinzip (das, -s, kein Plural) Prinzip, dass der Subsidiarismus als Strukturprinzip der Gesellschaft auch bestimmendes Element des Staatsrechts sein soll.
Subskription (die, -, -tionen) (lat.) Vorbestellung. Subskriptionseinladung; Subskribent; subskribieren.
Subskriptionspreis (der, -es, -e) im Buchhandel Preis, der dem Käufer bei Bestellung eines Buches (vor seinem Erscheinen) zugesichert wird, geringer als der spätere Ladenpreis.
Subspezies (die, -, -) (lat.) Unterart, Rasse.
Substantiv (das, -s, -e) (lat.) Hauptwort; Nomen (z. B. Haus, Baum, Mensch). Substantivierung (das Gute, das Hüpfen); substantivisch; substantiviert; substantivieren.
Substanz (die, -, -en) (lat.) 1. Stoff; Masse; 2. in der Philosophie das Wesentliche; der Kernpunkt einer Sache; das selbstständig Beharrende im Ggs. zu den wechselnden Akzidentien. Substanzverlust.
substanziell (*auch:* substantiell) (Adj.) (lat.) wesentlich; stofflich.
Substituent (der, -en, -en) (lat.) Atom oder Molekül, das eine andere Einheit in chemischen Verbindungen substituiert.
Substitution (die, -, -tionen) (lat.) Ersetzung; Stellvertretung. Substituierung; Substitut/in; substituieren.
Substitutionsgut (das, -s, -güter) Gut, das substituiert wird.
Substrat (das, -s, -e) (lat.) Basis; Nährboden.
subsumieren (V.) (lat.) unterordnen; zusammenfassen. Subsumierung.
Subsumtion (die, -, kein Plural) (lat.) Unterordnung; Zusammenfassung; Einordnung. subsumtiv.
subtil (Adj.) (lat.) schwierig; feingliedrig. Subtilität.
subtrahieren (V.) (lat.) abziehen (Mathematik). Subtrahend; Subtraktion; Subtraktionsverfahren.
Subtropen (die, -, kein Plural) (lat.-griech.) sich in Richtung auf den Nord- oder Südpol an die Tropen anschließendes Gebiet. Adjektiv: subtropisch.
Subvention (die, -, -tionen) (lat.) staatlicher Zuschuss. Subventionsbegehren; subventionieren.
subversiv (Adj.) (lat.) zerstörend; umstürzlerisch. Subversion.
Subway (die, -, -s) (engl.) U-Bahn.
suchen (V.) finden wollen; versuchen; erstreben. auf der Suche sein, *aber:* auf die Suche gehen. Suchaktion; Suchbild; Suchdienst; etwas im Sucher haben (Fotografie); Suchhund; Suchmeldung; Suchtrupp.
Suchmaschine (die, -, -n) Computersoftware, die den Benutzer bei der Suche nach bestimmten Themen im Internet unterstützt.
Sucht (die, -, -en/Süchte) krankhafte Abhängigkeit; gesteigertes Bedürfnis. Süchtigkeit; Suchtkranke; süchtig; suchtkrank.
Sud (der, -s, -e) gekochte Flüssigkeit.

Süd/Sü|den (der, -s, kein Plural) Himmelsrichtung (Abk.: S) *Beachte:* in Nord und Süd. Der Wind kommt aus Süd/Süden. Wir ziehen gen Süd/Süden. Autobahnausfahrt Frankfurt-Süd (*auch:* Frankfurt Süd). Südafrika; Südamerika; Südasien; Süddeutschland; Süden; Südfrankreich; Südhang; Süditalien; Südländer; Südost (Abk.: SO); Südpol; Südpolarmeer; Südsee; Südseite; Südstaatler; Südsüdost(en) (Abk.: SSO); Südsüdwest(en) (Abk.: SSW); Südtirol; Südwest (Abk.: SW); Südwestdeutschland; Südwind. Adjektive: südafrikanisch; südamerikanisch; süddeutsch (Abk.: südd.); südländisch; südöstlich; südwestlich; südwärts.

süd|lich (Adj.) im Süden gelegen. *Beachte:* Anschluss mit »von« oder mit Genitiv. südlich der Alpen; südlich von München, (*selten:*) südlich Münchens; südlicher Breite (Abk.: s(üdl). Br.).

Su|dan (der, -s, kein Plural) nordostafrikanischer Staat. Sudaner; Sudanesen; sudanisch; sudanesisch.

Su|da|ti|on (die, -, -ti|o|nen) (lat.) das Schwitzen.

Su|da|to|ri|um (das, -s, -ri|en) Schwitzbad.

su|deln (V.) (ugs.) beschmutzen. Sudelei; Sudelwetter.

Süd|frucht (die, -, -früch|te) Frucht, die in warmem Klima gedeiht, wie zum Beispiel Ananas, Bananen, Orangen etc.

Suff (der, -s, kein Plural) (ugs.) Alkoholabhängigkeit; das Saufen. im Suff (unter starkem Alkoholeinfluss).

süf|feln (V.) (ugs.) trinken. Süffel; süffig.

süf|fi|sant (Adj.) (franz.) spöttisch. Süffisance; Süffisanz.

suf|fi|gie|ren (V.) ein Wort mit einem Suffix (einer Nachsilbe) versehen.

Suf|fix (das, -es, -e) (lat.) Nachsilbe (z.B. -keit, -ung, -heit).

suf|fi|zi|ent (Adj.) (lat.) genügend; ausreichend. Suffizienz.

suf|fo|ca|to (lat.-ital.) gedämpft (Mus.).

Suf|fra|gan (der, -s, -e) (lat.) einem Erzbischof unterstehender Diözesanbischof.

Suf|fu|si|on (die, -, -si|o|nen) flächiger Bluterguss.

Su|fis|mus (der, -, kein Plural) (arab.-lat.) islamische Mystik. Sufi.

sug|ge|rie|ren (V.) (lat.) beeinflussen; einreden. Suggestion; suggestibel; suggestiv.

Sug|ges|ti|bi|li|tät (die, -, kein Plural) (lat.) die Beeinflussbarkeit, die Empfänglichkeit für Suggestionen. Bei der Hypnose hängt alles ab von der Suggestibilität des Patienten.

Sug|ges|tiv|fra|ge (die, -, -n) Frage, die so formuliert ist, dass eine bestimmte Antwort nahegelegt wird.

suh|len (V., refl.) im Schlamm wälzen. Suhle.

Süh|ne (die, -, -n) Vergeltung; Buße. Sühnegeld; Sühn(e)opfer; Sühnung; sühnen.

Süh|ne|ge|richt (das, -s, -e) Gericht, das Sühneverfahren zur gütlichen Vergleichung begangenen Unrechts durchführt.

Süh|ne|ter|min (der, -s, -e) Begegnung der streitenden Parteien vor einem Verfahren, um den Versuch einer gütlichen Einigung zu unternehmen.

sui ge|ne|ris (lat.) eigen; besonders.

Sui|te (die, -, -en) (franz.) 1. Zimmerflucht; 2. Komposition. Hotelsuite.

Su|i|zid (der/das, -s, -e) (lat.) Selbstmord. Suizident; suizidal.

Su|jet (das, -s, -s) (franz.) Thema.

Suk|ka|de (die, -, -n) (franz.) kandierte Fruchtschale (z. B. einer Zitrone).

suk|ku|lent (Adj.) (lat.) mit verdickten, Wasser speichernden Blättern oder mit aufgetriebenem, blattlosem Stamm (z. B. Kakteen).

Suk|ku|len|te (die, -, -n) (lat.) Fettpflanze; sukkulente Pflanze.

Suk|ku|lenz (die, -, kein Plural) das Sukkulentsein.

suk|ze|die|ren (V.) (lat.) nachfolgen.

Suk|zes|si|ons|staat (der, -s, -en) (lat.) kleinerer Staat, der aus der Auflösung bzw. dem Zerbrechen eines größeren Staates hervorgeht.

suk|zes|siv (Adj.) (lat.) nach und nach; allmählich. Sukzession; Sukzessionskrieg; sukzessive.

Sul|fat (das, -s, -e) (lat.) Salz der Schwefelsäure.

Sul|fid (das, -s, -e) (nlat.) Salz oder Ester des Schwefelwasserstoffs.

Sul|fit (das, -s, -e) (nlat.) Salz oder Ester der schwefligen Säure.

Sul|fo|n|a|mid (das, -s, -e) (nlat.) die Gruppe SO_2NH_2 enthaltende Verbindung (als Bakterien hemmendes Arzneimittel).

Sul|fur (das, -s, kein Plural) (lat.) Schwefel (Abk.: S).

Sul|ky (das, -s, -s) (engl.) Traberwagen.

Sul|tan (der, -s, -e) (arab.) Herrschertitel. Sultanat; Sultanin.

Sul|ta|ni|ne (die, -, -n) Rosine.

Sül|ze (die, -, -n) Fleisch, Fisch in Aspik. Sülzkotelett; Sülzwurst; sülzen.

Su|mach (der, -s, -e) (arab.) kleiner nordamerikanischer Baum; Ziergehölz (z. B. der Essigbaum).

sum|ma cum lau|de (lat.) mit höchstem Lob (akademische Auszeichnung).

sum|ma sum|ma|rum (lat.) alles in allem.

Sum|me (die, -, -n) (lat.) Gesamtergebnis; Betrag; Ganze. Summenbilanz; Summenformel; Sümmchen.

sum|men (V.) leise brummen. Summer; Summerzeichen; Summton.

Sum|men|ver|si|che|rung (die, -, -en) Versicherung, bei der sich die Leistung im Schadensfall an der Versicherungssumme ausrichtet, nicht an der Höhe eines Schadens, z.B. Lebensversicherung.

sum|mie|ren (V.) (lat.) zusammenzählen; sich anhäufen. Summand; Summation; Summierung; summarisch.

Su|mo (das, -s, kein Plural) (jap.) Ringkampf.

Su|mo|to|ri (der, -, -s) Sumoringer.

Sumpf (der, -s, Sümp|fe) Moor; Morast. Sumpfblüte; Sumpfboden; Sumpfdotterblume; Sumpfland; Sumpfotter; Sumpfpflanze; sumpfig.

sump|fen (V.) (ugs.) eine Nacht durchfeiern. Ich habe gestern gesumpft.

Sumpf|fie|ber (das, -s, kein Plural) schwere, fieberhafte Infektionskrankheit in tropischen Gegenden, die durch den Stich der Anophelesmücke übertragen wird; Malaria; Wechselfieber.

Sumpf|vo|gel (der, -s, -vö|gel) Vogelart.

Sumpf|zy|p|res|se (die, -, -n) Zypresse.

Sün|de (die, -, -n) Vergehen; Schuld. Sündenbabel; Sündenlast; Sündenpfuhl; Sünder/in; Sündhaftigkeit; Sündlosigkeit; sünd(en)los; sündhaft; sündig; sündteuer; sündigen.

Sün|den|bock (der, -s, -bö|cke) jmd., dem von anderen (zur eigenen Entlastung) Schuld zugewiesen wird.
Sün|den|fall (der, -s, kein Plural) die erste Sünde der Menschheit, nach dem AT. von Adam und Eva im Paradies begangen.
Sün|den|re|gis|ter (das, -s, -) Auflistung aller Sünden.
Sün|den|ver|ge|bung (die, -, kein Plural) Absolution; Auslöschung aller vergangenen Vergehen.
Su|o|mi (ohne Artikel, -s, kein Plural) (finn.) Finnland.
su|per (Adj.; nicht beugbar) (ugs.) sehr gut; großartig. Das war ein super Konzert. Die Gruppe hat super gespielt.
Su|per (das, -s, kein Plural) (Kurzw.) Superbenzin.
su|per.../Su|per... (lat.) über...; sehr; Über...; Supercup; Supermacht; Supermann; Superstar; superfein; superklug; superleicht; supermodern; superschnell.
su|perb (*auch:* sü|perb) (Adj.) (franz.) vorzüglich.
su|per|fi|zi|ell (Adj.) (lat.) oberflächlich.
Su|per|in|ten|dent (der, -en, -en) (lat.) geistlicher Vorsteher und Verwalter eines evangelischen Kirchenkreises.
Su|pe|ri|or (der, -s, -ri|o|ren) (lat.) Kloster-, Ordensvorsteher.
Su|pe|ri|o|ri|tät (die, -, kein Plural) (lat.) Überlegenheit.
Su|per|la|tiv (der, -s, -e) (lat.) 1. höchster Wert; 2. zweite Steigerungsstufe (z. B. klügste, beste). Adjektiv: superlativisch.
Su|per|la|ti|vis|mus (der, -, -vis|men) (lat.) dauernde Suche nach, Anwendung von Superlativen; Übertreibung.
Su|per|lear|ning (das, -, kein Plural) (engl.) Lernmethode, die vor allem im Fremdsprachenunterricht Einsatz findet.
Su|per|markt (der, -s, -märk|te) großes Lebensmittelgeschäft
Su|per|no|va (die, -, -vä) (lat.) Stern mit besonderer Helligkeitszunahme.
Su|per|strat (das, -s, -e) (lat.) überlagernde Sprachschicht; Erobererersprache (im Gegensatz zu einem Substrat).
Su|per|vi|si|on (die, -, -si|o|nen) (lat.) Überwachung; Betreuung.
Su|per|vi|sor (der, -s, -s) (lat.-engl.) 1. Aufsichtsperson; 2. Überwachungsgerät.
Sup|pe (die, -, -n) Speise. Süppchen; Suppenfleisch; Suppengrün; Suppenhuhn; Suppenkasper; Suppenlöffel; Suppennudel; Suppenterrine; Suppenwürfel; suppig.
Sup|pen|kel|le (die, -, -n) Schöpflöffel.
Sup|pen|schüs|sel (die, -, -n) Terrine.
Sup|pen|wür|ze (die, -, -n) Suppengewürzmischung.
Sup|ple|ment (das, -s, -e) (lat.) Ergänzung; Beilage. Supplementband.
sup|ple|men|tär (Adj.) (lat.) ergänzend.
Sup|pli|kant (der, -en, -en) (lat.) Bittsteller.
sup|pli|zie|ren (V.) ein Bittgesuch einreichen.
sup|po|nie|ren (V.) (lat.) voraussetzen; unterstellen.
Sup|po|si|ti|on (die, -, -ti|o|nen) Voraussetzung.
Sup|po|si|to|ri|um (das, -s, -ri|en) (lat.) Zäpfchen.
Sup|pres|si|on (die, -, -si|o|nen) (lat.) Unterdrückung; Zurückdrängung.
sup|pres|siv (Adj.) (lat.) unterdrückend; zurückdrängend.
sup|pri|mie|ren (V.) (lat.) unterdrücken; zurückdrängen.
Su|pra|lei|ter (der, -s, -) Material, das unterhalb einer bestimmten Temperatur Strom ohne Widerstand leitet.
Su|pre|mat (der/das, -s, -e) (lat.) Oberherrschaft; Oberhoheit.
Su|re (die, -, -n) (arab.) Korankapitel.
Surf|brett (das, -s, -er) Segelbrett. Surfer/in; Surfriding; surfen.
Su|ri|nam (ohne Art., -s, kein Plural) südamerikanischer Staat.
Sur|plus (das, -, -) (engl.) Überschuss.
Sur|re|a|lis|mus (der, -, kein Plural) (franz.) Kunstrichtung. Surrealist; surrealistisch.
sur|ren (V.) brummen. Surrton.
Sur|ro|gat (das, -s, -e) (lat.) Ersatz.
Sur|ro|ga|ti|on (die, -, -ti|o|nen) (lat.) Ersatz eines nicht mehr vorhandenen Gegenstands, Vermögenswertes (Juristensprache).
Su|shi (das, -, kein Plural) (jap.) japanisches Gericht aus rohem Fisch.
su|s|pekt (Adj.) (lat.) verdächtig.
sus|pen|die|ren (V.) (lat.) aufheben; entlassen. Suspension; suspensiv.
süß (Adj.) zuckrig; lieblich; reizend. Süße; Süßholz; Süßigkeit; Süßspeise; Süßwasser; süßsauer; süßlich; honigsüß; zuckersüß; süßfreundlich; süßen.
Süß|lich|keit (die, -, -en) 1. leicht süßer Geschmack; 2. Kitschigkeit.
Süß|stoff (der, -s, -e) synthetisch hergestellte organische Verbindung mit Süßkraft, die vom Körper nicht verarbeitet werden kann, zum Beispiel Saccharin.
su|um cu|i|que (lat.) jedem das Seine.
SV (Abk.) **S**port**v**erein.
sva. (Abk.) **s**o **v**iel **a**ls.
svw. (Abk.) **s**o **v**iel **w**ie.
SW (Abk.) **S**üd**w**est(en).
Swa|mi (der, -s, -s) (Hindi) hinduistischer Mönch, Gelehrter, Lehrer.
Swap|ge|schäft (das, -s, -e) Devisenaustauschgeschäft.
SWAPO (Abk.) **S**outh **W**est **A**frican **P**eople's **O**rganization (Befreiungsbewegung).
Swea|ter (der, -s, -) (engl.) Pullover. Sweatshirt.
SWF (Abk.) **S**üd**w**est**f**unk.
Swim|ming|pool (der, -s, -s) (engl.) Schwimmbecken.
Swing (der, -/-s, kein Plural) (engl.) 1. Jazzstil; 2. Kreditquote. Swingfox; swingen.
swit|chen (V.) 1. hin und her wechseln; 2. ein Auslandsgeschäft tätigen, das über ein Drittland abgewickelt wird.
Sy|ba|rit (der, -en, -en) (griech.) Schlemmer.
sy|ba|ri|tisch (Adj.) (griech.) schwelgerisch.
Sy|ko|mo|re (die, -, -n) (griech.) Maulbeerfeige.
Sy|ko|phant (der, -en, -en) (griech.) Verleumder.
syl|la|bisch (Adj.) (griech.) silbenweise.
Syl|lo|gis|mus (der, -, -gis|men) (griech.) Vernunftschluss. Adjektiv: syllogistisch.
Sym|bi|ont (der, -en, -en) Lebewesen in Symbiose mit einem anderen.
Sym|bi|o|se (die, -, -n) (griech.) Zusammenleben. Adjektiv: symbiotisch.

Sym|bol (das, -s, -e) (griech.) Sinnbild; Zeichen. Symbolcharakter; Symbolisierung; Symbolkraft; Symbolsprache; symbolhaft; symbolisch; symbolistisch; symbolträchtig; symbolisieren.

Sym|bo|lik 1. (die, -, -en) (griech.) sinnbildlicher Gehalt von Worten oder bildlichen Darstellungen; 2. (die, -, kein Plural) (griech.) Lehre von den Sinnbildern (Symbolen).

Sym|bo|lis|mus (der, -, kein Plural) (griech.) 1. literarische Bewegung Ende des 19. Jahrhunderts; 2. Strömung in der Malerei des 19. und 20. Jahrhunderts.

Sym|me|t|rie (die, -, -n) (griech.) Spiegelgleichheit. Symmetrieachse; Symmetrieebene; symmetrisch.

Sym|pa|thi|ko|ly|ti|kum (das, -s, -ka) (gr.-nlat.) Medikament, das die Reizung sympathischer Nerven hemmt (Med.).

Sym|pa|thi|ko|to|nie (die, -, -ni|en) Erregbarkeit des sympath. Nervensystems (Med.).

Sym|pa|thie|trä|ger (der, -s, -) jmd., dem Sympathie entgegengebracht wird.

Sym|pa|thi|kus (der, -, kein Plural) (griech.) Nervenstrang.

Sym|pho|nie (die, -, -n) → Sinfonie.

Sym|po|si|um (*auch:* Sym|po|si|on) (das, -s, -si|en) (griech.) Tagung.

Sym|p|tom (das, -s, -e) (griech.) Anzeichen für eine Krankheit; Krankheitsmerkmal. Adjektiv: symptomatisch.

Sy|n|a|go|ge (die, -, -n) (griech.) jüdisches Gotteshaus. Adjektiv: synagogal.

Sy|n|ap|se (die, -, -n) Verbindungsstelle, die der Reizübermittlung im Nervensystem dient.

Sy|n|äs|the|sie (die, -, -n) (griech.) 1. Mitreizung eines anderen Sinnesorgans (z. B. Hörempfindung bei bestimmten Farben); 2. sprachliches Bild, das scheinbar unvereinbare Sinneseindrücke benutzt (z. B. ein knallendes Gelb). synästhetisch.

syn|chron (Adj.) (griech.) gleichzeitig.

Syn|chro|ni|sa|ti|on (die, -, -en) (griech.) 1. beim Tonfilm die Einpassung von Wort, Musik und Geräuschen in den Bildfilm; Übertragung in eine andere Sprache; 2. das Einregulieren von elektrischen und mechanischen Vorgängen auf zeitliche Übereinstimmung. synchronisieren.

Syn|chro|t|ron (das, -s, -e) (Kunstwort) Beschleuniger für geladene Elementarteilchen.

Syn|dak|ty|lie (die, -, -n) (griech.) Verwachsung von Fingern oder Zehen.

syn|de|tisch (Adj.) (griech.) mit Konjunktion (Bindewort) verbunden. Syndeton.

Syn|di|kat (das, -s, -e) (griech.) 1. Kartell; 2. (Kurzw.) Verbrechersyndikat. Syndikalismus.

Syn|di|kus (der, -, -se/-di|zi) (griech.) Rechtsbevollmächtigter einer Körperschaft oder eines Unternehmens.

Syn|drom (das, -s, -e) (griech.) Krankheitsbild.

Sy|n|ek|do|che (die, -, -n) (griech.) Umschreibung eines Begriffs durch einen seiner Teile (z. B. »Paris« für »die französische Regierung«).

sy|n|er|ge|tisch (Adj.) zusammenwirkend.

Sy|n|er|gie (die, -, -n) das Zusammenwirken.

Sy|n|er|gie|ef|fekt (der, -s, -e) das Zusammenwirken von verschiedenen Kräften.

Syn|ko|pe (die, -, -n) (griech.) 1. Vokalausfall; 2. Betonung eines unbetonten Wertes im Takt (Musik); 3. kurze Bewusstlosigkeit (Med.). Adjektiv: synkopisch. Verb: synkopieren.

Syn|kre|tis|mus (der, -, kein Plural) (griech.-nlat.) Vermischung mehrerer Religionsformen, Lehren u. a. Synkretist. synkretistisch.

Sy|n|o|dal|ver|fas|sung (die, -, kein Plural) Verfassung der evangelischen Kirchen.

Sy|n|o|de (die, -, -n) (griech.) Kirchenversammlung. synodal; synodisch.

Sy|n|o|nym (das, -s, -e) (griech.) gleichbedeutendes oder sinnverwandtes Wort. Synonymie

sy|n|o|nym (Adj.) (griech.) mit gleicher, ähnlicher Bedeutung. Synonymik; synonymisch.

Sy|n|op|se (*auch:* Sy|n|op|sis) (die, -, -n) (griech.) Zusammenfassung; Übersicht. Synoptik; synoptisch.

syn|tag|ma|tisch (Adj.) (griech.) zusammengehörig. Syntagma.

Syn|tax (die, -, -en) (griech.) Satzbaulehre. Satzlehre. Syntaxanalyse; syntaktisch.

Syn|the|se (die, -, -n) (griech.) Aufbau; Verbindung. Syntheseprodukt.

Syn|the|si|zer (der, -s, -) (engl.) elektronisches Musikgerät.

Syn|the|tik (das, -s, kein Plural) (griech.) Kunstfaserstoff.

syn|the|tisch (Adj.) (griech.) 1. künstlich hergestellt; 2. verknüpfend; zusammensetzend.

syn|the|ti|sie|ren (V.) chemisch herauslösen; aus anderen Stoffen herstellen.

Sy|phi|lis (die, -, kein Plural) (griech.) Geschlechtskrankheit. Syphilitiker; syphiliskrank; syphilitisch.

Sy|rer (*auch:* Sy|ri|er) (der, s, -) Bewohner Syriens. Syrerin. syrisch.

Sys|tem (das, -s, -e) (griech.) 1. Aufbau; 2. Prinzip; 3. Staatsform. Systematisierung; Systemkritiker; Systemzwang. systematisch.

Sys|tem|ana|ly|ti|ker (der, -s, -) jmd., der ein Problem in computergerechte und vom Computer verarbeitbare Einzelschritte zerlegen kann (EDV).

Sys|te|ma|tik (die, -, -en) (griech.) 1. Ordnung einer Mannigfaltigkeit zu einem übersichtlichen Ganzen; 2. in der Biologie die schematische Einordnung der Organismenarten nach ihrem Verwandschaftsgrad in ein bestimmtes System.

sys|te|ma|ti|sie|ren (V.) gliedern; in ein System bringen.

sys|tem|im|ma|nent (Adj.) systembedingt; im System angelegt.

Sze|ne (die, -, -n) (griech.) 1. Bühne; 2. Auftritt; 3. Bereich. Szenarium; Szenenfolge; Szenenwechsel; szenisch.

Sze|ne|rie (die, -, -en) 1. Bühnenbild; 2. Landschaftsbild, das szenenhaft wirkt.

Szi|en|tis|mus (der, -, kein Plural) 1. Geisteshaltung, die sich auf Wissen/wissenschaftliche Erkenntnisse stützt; 2. Glaubenslehre der Christian Science. Szientist. szientifisch.

Szin|til|la|tor (der, -s, -to|ren) Stoff, der beim Auftreffen radioaktiver Strahlung szintilliert.

szin|til|lie|ren (V.) (lat.) aufblitzen; flimmern; funkeln (von Sternenlicht, Kristallen).

SZR (Abk.) **S**onder**z**iehungs**r**echt.

T

t (Abk.) **T**onne.
Ta (Abk.) **Ta**ntal (chemisches Zeichen).
Tab (der, -s, -e/-s) 1. oben herausragender Kennzeichnungsteil (einer Karteikarte); 2. Abk. für **Ta**bulator.
Ta|bak (der, -s, -e) (span.) 1. Pflanze; 2. Genussmittel. starker Tabak/starker Tobak (ugs.) (eine Unerhörtheit, eine Zumutung).
Ta|bak|bau (der, -s, kein Plural) Anbau der Tabakpflanze.
Ta|bak|blatt (das, -es, -blät|ter) einzelnes Blatt einer Tabakpflanze.
Ta|bak|ge|nuss (der, -nus|ses, kein Plural) Tabakgebrauch; Freude am Tabak.
Ta|bak|händ|ler (der, -s, -) Händler.
Ta|bak|la|den (der, -s, -lä|den) Tabakgeschäft.
Ta|bak|mi|schung (die, -, -en) Tabakzusammenstellung.
Ta|bak|mo|sa|ik|vi|rus (das/ der, -, -vi|ren) Virus, das Mosaikkrankheiten am Tabak bewirkt.
Ta|ba|ko|se (die, -, -n) (span.-nlat.) Tabakstaublunge.
Ta|bak|pflan|ze (die, -, -n) Pflanze, aus der Tabak hergestellt wird.
Ta|bak|plan|ta|ge (die, -, -n) landwirtschaftlicher Betrieb, der Tabakpflanzen anbaut.
Ta|bak|rau|cher (der, -s, -) Raucher.
Ta|baks|beu|tel (der, -s, -) Beutel zur Aufbewahrung von Tabak.
Ta|baks|do|se (die, -, -n) Dose zur Aufbewahrung von Tabak.
Ta|baks|pfei|fe (die, -, -n) Rauchgerät.
Ta|bak|steu|er (die, -, -n) Verbrauchssteuer.
Ta|bak|ver|gif|tung (die, -, -en) Vergiftung.
Ta|bak|wa|ren (die, nur Plural) Sortiment.
Ta|bas|co (der, -s, kein Plural) (span.) scharfes Gewürz. Tabascosoße (*auch:* Tabascosauce).
Ta|ba|ti|e|re (die, -, -n) (franz.) Schnupftabakdose; Tabaksdose.
ta|bel|la|risch (Adj.) in Tabellenform angeordnet.
ta|bel|la|ri|sie|ren (V.) in Tabellenform bringen.
Ta|bel|la|ri|sie|rung (die, -, -en) das Tabellarisieren.
Ta|bel|le (die, -, -n) Übersicht; Liste. Tabellenende; Tabellenerster sein; Tabellenführer; Tabellenspitze; Tabellenstand.
ta|bel|len|för|mig (Adj.) tabellarisch.
ta|bel|lie|ren (V.) automatische Tabellen erstellen.
Ta|bel|lie|rer (der, -s, -) eine Tabelliermaschine bedienender Mensch.
Ta|bel|lier|ma|schi|ne (die, -, -n) Büromaschine; Maschine zum Ausdrucken von Tabellen.
Ta|ber|na|kel (das/der, -s, -) (lat.) Hostienschrein; Mittelpunkt des Altars.
Ta|bes (die, -, kein Plural) (lat.) Schwindsucht (des Rückenmarks).
Ta|be|ti|ker (der, -s, -) jmd., der an Rückenmarksschwindsucht leidet.
ta|be|tisch (Adj.) tabisch.
Ta|bi|ker (der, -s, -) jmd., der an Tabes leidet.
ta|bisch (Adj.) zur Tabes gehörig; daran leidend.
Ta|b|lar (das, -s, -e) (schweiz.) (franz.) Regalbrett.
Ta|b|leau (das, -s, -s) (franz.) 1. wirkungsvoll angeordnetes Bühnenbild; 2. übersichtliche Darstellung; Tabelle; 3. in der Reproduktionstechnik eine Zusammenstellung von Vorlagen für eine Gesamtaufnahme im gleichen Maßstab.
Ta|b|le d'Hôte (die, - -, - -) (franz.) Einheitsspeisetafel.
Ta|ble|top (das, -s, -s) (engl.) Anordnung von Gegenständen für Stillleben-fotografie.
Ta|b|lett (das, -s, -s/-e) (franz.) Servierbrett.
Ta|b|let|te (die, -, -n) (franz.) Pille.
Ta|b|let|ten|röhr|chen (das, -s, -) Verpackungsweise für Tabletten.
Ta|b|let|ten|sucht (die,-, kein Plural) Abhängigkeit von Medikamenten.
ta|b|let|ten|süch|tig (Adj.) tablettenabhängig.
ta|b|let|tie|ren (V.) in die Form einer Tablette bringen.
Ta|bor 1. (der, -s, -s) (tschech.) Volksversammlung; 2. (der, -s, kein Plural) Berg in Israel.
Ta|bo|rit (der, -en, -en) (nlat.) Mitglied einer radikalen Gruppe der Hussiten (nach der tschech. Stadt Tabor).
Ta|bor|licht (das, -s, kein Plural) der Gott eigene, ungeschaffene Lichtschein (Mystik der orthodoxen Kirche).
Tä|b|ris (der, -, -) ein nordwestiranischer Teppich.
ta|bu (Adj.) verboten. Das ist tabu.
Ta|bu (das, -s, -s) Verbot; Unantastbarkeit.
ta|bu|ie|ren (V.) etwas zum Tabu erklären.
Ta|bu|ie|rung (die, -, -en) das Tabuieren.
ta|bu|i|sie|ren (V.) tabuieren.
Ta|bu|i|sie|rung (die, -, -en) Tabuierung.
Ta|bu|la gra|tu|la|to|ria (die, - -, -lae -ri|ae) (lat.) Liste der Gratulanten.
Ta|bu|la ra|sa (die, - -, kein Plural) (lat.) 1. »reiner Tisch«, ermöglichter Neubeginn; 2. unbeeinflusste Seele (in der Philosophie). Tabula rasa machen (unnachsichtig aufräumen, rücksichtslos Klarheit schaffen).
Ta|bu|la|tor (der, -s, -en) (engl.) Tabellensteller (Schreibmaschine).
Ta|bu|la|tur (die, -, -en) (lat.) 1. eine alte Notenschrift; Griffschrift; 2. Tafel mit den Regeln des Meistersangs.
Ta|bu|rett (das, -s, -e) (schweiz.-franz.) niedriger Hocker.
Ta|che|les (jidd.) (nur in der Wendung) Tacheles reden (Klartext reden).
Ta|chi|na (die, -, -nen) (griech.-lat.) Gattung der Raupenfliegen.
ta|chi|nie|ren (V.) faulenzen; unbeschäftigt herumstehen.
Ta|chis|mus (der, -, kein Plural) (franz.-nlat.) spontanes Aufbringen von Farbflecken (als Richtung gegenstandsloser Malerei).
Ta|chist (der, -chis|ten, -chis|ten) Tachismusvertreter.
Ta|chis|to|s|kop (das, -s, -e) (griech.-lat.) Gerät zur Vorführung optischer Reize im Rahmen von psychologischen Tests.

Ta|cho (der, -s, -s) (Kurzw.) Tachometer.
Ta|cho|graf (*auch:* Ta|cho|graph) (der, -en, -en) (griech.) Geschwindigkeitsaufzeichner.
Ta|cho|me|ter (der/das, -s, -) (griech.) Geschwindigkeitsmesser.
ta|chy.../Ta|chy... (griech.) in Wortzusammensetzungen die Bedeutung »schnell«.
Ta|chy|gra|fie (*auch:* Ta|chy|gra|phie) (die, -, -n) (griech.-lat.) Kurzschriftsystem aus dem Altertum.
Ta|chy|kar|die (die, -, -n) (griech.) Herzjagen; Pulsbeschleunigung.
Ta|cker (engl.) (der, -s, -) Handgerät zum Anbringen von Heftklammern.
ta|ckern (V.) mit dem Tacker befestigen.
Tack|ling (das, -s, -s) (engl.) Abwehrtechnik (Fußball).
Täcks (*auch:* Täks) (der, -es, -e) (engl.) Nagel (in der Schuhherstellung gebräuchlich).
Ta|del (der, -s, kein Plural) Kritik; Rüge.
ta|del|frei (Adj.) ohne Tadel.
ta|del|los (Adj.) tadelfrei; einwandfrei.
ta|deln (V.) rügen; kritisieren.
ta|delns|wert (Adj.) eines Tadels bedürfend; nicht einwandfrei.
Ta|dels|an|trag (der, -s, ...trä|ge) Antrag zur Zurechtweisung eines Parlamentariers.
Ta|del|sucht (die, -, kein Plural) Sucht, andere zu tadeln.
ta|del|süch|tig (Adj.) andere Menschen gerne und oft tadelnd.
Tad|ler (der, -s, -) tadelnder Mensch. Tadlerin.
Ta|d|schi|ke (der, -n, -n) Einwohner Tadschikistans.
ta|d|schi|kisch (Adj.) zu Tadschikistan gehörend. *Aber:* Tadschikisch (Sprache).
Ta|d|schi|kis|tan (ohne Art., -s, kein Plural) Staat in Zentralasien.
Tadsch Ma|hal (der, - -(s), kein Plural) bekanntes Mausoleum in Indien.
Tae|k|won|do (das, -, kein Plural) koreanische Kunst der Selbstverteidigung.
Taf. (Abk.) **Taf**el.
Ta|fel (die, -, -n) 1. Brett; Schild; Tabelle; 2. Tisch. Tafelaufsatz; Tafelberg; Täfelchen; Tafelfreuden; Tafelgeschirr; Tafelobst; Tafelrunde; Tafelservice; Tafelspitz; Tafelwasser; Tafelwein.
ta|fel|ar|tig (Adj.) wie eine Tafel.
Ta|fel|be|steck (das, -s, -ste|cke) Besteck.
ta|fel|fer|tig (Adj.) fertig zubereitet.
ta|fel|för|mig (Adj.) in der Form einer Tafel.
Ta|fel|glas (das, -es, -glä|ser) Schaufensterglas.
Ta|fel|lap|pen (der, -s, -) Wischtuch zum Tafelwischen.
Ta|fel|ma|le|rei (die, -, -en) Malstil; Malerei auf Holztafeln.
Ta|fel|mu|sik (die, -, kein Plural) gehobene Unterhaltungsmusik.
ta|feln (V.) speisen.
tä|feln (V.) mit einer Täfelung versehen.
Tä|fe|lung (die, -, -en) Holzverkleidung von Decken und Wänden.
taff (*auch:* tough) (Adj.) ugs. für energisch.
Taft (der, -s, -e) (pers.) Seidenstoff. Taftkleid; Taftrock.
taf|ten (Adj.) aus Taft bestehend.
Tag (der, -s, -e) Zeitraum; Helligkeit; (ugs.; Plural) Menstruation. *Beachte:* am/bei/über Tag; eines Tages; in zwei Tagen; Guten (*auch:* guten) Tag sagen; Tag für Tag; ich komme nächster Tage vorbei; im Laufe des morgigen Tag(e)s; Tag und Nacht; der Jüngste Tag; unter Tage arbeiten (Bergwerk). *Aber:* unter Tags (*österr.:* untertags); tags darauf/zuvor; tagsüber; tagtäglich; tagaus, tagein; tags darauf rief er an; heutzutage; *aber:* das wird bald zutage (*auch:* zu Tage) treten; tagelang, *aber:* drei Tage lang. Tagdienst; Tagebau; Tagebuch; Tagedieb; Tagesablauf; Tagesanbruch; Tagesbedarf; Tagesdecke; Tageseinnahme; Tagesform; Tagesgeschehen; Tagesgespräch; Tageslichtprojektor; Tagesmutter; Tagesraum; Tagesschau; Tagesstätte; Tageszeit; Tageszeitung; Tagfalter; Tagtraum; Tagwerk. Adjektive: tag(es)hell; ganztägig; fünftägig; dreitäglich (alle drei Tage); tagtäglich; tageweise. Verb: tagelöhnern.
Ta|ga|le (der, -n, -n) Angehöriger des gleichnamigen Volkes auf den Philippinen.
Ta|ga|log (das, -, kein Plural) (malai.) die Staatssprache der Philippinen.
Ta|ge|lohn (der, -s, -löh|ne) Lohn, der nach Arbeitstagen ausbezahlt wird.
Ta|ge|löh|ner (der, -s, -) Arbeiter, der im Tagelohn bezahlt wird.
Ta|ges|aus|flug (der, -s, -flü|ge) Vergnügungsreise.
Ta|ges|hälf|te (die, -, -n) Hälfte eines Tages.
Ta|ges|kar|te (die, -, -n) Ticket, das für einen Tag gültig ist.
Ta|ges|kas|se (die, -, -n) Einnahmen eines Tages.
Ta|ges|kli|nik (die, -, -en) Klinik für ambulante Behandlung.
Ta|ges|kurs (der, -es, -e) Börsenkurs eines Börsentages.
Ta|ges|lauf (der, -s, -läu|fe) Tag.
Ta|ges|leis|tung (die, -, -en) erbrachte Leistung an einem Tag.
Ta|ges|licht (das, -es, kein Plural) Sonnenlicht; natürliches Licht.
Ta|ges|lo|sung (die, -, -en) Tagesparole.
Ta|ges|marsch (der, -es, -mär|sche) Strecke, die innerhalb eines Tages zu gehen ist.
Ta|ges|nach|rich|ten (die, nur Plural) Meldungen des Tages.
Ta|ges|ord|nung (die, -, -en) Tagungsplan; Tagesgliederung. an der Tagesordnung sein (häufig vorkommen); zur Tagesordnung übergehen (über etwas hinweggehen, etwas nicht weiter beachten).
Ta|ges|ord|nungs|punkt (der, -s, -e) Teil einer Tagesordnung.
Ta|ges|pres|se (die, -, kein Plural) Gesamtheit der an einem Tag erschienenen Zeitungen.
Ta|ge|tes (die, -, -) (lat.) Studentenblume.
ta|ge|wei|se (Adv.) für einzelne Tage.
tag|gen (V.) (engl.) mit einem Graffitipseudonym versehen.
tag|hell (Adj.) hell wie am Tag.
Ta|g|li|a|tel|le (die, nur Plural) italienische Bandnudeln.
täg|lich (Adj.) jeden Tag.
Tag|pfau|en|au|ge (das, -s, -n) Falter.
tags|über (Adv.) am Tag.
tag|täg|lich (Adj.) jeden Tag.
Tag|träu|mer (der, -s, -) verträumter Mensch.
Ta|gu|an (der, -s, -e) indisches Flughörnchen.

Tag|und|nacht|glei|che (*auch:* Tag-und-Nacht-Glei|che) (die, -, kein Plural) Tag des Jahres, an dem die Länge der Nacht dem Tag entspricht.
Ta|gung (die, -, -en) Symposium; Sitzung. Tagungsort; Tagungsteilnehmer.
Ta|hin (das, -, kein Plural) (arab.) Paste aus fein vermahlenem Sesam.
Ta|hi|ti (ohne Art., -s, kein Plural) größte der Gesellschaftsinseln im Pazifik.
Tahr (der, -s, -s) indische Halbziege.
Tai-Chi (das, - -, kein Plural) chinesisches Schattenboxen.
Tai|fun (der, -s, -e) (chines.) Wirbelsturm in Südostasien.
Tai|ga (die, -, kein Plural) (russ.) sumpfige Waldlandschaft.
Tail|le (die, -, -n) (franz.) Gürtellinie. Taillenweite; kurztaillig.
Tail|leur (das, -s, -s) (schweiz.) (franz.) tailliertes Kostüm.
tail|lie|ren (V.) ein Kleidungsstück auf Taille arbeiten.
tail|liert (Adj.) auf Taille geschnitten.
Tai|peh (ohne Art., -s, kein Plural) Hauptstadt von Taiwan.
Tai|wan (ohne Art., -s, kein Plural) Inselstaat vor der Südostküste Chinas.
Ta|ka|ma|hak (der, -s, kein Plural) (indian.-span.) Harz eines Tropenbaums.
Take (der/das, -s, -s) (engl.) Filmeinstellung, Filmszene; Aufnahme.
Ta|ke|la|ge (die, -, -n) (franz.) Segelwerk.
Ta|ke|lung (die, -, -en) das Takeln; Takelage.
Ta|kel|werk (das, -s, kein Plural) Takelage.
ta|keln (V.) ein Schiff mit Takelwerk versehen.
Take-off (*auch:* Take|off) (das/der, -s, -s) (engl.) Flugzeug-, Raketenstart.
Takt 1. (der, -s, -e) (lat.) Rhythmus; Regelmäßigkeit. Taktfrequenz; fünftaktig. 2. (der, -s, kein Plural) (franz.) Fingerspitzengefühl.
tak|ten (V.) in Takten arbeiten.
Takt|feh|ler (der, -s, -) den Takt betreffender Fehler.
takt|fest (Adj.) den Takt einhaltend.
Takt|ge|fühl (das, -s, kein Plural) Feingefühl; Diskretion.
tak|tie|ren (V.) taktisch klug vorgehen.
Tak|tik (die, -, -en) (griech.) berechnendes, überlegtes Vorgehen.
Tak|ti|ker (der, -s, -) taktisch vorgehender Mensch.
tak|til (Adj.) (lat.) zum Tastsinn gehörig.
tak|tisch (Adj.) die Taktik betreffend.
takt|los (Adj.) indiskret; unhöflich; unpassend.
Takt|lo|sig|keit (die, -, -en) Mangel an Feingefühl; Unhöflichkeit.
takt|mä|ßig (Adj.) im Takt; den Takt betreffend.
Takt|mes|ser (der, -s, -) Metronom.
Takt|stock (der, -s, -stö|cke) Dirigentenstock.
Takt|strich (der, -es, -e) in der Notenschrift Grenze zwischen den einzelnen Takten.
takt|voll (Adj.) diskret; feinfühlend; rücksichtsvoll.
takt|wid|rig (Adj.) nicht dem Takt entsprechend.
Tal (das, -s, Tä|ler) Senke; Ebene. Talboden; Talenge; Berg- und Talfahrt; Talsenke; Talski (*auch:* Talschi); Talsohle; Talsperre.
Ta|lar (der, -s, -e) (ital.) Amtstracht.
tal|auf|wärts (Adv.) das Tal hinauf.
tal|aus (Adv.) aus dem Tal hinaus.
tal|wärts (Adv.) das Tal hinunter.
Ta|lent (das, -s, -e) (griech.) 1. Begabung. Talentprobe; Talentsuche. 2. altgriechische Geld-, Gewichtseinheit.
ta|len|tiert (Adj.) begabt; Talent habend.
ta|lent|los (Adj.) unbegabt; ohne Talent.
ta|lent|voll (Adj.) talentiert.
Ta|ler (der, -s, -) Münze. Talerstück.
ta|ler|groß (Adj.) so groß wie ein Taler.
Talg (der, -s, -e) Fett.
talg|ar|tig (Adj.) wie Talg.
Talg|drü|se (die, -, -n) Talg produzierende Drüse.
tal|gen (V.) mit Talg einschmieren.
tal|gig (Adj.) talgartig; Talg enthaltend.
Ta|li|on (die, -, -li|o|nen) (lat.) Vergeltung von Gleichem mit Gleichem.
Ta|li|pes (der, -, kein Plural) (nlat.) Klumpfuß.
Ta|lis|man (der, -s, -e) (griech.) Glücksbringer.
Tal|je (die, -, -n) (lat.-niederl.) Flaschenzug.
Talk (der, -s, kein Plural) (arab.) Mineral. Talkerde; Talkpuder; Talkstein.
Talk|mas|ter (der, -s, -) (engl.) Moderator.
Talk|show (die, -, -s) (engl.) Unterhaltungssendung mit Gesprächsrunde.
Tal|kum (das, -s, kein Plural) (arab.-lat.) zermahlener Speckstein; Talk. Talkumpuder.
tal|ku|mie|ren (V.) mit Talkum bestäuben.
Tal|la|has|see (ohne Art., -s, kein Plural) Hauptstadt von Florida.
Tal|linn (ohne Art., -s, kein Plural) früher Reval, Hauptstadt von Estland.
Tal|lith (der, -, -) jüd. Gebetsmantel.
Tal|ly|mann (der, -s, -leu|te) (engl.-dt.) Kontrolleur beim Be- und Entladen von Schiffen.
Tal|mi (das, -s, kein Plural) Legierung; Unechtes. Talmiglanz; Talmigold; Talmiware.
tal|min (Adj.) aus Talmi.
Tal|mud (der, -s, -e) (hebr.) jüdische Gesetzessammlung.
tal|mu|disch (Adj.) den Talmud betreffend.
Tal|mu|dis|mus (der, -, kein Plural) auf dem Talmud beruhende Lehre.
Tal|mu|dist (der, -en, -en) Erforscher des Talmud; Talmudkenner.
Tal|mud|ken|ner (der, -s, -) Talmudfachmann.
Ta|lon (der, -s, -s) (franz.) Gutschein.
Ta|ma|rak (das, -s, -s) Holz einer nordamerikanischen Lärche.
Ta|ma|ri (die, -, -s) (jap.) Sojasoße aus Sojabohnen und Meersalz, würziger und dickflüssiger als Shoyu.
Ta|ma|rin|de (die, -, -n) (arab.-lat.) ein tropischer Hülsenfrüchtler; dessen Frucht.
Ta|ma|ris|ke (die, -, -n) (ital.) Wärme liebendes Bäumchen mit immergrünen Schuppenzweigen.
Tam|bour (der, -s, -e) (pers.-franz.) 1. Trommler; Ausbilder der Spielleute; 2. zylindrischer Kuppelunterbau.
Tam|bour|ma|jor (der, -s, -e) Leiter eines Spielmannszuges.
Tam|bur (der, -s, -e) (pers.-franz.) Sticktrommel.

Tam|bu|rin (das, -s, -e) (franz.) Handtrommel.
Tam|bu|riz|za (die, -, -zen) serbokroatische Mandoline.
Ta|mil (das, -s, kein Plural) Sprache der Tamilen.
Ta|mi|le (der, -n, -n) dunkelhäutiger, drawidischer Ew. Südindiens und Sri Lankas.
Tam|pa (ohne Art., -s, kein Plural) Hafen an der Westküste Floridas.
Tam|pe|re (ohne Art., -s, kein Plural) finnische Industriestadt.
Tam|pi|co (ohne Art., -s, kein Plural) mexikanische Hafenstadt.
Tam|pi|ko|fa|ser (die, -, -n) Agavenfaser.
Tam|pon (der, -s, -s) (franz.) Wattebausch. Tamponade; Tamponage.
tam|po|nie|ren (V.) etwas mit einem Tampon ausstopfen.
Tam|tam (das, -s, -s) 1. Instrument; 2. (ugs.) Lärm, Aufregung.
tan (*auch:* tang; tg) (Abk.) **Tan**gens.
TAN (Abk.) **T**rans**a**ktions**n**ummer.
Ta|na|g|ra (ohne Art., -s, kein Plural) altgriechische Stadt in Böotien.
Tan|bur (der, -s, -e) arabisches Lauteninstrument.
Tand (der, -s, kein Plural) (lat.) Wertloses.
Tän|de|lei (die, -, -en) Spielerei.
Tän|del|markt (der, -es, -märk|te) Trödelmarkt.
tän|deln (V.) spielen; scherzen.
Tan|dem (das, -s, -s) Doppelfahrrad. Tandemachse; Tandemmaschine.
Tänd|ler (der, -s, -) Trödler.
tang (Abk.) **Tang**ens.
Tang (der, -s, -e) Algen.
Tan|ga (der, -s, -s) 1. Hauptstadt der gleichnamigen Provinz in Tansania; 2. knapper Bikini, Slip.
Tan|ga|re (die, -, -n) mittel- und südamerikanischer Singvogel.
Tan|gens (der, -, -) (lat.) Winkelfunktion (Abk.: tan). Tangenskurve; Tangente; Tangenssatz; Tangentenfläche; Tangentialebene.
Tan|gen|te (die, -, -n) Ortsumgehungsstraße.
tan|gen|ti|al (Adj.) eine Kurve oder gekrümmte Fläche berührend.
Tan|ger (ohne Art., -s, kein Plural) marokkanische Hafenstadt.
Tan|ger|mün|de (ohne Art., s, kein Plural) Stadt in Brandenburg.
tan|gie|ren (V.) (lat.) berühren; betreffen; angehen.
Tan|go (der, -s, -s) (span.) Tanz. Tangotänzer.
Tank (der, -s, -s/-e) 1. Behälter; 2. Panzer. Tanker; Tankerflotte; Tankfahrzeug; Tankfüllung; Tanksäule; Tankschiff; Tankuhr; Tankwagen; Tankwart.
Tank|an|zei|ge (die, -, -n) Angabe der Füllmenge eines Tanks.
tan|ken (V.) mit Benzin auffüllen.
Tank|ver|schluss (der, -es, -schlüs|se) Verschluss eines Tanks.
Tänn|chen (das, -s, -) kleine Tanne.
Tan|ne (die, -, -n) Baum.
tan|nen (Adj.) aus Tannenholz.
Tan|nen|baum (der, -s, -bäu|me) Tanne.
Tan|nen|hä|her (der, -s, -) Vogelart.
Tan|nen|harz (das, -es, -e) Harz der Tanne.
Tan|nen|na|del (die, -, -n) Nadel der Tanne.
Tan|nen|wald (der, -es, -wäl|der) aus Tannen bestehender Wald.
Tan|nen|zap|fen (der, -s, -) Frucht der Tanne.
Tan|nin (das, -s, -e) (franz.) Gerbstoff. Tanninbeize.
tan|nie|ren (V.) mit Tannin behandeln.
Tan|rek (der, -s, -s) Igelart auf Madagaskar.
Tan|sa|nia (ohne Art., -s, kein Plural) Staat in Ostafrika. Tansanier.
tan|sa|nisch (Adj.) zu Tansania gehörend.
Tan|sa|nit (das, -s, kein Plural) ein Edelstein.
Tan|tal (das, -s, kein Plural) (griech) Metall; chemischer Grundstoff (Abk.: Ta).
Tan|ta|lus|qua|len (die, nur Plural) Leiden durch die Unerreichbarkeit eines nahe geglaubten Ziels (aus der griech. Mythologie).
Tant|chen (das, -s, -) Koseform für Tante; Anrede für eine ältere Frau.
Tan|te (die, -, -n) Verwandte.
Tan|te-Em|ma-La|den (der, -s, -Lä|den) kleines Einzelhandelsgeschäft.
tan|ten|haft (Adj.) altmodisch; altjüngferlich.
Tan|ti|e|me (die, -, -n) (franz.) Gewinnbeteiligung; Vergütung; (ugs.) Geld.
Tan|t|ra (das, -s, kein Plural) (sanskr.) hinduistische Texte über Magie und Mystik.
Tanz (der, -es, Tän|ze) von Musik begleitete, rhythmische Körperbewegungen.
Tanz|abend (der, -s, -e) dem Tanzen vorbehaltene Abendveranstaltung.
Tanz|bär (der, -s, -en) dressierter, tanzähnliche Bewegungen ausführender Bär.
Tanz|bein (das, -s, -e) (in der Wendung:) das Tanzbein schwingen (tanzen).
Tanz|ca|fé (das, -s, -s) Café, in dem eine Tanzkapelle spielt.
tän|zeln (V.) sich mit kleinen, schnellen Bewegungen fortbewegen.
tan|zen (V., ist; V.) sich nach der Musik bewegen; hüpfen.
Tän|zer (der, -s, -) tanzender Mensch. Tänzerin.
tän|ze|risch (Adj.) elegant; graziös.
Tanz|flä|che (die, -, -n) Platz zum Tanzen.
Tanz|grup|pe (die, -, -n) Tanzensemble.
Tanz|ka|pel|le (die, -, -n) Tanzmusik spielende Kapelle.
Tanz|kunst (die, -, -küns|te) Tanzvermögen.
Tanz|kurs (der, -es, -e) Reihe von Tanzstunden.
Tanz|leh|rer (der, -s, -) Leiter eines Tanzkurses.
Tanz|lo|kal (das, -s, -e) Lokal, in dem getanzt werden kann.
tanz|lus|tig (Adj.) Freude am Tanzen habend.
Tanz|mu|sik (die, -, kein Plural) Musik zum Tanzen.
Tanz|or|ches|ter (das, -s, -) Tanzkapelle.
Tanz|part|ner (der, -s, -) Partner beim Tanzen.
Tanz|saal (der, -s, -sä|le) großer Raum für Tanzveranstaltungen.
Tanz|schritt (der, -s, -e) Schrittabfolge beim Tanzen.
Tanz|schu|le (die, -, -n) Schule, die Tanzunterricht anbietet.
Tanz|stun|de (die, -, -n) Unterrichtsstunde im Tanzen. Tanzkurs.

Tanz|tur|nier (das, -s, -e) Wettbewerb im Tanzen.
Tanz|un|ter|richt (der, -s, kein Plural) Unterricht im Tanzen.
Tanz|ver|an|stal|tung (die, -, -en) Ball; Tanzfest.
Tanz|ver|gnü|gen (das, -s, -) Freude am Tanzen; Tanzveranstaltung.
Tao (das, -, kein Plural) (chines.) chinesische Philosophie; »der Weg«, das Alleine, das absolute, vollkommene Sein in der chin. Philosophie.
Tao|is|mus (der, -, kein Plural) chinesische Volksreligion.
Tao|ist (der, -en, -en) Anhänger des Taoismus.
tao|is|tisch (Adj.) den Taoismus betreffend.
Ta|or|mi|na (ohne Art., -s, kein Plural) Stadt in Sizilien.
Tape (das/der, -s, -s) (engl.) Magnetband; Tonband. Tapedeck.
Ta|per|greis (der, -es, -e) (ugs.) abwertend für einen alten Mann; Tattergreis.
ta|pern (V.) tappen; sich unsicher bewegen.
Ta|pet (das, -s, kein Plural) (lat.) Konferenztischdecke. etwas aufs ~ bringen: etwas zur Sprache bringen.
Ta|pe|te (die, -, -n) Wandverkleidung.
Ta|pe|ten|bahn (die, -, -en) Bahn einer Tapete.
Ta|pe|ten|rol|le (die, -, -n) Verkaufseinheit für Tapeten.
Ta|pe|ten|tür (die, -, -en) tapezierte versteckte Tür.
Ta|pe|ten|wech|sel (der, -s, -) (in der Wendung:) einen Tapetenwechsel brauchen (eine Veränderung brauchen, umziehen wollen).
Ta|pe|zier|ar|beit (die, -, -en) das Tapezieren.
ta|pe|zie|ren (V.) eine Wand mit einer Tapete verkleiden.
Ta|pe|zie|rer (der, -s, kein Plural) auf das Tapezieren spezialisierter Handwerker. Tapezierwerkstatt.
Ta|pe|zier|tisch (der, -es, -e) Tisch zum Einkleistern von Tapeten.
tap|fer (Adj.) mutig; beherzt; beherrscht.
Tap|fer|keit (die, -, kein Plural) Mut; Unerschrockenheit.
Tap|fer|keits|me|dail|le (die, -, -n) Auszeichnung wegen Tapferkeit.
Ta|pi|o|ka (die, -, kein Plural) Stärkemittel; Mehl aus Maniokwurzeln.Tapiokastärke.
Ta|pir (der, -s, -e) (indian.) Tier; südamerikanisches und asiatisches Säugetier mit kurzem Rüssel und dichtem Fell.
Ta|pis|se|rie (die, -, -n) (franz.) Handarbeitsgeschäft; Wandteppich.
Ta|po|te|ment (das, -s, -s) (franz.) Massage durch Klopfen und Klatschen mit den Händen.
tap|pen (*auch:* tap|sen) (V.) ungeschickt gehen. im Dunkeln/Finstern tappen (im Ungewissen sein); wir tappten im Dunkeln (Dunkelheit) durch den Wald.
tap|pig (Adj.) ungeschickt; täppisch.
tap|rig (*auch:* ta|pe|rig) (Adj.) zittrig; gebrechlich. Tapergreis; tapern.
tap|sig (Adj.) ungeschickt; plump.
Ta|ra (die, -, -ren) (ital.) Verpackungsgewicht; Verpackung.
Ta|ran|tel (die, -, -n) (ital.) Spinne; südeurop. Wolfsspinne.
Ta|ran|tel|la (die, -, -s/-len) (ital.) Volkstanz.
Ta|ras|ke (der, -n, -n) Angehöriger des gleichnamigen mexikanischen Indianervolkes.
Tar|busch (der, -s, -e) (pers.-arab.) → Fes.
tar|dan|do (Adv.) (ital.) sich verlangsamend (in der Musik).
tar|do (Adj.) langsam (in der Musik).
Ta|rent (ohne Art., -s, kein Plural) Hauptstadt der gleichnamigen italienischen Provinz.
Tar|get (das, -s, -s) (engl.) Auffangsubstanz für energiereiche Elementarteilchen.
ta|rie|ren (V.) (ital.) Gewicht feststellen, ausgleichen.
Ta|rier|waa|ge (die, -, -n) Waage zum Tarieren.
Ta|rif (der, -s, -e) (arab.) Preis; Lohn; Gehalt.
Ta|rif|au|to|no|mie (die, -, kein Plural) Recht der Tarifpartner, Tarifverträge auszuhandeln.
Ta|rif|er|hö|hung (die, -, -en) Erhöhung eines Tarifs.
Ta|rif|grup|pe (die, -, -n) Lohngruppe.
ta|ri|fie|ren (V.) einem Tarif zuordnen.
Ta|ri|fie|rung (die, -, -en) Zuordnung zu einem Tarif.
Ta|rif|kom|mis|si|on (die, -, -en) Kommission zum Abschluss von Tarifverträgen.
ta|rif|lich (*auch:* ta|ri|fisch) (Adj.) den Tarif betreffend.
Ta|rif|lohn (der, -s, -löh|ne) Lohn, der dem Tarif entspricht.
ta|rif|los (Adj.) keinem Tarif angehörend.
ta|rif|mä|ßig (Adj.) tariflich; dem Tarif entsprechend.
Ta|rif|part|ner (der, -s, -) die mit dem Tarifabschluss betrauten Organisationen der Arbeitgeber beziehungsweise Arbeitnehmer.
Ta|rif|recht (das, -s, kein Plural) Bestimmungen für Tarifverträge.
Ta|rif|run|de (die, -, -n) Tarifverhandlungen.
Ta|rif|satz (der, -es, -sät|ze) Tarif einer Tarifgruppe.
Ta|rif|ver|trag (der, -s, -ver|trä|ge) Vertrag zwischen Gewerkschaft und Arbeitgeber.
Tar|la|tan (der, -s, -e) (franz.) Baumwollgewebe.
Tarn|an|strich (der, -s, -e) der Tarnung dienender Anstrich.
Tarn|an|zug (der, -s, -an|zü|ge) militärischer Kampfanzug in Tarnfarbe.
tar|nen (V.) anpassen; schützen; maskieren.
Tarn|far|be (die, -, -n) der Tarnung dienende Farbe oder Färbung.
Tarn|kap|pe (die, -, -n) mythologische Kappe, die unsichtbar machen soll.
Tarn|netz (das, -es, -e) der Tarnung dienendes Netz.
Tar|nung (die, -, -en) Verhüllung; Täuschung.
Ta|ro (der, -s, -s) Wurzelknolle.
Ta|rock (das/der, -s, -s) (ital.) Kartenspiel. Tarockspiel.
ta|ro|ckie|ren (*auch:* ta|ro|cken) (V.) Tarock spielen.
Tar|pan (der, -s, -e) (russ.) ponyähnliches europäisches Steppenwildpferd.
Tar|pau|lin (der, -s, kein Plural) (engl.) Jutegewebe.
Tar|pon (der, -s, -s) Knochenfisch.
Tar|sus (der, -, Tar|sen) (griech.) **1.** Fuß (der Gliederfüßler); **2.** Fußwurzel; **3.** Lidknorpel.

Tar|tan (der, -s, -s) (engl.) 1. Wollstoff; 2. (ohne Plural) Kunststoffbelag. Tartanbahn.
Tar|tar (der, -en, -en) → Tatar (2.).
Tar|ta|rus (der, -, kein Plural) 1. Schattenreich der griechischen Sage; 2. Weinstein.
Tar|t|rat (das, -s, -e) (griech.-nlat.) Weinsäuresalz.
Tar|tüff (der, -s, -e) Heuchler (nach Molière).
Tar|zan 1. (ohne Art., -s, kein Plural) Titelfigur der Abenteuerromane von E.R. Burroughs; 2. (der, -s, -s) Muskelprotz, Wilder.
Täsch|chen (das, -s, -) kleine Tasche.
Ta|sche (die, -, -n) Beutel. *Beachte:* jemandem auf der Tasche liegen, *aber:* jemanden in die Tasche stecken.
Ta|schen|aus|ga|be (die, -, -n) Buchausgabe im Taschenbuchformat.
Ta|schen|buch (das, -es, -bü|cher) handliches Buch mit flexiblem Einband.
Ta|schen|dieb (der, -es, -e) Dieb, der den Inhalt von Taschen stiehlt.
Ta|schen|dieb|stahl (der, -s, -stäh|le) Taschenraub.
Ta|schen|fahr|plan (der, -s, -plä|ne) kleiner Fahrplan.
Ta|schen|geld (das, -es, -er) geringer Geldbetrag zur persönlichen Verfügung.
Ta|schen|ka|len|der (der, -s, -) handlicher Kalender.
Ta|schen|lam|pe (die, -, -n) Stablampe.
Ta|schen|mes|ser (das, -s, -) Klappmesser.
Ta|schen|rech|ner (der, -s, -) kleiner Rechencomputer.
Ta|schen|spie|gel (der, -s, -) handlicher Spiegel.
Ta|schen|spie|ler (der, -s, -) auf Fingerfertigkeit spezialisierter Zauberkünstler.
Ta|schen|spie|ler|trick (der, -s, -s) Zauberkunststück.
Ta|schen|tuch (das, -es, -tü|cher) Papier- oder Stofftuch zum Naseputzen.
Ta|schen|uhr (die, -, -en) in der Westentasche zu tragende Uhr.
Ta|schen|wör|ter|buch (das, -s, -bü|cher) kleines Wörterbuch.
Tas|ma|ni|en (ohne Art., -s, kein Plural) Insel vor der Südküste Australiens.
TASS (die, -, kein Plural) ehem. russische Nachrichtenagentur; jetzt: ITAR-TASS.
Täss|chen (das, -s, -) kleine Tasse.
Tas|se (die, -, -n) Trinkgefäß. *Beachte:* eine Tasse Tee (*falsch:* Tees!); eine Tasse schwarzer Tee/schwarzen Tees.
Tas|sen|rand (der, -es, -rän|der) Oberrand der Tasse.
Tas|ta|tur (die, -, -en) Tastenwerk des Klaviers oder technischer Geräte.
tast|bar (Adj.) fühlbar; möglich zu ertasten.
Tas|te (die, -, -n) Schalter; Knopf. Tastentelefon.
Tast|emp|fin|dung (die, -, -en) Sinneswahrnehmung beim Tasten.
tas|ten (V.) vorsichtig berühren; suchen; Tasten bedienen.
Tast|or|gan (das, -s, -e) Organ zur Wahrnehmung mechanischer Reize.
Tast|sinn (der, -s, kein Plural) Sinnesorgan zur Wahrnehmung mechanischer Reize.
Tat (die, -, -en) Handlung; Straftat. *Beachte:* in der Tat (tatsächlich)! mit Rat und Tat zur Seite stehen; ein Mann der Tat. jemanden auf frischer Tat ertappen (jemanden bei der Ausführung einer verbotenen Handlung erwischen).
Ta|tar 1. (das, -s, kein Plural) rohes Rindfleisch; 2. (*auch:* Tartar) (der, -en, -en) Angehöriger eines mongolischen Mischvolks.
Tat|be|richt (der, -s, -e) Bericht über den Tathergang.
Tat|be|stand (der, -s, kein Plural) Tatsache.
Ta|ten|drang (der, -s, kein Plural) Elan; Unternehmungslustigkeit; Tatendurst.
ta|ten|durs|tig (Adj.) unternehmungslustig; tatenfroh; tatenlustig. Tatendurst.
Tat|her|gang (der, -s, kein Plural) Ablauf einer Tat.
ta|ten|los (Adj.) hilflos; untätig.
Ta|ten|lo|sig|keit (die, -, kein Plural) Hilflosigkeit; Untätigkeit.
Tä|ter (der, -s, -) Handelnder; Verbrecher.
Tat|form/Tä|tig|keits|form (die, -, -en) Aktiv.
tä|tig (Adj.) erwerbstätig; tatkräftig.
tä|ti|gen (V.) erledigen; machen.
Tä|tig|keit (die, -, -en) Beschäftigung.
Tä|tig|keits|wort (das, -s, -wör|ter) Verb.
Tat|kraft (die, -, kein Plural) Energie; Tatendrang.
tat|kräf|tig (Adj.) aktiv; zupackend.
tät|lich (Adj.) handgreiflich. tätlich werden.
Tät|lich|keit (die, -, -en) Handgreiflichkeit.
Tat|mo|tiv (das, -s, -e) Motiv für eine Tat.
Tat|ort (der, -es, -e) Ort des Geschehens; Ort, an dem ein Verbrechen begangen wurde.
tä|to|wie|ren (V.) in die Haut einritzen.
tä|to|wiert (Adj.) eine Tätowierung aufweisend.
Tä|to|wie|rung (die, -, -en) in die Haut eingeritzte Körperverzierung.
Tat|sa|che (die, -, -n) Gegebenheit; Wirklichkeit; Fakt. Tatsachenbericht.
tat|säch|lich (Adj. und Adv.) wirklich.
Tat|säch|lich|keit (die, -, -en) Wirklichkeit; Existenz.
tät|scheln (V.) liebevoll schlagen.
tat|tern (V.) zittern.
Tat|ter|greis (der, -es, -e) abwertend für einen zittrigen alten Mann.
Tat|te|rich (der, -s, kein Plural) Zittern.
Tat|ter|sall (der, -s, -s) (engl.) Reitschule mit Pferdeverleih; die dazugehörige Reithalle, -bahn.
Tat|too (das, -/-s, -s) (engl.) 1. Zapfenstreich; 2. Tätowierung.
tatt|rig (*auch:* tat|te|rig) (Adj.) (ugs.) zittrig.
ta|tü|ta|ta! (Interj.) Sirenensignal.
Tat|ver|dacht (der, -s, kein Plural) Verdacht, eine Tat begangen zu haben.
tat|ver|däch|tig (Adj.) verdächtigt, eine Tat begangen zu haben.
Tat|waf|fe (die, -, -n) Waffe, mit der eine Tat verübt wurde.
Tat|ze (die, -, -n) Pfote; (ugs.) Hand; (südd.) Schlag auf die Hand.
Tat|zel|wurm (der, -s, kein Plural) Lindwurm (Volksglaube).
Tat|zeit (die, -, -en) Zeitpunkt einer Tat.
Tau 1. (der, -s, kein Plural) Niederschlag. Taupunkt; Tautropfen; Tauwetter; Tauwind. 2. (das, -s, -e) Seil. 3. (das, -/-s, -s) griechischer Buchstabe (T, τ).

taub (Adj.) gehörlos.

Tau|be (die, -, -n) Vogel. Täubchen; Taubenei; Taubenhaus; Taubenpost; Taubenzucht.

tau|ben|blau (Adj.) graublau.

tau|be|netzt (Adj.) von Tau benetzt.

tau|ben|grau (Adj.) blaugrau.

Tau|ben|haus (das, -es, -häu|ser) Futterhaus für Tauben.

Tau|ben|schlag (der, -s, -e) Verschlag zum Halten von Tauben; Taubenhaus.

Tau|be|rich (der, -s, -e) Taubenmännchen; Tauber; Täuber; Täuberich.

Taub|heit (die, -, kein Plural) Gehörlosigkeit.

Täu|bin (die, -, -nen) Taubenweibchen.

Täub|ling (der, -s, -e) Pilz. Blautäubling.

taub|stumm (Adj.) gehörlos und stumm.

Taub|stum|me (der, -n, -n) taubstummer Mensch. Taubstummensprache.

Taub|stumm|heit (die, -, kein Plural) das Taubstummsein.

tau|chen (V.; V., ist) unter Wasser gehen; in eine Flüssigkeit geben. Tauchboot; Tauchen; Taucher; Taucheranzug; Taucherbrille; Taucherglocke; Taucherkrankheit; Taucherkugel; Tauchsieder; Tauchstation; tauchlackieren.

tau|en (V.) 1. schmelzen; auftauen; 2. mit einem Tau schleppen.

Tau|en|de (das, -s, -n) Ende eines Taus.

Tau|ern (die, -, nur Plural) 1. Passwege in der nach ihnen benannten Tauernkette; 2. Gebirgszug in den Zentralalpen.

Tauf|be|cken (das, -s, -) Wasserbecken in Kirchen für das Taufwasser; Taufstein.

Tauf|brun|nen (der, -s, -) veraltet für Taufstein.

Tau|fe (die, -, -n) das Taufen.

tau|fen (V.) Taufe spenden; Namen geben.

Täu|fer (der, -s, -) Mensch, der einen anderen tauft.

Tauf|for|mel (die, -, -n) Formel, die bei der Taufe gesprochen wird.

Tauf|kleid (das, -es, -er) Kleid des Täuflings.

Täuf|ling (der, -s, -e) Mensch, der getauft wird.

Tauf|na|me (der, -ns, -n) Vorname, den man bei der Taufe erhält.

Tauf|pa|te (der, -n, -n) Pate, der bei der Taufe anwesend ist. Taufpatin.

tau|frisch (Adj.) feucht vom Tau; ganz frisch.

Tauf|schein (der, -s, -e) Urkunde, die die Taufe bestätigt.

tau|gen (V.) sich eignen; brauchbar sein.

Tau|ge|nichts (der, -, -e) Nichtsnutz.

taug|lich (Adj.) brauchbar; geeignet.

Taug|lich|keit (die, -, kein Plural) Brauchbarkeit; Eignung.

Taug|lich|keits|grad (der, -s, -e) Grad der Verwendungsfähigkeit.

Tau|mel (der, -s, kein Plural) Schwindel; Rausch. Taumler.

tau|me|lig (Adj.) schwindelig.

tau|meln (V.) stolpern; schwanken.

tau|nass (Adj.) nass vom Tau.

Tau|nus (der, -, kein Plural) Teil des Rheinischen Schiefergebirges.

tau|pe (Adj.) (franz.) maulwurfgrau.

Tau|punkt (der, -es, -e) Bezeichnung für eine Temperatur, bei der ein bestimmtes physikalisches Ereignis eintritt.

Tau|ro|ma|chie (die, -, -n) (griech.-span.) 1. Stierkampf; 2. (die, -, kein Plural) Stierkampftechnik.

Tau|rus (der, -, kein Plural) Gebirgssystem am Südrand Anatoliens.

Tausch (der, -es, -e) das Tauschen.

tau|schen (V.) wechseln.

täu|schen (V.) betrügen; sich irren.

Tau|sche|rei (die, -, -en) das ständige Tauschen.

Tausch|ge|schäft (das, -es, -e) Geschäft, bei dem etwas gegen etwas anderes eingetauscht wird.

Tausch|han|del (der, -s, kein Plural) 1. Tauschgeschäft; 2. Wirtschaftsform, bei der Waren gegeneinander eingetauscht werden.

tau|schie|ren (V.) mit einer Tauschierung versehen.

Tau|schie|rung (die, -, -en) (arab.) Metalleinlegearbeit. Tauschierarbeit.

Tausch|ob|jekt (das, -es, -e) Objekt, das gegen etwas anderes eingetauscht wird.

Täu|schung (die, -, -en) Irrtum; Betrug. Täuscher; Täuschungsmanöver; Täuschungsversuch.

Täu|schungs|ab|sicht (die, -, -en) Vorsatz, jmd. zu täuschen.

Tausch|ver|trag (der, -s, -ver|trä|ge) Vertrag über ein Tauschgeschäft.

tausch|wei|se (Adv.) im Tausch.

Tausch|wirt|schaft (die, -, kein Plural) Wirtschaftsform, in der Waren durch Tausch erworben werden.

tau|send (Zahlw.) *Beachte:* Abertausend (*auch:* abertausend) Sterne; Abertausende (*auch:* abertausende) Menschen waren gekommen; das Tausend (Abk.: Tsd.); zehn von tausend (Abk.: v. T.; p. m.; ‰); das Tausendstel; der tausendste Besucher, *aber:* jeder Tausendste gewinnt; einige/viele/ein paar Tausend (*auch:* tausend) Besucher; das geht in die Tausende; mehrere Hunderttausend (*auch:* hunderttausend); eintausend; tausendfach, *aber:* das Tausendfache; tausenderlei; tausendmal; viele Tausend (*auch:* tausend) Mal/Male; sie kamen zu Tausenden (*auch:* tausenden); vom Hundertsten ins Tausendste kommen; der Tausender; einen Tausender gewinnen. Tausendfüßler; Tausendmarkschein; Tausendstelsekunde.

tau|send|fäl|tig (Adj.) tausendfach.

tau|send|jäh|rig (Adj.) tausend Jahre alt. *Aber:* das Tausendjährige Reich.

Tau|send|künst|ler (der, -s, -) vielseitig begabter Mensch.

tau|send|ma|lig (Adj.) tausendmal stattfindend.

Tau|send|sas|sa (der, -s, -s) Tausendkünstler; Hansdampf in allen Gassen.

tau|send|sei|tig (Adj.) tausend Seiten umfassend.

tau|send|(und|)ein (Zahlw.) 1001. *Aber:* die Märchen aus Tausendundeiner Nacht.

Tau|to|lo|gie (die, -, -n) (griech.) Begriffsverstärkung durch Bedeutungsähnlichkeit (z. B. voll und ganz; bereits schon; man hat uns Hilfe und Unterstützung zugesagt).

tau|to|lo|gisch (Adj.) eine Tautologie darstellend.

Tau|to|me|rie (die, -, -n) (griech.) Auftreten zweier isomerer Molekülformen, die im chemischen Gleichgewicht stehen, aber verschieden reagieren.

Tau|werk (das, -s, kein Plural) Seile; Seilwerk.

Taˈverˈne (die, -, -n) (ital.) Gasthaus; Wirtshaus; Schänke.
Taˈxaˈmeˈter (das/der, -s, -) (lat.-griech.) Zähluhr (Taxi).
Taˈxaˈtiˈon (die, -, -tiˈoˈnen) (lat.) Schätzung.
Taˈxe (die, -, -n) 1. Preis; 2. Taxi. Taxamt; Taxpreis; Taxwert.
taxˈfrei (Adj.) gebührenfrei.
Taˈxi (das, -s, -s) Beförderungsmittel. Taxichauffeur; Taxifahrer/in; Taxistand; Taxler; Taxiunternehmen; Taxifahren.
Taˈxiˈderˈmie (die, -, kein Plural) (griech.) das Ausstopfen (von Tieren).
taˈxieˈren (V.) (lat.) schätzen; Wert festlegen.
Taˈxieˈrung (die, -, -en) das Taxieren.
Taˈxis (die, -, -xen) (griech.) durch Außenreiz erzeugte Richtungsbewegung (z. B. bei Einzellern, Bodenlebewesen; → Tropismus).
Taˈxoˈnoˈmie (die, -, -n) (griech.) 1. die Einordnung der Lebewesen in Gruppen (innerhalb der biologischen Systematik); 2. Segmentierung und Klassifikation (der Einheiten) einer Sprache (im Strukturalismus).
Taˈxus (der, -, -) (lat.) Eibe. Taxushecke.
Tb (Abk.) **T**er**b**ium (chemisches Zeichen).
Tb (*auch:* Tbc) (Abk.) **Tub**erkulose. Tb-Kranke/Tbc-Kranke; Tb-krank/Tbc-krank.
T-Bone-Steak (das, -s, -s) (engl.) Rindfleisch.
Tc (Abk.) **T**e**c**hnetium (chemisches Zeichen).
T-Car (das, -s, -s) (engl.) Trainingswagen; Ersatzwagen.
Te (Abk.) **Te**llur (chemisches Zeichen).
Teach-in (*auch:* Teachˈin) (das, -/-s, -s) (engl.) Diskussionsveranstaltung.
Teak (das, -s, kein Plural) (engl.) (Kurzw.) Teakholz. Teakbaum.
teaˈken (Adj.) aus Teakholz bestehend.
Team (das, -s, -s) (engl.) Mannschaft; Gruppe.
Teamˈarˈbeit (die, -, kein Plural) Gemeinschaftsarbeit.
Teamˈchef (der, -s, -s) Leiter eines Teams.
Teamˈgeist (der, -es, kein Plural) Zusammengehörigkeitsgefühl innerhalb eines Teams.
Teamsˈter (der, -s, -) (engl.) Lastwagenfahrer.
Teamˈwork (das, -, kein Plural) (engl.) Zusammenarbeit in Gruppen.
Teaˈroom (der, -s, -s) (engl.) Teestube.
Teaˈser (der, -s, -) (engl.) Werbemittel, das die Aufmerksamkeit des Betrachters auf sich zieht.
Techˈneˈtiˈum (das, -s, kein Plural) (griech.) radioaktiver Stoff (Abk.: Tc).
Techˈnik (die, -, -en) Ingenieur-, Maschinenwesen; Verfahren; Fertigkeit. Technizismus. Adjektive: technikfeindlich; technikgläubig.
techˈniˈfiˈzieˈren (V.) Technik anwenden.
Techˈniˈfiˈzieˈrung (die, -, -en) das Technifizieren.
Techˈniˈker (der, -s, -) Fachkraft auf einem technischen Arbeitsgebiet. Technikerin.
Techˈniˈkum (das, -s, -ka/-ken) Ingenieurschule.
techˈnisch (Adj.) die Technik betreffend. *Aber:* Technische Hochschule (Abk.: TH); Technische Universität (Abk.: TU); Technisches Hilfswerk (Abk.: THW); Technischer Überwachungsverein (Abk.: TÜV).
techˈniˈsieˈren (V.) mit Technik ausrüsten; rationalisieren.
Techˈniˈsieˈrung (die, -, -en) das Technisieren.
Techˈnoˈkrat (der, -en, -en) Vertreter der Technokratie. technokratisch.
Techˈnoˈkraˈtie (die, -, kein Plural) vorherrschende Stellung der Technik in Wirtschaft und Politik.
Techˈnoˈlekt (der, -s, -e) (griech.-nlat.) Fachsprache.
Techˈnoˈloˈge (der, -n, -n) Fachmann auf dem Gebiet der Technologie.
Techˈnoˈloˈgie (die, -, -n) (griech.) Gesamtheit des technischen Wissens; Produktionstechnik. Technologieaustausch; Technologietransfer.
techˈnoˈloˈgisch (Adj.) die Technologie betreffend.
Techˈtelˈmechˈtel (das, -s, -) (ugs.) Liebelei; Flirt.
TED (der, -s, kein Plural) (Kurzw.) **Te**le**d**ialog (Computerhochrechnungssystem für telefonische Stimmabgaben im Fernsehen).
Tedˈdy (der, -s, -s) (engl.) Stoffbär; Plüsch. Teddybär; Teddyfutter; Teddymantel.
Teˈdeˈum (das, -s, -s) (lat.) kath. Lobgesang. Chorwerk.
TEE (Abk.) **T**rans-**E**urop-**E**xpress.
Tee (der, -s, -s) (chines.) Getränk. Teeabend; Teebeutel; Teebutter; Teeei (*auch:* Tee-Ei); Teeernte (*auch:* Tee-Ernte); Teehaus; Teekanne; Teekessel; Teelicht; Teelöffel; Teesieb; Teestube; Teetasse; Teewagen.
Teeˈblatt (das, -s, -blätˈter) Blatt.
Teeˈgeˈbäck (das, -s, kein Plural) zum Tee gereichtes Gebäck.
Teeˈglas (das, -es, -gläˈser) Glas für Tee.
Teeˈhauˈbe (die, -, -n) Teewärmer.
Teeˈküˈche (die, -, -n) Teestube.
teeˈlöfˈfelˈweiˈse (Adv.) Teelöffel für Teelöffel.
Teen (der, -s, -s) (engl.) (Kurzw.) Teenager. Teenie (*auch:* Teeny).
Teenˈager (der, -s, -) (engl.) Jugendlicher zwischen 10 und 20.
Teeˈpauˈse (die, -, -n) Pause.
Teer (der, -s, -e) Straßenbelag. Teerdachpappe; Teerfarbe; Teerjacke; Teerpappe; Teerstraße.
teeˈren (V.) mit Teer bestreichen.
teerˈhalˈtig (Adj.) Teer enthaltend.
teeˈrig (Adj.) wie Teer; teerhaltig.
Teeˈroˈse (die, -, -n) Rosensorte.
Teeˈrung (die, -, -en) das Teeren.
Teeˈwurst (die, -, -würsˈte) Mettwurst.
Teeˈzeˈreˈmoˈnie (die, -, -n) traditionelle japanische Form des Darbietens von Tee.
Teff (der, -s, kein Plural) nordafrikanische Getreidepflanze.
Teˈfilˈlin (die, nur Plural) (hebr.) Lederriemen, die beim jüdischen Gebet über Kopf und Arme gelegt werden.
Teˈflon (das, -s, kein Plural) (Kunstw.) Kunststoffbeschichtung. Teflonpfanne.
teˈflonˈbeˈschichˈtet (Adj.) mit Teflon beschichtet.
Teˈgel 1. (der, -s, kein Plural) kalkiger Ton; 2. (ohne Art., -s, kein Plural) Stadtteil von Berlin.
Teˈgernˈsee (der, -s, kein Plural) oberbayerischer Luftkurort am gleichnamigen Voralpensee.
Teˈheˈran (ohne Art., -s, kein Plural) Hauptstadt des Iran.

Teich (der, -s, -e) Gewässer. Teichfrosch; Teichhuhn; Teichmolch; Teichrohr; Teichrose; Teichwirtschaft.
Teig (der, -s, -e) Backmasse. Teigfarbe; Teigmasse.
teig'far'ben (Adj.) von der Farbe eines Teigs.
tei'gig (Adj.) 1. wie Teig; nicht durchgebacken; mit Teig beschmiert; 2. blass und aufgedunsen.
Teig'wa'ren (die, -, nur Plural) Nudeln.
Teil (der/das, -s, -e) Stück; Abschnitt; Seite. *Beachte:* sein(en) Teil tun; ich für meinen Teil (was mich betrifft); ein gut Teil; zum Teil (Abk.: z. T.); sich seinen Teil darüber denken; einesteils; ander(e)nteils; größtenteils; meistenteils; zuteilwerden. Teilabschnitt; Teilansicht; Teilaspekt; Teilbarkeit; Teilchen; Teilchenbeschleuniger; größter gemeinsamer Teiler (Abk.: g. g. T.; ggT); Teilgebiet; Teilhabe; Teilhaber/in; Teilkaskoversicherung; Teilmenge; Teilnahme; Teilnahmebedingung; Teilnahmslosigkeit; Teilnehmer/in; Teilnehmerzahl; Teilschuld; Teilstrecke; Teilstück; Teilung; Teilungsverhältnis; Teilzahlung; Teilzeitarbeit; *aber:* Teilzeit arbeiten. mehrteilig.
teil'bar (Adj.) möglich, zu teilen.
tei'len (V.) aufteilen; halbieren; dividieren.
tei'ler'fremd (Adj.) keinen gemeinsamen Teiler habend.
teil'ha'ben (V., hatte teil, hat teilgehabt) beteiligt sein. am Erfolg teilhaben, *aber:* er hatte keinen Teil am Erfolg.
teil'haf'tig (Adj.) an etwas teilhabend.
teil'kas'ko'ver'si'chert (Adj.) eine Teilkaskoversicherung für ein Fahrzeug haben.
teil'mö'b'liert (Adj.) zum Teil möbliert.
teil'nah'me'be'rech'tigt (Adj.) zur Teilnahme berechtigt.
teil'nahms'los (Adj.) unbeteiligt; uninteressiert; apathisch.
teil'nahms'voll (Adj.) mitleidig.
teil'neh'men (V., nahm teil, hat teilgenommen) besuchen; sich beteiligen.
teil'neh'mend (Adj.) mitfühlend.
Teil'pe'rü'cke (die, -, -n) Haarteil; Toupet.
teils (Adv.) teilweise; (ugs.) sowohl ... als auch. *Beachte:* Sie waren teils freundlich, teils zurückhaltend.
teil'wei'se (Adv.) zum Teil.
Te'in (*auch:* The'in) (das, -s, kein Plural) Koffein (Tee).
Teint (der, -s, -s) (franz.) Gesichtsfarbe; Hauttönung.
tek'tie'ren (V.) (lat.) fehlerhaft Gedrucktes durch Überkleben unkenntlich machen.
Tek'tit (der, -s, -e) (griech.) Gesteinsteilchen.
Tek'to'nik (die, -, kein Plural) (griech.) Theorie über den Krustenbau der Erde; Baulehre; Baukunst.
tek'to'nisch (Adj.) die Tektonik betreffend.
te'le.../Te'le... (griech.) fern.../Fern... Telebrief; Teledialog (Abk.: TED); Teledisk; Telefotografie (*auch:* Telefotographie); Telekamera; Telekolleg; Telekommunikation.
Te'le'ban'king (das, -s, kein Plural) (griech.-engl.) das Abwickeln von Bankgeschäften über eine Onlineverbindung.
Te'le'fax (das, -, -e/-) (Kunstw.) Fernkopiersystem.
te'le'fa'xen (V., telefaxte, hat telegefaxt) veraltet für faxen.
Te'le'fon (das, -s, -e) (griech.) Fernsprecher. Telefonanruf; Telefonanschluss; Telefonat; Telefonbuch; Telefongespräch; Telefonhäuschen; Telefonist/in; Telefonkabel; Telefonkarte; Telefonnummer; Telefonrechnung; Telefonseelsorge; Telefonverbindung; Telefonzelle; Telefonzentrale.
Te'le'fo'nat (das, -(e)s, -e) Anruf; Ferngespräch. ein Telefonat führen.
Te'le'fon'ban'king (das, -s, kein Plural) das Abwickeln von persönlichen Bankgeschäften über das Telefon.
te'le'fo'nie'ren (V.) ein Telefongespräch führen.
te'le'fo'nisch (Adj.) am Telefon.
Te'le'fo'ni'tis (die, -, kein Plural) (ugs.) die Neigung, häufig zu telefonieren.
Te'le'fon'lei'tung (die, -, -en) Telefonverbindung.
Te'le'fon'netz (das, -es, -e) Gesamtheit der Telefonverbindungen.
Te'le'fon'über'wa'chung (die, -, kein Plural) Abhören von Telefonaten im Rahmen polizeilicher Ermittlungen.
te'le'gen (Adj.) (griech.) im Fernsehen gut aussehend.
Te'le'graf (*auch:* Te'le'graph) (der, -en, -en) (franz.) Fernschreiber. Telegrafenmast (*auch:* Telegraphenmast); Telegrafie (*auch:* Telegraphie); Telegrafist (*auch:* Telegraphist); Telegrafistin (*auch:* Telegraphistin).
te'le'gra'fie'ren (*auch:* te'le'gra'phie'ren) (V.) ein Telegramm schicken.
te'le'gra'fisch (*auch:* te'le'gra'phisch) (Adj.) per Telegramm.
Te'le'gramm (das, -s, -e) Nachricht mittels Fernschreiber.
Te'le'gramm'bo'te (der, -n, -n) Überbringer eines Telegramms.
Te'le'gramm'for'mu'lar (das, -s, -e) Formblatt zur Telegrammaufgabe.
Te'le'gramm'stil (der, -s, -e) kurzer, prägnanter Sprachstil mit unvollständigen Sätzen.
Te'le'ki'ne'se (die, -, kein Plural) (griech.) Bewegung durch übersinnliche Kräfte (Parapsychologie).
Te'le'kom (die, -, kein Plural) deutsches Unternehmen auf dem Telekommunikationssektor. Deutsche Telekom AG.
Te'le'mark (der, -s, -s) Skischwung. Telemarkschwung.
Te'le'me'ter (das, -s, -) (griech.) Entfernungsmesser.
Te'le'me't'rie (die, -, kein Plural) (griech.) Entfernungsmessung.
te'le'me't'risch (Adj.) die Telemetrie betreffend.
Te'l'en'ze'pha'lon (das, -s, -la) 1. die Großhirnhälften; 2. beim Embryo vorderer Abschnitt des ersten Hirnbläschens.
Te'le'ob'jek'tiv (das, -s, -e) (griech.) Kameraobjektiv mit langer Brennweite.
Te'leo'lo'gie (die, -, kein Plural) (griech.) philosophische Lehre. Adjektiv: teleologisch.
Te'leo'sau'rus (der, -, -ri'er) Riesenechse (ausgestorben).
Te'le'os'ti'er (der, -s, -) Knochenfisch.
Te'le'path (der, -en, -en) die Telepathie beherrschender Mensch.
Te'le'pa'thie (die, -, kein Plural) (griech.) Gedankenübertragung; Fernfühlen; Gedankenlesen.
te'le'pa'thisch (Adj.) die Telepathie betreffend.
Te'le'pro'ces'sing (das, -s, kein Plural) (engl.) Datenverarbeitung über Fernleitung.

Te|le|promp|ter (der, -s, -) für den Zuschauer nicht sichtbare Textanzeige der Fernsehsprecher.
Te|le|shop|ping (das, -s, kein Plural) Einkaufen über einen Onlinedienst oder über das Internet.
Te|le|s|kop (das, -s, -e) (griech.) Fernrohr. Teleskopantenne; Teleskopauge; Teleskopfisch; Teleskopie; Teleskopkran; Teleskopmast.
te|le|s|ko|pisch (Adj.) mittels eines Teleskops.
Te|le|test (der, -s, -s) Befragung von Fernsehzuschauern über die Beliebtheit von Sendungen.
Te|le|text (der, -s, kein Plural) elektronische Textübermittlung auf (Fernseh-) Bildschirm; Videotext.
Te|le|vi|si|on (die, -, kein Plural) (griech.) Fernsehen (Abk.: TV).
Te|lex (das, -, -/-e) (engl.) (Kurzw.) TELeprinter EXchange (Fernschreiben); ein Telex schicken.
te|le|xen (V.) per Telex kommunizieren.
Tel|kie (die, -, -n) Ochsenauge (eine Zierstaude).
Tel|ler (der, -s, -) Essgeschirr. Tellerbrett; Tellerdrehen; Tellereisen; Tellerfleisch; Tellersammlung; Tellerwäscher.
tel|ler|för|mig (Adj.) wie ein Teller geformt.
tel|lern (V.) schwimmen.
Tel|lur (das, -s, kein Plural) (lat.) Halbmetall; chemischer Grundstoff (Abk.: Te). Tellurik.
tel|lu|rig (Adj.) Tellur enthaltend.
tel|lu|risch (Adj.) (lat.) auf die Erde bezüglich; von der Erde stammend.
Tel|lu|rit (das, -s, -e) (lat.) Tellurverbindung.
Tel|lu|ri|um (das, -s, -ri|en) (lat.) astronomisches Gerät.
Tel|net (das, -s, -s) Fernbedienung des Internets.
Tem|peh (das, -, kein Plural) (malai.) hocheiweißhaltiges, fermentiertes Sojaprodukt, das in fingerdicken Scheiben in Öl gebraten wird.
Tem|pel (der, -s, -) (lat.) Kultstätte; Heiligtum. zum Tempel hinausfliegen (ugs.) (aus dem Haus hinausgeworfen werden). Tempelbau; Tempelherr; Tempeltänzerin.
Tem|pel|hof (ohne Art., -s, kein Plural) Stadtteil und Flughafen von Berlin.
Tem|pe|ra|far|be (die, -, -n) (lat.) wasserunlösliche Farbe.
Tem|pe|ra|ma|le|rei (die, -, kein Plural) Malerei mit Temperafarben; mit Temperafarben hergestelltes Bild.
Tem|pe|ra|ment (das, -s, -e) (lat.) Wesen; Schwung; Leidenschaftlichkeit.
tem|pe|ra|ment|los (Adj.) ohne Temperament; langweilig.
Tem|pe|ra|ment|lo|sig|keit (die, -, kein Plural) Langweiligkeit; Trägheit.
Tem|pe|ra|ments|aus|bruch (der, -s, -aus|brü|che) Ausbruch des Temperaments.
tem|pe|ra|ment|voll (Adj.) lebhaft; feurig.
Tem|pe|ra|tur (die, -, -en) (lat.) 1. Wärmegrad; 2. (ugs.) Fieber. Temperaturkoeffizient.
Tem|pe|ra|tur|er|hö|hung (die, -, -en) Anstieg der Temperatur; Temperaturanstieg.
Tem|pe|ra|tur|reg|ler (der, -s, -) Thermostat.
Tem|pe|ra|tur|sturz (der, -es, -stür|ze) plötzlicher Abfall der Temperatur.
Tem|pe|ra|tur|wech|sel (der, -s, kein Plural) Temperaturänderung.
Tem|pe|renz (die, -, kein Plural) (lat.engl.) Mäßigkeit.
Tem|per|guss (der, -gus|ses, -güs|se) Gussstahl; schmiedbares Gusseisen.
tem|pe|rie|ren (V.) eine bestimmte Temperatur herstellen.
tem|pern (V.) (engl.) erhitzen; wärmebehandeln.
Tem|per|stahl (der, -s, -stäh|le) getemperter Stahl.
Tem|pest|boot (das, -s, -e) Sportsegler.
tem|pes|to|so (Adj.) (ital.) stürmisch; heftig (in der Musik).
Temp|ler (der, -s, -) Mitglied eines mittelalterlichen Ritterordens.
Tem|po 1. (das, -s, kein Plural) (ital.) Geschwindigkeit; Raschheit; 2. (das, -s, -s/-pi) Takt. 3. (das, -s, -s) (Kurzw.) Tempotaschentuch.
Tem|po|li|mit (das, -s, -s) Geschwindigkeitsbegrenzung.
tem|po|ral (*auch:* tem|po|rell) (Adj.) (lat.) zeitlich. Temporalsatz.
Tem|po|ra|li|en (die, nur Plural) (lat.) dem Inhaber eines Kirchenamtes zustehende weltliche Güter und Rechte.
tem|po|rär (Adj.) (franz.) zeitweise; vorübergehend.
Tem|po|sün|der (der, -s, -) ein Mensch, der ein Tempolimit überschreitet.
Tem|po|ver|rin|ge|rung (die, -, -en) Reduzierung der Geschwindigkeit.
Tem|pus (das, -, -po|ra) (lat.) Zeitform des Verbs (Präsens, Präteritum, Perfekt, Plusquamperfekt, Futur I/II). Tempusbestimmung.
Te|mu|lenz (die, -, kein Plural) (lat.) Trunkenheit; Taumeln.
Te|na|kel (das, -s, -) (lat.) Manuskripthalter; Blatthalter.
Te|na|zi|tät (die, -, kein Plural) (franz.) Zähigkeit (als Materialeigenschaft); Beharrlichkeit.
Ten|denz (die, -, -en) (lat.) Entwicklungsrichtung; Neigung. Tendenzänderung; Tendenzbetrieb; Tendenzdichtung; Tendenzstück.
ten|den|zi|ell (Adj.) eine Tendenz habend; einer Tendenz entsprechend.
ten|den|zi|ös (Adj.) subjektiv; voreingenommen.
Ten|der (der, -s, -) (engl.) Kohlenwagen.
ten|die|ren (V.) zu etwas neigen; willens sein.
Ten|di|ni|tis (die, -, -ti|den) (nlat.) Sehnenentzündung.
Ten|do|va|gi|ni|tis (die, -, -ti|den) (nlat.) Sehnenscheidenentzündung.
te|ne|ra|men|te (Adj.) zärtlich (Musikanweisung).
Te|ne|rif|fa (ohne Art., -s, kein Plural) eine der Kanarischen Inseln.
Ten|ne (die, -, -n) Dreschplatz (Scheune). Tennenboden; Tennenraum.
Ten|nes|see 1. (ohne Art., -s, kein Plural) Staat der USA; 2. (der, -s, kein Plural) Nebenfluss des Ohio.
Ten|nis (das, -, kein Plural) (engl.) Ballspiel. *Beachte:* Tennis spielen. Tennisball; Tennislehrer; Tennisplatz; Tennisprofi; Tennisschläger; Tennisschuh; Tennisspieler/in; Tennisturnier.
Ten|nis|arm (der, -s, -e) Entzündung des Ellbogengelenks durch Tennisspielen.
Ten|no (der, -s, -s) der japanische Kaiser.

Teˈnor 1. (der, -s, kein Plural) (lat.) Haltung; Sinn; Wortlaut; 2. (der, -s, -nöˈre) Sänger; hohe Männerstimme

Teˈnorˈbufˈfo (der, -s, -s) (ital.) 1. zweiter Tenor an einem Opernhaus; 2. Tenor für heitere Rollen.

Teˈnoˈra (die, -, -s) Oboe aus Katalonien.

Teˈnorˈhorn (das, -es, -hörˈner) Blasinstrument in Tenorlage.

Teˈnoˈrist (der, -en, -en) Tenorsänger.

Teˈnorˈsänˈger (der, -s, -) Sänger in Tenorlage.

Teˈnorˈschlüsˈsel (der, -s, -) Notenschlüssel.

Teˈnorˈstimˈme (die, -, -n) hohe Männerstimme.

Tenˈsid (das, -s, -e) (lat.) Waschmittelsubstanz.

Tenˈsiˈon (die, -, -siˈoˈnen) (lat.) Spannung; Druck (Gas).

Tenˈsor (der, -s, -en) (lat.) 1. ein verknüpfter Vektor; 2. Spannmuskel.

Tenˈtaˈkel (der/das, -s, -) (lat.) Fangarm; Fanghaar.

Tenˈtaˈkelˈtier (das, -es, -e) mit Tentakeln ausgestattetes Tier.

Tenˈtaˈmen (das, -s, -miˈna) (lat.) Vorprüfung.

tenˈtaˈtiv (Adj.) (lat.) probeweise; versuchsweise.

tenˈtieˈren (V.) (franz.) beabsichtigen; versuchen.

Teˈnuˈis (die, -, -nuˈes) (lat.) stimmloser Verschlusslaut (z. B. »p, t, k«).

teˈnuˈis (Adj.) zart; dünn (Med.).

teˈnuˈto (Adv.) (ital.) ausgehalten; getragen (bei Musikstücken).

Tenˈzoˈne (die, -, -n) provenzalischer Streitgesang im MA.

Teˈphˈrit (der, -s, -e) (griech.-nlat.) Ergussgestein.

Teˈphˈroˈit (der, -s, -e) Mineral.

Teˈpiˈdaˈriˈum (das, -s, -riˈen) lauwarmer Raum in römischen Thermen.

Tepˈpich (der, -s, -e) Bodenbelag; Wandbehang. *Beachte:* Bleib auf dem Teppich (übertreibe nicht); sie wollten die Sache unter den Teppich kehren (vertuschen); Teppiche klopfen. Teppichboden; Teppichfliesen; Teppichkehrmaschine; Teppichklopfer; Teppichklopfmaschine; Teppichschaum; Teppichstange.

Teˈquiˈla (der, -/-s, -/-s) (span.) Branntwein.

Teˈra... (griech.) das Billionenfache einer Einheit (Abk.: T). Terameter (10^{12} Meter); Terawatt (10^{12} Watt, Abk.: TW).

Teˈraˈtoˈloˈgie (die, -, kein Plural) (griech.) Teilgebiet der Medizin für körperliche Missbildungen.

Teˈraˈtom (das, -s, -e) (griech.) angeborene Geschwulst, die aus verschiedenen Geweben bestehen kann.

Terˈbiˈum (das, -s, kein Plural) (griech.) Metall; chemisches Element (Abk.: Tb).

Teˈreˈbinˈthe (die, -, -n) (griech.) Terpentinbaum.

Teˈreˈbˈraˈtel (die, -, -n) (nlat.) Armfüßler (fossil).

Term (der, -s, -e) (lat.) mathematisches Glied; Niveau (Atomphysik).

Terˈmin (der, -s, -e) (lat.) Zeitpunkt; Frist. Terminabsprache. termingemäß.

Terˈmiˈnal (der/das, -s, -s) (engl.) Ein-, Ausgabegerät (EDV); Zielbahnhof; Abfertigungshalle (Flughafen).

terˈmiˈnal (Adj.) zum Ende gehörend.

Terˈmiˈnaˈtiˈon (die, -, -tiˈoˈnen) (lat.) Beendigung.

Terˈmiˈnaˈtor (der, -s, -en) (lat.) Grenze zwischen heller und dunkler Seite des Mondes.

Terˈminˈeinˈlaˈge (die, -, -n) Bankeinlage mit feststehendem Fälligkeitstag.

Terˈmiˈner (der, -s, -) Verantwortlicher für die genaue Terminplanung eines Produktionsablaufs.

terˈminˈgeˈrecht (Adj.) einem Termin entsprechend; pünktlich; termingemäß.

Terˈminˈgeˈschäft (das, -es, -e) Börsengeschäft.

terˈmiˈnieˈren (V.) befristen; einen Termin ausmachen.

Terˈmiˈnieˈrung (die, -, -en) das Terminieren.

Terˈmiˈnisˈmus (der, -, kein Plural) (nlat.) philosophische Lehre, nach der alles Denken nur in Begriffen möglich ist.

Terˈminˈkaˈlenˈder (der, -s, -) Kalender zum Eintragen von Terminen.

terˈminˈlich (Adj.) auf einen Termin bezogen. terminliche Probleme; gemäß unserer terminlichen Vereinbarung vom 15.3.

terˈminˈmäˈßig (Adj.) einen Termin betreffend; zum richtigen Termin.

Terˈmiˈnoˈloˈgie (die, -, -n) (lat.) Fachsprache. Terminologe.

terˈmiˈnoˈloˈgisch (Adj.) die Terminologie betreffend.

Terˈminˈplaˈner (der, -s, -) Terminkalender.

Terˈmiˈnus (der, -, -ni) (lat.) Fachausdruck. Terminus technicus.

Terˈmiˈte (die, -, -n) Insekt.

Terˈmiˈtenˈhüˈgel (der, -s, -) von Termiten errichteter Hügel.

Terˈmiˈtenˈstaat (der, -es, -en) Staat von Termiten.

terˈnär (Adj.) (franz.) dreifach.

Terˈpen (das, -s, -e) (griech.) Bestandteil ätherischer Öle.

Terˈpenˈtin (das, -s, -e) Harz; Lösungsmittel. Terpentinöl.

Terˈra (die, -, kein Plural) (lat.) Erde; Land.

Terˈrain (das, -s, -s) (franz.) Gebiet; Grund. Terrainbesichtigung.

Terˈraˈkotˈta (die, -, -ten) (ital.) Tonfigur; (ohne Plural) gebrannter Ton.

Terˈraˈmaˈreˈkulˈtur (die, -, kein Plural) (lat.) Kulturgruppe der Bronzezeit in Oberitalien.

Terˈraˈriˈum (das, -s, -riˈen) (lat.) Behälter für Kriechtiere. Terrarienkunde.

Terˈra rosˈsa (die, - -, kein Plural) (ital.) roter Tonboden.

Terˈra siˈgilˈlaˈta (die, - -, kein Plural) (lat.) gesiegelte Erde; Tongeschirr aus der römischen Kaiserzeit.

Terˈrasˈse (die, -, -n) (franz.) Veranda; Dachgarten; Geländestufe.

terˈrasˈsenˈarˈtig (Adj.) wie eine Terrasse.

Terˈrasˈsenˈbauˈweiˈse (die, -, -n) Bauweise mit Terrassen oder in Terrassenform.

Terˈrasˈsenˈdach (das, -s, -däˈcher) Dach über einer Terrasse; als Terrasse genutztes Dach.

terˈrasˈsenˈförˈmig (Adj.) in der Form einer Terrasse.

Terˈrasˈsenˈgarˈten (der, -s, -gärˈten) in Terrassen angelegter Garten.

Terˈrasˈsenˈhaus (das, -es, -häuˈser) auf Terrassen angelegtes Haus.

Terˈrasˈsenˈwohˈnung (die, -, -en) auf Terrassen angelegte Wohnung; Wohnung mit Terrasse.

ter|ras|sie|ren (V.) terrassenförmig anlegen.
Ter|ras|sie|rung (die, -, -en) das Terrassieren.
Ter|raz|zo (der, -, -zi) (ital.) Mosaikfußboden.
ter|res|t|risch (Adj.) (lat.) zur Erde gehörig.
Ter|ri|er (der, -s, -) (engl.) Hundeart. Foxterrier.
ter|ri|gen (Adj.) (griech.-lat.) vom Festland stammend.
Ter|ri|ne (die, -, -n) (franz.) Suppenschüssel.
ter|ri|to|ri|al (Adj.) das Territorium betreffend. Territorialsystem; Territorialismus.
Ter|ri|to|ri|al|ge|walt (die, -, kein Plural) Territorialhoheit.
Ter|ri|to|ri|al|ge|wäs|ser (das, -s, -) Meeresteile, die zum Staatsgebiet eines Küstenstaats gehören.
Ter|ri|to|ri|al|ho|heit (die, -, kein Plural) Hoheit über ein Territorium.
Ter|ri|to|ri|a|li|tät (die, -, kein Plural) das Zugehören zu einem Territorium.
Ter|ri|to|ri|a|li|täts|prin|zip (das, -s, -i|en) Grundsatz, wonach die Gesetze eines Staates für alle darin befindlichen Menschen gelten.
Ter|ri|to|ri|um (das, -s, -ri|en) (lat.) Gebiet; Staatsgebiet.
Ter|ror (der, -s, kein Plural) (lat.) Schrecken; Gewalttätigkeit. Terrorakt; Terroranschlag; Terrorjustiz; Terrormethode.
ter|ro|ri|sie|ren (V.) unterdrücken; schikanieren.
Ter|ro|ri|sie|rung (die, -, -en) das Terrorisieren.
Ter|ro|ris|mus (der, -, kein Plural) Gewaltausübung durch Untergrundorganisationen.
Ter|ro|rist (der, -en, -en) Mitglied einer gewalttätigen Untergrundorganisation. Terroristin.
ter|ro|ris|tisch (Adj.) den Terrorismus betreffend.
Ter|tia (die, -, -ti|en) achte und neunte Klasse (des Gymnasiums).
Ter|ti|a|ner (der, -s, -) Schüler der Tertia.
ter|ti|är (Adj.) 1. an dritter Stelle stehend; 2. das Tertiär betreffend.
Ter|ti|är (das, -s, kein Plural) (lat.) Braunkohlenformation; Erdneuzeit. Tertiärformation.
Terz (die, -, -en) (lat.) 1. dritter Tonleiterton; 2. Fechthieb.
Ter|zel (der, -s, -) (lat.) Falke.
Ter|ze|rol (das, -s, -e) (ital.) Schusswaffe.
Ter|ze|ro|ne (der, -n, -n) (lat.) ein Mischling; weißer Mulatte.
Ter|zett (das, -s, -e) (ital.) dreistimmiges Musikstück.
Ter|zi|ne (die, -, -n) (ital.) Strophenform aus drei jambischen elfsilbigen Zeilen.
Te|sa|film (der, -s, -e) Klebeband.
Te|sching (das, -s, -e) kleine Handfeuerwaffe.
Tes|la (das, -, -) Einheit (magnetische Induktion; Abk.: T). Teslastrom (*auch:* Tesla-Strom).
tes|sel|lie|ren (V.) ein Mosaik anfertigen.
Tes|sin 1. (das, -s, kein Plural) Kanton in der Schweiz; 2. (der, -s, kein Plural) Nebenfluss des Po.
Test (der, -s, -s/-e) (engl.) Probe; Prüfung; Untersuchung. Testbild; Testfahrer; Testfall; Testmethode; Testobjekt; Testperson; Testpilot; Testserie; Teststrecke; Testverfahren; getestet.
Tes|ta|ment (das, -s, -e) (lat.) Regelung des Nachlasses.
tes|ta|men|ta|risch (Adj.) im Testament festgelegt.
Tes|ta|ments|er|öff|nung (die, -, -en) das Eröffnen eines Testaments.
Tes|ta|ments|voll|stre|cker (der, -s, -) Person, die für die Erfüllung eines Testaments zuständig ist.
Tes|ta|ments|voll|stre|ckung (die, -, -en) die Ausführung eines Testaments.
Tes|tat (das, -s, -e) (lat.) Bescheinigung; Prüfung.
Tes|ta|tor (der, -s, -en) (lat.) 1. Person, die ein Testament verfasst; 2. Person, die ein Testat ausstellt.
Tes|ta|zee (die, -, -n) (lat.) Amöbenart.
tes|ten (V.) ausprobieren; prüfen.
Tes|ter (der, -s, -) ein Mensch, der etwas prüft.
tes|tie|ren (V.) bescheinigen.
Tes|tie|rung (die, -, -en) das Bescheinigen.
Tes|ti|kel (der, -s, -) (lat.) Hoden.
Tes|ti|kel|hor|mon (das, -s, -e) männliches Keimdrüsenhormon.
Tes|ti|mo|ni|al (das, -s, -s) (engl.) Empfehlungsschreiben eines Kunden oder Prominenten als Teil einer Anzeige.
Tes|to|s|te|ron (das, -s, kein Plural) (lat.) männliches Geschlechtshormon.
Tes|tung (die, -, -en) das Testen.
Te|ta|nie (die, -, -n) (griech.) Dauerkrampf bestimmter Muskelgruppen (z. B. im Gesicht).
te|ta|ni|form (Adj.) starrkrampfartig.
te|ta|nisch (Adj.) zur Tetanie, zum Tetanus gehörig.
Te|ta|nus (der, -, kein Plural) (griech.) Wundstarrkrampf.
Te|ta|nus|imp|fung (die, -, -en) Impfung gegen Tetanus.
Te|ta|nus|sprit|ze (die, -, -n) Injektionsspritze mit dem Tetanuswirkstoff.
Tête-à-Tête (*auch:* Tete-a-Tete) (das, -, -s) (franz.) vertrautes Zusammensein.
Te|thys|meer (das, -s, kein Plural) interkontinentales Mittelmeer in der Zeit vom Paläozoikum bis zum Alttertiär.
Te|t|ra (der, -s, kein Plural) (griech.) (Kurzw.) Tetrachlorkohlenstoff.
Te|t|ra|chlor|koh|len|stoff (der, -s, -e) Lösungsmittel.
Te|t|ra|de (die, -, -n) Vierheit; Vierteiler.
Te|t|ra|eder (das, -s, -) (griech.) Vierflächner; dreiseitige Pyramide.
Te|t|ra|gon (das, -s, -e) (griech.) Viereck.
te|t|ra|go|nal (Adj.) viereckig.
Te|t|ra|gramm (das, -s, -e) die vier Konsonanten des Gottesnamens aus dem Alten Testament J-H-W-H (sprich: Jahwe).
Te|t|ra|kis|he|xa|eder (das, -s, -) (griech.-nlat.) Pyramidenwürfel mit 24 Flächen.
Te|t|ra|lin (das, -s, kein Plural) (griech.) Lösungsmittel.
Te|t|ra|lo|gie (die, -, -n) (griech.) vierteiliges Literatur-, Musikstück.
Te|t|ra|me|ter (der, -s, -) (griech.) Versmaß aus vier Versfüßen.
Te|t|ra|ple|gie (die, -, kein Plural) Lähmung aller Gliedmaßen.
Te|t|ra|po|de (der, -n, -n) 1. Vierfüßler; 2. vierfüßiges Gebilde als Sperre oder Wellenbrecher.

Te|t|rarch (der, -en, -en) (griech.) über den vierten Teil eines Gebietes herrschender Fürst (in der Antike).

Te|t|ryl (das, -s, kein Plural) hochexplosiver Stoff.

teu|er (Adj.) viel Geld kostend; kostbar; lieb. *Beachte:* Das kommt ihm/ihn teuer zu stehen.

Teu|e|rung (die, -, -en) Preisanstieg.

Teu|e|rungs|ra|te (die, -, -n) Ausmaß einer Teuerung.

Teu|e|rungs|wel|le (die, -, -n) Reihe von Teuerungen.

Teu|fel (der, -s, -) Satan; Böses. *Beachte:* Alles ist beim/zum Teufel. Pfui Teufel! Er schert sich den Teufel darum. Heute Abend ist der Teufel los. auf Teufel komm raus.

Teu|fe|lei (die, -, -en) bösartige Handlung.

Teu|fels|aus|trei|bung (die, -, -en) Exorzismus. Teufelsaustreiber.

Teu|fels|be|schwö|rung (die, -, -en) Beschwörung des Teufels.

Teu|fels|bra|ten (der, -s, -) hinterlistiger, raffinierter Mensch; Draufgänger.

Teu|fels|brut (die, -, kein Plural) Brut des Teufels.

Teu|fels|ei (das, -s, -er) Stinkmorchel.

Teu|fels|kerl (der, -s, -e) Draufgänger.

Teu|fels|kral|le (die, -, -n) Glockenblumengewächs.

Teu|fels|kreis (der, -es, -e) schwer zu durchbrechende, unangenehme Situation.

Teu|fels|werk (das, -s, -e) Unheil; Werk des Teufels.

Teu|fels|zeug (das, -s, kein Plural) gefährliches Zeug.

teuf|lisch (Adj.) dämonisch; sehr.

Teu|to|bur|ger Wald (der, -s, kein Plural) Mittelgebirge in Nordrhein-Westfalen und Niedersachsen.

Teu|to|ne (der, -n, -n) Angehöriger eines germanischen Stammes; Deutscher (ironisch). Teutonia.

Teu|to|nen|grill (der, -s, -s) südliche Urlaubsgebiete mit Meeresstrand, die vom deutschen Massentourismus überflutet werden (ironisch).

teu|to|nisch (Adj.) die Teutonen betreffend; deutsch (ironisch).

Tex (*auch:* tex) (das, -, -) (lat.) Maßeinheit (Textilindustrie; Zeichen: tex).

Te|xas (ohne Art., -, kein Plural) Staat im Süden der USA.

Te|xas|fie|ber (*auch:* Te|xas-Fie|ber) (das, -s, kein Plural) Rindermalaria.

Te|xo|print|ver|fah|ren (das, -s, kein Plural) Herstellungsverfahren für Schriftvorlagen im Offset- und Tiefdruck.

Text 1. (der, s/-es, -e) (lat.) Wortlaut; Schriftstück. Textausgabe; Textautomat; Textbaustein; Textbuch; Textdichter; Texterfassung; Textgestaltung; Textkritik; Textlinguistik; Textprogrammierung; Textstelle; Textträger. 2. (die, -, kein Plural) (lat.) Schriftgrad.

Text|da|tei (die, -, -en) eine im ASCII-Code vorliegende Datei.

tex|ten (V.) einen Text schreiben.

Tex|ter (der, -s, -) Verfasser von Texten.

text|ge|mäß (Adj.) dem Text entsprechend.

tex|tie|ren (V.) eine Bildunterschrift erstellen.

Tex|ti|li|en (die, nur Plural) Stoffe; Kleidung. Textilarbeiter; Textilchemie; Textilfabrik; Textilfabrikant; Textilgewerbe; Textilgroß- und -einzelhandel; Textilindustrie; Textiltechnik; Textilwaren.

tex|til (Adj.) aus Stoff bestehend.

tex|til|frei (Adj.) nackt.

text|lich (Adj.) den Text betreffend.

Tex|tur (die, -, -en) (lat.) inneres Gefüge; Aufbau; Anordnung.

Text|ver|ar|bei|tung (die, -, -en) computergestütztes Erstellen und Bearbeiten von Texten.

tg (Abk.) Tangens.

Tgb.-Nr. (Abk.) **T**age**b**uch**n**umme**r**.

TGV (der, -s, -s) (franz.) französischer Hochgeschwindigkeitszug.

Tgw. (Abk.) **T**age**w**erk.

Th (Abk.) **Th**orium (chemisches Zeichen).

TH (Abk.) **T**echnische **H**ochschule.

Thai (der, -s, -) Angehöriger der gleichnamigen Völkergruppe in Südostasien.

Thai|land (ohne Art., -s, kein Plural) Staat in Hinterindien.

Thai|län|der (der, -s, -) Einwohner Thailands.

thai|län|disch (Adj.) zu Thailand gehörend.

Tha|la|mus (der, -, -mi) (griech.) Gehirnsubstanz. → Hypothalamus.

tha|las|so|gen (Adj.) (griech.) entstanden durch das Meer.

Tha|las|so|gra|fie (*auch:* Tha|las|so|gra|phie) (die, -, kein Plural) (griech.) Meereskunde. Thalassometer.

Thal|li|um (das, -s, kein Plural) (griech.) Metall; chemischer Grundstoff (Abk.: Tl).

Thal|lo|phyt (der, -en, -en) (griech.) Lagerpflanze.

Thal|lus (der, -, -li) (griech.-lat.) fädigflächiger Körper der Thallophyten.

Tha|na|tis|mus (der, -, kein Plural) Lehre von der Sterblichkeit der Seele.

Tha|na|to|lo|gie (die, -, kein Plural) (griech.) Wissenschaft vom Sterben und vom Tod.

Thau|ma|to|lo|gie (die, -, kein Plural) (griech.) Lehre von den Wundern.

Thau|ma|t|urg (der, -en, -en) (griech.) Wundertäter.

The|a|ter (das, -s, -) (griech.) Schauspiel; Schauspielhaus; Oper; (ugs.) Faxen. Theaterabonnement; Theateragent; Theateraufführung; Theaterdekoration; Theaterkarte; Theaterkasse; Theaterkritiker; Theatermacher; Theaterprobe; Theaterprogramm; Theaterregisseur; Theatersaal; Theaterstück; Theatervorstellung; Theaterwissenschaft; Affentheater.

The|a|t|ra|lik (die, -, kein Plural) theatralische Art.

the|a|t|ra|lisch (Adj.) gekünstelt; übertrieben.

The|in (*auch:* Te|in) (das, -s, kein Plural) Koffein (Tee).

The|is|mus (der, -, kein Plural) (griech.) Gottesglaube. Theist; theistisch.

The|ist (der, -en, -en) (griech.) Anhänger des Theismus.

the|is|tisch (Adj.) den Theismus betreffend.

The|ke (die, -, -n) (griech.) Schank-, Ladentisch. Ladentheke.

The|li|tis (die, -, -ti|den) Brustwarzenentzündung.

The|ma (das, -s, -men/-ma|ta) (griech.) Gegenstand; Aufgabe; Angelegenheit; Motiv, Leitgedanke (Musik). Themenbereich; Themendiskussion; Themenkatalog; Themenkreis; Themenstellung; Themenwahl.

The|ma|tik (die, -, -en) Thema; Themenkreis.

theˈmaˈtisch (Adj.) das Thema betreffend.
theˈmaˈtiˈsieˈren (V.) etwas zum Thema machen; zur Sprache bringen.
Themˈse (die, -, kein Plural) Hauptfluss Englands.
Theoˈbroˈma (das, -s, kein Plural) (griech.-nlat.) Kakaobaum.
Theoˈdiˈzee (die, -, -n) (franz.) christliche Rechtfertigungslehre.
Theoˈdoˈlit (der, -s, -e) (griech.) Winkelmessgerät.
Theoˈgnoˈsie (*auch:* Theoˈgnoˈsis) (die, -, kein Plural) (griech.) Gotteserkenntnis.
Theoˈgoˈnie (die, -, -n) (griech.) Lehre von der Abstammung der Götter.
Theoˈkrat (der, -en, -en) (griech.) Anhänger der Theokratie.
Theoˈkraˈtie (die, -, -n) (griech.) Gottesherrschaft; Herrschaftsform, bei der die Staatsgewalt allein religiös legitimiert ist.
theoˈkraˈtisch (Adj.) die Theokratie betreffend.
Theoˈloˈge (der, -n, -n) (griech.) Kenner der Theologie.
Theoˈloˈgie (die, -, -n) Religionslehre; Gotteslehre. Theologiestudium.
theoˈloˈgisch (Adj.) die Theologie betreffend.
theoˈloˈgiˈsieˈren (V.) etwas unter theologischem Gesichtspunkt betrachten.
Theoˈphaˈnie (die, -, -n) (griech.) Gotteserscheinung.
Theˈorˈbe (die, -, -n) (franz.) Laute aus dem Barock mit zwei Hälsen und doppeltem Wirbelkasten.
Theˈoˈrem (das, -s, -e) (griech.) Lehrsatz.
Theˈoˈreˈtiˈker (der, -s, -) (griech.) Wissenschaftler.
theˈoˈreˈtisch (Adj.) in der Theorie; grundsätzlich. rein theoretisch.
Theˈoˈrie (die, -, -n) (griech.) gedankliche Konstruktion; wissenschaftliche Überlegung; Lehrmeinung. graue Theorie sein (nicht der Wirklichkeit entsprechen). Theorienstreit; Relativitätstheorie.
Theoˈsoph (der, -en, -en) (griech.) Anhänger der Theosophie.
Theoˈsoˈphie (die, -, -n) (griech.) mystische Gottesanschauung.
theoˈsoˈphisch (Adj) die Theosophie betreffend.
Theˈraˈpeut (der, -en, -en) (griech.) Heilbehandler; Psychotherapeut. Therapeutin.
Theˈraˈpeuˈtik (die, -, kein Plural) (griech.) Lehre von der Behandlung der Krankheiten.
Theˈraˈpeuˈtiˈkum (das, -s, -ka) Heilmittel.
theˈraˈpeuˈtisch (Adj.) die Therapie betreffend.
Theˈraˈpie (die, -, -n) (griech.) Heilbehandlung. Therapiekosten.
theˈraˈpieˈren (V.) eine Therapie anwenden; heilbehandeln.
Theˈreˈsiˈenˈstadt (ohne Art., -s, kein Plural) Stadt in Nordböhmen; in der NS-Zeit Standort eines Konzentrationslagers.
Theˈriˈak (der, -s, kein Plural) (griech.-lat.) opiumhaltiges Arzneimittel im MA.
theˈriˈoˈmorph (Adj.) (griech.) tiergestaltig. (Götter).
theˈriˈoˈphor (Adj.) (griech.) einen Tiernamen tragend.
therˈmal (Adj.) die Wärme betreffend.
Therˈme (die, -, -n) (griech.) heiße Quelle. Thermalbad; Thermalquelle.
Therˈmik (die, -, kein Plural) (griech.) Aufwind. Thermiksegelflug.
Therˈmiˈon (das, -s, -en) (griech.) aus einer Glühkathode austretendes Ion.
therˈmisch (Adj.) die Thermik betreffend.
Therˈmisˈtor (der, -s, -en) (griech.-engl.) Heißleiter.
Therˈmit (das, -s, -e) Eisen-Aluminium-Gemisch. Thermitschweißen.
Therˈmoˈdyˈnaˈmik (die, -, -en) (griech.) Wärmelehre.
therˈmoˈdyˈnaˈmisch (Adj.) die Thermodynamik betreffend.
Therˈmoˈgraf (*auch:* Therˈmoˈgraph) (der, -en, -en) (griech.) Temperaturschreiber.
Therˈmoˈhoˈse (die, -, -n) Wärmehose.
Therˈmoˈkraft (die, -, kein Plural) elektromotorische Kraft, die bei Auftreten von Temperaturschwankungen im Stromleiter elektrischen Strom erzeugt.
therˈmoˈlaˈbil (Adj.) (nlat.) nicht wärmebeständig.
Therˈmoˈmeˈter (der/das, -s, -) (griech.) Wärmemesser. Fieberthermometer.
Therˈmoˈmeˈtˈrie (die, -, kein Plural) das Messen der Temperatur.
therˈmoˈnuˈkˈleˈar (Adj.) die Wärme betreffend, die bei einer Kernreaktion auftritt.
Therˈmoˈpane (das, -, kein Plural) (griech.-engl.) Isolierglas. Thermopanefenster.
therˈmoˈphil (Adj.) (griech.) die Wärme liebend.
Therˈmoˈphiˈlie (die, -, kein Plural) das Bevorzugen von warmen Temperaturen.
therˈmoˈplasˈtisch (Adj.) formbar in erwärmtem Zustand.
Therˈmosˈflaˈsche (die, -, -n) Warmhalteflasche.
Therˈmoˈsˈkop (das, -s, -e) Gerät zur Feststellung von Temperaturunterschieden.
therˈmoˈstaˈbil (Adj.) wärmebeständig.
Therˈmoˈsˈtat (der, -s/-en, -e/-en) (griech.) Wärmeregler.
Therˈmoˈstrom (der, -s, kein Plural) Strom, hervorgerufen durch Thermokraft.
Therˈmoˈtheˈraˈpie (die, -, -n) (griech.) Wärmebehandlung.
Theˈroˈphyt (der, -en, -en) (griech.) einjährige Pflanze.
theˈsauˈrieˈren (V.) 1. eine Wortsammlung erstellen; 2. Geld oder Edelmetall anhäufen.
Theˈsauˈrus (der, -, -ren/-ri) (griech.) 1. Fachwörterbuch; 2. systematische und/oder alphabethische Ordnung von Wörtern innerhalb eines Fachgebietes.
Theˈse (die, -, -n) (griech.) Behauptung; Annahme. Antithese.
theˈsenˈhaft (Adj.) in Thesen; wie eine These.
Theˈsenˈpaˈpier (das, -s, -e) Arbeitsblatt; stichpunktartige Zusammenfassung eines Vortrags.
Thesˈpisˈkarˈren (der, -s, -) Wanderbühne; nach Thespis benannt, dem Begründer der altgriech. Tragödie.
Thesˈsaˈliˈen (ohne Art., -s, kein Plural) Landschaft in Nordgriechenland.

The|ta (das, -s, -s) (griech.) griechischer Buchstabe (Θ, ϑ).
The|tik (die, -, kein Plural) Wissenschaft von den Thesen.
the|tisch (Adj.) wie eine These.
The|urg (der, -en, -en) (griech.) Zauberer. Theurgie.
Thi|a|min (das, -s, kein Plural) (griech.-nlat.) Vitamin B_1.
Thi|a|mi|na|se (die, -, kein Plural) Enzym, das das Vitamin B_1 spalten kann.
Thing (das, -s, -e) Gerichtsversammlung der Germanen; Thingplatz.
Thi|o|nal|farb|stoff (der, -s, -e) Farbstoff des Schwefels.
Tho|los (die, -, -loi/-len) (altgriech.) Rundbau mit Säulengang.
Tho|mas|kan|tor (der, -s, -en) Leiter des Thomanerchors und Kantor der Leipziger Thomaskirche.
Tho|mis|mus (der, -, kein Plural) Lehre des Thomas von Aquin (1225–1274).
Tho|mist (der, -en, -en) Anhänger des Thomismus.
Tho|ra (die, -, kein Plural) (hebr.) die fünf Bücher Mose.
Tho|ra|ko|to|mie (die, -, -n) Öffnung der Brusthöhle (Med.).
Tho|rax (der, -/-es, -e) (griech.) Brustkorb.
Tho|ri|um (das, -s, kein Plural) (griech.) Metall; chemischer Grundstoff (Abk.: Th).
Tho|ron (das, -s, kein Plural) ein Radonisotop (Abk.: Tn).
Thril|ler (der, -s, -) (engl.) spannender Roman, Film.
Thrips (der, -, -e) (griech.) ein Insekt; Blasenfüßer.
Throm|b|as|the|nie (die, -, -n) verminderte Funktionstüchtigkeit der Blutplättchen.
Throm|bin (das, -s, kein Plural) (griech.-nlat.) Blutgerinnungsenzym.
Throm|bo|ar|te|ri|itis (die, -, -ti|den) (griech.) Entzündung einer Arterie.
Throm|bo|gen (das, -s, kein Plural) (griech.) Faktor der Blutgerinnung.
Throm|bo|pe|nie (die, -, -n) (griech.) Blutplättchenmangel.
Throm|bo|se (die, -, -n) (griech.) Blutgefäßverstopfung.
Throm|bo|se|nei|gung (die, -, -en) Neigung zu Thrombosen.
Throm|bo|zyt (der, -en, -en) (griech.) Blutplättchen.
Throm|bo|zy|to|ly|se (die, -, -n) (griech.) Zerfall der Blutplättchen.
Throm|bo|zy|to|se (die, -, kein Plural) (griech.) krankhafte Vermehrung der Blutplättchen.
Throm|bus (der, -, Throm|ben) (griech.-lat.) Thrombose bewirkendes Blutklümpchen.
Thron (der, -s, -e) (griech.) Herrschersessel; monarchische Regierung.
Thron|an|wär|ter (der, -s, -) Anwärter auf den Thron; Thronprätendent.
Thron|be|stei|gung (die, -, -en) Antritt der Herrschaft. Thronrede.
Thron|er|be (der, -n, -n) Erbe des Herrschers.
Thron|fol|ge (die, -, kein Plural) Nachfolge des Herrschers.
Thron|fol|ger (der, -s, -) die Thronfolge antretende Person.
Thron|prä|ten|dent (der, -en, -en) eine Person, die Anspruch auf einen Thron erhebt; Thronanwärter.
Thron|saal (der, -s, -sä|le) den Thron beherbergender Raum.
Thu|ja (*auch:* Thu|je) (die, -, -jen) (griech.) Lebensbaum.
Thu|ja|öl (das, -s, kein Plural) ätherisches Öl des Lebensbaums.
Thu|li|um (das, -s, kein Plural) (griech.) Metall; chemischer Grundstoff (Abk.: Tm).
Thun|fisch (*auch:* Tun|fisch) (der, -es, -e) Speisefisch. Thunfischsalat (*auch:* Tunfischsalat).
Thur|gau (der, -s, kein Plural) Kanton der Schweiz.
Thü|rin|gen (ohne Art., -s, kein Plural) (dt.) Bundesland.
Thü|rin|ger 1. Einwohner Thüringens; 2. Bratwurst.
thü|rin|gisch (Adj.) zu Thüringen gehörend.
Thus|nel|da (die, -, kein Plural) (ugs.) Frau; Freundin (abwertend); (Kurzw.) (ugs.) Tussi.
THW (Abk.) **T**echnisches **H**ilfs**w**erk.
Thy|mi|an (der, -s, -e) (griech.) 1. Pflanze. 2. (ohne Plural) Gewürz.
Thy|mo|lep|ti|kum (das, -s, -ka) (griech.-nlat.) Arzneimittel zur Behandlung von endogenen Depressionen.
Thy|mon (das, -s, -e) (griech.) Geschwulst, von der Thymusdrüse ausgehend.
Thy|mo|path (der, -en, -en) (griech.) ein Gemütskranker.
Thy|mo|pa|thie (die, -, -n) (griech.) Gemütskrankheit.
Thy|mo|se (die, -, -n) (griech.) Gefühlsschwankungen unterworfener Gemütszustand in der Pubertät.
Thy|mus|drü|se (die, -, -n) Brustdrüse.
Thy|re|o|i|dea (die, -, -ide|en) (griech.) Schilddrüse.
Thy|re|o|i|di|tis (die, -, -ti|den) (griech.) Schilddrüsenentzündung.
Thy|re|o|s|ta|ti|kum (das, -s, -ka) (griech.) die Schilddrüsenfunktion hemmender Stoff.
Thy|re|o|to|xi|ko|se (die, -, -n) (griech.) krankhafte Überfunktion der Schilddrüse.
Thy|ris|tor (der, -s, -en) (griech.-nlat.) ein Halbleiterbauelement.
Thy|r|o|xin (*auch:* Thyr|o|xin) (das, -s, kein Plural) (griech.-nlat.) ein Schilddrüsenhormon.
Ti (Abk.) **Ti**tan (chemisches Zeichen).
Ti|a|ra (die, -, -ren) (pers.) alte Papstkrone.
Ti|bet 1. (der, -s, -e) Kammgarnstoff aus Tibet- oder Schafwolle;. 2. (ohne Art., -s, kein Plural) größtes Hochland der Erde und autonome Region der Volksrepublik China.
Tic (der, -s, -s) (franz.) 1. nervöses Muskelzucken; 2. → Tick.
Tick (*auch:* Tic) (der, -s, -s) (franz.) Spleen; Eigenart.
ti|cken (V.) schlagen. *Beachte:* Die tickt nicht richtig (ist nicht ganz richtig im Kopf). Ticker; das Ticktack der Uhr, *aber:* die Uhr macht ticktack!
Ti|cket (das, -s, -s) (engl.) Flug-, Fahr-, Eintrittskarte.
Tick-fe|ver (das, -s, kein Plural) (engl.) Infektionskrankheit; Zeckenfieber.
Ti|de (die, -, -n) (nordd.) Flut. Tide(n)hub.
Tie|break (*auch:* Tie-Break) (der/das, -s, -s) (engl.) Spielentscheidung bei unentschiedenem Stand (Tennis).
tief (Adj.) weit unten; stark; nach hinten; tiefgründig. *Beachte:* Ich war aufs Tiefste (*auch:* tiefste) betroffen. Er bedauerte es aufs Tiefste (*auch:* tiefste).

Verbindungen von »tief« mit Verben und Partizipien schreibt man getrennt, wenn die Einzelbedeutungen der beiden Begriffe erhalten bleiben! tief atmen; tief sein. ein tief bewegter (*auch:* tiefbewegter) Zuhörer; die tief erschütterten (*auch:* tieferschütterten) Trauergäste; Tiefe; aus/in der Tiefe; alle Höhen und Tiefen des Lebens. Tiefausläufer; Tiefbau; Tiefbohrung; Tiefdruck; Tiefebene;Tiefflieger; Tiefflug; Tiefgarage; Tiefkühlfach; Tiefkühlkost; Tiefkühltruhe; Tiefland; Tiefpunkt; Tiefschlaf; Tiefseetaucher; Tiefstand; Tiefstpreis; Tiefstwert. Adjektive: tiefblau; tiefernst; tiefgefroren; tief gehend (*auch:* tiefgehend); tiefgekühltes Fleisch; tief greifend (*auch:* tiefgreifend); tiefschwarz; tiefstapelnd; tief stehend (*auch:* tiefstehend); tieftraurig; tief verschneit (*auch:* tiefverschneit). Adverb: zutiefst.

Tief (das, -s, -s) Tiefdruckgebiet; Niedergeschlagenheit.

tief|boh|ren (V., bohrte tief, hat tiefgebohrt) Bohrungen bis in große Tiefen durchführen.

Tie|fe (die, -, -n) Ausmaß; Meeres-/Erdtiefe.

Tie|fen|ge|stein (das, -s, -e) Intrusivgesteine; Plutonite.

Tie|fen|psy|cho|logie (die, -, -n) Psychologie, die sich mit der Erforschung des Unbewussten befasst.

Tie|fen|schär|fe (die, -, -n) Schärfentiefe.

Tie|fen|struk|tur (die, -, -en) sprachwissenschaftlicher Ausdruck für die Bedeutungsmöglichkeiten eines Satzes.

Tie|fen|wir|kung (die, -, -en) sich in der Tiefe entfaltende Wirkung.

Tief|gang (der, -s, kein Plural) Eintauchtiefe eines beladenen Schiffes; Tiefsinnigkeit.

Tief|la|der (der, -s, -) Transportwagen für Schwertransporte.

Tief|schlag (der, -s, -schlä|ge) Schlag beim Boxen unterhalb der Gürtellinie; Ungerechtigkeit.

Tief|sinn (der, -s, kein Plural) Hintergründigkeit; Nachdenklichkeit.

tief|sin|nig (Adj.) Tiefsinn habend.

Tief|sin|nig|keit (die, -, kein Plural) das Tiefsinnigsein.

tief|sta|peln (V., stapelte tief/ tiefstapelte, hat tiefgestapelt) untertreiben.

Tief|stap|ler (der, -s, -) ein Mensch, der seine eigenen Fähigkeiten und Leistungen untertreibt.

Tie|gel (der, -s, -) Topf. Tiegeldruckpresse.

Tier (der, -s, -e) Lebewesen. Tierart; Tierarzt; Tierasyl; Tierbändiger; Tierbuch; Tierchen; Tierfabel; Tierfreund; Tiergarten; Tiergeschichte; Tierhalter; Tierhandlung; Tierheilkunde; Tierkörperbeseitigungsanstalt; Tierkreiszeichen; Tierliebe; Tierpflege; Tierquälerei; Tierreich; Tierschützer; Tierschutzverein; Tierversuch; Tierwelt; Tierzucht.

tier|ärzt|lich (Adj.) vom Tierarzt ausgehend.

tier|haft (Adj.) wie ein Tier.

tie|risch (Adj.) Tiere betreffend; tierhaft; triebhaft.

Tier|kun|de (die, -, kein Plural) Zoologie.

tier|lie|bend (Adj.) Tiere liebend; tierlieb.

Tier|me|di|zin (die, -, kein Plural) Veterinärmedizin.

Tier|park (der, -s, -s) Zoo.

Tiers|état (*auch:* Tiers État) (der, -, kein Plural) dritter Stand der franz. Gesellschaftsordnung nach Adel und Klerus (vor der Franz. Revolution).

Tif|lis (ohne Art., -, kein Plural) Hauptstadt von Georgien.

Ti|fo|so (der, -, -si) (ital.) italienischer Fußballfan.

Ti|ger (der, -s, -) Raubtier. Tigerfell; Tigerkatze; getigert.

Ti|ger|au|ge (das, -s, -n) Mineral.

ti|gern (V.) mit einem Tigermuster versehen; herumschleichen.

Ti|gon (der, -s, -s) Kreuzung aus einem Tigermännchen und einem Löwenweibchen.

Ti|g|ris (der, -, kein Plural) Fluss in Vorderasien.

Ti|kal (der, -, -) thailändische Münzeinheit.

Ti|ki (der, -s,) großes Götterbild in Polynesien und Neuseeland.

Til|bu|ry (der, -s, -s) (engl.) zweirädriger Einspänner mit Klappverdeck.

Til|de (die, -, -n) (span.) Aussprachezeichen; Wiederholungszeichen (Zeichen: ~; z. B. Señor, São Paulo).

tilg|bar (Adj.) getilgt werden könnend.

til|gen (V.) streichen; löschen; abzahlen.

Til|gung (die, -, -en) Abzahlung, das Tilgen.

Til|gungs|ra|te (die, -, -n) Tilgungssumme.

Til|gungs|sum|me (die, -, -n) Betrag, der getilgt werden muss.

Ti|lia (die, -, kein Plural) (lat.) Linde (als Heilpflanze; z. B. Tiliae flos: Lindenblüten).

Ti|li|a|ze|en (die, nur Plural) Gruppe der Lindengewächse.

Til|land|sie (die, -, -n) auf Blumen wachsende Luftnelke (Ananasgewächs).

Til|lit (der, -s, -e) verfestigte Lehmschicht.

Til|sit (ohne Art., -s, kein Plural) Stadt an der Memel, früher Ostpreußen.

Til|si|ter (der, -s, -) Käsesorte. Tilsiter Käse.

Tim|ba|le (die, -, -n) Pastetenart.

Tim|ba|les (die, nur Plural) (span.) Trommelpaar.

Tim|b|re (das, -s, -s) (franz.) charakteristische Stimmfarbe oder Klangfarbe. Adjektiv: timbriert.

tim|b|rie|ren (V.) mit einem bestimmten Timbre versehen.

ti|men (V.) (engl.) zeitlich abstimmen. Der Erfolg war gut getimt.

Time-out (das, -/-s, -s) (engl.) Auszeit (Ballsportarten).

Time|sha|ring (das, -s, -s) (engl.) Verteilung von Rechnerzeit für gleichzeitig laufende EDV-Programme oder mehrere Benutzer eines Großrechners.

Ti|ming (das, -s, -s) (engl.) zeitliche Abstimmung.

Ti|mo|kra|tie (die, -, -n) (griech.) Gewährung politischer Rechte, abgestuft nach Vermögen.

Ti|mo|the|us|gras (das, -es, kein Plural) Futterpflanze.

Tim|pa|no (der, -s, -ni) Kesselpauke.

tin|geln (V.) herumreisen.

Tin|gel|tan|gel (der/das, -s, -) (ugs.) Varieté; Musiklokal.

Tink|ti|on (die, -, -ti|o|nen) chemisches Färben.

Tink|tur (die, -, -en) (lat.) Extrakt; Lösung.

Tin|nef (der, -s, kein Plural) (jidd.) (ugs.) Wertloses; Unsinn.
Tin|te (die, -, -n) Farbstoff; Schreibflüssigkeit. *Beachte:* in der Tinte sitzen (Probleme haben).
Tin|ten|fass (das, -es, -fäs|ser) kleines, mit Tinte gefülltes Fass.
Tin|ten|fisch (der, -es, -e) im Meer lebendes Tier mit Fangarmen.
Tin|ten|klecks (der, -es, -e) durch Tinte verursachter Fleck.
Tin|ten|ku|li (der, -s, -s) mit Tinte schreibender Kugelschreiber.
Tin|ten|stift (der, -es, -e) Kopierstift.
Tin|ten|tod (der, -es, -e) Radierstift für Tinte.
tin|tig (Adj.) mit Tinte beschmiert; wie Tinte.
Tint|ling (der, -s, -e) Pilz.
Ti|pi (das, -s, -s) Indianerzelt; → Wigwam.
Tipp (der, -s, -s) (engl.) Hinweis; Wette.
Tip|pel|bru|der (der, -s, -brü|der) (ugs.) scherzhaft für Landstreicher.
tip|peln (V.) in kleinen Schritten gehen; (ugs.) wandern. Tippelei; tipp, tapp!
tip|pen (V.) Schreibmaschine schreiben; berühren; wetten.
Tip|per (der, -s, -) ein Mensch, der Toto oder Lotto spielt.
Tipp-Ex (das, -, -) Farbe zum Überdecken von Schreibmaschinenschrift.
Tipp|feh|ler (der, -s, -) Schreibfehler beim Maschineschreiben.
Tipp|ge|mein|schaft (die, -, -en) Personengruppe, die gemeinsam Lotto oder Toto spielt.
Tipp|se (die, -, -n) (ugs.) abwertend für eine (weibliche) Schreibkraft.
tipp|topp (Adj.) (engl.) (ugs.) tadellos.
Tipp|zet|tel (der, -s, -) Wettschein; Lottoschein.
Tips|ter (der, -s, -) jmd., der berufsmäßig Wetttipps (*auch:* Wett-Tipps) vergibt.
Ti|ra|de (die, -, -n) (franz.) Tonlauf; Wortschwall. Hasstiraden.
Ti|ra|mi|su (das, -s, -s) (ital.) eine Süßspeise; Löffelbiskuits mit Mascarpone und Likör sowie einer Kakaoschicht darüber.
Ti|ra|na (ohne Art., -s, kein Plural) Hauptstadt von Albanien.
Ti|rass (der, -ras|ses, -ras|se) Deckgarn für den Fang von Felshühnern.
ti|ri|lie|ren (V.) trällern; singen. Tirili; tirili!
Ti|rol (ohne Art., -s, kein Plural) (österr.) Bundesland; Tiroler.
Ti|ro|ler (der, -s, -) Einwohner Tirols.
Ti|ro|ler|hut (der, -s, -hü|te) Trachtenhut.
Tisch (der, -s/-es, -e) Möbel. *Beachte:* bei/zu Tisch. Tischbein; Tischchen; Tischdame; Tischdecke; Tischfeuerzeug; Tischfußball; Tischgesellschaft; Tischkante; Tischkopierer; Tischlampe; Tischleindeckdich; Tischnachbar; Tischrede; Tischtennis; Tischtuch; Tischwein. auftischen.
ti|schen (V.) (schweiz.) den Tisch decken.
tisch|fer|tig (Adj.) tafelfertig; zum Servieren vorbereitet.
Tisch|ler (der, -s, -) Schreiner. Tischlerarbeit; Tischlerei; Tischlerplatte; Tischlerwerkstatt.
Tisch|le|rei (die, -, -en) Schreinerei.
tisch|lern (V.) eine Tischlerarbeit herstellen; schreinern.
Tisch|ma|nie|ren (die, -, nur Plural) Benehmen bei Tisch.
Tisch|sit|ten (die, -, nur Plural) Tischmanieren.
Tisch|zucht (die, -, kein Plural) Regelwerk für Benehmen beim Essen.
Tit. (Abk.) **Tit**el.
Ti|tan 1. (*auch:* Ti|ta|ne) (der, -en, -en) (griech.) Riese. Titanrakete; titanisch. 2. (das, -s, kein Plural) (griech.) Metall; chemischer Grundstoff (Abk.: Ti). Titaneisen; Titanstahl; titanweiß.
ti|ta|nen|haft (Adj.) riesig; titanisch.
Ti|ta|nit (der, -s, -e) (gr.-nlat.) 1. Mineral mit Titangehalt; 2. Hartmetall, bestehend aus den Stoffen Titan und Molybdänkarbid.
Ti|tel (der, -s, -) (lat.) Benennung; Dienst-, Ehrenbezeichnung. *Beachte:* Adjektive, Pronomen werden großgeschrieben, wenn sie Bestandteil des Titels sind! der Regierende Bürgermeister; Erster Staatsanwalt; der Alte Fritz; Euer Hochwürden. *Wichtig:* Titel werden gebeugt, wenn sie a) ohne Namensnennung stehen (z. B. die Frau meines Professors, die Akten gehören dem Herrn Minister) oder wenn sie b) mit Artikel/Pronomen vor einem Namen stehen (z. B. die Frau meines Professors Hoffmann, die Akten des Herrn Ministers Blüm). *Aber:* Fehlt der Artikel oder das Pronomen vor dem Titel, dann wird der Name gebeugt (z. B. Professor Hoffmanns Vorlesung, Minister Blüms Brille). Titelanwärter; Titelbild; Titelblatt; Titelheld; Titelrolle; Titelschutz; Titelseite; Titelträger; Titelverteidiger. betiteln.
Ti|te|lei (die, -, -en) Titelseiten eines Buches.
ti|tel|los (Adj.) keinen Titel aufweisend.
ti|teln (V.) eine Schlagzeile/Überschrift schreiben.
ti|tel|süch|tig (Adj.) nach Titeln süchtig.
Ti|ter (der, -s, -) (franz.) Gehalt einer Lösung an aufgelöster Substanz.
Ti|ti|ca|ca|see (der, -s, kein Plural) See im bolivianisch-peruanischen Hochland.
Ti|ti|see (der, -s, kein Plural) See im Schwarzwald.
Ti|to|is|mus (der, -, kein Plural) Sonderform des Kommunismus im ehem. Jugoslawien.
Ti|tra|ti|on (die, -, -ti|o|nen) das Titrieren.
ti|trie|ren (V.) den Titer ermitteln.
Ti|tri|me|trie (die, -, kein Plural) (franz.-griech.) chemische Maßanalyse.
Ti|tu|lar (der, -s, -e) (griech.-lat.) 1. Titelträger (veraltet); 2. jmd., der ein Amt nur dem Titel nach ausübt. Titularbischof; Titularbürgermeister.
Ti|tu|la|tur (die, -, -en) Betitelung.
ti|tu|lie|ren (V.) mit einem Titel ansprechen; bezeichnen.
Ti|tu|lie|rung (die, -, -en) das Titulieren.
Ti|tus|kopf (der, -es, -köp|fe) nach dem gleichnamigen römischen Kaiser benannter kurzer Haarschnitt.
Ti|vo|li (das, -, -s) 1. Vergnügungspark; 2. Kugelspiel; 3. ital. Stadt.
Ti|zi|an|rot (das, -s, kein Plural) Farbe. Adjektiv: tizianrot.
Tjä|le (die, -, -) Dauerfrostboden.
Tjost (der, -s, -e) ritterlicher Zweikampf.
tkm (Abk.) **T**onnen**k**ilo**m**eter.
Tl (Abk.) **Th**al**l**ium (chemisches Zeichen).
TL (Abk.) **T**ürkische **L**ira.

Tm (Abk.) **T**huliu**m** (chemisches Zeichen).
TNT (Abk.) **T**ri**n**itro**t**oluol (ein Sprengstoff).
Toast (der, -s, -s/-e) 1. geröstetes Weißbrot; 2. Trinkspruch.
Toast|brot (das, -es, -e) Brotsorte.
toas|ten (V.) 1. ein Brot rösten; 2. einen Trinkspruch ausbringen.
Toas|ter (der, -s, -) (engl.) Gerät zum Toasten von Brot.
To|ba|go (ohne Art., -s, kein Plural) Insel der Kleinen Antillen.
To|bak (der, -s, -e) Tabak.
to|ben (V.) wüten; lärmen.
To|be|rei (die, -, -en) das Toben.
To|bog|gan (der, -s, -s) (Algonkin) 1. Schlitten mit hochgebogenem Vorderteil (bei kanad. Indianern); 2. große Rutsche, auf die man über ein Fließband hochgezogen wird (auf Volksfesten).
Tob|sucht (die, -, kein Plural) Raserei; extreme Wut. Tobsuchtsanfall.
tob|süch|tig (Adj.) zur Tobsucht neigend; einen Tobsuchtsanfall habend.
Toc|ca|ta (*auch:* Tok|ka|ta) (die, -, -ten) (ital.) Musikstück.
Toch|ter (die, -, Töch|ter) weiblicher Nachkomme. Töchterchen; Tochterfirma; Tochtergeschwulst (Metastase); Tochtergesellschaft; Töchterheim; Töchterschule; Tochterstadt; Tochterzelle.
töch|ter|lich (Adj.) wie eine Tochter.
Tod (der, -s, -e) Sterben; Ende. *Beachte:* bei einem Autounfall den Tod finden/zu Tode kommen; ich war zu Tode erschrocken. Todesangst; Todesanzeige; Todesart; Todesfall; Todesfolge; Todesfurcht; Todesgefahr; Todeskampf; Todeskandidat; in Todesnöten sein; Todesopfer; Todesqual; Todesschütze; Todesspirale; Todesstoß; Todesstrafe; Todestag; Todesursache; Todesurteil; mit Todesverachtung; Todeszeit; Todfeind; Todsünde. Adjektive: todblass, *aber:* totenblass; todbleich, *aber:* totenbleich; todbringend; todelend; todernst; jemandem todfeind sein; todesmutig; todgeweiht; todkrank; todlangweilig; tödlich; todmüde; todschick; todsicher; todsterbenskrank; todstill, *aber:* totenstill; todtraurig; todunglücklich. *Aber:* sich totlachen/totärgern; jemanden totfahren; tot sein.
Toe|loop (*auch:* Toe-Loop) (der, -s, -s) (engl.) Drehsprung im Eiskunstlauf.
Tof|fee (das, -s, -s) (engl.) Konfekt.
To|fu (der, -s, kein Plural) (jap.) aus geronnener Sojamilch gewonnener Sojabohnenquark.
To|ga (die, -, -gen) (lat.) Umhang.
To|go (ohne Art., -s, kein Plural) Staat in Westafrika.
To|go|le|se (der, -n, -n) Einwohner Togos.
to|go|le|sisch (Adj.) zu Togo gehörend.
To|hu|wa|bo|hu (das, -/-s, -s) (hebr.) Durcheinander.
To|i|let|te (die, -, -n) (franz.) Klosett; Schmink-,Frisiertisch; (ohne Plural) Sichzurechtmachen. Toilettenartikel; Toilettenfrau; Toilettenpapier; Toilettenraum; Toilettenspiegel; Toilettentisch, Toilettenwasser.
To|ka|dil|le (das, -s, kein Plural) (span.) Brettspiel.
To|ka|jer (*auch:* To|kai|er) (der, -s, -) (ungar.) Süßwein. Tokajertraube (*auch:* Tokaiertraube).
To|kio (ohne Art., -s, kein Plural) Hauptstadt Japans.
To|kio|ter (*auch:* To|kio|er) (der, -s, -) Einwohner Tokios.
Tok|ka|ta (die, -, -ten) → Toccata.
to|le|ra|bel (Adj.) hinnehmbar.
to|le|rant (Adj.) nachsichtig; vorurteilsfrei.
To|le|ranz (die, -, kein Plural) (lat.) Nachsichtigkeit; Verständnis. Toleranzbereich; Toleranzdosis; Toleranzgrenze.
to|le|rie|ren (V.) (lat.) dulden; großzügig sein.
To|le|rie|rung (die, -, -en) das Tolerieren.
toll 1. (Adj.) verrückt; (ugs.) sehr gut; großartig. Tollität. 2. (Adv.) (ugs.) sehr. Es war toll viel los.
toll|dreist (Adj.) sehr dreist.
Tol|le (die, -, -n) Locke; Haarwelle.
tol|len (V.) toben; lebhaft spielen.
Toll|haus (das, -es, -häu|ser) (ugs.) abwertend für Nervenheilanstalt.
Toll|heit (die, -, -en) Verrücktheit.
Toll|kir|sche (die, -, -n) giftige Beerenart.
toll|kühn (Adj.) risikobereit; wagemutig.
Toll|kühn|heit (die, -, kein Plural) Risikobereitschaft; Wagemut.
Toll|patsch (der, -es, -e) ungeschickter Mensch.
toll|pat|schig (Adj.) (ugs.) ungeschickt.
Toll|wut (die, -, kein Plural) Tierkrankheit.
toll|wü|tig (Adj.) an der Tollwut erkrankt.
Töl|pel (der, -s, -) 1. einfältiger, ungeschickter Mensch; 2. Vogelart.
Töl|pe|lei (die, -, -en) tölpelhaftes Benehmen.
töl|pel|haft (Adj.) dumm; einfältig.
töl|peln (V.) stolpern.
töl|pisch (Adj.) wie ein Tölpel.
To|lu|bal|sam (*auch:* To|lu-Bal|sam) (der, -s, kein Plural) Duftstoff.
To|lu|ol (das, -s, kein Plural) Lösungsmittel.
To|ma|hawk (der, -s, -s) Kampfbeil.
To|ma|te (die, -, -n) (span.) Frucht. Tomatenketchup (*auch:* Tomatenketschup); Tomatenmark; Tomatensaft; Tomatensalat; Tomatensoße (*auch:* Tomatensauce).
to|ma|ten|rot (Adj.) rot wie eine Tomate.
Tom|bak (der, -s, kein Plural) (malai.) weiche Kupfer-Zink-Legierung.
Tom|bo|la (die, -, -s/-len) (ital.) Verlosung.
To|mo|gra|fie (*auch:* To|mo|gra|phie) (die, -, kein Plural) (griech.) Röntgenverfahren.
Tomsk (ohne Art., -s, kein Plural) Stadt in Westsibirien.
Ton 1. (der, -s, -e) Lehm. Tonerde; Tongefäß; Tongeschirr; Tontafel; Tonvase; Tonwaren; Tonziegel; tonhaltig. 2. (der, -s, Tö|ne) Laut; Schattierung; Kleinigkeit. *Beachte:* sie war Ton in Ton gekleidet; den Ton angeben. Tonabnehmer; Tonarm; Tonart; Tonaufzeichnung; Tonband; Tonbandgerät; Tonbild; Tonbildschau; Tonblende; Tondichtung; Tonfall; Tonfilm; Tonfolge; Tonfrequenz; Tongebung; Tonhöhe; Toningenieur; Tonkamera; Tonkopf; Tonkünstler; Tonlage; Tonleiter; Tonlosigkeit; Tonmeister; Tonqualität; Tonschneider; Tonspur; Tonstörung; Tonstudio; Tontechniker; Tonträger; Tonzeichen. hochtonig; mehrtönig; eintönig.

to|nal (Adj.) (franz.) auf eine Grundtonart bezogen; nicht atonal.
To|na|li|tät (die, -, kein Plural) das Tonalsein.
ton|an|ge|bend (Adj.) ausschlaggebend; die Führung habend.
ton|ar|tig (Adj.) wie Ton beschaffen.
to|nen (V.) mit einem Farbton versehen.
tö|nen (V.) färben; klingen.
tö|nern (Adj.) aus Ton bestehend.
Ton|ga|er (der, -s, -) (polynes.) Einwohner des Königreichs Tonga in Ozeanien.
To|nic (das, -/-s, -s) (engl.) Mineralwasser. Tonicwater; Gin Tonic.
to|nig (Adj.) Ton (1) enthaltend; tonhaltig.
To|ni|ka (die, -, -ken) (griech.) Grundton.
To|ni|kum (das, -s, -ka) (griech.) Stärkungsmittel.
to|nisch (Adj.) kräftigend; den Tonus betreffend.
to|ni|sie|ren (V.) den Tonus erhöhen; z. B. die Rückenmuskulatur.
ton|los (Adj.) ausdruckslos.
Ton|na|ge (die, -, -n) (franz.) Rauminhalt (Schiff).
Ton|ne (die, -, -n) Maßeinheit (1000 kg; Abk.: t); Behälter. *Beachte:* eine Tonne Sand (*nicht:* Sands!); eine Fracht von 5000 Tonnen amerikanischem Weizen/amerikanischen Weizens. Tonnengehalt; Tonnengewölbe; Tonnenkilometer (Abk.: tkm); Dreitonner (3-Tonner); Tönnchen.
ton|nen|schwer (Adj.) sehr schwer. *Aber*: zehn Tonnen schwer.
ton|nen|wei|se (Adv.) Tonne für Tonne.
To|no|gra|fie (*auch:* To|no|gra|phie) (die, -, kein Plural) Messung des Augeninnendrucks.
To|no|me|ter (das, -s, -) (griech.nlat.) 1. Messgerät für den Blut- oder 2. Augeninnendruck.
Ton|phy|sio|lo|gie (die, -, kein Plural) physikalische Betrachtungsweise des Hörens und der Töne.
Ton|sil|le (die, -, -n) (lat.) Gaumen-, Rachenmandel.
Ton|sil|li|tis (die, -, -ti|den) (lat.-griech.) Mandelentzündung.
Ton|sil|lo|tom (das, -s, -e) Instrument zur Entfernung der Mandeln (Med.).
Ton|sur (die, -, -en) (lat.) Haarschur (Mönch).
ton|su|rie|ren (V.) eine Tonsur schneiden.
Ton|tau|be (die, -, -n) Zielattrappe.
Ton|tau|ben|schie|ßen (das, -s, kein Plural) Sportschießen auf fliegende Scheiben (Tontauben).
Tö|nung (die, -, -en) Einfärbung.
To|nus (der, -, kein Plural) (griech.) Muskelspannung.
Tool (das, -s, -s) Hilfsprogramm im Computer.
top (Adj.) (engl.) spitzenmäßig.
Top (das, -s, -s) (engl.) Oberteil; Dach; Spitze. Hardtop.
TOP (Abk.) **T**ages**o**rdnungs**p**unkt.
To|pas (der, -es, -e) (griech.) Halbedelstein.
to|pas|far|ben (*auch:* to|pas|far|big) (Adj.) die Farbe eines Topas haben.
Topf (der, -es, Töp|fe) Gefäß. alles in einen Topf werfen (ugs.) (alles gleich beurteilen/vermengen, ohne die Eigenarten zu berücksichtigen); wie Topf und Deckel zusammenpassen (ugs.) (sehr gut zusammenpassen). Topfblume; Topfgucker; Topfkuchen; Topflappen; Topfpflanze; Topfreiniger.
Töpf|chen (das, -s, -) kleiner Topf; (ugs.) Toilette; Nachttopf.
top|fen (V.) in einen Topf pflanzen. umtopfen.
Top|fen (der, -s, kein Plural) (südd.) Quark. Topfenknödel; Topfenstrudel.
Töp|fer (der, -s, -) Handwerker. Töpfererde; Töpferhandwerk; Töpfermarkt; Töpferscheibe; Töpferton; Töpferware.
Töp|fe|rei (die, -, -en) Töpferware produzierender Handwerksbetrieb.
töp|fern 1. (V.) Töpferware herstellen; 2. (Adj.) tönern.
top|fit (Adj.) sehr fit.
Top|form (die, -, kein Plural) Bestform; gute Verfassung.
Topf|schla|gen (das, -s, kein Plural) Kinderspiel.
To|pi|nam|bur (der, -s, -s/-e) (indian.) eine nordamerikanische Sonnenblume; deren kartoffelähnliche Knolle (die etwa wie eine Möhre schmeckt).
To|pik (die, -, kein Plural) (griech.) philosophische Lehre.
to|pisch (Adj.) örtlich.
top|less (Adj.) (engl.) oben ohne. Toplessnachtklub (auch: Toplessnachtclub).
Top|ma|nage|ment (das, -s, -s) (engl.) oberste Unternehmensleitung.
Top|ma|na|ger (der, -s, -) (engl.) Angehöriger des Topmanagements.
Top|mo|dell (das, -s, -s) Spitzenmodell.
To|po|al|gie (die, -, -n) (griech.-nlat.) Schmerz an einer klar umrissenen Stelle.
To|po|graf (*auch:* To|po|graph) (der, -en, -en) (griech.) Fachmann für Topografie.
To|po|gra|fie (*auch:* To|po|gra|phie) (die, -, -n) (griech.) Ortskunde; Geländebeschreibung.
to|po|gra|fisch (*auch:* to|po|gra|phisch) (Adj.) die Topografie betreffend.
To|po|lo|gie (die, -, kein Plural) Geometrie der Lage.
To|pos (der, -, -poi) (griech.) Redewendung; feste Formulierung. Topik; topisch.
topp! (Interj.) es gilt! abgemacht!
Topp (der, -s, -s) Mastspitze. Toppflagge; Topplaterne; Toppsegel.
top|pen (V.) eine Flagge oder ein Segel zur Mastspitze ziehen.
top|schick (Adj.) sehr schick.
top|se|c|ret (Adj.) (engl.) streng geheim.
Top|spin (der, -s, -s) (engl.) Schlag mit Aufwärtsdrall (Tennis, Tischtennis).
Top|star (der, -s, -s) sehr bekannter Star.
Top Ten (die, -, kein Plural) Hitparade.
Tor 1. (das, -s, -e) Tür; Eingang; Treffer. Toraus; Torbogen; Torchance; Tordifferenz; Toreinfahrt; Torhöhe; Torhüter; Torjäger; Torlauf; Riesentorlauf; Torlinie; Torpfosten; Torschlusspanik; Torschützenkönig; Torverhältnis; Torwächter; Torwart; Torweg. 2. (der, -en, -en) Narr. Törin.
Tord|alk (der, -s, -en) (schwed.) arktischer Seevogel.
To|re|a|dor (der, -s, -en) (span.) Stierkämpfer zu Pferd.
To|re|ro (der, -/-s, -s) (span.) Stierkämpfer ohne Pferd.
To|reu|tik (die, -, kein Plural) (griech.) Kunst der Metallbearbeitung (z. B. das Ziselieren).

Torf (der, -s, -e) Moorboden. Torfboden; Torferde; Torfgewinnung; Torfmoor; Torfmull; Torfstecher.
tor|fig (Adj.) Torf enthaltend.
törg|ge|len (V.) neuen Wein trinken. *Beachte:* Wir fahren zum Törggelen nach Südtirol.
Tor|heit (die, -, -en) Dummheit.
tö|richt (Adj.) dumm; unsinnig.
tö|rich|ter|wei|se (Adv.) dummerweise; unsinnigerweise.
tor|keln (V.) (ugs.) taumeln.
tor|los (Adj.) ohne Tore/Treffer.
Tor|men|till (der, -s, kein Plural) (lat.) ein Fingerkraut, die Blutwurz (als Arzneipflanze).
Törn (der, -s, -s) (engl.) Segelfahrt.
Tor|na|do (der, -s, -s) (engl.) Wirbelsturm.
Tor|nis|ter (der, -s, -) Behälter.
To|ro (der, -s, -s) (span.) Stier.
To|ron|to (ohne Art., -s, kein Plural) Hauptstadt der kanadischen Provinz Ontario.
To|ross (der, -, -ros|sen) (russ.) Packeis.
tor|pe|die|ren (V.) mit einem Torpedo beschießen, bekämpfen.
Tor|pe|die|rung (die, -, -en) das Torpedieren.
Tor|pe|do (der, -s, -s) (engl.) Unterwassergeschoss.
Tor|pe|do|boot (das, -es, -e) mit Torpedos ausgestattetes Schiff.
Tor|ques (der, -, -) (lat.) offener Hals- oder Armring aus Metall.
Tor|ren|te (der, -, -n) (ital.) Bach, der nur nach heftigem Regen Wasser führt.
Tor|se|lett (das, -s, -s) Unterhemd mit Strapsen.
Tor|si|on (die, -, -si|o|nen) (lat.) Verdrehung; Verdrillung. Torsionselastizität; Torsionsfestigkeit; Torsionskraft; Torsionsmodul; Torsionsstab; Torsionswaage.
Tor|so (der, -s, -s/-si) (ital.) Rumpf; Bruchstück.
Tört|chen (das, -s, -) Gebäckstück.
Tor|te (die, -, -n) (ital.) Kuchen. Tortenbäcker; Tortenboden; Tortenform; Tortenguss; Tortenheber; Tortenschaufel.
Tor|te|let|te (die, -, -n) kleiner Tortenboden.
Tor|til|la (die, -, -s) (span.) Maisfladen.
Tor|tur (die, -, -en) (lat.) Qual.
To|rus (der, -, -ri) (lat.) Kreiswulst; Säulenwulst.
To|ry (der, -s, -s) (engl.) britischer Konservativer.
to|sen (V.) rauschen; lärmen.
Tos|ka|na (die, -, kein Plural) Region in Mittelitalien.
tos|to (Adj.) (ital.) eilig; sofort.
tot (Adj.) gestorben; leblos; (ugs.) erschöpft. *Beachte:* den toten Punkt erreichen; auf dem toten Gleis stehen; eine tote Leitung. *Aber:* etwas/nichts Totes; der/die Tote; das Tote Meer. Totenbahre; Totenbeschwörung; Totenbett; Totenblässe; Totenehrung; Totenglocke; Totengräber; Totenklage; Totenkopf; Totenmaske; Totenschädel; Totenschein; Totensonntag; Totenstarre; Totenstille; Totentanz; Totenwache; Töter; Toterklärte; Totgeburt; Totgeglaubte; Totgesagte; Totpunkt; Totschlag; Totschläger; Tötung; Tötungsversuch. Adjektive: totenähnlich; todblass, *aber:* totenblass; totenbleich, *aber:* todbleich, totenstill, *aber:* todstill; ein tot geborener (*auch:* totgeborener) Säugling. Verben: »tot« wird immer getrennt von »sein« geschrieben: Er soll tot sein. *Aber:* Zusammenschreibung: sich totarbeiten; sich totärgern; totfahren; totkriegen; sich totlachen, *aber:* das ist zum Totlachen; sich totlaufen; totmachen (töten); totsagen; totschießen; totschlagen; totschweigen; sich tot stellen; sich totstürzen, *aber:* sich zu Tode stürzen; tottreten; töten.
to|tal (Adj.) (franz.) völlig; gänzlich; gesamt.
To|tal|an|sicht (die, -, -en) Gesamtansicht.
To|tal|aus|ver|kauf (der, -s, -käu|fe) vollständiger Ausverkauf.
To|ta|le (die, -n, -n) Gesamtansicht.
To|ta|li|sa|tor (der, -s, -to|ren) (Kurzw.: Toto) Rechengerät und Wettbetrieb bei Pferderennen.
to|ta|li|sie|ren (V.) zusammenzählen; zusammenfassen.
to|ta|li|tär (Adj.) diktatorisch.
To|ta|li|ta|ris|mus (der, -, kein Plural) Diktatur.
To|ta|li|tät (die, -, -en) Ganzheit; Gesamtheit; vollständige Machtausübung. Totalitätsanspruch.
To|tal|scha|den (der, -s, -schä|den) irreparabler Schaden.
To|tem (das, -s, -s) Stammeszeichen; Ahnenheiligtum. Totemfigur; Totemglaube; Totemismus; Totempfahl; Totemtier.
To|te|mis|mus (der, -s, kein Plural) Glaube an mystische Beziehungen zwischen einem Totem und einer bestimmten Menschengruppe.
to|te|mis|tisch (Adj.) den Totemismus betreffend.
tö|ten (V.) den Tod herbeiführen.
To|to (das/der, -s, -s) (Kurzw.) **1.** Totalisator (Wetteinrichtung); **2.** Gewinnspiel. Totoergebnis; Totogewinn; Totoschein.
Touch (der, -s, -s) (engl.) Anflug; Hauch.
tou|chant (Adj.) bewegend; rührend.
tou|chie|ren (V.) (franz.) berühren.
tough (*auch:* taff) (engl.) durchsetzungsfähig; knallhart, zielstrebig.
Tou|pet (das, -s, -s) (franz.) Haarteil. Toupierung.
tou|pie|ren (V.) auf eine bestimmte Art frisieren.
Tour (die, -, -en) (franz.) **1.** Fahrt; **2.** (ugs.) Art und Weise; **3.** Umdrehung. *Beachte:* auf Touren kommen; in einer Tour (ugs.: ohne Unterbrechung); auf diese Tour wirst du nichts erreichen; on tour (auf Tournee); Tour de France (Radrundfahrt). Tourenski (*auch:* Tourenschi); Tourenwagen; Tourenzahl; Tourenzähler.
Tour de Force (die, - - -, /-s - -) (franz.) Gewaltaktion.
Tour de Fran|ce (die, - - -, -s - -) (franz.) Radrundfahrt.
Tour d'Ho|ri|zon (die, - -, -s -) (franz.) Rundblick.
Tou|ris|mus (der, -, kein Plural) (engl.) Fremdenverkehr.
Tou|rist (der, -en, -en) Urlauber. Touristenklasse.
Tou|ris|tik (die, -, kein Plural) Tourismusbranche.
tou|ris|tisch (Adj.) den Tourismus betreffend.
Tour|nant (der, -s, -s) Aushilfskraft im Hotelgewerbe.
Tour|ne|dos (das, -, -) (franz.) garniertes Lendensteak auf Toast.

Tour|nee (die, -, -n/-s) (franz.) Gastspielreise.
To|wa|rischtsch (der, -/-s, -s/-i) Genosse (als russ. Anrede).
To|w|er (der, -s, -) (engl.) Kontrollturm (Flughafen); Stadtbefestigung von London. Towerbrücke.
To|x|ä|mie (die, -, -n) (griech.) Blutvergiftung.
To|xi|der|mie (die, -, -n) (griech.) Hautkrankheit als Nebenwirkung eines Medikaments.
To|xi|ko|den|d|ron (der, -s, -d|ren) (griech.) (südafrikanisch) Giftbaum.
To|xi|ko|lo|ge (der, -n, -n) (griech.) Fachmann auf dem Gebiet der Toxikologie.
To|xi|ko|lo|gie (die, -, kein Plural) (griech.) Wissenschaft von den Giften.
to|xi|ko|lo|gisch (Adj.) die Toxikologie betreffend.
To|xi|ko|ma|nie (die, -, -n) (griech.) Medikamentensucht.
To|xi|ko|se (*auch:* To|xi|ko|no|se und To|xo|no|se) (die, -, kein Plural) (griech.) Vergiftung.
To|xi|kum (das, -s, -ka) (griech.) Gift.
To|xin (das, -s, -e) organischer Giftstoff.
To|xi|zi|tät (die, -, -n) Giftigkeit.
To|xo|id (das, -s, -e) entgiftetes Toxin.
To|xon (das, -s, -e) (griech.) lähmendes Diphtheriegift.
To|xo|pho|bie (die, -, -n) (griech.) krankhafte Angst sich zu vergiften.
To|xo|plas|mo|se (die, -, -n) (griech.) Infektionskrankheit, die durch eine bestimmte Parasitenart ausgelöst wird.
TP (Abk.) **t**rigonometrischer **P**unkt.
Trab (der, -s, kein Plural) Gangart des Pferdes.
Tra|bant (der, -en, -en) Satellit. Trabantenstadt.
Tra|be|kel (die, -, -n) (lat. für »Bälkchen«) Längswulst aus Muskelfasern.
tra|ben (V.; V., ist) im Trab laufen.
Tra|ber (der, -s, -) Rennpferd.
Tra|ber|bahn (die, -, -en) Trabrennbahn.
Trab|renn|bahn (die, -, -en) Rennbahn für ein Trabrennen.
Trab|ren|nen (das, -s, -) Pferderennen.
Tra|cer (der, -s, -) (engl.) ein Radioindikator.
tra|che|al (Adj.) (griech.-lat.) zur Luftröhre gehörend.
Tra|chee (die, -, -n) Atmungsorgan. Tracheentier.
Tra|che|i|tis (die, -, -ti|den) (griech.) Luftröhrenentzündung.
Tra|che|o|s|kop (das, -s, -e) (griech.) Luftröhrenspiegel (Med.).
Tra|che|o|s|ko|pie (die, -, -n) (griech.) Luftröhrenspiegelung (Med.).
Tra|che|o|s|te|no|se (die, -, -n) (griech.) Luftröhrenverengung (Med.).
Tra|cheo|to|mie (die, -, -n) (griech.) Luftröhrenschnitt.
Tra|cheo|ze|le (die, -, -n) Luftröhrenbruch.
Tra|chom (das, -s, -e) (griech.) schwere Augenbindehautentzündung; ägyptische Augenentzündung.
Tracht (die, -, -en) 1. volkstümliche Kleidung; 2. Portion. *Beachte:* eine Tracht Prügel bekommen. Trachtenfest; Trachtengruppe; Trachtenjacke; Trachtenkapelle.
trach|ten (V.) streben.
träch|tig (Adj.) tragend; schwanger (bei Tieren).
Träch|tig|keit (die, -, kein Plural) das Trächtigsein.
Tracht|ler (der, -s, -) Mitglied eines Trachtenvereins. Trachtlerin.
Tra|chyt (der, -s, -e) (griech.) Gestein.
Track (der, -s, -s) (engl.) Tonbandspur.
Track|ball (der, -s, -s) (engl.) Cursersteuerungskugel am Computer.
Trade|mark (die, -, -s) (engl.) Warenzeichen.
Tra|des|kan|tie (die, -, -n) (engl.-nlat.) amerikanisches Commelinengewächs; Zierpflanze mit hängenden Trieben.
Trade-Uni|on (*auch:* Trade|uni|on) (die, -, -s) (engl.) Gewerkschaft.
tra|die|ren (V.) überliefern.
Tra|di|ti|on (die, -, -ti|o|nen) (lat.) Althergebrachtes; Brauch.
Tra|di|ti|o|na|lis|mus (der, -, kein Plural) traditionalistisches Denken und Handeln.
Tra|di|ti|o|na|list (der, -en, -en) traditionalistisch denkender Mensch.
tra|di|ti|o|na|lis|tisch (Adj.) bewusst an Traditionen festhaltend.
tra|di|ti|o|nell (Adj.) eine Tradition darstellend; herkömmlich.
tra|di|ti|ons|be|wusst (Adj.) die Traditionen pflegend.
tra|di|ti|ons|ge|bun|den (Adj.) von Traditionen bestimmt, davon abhängig.
tra|di|ti|ons|ge|mäß (Adj.) den Traditionen entsprechend.
Tra|duk|ti|o|nym (das, -s, -e) Deckname eines Autors durch Übersetzung des Namens in eine Fremdsprache.
Tra|fal|gar (ohne Art., -s, kein Plural) südspanisches Kap an der Atlantikküste.
Tra|fik (die, -, -en) franz.) Kiosk.
Tra|fi|kant (der, -en, -en) Besitzer, Betreiber einer Trafik.
Tra|fo (der, -s, -s) (Kurzw.) Transformator. Trafostation.
Traft (die, -, -en) (poln.) Floß.
Tra|gant (der, -s, -e) (griech.-lat.) 1. Gattung der Schmetterlingsblütler; 2. aus bestimmten Arten hergestellte Schleimsubstanz.
Tra|ge (die, -, -n) Tragbahre.
trä|ge (*auch:* träg) (Adj.) schwerfällig; unbeweglich.
Tra|g|e|laph (der, -en, -en) (griech.) Fabeltier; Bockhirsch.
tra|gen (V., trug, hat getragen; ich trage, du trägst) stützen; heben; bekleidet sein; haben. *Beachte:* Das wird noch zum Tragen kommen. Tragbahre; Trägerkleid; Trägerrakete; Tragetasche; Tragfestigkeit; Tragfläche; Traghimmel; Tragkraft; Traglast; Tragriemen; Tragtier.
Trä|ger (der, -s, -) ein Mensch, der etwas trägt; Gepäckträger; Halteband.
Trä|ger|ho|se (die, -, -n) Hose mit Trägern.
Trä|ger|lohn (der, -s, -löh|ne) Bezahlung eines Trägers.
trä|ger|los (Adj.) ohne Träger.
Trä|ger|rock (der, -s, -rö|cke) Rock mit Trägern.
Trä|ger|schür|ze (die, -, -n) Schürze mit Trägern.
trag|fä|hig (Adj.) belastbar; stabil.
Trag|fä|hig|keit (die, -, -en) Belastungsfähigkeit.
Trag|flä|chen|boot (das, -s, -e) Tragflügelboot.
Trag|flü|gel (der, -s, -) Tragfläche.
Trag|flü|gel|boot (das, -s, -e) Tragflächenboot.

Trägˈheit (die, -, kein Plural) Schwerfälligkeit; Unbeweglichkeit. Trägheitsgesetz; Trägheitsmoment.
Traˈgik (die, -, kein Plural) (griech.) schicksalhaftes Unglück.
Traˈgiˈker (der, -s, -) Tragödiendichter.
Traˈgiˈkoˈmik (die, -, kein Plural) Verbindung von Komik und Tragik.
traˈgiˈkoˈmisch (Adj.) tragisch und komisch zugleich.
Traˈgiˈkoˈmöˈdie (die, -, -n) tragikomisches Drama.
traˈgisch (Adj.) die Tragik betreffend; die Tragödie betreffend.
Tragˈkorb (der, -s, -körˈbe) Lastkorb.
tragˈkräfˈtig (Adj.) tragfähig.
Traˈgöˈde (der, -n, -n) Tragödienschauspieler. Tragödin.
Traˈgöˈdie (die, -, -n) (griech.) Trauerspiel; Unglück. Tragödiendarsteller; Tragödiendichter.
Tragˈpfeiˈler (der, -s, -) Stützpfeiler.
Tragˈschicht (die, -, -en) Stützschicht.
Tragˈsesˈsel (der, -s, -) Sänfte.
Tragˈweiˈte (die, -, kein Plural) Ausmaß; Bedeutung.
Traiˈler (der, -s, -) (engl.) Filmvorspann; Anhänger; Filmvorankündigung; Werbevorschau.
Traiˈnee (der, -s, -s) (engl.) Hochschulabsolvent, der in einem Unternehmen umfassend ausgebildet wird.
Traiˈner (der, -s, -) Ausbilder; Lehrer. Trainerbank; Trainerwechsel.
traiˈnieˈren (V.) üben.
Traiˈning (das, -s, -s) (engl.) Vorbereitung; Übung. Trainingsanzug; Trainingshose; Trainingslager; Trainingsmethode; Trainingsverbot.
Traiˈningsˈjaˈcke (die, -, -n) Jacke eines Trainingsanzugs.
Traiˈningsˈmögˈlichˈkeit (die, -, -en) Gelegenheit zum Training.
Traiˈningsˈrunˈde (die, -, -n) Trainingslauf.
Traiˈningsˈschuh (der, -s, -e) Sportschuh.
Traiˈningsˈzeit (die, -, -en) Testzeit.
Traˈjekt (das/der, -s, -e) (lat.) Eisenbahnfähre.
Traˈkehˈner (der, -s, -) Pferd, nach dem Ort in Ostpreußen genannt. Trakehner Hengst.
Trakt (der, -s, -e) (lat.) Gebäudeteil; Strang.
Trakˈtat (der/das, -s, -e) (lat.) Abhandlung.
trakˈtieˈren (V.) (lat.) quälen.
Trakˈtieˈrung (die, -, -en) das Traktieren.
Trakˈtor (der, -s, -en) (engl.) Zugmaschine. Traktorfahrer.
Trakˈtoˈrist (der, -en, -risˈten) Traktorfahrer.
Tralˈje (die, -, -n) Gitterwerk.
tralˈlaˈla! (Interj.) Trällerton. *Beachte:* trallala singen. *Aber:* Ich kann das Trallala nicht mehr hören.
trälˈlern (V.) singen; pfeifen.
Tram (die, -, -s) (Kurzw.) Trambahn.
Tramˈbahn (die, -, -en) (südd.) Straßenbahn. Trambahnschienen.
Traˈmiˈner (der, -s, -) Wein.
Traˈmonˈtaˈna (*auch:* Traˈmonˈtaˈne) (die, -, -nen) (ital.) Nordwind.
Tramp (der, -s, -s) (engl.) mittelloser Weltenbummler.
Tramˈpel (der, -s, -) ungeschickter, ungehobelter Mensch.
tramˈpeln (V.) stampfen.
Tramˈpelˈpfad (der, -es, -e) schmaler Weg.
Tramˈpelˈtier (das, -s, -e) Kamel.
tramˈpen (V.) per Anhalter fahren.
Tramˈper (der, -s, -) Anhalter.
Tramˈpoˈlin (das, -s, -e) (ital.) Sprungvorrichtung. Trampolinspringen.
Trampˈschiffˈfahrt (die, -, kein Plural) Seeschifffahrt außerhalb des Linienverkehrs.
Tran (der, -s, -e) Fischöl. Lebertran; Tranfunsel (*auch:* → -funzel); Tranlampe.
Tranˈce (die, -, -n) (franz.) Dämmerzustand. Trancezustand.
Tranˈche (die, -, -n) (franz.) 1. fingerdicke Fleischscheibe; 2. Anleihenteilbetrag.
Tranˈchierˈbeˈsteck (*auch:* Tranˈschierˈbesteck) (das, -s, -e) Besteck zum Tranchieren.
tranˈchieˈren (*auch:* tranˈschieˈren) (V.) (franz.) aufschneiden; zerlegen.
Tranˈchierˈgaˈbel (*auch:* Tranˈschierˈgaˈbel) (die, -, -n) Gabel zum Tranchieren.
Tranˈchierˈmesˈser (*auch:* Tranˈschierˈmesˈser) (das, -s, -) Messer zum Tranchieren.
Träˈne (die, -, -n) Augenflüssigkeit. jemandem/einer Sache keine Träne nachweinen (jemandem/einer Sache nicht nachtrauern); sich in Tränen auflösen (heftig weinen). Tränenfluss; Tränensack.
träˈnen (V.) in Tränen herablaufen.
Träˈnenˈdrüˈse (die, -, -n) Tränen produzierendes Organ. auf die Tränendrüse drücken (ugs.) (durch Tränen Rührung und Sentimentalität hervorrufen wollen).
träˈnenˈerˈstickt (Adj.) von Tränen erstickt (Stimme).
träˈnenˈfeucht (Adj.) von Tränen feucht.
Träˈnenˈgas (das, -es, -e) Tränenreiz auslösende chemische Verbindungen.
träˈnenˈreich (Adj.) mit vielen Tränen.
traˈnig (Adj.) Tran enthaltend; phlegmatisch.
Trank (der, -s, Tränˈke) Getränk. Tränkchen; Trankopfer; Tränke.
tränˈken (V.) zu trinken geben.
Tränˈkung (die, -, -en) das Tränken.
Tranˈquiˈliˈzer (der, -s, -) (engl.) Beruhigungsmittel.
Tranˈquilˈliˈtät (die, -, kein Plural) Gelassenheit; Ruhe.
tranˈquilˈlo (Adj.) (ital.) ruhig (bei Musikstücken).
Tranˈquilˈlo (das, -s, -quilˈli) ruhiges Spiel (Musik).
trans.../Trans... (lat.) hinüber; jenseits. Adjektive: transalpin; transatlantisch; transkontinental; transozeanisch; transsibirisch, *aber:* die Transsibirische Eisenbahn.
Transˈakˈtiˈon (die, -, -tiˈoˈnen) (lat.) Unternehmung; größeres Geschäft.
Transˈakˈtiˈonsˈnumˈmer (die, -, -n) (Abk. TAN) beim Homebanking benutzte Geheimnummer.
Transˈamiˈnaˈse (die, -, -n) Enzym.
Transˈdukˈtiˈon (die, -, -tiˈoˈnen) Übertragung (von Erbfaktoren).
Transˈdukˈtor (der, -s, -en) (lat.) magnetische Verstärkerschaltung.
Tranˈsept (der/das, -s, -e) (franz.) Querschiff (einer Basilika).
Trans-Euˈrop-Exˈpress (der, -presˈses, -presse) Fernschnellzug (Abk.: TEE).

Trans'fer (der, -s, -s) (engl.) Übertragung; Weitergabe. Transferabkommen; Transferierung; Transferliste; Transferstraße.
trans'fe'ra'bel (Adj.) (engl.) in andere Währung umwechselbar.
trans'fe'rie'ren (V.) übertragen.
Trans'fi'gu'ra'ti'on (die, -, -ti'o'nen) (lat.) Verklärung Christi.
trans'fi'nit (Adj.) (lat.) im Unendlichen liegend.
Trans'fo'ka'tor (der, -s, -en) (nlat.) Objektiv mit verstellbarer Brennweite.
Trans'for'ma'ti'on (die, -, -ti'o'nen) (lat.) Umwandlung. Transformationsgrammatik.
Trans'for'ma'tor (der, -s, -en) (lat.) Gerät zur Umwandlung in eine höhere oder niedrigere Wechselspannung.
trans'for'mie'ren (V.) umformen; umwandeln (z. B. mit dem Transformator).
trans'fu'sie'ren (V.) eine Transfusion machen.
Trans'fu'si'on (die, -, -si'o'nen) (lat.) Blutübertragung.
Trans'gen (das, -s, -e) (griech.-lat.) Teil der Erbinformation eines Tieres, der in eine befruchtete Eizelle übertragen wird.
trans'gen (Adj.) fremdes Erbgut besitzend. ein transgenes Tier.
trans'gre'di'ent (Adj.) etwas überschreitend (Philos.).
trans'gre'die'ren (V.) große Teile des Festlandes überfluten.
Trans'gres'si'on (die, -, -si'o'nen) (lat.) langsame Überflutung von Festland (z. B. durch Abschmelzen von Gletschereis).
Trans'hu'manz (die, -, -en) 1. Almwirtschaft; 2. Wanderschäferei. transhumant.
Tran'si'en'te (die, -, -n) 1. plötzliche Spannungs- und Stromstärkeveränderung im lokalen Stromversorgungsnetz; 2. (in Kernkraftanlagen) vorübergehende Abweichung vom Normalbetrieb.
Tran'sis'tor (der, -s, -en) (engl.) Verstärker; Halbleiterelement. Transistorgerät; Transistorradio; transistorieren; transistorisieren.
Tran'sit (der, -s, -e) (ital.) Durchreise; Warentransport. Transithandel; Transitreisende; Transitverbot; Transitverkehr; Transitweg; Transitzoll.
tran'si'tie'ren (V.) passieren; durchlaufen.
tran'si'tiv (Adj.) (lat.) ein Akkusativobjekt nach sich ziehend. *Beachte:* transitives Verb (z. B. ich hole ihn).
Tran'si'tiv (das, -s, -e) transitives Verb.
tran'si'to'risch (Adj.) (lat.) vorübergehend.
Trans'kris'tal'li'sa'ti'on (die, -, -ti'o'nen) Vorhandensein von Stängelkristallen (Gusstechnik).
trans'ku'tan (Adj.) (lat.) durch die Haut (Med.).
Trans'la'ti'on (die, -, -ti'o'nen) (lat.) 1. Übersetzung; Übertragung; 2. geradlinige Bewegung (eines Körpers; in der Physik); 3. Reliquienüberführung; 4. Umbau der durch Transkribieren übertragenen genetischen Information in Aminosäuren.
Trans'li'te'ra'ti'on (die, -, -ti'o'nen) (lat.) buchstabengetreue Übertragung in eine andere Schrift; z. B. die ~ des kyrillischen Buchstabens mit dem Lautwert »schtsch«.
trans'li'te'rie'ren (V.) (lat.) durch Transliteration (Umschrift) in ein (der jeweiligen Übersetzersprache ähnelndes) anderes Schriftsystem bringen.
Trans'lo'ka'ti'on (die, -, -ti'o'nen) (lat.) eine Mutationsform, Umlagerung ganzer Chromosomenabschnitte.
trans'lo'zie'ren (V.) eine Translokation durchmachen.
trans'lu'nar (Adj.) (nlat.) jenseits des Mondes liegend.
trans'lu'zid (*auch:* trans'lu'zend) (Adj.) (lat.) durchscheinend.
Trans'mis'sion (die, -, -si'o'nen) (lat.) Energieübertragung. Transmissionsriemen.
trans'mit'tie'ren (V.) übertragen.
Trans'mit'ter (der, -s, -) (lat.-engl.) Umformer; Überträger.
trans'mon'tan (Adj.) (lat.) jenseits der Berge liegend.
Trans'mu'ta'ti'on (die, -, -ti'o'nen) (nlat.) Genumwandlung.
trans'mu'tie'ren (V.) umwandeln.
trans'na'ti'o'nal (Adj.) übernational. Begriff aus der Wirtschaft. transnationale Monopole.
trans'ob'jek'tiv (Adj.) (lat.) über den Gegenstand hinausgehend (Philos.).
trans'oze'a'nisch (Adj.) (lat.) jenseits des Ozeans liegend.
trans'pa'rent (Adj.) (lat.) durchsichtig; deutlich; verstehbar.
Trans'pa'rent (das, -es, -e) (lat.) Spruchplakat.
Trans'pa'rent'pa'pier (das, -s, -e) durchscheinendes Papier.
Trans'pa'renz (die, -, kein Plural) (lat.) Durchsichtigkeit; Klarheit.
Tran's'pi'ra'ti'on (die, -, -en) (lat.) das Schwitzen.
tran's'pi'rie'ren (V.) (lat.) schwitzen.
Trans'plan'tat (das, -es, -e) zu transplantierendes oder transplantiertes Organ.
Trans'plan'ta'ti'on (die, -, -ti'o'nen) (lat.) Organ-, Hautverpflanzung.
trans'plan'tie'ren (V.) (lat.) ein Organ verpflanzen.
Trans'pon'der (der, -s, -) (engl.) Anlage zur Aufnahme, Verstärkung und Weitergabe von Funksignalen (Kunstwort aus transmitter und responder).
trans'po'nie'ren (V.) (lat.) in eine andere Tonart umsetzen.
Trans'port (der, -s, -e) (lat.) Beförderung. Transportanlage; Transportband; Transporter; Transporteur; Transportflugzeug; Transportführer; Transportgewerbe; Transportgut; Transportierung; Transportkosten; Transportmittel; Transportunternehmen. transportfähig.
trans'por'ta'bel (Adj.) (lat.) beweglich; transportfähig.
Trans'port'ar'bei'ter (der, -s, -) Arbeiter im Transportwesen.
Trans'port'be'häl'ter (der, -s, -) Behälter für Transportgüter.
trans'por'tie'ren (V.) befördern.
Trans'port'schiff (das, -s, -e) Frachtschiff.
Trans'port'we'sen (das, -s, kein Plural) Transportgeschäft.
Trans'po'si'ti'on (die, -, -ti'o'nen) das Transponieren.
Trans'se'xu'a'li'tät (die, -, kein Plural) Gefühl, dem anderen Geschlecht zuzugehören.
trans'so'nisch (Adj.) (nlat.) oberhalb der Schallgeschwindigkeit.

Trans|sub|s|tan|ti|a|ti|on (die, -, -ti|o|nen) (lat.) Verwandlung von Brot und Wein in Leib und Blut Christi (beim kath. Abendmahl).

Trans|su|da|ti|on (die, -, -ti|o|nen) (lat.) das Sichergießen von seröser Flüssigkeit in Körperhöhlen (z. B. bei Bauchwassersucht).

Trans|uran (das, -s, -e) (lat.-griech.) radioaktiver Stoff.

trans|u|ra|nisch (Adj.) aus Transuran bestehend.

Tran|su|se (die, -, -n) (ugs.) Langweiler.

trans|ver|sal (Adj.) (lat.) 1. quer laufend (*auch:* querlaufend); schräg; 2. senkrecht zur Ausbreitungsrichtung (einer Welle).

Trans|ver|sa|le (die, -, -n) (lat.) Gerade, die ein Drei- oder Vieleck durchschneidet.

Trans|ves|tit (der, -en, -en) (lat.) Mann, der sich als Frau fühlt und kleidet.

Trans|ves|tis|mus (der, -, kein Plural) (lat.) Verlangen, Aussehen und Verhalten des anderen Geschlechts zu imitieren; Transvestitismus.

tran|s|zen|dent (Adj.) (lat.) übersinnlich. Transzendentalismus; Transzendentalphilosophie.

tran|s|zen|den|tal (Adj.) aller Erfahrungserkenntnis zugrunde liegend. transzendentale Logik.

Tran|s|zen|denz (die, -, kein Plural) das Überschreiten der Grenzen der Erfahrung und des Bewusstseins.

tran|s|zen|die|ren (V.) Grenzen überschreiten.

Tran|tü|te (die, -, -n) Langweiler.

Tra|pa (die, -, kein Plural) (nlat.) Wassernuss.

Tra|pez (das, -es, -e) (griech.) parallelseitiges Viereck; Schaukelreck. Trapezakt; Trapezflügel; Trapezkünstler; Trapezmuskel.

tra|pez|för|mig (Adj.) die Form eines Trapezes habend.

Tra|pe|zo|id (das, -es, -e) (griech.) trapezähnliches Viereck.

trap|peln (V.) tappen; poltern.

Trap|per (der, -s, -) (engl.) Fallensteller; Pelztierjäger.

Trap|pist (der, -en, -pis|ten) (franz.) Angehöriger eines Mönchsordens mit äußerst strengen Regeln (z. B. striktem Schweigegebot).

Trap|pis|ten|kä|se (der, -s, kein Plural) Butterkäse.

Traps (der, -/-es, -e) Geruchsverschluss bei einem Ausguss.

Trap|schie|ßen (das, -s, kein Plural) Tontaubenschießen.

Tra|ra (das, -s, kein Plural) (ugs.) Lärm. (Interjektion) trara!

tra|sci|nan|do (Adv.) (ital.) zögernd (Musik).

Tra|sci|nan|do (das, -s, -s/-di) schleppendes Spiel (Musik).

Trash (der, -s, kein Pural) (engl.) Schund.

Trass (der, Tras|ses, Tras|se) (niederl.) Vulkangestein.

Tras|sant (der, -en, -en) (ital.) Wechselaussteller.

Tras|sat (der, -en, -en) (ital.) Bezogener (eines Wechsels).

Tras|se (die, -, -n) (franz.) Straßenlinie.

tras|sie|ren (V.) eine Trasse zeichnen. Trassierung.

trä|ta|bel (Adj.) (lat.-franz.) fügsam; umgänglich.

trä|tie|ren (V.) behandeln.

Tratsch (der, -es, kein Plural) Klatsch. Tratscherei.

Trat|sche (die, -, -n) jmd., der viel tratscht.

trat|schen (V.) klatschen.

Tratsch|maul (das, -s, -mäu|ler) Tratsche.

Tratsch|tan|te (die, -, -n) Tratsche.

Trat|te (die, -, -n) (ital.) gezogener Wechsel.

Trat|to|ria (die, -, -ri|en) (ital.) Gasthaus.

Trau|be (die, -, -n) 1. Frucht; 2. Menge. Traubenholunder; Traubenkur; Traubenlese; Traubensaft; Traubenzucker; Träubchen.

trau|ben|för|mig (Adj.) die Form einer Traube habend.

trau|big (Adj.) in Trauben; wie eine Traube.

trau|en (V.) 1. verehelichen; 2. wagen; glauben. *Beachte:* Ich traute meinen Ohren kaum. Das traue ich mir nicht zu. Traualtar; Trauring; Trauschein; Trauung; Trauzeuge.

Trau|er (die, -, kein Plural) Kummer; Leid. Trauerarbeit; Trauerbrief; Trauerfall, Trauerflor; Trauergemeinde; Trauerkleidung; Trauerkloß; Trauermarsch; Trauerrand; Trauerschleier; Trauerspiel; Trauerweide; Trauerzug.

Trau|er|an|zei|ge (die, -, -n) Veröffentlichung eines Trauerfalls (in der Zeitung).

Trau|er|bin|de (die -, -n) schwarzes Band, das als Zeichen der Trauer um den Arm gebunden wird.

Trau|er|bot|schaft (die, -, -en) Todesnachricht; schlimme Nachricht.

Trau|er|fei|er (die, -, -n) Bestattung.

Trau|er|ge|fol|ge (das, -s, -) Trauergemeinde; Begleiter eines Trauerzugs.

Trau|er|haus (das, -es, -häu|ser) Haus, in dem getrauert wird.

Trau|er|jahr (das, -s, -e) Jahr, das bewusst im Gedenken an einen Verstorbenen gelebt wird; schlechtes Jahr.

Trau|er|kar|te (die, -, -n) Erinnerungskarte für einen Verstorbenen; Todesanzeige.

Trau|er|mie|ne (die, -, -n) trauriges Gesicht.

trau|ern (V.) Trauer empfinden.

Trau|er|nach|richt (die, -, -en) Trauerbotschaft.

Trau|er|zeit (die, -, -en) Zeit des Trauerns.

Trau|fe (die, -, -n) Regenwasser. (sprichwörtlich) vom Regen in die Traufe kommen.

träu|feln (V.) tröpfeln; einflößen.

Trau|for|mel (die, -, -n) vorher wörtlich festgelegtes Eheversprechen.

trau|lich (Adj.) gemütlich; vertraut.

Trau|lich|keit (die, -, kein Plural) Gemütlichkeit; Vertrautheit.

Traum... Wunsch...; Ideal... Traumauto; Traumbedingung; Traumberuf; Traumchance; Traumfilm; Traumfoto; Traumfrau; Traumfrisur; Traumgehalt; Traumgrenze; Traumhaus; Traumhochzeit; Traumhöhe; Traumhotel; Traumjob; Traumkleid; Traumkonditionen; Traumlage; Traummann; Traummöglichkeit; Traumpreis; Traumreise; Traumschiff; Traumschuss; Traumsprung; Traumvernügen; Traumvorstellung; Traumwagen; Traumwetter. Traumwohnung; Traumwunsch; Traumzeit; Traumzeugnis; Traumziel.

Trau|ma (das, -s, -men/-ma|ta) (griech.) seelischer Schock. Traumatologie.

trau|ma|tisch (Adj.) ein Trauma auslösend.

Traum|deu|ter (der, -s, -) jmd., der einen Traum auslegt.
träu|men (V.) einen Traum haben; ersehnen; nicht aufpassen. sich etwas nicht träumen lassen (ugs.) (nicht im Entferntesten daran denken, dass etwas in Erfüllung gehen könnte). Traum; Traumbild; Traumbuch; Traumdeutung; Traumgespinst; Traumnote; Traumtänzer; Traumwandler; träumerisch; traumhaft; traumverloren; traumversunken; traumwandlerisch; traumwandeln.
Träu|mer (der, -s, -) Idealist; träumender Mensch. Träumerin.
Träu|me|rei (die, -, -en) das Träumen; Wunschvorstellung.
Traum|fa|b|rik (die, -, -en) Hollywood.
Traum|ge|sicht (das, -s, -e) Vision im Halbschlaf.
Traum|welt (die, -, -en) das Träumen; Wirklichkeitsferne; Utopie. Sie lebt in einer Traumwelt.
Trau|re|de (die, -, -n) Predigt anlässlich einer Trauung; Ansprache des Brautvaters.
trau|rig (Adj.) betrübt; bedauerlich.
Trau|rig|keit (die, -, -en) das Traurigsein.
traut (Adj.) gemütlich; vertraut. das traute Heim.
Trau|ung (die, -, -en) Akt der Eheschließung.
Tra|vel|ler|scheck (der, -s, -s) (engl.) Reisescheck.
tra|vers (Adj.) (franz.) quer; quer gestreift. Traverse.
tra|ver|sie|ren (V.) durchkreuzen; überqueren.
Tra|ver|sie|rung (die, -, -en) das Traversieren.
Tra|ver|tin (der, -s, -e) (ital.) ein Tuffstein, gelblicher Kalksinter.
Tra|ves|tie (die, -, -n) (engl.) Parodie eines literarischen Stoffs. Travestieshow.
tra|ves|tie|ren (V.) parodieren.
Traw|ler (der, -s, -) (engl.) Fischdampfer. Trawl.
Tre|be (in der Wendung:) auf (die) Trebe gehen (sich herumtreiben). Trebegänger/in.
Treck (der, -s, -s) Zug; Auswanderung.
tre|cken (V.) einem Treck angehören.
Tre|cker (der, -s, -) Traktor.
Treck|schu|te (die, -, -n) Schleppkahn.
Treff (der, -s, -s) Treffen; Treffpunkt.
tref|fen (V., traf, hat getroffen) berühren; begegnen; erschüttern. Treffer; Trefferquote; Treffpunkt.
Tref|fen (das, -s, -) Begegnung; Zusammenkunft.
tref|fend (Adj.) genau; passend.
treff|lich (Adj.) vorzüglich; sehr gut.
Treff|lich|keit (die, -, kein Plural) Vorzüglichkeit.
treff|si|cher (Adj.) urteilssicher; zielsicher.
Treff|si|cher|heit (die, -, kein Plural) Urteilssicherheit; Zielsicherheit.
Treib|ar|beit (die, -, -en) Formgebung dehnbarer Metalle.
Treib|eis (das, -es, kein Plural) Eisschollen.
trei|ben (V., trieb, hat/ist getrieben) 1. jagen; antreiben; 2. keimen; 3. tun. es zu weit treiben (mit etwas zu weit gehen).
Trei|ber (der, -s, -) Antreiber; Teilnehmer einer Treibjagd; Viehtreiber.
Treib|gas (das, -es, -e) unter Druck stehendes Gas.
Treib|haus (das, -es, -häu|ser) Gewächshaus.
Treib|haus|ef|fekt (der, -es, kein Plural) Aufheizung der Atmosphäre durch erhöhten CO_2-Austausch.
Treib|haus|gas (das, -es, -e) Gas, das für den Treibhauseffekt verantwortlich ist.
Treib|haus|luft (die, -, kein Plural) heiße Luft mit hoher Luftfeuchtigkeit.
Treib|holz (das, -es, kein Plural) im Wasser treibendes Holz.
Treib|jagd (die, -, -en) Form der Jagd.
Treib|mit|tel (das -s, -) Triebmittel; Backmittel.
Treib|netz (das, -es, -e) Fangnetz.
Treib|netz|fi|sche|rei (die, -, kein Plural) Fischerei mit Treibnetzen.
Treib|sand (der, -es, kein Plural) Mahlsand.
Treib|satz (der, -es, -sät|ze) chemisches Gemisch zum Antreiben von Raketen.
Treib|schlag (der, -s, -schlä|ge) harter Schlag bei bestimmten Sportarten.
Treib|stoff (der, -es, -e) Energieträger für Verbrennungsmotoren.
trei|deln (V.) einen Flusskahn vom Ufer aus ziehen. Treidelleine.
trei|fe (Adj.) (hebr.-jidd.) den jüdischen Speisevorschriften nicht entsprechend; unkoscher.
Trek|king (*auch:* Tre|cking) (das, -s, kein Plural) (engl.) Wanderung.
Tre|ma (das, -s, -s/-ma|ta) (griech.) 1. liegender Doppelpunkt über einem von zwei Vokalen (als Zeichen für getrennte Aussprache, z. B. Citroën); 2. Lücke zwischen den mittleren oberen Schneidezähnen.
tre|mo|lan|do (Adv.) zitternd; bebend; mit Tremolo auszuführen (Musik).
tre|mo|lie|ren (V.) mit Tremolo spielen.
Tre|mo|lo (das, -s, -s/-li (ital.) Beben; Zittern (Musik). Tremor.
Trem|se (die, -, -n) (nordd.) Kornblume.
Trench|coat (der, -s, -s) (engl.) Mantel.
Trend (der, -s, -s) (engl.) Entwicklung. Trendsetter.
Trend|scout (der, -s, -s) jmd., der die Jugendszene beobachtet, um neue Modeerscheinungen ausfindig zu machen.
Trenn|bar|keit (die, -, -en) Teilbarkeit.
tren|nen (V.) teilen; zerlegen; auseinandergehen. Trennlinie; Trennschärfe; Trennwand.
Trenn|mes|ser (das, -s, -) scharfes Messer.
trenn|scharf (Adj.) scharf trennend.
Tren|nung (die, -, -en) Abschied; Loslösung; das Trennen. Trennungslinie; Trennungsschmerz; Trennungsstrich; Trennungszeichen.
Tren|nungs|ent|schä|di|gung (die, -, -en) Trennungsausgleich.
Tren|nungs|geld (das, -s, -er) Trennungsentschädigung.
Tren|se (die, -, -n) (niederl.) Zaum. Trensenring.
Tre|pan (der, -s, -e) Bohrer für Schädeldeckenöffnung (Med.).
Tre|pa|na|ti|on (die, -, -ti|o|nen) Schädelöffnung (Med.).
Tre|pang (der, -s, -e) (malai.-engl.) getrocknete Seegurke.
tre|pa|nie|ren (V.) mit dem Trepan die Schädeldecke öffnen.
trepp|ab (Adv.) die Treppe hinunter.
trepp|auf (Adv.) die Treppe hinauf.
Trepp|chen (das, -s, -) kleine Treppe.

Trep|pe (die, -, -n) Stufe; Aufgang. Treppenabsatz; Treppengeländer; Treppenhaus; Treppenschritt; Treppenstufe; Treppenwitz.
trep|pen|för|mig (Adj.) die Form einer Treppe habend.
Tre|sen (der, -s, -) (nordd.) Theke; Ladentisch.
Tre|sor (der, -s, -e) (franz.) Geldschrank. Tresorraum; Tresorschlüssel.
Tre|sor|kna|cker (der, -s, -) Panzerknacker.
Tres|se (die, -, -n) (franz.) Borte. Tressenrock.
tres|sie|ren (V.) kurze Haare miteinander verknüpfen.
Tres|ter (der, -s, -) Branntwein; Pressrückstände (Keltern).
très vite (Adj.) (franz.) sehr schnell (Vortragsanweisung in der Musik).
Tret|boot (das, -es, -e) durch Tretbewegungen angetriebenes Boot.
tre|ten (V., trat, hat/ ist getreten) gehen; stoßen; drücken. Tretrad; Tretroller; Tretwerk.
Tre|ter (der, -s, -) (ugs.) ausgetretener, breiter Schuh.
Tre|te|rei (die, -, -en) das Treten.
Tret|mi|ne (die, -, -n) Mine, die auf Gewichtsbelastung reagiert.
Tret|müh|le (die, -, -n) (ugs.) Alltagstrott.
treu (Adj.) zuverlässig; beständig. *Beachte:* auf Treu und Glauben; meiner Treu; zu treuen Händen; treu sein/bleiben; eine treu ergebene (*auch:* treuergebene) Freundin. treubrüchig; treudoof; treu gesinnt (*auch:* treugesinnt); treu sorgend (*auch:* treusorgend).
treu|deutsch (Adj.) »wahrhaft« deutsch; deutschtümelnd.
Treue (die, -, kein Plural) das Treusein. Treuepflicht; Treueprämie.
Treue|bruch (der, -s, -brü|che) Verrat.
Treue|ge|löb|nis (das, -ses, -se) Treueversprechen.
Treu|eid (der, -s, -e) Treueversprechen.
Treue|schwur (der, -s, -schwü|re) Eid, Schwur, treu zu sein.
Treue|ver|spre|chen (das, -s, -) Treueid.
Treu|hand (die, -, kein Plural) Verwalter; Verwaltung fremden Vermögens durch einen Treuhänder oder eine Treuhandgesellschaft.
Treu|hand|an|stalt (die, -, -en) Treuhandgesellschaft.
Treu|hän|der (der, -s, -) Verwalter fremden Vermögens und fremder Rechte.
Treu|hand|ge|sell|schaft (die, -, -en) Gesellschaft zur Ausübung von Treuhandfunktionen.
Treu|her|zig|keit (die, -, kein Plural) kindliches Vertrauen; Naivität. treuherzig.
Treu|lo|sig|keit (die, -, kein Plural) Unzuverlässigkeit; Verrat. treulos.
Tre|vi|ra (das, -s, kein Plur.) Kunstfasergewebe.
Tri|a|de (die, -, -n) Dreiergruppe; Dreiheit.
Tri|a|ge (die, -, -n) (franz.) Ausschuss; hoffnungslose Fälle (Katastrophenmedizin).
Tri|al (das, -s, -s) (engl.) Prüfung der Fahrtechnik im Gelände (im Motorradsport).
Tri|al-and-Er|ror-Me|tho|de (die, -, -n) (engl.) wissenschaftliche Lernmethode.
Tri|an|gel (der/das, -s, -) (lat.) Musikinstrument; (ugs.) Dreieck. Triangulation; Triangulationspunkt.
tri|an|gu|lär (Adj.) dreieckig.
tri|an|gu|lie|ren (V.) ein bestimmtes Verfahren der Landesvermessung durchführen.
Tri|an|gu|lie|rung (die, -, -en) das Triangulieren.
Tri|as (die, -, -) (griech.) Dreizahl; Dreiheit; geologische Formation des Erdmittelalters. Triasformation.
tri|as|sisch (Adj.) zur Trias gehörend.
Tri|ath|let (der, -en, -en) (griech.) Dreikämpfer.
Tri|ath|lon (das, -s, -s) (griech.) Mehrkampf.
Tri|ba|de (die, -, -n) (griech.) Lesbierin.
Tri|ba|die (die, -, kein Plural) (griech.) veraltet für lesbische Liebe.
Tri|ba|lis|mus (der, -, kein Plural) (engl.-nlat.) Stammesbewusstsein (in Afrika).
Tri|bo|me|ter (das, -s, -) (griech.-nlat.) Messgerät zur Ermittlung des Reibungswerts.
Tri|bu|la|ti|on (die, -, -ti|o|nen) (lat.) Drangsal; Quälerei.
tri|bu|lie|ren (V.) quälen; durch ständiges Fragen plagen.
Tri|bun (der, -s, -e) (lat.) Volksanwalt; Volkstribun.
Tri|bu|nal (das, -s, -e) (lat.) Gericht.
Tri|bu|nat (das, -s, -e) Amt eines Tribuns.
Tri|bü|ne (die, -, -n) (franz.) Zuschauerplätze; Rang. Tribünenplatz.
tri|bu|ni|zisch (Adj.) den Tribun betreffend.
Tri|but (der, -s, -e) (lat.) 1. Abgabe; 2. Hochachtung. Tributlast; Tributverpflichtung.
tri|but|pflich|tig (Adj.) verpflichtet, einen Tribut abzugeben.
Tri|chi|ne (die, -, -n) (griech.) Parasit. Trichinenschau; Trichinenschauer; Trichinose.
tri|chi|nös (Adj.) von Trichinen befallen; trichinenhaltig.
Tri|chlor|äthy|len (das, -s, kein Plural) (griech.-nlat.) unbrennbares Lösungsmittel; Narkosemittel.
Tri|cho|mo|na|den (die, nur Plural) (griech.) Geißeltierchen, die sich in der Scheide ansiedeln und Ausfluss verursachen.
Tri|cho|to|mie (die, -, -n) (griech.) Dreiteilung.
tri|cho|to|misch (Adj.) dreigeteilt.
Tri|cho|ze|pha|lus (der, -, -li/-len) (griech.) Peitschenwurm (Biol.).
Trich|ter (der, -s, -) Einfüllgerät; Loch. *Beachte:* der Nürnberger Trichter; auf den Trichter kommen (ugs.: begreifen). Trichtermündung.
trich|ter|för|mig (Adj.) wie ein Trichter geformt.
Trich|ter|ling (der, -s, -e) Pilz.
trich|tern (V.) Fehler beim Hammerwerfen.
Tri|ch|u|ris (die, -, kein Plural) Gattung der Fadenwürmer (Biol.).
Trick (der, -s, -s/Tri|cke) (engl.) Kniff; Kunstgriff. Trickbetrüger; Trickfilm; Trickkiste; Trickski (*auch:* Trickschi).
Trick|be|trug (der, -s, kein Plural) Betrug.
trick|reich (Adj.) geschickt.
trick|sen (V.) einen Trick benutzen; betrügen.
Trick|track (das, -s, -s) (franz.) Brettspiel.
Tri|dent (der, -s, -e) (lat.) Dreizack.

Tri|du|um (das, -s, -du|en) (lat.) Zeitraum von drei Tagen.
Trieb (der, -s, -e) Drang; Verlangen; Antrieb. Triebachse; Triebbefriedigung; Triebfeder; Triebhaftigkeit; Triebhandlung; Triebkraft; Triebleben; Triebrad; Triebtäter; Triebverbrecher; Triebwagen; Triebwerk.
trieb|ar|tig (Adj.) in der Art eines Triebs.
trieb|haft (Adj.) seinen Trieben folgend.
trieb|mä|ßig (Adj.) die Triebe betreffend.
Trief|au|ge (das, -s, -n) triefendes Auge.
trief|äu|gig (Adj.) Triefaugen habend.
trie|fen (V.) nass sein.
trief|nass (Adj.) sehr nass.
trie|len (V.) (südd.) sabbern.
Trie|ler (der, -s, -) (südd.) sabbernder Mensch; Lätzchen.
tri|en|nal (Adj.) (lat.) drei Jahre dauernd; alle drei Jahre.
Tri|en|na|le (die, -, -n) Veranstaltung, die alle drei Jahre stattfindet.
Tri|en|ni|um (das, -s, -ni|en) Zeitraum von drei Jahren.
Tri|ent (ohne Art., -s, kein Plural) Stadt in Südtirol.
Trier (ohne Art., -s, kein Plural) Stadt an der Mosel.
Tri|e|re (die, -, -n) (griech.) antikes Kriegsschiff mit drei Ruderreihen übereinander.
Tri|est (ohne Art., -s, kein Plural) Stadt in Norditalien.
Tri|eur (der, -s, -e) (lat.-franz.) Maschine zur Getreidereinigung, die nach Körnungsgröße trennt.
trie|zen (V.) (ugs.) ärgern; necken.
Tri|fle (das, -s, -s) englische Süßspeise.
Tri|fo|kal|glas (das, -es, -glä|ser, meist Plural) (nlat.-dt.) Brillenglas für drei Entfernungen.
Tri|fo|li|um (das, -s, -li|en) (lat.) Klee(blatt).
Trift (die, -, -en) 1. Drift; 2. Viehweide; Weg zum Weideauftrieb; 3. Floßanlageplatz.
trif|ten (V.) flößen.
trif|tig (Adj.) ausschlaggebend; wichtig.
Trif|tig|keit (die, -, -en) Berechtigung.
Tri|ga (die, -, -s/-gen) (lat.) Dreigespann (als Gefährt; für eine Personengruppe).
Tri|ge|mi|nus (der, -, -ni) (lat.) ein Gehirnnerv, der das Gesicht versorgt; Drillingsnerv.
Trig|ger (der, -s, -) (engl.) Auslöser. Triggerpunkt. Verb: triggern.
Tri|gon (das, -s, -e) (griech.) Dreieck.
tri|go|nal (Adj.) (griech.) dreieckig. Trigonalzahl.
Tri|go|no|me|t|rie (die, -, kein Plural) (griech.) Zweig der Mathematik.
tri|go|no|me|t|risch (Adj.) die Trigonometrie betreffend. trigonometrischer Punkt (Abk.: TP).
tri|klin (Adj.) (griech.) mit drei verschieden langen Achsen, die nicht aufeinander senkrecht stehen (als Eigenschaft eines Kristallsystems).
tri|kli|nisch (Adj.) = triklin.
Tri|kli|ni|um (das, -s, -ni|en) (griech.-lat.) altrömisches Speisebett; Raum mit drei solchen, hufeisenförmig um einen Esstisch angeordneten Liegestätten.
Tri|ko|li|ne (die, -, kein Plural) ripsartiger Oberhemdenstoff (Kunstwort).
Tri|ko|lon (das, -s, -s/-la) (griech.-lat.) aus drei Sprecheinheiten zusammengesetztes Satzgefüge.
tri|ko|lor (Adj.) (lat.) dreifarbig.
Tri|ko|lo|re (die, -, -n) (franz.) französische Nationalflagge.
Tri|kom|po|si|tum (das, -s, -ta) dreigliedrige Zusammensetzung.
Tri|kot 1. (der/das, -s, -s) (franz.) Stoff. Trikotstoff. 2. (das, -s, -s) (franz.) Hemd. Trikotwerbung.
Tri|ko|ta|ge (die, -, -n) (franz.) Wirkwaren; aus Trikotstoff hergestellte Waren.
tri|la|te|ral (Adj.) dreiseitig.
Tri|lem|ma (das, -s, -s/-ta) (griech.-nlat.) dreiteilige Annahme in der Logik.
tril|lern (V.) singen; pfeifen; vibrieren.
Tril|ler (der, -s, -) musikalische Verzierung. Trillerpfeife.
Tril|li|ar|de (die, -, -n) (franz.) tausend Trillionen (10^{21}).
Tril|li|on (die, -, -li|o|nen) (lat.) eine Million Billionen (10^{18}).
Tri|lo|bit (der, -en, -en) (griech.) ein Urkrebs des Palöozoikums; Dreilapper.
Tri|lo|gie (die, -, -n) (griech.) dreiteiliges Werk.
Tri|ma|ran (das/der, -s, -e) (lat.-engl.-tamilisch) offenes Segelboot mit drei Rümpfen.
Tri|mes|ter (das, -s, -) (lat.) Zeitraum von drei Monaten.
trim|men (V.) sich sportlich betätigen; einstellen; abrichten. Trimm; Trimmaktion; Trimm-dich-Pfad; Trimmer; Trimmpfad; Trimmspirale; Trimmtrab; Trimming; getrimmt.
Trimm|ge|rät (das, -s, -e) Sportgerät; Hometrainer.
tri|morph (Adj.) (griech.) dreigestaltig.
Tri|mor|phis|mus (der, -, -men) das Trimorphsein.
Tri|ne (die, -, -n) (ugs.) Frau; Mädchen (Schimpfwort). dumme ~.
Tri|ni|dad (ohne Art., -s, kein Plural) Insel in der Karibik.
Tri|ni|tät (die, -, kein Plural) (lat.) Dreieinigkeit; Dreifaltigkeit.
Tri|ni|ta|tis (das, -, kein Plural) (lat.) Fest der Dreifaltigkeit am Sonntag nach Pfingsten.
Tri|ni|t|ro|phe|nol (das, -s, kein Plural) = Pikrinsäure.
Tri|ni|t|ro|to|lu|ol (das, -s, kein Plural) Sprengstoff (Abk.: TNT).
trink|bar (Adj.) möglich zu trinken; ungiftig.
Trink|bar|keit (die, -, kein Plural) das Trinkbarsein.
Trink|be|cher (der, -s, -) Trinkgefäß.
Trin|ker (der, -s, -) Alkoholiker.
trin|ken (V., trank, hat getrunken) 1. Flüssigkeit zu sich nehmen; 2. alkoholsüchtig sein.
Trin|ker|heil|an|stalt (die, -, -en) Fachklinik für Alkoholkranke.
trink|fest (Adj.) trinkfreudig; unempfindlich gegen Alkohol.
Trink|fes|tig|keit (die, -, kein Plural) Vermögen, alkoholische Getränke zu sich zu nehmen.
trink|freu|dig (Adj.) viel trinkend.
Trink|ge|fäß (das, -es, -e) Trinkbehälter.
Trink|ge|la|ge (das, -s, -) Zusammenkunft, bei der viel getrunken wird.
Trink|geld (das, -es, -er) geringer Geldbetrag; Geldgabe an Servicepersonal.
Trink|hal|le (die, -, -n) Teil eines Heilbades; Kiosk.
Trink|halm (der, -s, -e) Strohhalm.
Trink|kur (die, -, -en) Kur, bei der Heilwasser getrunken wird.
Trink|milch (die, -, kein Plural) Milch zum Trinken.

Trink'scha'le (die, -, -n) Schale.
Trink'scho'ko'la'de (die, -, kein Plural) Schokoladengetränk.
Trink'spruch (der, -es, -sprü'che) Toast.
Trink'was'ser (das, -s, kein Plural) trinkbares Wasser.
trink'was'ser'arm (Adj.) wasserarm.
Trink'was'ser'auf'be'rei'tung (die, -, kein Plural) Wasseraufbereitung.
Trink'was'ser'lei'tung (die, -, -en) Wasserleitung.
Trink'was'ser'man'gel (der, -s, -män'gel) Wasserknappheit.
Trink'was'ser'not (die, -, -nö'te) Wassernotstand.
Trink'was'ser'preis (der, -es, -e) Wasserpreis.
trink'was'ser'reich (Adj.) wasserreich.
Trink'was'ser're'ser'voir (das, -s, -s) Trinkwasserspeicher.
Trink'was'ser'un'ter'su'chung (die, -, -en) Wasseranalyse.
Trink'was'ser'ver'brauch (der, -s, kein Plural) Wasserverbrauch.
Trink'was'ser'ver'schmut'zung (die, -, kein Plural) Verschmutzung des Trinkwassers.
Trink'was'ser'ver'sor'gung (die, -, -en) Trinkwasserlieferung.
Tri'nom (das, -s, -e) (griech.) dreigliedriger mathematischer Ausdruck.
tri'no'misch (Adj.) (griech.) dreigliedrig.
Trio (das, -s, -s) (ital.) dreistimmiges Musikstück; Musikgruppe aus drei Personen.
Tri'o'de (die, -, -n) (griech.-nlat.) Verstärkerröhre mit drei Elektroden.
Trip (der, -s, -s) (engl.) 1. kurze Reise; 2. Rausch (Drogen).
Tri'pal'mi'tin (das, -s, kein Plural) Bestandteil von tierischen und pflanzlichen Fetten.
Tri'pel (das, -s, -) (franz.) Dreiheit.
Tri'pel'al'li'anz (die, -, -en) Bund von drei Staaten.
Tri'pel'fu'ge (die, -, -n) streng schematisiertes Musikstück mit drei selbstständigen Themen (Musik).
Tri'pel'kon'zert (das, -s, -e) Konzert für drei Soloinstrumente und Orchester.
Tri'ph'thong (der, -s, -e) (griech.-nlat.) drei eine Silbe bildende Vokale.
Tri'p'lé (das, -s, -s) (franz.) Zweibandenball (Billard).
tri'p'lie'ren (V.) verdreifachen.
Tri'p'lik (die, -, -en) Antwort des Klägers auf eine Duplik des Beklagten in Gerichtsverfahren.
Tri'p'li'kat (das, -s, -e) dritte Ausfertigung eines Schriftstücks.
Tri'p'lit (der, -s, -e) Eisenpecherz.
Tri'p'li'zi'tät (die, -, kein Plural) dreifaches Vorkommen.
tri'p'lo'id (Adj.) (griech.) mit dreifachem Chromosomensatz.
Tri'p'lum (das, -s, -pla) ein Dreifaches.
Trip'ma'dam (die, -, -en) (franz.) eine gelb blühende Fetthenne; Gewürzpflanze.
Tri'po'li (ohne Art., -s, kein Plural) Stadt im Libanon.
Tri'po'lis (ohne Art., -, kein Plural) 1. Hauptstadt von Libyen; 2. Hauptstadt der griechischen Provinz Arkadien.
trip'peln (V.) mit kleinen Schritten gehen. Trippelschritt.
trip'pen (V.) (nordd.) tropfen.
Trip'per (der, -s, -) Geschlechtskrankheit.
Tri'p'ty'chon (das, -s, -chen/-cha) (griech.) dreiteiliges Altarbild.
Tri'p'tyk (*auch:* Tri'p'tik) (das, -s, -s) (griech.-franz.-engl.) dreiteiliger Passierschein für Kraft- und Wasserfahrzeuge.
Tri'sek'ti'on (die, -, kein Plural) (lat.) Dreiteilung (Math.).
Tri'so'mie (die, -, -n) (griech.) eine Chromosomenanomalie, drei- statt zweifaches Vorhandensein eines Chromosoms in einer Zelle (z. B. Trisomie 21).
trist (Adj.) traurig; trostlos. Tristesse.
tri'syl'la'bisch (Adj.) (griech.) dreisilbig. Trisyllabum
Tri't'a'go'nist (der, -nis'ten, -en) dritter Schauspieler im antiken griech. Theater.
Tri'ti'um (das, -s, kein Plural) (griech.) Radiowasserstoff (Abk.: T).
Tritt (der, -s, -e) Schritt; Stoß; (Kurzw.) Trittbrett. Trittbrettfahrer; Trittleiter.
tritt'fest (Adj.) robust; stabil.
Tritt'rol'ler (der, -s, -) Tretroller.
tritt'si'cher (Adj.) trittfest.
tri'um'phal (Adj.) begeisternd; begeistert.
Tri'umph (der, -s, -e) (lat.) Erfolg; Genugtuung. Triumphator; Triumphbogen; Triumphfeier; Triumphgeschrei; Triumphwagen; Triumphzug. triumphgekrönt.
tri'um'phie'ren (V.) siegen; Genugtuung empfinden.
tri'um'phie'rend (Adj.) siegreich.
Tri'um'vir (der, -s/-n, -n) Triumviratmitglied.
Tri'um'vi'rat (das, -s, -e) (lat.) Dreierherrschaft.
tri'va'lent (Adj.) (lat.) dreiwertig.
tri'vi'al (Adj.) (lat.) gewöhnlich; bedeutungslos. Trivialliteratur.
Tri'vi'a'li'tät (die, -, -en) Bedeutungslosigkeit; Abgedroschenheit.
Tri'zeps (der, -/-es, -e) (lat.) Oberarmmuskel.
Tro'chä'us (der, -, -chä'en) (griech.) Versmaß.
tro'chä'isch (Adj.) einen Trochäus bildend.
Tro'cho'ze'pha'lie (die, -, -n) (griech.) anormale Rundform des Schädels.
tro'cken (Adj.) 1. ohne Feuchtigkeit; ausgedörrt; 2. nüchtern; (ugs.) nicht mehr süchtig (Alkohol, Drogen). *Beachte:* auf dem Trockenen sein/sitzen (festsitzen); auf dem/im Trockenen sitzen (auf dem trockenen Boden, in der Trockenheit). Ich habe mein Schäfchen schon im Trockenen. die Wäsche zum Trocknen aufhängen; ein Baby trockenlegen (frische Windeln anziehen); das Grundstück ist trockengelegt (entwässert) worden; das Baby nach dem Bad trockenreiben (*auch:* trocken reiben) (trocknen); die Wäsche trockenschleudern (*auch:* trocken schleudern) (trocknen). *Aber:* trocken sein/liegen/stehen (in trockenem Zustand, an trockenem Ort). wir mussten den ganzen Abend trockensitzen (ohne Getränke). Trockenanlage; Trockenapparat; Trockenbatterie; Trockenbeerenauslese; Trockenblume; Trockendock; Trockeneis; Trockenfleisch; Trockenfutter; Trockengemüse; Trockenhaube; Trockenhefe; Trockenheit; Trockenkammer; Trockenlegung; Trockenrasierer; Trockenraum; Trockenschleuder; Trockenwäsche; Trockenzeit; Trockner. Verben: trocken föhnen (*auch:* trockenföhnen); trocken wischen (*auch:* trockenwischen).
Tro'cken'au'to'mat (der, -en,-en) Trockner.

Tro|cken|bo|den (der, -s, -bö|den) Trockenraum im Dachboden.
Tro|cken|ei (das, -s, kein Plural) Eipulver.
Tro|cken|fäu|le (die, -, kein Plural) Pflanzenkrankheit.
Tro|cken|ge|stell (das, -s, -e) Aufhängemöglichkeit.
Tro|cken|kurs (der, -es, -e) theoretischer Kurs.
tro|cken|le|gen (V., legte trocken, hat trockengelegt) frische Windeln anlegen; Land entwässern.
Tro|cken|maß (das, -es, -e) Maß für Nichtflüssiges.
Tro|cken|milch (die, -, kein Plural) haltbare Milch in Pulverform.
Tro|cken|platz (der, -es, -plät|ze) Ort zum Trocknen.
Tro|cken|ra|sur (die, -, -en) elektrisches Rasieren.
Tro|cken|sa|van|ne (die, -, -n) Vegetationsform in subtropischen Gebieten.
Tro|cken|sham|poo (*auch:* Tro|cken|shampoon) (das, -s, -s) Shampoo, zu dem man kein Wasser benötigt.
Tro|cken|spi|ri|tus (der, -, kein Plural) Spiritusbriketts.
tro|cken|ste|hen (V.) keine Milch geben (bei Kühen).
Tro|cken|wald (der, -es, -wäl|der) lichter Waldtyp der Tropen und Subtropen.
Tro|cken|zeit (die, -, -en) Jahreszeit zwischen zwei Regenzeiten.
trock|nen (V.) trocken machen; trocken werden.
Trock|nung (die, -, -en) das Trocknen.
Trod|del (der, -, -n) Quaste. Troddelchen; Tröddelchen; Troddelblume.
Trö|del (der, -s, kein Plural) Altwaren; Kram.
Trö|de|lei (die, -, -en) das Trödeln; das Zeitverschwenden.
Trö|del|frit|ze (der, -n, kein Plural) ständig trödelnder Mann.
Trö|del|kram (der, -s, kein Plural) Trödel.
Trö|del|la|den (der, -s, -lä|den) Geschäft, in dem Trödel verkauft wird.
Trö|del|lie|se (die, -, kein Plural) ständig trödelnde Frau.
Trö|del|markt (der, -es, -märk|te) Flohmarkt.
trö|deln (V.) langsam sein; bummeln; mit Altwaren handeln.
Tröd|ler (der, -s, -) Trödelhändler. Trödlerin.
Trog (der, -s, Trö|ge) Gefäß. Schweinetrog.
Tro|g|lo|dyt (der, -en, -en) (griech.-lat.) Höhlenmensch.
Tro|gon (der, -s, -s) (griech.) südamerikanischer bunt gefiederter Urwaldvogel.
Troi|ka (die, -, -s/-ken) (russ.) Dreigespann.
Tro|ja (*auch:* Tro|ia) (ohne Art., -s, kein Plural) antike Hauptstadt an der kleinasiatischen Küste.
tro|ja|nisch (*auch:* tro|isch) (Adj.) die Stadt Troja betreffend. das Trojanische Pferd, *aber:* ein trojanisches Pferd (Computervirus).
Troll (der, -s, -e) Kobold.
trol|len (V., refl.) verschwinden.
Trol|ley|bus (der, -bus|ses, -bus|se) (schweiz.) (engl.) Oberleitungsbus.
Trol|lin|ger (der, -s, -) Rotwein.
Trom|be (die, -, -n) (ital.) Windhose.
Trom|mel (die, -, -n) Schlaginstrument; Behälter; Maschinenteil. Trommelbremse; Trommelei; Trommelfell; Trommelfeuer; Trommelrevolver; Trommelschlag; Trommelschlegel; Trommelstock; Trommelwaschmaschine; Trommelwirbel.
trom|meln (V.) die Trommel schlagen.
Trom|mel|spra|che (die, -, -n) Sprache der Buschtrommeln.
Tromm|ler (der, -s, -) Trommelspieler.
Trom|pe|te (die, -, -n) (franz.) Blasinstrument. Trompetenbaum; Trompetensignal; Trompetenstoß; Trompetervogel.
Trom|pe|ten|ge|schmet|ter (das, -s, -) lautes Trompetenspiel.
Trom|pe|ter (der, -s, -) Trompetenspieler.
Tro|pae|o|lum (das, -s, kein Plural) (griech.-nlat.) Familie der Kapuzinerkressengewächse.
Tro|pe (*auch:* der Tro|pus) (die, -, -n) (griech.) bildlicher Ausdruck.
Tro|pen (die, nur Plural) Äquatorregion. Tropenfieber; Tropenhelm; Tropeninstitut; Tropenklima; Tropenkoller; Tropenkrankheit; Tropenmedizin; Tropenpflanze. tropisch.
Tro|pen|an|zug (der, -s, -zü|ge) Kleidungsstück.
Tro|pen|ex|per|te (der, -n, -n) Tropenkenner.
Tro|pen|for|scher (der, -s, -) Wissenschaftler, der sich mit den Tropen befasst.
Tro|pen|ge|schwür (das, -s, -e) Tropenkrankheit.
Tro|pen|hit|ze (die, -, kein Plural) Temperatur wie in den Tropen; große Hitze.
Tro|pen|ken|ner (der, -s, -) Tropenfachmann.
Tro|pen|neu|r|as|the|nie (die, -, -n) (griech.) leichter Tropenkoller.
Tro|pen|re|gen (der, -s, kein Plural) Regenperiode; sehr starker Regen; Wolkenbruch.
Tro|pen|tag (der, -s/-es, -e) Tag mit einer Temperatur ab 30 °C und darüber.
tro|pen|taug|lich (Adj.) für die Tropen einsetzbar.
Tro|pen|taug|lich|keit (die, -, kein Plural) Einsetzbarkeit in Tropengebieten.
Tro|pen|vo|gel (der, -s, -vö|gel) Vogel der Tropen.
tro|pisch (Adj.) wie in den Tropen; zu den Tropen gehörend.
Tropf 1. (der, -s, Tröp|fe) (ugs.) Dummkopf 2. (der, -s, -e) (ugs.) Tropfinfusion. Tropfflasche; Tropfröhrchen.
tropf|bar (Adj.) flüssig; möglich, zu tropfen.
Tröpf|chen (das, -s, -) kleiner Tropfen. Tröpfcheninfektion. tröpfchenweise.
tröp|feln (V.) in (kleinen/wenigen) Tropfen fallen.
trop|fen (V.) in Tropfen fallen; träufeln.
Trop|fen (der, -s, -) Flüssigkeitstropfen. Tropfenfänger; Tropfenform.
trop|fen|för|mig (Adj.) die Form eines Tropfens aufweisend.
trop|fen|wei|se (Adv.) in einzelnen Tropfen; Tropfen für Tropfen.
tropf|nass (Adj.) sehr nass.
Tropf|scha|le (die, -, -n) im Labor verwendetes Gerät.
Tropf|stein (der, -s, -e) Stalagmit, Stalagtit. Tropfsteinhöhle.
Tro|phäe (die, -, -n) (griech.) Siegespreis; Pokal; Beute. Trophäenjäger.
Tro|pho|blast (der, -en, -en) (griech.) Hülle, die das Embryo ernährt (Med.).
Tro|pho|neu|ro|se (die, -, -n) (griech.) Form der Neurose, die Schwunderscheinungen an Organen durch mangelhafte Ernährung zur Folge hat (Med.).

tro|phisch (Adj.) (griech.) nähernd.
Tro|pho|lo|gie (die, -, kein Plural) (griech.) Ernährungswissenschaft.
Tro|pi|ka (die, -, kein Plural) (griech.) schwere Malaria.
Tro|pis|mus (der, -, -men) (griech.-nlat.) durch Außenreiz erzeugte Richtungsbewegung (von Pflanzen; z. B. die Hinwendung zu einer Lichtquelle; → Taxis).
Tro|po|s|phä|re (die, -, kein Plural) (griech.) die unterste Luftschicht.
trop|po (Adv.) (ital.) zu sehr. non troppo: nicht zu sehr (bei Musikstücken).
Tro|pus (der, -, Tro|pen) (lat.) liturgischer Gesang; → Trope.
Tross (der, -es, Tros|se) (franz.) Zug; Gefolge.
Tros|se (die, -, -n) Drahtseil.
trös|ten (V.) Trost geben; aufheitern. Trost; Tröster/in; Trostlosigkeit; Trostpflaster; Trostpreis; Trostspruch; Tröstung; Trostworte; trostbedürftig; Trost bringend; tröstlich; trostlos; trostreich; trostvoll.
Trö|te (die, -, -n) (ugs.) Trompete.
trö|ten (V.) mit einer Tröte spielen.
Trott (der, -s, kein Plural) Gangart von Pferden; Eintönigkeit. Alltagstrott.
Trot|tel (der, -s, -) (ugs.) Dummkopf; Idiot.
Trot|te|lei (die, -, -en) trotteliges Verhalten.
Trot|te|lig|keit (die, -, -en) Ungeschicktheit; Dummheit.
trot|te|lig (Adj.) ungeschickt; dumm; trottelhaft.
trot|teln (V.) unaufmerksam gehen; trotten.
trot|ten (V.) (ugs.) traben; langsam gehen.
Trot|ti|nett (das, -s, -e) Kinderroller (Schweiz).
Trot|toir (das, -s, -e/-s) (franz.) Gehweg.
trotz (Präp., Gen./Dat.) ungeachtet; obwohl. Es war trotz der großen Kälte (Genitiv!) schön. Trotz schlimmem Bauchweh (Dativ!) ging sie ins Büro (*auch:* schlimmen Bauchwehs). *Beachte:* trotz allem; trotz alledem; trotz Regen und Schnee; das machst du mir aus/zum Trotz.
Trotz (der, -es, kein Plural) Sturheit; Eigensinn. Trotzalter; Trotzreaktion.
trotz|dem 1. (Adv.) dennoch. Es war verboten(,) und wir gingen trotzdem. 2. (Konj.) obwohl. *Beachte:* Er ging mit ins Kino, trotzdem er keine Lust hatte (*nicht:* trotzdem er keine Lust hatte, ging er mit ins Kino).
trot|zen (V.) trotzig reagieren; Widerstand leisten.
trot|zig (Adj.) stur; eigensinnig.
Trotz|kis|mus (der, -, kein Plural) (russ.-nlat.) ultralinke kommunistische Strömung, benannt nach dem Revolutionär L. D. Trotzki.
Trotz|kist (der, -en, -kis|ten) Anhäger des Trotzkismus.
Trotz|kopf (der, -s, köp|fe) eigensinniger Mensch; Dickschädel.
trotz|köp|fig (Adj.) stur; eigensinnig; wie ein Trotzkopf.
Trotz|pha|se (die, -, -n) Entwicklungszeitraum, in dem es häufig zu Trotzreaktionen kommt (Psychol.).
Trou|ba|dour (der, -s, -e/-s) (franz.) Sänger; Minnesänger des Mittelalters.
Trou|b|le (der, -s, kein Plural) (engl.) (ugs.) Schwierigkeiten; Ärger.
Trou|b|le|shoo|ter (der, -s, -) (engl.) jmd., der die Aufgabe hat, ein aktuelles Problem zu lösen; Störungssucher; Entstörer.
Troy|ge|wicht (das, -s, -e) (engl.-dt.) Gewicht für Edelsteine und -metall in England und den USA.
trüb (*auch:* trü|be) (Adj.) dunstig; unklar; traurig. Wir werden noch lange im Trüben fischen. in der Trübe des Morgens. Trübe; Trübheit; Trübnis; Trübsal; Trübseligkeit; Trübsinn; Trübung; trübselig; trübsinnig; trüben.
Tru|bel (der, -s, kein Plural) Lärm; heiteres Treiben. *Beachte:* Jubel, Trubel, Heiterkeit.
trü|ben (V.) trüb machen; dunkel/unrein werden.
Truck (der, -s, -s) (engl.) Lastwagen.
Tru|cker (der, -s, -) engl. für »Lastwagenfahrer«.
tru|deln (V.) drehend fallen.
Trüf|fel (die, -, -n/der, -s, -) (franz.) Pilz; Praline. Trüffelleber; Trüffelleberpastete.
trüf|feln (V.) eine Speise mit Trüffeln würzen.
trü|gen (V., trog, hat getrogen) täuschen. *Beachte:* alles Lug und Trug. Trugbild; Trugschluss.
trü|ge|risch (Adj.) täuschend; irreführend.
Tru|he (die, -, -n) Behälter; Kiste. Truhenschloss.
Trumm (das, -s, -e) großes Stück. ein Trumm Fleisch.
Trüm|mer (die, nur Plural) Steinbrocken; Bruchstücke. Trümmerfeld; Trümmergestein; Trümmerhaufen; Trümmerlagerstätte; zertrümmern.
Trüm|mer|be|sei|ti|gung (die, -, kein Plural) Wegschaffen der Trümmer.
Trüm|mer|frau (die, -, -) nach dem 2. Weltkrieg aus Männermangel zur Beseitigung des Schutts eingesetzte Frau.
Trumpf (der, -s, Trümp|fe) (lat.) Stichkarte; Vorteil. Trumpfass (*auch:* Trumpf-Ass); Trumpffarbe; Trumpfkarte; Trumpfkönig. auftrumpfen.
trump|fen (V.) einen Trumpf ausspielen.
Trunk (der, -s, Trün|ke) Getränk. Trünkchen; Trunkenbold; Trunkenheit; Trunksucht.
trun|ken (Adj.) veraltet für betrunken; berauscht. vor Begeisterung trunken.
Trun|kie|rung (die, -, -en) Ersetzen eines Zeichens durch einen Platzhalter bei einer Datenbankabfrage.
trunk|süch|tig (Adj.) alkoholabhängig.
Trunk|süch|ti|ge (der/die, -n, -n) Alkoholiker.
Trupp (der, -s, -s) (franz.) Gruppe; militärische Einheit. Truppe; Truppenabzug; Truppenarzt; Truppenaufmarsch; Truppenbetreuung; Truppenbewegung; Truppeneinheit; Truppenkommandeur; Truppenkonzentration; Truppenparade; Truppenschau; Truppenteil; Truppentransport; Truppenübungsplatz; Truppenverpflegung.
Trup|pen|ab|bau (der, -s, kein Plural) Verkleinerung der Armee.
Trup|pen|chef (der, -s, -s) Truppenkommandant.
Trup|pen|füh|rer (der, -s, -) Truppenkommandant.
Trup|pen|gat|tung (die, -, -en) Heer, Luftwaffe, Marine.
Trup|pen|sta|ti|o|nie|rung (die, -, -en) Verlegung eines Truppenteils an einen bestimmten Ort.
Trup|pen|übung (die, -, -en) militärische Übung.

Trup|pen|ver|bands|platz (der, -es, -plät|ze) Feldlazarett.
trupp|wei|se (Adv.) in Trupps; in Truppen.
Trust (der, -s, -s/-e) (engl.) Konzern.
trust|ar|tig (Adj.) in der Art eines Trusts.
Trus|tee (der, -s, -s) (engl.) Treuhänder.
trust|frei (Adj.) zu keinem Trust gehörend.
Trut|hahn (der, -s, -häh|ne) Puter. Truthenne; Truthuhn.
Trutz (der) (nur in der Wendung) Schutz und Trutz (Abwehr; Gegenwehr). Schutz-und-Trutz-Bündnis.
trut|zen (V.) veraltet für Widerstand leisten (bei Gebäuden).
trut|zig (Adj.) veraltet für wehrhaft (bei Gebäuden).
Try|pa|no|so|ma (das, -s, -men) (griech.) Schraubengeißeltierchen; Krankheitserreger.
Tryp|sin (das, -s, kein Plural) (griech.) Enzym.
Tsa|t|si|ki → Zaziki.
Tschad (der, -s, kein Plural) Staat in Zentralafrika.
Tscha|der (der, -s, -) Einwohner Tschads.
tscha|disch (Adj.) zum Tschad gehörend.
Tschad|see (*auch:* Tschad-See) (der, -s, kein Plural) Sumpfsee in Afrika.
Tscha|dor (der, -s, -s) (pers.) Schleier.
Tscha|ja (der, -s, -s) (span.-indianisch) Schopfwehrvogel (Südamerika).
Tscha|ko (der, -s, -s) (ungar.) Helm.
Tscha|ma|ra (die, -, -s) Jacke der tschechischen und polnischen Tracht.
Tschan|du (das, -s, kein Plural) Rauschgift; zum Rauchen zubereitetes Opium.
Tscha|no|ju (das, -, kein Plural) japanische Teezeremonie.
Tschap|ka (die, -, -s) (franz.-poln.) lederne Ulanenmütze mit quadratischem Deckel.
Tschar|dasch (der, -s/-es, -e) Csárdás.
tschau! (*auch:* ciao!) (Interj.) Abschiedsgruß.
Tsche|ka (die, -, kein Plural) (russ.) politische Polizei der Sowjetunion (bis 1922).
Tscher|kess|ka (die, -, -s/-ken) (russ.) nach dem Volk der Tscherkessen benannte Nationalkleidung der kaukasischen Völker; ein langer Leibrock mit Gürtel und Patronentaschen.
Tschi|buk (der, -s, -) (türk.) Tabakspfeife.
Tschick (der, -s, -s) (ital.-österr.) Zigarettenstummel.
tschil|pen (V.) zwitschern.
Tschi|nel|len (die, nur Plural) (ital.) Schlaginstrument.
tsching! (Interj.) Klang (Schlaginstrument). tschingbum! tschingtaratata!
Tschi|t|ra|ka (das, -s, -s) (Hindi) aufgemaltes Zeichen auf der Stirn von Hindus.
tschüs! (*auch:* tschüss!) (Interj.) (ugs.) auf Wiedersehen!
Tschusch (der, -en, -en) (slaw.-österr.) (ugs.) Südosteuropäer.
Tsd. (Abk.) **T**ausen**d**.
Tse|t|se|flie|ge (die, -, -n) Stechfliege (Schlafkrankheit).
T-Shirt (das, -s, -s) (engl.) Trikothemd.
Tsjao (der, -/-s, -/-s) chinesische Währung.
Tsu|ga (die, -, -s/-gen) (jap.-nlat.) Schierlingstanne.
Tsu|na|mi (der, -, -s) (jap.) Flutwelle, ausgelöst durch Veränderungen des pazifischen Meeresbodens.
T-Trä|ger (der, -s, -) Stahlträger.
TU (Abk.) Technische Universität.
Tu|a|reg 1. (Plural von Targi) Berber der Westsahara; 2. (das, -s, kein Plural) dessen Sprache.
Tu|ba (die, -, -ben) Blechblasinstrument.
Tu|bar|gra|vi|di|tät (die, -, -en) (lat.) Eileiterschwangerschaft.
Tu|be (die, -, -n) (lat.) Behälter; Eileiter. Tubenkatarrh.
Tu|ber|kel (der, -s, -) (lat.) Knötchen.
tu|ber|ku|lar (Adj.) (lat.) knotig. Tuberkel.
Tu|ber|ku|lin (das, -s, kein Plural) Nachweispräparat aus Tuberkelbakterien.
tu|ber|ku|lös (Adj.) die Tuberkulose betreffend, daran leidend.
Tu|ber|ku|lo|se (die, -, -n) (lat.) Infektionskrankheit; Schwindsucht (Abk.: Tb; Tbc). Tuberkulosefürsorge; Tuberkulosekranke.
tu|berku|lo|se|krank (Adj.) an Tuberkulose erkrankt. Tb-krank; Tbc-krank.
Tu|be|ro|se (die, -, -n) (lat.) ein Agavengewächs; Parfümpflanze.
Tu|bi|fex (der, -, -bi|fi|ces) (lat.) ein Ringelwurm (als Futter für Aquarienfische).
tu|bu|lär (Adj.) schlauchförmig; tubulös.
Tu|bus (der, -, -se/-ben) (lat.) Röhre. tubulös.
Tuch 1. (das, -s, Tü|cher) Stoffstück. Kopftuch; Halstuch; Taschentuch. 2. (das, -s, -e) Stoff. Tuchart; Tuchfabrik; auf Tuchfühlung gehen; Tuchhandel; Tuchrock; Tuchwaren.
tuch|ar|tig (Adj.) wie Tuch.
tu|chen (Adj.) aus Tuch bestehend.
tüch|tig (Adj.) fleißig; (ugs.) sehr.
Tüch|tig|keit (die, -, kein Plural) Fleiß.
Tu|cke (die, -, -n) (ugs.) Homosexueller.
Tü|cke (die, - , -n) List. mit List und Tücke; die Tücke des Objekts.
tu|ckern (V.) knattern.
tü|ckisch hinterhältig; heimtückisch.
tü|de|lig (Adj.) (nordd.) zerstreut; vergesslich.
Tu|dor|bo|gen (der, -s, -) (engl.-dt.) Spitzbogen aus der engl. Spätgotik.
Tud|or|stil (der, -s, kein Plural) (engl.-dt.) Bez. für den Stil der engl. Spätgotik (1485–1558).
Tuff (der, -s, -e) Gestein. Tufffels(en) (*auch:* Tuff-Fels(en)); Tuffstein.
tuf|fig (Adj.) aus Tuff bestehend.
Tüf|tel|ar|beit (die, -, -en) tüftelige Arbeit.
Tüf|te|lei (die, -, -en) Tüftelarbeit; das Tüfteln.
tüf|te|lig (*auch:* tüft|lig) (Adj.) kniffelig; kompliziert.
tüf|teln (V.) (ugs.) forschen; basteln.
Tuf|ting (das) (engl.) Art der Teppichherstellung (nur in Zusammensetzungen). Tuftingteppich; Tuftingverfahren; Tuftingware.
Tüft|ler (der, -s, -) Bastler; ein Mensch, der gerne tüftelt.
Tu|gend (die, -, -en) Sittlichkeit; Redlichkeit; Vollkommenheit. Tugendhaftigkeit; Tugendwächter.
Tu|gend|bold (der, -s, -e) Moralist.
tu|gend|haft (Adj.) sittlich; anständig; tugendsam.
tu|gend|los (Adj.) sittenlos.

Tu|g|rug (der, -, -) Währungseinheit der mongolischen Volksrepublik, 100 Mongos.
Tu|kan (der, -s, -e) Pfefferfresser (ein süd- und mittelamerikanischer Vogel).
Tu|lar|ä|mie (die, -, -n) (nlat.-griech.) Hasenpest.
Tüll (der, -s, -e) Netzstoff. Tüllgardine; Tüllvorhang.
Tul|pe (die, -, -n) (pers.) Blume. Tulpenbaum; Tulpenbeet; Tulpenzwiebel.
Tum|ba (die, -, -ben) Grabmal; Überbau eines Grabes mit Grabplatte.
Tu|mes|zenz (die, -, -en) Anschwellung (Med.).
tum|meln (V., refl.) sich beeilen; sich bewegen. Tummelplatz.
Tümm|ler (der, -s, -) 1. Delfin; 2. eine Taube.
Tu|mor (der, -s, -e/-en) (lat.) Geschwulst. Tumorentfernung; Tumorzelle.
Tüm|pel (der, -s, -) Teich; Weiher.
Tu|mult (der, -s, -e) (lat.) Durcheinander; Aufruhr.
Tu|mul|tu|ant (der, -en, -en) Unruhestifter.
tu|mul|tu|a|risch (*auch:* tu|mul|tu|ös) (Adj.) mit Tumult verbunden; aufrührerisch.
tu|mul|tu|o|so (Adj.) (ital.) stürmisch; heftig (als Musikanweisung).
Tu|mu|lus (der, -, -li) (lat.) Hügelgrab.
tun (V., tat, hat getan) machen; legen; setzen; stellen; sich geben; (ugs.) ausreichen; sich ereignen. *Beachte:* Tu nicht so, als ob du überrascht wärest; ich denke, das tut es für morgen; es tut sich was; das Tun und Lassen/Tun und Treiben; jemandem etwas antun; das wird dir guttun; jemandem wehtun (*auch:* weh tun) (verletzen); jemandem schöntun/wohltun. Das wird dir noch leidtun. Es wird nottun.
Tun (das, -s, kein Plural) das Machen; Handeln.
Tün|che (die, -, -n) Wandfarbe. Tüncher.
tün|chen (V.) anstreichen.
Tun|d|ra (die, -, -dren (russ.) Kältesteppe. Tundrenflora.
tu|nen (V.) (engl.) Motorleistung erhöhen. Tuning.
Tu|ner (der, -s, -) (engl.) Rundfunkempfänger (Stereoanlage).
Tu|ne|si|en (ohne Art., -s, kein Plural) Staat in Nordafrika.
Tu|ne|si|er (der, -s, -) Einwohner Tunesiens.
tu|ne|sisch (Adj.) zu Tunesien gehörend.
Tun|gu|se (der, -n, -n) Angehöriger eines ostsibirischen Volks.
tun|gu|sisch (Adj.) zu den Tungusen gehörig.
Tu|nicht|gut (der, -s, -e) Spitzbube; Taugenichts.
Tu|ni|ka (die, -, -ken) (lat.) 1. langes Kleid; altrömisches Übergewand; 2. ärmelloses, vorne offenes Übergewand; 3. über dem Kleid getragener (kürzerer) Überrock.
Tu|nis (ohne Art., -, kein Plural) Hauptstadt Tunesiens.
Tu|ni|ser (der, -s, -) Einwohner von Tunis.
tu|ni|sisch (Adj.) zu Tunis gehörend.
Tu|ni|zel|la (die, -, -len) (lat.) liturgisches Obergewand des katholischen Subdiakons.
Tun|ke (die, -, -n) Soße.
tun|ken (V.) eintauchen.
tun|lichst (Adv.) möglichst; unbedingt.
Tun|nel (*auch:* (südd.) das Tu|nell) (der, -s, -s) unterirdischer Gang. Tunnelbau.
tun|ne|lie|ren (V.) einen Tunnel bauen.
Tun|te (die, -, -n) (ugs.) Homosexueller.
tun|tig (Adj.) wie eine Tunte; tuntenhaft.
Tu|pa|ma|ro (der, -s, -s) (indian.) Stadtguerilla (in Uruguay).
Tu|pe|lo|holz (das, -es, kein Plural) (indian.-dt.) Holz des Tupelobaums.
Tüp|fel|chen (das, -s, -) Pünktchen. das i-Tüpfelchen. Tüpfel.
Tup|fen (der, -s, -) Fleck; Punkt.
Tup|fer (der, -s, -) 1. Tupfen; 2. Verbandsmull.
tüp|fe|lig (*auch:* tüpf|lig) (Adj.) 1. Tupfen habend; 2. pingelig.
tüp|feln (V.) mit Tüpfeln/Tupfen versehen.
tup|fen (V.) leicht stoßen; antippen; mit Tupfen versehen.
Tu|pi 1. (der, -s, -s) Angehöriger eines Indianervolkes der tropischen Ostküste Südamerikas; 2. (das, -, kein Plural) dessen Sprache.
Tür (die, -, -en) Eingang. *Beachte:* von Tür zu Tür; ihm stehen alle Türen (Möglichkeiten) offen; jemandem die Tür weisen (hinauswerfen); mit der Tür ins Haus fallen (zu direkt sein). Türangel; Türchen; Türdrücker; Türfüllung; Türgriff; Türhüter; Türklinke; Türpfosten; Türschwelle; Türspalt; Türsteher; Türstock; viertürig.
Tur|ba (die, -, -bae) (lat.) in die Handlung eingreifender Chor in geistlichen Schauspielen und Oratorien.
Tur|ban (der, -s, -e) (pers.) Kopfbedeckung.
tur|ban|ar|tig (Adj.) wie ein Turban.
Tür|be|schlag (der, -s, -schlä|ge) alle an der Tür befestigten, beweglichen Teile.
Tur|bi|ne (die, -, -n) Kraftmaschine. Turbinenantrieb; Turbinenflugzeug; Turbinenhaus; Turbinentriebwerk. Turbogenerator; Turbokompressor; Turbolader; Turbomotor; Turboventilator.
Tur|bo|prop (der, -s, -s) (Kurzw.) Propellerturbine.
tur|bu|lent (Adj.) aufregend; lebhaft.
Tur|bu|lenz (die, -, -en) Wirbelströmungen; Unruhe.
Turf (der, -s, kein Plural) (engl.) Rennbahn; Pferderennen.
Tur|gor (der, -s, kein Plural) (lat.) Spannungszustand (einer Zelle); Druck des Zellinhalts.
Tür|gu|cker (der, -s, -) Türspion.
Tu|rin (ohne Art., -s, kein Plural) Stadt in Norditalien.
Tu|ri|o|ne (die, -, -n) (lat.) Überwinterungsknospe von Wasserpflanzen.
Tür|ke (der, -n, -n) Staatsbürger der Türkei.
Tür|kei (ohne Art., -, kein Plural) Staat in Südosteuropa und Kleinasien.
tür|ken (V.) (ugs.) fälschen.
Tür|ken|bund (der, -s, -bün|de) Pflanze.
Tur|key (der, -s, -s) (engl.) Entzugserscheinungen (Rauschgift).
Tür|kis 1. (der, -es, -e) Edelstein; 2. (das, -, kein Plural) Farbton. Adjektive: türkis; türkisfarben; türkisfarbig; türkisgrün; der Schal ist türkis, *aber:* ein Kleid in Türkis.
tür|kisch (Adj.) zur Türkei gehörend. *Aber:* Türkisch (Sprache).

Turkˈmeˈne (der, -, -n) turkmenischer Teppich, benannt nach dem vorderasiatischen Volk der Turkmenen.
Turˈkoˈloˈgie (die, -, kein Plural) (nlat.-griech.) Wissenschaft von den türkischen Sprachen, Literaturen und Kulturen.
Turm (der, -s, Türˈme) hohes Bauwerk; Schachfigur. Turmbau; Türmchen; Turmdrehkran; Turmfalke; Turmspringen; Turmuhr; Turmwächter; turmhoch; viertürmig; auftürmen.
Turˈmaˈlin (der, -s, -e) (singhales.-franz.) ein Mineral; Schmuckstein.
türˈmen (V.) (hebr.) (ugs.) weglaufen; zu einem Turm formen.
Turmˈfensˈter (das, -s, -) Fenster.
Turmˈschwalˈbe (die, -, -n) Schwalbe.
Turn 1. (der, -s, -s) (engl.) Kurve (Kunstflug); 2. (ugs.) Rauschzustand (Drogen). (*Aber:* der Törn). Verb: turnen.
turˈnen (V.) Turnübungen machen. Turnanzug; Turnen; Turner/in; Turnerschaft; Turnfest; Turngerät; Turnhalle; Turnhose; Turnlehrer; Turnschuh; Turnschuhgeneration; Turnstunde; Turnübung; Turnvater; Turnverein (Abk.: TV); Turn- und Sportverein (Abk.: TuS).
turˈneˈrisch (Adj.) das Turnen betreffend.
Turˈnier (das, -s, -e) (franz.) Wettkampf.
Turˈnierˈpferd (das, -s, -e) Reitpferd, das auf das Kunstreiten dressiert ist.
Turˈnierˈreiˈter (der, -s, -) Kunstreiter.
Turˈnierˈtanz (der, -es, -tänˈze) Sporttanz.
Turnˈunˈterˈricht (der, -s, kein Plural) Sportunterricht.
Turˈnus (der, -, -se) (griech.) Reihenfolge; Wechsel. turnusmäßig.
Türˈöffˈner (der, -s, -) Pförtner; elektrischer Türöffner.
Türˈrahˈmen (der, -s, -) Türstock.
Türˈschloss (das, -es, -schlösˈser) Schloss.
Türˈspiˈon (der, -s, -spiˈoˈne) kleines Sichtfenster in einer Tür.
Türˈstrahˈler (der, -s, -) Lichtreflektor an einer Autotür.
Türˈsturz (der, -es, -stürˈze) obere Mauerbegrenzung einer Tür.
turˈteln (V.) girren; (ugs.) flirten.
Turˈtelˈtauˈbe (die, -, -n) Taubenart; (meist im Plural:) Verliebte.
Türˈvorˈleˈger (der, -s, -) Fußabstreifer.
TuS (Abk.) **T**urn- **u**nd **S**portverein.
Tusch (der, -es, -e) musikalischer Hochruf.
Tuˈsche (die, -e, -n) (franz.) Tinte. Tuschfarbe; Tuschkasten; Tuschmalerei; Tuschzeichnung.
tuˈscheln (V.) flüstern.
tuˈschen (V.) mit Tusche arbeiten.
Tuˈscheˈlei (die, -, -en) Flüstern.
tuˈschieˈren (V.) abschaben; glätten.
Tusˈsahˈseiˈde (die, -, kein Plural) (Hindi) Wildseide des Tussahspinners.
Tusˈsi (die, -, -s) (ugs.) Mädchen; Frau (abwertend).
Tusˈsiˈlaˈgo (die, -, kein Plural) (lat.) Huflattich (als Heilpflanze).
Tusˈsis (die, -, kein Plural) (lat.) Husten (Med.).
Tuˈtand (der, -en, -en) (lat.) von einem Tutor betreuter Studienanfänger.
Tüˈte (die, -, -n) Beutel; trichterförmiges Behältnis. Tütchen; Plastiktüte; Schultüte.
Tuˈtel (die, -, -en) (lat.) Vormundschaft.
tuˈten (V.) blasen; tröten. *Beachte:* von Tuten und Blasen keine Ahnung haben. Tute; Tuthorn; tut, tut!
Tuˈtor (der, -s, -en) (lat.) Studentenbetreuer.
Tuˈtoˈriˈum (das, -s, Tuˈtoˈriˈen) Seminarübung an einer Universität.
tutˈta la forˈza (ital.) mit voller Kraft (Vortragsanweisung in der Musik).
tutˈti (Pronomen) (ital.) alle (Musikinstrumente, Stimmen).
Tuˈtu (das, -/-s, -s) (franz.) Ballettröckchen.
TÜV (Abk.) **T**echnischer **Ü**berwachungs-**V**erein.
Tuˈwort (*auch:* Tunˈwort) (das, -s, -wörˈter) Verb.
TV 1. (Abk.) **T**urn**v**erein; 2. (Abk.) **T**ele**v**ision.
Tweed (der, -s, -s/-e) (engl.) Stoff.
Tweedˈmanˈtel (der, -s, -mänˈtel) aus Tweed hergestellter Mantel.
Twen (der, -/-s, -s) (engl.) Mann, Frau zwischen 20 und 30 Jahren.
Twill (der, -s, -s/-e) (engl.) Baumwollstoff.
Twinˈset (der/das, -/-s, -s) (engl.) Kombination aus Pullover und Jacke.
Twist 1. (der, -s, -e) (engl.) Baumwollgarn; 2. (der, -s, -s) (engl.) Tanz in den 1960er-Jahren.
Tyˈche (die, -, kein Plural) (griech.) Schicksal.
Tyˈcoon (der, -s, -s) (engl.) mächtiger Chef.
Tymˈpaˈnum (das, -s, -na) (griech.) Trommelfell; Pauke.
Typ (der, -s, -en) (griech.) Art; Modell; Charakter; (ugs.) Kerl. Typenlehre.
Tyˈpe (die, -, -n) (griech.) 1. Druckbuchstabe; Letter; 2. (ugs.) komischer Mensch. Typendruck; Typenhebel; Typenrad.
tyˈpen (V.) nur best. Artikeltypen herstellen.
Tyˈphˈliˈtis (die, -, -tiˈden) (griech.) Blinddarmentzündung.
Tyˈphˈlon (das, -s, -e) (griech.) Blinddarm.
Tyˈphus (der, -, kein Plural) (griech.) Infektionskrankheit. Typhusepidemie.
tyˈphusˈkrank (Adj.) an Typhus erkrankt.
Tyˈpik (die, -, -en) (griech.) Lehre von den psychologischen Typen.
tyˈpisch (Adj.) charakteristisch.
tyˈpiˈsiˈeren (V.) in Typen einteilen. Typisierung.
Tyˈpoˈgraf (*auch:* Tyˈpoˈgraph) (griech.) (der, -en, -en) Schriftsetzer.
Tyˈpoˈgraˈfie (*auch:* Tyˈpoˈgraˈphie) (griech.) (die, -, -n) Schriftsetzerkunst; Gestaltung eines Druckerzeugnisses. typografisch.
Tyˈpoˈloˈgie (die, -, -n) (griech.) Lehre von der Zuordnung zu Gruppen aufgrund bestimmter Merkmale. typologisch.
Tyˈpoˈmeˈter (das, -s, -) (griech.) durchsichtiges Speziallineal zum Messen der Buchstabengrößen, Wortlängen u. a.
Tyˈpoˈskript (das, -es, -e) mit der Maschine geschriebenes Manuskript.
Tyˈpus (der, -, Tyˈpen) Urbild; stilisierte Figur.
Tyˈrann (der, -en, -en) (griech.) Gewaltherrscher. Tyrannentum, tyrannisch.
tyˈranˈniˈsieˈren (V.) unterdrücken; schikanieren. Tyrannisierung; Tyrannei.
Tyˈranˈnei (die, -, -en) das Tyrannisieren
Tyˈroˈsin (das, -s, kein Plural) (griech.) eine Aminosäure (beim Aufbau von Thyroxin und Adrenalin notwendig).

U

U (Abk.) 1. **U**ran (chemisches Zeichen); 2. elektrische Spannung.

u. (Abk.) **u**nd. *Beachte:* bei Firmen *auch:* &.

u. a. (Abk.) **u**nd **a**ndere(s); **u**nter **a**nderen; **u**nter **a**nderem.

u. Ä. (Abk.) **u**nd **Ä**hnliche(s).

u. a. m. (Abk.) **u**nd **a**ndere(s) **m**ehr.

u. A. w. g. (Abk.) **u**m **A**ntwort **w**ird **g**ebeten.

U-Bahn (die, -, -en) (Kurzw.) Untergrundbahn

U-Bahn|hof (der, -s, -hö|fe) Station einer U-Bahn.

U-Bahn-Netz (das, -es, -e) Gesamtheit der U-Bahn-Strecken in einer Region.

U-Bahn-Sta|ti|on (die, -, -ti|o|nen) Haltestelle einer U-Bahn.

U-Bahn-Tun|nel (der, -s, -) U-Bahn-Schacht.

übel (Adj.) schlecht; böse. *Beachte:* das Übelste (am übelsten) war, dass …; das Übelste, was ich je gehört habe; ich werde wohl oder übel kommen müssen; etwas/nichts/viel Übles; das ist von Übel. Ich will ihm das nicht übel nehmen (*auch:* übelnehmen) (ankreiden); jemandem übelwollen (schaden). Adjektive: ein übel beratener (*auch:* übelberatener) Minister; übel gelaunt (*auch:* übelgelaunt).

Übel (das, -s, -) ein Böses; Schlechtes. …, sondern erlöse uns von dem Übel (alte Formulierung im Vaterunser).

Übel|keit (die, -, -en) Brechreiz; Ekelgefühl. Der Anblick der Leiche löste bei ihm spontane Übelkeit aus.

übel|lau|nig (Adj.) gereizt; schlechte Laune habend.

Übel|lau|nig|keit (die, -, -en) Gereiztheit; schlechte Laune.

übel|neh|me|risch (Adj.) negativ; überempfindlich.

Übel|sein (das, -s, kein Plural) Erbrechen; Unwohlsein.

Übel|stand (der, -es, -stän|de) Übel; Missstand.

Übel|tat (die, -, -en) Schandtat; Verbrechen.

Übel|tä|ter (der, -s, -) 1. jmd., der eine üble Tat ausgeführt hat; Verbrecher; 2. (scherzhaft) Gegenstand oder Sache, die einen Übelstand hervorgerufen hat. Da haben wir ja den Übeltäter.

Übel|wol|len (das, -s, kein Plural) schlechte Absicht; böses Trachten.

üben (V.) lernen; wiederholen; tun. Übung; Übungsaufgabe; Übungsbuch; Übungsplatz; Übungsschießen; übungshalber.

über 1. (Präp., Dat./Akk.) oberhalb; während. *Beachte:* Die Uhr hängt über der Kommode (Dativ!), *aber:* Ich werde die Uhr über die Kommode (Akkusativ!) hängen; über Tag; über Nacht; über kurz oder lang; über die Maßen fleißig sein; über Gebühr freundlich; über Kreuz; über Land fahren. 2. (Adv.) mehr als; während. *Beachte:* über und über (völlig); über tausend Zuschauer; sie brauchte über vier Stunden; die über Achtzigjährigen. 3. (Adj.) (ugs.) übrig; überlegen. *Beachte:* ich habe noch Geld über; er ist mir kräftemäßig über.

über|ak|tiv (Adj.) hyperaktiv.

über|all (Adv.) an jedem Ort; auf jedem Gebiet. *Beachte:* überallher, *aber:* sie kamen von überall her; überallhin.

über|al|tert (Adj.) zu alt; älter, als erlaubt; veraltet. überalterte Führungsspitze.

Über|al|te|rung (die, -, kein Plural) soziologisches Phänomen der Generationenumgewichtung; das Überaltertsein.

Über|an|ge|bot (das, -s, -e) zu großes Angebot; sehr umfangreiches Angebot von Nachahmerprodukten.

über|ängst|lich (Adj.) übertrieben angstvoll; unbegründet ängstlich.

über|an|stren|gen (V., überanstrengte, hat überanstrengt) überfordern.

Über|an|stren|gung (die, -, -en) Überforderung.

über|ant|wor|ten (V., überantwortet, hat überantwortet) übertragen.

Über|ant|wor|tung (die, -, kein Plural) Auslieferung; formale Übergabe in eine fremde Verantwortung.

über|ar|bei|ten (V., überarbeitete, hat überarbeitet) 1. durchsehen; korrigieren; 2. überanstrengen.

Über|ar|bei|tung 1. (die, -, kein Plural) Erschöpfung; Kraftlosigkeit durch zu viel Arbeit. Er leidet an Überarbeitung. 2. überarbeitete Fassung; Überarbeiten zum Beispiel eines Textes.

über|aus (Adv.) sehr; äußerst.

über|ba|cken (V.) für kurze Zeit im Backofen erhitzen.

Ü|ber|bau 1. (der, -s, -bau|ten) Teile eines Bauwerks, die auf Pfeilern oder Säulen ruhen; vorspringender Bauteil wie zum Beispiel ein Balkon; 2. (der, -s, kein Plural) ungesetzliche Bebauung über die eigenen Grundstücksgrenzen hinaus (Rechtsw.); 3. (der, -s, kein Plural) immaterieller, geistiger Lebenshintergrund, der aus den Anschauungen und den entsprechend dazu entwickelten Institutionen einer Gesellschaft besteht (Philos.).

über|bau|en (V., überbaute, hat überbaut) über etwas errichten; Baugrenze überschreiten.

Über|bau|ung 1. (die, -, -en) Errichtung eines bautechnischen Überbaus; 2. (die, -, kein Plural) Überschreitung der Baugrundstücksgrenze.

über|be|an|spru|chen (V., überbeanspruchte, hat überbeansprucht) strapazieren.

Über|be|an|spru|chung (die, -, kein Plural) zu häufige oder zu starke Beanspruchung. Eine Überbeanspruchung der Großeltern als Babysitter trübte das Verhältnis.

über|be|hal|ten (V., behielt über, hat überbehalten) (ugs.) übrig behalten.

Über|bein (das, -s, -e) verhärtete Sehnengeschwulst am Handgelenk; Ganglion.

über|be|kom|men (V., bekam über, hat überbekommen) satt bekommen.

über|be|las|ten (V.) zu stark belasten.

Über|be|las|tung (die, -, -en) zu starke Belastung. Diese Drehbewegung führt zu einer Überbelastung des Gelenks.

über|be|le|gen (V.) eine Institution, zum Beispiel ein Krankenhaus oder eine Veranstaltung, mit zu vielen Personen belegen. Der Managementkurs war deutlich überbelegt.

Über|be|le|gung (die, -, -en) das Überbelegen zum Beispiel eines

Hotels. Überbelegung ist bei den Billiganbietern ein Problem.

überbelichten (V.) zu stark belichten (Film).

Überbelichtung (die, -, -en) 1. zu starkes Belichten (eines Fotos); 2. zu stark belichtetes Foto. Bei dem Film waren wieder fünf Überbelichtungen dabei.

Überbevölkerung (die, -, kein Plural) das zu starke Anwachsen der Weltbevölkerung.

überbewerten (V.) überschätzen.

Überbewertung (die, -, -en) Überschätzung einer Angelegenheit. Die Überbewertung der eigenen Schuld führte zu diesem Komplex.

überbietbar (Adj.) nicht extrem hoch; zu überbieten.

überbieten (V., überbot, hat überboten) mehr leisten; besser sein; mehr zahlen.

Überbietung (die, -, -en) höheres Angebot oder Gebot; Übertrumpfung. Die Überbietung meines Gehaltsvorschlags steht Ihnen natürlich frei.

Überbiss (der, -es, kein Plural) Hervorstehen des Oberkiefers über den Unterkiefer.

überbleiben (V., blieb über, ist übergeblieben) (ugs.) übrig bleiben.

Überbleibsel (das, -s, -) Rest(chen); etwas, das übrig geblieben ist.

überblenden (V.) ineinander übergehen lassen (Film, Dia). Überblendung.

Überblendung (die, -, -en) 1. filmisches oder tontechnisches Ineinanderübergehen zweier Szenen; 2. Lichteffekt, bei dem ein Scheinwerfer scheinbar nahtlos einen anderen ersetzt (Theater).

Überblick (der, -s, -e) 1. weiter Blick; weite Aussicht. Das ist ein sehr schöner Überblick. 2. ausreichende Kenntnisse über ein Wissensgebiet; 3. schriftliche Zusammenfassung eines ganzen Themengebiets. 4. Fähigkeit, Strukturen und Zusammenhänge zu erkennen.

überblicken (V.) übersehen; überschauen.

überblicksweise (Adv.) nur im Ausmaß eines Überblicks; nur von Überblicken her. Ich kenne dieses Thema nur überblicksweise.

überborden (V.) 1. über die Ufer treten; 2. das richtige Maß überschreiten.

überbringen (V., überbrachte, hat überbracht) melden; bringen.

Überbringer (der, -s, -) Bote; jmd., der etwas überbringt.

überbrücken (V., überbrückte, hat überbrückt) meistern; ausfüllen.

Überbrückung (die, -, -en) das Überbrücken einer realen oder figürlichen Kluft. Die Überbrückung der Talsenke ist eine herausfordernde Aufgabe.

Überbrückungsbeihilfe (die, -, -n) finanzielle Unterstützung für jemanden, der zwischen zwei Arbeitsphasen eine Zwangspause einlegen muss bzw. für jemanden, der eine Umschulung macht.

Überbrückungskredit (der, -s, -e) Kurzkredit, der jmdm. von der Bank gewährt wird, bis er seine erwarteten finanziellen Mittel erhält.

überbürden (V., überbürdete, hat überbürdet) überhäufen; überanstrengen. Überbürdung.

Überdach (das, -s, -dächer) Dach über einem Balkon oder über einer Haustür.

Überdachung (die, -, -en) 1. das Überdachen; 2. das fertige Überdach.

überdauern (V., überdauerte, hat überdauert) überstehen; sich behaupten.

Überdecke (die, -, -n) zusätzlich aufgelegte Decke.

überdecken (V.) zudecken; nicht sichtbar oder wirksam werden lassen.

überdehnen (V., überdehnte, hat überdehnt) zu stark dehnen.

Überdehnung (die, -, -en) zu starke Dehnung. Die Überdehnung der Sehne kann zu tagelangem Schmerz führen.

überdimensional (Adj.) enorm groß; allzu groß.

Überdimensionierung (die, -, kein Plural) allzu große Ausmaße; allzu großes Konzipieren von Ausmaßen.

überdosieren (V.) zu viel oder zu hoch dosieren. Auch Vitamine und andere Nahrungsergänzungen kann man überdosieren.

Überdosierung (die, -, -en) zu hohe Dosierung eines Wirkstoffs bzw. eines Heilmittels.

Überdosis (die, -, -dosen) zu hohe Verabreichung.

Überdruck (der, -s, -drücke) 1. hoher Druck; 2. (der, -s, -drucke) nochmaliger Druck (Druckerei).

Überdruckkabine (die, -, -n) Flugzeugkabine, in der Überdruck im Verhältnis zur Außenluft herrscht.

Überdruckventil (das, -s, -e) Ventil an technischen Geräten, das diese von zu hohem Druck entlastet.

Überdruss (der, -es, kein Plural) (figürlich) Übersättigung. Wir haben diese Geschichte bis zum Überdruss gehört. Überdrussgesellschaft.

überdrüssig (Adj., Gen./Akk.) etwas satt haben. *Beachte:* des frühen Aufstehens überdrüssig sein; ich bin ihrer/sie überdrüssig.

überdurchschnittlich (Adj.) das Übliche übersteigend; herausragend.

übereifrig (Adj.) übertrieben eifrig; voreilig; ehrgeizig. Übereifer.

Übereifrigkeit (die, -, -en) übereifrig sein.

übereignen (V., übereignete, hat übereignet) übergeben; vererben.

Übereignung (die, -, -en) die Übertragung von Besitz.

übereilt (Adj.) verfrüht; vorzeitig. Übereile; Übereilung; übereilen.

übereinander (Adv.) einer über dem anderen; gegenseitig. *Beachte:* Zusammenschreibung mit dem folgenden Verb, wenn »übereinander« den Hauptakzent trägt! die Beine übereinanderlegen; übereinanderschlagen.

übereinkommen (V., kam überein, ist übereingekommen) vereinbaren; sich einigen.

Übereinkommen (das, -s, -) 1. Vereinbarung; Einigung; 2. überdurchschnittlicher Verdienst.

Übereinkunft (die, -, -künfte) Übereinkommen.

übereinstimmen (V., stimmte überein, hat übereingestimmt) einer Meinung sein; entsprechen. Übereinstimmung.

überempfindlich (Adj.) besonders empfindlich; hochsensibel. Überempfindlichkeit.

Überernährung (die, -, kein Plural) zu reichliche Ernährung. überernährt.

übererregt (Adj.) sehr erregt; zu erregt; nervös. Übererregung.

überˈesˈsen 1. (V., überaß, hat übergegessen) eine Speise überhaben. 2. (V., refl., überaß sich, hat sich übergessen) zu viel essen.

überˈfachˈlich (Adj.) fachübergreifend, Wissensgebiete verknüpfend.

überˈfahˈren 1. (V., überfuhr, hat überfahren) überrollen; (ugs.) überrumpeln; 2. (V., fuhr über, ist übergefahren) hinüberfahren.

Überˈfahrt (die, -, -en) Fahrt über ein Gewässer. Überfahrtkosten.

Überˈfall (der, -s, -fälˈle) überraschender Angriff.

überˈfalˈlen (V., überfiel, hat überfallen) anfallen; angreifen.

überˈfälˈlig (Adj.) verspätet; längst fällig.

Überˈfallˈkomˈmanˈdo (das, -s, -s) spezialisierte Einheit der Polizei.

überˈfeiˈnern (V.) zu fein werden; zu empfindsam sein; übertrieben kultiviert sein. Überfeinerung.

überˈfiˈschen (V.) so intensiv Fischfang betreiben, dass der natürliche Bestand gefährdet wird.

Überˈfiˈschung (die, -, kein Plural) das Überfischen.

überˈfleiˈßig (Adj.) allzu fleißig; übertrieben arbeitsam.

überˈflieˈgen (V., überflog, hat überflogen) über etwas hinwegfliegen; schnell durchlesen. Überflug.

überˈflüˈgeln (V., überflügelte, hat überflügelt) übertreffen. Überflüg(e)lung.

Überˈfluss (der, -es, -flüsˈse) mehr als das Sinnvolle; Überreichlichkeit.

Überˈflussˈgeˈsellˈschaft (die, -, -en) Gesellschaft, die mehr produziert als sie verbrauchen kann.

überˈflüsˈsig (Adj.) unwichtig; unnötig; zu viel. überflüssigerweise.

überˈfluˈten (V., überflutete; hat überflutet) überschwemmen. Überflutung.

überˈforˈdern (V., überforderte, hat überfordert) überlasten. Überforderung.

überˈfrachˈten (V.) zu viel Fracht aufladen; überladen. Überfracht.

überˈfragt (in der Wendung) da bin ich überfragt (das weiß ich nicht).

überˈfresˈsen (V., refl., überfraß sich, hat sich überfressen) zu viel essen.

überˈfrieˈren (V., überfror, ist überfroren) vereisen.

überˈfühˈren 1. (V., führte über, hat überführt) an einen anderen Ort transportieren; 2. (V., überführte, hat überführt) Schuld nachweisen.

Überˈfühˈrung (die, -, -en) 1. Transport; 2. Schuldnachweis; 3. Brücke.

Überˈfülˈle (die, -, kein Plural) Übermaß.

Überˈfunkˈtiˈon (die, -, -en) zu starke Leistung eines Organs.

Überˈgaˈbe (die, -, -n) Aushändigung; Überbringung.

Überˈgaˈbeˈverˈhandˈlung (die, -, -en) Verhandlungen um die Bedingungen einer Übergabe.

Überˈgang (der, -s, -gänˈge) Übertritt; Wechsel; Schattierung; Zwischenlösung. Übergangsbahnhof.

Überˈgangsˈerˈscheiˈnung (die, -, -en) Anzeichen einer fortdauernden Entwicklung.

überˈgangsˈlos (Adj.) plötzlich; abrupt.

Überˈgangsˈlöˈsung (die, -, -en) vorläufige Problemlösung; Notbehelf.

Überˈgangsˈphaˈse (die, -, -n) Entwicklungsphase.

Überˈgangsˈstaˈdiˈum (das, -s, -staˈdien) Entwicklungsstadium.

Überˈgangsˈstuˈfe (die, -n, -n) Entwicklungsstufe.

Überˈgangsˈzeit (die, -, -en) Entwicklungszeit; Übergangsphase.

überˈgeˈben (V., übergab, hat übergeben) 1. abgeben; 2. sich erbrechen; 3. jemandem eins übergeben (ugs.: jemanden schlagen).

überˈgeˈhen 1. (V., ging über, ist übergegangen) desertieren; wechseln; überlaufen. Übergang. 2. (V., überging, hat übergangen) nicht beachten.

Überˈgehˈung (die, -, -en) Nichtbeachtung; Missachtung.

überˈgeˈmeindˈlich (Adj.) über die Gemeindegrenzen hinweg bedeutsam.

überˈgeˈnau (Adj.) zu genau; pedantisch.

Überˈgeˈnauˈigˈkeit (die, -, -en) übergenau sein.

überˈgeˈnug (Adj.) mehr als genug.

Überˈgeˈwicht (das, -s, kein Plural) 1. Oberhand; Vorrang; 2. Ungleichgewicht; Schlagseite; 3. Korpulenz; Leibesfülle.

überˈgieˈßen 1. (V., goss über, hat übergegossen) verschütten. 2. (V., übergoss, hat übergossen) gießen. Übergießung; Überguss.

überˈglückˈlich (Adj.) sehr glücklich.

überˈgreiˈfen (V., griff über, hat übergegriffen) 1. über etwas greifen; 2. sich ausdehnen. Er griff über den Tisch nach dem Brotkorb. Die Grippewelle griff auf den Nachbarort über.

Überˈgröˈße (die, -, -n) überdurchschnittliches Maß in der Kleiderkonfektion.

überˈhaˈben (V., hatte über, hat übergehabt) (ugs.) 1. satthaben; 2. übrig haben; 3. angezogen sein. Ich habe die ständigen Störungen über. Wir haben vom Urlaub noch fremde Währungen über. Ich habe einen Pullover über.

Überˈhandˈnahˈme (die, -, -n) Häufung; Ausweitung; Ausartung.

überˈhandˈnehˈmen (V., nahm überhand, hat überhand genommen) sich vermehren; zu viel werden.

Überˈhang (der, -s, -hänˈge) 1. Gegenstand, der über einen anderen herausragt; 2. Überschuss; 3. Felsvorsprung.

überˈhänˈgen 1. (V., hing über, ist übergehängt) vorragen. 2. (V., hing über, hat übergehängt) umhängen. 3. (V., überhing, hat überhängt) bedecken.

Überˈhangˈmanˈdat (das, -s, -e) über die durch die Zweitstimme gewonnenen Parlamentssitze hinausgehendes Direktmandat einer politischen Partei.

Überˈhangsˈrecht (das, -s, kein Plural) Recht, die vom Nachbargrundstück herüberhängenden Zweige abzuschneiden.

überˈhart (Adj.) sehr hart; zu hart.

überˈhasˈten (V., überhastete, hat überhastet) übereilen. Überhastung.

überˈhäuˈfen (V., überhäufte, hat überhäuft) überschütten. Überhäufung.

überˈhaupt (Adv.) außerdem; eigentlich; ganz und gar. Es macht mir überhaupt nichts aus.

überˈheˈben (V., refl., überhob sich, hat sich überhoben) 1. sich beim Tragen von hohem Gewicht eine Verletzung zuziehen; 2. sich zu viel zutrauen; unmäßig sein.

überˈhebˈlich (Adj.) anmaßend; arrogant. Überheblichkeit.

überˈheiˈzen (V., überheizte, hat überheizt) einen Raum zu stark erwärmen.

über|hit|zen (V., überhitzte, hat überhitzt) zu heiß werden lassen. Überhitzung.

Über|hit|zungs|ge|fahr (die, -, -en) Möglichkeit, zu heiß zu werden.

über|ho|len (V., überholte, hat überholt) 1. vorbeifahren; 2. überprüfen; warten.

Über|hol|ma|nö|ver (das, -s, -) Überholvorgang.

Über|hol|spur (die, -, -en) Fahrstreifen zum Überholen.

über|holt (Adj.) 1. veraltet; 2. gewartet; repariert. Die alte Rechtschreibreform ist überholt.

Über|ho|lung (die, -, -en) Wartungsarbeiten; Reparaturen; Renovierung.

Über|hol|ver|bot (das, -s, -e) für bestimmte Streckenabschnitte erteiltes Verbot, ein anderes Fahrzeug zu überholen.

Über|hol|vor|gang (der, -s, -gän|ge) Ablauf des Überholens.

über|hö|ren (V., überhörte, hat überhört) übergehen; nicht hören.

Über-Ich (*auch:* Über|ich) (das, -s, -s) Gewissen (Psychoanalyse).

über|ir|disch (Adj.) nicht von dieser Welt; transzendent.

über|kan|di|delt (Adj.) (ugs.) 1. überheblich; 2. versponnen.

Über|ka|pa|zi|tät (die, -, -en) Überschuss an Produktionsmitteln.

über|kip|pen (V., kippte über, ist übergekippt) umfallen; Übergewicht bekommen.

über|kle|ben (V., überklebte, hat überklebt) etw. durch ein aufgeklebtes Papier unsichtbar machen.

über|ko|chen (V., kochte über, hat übergekocht) überlaufen.

über|kom|men 1. (V., überkam, hat überkommen) erfassen; ergreifen; übermannen. Ihn überkam große Furcht. 2. (V., nur in der Wendung) überkommen sein (überliefert sein). 3. (Adj.) von den Vorfahren ererbt.

über|kon|fes|si|o|nell (Adj.) nicht auf eine Konfession beschränkt.

über|kreu|zen (V., überkreuzte, hat überkreuzt) übereinanderschlagen; sich kreuzen. *Aber:* etwas über Kreuz legen.

über|la|den 1. (V., überlud, hat überladen) überfüllen. Überladung. 2. (Adj.) zu stark geschmückt.

über|la|gern (V., überlagerte, hat überlagert) überdecken. Überlagerung.

Über|land|fahrt (die, -, -en) Reise über Land, aus der Stadt heraus.

Über|land|lei|tung (die, -, -en) Stromversorgungsleitung zwischen zwei Städten.

Über|län|ge (die, -, -n) größere Länge als üblich. Der Film hat Überlänge. überlang.

über|lap|pen (V., überlappte, hat überlappt) überdecken. Überlappung.

über|las|sen 1. (V., ließ über, hat übergelassen) (ugs.) übrig lassen; 2. (V., überließ, hat überlassen) abgeben; anvertrauen. Überlassung.

über|las|ten (V., überlastete, hat überlastet) überbeanspruchen. Überlastung; Überlastungserscheinung; überlastet; überlastig.

Über|lauf (der, -s, -e) Vorrichtung zum Abfluss überschüssigen Wassers.

über|lau|fen 1. (V., lief über, ist übergelaufen) desertieren; überfließen; 2. (V., überlief, hat überlaufen) überlasten; überkommen.

Über|läu|fer (der, -s, -) Deserteur; Abtrünniger.

über|le|ben (V., überlebte, hat überlebt) länger leben; überdauern; lebend überstehen. Überlebende.

über|le|bens|fä|hig (Adj.) zum Überleben geeignet; ausgerüstet. Überlebensfähigkeit.

über|le|bens|groß (Adj.) 1. größer als in der Natur vorkommend; 2. übermächtig; erdrückend. Überlebensgröße.

Über|le|bens|kampf (der, -es, -kämp|fe) Daseinskampf.

Über|le|bens|trai|ning (das, -s, kein Plural) Vorbereitung auf lebensfeindliche Bedingungen.

über|le|gen 1. (V., legte über, hat übergelegt) (ugs.) darüberlegen; übers Knie legen; 2. (V., überlegte, hat überlegt) nachdenken. überlegt. 3. (Adj.) besser.

Über|le|gen|heit (die, -, -en) Souveränität; Größe.

Über|le|gung (die, -, -en) Nachdenken; Gedanken.

über|lei|ten (V.) verbinden; zum nächsten Thema wechseln. Überleitung.

über|le|sen (V., überlas, hat überlesen) flüchtig lesen; übersehen.

über|lie|fern (V., überlieferte, hat überliefert) übergeben; weitergeben.

Über|lie|fe|rung (die, -, -en) von alters her bewahrte Tradition.

über|lis|ten (V., überlistete, hat überlistet) täuschen.

überm (Präp., Dat.) (ugs.) über dem.

Über|macht (die, -, kein Plural) Überlegenheit. Adjektiv: übermächtig.

Über|ma|lung (die, -, -en) Farbschicht über einem älteren Gemälde. übermalen.

über|man|nen (V.) überwältigen; besiegen.

Über|maß (das, -es, kein Plural) größeres Maß als normal; zu viel Menge.

über|mä|ßig (Adj.) maßlos; übertrieben.

über|mensch|lich (Adj.) über die menschlichen Grenzen hinausgehend; sehr stark.

über|mit|teln (V., übermittelte, hat übermittelt) überbringen; mitteilen. Übermitt(e)lung.

über|mor|gen (Adv.) der Tag nach morgen. *Beachte:* übermorgen früh (*auch:* Früh)/Mittag/Abend/Nacht; überübermorgen.

Über|mü|dung (die, -, kein Plural) große Müdigkeit wegen Schlafmangel. übermüdet.

Über|mut (der, -s, kein Plural) Ausgelassenheit; Leichtsinn.

übern (Präp., Akk.) (ugs.) über den.

über|nächs|te/-r/-s (Adj.) zeitlich, räumlich dem Nächsten folgend.

über|nach|ten (V.) die Nacht verbringen. Übernachtung.

über|näch|tig(t) (Adj.) unausgeschlafen; übermüdet.

Über|nah|me (die, -, -n) 1. Annahme; Aufnahme; 2. Entlehnung.

über|na|ti|o|nal (Adj.) über Nationalgrenzen hinweg; international.

über|na|tür|lich (Adj.) über den Naturgesetzen stehend; transzendental.

über|neh|men 1. (V., nahm über, hat übergenommen) sich etwas umhängen; 2. (V., übernahm, hat übernommen) annehmen; aufnehmen; sich überlasten.

über|ord|nen (V., ordnete über, hat übergeordnet) voranstellen.

Über|ord|nung (die, -, -en) das Überordnen.

über|or|ga|ni|sie|ren (V., überorganisierte, hat überorganisiert) allzu kleinteilig organisieren. Überorganisation.

über|ört|lich (Adj.) nicht auf den Ort beschränkt; den örtlichen Verhältnissen übergeordnet.
über|par|tei|lich (Adj.) über die Partei hinaus; parteiübergreifend.
Über|pro|duk|ti|on (die, -, -en) Warenüberschuss.
über|prü|fen (V., überprüfte, hat überprüft) nachprüfen. Überprüfung.
über|quel|len (V., quoll über, ist übergequollen) überfließen.
über|que|ren (V., überquerte, hat überquert) überschreiten; passieren. Überquerung.
über|ra|gen (V., überragte, hat überragt) größer sein; übertreffen. Adjektiv: überragend.
über|ra|schen (V., überraschte, hat überrascht) verblüffen; erwischen; unerwartet geschehen. Überraschung; überraschend; überraschenderweise.
Über|ra|schungs|ef|fekt (der, -s, -e) Wirkung einer Überraschung.
Über|ra|schungs|er|folg (der, -s, -e) Erfolg, mit dem nicht zu rechnen war.
Über|ra|schungs|mo|ment (der, -s, -e) Augenblick der Überraschung.
über|re|den (V., überredete, hat überredet) überzeugen; verführen. Überredung.
Über|re|dungs|kunst (die, -, kein Plural) kunstfertig; fantasievoll eingesetzte Überzeugungskraft.
über|re|gi|o|nal (Adj.) nicht auf die Region beschränkt; den regionalen Verhältnissen übergeordnet.
über|reich (Adj.) sehr reichhaltig; unermesslich.
über|rei|chen (V., überreichte, hat überreicht) geben. Überreichung.
Über|rei|fe (die, -, kein Plural) Zustand nach zu langer Reife (bei Obst). überreif.
über|rei|zen (V., überreizte, hat überreizt) zu stark reizen; sehr nervös machen. Überreizung.
Über|reizt|heit (die, -, kein Plural) andauernde Nervosität.
über|re|prä|sen|tiert (Adj.) stark vorhanden; stark vertreten. Überrepräsentation.
Über|roll|bü|gel (der, -s, -) Schutzvorrichtung in Autos vor möglichem Überschlag.
über|rol|len (V., überrollte, hat überrollt) überfahren.
über|rum|peln (V., überrumpelte, hat überrumpelt) überraschen. Er wurde von der Nachricht überrumpelt. Überrump(e)lung.
über|run|den (V., überrundete, hat überrundet) überholen. Überrundung.
übers (Präp., Akk.) (ugs.) über das.
über|sä|en (V., übersäte, hat übersät) dicht bedecken. Im Frühling ist der Garten von Blüten übersät.
über|sät|tigt (Adj.) überladen; überdrüssig.
über|schat|ten (V., überschattete, hat überschattet) 1. bedecken; 2. trüben.
über|schät|zen (V., überschätzte, hat überschätzt) zu hoch einschätzen; überbewerten. Überschätzung.
über|schau|bar (Adj.) übersichtlich; nicht zu groß; leicht zu begreifen.
über|schau|en (V., überschaute, hat überschaut) überblicken. Überschaubarkeit.
über|schäu|men (V., schäumte über, ist übergeschäumt) überfließen.
über|schla|fen (V., überschlief, hat überschlafen) nachdenken. Ich kann mich heute nicht entscheiden, sondern muss das überschlafen.
Über|schlag (der, -s, -schlä|ge) 1. Drehung um sich selbst; 2. ungefähre Berechnung.
über|schla|gen 1. (V., schlug über, hat/ist überschlagen) übereinanderschlagen; sich steigern; 2. (V., überschlug, hat überschlagen) grob berechnen; Salto machen; überstürzen. Überschlag; überschlägig/überschläglich (ungefähr).
über|schlä|gig (Adj.) ungefähr berechnet; geschätzt.
über|schnap|pen (V., schnappte über, ist übergeschnappt) (ugs.) verrückt werden.
über|schnei|den (V., überschnitt, hat überschnitten) sich kreuzen; überlappen. Überschneidung.
über|schnell (Adj.) sehr schnell; zu schnell.
über|schrei|ben (V., überschrieb, hat überschrieben) 1. betiteln; 2. übereignen. Er überschreibt seinen neuen Roman mit einem eingängigen Titel. Die Eltern überschreiben das Haus ihren Kindern. Überschreibung.
über|schrei|en (V., refl., überschrie, hat überschrien) 1. lauter schreien als der andere; 2. sich heiser schreien.
über|schrei|ten (V., überschritt, hat überschritten) 1. überqueren; 2. übersteigen.
Über|schrift (die, -, -en) Titel über einem Text.
Über|schuh (der, -s, -e) wasserfester Schuh zum Überziehen über einen anderen.
Über|schuss (der, -es, -schüs|se) 1. Reingewinn; 2. Überzähliges; Überflüssiges. Überschussprodukt.
über|schüs|sig (Adj.) überzählig; überflüssig.
über|schüt|ten 1. (V., schüttete über, hat übergeschüttet) ausschütten; 2. (V., überschüttete, hat überschüttet) überhäufen. Überschüttung.
Über|schwang (der, -s, kein Plural) Übertreibung; Ausgelassenheit. im Überschwang der Freude.
über|schwäng|lich (Adj.) ausgelassen; begeistert. Überschwänglichkeit.
über|schwap|pen (V., schwappte über, ist übergeschwappt) schwallweise über einen Gefäßrand hinausfließen.
über|schwem|men (V., überschwemmte, hat überschwemmt) unter Wasser setzen. Überschwemmung.
Über|see (ohne Artikel, nicht beugbar) (nur in den Wendungen) aus/für/in/nach/von Übersee (Amerika). überseeisch.
Über|see|brü|cke (die, -, -n) Handelsbrücke zu überseeischen Partnern.
Über|see|damp|fer (der, -s, -) hochseetaugliches Dampfschiff.
über|seh|bar (Adj.) klein; unscheinbar.
über|se|hen 1. (V., übersah, hat übersehen) überblicken; nicht bemerken. Übersicht; übersehbar. 2. (V., sah über, hat übergesehen) sattgesehen haben.
über|sen|den (V., übersendete/übersandte, hat übersendet/übersandt) schicken. Übersendung.
über|set|zen 1. (V., setzte über, hat übergesetzt) hinüberfahren; 2. (V., übersetzte, hat übersetzt) in eine andere Sprache übertragen.
Über|setz|bar|keit (die, -, kein Plural) Übertragbarkeit von einer Sprache in die andere. übersetzbar.

Über|set|zer (der, -s, -) Person, die (berufsmäßig) Texte in andere Sprachen überträgt.
Über|set|zung (die, -, -en) 1. Übertragung eines Texts in eine andere Sprache; 2. Verhältnis zwischen eingehender und ausgehender Drehzahl bei einem Getriebe.
Über|set|zungs|bü|ro (das, -s, -s) Firma, die Übersetzungen anfertigt.
Über|set|zungs|feh|ler (der, -s, -) falsche oder ungenaue Übersetzung.
Über|sicht (die, -, -en) Überblick. Übersichtlichkeit; übersichtlich.
Ü|ber|sichts|kar|te (die, -, -n) Landkarte, die in großem Maßstab nur ausgewählte Merkmale wiedergibt.
Ü|ber|sichts|ta|fel (die, -, -n) Beschilderung mit Hinweisen zur Orientierung.
über|sie|deln (V., übersiedelte/siedelte über, ist übersiedelt/übergesiedelt) umziehen. Übersiedler; Übersied(e)lung.
über|sinn|lich (Adj.) übernatürlich. Übersinnlichkeit.
über|span|nen (V., überspannte, hat überspannt) 1. überdehnen; 2. überwölben.
über|spannt (Adj.) übertrieben; überspitzt; überzogen. Überspanntheit.
Über|span|nung (die, -, kein Plural) (fachspr.) mehr als die höchstzulässige elektrische Spannung.
über|spie|len (V., überspielte, hat überspielt) 1. überdecken; 2. vorbeispielen (Fußball); 3. aufnehmen (Tonband). Er überspielte seine Verlegenheit mit lautem Gelächter.
über|spitzt (Adj.) übertrieben. Überspitztheit; Überspitzung; überspitzen.
über|sprin|gen 1. (V., sprang über, ist übergesprungen) übergehen; anstecken; mitreißen. Übersprungshandlung. 2. (V., übersprang, hat übersprungen) auslassen; überwinden. Überspringung.
über|spru|deln (V., sprudelte über, ist übergesprudelt) 1. beim Sieden über den Gefäßrand spritzen; 2. witzig und pointenreich erzählen.
Über|sprungs|hand|lung (die, -, -en) Handlung außerhalb des eigentlichen Handlungsverlaufs (Psychol.)
über|staat|lich (Adj.) über die Grenzen eines Staates hinausweisend.
über|stän|dig (Adj.) übrig geblieben.
über|ste|hen 1. (V., stand über, hat übergestanden) hervorragen. 2. (V., überstand, hat überstanden) überwinden; überleben.
über|stei|gen (V., überstieg, hat überstiegen) überklettern; überschreiten. Übersteigung.
über|stei|gern (V., übersteigerte, hat übersteigert) überhöhen; übertreiben; übermäßig steigern.
über|stel|len (V., überstellte, hat überstellt) übergeben. Überstellung.
über|steu|ern (V., übersteuerte, hat übersteuert) 1. eine Tonaufnahme zu laut aufzeichnen oder wiedergeben; 2. mit dem Heck des Autos bei schneller Kurvenfahrt ausbrechen. Übersteuerung.
über|stim|men (V., überstimmte, hat überstimmt) überbieten; besiegen. Überstimmung.
über|stra|pa|zie|ren (V., überstrapazierte, hat überstrapaziert) überbeanspruchen.
über|strei|chen (V., überstrich, hat überstrichen) übermalen.
über|strei|fen (V., streifte über, hat übergestreift) anziehen.
über|strö|men (V., strömte über, ist übergeströmt) 1. überschwemmen; herausfließen; 2. überschwänglich dankbar sein.
Über|stun|de (die, -, -n) Mehrarbeit.
Über|stun|den|zu|schlag (der, -s, -schlä|ge) Lohnzulage für über die festgesetzte Zeit hinaus geleistete Arbeit; Überstundengeld.
über|stür|zen (V., überstürzte, hat überstürzt) übereilen. Überstürzung.
über|ta|rif|lich (Adj.) Zahlung von Lohn und Gehalt über dem vereinbarten Tarif.
über|teu|ert (Adj.) mit zu hohen Preisforderungen verbunden.
über|töl|peln (V., übertölpelte, hat übertölpelt) überlisten. Übertölp(e)lung.
Über|topf (der, -s, -töp|fe) zusätzlicher Topf für Zierpflanzen.
Über|trag (der, -s, -trä|ge) Summe der vorherigen Seite als Ausgangsbetrag der nächsten Seite (Buchhaltung).
Über|trag|bar|keit (die, -, kein Plural) Möglichkeit, eine Krankheit oder eine Benutzungserlaubnis auf andere zu übertragen. übertragbar.
über|tra|gen (V., übertrug, hat übertragen) weitergeben; senden; auftragen. übertragen (bildlich).
Über|tra|gung (die, -, en) 1. Weitergabe; Ansteckung; 2. Sendung im Rundfunk oder im Fernsehen; 3. Übersetzung.
Über|tra|gungs|wa|gen (der, -s, -) mobile Sendestation.
über|tref|fen (V., übertraf, hat übertroffen) überbieten.
über|trei|ben (V., übertrieb, hat übertrieben) aufbauschen; überschreiten. Übertreibung; Übertriebenheit; übertrieben.
über|tre|ten 1. (V., trat über, ist übergetreten) überfluten; wechseln; über die Linie treten (auch hat-Perfekt!). Übertritt. 2. (V., übertrat, hat übertreten) überschreiten; nicht einhalten. Übertretung.
über|trump|fen (V., übertrumpfte, hat übertrumpft) besiegen.
über|über|mor|gen (Adv.) der dritte Tag nach heute.
über|völ|kern (V.) überfüllen.
über|vor|sich|tig (Adj.) übertrieben vorsichtig; allzu besorgt.
über|vor|tei|len (V., übervorteilte, hat übervorteilt) betrügen; benachteiligen. Übervorteilung.
über|wa|chen (V., überwachte, hat überwacht) beaufsichtigen. Überwachung; Überwachungsdienst; Überwachungssystem.
über|wäl|ti|gen (V., überwältigte, hat überwältigt) besiegen; beeindrucken. Überwältigung.
über|wäl|ti|gend (Adj.) begeisternd; beeindruckend.
über|wei|sen (V., überwies, hat überwiesen) übergeben; Geld zuweisen.
Über|wei|sung (die, -, -en) 1. Geldversand von Konto zu Konto; 2. überwiesene Summe; 3. Übergabe eines Patienten zwischen behandelnden Ärzten.
Über|wei|sungs|auf|trag (der, -s, -trä|ge) 1. Auftrag an die Bank, eine bestimmte Summe vom eigenen auf ein fremdes Konto zu übertragen; 2. Formular für eine Banküberweisung.
Über|wei|sungs|schein (der, -s, -e) Formular für eine ärztliche Überweisung.

Überˈweiˈte (die, -, -n) Konfektionskleidung für korpulente Personen; Übergröße. überweit.

Überˈwelt (die, -, kein Plural) Welt, die außerhalb unserer Sinne liegt; Jenseits; Transzendenz. überweltlich.

überˈwerˈfen 1. (V., warf über, hat übergeworfen) sich umhängen; 2. (V., refl., überwarf sich, hat sich überworfen) streiten.

überˈwieˈgen (V., überwog, hat überwogen) vorherrschen; überstimmen. Adverb: überwiegend.

überˈwinˈden (V., überwand, hat überwunden) bewältigen; bezwingen. Überwindung; überwindbar.

überˈwinˈtern (V., überwinterte, hat überwintert) den Winter überdauern.

überˈwuˈchern (V., überwucherte, hat überwuchert) überwachsen. Überwucherung.

Überˈzahl (die, -, kein Plural) Mehrzahl. *Beachte:* Die Frauen waren in der Überzahl. Adjektiv: überzählig.

überˈzeuˈgen (V., überzeugte, hat überzeugt) bekehren; beweisen; sich vergewissern. Überzeugung; überzeugend.

Überˈzeuˈgungsˈkraft (die, -, kein Plural) Souveränität; Glaubwürdigkeit; Nachdruck.

Überˈzeuˈgungsˈtäˈter (der, -s, -) Person, die aus religiöser oder politischer Überzeugung Verbrechen verübt.

überˈzieˈhen 1. (V., zog über, hat übergezogen) anziehen; 2. (V., überzog, hat überzogen) bedecken; überschreiten. Überziehungskraft. 3. (ugs.) schlagen. Ich ziehe einen Mantel über. Sie überzieht den Kuchen mit einer Glasur. Ich habe wieder mein Girokonto überzogen. Als er nicht gehorchte, zog er ihm eins über.

Überˈzieˈher (der, -s, -) Mantel.

Überˈzieˈhungsˈkreˈdit (der, -s, -e) vereinbarte maximale Kontoüberziehung.

überˈzüchˈtet (Adj.) unnatürliche oder wenig widerstandsfähige Formen bei Pflanzen und Tieren; herausgezüchtet.

Überˈzug (der, -s, -züˈge) dünne Beschichtung; auswechselbare Decke.

ubiˈquiˈtär (Adj.) nahezu überall vorkommend (Tiere und Pflanzen). Ubiquist.

übˈlich (Adj.) gewohnheitsmäßig; herkömmlich. *Beachte:* veranlassen Sie das/alles Übliche. es war das Übliche, dass er so spät nach Hause kam; wir treffen uns, wie üblich, am Freitag; landesüblich; üblicherweise.

U-Boot (das, -s, -e) (Kurzw.) Unterseeboot.

U-Boot-Krieg (der, -s, -e) Kriegsstrategie, bei der den U-Booten eine entscheidende Rolle zukommt.

übˈrig (Adj.) restlich. im Übrigen; alles Übrige veranlassen wir morgen; ein Übriges tun; alle Übrigen. Es soll noch etwas übrig sein; etwas für jmdn. übrighaben; übrig behalten; übrig bleiben (*bei übertragener Bedeutung auch:* übrigbleiben); übrig lassen (*bei übertragener Bedeutung auch:* übriglassen).

übˈriˈgens (Adv.) nebenbei bemerkt.

Übung (die, -, -en) 1. Abfolge bestimmter Bewegungen im Bereich Gymnastik oder Turnen; 2. häufige Wiederholung von neuem Lernstoff zum Einprägen.

Übungsˈaufˈgaˈbe (die, -, -n) Aufgabe, in der neuer Lernstoff enthalten und zur Übung des Lernenden aufbereitet ist.

übungsˈhalˈber (Adv.) zur Übung; zum Zwecke der Übung.

Übungsˈplatz (der, -es, -plätˈze) Platz für militärische oder Schießübungen.

Übungsˈschieˈßen (das, -s, -) regelmäßige Schießübung für Polizisten, Soldaten oder Kunstschützen.

Übungsˈstück (das, -s, -e) kleiner Text, Lektion oder kleines Musikstück, Etüde zur Einübung bestimmter Fertigkeiten.

u. d. Ä. (Abk.) **u**nd **d**em **Ä**hnliche(s).

u. desgl. (m.) (Abk.) **u**nd **desgl**eichen (**m**ehr).

u. d. M. (Abk.) **u**nter **d**em **M**eeresspiegel.

ü. d. M. (Abk.) **ü**ber **d**em **M**eeresspiegel.

Udoˈmeˈter (das, -s, kein Plural) (lat.-griech.) Regenmesser.

UdSSR (Abk.) **U**nion **d**er **S**ozialistischen **S**owjet**r**epubliken (1922–91).

u. E. (Abk.) **u**nseres **E**rachtens.

U-Eiˈsen (das, -s, -) u-förmiges (*auch:* U-förmiges) Eisenstück. U-Eisen-förmig.

Ufer (das, -s, -) Küste; Rand. Uferbau.

Uferˈböˈschung (die, -, -en) Aufschüttung am Rand eines Gewässers.

Uferˈläuˈfer (der, -s, -) schnepfenartiger Wattvogel.

uferˈlos (Adj.) endlos; maßlos. *Beachte:* Das führt ins Uferlose. Das grenzt ans Uferlose.

Uferˈproˈmeˈnaˈde (die, -, -n) repräsentativer innerstädtischer Teil einer Uferstraße.

u. ff. (Abk.) **u**nd **f**olgende Seiten.

Uffz. (Abk.) **U**nteroffi**z**ier.

UFO (*auch:* Ufo) (das, -/-s, -s) (Kurzw.) **u**nbekanntes **F**lug**o**bjekt.

Uganˈda (ohne Art., -s, kein Plural) afrikanischer Staat. Ugander; ugandisch.

U-Haft (die, -, kein Plural) (Kurzw.) Untersuchungshaft.

Uhr (die, -, -en) Zeitmesser; Zeitangabe. *Beachte:* um drei Uhr nachts; Punkt/Schlag zwölf Uhr; der Zug kommt um 21 Uhr; 8.30 Uhr (*auch:* 8^{30} Uhr, 8:30 Uhr); der Fünfuhrzug (5-Uhr-Zug).

Uhrˈband (das, -s, -bänˈder) Band einer Armbanduhr.

Uhˈrenˈkasˈten (der, -s, -käsˈten) Gehäuse einer Standuhr.

Uhrˈmaˈcher (der, -s, -) Handwerker, der Uhren herstellt und repariert.

Uhrˈwerk (das, -s, -e) Vorrichtung zum Antrieb der Zeiger.

Uhrˈzeiˈger (der, -s, -) Stunden, Minuten und Sekunden anzeigende Zeiger.

Uhrˈzeiˈgerˈsinn (der, -s, kein Plural) Rechtsdrehung in der Richtung der Uhrzeiger.

Uhrˈzeit (die, -, -en) auf der Uhr angezeigte Zeit.

Uhu (der, -s, -s) Eule.

ui! (Interj.) Erstaunen. *Beachte:* ui je!

Ukeˈlei (der, -s -s/-e) (slaw.) 1.ein Weißfisch; 2. Laube.

Ukˈraˈiˈne (die, -, kein Plural) Staat in Osteuropa. Ukrainer; ukrainisch.

Ukuˈleˈle (die, -, -n) (polines.-engl.) kleine Hawaiigitarre.

UKW (Abk.) **U**ltra**k**urz**w**elle.

UKW-Empˈfänˈger (der, -s, -) Radiogerät für den Empfang der Ultrakurzwelle.

UKW-Senˈder (der, -s, -) Sender für die Ausstrahlung der Ultrakurzwelle.

Ulan (der, -en, -en) (türk.) Reiter.
Ule|ma (der, -s, -s) (arab.) islamischer Theologe und Rechtsgelehrter.
Ulk (der, -s, -e) Spaß; Unfug. Ulkerei; ulkig; ulken.
Ul|kus (das, -, -ze|ra) (lat.) Geschwür.
Ul|ma|ze|en (die, nur Plural) (lat.-nlat.) Ulmengewächse.
Ul|me (die, -, -n) (lat.) Laubbaum. Ulmenallee.
Uls|ter (der, -s, -) (engl.) 1. weiter Herrenmantel aus dickem Wollstoff; 2. nordirische Provinz.
ult. (Abk.) **ult**imo.
Ul|ti|ma Ra|tio (die, - -, kein Plural) (lat.) letztes Mittel.
Ul|ti|ma|tum (das, -s, -ten) (lat.) letzte Frist. Adjektiv: ultimativ.
ul|ti|mo (Adv.) (lat.) am Letzten (des Monats; Abk.: ult.).
Ul|ti|mo|ge|schäft (das, -s, -e) zum Monatsletzten fälliges Börsengeschäft.
ul|tra.../Ul|tra... (lat.) jenseits; über... hinaus.
ul|tra|hart (Adj.) extrem energiereich.
ul|tra|kurz (Adj.) sehr kurzwellig.
ul|tra|lang (Adj.) sehr langwellig.
Ul|tra|leicht|flug|zeug (das, -s, -e) sehr leichtes und einfach gebautes Flugzeug.
ul|tra|ma|rin (Adj.) kornblumenblau.
Ul|tra|mi|k|ro|s|kop (das, -s, -e) Mikroskop zur Beobachtung kleinster Teilchen. Ultramikroskopie.
ul|tra|mon|tan (Adj.) streng päpstlich gesinnt. Ultramontanismus.
ul|tra|rot (Adj.) infrarot.
Ul|tra|schall (der, -s, kein Plural) Schallfrequenz über dem hörbaren Bereich.
Ul|tra|schall|wel|le (die, -, -n) Schallwelle mit mehr als 20 kHz.
Ul|tra|strah|lung (die, -, -en) Höhenstrahlung.
ul|tra|vi|o|lett (Adj.) jenseits des sichtbaren Lichts.
Ul|ze|ra|ti|on (die, -, -ti|o|nen) (lat.) das Ulzerieren.
ul|ze|rie|ren (V.) einen Ulkus, ein Geschwür bilden.
ul|ze|rös (Adj.) (lat.) geschwürig.
um 1. (Präp., Akk./Gen.) um ... herum; für; worum; punkt (Zeitangabe). *Beachte:* um vieles weniger; es verging eine Minute um die andere; wir gehen um den See; um ein Haar (fast). um Gottes willen; um Himmels willen; um deinetwillen; um des lieben Friedens willen. 2. (Adv.) ungefähr. *Beachte:* Das wird mich um die tausend Euro kosten. Er will um Mittag (herum) kommen. 3. (Konj.) in der Absicht; desto. Er ging ins Büro, um zu arbeiten. Er nahm sich Urlaub, um uns zu besuchen. Umso mehr ich daran denke, umso weniger freue ich mich darüber. Je mehr ich darüber nachdenke, umso besser gefällt mir der Plan.
um|än|dern (V., änderte um, hat umgeändert) ändern; verändern.
um|ar|bei|ten (V., arbeitete um, hat umgearbeitet) weitreichend verändern. Umarbeitung.
um|ar|men (V.) mit den Armen umschließen. Umarmung.
Um|bau (der, -s, -ten) bauliche Veränderung; Neugestaltung. Umbaumaßnahmen.
um|bau|en 1. (V., umbaute, hat umbaut) umschließen; 2. (V., baute um, hat umgebaut) baulich verändern.
um|be|set|zen (V., besetzte um, hat umbesetzt) anders einteilen. Umbesetzung.
um|be|sin|nen (V., refl., besann sich um, hat sich umbesonnen) die Meinung ändern.
um|bet|ten (V., bettete um, hat umgebettet) 1. einen Kranken in ein anderes Bett legen; 2. einen Leichnam in ein anderes Grab legen; 3. eine Pflanze in einen anderen Topf stecken. Umbettung.
um|bil|den (V., bildete um, hat umgebildet) neu gestalten; umformen. Umbildung.
um|bin|den 1. (V., umband, hat umbunden) umwickeln. 2. (V., band um, hat umgebunden) umhängen; anziehen.
um|blät|tern (V., blätterte um, hat umgeblättert) die Seite wenden.
um|bli|cken (V., refl., blickte sich um, hat sich umgeblickt) umschauen.
Um|b|ra (*auch:* der Um|ber) (die/der -, kein Plural) (lat.) brauner Farbstoff. Umbrabraun; Umbraerde.
um|bre|chen 1. (V., brach um, hat umgebrochen) umgraben; 2. (V., umbrach, hat umbrochen) Drucksatz ins Seitenformat bringen. Umbrecher; Umbruchkorrektur; Umbruchrevision.
Um|bruch (der, -s, -brüche) 1. Zeitenwende; 2. (der, -s, kein Plural) umbrochener Drucksatz.
um|bu|chen (V., buchte um, hat umgebucht) die Buchung verändern. Umbuchung.
um|den|ken (V., dachte um, hat umgedacht) sich eine neue Meinung bilden. Umdenk(ungs)prozess.
um|dis|po|nie|ren (V., disponierte um, hat umdisponiert) (lat.) das Vorhaben ändern.
um|dre|hen (V., drehte um, hat umgedreht) sich umwenden; kehrtmachen; wenden. Umdrehung.
Um|dre|hungs|zahl (die, -, -en) Anzahl der Umdrehungen in einem bestimmten Zeitabschnitt.
Um|druck (der, -s, -dru|cke) Druckverfahren. Umdruckverfahren.
um|ei|n|an|der (Adv.) einer um den anderen. sie werden sich schon umeinander sorgen/kümmern. umeinander drehen; umeinander wickeln.
um|fah|ren 1. (V., umfuhr, hat umfahren) um etwas herum fahren. Umfahrung; Umfahrungsstraße. 2. (V., fuhr um, hat umgefahren) umwerfen; niederfahren.
um|fal|len (V., fiel um, ist umgefallen) stürzen; die Meinung ändern. *Beachte:* ohnmächtig umfallen, *aber:* ich war zum Umfallen müde.
Um|fang (der, -s, -fänge) Ausmaß; Ausdehnung; Dicke. Umfangsberechnung.
um|fan|gen (V., umfing, hat umfangen) umfassen.
um|fäng|lich (Adj.) von großem Umfang.
um|fang|reich (Adj.) reichlich; großvolumig; dick.
um|fang(s)|mä|ßig (Adj.) den Umfang betreffend.
um|fas|sen 1. (V., fasste um, hat umgefasst) neu fassen (Schmuck); 2. (V., umfasste, hat umfasst) einschließen; enthalten.
um|fas|send (Adj.) gründlich; alles berücksichtigend.
Um|fas|sung (die, -, -en) umlaufende Eingrenzung.
Um|fas|sungs|mau|er (die, -, -n) umlaufende Begrenzungsmauer.
Um|feld (das, -s, -er) Umgebung; Umwelt.

um|flie|gen 1. (V., umflog, hat umflogen) um etwas herumfliegen; 2. (V., flog um, ist umgeflogen) (ugs.) umfallen. Der Pilot umflog die Gewitterfront.

um|flie|ßen (Adj.) (umfloss, hat umflossen) um etw. herumfließen. Der Fluß umfließt die Insel.

um|flo|ren (V., umflorte, hat umflort) wie mit Flor verschleiern. Trauer umflorte ihren Blick.

um|for|men (V., formte um, hat umgeformt) verändern. Umformung.

Um|for|mer (der, -s, -) Gerät zur Umformung von Gleichstrom in Wechselstrom.

Um|fra|ge (die, -, -n) Befragung; Meinungsforschung. Verb: umfragen.

Um|frie|dung (die, -, -en) Einzäunung; Mauer. umfrieden.

um|funk|ti|o|nie|ren (V., funktionierte um, hat umfunktioniert) Zweck, Aufgabe ändern. Umfunktionierung.

Um|gang (der, -s, kein Plural) 1. gesellschaftlicher Verkehr; Kreis der Freunde und Kollegen; 2. (der, -s, -gän|ge) überdachter Gang um ein Gebäude; 3. Rundgang; Begehung; 4. Umzug; Prozession.

um|gäng|lich (Adj.) angenehm; gesellig. Umgänglichkeit.

Um|gangs|form (die, -, -en) Art und Weise des Umgangs mit anderen Menschen; Manieren.

Um|gangs|spra|che (die, -, kein Plural) Alltagssprache; Sprache des täglichen Lebens.

um|gangs|sprach|lich (Adj.) (Abk.: ugs.) alltagssprachlich.

Um|gangs|ton (der, -s, kein Plural) Art und Weise, in der man miteinander spricht.

um|ge|ben (V., umgab, hat umgeben) umringen; einschließen.

Um|ge|bung (die, -, -en) 1. einen Ort umgebende Landschaft; 2. persönliches Umfeld.

Um|ge|gend (die, -, -en) benachbarte Gegend.

um|ge|hen 1. (V., umging, hat umgangen) vermeiden; Umweg machen. Umgehung. 2. (V., ging um, ist umgegangen) sich verbreiten; behandeln; 3. Umgang mit jmdm. oder etwas haben; 4. herumgeistern. Er umgeht gerne die Steuergesetze. Er geht mit seinem neuen Auto nicht sehr pfleglich um. Im alten Schloss geht ein Gespenst um.

um|ge|hend (Adj.) sofort; unverzüglich.

Um|ge|hungs|stra|ße (die, -, -n) Straße, die um einen Ort herumführt.

um|ge|kehrt (Adj.) entgegengesetzt; genau andersherum.

um|ge|stal|ten (V., gestaltete um, hat umgestaltet) ändern. Umgestaltung.

um|gra|ben (V., grub um, hat umgegraben) den Boden bearbeiten. Umgrabung.

um|grei|fend (Adj.) umfassend. umgreifen.

um|grup|pie|ren (V., gruppierte um, hat umgruppiert) umstellen. Umgruppierung.

um|gu|cken (V., refl., guckte sich um, hat sich umgeguckt) (ugs.) umschauen.

um|hal|sen (V., umhalste, hat umhalst) um den Hals fallen. Umhalsung.

Um|hang (der, -s, -hän|ge) Mantel.

um|hän|gen (V., hing um, hat umgehängt) 1. an einem anderen Platz wieder aufhängen; 2. locker über die Schulter hängen.

Um|hän|ge|ta|sche (die, -, -n) Tasche, die über die Schulter gehängt werden kann.

um|hau|en (V., haute/hieb um, hat umgehauen) 1. fällen; 2. (ugs.) erschüttern. Die Nachricht hat mich umgehauen.

um|he|gen (V., umhegte, hat umhegt) pflegen; sorgen. Umhegung.

um|her (Adv.) ringsum.

um|her|bli|cken (V., blickte umher, hat umhergeblickt) sich umschauen.

um|her|fah|ren (V., fuhr umher, ist umhergefahren) ziellos herumfahren; spazieren fahren.

um|her|flat|tern (V., flatterte umher, ist umhergeflattert) herumflattern.

um|her|ge|hen (V., ging umher, ist umhergegangen) ziellos herumgehen.

um|her|ir|ren (V., irrte umher, ist umhergeirrt) herumirren.

um|her|jagen (V., jagte umher, ist/hat umhergejagt) 1. ziellos und sehr eilig herumlaufen; 2. jmdm. ständig neue Aufträge erteilen; jemanden herumschicken.

um|her|lau|fen (V., lief umher, ist umhergelaufen) ziellos herumlaufen.

um|her|rei|sen (V., reiste umher, ist umhergereist) von Ort zu Ort reisen.

um|her|schlei|chen (V., schlich umher, ist umhergeschlichen) herumschleichen.

um|her|tol|len (V., tollte umher, ist umhergetollt) toben; herumtollen.

um|her|trei|ben (V., trieb umher, ist umhergetrieben) sich treiben lassen; herumgetrieben werden.

um|her|wan|dern (V., wanderte herum, ist umhergewandert) ziellos herumwandern.

um|her|wim|meln (V., wimmelte umher, ist umhergewimmelt) durcheinanderrennen; herumwuseln.

um|her|zie|hen (V., zog herum, ist herumgezogen) ziellos herumwandern.

um|hin|kön|nen (V., konnte umhin, hat umhingekonnt) (nur verneint!) Ich konnte nicht umhin (musste)(,) die Sache klarzustellen.

um|hö|ren (V., refl., hörte sich um, hat sich umgehört) sich erkundigen.

um|hül|len (V., umhüllte, hat umhüllt) mit einer Hülle umgeben. Umhüllung.

Umi|ak (der/das, -s, -s) mehrsitziger Frauenkajak (der Eskimos).

U/min (Abk.) **U**mdrehungen pro **Min**ute.

um|in|ter|pre|tie|ren (V., interpretierte um, hat uminterpretiert) anders deuten. Uminterpretation.

Um|kehr (die, -, kein Plural) innere Wandlung; Läuterung; Wende.

um|keh|ren (V., kehrte um, hat umgekehrt) wenden. Umkehrung; umkehrbar.

Um|kehr|film (der, -s, -e) fotografischer Film, bei dem nach der Entwicklung ein Positiv entsteht; Diafilm.

um|kip|pen (V., kippte um, hat umgekippt) umstürzen; umschlagen; (ugs.) ohnmächtig werden. *Beachte:* Der See ist am Umkippen (am Absterben).

um|klam|mern (V., umklammerte, hat umklammert) festhalten. Umklammerung.

um|klap|pen (V., klappte um, hat umgeklappt) nach oben, nach unten oder zur Seite klappen.

Um|klei|de|ka|bi|ne (die, -, -n) kleines Abteil zum Anprobieren von Kleidung.

um|klei|den 1. (V., refl., kleidete sich um, hat sich umgekleidet) sich umziehen; 2. (V., umkleidete, hat umkleidet) umgeben; umhüllen. Umkleidung.

Um|klei|de|raum (der, -s, -räu|me) Raum zum Wechseln und Aufbewahren von Kleidung.

um|kni|cken (V., knickte um, hat umgeknickt) 1. falten; 2. (V., knickte um, ist umgeknickt) sich den Fuß vertreten, verstauchen.

um|kom|men (V., kam um, ist umgekommen) sterben.

Um|kreis (der, -es, kein Plural) Umgebung.

Um|krei|sung (die, -, -en) Kreisbewegung um etw. herum. umkreisen.

um|krem|peln (V., krempelte um, hat umgekrempelt) umschlagen; ändern. Umkremp(e)lung.

um|la|den (V., lud um, hat umgeladen) Gegenstände von einem Behälter in einen anderen laden.

Um|la|ge (die, -, -n) Beitrag; Steuer. Verb: umlegen.

um|la|gern 1. (V., lagerte um, hat umgelagert) anderswo lagern. Umlagerung. 2. (V., umlagerte, hat umlagert) umringen. Umlagerung.

Um|lauf (der, -s, -läu|fe) Drehung; Kreislauf; Bekanntgabe. *Beachte:* Es ist Falschgeld in/im Umlauf. *Aber:* Die neuen Sondermarken sind erst seit gestern in Umlauf gesetzt worden. Umlaufmittel; Umlauf(s)geschwindigkeit; umlaufen.

Um|lauf|bahn (die, -, -en) Bahn eines Himmelskörpers um einen anderen.

Um|lauf|zeit (die, -, -en) Zeit, die ein Himmelskörper für einen Umlauf benötigt.

Um|laut (der, -s, -e) Vokalveränderung (a → ä, o → ö, u → ü, au → äu). Verb: umlauten.

um|le|gen (V., legte um, hat umgelegt) 1. hinlegen; fällen; 2. (ugs.) töten; ermorden; 3. umschlagen; 4. umhängen; anlegen; 5. verlegen; an einen anderen Ort, zu einer anderen Zeit legen; 6. verteilen; aufteilen. Sie legt ihre schönste Halskette um. Wir müssen den Termin unserer Besprechung leider umlegen. Der Zöllner legt den Schlagbaum um. Die Heizungskosten werden auf alle Mieter des Hauses umgelegt. Umlegung.

um|lei|ten (V., leitete um, hat umgeleitet) den Weg ändern.

Um|lei|tung (die, -, -en) 1. andere Streckenführung als üblich; 2. umgeleitete Wegstrecke.

Um|lei|tungs|schild (das, -s, -er) Wegweiser bei einer Umleitung.

um|ler|nen (V., lernte um, hat umgelernt) neu lernen; eine Angelegenheit anders betrachten.

um|lie|gend (Adj.) in der Umgebung.

Um|luft (die, -, kein Plural) Raumluft in einem Belüftungskreislauf.

um|mel|den (V., meldete um, hat umgemeldet) bei einer Behörde abmelden und bei einer anderen anmelden. Ummeldung.

um|mo|deln (V., modelte um, hat umgemodelt) verändern. Ummod(e)lung.

um|mün|zen (V., münzte um, hat umgemünzt) 1. übertragen; 2. umprägen. Ummünzung.

um|nach|tet (Adj.) (in der Zusammensetzung) geistig umnachtet (geisteskrank, verwirrt).

um|nä|hen (V., umnähte, hat umgenäht) 1. an einem Stoffrand oder Saum festnähen; 2. umschlagen und festnähen.

um|or|ga|ni|sie|ren (V., organisierte um, hat umorganisiert) umordnen. Umorganisation.

um|pa|cken (V., packte um, hat umgepackt) 1. auf andere Weise neu packen; 2. in einen anderen Behälter packen.

um|pflan|zen 1. (V., pflanzte um, hat umgepflanzt) verpflanzen; umtopfen. Umpflanzung. 2. (V., umpflanzte, hat umpflanzt) rundherum bepflanzen. Umpflanzung.

um|po|len (V., polte um, hat umgepolt) die Pole vertauschen; verändern. Umpolung.

um|pro|gram|mie|ren (V., programmierte um, hat umprogrammiert) das Programm ändern.

um|quar|tie|ren (V., quartierte um, hat umquartiert) verlegen. Umquartierung.

um|rah|men 1. (V., umrahmte, hat umrahmt) einrahmen. Umrahmung. 2. (V., rahmte um, hat umgerahmt) neu rahmen. Umrahmung.

um|ran|den (V., umrandete, hat umrandet) einfassen. Umrandung. *Beachte:* Die Hauptpunkte waren rot umrandet, *aber:* Die Augen waren schwarz umrändert.

um|ran|gie|ren (V., rangierte um, hat umrangiert) umstellen; umordnen.

um|ran|ken (V., umrankte, hat umrankt) von Ranken umgeben sein.

um|rech|nen (V.) einen festen Betrag eines Berechnungssystems in einem anderen ausdrücken.

Um|rech|nung (die, -, -en) das Umrechnen.

Um|rech|nungs|kurs (der, -es, -e) Umrechnungsschlüssel.

um|rei|ßen 1. (V., riss um, hat umgerissen) zu Boden reißen; umwerfen; 2. (V., umriss, hat umrissen) skizzieren; andeuten.

um|ren|nen (V., rannte um, hat umgerannt) im Lauf anstoßen und niederwerfen.

um|rin|gen (V., umringte, hat umringt) von allen Seiten umgeben.

Um|riss (der, -es, -e) äußere Linie; Kontur.

Um|riss|zeich|nung (die, -, -en) zeichnerische Darstellung der Konturlinien.

um|run|den (V., umrundete, hat umrundet) umfahren; überholen. Umrundung.

um|rüs|ten (V., rüstete um, hat umgerüstet) technisch verändern; einrüsten. Umrüstung; umrüstbar.

ums (ugs.) um das. *Beachte:* ein ums andere Mal; morgen geht es ums Ganze.

um|sat|teln (V., sattelte um, hat umgesattelt) umschulen; Beruf wechseln. Umsatt(e)lung.

Um|satz (der, -es, -sät|ze) Absatz; Summe der abgesetzten Güter oder erbrachten Dienstleistungen.

Um|satz|an|stieg (der, -s, -e) Steigerung des Umsatzes.

Um|satz|pro|vi|si|on (die, -, -en) Beteiligung am Umsatz.

Um|satz|rück|gang (der, -s, -gän|ge) Verminderung des Umsatzes.

Um|satz|stei|ge|rung (die, -, -en) Umsatzanstieg.

Um|satz|steu|er (die, -, -n) auf die Höhe des Umsatzes bezogene Abgabe.

um|säu|men (V., umsäumte, hat umsäumt) umranden. *Aber:* der Saum.

um|schal|ten (V., schaltete um, hat umgeschaltet) anders einstellen; (ugs.) sich umstellen.

Um|schalt|he|bel (der, -s, -) Vorrichtung zum Umschalten.
Um|schal|tung (die, -, -en) Veränderung durch Umschalten.
um|schau|en (V., schaute sich um, hat sich umgeschaut) sich umsehen. Umschau; Umschau halten.
um|schich|ten (V., schichtete um, hat umgeschichtet) umverteilen. Umschichtung.
um|schich|tig (Adj.) abwechselnd.
Um|schich|tungs|pro|zess (der, -es, -e) Hergang des Umschichtens.
Um|schlag (der, -s, -schlä|ge) 1. Umladung; 2. Wickel; 3. Einband; 4. (Kurzw.) Briefumschlag.
Um|schlag|bahn|hof (der, -s, -hö|fe) Güterbahnhof, in dem die Waren umgeladen werden.
um|schla|gen (V., schlug um, hat/ist umgeschlagen) falten; wenden; zu Boden schlagen; umblättern; sich schlagartig wenden; umladen; umkippen.
Um|schlag|ent|wurf (der, -s, -wür|fe) Entwurf einer Umschlaggestaltung.
Um|schlag|ha|fen (der, -s, -hä|fen) Hafen, in dem Güter umgeladen werden.
Um|schlag|platz (der, -es, -plät|ze) Handelsplatz; Markt; Börse.
Um|schlag|tuch (das, -s, -tü|cher) Tuch, das in umgeschlagener Weise über die Schultern gelegt wird.
Um|schlag|zeich|nung (die, -, -en) Zeichnung auf dem Schutzumschlag eines Buches.
um|schlie|ßen (V., umschloss, hat umschlossen) umfassen; umzingeln; umringen.
um|schlin|gen (V., umschlang, hat umschlungen) umranken; umfassen. Umschlingung.
um|schmei|ßen (V., schmiss um, hat umgeschmissen) (ugs.) umwerfen.
um|schnal|len (V., schnallte um, hat umgeschnallt) anlegen und mit einer Schnalle befestigen.
um|schrei|ben 1. (V., schrieb um, hat umgeschrieben) neu schreiben. Umschreibung; Umschrift. 2. (V., umschrieb, hat umschrieben) anders ausdrücken. Umschreibung.
Um|schrift (die, -, -en) 1. umgeschriebener Text; 2. Inschrift am Rand von Münzen.
um|schu|len (V., schulte um, hat umgeschult) einen neuen Beruf erlernen; die Schule wechseln. Umschüler; Umschulung.
um|schwär|men (V., umschwärmte, hat umschwärmt) umfliegen; bewundern.
um|schwe|ben (V., umschwebte, hat umschwebt) um etwas herumschweben.
Um|schwei|fe (die, nur Plural) Umstände; Umwege. *Beachte:* ohne Umschweife (offen) sprechen.
um|schwen|ken (V., schwenkte um, ist umgeschwenkt) 1. die Richtung ändern; 2. die Meinung ändern.
um|schwir|ren (V., umschwirrte, hat umschwirrt) um etwas herumschwirren.
Um|schwung (der, -s, -schwün|ge) Wende; Veränderung.
um|se|geln (V., umsegelte, hat umsegelt) mit dem Segelschiff etw. umfahren.
um|se|hen (V., refl., sah sich um, hat sich umgesehen) umschauen; Ausschau halten. *Beachte:* im Umsehen (plötzlich, sofort).
um sein (V., war um, ist um gewesen) (ugs.) vorbei sein.
um|sei|tig (Adj.) auf der Rückseite.
um|setz|bar (Adj.) realisierbar; durchsetzbar.
um|set|zen (V., setzte um, hat umgesetzt) 1. woandershin setzen; 2. verwirklichen; 3. umwandeln; 4. verkaufen. Umsetzung.
um|sich|tig (Adj.) besonnen; vorsichtig. Umsicht; Umsichtigkeit.
um|sie|deln (V., siedelte um, ist umgesiedelt) umziehen. Umsied(e)lung. Umsiedler.
um|sin|ken (V., sank um, ist umgesunken) langsam zu Boden gehen.
um|so (Adv.) umso schöner; umso mehr.
um|sonst (Adv.) vergebens; kostenlos.
um|sor|gen (V., umsorgte, hat umsorgt) liebevoll pflegen; verwöhnen.
um|span|nen 1. (V., spannte um, hat umgespannt) Stromspannung ändern. Umspannung. 2. (V., umspannte, hat umspannt) umfassen.
Um|span|ner (der, -s, -) Transformator.
Um|spann|werk (das, -s, -e) Anlage mit mehreren Transformatoren.
Um|stand (der, -s, -stän|de) 1, Sachlage; Tatsache; 2. (Plural:) Mühe. *Beachte:* Mach dir bloß keine Umstände! *aber:* in anderen Umständen (schwanger) sein; unter Umständen (Abk.: u. U.); eines bekannten Umstand(e)s halber, *aber:* umstandshalber/umständehalber.
um|ständ|lich (Adj.) ungeschickt; langsam; kompliziert. Umständlichkeit.
Um|stands|be|stim|mung (die, -, -en) Adverbialbestimmung.
Um|stands|klei|dung (das, -s, -er) Kleidung für Schwangere.
Um|stands|krä|mer (der, -s, -) umständliche Person.
Um|stands|satz (der, -es, -sät|ze) Adverbialsatz.
Um|stands|wort (das, -s, -wör|ter) Adverb.
um|ste|hend (Adj.) herumstehend; auf der Rückseite. Im Umstehenden (umstehend) finden sich weitere Ausführungen; Umstehendes ist zu beachten. Verb: umstehen.
Um|stei|ge|bahn|hof (der, -s, -hö|fe) Bahnhof, in dem man den Zug wechselt.
um|stei|gen (V., stieg um, ist umgestiegen) 1. das Fahrzeug wechseln; 2. wechseln.
Um|stei|ger (der, -s, -) Reisender, der das Transportmittel wechselt.
um|stel|len 1. (V., stellte um, hat umgestellt) anders stellen. Umstellbahnhof; Umstellung; umstellbar. 2. (V., umstellte, hat umstellt) umzingeln; 3. (V., refl., stellte sich um, hat sich umgestellt) die innere Haltung verändern.
um|stim|men (V., stimmte um, hat umgestimmt) überreden. Umstimmung.
um|sto|ßen (V., stieß um, hat umgestoßen) umwerfen; niederstoßen.
um|struk|tu|rie|ren (V., strukturierte um, hat umstrukturiert) verändern. Der Abteilungsleiter hat seine Abteilung umstrukturiert und jedem Mitarbeiter neue Aufgaben zugewiesen. Umstrukturierung.
um|stül|pen (V., stülpte um, hat umgestülpt) umkehren.
Um|sturz (der, -es, -stür|ze) politische Umwälzung; erfolgreiche Rebellion.
Um|sturz|be|we|gung (die, -, -en) organisierte Bestrebung, einen Umsturz herbeizuführen.
um|stür|zen (V., stürzte um, hat umgestürzt) abreißen; beseitigen; umfallen; umstoßen.

Um|stürz|ler (der, -s, -) Aufständischer; Revolutionär.
um|stürz|le|risch (Adj.) aufständisch; revolutionär.
um|tau|fen (V., taufte um, hat umgetauft) einen anderen Namen geben.
um|tau|schen (V., tauschte um, hat umgetauscht) austauschen. Umtausch.
Um|tausch|recht (das, -s, kein Plural) Recht, beim Verkäufer eine Ware gegen eine andere gleichen Werts oder Bargeld auszutauschen.
Um|trie|be (die, nur Plural) Machenschaften; Umsturz. Verb: umtreiben.
Um|trunk (der, -s, -e) gemeinsames Trinken.
um|tun (V., refl., tat sich um, hat sich umgetan) (ugs.) sich erkundigen.
U-Mu|sik (die, -, kein Plural) (Kurzwort) Unterhaltungsmusik.
Um|wälz|an|lage (die, -, -n) technische Anlage, in der Flüssigkeit bewegt wird.
um|wäl|zen (V., wälzte um, hat umgewälzt) 1. drehen; verlagern; auf die andere Seite drehen; 2. verändern; umstürzen; von Grund auf verändern. Er wälzte den Stein um.
Um|wälz|pum|pe (die, -, -n) Pumpe in einer Umwälzanlage.
Um|wäl|zung (die, -, -en) grundlegende Veränderung. umwälzend.
um|wan|deln (V., wandelte um, hat umgewandelt) verändern. Der Transformator wandelt Gleichstrom in Wechselstrom um. Umwandlung.
Um|wand|lungs|pro|zess (der, -es, -e) Hergang einer Umwandlung.
um|wech|seln (V., wechselte um, hat umgewechselt) umtauschen. Wir wechseln Geld in verschiedene Währungen um. Umwechslung.
Um|weg (der, -s, -e) Abweichung; längerer Weg.
um|we|hen (V., wehte um, hat umgeweht) 1. mit einem Windstoß umwerfen; 2. (V., umwehte, hat umweht) um jemanden oder etwas herumwehen.
Um|welt (die, -, kein Plural) Umgebung; Gesamtheit aller Wechselwirkungen innerhalb der natürlichen Lebensgrundlagen. Umweltbedingungen; umweltbedingt.
Um|welt|amt (das, -s, -äm|ter) Umweltbehörde.
Um|welt|au|to (das, -s, -s) Kraftfahrzeug von verringerter Umweltschädlichkeit.
Um|welt|be|las|tung (die, -, -en) Belastung der Umwelt durch Schadstoffeinwirkung.
Um|welt|for|schung (die, -, kein Plural) Erforschung der Beschädigung der natürlichen Lebensgrundlagen.
um|welt|freund|lich (Adj.) mit verringerter Umweltschädigung.
Um|welt|haft|pflicht|ver|si|che|rung (die, -, -en) Haftpflichtversicherung.
Um|welt|kri|mi|na|li|tät (die, -, kein Plural) Verstöße gegen Umweltschutzgesetze.
Um|welt|scha|den (der, -s, -schä|den) Beschädigung der Umwelt. umweltschädlich.
Um|welt|schutz (der, -es, kein Plural) Gesamtheit aller Maßnahmen, die der Beseitigung und Verhinderung von Umweltschäden dienen.
Um|welt|schutz|pa|pier (das, -s, kein Plural) recyceltes Papier.
Um|welt|ver|schmut|zung (die, -, kein Plural) Schadstoffeinwirkung.
um|wen|den (V., refl., wendete sich um, hat sich umgewendet) sich umdrehen. Bevor er ging, wendete er sich noch einmal um.
um|wer|ben (V., umwarb, hat umworben) versuchen, jemanden für sich zu gewinnen; buhlen; den Hof machen.
um|wer|fen (V., warf um, hat umgeworfen) 1. niederwerfen; umstoßen; 2. rasch umhängen; 3. erschüttern; aus der Fassung bringen. Er machte eine ungeschickte Bewegung und warf seine Tasse um. Ich gehe hinaus und werfe mir eine Jacke um. Die Scheidung von seiner Frau hat ihn umgeworfen.
um|wer|fend (Adj.) äußerst; außergewöhnlich. *Beachte:* Das war umwerfend witzig.
um|wer|ten (V., wertete um, hat umgewertet) einen anderen Wert verleihen. Umwertung.
um|wi|ckeln (V., umwickelte, hat umwickelt) einwickeln. Umwick(e)lung.
um|wit|tert (Adj.) umgeben; umwoben. *Beachte:* Der Ort war sagenumwittert. Verb: umwittern.
Um|woh|ner (der, -s, -) Nachbar. Adjektiv: umwohnend, *aber:* die Umwohnenden.
um|wöl|ken (V., refl., umwölkte, hat umwölkt) sich mit Wolken bedecken.
um|zäu|nen (V., umzäunte, hat umzäunt) mit einem Zaun umgeben. Umzäunung.
um|zie|hen (V., zog um, hat sich umgezogen/ist umgezogen) die Kleidung/ Wohnung wechseln.
um|zin|geln (V., umzingelte, hat umzingelt) einkreisen; umringen. Umzing(e)lung.
Um|zug (der, -s, -zü|ge) 1. Wechsel der Wohnung oder der Kleidung; 2. Aufzug; Aufmarsch; Prozession.
um|zugs|hal|ber (Adj.) wegen eines Umzugs. Wir sind zur Zeit umzugshalber nicht zu erreichen.
UN (Abk.) **U**nited **N**ations (Vereinte Nationen).
un|ab|än|der|lich (Adj.) feststehend; unwiderrufbar. Unabänderlichkeit.
un|ab|ding|bar (Adj.) dringend erforderlich. Unabdingbarkeit; unabdinglich.
un|ab|hän|gig (Adj.) selbstständig. Unabhängigkeit.
Un|ab|hän|gig|keits|er|klä|rung (die, -, -en) Erklärung der staatlichen Unabhängigkeit.
un|ab|kömm|lich (Adj.) notwendig; unentbehrlich. Unabkömmlichkeit.
un|ab|läs|sig (Adj.) dauernd.
un|ab|seh|bar (Adj.) nicht vorhersehbar. *Beachte:* Die Weltbevölkerung wächst ins Unabsehbare. Unabsehbarkeit.
un|ab|sicht|lich (Adj.) versehentlich; ohne Absicht.
un|acht|sam (Adj.) unvorsichtig; gedankenlos. Unachtsamkeit.
un|an|ge|bracht (Adj.) taktlos; unpassend; unangemessen.
un|an|ge|foch|ten (Adj.) unbestritten; unbehelligt. Unanfechtbarkeit; unanfechtbar.
un|an|ge|nehm (Adj.) unerfreulich; leidig; lästig. Unannehmlichkeit.
un|an|sehn|lich (Adj.) hässlich; unschön. Unansehnlichkeit.

un|an|stän|dig (Adj.) ohne Anstand; schmutzig; ordinär. Unanständigkeit.
un|an|tast|bar (Adj.) unberührbar; unverletzbar. Unantastbarkeit.
un|ap|pe|tit|lich (Adj.) widerlich; geschmacklos. Unappetitlichkeit.
Un|art (die, -, -en) schlechte Manieren, Angewohnheit. Unartigkeit; unartig.
un|ar|ti|ku|liert (Adj.) undeutlich.
un|äs|the|tisch (Adj.) unschön.
un|auf|find|bar (Adj.) nicht zu finden; verschwunden. Unauffindbarkeit.
un|auf|halt|sam (Adj.) stetig; fortwährend. Unaufhaltsamkeit.
un|auf|hör|lich (Adj.) ohne Unterlass; fortwährend.
un|auf|merk|sam (Adj.) zerstreut. Unaufmerksamkeit.
un|auf|rich|tig (Adj.) unehrlich. Unaufrichtigkeit.
un|aus|ge|schla|fen (Adj.) müde; schlafbedürftig.
un|aus|ge|setzt (Adj.) unaufhörlich.
un|aus|ge|spro|chen (Adj.) stillschweigend.
un|aus|lösch|lich (Adj.) unvergesslich.
un|aus|steh|lich (Adj.) unerträglich. Unausstehlichkeit.
un|aus|weich|lich (Adj.) unabwendbar.
un|bän|dig (Adj.) ungezügelt; stark. Unbändigkeit.
un|bar (Adj.) bargeldlos.
un|barm|her|zig (Adj.) erbarmungslos; mitleidlos. Unbarmherzigkeit.
un|be|ab|sich|tigt (Adj.) unabsichtlich; versehentlich.
un|be|baut (Adj.) ohne Bebauung; brachliegend.
un|be|dacht (Adj.) unbesonnen. Unbedachtheit; Unbedachtsamkeit; unbedachtsam; unbedachterweise.
un|be|darft (Adj.) (ugs.) unerfahren; naiv. Unbedarftheit.
un|be|denk|lich (Adj.) keine Bedenken auslösend; ungefährlich; harmlos. Unbedenklichkeit.
un|be|deu|tend (Adj.) bedeutungslos; unwichtig; geringfügig.
un|be|dingt 1. (Adj.) absolut; bedingungslos. Unbedingtheit. 2. (Adv.) auf jeden Fall.
un|be|fahr|bar (Adj.) unwegsam. Unbefahrbarkeit.
un|be|fan|gen (Adj.) unparteiisch; ungeniert. Unbefangenheit.
un|be|fleckt (Adj.) fleckenlos; jungfräulich; keusch; rein. *Beachte:* die Unbefleckte Empfängnis.
un|be|fugt (Adj.) nicht berechtigt. Unbefugte.
un|be|gabt (Adj.) untalentiert; leistungsschwach; ohne Begabung.
un|be|greif|lich (Adj.) unerklärlich; nicht zu verstehen. Unbegreiflichkeit.
un|be|grenzt (Adj.) grenzenlos; uneingeschränkt. Unbegrenztheit.
un|be|grün|det (Adj.) grundlos; anfechtbar.
Un|be|ha|gen (das, -s, kein Plural) schlechtes Gefühl; Verstimmung; Unbehaglichkeit; unbehaglich.
un|be|haust (Adj.) heimatlos; obdachlos. Unbehaustheit.
un|be|hel|ligt (Adj.) ungehindert.
un|be|herrscht (Adj.) aufbrausend; aggressiv. Unbeherrschtheit.
un|be|hin|dert (Adj.) frei; ohne Widerstand.
un|be|hol|fen (Adj.) ungeschickt. Unbeholfenheit.
un|be|irrt (Adj.) unerschütterlich; unbeeinflussbar. Unbeirrbarkeit; Unbeirrtheit.
un|be|kannt (Adj.) fremd; nicht berühmt. *Beachte:* etwas/nichts/viel/wenig Unbekanntes; der große Unbekannte. *Aber:* Es wurde Anzeige gegen unbekannt erstattet. unbekannt verzogen! unbekannterweise. Unbekannte.
un|be|klei|det (Adj.) nackt.
un|be|kömm|lich (Adj.) schlecht verträglich; gesundheitsschädlich. Unbekömmlichkeit.
un|be|küm|mert (Adj.) sorglos. Unbekümmertheit.
un|be|las|tet (Adj.) 1. frei; leicht; 2. ohne Schulden.
un|be|lebt (Adj.) sehr ruhig; einsam.
un|be|lehr|bar (Adj.) eigensinnig; nicht zur Einsicht zu bewegen. Unbelehrbarkeit.
un|be|liebt (Adj.) missliebig; von schlechtem Ansehen. Unbeliebtheit.
un|be|mannt (Adj.) ohne Besatzung; automatisch.
un|be|merkt (Adj.) unbeobachtet; heimlich.
un|be|mit|telt (Adj.) arm; ohne Geld.
un|be|nom|men (Adj.) (nur in der Wendung) unbenommen bleiben/sein. Es bleibt ihm unbenommen (freigestellt), seine Frau wieder zu sehen.
un|be|ob|ach|tet (Adj.) ohne gesehen zu werden; heimlich.
un|be|quem (Adj.) ungemütlich; unangenehm; nicht komfortabel. Unbequemlichkeit.
un|be|re|chen|bar (Adj.) nicht abzuschätzen; unwägbar; launisch; unzuverlässig. Unberechenbarkeit.
un|be|rech|tigt (Adj.) ohne Berechtigung; unbefugt.
un|be|rück|sich|tigt (Adj.) nicht zur Kenntnis genommen.
un|be|ru|fen (Adj.) unaufgefordert.
un|be|rührt (Adj.) 1. unbenutzt; rein; 2. jungfräulich. Unberührtheit.
un|be|rühr|bar (Adj.) heilig. Unberührbarkeit.
un|be|scha|det (Präp., Gen.) trotz; ohne Schmälerung. *Beachte:* Unbeschadet seiner Erfahrung, wollen wir doch einen Experten zu Rate ziehen.
un|be|schä|digt (Adj.) ohne Beschädigung; intakt.
un|be|schäf|tigt (Adj.) untätig; arbeitslos.
un|be|schei|den (Adj.) anspruchsvoll; anmaßend.
un|be|schol|ten (Adj.) anständig; rechtschaffen. Unbescholtenheit.
un|be|schränkt (Adj.) schrankenlos; grenzenlos.
un|be|schreib|lich (Adj.) beispiellos; riesig. Unbeschreiblichkeit.
un|be|schrie|ben (Adj.) leer. *Beachte:* Er ist ein unbeschriebenes Blatt (unbekannt, unerfahren).
un|be|schwert (Adj.) unbekümmert; sorglos. Unbeschwertheit.
un|be|se|hen (Adj.) anstandslos; vertrauensvoll.
un|be|setzt (Adj.) frei; vakant.
un|be|sieg|bar (Adj.) unschlagbar; nicht zu überwältigen. Unbesiegbarkeit.
un|be|son|nen (Adj.) unvorsichtig; leichtfertig. Unbesonnenheit.
un|be|spielt (Adj.) leer; ohne Aufzeichnung.
un|be|stän|dig (Adj.) schwankend; instabil. Unbeständigkeit.
un|be|stech|lich (Adj.) nicht korrumpierbar; charakterfest.

unbestimmt (Adj.) undeutlich; unklar. unbestimmtes Fürwort (Indefinitpronomen); Unbestimmtheit.
unbestritten (Adj.) erwiesen; anerkannt. Adjektiv: unbestreitbar.
unbeteiligt (Adj.) 1. außen stehend; ohne Beteiligung; 2. gleichgültig; gefühllos.
unbetont (Adj.) ohne Betonung.
unbeträchtlich (Adj.) geringfügig; unbedeutend; unwichtig.
unbeugbar (Adj.) nicht deklinierbar.
unbeugsam (Adj.) standhaft; charakterfest. Unbeugsamkeit.
unbewacht (Adj.) ohne Bewachung.
unbewaffnet (Adj.) ohne Waffen.
unbewältigt (Adj.) nicht verarbeitet; ohne Bewältigung.
unbewandert (Adj.) ungelernt; ohne Kenntnisse.
unbeweglich (Adj.) starr; regungslos. Unbeweglichkeit.
unbewegt (Adj.) starr; regungslos. Unbewegtheit.
unbeweibt (Adj.) alleinstehend; ledig.
unbewiesen (Adj.) noch nicht bewiesen.
unbewohnbar (Adj.) für den menschlichen Aufenthalt nicht geeignet. Unbewohnbarkeit.
unbewohnt (Adj.) menschenleer; einsam.
unbewusst (Adj.) ungewollt; instinktiv. Unbewusstes; Unbewusstheit.
unbezahlbar (Adj.) kostbar; zu teuer. Unbezahlbarkeit.
unbezahlt (Adj.) 1. offenstehend (Rechnung); 2. ehrenamtlich.
unbezähmbar (Adj.) wild; nicht einzudämmend. Unbezähmbarkeit.
unbezwingbar (Adj.) unüberwindlich; unbesiegbar. Unbezwingbarkeit.
Unbildung (die, -, kein Plural) mangelhafte Bildung; Fehlen von Kenntnissen und Fähigkeiten. ungebildet.
Unbill (die, -, kein Plural) Unrecht. Unbilligkeit; unbillig.
unbotmäßig (Adj.) unartig; frech. Unbotmäßigkeit.
unbrauchbar (Adj.) nicht zu gebrauchen; ohne Funktion. Unbrauchbarkeit.
unbürokratisch (Adj.) schnell; ohne Umstände.
UN-Charta (die, -, kein Plural) »Verfassung« der UN.
unchristlich (Adj.) nicht dem Gebot der Nächstenliebe entsprechend; rücksichtslos; eigensinnig. Unchristlichkeit.
Uncle Sam (ohne Artikel) (engl.) Symbolfigur für die amerikanische Regierung.
und (Konj.) sowie; außerdem; dazu; auch (Abk.: u., in Firmennamen *auch:* &). Wir besuchen die Eltern zu Ostern und zu Weihnachten. *Beachte:* Komma vor »und zwar« sowie »und das«! Wir sind bald fertig, und zwar in einer Woche. Sie ließ sich nichts gefallen, und das mit Recht. *Beachte:* und Ähnliches (Abk.: u. Ä.); und anderes (Abk.: u. a.); und anderes mehr (Abk.: u. a. m.); fünf und fünf macht/gibt/ist (falsch: machen/geben/sind) zehn; und desgleichen mehr (Abk.: u. desgl. m.); und so fort (Abk.: usf.); und so weiter (Abk.: usw.); und viele(s) andere mehr (Abk.: u. v. a. m.); und zwar (Abk.: u. zw.).
Undank (der, -s, kein Plural) keine oder nicht ausreichende Gegenleistung; Mangel an Dankbarkeit. Undankbarkeit; undankbar.
undefinierbar (Adj.) unklar; unbestimmt.
undeklinierbar (Adj.) unbeugbar.
undenkbar (Adj.) unvorstellbar; unmöglich. Undenkbarkeit.
Underdog (der, -s, -s) (engl.) Benachteiligter; Verfolgter.
underdressed (Adj.) (engl.) nicht fein genug angezogen.
Underground (der, -s, kein Plural) (engl.) Untergrundgruppe (Kunst). Undergroundmusik.
Understatement (das, -s, kein Plural) (engl.) Untertreibung.
undeutlich (Adj.) schwer zu entziffern oder zu hören. Undeutlichkeit.
undicht (Adj.) löchrig; durch ein Leck beschädigt. Undichtigkeit.
undifferenziert (Adj.) unausgewogen. Undifferenziertheit.
Undine (die, -, -n) (lat.) Wassernixe.
Unding (das, -s, -e) Unmöglichkeit; Unsinn.
undiplomatisch (Adj.) ungeschickt; ohne Taktgefühl.
undiskutabel (*auch:* indiskutabel) (Adj.) nicht infrage kommend.
undiszipliniert (Adj.) unbeherrscht. Undiszipliniertheit.
undogmatisch (Adj.) nicht engstirnig, starr.
undramatisch (Adj.) ruhig; ohne Aufsehen.
Undulation (die, -, -tionen) (lat.) wellenförmige Bewegung.
undulatorisch (Adj.) (lat.) wellenförmig.
unduldsam (Adj.) das Andersartige nicht duldend; intolerant. Unduldsamkeit.
undurchdringlich (Adj.) dicht; verschlossen. Undurchdringlichkeit; undurchdringbar.
undurchführbar (Adj.) unmöglich; nicht zu bewältigen. Undurchführbarkeit.
undurchlässig (Adj.) dicht. Undurchlässigkeit.
undurchschaubar (Adj.) unklar; geheimnisvoll. Undurchschaubarkeit.
undurchsichtig (Adj.) unklar; hintergründig. Undurchsichtigkeit.
uneben (Adj.) nicht glatt; Unebenheiten aufweisend; hügelig; holperig. Unebenheit.
unecht (Adj.) falsch; gefälscht; imitiert; künstlich. Unechtheit.
unehelich (Adj.) außerehelich; illegitim. Unehelichkeit.
unehrlich (Adj.) falsch; unaufrichtig. Unehrlichkeit.
uneigennützig (Adj.) selbstlos. Uneigennützigkeit.
uneigentlich (Adj.) nicht wirklich; nicht wörtlich.
uneingeschränkt (Adj.) schrankenlos; bedingungslos.
uneinheitlich (Adj.) verschiedenartig; unsortiert. Uneinheitlichkeit.
uneinholbar (Adj.) zu schnell, um noch erreicht werden zu können. Uneinholbarkeit.
uneinig (Adj.) zerstritten; verschiedener Auffassung. Uneinigkeit.
uneinnehmbar (Adj.) mit einer unüberwindlichen Befestigung.
uneins (Adv.) uneinig.
uneinsichtig (Adj.) verständnislos; unbelehrbar. Uneinsichtigkeit.
unempfindlich (Adj.) 1. kräftig; widerstandsfähig; 2. empfindungslos; dumpf; dickfellig. Unempfindlichkeit.

unendlich (Adj.) unbegrenzt; endlos. *Beachte:* Das geht ja bis ins Unendliche (immer so weiter); der Flug ins Unendliche (in den unendlichen Raum); die Zahlen von eins bis unendlich (Zeichen: ∞); unendliche Mal; unendliche Male; *aber:* unendlichmal. Unendlichkeit.

unentbehrlich (Adj.) dringend erforderlich, notwendig. Unentbehrlichkeit.

unentgeltlich (Adj.) kostenlos; gebührenfrei.

unentschieden (Adj.) 1. ungewiss; 2. gleichauf (Sport). Unentschieden; Unentschiedenheit.

unentschlossen (Adj.) unschlüssig; ratlos. Unentschlossenheit.

unentschuldbar (Adj.) nicht hinzunehmend; unverzeihlich.

unentschuldigt (Adj.) ohne Entschuldigung; unbegründet.

unentwegt (Adj.) unaufhörlich. *Beachte:* ein paar Unentwegte.

unentwickelt (Adj.) noch nicht entwickelt.

unentwirrbar (Adj.) verschlungen; verworren; unauflöslich verflochten.

unerbittlich (Adj.) unnachgiebig; hart; erbarmungslos. Unerbittlichkeit.

unerfahren (Adj.) ungelernt; ungeübt; unbedarft. Unerfahrenheit.

unerfindlich (Adj.) unbegreiflich; unerklärlich.

unerforschlich (Adj.) unerklärlich; unergründlich.

unerfreulich (Adj.) unangenehm; problematisch.

unerfüllbar (Adj.) nicht realisierbar; undurchführbar. Unerfüllbarkeit.

unergiebig (Adj.) wenig; karg; mit geringem Ertrag. Unergiebigkeit.

unergründlich (Adj.) unerklärlich; geheimnisvoll. Unergründlichkeit.

unerheblich (Adj.) unwesentlich. Unerheblichkeit.

unerhört (Adj.) unbeachtet; außerordentlich; sehr; skandalös.

unerkannt (Adj.) ohne erkannt zu werden.

unerklärlich (Adj.) nicht zu klären; unverständlich.

unerlässlich (Adj.) notwendig.

unerlaubt (Adj.) verbotenerweise; regelwidrig.

unerledigt (Adj.) noch nicht erledigt; nicht ausgeführt.

unermesslich (Adj.) außerordentlich; unbegrenzt. Unermesslichkeit.

unermüdlich (Adj.) ohne Ermüdung; beharrlich. Unermüdlichkeit.

unerquicklich (Adj.) unerfreulich.

unerreichbar (Adj.) 1. zu weit entfernt; unmöglich; 2. unschlagbar. Unerreichbarkeit.

unerreicht (Adj.) uneinholbar; erstklassig; einmalig.

unersättlich (Adj.) gierig; unmäßig. Unersättlichkeit.

unerschlossen (Adj.) unerforscht; unbesiedelt.

unerschöpflich (Adj.) unendlich; von verschwenderischer Fülle.

unerschrocken (Adj.) tapfer; mutig. Unerschrockenheit.

unerschütterlich (Adj.) nicht aus der Ruhe zu bringen; gelassen; souverän. Unerschütterlichkeit.

unerschwinglich (Adj.) unbezahlbar; teuer.

unersetzlich (Adj.) durch nichts zu ersetzen.

unersprießlich (Adj.) unzweckmäßig.

unerträglich (Adj.) sehr unangenehm; sehr schmerzhaft; nicht auszuhalten.

unerwartet (Adj.) plötzlich; unvorhergesehen.

unerwidert (Adj.) unbeantwortet.

unerwünscht (Adj.) ungebeten; unwillkommen.

UNESCO (die, -, kein Plural) (Kurzw.) **U**nited **N**ations **E**ducational, **S**cientific and **C**ultural **O**rganization (Organisation der Vereinten Nationen für Erziehung, Wissenschaft und Kultur).

unfähig (Adj.) untauglich; nicht geeignet; inkompetent. Unfähigkeit.

unfair (Adj.) unsportlich; unehrlich. Unfairness.

Unfall (der, -s, -fälle) Unglück; Schaden. Unfallquote.

Unfallarzt (der, -s, -ärzte) auf Unfallverletzungen spezialisierter Mediziner.

Unfallchirurgie (die, -, kein Plural) auf Unfallverletzungen spezialisierte Chirurgie.

Unfallflucht (die, -, kein Plural) unerlaubtes Entfernen vom Unfallort.

unfallfrei (Adj.) ohne Unfall. Er fährt seit zwanzig Jahren unfallfrei Auto.

Unfallgeschädigte (der, -n, -n) Person, die durch einen Unfall Verletzungen oder materielle Verluste erlitt.

Unfallort (der, -s, -e) Ort, an dem ein Unfall geschah.

Unfallstation (die, -, -en) Abteilung eines Krankenhauses für Unfallopfer.

Unfalltote (der, -n, -n) durch einen Unfall ums Leben gekommene Person.

unfallträchtig (Adj.) gefährlich; Unfälle begünstigend.

Unfallursache (die, -, -n) Anlass, der zu einem Unfall führte.

Unfallversicherung (die, -, -en) Versicherung gegen die Folgen eines Unfalls.

Unfallwagen (der, -s, -) 1. Krankenwagen zum Transport von Unfallopfern; 2. an einem Unfall beteiligter Wagen.

Unfallzeuge (der, -n, -n) Person, die den Hergang eines Unfalls beobachtet hat.

unfassbar (Adj.) unbegreiflich.

unfehlbar (Adj.) unanfechtbar; unweigerlich. Unfehlbarkeit.

Unfehlbarkeitsglaube (der, -ns, kein Plural) Glaube an die Unfehlbarkeit päpstlicher Entscheidungen.

unfein (Adj.) den guten Sitten zuwiderlaufend.

unflätig (Adj.) ungezogen; unanständig. Unflat; Unflätigkeit.

unflektiert (Adj.) ungebeugt.

unfolgsam (Adj.) ungehorsam. Unfolgsamkeit.

unförmig (Adj.) klobig; missgestaltet. Unförmigkeit.

unförmlich (Adj.) ungezwungen.

unfrankiert (Adj.) ohne Briefmarke.

unfrei (Adj.) 1. gefangen; abhängig; 2. vom Empfänger zu zahlen (Postsendung). Unfreiheit.

unfreiwillig (Adj.) gezwungenermaßen; wider Willen.

unfreundlich (Adj.) grob; unhöflich; übel gelaunt. Unfreundlichkeit.

Unfrieden (der, -s, kein Plural) Streitigkeiten; Zwistigkeiten.

unfrisiert (Adj.) 1. zerzaust; ungekämmt; 2. nicht gefälscht.

unfroh (Adj.) verärgert; bedrückt.

unfruchtbar (Adj.) unergiebig; zeugungsunfähig. Unfruchtbarkeit.

Un|frucht|bar|ma|chung (die, -, -en) Sterilisation.

Un|fug (der, -s, kein Plural) Unsinn; Missbrauch.

un|füg|sam (Adj.) ungehorsam. Unfügsamkeit.

Un|garn (ohne Art., -s, kein Plural) Staat in Südosteuropa. Ungar; ungarisch. *Aber:* Ungarisch (Sprache).

un|gast|lich (Adj.) nicht gastfreundlich; ungemütlich. Ungastlichkeit.

un|ge|ach|tet (Präp., Gen.) trotz; ohne zu beachten. *Beachte:* ungeachtet der Tatsache, dass …; dessen ungeachtet; des ungeachtet.

un|ge|ahn|det (Adj.) unbestraft.

un|ge|ahnt (Adj.) unvorhersehbar.

un|ge|bär|dig (Adj.) ungehorsam; unartig. Ungebärdigkeit.

un|ge|be|ten (Adj.) unerwünscht.

un|ge|bil|det (Adj.) ohne ausreichende Kenntnisse und Fähigkeiten; unkultiviert.

un|ge|bräuch|lich (Adj.) nicht üblich; ungewöhnlich.

un|ge|braucht (Adj.) neuwertig; nicht benutzt.

un|ge|bühr|lich (Adj.) ungehörig; maßlos. Ungebühr; Ungebührlichkeit; ungebührend.

un|ge|bun|den (Adj.) frei; unabhängig. Ungebundenheit.

un|ge|deckt (Adj.) 1. ohne Dach; 2. ohne Guthaben (Konto); 3. nicht für die Mahlzeit eingerichtet (Tisch).

un|ge|dul|dig (Adj.) in unruhiger Erwartung; nervös. Ungeduld.

un|ge|eig|net (Adj.) untauglich; nicht verwendbar.

un|ge|fähr 1. (Adv.) etwa; 2. (Adj.) ungenau. Ungefähr.

un|ge|fähr|det (Adj.) sicher; nicht in Gefahr.

un|ge|fähr|lich (Adj.) harmlos; ohne Gefahr. Ungefährlichkeit.

un|ge|fes|tigt (Adj.) schwach, unreif.

un|ge|fragt (Adj.) ungebeten.

un|ge|fü|ge (Adj.) unförmig.

un|ge|hal|ten (Adj.) ärgerlich. Ungehaltenheit.

un|ge|hei|ßen (Adj.) freiwillig.

un|ge|heizt (Adj.) unbeheizt; kalt.

un|ge|hemmt (Adj.) unbefangen; hemmungslos.

un|ge|heu|er (Adj.) riesig; übermäßig. *Beachte:* Das Projekt entwickelt sich ins Ungeheure.

Un|ge|heu|er (das, -s, -) 1. furchterregendes Fabelwesen; 2. grausame, unmenschliche Person.

Un|ge|heu|er|lich|keit (die, -, -en) empörende, skandalöse Angelegenheit. ungeheuerlich.

un|ge|hin|dert (Adj.) reibungslos.

un|ge|ho|belt (Adj.) derb; grob.

un|ge|hö|rig (Adj.) unartig; unanständig. Ungehörigkeit.

un|ge|hor|sam (Adj.) nicht unterordnend; aufsässig; unfolgsam. Ungehorsam.

Un|geist (der, -s, kein Plural) schlechte Denkungsart. Der Ungeist der Nazis.

un|geis|tig (Adj.) ohne Interesse an geistiger Beschäftigung.

un|ge|klärt (Adj.) unklar; nicht ergründet.

un|ge|kocht (Adj.) nicht zubereitet; roh.

un|ge|kürzt (Adj.) ohne Streichungen; dem Original entsprechend.

un|ge|le|gen (Adj.) unpassend; störend. Ungelegenheit.

un|ge|lenk (*auch:* un|ge|len|kig) (Adj.) steif; unbeweglich.

un|ge|lernt (Adj.) ohne Ausbildung.

un|ge|lo|gen (Adv.) (ugs.) wirklich; sage und schreibe.

un|ge|löst (Adj.) ungeklärt; unbewältigt.

Un|ge|mach (das, -s, kein Plural) Unglück; ungünstige Fügung.

un|ge|mein (Adj.) außerordentlich; enorm.

un|ge|mes|sen (Adj.) unendlich. *Beachte:* Ihr Mitleid wuchs ins Ungemessene.

un|ge|müt|lich (Adj.) 1. unbehaglich; unbequem; wenig anheimelnd; 2. abweisend; kalt; unfreundlich.

un|ge|nau (Adj.) unpräzise; ungefähr; nachlässig; verschwommen. Ungenauigkeit.

un|ge|niert (Adj.) zwanglos; offen. Ungeniertheit.

un|ge|nieß|bar (Adj.) nicht zum Verzehr geeignet; gesundheitsgefährdend. Ungenießbarkeit.

un|ge|nü|gend (Adj.) mangelhaft; unzureichend. Ungenügend.

un|ge|nutzt (Adj.) nicht benutzt; übrig geblieben.

un|ge|ord|net (Adj.) durcheinander; ohne Struktur. Ungeordnetheit.

un|ge|pflegt (Adj.) unsauber; vernachlässigt; schlampig.

un|ge|ra|de (Adj.) nicht gerade (d. h. nicht durch 2 teilbar).

un|ge|ra|ten (Adj.) missraten; unerzogen.

un|ge|rech|net (Adj.; Präp., Gen.) nicht einbezogen. *Beachte:* ungerechnet der Spesen.

un|ge|recht (Adj.) nicht dem Recht gemäß. Ungerechtigkeit. ungerechterweise; ungerechtfertigterweise.

un|ge|recht|fer|tigt (Adj.) unberechtigt.

un|ge|re|gelt (Adj.) ohne Regelung.

un|ge|reimt (Adj.) unlogisch; nicht verständlich.

un|gern (Adv.) unwillig.

un|ge|rührt (Adj.) gleichgültig; unbeeindruckt.

un|ge|sagt (Adj.) nicht ausgesprochen.

un|ge|säumt (Adj.) 1. unverzüglich; 2. ohne Saum.

un|ge|scheut (Adj.) furchtlos; ohne Scheu.

un|ge|schickt (Adj.) unbeholfen; linkisch; umständlich; ungelenk, unklug. Ungeschick; Ungeschicklichkeit.

un|ge|schla|gen (Adj.) unbesiegt.

un|ge|schlecht|lich (Adj.) keine Geschlechtsmerkmale aufweisend.

un|ge|schlif|fen (Adj.) nicht geschliffen; derb. Ungeschliffenheit.

un|ge|schmä|lert (Adj.) uneingeschränkt.

un|ge|schminkt (Adj.) 1. ohne Schminke; 2. offen und ehrlich.

un|ge|scho|ren (Adj.) nicht geschoren; verschont.

un|ge|schützt (Adj) ohne Schutz; Gefahren ausgesetzt.

un|ge|se|hen (Adj.) unbemerkt; unbeobachtet.

un|ge|setz|lich (Adj.) dem Gesetz widersprechend; illegal. Ungesetzlichkeit.

un|ge|stal|tet (Adj.) nicht in Form gebracht; noch nicht gestaltet.

un|ge|stillt (Adj.) unbefriedigt.

un|ge|stört (Adj.) ohne Beeinträchtigung; in Ruhe. Ungestörtheit.

un|ge|straft (Adj.) ohne Strafe.
un|ge|stüm (Adj.) wild; heftig. Ungestüm.
un|ge|sund (Adj.) gesundheitsgefährdend.
Un|ge|tüm (das, -s, -e) Ungeheuer.
un|ge|übt (Adj.) unerfahren; ohne Übung.
un|ge|wa|schen (Adj.) schmutzig; ungepflegt.
un|ge|wiss (Adj.) unsicher; unklar. *Beachte:* jemanden im Ungewissen lassen (unaufgeklärt); das wird eine Reise ins Ungewisse; etwas/ nichts/viel Ungewisses. Ungewissheit.
un|ge|wöhn|lich (Adj.) unüblich; außerordentlich; erstaunlich; überdurchschnittlich. Ungewöhnlichkeit.
un|ge|wollt (Adj.) unbeabsichtigt; versehentlich.
Un|ge|zie|fer (das, -s, kein Plural) Schädlinge, vor allem Insekten.
un|ge|zo|gen (Adj.) frech; unartig.
un|ge|zwun|gen (Adj.) unförmlich; natürlich. Ungezwungenheit.
un|ge|zü|gelt (Adj.) hemmungslos; unbeherrscht.
un|glaub|haft (Adj.) zweifelhaft; unwahrscheinlich.
un|gläu|big (Adj.) zweifelnd; nicht religiös. Unglaube; Ungläubigigkeit.
Un|gläu|bi|ge (der, -n, -n) der eigenen Religion nicht zugehörige Person.
un|glaub|lich (Adj.) unwahrscheinlich; unbegreiflich; riesig. Unglaublichkeit. unglaubhaft
un|glaub|wür|dig (Adj.) von zweifelhafter Herkunft; nicht vertrauenswürdig. Unglaubwürdigkeit.
un|gleich (Adj.; Adv.) unterschiedlich; viel; wesentlich. *Beachte:* Der Stuhl kostet ungleich mehr, als wir ausgeben wollen. Die beiden Männer sind ungleich groß. Ungleichheit.
un|gleich|ar|tig (Adj.) verschiedenartig. Ungleichartigkeit.
un|gleich|för|mig (Adj.) verschiedenartige Formen aufweisend. Ungleichförmigkeit.
Un|gleich|ge|wicht (das, -, -e) Übergewicht; ungünstige Gewichtsverteilung. ungleichgewichtig.
Un|gleich|mä|ßig|keit (die, -, -en) Verlust der Gleichmäßigkeit. ungleichmäßig.
Un|glei|chung (die, -, -en) Beziehung zwischen mathematischen Größen.
Un|glück (das, -s, -glü|cke) Unfall; Schaden. unglücklich; unglücklicherweise; unglückselig; unglückseligerweise.
Un|glücks|bo|te (der, -n, -n) Person, die einen Unglücksfall mitteilt.
Un|glücks|fah|rer (der, -s, -) Fahrzeugführer, der einen Unglücksfall verursacht.
Un|glücks|fall (der, -s, -fäl|le) Unglück verursachendes Ereignis; Unfall.
Un|glücks|mensch (der, -en, -en) Unglück scheinbar anziehende Person; Pechvogel; Unglücksrabe; Unglücksvogel.
Un|gna|de (die, -, kein Plural) Ungunst; Übelwollen.
Un|gnä|dig|keit (die, -, kein Plural) Verdrießlichkeit; Unfreundlichkeit; Übellaunigkeit. ungnädig.
un|gra|zi|ös (Adj.) plump.
Un|gunst (die, -, kein Plural) Nachteil. *Beachte:* Das verlief zu seinen Ungunsten; zuungunsten (*auch:* zu Ungunsten) der Arbeitnehmer. Adjektiv: ungünstig.
un|gut (Adj.) unangenehm; übel. *Beachte:* nichts für ungut.
un|halt|bar (Adj.) 1. nicht festzuhalten; 2. falsch; anfechtbar. Unhaltbarkeit.
un|hand|lich (Adj.) unförmig; unpraktisch. Unhandlichkeit.
Un|heil (das, -s, kein Plural) Unglück; Fluch; Elend; Verderben. Unheilstifter; Unheil bringend (*auch:* unheilbringend), Unheil verkündend (*auch:* unheilverkündend); *aber nur:* unheildrohend; unheilschwanger; unheilvoll.
un|heil|bar (Adj.) chronisch; tödlich.
un|heim|lich (Adj.) gruselig; sehr. Unheimlichkeit.
un|höf|lich (Adj.) unfreundlich; taktlos. Unhöflichkeit.
Un|hold (der, -s, -e) brutaler Mensch; Dämon.
un|hy|gi|e|nisch (Adj.) unsauber.
uni (Adj.) (franz.) einfarbig. Uni; eine Stofflieferung in zahlreichen Unis; unifarben.
Uni (die, -, -s) (Kurzw.) Universität.
UNICEF (die, -, kein Plural) (Kurzw.) **U**nited **N**ations **I**nternational **C**hildren's **E**mergency **F**und (Weltkinderhilfswerk der UNO).
unie|ren (V.) (lat.) vereinigen; z. B. kirchliche Splittergruppen unieren.
Uni|fi|ka|ti|on (die, -, -ti|o|nen) (lat.) das Unifizieren.
uni|fi|zie|ren (V.) (lat.) vereinheitlichen. Unifizierung.
uni|form (Adj.) einheitlich; gleichförmig. Uniformität.
Uni|form (die, -, -en) Dienstkleidung; Einheitskleidung. Uniformverbot.
Uni|for|mie|rung (die, -, -en) einheitliche Einkleidung. uniformieren.
Uni|for|mis|mus (der, -ses, kein Plural) Bestrebung nach Einheitlichkeit. uniformistisch.
Uni|kat (das, -s, -e) (lat.) Einzelstück.
Uni|kum (das, -s, -s/-ka) Einmaliges; (ugs.) Original.
uni|la|te|ral (Adj.) einseitig.
un|in|te|r|es|sant (Adj.) langweilig.
Uni|on (die, -, Uni|o|nen) (lat.) Vereinigung. *Beachte:* Christlich-Demokratische Union (Abk.: CDU); Junge Union (Abk.: JU).
Uni|o|nist (der, -en, -en) Anhänger einer Union.
Uni|on Jack (der, - -s, - -s) (engl.) britische Nationalflagge.
Uni|ons|kir|che (die, -, -n) aus der preußischen Union hervorgegangene Kirche.
Uni|ons|par|tei|en (die, nur Plural) CDU und CSU.
uni|po|lar (Adj.) einpolig. Unipolarmaschine.
Uni|sex (der, -es, kein Plural) (engl.) Aufhebung geschlechtsspezifischer Unterschiede in der äußeren Erscheinung.
uni|so|no (Adv.) (ital.) im Einklang (zu spielen, singen); einstimmig. etwas unisono fordern. Die Arbeitnehmervertreter fordern unisono Arbeitszeitverkürzungen.
uni|ta|risch (Adj.) Einigung erstrebend.
Uni|ta|ris|mus (der, -, kein Plural) (lat.) 1. die Richtung der Unitarier; 2. Streben nach einem (nicht föderalistischen) Einheitsstaat.
Uni|ta|rist (der, -en, -ris|ten) Anhänger des Unitarismus.
Uni|tät (die, -, -en) (lat.) Einheit; Einigkeit.

Uni|ted Na|tions (die, nur Plural) (engl.) Vereinte Nationen (Abk.: UN; UNO).
Uni|ted Press In|ter|na|tio|nal (die, - - -, kein Plural) (engl.) amerikanische Nachrichtenagentur (Abk.: UPI).
Uni|ted States of Ame|ri|ca (die, nur Plural) Vereinigte Staaten von Amerika (Abk.: USA).
uni|va|lent (Adj.) einwertig (Chemie).
uni|ver|sal (Adj.) (lat.) allgemein; umfassend. Universalisten
Uni|ver|sal|emp|fän|ger (der, -s, -) Träger der Blutgruppe AB, dem man Blut mit beliebiger Blutgruppe übertragen kann (Med.).
Uni|ver|sal|epi|s|ko|pat (der/das, -s, -e) oberste päpstliche Gewalt über die katholische Kirche.
Uni|ver|sal|er|be (der, -s, -n) Alleinerbe.
Uni|ver|sal|ge|lenk (das, -s, -e) in unterschiedliche Richtungen drehbares Gelenk.
Uni|ver|sal|ge|nie (das, -s, -s) auf unterschiedlichen Gebieten hochbegabte Person.
Uni|ver|sal|ge|schich|te (die, -, kein Plural) Weltgeschichte.
Uni|ver|sa|li|en (die, nur Plural) 1. Allgemeinbegriffe (in der Philosophie). 2. allen Sprachen gemeinsame Eigenschaften.
Uni|ver|sal|in|s|tru|ment (das, -s, -e) 1. elektrisches Messinstrument; 2. astronomisches Messinstrument.
Uni|ver|sa|lis|mus (der, -ses, kein Plural) (lat.) 1. umfassendes Ganzheitsdenken; 2. Lehre von der Übergeordnetheit des Allgemeinen über das Einzelne.
Uni|ver|sa|li|tät (die, -, kein Plural) (lat.) 1. Allgemeinheit; Gesamtheit; 2. umfassendes Wissen.
Uni|ver|sal|mit|tel (das, -s, -) Allheilmittel.
Uni|ver|sal|spen|der (der, -s, -) Träger der Blutgruppe 0, der (mit Einschränkungen) jedem Träger auch anderer Blutgruppen Blut spenden kann (Med.).
uni|ver|sell (Adj.) umfassend; die Gesamtheit betreffend.
Uni|ver|si|tät (die, -, -en) (lat.) Hochschule.
Uni|ver|si|täts|bi|b|lio|thek (die, -, -en) wissenschaftliche Bibliothek einer Universität.
Uni|ver|si|täts|buch|hand|lung (die, -, -en) auf wissenschaftliche Literatur spezialisierte Buchhandlung.
Uni|ver|si|täts|kli|nik (die, -, -en) Klinik als Universitätsinstitut.
Uni|ver|si|täts|lauf|bahn (die, -, -en) beruflicher Werdegang an einer Universität.
Uni|ver|si|täts|pro|fes|sor (der, -s, -en) Hochschullehrer.
Uni|ver|si|täts|stu|di|um (das, -s, -di|en) Ausbildung an einer Universität.
uni|ver|si|tär (Adj.) die Universität betreffend.
Uni|ver|sum (das, -s, -sen) (lat.) Weltall; Weltraum.
uni|vok (Adj.) einstimmig; eindeutig.
un|ka|me|rad|schaft|lich (Adj.) unfair; nicht solidarisch. Unkameradschaftlichkeit.
Un|ke (die, -, -n) Kröte.
un|ken (V.) nörgeln; schlechte Stimmung verbreiten.
Un|ken|ruf (der, -s, -e) 1. Laut der Unke; 2. pessimistische Äußerung.
Un|ken|teich (der, -s, -e) kleines Gewässer.
un|kennt|lich (Adj.) nicht erkennbar. *Beachte:* Der Fahrer war bis ins Unkenntliche verbrannt. Unkenntlichkeit.
un|kind|lich (Adj.) nicht kindgemäß; altklug. Unkindlichkeit.
un|klar (Adj.) undeutlich; ungewiss. *Beachte:* jemanden im Unklaren lassen; im Unklaren sein/bleiben. Unklarheit.
un|klug (Adj.) ungeschickt; taktisch unbesonnen.
un|kol|le|gi|al (Adj.) unsolidarisch.
un|kom|pli|ziert (Adj.) einfach; ohne Komplikationen.
un|kon|t|rol|lier|bar (Adj.) der Steuerung entzogen; ohne Kontrolle. Unkontrollierbarkeit.
un|kon|ven|ti|o|nell (Adj.) zwanglos; ungewöhnlich.
un|kon|zen|t|riert (Adj.) unaufmerksam; zerstreut. Unkonzentriertheit.
un|kor|rekt (Adj.) nicht richtig; falsch; unlauter. Unkorrektheit.
Un|kos|ten (die, nur Plural) Nebenkosten. *Beachte:* sich in Unkosten stürzen.
Un|kos|ten|bei|trag (der, -s, -trä|ge) Beitrag der Gäste zu den Nebenkosten einer Veranstaltung.
Un|kraut (das, -s, -kräu|ter) unerwünscht zwischen Nutz- und Zierpflanzen wachsende Pflanzen.
un|kri|tisch (Adj.) unreflektiert; urteilsschwach.
un|kul|ti|viert (Adj.) 1 nicht bearbeitet; 2. derb. Unkultur.
Un|kul|tur (die, -, -en) Derbheit; Ungeschliffenheit; Ungebildetheit.
un|künd|bar (Adj.) nicht mehr aus der Berufstätigkeit zu entlassen. Unkündbarkeit.
un|kun|dig (Adj.) keine Kenntnisse habend; nicht gelernt habend. Er ist des Lesens unkundig. (Er kann nicht lesen.).
un|längst (Adv.) kürzlich.
un|lau|ter (Adj.) unehrlich.
un|leid|lich (Adj.) missgestimmt; übellaunig. Unleidlichkeit.
un|le|ser|lich (Adj.) nicht zu entziffern; undeutlich geschrieben. Unleserlichkeit.
un|leug|bar (Adj.) nicht zu leugnen; tatsächlich.
un|lieb (Adj.) unwillkommen.
un|lieb|sam (Adj.) unangenehm; lästig. Unliebsamkeit.
un|li|mi|tiert (Adj.) unbegrenzt.
un|li|niert (Adj.) ohne Linien; blanko.
un|lo|gisch (Adj.) nicht logisch; vernunftwidrig; absurd. Unlogik.
un|lös|bar (Adj.) 1. fest; nicht abzulösen; 2. unmöglich; ohne Problemlösung. Unlösbarkeit.
un|lös|lich (Adj.) in einer Flüssigkeit nicht aufzulösen. Unlöslichkeit.
Un|lust (die, -, kein Plural) Abneigung; Widerwillen. unlustig.
Un|lust|ge|fühl (das, -s, -e) Unbehagen; Trägheit.
Un|maß (das, -es, kein Plural) übergroße Menge.
un|männ|lich (Adj.) nicht wie ein Mann wirkend.
Un|mas|se (die, -, -n) sehr große Menge.
un|maß|geb|lich (Adj.) unwichtig; unbedeutend. Unmaßgeblichkeit.
Un|mä|ßig|keit (die, -, -en) Maßlosigkeit; Übertreibung. unmäßig.
Un|men|ge (die, -, -n) sehr große Menge.

Un|mensch (der, -en, -en) grausame, barbarische Person.
un|mensch|lich (Adj.) grausam. Unmenschlichkeit.
un|merk|lich (Adj.) ganz allmählich; nicht spürbar; nicht wahrnehmbar.
un|mess|bar (Adj.) zu gering, um gemessen werden zu können. Unmessbarkeit.
un|me|tho|disch (Adj.) ohne Methode; unsystematisch.
un|miss|ver|ständ|lich (Adj.) deutlich; drastisch.
un|mit|tel|bar (Adj.) unvermittelt; direkt. Unmittelbarkeit.
un|mö|b|liert (Adj.) ohne Möbel.
un|mo|dern (Adj.) aus der Mode; altmodisch.
un|mög|lich (Adj.) nicht durchführbar; ausgeschlossen; (ugs.) unerhört. *Beachte:* das Unmögliche wagen; etwas/nichts Unmögliches. Unmöglichkeit.
un|mo|ra|lisch (Adj.) gegen Sitte und Anstand verstoßend. Unmoral.
un|mo|ti|viert (Adj.) 1. unbegründet; 2. antriebsschwach.
un|mün|dig (Adj.) minderjährig. Unmündigkeit.
un|mu|si|ka|lisch (Adj.) ohne musikalisches Talent.
Un|mut (der, -s, kein Plural) Ärger. Adjektive: unmutig; unmutsvoll.
un|nach|ahm|lich (Adj.) unübertrefflich; einzigartig. Unnachahmlichkeit.
un|nach|gie|big (Adj.) unnachsichtig. Un nachgiebigkeit.
un|nach|sich|tig (Adj.) unerbittlich; unnachgiebig. Unnachsichtigkeit.
un|nah|bar (Adj.) äußerst zurückhaltend; abweisend. Unnahbarkeit.
Un|na|tur (die, -, kein Plural) Unnatürlichkeit; Widernatürlichkeit.
un|na|tür|lich (Adj.) gekünstelt; geziert. Unnatürlichkeit.
un|nor|mal (Adj.) abseits der Norm; ungewöhnlich.
un|nö|tig (Adj.) nicht notwendig; überflüssig. unnötigerweise.
un|nütz (Adj.) nutzlos; nichtsnutzig. Adverb: unnützerweise.
UNO (*auch:* Uno) (die, -, kein Plural) (Kurzw.) **U**nited **N**ations **O**rganization (Organisation der Vereinten Nationen).
UNO-Frie|dens|trup|pe (*auch:* Uno-Frie|dens|trup|pe) (die, -, -n) militärische Einheit der UNO.
un|öko|no|misch (Adj.) unwirtschaftlich.
un|or|dent|lich (Adj.) 1. ungeordnet; durcheinander; 2. unmethodisch; unsystematisch; 3. ungepflegt; nachlässig. Unordentlichkeit.
Un|ord|nung (die, -, kein Plural) 1. Durcheinander; Chaos; 2. Planlosigkeit; Ziellosigkeit.
un|or|ga|nisch (Adj.) nicht organisch.
un|or|ga|ni|siert (Adj.) planlos; improvisiert; unsystematisch.
un|ori|gi|nell (Adj.) geistlos; fantasielos.
un|or|tho|dox (Adj.) ungewöhnlich.
UNO-Si|cher|heits|rat (*auch:* Uno-Si|cher|heits|rat) (der, -s, kein Plural) Gremium der UNO.
un|par|tei|isch (Adj.) neutral.
Un|par|tei|i|sche (der, -n, -n) Schiedsrichter (Sport).
Un|par|tei|lich|keit (die, -, kein Plural) Neutralität. unparteilich.
un|pas|send (Adj.) nicht nur rechten Zeit; unangemessen; untauglich.
un|pas|sier|bar (Adj.) unwegsam; gesperrt.
un|päss|lich (Adj.) unwohl. Unpässlichkeit.
un|per|sön|lich (Adj.) reserviert; kühl. Unpersönlichkeit.
un|pfänd|bar (Adj.) nicht als Pfand einziehbar. Unpfändbarkeit.
un|plat|ziert (Adj.) ungezielt.
un|plugged (Adj.) (engl.) Popmusik ohne Studiotechnik aufführend.
un po|co (ital.) ein wenig (bei Musikstücken).
un|po|li|tisch (Adj.) nicht an Politik interessiert.
un|po|pu|lär (Adj.) nicht populär; unbeliebt.
un|prä|zis (*auch:* un|prä|zi|se) (Adj.) ungenau.
un|pro|por|ti|o|niert (Adj.) in einem schlech-ten Verhältnis stehend. Unproportioniertheit.
un|pro|b|le|ma|tisch (Adj.) ohne Probleme; einfach.
un|pro|duk|tiv (Adj.) ergebnislos.
un|pünkt|lich (Adj.) nicht zur rechten Zeit. Unpünktlichkeit.
un|qua|li|fi|ziert (Adj.) nicht geeignet; unangemessen.
un|ra|siert (Adj.) nicht rasiert; stoppelig.
Un|rast (die, -, kein Plural) Ruhelosigkeit.
Un|rat (der, -s, kein Plural) Abfall; Schmutz. Unrat wittern (Schlimmes ahnen).
un|ra|ti|o|nell (Adj.) unwirtschaftlich.
un|re|al (*auch:* un|re|a|lis|tisch) (Adj.) nicht der Wirklichkeit entsprechend.
un|recht (Adj.) falsch; ungünstig; ungerecht. *Beachte:* sie haben unrecht (*auch:* Unrecht) daran getan; er hat unrecht (*auch:* Unrecht). Er wurde zu Unrecht verurteilt.
Un|recht (das, -s, kein Plural) 1. Schuld; 2. Ungerechtigkeit; 3. Fehler.
Un|recht|mä|ßig|keit (die, -, -en) dem Recht nicht gemäßer Zustand. unrechtmäßig. unrechtmäßigerweise, *aber:* in unrechtmäßiger Weise.
Un|rechts|be|wusst|sein (das, -s, kein Plural) Ehrlichkeit.
un|red|lich (Adj.) unehrlich; betrügerisch. Unredlichkeit.
un|re|flek|tiert (Adj.) ohne Nachdenken.
un|re|gel|mä|ßig (Adj.) ungleich; nicht geregelt.
Un|re|gel|mä|ßig|keit (die, -, kein Plural) 1. Verlauf ohne Regeln, in ungleichen Abständen; 2. (die, -, -en) kleines Vergehen.
un|reif (Adj.) 1. noch nicht gereift; 2. unausgereift; unfertig; 3. kindlich; unmündig. Unreife.
un|rein (Adj.) schmutzig; sündig. *Beachte:* einen Brief ins Unreine schreiben. Unreinheit.
Un|rein|lich|keit (die, -, -en) Unsauberkeit; Nachlässigkeit. unreinlich.
un|ren|ta|bel (Adj.) nicht lohnend. Unrentabilität.
un|rett|bar (Adj.) hoffnungslos; verloren.
un|rich|tig (Adj.) falsch.
Un|ruh (die, -, -en) Schwungrad (Uhr).
Un|ru|he (die, -, -n) Rastlosigkeit; Beunruhigung; Aufruhr. unruhig.
Un|ru|he|herd (der, -s, -e) Ausgangspunkt eines Aufruhrs.

Un|ru|he|stif|ter (der, -s, -) Störenfried; Anführer eines Aufstands.

un|sach|ge|mäß (Adj.) der Sache nicht angemessen.

un|sach|lich (Adj.) persönlich; emotional. Unsachlichkeit.

un|sanft (Adj.) grob; heftig.

un|schein|bar (Adj.) winzig; unauffällig. Unscheinbarkeit.

un|schlag|bar (Adj.) unbesiegbar; unüberwindlich. Unschlagbarkeit.

un|schlüs|sig (Adj.) schwankend. Unschlüssigkeit.

un|schön (Adj.) unangenehm; unerfreulich.

un|schul|dig (Adj.) 1. schuldlos; 2. unverdorben; 3. jungfräulich. unschuldigerweise.

Un|schul|di|ge (der, -n, -n) Nichtschuldiger, Freigesprochener.

Un|schulds|en|gel (der, -s, -) (ugs.) Person, die vorgeblich mit einem Missgeschick oder einer Unregelmäßigkeit nichts zu tun hat; Unschuldslamm.

Un|schulds|mie|ne (die, -, -n) betont unschuldiger Gesichtsausdruck.

un|schulds|voll (Adj.) rein; fromm.

un|schwer (Adv.) leicht; ohne Weiteres.

un|selbst|stän|dig (*auch:* un|selb|stän|dig) (Adj.) hilflos; auf Hilfe angewiesen. Unselb(st)ständigkeit.

un|se|lig (Adj.) schlimm; verhängnisvoll.

un|ser (Pron., pers./possess.) *Beachte:* Erbarme dich unser. Erinnen Sie sich unser noch? unsere Kinder; unseres Wissens (Abk.: u.W.).

un|ser|ei|ner (unbestimmtes Pron.) jmd. wie ich.

un|ser|eins (unbestimmtes Pron.) jmd. wie wir.

un|se|rer|seits (Adv.) von unserer Seite aus.

un|se|res|glei|chen (*auch:* uns|res|glei|chen/un|sers|glei|chen) (Adv.) Leute wie wir.

un|se|res|teils (*auch:* uns|res|teils) (Adv.) von uns aus.

un|se|ri|ös (Adj.) nicht ernsthaft; anrüchig.

un|sert|hal|ben (Adv.) unsertwegen; unsertwillen.

un|si|cher (Adj.) ungewiss; fragwürdig; gefährlich. *Beachte:* Die Angelegenheit ist noch arg im Unsichern. Unsicherheit.

Un|si|cher|heits|fak|tor (der, -s, -en) Ursache der Unsicherheit; Unwägbarkeit.

UN-Si|cher|heits|rat (der, -(e)s, kein Plural) Sicherheitsrat der Vereinten Nationen.

Un|sinn (der, -s, kein Plural) Unfug; Sinnlosigkeit; Unsinnigkeit; unsinnig; unsinnigerweise.

Un|sit|te (die, -, -n) schlechte Angewohnheit.

Un|sitt|lich|keit (die, -, kein Plural) Anstößigkeit; Unanständigkeit. unsittlich.

un|so|lid (*auch:* un|so|li|de) (Adj.) unzuverlässig; liederlich. Unsolidität.

un|so|zi|al (Adj.) eigennützig.

un|sport|lich (Adj.) 1. dem Sport abgeneigt; 2. unfair; unkameradschaftlich. Unsportlichkeit.

un|statt|haft (Adj.) unerlaubt; nicht gestattet.

un|sterb|lich (Adj.) unvergänglich; ewig lebend. Unsterblichkeit.

Un|stern (der, -s, kein Plural) Missgeschick; Unglück.

un|stet (Adj.) unruhig; unbeständig. Unstetigkeit.

un|still|bar (Adj.) nicht zu befriedigen; sehnsüchtig.

Un|stim|mig|keit (die, -, -en) 1. Abweichung; Fehler; 2. Meinungsverschiedenheit; Streit. unstimmig.

un|strei|tig (Adj.) zweifellos; sicherlich.

Un|sum|me (die, -, -n) enorme Summe.

un|sym|me|t|risch (Adj.) ohne Symmetrie; zu ungleich großen Teilen.

un|sys|te|ma|tisch (Adj.) planlos; ungeordnet.

un|taug|lich (Adj.) unbrauchbar; nicht zu verwenden. Untauglichkeit.

Un|tat (die, -, -en) Verbrechen.

un|tä|tig (Adj.) ohne Beschäftigung. Untätigkeit.

un|ten (Adv.) tief; unterhalb. *Beachte:* von unten bis oben; nicht mehr wissen, was oben und unten ist; unten sein/stehen/liegen; unten durch sein; im Untenstehenden (*auch:* unten Stehenden) (weiter unten); das unten erwähnte (*auch:* untenerwähnte) Schreiben; untenan; untendrunter; untenher, *aber:* von unten her; untenherum; untenhin, *aber:* nach unten hin; unten liegend (*auch:* untenliegend).

un|ter 1. (Präp., Dat./Akk.) tiefer; unterhalb; mit; zwischen. *Beachte:* Der Brief liegt unter dem Buch (Dativ!), *aber:* Ich habe den Brief unter das Buch (Akkusativ!) gelegt. Das war unter meiner Würde. unter anderem (Abk.: u. a.); unter Umständen (Abk.: u. U.); zuunterst; das Unterste zuoberst, *aber:* die unterste Reihe; unter der Hand (heimlich); unter der Bedingung/Voraussetzung, dass …; unter Rückerbittung (Abk.: u. R.); unter üblichem Vorbehalt (Abk.: u. ü. V.); unter Aufsicht stehen; unter dem Vorwand, dass … 2. (Adv.) weniger als.

Un|ter|ab|tei|lung (die, -, -en) Abteilung innerhalb einer Abteilung

Un|ter|arm (der, -s, -e) Teil des Arms zwischen Ellenbeuge und Hand.

un|ter|be|lich|ten (V.) zu wenig belichten. Unterbelichtung.

un|ter|be|wer|ten (V.) gering schätzen; unterschätzen. Unterbewertung.

Un|ter|be|wusst|sein (das, -s, kein Plural) Unbewusstes; Seelisches. Adjektiv: unterbewusst.

un|ter|bie|ten (V., unterbot, hat unterboten) den Preis drücken.

un|ter|bin|den (V., unterband, hat unterbunden) beenden; verbieten. Unterbindung.

un|ter|blei|ben (V., unterblieb, ist unterblieben) nicht stattfinden.

Un|ter|bo|den|schutz (der, -es, kein Plural) Beschichtung eines Kraftfahrzeugunterbodens.

un|ter|bre|chen (V., unterbracht, hat unterbrochen) abbrechen; dazwischenreden; Pause machen. Unterbrechung.

Un|ter|bre|cher (der, -s, -) Gerät zum regelmäßigen Unterbrechen des Stromflusses.

Un|ter|bre|cher|kon|takt (der, -s, -e) Strom leitendes Teil des Unterbrechers.

un|ter|brei|ten 1. (V., breitete unter, hat untergebreitet) darunterlegen; 2. (V., unterbreitete, hat unterbreitet) darlegen; anbieten. Unterbreitung.

un|ter|brin|gen (V., brachte unter, hat untergebracht) verstauen; Platz finden. Unterbringung.

un|ter|but|tern (V., butterte unter, hat untergebuttert) (ugs.) unterdrücken.

un|ter der Hand (Adv.) heimlich. *Beachte:* Er verkauft das Auto unter der Hand. Die Druckerei hat das Buch gerade unter der Hand (in Arbeit).

un|ter|des|sen (Adv.) inzwischen.

Un|ter|druck (der, -s, kein Plural) Druck, der geringer ist als der atmosphärische Druck.

un|ter|drü|cken (V., unterdrückte, hat unterdrückt) unterwerfen; niederhalten. Unterdrückung; unterdrückerisch.

Un|ter|drü|cker (der, -s, -) Diktator; Zwangsherrscher.

un|ter|ei|n|an|der (Adv.) eines unter dem anderen; unter sich; gegenseitig. *Beachte:* Wir sollen die Stühle untereinanderstellen. untereinanderstehen. *Aber:* Wir haben Platten untereinander getauscht.

un|ter|ent|wi|ckelt (Adj.) zurückgeblieben; nicht weit genug entwickelt. Unterentwicklung.

un|ter|er|nährt (Adj.) nicht ausreichend mit Nahrung versorgt; hungernd. Unterernährung.

Un|ter|fan|gen (das, -s, kein Plural) Wagnis; Unternehmen. Verb: sich unterfangen.

un|ter|fas|sen (V., fasste unter, hat untergefasst) sich einhaken.

Un|ter|füh|rung (die, -, -en) Tunnel. Verb: unterführen.

Un|ter|füh|rungs|zei|chen (das, -s, -) »Gänsefüßchen« → Regelkasten.

Un|ter|funk|ti|on (die, -, -ti|o|nen) nicht ausreichende Funktion eines Körperorgans.

Un|ter|gang (der, -s, -gän|ge) Untergehen; Sinken; Zerstörung. Verb: untergehen. *Beachte:* Seine Karriere ist im Untergehen (begriffen).

un|ter|ge|ord|net (Adj.) 1. unterstellt; untergeben; 2. unwichtig.

un|ter|glie|dern (V., untergliederte, hat untergliedert) unterteilen. Untergliederung.

un|ter|gra|ben 1. (V., grub unter, hat untergegraben) daruntermischen; 2. (V., untergrub, hat untergraben) aushöhlen; zerstören. Untergrabung.

Un|ter|grund (der, -s, -grün|de) Boden; (Kurzw.) Untergrundbewegung. Untergrundorganisation.

Un|ter|grund|bahn (die, -, -en) unterirdisch verkehrende Bahn.

Un|ter|grund|be|we|gung (die, -, -en) Widerstandsbewegung gegen die staatliche Macht.

un|ter|grün|dig (Adj.) verdeckt; verborgen.

Un|ter|grund|kämp|fer (der, -s, -) Partisan.

un|ter|halb (Präp., Gen.) am Fuße; darunter; tiefer. *Beachte:* unterhalb des Gipfels/vom Gipfel.

Un|ter|halt (der, -s, kein Plural) Lebenskosten; Instandhaltung.

un|ter|hal|ten (V., unterhielt, hat unterhalten) 1. miteinander sprechen; 2. finanzieren; instand halten; 3. kurzweilig die Zeit vertreiben.

Un|ter|hal|ter (der, -s, -) Person, die andere gut unterhält, amüsiert.

un|ter|halt|sam (Adj.) amüsant; kurzweilig. Unterhaltsamkeit.

Un|ter|halts|bei|trag (der, -s, -trä|ge) Beitrag zur Lebenshaltung.

un|ter|halts|be|rech|tigt (Adj.) berechtigt, Unterhaltszahlungen entgegenzunehmen.

Un|ter|halts|kos|ten (die, nur Plural) Lebenshaltungskosten.

Un|ter|halts|pflicht (die, -, -en) gesetzlich auferlegte Pflicht zur Unterhaltszahlung. unterhaltspflichtig.

Un|ter|halts|zah|lung (die, -, -en) Zahlung für den Unterhalt eines anderen (zum Beispiel ehemalige Ehefrau).

Un|ter|hal|tung (die, -, -en) Ablenkung; Zeitvertreib; Gespräch.

Un|ter|hal|tungs|elek|t|ro|nik (die, -, kein Plural) Gesamtheit elektronischer Geräte, die der Unterhaltung dienen.

Un|ter|hal|tungs|li|te|ra|tur (die, -, kein Plural) leichte Belletristik.

Un|ter|hal|tungs|mu|sik (die, -, kein Plural) eingängige, populäre Musik; Tanzmusik.

Un|ter|hal|tungs|sen|dung (die, -, -en) Fernseh- oder Rundfunkprogramm mit unterhaltendem Charakter.

Un|ter|hal|tungs|teil (der, -s, -e) Teil einer Zeitung mit bunter Themenmischung.

Un|ter|händ|ler (der, -s, -) Vermittler; Vertreter. unterhandeln.

Un|ter|haus (das, -es, kein Plural) Teil des Parlaments (Großbritannien).

Un|ter|haus|mit|glied (das, -s, -er) Parlamentarier.

Un|ter|holz (das, -es, kein Plural) Buschwerk im Wald.

un|ter|ir|disch (Adj.) unter der Erde befindlich.

un|ter|jo|chen (V., unterjochte, hat unterjocht) unterdrücken. Unterjochung.

Un|ter|kie|fer (der, -s, -) Knochen.

Un|ter|kie|fer|ge|lenk (das, -s, -e) bewegliche Verbindung zwischen Ober- und Unterkiefer.

un|ter|kom|men (V., kam unter, ist untergekommen) 1. Unterkunft, Schutz finden; 2. (ugs.) vorkommen.

Un|ter|kör|per (der, -s, -) Unterleib; Körper unterhalb des Bauches.

un|ter|kühlt (Adj.) 1. die Körpertemperatur unterschritten; 2. feindselig; abweisend. Unterkühlung.

un|ter|krie|gen (V., kriegte unter, hat untergekriegt) besiegen; bewältigen; bezwingen; überwinden.

Un|ter|kunft (die, -, -künf|te) Wohnung; Quartier.

un|ter|las|sen (V., unterließ, hat unterlassen) bleiben lassen; versäumen. Es regnete ohne Unterlass.

Un|ter|las|sung (die, -, -en) 1. Abbruch; Beendigung; 2. Versäumnis.

Un|ter|las|sungs|kla|ge (die, -, -n) Klage auf Unterlassung einer Handlung.

Unterführungszeichen

Beachte: Unterführungszeichen werden gesetzt, um in Rubriken gleiche, untereinanderstehende Wörter zu ersetzen.

3	Kilo	Butter
3	"	Zucker
7	"	"

Wichtig: Das Unterführungszeichen wird unter dem ersten Buchstaben des oberen Wortes gesetzt. Zahlen sollte man möglichst nicht durch Unterführungszeichen ersetzen.

UnˈterˈlasˈsungsˈsünˈdeUn (die, -, -n) Handlung, deren Unterlassung jmd. bedauert.

unˈterˈlauˈfen (V., unterlief, ist unterlaufen) 1. versehentlich vorkommen; 2. (ugs.) vorkommen; umgehen (mit hat-Perfekt). *Beachte:* Ihm sind zu viele Fehler unterlaufen; *aber:* mit blutunterlaufenen Augen.

unˈterˈleˈgen 1. (V., legte unter, hat untergelegt) darunterlegen; 2. (V., unterlegte, hat unterlegt) mit einer Unterlage/Hintergrund versehen; 3. (Adj.) besiegt; 4. (Adj.) nicht ebenbürtig; schwächer.

Unˈterˈleˈgenˈheit (die, -, kein Plural) Ungleichheit; Minderwertigkeit.

Unˈterˈleˈgenˈheitsˈgeˈfühl (das, -s, -e) Minderwertigkeitskomplex.

Unˈterˈleˈgung (die, -, -en) Ausstattung mit einer Unterlage oder einem Hintergrund.

Unˈterˈleib (der, -s, -er) Unterkörper; weibliche Geschlechtsorgane.

Unˈterˈleibsˈentˈzünˈdung (die, -, -en) Entzündung im Unterleib.

Unˈterˈleibsˈkrankˈheit (die, -, -en) Erkrankung im Unterleib.

Unˈterˈleibsˈopeˈraˈtiˈon (die, -, -en) chirurgischer Eingriff am Unterleib.

unˈterˈlieˈgen (V., unterlag, hat/ist unterlegen) besiegt werden; betroffen sein.

unˈterm (Präp. + Art.) (ugs.) unter dem.

unˈterˈmaˈlen (V., untermalte, hat untermalt) 1. grundieren; 2. begleiten (Musik). Untermalung.

unˈterˈmauˈern (V., untermauerte, hat untermauert) stützen; festigen. Untermauerung.

unˈterˈmenˈgen (V., mengte unter, hat untergemengt) vermischen.

Unˈterˈmieˈte (die, -, -n) Weitervermietung von gemietetem Wohnraum.

unˈterˈmiˈnieˈren (V., unterminierte, hat unterminiert) beseitigen; zerstören. Unterminierung.

unˈtern (Präp. + Art.) (ugs.) unter den.

Unˈterˈnehˈmen (das, -s, -) 1. Handlung; Plan; 2. Betrieb. unternehmen.

Unˈterˈnehˈmensˈbeˈraˈtung (die, -, kein Plural) Beratung zur betrieblichen Planung.

Unˈterˈnehˈmensˈforˈschung (die, -, kein Plural) Erforschung wirtschaftlicher und betrieblicher Zusammenhänge.

Unˈterˈnehˈmer (der, -s, -) Geschäftsmann, der seinen eigenen Wirtschaftsbetrieb leitet. unternehmerisch.

Unˈterˈnehˈmerˈgeist (der, -s, kein Plural) Tatkraft; Schöpferdrang; Energie.

Unˈterˈnehˈmerˈtum (das, -s, kein Plural) Gesamtheit aller Unternehmer.

Unˈterˈnehˈmung (die, -, -en) Vorhaben; Aktion; Operation. Unternehmungsgeist. unternehmend.

Unˈterˈnehˈmungsˈlust (die, -, kein Plural) Erlebnishunger; Abenteuerlust. unternehmungslustig.

Unˈterˈofˈfiˈzier (der, -s, -e) militärischer Dienstgrad (Abk.: Uffz.).

Unˈterˈofˈfiˈziersˈschuˈle (die, -, -n) militärische Ausbildungsstätte.

unˈterˈpriˈviˈleˈgiert (Adj.) benachteiligt. Unterprivilegierte.

unˈterˈreˈden (V., refl.) besprechen. Unterredung.

unˈterˈreˈpräˈsenˈtiert (Adj.) zu schwach vertreten.

Unˈterˈricht (der, -s, kein Plural) Belehrung; Unterweisung.

unˈterˈrichˈten (V.) 1. lehren; unterweisen; 2. mitteilen; informieren. schlecht unterrichtet.

unˈterˈrichtˈlich (Adj.) per Mitteilung.

Unˈterˈrichtsˈaufˈgaˈbe (die, -, -n) Übungsaufgabe.

Unˈterˈrichtsˈfach (das, -s, -fäˈcher) Lehrfach.

Unˈterˈrichtsˈkunˈde (die, -, kein Plural) Didaktik.

Unˈterˈrichtsˈmeˈthoˈde (die, -, -n) Art und Weise des Unterrichtens.

Unˈterˈrichtsˈstunˈde (die, -, -n) Lektion; Schulstunde.

Unˈterˈrichˈtung (die, -, -en) Information; Mitteilung.

unˈters (Präp. + Art.) (ugs.) unter das.

unˈterˈsaˈgen (V., untersagte, hat untersagt) verbieten.

unˈterˈschätˈzen (V., unterschätzte, hat unterschätzt) unterbewerten; verkennen; etwas nicht richtig einschätzen.

unˈterˈscheidˈbar (Adj.) ungleich; verschieden. Unterscheidbarkeit.

unˈterˈscheiˈden (V., unterschied, hat unterschieden) trennen; unterschiedlich sein. Unterscheidung. unterschieden.

Unˈterˈscheiˈdungsˈmerkˈmal (das, -s, -e) charakteristische Eigenheit.

Unˈterˈscheiˈdungsˈverˈmöˈgen (das, -s, kein Plural) Fähigkeit, Unterschiede zu erkennen.

Unˈterˈschicht (die, -, kein Plural) untere Gesellschaftsschicht.

Unˈterˈschied (der, -s, -e) Abweichung; Differenz; Verschiedenheit. zum Unterschied von; im Unterschied zu.

unˈterˈschiedˈlich (Adj.) differierend; abweichend voneinander; verschieden. Unterschiedlichkeit.

unˈterˈschiedsˈlos (Adj.) gleichförmig; gleichberechtigt.

unˈterˈschlaˈgen 1. (V., schlug unter, hat untergeschlagen) kreuzen; übereinanderlegen; 2. (V., unterschlug, hat unterschlagen) veruntreuen. Unterschlagung.

Unˈterˈschlupf (der, -es, -e) Zuflucht; Obdach. Verb: unterschlupfen.

unˈterˈschreiˈben (V., unterschrieb, hat unterschrieben) seinen Namen unter ein Dokument setzen; unterzeichnen; signieren.

unˈterˈschreiˈten (V., unterschritt, hat unterschritten) darunterliegen. Unterschreitung.

Unˈterˈschrift (die, -, -en) Namenszeichen; Quittierung. unterschriftsfrei.

Unˈterˈschrifˈtenˈmapˈpe (die, -, -n) Sammelordner für unterschriftsreife Dokumente.

Unˈterˈschrifˈtenˈsammˈlung (die, -, -en) Sammlung von Autogrammen.

Unˈterˈschriftsˈproˈbe (die, -, -n) Namenszeichnung zu Kontrollzwecken.

unˈterˈschwelˈlig (Adj.) unbewusst; verdeckt.

Unˈterˈseeˈboot (das, -s, -e) Tauchboot (Kurzw.: U-Boot). Unterseebootkrieg; U-Boot-Krieg.

unˈterˈseeˈisch (Adj.) unter dem Meer.

Unˈterˈseiˈte (die, -, -n) untere Fläche eines Gegenstands.

unˈterˈsetzt (Adj.) gedrungen; stämmig; gemischt mit. Untersetztheit.

unˈterˈsteˈhen 1. (V., stand unter, hat untergestanden) sich unterstellen; 2. (V., refl., unterstand, hat unterstanden) wagen; unterliegen. Untersteh dich!

unˈterˈstelˈlen 1. (V., unterstellte, hat unterstellt) annehmen; erdichten; unter-

ordnen. Unterstellung. 2. (V., stellte unter, hat untergestellt) unterbringen; unterstehen. Unterstellung.
un|ter|strei|chen (V., unterstrich, hat unterstrichen) kennzeichnen; betonen. Unterstreichung.
Un|ter|stu|fe (die, -, kein Plural) Grundschuljahre.
un|ter|stüt|zen (V., unterstützte, hat unterstützt) helfen. Unterstützung; Unterstützungsbeihilfe; Unterstützungsempfänger; Unterstützungssatz.
un|ter|stüt|zungs|be|dürf|tig (Adj.) bedürftig; hilflos; mittellos.
un|ter|su|chen (V., untersuchte, hat untersucht) prüfen. Untersuchung.
Un|ter|su|chungs|aus|schuss (der, -es, -schüs|se) mit der Klärung eines Sachverhalts beauftragter Ausschuss.
Un|ter|su|chungs|be|fund (der, -s, -e) Ergebnis einer Untersuchung.
Un|ter|su|chungs|ge|fan|ge|ne (der, -n, -n) Gefangener in Untersuchungshaft.
Un|ter|su|chungs|haft (die, -, kein Plural) Haft vor Eröffnung des Gerichtsverfahrens. (Abk.: U-Haft).
Un|ter|su|chungs|kom|mis|si|on (die, -, -en) zur Klärung eines Sachverhalts eingesetzte Kommission.
Un|ter|su|chungs|rich|ter (der, -s, -) Richter einer gerichtlichen Voruntersuchung.
Un|ter|ta|ge|ar|bei|ter (der, -s, -) Bergmann.
Un|ter|ta|ge|bau (der, -s, kein Plural) Bergwerk; Abbau.
Un|ter|tan (der, -s, -en) Bürger eines Königreiches.
Un|ter|ta|nen|geist (der, -s, kein Plural) Autoritätsgläubigkeit; Ergebenheit; Unterwürfigkeit.
un|ter|tä|nig (Adj.) ergeben; gehorsam. Untertänigkeit.
Un|ter|tas|se (die, -, -n) 1. Untersatz; 2. (ugs.) UFO (fliegende Untertasse).
un|ter|tau|chen (V.) 1. hinuntertauchen; 2. (ugs.) verschwinden.
Un|ter|ti|tel (der, -s, -) schriftliche Übersetzung von Filmdialogen.
un|ter|tou|rig (Adj.) mit zu niedriger Drehzahl.
un|ter|ver|mie|ten (V., vermietete unter, hat untervermietet) etwas Gemietetes weitervermieten. Untervermietung.
un|ter|wan|dern (V., unterwanderte, hat unterwandert) zersetzen; schwächen. Unterwanderung.
Un|ter|wä|sche (die, -, kein Plural) körpernahe Kleidung unter der Oberbekleidung.
Un|ter|was|ser (das, -s, kein Plural) 1. Grundwasser; 2. (in Zusammmensetzungen) unter dem Wasser.
Un|ter|was|ser|auf|nah|me (die, -, -n) unter Wasser hergestellte Fotografie oder Filmaufzeichnung.
Un|ter|was|ser|ka|me|ra (die, -, -s) Kamera für Fotografie und Filmerei unter Wasser.
Un|ter|was|ser|mas|sa|ge (die, -, -n) medizinische Massage in einer gefüllten Wanne.
un|ter|wegs (Adv.) auf dem Wege.
un|ter|wei|sen (V., unterwies, hat unterwiesen) unterrichten; einführen. Unterweisung.
un|ter|wer|fen (V., unterwarf, hat unterworfen) besiegen; sich fügen. Unterwerfung.
Un|ter|wür|fig|keit (die, -, kein Plural) Servilität; übertriebene Gehorsamkeit. unterwürfig.
un|ter|zeich|nen (V., unterzeichnete, hat unterzeichnet) unterschreiben. *Beachte:* der rechts/links Unterzeichnete (*auch:* der Rechts-/Linksunterzeichnete); Unterzeichnung.
un|ter|zie|hen 1. (V., refl., unterzog sich, hat sich unterzogen) auf sich nehmen; 2. (V., zog unter, hat untergezogen) darunter anziehen.
un|tief (Adj.) seicht; flach. Untiefe.
Un|tier (das, -s, -e) Ungeheuer.
un|tilg|bar (Adj.) unauslöschlich; nicht zu beseitigen.
un|über|legt (Adj.) unbesonnen; unvorsichtig. Unüberlegtheit.
un|über|seh|bar (Adj.) gut sichtbar.
un|über|treff|lich (Adj.) einzigartig; unnachahmlich. Unübertrefflichkeit.
un|üb|lich (Adj.) selten; ungebräuchlich; ungewöhnlich.
un|um|strit|ten (Adj.) unbestritten; zweifellos.
un|um|wunden (Adj.) offen; aufrichtig.
un|ver|äu|ßer|lich (Adj.) unverkäuflich.
un|ver|bes|ser|lich (Adj.) eingefleischt; unbelehrbar.
un|ver|blümt (Adj.) freiheraus; offen.
un|ver|dros|sen (Adj.) fröhlich; unermüdlich. Unverdrossenheit.
un|ver|fäng|lich (Adj.) unverdächtig; ungefährlich.
un|ver|fro|ren (Adj.) frech; unverschämt. Unverfrorenheit.
un|ver|hei|ra|tet (Adj.) ledig; nicht verheiratet.
un|ver|hofft (Adj.) unerwartet.
un|ver|hoh|len (Adj.) deutlich; offenbar.
un|ver|meid|bar (Adj.) zwangsläufig; nicht zu umgehen; unvermeidlich. Unvermeidbarkeit.
Un|ver|mö|gen (das, -s, kein Plural) Unfähigkeit.
un|ver|mö|gend (Adj.) besitzlos; arm. Unvermögendheit.
un|ver|rich|te|ter Din|ge (Adv.) erfolglos.
un|ver|schul|det (Adj.) keine Schuld tragend.
un|ver|se|hens (Adv.) plötzlich.
un|ver|sehrt (Adj.) unverletzt. Unversehrtheit.
un|ver|stän|dig (Adj.) einsichtslos; dumm. Unverstand; Unverständigkeit; Unverständnis.
un|ver|ständ|lich (Adj.) unerklärlich; schlecht verstehbar. Unverständlichkeit.
un|ver|sucht (Adj.) (in der Wendung) nichts unversucht lassen (alles versuchen).
un|voll|stän|dig (Adj.) lückenhaft; unvollendet. Unvollständigkeit.
un|vor|ein|ge|nom|men (Adj.) unparteiisch. Unvoreingenommenheit.
un|wäg|bar (Adj.) ungewiss; nicht absehbar. Unwägbarkeit.
un|weg|sam (Adj.) unzugänglich; schwierig.
un|wei|ger|lich (Adj.) unbedingt; gewiss.
un|weit (Präp., Gen.) nahe. *Beachte:* unweit des Sees.
Un|we|sen (das, -s, kein Plural) Unfug; böses Treiben. *Beachte:* Jugendbanden trieben in der Stadt ihr Unwesen.
un|we|sent|lich (Adj.) unwichtig.
Un|wet|ter (das, -s, -) Gewitter.
un|wich|tig (Adj.) nicht wichtig. Unwichtigkeit.

un|wi|der|ruf|lich (Adj.) endgültig.
Un|wil|le (*auch:* Un|wil|len) (der, -ns, kein Plural) Ärger; Widerwille. Adjektiv: unwillig.
un|wil|lent|lich (Adj.) unbeabsichtigt; versehentlich.
un|will|kür|lich (Adj.) unbewusst; spontan.
un|wirk|sam (Adj.) nichtig; folgenlos; wirkungslos. Unwirksamkeit.
un|wirsch (Adj.) barsch; unfreundlich.
un|wirt|lich (Adj.) einsam; ungemütlich, unfreundlich.
Un|wirt|lich|keit (die, -, -en) Einsamkeit; Ungemütlichkeit.
un|wirt|schaft|lich (Adj.) nicht lohnend; unrentabel. Unwirtschaftlichkeit.
Un|zahl (die, -, kein Plural) sehr große Zahl. Adjektiv: unzählbar.
un|zäh|lig (Adj.) sehr viele. unzählige Mal; unzählige Male. Unzählige.
Un|ze (die, -, -n) (lat.) Gewichtseinheit; rund 30 Gramm.
un|zeit|ge|mäß (Adj.) nicht zur rechten Zeit; unpassend. Unzeit.
un|zer|brech|lich (Adj.) schlagfest; stoßfest. Unzerbrechlichkeit.
un|zer|trenn|lich (Adj.) stets gemeinsam. Unzertrennlichkeit.
Un|zi|a|le (die, -, -n) (lat.) abgerundete, aus römischen Buchstaben entwickelte Schrift (des frühen Mittelalters).
un|zi|vi|li|siert (Adj.) ungebildet; unkultiviert.
un|züch|tig (Adj.) unsittlich; unanständig. *Beachte:* Unzucht treiben. Unzüchtigkeit.
un|zu|frie|den (Adj.) enttäuscht; unausgefüllt; unbefriedigt. Unzufriedenheit.
un|zu|läng|lich (Adj.) ungenügend; unzureichend. Unzulänglichkeit.
un|zu|mut|bar (Adj.) unerträglich. Unzumutbarkeit
un|zu|rech|nungs|fä|hig (Adj.) geistig gestört; nicht verantwortlich. Unzurechnungsfähigkeit.
un|zu|rei|chend (Adj.) ungenügend.
un|zu|tref|fend (Adj.) unwahr; falsch.
un|zwei|deu|tig (Adj.) eindeutig; deutlich.
Up|grade (das, -s, -s) neueste Version einer Hardware bzw. Software.
Up|per|cut (der, -s, -s) (engl.) Aufwärtshaken (beim Boxen).
üp|pig (Adj.) reichlich; drall. Üppigkeit.
up to date (engl.) auf dem neuesten Stand.
u. R. (Abk.) **u**nter **R**ückerbittung.
Ur (der, -s, -e) Auerochse.
ur.../Ur... Anfangs...; Erst...; Echt...; sehr. Urlandschaft; Ururahn; Ururenkel. ureigentümlich.
Ur|ab|stim|mung (die, -, -en) direktes Abstimmungsverfahren.
Ur|ahn (der, -s, -en) Vorfahr.
ur|alt (Adj.) sehr alt.
Ur|ä|mie (die, -, -n) (griech.) Harnvergiftung. Adjektiv: urämisch.
Uran (das, -s, kein Plural) Metall; chemischer Grundstoff (Abk.: U).
Uran|berg|werk (das, -s, -e) Ort zum Uranabbau. Uranmine.
Uran|erz (das, -es, -e) Uran führendes Gestein.
Ur|angst (die, -, -ängs|te) im Unterbewusstsein verankerte Angst.
Uran|pech|blen|de (die, -, kein Plural) schwarzes Mineral; Uraninit.
Ura|nus (der, -, kein Plural) (griech.) Planet.
Ur|auf|füh|rung (die, -, -en) Erstaufführung. Verb: uraufführen.
Urä|us|schlan|ge (die, -, -n) (griech.-nlat.) afrikanische Giftnatter.
ur|ban (Adj.) städtisch; gebildet.
Ur|ba|ni|sa|ti|on (die, -, kein Plural) (lat.) Verstädterung. Urbanisierung; urbanisieren.
Ur|ba|nis|tik (die, -, kein Plural) Wissenschaft der Stadtentwicklung.
Ur|ba|ni|tät (die, -, kein Plural) (lat.) Bildung; großstädtisches Klima.
ur|bar (Adj.) (in der Wendung) urbar machen (fruchtbar, nutzbar machen). Urbarmachung.
Ur|be|ginn (der, -s, kein Plural) Uranfang.
Ur|be|völ|ke|rung (die, -, -en) Ureinwohner.
ur|bi et or|bi (lat.) der Stadt Rom und dem Erdkreis (als Formel für den vom Papst allen Katholiken gespendeten Segen).
Ur|du (das, -/-s, kein Plural) Staatssprache Pakistans.
ur|ei|gen (Adj.) ganz eigen.
Ur|ein|woh|ner (der, -s, -) Eingeborener.
Ur|en|kel (der, -s, -) Kind des Enkels. Urenkelin.
Ure|ter (der, -s, -/-te|ren) (griech.) Harnleiter.
Ure|th|ri|tis (die, -, -ti|den) (griech.) Harnröhrenentzündung.
Ur|form (die, -, -en) ursprüngliche Form.
ur|ge|müt|lich (Adj.) sehr gemütlich.
Ur|genz (die, -, -en) (lat.) Dringlichkeit.
Ur|ge|schich|te (die, -, kein Plural) Prähistorie; Vorgeschichte. urgeschichtlich.
Ur|ge|stalt (die, -, -en) ursprüngliche Gestalt.
Ur|ge|stein (das, -s, kein Plural) seit seiner Entstehung unverändertes Gestein.
Ur|ge|walt (die, -, -en) elementare Gewalt; große Zerstörungskraft.
ur|gie|ren (V.) (lat.) (österr.) drängen.
Ur|groß|el|tern (die, nur Plural) Eltern der Großeltern.
Ur|groß|mut|ter (die, -, -müt|ter) Mutter der Großmutter oder des Großvaters. urgroßmütterlich.
Ur|groß|va|ter (der, -s, -vä|ter) Vater des Großvaters oder der Großmutter. urgroßväterlich.
Ur|he|ber (der, -s, -) Verfasser; Erzeuger; Veranlasser.
Ur|he|ber|recht (das, -s, -e) Verfügungsrecht des Urhebers über sein Werk. urheberrechtlich.
Ur|he|ber|schaft (die, -, -en) das Urhebersein.
Ur|he|ber|schutz (der, -es, kein Plural) Urheberrecht.
Uri|as|brief (der, -s, -e) Brief, der dem Boten Unglück beschert (nach Uria aus 2. Samuel 11).
urig (Adj.) gemütlich; lustig; urwüchsig.
Urin (der, -s, -e) (lat.) Harn. Urinprobe; Urinuntersuchung.
Uri|nal (das, -s, -e) Harnflasche, -gefäß; Urinierbecken (in Herrentoiletten).
uri|nie|ren (V.) Wasser lassen.
Ur|in|s|tinkt (der, -s, -e) Grundinstinkt.
Ur|knall (der, -s, kein Plural) Theorie zur Entstehung der Welt aus einer Explosion.
ur|ko|misch (Adj.) sehr komisch.
Ur|kun|de (die, -, -n) Schriftstück; Zeugnis. Urkundenbeamter; Urkundensammlung; urkundlich; urkunden.

Ur|kun|den|fäl|schung (die, -, -en) Herstellung und Betrug mit einer unechten Urkunde.
Ur|laub (der, -s, -e) Ferien. *Beachte:* Wir waren in/im Urlaub. *Aber:* Wir fahren in/auf Urlaub. beurlauben.
Ur|lau|ber (der, -s, -) im Urlaub befindliche Person. Urlauberin.
Ur|laubs|geld (das, -s, -er) zusätzliche Gehaltszahlung zur Urlaubszeit.
ur|laubs|reif (Adj.) erschöpft; abgespannt.
Ur|laubs|rei|se (die, -, -n) Ferienreise.
Ur|laubs|ver|tre|tung (die, -, -en) Vertretung am Arbeitsplatz während der Urlaubszeit.
Ur|laubs|zeit (die, -, -en) Ferien; Freizeit.
Ur|mensch (der, -en, -en) frühe Form des Menschen. urmenschlich.
Ur|mut|ter (die, -, kein Plural) Stammmutter der Menschheit; Eva.
Ur|ne (die, -, -n) (lat.) 1. Gefäß (Asche); 2. Wahlbehälter.
Ur|nen|fried|hof (der, -s, -hö|fe) Friedhof mit Urnengräbern.
Ur|nen|grab (das, -s, -grä|ber) Begräbnisstätte einer Urne.
Ur|nen|hal|le (die, -, -n) Halle zur Beisetzung von Urnen.
uro|ge|ni|tal (Ad).) (griech.) zu den Harn- und Geschlechtsorganen gehörig.
Uro|lith (der, -s/-en, -en) (griech.) Harnstein.
Uro|lo|ge (der, -n, -n) (griech.) Blasen-, Nierenfacharzt. Urologie; urologisch.
ur|plötz|lich (Adj.) ganz plötzlich.
Ur|quell (der, -s, kein Plural) Ursprung; Ausgangspunkt.
Ur|sa|che (die, -, -n) Grund.
Ur|sa|chen|for|schung (die, -, kein Plural) Suche nach Ursachen einer Erscheinung.
ur|säch|lich (Adj.) Ursache und ihre Wirkung betreffend. Ursächlichkeit.
urspr. (Abk.) **urspr**ünglich.
Ur|sprung (der, -s, -sprün|ge) Anfang; Herkunft.
Ur|sprüng|lich|keit (die, -, kein Plural) Echtheit; Einfachheit; Natürlichkeit. ursprünglich.
Ur|sprungs|land (das, -s, -län|der) Herkunftsland.
Ur|stoff (der, -s, kein Plural) Grundstoff; Materie. urstofflich.
ur|tei|len (V.) entscheiden. Urteil; Urteilsvollstreckung. urteilslos.
Ur|teils|be|grün|dung (die, -, -en) Erläuterung eines Gerichtsurteils.
ur|teils|fä|hig (Adj.) entscheidungsstark; verständig.
Ur|teils|fin|dung (die, -, -en) Gerichtsverhandlung.
Ur|teils|kraft (die, -, kein Plural) Entscheidungsfreude; Verstand.
Ur|teils|ver|kün|dung (die, -, -en) Veröffentlichung des Urteils durch das Gericht.
Ur|tier|chen (das, -s, -) Einzeller.
Ur|trieb (der, -s, -e) im menschlichen Unbewussten verankerter Trieb.
Ur|tüm|lich|keit (die, -, kein Plural) Einfachheit; Gemütlichkeit; Ursprünglichkeit. urtümlich.
Ur|typ (der, -s, -en) ursprünglicher Typus.
Uru|gu|ay (ohne Art., -s, kein Plural) südamerik. Staat. Uruguayer; uruguayisch.
Ur|va|ter (der, -s, kein Plural) Stammvater der Menschen; Adam. seit Urväterzeiten.
Ur|viech (das, -s, -er) drollige, lustige Person.
Ur|volk (das, -s, kein Plural) Stammvolk.
Ur|wald (der, -s, -wäl|der) Dschungel. Urwaldgebiet.
Ur|wüch|sig|keit (die, -, kein Plural) Ursprünglichkeit; Urtümlichkeit. urwüchsig.
Ur|zeit (die, -, kein Plural) Zeit des Ursprungs. urzeitlich.
Ur|zel|le (die, -, kein Plural) erste Zelle.
Ur|zu|stand (der, -s, -stän|de) ursprünglicher, originaler Zustand.
USA (Abk.) United States of America. *Beachte:* Bilder aus den USA (*falsch:* aus USA, aus der USA); die USA sind (*nicht:* ist) daran interessiert. *Aber:* Made in USA.
Usance (die, -, -n) (franz.) Handelsgewohnheit. usancemäßig.
Usan|cen|han|del (der, -s, kein Plural) Wertpapierhandel.
Us|be|ki|s|tan (ohne Art., -s, kein Plural) Staat im nördl. Mittelasien. Usbeke; usbekisch. *Aber:* Usbekisch (Sprache).
Uschanka (die, -, -s) (russ.) mit Ohrenklappen versehene Pelzmütze.
User (der, -s, -) (engl.) für »Benutzer«, Anwender (z. B. von Computern).
usf. (Abk.) **u**nd **s**o **f**ort.
Uso (der, -s, -s/-) (ital.) Brauch; Gewohnheit. → Usus.
Usur|pa|ti|on (die, -, -ti|o|nen) (lat.) widerrechtliche Aneignung.
Usur|pa|tor (der, -s, -en) Eroberer.
usur|pa|to|risch (Adj.) handstreichartig.
usur|pie|ren (V.) handstreichartig erobern; widerrechlich aneignen.
Usus (der, -, kein Plural) (lat.) Sitte; Gewohnheit. *Beachte:* Das ist bei uns so Usus. Adjektiv: usuell.
usw. (Abk.) **u**nd **s**o **w**eiter.
Uten|si|li|en (die, nur Plural) (lat.) Geräte; Werkzeuge; Gebrauchsgegenstände.
Ute|rus (der, -, -ri) (lat.) Gebärmutter. Adjektiv: uterin.
uti|li|ta|ris|tisch (Adj.) (lat.) auf Nützlichkeit ausgerichtet. Utilitarismus; Utilitarist; utilitär.
Uto|pia (kein Artikel, keine Deklination) Traumland.
Uto|pie (die, -, -n) (griech.) Ideal; Illusion; Vision; Wunschbild.
Uto|pis|mus (der, -, kein Plural) Neigung zu Utopien. Utopist; utopisch.
u. U. (Abk.) **u**nter **U**mständen.
u. ü. V. (Abk.) **u**nter **ü**blichem **V**orbehalt.
UV (Abk.) **u**ltra**v**iolett.
u. v. a. (Abk.) **u**nd **v**iele(s) **a**ndere.
u. v. a. m. (Abk.) **u**nd **v**iele(s) **a**ndere **m**ehr.
UV-Fil|ter (der, -s, -) Vorrichtung zum Herausfiltern ultravioletter Strahlung.
UV-Lam|pe (die, -, -n) ultraviolettes Licht abstrahlende Lampe; Höhensonne.
UV-Strah|len (die, nur Plural) ultraviolette Strahlen.
Uvu|la (die, -, Uvu|lae) (lat.) Gaumenzäpfchen.
Uvu|lar (der, -s, -e) (lat.) Gaumenzäpfchenlaut (z. B. das »r« am Wortanfang im Deutschen, das »q« im Arabischen).
u. W. (Abk.) **u**nseres **W**issens.
Ü-Wa|gen (der, -s, -) (Kurzw.) Übertragungswagen.
u. Z. (Abk.) **u**nsere(r) **Z**eitrechnung.
u. zw. (Abk.) **u**nd **zw**ar.

V

v (Abk.) Geschwindigkeit (Physik).
V (Abk.) Volt; Volumen; 5 (römisches Zahlzeichen).
v. (Abk.) von; vom; vor.
V. (Abk.) **V**ers.
VA (Abk.) Voltampere.
v. a. (Abk.) vor allem.
Vaˈbanqueˈspiel (das, -s, kein Plural) Wagnis; Risiko. Er hat Vabanque gespielt/va banque gespielt.
vaˈcat (Adv.) (lat.) es fehlt; nichts ist vorhanden. Fachausdruck in der Buchherstellung für leer bleibende Seite.
Vacheˈleˈder (das, -s, -) (franz.) Rindsleder.
vacheˈleˈdern (Adj.) (franz.) aus Rindsleder gefertigt.
vaˈcilˈlanˈdo (Adv.) (ital.) schwankend; Vortragsanweisung (Musik).
Vaˈdeˈmeˈcum (das, -s, -s) (lat.) kleiner Ratgeber (in Buchform).
Vaˈdiˈum (das, -s, -diˈen) symbolisches Pfand im alten deutschen Recht.
vaˈdos (Adj.) (lat.) versickert, in der Erdkruste zirkulierend (von Oberflächenwasser).
vae vicˈtis! (lat.) wehe den Besiegten!
Vaˈgaˈbund (der, -en, -en) Landstreicher. Vagabundentum.
Vaˈgaˈbunˈdenˈleˈben (das, -s, kein Plural) nicht sesshafte, herumstreifende Lebensweise.
vaˈgaˈbunˈdieˈren (V.) als Vagabund leben; herumstreifen.
Vaˈgant (der, -en, -en) (lat.) umherziehender Sänger (im Mittelalter); trinkfreudiger Straßenliterat.
vaˈge (Adj.) ungenau; zweifelhaft.
Vagˈheit (die, -, -en) Unbestimmtheit; Zweifelhaftigkeit.
Vaˈgiˈna (die, -, -nen) (lat.) weibliche Scheide.
vaˈgiˈnal (Adj.) die Scheide betreffend.
Vaˈgiˈnisˈmus (der, -s, -men) Scheidenkrampf.
Vaˈgiˈniˈtis (die, -, -tiˈden) (lat.-griech.) Scheidenentzündung.
Vaˈgus (der, -, kein Plural) (lat.) der zehnte Gehirnnerv.
vaˈkant (Adj.) offen; unbesetzt.
Vaˈkanz (die, -, -en) 1. freie Stelle; 2. Ferien; Urlaub.
Vaˈkat (das, -/-s, -s) (lat.) leere Seite (eines Druckbogens).
Vaˈkuˈblitz (der, -es, -e) Elektronenblitz.
Vaˈkuˈoˈle (die, -, -n) (franz.) Zellplasmabläschen, das mit Flüssigkeit angefüllt ist (z. B. bei Einzellern).
Vaˈkuˈum (das, -s, -kuˈen/-kua) (lat.) luftleerer Raum; Leere.
Vaˈkuˈumˈbremˈse (die, -, -en) Unterdruckbremse.
Vaˈkuˈumˈmesˈser (der, -s, -) Unterdruckmesser.
Vaˈkuˈumˈpumˈpe (die, -e, -n) Saugpumpe.
vaˈkuˈumˈverˈpackt (Adj.) in luftleerer Umhüllung verpackt.
Vakˈzin (das, -s, -e) Impfstoff.
Vakˈziˈnaˈtiˈon (die, -, -tiˈoˈnen) (lat.) Schutzimpfung.
vakˈziˈnieˈren (V.) impfen.
Vakˈziˈnieˈrung (die, -, -en) Schutzimpfung.
vaˈle! (Interj.) (lat.) lebe wohl.
Vaˈlenz (die, -, -en) (lat.) 1. in der Chemie die Wertigkeit; 2. in der Biologie Kraft; Stärke; Widerstandsfähigkeit; 3. in der Sprachwissenschaft Eigenschaft eines Verbs, mit anderen Satzteilen eine ergänzende Verbindung herzustellen. Valenzelektronen.
Vaˈleˈriˈaˈna (die, -, -nen) (lat.) Baldrian (als Heilpflanze).
Vaˈlet (das, -s, -s) (lat.) das Lebewohl.
vaˈlid (Adj.) (franz.) genau; gültig; wirkungsvoll. ein valides Verfahren zur wissenschaftlichen Aussagenbildung.
vaˈliˈdieˈren (V.) die Aussagekraft feststellen.
Vaˈliˈdiˈtät (die, -, kein Plural) das Validsein.
Vaˈloˈren (die, nur Plural) (lat.) Wertgegenstände.
Vaˈloˈrenˈverˈsiˈcheˈrung (die, -, -en) Versicherung von Wertgegenständen.
Vaˈloˈriˈsaˈtiˈon (die, -, -tiˈoˈnen) (lat.) Aufwertung; Preisanhebung.
vaˈloˈriˈsieˈren (V.) aufwerten; den Preis anheben.
Vaˈloˈriˈsieˈrung (die, -, kein Plural) (lat.) Valorisation.
Valˈpoˈliˈcelˈla (der, -/-s, -s) italienischer Rotwein aus dem Gardaseegebiet.
Vaˈluˈta (die, -, -ten) (ital.) fremde Währung. Valutaanlage; Valutaklausel; Valutamark.
Vaˈluˈtaˈkreˈdit (der, -s, -e) Kredit in fremder Währung.
Valˈvaˈtiˈon (die, -, -tiˈoˈnen) (franz.) Wertbestimmung (im Finanzwesen).
Vamp (der, -s, -s) (engl.) kühl berechnende, erotische Frau.
Vamˈpir (der, -s, -e) Blutsauger; Fledermausart. Vampirismus.
Vaˈnaˈdin (*auch:* Vaˈnaˈdiˈum) (das, -s, kein Plural) (nlat.) ein Element; Hartmetall.
Vaˈnilˈle (die, -, kein Plural) (franz.) Pflanze; Gewürz. Vanilleeis; Vanillepudding; Vanillesoße (*auch:* Vanillesauce); Vanillezucker.
Vaˈnilˈlin (das, -, kein Plural) Aroma- und Riechstoff.
Vaˈnillˈkipˈferl (das, -s, -) (österr.) süßes Gebäck mit Vanille.
Vaˈpoˈriˈmeˈter (der, -s, -) (lat.) Instrument zur Bestimmung des Alkoholgehaltes in Flüssigkeiten.
Vaˈpoˈriˈsaˈtiˈon (die, -, -tiˈoˈnen) das Vaporisieren.
vaˈpoˈriˈsieˈren (V.) (lat.) 1. verdampfen; 2. den Alkoholgehalt bestimmen.
Vaˈqueˈro (der, -/-s, -s) (span.) nordamerikanischer Rinderhirt; Cowboy.
var. (Abk.) **Var**ietät (Fachbegriff in der Biologie).
VAR (Abk.) Vereinigte Arabische Republik.
Vaˈria (die, nur Plural) (lat.) Verschiedenes (z. B. Bücher über Wissensgebiete, die sich nicht den Großgruppen zuordnen lassen).
vaˈriˈaˈbel (Adj.) (franz.) veränderlich; abwandelbar; beweglich; veränderbar; wandelbar.
Vaˈriˈaˈbiˈliˈtät (die, -, kein Plural) Veränderlichkeit.
Vaˈriˈaˈbˈle (die, -, -n) in der Mathematik eine veränderliche Größe.
vaˈriˈant (Adj.) (franz.) veränderlich (unter bestimmten Voraussetzungen).
Vaˈriˈanˈte (die, -, -n) (lat.) Abweichung; Abart; Version.

va|ri|an|ten|reich (Adj.) reich an Abwandlungen.
Va|ri|a|ti|on (die, -, -en) 1. Abwandlung; Veränderung; 2. in der Biologie Abweichung vom Typus; 3. astronomischer Fachausdruck für die Störung des Mondumlaufs durch Erdanziehung; 4. in der Musik Abwandlung eines Themas. variationsfähig.
Va|ri|a|ti|ons|rech|nung (die, -, -en) Teilgebiet der Mathematik.
Va|ri|anz (die, -, -en) (franz.) Merkmalsstreuung.
Va|ri|e|tät (die, -, -en) geringfügiger Merkmalsunterschied; Spielart. die rote und die schwarze Varietät des Eichhörnchens.
Va|ri|e|té (*auch:* Va|ri|e|tee) (das, -s, -s) (franz.) Unterhaltungstheater.
Va|ri|e|té|the|a|ter (*auch:* Va|ri|e|tee|the|a|ter) Theater mit akrobatischen, musikalischen und tänzerischen Vorführungen.
va|ri|ie|ren (V.) (lat.) unterschiedlich sein; abweichen; abwandeln. Variationsbreite; Variationsmöglichkeit.
va|ri|kös (Adj.) mit Varizen; krampfaderähnlich.
Va|ri|o|la (die, -, -lä/-len) (lat.) Pocken.
Va|rio|me|ter (das, -s, -) (lat.) 1. Luftdruckmesser; 2. Apparat zur Aufzeichnung von Schwankungen des Erdmagnetismus; 3. Spule zur Frequenzbestimmung.
Va|ri|ty|per (der, -s, -) (engl.) Setzmaschine.
Va|ri|ze (die, -, -n) (lat.) Krampfader.
Va|ri|zel|len (die, nur Plural) (lat.) Windpocken.
va|sal (Adj.) (lat.) zu den Blutgefäßen.
Va|sall (der, -s, -en) (franz.) Unfreier; Gefolgsmann.
Va|sal|len|staat (des, -s, -en) (franz.) politisch abhängiger Staat.
Va|sal|len|tum (das, -s, kein Plural) Abhängigkeitsverhältnis eines Vasallen.
va|sal|lisch (Adj.) auf das Vasallentum oder den Vasallen bezogen.
Va|sal|li|tät (die, -, kein Plural) Dienstverhältnis eines Vasallen zum Lehnsherrn im Mittelalter.
Väs|chen (das, -s, -) (franz.) kleine Vase.
Va|se (die, -, -n) (franz.) Gefäß.
va|sen|för|mig (Adj.) in der Form einer Vase.
Va|sen|ma|le|rei (die, -, -en) künstlerisches Bemalen (vor allem im antiken Griechenland) einer Vase.
Va|s|ek|to|mie (die, -, -n) (lat.-griech.) Sterilisation des Mannes.
Va|se|lin (*auch:* die Va|se|li|ne) (das, -s, kein Plural) (Kunstw.) Salbe.
vas|ku|lär (Adj.) (lat.) zu einem (Blut-, Lymph-)Gefäß gehörig.
Va|so|di|la|ta|ti|on (die, -, kein Plural) (lat.) Erweiterung der Blutgefäße.
Va|so|kon|s|t|rik|ti|on (die, -, kein Plural) (lat.) Verengung der Blutgefäße.
Va|so|mo|to|ren (die, -, nur Plural) (lat.) Gefäßnerven.
va|so|mo|to|risch (Adj.) die Gefäßnerven betreffend.
Va|so|neu|ro|se (die, -, -n) (lat.-griech.) Erkrankung der Blutgefäße durch Überempfindlichkeit der Gefäßnerven.
Va|so|pres|sin (das, -, kein Plural) (lat.) Hormon, das die Wasserrückgewinnung in den Nieren reguliert.
Va|so|to|mie (die, -, -n) (lat.) Durchschneidung des Samenleiters zur Unfruchtbarmachung.
Vas|ta|ti|on (die, -, -ti|o|nen) (lat.) Verwüstung.
Va|ter (der, -s, Vä|ter) 1. Mann, der ein Kind hat; Ernährer; Erzeuger; Familienvater; Familienoberhaupt; 2. Beschützer; Vorsteher; 3. Geistlicher (Pater). Der Wunsch ist der Vater des Gedankens. Vater Staat; der himmlische Vater (Gott). Ach du dicker Vater! (ugs.) (Ausdruck komischer Verzweiflung). zu den Vätern heimgehen (sterben). Vaterbild; Vaterfigur; Vatermord.
Vä|ter|chen (das, -s, -) Verkleinerungsform von Vater. Väterchen Frost.
Va|ter|freu|den (die, -, nur Plural) Vaterfreuden entgegensehen (bald Vater werden). In drei Monaten sieht Onkel Fritz Vaterfreuden entgegen.
Va|ter|haus (das, -es, -häu|ser) Elternhaus.
Va|ter|land (das, -s, -län|der) Heimatland.
va|ter|län|disch (Adj.) das Vaterland betreffend; patriotisch.
Va|ter|lands|lie|be (die, -, kein Plural) die Liebe zum Heimatland; Patriotismus; Vaterlandssinn. Vaterlandsverteidiger; vaterlandsliebend.
vä|ter|lich (Adj.) 1. den Vater betreffend. Er hat das väterliche Geschäft übernommen. 2. mit dem Wesen eines Vaters. Er ist mir ein väterlicher Freund.
vä|ter|li|cher|seits (Adj.) vom Vater her. Väterlicherseits ist meine Mutter großbürgerlicher Abstammung.
Vä|ter|lich|keit (die, -, kein Plural) beschützendes, umsorgendes Verhalten. Seine Väterlichkeit berührt mich immer wieder.
va|ter|los (Adj.) ohne Vater. Viele Kinder sind nach dem Krieg vaterlos aufgewachsen.
Va|ter|mör|der (der, -s, -) ein steifer, hoher Herrenhemdkragen in der Biedermeierzeit.
Va|ter|schaft (die, -, kein Plural) 1. rechtlicher Stand des Vaters zu seinem Kind. Er hat die Vaterschaft nach dem eindeutigen Nachweis anerkennen müssen. 2. natürlicher Stand. Die neu erworbene Vaterschaft bekommt ihm sehr gut. Vaterschaftsbestimmung.
Va|ter|schafts|kla|ge (die, -, -n) Klage auf Feststellung der Vaterschaft.
Va|ter|schafts|nach|weis (der, -es, -e) Beweis der Vaterschaft durch biochemische Verfahren; Vaterschaftsbestimmung.
Va|ter|stadt (die, -, -städ|te) Geburts- und Heimatstadt.
Va|ter|tag (des, -es, -e) wird am Feiertag Christi Himmelfahrt begangen.
Va|ter|un|ser (das, -, kein Plural) Gebet des Herrn aus dem Neuen Testament. *Beachte:* Vater unser, der du bist im Himmel.
Va|ti (der, -s, -s) (ugs.) Koseform von »Vater«.
Va|ti|kan (der, -s, kein Plural) Papstresidenz; päpstliche Regierung. Vatikanstaat.
va|ti|ka|nisch (Adj.) den Vatikan betreffend. *Aber:* das Vatikanische Konzil.
Va|ti|kan|pa|last (der, -es, kein Plural) (lat.) Residenz des Papstes.
Va|ti|ka|num (das, -s, kein Plural) allgemeines Konzil der katholischen Kirche, das im Vatikan stattfindet.
V-Aus|schnitt (der, -s, -e) V-artiger (*auch:* v-artiger) Ausschnitt (Pullover).

v. Chr. (Abk.) vor Christus.

v. d. (Abk.) vor der.

VDE (Abk.) Verband Deutscher Elektrotechniker. Das Gerät ist VDE-geprüft.

VDI (Abk.) Verein Deutscher Ingenieure.

VdK (Abk.) Verband der Kriegs- und Wehrdienstopfer, Behinderten und Sozialrentner.

VDS (Abk.) Vereinigte Deutsche Studentenschaften.

VEB (Abk.) **V**olks**e**igener **B**etrieb (in der ehemaligen DDR).

Ve|det|te (die, -, -n) (franz.) Hauptrolle; Star (früher vorgeschobener Kavallerieposten).

Ve|du|te (die, -, -n) (ital.) naturgetreues Bild von einer Stadt; Stadtansicht.

Ve|du|ten|ma|le|rei (die, -, -en) (ital.) Malen von Stadtansichten.

Ve|ga|ner (der, -s, -) (engl.) Vegetarier, der auch auf Eier und Milchprodukte verzichtet.

ve|ge|ta|bil (Adj.) = vegetabilisch.

Ve|ge|ta|bi|li|en (die, nur Plural) (lat.) essbare Pflanzen(teile).

ve|ge|ta|bi|lisch (Adj.) zu den Vegetabilien gehörig.

Ve|ge|ta|ri|er (der, -s, -) (lat.) jemand, der nur pflanzliche Nahrung zu sich nimmt; Körnerfresser; Pflanzenköstler; Rohköstler.

ve|ge|ta|risch (Adj.) (lat.) pflanzlich. Sie ernähren sich vegetarisch. Ich lebe seit Kurzem vegetarisch.

Ve|ge|ta|ris|mus (der, -, kein Plural) (lat.) ausschließlich pflanzliche Ernährung.

Ve|ge|ta|ti|on (die, -, -ti|o|nen) (lat.) Flora; Pflanzenwelt; Pflanzenwuchs.

Ve|ge|ta|ti|ons|brauch (der, -es, -bräu|che) Fruchtbarkeitszauber, der ein besseres Wachstum der Vegetation bewirken soll.

Ve|ge|ta|ti|ons|ge|biet (das, -s, -e) (lat.) Gebiet mit typischer Kombination von Pflanzengattungen.

Ve|ge|ta|ti|ons|pe|ri|o|de (die, -, -n) (lat.) Zeit des jährlichen Wachstums.

Ve|ge|ta|ti|ons|punkt (der, -s, -e) (lat.) Ausgangspunkt des Wachstums von Pflanzen.

ve|ge|ta|tiv (Adj.) (lat.) 1. pflanzlich; 2. unbewusst (Nerven). *Beachte:* vegetatives Nervensystem.

ve|ge|tie|ren (V.) (lat.) dahinsiechen.

ve|he|ment (Adj.) heftig.

Ve|he|menz (die, -, kein Plural) Heftigkeit.

Ve|hi|kel (das, -s, -) (franz.) altes Fahrzeug.

Vei|gerl (das, -s, -) (südd.) Veilchen.

Veil|chen (das, -s, -) Blume. Veilchenduft; Veilchenstrauß.

veil|chen|blau (Adj.) in der Farbe eines Veilchens.

Veits|tanz (der, -es, kein Plural) Nervenerkrankung mit Bewegungsstörungen.

Vek|tor (der, -s, -en) (lat.) mathematische Größe. Vektorrechnung; vektoriell.

Vek|tor|gra|fik (*auch:* Vek|tor|gra|phik) (die, -, -en) grafische Darstellung am PC durch Vektorberechnung.

Vek|tor|kar|dio|gra|fie (*auch:* Vek|tor|kar|diogra|phie) (lat.-griech.) besonderes Aufzeichnungsverfahren eines Elektrokardiogramms.

Vek|tor|rech|ner (der, -s, -) Koordinatenwandler.

Vek|tor|zeich|nung (die, -, -en) grafische (*auch:* graphische) Darstellung eines Vektors.

ve|lar (Adj.) (lat.) am Gaumensegel gebildet.

Ve|lar (der, -s, -e) (lat.) Gaumensegellaut (z. B. das »ch« in Docht).

Ve|lo (das, -s, -s) (franz.) Fahrrad (Schweiz).

ve|lo|ce (Adv.) (ital.) schnell (bei Musikstücken).

Ve|lo|drom (das, -s, -e) (lat.-griech.) Hallenradrennbahn mit höher gebauten Kurvenrändern.

Ve|lours (der/das, -, -) (franz.) samtartiger Stoff. Veloursleder; Veloursteppich.

Ve|lo|zi|ped (das, -s/-es, -e) (franz.) Fahrrad.

Ve|lo|zi|tät (die, -, kein Plural) (lat.) 1. Geschwindigkeit; 2. Elan.

Vel|pel (der, -s, -) (ital.) (*auch:* Fel|bel) Plüsch.

Ve|lum (das, -s, -la) (lat.) 1. Schultertuch kath. Priester; Tuch zum Bedecken der Abendmahlsgeräte; 2. weicher Gaumen; Gaumensegel; 3. Stiel und Hut bedeckende Hülle (junger Blätterpilze).

Ve|lum|spal|te (die, -, -n) (lat.) medizinischer Fachbegriff für Gaumenspalte.

Vel|vet (der/das, -s, -s) (engl.) Baumwollsamt.

Vel|ve|ton (das, -s, -s) (engl.) Samtimitation.

Ven|det|ta (die, -, -ten) (ital.) sizilianische Blutrache.

Ve|ne (die, -, -n) (lat.) Blutader (zum Herzen führend).

Ve|nen|ent|zün|dung (die, -, -en) entzündliche Veränderung einer oder mehrerer Venen.

ve|ne|ra|bel (Adj.) (franz.) ehrwürdig.

Ve|ne|ra|bi|le (das, -s, kein Plural) (lat.) in der katholischen Kirche die geweihte (konsekrierte) Hostie.

Ve|ne|ra|ti|on (die, -, -en) (lat.) Verehrung (veraltet).

ve|ne|risch (Adj.) eine Geschlechtskrankheit betreffend (nach der Liebesgöttin Venus).

Ve|ne|zi|a|ner (der, -s, -) Einwohner von Venedig (Stadt an der ital. Adriaküste).

ve|ne|zi|a|nisch (Adj.) zu Venedig gehörig.

Ve|ne|zo|la|ner (der, -s, -) Einwohner Venezuelas; venezolanisch.

Ve|ne|zu|e|la (ohne Art., -s, kein Plural) Staat an der Nordwestküste Südamerikas. Venezueler; venezuelisch.

ve|nös (Adj.) (lat.) die Venen betreffend.

Ven|til (das, -s, -e) (lat.) Verschluss; Luftklappe; Drossel; Hahn; Klappe; Verschluss. Der Sport ist für ihn ein Ventil, um seine Aggressionen abzureagieren. Ventilgummi; Ventilkolben; Ventilspiel; Ventilsteuerung.

Ven|ti|la|ti|on (die, -, -en) (lat.) Lüftung.

Ven|ti|la|tor (der, -s, -en) Lüfter; Gebläse; Luftumwälzer; Rotor.

ven|ti|lie|ren (V.) (lat.) 1. lüften; 2. sorgfältig erwägen.

Ven|ti|lie|rung (die, -, -en) (lat.) das Abwägen.

ven|tral (Adj.) (lat.) den Bauch betreffend.

Ven|tri|kel (der, -s, -) Herz-, Hirnkammer.

ven|tri|ku|lar (Adj.) (lat.) zum Ventrikel gehörig; kammerförmig.

Ven|t|ri|lo|quist (der, -en,-quis|ten) (lat.) Bauchredner.
Ven|tu|ri|rohr (das, -es, -e) nach dem Physiker G. B. Venturi benanntes Messinstrument für Durchflussgeschwindigkeiten von Flüssigkeiten und Gasen.
Ve|nus (die, -, kein Plural) 1. römische Göttin der Liebe, (griech.) Aphrodite; 2. Planet. Venussonde.
Ve|nus|berg (der, -s, -e) 1. weiblicher Schamhügel; 2. Name verschiedener deutscher Berge; 3. Berg bei Parsifal & Tannhäuser v. Wagner.
Ve|nus|durch|gang (der, -s, -gän|ge) Vorüberzug des Planeten Venus vor der Sonnenscheibe.
Ve|nus|flie|gen|fal|le (die, -, -n) insektenfressendes Sonnentaugewächs.
Ve|nus|haar (des, -s, -e) ein Zierfarn.
Ve|nus|schuh (der, -s, kein Plural) eine Orchidee.
ver|aa|sen (V.) (ugs.) vergeuden.
ver|ab|fol|gen (V.) geben; liefern.
ver|ab|re|den (V.) 1. abmachen; vereinbaren. Sie verabredeten absolutes Stillschweigen. 2. (V., refl.) ein Treffen vereinbaren; sich treffen. Sie verabredeten sich für morgen. verabredetermaßen.
Ver|ab|re|dung (die, -, -en) Abmachung; Vereinbarung; Rendezvous; Stelldichein; Treff; Treffen.
ver|ab|rei|chen (V.) etwas jemandem geben; eingeben; verabfolgen. Die Krankenschwester verabreichte dem Patienten stark wirkende Tropfen. Die Mutter verabreichte ihrem Sohn eine Tracht Prügel.
ver|ab|säu|men (V.) etwas unterlassen; versäumen.
ver|ab|scheu|en (V.) verachten; sich ekeln. Verabscheuung.
ver|ab|scheu|ens|wert (Adj.) verabscheuungswürdig.
ver|ab|scheu|ungs|wür|dig (Adj.) verachtenswert; abscheulich; niederträchtig. verabscheuungswürdiges Handeln.
ver|ab|schie|den 1. (V.) entlassen. Der General wird feierlich verabschiedet. 2. ein Gesetz beschließen. Das Gesetz wird in Kürze verabschiedet. 3. (V., refl.) sich trennen. Die Brautleute verabschiedeten sich zärtlich voneinander.
Ver|ab|schie|dung (die, -, -en) 1. Versetzung in den Ruhestand. Er nimmt seinen Abschied. 2. Inkraftreten eines Gesetzes; 3. Lebewohl sagen.
ver|ab|so|lu|tie|ren (V.) als allgemeingültig ansehen. Diese Erfahrung kann man nicht verabsolutieren.
ver|ach|ten (V.) gering schätzen; ablehnen; verschmähen; gering achten; herabsehen. Seine Leistungen sind nicht zu verachten (sie sind gut.).
ver|ach|tens|wert (Adj.) verabscheuungswürdig.
Ver|äch|ter (der, -s, -) jemand, der etwas ablehnt, verachtet.
ver|ächt|lich (Adj.) abfällig. Er redete verächtlich über seinen Chef.
ver|ächt|lich ma|chen (Adj.,V., machte verächtlich, hat verächtlich gemacht) herabsetzen. Er machte im Kollegenkreis seine Mitarbeiterin häufig verächtlich.
Ver|ächt|lich|ma|chung (die, -, -en) Herabsetzung.
Ver|ach|tung (die, -, kein Plural) Ablehnung; Geringschätzung.
ver|al|bern (V.) jemanden necken; jemanden zum Narren halten.
ver|all|ge|mei|nern (V.) auf alles anwenden; alles über einen Kamm scheren; generalisieren; schablonisieren; simplifizieren; verabsolutieren; vergröbern.
Ver|all|ge|mei|ne|rung (die, -, -en) Zusprechen allgemeiner Gültigkeit; Generalisierung; Schematisierung; Vereinfachung; Vergröberung.
ver|al|ten (V.) außer Gebrauch kommen; aus der Mode kommen.
ver|al|tet (Adj.) nicht mehr zeitgemäß; altmodisch.
Ve|ran|da (die, -, -ran|den) (engl.) überdachte Terrasse.
ve|ran|da|ar|tig (Adj.) in Form einer Veranda.
Ve|ran|da|dach (das, -s, -dä|cher) Dach über einer Terrasse.
ver|än|der|bar (Adj.) etwas ist umzugestalten; variabel. Die Couch ist veränderbar.
ver|än|der|lich (Adj.) labil; wechselhaft; unbeständig; variabel. veränderliche Bewölkung.
Ver|än|der|li|che (die, -, -n) in der Mathematik eine Größe, die unterschiedliche Werte haben kann; Variable.
Ver|än|der|lich|keit (die, -, kein Plural) Wechselhaftigkeit.
ver|än|dern (V.) 1. umwandeln; umgestalten; variieren; 2. (V., refl.) anders werden; sich wandeln; sich weiterentwickeln. Der Bart verändert ihn sehr. Ich habe mich gegenüber früher verändert. Ich will mich verändern (ich will die Arbeitsstelle/den Wohnort wechseln).
Ver|än|de|rung (die, -, -en) Umwandlung; Wandel; Variation. Luftveränderung.
ver|ängs|ti|gen (V.) jemanden einschüchtern; in Angst versetzen.
ver|ängs|tigt (Adj.) eingeschüchtert; voller Angst.
ver|an|kern (V.) im Untergrund befestigen; festschreiben. Unser Recht ist im Grundgesetz verankert.
Ver|an|ke|rung (die, -, -en) Befestigung im Untergrund.
ver|an|la|gen (V.) Steuern festsetzen.
ver|an|lagt (Adj.) befähigt; begabt. Er ist gut/schlecht veranlagt.
Ver|an|la|gung (die, -, -en) 1. Begabung; Charaktereigenschaft; 2. Steuerfestsetzung.
ver|an|las|sen (V.) anordnen; anregen; initiieren; etwas ins Rollen bringen.
Ver|an|las|ser (der, -s, -) jemand, der etwas veranlasst; Initiator.
Ver|an|las|sung (die, -, kein Plural) 1. das Anordnen; das Veranlassen. Auf Veranlassung unseres Geschäftsführers haben wir die Werbemaßnahmen abgebrochen. 2. Anlass; Beweggrund. Ich habe keine Veranlassung, misstrauisch gegen sie zu sein.
ver|an|schau|li|chen (V.) deutlich machen; demonstrieren; illustrieren; konkretisieren; vor Augen führen.
Ver|an|schau|li|chung (die, -, kein Plural) Verdeutlichung; Bild; Darstellung; Demonstration; Illustrierung.
ver|an|schla|gen (V.) berechnen; abschätzen. Die Kosten wurden zu niedrig veranschlagt.
Ver|an|schla|gung (die, -, kein Plural) Berechnung; Schätzung.
ver|an|stal|ten (V.) durchführen; abhalten; arrangieren; ausrichten; austragen; halten; geben; organisieren.

Ver|an|stal|ter (der, -s, -) jemand, der eine Veranstaltung durchführt; Organisator.
Ver|an|stal|tung (die, -, -en) 1. das Veranstalten; Arrangement; Arrangierung; Durchführung; Inszenierung; Organisierung; 2. Darbietung; Fest; Festival; Konzert; Session.
Ver|an|stal|tungs|ka|len|der (der, -s, -) Aufstellung aller Veranstaltungen nach Datum geordnet.
ver|ant|wor|ten (V.) 1. haftbar sein. Ich habe es zu verantworten. (Ich stehe für die Folgen ein.). 2. sich rechtfertigen. Er musste sich vor Gericht verantworten.
ver|ant|wort|lich (Adj.) für etwas die Verantwortung tragen. Man macht mich für die Fehler anderer verantwortlich. (Man gibt mir die Schuld an den Fehlern anderer.). Die Verantwortlichen müssen den Kopf für andere hinhalten. Er ist für die korrekte Durchführung der Aufgabe verantwortlich.
Ver|ant|wort|lich|keit (die, -, kein Plural) Haftbarkeit; Zuständigkeit. Das Versicherungsressort fällt in seine Verantwortlichkeit.
Ver|ant|wor|tung (die, -, kein Plural) 1. Verantwortlichkeit; 2. Haftung. Dafür übernehme ich keine Verantwortung.
ver|ant|wor|tungs|be|wusst (Adj.) sich seiner Verantwortung bewusst. verantwortungsbewusstes Handeln. verantwortungsfreudig.
Ver|ant|wor|tungs|be|wusst|sein (das, -s, kein Plural) Verantwortungsgefühl.
Ver|ant|wor|tungs|ge|fühl (das, -s, kein Plural) Pflichtbewusstsein; Verantwortungsbewusstsein; Gewissenhaftigkeit; Pflichtgefühl; Pflichttreue.
ver|ant|wor|tungs|los (Adj.) ohne Bewusstsein über die Folgen des Handelns. Diese Leute handeln verantwortungslos.
Ver|ant|wor|tungs|lo|sig|keit (die, -, kein Plural) ohne Verantwortungsbewusstsein.
ver|ant|wor|tungs|voll (Adj.) 1. Verantwortungsgefühl besitzend. Der Omnibusfahrer verhielt sich verantwortungsvoll. 2. Verantwortung fordernd. Sie bekam eine verantwortungsvolle Aufgabe.
ver|äp|peln (V.) (ugs.) verspotten; veralbern; necken.
ver|ar|bei|ten (V.) verwerten; sich geistig mit etwas beschäftigen. Diese vielen Eindrücke muss ich erst einmal verarbeiten. Verarbeitbarkeit; verarbeitbar.
Ver|ar|bei|tung (die, -, -en) Herstellung von Waren aus Rohstoffen und Materialien. Das Kleid ist schlecht verarbeitet. Verarbeitungsindustrie.
ver|ar|gen (V.) verübeln. Das sollte man ihm nicht verargen.
ver|är|gern (V.) jemanden ärgerlich machen. Ich bin über dein Verhalten sehr verärgert.
Ver|är|ge|rung (die, -, kein Plural) Ärger.
ver|ar|schen (V.) (ugs.) für dumm verkaufen; necken.
ver|arz|ten (V.) (ugs.) behandeln; bedienen.
Ver|arz|tung (die, -, -en) Behandlung kleiner Unpässlichkeiten. Ich habe mich schnell selber verarztet.
ver|äs|teln (V., refl.) sich gabeln. Äste verästeln sich.
Ve|ra|t|rin (das, -, kein Plural) (lat.) Alkaloidgemisch im Samen des Sabadills.
ver|aus|ga|ben (V.) 1. ausgeben. Er hat viel Geld verausgabt. 2. (V., refl.) sich erschöpfen. Finanziell habe ich mich verausgabt. Bei der ungewohnten Anstrengung habe ich mich völlig verausgabt.
Ver|aus|ga|bung (die, -, kein Plural) Erschöpfung.
ver|äu|ßern (V.) verkaufen.
ver|äu|ßer|lich (Adj.) verkäuflich.
ver|äu|ßer|li|chen (V.) oberflächlich machen oder werden.
Ver|äu|ße|rung (der, -, -en) Verkauf.
Verb (*auch:* Ver|bum) (das, -s, -en) (lat.) Zeitwort (*auch:* Tuwort, Tunwort).
ver|bal (Adj.) (lat.) 1. auf das Verb bezogen; 2. mündlich, wörtlich. Seine verbalen Attacken stören mich sehr. Verbalnote; Verbalstil; Verbalsubstantiv; verbalistisch.
Ver|bal|ad|jek|tiv (das, -s, -e) von einem Verb abgeleitetes Adjektiv, z. B. zahlbar; Verbform, die als Adjektiv verwendet wird, z. B. leuchtend (Partizip).
Ver|bal|in|ju|rie (die, -, -n) (lat.) Beleidigung durch Worte.
ver|ba|li|sie|ren (V.) (lat.) in Worte fassen; ein Geschehen schildern; zum Ausdruck bringen. Verbalisierung.
Ver|ba|lis|mus (der, -s, kein Plural) (lat.) ausgeprägte Neigung, dem Wort mehr Bedeutung beizumessen als den Dingen.
Ver|ba|list (der, -en, -en) (lat.) jemand, der sich übermäßig stark an das Wort klammert.
ver|ba|li|ter (Adv.) (lat.) wörtlich.
Ver|bal|kon|kor|danz (die, -, -en) Konkordanz mit einem alphabetischen Verzeichnis gleicher oder ähnlicher Wörter oder Textstellen.
Ver|bal|kon|trakt (der, -s, -e) Vertrag in mündlicher Form.
ver|ball|hor|nen (V.) entstellen; verdrehen; (ugs.) verschlimmbessern (nach dem Buchdrucker Ballhorn). verballhornte Worte.
Ver|ball|hor|nung (die, -, -en) Entstellung; vermeintliche Verbesserung.
Ver|bal|no|men (das, -s, -/no|mi|na) durch das Verb gebildetes Nomen.
Ver|bal|no|te (die, -, -n) (lat.) mündlich zu übermittelnde, vertrauliche diplomatische Note.
Ver|bal|phra|se (die, -, -n) Wortgruppe, bestehend aus einem Verb und von ihm abhängigen Satzgliedern, z. B. kam schnell zu ihm (Sprachwissenschaft).
Ver|band (der, -s, -bän|de) 1. Binde; Bedeckung oder Umhüllung eines kranken oder verletzten Körperteils; 2. Verbindung; Verein. Verbandskasse; Verbandsleiter; Verbandsvorsitzende; Verbandsvorstand.
Ver|band(s)|kas|ten (der, -s, -käs|ten) Behälter mit Erste-Hilfe-Material.
Ver|band(s)|ma|te|ri|al (das, -s, -ma|te|ri|a|li|en) Gegenstände zum Anlegen eines Wundverbandes.
Ver|band(s)|stoff (der, -s, -e) Stoff, aus dem ein Verband besteht.
Ver|band(s)|zeug (das, -s, kein Plural) Verbandsmaterial. Verband(s)watte.
ver|ban|nen (V.) ausstoßen; ächten. Napoleon wurde auf eine Insel verbannt.
Ver|ban|nung (die, -, kein Plural) Ächtung; Ausstoßung. Der Dissident wurde in die Verbannung geschickt.

Verˈbärˈmis (das, -, kein Plural) (schweiz.) Erbarmen.
verˈbarˈriˈkaˈdieˈren (V.) versperren; sich schützen.
Verˈbarˈriˈkaˈdieˈrung (die, -, -en) mit Barrikaden absperren, schützen.
verˈbauˈen (V.) 1. etwas zum Bauen verwenden (Geld, Holz, Ziegel usw.). Er hat sein ganzes Geld verbaut. 2. jemandem durch ein Haus die Aussicht versperren. Man hat uns die Aussicht verbaut. die Zukunft verbauen (Zukunftsmöglichkeiten nehmen). Ich habe mir durch die frühe Heirat meine Zukunft verbaut. 3. fehlerhaft bauen. Sein Haus wurde verbaut. 4. (österr.) mit Häusern bebauen.
verˈbauˈern (V.) geistig träge werden. Verbauerung.
Verˈbauˈung (die, -, -en) bauliche Schutz- und Verschönerungsmaßnahmen von Gewässerrändern.
verˈbeiˈßen (V., verbiss, hat verbissen) unterdrücken; sich festbeißen; sich verrennen.
verˈbelˈlen (V.) in der Jägersprache das Standortmelden von Wild durch den Hund.
Verˈbeˈne (die, -, -n) (lat.) Eisenkraut.
verˈberˈgen (V., verbarg, hat verborgen; ich verberge, du verbirgst) verstecken. Verbergung.
verˈbesˈsern (V.) korrigieren; ausbessern; besser werden.
Verˈbesˈseˈrung (*auch:* Verˈbessˈrung) Berichtigung. Verbesserungsvorschlag.
verˈbeuˈgen (V.) sich verneigen.
Verˈbeuˈgung (die, -, -en) Verneigung.
verˈbieˈgen 1. (V., verbog, hat verbogen) etwas falsch biegen; etwas krumm machen; 2. (V., refl.) etwas wird krumm; 3. im übertragenen Sinn gegen seine Natur handeln. Auch wenn der Chef sich auf den Kopf stellt, ich lasse mich nicht verbiegen.
verˈbiesˈtert (Adj.) (ugs.) verärgert.
verˈbieˈten (V., verbot, hat verboten) nicht erlauben. Verbot.
verˈbilˈden (V.) jemanden verderben durch schlechte Erziehung.
Verˈbilˈdung (die, -, -en) Missgestaltung; schlechte Form.
verˈbilˈliˈgen (V.) etwas preisgünstiger machen.
verˈbilˈligt (Adj.) billiger angeboten. verbilligte Eintrittskarte.
verˈbimˈsen (V.) (ugs.) jemanden verprügeln.
verˈbinˈden (V., verband, hat verbunden) verknüpfen; zusammenbringen; sich zusammentun; Verband anlegen. Verbindungslinie.
verˈbindˈlich (Adj.) liebenswürdig; verpflichtend.
Verˈbindˈlichˈkeit 1. (die, -, kein Plural) Höflichkeit; 2. Verpflichtung; 3. (nur Plural) Schulden. Verbindlichkeitserklärung.
Verˈbinˈdung (die, -, -en) 1. Bindung; innere Beziehung; Vereinigung; Verknüpfung; Kombination; Kontakt; Synthese; Verkettung; Verflechtung; Verzahnung; 2. Einigendes; Zusammenführendes; Zusammenschließendes; 3. Beziehung. Er hat gute Verbindungen. (Er kennt einflussreiche Leute.). 4. chemische Verbindung verschiedener Substanzen; 5. studentische Verbindung.
Verˈbinˈdungsˈliˈnie (die, -, -n) Linie, die zwei Punkte miteinander verbindet.
Verˈbinˈdungsˈmann (der, -s, -mänˈner/-leuˈte) (Abk.: V-Mann) Mittelsmann; ein als Beobachter und Berichterstatter in die kriminelle Szene eingeschleuster Mann; Informant.
Verˈbinˈdungsˈstück (das, -s, -) Zwischenstück.
Verˈbinˈdungsˈstuˈdent (die, -s, -en) ein einer Studentenverbindung angehörender Student.
Verˈbinˈdungsˈtür (die, -, -en) Zwischentür.
Verˈbiss (der, -es, -e) Schäden an jungen Bäumen durch Wild.
verˈbisˈsen (Adj.) hartnäckig; grimmig. Er arbeitete verbissen an seiner Dissertation.
Verˈbisˈsenˈheit (die, -, kein Plural) Grimmigkeit; Hartnäckigkeit. Mit Verbissenheit setzte er seine Vorhaben durch.
verˈbitˈten (V., refl., verbot sich, hat sich verbeten) zurückweisen; untersagen.
verˈbitˈtern (V.) griesgrämig, unzufrieden werden. Die schweren Schicksalsschläge haben sie verbittert.
Verˈbitˈteˈrung (die, -, kein Plural) Unglücklichsein; Unzufriedenheit.
verˈblaˈsen (Adj.) schwülstig; verschwommen. eine verblasene Ansprache.
Verˈblaˈsenˈheit (die, -, -en) Schwülstigkeit.
verˈblasˈsen (V., ist) ausbleichen; nachlassen.
verˈblasst (Adj.) ausgeblichen; verschossen. Der Vorhang hat verblasste Farben.
Verˈbleib (der, -s, kein Plural) Aufenthaltsort eines Vermissten. Sein Verbleib ist unbekannt.
verˈbleiˈben (V., verblieb, ist verblieben) bleiben; sich einigen. Das Schriftstück verbleibt bei uns. Wie seid ihr verblieben? (Wie habt ihr euch geeinigt?). Verbleiben.
verˈbleiˈchen (V., verbleicht, ist verblichen.) 1. blass werden; farblos werden. verblichene Fotografien. 2. (dichterische Sprache) sterben. Sie ist verblichen.
verˈbleit (Adj.) mit Blei; plombiert.
Verˈbleiˈung (die, -, -en) mit Blei versehen.
verˈblenˈden (V.) etwas verkleiden. Die Wand wurde mit Klinker verblendet.
verˈblenˈdet (Adj.) fanatisch. Er ist verblendet vor Habgier. Die wohlklingenden Parolen des Propagandaministers haben das Volk verblendet.
Verˈblenˈdung (die, -, kein Plural) Fanatismus; Uneinsichtigkeit.
verˈblöˈden (V.) geistig abstumpfen.
Verˈblöˈdung (die, -, kein Plural) Verdummung; Schwachsinn; Demenz.
verˈblüfˈfen (V.) überraschen; erstaunen.
verˈblüfˈfend (Adj.) erstaunlich; überraschend. Herr und Hund sehen sich verblüffend ähnlich.
verˈblüfˈfen (V.) überraschen; erstaunen. Ich war ziemlich verblüfft, ihn plötzlich vor mir stehen zu sehen.
Verˈblüfˈfung (die, der, kein Plural) Erstauntsein; Überraschtsein. Zu unserer Verblüffung kamen sie wider Erwarten doch pünktlich. Verblüfftheit.
verˈblüˈhen (V.) zu blühen aufhören; verwelken.
verˈblümt (Adj.) versteckt; angedeutet.

ver|blu|ten (V.) durch Blutverlust sterben.
ver|bo|cken (V.) (ugs.) verderben; etwas falsch machen.
Ver|bod|mung (*auch:* Bod|me|rei) (die, -, -en) Schiffsverpfändung.
ver|bohrt (Adj.) (ugs.) stur; hartnäckig; starrköpfig.
Ver|bohrt|heit (die, -, kein Plural) Hartnäckigkeit; Sturheit; Starrköpfigkeit.
ver|bor|gen (V.) ausleihen.
ver|bor|gen (Adj.) versteckt. *Beachte:* im Verborgenen (unbemerkt) blühen; ins Verborgene sehen; im Verborgenen leben. Verborgenheit.
Ver|bor|gen|heit (die, -, kein Plural) Unbemerktsein; Verstecktsein.
ver|borgt (Adj.) ausgeliehen.
Ver|bot (das, -s, -e) Untersagung; Vorschrift. Verbotsschild; Verbotstafel.
ver|bo|ten (Adj.) 1. nicht erlaubt; untersagt; 2. (ugs.) lächerlich; unmöglich. Er sieht mit seinen grünen Haaren verboten aus.
ver|bo|te|ner|wei|se (Adv.) trotz Verbots.
ver|bots|wid|rig (Adj.) entgegen dem Verbot.
ver|bra|ten (V., verbriet, hat verbraten) (ugs.) verschwenden.
ver|brä|men (V.) 1. einen Rand, Saum oder Kragen mit Pelz besetzen. Sie trug einen kostbaren, pelzverbrämten Mantel. 2. etwas umschrieben ausdrücken.
ver|brau|chen (V.) verwenden; ausgeben; benötigen. Verbraucherverband; Verbrauchsplanung.
Ver|brauch (der, -s, kein Plural) Konsum; Verzehr; Abnahme; Bedarf; Konsumierung; Verschleiß.
Ver|brau|cher (der, -s, -) Käufer von Waren für den eigenen Gebrauch oder Verzehr.
Ver|brau|cher|ge|nos|sen|schaft (die, -, -en) Konsumgenossenschaft.
Ver|brau|cher|schutz (der, -es, kein Plural) gesetzliche Regelung zum .Schutz des Verbrauchers vor Übervorteilung.
Ver|brauchs|gü|ter (die, -, nur Plural) zur Aufrechterhaltung eines Betriebes/einer Produktion notwendige Materialien.
Ver|brauchs|steu|er (die, -, -n) Steuer auf verschiedene Verbrauchsgüter (Tabaksteuer, Getränkesteuer).
ver|braucht (Adj.) 1. konsumiert; verzehrt; 2. erschöpft. Ich fühle mich nach der schweren Arbeit verbraucht.
ver|bre|chen (V., verbrochen, hat verbrochen) 1. ein Verbrechen begehen. Gestern habe ich ein Gedicht verbrochen (ugs.) (ein Gedicht geschrieben). 2. in der Jägersprache eine Fährte durch abgebrochene grüne Zweige kennzeichnen.
Ver|bre|chen (das, -s, -) Straftat; Vergehen. Verbrechensbekämpfung; Verbrecherkartei; Verbrechertum.
Ver|bre|cher (der, -s, -) jemand, der eine Straftat begeht; Krimineller. Verbrecherin.
ver|bre|che|risch (Adj.) frevelhaft; verwerflich; kriminell.
ver|brei|ten (V.) sich ausdehnen; verstreuen. Die Nachricht verbreitet sich schnell. Er verbreitet sich über ein spezielles Thema.
ver|brei|tern (V.) breiter machen; erweitern. Die Fahrradwege wurden im letzten Jahr verbreitert.
Ver|brei|te|rung (die, -, -en) Erweiterung. Die Verbreiterung der Fahrradwege wurde im letzten Jahr abgeschlossen.
ver|brei|tet (Adj.) üblich; überall bekannt. Der Aberglaube ist heute wieder weitverbreitet.
Ver|brei|tung (die, -, kein Plural) Ausdehnung; Ausbreitung; Bekanntmachung; Veröffentlichung. Die Verbreitung der Hetzparolen wurde verboten. Verbreitungsgebiet.
ver|bren|nen (V., verbrannte, hat verbrannt) durch Feuer vernichten. Ich habe mir den Mund verbrannt. Daran verbrenne ich mir nicht die Finger. Ein gebranntes Kind scheut das Feuer.
Ver|bren|nung (die, -, -en) Verletzung, Vernichtung durch Feuer. Verbrennung 1. Grades.
Ver|bren|nungs|mo|tor (der, -s, -en) Motor, der durch innere Verbrennung von Teibstoff angetrieben wird.
Ver|bren|nungs|wär|me (die, -, kein Plural) die durch vollständige Verbrennung frei werdende Wärmemenge; Heizwert. Verbrennungsofen.
ver|brie|fen (V.) urkundlich zusichern. *Beachte:* verbrieftes Recht.
ver|brin|gen (V., verbrachte, hat verbracht) 1. verleben. Wir verbringen viel Zeit miteinander. 2. hinschaffen. Wir verbringen ihn an einen anderen Ort.
ver|brü|dern (V., refl.) mit jemandem sehr vertraut werden; Brüderschaft schließen; fraternisieren; Freundschaft schließen; sich solidarisieren. Nach langjährigen Streitigkeiten konnten wir uns endlich verbrüdern.
Ver|brü|de|rung (die, -, -en) Vertrautwerden; Fraternisierung; Solidarisierung.
ver|brü|hen (V.) verbrennen.
Ver|brü|hung (die, -, -en) Verletzung durch kochendes Wasser.
ver|brül|len (V.) (schweiz.) jemanden anschwärzen.
ver|bu|chen (V.) etwas in ein Geschäftsbuch eintragen; archivieren; erfassen; registrieren; verbuchen; verzeichnen. Die Mannschaft kann schon viele Erfolge verbuchen.
Ver|bu|chung (die, -, en) Buchführung; Eintragung.
ver|bud|deln (V.) (ugs.) vergraben.
Ver|bum (das, -s, -ba/-ben) → Verb.
ver|bum|fie|deln (V.) (ugs.) etwas vergessen; verpfuschen. Leider habe ich es verbumfiedelt, dir seine Nachricht zu übergeben.
ver|bum|meln (V.) (ugs.) vergeuden; vergessen.
Ver|bund (der, -s/-es, -e) Verbindung. Verbundglas; Verbundkarte; Verbundnetz; Verbundsystem.
ver|bün|den (V., refl.) sich vereinigen.
Ver|bun|den|heit (die, -, kein Plural) Zusammengehörigkeitsgefühl.
Ver|bün|dung (die, -, kein Plural) Bund; Zusammenschluss; Verbrüderung; Bündnis.
Ver|bund|wirt|schaft (die, -, kein Plural) Zusammenarbeit verschiedener Unternehmen zur Wahrung gemeinsamer Interessen.
Ver|bün|de|te (die, -, -n) Mitglied eines Bündnisses.
ver|bür|gen (V., refl.) garantieren; haften. Verbürgung.
ver|bür|ger|li|chen (V., refl.) bürgerlich werden.
ver|bür|ger|licht (Adj.) bürgerlich geworden.

ver|bür|gert (Adj.) (schweiz.) Bürger sein. Ich bin in Zürich verbürgert. (Ich bin ein Bürger von Zürich.).
ver|bürgt (Adj.) garantiert; mit Gewissheit überliefert.
ver|bü|ßen (V.) eine Strafe erleiden. Er verbüßt für seine Straftat vier Jahre im Gefängnis.
ver|but|tern (V.) 1. Milch zu Butter machen; 2. etwas ausgeben; vergeuden.
ver|chro|men (V.) mit Chrom überziehen.
Ver|chro|mung (die, -, -en) Überzug aus Chrom.
Ver|dacht (der, -s, kein Plural) Argwohn; Misstrauen. in Verdacht haben (eine Straftat für möglich halten); in Verdacht stehen (verdächtigt werden); in Verdacht geraten (für schuldig angesehen werden). Verdächtige; Verdachtsmoment.
ver|däch|tig (Adj.) möglicherweise schuldig.
ver|däch|ti|gen (V.) beschuldigen.
Ver|däch|tig|te (der, -n, -n) Beschuldigter.
Ver|däch|ti|gung (die, -, -en) Beschuldigung.
ver|dam|men (V.) verurteilen; verfluchen.
ver|dam|mens|wert (Adj.) zu verurteilen; zu verfluchen.
Ver|damm|nis (die, -, kein Plural) ewige Strafe. Fausts Verdammnis.
ver|dammt (Adj.) 1. ein Fluch. Es ist deine verdammte Pflicht und Schuldigkeit. (Es ist deine unbedingte Pflicht.). 2. sehr. Es ging alles verdammt schnell.
Ver|dam|mung (die, -, -en) Verurteilung; Verfluchung.
ver|damp|fen (V.) zu Dampf werden. Verdampfung.
ver|dan|ken (V.) 1. Dank schuldig sein. Sie verdankt ihm sehr viel. Diesen Ärger verdanken wir ihm. 2. (schweiz.) danken; Dank abstatten.
ver|dat|tert (Adj.) (ugs.) verwirrt.
ver|dau|en (V.) 1. verarbeiten (Nahrung im Körper); 2. geistig verarbeiten.
ver|dau|lich (Adj.) verwertbar. ein leicht verdauliches (*auch:* leichtverdauliches)/schwer verdauliches (*auch:* schwerverdauliches) Essen.
Ver|dau|ung (die, -, kein Plural) Nahrungsverarbeitung; Stuhlgang. Verdauungsapparat; Verdauungsspaziergang; Verdauungsstörung; Verdauungstrakt.
ver|de|cken (V.) bedecken; verbergen.
Ver|deck (das, -s, -e) oberstes Schiffsdeck; Wagendach.
ver|deck|ter|wei|se (Adj.) verdeckt; verborgen; geheim.
ver|den|ken (V.) (wird nicht gebeugt; meist mit »können« verbunden) verübeln. *Beachte:* Das kann ich ihm nicht verdenken.
ver|der|ben (V., verdarb, hat/ist verdorben; ich verderbe, du verdirbst, er verdirbt) schlecht werden, machen; zerstören. Beachte: Mit ihm habe ich es mir verdorben.
Ver|der|ben (das, -s, kein Plural) Unheil; Unglück; Abgrund; Untergang; Ruin; schlimmes Ende; Zerstörung; Zerfall. Verderben bringend (*auch:* verderbenbringend).
Ver|der|ber (der, -s, -) Zerstörer; Teufel.
ver|derb|lich (Adj.) 1. kurzfristig haltbar (Lebensmittel); 2. Verderben bringend. Seine verderbliche Sucht hat die ganze Familie zerstört. Verderblichkeit.
Ver|derb|nis (die, -, kein Plural) moralische, sittliche Verkommenheit.
ver|derbt (Adj.) 1. unleserlich geworden; verdorben; 2. moralisch heruntergekommen. Verderbtheit.
ver|deut|li|chen (V.) deutlich machen; begründen; konkretisieren; präzisieren. Wir sollten unseren Bericht mit Diagrammen verdeutlichen.
Ver|deut|li|chung (die, -, kein Plural) Erklärung.
ver|deut|schen (V.) ins Deutsche übertragen.
ver|dich|ten 1. (V.) den Druck erhöhen; etwas geschlossener machen; konzentrieren; 2. (V., refl.) etwas wird dichter; nimmt zu. Die Wolkendecke verdichtet sich. Die Gerüchte verdichten sich, dass er bald kündigen wird.
Ver|dich|ter (der, -s, -) Kompressor. Verdichtung.
ver|die|nen (V.) Geld bekommen; beanspruchen. es nicht anders verdienen (es geschieht einem recht).
Ver|die|ner (der, -s, -) jemand, der den Lebensunterhalt für sich und andere bestreitet.
Ver|dienst 1. (der/das!, -es, -e) Leistung; anerkennenswerte Tat; Meriten; Werk; 2. (der, -es, -e) Erwerb; Gehalt; Lohn. Verdienstausfall.
Ver|dienst|be|schei|ni|gung (die, -, -en) Verdienstnachweis.
Ver|dienst|or|den (der, -s, -) deutsche Auszeichnung für besondere Leistungen.
ver|dienst|voll (Adj.) anerkennenswert; lobenswert; dankenswert; löblich. Für seine verdienstvolle Arbeit bekam er eine besondere Auszeichnung.
ver|dient (Adj.) angesehen. ein verdienter Mann. Er hat sich um seine Heimat verdient gemacht.
ver|dien|ter|ma|ßen (Adv.) dem Verdienst angemessen; verdienstgerecht. verdienterweise.
Ver|dikt (das, -s/-es, -e) Urteil.
ver|din|gen (V., refl.) Arbeit annehmen; in Dienst gehen. Sie verdingte sich als Kindermädchen.
ver|don|nern (V.) (ugs.) verurteilen; bestrafen. Sie wurde dazu verdonnert, den gesamten Abwasch allein zu machen.
ver|don|nert (Adj.) (ugs.) erschrocken. Ganz verdonnert standen wir da.
ver|dor|ben (Adj.) faul; unanständig.
Ver|dor|ben|heit (die, -, kein Plural) moralische Verkommenheit.
ver|dö|sen (V.) (ugs.) 1. die Zeit mit Nichtstun verbringen; 2. etwas zu tun vergessen.
ver|drän|gen (V.) 1. wegschieben; unterdrücken; an die Wand spielen; ausbooten; aus dem Felde schlagen; ausstechen; vertreiben; 2. aus dem Bewusstsein verbannen; ignorieren; kompensieren; nicht wahrhaben wollen; sublimieren; wegsehen. Verdrängung.
Ver|drän|gungs|the|o|rie (die, -, -n) in der Tiefenpsychologie die Verbannung unangenehmer, unbewältigter Erlebnisse oder bestimmter zum moralischen Bewusstsein in Widerspruch stehender Triebwünsche ins Unterbewusste. Verdrängungsprozess.
ver|dre|cken (V.) (ugs.) verschmutzen.
ver|dre|hen (V.) überdrehen; falsch darstellen; verwirrt machen. *Beachte:* Sie hat ihm den Kopf verdreht. ein verdrehter Mensch.

Ver|dre|her (der, -s, -) jemand, der etwas unrichtig darstellt.
ver|dreht (Adj.) überspannt; verschroben; verwirrt. ein verdrehter Mensch.
Ver|dreht|heit (die, -, kein Plural) Überspanntheit.
Ver|dre|hung (die, -, -en) 1. Verfälschung; Verkehrung; 2. in der Technik Verdrehung eines stabförmigen Körpers (Drillung); 3. Verstauchung eines Gelenks (Distorsion).
ver|dre|schen (V., verdrosch, hat verdroschen) (ugs.) verprügeln.
ver|drie|ßen (V., verdross, hat verdrossen) ärgern; trüben. es sich nicht verdrießen lassen (sich nicht von etwas abbringen lassen).
ver|drieß|lich (Adj.) mürrisch; schlecht gelaunt.
Ver|drieß|lich|keit (die, -, -en) 1. (ohne Plural) Ärger; Mürrischsein; Unzufriedenheit. Sie ist im Augenblick voller Verdrießlichkeit. 2. unangenehme Angelegenheit. Zurzeit habe ich lauter Verdrießlichkeiten zu bewältigen.
ver|dros|sen (Adj.) missmutig; mürrisch.
Ver|dros|sen|heit (die, -, kein Plural) Missmut; Überdruss; Unzufriedenheit.
ver|drü|cken (V.) (ugs.) 1. essen; 2. verschwinden.
Ver|druss (der, -es, kein Plural) Ärger. Ich hatte heute wieder viel Verdruss im Büro.
ver|druss|reich (Adj.) mit viel Ärger.
ver|duf|ten (V.) (ugs.) sich davonmachen; verschwinden.
ver|dum|men (V.) 1. dumm machen. Die Akkordarbeit verdummt ihn immer mehr (sie nimmt ihm geistige Entwicklungsmöglichkeiten). 2. dumm, geistig unbeweglich werden. Verdummung.
ver|dun|keln (V.) abdunkeln; verschleiern.
Ver|dun|ke|lung (*auch:* Ver|dunk|lung) (die, -, -en) Vorrichtung zum Abdichten der Fenster, damit kein Lichtschein nach außen dringt; Blende.
Ver|dun|ke|lungs|ge|fahr (*auch:* Ver|dunklungs|ge|fahr) (die, -, kein Plural) Verdacht, dass der nicht inhaftierte Verdächtige z. B. Beweismittel vernichtet.
ver|dün|nen (V.) Konzentration eines Stoffes vermindern; Wasser zusetzen.
ver|dün|ni|sie|ren (V., refl.) (ugs.) verschwinden.
ver|duns|ten (V.) Flüssigkeit verflüchtigt sich; schwinden; verdampfen; verfliegen; verrauchen.
Ver|duns|tung (die, -, kein Plural) Übergang von Wasser oder anderen Flüssigkeiten aus dem flüssigen in den dampfförmigen Zustand.
ver|durs|ten (V.) 1. an Wassermangel zugrunde gehen; 2. (ugs.) großen Durst haben. Ich verdurste!
ver|düs|tern (V., refl.) sich verdunkeln; sich bewölken; sich verfinstern. Der Himmel verdüstert sich. Ihre Miene verdüstert sich. Die politische Lage verdüstert sich.
ver|dutzt (Adj.) (ugs.) erstaunt; verwirrt. Sie schaute ihn verdutzt an.
ver|eb|ben (V.) abflachen; nachlassen. Der Lärm verebbte langsam.
ver|edeln (V.) vervollkommnen; verbessern.
Ver|e|de|lung (*auch:* Ver|ed|lung) (die, -, -en) Verfahren zur Qualitätsverbesserung von Nutz- und Zierpflanzen. Vered(e)lungsverfahren.
ver|ehe|li|chen (V., refl.) heiraten.
Ver|ehe|li|chung (die, -, -en) Heirat.
ver|eh|ren (V.) bewundern; lieben.
Ver|eh|rer (der, -s, -) 1. Bewunderer; 2. (ugs.) Anbeter; Anhänger. Unsere Tochter hat ziemlich viele Verehrer. Verehrerin.
ver|ehrt (Adj.) hoch angesehen.
Ver|eh|rung (die, -, kein Plural) Bewunderung; Hochschätzung; Anbetung; Vergötterung.
ver|eh|rungs|voll (Adj.) voller Bewunderung. Er schaute verehrungsvoll zu seinem Lehrer auf.
ver|eh|rungs|wür|dig (Adj.) bewundernswürdig. Du hast eine verehrungswürdige Mutter.
Ver|ein (der, -s, -e) Verband. *Beachte:* eingetragener (*auch:* Eingetragener) Verein (Abk.: e. V.; E. V.); im Verein mit (zusammen mit). Vereinself; Vereinswechsel.
ver|ein|ba|ren (V.) abmachen. vereinbartermaßen.
ver|ein|bar (Adj.) zusammengehend. Meine Vorstellungen sind mit deinen Wünschen vereinbar.
Ver|ein|ba|rung (die, -, -en) Abmachung; Absprache; Abkommen; Festlegung; Übereinkunft; Vertrag. Wir sollten eine Vereinbarung treffen.
ver|ein|ba|rungs|ge|mäß (Adv.) wie vereinbart.
ver|ei|nen (V.) vereinigen; zusammenfügen.
ver|ein|fa|chen (V.) leichter machen; rationalisieren; verallgemeinern.
Ver|ein|fa|chung (die, -, -en) das Leichtermachen; Rationalisierung; Verallgemeinerung.
ver|ein|heit|li|chen (V.) gleichmachen.
Ver|ein|heit|li|chung (die, -, -en) Angleichung.
ver|ei|ni|gen (V.) verbinden; sich zusammentun.
ver|ei|nigt (Adj.) verbunden; zusammengefügt. vereinigte Gruppen, *aber:* die Vereinigten Staaten (United States); Vereinigte Arabische Emirate (Abk.: VAR).
Ver|ei|ni|gung (die, -, -en) Verbindung; Zusammenfügung.
Ver|ei|ni|gungs|frei|heit (die, -, -en) das Grundrecht, Vereine und Gesellschaften zu gründen.
Ver|ei|ni|gungs|kri|mi|na|li|tät (die, -, kein Plural) Verbrechen im Zusammenhang mit der Vereinigung der beiden deutschen Staaten seit 1989.
ver|ein|nah|men (V.) einnehmen; in Besitz nehmen. Vereinnahmung.
ver|ein|sa|men (V.) einsam werden. Alte Menschen drohen heute immer mehr zu vereinsamen.
Ver|ein|sa|mung (die, -, kein Plural) das Einsamsein. Es ist schwer, alte Menschen aus ihrer Vereinsamung herauszuholen.
Ver|eins|haus (das, -es, -häu|ser) Sitz eines Vereins; Club; Heim; Kasino; Klubhaus.
Ver|eins|lo|kal (das, -s, -e) Vereinshaus; Stammlokal eines Vereins.
Ver|eins|mei|er (der, -s, -) (ugs.) jemand, dem das Vereinsleben über alles geht. Vereinsmeierei.
Ver|eins|recht (das, -s, kein Plural) Teil des Bürgerlichen Gesetzbuches, das die Rechte der Vereine regelt.

vereint (Adj.) gemeinschaftlich; vereinigt; einig; gemeinsam; im Verein; geschlossen; solidarisch. mit vereinten Kräften, *aber:* die Vereinten Nationen (UN). vereinen.
vereinzeln (V.) im Gartenbau Jungpflanzen in Einzeltöpfe verpflanzen.
vereinzelt (Adj.) selten; einzeln.
Vereinzelung (die, -, kein Plural) Vereinsamung.
vereisen (V.) 1. etwas unter den Gefrierpunkt abkühlen; 2. etwas überzieht sich mit Eis; gefrieren.
Vereisung (die, -, -en) 1. bei Hautoperation örtliche Betäubung durch Unterkühlung; 2. Eisbildung.
vereiteln (V.) verhindern; zerstören; hintertreiben; verhindern; zum Scheitern bringen.
Vereitelung (*auch:* Vereitlung) (die, -, -en) Verhinderung. Vereit(e)lung einer Straftat.
verelenden (V., ist) verarmen.
Verelendung (die, -, kein Plural) im Elend sein; Verarmung.
Verelendungstheorie (die, -, kein Plural) marxistische Theorie, die besagt, dass sich die Lebensverhältnisse der Arbeiterklasse im Kapitalismus ständig verschlechtern.
verenden (V., ist) sterben (Tiere). Verendung.
vererben (V.) eine Erbschaft hinterlassen; Erbanlagen weitergeben; (ugs.) schenken.
vererbbar (Adj.) vererblich.
vererblich (Adj.) etwas, das weitergegeben werden kann. Diese Krankheit ist vererblich.
Vererbung (die, -, kein Plural) Hinterlassenschaft; Weitergabe von Erbeigenschaften.
Vererbungslehre (die, -, kein Plural) Genetik.
verfahren (V., verfuhr, hat/ist verfahren) 1. verbrauchen; 2. sich verirren; 3. vorgehen. Verfahrensregel; Verfahrenstechnik.
Verfahren (das, -s, -) 1. Art und Weise, etwas auszuführen; Methode; 2. Prozess.
verfahrensrechtlich (Adj.) auf ein Gerichtsverfahren bezogen.
Verfahrensweise (die, -, -n) Methode; planmäßiges Vorgehen.
verfallen (V., verfiel, ist verfallen) zugrunde gehen; kaputtgehen; schwach werden; abhängig werden; geraten.
Verfall (der, -s, kein Plural) 1. langsamer Zusammenbruch. Der Verfall der Stadt ist erschreckend. 2. Fälligwerden einer Forderung; 3. in der Architektur Verbindung zweier Dachfirste mit verschiedener Höhe.
Verfallsdatum (das, -s, -daten) Zeitpunkt, bis zu dem ein Lebensmittel verbraucht werden sollte.
Verfallserscheinung (die, -, -en) Anzeichen beginnenden Verfalls.
Verfallsklausel (die, -, -n) vertragliche Vereinbarung, wonach bei Eintritt gewisser Umstände bestimmte Rechte verwirkt sind.
Verfallstag (der, -s, -e) der Tag, an dem eine Forderung fällig wird.
verfälschen (V.) falsch darstellen; entstellen; beschönigen; klittern; übertreiben; überzeichnen; verdrehen; verzerren.
verfälscht (Adj.) unecht; unwahr. verfälschte Ware.
Verfälschung (die, -, kein Plural) unrichtige Darstellung; Beschönigung; Entstellung; Klitterung; Lüge; Täuschung; Übertreibung; Überzeichnung.
verfangen 1. (V., refl., verfing, hat verfangen) sich in etwas verwickeln. Der Vogel verfing sich im Netz. Der Angeklagte verfing sich in Widersprüchen. 2. (V.) nützen; wirken.
verfänglich (Adj.) gefährlich; peinlich. eine verfängliche Frage; eine verfängliche Situation.
Verfänglichkeit (die, -, kein Plural) Anstößigkeit; Gefährlichkeit; Peinlichkeit.
verfärben 1. (V., refl.) Farbe wechseln. Er verfärbt sich (wird rot vor Zorn). 2. (V.) etwas durch Veränderung der Farbe verderben. Der rote Socken hat die ganze Kochwäsche verfärbt.
verfassen (V.) schreiben; abfassen.
Verfasser (der, -s, -) jemand, der einen Text abgefasst hat; Autor.
Verfasserschaft (die, -, kein Plural) Autorenschaft.
Verfassung (die, -, -en) 1. Grundgesetz; 2. Zustand; Stimmung. Ich bin heute in schlechter Verfassung. Verfassungsorgan; Verfassungsurkunde.
Verfassungsänderung (die, -, -en) Abänderung der Verfassung.
Verfassungsbeschwerde (die, -, -en) Klage vor einem Verfassungsgericht gegen eine Verletzung von Grundrechten durch einen Träger öffentlicher Gewalt.
verfassungsfeindlich (Adj.) gegen die Verfassung. verfassungsfeindliche Umtriebe.
verfassungsgebend (Adj.) eine Verfassung ausarbeitend. verfassungsgebende Versammlung.
verfassungsgemäß (Adj.) nach der Verfassung.
Verfassungsgericht (das, -s, -e) Gericht, das in einem Einzelfall die Übereinstimmung von Gesetzen und anderen Akten öffentlicher Gewalt mit der Verfassung prüft.
verfassungskonform (Adj.) mit der Verfassung übereinstimmend.
Verfassungsschutz (der, -es, kein Plural) Gesamtheit der Abwehrmaßnahmen gegen staatsfeindliche und staatsgefährdende Umtriebe.
verfassungstreu (Adj.) loyal zur Verfassung.
verfassungswidrig (Adj.) gegen die Verfassung verstoßend.
verfaulen (V.) vermodern. ein verfaulter Apfel.
verfechten (V., verfocht, hat verfochten; ich verfechte, du verfichst) verteidigen; für etwas eintreten.
Verfechter (der, -s, -) Kämpfer, Vertreter einer Meinung. Er ist der Verfechter einer guten Sache.
Verfechtung (die, -, kein Plural) das Verfechten.
verfehlen (V.) nicht treffen; verstoßen. sich verfehlen (sich nicht treffen); den Beruf verfehlen (einen falschen Beruf wählen); das Klassenziel verfehlen (nicht erreichen). Ich werde nicht verfehlen, ihm rechtzeitig zum Geburtstag zu gratulieren (es nicht versäumen).
verfehlt (Adj.) falsch; unangebracht; irrig; misslungen; fehl am Platze. eine verfehlte Reaktion; eine verfehlte Sache.
Verfehlung (die, -, -en) Verstoß gegen ein Gebot; Sünde. Du wirst für deine Verfehlungen noch bitter büßen.

ver|fein|den (V., refl.) sich überwerfen. Wir haben uns verfeindet. verfeindete Nachbarn; verfeindete Parteien.

ver|fei|nern (V.) etwas schmackhafter machen; verbessern. Die Soße wird mit einem Schuss Wein verfeinert.

Ver|fei|ne|rung (die, -, -en) Verbesserung. Die Verfeinerung der Soße ist gut gelungen.

ver|fe|men (V.) ächten; für vogelfrei erklären. Der Ausländer wurde von allen Dorfbewohnern verfemt.

Ver|fe|mung (die, -, -en) Ächtung.

ver|fer|ti|gen (V.) etwas herstellen; erzeugen. Der Großvater hat für seine Enkel ein schönes Schaukelpferd verfertigt.

ver|fes|ti|gen 1. (V.) etwas fester machen; 2. (V., refl.) etwas wird fester; erstarren; sich setzen. verfestigte Meinung.

Ver|fes|ti|gung (die, -, -en) Erstarrung. Die Verfestigung ihrer Ansichten ist schwer zu durchbrechen.

ver|fet|ten (V.) stark Fett ansetzen.

Ver|fet|tung (die, -, kein Plural) ausgeprägter Fettansatz.

ver|feu|ern (V.) 1. etwas verheizen; 2. Munition verschießen.

ver|fil|men (V.) einen Film aus einer Vorlage herstellen; filmisch darstellen; filmisch umsetzen. Die Geschichte wurde verfilmt.

Ver|fil|mung (die, -, -en) die Umsetzung einer Vorlage in einen Film.

ver|fil|zen (V.) etwas verbindet sich schwer lösbar miteinander.

Ver|fil|zung (die, -, -en) Verflechtung.

ver|fins|tern (V., refl.) dunkel werden; verdüstern; sich bewölken. Der Himmel verfinstert sich. Der Gesichtsausdruck verfinstert sich.

ver|fit|zen (V.) (ugs.) verwickeln; verwirren. Jetzt habe ich die Fäden verfitzt!

ver|fla|chen (V.) 1. etwas flach machen; 2. oberflächlich werden. Die Freundschaft verflacht langsam.

Ver|fla|chung (die, -, kein Plural) Oberflächlichkeit.

ver|flech|ten (V.) 1. mehrere Stränge miteinander verbinden; verschlingen; 2. vereinigen; zusammenfügen.

Ver|flech|tung (die, -, -en) Verkoppelung; Verschlingung; Verfilzung; Verschachtelung.

ver|flie|gen (V., verflog, hat sich/ist verflogen) 1. falsch fliegen. Der Pilot hat sich verflogen. 2. verschwinden. Die Kopfschmerzen sind verflogen. Die Zeit ist verflogen.

ver|flie|ßen (V., verfloss, ist verflossen) ablaufen; vergehen. Die Zeit verfloss sehr rasch. ihr Verflossener (ihr ehemaliger Ehemann, Freund).

ver|flixt (Adj.) (ugs.) verdammt; schwierig. *Beachte:* Verflixt noch mal (*auch:* nochmal)! Verflixt und zugenäht!

Ver|floch|ten|heit (die, -, kein Plural) Verstrickung; Verwicklung.

ver|flu|chen (V.) 1. jemandem etwas Böses wünschen; 2. etwas bereuen; schimpfen über etwas.

ver|flucht (Adj.) (ugs.) peinlich; äußerst. Das ist eine verfluchte Angelegenheit. Er ist ein verflucht geschickter Bursche.

ver|flüch|ti|gen 1. (V.) etwas in gasförmigen Zustand versetzen; 2. (V., refl.) etwas verdunstet. Der Wein verflüchtigt sich. 3. heimlich verschwinden.

Ver|flüch|ti|gung (die, -, -en) Verdunstung.

Ver|flu|chung (die, -, -en) Fluch; Verwünschung.

ver|flüs|si|gen (V.) etwas in flüssigen Zustand versetzen; auflösen; schmelzen.

Ver|flüs|si|gung (die, -, -en) Schmelzung; Verwässerung.

ver|fol|gen (V.) nachjagen; nachstellen; beobachten; zu erreichen suchen; bedrängen. Verfolgungsjagd.

Ver|fol|ger (der, -s, -) jemand, der einem anderen nachstellt; Häscher. Verfolgerin.

Ver|folg|te (der, -n, -n) jemand, dem nachgestellt wird.

Ver|fol|gung (die, -, -en) Jagd auf jemanden; Nachstellung; Pogrom; Hetze; Kesseltreiben; Verfolgungsjagd.

Ver|fol|gungs|wahn (der, -s, kein Plural) krankhafte, nicht zu beeinflussende Überzeugung, Verfolgungen ausgesetzt zu sein.

ver|for|men 1. (V.) die Form verändern; 2. (V., refl.) sich verziehen. Durch die Hitze verformen sich die Straßenbahngleise.

Ver|for|mung (die, -, -en) Änderung der Form; Deformation; Dehnung.

ver|frach|ten (V.) verladen; (ugs.) bringen. Wir müssen die Kinder noch ins Bett verfrachten.

Ver|frach|tung (die, -, kein Plural) Beförderung von Frachtgut.

ver|fran|zen (V., refl.) sich verirren. Auf dem Ausflug haben wir uns schwer verfranzt.

ver|frem|den (V.) verändern; entstellen.

Ver|frem|dung (die, -, -en) Veränderung; Entstellung.

Ver|frem|dungs|ef|fekt (der, -es, -e) von Bert Brecht geprägte Bezeichnung für den Vorgang der Distanzierung des Schauspielers von seiner Rolle durch z. B. kommentierende Songs.

ver|fres|sen (Adj.) (ugs.) gefräßig.

Ver|fres|sen|heit (die, -, kein Plural) Gefräßigkeit.

ver|fro|ren (Adj.) leicht frierend. Nach meiner Krankheit bin ich ziemlich verfroren geworden.

ver|frü|hen (V.) zu früh kommen.

ver|früht (Adj.) zu früh; vorzeitig. Die Entscheidung dürfen wir nicht verfrüht treffen. Verfrühung.

ver|füg|bar (Adj.) bereit; vorhanden; disponibel; parat; präsent.

Ver|füg|bar|keit (die, -, kein Plural) Anwesenheit; Bereitschaft; Disposition.

ver|fü|gen (V.) veranlassen; besitzen.

Ver|fü|gung 1. (die, -, -en) Anordnung; Erlass; 2. (die, -, kein Plural) Gelegenheit, über etwas zu bestimmen. Es steht mir viel Geld zur Verfügung. *Beachte:* Er musste die Unterlagen zur Verfügung und bereithalten, *aber:* die Unterlagen bereit und zur Verfügung halten. Verfügungsrecht; Verfügungsgewalt.

ver|führ|bar (Adj.) leicht zu beeinflussen; bestechlich; willensschwach.

ver|füh|ren (V.) betören; umgarnen; verleiten. Verführungskunst.

Ver|füh|rer (der, -s, -) jemand, der einen anderen zu etwas verleitet; Anstifter; Frauenheld.

ver|füh|re|risch (Adj.) einladend; lockend; bestrickend; betörend; bezaubernd; sexy; unwiderstehlich; verlockend. Der Kuchen duftet verführerisch. Der Diktator hatte eine verführerische Ausstrahlung.

Ver|füh|rung (die, -, -en) Anstiftung; Verleitung. Verführung Minderjähriger.

Ver|füh|rungs|kunst (die, -, -küns|te) Fähigkeit, einen anderen für sich zu gewinnen, sich gefügig zu machen. Er setzte seine ganze Verführungskunst ein, um das Mädchen zu gewinnen.

ver|füt|tern (V.) etwas als Futter geben. Der Landwirt verfütterte Rüben an das Vieh.

Ver|füt|te|rung (die, -, -en) das Füttern von Naturalien an Tiere.

Ver|ga|be (die, -, -n) Erteilung eines Auftrags. Der Architekt kämpfte um die Vergabe des Auftrags an sein Büro.

ver|ga|beln (V.) (schweiz.) überhasten.

ver|ga|ben (V.) (schweiz.) vermachen; verschenken.

Ver|ga|bung (die, -, -en) (schweiz.) Schenkung; Vermachung.

ver|gack|ei|ern (V.) (ugs.) narren.

ver|gaf|fen (V., refl.) sich verlieben.

ver|gäl|len (V.) verdrießen; ungenießbar machen; verleiden.

Ver|gäl|lung (die, -, kein Plural) Ungenießbarmachung.

ver|ga|lop|pie|ren (V., refl.) etwas Unangebrachtes sagen oder tun.

ver|gam|meln (V., ist) (ugs.) schlecht werden; verlottern.

Ver|gan|gen|heit (die, -, -en) Geschehenes; Verbform (Präteritum; Perfekt; Plusquamperfekt). eine Frau mit Vergangenheit.

Ver|gan|gen|heits|be|wäl|ti|gung (die, -, kein Plural) geistige und seelische Aufarbeitung von vergangenen unglücklichen Geschehnissen (der Begriff wird vor allem im Zusammenhang mit dem Nationalsozialismus gebraucht).

ver|gäng|lich (Adj.) sterblich; hinfällig.

Ver|gäng|lich|keit (die, -, kein Plural) Sterblichkeit; Begrenztheit; Endlichkeit; Zeitlichkeit.

ver|gan|ten (V.) (südd.) versteigern.

Ver|gan|tung (die, -, -en) (südd.) Versteigerung.

ver|gä|ren (V., vergärt, ist vergoren) zur Gärung bringen.

ver|ga|sen (V.) 1. umsetzen von Brennstoffen in Gas; 2. mit Gas töten.

Ver|ga|ser (der, -s, -) Motorteil. Vergasereinstellung.

Ver|ga|sung (die, -, -en) 1. Umsetzung von Brennstoffen in Gas. (ugs.) Wir haben bis zur Vergasung gearbeitet. 2. Töten mit Gas.

ver|gat|tern (V.) 1. mit einem Gatter versehen; 2. (ugs.) jemanden zu etwas verpflichten. Wir werden zum Schuhputzen vergattert.

ver|ge|ben (V., vergab, hat vergeben) austeilen; verzeihen; auslassen; sich schaden.

ver|ge|bens (Adj.) 1. nutzlos; umsonst. Unsere Bemühungen waren vergebens. 2. (schweiz.) kostenlos.

ver|geb|lich (Adj.) erfolglos; fehlschlagend; nutzlos; fruchtlos; für nichts und wieder nichts; für die Katz; zwecklos.

Ver|geb|lich|keit (die, -, kein Plural) Erfolglosigkeit; Nutzlosigkeit.

Ver|ge|bung (die, -, kein Plural) Verzeihung; Ablass; Freispruch. Ich bitte um Vergebung.

ver|ge|gen|wär|ti|gen (V.) sich vorstellen.

Ver|ge|gen|wär|ti|gung (die, -, kein Plural) bildliche Vorstellung.

ver|ge|hen (V., verging, ist vergangen) vorbeigehen; aufhören; verstoßen; vergewaltigen.

Ver|ge|hen 1. (das, -s, kein Plural) das Dahinschwinden. Ich spüre schmerzlich das Vergehen der Zeit. 2. (das, -s, -en) Straftat. Für seine Vergehen muss er büßen.

ver|gei|len (V.) eine Pflanze bekommt aus Lichtmangel lange Triebe.

ver|geis|ti|gen (V.) verinnerlichen; vertiefen; beseelen; veredeln.

ver|geis|tigt (Adj.) beseelt; verinnerlicht. Er hat ein vergeistigtes Gesicht.

Ver|geis|ti|gung (die, -, kein Plural) Beseelung; Verinnerlichung.

ver|gel|ten (V., vergalt, hat vergolten) lohnen; vergüten; sich rächen. *Beachte:* Vergelts Gott!

Ver|gel|tung (die, -, -en) 1. Dank; 2. Heimzahlung; Rache; Abrechnung; Revanche. Er übt Vergeltung. (Er rächt sich.). Vergeltungsmaßnahme; Vergeltungsschlag.

Ver|gel|tungs|drang (der, -s, kein Plural) Unversöhnlichkeit.

ver|ge|sell|schaf|ten (V.) ein privatwirtschaftliches Unternehmen in eine Gesellschaft umwandeln; verstaatlichen.

Ver|ge|sell|schaf|tung (die, -, -en) 1. das Vergesellschaften von Betrieben; 2. in der Ökologie das Zusammenleben verschiedener Lebewesen.

ver|ges|sen (V., vergaß, hat vergessen; ich vergesse, du vergisst) nicht mehr wissen; liegen lassen; (refl.) die Kontrolle über sich verlieren. *Beachte:* Ich hatte über dem Buch die Zeit vergessen.

Ver|ges|sen|heit (die, -, kein Plural) Vergessen; Schattendasein. in Vergessenheit geraten (etwas wird langsam vergessen).

ver|gess|lich (Adj.) mit schlechtem Gedächtnis; zerstreut.

Ver|gess|lich|keit (die, -, kein Plural) schlechtes Gedächtnis; Zerstreutheit; Gedächtnisschwäche; Gedankenlosigkeit.

ver|geu|den (V.) verschwenden.

ver|geu|de|risch (Adj.) verschwenderisch.

Ver|geu|dung (die, -, kein Plural) Verschwendung.

ver|ge|wal|ti|gen (V.) sexuell missbrauchen; Geschlechtsverkehr gewaltsam erzwingen.

Ver|ge|wal|ti|gung (die, -, -en) gewaltsames Erzwingen des Geschlechtsverkehrs; Notzucht.

ver|ge|wis|sern (V., refl.) sich überzeugen.

Ver|ge|wis|se|rung (die, -, kein Plural) das Vergewissern.

ver|gie|ßen (V., vergoss, hat vergossen) verschütten. Sie vergießt immer viele Tränen, wenn sie einen rührenden Film sieht.

ver|gif|ten (V.) 1. jemandem Gift eingeben. Er vergiftete seinen Hund. Sie vergiftete sich. (Sie verübte Selbstmord.). 2. jemandem schaden durch schlechten Einfluss; verderben. vergiftete Atmosphäre; vergiftete Fantasie.

Ver|gif|tung (die, -s, -en) das Vergiften.

ver|gil|ben (V.) gelb werden. vergilbte Bücher.
Ver|giss|mein|nicht (das, -s/-es, -/-e) Blume.
ver|git|tern (V.) etwas mit einem Gitter versehen. ein Fenster vergittern.
Ver|git|te|rung (die, -, -en) das Vergittern.
ver|gla|sen (V.) etwas mit Glasscheiben ausstatten.
Ver|gla|sung (die, -, -en) mit Glasscheiben versehen. Die Verglasung der Veranda hat viel Geld gekostet.
Ver|gleich (der, -s, -e) 1. Gegenüberstellung; prüfendes Nebeneinanderstellen; 2. bildliche Darstellung. Der Vergleich hinkt. Er würzt seine Reden mit anschaulichen Vergleichen. 3. Einigung; Kompromiss. Die Tarifparteien erzielten in letzter Minute einen Vergleich. 4. in der Juristensprache ein Vertrag, mit dem ein Rechtsstreit durch gegenseitiges Nachgeben der Beteiligten beseitigt wird.
ver|glei|chen 1. (V., verglich, hat verglichen) gegenüberstellen; 2. (V., refl.) sich messen; sich einigen.
ver|gleich|bar (Adj.) ähnlich; gleichwertig; analog; ebenbürtig.
Ver|gleich|bar|keit (die, -, kein Plural) Ähnlichkeit; Gleichwertigkeit; Analogie; Ebenbürtigkeit. Vergleichsgläubiger; Vergleichsmöglichkeit; Vergleichsobjekt; Vergleichsschuldner; Vergleichung.
ver|glei|che (Abk.: vgl.) lexikalischer Hinweis.
Ver|gleichs|ver|fah|ren (das, -s, -) juristisches Verfahren, in dem ein Vergleich geschlossen werden soll.
ver|gleichs|wei|se (Adv.) entsprechend; relativ.
ver|gnü|gen (V., refl.) sich amüsieren. Vergnügungspark; vergnügungshalber.
Ver|gnü|gen 1. (das, -s, kein Plural) Freude. Viel Vergnügen! Mit dem größten Vergnügen! (sehr gern). ein teures Vergnügen. 2. (das, -s, -) unterhaltsame Veranstaltung; Amüsement; Belustigung; Fest; Pläsier.
ver|gnüg|lich (Adj.) erheiternd; unterhaltsam. Wir verlebten einen vergnüglichen Abend.
ver|gnügt (Adj.) fröhlich; heiter.
Ver|gnü|gung (der, -, -en) fröhlicher Zeitvertreib; Belustigung; Fest.
Ver|gnü|gungs|steu|er (die, -, -n) Gemeindesteuer u.a. auf Kino-, Sport- und Theaterveranstaltungen.
Ver|gnü|gungs|sucht (die, -, kein Plural) ausgeprägtes Bedürfnis nach Vergnügungen.
ver|gnü|gungs|süch|tig (Adj.) süchtig nach Vergnügungen sein.
ver|gol|den (V.) einen Gegenstand mit Gold überziehen. Die Erinnerung vergoldet die Vergangenheit (sie lässt sie rosiger erscheinen, als sie war).
Ver|gol|der (der, -s, -) Kunsthandwerker.
ver|gön|nen (V.) 1. gönnen; erlauben; 2. (schweiz.) missgönnen.
ver|göt|tern (V.) anbeten; verehren.
Ver|göt|te|rung (die, -, kein Plural) übermäßige Verehrung. Die Vergötterung des Sportidols durch das Publikum kannte keine Grenzen.
ver|gra|ben (V., vergrub, hat vergraben) 1. etwas in die Erde tun. Im Krieg haben wir alles Wertvolle vergraben. Er vergrub seine Hände in den Hosentaschen. 2. (V., refl.) sich verbergen; sich vertiefen. Sie vergrub sich in ihre Bücher.
ver|grä|men (V.) jemanden verärgern.
ver|grämt (Adj.) kummervoll; sorgenvoll. ein vergrämtes Gesicht.
ver|grau|len (V.) (ugs.) verärgern; vertreiben.
ver|grei|fen (V., refl., vergriff sich, hat sich vergriffen) danebengreifen. *Beachte:* sich an jemandem/etwas vergreifen (misshandeln, stehlen).
ver|grei|sen (V.) altern.
ver|grif|fen (Adj.) nicht mehr lieferbar.
ver|grö|bern (V.) gröber machen. Vergröberung.
ver|grö|ßern (V.) größer machen; ausbauen; ausweiten; erweitern; mehren; vermehren; vervielfachen. Wir werden uns bald vergrößern (in eine größere Wohnung ziehen).
Ver|grö|ße|rer (der, -s, -) Gerät zum Vergrößern von Fotografien. Vergrößerungsapparat.
Ver|grö|ße|rung (die, -, -en) 1. Ausbau; Erweiterung; Zunahme; 2. vergrößerte Fotografie.
Ver|grö|ße|rungs|glas (das, -es, -glä|ser) Lupe.
ver|gu|cken (V., refl.) (ugs.) sich verlieben.
Ver|güns|ti|gung (die, -, -en) besonderer Vorteil; Privileg.
ver|gü|ten (V.) bezahlen; entlohnen.
Ver|gü|tung (die, -, -en) das Vergüten.
verh. (Abk.) verheiratet.
ver|hack|stü|cken (V, wurde verhackstückt, ist verhackstückt worden) (ugs.) im übertragenen Sinn alles bis in die Einzelheiten besprechen und kritisieren. Wir haben seinen Vorschlag verhackstückt.
ver|haf|ten (V.) festnehmen.
ver|haf|tet (Adj.) festgenommen; verbunden mit.
Ver|haf|te|te (der, -s, -n) jemand, der festgenommen wurde.
Ver|haf|tung (die, -, -en) Festnahme.
Ver|haf|tungs|wel|le (die, -, -n) gehäufte Festnahmen.
ver|hal|ten 1. (V., verhielt, hat verhalten) zurückhalten; sich benehmen. Verhaltensmaßregel. 2. (Adj.) unterdrückt. Verhaltenheit.
ver|hal|ten (Adj.) zurückgenommen; zurückhaltend. Er spielt das Klavierstück sehr verhalten.
Ver|hal|ten (das, -s, kein Plural) 1. Benehmen. Sein Verhalten ist immer korrekt. 2. Zurückhalten; Verhaltenheit; 3. alle Handlungen, Denk- und Gefühlsabläufe eines Lebewesens. Verhaltensmuster.
Ver|hal|tens|for|schung (die, -, kein Plural) Teilbereich der Biologie, der sich mit dem Verhalten von Tieren befasst.
ver|hal|tens|ge|stört (Adj.) krankhaft verändert im Verhalten.
Ver|hal|tens|stö|rung (die, -, -en) krankhafte Veränderung in Auftreten und Benehmen.
Ver|hal|tens|the|ra|pie (die, -, -n) psychotherapeutische Methode zur Verbesserung von Verhaltensstörungen und Neurosen.
Ver|hält|nis (das, -ses, -se) Beziehung; (ugs.) Liebesverhältnis; (Plural) Zustände, Umstände. Verhältnisgleichung.
ver|hält|nis|mä|ßig (Adv.) an anderen gemessen; vergleichsweise; ziemlich.

Sie hat verhältnismäßig viel Überstunden gemacht.
Ver|hält|nis|mä|ßig|keit (die, -, kein Plural) Relation.
Ver|hält|nis|wahl (das, -s, kein Plural) Wahlsystem, bei dem ein dem Verhältnis der gewählten Stimmen entsprechender Anteil der Sitze auf die Parteien verteilt wird (Proportionalwahl). Verhältniswahlrecht.
Ver|hält|nis|wort (das, -s, -wör|ter) Präposition.
Ver|hal|tungs|maß|re|gel (die, -, -n) Anweisung für ein angemessenes Verhalten.
ver|han|deln (V.) beraten; feilschen.
Ver|hand|lung (die, -, -en) 1. Beratung; Besprechung; Unterhandlung; 2. Prozess. Verhandlungspartner; Verhandlungstisch; verhandlungsfähig.
Ver|hand|lungs|ba|sis (die, -, -ba|sen) Ausgangspunkt einer Verhandlung.
ver|hand|lungs|be|reit (Adj.) für eine Verhandlung aufgeschlossen. Verhandlungsbereitschaft; verhandlungswillig.
ver|han|gen (Adj.) verschleiert; bedeckt.
ver|hän|gen (V.) 1. etwas bedecken; verhüllen. Das Bild war mit einem Tuch verhängt. 2. bestimmen; erlassen. Über die Stadt wurde der Ausnahmezustand verhängt. 3. etwas falsch aufhängen; 4. in der Reitersprache lockere Zügel. verhängte Zügel.
Ver|häng|nis (das, -ses, -se) Unglück.
ver|häng|nis|voll (Adj.) folgenschwer; unabwendbar; fatal; schicksalhaft; unglückselig; unheilbringend; unselig; tragisch. Sein Leichtsinn hatte verhängnisvolle Folgen.
ver|harm|lo|sen (V.) bagatellisieren; abwiegeln; herunterspielen; verniedlichen.
ver|härmt (Adj.) kummervoll.
ver|har|ren (V.) bleiben. Sie verharrte in ihrer Haltung. Verharrung.
ver|har|schen (V.) hart werden.
ver|här|ten (V.) etwas hart machen oder werden; abstumpfen. Vor übergroßem Kummer verhärtete sie ihr Herz. Die Haut auf den Händen verhärtet sich durch schwere Arbeit.
ver|här|tet (Adj.) gefühllos.
Ver|här|tung (die, -, -en) Abstumpfung; Härte.
ver|has|peln (V., refl.) beim Sprechen stecken bleiben.
Ver|has|pe|lung (die, -, -en) Versprecher.
ver|hät|scheln (V.) (ugs.) verwöhnen; verzärteln.
Ver|hät|sche|lung (*auch:* Ver|hätsch|lung) (die, -, kein Plural) Verwöhnung; Verzärtelung.
Ver|hau (der, -s, -e) Geflecht; Durcheinander. Drahtverhau.
ver|hau|en (V.) (ugs.) prügeln; sich verirren. Ich habe meine Prüfung verhauen.
ver|he|ben (V., refl., verhoben, hat verhoben) sich schaden beim Heben. Ich habe mich beim Tragen der schweren Koffer verhoben.
ver|hed|dern (V.) verhaspeln; sich verfangen; sich versprechen. Der Vogel hat sich im Netz verheddert. Die Ansagerin verhedderte sich öfter.
ver|hee|ren (V.) verwüsten.
ver|hee|rend (Adj.) furchtbar.
Ver|hee|rung (die, -, -en) Verwüstung; Zerstörung.
ver|heh|len (V.) verbergen; verschweigen. Ich kann nicht verhehlen, dass ich über seine Niederlage Genugtuung empfinde. Adjektiv: verhohlen.
ver|hei|len (V.) eine Wunde schließt sich.
ver|heim|li|chen (V.) verschweigen. Das kann ich nicht mehr länger verheimlichen. Verheimlichst du mir etwas?
Ver|heim|li|chung (die, -, kein Plural) Geheimhaltung; Verschweigung; Heimlichtuerei; Verbergung; Verdunkelung.
ver|hei|ra|ten (V.) 1. jemanden verheiraten; antrauen; zur Frau geben; zum Mann geben; an den Mann bringen; unter die Haube bringen; verehelichen; verkuppeln; 2. (V., refl.) sich verheiraten. Der alte Herr will sich noch einmal verheiraten.
ver|hei|ra|tet (Adj.) verehelicht (Abk.: verh.).
Ver|hei|ra|te|te (der, -n, -n) jemand, der verheiratet ist; Verehelichter.
Ver|hei|ra|tung (die, -, -en) Ehelichung; Eheschließung.
ver|hei|ßen (V., verhieß, hat verheißen) versprechen; voraussagen.
Ver|hei|ßung (die, -, -en) Versprechen; Voraussage; Verkündigung.
ver|hei|ßungs|voll (Adj.) vielversprechend.
ver|hei|zen (V.) 1. etwas zum Heizen verwenden; 2. (ugs.) rücksichtslos opfern. Die 6. Armee wurde bei Stalingrad verheizt.
ver|hel|fen (V.) ermöglichen; verschaffen. Er verhalf seiner Tochter zu einer neuen Arbeitsstelle.
ver|herr|li|chen (V.) verehren; preisen; bejubeln.
Ver|herr|li|chung (die, -, -en) Anbetung; Verehrung; Glorifizierung; Lobpreisung; Vergötterung.
ver|het|zen (V.) anstiften; aufwiegeln.
Ver|het|zung (die, -, -en) Aufwiegelung; Unruhestiftung; Hetzpropaganda; Scharfmacherei.
ver|heult (Adj.) (ugs.) verweint. verheulte Augen. Sie sieht verheult aus.
ver|he|xen (V.) verwandeln; verzaubern; verwünschen. Heute ist es wie verhext, es geht aber auch alles schief.
ver|hin|dern (V.) abhalten; vereiteln. *Beachte:* Sie verhinderte, dass er noch mehr vergammelte (*falsch:* …, dass er nicht noch mehr vergammelte).
Ver|hin|de|rung (die, -, -en) Abwendung; Vereitelung; Abwehr; Hinderung; Hintertreibung; Niederschlagung; Unterbindung.
Ver|hin|de|rungs|fall (der, -s, kein Plural) (nur in der Redewendung:) im Verhinderungsfall (amtsdeutsch).
ver|hoh|len (Adj.) versteckt; verborgen. kaum verhohlene Schadenfreude.
ver|höh|nen (V.) verspotten.
Ver|höh|nung (die, -, kein Plural) Verspottung. Die sog. Auschwitzlüge ist eine Verhöhnung aller Opfer.
ver|hoh|ne|pi|peln (V.) (ugs.) verspotten.
ver|hö|kern (V.) (ugs.) etwas unter Wert verkaufen.
ver|ho|len (V.) ein Schiff an den Tauen zu einem anderen Liegeplatz ziehen.
Ver|hör (das, -s, -e) Vernehmung; Befragung.
ver|hö|ren (V.) 1. befragen; vernehmen; anhören; einvernehmen; ins Verhör nehmen; inquirieren. 2. falsch hören. Da muss ich mich wohl verhört haben.

Ver|hör|rich|ter (der, -s, -) (schweiz.) Untersuchungsrichter.
ver|hu|deln (V.) etwas durch Flüchtigkeit verderben.
ver|hül|len (V.) bedecken; verbergen; verhängen; vermummen; verschleiern; zuhängen.
Ver|hül|lung (die, -, -en) Bedeckung; Vermummung; Verschleierung.
ver|hun|gern (V.) vor Hunger sterben.
ver|hun|zen (V.) (ugs.) verderben.
Ver|hun|zung (die, -, -en) Pfusch; Verunstaltung.
ver|hurt (Adj.) sexuell hemmungslos lebend.
ver|hü|ten (V.) abwehren; verhindern; sich vor Schwangerschaft schützen. *Beachte:* Er verhütete noch rechtzeitig, dass ein Fehler gemacht wurde (*falsch:* ..., dass kein Fehler gemacht wurde).
Ver|hü|tung (die, -, kein Plural) Vorbeugung. Schwangerschaftsverhütung, Unfallverhütung.
Ver|hü|tungs|mit|tel (das, -s, -) Vorbeugungsmittel (meist Mittel zur Schwangerschaftsverhütung).
Ver|hü|ter|li (das, -s, -) (ugs.) Kondom.
ver|hut|zelt (Adj.) runzelig, runzlig; zusammengeschrumpft.
Ve|ri|fi|ka|ti|on (die, -, -en) (lat.) Beglaubigung;
Beurkundung; Wahrheitsbeweis.
ve|ri|fi|zier|bar (Adj.) nachprüfbar.
Ve|ri|fi|zier|bar|keit (die, -, kein Plural) Nachprüfbarkeit.
ve|ri|fi|zie|ren (V.) (lat.) die Richtigkeit nachprüfen. Verifizierung.
ver|in|ner|li|chen (V.) etwas seelisch aufnehmen, durchdringen. verinnerlichter Gesichtsausdruck.
ver|in|ner|licht (Adj.) empfindsam; durchgeistigt.
Ver|in|ner|li|chung (die, -, kein Plural) seelische Durchdringung; Vergeistigung.
ver|ir|ren (V., refl.) fehlgehen; irregehen. Verirrung.
Ve|ris|mus (der, -, kein Plural) (ital.-nlat.) die Wirklichkeit deutlich, schonungslos darstellende Kunstrichtung (in der italienischen Literatur, Malerei, Musik u. a.).
Ve|rist (der, -en, -ris|ten) Verismuskünstler.
ve|ris|tisch (Adj.) zum Verismus gehörig.
ve|ri|ta|bel (Adj.) (franz.) wahrhaft.
ver|ja|gen (V.) 1. etwas fortscheuchen; 2. (schweiz.) etwas zum Zerplatzen bringen.
ver|jäh|ren (V., ist) ungültig werden.
Ver|jäh|rung (die, -,-en) Ungültigkeit nach einer gesetzlichen Frist.
Ver|jäh|rungs|frist (die, -, -en) Zeitraum, innerhalb dessen ein Recht nicht mehr geltend gemacht werden kann.
ver|ju|beln (V.) verschwenden. Wir haben unser ganzes Vermögen verjubelt.
ver|jün|gen (V.) jünger machen; dünner werden. Die Säule verjüngt sich nach oben.
ver|jüngt (Adj.) dünner, jünger geworden. Unsere Mitarbeiterin sieht nach ihrem Urlaub ziemlich verjüngt aus.
Ver|jün|gung (die, -, kein Plural) Erneuerung; Verengung.
Ver|jün|gungs|kur (die, -, -en) Erneuerungsmaßnahme.
ver|ju|xen (V.) (ugs.) verjubeln.
ver|ka|beln (V.) an das Kabelnetz anschließen.
Ver|ka|be|lung (die, -, -en) Anschluss an das Kabelnetz.
ver|kal|ben (V.) Fehlgeburt haben (Kuh).
ver|kal|ken (V.) 1. Kalk ansetzen; 2. (ugs.) altersbedingt geistig schwächer werden.
Ver|kalkt|sein (das, -s, kein Plural) (ugs.) altersbedingte geistige Beeinträchtigung.
Ver|kal|kung (die, -, -en) 1. Kalkansatz; 2. (ugs.) altersbedingte Demenz. Verkalkungsanzeichen.
ver|käm|men (V.) zwei Hölzer mit Zapfen und Aussparungen verbinden.
ver|kal|ku|lie|ren (V., refl.) sich verrechnen.
ver|kannt (Adj.) ungewürdigt. Verb: verkennen.
ver|kan|ten (V.) 1. etwas auf eine Kante legen; 2. Skier falsch belasten; 3. den Lauf einer Schusswaffe beim Zielen verdrehen.
ver|kap|pen (V.) verstecken.
ver|kappt (Adj.) geheim; versteckt.
ver|kap|seln (V. refl.) 1. sich absondern von anderen; 2. in eine Kapsel einschließen.
Ver|kap|se|lung (*auch:* Ver|kaps|lung) (die, -, -en) Einschluss.
ver|kars|ten (V.) steinig werden.
ver|kars|tet (Adj.) felsig; öde.
ver|ka|se|ma|tu|ckeln (V.) (ugs.) jemandem etwas ganz genau erklären. Ich habe ihm heute mal die ganze Situation verkasematuckelt.
ver|kä|sen (V.) in der Medizin das Absterben von Gewebsteilen, die sich zu einer käseartigen Masse verändern.
ver|ka|tert (Adj.) (ugs.) sich übel fühlend (nach Alkoholgenuss).
ver|kat|ten (V.) einen Anker durch einen zweiten verankern.
ver|kau|fen (V.) 1. Handel treiben; feilbieten; abgeben; absetzen; anbringen; an den Mann bringen; auf den Markt bringen; handeln; losschlagen; versilbern; vertreiben; verklitschen; verkloppen; verscheuern; zu Geld machen. jemanden für dumm verkaufen (für dumm halten); verraten und verkauft (im Stich gelassen). 2. (V., refl.) der Prostitution nachgehen. Sie verkauft sich. 3. (V., refl.) leicht/schwer verkäuflich. Die Brötchen am Sonntag verkaufen sich gut. Verkaufsbedingung; Verkaufsleiter; Verkaufspreis; Verkaufsstand.
Ver|kauf (der, -s, -käu|fe) Abgeben von Gütern und Waren gegen Bezahlung; Absatz; Handel; Umschlag; Veräußerung; Vertrieb. Verkäuferin.
Ver|käu|fer (der, -s, -) jemand, der Waren und Güter verkauft; Händler; Lieferant.
ver|käuf|lich (Adj.) etwas, das man kaufen kann; feil; zu verkaufen. Die Ausstellungsstücke sind alle verkäuflich. Verkäuflichkeit.
ver|kaufs|för|dernd (Adj.) kaufanregend.
Ver|kaufs|för|de|rung (die, -, kein Plural) Werbung.
ver|kaufs|of|fen (Adj.) für den Verkauf geöffnet. verkaufsoffener Samstag.
Ver|kaufs|schla|ger (der, -s, -) Artikel, der sich sehr gut verkauft.
Ver|kaufs|tisch (der, -s, -e) Theke.
Ver|kehr (der, -s, -e) 1. Bewegung; Beförderung; Umgang; Korrespondenz; 2. (Kurzw.) Geschlechtsverkehr. *Beachte:* im Verkehr sein mit, *aber:* in Verkehr mit einer anderen Firma treten. etwas aus

dem Verkehr ziehen (ugs.) (etwas für den Gebrauch nicht mehr zulassen). Verkehrsampel; Verkehrsaufkommen; Verkehrsbetriebe; Verkehrschaos; Verkehrsdichte; Verkehrsknotenpunkt; Verkehrsmeldung; Verkehrsmittel; Verkehrsplanung; Verkehrsregelung; Verkehrssicherheit; Verkehrsstärke; Verkehrsstau; Verkehrsstockung; Verkehrssünder; Verkehrsteilnehmer; Verkehrstote; Verkehrsunfall. Adjektive: verkehrsfrei; verkehrsreich; verkehrssicher.

Ver|kehrs|ader (die, -, -n) Hauptverkehrsstraße.

Ver|kehrs|be|ru|hi|gung (die, -, kein Plural) bauliche Maßnahmen zur Herbeiführung des Langsamfahrens des Kraftfahrverkehrs. verkehrsberuhigt.

Ver|kehrs|de|likt (das, -s, -e) Verstoß gegen die Verkehrsvorschriften.

Ver|kehrs|er|zie|hung (die, -, kein Plural) Anschauungsunterricht über verkehrsgerechtes Verhalten.

Ver|kehrs|funk (der, -s, -e) Rundfunkdurchsagen über Verkehrslage und Straßenzustand.

Ver|kehrs|ge|fähr|dung (die, -, -en) Verhalten, das andere Verkehrsteilnehmer in Gefahr bringt; Führen von Verkehrsmitteln trotz körperlicher oder geistiger Untüchtigkeit.

ver|kehrs|güns|tig (Adj.) gut erreichbar; zentral. verkehrsgünstig gelegen.

ver|keh|ren (V.) verdrehen; umdrehen; Umgang, Geschlechtsverkehr haben.

Ver|kehrs|hy|po|thek (die, -, -en) Buch- oder Briefhypothek, die zum Umlauf im Rechtsverkehr bestimmt ist.

Ver|kehrs|in|sel (die, -, -n) verkehrsberuhigter Bereich.

Ver|kehrs|po|li|zei (die, -, kein Plural) Beamte der Vollzugsorgane, die den Straßenverkehr regeln und überwachen.

Ver|kehr|steu|er (die, -, -n) indirekte, an den rechtlichen oder wirtschaftlichen Vermögensverkehr anknüpfende Steuer.

Ver|kehrs|spra|che (die, -, -n) Sprache, die den Austausch zwischen verschiedenen Sprachgemeinschaften ermöglicht.

Ver|kehrs|vor|schrift (die, -, -en) Bestimmung der Straßenverkehrsordnung.

Ver|kehrs|wacht (die, -, kein Plural) eingetragener Verein, der zur Förderung der Verkehrssicherheit beitragen will. Verkehrsverein.

ver|kehrs|wid|rig (Adj.) gegen die Verkehrsregeln handelnd. verkehrswidriges Verhalten.

Ver|kehrs|zei|chen (das, -s, -) Zeichen zur Verkehrsregelung.

Ver|kehrs|zen|t|ral|re|gis|ter (das, -s, -) Verkehrssünderkartei.

ver|kehrt (Adj.) 1. falsch; 2. linke Masche beim Stricken. Ich mache im Augenblick alles verkehrt. an den Verkehrten kommen (ugs.) (scharf abgewiesen werden). Da bist du bei mir an den Verkehrten gekommen.

Ver|kehrt|heit (die, -, -en) Falschheit; Unrichtigkeit.

Ver|keh|rung (die, - kein Plural) Umkehrung; Verdrehung. Verkehrung der Tatsachen (die Tatsachen verdrehen).

ver|ken|nen (V., verkannte, hat verkannt). falsch einschätzen; missverstehen.

Ver|ken|nung (die, -, -en) falsche Beurteilung der Lage. in Verkennung der Tatsachen.

ver|ket|ten (V.) fest zusammenfügen.

Ver|ket|tung (die, -, -en) Verbindung. Verkettung unglücklicher Umstände.

ver|kit|schen (V.) 1. im Stil verderben; Kitsch aus etwas machen; 2. (ugs.) billig verkaufen.

ver|kla|gen (V.) anklagen.

ver|klam|mern (V.) 1. etwas mit Klammern zusammenfügen; befestigen; 2. (V., refl.) etwas verklammert sich ineinander.

Ver|klam|me|rung (die, -, -en) Befestigung.

ver|klap|pen (V.) ins Meer ablassen.

Ver|klap|pung (die, -, -en) durch Spezialschiffe erfolgende Einleitung von giftigen Abfällen ins Meer. Säureverklappung.

ver|klä|ren (V.) vergöttern; sich erhellen; idealisieren. Mit verklärten Blicken sah sie ihn an.

Ver|klä|rung (die, -, kein Plural) Erhöhung; Überhöhung; Idealisierung.

ver|kla|ren (V.) (nordd.) 1. erklären. Ihm muss ich das noch einmal deutlich verklaren. 2. eidlich aussagen über Schiffsunfälle.

Ver|kla|rung (die, -, -en) (nordd.) eidlicher Bericht des Kapitäns über Schiffsunfälle.

ver|klat|schen (V.) (ugs.) ins Gerede bringen; verleumden.

ver|klau|su|lie|ren (V.) Bedingungen machen; verzwickt formulieren.

Ver|klau|su|lie|rung (die, -, -en) Unübersichtlichkeit; Unverständlichkeit.

ver|kle|ben (V.) zukleben.

ver|klei|den (V.) abdecken; sich maskieren.

Ver|klei|dung (die, -, -en) 1. Abdeckung; Blende; Decke; Einband; Täfelung; Vertäfelung; Verschalung; 2. Maskierung; Kostümierung; Maskerade; Tarnung; Vermummung. Verkleidungskünstler.

ver|klei|nern (V.) kleiner machen, werden; schmälern.

Ver|klei|ne|rung (die, -, -en) Verringerung.

Ver|klei|ne|rungs|form (die, -, kein Plural) Diminutiv.

Ver|klei|ne|rungs|sil|be (die, -, -n) z. B. »-chen«, »-lein«.

ver|kli|ckern (V.) (ugs.) erklären.

ver|klin|gen (V., verklang, ist verklungen) leiser werden.

ver|klop|pen (V.) (ugs.) 1. verkaufen; 2. verprügeln.

ver|kna|cken (V.) (jidd.) (ugs.) verurteilen.

ver|knack|sen (V.) (ugs.) verstauchen. den Fuß verknacksen.

ver|knal|len (V., refl.) (ugs.) sich verlieben.

ver|knaut|schen (V.) (ugs.) zerknittern.

ver|knei|fen (V., verkniff, hat verkniffen) (ugs.) zurückhalten; verzichten.

ver|knif|fen (Adj.) verbittert; humorlos.

Ver|knif|fen|heit (die, -, kein Plural) Verbitterung; Humorlosigkeit.

ver|knö|chern (V.) 1. in der Medizin zu Knochen werden; 2. durch Alter steif und unbeweglich werden (Geist und Glieder).

Ver|knö|che|rung (die, -, -en) 1. Knochenbildung; 2. Starrsinn.

ver|knor|peln (V.) zu Knorpel werden.

Ver|knor|pe|lung (die, -, -en) Knorpelbildung.
ver|kno|ten (V.) 1. etwas mit Knoten verbinden; verflechten; verknüpfen; zusammenknoten; 2. (V., refl.) etwas verknotet sich; verwirrt sich.
Ver|kno|tung (die, -, -en) Knotenbildung.
ver|knüp|fen (V.) verbinden; zusammenknoten.
Ver|knüp|fung 1. (die, -, kein Plural) das Verknüpfen; 2. (die, -, -en) das miteinander Verbundene; 3. in der Mathematik die Zuordnung.
ver|knu|sen (V.) (nordd.) (ugs.) verdauen. Ich kann den Kerl nicht verknusen. (Ich kann den Kerl nicht ausstehen.).
ver|ko|chen (V.) 1. an Wert verlieren durch langes Kochen. Das Gemüse ist verkocht. 2. verdampfen (Wasser).
ver|koh|len (V.) (jidd.) (ugs.) 1. narren; belügen; 2. zu Kohle machen, werden.
Ver|koh|lung (die, -, kein Plural) thermische Zersetzung von organischen Stoffen unter Luftabschluss oder Destillation.
ver|ko|ken (V.) Steinkohle unter Luftabschluss durch Erhitzen in Koks und Gas überführen.
Ver|ko|kung (die, -, kein Plural) Zersetzung von Kohle und Holz unter Luftabschluss zur Gewinnung von Koks und Gas.
ver|kom|men (V., verkam, ist verkommen) verlottern; verderben.
Ver|kom|men|heit (die, -, kein Plural) das Verkommensein.
ver|kon|su|mie|ren (V.) aufessen; verbrauchen.
ver|kop|peln (V.) verbinden; koppeln.
Ver|kop|pe|lung (*auch:* Ver|kopp|lung) (die, -, -en) Verflechtung.
ver|kor|ken (V.) eine Flasche mit einem Korken verschließen.
ver|kork|sen (V.) (ugs.) verderben. Ich habe mir den Magen verkorkst.
ver|kör|pern (V.) 1. darstellen. Der Schauspieler verkörperte das Böse hervorragend. 2. repräsentieren.
Ver|kör|pe|rung (die, -, -en) Darstellung; Inbegriff.
ver|kra|chen (V.) (ugs.) scheitern; sich streiten. Peter und Johannes haben sich hoffnungslos verkracht.
ver|kracht (Adj.) (ugs.) gescheitert; zerstritten. Er ist eine verkrachte Existenz.
ver|kraf|ten (V.) ertragen; bewältigen. Er verkraftet seinen Rausschmiss recht gut.
ver|kral|len (V., refl) 1. mit den Krallen festhalten (ein Tier); 2. (ugs.) stur an etwas festhalten.
ver|kra|men (V.) (ugs.) etwas verlegen.
ver|kramp|fen (V., refl.) sich zusammenziehen; unsicher, gehemmt werden.
Ver|kramp|fung (die, -, -en) 1. Muskelanspannung, -verhärtung; 2. Unsicherheit; Schüchternheit.
ver|krie|chen (V., refl., verkroch sich, hat sich verkrochen) sich verstecken.
ver|kröp|fen (V.) ein Metallstück krumm biegen.
ver|krü|meln (V., refl.) (ugs.) verschwinden.
ver|krüm|men (V.) krumm werden.
Ver|krüm|mung (die, -, -en) Verbiegung.
ver|krüp|pelt (Adj.) behindert; missgestaltet.
ver|krus|ten (V., ist) hart werden; eine Kruste ansetzen.
ver|küh|len (V., refl.) sich erkälten.
Ver|küh|lung (die, -, -en) (bes. österr.) Erkältung.
ver|küm|mern (V., refl.) sich rückbilden. Die Pflanzen sind verkümmert. Ich muss die Arbeitsstelle wechseln, denn hier verkümmere ich.
ver|kün|den (V.) bekannt geben.
Ver|kün|der (der, -s, -) jemand, der etwas kundtut. Verkünder einer frohen Botschaft.
ver|kün|di|gen (V.) feierlich bekanntgeben; verkünden.
Ver|kün|di|ger (der, -s, -) Verkünder.
Ver|kün|di|gung (die, -, -en) Bekanntgabe; Ankündigung. Mariä Verkündigung.
Ver|kün|dung (die, -, -en) Bekanntgabe; Verkündigung.
ver|kup|peln (V.) verbinden; verheiraten.
Ver|kup|pe|lung (*auch:* Ver|kupp|lung) (die, -, -en) Verbindung; Kuppelei.
ver|la|chen (V.) auslachen.
ver|la|den (V., verlud, hat verladen) 1. verfrachten; 2. (ugs.) jemanden versetzen; jemanden zum Narren halten. Verladebahnhof; Verladebrücke; Verladekran; Verladeplatz; Verlader; Verladerampe; Verladung.
Ver|lag (der, -s, -e) 1. Unternehmen, das Manuskripte und Werke (Literatur, Kunst, Musik) publiziert; 2. Vertrieb. Verlagsanstalt; Verlagswesen.
ver|la|gern (V.) umverteilen.
Ver|la|ge|rung (die, -, -en) Umverteilung.
Ver|lags|buch|hand|lung (die, -, -en) Buchhandlung, die an einen Verlag gekoppelt ist.
Ver|lags|ka|ta|log (der, -s, -e) Verzeichnis aller lieferbaren Ausgaben.
Ver|lags|pro|gramm (das, -s, -e) die Gesamtheit aller in einem Verlag erschienenen Ausgaben.
Ver|lags|recht (das, -s, -e) Recht, das die Rechtsverhältnisse zwischen dem Verfasser eines Werkes und dem Verleger regelt (Urheberrecht).
ver|lan|den (V.) etwas füllt sich mit Sand auf (Flüsse, Seen).
Ver|lan|dung (die, -, -en) Versandung.
ver|lan|gen (V.) fordern; wünschen. *Beachte:* Wird »verlangen« näher bestimmt, dann steht vor dem erweiterten Infinitiv mit »zu« ein Komma! Er verlangte danach, sich seinen Verteidiger selbst zu suchen. *Aber:* Er verlangte(,) sich seinen Verteidiger selbst zu suchen. Verlangen.
Ver|lan|gen (das, -s, kein Plural) 1. Forderung; 2. Bedürfnis; Begehren; Begierde; Drang; Lust; Trieb; Sehnsucht; Streben; Trachten; Wollen; Wünschen.
ver|län|gern (V.) 1. etwas räumlich oder zeitlich ausdehnen; dehnen; prolongieren; stunden; verzögern; 2. verdünnen.
Ver|län|ge|rung (die, -, -en) Ausdehnung; Verzögerung; Prolongierung; Prolongation; Stundung.
Ver|län|ge|rungs|ka|bel (das, -s, -) elektrisches Kabel mit spezieller Vorrichtung zum Verlängern einer Leitung.
Ver|län|ge|rungs|schnur (die, -, -schnü|re) Verlängerungskabel.
ver|lang|sa|men (V.) Geschwindigkeit verringern.

Ver|lang|sa|mung (die, -, kein Plural) Verzögerung.

Ver|lass (der, -, kein Plural) Zuverlässigkeit.

ver|las|sen 1. (V., verließ, hat verlassen) weggehen; hoffen; vertrauen. *Beachte:* Auf sie ist kein Verlass. zuverlässig. 2. (Adj.) einsam; leer. *Beachte:* Du bist wohl von allen guten Geistern verlassen!

Ver|las|sen|heit (die, -, kein Plural) Einsamkeit.

ver|läss|lich (Adj.) zuverlässig.

ver|läs|tern (V.) schmähen; verleumden.

Ver|laub (der) (nur in der Wendung:) mit Verlaub (wenn es erlaubt ist).

Ver|lauf (der, -s, -läu|fe) 1. Erstreckung. Der Verlauf der Grenze wird neu festgelegt. 2. Ablauf; Tendenz. Wir müssen noch den Verlauf unserer Feier besprechen. im Verlauf des Jahres.

ver|lau|fen (V., verlief, hat sich/ist verlaufen) sich verirren; vergehen; ablaufen; sich entwickeln. *Beachte:* Die Untersuchungen sind im Sande (ergebnislos) verlaufen. im Verlauf des Jahres.

Ver|laufs|form (die, -, kein Plural) in der Grammatik die Kombination zwischen »zu/am/beim/im« und »Infinitiv« und »sein». beim Schreiben sein; im Weggehen sein.

ver|lau|sen (V.) Läuse bekommen.

ver|laust (Adj.) verlaust sein.

Ver|lau|sung (die, -, kein Plural) das Verlaustsein.

ver|laut|ba|ren (V.) bekannt machen.

Ver|laut|ba|rung (die, -, -en) Bekanntmachung; Nachricht.

ver|lau|ten (V.) mitteilen; sagen; bekannt werden.

ver|le|ben (V.) verbringen.

ver|lebt (Adj.) verbraucht.

ver|le|gen 1. (V.) veröffentlichen; an einen falschen Platz legen; verschieben. Verlegung; 2. (Adj.) beschämt; schüchtern. Du bist nie um eine Antwort verlegen!

Ver|le|gen|heit (die, -, kein Plural) 1. Befangenheit; Beschämtheit; Betretenheit; Hilflosigkeit; Scheu. Er wurde vor Verlegenheit ganz rot im Gesicht. 2. peinliche Lage; Ratlosigkeit; Bredouille; Kalamität; Notlage; Schlamassel; Schwulität; Zwangslage. Sie half ihm mit einem Kredit aus der finanziellen Verlegenheit. Verlegenheitslösung.

Ver|le|ger (der, -s, -) jemand, der einen Verlag besitzt oder publizistisch tätig ist.

ver|lei|den (V.) verdrießen.

ver|lei|hen (V., verlieh, hat verliehen) ausleihen; vergeben.

Ver|leih (der, -s, -e) Unternehmen, das gewerbsmäßig etwas verleiht.

Ver|lei|her (der, -s, -) Besitzer eines Verleihs; jemand, der etwas verleiht.

Ver|lei|hung (die, -, -en) Übergabe einer Anerkennung.

ver|lei|men (V.) mit Leim verbinden.

ver|lei|ten (V.) verführen; anstiften.

ver|ler|nen (V.) erlernte Fähigkeiten wieder verlieren.

ver|le|sen (V., verlas, hat verlesen) 1. etwas laut vorlesen; vortragen. Die Ansprache des erkrankten Ministers wurde verlesen. 2. aussondern. Linsen verlesen. 3. etwas falsch lesen.

Ver|le|sung (die, -, -en) das Verlesen. Die Verlesung der Proklamation fand vor der Vollversammlung statt.

ver|let|zen (V.) verwunden; kränken. Verletzungsgefahr; verletzt.

ver|letz|bar (Adj.) empfindlich; verwundbar.

ver|let|zend (Adj.) beleidigend; kränkend; geringschätzig; verächtlich.

ver|letz|lich (Adj.) verletzbar.

Ver|letz|lich|keit (die, -, kein Plural) Empfindlichkeit; Empfindsamkeit; Verwundbarkeit.

Ver|letz|te (der, -n, -n) verletzte Person; Verwundeter.

Ver|let|zung (die, -, -en) 1. Verwundung; Wunde; Trauma; 2. Beleidigung; Kränkung; Angriff.

ver|leum|den (V.) schmähen; in Verruf bringen; anschwärzen; denunzieren; diffamieren; diskreditieren; herabsetzen; in Verruf bringen; schlechtmachen; verdächtigen; verunglimpfen.

Ver|leum|der (der, -s, -) jemand, der andere verleumdet; Denunziant; Ehrabschneider.

Ver|leum|dung (die, -, -en) falsche Aussage; Diffamierung; Diskreditierung; Ehrabschneidung; Herabsetzung; Verdächtigung; Verunglimpfung; üble Nachrede; Rufmord.

ver|lie|ben (V., refl.) von Liebe erfasst werden. Ich habe mich bis über beide Ohren verliebt. (Ich bin heftig verliebt.).

Ver|liebt|heit (die, -, kein Plural) heftiges Hingezogensein.

Ver|lies (das, -es, -e) Kerker.

ver|lie|ren (V., verlor, hat verloren) unterlegen sein; abhandenkommen; verschwinden; sich hingeben.

Ver|lie|rer (der, -s, -) jemand, der in einem Kampf unterliegt.

ver|lo|ben (V., refl.) jemandem die Ehe versprechen.

Ver|löb|nis (das, -ses, -se) Verlobung.

Ver|lob|te (der/die, -n, -n) jemand, der sich verlobt hat.

Ver|lo|bung (die, -, -en) feierliches Eheversprechen.

ver|lo|dern (V.) langsames Auslöschen einer Flamme. Die Flamme verlodert (sie schwindet).

ver|lo|gen (Adj.) lügenhaft; unwahrhaftig.

ver|loh|nen (V., refl.) sich lohnen. Es verlohnt nicht der Mühe. Es verlohnt nicht, sich darüber noch länger zu ärgern.

ver|lo|ren (Adj.) 1. abhandengekommen. Es ist viel Kraft verloren gegangen (*auch:* verlorengegangen). den Kampf verloren geben (*auch:* verlorengeben) (aufgeben). 2. preisgegeben. Er steht auf verlorenem Posten. 3. vergeblich; unnötig. verlorene Zeit. 4. ratlos; verlassen. Er stand verloren unter den Menschen.

Ver|lo|ren|heit (die, -, kein Plural) Ratlosigkeit; Verlassenheit.

ver|lö|schen (V.) 1. auslöschen; verwischen; 2. (V., verlosch, ist verloschen) aufhören zu brennen. Die Kerze verlischt. Ihr Lebenslicht ist verloschen. (Sie ist gestorben.).

ver|lo|sen (V.) auslosen. Der Hauptgewinn wird verlost.

ver|lö|ten (V.) durch Löten etwas verbinden.

Ver|lust (der, -s, -lus|te) Verlieren; Schaden. Verlustbetrieb; Verlustgeschäft; Verlustmeldung; verlustreich.

ver|lus|tig (Adv.) etwas einbüßen. Wir sind der Sache verlustig gegangen (wir haben sie verloren).

ver|lust|reich (Adj.) viele Verluste fordernd. eine verlustreiche Schlacht.

Ver|lust|schein (der, -s, -e) (schweiz.) Bestätigung über eine erfolglose Pfändung.
verm. (Abk.) vermählt.
ver|ma|chen (V.) vererben.
Ver|mächt|nis (das, -ses, -se) 1. Erbe; 2. geistiges Erbe.
ver|mäh|len (V.) verheiraten; ehelichen. Vermählte; Vermählung; Vermählungsfeier; vermählt (Abk.: verm.).
Ver|mähl|te (der/die, -n, -n) Eheleute; Verheiratete.
Ver|mäh|lung (die, -, -en) Heirat.
Ver|mäh|lungs|fei|er (die, -, -n) Hochzeitsfeier.
ver|ma|le|dei|en (V.) verfluchen.
ver|männ|li|chen (V.) dem Mann angleichen. vermännlichende Mode.
ver|mark|ten (V.) verkaufen; Werbung machen.
Ver|mark|tung (die, -, kein Plural) Kommerzialisierung.
Ver|mas|sung (die, -, kein Plural) das Aufgehen in der Masse; Gleichmacherei.
ver|mau|ern (V.) zumauern.
ver|meh|ren (V.) vergrößern; sich fortpflanzen.
ver|mehrt (Adj.) zunehmend.
Ver|meh|rung (die, -, -en) Vervielfachung; Fortpflanzung; Zunahme.
ver|meid|bar (Adj.) zu umgehen. Dieser Fehler wäre vermeidbar gewesen. vermeidlich.
ver|mei|den (V., vermied, hat vermieden) umgehen; sich fernhalten.
Ver|mei|dung (die, -, kein Plural) das Vermeiden; Umgehung.
ver|mei|nen (V.) fälschlich glauben.
ver|meint|lich (Adj.) irrtümlich; fälschlich.
ver|men|gen (V.) etwas durcheinanderbringen; vermischen.
ver|mensch|li|chen (V.) etwas eine menschliche Gestalt, Natur geben. Man sollte Tiere nicht vermenschlichen.
Ver|merk (der, -s, -e) Anmerkung; Notiz.
ver|mer|ken (V.) aufschreiben; anmerken; notieren; Notiz nehmen; verzeichnen; wahrnehmen; zur Kenntnis nehmen. Sein Verhalten wurde ihm übel vermerkt. am Rande vermerkt (nebenbei gesagt).
ver|mes|sen 1. (V., vermaß, hat vermessen) ausmessen; sich anmaßen. 2. (Adj.) übermütig; verwegen.
Ver|mes|sen|heit (die, -, kein Plural) Anmaßung; Größenwahn; Übermut.
Ver|mes|sung (die, -, -en) das Ausmessen. Vermessungsurkunde.
Ver|mes|sungs|in|ge|ni|eur (der, -s, -e) (Abk. Verm.-Ing.) Landvermesser. Vermessungsingenieurin
ver|mie|ten (V.) gegen Geld überlassen.
Ver|mie|ter (der, -s, -) jemand, der vermietet; Hauswirt. Vermieterin.
ver|min|dern (V.) verringern.
ver|mi|nen (V.) Minen legen.
Ver|mi|nung (die, -, -en) Minenlegung.
ver|mis|sen (V.) entbehren; ermangeln; fehlen. Ich vermisse dich.
ver|misst (Adj.) fehlend; abgängig; verschollen. Unser Sohn ist in Russland vermisst.
ver|mit|teln (V.) schlichten; beschaffen.
Ver|mitt|ler (der, -s, -) 1. jemand, der Streit schlichtet; Fürsprecher; Schiedsmann; Schiedsrichter; 2. jemand, der etwas beschafft; Makler; Mittler; Mittelsmann; Zwischenhändler. Vermittlerrolle.
Ver|mitt|lung (die, -, -en) 1. Streitschlichtung; Fürsprache; Einschaltung; Intervention; Mittlerrolle; 2. Beschaffung; Vermittlungsgebühr; Vermittlungsversuch.
Ver|mitt|lungs|aus|schuss (der, -es, -schüsse) in Deutschland ein nicht öffentlicher Ausschuss, der bei Differenzen zwischen Bundestag und Bundesrat einberufen wird.
Ver|mitt|lungs|bü|ro (das, -s, -s) Agentur.
ver|mö|gen (V., vermochte, hat vermocht; ich vermag) können; erreichen.
ver|mö|ge (Adv.) aufgrund von; kraft; mittels. *Beachte:* Wird nur mit Genitiv gebildet. vermöge seines Amtes (kraft seines Amtes). Er hat vermöge seiner Fähigkeiten viel erreicht.
ver|mö|gen (V., vermochte, hat vermocht; ich vermag) können; erreichen.
Ver|mö|gen (das, -s, -) 1. Besitz; Aktiva; Finanzen; Geldwerte; Reichtümer; Vermögenswerte. Das wird mich ein Vermögen kosten! 2. Können; Leistungsfähigkeit. Vermögensberater; Vermögensbildung; Vermögensverteilung; Vermögensversicherung; Vermögensverwalter; Vermögenszuwachs.
ver|mö|gend (Adj.) reich; wohlhabend.
Ver|mö|gens|steu|er (die, -, -n) direkte Steuer vom Vermögen natürlicher Personen; Ergänzungssteuer zur Einkommenssteuer.
ver|mö|gens|wirk|sam (Adj.) Vermögen bildend. vermögenswirksame Leistungen.
ver|mum|men (V.) bedecken; einhüllen.
Ver|mum|mung (die, -, -en) Verhüllung; Unkenntlichmachung; Verkleidung.
Ver|mum|mungs|ver|bot (das, -s, -e) Verbot der Unkenntlichmachung von Personen bei Demonstrationen.
ver|mu|ren 1. (Adj.) ein Gelände wird von Schlamm und Geröll bedeckt; 2. (V.) (engl.) ein Schiff zwischen zwei Anker legen.
ver|mu|ten (V.) annehmen; meinen.
ver|mut|lich (Adv.) wahrscheinlich; anscheinend.
Ver|mu|tung (die, - -en) Annahme; Mutmaßung; Ahnung; Anhaltspunkt; Erwartung; Hypothese; Unterstellung. eine Vermutung aussprechen; eine vage Vermutung.
ver|nach|läs|sig|bar (Adj.) geringfügig.
ver|nach|läs|si|gen (V.) sich nicht kümmern; missachten.
ver|nach|läs|sigt (Adj.) missachtet; ungepflegt. Sie fühlt sich von ihrem Ehemann vernachlässigt. Er sieht vernachlässigt aus.
Ver|nach|läs|si|gung (die, -, -en) Benachteiligung; Missachtung.
ver|na|geln (V.) etwas mit Nägeln verschließen. Das Tor wird vernagelt.
ver|nä|hen (V.) 1. etwas durch Nähen verschließen; 2. Garn verbrauchen.
ver|nar|ben (V.) Narben bilden.
ver|nar|ren (V., refl.) sich stark verlieben.
ver|narrt (Adj.) heftig verliebt. Sie ist ganz vernarrt in ihn.
Ver|narrt|heit (die, -, kein Plural) ausgeprägte Vorliebe; starke Verliebtheit.
ver|ne|beln (V.) 1. Tatsachen verschleiern; 2. künstlichen Nebel herstellen.
ver|nehm|bar (Adj.) erfassbar; hörbar.

ver|neh|men (V., vernahm, hat vernommen) hören; verhören.
Ver|neh|men (das, -s, kein Plural) (nur in der Redewendung:) dem Vernehmen nach (wie man hört). Dem Vernehmen nach wird das Gesetz im nächsten Jahr in Kraft treten.
Ver|nehm|las|sung (die, -, -en) (schweiz.) Stellungnahme; Verlautbarung.
ver|nehm|lich (Adj.) vernehmbar.
Ver|neh|mung (die, -, -en) Verhör.
ver|nei|gen (V., refl.) sich verbeugen.
Ver|nei|gung (die, -, -en) Verbeugung.
ver|nei|nen (V.) ablehnen; mit Nein antworten. Meine Frage verneinte sie.
Ver|nei|nung (die, -, -en) 1. verneinende Antwort; 2. grammatikalischer Begriff (Negation).
ver|net|zen (V.) untereinander verbinden.
Ver|net|zung (die, -, kein Plural) das Vernetzen.
ver|nich|ten (V.) zerstören.
ver|nich|tend (Adj.) zerstörerisch; niederschmetternd. Sie bekam für ihr Konzert eine vernichtende Kritik.
Ver|nich|tung (die, -, -en) Zerstörung; Ausrottung; Austilgung; Tötung.
Ver|nich|tungs|la|ger (das, -s, -) von den Nationalsozialisten im Zweiten Weltkrieg errichtete Konzentrationslager, die speziell der systematischen Ermordung von Juden, politischen Gegnern und »unwertem Leben« dienten.
ver|ni|ckeln (V.) mit Nickel überziehen. Vernickelung.
ver|nied|li|chen (V.) verkleinern; gering schätzen; verharmlosen.
ver|nie|ten (V.) mit Nieten verschließen.
Ver|nis|sa|ge (die, -, -n) (franz.) Ausstellungseröffnung.
Ver|nunft (die, -, kein Plural) Verstand; Einsicht; Klugheit; gesunder Menschenverstand; Klarsicht; Logik; Realismus; Verständnis; Weisheit.
ver|nunft|ge|mäß (Adj.) gemäß der Vernunft.
ver|nünf|tig (Adj.) einsichtig; klug; überlegt; besonnen; realistisch.
Ver|nünf|tig|keit (die, -, kein Plural) Einsichtigkeit; Klugheit; Besonnenheit; Realismus.
ver|nünf|ti|ger|wei|se (Adv.) der Vernunft folgend.
ver|nunft|wid|rig (Adj.) gegen alle Vernunft. vernunftwidriges Verhalten.
ver|nu|ten (V.) etwas mit einer Nut verbinden.
ver|öden (V., ist) leer, einsam werden; beseitigen (Medizin).
Ver|ödung (die, -, -en) 1. das Leerwerden. Die Verödung der Landschaften nimmt immer mehr zu. 2. in der Medizin das Undurchgängigmachen von Krampfadern.
ver|öf|fent|li|chen (V.) bekannt machen.
Ver|öf|fent|li|chung (die, -, -en) Bekanntmachung; Publikation.
Ve|ro|ne|se (der, -n, -n) Einwohner der italienischen Stadt Verona.
ver|ord|nen (V.) anordnen; befehlen.
Ver|ord|nung (die, -, -en) 1. behördliche Anordnung; Verfügung; Anweisung; Auflage; Bestimmung; Dekret; Erlass; Entscheid. Straßenverkehrsverordnung. 2. ärztliche Verschreibung; Rezept.
ver|pach|ten (V.) vermieten.
Ver|päch|ter (der, -s, -) jemand, der etwas verpachtet.
Ver|pach|tung (die, -, -en) etwas in Pacht geben.
ver|pa|cken (V.) einpacken.
Ver|pa|ckung (die, -, -en) Umhüllung. Verpackungsmaterial.
Ver|pa|ckungs|müll (der, -s, kein Plural) Müll. Verpackungsabfall.
ver|päp|peln (V.) (ugs.) verweichlichen.
ver|pes|ten (V.) mit Gestank erfüllen. Ihr verpestet mit eurem Vehikel die gute Luft.
ver|pet|zen (V.) (ugs.) verraten.
ver|pfän|den (V.) etwas als Pfand geben; versetzen; ins Leihhaus bringen. Er muss das ganze Familiensilber verpfänden.
ver|pfei|fen (V., verpfiff, hat verpfiffen) (ugs.) verraten.
ver|pflan|zen (V.) 1. Pflanzen umsetzen; 2. in der Medizin Organe entnehmen und an anderer Stelle einsetzen. Herzverpflanzung. 3. jemanden an anderer Stelle ansiedeln.
ver|pfle|gen (V.) versorgen; ernähren; beköstigen; verköstigen.
Ver|pfle|gung (die, -, kein Plural) Ernährung; Versorgung; Mundvorrat; Proviant; Verzehrung. Verpflegungszusatz.
ver|pflich|ten (V.) in Dienst nehmen; versprechen.
ver|pflich|tend (Adj.) verbindlich; rechtskräftig.
ver|pflich|tet (Adj.) etwas schuldig sein. Ich bin dir zu Dank verpflichtet. Hausbesitzer sind verpflichtet, im Winter zu streuen.
Ver|pflich|tung (die, -, -en) Anforderung; Pflicht; Aufgabe; Auflage; Schuld; Schuldigkeit. Dienstverpflichtung; dienstliche Verpflichtung; gesellschaftliche Verpflichtungen.
ver|pfu|schen (V.) (ugs.) verderben.
ver|pim|peln (V.) (ugs.) verweichlichen.
ver|pla|nen (V.) 1. falsch planen; 2. etwas in einen Plan einordnen. Meine Zeit ist verplant.
ver|plap|pern (V., refl.) (ugs.) verraten.
ver|plau|dern (V.) Zeit mit Plaudern verbringen. Jetzt haben wir uns aber verplaudert.
ver|plem|pern (V.) (ugs.) 1. vergeuden. verplempertes Geld. 2. verschütten. verplemperte Milch.
ver|plom|ben (V.) etwas mit einer Plombe versehen.
ver|pönt (Adj.) verboten; ungern gesehen.
ver|pras|sen (V.) verschwenden.
ver|prel|len (V.) 1. Wild stören; verscheuchen; 2. jemanden einschüchtern.
ver|pro|vi|an|tie|ren (V.) mit Proviant versorgen.
ver|prü|geln (V.) schlagen; das Fell gerben; die Schnauze polieren; Dresche geben; durchwalken; Tracht Prügel verpassen; übers Knie legen; verhauen; versohlen.
ver|puf|fen (V.) explodieren; keine Wirkung zeigen.
Ver|puf|fung (die, -, -en) geringfügige Explosion.
ver|pup|pen (V., refl.) eine Larve verwandelt sich in eine Puppe.
ver|put|zen (V.) 1. Wand mit Putz versehen; 2. (ugs.) etwas verzehren. Er hat vier Semmeln verputzt. 3. (ugs.) etwas (jemanden) nicht leiden können. Ich kann es (ihn) nicht verputzen.
Ver|putz (der, -es, -e) Mauerputz.
ver|quel|len (V., verquoll, ist verquollen) durch Feuchtigkeit anschwellen.

ver|quer (Adj.) falsch; schief.
ver|qui|cken (V.) durcheinanderbringen; vermischen.
ver|quir|len (V.) verrühren.
ver|quol|len (Adj.) 1. aufgequollen; 2. geschwollen. verquollenes Gesicht; verquollene Augen.
ver|ram|meln (V.) versperren; abriegeln.
ver|ram|schen (V.) (ugs.) verschleudern; billig verkaufen.
ver|rannt (Adj.) (ugs.) festgefahren; vernarrt. Er hat sich in eine seiner Ideen verrannt.
ver|ra|ten (V., verriet, hat verraten) preisgeben.
Ver|rat (der, -s, kein Plural) 1. Treuebruch; 2. Preisgabe von Geheimnissen.
Ver|rä|ter (der, -s, -) jemand, der Verrat übt. Verräterin.
ver|rä|te|risch (Adj.) abtrünnig; untreu.
ver|ratzt (Adj.) (ugs.) verloren. Ich bin verraten und verratzt.
ver|rau|chen (V.) 1. Geld für Rauchwaren ausgeben; 2. in Rauch aufgehen; vergehen. Meine Wut verraucht langsam.
ver|räu|chert (Adj.) raucherfüllt; dampfig; dunstig; qualmig; rußig; rußgeschwärzt; verrußt.
ver|räu|men (V.) (ugs.) unauffindbar wegräumen.
ver|rau|schen (V.) aufhören; ausklingen.
ver|rech|nen (V.) anrechnen; falsch rechnen; sich irren.
ver|re|cken (V.) (ugs., derb) elend zugrunde gehen; sterben (bei Tieren).
ver|reg|nen (V.) verderben durch viel Regen. ein verregneter Urlaub; verregnete Getreideernte.
ver|rei|ben (V.) 1. verteilen durch Reiben (Salbe); 2. zerkrümeln.
ver|rei|sen (V.) auf eine Reise gehen.
ver|reist (Adj.) unterwegs. Wir sind bis auf Weiteres verreist.
ver|rei|ten (V.) 1. ein Pferd falsch zureiten; 2. in die falsche Richtung reiten.
ver|ren|ken (V.) verbiegen; verdrehen.
ver|ren|nen (V., refl.) (in der Wendung:) sich in etwas verrennen (stur an etwas festhalten, vernarrt, festgefahren sein).
Ver|ren|tung (die, -, kein Plural) Aufteilung eines Kapitals auf monatliche Rentenzahlungen. verrenten.
ver|rich|ten (V.) besorgen; erledigen.
ver|rie|geln (V.) absperren.
ver|rin|gern (V.) verkleinern; abnehmen.
ver|rin|nen (V.) sich verlaufen; versickern. Die Zeit verrinnt.
Ver|riss (der, -es, -e) (ugs.) vollständig negative Pressekritik.
ver|ro|hen (V.) roh werden.
ver|rol|len (V. refl.) (lok.) sich zurückziehen. Ich verrolle mich bald ins Bett.
ver|ros|ten (V.) Rost ansetzen.
ver|rot|ten (V., ist) verderben; verfaulen.
ver|rucht (Adj.) verdorben; schändlich; anrüchig; übel beleumdet.
ver|rü|cken (V.) an einen anderen Platz setzen; verschieben.
ver|rückt (Adj.) geisteskrank; ausgefallen; bekloppt; behämmert; bescheuert; durchgedreht; hirnverbrannt; nicht ganz richtig im Oberstübchen; nicht ganz dicht; plemplem; sinnlos; schwachsinnig; wahnsinnig. Das war das Verrückteste, was ich je erlebt habe. das Verrückteste (am verrücktesten) wäre, wenn …; verücktspielen.
Ver|rück|te (der, -s, -n) (ugs.) ein seelisch Gestörter; ein Wahnsinniger.
ver|ru|fen (Adj.) berüchtigt. *Beachte:* jemanden in Verruf bringen.
ver|rüh|ren (V.) mischen durch Rühren.
ver|ru|kös (Adj.) (lat.) warzig; warzenförmig.
ver|run|zelt (Adj.) faltenreich; runzlig.
ver|ru|ßen (V.) verschmutzen durch Ruß. Der Ofen ist verrußt.
ver|rut|schen (V.) verschieben durch Rutschen.
Vers (der, -es, -e) (lat.) Gedichtzeile, -strophe (Abk.: V.). Ich kann mir keinen Vers darauf machen. Versanfang; Versart; Versform; Versfuß; Verskunst; Verslehre; Versmaß; Verswissenschaft (Metrik).
ver|sa|cken (V.) (ugs.) liederlich leben.
ver|sa|gen (V.) 1. nicht erlauben; scheitern; enttäuschen; sich nicht bewähren; 2. (V., refl.) verzichten. Er versagte sich sämtliche Genüsse.
Ver|sa|gen (das, -s, kein Plural) Unfähigkeit.
Ver|sa|gung (die, -, kein Plural) Verzicht.
Ver|sal (der, -s, -li|en) (lat.) Großbuchstabe.
ver|sal|zen 1. (V.) zu stark salzen; 2. (Adj.) zu stark gesalzen. Die Suppe ist versalzen. 3. (V.) jemandem die Lust nehmen. Meine Vorfreude wurde mir gründlich versalzen.
ver|sam|meln (V., refl.) sich treffen; tagen.
Ver|samm|lung (die, -, -en) Treffen; Beratung; Zusammenkunft. Versammlungslokal.
Ver|samm|lungs|frei|heit (die, -, kein Plural) Grundrecht, sich ohne Voranmeldung oder Erlaubnis friedlich und ohne Waffen zu versammeln.
Ver|sand (der, -s/-es, kein Plural) Versendung. Versandabteilung; Versandbuchhandlung; Versandgeschäft; Versandhandel; Versandhaus; Versandhauskatalog; versandbereit; versandt; versandfertig; versenden.
Ver|sand|kos|ten (die, -, nur Plural) Kosten für Porto und Verpackung.
ver|san|den (V.) im Sand versickern; sich mit Sand auffüllen.
Ver|satz (der, -es, kein Plural) 1. Versetzen; Verpfänden; 2. im Bergbau Füllmaterial (Steine), mit dem Hohlräume ausgefüllt werden; 3. Holzverbindung.
Ver|satz|amt (das, -s, -äm|ter) (südd.) Leihhaus.
Ver|satz|stück (das, -es, -e) 1. bewegliche Bühnendekoration; 2. (österr.) Pfandstück.
ver|sau|en (V.) (ugs., derb) verderben; verschmutzen. Er hat mir den ganzen Abend versaut.
ver|sau|ern (V.) 1. zu hohen pH-Wert haben. Der Boden versauert zunehmend. 2. (ugs.) missmutig werden; verkümmern. Auf dem Land werde ich versauern.
ver|säu|men (V.) verpassen; unterlassen.
ver|scha|chern (V.) (ugs.) verkaufen.
ver|schach|telt (Adj.) ineinandergeschoben; unübersichtlich. verschachtelte Sätze.
ver|schaf|fen 1. (V.) jemandem zu etwas verhelfen; beschaffen; zuschanzen; zuschieben; zuspielen. Mein Freund ver-

schafft mir Arbeit. 2. (V., refl.) aneignen; erwerben. Ich verschaffe mir Gewissheit.
ver'scha'len (V.) mit Brettern verkleiden.
ver'schan'deln (V.) (ugs.) verunstalten.
ver'schan'zen 1. (V.) mit Schanzen befestigen; 2. (V., refl.) sich abschirmen; schützen; Deckung suchen; einigeln; einmauern; einschanzen; verbarrikadieren. Er verschanzt sich immer hinter seiner Krankheit (er nimmt sie zum Vorwand, etwas nicht zu tun).
ver'schär'fen (V., refl.) etwas schärfer, schwieriger machen; sich steigern. Die Situation verschärft sich. Die Gegensätze verschärfen sich.
ver'schar'ren (V.) oberflächlich vergraben.
ve'rschat'ten (V.) auf etwas Schatten werfen.
ver'schät'zen (V.) falsch schätzen; überschätzen; unterschätzen.
ver'schau'en (V.) 1. etwas falsch sehen; 2. sich verlieben. Ich habe mich in meinen Kollegen verschaut.
ver'schau'keln (V.) (ugs.) betrügen.
ver'schei'den (V., verschied, ist verschieden) sterben (dichterische Sprache).
ver'schei'ßern (V.) (ugs., derb) jemanden auf den Arm nehmen; jemanden hereinlegen.
ver'schen'ken (V.) etwas als Geschenk geben. Wir haben nichts zu verschenken. (Wir können nichts hergeben ohne Gegenleistung.).
ver'scher'beln (V.) (ugs.) verkaufen.
ver'scher'zen (V., refl.) verlieren; verwirken. Er hat sich alle Sympathien verscherzt. (Er hat alle Sympathien verloren.).
ver'scheu'chen (V.) verjagen; abschrecken; vergraulen; vertreiben. Wer verscheucht meine trüben Gedanken?
ver'scheu'ern (V.) (ugs.) billig verkaufen.
ver'schi'cken (V.) fortschicken. Wir haben zu Weihnachten viele Pakete verschickt.
ver'schie'ben (V., verschob, hat verschoben) 1. verstellen; verlegen; etwas an eine andere Stelle schieben; 2. einen Zeitpunkt ändern. Wir müssen den Termin verschieben. 3. Waren illegal kaufen oder verkaufen.
ver'schie'den (Adj.) 1. gestorben; 2. andersartig; unterschiedlich. Ich habe Verschiedenes noch nicht verstanden. Verschiedenes (Dinge verschiedener Art) und Gleiches; etwas/nichts Verschiedenes; verschiedene Mal/Male.
ver'schie'den'ar'tig (Adj.) unterschiedlich; verschieden.
ver'schie'de'ner'lei (Adv.) manches; mancherlei.
ver'schie'den'far'big (Adj.) unterschiedlich in der Farbe.
ver'schie'dent'lich (Adv.) öfters; mehrmals; manchmal.
ver'schie'ßen 1. (V., verschoss, hat verschossen) Munition verbrauchen; 2. fehlschießen. einen Elfmeter verschießen. 3. etwas bleicht aus. *Beachte:* Es verschießt (ist verschossen). verschossene Gardinen.
ver'schif'fen (V.) mit einem Schiff versenden.
ver'schil'fen (V.) mit Schilf zuwachsen. Der Uferrand verschilft immer mehr.
ver'schim'meln (V.) durch Schimmel verderben; Schimmel ansetzen.
ver'schla'cken (V.) Schlacke ansetzen.
ver'schla'fen 1. (Adj.) schläfrig; schlaftrunken; 2. (V., verschlief, hat verschlafen) zu lange schlafen; versäumen. Ich habe den Anfang verschlafen.
Ver'schlag (der, -s, -schlä'ge) 1. kleiner mit Brettern abgetrennter Raum; 2. Tierkrankheit (Rehe); 3. (schweiz.) Kiste; 4. (schweiz.) Versteck.
ver'schla'gen 1. (Adj.) listig; heimtückisch. 2. (V., verschlug, hat verschlagen) mit Brettern abschließen; falsch schlagen (Ball); verprügeln; rauben. *Beachte:* Angesichts dieser Frechheit verschlug es mir die Stimme.
ver'schlam'men (V.) mit Schlamm füllen.
ver'schlam'pen (V.) 1. sich vernachlässigen. Er verschlampt immer mehr. 2. etwas verlegen, verlieren. Meinen Schlüsselbund habe ich irgendwo verschlampt.
ver'schlech'tern 1. (V.) verschlimmern. Wenn du dich weiter uneinsichtig verhältst, verschlechterst du die Lage. 2. (V., refl.) sich verschlimmern; abnehmen; an Wert verlieren; zurückgehen. Sein Zustand hat sich verschlechtert. Ich habe mich verschlechtert (bin beruflich abgestiegen).
ver'schlei'ern (V.) verbergen.
ver'schlei'men (V.) sich vermehrt mit Schleim füllen. verschleimte Bronchien.
ver'schlei'ßen (V., verschliss, hat verschlissen) abnutzen; verbrauchen.
Ver'schleiß'er'schei'nung (die, -, -en) Abnutzungserscheinung.
ver'schlep'pen (V.) rauben; verzögern; weiterverbreiten.
ver'schleu'dern (V.) 1. unüberlegt Geld ausgeben; 2. zu billig verkaufen.
ver'schließ'bar (Adj.) zu verschließen.
ver'schlie'ßen (V., verschloss, hat verschlossen) 1. absperren; 2. (V., refl.) unzugänglich sein; sich absondern; sich sperren.
ver'schlin'gen (V., verschlang, hat verschlungen) 1. etwas ineinanderschlingen; verknüpfen. verschlungene Hände. 2. hastig hinunterschlucken.
ver'schlos'sen (Adj.) 1. abgesperrt; zurückhaltend; 2. wortkarg; abweisend; distanziert; introvertiert; reserviert; schweigsam; zugeknöpft.
ver'schlu'cken 1. (V.) hinunterschlucken; 2. Silben verschlucken (undeutlich aussprechen); 3. (V., refl.) etwas in die Luftröhre bekommen. Ich habe mich an einem Apfelstückchen verschluckt.
Ver'schluss (der, -es, -schlüs'se) 1. Vorrichtung, die etwas verschließt; Deckel; Haken; Klappe; Korken; Schnalle; Riegel; Stopfen; Verwahrung. etwas unter Verschluss halten. 2. am Fotoapparat Vorrichtung zum Steuern der Belichtungszeit; 3. in der Medizin Durchgängigkeitsstörung von Hohlorganen. Darmverschluss. Verschlusskappe.
ver'schlüs'seln (V.) chiffrieren.
Ver'schlüs'se'lung (die, -, -en) Chiffrierung; das Umsetzen in Geheimschrift.
Ver'schluss'laut (der, -s, -e) Explosivlaut wie »b«, »p«, »t«.
Ver'schluss'schrau'be (*auch:* Ver'schluss-Schrau'be) (die, -, -en) Schraube zum Verschließen.
ver'schmach'ten (V.) leiden (an Durst, Hunger, Sehnsucht).

ver|schmä|hen (V.) ablehnen; abweisen; zurückweisen.
ver|schmä|lern (V.) schmaler machen; schmaler werden.
ver|schmel|zen (V., verschmolz, ist verschmolzen) ineinander übergehen; sich vereinigen; zusammenfließen.
ver|schmer|zen (V.) verkraften; überwinden.
ver|schmie|ren (V.) verreiben; verschmutzen.
ver|schmitzt (Adj.) listig; pfiffig.
ver|schmo|ren (V.) zu lange schmoren lassen.
ver|schmut|zen (V.) verunreinigen.
ver|schnau|fen (V.) Pause machen; Luft holen.
ver|schnei|den (V.) 1. beschneiden; stutzen; 2. falsch schneiden; 3. ein Tier kastrieren; 4. verschiedene Sorten von Flüssigkeiten vermischen.
ver|schnei|en (V.) mit Schnee bedecken. verschneite Landschaft.
ver|schnör|kelt (Adj.) verschlungen. verschnörkelte Schrift.
ver|schnupft (Adj.) 1. schnupfenkrank; 2. verärgert; verstimmt.
ver|schnü|ren (V.) mit einer Schnur umwickeln; verschließen; zubinden.
ver|schol|len (Adj.) vermisst; abgängig; unauffindbar; verloren; verschwunden; verschüttgegangen.
ver|scho|nen (V.) jemanden unbehelligt lassen; nachsehen; nichts antun; nicht belästigen. Verschone mich mit deinen Reden! Wir blieben von Kriegsfolgen verschont.
ver|schö|nen (V.) 1. etwas schön machen; 2. beschönigen. Er verschönte seine tollen Erlebnisse.
ver|schö|nern (V.) etwas schöner machen; ausschmücken; schmücken.
ver|schor|fen (V.) etwas bedeckt sich mit Schorf. Die Wunde verschorft.
Ver|schor|fung (die, -, -en) Schorfbildung.
ver|schos|sen (Adj.) 1. ausgebleicht; 2. (ugs.) verliebt. Ich bin in ihn verschossen.
ver|schram|men (V.) Schrammen zufügen.
ver|schrän|ken (V.) überkreuzen. mit verschränkten Armen.
Ver|schrän|kung (die, -, -en) Überkreuzung.
ver|schrau|ben (V.) mit Schrauben ausstatten; mit Schrauben verschließen.
ver|schre|cken (V.) jemanden ängstigen; einschüchtern.
ver|schrei|ben (V., verschrieb, hat verschrieben) 1. rezeptlich verordnen; 2. falsch schreiben; 3. beim Schreiben verbrauchen; 4. übereignen; sich einer Sache intensiv widmen. Er verschrieb sich ganz der Wissenschaft.
ver|schrei|bungs|pflich|tig (Adj.) rezeptpflichtig.
ver|schrei|en (V.) berufen; beschreien. Verschrei es nicht!
ver|schrien (Adj.) verrufen.
ver|schro|ben (Adj.) schrullenhaft; seltsam.
ver|schro|ten (V.) zu Schrot mahlen.
ver|schrot|ten (V.) zu Schrott machen.
ver|schrot|tet (Adj.) zu Schrott geworden. Mein Auto ist verschrottet.
ver|schrum|peln (V.) (ugs.) etwas wird faltig und welk.
ver|schrum|pelt (Adj.) faltig. ein verschrumpelter Apfel.
ver|schüch|tert (Adj.) ängstlich; unsicher. verschüchtertes Kind.
ver|schul|den (V.) 1. Schulden machen; 2. schuld sein an.
ver|schüt|ten (V.) 1. etwas ungeschickt ausgießen; 2. zuschütten. Er war im Krieg verschüttet. 3. es mit jemandem verderben. Wenn du nicht aufpasst, verschüttest du es mit ihm.
ver|schup|fen (V.) (südd.-schweiz.) jemanden stiefmütterlich behandeln, verstoßen.
ver|schütt|ge|hen (V., ging verschütt, ist verschüttgegangen) (ugs.) verloren gehen.
ver|schwä|gert (Adj.) durch Heirat verwandt.
ver|schwei|gen (V.) jemandem nichts davon sagen; verheimlichen.
ver|schwei|ßen (V.) zusammenschweißen.
ver|schwen|den (V.) vergeuden; verprassen; aasen; durchbringen; in Saus und Braus leben; quasen; verjubeln; verplempern; verpulvern; verquasen; vertun.
ver|schwen|de|risch (Adj.) maßlos; prasserisch; luxuriös; reichlich; prunksüchtig; unwirtschaftlich; üppig.
ver|schwen|dungs|süch|tig (Adj.) maßlos.
ver|schwie|gen (Adj.) 1. ein Geheimnis bewahrend; diskret; dezent; taktvoll. 2. still; verborgen. ein verschwiegener Ort.
ver|schwim|men (V., verschwamm, ist verschwommen) unscharf werden; verfließen. Alles verschwimmt mir vor den Augen.
ver|schwin|den (V., verschwand, ist verschwunden) weggehen; weg sein; entweichen; sich absetzen; untertauchen. Die Sonne verschwindet hinter dem Horizont. Meine Schlüssel sind verschwunden. Ich muss mal verschwinden (muss mal zur Toilette).
ver|schwis|tert (Adj.) 1. als Geschwister verwandt; 2. wie Geschwister zusammengehörend.
ver|schwit|zen (V.) nass schwitzen; (ugs.) vergessen.
ver|schwom|men (Adj.) unklar; unscharf.
ver|schwö|ren (V., refl., verschwor, hat verschworen) geheime Abmachungen gegen jemanden treffen; konspirieren; komplottieren; ein Komplott schmieden; paktieren; unter einer Decke stecken; sich verbünden; sich zusammenschließen; sich zusammenrotten.
Ver|schwo|re|ne (der, -n, -n) jemand, der fest zu einer Person oder einer Sache steht.
Ver|schwö|rer (der, -s, -) Akteur einer Verschwörung; Aufrührer; Empörer; Konspirant. Verschwörerbande.
ver|schwö|re|risch (Adj.) geheime Aktionen planend.
Ver|schwö|rung (die, -, -en) geheime Aktion; Komplott; Aufruhr; Aufstand; Empörung; Erhebung; Konspiration; Umtriebe.
ver|se|hen (V.) 1. erfüllen. den Dienst versehen. 2. besorgen; versorgen. Ich versehe die Kinder des Nachbarn. 3. ausrüsten. Er ist mit allem, was nötig ist, versehen. 4. die Sterbesakramente spenden. Der Priester hat den Sterbenden versehen. 5. etwas falsch machen. Sie hat vieles versehen. 6. sich irren. Ich habe mich in der Ankunftszeit versehen. 7. etwas kommt überraschend. Eh man sich's versieht.

Ver|se|hen (das, -s, -) Fehler; Irrtum.
ver|se|hent|lich (Adj.) aus Versehen; irrtümlich.
ver|sehrt (Adj.) behindert; körperbeschädigt.
Ver|se|ma|cher (der, -s, -) Dichter; Schriftsteller (abwertend).
ver|selbst|stän|di|gen (*auch:* ver|selb|stän|digen) (V., refl.) sich aus etwas herauslösen und selbstständig werden.
ver|sen|den (V., versendete/versandte, hat versendet/versandt) verschicken.
Ver|sen|der (der, -s, -) Auftraggeber einer Sendung.
Ver|sen|dung (die, -, -en) das Abschicken; Beförderung. *Aber:* Versand.
ver|sen|gen (V.) oberflächlich verbrennen; vertrocknen. Beim Bügeln habe ich den Hemdkragen versengt.
ver|senk|bar (Adj.) etwas lässt sich absenken, versenken. versenkbare Nähmaschine; versenkbarer Bühnenboden.
ver|sen|ken (V.) 1. versinken lassen; 2. sich vertiefen; sich konzentrieren.
ver|ses|sen (Adj.) (in der Wendung) auf etwas versessen sein (begierig sein).
ver|set|zen (V.) an eine andere Stelle bringen; in die nächsthöhere Klasse aufnehmen; (ugs.) sitzen lassen; geben; verpfänden; antworten; eine Verabredung nicht einhalten; mischen; nicht kommen; schlagen; strafversetzen; verlassen; verlegen; verpflanzen; zurücklassen.
Ver|set|zung (die, -, -en) 1. das Versetzen an eine andere Stelle; 2. auf einen anderen Posten; in den Ruhestand; 3. in die nächsthöhere Klasse.
Ver|set|zungs|zei|chen (das, -s, -) in der Musik das Notenzeichen für die Erhöhung oder Tiefersetzung eines Tones.
ver|seu|chen (V.) infizieren.
Vers|fuß (der, -es, -fü|ße) kleinste rhythmische Einheit eines Verses.
ver|si|chern (V.) 1. versprechen; sich vergewissern; bekräftigen; beteuern; beglaubigen; behaupten; bestätigen; verbürgen; 2. (V., refl.) eine Versicherung abschließen; sich rückversichern; Vorsorge treffen.
Ver|si|che|rer (der, -s, -) Versicherungsgeber.
Ver|si|cher|te (der, -n, -n) jemand, der eine Versicherung abgeschlossen hat. Versicherungsnehmer.
Ver|si|che|rung (die, -, -en) 1. Bekräftigung; Beteuerung; Zusicherung; 2. Vertrag zwischen Versicherer und Versicherungsnehmer zur Absicherung gegen Schäden verschiedener Art; 3. Versicherungsunternehmen.
Ver|si|che|rungs|prä|mie (die, -, -en) Versicherungsbeitrag.
Ver|si|che|rungs|sum|me (die, -, -en) die im Schadensfall auszubezahlende Summe.
ver|si|ckern (V.) Wasser fließt langsam in den Boden. An dieser Stelle versickert der Bach.
ver|sie|geln (V.) verschließen; lackieren (Parkettboden).
ver|sie|gen (V., ist) austrocknen; aufhören. versiegte Quelle; versiegte Tränen.
ver|siert (Adj.) erfahren; bewandert.
ver|si|fi|zie|ren (V.) (lat.) in Verse brin-gen.
ver|sil|bern (V.) 1. einen Gegenstand mit Silber überziehen; 2. etwas zu Geld machen. Sie muss ihren ganzen Schmuck versilbern.
ver|sim|peln (V.) (ugs.) 1. vereinfachen; 2. verdummen.
ver|sim|pelt (Adj.) verdummt; vereinfacht.
ver|sin|ken (V., versank, ist versunken) 1. untergehen; unter der Oberfläche verschwinden. im Meer versinken. 2. vollständig in einer Tätigkeit aufgehen. in der Arbeit versinken; im Anblick eines Menschen versinken.
ver|sinn|bild|li|chen (V.) symbolisieren.
ver|sinn|li|chen (V.) veranschaulichen.
Ver|si|on (die, -, -si|o|nen) (franz.) Möglichkeit; Fassung.
ver|sit|zen (V., versaß, hat versessen) 1. Zeit mit Sitzen zubringen; 2. ein Kleidungsstück durch Sitzen zerknittern.
Ver|sitz|gru|be (die, -, -n) Sickergrube.
ver|skla|ven (V.) 1. (hist.) Menschen zu Sklaven machen; 2. sich jemanden gefügig machen; unterdrücken.
Vers|leh|re (die, -, kein Plural) Lehre vom Versmaß; Metrik.
Vers|maß (das, -es, -e) Metrum.
ver|snobt (Adj.) hochmütig; extravagant.
Ver|so (das, -s, -s) (lat.) Rückseite eines (Buch-, Papier-)Blattes.
ver|söh|nen (V.) Streit beilegen; einlenken; nachgeben.
ver|söhn|lich (Adj.) friedensbereit; nachgiebig; kompromissbereit; konziliant.
Ver|söh|nung (die, -, -en) das Aussöhnen; Ausgleich; Beilegung eines Streits; Einigung.
ver|son|nen (Adj.) nachdenklich; verträumt.
ver|sor|gen (V.) verschaffen; ernähren; sich kümmern.
Ver|sor|gung (die, -, kein Plural) 1. Ausstattung; Lebensunterhalt; Verpflegung; Lieferung; Nachschub; Pension; Rente; 2. materielle Sicherheit.
Ver|sor|gungs|an|spruch (der, -s, -sprü|che) Pensions-, Rentenanspruch.
ver|sor|gungs|be|rech|tigt (Adj.) Anspruch habend auf Pension oder Rente.
Ver|sor|gungs|la|ge (die, -, kein Plural) Ausstattung mit Wirtschaftsgütern. Die Versorgungslage der Bevölkerung ist schlecht. Versorgungsschwierigkeiten.
Ver|sor|gungs|wirt|schaft (die, -, kein Plural) Versorgung der Bevölkerung mit lebenswichtigen Gütern.
ver|spach|teln (V.) 1. mit Spachtelmasse füllen; 2. (ugs.) aufessen. Sie verspachtelte den Spargel mit großem Appetit.
ver|span|nen (V.) 1. etwas mit Drähten befestigen; 2. verziehen; 3. (V., refl.) verkrampfen.
ver|spä|ten (V., refl.) zu spät kommen. Er verspätet sich häufig.
ver|spä|tet (Adj.) unpünktlich; zu spät.
ver|spei|sen (V.) aufessen.
ver|spe|ku|lie|ren (V.) 1. durch Spekulation verlieren; 2. fehlspekulieren.
ver|sper|ren (V.) 1. verschließen; zuschließen; verbarrikadieren; verrammeln; verschanzen; 2. unzugänglich machen. Ein Baumstamm versperrte uns den Weg.
ver|spie|len (V.) 1. beim Spiel verlieren; 2. durch Unüberlegtheit verlieren; 3. die Sympathie verlieren. Sie hat bei mir verspielt.
ver|spielt (Adj.) gern spielend. eine verspielte Katze.
ver|spon|nen (Adj.) verträumt; wirklichkeitsfremd.

ver|spot|ten (V.) jemanden auslachen; aufziehen; herziehen; Spott treiben; verhöhnen; verhohnepiepeln (ugs.).
ver|spre|chen (V., versprach, hat versprochen) 1. versichern; 2. fehlerhaft sprechen; 3. erwarten lassen; sich erhoffen.
Ver|spre|chen (das, -s, kein Plural) Zusage; Zusicherung; Ehrenwort; Festlegung; Gelübde; Versicherung.
Ver|spre|cher (der, -s, -) Sprechfehler.
ver|spro|che|ner|ma|ßen (Adv.) wie versprochen.
ver|staat|li|chen (V.) zu Staatseigentum machen. Verstaatlichung.
Ver|stand (der, -s/-es, kein Plural) Denkfähigkeit; Intelligenz. Verständlichkeit; verständig; verstandesmäßig.
ver|stän|di|gen (V.) benachrichtigen; sich verständlich machen; sich einigen. Verständigung; Verständigungsbereitschaft.
ver|ständ|lich (Adj.) klar; begreifbar. Verständlichkeit.
Ver|ständ|nis (das, -ses, -se) Einfühlungsgabe. Verständnislosigkeit; verständnislos; verständnisvoll.
ver|stär|ken (V.) stärker machen, werden; kräftigen, Verstärker; Verstärkung; in verstärktem Maße.
ver|stau|ben (V.) mit Staub bedecken. verstaubte Ansichten (überholte Ansichten).
ver|stau|chen (V., refl.) sich die Gelenkbänder überdehnen oder zerreißen.
ver|stau|en (V.) etwas auf engem Raum unterbringen.
ver|ste|cken (V.) verbergen. Versteck; Verstecktheit; versteckt.
Ver|steck|spiel (das, -s, -e) Kinderspiel. *Beachte:* Verstecken spielen.
ver|ste|hen (V., verstand, hat verstanden) begreifen; gut hören; können. *Beachte:* Das versteht sich von selbst (das ist selbstverständlich). Er versteht sich gut auf alte Leute (kann gut umgehen mit …). keinen Spaß verstehen. Sie gab ihm zu verstehen, dass er gehen sollte. Verstehen.
ver|stei|fen 1. (V.) abstützen; verstärken. Der Buchbinder versteift den Buchrücken. 2. (V., refl.) sich verhärten. Die Meinungen versteifen sich. 3. (V., refl.) an etwas hartnäckig festhalten; beharren. *Beachte:* die Wendung »sich auf etwas versteifen« zieht immer den Akkusativ nach sich.
ver|stei|gen (V., refl., verstieg, hat verstiegen) 1. sich im Gebirge verirren; 2. sich etwas anmaßen, zu tun. Er versteigt sich zu Tätigkeiten, die nicht in seinen Bereich fallen.
ver|stei|gern (V.) verkaufen. Versteigerung. Versteigerer.
ver|stei|nern (V.) 1. zu Stein werden; 2. starr vor Schreck werden.
ver|stel|len (V.) 1. umstellen; 2. vortäuschen. Verstellbarkeit; Verstellung; Verstellungskünstler; verstellbar.
ver|step|pen (V.) eine Landschaft wird arm an Vegetation.
ver|ster|ben (V., verstarb, ist verstorben) sterben.
ver|steu|ern (V.) für etwas Steuern zahlen.
ver|stie|gen (Adj.) überspannt. verstiegene Ansichten.
ver|stimmt (Adj.) 1. verärgert; 2. falsch gestimmt (Instrument). Verstimmung; Verstimmtheit; verstimmen.
ver|stockt (Adj.) störrisch; eigensinnig; uneinsichtig.
ver|stop|fen (V.) 1. verschließen; undurchgängig machen; 2. verpflanzen (pikieren).
ver|stoh|len (Adj.) heimlich. Adverbien: verstohlenermaßen; verstohlenerweise.
ver|stor|ben (Adj.) gestorben; tot.
ver|stört (Adj.) ängstlich; verwirrt.
ver|sto|ßen (V., verstieß, hat verstoßen) fortjagen; sich vergehen; sich nicht an etwas halten. Verstoß; Verstoßung.
ver|strah|len (V.) verseuchen mit radioaktiven Strahlen.
ver|stre|ben (V.) mit Streben abstützen.
ver|strei|chen (V., verstrich, hat/ist verstrichen) verteilen; vorbeigehen.
ver|streu|en (V.) ausbreiten; zerstreuen. verstreuter Zucker.
ver|stri|cken (V., refl.) verwickeln.
ver|stüm|meln (V.) verletzen; verunstalten.
ver|stum|men (V.) ruhig, still werden. Das Gespräch verstummt.
ver|su|chen (V.) 1. probieren; 2. verlocken. Versuch; Versucher; Versuchsabteilung; Versuchskaninchen; Versuchsstation; Versuchung; versuchsweise.
Ver|suchs|per|son (die, -, -en) (Abk.: Vp., VP) jemand, der sich für Versuche zur Verfügung stellt.
ver|sump|fen (V.) 1. sumpfig werden; 2. (ugs.) verbummeln; versacken.
ver|sün|di|gen (V., refl.) eine Sünde, ein Unrecht begehen. Versündige dich nicht! Viele Eltern versündigen sich an ihren Kindern.
ver|sun|ken (Adj.) intensiv mit etwas beschäftigt; nachdenklich.
ver|sü|ßen (V.) 1. etwas süß machen; 2. jemandem etwas angenehmer machen. Ich versüße mir das Leben.
ver|sus (Präp., Akk.) (lat.) gegen (Abk.: vs.).
Vers|wis|sen|schaft (die, -, kein Plural) Metrik.
vert. (Abk.) **vert**atur!
ver|tä|feln (V.) mit Holz verkleiden.
ver|ta|gen (V.) verschieben. Die Sitzung wird vertagt.
ver|ta|tur (lat.) man wende um (die Buchseite).
ver|täu|en (V.) ein Schiff festmachen.
ver|te (ital.) wende (das Notenblatt).
ver|te|bral (Adj.) (lat.) die Wirbelsäule betreffend.
ver|tei|di|gen (V.) in Schutz nehmen; rechtfertigen; sich wehren. Verteidiger; Verteidigung; Verteidigungsausgaben; Verteidigungsbeitrag; Verteidigungsdrittel; Verteidigungskrieg; Verteidigungsminister.
ver|tei|len (V.) aufteilen; austeilen. Verteiler; Verteilerdose; Verteilerschlüssel; Verteilung; Verteilungsstelle.
ver|teu|ern 1. (V.) etwas teurer machen; aufschlagen; 2. (V., refl.) etwas wird teurer; verteuert sich.
ver|teu|feln (V.) verdammen; verfluchen. Verteuf(e)lung.
ver|teu|felt (Adj.) schwierig; sehr; lästig; unangenehm; verzwickt. Die Aufgabe ist verteufelt schwer.
ver|tie|fen (V.) 1. etwas tiefer machen; 2. gedanken- und gefühlsreicher machen. Diese Frage müssen wir noch vertiefen. 3. (V., refl.) sich konzentrieren; sich in eine Aufgabe versenken; 4. etwas senkt sich, wird tiefer.
ver|ti|kal (Adj.) (lat.) senkrecht. Vertikale; Vertikalebene.
ver|til|gen (V.) vernichten; (ugs.) essen. Vertilgung; Vertilgungsmittel.

ver|tip|pen (V., refl.) (ugs.) 1. falsch schreiben auf Schreibmaschine oder Rechner; 2. falsch einschätzen.

ver|to|nen (V.) 1. eine dichterische Vorlage in Musik umsetzen, komponieren; 2. das Bild einer Küstenstrecke vom Schiff aus zeichnen.

ver|tor|fen (V.) etwas wird zu Torf.

ver|trackt (Adj.) schwierig; unangenehm.

Ver|trag (der, -s, -trä|ge) Abkommen; Abmachung. Vertragsabschluss; Vertragsbruch; Vertragsbrüchige; Vertragspartner; Vertragsrecht; Vertragsspieler; Vertragswerkstatt; vertragsbrüchig; vertraglich; vertragsgemäß; vertrag(s)los; vertragswidrig.

ver|tra|gen (V.) 1. aushalten; ertragen ohne Schaden. Sie verträgt keinen Alkohol. Spaß vertragen (nichts übel nehmen); 2. (schweiz.) austragen; verteilen; 3. (V., refl.) harmonisieren; sich verstehen; auskommen; Frieden halten; zurechtkommen. 4. vereinbar (unvereinbar) mit etwas sein. Sein Verhalten verträgt sich nicht mit seinem Amt.

ver|träg|lich (Adj.) umgänglich; bekömmlich.

ver|trau|en (V.) 1. trauen; Vertrauen haben; 2. sich verlassen. Sie vertraute auf ihren guten Stern.

Ver|trau|en (das, -s, kein Plural) Zuversicht; Zutrauen. Vertrauensarzt; Vertrauensbeweis; Vertrauensbruch; Vertrauensfrage; Vertrauensstellung; Vertrauenswürdigkeit; vertrauenerweckend (*auch:* Vertrauen erweckend).

Ver|trau|ens|mann (der, -s, -män|ner/-leu|te) (Abk.: V-Mann) Vermittler in schwierigen oder geheimen Angelegenheiten.

ver|trau|ens|se|lig (Adj.) arglos.

ver|trau|ens|voll (Adj.) sicher; voller Vertrauen; hoffnungsvoll; zutraulich.

ver|trau|ens|wür|dig (Adj.) glaubwürdig; zuverlässig.

ver|trau|lich (Adj.) geheim; intim; diskret; heimlich; im Vertrauen; plumpvertraulich (*auch:* plump-vertraulich).

ver|traut (Adj.) befreundet; bekannt. *Beachte:* Ich bin mit der Sache noch nicht vertraut (kenne sie noch nicht). Vertraute; Vertrautheit.

ver|trei|ben (V.) 1. beseitigen; verdrängen; 2. verkaufen.

ver|tret|bar (Adj.) berechtigt.

ver|tre|ten (V., vertrat, hat vertreten) verteidigen; eintreten für; ersetzen. *Beachte:* sich die Beine vertreten (sich bewegen). Der Chef wünscht, dass alle vertreten (anwesend) sind. Vertretungsstunde; vertretungsweise.

Ver|tre|ter (der, -s, -) jemand, der eine Anschauung, Lehre, Person, ein Unternehmen vertritt.

Ver|tre|tung (die, -, -en) 1. Agentur; Geschäftsstelle; Niederlassung; 2. Aushilfe; Ersatz; Lückenbüßer. in Vertretung (Abk.: i. V.). 3. Botschaft; Handelsmission; Konsulat. Landesvertretung.

Ver|trieb (der, -s, -e) Verkauf. Vertriebsgesellschaft; Vertriebskosten; Vertriebsleiter; Vertriebsrecht; vertreiben.

Ver|trie|be|ne (der, -s, -n) Opfer einer Vertreibung. Heimatvertriebene.

ver|trock|nen (V.) austrocknen.

ver|trös|ten (V.) hinhalten; Hoffnung auf später geben.

ver|tun (V., vertat, hat vertan) (ugs.) verschwenden; sich irren.

ver|tu|schen (V.) (ugs.) verheimlichen. Vertuschung.

ver|übeln (V.) übel nehmen; verargen.

ver|üben (V.) begehen.

ver|ul|ken (V.) (ugs.) necken; verspotten.

ver|un|glimp|fen (V.) beleidigen; verächtlich machen.

ver|un|glü|cken (V.) misslingen; einen Unfall haben. Verunglückte.

ver|un|rei|ni|gen (V.) verschmutzen. Verunreinigung.

ver|un|si|chern (V.) unsicher machen. Verunsicherung.

ver|un|stal|ten (V.) entstellen; verschandeln. Verunstaltung.

ver|un|treu|en (V.) unterschlagen. Veruntreuung.

ver|un|zie|ren (V.) verunstalten. Verunzierung.

ver|ur|sa|chen (V.) verschulden; erzeugen. Verursacher; Verursacherprinzip; Verursachung.

ver|ur|tei|len (V.) richten; schuldig sprechen. Verurteilung.

Ver|ve (die, -, kein Plural) (franz.) Begeisterungsfeuer; Schwung.

ver|viel|fa|chen (V.) multiplizieren. Vervielfachung.

ver|viel|fäl|ti|gen (V.) kopieren; vermehren. Vervielfältiger; Vervielfältigung; Vervielfältigungsapparat.

ver|voll|komm|nen (V.) verbessern; vollkommen machen. Vervollkommnung.

ver|voll|stän|di|gen (V.) ergänzen. Vervollständigung.

verw. (Abk.) **verw**itwet.

ver|wach|sen (V.) 1. herauswachsen. Das Kind hat den Mantel verwachsen. 2. mit etwas verbunden sein. Sie ist mit ihrer Heimat verwachsen. 3. zuwachsen. Das verwächst sich! 4. Skier mit ungeeignetem Wachs einreiben.

ver|wach|sen (Adj.) krumm gewachsen; missgebildet.

ver|wa|ckeln (V.) durch Bewegung beim Fotografieren ein Bild unscharf aufnehmen.

ver|wäh|len (V.) falsche Telefonnummer wählen.

ver|wah|ren (V.) 1. aufbewahren; 2. protestieren. *Beachte:* Er verwahrte sich gegen jegliche Vorwürfe. die Wertgegenstände in Verwahr nehmen; etwas in Verwahrsam nehmen/geben.

ver|wahr|lo|sen (V., ist) verlottern. Verwahrlosung.

ver|wai|sen (V.) elternlos werden.

ver|waist (Adj.) elternlos.

ver|wal|ten (V.) betreuen; leiten. Verwalter; Verwaltung; Verwaltungsapparat; Verwaltungsbeamte; Verwaltungsgericht; Verwaltungsreform; verwaltungstechnisch.

ver|wan|deln (V.) das Aussehen verändern; umformen. Verwandlung.

Ver|wand|te (der/die, -n, -n) Familienangehöriger. Verwandtschaft; Verwandtschaftsgrad; verwandt; verwandtschaftlich.

ver|war|nen (V.) zurechtweisen. Verwarnung.

ver|wa|schen (Adj.) 1. durch Waschen verblichen; 2. unklar; verschwommen.

ver|wäs|sern (V.) 1. mit zu viel Wasser verdünnen; 2. etwas nicht überzeugend, weniger eindrucksvoll darstellen. ein verwässertes Thema. Verwässerung.

ver|wech|seln (V.) vertauschen. *Beachte:* Sie sind sich zum Verwechseln ähnlich. Verwechs(e)lung; verwechselbar.

ver|we|gen (Adj.) kühn. Verwegenheit.

ver|we|hen (V.) wegtreiben, verschwinden durch den Wind. Vom Winde verweht.

ver|weh|ren (V.) verweigern. Verwehrung.

ver|wei|gern (V.) verwehren; ablehnen; (ugs.) Kriegsdienst ablehnen.

ver|wei|len (V.) sich aufhalten; bleiben.

Ver|weis (der, -es, -e) Rüge; Tadel. Schulverweis.

ver|wei|sen (V., verwies, hat verwiesen) tadeln; hinweisen; wegschicken.

ver|wel|ken (V.) verblühen.

ver|wen|den (V., verwendete/verwandte, hat verwendet/verwandt) benutzen; sich einsetzen für. Verwendbarkeit; verwendungsfähig.

ver|wer|fen (V., verwarf, hat verworfen) ablehnen; krumm werden (z. B. Holz).

ver|werf|lich (Adj.) schlecht; schimpflich. Verwerflichkeit.

ver|wer|ten (V.) ausnutzen; gebrauchen. verwertbar.

ver|we|sen (V., ist) verfaulen. Verweslichkeit; Verwesung; Verwesungsgeruch; verweslich.

ver|wet|ten (V.) beim Wetten verlieren; verspielen.

ver|wi|ckeln (V., refl.) verwirren; sich verstricken. in Widersprüche verwickeln.

ver|wi|ckelt (Adj.) kompliziert; schwierig.

ver|wil|dern (V.) ausarten.

ver|win|den (V., verwand, hat verwunden) überwinden. Verwindung.

ver|win|kelt (Adj.) winklig.

ver|wirk|li|chen (V.) etwas in die Tat umsetzen; realisieren.

ver|wir|ren (V.) durcheinanderbringen. Verwirrspiel; Verwirrtheit; Verwirrung; verwirrend; verwirrt; verworren.

ver|wirt|schaf|ten (V.) verbrauchen durch leichtsinniges Wirtschaften.

ver|wi|schen (V.) durch Wischen unkenntlich machen.

ver|wit|tert (Adj.) verfallen; verbraucht. Verwitterung; Verwitterungseinfluss; verwittern.

ver|wit|wet (Adj.) (Abk.: verw.) Witwe(r) geworden.

ver|wöh|nen (V.) verzärteln; verziehen. Verwöhntheit; Verwöhnung; verwöhnt.

ver|wor|ren (Adj.) unklar; verwirrt; wirr. Verworrenheit.

ver|wun|den (V.) verletzen. Verwundbarkeit; Verwundete.

ver|wun|schen (Adj.) verzaubert.

ver|wün|schen (V.) verfluchen; verzaubern. Verwünschung; verwünscht.

ver|wur|zeln (V.) Wurzeln schlagen.

ver|wüs|ten (V.) verheeren. Verwüstung.

ver|za|gen (V.) den Mut verlieren.

ver|zagt (Adj.) mutlos. Verzagtheit.

ver|zah|nen (V.) 1. ineinandergreifen; 2. enge Verbindung herstellen.

ver|zap|fen (V.) 1. Holzteile mit Zapfen verbinden; 2. vom Fass aus einschenken; 3. (ugs.) Unsinn reden.

ver|zär|teln (V.) verwöhnen; verweichlichen. Verzärtelung.

ver|zau|bern (V.) verwünschen; betören. Verzauberung.

ver|zeh|ren (V.) essen; sich sehnen. Verzehr; Verzehrer; Verzehrung; Verzehrzwang; Verzehrbon.

ver|zeich|nen (V.) 1. falsch zeichen; 2. falsch darstellen; 3. notieren; vermerken; 4. nicht richtig abbilden (Optik). Verzeichnis; Verzeichnung.

ver|zei|hen (V., verzieh, hat verziehen) vergeben; entschuldigen. Verzeihung; verzeihlich.

ver|zer|ren (V.) entstellen; verstauchen. Verzerrung; verzerrungsfrei; verzerrt.

ver|zet|teln (V., refl.) sich verheddern; sich zu lange aufhalten. Verzett(e)lung.

ver|zich|ten (V.) nicht mehr beanspruchen; sich versagen. Verzicht; Verzichterklärung; Verzichtleistung.

ver|zie|hen (V.) 1. etwas in eine andere Form ziehen; 2. schlecht erziehen; 3. zu dicht stehende oder schwache Pflanzen ausziehen; 4. heimlich weggehen; 5. verschwinden (z. B. Nebelschwaden); 6. etwas verzieht sich (z. B. Hölzer); 7. umziehen.

ver|zie|ren (V.) schmücken. Verzierung.

ver|zin|sen (V.) Zinsen zahlen, einbringen. Verzinsung; Verzinslichkeit; verzinsbar; verzinslich.

ver|zo|gen (Adj.) verwöhnt. Verb: verziehen.

ver|zö|gern (V.) hemmen; verschleppen; hinausschieben. Verzögerung; Verzögerungstaktik.

ver|zol|len (V.) Zoll für eine Ware entrichten. Verzollung.

ver|zückt (Adj.) berauscht; begeistert. Verzückung; Verzücktheit; verzücken.

Ver|zug (der, -s, kein Plural) Rückstand. *Beachte:* mit der Lieferung in Verzug geraten, *aber:* mit der Lieferung im Verzug sein; ohne Verzug. Verzugszinsen.

ver|zwei|feln (V., ist) verzagen; hoffnungslos sein. Verzweiflung; Verzweiflungstat. verzweifelt.

ver|zwei|gen (V., refl.) sich gabeln. Verzweigung.

ver|zwickt (Adj.) (ugs.) schwierig. Verzwicktheit.

Ves|per (die, -, -n) (lat.) (südd.) Brotzeit. Vesperbrot; vespern.

Ves|ta|lin (die, -, -nen) (lat.) Priesterin der Vesta.

Ves|ti|bül (das, -s, -e) (franz.) Vorhalle; Kassenhalle (im Theater).

Ves|ti|tur (die, -, -en) (lat.) Investitur.

Ve|su|vi|an (der, -s, -e) (nlat.) ein Mineral.

Ve|te|ran (der, -en, -en) alter Soldat. Veteranentreffen.

Ve|te|ri|när (der, -s, -e) (lat.) Tierarzt. Veterinärmedizin; veterinär; vetrinärärztlich.

Ve|to (das, -s, -s) (lat.) Einspruch. Vetorecht.

Vet|ter (der, -s, -n) Cousin. Vetternwirtschaft; vetterlich.

Ve|xier|bild (das, -s, -er) Zerrbild; Suchbild. Vexierrätsel; Vexierspiegel; vexieren.

v-för|mig (*auch:* V-för|mig) (Adj.) wie ein V geformt.

vgl. (Abk.) **v**er**gl**eiche.

v., g., u. (Abk.) **v**orgelesen, **g**enehmigt, **u**nterschrieben.

v. H. (Abk.) **v**om **H**undert. Prozent.

via (lat.) über. *Beachte:* Wir fliegen via Frankfurt nach New York.

Via|dukt (der/das, -s/-es, -e) Brücke.

Vi|b|ra|fon (*auch:* Vi|b|raphon) (das, -s, -e) (lat.-griech.) Musikinstrument.

Vi|b|ra|fo|nist (*auch:* Vi|b|ra|pho|nist) (der, -en, -en) Vibrafonspieler.

Vi|b|ra|ti|on (die, -, -ti|o|nen) (franz.) Erschütterung; Schwingung. Vibrator; vibrieren.

vi|b|ra|to (Adv.) (ital.) bebend, schwingend (bei Musikstücken).

Vi|b|ra|to (das, -s, -s/-ti) vibrato gesungenes, gespieltes Stück.

vi|ce ver|sa (lat.) umgekehrt (Abk.: v. v.).
Vi|comte (der, -s, -s) französischer Adelstitel (zwischen Baron und Graf), »Vizegraf«.
Vi|com|tesse (die, -, -n) weiblicher Vicomte.
Vi|deo (das, -s, -s) (engl.) (Kurzw.) Videotechnik, -film. Videoband; Videoclip; Videofilm; Videokamera; Videotext; Videothek; Videotechnik.
Vi|deo|kon|fe|renz (die, -, -en) Konferenzschaltung mit Videoübertragung.
Vi|deo-on-De|mand (das, -s, kein Plural) (engl.) die Möglichkeit, sich von zu Hause aus ein individuelles Fernsehprogramm gegen Gebühr zu erstellen.
Vi|deo|re|kor|der (*auch:* Vi|deo|re|cor|der) Aufzeichnungs- und Wiedergabegerät für das Fernsehen.
Viech (das, -s, -er) (ugs.) Tier; Vieh. Viecherei.
Vieh (das, -s, kein Plural) Nutztier; Tier (Plural: Viecher). Viehbestand; Viehfutter; Viehhalter; Viehhaltung; Viehhandel; Viehhändler; Viehherde; Viehweide; Viehzucht; Viehzüchter; viehisch.
viel 1. (Pron., indef.) große Menge; reichlich; 2. (Adv.; mehr, am meisten) oft; weitaus. Die Presse berichtet viel über ihn. Du weißt viel mehr als ich. vieles; viel und wenig. Ich bin mit vielem (*auch:* Vielem) unzufrieden. Das kostet ja um vieles (*auch:* Vieles) mehr. all die vielen Leute; viele (*auch:* Viele) meinen das. Das kostet gleich viel. *Aber:* gleichviel (egal); soundso viel, *aber:* am soundsovielten August. Es waren zu viele Teilnehmer. *Aber:* das Essen war viel zu viel/viel zu wenig. viel mehr als, *aber:* vielmehr (eher, beziehungsweise); allzu viel, allzu viele; soviel (soweit) ich weiß, *aber:* es gab so viel wie nie; vielerorts; vielmal/vielmalig; vieltausendmal, *aber:* viele Tausend (*auch:* tausend) Mal/Male; wie viel; vielfach, *aber:* um ein Vielfaches. In Verbindung mit adjektivisch gebrauchten Partizipien Getrennt- oder Zusammenschreibung möglich! viel befahren (*auch:* vielbefahren); viel beschäftigt (*auch:* vielbeschäftigt); vieldeutig; vieleckig; vielerlei; vielfältig; vielflächig; viel gekauft (*auch:* vielgekauft); vielgestaltig; vielmal; vielmals; vielsagend (*auch:* viel sagend); vielschichtig; vielseitig; vielsprachig; vielversprechend (*auch:* viel versprechend).
viel|glied|rig (Adj.) mit vielen Gliedern. Vielgliedrigkeit.
Viel|göt|te|rei (die, -, kein Plural) Polytheismus.
viel|leicht (Adv.) möglicherweise; etwa.
viel|mehr (Konj.; Adv.) eher; richtiger. *Beachte:* Ich habe dich nicht vergessen, vielmehr denke ich oft an dich/ich denke vielmehr oft an dich. *Aber:* Das ist viel mehr Arbeit.
vier (Zahlw.) *Beachte:* die vier Jahreszeiten. Setz dich auf deine vier Buchstaben! Die Geschwister waren in alle vier Winde zerstreut. in seinen vier Wänden (zu Hause) versauern. Das sollten wir unter vier Augen besprechen. alle viere von sich strecken; sie waren zu vieren/zu viert; auf allen vieren kriechen; die vierte Dimension. Du bist der Vierte in der Reihe. Sie wurde Vierte im Gesamtklassement. Das Geld kam erst am Vierten des Monats. eine Vier in Mathe haben; eine Vier würfeln.
vier|blätt|rig (*auch:* vier|blät|te|rig) mit vier Blättern.
Vier|fläch|ner (der, -s, -) Tetraeder.
vier|mal (*auch:* 4-mal) viermal so groß/ viel/wenig.
vier|räd|rig (*auch:* vier|rä|de|rig) mit vier Rädern.
Vier|tel (das, -s, -) vierter Teil; Stadtteil; (Kurzw.; ugs.) Viertelliter, Viertelpfund. *Beachte:* Es ist Viertel vor zwölf. um drei viertel neun; zwei Viertel der Teilnehmer; eine Viertelstunde (*auch:* eine viertel Stunde). Viertelfinale; Vierteljahr; Vierteljahrhundert; Viertelliter; Viertelpfund; Viertelzentner; vierteljährig; vierteljährlich. Verb: vierteln.
vier|tel|stünd|lich alle Viertelstunden. *Aber*: viertelstündig (eine Viertelstunde dauernd).
Vier|zig|stun|den|wo|che (*auch:* 40-Stun|den-Wo|che) eine Arbeitszeit von vierzig Stunden in der Woche (Tarifvertrag).
Vier|zim|mer|woh|nung (*auch:* 4-Zim|mer-Woh|nung) Wohnung mit vier Zimmern.
Vi|et|nam (ohne Art., -s, kein Plural) südostasiatisches Land. Vietnamese, vietnamesisch.
vif (Adj.) (franz.) aufgeweckt; clever.
Vi|gil (die, -, -li|en) (lat.) Tag vor einem hohen kath. Kirchenfest.
Vi|g|net|te (die, -, -n) (franz.) kleine Verzierung auf dem Titelbild o. Ä.; Gebührenmarke für die Autobahnbenutzung in der Schweiz.
Vi|go|g|ne (franz.) Garn aus Baumwolle und Wolle.
vi|go|ro|so (Adv.) (ital.) kraftvoll (bei Musikstücken).
Vi|kar (der, -s, -e) (lat.) Geistlicher. Vikarin; Vikariat; vikariieren.
vik|to|ri|a|nisch (Adj.) Stil- und Zeitepoche, benannt nach der englischen Königin Viktoria (1819–1901).
Vik|tu|a|li|en (die, nur Plural) (lat.) Lebensmittel. Viktualienhandel; Viktualienmarkt.
Vi|kun|ja (das, -s, -s) (Ketschua) wild lebende Art der Lamas mit hellrot-braunem Fell.
Vil|la (die, -, -len) vornehmes Haus. Villenviertel; villenartig.
Vi|nai|g|ret|te (die, -, -n) (franz.) Essigsoße (*auch:* Essigsauce).
Vin|di|ka|ti|on (die, -, -en) (lat.) in der Rechtssprechung Klage des Eigentümers auf Herausgabe einer Sache gegen den Besitzer, der ihm die Sache vorenthält.
Vin|ku|la|ti|on (die, -, -en) (lat.) Vorfinanzierung von Waren im Export- und Importgeschäft auf dem Transport durch Banken.
vin|ku|lie|ren (V.) (lat.) binden; verpflichten. vinkulierte Aktien.
Vi|no|thek (die, -, -en) (lat.-gr.) 1. Sammlung erlesener Weine; 2. Weinkeller mit Weinausschank und -verkauf.
Vi|nyl (das, -s, kein Plural) die chemische Gruppe $CH_2 = CH -$ (als Kunststoffbestandteil).
Vi|o|la (die, -, -len) (ital.) Bratsche. Viola da Gamba.
Vi|o|le (die, -, -n) (lat.) Reviermarkierungsdrüse des Fuchses.
vi|o|lent (Adj.) (lat.) heftig; gewaltsam. Violenz.
vi|o|lett (Adj.) veilchenblau. *Beachte:* ein violettes Kleid, *aber:* ein Kleid in Violett; violettfarben; violettfarbig.
Vi|o|li|ne (die, -, -n) (ital.) Geige. Violinbogen; Violinist; Violinkonzert; Violinschlüssel.

Vi|o|lon|cel|list (der, -en, -en) (ital.) (Kurzw.: Cellist) Spieler des Violoncellos.
Vi|o|lon|cel|lo (das, -s, -li) (ital.) Streichinstrument (Kurzw.: Cello).
Vi|o|lo|ne (der, -s, -s/-ni) Kontrabass.
VIP (*auch:* V. I. P.) (Abk.) very important person(s) (Persönlichkeit).
Vi|per (die, -, -n) (lat.) Schlange. Viperngift.
Vi|ra|gi|ni|tät (die, -, kein Plural) (lat.) in der Medizin Virilismus (Vermännlichung der Frau).
Vi|ra|go (die, -, -s/-gi|nes) (lat.) Mannweib.
Vi|re|ment (das, -s, -s) (franz.) unerlaubte Übertragung eines Haushaltsbetrages auf einen anderen, von einem Etatjahr auf das nächste.
Vir|gel (die, -, -n) (lat.) Schrägstrich (/) (→ Regelkasten).
Vir|gi|nia (die, -, -s) (engl.) 1. lange, dünne Zigarre mit einem Mundstück aus Stroh; 2. Staat in den Vereinigten Staaten von Amerika; 3. weiblicher Vorname.
Vir|gi|ni|tät (die, -, kein Plural) (lat.) Jungfräulichkeit.
vi|ril (Adj.) (lat.) männlich. Virilismus; Virilität.
Vi|ro|lo|ge (der, -n, -n) (lat.-griech.) Virusforscher.
Vi|ro|lo|gie (die, -, kein Plural) (lat.-griech.) Lehre von den Viren.
vi|rös (Adj.) durch Viren hervorgerufen.
Vir|tu|al Re|a|li|ty (die, -, kein Plural) (engl.) virtuelle Realität; vom Computer simulierte Wirklichkeit.
vir|tu|ell (Adj.) (lat.) möglich; innewohnend. Virtualität.
vir|tu|os (ital.) perfekt; vollkommen. Virtuose; Virtuosität.
vi|ru|lent (Adj.) (lat.) in der Medizin ansteckungsfähig; krankheitserregend. Virulenz.
Vi|rus (das/der, -, -ren) (lat.) Krankheitserreger; programmzersetzendes Element (EDV). Virusinfektion; viral.
Vi|sa|ge (die, -, -n) (franz.) (ugs.) Gesicht. Visagist/-in (Kosmetiker).
vis-à-vis (*auch:* vis-a-vis) (Adj.) (franz.) gegenüber. *Beachte:* mein Visavis (Gegenüber).
Vis|count (der, -s, -s) englischer Adelstitel (→ Vicomte).
Vi|sier (das, -s, -e) (franz.) 1. Gesichtsschutz; 2. Ziel. *Beachte:* etwas ins Visier nehmen. Visierfernrohr; visieren.
Vi|si|on (die, -, -si|o|nen) (lat.) Erscheinung. Trugbild.
vi|si|o|när (Adj.) in die Zukunft blickend; seherisch.
Vi|si|o|när (der, -s, -e) Prophet; Seher.
Vi|si|ta|ti|on (die, -, -ti|o|nen) (lat.) Durchsuchung; Besichtigung. Leibesvisitation.
Vi|si|te (die, -, -n) (franz.) Krankenbesuch. Visitenkarte.
vi|si|tie|ren (V.) eine Visitation machen; jmd./etw. durchsuchen.
vis|kos (Adj.) (lat.) seimig; zähflüssig.
Vis|ko|se (die, -, kein Plural) (lat.) Zellstoff. Viskosefaser; Viskoseverfahren.
Vis|ko|si|tät (die, -, kein Plural) das Viskossein.
Vis|ta (die, -, kein Plural) Vorzeigen eines Wechsels.
vi|su|a|li|sie|ren (V.) (engl.) sichtbar machen; das Optische betonen. Visualisierung.
vi|su|ell (Adj.) (lat.) optisch.
Vi|sum (das, -s, -sa/-sen) (lat.) Ein-, Ausreiseerlaubnis. Visumantrag; Visumzwang; visumfrei.
vis|ze|ral (Adj.) die Eingeweide betreffend.
Vi|ta 1. (die, -, kein Plural) (lat.) Leben; Lebensfunktion; 2. (die, -, -tae/-ten) (lat.) Lebensbeschreibung; Lebenslauf.
vi|tal (Adj.) (lat.) munter; lebensfroh. Vitalismus; Vitalität; vitalistisch.
Vi|ta|li|en|brü|der (die, -, nur Plural) Seeräuber an Nord- und Ostsee im 14. und 15. Jahrhundert.
vi|ta|li|sie|ren (V.) beleben.
Vi|ta|lis|mus (der, -, kein Plural) (lat.) Lehre von der Eigengesetzlichkeit der Lebensvorgänge.
Vi|ta|li|tät (die, -, kein Plural) Lebenskraft.
Vi|ta|min (das, -s, -e) (lat.) Wirkstoff. Vitamin A; Vitamin C; Vitamin-B-Mangel; Vitamin-B-Mangel-Krankheit; Vitaminmangel; Vitaminpräparat; Vitaminstoß; vitaminarm; Vitamin-B-haltig; vitaminreich; vitaminisieren.
Vi|tri|ne (die, -, -n) (franz.) Auslage; Glasschrank; Schaufenster. Vitrinenschrank.
Vi|tri|ol (das, -s, -e) (lat.) Salz der Schwefelsäure. Vitriollösung; vitriolhaltig.
Vitz|li|putz|li (der, -s, kein Plural) Kinderschreck; (ugs.) Teufel.
vi|va|ce (Adv.) (ital.) lebhaft (Musik). Vivace.
Vi|va|ri|um (das, -s, -ri|en) (lat.) Aquarium; Terrarium.
Vi|vat (das, -s, -s) (lat.) Hochruf. *Beachte:* vivat!
vi|vi|par (Adj.) (lat.) lebend gebärend.
Vi|vi|sek|ti|on (die, -, -ti|o|nen) (lat.) Forschung am lebenden Tier. vivisezieren.
Vi|ze... (lat.) stellvertretende(r)… Vizekanzler; Vizekönig; Vizekonsul; Vizemeister; Vizepräsident.
Viz|tum (der, -s, -e) (lat.) Vertreter eines (mittelalterlichen) Landesherrn.
v. J. (Abk.) vorigen **J**ahres.
Vlies (das, -es, -e) (niederl.) Fasergewebe; Rohwolle. Vlieseline.
vm. (*auch:* vorm.) (Abk.) **vo**r**m**ittags.
v. M. (Abk.) **v**origen **M**onats.
V-Mann (der, -s, -Män|ner) (Kurzw.) Verbindungs-, Vertrauensmann.
VN (*auch:* UN) (Abk.) **V**ereinte **N**ationen.
v.o. (Abk.) **v**on **o**ben.
Vo|gel (der, -s, Vö|gel) 1. Flugtier; Vogelbeerbaum; Vogelfutter; Vogelscheuche; Vogelschutzgebiet; Vogel-Strauß-Politik. Adjektiv: vogelfrei.
Vo|gel|kun|de (die, -, kein Plural) Ornithologie.
vö|geln (V.) (ugs., derb) Geschlechtsverkehr haben.
Vogt (der, -es, Vög|te) (lat.) 1. Verwaltungsbeamter (früher); 2. Aufseher; 3. Schirmherr; 4. (schweiz.) Vormund.
voi|là! (Interj.) sieh da!
Voile (die, -, -s) (franz.) Schleier. Voileschal.
Vo|ka|bel (die, -, -n) (lat.) Wort. Vokabelheft; Vokabelschatz; Vokabular.
vo|kal (Adj.) den Gesang, die Stimme betreffend.
Vo|kal (der, -s, -e) (lat.) Selbstlaut (a, e, i, o, u, ä, ö, ü, y). Vokalisation; Vokalisierung; Vokalismus; vokal; vokalisch; vokalisieren.
Vo|ka|list (der, -en, -lis|ten) (lat.) Sänger. Vokalistin; Vokalkonzert; Vokalmusik; Vokalspiel; Vokalstück.

Vo|ka|ti|on (die, -, -ti|o|nen) (lat.) Berufung in ein Amt.
Vo|ka|tiv (der, -s, -e) (lat.) Anrede-, Anrufungskasus (z. B. polnisch panie »O Herr«, zu pan »Herr«).
vol. (Abk.) **Vol**umen.
Vol.-% (Abk.) **Vol**um**prozent**.
Vo|lant (der, -s, -s) (franz.) Besatz. Volantrock.
Vo|li|e|re (die, -, -n) (franz.) Vogelhaus.
Volk (das, -s/-es, Völ|ker) Nation; Menschengruppe; Leute. Völkerbund; Völkerkunde; Völkermord; Völkerrecht; Völker verbindend (*auch:* völkerverbindend); völkisch.
Völ|ker|ball (der, -s, kein Plural) Ballspiel.
Volks|re|pu|b|lik (die, -, -en) (Abk.: VR) Bezeichnung in kommunistischen Ländern. Volksrepublik China.
Volks|ver|het|zung (die, -, kein Plural) Aufhetzung, Aufwiegelung des Volkes.
Volks|wa|gen (der, -s, -) (Abk. VW) Automarke (Käfer).
Volks|wirt|schafts|leh|re (die, -, kein Plural) (Abk. VWL) Zweig der Wirtschaftswissenschaften.
voll (Adj.) gefüllt; erfüllt; füllig; völlig. aus dem Vollen schöpfen; in die Vollen gehen; voll Bier/Bieres; voll/voller Erstaunen; eine Kanne voll/voller Saft; im Vollen leben; voll und ganz darauf vertrauen. Die Fahnen stehen auf vollmast; eine Handvoll (*auch:* Hand voll); ein Armvoll (*auch:* Arm voll); ein Mundvoll (*auch:* Mund voll). jemanden nicht für voll nehmen (nicht ernst nehmen); jemandem die Hucke vollhauen/volllügen; das Auto vollladen; sich volllaufen lassen; einen Tanz vollführen/vollziehen; sich den Bauch vollschlagen/vollstopfen; das Auto volltanken. Adjektive: vollautomatisch; vollbeschäftigt; vollbusig; vollelektronisch; voll entwickelt (*auch:* vollentwickelt); vollgepfropft; vollkaskoversichert; voll klimatisiert (*auch:* vollklimatisiert); vollleibig; volltrunken; vollwertig; vollzählig. Verben: vollladen; sich vollessen; vollfüllen; vollgießen; vollpacken; vollschenken; vollschmieren; vollstopfen.
voll|auf (Adv.) völlig.
Voll|blut (das, -s, kein Plural) reinrassiges Pferd. Vollblüter; Vollblütigkeit; Vollblutpferd; vollblütig.
voll|brin|gen (V., vollbrachte, hat vollbracht) erledigen; verwirklichen. Vollbringung.
voll|en|den (V.) beenden; vollbringen. Vollender; Vollendung.
voll|ends (Adv.) ganz; völlig.
Völ|le|rei (die, -, -en) Unmäßigkeit (Essen).
Vol|ley (der, -s, -s) (engl.) Flugball (Tennis). *Beachte:* Er hätte den Ball volley (direkt) nehmen sollen. Volleyball.
voll|füh|ren (V.) zustande bringen; ausführen. Vollführung.
völ|lig (Adj.) vollständig; ganz.
voll|jäh|rig (Adj.) mündig. Volljährigkeit; Volljährigkeitserklärung.
voll|kom|men (Adj.) 1. perfekt; meisterhaft; 2. (ugs.) völlig. Das ist ein vollkommener Blödsinn. Vollkommenheit.
Voll|macht (die, -, -en) Erlaubnis. Vollmachtgeber; Vollmachtsschreiben; Vollmachtsurkunde, eine Vollmacht erteilen.
voll|schla|gen (V., refl., schlug sich voll, hat sich vollgeschlagen) (ugs.) übermäßig viel essen. Er schlug sich den Bauch voll.
voll|stän|dig (Adj.) gänzlich; komplett. Vollständigkeit.
voll|stre|cken (V.) vollziehen. Vollstreckbarkeit; Vollstrecker; Vollstreckung; Vollstreckungsbeamte; vollstreckbar.
voll|zie|hen (V., vollzog, hat vollzogen) durchführen; ausführen. Vollziehbarkeit; Vollzieher; Vollziehung; Vollziehungsbeamte. vollziehbar.
Voll|zug (der, -s, kein Plural) Ausführung einer Strafe. Vollzugsanstalt; Vollzugsbeamte.
Vo|lon|tär (der, -s, -e) (franz.) Auszubildender; Anwärter. Volontariat; Volontärin; volontieren.
Volt (das, -/-s, -) Spannungseinheit (Abk.: V). Voltaelement; Voltameter; Voltmeter; Voltsekunde (Abk.: Vs).
Volt|am|pe|re (das, -s, kein Plural) (Abk.:VA) Watt.
Vol|te (die, -, -n) (franz.) 1. Abwehr (Fechten); 2. Reitfigur; 3. Kunstgriff (Kartenspiel). Voltenschläger; Volteschlagen; voltieren.
Vol|ti|geur (der, -s, -e) (franz.) Kunstspringer. Voltige; voltigieren.
Vo|lu|men (das, -s, -/-mi|na) (lat.) Rauminhalt (Abk.: V); Band (Abk.: vol.); Umfang; Größe; Volumeneinheit; Volumengewicht; Volumetrie.
Vo|lu|men|pro|zent (*auch:* Vo|lum|pro|zent) (das, -s, kein Plural) Maß für die Konzentration einer Lösung.
vo|lu|mi|nös (Adj.) (franz.) umfangreich.
Vo|lun|ta|ris|mus (der, -, kein Plural) (lat.) philosophische Lehre. Voluntarist; voluntaristisch.
Vo|lu|te (die, -, -n) (lat.) spiralförmiges Säulenornament.
Vol|vu|lus (der, -, -li) Darmverschlingung (Med.).
vom (Präp.) von dem (Abk.: v.).
Vom|hun|dert|satz (der, -es, -sät|ze) Prozentsatz. Vomtausendsatz (Promillesatz).
vo|mie|ren (V.) (lat.) erbrechen. Vomitus.
von (Präp., Dat.) aus einer Richtung; von einer Person; mit der Eigenschaft; vonseiten (*auch:* von Seiten) meiner Eltern; vonstattengehen; von Neuem (*auch:* neuem); sie kamen von nah und fern; von oben (Abk.: v. o.)/von unten (Abk.: v. u.); von links/rechts. Das kommt doch nicht von ungefähr. Das wusste ich von vornherein. von klein auf; von jetzt an (ugs.: ab jetzt); von mir aus; von weit her; von jeher; von wegen! Das war von alters her schon so. vonnöten (nötig) sein. *Aber:* von Haus zu Haus; von Amts wegen; von Rechts wegen (Abk.: v.R.w.); von Grund auf; das kann von Vorteil/Nutzen sein; das Buch ging von Hand zu Hand; wie von Sinnen sein.
von|ei|n|an|der (Adv.) einer vom anderen. *Beachte:* Sie dürfen nichts voneinander wissen. Wir wollten mehr voneinander haben. *Aber:* voneinandergehen (sich trennen).
Vo|po 1. (der, -s, -s) (Kurzw.) Volkspolizist der ehem. DDR; 2. (die, -, kein Plural) Volkspolizei der ehem. DDR.
vor (Präp., Dat./Akk.) auf der Vorderseite; früher; aus; gegenüber. *Beachte:* vor einem Bild stehen, *aber:* sich vor ein Bild stellen; vor allem; vor allem(,) wenn/weil … Das war vor Zeiten. Gnade vor Recht ergehen lassen. Was wird dort vor sich gehen (geschehen)? vor sich hin summen; vor Christi Geburt (Abk.: v. Chr.).
vor|ab (Adv.) zuerst; zunächst. Vorabinformation, *aber:* jemanden vorab informieren.

vo|r|an (Adv.) nach vorwärts; vorn. Das Vorangehende lässt den Schluss zu. *Wichtig:* Zusammenschreibung mit Verben! vorangehen; vorankommen.

Vor|arl|berg (ohne Art., -s, kein Plural) österreichisches Bundesland.

vo|r|aus (Adv.) voran; besser; weiter. *Beachte:* Vielen Dank im Voraus! Sie war allen voraus. Voraussage; Voraussetzung; aller Voraussicht nach; Vorauszahlung; voraussehbar; voraussichtlich; vorausgesetzt(,) dass. *Wichtig:* Zusammenschreibung mit Verben! vorausbezahlen; vorausfahren; vorausgehen; vorausshaben; voraussagen; voraussehen; voraussetzen.

Vor|be|halt (der, -s, -e) Bedingung; Einschränkung. *Beachte:* unter üblichem Vorbehalt (u. ü. V.); mit/ohne Vorbehalt; Vorbehaltungsurteil; vorbehaltlich unserer Abmachung; vorbehaltlos; vorbehalten.

vor|bei (Adj.) vorüber. Vorbeimarsch. *Beachte:* Zusammenschreibung mit Verben! vorbeibringen; vorbeifahren; vorbeischießen; vorbeitreffen.

Vor|be|las|tung (die, -, -en) Risiko. erblich vorbelastet sein.

vor|be|rei|ten (V., bereitete vor, hat vorbereitet) vorarbeiten; sich einstellen. Vorbereitung; Vorbereitungstraining.

vor|be|ten (V., betete vor, hat vorgebetet) ein Gebet vorsprechen; (ugs.) eindringlich vorsagen. Vorbeter.

vor|beu|gen (V., beugte vor, hat vorgebeugt) sich nach vorne neigen; vorsorgen. Vorbeugehaft; Vorbeugung.

Vor|bild (das, -s, -er) Musterbeispiel. Vorbildlichkeit; vorbildlich.

vor|brin|gen (V., brachte vor, hat vorgebracht) vortragen; sagen.

vor|de|re (Adj.) vorn befindlich. *Beachte:* die vorderen Reihen, *aber:* der Vordere Orient; zuvorderst sitzen. Sie war die Vorderste. Vorderhand. *Aber:* Das ist vorderhand (einstweilen) genug.

vor|dring|lich (Adj.) sehr dringlich; wichtig. Vordringlichkeit; vordringen.

vor|ei|lig (Adj.) unüberlegt; vorschnell. Voreiligkeit.

vor|ei|n|an|der (Adv.) einer vor dem anderen. *Beachte:* immer Getrenntschreibung vom Verb! sich voreinander verstecken/hüten/stellen.

vor|ein|ge|nom|men (Adj.) befangen; parteiisch. Voreingenommenheit.

vor|ent|hal|ten (V., enthielt vor, hat vorenthalten) versagen; nicht geben. Vorenthaltung.

vor|erst (Adv.) erst einmal; vorläufig.

vor|ex|er|zie|ren (V.) (ugs.) vormachen.

Vor|fahr (*auch:* Vor|fah|re) (der, -en, -en) Ahn. Vorfahrin.

Vor|fahrt (die, -, kein Plural) Vorfahrtsrecht. Vorfahrt(s)regel; Vorfahrt(s)schild; Vorfahrt(s)straße; vorfahrt(s)berechtigt; vorfahren.

Vor|fall (der, -s, -fäl|le) Ereignis; Geschehen. Verb: vorfallen.

Vor|freu|de (die, -, -en) Freude auf etwas.

Vor|füh|rung (die, -, -en) Vorstellung; Demonstration. Vorführer; Vorführraum; Vorführwagen; vorführen.

Vor|gang (der, -s, -gän|ge) Ablauf; Akte. Vorgangsbeschreibung; Vorgangspassiv; Vorgangsverb; Vorgangsweise.

Vor|gän|ger (der, -s, -) Vorläufer.

vor|gau|keln (V., gaukelte vor, hat vorgegaukelt) vortäuschen.

vor|geb|lich (Adj.) angeblich; fälschlich. Verb: vorgeben.

Vor|ge|gen|wart (die, -, kein Plural) Perfekt.

vor|ge|hen (V., ging vor, ist vorgegangen) handeln; vorrücken; vorangehen. Vorgehen.

Vor|ge|setz|te (der/die, -n, -n) Chef.

vor|ges|tern (Adv.) am Tag vor gestern. *Beachte:* vorgestern Abend/Morgen/Mittag; vorgestrig (*auch:* altmodisch).

vor|grei|fen (V., griff vor, hat vorgegriffen) vorwegnehmen. Vorgriff.

Vor|ha|ben (das, -s, -) Absicht; Plan. Verb: vorhaben.

Vor|hal|tung (die, -, -en) Vorwurf. Verb: vorhalten.

vor|han|den (Adj.) erhältlich; verfügbar. Vorhandensein.

Vor|hang (der, -s, -hän|ge) Gardine. Vorhangstange; Vorhangstoff.

Vor|hän|ge|schloss (das, -schlos|ses, -schlösser) Sicherheitsschloss. Verb: vorhängen.

vor|her (Adv.) früher; zuvor; im Voraus. *Beachte:* Getrenntschreibung vom Verb, wenn »vorher« die Bedeutung »früher, zuvor« hat! *Aber:* Zusammenschreibung in der Bedeutung »voraus«! Das hätte ich vorher wissen können. *Aber:* vorherbestimmen; vorhergehen; vorhersagen; vorhersehen.

Vor|herr|schaft (die, -, kein Plural) Führung; Übergewicht. vorherrschen.

vor|her|sa|gen (V., sagte vorher, hat vorhergesagt) prophezeien. Vorhersage; das Vorhergesagte, *aber:* das vorher Gesagte; vorhersagbar.

vor|her|se|hen (V., sah vorher, hat vorhergesehen) ahnen; befürchten.

vor|hin (Adv.) eben erst. *Beachte:* im Vorhinein (im Voraus).

vo|rig (Adj.) vorhergehend; vergangen. *Beachte:* im Vorigen (weiter oben im Text); das Vorige (das vorher Geschehene/Angeführte). Die Vorigen (die vorhergehenden Teilnehmer) waren besser. vorigen Jahres (Abk.: v. J.).

Vor|keh|rung (die, -, -en) Vorsorge.

vor|knöp|fen (V., refl., knöpfte sich vor, hat sich vorgeknöpft) (ugs.) zurechtweisen.

Vor|kom|men (das, -s, -) Vorhandensein. Vorkommnis; vorkommen.

Vor|la|dung (die, -, -en) Bestellung zum Gericht. Vorladeschein; vorladen.

Vor|la|ge (die, -, -n) Muster; genauer Pass (Fußball); vorgebeugter Oberkörper.

vor|läu|fig 1. (Adj.) einstweilig. Vorläufigkeit. 2. (Adv.) einstweilen.

vor|laut (Adj.) frech.

vor|le|gen (V., legte vor, hat vorgelegt) zeigen; vorweisen; vorhängen.

Vor|le|sung (die, -, -en) Vortrag.

vor|letz|te (Adj.) einer vor dem Letzten. der Vorletzte in der Reihe; der Vorletzte im Klassement.

Vor|lie|be (die, -, -n) Neigung.

vor|liebneh|men (V., nahm vorlieb, hat vorliebgenommen) sich zufriedengeben.

vor|lie|gen (V., lag vor, hat vorgelegen) vorhanden sein. im Vorliegenden; das Vorliegende.

vorm (Präp.) (ugs.) vor dem.

vorm. (Abk.) vormals; vormittags (*auch:* vm.).

vor|ma|chen (V., machte vor, hat vorgemacht) zeigen; (ugs.) vortäuschen.

Vor|macht (die, -, kein Plural) Vorherrschaft; Vormachtstellung.

vor|ma|lig (Adj.) früher. Adverb: vormals (Abk.: vorm.).

vor|mer|ken (V., merkte vor, hat vorgemerkt) notieren; reservieren. Vormerkung.
Vor|mit|tag (der, -s, -e) von Morgen bis Mittag. *Beachte:* am Vormittag; des Vormittags; jeden Vormittag; am Montagvormittag; montags vormittags; gestern/heute/morgen Vormittag; vormittägig; vormittäglich. Vormittagsstunde; Vormittagsvorstellung.
Vor|mund (der, -s, -e/-mün|der) Fürsorger. Vormundschaft; Vormundschaftsgericht.
vorn 1. (*auch:* vorne) (Adv.) an der Vorderseite; an der Spitze. *Beachte:* Es fehlt vorn(e) und hinten. noch einmal von vorn anfangen; vorneweg; von vornherein; vornüber; vornüberstürzen. 2. (Präp.) (ugs.) vor den.
vor|nehm (Adj.) nobel; elegant. Vornehmheit; Vornehmtuerei.
vor|nehm|lich (Adv.) vor allem.
Vor|rang (der, -s, kein Plural) Vortritt; Hauptgewicht; Priorität. Vorrangstellung; vorrangig; Vorrang haben.
Vor|rat (der, -s, -rä|te) Rücklage; Lager. Vorratskammer; vorrätig.
Vor|ru|he|stand (der, -(e)s, kein Plural) freiwilliger, vorzeitiger Ruhestand.
vors (Präp.) (ugs.) vor das.
Vors. (Abk.) Vorsitzende(r).
vor|sätz|lich (Adj.) absichtlich. Vorsätzlichkeit.
Vor|schein (der) (in den Wendungen:) zum Vorschein bringen/kommen (hervorholen, sich zeigen).
vor|schla|gen (V., schlug vor, hat vorgeschlagen) raten; anbieten. Vorschlag; Vorschlagsliste; Vorschlagsrecht.
vor|schnell (Adj.) übereilt.
Vor|schrift (die, -, -en) Regel; Norm. Adjektive: vorschriftsgemäß; vorschriftsmäßig; vorschriftswidrig.
Vor|schub (der) (in der Wendung) Vorschub leisten (begünstigen). Vorschubleistung.
Vor|schuss (der, -schus|ses, -schüs|se) Vorauszahlung. Vorschusslorbeeren; Vorschusszahlung; vorschussweise.
vor|se|hen (V., sah vor, hat vorgesehen) beabsichtigen; achtgeben. Vorsehung.
vor|sich|tig (Adj.) achtsam; besonnen. Vorsichtigkeit; Vorsichtsmaßnahme; Vorsichtsmaßregel. vorsichtshalber.
vor|sint|flut|lich (Adj.) veraltet.
Vor|sitz (der, -es, -e) Leitung. Vorsitzende (Abk.: Vors.); vorsitzen.
Vor|sor|ge (die, -, -n) Vorbereitung. Vorsorgeuntersuchung; vorsorglich; vorsorgen.
Vor|spann (der, -s, -e) Einleitung; Vorinformation (Film). Vorspannmusik.
vor|spie|geln (V., spiegelte vor, hat vorgespiegelt) vortäuschen. Vorspieg(e)lung falscher Tatsachen.
vor|sprin|gen (V., sprang vor, ist vorgesprungen) nach vorne springen; hervorragend. Vorsprung.
Vor|stand (der, -s, -stän|de) Leiter; Leitung. Vorstandsmitglied; Vorstandsvorsitzende.
Vor|ste|her|drü|se (die, -, -n) Prostata.
Vor|stel|lung (die, -, -en) 1. Gedanke; Bewusstwerdung; 2. Aufführung; 3. Sichvorstellen. Vorstellungsgespräch; Vorstellungskraft; Vorstellungsvermögen; vorstellbar; vorstellen.
Vor|stop|per (der, -s, -) Abwehrspieler (Fußball).
vor|stre|cken (V., streckte vor, hat vorgestreckt) nach vorne strecken; leihen.
Vor|teil (das, -s, -e) 1. Gewinn; 2. Überlegenheit. Adjektiv: vorteilhaft.
Vor|trag (der, -s, -trä|ge) Rede; Darbietung. Vortragsabend; Vortragsende; Vortragskunst; Vortragsreihe; vortragen.
vor|treff|lich (Adj.) ausgezeichnet. Vortrefflichkeit.
vo|rü|ber (Adv.) vorbei; vergangen. *Beachte:* Zusammenschreibung mit Verben! vorüberfahren; vorübergehen; vorüberziehen. Adjektiv: vorübergehend, *aber:* im Vorübergehen.
Vor|ur|teil (das, -s, -e) Voreingenommenheit. Vorurteilslosigkeit; vorurteilsfrei; vorurteilslos.
Vor|ver|gan|gen|heit (die, -, kein Plural) Plusquamperfekt.
Vor|wand (der, -s, -wän|de) Ausrede; Ausflucht.
vor|wärts (Adv.) nach vorn. *Beachte:* vor- und rückwärtsgehen. Man schreibt »vorwärts« als Verbzusatz mit dem folgenden Verb zusammen! Es muss endlich vorwärtsgehen. Sie will im Leben vorwärtskommen. Man schreibt getrennt, wenn »vorwärts« als selbstständiges Adverb gebraucht wird! vorwärts einparken. Er ist vorwärts hineingefahren. Vorwärtsgang; Vorwärtskommen.
vor|weg|neh|men (V., nahm vorweg, hat vorweggenommen) im Voraus sagen; erledigen. Vorwegnahme.
vor|wei|sen (V., wies vor, hat vorgewiesen) zeigen. Vorweisung.
vor|wer|fen (V., warf vor, hat vorgeworfen) als Vorwurf bringen; beschuldigen. Vorwurf; vorwurfsfrei; vorwurfsvoll.
vor|wie|gend (Adv.) überwiegend; besonders. Verb: vorwiegen.
vor|wit|zig (Adj.) frech; neugierig; vorlaut. Vorwitz.
Vor|wort (das, -s, -e) Einleitung.
vor|zei|tig (Adj.) verfrüht. Vorzeitigkeit.
vor|zie|hen (V., zog vor, hat vorgezogen) hervorziehen; bevorzugen. Vorzug; vorzugsweise.
vor|züg|lich (Adj.) ausgezeichnet. Vorzüglichkeit.
Vor|zugs|ak|tie (die, -, -en) Stammaktie mit besonderen Rechten.
vo|tie|ren (V.) (lat.) abstimmen; stimmen für.
Vo|tiv|bild (das, -s, -er) Heiligenbild. Votivkirche; Votivmesse; Votivtafel.
Vo|tum (das, -s, -a) Stimmabgabe; Gelübde.
Vou|cher (der/das, -s, -/-s) (engl.) Buchungsbestätigung (in der Touristik).
Voy|eur (der, -s, -e) (franz.) Spanner. Voyeurismus.
Vp. (*auch:* VP) (Abk.) Versuchsperson.
VR (Abk.) Volksrepublik.
v. R. w. (Abk.) von Rechts wegen.
Vs (Abk.) Voltsekunde.
vs. (Abk.) versus.
v. T. (*auch:* p. m., ‰) (Abk.) vom Tausend (pro mille).
v. u. (Abk.) von unten.
vul|gär (Adj.) (lat.) derb; ordinär. Vulgarität; Vulgärlatein; Vulgärsprache.
Vul|ga|ta (die, -, kein Plural) (lat.) von der kath. Kirche als verbindlich erklärte lateinische Bibelfassung.
vul|go (Adv.) (lat.) gewöhnlich (Abk.: v.).
Vul|kan (der, -s, -e) (lat.) Feuer speiender Berg. Vulkanausbruch; Vulkanismus; vulkanisch.
vul|ka|ni|sie|ren (V.) Gummi herstellen. Vulkanisation; Vulkaniseur.
Vul|va (die, -, -ven) (lat.) äußere Geschlechtsorgane der Frau.
v. v. (Abk.) vice versa.
VWD (Abk.) Vereinigte Wirtschaftsdienste.

W

W (Abk.) **W**att; **W**est(en); **W**olfram (chemisches Zeichen).

Waa|ge (die, -, -n) Messgerät; Sternbild; Gleichgewicht. *Beachte:* Beide Seiten halten sich die Waage (gleichen sich aus).

waag|recht (*auch:* waa|ge|recht) (Adj.) horizontal; eben

Waa|ge|rech|te (*auch:* Waag|rech|te) (die, -n, -n) Horizontale.

Waag|scha|le (die, -, -n) Schale zum Wiegen. jedes Wort auf die Waagschale legen (jedes Wort genau abwägen/übergenau nehmen); etwas in die Waagschale werfen (etwas als Mittel zur Erreichung von etwas einsetzen).

Waal (der, -s, kein Plural) Hauptmündungsarm des Rheins.

wab|beln (V.) (ugs.) wackeln.

wab|be|lig (Adj.) wackelig; gallertartig.

wa|bern (V.) sich unruhig bewegen; flackern.

Wa|be (die, -, -n) Wachszelle. Wabenhonig.

wach (Adj.) 1. nicht schlafen; 2. aufgeweckt. die ganze Nacht wach sein; wach bleiben; morgens schon früh wach werden; *aber:* wenn alte Gefühle wach werden (*auch:* wachwerden) (wieder auftreten); Erinnerungen wachrufen (hervorrufen); wachrütteln (aufrütteln). Man musste ihn lange wach rütteln (*auch:* wachrütteln) (wecken). Wachfeuer; Wachtmeister.

Wach|ab|lö|sung (die, -, -en) Ablösung des Wachpostens.

Wa|ch|au (die, -, kein Plural) Durchbruchstal der Donau durch das Böhmische Massiv; Weinanbaugebiet in Österreich.

Wach|dienst (der, -es, kein Plural) Dienst, Wache zu halten; Wachposten.

wa|chen (V.) aufpassen; beschützen.

Wa|che ste|hen (V., stand Wache, hat Wache gestanden) wachen; Wachdienst haben. das Wachestehen.

Wa|che ste|hend (*auch:* wa|che|ste|hend) (Adj.) wachhabend.

wach|ha|bend (Adj.) Offizier, der den Wachdienst hat.

Wach|ha|ben|de (der, -n, -n) Person, die den Wachdienst versieht.

Wach|heit (die, -, kein Plural) das Wachsein; Aufmerksamkeit.

Wach|hund (der, -s, -e) zum Bewachen abgerichteter Hund.

Wach|mann (der, -s, -män|ner) Wächter; Patrouille.

Wa|chol|der (der, -s, -) Pflanze. Wacholderschnaps; Wacholderstrauch.

Wach|pos|ten (der, -s, -) Soldat, der die Wache hält.

Wachs (das, -es, -e) elastische Masse; Bienenwachs.

Wachs|ab|guss (der, -es, -ab|güs|se) plastischer Abdruck aus Wachs.

wach|sam (Adj.) aufmerksam; vorsichtig.

Wach|sam|keit (die, -, kein Plural) Aufmerksamkeit; Vorsicht.

Wachs|bild (das, -es, -er) Reliefbild aus Wachs.

wachs|bleich (Adj.) bleich wie Wachs.

Wachs|blu|me (die, -, -n) 1. Cerinthe (botan.); 2. künstliche Blume aus Wachs.

wach|sen 1. (V., wuchs, ist gewachsen) größer werden; 2. (V.) mit Wachs einreiben. Bohnerwachs.

wäch|sern (Adj.) wie Wachs.

Wachs|fi|gu|ren|ka|bi|nett (das, -s, -e) Sammlung lebensgroßer Wachsfiguren.

Wachs|ker|ze (die, -, -n) aus Wachs bestehende Kerze.

Wachs|ma|le|rei (die, -, -en) Malerei mit wachsgebundenen Farben.

Wachs|pa|pier (das, -s, -) wasserfestes, paraffingetränktes Verpackungspapier.

Wachs|stock (der, -s, -stö|cke) als Lichtquelle dienender Strang von Wachs.

Wachs|ta|fel (die, -, -n) antike, mit Wachs überzogene Schreibtäfelchen.

Wach|stu|be (die, -, -n) Aufenthaltsraum für die Wachleute.

Wachs|tuch (das, -s, -tü|cher) mit Leinölfirnis überzogenes Gewebe.

Wachs|tum (das, -s, kein Plural) Entwicklung; Wuchs; Zunahme. Wachstumshormon; Wachstumsrate; Wachstumsstörung.

wachs|tums|för|dernd (Adj.) das Wachstum fördernd, unterstützend.

wachs|tums|hem|mend (Adj.) das Wachstum hemmend, blockierend.

wachs|weich (Adj.) weich wie Wachs.

Wachs|zie|her (der, -s, -) Kerzenmacher.

Wach|tel (die, -, -n) Hühnervogel. Wachtelruf; Wachtelschlag.

Wach|tel|hund (der, -es, -e) Jagdhundrasse.

Wach|tel|kö|nig (der, -s, -e) Ralle; Zugvogel.

Wach|tel|wei|zen (der, -s, kein Plural) Pflanzengattung.

Wäch|ter (der, -s, -) den Wachdienst verrichtende Person. Wächterruf.

Wach|traum (der, -s, -träu|me) Traum im Wachzustand.

Wacht|turm (*auch:* Wach|turm) Aussichtsturm für Wachposten.

Wach- und Schließ|ge|sell|schaft (die, -, -en) Privatunternehmen zur Bewachung von Gebäuden.

Wach|zu|stand (der, -s, -zu|stän|de) das Wachsein.

Wa|cke|lei (die, -, -en) das (ständige) Wackeln.

wa|cke|lig (*auch:* wack|lig) (Adj.) schwankend; unbeständig.

Wa|ckel|kon|takt (der, -s, -e) unbeständiger Elektrokontakt.

wa|ckeln (V.) schwanken; locker sein.

Wa|ckel|pe|ter (der, -s, -) (ugs.) Wackelpudding.

Wa|ckel|pud|ding (der, -s, -s) gallertartiger Pudding; Götterspeise.

wa|cker (Adj.) tapfer.

Wa|ckers|dorf (ohne Art., -, kein Plural) Stadt in der Oberpfalz. Ort jahrelanger Proteste gegen eine geplante nukleare Wiederaufbereitungsanlage.

Wad (das, -s, kein Plural) (engl.) Mineral.

Wa|de (die, -, -n) Teil des Unterschenkels.

Wa|den|bein (das, -s, -e) Unterschenkelknochen.

Wa|den|krampf (der, -s, -krämp|fe) Krampf in der Wade.

Wa|den|strumpf (der, -es, -strümp|fe) die Wade bedeckender Strumpf.

Wa|den|wi|ckel fiebersenkender Umschlag um die Wade.

Wa|di (das, -s, -s) (arab.) Trockental.

Wa|fer (der, -s, -) (engl.) Siliciumscheibe für einzelne Chips.

Waf|fe (die, -, -n) Kampfgerät; Kampfmittel.

Waf|fen|be|sitz (der, -es, kein Plural) Besitz von Waffen.

Waf|fen|brü|der|schaft (die, -, -en) Kampfgemeinschaft.

waf|fen|fä|hig (Adj.) wehrfähig.

Waf|fen|ge|walt (die, -, kein Plural) Gewaltausübung mittels Waffen.

Waf|fen|la|ger (das, -s, -) Arsenal von Waffen.

Waf|fen|lie|fe|rung (die, -, -en) Lieferung von Waffen.

waf|fen|los (Adj.) unbewaffnet; ohne Waffen.

Waf|fen|ru|he (die, -, kein Plural) vorübergehender Waffenstillstand.

Waf|fen|schein (der, -s, -e) behördlich ausgestellte Waffenbesitzkarte.

Waf|fen|still|stand (der, -s, kein Plural) das Einstellen oder Aussetzen von Kampfhandlungen. Waffenstillstandslinie.

Waf|fen|sys|tem (das, -s, -e) militärisches Kampfmittel. Waffengattung.

Waf|fel (die, -, -n) Gebäckstück. einen an der Waffel haben (ugs.) (nicht recht bei Verstand sein).

wäg|bar (Adj.) abschätzbar; kalkulierbar.

Wa|ge|mut (der, -s, kein Plural) das Wagemutigsein; Risikobereitschaft.

wa|ge|mu|tig (Adj.) risikobereit; kühn.

wa|gen (V.) riskieren; sich getrauen. Frisch gewagt ist halb gewonnen (es ist sehr wichtig, dass man den Mut hat, etwas zu tun). Wer nicht wagt, der nicht gewinnt. (Wer nicht den Mut hat, etwas zu tun, kann sich später auch nicht über verloren gegangene Chancen beschweren.).

wä|gen (V., wägte/wog, hat gewägt/gewogen) abschätzen; überlegen.

Wa|gen (der, -s, -/Plural südd. auch Wä|gen) Gefährt; Auto; Maschinenteil. *Beachte:* Kleiner/Großer Wagen (Sternbild). Wagenladung.

Wa|gen|he|ber (der, -s, -) Werkzeug zur Autoreparatur.

Wa|gen|ko|lon|ne (die, -, -n) Kolonne von Autos.

Wa|gen|ren|nen (das, -s, -) Wettfahrt zwischen Pferdewagen (im Altertum).

Wa|gen|schlag (der, -s, -schlä|ge) veraltet für Autotür.

Wa|gen|schmie|re (die, -, kein Plural) Schmiere für Pferdewagen.

Wa|gen|typ (der, -s, -en) Automarke.

Wa|gen|wä|sche (die, -, kein Plural) Autowäsche.

Wag|gon (*auch:* Wa|gon) (der, -s, -s) (engl.) Eisenbahnwagen.

wag|gon|wei|se (*auch:* wa|gon|wei|se) (Adj.) in Waggons.

wag|hal|sig (Adj.) wagemutig; gefährlich.

Wag|hal|sig|keit (die, -, kein Plural) das Waghalsigsein.

Wag|nis (das, -ses, -se) Risiko.

Wag|stück (das, -es, -e) Wagnis.

Wä|gung (die, -, -en) das Wägen.

Wahl (die, -, -en) Abstimmung; Entscheidung; Auswahl. Wer die Wahl hat, hat die Qual (wer zwischen verschiedenen Möglichkeiten wählen kann, hat es oft nicht leicht). Wahlanzeige; Wahlausschuss; Wählbarkeit; Wahlbenachrichtigung; Wahlberechtigte; Wahlbeteiligung; Wahlbezirk; Wähler/in; Wahlerfolg; Wählerinitiative; Wählerschaft; Wahlgeheimnis; Wahlgeschenk; Wahlkampf; Wahlkreis; Wahlleiter; Wahllokal; Wahlmänner; Wahlniederlage; Wahlparty; Wahlpflicht; Wahlplakat; Wahlpropaganda; Wahlrede; Wahlsieg; Wahlsystem; Wähltton; Wahlurne; Wahlversammlung.

wäh|len (V.) stimmen für; auswählen; Telefonnummer wählen.

wähl|bar (Adj.) gewählt werden könnend.

wahl|be|rech|tigt (Adj.) zur Stimmabgabe berechtigt.

wäh|le|risch (Adj.) verwöhnt; heikel.

Wahl|fach (das, -es, -fä|cher) frei gewähltes Fach.

Wahl|frei|heit (die, -, kein Plural) freie Entscheidungsmöglichkeit.

Wahl|hei|mat (die, -, kein Plural) selbst gewählte Heimat.

wahl|los (Adj.) beliebig.

Wahl|spruch (der, -es, -sprü|che) Motto; Leitspruch.

Wahl|ver|wandt|schaft (die, -, -en) enge Verbundenheit. wahlverwandt.

wahl|wei|se (Adj.) alternativ; nach eigenem Ermessen.

Wahn (der, -s, kein Plural) Einbildung; Manie.

Wahn|bild (das, -es, -er) Erscheinung; Illusion.

wäh|nen (V.) argwöhnen; vermuten.

Wahn|i|dee (die, -, -n) Wahnvorstellung.

Wahn|sinn (der, -s, kein Plural) Geisteskrankheit; Unsinn. Wahnsinnstat. wahnsinnig.

Wahn|vor|stel|lung (die, -, -en) Einbildung; Trugbild.

Wahn|witz (der, -es, kein Plural) Irrsinn; Wagemut.

wahn|wit|zig (Adj.) irrsinnig; wagemutig.

wahr (Adj.) richtig; wirklich; echt. *Beachte:* etwas/nichts/viel/wenig Wahres; das Wahre daran; ein Bad wäre jetzt das einzig Wahre; *aber:* nicht wahr? es ist eine wahre Schande. *Wichtig:* Zusammenschreibung mit Verben, wenn ein neuer, übertragener Begriff entsteht! etwas nicht wahrhaben wollen (nicht glauben wollen); eine Stimme wahrnehmen (hören); wahrsagen (prophezeien). *Aber:* Ich kann dies nicht für wahr halten. Wirst du nun endlich deine Versprechungen wahr machen (*auch:* wahrmachen)? Was wahr ist, muss wahr bleiben.

wah|ren (V.) bewahren.

wäh|ren (V.) dauern. (*Aber:* Wir nahmen an, sie wären schon gefahren.)

wäh|rend **1.** (Konj.) zu der Zeit, als; wohingegen. *Beachte:* Nebensätze, die mit »während« eingeleitet werden, trennt man durch Komma! Man stahl ihm seinen Mantel, während er bezahlte. Wir bestellten Kaffee, während sie nichts trinken wollte. Außerdem: währenddem; währenddes (*auch:* währenddessen). **2.** (Präp., Gen.) im Verlauf von. *Beachte:* während der Schulzeit; während zweier Jahre; während des Urlaubs.

wahr|haft (Adj.) wahr; wirklich.

wahr|haf|tig (Adj.) gehoben für wirklich; ehrlich.

Wahr|haf|tig|keit (die, -, kein Plural) Ehrlichkeit.

Wahrheit (die, -, -en) Wirklichkeit; Richtigkeit; Tatsache.

Wahrheitsfindung (die, -, kein Plural) das Herausfinden der Wahrheit.

Wahrheitsgehalt (der, -es, kein Plural) der wahre Anteil einer Aussage.

wahrheitsgemäß (Adj.) der Wahrheit entsprechend; wahrheitsgetreu.

Wahrheitsliebe (die, -, kein Plural) Ehrlichkeit.

wahrheitsliebend (Adj.) ehrlich.

Wahrheitssinn (der, -s, kein Plural) Wahrheitsliebe.

wahrlich (Adv.) veraltet für wirklich; wahrhaftig.

wahrnehmbar (Adj.) sichtbar; merklich.

Wahrnehmbarkeit (die, -, -en) das Wahrnehmbarsein.

wahrnehmen (V., nahm wahr, hat wahrgenommen) bemerken; fühlen.

Wahrnehmung (die, -, -en) Empfindung; Eindruck.

Wahrsagekunst (die, -, -künste) die Kunst des Wahrsagens; Hellseherei.

wahrsagen (V., sagte wahr, hat wahrgesagt) prophezeien.

Wahrsager (der, -s, -) Hellseher; Prophet.

wahrsagerisch (Adj.) das Wahrsagen betreffend.

Wahrsagung (die, -, -en) Prophezeiung.

wahrscheinlich (Adj., Adv.) vermutlich.

Wahrscheinlichkeit (die, -, -en) Voraussichtlichkeit; das Wahrscheinlichsein.

Wahrscheinlichkeitsgrad (der, -es, -e) Ausprägung der Wahrscheinlichkeit.

Wahrscheinlichkeitsrechnung (die, -, -en) Teilgebiet der Mathematik.

Wahrscheinlichkeitstheorie (die, -, -n) Theorie der Wahrscheinlichkeitsrechnung.

Wahrung (die, -, kein Plural) das Wahren, das Aufrechterhalten.

Währung (die, -, -en) Zahlungsmittel. Währungsausgleich; Währungsausgleichsfonds; Währungsblock; Währungseinheit; Währungskrise; Währungspolitik; Währungsreform; Währungssystem.

Währungsfonds (der, -, kein Plural) (kurz für:) Internationaler Währungsfonds. Einrichtung, die den internationalen Handel, Zahlungsverkehr und die Kreditvergabe erleichtern soll.

Währungsreform (die, -, -en) staatliche Neuordnung der Währungsverhältnisse eines Landes.

Währungsreserve (die, -, -n) Gold- und Devisenbestände, die einer Notenbank für internationale Zahlungen zur Verfügung stehen.

Währungssystem (das, -s, -e) gesetzliche Ordnung des gesamten Geldwesens eines Landes.

Währungsunion (die, -, -en) Währungsvereinigung.

Wahrzeichen (das, -s, -) Symbol; Denkmal.

Wah-Wah (das, -s, -s) (engl.) mit einem Fußpedal zu bedienendes Zusatzteil für E-Gitarren, das einen quakenden Sound erzeugt.

WAIS (Abk.) **W**ide **A**rea **I**nformation **S**erver.

Waise (die, -, -n) Kind ohne Eltern. verwaist.

Waisengeld (das, -es, -er) Geldbetrag, den eine Waise monatlich bekommt.

Waisenhaus (das, -es, -häuser) Heim für elternlose Kinder.

Waisenkind (das, -es, -er) Waise.

Waisenknabe (der, -n, -n) (veraltet) für verwaister Junge. gegen jemanden der reinste Waisenknabe sein (an jemanden nicht heranreichen, jemand ist einem in einer Sache überlegen).

Waisenrente (die, -, -n) Waisengeld.

Wake (die, -, -n) (niederd.) dünne Stelle in der Eisschicht.

Wal (der, -s, -e) Meeressäugetier. Walfang; Walfänger; Walfangflotte; Walfisch; Walfang treibend (*auch:* walfangtreibend).

Walache (der, -, -n) Bewohner der Walachei.

Walachei (die, -, kein Plural) rumänisches Tiefland.

Walchensee (der, -s, kein Plural) Alpensee in Oberbayern.

Wald (der, -s, Wälder) Forst; Baumbestand. den Wald vor lauter Bäumen nicht sehen (sich durch Nebensachen den Blick auf das Wesentliche trüben lassen); einen ganzen Wald absägen (ugs.) (schnarchen); wie man in den Wald hineinruft, so schallt es heraus (wie man andere behandelt, so wird man auch selbst behandelt). Waldameise; Waldbeere; Waldbrand; Walderdbeere; Waldfarn; Waldweg.

Waldarbeiter (der, -s, -) Forstarbeiter.

Wäldchen (das, -s, -) kleiner Wald.

Waldeinsamkeit (die, -, kein Plural) Abgeschiedenheit im Wald.

Waldesrand (der, -es, -ränder) Rand des Waldes.

Waldgeist (der, -es, -er) mythologischer, im Wald lebender Geist.

Waldhorn (das, -s, -hörner) Blasinstrument.

waldig (Adj.) mit Wald bewachsen; bewaldet.

Waldlauf (der, -s, -läufe) Dauerlauf im Wald.

Waldlehrpfad (der, -es, -e) ökologischer Wanderweg zum Kennenlernen des Waldes.

Waldlichtung (die, -, -en) baumfreies Gelände innerhalb des Waldes.

Waldmeister (der, -s, kein Plural) Maikraut. Waldmeisterbowle.

Waldorfschule (die, -, -n) staatlich anerkannte anthroposophische Schule.

waldreich (Adj.) viel Wald aufweisend.

Waldschrat (der, -es, -e) Kobold.

Waldsterben (das, -n, kein Plural) flächenhaftes Absterben von Laub- und Nadelgehölzen.

Waldwirtschaft (die, -, -en) Forstwirtschaft.

Wales (ohne Art., -, kein Plural) britische Halbinsel.

Walhall (die/ ohne Art., -s, kein Plural) in der nordischen Mythologie die Empfangshalle Odins.

Walhalla (die, -, kein Plural) bei Regensburg gelegene Ruhmeshalle.

Waliser (der, -s, -) Bewohner von Wales.

walisisch (Adj.) zu Wales gehörend.

Walke (die, -, -n) das Walken.

walken (V.) kneten; verfilzen.

Walker (der, -s, -) Berufsbezeichnung.

Walˡkie-Talˡkie (das, -/-s, -s) (engl.) tragbares Funksprechgerät.
Walkˡman (der, -s, -men) (engl.) kleiner, tragbarer Kassettenrecorder mit Kopfhörern.
Walˡküˡre (die, -, -n) altnord. für »Totenwählerin«; göttliche, jungfräuliche Kämpferin aus der nordischen Sage, die die gefallenen Krieger nach Walhall (Odins Halle) führt.
Wall (der, -s, Wälˡle) Erddamm.
Walˡlaˡby (das, -s, -s) 1. (meist Plural) kleine Kängurugattung; 2. Fell bestimmter Känguruarten.
Walˡlach (der, -s, -e) kastrierter Hengst.
walˡlen (V.) sprudeln; wogen.
wallˡfahˡren (*auch:* wallˡfahrˡten) (V.) eine Wallfahrt machen.
Wallˡfahˡrer (der, -s, -) jemand, der eine Wallfahrt macht.
Wallˡfahrt (die, -, -en) Pilgerreise.
Wallˡfahrtsˡkirˡche (die, -, -n) Kirche, die ein Ziel von Wallfahrern ist.
Wallˡfahrtsˡort (der, -es, -e) Ort, zu dem Wallfahrten unternommen werden.
Wallˡgraˡben (der, -s, -gräˡben) Graben neben einem Wall.
Walˡlis (das, -s, kein Plural) Kanton in der Südwestschweiz.
Walˡloˡne (der, -n, -n) Bewohner des französischsprachigen Südbelgiens.
Wall Street (*auch:* Wallˡstreet) (die, -, kein Plural) New Yorker Geschäftsstraße.
Walˡlung (die, -, -en) das Wallen; Erregung. in Wallung geraten (heftig erregt werden).
Walmˡdach (das, -s, -däˡcher) Satteldach mit abgeschrägten Giebelspitzen.
Walˡnuss (die, -, -nüsˡse) Frucht.
Walˡnussˡbaum (der, -es, -bäuˡme) Walnüsse tragender Baum.
Walˡnussˡeis (das, -es, kein Plural) Speiseeis mit Walnussgeschmack.
Walˡpurˡgisˡnacht (die, -, -nächˡte) Hexennacht (Nacht vor dem 1. Mai).
Walˡrat (der/ das, -es, kein Plural) aus dem Schädel von Pottwalen gewonnene Masse.
Walˡross (das, -rosˡses, -rosˡse) Robbe.
Walˡserˡtal (das, -es, kein Plural) zwei Täler im österreichischen Vorarlberg.
Walˡstatt (die, -, -stätˡten) in der germanischen Sage Schlachtfeld der Krieger.
Wälˡsunˡgen (die, -, nur Plural) Heldengeschlecht in der germanischen Mythologie.
walˡten (V.) herrschen; arbeiten; wirken. *Beachte:* seines Amtes walten; Vorsicht walten lassen; du kannst schalten und walten, wie du willst.
Walzˡblech (das, -s, -e) Blech, das im Walzwerk hergestellt wird.
Walˡze (die, -, -n) Rolle; Maschine. auf der Walze sein (ugs.) (sich auf Wanderschaft befinden); immer die alte/gleiche Walze auflegen (ugs.) (immer wieder dasselbe erzählen).
walˡzen (V.) pressen; glatt machen. Walzlager.
wälˡzen (V.) rollen; intensiv bearbeiten. *Beachte:* Bücher, Probleme wälzen.
Walˡzenˡbruch (der, -s, -brüˡche) Bruch einer Walze.
walˡzenˡförˡmig (Adj.) die Form einer Walze habend.
Walˡzenˡmühˡle (die, -, -n) mit Walzen arbeitende Mühle.
Walˡzer (der, -s, -) Standardtanz.
Wälˡzer (der, -s, -) (ugs.) dickes Buch.
walˡzig (Adj.) walzenförmig.
Walzˡstahl (der, -s, -stähˡle) Stahl, der gewalzt wurde.
Walzˡwerk (das, -s, -e) Betrieb zur Bearbeitung von Metall.
Wamˡpe (die, -, -n) (ugs.) dicker Bauch.
Wamˡpum (der, -s, -e) Indianerschmuck.
Wams (das, -es, Wämˡser) Jacke.
WAN (Abk.) **W**ide **A**rea **N**etwork.
Wand (die, -, Wänˡde) Mauer; Fläche; steiler Fels; Hindernis. die eigenen vier Wände (ugs.) (die eigene Wohnung/das eigene Haus); jemanden an die Wand stellen (jemanden standrechtlich erschießen); jemanden an die Wand drücken (ugs.) (seinen Konkurrenten ausschalten); gegen eine Wand reden (vergebens versuchen, auf jemanden durch Reden einzuwirken); jemanden an die Wand spielen (jemanden durch größeres Können überflügeln). Da kann man die Wände hochgehen! (ugs.) (das ist empörend). Wandbord; Wandbrett; Wandschirm. dünnwandig.
Wanˡdaˡle (*auch:* Vanˡdaˡle) (der, -, -n) 1. Angehöriger des germanischen Stammes der Vandalen; 2. ein wild zerstörender Mensch.
Wanˡdaˡlisˡmus (*auch:* Vanˡdaˡlisˡmus) (der, -, kein Plural) (nlat.) blinde Zerstörungswut.
Wandˡbeˡhang (der, -s, -beˡhänˡge) Wandteppich.
Wanˡdel (der, -s, -) allmähliche Veränderung.
wanˡdelˡbar (Adj.) unbeständig; wandlungsfähig.
Wanˡdelˡbarˡkeit (die, -, -en) das Wandelbarsein.
Wanˡdelˡgang (der, -s, -gänˡge) großer Gebäudegang, in dem man spazieren gehen kann.
Wanˡdelˡhalˡle (die, -, -n) Foyer.
wanˡdeln (V.) verändern; spazieren gehen.
Wanˡdeˡlung (*auch:* Wandˡlung) Wandel; das Wandeln. Wandlungsprozess. wandlungsfähig.
Wanˡderˡameiˡse (die, -, -n) südamerikanische und afrikanische Ameisenart.
Wanˡderˡausˡstelˡlung (die, -, -en) Ausstellung ohne festen Präsentationsort.
Wanˡderˡbühˡne (die, -, -n) reisendes Schauspielerensemble.
Wanˡderˡdüˡne (die, -, -n) sich langsam weiterbewegende Düne.
Wanˡdeˡrer (der, -s, -) Bergsteiger; Spaziergänger. Wanderin.
Wanˡderˡfalˡke (der, -n, -n) Falkenart.
Wanˡderˡjahr (das, -es, -e) früher das auf Wanderschaft zugebrachte Jahr eines Handwerksgesellen.
Wanˡderˡkarˡte (die, -, -n) zur Orientierung beim Wandern geeignete Karte.
Wanˡderˡlust (die, -, kein Plural) Spaß am Wandern.
wanˡderˡlusˡtig (Adj.) gerne wandernd, Wanderungen machend.
wanˡdern (V.) umherziehen; spazieren gehen; bergsteigen.
Wanˡdern (das, -s, kein Plural) das Wandern.
Wanˡderˡnieˡre (die, -, -n) abnorme Beweglichkeit der Niere.
Wanˡderˡpreis (der, -es, -e) Preis im Sport, der jedesmal an den Gewinner geht. Wanderpokal.

Wan|ders|mann (der, -s, -män|ner) veraltet für Wanderer.
Wan|der|schaft (die, -, kein Plural) Wanderung; Umherziehen.
Wan|der|stab (der, -s, -stä|be) veraltet für Wanderstock.
Wan|de|rung (die, -, -en) Wanderroute; Spaziergang.
Wan|der|vo|gel (der, -s, -vö|gel) (spaßhaft) Wanderer; Mitglied einer Jugendbewegung zu Beginn des 20. Jahrhunderts.
Wan|der|zir|kus (*auch:* Wan|der|cir|cus) (der, -, -se) Zirkus, der keinen festen Standort hat.
Wand|ge|mäl|de (das, -s, -) Malerei auf Wänden, Fresken.
Wand|ka|len|der (der, -s, -) an einer Wand hängender Kalender.
wand|lungs|fä|hig (Adj.) veränderbar; flexibel.
Wand|ma|le|rei (die, -, -en) Wandgemälde.
Wand|schrank (der, -s, -schrän|ke) Schrank, der in einer Wand eingebaut ist.
Wand|tel|ler (der, -s, -) an einer Wand angebrachter Zierteller.
Wand|uhr (die, -, -en) große, an einer Wand hängende Uhr.
Wan|dung (die, -, -en) innere Hohlkörperfläche.
Wand|ver|klei|dung (die, -, -en) Verkleidung einer Innen- oder Außenwand.
Wan|ge (die, -, -n) Backe. Wangenknochen; Wangenmuskel.
Wan|ger|oo|g (*früher:* Wan|ger|oo|ge) (ohne Art., -s, kein Plural) östlichste der Ostfriesischen Inseln.
Wan|kel|mo|tor (der, -s, -en) Kreiskolbenmotor.
Wan|kel|mut (der, -s, kein Plural) Unbeständigkeit; Unberechenbarkeit.
wan|kel|mü|tig (Adj.) unbeständig; unberechenbar.
Wan|kel|mü|tig|keit (die, -, kein Plural) Wankelmut.
wan|ken (V.) schwanken; unsicher sein. *Beachte:* Der Berg kam ins Wanken.
wann (Adv.) zu welcher Zeit?
Wänn|chen (das, -s, -) kleine Wanne.
Wan|ne (die, -, -n) Behälter; (Kurzw.) Badewanne.
Wan|ne-Ei|ckel (ohne Art., -s, kein Plural) ehemalige Stadt im Ruhrgebiet.
Wan|nen|bad (das, -es, -bä|der) Bad in einer Badewanne.
Wann|see 1. (der, -s, kein Plural) See südwestlich von Berlin; 2. (ohne Art., s, kein Plural) Vorort Berlins.
Wanst (der, -es, Wäns|te) dicker Bauch.
Wan|ze (die, -, -n) Insekt; Abhörgerät.
Wa|pi|ti (der, -/-s, -s) Hirschart.
Wap|pen (das, -s, -) Emblem; Kennzeichen.
Wap|pen|kun|de (die, -, kein Plural) Heraldik.
Wap|pen|schild (das, -es, -er) Kampfschild mit Familienwappen (MA.).
Wap|pen|spruch (der, -es, -sprü|che) auf einem Wappen stehendes Motto.
Wap|pen|tier (das, -es, -e) tierisches Symbol im Wappen einer Familie oder eines Landes, wie z. B. der Bayerische Löwe.
wapp|nen (V., refl.) sich schützen; sich vorbereiten.
Wa|rä|ger (der, -s, -) (schwed.) Wikinger.
Wa|ran (der, -s, -e) (arab.) Echse.
Wa|re (die, -, -n) Produkt; Erzeugnis. Warenangebot; Warenausfuhr; Warenaustausch; Warenbestand; Warencharakter; Warenexport; Warenhandel; Warenkunde; Warenlager; Warenprobe; Warensortiment.
Wa|ren|haus (das, -es, -häu|ser) Kaufhaus.
Wa|ren|korb (der, -es, -kör|be) Warenauswahl zur Ermittlung des Preisindex.
Wa|ren|ter|min|ge|schäft (das, -es, -e) im Börsengeschäft spekulativer Kauf und Verkauf auf Termin.
Wa|ren|test (der, -es, -e) Prüfung von Konsumgütern unter anderem hinsichtlich der Qualität.
Wa|ren|zei|chen (das, -s, -) Kennzeichnung zur Unterscheidung von Waren.
warm (Adj.) erhitzt; wärmend; herzlich. *Beachte:* etwas/nichts/viel/wenig Warmes; im Warmen sitzen; *aber:* kalt und warm unterscheiden; die Wohnung kostet warm tausend Euro. das Essen warm machen (*auch:* warmmachen); sich jemanden warmhalten (sich jemandes Wohlwollen erhalten); das Essen warm halten; den Motor warm laufen lassen; sich warm laufen.
Warm|blut (das, -s, -blü|ter) Reitpferd.
Warm|blü|ter (die, -, nur Plural) Oberbegriff für Tiere mit konstanter Körpertemperatur.
warm|blü|tig (Adj.) zu den Warmblütern gehörend.
Wär|me (die, -, kein Plural) warme Temperatur, Geborgenheit. Wärmebehandlung; Wärmedämmung; Wärmedehnung; Wärmeenergie; Wärmegewitter; Wärmegrad; Wärmekapazität; Wärmekraftwerk; Wärmeleiter; Wärmeleitzahl; Wärmepol; Wärmepumpe; Wärmequelle; Wärmeschutz; Wärmespeicher; Wärmetechnik; Wärmezähler; Wärmflasche; das Warm-laufenlassen (*auch:* Warm-Laufen-Lassen). Adjektive: wärmehaltig; wärmeisolierend; wärmeleitend.
Wär|me|ein|heit (die, -, -en) Kalorie.
Wär|me|leh|re (die, -, kein Plural) Kalorik.
wär|men (V.) warm machen; aufwärmen.
Wär|me|reg|ler (der, -s, -) Thermostat.
Wär|me|tod (der, -s, kein Plural) Tod des Lebens auf der Erde durch kontinuierliche Erwärmung.
Wär|me|wirt|schaft (die, -, kein Plural) wirtschaftliche Nutzung von Brennstoffenergien.
Warm|front (die, -, -en) warme Luftmassen.
Warm|haus (das, -es, -häu|ser) Gewächshaus; Treibhaus.
warm|her|zig (Adj.) herzlich; liebevoll.
Warm|her|zig|keit (die , -, kein Plural) Herzlichkeit; Freundlichkeit.
Warm|lau|fen (das, -s, kein Plural) Aufwärmen.
Warm|luft (die, -, kein Plural) warme Luft. Warmluftheizung.
Warm-up (das, -s, -s) 1. das Aufwärmtraining vor dem Sport; 2. das Einspielen von Musikern vor dem Auftritt.
Warm|was|ser|hei|zung (die, -, -en) Heizung durch warmes Wasser.

Warm|was|ser|spei|cher (der, -s, -) Speicher für warmes Wasser.
Warn|an|la|ge (die, -, -n) durch Signale vor einer Gefahr warnende Anlage.
Warn|blink|an|la|ge (die, -, -n) blinkende Warnanlage.
Warn|drei|eck (das, -s, -e) Warnzeichen bei Verkehrspannen und Unfällen.
war|nen (V.) auf eine Gefahr hinweisen; ermahnen; drohen. Warnkreuz.
War|ner (der, -s, -) Mensch, der vor etwas oder jemandem warnt.
Warn|far|be (die, -, -n) Warntracht; auffällige Zeichnung eines Tieres.
Warn|leuch|te (die, -, -n) Warnlicht.
Warn|licht (das, -es, -er) Warnblinklicht.
Warn|ruf (der, -s, -e) warnender Ruf; Warnung.
Warn|schild (das, -es, -er) vor einer Gefahr warnendes Schild.
Warn|schuss (der, -es, -schüs|se) Schreckschuss.
Warn|si|g|nal (das, -s, -e) Warnzeichen.
Warn|streik (der, -s, -s) kurzer Streik.
War|nung (die, -, -en) Mahnung; Drohung; Warnzeichen.
Warn|zei|chen (das, -s, -) Alarmsignal.
War|rant (der, -s, -s) (engl.) Lagerschein.
War|schau (ohne Art., -s, kein Plural) Hauptstadt Polens.
Wart|burg (die, -, kein Plural) Burg südwestlich von Eisenach (Thüringen), um 1070 erbaut, Zufluchtsort Luthers (1521/22).
War|te (die, -, -n) Wachturm; Ausguck. *Beachte:* etwas von der hohen Warte (von einem überlegenen Standpunkt) aus betrachten.
Wart|turm (der, -es, -tür|me) Wachtturm.
war|ten (V.) zögern; erwarten; pflegen. *Beachte:* Du hast lange auf dich warten lassen. *Aber:* Das Warten hat endlich ein Ende. Wartehalle; Warteliste; Warteraum; Wartesaal; Wartezeit; Wartezimmer.
War|te|frau (die, -, -en) veraltet für Kindermädchen; Putzfrau.
Wär|ter (der, -s, -) Aufseher. Wärterin.
War|te|rei (die, -, kein Plural) ständiges Warten.
War|tung (die, -, -en) das Instandhalten und Reparieren.
war|tungs|frei (Adj.) ohne Wartung funktionierend.
wa|r|um (Adv.) weshalb? *Beachte:* warum nicht? *Aber:* nicht nach dem Warum fragen.
War|ze (die, -, -n) Hautauswuchs. Warzenhof; Warzenschwein.
war|zen|för|mig (Adj.) die Form einer Warze habend.
war|zig (Adj.) voller Warzen; wie eine Warze beschaffen.
was 1. (Pron., interrog.) welche Sache? wie viel? *Beachte:* Was ist los? Was kostet das? Was für ein Lärm! Für was das alles? Um was wetten wir? Zu was ist das gut? Durch was konnte das passieren? 2. (Pron., relat.) das, was; (ugs.) so sehr; so viel. *Beachte:* das Schlimmste, was ich je gehört habe; nichts/vieles/manches, was; was mich betrifft. Renn, was du kannst! Komme, was da wolle. 3. (Pron., indef.) etwas. *Beachte:* Das ist was Neues. jemanden für wer weiß was halten; Ich kann was. 4. (Adj.) (ugs.) warum. *Beachte:* Was bist du so traurig? Was hast du nur?
Wa|sa (der, -s, -) Angehöriger des gleichnamigen ehemaligen schwedischen Königshauses.
Wa|sa|lauf (der, -s, -läu|fe) internationaler Skilanglauf in Nordschweden.
wasch|ak|tiv (Adj.) reinigend wirkend.
Wasch|an|la|ge (die, -, -n) Reinigungsanlage; großer Waschautomat.
Wasch|an|lei|tung (die, -, -en) Waschanweisung für eine Waschmaschine oder ein Kleidungsstück.
Wasch|an|stalt (die, -, -en) (veraltet) Wäscherei.
Wasch|an|wei|sung (die, -, -en) Waschanleitung.
Wasch|au|to|mat (der, -en, -en) Waschmaschine.
wasch|bar (Adj.) abwaschbar.
Wasch|bär (der, -s, -en) Kleinbär.
Wasch|be|cken (das, -s, -) Lavoir.
Wasch|ben|zin (das, -s, kein Plural) Reinigungsbenzin.
Wasch|beu|tel (der, -s, -) Kulturbeutel.
Wasch|brett (das, -s, -er) Waschgerät.
Wasch|brun|nen (der, -s, -) kreisförmige Brunnen mit mehreren Wasserhähnen in Gemeinschaftswaschräumen.
Wasch|büt|te (die, -, -n) Waschzuber.
Wä|sche (die, -, kein Plural) Reinigung; Schmutzwäsche. Bettwäsche; Katzenwäsche; Unterwäsche. dumm aus der Wäsche schauen (ugs.) (leer ausgehen, das Nachsehen haben); jemandem an die Wäsche gehen (ugs.) (jemanden unsittlich anfassen); schmutzige Wäsche waschen (unerfreuliche private oder interne Angelegenheiten, die einen anderen nichts angehen, vor Nichtbetroffenen ausbreiten).
Wä|sche|beu|tel (der, -s, -) Sack für schmutzige Kleidungsstücke.
wasch|echt (Adj.) beim Waschen nicht abfärbend.
Wä|sche|ge|schäft (das, -s, -e) Bekleidungsgeschäft.
Wä|sche|klam|mer (die, -, -n) Spange zum Befestigen von Wäschestücken an einer Wäscheleine.
Wä|sche|korb (der, -s, -kör|be) Korb für Wäsche.
Wä|sche|lei|ne (die, -, -n) Schnur zum Aufhängen von zu trocknender Wäsche.
Wä|sche|man|gel 1. (der, -s, -män|gel) Knappheit von Wäsche; 2. (die, -, -n) Heißmangel; Bügelmaschine.
wa|schen (V., wusch, hat gewaschen) reinigen; (ugs.) Wäsche waschen; jemandem den Kopf waschen (die Meinung sagen).
Wä|sche|rei (die, -, -en) Reinigung.
Wä|sche|rol|le (die, -, -n) Mangel.
Wä|sche|sack (der, -s, -sä|cke) Wäschebeutel.
Wä|sche|schleu|der (die, -, -n) Schleuder.
Wä|sche|schmutz (der, -es, kein Plural) Tiefenschmutz, der Wäschestücke grau werden lässt.
Wä|sche|schrank (der, -s, -schrän|ke) Schrank.
Wä|sche|spin|ne (die, -, -n) Wäschegestell.
Wä|sche|stän|der (der, -s, -) Wäschetrockner.
Wä|sche|stär|ke (die, -, -n) Stärkungsmittel.
Wä|sche|trock|ner (der, -s, -) Tumbler; Wäschegestell.

Wä|sche|trom|mel (die, -, -n) runder Wäschebehälter in einer Waschmaschine.
Wä|sche|wrin|ger (der, -s, -) Wringmaschine zum Ausquetschen nasser Wäsche.
Wä|sche|zei|chen (das, -s, -) Etikett mit der Angabe der Stoffbestandteile.
Wasch|fass (das, -fas|ses, -fäs|ser) Waschtonne.
Wasch|fla|sche (die, -, -n) Glasgefäß zur Behandlung von Gasen (Chemie).
Wasch|frau (die, -, -en) Wäscherin.
Wasch|gang (der, -s, -gän|ge) Teil eines Waschprogramms.
Wasch|ge|le|gen|heit (die, -, -en) Waschbecken; Zeit zum Waschen.
Wasch|hand|schuh (der, -s, -e) Waschlappen.
Wasch|haus (das, -es, -häu|ser) Ort, an dem man Wäsche waschen kann.
Wasch|haus|schlüs|sel (der, -s, -) Schlüssel zum Waschhaus.
Wasch|ka|len|der (der, -s, -) Waschplan eines Waschhauses mit mehreren Benutzern.
Wasch|kes|sel (der, -s, -) Waschzuber.
Wasch|korb (der, -es, -kör|be) Korb für Wäsche.
Wasch|kü|che (die, -, -n) 1. Waschhaus; 2. dichter Nebel.
Wasch|lap|pen (der, -s, -) 1. Waschtuch; 2. ugs. für Schwächling.
Wasch|lau|ge (die, -, -n) Waschlösung.
Wasch|lis|te (die, -, -n) Waschkalender.
Wasch|ma|schi|ne (die, -, -n) elektrisches Waschgerät.
wasch|ma|schi|nen|fest (Adj.) waschmaschinentauglich; mit einer Waschmaschine waschbar.
Wasch|mit|tel (das, -s, -) Mischung aus waschwirksamen Stoffen.
Wasch|mit|tel|ge|setz (das, -es, kein Plural) Vorgabe, dass Waschmittel zu mindestens 80 % im Abwasser abbaubar sein müssen.
Wasch|mit|tel|her|stel|ler (der, -s, -) Waschmittelproduzent.
Wasch|mit|tel|kon|zen|trat (das, -s, -e) verdichtetes Waschmittel.
Wasch|mit|tel|pro|duk|ti|on (die, -, -ti|o|nen) Waschmittelherstellung.
Wasch|mit|tel|pro|du|zent (der, -en, -en) Waschmittelhersteller.
Wasch|mit|tel|sor|te (die, -, -n) Waschmittel für eine spezielle Wäscheart (Universal-, Fein-, Bunt-, Koch-, Spezialwaschmittel).
Wasch|mit|tel|test (der, -s, -s) Prüfung eines Waschmittels auf seine Wirksamkeit.
Wasch|mit|tel|ver|kauf (der, -s, -käu|fe) Verkauf von Waschmitteln.
Wasch|mit|tel|wer|bung (die, -, kein Plural) Werbung.
Wasch|mit|tel|zu|satz (der, -es, -sät|ze) Beigaben zum Waschmittel.
Wasch|mün|ze (die, -, -n) Chip für eine Münzwaschmaschine.
Wasch|phos|phat (das, -s, -e) Salz gegen Wäscheschmutz und Wasserhärte.
Wasch|pul|ver (das, -s, -) Waschmittel in Pulverform.
Wasch|raum (der, -s, -räu|me) Gemeinschaftswaschanlage.
Wasch|rin|ne (die, -, -n) Waschgelegenheit mit mehreren Waschplätzen.
Wasch|sa|lon (der, -s, -s) Wäscherei mit Münzwaschautomaten.
Wasch|schleu|der|ma|schi|ne (die, -, -n) große Trommelwaschmaschine.
Wasch|schüs|sel (die, -, -n) Lavoir.
Wasch|sei|de (die, -, kein Plural) waschbarer Seidenstoff.
Wasch|stra|ße (die, -, -n) automatische Waschanlage.
Wasch|stück (das, -s, -stü|cke) Seifenstück mit neutralem pH-Wert.
Wasch|tag (der, -s, -e) Waschtermin.
Wasch|tisch (der, -es, -e) Tisch mit Waschgelegenheit.
Wasch|ton|ne (die, -, -n) Waschzuber.
Wasch|trock|ner (der, -s, -) Waschmaschine und Trockner in einem Gerät.
Wasch|trog (der, -s, -trö|ge) Waschtonne.
Wa|schung (die, -, -en) (religiöse) Reinigung.
Wasch|voll|au|to|mat (der, -en, -en) Waschmaschine mit Schleudergang, der das Auswringen der Wäsche erspart.
Wasch|wan|ne (die, -, -n) Badewanne; Waschzuber.
Wasch|was|ser (das, -s, kein Plural) Wasser zum Waschen (von Wäsche).
Wasch|weib (das, -s, -er) 1. Waschfrau; 2. Jammerlappen.
Wasch|zeit (die, -, -en) Dauer oder Termin des Waschens.
Wasch|zet|tel (der, -s, -) 1. Beigabe zur Wäsche, die an eine Wäscherei gegeben wird; 2. Informationsblatt, das einem Buch beigefügt wird; Notizzettel.
Wasch|zeug (das, -s, kein Plural) Waschutensilien.
Wasch|zu|ber (der, -s, -) Waschkessel.
Wasch|zwang (der, -s, kein Plural) Zwangsneurose.
wash and wear (engl.) Bezeichnung für bügelfreie Kleidung.
Wa|shing|ton (ohne Art., -s, kein Plural) Hauptstadt/Staat der USA.
Was|ser (das, -s, -/Wäs|ser) Gewässer; Flüssigkeit. aussehen, als ob man kein Wässerchen trüben könnte (ugs.) (harmlos aussehen, obwohl man es faustdick hinter den Ohren hat); jemandem das Wasser abgraben (ugs.) (jemandes Existenz vernichten); ein Schlag ins Wasser (Misserfolg); Wasser auf jemandes Mühlen sein (das kommt jemandem gelegen); ins Wasser fallen (misslingen); nahe am Wasser gebaut haben (ugs.) (leicht in Tränen ausbrechen); jemandem nicht das Wasser reichen können (jemandem in Kenntnissen oder Fertigkeiten unterlegen sein); mit allen Wassern gewaschen sein (listig, verschlagen sein). *Beachte:* zu Wasser und zu Lande. Wasseraufbereitung; Wasserbad; Wasserball; Wasserbett; Wasserblase; Wasserbombe; Wasserbüffel; Wässerchen; Wasserdampf; Wasserfahrzeug; Wasserfall; Wasserfarbe; Wasserfläche; Wasserflasche; Wasserfloh; Wasserflugzeug; Wasserfrosch; Wasserglas; Wassergraben; Wasserhahn; Wasserhaushalt; Wasserjungfrau; Wässrigkeit (*auch:* Wässerigkeit); Wasserkessel; Wasserklosett (Abk.: WC); Wasserkopf; Wasserkreislauf; Wasserkühlung; Wasserkur; Wasserlache; Wasserleiche; Wasserleitung; Wassermelone; Wassermühle; Wassernixe; Wassernot; Wassernymphe; Wasserpfeife; Wasserpflanze; Wasserpistole; Wasserpumpe; Wasserrad; Wasserratte; Wasserreservoir; Wasserrohr; Wasserski (*auch:* Wasserschi); Wasserschlange; Wasserschlauch; Wasserschutzgebiet;

Wasserspiegel; Wassersport; Wasserspülung; Wasserstandsanzeige; Wasserstrahl; Wassertemperatur; Wassertropfen; Wässerung; Wasserwirtschaft; Wasserzähler; Wasserzeichen. Adjektive: wasserdicht; wassersüchtig.

Wasser abstoßend (*auch:* wasserabstoßend) (Adj.) wasserfest.

Wasser abweisend (*auch:* wasserabweisend) (Adj.) wasserfest.

wasserarm (Adj.) Wassermangel habend.

Wasserburg (ohne Art., -s, kein Plural) Stadt in Oberbayern.

wasserdicht (Adj.) wasserundurchlässig.

wassergekühlt (Adj.) durch Wasser gekühlt.

Wasserglätte (die, -, kein Plural) Aquaplaning.

Wasserkopf (der, -es, -köpfe) krankhafter Flüssigkeitsüberschuss im Gehirn.

Wasserkraft (die, -, kein Plural) die in Wasserbewegung enthaltene Energie. Wasserkraftwerk.

wasserlöslich (Adj.) in Wasser auflösbar.

Wassermann (der, -es, -männer) Sternzeichen.

wassern (V.) im Wasser landen.

wässern (V.) einweichen.

wasserreich (Adj.) viel Wasser aufweisend.

Wasserscheide (die, -, -n) Linie im Gelände, von der die Gewässer verschiedenen Einzugsgebieten zufließen.

wasserscheu (Adj.) Angst vor Wasser habend.

Wasserspaß (der, -es, -späße) Vergnügen beim Baden.

Wasserstoff (der, -es, kein Plural) (Abk.: H) chemisches Element. Wasserstoffbombe (Abk.: H-Bombe); Wasserstoffperoxid (*auch:* Wasserstoffperoxyd) (Abk.: H_2O_2);Wasserstoffflamme (*auch:* Wasserstoff-Flamme).

wasserstoffblond (Adj.) gefärbte, hellblonde Haare.

Wasserstraße (die, -, -n) Schifffahrtsverbindung.

Wassersucht (die, -, kein Plural) krankhafte Flüssigkeitsansammlung im Körpergewebe; Hydropsie. wassersüchtig.

wässrig (*auch:* wässerig) verwässert; wasserhaltig.

waten (V.) einsinken.

Watergate (das, -(s), -s) politischer Skandal mit sehr großem Ausmaß (nach dem Wahlkampfskandal 1972 in den USA benannt).

Waterkant (die, -, kein Plural) (nordd.) Nordseeküste.

Waterloo (ohne Art., -s, kein Plural) Gemeinde in der belgischen Provinz Brabant. 1815 Ort der endgültigen Niederlage Napoleons I.

waterproof (Adj.) (engl.) wasserdicht.

Watsche (die, -, -n) (südd.) Ohrfeige. Watschenbaum.

watschen (V.) (süddt.) jemandem eine Ohrfeige geben.

Watschenmann (der, -s, -männer) Prügelknabe; Sündenbock.

watschelig (Adj.) einen watschelnden Gang habend.

watscheln (V.) (ugs.) wackelnd gehen. Watschelente..

Watt 1. (das, -s, -) Leistungseinheit (Physik; Abk.: W); 2. (das, -s, -en) Küstenstreifen; Meeresboden flacher Gezeitenküsten.

Watte (die, -, -n) Baumwollfaser. jemanden in Watte packen (ugs.) (jemanden äußerst behutsam und vorsichtig behandeln).

Wattebausch (der, -es, -bäusche) kleines Stück Watte.

Wattefutter (das, -s, -) Kleidungsfutter aus Watte.

Watten (das, -s, kein Plural) (südd.) Kartenspiel.

Wattenmeer (das, -es, -e) bei Ebbe trockenes, flaches Meer.

wattieren (V.) mit Watte auspolstern.

Wattierung (die, -, -en) Auspolsterung mit Watte.

wattig (Adj.) wie Watte.

Wattmeter (das, -s, -) physikalisches Messgerät.

Wattsekunde (die, -, -n) (Abk.: Ws) Energie- und Arbeitseinheit.

Wattstunde (die, -, -n) (Abk.: Wh) Energie- und Arbeitseinheit.

Wattwanderung (die, -, -en) Wanderung im Watt.

Wauwau (der, -s, -s) (ugs.) Hund. *Beachte:* Der Hund macht wau, wau.

WC (das, -/-s, -/-s) (Kurzw.: water closet) Wasserklosett.

WDR (Abk.) Westdeutscher Rundfunk.

weben (V., webte/wob, hat gewebt/gewoben) spinnen; flechten. Weberknoten; Weberschiffchen; Webgarn; Webkante; Webpelz; Webstuhl.

Weber (der, -s, -) Textil herstellender Beruf.

Weberei (die, -, -en) Textil herstellender Betrieb.

Weberknecht (der, -s, -e) Spinne.

Webervogel (der, -s, -vögel) Singvogel vor allem in tropischen Gebieten.

Webfehler (der, -s, -) fehlerhaft gewebte Stelle. einen Webfehler haben (ugs.) (einen geistigen Defekt haben, nicht richtig bei Verstand sein).

Webmaster (der, -s, -) Internetexperte, der für Unternehmen Webseiten erstellt und wartet.

Webseite (die, -, -n) Seite im Internet.

Wechsel (der, -s, -) Umschwung; Austausch; Zahlungsanweisung; Zahlungsversprechen.

wechseln (V.) ändern; tauschen. Wechselbad; Wechselbanken; Wechselgeld; Wechselkasse; Wechselrahmen; Wechselrede; Wechselverkehr; Wechselwirkung; Wechsler; Wechslung (*auch:* Wechselung).

Wechselbalg (der, -es, -bälger) (althochdt.) mythologisches, missgebildetes Kind böser Geister, das gegen das der Wöchnerin ausgetauscht wird.

Wechselbeziehung (die, -, -en) Verhältnis.

wechselbezüglich (Adj.) sich wechselseitig aufeinander beziehend.

Wechselfieber (das, -s, kein Plural) Malaria.

Wechselgesang (der, -s, -gesänge) Duett; Kanon.

wechselhaft (Adj.) unbeständig; launisch.

Wechseljahre (die, -, nur Plural) Klimakterium.

Wechselkredit (der, -s, -e) Diskont.

Wechselkurs (der, -es, -e) Umrechnungsverhältnis zweier Geldwährungen.

Wechselnehmer (der, -s, -) jmd., der einen Wechsel entgegennimmt.

Wechselrecht (das, -s, -e) rechtliche Grundlage für Wechsel.

Wech|sel|schal|ter (der, -s, -) 1. Schalter für den Geldwechsel bei einer Bank oder Wechselstube; 2. elektrischer Umschalter.
Wech|sel|schuld|ner (der, -s, -) jmd., der einen Wechsel begleichen muss.
We|ch|sel|schritt (der, -es, -e) Schrittfolge beim Tanzen und Marschieren.
wech|sel|sei|tig (Adj.) gegenseitig.
Wech|sel|sei|tig|keit (die, -, kein Plural) Gegenseitigkeit.
Wech|sel|spiel (das, -s, -e) Zusammenspiel.
Wech|sel|strom (der, -s, -strö|me) elektrischer Strom mit sich ständig ändernder Richtung und Stärke.
Wech|sel|stu|be (die, -, -n) Geldwechselinstitut.
Wech|sel|tier|chen (das, -s, -) Amöbe.
wech|sel|voll (Adj.) schwankend; abwechslungsreich. eine wechselvolle Lebensgeschichte.
Wech|sel|wäh|ler (der, -s, -) Wähler, der nicht immer dieselbe Partei wählt.
wech|sel|warm (Adj.) die Körpertemperatur der Umgebungstemperatur anpassend.
wech|sel|wei|se (Adj.) abwechselnd.
Wech|te (die, -, -n) Schneewehe. Wechtenbildung.
We|ck|a|min (das, -s, -e) Aufputschmittel.
Weck|dienst (der, -es, -e) telefonischer Weckservice.
we|cken (V.) wach machen; erregen. *Beachte:* Wer übernimmt das Wecken?
We|cker (der, -s, -) Uhr mit Weckfunktion. jemandem auf den Wecker gehen (ugs.) (jemandem äußerst lästig werden).
Weck|glas (das, -es, -glä|ser) Einmachglas; Einweckglas.
Weck|ring (der, -s, -e) Gummiring für Weckgläser.
Weck|ruf (der, -s, -e) Ruf, mit dem geweckt werden soll.
We|da (*auch:* Ve|da) (der, -/-s, -den) (Sanskrit) altindische religiöse Schrift.
We|del (der, -s, -) Staubwischer; Palmblatt. Staubwedel; Wedelkurs.
we|deln (V.) hin- und herbewegen; hin- und herschwingen (Skifahren).
we|der (Konj.) (nur in der Wendung:) weder … noch (nicht … und auch nicht). *Beachte:* Verbindet »weder … noch« ganze Sätze, so steht ein Komma! Werden nur Satzteile verbunden, steht kein Komma! Wir sind weder weggefahren, noch haben wir uns erholt. *Aber:* Weder du noch ich sprechen Russisch. Weder er selbst noch der andere wusste/wussten Bescheid.
we|disch (*auch:* ve|disch) (Adj.) zu den Weden (→ Weda) gehörig.
Week|end (das, -/-s, -s) (engl.) Wochenende.
weg (Adv.) fort; entfernt. *Beachte:* Sie ist weit weg von hier; weg da! ich bin ganz weg (ugs.: begeistert); frei von der Leber weg (ugs.: offen); über etwas weg (hinweg) sein. *Wichtig:* Zusammenschreibung mit Verben! wegarbeiten; wegbekommen; wegblasen; wegbleiben; wegbringen; wegdiskutieren; wegessen; wegfahren; wegfallen; wegfegen; wegfischen; wegfliegen; wegfressen; wegführen; weggeben; weggehen; weg2gucken; einen weghaben (ugs.: betrunken sein, spinnen); wegholen; weghören; wegjagen; wegkommen; wegkriegen; weglassen; weglaufen; weglegen; wegmachen; wegmüssen; wegnehmen; wegpacken; wegradieren; wegrationalisieren; wegräumen; wegrennen; wegschaffen; sich wegscheren; wegschließen; wegschicken; wegschnappen; wegschütten; wegstecken; sich wegstehlen; wegstoßen; wegstreichen; wegtun; wegwerfen; wegwischen; wegziehen.
Weg (der, -s, -e) Pfad; Straße; Strecke; Methode; Bahn; Gang. *Beachte:* Mittel und Wege finden; jemanden ein Stück Weg/Weg(e)s begleiten; seiner Wege gehen; ein Bauer kam des Weg(e)s daher; da führt kein Weg daran vorbei; auf dem besten Wege sein; seine eigenen Wege gehen; auf dem schnellsten Wege gehen; jemandem im Weg(e) stehen/sein; woher des Weg(e)s? halbwegs; geradewegs; keineswegs; unterwegs; etwas zuwege (*auch:* zu Wege) bringen. Wegbiegung; Wegebau; Wegerecht; Weggabelung; Wegkreuz; Wegmarke; Wegrand; Wegstrecke; Wegweiser; Wegzehrung; Wegzeichen.
We|ga (die, -, kein Plural) (arab.) Stern.
Weg|be|rei|ter (der, -s, -) Pionier; Vorreiter; Erfinder.
We|ge|la|ge|rer (der, -s, -) Räuber. wegelagern.
we|gen (Präp., Gen.) auf Grund von; um … willen (Abk.: wg.). *Beachte:* wegen Mangels an Wissen; der Eltern wegen; *aber:* wegen Umbau geschlossen; wegen Diebstahl verurteilt; von Amts/Rechts/Staats wegen; deswegen; meinet-/deinet-/seinet-/ihret-/unsert-/euretwegen; von wegen! (auf keinen Fall).
Weg|en|ge (die, -, -n) Engpass; Durchgang.
We|ge|rich (der, -s, -e) Pflanze.
Weg|fall (der, -es, kein Plural) Fortfall; Verlust.
Weg|gang (der, -es, kein Plural) das Weggehen; Abschied.
Weg|ge|fähr|te (der, -n, -n) Begleiter; Lebenspartner.
weg|kun|dig (Adj.) ortskundig.
Weg|nah|me (die, -, kein Plural) das Wegnehmen; Fortnehmen.
weg|wei|send (Adj.) richtungweisend; bahnbrechend.
Weg|werf|fla|sche (die, -, -n) Einwegflasche.
Weg|werf|ge|sell|schaft (die, -, -en) Konsumgesellschaft.
Weg|zug (der, -es, -zü|ge) Umzug.
weh 1. (Adj.; Adv.) wund; schmerzend. *Beachte:* Ich habe einen wehen Zeh. Es ist mir weh ums Herz. o weh! Ach und Weh schreien; mit Ach und Weh. Weh dem, der lügt! Wehweh; Wehwehchen.
We|he (die, -, -n) Geburtsschmerz; Schneewehe.
we|hen (V.) blasen; flattern.
Weh|ge|schrei (das, -s, kein Plural) Jammern; Klagen.
Weh|kla|ge (die, -, -n) Trauer; Klage.
weh|kla|gen (V.) laut klagen; trauern.
weh|kla|gend (Adj.) klagend; leidend.
weh|lei|dig (Adj.) überempfindlich; mimosenhaft.
Weh|lei|dig|keit (die, -, -en) Überempfindlichkeit.
Weh|mut (die, -, kein Plural) Trauer; Sehnsucht.
weh|mü|tig (Adj.) traurig; sehnsüchtig.
Weh|mü|tig|keit (die, -, kein Plural) Traurigkeit.
weh|muts|voll (Adj.) traurig.
Weh|ne (die, -, -n) (nordd.) Beule; Geschwulst.

wehtun (*auch:* weh tun) (V.) Schmerz empfinden; Schmerz zufügen.
Wehr (das, -s, -e) Stauwerk.
wehrbar (Adj.) (veraltet) für wehrfähig.
Wehrbeauftragte (der, -n, -n) Regierungsbeauftragter zur Überwachung der Grundrechte der Soldaten.
Wehrbereich (der, -es, -e) Bereich der Bundeswehrverwaltung.
Wehrdienst (der, -es, kein Plural) Dienst bei der Bundeswehr.
Wehrdienstverweigerer (der, -s, -) jemand, der den Dienst an der Waffe aus Gewissensgründen verweigert; Zivildienstleistender.
wehren (V., refl.) sich verteidigen. *Beachte:* sich mit Händen und Füßen wehren; sich zur Wehr setzen.
Wehrersatzdienst (der, -es, kein Plural) Zivildienst.
wehrfähig (Adj.) zum Dienst in der Bundeswehr geeignet.
Wehrfähigkeit (die, -, kein Plural) Tauglichkeit zum Wehrdienst.
Wehrgerechtigkeit (die, -, kein Plural) allgemeine Wehrpflicht.
wehrhaft (Adj.) verteidigungsfähig.
Wehrhaftigkeit (die, -, kein Plural) Verteidigungsfähigkeit.
wehrlos (Adj.) hilflos.
Wehrlosigkeit (die, -, kein Plural) Hilflosigkeit.
Wehrmacht (die, -, ohne Plural) Streitkräfte; Militär; deutsche Streitkräfte im Zweiten Weltkrieg.
Wehrmachtsangehörige (der, -n, -n) Angehöriger der Wehrmacht; Soldat.
Wehrpass (der, -es, -pässe) Dokument eines Wehrpflichtigen.
Wehrpflicht (die, -, kein Plural) Pflicht, Wehrdienst zu leisten. wehrpflichtig.
Wehrübung (die, -, -en) militärische Übungen für Wehrpflichtige.
Weib (das, -s, -er) (ugs.) Frau; Ehefrau. Weibchen; Männlein und Weiblein.
Weibel (der, -s, -) (schweiz.) Amtsangestellter; Gerichtsdiener.
Weiberfas(t)nacht (die, -, kein Plural) Frauenfest zur Fastnachtszeit.
Weiberfeind (der, -es, -e) Frauenhasser.
Weibergeschichten (die, -, nur Plural) (ugs.) erotische Abenteuer mit Frauen.
Weiberheld (der, -en, -en) Frauenheld; Casanova.
weibisch (Adj.) verweichlicht.
weiblich (Adj.) feminin.
Weiblichkeit (die, -, kein Plural) Fraulichkeit; Frauen.
Weibsbild (das, -es, -er) (ugs.) Frau.
Weibsperson (die, -, -en) (ugs.) veraltet für eine Frau aus dem Volk, abfällig für gemeine Frau; Weibsstück.
weich (Adj.) nachgiebig; breiig; formbar; weichherzig; gutmütig; zart; geschmeidig. Bei Verbindungen, in denen »weich« das Ergebnis des Verbalvorgangs bezeichnet, ist sowohl Zusammen- als auch Getrenntschreibung möglich! die Schnitzel weich klopfen (*auch:* weichklopfen); die Eier weich kochen (*auch:* weichkochen). Ergibt die Verbindung eine neue Gesamtbedeutung, die sich nicht mehr aus der Bedeutung der einzelnen Bestandteile ableiten lässt, ist nur Zusammenschreibung zulässig! jmdn. weichmachen (ugs. zermürben), *aber:* das Leder weich machen (*auch:* weichmachen).
Weiche (die, -, -n) Gabelung; Stellwerk im Schienenverkehr. Weichensteller; Weichenwärter.
weichen 1. (V., wich, ist gewichen) nachgeben; zurückgehen; 2. (V.) weich machen; weich werden.
Weichheit (die, -, kein Plural) das Weichsein; Weichherzigkeit.
weichherzig (Adj.) gutmütig; nachgiebig; mitleidig.
Weichherzigkeit (die, -, kein Plural) Gutherzigkeit; Gutmütigkeit.
Weichholz (das, -es, -hölzer) weiches Holz; Holzart.
Weichkäse (der, -s, kein Plural) Käsesorte.
weichlich (Adj.) schwächlich; verweichlicht.
Weichlichkeit (die, -, kein Plural) Schwäche.
Weichling (der, -s, -e) Schwächling; Feigling.
weichmachen (V., machte weich, hat weichgemacht) (ugs.) jemanden zermürben.
Weichmacher (der, -s, -) chemische Substanz zum Weichmachen von Kunststoffen.
weichmütig (Adj.) gutmütig; nachgiebig.
weichschalig (Adj.) eine weiche Schale aufweisend.
Weichsel 1. (die, -, kein Plural) Fluss in Polen; 2. (die, -, -n) Sauerkirsche. Weichselkirsche; Weichselrohr.
Weichspülmittel (das, -s, -) Waschmittelzugabe.
Weichteile (die, -, nur Plural) Eingeweide.
Weichtier (das, -es, -e) wirbelloses Tier.
Weichzeichner (der, -s, -) Fotoobjektiv.
Weide (die, -, -n) 1. Baum; 2. Wiese. Weideland; Weidenbaum; Weidenbusch; Weidenkätzchen; Weidenröschen; Weideplatz; Weidewirtschaft.
weiden (V.) grasen; sich erfreuen.
Weiden (ohne Art., -s, kein Plural) Stadt in der Oberpfalz.
weidgerecht (*auch:* waidgerecht) (Adj.) den Jagdregeln gemäß.
weidlich sehr.
Weidmann (*auch:* Waidmann) (der, -s, -männer) Jäger. Weidmannsdank (*auch:* Waidmannsdank); Weidmannsheil! (*auch:* Waidmannsheil!); Weidmesser (*auch:* Waidmesser); Weidwerk (*auch:* Waidwerk).
weidmännisch (*auch:* waidmännisch) (Adj.) auf Jägerart; jagdgerecht.
weidwund (*auch:* waidwund) (Adj.) verwundet (Jagdtier).
weigern (V., refl.) ablehnen; nicht tun wollen.
Weigerung (die, -, -en) Ablehnung. im Weigerungsfall.
Weihbischof (der, -s, -bischöfe) Vertreter des Bischofs in Weihehandlungen.
Weihe (die, -, -n) 1. Weihung; Einsegnung; 2. Raubvogel.
Weiheakt (der, -es, -e) das Weihen.
weihen (V.) segnen; widmen.
Weihenstephan (ohne Art., -s, kein Plural) Benediktinerabtei bei Freising in Oberbayern.
Weiher (der, -s, -) Teich.
Weihestunde (die, -, -n) weihevolle Stunde.

wei|he|voll (Adj.) erhaben; heilig.
Weih|ga|be (die, -, -n) Weihgeschenk.
Weih|kes|sel (der, -s, -) Weihwasser enthaltender Kessel.
weih|nach|ten (V., nur in der 3. Person Singular: es weihnachtet) Weihnachtsstimmung verbreiten.
Weih|nach|ten (das, -en, -en) Weihnachtsfest; Fest der Geburt Christi. Weihnacht; Weihnachtsabend; Weihnachtsbaum; Weihnachtsferien; Weihnachtsfeier; Weihnachtsgeld; Weihnachtsgeschenk; Weihnachtsgratifikation; Weihnachtskrippe; Weihnachtslied; Weihnachtsmann; Weihnachtsmarkt; Weihnachtsspiel; Weihnachtsstollen; Weihnachtsteller; Weihnachtszeit.
weih|nacht|lich (Adj.) zu Weihnachten gehörend.
Weih|rauch (der, -s, kein Plural) zeremonielles Räuchermittel; Harz des Weihrauchbaumes.
Weih|rauch|baum (der, -es, -bäu|me) Balsambaum.
weih|räu|chern (Adj.) etwas beweihräuchern.
Wei|hung (die, -, -en) das Weihen.
Weih|was|ser (das, -s, kein Plural) geweihtes Zeremonienwasser. Weihwasserkessel.
Weih|we|del (der, -s, -) Wedel oder Kugel zum Versprengen von Weihwasser.
weil (Konj.) da. *Beachte:* Leitet »weil« einen Nebensatz ein, so steht ein Komma! Ich mag ihn nicht, weil er so hochnäsig ist.
Wei|le (die, -, kein Plural) kurze Zeit. *Beachte:* Das ist schon eine ganze Weile her. Das dauert eine gute Weile. ein Weilchen; aus langer Weile; Langeweile; Kurzweil; bisweilen; zuweilen; einstweilen; mittlerweile.
wei|len (V.) bleiben; sich aufhalten.
Wei|ler (der, -s, -) Dorf.
Wei|mar (ohne Art., -s, kein Plural) Stadt in Thüringen. Weimarer Republik.
wei|ma|risch (Adj.) zu Weimar gehörend.
Wein (der, -s, -e) Weinrebe; Alkohol.
Wein|bau (der, -s, kein Plural) Anbau von Weinstöcken. Weinberg.
Wein|bau|er (der, -n, -n) Weinbau betreibender Landwirt; Winzer.
Wein|bee|re (die, -, -n) Weintraube.
Wein|berg|schne|cke (die, -, -n) als Delikatesse geltende Schneckensorte.
Wein|brand (der, -s, -brän|de) Branntwein.
wei|nen (V.) Tränen vergießen. *Beachte:* Das ist ja zum Weinen! Mir war zum Weinen zumute. in bitterliches Weinen ausbrechen.
wei|ner|lich (Adj.) wehleidig; tränenselig.
Wein|es|sig (der, -s, kein Plural) Essig, der aus Wein hergestellt wurde.
Wein|fass (das, -es, -fäs|ser) Fass zur Aufbewahrung von Wein.
Wein|fla|sche (die, -, -n) Gefäß zur Abfüllung von Wein.
Wein|geist (der, -es, kein Plural) im Wein enthaltener Alkohol.
Wein|glas (das, -es, -glä|ser) Trinkgefäß für Wein.
Wein|gut (das, -es, -gü|ter) Wein anbauender Landwirtschaftsbetrieb; Winzerbetrieb.
wein|hal|tig (Adj.) Wein enthaltend.
Wein|he|fe (die, -, -n) Traubensaft vergärende Hefeart.
wei|nig (Adj.) weinhaltig; nach Wein schmeckend.
Wein|kel|ler (der, -s, -) Raum zur Lagerung von Wein.
Wein|ken|ner (der, -s, -) Weinexperte.
Wein|kö|ni|gin (die, -, -nen) eine ein bestimmtes Weinanbaugebiet repräsentierende Frau.
Wein|krampf (der, -es, -krämp|fe) unaufhörliches Weinen.
Wein|le|se (die, -, kein Plural) Weintraubenernte.
Wein|lo|kal (das, -s, -e) Weinstube.
Wein|pan|scher (der, -s, -) jemand, der seinen Wein durch Zusätze verfälscht.
Wein|pro|be (die, -, -n) Verkostung verschiedener Weinsorten.
Wein|re|be (die, -, -n) Frucht des Rebstocks, Weinstocks.
wein|rot (Adj.) von der Farbe des Rotweins; dunkelrot.
Wein|säu|re (die, -, -n) organische Carbonsäure.
Wein|schaum|cre|me (*auch:* Wein|schaumkre|m(e)) (die, -, -s) weinhaltige Süßspeise.
wein|se|lig (Adj.) berauscht.
Wein|stein (der, -s, kein Plural) in Weintrauben enthaltene kristalline Substanz.
Wein|stock (der, -s, -stö|cke) Rebstock.
Wein|stra|ße (die, -, kein Plural) Straße, an der einige bekannte deutsche Weinbauorte liegen.
Wein|stu|be (die, -, -n) auf Weinausschank spezialisiertes Gasthaus.
Wein|trau|be (die, -, -n) Weinbeere.
wei|se (Adj.) klug.
Wei|se 1. (der/die, -n, -n) kluger Mensch. *Beachte:* die Sieben Weisen. 2. (die, -, -n) Art; Lied. *Beachte:* Auf diese Weise wird es nicht gelingen.
Wei|sel (der, -s, -) Bezeichnung für die Bienenkönigin.
wei|sen (V., wies, hat gewiesen) führen; zeigen; unterrichten; deuten. *Beachte:* jemandem die Tür weisen (hinauswerfen); etwas von sich weisen.
Weis|heit (die, -, -en) Klugheit; Einsicht; Erfahrung.
Weis|heits|zahn (der, -s, -zäh|ne) Backenzahn.
weis|ma|chen (V., machte weis, hat weisgemacht) (ugs.) vortäuschen; belügen.
weiß (Adj.) Farbe. *Beachte:* das steht schwarz auf weiß; die weiße Fahne; ein weißer Fleck; der weiße (*auch:* Weiße) Sport (Tennis); weiße Mäuse sehen; weiße Maus; eine weiße Weste haben. *Aber:* ein Kleid in Weiß; auf/in/mit Weiß; Schwarz-Weiß-Malerei (*auch:* Schwarzweißmalerei); die Weißen und die Schwarzen; eine (Berliner) Weiße; das Weiße in den Augen; das Weiße Meer; das Weiße Haus; die Weiße Rose. *Wichtig:* Zusammenschreibung mit Verben, wenn ein neuer, übertragener Begriff entsteht! sich weißwaschen (von Schuld reinwaschen), *aber:* die Wäsche weiß waschen (*auch:* weißwaschen); die Wand weiß machen (*auch:* weißmachen), *aber:* jemandem etwas weismachen (!); das Kleid weiß färben (*auch:* weißfärben). Weißbier; Weißblech; Weißbrot; Weißbuch; Weißdorn; Weißfisch; Weißgeld; Weißgerberei; Weißkäse; Weißkohl; Weißkraut; Weißpappel; Weißtanne; Weißwein; Weißwurst. Adjektive: weißblond; weiß gekleidete (*auch:* weißgekleidete) Frauen; weiß-

glühend; weißgrau; die Flagge ist blauweiß; weißhaarig; weißlich.

wei|ßeln (*auch:* wei|ßen) (V.) tünchen.

Weiß|fluss (der, -es, kein Plural) weißer Ausfluss.

Weiß|ling (der, -s, -e) Schmetterlingsfamilie mit weißen oder gelben Flügeln.

weis|sa|gen (V., sagte weis, hat weisgesagt) prophezeien; voraussagen.

Weis|sa|ger (der, -s, -) Prophet. Weissagerin.

Weis|sa|gung (die, -, -en) Prophezeiung.

Weiß|blü|tig|keit (die, -, -kein Plural) Leukämie.

Wei|ße Haus (das, -n -es, kein Plural) Amts- und Wohnsitz des Präsidenten der USA.

Wei|ße-Kra|gen-Kri|mi|na|li|tät (die, -, kein Plural) Verbrechen vor allem im Bereich Politik oder Wirtschaft.

Wei|ße Nil (der, -n -s, kein Plural) in Uganda entspringender Nilarm.

Wei|ße Ro|se (die, -n -, kein Plural) Münchner Widerstandsgruppe gegen den Nationalsozialismus.

Wei|ße Sonn|tag (der, -n -s, kein Plural) Sonntag nach Ostern; Tag der Kommunion.

Wei|ße Zwerg (der, -n -s, -n -e) kleiner Stern mit sehr hoher Dichte.

Weiß|glut (die, -, kein Plural) das Weißglühen. jemanden zur Weißglut bringen (jemanden in äußerste Wut versetzen).

Weiß|ma|cher (der, -s, -) Bleichmittel.

Weiß|raum (der, -(e)s, -räume) nicht bedruckter Raum auf einer Seite.

Weiß|russ|land (ohne Art., s, kein Plural) Staat in Osteuropa.

Weiß|sucht (die, -, kein Plural) Albinismus.

Wei|sung (die, -, -en) Anweisung; Befehl.

Wei|sungs|be|fug|nis (die, -, -se) Berechtigung, Anweisungen zu geben.

wei|sungs|ge|bun|den (Adj.) nicht eigenverantwortlich.

Wei|sungs|recht (das, -s, -e) Weisungsbefugnis.

Weiß|wa|ren (die, -, nur Plural) Elektrogroßgeräte für den Haushalt.

weit (Adj.) ausgedehnt; groß; lang; entfernt. *Beachte:* bei Weitem (*auch:* weitem); von Weitem (*auch:* weitem); bis auf Weiteres (*auch:* weiteres); ohne Weiteres (*auch:* weiteres); so weit, so gut. Ich komme von weit her. des Weiteren (weiterhin); meilenweit; weither; insoweit; inwieweit. So weit hast du recht (*auch:* Recht). weitaus mehr. *Aber:* alles Weitere veranlassen; als Weiteres haben wir vor ...; das Weite suchen. *Wichtig:* in Verbindung mit Verben fast immer Getrenntschreibung! weit fahren/reisen; es weit bringen; weit springen (*aber:* weitspringen – nur im Infinitiv gebräuchlich). Weitblick; Weitschuss; Weitung; Weitwinkelobjektiv; Adjektive: weitblickend (*auch:* weit blickend); weitgehend (*auch:* weit gehend); ein weit gereister (*auch:* weitgereister) Mensch; weitgreifend (*auch:* weit greifend); weitherzig; weitläufig; weitmaschig; weiträumig; weitschichtig; weitschweifig; weitsichtig. Adverbien: weitab; weitaus; weither, *aber:* von weit her; mit deinen Kenntnissen ist es nicht weit her; weithin; weithinaus; weitum. Verb: weiten.

Weit|blick (der, -s, kein Plural) Voraussicht; Vorsorglichkeit.

Wei|te (die, -, kein Plural) weite Fläche; Unübersehbarkeit.

wei|ten (V.) weiter machen.

wei|ter (Adj.) zusätzlich; hinzukommend. *Beachte:* bis auf Weiteres (*auch:* weiteres); ohne Weiteres (*auch:* weiteres); des Weiteren; und so weiter (Abk.: usw.). *Aber:* alles Weitere morgen. *Wichtig:* Wird die Fortdauer eines Geschehens ausgedrückt, schreibt man im Allgemeinen zusammen, wenn »weiter« die Hauptbetonung trägt, und getrennt, wenn das Verb gleich stark betont wird! Lass uns doch morgen weitermachen. *Aber:* Ich kann weiter springen als du. Zusammenschreibung mit Verben, wenn »weiter« die Bedeutung »vorwärts« hat! weiterbefördern; weiterbringen; weiterempfehlen; weiterentwickeln; weitererzählen; weiterfahren; weiterfliegen; weitergeben; weiterhelfen; weiterkönnen; weiterlaufen; weiterleben; weiterleiten; weitermachen; weiterreisen; weitersagen; weiterspielen; weiterverkaufen; weitervermieten; weitervermitteln; weiterwissen; weiterwollen; weiterzahlen; weiterziehen. Weiterarbeit; Weiterbeförderung; Weiterentwicklung; Weiterfahrt; Weiterflug; Weitergabe; Weiterleitung; Weiterreise; Weiterverkauf.

wei|ter be|ste|hen (*auch:* wei|ter|be|ste|hen) (V., bestand weiter, hat weiter bestanden) andauern; fortbestehen; von Dauer sein.

wei|ter|bil|den (V. refl.) sich fortbilden.

Wei|ter|bil|dung (die, -, -en) Fortbildung.

Wei|ter|gang (der, -s, kein Plural) Entwicklung; Fortgang.

wei|ter|ge|hen (V.) fortgehen; fortgesetzt werden.

wei|ter|ge|hend (Adj.) fortsetzend.

wei|ter|hin (Adv.) künftig; außerdem; überdies.

wei|ter|ver|brei|ten (V., verbreitete weiter, hat weiterverbreitet) ausbreiten. *Beachte:* Die Grippe hat sich schnell weiterverbreitet. *Aber:* Diese Ansicht ist heute weiter verbreitet als früher.

Weit|her|zig|keit (die, -, kein Plural) Großherzigkeit; Großzügigkeit.

Weit|läu|fig|keit (die, -, kein Plural) Geräumigkeit.

Weit|schwei|fig|keit (die, -, kein Plural) Umständlichkeit; Ausführlichkeit.

Weit|sicht (die, -, kein Plural) Weitblick; Umsichtigkeit; kluge Voraussicht.

Weit|sich|tig|keit (die, -, -kein Plural) Fehlsichtigkeit.

Weit|sprung (der, -s, kein Plural) sportliche Disziplin.

Wei|tung (die, -, -en) das Ausweiten; weite Stelle.

Weit|win|kel|ob|jek|tiv (das, -s, -e) Fotoobjektiv.

Wei|zen (der, -s, -) Getreide.

Wei|zen|bier (das, -s, -e) aus Weizen gebrautes Bier; Weißbier.

Wei|zen|feld (das, -es, -er) zum Anbau von Weizen genutztes Feld.

Wei|zen|korn (das, -es, -kör|ner) einzelnes Korn einer Weizenähre.

Wei|zen|mehl (das, -s, kein Plural) aus Weizen hergestelltes Mehl.

wel|che/-r/-s 1. (Pron., interrog.) was für ein. *Beachte:* welch großer Schauspieler, *aber:* welcher große Schauspieler; welch guter Mensch, *aber:* welcher gute Mensch. 2. (Pron., relat.) der, die, das. *Beachte:* das Mädchen, welches eine rote Haarschleife trägt. 3. (Pron., indef.) einige; etwas. *Beachte:* Es gibt welche, die durchaus dafür sind. Ich habe kein Geld mehr, hast du noch welches? Zusammensetzungen: Wir wissen nicht, welcherart Ziel er hat. *Aber:* Wir wissen nicht, welcher Art die Entlassungsgründe waren. welchergestalt; welcherlei.

Wel|fen (die, -, meist Plural) deutsches Fürstengeschlecht.

Wel|fen|schatz (der, -es, kein Plural) Schatz des Welfenhauses.

welk (Adj.) verblüht; verdorrt; schlaff.

wel|ken (V., welkte, ist gewelkt) welk werden; verwelken.

Wel|land|ka|nal (der, -s, kein Plural) kanadischer Schifffahrtskanal zwischen Erie- und Ontariosee.

Well|blech (das, -s, -e) gewelltes; tragfähiges Blech.

Well|blech|dach (das, -es, -dä|cher) Dach aus Wellblech.

Well|blech|hüt|te (die, -, -n) Hütte aus Wellblech.

Wel|le (die, -, -n) Woge; schwingende Bewegung; Hügel; Wallung.

wel|len (V.) Wellen bilden.

wel|len|ar|tig (Adj.) in Wellenbewegung; in Wellenform. gewellt.

Wel|len|bad (das, -es, -bä|der) Schwimmbad mit künstlich produziertem Wellengang.

Wel|len|bre|cher (der, -s, -) Anlage zum Schutz des Ufers vor Wellen.

wel|len|för|mig (Adj.) wie eine Welle geformt.

Wel|len|gang (der, -s, kein Plural) Seegang; Wellen.

Wel|len|kamm (der, -s, -käm|me) höchster Punkt einer Welle.

Wel|len|län|ge (die, -, -n) Abstand zweier Schwingungszustände in der Physik. auf der gleichen Wellenlänge sein (sich sehr gut verstehen).

Wel|len|li|nie (die, -, -n) gewellte Linie.

Wel|len|me|cha|nik (die, -, kein Plural) physikalische Theorie.

Wel|len|rei|ten (das, -s, kein Plural) Sportart.

Wel|len|sit|tich (der, -s, -e) Vogel.

Wel|len|tal (das, -es, -tä|ler) tiefster Punkt einer Welle.

Wel|len|the|o|rie (die, -, kein Plural) sprachwissenschaftliche Theorie.

Well|fleisch (das, -es, kein Plural) gekochtes Schweinefleisch.

wel|lig (Adj.) gewellt; Wellen aufweisend.

Wel|lig|keit (die, -, kein Plural) Gewelltheit.

Wel|ling|ton (ohne Art., -s, kein Plural) Hauptstadt Neuseelands.

Well|ness (die, -, kein Plural) (engl.) Wohlbefinden.

Well|pap|pe (die, -, kein Plural) gewellte Pappe.

Wel|lung (die, -, -en) das Wellen; Welle.

Wel|pe (der, -n, -n) Junges (z. B. Hund, Wolf).

Wels (der, -es, -e) weltweit verbreiteter Süßwasserfisch.

Welt (die, -, -en) 1. Erde; Menschheit; 2. Bereich. *Beachte:* Alle Welt spricht davon. die ganze Welt; die große, weite Welt; *aber:* die Alte Welt (Europa); die Neue Welt (Amerika); ein Mann von Welt. Weltbund; Weltgeschehen; Weltjahresbestleistung; Weltmeer; Weltöffentlichkeit; Weltrevolution; Weltwährungskonferenz. weltpolitisch.

Welt|all (das, -s, kein Plural) Weltraum; Universum; Kosmos.

Welt|an|schau|ung (die, -, -en) Lebenseinstellung.

Welt|at|las (der, -ses, -at|lan|ten) geografisches Sammelwerk aus Karten aller Erdteile.

Welt|aus|stel|lung (die, -, -en) internationale Ausstellung.

Welt|bes|te (der, -n, -n) in einer Disziplin der Beste von allen. Weltbestleistung.

Welt|bild (das, -es, kein Plural) Vorstellung des Einzelnen von der Welt und ihren Zusammenhängen.

Welt|chro|nik (die, -, -en) schriftliche Darstellung des Weltgeschehens.

Welt|cup (der, -s, -s) Weltmeisterschaft.

Wel|ten|bumm|ler (der, -s, -) Globetrotter.

Welt|er|folg (der, -s, -e) internationaler, weltweiter Erfolg.

Wel|ter|ge|wicht (das, -s, kein Plural) Schwerathletik.

Wel|ter|ge|wicht|ler (der, -s, -) Sportler im Weltergewicht.

welt|er|schüt|ternd (Adj.) die Menschen überall bewegend.

welt|fern (Adj.) lebensfern; träumerisch.

Welt|flucht (die, -, kein Plural) Zurückgezogenheit; Flucht vor den Menschen.

welt|fremd (Adj.) naiv; realitätsfern.

Welt|fremd|heit (die, -, kein Plural) Lebensuntüchtigkeit.

Welt|ge|richt (das, -s, kein Plural) das Jüngste Gericht.

Welt|ge|schich|te (die, -, kein Plural) umfassende wissenschaftliche Darstellung der Menschheitsgeschichte. weltgeschichtlich.

Welt|ge|sund|heits|or|ga|ni|sa|ti|on (die, -, kein Plural) (Abk.: WHO) Sonderorganisation der Vereinten Nationen.

welt|ge|wandt (Adj.) gewandt im Auftreten und im Umgang mit anderen.

Welt|ge|werk|schafts|bund (der, -es, kein Plural) (Abk.: WGB) Zusammenschluss der Gewerkschaften.

Welt|herr|schaft (die, -, kein Plural) Herrschaft über die gesamte Welt.

Welt|kar|te (die, -, -n) geografische Gesamtdarstellung der Erde.

Welt|klas|se (die, -, kein Plural) Spitzenqualität bei Produkten oder Leistungen.

welt|klug (Adj.) lebenserfahren.

Welt|krieg (der, -s, -e) Krieg unter Beteiligung vieler Nationen.

welt|lich (Adj.) profan; nicht geweiht.

Welt|li|te|ra|tur (die, -, -en) die Gesamtheit der besten literarischen Werke aller Nationen.

Welt|macht (die, -, -mäch|te) international bedeutende Nation.

welt|män|nisch (Adj.) weltgewandt.

Welt|meis|ter|schaft (die, -, -en) (Abk.: WM) internationaler Wettkampf.

welt|of|fen (Adj.) tolerant; aufgeschlossen.

Welt|pres|se (die, -, kein Plural) internationale Presse.

Welt|raum (der, -s, kein Plural) Universum. Weltraumforschung.

Welt|reich (das, -s, -e) großes, bedeutendes Reich.

Welt|rei|se (die, -, -n) lange, weite Reise; Reise um die Welt.

Welt|re|kord (der, -s, -e) Weltbestleistung.
Welt|ruhm (der, -s, kein Plural) internationale Anerkennung.
Welt|si|cher|heits|rat (der, -es, kein Plural) Gremium der Vereinten Nationen.
Welt|spra|che (die, -, -n) international bedeutende Sprache.
Welt|stadt (die, -, -städ|te) Millionenstadt.
welt|um|span|nend (Adj.) weltweit; international.
Welt|un|ter|gang (der, -s, kein Plural) Ende der Welt; Apokalypse.
Welt|ver|bes|se|rer (der, -s, -) Idealist; Fantast.
welt|weit (Adj.) in der ganzen Welt; überall.
Welt|wirt|schaft (die, -, kein Plural) internationale Wirtschaft. Weltwirtschaftskrise.
Welt|wun|der (das, -s, -) antike Wunderwerke der Baukunst. die sieben Weltwunder.
wem (Pron., interrog., relat., Dat.) welcher Person? *Beachte:* Wem gehört das? Ich weiß nicht mehr, wem das gehört.
Wem|fall (der, -s, -fäl|le) Dativ.
wen (Pron., interrog., relat., Akk.) welche Person? *Beachte:* Wen kannst du sehen? Sage mir, wen du sehen kannst.
Wen|de (die, -, -n) Wendung, Umbruch.
Wen|de|hals (der, -es, -häl|se) kleiner Specht.
Wen|de|kreis (der, -es, -e) Parallelkreise der Himmelskugel.
Wen|del (die, -, -n) Spirale.
Wen|del|boh|rer (der, -s, -) Bohrer.
Wen|del|rut|sche (die, -, -en) spiralförmige Rutsche zur Abwärtsbeförderung von Steinen und Kohlen (Bergmannssprache).
Wen|del|stein (der, -s, kein Plural) Gipfel des Mangfallgebirges.
Wen|del|trep|pe (die, -, -n) spiralförmig gewundene Treppe.
wen|den 1. (V., wendete, hat gewendet) herumdrehen; umkehren; 2. (V., wendete/wandte, hat gewendet/gewandt) drehen; abwenden; angehen; bitten.
Wen|de|platz (der, -es, -plät|ze) Platz zum Wenden eines Fahrzeugs.
Wen|de|punkt (der, -es, -e) Richtungsänderung; Umbruch; mathematischer Begriff.
wen|dig (Adj.) beweglich; flink; geschickt.
Wen|dig|keit (die, -, kein Plural) Geschicklichkeit.
Wen|dung (die, -, -en) Wende; Umkehr.
Wen|fall (der, -s, -fäl|le) Akkusativ.
we|nig 1. (Pron., indef.; Zahlw.) nicht viele(s); 2. (Adj.; Adv.) kaum; selten; nicht sehr. *Beachte:* ein wenig. Das wenige (*auch:* Wenige) genügt mir schon. umso weniger musst du tun. Das ist das wenigste, was man tun kann. Einige wenige gehören dazu. zu wenig; mit wenig(em) leben können; zum wenigsten (wenigstens). Drei weniger drei ist/macht/gibt (*falsch:* sind/machen/geben) null. nichtsdestoweniger. Wie wenig du weißt! *Wichtig:* Adjektive und Partizipien hinter »wenig« werden immer großgeschrieben! wenig Schönes/Gutes/Neues. *Aber:* meine Wenigkeit; das Wenig und das Viel; ein Zuwenig an Verständnis.
we|nigs|tens (Adv.) zumindest; jedenfalls.
wenn (Konj.) falls; sobald; obwohl. *Beachte:* Leitet »wenn« einen Nebensatz ein, wird dieser mit Komma abgetrennt! Wir können fahren, wenn du willst. Er wird(,) wenn nötig/möglich(,) zur Stelle sein. wenngleich (obgleich); wennschon – dennschon, *aber:* Wenn schon die Sonne schiene! *Wichtig:* Das Wenn und Aber ist noch nicht geklärt. Es gibt noch viele Wenn und Aber.
Wen|zel (der, -s, -) 1. Bube; 2. Unter (Kartenspiel).
Wen|zels|kro|ne (die, -, kein Plural) Krone des Königreichs Böhmen.
wer 1. (Pron., interrog.) welcher? was für einer? *Beachte:* Wer ist dieser Mann? Wer weiß? Wer anders als die kann angerufen haben? Wer da? 2. (Pron., indef.) jeder, der; jemand. *Beachte:* Wer lacht, muss raus; dort bin ich wer; ist schon wer da? irgendwer; irgendwelcher. 3. (Pron., relat.) derjenige, welcher. *Beachte:* Ich weiß nicht, wer er ist. Du kannst mir wer weiß was (alles mögliche) erzählen. Er ist wieder wer weiß wo (irgendwo). Werdaruf.
Wer|be|ab|tei|lung (die, -, -en) auf Werbung spezialisierte Abteilung einer Firma.
Wer|be|agen|tur (die, -, -en) auf das Produzieren von Werbung spezialisiertes Unternehmen.
Wer|be|bü|ro (das, -s, -s) Werbeagentur.
Wer|be|chef (der, -s, -s) Leiter einer Werbeagentur; Werbeabteilung.
Wer|be|fach|mann (der, -s, -män|ner/leu|te) Experte für Werbung.
Wer|be|fern|se|hen (das, -s, kein Plural) im Fernsehen ausgestrahlte Produktwerbung.
Wer|be|film (der, -s, -e) kurzer Film, der die Vorzüge eines Produktes darstellen soll.
Wer|be|funk (der, -s, kein Plural) im Hörfunk ausgestrahlte Produktwerbung.
Wer|be|ge|schenk (das, -s, -e) Geschenk an Kunden und Geschäftspartner.
Wer|be|gra|fi|ker (*auch:* Wer|be|gra|phi|ker) (der, -s, -) auf Werbung spezialisierter Grafiker.
Wer|be|kam|pa|g|ne (die, -, -n) Werbefeldzug.
wer|be|kräf|tig (Adj.) werbewirksam.
Wer|be|kos|ten (die, -, nur Plural) steuerlich absetzbare Aufwendungen.
Wer|bel|lin|see (der, -s, kein Plural) See in Brandenburg.
Wer|be|mit|tel (das, -s, -) zur Werbung eingesetztes Mittel.
wer|ben (V., warb, hat geworben; ich werbe, du wirbst) Reklame machen; umwerben.
Wer|ber (der, -s, -) Werbefachmann; Akquisiteur.
Wer|be|schrift (die, -, -en) Werbemitteilung; Prospekt.
Wer|be|slo|gan (der, -s, -s) produktbezogenes Motto; Werbespruch.
Wer|be|spot (der, -s, -s) Werbefilm.
Wer|be|tex|ter (der, -s, -) Verfasser von Werbeslogans.
Wer|be|trä|ger (der, -s, -) Medium, das die Werbung verbreitet.

Wer|be|trom|mel (die, -, -n) die Werbetrommel rühren (Werbung machen).
wer|be|wirk|sam (Adj.) wirkungsvoll. Werbewirksamkeit.
werb|lich (Adj.) die Werbung betreffend.
Wer|bung (die, -, kein Plural) Reklame.
Wer|bungs|kos|ten Aufwendungen zur Erwerbung und Erhaltung der Einnahmen.
Wer|de|gang (der, -s, -gän|ge) Entwicklung; Lebenslauf.
wer|den (V., wurde, ist geworden) entstehen; geschehen; sich entwickeln. *Beachte:* Das Projekt ist noch im Werden. *Aber:* eine werdende Mutter.
Wer|der (der, -s, -) (mittelniederdt.) Flussinsel; Landstrich zwischen Flüssen.
Wer|fall (der, -s, -fäl|le) Nominativ.
wer|fen (V., warf, hat geworfen) 1. schleudern; 2. sich krümmen; 3. gebären (Tier).
Wer|fer (der, -s, -) Sportler im Werfen.
Werft (die, -, -en) (niederl.) Bau- und Reparaturanlage für Schiffe.
Werft|ar|bei|ter (der, -s, -) in einer Werft Arbeitender.
Werf|ten|kri|se (die, -, -n) Krise im Schiffsbau.
Werg (das, -s, kein Plural) Abfallfasern bei der Verarbeitung von Flachs und Hanf.
Wer|geld (das, -es, -er) Sühnegeld im germanischen Recht.
Werk (das, -s, -e) 1. Arbeit; Erzeugnis; Tat; 2. Fabrik; 3. Mechanismus. *Beachte:* ans Werk gehen; zu Werke gehen; etwas ins Werk setzen (beginnen). Werk(s)angehörige; Werk(s)anlage; Werkarbeiter; Werkbank; Werk(s)fahrer; Werk(s)garantie; Werkschutz; Werkspionage; Werkstatt; Werkstoff; Werkstoffforschung (*auch:* Werkstoff-Forschung); Werkstück; Werkstudent; Werktag, des Werktags, *aber:* werktags; Werktagsarbeit; Werktätige; Werkunterricht; Werkverzeichnis; Werkswohnung; Werkzeugkasten; Werkzeugmacher.
werk|ei|gen (Adj.) zum Werk gehörend.
wer|keln (V.) arbeiten; basteln.
wer|ken (V.) handwerken.
werk|ge|treu (Adj.) dem Werk entsprechend.
werk|stoff|ge|recht (Adj.) dem Material entsprechend.
werk|täg|lich (Adj.) wochentags.
werk|tä|tig (Adj.) erwerbstätig.
Wer|mut (der, -s/-es, -s) Pflanze; Wermutwein; Bitternis.
Wer|mut|bru|der (der, -s, -brü|der) (ugs.) Trinker.
Wer|muts|trop|fen (der, -s, -) ein Wermutstropfen sein (die Freude trüben).
Werst (die, -, -/Wers|ten) altes russisches Längenmaß (etwas mehr als ein Kilometer).
wert (Adj.) geschätzt; würdig; kostend. *Beachte:* mit Genitiv in der Bedeutung »würdig«! Das ist nicht der Erwähnung/Rede wert. *Aber:* Das ist diesen Preis wert. Dein Freund ist keinen Schuss Pulver wert. *Wichtig:* Zusammenschreibung mit Verben, wenn eine neue, übertragene Bedeutung entsteht; etwas werthalten (schätzen). *Aber:* Sie sollten ihn für wert halten, das Projekt zu übernehmen. Das kann nichts wert sein. Wertungslauf; Wertvorstellung; hochwertig.
Wert (der, -s, -e) Preis; Kaufkraft; Qualität; Nutzen.
Wert|ach|tung (die, -, kein Plural) Wertschätzung; Respekt.
Wert|ar|beit (die, -, -en) Qualitätsarbeit; Präzisionsarbeit.
wert|be|stän|dig (Adj.) gediegen; solide; zeitlos.
Wert|brief (der, -s, -e) Wertsendung bei der Post.
wer|ten (V.) bewerten; beurteilen; richten.
Wert|er|mitt|lung (die, -, -en) das Feststellen des Wertes einer Sache.
wert|frei (Adj.) neutral.
wert|hal|ten (V.) wertschätzen; ehren; achten.
Wer|tig|keit (die, -, -en) chemische Größe; Valenz.
wert|los (Adj.) billig; nutzlos.
Wert|lo|sig|keit (die, -, kein Plural) Nutzlosigkeit.
Wert|mar|ke (die, -, -n) Gutschein.
wert|mä|ßig (Adj.) den Wert betreffend.
Wert|mes|ser (der, -s, -) Wertmaßstab.
Wert|min|de|rung (die, -, -en) Verlust an Wert.
Wert|pa|pier (das, -s, -e) Form der Geldanlage.
Wert|phi|lo|so|phie (die, -, kein Plural) philosophisches Teilgebiet.
Wert|sa|che (die, -, -n) wertvoller Gegenstand.
Wert|schät|zung (die, -, kein Plural) Hochachtung; Respekt.
Wert|schöp|fung (die, -, kein Plural) erwirtschafteter Vermögenszuwachs.
Wert|sen|dung (die, -, -en) Wertgegenstände oder Dokumente enthaltende Postsendung.
Wert|si|che|rungs|klau|sel (die, -, -n) Geldwertungsverluste ausschließende Vertragsklausel.
Wert|stei|ge|rung (die, -, -en) Erhöhung des Werts.
Wer|tung (die, -, -en) Beurteilung; Note.
Wert|ur|teil (das, -s, -e) wertendes Urteil.
wert|voll (Adj.) teuer; kostbar.
Wert|zei|chen (das, -s, -) Wertmarke.
Wert|zu|wachs|steu|er (die, -, -n) Steuer auf den Wertzuwachs.
Wer|wolf (der, -s, -wöl|fe) Wolfsmensch.
We|sen (das, -s, -) Charakter; Art; (ugs.) Mensch.
we|sen|haft (Adj.) dinghaft.
We|sen|heit (die, -, -en) Wesen; Dinghaftigkeit.
we|sen|los (Adj.) geistlos; fantasielos; unbeseelt.
We|sen|lo|sig|keit (die, -, kein Plural) das Wesenlossein.
We|sens|art (die, -, kein Plural) Charakter.
we|sens|ei|gen (Adj.) individuell; typisch.
we|sens|fremd (Adj.) grundverschieden; gegensätzlich.
we|sens|gleich (Adj.) gleichartig.
we|sens|ver|wandt (Adj.) im Wesen sehr ähnlich.
We|sens|ver|wandt|schaft (die, -, kein Plural) Ähnlichkeit im Wesen.
We|sens|zug (der, -es, -zü|ge) Charaktereigenschaft.
we|sent|lich (Adj.) wichtig; merklich. das Wesentlichste (am wesentlichsten) ist, dass … Im Wesentlichen stimmen wir überein. alles Wesentliche; etwas/nichts Wesentliches.

We|ser (die, -, kein Plural) Fluss in Norddeutschland.

We|ser|berg|land (das, -s, kein Plural) Berg- und Hügelland zu beiden Seiten der Weser.

We|ser|ge|bir|ge (das, -s, kein Plural) Höhenzug im Weserbergland.

Wes|fall (der, -s, -fäl|le) Genitiv.

wes|halb (Adv.) warum; weswegen.

We|sir (der, -s, -e) (arab.) Minister islamischer Staaten (früher).

Wes|pe (die, -, -n) Insekt.

Wes|pen|nest (das, -s, -er) Nest der Wespen. in ein Wespennest stechen (eine heikle Sache aufdecken).

Wes|pen|stich (der, -s, -e) der Stich einer Wespe.

Wes|pen|tail|le (die, -, -n) sehr schmale Taille.

wes|sen (Pron., interrog.) von wem. *Beachte:* Wessen Hut ist das?

Wes|te (die, -, -n) (franz.) Jacke; ärmellose Jacke. eine weiße Weste haben (anständig, untadelig sein/einen guten Ruf haben). Westenfutter; Westentasche; Westentaschenformat.

West/Wes|ten (der, -s, kein Plural) Himmelsrichtung (Abk.: W). *Beachte:* in Ost und West; der Wind kommt aus West; Autobahnausfahrt München-West (*auch:* München West). Wir ziehen gen Westen. im Wilden Westen. Westafrika; Westberlin, der Westberliner; Westdeutschland; Westeuropa; Westfalen; Westgeld; Westküste; Westler; Westmächte; Westmark; Westnordwest(en) (Abk.: WNW); West-Ost-Verkehr; Westsüdwest(en) (Abk.: WSW); Westwind.

west|deutsch (Adj.) zur (ehemaligen) BR Dtl. gehörend.

west|eu|ro|pä|isch (Adj.) zum Westen Europas gehörend. westeuropäische Zeit (Abk.: WEZ), *aber:* die Westeuropäische Union (Abk.: WEU).

Wes|ter|wald (der, -s, kein Plural) Teil des Rheinischen Schiefergebirges.

Wes|tern (der, -/-s, -) (engl.) Wildwestfilm. Westerner.

west|fä|lisch (Adj.) zu Westfalen gehörend. *Aber:* die Westfälische Pforte.

West|ler (der, -s, -) abwertend für Bewohner der (ehemaligen) BR Dtl..

west|lich (mit Genitiv!) im Westen liegend. westlich der Mauer/von der Mauer; westlich liegend; westlicher Länge (Abk.: w. L.); westöstlich, *aber:* Westöstlicher Diwan.

Wes|t|over (der, -s, -) (engl.) Pullunder mit spitzem Ausschnitt.

west|wärts (Adv.) nach Westen.

wes|we|gen (Adv.) weshalb.

Wett|an|nah|me (die, -, kein Plural) Büro, das Wetten annimmt.

Wett|be|werb (der, -s, -e) Konkurrenz; Leistungskampf.

Wett|be|wer|ber (der, -s, -) Konkurrent; Teilnehmer an einem Wettkampf.

wett|be|werb|lich (Adj.) den Wettbewerb betreffend.

Wett|be|werbs|be|din|gung (die, -, -en) Bedingungen, unter denen ein Wettbewerb stattfindet.

Wett|be|werbs|be|schrän|kung (die, -, -en) Beschneidung der Konkurrenz.

wett|be|werbs|fä|hig (Adj.) konkurrenzfähig; gleichwertig.

Wett|be|werbs|fä|hig|keit (die, -, kein Plural) Konkurrenzfähigkeit.

Wett|be|werbs|teil|neh|mer (der, -s, -) Wettbewerber.

Wett|be|werbs|wirt|schaft (die, -, kein Plural) freie Marktwirtschaft.

Wett|bü|ro (das, -s, -s) Wettannahmestelle.

Wet|te (die, -, -n) Abmachung; Spekulation; Glücksspiel.

wett (Adj.) quitt. wett sein.

Wett|ei|fer (der, -s, kein Plural) Wettbewerb; Konkurrenz.

Wett|ei|fe|rer (der, -s, -) wetteifernder Mensch.

wett|ei|fern (V.) konkurrieren.

wet|ten (V.) eine Wette abschließen.

Wet|ter 1. (der, -s, -) jemand, der wettet; 2. (das, -s, kein Plural) Witterung; Gewitter. Wetterhahn. um schönes Wetter bitten (ugs.) (um Verzeihung bitten/um günstige Stimmung ersuchen); bei jemandem gut Wetter machen (ugs.) (jemanden günstig stimmen). 3. (die, nur Plural) Gasgemisch (Grubenbau). *Beachte:* schlagende Wetter.

Wet|ter|amt (das, -es, -äm|ter) Wetterdienst.

Wet|ter|an|sa|ge (die, -, -n) Wetterbericht.

Wet|ter|be|richt (der, -es, -e) Wettervorhersage. Wetteraussichten.

Wet|ter|bes|se|rung (die, -, -en) Verbesserung des Wetters.

wet|ter|be|stän|dig (Adj.) wetterfest.

wet|ter|be|stim|mend (Adj.) das Wetter beeinflussend.

Wet|ter|dienst (der, -es, -e) Einrichtungen zur Beobachtung, Erforschung und Vorhersage des Wetters.

wet|ter|fest (Adj.) regen- und windabweisend.

Wet|ter|frosch (der, -es, -frö|sche) Laubfrosch; (ugs.) Meteorologe.

wet|ter|füh|lig (Adj.) im Befinden vom Wetter abhängig.

Wet|ter|füh|lig|keit (die, -, kein Plural) das Wetterfühligsein.

Wet|ter|kar|te (die, -, -n) Landkarte, auf der die Wetterlage dargestellt ist.

Wet|ter|kun|de (die, -, kein Plural) Meteorologie.

wet|ter|kun|dig (Adj.) das Wetter gut beobachten können.

wet|ter|kund|lich (Adj.) meteorologisch.

Wet|ter|la|ge (die, -, -n) großräumiger Zustand des Wetters.

Wet|ter|leuch|ten (das, -s, kein Plural) die Blitze eines fernen Gewitters. Verb: wetterleuchten.

wet|tern (V.) gewittern; schimpfen.

Wet|ter|pro|g|no|se (die, -, -n) Wettervorhersage.

Wet|ter|sa|tel|lit (der, -en, -en) Satellit zur Beobachtung des Wetters.

Wet|ter|schei|de (die, -, -n) Grenzlinie, die Gebiete mit unterschiedlichem Wetter voneinander trennt.

Wet|ter|sei|te (die, -, -n) die Richtung, aus der das Wetter meistens kommt.

Wet|ter|sturz (der, -es, -stür|ze) plötzlicher Klimaumschwung; Wetterumschlag.

Wet|ter|vor|her|sa|ge (die, -, -n) vom Wetterdienst prognostiziertes Wetter für die nächsten Tage.

Wet|ter|war|te (die, -, -n) der Wetterbeobachtung dienende Station.

wet|ter|wen|disch (Adj.) launisch.

Wett|fahrt (die, -, -en) das Fahren um die Wette.

Wett|kampf (der, -s, -kämp|fe) sportlicher Wettbewerb.

Wett|kämp|fer (der, -s, -) Teilnehmer eines Wettkampfs.

wett|lau|fen (V., nur im Infinitiv!) um die Wette laufen.
Wett|läu|fer (der, -s, -) Teilnehmer eines Wettlaufs.
wett|ma|chen (V.) ausgleichen.
wett|ren|nen (V., nur im Infinitiv) um die Wette rennen.
Wett|rüs|ten das militärische Aufrüsten der Nationen.
Wett|spiel (das, -s, -e) Wetten als Spiel.
Wett|streit (der, -s, -e) Wettbewerb; Wettkampf.
wett|strei|ten (V., nur im Infinitiv) konkurrieren; einen Wettkampf austragen.
Wett|teu|fel (*auch:* Wett-Teu|fel) (der, -s, -) der Wettleidenschaft verfallener Mensch.
wett|tur|nen (V., nur im Infinitiv) einen Wettkampf im Turnen austragen.
Wett|tur|nen (*auch:* Wett-Tur|nen) (das, -s, kein Plural) Turnwettbewerb.
wet|zen (V.) schleifen; reiben; (ugs.) rennen.
Wetz|lar (ohne Art., -s, kein Plural) Stadt in Hessen.
Wetz|stahl (der, -s, -e) Stahl zum Wetzen.
Wetz|stein (der, -s, -e) Stein zum Wetzen.
WEU (Abk.) **W**esteuropäische **U**nion.
Wey|mouths|kie|fer (*auch:* Wei|muts|kie|fer) (die, -, -n) nordamerikanische Kiefer.
WEZ (Abk.) **w**esteuropäische **Z**eit.
WG (Abk.) (ugs.) **W**ohn**g**emeinschaft.
wg. (Abk.) **w**e**g**en.
WGB (Abk.) **W**elt**g**ewerkschafts**b**und.
Wh (Abk.) Wattstunde.
Whip|cord (der, -s, -s) (engl.) Anzugstoff mit Schrägrippen.
Whirl|pool (der, -s, -s) (engl.) Sprudelbad.
Whis|ky (*auch:* Whis|key) (der, -s, -s) Branntwein aus Getreide oder Mais. *Beachte:* Ich trinke Whisky pur.
Whist (das, -s, kein Plural) (engl.) Kartenspiel. Whistspiel.
White|coat (der, -s, -s) (engl.) Pelz junger Sattelrobben, die noch nicht im Wasser waren.
WHO (Abk.) **W**orld **H**ealth **O**rganization (Weltgesundheitsorganisation).
Wi|chi|ta (ohne Art., -s, kein Plural) Stadt in Kansas, USA.
Wich|se (die, -, -n) (ugs.) Schuhcreme. Schuhwichse. *Beachte:* Wichse (Prügel) bekommen.
wich|sen (V.) bohnern; polieren; (ugs.) onanieren.
Wich|ser (der, -s, -) (ugs.) onanierender Mann; (ugs.) Idiot.
Wicht (der, -s, -e) Zwerg.
Wich|tel (der, -s, -) kleiner Wicht.
Wich|tel|männ|chen (das, -s, -) Wicht; Kobold.
wich|tig (Adj.) bedeutend; beachtenswert; wesentlich; erheblich. *Beachte:* Das Wichtigste (am wichtigsten) ist, dass … alles/das Wichtige; etwas/nichts/viel/wenig Wichtiges; Wichtiges von Unwichtigem unterscheiden. Es gibt Wichtigeres im Leben. sich wichtigmachen; sich wichtig nehmen; sich wichtigtun.
Wich|tig|keit (die, -, -en) das Wichtigsein; Bedeutsamkeit.
Wich|tig|tu|er (der, -s, -) Angeber; Wichtigmacher.
Wich|tig|tu|e|rei (die, -, kein Plural) Angeberei.
wich|tig|tu|e|risch (Adj.) angeberisch. wichtigtuend.
Wi|cke (die, -, -n) Pflanze. in die Wicken gehen (ugs.) (misslingen). Wickenblüte; Wickenduft.
Wi|ckel (der, -s, -) Umschlag; Lockenwickel; etwas Gewickeltes. jemanden beim Wickel haben/nehmen/kriegen (ugs.) (jemanden packen/ greifen, jemanden zurechtweisen).
Wi|ckel|kind (das, -es, -er) Säugling.
Wi|ckel|kom|mo|de (die, -, -n) Kommode zum Wickeln eines Säuglings.
wi|ckeln (V.) 1. umwinden; rollen; 2. Windeln anziehen. schiefgewickelt sein (ugs.: sich irren).
Wi|ckel|rock (der, -s, -rö|cke) Rock zum Umbinden.
Wi|ckel|tisch (der, -es, -e) Tisch zum Wickeln eines Säuglings.
Wick|ler (der, -s, -) 1. Lockenwickler; 2. Schmetterling.
Wick|lung (*auch:* Wi|cke|lung) (die, -, -en) etwas Gewickeltes.
Wid|der (der, -s, -) Schafbock; Sternbild.
Wide Area In|for|ma|tion Ser|ver (die, - - - -, kein Plural) (engl.) (Abk.: WAIS) Informationssuchdienst im Internet.
Wide Area Net|work (das, - - -s, - - -e) (engl.) (Abk.: WAN) Netzwerk, das sich über große geografische Entfernungen erstreckt.
wi|der (Präp., Akk.) gegen (*Aber:* wieder). *Beachte:* wider Erwarten; wider Willen; wider Wunsch; wider alle Gepflogenheiten; das Für und Wider abwägen.
wi|der|bors|tig (Adj.) (ugs.) widerspenstig.
Wi|der|bors|tig|keit (die, -, -en) das Widerborstigsein; Widerspenstigkeit.
Wi|der|druck (der, -s, -e) Drucken auf die Rückseite eines Papierbogens.
wi|der|ei|n|an|der (Adv.) gegeneinander. widereinander kämpfen; widereinanderstoßen.
wi|der|fah|ren (V., widerfuhr, ist widerfahren) zustoßen. *Beachte:* Ihm ist Schreckliches widerfahren.
Wi|der|ha|ken (der, -s, -) Haken, der nicht herausgezogen werden kann.
Wi|der|hall (der, -s, -e) Echo.
wi|der|hal|len (V., hallte wider/widerhallte, hat widergehallt) tönen.
Wi|der|kla|ge (die, -, -n) Klage des Beklagten gegen den Kläger (Zivilprozess).
Wi|der|klang (der, -s, -klän|ge) noch einmal ertönender Klang.
wi|der|klin|gen (V.) ein Echo hören; als Echo ertönen.
wi|der|leg|bar (Adj.) angreifbar; widersprüchlich.
wi|der|le|gen (V.) das Gegenteil beweisen.
Wi|der|le|gung (die, -, -en) das Widerlegen; der Beweis des Gegenteils.
wi|der|lich (Adj.) ekelhaft; unangenehm. anwidern.
Wi|der|lich|keit (die, -, -en) das Widerlichsein; Abscheulichkeit.
Wi|der|ling (der, -s, -e) widerlicher Mensch.
wi|der|na|tür|lich (Adj.) unnatürlich.
Wi|der|na|tür|lich|keit (die, -, kein Plural) Perversion.
Wi|der|part (der, -s, -e) Gegner; Widerstand.

wi|der|ra|ten (V., widerriet, hat widerraten) abraten.
wi|der|recht|lich (Adj.) unberechtigt.
Wi|der|recht|lich|keit (die, -, kein Plural) Illegalität.
Wi|der|re|de (die, -, -n) Widerspruch.
wi|der|re|den (V.) widersprechen.
Wi|der|rist (der, -es, -e) vorderer Teil des Rückens von Säugetieren.
Wi|der|ruf (der, -s, -e) Gegenerklärung; Zurücknahme.
wi|der|ru|fen (V., widerrief, hat widerrufen) zurücknehmen.
wi|der|ruf|lich (Adj.) vorbehaltlich.
Wi|der|ruf|lich|keit (die, -, kein Plural) das Widerruflichsein.
Wi|der|sa|cher (der, -s, -) Gegner.
Wi|der|schein (der, -s, -e) Reflexion; Abglanz.
wi|der|schei|nen (V., schien wider, hat widergeschienen) reflektieren; zurückstrahlen.
wi|der|set|zen (V., refl.) auflehnen; trotzen.
wi|der|setz|lich (Adj.) trotzig; eigensinnig.
Wi|der|setz|lich|keit (die, -, -en) Trotz; Eigensinn.
Wi|der|sinn (der, -s, kein Plural) Widerspruch; Unlogik.
wi|der|sin|nig (Adj.) unsinnig; unlogisch.
Wi|der|sin|nig|keit (die, -, -en) das Widersinnigsein.
wi|der|spens|tig (Adj.) ungefällig; trotzig.
Wi|der|spens|tig|keit (die, -, -en) das Widerspenstigsein.
wi|der|spie|geln (V., spiegelte wider, hat widergespiegelt) abbilden.
Wi|der|spie|ge|lung (*auch:* Wi|der|spieg|lung) (die, -, -en) Reflexion; Abbildung.
wi|der|spre|chen (V., widersprach, hat widersprochen) dagegensetzen; entgegenhalten; protestieren.
Wi|der|spruch (der, -s, -sprü|che) Einwand; Einspruch. Widerspruchsklage.
wi|der|sprüch|lich (Adj.) unstimmig; gegensätzlich.
Wi|der|sprüch|lich|keit (die, -, -en) das Widersprüchlichsein.
Wi|der|stand (der, -s, -stän|de) Gegenwehr; Stromflusshemmung. Widerstandskämpfer; Widerstandskraft; Widerstandslosigkeit; Widerstandsrecht.
wi|der|stands|fä|hig (Adj.) zäh; robust; haltbar; widerstandskräftig.
wi|der|stands|los (Adj.) ohne Widerstand.
wi|der|ste|hen (V., widerstand, hat widerstanden) standhalten; sich widersetzen.
Wi|der|strahl (der, -s, -en) Widerschein.
wi|der|strah|len (V.) widerscheinen.
wi|der|stre|ben (V.) sich widersetzen; anwidern.
Wi|der|stre|ben (das, -s, kein Plural) Abneigung; Abwehr.
wi|der|stre|bend (Adj.) unfreiwillig; widerwillig.
Wi|der|streit (der, -s, -e) Konflikt; Widerspruch.
wi|der|strei|ten (V.) widersprechen.
wi|der|wär|tig (Adj.) ekelhaft.
Wi|der|wär|tig|keit (die, -, -en) Hässlichkeit; Zumutung.
Wi|der|wil|le(n) (der, -s, kein Plural) Abneigung; Missfallen; Ekel.
wi|der|wil|lig (Adj.) unwillig; störrisch.
Wi|der|wil|lig|keit (die, -, kein Plural) das Widerwilligsein.
wid|men (V.) zuneigen; sich beschäftigen mit.
Wid|mung (die, -, en) Zueignung. Widmungsgedicht.
wid|rig (Adj.) hindernd; hemmend.
wid|ri|gen|falls (Adv.) im Fall einer Zuwiderhandlung; andernfalls.
Wid|rig|keit (die, -, -en) widriger Umstand; Unannehmlichkeit.
wie 1. (Adv.) auf welche Art? durch welche Weise; welche Eigenschaft. *Beachte:* Wie gefällt es dir? wie alt? Wie spät ist es? wie blöd! und wie! 2. (Konj.) gleich; genauso. *Beachte:* Im einfachen Vergleich steht »wie« ohne Komma! Er ist so groß wie sein Freund. Sie ist so schön wie klug. Das Komma steht aber, wenn »wie« Sätze verbindet! Sie lief so schnell, wie sie eben konnte. Er konnte nicht so schnell kommen, wie er ursprünglich vorgehabt hatte. Wendungen wie »wie gesagt«, »wie gehabt«, »wie gewöhnlich« müssen nicht durch Komma abgetrennt werden! Wir haben(,) wie gesagt(,) den Termin verlegt. *Beachte* außerdem: wie auch immer; wie sehr/oft/lange/wenig; inwieweit; inwiefern; wieso; wiewohl; wie oben (Abk.: w. o.). *Aber:* Das Wie und Warum geht dich nichts an.
Wie|de|hopf (der, -s, -e) Vogel mit aufrichtbarer Kopfhaube.
wie|der (Adv.) nochmals. *Beachte:* hin und wieder; für nichts und wieder nichts; wiederum; wiederholt. *Wichtig:* Hat »wieder« die Bedeutung von »zurück«, so wird es mit dem folgenden Verb zusammengeschrieben! etwas wiedererlangen (zurückbekommen). etwas wiedergutmachen (in Ordnung bringen); sich wiedersehen. Die Ermittlungen werden wieder aufgenommen (*auch:* wiederaufgenommen). Seine Gesundheit war wiederhergestellt. *Aber:* Dieses Modell wird heute wieder hergestellt (erneut gebaut). Wiederanpfiff; Wiederanstoß; Wiederaufführung; Wiederbeginn; Wiedereinsetzung; Wiedereintritt; Wiederentdeckung; Wiedereroberung; Wiedereröffnung; Wiederinbesitznahme; Wiederinstandsetzung; Wiederkehr; Wiederkunft; Wiedertaufe; Wiedertäufer; Wiederverheiratung; Wiederverkäufer; Wiederwahl. Adjektiv: wiedergeboren. Verben: wieder aufführen (*auch:* wiederaufführen); wiederauftauchen; wiederbringen; wieder einfallen; wiedererhalten; wiedererkennen; wiedererlangen; wiedererobern; wieder eröffnen (*auch:* wiedereröffnen); wiedererwecken; wiederfinden; wiedergewinnen; wiederkäuen; wiederkehren; wiederkommen; wiedervereinigen; wiederverwenden.
Wie|der|auf|bau (der, -s, kein Plural) Neuaufbau.
wie|der|auf|bau|en (*auch:* wie|der auf|bau|en) V., baute wieder auf, hat wiederaufgebaut) neu aufbauen; wiederherstellen.
wie|der|auf|be|rei|ten (V., bereitete wieder auf, hat wiederaufbereitet) wieder nutzbar machen.
Wie|der|auf|be|rei|tung (die, -, -en) erneute Nutzbarmachung von verbrauchtem Material.
Wie|der|auf|be|rei|tungs|an|la|ge (Abk.: WAA) technische Anlage zur Rückgewinnung von Uran und Plutonium aus abgebrannten Brennelementen von Kernkraftwerken.

wieder aufheben (V., hob wieder auf, hat wieder aufgehoben) rückgängig machen. *Beachte:* ein Gesetz wieder aufheben; den Bleistift wieder aufheben.
Wiederaufnahme (die, -, -n) erneute Aufnahme; Neubeginn. Wiederaufnahmeverfahren.
wiederaufnehmen (*auch:* wieder aufnehmen) (V., nahm wieder auf, hat wiederaufgenommen, *auch:* wieder aufgenommen) neu beginnen.
wieder aufrichten (*auch:* wiederaufrichten) (V., richtete wieder auf, hat wieder aufgerichtet, *auch:* wiederaufgerichtet) trösten. *Beachte:* Sie hat mich wieder aufgerichtet (*auch:* wiederaufgerichtet).
wiederbeleben (V., belebte wieder, hat wiederbelebt) zu neuem Leben erwecken.
Wiederbelebung (die, -, -en) Reanimation; Renaissance. Wiederbelebungsversuch.
Wiedereingliederung (die, -, -en) Reintegration; Rückführung. Wiedereingliederung in die Gesellschaft.
wiedererstatten (V., erstattete wieder, hat wiedererstattet) zurückgeben.
Wiedererstattung (die, -, -en) Rückgabe; Rückerstattung.
wieder erzählen (V., erzählte wieder, hat wieder erzählt) wiedergeben; weitererzählen.
Wiedergabe (die, -, -n) das Wiedergeben; Darstellung; Bericht.
wiedergeben (V., gab wieder, hat wiedergegeben) schildern; nachbilden; zurückgeben. *Beachte:* Die Kassette hat das Stück nur schlecht wiedergegeben. *Aber:* Kannst du mir das Auto wieder (erneut) geben?
Wiedergeburt (die, -, -en) Seelenwanderung; Reinkarnation.
wiedergutmachen (V., machte wieder gut, hat wiedergutgemacht) einen Schaden in Ordnung bringen; ersetzen; entschädigen.
Wiedergutmachung (die, -, -en) Entschädigung; Buße.
wiederherstellen (V., stellte wieder her, hat wiederhergestellt) restaurieren; gesund machen (*auch:* gesundmachen). *Beachte:* Seine Gesundheit war wiederhergestellt. *Aber:* Das Auto wird jetzt wieder hergestellt.
Wiederherstellung (die, -, -en) das Wiederherstellen; Sanierung; Genesung. Wiederherstellungskosten.
wiederholen (V., wiederholte, hat wiederholt) erneut sagen, tun; zurückholen. *Beachte:* eine Klasse wiederholen (sitzen bleiben); eine Sendung wiederholen, *aber:* den Elektriker wieder holen. wiederholbar.
Wiederholung (die, -, -en) Wiederkehr; Rekapitulation. im Wiederholungsfall; Wiederholungszeichen.
wiederholt (Adj.) mehrmals; oft.
Wiederhören (das) (in der Wendung:) auf Wiederhören! (Gruß am Telefon).
Wiederkäuer (der, -s, -) Paarhufer, der die aufgenommene Nahrung ein zweites Mal kaut.
Wiederkaufsrecht (das, -s, -e) Rückkaufsrecht.
Wiedersehen (das, -s, -) erneutes Treffen. *Beachte:* jmdm. Auf (*auch:* auf) Wiedersehen sagen. wiedersehen.
Wiedersehensfreude (die, -, kein Plural) Freude über das Wiedersehen.
Wiedertäufer (die, -, nur Plural) mittelalterliche Sekte der Anabaptisten.
wiederum (Adv.) erneut; andererseits.
Wiedervereinigung (die, -, -en) Vereinigung nach Trennung.
Wiederverwertung (die, -, -en) Recycling.
Wiege (die, -, -n) Babyschaukel; Ursprung. jemandem nicht an der Wiege gesungen worden sein (für jemanden eine nicht zu erwartende Entwicklung darstellen); jemandem in die Wiege gelegt worden sein (jemandem von Geburt an gegeben sein); von der Wiege bis zur Bahre.
Wiegemesser (das, -s, -) Küchengerät.
wiegen 1. (V.) schaukeln; zerkleinern; 2. (V., wog, hat gewogen) Gewicht messen; schwer sein. *Aber:* die Waage.
Wiegendruck (der, -s, -e) vor 1500 hergestellte Buchdruckerzeugnisse.
Wiegenfest (das, -es, -e) Geburtstagsfest.
Wiegenlied (das, -es, -er) Schlaflied für Säuglinge.
wiehern (V.) wie ein Pferd schreien; (ugs.) lachen.
Wien (ohne Art., -s, kein Plural) Hauptstadt Österreichs.
Wiener (die, -, -) (Kurzw.) 1. Einwohner Wiens; 2. Wiener Würstchen.
Wienerwald (der, -s, kein Plural) nordöstlicher Ausläufer der Alpen in Österreich.
wienern (V.) (ugs.) putzen; polieren.
Wiese (die, -, -n) Grasfläche.
Wiesel (das, -s, -) Marder.
wieselflink (Adj.) flink wie ein Wiesel; sehr schnell.
wieseln (V.) sich schnell bewegen.
Wiesenblume (die, -, -n) auf einer Wiese wachsende Blume.
Wiesenchampignon (der, -s, -s) Champignonsorte.
Wiesengrund (der, -es, -gründe) grasbewachsene Niederung.
Wiesenklee (der, -s, -s) Kleesorte.
Wieslein (das, -s, -) kleine Wiese.
wieso (Adv.) warum?
wie viel (Adv.) wie sehr; wie viele. wie viele Besucher. Wie vieles Nachdenken kostet das? wie viel Zeit; der wievielte Besucher. Der Wievielte ist heute? Um wie viel mehr kostet das? Du ahnst nicht, wie viel Arbeit ich habe. zum wievielten Male, *aber:* wie viele (*auch:* wie viel) Male; wievielerlei.
wieweit (Konj.) inwieweit. *Beachte:* Ich zweifle, wieweit die Sache klappt. *Aber:* wie weit ist es noch?
wiewohl (Konj.) obwohl. *Beachte:* Er kam nicht, wiewohl er davon wusste. *Aber:* O wie wohl ist mir!
Wigwam (der, -s, -s) Indianerzelt.
Wikinger (der, -s, -) Normanne; Skandinavier im frühen MA.
Wikingersage (die, -, -n) Sage, die sich um das Volk der Wikinger rankt.
Wikingerschiff (das, -s, -e) Schiffstyp, den die Wikinger benutzten.
wikingisch (Adj.) zu den Wikingern gehörend; die Wikinger betreffend.
wild (Adj.) naturbelassen; unzivilisiert; ungestüm; leidenschaftlich. *Beachte:* in wilder Ehe leben. Ein wilder Streik brach aus. Wilder Wein; halb so wild. *Aber:* der Wilde Westen; der Wilde Kaiser (Gebirge). *Wichtig:* Getrenntschreibung von den Verben »leben, sein, werden, wachsen«! Der Garten soll ja wild wachsen. Wildbach; in freier Wildbahn; Wilddieb; Wildente; Wilderei; Wilderer; Wildgans;

Wildhüter; Wildkatze; Wildleder; Wildpark; Wildpferd; Wildsau; Wildschaden; Wildschütz. In Verbindung mit einem adjektivisch gebrauchten Partizip kann getrennt- oder zusammengeschrieben werden! wild lebend (*auch:* wildlebend); wild wachsend (*auch:* wildwachsend).

Wild (das, -es, kein Plural) alle jagdbaren Säugetiere und Vögel.

Wild|bret (das, -s, kein Plural) das Fleisch erjagten Wildes.

Wild|card (*auch:* Wild Card) (die, -, -s) (engl.) Platzhalter.

Wil|de (der, -n, -n) wilder Mensch; Ureinwohner; Eingeborener.

wil|dern (V.) unerlaubt jagen.

Wild|fang (der, -s, -fän|ge) lebhaftes, unbeherrschtes Kind.

wild|fremd (Adj.) völlig fremd.

Wild|heit (die, -, kein Plural) Unbeherrschtheit; Unkultiviertheit.

wild le|bend (*auch:* wild|le|bend) (Adj.) ungezähmt lebend; in freier Wildbahn lebend.

Wild|ling (der, -s, -e) Veredelungsunterlage im Obstbau; ungezähmtes Tier.

Wild|nis (die, -, kein Plural) urwüchsige Natur; Öde.

wild|reich (Adj.) einen großen Wildbestand aufweisend.

wild|ro|man|tisch (Adj.) Bezeichnung für eine sehr romantische, ursprüngliche Landschaft.

Wild|schütz (der, -en, -en) Wilderer.

wild wach|send (*auch:* wild|wach|send) (Adj.) wuchernd; ungezüchtet.

Wild|wuchs (der, -es, kein Plural) nicht beeinflusstes, wildes Wachsen; Wuchern; Überhandnehmen.

Wil|le (der, -ns, -n) Wollen; Wunsch. *Beachte:* der Letzte (*auch:* letzte) Wille; guten Willens sein; jemandem zu Willen sein; wider Willen.

wil|len (Präp., Gen.) wegen jemand, etwas. *Beachte:* um meiner selbst willen, *aber:* um meinet-/deinet-/seinet-/unsert-/ihret-/euretwillen; um Gottes willen.

wil|len|los (Adj.) ohne eigenen Willen; unentschlossen. Willenlosigkeit.

Wil|lens|äu|ße|rung (die, -, -en) Äußerung des Willens.

Wil|lens|er|klä|rung (die, -, -en) private Äußerung eines auf einen rechtlichen Erfolg gerichteten Willens.

Wil|lens|frei|heit (die, -, kein Plural) Freiheit zweckbewusster Wahl zwischen verschiedenen Möglichkeiten.

Wil|lens|kraft (die, -, -kräf|te) Willensstärke.

wil|lens|schwach (Adj.) einen schwach ausgeprägten Willen habend.

Wil|lens|schwä|che (die, -, kein Plural) Entschlusslosigkeit; Antriebsschwäche.

wil|lens sein (V.) beabsichtigen; bereit sein.

wil|lens|stark (Adj.) einen starken eigenen Willen habend.

Wil|lens|stär|ke (die, -, kein Plural) starker Wille.

wil|lent|lich (Adv.) absichtlich.

will|fah|ren (V., willfahrte, hat willfahrt/gewillfahrt) (veraltet) gehorchen; willig sein.

will|fäh|rig (Adj.) willig; gefügig.

Will|fäh|rig|keit (die, -, kein Plural) (veraltet) Unterwürfigkeit; Dienstbarkeit.

wil|lig (Adj.) bereitwillig.

will|kom|men (Adj.) angenehm; beliebt. Ich möchte Sie herzlich willkommen heißen!

Will|kom|men (das, -s, kein Plural) Begrüßung. Willkommensgruß.

Will|kom|mens|trunk (der, -s, -trün|ke) zur Begrüßung gereichtes Getränk.

Will|kür (die, -, kein Plural) Eigenmächtigkeit; Belieben.

Will|kür|herr|schaft (die, -, kein Plural) Tyrannei.

will|kür|lich (Adj.) beliebig; wahllos. unwillkürlich.

Wil|na (ohne Art., -s, kein Plural) Hauptstadt Litauens.

wim|meln (V.) massenhaft durcheinanderlaufen; voll sein von.

Wim|merl (das, -s, -n) (südd.) 1. Pickel; 2. Gurttasche.

wim|mern (V.) winseln; jammern.

Wim|pel (der, -s, -) Fähnchen; schmale Flagge.

Wim|per (die, -, -n) Lidhaar. Wimperntusche; Wimpertierchen.

Wind (der, -s, -e) Sturm; Böe; Luftzug; (ugs.) Blähung. *Beachte:* Er hat schnell von der Sache Wind bekommen (ugs.: erfahren). Windbö(e); in Windeseile; Windfang; Windhauch; Windhose; Windhund; Windjacke; Windjammer; Windkanal; Windkraftwerk; Windlicht; Windmaschine; Windmühle; Windrad; Windrichtung; Windrose; Windsbraut; Windschatten; Windschutzscheibe; Windspiel; Windstärke; Windstille; Windsurfer; Windsurfing; Windzug.

Wind|beu|tel (der, -s, -) 1. Gebäck; 2. (ugs.) Luftikus.

Win|del (die, -, -n) Babybinde.

win|deln (V.) eine Windel umlegen.

win|del|weich (Adj.) ganz gründlich. jemanden windelweich schlagen (ugs.) (jemanden gründlich verprügeln).

Win|de (die, -, -n) Seilwinde; Flaschenzug.

win|den 1. (V., wand, hat gewunden) drehen; umwickeln; flechten; sich schlängeln; 2. (V., windete, hat gewindet) (nur unpersönlich) es windet (der Wind weht).

Wind|flüch|ter (der, -s, -) Baum, der vom Wind verformt wurde.

wind|ge|schützt (Adj.) windstill.

win|dig (Adj.) zugig; minderwertig.

Win|dows (ohne Art., -, kein Plural) grafische Benutzeroberfläche für Personalcomputer. Windows 2000.

Wind|po|cken (die, nur Plural) Kinderkrankheit.

Win|dung (die, -, -en) Drehung; Spirale; etwas Gewundenes.

wind|schief (Adj.) (ugs.) krumm.

wind|schnit|tig (Adj.) aerodynamisch; windschlüpf(r)ig.

wind|still (Adj.) ohne Luftbewegung

wind|sur|fen (V.) segeln auf einem Surfbrett.

Wink (der, -s, -e) Geste; Anhaltspunkt; Hinweis.

Win|kel (der, -s, -) Ecke; geometrische Figur; entlegener Ort. Winkeladvokat; Winkeleisen; Winkelfunktion; Winkelmaß; Winkelzug.

win|ke|lig (*auch:* wink|lig) (Adj.) in Winkeln; verwinkelt.

win|keln (V.) anwinkeln; beugen; biegen.

win|ken (V., winkte, hat gewinkt) schwenken; gestikulieren. winke, winke machen.

Win|ker (der, -s, -) Fahrtrichtungsanzeiger.

Win|ker|flag|ge (die, -, -n) Flagge zum Signalgeben in der Seefahrt.

Win|se|lei (die, -, -en) das Winseln; Jammerei.

win|seln (V.) heulen; jammern.
Wins|ler (der, -s, -) winselnder Mensch.
Win|ter (der, -s, -) Jahreszeit. *Beachte:* Sommer wie Winter, *aber:* sommers wie winters. Winteranfang; Winterapfel; Wintercamping; Wintereinbruch; Winterfahrplan; Wintergarten; Wintergetreide; Winterhilfswerk; Winterkartoffel; Winterkollektion; Winterlandschaft; Wintermantel; Wintermonat; Winternacht; Winterolympiade; Winterpause; Winterquartier; Winterreifen; Winterreise; Winterruhe; Wintersaat; Wintersachen; Wintersaison; Winterschlaf; Winterschlussverkauf (Abk.: WSV); Wintersemester (Abk.: WS); Wintersonnenwende; Winterspiele; Wintersport; Winter(s)zeit; Wintertag.
win|ter|fest (Adj.) niedrige Temperaturen vertragend.
win|ter|hart (Adj.) winterfest.
win|ter|lich (Adj.) dem Winter entsprechend; kalt.
win|ter|taug|lich (Adj.) winterfest.
win|ters (Adv.) im Winter. *Aber:* des Winters.
win|ters|über (Adv.) im Winter. *Aber:* den Winter über.
Win|zer (der, -s, -) Weinbauer.
Win|zer|ge|nos|sen|schaft (die, -, -en) Genossenschaft der Winzer.
win|zig (Adj.) sehr klein; sehr wenig.
Win|zig|keit (die, -, -en) Kleinigkeit.
Winz|ling (der, -s, -e) Zwerg; kleiner Mensch.
Wip|fel (der, -s, -) Baumkrone; Baumgipfel. Adjektiv: wipf(e)lig.
Wip|pe (die, -, -n) Schaukel.
wip|pen (V.) schaukeln.
wir (Pron., pers.) *Beachte:* wir Deutschen (*auch:* Deutsche); wir Franzosen. Wir und ihr haben uns lange nicht gesehen (*falsch:* haben sich).
Wir|bel (der, -s, -) Kreisbewegung; Strudel; Knochen; Trommelschlag; (ugs.) Aufregung.
wir|be|lig (*auch:* wirb|lig) (Adj.) in Wirbeln; gewirbelt.
Wir|bel|kno|chen (der, -s, -) Knochen der Wirbelsäule.
wir|bel|los (Adj.) ohne Wirbel; ohne Wirbelsäule.
Wir|bel|lo|se (die, -, nur Plural) Oberbegriff für Tiere ohne Wirbelsäule.
wir|beln (V.) Wirbel bilden; sich drehen; sich schnell bewegen.
Wir|bel|säu|le (die, -, -n) Rückgrat.
Wir|bel|sturm (der, -s, -stür|me) Oberbegriff für verschiedene Arten von Stürmen.
Wir|bel|tier (das, -s, -e) Oberbegriff für Tiere mit Skelett.
Wir|bel|wind (der, -es, -e) heftiger Wind; sich schnell bewegender Mensch.
wir|ken (V.) arbeiten; wirksam sein; weben.
Wir|ker (der, -s, -) Berufsbezeichnung für einen Menschen, der Wirkwaren herstellt. Wirkerin.
Wir|ke|rei (die, -, -en) Betrieb, in dem Wirkwaren hergestellt werden.
Wirk|kraft (die, -, -kräf|te) eine Wirkung erzielende Kraft; Wirkungskraft.
Wirk|leis|tung Nutzleistung eines Wechselstromkreises.
wirk|lich 1. (Adj.) tatsächlich; wahr; echt; 2. (Adv.) in der Tat.
Wirk|lich|keit (die, -, -en) Realität; Wahrheit.
wirk|lich|keits|fern (Adj.) weltfremd; wirklichkeitsfremd.
Wirk|lich|keits|form (die, -, -en) Indikativ.
wirk|lich|keits|ge|treu (Adj.) der Wirklichkeit entsprechend; richtig; realistisch.
wirk|lich|keits|nah (Adj.) anschaulich; der Realität nahekommend.
Wirk|lich|keits|sinn (der, -s, kein Plural) Sinn für die Realität; Realismus.
wirk|sam (Adj.) effektiv; erfolgreich.
Wirk|sam|keit (die, -, kein Plural) Effektivität; Nutzen.
Wirk|stoff (der, -s, -e) medizinisch oder biologisch wirkende Substanz.
Wir|kung (die, -, -en) Effekt. Wirkungsbereich; Wirkungsfeld; Wirkungsgrad; Wirkungskreis; Wirkungsweise.
wir|kungs|los (Adj.) ohne Wirkung; erfolglos; nutzlos.
Wir|kungs|lo|sig|keit (die, -, kein Plural) Nutzlosigkeit; Erfolglosigkeit.
wir|kungs|voll (Adj.) wirksam.
Wirk|wa|ren (die, -, nur Plural) gewirkte Stoffe; Jersey.
wirr (Adj.) durcheinander; verstört; konfus.
Wir|ren (die, -, -nur Plural) Aufruhr; Durcheinander. Irrungen und Wirrungen.
Wirr|heit (die, -, en) Verwirrtheit; das Wirrsein.
Wirr|kopf (der, -s, -köp|fe) Fantast; Chaot.
Wirr|nis (die, -, -se) Durcheinander.
Wirr|warr (der, -s, -kein Plural) Durcheinander.
Wir|sing (der, -s, kein Plural) (ital.) Kohl. Wirsinggemüse; Wirsingkohl.
Wirt (der, -s, -e) 1. Gastwirt; Hauswirt; 2. Parasitenträger.
Wir|tin (die, -, -nen) Gastwirtin.
wirt|lich (Adj.) veraltet für gastfreundlich.
Wirt|lich|keit (die, -, kein Plural) veraltet für Gastfreundlichkeit.
Wirt|schaft (die, -, -en) Gasthaus; Haushalt; Volkswirtschaft. Wirtschaftlichkeit; Wirtschaftsaufschwung; Wirtschaftsberater; Wirtschaftsflüchtling; Wirtschaftsgeld; Europäische Wirtschaftsgemeinschaft (Abk.: EWG); Wirtschaftsgeografie (*auch:* Wirtschaftsgeographie); Wirtschaftshilfe; Wirtschaftskrise; Wirtschaftslage; Wirtschaftsordnung; Wirtschaftspolitik; Wirtschaftsprüfer; Wirtschaftsreform; Wirtschaftssystem; Wirtschaftsteil; Wirtschaftswachstum; Wirtschaftswissenschaft; Wirtschaftswunder; Wirtschaftszweig.
wirt|schaf|ten (V.) haushalten.
Wirt|schaf|te|rin (die, -, -nen) Haushälterin.
wirt|schaft|lich (Adj.) ökonomisch; rationell; sparsam.
wirt|schafts|geo|gra|fisch (*auch:* wirtschafts|geo|gra|phisch) (Adj.) die Wirtschaftsgeografie (*auch:* Wirtschaftsgeographie) betreffend; sich auf sie beziehend.
wirt|schafts|po|li|tisch (Adj.) die Wirtschaftspolitik betreffend.
Wirt|schafts|sank|ti|on (die, -, -ti|o|nen) Wirtschaftsboykott.
Wirt|schafts|uni|on (die, -, -uni|o|nen) Wirtschaftsvereinigung.
Wirts|haus (das, -es, -häu|ser) Gasthaus; Gaststätte.
Wirts|leu|te (die, -, nur Plural) Betreiber eines Wirtshauses.
Wirts|or|ga|nis|mus (der, -, -or|ga|nis|men) Organismus als Parasitenträger.
Wirts|pflan|ze (die, -, -n) Wirtsorganismus.

Wirts|stu|be (die, -, -n) Gaststube eines Wirtshauses.
Wirts|tier (das, -es, -e) Wirtsorganismus.
Wisch (der, -es, -e) (ugs.) Schriftstück; Schreiben; Papier.
wi|schen (V.) putzen; reiben.
Wisch|lap|pen (der, -s, -) Wischtuch; Putzlappen.
Wisch|tuch (das, -s, -tü|cher) Putzlappen.
Wi|scher (der, -s, -) Scheibenwischer.
Wi|scher|blatt (das, -es, -blät|ter) Blatt des Scheibenwischers.
wisch|fest (Adj.) abwischbar.
Wi|schi|wa|schi (das, -s, kein Plural) Geschwätz; unklare Äußerung.
Wisch|nu (ohne Art., -s, kein Plural) einer der drei Hauptgötter des Hinduismus.
Wis|con|sin (ohne Art., -s, kein Plural) Staat im Norden der USA.
Wi|sent (der, -s, -e) Wildrind.
Wis|mar (ohne Art., -s, kein Plural) Hafenstadt in Mecklenburg-Vorpommern.
Wis|mut (das, -s, kein Plural) Metall; chemischer Grundstoff (Abk.: Bi).
wis|mu|ten (Adj.) aus Wismut bestehend.
wis|pern (V.) flüstern.
Wiss|be|gier|de (die, -, kein Plural) das Verlangen, sich Wissen anzueignen; Neugier.
wis|sen (V., wusste, hat gewusst) Kenntnis haben; erfahren sein. Sie wusste von den Problemen/um die Probleme. meines Wissens (Abk.: m.W.); wider besseres Wissen; wider/ohne Wissen; von jemandem nichts mehr wissen wollen (kein Interesse mehr an jemandem haben); es wissen wollen (seine Fähigkeiten unter Beweis stellen wollen). Was ich nicht weiß, macht mich nicht heiß! (Was ich nicht nicht genau weiß, will ich gar nicht wissen, denn sonst rege ich mich nur darüber auf).
Wis|sen (das, -s, kein Plural) Kenntnis; Bewusstsein; Erfahrung; Bildung. Wissbegierde.
Wis|sen|de (der, -n, -n) Weiser; kundiger Mensch.
Wis|sen|schaft (die, -, -en) Forschung; Lehre. Wissenschaftsbegriff.
Wis|sen|schaft|ler (der, -s, -) Forscher. Wissenschaftlerin.
wis|sen|schaft|lich (Adj.) die Wissenschaft betreffend; in der Art der Wissenschaft.
Wis|sen|schaft|lich|keit (die, -, kein Plural) wissenschaftliches Vorgehen.
Wis|sen|schafts|glau|be (der, -ns, kein Plural) großes Vertrauen in die Wissenschaft.
wis|sen|schafts|gläu|big (Adj.) großes Vertrauen in die Wissenschaft habend.
Wis|sen|schafts|rat (der, -es, kein Plural) Vereinigung zur Koordination von Planung und Förderung der Wissenschaften in Deutschland.
Wis|sen|schafts|the|o|rie (die, -, -n) philosophisches Teilgebiet.
Wis|sens|drang (der, -es, kein Plural) der Wunsch, sich Wissen anzueignen; Wissensdurst.
wis|sens|durs|tig (Adj.) lernbegierig; neugierig.
Wis|sens|ge|biet (das, -es, -e) Fachgebiet; Fach.
Wis|sens|schatz (der, -es, -schät|ze) Wissen.
wis|sens|wert (Adj.) interessant; merkenswert.
wis|sent|lich (Adj.) absichtlich; bewusst.
Wit|tels|ba|cher (der, -s, -) Angehöriger des gleichnamigen bayerischen Herrscherhauses.
Wit|ten|berg (ohne Art., -s, kein Plural) Stadt in Sachsen-Anhalt.
wit|tern (V.) riechen; ahnen.
Wit|te|rung (die, -, kein Plural) 1. Wetter; 2. Geruchssinn.
Wit|te|rungs|ein|fluss (der, -es, -ein|flüs|se) Einfluss des Wetters.
Wit|te|rungs|um|schlag (der, -s, kein Plural) Wetterumschwung.
Wit|te|rungs|ver|hält|nis|se (die, -, kein Plural) Wetterbedingungen.
Wit|we (die, -, -n) hinterbliebene Ehefrau (Abk.: Wwe.). Witwenrente.
Wit|wen|geld (das, -es, -er) monatliche Witwenrente.
Wit|wen|schaft (die, -, kein Plural) das Witwesein.
Wit|wen|ver|bren|nung (die, -, -en) früherer indischer Brauch, die Witwe eines Mannes mit ihm zusammen zu verbrennen.
Wit|wen|vo|gel (der, -s, -vö|gel) zur Unterfamilie der Webervögel gehörend.
Wit|wer (der, -s, -) (Abk.: Wwr.) hinterbliebener Ehemann.
Wit|wer|schaft (die, -, kein Plural) das Witwersein.
Witz (der, -es, -e) Scherz; lustige Geschichte; Pfiffigkeit. Witze reißen (Witze erzählen). Mach keine Witze (ugs.) (erzähl keinen Unsinn)!
Witz|blatt (das, -es, -blät|ter) Zeitung/Zeitschrift mit Witzen.
Witz|bold (der, -s, -e) Clown; Komiker; Spaßvogel.
Wit|ze|lei (die, -, -en) das Witzeln; Frotzelei.
wit|zeln (V.) Witze machen; frotzeln.
Witz|fi|gur (die, -, -en) Witzblattfigur; lächerlicher, nicht ernst zu nehmender Mensch.
wit|zig (Adj.) lustig; originell; spaßig.
Wit|zig|keit (die, -, -en) Originalität; Spaßigkeit; Witz.
witz|los (Adj.) ohne Witz; uninteressant.
Witz|wort (das, -es, -e) scherzhafte Bemerkung.
WK (Abk.) **W**iederholungs**k**urs.
w. L. (Abk.) **w**estlicher **L**änge.
WM (Abk.) **W**elt**m**eisterschaft.
WNW (Abk.) **W**est**n**ord**w**est(en).
wo 1. (Adv.) an welchem Ort; zu welcher Zeit; irgendwo. *Beachte:* Wo bist du? wobei; wodurch; wofern; wofür; woher. Geh, woher du gekommen bist. *Aber:* Sie zieht wieder hin, wo sie hergekommen ist. Von wo(her) kommst du? woandershin; wo immer du bist. Die Straße, wo (in der) ich ihn zum ersten Mal sah. wohinunter; womöglich (vielleicht), *aber:* wo (irgend) möglich; wohinaus; woselbst; wovon; wovor; wozu; wozwischen; worauf; woraus; worin; worüber; worum; worunter. Das Wo werden wir noch besprechen. 2. (Konj.) da; während; wenn.
w. o. (Abk.) wie oben.
Wobb|ler (der, -s, -) (engl.) Gerät, dessen Frequenz (zu Messzwecken) regelmäßig verändert werden kann.
Wo|che (die, -, -n) Zeitraum. *Beachte:* Woche für Woche; wochenlang, *aber:* drei Wochen lang; wochentags, *aber:* an einem Wochentag/an Wochentagen; wöchentlich; einwöchentlich (1-wöchentlich); zweiwöchig (2-wöchig).

Wo|chen|bett (das, -es, -en) Kindbett; Zeitraum nach der Entbindung.
Wo|chen|blatt (das, -es, -blät|ter) veraltet für eine wöchentlich erscheinende Zeitung oder Zeitschrift.
Wo|chen|en|de (das, -s, -n) Samstag und Sonntag.
Wo|chen|end|haus (das, -es, -häu|ser) Ferienhaus.
Wo|chen|kar|te (die, -, -n) wöchentlich wechselnde Speisekarte.
Wo|chen|lohn (der, -s, -löh|ne) wöchentlich ausbezahlter Arbeitslohn.
Wo|chen|schau (die, -, -en) Nachrichten der Woche.
Wo|chen|spiel|plan (der, -es, -plä|ne) Theater- oder Kinospielplan für eine Woche.
wo|chen|wei|se (Adv.) in/für Wochen.
Wo|chen|zei|tung (die, -, -en) wöchentlich erscheinende Zeitung.
Wöch|ne|rin (die, -, -nen) Frau im Wochenbett.
Wod|ka (der, -s, -s) (russ.) Branntwein.
Wo|ge (die, -, -n) Welle.
wo|gen (V.) Wellen schlagen; branden.
wohl (Adv.) gesund; gut; ungefähr; vermutlich; zwar. *Beachte:* wohl oder übel; leben Sie wohl; wohl bekomms (*auch:* bekomm's); wohlan! wohlgemerkt! gleichwohl; obwohl; sowohl; wiewohl. *Wichtig:* Getrenntschreibung vom Verb, wenn »wohl« in der Bedeutung »wahrscheinlich« verwendet wird. Ich werde es wohl tun. *Aber:* Das wird dir wohltun (angenehm sein). sich wohlfühlen (*auch:* wohl fühlen); lass es dir wohlergehen (*auch:* wohl ergehen).
Wohl (das, -s, kein Plural) Wohlergehen; Gesundheit. zum Wohl.
Wohl|an|stän|dig|keit (die, -, kein Plural) Schicklichkeit; Anständigkeit.
wohl|auf sein (V., war wohlauf, ist wohlauf gewesen) gesund sein.
wohl|be|dacht (*auch:* wohl be|dacht) (Adj.) gut überlegt.
Wohl|be|fin|den (das, -s, kein Plural) Gesundheit.
Wohl|be|ha|gen (das, -s, kein Plural) großes Behagen.
wohl|be|hal|ten (Adj.) unbeschadet.
wohl|be|hü|tet (*auch:* wohl be|hü|tet) (Adj.) beschützt.
wohl|be|kannt (*auch:* wohl be|kannt) (Adj.) sehr gut bekannt.
wohl|durch|dacht (*auch:* wohl durch|dacht) (Adj.) gut überlegt.
Wohl|er|ge|hen (das, -s, kein Plural) Gesundheit; Wohlbefinden.
wohl|er|zo|gen (*auch:* wohl er|zo|gen) (Adj.) anständig; sittsam.
Wohl|er|zo|gen|heit (die, -, kein Plural) gutes Benehmen.
Wohl|fahrt (die, -, kein Plural) Fürsorge.
Wohl|fahrts|pfle|ge (die, -, kein Plural) Hilfsmaßnahmen für Not leidende und sozial schwache Menschen.
Wohl|fahrts|staat (der, -es, -en) Staat, der die soziale Sicherheit auch der wirtschaftlich benachteiligten Bevölkerungsteile sichert.
wohl|feil (Adj.) billig.
Wohl|ge|fal|len (das, -s, kein Plural) Zufriedenheit; Gefallen.
wohl|ge|fäl|lig (Adj.) ansprechend; Beifall findend.
wohl|ge|formt (*auch:* wohl ge|formt) (Adj.) schön; gut proportioniert.
Wohl|ge|fühl (das, -s, kein Plural) Behaglichkeit.
wohl|ge|mut (Adj.) frohgemut.
wohl|ge|nährt (*auch:* wohl ge|nährt) (Adj.) gut genährt.
wohl|ge|ra|ten (*auch:* wohl ge|ra|ten) (Adj.) gut gelungen.
Wohl|ge|ruch (der, -s, -ge|rü|che) Duft.
wohl|ge|sinnt (Adj.) freundlich gesinnt.
wohl|ha|bend (Adj.) reich. Wohlhabenheit.
woh|lig (Adj.) behaglich.
wohl|pro|por|ti|o|niert (*auch:* wohl pro|por|ti|o|niert) (Adj.) gut proportioniert.
wohl|schme|ckend (*auch:* wohl schme|ckend) (Adj.) schmackhaft.
wohl|si|tu|iert (*auch:* wohl si|tu|iert) (Adj.) wohlhabend; geordnet.
Wohl|stand (der, -s, kein Plural) Reichtum; hoher Lebensstandard.
Wohl|stands|bür|ger (der, -s, -) abwertend für einen wohlhabenden Bürger.
Wohl|stands|ge|sell|schaft (die, -, -en) hoch industrialisierte, reiche Gesellschaft.
Wohl|stands|müll (der, -s, kein Plural) abwertend für den von einer Wohlstandsgesellschaft produzierten Müll.
Wohl|tat (die, -, -en) selbstlose Handlung; Erleichterung; Linderung.
Wohl|tä|ter (der, -s, -) Menschenfreund; Mäzen. Wohltäterin.
wohl|tä|tig (Adj.) mildtätig; karitativ.
Wohl|tä|tig|keit (die, -, kein Plural) karitative Aktivität; Nächstenliebe; Großzügigkeit.
Wohl|tä|tig|keits|ver|an|stal|tung (die, -, -en) wohltätigen Zwecken dienende Veranstaltung.
wohl|tu|end (Adj.) angenehm. Verb: wohltun.
wohl|über|legt (*auch:* wohl über|legt) (Adj.) gründlich durchdacht.
wohl|ver|dient (Adj.) zustehend.
wohl|weis|lich (Adv.) bewusst; aus gutem Grund.
Wohl|wol|len (das, -s, kein Plural) Freundlichkeit; positive Einstellung.
wohl|wol|lend (Adj.) freundlich; entgegenkommend. Wohlwollen; wohlwollen.
woh|nen (V.) leben; ansässig sein. Wohnanhänger; Wohnblock; Wohndiele; Wohnfläche; Wohngeld; Wohngemeinschaft (Abk.: WG); Wohnhaus; Wohnkultur; Wohnlichkeit; Wohnsitz; Wohnviertel; Wohnwagen; Wohnzimmer.
Wohn|gift (das, -s, -e) Gift in Baustoffen oder Möbeln.
wohn|lich (Adj.) gemütlich.
woh|nungs|los (Adj.) obdachlos; ohne Wohnung.
Woh|nung (die, -, -en) Wohnstätte; Appartement. Wohnungsbaugenossenschaft; Wohnungseinrichtung; Wohnungsnot.
Woh|nungs|markt (der, -s/-es, -märk|te) Angebot und Nachfrage an Wohnungen.
woh|nung(s)|su|chend (Adj.) auf der Suche nach einer Wohnung. Wohnung(s)suchende.
Woh|nungs|um|wand|lung (die, -, -en) Umwandlung einer Mietwohnung in eine Eigentumswohnung.
Woh|nungs|wech|sel (der, -s, -) Umzug.
Woi|lach (der, -s, -e) (russ.) Satteluntertlage; (Pferde-)Decke aus Wolle.
Woi|wo|de (der, -n, -n) hoher polnischer Provinzbeamter (bis 1945).
Woi|wod|schaft (die, -, -en) polnischer Verwaltungsbezirk.

Wok (der, -, -s) (chines.) Kochtopf.
wöl|ben (V., refl.) sich krümmen; sich ausbuchten.
Wöl|bung (die, -, -en) Ausbuchtung; Bauchung; Gewölbe.
Wolf (der, -s, Wöl|fe) Raubtier. sich wie durch den Wolf gedreht fühlen (ugs.) (sich ganz elend fühlen); unter die Wölfe kommen (brutal behandelt werden); mit den Wölfen heulen (sich in Wort und Tat aus Opportunismus der Mehrheit anschließen); ein Wolf im Schafspelz sein (sich harmlos geben, aber sehr gefährlich sein). Wölfin; Wolfshund; Wolfsspitz.
wöl|fisch (Adj.) wie ein Wolf; zu den Wölfen gehörend.
Wolf|ram (das, -s, kein Plural) Metall; chemischer Grundstoff (Abk.: W).
Wolf|ra|mit (das, -s, kein Plural) Wolframerz.
Wolfs|burg (ohne Art., -s, kein Plural) Stadt in Niedersachsen.
Wolfs|hun|ger (der, -s, kein Plural) Riesenhunger.
Wolfs|ra|chen (der, -s, -) Gaumenspalte.
Wol|ga (die, -, kein Plural) Fluss in Russland.
Wol|go|grad (ohne Art., s, kein Plural) russische Stadt, früher Stalingrad.
Wol|ke (die, -, -n) Wasserdampf; Rauch. aus allen Wolken fallen (ugs.) (sehr überrascht sein); über allen Wolken schweben (ugs.) (ein Träumer sein).
wöl|ken (V.) seltener Ausdruck für Wolken bilden.
Wol|ken|bruch (der, -s, -brü|che) Regenguss; Gewitter.
Wol|ken|de|cke mit Wolken bedeckter Himmel.
Wol|ken|krat|zer (der, -s, -) Hochhaus.
Wol|ken|ku|ckucks|heim (das, -es, -) Fantasiewelt.
wol|ken|los (Adj.) ohne Wolken.
Wol|ken|wand (die, -, -wän|de) Gewitterfront; dichte Bewölkung.
wol|kig (Adj.) bewölkt.
Wol|le (die, -, -n) Strickgarn; Pelzhaar. sich in die Wolle kriegen/geraten (ugs.) (miteinander Streit bekommen); in der Wolle von etwas gefärbt sein (ein überzeugter Vertreter von etwas sein); in der Wolle sitzen (wohlhabend sein). Wolllappen (*auch:* Woll-Lappen); Wolldecke; Wollfaden; Wollgarn; Wollkleid; Wollknäuel; Wollsiegel; Wollstoff; Wollwaren.
wol|len (V., wollte, hat gewollt) den Wunsch, Willen haben. *Beachte:* Ich hätte gerne noch kommen wollen (*falsch:* gewollt).
wol|lig (Adj.) aus Wolle bestehend; weich; wollen.
Wol|lust (die, -, -lüs|te) Lüsternheit; Begierde.
wol|lüs|tig (Adj.) lüstern; begehrlich.
Wol|lüst|ling (der, -s, -e) abwertend für wollüstiger Mann.
Wol|per|tin|ger (der, -s, -) bayerisches Fabeltier.
Wom|bat (der, -s, -s) australischer Plumpbeutler.
Won|der|bra (der, -s, -s) Büstenhalter, der die Brust durch eingenähte Polster größer erscheinen lässt.
Won|ne (die, -, -n) Freude; Wohlbehagen.
Won|ne|ge|fühl (das, -s, -e) veraltet für Glücksgefühl.
Won|ne|mo|nat (der, -s, -e) veraltet für den Monat Mai.
won|ne|trun|ken (Adj.) berauscht; glücklich.
won|ne|voll (Adj.) lustbetont; genüsslich.
Won|ne|prop|pen (der, -s, -) (ugs.) munteres, wohlgenährtes Baby.
won|nig (Adj.) heiter; entzückend.
Worces|ter|so|ße (*auch:* Worces|ter|sau|ce) (die, -, -n) Würzsoße.
Wor|k|a|ho|lic (der, -s, -s) (engl.) Arbeitssüchtiger.
Work|shop (der, -s, -s) (engl.) Seminar; Kurs.
Work|sta|tion (die, -, -s) (engl.) Arbeitsplatzrechner mit einer wesentlich höheren Leistung als ein Personalcomputer.
World|cup (der, -s, -s) (engl.) Weltmeisterschaft.
World Health Or|ga|ni|za|tion (die, - - -, kein Plural) (engl.) (Abk.: WHO) Weltgesundheitsorganisation.
World Wide Fund for Na|ture (der, - - -s - -, kein Plural) Internationale Naturschutzorganisation, gegr. 1961. (Abk.: WWF).
World Wide Web (das, - - -s, kein Plural) (engl.) (Abk.: WWW) weltweites Informationssystem im Internet.
Worms (ohne Art., -, kein Plural) Stadt in Rheinland-Pfalz.
Worps|we|de (ohne Art., -s, kein Plural) Künstlerkolonie in Niedersachsen.
Wort (das, -s, -e/Wör|ter) sprachliche Einheit; Ausdruck. *Beachte:* Der Plural »Worte« steht für »Äußerungen/Begriffe«, dagegen bezieht sich »Wörter« auf das einzelne Wort! Das Lexikon hat 40.000 Stichwörter. mit anderen Worten (Abk.: m. a. W.). Es waren ihre letzten Worte. mit wenigen Worten. Das glaube ich dir aufs Wort. Wort für Wort. Ich werde dich beim Wort nehmen. Man konnte kaum zu Wort kommen. Ich hoffe, er wird Wort halten.
wort|arm (Adj.) wortkarg.
Wort|art (die, -, -en) Wortgruppe mit gemeinsamen grammatikalischen Eigenschaften.
Wort|be|deu|tung (die, -, -en) Bedeutung eines Wortes.
Wort|be|deu|tungs|leh|re (die, -, kein Plural) Semasiologie.
Wort|bil|dung (die, -, -en) Bildung neuer Wörter.
wort|brü|chig (Adj.) unzuverlässig; untreu.
Wört|chen (das, -s, -) kurzes Wort.
Wör|ter|buch (das, -es, -bü|cher) Nachschlagewerk.
Wör|ter|ver|zeich|nis (das, -ses, -se) Verzeichnis benutzter Wörter.
Wort|fa|mi|lie (die, -, -n) Gruppe von verwandten Wörtern.
Wort|fet|zen (der, -s, -) Gesprächsfetzen; unverständlicher Teil eines Wortes.
Wort|füh|rer (der, -s, -) Sprecher; Anführer.
Wort|ge|fecht (das, -s, -e) verbale Auseinandersetzung.
Wort|ge|plän|kel (das, -s, kein Plural) Geschwätz.
wort|ge|treu (Adj.) wörtlich.
wort|ge|wal|tig (Adj.) redegewandt; überzeugungsfähig.
wort|ge|wandt (Adj.) redegewandt.
wort|karg (Adj.) schweigsam.
Wort|klau|be|rei (die, -, kein Plural) Haarspalterei; Spitzfindigkeit.
wört|lich (Adj.) Wort für Wort; wortgetreu; buchstäblich.
wort|los (Adj.) ohne Worte; schweigend.

Wort|mel|dung (die, -, -en) Meldung zum Sprechen.
Wort|re|gis|ter (das, -s, -) Wörterverzeichnis.
wort|reich (Adj.) redselig; ausführlich.
Wort|schatz (der, -es, schät|ze) Gesamtheit aller Wörter.
Wort|schöp|fung (die, -, -en) Schöpfung eines neuen Wortes.
Wort|schwall (der, -s, -schwäl|le) Redeschwall.
Wort|wech|sel (der, -s, -) Streit; Diskussion.
Wo|tan (ohne Art, -s, kein Plural) höchster germ. Gott, auch Odin.
wow! (Interj.) (engl.) toll! (Ausruf der Begeisterung).
Wrack (das, -s, -s) zerstörtes Schiff; körperlich und seelisch kraftloser Mensch. Adjektiv: wrack.
wrin|gen (V., wrang, hat gewrungen) auswinden.
Ws (Abk.) **W**att**s**ekunde.
WSW (Abk.) **W**est**s**üd**w**est(en).
Wu|cher (der, -s, kein Plural) Preistreiberei; überhöhte Forderung.
Wu|che|rei (die, -, -en) Wucher.
Wu|che|rer (der, -s, -) Preistreiber; Halsabschneider.
wu|che|risch (Adj.) preislich überhöht.
wu|chern (V.) stark wachsen; den Preis hochtreiben.
Wu|cher|preis (der, -es, -e) stark überhöhter Preis.
Wu|che|rung (die, -, -en) krankhaftes Zellwachstum.
Wu|cher|zin|sen (die, -, -nur Plural) stark überhöhte Zinsen.
Wuchs (der, -es, kein Plural) Wachstum; Figur. Wuchsstoff; kleinwüchsig.
Wucht (die, -, kein Plural) Gewicht; Druck; Stärke. *Beachte:* Das Fest war eine Wucht (ugs.: großartig).
wuch|ten (V.) stemmen; etwas Schweres heben.
wuch|tig (Adj.) gewaltig; groß und schwer.
Wuch|tig|keit (die, -, kein Plural) Schwere; Größe.
wüh|len (V.) graben; suchen.
Wüh|ler (der, -s, -) rastlos Tätiger; Nagetier.
Wüh|le|rei (die, -, kein Plural) das Wühlen.
Wühl|maus (die, -, -mäu|se) Nagetier.
Wühl|tisch (der, -es, -e) Verkaufstisch mit Sonderpreisen.
Wul|fe|nit (der, -s, -e) ein Mineral.
Wulst (der, -es, Wüls|te) Wölbung; Verdickung.
wuls|tig (Adj.) einen Wulst bildend.
wund (Adj.) aufgescheuert; verletzt; entzündet. wund sein/werden; sich die Füße wund laufen (*auch:* wundlaufen); sich wund liegen (*auch:* wundliegen).
Wun|de (die, -, -n) Verletzung.
Wund|brand (der, -es, kein Plural) infektiöse Vereiterung einer Wunde.
Wun|der (das, -s, -) Unglaubliches; Außerordentliches; Unding. *Beachte:* sein blaues Wunder erleben; kein Wunder, dass ...; was Wunder, wenn ...; Wunder tun/wirken. Sie meint, Wunder was sie ist. Die Frau kam ihm Wunder wie hübsch (sehr hübsch) vor.
wun|der|bar (Adj.) herrlich.
wun|der|ba|rer|wei|se (Adv.) wie durch ein Wunder.
Wun|der|blu|me (die, -, -n) Zierpflanzengattung.
Wun|der|dok|tor (der, -s, -en) Scharlatan.
Wun|der|glau|be (der, -ns, kein Plural) Glaube an Wunder.
wun|der|gläu|big (Adj.) an Wunder glaubend.
wun|der|hübsch (Adj.) sehr hübsch.
Wun|der|ker|ze (die, -, -n) Funken sprühender Draht.
Wun|der|kind (das, -es, -er) besonders begabtes oder intelligentes Kind.
Wun|der|lam|pe (die, -, -n) 1. im Märchen vorkommende Öllampe; 2. Tintenfischart.
wun|der|lich (Adj.) seltsam; kauzig.
Wun|der|lich|keit (die, -, kein Plural) Seltsamkeit.
wun|der|sam (Adj.) sonderbar; unglaublich.
wun|der|schön (Adj.) sehr schön.
Wun|der|tü|te (die, -, -n) Tüte, in der Überraschungen enthalten sind.
wun|der|voll (Adj.) wunderbar.
Wun|der|werk (das, -s, -e) technisches Wunder.
Wund|fie|ber (das, -s, kein Plural) durch eine Wunde hervorgerufenes Fieber.
Wund|in|fek|ti|on (die, -, -en) infizierte Wunde.
Wund|pflas|ter (das, -s, -) eine Wunde schützendes Pflaster.
Wund|sal|be (die, -, -n) auf Wunden aufgetragene Salbe.
Wund|schmerz (der, -es, -en) durch eine Wunde hervorgerufener Schmerz.
Wund|starr|krampf (der, -es, kein Plural) Tetanus.
Wund|ver|band (der, -es, -ver|bän|de) um eine Wunde gelegter Verband.
Wunsch... Traum...; Ersehntes. Wunschauto; Wunschberuf; Wunschbedingung; Wunschfoto; Wunschgehalt; Wunschjob; Wunschkonditionen; Wunschmöglichkeit; Wunschpreis; Wunschreise; Wunschwetter; Wunschwohnung; Wunschziel.
Wunsch|bild (das, -es, -er) Idealvorstellung; Traum.
Wunsch|den|ken (das, -s, kein Plural) Illusion; Fantasterei; Träumerei.
wün|schen (V.) erhoffen; wollen; verlangen. Wunschgegner. wunschlos glücklich.
wün|schens|wert (Adj.) erstrebenswert.
Wün|schel|ru|te (die, -, -n) Wassersuchgerät. Wünschelrutengänger.
Wunsch|film (der, -s, -e) Film, den sich das Publikum selbst auswählen kann.
wunsch|ge|mäß (Adv.) wie gewünscht.
Wunsch|vor|stel|lung (die, -, -en) Wunschbild; unrealistische Vorstellung von etwas oder jemandem.
Wunsch|zet|tel (der, -s, -) Zettel, auf den eine Liste von Wünschen geschrieben wird.
Wup|per (die, -, kein Plural) Nebenfluss des Rheins.
Wup|per|tal (ohne Art., -s, kein Plural) Stadt in Nordrhein-Westfalen.
Wür|de (die, -, -n) Achtung; Erhabenheit; Haltung.
wür|de|los (Adj.) unwürdig; ehrlos.
Wür|de|lo|sig|keit (die, -, kein Plural) Mangel an Würde.
Wür|den|trä|ger (der, -s, -) Inhaber eines hohen weltlichen oder geistlichen Postens.
wür|de|voll (Adj.) erhaben; vornehm.
wür|dig (Adj.) ehrenvoll; erhaben; voller Würde.
wür|di|gen (V.) anerkennen; ehren.

Wür|dig|keit (die, -, kein Plural) das Würdigsein.
Wür|di|gung (die, -, -en) Anerkennung.
Wurf (der, -s/-es, Wür|fe) Werfen; Erfolg; Jungtiere. werfen.
Wür|fel (der, -s, -) Spielstein; geometrischer Körper; Stückchen. Die Würfel sind gefallen (die Entscheidung ist endgültig).
Wür|fel|be|cher (der, -s, -) Becher zum Würfeln.
wür|fel|för|mig (Adj.) Form eines Würfels.
wür|fe|lig (Adj.) in Würfeln; würfelförmig.
wür|feln (V.) mit Würfeln spielen; in Würfel schneiden.
Wür|fel|spiel (das, -s, -e) Spiel, bei dem gewürfelt wird.
Wür|fel|zu|cker (der, -s, kein Plural) Zucker in Würfelform.
Wurf|ge|schoss (das, -es, -e) geworfenes Geschoss.
Wurf|kreis (der, -es, -e) Begrenzungslinie im Sport.
Wurf|pfeil (der, -s, -e) geworfener Spielpfeil.
Wurf|sen|dung (die, -, -en) Postwurfsendung; Werbeprospekt.
Wür|ge|griff (der, -es, -e) Schwitzkasten.
Wür|ge|mal (das, -es, -e) durch Würgen hervorgerufenes Mal.
wür|gen (V.) die Kehle zudrücken; schlucken.
Wür|ger (der, -s, -) 1. Mensch, der einen anderen würgt; 2. Singvogel.
Wurm 1. (der, -s, Wür|mer) Kriechtier. jemandem die Würmer einzeln aus der Nase ziehen (ugs.) (eine schweigsame Person ausfragen). Da ist der Wurm drin! (ugs.) (Das muss ja schiefgehen, das ist zum Scheitern verurteilt). 2. (das, -s, Wür|mer) hilfloses Geschöpf.
Würm (die, -, kein Plural) Nebenfluss der Amper.
wur|men (V.) (ugs.) ärgern.
Wurm|fort|satz (der, -es, -sät|ze) Teil des Blinddarms.
wur|mig (Adj.) wurmstichig.
Wurm|krank|heit (die, -, -en) Krankheiten durch parasitäre Eingeweidewürmer.
Wurm|mit|tel (das, -s, -) Mittel gegen Wurmkrankheit.
wurm|sti|chig (Adj.) madig (Obst).
Wurst (die, -, Würs|te) Fleischspeise. *Beachte:* Das ist mir wurst (*auch:* wurscht) (ugs.: egal). Heute geht es um die Wurst. Wurstbrot; Würstchen; Würstchenbude; Wurstküche; Wurstsalat; Wurstwaren; Wurstzipfel.
wurs|teln (V.) (ugs.) schlampig arbeiten.
Wurs|ter (der, -s, -) Fleischer/ Metzger, der vor allem Würste herstellt.
Wurs|te|rei (die, -, -en) Fleischerei/ Metzgerei, in der vor allem Wurst hergestellt wird.
Wurst|fin|ger (der, -s, -) dicker Finger.
wurs|tig (Adj.) (ugs.) gleichgültig.
Wurs|tig|keit (die, -, kein Plural) (ugs.) Gleichgültigkeit.
Wurt (die, -, -en) (nordd.) künstliche Erdhügel, auf denen Häuser zum Schutz vor Sturmfluten errichtet wurden.
Würt|tem|berg (ohne Art., -s, kein Plural) östlicher Teil des Bundeslandes Baden-Württemberg.
Würz|burg (ohne Art., -s, kein Plural) Stadt in Unterfranken.
Wür|ze (die, -, -n) Aroma; Geschmacksverstärker; Geschmack.
Wur|zel (die, -, -n) 1. Pflanzenteil; 2. (Kurzw.) Zahnwurzel; 3. Ursache; 4. mathematische Funktion (Zeichen: $\sqrt{}$).
Wur|zel|be|hand|lung (die, -, -en) Behandlung einer Zahnwurzel.
Wur|zel|bürs|te harte Bürste.
Wur|zel|fa|ser (die, -, -n) Teil einer Pflanzenwurzel.
Wur|zel|fü|ßer (der, -s, -) Oberbegriff für verschiedene einzellige Tierarten.
Wur|zel|haut (die, -, -häu|te) die Zahnwurzel umgebende Haut.
wur|ze|lig (Adj.) voller Wurzeln.
Wur|zel|knol|le (die, -, -n) Teil einer Pflanzenwurzel.
wur|zel|los (Adj.) ohne Wurzeln; heimatlos.
wur|zeln (V.) abstammen; beruhen auf.
Wur|zel|werk (das, -s, kein Plural) die Wurzeln einer Pflanze. Wurzelstock.
Wur|zel|zei|chen (das, -s, -) mathematisches Symbol.
Wur|zel|zie|hen (das, -s, kein Plural) mathematische Operation.
wür|zen (V.) Gewürze beifügen.
Würz|fleisch (das, -es, kein Plural) gewürztes Fleisch.
wür|zig (Adj.) gut gewürzt; pikant.
Würz|mi|schung (die, -, -en) Gewürzmischung.
Wür|zung (die, -, -en) das Würzen; Gewürzmischung.
wu|sche|lig (*auch:* wusch|lig) (Adj.) lockig; zerzaust.
Wu|schel|kopf (der, -es, -köp|fe) Mensch mit wuscheligem Haar.
Wust (der, -es, kein Plural) (ugs.) Durcheinander; Unordnung.
wüst (Adj.) unfruchtbar; wild; derb; furchtbar.
Wüs|te (die, -, -n) Trockengebiet.
wüs|ten (V.) leichtsinnig oder verschwenderisch mit etwas umgehen (Geld, Gesundheit).
wüs|ten|ar|tig (Adj.) wie in der Wüste.
Wüs|ten|fuchs (der, -es, -füch|se) in der Wüste lebende Fuchsart.
Wüs|ten|sand (der, -es, kein Plural) in der Wüste vorkommender Sand.
Wüs|ten|schiff (das, -es, -e) (ugs.) Kamel.
Wüst|ling (der, -s, -e) Lüstling; Grobian.
Wüs|tung (die, -, -en) verlassene, verödete Siedlung; aufgegebenes, ehemals landwirtschaftlich genutztes Gebiet.
Wut (die, -, kein Plural) Zornesausbruch; Groll.
Wut|an|fall (der, -s, -an|fäl|le) plötzliche, heftige Wut.
Wut|aus|bruch (der, -s, -aus|brü|che) angestaute, plötzlich ausbrechende Wut.
wü|ten (V.) rasen; toben.
wü|tend (Adj.) zornig; ärgerlich.
wut|ent|brannt (Adj.) äußerst wütend; wutschäumend; wutschnaubend.
Wü|ter (der, -s, -) veraltet für einen Menschen, der wütet.
Wü|te|rich (der, -s, -e) veraltet für wütender Mensch.
Wutz (der/die, -, -en) (ugs.) Schwein. Wutzchen.
Wwe. (Abk.) **W**it**w**e.
WWF (Abk.) **W**orld **W**ildlife **F**und.
WWW (Abk.) **W**orld **W**ide **W**eb.
Wwr. (Abk.) **W**it**w**e**r**.
Wy|an|dot|te (die, -, -n) (engl.) großes Fleisch- und Legehuhn; (weiße) Haushuhnrasse.

X

X unbekannte Größe (Mathematik). der Tag/die Stunde X.
X (Abk.) 10 (römisches Zahlzeichen).
x-Ach|se (die, -, -n) waagerechte Achse eines mathematischen Koordinatensystems.
Xan|thin (das, -s, kein Plural) beim Stoffwechsel entstehender Naturstoff.
Xan|thip|pe (die, -, -n) (ugs.) streitsüchtige Frau (nach der Gattin des Sokrates).
Xan|tho|phyll (das, -s, -e) (griech.) ein gelbbrauner Naturfarbstoff.
X-Bei|ne (die, nur Plural) Beine mit nach innen gerichteten Knien.
x-bei|nig (*auch:* X-beinig) (Adj.) X-Beine habend.
x-be|lie|big (Adj.) (ugs.) völlig beliebig; wahllos.
X-Chro|mo|som (das, -s, -en) geschlechtsbestimmendes Chromosom.
Xe (Abk.) Xenon (chemisches Zeichen).
X-Ein|heit (die, -, -en) Längeneinheit (Röntgenstrahlen).
Xe|nie (die, -, -en) (griech.) kurzes Sinngedicht.
Xe|no|kra|tie (die, -, -n) Fremdherrschaft.
Xe|non (das, -s, kein Plural) (griech.) chemisches Element; Edelgas.
xe|no|phil (Adj.) fremdenfreundlich.
Xe|no|phi|lie (die, -, kein Plural) Vorliebe für Fremdes.
xe|no|phob (Adj.) (griech.) fremdenfeindlich.
Xe|no|pho|bie (die, -, kein Plural) Angst vor Fremden.
Xe|ro|gra|fie (*auch:* Xe|ro|gra|phie) (die, -, -n) (griech.) Druck-, Vervielfältigungsverfahren.
xe|ro|gra|fisch (*auch:* xe|ro|gra|phisch) (Adj.) die Xerografie betreffend.
Xe|ro|ko|pie (die, -, -n) auf xerografischem Weg hergestellte Kopie.
xe|ro|phil (Adj.) (griech.) trockenheitsliebend (von Pflanzen).
Xe|ro|phy|ten (die, -, nur Plural) an extrem trockene Standorte angepasste Pflanzen.
x-fach (Adv.) vielfach. x-fach erprobt; um ein x-faches.
Xi (das, -/-s, -s) griechischer Buchstabe (Ξ, ξ).
XL (Kurzw.) (engl.) e**x**tra **l**arge (besonders groß) Größenangabe bei Kleidungsstücken. XXL.
x-mal (Adv.) sehr oft.
X-Strah|len (die, nur Plural) Röntgenstrahlen.
x-te (Ordinalzahl zu x) zum x-ten Mal(e).
Xy|lo|fon (*auch:* Xy|lo|phon) (das, -s, -e) Musikinstrument.
Xy|lo|gra|fie (*auch:* Xy|lo|gra|phie) (die, -, -n) (griech.) Holzschneidekunst; Holzschnitt. Xylograf (*auch:* Xylograph); xylografisch (*auch:* xylographisch).
Xy|lol (das, -s, -e) Lösungsmittel aus flüssigem Kohlenwasserstoff.
Xy|lo|se (die, -, -n) Holzzucker.

Y

Y (Abk.) variable, unbekannte Größe (Mathematik). *Beachte:* y-Achse.
Y (Abk.) Yttrium (chemisches Zeichen).
y-Ach|se (die, -, -n) senkrechte Achse eines mathematischen Koordinatensystems.
Yacht (die, -, -en) → Jacht.
Yak (*auch:* Jak) (der, -s, -s) Hochlandrind.
Ya|ku|za (die, -, -) japanische Verbrecherorganisation.
Yams|wur|zel (*auch:* Jams|wur|zel) (die, -, -n) Kletterpflanze mit knollenartigem Wurzelstock.
Yang (das, -/-s, kein Plural) (chin.) helles, männliches Prinzip (chinesische Philosophie).
Yan|kee (der, -s, -s) (engl.) (ugs.) abwertende Bezeichnung für einen Nordamerikaner.
Yard (das, -s, -s) (engl.) Längenmaß (Abk.: y./yd.; Plural: yds.).
Yb (Abk.) **Y**tter**b**ium (chemisches Zeichen).
Y-Chro|mo|som (das, -s, -en) geschlechtsbestimmendes Chromosom.
Yel|low Press (die, -, kein Plural) (engl.) Regenbogenpresse.
Yel|low|stone-Na|ti|o|nal|park (der, -s, kein Plural) amerikanischer Nationalpark.
Yen (der, -/-s, -/-s) (jap.) Währungseinheit (Japan).
Ye|ti (der, -s, -s) sagenhaftes/-er Schneetier, -mensch.
Yin (das, -/-s, kein Plural) (chin.) dunkles, weibliches Prinzip (chinesische Philosophie).
Yin und Yang (das, -, kein Plural) (chines.) Weltprinzipien (chinesische Philosophie).
YMCA (Abk.) Young Men's Christian Association (Christlicher Verein junger Männer).
Yo|ga (*auch:* Jo|ga) (der/das, -/-s, kein Plural) (sanskr.) Meditationsübungen.
Yo|gi (*auch:* Yo|gin/Jo|gin/Jo|gi) (der, -s, -s) indischer Asket; Anhänger des Yoga.
Yo|rick (ohne Art., -s, kein Plural) Mensch mit Humor. ein echter Yorick sein (ein Mensch mit Humor sein).
York (ohne Art., -s, kein Plural) englische Stadt.
Youngs|ter (der, -s, -/-s) (engl.) junger Sportler; Nachwuchssportler.
Yo-Yo (das, -s, -s) (engl.) → Jo-Jo.
Yp|si|lon (das, -s, -s) griechischer Buchstabe (Υ, υ).
Ysop (der, -s, kein Plural) (griech.) ein Lippenblütler; Würzkraut.
Yt|ter|bi|um (das, -s, kein Plural) chemisches Element (Abk.: Yb).
Yt|tri|um (das, -s, kein Plural) chemischer Grundstoff (Abk.: Y).
Yu|an (der, -s, -s) (chines.) Währungseinheit (Volksrepublik China).
Yu|ca|tán (*auch:* Yu|ka|tan) (ohne Art., -s, kein Plural) mexikanischer Staat.
Yuc|ca (die, -, -s) (span.) Zierpflanze.
Yu|kon (der, -s, kein Plural) Territorium im Nordwesten von Kanada.
Yup|pie (der, -s, -s) (engl.) junger, dynamischer Aufsteigertyp.
YWCA (Abk.) Young Women's Christian Association (Christlicher Verein Junger Mädchen).

Z

Z. (Abk.) Zahl; Zeile.

Za|ba|io|ne (*auch:* Za|ba|g|li|o|ne) (die, -, -s) (ital.) Weinschaumcreme.

Za|cha|ri|as (kein Art. -, kein Plural) Prophet des Alten Testaments.

Zack (in der Wendung:) auf Zack sein (ugs.: flink, pfiffig sein). (Redewendung aus dem militärischen Bereich; Zack steht für schnelle, zackige Bewegungen). zack, zack los, marsch; jemanden/etwas auf Zack bringen (ugs.) (dafür sorgen, dass etwas bestens funktioniert). Zackigkeit. zack, zack!

Zäck|chen (das, -s, -) kleine Zacke.

Za|cke (*auch:* der Za|cken) (die, -, -n) 1. Spitze; Bergspitze; 2. Ecke. Zackenkrone; zackig; zacken.

Za|cken (der, -, -) 1. Spitze; 2. Rausch. sich keinen Zacken aus der Krone brechen (ugs.) (sich nichts vergeben, dem Ansehen nicht schaden); einen Zacken weghaben (ugs.) (betrunken sein). 3. einen Zacken draufhaben (ugs.) (sehr schnell fahren).

Za|cken|barsch (der, -es, -e) Fisch; Stachelflossler.

Za|cken|lit|ze (die, -, -n) gezackte Borte zum Aufnähen auf Kleidungsstücke.

za|ckig (Adj.) schneidig (ugs.); eckig; forsch; straff.

Zad|dik (der, -s, -im) (hebr.) für »der Gerechte«; Lehrer des Chassidismus.

za|gen (V.) ängstlich sein; bangen; zittern; zögern.

zag|haft (Adj.) vorsichtig; zögernd.

Zag|haf|tig|keit (die, -, kein Plural) Ängstlichkeit; Scheu.

zäh (Adj.) 1. dickflüssig; 2. unnachgiebig; 3. widerstandsfähig. Zähheit.

Zä|hig|keit (die, -, kein Plural) Beharrlichkeit; Belastbarkeit; Festigkeit.

zäh|flüs|sig (Adj.) dickflüssig; breiig. Zähflüssigkeit.

Zahl (die, -, -en) Menge; Anzahl; Größe (Abk.: Z.) *Beachte:* eine kleine Zahl Betroffene/Betroffener fand (*auch:* fanden) sich zusammen. Zahladjektiv; Zahlapparat; Zahlenangabe; Zahlenbilanz; Zahlenschloss; Adjektive: zahlenmäßig; zahllos; zahlreich. Verb: zählen. → Regelkasten.

zahl|bar (Adj.) fällig.

zähl|bar (Adj.) berechenbar.

zah|len (V.) bezahlen; finanzieren; entrichten; erstatten; Kosten tragen; rückerstatten; vergüten.

Zah|len|ak|ro|ba|tik (die, -, kein Plural) Jonglieren mit Zahlen aus einer Statistik o. Ä.

Zah|len|fol|ge (die, -, -n) eine Reihe von Zahlen.

Zah|len|ge|dächt|nis (das, -ses, kein Plural) Begabung, sich Zahlen leicht merken zu können.

Zah|len|lot|to (das, -s, kein Plural) Lotto; Lotterie; Glücksspiel.

Zah|len|ma|te|ri|al (das, -s, kein Plural) Sammlung statistisch auswertbarer Zahlen.

Zah|len|ver|hält|nis (das, -nis|ses, -nis|se) Relation. ein ungleiches Zahlenverhältnis von 1 zu 2. *Aber:* das Zahlenverhältnis 1:2.

Zah|len|wert (der, -s, -e) Zahlengröße; Betrag. Zahler.

Zäh|ler (der, -s, -) 1. in der Math. Zahl über dem Bruchstrich; 2. Gerät, das Einheiten zählt. Stromzähler.

Zahl|gren|ze (die, -, -n) Zahlungseinheiten im öffentlichen Nahverkehr.

Zahl|kar|te (die, -, -n) Formblatt zur Geldeinzahlung auf ein Postscheckkonto.

zahl|los (Adj.) unendlich viele.

Zähl|maß (das, -es, -e) Mengenangabe für Waren, zum Beispiel ein Dutzend.

Zahl|meis|ter (der, -s, -) früher Wehrmachtsbeamter im gehobenen Dienst.

Zähl|mus|ter (das, -s, -) Handarbeitsvorlage.

zahl|reich (Adj.) in großer Anzahl.

Zahl|stel|le (die, -, -n) Schalter; Mautstelle.

Zahl|tag (der, -(e)s, -e) Tag, an dem Lohn und Gehalt gezahlt wird.

Zah|lung (die, -, -en) Bezahlen einer Schuld.

Zäh|lung (die, -, -en) das Zählen.

Zah|lungs|ab|kom|men (das, -s, -) Vertrag über die Zahlungsbedingungen; Regelung des Zahlungsverkehrs.

Zah|lungs|an|wei|sung (die, -, -en) Anweisung an das Zahlungsinstitut, an den Einreicher, zu zahlen; Postanweisung; Scheck.

Zah|lungs|art (die, -, -en) Form der Zahlung (bar/unbar).

Zah|lungs|auf|schub (der, -s, -schü|be) Verlängerung der Zahlungsfrist.

Zah|lungs|be|din|gung (die, -, -en, meist Plural) Festlegung der Zahlungsmodalitäten.

Zah|lungs|be|fehl (der, -s, -e) gerichtliche Anweisung, eine überfällige Schuld zu bezahlen.

Zah|lungs|bi|lanz (die, -, -en) die wertmäßige Gegenüberstellung aller wirtschaftlichen Transaktionen eines Landes mit dem Ausland innerhalb eines Jahres.

Zah|lungs|emp|fän|ger (der, -s, -) Empfänger einer Zahlung (bei Überweisungen).

Zah|lungs|fä|hig|keit (die, -, kein Plural) Solvenz. zahlungsfähig.

Zah|lungs|frist (die, -, -fris|ten) Zeitspanne, in der eine Zahlung zu leisten ist.

zah|lungs|kräf|tig (Adj.) zahlungsfähig; liquide. ein zahlungsfähiger Kunde.

Zah|lungs|schwie|rig|keit (die, -, -en, meist Plural) Zahlungsprobleme; Versäumnis der Zahlungsfrist.

Zah|lungs|ter|min (der, -s, -e) Zeitpunkt des Zahlens.

zah|lungs|un|fä|hig (Adj.) bankrott; insolvent.

zah|lungs|un|wil|lig (Adj.) nicht bereit, zu zahlen.

Zah|lungs|ver|kehr (der, -s, kein Plural) in der Wirtschaft die gesamte Zahlungsabwicklung.

Zah|lungs|ver|pflich|tung (die, -, -en) Verpflichtung zu zahlen.

Zah|lungs|wei|se (die, -, -n) Zahlungsart; Zahlungsverhalten.

Zähl|werk (das, -es, -e) Vorrichtung zum selbsttätigen Addieren von Messeinheiten, zum Beispiel der Kilometerzähler.

zah|lungs|wil|lig (Adj.) bereit zu zahlen.

Zahl|wort (das, -es, -wör|ter) Numerale; Wortart, die eine Zahl bezeichnet; eins zwei drei.

Zahl|zei|chen (das, -s, -) Ziffer, mit der eine Zahl dargestellt wird; arabische Zahlen 1,2,3 und römische Zahlen I II III.

zahm (Adj.) brav; dressiert; zutraulich; mild. Zahmheit.

zäh|men (V.) dressieren; bezwingen. Zähmbarkeit; Zähmung; zähmbar.

Zahn (der, -s, Zäh|ne) Gebissteil; Zacke; Beißerchen; Backenzahn. Eckzahn; Milchzahn; Schneidezahn; Weisheitszahn. *Beachte:* einen Zahn draufhaben (ugs.: sehr schnell fahren); einen Zahn zulegen (ugs.: schneller machen). spitzzahnig; zahnkrank.

Zahn|arzt (der, -es, -ärz|te) Dentist; Facharzt für Zahnheilkunde. zahnärztlich.

Zahn|be|lag (der, -es, -lä|ge) Speichelablagerung auf den Zähnen.

Zahn|bürs|te (die, -, -n) Gerät zum Reinigen der Zähne.

Zahn|cre|me (*auch:* Zahn|krem/ Zahn|kre|me) (die, -, -s) Zahnpasta.

zäh|ne|flet|schend (Adj.) der Hund zeigt die Zähne.

Zäh|ne|klap|pern (das, -s, kein Plural) das Klappern mit den Zähnen. zähneklappernd.

zäh|ne|knir|schend (Adj.) wütend; ungern.

zah|nen (V.) Zähne bekommen.

zäh|nen (V.) etwas mit Zähnen oder gleichmäßigen Spitzen versehen.

Zahn|er|satz (der, -es, kein Plural) Gebiss; Zahnprothese.

Zahlen und Ziffern

1. Groß- und Kleinschreibung (→ Groß- und Kleinschreibung)
   a) Grundzahlen unter einer Million schreibt man klein. Der Tisch ist für vier Personen gedeckt. Wir drei verstehen uns gut. Mein Onkel ist schon über fünfzig.
   b) Zahlwörter, die als Substantive verwendet werden, schreibt man dagegen groß: Er hat eine Sechs in Latein. Die Dreizehn ist meine Glückszahl.
   Ich war die Erste, die an die Reihe kam. Er wurde Zweiter beim 100-m-Lauf.
   Beachte: Beziehen sie sich jedoch auf ein vorangehendes oder nachstehendes Substantiv, so schreibt man sie klein: Fünf Kinder spielten im Garten: drei mit dem Ball und zwei auf dem Klettergerüst. Zwei Frauen kamen in das Geschäft; die erste wollte eine Bluse kaufen und die zweite einen Rock.
   c) Zahlen wie »hundert«, »tausend« oder »dutzend« können eine unbestimmte Menge ausdrücken. In solchen Fällen kann man sie entweder groß- oder kleinschreiben: Man konnte Hunderte/hunderte Lachse den Fluss hinaufziehen sehen. Es kamen Tausende/tausende von Zuschauern. Mehrere Dutzend/dutzend Menschen kamen bei der Katastrophe ums Leben.
2. Zusammen- oder Getrenntschreibung
   a) Zahlen unter einer Million schreibt man zusammen: zweihundert, viertausend, neunhundertneunzigtausend.
   Aber: zwei Millionen dreihundert(und)sechzig.
   b) Ziffern werden mit Bindestrich an das folgende Wort angeschlossen: 5-Tonner (Fünftonner); 12-karätig (zwölfkarätig); 8-fach (*auch:* 8fach) (achtfach); 38-jährig. Aber: Ist an die Zahl ein Suffix angehängt, dann schreibt man das Wort ohne Bindestrich: der 68er; ein 20stel.
   c) Werden mehrere Wörter aneinandergekoppelt, so steht ein Bindestrich: 5-Prozent-Klausel; 4-Zimmer-Wohnung; 5 1/2-jährig; 1,5-Liter-Packung; 1-kg-Beutel; 1000-m-Lauf; 10-m-Brett; 55-Cent-Briefmarke; 110-PS-Motor; 20-Euro-Schein; 3:1-Sieg.
   Beachte: Zusammenschreibung, wenn die Ziffern durch Buchstaben ersetzt werden! Fünfprozentklausel; Fünfundfünzigcentbriefmarke; Zehnmeterbrett, Zwanzigeuroschein.
3. Zahlen als Ziffern
   a) Zahlen bis zwölf werden meist als Wörter geschrieben, über zwölf in Ziffern.
   b) Mehrstellige Zahlen werden durch Gliederungspunkte oder auch durch Zwischenräume leichter lesbar:
   5 640 930 €,
   25.038 €.
   Auch bei Telefonnummern ist eine Gliederung durch Zwischenräume sinnvoll. Hierbei fasst man von hinten nach vorne jeweils zwei Ziffern zusammen; dasselbe gilt für Vorwahlnummern:
   (041 83) 714 10 24.
   c) Das Komma trennt Dezimalzahlen und Centbeträge ab:
   Ein Wurf von 53,34 m. Das Fleisch kostet 5,69 €.
   d) Minutenangaben werden entweder durch Punkt abgetrennt oder hochgestellt:
   9.30 Uhr; 9^{30} Uhr.
   Man kann die Minutenangabe aber auch hinter das »Uhr« setzen: 9 Uhr 30.
   e) Zahlen- bzw. Zeitbereiche können mit einem Gedankenstrich (für »bis«) oder mit dem Wort »bis« verbunden werden:
   In den Jahren 1965–1970 (1965 bis 1970); Sprechstunde von 13–15 Uhr (13 bis 15 Uhr).
   Beachte: Bei aufeinanderfolgenden Jahreszahlen kann auch der Schrägstrich verwendet werden. Im Wintersemester 2006/07.

Zahn|fäu|le (die, -, kein Plural) Karies; bakterieller Zerstörungsprozess an Zahnschmelz und Zahnbein.
Zahn|fleisch (das, -es, kein Plural) schließt die Zähne zum Kiefer hin ab.
Zahn|fleisch|blu|ten (das, -s, kein Plural) entzündetes Zahnfleisch, das blutet.
Zahn|fleisch|schwund (der, -es, kein Plural) Parodontose.
Zahn|fül|lung (die, -, -en) Plombe.
Zahn|heil|kun|de (die, -, kein Plural) Zahnmedizin.
Zahn|im|plan|tat (das, -s, -e) Implantation einer künstlichen Zahnwurzel.
Zahn|lo|sig|keit (die, -, kein Plural) ohne Zähne sein; zahnluckert (ugs.) (süddeutsch/österr.). Zahnlücke; zahnlos; zahnlückig.
Zahn|pas|ta (die, -, kein Plural) Zahncreme zum Zähneputzen.
Zahn|pfle|ge (die, -, kein Plural) Zahnreinigung.
Zahn|rad (das, -es, -rä|der) Maschinenteil zur Übertragung von Drehbewegungen mittels Ketten oder Zahnriemen.
Zahn|rad|bahn (die, -, -en) Schienenfahrzeug.
Zahn|schmerz (der, -es, -en) Nervenschmerzen aufgrund geschädigter Zähne.
Zahn|sei|de (die, -, kein Plural) Seidenfaden zum Reinigen der Zahnzwischenräume.
Zahn|span|ge (die, -, -n) kieferorthopädisches Hilfsmittel zum Regulieren der Zahnstellung.
Zahn|stein (der, -es, kein Plural) Ablagerung von Kalksalzen aus dem Speichel am Zahnhals.
Zahn|sto|cher (der, -s, -) Stift zum Reinigen der Zahnzwischenräume.
Zahn|tech|ni|ker (der, -s, -) jmd., der Zahnersatz herstellt.
Zahn|wal (der, -es, -e) Walfisch mit vielen Zähnen.
Zahn|wech|sel (der, -s, kein Plural) die Milchzähne fallen aus und werden ersetzt durch die bleibenden Zähne.
Zahn|wur|zel (die, -, -n) Zahnteil, der im Kieferknochen festsitzt.
Zäh|re (die, -, -n) (veraltet) Träne.
Za|i|re (ohne Art., -s, kein Plural) früherer Name der Republik Kongo. Zairer; zairisch.
Zam|pa|no (der, -s, -s) Angeber; Großsprecher.
Zan|der (der, -s, -) Fisch.
Za|nel|la (der, -s, -s) ein Gewebe.
Zan|ge (die, -, -n) Werkzeug. Zänglein; zangenförmig.
Zan|gen|ge|burt (die, -, -en) Entbindung mithilfe der Geburtszange.
zan|ken (V., refl.) sich streiten.
Zank (der, -(e)s, kein Plural) heftiger Wortwechsel; Streit. zänkisch.
Zank|ap|fel (der, -s, -äp|fel) Ursache des Unfriedens.
Zank|sucht (die, -, kein Plural) Streitsucht. zanksüchtig.
Zap|fen (der, -s, -) Verbindung; Verschluss. Tannenzapfen; Eiszapfen. zapfenförmig.
Zäpf|chen (das, -s, -) 1. Arzneimittel; Suppositorium; 2. Schleimhaut hinten am Gaumen.
zap|fen (V.) ausschenken; entnehmen; abzapfen; abziehen.
Zap|fen|streich (der, -s, kein Plural) militärisches Ritual.
Zapf|hahn (der, -(e)s, -häh|ne) Hahn, der ins Bierfass getrieben wird zum Zapfen.
Zapf|säu|le (die, -, -n) an der Tankstelle wird daraus Benzin gezapft. Zapfstelle.
zap|peln (V.) sich hin und her bewegen; hampeln; nicht still sitzen; schaukeln; strampeln; wackeln. zapp(e)lig.
Zap|pel|phi|lipp (der, -s, kein Plural) (ugs.) sehr unruhiges Kind.
zap|pen (V.) (engl.) mit der Fernbedienung schnell von einem zum anderen Fernsehprogramm wechseln.
zap|pen|dus|ter (Adj.) (ugs.) völlig dunkel; hoffnungslos.
Zar (der, -en, -en) (russ.) Herrschertitel. Zarenfamilie; Zarenreich; Zarin.
Za|ra|thu|s|t|ra (kein Art., -, kein Plural) altpersischer Prophet und Religionsstifter.
Za|re|witsch (der, -, -e) ältester Sohn eines russischen Zaren; Thronfolger.
Za|ris|mus (der, -s, kein Plural) Zarentum; uneingeschränkte Herrschaft der Zaren.
za|ris|tisch (Adj.) den Zaren oder das Zarentum betreffend.
Za|rew|na (die, -, -s) Tochter eines russischen Zaren.
Za|ri|za (die, -, -s/-zen) die russische Zarin.
zart (Adj.) fein; weich; empfindlich. Zartgefühl; Zartheit; zartbesaitet (*auch:* zart besaitet); zartbitter; zartfühlend (*auch:* zart fühlend); zartrosa.
zärt|lich (Adj.) liebevoll; anschmiegsam; herzlich; innig; warm.
Zärt|lich|keit (die, -, -en) Liebkosung; Innigkeit; Wärme; Zartheit.
zär|teln (V.) zärtlich sein; liebkosen.
Zas|ter (der, -s, kein Plural) (ugs.) Geld.
Zä|sur (die, -, -en) (lat.) Einschnitt; Ruhepunkt.
Zau|ber (der, -s, -) Magie; Reiz. fauler Zauber (ein glatter Schwindel). bezaubernd; zauberisch.
Zau|be|rei (die, -, -en) Beschwörung; Magie.
Zau|be|rer (der, -s, -) 1. Magier; Druide; Fakir; Hexenmeiser; Hexer; Medizinmann; Schamane; Wundertäter; 2. Zauberkünstler; Trickkünstler; Artist; Gaukler; Taschenspieler. zaubern.
Zau|ber|flöte (die, -, kein Plural) Oper von W.A. Mozart.
Zau|ber|for|mel (die, -, -n) Abrakadabra; Hexeneinmaleins. Zauberspruch.
zau|ber|haft (Adj.) charmant; liebenswert.
Zau|be|rin (die, -, -in|nen) Hexe.
zau|be|risch (Adj.) magisch.
Zau|ber|kraft (die, -, -kräf|te) die Macht des Zauberers.
Zau|ber|kunst (die, -, -küns|te) Zauber; Hokuspokus; Magie; Gaukelei; Kniff; Trick; Verwandlungskunst. Zauberkünstler.
Zau|ber|lehr|ling (der, -s, kein Plural) Gedicht von J.W. von Goethe.
zau|bern (V.) Hokuspokus treiben; hexen.
Zau|ber|reich (das, -es, -e) Wunderland.
Zau|ber|stab (der, -es, -stä|be) Requisit; Handwerkszeug des Zauberers.
Zau|ber|trank (der, -(e)s, -trän|ke) Elixier.
zau|dern (V.) zögern. Zauderer.
Zaum (der, -s, Zäu|me) Zaumzeug. *Beachte:* die Zunge im Zaum halten (sich beherrschen). Zäumung; zäumen.

Zaun (der, -s, Zäuˈne) Einfassung; Gitter. Zauneidechse; Zaunlatte; das war ein Wink mit dem Zaunpfahl (ugs.: deutlicher Hinweis); zäunen.

zaunˈdürr (Adj.) (ugs.) sehr dürr; klapperdürr.

Zaunˈgast (der, -es, -gäsˈte) Zuschauer, der den Eintrittspreis nicht zahlen will.

Zaunˈköˈnig (der, -s, -e) Vogel.

Zaˈziˈki (*auch:* Tsˈatˈsiˈki) (der, -, kein Plural) (neugriech.) fetter Joghurt mit ausgedrückter, zerriebener Salatgurke und Knoblauch.

z. B. (Abk.) zum Beispiel.

z. b. V. (Abk.) zur besonderen Verwendung.

z. D. (Abk.) zur Disposition.

z. d. A. (Abk.) zu den Akten.

ZDF (Abk.) Zweites Deutsches Fernsehen.

Zeˈbaˈot (*auch:* Zeˈbaˈoth) (ohne Art., -, kein Plural) (hebr.) als Beiname Gottes im Alten Testament; der Herr.

Zeˈbˈra (das, -s, -s) Wildpferd. Zebrastreifen.

Zeˈbˈraˈno (das, -s, kein Plural) (portugies.) ein gestreiftes afrikanisches Holz.

Zeˈbu (der/das, -s, -s) (tibet.) Buckelrind.

Zeˈche (die, -, -n) 1. Bergwerk; 2. Rechnung. Zechenstilllegung; zechen.

Zechˈbruˈder (der, -s, -brüˈder) Trinker.

Zeˈcheˈrei (die, -, -en) Trinkgelage. Zechgelage.

Zeˈchiˈne (die, -, -n) (arab.-ital.) alte Goldmünze; venezianischer oder levantinischer Dukaten.

Zechˈprelˈler (der, -s, -) jmd., der seine Zeche nicht zahlt.

Zechˈtour (die, -, -en) von Kneipe zu Kneipe ziehen.

Zeˈcke (die, -, -n) Insekt.

Zeˈder (die, -, -n) (griech.) Nadelbaum; Zedernholz; zedern (aus Zedernholz).

Zeˈhe (*auch:* der Zeh) (die, -, -n) Fußglied. *Beachte:* der kleine/große Zeh. Zehennagel; Zehenspitze; fünfzehig (5-zehig).

zehn (Zahlw.) *Beachte:* Wir fuhren zu zehnen/zehnt. jeder zehnte Teilnehmer, *aber:* jeder Zehnte; ein zehntel Gramm, *aber:* das Zehntel; am Zehnten (des Monats); die Zehn Gebote; die Zahl Zehn. Zehnfache; Zehnjahresfeier; Zehnjahresplan (*auch:* 10-Jahres-Plan); Zehneuroschein (*auch:* 10-Euro-Schein); Zehnmeterbrett; Zehncentstück; Zehntelgramm; Zehntelsekunde; Zehntonner (*auch:* 10-Tonner). Adjektive: zehnfach, *aber:* das Zehnfache; zehnjährig; zehnmal, *aber:* an die zehn Male; zehntausend; zehntens.

Zehnˈenˈder (der, -s, -) Hirsch, dessen Geweih insgesamt zehn Enden aufweist.

Zehˈner (der, -s, -) (ugs.) Schein oder Münze mit dem Wert 10.

Zehˈnerˈbruch (der, -s, -brüˈche) Dezimalbruch.

Zehˈnerˈkarˈte (die, -, -n) Vorratskarte mit zehn Bons.

zehˈnerˈlei (Adj.) zehn verschiedene Dinge.

Zehˈnerˈpaˈckung (die, -, -en) Packung mit zehn Stück Inhalt.

Zehˈnerˈsysˈtem (das, -s, kein Plural) Dezimalsystem.

Zehnˈfinˈgersysˈtem (das, -s, kein Plural) System, blind auf der Schreibmaschine zu tippen; die Finger liegen auf den Tasten asdf und jklö.

Zehn Geˈboˈte (die, -, kein Plural) (griech. Dekalog) die Gesetze, die im Alten Testament Moses auf dem Berg Sinai in Form zweier Tafeln von Gott selbst empfing.

Zehnˈkampf (der, -(e)s, -kämpˈfe) aus zehn Disziplinen bestehender Wettkampf der Leichtathletik, an zwei Tagen hintereinander ausgetragen.

Zehnˈmeˈterˈbrett (das, -(e)s, -er) Sprungbrett im Schwimmbad.

Zehnt (der, -s, -en) bis ins 19. Jahrhundert die Verpflichtung, jährlich ein Zehntel des landwirtschaftlichen Ertrages an den Grundherrn abzuliefern.

zehˈren (V.) aufbrauchen; zerstören; abmagern.

Zehrˈgeld (das, -es, kein Plural) 1. Geld für die Verköstigung; 2. Rente.

Zehrˈpfenˈnig (der, -s, -e) (veraltet) Geld für die Ernährung auf Reisen.

Zehˈrung (die, -, kein Plural) Verpflegung.

Zeiˈchen (das, -s, -) 1. Merkmal; 2. Symbol; 3. Wink; 4. Schild. ein Zeichen setzten (etwas tun, was richtungsweisend ist, ein Signal setzen); die Zeichen der Zeit (die augenblickliche, bestimmte zukünftige Entwicklungen betreffende Lage); Zeichentheorie; zeichenhaft.

Zeiˈchenˈblock (der, -(e)s, -blöˈcke) im Block geheftetes Zeichenpapier.

Zeiˈchenˈbrett (das, -(e)s, -er) Holzbrett als Zeichenunterlage.

Zeiˈchenˈfeˈder (die, -, -n) Feder zum Zeichnen; Tuschefeder; Kalligrafiefeder.

Zeiˈchenˈheft (das, -(e)s, -e) Skizzenheft.

Zeiˈchenˈlehˈrer (der, -s, -) Pädagoge, der Zeichenunterricht erteilt.

Zeiˈchenˈrolˈle (die, -, -n) das Register der Warenzeichen beim Deutschen Patentamt in München.

Zeiˈchenˈsatz (der, -es, -sätˈze) in der elektronischen Datenverarbeitung kompletter Satz von Zeichen in einer Schriftart und Schriftgröße.

Zeiˈchenˈschutz (der, -es, kein Plural) Schutz eines Warenzeichens durch Registrierung beim Deutschen Patentamt.

Zeiˈchenˈsetˈzung (die, -, -en) Interpunktion.

Zeiˈchenˈspraˈche (die, -, -n) Gebärdensprache, bei gehörlosen Menschen die Verständigung durch Zeichen; Gestensprache; Fingeralphabet; Körpersprache.

Zeiˈchenˈtrickˈfilm (der, -s, -e) wird aus einer Folge gezeichneter Einzelbilder hergestellt.

zeichˈnen (V.) malen; markieren; unterschreiben. Zeichenstift; Zeichenunterricht; Zeichnen; Zeichner/in; Zeichnung; zeichnerisch.

Zeichˈnungsˈbeˈrechˈtigˈter (der, -n, -n) Unterschriftsberechtigter in einem Unternehmen. zeichnungsberechtigt.

Zeidˈleˈrei (die, -, -en) alte Bezeichnung für Imkerei.

zeiˈgen (V.) 1. erkennen lassen; 2. darstellen; 3. (refl.) erscheinen. Auf die Wendung »sich zeigen als« folgt heute ein Nominativ, früher war ein Akkusativ auch möglich. Er zeigte sich in seinen Ausführungen als genialer Vordenker.

Zeiˈgeˈfinˈger (der, -s, -) Finger neben dem Daumen.

Zeiˈger (der, -s, -) zeigt auf dem Zifferblatt einer Uhr die Sekunden, Minuten, Stunden an.

Zei|ge|stock (der, -(e)s, -stö|cke) Stock, mit dem im Unterricht oder bei einem Vortrag auf Vorlagen gezeigt wird.
Zei|le (die, -, -n) Linie (Abk.: Z.); Reihe. Zeilensprung; Vierzeiler (4-Zeiler); vierzeilig (4-zeilig); zeilenweise.
Zei|len|ab|stand (der, -es, -stän|de) bei maschinengeschriebenen Texten der Abstand zwischen den Zeilen.
Zei|len|dru|cker (der, -s, -) Computerdrucker mit mechanischem Anschlag, der jeweils eine Zeile komplett aufbereitet und ausdruckt.
Zei|len|ho|no|rar (das, -s, -e) Journalisten und Übersetzer werden für ihre Arbeiten meist mit einem Honorar pro abgelieferter Zeile bezahlt.
Zei|len|län|ge (die, -, -n) Anzahl der Anschläge pro Zeile bei maschinengeschriebenen oder Computertexten.
Zei|len|norm (die, -, -en) die Anzahl der Zeilen, in die ein Fernsehbild zerlegt wird.
Zei|sig (der, -s, -e) Vogel. Zeisigfutter.
zeit (Präp., Gen.) während. *Beachte:* zeit seines Lebens.
Zeit (die, -, -en) Zeitraum; Zeitpunkt. *Beachte:* Es ist an der Zeit. von Zeit zu Zeit; Zeit haben/finden/verlieren/sparen; zurzeit; *aber:* zur Zeit/zu Zeiten (Abk.: z. Z.; z. Zt.) Karls d. Gr.; eine Stelle auf Zeit (Abk.: a. Z.); eine Zeit lang (*auch:* Zeitlang); *aber nur:* eine kurze Zeit lang; du kannst zu jeder Zeit (*auch:* jederzeit) kommen; derzeit; seinerzeit (Abk.: s. Z.), *aber:* zu seiner Zeit; zu aller Zeit, *aber:* allezeit; zeitlebens; beizeiten; das Zeitliche segnen; zu nachtschlafender Zeit. Es ist allerhöchste Zeit (es ist dringend notwendig). Ach du liebe Zeit! (Ausruf der Verwunderung/Bestürzung). Zeitabschnitt; Zeitform (Tempus); Zeitwort; Adjektive: zeitfremd; zeitgebunden; zeitgemäß; zeitgerecht; zeitgleich; zeitlebens; zeitlos; zeitnah; zeitraubend (*auch:* Zeit raubend); zeitschnell; zeitversetzt; zeitweilig; zeitweise. Verb: zeitigen.
Zeit|al|ter (das, -s, -) größere, bedeutende Epoche der Geschichte.
Zeit|an|sa|ge (die, -, -n) Telefonnummer, unter der die genaue Zeit angesagt wird; Uhrzeit, die im Rundfunk regelmäßig durchgesagt wird.
Zeit|ar|beit (die, -, -n) befristetes Arbeitsverhältnis, das über eine Vermittlungsfirma oder das Arbeitsamt vergeben wird.
Zeit|bom|be (die, -, -n) Bombe mit Zeitzünder. Etwas tickt wie eine Zeitbombe. (Gefahr ist im Verzug.).
Zeit|druck (der, -(e)s, kein Plural) Zeitmangel.
Zeit|ein|heit (die, -, -en) messbare Zeit; Sekunde; Minute; Stunde.
Zeit|ein|tei|lung (die, -, kein Plural) Zeitplanung.
Zei|ten|fol|ge (die, -, -n) Regel für den Satzbau.
Zeit|er|schei|nung (die, -, -en) Mode; Trend.
Zeit|er|spar|nis (die, -, kein Plural) Gegenteil von Zeitverschwendung.
Zeit|geist (der, -es, kein Plural) Bezeichnung für die Geisteshaltung, die eine bestimmte Epoche repräsentiert.
Zeit|ge|nos|se (der, -sen, -sen) jmd., der zur gleichen Zeit lebt wie ein anderer. zeitgenössisch.
Zeit|ge|schäft (das, -(e)s, -e) in der Wirtschaft Termingeschäft.
Zeit|ge|schich|te (die, -, kein Plural) befasst sich mit dem gegenwärtigen Geschehen; Zeitgeschehen.
zei|tig (Adj.) früh; rechtzeitig. zeitig aufgestanden sein; zeitig genug ankommen um etwas zu verhindern.
Zeit|kar|te (die, -, -n) Fahrkarte, die für einen bestimmten Zeitraum gültig ist; Wochenkarte; Monatskarte; Jahreskarte.
Zeit|lauf (der, -es, -läu|f(t)e) Folge von Ereignissen.
zeit|le|bens (Adv.) immer.
zeit|lich (Adj.) die Zeit betreffend. das Zeitliche segnen (sterben). Zeitlichkeit.
Zeit|lich|keit (die, -, kein Plural) irdische Vergänglichkeit; Leben auf Erden.
zeit|los (Adj.) unabhängig von der Mode; nicht zeitgebunden. zeitlose Eleganz.
Zeit|lo|se (die, -, -n) Pflanze; Herbstzeitlose.
Zeit|lu|pe (die, -, kein Plural) (engl. slow motion) Filmaufnahmeverfahren, mit dem schnell ablaufende Vorgänge verlangsamt wiedergegeben werden können. Zeitlupentempo.
Zeit|man|gel (der, -s, kein Plural) jmdm. ist die Zeit knapp; er leidet unter Zeitnot.
Zeit|mes|sung (die, -, -en) Messung der Dauer zweier zeitlich getrennter Ereignisse.
Zeit|neh|mer (der, -s, -) elektronisches Zeitmessgerät bei Wettkämpfen.
Zeit|not (die, -, kein Plural) Mangel an Zeit; Eile. in Zeitnot geraten (keine Zeit haben).
Zeit|per|so|nal (das, -s, kein Plural) Arbeitnehmer, die nur für zeitlich begrenzte Einsätze in Firmen vermittelt werden.
Zeit|raf|fer (der, -s, kein Plural) Einzelbilder eines Films werden mit erhöhter Geschwindigkeit abgespielt; Gegenteil von Zeitlupe.
Zeit|raum (der, -(e)s, -räu|me) 1. Augenblick; Moment; Datum; Frist; Minute; Stunde; Tag; 2. Zeit; 3. Dauer.
Zeit|rech|nung (die, -, -en) Festsetzung einer allgemeingültigen, jederzeit und überall nachprüfbaren Skala zur Messung des zeitlichen Ablaufs von Ereignissen; christliche Zeitrechnung vor Christus, nach Christus.
Zeit|schrift (die, -, -en) periodisch erscheinendes Druckerzeugnis.
Zeit|schrif|ten|ver|le|ger (der, -s, -) Herausgeber von Zeitschriften.
Zeit|span|ne (die, -, -n) Zeitraum.
Zeit|stu|die (die, -, -n) in der Wirtschaft die Methode zur Ermittlung der für einen Arbeitsprozess benötigten Zeit, bedeutsam für die Terminplanung.
Zeit|ta|fel (die, -, -n) Übersicht über wichtige Ereignisse eines Zeitraums in der chronologischen Reihenfolge.
Zeit|takt (der, -es, -e) Gebühreneinheiten beim Telefon und der Datenfernverarbeitung.
Zei|tung (die, -, -en) Nachrichtenblatt; Magazin. Zeitunglesen; Zeitungspapier; Zeitungsverlag; Zeitungswissenschaft.
Zei|tungs|abon|ne|ment (das, -s, -s) Dauerbezug der Zeitung.
Zei|tungs|an|non|ce (die, -, -n) Anzeige in der Zeitung. Zeitungsinserat.
Zei|tungs|ar|ti|kel (der, -s, -) Bericht in der Zeitung.
Zei|tungs|en|te (die, -, -n) (ugs.) Fehl- oder Falschmeldung in der Zeitung.

Zei|tungs|kor|res|pon|dent (der, -en, -en) Berichterstatter, Journalist, der für die Zeitung arbeitet.
Zei|tungs|le|ser (der, -s, -) Zeitungspublikum.
Zei|tungs|no|tiz (die, -, -en) kurze Meldung in der Zeitung.
Zeit|ver|geu|dung (die, -, kein Plural) lockerer Umgang mit der zur Verfügung stehenden Zeit; Zeitverschwendung.
Zeit|ver|treib (der, -s, kein Plural) Kurzweil; Hobby; Ablenkung; Abwechslung; Spaß; Unterhaltung; Vergnügen.
Zeit|zei|chen (das, -s, -) von Rundfunksendern ausgestrahlte Zeichen zur präzisen Angabe des Beginns einer neuen Stunde. Mit dem letzten Ton des Zeitzeichens war es genau zwölf Uhr.
Zeit|zeu|ge (der, -n, -n) jmd., der geschichtlich bedeutende Vorgänge miterlebt hat und darüber berichten kann.
Zeit|zo|ne (die, -, -n) Einteilung der Erde in fünfzehn Grad breite Zonen, beginnend mit dem Nullmeridian von Greenwich.
Zeit|zün|der (der, -s, -) bringt Sprengladungen zur Explosion.
Ze|le|b|rant (der, -en, -en) (lat.) Geistlicher, der die Messe liest.
ze|le|b|rie|ren (V.) (lat.) feiern; Messe lesen. Zelebration.
Zel|le (die, -, -n) 1. Raum; Gefängniszelle; Klause; Klosterzelle; 2. Kern; organische Einheit. Zellatmung; Zellenbildung; Zellenlehre; Zelllehre (*auch:* Zell-Lehre); Zellteilung; zellenförmig; zellig; zellular.
Zel|len|schmelz (der, -es, kein Plural) Emailmalerei; Cloisonné.
Zell|ge|we|be (das, -s, -) Gewebe, das aus mehreren Zellen besteht.
Zell|kern (der, -(e)s, -e) Kern einer Zelle; Nukleus.
Zell|mem|b|ran (die, -, -en) dünne Abgrenzung der Zelle.
Zel|lo|phan (*auch;* Cel|lo|phan) (das, -s, kein Plural) dünne, durchsichtige Viskosefolie aus Zellstoff.
Zell|stoff (der, -s, -e) durch chemische Verfahren besonders aus Holz gewonnene Zellulosefasern, die vor allem zur Herstellung von Papier und Stoffen dienen. Zellulose.
zel|lu|lar (Adj.) die Zellen betreffend.
Zel|lu|li|tis (*auch:* Cel|lu|li|tis) (die, -, -ti|den) (lat.) durch Fetteinlagerung bedingte Verdickung des Unterhautzellgewebes mit Lymphstauung.
Zel|lu|loid (*auch:* Ce|lu|loid) (das, -s/-es, nur Plural) (nlat.-griech.) ein durchsichtiger, elastischer Zellulosekunststoff; Zellhorn.
Zell|wol|le (die, -, kein Plural) aus Zellulose bestehende Spinnfasern.
Ze|lot (der, -en, -) (griech.) 1. Glaubenseiferer; 2. Anhänger der jüdischen militanten antirömischen Partei zur Zeit Jesu.
Zelt (das, -s, -e) Unterkunft; Gebäude; Gewölbe; transportable Behausung; Campingzelt; Jurte; Wigwam. Zeltmast; Zeltplane; Zeltwand.
Zelt|bahn (die, -, -en) Stoffbahn aus Zeltleinwand.
zel|ten (V.) biwakieren; campen; kampieren.
Zelt|la|ger (das, -s, -) Lagerplatz; Campingplatz.
Zel|ten (der, -s, -) (südd.) Lebkuchen.
Ze|ment (der/das, -s, -e) (lat.) 1. Baustoff; 2. Zahnfüllung. Zementation; Zementboden; Zementierung; Zementsack; zementieren.
Zen (kein Art, -, kein Plural) fernöstliche Lebensführung.
Ze|nit (der, -s, kein Plural) (arab.) Scheitelpunkt; Höhepunkt.
Ze|no|taph (*auch:* Ke|no|taph) (der, -s, -en) (griech.) leeres Grab (als Erinnerungsmal für einen woanders Verstorbenen/Beigesetzten).
zen|sie|ren (V.) (lat.) benoten; prüfen. Zensierung; Zensur.
Zen|sor (der, -s, -en) altrömischer Sittenrichter; gewählter hoher Beamter, der Vermögensschätzungen durchführte und für die Aufrechterhaltung der sittlichen Ordnung zuständig war; jmd., der die Zensur ausübt; Bewerter.
Zen|sur (die, -, -en) (lat.) 1. (kein Plural) behördliche Überwachung von Inhalt und Verbreitung einer Veröffentlichung durch Presse, Film oder Theater; 2. Schulnote; 3. im antiken Rom die Tätigkeit der Zensoren; 4. in der katholischen Kirche schwere Kirchenstrafe; Bücherverbrennung; Indizierung; Verbot.
Zen|sus (der, -, -) (lat.) Volkszählung.
Zen|taur (der, -en, -en) (griech.) Fabelwesen (halb Pferd, halb Mensch).
zen|te|si|mal (Adj.) hundertteilig. Zentesimalwaage.
Zen|ti... (lat.) ein Hundertstel (Abk.: c). Zentigrad; Zentigramm (Abk.: cg); Zentiliter (Abk.: cl); Zentimeter (Abk.: cm); *beachte:* zehn Zentimeter lang, *aber:* eine Länge von zehn Zentimeter/Zentimetern; Zentimetermaß.
Zent|ner (der, -s, -) Gewichtseinheit (50 kg; Abk.: Ztr.). *Beachte:* Zehn Zentner Mehl wird/werden geliefert. Fünf Zentner Mehl kostet/kosten nicht die Welt. Zentnergewicht; Zentnerlast; zentnerschwer; zentnerweise.
zen|t|ral (Adj.) (lat.) im Mittelpunkt. ein zentrales Problem. Das Haus liegt zentral. Zentralität; Zentralproblem; Zentrierung; Zentrum; zentrisch.
Zen|t|ral|af|ri|ka|ni|sche Re|pu|b|lik (kein Art., -n -, kein Plural) unabhängige Republik in Äquatorialafrika mit der Hauptstadt Bangui. zentralafrikanisch.
Zen|t|ral|ame|ri|ka (kein Art., -s, kein Plural) Mittelamerika.
Zen|t|ral|bank (die, -, kein Plural) Deutsche Bundesbank.
Zen|t|ral|bau (der, -es, -e/bau|ten) Bau, bei dem sich alle Räume um einen zentralen Mittelraum gruppieren.
Zen|t|ra|le (die, -, -n) 1. Mittelpunkt; Mittelpunktslinie; 2. Hauptgeschäftsstelle; 3. Fernsprechvermittlung.
Zen|t|ral|ein|heit (die, -, -en) in der elektronischen Datenverarbeitung der Zentralrechner.
Zen|t|ral|fi|gur (die, -, -en) jmd., um den sich Gleichgesinnte gruppieren, sammeln.
Zen|t|ral|hei|zung (die, -, -en) von einem einzigen oder einer Gruppe von Wärmeerzeugern gespeiste Anlage zur Erwärmung der Räume eines Stockwerks, eines Hauses oder auch mehrerer Häuser oder ganzer Stadtteile.
Zen|t|ra|li|sa|tion (die, -, kein Plural) (franz.) Konzentration; Vereinigung; Zusammenfassung mehrerer Institutionen zu einer zentralen Leitstelle. Zentralisierung; zentralisieren.
Zen|t|ra|lis|mus (der, -, kein Plural) staatliches, politisches oder wirtschaft-

liches Organisations- und Lenkungsprinzip mit dem Bestreben, möglichst zahlreiche staatliche Entscheidungsbefugnisse bei einer zentralen Institution zu konzentrieren. zentralistisch.

Zen|t|ral|ko|mi|tee (das, -s, -s) (Abk.: ZK) oberstes Organ der kommunistischen Partei und einiger sozialistischer Parteien.

Zen|t|ral|ner|ven|sys|tem (das, -s, kein Plural) Gehirn und Rückenmark.

Zen|t|ral|ver|band (der, -es, -bän|de) oberstes Organ einer organisierten Interessenvertretung.

Zen|t|ral|ver|wal|tungs|wirt|schaft (die, -, kein Plural) Planwirtschaft.

zen|t|rie|ren (V.) auf den Mittelpunkt einstellen.

Zen|t|ri|fu|ge (die, -, -n) Schleuder. Zentrifugalpumpe; zentrifugieren.

zen|t|ri|fu|gal (Adj.) vom Mittelpunkt wegstrebend.

Zen|t|ri|fu|gal|kraft (die, -, -kräf|te) Fliehkraft.

zen|t|ri|pe|tal (Adj.) zum Mittelpunkt strebend.

Zen|tu|rie (die, -, -n) (lat.) altrömische Hundertschaft.

Zen|tu|rio (der, -s, -s/-ri|o|nen) Führer einer Zenturie.

Ze|phir (*auch:* Ze|phyr) (der, -s, -e) (griech.) 1. (nur Ez.) lauer Wind (veraltet). 2. ein feinfädiges Baumwollgewebe.

Zep|pe|lin (der, -s, -e) Luftschiff.

Zep|ter (das, -s, -) (griech.) 1. Würdenstab; 2. Herrschaft. das Zepter führen/schwingen (die Führung haben, die Herrschaft ausüben).

zer|bei|ßen (V. zerbiss, hat zerbissen) zerkleinern; aufbeißen; mit den Zähnen zerkleinern; zermalmen.

zer|bers|ten (V., zerbarst, ist zerborsten) zerbrechen.

Zer|be|rus (*auch:* Cer|be|rus) (der, -, -rus|se) (griech.) Wächter; Wachhund des Totenreichs.

zer|brech|lich (Adj.) morsch; brüchig; zart.

zer|bre|chen (V., zerbrach, hat zerbrochen) brechen; zerschlagen.

Zer|brech|lich|keit (die, -, kein Plural) Empfindlichkeit.

zer|brö|ckeln (V., ist) zerfallen; zerkleinern.

zer|drü|cken (V., zerdrückte, hat zerdrückt) zermalmen; zerquetschen.

Ze|re|a|lie (*auch:* Ce|re|a|lie) (die, -, -i|en) (lat. nach der Göttin Ceres) Getreide.

Ze|re|b|ral (der, -s, -e) Laut, der mit der Zungenspitze am Gaumendach gebildet wird (Sprachwissenschaft).

Ze|re|mo|nie (die, -, -n) (lat.) Ritus; Feierlichkeit; Akt; feierliche Handlung; Liturgie; Ritual; Ritus; Vorschrift. zeremoniell; zeremoniös.

Ze|re|mo|ni|ell (das, -s, -e) Förmlichkeiten im zwischenstaatlichen Verkehr oder an Fürstenhöfen.

Ze|re|mo|ni|en|meis|ter (der, -s, -) früher Hofbeamter, der für die Einhaltung des Zeremoniells sorgte.

zer|fah|ren (Adj.) verwirrt; zerstreut. Zerfahrenheit.

Zer|fall (der, -s, kein Plural) Auflösung; Verfall.

zer|fal|len (V., zerfiel, ist zerfallen) zusammenbrechen; sich auflösen. *Beachte:* Er ist mit Gott und der Welt zerfallen (verfeindet).

Zer|falls|er|schei|nung (die, -, -en) Symptome der Auflösung.

Zer|falls|pro|dukt (das, -es, -e) Ergebnis einer Kernspaltung.

zer|fet|zen (V., zerfetzte, hat zerfetzt) zerreißen.

zer|fled|dern (V.) abnutzen; zerreißen.

zer|flei|schen (V., zerfleischte, hat zerfleischt) zerreißen.

zer|flie|ßen (V., zerfloss, ist zerflossen) flüssig werden.

zer|fres|sen (V., zerfraß, hat zerfressen) zersetzen; durch Rost auflösen.

zer|furcht (Adj.) faltig; mit Rillen.

zer|ge|hen (V., zerging, ist zergangen) schmelzen.

zer|glie|dern (V., zergliederte, hat zergliedert) analysieren; zerlegen.

zer|ha|cken (V., zerhackte, hat zerhackt) zerstückeln.

zer|klei|nern (V., zerkleinerte, hat zerkleinert) klein schneiden, zerstückeln.

zer|klüf|tet (Adj.) rissig; spaltig.

zer|knal|len (V.) zerplatzen; zerspringen.

zer|knirscht (Adj.) bedrückt; reuevoll. Zerknirschtheit; Zerknirschung.

zer|knit|tern (V., zerknitterte, hat zerknittert) zusammendrücken.

zer|las|sen (V., zerließ, hat zerlassen) schmelzen lassen.

zer|lau|fen (V., zerlief, ist zerlaufen) auseinanderfließen; schmelzen.

zer|le|gen (V.) teilen; trennen. Zerlegspiel; Zerlegung; zerlegbar.

zer|lumpt (Adj.) abgerissen; ungepflegt.

zer|mal|men (V.) zerdrücken; zerstören. Zermalmung.

zer|man|schen (V.) (ugs.) zerquetschen.

zer|mar|tern (V.) (ugs.) (in der Wendung) sich den Kopf/das Hirn zermartern (intensiv nachdenken).

zer|mür|ben (V.) aufreiben. Zermürbung; Zermürbungstaktik; zermürbt.

Ze|ro (die/das, -/-s, -s) (arab.) Null; Nichts (Roulett).

zer|pflü|cken (V.) zertrennen; kritisch untersuchen.

zer|plat|zen (V., zerplatzte, ist zerplatzt) explodieren.

zer|quet|schen (V., zerquetschte, hat zerquetscht) zerdrücken.

Zerr|bild (das, -es, -er) Fratze; Spottbild; Karikatur, Satire.

zer|rei|ßen (V., zerriss, hat zerrissen) trennen; auseinanderreißen; löchrig werden. Zerreißung; zerrissen.

zer|reiß|fest (Adj.) widerstandsfähig.

Zer|reiß|pro|be (die, -, -n) überaus starke Beanspruchung; Belastungsprobe.

Zer|ris|sen|heit (die, -, kein Plural) Unentschlossenheit; Unausgeglichenheit.

zer|ren (V.) ziehen; überdehnen. Zerrerei.

Zerr|spie|gel (der, -s, -) Vexierspiegel.

Zer|rung (die, -, -en) Verstauchung; Überdehnung.

zer|rüt|ten (V., zerrüttete, hat zerrüttet) aufreiben; zerstören. Zerrüttung; zerrüttet.

zer|schel|len (V.) auseinanderbrechen. Zerschellung; zerschellt.

zer|schla|gen 1. (V., zerschlug, hat zerschlagen) auseinanderschlagen; (refl.) scheitern. 2. (Adj.) erschöpft; müde.

Zer|schla|gung (die, -, -en) Vernichtung; Zerstörung.

Zer|schla|gen|heit (die, -, kein Plural) Erschöpfung.

zer|schmet|tern (V.) zertrümmern; zerstören. Zerschmetterung.

zer|schmet|tert (Adj.) zerschlagen.
zer|set|zen (V.) auflösen; untergraben. Zersetzungsprozess.
Zer|set|zung (die, -, -en) Auflösung; Sabotage.
Zer|set|zungs|er|schei|nung (die, -, -en) Symptome der Auflösung.
zer|split|tern (V.; V. ist) zertrümmern; zerfallen. Zersplitterung.
zer|stäu|ben (V.) versprühen. Zerstäuber; Zerstäubung.
zer|stö|ren (V.) vernichten; kaputt machen; verderben; zu Schrott machen. zerstörbar; zerstörerisch.
Zer|stö|rer (der, -s, -) leichtes und schnelles ungepanzertes Kriegsschiff.
Zer|stö|rung (die, -, -en) Demolierung; Destruktion; Vernichtung.
Zer|stö|rungs|wut (die, -s, kein Plural) Vernichtungswahn; Barbarei.
zer|streut (Adj.) abgelenkt; unaufmerksam.
zer|streu|en (V., zerstreute, hat zerstreut) 1. verstreuen; streuen; versprengen; 2. ablenken.
Zer|streut|heit (die, -, kein Plural) Fahrigkeit; Geistesabwesenheit; Kopflosigkeit; Zerfahrenheit.
Zer|streu|ung (die, -, -en) Ablenkung.
Zer|ti|fi|kat (das, -s, -e) (lat.) amtliche Beglaubigung. Verb: zertifizieren.
Zer|ve|lat|wurst (*auch:* Ser|ve|lat|wurst) (die, -, -würs|te) Hartwurst.
zer|wer|fen (V., zerwarf, hat zerworfen) zerschlagen; sich verfeinden.
Zer|würf|nis (das, -ses, -se) Streit; Trennung.
zer|zaust (Adj.) wirr; unordentlich
Ze|ta (das, -/-s, -s) sechster Buchstabe des griechischen Alphabets (Z, ζ).
Ze|ta|ze|en (die, nur Plural) (griech.-lat.-nlat.) die Wale in ihrer Gesamtheit.
Ze|ta|zis|mus (der, -, -men) 1. fehlerhafte Aussprache des Z-Lautes. 2. Lautentwicklung von k zu z vor hellem Vokal (Sprachwissenschaft).
ze|tern (V.) (ugs.) klagen; schreien. *Beachte:* Zeter und Mordio schreien. Zetergeschrei.
Zet|tel (der, -s, -) Notizblatt. Zettelkasten; verzetteln.
Zet|tel|kar|tei (die, -, -en) Kartei, die aus lauter einzelnen Zetteln besteht.
Zeug (das, -s, -e) Kram; Unsinn. *Beachte:* Du kannst mir nichts am Zeug flicken. sich kräftig ins Zeug legen. Zeughaus.
Zeu|ge (der, -n, -n) Beobachter; Bürge.
zeu|gen (V.) hervorbringen (Kind); bekräftigen; zeigen. Zeugung; Zeugungsakt; Zeugungsfähigkeit; zeugungsfähig; zeugungsunfähig.
Zeu|gen|aus|sa|ge (die, -, -n) Aussage von Zeugen vor Gericht.
Zeu|gen|bank (die, -, kein Plural) Platz der Zeugen im Gerichtssaal.
Zeug|haus (das, -es, -häu|ser) Arsenal.
Zeu|gen|stand (der, -es, kein Plural) Platz, auf dem die Zeugen stehen, wenn sie vor Gericht aussagen.
Zeu|gen|ver|neh|mung (die, -, -en) Befragung der Zeugen vor Gericht.
Zeug|nis (das, -nis|ses, -nis|se) Beglaubigung; Urkunde; Zeugenaussage. Zeugnisausgabe.
Zeug|nis|ab|schrift (die, -, -en) Zeugniskopie.
zeug|nis|haft (Adj.) wie ein Zeugnis.
Zeug|nis|ver|wei|ge|rung (die, -, kein Plural) die Weigerung des Zeugen vor Gericht auszusagen.
Zeug|nis|ver|wei|ge|rungs|recht (das, -es, kein Plural) Verwandte des Angeklagten haben das Recht, vor Gericht die Aussage zu verweigern, dem Arzt steht dieses Recht ebenfalls zu.
Zeus (kein Art., -, kein Plural) in der griech. Mythologie oberster Gott und Herrscher auf dem Olymp, Sohn des Kronos und der Rhea, Himmelsgott mit dem Blitz als Waffe, entspricht dem römischen Jupiter.
z. H. (*auch:* z. Hd.) (Abk.) zu Händen.
Zi|be|be (die, -, -n) (arab.) (südd.) Rosine.
Zi|bet (das, -s, kein Plural) (arab.-ital.) das Drüsensekret der Zibetkatze; Parfümgrundstoff.
Zi|cho|rie (die, -, -n) (griech.) Pflanze; Kaffeeersatz.
Zi|cken (die, nur Plural) (in der Wendung:) Zicken machen (Dummheiten, Umstände machen). Adjektiv: zickig.
Zick|lein (das, -s, -) Ziegenjunges. Zicke; Zickel; zickeln.
Zick|zack (der, -s, -za|cke) Zickzacklinie; Hin und Her. Zickzackkurs; im Zickzack laufen.
Zi|der (auch: Ci|d|re) (der, -s, -) (franz.) Apfel-, Obstwein.
Zie|ge (die, -, -n) Haustier. Ziegenbock; Ziegenkäse; Ziegenleder; Ziegenmilch.
Zie|gel (der, -s, -) Backstein. Ziegelbrennerei; Ziegelei; Ziegelstein; ziegelrot.
Zie|gen|bart (der, -es, -bär|te) Korallenschwamm; Keulenpilz.
Zie|gen|pe|ter (der, -s, -) Mumps.
Zie|gen|fell (das, -s, -e) Fell einer Ziege.
Zie|gen|her|de (die, -, -n) Herde von Ziegen.
Zie|gen|hirt (der, -en, -en) Hüter einer Ziegenherde.
Zie|gen|pe|ter (der, -s, -) Mumps.
Zieh|brun|nen (der, -s, -) Brunnen, aus dem man mit Schöpfeimern das Wasser hochzieht.
Zieh|el|tern (die, -, kein Plural) Pflegeeltern; Adoptiveltern. Ziehmutter.
zie|hen (V., zog, hat gezogen) schleppen; dehnen; zeichnen; umherziehen.
Zieh|geld (das, -es, -er) Alimente.
Zieh|har|mo|ni|ka (die, -, -s) Musikinstrument.
Zie|hung (die, -, -en) Lottozahlen oder Losnummern werden durch Ziehung ermittelt.
Ziel (das, -s, -e) Bestimmungsort; Absicht; Endpunkt. über das Ziel hinausschießen (die Grenze des Vernünftigen, Zulässigen überschreiten). Zielband; Zielfahrt; Zielgerade; Ziellinie; Zielrichter; Adjektive: zielbewusst; zielend auf; zielgerichtet; zielstrebig.
zie|len (V.) anvisieren; anlegen; anpeilen; aufs Korn nehmen; in Anschlag gehen; ins Visier nehmen; peilen.
Ziel|grup|pe (die, -, -n) in der Werbung die potenzielle Käufergruppe.
Ziel|fern|rohr (das, -es, -e) kleines Fernrohr, das man auf den Gewehrlauf schraubt.
Ziel|lan|dung (die, -, -en) der Fallschirmspringer landet genau auf dem markierten Punkt.
ziel|los (Adj.) planlos; orientierungslos; kreuz und quer; unsystematisch.
Ziel|rich|tung (die, -, -en) Tendenz; Trend.
Ziel|schei|be (die, -, -n) 1. Schießscheibe; 2. Sündenbock.

Ziel|set|zung (die, -, -en) Absicht; Plan; Zweck.

Ziel|si|cher|heit (die, -, kein Plural) 1. zielstrebiges Verhalten; 2. mit ruhiger Hand das Ziel anvisieren und mit großer Wahrscheinlichkeit treffen. zielsicher.

Ziel|stre|big|keit (die, -, kein Plural) Beharrlichkeit; Entschlossenheit; Ehrgeiz; Konsequenz; Unbeirrbarkeit.

Ziel|was|ser (das, -s, -) Schnaps. kein Zielwasser getrunken haben (ugs.) (nicht treffen).

Ziel|wurf (der, -s, -wür|fe) Wurf auf ein Ziel.

zie|men (V., refl.) (nur unpersönlich) sich gehören.

ziem|lich 1. (Adv.) fast; reichlich; 2. (Adj.) beträchtlich.

zie|ren (V.) 1. schmücken; 2. (refl.) zimperlich sein. Zier; Zierrat; Zierde; Zierfisch; Zierkürbis; Zierpflanze; Zierstrauch.

Zie|re|rei (die, -, -en) Geziere; albernes Benehmen.

zier|lich (Adj.) klein; zart. Zierlichkeit.

Zif|fer (die, -, -n) Zahlzeichen (Abk.: Ziff.). Ziffernrechner; Ziffernschrift; dreiziff(e)rig.

Zif|fer|blatt (das, -(e)s, -blät|ter) die Zeiger der Uhr zeigen auf dem Zifferblatt die Zeit an.

zig (Zahlw.) sehr oft; sehr viele. *Beachte:* ich habe zigmal gerufen, *aber:* zum zigsten Mal. Das kostet mich zig Euro. zigfach; Zighundert (*auch:* zighundert) Menschen; ein Zigfaches davon; Zigtausende (*auch:* zigtausende) von Vögeln; mit zig Sachen.

Zi|ga|ret|te (die, -, -n) Tabakware.

Zi|ga|ret|ten|au|to|mat (der, -en, -en) Verkaufsapparat für Zigaretten.

Zi|ga|ret|ten|etui (das, -s, -s) Behälter für Zigaretten.

Zi|ga|ret|ten|kip|pe (die, -, -n) Endstück einer gerauchten Zigarette.

Zi|ga|ret|ten|stum|mel (der, -s, -) Zigarettenkippe.

Zi|ga|ret|ten|pau|se (die, -, -n) kurze Unterbrechung einer Tätigkeit, um eine Zigarette zu rauchen.

Zi|ga|ret|ten|rauch (der, -(e)s, kein Plural) Zigarettenqualm.

Zi|ga|ret|ten|spit|ze (die, -, -n) meist aus edlem Material bestehendes Verlängerungsstück, auf das man zum Rauchen die Zigarette steckt.

Zi|ga|ril|lo (der/das, -s, -s) (span.) dünne Zigarre.

Zi|gar|re (die, -, -n) Tabakware. Zigarrenkiste; Zigarrenspitze; zigarrenförmig.

Zi|geu|ner (der, -s, -) Angehöriger der Sinti und Roma. Zigeunerin; zigeunerhaft; zigeunerisch.

Zi|geu|ner|ka|pel|le (die, -, -n) Orchester, dessen Mitglieder Zigeuner sind.

Zi|geu|ner|le|ben (das, -s, kein Plural) unstetes Leben; Wanderleben.

Zi|geu|ner|mu|sik (die, -, kein Plural) Volksmusik der Zigeuner.

zi|geu|nern (V.) herumstreifen; streunen; sich herumtreiben.

Zi|geu|ner|schnit|zel (das, -s, -) Fleischgericht; Schweineschnitzel mit Paprika.

Zi|ka|de (die, -, -n) (lat.) Insekt. Zikadengesang.

Zik|ku|rat (die, -, -s) assyrischer, babylonischer Stufenturm.

zi|li|ar (Adj.) (lat.) zu den Wimpern gehörig.

Zi|li|ar|kör|per (der, -s, -) vorderster Teil der Augengefäßhaut.

Zi|lie (die, -, -n) (lat.) Wimperfortsatz (zur Fortbewegung von Einzellern).

Zim|bab|we → Simbabwe.

Zi|me|lie (die, -, -n) (griech.-lat.) bibliophiles oder kirchliches Kleinod.

Zim|mer (das, -s, -) Raum. vierzimm(e)rig (4-zimm(e)rig).

Zim|mer|an|ten|ne (die, -, -n) im Inneren eines Raumes angebrachte Antenne für besseren Rundfunk- und Fernsehempfang.

Zim|mer|de|cke (die, -, -n) Plafond.

Zim|mer|flucht (die, -, -en) mehrere hintereinanderliegende Zimmer, Enfilade.

Zim|mer|herr (der, -n, -n) Untermieter.

Zim|mer|kell|ner (der, -s, -) Kellner, der auf den Hotelzimmern bedient.

Zim|mer|laut|stär|ke (die, -, kein Plural) Geräuschpegel, der außerhalb eines Raumes nicht zu hören ist.

Zim|mer|lin|de (die, -, -n) afrikanische Linde.

Zim|mer|mann (der, -(e)s, -leu|te) Handwerker, der die Holzarbeiten am Bau ausführt. jmdm. zeigen, wo der Zimmermann das Loch gelassen hat (ugs.) (jemanden aus dem Zimmer oder dem Haus weisen).

Zim|mer|mäd|chen (das, -s, -) Hotelangestellte, die die Zimmer aufräumt und sauber hält.

zim|mern (V.) aus Holz herstellen.

Zim|mer|num|mer (die, -, -n) Nummer eines Hotelzimmers.

Zim|mer|pflan|ze (die, -, -n) Pflanzen, die für Innenräume geeignet sind.

Zim|mer|tan|ne (die, -, -n) Araukarie.

Zim|mer|tem|pe|ra|tur (die, -, -en) Temperatur, wie sie überwiegend in Innenräumen herrscht.

Zi|mo|lit (der, -s, kein Plural) hellgrauer Ton.

zim|per|lich (Adj.) empfindlich; wehleidig.

Zim|per|lich|keit (die, -, kein Plural) gesteigerte Empfindlichkeit; Geziere; Prüderie.

Zim|per|lie|se (die, -, -n) (ugs.) empfindliches Mädchen.

Zimt (der, -s, -e) Gewürz.

Zimt|baum (der, -(e)s, -bäu|me) tropisches Lorbeergewächs, gedeiht besonders in Indien.

zimt|far|ben (*auch:* zimt|far|big) (Adj.) bräunliche, altrosa Farbe des gemahlenen Zimts.

Zimt|öl (das, -s, -e) ätherisches Duftöl, das aus den Früchten des Zimtbaumes gewonnen wird.

Zimt|stan|ge (die, -, -n) Innenrinde der Stämme und Jungtriebe des Ceylon-Zimtbaumes, wird getrocknet und zusammengerollt als Gewürz gehandelt.

Zimt|stern (der, -(e)s, -e) Weihnachtsgebäck mit Zimt, in Sternenform ausgestochen.

Zi|ne|ra|rie (die, -, -n) (nlat.) leuchtend gefärbtes Kreuzkraut; Zierblume.

Zin|gu|lum (das, -s, -la) (lat.) kordelartiger Gürtel der liturgischen Gewänder in der katholischen Kirche.

Zink (das, -s, kein Plural) Metall; chemischer Grundstoff (Abk.: Zn). Zinkleimverband; Zinkoxid (*auch:* Zinkoxyd); Zinkwanne.

Zink|blech (das, -s, kein Plural) verzinktes Stahlblech.

Zink|blen|de (die, -, kein Plural) Zinksulfid; gelbbraunes Mineral.

Zinkˈdruck (der, -(e)s, -e) Zinkografie; Flachdruckverfahren mit Zinkblechplatte für Druckgrafiken.
Zinˈke (die, -, -) Gabel.
Zinˈken (der, -s, -) Zacken; Zeichen; (ugs.) Nase. Zinker.
zinˈken (V.) 1. Spielkarten mit Zinken versehen; 2. manipulieren; mit gezinkten Karten spielen; schwindeln; betrügen.
Zinˈkoˈgraˈfie (*auch:* Zinˈkoˈgraˈphie) (die, -, -n) Zinkätzung.
Zinkˈsalˈbe (die, -, -en) einfache Wund- und Heilsalbe zur Hemmung des Bakterienwachstums.
Zinkˈspat (der, -(e)s, kein Plural) Mineral; Zinkkarbonat; wichtiges Zinkerz.
Zinn (das, -s, kein Plural) Metall; chemischer Grundstoff (Abk.: Sn). Zinnbecher; Zinnfigur; Zinngießer; Zinnsoldat; Zinnteller; zinnern.
Zinˈne (die, -, -n) Mauerzacke.
Zinˈnie (die, -, -n) (nlat.) Korbblütler; Zierblume.
Zinnˈkraut (das, -(e)s, kein Plural) Ackerschachtelhalm; saponin- und kieselsäurehaltige Heilpflanze.
Zinˈnoˈber (der, -s, -) (pers.) roter Farbstoff; (ugs.) Blödsinn. *Beachte:* Mach keinen Zinnober! ein Pullover in Zinnoberrot, *aber:* der Pullover war zinnoberrot.
Zins (der, -es, -en) (lat.) Zahlung für die Nutzung fremden Kapitals, Ertrag. Zinsendienst; Zinserhöhung; Zinspolitik; Zinssenkung; Zinszahl (Abk.: Zz.); zinsbar; zinsgünstig; zinslos; zinspflichtig.
Zinsˈabˈschlagˈsteuˈer (die, -, kein Plural) Steuer auf Zinserträge.
Zinˈsesˈzins (der, -(e)s, -en) Zinsen, die entstehen, wenn die Zinsen eines Kapitals in bestimmten Zeitabständen dem Kapital aufgerechnet und dann mit diesem zusammen weiterverzinst werden.
Zinsˈfuß (der, -(e)s, -füˈße) der in Prozent des Darlehens dargestellte Zins.
Zinsˈsatz (der, -es, -sätˈze) Zinsfuß.
Zinsˈschein (der, -(e)s, -e) Berechtigungsabschnitt zum Bezug fälliger Zinsen eines festverzinslichen Wertpapiers.
Zinsˈwuˈcher (der, -s, kein Plural) Zinsen, die beträchtlich höher sind als die landesüblich verlangten Zinsen.
Ziˈon (ohne Art., -s, kein Plural) ursprünglich Bezeichnung für den SO-Hügel von Jerusalem, dann für den nördl. Tempelberg, schließlich für ganz Jerusalem.
Ziˈoˈnisˈmus (der, -, kein Plural) früher politische Bewegung mit dem Ziel der Gründung des Staates Isreal, heute jüdische Interessenpolitik. Zionist; zionistisch.
Zipˈfel (der, -s, -) Spitze; Ende. Zipfelmütze; zipf(e)lig; zipfeln.
Zirˈbel (die, -, -n) Kiefer. Zirbelkiefer; Zirbelnuss.
zirˈka (*auch:* cirˈca) (Adv.) ungefähr; etwa (Abk.: ca.).
Zirˈkel (der, -s, -) 1. Zeichengerät; 2. Personenkreis. Zirkelkasten; zirkeln.
Zirˈkelˈschluss (der, -es, -schlüsˈse) tritt ein in Definition und Beweis, wenn die Begriffserklärung das zu Erklärende bereits voraussetzt.
Zirˈkuˈlar (das, -s, -e) (franz.) Rundschreiben.
zirˈkuˈlär (*auch:* zirˈkuˈlar) (Adj.) (griech.) kreisförmig.
Zirˈkuˈlarˈbeˈschleuˈniˈger (der, -s, -) Teilchenbeschleuniger, der geladene Teilchen auf hohe Energien beschleunigt.
Zirˈkuˈlaˈtiˈon (die, -, -en) (lat.) Kreislauf, zum Beispiel Blutzirkulation.
zirˈkuˈlieˈren (V.) in Umlauf sein; kreisen.
Zirˈkum.../zirˈkum... (lat.) in Wortzusammensetzungen Bedeutung von »um« und »herum«.
Zirˈkumˈflex (der, -es, -e) (lat.) Dehnungszeichen (Zeichen: ^, z. B. â, ê, î).
Zirˈkumˈziˈsiˈon (die, -, -en) (lat.) Beschneidung.
Zirˈkus (*auch:* Cirˈcus) (der, -, -kusˈse) 1. Zirkusvorstellung (*auch:* Circusvorstellung); Manege; Zelt; 2. (nur Sing.) Gehabe; Getue; Durcheinander; Lärm. Zirkusclown (*auch:* Circusclown); Zirkusdirektor (*auch:* Circusdirektor); Zirkuszelt (*auch:* Circuszelt).
Zirˈpe (die, -, -n) Grille.
zirˈpen (V.) zwitschern.
Zirˈrhoˈse (die, -, -n) (griech.) Bindegewebsverhärtung, -schrumpfung. Leberzirrhose.
Zirˈroˈkuˈmuˈlus (der, -, -li) (lat.) in der Meteorologie Schäfchenwolke.
Zirˈroˈstraˈtus (der, -, -) (lat.) in der Meteorologie Schleierwolke.
Zirˈrus (der, -, - oder -ren) (lat.) in der Meteorologie Federwolke.
zirˈzenˈsisch (Adj.) zum Zirkus gehörig; den Zirkus betreffend.
zirˈzenˈsiˈsche Spieˈle (die -n -, -n -, Pluralwort) im alten Rom Veranstaltungen von Wagen- und Pferderennen im Zirkus.
zis.../Zis... (lat.) in Wortzusammensetzungen Bedeutung von »diesseits«.
zisˈalˈpin (Adj.) (lat.) diesseits der Alpen (von Rom aus betrachtet).
ziˈschen (V.) scharf tönen; schwirren. Zischelei; Zischlaut.
ziˈscheln (V.) flüstern; tratschen; zischen.
Ziˈseˈlieˈrung (die, -, -en) Metallstechen. Ziseleur; Ziselierer.
ziˈseˈlieˈren (V.) eingravieren; gravieren.
Zisˈterˈne (die, -, -n) (griech.) Regenwasserspeicher; Brunnen.
Zisˈterˈziˈenˈser (der, -s, -) Ordensbruder. Zisterzienserin.
Zisˈterˈziˈenˈserˈorˈden (der, -s, kein Plural) Zweigorden der Benediktiner.
Zistˈroˈse (die, -, -n) (griech.-lat.) Strauch des Mittelmeerraumes mit rosenähnlichen Blüten.
Ziˈtaˈdelˈle (die, -, -n) (franz.) meist den Kern einer Stadt bildende Festung.
Ziˈtat (das, -s, -e) (lat.) Textbeleg; Ausspruch. Zitatenlexikon; Zitatenschatz; Zitatensammlung; Zitierung.
ziˈtieˈren (V.) 1. erwähnen; heranziehen; 2. vorladen.
Ziˈther (die, -, -n) (griech.) Saiteninstrument. Zitherspieler.
Ziˈtroˈnat (das, -s, -e) (franz.) kandierte Zitrusschale.
Ziˈtroˈne (die, -, -n) Frucht. jemanden ausquetschen wie eine Zitrone (ugs.) (jemanden gründlich ausfragen). Zitronenschale; zitronenfarbig; zitronengelb.
Ziˈtroˈnenˈbaum (der, -(e)s, -bäuˈme) aus Ostasien stammender immergrüner Baum mit gelben sauren Früchten.
Ziˈtroˈnenˈfalˈter (der, -s, -) Schmetterling; Tagfalter; Weißling.
ziˈtroˈnenˈförˈmig (Adj.) in der Form einer Zitrone.

Zi|t|ro|nen|holz (das, -es, -höl|zer) Holz des Zitronenbaums; Sandelholz.
Zi|t|ro|nen|kraut (das, -es, kein Plural) Melisse.
Zi|t|ro|nen|li|mo|na|de (die, -, -n) Erfrischungsgetränk mit Zitronenaroma.
Zi|t|ro|nen|me|lis|se (die, -, -n) Melissenart.
Zi|t|ro|nen|öl (das, -s, -e) Öl aus gepressten Zitronenschalen.
Zi|t|ro|nen|pres|se (die, -, -n) Presse.
Zi|t|ro|nen|saft (der, -es, -säf|te) ausgepresster Saft der Zitrone.
Zi|t|ro|nen|säu|re (die, -, -n) in Zitronen und anderen Früchten vorkommende organische Säure; als Säuerungsmittel und Emulgator verwendet.
Zi|t|ro|nen|säu|re|zy|k|lus (der, -, kein Plural) Zitratzyklus.
Zi|t|rus|frucht (die, -, -früch|te) Fruchtsorte (z. B. Orange, Zitrone).
Zit|ter|aal (der, -s, -e) aalartiger Süßwasserfisch mit elektrischen Organen.
Zit|ter|gras (das, -es, kein Plural) Gattung der Süßgräser; Ziergras.
Zit|ter|greis (der, -es, -e) alter Mann.
zit|tern (V.) beben; sich fürchten. zittern um (sich sorgen um). zitt(e)rig.
Zit|ter|pap|pel (die, -, -n) Laubbaum, dessen kleine runde Blätter beim leisesten Lufthauch zittern.
Zit|ter|ro|chen (der, -s, -) Rochen.
Zit|ze (die, -, -n) Säugorgan.
zi|vil (Adj.) (lat.) 1. bürgerlich; 2. nicht militärisch; 3. anständig. *Beachte:* in Zivil sein. zivilistisch.
Zi|vil|be|völ|ke|rung (die, -, kein Plural) nicht der Armee angehörende Bevölkerung.
Zi|vil|cou|ra|ge (die, -, kein Plural) Mut zur eigenen Überzeugung, wenn man sie anderen gegenüber vertreten muss.
Zi|vil|dienst (der, -es, kein Plural) Ersatzdienst in gemeinnützigen Einrichtungen statt Militärdienst.
Zi|vil|ehe (die, -, -n) bürgerliche Ehe, geschlossen vor dem Standesbeamten und zwei Zeugen.
Zi|vil|fahn|dung (die, -, -en) polizeiliche Ermittlung.
Zi|vil|ge|richt (das, -(e)s, -e) Bezeichnung für ein Gericht, das für Streitigkeiten des Privatrechts zuständig ist.
Zi|vi|li|sa|ti|on (die, -, kein Plural) (lat.) die geformte und durchdachte Ordnung des sozialen Lebens in Staat und Gesellschaft.
Zi|vi|li|sa|ti|ons|krank|heit (die, -, -en) Krankheiten, die durch die Lebensweise in zivilisierten Ländern gehäuft auftreten.
zi|vi|li|siert (Adj.) gebildet; kultiviert.
Zi|vi|list (der, -en, -en) jmd., der nicht dem Militär angehört.
Zi|vil|kam|mer (die, -, -n) Abteilung des Landgerichts für privatrechtliche Streitigkeiten.
Zi|vil|kla|ge (die, -, -n) Klage in einem Zivilprozess.
Zi|vil|per|son (die, -, -en) Zivilist.
Zi|vil|pro|zess (der, -es, -e) Gerichtsverfahren, in dem über zivilrechtliche Streitigkeiten verhandelt wird.
Zi|vil|pro|zess|ord|nung (Abk.: ZPO) (die, -, kein Plural) Verfahrensgesetz für Zivilprozesse.
Zi|vil|recht (das, -es, kein Plural) bürgerliches Recht. zivilrechtlich.
Zi|vil|schutz (der, -es, kein Plural) ziviler Bevölkerungsschutz vor allem gegen die Auswirkungen eines Krieges.
ZK (Abk.) Zentralkomitee.
Zlo|ty (der, -s, -s) (poln.) Währung (Polen; Abk.: Zl).
Zn (Abk.) Zink (chemisches Zeichen).
Zo|bel (der, -s, -) Marder; Pelz. Zobelmantel.
Zo|cker (der, -s, -) jmd., der Glücksspiele macht. zocken.
Zo|di|a|kus (der, -, kein Plural) in der Astrologie Tierkreis.
Zo|fe (die, -, -n) Dienerin; Kammerfrau.
Zoff (der, -s, kein Plural) (ugs.) Ärger; Streit.
zö|gern (V.) zaudern. *Beachte:* ohne Zögern, *aber:* ohne zu zögern.
zö|gernd (Adj.) abwartend; langsam; unschlüssig; zaudernd; zurückhaltend.
Zög|ling (der, -s, -e) Kinder und Jugendliche, die zur Erziehung in einem Internat sind.
Zö|li|bat (das/der, -s, kein Plural) (lat.) Ehelosigkeit katholischer Geistlicher. Zölibatszwang; zölibatär.
Zoll 1. (der, -s, Zöl|le) (griech.) Abgabe, Steuer, die beim Grenzübertritt auf Waren erhoben wird. Zollabfertigung; Zollfahnder; Zollformalität; Zollfreiheit; Zolltarif; Zollvertrag; zollfrei; zollpflichtig. 2. (der, -s, -) Längenmaß (Zeichen: "). *Beachte:* keinen Zollbreit (*auch:* Zoll breit) weichen. Zollstock; zolllang, *aber:* zwei Zoll lang; zollbreit, *aber:* zwei Zoll breit; zollhoch, *aber:* zwei Zoll hoch; zweizollig (2-zollig).
Zoll|amt (das, -(e)s, -äm|ter) örtliche Zollbehörde. zollamtlich.
Zoll|aus|schluss (der, -schlus|ses, -schlüs|se) zollfreies Gebiet.
zoll|bar (Adj.) zollpflichtig.
Zoll|be|am|ter (der -te, -ten, -ten) Grenzer; Grenzposten; Grenzsoldat. Zöllner.
Zoll|be|gleit|schein (der, -s, -e) ermöglicht den Transport unverzollter Waren von einer Zollstelle zur anderen.
Zoll|de|k|la|ra|ti|on (die, -, -en) Aussage über zu verzollende Waren. Zollerklärung.
zoll|dick (Adj.) etwa ein Zoll dick.
zol|len (V.) (in den Wendungen:) jmdm. Achtung zollen (jmdm. Achtung erweisen); jmdm. Beifall zollen (jmdm. Beifall spenden).
Zoll|fahn|dung (die, -, -en) Ermittlung wegen Zollbetrugs.
Zoll|gren|ze (die, -, -en) Linie, deren Überschreiten die Zollpflicht auslöst.
Zoll|li|nie (*auch:* Zoll-Linie) (die, -, -ni|en) Zollgrenze.
Zoll|schran|ke (die, -, -n) Schranke, die auf der Grenzlinie angebracht ist und als Sperre dienen kann.
Zoll|stock (der, -es, -stö|cke) Meterstab.
Zoll|uni|on (die, -, -en) Zusammenschluss mehrerer Staaten zu einem einheitlichen Wirtschaftsgebiet ohne Zollschranken.
Zom|bie (der, -/-s, -s) lebender Toter.
Zo|ne (die, -, -n) Bereich; Gebiet.
zo|nal (*auch:* zo|nar) (Adj.) eine Zone betreffend.
Zo|nen|gren|ze (die, -, -n) Bezeichnung für die Grenzgebiete der vier Besatzungszonen nach dem Zweiten Weltkrieg.
Zo|nen|ta|rif (der, -(e)s, -e) Gebühreneinheiten für Streckenzonen beim öffentlichen Personennahverkehr oder für Zeiteinheiten, je nach Entfernung beim Telefonieren.

Zo|nen|zeit (die, -, -en) Uhrzeit, die innerhalb des Bereichs eines Längengrades gilt; zum Beispiel mitteleuropäische Zeit MEZ.
Zoo (der, -s, -s) (griech.) (Kurzw.) zoologischer Garten; Tiergarten; Tierpark. Zooorchester (*auch:* Zoo-Orchester).
Zoo|hand|lung (die, -, -en) Fachgeschäft für Haustiere und Haustierbedarf.
Zoo|lo|ge (der, -n, -n) (griech.) Wissenschaftler im Fachbereich Zoologie.
Zoo|lo|gie (die, -, kein Plural) (griech.) Wissenschaft vom Körper und der Lebensfunktion der Tiere.
zoo|lo|gisch (Adj.) die Zoologie betreffend.
Zoom (das, -s, -s) (engl.) Kameraobjektiv. Verb: zoomen.
Zo|o|plank|ton (das, -s, kein Plural) (griech.) tierisches Plankton (z. B. Muschellarven, Krebschen).
Zopf (der, -s, Zöp|fe) 1. geflochtenes Haar; 2. Gebäck; 3. Überholtes. ein alter Zopf (eine völlig veraltete Sache). Zöpfchen.
zop|fig (Adj.) altmodisch; rückständig.
Zopf|mus|ter (das, -s, -) Strickmuster, bei dem die Maschen so überkreuzt gestrickt werden, dass es einem Zopf gleicht.
zop|po (Adj.) (ital.) schleppend (Vortragsanweisung in der Musik).
Zorn (der, -s, kein Plural) Wut; Grimm; Groll; Hass. zornentbrannt.
Zorn|aus|bruch (*auch:* Zor|nes|aus|bruch) (der, -(e)s, -brü|che) Wutanfall.
Zor|nes|rö|te (die, -, kein Plural) gerötetes Gesicht während eines Wutausbruchs oder bei angestautem Zorn.
zor|nig (Adj.) wütend.
Zo|te (die, -, -n) Obszönität; unanständiger Witz.
zo|ten (V.) unanständige Witze erzählen.
zo|tig (Adj.) obszön; unanständig.
zot|te|lig (*auch:* zott|lig) (Adj.) büschelig; wirr; zerzaust.
Zot|tel (die, -, -n) (ugs.) wirres, ungepflegtes Haar.
Zot|tel|bär (der, -(e)n, -en) (ugs.) Teddybär mit strubbeligem Fell.
Zot|tel|haar (das, -es, -re) (ugs.) ungepflegtes, verfilztes Haar.
zot|tig (Adj.) zottelig; zerzaust.
ZPO (Abk.) Zivilprozessordnung.
Zr (Abk.) Zirkonium (chemisches Zeichen).
z. T. (Abk.) zum Teil.
Ztr. (Abk.) Zentner.
zu 1. (Präp., Dat.) in; an; gegenüber; für. *Beachte:* Ich fahre zu den Eltern. zu Bett gehen. Du bist nett zu mir. ein Kilo Erdbeeren zu drei Euro. 2. (Adv.) überaus; geschlossen; hin. *Beachte:* nur zu! Mach doch das Fenster zu! Du bist zu nervös. 3. (Konj.) *Beachte:* Ich habe Lust zu baden. die zu überprüfenden Akten. zu viel Ärger; zu viele Menschen; zu wenig Geld; zuletzt, *aber:* zu guter Letzt; zu spät; zu weit; zu oft; zu dreien; zu dritt. *Aber:* zuallererst; zufolge; zugleich; zuoberst; zutiefst; zuunterst; zu Hause (*auch:* zuhause) sein; zu Hilfe kommen; zurate (*auch:* zu Rate) ziehen; zugunsten (*auch:* zu Gunsten); zuungunsten (*auch:* zu Ungunsten); jemandem etwas zugute halten; zugrunde (*auch:* zu Grunde) liegen. Er wird dir nichts zuleide (*auch:* zu Leide) tun. Das mache ich nur dir zuliebe. all die Mühe zuschanden (*auch:* zu Schanden) machen; nichts zustande (*auch:* zu Stande) bringen; alles zunichte machen; sich etwas zunutze (*auch:* zu Nutze) machen; sich nichts zuschulden (*auch:* zu Schulden) kommen lassen; deutlich zutage (*auch:* zu Tage) treten; Schlimmes zuteil werden; sich etwas zueigen machen. Zubringer; Zubrot; Zudecke; Zufahrt; Zufuhr; Zugabe; Zulage; Zuschnitt; Zusendung; Zusicherung; Zuwanderer; Zuweisung.
zu|bal|lern (V., ballerte zu, hat zugeballert) (ugs.) zuwerfen.
zu|bau|en (V. baute zu, hat zugebaut) versperren; dichtmachen (ugs.).
Zu|be|hör (der/das, -s, -e) Zusatz; Ergänzung. Zubehörteil.
Zu|ber (der, -s, -) Bottich.
zu|be|rei|ten (V. bereitete zu, hat zubereitet) herstellen; kochen.
Zu|be|rei|tung (die, -, kein Plural) Herstellung. Die Zubereitung einer Mahlzeit.
Zu|bett|ge|hen (das, -s, kein Plural) Schlafengehen.
zu|bil|li|gen (V., billigte zu, hat zugebilligt) zugestehen; erlauben.
Zu|bil|li|gung (die, -, kein Plural) Zugeständnis. Unter Zubilligung mildernder Umstände.
zu|bin|den (V., band zu, hat zugebunden) etwas verschließen; verschnüren; zuschnüren.
zu|blin|zeln (V., blinzelte zu, hat zugeblinzelt) zulächeln; zuzwinkern (ugs.).
zu|blei|ben (V., blieb zu, ist zugeblieben) (ugs.) geschlossen bleiben.
zu|brin|gen (V., brachte zu, hat zugebracht) verbringen. die Ferien in den Bergen zubringen.
Zu|brin|ger (der, -s, -) Auffahrt auf eine Autobahn.
Zu|brin|ger|dienst (der, -es, -e) regelmäßig fahrende Verkehrsmittel bringen Fluggäste vom Bahnhof zum Flugplatz.
Zu|brin|ger|bus (der, -ses, -se) er übernimmt den Zubringerdienst.
Zu|brot (das, -(e)s, kein Plural) (ugs.) Nebeneinnahme; Nebenverdienst; Nebeneinkünfte; Zusatzverdienst.
Zuc|chi|ni (die, nur Plural) (ital.) Gurkengemüse. Zucchiniauflauf.
Zucht (die, -, -en) 1. Disziplin. Zucht und Ordnung. 2. Züchtung von Tieren. Zuchtbulle; Züchter; Zuchtstier; Züchtung.
züch|ten (V.) heranziehen; kreuzen; veredeln; okulieren.
züch|te|risch (Adj.) die Zucht betreffend.
Zucht|haus (das, -es, -häu|ser) Gefängnis, in dem die Inhaftierten verschärfte Strafen verbüßen.
züch|tig (Adj.) keusch; anständig. Züchtigkeit.
züch|ti|gen (V.) körperlich bestrafen. Züchtigung.
Zucht|lo|sig|keit (die, -, kein Plural) Disziplinlosigkeit; Maßlosigkeit. zuchtlos.
Zucht|per|le (die, -, -n) künstlich in Muscheln gezüchtete Perle.
Zucht|wahl (die, -, kein Plural) Ausleseverfahren bei der Zucht; Selektion.
zu|ckeln (V.) (ugs.) langsam gehen, fahren. Zuckeltrab.
zu|cken (V.) flackern; sich ruckartig bewegen. *Beachte:* die Achseln zucken; ruck, zuck! Zuckung.
zü|cken (V.) nehmen; hervorziehen.

Zu|cker (der, -s, -) Süßstoff; Süßungsmittel; Nahrungsmittel. *Beachte:* Das Leben ist kein Zuckerlecken. Zuckerdose; Zuckerguss; zuckerhaltig; zuck(e)rig; zuckersüß; zuckern.

Zu|cker|bä|cker (der, -s, -) (ugs.) Konditor. Zuckerbäckerstil.

Zu|cker|brot (das, -(e)s, -e) vom Konditor Gebackenes. Zuckerbrot und Peitsche (mal gut zureden, mal bestrafen, um zum Ziel zu kommen).

Zu|cker|hut (der, -es, -hü|te) 1. in Kegelform gepresster Raffinadezucker; 2. Berg in Rio de Janeiro, Wahrzeichen der Stadt.

Zu|cker|krank|heit (die, -, kein Plural) Diabetes. zuckerkrank.

Zu|cker|raf|fi|ne|rie (die, -, -en) Zuckerfabrik.

Zu|cker|rohr (das, -es, -re) Saccarum; Pflanze aus der Gattung der Süßgräser, wird zur Zuckergewinnung angebaut.

Zu|cker|rü|be (die, -, -n) Rübe, aus der Zucker gewonnen wird.

Zu|cker|spie|gel (der, -s, kein Plural) Konzentration des Zuckers im Blut.

Zu|cker|wat|te (die, -, kein Plural) geschmolzener zu Fäden ausgezogener und aufgewickelter Zucker.

Zu|de|cke (die, -, -n) Deckbett; Decke.

zu|de|cken (V. deckte zu, hat zugedeckt) bedecken.

zu|de|cken (V. refl. deckte sich zu, hat sich zugedeckt) sich einhüllen in eine Decke.

zu|dem (Adv.) überdies; außerdem.

zu|dre|hen (V., drehte zu, hat zugedreht) schließen.

zu|dring|lich (Adj.) lästig; aufdringlich.

Zu|dring|lich|keit (die, -, -en) Aufdringlichkeit.

zu|drü|cken (V. drückte zu, hat zugedrückt) verschließen; zumachen.

zu|eig|nen (V., eignete zu, hat zugeeignet) schenken; widmen. *Beachte:* das Kunstwerk der Stadt zueignen, *aber:* sich Fertigkeiten zueigen machen (aneignen). Zueignung.

zu|ei|n|an|der (Adv.) der eine zum andern. zueinanderpassen (*auch:* zueinander passen); zueinanderfinden (*auch:* zueinander finden); zueinanderstehen (zusammenhalten).

zu|er|ken|nen (V., erkannte zu, hat zuerkannt) zusprechen.

Zu|er|ken|nung (die, -, kein Plural) Zuteilung; Verteilung.

zu|erst (Adv.) an erster Stelle; anfänglich. *Beachte:* Du gehst zuerst. Zuerst einmal machen wir Pause.

Zu|fahrt (die, -, -en) Auffahrt; Einfahrt.

Zu|fahrts|stra|ße (die, -, -en) zu einer Siedlung oder einem Haus führende Straße.

Zu|fall (der, -s, -fäl|le) Fügung; Glückssache; ungeplantes und unbeabsichtigtes Ereignis. Zufälligkeit; zufällig; zufälligerweise.

Zu|falls|be|kannt|schaft (die, -, -en) jmd. lernt zufällig einen anderen kennen.

Zu|falls|er|geb|nis (das, -ses, -se) unerwartet erzieltes Ergebnis.

Zu|falls|ge|ne|ra|tor (der, -s, kein Plural) in der elektronischen Datenverarbeitung eine Programmroutine, die Zufallszahlen erzeugt.

Zu|falls|tref|fer (der, -s, -) im Sport erzielter Treffer, der auf Zufall und nicht auf Planung oder Können beruht.

Zu|flucht (die, -, kein Plural) Schutz; Unterkunft; Ausweg. Zufluchtnahme.

Zu|fluchts|ort (der, -es, -e) Zufluchtsstätte; Asyl.

zu|fol|ge (Präp., Dat./Gen.) als Folge; gemäß. *Beachte:* zufolge der großen Niederschläge; dem Bericht zufolge. *Aber:* Das hat zur Folge, dass … demzufolge.

zu|frie|den (Adj.) befriedigt; genügsam. sich zufriedengeben (begnügen); den Mann zufriedenlassen (in Ruhe lassen); den Chef zufriedenstellen (*auch:* zufrieden stellen); die Eltern zufrieden machen; zufrieden sein/werden.

Zu|frie|den|heit (die, -, kein Plural) Behagen; Wohlbehagen.

Zu|frie|den|stel|lung (die, -, kein Plural) Befriedigung.

zu|frie|ren (V., fror zu, ist zugefroren) vereisen.

zu|fü|gen (V., fügte zu, hat zugefügt) hinzufügen; antun. Zufügung.

Zu|fuhr (die, -, kein Plural) Nachschub; Lieferung. von der Zufuhr abgeschnitten sein (keine Lieferung mehr bekommen).

Zu|fuß|ge|hen (*auch:* Zu-Fuß-Ge|hen) (das, -s, kein Plural) das Gehen.

Zug (der, -s, Zü|ge) 1. Schienenfahrzeug; Eisenbahnzug; Schnellzug; Triebwagen; 2. Ziehen; 3. Gruppe; 4. Linie; 5. Art; 6. Schluck. *Beachte:* im Zuge der Renovierung; Sechsuhrzug (6-Uhr-Zug); Zug um Zug; am Zug sein; zum Zug(e) kommen (die Möglichkeit zum Handeln bekommen); in den letzten Zügen liegen (ugs.) (sterben müssen). Zugabteil; Zugbegleiter; Zugfolge; Zugführer; Zugpersonal; zugweise.

Zu|ga|be (die, -, -n) 1. Dreingabe; Draufgabe; Extra; Extraeinlage; 2. Ergänzung.

zu|gäng|lich (Adj.) offen; aufgeschlossen.

Zu|gang (der, -s, -gänge) Eingang.

Zu|gäng|lich|keit (die, -, kein Plural) Empfänglichkeit; Geselligkeit.

Zu|gangs|kon|trol|le (die, -, -len) Begriff aus dem Bundesdatenschutzgesetz. Unbefugten ist zum Beispiel der Zugang zu Datenverarbeitungsanlagen zu verbieten, wenn dort personenbezogene Daten verarbeitet werden.

Zug|be|gleit|per|so|nal (das, -s, kein Plural) Zugbegleiter.

Zug|brü|cke (die, -, -n) Brücke, die hochgezogen werden kann.

zu|ge|ben (V., gab zu, hat zugegeben) hinzufügen; gestehen. Zugabe; zugegebenermaßen.

zu|ge|gen (Adv.) anwesend.

Zu|geh|frau (die, -, -en) Putzfrau; Zugeherin.

zu|ge|hö|rig (Adj.) dazugehören. Zugehörigkeit; Zugehörigkeitsgefühl.

zu|ge|knöpft (Adj.) schweigsam; unzugänglich.

Zü|gel (der, -s, -) Riemen; Lenkung. die Zügel fest in der Hand haben (die Befehlsgewalt innehaben und für straffe Ordnung sorgen); die Zügel straffer anziehen (energischer auftreten, Gehorsam fordern); die Zügel schleifen lassen/lockern (weniger streng sein); jmdm./einer Sache die Zügel schießen lassen (den Dingen freien Lauf lassen). Zügelhilfe; Züg(e)lung.

zü|gel|los (Adj.) disziplinlos; ungezügelt; ausschweifend; hemmungslos; unbändig.

Zü|gel|lo|sig|keit (die, -, kein Plural) Maßlosigkeit.

zü|geln (V.) mäßigen.

zu|ge|neigt (Adj.) zugetan.

zu|ge|reist (Adj.) ortsfremd.
zu|ge|schlos|sen (Adj.) geschlossen; verschlossen; zugesperrt.
zu|ge|sel|len (V. refl., gesellte sich zu, hat sich zugesellt) jemanden begleiten; sich an jemanden anschließen.
zu|ge|sperrt (Adj.) abgesperrt; verschlossen.
zu|ge|spitzt (Adj.) spitz; deutlich formuliert.
Zu|ge|ständ|nis (das, -ses, -se) Entgegenkommen; Erlaubnis; Kompromiss; Konzession; Vergünstigung.
zu|ge|ste|hen (V., gestand zu, hat zugestanden) erlauben; zubilligen. Zugeständnis; zugestanden; zugestandenermaßen.
zu|gig (Adj.) windig.
zü|gig (Adj.) rasch.
Zug|kraft (die, -, kein Plural) 1. die Kraft, mit der etwas gezogen wird; 2. die Anziehungskraft, die etwas auf jemanden ausübt.
zug|kräf|tig (Adj.) wirkungsvoll.
zu|gleich (Adv.) gleichzeitig; zusammen.
Zug|luft (die, -, kein Plural) Durchzug.
Züg|lung (*auch:* Zü|ge|lung) (die, -, kein Plural) Disziplin.
Zug|ma|schi|ne (die, -, -n) Traktor.
Zug|num|mer (die, -, -n) 1. Nummer eines Zuges; 2. Attraktion; Anziehungspunkt.
Zug|pferd (das, -(e)s, -e) 1. das Pferd als Zugtier; 2. (bild.) die Werbemaßnahme.
zu|grei|fen (V. griff zu, hat zugegriffen) handeln; zupacken; anfassen; angreifen; die Ärmel aufkrempeln; Hand anlegen; zulangen.
Zu|griffs|zeit (die, -, -en) in der Datenverarbeitung die Zeit vom Ansteuern einer Adresse auf einem Datenträger und dem Lesen/Schreiben.
zu|grun|de (*auch:* zu Grun|de) (Adv.) (in den Wendungen:) zugrunde (*auch:* zu Grunde) richten (vernichten); zugrunde (*auch:* zu Grunde) gehen (untergehen); zugrunde (*auch:* zu Grunde) liegen (die Grundlage sein); zugrunde (*auch:* zu Grunde) legen (als Grundlage benutzen). Zugrundegehen (*auch:* Zu-Grunde-Gehen); Zugrundelegung; zugrunde liegend (*auch:* zu Grunde liegend, zugrundeliegend).
Zug|sal|be (die, -, -n) Heilsalbe, fördert die Durchblutung, wirkt gegen Entzündungen.
Zug|tier (das, -(e)s, -e) Tier, das einen Wagen zu ziehen hat; Zugpferd.
zu|gu|cken (V., guckte zu, hat zugeguckt) (ugs.) zuschauen.
Zug-um-Zug-Leis|tung (die, -, -en) im Geschäftsbetrieb Ware gegen Geld.
zu|guns|ten (*auch:* zu Guns|ten) (Präp., Gen.) für. zugunsten (*auch:* zu Gunsten) des Kinderhilfswerks; zugunsten (*auch:* zu Gunsten) meiner (*auch:* zugunsten/zu Gunsten von mir); zuungunsten (*auch:* zu Ungunsten); zu meiner Schwester Gunsten/Ungunsten.
zu|gu|te (Adv.) (in:) zugutehalten; zugutekommen; zugutetun.
Zug|ver|kehr (der, -s, kein Plural) Eisenbahnverkehr.
Zug|vo|gel (der, -s, -vö|gel) Vögel, die zum Überwintern in den Süden ziehen.
Zug|wind (der, -es, kein Plural) heftige Zugluft.
Zug|zwang (der, -(e)s, kein Plural) (in der Wendung:) unter Zugzwang stehen (vor der Notwendigkeit stehen, zu reagieren).
Zu|häl|ter (der, -s, -) Kuppler; jmd., der die Einkünfte aus der Prostitution anderer für sich beansprucht.
zu|hauf (Adv.) in großen Mengen.
Zu|hau|se (das, -s, -) Daheim; Heim. *Beachte:* Ich bin nicht zu Hause (*auch:* zuhause). Mein Zuhause liegt weit weg. Zuhausegebliebene (*auch:* zu Hause Gebliebene).
zu|hö|ren (V., hörte zu, hat zugehört) anhören; lauschen; das Ohr leihen; Gehör schenken.
zu|ju|beln (V., jubelte zu, hat zugejubelt) jmdm. Beifall spenden.
zu|klap|pen (V., klappte zu, hat zugeklappt) schließen. ein Buch zuklappen.
zu|kle|ben (V., klebte zu, hat zugeklebt) verschließen mit Klebstoff.
zu|klin|ken (V., klinkte zu, hat zugeklinkt) die Tür mit der Hand an der Klinke zumachen.
zu|knei|fen (V., kniff zu, hat zugekniffen) verschließen.
zu|knöp|fen (V., knöpfte zu, hat zugeknöpft) ein Kleidungsstück mit Knöpfen verschließen, zumachen.
zu|kom|men (V., kam zu, ist zugekommen) passend sein; näher kommen; bevorstehen; geben.
Zu|kunft (die, -, -künf|te) kommende Zeit. *Beachte:* in Zukunft. Das gilt für alle Zukunft. in nächster Zukunft. Zukunftsaussichten; Zukunftsperspektive; Zukunftspläne; zukunftsreich; zukunftsvoll.
zu|künf|tig (Adj.) die Zukunft betreffend.
Zu|künf|ti|ge (der/die, -n, kein Plural) Partner, den jmd. heiraten will; der künftige Partner.
zu|kunfts|freu|dig (Adj.) optimistisch; mit Freude in die Zukunft schauend.
Zu|kunfts|glau|be (der, -ns, kein Plural) Optimismus; Glaube an eine gute Zukunft.
zu|kunfts|gläu|big (Adj.) optimistisch; zuversichtlich.
Zu|kunfts|mu|sik (die, -, kein Plural) (ugs.) etwas liegt noch im Ungewissen; etwas ist noch nicht spruchreif. Etwas ist noch Zukunftsmusik (etwas ist noch ungewiss).
Zu|kunfts|ro|man (der, -s, -e) utopischer Roman; Roman, dessen Handlung in der Zukunft spielt; Science-Fiction-Roman.
zu|kunfts|träch|tig (Adj.) aussichtsreich; Erfolg versprechend.
zu|kunft(s)|wei|send (Adj.) modern; innovativ; trendy; voll im Trend stehend.
zu|lä|cheln (V., lächelte zu, hat (jmdm.) zugelächelt) jemanden freundlich anschauen; lächeln; flirten.
Zu|la|ge (die, -, -n) zusätzliche Gabe; Gehaltszulage; Gratifikation; Leistungsprämie; Sonderzulage; Vergütung; Weihnachtsgeld.
zu Lan|de (Adv.) daheim. *Beachte:* bei ihnen zu Lande; hierzulande (*auch:* hier zu Lande); zu Wasser und zu Lande.
zu|lan|gen (V., langte zu, hat zugelangt) (ugs.) etwas nehmen; in die Hand nehmen; sich bedienen. Er hat beim Essen tüchtig zugelangt.
zu|läng|lich (Adj.) hinreichend; genügend. Zulänglichkeit.
zu|las|sen (V., ließ zu, hat zugelassen) 1. hinnehmen; hingehen lassen; 2. erlauben; billigen; dulden; gelten lassen; gewähren lassen; geschehen lassen; tolerieren; 3. ermöglichen; 4. aufnehmen.

zu|läs|sig (Adj.) erlaubt; gestattet; rechtmäßig; statthaft. Zulässigkeit.

Zu|las|sung (die, -, -en) Genehmigung; das Zulassen, das Anmelden einer Sache, eines Vorhabens oder eines Tuns; meist bei amtlicher Stelle erforderlich.

Zu|las|sungs|be|schrän|kung (die, -, -en) Zulassungssperre; Numerus clausus an der Hochschule.

Zu|las|sungs|prü|fung (die, -, -en) Aufnahmeprüfung.

Zu|las|sungs|stel|le (die, -, -n) Amt; Behörde oder Stelle, die für eine Zulassung zuständig ist, zum Beispiel die Zulassungsstelle für Kraftfahrzeuge.

Zu|lauf (der, -s, kein Plural) 1. Andrang; Interesse. Die Messe erlebte einen großen Zulauf. 2. Zufluss. Der Zulauf des Wassers in den Pool.

zu|le|gen (V., legte zu, hat zugelegt) 1. anschaffen. Jmd. will sich einen Computer zulegen. 2. an Gewicht zunehmen. Sie werden auch in diesem Urlaub ein paar Kilo zulegen.

zu|lei|d(e) (*auch:* zu Lei|d(e)) (Adv.) (in der Wendung:) jemandem etwas zuleid(e) (*auch:* zu Leid(e)) tun (schaden, verletzen).

zu|lei|ten (V., leitete zu, hat zugeleitet) schicken; zusenden. jmdm. eine Nachricht zuleiten.

zu|letzt (Adv.) an letzter Stelle; schließlich. *Beachte:* Er wohnte zuletzt in München. *Aber:* Zu guter Letzt war alles in Ordnung.

zu|lie|be (Adv.) wegen. *Beachte:* mir zuliebe; dir zuliebe.

Zu|lu (der, -/-s, -/-s) Angehöriger eines Bantuvolkes in Südafrika.

zum (Präp.) zu dem. *Beachte:* Das ist zum Heulen/Lachen/Essen. Das ist nur zum Besten. etwas zum Besten geben; jemanden zum Besten halten (täuschen). Es steht nicht zum Besten (nicht gut). zum Mindesten/Höchsten/Wenigsten; zum Ersten; zum Ersten (des Monats); zum ersten Mal; die ersten Male; zum Teil (Abk.: z. T.); zum Beispiel (Abk.: z. B.); zum Exempel (Abk.: z. E.).

zu|ma|chen (V., machte zu, hat zugemacht) 1. ein Fenster, eine Tür schließen; 2. ein Geschäft für immer schließen.

zu|mal (Konj.) vor allem.

zu|mau|ern (V., mauerte zu, hat zugemauert) ein Loch in einer Mauer schließen. eine Tür zumauern.

zu|meist (Adv.) meistens.

zu|mes|sen (V., maß zu, hat zugemessen) etwas zuteilen.

zu|min|dest (Adv.) wenigstens; mindestens. *Beachte:* Zum Mindesten hättest du anrufen können.

zu|mu|te (*auch:* zu Mu|te) (Adv.) sich fühlend. *Beachte:* Mir ist elend zumute (*auch:* zu Mute).

zu|mu|ten (V., mutete zu, hat zugemutet) verlangen.

Zu|mu|tung (die, -, -en) ungebührliches Ansinnen; Überforderung; Anmaßung; Anspruch; Frechheit; Überbelastung; Unverschämtheit.

zu|nächst (Adv.) anfangs; zuerst; vorläufig.

zu|na|geln (V., nagelte zu, hat zugenagelt) dauerhaft versperren. einen Verschlag zunageln.

Zu|nah|me (die, -, kein Plural) Wachstum; Steigerung; Anstieg; Ausdehnung; Erweiterung; Zuwachs.

Zu|na|me (der, -ns, -n) Nachname; Familienname.

zün|den (V.) 1. Feuer fangen; 2. begeistern. *Beachte:* Hat es endlich bei dir gezündet (ugs.: Hast du es endlich verstanden)? Zünder; Zündflamme; Zündkabel; Zündkerze; Zündplättchen; zündend; zündbar.

Zünd|blätt|chen (das, -s, -) Knallkörper für Spielzeugpistolen.

zün|deln (V., zündelte, hat gezündelt) (ugs. süddeutsch) etwas anzünden; mit dem Feuer spielen.

Zun|der (der, -s, kein Plural) 1. Feuerschwamm; 2. Eisenoxid, das beim Schmieden oder Walzen abfällt; 3. (ugs.) Ärger. Es gab Zunder (es gab Ärger). 4. (ugs.) eine Menge Geld.

Zün|der (der, -s, -) 1. Zündholz; 2. Mechanismus zum Entzünden von Sprengstoff.

Zünd|holz (das, -es, -höl|zer) Streichholz. In Paraffin getauchte Holzstäbchen mit einem Kopf aus Schwefelzündmasse, der sich durch das Reiben an einer rauen Fläche entzündet.

Zünd|hüt|chen (das, -s, -) Metallkapsel zum Zünden von Sprengstoff.

Zünd|ker|ze (die, -, -n) Bauteil bei Verbrennungsmotoren.

Zünd|ler (der, -s, -) (ugs. süddeutsch) Pyromane.

Zünd|schloss (das, -schlos|ses, -schlös|ser) Vorrichtung im Auto zum Einschalten der Zündung.

Zünd|schlüs|sel (der, -s, -) der Zündschlüssel wird zum Starten des Automotors ins Zündschloss gesteckt und umgedreht.

Zünd|schnur (die, -, -schnü|re) wird zum Fernzünden von Sprengladungen verwendet.

Zünd|stoff (der, -es, -) Herausforderung. Eine Sache beinhaltet Zündstoff.

Zün|dung (die, -, -en) 1. bei Verbrennungsmotoren das Entzünden des Kraftstoffs; 2. das Zünden von Sprengladungen.

Zünd|zeit|punkt (der, -es, kein Plural) Zündpunkt.

zu|neh|men (V., nahm zu, hat zugenommen) wachsen; dicker werden. Zunahme; zunehmend.

Zu|nei|gung (die, -, kein Plural) Sympathie; Liebe.

Zunft (die, -, Zünf|te) Handwerkervereinigung. Zunftgenosse; Zunftmeister; Zunftordnung; Zunftrolle; Zunftwappen; Zunftzwang. Adjektiv: zunftgerecht.

zünf|tig (Adj.) (ugs.) großartig; prima.

Zun|ge (die, -, -n) 1. Mundorgan; 2. Schuhteil. Zungenschlag; Zungenspitze; Zünglein.

zün|geln (V.) 1. die Schlange züngelt (sie bewegt ihre Zunge schnell hin und her); 2. die Flammen züngeln (sie flackern).

Zun|gen|bre|cher (der, -s, -) schwer auszusprechende Worte.

Zun|gen|fer|tig|keit (die, -, kein Plural) Redegewandtheit; Schlagfertigkeit. zungenfertig.

Zun|gen|kuss (der, -es, -küs|se) Zärtlichkeit.

zu|nich|te (Adv.) (in der Wendung:) zunichtemachen (zerstören).

zu|ni|cken (V., nickte zu, hat zugenickt) 1. jemanden grüßen; 2. das Einverständnis mit einer Sache erklären.

zu|nut|ze (*auch:* zu Nut|ze) (Adv.) (in der Wendung:) sich etwas zunutze (*auch:* zu Nutze) machen (ausnutzen).

zu|ord|nen (V., ordnete zu, hat zugeordnet) etwas einer Sache beifügen; etwas einordnen.

Zu|ord|nung (die, -, -en) Bestimmung; Einordnung.

zu|pa|cken (V., packte zu, hat zugepackt) zugreifen; durchgreifen; Hand anlegen.

zu|pass|kom|men (*auch:* zu|pas|se|kom|men) (V., kam zupass, ist zupassgekommen) gelegen kommen; gefallen.

zup|fen (V.) ziehen; rupfen; reißen.

Zupf|in|s|t|ru|ment (das, -(e)s, -) Saiteninstrument; Balalaika; Banjo; Gitarre; Hawaiigitarre; Harfe; Laute; Leier; Lyra; Zither.

zu|pros|ten (V., prostete zu, hat zugeprostet) jmdm. zutrinken; das Glas erheben zu jemandes Wohl.

zur (Präp.) zu der. *Beachte:* seine Kraft zur Schau stellen; sich zur Ruhe setzen/begeben; das hat zur Folge, dass …; zur Zeit (Abk.: z. Z.; z. Zt.); zur Disposition (Abk.: z. D.).

zu|ra|ten (V. riet zu, hat zugeraten) ermuntern; auffordern. jmdm. zuraten, etwas zu tun; befürworten; empfehlen; zureden.

zu|rech|nungs|fä|hig (Adj.) geistig normal; verantwortbar. Zurechenbarkeit; Zurechnung.

Zu|rech|nungs|fä|hig|keit (die, -, kein Plural) im Strafrecht die Fähigkeit, zum Zeitpunkt der Tat deren Unrecht einzusehen.

zu|rech|nen (V., rechnete zu, hat zugerechnet) jmdm. eine Tat zurechnen (ihn für den Urheber einer Sache halten, ihm die Urheberschaft zurechnen).

zu|recht… (Adv.) richtig; ordentlich; passend (nur in Verbindung mit Verben).

zu|recht|bie|gen (V., bog zurecht, hat zurechtgebogen) etwas so lange biegen, bis es passt.

zu|recht|fin|den (V., refl. fand sich zurecht, hat sich zurechtgefunden) sich orientieren an etwas.

zu|recht|kom|men (V., kam zurecht, ist zurechtgekommen) 1. rechtzeitig kommen; 2. mit einer Sache fertig werden; eine Sache bewältigen.

zu|recht|ma|chen (V., machte zurecht, hat zurechtgemacht) 1. etwas vorbereiten; 2. sich frisieren, schminken usw.

zu|recht|rü|cken (V., rückte zurecht, hat zurechtgerückt) 1. einen Gegenstand an den richtigen Ort stellen; 2. etwas richtigstellen.

zu|recht|stut|zen (V., stutzte zurecht, hat zurechtgestutzt) 1. Bäume, Sträucher beschneiden; 2. jmdm. die Meinung sagen; ihn zurechtweisen; ihm den Kopf waschen (ugs.).

zu|recht|wei|sen (V., wies zurecht, hat zurechtgewiesen) disziplinieren; maßregeln; abkanzeln; anherrschen; heimleuchten (ugs.); tadeln; zusammenstauchen (ugs.). *Aber:* die Vorwürfe zu Recht von sich weisen. Zurechtweisung.

zu|re|den (V., redete zu, hat zugeredet) appelieren an; aufrichten; raten; trösten. jmdm. gut zureden.

zu|rei|chen (V., reichte zu, hat zugereicht) jmdm. etwas reichen; eine Handreichung machen.

zu|rei|chend (Adj.) ausreichend; genügend; genug.

zu|rich|ten (V., richtete zu, hat zugerichtet) 1. etwas vorbereiten; 2. jemanden/etwas verunstalten.

zür|nen (V.) grollen; böse sein; Groll hegen; hadern; schmollen; übel nehmen; verübeln.

zur|ren (V.) etwas festbinden; verschnüren.

Zur|schau|stel|lung (die, -, kein Plural) Vorführung; angeberische Präsentation; Darstellung.

zu|rück (Adv.) zum Ausgangspunkt; hinten nach; rückgängig. *Beachte:* Es gibt kein Zurück mehr. hin und zurück; zurück sein. *Aber:* zurückgeben; zurückspielen; zurückstrahlen.

zu|rück|be|hal|ten (V., behielt zurück, hat zurückbehalten) nicht alles hergeben; etwas für sich behalten.

Zu|rück|be|hal|tungs|recht (das, -es, kein Plural) das Recht des Schuldners, seine Leistung bis zur Bewirkung der Gegenleistung zu verweigern, wenn er nicht zur Vorleistung verpflichtet ist.

zu|rück|be|kom|men (V., bekam zurück, hat zurückbekommen) etwas, das man verliehen hat, wiederbekommen.

zu|rück|beu|gen (V., refl. beugte sich zurück, hat sich zurückgebeugt) sich nach hinten beugen.

zu|rück|blei|ben (V., blieb zurück, ist zurückgeblieben) 1. nicht mitkommen; dableiben; 2. geistig nicht mitkommen; zurückgeblieben sein.

zu|rück|bli|cken (V., blickte zurück, hat zurückgeblickt) 1. umschauen; nach hinten blicken; 2. sich erinnern.

zu|rück|brin|gen (V., brachte zurück, hat zurückgebracht) etwas zurückgeben, das man sich ausgeliehen hat.

zu|rück|den|ken (V., dachte zurück, hat zurückgedacht) sich an etwas erinnern; an vergangene Ereignisse denken.

zu|rück|drän|gen (V., drängte zurück, hat zurückgedrängt) 1. Gefühle zurückdrängen (nicht zeigen); 2. eine Menschenmenge zurückdrängen (sie nicht weitergehen lassen). Zurückdrängung.

zu|rück|dre|hen (V., drehte zurück, hat zurückgedreht) 1. die Zeit zurückdrehen wollen; 2. einen Schalter zurückdrehen.

zu|rück|er|hal|ten (V., erhielt zurück, hat zurückerhalten) etwas, das man verliehen hatte, wiederbekommen.

zu|rück|er|in|nern (V., refl. erinnerte sich zurück, hat sich zurückerinnert) an Vergangenes denken.

zu|rück|er|stat|ten (V., erstattete zurück, hat zurückerstattet) zurückzahlen. Das Finanzamt hat die zu viel bezahlten Beträge zurückerstattet.

zu|rück|fah|ren (V., fuhr zurück, ist/hat zurückgefahren) 1. den Weg in Gegenrichtung fahren; 2. (ugs.) die Produktion reduzieren.

zu|rück|fal|len (V., fiel zurück, ist zurückgefallen) 1. nach hinten fallen; 2. in einer Rangliste nach hinten fallen.

zu|rück|fin|den (V., fand zurück, hat zurückgefunden) zurückkehren.

zu|rück|for|dern (V., forderte zurück, hat zurückgefordert) die Rückgabe von etwas verlangen.

zu|rück|füh|ren (V., führte zurück, hat zurückgeführt) 1. zurückgeleiten; jemanden zurückbegleiten; 2. begründen. Der Unfall ist auf menschliches Versagen zurückzuführen.

zu|rück|ge|blie|ben (Adj.) in der Entwicklung beeinträchtigt.

zu|rück|ge|hen (V., ging zurück, ist zurückgegangen) 1. die Wegstrecke zurückgehen; 2. abnehmen. Der

Umsatz wird zurückgehen, wenn die Konjunktur nicht anspringt.

zu|rück|ge|zo|gen (Adj.) einsam; abgeschieden. zurückziehen. Zurückgezogenheit.

zu|rück|grei|fen (V., griff zurück, hat zurückgegriffen) auf Erfahrungen aus der Vergangenheit zurückgreifen (von ihnen profitieren); auf Vorräte zurückgreifen.

zu|rück|hal|ten (V. hielt zurück, hat zurückgehalten) 1. jemanden von etwas abhalten; 2. Informationen und Wissen für sich behalten.

zu|rück|hal|tend (Adj.) verhalten; reserviert.

Zu|rück|hal|tung (die, -, kein Plural) 1. Distanz; Bescheidenheit; Distanziertheit; Reserve; Reserviertheit; Scheu; Verschlossenheit; 2. Diskretion; Respekt; Taktgefühl; Unaufdringlichkeit.

zu|rück|ho|len (V., holte zurück, hat zurückgeholt) jemanden, der weggegangen war, wiederholen.

zu|rück|keh|ren (V., kehrte zurück, ist zurückgekehrt) nach Abwesenheit zurückkommen; heimfinden; heimkehren; heimkommen; nach Hause kommen; wiederkehren; zurückfinden.

zu|rück|kom|men (V., kam zurück, ist zurückgekommen) zurückkehren.

zu|rück|las|sen (V., ließ zurück, hat zurückgelassen) etwas hinterlassen; einen Rest vom Essen übrig lassen; liegen lassen.

zu|rück|le|gen (V., legte zurück, hat zurückgelegt) 1. eine Strecke zurücklegen (hinter sich bringen); 2. eine Ware zurücklegen lassen (reservieren lassen); 3. Geld zurücklegen (sparen).

zu|rück|leh|nen (V., refl. lehnte sich zurück, hat sich zurückgelehnt) sich anlehnen.

zu|rück|neh|men (V., nahm zurück, hat zurückgenommen) 1. eine Aussage widerrufen; 2. eine Ware wieder entgegennehmen, weil sie fehlerhaft ist.

zu|rück|pral|len (V., prallte zurück, ist zurückgeprallt) 1. ein Ball prallt von der Wand zurück; 2. jmd. prallt vor Schreck zurück.

zu|rück|ru|fen (V., rief zurück, hat zurückgerufen) 1. einen Anruf bekommen und zurückrufen; 2. jemanden aus den Ferien zurückrufen; ein Auto in die Werkstatt zurückrufen; 3. etwas ins Gedächtnis zurückrufen (sich an etwas erinnern).

zu|rück|schal|ten (V., schaltete zurück, hat zurückgeschaltet) das Auto auf einen niedrigeren Gang schalten.

zu|rück|schau|dern (V., schauderte zurück, ist zurückgeschaudert) schaudernd; entsetzt zurückweichen.

zu|rück|schau|en (V., schaute zurück, hat zurückgeschaut) auf die Vergangenheit zurückblicken.

zu|rück|scheu|en (V., scheute zurück, ist zurückgescheut) zurückschrecken vor etwas; Angst haben; etwas nicht übers Herz bringen; Hemmungen haben.

zu|rück|schi|cken (V., schickte zurück, hat zurückgeschickt) etwas wieder an den Absender zurücksenden.

zu|rück|schla|gen (V., schlug zurück, hat zurückgeschlagen) 1. eine Decke zurückschlagen; 2. im Sport einen Ball zurückschlagen; 3. sich revanchieren.

zu|rück|schnei|den (V., schnitt zurück, hat zurückgeschnitten) bei Bäumen oder Sträuchern die Äste ausschneiden.

zu|rück|schnel|len (V., schnellte zurück, ist zurückgeschnellt) etwas kehrt zur Ausgangsstellung zurück.

zu|rück|schre|cken (V., schreckte zurück, ist/hat zurückgeschreckt) 1. vor etwas zurückschrecken; 2. jemanden mit etwas zurückschrecken.

zu|rück|se|hen (V., sah zurück, hat zurückgesehen) zurückblicken; zurückschauen.

zu|rück|sen|den (V., sandte/sendete zurück, hat zurückgesandt/gesendet) etwas an den Absender zurückschicken.

zu|rück|set|zen (V., setzte zurück, hat zurückgesetzt) benachteiligen. Zurücksetzung.

zu|rück|stau|en (V., V. refl., staute (sich) zurück, hat (sich) zurückgestaut) 1. das Wasser anschwellen lassen; 2. stauen. Die Baustelle war der Grund, warum sich die Autos auf zehn Kilometer zurückstauten.

zu|rück|ste|cken (V., steckte zurück, hat zurückgesteckt) nachgeben; sich einschränken.

zu|rück|ste|hen (V., stand zurück, ist zurückgestanden) benachteiligt werden.

zu|rück|stel|len (V., stellte zurück, hat/ist zurückgestellt) 1. etwas wieder an seinen Platz stellen; 2. eine Forderung auf Eis legen; 3. jemanden vom Wehrdienst befreien.

zu|rück|sto|ßen (V., stieß zurück, hat zurückgestoßen) abstoßen; irritieren. Sein Benehmen hat sie zurückgestoßen.

zu|rück|stu|fen (V., stufte zurück, ist/hat zurückgestuft) degradieren. Der Schiedsrichter hat die Mannschaft in der Rangliste zurückgestuft.

zu|rück|tre|ten (V., trat zurück, ist zurückgetreten) 1. vom Vertrag zurücktreten (den Vertrag stornieren); 2. vom Bahnsteig zurücktreten (weggehen).

zu|rück|ver|lan|gen (V., verlangte zurück, hat zurückverlangt) zurückfordern. Er hat den Kaufpreis wieder zurückverlangt.

zu|rück|wei|chen (V., wich zurück, ist zurückgewichen) 1. vor dem Auto zurückweichen (dem Auto ausweichen); 2. nachgeben.

zu|rück|wei|sen (V., wies zurück, hat zurückgewiesen) 1. ein Angebot ablehnen; 2. einen Vorwurf zurückweisen (dagegen protestieren).

zu|rück|wer|fen (V., warf zurück, hat zurückgeworfen) 1. Licht reflektieren; 2. einen Ball zurückwerfen.

zu|rück|zah|len (V., zahlte zurück, hat zurückgezahlt) eine Schuld begleichen.

zu|rück|zie|hen (V., zog zurück, ist/hat zurückgezogen) 1. eine Anschuldigung zurückziehen (widerrufen); 2. einen Truppenteil zurückziehen (abziehen); 3. (refl.) sich zurückziehen.

zurzeit (Abk. z. Z., zzT.) momentan. Sie ist zurzeit im Urlaub. *Aber:* Sie lebte zur Zeit Wilhelm II.

Zu|sa|ge (die, -, -n) Versprechen; positive Antwort.

zu|sa|gen (V., sagte zu, hat zugesagt) 1. gefallen. Das Essen sagt uns sehr zu. 2. etwas versprechen.

zu|sam|men (Adv.) gemeinsam; miteinander. *Beachte:* »zusammen« wird immer dann vom Verb getrennt geschrieben, wenn es die Bedeutung »gemeinsam, gleichzeitig« hat, sonst Zusammenschreibung. → Regelkasten.

Zu|sam|men|ar|beit (die, -, kein Plural) Kooperation;Teamarbeit; Gemeinschaftsarbeit; Teamwork.

zu|sam|men|ar|bei|ten (V., arbeitete zusammen, hat zusammengearbeitet) Hand in Hand arbeiten; am selben Strang ziehen.

zu|sam|men|bal|len (V., refl., ballte sich zusammen, hat sich zusammengeballt) Gewitterwolken ballen sich zusammen.

zu|sam|men|bau|en (V., baute zusammen, hat zusamengebaut) montieren.

zu|sam|men|brau|en (V., braute zusammen, hat zusammengebraut) 1. (ugs.) ein Getränk zusammenmischen; 2. (refl.) ein Donnerwetter braut sich zusammen.

zu|sam|men|brechen (V., brach zusammen, ist zusammengebrochen) 1. einstürzen; zusammenstürzen; 2. unter einer zu hohen Belastung zusammenbrechen. Zusammenbruch.

zu|sam|men|bin|den (V., band zusammen, hat zusammengebunden) anbinden; binden; bündeln.

zu|sam|men|brin|gen (V., brachte zusammen, hat zusammengebracht) 1. jemanden zusammenbringen. Der Heiratsvermittler brachte die beiden zusammen. 2. sammeln. Die Kinder brachten eine große Geldsumme zusammen.

zu|sam|men|fahren (V., fuhr zusammen, ist/hat zusammengefahren) 1. zusammenfahren vor Schreck; 2. (ugs.) etwas zusammenfahren (kaputt machen, weil man dagegenfährt).

zu|sam|men|fal|len (V., fiel zusammen, ist zusammengefallen) 1. einstürzen; 2. auf einen Termin fallen.

zu|sam|men|fal|ten (V., faltete zusammen, hat zusammengefaltet) durch Knicken in ein kleineres Format bringen.

zu|sam|men|fas|sen (V., fasste zusammen, hat zusammengefasst) 1. etwas in kurzen, einprägsamen Worten zusammenfassen; 2. zwei Geschäftsbereiche zusammenfassen unter einer Leitung.

Zu|sam|men|fas|sung (die, -, -en) 1. Fazit; Resümee; Schlusswort; Überblick; 2. Konzentration.

zu|sam|men|fin|den (V., fand zusammen, hat zusammengefunden) sich näherkommen.

zu|sam|men|flie|ßen (V., floss zusammen, ist zusammengeflossen) vermischen.

zu|sam|men|fü|gen (V., fügte zusammen, hat zusammengefügt) zwei Teile verbinden; zusammenheften; zusammenkoppeln; zusammensetzen.

zu|sam|men|ge|hö|ren (V., gehörten zusammen, haben zusammengehört) füreinander geschaffen sein. Jedermann weiß, dass die beiden zusammengehören.

zu|sam|men|ge|hö|rig (Adj.) zusammengehörend; einander verbunden.

Zu|sam|men|ge|hö|rig|keits|ge|fühl (das, -s, kein Plural) ein Gefühl der Solidarität.

zu|sam|men|ge|setzt (Adj.) mehrteilig; zusammengefügt; bunt; komplex.

Zu|sam|men|halt (der, -s, kein Plural) Solidarität.

zu|sam|men|hal|ten (V., hielt zusammen, hat zusammengehalten) stehen zu; halten zu; an einem Strang ziehen; jmdm. die Treue halten; treu bleiben; sich solidarisch zeigen; sich solidarisieren; zueinanderhalten; zusammenstehen.

Zu|sam|men|hang (der, -s, -hän|ge) Verbindung einzelner Teile; Beziehung; Bezug; Einordnung; Gedankenfolge; Konnex; Kontext; Verbindung; Verwandtschaft.

zu|sam|men|hän|gen (V., hing zusammen, ist zusammengehangen) 1. aneinanderhaften; aneinanderhängen; zusammenhalten; zusammenkleben; unzertrennlich sein; 2. im Zusammenhang stehen; abhängig sein von; angehören; Bezug haben; sich aufeinander beziehen; zusammengehören.

zu|sam|men|hän|gend (Adj.) einheitlich.

zu|sam|men|hangs|los (Adj.) unzusammenhängend; ohne Beziehung zueinander.

zu|sam|men|hau|en (V.) haute zusammen, hat zusammengehauen) kaputt machen; zerschlagen; zertrümmern.

zu|sam|men|hef|ten (V., heftete zusammen, hat zusammengeheftet) 1. Stoffteile mit Nadel und Faden aneinanderheften; 2. Blätter zusammenklammern.

zu|sam|men|keh|ren (V., kehrte zusammen, hat zusammengekehrt) Schmutz zusammenfegen.

zu|sam|men|klau|ben (V., klaubte zusammen, hat zusammengeklaubt) (ugs.) aufheben; einsammeln.

zu|sam|men|klap|pen (V., klappte zusammen, ist/hat zusammengeklappt) 1. zusammenbrechen. Peter ist zusammengeklappt, weil er gesundheitlich am Ende ist. 2. zumachen. Man hat die Liegestühle bereits zusammengeklappt.

zu|sam|men|knei|fen (V., kniff zusammen, hat zusammengekniffen) die Lippen zusammenpressen.

zu|sam|men|kno|ten (V., knotete zusammen, hat zusammengeknotet) etwas befestigen; durch Knoten verbinden.

zu|sam|men|knül|len (V., knüllte zusammen, hat zusammengeknüllt) zusammendrücken.

zu|sam|men|kom|men (V., kam zusammen, ist zusammengekommen) 1. anhäufen. Mit der Zeit ist eine Menge Material zusammengekommen; 2. sich treffen. Die Mitglieder der Vereinigung sind zusammengekommen.

Zu|sam|men|kunft (die, -, -künf|te) Begegnung; Treffen zu gemeinsamer Aktivität.

zu|sam|men|läp|pern (V., refl., läpperte sich zusammen, hat sich zusammengeläppert) es kommt was zusammen.

zu|sam|men|le|gen (V., legte zusammen, hat zusammengelegt) 1. etwas zusammenfalten; 2. Geld zusammenlegen, weil ein größerer Betrag vonnöten ist.

zu|sam|men|le|sen (V., las zusammen, hat zusammengelesen) etwas aufheben, einsammeln.

zu|sam|men|neh|men (V., refl, nahm (sich) zusammen, hat (sich) zusammengenommen) 1. Sachen zusammenfassen; 2. den ganzen Mut zusammennehmen.

zu|sam|men|pa|cken (V.) packte zusammen, hat zusammengepackt) 1. einpacken; Sachen bündeln; 2. jmd. kann zusammenpacken (er kann aufgeben).

zu|sam|men|pas|sen (V., passte zusammen, hat zusammengepasst) harmonieren; aufeinander abgestimmt sein. Die Farben passen gut zusammen.

zu|sam|men|pfer|chen (V., pferchte zusammen, hat zusammengepfercht) einpferchen; in einen Pferch sperren, in dem es eng ist.

Zu'sam'men'prall (der, -(e)s, kein Plural) Zusammenstoß; Aufprall.

zu'sam'men'raf'fen (V., raffte zusammen, hat zusammengerafft) 1. Sachen gierig an sich reißen; 2. Stoff zusammenraffen (in Falten legen); 3. (refl.) sich zusammennehmen. Er raffte sich zusammen.

zu'sam'men'rau'fen (V., refl.) raufte sich zusammen, hat sich zusammengerauft) sich aneinander gewöhnen; nach anfänglichen Schwierigkeiten miteinander zurechtkommen.

zu'sam'men'rei'men (V., refl., reimte zusammen, hat zusammengereim) sich etwas erklären können.

zu'sam'men'rei'ßen (V., riss sich zusammen, hat sich zusammengerissen) sich zusammennehmen; sich am Riemen reißen (ugs.); sich beherrschen.

Zusammen- und Getrenntschreibung

1. Verben:

a) Untrennbar sind solche Verben, die auch in den gebeugten Formen zusammengeschrieben werden. maßregeln (sie maßregelt; er hat gemaßregelt; zu maßregeln).

b) Es gibt Verben, die je nach Form zusammen- oder getrennt geschrieben werden. bereithalten; ich werde mich bereithalten; ich habe mich bereitgehalten; *aber:* ich halte mich bereit.

c) Partikel werden in Verbindung mit Verben grundsätzlich zusammengeschrieben, wenn der erste Teil nicht als freies Wort vorkommt. abhandenkommen; zunichtegemacht. Für bestimmte Verbindungen aus Adverb und Verb gilt wieder die Zusammenschreibung, wenn sie in dieser Verbindung den Hauptakzent tragen. aneinanderfügen. durcheinanderbringen. Werden beide Wörter aber gleichermaßen betont, wird das erste Wort als Adverb, nicht als Partikel gebraucht, da es das nachfolgende Verb näher bestimmt. In diesem Fall ist nach wie vor die Getrenntschreibung anzuwenden. rückwärts einparken.

d) Adjektiv und Verb werden ausnahmslos zusammengeschrieben, wenn sich aus der Verbindung der beiden Bestandteile eine neue Gesamtbedeutung ergibt, die sich nicht mehr aus der Bedeutung der einzelnen Teile ableiten lässt. jmd. fertigmachen; jmd. freisprechen.

e) Adjektiv und Verb werden allerdings nicht zusammengeschrieben, wenn die Einzelbedeutungen der beiden Begriffe erhalten bleiben. Oma ist schwer gefallen.

f) Bei Verbindungen, in denen ein einfaches Adjektiv das Ergebnis des Verbalvorgangs in Form einer Eigenschaft bezeichnet, ist grundsätzlich sowohl Zusammen- als auch Getrenntschreibung möglich. kleinschneiden/klein schneiden.

g) Wenn der erste Bestandteil einer Zusammensetzung die Eigenschaften eines selbstständigen Substantivs weitgehend verloren hat, werden künftig beide Teile zusammengeschrieben. eislaufen; kopfstehen; leidtun; standhalten.

h) Künftig ist in den folgenden vier Grenzfällen sowohl Getrennt- als auch Zusammenschreibung erlaubt: achtgeben/Acht geben; achthaben/ Acht haben; haltmachen/Halt machen; maßhalten/Maß halten.

i) In allen anderen Fällen gilt wie bisher die Regel, dass in Verbindungen aus Substantiv und Verb das Substantiv groß- und vom Verb getrennt geschrieben wird. Auto fahren; Walzer tanzen.

j) Es existieren allerdings einige Sonderfälle aus dem Bereich des Sports. Sie können ebenfalls wahlweise als Zusammensetzung oder als Wortgruppe geschrieben werden. marathonlaufen/Marathon laufen.

k) Wortverbindungen, die sich aus Verb (Infinitiv) + Verb zusammensetzen, werden grundsätzlich getrennt geschrieben. baden gehen; laufen lernen.

l) Wird eine Verbindung wie in k) im übertragenen Sinne verwendet und ihr zweiter Bestandteil ist *bleiben* oder *lassen*, ist neben der Getrenntauch die Zusammenschreibung erlaubt. sich gehen lassen/gehenlassen. Dies gilt auch für die Verbindung kennen lernen/kennenlernen.

m) Verbindungen mit dem Verb »sein« werden immer getrennt geschrieben. da sein; *aber:* das Dasein.

2. Adjektive und Partizipien

a) Verbindungen mit Adjektiven oder Partizipien werden zusammengeschrieben, wenn im Vergleich mit einer entsprechenden Wortgruppe ein Artikel oder eine Präposition weggelassen wurde. angsterfüllt (von Angst erfüllt).

b) Ist die entsprechende Wortgruppe jedoch nicht um einen Artikel oder eine Präposition erweitert (gegenüber der Zusammenschreibung), dann ist sowohl Getrennt- als auch Zusammenschreibung möglich. Furcht erregend/furchterregend.

c) Verbindungen aus einem adjektivischen Partizip mit einem Adjektiv werden getrennt geschrieben. kochend heiß.

d) Bei Verbindungen mit einem einfachen unflektierten Adjektiv als graduierende Bestimmung ist künftig sowohl Getrennt- als auch Zusammenschreibung möglich. (auch bei Verbindungen aus adjektivisch gebrauchten Substantiven, Adverbien oder Pronomen mit Partizipien) dünn besiedelt/dünnbesiedelt; Hilfe suchend/hilfesuchend. Ist der erste Bestandteil aber erweitert oder gesteigert, darf nur getrennt geschrieben werden. schwerer wiegend.

zu|sam|men|rot|ten (V., refl., rottete sich zusammen, hat sich zusammengerottet) versammeln; Gruppen bilden. Eine Menge rottet sich zusammen. Zusammenrottung.
zu|sam|men|ru|fen (V., rief zusammen, hat zusammengerufen) zu einem Treffen einladen, auffordern.
zu|sam|men|rum|peln (V.) (südd.) rumpelte zusammen, ist zusammengerumpelt) (ugs.) in Verärgerung aufeinandertreffen.
zu|sam|men|scha|ren (V., refl., scharte zusammen, hat zusammengeschart) eine Menge Leute findet sich zusammen zu einem gemeinsamen Zweck.
zu|sam|men|schar|ren (V., scharrte zusammen, hat zusammengescharrt) etwas zusammenkratzen.
zu|sam|men|schla|gen (V., schlug zusammen, hat zusammengeschlagen) 1. etwas zertrümmern; 2. jemanden niederschlagen.
zu|sam|men|schlie|ßen (V., refl., schloss zusammen, hat zusammengeschlossen) 1. durch ein Schloss aneinander befestigen; 2. sich verbünden; sich vereinigen. Zusammenschluss.
zu|sam|men|schnü|ren (V., schnürte zusammen, hat zusammengeschnürt) ein Bündel machen.
zu|sam|men|schrump|fen (V., schrumpfte zusammen, ist zusammengeschrumpft) 1. einlaufen; kleiner werden. Die Wäsche schrumpft zusammen. 2. weniger werden. Die Ersparnisse sind zusammengeschrumpft.
zu|sam|men|set|zen (V., V. refl., setzte zusammen, hat zusammengesetzt) 1. montieren; zueinanderfügen; 2. (refl.) sich beraten; 3. tagen; 4. bestehen aus. Zusammensetzung.
zu|sam|men|stau|chen (V., stauchte zusammen, hat zusammengestaucht) (ugs.) zurechtweisen.
zu|sam|men|stel|len (V., stellte zusammen, hat zusammengestellt) zueinanderfügen.
Zu|sam|men|stel|lung (die, -, -en) 1. Aufstellung von Zahlen; 2. Verzeichnis; Zusammenfassung; 3. Zusammensetzung eines Gremiums.
zu|sam|men|stim|men (V., stimmte zusammen, hat zusammengestimmt) passen; übereinstimmen.
zu|schau|en (V.) betrachten; beobachten. Zuschauer/in; Zuschauerkulisse; Zuschauertribüne; Zuschauerzahl.
zu|schie|ßen (V., schoss zu, hat zugeschossen) (ugs.) beisteuern; herbeirasen. Zuschuss.
Zu|schuss|be|trieb (der, -(e)s, -e) eigentlich ist der Betrieb pleite, er lebt nur noch von Zuschüssen.
Zu|schlag (der, -s, -schlä|ge) zusätzliche Zahlung; Gebühr. Zuschlagkalkulation; Zuschlagkarte; zuschlagfrei; zuschlagpflichtig.
zu|schnei|den (V.) in die richtige Form schneiden. Zuschnitt.
zu|schrei|ben (V., schrieb zu, hat zugeschrieben) verantwortlich machen.
zu|schul|den (*auch:* zu Schul|den) (Adv.) (in der Wendung:) sich etwas zuschulden (*auch:* zu Schulden) kommen lassen (sich schuldig machen).
zu|se|hends (Adv.) rasch; sichtlich. zusehen.
zu sein (V., war zu, ist zu gewesen) geschlossen sein; (ugs.) betrunken sein. Das Geschäft wird zu sein. Ich wusste nicht, dass das Geschäft zu war.
Zu|sen|dung (die, -, -en) das Senden einer Ware.
zu|set|zen (V., setzte zu, hat zugesetzt) hinzutun; bedrängen. Zusatz.
Zu|si|che|rung (die, -, -en) Versprechen.
zu|spit|zen (V., spitzte zu, hat zugespitzt) spitz machen; sich verschärfen.
Zu|spit|zung (die, -, kein Plural) Eskalation; Krise.
zu|spre|chen (V. sprach zu, hat zugesprochen) 1. jmdm. gut zusprechen (jemanden trösten); 2. jmdm. etwas zusprechen (ihm etwas zuteilen); 3. dem guten Essen zusprechen (sich bedienen). Zuspruch.
Zu|stand (der, -s, -stän|de) Lage; Verfassung. Zustandsänderung; Zustandsgleichung; Zustandspassiv; Zustandsverb; zuständlich.
zu|stan|de (*auch:* zu Stan|de) (Adv.) (in den Wendungen:) etwas zustande (*auch:* zu Stande) bringen (schaffen); zustande (*auch:* zu Stande) kommen (verwirklicht werden). Zustandebringen (*auch:* Zu-Stande-Bringen); Zustandekommen (*auch:* Zu-Stande-Kommen).
zu|stän|dig (Adj.) berechtigt; kompetent. Zuständigkeit; zuständigenorts; zuständigkeitshalber.
Zu|stän|dig|keits|be|reich (der, -(e)s, -e) Einflussbereich.
zu|stat|ten (Adv.) (in der Wendung:) zustattenkommen (nützen).
Zu|stel|ler (der, -s, -) Postbote. Zustellgebühr; Zustellung.
zu|stel|len (V., stellte zu, hat zugestellt) 1. einen Raum mit Möbeln zustellen (vollstellen); 2. Post zustellen.
zu|sto|ßen (V., stieß zu, ist zugestoßen) stoßen; stechen; passieren.
zu|ta|ge (*auch:* zu Ta|ge) (Adv.) (in den Wendungen:) zutage (*auch:* zu Tage) bringen/fördern/treten (bekannt machen/werden).
zu|teil (Adv.) (in den Wendungen:) zuteilwerden (gewährt werden); zuteilwerden lassen (gewähren). Zuteilung.
zu|tei|len (V., teilte zu, hat zugeteilt) rationieren; einteilen; dosieren; kontingentieren; zuerkennen; zumessen; zusprechen.
zu|tra|gen (V.) geschehen; mitteilen. Zuträger.
zu|träg|lich (Adj.) nützlich; günstig. Zuträglichkeit.
zu|trau|lich (Adj.) vertrauensvoll; zahm. Zutraulichkeit; Zutrauen.
zu|trau|en (V., traute zu, hat zugetraut) jmdm. etwas zutrauen (Vertrauen haben in jemanden, glauben an jemanden).
zu|tref|fen (V., traf zu, hat zugetroffen) stimmen; richtig sein. *Beachte:* Nichtzutreffendes bitte streichen. Zutreffende; zutreffend; zutreffendenfalls.
Zu|tun (das) (in der Wendung) ohne mein/dein etc. Zutun (ohne Unterstützung).
zu|un|guns|ten (*auch:* zu Un|guns|ten) (Präp., Dat./Gen.) zum Nachteil. *Beachte:* dem Ansehen meines Bruders zuungunsten (*auch:* zu Ungunsten); zuungunsten (*auch:* zu Ungunsten) des Ansehens meines Bruders.
zu|un|terst (Adv.) ganz unten. *Beachte:* das Oberste zuunterst kehren.
zu|ver|läs|sig (Adj.) verlässlich; genau. Zuverlässigkeit.
zu|ver|sicht|lich (Adj.) hoffnungsvoll. Zuversicht; Zuversichtlichkeit.

zu viel (Pron., indef.) mehr als nötig. *Beachte:* Das war zu viel des Guten. lieber zu viel als zu wenig. Er schaut zu viel Fernsehen. Ich glaube, du schaust zu viel Fernsehen. zu viele Fehler; das Zuviel.

zuˈvor (Adv.) vorher. *Beachte:* Zusammenschreibung mit Verben, wenn ein neuer, übertragener Begriff entsteht! zuvorkommen (schneller sein). *Aber:* Ich werde lieber zuvor (als danach) kommen.

zuˈvorˈderst (Adv.) ganz vorn.

zuˈvorˈkomˈmend (Adj.) liebenswürdig; höflich. Zuvorkommenheit.

Zuˈwachs (der, -es, -wächˈse) Vermehrung; (ugs.) Baby. Zuwachsrate.

Zuˈwanˈdeˈrer (der, -s, -) jmd., der vom Ausland zuwandert, zuzieht.

zuˈweˈge (*auch:* zu Weˈge) (Adv.) (in der Wendung:) zuwege (*auch:* zu Wege) bringen (zustande bringen).

zuˈweiˈlen (Adv.) manchmal.

zuˈwenˈden (V., refl., wendete/wandte sich zu, hat sich zugewendet/zugewandt) sich umdrehen; widmen.

Zuˈwenˈdung (die, -, -en) materielle oder ideelle Unterstützung.

zu weˈnig (Pron., indef.) weniger als nötig. *Beachte:* Du weißt zu wenig Bescheid. Ich weiß auch zu wenig davon. das Zuwenig.

Zuˈweiˈsung (die, -, -en) Zuteilung einer Sache.

zuˈwiˈder 1. (Adv.) unangenehm. Die Person ist mir zuwider. 2. (Präp., Dat.) entgegen. Dem Versprechen zuwider kam er doch. Zuwiderhandlung; zuwiderhandeln.

zuˈwiˈderˈhanˈdeln (V., handelte zuwider, hat zuwidergehandelt) gegen Vorschriften verstoßen.

zuˈzeiˈten (Adv.) manchmal. *Beachte:* zu Zeiten der Beatles.

zuˈzügˈlich (Präp., Gen.) mitsamt; ergänzend; plus; unter Hinzurechnung; zusätzlich. *Beachte:* zuzüglich der Spesen.

Zwang (der, -s, Zwänˈge) Gewalt; Drang. Zwangsanleihe; Zwangsarbeit; Zwangsanweisung; Zwangsgeld; Zwangshaft; Zwangskurs; Zwangshypothek; Zwangsneurose; Zwangsumsiedlung; Zwangsvergleich; Zwangsverwaltung; Zwangswirtschaft.

zwänˈgen (V.) drücken; quetschen.

Zwangˈloˈsigˈkeit (die, -, kein Plural) Ungezwungenheit; Natürlichkeit; Lässigkeit; lockere Atmosphäre; Selbstverständlichkeit; Unverkrampftheit. zwanglos.

Zwangsˈerˈnähˈrung (die, -, kein Plural) die Ernährung unter Zwang bei Nahrungsverweigerung. zwangsernähren.

Zwangsˈjaˈcke (die, -, -n) besonders stabile Jacke mit überlangen Ärmeln, die auf dem Rücken des Psychiatriepatienten zusammengebunden werden.

zwangsˈläuˈfig (Adj.) unumgänglich; unvermeidlich; automatisch; notwendig; unabweisbar; unausweichlich; unvermeidbar. Zwangsläufigkeit.

Zwangsˈmaßˈnahˈme (die, -, -en) erzwungene Maßnahme; Strafe. zwangsmäßig.

Zwangsˈverˈfahˈren (das, -s, -) zwangsweise Erledigung einer Rechtssache.

Zwangsˈvollˈstreˈckung (die, -, -en) rechtlich geordnetes Verfahren zur zwangsweisen Durchsetzung oder Sicherung gerichtlich festgestellter Ansprüche.

zwangsˈweiˈse (Adv.) gezwungenermaßen.

zwanˈzig (Zahlw.) *Beachte:* in den Zwanzigerjahren (*auch:* zwanziger Jahren), die Goldenen Zwanziger; Zwanzigeuroschein (20-Euro-Schein); Zwanziguhrnachrichten; Zwanziguhrvorstellung; zwanzigjährig, der zwanzigste April, *aber:* am Zwanzigsten (des Monats).

zwar (Adv.) genauer gesagt; dennoch; wohl. *Beachte:* Es ist zwar spät, aber ich komme noch vorbei. Der Läufer wurde Letzter, und zwar deutlich.

Zweck (der, -s, Zweˈcke) Ziel; Absicht. Der Zweck heiligt die Mittel. (Für einen guten Zweck sind alle Mittel erlaubt.). Zweckpropaganda; Zwecksatz (Finalsatz). Adjektiv: zweckvoll. Adverb: zweckmäßigerweise.

Zweckˈdienˈlichˈkeit (die, -, kein Plural) Zweckmäßigkeit. zweckdienlich.

Zweˈcke (die, -, -n) Reißnagel.

zweckˈentˈfremˈdet (Adj.) zweckwidrig; zweckfremd. zweckentfremden; Zweckentfremdung.

zweckˈentˈspreˈchend (Adj.) zweckmäßig.

zweckˈgeˈbunˈden (Adj.) zweckentsprechend; funktional; funktionell; opportun; rationell; sinnvoll; vernünftig; zweckdienlich; zweckgemäß.

Zweckˈloˈsigˈkeit (die, -, kein Plural) Nutzlosigkeit; Sinnlosigkeit. zwecklos.

Zweckˈmäˈßigˈkeit (die, -, kein Plural) Funktionalität; Zweckdienlichkeit; Tauglichkeit. zweckmäßig.

Zweckˈopˈtiˈmisˈmus (der, -s, kein Plural) Zuversicht, dass ein Vorhaben gelingen wird; der Glaube an die Sache.

zwecks (Präp., Gen.) zu; für. *Beachte:* zwecks Vernehmung der Person.

Zweckˈverˈband (der, -es, -bänˈde) Verband von Gemeinden für besondere Zwecke, zum Beispiel Einrichtung und Unterhalt von Kläranlagen für mehrere Gemeinden.

zweckˈwidˈrig (Adj.) zweckentfremdet.

zwei (Zahlw.) *Beachte:* um zwei Uhr; zweimal (2-mal); ein- bis zweimal (1- bis 2-mal); zweimal so groß; zweimal so viel; zweifach, *aber:* um das Zweifache. Um halb zwei schließen die Geschäfte. Wir treffen uns um Punkt zwei. Wir zwei mögen uns. Viele Grüße von uns zweien. Wir fuhren zu zweien/zu zweit. *Aber:* die Zahl/Note Zwei. Zweiachser. Adjektive: zweiachsig; zweiarmig; zweibeinig; zweideutig; zweieiig; zwei(und)einhalb; zweierlei; zweifarbig; zweigleisig; zweiglied(e)rig; zweihändig; zweimotorig; zweiräd(e)rig; zweireihig; zweischneidig; zweiseitig; zweisprachig; zweispurig; zweistellig.

Zweiˈachˈser (*auch:* 2-Achˈser) (der, -s, -) Wagen mit zwei Achsen.

Zweiˈbettˈzimˈmer (*auch:* 2-Bett-Zimˈmer) (das, -s, -) Doppelzimmer; Schlafzimmer für zwei Personen in Hotel oder Pension.

Zweiˈdeuˈtigˈkeit (die, -, kein Plural) Doppeldeutigkeit; Unklarheit; Ambiguität; Ambivalenz; Doppelsinnigkeit; Missverständlichkeit; Obszönität.

Zweiˈdritˈtelˈmehrˈheit (die, -, kein Plural) zwei Drittel der Stimmen aller Abstimmungsberechtigten.

Zweiˈer (der, -s, -) (Kurzw.) 1. Zweieurostück; 2. Zweimannboot; 3. Zensur; Schulnote.

Zwei|er|be|zie|hung (die, -, -en) Gemeinschaft von zwei Partnern; Zweierkiste (ugs.).

Zwei|er|rei|he (die, -, -n) Aufstellung von jeweils zwei Personen hintereinander.

Zwei|eu|ro|stück (*auch:* 2-Eu|ro-Stück) (das, -(e)s, -e) Zahlungsmittel; Münze.

Zwei|fa|mi|li|en|haus (das, -es, -häu|ser) von zwei Familien bewohntes Haus; Doppelhaus.

zwei|fel|haft (Adj.) 1. dubios; ungewiss; anfechtbar; bedenklich; fragwürdig; problematisch; unwahrscheinlich; 2. anrüchig; halbseiden; verrufen.

zwei|fel|los (Adj.) gewiss; ohne Zweifel, bestimmt.

zwei|feln (V.) unsicher sein. Zweifel; im Zweifelsfall; Zweifelsfrage; Zweifler; zweifelsfrei.

zwei|fels|oh|ne (Adv.) gewiss; ohne Frage.

Zweig (der, -s, -e) Ast; Gebiet; Unterabteilung.

Zweig|nie|der|las|sung (die, -, -en) Zweigstelle; Filiale; Agentur; Außenstelle; Büro; Geschäftsstelle; Niederlassung.

Zweig|stel|le (die, -, -n) Zweigniederlassung.

Zwei|heit (die, -, kein Plural) Dualismus; Paar.

Zwei|kampf (der, -(e)s, kein Plural) Duell.

Zwei|mann|boot (*auch:* 2-Mann-Boot) (das, -es, -e) Boot für zwei Personen.

Zwei|par|tei|en|sys|tem (das, -s, -e) zwei politische Parteien wechseln sich in der Regierungsgewalt ab.

Zwei|pha|sen|strom (der, -s, kein Plural) Wechselstrom.

Zwei|punkt|gurt (der, -es, -e) Sicherheitsgurt im Auto.

Zwei|rad (das, -(e)s, -rä|der) Fahrrad mit zwei Rädern.

Zwei|rei|her (der, -s, -) (ugs.) Anzug mit zwei Knopfleisten.

Zwei|sam|keit (die, -, kein Plural) Partnerschaft zu zweit; Gemeinsamkeit zu zweit.

zwei|schnei|dig (Adj.) bedenklich; gefährlich. eine zweischneidige Sache.

zwei|sei|tig (Adj.) 1. bilateral; zwischenstaatlich; 2. doppelt.

Zwei|sit|zer (der, -s, -) Sportwagen mit zwei Sitzen; Cabriolet.

Zwei|spra|chig|keit (die, -, kein Plural) Bilingualismus; jmd. spricht fließend zwei Sprachen.

Zwei|spitz (der, -es, -e) Herrenhut mit Krempe, die vorne und hinten aufgeschlagen ist.

Zwei|strom|land (das, -es, kein Plural) Mesopotamien; das Land zwischen Euphrat und Tigris.

Zwei|stu|fen|reg|ler (der, -s, -) Schalter; Thermostat.

Zwei|tak|ter (der, -s, -) (ugs.) Kraftfahrzeug mit Zweitaktmotor.

Zwei|tau|sen|der (der, -s, -) Berg mit zweitausend Meter Höhe.

zwei|te (Zahlw.) *Beachte:* Er spielte wie kein Zweiter. zum Zweiten. Er ist zweiter Geschäftsführer. Das Auto ist aus zweiter Hand. Er ist der zweitbeste Schüler. *Aber:* der Zweitbeste im Klassement; der Zweite Weltkrieg; als Zweites sei noch erwähnt; Zweites Deutsches Fernsehen (Abk.: ZDF).

Zwei|tei|lung (die, -, kein Plural) Halbierung; Teilung einer Sache in zwei Teile.

zwei|te Ge|sicht (*auch:* Zwei|te Ge|sicht) (das, -n -s, kein Plural) die Fähigkeit, räumlich entfernte oder zukünftige Geschehnisse in traumartigem Zustand bildhaft vorauszusehen.

zweit|ran|gig (Adj.) unterlegen; unwichtig; von geringerer Bedeutung.

Zweit|schrift (die, -, -en) im Kaufmännischen die Abschrift oder der Durchschlag.

Zweit|stim|me (die, -, -n) Wählerstimme für den Kandidaten einer Partei auf der Landesliste des betreffenden Bundeslandes.

Zwei|zei|ler (der, -s, -) Distichon; Gedicht aus zwei Zeilen.

Zwei|zy|lin|der|mo|tor (der, -s, -ren) Verbrennungsmotor mit zwei Zylindern.

Zwerch|fell (das, -s, kein Plural) Scheidewand. Zwerchfellentzündung.

zwerch|fell|er|schüt|ternd (Adj.) (ugs.) von umwerfender Komik; zu lautem Lachen reizend.

Zwerg (der, -s, -e) Wicht; Kleinwüchsiger; Däumling; Gnom; Kobold; Liliputaner; Pimpf; Pygmäe; Wicht; Wichtelmann. Zwergwuchs; zwergartig; zwergenhaft; zwergwüchsig.

Zwer|gen|auf|stand (der, -es, kein Plural) Aufregung aufgrund einer unbedeutenden Sache.

Zwer|gen|kö|nig (der, -s, -e) König der Zwerge; Märchengestalt.

Zwerg|haf|tig|keit (die, -, kein Plural) Kleinwüchsigkeit.

Zwerg|huhn (das, -s, -er) kleinwüchsige Hühnerrasse.

Zwerg|kie|fer (die, -, -n) verkrüppelte Bergkiefer.

Zwerg|pu|del (der, -s, -) kleinwüchsige Hunderasse.

Zwerg|staat (der, -es, -en) kleiner, autonomer Staat.

Zwet|sche (*auch:* Zwetsch|ge, Zwetsch|ke) (die, -, -n) Pflaume. Zwetschenmus; Zwetschenschnaps; Zwetschgenknödel; Zwetschgenwasser.

Zwi|ckel (der, -s, -) keilförmiger Einsatz bei Kleidungsstücken.

zwi|cken (ugs.) kneifen.

Zwi|cker (der, -s, -) Kneifer; auf die Nase geklemmte bügellose Brille.

Zwick|müh|le (die, -, -n) Verlegenheit. in eine Zwickmühle geraten (in eine unangenehme, ausweglose Situation geraten).

zwie.../Zwie... zwei.../Zwei... Zwiegesang; Zwiespältigkeit; Zwiesprache; zwiefach.

Zwie|back (der, -s, -ba|cke/-bä|cke) Röstgebäck.

Zwie|bel (die, -, -n) Gemüsepflanze. Zwiebelchen; Zwiebelschale; Zwiebelsuppe.

Zwie|bel|ku|chen (der, -s, -) Kuchen aus Brotteig mit Zwiebelauflage.

Zwie|bel|mus|ter (das, -, -) Porzellanmalerei mit Zwiebelmotiv.

zwie|beln (V.) schikanieren.

Zwie|bel|ring (der, -(e)s, -e) Scheibe einer Zwiebel.

Zwie|ge|spräch (das, -(e)s, -e) Dialog; Gespräch unter vier Augen.

Zwie|licht (das, -(e)s, kein Plural) Zeit der Dämmerung.

zwie|lich|tig (Adj.) undurchschaubar; zweifelhaft. Zwielicht.

Zwie|spalt (der, -(e)s, kein Plural) Konflikt; Gewissenskonflikt; Spaltung; Widerstreit; Uneinigkeit; Zweifel.

Zwil|ling (der, -s, -e) eines von zwei kurz hintereinander geborenen Geschwistern; Gewehr; Sternbild. Zwillingsbruder; Zwillingsforschung; Zwillingsgeburt; Zwillingspaar; Zwillingsreifen.

Zwin|ge (die, -, -n) Werkzeug, mit dem zwei Werkteile zusammengehalten werden können.

zwin|gen (V., zwang, hat gezwungen) unterwerfen; nötigen; sich überwinden; Druck ausüben; erpressen. jmdm. seinen Willen aufzwingen (jmdm. keine Wahl lassen). Zwingherrschaft; zwingen.

Zwin|ger (der, -s, -) Käfig; Freigehege; Hundezwinger.

zwin|kern (V.) blinzeln.

zwir|beln (V.) drehen.

Zwirn (der, -s, -e) starker Faden; festes Garn. Zwirnsfaden.

zwi|schen (Präp., Dat./Akk.) inmitten; unter; etwa. *Beachte:* zwischen den Staaten vermitteln; sich zwischen zwei Stühle setzen; inzwischen; in der Zwischenzeit. Adverbien: zwischendrein; zwischendurch; zwischenhinein. Adjektive: zwischenmenschlich; zwischenstaatlich; zwischenzeitlich. Verben: zwischenblenden; zwischenlagern; zwischenlanden.

Zwi|schen|akt (der, -es, -e) kurze Pause zwischen zwei Akten.

Zwi|schen|be|mer|kung (die, -, -en) Einschub; Einwurf. einen Vortrag durch eine Zwischenbemerkung unterbrechen; sich eine Zwischenbemerkung erlauben.

Zwi|schen|bi|lanz (die, -, -en) vorläufige Bilanz, die während des Geschäftsjahres erstellt wird, um sich einen Überblick über die Lage zu verschaffen.

zwi|schen|drin (Adv.) dazwischen; mittendrin.

Zwi|schen|er|geb|nis (das, -ses, -se) vorläufiges Ergebnis.

Zwi|schen|fall (der, -es, -fäl|le) Ereignis; Vorfall.

Zwi|schen|fra|ge (die, -, -n) Einwurf; Frage.

Zwi|schen|grö|ße (die, -, -n) feinere Unterteilung der üblichen Konfektionsgrößen.

Zwi|schen|han|del (der, -s, kein Plural) Großhandel, der zwischen Erzeuger und Konsument tätig wird.

Zwi|schen|hoch (das, -s, -s) in der Meteorologie Hochdruckzone zwischen zwei Tiefdruckgebieten.

Zwi|schen|la|ge|rung (die, -, kein Plural) Aufbewahrung von radioaktiven Materialien (in aufgelassenen Salzbergwerken), bis diese nur noch gering strahlen oder eingelagert bzw. neu aufbereitet werden können.

Zwi|schen|lan|dung (die, -, -en) kein Non-stop-Flug, sondern Flug mit Unterbrechung.

Zwi|schen|lö|sung (die, -, -en) Kompromisslösung.

Zwi|schen|mahl|zeit (die, -, -en) Imbiss; Bissen; Brotzeit; Frühschoppen; Frühstück; Gabelfrühstück; Happen; Kaffee; Vesper.

Zwi|schen|prü|fung (die, -, -en) Teilprüfungen.

Zwi|schen|raum (der, -s, -räu|me) 1. Abstand; 2. Entfernung.

Zwi|schen|ruf (der, -s, -e) Bemerkung; Einwurf.

Zwi|schen|spiel (das, -s, -e) Intermezzo; Einlage; Episode; Interludium; Zwischenhandlung.

Zwi|schen|spurt (der, -(e)s, -s) zwischenzeitliche Spurts beim Langstreckenlauf.

zwi|schen|staat|lich (Adj.) international.

Zwi|schen|sta|ti|on (die, -, -en) Zwischenaufenthalt; Zwischenstopp.

Zwi|schen|ur|teil (das, -s, -e) das in einem Zivilprozess einen Teilabschnitt beschließende Urteil (Teilurteil).

zwi|schen|zeit|lich (Adv.) in der Zwischenzeit; indessen; bis dann; bis dahin; derweil; dieweil; einstweilen; mittlerweile; währenddessen.

Zwi|schen|zeug|nis (das, -ses, -se) in der Schule Halbjahreszeugnis; in der Arbeitswelt Zwischenstatus.

Zwist (der, -s, Zwis|te) Streit. Zwistigkeit.

zwit|schern (V.) pfeifen; trällern.

Zwit|ter (der, -s, -) Hermaphrodit. Zwitterbildung; Zwitterstellung; Zwitterwesen; Zwittrigkeit; zwitterhaft; zwitt(e)rig.

zwölf (Zahlw.) *Beachte:* um zwölf Uhr. Sie sind zu zwölfen/zu zwölft. Es ist fünf vor zwölf. zwölffach, *aber:* um das Zwölffache; zwölfmal, *aber:* ganze zwölf Male; zwölftens; die zwölf Apostel. *Aber:* die Zahl Zwölf. Zwölfkämpfer; Zwölftonner (12-Tonner).

Zwölf|en|der (der, -s, -) Hirsch, dessen Geweih zwölf Enden hat.

Zwölf|fin|ger|darm (der, -s, -där|me) Duodenum; Anfangsteil des Dünndarms.

Zwölf|kampf (der, -s, kein Plural) 1. beim Geräteturnen der Mehrkampf aus je sechs Pflicht- und Kürübungen an den sechs Geräten; 2. Mehrkampf aus Geräteturnen und Leichtathletik.

Zwölf|ta|fel|ge|setz (das, -es, -e) älteste, römische Rechtskodifikation, auf zwölf Tafeln aufgezeichnet.

Zwölf|ton|mu|sik (die, -, kein Plural) atonale Musik.

Zy|a|ne (die, -, -n) Kornblume.

Zy|an|ka|li (das, -s, kein Plural) giftiges Salz der Blausäure.

zy|k|lisch (Adj.) (griech.) kreisförmig; kreisläufig; regelmäßig wiederkehrend.

Zy|k|lon (der, -s, -e) (griech.) tropischer Wirbelsturm im Indischen Ozean.

Zy|k|lo|ne(die, -, -n) (griech.) in der Meteorologie Tiefdruckgebiet.

Zy|k|lop (der, -en, -en) (griech.) in der griechischen Sage der Riese mit einem Auge.

Zy|k|lus (der, -, Zy|k|len) Folge; Reihe; Kreislauf.

Zy|lin|der (der, -s, -) 1. mathematisch-geometrischer Körper; 2. im Maschinenbau rohrförmiger Hohlkörper; 3. hoher Herrenhut mit fester Krempe und steifem Kopf.

zy|nisch (Adj.) (griech.) boshaft; sarkastisch. Zyniker.

Zy|nis|mus (der, -, kein Plural) (griech.) eine Lebensanschauung, die aus vollendeter Skepsis, Lebens- oder Menschenverachtung alle Werte herabsetzt.

Zy|pern|gras (das, -es, kein Plural) Gattung der Riedgräser mit vielen, meist Sümpfe bewohnenden Arten; im Altertum zur Papierherstellung verwendet.

Zys|te (die, -, -n) (griech.) Geschwulst; sack- oder kugelförmiger Hohlraum mit flüssigem oder breiigem Inhalt.

zz. (*auch:* zzt.) (Abk.) zurzeit (derzeit).

z.Z. (*auch:* z.Zt.) (Abk.) zur Zeit.